JN335072

新日本語－手話辞典

編集　社会福祉法人全国手話研修センター日本手話研究所
監修　米川明彦
発行　財団法人全日本聾唖連盟

新版発刊のことば

『新 日本語－手話辞典』を発行することができました。1997年発行の『日本語－手話辞典』を大幅に改訂した文字通りの新辞典です。編集にあたった方々のご苦労は大変だったと思いますが、無事に発行できたことは私どもにとってこの上ない大きな喜びです。

前身の『日本語－手話辞典』は、手話単語集ではなく、日本語の語句や文がどのように手話で表現されるか、具体的な用例をあげて説明したもので、日本はもちろん国際的にも初めての本格的な手話大辞典でした。

当時のわが国には、手話は言語であるという考え方はまだ広がっていませんでしたが、そのときに、日本語では同じ単語になっている場合でも、手話に変えたときの表現はさまざまであり、意味の違いによって大きく変わってくることを明らかにし、手話が豊かな表現力を備えた視覚言語であることを明らかにしました。1997年11月には第17回新村出賞に選ばれ、発刊以来4万人を超える方々にご愛用いただいてきました。

発刊後十数年、私たちと関係者の多年の運動の積み重ねはひとつひとつ実りをもたらし、さまざまな場に手話と手話通訳が広がってゆき、政見放送等にも手話通訳がつくようになりました。テレビでの字幕放送の数も飛躍的に増加しました。2001年7月には、請願署名約223万名という大運動の成果として「障害者等に係る欠格事由の適正化等を図るための医師法等の一部を改正する法律」が施行され、ろう者を医師や薬剤師などから排除してきた差別規定が撤廃・改正されました。ろう者が社会参加できる範囲が大きく広がり、ろう者が関わる情報・知識が、質量ともに急速に増えてきました。その中で、新しい知識・情報を的確に表す手話がないという問題が表面化してきました。日本語そのものでも、たとえば「インターネット」「携帯電話」「NPO」「メタボリックシンドローム」など、ごく簡単な例をあげてもわかるように、次々に新しい言葉が作り出され、広がってゆきましたが、これらの新しい日本語を表す手話がないという問題が生じてきましたので、社会福祉法人全国手話研修センターの日本手話研究所が、新しい知識・情報や新しい日本語の意味を表現する手話の策定を行い「新しい手話」として毎年発表してきました。また、従来から使われてきていた手話で日本語での意味を確定統一させていった手話や、ろう者の間で新しく作り出され、自然に定着してきた手話の研究と整理も進めてきました。

今回発行の本書には、これらの新しい手話や新たに日本語の意味が確定された手話を追加し、収録された手話の用例数は全体として約1万になります。

また、本書では、身体の部位を新たに見出し語として加えています。例えば、「肩」や「足」といった言葉でも、「肩が痛い」「足を骨折した」などの直接的な日本語についての手話表現例を掲げるだけでなく、「肩の荷が下りる」「足が早い（腐りやすい）」「足が出る（赤字）」など日本語でよく使われる慣用句の用例も収録しています。まさに世界に誇るべき手話用例辞典と言っても過言ではないでしょう。

この間、国際社会においても障害者の人権保障の運動が高まり、2006年12月に国連で障害者の権利条約が採択され、2008年5月に発効しました。この条約では、手話が音声言語と同等の言語であること、手話による情報へのアクセス及びコミュニケーションの保障、手話での教育が必要なろう児に対する手話での教育環境の保障、そのための手話のできる教員の養成と配置の義務についても明記されています。

政府はこの権利条約の批准に向けて、わが国の障害者関係法制度の見直しを進めることを目的に、2009年12月に内閣府に障害者制度改革推進本部を設置し、この下に、全日本ろうあ連盟を含む障害当事者団体及びその関係団体の代表が構成員の半数を占める障害者制度改革推進会議を設けて、具体的な検討を進めてきました。

そして、2010年12月に、手話の言語としての確認、ろう者の手話による情報獲得及びコミュニケーションの保障、ろう児に対する手話による教育の保障が意見として盛り込まれた第二次意見書が同本部に提出されました。今後はこの意見書を基に障害者基本法の抜本改正、さらには差別禁止法、総合福祉法の制定を追求してゆきます。

また、2011年３月の東日本大震災の際の首相及び官房長官等の記者会見の場に史上初めて手話通訳が付きました。これは政府が手話という言語の存在、手話通訳の必要性を公的に認めたことであり、画期的なことです。この変革を一連の制度改革と併せてさらに強く推し進め、手話が言語として法的・社会的に認められ、ろう者が、手話によって的確な情報を得ることができ、手話でのコミュニケーションが保障される社会の実現を目指して、私どもは全国のろう者の仲間や関係者とともに一層力強く運動を進めて参ります。

この『新 日本語－手話辞典』が一人でも多くの方々の手に取られ、利用されることが、言語としての手話の認知とろう者に対する理解の広がりと浸透のために大きな力となることを確信して、発刊のことばとさせていただきます。

2011年４月　財団法人全日本ろうあ連盟
理事長　　石野富志三郎

発刊のことば［旧版］

わが国で初めてといえる『日本語－手話辞典』をようやくここに発刊にこぎつけ、皆様のお手元にお届けできたことを心から嬉しく思います。

この『日本語－手話辞典』の刊行が全日本ろうあ連盟において取り上げられたのは『わたしたちの手話』が巻を重ねつつある20年ほど前の昔にさかのぼります。しかし、当時はろう者の直面するその時々の課題の多さと、それに応えなければならない連盟の運動に追われ事態は進まず、発刊が具体的な連盟方針として確定したのは1986年の第35回全国ろうあ者大会第37回評議員会でした。

それは日本手話研究所の設立を導き、その設立は『日本語－手話辞典』の編集者、編集方針、裏付けとなる財源などをめぐって本格的な議論の機会をもたらしました。そして、編集者を確定し、最初の編集会議を開いた時は1988年になっていました。

編集会議でも編集方針の議論が相次ぎ、また実際の編集が進む中でもさらに議論を重ね最終的な編集方針を確定、合わせて出版日程を決定するのに時間がかかりました。さらに、その日程も編集の過程で遭遇する意外に多い課題の対処に追われ、その都度出版は延期に延期を重ね、刊行をお待ちの皆様には本当にご迷惑をお掛けして申し訳なく思っています。それだけに全日本ろうあ連盟創立50周年の今日を期しての刊行は晴れて天日を仰ぐ思いです。

手話は明治の昔、ろう学校の創立に伴うその卒業生を中心としたろう者集団から生まれ、それによって育まれたろう者の言語です。しかし、当時差別され虐げられていたろう者と同じく、手話は誕生して間もなく虐げられた言語としての歴史を重ねることを余儀なくされました。それは、手話そのものの欠陥ゆえではなく、その根底にろう者に対する差別観がありました。ろう者に対する差別観を原因とする手話に対する不当な評価が容易に推察されます。ただ、言語といえば音声言語についてしか経験も知識もない当時の社会からすれば、手話を正当に評価するなどは想像を絶するものがあったかも知れません。その当時から昭和の戦前まではろう者組織の未成長や戦時体制などの悪条件の下で、ろう者にはそれに抗議し反論する力、あるいは機会は必ずしも十分ではありませんでした。しかし、ろう学校が口話教育の実践を通じていかに手話を否定し、排斥しようとしても手話そのものをなくすことは出来ませんでした。それは、ろう者がお互いに助け合って過酷な人生を生きる言葉として手話を必要としたからであり、手話こそろう者の生きている証しに他ならなかったからです。

このような明治の昔から戦前、戦中の手話に対する迫害の時代もようやく終りを告げるのは、第二次世界大戦終結後の民主主義理念に基づく新憲法公布にまたなければなりません。新憲法の民主主義理念、平等観の下に、ろう者は自らを組織し、運動を通じて徐々に自己主張を強めていきました。

手話に関していえばその一つの到達点を1969年連盟刊行の『わたしたちの手話』にみることができるでしょう。『わたしたちの手話』はまずろう者の手話に対する全国的な共通化の要望に応えたものであり、そして手話サークルなどに参加して新しく手話を学び始めた健聴者に対するテキストとする両様の意味がありました。この刊行は時宜を得たことは明らかで、たちまち爆発的な売れ行きとなって巻を重ねて手話普及の力となり、日本の手話の基礎的な研究の土台をも提供することとなりました。

これらの研究成果はろう学校の一部の教師などが繰り返す手話否定や排斥論などに対する説得力のある反論となり、またアメリカや北欧などの進んだ手話理論、手話言語論も積極的に摂取して、手話を言語と主張するろう者の正当性を裏付け、わが国における確固たる手話言語論を打ち立てる力となりました。

手話は言語でありますが、それは差別され虐げられたろう者が互いを支えとする相手を目の前において交わす情に満ちた会話に由来する本質的な「話し言葉」です。また、手話はろう者が雄々しく差別とたたかい、たくましく生きてきた歴史を反映して感性豊かに、表現には巧みなしかも自然な工夫がみられます。さらに同じ日本の手話でも音声語と同じく地方によっては方言手話も見られますが、それこそまさに手話の言語としての豊かさを物語るものにほかなりません。

一方、手話は書記語の確立していない「話し言葉」のため、その表記には大きな困難があります。また、文科系、理科系を問わず専門分野における手話が少なく、新しく誕生する新語、外来語に対応する手話もないなどの問題がないわけではありません。しかし、それもろう者の社会参加の度合いと平行していずれ解消されるであろうことを信じています。

この『日本語－手話辞典』は、日本語の語句、文が手話でどのように表現されるかを具体的な用例をもって説明した世界でも初めての辞典です。ここにわが国のろう者に使われている現実の手話がいきいきと鏡のように写し出されていると確信しています。

『日本語－手話辞典』がわが国の国語辞典あるいは外国語辞典と並ぶ家庭の座右の書となり手話普及と理解を助け、その研究の一層の発展に結びつくことを願い、それを通じてろう者が「完全参加と平等」の社会の一日も早い実現を待望すると共に読者の厳しい指摘と暖かい励ましをお願いして発刊のことばといたします。

1997年4月　財団法人全日本ろうあ連盟

理事長　　高田英一

新版の編集方針

1997年6月に『日本語－手話辞典』（以下、旧版と呼ぶ）を発行してから14年の歳月が流れた。高額にもかかわらず版を重ね、約4万2000部を出版した。この辞典が歓迎されたのは、社会の手話に対する理解、関心が深まったこと、また用例の採用など従来の手話辞典にない新しい編集方針が支持されたからであろう。

この間にグローバリゼーション、国際化の傾向は一層進み、パソコンとメール機能を備えた携帯電話などIT機器の普及に見られる情報化が発展した。それに伴い「カタカナ語」と呼ばれる語が飛び交う時代となった。

さらに、裁判員制度などの法制度、少子高齢化に伴う介護、医療、福祉制度などの変化によって専門語の大衆化が進んだ。このようにさまざまな分野のことばが日々生まれ、日本語に流入してくる現在、それに対応する「新しい手話」が必要となり、手話単語が造語された。

手話辞典はそれらを反映することが時代の要請となった。そのような点から今回、旧版を見直し、また見出しを増補し、「新しい手話」も掲載して『新 日本語－手話辞典』（以下、新版と呼ぶ）を発行することにした。新版では次の点を主に改訂・増補した。

1　旧版の誤植や文字・記号表記の間違い・不統一ばかりでなく、手話イラストや手話表現、説明なども訂正した。使われなくなった手話を使われている手話に差し替えたり、手話の語順を改めたりした。

2　基本語であるが旧版では見出し語に立項しなかった語を新たに立項し、例文とともに手話表現を増補した。

3　見出し語に立項されているが、例文になかったものを新たに例文にし、手話表現を増補した。

4　国の省庁の改組措置などによって名称の消滅・変更があったので、見出し語もそれに合わせて改めた。

5　『わたしたちの手話　新しい手話Ⅰ』～『同Ⅳ』、『わたしたちの手話　新しい手話2004』～『同2009』に掲載されている「新しい手話」を検討し、普及している単語を採用した。

6　『わたしたちの手話　スポーツ用語』、『医療の手話シリーズ①』『同②』『同別冊』に掲載されている手話を検討し、普及している単語を採用した。

7　『国名手話ガイドブック』に掲載されている国名手話を原則としてすべて採用し、付録に掲載した。なお国名表記は一般に使われているものに変えた。また『全国地名手話マップ』に掲載されている都道府県名・県庁所在地・政令指定都市の手話を採用し、付録に掲載した。

8　日本式アルファベット指文字とアメリカ式アルファベット指文字と国際式アルファベット指文字を付録に掲載した。

9　判型を大きくし、段組も変えた。旧版にくらべ、1頁あたり1.5倍の見出し語掲載語数になった。

その結果、約1万の見出し語とその例文を掲載した。

2011年4月

監修者　米川明彦

編集委員　高田英一

冨田昭治

編集方針［旧版］

1988年５月28日に全日本ろうあ連盟京都事務所で日本語から引く手話辞典の編集方針を決定してから９年、遂に『日本語－手話辞典』が完成、公刊する運びとなった。

本辞典は日本手話研究所研究員である伊東、高田、冨田、西田、米川の５名が全日本ろうあ連盟理事会の承認を得て編集委員に選出された。またその都度の編集方針の提案及び日本語の意味、用法の選択については米川が、手話の意味、用法の選択については伊東、高田、冨田、西田が担当することとなり、さらに編集委員の合議により米川が監修者に選出された。

従来の手話辞典は大きく２分類できる。

ひとつはその国の音声語を見出しに立て、それに相当すると考える手話単語をイラスト、写真、記号、文などで表す辞典である。これを「音声語－手話辞典」と呼ぶことにすると、世間に広く出まわっている手話辞典はこれである。

もうひとつはこれとは逆に、その国の手話単語を記号、イラスト、写真、文にして見出しに立て、それに相当すると考える音声語を単語で出す辞典である。これを「手話－音声語辞典」と呼ぶことにする。これは日本をはじめ世界ではごく少数しか出されていない。

従来の手話辞典は「音声語－手話辞典」も「手話－音声語辞典」も大きな問題点を持っている。

まず前者から述べよう。それは単語の置き換えにすぎないという点である。全く見出し語の意味・用法を考慮せず、例文などを提示しないところから生じる、音声語と手話が１対１に対応するかのような出し方である。音声語と手話は別の言語体系をもつ、かなり異質な異言語である。聴覚－音声語と視覚－身振り言語というモードの違いは１対１に単語で対応できるようなものではない。

次に後者の問題点を述べよう。現在出版されているのは手話単語を記号化したものか、手話単語をある基準で配列したものをイラストや写真などで提示したもので、いずれも手話の見出し語についての意味や用法の記述が全くなく、見出し語に対応すると考える音声語を２、３語あげるだけのものである。

編集者は従来の「音声語－手話辞典」の欠陥を克服するために、実際に役立つ手話表現辞典を目指して論議を重ねた結果、日本語のどの意味、どの用法が手話にどう対応するのかを個別的、具体的に挙げて表すことが必要との意見の一致をみた。ここに世界に例を見ないユニークな用例を挙げて説明する手話辞典が完成した。

本辞典は日本語から引く手話辞典なので、どの日本語を見出しに立てるかがまず問題となった。できるだけ多く載せたいが、手話のイラストを各例文ごとに載せるので見出し語数は制限せざるをえない。１頁に４見出し語で、それぞれに例文がつき、１例文２イラストを原則にした。本の厚さ、価格も考慮して、最終的に8320例文を挙げた。見出し語の異なり語数は4800語である。１見出し語に複数の意味、用法がある場合、例文もそれだけ増えるので、8000をこえる例文になる。

過去の語彙調査によれば、使用度数上位5000語で総使用語数の80％をカバーするということから、見出し語4800は諸事情からこれでよしとすることにした。

また、見出し語選択は国立国語研究所が行った書き言葉の語彙調査の結果を参考にした。特に新聞は各ジャンルにわたって一般成人を対象として書かれており、特殊性が少ないので、新聞の語彙調査を利用した。また、『国語基本用例辞典』（教育社）や三省堂の各種国語辞典も参考にした。

例文は見出し語の意味・用法を簡潔に表したものを出した。日本語の意味・用法は同一の分類に入るが、手話表現では異なる形をとるものはできるだけ例文を挙げて示した。そのため、ある見出し語には20の例文を挙げたものがある。また、合成語に含まれる日本語が同一であっても手話は異なることがよくあるため、例文は個々の日本語が手話にどう対応するのかわかるようにした。たとえば「電」の見出し語には「祝電」「終電」「発電」の例文を挙げた。

また、手話はどういう連語の中で使うかということが重要なので、例文は主体・対象・動作・手段・様態などに注意して挙げた。たとえば「あげる」「長い」を参照。

さらに日本語が多義語の場合、手話はより一層、個別的、細分化された表現になるので、例文を細かく出した。たとえば「落ちる」を参照。

手話単語をどう表記するのか問題となった。記号表現することは実用的ではない。そこで日本語を借用して便宜的に手話単語にイラスト名をつけた。たとえば〈考える〉はイラスト名であって「考える」という意味ではない。イラスト名は経験上、そのイラスト名ですぐにその手話が思い浮かべられるものを選んだ。

巻末に「手話イラスト名索引」と例文に使った「日本語語彙索引」をつけた。ある手話単語が日本語の何に当てられているのか、逆に日本語のある単語が手話の何に当てられているのかがわかり、非常に有益である。

最後に本辞典が成るまでには多くの方々のご協力を得た。特にイラストを描いて下さったふるはしひろみ氏、コンピューターによる資料整理に尽力して下さった笹山和久氏、編集の実務を担当して下さった石沢春彦氏には心から厚く御礼申し上げる。

1997年4月　監修者　米川明彦

本辞典の特徴

❶ 役立つ用例

用例文は日本語の見出しの意味・用法を簡潔に表したものを載せた。手話は日本語と１対１に対応するものではなく、手話は日本語より個別的・具体的に表現されるので、日本語のどんな連語が手話ではどう表現されるのかがよく分かるようにした。たとえば名詞「雨」の見出しに「雨が降る」「雨が止む」「雨がポツポツ降ってきた」「大雨」などの例文が掲載されている。〈雨〉だけを知っていても実際は役に立たない。上記の例文と手話表現を見れば一目瞭然である。また動詞「あげる」のような多義語は一層例文が重要になる。「旗をあげる」「花火をあげる」「名をあげる」「利益をあげる」「部屋にあげる」「スピードをあげる」「地位をあげる」「腕をあげる」「全力をあげる」「千円であげる」「読んであげる」「書きあげる」など、「あげる」にあたる手話はすべて異なっているので例文と手話表現を掲載した。さらにまた形容詞「長い」は属性形容詞で、何が「長い」のかによって手話表現は異なるため「長い棒」「長い道のり」「首が長い」「日が長い」などの例文をあげ、どう手話表現するのかを明らかにした。

以上、日本語が同一でも手話は主体・対象・動作・手段・様態などによって異なるため、例文の選択に力を注いだ。

❷ 最多の見出し語数

見出し語の選択にも苦心を重ね、日常的であり、しかも手話としての特色を出せる語彙を厳選した。見出し語の総数約１万語、頁数約1700頁という世界最大の手話辞典である。

❸ 表現豊かなイラスト

同じ手話でも表情によって意味が変わることがある。表現する時のいきいきした表情をできる限りイラストで再現した。特に感情に関わる例文には表情に留意した。また指先の繊細な動きが分かるようにつとめた。

❹ イラスト名を採用

手話単語にはそれぞれ〈　〉を付しイラスト名をつけた。日本語と意味・用法の異なる手話単語を表現するには文字や記号でできないことはないが、実用的ではない。そこで〈　〉を付したイラスト名で手話単語を呼称し、それで手話の形・動きを想起できるようにした。

❺ 手話表現の仕方

日本語の用例の語句・文に対応する手話単語、手話の語順及び手話表現の仕方を用例の下の矢印の個所で表した。これによって複雑な手話表現も簡潔に表記できた。

❻ 理解を助ける表現解説

緑の囲み欄に用例における見出し語の意味、用法を説明し、次にそれに対応する手話表現と意味や語源などを説明し、日本語と手話の関係を分かりやすくした。

❼ 手話の動きをサポート

イラストだけで理解しにくい部分は文章で補足した。手の形、位置、動きなどを具体的に解説した。

各部の名称とその意味

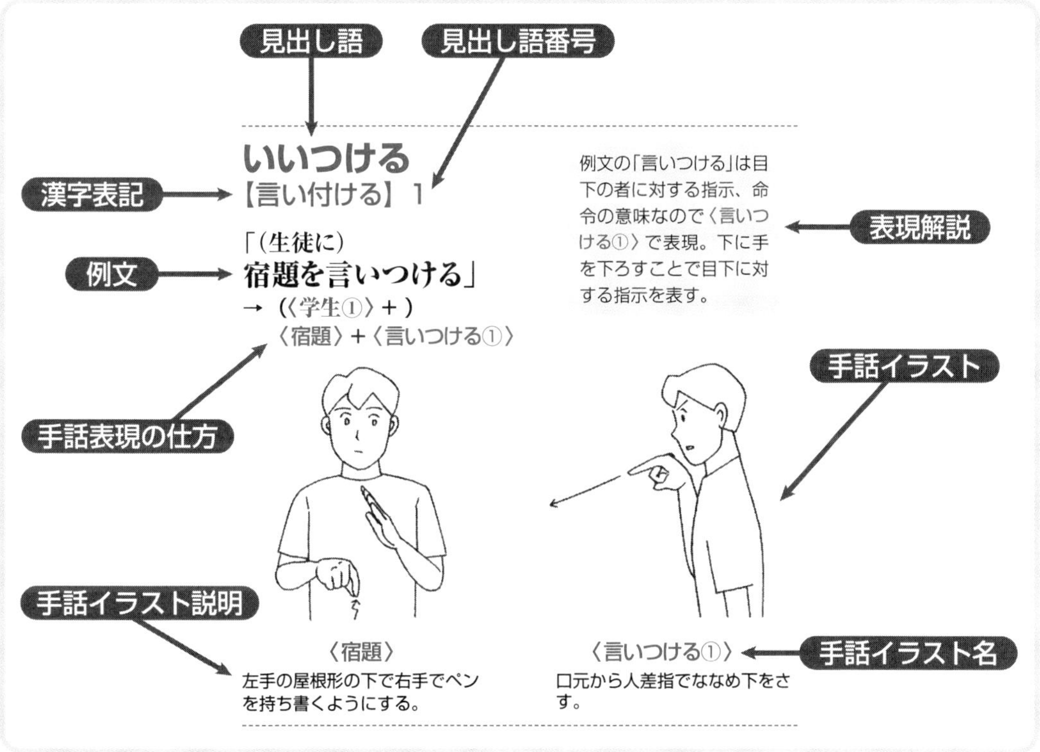

●見出し語

本辞典の項目として掲げた日本語をさす。

●漢字表記

見出し語の漢字表記を掲げた。複数ある場合は並記した。常用漢字を用いることを原則とした。

●見出し語番号

見出し語が同一のものでも意味・用法や手話表現の違いがあるものは番号をつけて区別した。

●例文

「　」内に見出し語を含む例文を示した。[　] は例文の意味をはっきりさせるための注釈である。

●手話表現の仕方

矢印以下で例文に対する手話表現の仕方を示した。〈　〉は手話単語を表す。手話単語の連続は＋の記号で表した。〈　〉の右側に「左」とあるのは左手で手話を表現することを表し、〈　〉の右側に「左側」「右側」「上方」などとあるのはそれぞれ表現する人からみて左側・右側・上方で手話をすることを表す。

●表現解説

見出し語および例文の意味・用法とそれに対する手話表現について解説した。

●手話イラスト

例文を手話イラストで示した。ただし、例文の（　）や［　］でくくられた部分は示していない。

→は繰り返しを表す。

●手話イラスト名

〈　〉は手話単語のイラスト名である。その手話単語を表記する文字や記号の代わりにイラスト名を示した。

●手話イラスト説明

手話の動きを解説した。

この辞典の使い方

❶ 見出し語の示し方

●和語・漢語はひらがなで、外来語はカタカナで示した。ただし、動植物名などは原則として語種に関係なくカタカナで示した。見出し語の【　】内に漢字表記を掲げた。複数ある場合は漢字を並記した。

●見出し語の後の数字（見出し語番号）は、同一語における意味・用法の違いや手話表現の違いにもとづく。

❷ 例文の示し方

●例文は「　」内に示した。日本語の意味・用法別に例文を挙げた。また同一の意味・用法でも手話表現が異なる場合も例文を挙げた。なお、例文中の［　］は意味をはっきりさせるための注釈である。また、（　）は手話イラストに表していない部分であることを表す。

❸ 手話表現の仕方

●例文の次に矢印で手話表現の仕方を示した。〈　〉は手話単語を表し、その単語にイラスト名をつけた。手話単語の連続は＋の記号で表した。

●〈　〉の左側に「左」とあるのは左手で手話をすることを表している。

●〈　〉の右側に「左側」「右側」「上方」などとあるのはそれぞれ左側・右側・上方で手話をすることを表している。

❹ 手話イラスト

●手話イラストは例文を示したものだが、例文に（　）・［　］でくくられた部分はイラストに示されていない。

●イラストの下に手話の動きを解説しておいた（手話イラスト説明）。

❺ 意味・用法と表現解説

●見出し語の、例文での意味・用法とそれに対する手話表現を右上の囲み欄に解説した。

あ

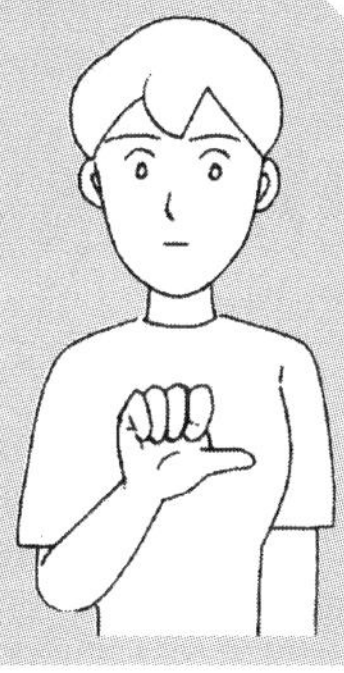

〈ア〉
親指を出し、４指は握る。

アーケード

「アーケード商店街」
→〈アーケード〉＋〈店②〉

「アーケード」は〈アーケード〉で表現。〈アーケード〉はアーチを表す。

〈アーケード〉
立てた左手を少し折り曲げ、その横で指先を左向きにした右手を前に動かす。

〈店②〉
両手のひらを上に向けて指先を向かい合わせ、前に出す。

アーチェリー

「アーチェリーの試合」
→〈アーチェリー〉＋〈試合①〉

「アーチェリー」は〈アーチェリー〉で表現。〈アーチェリー〉は矢を放つさまを表す。

〈アーチェリー〉
左手４指を前方に向けて左腕を伸ばし、右手で弓を引くしぐさをする。

〈試合①〉
親指を立てた両手を正面で軽くぶつける。

あい【愛】1

「男女の愛」
→〈男女〉＋〈愛①〉

例文の「男女の愛」は〈男女〉＋〈愛①〉で表現。〈愛①〉は大切になでるさまを表す。

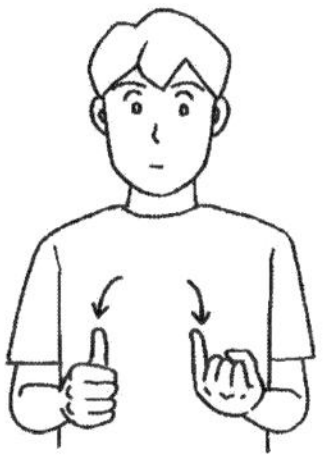

〈男女〉
右親指を出し、続けて左小指を示す。

〈愛①〉
左手甲を右手でなでるようにする。

あい【愛】2

「（若い）
二人は愛し合っている」
→（〈若い〉＋）
〈二人①〉＋〈恋〉

例文の「愛し合っている」は2種類の表現がある。ひとつは〈恋〉で表現。〈恋〉はハートの形を表す。「恋愛」も同手話。

〈二人①〉
右手２指を立てて軽く左右に振る。

〈恋〉
両手人差指を軽く曲げ左右から弧を描き、中央で交差する。

あい【愛】3

「（若い二人は）
愛し合っている」
→（〈若い〉＋〈二人①〉＋）
〈互いに〉＋〈愛①〉

もうひとつは〈互いに〉＋〈愛①〉で表現。

〈互いに〉
両腕を交差させて両手の親指と人差指を閉じたり開いたりする。

〈愛①〉
左手の甲をやさしくなでるように右手を回す。

あい【愛】4

「彼を愛する」

→〈彼〉+〈愛②〉

例文の「愛」は異性間の愛情を意味する。手話は「男性を愛する」の意味であるが〈彼〉を〈彼女〉に代えれば「女性を愛する」意味になる。

〈彼〉

左親指を右人差指でさす。

〈愛②〉

左親指の背後をやさしくなでるように右手を回す。

あい【愛】5

「母に愛される」

→〈母〉+〈愛される①〉

例文の「愛される」は親に大切にされる意味なので〈愛される①〉で表現する。ただし、手話は「愛される」者が目下の場合である。

〈母〉

右人差指をほおにふれ、右小指を出す。

〈愛される①〉

右手のひらで自分の頭をなでるように回す。

あい【愛】6

「みんなに愛される」

→〈みんな〉+〈愛される②〉
（または〈愛①〉）

例文の「愛される」は広く人々から慕われる意味。〈愛される②〉または〈愛①〉で表現。手話は広く人々から大切にされる意味。

〈みんな〉

右手のひらを下に向けて水平に回す。

〈愛される②〉

親指を立てた左手を右手のひらで前からなでるように回す。

あいかわらず【相変わらず】

「相変わらず」

→〈相変わらず①〉
または〈相変わらず②〉

例文は以前から変わらないという意味。手話は〈同じ〉から発生したもので、同じ状態がずっと続いていることを意味している。

〈相変わらず①〉

両手の親指と4指を閉じたり開いたりしながら右肩から前に出す。

〈相変わらず②〉

両手の親指と人差指を閉じたり開いたりしながら右肩から前に出す。

あいさつ【挨拶】

「互いに挨拶をかわす」

→〈あいさつ〉+〈互いに〉

〈あいさつ〉は人が腰を曲げてあいさつするさまを表現している。人差指は中性。〈あいさつ〉と〈互いに〉は語順を入れ換えてもよい。

〈あいさつ〉

両手人差指を左右から近づけて曲げ同時に表現者も会釈する。

〈互いに〉

両腕を交差させて両手の親指と人差指を閉じたり開いたりする。

あいじょう【愛情】

「（親が）娘に愛情を注ぐ」

→（〈両親〉+）
〈娘〉+〈かわいがる〉

例文の「愛情を注ぐ」は〈かわいがる〉で表現。左手の娘を愛するさまを表す。

〈娘〉

小指を立てた右手を腹から前に出す。

〈かわいがる〉

左小指の上で右手を水平に回す。かわいくて仕方がない表情をする。

アイスクリーム 1

「アイスクリーム」

→〈アイスクリーム①〉または〈アイスクリーム②〉

「アイスクリーム」はみっつの表現がある。ひとつは〈アイスクリーム①〉、ふたつめは〈同②〉で表現。〈同①〉はコーンに盛りつけるさまを表す。

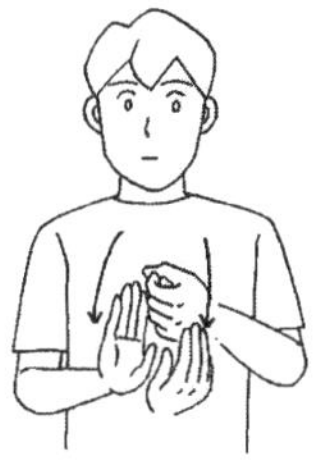

〈アイスクリーム①〉

コーンを握った左手に右手でアイスクリームを盛りつけるようにする。

〈アイスクリーム②〉

左手でアイスクリームのカップを持ち、右手のヘラですくって食べるようにする。

アイスクリーム 2

「甘いアイスクリーム」

→〈甘い〉+〈アイスクリーム③〉

みっつめは〈アイスクリーム③〉で表現。〈アイスクリーム③〉はソフトクリームをなめるさまを表す。

〈甘い〉

右手のひらを口元で回す。

〈アイスクリーム③〉

右手を握って口の前に置き、なめるように動かす。

あいだ【間】1

「家と家の間（に木がある）」

→〈家〉左側・右側+〈間(あいだ)〉（+〈木〉+〈ある①〉）

例文の「間」は家と家との空間を意味する。そこで〈家〉を左と右の位置に分けて表現して、どの間であるか明示して〈間〉を表現。

〈家〉左側・右側

左側で屋根形を作り、次に右側でも同様にする。

〈間(あいだ)〉

両手のひらを向かい合わせ、仕切るように下に少しさげる。

あいだ【間】2

「夫婦の間」

→〈夫婦②〉+〈関係①〉

例文の「間」は関係を意味するので〈関係①〉で表現。この手話は「関係」「間柄」の意味を持つ。

〈夫婦②〉

親指と小指を立てて振る。

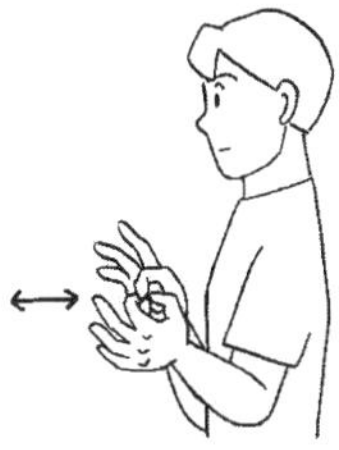

〈関係①〉

両手の親指と人差指を組み、前後に往復させる。

あいづち【相槌】

「あいづちを打つ」

→〈あいづち〉または〈うなずく〉

「あいづちを打つ」動作はうなずくことによって示すので〈あいづち〉または〈うなずく〉で表現。いずれもこぶしを頭に見立てたもの。

〈あいづち〉

両こぶしを向かい合わせて手首を振って上下させ、同時に表現者もうなずくようにする。

〈うなずく〉

右腕を左手で支えて右こぶしをうなずくように繰り返し手首を曲げる。

あいて【相手】1

「相談相手」

→〈相談〉+〈彼〉

例文の「相手」は相談する一方の人を意味するので指さしの〈彼〉で表現。手話は相手が女性であってもそのまま〈彼〉が使われる。

〈相談〉

親指を立てた両手を軽くぶつけ合う。

〈彼〉

左親指を右人差指でさす。

あいて【相手】2

「(私が)相談相手になる」

→(〈私〉+)
〈相談〉+〈責任①〉

例文の「相手になる」は〈責任①〉で表現。〈責任①〉は役割を担う意。

〈相談〉
親指を立てた両手を軽くぶつけ合う。

〈責任①〉
右肩に軽く全指を折り曲げた右手をのせる。

あいて【相手】3

「テニスの相手をする」

→〈テニス〉+〈試合①〉

例文の「テニスの相手をする」は〈テニス〉+〈試合①〉で表現。〈試合①〉の両手に戦う両者が表されている。

〈テニス〉
右手でラケットを握って左右に振るようにする。

〈試合①〉
親指を立てた両手を正面で軽くぶつける。

あいて【相手】4

「遊び相手」

→〈遊ぶ①〉+〈ふれあう〉

例文の「相手」は遊ぶもう一方の人を意味するので〈ふれあう〉で表現。〈ふれあう〉はよくつきあっている人を意味する。

〈遊ぶ①〉
人差指を立てた両手を交互に前後に軽く振る。

〈ふれあう〉
人差指を立てた両手を交互に前後入れ換えながら、軽くふれ合わせる。

あいて【相手】5

「(彼とは)競争相手だ」

→(〈彼〉+)
〈競争〉+〈試合①〉

例文の「相手」は対戦の相手という意味なので〈試合①〉で表現。〈試合①〉は「勝負する」「対決する」という意味を表現。

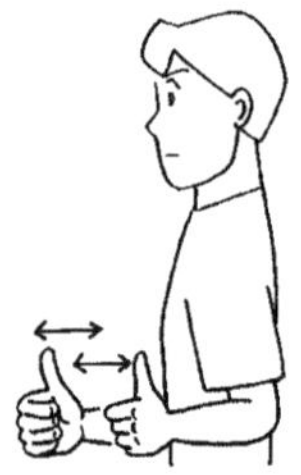

〈競争〉
親指を立てた両手を競うように交互に前後させる。

〈試合①〉
親指を立てた両手を正面で軽くぶつける。

あいて【相手】6

「ダンスの相手」

→〈ダンス①〉+〈コンビ〉

例文の「相手」は一緒になって踊る一方の人の意味。〈コンビ〉は〈一緒〉から発展して行動を共にする二人または相手を意味する表現。

〈ダンス①〉
社交ダンスのように相手の手を軽く握り、左手を腰に回すようなつもりで構え、軽く体を揺らす。

〈コンビ〉
そろえた人差指を水平に回す。

あいて【相手】7

「相手にならない」

→〈朝飯前〉
または〈ものともしない〉

「相手にならない」は簡単に倒せる相手の意味。〈朝飯前〉または〈ものともしない〉で表現。どちらの場合も簡単にできること。

〈朝飯前〉
手のひらの上にのったものを吹き飛ばすように軽く息を吹きかける。

〈ものともしない〉
閉じた右手の親指と人差指をぱっと開きながら左へ動かす。

あいて【相手】8

「彼はだれにも相手にされない」
→〈彼〉+〈つまはじき②〉

例文の「だれにも相手にされない」は〈つまはじき②〉で表現。〈つまはじき②〉はみながつまはじきにするさまを表す。

〈彼〉
左親指を右人差指でさす。

〈つまはじき②〉
左親指のまわりを右手の親指と中指ではじきながら回す。

アイティー【ＩＴ】

「ＩＴ企業」
→〈ＩＴ〉+〈会社〉

「IT」は情報技術のことなので〈IT〉で表現。〈IT〉は左手小指が「I」、左手人差指と右手人差指が「T」を表す。

〈ＩＴ〉
左人差指と小指を立てて手のひらを前に向け、右人差指を左人差指に「T」形になるようにのせる。

〈会社〉
両手の２指を交互に前後させる。

あいて【相手】9

「相手にとって不足はない」
→〈試合①〉+〈強い①〉

例文の「相手にとって不足はない」は〈試合①〉+〈強い①〉で表現。〈強い①〉を表すとき、相手に視線を向け感心しつつ自分の方が強いという表情。

〈試合①〉
親指を立てた両手を正面で軽くぶつける。

〈強い①〉
こぶしを握った右腕を曲げて力こぶを作るようにする。

アイデンティティ

「アイデンティティを失う」
→〈アイデンティティ〉+〈消える①〉

「アイデンティティ」は〈アイデンティティ〉で表現。〈アイデンティティ〉は〈自分一人〉の手の形を「アイデンティティ」の「ア」に変えて表す。

〈アイデンティティ〉
親指を立てた右手を胸に当て、はねあげる。

〈消える①〉
手のひらを前に向けた両手を交差させながら握る。

アイデア

「アイデアが浮かぶ」
→〈アイデア〉

例文はよい考えが浮かぶ意味。〈アイデア〉はよい考えがぱっと頭に浮かんでくるさまを表す。

〈アイデア〉
右人差指を頭から上にはじきあげる。

アイ・ドラゴン

「アイ・ドラゴン」
→〈アイ・ドラゴン〉

「アイ・ドラゴン」は〈アイ・ドラゴン〉で表現。〈アイ・ドラゴン〉は「アイラブユー」の手話と龍のひげとを組み合わせた手話。

〈アイ・ドラゴン〉
親指・人差指・小指を出した右手の親指を目の端につけ、斜め前に出す。

あいまい【曖昧】

「あいまいな返事」

→〈返事〉+〈あいまい〉

例文の「あいまい」ははっきりしないことを意味するので〈あいまい〉で表現。目の前がはっきりしないでごちゃごちゃしているさまを表す。

〈返事〉

親指と人差指を出した両手を手前に引き寄せる。

〈あいまい〉

両手のひらを前後に向かい合わせ、こすり合わせるように回す。

アイロン

「服にアイロンをかける」

→〈服〉+〈アイロン〉

例文はアイロンを使ってしわをのばす意味。〈アイロン〉はそれだけでアイロン、またはアイロンをかける意味を持つ。

〈服〉

親指を立てた両手をえりに沿って下におろす。

〈アイロン〉

左手のひらの上で右こぶしを往復させる。

あう【会う】1

「人に会う」

→〈会う①〉
　または〈会う②〉

〈会う①〉は自分と相手が、また第三者同士が会う場合に使われ、〈会う②〉は自分が相手と会う場合に使われる。

〈会う①〉

人差指を立てた両手を左右から近づける。

〈会う②〉

人差指を立てた両手を前後から近づけて軽くふれ合わせる。

あう【会う】2

「道でばったり会う」

→〈道①〉+〈会う③〉

「ばったり会う」は思ってもみない時(所)で会う意味なので、〈会う③〉で表現。両手をぶつける強弱によってばったりの強弱を表す。

〈道①〉

指先を前に向けた両手を向かい合わせて前に出す。

〈会う③〉

人差指を立てた両手を前後から近づけて勢いよくぶつけてあげる。

あう【会う】3

「反対に会う」

→〈反対〉+〈言われる①〉

「反対に会う」は相手から反対を言われたりその意思表示をされる意味。この場合は一人か少数者からの反対を〈言われる①〉で表現。

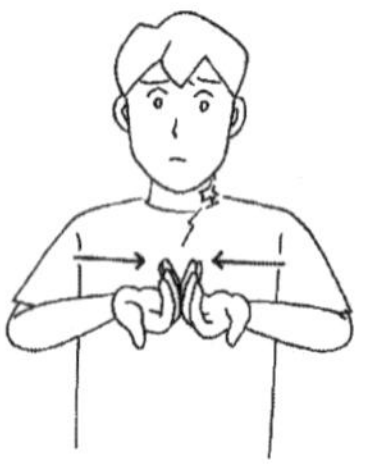

〈反対〉

両手指の背を軽くぶつける。

〈言われる①〉

閉じた右手を手前に向け、ぱっと開く。

あう【会う】4

「いつも会っている」

→〈いつも〉+〈会う④〉

例文は何回も会ったことがある意味なので〈会う④〉で表現。〈会う④〉は〈会う②〉を繰り返し、「何度も会う」「よく知っている」の意味を表す。

〈いつも〉

親指と人差指を立てた両手を向かい合わせて手首を回す。

〈会う④〉

人差指を立てた両手を繰り返し当てる。

あ

あう【合う】1

「服が合う」

→〈服〉+〈合う①〉

例文の「合う」はサイズがぴったり合っている意味なので〈合う①〉で表現。〈合う①〉は「ぴったり」「ちょうどよい」などの意味を持つ。

〈服〉

親指を立てた両手をえりに沿って下におろす。

〈合う①〉

左人差指の先に右人差指の先を当てる。

あう【合う】2

「気持ちが合う」

→〈気持ち〉+〈合わせる②〉

例文の「合う」は気持ちが通じ合う、一体となる意味で〈合わせる②〉で表現。二つのものが一つのようにぴったり一致しているさまを表す。

〈気持ち〉

右人差指でみぞおち辺りに小さく円を描く。

〈合わせる②〉

左手のひらに右手のひらを近づけて合わせる。

あう【合う】3

「互いに愛し合う」

→〈愛①〉+〈互いに〉

例文の「互いに～合う」は、〈互いに〉で表現。〈愛①〉と〈互いに〉の語順は変えてもよい。

〈愛①〉

左手の甲をやさしくなでるように右手を回す。

〈互いに〉

両腕を交差させて両手の親指と人差指を閉じたり開いたりする。

アウト

「ツーアウトになる」

→〈2①〉+〈アウト〉

（または〈アウト〉+〈2①〉）

例文の「アウト」は野球用語なので〈アウト〉で表現。〈アウト〉は審判のアウトのジェスチャーから生まれた。

〈2①〉

右手のひら側を前に向けて右手2指を示す。

〈アウト〉

親指を立てた右手を肩から振り下ろして、とめる。

あえて

「あえて言う」

→〈あえて〉+〈言う①〉

例文の「あえて」は「わざわざ」「しいて」の意味なので〈あえて〉で表現。既にあるものの上に余計なものをつけ加えるさまを表す。

〈あえて〉

屋根状に軽く折り曲げた左手の甲の上に指をすぼめた右手を置く。

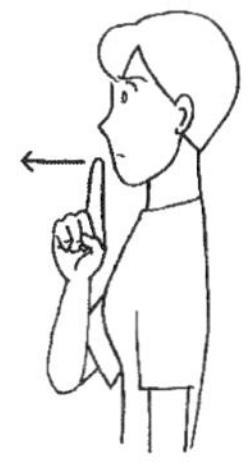

〈言う①〉

右人差指を口元から前に出す。

あお【青】

「きれいな青」

→〈美しい②〉+〈青〉

色名の「青」は〈青〉で表現。〈青〉はひげそりあとの青々した色から生まれた。「青い」「青色」も同じく〈青〉で表現している。

〈美しい②〉

左手のひらをなでるように右手のひらを滑らせる。

〈青〉

右手のひらをほおに軽く当て、後ろに引く。

あ

あおい【青い】1

「青い空」

→〈青〉+〈空〉

例文の「青い」は空の青色を表すもので〈青〉で表現。「青空」も同じ手話表現になる。

〈青〉

右手のひらをほおに軽く当て、後ろに引く。

〈空〉

右手で頭上に弧を描く。

あおい【青い】2

「(ショックで)青くなる」

→(〈驚く③〉+)
〈青くなる①〉
または〈青くなる②〉

例文の「青くなる」は心配などで気持ちが動揺、青ざめる意味なので〈青くなる①〉または〈同②〉で表現。ともに血の気の引くさまを表す。

〈青くなる①〉

ほおに右手甲をつけ、静かにすべりおろす。

〈青くなる②〉

右人差指を軽く曲げて顔の下から上にすばやくあげる。

あおぐ【仰ぐ】1

「空を仰ぐ」

→〈空〉+〈見あげる①〉

例文の「仰ぐ」は見あげる意味なので〈見あげる①〉で表現。見あげる視線の方向と2指は一致して、見あげる方向をさしている。

〈空〉

右手で頭上に弧を描く。

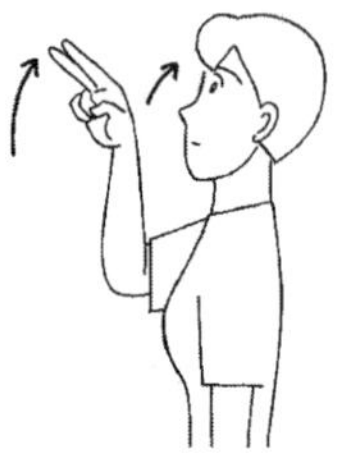

〈見あげる①〉

指先を前に向けた右手2指を上にあげながら視線を上にあげる。

あおぐ【仰ぐ】2

「師と仰ぐ」

→〈教える①〉+〈敬う①〉

例文の「仰ぐ」は尊敬する意味なので〈敬う①〉で表現。〈敬う①〉は「敬う」「尊敬する」意味を持つ。

〈教える①〉

右人差指を口元から斜め下に振りおろす。

〈敬う①〉

左手のひらの上に親指を立てた右手を置き、それを目の上に掲げると同時に頭をさげる。

あおぐ【仰ぐ】3

「顧問に仰ぐ」

→〈顧問〉+〈仰(あお)ぐ①〉

例文の「仰ぐ」は地位や役職に迎える意味なので〈仰ぐ①〉で表現。人に見立てた親指を左手のひらにのせて掲げ敬意を表するさまを表す。

〈顧問〉

右手のひらを右耳に当てる。

〈仰(あお)ぐ①〉

左手のひらの上に親指を立てた右手を置き、軽く頭をさげる。

あおぐ【仰ぐ】4

「教えを仰ぐ」

→〈教わる①〉+〈仰(あお)ぐ②〉

例文の「仰ぐ」はお願いしていただく意味なので〈仰ぐ②〉で表現。〈教わる①〉だけを丁寧に表現することによっても意味は通じる。

〈教わる①〉

右手人差指の先を顔の方に向けて指先で指示されるように動かす。

〈仰(あお)ぐ②〉

目の上から品物を受け取るように手を差し出し、軽く頭をさげる。

あおる【煽る】

「(大衆を)あおる」
→(〈人々①〉+)
〈あおる①〉
または〈あおる②〉

例文の「あおる」は人をそそのかしてそうさせる意味なので〈あおる①〉または〈あおる②〉で表現。いずれも下からあおるさまを表す。

〈あおる①〉
両手のひらで下から風をおこすように繰り返し動かす。

〈あおる②〉
親指を立てた左手を右手でうちわのようにあおぎ、少しずつ上へ上げていく。

あか【赤】1

「あざやかな赤」
→〈はで〉+〈赤〉

例文の「赤」は色名で〈赤〉で表現。〈赤〉は唇の赤を示すところから生まれた。「赤い」「赤色」も同じく〈赤〉で表現する。

〈はで〉
両手のひらを目の前に勢いよく近づける。

〈赤〉
唇に人差指を当て、右へ引く。

あか【赤】2

「赤の他人」
→〈他人〉

例文の「赤の他人」は全く知らない他人を意味するので〈他人〉で表現。〈他人〉は全く知らない、見覚えのない人の場合にだけ使われる。

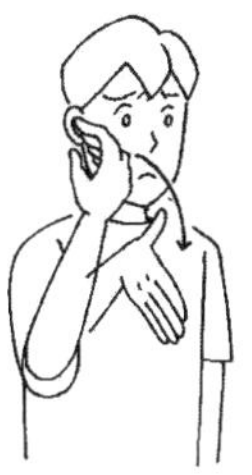

〈他人〉
右手甲をほおに軽く当て、すばやく指先を前にはねる。

あかい【赤い】

「赤い花」
→〈赤〉+〈花①〉
(または〈花③〉)

例文の「赤い」は色を表すので〈赤〉で表現。「赤」「赤色」も同じく〈赤〉で表す。

〈赤〉
唇に人差指を当て、右へ引く。

〈花①〉
両手を合わせてすぼませた指を左右に開く。

あかじ【赤字】1

「赤字を出す」
→〈赤〉+〈線を引く①〉

例文の「赤字」は収入より支出が多いことを意味するので、帳簿に赤線を引くことを表す〈赤〉+〈線を引く①〉で表現。

〈赤〉
唇に人差指を当て、右へ引く。

〈線を引く①〉
左手のひらの上に右手人差指でさっと線を引くようにする。

あかじ【赤字】2

「赤字を入れる」
→〈赤〉+〈チェック〉

例文の「赤字」は校正の時、赤ペンで直すことを意味するので〈赤〉+〈チェック〉と表現。〈チェック〉はその動作から生まれた手話。

〈赤〉
唇に人差指を当て、右へ引く。

〈チェック〉
視線を左手のひらに向け、その上に「レ」を人差指で書く。

あかちゃん【赤ちゃん】

「赤ちゃん」

→〈赤ちゃん〉
　または〈子供①〉

〈赤ちゃん〉は生まれて間もない新生児を、〈子供①〉はやや成長した乳幼児を表すが、どちらも「赤ちゃん」一般を示すこともある。

〈赤ちゃん〉
赤ちゃんを両手でかかえるようにして軽く揺らす。

〈子供①〉
両手のひらを前方に向け、軽く振る。

あかり【明かり】1

「明かりがさす」

→〈光①〉
　または〈光②〉

例文の「明かりがさす」は光がさす意味なので〈光①〉または〈光②〉で表現。光のさす方向によって手の方向は変わるが意味は同じ。

〈光①〉
すぼめた右手を右上から左下に向かって開く。

〈光②〉
肩口ですぼめた右手を斜め下に向かってライトの光線が広がるように開きながらおろす。

あかり【明かり】2

「車のヘッドライトの明かり」

→〈運転〉+〈ヘッドライト〉

例文の「明かり」は〈ヘッドライト〉で表現。〈ヘッドライト〉は点灯してもしなくても表現は同じで、文によってその意味が変わる。

〈運転〉
ハンドルを両手で握り、回すようにする。

〈ヘッドライト〉
左右のすぼめた両手を自動車のヘッドライトの光のように前方に向かって開く。

あかり【明かり】3

「明かりがつく」

→〈明かり①〉
　または〈明かり②〉

例文の「明かり」は電灯などのことなので〈明かり①〉または〈明かり②〉で表現。〈明かり①〉は天井の電灯などから光がさすさまを表す。

〈明かり①〉
額の高さですぼめた右手をぱっと下に向けて開く。

〈明かり②〉
すぼめた両手を下に向けてぱっと開く。

あがる【上がる】1

「旗があがる」

→〈あがる①〉

例文の「旗があがる」は旗が上の方に掲げられる意味。〈あがる①〉は旗が上にあがるさまを表現している。

〈あがる①〉
立てた左手人差指の先に開いた右手を添え、ゆらゆらさせてあげる。

あがる【上がる】2

「階段をあがる」

→〈階段〉+〈登る①〉

例文の「あがる」はのぼる意味なので仮想した階段を足に見立てた右手２指であがるさまを表現。

〈階段〉
階段状に左手を右下から左上にあげる。

〈登る①〉
右手２指を登るようにして左上にあげていく。

あがる【上がる】3

「二階にエレベーターであがる」

→〈二階〉+〈エレベーター〉

〈エレベーター〉は左手で作った床に右手で両足をつけて立つ人を示し、その床があがることでエレベーターがあがることを表す。

〈二階〉

右手２指を弧を描いて上にあげる。

〈エレベーター〉

左手のひらに右手人差指と中指をのせ、上にあげる。

あがる【上がる】6

「船からあがる」

→〈船〉+〈降りる②〉

例文の「あがる」は船から降りることを意味するので〈船〉の左手を残した〈降りる②〉で表現。

〈船〉

両手で船形を作り、前に出す。

〈降りる②〉

船形の左手を残し、右手の人差指と中指を立て、左手の位置から前へ弧を描いて動かす。

あがる【上がる】4

「体温があがる」

→〈体温〉+〈あがる②〉

例文の「あがる」は〈あがる②〉で表現。手話は脇の下に温度計をはさみ、その体温計の水銀柱が上昇するさまを表す。

〈体温〉

右人差指を左脇にはさむ。

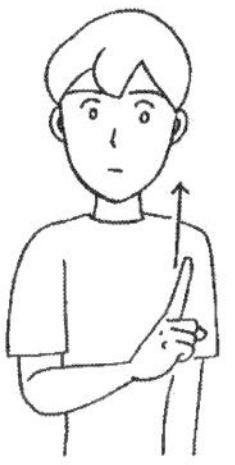

〈あがる②〉

上に向けた右人差指を左脇から上にあげる。

あがる【上がる】7

「スポーツで名があがる」

→〈スポーツ〉+〈有名〉

例文の「名があがる」は有名になる意味なので〈有名〉で表現。

〈スポーツ〉

指先を前に向けて向かい合わせた両手を交互に前に出すように回す。

〈有名〉

左手のひらに右人差指を当て、上にあげる。

あがる【上がる】5

「花火があがる」

→〈花火①〉

例文は〈花火①〉で表現。閉じた両手をあげながら開くことで、花火が打ちあげられたさまを表す。

〈花火①〉

すぼめた両手をあげながら左右に開く。

あがる【上がる】8

「部屋にあがる」

→〈部屋〉+〈あがる③〉

例文の「あがる」は入る意味なので〈部屋〉で示した範囲の中にあがり込むと表現する。

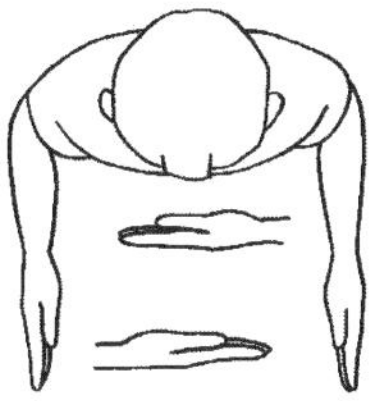

〈部屋〉

両手のひらで前後左右に四角く囲む。

〈あがる③〉

左手のひらの上に人差指と中指を曲げて置く。

あ

あがる【上がる】9

「成績があがる」

→〈成績〉+〈あがる④〉

例文の「あがる」は〈あがる④〉で表現。両手で示したグラフが右にいくにしたがってあがっていくという表現。

〈成績〉

両手の人差指を並べて右人差指を上下させながら右へ動かす。

〈あがる④〉

右人差指を上下させながら右上へあげる。

あがる【上がる】10

「土地の値段があがる」

→〈土〉+〈値上げ④〉

例文の「値段があがる」は値段が高くなることなので〈値上げ④〉で表現。〈値上げ④〉は値段が高くなることを表す。

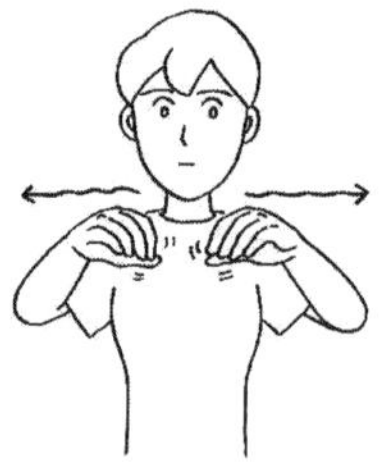

〈土〉

砂や土をこすり落とすようにして両手を左右に開く。

〈値上げ④〉

親指と人差指で作った両手の丸を平行に斜め上にあげる。

あがる【上がる】11

「給料があがる」

→〈給料〉+〈あがる⑤〉

例文の「給料があがる」は〈給料〉の左手をそのままにし、右手の〈あがる⑤〉で表現。〈あがる⑤〉は一般的に金額が高くなることを表す。

〈給料〉

左手のひらに右手親指と人差指で作った丸を添えて手前に引き寄せる。

〈あがる⑤〉

左手のひらの上に右手の親指と人差指で作った丸を置き、小さく弧を描いてあげる。

あがる【上がる】12

「会社での地位があがる」

→〈会社〉+〈あがる⑥〉

例文の「地位があがる」は地位が高くなる意味なので〈あがる⑥〉で表現。人に見立てた親指が段々あがることで地位が高くなることを表す。

〈会社〉

両手の 2 指を交互に前後させる。

〈あがる⑥〉

親指を立てた右手を左下から右上に順にあげる。

あがる【上がる】13

「腕があがる」

→〈技術〉+〈あがる⑦〉

例文は技術が向上することを意味するので〈あがる⑦〉で表現。〈あがる⑦〉は示した〈技術〉が向上することを意味する。

〈技術〉

握った左手首を右手人差指で軽くたたく。

〈あがる⑦〉

左腕の上で指文字〈コ〉を示した右手を順に上にあげる。

あがる【上がる】14

「雨があがる」

→〈雨①〉+〈消える②〉

例文の「あがる」は雨が止む意味なので〈消える②〉で表現。〈消える②〉は雨や光など上の方から下に向かうものが消える意味を持つ。

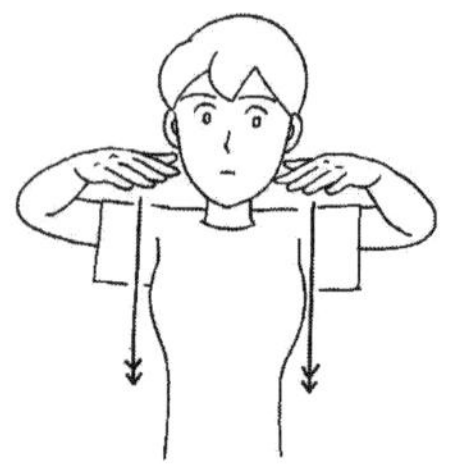

〈雨①〉

軽く開いた指先を前に向け両手を繰り返し下におろす。

〈消える②〉

半開きにした両手のひらを上にあげながら握る。

あがる【上がる】15

「(千円で)あがる」

→(〈千円〉+)
〈解決①〉
または〈終わる〉

例文の「あがる」は支払いがその金額でおさまることを意味。〈解決①〉はものごとが処理できたこと、〈終わる〉は終了したことを意味する。

〈解決①〉
左手のひらの上に右人差指で「×」を大きく書く。

〈終わる〉
両手の親指と４指を上に向け、閉じながら下にさげる。

あがる【上がる】16

「証拠があがる」

→〈証拠〉+〈発見〉

例文の「あがる」は証拠が見つかる意味なので〈発見〉で表現。〈発見〉は隠されたものあるいは隠れていたものを見つける意味がある。

〈証拠〉
左手のひらの上に指先を折り曲げた右手を判を押すようにのせる。

〈発見〉
右手２指の指先を目元からすばやく下におろす。

あがる【上がる】17

「風呂からあがる」

→〈風呂①〉+〈あがる⑧〉

例文の「あがる」は風呂から出る意味なので〈あがる⑧〉で表現。左手を浴槽、右手を足に見立て、浴槽の外に出るさまを表す。

〈風呂①〉
右こぶしで顔をこするようにする。

〈あがる⑧〉
左手の親指と４指で囲んだ中から右手の人差指と中指を外に出す。

あがる【上がる】18

「学校にあがる」

→〈勉強②〉+〈入る①〉

例文の「あがる」は入学する意味なので、〈入る①〉で表現。〈入る①〉は入学や入社などの場合に使われる。

〈勉強②〉
指先を上に向けた両手を並べて軽く前に出す。

〈入る①〉
両手人差指で「入」の字形を作り、倒すように前に出す。

あがる【上がる】19

「試験であがる」

→〈試験〉+〈あせる〉

例文の「あがる」は緊張して、気持ちが高ぶる意味なので〈あせる〉で表現。気持ちが高ぶって落ち着かないことを表す。

〈試験〉
親指を立てた両手を交互に上下させる。

〈あせる〉
腹に当てた開いた両手を物を持ちあげるように上にあげる。

あがる【上がる】20

「書きあがる」

→〈書く①〉+〈終わる〉

例文の「あがる」は動作が終わることを意味するので〈終わる〉で表現。〈終わる〉は、一般的にものごとが終了したことを意味する。

〈書く①〉
左手のひらに右手の親指と人差指で縦に書くようにする。

〈終わる〉
両手の親指と４指を上に向け、閉じながら下にさげる。

あかるい【明るい】1

「空が明るい」
→〈空〉+〈明るい①〉

例文の「明るい」は〈明るい①〉で表現。目の前が明るいさまを表す。〈明るい①〉は「晴れる」の意味も持つ。

〈空〉
右手で頭上に弧を描く。

〈明るい①〉
両手のひらを前に向けて交差させ、ぱっと左右に開く。

あかるい【明るい】2

「前途は明るい」
→〈将来①〉+〈明るい①〉

例文の「明るい」は将来の見通しが明るく開けている意味で〈明るい①〉で表現。〈明るい①〉には心理的な明るさの意味も含まれる。

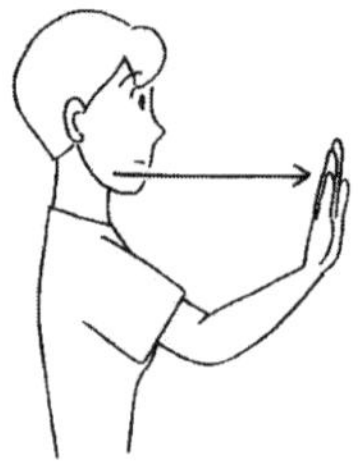

〈将来①〉
右手のひらを前に向けて押すように大きく前に出す。

〈明るい①〉
両手のひらを前に向けて交差させ、ぱっと左右に開く。

あかるい【明るい】3

「明るい政治」
→〈明るい①〉+〈政治〉

例文の「明るい」は明朗で不正のないさまを意味するので〈明るい①〉で表現。〈政治〉は演説を意味する手話から生まれた。

〈明るい①〉
両手のひらを前に向けて交差させ、ぱっと左右に開く。

〈政治〉
左手のひらの上に右ひじを置き、右手指先を伸ばし前後に振る。

あかるい【明るい】4

「明るい表情」
→〈明るい②〉+〈表情②〉
（または〈顔〉）

例文の「明るい」は顔がはればれしたさまを意味する。〈明るい②〉は眉を寄せて困った表情が、解けていくさまを表す。

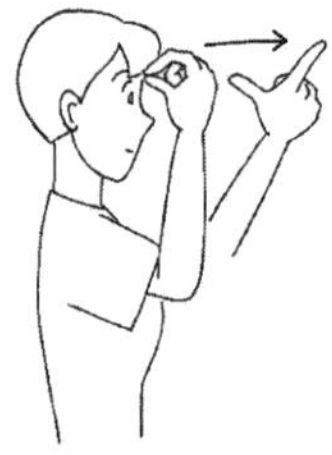

〈明るい②〉
眉間をつまむようにした右手の親指と人差指を前に出しながら開く。

〈表情②〉
軽く開いた両手を顔の両側で上下に動かす。

あかるい【明るい】5

「経済に明るい」
→〈経済〉+〈得意〉

例文の「明るい」はある分野をよく知っている、精通している意味。〈得意〉は、その分野において自信があるさまを表す。

〈経済〉
親指と人差指で作った丸を上下に置き、互い違いに水平に回す。

〈得意〉
親指と小指を立てた右手の親指を鼻に当て、斜め上に出す。

あき【秋】

「読書の秋」
→〈読む①〉+〈涼しい〉

〈涼しい〉は耳元を吹きゆく涼しい風を表現している。〈涼しい〉は同じ形のまま「秋」と「涼しい」の意味に使い分ける。

〈読む①〉
左手のひらを見ながら視線に合わせるように右手２指を動かす。

〈涼しい〉
両手で耳元をあおぐ。

あきす【空き巣】

「空き巣に入る」
→〈空き巣〉+〈する〉

例文は空き巣に入る側の言い方なので〈空き巣〉+〈する〉で表現。〈空き巣〉は左手が家、右手が盗むを表す。

〈空き巣〉
左手を斜めに立てて屋根を作り、その下から曲げた右人差指をさっと右上に動かす。

〈する〉
両こぶしを力を込めて前に出す。

あきらか【明らか】

「結果は明らか」
→〈結ぶ①〉+〈はっきり〉

例文の「明らか」ははっきりしている意味なので〈はっきり〉で表現。〈はっきり〉はものごとの区別が明らかなことを表す。

〈結ぶ①〉
両手の親指と人差指でひもを結ぶようにして左右に開く。

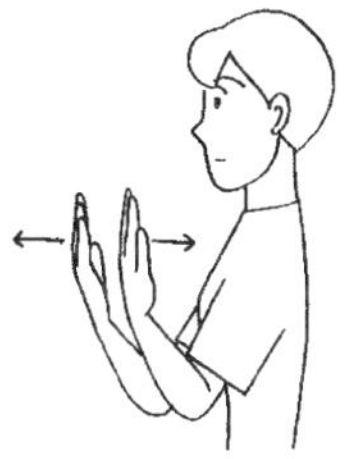

〈はっきり〉
左右の手のひらを並べて前後にすばやく離す。

あきらめる【諦める】1

「(参加を)あきらめる」
→(〈参加①〉+)
〈あきらめる①〉
または〈あきらめる②〉

〈あきらめる①〉は熱が冷めるさまを表し、〈あきらめる②〉は提案したものが押し返されるさまを表し、どちらもものごとを断念する意味。

〈あきらめる①〉
親指と４指を開いた右手を左脇に引きつけながら閉じる。

〈あきらめる②〉
左手のひらに右人差指をのせ、そのまま手のひらを胸に引き寄せる。

あきらめる【諦める】2

「結婚をあきらめる」
→〈結婚〉+〈あきらめる③〉

〈あきらめる③〉は気持ちがしぼみがっかりするさまを表す。がっかりの表情を表す。

〈結婚〉
親指と小指を左右からつける。

〈あきらめる③〉
軽く開いた両手をすぼめながら下におろし、頭をがくりと落とす。

あきる【飽きる】

「(テレビに)あきる」
→(〈テレビ〉+)
〈あきる〉
または〈つまらない〉

「あきる」はものごとに対する熱意が冷めてしまう意味。〈あきる〉は気持ちが落ち込むさま、〈つまらない〉はしらけてしまう気持ちを表す。

〈あきる〉
右親指を胸に当て、すべらせるようにして指先を下に向ける。

〈つまらない〉
顔の前で全指を折り曲げた右手を下におろす。

あきれる【呆れる】1

「ひどさにあきれて物が言えない」
→〈悪い①〉+〈あきれる〉

「あきれて物が言えない」は唖然としてしまう意味。両手こぶしを口に見立て、あきれて口がふさがらないさま、唖然とするさまを表す。

〈悪い①〉
人差指で鼻をこするようにして振りおろす。

〈あきれる〉
両こぶしを合わせて上下に開く。

あ

あきれる【呆れる】2

「(大食いを)見てあきれる」

→(〈たくさん①〉+〈食べる①〉+)〈見る②〉+〈驚く①〉

例文の「あきれる」は驚く、びっくりする意味。〈驚く①〉で表現。〈驚く①〉は人が驚いて飛びあがるさまを表す。

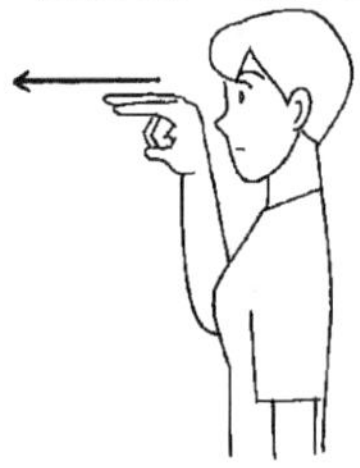

〈見る②〉

目の位置から右手の2指の指先を前に出す。

〈驚く①〉

左手のひらの上に右手2指を立てて飛びあがるようにして2指を離し、またつける。

あく【悪】

「善と悪(を判断する)」

→〈良い〉+〈悪い①〉(+〈判断〉)

「悪」は悪いこと。〈悪い①〉で表現。〈悪い①〉は「だめ」「いけない」など一般的によくないことを表す場合に使われる。

〈良い〉

右こぶしを鼻から前に出す。

〈悪い①〉

人差指で鼻をこするようにして振りおろす。

あく【開く】1

「扉が開く」

→〈開(ひら)く①〉または〈開(ひら)く②〉(または〈開(ひら)く③〉)

例文の「扉が開く」は扉の種類によって表現が変わる。〈開く①〉は左右に開く扉を、〈開く②〉は片開き扉を表す。一般的な「扉があく」は後者でよい。

〈開(ひら)く①〉

手のひらを前に向けて並べて、両手を左右に開く。

〈開(ひら)く②〉

左手のひらにつけた右手を右に開く。

あく【開く】2

「扉が開く」

→(〈開(ひら)く①〉または〈開(ひら)く②〉または)〈開(ひら)く③〉

〈開く③〉は手前に開く両開き扉を表す。その他、扉の種類によって表現が変わるので、特定の扉の開き方を示したい時はそれぞれに工夫する。

〈開(ひら)く③〉

手のひらを前に向けてつき合わせた両手を手前に扉を開くように動かす。

あく【開く】3

「(店が)開く」

→(〈店①〉+)〈開(ひら)く④〉または〈開(ひら)く①〉

「店が開く」は営業や仕事を開始する意味で〈開く④〉または〈同①〉で表現。〈開く④〉はふたを開ける、〈同①〉は扉を開けるさまを表す。

〈開(ひら)く④〉

両手のひらを下に向けて並べ、左右に開く。

〈開(ひら)く①〉

手のひらを前に向けて並べて、両手を左右に開く。

あく【開く】4

「幕が開く」

→〈開(ひら)く⑤〉または〈開(ひら)く①〉

例文の「幕が開く」は芝居などが始まる意味で、〈開く⑤〉または〈開く①〉で表現。幕が上にあがる、また左右に開くさまを表す。

〈開(ひら)く⑤〉

右手を左手のひらにのせ、上にあげる。

〈開(ひら)く①〉

手のひらを前に向けて並べて、閉じた両手を左右に開く。

あく【空く】1

「席が空く」

→〈座る①〉+〈ない④〉

例文の「空く」は空席になる意味で〈空く〉で表現。椅子やベンチなどに誰(何)もいない(ない)ことを表す。

〈座る①〉

椅子に見立てた左手２指に折り曲げた右手２指を座るようにのせる。

〈ない④〉

左手のひらの上で右手を払うようにする。

あく【空く】2

「入れ物が空く」

→〈入れ物〉+〈空(から)〉

例文の「空く」は容器などの中身がからになることを意味するので〈空(から)〉で表現。入れ物によって〈入れ物〉の手の形は変わる。

〈入れ物〉

両手を容器の形のようにわん曲させる。

〈空(から)〉

容器を持ったような左手の中に右手を入れ、軽く振る。

あく【空く】3

「明日は手が空く」

→〈あした〉+〈暇〉

例文の「空く」は暇になる意味なので〈暇〉で表現。〈暇〉は手に何も持っていないさまを表す。

〈あした〉

人差指を立てた右手を頭の横でくるりと回しながら前に出す。

〈暇〉

両手のひらを前に出すようにぱっと開く。

アクセス 1

「アクセス権」

→〈アクセス〉+〈力〉

例文の「アクセス」はある場所や分野に外から入り込むこと、情報を入手し、利用することなので〈アクセス〉で表現。〈目的〉の左手に右手が行くさま。

〈アクセス〉

左こぶしに指先を前方に向けた右手をつける。

〈力〉

こぶしを握った左腕を曲げ、上腕に右人差指で力こぶを描く。

アクセス 2

「データベースにアクセスする」

→〈データ〉+〈連絡①〉

例文の「アクセス」はコンピュータ用語で、記憶装置のデータを参照・呼び出すことなので〈連絡①〉で表現。〈連絡①〉は伝えるさまを表す。

〈データ〉

手のひらを手前に向け立てた左手に、手のひらを手前に向け寝かせた右手を重ねて右に引く。

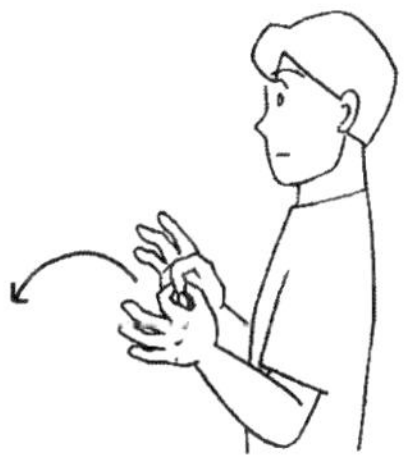

〈連絡①〉

両手の親指と人差指を組んで弧を描いて前に出す。

アクセス 3

「(空港への)アクセス」

→(〈離陸〉+〈場所〉+〈行く①〉+)
〈方法〉または〈アクセス〉

例文の「アクセス」はある所へ行く足の便のことなので〈方法〉または〈アクセス〉で表現。〈方法〉は手だて、手段の意。

〈方法〉

左手甲を右手のひらで軽くたたく。

〈アクセス〉

左こぶしに指先を前方に向けた右手をつける。

あくま【悪魔】

「悪魔」
→〈悪魔〉
または〈鬼〉

〈悪魔〉は西洋の悪魔の髪型を、〈鬼〉は日本の鬼の角を表す。

〈悪魔〉
開いた親指と人差指を額から鼻筋に下ろしながら閉じる。

〈鬼〉
両手人差指を角のように側頭部に当てる。

あくまでも

「あくまでも実行する」
→〈あくまでも〉+〈する〉

「あくまでも」は最後までやりとげようとする意味。〈あくまでも〉は障害物に見立てた左手を右手で力強く押しのけようとするさまを表す。

〈あくまでも〉
左手のひらに右手指先をつけて、ねじるように動かしながら右から左へ動かす。

〈する〉
両こぶしを力を込めて前に出す。

あくよう【悪用】

「(法律を)悪用する」
→(〈規則〉+)
〈悪い①〉+〈利用〉

「悪用」は悪いことに使う意味なので〈悪い①〉+〈利用〉で表現。〈利用〉は自分に都合のよい部分を取ってくるさまを表す。

〈悪い①〉
人差指で鼻をこするようにして振りおろす。

〈利用〉
開いた親指と人差指を手前に引きながら閉じる。

あける【開ける】1

「戸を開ける」
→〈開(あ)ける①〉
または〈開(あ)ける②〉

例文の「戸を開ける」は〈開ける①〉または〈同②〉で表現。〈開ける①〉は引き戸を開けるさまを表す。戸の種類によって開け方が変わる。

〈開(あ)ける①〉
両手をかけてふすまをあけるようにする。

〈開(あ)ける②〉
取っ手を握って手前に開くようにする。

あける【開ける】2

「ドアを開ける」
→〈ドアを開(あ)ける〉
または〈開(あ)ける③〉

例文「ドアを開ける」は手前に開く片開きドアの場合。向こうに開く片開きドア、両開きドアなどそれぞれの場合で表現は変わる。

〈ドアを開(あ)ける〉
右手でドアのノブを持って手前に引くようにする。

〈開(あ)ける③〉
ドアに手をかけて手前に引くようにする。

あける【開ける】3

「ふたを開ける」
→〈開(あ)ける④〉
または〈開(あ)ける⑤〉

例文の「ふたを開ける」は〈開ける④〉または〈開ける⑤〉で表現。いずれもふたを開けるさま。

〈開(あ)ける④〉
指を折り曲げた左手の上に、同様の右手をかぶせるように合わせ、右手を開けるように動かす。

〈開(あ)ける⑤〉
右手でふたをつかみ、開けるようにする。

あ

あける【開ける】4

「きりで穴を開ける」

→〈錐(きり)〉+〈開(あ)ける⑦〉

例文の「きりで穴を開ける」は〈開ける⑦〉で表現。きりで穴を開けるしぐさを示し、次にその結果として穴が開いたさまを表す。

〈錐(きり)〉

きりで穴を開けるしぐさをする。

〈開(あ)ける⑦〉

軽く握った左手の穴の中に右手人差指をつっこむ。

あける【開ける】5

「地面に穴を開ける」

→〈土〉+〈掘る①〉

「地面に穴を開ける」は一般的に穴を掘ること。〈掘る①〉は手で掘るさまを示すが、スコップやドリルなど掘る器具によって表現は変わる。

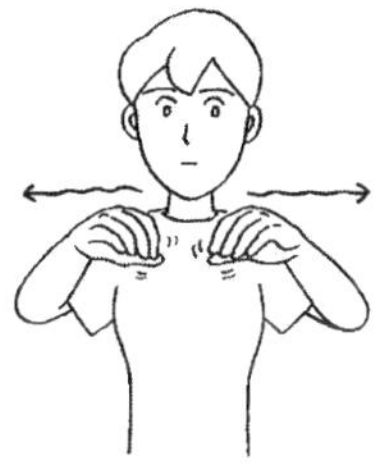

〈土〉

砂や土をこすり落とすようにして両手を左右に開く。

〈掘る①〉

左手で囲った場所を右手で掘るようにする。

あける【空ける】1

「[水などを]空ける」

→〈空(あ)ける〉

「空ける」はバケツなど容器を傾けて水などの内容物を出す意味。〈空ける〉は水を捨てるさまを示す。容器や内容物によって表現は変わる。

〈空(あ)ける〉

器を両手で持ち、

傾ける。

あける【空ける】2

「家を空ける」

→〈家〉+〈留守〉

例文の「空ける」は家などを留守にする意味なので〈留守〉で表現。〈留守〉の右手は家の中に誰もいないことを表す。

〈家〉

両手で屋根形を作る。

〈留守〉

左手で屋根形を作り、その下で右手を水平に回す。

あける【明ける】1

「夜が明ける」

→〈日が昇る〉+〈明るい①〉

例文は〈日が昇る〉+〈明るい①〉でも、〈日が昇る〉だけでも、文脈によっては〈明るい①〉だけでも表現できる。

〈日が昇る〉

左手のひらの下をくぐって右手の親指と人差指で作った閉じない丸を上にあげる。

〈明るい①〉

両手のひらを前に向けて交差させ、ぱっと左右に開く。

あける【明ける】2

「年が明ける」

→〈正月①〉+〈明るい①〉

例文の「年が明ける」は新年を迎えた意味で〈正月〉+〈明るい①〉で表現する。手話は元旦の夜が明けた意味を表す。

〈正月①〉

両手人差指を上下に向き合わせるように動かす。

〈明るい①〉

両手のひらを前に向けて交差させ、ぱっと左右に開く。

あ

あげる【上・挙げる】1

「旗をあげる」

→〈旗〉+〈あげる①〉

例文の「旗をあげる」は旗をポールなどに高く掲げる意味。〈あげる①〉はひもをたぐって旗をあげていくさまを表す。

〈旗〉

左人差指の先に右手をつけて指を揺らす。

〈あげる①〉

両手で握って下へ引くようにする。

あげる【上・挙げる】2

「マッチで(火をつけて)花火をあげる」

→〈マッチ〉+〈花火①〉

例文は〈マッチ〉+〈花火①〉で表現。手話はマッチを擦って火をつけて花火を打ちあげるさまを表す。

〈マッチ〉

左手でマッチの箱を持ち、右手にマッチ棒を持って擦るようにする。

〈花火①〉

すぼめた両手をあげながら左右に開く。

あげる【上・挙げる】3

「船荷をあげる」

→〈船〉+〈あげる②〉

例文の「あげる」は荷降ろしする意味なので〈あげる②〉で表現。クレーンで船から荷降ろしするさまを表す。

〈船〉

両手で船形を作り、前に出す。

〈あげる②〉

〈船〉の左手を残し、右手でそこから荷物をつかみおろすようにする。

あげる【上・挙げる】4

「野球で名をあげる」

→〈野球①〉+〈有名〉

例文の「名をあげる」は有名になる意味なので〈有名〉で表現。〈有名〉は名があがること、有名なことを意味している。

〈野球①〉

バットを握って振るようにする。

〈有名〉

立てた左手のひらに右人差指を当て、上へあげる。

あげる【上・挙げる】5

「部屋にあげる」

→〈部屋〉+〈迎える〉

例文の「あげる」は迎え入れる意味なので〈迎える〉で表現。〈迎える〉はどうぞお入り下さいというしぐさで歓迎する意味を表す。

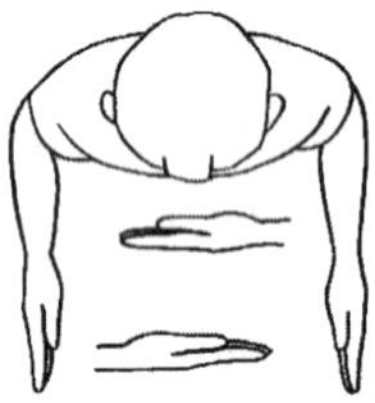

〈部屋〉

両手のひらで前後左右に四角く囲む。

〈迎える〉

両手のひらを上に向け、右から左へ招くように手を動かす。

あげる【上・挙げる】6

「利益をあげる」

→〈もうける①〉
　または〈もうける②〉

例文の「利益をあげる」はもうけるの意味なので〈もうける①〉または〈同②〉で表現。どちらもうまく手にできたものを意味している。

〈もうける①〉

軽く曲げた右手を下から上にすばやく引きあげる。

〈もうける②〉

両手のひらを上下に向かい合わせて手前にすばやく引きあげる。

あげる【上・挙げる】7

「本の値段をあげる」

→〈本〉+〈あがる⑤〉

例文の「あげる」は物の価格を高くすること。〈あがる⑤〉で表現。右手の〈金（かね）〉を上にあげることによって値段のあがったことを示す。

〈本〉

両手のひらを合わせて本を開くように左右に開く。

〈あがる⑤〉

左手のひらの上に右手の親指と人差指で作った丸を置き、小さく弧を描いてあげる。

あげる【上・挙げる】8

「会社での地位をあげる」

→〈会社〉+〈あがる⑥〉

例文の「地位をあげる」は地位を高くする意味。〈あがる⑥〉は一般的に地位をあげていくさまを表す。

〈会社〉

両手の 2 指を交互に前後させる。

〈あがる⑥〉

親指を立てた右手を左下から右上に順にあげる。

あげる【上・挙げる】9

「腕をあげる」

→〈技術〉+〈あがる⑦〉

例文の「腕をあげる」は技術などがのびること。〈あがる⑦〉はのびる意味。動作によってあがるレベルやスピードを表すことができる。

〈技術〉

握った左手首を右手人差指で軽くたたく。

〈あがる⑦〉

左腕の上で指文字〈コ〉を示した右手を順に上にあげる。

あげる【上・挙げる】10

「（千円で）あげる」

→（〈千円〉+）
〈終わる〉
または〈解決①〉

例文の「あげる」はある金額以内で済ませる意味なので〈終わる〉または〈解決①〉で表現。どちらも無事に解決したことを意味している。

〈終わる〉

両手の親指と 4 指を上に向け、閉じながら下にさげる。

〈解決①〉

左手のひらの上に右人差指で「×」を大きく書く。

あげる【上・挙げる】11

「酔ってあげる」

→〈酔う〉+〈吐く〉

例文の「あげる」は吐く意味なので〈吐く〉で表現。〈吐く〉は胃の内容物を吐いて気持ちの悪い様子を表す。

〈酔う〉

両手の人差指の先を目に向けて回す。

〈吐く〉

胸元に当てた手を下から上げ、口元から出すようにする。

あげる【上・挙げる】12

「仕事に全力をあげる」

→〈仕事〉+〈一途①〉

例文はある限りの力を集中する意味なので〈一途①〉で表現。これは脇目もふらずにものごとに集中するさまを表す。

〈仕事〉

手のひらを上に向け、向かい合わせた両手指先を繰り返しつき合わせる。

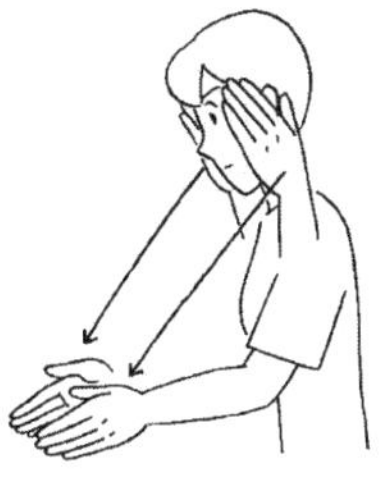

〈一途①〉

両手のひらをこめかみ付近から斜め前に絞り込むようにおろす。

あ

あげる【上・挙げる】13

「候補をあげる」

→〈候補〉+〈言う②〉

例文の「あげる」は人の名前を言う、あるいは提案するなどの意味なので〈言う②〉で表現するが、「あげる」仕方によって手話は変わる。

〈候補〉
右手の親指と人差指で左肩から右下へたすきを描くようにする。

〈言う②〉
右人差指を口元から繰り返し前に出す。

あげる【上・挙げる】14

「(結婚)式をあげる」

→(〈結婚〉+)
〈式〉+〈する〉

例文の「あげる」は行う意味なので〈する〉で表現。〈する〉はものごとを実行する意味がある。

〈式〉
握った両手を巻物を開くように左右に広げる。

〈する〉
両こぶしを力を込めて前に出す。

あげる【上・挙げる】15

「本をあげる」

→〈本〉+〈与える①〉

例文の「あげる」は与える意味なので〈与える①〉で表現。〈与える①〉は両手で表現して丁寧さを表す。片手の場合はぞんざいな表現。

〈本〉
両手のひらを合わせて左右に開く。

〈与える①〉
両手のひらを上に向け並べて前に差し出す。

あげる【上・挙げる】16

「(本を)読んであげる」

→(〈本〉+)
〈読む①〉+〈与える①〉

例文の「あげる」はある動作を人にしてやる意味で、〈与える①〉で表現。片手でも表現できるが幾分ぞんざいにみえる。

〈読む①〉
左手のひらを見ながら視線に合わせるように右手2指を動かす。

〈与える①〉
両手のひらを上に向け並べて前に差し出す。

あげる【上・挙げる】17

「書きあげる」

→〈書く①〉+〈終わる〉

例文の「あげる」は動作を終わらせる意味なので〈終わる〉で表現。〈終わる〉はものごとが終了したことを示す。

〈書く①〉
左手のひらに右手の親指と人差指で縦に書くようにする。

〈終わる〉
両手の親指と4指を上に向け、閉じながら下にさげる。

あご【顎】1

「あごが痛い」

→〈あご〉+〈痛い①〉

例文の「あご」は〈あご〉で表現。あごのさまを表す。

〈あご〉
「コ」の字形にした右手をあごに当てる。

〈痛い①〉
全指を折り曲げた右手を痛そうに振る。

あご【顎】2

「人をあごで使う」

→〈人々①〉+〈指示〉

例文の「あごで使う」は慣用句でえらそうな態度で人を使うことなのでいばった表情をしながら〈指示〉で表現。〈指示〉は指図するさまを表す。

〈人々①〉

両手の親指と小指を立てて揺らしながら左右に開く。

〈指示〉

顔を上に向けいばったような表情で右人差指を左右に突き刺すように前に出す。

あご【顎】3

「走り疲れてあごを出す」

→〈走る〉+〈疲れる〉

例文の「あごを出す」は慣用句で疲れることなので〈疲れる〉で表現。

〈走る〉

両手を握って走るようにこぶしを上下させる。

〈疲れる〉

両手指先を胸に軽く当てて下に振り落とすようにだらりとさげる。

あこがれる【憧れる】

「彼にあこがれる」

→左〈男〉上方+〈あこがれる〉

「あこがれる」は思いを寄せる意味。手話はあこがれの対象を左手で示し、それに向かって思いを示す右手を近づけていくさまを表す。

左〈男〉上方

左手親指を立てる。

〈あこがれる〉

左親指に右手をひらひらさせながら近づける。

あさ【朝】

「明日の朝」

→〈あした〉+〈朝〉

〈朝〉は枕に見立てた右手こぶしをはずして起きるさまで表現。

〈あした〉

人差指を立てた右手を頭の横でくるりと回しながら前に出す。

〈朝〉

こめかみ付近に当てた右こぶしをすばやく下におろす。

あさ【麻】

「麻の着物」

→〈麻〉+〈着物〉

「麻」は〈麻〉で表現。〈麻〉は荒い編み目を表す。

〈麻〉

指先を右に向け手のひらを手前に向けた左手に右手を立てて当て、軽く上下に動かす。

〈着物〉

着物のえりを合わせるように右手と左手を順番に胸で重ねる。

あさい【浅い】1

「浅い池」

→〈池〉+〈浅い〉

例文の「浅い」は水の深さが少ない意味なので〈浅い〉で表現。手話は水深の程度によって変化する。

〈池〉

左手の親指と4指で囲むように出し、その中で手のひらを上に向けた右手を回す。

〈浅い〉

左手のひらに右手のひらを下から近づける。

あさい【浅い】2

「浅い箱」

→〈箱①〉+〈薄い①〉

例文の「浅い」は厚みが薄い意味なので〈薄い①〉で表現。薄さの程度によって手話は変化する。

〈箱①〉
指先を曲げた両手を上下に重ねる。

〈薄い①〉
親指と４指でものをはさむようにして、その間をせばめる。

あさい【浅い】3

「(経験が)浅い」

→(〈経験〉+)
〈不足〉
または〈貧しい①〉

例文の「浅い」は十分でない意味なので〈不足〉または〈貧しい①〉で表現。どちらの手話も不足や足りないことを表す。

〈不足〉
左手のひらを右人差指でほじくるようにする。

〈貧しい①〉
右手親指をあごに当てる。

あさい【浅い】4

「浅い緑」

→〈緑〉+〈薄い②〉

例文の「浅い」ははっきりとせず、ぼんやりした意味なので〈薄い②〉で表現。目の前がぼんやりしてはっきりしないさまを表す。

〈緑〉
指先を右へ向けた左手の手前を甲側を前にした右手を右へ動かす。

〈薄い②〉
手のひらを前方に向け、目の前で軽く振る。

アサガオ【朝顔】

「アサガオ」

→〈つる〉+〈花②〉

「アサガオ」は〈つる〉+〈花②〉で表現。〈つる〉はつるが巻くさま、〈花②〉はアサガオが咲くさまを表す。

〈つる〉
右人差指を立てて小さく回転させながらあげていく。

〈花②〉
すぼめた右手を回転させながら開く。

あさって【明後日】

「あさって帰る」

→〈あさって〉+〈帰る〉

「あさって」は二日後の意味。数字２を頭の横から未来を表す前方へ出して〈あさって〉を表す。

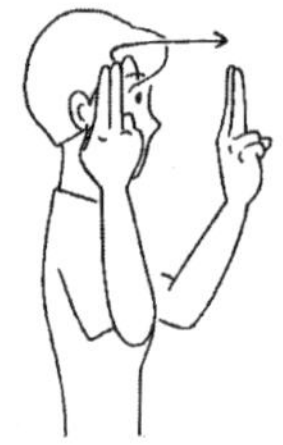

〈あさって〉
２指を頭の横でくるりと回転させながら前に出す。

〈帰る〉
親指と４指を開いた右手を前に出しながら閉じる。

あさはか【浅はか】

「浅はかな考え」

→〈考える〉+〈あさはか〉

例文は考えが浅い、足りない意味なので〈あさはか〉で表現。〈考える〉の位置で〈不足〉の手の形と動きを利用して表す。

〈考える〉
右人差指を頭にねじこむようにする。

〈あさはか〉
こめかみ付近を人差指でほじくるようにする。

あさひ【朝日】

「朝日がのぼる」
→〈日が昇る〉
　または〈太陽〉

「朝日がのぼる」は〈日が昇る〉または〈太陽〉で表現。いずれも水平線などから太陽が上にのぼっていくさまを表す。

〈日が昇る〉
左手のひらの下をくぐって右手の親指と人差指で作った閉じない丸を上にあげる。

〈太陽〉
両手の親指と人差指を向かい合わせて大きな丸を作り、上にあげる。

あざやか【鮮やか】

「あざやかな赤」
→〈はで〉+〈赤〉

例文の「あざやか」は見た目に強くはっきり印象を与えるさまを意味するので〈はで〉で表現。はっきり、強く目にうつるさまを表す。

〈はで〉
両手のひらを目の前に勢いよく近づける。

〈赤〉
唇に人差指を当て、右へ引く。

あざむく【欺く】

「彼を欺く」
→〈彼〉+〈ごまかす③〉

例文は彼をだます意味なので〈ごまかす③〉で表現。これは〈キツネ〉の手話を回転したもの。

〈彼〉
左親指を右人差指でさす。

〈ごまかす③〉
左親指に向かって親指と中指と薬指を閉じた右手を小さく回す。

アサリ【浅蜊】

「アサリのパスタ」
→〈アサリ〉+〈スパゲッティ〉

「アサリ」は貝の一種で〈アサリ〉で表現。〈アサリ〉はアサリの貝殻の模様を表す。

〈アサリ〉
少し丸めた左手の甲に右手を乗せ、左の指に沿って右に引く。

〈スパゲッティ〉
右手３指をやや下に向けてねじるようにする。

あさめしまえ【朝飯前】

「（修理なんか）朝飯前だ」
→（〈直す〉+）
　〈朝飯前〉または〈簡単〉

例文の「朝飯前」は大変簡単にできる意味なので〈朝飯前〉または〈簡単〉で表現。手話はどちらも容易に処理できることを表す。

〈朝飯前〉
手のひらの上にのったものを吹き飛ばすように軽く息を吹きかける。

〈簡単〉
右人差指をあごに当て、次に左手のひらの上に落とすようにつける。

あさる【漁る】

「（古い）本をあさる」
→（〈古い〉+）
　〈本〉+〈あさる〉

例文の「あさる」は捜し求める意味なので〈あさる〉で表現。〈あさる〉はあちこちに目を配ってさがすさまを表す。

〈本〉
両手のひらを合わせて本を開くように左右に開く。

〈あさる〉
両手の親指と人差指で丸を作り、目の前でくるくる回す。

あし【足・脚】1

例文の「足」は〈足①〉で表現。〈足①〉は人の足を表す。

「足が痛い」

→〈足①〉+〈痛い①〉

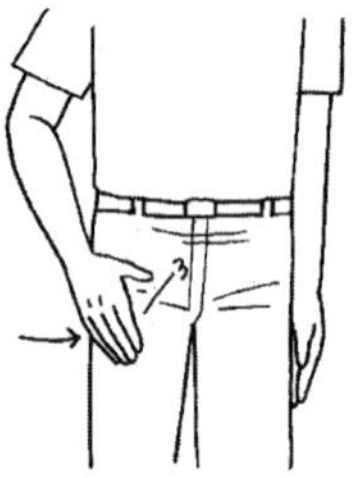

〈足①〉

右手指先で足にふれる。

〈痛い①〉

全指を折り曲げた右手を痛そうに振る。

あし【足・脚】2

例文の「足」は体の部分なので〈足②〉で表現。

「足を骨折した」

→〈足②〉+〈折る①〉

〈足②〉

膝より下を指さす。

〈折る①〉

両こぶしの親指側を合わせ、折るようにする。

あし【足・脚】3

例文の「足」は足首なので〈足③〉で表す。

「足をねんざする」

→〈足③〉+〈ねんざ③〉

〈足③〉

足首を指さす。

〈ねんざ③〉

左手のひらに右こぶしを当て、ひねる。

あし【足・脚】4

例文は慣用句で歩き続けたり立ち続けたりして足がこわばる、ひどく疲れることなので〈歩く①〉+〈疲れる〉で表現。

「足が棒になる」

→〈歩く①〉+〈疲れる〉

〈歩く①〉

右手2指を歩くように交互に前後させながら前に出す。

〈疲れる〉

両手指先を胸に軽く当てて下に振り落とすようにだらりとさげる。

あし【足・脚】5

例文は慣用句である職業や境遇から抜け出し止めることなので〈とめる〉で表現。〈とめる〉は断ち切るさまを表す。

「やくざから足を洗う」

→〈やくざ②〉+〈とめる〉

〈やくざ②〉

左上腕で全指を曲げた右手首を返すようにあげる。

〈とめる〉

左手のひらの上に右手を振りおろす。

あし【足・脚】6

例文は慣用句で腐りやすいことなので〈臭い〉+〈あっけない②〉で表現。〈あっけない②〉はシャボン玉がはじけてあっけないさまを表す。

「足が早い」

→〈臭(くさ)い〉+〈あっけない②〉

〈臭(くさ)い〉

右手の親指と人差指で鼻をつまむ。

〈あっけない②〉

指を半開きにした両手を下に向け振る。

あし【足・脚】7

「［宴会で］足が出る」
→〈赤〉+〈線を引く①〉

例文は慣用句で赤字になることなので〈赤〉+〈線を引く①〉で表現。〈赤〉は唇の赤、〈線を引く①〉は帳簿に赤線を引くさまを表す。

〈赤〉
唇に人差指を当て、右へ引く。

〈線を引く①〉
左手のひらの上に右人差指でさっと線を引くようにする。

あし【足・脚】8

「遠くまで足を伸ばす」
→〈遠い②〉+〈行(い)く①〉

例文の「足を伸ばす」は慣用句でさらに遠くまで行くことなので〈遠い②〉+〈行く①〉で表現。

〈遠い②〉
親指と人差指を閉じた右手を肩から開きながら前に出す。

〈行(い)く①〉
右人差指を下に向けて、振りあげるように前をさす。

あし【足・脚】9

「足の便が悪い」
→〈交通〉+〈不便〉

例文の「足」は交通のことなので〈交通〉で表現。〈交通〉は車が行き交うさまを表す。

〈交通〉
両手のひらを前後に重なるように左右に動かす。

〈不便〉
右手のひらをあごに当てて前にはじき出す。

あし【足・脚】10

「彼はみんなの足を引っ張る」
→〈彼〉+〈邪魔①〉

例文の「足を引っ張る」は慣用句で物事の進行の邪魔をすることなので〈邪魔①〉で表現。〈邪魔①〉は目の上のたんこぶを表す。

〈彼〉
左親指を右人差指でさす。

〈邪魔①〉
右手指先を額に繰り返し当てる。

アジ【鯵】

「アジのフライ」
→〈アジ〉+〈テンプラ〉

「アジ」は〈アジ〉で表現。〈アジ〉はぜんごというろこの変形した突起を取り除くさまを表す。

〈アジ〉
手のひらを下にした左手の指先から右手を斜めにして小刻みに前後しながら左に動かす。

〈テンプラ〉
右手2指を手首を軸にくるくる回す。

あじ【味】

「(料理の)味」
→(〈料理〉+)
〈味①〉または〈味②〉

例文の「味」は味覚の味を表すので〈味①〉または〈味②〉で表現。舌で味をみるさまを表す。

〈味①〉
右人差指で舌の先にふれるようにする。

〈味②〉
右人差指で口を指す。

アジア

「アジア」

→〈アジア〉

地域名「アジア」は〈アジア〉で表現。Asia（アジア）の頭文字Aをとって指文字〈A〉をアレンジした国際的に通用する手話。

〈アジア〉

指文字〈ア〉を左から右へ弧を描くように動かす。

アジサイ【紫陽花】

「紫のアジサイ」

→〈紫〉+〈アジサイ〉

「アジサイ」は〈アジサイ〉で表現。〈アジサイ〉は右手でアジサイの細かい花のさまを表す。

〈紫〉

親指と人差指を立てた右手の人差指を唇に沿って右へ動かす。

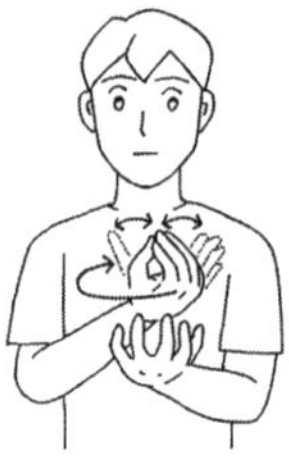

〈アジサイ〉

軽く折り曲げ手のひらが上向きの左手の上で右5指を開いたりすぼめたりしながら回転させる。

アシスタント

「アシスタントの女性」

→〈助ける①〉+〈女〉

例文の「アシスタント」は助手の意味。この場合は女性なので〈助ける①〉+〈女〉と表現。助手が男性の場合は〈男〉になる。

〈助ける①〉

親指を立てた左手の後ろを右手のひらで軽く後押しする。

〈女〉

右小指を立てる。

あした【明日】

「あしたは雨です」

→〈あした〉+〈雨①〉

例文の「あした」は一日後の意味なので、数字1を頭の横から未来を表す前方へ出して〈あした〉を表現。「あす」「みょうにち」も同じ手話。

〈あした〉

人差指を立てた右手を頭の横でくるりと回しながら前に出す。

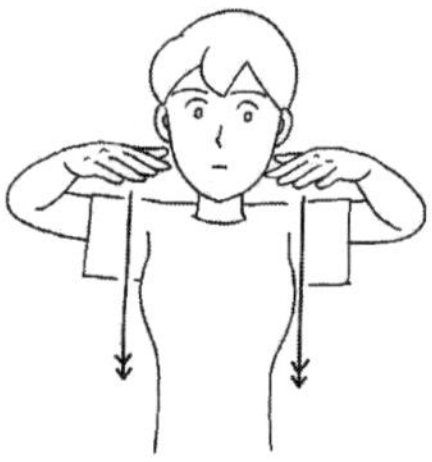

〈雨①〉

軽く開いた指先を前に向け両手を繰り返し下におろす。

あじつけ【味付け】

「味付け（が良い）」

→〈味①〉（または〈味②〉+）〈入れる④〉
（+〈良い〉）

「味付け」は〈味①〉または〈味②〉+〈入れる④〉で表現。〈味①〉は味見をするさま、〈入れる④〉は味見した人差指を入れるさまを表す。

〈味①〉

右人差指で舌の先にふれるようにする。

〈入れる④〉

人差指を右、左の順に振りおろす。

あずかる【預かる】1

「子供を預かる」

→〈子供②〉+〈責任①〉

例文の「預かる」は頼まれた子供を責任をもって世話する意味なので〈責任①〉で表現。〈責任①〉は荷物を肩にのせるところから生まれた。

〈子供②〉

右手のひらを左から順番に置くように移動する。

〈責任①〉

右肩に軽く全指を折り曲げた右手をのせる。

あずかる【預かる】2

「台所を預かる」
→〈料理〉+〈責任①〉

例文の「預かる」は仕事などを担当する意味なので〈責任①〉で表現。〈責任①〉は担当するという意味も持つ。

〈料理〉
左手で押さえ、右手で刻むようにする。

〈責任①〉
右肩に軽く全指を折り曲げた右手をのせる。

あずかる【預かる】3

「(辞表を)預かる」
→(〈辞(や)める〉+〈四角②〉+)
〈もらう②〉+〈隠す〉

例文の「預かる」は保留する、手元に止める意味なので〈もらう②〉+〈隠す〉で表現。〈隠す〉はしまっておく意味がある。

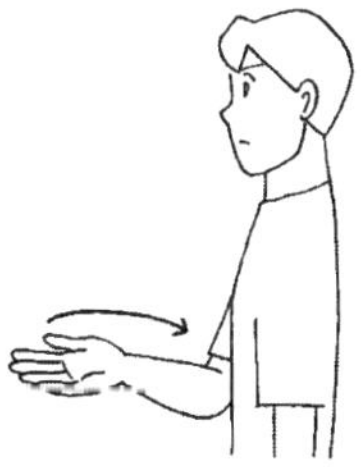

〈もらう②〉
右手のひらを上にして手前に引き寄せる。

〈隠す〉
左手のひらの下に右手をもぐり込ませる。

あずき【小豆】

「小豆」
→〈赤〉+〈豆〉

「小豆」は赤い豆なので〈赤〉+〈豆〉と表現。なお「小豆」は古くは「赤豆」と書いた。

〈赤〉
唇に人差指を当て、右へ引く。

〈豆〉
両手の親指と人差指で小さな丸を作り、交互に上下させる。

あずける【預ける】1

「(銀行に)金を預ける」
→(〈銀行〉+)
〈金(かね)①〉+〈貯金〉

例文の「預ける」は貯金の意味なので〈貯金〉で表現。〈貯金〉は通帳にスタンプを押してもらうところから生まれた手話。

〈金(かね)①〉
右手の親指と人差指で作った丸を示す。

〈貯金〉
左手のひらの上に右こぶしの小指側で判をつくように当てながら前に出す。

あずける【預ける】2

「子供を預ける」
→〈子供②〉+〈任せる①〉

例文の「預ける」は人に委ねる意味なので〈任せる①〉で表現。〈任せる①〉は〈責任〉とは逆に肩代わりさせるところから生まれた手話。

〈子供②〉
右手のひらを左から順番に置くように移動する。

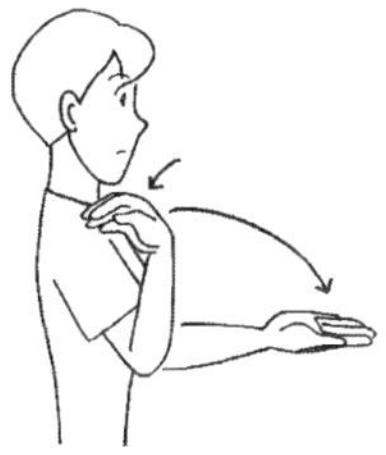

〈任せる①〉
右肩にのせた右手を前に出す。

あずける【預ける】3

「台所を預ける」
→〈料理〉+〈任せる①〉

例文の「預ける」は仕事などの責任を任せる意味なので〈任せる①〉で表現。手話は自分の責任を他人に肩代わりさせる意味。

〈料理〉
左手で押さえ、右手で刻むようにする。

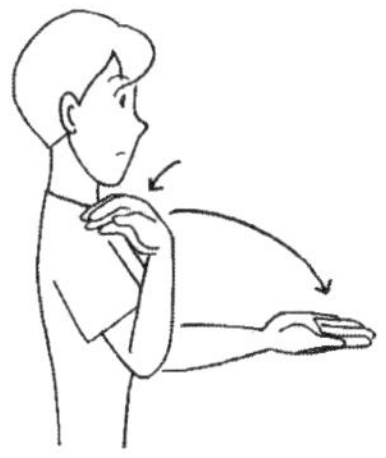

〈任せる①〉
右肩にのせた右手を前に出す。

あ

あずける【預ける】4

「彼女に下駄を預ける」

→〈彼女〉+〈任せる②〉

例文の「下駄を預ける」は慣用句で処置などを一任することなので〈任せる②〉で表現。〈任せる②〉は左手の彼女に任せるさまを表す。

〈彼女〉

左小指を右人差指でさす。

〈任せる②〉

右手を肩にのせて前に出す。

アスパラガス

「白アスパラガス」

→〈白〉+〈アスパラガス〉

「アスパラガス」は〈アスパラガス〉で表現。〈アスパラガス〉はアスパラガスの形を表す。

〈白〉

右人差指で前歯を指さし、左へ引く。

〈アスパラガス〉

指先をつまんだ左手を立て、その手のひらに右人差指をつける。

あせ【汗】1

「汗をかく」

→〈汗①〉
　または〈汗②〉

例文の「汗をかく」は〈汗①〉または〈汗②〉で表現。額から汗が流れるさまを表す。汗のかき方によって表現は変わる。

〈汗①〉

両手指を顔に向け、暑いという表情をしながら下におろす。

〈汗②〉

親指と人差指でつまんだ両手を揺らしながら額からほおにおろす。

あせ【汗】2

「冷や汗が出る」

→〈青くなる③〉+〈汗②〉

例文の「冷や汗」はひやひやして出る汗の意味。〈青くなる③〉+〈汗②〉で表現するが、表情はその気持ちを表す。

〈青くなる③〉

人差指を青虫のように屈伸させながら目を見開いた顔面中央をはうようにあげる。

〈汗②〉

親指と人差指でつまんだ両手を揺らしながら額からほおにおろす。

あせ【汗】3

「(仕事に)汗を流す」

→(〈仕事〉+)
　〈苦労〉
　または〈面倒〉

例文の「汗を流す」は体を使って苦労をいとわず仕事をする意味なので〈苦労〉または〈面倒〉で表現。どちらも苦労する意味。

〈苦労〉

左腕を右こぶしで軽くたたく。

〈面倒〉

側頭部を右こぶしで軽くたたく。

あせ【汗】4

「風呂で汗を流す」

→〈風呂①〉
　または〈シャワー〉

例文の「汗を流す」は風呂で汗を洗い流す、体を洗う意味なので〈風呂①〉または〈シャワー〉で表現。

〈風呂①〉

右こぶしで顔をこするようにする。

〈シャワー〉

すぼめた両手を頭の上から体に向けて繰り返し開く。

アセスメント

「(環境)アセスメント」
→(〈環境〉+)
〈ア〉+〈評価〉

「アセスメント」は評価・査定のことなので〈ア〉+〈評価〉で表現。〈評価〉は目の横でお金を上下することで価値を見ることを表す。

〈ア〉
指文字〈ア〉を目の端に置く。

〈評価〉
目の横で丸を作った右手を上下に動かす。

あせも

「夏にあせもができる」
→〈暑い①〉+〈あせも〉

「あせも」は〈あせも〉で表現。〈あせも〉は首にできた湿疹を表す。

〈暑い①〉
うちわであおぐようにする。

〈あせも〉
指を折り曲げた右手を首の左から右にたたきながら動かす。

あせる【焦る】

「(締め切りを)あせる」
→(〈締め切り〉+〈迫る①〉+)
〈あせる〉
または〈あわてる〉

例文の「あせる」は早く実現したくて落ち着きを失う意味なので〈あせる〉または〈あわてる〉で表現。手話は気持ちが落ち着かないさまを表す。

〈あせる〉
腹に当てた開いた両手を物を持ちあげるように上にあげる。

〈あわてる〉
手のひらを上に向けた両手の指先を向かい合わせて交互に上にあげる。

あそこ 1

「あそこに見えるビルは…」
→〈あれ①〉+〈ビル①〉

例文の「あそこ」は自分からも相手からも離れている場所をさすことばなので〈あれ①〉で表現。〈あれ①〉は斜め上を指さす。

〈あれ①〉
斜め上を指さす。

〈ビル①〉
両手のひらを向かい合わせて上にあげ、閉じる。

あそこ 2

「あそこにまた(行きたい)」
→〈あれ①〉+〈また〉
(+〈行く①〉+〈好き①〉)

例文の「あそこ」は相手も知っている、または場所の名が思い出せない、などの場所を示すことばなので〈あれ①〉で表現。

〈あれ①〉
右人差指で右斜め上をさし、少し振る。

〈また〉
2指を出した右手の手首を返して甲側を示す。

あそこ 3

「あそこまで言わなくてもいいのに」
→〈言う②〉+〈いらない〉

例文の「あそこまで」は程度をさし示すことばなので手話単語には表現せず、表情で表す。

〈言う②〉
右人差指を口元から繰り返し前に出す。

〈いらない〉
手前に引き寄せた両手を前にはじくように開く。

あそこ 4

「あそこで（ホームランがほしかった）」
→〈それ〉+〈時①〉
（+〈ホームラン〉+〈好き①〉）

例文の「あそこ」はある時点をさし示すことばなので〈それ〉+〈時①〉で表現。

〈それ〉
右人差指で前にある物をさす。

〈時①〉
左手のひらに右親指を当て、右人差指を時計の針のように回す。

あたえる【与える】1

「賞状を与える」
→〈四角①〉+〈与える①〉

例文の「与える」は物を相手の方へ渡す意味なので〈与える①〉で表現。両手を使うことによって改まった丁寧さを表す。

〈四角①〉
両手の人差指で四角を描く。

〈与える①〉
両手のひらを上に向け並べて前に差し出す。

あそぶ【遊ぶ】1

「一人で遊ぶ」
→〈自分一人〉+〈遊ぶ①〉

例文の「遊ぶ」は〈遊ぶ①〉で表現。〈遊ぶ①〉は自由に振る舞うさまを表す。各地でいろいろな表現があるが〈遊ぶ①〉がほぼ共通して使われる。

〈自分一人〉
右人差指を胸に当て、前にはねあげる。

〈遊ぶ①〉
人差指を立てた両手を交互に前後に軽く振る。

あたえる【与える】2

「仕事を与えてやる」
→〈仕事〉+〈与える②〉

例文の「与えてやる」は「与える」よりもぞんざいなさまなので〈与える②〉で表現。

〈仕事〉
手のひらを上に向け、向かい合わせた両手指先を繰り返しつき合わせる。

〈与える②〉
右手のひらを上に向けて前に出す。

あそぶ【遊ぶ】2

「（土地が）遊んでいる」
→（〈土〉+）
〈捨てる②〉+〈そのまま〉

例文は利用されずに放置されている意味なので〈捨てる②〉+〈そのまま〉と表現。手話はかえりみられることなく放っておかれるさまを表す。

〈捨てる②〉
握った両手を斜め前に投げ出すようにして開く。

〈そのまま〉
両手のひらを下にして同時に軽く押さえる。

あたえる【与える】3

「彼にお金を与える」
→〈金（かね）②〉+〈与える③〉

例文はお金を相手の方へ渡す意味でこの場合両手を同時に使って表現。右手の〈金（かね）〉を左手の〈男〉に渡すさまを表す。

〈金（かね）②〉
左手親指を立て、右手親指と人差指で丸を作る。

〈与える③〉
立てた親指に右手のひらを差し出す。

あたえる【与える】4

「彼に仕事を与える」
→〈仕事〉+〈与える③〉

例文は両手を同時に使用して表現。〈与える③〉は、左手の〈男〉に右手の仕事を与えるさまを表す。

〈仕事〉
手のひらを上に向け、向かい合わせた両手指先を繰り返しつき合わせる。

〈与える③〉
立てた親指に右手のひらを差し出す。

あたたかい【暖・温かい】1

「温かい料理」
→〈暖かい〉+〈料理〉

例文の「温かい」は温度の温かい意味。〈暖かい〉はあたたかいこと一般を表し、「暖かい」「温かい」両様の意味に使われる。

〈暖かい〉
両手で下からあおぐようにする。

〈料理〉
左手で押さえ、右手で刻むようにする。

あたたかい【暖・温かい】2

「暖かい家庭」
→〈暖かい〉+〈家庭〉

例文の「暖かい」は心暖かい意味なので〈暖かい〉で表現。〈暖かい〉は心理的な「あたたかい」こと。一般にも使われる。

〈暖かい〉
両手で下からあおぐようにする。

〈家庭〉
左手屋根形の下で右手を回す。

あたたかい【暖・温かい】3

「懐が暖かい」
→〈金(かね)①〉+〈ある①〉胸

例文の「懐が暖かい」はお金がいっぱいある意味なので〈金(かね)①〉+〈ある①〉と表現。〈ある①〉は金が内ポケットにあることを表す。

〈金(かね)①〉
右手の親指と人差指で作った丸を示す。

〈ある①〉胸
右手のひらを左胸の前で軽く押さえる。

あたためる【暖・温める】1

「ミルクを温める」
→〈ミルク〉+〈煮る〉

例文の「温める」はミルクなので〈煮る〉で表現。〈煮る〉は鍋で煮るさまを表す。

〈ミルク〉
右中指を折り曲げて関節部分を口元に当てる。

〈煮る〉
左手全指を曲げて手のひらを上に向け、折り曲げた右手全指で下から軽くたたくようにする。

あたためる【暖・温める】2

「旧交を温める」
→(〈古い〉+〈友達②〉+〈会う①〉または)〈会う②〉+〈交流〉

例文の「旧交を温める」はとぎれていた昔の付き合いを取りもどすことなので〈古い〉+〈友達②〉+〈会う①〉または〈会う②〉+〈交流〉で表現。

〈会う②〉
人差指を立てた両手を左右から近づけて軽くふれ合わせる。

〈交流〉
両手のひらを上に向け上下に置き、互い違いに水平に回す。

あ

あたためる【暖・温める】3

「部屋を暖める」

→〈部屋〉+〈暖かい〉

例文の「暖める」は暖房で暖めることなので〈暖かい〉で表現。〈暖かい〉は物質的および心理的なあたたかいこと、またあたためることに使える。

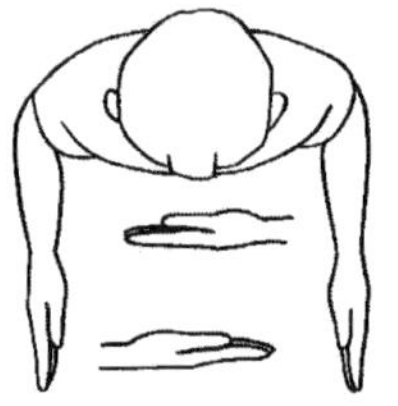

〈部屋〉

両手のひらで前後左右に四角く囲む。

〈暖かい〉

両手で下からあおぐようにする。

あだな【渾名】

「あだなをつける」

→〈あだな〉+〈決める①〉

〈あだな〉とは手話でする呼び名のこと。最近は漢字や指文字を使って人をよぶが、かつてはその人固有の「あだな」が決まっていた。

〈あだな〉

両手の指の背側をほおに当て交互に上下させる。

〈決める①〉

左手のひらに右手２指を打ちつける。

アダプター

「パソコンのアダプター」

→〈パソコン〉+〈アダプター〉

例文の「アダプター」は〈アダプター〉で表現。〈アダプター〉は左手の箱形の機器に右手のアダプターの「ア」をつけて器具を表す新しい手話。

〈パソコン〉

左手で指文字〈パ〉を示し、右手でタイプを打つようにする。

〈アダプター〉

指先を右に向けた「コ」の字形の左手に右指文字〈ア〉を差し入れる。

あたま【頭】1

「頭が痛い」

→〈頭①〉+〈痛い②〉

例文の「頭が痛い」は頭痛の意味と困った問題を抱えて頭を悩ます意味とがあり、いずれも〈頭①〉+〈痛い②〉で表す。

〈頭①〉

右人差指で頭をさす。

〈痛い②〉

痛そうにして折り曲げた全指を曲げたり伸ばしたりする。

あたま【頭】2

「頭(を刈る)」

→〈頭①〉

または〈頭②〉

(+〈理容〉)

例文の「頭」は髪の意味なので〈頭①〉または〈頭②〉で表現。手話は頭を示すことによって、頭そのものも表す。

〈頭①〉

右人差指で頭をさす。

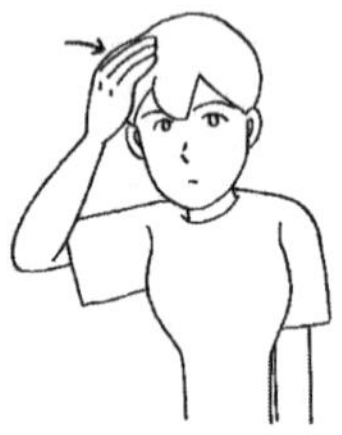

〈頭②〉

首を少し傾け、右手のひらを軽く頭に触れる。

あたま【頭】3

「息子は頭がいい」

→〈息子〉+〈賢い①〉

例文の「頭がいい」は賢い意味なので〈賢い①〉で表現。〈賢い①〉は頭のよいことや賢明さを表す。

〈息子〉

親指を立てた右手を腹から前に出す。

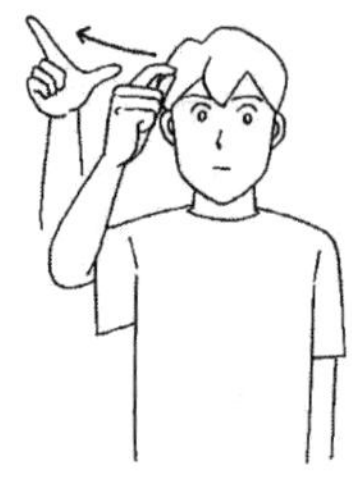

〈賢い①〉

右手の親指と人差指を閉じ、上に向かってはじくように開く。

あたま【頭】4

「頭から(読む)」

→(〈最初②〉または)
〈最初①〉+〈から〉
(+〈読む①〉)

例文の「頭」は最初、冒頭を意味するので〈最初①〉または〈最初②〉で表現。〈最初①〉は「一番初め」「まず」などの意味がある。

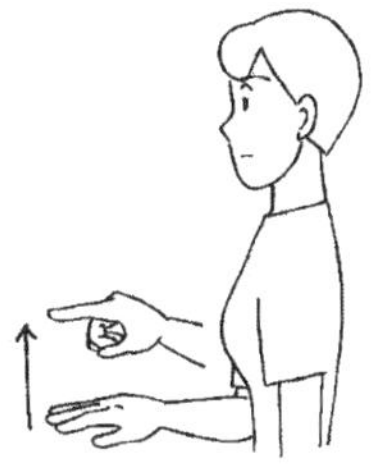

〈最初①〉
右手のひらを下にして、あげると同時に人差指を残して4指を握る。

〈から〉
指先を前に向けた右手を左に払う。

あたま【頭】5

「妻に頭があがらない」

→左〈妻①〉+〈ぺこぺこする〉

例文の「頭があがらない」は負い目があって対等につきあえない意味。手話は左手の〈妻①〉に右手の夫がぺこぺこするさまを表す。

左〈妻①〉
左親指と右小指を寄り添わせて、右小指を前に出す。

〈ぺこぺこする〉
頭を軽く上下させながら左手小指に向けて右手親指を屈伸させる。

あたま【頭】6

「母には頭がさがる」

→〈母〉+〈敬う①〉

例文の「頭がさがる」は尊敬や感謝の気持ちを持つ意味なので〈敬う①〉で表現。〈敬う①〉は尊敬や感謝の気持ちを表す。

〈母〉
右人差指をほおにふれ、右小指を出す。

〈敬う①〉
左手のひらの上に親指を立てた右手を置き、それを目の上に掲げると同時に頭をさげる。

あたま【頭】7

「頭に来る」

→〈頭①〉+〈刺激〉

例文の「頭に来る」はかっとなる、怒る意味なので〈頭①〉+〈刺激〉で表現。怒る表情を加えて頭に不快な刺激が来るさまを表す。

〈頭①〉
右人差指で頭をさす。

〈刺激〉
右手人差指で左手のひらを突き刺すようにする。

あたまうち【頭打ち】1

「[地位、順位などの]頭打ち」

→〈スランプ②〉
または〈頭打ち①〉

例文の「頭打ち」は地位があがらず抑えられている状態の意味。〈スランプ②〉または〈頭打ち①〉で表現。いずれも抑えられているさまを表す。

〈スランプ②〉
手のひらを下に向けた左手に下から右親指を突き上げ、左に動かす。

〈頭打ち①〉
手のひらを下に向けた左手に右こぶしを突き上げ、ねじるようにする。

あたまうち【頭打ち】2

「給料が頭打ち」

→〈給料〉+〈頭打ち②〉

例文の「頭打ち」は給料が据え置かれたままの状態の意味。〈頭打ち②〉はお金が押さえられあがらないさまを表す。

〈給料〉
左手のひらに右手親指と人差指で作った丸を添えて手前に引き寄せる。

〈頭打ち②〉
手のひらを下に向けた左手に下から右手の親指と人差指で作った丸を突き上げ、左へ動かす。

あたまうち【頭打ち】3

「［成績などの］頭打ち」
→〈スランプ①〉
　または〈頭打ち③〉

例文の「頭打ち」は成績が伸び悩む意味なので〈スランプ①〉または〈頭打ち③〉で表現。いずれも伸び悩んでいるさまを表す。

〈スランプ①〉
右手親指の上に左手のひらをのせ、親指を押さえつけるようにして、前に動かす。

〈頭打ち③〉
手のひらを下に向けた左手に右手全指を突きあげる。

あたまかず【頭数】

「頭数（をそろえる）」
→〈人々①〉＋〈数〉
　（＋〈準備①〉）

例文の「頭数」は人数を意味するので〈人々①〉＋〈数〉と表現。手話は人々の数を意味している。

〈人々①〉
親指と小指を立てた両手を揺らしながら左右に開く。

〈数〉
右手の指を順に折る。

あたまきん【頭金】

「頭金（を払う）」
→〈頭②〉＋〈金（かね）①〉
　（＋〈払う①〉）

例文の「頭金」は分割払いなどをする場合に最初に支払うお金のこと。手話は漢字に対応してそのまま〈頭②〉＋〈金（かね）①〉で表現。

〈頭②〉
首を少し傾け、右手のひらを軽く頭に触れる。

〈金（かね）①〉
右手の親指と人差指で作った丸を示す。

あたまごなし【頭ごなし】

「子供を頭ごなしに叱る」
→〈子供②〉＋〈おどす〉

「頭ごなし」は〈おどす〉で表現。〈おどす〉は上からおどすさまを表す。

〈子供②〉
右手のひらを下にして、左から順番に置くように移動する。

〈おどす〉
親指を立てた左手に全指を折り曲げた右手をかぶせるようにおろす。

あたらしい【新しい】

「新しいビル」
→〈新しい〉＋〈ビル①〉

「新しい」または「新」は〈新しい〉で表現。〈新しい〉は新田義貞が黄金の太刀を海に投じた故事のしぐさから生まれたとされる。

〈新しい〉
すぼめた両手をぱっと前に出して広げる。

〈ビル①〉
両手のひらを向かい合わせて上にあげ、閉じる。

あたり【辺り】1

「この辺りにある」
→〈あたり〉＋〈ある①〉

例文の「辺り」は〈あたり〉で表現。〈あたり〉は小さい地域や位置を表す。

〈あたり〉
右手のひらを下にして小さく水平に回す。

〈ある①〉
右手のひらを前に置く。

あたり【辺り】2

「辺りを見回す」

→〈見渡す〉または〈見回す〉

例文は〈見渡す〉または〈見回す〉で表現。いずれも周囲を見るさまを表すので〈あたり〉は不要。

〈見渡す〉

額に右手を当て、左右に首を回す。

〈見回す〉

目の前に置いた右２指を左から右に動かしながら顔も一緒に動かす。

あたり【辺り】3

「辺り一面真っ白」

→〈白〉+〈みんな〉

例文の「辺り一面」は〈みんな〉で表現。〈みんな〉は人・場所全部を表す。

〈白〉

右人差指で前歯を指さし、左へ引く。

〈みんな〉

右手のひらを下に向けて水平に回す。

あたりまえ【当たり前】

「知っているのは当たり前」

→〈知る①〉+〈当たり前〉

「当たり前」は当然の意味。〈当たり前〉で表現。〈当たり前〉は「当たり前」のほか「当然」「もちろん」などの意味がある。

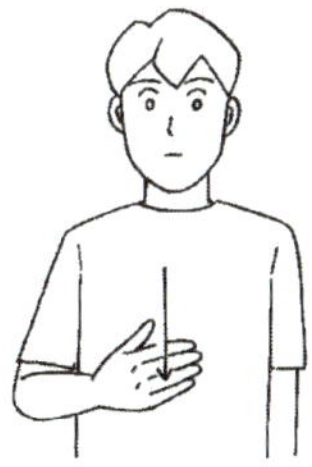

〈知る①〉

右手のひらを胸に当てて下におろす。

〈当たり前〉

両手の親指と人差指を合わせて左右にすばやく開く。

あたる【当たる】1

「日が当たる部屋」

→〈光①〉+〈部屋〉

「日が当たる」は太陽の光線が差し込む意味。〈光①〉は上方から光線が差し込むさまを表すが、差し込む位置によって手話は変わる。

〈光①〉

右上から閉じた右手を左下に向け光が降り注ぐように開く。

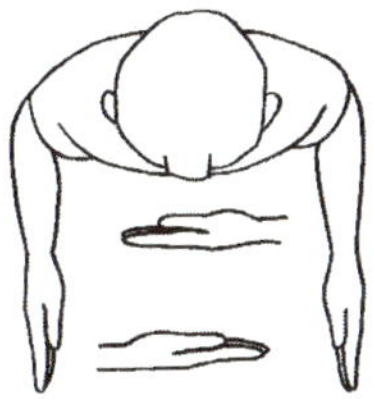

〈部屋〉

両手のひらで前後左右に四角く囲む。

あたる【当たる】2

「当番が当たる」

→〈腕章〉+〈責任①〉

例文の「当たる」は役割、責任などを負う番になる意味なので〈責任①〉で表現。責任が肩にかかるさまを表す。

〈腕章〉

親指と人差指で腕章のように上腕に回す。

〈責任①〉

右肩に軽く全指を折り曲げた右手をのせる。

あたる【当たる】3

「予想が当たる」

→〈希望〉+〈目的①〉

例文の「当たる」は予想などが的中する意味なので〈目的①〉で表現。的に見立てた左手に、矢に見立てた右手を当て的中を表す。

〈希望〉

手のひらを下に向けた右手の指先を揺らしながら頭から前に出す。

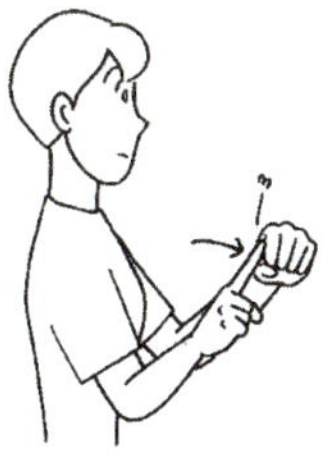

〈目的①〉

左こぶしの親指側に右人差指を当てる。

あ

あたる【当たる】4

「芝居が当たる」

→〈芝居〉+〈成功〉

例文の「当たる」は芝居が大入りで成功する意味なので〈成功〉で表現。〈成功〉はうまくいったという意味を表す。

〈芝居〉

前後に互い違いに向けた両こぶしを同時にひねる。

〈成功〉

右こぶしを鼻から左手のひらに打ちつける。

あたる【当たる】5

「東に当たる」

→〈東〉+〈ある①〉右側

例文の「当たる」はある方向に面する意味なので、最初にある方向を示して、そこに〈ある①〉で表現。〈ある①〉は存在する意味を表す。

〈東〉

両手の親指と人差指を向かい合わせて同時にあげる。

〈ある①〉右側

右手のひらを前に置く。

あたる【当たる】6

「交渉に当たる」

→〈交渉①〉+〈責任①〉

例文の「当たる」は任務につく意味なので〈責任①〉で表現。手話は責任がその肩にかかることを表す。

〈交渉①〉

両手の人差指を繰り返しつき合わせる。

〈責任①〉

右肩に軽く全指を折り曲げた右手をのせる。

あたる【当たる】7

「辞書に当たる」

→〈辞典〉+〈調べる①〉

例文の「当たる」は辞書などで調べる意味なので〈調べる①〉で表現。〈調べる①〉は目を配るしぐさから生まれた手話。

〈辞典〉

左手のひらの上に右手の２指をのせ、ページをめくるようにする。

〈調べる①〉

右手の人差指と中指を軽く折り曲げて、目の前を左右に往復させる。

あたる【当たる】8

「乱暴な言葉で弟に当たる」

→左〈弟①〉+〈ガミガミ言う②〉

例文の「当たる」はうっぷんを晴らすかのような言動をする意味なので〈ガミガミ言う②〉で表現。手の動作と怖い表情が決め手。

左〈弟①〉

左中指を立て、甲を前方に向け下にさげる。

〈ガミガミ言う②〉

左下の中指に向かって口元から右手指を屈伸させながらおろす。

あちこち 1

「あちこちにある」

→〈地方〉+〈ある②〉

例文の「あちこち」は〈場所〉の位置を順に変えて繰り返すことで表現。例文「あちこちにある」は〈ある②〉だけでも表現ができる。

〈地方〉

全指を曲げた右手を下に向け、左から右へ順番に置く。

〈ある②〉

手のひらを下にした右手を左・中央・右の３か所に置く。

あちこち 2

「失敗をあちこちから非難される」

→〈失敗①〉+〈批判される〉

例文は〈批判される〉を位置を変え繰り返し表現することで表す。〈批判される〉は非難されるの意味もある。

〈失敗①〉

右手で鼻の先を握って折るようにする。

〈批判される〉

左手のひらの上に体の方に向けた右人差指を軽くたたきながら左へ動かす。

あちら 1

「あちらに見えるのが富士山」

→〈あれ②〉+〈富士山〉

例文の「あちら」は話し手からも相手からも離れている方向・場所をさすことばなので〈あれ②〉で表現。〈あれ②〉は遠くを指さす。

〈あれ②〉

やや腕を伸ばして前を指さす。

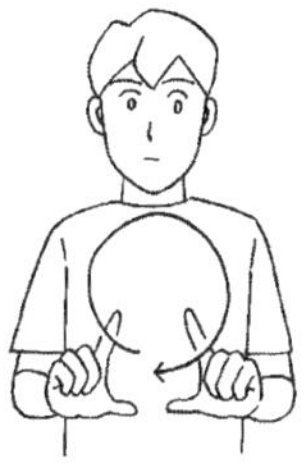

〈富士山〉

両手2指で富士山の稜線を描くようにする。

あちら 2

「あちらが先生です」

→〈あちら〉+〈先生〉

話題の人をさすことばなので〈あちら〉で表現。〈あちら〉は人を紹介するさまを表す。

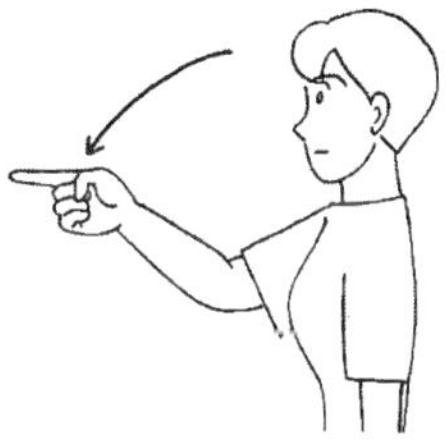

〈あちら〉

手のひらを上向き、指先を前向きにした右手を少し上下に揺らす。

〈先生〉

右人差指を口元から振りおろし、右親指を示す。

あちら 3

「あちらのくらし」

→〈あれ①〉+〈生活〉

例文の「あちら」は外国のことなので〈あれ①〉で表現。

〈あれ①〉

右人差指で右斜め上をさし、少し振る。

〈生活〉

両手の親指と人差指を向かい合わせて回す。

あつい【厚い】1

「厚い本」

→〈本〉+〈厚い①〉

例文の「厚い」は物の厚みがある意味なので〈厚い①〉で表現。厚さの程度によって手話は変わる。

〈本〉

両手のひらを合わせて左右に開く。

〈厚い①〉

右親指と4指でものをはさむようにしてすばやく広げる。

あつい【厚い】2

「厚い化粧」

→〈厚かましい①〉+〈化粧〉

例文の「厚い」は化粧が厚く塗られている意味。〈厚かましい①〉で表現するがこの場合は厚く化粧が塗られているさまを表す。

〈厚かましい①〉

親指と4指の間隔を保ち、ほおをすべりおろす。

〈化粧〉

両手のひらでほおを交互にこするようにする。

あつい【暑い】

「暑い(一日)」

→〈暑い①〉
　または〈暑い②〉
　(+〈一日①〉)

「暑い」はうちわであおぐしぐさの〈暑い①〉または汗が流れるさまの〈暑い②〉で表現。暑さの程度により表情も加えて使う。

〈暑い①〉
扇子やうちわであおぐようにする。

〈暑い②〉
右手の親指と人差指を閉じて、額からほおに揺らしながらおろす。

あつい【熱い】1

「熱い風呂」

→〈風呂①〉+〈熱い〉

例文の「熱い」は物の温度が高いことを意味するので〈熱い〉で表現。熱い程度によって動作と表情が変わる。

〈風呂①〉
右こぶしで顔をこするようにする。

〈熱い〉
指先を下にした右手をすばやく上にあげる。

あつい【熱い】2

「彼に熱い思いを寄せる」

→〈熱心①〉+〈あこがれる〉

例文の「熱い」は熱心なさまを意味するので〈熱心①〉で表現。

〈熱心①〉
閉じた親指と人差指を左脇の下につけ、前にはじくように開く。

〈あこがれる〉
左親指に右手をひらひらさせながら近づける。

あつかう【扱う】1

「上手にワープロを扱う」

→〈ワープロ〉+〈上手(じょうず)〉

例文の「扱う」は手で操作する意味。「扱う」自体の手話はなく、操作する対象によって手話動作は変わる。

〈ワープロ〉
左手で指文字〈ワ〉を示し、右手でキーボードをたたくようにする。

〈上手(じょうず)〉
右手のひらを左下腕からなでるように伸ばす。

あつかう【扱う】2

「事件を扱う」

→〈事件〉+〈責任①〉

例文の「扱う」は担当する意味なので〈責任①〉で表現。〈責任①〉は肩に責任がかかることを意味している。

〈事件〉
左手の指文字〈コ〉の下で右人差指をすくいあげるようにする。

〈責任①〉
右肩に軽く全指を折り曲げた右手をのせる。

あつかう【扱う】3

「客を扱う」

→〈客〉+〈世話〉

例文の「扱う」は世話をする意味なので〈世話〉で表現。〈世話〉は人のめんどうをみることを意味している。

〈客〉
左手のひらに親指を立てた右手をのせ、右から手前に引き寄せる。

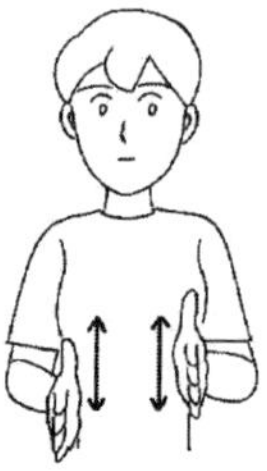

〈世話〉
指先を前に向け、手のひらを向かい合わせた両手を交互に上下させる。

あつかましい【厚かましい】

「厚かましい」

→〈厚かましい①〉

または〈厚かましい②〉

〈厚かましい①〉〈厚かましい②〉は両者とも「面の皮が厚い」という日本語をもとに面の皮の厚いことを示して「厚かましい」ことを表す。

〈厚かましい①〉

親指と４指の間隔を保ち、ほおをすべりおろす。

〈厚かましい②〉

親指と４指を曲げた手をほおに当て、前にはじくように開く。

あっせん【斡旋】

「(仕事を)斡旋する」

→(〈仕事〉+)

〈つなぐ〉

または〈通訳〉

例文は間に入ってとりもつ、世話をする、紹介する意味なので〈つなぐ〉または〈通訳〉で表現。〈通訳〉は「口をきく」意味がある。

〈つなぐ〉

両こぶしを左右から近づけ、親指側をつける。

〈通訳〉

親指を立てた右手を口元で左右に往復させる。

あっけない

「あっけない(結果)」

→(〈結ぶ〉+)

〈あっけない①〉

または〈あっけない②〉

「あっけない」はいとも簡単にものごとが決着するさまをいう。〈あっけない①〉はシャボン玉がぶつかってパチンとはじけるさま。

〈あっけない①〉

両手の親指と人差指で作った丸を左右からぶつけて開き、指先を下に向けて揺らす。

〈あっけない②〉

指を半開きにした両手を下に向け振る。

あつまる【集まる】1

「人が集まる」

→〈人々①〉+〈集まる①〉

例文の「集まる」は人が一か所に集合する意味なので〈集まる①〉で表現。「集合する」も同じ手話。全指を集合する人々に見立てている。

〈人々①〉

親指と小指を立てた両手を揺らしながら左右に開く。

〈集まる①〉

軽く開いた両手のひらを向かい合わせて中央に寄せる。

あっしょう【圧勝】

「敵に圧勝する」

→〈敵〉+〈勝つ①〉

「圧勝」は〈勝つ①〉を強くはねつけて表現。〈勝つ①〉は相手を押し倒すさまを表す。

〈敵〉

左手甲に右手甲をぶつける。

〈勝つ①〉

親指を立てた左手を親指を立てた右手で打ち倒す。

あつまる【集まる】2

「お金が集まる」

→〈カンパ〉

例文の「集まる」は自分の手元にお金が寄せられる意味なので〈カンパ〉で表現。手の形はお金を意味する。「お金を集める」の意味もある。

〈カンパ〉

親指と人差指で作った丸を中央に投げ入れるようにする。

(補助図)

(上から見た図)

あつまる【集まる】3

「自分に注目が集まる」
→〈注目される〉

例文の「集まる」は多くの人々に注目される意味なので〈注目される〉で表現。全指は自分に集中する人々の視線を表す。

〈注目される〉
指先を一斉に顔のほうに向ける。

あつまる【集まる】4

「支持が集まる」
→〈助ける①〉+〈集まる②〉

例文の「集まる」は〈集まる②〉で表現。例文の手話は支持が集まることを表す。

〈助ける①〉
親指を立てた左手の後ろを右手のひらで軽く後押しする。

〈集まる②〉
両手の指先を上に向け、中央前に寄せる。

あつめる【集める】1

「人々を集める」
→〈人々①〉+〈集める①〉

例文の「集める」は人々を一か所に呼び寄せる意味なので〈集める①〉で表現。両手で手招きを繰り返すことで複数の人々を集めるさまを表す。

〈人々①〉
親指と小指を立てた両手を揺らしながら左右に開く。

〈集める①〉
呼び寄せるように両手を手前に招き寄せる。

あつめる【集める】2

「(みんなで)お金を集める」
→(〈みんな〉+)〈カンパ〉

例文の「集める」はカンパでお金を集める意味なので〈カンパ〉で表現。手話は手元にお金を集めるさまを表す。「お金が集まる」の意味もある。

〈カンパ〉
親指と人差指で作った丸を中央に投げ入れるようにする。

(補助図)
(上から見た図)

あつめる【集める】3

「人々の注目を集める」
→〈注目される〉

例文の「集める」は人々に注目される意味なので〈注目される〉で表現。大勢の視線が自分に集中するさまを表す。

〈注目される〉
指先を一斉に顔のほうに向ける。

あつめる【集める】4

「支持を集める」
→〈助ける①〉+〈集める②〉

例文の「支持を集める」は積極的に支持を呼び寄せる意味なので〈集める②〉を使う。〈集める②〉は手元にかき集めるさまを表す。

〈助ける①〉
親指を立てた左手の後ろを右手のひらで軽く後押しする。

〈集める②〉
全指を折り曲げた両手を熊手のように中央にかき集める。

あつりょく【圧力】1

「(空気の)圧力」

→(〈香り①〉+)
〈押す②〉+〈力〉

例文の「圧力」は大気などの押す力を意味するので〈押す②〉+〈力〉と表現。これは機械的、物理的な「圧力」に使う。

〈押す②〉

上下に向かい合わせた手のひらを上から押しつぶすように動かす。

〈力〉

こぶしを握った左腕を曲げ、上腕に右人差指で力こぶを描く。

あつりょく【圧力】2

「彼に圧力をかける」

→〈彼〉+〈おどす〉

例文の「圧力」は心理的、精神的なおどしを意味するので〈おどす〉で表現。手話に加えて怖い表情がおどしをかける程度を表す。

〈彼〉

左親指を右人差指でさす。

〈おどす〉

親指を立てた左手に全指を折り曲げた右手をかぶせるようにおろす。

あてる【当・充・宛てる】1

「矢を的に当てる」

→〈矢〉+〈当てる〉

例文の「的に当てる」は〈当てる〉で表現。〈当てる〉は矢が的に当たるさまを表す。「矢が的に当たる」も同手話。

〈矢〉

左手を握り、全指を閉じた右手をつけて右へ引くようにしてぱっと手を開く。

〈当てる〉

左5指で作った丸に右人差指を真っすぐに打ち当て入れる。

あてる【当・充・宛てる】2

「(洗濯物を)日に当てる」

→(〈洗濯〉+)
〈光①〉+〈干す〉

例文の「日に当てる」は〈光①〉+〈干す〉で表現。〈干す〉は洗濯物をさおにかけて干すさまを表す。

〈光①〉

すぼめた右手を右上から左下に向かって開く。

〈干す〉

握った両手をあげて干すしぐさをする。

あてる【当・充・宛てる】3

「(一等を)当てる」

→(〈一番①〉+)
〈目的①〉または〈成功〉

例文の「当てる」はくじなどの当たりを得ることなので〈目的①〉または〈成功〉で表現。〈目的①〉は矢が的に当たるさまを表す。

〈目的①〉

左こぶしの親指側に右人差指を当てる。

〈成功〉

右こぶしを鼻から左手のひらに打ちつける。

あてる【当・充・宛てる】4

「答えを当てる」

→〈答える〉+〈目的①〉

例文の「答えを当てる」は〈答える〉+〈目的①〉で表現。「答えが当たる」も同手話。

〈答える〉

口の前で両手の親指と人差指を向かい合わせて前に出す。

〈目的①〉

左こぶしの親指側に右人差指を当てる。

あてる
【当・充・宛てる】5

「（ボーナスを）
返済に充てる」
→（〈結ぶ②〉＋）
左〈借りる〉＋〈払う①〉

例文の「返済に充てる」は左手〈借りる〉＋〈払う①〉で表現。左手の〈借りる〉に向けて右手〈払う①〉を表す。

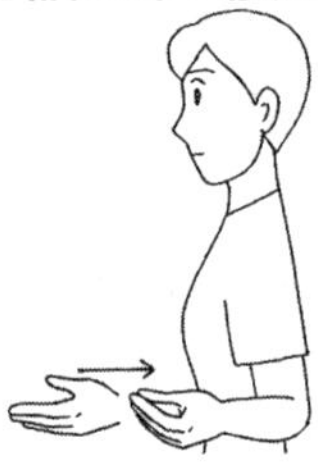

左〈借りる〉
左手のひらを上向きにして前に出し、手前に引きながら５指をすぼめる。

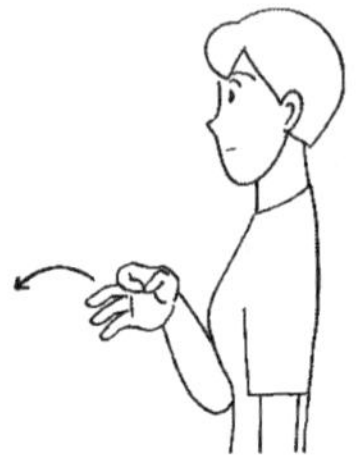

〈払う①〉
右手の親指と人差指で作った丸を前に出す。

あてる
【当・充・宛てる】6

「妻に宛てた手紙」
→〈妻①〉＋〈郵便を出す①〉

例文の「宛てる」は郵便物などを人に向けて出すことなので〈郵便を出す①〉で表現。〈郵便を出す①〉は〈妻①〉に向けて表す。

〈妻①〉
左親指と右小指を寄り添わせて、右小指を前に出す。

〈郵便を出す①〉
左手２指と右人差指で〒マークを作り、前に出す。

あと【後】1

「父の後を追う」
→左〈父〉＋〈追う①〉

例文の「後を追う」は追いかける意味なので、〈追う①〉で表現。〈父〉を前方へ出し、その後ろを追うさまを表す。

左〈父〉
左人差指でほおにふれ、親指を出す。

〈追う①〉
左親指を右親指で追うようにする。

あと【後】2

「後で会う」
→〈将来②〉＋〈会う①〉

例文の「後」は時間が経過して後の意味なので〈将来②〉で表現。右腕を伸ばす程度で「後」の時間的な長さを表す。

〈将来②〉
右手のひらを前に向けて少し押すように前に出す。

〈会う①〉
人差指を立てた両手を左右から近づけて軽くふれ合わせる。

あと【後】3

「あとはあげる」
→〈残る〉＋〈与える①〉

例文の「あと」は残りを意味するので〈残る〉で表現。「残りをあげる」も同じ手話表現になる。

〈残る〉
左手のひらの上で右手を手前に削るように引く。

〈与える①〉
両手のひらを上に向け並べて前に差し出す。

あと【後】4

「後を頼む」
→〈将来①〉＋〈任せる①〉

例文の「後」は将来を意味するので〈将来①〉で表現。腕を伸ばしてこれからずっと後の意味を含ませる。「将来をゆだねる」も同じ手話。

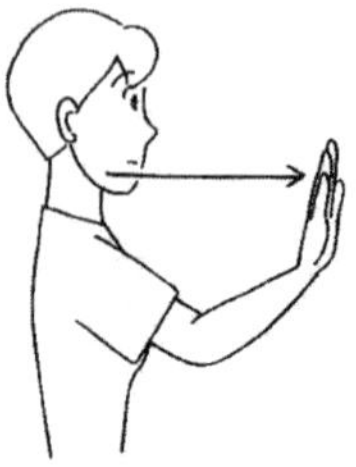

〈将来①〉
右手のひらを前に向けて押すように大きく前に出す。

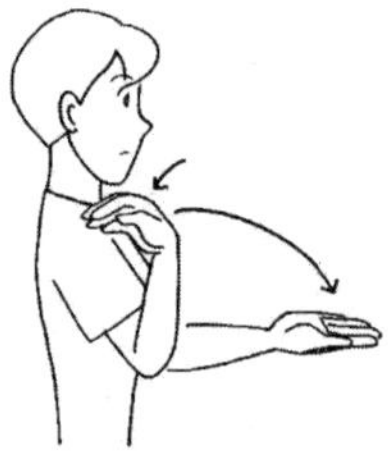

〈任せる①〉
右肩にのせた右手を前に出す。

あと【後】5

「後の祭り」

→〈水のあわ〉
または〈失敗②〉

例文の「後の祭り」は慣用句で時期が遅れて取り返しがつかない意味。〈水のあわ〉は「おじゃんになる」、〈失敗②〉は「しまった」の意味を表す。

〈水のあわ〉
すぼめた両手を上に向けて、ぱっと開く。

〈失敗②〉
手のひらを額に打ちつける。

あと【跡】1

「ここに来た跡がある」

→〈来る①〉+〈これ〉

例文の「跡」は痕跡があることなので〈これ〉で表現。〈これ〉は指をさして表す。

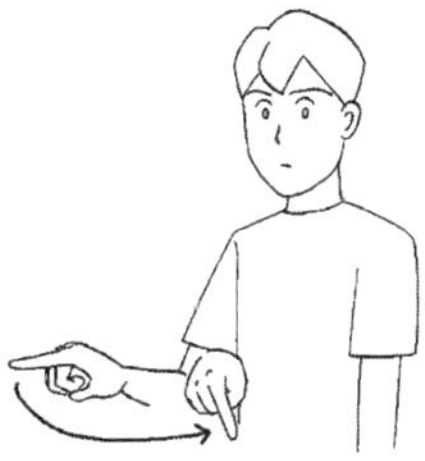

〈来る①〉
前方に向けた右人差指の先を手前に引く。

〈これ〉
斜め下を指さす。

あと【跡】2

「城の跡を(発掘する)」

→〈城〉+〈残る〉
(+〈掘る〉)

例文の「跡」は遺跡のことなので〈残る〉で表現。

〈城〉
折り曲げた両手の人差指を向かい合わせる。

〈残る〉
左手のひらの上で右手を手前に削るように引く。

あと【跡】3

「進歩の跡(がない)」

→〈発展〉または〈進む②〉
(+〈ない〉)

例文の「進歩の跡」は〈発展〉または〈進む②〉で表現。この「跡」をわざわざ表さない。

〈発展〉
指文字〈コ〉を示した両手を斜め上にあげる。

〈進む②〉
指文字〈コ〉を示した両手を、順に前に進める。

あと【跡】4

「(父の)跡を継ぐ」

→(左〈父〉+)
〈もらう⑤〉+〈責任①〉

例文の「跡を継ぐ」は〈もらう⑤〉+〈責任①〉で表現。〈もらう⑤〉は左手の〈父〉の親指からもらうさま、〈責任①〉は肩に負うさまを表す。

〈もらう⑤〉
左親指の位置から右手を手前に引く。

〈責任①〉
右肩に軽く全指を折り曲げた右手をのせる。

あとしまつ【後始末】1

「(仕事の)後始末をする」

→(〈仕事〉+)
〈終わる〉+〈準備①〉

例文の「後始末」は後かたづけの意味なので〈終わる〉+〈準備①〉と表現。〈準備①〉は「整理する」「整頓する」の意味を表す。

〈終わる〉
両手の親指と4指を上に向け、閉じながら下にさげる。

〈準備①〉
向かい合わせた両手を左から右へ動かす。

あとしまつ【後始末】2

「(事件の)
後始末をつける」
→(〈事件〉+)
〈以後〉+〈解決①〉

例文の「後始末」は事後処理の意味なので〈以後〉+〈解決①〉と表現。〈解決①〉は物事が順調に処理されたことを表す。

〈以後〉
両手甲を合わせ、右手を前に押し出す。

〈解決①〉
左手のひらの上に右人差指で「×」を大きく書く。

アドバイス

「アドバイスを与える」
→〈助ける①〉+〈言う①〉

例文の「アドバイスを与える」は助言する意味なので〈助ける①〉+〈言う①〉と表現。「助言」も同じ手話になる。

〈助ける①〉
親指を立てた左手の後ろを右手のひらで軽く後押しする。

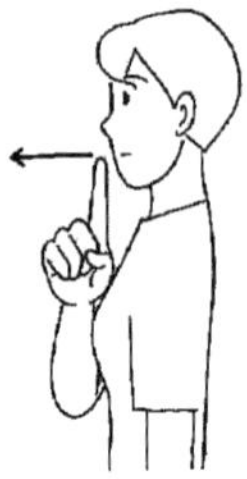

〈言う①〉
右人差指を口元から前に出す。

アトピー

「アトピー性皮膚(炎)」
→〈アトピー〉+〈皮膚①〉
(+〈火①〉)

「アトピー」は〈アトピー〉で表現。〈アトピー〉は「アトピー」の「ア」を指文字〈ア〉で顔に湿疹があるさまを表す新しい手話。

〈アトピー〉
右手指文字〈ア〉をこめかみから順に顔に当てながらおろしていく。

〈皮膚①〉
左手甲を右人差指でこするようにする。

あな【穴】1

「(壁の)穴をふさぐ」
→(〈壁①〉+)
〈穴①〉+〈ふさぐ〉

例文の「穴」は壁の穴なので〈穴①〉で表現。〈穴①〉は穴に指を突っ込むさまを表す。

〈穴①〉
左手の親指と4指で丸を作り右人差指を中に入れ、回す。

〈ふさぐ〉
左手の親指と4指で作った丸を右手のひらでふさぐようにする。

あな【穴】2

「道に穴があく」
→〈道①〉+〈穴②〉

例文の「穴」は〈穴②〉で表現。〈穴②〉は垂直方向の穴を表す。「穴があく」も同手話。

〈道①〉
道幅に見立てた向かい合わせた両手をまっすぐ前に出す。

〈穴②〉
両手親指と人差指を向かい合わせ穴の形を作る。

あな【穴】3

「穴があったら入りたい」
→〈恥ずかしい〉+〈隠れる〉
(+〈逃げる〉)

例文は慣用句で非常に恥ずかしい思いをすることなので〈恥ずかしい〉+〈隠れる〉+〈逃げる〉で表現。

〈恥ずかしい〉
右人差指を唇に当て、左から右へ引き、手のひらを顔の上で回す。

〈隠れる〉
両手の小指側を合わせて顔を隠すようにする。

あな【穴】4

「［主力の］穴を埋める」

→〈補う②〉または〈交替②〉

例文の「穴を埋める」は欠員を補うことなので〈補う②〉または〈交替②〉で表現。〈補う②〉は欠落を補うさま、〈交替②〉は人が交替するさまを表す。

〈補う②〉

寝かした右手のひらを手前に引きあげて左手甲につける。

〈交替②〉

人差指を立てた両手を向き合わせたまま、前後の位置を入れ換える。

あな【穴】5

「［休んで］舞台に穴があく」

→〈芝居〉+〈水のあわ〉

例文の「穴があく」は休む者が出て支障が生じることなので〈水のあわ〉で表現。〈水のあわ〉は「水泡に帰する」「パーになる」の意。

〈芝居〉

互い違いに向けた両こぶしを手首を返しながら前後させる。

〈水のあわ〉

すぼめた両手を上に向けて、ぱっと開く。

アナウンサー

「ラジオのアナウンサー」

→〈聞こえる②〉+〈アナウンサー〉

〈アナウンサー〉は左手にマイクを、右手に〈男〉を同時に示した新しい手話。右手に〈女〉を示せば女性アナウンサーを意味する。

〈聞こえる②〉

〈箱④〉の左手を残したまま、右手全指を揺らしながら耳に近づける。

〈アナウンサー〉

右手親指を示しながら左こぶしを口元に近づける。

アナゴ【穴子】

「アナゴ寿司」

→〈アナゴ〉+〈寿司〉

「アナゴ」は魚の一種で〈アナゴ〉で表現。〈アナゴ〉はアナゴの「ア」でえらを表す。

〈アナゴ〉

両手の親指をほおに当て前へ回転する動きを繰り返す。

〈寿司〉

左手のひらに右手2指を包み込み、寿司を握るようにする。

あなた

「あなた」

→〈あなた①〉
または〈あなた②〉

「あなた」は2種類ある。〈あなた①〉はほぼ対等の相手に向かって、〈あなた②〉は目上の相手に向かって使われる。

〈あなた①〉

右人差指でさす。

〈あなた②〉

指先を上に向けた右手を前に差し出す。

あなたがた 1

「あなたがた」

→〈あなた①〉+〈みんな〉

「あなたがた」は2種類ある。ひとつは〈あなた①〉+〈みんな〉と表現。この手話は目の前にいる複数の人々に向かって表現する。

〈あなた①〉

右人差指でさす。

〈みんな〉

右手のひらを下に向けて水平に回す。

あなたがた 2

「あなたがた」

→〈あなた①〉+〈人々①〉

もうひとつは〈あなた①〉+〈人々①〉で表現。目の前の相手にもまた、そこにいない複数の人々も含めて呼びかける表現。

〈あなた①〉

右人差指でさす。

〈人々①〉

親指と小指を立てた両手を揺らしながら左右に開く。

アニメーション

「手話のアニメーション」

→〈手話〉+〈アニメーション〉

「アニメーション」は〈アニメーション〉で表現。〈アニメーション〉は「アニメーション」の頭音「ア」でカメラを回すさまを表す。

〈手話〉

両手の人差指を向かい合わせて、糸を巻くように回転させる。

〈アニメーション〉

親指と人差指を出した左手の横で親指を出した右手を前に回転させる。

アナログ

「アナログの時計」

→〈アナログ〉+〈時計①〉

「アナログ」は〈アナログ〉で表現。〈アナログ〉は右手が「アナログ」の頭音「ア」で連続的に表示することを表す。

〈アナログ〉

人差指を立てた左手から親指を出した右手を少し波打つように右へ動かす。

〈時計①〉

左手首の甲側に右手の親指と人差指で作った丸をつける。

あね【姉】

「姉」

→〈姉①〉
または〈姉②〉

お姉さん指の薬指または小指を上にあげることで姉妹のうち年齢の上の姉を表す。下にさげれば〈妹①〉〈妹②〉を表す。

〈姉①〉

右薬指を上にあげる。

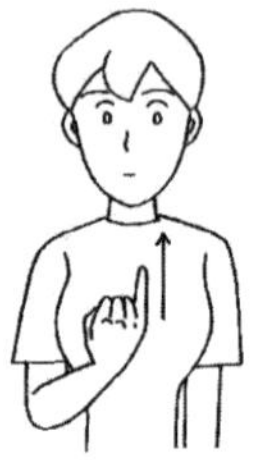

〈姉②〉

右小指を上にあげる。

あに【兄】

「兄」

→〈兄〉

お兄さん指の中指を上にあげることで兄弟のうち年齢が上の兄を表す。下にさげれば〈弟〉を表す。

〈兄〉

中指を立て、甲側を前に向けた右手を上にあげる。

あの

「あの山」

→〈あれ①〉+〈山〉

「あの」は方向を示している。手話はさし示そうとするものの方を指さすことで表すが、そのものの方向によって手話の向きは変わる。

〈あれ①〉

斜め上を指さす。

〈山〉

右手で山形を描く。

アパート

「アパート(に住む)」
→〈長屋〉+〈アパート〉
(+〈生活〉)

「アパート」は屋根と床を共有する集合住宅なので〈長屋〉+〈アパート〉で表現。手話は同じ屋根の下に仕切られた部屋を表す。

〈長屋〉
両手で示した屋根形を前に出す。

〈アパート〉
左手で屋根形を示し、右手で区切りながら前に出す。

アピール 3

「セックスアピール」
→〈性〉+〈魅力〉

例文の「アピール」は魅力のことなので〈魅力〉で表現。〈魅力〉は目を奪われるさまを表す。

〈性〉
両手の親指と4指の指先を合わせて、引きちぎるように左右に開く。

〈魅力〉
指先を顔に向けて右手を前に出しながらすぼめる。

アピール 1

「平和をアピールする」
→〈安定〉+〈アピール〉

例文の「アピール」は意見を広く訴えることなので〈アピール〉で表現。〈アピール〉はアピールの「ア」をあげて気勢をあげるさまを表す。

〈安定〉
手のひらを下にした両手を左右に開きながらおろす。

〈アピール〉
指文字〈ア〉の右手を肩から上にあげる。

アビリンピック

「アビリンピック」
→〈技術〉+〈オリンピック〉

「アビリンピック」は全国障害者技能競技大会のことで〈技術〉+〈オリンピック〉で表現。〈技術〉は腕をさし、〈オリンピック〉は五輪を表す。

〈技術〉
握った左手首を右人差指で軽くたたく。

〈オリンピック〉
両手の親指と人差指を組み換えながら左から右へ動かす。

アピール 2

「審判にアピールする」
→〈審判〉+〈言いつける②〉

例文の「アピール」はスポーツでの抗議のことなので〈言いつける②〉で表現。〈言いつける②〉は〈審判〉の左手に向かって〈言う〉を表す。

〈審判〉
親指を立てた両手を交互に前後に振る。

〈言いつける②〉
〈審判〉の左手を残したまま右人差指を口から左手に向けて動かす。

あぶない【危ない】1

「危ない(道路)」
→〈危ない①〉
または〈危ない②〉
(+〈道①〉)

「危ない」は危険の意味で〈危ない①〉または〈危ない②〉で表現。胸に手を当てることで不安な気持ちを表し、表情の変化で不安や怖さの程度を表す。

〈危ない①〉
全指を軽く折り曲げ、胸をたたく。

〈危ない②〉
全指を折り曲げた両手を胸に繰り返し当てる。

あぶない【危ない】2

「危ない空模様」

→〈空〉+〈心配①〉

例文の「危ない」は今にも降りそうなという意味なので〈心配①〉で表現。手話は今にも降りそうな天候を心配している様子を表す。

〈空〉

右手で頭上に弧を描く。

〈心配①〉

指先を軽く折り曲げた右手を胸に繰り返し当てる。

あぶら【油】1

「テンプラの油」

→〈テンプラ〉+〈油〉

「油」は鉱物や植物から取った油一般を意味するので〈油〉で表現。この表現は髪の毛につける油から来ている。

〈テンプラ〉

右手2指を手首を軸にくるくる回す。

〈油〉

右手のひらで頭にふれ、親指と4指をこすり合わせる。

あぶら【油】2

「先生に油を絞られる」

→〈先生〉+〈おどされる〉

例文の「油を絞られる」は強くしかられる意味なので〈おどされる〉で表現。〈おどされる〉はガミガミ言われている様子を表す。

〈先生〉

右人差指を口元から振りおろし、右親指を示す。

〈おどされる〉

左親指に全指を曲げた右手を前から引きつけるように近づける。

あぶらえ【油絵】

「油絵を描く」

→〈油〉+〈絵〉

「油絵」は〈油〉+〈絵〉で表現。〈油〉は髪の毛につける油を表し、〈絵〉はカンバスに絵の具を塗るさまを表す。「油絵を描く」も同手話。

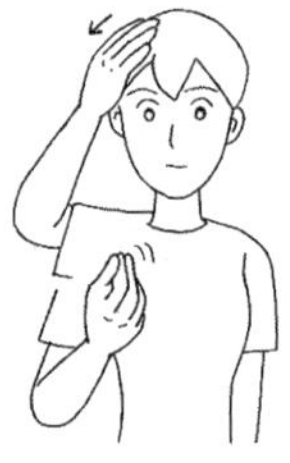

〈油〉

右手のひらで頭にふれ、親指と4指をこすり合わせる。

〈絵〉

左手のひらに右手指の背を軽く打ちつける。

アフリカ

「アフリカ生まれ」

→〈アフリカ〉+〈生まれる〉

「アフリカ」は〈アフリカ〉で表現。〈アフリカ〉は国際的にも通用する手話。

〈アフリカ〉

開いた右手を右に回してつまみながらおろす。

〈生まれる〉

指先を向かい合わせた両手を腹から前に出す。

あふれる【溢れる】1

「川があふれる」

→〈流れる②〉+〈あふれる〉

例文の「あふれる」は川の水が堤防を越えて流れ出る意味なので〈あふれる〉で表現。左手を堤防に見立て、右手は流れ出る川の水を表す。

〈流れる②〉

右手の甲を下にして波のようにゆらゆら上下に揺すりながら右へやる。

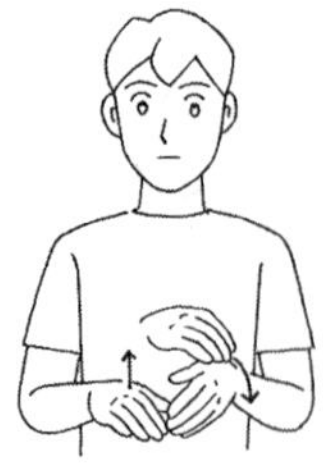

〈あふれる〉

左手の親指側を上にして立て、そのわきに手のひらを下にした右手をあげ、左手をのり越える。

あふれる【溢れる】2

「涙があふれる」
→〈悲しい①〉
または〈悲しい②〉

例文の「あふれる」は涙が流れ出る意味なので〈悲しい①〉または〈悲しい②〉で表現。目から悲しみで涙があふれるさまを表す。

〈悲しい①〉
親指と人差指を閉じた右手を目元から揺らしながらおろす。

〈悲しい②〉
両手の親指と人差指を閉じて目元から、揺らしながらおろす。

あべこべ 2

「(話が)あべこべ」
→(〈説明〉+)
〈あべこべ②〉

例文の「あべこべ」は内容や関係などが逆の意味。〈あべこべ②〉で表現。〈あべこべ②〉には「さかさま」「反対」などの意味がある。

〈あべこべ②〉
額と後頭部に付けた両手を置き換える。(上から見た図)

(補助図)
(左から見た図)

あふれる【溢れる】3

「(人が)あふれる」
→(〈人々①〉+)
〈満員〉
または〈増える③〉

例文は人が入りきれないほどたくさんいる意味なので〈満員〉または〈増える③〉で表現。ぎっしり人が詰まっているさまを表す。

〈満員〉
両手の指背側を合わせて水平に回す。

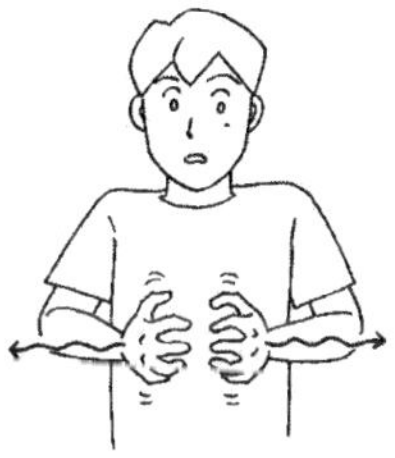

〈増える③〉
囲むように向かい合わせた両手を徐々に左右に広げる。

アベック

「アベックで行く」
→〈デート①〉
または〈デート②〉

例文の「アベック」は男女がカップルになっている意味なので〈デート①〉または〈デート②〉で表現。親指は男、小指は女を表す。

〈デート①〉
右小指と左親指を寄り添わせて前に出す。

〈デート②〉
親指と小指を立てた右手を前に出す。

あべこべ 1

「位置があべこべ」
→〈あべこべ①〉

例文の「あべこべ」は位置が逆の意味。前後の位置を入れ換える〈あべこべ①〉で表現。「あべこべ」の状況によって手話は上下にも変わる。

〈あべこべ①〉
全指を軽く曲げた両手を前後に置き、入れ換える。

(補助図)
(左から見た図)

あまい【甘い】1

「甘いお菓子」
→〈甘い〉+〈菓子〉

例文の「甘い」は味覚の甘いなので〈甘い〉で表現。〈甘い〉は砂糖をなめるしぐさから生まれた手話で「砂糖」の意味もある。

〈甘い〉
右手のひらを口元で回す。

〈菓子〉
親指と人差指でつまむようにして、繰り返し口に持っていく。

あまい【甘い】2

「甘い香り」

→〈甘い〉+〈香り②〉
（または〈香り①〉）

例文の「甘い」は嗅覚の甘いだが、味覚の甘いと同様〈甘い〉で表現。表情にうっとりした様子を表すとその意味がよく通じる。

〈甘い〉
右手のひらを口元で回す。

〈香り②〉
右手の指先を揺らしながら鼻に近づける。

あまえる【甘える】

「（お母さんに）甘える」

→（〈母〉+）
〈甘い〉+〈頼る〉

例文の「甘える」は好きで人にまつわりつく意味なので〈甘い〉+〈頼る〉と表現。甘ったれた表情をすると手話が生きる。

〈甘い〉
右手のひらを口元で回す。

〈頼る〉
両手ですがり、つかまるようにする。

あまい【甘い】3

「子供に甘い」

→〈子供②〉+〈甘い〉

例文の「甘い」は厳しくない、ゆるやかな意味で、味覚の甘いと同様〈甘い〉で表現する。〈甘い〉は心理的な意味の場合も使われる。

〈子供②〉
右手のひらを左から順番に置くように移動する。

〈甘い〉
右手のひらを口元で回す。

あまくだり【天下り】

「天下り人事」

→〈天下り〉+〈交替①〉

例文の「天下り」は官庁の高級官僚などが関連の民間の団体、会社に優遇されて入る意味で〈天下り〉で表現。〈交替①〉は省略してもよい。

〈天下り〉
左手のひらの上に親指を立てた右手を置き、それを右下にすべり落とす。

〈交替①〉
親指を立てた両手を交差させて位置を入れ換える。

あまい【甘い】4

「考えが甘い」

→〈考える〉+〈甘い〉

例文の「甘い」は簡単にできるという楽観的なの意味で、前項と同様〈甘い〉で表現。

〈考える〉
右人差指を頭にねじこむようにする。

〈甘い〉
右手のひらを口元で回す。

アマチュア

「アマチュア野球」

→〈アマチュア〉+〈野球①〉

例文の「アマチュア」は職業としてお金をとってやるのではない意味なので〈アマチュア〉で表現。この手話はお金をもらわないことを表す。

〈アマチュア〉
親指と人差指で作った丸を額に当て、左下にはじくように開く。

〈野球①〉
バットを握って振るようにする。

あまのじゃく
【天の邪鬼】

「天の邪鬼な性格」
→〈天の邪鬼〉+〈性質〉

例文の「天の邪鬼」はいつも人のやることと反対のことばかりやろうとする意味なので〈天の邪鬼〉で表現。天井裏を歩くさまを表す。

〈天の邪鬼〉
胸の高さの左手の下で右手の人差指と中指を天井を歩くように動かす。

〈性質〉
左手甲に右人差指を当て、すくうようにあげる。

あまやかす
【甘やかす】

「(子供を)甘やかす」
→(〈子供①〉+)
〈甘い〉+〈なだめる〉

「甘やかす」は厳しくしつけない意味で〈甘い〉+〈なだめる〉と表現。問題を起こしても厳しくしからないでなだめる様子を表す。

〈甘い〉
右手のひらを口元で回す。

〈なだめる〉
親指を立てた左手の背後を右手で優しくなでるようにする。

あまり【余り】1

「余りが出る」
→〈残る〉+〈現れる〉

例文の「余り」は使って最後に残った物を意味するので〈残る〉で表現。〈残る〉は「余分」「余り」の意味もある。

〈残る〉
左手のひらの上で右手を手前に削るように引く。

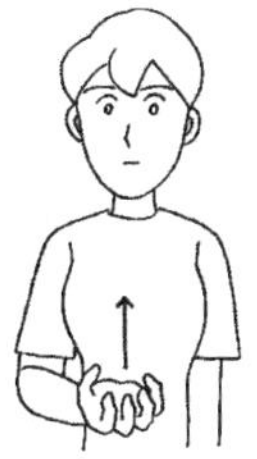

〈現れる〉
全指を曲げた右手のひらを上に向けてあげる。

あまり【余り】2

「余りの寒さ」
→〈とても〉+〈寒い〉

例文の「余り」は度を超えて非常にの意味なので〈とても〉で表現。〈とても〉は程度がはなはだしい場合に使われる用途の広い手話。

〈とても〉
右手の親指と人差指をつまみ、弧を描いて親指を立てる。

〈寒い〉
両こぶしを握り、左右にふるわせる。

あまり【余り】3

「余りおもしろくない」
→〈おもしろい〉+〈ない①〉

例文の「余り」はそれほど、あんまりの意味で、手話で表現せず表情で表すことが多い。まれに〈越える②〉が使われる。

〈おもしろい〉
おもしろくない顔をして両手こぶしで腹を軽くたたく。

〈ない①〉
両手指を軽く広げて回転する。

あまる【余る】

「料理が余る」
→〈料理〉+〈残る〉

例文の「余る」は多すぎて残る意味なので〈残る〉で表現する。

〈料理〉
左手で押さえ、右手で刻むようにする。

〈残る〉
左手のひらの上で右手を手前に削るように引く。

あみ【網】

「網」
→〈網①〉
　または〈網②〉

「網」は〈網①〉または〈網②〉で表現。いずれも網目模様を表す。

〈網①〉
軽く指先を開いた両手を重ね、網の目を描くように左右に引く。

〈網②〉
軽く指先を開いた両手を上下に重ね合わせて網の目を描くように左右に引く。

あみもの【編み物】

「編み物の本」
→〈編む②〉+〈本〉

「編み物」は毛糸などで編むこと。また編んだもの。〈編む②〉で表現。人差指は編み棒を表す。

〈編む②〉
両手人差指を付け合わせ、編むように動かす。

〈本〉
両手のひらを合わせて左右に開く。

あむ【編む】1

「髪を編むのが好き」
→〈編む①〉+〈好き①〉

例文の「編む」は髪の毛を三つ編みなどにする意味なので〈編む①〉で表現。〈編む①〉は髪の毛を編むさまを表す。

〈編む①〉
両手人差指と中指の指先を組み合わせ、編むようにして下におろす。

〈好き①〉
親指と人差指を開いた右手をのどに当て、下におろしながら閉じる。

あむ【編む】2

「セーターを手で編む」
→〈服〉+〈編む②〉

例文の「編む」は編み棒で服などを作る意味なので〈編む②〉で表現。手話は編み棒を使うさまを表すが、機械編みの場合は機械操作を示す。

〈服〉
親指を立てた両手をえりに沿って下におろす。

〈編む②〉
両手人差指を付け合わせ、編むように動かす。

あめ【飴】

「あめを食べる」
→〈飴〉+〈食べる②〉

例文の「あめ」はあめ玉を意味するので〈飴〉で表現。手話は口の中に飴玉を入れてほおをふくらませたさまを表す。

〈飴〉
ほおを舌で軽くふくらませ、右手の親指と人差指で作った丸をくるくる回す。

〈食べる②〉
すぼめた右手を口元に繰り返し近づける。

あめ【雨】1

「雨が降る」
→〈雨①〉

「雨が降る」も「雨」も同じ〈雨①〉で表現。〈雨①〉は上から降ってくるさまを表す。雨の強弱によって手話は変化する。

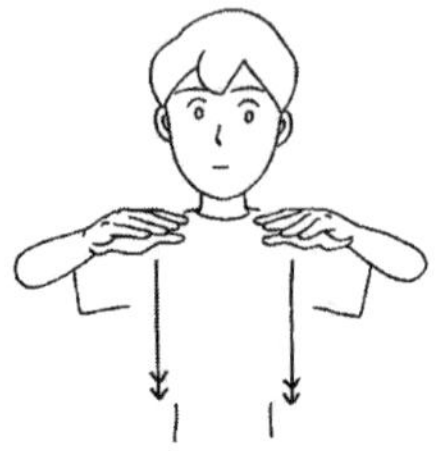

〈雨①〉
軽く開いた指先を前に向け両手を繰り返し下におろす。

あめ【雨】2

「雨が止む」

→〈雨①〉+〈消える②〉

例文の「雨が止む」は〈雨①〉+〈消える②〉で表現。〈消える②〉は雨があがるなど上から注ぐものがなくなることを表す。

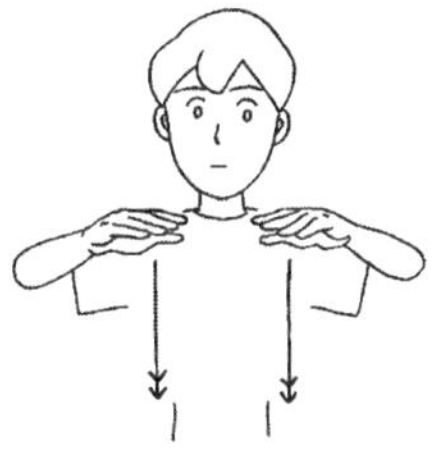

〈雨①〉

軽く開いた指先を前に向け両手を繰り返し下におろす。

〈消える②〉

半開きにした両手のひらを上にあげながら握る。

あめ【雨】5

「冷たい小雨が降る」

→〈寒い〉+〈雨④〉

例文の「小雨」は〈雨①〉を小さくした〈雨④〉で表現。動作を小さく、静かな表情ですればよく意味が通じる。

〈寒い〉

両こぶしを握り、左右にふるわせる。

〈雨④〉

軽く指先を広げた両手のひらを下に向け、小さく繰り返しおろす。

あめ【雨】3

「夕方に雨がポツポツ降ってきた」

→〈夕方〉+〈雨②〉

例文の「ポツポツ」は雨の降り初めなど、粒になって降るさまを指先でたどるように表す〈雨②〉で表現する。

〈夕方〉

右手全指を上に向けてひしから前に倒す。

〈雨②〉

人差指を交互に下におろす。

あめ【雨】6

「にわか雨が降る」

→〈急に〉+〈雨①〉

例文の「にわか雨」は突然降る雨なので〈急に〉+〈雨①〉と表現。〈急に〉には驚いた表情が伴う。

〈急に〉

右人差指を勢いよくすくいあげる。

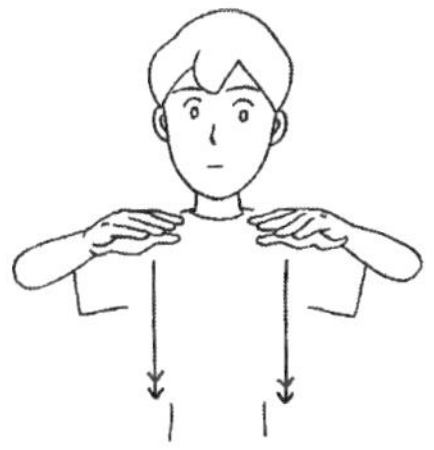

〈雨①〉

軽く開いた指先を前に向け両手を繰り返し下におろす。

あめ【雨】4

「昨日は大雨」

→〈きのう〉+〈雨③〉

例文の「大雨」は〈雨①〉を激しく繰り返した〈雨③〉で表現。手話の動作や表情で「大雨」の程度がよく分かるようにする。

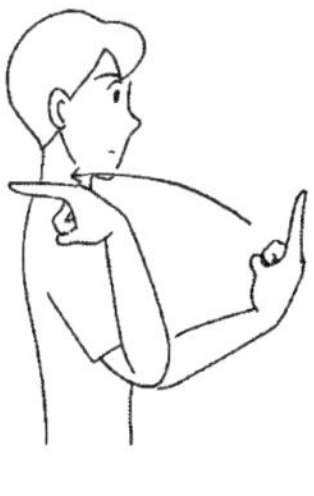

〈きのう〉

右人差指を立て、肩越しに後ろへやる。

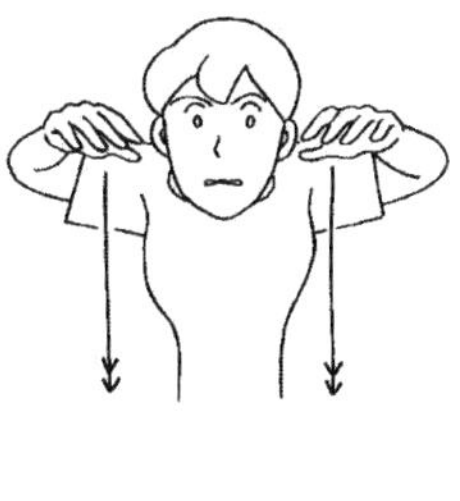

〈雨③〉

指先を前に向けた両手を上から激しく繰り返しおろす。

アメリカンフットボール

「アメリカンフットボールの試合」

→〈アメリカンフットボール〉+〈試合①〉

「アメリカンフットボール」は〈アメリカンフットボール〉で表現。〈アメリカンフットボール〉はスクラムを組んだ両チームがぶつかり合うさまを表す。

〈アメリカンフットボール〉

指を折り曲げた両手を左右から組み合わせる。

〈試合①〉

親指を立てた両手を正面で軽くぶつける。

あやしい【怪しい】1

「あやしい(やつ)」

→〈あやしい〉
　または〈疑う〉
　(+〈男〉)

例文の「あやしい」は様子がおかしい、不審を意味するので〈あやしい〉または〈疑う〉で表現。不審な表情をすると意味がよく通じる。

〈あやしい〉
小首をかしげ右人差指をあごに当てる。

〈疑う〉
右手の親指と人差指をあごに当てる。

あやしい【怪しい】2

「(空が)あやしい」

→(〈空〉+)〈曇る〉
　または〈心配①〉

例文は雲が出て雨などが降りそうなさまを意味するので〈曇る〉または〈心配①〉で表現。雲の状態で〈曇る〉の手話は変わる。

〈曇る〉
指を軽く折り曲げた両手のひらを合わせ、かき回すようにしながら右へ動かす。

〈心配①〉
指先を軽く折り曲げた右手を胸に繰り返し当てる。

あやつる【操る】1

「(五か国語を)操る」

→(〈5〉+〈言う②〉+)
　〈しゃべる①〉
　または〈朝飯前〉

例文の「操る」は自由にしゃべることができる意味なので〈しゃべる①〉または〈朝飯前〉と表現。〈しゃべる①〉は軽快に表現する。

〈しゃべる①〉
すぼめた右手を口元から前に向かってぱっぱっと繰り返し開く。

〈朝飯前〉
手のひらの上にのったものを吹き飛ばすように軽く息を吹きかける。

あやつる【操る】2

「人形を操る」

→〈人形〉+〈操る①〉

例文の「操る」は人形を操作する意味なので〈操る①〉で表現。これは操り人形を動かすさまを表す。〈操る①〉は人を操る意味にも使う。

〈人形〉
両手を上下に置き、軽く握るようにする。

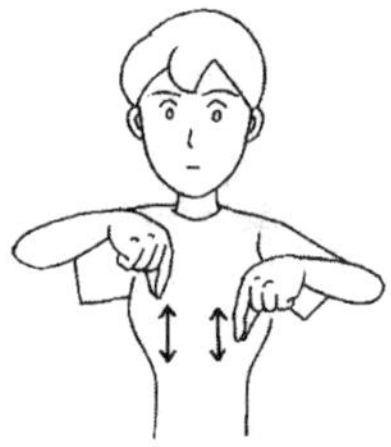

〈操る①〉
親指と人差指でひもを持つように交互に上下させる。

あやつる【操る】3

「彼を操る」

→〈彼〉+〈操る②〉
　(または〈操る①〉)

例文の「操る」は影で人を思い通りに動かす意味なので〈操る②〉で表現。「影で糸を引く」も同じ表現。表情をつければ手話が生きる。

〈彼〉
左親指を右人差指でさす。

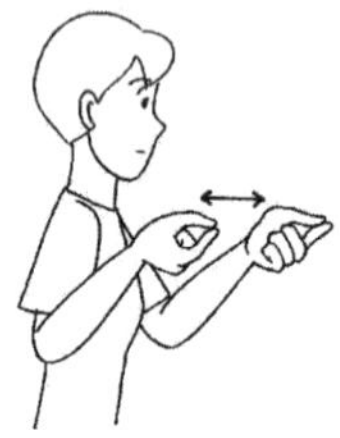

〈操る②〉
親指と人差指でひもを持つように交互に前後させる。

あやまち【過ち】

「あやまち(に気づく)」

→〈まちがう①〉
　または〈まちがう②〉
　(+〈感じる①〉)

「過ち」は「まちがい」の雅語的表現なので〈まちがう①〉または〈同②〉で表現。①は元来、裏表を見誤る意。②は左右を見まちがう意味。

〈まちがう①〉
人差指と中指を目の前でくるりと回す。

〈まちがう②〉
つまんだ両手を目の前に置き、交差させる。

あやまる【誤る】1

「(答えを)誤る」

→(〈答える〉+)
〈まちがう①〉
または〈まちがう②〉

例文の「誤る」は間違う意味なので〈まちがう①〉または〈同②〉で表現。どちらもちょっとした「誤る」に使われる。

〈まちがう①〉

人差指と中指を目の前でくるりと回す。

〈まちがう②〉

つまんだ両手を目の前に置き、交差させる。

あやまる【誤る】2

「結婚を誤る」

→〈結婚〉+〈失敗①〉

例文の「誤る」は予想した結果と違うことになる意味で〈失敗①〉で表現。〈失敗①〉の鼻から落とすこぶしの強さで失敗の大きさを表す。

〈結婚〉

親指と小指を左右からつける。

〈失敗①〉

右手で鼻の先を握って折るようにする。

あやまる【謝る】1

「無礼を謝る」

→〈失礼①〉+〈すみません〉

例文の「謝る」はわびる意味なので〈すみません〉で表現。頭をさげることで丁寧さが表す。

〈失礼①〉

小指側を合わせた両こぶしを前後にはずすように動かす。

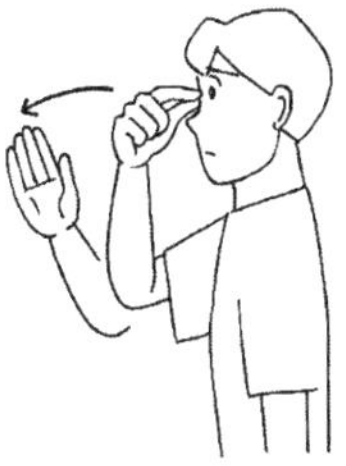

〈すみません〉

右手の親指と人差指で眉間をつまみ、右手で拝むようにする。

あやまる【謝る】2

「すなおに謝れ」

→〈正しい〉+〈謝れ〉

例文の命令形「謝れ」は〈謝れ〉で表現。〈謝れ〉は相手に対して頭をさげさせて強制しているさまを表す。

〈正しい〉

親指と人差指をつまみ、胸に当て、右手をあげる。

〈謝れ〉

立てた親指を強く手前に倒す。

アユ【鮎】

「アユ」

→〈アユ〉

〈アユ〉は分厚い感じのするアユの口元から生まれた手話。両手ですることもある。

〈アユ〉

人差指と中指を口元から後ろへなぞるように引く。

あゆみより【歩み寄り】

「(交渉に)歩み寄りが見られる」

→(〈交渉①〉+)
〈歩み寄り〉+〈ある①〉

「歩み寄り」は考えや方針などが双方から近づいていくことを意味するので〈歩み寄り〉で表現。両者が文字通り歩いて近づくさまを表す。

〈歩み寄り〉

左右から立てた人差指と中指を歩くようにして近づける。

〈ある①〉

右手のひらを体の前に軽く置く。

あらい【荒い】1

「気性が荒い」

→〈性質〉+〈乱暴①〉

例文の「荒い」は性格が短気ですぐ怒り、暴力を振るうようなさまを意味するので〈乱暴①〉で表現。顔をしかめることで荒さの程度を表す。

〈性質〉

左手甲に右人差指を当て、2 回すくうようにする。

〈乱暴①〉

右親指で鼻の頭をこするようにする。

あらい【荒い】2

「言葉が荒い」

→〈言う②〉+〈乱暴①〉

例文の「荒い」は言葉遣いが乱暴できたない意味で、上と同様〈乱暴①〉で表現。

〈言う②〉

右人差指を口元から繰り返し前に出す。

〈乱暴①〉

右親指で鼻の頭をこするようにする。

あらい【荒い】3

「息子は金遣いが荒い」

→〈息子〉+〈浪費②〉

例文の「荒い」はお金をむだ遣いするさまを意味するので〈浪費②〉で表現。〈使う〉の早い繰り返しで金遣いが荒いさまを表す。

〈息子〉

親指を立てた右手を腹から前に出す。

〈浪費②〉

左手のひらの上を右手の親指と人差指で作った丸を繰り返し前に出しながら右へ動かす。

あらう【洗う】1

「手をきれいに洗う」

→〈洗う〉+〈美しい②〉

例文の「洗う」は水などで汚れを洗い流す意味なので〈洗う〉で表現。〈洗う〉は手を洗うさまを表し、「手洗い」(便所)の意味もある。

〈洗う〉

両手を洗うようにこすり合わせる。

〈美しい②〉

左手のひらをなでるように右手のひらを滑らせる。

あらう【洗う】2

「過去を洗う」

→〈過去②〉+〈調べる①〉

例文は過去を詳しく調べる意味で、警察関係などによく使われる。〈調べる①〉で表すが、表情や動作で調べる強さの程度を表す。

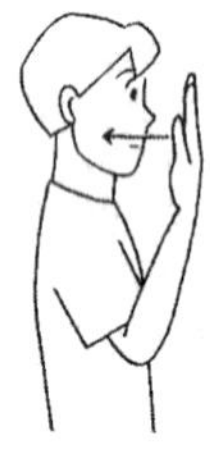

〈過去②〉

右手のひらを後ろに向けて、押すようにして肩越しに少し後ろに動かす。

〈調べる①〉

右手の人差指と中指を軽く折り曲げて、目の前を左右に往復させる。

あらう【洗う】3

「やくざから足を洗う」

→〈やくざ②〉+〈とめる〉

例文の「足を洗う」は慣用句で良くない仕事を止める意味なので〈とめる〉で表現。〈とめる〉手話を早くすればきっぱりの意味が出る。

〈やくざ②〉

左上腕で全指を曲げた右手首を返すようにあげる。

〈とめる〉

左手のひらの上に右手を振りおろす。

あらし【嵐】1

「夜、嵐になる」
→〈暗い〉+〈台風〉

例文の「嵐」は暴風雨のことなので〈台風〉で表現。〈台風〉は強い風が吹きつけるさまを表す。

〈暗い〉
両手のひらを前に向けた両腕を目の前で交差させる。

〈台風〉
両手のひらで風を送るように右から左へ激しくあおる。

あらし【嵐】2

「嵐のような拍手」
→(〈称賛①〉または)〈称賛②〉+〈あがる⑩〉

例文の「嵐のような」は比喩なので〈あがる⑩〉で表現。〈あがる⑩〉は「(喜びに)沸く」「盛り上がる」などの意。

〈称賛②〉
両手を上にあげ、手首を左右に回転させ、ひらひらさせる。

〈あがる⑩〉
指先を上に向けて甲を前にした両手を同時に上にあげる。

あらそい【争い】1

「優勝争い」
→〈優勝〉+〈争う〉

例文の「争い」は競技などの順位を競う意味なので〈争う〉で表現。〈争う〉は対立する両者が競い合っているさまを表す。

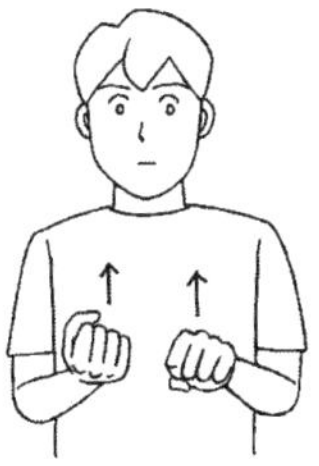

〈優勝〉
両こぶしで優勝旗のさおを持ち、上にあげるようにする。

〈争う〉
親指を立てた両手を並べ、競うようにせりあげる。

あらそい【争い】2

「争い(が起きる)」
→〈けんか①〉
または〈戦争〉
(+〈起きる①〉)

例文の「争い」はけんかや戦争を意味するので〈けんか①〉または〈戦争〉で表現。〈戦争〉は多人数の争いを意味している。

〈けんか①〉
両手人差指を剣のようにふれ合わす。

〈戦争〉
両手の指先を激しくふれ合わせる。

あらそう【争う】1

「優勝を争う」
→〈優勝〉+〈争う〉

例文の「争う」は競技などで順位を競う意味なので〈争う〉で表現。「優勝争い」も同じ表現になる。

〈優勝〉
両こぶしで優勝旗のさおを持ち、上にあげるようにする。

〈争う〉
親指を立てた両手を並べ、競うようにせりあげる。

あらそう【争う】2

「(敵と)争う」
→(〈敵〉+)〈けんか②〉
または〈戦争〉

例文の「争う」は法廷や戦場で戦う意味なので〈けんか②〉または〈戦争〉で表現。〈けんか②〉は武力、暴力を用いない口論などの場合に使われる。

〈けんか②〉
指を折り曲げた両手をぶつけ合いながらあげる。

〈戦争〉
両手の指先を激しくふれ合わせる。

あらそう【争う】3

「トップを争う」

→〈一番①〉+〈競争〉

例文の「争う」は先になろうと競う意味なので〈競争〉で表現。これは抜きつ抜かれつ競うさまを表す。

〈一番①〉

右人差指を左肩に軽く当てる。

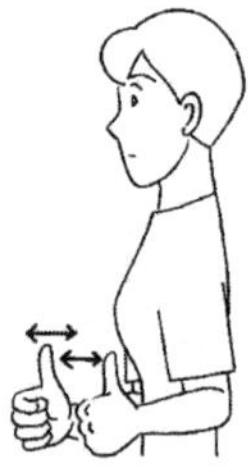

〈競争〉

親指を立てた両手を競うように交互に前後させる。

あらたまる【改まる】1

「年が改まる」

→〈年(ねん)〉+〈変わる①〉

例文の「改まる」は新しくなる意味なので〈変わる①〉で表現。〈変わる①〉は変わること一般に使われる用途の広い手話。

〈年(ねん)〉

左こぶしの親指側に右人差指を当てる。

〈変わる①〉

手のひらを手前に向けた両手を交差させる。

あらたまる【改まる】2

「(行いが)改まる」

→(〈活動〉+)
〈良い〉+〈変わる①〉

例文の「改まる」は変わって良くなる意味なので〈良い〉+〈変わる①〉と表現。「行いを改める」も同じ表現になる。

〈良い〉

右こぶしを鼻から前に出す。

〈変わる①〉

手のひらを手前に向けた両手を交差させる。

あらたまる【改まる】3

「改まった挨拶」

→〈丁寧〉+〈あいさつ〉

例文の「改まった」は正式な、丁寧なの意味なので〈丁寧〉で表現。〈丁寧〉はポマードで髪の毛を丁寧に整えるしぐさから生まれたと言われる。

〈丁寧〉

両手のひらで交互に髪をなでつける。

〈あいさつ〉

両手の人差指を向かい合わせて指先を曲げる。

あらためて【改めて】

「改めて言う」

→〈改めて〉+〈言う①〉

例文の「改めて」はもう一度、やり直しての意味なので〈改めて〉で表現。手を払う動作は先のことを清算することを表す。

〈改めて〉

両手のひらを向かい合わせて上下に2度ほど払うようにする。

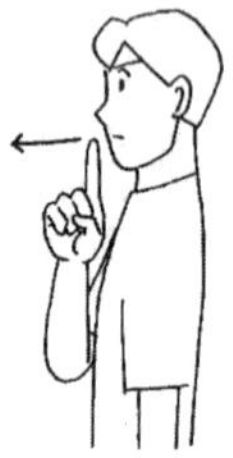

〈言う①〉

右人差指を口元から前に出す。

あらためる【改める】1

「名を改める」

→(〈名前②〉または)
〈名前①〉+〈変わる①〉

例文の「改める」は別のものに変える意味なので〈変わる①〉で表現。〈変わる①〉は「変わる」「変える」どちらの意味も持つ。

〈名前①〉

左手のひらに右親指を当てる。

〈変わる①〉

手のひらを手前に向けた両手を交差させる。

あらためる【改める】2

「切符を改める」

→〈切符〉+〈調べる①〉

例文の「改める」は正しいかどうか調べる意味なので〈調べる①〉と表現。〈調べる①〉は目を配って注意するさまを表す。

〈切符〉

左手のひらを上に向けて右手の親指と人差指ではさむ。

〈調べる①〉

右手の人差指と中指を軽く折り曲げて、目の前を左右に往復させる。

あらためる【改める】3

「(心を)改める」

→(〈心〉+)
〈良い〉+〈変わる①〉

例文の「改める」は変えて良くする意味なので〈良い〉+〈変わる①〉と表現。「心が改まる」も同じ表現。

〈良い〉

右こぶしを鼻から前に出す。

〈変わる①〉

手のひらを手前に向けた両手を交差させる。

あらゆる

「あらゆる(国)」

→〈あらゆる〉
または〈すべて〉
(+〈国〉)

「あらゆる」はすべての意味なので〈あらゆる〉または〈すべて〉で表現。〈あらゆる〉は〈いろいろ〉に左手のひらを添えたもの。

〈あらゆる〉

左手のひらの上で親指と人差指を立てた右手を揺らしながら右へ動かす。

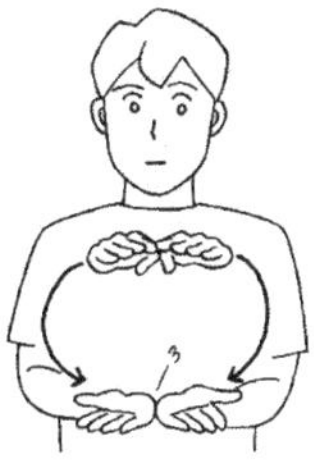

〈すべて〉

両手で上から下に円を描く。

あらわす【著す】

「本を著す」

→〈本〉+〈書く①〉

例文の「著す」は著作する、本を書き表す意味なので〈書く①〉で表現。〈書く①〉は字を書くさまを表す。

〈本〉

両手のひらを合わせて左右に開く。

〈書く①〉

左手のひらに右手の親指と人差指で縦に書くようにする。

あらわす【表・現す】1

「気持ちを表にあらわす」

→〈気持ち〉+〈表(あらわ)す〉

例文の「あらわす」は目に見える形に示す意味なので〈表す〉で表現。この手話は「表現する」「示す」意味がある。

〈気持ち〉

右人差指でみぞおち辺りに小さく円を描く。

〈表(あらわ)す〉

左手のひらに右人差指をつけて前に押し出す。

あらわす【表・現す】2

「言い表す」

→〈言う①〉+〈表(あらわ)す〉

例文の「表す」は言葉で表現する意味なので〈表す〉で表現。〈表す〉手話の動作の強弱で表す強さの程度がわかる。

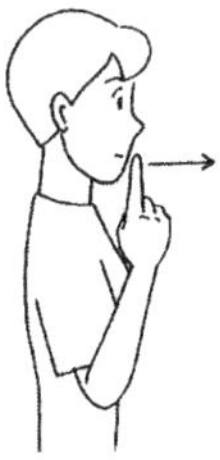

〈言う①〉

右人差指を口元から前に出す。

〈表(あらわ)す〉

左手のひらに右人差指をつけて前に押し出す。

あらわれる
【表・現れる】1

「(作品に)
気持ちが表れる」

→(〈作る〉+〈品(ひん)〉+)
〈気持ち〉+〈表(あらわ)れる〉

例文の「表れる」は表現される意味なので〈表れる〉で表現。〈表れる〉は向こう側から表面に出てくるさまを表す。

〈気持ち〉
右人差指でみぞおち辺りに小さく円を描く。

〈表(あらわ)れる〉
左手のひらに右人差指を当て、目の前に近づける。

あらわれる
【表・現れる】2

「力が表れる」

→〈力〉+〈表(あらわ)す〉

例文の「表れる」ははっきり表に出る意味なので〈表す〉で表現。〈表す〉は相手に向かって表すさまを示す。「力を表す」の意味もある。

〈力〉
こぶしを握った左腕を曲げ、上腕に右人差指で力こぶを描く。

〈表(あらわ)す〉
左手のひらに右人差指をつけて前に押し出す。

あらわれる
【表・現れる】3

「(新しい)問題が現れる」

→(〈新しい〉+)
〈問題〉+〈現れる〉

例文の「現れる」は今までなかったものが出現する意味なので〈現れる〉で表現。この手話は問題などが起こる意味も持つ。

〈問題〉
両手の親指と人差指をつまみ「 ˥ を描く。

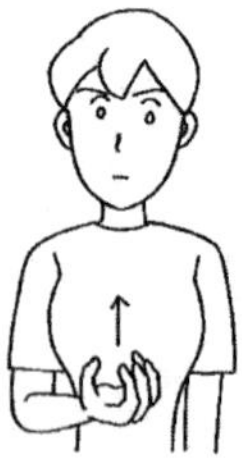

〈現れる〉
全指を曲げた右手のひらを上に向けてあげる。

あらわれる
【表・現れる】4

「遅れて彼が現れる」

→〈過ぎる〉+〈来る③〉

例文の「現れる」はそこへ来る意味なので〈来る③〉で表現。この場合は彼だが、〈来る③〉に小指を使うならば彼女が現れる意味になる。

〈過ぎる〉
左手甲の上を右手で乗り越える。

〈来る③〉
親指を立てた右手を手前に引く。

ありがとう

「みなさんありがとう」

→〈みんな〉+〈ありがとう〉

〈ありがとう〉は勝った関取が賞金をもらって手刀をきるしぐさから生まれた手話。「お礼」「感謝する」も同じ。

〈みんな〉
右手のひらを下に向けて水平に回す。

〈ありがとう〉
右手を左手甲に軽く当て、拝むようにする。

ある【或】

「ある人」

→〈ある(或)〉+〈人〉

例文の「ある」ははっきり決まっていない、あるいははっきり言いたくないときに使う言葉で〈ある(或)〉で表現する。

〈ある(或)〉
人差指を小さくすくいあげるようにする。

〈人〉
人差指で「人」の字を空書する。

ある【有る】1

「(町には)城がある」

→(〈町①〉+)
〈城〉+〈ある①〉

例文の「ある」は存在する意味なので〈ある①〉で表現。〈ある①〉は存在一般を表すよく使われる手話。

〈城〉

折り曲げた両手の人差指を向かい合わせる。

〈ある①〉

右手のひらを体の前に軽く置く。

ある【有る】2

「～と書いてある」

→〈書く①〉+〈ある①〉

例文の「～てある」は行為の結果が存続していることを意味し、〈ある①〉で表現。

〈書く①〉

左手のひらに右手の親指と人差指で縦に書くようにする。

〈ある①〉

右手のひらを体の前に軽く置く。

ある【有る】3

「各地にある」

→〈地方〉+〈ある②〉

例文の「ある」は〈ある②〉で表現。〈ある②〉は〈ある①〉を動かしてあちこちに同じものや事象がある場合に使われる表現。

〈地方〉

全指を曲げた右手を下に向け、左から右へ順番に置く。

〈ある②〉

手のひらを下にした右手を左・中央・右の3か所に置く。

あるいは【或いは】1

「あるいは来るかもしれない」

→〈来る②〉+〈かもしれない〉

例文の「あるいは」は確かではない予想を言う時に使い、〈かもしれない〉にその意味が含まれているので手話で表現しない。

〈来る②〉

右人差指を上に向けて手前に引く。

〈かもしれない〉

首をやや傾け、右手2指で?を描き、最後に小さく前後に振る。

あるいは【或いは】2

「(和服)或いは洋服」

→(〈着物〉+)
〈また〉+〈服〉

例文の「あるいは」は「または」の意味なので〈また〉で表現。〈また〉は二つ目の事柄を意味している。

〈また〉

2指を出した右手の手首を返して甲側を示す。

〈服〉

親指を立てた両手をえりに沿って下におろす。

あるく【歩く】1

「道を歩く」

→〈道①〉+〈歩く①〉

〈歩く①〉は人が歩くさまを表現したもので人が歩く場合に使用する。「徒歩」「歩行」「歩み」も同じ表現。

〈道①〉

道幅に見立てた向かい合わせた両手をまっすぐ前に出す。

〈歩く①〉

右手2指を歩くように交互に前後させながら前に出す。

あるく【歩く】2

「ぶらぶら歩く」
→〈遊ぶ①〉+〈歩く②〉

例文の「歩く」は〈歩く②〉で表現。〈歩く②〉は目的もなく歩くさまで「散歩する」「ぶらぶら歩く」などの意味を表す。

〈遊ぶ①〉
人差指を立てた両手を交互に前後に軽く振る。

〈歩く②〉
右手２指でジグザグに歩くようにする。

アルツハイマー

「おじいさんはアルツハイマー」
→〈祖父〉+〈アルツハイマー〉

「アルツハイマー」は〈アルツハイマー〉で表現。〈アルツハイマー〉は指文字〈ア〉の手の形で〈ぼける①〉を表した新しい手話。

〈祖父〉
右人差指でほおにふれ、親指を曲げて小さく上下させる。

〈アルツハイマー〉
両手指文字〈ア〉を頭に当て、左右に引く。

アルコール 1

「アルコール（依存症）」
→〈アルコール①〉または〈酒〉
（+〈頼る〉+〈病気〉）

例文の「アルコール」は酒のことなので〈アルコール①〉または〈酒〉で表現。〈アルコール①〉は〈酒〉の手の形を「アルコール」の「ア」にして表す。

〈アルコール①〉
右指文字〈ア〉をあごと額に順に当てる。

〈酒〉
右手をあごと額に順に当てる。

アルバイト

「アルバイト」
→〈例〉+〈仕事〉

「アルバイト」は臨時の仕事の意味。〈例〉+〈仕事〉で表現。〈例〉は「臨時」「仮の」の意味がある。

〈例〉
左手甲に右手の親指と人差指で作った丸をつける。

〈仕事〉
手のひらを上に向け、向かい合わせた両手指先を繰り返しつき合わせる。

アルコール 2

「アルコールで消毒」
→〈アルコール②〉+〈美しい②〉

例文の「アルコール」は薬用なので〈アルコール②〉で表現。〈アルコール②〉は指文字〈ア〉で腕を消毒するさまを表す。

〈アルコール②〉
左腕の内側を右指文字〈ア〉でこする。

〈美しい②〉
左手のひらをなでるように右手のひらを滑らせる。

アルミニウム

「アルミニウムの鍋」
→〈アルミニウム〉+〈鍋〉

「アルミニウム」は〈アルミニウム〉で表現。左手の〈鉄〉と右指文字〈ア〉を組み合わせた新しい手話。

〈アルミニウム〉
手のひらを右向きにして立てた左手に右指文字〈ア〉を打ちつける。

〈鍋〉
両手のひらを上に向け指先をつき合わせて左右に引くようにあげる。

あれ

「あれは何ですか」

→〈あれ①〉+〈何〉

「あれ」は対象を指示する場合に使う。〈あれ①〉はその対象物を示して表現。対象物の方向によって指差す方向は変わる。

〈あれ①〉

斜め上を指さす。

〈何〉

右人差指を立てて左右に振る。

アレルギー

「花粉アレルギー」

→〈花粉〉+〈アレルギー〉

「アレルギー」は〈アレルギー〉で表現。〈アレルギー〉は〈合わない〉の右手を「アレルギー」の「ア」に変えて表した新しい手話。

〈花粉〉

指先をつまんだ右手を開いて揺らしながら鼻に近づける。

〈アレルギー〉

左人差指に右親指を当てて上に跳ねあげる。

あわ【泡】1

「せっけんの泡」

→〈せっけん〉+〈泡〉

「泡」は〈泡〉で表現。〈泡〉は泡が浮かんでくるさまを表す。

〈せっけん〉

左手のひらを右こぶしでこするようにする。

〈泡〉

左手のひらの上に折り曲げた右手を縮めたり開いたりしながら上にあげていく。

あわ【泡】2

「泡を食って逃げる」

→〈あわてる〉+〈逃げる〉

例文の「泡を食う」は慣用句で驚きあわてる意味なので〈あわてる〉で表現。〈あわてる〉は気持ちがうわずるさまを表す。

〈あわてる〉

手のひらを上に向けた両手の指先を向かい合わせて交互に上にあげる。

〈逃げる〉

両こぶしを右上にさっとあげる。

あわせる【合わせる】1

「力を合わせる」

→〈力〉+〈合わせる①〉

「合わせる」は二つあるいは二つ以上のものを一つにする意味なので〈合わせる①〉で表現。〈合わせる①〉は二つのものが一緒になるさま。

〈力〉

こぶしを握った左腕を曲げ、上腕に右人差指で力こぶを描く。

〈合わせる①〉

向かい合わせた両手を左右から合わせる。

あわせる【合わせる】2

「数を合わせる」

→〈数〉+〈合う①〉

例文の「合わせる」は数値を一致させる意味なので〈合う①〉で表現。この手話は「ぴったり一致する」の意味を持つ。

〈数〉

右手の指を順に折る。

〈合う①〉

左人差指の先に右人差指の先を当てる。

あわせる【合わせる】3

「時計を合わせる」

→〈時間〉+〈合う①〉

例文の「合わせる」は時計の針を一致させる意味なので〈合う①〉で表現。〈合う①〉は「合わせる」の意味もある。

〈時間〉

左手首の腕時計の位置を右人差指でさす。

〈合う①〉

左人差指の先に右人差指の先を当てる。

あわせる【合わせる】4

「服に合わせる」

→〈服〉+〈合う①〉

例文の「合わせる」は一方が他方に合うようにする意味なので〈合う①〉で表現。「服が合う」も同じ表現になる。

〈服〉

親指を立てた両手をえりに沿って下におろす。

〈合う①〉

左人差指の先に右人差指の先を当てる。

あわてる

「あわてて食べる」

→〈あわてる〉+〈食べる①〉

「あわてる」は気持ちが落ち着かないで動揺する意味なので〈あわてる〉で表現。〈あわてる〉は気持ちがうわずるさまを表す。

〈あわてる〉

手のひらを上に向けた両手の指先を向かい合わせて交互に上にあげる。

〈食べる①〉

左手のひらの上を右手ですくって食べるようにする。

アワビ【鮑】

「アワビ」

→〈アワビ〉

「アワビ」は〈アワビ〉で表現。手話は岩にへばりついているアワビのさまを表す。

〈アワビ〉

左手のひらに甲を少しふくらませた右手を張りつけるようにする。

あわれ【哀れ】1

「あわれに思う」

→〈悲しい①〉+〈思う〉

例文の「あわれ」はかわいそうに思う気持ちの意味なので〈悲しい①〉で表現。この手話は「悲しい」「かわいそうに」などの意味を持つ。

〈悲しい①〉

親指と人差指を閉じた右手を目元から揺らしながらおろす。

〈思う〉

右人差指を側頭部に当てる。

あわれ【哀れ】2

「あわれな姿」

→〈悲しい①〉+〈状態①〉

例文の「あわれな」は気の毒な意味なので〈悲しい①〉で表現。〈悲しい①〉は「気の毒」の意味も持つ。

〈悲しい①〉

親指と人差指を閉じた右手を目元から揺らしながらおろす。

〈状態①〉

両手のひらを前に向けて、交互に上下させる。

あん【案】1

「案(を出す)」

→〈案〉
または〈例〉
(+〈申し込む〉)

例文の「案」は〈案〉または〈例〉で表現。〈案〉はその頭音「ア」を使ったもの。〈例〉は「仮」の意味。

〈案〉

こめかみあたりに当てた親指をはじくように上にあげる。

〈例〉

左手甲に右手の親指と人差指で作った丸をつける。

あん【案】2

「いい案が浮かばない」

→〈アイデア〉+〈ない①〉

例文の「いい案」はよい考えあるいはアイデアの意味があり、〈アイデア〉は頭にピンときたひらめきを表す。

〈アイデア〉

人差指を側頭部から上にはねあげるように出す。

〈ない①〉

両手指を軽く広げて回転する。

あんがい【案外】

「案外簡単」

→〈案外〉+〈簡単〉

「案外」は思っていたのと違うことで〈案外〉で表現。これは〈思う〉と〈はずれる〉から成る合成語。「意外」の意味を持つ。

〈案外〉

右人差指を頭に当てて左こぶしの親指側をかすめるように振りおろす。

〈簡単〉

右人差指をあごに当て、次に左手のひらの上に落とすようにつける。

あんき【暗記】

「暗記(が得意)」

→〈あたり〉+〈覚える〉
(+〈得意〉)

「暗記」は〈あたり〉+〈覚える〉と表現。〈あたり〉は記憶しようとするもののあるところを示し、それを覚えようとするさまを示す。

〈あたり〉

右手のひらを下にして小さく水平に回す。

〈覚える〉

指先を開いた右手を上から頭につけて握る。

アンケート

「アンケートで調査する」

→〈アンケート〉+〈調べる①〉

「アンケート」は多数の人に対して質問をして答えを集める調査方法。〈アンケート〉は多くの人々にものを尋ねるさまを表す。

〈アンケート〉

右人差指を耳に当て前に差し出し、左から右へ動かす。

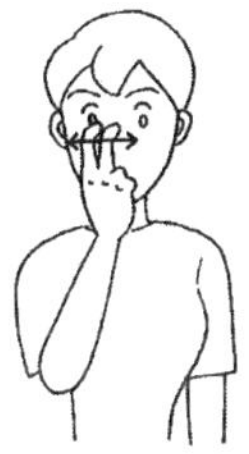

〈調べる①〉

右手の人差指と中指を軽く折り曲げて、目の前を左右に往復させる。

アンコール 1

「アンコールの声がかかる」

→〈アンコール〉+〈あがる⑩〉

例文は〈アンコール〉+〈あがる⑩〉で表現。〈アンコール〉は再びの意〈また〉を左右から言われるさまを表す。

〈アンコール〉

握った両手を前方に向け、同時に手首を内に返しながら人差指と中指を出す。

〈あがる⑩〉

指先を上に向けて甲を前にした両手を同時に上にあげる。

アンコール 2

「アンコール放送」

→〈アンコール〉+〈放送〉

例文は視聴者の要望に応える再放送のことなので〈アンコール〉+〈放送〉で表現。

〈アンコール〉

握った両手を前方に向け、同時に手首を内に返しながら人差指と中指を出す。

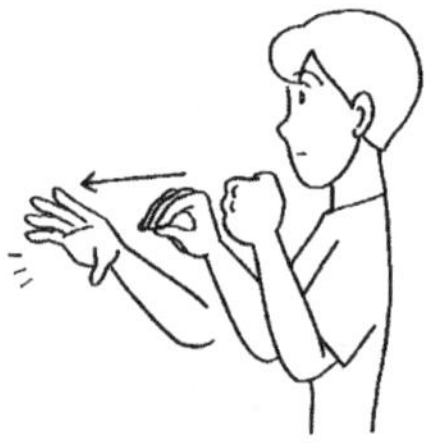

〈放送〉

左こぶしを口元に近づけ、左手甲からすぼめた右手を前に向かって開く。

あんしん【安心】

「安心する」

→〈安心①〉
　または〈安心②〉

「安心」は心配がなく落ち着くさまを意味するので〈安心①〉または〈同②〉で表現。胸をなでおろしてほっとするさまを表す。

〈安心①〉

両手を胸に当て、下になでおろす。

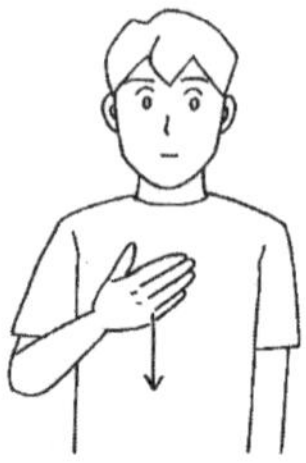

〈安心②〉

右手を胸に当て、なでおろす。

あんせい【安静】

「安静にする」

→〈落ち着く①〉+〈大切③〉

「安静」は病気の体を静かにしておく意味なので〈落ち着く①〉+〈大切③〉で表現。〈大切③〉は養生する意味がある。

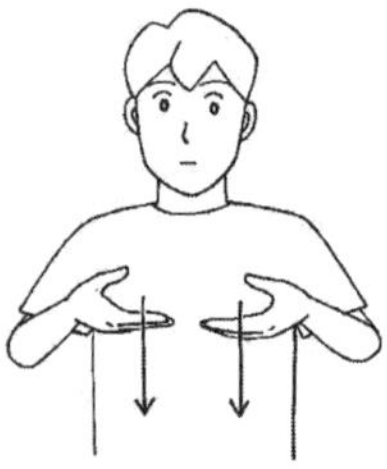

〈落ち着く①〉

指先を向かい合わせ、手のひらを上に向けた両手を胸元から静かにおろす。

〈大切③〉

左手の甲を右手でなでるように回す。

あんぜん【安全】

「交通安全」

→〈交通〉+〈無事〉

「安全」は危険などの心配がない状態を意味するので〈無事〉で表現。

〈交通〉

両手のひらの甲側を前に示し、繰り返し交差させる。

〈無事〉

両ひじを軽く張り、両こぶしを同時に下におろす。

あんてい【安定】

「生活が安定する」

→〈生活〉+〈安定〉

「安定」は落ち着いて安心できる状態が持続している意味なので〈安定〉で表現。

〈生活〉

両手の親指と人差指を向かい合わせて回す。

〈安定〉

手のひらを下に向けた両手を左右に開く。

アンテナ 1

「車のアンテナ」

→〈運転〉+〈アンテナ①〉

例文の「アンテナ」は車のアンテナなので〈アンテナ①〉で表現。〈アンテナ①〉は伸縮式のアンテナを表す。

〈運転〉

ハンドルを両手で握り、回すようにする。

〈アンテナ①〉

人差指を立て上下に重ね合わせ右の手を上にあげる。

アンテナ 2

「テレビのアンテナ」

→〈テレビ〉+〈アンテナ②〉

例文の「アンテナ」はテレビアンテナなので〈アンテナ②〉で表現。屋根などに取りつけるテレビアンテナを表す。

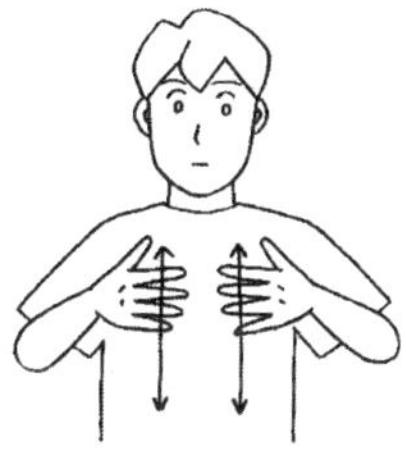

〈テレビ〉

両手の指先を向かい合わせて同時に上下させる。

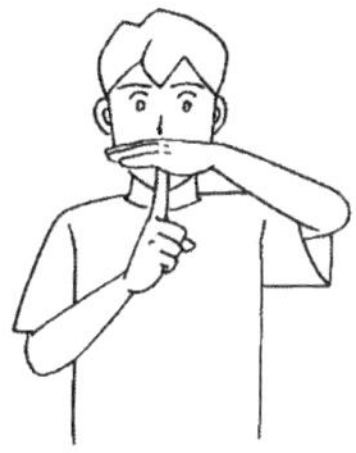

〈アンテナ②〉

右手人差指の上に指を開いた左手をのせる。

あんな 1

「あんな人になりたい」

→〈あなた①〉+〈感染①〉

例文の「あんな」は良い評価なので〈あなた①〉をうらやましい表情で表す。

〈あなた①〉

目の前を右人差指でさす。

〈感染①〉

前方に向けて5指をつまんだ両手の指先を胸につける。

あんな 2

「あんなやつは嫌いだ」

→〈彼〉+〈嫌い①〉

例文の「あんな」は非難のことばなので〈彼〉を軽蔑する表情で表現。

〈彼〉

左親指を右人差指でさす。

〈嫌い①〉

親指と人差指を閉じた右手をのどに当て、前に向かってぱっと開く。

あんない【案内】1

「案内を出す」

→〈通訳〉+〈出版〉

例文の「案内」は知らせ、通知の意味なので〈通訳〉で表現。〈通訳〉には「仲をとりもつ」「口をきく」などの意味がある。

〈通訳〉

親指を立てた右手を口元で左右に往復させる。

〈出版〉

手のひらを上に向けた両手を重ねて、左右にすばやく開く。

あんない【案内】2

「家に案内する」

→〈家〉+〈案内〉

例文「案内」は導くことを意味するので〈案内〉で表現。〈案内〉は手を引いて案内するさまを表す。

〈家〉

両手で屋根形を作る。

〈案内〉

左手指を右手でつかみ、手を引くようにして右へ動かす。

あんみん【安眠】

「安眠する」

→〈眠る②〉

「安眠」は安らかにぐっすり眠ること。〈眠る②〉で表現。手話はぐっすり眠っている気持ちを表現すれば「安眠」の意味がよく通じる。

〈眠る②〉

両手の親指と4指の指先を目に向けて閉じる。

アンモニア

「アンモニアのにおい」

→〈アンモニア〉+〈香り①〉

例文の「アンモニア」は〈アンモニア〉で表現。指文字〈ア〉で鼻につくにおいを表した新しい手話。

〈アンモニア〉

右指文字〈ア〉を鼻に引き寄せる。

〈香り①〉

右手２指を繰り返し鼻に近づける。

い【井】1

「井(上)」

→〈井①〉または〈井②〉
(+〈上①〉または〈上②〉)

例文の「井」は〈井①〉または〈井②〉で表現。いずれも漢字「井」の字形を表す。

〈井①〉

両手の２指を重ね「井」形を作る。

〈井②〉

両手の２指を立ててつけ合わせ、「井」形を作る。

〈イ〉

小指を立てて示す。

い【井】2

「井の中の蛙」

→〈視野が狭い〉

例文は「井の中の蛙、大海を知らず」の略で、自分の狭い知識や見解にとらわれ、他に広い世界があることを知らないことなので〈視野が狭い〉で表現。

〈視野が狭い〉

指先を前に向けた両手を顔の横で向かい合わせ、せばめる。

い【胃】

「胃の検査」

→〈胃〉+〈調べる①〉

例文の「胃」は体の臓器の意味なので〈胃〉で表現。〈胃〉は胃袋の形を表現したもの。

〈胃〉

右手の親指と人差指で腹に胃の形を描く。

〈調べる①〉

右手の人差指と中指を軽く折り曲げて、目の前を左右に往復させる。

いい【良い】

「いい考え」

→〈思う〉+〈良い〉

例文の「いい」は良いの意味なので〈良い〉で表現。鼻が高いさまを示すが、高慢という意味はなく「良い」「いい」の一般的な表現。

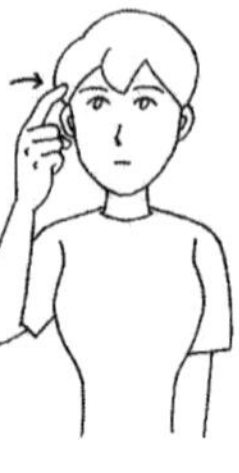

〈思う〉

右人差指を側頭部に当てる。

〈良い〉

右こぶしを鼻から前に出す。

いいえ 1

[「これは好きですか」]

「いいえ、嫌いです」

→〈いいえ①〉+〈嫌い①〉

例文の「いいえ」は質問に対する打ち消しを意味するので〈いいえ①〉で表現。顔をそむけて表現することが多い。

〈いいえ①〉
顔をそむけて軽く手を振る。

〈嫌い①〉
親指と人差指を閉じた右手をのどに当て、前に向かってぱっと開く。

いいえ 2

[「2+3は6ですか」]

「いいえ 5 です」

→〈違う②〉+〈5〉

例文の「いいえ」は質問の答えがまちがいであることを示すので〈違う②〉で表現。〈違う②〉は否定の意味を表す。

〈違う②〉
親指と人差指を立てた右手をひねる。

〈5〉
右親指を横に倒して示す。

いいつかる
【言い付かる】

「父から言いつかる」

→〈父〉+〈言いつかる〉

例文は目上の人から言いつけられる、命令される意味。〈言いつかる〉で表現。上から手をおろすことで目上からの指示を表す。

〈父〉
右人差指でほおにふれ、親指を出す。

〈言いつかる〉
右人差指を自分の顔に向けてさす。

いいつける
【言い付ける】1

「(生徒に)宿題を言いつける」

→(〈学生①〉+)〈宿題〉+〈言いつける①〉

例文の「言いつける」は目下の者に対する指示、命令の意味なので〈言いつける①〉で表現。下に手をおろすことで目下に対する指示を表す。

〈宿題〉
左手の屋根形の下で右手でペンを持ち書くようにする。

〈言いつける①〉
口元から人差指で斜め下をさす。

いいつける
【言い付ける】2

「お父さんに言いつける」

→左〈父〉+〈言いつける②〉

例文の「言いつける」は目上の者に告げ口をする意味なので〈言いつける②〉で表現。下から手を上げていくことで目上に対することを表す。

左〈父〉
左人差指でほおにふれ、親指を出す。

〈言いつける②〉
〈父〉の左手をそのまま残し、右人差指を口から左親指に向けて出す。

いいなずけ
【許婚・許嫁】

「(僕の)いいなずけです」

→(〈私①〉+)〈契約〉+〈女〉

例文の「いいなずけ」は結婚の約束をした相手方の女性なので〈契約〉+〈女〉と表現。もし男性なら〈男〉で表現する。

〈契約〉
交差した両手を左右に開きながら親指と4指を閉じる。

〈女〉
右小指を立てる。

い

いいわけ【言い訳】

「(遅刻の)言い訳をする」

→(〈過ぎる〉+)
〈いろいろ〉+〈言う②〉

例文の「言い訳」は失敗したことなどの理由をいろいろ言うことなので〈いろいろ〉+〈言う②〉と表現。

〈いろいろ〉
親指と人差指を立てた右手をひねりながら右へやる。

〈言う②〉
右人差指を口元から繰り返し前に出す。

いいん【委員】1

「(実行)委員」

→(〈する〉+)
〈名前②〉
または〈バッジ〉

例文の「委員」は2種類の表現がある。〈名前②〉または〈バッジ〉で表現。いずれも委員などがバッジをつけているところから生まれた手話。

〈名前②〉
右手の親指と人差指で作った丸を左胸に当てる。

〈バッジ〉
すぼめた右手を左胸に当てる。

いいん【委員】2

「委員会」

→〈委員〉+〈会〉

例文の「委員」は前記の〈名前②〉や〈バッジ〉以外に〈委員〉で表現することもある。

〈委員〉
左手のひらを右人差指で軽くたたく。

〈会〉
両手で屋根形を作り、左右に引く。

いいん【医院】

「医院」

→〈脈〉+〈場所〉

「医院」は〈脈〉+〈場所〉で表現。なお〈脈〉の左手を残して〈場所〉を表現してもよい。〈脈〉は「医」全般を表す。

〈脈〉
右3指を左手首の内側に当てる。

〈場所〉
全指を曲げた右手を前に置く。

いう【言う】1

「(私が)言う必要はない」

→(〈私①〉+)
〈言う①〉+〈いらない〉

例文の「言う」は発言する意味なので〈言う①〉で表現。言葉が口から出るさまを表している。文脈により手話の動きの向きが変わる。

〈言う①〉
右人差指を口元から前に出す。

〈いらない〉
手前に引き寄せた両手を前にはじくように開く。

いう【言う】2

「いつも言っている」

→〈いつも〉+〈言う②〉

例文の「言う」は〈言う②〉で表現。〈言う②〉は繰り返しその言葉が口をついて出るさまを表す。

〈いつも〉
親指と人差指を立てた両手を向かい合わせて手首を回す。

〈言う②〉
右人差指を口元から繰り返し前に出す。

いう【言う】3

「彼に言いたい」
→〈言う③〉+〈好き③〉

例文の「彼に言う」は左手の〈男〉に対して右手は〈言う②〉で表す。

〈言う③〉
右人差指を口元から左親指に向かって繰り返し出す。

〈好き③〉
左親指を残したまま右手の親指と人差指をのど元から下におろしながら閉じる。

いう【言う】4

「弟にガミガミ言う」
→左〈弟①〉+〈ガミガミ言う②〉

例文の「ガミガミ言う」は左手に〈弟〉、右手に〈ガミガミ言う②〉を同時に表現している。

左〈弟①〉
左中指を立て、甲を前方に向け下にさげる。

〈ガミガミ言う②〉
左下の中指に向かって口元から右手指を屈伸させながらおろす。

いう【言う】5

「ガミガミ言われる」
→〈ガミガミ言われる①〉

例文はひどく怒られることなので〈ガミガミ言われる①〉で表現。〈ガミガミ言われる①〉は上からガミガミ言われるさまを表す。

〈ガミガミ言われる①〉
5指を屈伸させながら上から顔に向けて繰り返し近づける。

いう【言う】6

「（聞かれても）言う必要はない」
→（〈聞かれる〉+）〈答える〉+〈いらない〉

例文の「言う」は答える意味なので〈答える〉で表現。〈答える〉は「答える」「返事」の意味もある。

〈答える〉
口の前で両手の親指と人差指を向かい合わせて前に出す。

〈いらない〉
手前に引き寄せた両手を前にはじくように開く。

いう【言う】7

「いろいろ言われた」
→〈いろいろ〉+〈言われる②〉

例文の「言われる」は〈言われる②〉で表現。相手方から自分に向かって言われるさまを表す。

〈いろいろ〉
親指と人差指を立てた右手をねじりながら右へ動かす。

〈言われる②〉
すぼめた右手を手前に繰り返し開く。

いえ【家】1

「家が狭い」
→〈家〉+〈家が狭い〉

「家」は〈家〉で表現。〈家〉の手話は家の屋根の形を示す。特定の屋根の形を強調するのでない限り、家一般はこの手話を使う。

〈家〉
両手で屋根形を作る。

〈家が狭い〉
両手で屋根形を作り、両手の間隔をせばめる。

いえ【家】2

「(八時に)家を出る」

→(〈時計〉+〈8〉+)
〈家〉+〈出る①〉

例文の「家を出る」は〈家〉を表した後、左手を残したままでそこを出るさまを表す。

〈家〉
両手で屋根形を作る。

〈出る①〉
左手の下から右手をはねあげるように前に出す。

いえ【家】3

「家に帰る」

→〈家〉+〈帰る〉

例文の「家に帰る」は、〈家〉+〈帰る①〉で表現。

〈家〉
両手で屋根形を作る。

〈帰る〉
親指と4指を開いた右手を前に出しながら閉じる。

いえ【家】4

「家に帰って来る」

→〈家〉+〈帰って来る②〉

例文の「家に帰って来る」は〈家〉を表した後、左手を残したまま、その位置の家に外から帰るさまを表す。

〈家〉
両手で屋根形を作る。

〈帰って来る②〉
左手の屋根形の下に右手を閉じながら引き寄せる。

いえで【家出】

「息子が家出する」

→〈息子〉+〈飛び出す〉

「家出する」は〈飛び出す〉で表現。〈飛び出す〉の左手は〈家〉を表し、足に見立てた右手がそこから飛び出すことを表す。

〈息子〉
親指を立てた右手を腹から前に出す。

〈飛び出す〉
左手屋根形の下から右手2指を前に飛び出すように出す。

いか【以下】1

「百以下」

→〈百①〉+〈以下①〉

例文の「以下」はそこに示された数値より下である意味なので〈以下①〉で表現。基準を示す左手よりも下であることを表す。

〈百①〉
右手の親指と人差指と中指を閉じて示す。

〈以下①〉
両手を重ね、右手を下にさげる。

いか【以下】2

「以下省略」

→〈以下①〉+〈取り消す〉

例文の「以下」はそれより後の部分の意味で、先と同様〈以下①〉で表現。

〈以下①〉
両手を重ね、右手を下にさげる。

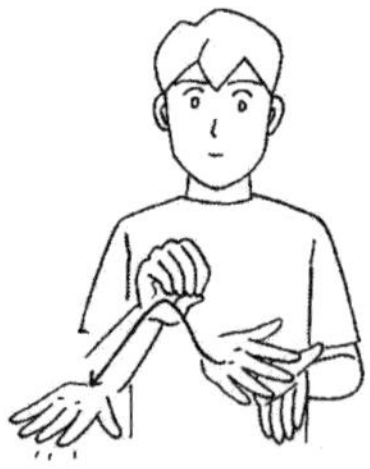

〈取り消す〉
右手で左手のひらからものをつかみとり、わきに捨てるようにする。

いか【以下】3

「（社長）以下五名」

→（〈会社〉＋〈長①〉＋）〈合わせる①〉＋〈五人〉

例文の「以下」はそこに示されたものも含めて全部という意味なので〈合わせる①〉で表現。〈合わせる①〉は合計の意味がある。

〈合わせる①〉

向かい合わせた両手を左右から合わせる。

〈五人〉

左手で指文字〈５〉を示し、その下に右手で「人」を書く。

イカ【烏賊】

「イカのテンプラ」

→〈イカ〉＋〈テンプラ〉

「イカ」は顔の下に足がついていることから〈イカ〉で表現。「スルメ」には別の表現があてられる。

〈イカ〉

あごに右手を当て、ひらひらさせる。

〈テンプラ〉

右手２指を手首を軸にくるくる回す。

いがい【以外】

「私以外（は男性ばかり）」

→〈私①〉＋〈別〉（＋〈男性〉＋〈たくさん③〉）

「以外」はそこに示されたものを除いての意味なので〈別〉で表現。左手で表されたものを除く他のものを右手で表す。

〈私①〉

人差指で胸を指さす。

〈別〉

両手の甲を合わせて右手を前に押し出す。

いがい【意外】1

「意外としっかりしている」

→〈無事〉＋〈案外〉

例文の「意外」は思っていたよりもを意味するので〈案外〉で表現。〈案外〉は思うものが外れる意味である。

〈無事〉

両ひじをやや張って、両こぶしを同時に下におろす。

〈案外〉

右人差指を頭に当てて左こぶしの親指側をかすめるように振りおろす。

いがい【意外】2

「意外な所で会った」

→〈会う①〉＋〈初耳〉

例文の「意外」は思いもしなかったの意味なので〈初耳〉で表現。〈初耳〉は「へえ、びっくりした」というニュアンス。

〈会う①〉

人差指を立てた両手を左右から近づけて軽くふれ合わせる。

〈初耳〉

右手のひらを手前に向け、顔の前から下にさっとおろす。

いがく【医学】

「医学（部）」

→〈脈〉＋〈勉強①〉（＋〈ブ〉）

「医学」は〈脈〉＋〈勉強①〉で表現。〈脈〉は「医」全般を意味する。〈勉強①〉は「学」全般を意味する。

〈脈〉

右３指を左手首の内側に当てる。

〈勉強①〉

両手を並べる。

い

いかる【怒る】

「彼が怒る」

→〈彼〉+〈怒(おこ)る①〉

例文の「怒る」は腹を立てる意味なので〈怒る①〉で表現。「腹を立てる」「立腹」も同じ手話。

〈彼〉

左親指を右人差指でさす。

〈怒(おこ)る①〉

両手で腹をつかむようにして上に向けてさっと動かす。

いき【息】1

「息をするのも苦しい」

→〈呼吸①〉+〈苦しい①〉

例文の「息」は呼吸する意味なので〈呼吸①〉で表現。鼻から吸ったり吐いたりするさまを表す。「呼吸」も同じ手話。

〈呼吸①〉

右の人差指と中指を鼻に向け繰り返し近づけ、軽く肩をあげさげする。

〈苦しい①〉

右手で胸をかきむしるようにする。

いき【息】2

「息をつく暇(もない)」

→〈ほっとする〉+〈暇〉
(+〈ない①〉)

例文の「息をつく」はほっとする意味なので〈ほっとする〉で表現。「息をつく暇もない」とは忙しくて暇もない意味。

〈ほっとする〉

右手2指を鼻の穴から息を抜くように前に出し、肩から力を抜く。

〈暇〉

両手のひらを前に出しながらぱっと開く。

いき【息】3

「ついに息が絶える」

→〈まで〉+〈死ぬ①〉

例文の「息が絶える」は死ぬ意味なので〈死ぬ①〉で表現。

〈まで〉

左手のひらに右手指先を軽くつける。

〈死ぬ①〉

両手のひらを合わせ、横に倒す。

いき【息】4

「隠れて息をこらす」

→〈隠れる〉+〈秘密①〉

例文の「息をこらす」は物音をたてないようにじっとしている意味なので〈秘密①〉で表現。この手話は口をつぐみ、ものを言わない意味。

〈隠れる〉

両手の小指側を合わせて顔を隠すようにする。

〈秘密①〉

右人差指を口元に当てる。

いき【息】5

「息が合う」

→〈心〉+〈通じる〉

例文の「息が合う」は何か一緒にする時の調子が合う意味なので〈心〉+〈通じる〉で表現。思うところが一致していることを表す。

〈心〉

右人差指でみぞおち辺りをさす。

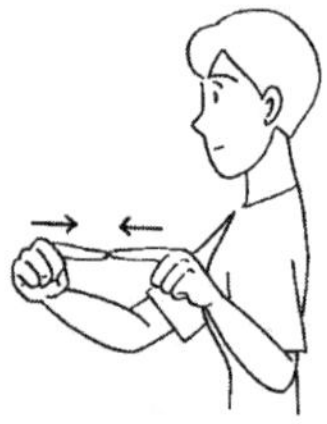

〈通じる〉

両手の人差指を前後から近づける。

いぎ【意義】1

「意義のある仕事」

→〈意義〉+〈仕事〉

例文の「意義」は価値を意味する。〈意義〉は〈意味〉+〈ギ〉から成り、「意味」と区別する表現。

〈意義〉

左手のひらの下に人差指を潜り込ませ、そのまま右手指文字〈ギ〉を示す。

〈仕事〉

手のひらを上に向け、向かい合わせた両手指先を繰り返しつき合わせる。

いきかた【生き方】

「生き方(を考える)」

→〈生きる①〉+〈方法〉
(+〈考える〉)

「生き方」は人が人生を営む思考、行動の様式。〈生きる①〉+〈方法〉と表現。

〈生きる①〉

両ひじを張り、左右に広げる。

〈方法〉

左手甲を右手のひらで軽くたたく。

いぎ【意義】2

「(人生の)意義」

→(〈人生〉+)
〈意味①〉
または〈意味②〉

例文の「意義」は意味のこと。〈意味①〉または〈意味②〉で表現。いずれも同じ意味であり、ただ左手の形が違うだけ。

〈意味①〉

左手のひらの下に右人差指を突っこむ。

〈意味②〉

左こぶしの下を右人差指で突くようにする。

いきぎれ【息切れ】1

「動悸息切れ」

→〈ドキドキ〉+〈息切れ〉

例文の「息切れ」は呼吸がせわしくて苦しいことなので〈息切れ〉で表現。〈息切れ〉は呼吸がはやいさまを表す。

〈ドキドキ〉

左胸の前に置いた左手のひらに右手甲を繰り返し当てる。

〈息切れ〉

右2指を鼻先に向け小刻みに前後させる。

いきおい【勢い】

「国の勢い」

→〈国(くに)〉+〈力〉

例文の「勢い」は勢力を意味するので〈力〉で表現。〈力〉は力こぶから生まれた手話。力こぶの示し方によって力の程度が変わる。

〈国(くに)〉

親指と4指を突き合わせ、左右に開きながら閉じる。

〈力〉

こぶしを握った左腕を曲げ、上腕に右人差指で力こぶを描く。

いきぎれ【息切れ】2

「仕事で息切れ」

→〈仕事〉+〈疲れる〉

例文の「息切れ」は比喩的に疲れなどで力が続かないことなので〈疲れる〉で表現。

〈仕事〉

手のひらを上に向け、向かい合わせた両手指先を繰り返しつき合わせる。

〈疲れる〉

両手指先を胸に軽く当てて下に振り落とすようにだらりとさげる。

い

いきなり

「いきなり（泣き出す）」

→〈突然〉
　または〈急に〉
　（＋〈泣く②〉）

例文の「いきなり」は、思いがけず突然の意味。〈突然〉はシャボン玉がはじけるさま、〈急に〉は突然起こる物事などを表す。

〈突然〉
両手の親指と人差指で作った丸を軽くぶつけ、ぱっと左右に開く。

〈急に〉
右人差指を勢いよくすくいあげる。

いきる【生きる】1

「（百歳まで）生きる」

→（〈年齢〉＋〈百②〉＋〈まで〉＋）
　〈生きる①〉
　または〈生きる②〉

例文の「生きる」は生き続ける意味なので〈生きる①〉または〈生きる②〉で表現。

〈生きる①〉
両ひじを張り、左右に広げる。

〈生きる②〉
両こぶしを握り、軽くひじを張り、左右に広げる。

いきる【生きる】2

「海に生きる（人々）」

→〈海〉＋〈生活〉
　（＋〈人々①〉）

例文の「生きる」は生活する意味なので〈生活〉で表現。〈生活〉は太陽が昇り、沈む一日の暮らしを表す。

〈海〉
右小指を口元に当て、次に手のひらを波のように動かす。

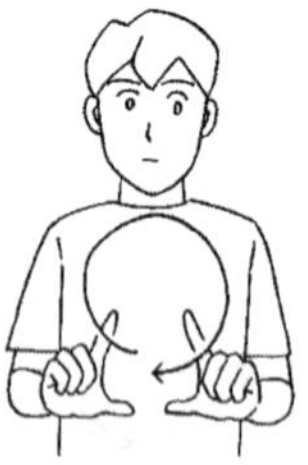

〈生活〉
両手の親指と人差指を向かい合わせて回す。

いきる【生きる】3

「生きた手話」

→〈生きる②〉＋〈手話〉

例文の「生きる」は実際に使用されている意味で、〈生きる②〉で表現。〈生きる②〉には、元気な、生き生きしたの意味がある。

〈生きる②〉
両こぶしを握り、軽くひじを張り、左右に広げる。

〈手話〉
両手の人差指を向かい合わせて、糸を巻くように回転させる。

いく【行く】1

「遊びに行く」

→〈遊ぶ①〉＋〈行(い)く①〉

例文の「行く」は出かける意味なので〈行く①〉で表現。〈行く①〉は人がその方向に行くさまを表す。

〈遊ぶ①〉
人差指を立てた両手を交互に前後に軽く振る。

〈行(い)く①〉
右手人差指を下に向けて、振りあげるように前をさす。

いく【行く】2

「（東京へ）行く」

→（〈東京〉＋）
　〈行(い)く①〉
　または〈行(い)く②〉

例文の「行く」はその方向に進む意味なので〈行く①〉または〈行く②〉で表現。いずれも人がその方向に行くさまを表す。

〈行(い)く①〉
右手人差指を下に向けて、振りあげるように前をさす。

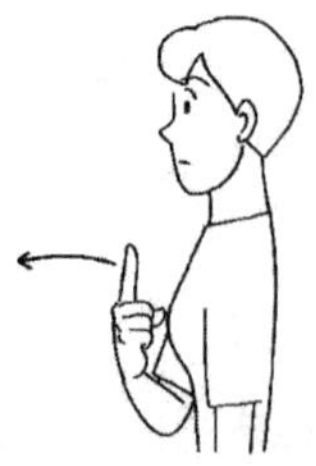

〈行(い)く②〉
人差指を立て、前に出す。

いく【行く】3

「わざわざ出向いて行く」

→〈苦労〉+〈行(い)く③〉

例文の「行く」は自分の体をその場に運ぶという意味なので〈行く③〉で表現。〈行く③〉は「出かけて行く」「出向く」などの意味。

〈苦労〉
左腕を右こぶしで軽くたたく。

〈行(い)く③〉
親指を立てた両手を同時に弧を描いて前に出す。

いく【行く】4

「嫁に行く」

→〈とつぐ〉

例文の「嫁に行く」はとつぐの意味なので〈とつぐ〉で表現。〈とつぐ〉は夫を意味する左親指に妻を意味する右小指が添うさまを表す。

〈とつぐ〉
左親指に右小指をつける。

いく【行く】5

「合《が》点《てん》が行く」

→〈なるほど〉+〈知る④〉
（または〈飲み込む①〉）

「合点が行く」は事情が理解できる意味なので〈なるほど〉+〈知る④〉または、〈飲み込む①〉で表現。〈なるほど〉は同意を示すさま。

〈なるほど〉
右親指をあごに当て、右人差指を回転させる。

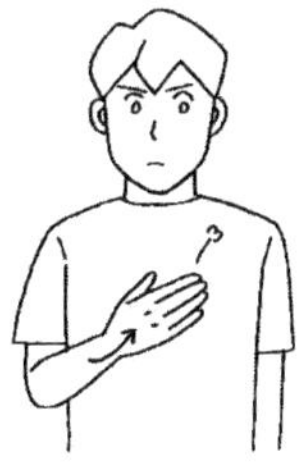

〈知る④〉
右手のひらで胸を軽くたたくようにする。

いく【行く】6

「そうは行かない」

→〈それ〉+〈難しい〉

「そうは行かない」はそのようには行われない意味なので〈それ〉+〈難しい〉で表現。

〈それ〉
やや斜め下をさす。

〈難しい〉
右手の親指と人差指でほおをつねるようにする。

いく【行く】7

「それで行こう」

→〈それ〉+〈する〉

例文の「行く」はそれで物事を進める意味なので〈する〉で表現。〈する〉は「実施(する)」「実行(する)」などの意味を表す。

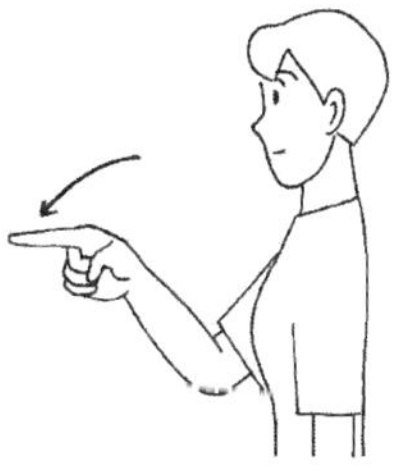

〈それ〉
右人差指で前をさす。

〈する〉
両こぶしを力を込めて前に出す。

いく【行く】8

「最後まで読んで行く」

→〈読む②〉+〈ずっと②〉

例文の「…て行く」は続ける意味なので〈ずっと②〉で表現。手話は最後まで読み通して行くさまを表す。

〈読む②〉
左手のひらを手前に向けて右手２指を上下させながら右から左へ動かす。

〈ずっと②〉
右人差指を右から左へまっすぐ線を引くようにして左手のひらに当てる。

いく【逝く】

「先に逝った」
→〈過去②〉+〈死ぬ②〉

「逝く」は人が死ぬ意味なので〈死ぬ②〉で表現。〈死ぬ②〉は倒れるさまで「死ぬ」「死亡(する)」の意味。

〈過去②〉
右手のひらを後ろに向けて、押すようにして肩越しに少し後ろに動かす。

〈死ぬ②〉
指先を上に向けた右手を倒す。

イクラ

「イクラどんぶり」
→〈イクラ〉+〈どんぶり〉

「イクラ」はサケの卵なので〈イクラ〉で表現。〈イクラ〉はサケから卵を取り出すさまを表す。

〈イクラ〉
指先を右に向け、手のひらを手前に向けた左手の下から丸を作った右手を繰り返しおろす。

〈どんぶり〉
両手の2指を「井」の字形になるようにして、右手2指でたたく。

いくつ 1

「(ミカンが)
いくつありますか」
→(〈ミカン〉+)
〈数〉+〈か〉

例文の「いくつ」は物の数を尋ねる意味なので〈いくつ〉と表現。〈いくつ〉は物の数を数えるしぐさから生まれた手話。

〈数〉
右手の指を順に折る。

〈か〉
右手のひらを前に差し出す。

いくら 1

「(これは)いくらですか」
→(〈これ〉+)
〈金(かね)①〉+〈数〉

例文の「いくら」は値段を尋ねる意味なので〈金①〉+〈数〉と表現。

〈金(かね)①〉
右手の親指と人差指で作った丸を示す。

〈数〉
右手の指を順に折る。

いくつ 2

「(あなたは)
いくつですか」
→(〈あなた①〉+)
〈年齢〉+〈か〉

例文の「いくつ」は年齢を尋ねる意味なので〈年齢〉で表現。〈年齢〉は「年齢」と「年齢がいくつ」という両様の意味がある。

〈年齢〉
あごの下で右手の指を順に折る。

〈か〉
右手のひらを前に差し出す。

いくら 2

「いくら泣いても知らない」
→〈泣く①〉+〈関係ない〉

例文の「いくら」はどれほどという程度を表すが、それ自体を表す手話はない。〈泣く①〉の表現の程度でそれを表す。

〈泣く①〉
右手で目の下をこすり、泣くようにする。

〈関係ない〉
両手の親指と人差指を組み、左右にぱっと離すように開く。

いけ【池】

「深い池」

→〈池〉+〈深い①〉

「池」は〈池〉で表現。〈池〉は左手が池のふち、右手が水面を表現。〈池〉と〈深い①〉の語順を入れ換えてもよい。

〈池〉

左手の親指と4指で囲むように出し、その中で手のひらを上に向けた右手を回す。

〈深い①〉

両手のひらを上下に向かい合わせて、右手をさげる。

いけない 1

「いけない子」

→〈悪い①〉+〈子供①〉

例文の「いけない」は悪いを意味するので〈悪い①〉で表現。〈悪い①〉はいけない、だめなど一般的によくないことを表す。

〈悪い①〉

人差指で鼻をこするようにして振りおろす。

〈子供①〉

両手のひらを前方に向け、軽く振る。

いけない 2

「酒はいけないたち」

→〈酒〉+〈難しい〉
（+〈性質〉）

例文の「いけない」はだめ、できない（この場合、飲めない）を意味するので〈難しい〉で表現。〈難しい〉にはできないの意味がある。

〈酒〉

右手をあごと額に順に当てる。

〈難しい〉

右手の親指と人差指でほおをつねるようにする。

いけない 3

「けんかはいけない、やめなさい」

→〈けんか①〉+〈とめる〉

例文は行為の禁止を求める意味なので〈とめる〉で表現。〈とめる〉を相手にはっきり示すことで指示であることを表す。

〈けんか①〉

両手人差指を剣のようにふれ合わす。

〈とめる〉

左手のひらの上に右手を振りおろす。

いけない 4

「（食べては）いけない」

→（〈食べる①〉+）
〈しかる①〉
または〈だめ〉

例文の「いけない」は禁止と警告を意味するので〈しかる①〉または〈だめ〉で表現。相手にはっきり示すことで命令であることを表す。

〈しかる①〉

右親指を肩から前に振りおろしてとめる。

〈だめ〉

右人差指で大きく×を書く。

いけない 5

「食べなければいけない」

→〈食べる①〉+〈必要①〉

例文の「いけない」はしなければならないの意味なので〈必要①〉で表現。〈必要①〉は手前にものを寄せるしぐさで必要であることを表す。

〈食べる①〉

左手のひらの上を右手ですくって食べるようにする。

〈必要①〉

指文字〈コ〉を示した両手を手前に引き寄せる。

いけばな【生花】

「生花を習う」

→〈生花〉+〈教わる②〉

「生花」は花を生ける仕方あるいは型のことで「華道」ともいう。〈生花〉は花茎を剣山などに形よく差し込むさまを表す。

〈生花〉

親指と4指でつまんだ花茎を中央に交互に差し込むようにする。

〈教わる②〉

左手のひらに人差指を折り曲げた右手をのせるようにして上から同時に引き寄せる。

いけん【意見】1

「意見(を述べる)」

→〈意見〉
　または〈考える〉
　(+〈言う②〉)

例文の「意見」は考えを意味するので〈意見〉または〈考える〉で表現。〈意見〉は指文字の〈イ〉を頭から出して考えがあることを表す。

〈意見〉

右小指を頭に当て、手首を返しながら前に出す。

〈考える〉

右人差指を頭にねじこむようにする。

いけん【意見】2

「(彼に)意見する」

→(〈彼〉+)
　〈注意〉+〈説明〉
　(または〈戒(いまし)める〉+
　〈説明〉)

例文の「意見」は人を戒める、たしなめる意味なので〈注意〉+〈説明〉または〈戒(いまし)める〉+〈説明〉と表現。

〈注意〉

軽く開いた両手を上下に置き、体に引きつけて握る。

〈説明〉

左手のひらを右手で小刻みにたたく。

いご【以後】

「十時以後」

→〈十時〉+〈以後〉

例文の「以後」はある時点より先の時間またはことがらをいうので〈以後〉で表現。これは左手を基準としてそれより未来ということを表す。

〈十時〉

左手首の甲側を右人差指でさし、次に右人差指を軽く曲げて〈10②〉を示す。

〈以後〉

両手甲を合わせ、右手を前に押し出す。

いご【囲碁】

「囲碁のトーナメント」

→〈囲碁〉+〈トーナメント〉

「囲碁」は〈囲碁〉で表現。〈囲碁〉は碁盤に石を置くさまを表現。「碁」「碁をする」も同じ表現になる。

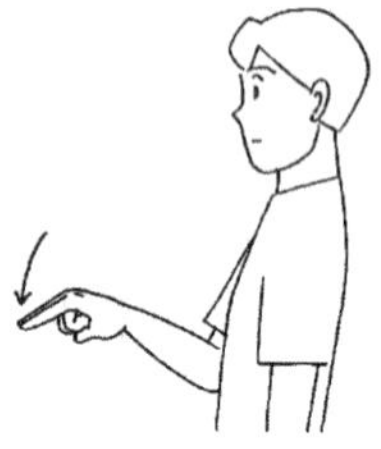

〈囲碁〉

人差指と中指で囲碁の石を置く。

〈トーナメント〉

両手の人差指を屈伸しながら中央上にあげていく。

いこう【以降】

「(明日)以降(は休み)」

→(〈あした〉+)〈から〉
　または〈以後〉(+〈休み①〉)

「以降」は「以後」と同じ意味で、ある時点より先の時間またはことがらをいうので〈以後〉または〈から〉で表す。

〈から〉

指先を前に向けた右手を左に払う。

〈以後〉

両手甲を合わせ、右手を前に押し出す。

いこう【意向】

「意向(を打診する)」
→〈思う〉
または〈考える〉
(+〈診察〉)

「意向」はどうしたいかという考えを意味するので〈思う〉または〈考える〉で表現。

〈思う〉
右人差指を側頭部に当てる。

〈考える〉
右人差指を頭にねじこむようにする。

いし【意志】1

「意志を通す」
→〈意志〉+〈貫く〉

例文の「意志」は〈意志〉で表現。〈意志〉は外に表れた気持ちを表す。

〈意志〉
みぞおち辺りの左こぶしを右人差指でさす。

〈貫く〉
左手のひらの上に人差指をのせた右手をまっすぐ前に出す。

イコール

「(二かける五)イコール十」
→(〈2①〉+〈かける②〉+〈5〉+)〈イコール〉+〈10②〉

「イコール」は等号(=)の意味なので等号を表す〈イコール〉で表現。その左右の数値あるいはことがらが等しいことを表す。

〈イコール〉
右手2指で平行線を引くように動かす。

〈10②〉
右人差指を軽く曲げて少し振る。

いし【意志】2

「お金を出す意志(はある)」
→〈金を出す〉+〈気持ち〉
(+〈ある①〉)

例文の「意志」は気持ち、考えの意味なので〈気持ち〉で表現。

〈金を出す〉
左手のひらで囲んだ中から右手の親指と人差指で作った丸を前に出す。

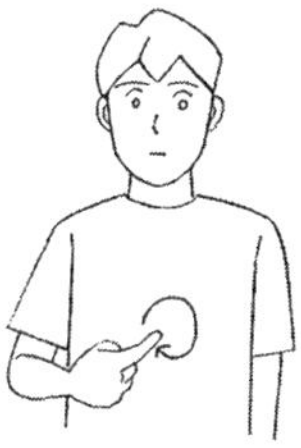

〈気持ち〉
右人差指でみぞおち辺りに小さく円を描く。

いさん【遺産】

「遺産相続」
→〈遺産〉+〈相続〉

「遺産」は〈遺産〉で表現。〈遺産〉はある人がなくなって残された財産の意味。右手の〈死ぬ〉と左手の〈金①〉を合成したもの。

〈遺産〉
左手で〈お金〉を示し、立てた右手を倒す。

〈相続〉
左手の屋根形の下から右手のひらを上に向け前に出す。

いし【石】

「石」
→〈石①〉
または〈石②〉

「石」は〈石①〉または〈石②〉で表現。〈石①〉は漢字「石」の字形を、〈石②〉は骨の堅いあごにこぶしを打ちつけるさまで「固いもの」(=石)を表す。

〈石①〉
左手のひらに「コ」の字形の右手を当てる。

〈石②〉
こぶしをあごに当てる。

いじ【意地】1

「意地を通す」

→〈意地〉+〈貫く〉

例文の「意地」は固く思い込んだ一方的な心、気持ちを意味する。〈意地〉は堅い、頑張る気持ちを表す。

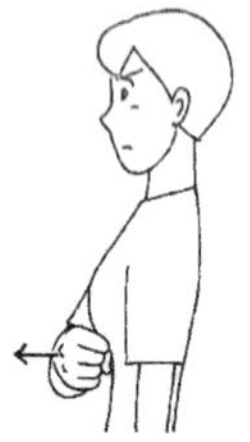

〈意地〉

みぞおちあたりに置いたこぶしを強く前に出す。

〈貫く〉

左手のひらの上に人差指をのせた右手をまっすぐ前に出す。

いじ【意地】2

「意地をはるのはやめろ」

→〈意地をはる〉+〈とめる〉

例文の「意地をはる」は自分の意見を何がなんでも押し通そうとする意味。〈意地をはる〉で表現。他人の意見を受け付けないさまを表す。

〈意地をはる〉

両ひじを張り、左右に揺する。

〈とめる〉

左手のひらの上に右手を振りおろす。

いじ【意地】3

「意地になる」

→〈意地をはる〉+〈続く②〉

例文の「意地になる」は「意地をはる」と同じ意味なので〈意地をはる〉で表現。手話はむきになって頑張るさまを表す。

〈意地をはる〉

両ひじを張り、左右に揺する。

〈続く②〉

両手の親指と人差指を組み合わせて揺らしながら前に出す。

いじ【意地】4

「意地が悪い」

→〈心〉+〈悪い①〉

例文の「意地」は心根の意味なので〈心〉で表現。「意地が悪い」ということはつまり心、根性が悪いということ。

〈心〉

右人差指でみぞおち辺りをさす。

〈悪い①〉

人差指で鼻をこするようにして振りおろす。

いじ【維持】

「現状維持」

→〈今①〉+〈維持〉

例文の「維持」はある状態を保つ意味なので〈維持〉で表現。〈維持〉は今の状態が続いていることを表す。

〈今①〉

両手のひらで軽く押さえつける。

〈維持〉

左手甲の上で右手の親指と4指を閉じたり開いたりしながら前に出す。

いしき【意識】1

「意識不明」

→〈思う〉+〈ぼける①〉

例文の「意識」は知覚機能を意味するので〈思う〉で表現。

〈思う〉

右人差指を側頭部に当てる。

〈ぼける①〉

両手を額の前で重ねて左右に開きながら指先も開く。

いしき【意識】2

「意識が戻る」
→〈思う〉+〈回復〉

例文の「意識」も前と同じ意味なので〈思う〉で表現。「意識が戻る」は、失神や気を失ったところから回復する意味。

〈思う〉
右人差指を側頭部に当てる。

〈回復〉
両こぶしを重ねて寝かせ、棒を起こすようにする。

いじめる 1

「子供をいじめる」
→〈子供①〉+〈いじめる〉

「いじめる」は意地悪をする意味で〈いじめる〉で表現。〈いじめる〉は左手親指をいじめる対象に見立て、意地悪な顔で右手でいじめるさまを表す。

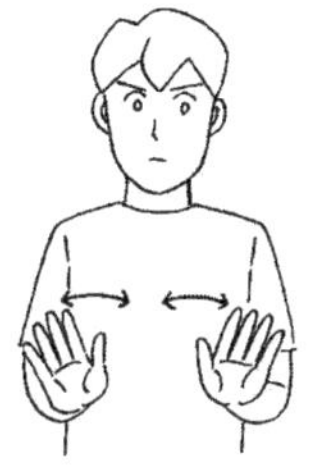

〈子供①〉
両手のひらを前に向けて、あやすように左右に振る。

〈いじめる〉
左親指を右手の親指と人差指で上からつつくようにする。

いしき【意識】3

「彼女を意識する」
→〈女〉+〈気にかかる〉

例文の「意識」は気にかかる意味なので〈気にかかる〉で表現。〈気にかかる〉は「気にかかる」「ひかれる」などの意味を持つ。

〈女〉
右小指を立てる。

〈気にかかる〉
かぎ状にした右人差指で頭を引っ張るようにする。

いじめる 2

「息子がいじめられる」
→左〈息子〉+〈いじめられる〉

例文の「いじめられる」は〈いじめられる〉で表現。〈いじめる〉の右手を自分に向けて表したもの。

左〈息子〉
親指を立てた左手を腹から前に出す。

〈いじめられる〉
つまんだ右手の親指と人差指で左親指を前方からつつくようにする。

いしき【意識】4

「(人)権意識」
→(〈人〉+)
〈力〉+〈意識〉

例文の「意識」は〈意識〉で表現。〈意識〉は〈感じる①〉の手の形を「意識」の頭音「イ」に変えて表す。

〈力〉
こぶしを握った左腕を曲げ、上腕に右人差指で力こぶを描く。

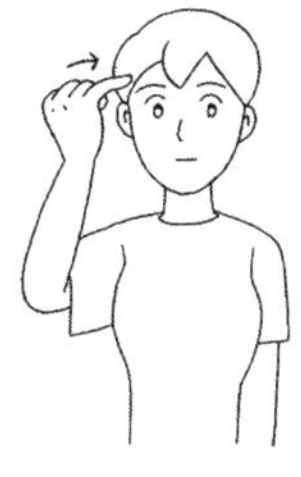

〈意識〉
右小指ををこめかみに当てる。

いしゃ【医者】1

「医者(になる)」
→〈脈〉+〈男〉
(+〈変わる①〉)

「医者」は〈脈〉+〈男〉で表現。〈脈〉は「医」を意味する。女医の場合は〈脈〉+〈女〉と表現。

〈脈〉
右3指を左手首の内側に当てる。

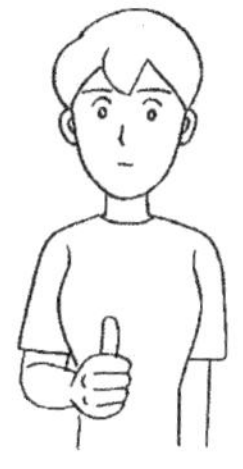

〈男〉
親指を立てた右手を出す。

い

いしゃ【医者】2

「医者にかかる」

→〈医者〉+〈診察を受ける〉

例文の「医者にかかる」は医者に診察してもらう意味なので〈診察を受ける〉で表現。医者が自分に向けて診察するしぐさで表す。

〈医者〉

右手３指で左手首の脈をとるようにして、次に親指を立てる。

〈診察を受ける〉

左手のひらを体の方に向け、その甲を右手２指で軽くたたく。

いしゃりょう【慰謝料】

「慰謝料を払う」

→〈謝る〉+〈払う①〉

「慰謝料」は〈謝る〉+〈払う①〉で表現。〈謝る〉は相手に頭をさげるさまを表し、〈払う①〉はお金を払うさまを表す。

〈謝る〉

立てた左親指に向けて右親指を折る。

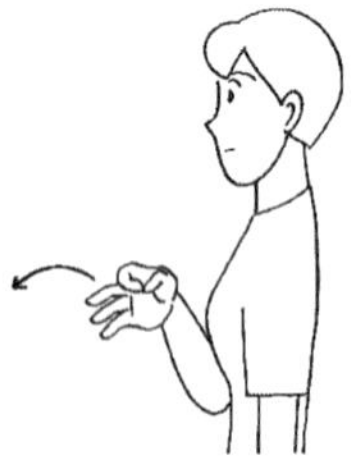

〈払う①〉

右手の親指と人差指で作った丸を前に出す。

いしょ【遺書】

「遺書を書く」

→〈死ぬ②〉+〈書く③〉

「遺書」は〈死ぬ②〉+〈書く③〉で表現。「遺書を書く」も同手話。

〈死ぬ②〉

指先を上に向けた右手を倒す。

〈書く③〉

ペンを持って、上から下に書くようにする。

いじょう【以上】1

「五人以上」

→〈五人〉+〈以上〉

例文の「以上」はそれより上の意味なので〈以上〉で表現。左手を基準に見立て、右手でそれより上であることを表す。

〈五人〉

左手で指文字〈５〉を示し、その下に右手で「人」を書く。

〈以上〉

両手の甲を上下に合わせて右手を上にあげる。

いじょう【以上】2

「以上の通り」

→〈ずっと②〉+〈同じ①〉

例文の「以上」は今までの意味なので〈ずっと②〉で表現。〈ずっと②〉は過去から今まで続いているさまを表す。

〈ずっと②〉

右人差指の先を前に向けて左へ動かして左手のひらに当てる。

〈同じ①〉

両手の親指と人差指の先を上に向けて閉じたり開いたりする。

いじょう【以上】3

「以上です」

→〈終わる〉+〈ある①〉

例文の「以上」は報告や話の終わりを意味するので〈終わる〉で表現。〈終わる〉はこれで終了したことを表す。

〈終わる〉

指先を上に向けた両手を下におろしながら閉じる。

〈ある①〉

右手のひらを前に置く。

いじょう【異常】

「異常気象」
→〈異常〉+〈空〉

例文の「異常」は普通とは違う意味なので〈普通〉+〈違う①〉から成る〈異常〉で表現。

〈異常〉
両手の親指と人差指を向かい合わせて左右に開き、それぞれ反対方向に回転させる。

〈空〉
右手で頭上に弧を描く。

いしょく【委嘱】1

「委員を委嘱する」
→〈バッジ〉+〈任せる①〉

例文の「委嘱」は頼んでしてもらうことなので〈任せる①〉で表現。〈任せる①〉は責任を預けるさまを表す。

〈バッジ〉
すぼめた右手を左胸に当てる。

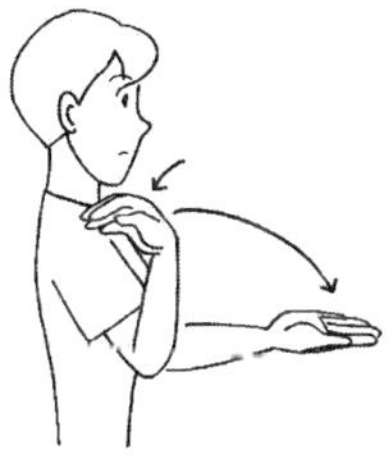

〈任せる①〉
右肩にのせた右手を前に出す。

いしょく【委嘱】2

「委員を委嘱された」
→〈バッジ〉+〈頼まれる〉

例文は受身形なので〈頼まれる〉で表現。〈頼まれる〉は〈頼む〉の反対方向への動作で表す。

〈バッジ〉
すぼめた右手を左胸に当てる。

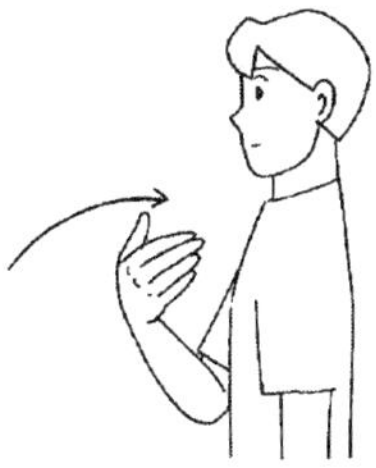

〈頼まれる〉
右手の指先を自分に向け前から近づける。

いしょく【委嘱】3

「委嘱を受ける」
→〈頼まれる〉+〈責任①〉

例文は〈頼まれる〉+〈責任①〉で表現。〈責任①〉は肩に担うさまを表す。

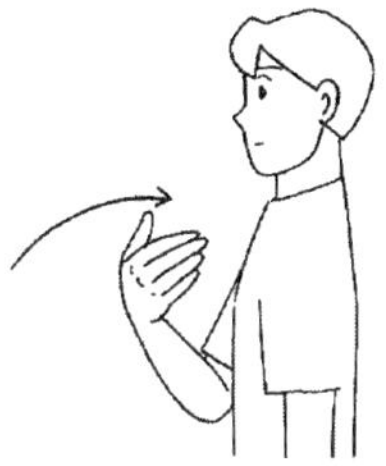

〈頼まれる〉
右手の指先を自分に向け前から近づける。

〈責任①〉
右肩に軽く全指を折り曲げた右手をのせる。

いじわる【意地悪】

「意地悪する」
→〈いじめる〉

例文の「意地悪」は悪意をもって他人の嫌がる行為をする意味なので〈いじめる〉で表現。意地悪な顔の表情に注意。

〈いじめる〉
左親指を右手の親指と人差指で上からつつくようにする。

いす【椅子】1

「長椅子」
→〈長い③〉+〈座る①〉

例文の「椅子」は〈座る①〉で表現。〈座る①〉は人間の足に見立てた右手2指が腰かけるさまを表す。

〈長い③〉
向かい合わせた両手を左右に開く。

〈座る①〉
椅子に見立てた左手2指に折り曲げた右手2指を座るようにのせる。

いす【椅子】2

「椅子から立つ」

→〈座る①〉+〈立ちあがる〉

例文の「椅子から立つ」は椅子から立ちあがること。〈座る①〉の左手を残したまま、右手で人が立つさまを表す。

〈座る①〉

椅子に見立てた左手 2 指に折り曲げた右手 2 指を座るようにのせる。

〈立ちあがる〉

左手 2 指にのせていた右手 2 指を立ちあがるように伸ばす。

いぜん【以前】1

「昭和以前」

→〈昭和〉+〈以前〉

例文の「以前」はある時点より過去を意味するので〈以前〉で表現。左手が基準で右手を手前に引くことでそれより過去であることを表す。

〈昭和〉

親指と人差指を首に当てる。

〈以前〉

左手のひらに右手甲を当て、右手を手前に引く。

いずれ

「いずれそのうち考える」

→〈将来②〉+〈考える〉

例文の「いずれ」は遠くない将来の意味なので〈将来②〉で表現。〈将来②〉の動きを小さくすることで、ごく近い将来を表す。

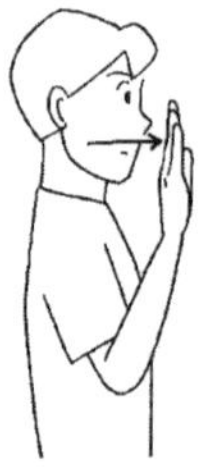

〈将来②〉

右手のひらを前に向けて少し押すように前に出す。

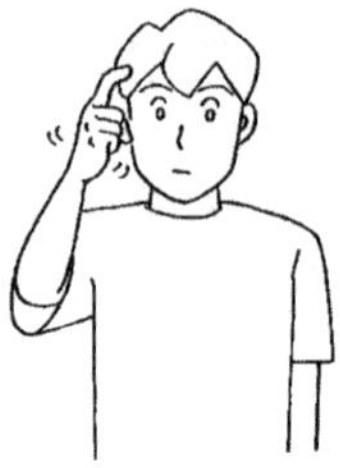

〈考える〉

右人差指を頭にねじこむようにする。

いぜん【以前】2

「以前と変わらず」

→〈過去②〉+〈相変わらず①〉（または〈相変わらず②〉）

例文の「以前」は昔の意味なので〈過去②〉で表現。〈過去②〉の手の動き方でどのくらい前なのかを表す。

〈過去②〉

右手のひらを後ろに向けて、押すようにして肩越しに少し後ろに動かす。

〈相変わらず①〉

両手の親指と 4 指を閉じたり開いたりしながら右肩から前に出す。

いせき【遺跡】

「古い遺跡」

→〈古い〉+〈遺跡〉

「遺跡」は〈遺跡〉で表現。〈遺跡〉は左手が〈場所〉、右手が〈祖先〉を表す。

〈古い〉

右人差指で鼻を下からこするように回す。

〈遺跡〉

左 5 指を軽く曲げて下向きに置き、親指と小指を出した右手を左手首から揺らしながらあげる。

いそがしい【忙しい】

「（仕事が）忙しい」

→（〈仕事〉+）〈忙しい①〉または〈忙しい②〉

「忙しい」は〈忙しい①〉または〈忙しい②〉で表現。〈忙しい①〉はばたばたするさま、〈忙しい②〉は右往左往するさまを表す。

〈忙しい①〉

両手のひらを上に向けて指先を向かい合わせて交互に上下させる。

〈忙しい②〉

指先を折り曲げた両手のひらを下に向けて同時に水平に回す。

いそぐ【急ぐ】

「急ぐ用事」

→〈はやい①〉+〈必要①〉

例文の「急ぐ」は早くする意味なので〈はやい①〉で表現。〈はやい①〉は目の前を光が速く横切るさまを表す。

〈はやい①〉

親指と人差指を閉じた右手をすばやく左へ動かしながら人差指を伸ばす。

〈必要①〉

指文字〈コ〉を示した両手を手前に引き寄せる。

いたい【痛い】1

「(目が)痛い」

→(〈目②〉+)
〈痛い①〉
または〈痛い②〉

「痛い」一般は、〈痛い①〉または〈痛い②〉で表現。押し寄せては引く痛みを表し、表情や手の動きで痛みの程度を表す。

〈痛い①〉

全指を折り曲げた右手を痛そうに振る。

〈痛い②〉

痛そうにして折り曲げた全指を曲げたり伸ばしたりする。

いたい【痛い】2

「ズキズキ痛い」

→〈痛い③〉

例文の「ズキズキ痛い」は継続して波状的にやってくる痛みを意味するので〈痛い③〉で表現。

〈痛い③〉

痛そうにして全指を屈伸させながら上下する。

いたい【痛い】3

「キリキリ痛い」

→〈痛い④〉

例文の「キリキリ痛い」は刺すような痛みがある意味なので〈痛い④〉で表現。すばやい感じで表せば意味がよく通じる。

〈痛い④〉

痛そうにして全指を屈伸しながら上にあげる。

いたく【委託】1

「委託事業」

→〈任せる①〉+〈仕事〉

例文の「委託」は役所などから費用なども含めて任される意味なので〈任せる①〉と表現。〈任せる①〉には委ねるの意味がある。

〈任せる①〉

右手を肩にのせて前に出す。

〈仕事〉

手のひらを上に向け、向かい合わせた両手指先を繰り返しつき合わせる。

いたく【委託】2

「(彼に)仕事を委託する」

→(〈彼〉+)
〈仕事〉+〈任せる③〉

例文の「委託」は特定の個人に仕事を任せる意味なので〈任せる③〉で表現。これは左手〈男〉に右手〈任せる①〉を合成した手話。

〈仕事〉

手のひらを上に向け、向かい合わせた両手指先を繰り返しつき合わせる。

〈任せる③〉

左親指に向かって肩に置いた右手を差し出す。

いたずら 1

「いたずらな子供」
→〈子供①〉+〈乱暴①〉

例文の「いたずら」は人の迷惑になるような悪さを意味。〈乱暴①〉は表情や文脈によってやんちゃ、わがままなどの意味も持つ。

〈子供①〉
両手のひらを前に向けて、あやすように左右に振る。

〈乱暴①〉
右親指で鼻の頭をこするようにする。

いたずら 2

「(隣の)子供にいたずらをする」
→(〈隣〉+)〈子供①〉+〈いじめる〉

例文の「いたずら」は人に迷惑になるような行為を意味するので〈いじめる〉で表現。〈いじめる〉には性的な意味は含まれない。

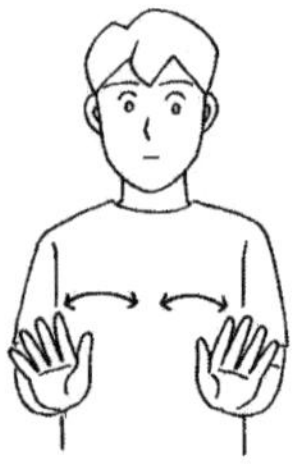

〈子供①〉
両手のひらを前に向けて、あやすように左右に振る。

〈いじめる〉
左親指を右手の親指と人差指で上からつつくようにする。

いたずらに

「いたずらに時間を過ごす」
→〈時間〉+〈損〉

例文の「いたずらに」は無駄にの意味なので〈損〉で表現。この手話は「損」「無駄」「もったいない」などの意味を持つ。

〈時間〉
左手の腕時計の位置を右人差指でさす。

〈損〉
両手の親指と人差指で作った丸を前に捨てるようにしてぱっと開く。

いただく【頂・戴く】1

「ありがたくいただく」
→〈ありがとう〉+〈いただく〉

例文の「いただく」は目上の人からもらう意味なので〈いただく〉で表現。両手をあげることで丁寧さを表す。

〈ありがとう〉
右手を左手甲に軽く当て、拝むようにする。

〈いただく〉
両手のひらを上にして目の上にあげ、頭をさげて手前に引き寄せる。

いただく【頂・戴く】2

「いただいたミカン」
→〈もらう①〉+〈ミカン〉

例文の「いただく」は人からもらう意味なので〈もらう①〉で表現。〈もらう〉は片手で表現すると幾分ぞんざいな感じになる。

〈もらう①〉
手のひらを上に向けた両手を手前に引く。

〈ミカン〉
すぼめた左手をミカンに見立てて皮をむくようにする。

いただく【頂・戴く】3

「(山に)雪をいただく」
→(〈山〉+)〈雪〉+〈ある①〉上方

例文の「いただく」は頂上にのっている意味なので〈ある①〉で表現。のっているものを示してその位置に〈ある①〉と表す。

〈雪〉
両手の親指と人差指で作った丸をひらひらさせながらおろす。

〈ある①〉上方
右上に手を軽く置く。

いただく【頂・戴く】4

「(おいしく)いただく」

→(〈おいしい①〉+)
〈食べる①〉
または〈飲む②〉

「いただく」は「食べる」「飲む」の丁寧語なので〈食べる①〉または〈飲む②〉で表現。どちらも両手で表現することで丁寧さを表す。

〈食べる①〉
左手のひらの上を右手ですくって食べるようにする。

〈飲む②〉
右手を左手のひらにつけて湯飲みで飲むしぐさをする。

いたばさみ【板挟み】

「板ばさみで苦しむ」

→〈板ばさみ〉+〈苦しい①〉

例文の「板ばさみ」は両者の間に立ち、どうしようもないさまを意味するので〈板ばさみ〉で表現。体がはさまれて身動きできないさまを表す。

〈板ばさみ〉
両手で体のわきをはさむ。

〈苦しい①〉
右手で胸をかきむしるようにする。

いたむ【痛む・傷む】1

「(体が)痛む」

→(〈体〉+)
〈痛い①〉または〈痛い②〉

例文の「痛い」は〈痛い①〉または〈痛い②〉で表現。いずれも体や心の痛い状態を表す。

〈痛い①〉
全指を折り曲げた右手を痛そうに振る。

〈痛い②〉
痛そうにして折り曲げた全指を曲げたり伸ばしたりする。

いたむ【痛む・傷む】2

「(心が)痛む」

→(〈心〉+〈痛い①〉または)
〈痛い②〉または〈悲しい①〉

例文の「痛い」は〈痛い①〉または〈痛い②〉または〈悲しい①〉で表現。〈悲しい①〉は涙を流すさまを表す。

〈痛い②〉
痛そうにして折り曲げた全指を曲げたり伸ばしたりする。

〈悲しい①〉
親指と人差指を閉じた右手を目元から揺らしながらおろす。

いたむ【痛む・傷む】3

「家が傷んでいる」

→〈家〉+〈ぼろぼろ〉

例文の「傷む」は物に傷がついていることなので〈ぼろぼろ〉で表現。〈ぼろぼろ〉はいっぱい折れていることを表す。

〈家〉
両手で屋根形を作る。

〈ぼろぼろ〉
両こぶしを左右に並べ、手首を外に返す動作を小さく繰り返す。

いたむ【痛む・傷む】4

「[暑さで]
弁当が傷む」

→〈弁当〉+〈臭(くさ)い〉

例文の「痛む」は食べ物が腐ることなので〈臭い〉で表現。〈臭い〉はいやなにおいに顔をしかめて鼻をつまむさまを表す。

〈弁当〉
軽く曲げた左手の親指側に右手のひらをこすりつけるようにする。

〈臭(くさ)い〉
右手の親指と人差指で鼻をつまむ。

いたむ【痛む・傷む】5

「懐が痛む」
→〈おごる〉+〈痛い①〉
（または〈痛い②〉）

例文は慣用句で自分のお金を使って減らすことになることなので〈おごる〉+〈痛い①〉または〈痛い②〉で表現。

〈おごる〉
右手の親指と人差指で作った丸を手前から投げるように前に出してぱっと開く。

〈痛い①〉
全指を折り曲げた右手を痛そうに振る。

いためる【炒める】

「フライパンで炒める」
→〈フライパン〉+〈炒める〉

例文は〈フライパン〉+〈炒める〉で表現。〈フライパン〉はフライパンを返すさまを表す。〈炒める〉はフライパンで炒めるさまを表す。

〈フライパン〉
握った左手を上へあげながら手首を返す。

〈炒める〉
左手のひらの上で指先を下にした右５指を前後に動かす。

いたる【至る】1

「（東京から）京都に至る」
→（〈東京〉右側+〈から〉+）
〈京都〉左側+〈まで〉

例文の「至る」は行き着く意味なので〈まで〉で表現。〈まで〉は行き着いたこと、または行き着く先を表す。

〈京都〉左側
やや左で親指と人差指を立てた両手の人差指を下に向けて２回おろす。

〈まで〉
左手のひらに右手指先を軽くつける。

いたる【至る】2

「今に至るまで」
→〈今①〉+〈ずっと②〉

例文の「至る」は現在の時点になるまでずっとという意味なので〈ずっと②〉で表現。〈ずっと②〉はこれまで続いているさまを表す。

〈今①〉
両手のひらで軽く押さえつける。

〈ずっと②〉
右人差指の先を前に向けて左へ動かして左手のひらに当てる。

いたる【至る】3

「翌朝に至るまで会議が続く」
→〈会議〉+〈徹夜〉

例文は次の朝まで続く意味なので〈徹夜〉で表現。手の回る回数が徹夜の回数を表す。一回なら一晩の徹夜を表す。

〈会議〉
親指を立てた両手を合わせたままで水平に回す。

〈徹夜〉
右手の親指と人差指で閉じない丸を作り、左手のまわりを回す。

いたる【至る】4

「至らぬ者ですが（よろしくお願いします）」
→〈まだ①〉+〈しかし〉
（+〈良い〉+〈頼む①〉）

例文の「至らぬ」は未熟な意味なので〈まだ①〉で表現。〈まだ①〉の前に該当する人を示してその人が未熟であることを表す。

〈まだ①〉
左手のひらに右手指先を向けて上下に振る。

〈しかし〉
右手のひらを返す。

いち【位置】1

「城の位置(を尋ねる)」

→〈城〉+〈場所〉
(+〈尋ねる①〉)

例文の「位置」は存在する場所を意味するので〈場所〉で表現。〈場所〉にはところ、地域の意味がある。

〈城〉
折り曲げた両手の人差指を向かい合わせる。

〈場所〉
全指を曲げた右手を前に置く。

いち【位置】2

「(町の)東に位置する」

→(〈町①〉+)
〈東〉+〈ある①〉上方

例文の「位置」はある地点にあることを意味するので〈ある①〉で表現。〈ある①〉はものが存在することの意味もある。

〈東〉
両手の親指と人差指を向かい合わせて同時にあげる。

〈ある①〉上方
右上に手を軽く置く。

いち【一】

「一」

→〈1①〉
または〈1②〉

数字を示す「一」は2種類ある。〈1①〉はアラビア数字、〈1②〉は漢数字をおもに表す。

〈1①〉
右人差指を立てる。

〈1②〉
右人差指を横にして示す。

いちおう【一応】1

「一応調べておく」

→〈どちら①〉+〈調べる①〉

例文の「一応」はともかく一度はの意味で〈どちら①〉で表現。〈どちら①〉には「ともかく」の意味がある。

〈どちら①〉
両手人差指を立て、交互に上下させる。

〈調べる①〉
右手の人差指と中指を軽く折り曲げて、目の前を左右に往復させる。

いちおう【一応】2

「一応認める」

→〈例〉+〈認める②〉

例文の「一応」は決定的(全面的)ではないが、大体という意味なので〈例〉で表現。〈例〉は「仮に」の意味がある。

〈例〉
左手甲に右手の親指と人差指で作った丸をつける。

〈認める②〉
両こぶしを向かい合わせて内側に倒す。

いちがつ【一月】

「一月三日」

→〈一月〉+〈一月三日〉

例文の「一月三日」は〈一月〉の左手を残して、その下に〈3②〉を表す。または左手〈1②〉と右手〈3②〉を同時に上下に出して表す。

〈一月〉
左手で〈1②〉を示し、その下で右手の親指と人差指で三日月を描く。

〈一月三日〉
左手で〈1②〉、右手で〈3②〉を示し、上下に置く。

イチゴ【苺】

「甘いイチゴ」
→〈イチゴ〉+〈甘い〉

「イチゴ」は〈イチゴ〉で表現。〈イチゴ〉は鼻にみえるぶつぶつと形が似ているところから生まれた手話。

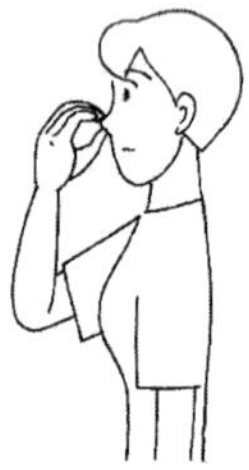

〈イチゴ〉
指先を閉じた右手を鼻に当てる。

〈甘い〉
右手のひらを口元で回す。

いちごいちえ【一期一会】1

「一期一会を大切にする」
→〈人生〉+〈会う②〉

「一期一会」は〈人生〉+〈会う②〉+〈1①〉で表現。人生に一度だけの出会いを表す。手話イラストは次の項に続く。

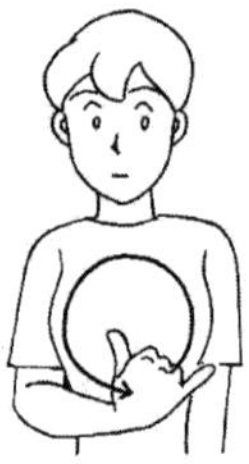

〈人生〉
親指と小指を立てた右手の甲側を前に示し、体の前で回す。

〈会う②〉
人差指を立てた両手を前後から近づけて軽くふれ合わせる。

いちごいちえ【一期一会】2

「一期一会を大切にする」
→〈1①〉+〈大切①〉

前記の続き。

〈1①〉
右人差指を立てる。

〈大切①〉
左手甲を右手のひらでなでるように回す。

いちじ【一時】1

「一時逃れ」
→〈当面〉+〈逃げる〉

例文の「一時」はその時だけ、当面を意味するので〈当面〉で表現。〈当面〉には「しばらく」「とりあえず」の意味がある。

〈当面〉
左手甲に曲げた右人差指を当てて前に出す。

〈逃げる〉
両こぶしを右上にさっとあげる。

いちじ【一時】2

「(電気が)一時消えた」
→(〈明かり②〉+)
〈短い①〉+〈消える②〉

例文の「一時」は短い間の意味なので〈短い①〉と表現。手話表現の仕方と文脈によって〈短い①〉に「短い間」の意味を持つ。

〈短い①〉
親指と人差指を閉じた両手を左右からさっと近づける。

〈消える②〉
軽く開いた両手をすばやく上に上げながらぱっと握る。

いちじ【一時】3

「一時払い」
→〈すべて〉+〈払う②〉

例文の「一時」は一度に全部の意味なので〈すべて〉で表現。

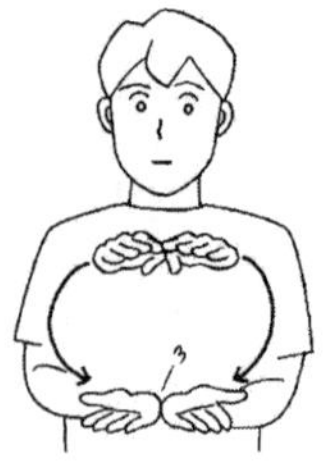

〈すべて〉
両手で上から下に円を描く。

〈払う②〉
左手のひらの上に右手の親指と人差指で丸を作り、前に出して開く。

イチジク

「イチジクのジャム」

→〈イチジク〉+〈ジャム〉

「イチジク」は〈イチジク〉で表現。〈イチジク〉は食べると口の周りがかゆくなるさまを表す。

〈イチジク〉

右3指を鼻の下から少しおろす。

〈ジャム〉

左手のひらに右小指を塗りつけるように前後に動かす。

いちず【一途】

「一途に思う」

→〈思う〉+〈一途①〉

「一途」はそれ以外のことにはわき目もふらない意味なので〈一途①〉で表現。

〈思う〉

右人差指を側頭部に当てる。

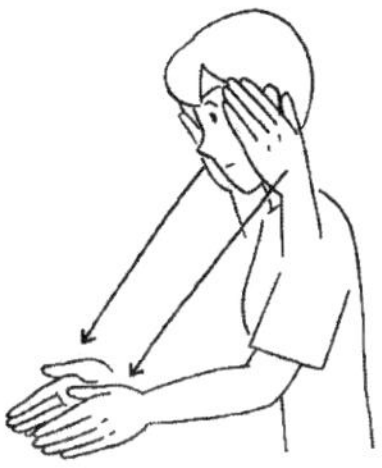

〈一途①〉

両手のひらをこめかみ付近から斜め前に絞り込むようにおろす。

いちづけ【位置づけ】

「手話の位置づけ」

→〈手話〉+〈位置づけ〉

「位置づけ」は〈位置づけ〉で表現。〈位置づけ〉は左手の〈場所〉に右手をつけるさまを表す。

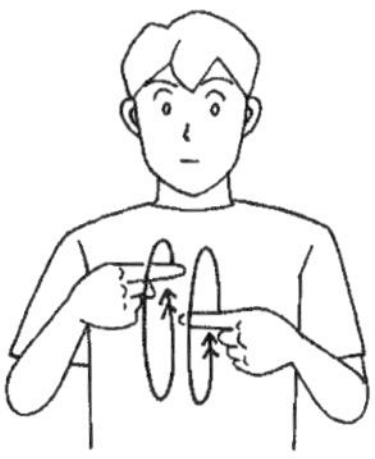

〈手話〉

両手の人差指を向かい合わせ、糸を巻くように回転させる。

〈位置づけ〉

指先を折り曲げて下向きにした左手に右人差指をつける。

いちにち【一日】1

「一日(二十四時間)」

→〈一日①〉

または〈一日②〉

(+〈20〉+〈4②〉+〈時計〉+〈間(あいだ)〉)

例文の「一日」は〈一日①〉または〈一日②〉で表現。〈一日①〉は太陽が昇って沈むさま、〈一日②〉は太陽が東から西に動くさまを表す。

〈一日①〉

右手の親指と人差指を開き、左から右へ弧を描く。

〈一日②〉

右人差指を左胸に当て、弧を描いて右胸に移す。

いちにち【一日】2

「一日中寝ている」

→〈一日①〉+〈寝る〉

例文の「一日中」は朝から晩までずっとの意味なので、〈一日①〉で表現。〈一日①〉には「一日中」の意味が含まれる。

〈一日①〉

右手の親指と人差指を開き、左から右へ弧を描く。

〈寝る〉

右こぶしを頭に当てて目を閉じる。

いちねん【一年】1

「一年間」

→〈一年①〉

または〈一年②〉

(+〈間(あいだ)〉)

例文の「一年」は12か月の意味なので〈一年①〉または〈一年②〉で表現。左手を年輪に見立て、1を示す指を一周させて「一年」を表す。

〈一年①〉

左こぶしの親指側に右人差指をふれ、くるりと一回転する。

〈一年②〉

左こぶしの上で右人差指を水平に回す。

い

いちねん【一年】2

「第一年」

→〈第一〉+〈年(ねん)〉

例文の「第一年」は一年目を意味するので〈第一〉+〈年〉と表現。〈第一〉は最初を意味する。

〈第一〉

指先を左に向けた人差指を右側に引く。

〈年(ねん)〉

左こぶしの親指側に右人差指を当てる。

いちねん【一年】3

「一年生」

→〈一年③〉+〈学生①〉

例文の「一年生」は学年を表すので〈一年③〉で表現。〈一年③〉は示す数字でその学年にあがったことを表す。

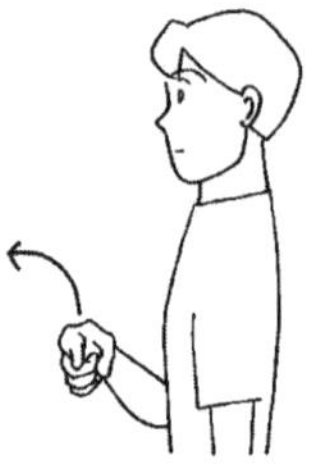

〈一年③〉

右人差指の指先を左に向けて持ちあげるようにして前に示す。

〈学生①〉

軽く開いた両手を上下に置き、握りながらはかまのひもをしめるようにする。

いちば【市場】

「市場(で働く)」

→〈商売〉+〈長屋〉

(または〈店②〉+〈仕事〉)

「市場」は商売する比較的小さな店が並んでいるところなので〈商売〉+〈長屋〉または〈店②〉と表現。

〈商売〉

両手の親指と人差指で作った丸を交互に前後に動かす。

〈長屋〉

両手で示した屋根形を前に出す。

いちばん【一番】1

「第一番」

→〈一番①〉

または〈一番②〉

例文の「一番」は一番目、順位の一番を意味するので〈一番①〉または〈同②〉で表現。〈一番①〉はゴールのテープを切るさまから生まれたと言われる。

〈一番①〉

右人差指を左肩に軽く当てる。

〈一番②〉

右人差指を横にして上にあげる。

いちばん【一番】2

「成績が一番」

→〈成績〉+〈最高〉

例文の「一番」は一番良い、最高を意味するので〈最高〉で表現。右手が一番上に達したことを表す。

〈成績〉

両手の人差指を並べて右人差指を上下させながら右へ動かす。

〈最高〉

手のひらを下に向けた左手に右手指先を突き上げて当てる。

いちばん【一番】3

「一番悪い結果」

→〈結ぶ①〉+〈最低〉

例文の「一番悪い」は最も悪い「最低」を意味するので〈最低〉で表現。右手が一番下に落ちていることを表す。

〈結ぶ①〉

両手の親指と人差指でひもを結ぶようにして左右に開く。

〈最低〉

手のひらを上に向けた左手に上から右手指先を下ろし当てる。

いちりゅう【一流】1

「一流(企業)」

→〈1②〉+〈流れる①〉
(+〈会社〉)

例文の意味は一番上のクラス。2種類ある。ひとつは〈1②〉+〈流れる①〉で、漢字表記に対応した表現。

〈1②〉

右人差指を横にして示す。

〈流れる①〉

右手甲を下に向けて左から右へ手首を返しながら右へ指先を向ける。

いちりゅう【一流】2

「一流企業」

→〈一流〉+〈会社〉

もうひとつは〈一流〉という新しい手話で〈一〉と「流す」という意味の手話を合成したもの。

〈一流〉

左人差指を横にしてそこからすぼめた右手を斜め下に流れ出すように開く。

〈会社〉

両手の2指を交互に前後させる。

いつ 1

「いつになったら(開くのか)」

→〈時①〉+〈何〉
(+〈開(ひら)く①〉または〈開(ひら)く④〉)

例文の「いつ」は時間を尋ねる意味なので〈時①〉+〈何〉で表現。手話は何時かを尋ねていることを表す。

〈時①〉

左手のひらに右親指を当て、右人差指を時計の針のように回す。

〈何〉

右人差指を左右に振る。

いつ 2

「(誕生日は)いつですか」

→(〈生まれる〉+)
〈いつ〉+〈か〉

例文の「いつ」は月日を尋ねる意味なので〈いつ〉で表現。〈いつ〉の右手は月、左手は日を表し、「何月何日」という意味。

〈いつ〉

両手を上下にして、両手同時に順番に指を折る。

〈か〉

右手のひらを前に差し出す。

いつ 3

「いつ見てもきれい」

→(〈相変わらず①〉または)
〈相変わらず②〉+〈美しい②〉

「いつ」はどんな時でも、相変わらずという意味。〈相変わらず①〉または〈同②〉で表現。どちらも同じ状態が継続していることを表す。

〈相変わらず②〉

両手の親指と人差指を閉じたり開いたりしながら右肩から前に出す。

〈美しい②〉

左手のひらをなでるように右手のひらを滑らせる。

いつか 1

「いつか電話する」

→〈将来②〉+〈電話する①〉

例文の「いつか」は今でない先の時点を意味するので〈将来②〉で表現。〈将来②〉はそれほど遠くない将来を表す。

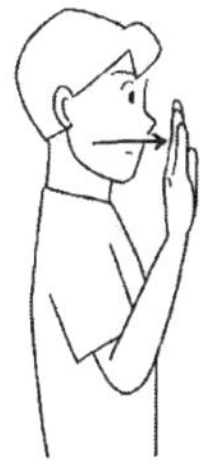

〈将来②〉

右手のひらを前に向けて少し押すように前に出す。

〈電話する①〉

親指と小指を立てた右手を耳に当て、前に出す。

いつか 2

「いつか見えなくなった」

→〈知らない〉+〈消える①〉

例文の「いつか」は知らない間にの意味なので〈知らない〉で表現。この手話は文脈と動作で「知らない間に」の意味を持つ。

〈知らない〉

右手のひらで右脇を払いあげる。

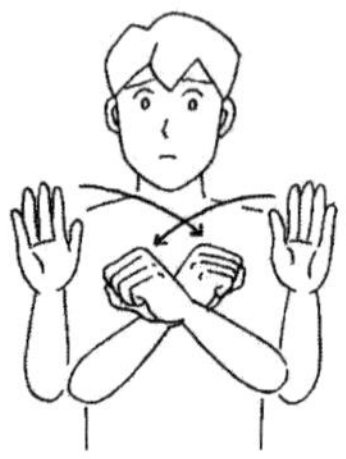

〈消える①〉

手のひらを前に向けた両手を交差させながら握る。

いつか 3

「いつかは(死ぬ)」

→〈将来②〉+〈絶対〉
(+〈死ぬ②〉)

例文の「いつかは」は将来必ずという意味なので〈将来②〉+〈絶対〉で表現。

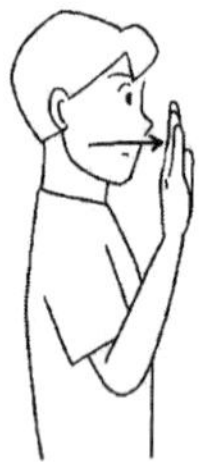

〈将来②〉

右手のひらを前に向けて少し押すように前に出す。

〈絶対〉

左手のひらに折り曲げた右手２指を強く打ちつける。

いつか 4

「いつかの夜」

→〈過去③〉+〈暗い〉

例文の「いつか」は過去のある時を意味するので〈過去③〉で表現。〈過去③〉には「この前」「この間」の意味がある。

〈過去③〉

右手のひらを肩越しに少し後ろに２回やる。

〈暗い〉

両手のひらを前に向けた両腕を目の前で交差させる。

いっきゅう【一級】

「一級の試験」

→〈一級〉+〈試験〉

「一級」は等級を意味するので〈一級〉で表現。数字１を手前に引いて一級のクラスを表す。

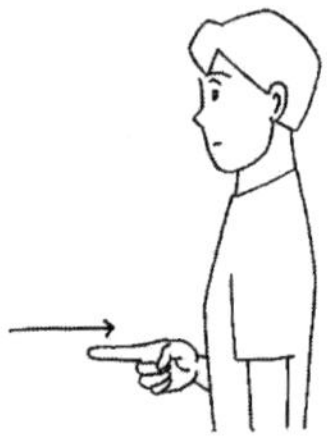

〈一級〉

右人差指先を前に向け手前に引く。

〈試験〉

親指を立てた両手を交互に上下させる。

いっきょりょうとく【一挙両得】

「一挙両得」

→〈もうける③〉

「一挙両得」は一度に二つの利益を得る意味なので〈もうける③〉で表現。〈もうける③〉は〈もうける①〉を左右両手で表し、利益が二つあることを示す。

〈もうける③〉

半開きにした両手をぱっと引きあげる。

いっさい【一切】1

「一切を任せる」

→〈すべて〉+〈任せる①〉

例文の「一切」は全てを意味するので〈すべて〉で表現。〈すべて〉は完全な円を描くことで「全部」の意味を表す。

〈すべて〉

両手で上から下に円を描く。

〈任せる①〉

右手を肩にのせて前に出す。

い

いっさい【一切】2

「一切飲まない」

→〈飲む③〉+〈ない③〉

例文の「一切」は全然(否定)を意味するので〈ない③〉で表現。〈ない③〉は全くないことを意味する。

〈飲む③〉

右手の親指と人差指でおちょこを持ち、飲むようにする。

〈ない③〉

口元に当てた親指と人差指で作った丸を吹き出すようにして開く。

いっしゅう【一週】

「一週間」

→〈一週〉+〈間(あいだ)〉

「一週」は〈一週〉で表現。〈一週〉は〈7〉を出して、太陽が昇って沈むさまで「一週(間)」を表す。

〈一週〉

親指・人差指・中指を出し左から右へ弧を描く。

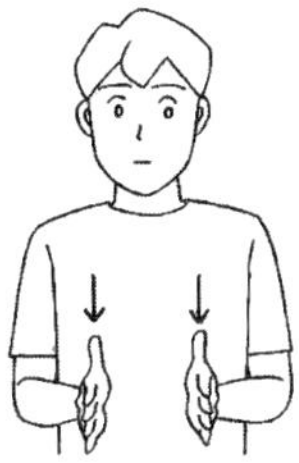

〈間(あいだ)〉

両手のひらを向かい合わせ、仕切るように下に少しさげる。

いっしゅん【一瞬】

「一瞬の油断」

→〈一瞬〉+〈油断〉

例文の「一瞬」は〈一瞬〉で表現。〈一瞬〉はストップウォッチの針が瞬時に戻るさまを表現。

〈一瞬〉

左手首に人差指を立てた右手の手首を当て、ぱっと止める。

〈油断〉

両こぶしを下に落とすようにして重ねて開く。

いっしょ【一緒】1

「一緒に遊ぶ」

→〈一緒①〉+〈遊ぶ①〉

例文の「一緒」はともに同じことをする意味なので〈一緒①〉で表現。人差指を人に見立て、共にいることを表す。

〈一緒①〉

両手の人差指を左右から合わせる。

〈遊ぶ①〉

人差指を立てた両手を交互に前後に軽く振る。

いっしょ【一緒】2

「東京にご一緒する」

→〈東京〉+〈一緒②〉

例文の「一緒」は連れ立って行くの意味なので〈一緒②〉で表現。〈一緒①〉と〈行(い)く②〉が合成された慣用的な手話。

〈東京〉

両手の親指と人差指を立て、上に向けて2回あげる。

〈一緒②〉

人差指を上に向け左右から寄せるように添わせ前に出す。

いっしょ【一緒】3

「(良いことも悪いことも)一緒にする」

→(〈良い〉+〈悪い①〉+)〈混ぜる〉

例文の「一緒」は区別なくひとまとめにしてしまうの意味なので〈混ぜる〉で表現。いろいろなものが区別なくまぜこぜになるさまを表す。

〈混ぜる〉

両手のひらを上下に合わせてこね合わせるように回す。

いっしょ【一緒】4

「一緒の服」

→〈服〉+〈同じ②〉

例文の「一緒」は他者と同じを意味するので〈同じ②〉で表現。

〈服〉

親指を立てた両手をえりに沿って下におろす。

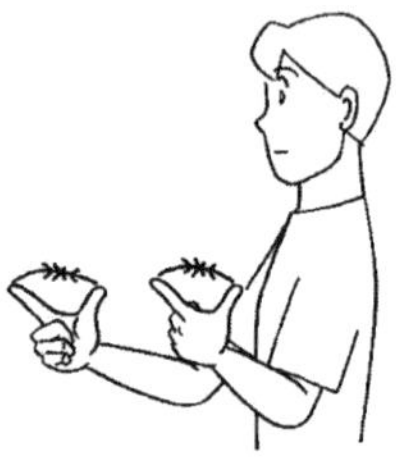

〈同じ②〉

両手を前後に置いて親指と人差指の先を閉じたり開いたりする。

いっしょ【一緒】5

「彼女と一緒になる」

→〈彼女〉+〈結婚〉

例文の「一緒になる」は結婚する意味なので〈結婚〉で表現。〈結婚〉は男女が寄り添うさまで「結婚」を表す。

〈彼女〉

左小指を右人差指でさす。

〈結婚〉

親指と小指を左右からつける。

いっしょう【一生】1

「幸せな一生を送る」

→〈幸せ〉+〈生涯〉

例文の「一生」は生涯のことなので〈生涯〉で表現。〈生涯〉は〈ずっと〉と〈人々〉とを組み合わせた手話。「一生を送る」も同手話。

〈幸せ〉

親指と4指であごをなでるようにする。

〈生涯〉

左手のひらに親指と小指を立てた右手を右から動かして親指を当てる。

いっしょう【一生】2

「一生のお願い」

→〈本当〉+〈拝む〉

例文の「一生」は一生に一度しかないような重大なことなので〈本当〉で表現。

〈本当〉

右手をあごに当てる。

〈拝む〉

両手のひらをすり合わせて拝むようにする。

いっしょう【一生】3

「九死に一生を得る」

→〈ほっとする〉+〈無事〉

例文は慣用句で死ぬかと思われるところからかろうじて救われて命が助かることなので〈ほっとする〉+〈無事〉で表現。

〈ほっとする〉

右手2指を鼻の穴から息を抜くように前に出し、肩から力を抜く。

〈無事〉

両ひじを軽く張り、両こぶしを同時に下におろす。

いっしょうけんめい【一生懸命】

「一生懸命に働く」

→〈一生懸命〉+〈仕事〉

「一生懸命」は〈一生懸命〉で表現。〈一生懸命〉はわき目もふらないさまを表す。「懸命」「一心不乱」も同じ表現。

〈一生懸命〉

両手を顔の横から繰り返し強く前に出す。

〈仕事〉

手のひらを上に向け、向かい合わせた両手指先を繰り返しつき合わせる。

い

いっせい【一斉】1

「一斉に始まる」

→〈一斉〉+〈開(ひら)く①〉

例文の「一斉に」は３種類の表現がある。ひとつめは〈一斉〉で表現。右も同じであることを表す。

〈一斉〉

両手の親指と人差指を同時に閉じ、右手だけを右へ伸ばすように動かす。

〈開(ひら)く①〉

手のひらを前に向けて並べて、両手を左右に開く。

いったい【一体】

「(心と)体が一体になる」

→(〈気持ち〉+)〈体(からだ)〉+〈合わせる①〉

例文の「一体」は二つのものが一つになる意味なので〈合わせる①〉で表現。〈合わせる①〉は二つのものが合わさることを表す。

〈体(からだ)〉

右手を体の上で回す。

〈合わせる①〉

向かい合わせた両手を左右から合わせる。

いっせい【一斉】2

「一斉に(始まる)」

→〈一致〉
　または〈均一〉
　(+〈開(ひら)く①〉)

あとのふたつは〈一致〉または〈均一〉で表現。いずれも〈同じ〉を両手で表す。

〈一致〉

親指と人差指を開いた両手を交差させて、指を閉じながら腕を左右にすばやく開く。

〈均一〉

両手の親指と人差指を出して並べ、閉じながらすばやく左右に開く。

いったん【一旦】

「車が一旦停止する」

→〈運転〉+〈とまる①〉

例文の「一旦停止」は〈とまる①〉で表現。車がストップするさまを表す。

〈運転〉

ハンドルを両手で握り、回すようにする。

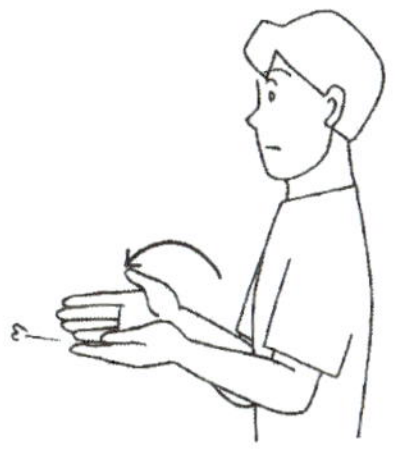

〈とまる①〉

左手のひらの上に右手をぽんとのせる。

いっそう【一層】

「一層美しくなった」

→〈もっと〉+〈美しい①〉
　(または〈美しい②〉)

例文の「一層」は以前よりもっとの意味なので〈もっと〉で表現。

〈もっと〉

左手の親指と人差指の上に右手の親指と人差指を重ねる。

〈美しい①〉

手のひらを目の前で左右に少し振る。

いっち【一致】1

「一致団結する」

→〈一致〉+〈仲間〉

例文の「一致」は考えや行動がひとつにそろう意味なので〈一致〉で表現。〈一致〉はみんなが同じであることを表す。

〈一致〉

親指と人差指を開いた両手を交差させて、指を閉じながら腕を左右にすばやく開く。

〈仲間〉

両手を握り、水平に回す。

いっち【一致】2

「（意見が）一致する」

→（〈思う〉＋）
〈同じ③〉
または〈通じる〉

例文は考えや行動が同じになる意味なので〈同じ③〉または〈通じる〉で表現。どちらの手話もぴったりと通じ合うことを表す。

〈同じ③〉
両手を相手と自分の前に置き、親指と人差指を同時に閉じる。

〈通じる〉
両手の人差指を前後から近づける。

いつつ【五つ】1

「（ミカンが）五つある」

→（〈ミカン〉＋）
〈５〉＋〈ある①〉

例文の「五つ」は個数なので〈5〉で表現。

〈５〉
右親指を横に倒して示す。

〈ある①〉
右手のひらを前に置く。

いつつ【五つ】2

「五つ上の兄」

→〈５つ上〉＋〈兄〉

例文の「五つ上」は歳のことなので〈５つ上〉で表現。〈５つ上〉は〈５〉を上にあげて表す。

〈５つ上〉
親指を出した右手を目の横から手首を返してあげる。

〈兄〉
中指を立て、甲側を前に向けた右手を上にあげる。

いってい【一定】1

「（時間は）一定している」

→（〈時①〉＋）
〈第一〉＋〈定まる〉

例文の「一定」は変化なくいつも定まった意味なので〈第一〉＋〈定まる〉で表現。一律に決まっている意味を表す。

〈第一〉
指先を左に向けた人差指を右側に引く。

〈定まる〉
両手指を曲げて上下に組み合わす。

いってい【一定】2

「一定の方式」

→〈定まる〉＋〈方法〉

例文の「一定」は定まったという意味なので〈定まる〉で表現。〈定まる〉は両手を組み合わせて確定していることを表す。

〈定まる〉
両手指を曲げて上下に組み合わす。

〈方法〉
左手甲を右手のひらで軽くたたく。

いってい【一定】3

「温度が一定」

→〈温度〉＋〈レベル〉

例文の「一定」は同じに決まっていることを意味するので〈レベル〉で表現。これは一定の基準が保たれていることを表す。

〈温度〉
指先を上に向けた左手のひらの横で人差指を立てた右手を上下させる。

〈レベル〉
右手指先を前に向け、胸の高さで手のひらを下に向けて水平に右へ動かす。

いってい【一定】4

「一定の期間」

→〈当面〉+〈間(あいだ)〉

例文の「一定」はある範囲を意味するので〈当面〉で表現。〈当面〉は「しばらく」「当面」の意味を持つ。

〈当面〉

左手甲に曲げた右人差指を当てて前に出す。

〈間(あいだ)〉

両手のひらを向かい合わせ、仕切るように下に少しさげる。

いっぱい【一杯】1

「コップにいっぱい」

→左〈コップ〉+〈いっぱい①〉

例文の「コップにいっぱい」は〈いっぱい①〉で表現。コップにぎりぎりいっぱいの水などが入っているさまを表す。

左〈コップ〉

左手でコップを持つようにする。

〈いっぱい①〉

コップを持つようにした左手の上を右手で削るように右へすべらせる。

いっぱい【一杯】2

「人がいっぱい」

→〈人々①〉+〈満員〉

例文の「人がいっぱい」は大勢の人が集まっている意味。〈満員〉で表現。〈満員〉は人に見立てた全指がひしめきあうさまを表す。

〈人々①〉

親指と小指を立てた両手を揺らしながら左右に開く。

〈満員〉

両手の指背側を合わせて水平に回す。

いっぱい【一杯】3

「川の水がいっぱい」

→〈流れる①〉+〈いっぱい②〉

例文の「川の水がいっぱい」は洪水などで川の水が堤防すれすれに迫る意味。〈いっぱい②〉で表現。水かさが増していくさまを表す。

〈流れる①〉

右手甲を下に向けて左から右へ手首を返しながら右へ指先を向ける。

〈いっぱい②〉

両手のひらを下にして一緒に上にあげる。

いっぱい【一杯】4

「道に車がいっぱい」

→〈道①〉+〈渋滞〉

例文の「車がいっぱい」は道路に車がたくさん並んでいる意味。〈渋滞〉で表現。両手で車が並び連なっているさまを表す。

〈道①〉

指先を前に向けた両手を向かい合わせて前に出す。

〈渋滞〉

「コ」の字形にした両手を前後につけ、右手を後ろに引く。

いっぱい【一杯】5

「胸がいっぱいになる」

→〈胸〉+〈いっぱい③〉

例文の「胸がいっぱい」はうれしさや、悲しさで感情が高ぶる意味。手話は胸が満ち溢れるさまを示すがうれしさか、悲しさかで表情が変わる。

〈胸〉

胸に手を当てる。

〈いっぱい③〉

右手のひらを下にして上にあげる。

いっぱい【一杯】6

「悔しさがいっぱいになる」

→〈悔しい〉+〈たまる〉

例文の「悔しさがいっぱい」は残念でたまらない意味で〈悔しい〉+〈たまる〉で表現。

〈悔しい〉

悔しそうに胸に爪を立ててかきむしるようにして両手を交互に上下させる。

〈たまる〉

両手２指で「井」の字形を組み、下から上にあげる。

いっぱい【一杯】9

「腹がいっぱい」

→〈満腹〉

例文の「腹がいっぱい」は満腹の意味なので〈満腹〉で表現。〈満腹〉は腹の皮が突っ張ったさまを表す。

〈満腹〉

腹の前に置いた左手に右手甲を打ちつける。

いっぱい【一杯】7

「話すことがいっぱいある」

→〈説明〉+〈たくさん①〉

例文の「いっぱい」は〈たくさん①〉で表現。〈たくさん①〉は山ほどあることを意味し、量が多いことを表す時に使う。

〈説明〉

左手のひらを右手で小刻みにたたく。

〈たくさん①〉

左手のひらを上に向けた左腕を示し、その上に右手で山を描く。

いっぱい【一杯】10

「子供がいっぱいいる」

→〈子供①〉+〈たくさん③〉

例文の「いっぱい」は数が多いことを意味するので〈たくさん③〉で表現。数えきれないくらいいっぱいなさまを表す。

〈子供①〉

両手のひらを前方に向け、軽く振る。

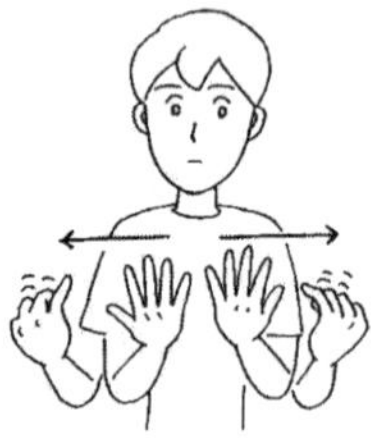

〈たくさん③〉

両手指を親指から順番に折りながら左右に開く。

いっぱい【一杯】8

「（考えることが）いっぱいある」

→（〈考える〉+）
〈いっぱい④〉
または〈いっぱい⑤〉

例文は〈いっぱい④〉または〈同⑤〉で表現。〈同④〉は頭の中にあれこれとたくさんあるさまを、〈同⑤〉はあふれそうなくらいのいっぱいを表す。

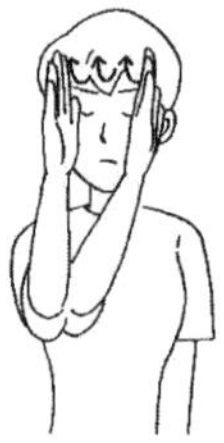

〈いっぱい④〉

目を伏せながら右手を額の左から右へ動かす。

〈いっぱい⑤〉

口元に当てた右手のひらをぷっと息を吐き出すようにして前に出す。

いっぱい【一杯】11

「雪がいっぱい積もる」

→〈雪〉+〈増す〉

例文の「いっぱい」は雪が高く降り積もっている意味なので〈増す〉で表現。〈増す〉動作の程度で増える量を表す。

〈雪〉

両手の親指と人差指で作った丸をひらひらさせながらおろす。

〈増す〉

両手を上下に向かい合わせ、右手を上にあげていく。

いっぱい【一杯】12

「精一杯頑張る」

→〈最高〉+〈一生懸命〉

例文の「精一杯」は持っている力を最大に出しての意味なので〈最高〉で表現。〈最高〉はこれ以上ないことを表す。

〈最高〉

手のひらを下に向けた左手に右手指先を突き上げて当てる。

〈一生懸命〉

両手を顔の横から繰り返し強く前に出す。

いっぱい【一杯】13

「一杯やる」

→〈飲む③〉

例文の「一杯やる」は酒を飲む意味なので〈飲む③〉で表現。おちょこをひっかけるさまを表す。

〈飲む③〉

右手の親指と人差指でおちょこを持ち、飲むようにする。

いっぱい【一杯】14

「一杯食う」

→〈あきれる〉
または〈だまされる〉

例文の「一杯食う」はだまされる意味なので〈あきれる〉または〈だまされる〉で表現。どちらも口をポカンと開けるさまを表す。

〈あきれる〉

両こぶしを合わせて上下に開く。

〈だまされる〉

あごに当てた右手の親指と人差指を左手のひらの上に落とす。

いっぱい【一杯】15

「一杯食わす」

→〈ごまかす①〉
または〈ごまかす②〉

例文の「一杯食わす」はだます意味なので〈ごまかす①〉または〈ごまかす②〉で表現。いずれも右手はキツネで、化かすことを表す。

〈ごまかす①〉

右手の親指と中指と薬指を閉じ、その指先を前に向け、小さく回す。

〈ごまかす②〉

左手甲を前に向け、右手の親指と中指と薬指を閉じ、その指先を前に向けて小さく回す。

いっぱん【一般】

「一般民衆」

→〈普通〉+〈人々①〉

例文の「一般」は普通を意味するので〈普通〉で表現。〈普通〉は普通、ありふれている意味がある。

〈普通〉

両手の親指と人差指を合わせて左右に開く。

〈人々①〉

親指と小指を立てた両手を揺らしながら左右に開く。

いつも

「いつも同じ」

→〈いつも〉+〈同じ①〉

「いつも」は毎日の意味。〈いつも〉は太陽が昇って沈むことの繰り返しを表し、「毎日」「常に」の意味を表す。

〈いつも〉

親指と人差指を立てた両手を向かい合わせて手首を回す。

〈同じ①〉

両手の親指と人差指の先を上に向けて閉じたり開いたりする。

い

いつわる【偽る】1

「偽って（言う）」

→〈ごまかす①〉
または〈うそ①〉
（+〈言う①〉）

「偽る」はごまかしてうそを言う意味なので〈ごまかす①〉または〈うそ①〉で表現。

〈ごまかす①〉
右手の親指と中指と薬指を閉じ、その指先を前に向け、小さく回す。

〈うそ①〉
ほおを舌でふくらませ、そこを人差指で突く。

いつわる【偽る】2

「身分を偽る」

→〈肩書き①〉+〈ごまかす②〉
（または〈ごまかす①〉）

「偽る」はごまかしてうそを言う意味なので〈ごまかす②〉で表現。〈ごまかす①〉（前掲）を使ってもよい。

〈肩書き①〉
右手の親指と人差指を右肩に当て、下におろす。

〈ごまかす②〉
左手甲を前に向け、右手の親指と中指と薬指を閉じ、その指先を前に向けて小さく回す。

いでん【遺伝】

「病気が遺伝する」

→〈病気〉+〈遺伝〉

「遺伝」は親の形質が子供に伝わること。〈遺伝〉は親の形質が血液を通して伝わるさまを表す。

〈病気〉
こぶしで額を軽くたたく。

〈遺伝〉
右手の親指と人差指と中指をすぼめ、左腕にとびとびにふれながら前に出す。

いと【意図】

「意図がわからない」

→（〈考える〉または）
〈思う〉+〈知らない〉

「意図」は何かをしようとする思い、考えを意味するので〈思う〉で表現。〈考える〉を使ってもよい。

〈思う〉
右人差指を側頭部に当てる。

〈知らない〉
右手のひらで右脇を払いあげる。

いと【糸】1

「細い糸」

→〈小さい②〉+〈糸〉

〈糸〉は細長く伸びるさまで表す。太さの程度は〈小さい②〉の程度で表す。

〈小さい②〉
右手の親指と人差指を軽く開き、下にさげながら小さな丸を作る。

〈糸〉
両手の親指と人差指をつまんで合わせ、左右に開くようにする。

いと【糸】2

「裏で糸を引く」

→〈隠れる〉+〈操る②〉

例文の「糸を引く」は人を操る意味。〈操る②〉は糸を操作して人を動かすさまを表す。

〈隠れる〉
両手の小指側を合わせて顔を隠すようにする。

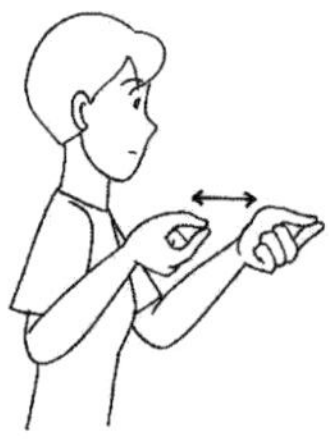

〈操る②〉
親指と人差指でひもを持つように交互に前後させる。

いど【井戸】

「井戸(水)」
→〈井①〉+〈あげる①〉
(+〈水〉)

「井戸」は〈井①〉+〈あげる①〉で表現。〈井①〉は漢字「井」の字形を表し、〈あげる①〉は桶を縄でたぐり寄せる旧式の井戸を表す。

〈井①〉
両手の 2 指を重ね「井」形を作る。

〈あげる①〉
両手で握って下へ引くようにする。

いどう【異動】

「人事異動」
→〈人〉+〈交替①〉

「異動」は人の入れ換えの意味なので〈交替①〉で表現。親指を人に見立て、位置を換えて人の入れ換えの意味を表す。

〈人〉
人差指で「人」の字を空書する。

〈交替①〉
親指を立てた両手を交差させて位置を入れ換える。

いとこ

「いとこ」
→〈親類〉+〈兄弟〉
(または〈姉妹〉)

例文の「いとこ」は〈親類〉+〈兄弟〉または〈姉妹〉で表現。〈親類〉はほおから出して血のつながりを表す。

〈親類〉
親指と人差指を閉じた両手をほおにつけ、右手を前に伸ばし出す。

〈兄弟〉
両手の中指を立て甲側を前に向け、交互に上下させる。

いどむ【挑む】

「戦いに挑む」
→〈けんか①〉+〈試合①〉

「いどむ」は挑戦する意味なので〈試合①〉で表現。親指を人に見立てぶつかるさまを表す。

〈けんか①〉
両手人差指を剣のようにふれ合わす。

〈試合①〉
親指を立てた両手を正面で軽くぶつける。

いない【以内】1

「百字以内(で書く)」
→〈百①〉+〈まで〉
(+〈書く①〉)

例文の「以内」はその範囲までの意味なので〈まで〉で表現。〈まで〉はそこに至るまでの限度を表す。

〈百①〉
右手の親指と人差指と中指を閉じて示す。

〈まで〉
左手のひらに右手指先を軽くつける。

いない【以内】2

「五人以内」
→〈五人〉+〈最高〉

例文の「以内」はその範囲までの意味なので〈最高〉で表現。〈最高〉はそこに至るまでの限度を表す。

〈五人〉
左手で指文字〈5〉を示し、その下に右手で「人」を書く。

〈最高〉
手のひらを下に向けた左手に右手指を下からあげて当てる。

いなおる【居直る】

「居直る」は急に強い態度に変わる意味。〈居直る〉はやくざなどが着物のすそをはしょって居直るさまから生まれた手話。

「泥棒が居直る」

→〈盗む〉+〈居直る〉

〈盗む〉

かぎ状にした人差指を手前に引く。

〈居直る〉

両手で着物の裾をまくりあげてつかむようにする。

いなか【田舎】1

例文の「田舎」は田や畑の多い村などの意味なので〈村〉で表現。この手話は鍬で畑を耕すさまを表し、「田舎」「村」の意味を持つ。

「田舎道」

→〈村〉+〈道②〉

〈村〉

全指を折り曲げた左手のひらに右人差指をつけて、繰り返し手前に引く。

〈道②〉

両手を向かい合わせて左右に揺らしながら前に出す。

いなか【田舎】2

例文の「田舎」は生まれ育ったふるさとの意味なので〈生まれる〉+〈場所〉と表現。生まれたところの意味。

「田舎(は九州です)」

→〈生まれる〉+〈場所〉
(+〈九州〉)

〈生まれる〉

指先を向かい合わせた両手を腹から前に出す。

〈場所〉

全指を曲げた右手を前に置く。

いなりずし【稲荷寿司】

「いなり寿司」は〈いなり寿司〉で表現。〈いなり寿司〉は左手の油揚げの中に〈キツネ〉を入れて表す。

「甘いいなり寿司」

→〈甘い〉+〈いなり寿司〉

〈甘い〉

右手のひらを口元で回す。

〈いなり寿司〉

指をつまんだ左手の中に指文字〈キ〉の右手を入れる。

イニシアチブ

例文の「イニシアチブ」は主導権のことなので〈イニシアチブ〉で表現。〈イニシアチブ〉は大勢の人を引っ張るさまを表す新しい手話。

「イニシアチブをとる」

→〈イニシアチブ〉+〈責任①〉

〈イニシアチブ〉

右こぶしに手のひらを右に向けた左手を立てて当て、両手を前方に出す。

〈責任①〉

右肩に軽く全指を折り曲げた右手をのせる。

いにん【委任】

「委任」は人に権利などを任せる意味なので〈任せる①〉で表現。〈任せる①〉は主に責任を委ねるなどの場合に使われる。

「委任状」

→〈任せる①〉+〈四角②〉

〈任せる①〉

右手を肩にのせて前に出す。

〈四角②〉

両手の人差指で四角を描く。

イヌ【犬】

「かわいい犬」

→〈愛①〉+〈犬〉

「犬」は〈犬〉で表現。〈犬〉は犬の耳を表す。動物はそれぞれ似たような耳をしているが〈犬〉は「犬」だけを表す。

〈愛①〉

左手甲を右手でなでるように回す。

〈犬〉

両手の親指を側頭部に当て、4指を前に倒す。

いねむり【居眠り】

「居眠り運転」

→〈眠る②〉+〈運転〉

「居眠り」は何かをしている最中に眠ってしまう意味。〈眠る②〉と〈運転〉を組み合わすことで「居眠り運転」であることを表す。

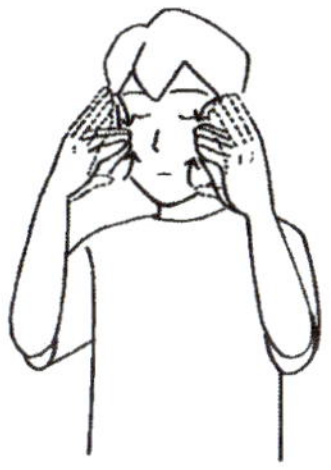

〈眠る②〉

両手の親指と4指の指先を目に向けて閉じる。

〈運転〉

ハンドルを両手で握り、回すようにする。

イヌじに【犬死に】

「犬死にする」

→〈損〉+〈死ぬ②〉

「犬死に」はむだ死にの意味なので〈損〉+〈死ぬ②〉で表現。〈損〉にはむだの意味がある。

〈損〉

両手の親指と人差指で作った丸を前に捨てるようにしてぱっと開く。

〈死ぬ②〉

指先を上に向けた右手を倒す。

イノシシ【猪】

「イノシシ」

→〈イノシシ〉

「イノシシ」は〈イノシシ〉で表現。〈イノシシ〉はそのきばの生えているさまを表す。

〈イノシシ〉

両手人差指を曲げ、きばのように口の両端につける。

いね【稲】

「稲を刈る」

→〈稲〉+〈刈る〉

「稲」は〈稲〉で表現。〈稲〉は米が実り稲穂が垂れるさまを表す。

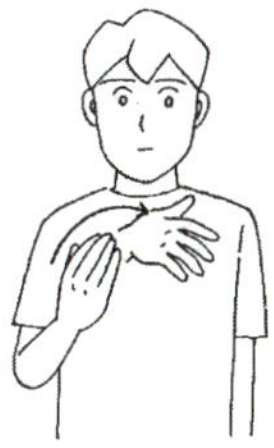

〈稲〉

指を閉じた右手を稲穂のように斜め前に開きながら出す。

〈刈る〉

握った左こぶしの下を鎌で刈るように右こぶしを回す。

いのち【命】

「命を大切にする」

→〈命〉+〈大切①〉

例文の「命」は生命を意味するので〈命〉で表現。心臓の位置で表現して「命」をイメージしている。

〈命〉

右こぶしを左胸に当てる。

〈大切①〉

左手甲を右手のひらでなでるように回す。

い

いのち【命】2

「（事故で）命を落とす」
→（〈事故〉＋）
〈死ぬ①〉
または〈死ぬ②〉

例文の「命を落とす」は死ぬ意味なので〈死ぬ①〉または〈死ぬ②〉で表現。両手でする〈死ぬ①〉には丁寧さが含まれる。

〈死ぬ①〉
両手のひらを合わせ、横に倒す。

〈死ぬ②〉
指先を上に向けた右手を倒す。

いのち【命】3

「命が延びる」
→〈生きる①〉＋〈のばす〉

例文の「命が延びる」はさらに生きながらえる意味なので〈生きる①〉＋〈のばす〉と表現。

〈生きる①〉
両ひじを張り、左右に広げる。

〈のばす〉
親指と人差指を閉じた両手を向かい合わせ、右手を右へ離す。

いのち【命】4

「子供が命です」
→（〈子供①〉＋）
〈大切①〉
または〈愛①〉

例文の「命」は一番大切なものの意味なので〈大切①〉または〈愛①〉で表現。〈大切①〉または〈愛①〉は愛する、大事にする意味がある。

〈大切①〉
左手甲を右手のひらでなでるように回す。

〈愛①〉
左手の甲をやさしくなでるように右手を回す。

いのち【命】5

「命拾いする」
→〈ほっとする〉＋〈無事〉

例文は死ぬはずのところを助かる意味なので〈ほっとする〉＋〈無事〉で表現。手話は助かってほっと一息つくさまを表す。

〈ほっとする〉
右手２指を鼻の穴から息を抜くように前に出し、肩から力を抜く。

〈無事〉
両ひじを軽く張り、両こぶしを同時に下におろす。

いのる【祈る】

「無事を祈る」
→〈無事〉＋〈祈る〉

「祈る」はものごとが成る、成功することを願う意味。〈祈る〉は手を合わせて祈るさまを表す。

〈無事〉
両ひじをやや張って、両こぶしを同時に下におろす。

〈祈る〉
両手を合わせて祈るようにする。

いばる【威張る】

「いばって（歩く）」
→〈いばる〉
または〈自慢〉
（＋〈歩く①〉）

「いばる」は〈いばる〉または〈自慢〉で表現。〈いばる〉はそっくり返るさま、〈自慢〉は鼻を高くして天狗になるさまを表す。

〈いばる〉
両手の親指を背広のえりに当て、４指を振る。

〈自慢〉
右手指で鼻をつまむようにして斜め上にあげる。

いはん【違反】1

「交通違反を犯す」

→〈交通〉+〈違反〉

例文の「違反」は規則を犯す意味なので〈違反〉で表現。これは〈規則〉と〈はずれる〉を合成した手話で「違反」「違反を犯す」の意味を持つ。

〈交通〉

両手のひらを前後に重なるように左右に動かす。

〈違反〉

左手のひらに折り曲げた右手２指をかすめるように振りおろす。

いはん【違反】2

「マナーに違反したふるまい」

→〈失礼①〉+〈態度〉

例文は礼を失する意味なので〈失礼①〉で表現。〈常識〉が両手を打ち合わせるのに対し、〈失礼①〉ははずして反することを表す。

〈失礼①〉

小指側を合わせた両こぶしを前後にはずすように動かす。

〈態度〉

こぶしを握った両手を交互に上下させる。

いま【今】1

「今の世」

→〈今①〉+〈社会〉

例文の「今」は現在の意味なので〈今①〉で表現。〈今①〉は「今日」「現在」など現時点を表す。

〈今①〉

両手のひらで軽く押さえつける。

〈社会〉

親指と小指を立てた両手を手前に水平に円を描く。

いま【今】2

「今一度」

→〈また〉

または〈改めて〉

例文の「今一度」はもう一度、改めての意味なので〈また〉または〈改めて〉で表現。〈また〉は二度目を意味する手話。

〈また〉

２指を出した右手の手首を返して甲側を示す。

〈改めて〉

両手のひらを向かい合わせて上下に２度ほど払うようにする。

いま【今】3

「今一つ足りない」

→〈まだ①〉+〈不足〉

例文の「今一つ」はまだもう少しの意味なので〈まだ①〉で表現。〈まだ①〉は時間的にも数量的にも使われる幅広い手話。

〈まだ①〉

左手のひらに右手指先を向けて上下に振る。

〈不足〉

左手のひらを右人差指でほじくるようにする。

いましめる【戒める】1

「子供を戒める」

→〈子供①〉+〈戒める〉

例文の「戒める」はしてはいけないことをしないように注意する、こらしめるの意味なので〈戒める〉で表現。ほおをたたくさまを表す。

〈子供①〉

両手のひらを前方に向け、軽く振る。

〈戒める〉

左親指を右手のひらで軽く左右からたたくようにする。

いましめる【戒める】2

「自己を戒める」
→〈自分一人〉+〈注意〉

例文の「戒める」はしないように用心する意味なので〈注意〉で表現。手話は自ら身を引きしめるさまを表す。

〈自分一人〉
右人差指を胸に当て、前にはねあげる。

〈注意〉
軽く開いた両手を上下に置き、体に引きつけて握る。

いもうと【妹】

「妹」
→〈妹①〉
または〈妹②〉

「妹」は薬指または小指を下にさげることで姉妹のうち年齢が下の妹を表す。上にあげれば〈姉①〉〈姉②〉を表す。

〈妹①〉
薬指を立てた右手を下にさげる。

〈妹②〉
小指を立てた右手を下にさげる。

いみ【意味】

「(言葉の)意味」
→(〈言葉〉+)
〈意味①〉
または〈意味②〉

「意味」は〈意味①〉または〈意味②〉で表現。いずれも左手の下を指し示して、そこに探し求める内容があることを表す。

〈意味①〉
左手のひらの下を右人差指で突くようにする。

〈意味②〉
左こぶしの下を右人差指で突くようにする。

いや【嫌】1

「(同じ)仕事が嫌になる」
→(〈同じ①〉+)
〈仕事〉+〈あきる〉

例文の「嫌になる」はあきることを意味するので〈あきる〉で表現。〈あきる〉は表情によって「あきる」程度を表す。

〈仕事〉
手のひらを上に向け、向かい合わせた両手指先を繰り返しつき合わせる。

〈あきる〉
右親指を胸に当て、すべらせるようにして指先を下に向ける。

イメージ

「イメージが浮かぶ」
→〈イメージ〉+〈現れる〉

例文の「イメージ」は頭に浮かぶ想像や姿・形の意味。〈イメージ〉は指文字〈イ〉を頭の横で回し、頭に浮かぶ想像や姿・形を表す。

〈イメージ〉
頭の横で右手小指で円を描く。

〈現れる〉
全指を折り曲げた右手を上にあげる。

いや【嫌】2

「嫌なにおい」
→〈嫌い①〉+〈香り①〉

例文の「嫌な」は受け入れたくない不快なの意味なので〈嫌い①〉で表現。〈嫌い①〉は動作の強弱や顔をそむけることで嫌いの程度を表す。

〈嫌い①〉
親指と人差指を閉じた右手をのどに当て、前に向かってぱっと開く。

〈香り①〉
右手2指を繰り返し鼻に近づける。

いや【嫌】3

「嫌というほど聞かされた」

→〈説明される〉+〈降参〉

例文の「嫌というほど」はうんざりするほどの意味なので〈降参〉で表現。〈降参〉はかぶとを脱ぐしぐさを表す。

〈説明される〉

左手のひらの上を指先を手前に向けた右手で小刻みにたたく。

〈降参〉

頭の横に親指と人差指を当て、前におろす。

いやしい【卑しい】3

「卑しい身なり」

→〈身なり〉+〈くだらない〉

例文の「卑しい」はみすぼらしい意味なので〈くだらない〉で表現。〈くだらない〉は「品がない」「つまらない」などの意味を持つ。

〈身なり〉

指を広げた両手を肩から下におろす。

〈くだらない〉

右人差指を伸ばし下からあげて左手のひらに打ちつける。

いやしい【卑しい】1

「食べ物に卑しい」

→〈卑しい①〉

例文の「卑しい」は食べ物について慎みがなく、がつがつしているさまを意味するので〈卑しい①〉で表現。がつがつ食べるさまを表す。

〈卑しい①〉

全指をすぼめた両手を交互に口に持っていく。

いやらしい 1

「いやらしい性格」

→(〈嫌い①〉または)〈嫌い②〉+〈性質〉

例文の「いやらしい」は気分の悪くなるような意味なので〈嫌い②〉で表現。〈嫌い②〉は〈嫌い①〉と同じ意味で地域的な差があるだけ。

〈嫌い②〉

右手の親指と人差指を胸に突き立てる。

〈性質〉

左手甲に右人差指を当て、すくうようにあげる。

いやしい【卑しい】2

「卑しい行為」

→〈卑しい②〉+〈活動〉

例文の「卑しい」は下品の意味なので〈卑しい②〉で表現。〈卑しい②〉は「下品」「堕落」「下らない」などを意味する国際的な共通手話。

〈卑しい②〉

右親指を下に向けさげる。

〈活動〉

ひじを少し張り、ひじを軸に両こぶしを交互に繰り返し前に出す。

いやらしい 2

「いやらしい(ことを言う)」

→〈助平〉
または〈いやらしい〉
(+〈言う①〉)

例文は性的に露骨な、みだらなの意味なので〈助平〉または〈いやらしい〉で表現。〈いやらしい〉はエッチの意味だけを持つ。

〈助平〉

小指を目の横でこするようにする。

〈いやらしい〉

右手２指を鼻の下から右下へ引く。

いよいよ 1

「いよいよ強くなる」

→〈ますます〉+〈強い①〉

例文の「いよいよ」は程度が増す意味なので〈ますます〉で表現。

〈ますます〉

親指と人差指を開いた両手を重ね、さらに右手を一段上にあげる。

〈強い①〉

こぶしを握った右腕を曲げて力こぶを作るようにする。

いらい【以来】1

「(あなたと会って)以来」

→(〈あなた①〉+〈会う①〉+)〈以来〉または〈以後〉

例文の「以来」はあるできごと以後の意味なので〈以来〉または〈以後〉で表現。いずれもそれから後の意味を表す。

〈以来〉

両手甲を合わせ、右手を左へ払う。

〈以後〉

両手甲を合わせ、右手を前に押し出す。

いよいよ 2

「いよいよ完成が近づく」

→〈成功〉+〈いよいよ〉

例文の「いよいよ」は期日が近づくという意味なので〈いよいよ〉で表現。目の前に近づいてくるさまを表す。

〈成功〉

右こぶしを鼻から左手のひらに打ちつける。

〈いよいよ〉

両手のひらを向かい合わせ、左手を徐々に近づける。

いらい【以来】2

「昨年以来」

→〈去年〉+〈から〉

例文の「以来」もあるできごと以後の意味。一つの例として〈から〉も使えることを示す。

〈去年〉

左こぶしの親指側に右人差指を当て、肩越しに後ろに動かす。

〈から〉

指先を前に向けた右手を左に払う。

いよく【意欲】

「意欲的に(勉強する)」

→〈熱心①〉または〈熱心②〉(+〈勉強②〉)

「意欲的」は積極的にしようとするさまを意味するので〈熱心①〉または〈熱心②〉で表現。いずれも情熱がわき出るさまを表す。

〈熱心①〉

閉じた親指と人差指を左脇に当て、前にはじくように開く。

〈熱心②〉

親指と4指を閉じた右手を左脇に当て、前に出しながらぱっと開く。

いらい【依頼】1

「通訳を依頼する」

→〈通訳〉+〈頼む①〉

例文の「依頼」は人に頼む意味なので〈頼む①〉で表現。〈頼む①〉は拝み頼むさまを表す。両手ですれば丁寧さが表れる。

〈通訳〉

親指を立てた右手を口元で左右に往復させる。

〈頼む①〉

頭を下げて右手で拝むようにする。

いらい【依頼】2

「通訳を依頼される」

→〈通訳〉+〈頼まれる〉

例文の「依頼される」は〈頼まれる〉で表現。人が自分に向かって頼むさまを表す。

〈通訳〉

親指を立てた右手を口元で左右に往復させる。

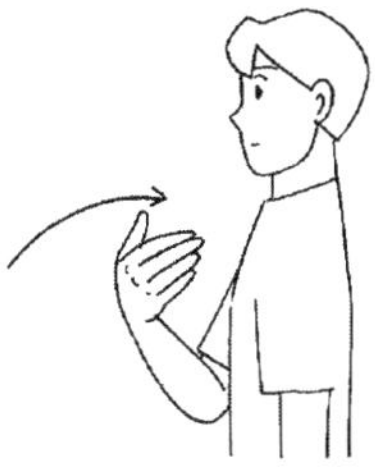

〈頼まれる〉

右手の指先を自分に向け、前から近づける。

いらだつ

「(車が)遅れて、いらだつ」

→(〈運転〉+)〈遅い②〉+〈いらだつ〉

「いらだつ」はいらいらする意味なので〈いらだつ〉で表現。〈いらだつ〉はいらいらした気持ちを表す。

〈遅い②〉

親指と人差指を立てた右手をゆっくり弧を描いて左から右へ動かす。

〈いらだつ〉

右手の親指と人差指をつまむように閉じて、ひねりながら顔の横を上にあげる。

いらい【依頼】3

「依頼心が強い」

→〈頼る〉+〈強い①〉

例文の「依頼心」は人に頼る傾向を意味するので〈頼る〉で表現。〈頼る〉は人にすがるさまを表す。

〈頼る〉

両手でひもにつかまり、すがるようにする。

〈強い①〉

こぶしを握った右腕を曲げて力こぶを作るようにする。

いらっしゃる 1

「先生がこちらにいらっしゃる」

→〈教える①〉+〈客〉

例文の「いらっしゃる」は「来る」の尊敬語なので〈客〉で表現。〈客〉はお客様が来られる意味で、この場合は先生のこと。

〈教える①〉

右人差指を口元付近から手首を軸にして振りおろす。

〈客〉

左手のひらに親指を立てた右手をのせ、右から手前に引き寄せる。

イラスト

「手話のイラストを描く」

→〈手話〉+〈イラスト〉

「イラスト」は〈イラスト〉で表現。〈イラスト〉は〈書く〉の手の形を変えて「イラスト」の頭音「イ」を指文字にして表す。「イラストを描く」も同手話。

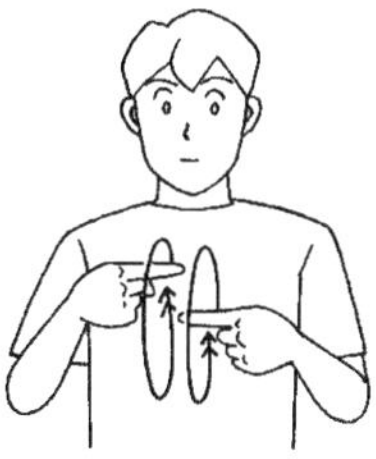

〈手話〉

両手の人差指を向かい合わせ、糸を巻くように回転させる。

〈イラスト〉

左手のひらに右小指でジグザグを描く。

いらっしゃる 2

「先生があちらにいらっしゃる」

→〈教える①〉+〈行(い)く④〉

例文の「いらっしゃる」は「行く」の尊敬語なので〈行く④〉で表現。〈行く④〉を丁寧にゆっくりすることで行くことの敬意を表す。

〈教える①〉

右人差指を口元付近から手首を軸にして振りおろす。

〈行(い)く④〉

親指を立てた右手を弧を描いて前に出す。

いらっしゃる 3

「(学校に)先生がいらっしゃる」

→(〈学校〉+)〈教える①〉+〈いる〉

例文の「いらっしゃる」は「いる」の尊敬語なので〈いる〉で表現。ただし丁寧にゆっくりと表現することで敬意を表す。

〈教える①〉

右人差指を口元から斜め下に振りおろす。

〈いる〉

両手を握り、両ひじを立てて下におろす。

いりぐち【入口】

「建物の入口」

→〈ビル①〉+〈入る①〉

例文の「入口」は〈入る①〉で表現。〈入る①〉は漢字「入」の形を利用した手話で、組織や建物などに入る意。

〈ビル①〉

両手のひらを向かい合わせて上にあげ、閉じる。

〈入る①〉

両手人差指で「入」の字形を作り、倒すように前に出す。

いりゅう【慰留】

「(辞任を)慰留する」

→(〈辞める〉+)〈言われる④〉+〈慰留〉

例文は〈辞める〉+〈言われる④〉+〈慰留〉で表現。「慰留」は〈慰留〉で表現。〈慰留〉は「まあまあ」となだめるさまを表す。

〈言われる④〉

左親指からすぼめた右手を手前に向けてぱっと開く。

〈慰留〉

立てた左親指の後ろから右手のひらを繰り返し近づける。ただし接触はしない。

いりょう【医療】1

「医療に当たる」

→〈脈〉+〈責任①〉

「医療」は〈脈〉で表現。〈脈〉は脈をとるさまで、「医」全般を意味する。

〈脈〉

右 3 指を左手首の内側に当てる。

〈責任①〉

右肩に軽く全指を折り曲げた右手をのせる。

いりょう【医療】2

「医療費」

→〈脈〉+〈金(かね)①〉

例文は〈脈〉+〈金①〉で表現。〈金①〉はお金を表す。

〈脈〉

右 3 指を左手首の内側に当てる。

〈金(かね)①〉

右手の親指と人差指で作った丸を示す。

いる【居る】1

「(あそこに)人がいる」

→(〈あれ①〉+)〈人〉+〈いる〉

例文の「いる」は人が存在する意味なので〈いる〉で表現。〈いる〉は人がそこにいる、住むを表す。

〈人〉

人差指で「人」の字を空書する。

〈いる〉

両手を握り、両ひじを立てて下におろす。

いる【居る】2

「独身でいる」

→〈孤独〉+〈ある③〉

例文の「いる」は現在の状態を表し、2 種類の表現がある。ひとつは〈ある③〉で表現。〈ある③〉は〈孤独〉の左手を残したまま右手〈ある①〉を示す。

〈孤独〉

左人差指のまわりで右手を回す。

〈ある③〉

〈独身〉の左人差指を残し、右手のひらをその横で軽く押さえる。

いる【居る】3

「独身でいる」

→〈孤独〉+〈相変わらず④〉

もうひとつは〈相変わらず④〉で表現。〈孤独〉の左手を残したまま、右手で現在の状態が続いているさまを表す。

〈孤独〉

左人差指のまわりで右手を回す。

〈相変わらず④〉

〈独身〉の左人差指を残し、右手の親指と 4 指を閉じたり開いたりしながら前に動かす。

いる【居る】4

「(本を)読んでいる」

→(〈本〉+)
〈今①〉+〈読む①〉

例文の「~でいる」は動作の進行中を意味する。これは〈今〉のうちに含まれる。

〈今①〉

両手のひらで軽く押さえつける。

〈読む①〉

左手のひらを見ながら視線に合わせるように右手 2 指を動かす。

いる【居る】5

「傷が残っている」

→〈傷①〉+〈相変わらず③〉

例文の「ている」は結果がそこにあることを意味し、2 種類の表現がある。ひとつは〈相変わらず③〉で表現。現在の状態が続いているさまを表す。

〈傷①〉

右人差指でほおを切るようにする。

〈相変わらず③〉

右手の親指と 4 指を閉じたり開いたりしながら前に出す。

いる【居る】6

「傷が残っている」

→〈傷②〉+〈残る〉

もうひつとつは〈残る〉で表現。〈残る〉はある状態、この場合は傷が残っていることを表す。

〈傷②〉

左手甲から指先に沿って右人差指先で引くように切る。

〈残る〉

左手のひらの上を右手のひらで削るように手前に引く。

いる【要る】1

「(家を建てるのに)お金がいる」

→(〈建てる〉+)
〈金(かね)①〉+〈必要①〉

例文の「いる」は必要の意味なので〈必要①〉で表現。〈必要①〉は両手で自分のもとに引き寄せることで必要の意味を表す。

〈金(かね)①〉

右手の親指と人差指で作った丸を示す。

〈必要①〉

指文字〈コ〉を示した両手を手前に引き寄せる。

いる【要る】2

「(息子に)お金がいる」

→(〈息子〉+)
〈金(かね)①〉+〈使う〉

例文の「いる」はお金がかかるという意味なので〈使う〉で表現。

〈金(かね)①〉

右手の親指と人差指で作った丸を示す。

〈使う〉

左手のひらの上で右手の親指と人差指で作った丸をすべるようにして繰り返し前に出す。

いれちがい【入れ違い】

「父と入れ違いになる」

→〈父〉+〈すれ違う①〉

「入れ違い」は行き違う意味。〈すれ違う①〉で表現。人に見立てた人差指をすれ違わせて表す。

〈父〉

右人差指でほおにふれ、親指を出す。

〈すれ違う①〉

人差指を立てた両手を前後にすれ違わせる。

いる【要る】3

「援助はいらない」

→〈助けられる①〉+〈いらない〉

例文の「いらない」は「いる」の打ち消し。〈いらない〉で表現。〈必要〉をはじきとばすさまで不要なことを表す。

〈助けられる①〉

親指を立てた左手甲に右手のひらを前方から繰り返し当てる。

〈いらない〉

手前に引き寄せた両手を前にはじくように開く。

いれる【入れる】1

「(数字を)頭に入れる」

→(〈数〉+)
〈思う〉+〈覚える〉

例文の「頭に入れる」は覚える意味なので〈覚える〉で表現。この場合、頭を示すのは〈覚える〉の強調のため。

〈思う〉

右人差指を側頭部に当てる。

〈覚える〉

指先を開いた右手を上から頭につけて握る。

イルカ

「イルカはかわいい」

→〈イルカ〉+〈愛①〉

「イルカ」は〈イルカ〉で表現。〈イルカ〉は複数のイルカが飛び跳ねながら泳いでいるさまを表す。「イルカが泳ぐ」も同手話。

〈イルカ〉

指先を左に向けた両手を前後に並べ、弧を描きながら左に動かす。

〈愛①〉

左手甲を右手でなでるように回す。

いれる【入れる】2

「票を入れる」

→〈券①〉+〈投票〉

例文の「票を入れる」は投票の意味なので〈投票〉で表現。投票箱の口に見立てた左手に右手を入れ、投票するさまを表す。

〈券①〉

両手の親指と人差指を向かい合わせて四角を示す。

〈投票〉

左手の親指と４指の間に右手の４指を入れる。

いれる【入れる】3

「母を病院に入れる」

→〈母〉+〈入院〉

例文の「病院に入れる」は入院の意味なので〈入院〉で表現。〈入院〉は横たわった人を運び込むさまを表す。

〈母〉

右人差指をほおにふれ、右小指を出す。

〈入院〉

左手のひらの上に右手２指をのせて前に出す。

いれる【入れる】4

「仲間に入れる」

→〈仲間〉+〈参加③〉

例文の「入れる」は参加させる意味なので〈参加③〉で表現。人に見立てた右人差指を左手の集団に加えることで参加してくることを表す。

〈仲間〉

両手を握り、水平に回す。

〈参加③〉

左手のひらに人差指を立てた右手を打ちつける。

いれる【入れる】5

「計算に入れる」

→〈計算〉+〈加える〉

例文の「入れる」は含めるの意味なので〈加える〉で表現。あること（左手）に別のあること（右手）を加えることを表す。

〈計算〉

左手の指先の方向に右手４指を滑らせるように右へ動かす。

〈加える〉

左手のひらに右人差指を添える。

いれる【入れる】6

「くちばしを入れる」

→〈干渉〉

例文の「くちばしを入れる」は慣用句で他人のことに干渉する意味なので〈干渉〉で表現。〈干渉〉は手出しすることを表す。

〈干渉〉

右手を左手甲にふれて前に出す。

いれる【入れる】7

「原稿に手を入れる」

→〈原稿〉+〈直す〉

例文の「手を入れる」は直す意味なので〈直す〉で表現。〈直す〉は「修理」「修正」「訂正」の意味を持つ。

〈原稿〉

指を少し開いた両手のひらを重ねて格子を描くように右手を繰り返し引く。

〈直す〉

人差指を立てた両手を繰り返し交差させる。

いれる【入れる】8

「要求を入れる」

→〈求められる〉+〈飲み込む①〉

例文の「入れる」は受け入れる、受諾の意味なので〈飲み込む①〉で表現。〈飲み込む①〉は「要求を飲む」「理解する」などの意味を表す。

〈求められる〉

左手のひらの上に指先を手前に向けた右手を打ちつける。

〈飲み込む①〉

すぼめた右手を口元から下におろす。

いれる【入れる】9

「電話を入れる」

→〈電話する①〉
または〈電話する②〉

例文は電話する意味なので〈電話する①〉または〈電話する②〉で表現。手話はいずれもこちらが相手に電話するさまを表す。

〈電話する①〉

親指と小指を立てた右手を耳に当て、前に出す。

〈電話する②〉

親指と小指を立てた左手を顔横に置き、右人差指を相手先に向かって出す。

いれる【入れる】10

「お茶を入れる」

→〈お茶を入れる〉

例文は〈お茶を入れる〉で表現。〈お茶を入れる〉は右手〈お茶〉と左手〈コップ〉が合成された手話。

〈お茶を入れる〉

湯飲みを持つようにした左手に親指と小指を立てた右手を注ぎ入れるように傾ける。

いろ【色】1

「色(とりどり)」

→〈色①〉
または〈色②〉
(+〈いろいろ〉)

例文の「色」は色彩の意味なので〈色①〉または〈色②〉で表現。〈色①〉はチューブに入った絵の具のねじ蓋を回すしぐさを表す。

〈色①〉

すぼめた両手を合わせてひねる。

〈色②〉

左手のひらを右手中指でこねるように回す。

いろ【色】2

「色を失う」

→〈青くなる①〉
または〈青くなる②〉

例文の「色を失う」は驚いて顔色が変わる意味なので〈青くなる①〉または〈青くなる②〉で表現。どちらも驚く表情で表す。

〈青くなる①〉

ほおに右手甲をつけ、静かにすべりおろす。

〈青くなる②〉

右人差指を軽く曲げて顔の下から上にすばやくあげる。

いろ【色】3

「色をつける」

→〈付け足す〉

例文の「色をつける」は本来の値段や分量に上乗せする意味なので〈付け足す〉で表現。〈付け足す〉には割り増しなどの意味がある。

〈付け足す〉

親指と人差指を開いた左手の上に、親指と人差指の間をややせばめた右手をのせる。

いろいろ【色々】

「いろいろな話」

→〈いろいろ〉+〈手話〉

「いろいろ」は種類や品質などが多種ある意味。〈いろいろ〉は〈違う〉を左から右へ繰り返して違ったものがたくさんあることを表す。

〈いろいろ〉

親指と人差指を立てた右手をひねりながら右へやる。

〈手話〉

両手の人差指を向かい合わせて、糸を巻くように回転させる。

いろう【慰労】

「慰労する」

→〈苦労〉+〈世話〉

「慰労」は苦労をかけた人たちをねぎらう意味。〈苦労〉+〈世話〉はご苦労さまとねぎらうさまを表す。

〈苦労〉

左腕を右こぶしで軽くたたく。

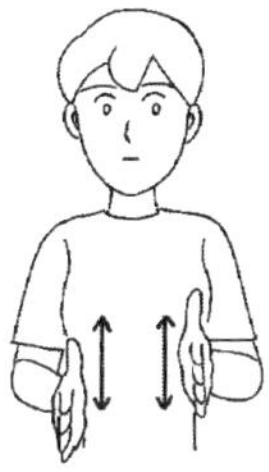

〈世話〉

指先を前に向け、手のひらを向かい合わせた両手を交互に上下させる。

イワシ【鰯】

「イワシの寿司」

→〈イワシ〉+〈寿司〉

「イワシ」は〈イワシ〉で表現。〈イワシ〉はイワシが群れをなして泳ぐさまを表す。

〈イワシ〉

指先を左に向けた両手を前後に並べ、指を揺らしながら斜め前方へ動かす。

〈寿司〉

左手のひらに右手２指を包み込み、寿司を握るようにする。

いわ【岩】

「岩(山)」

→〈岩〉
　または〈石②〉
　(+〈山〉)

「岩」は〈岩〉または〈石②〉で表現。岩の大きさによって表現が変わる。

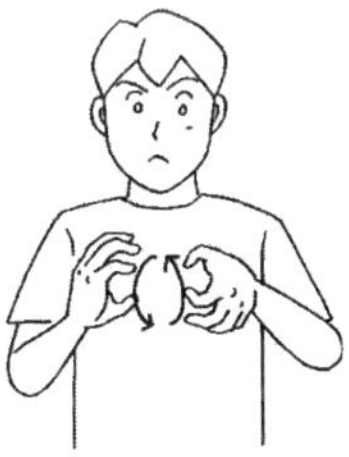

〈岩〉

全指を折り曲げた両手を向かい合わせてねじる。

〈石②〉

こぶしをあごに当てる。

いわば【言わば】

「いわば(猿まねだ)」

→〈例〉+〈言う①〉
　(+〈まね〉)

例文の「いわば」は例えて言えばという意味なので〈例〉+〈言う①〉で表現。

〈例〉

左手甲に右手の親指と人差指で作った丸をつける。

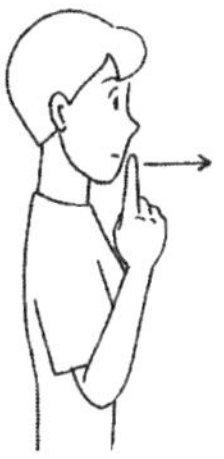

〈言う①〉

右人差指を口元から前に出す。

いわう【祝う】

「結婚を祝う」

→〈結婚〉+〈祝う〉

「祝う」はめでたいことを喜ぶ気持ちを表す意味。〈祝う〉は花がぱっと咲くさまから来ていると言う。「おめでとう」も同じ手話。

〈結婚〉

親指と小指を左右からつける。

〈祝う〉

すぼめた両手を上に向けてぱっと開く。

いん【員】1

「公務(員)」

→(〈公(おおやけ)〉+)
　〈仕事〉+〈人々①〉

「公務員」は２種類の表現がある。ひとつは〈公〉+〈仕事〉+〈人々①〉で表現。〈公〉は漢字の「公」を表す。

〈仕事〉

手のひらを上に向け、向かい合わせた両手指先を繰り返しつき合わせる。

〈人々①〉

親指と小指を立てた両手を揺らしながら左右に開く。

い

いん【員】2

「公務員」

→〈公務員〉

もうひとつは〈公務員〉で表現。〈公務員〉は左手が「公」の１画目、右手が委員を表す新しい手話。

〈公務員〉

左人差指を斜めに立て、丸を作った右手を左胸に当てる。

いんかん【印鑑】

「印鑑を押す」

→〈印鑑〉

「印鑑」ははんこのこと。〈印鑑〉ははんこを押すさまを表す。「印鑑」「はんこ」「はんこを押す」も同じ手話。

〈印鑑〉

すぼめた右手に息を吐きかけるようにして、それを左手のひらにつける。

いんき【陰気】

「陰気な人」

→〈暗い〉＋〈男〉

「陰気」は暗い感じの意味なので〈暗い〉で表現。〈暗い〉は夜や闇など物理的に暗いことの意味と陰気など心理的な意味がある。

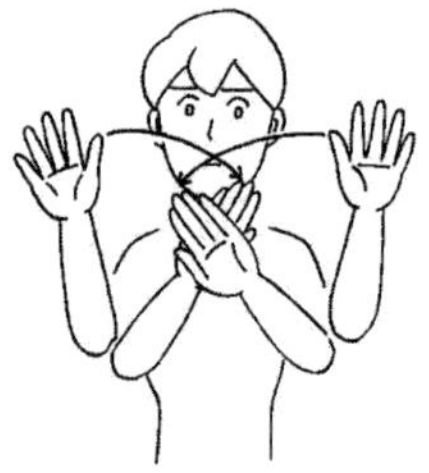

〈暗い〉

両手のひらを前に向けた両腕を目の前で交差させる。

〈男〉

親指を立てた右手を出す。

いんさつ【印刷】

「印刷する」

→〈印刷①〉
または〈印刷②〉

「印刷」は〈印刷①〉または〈印刷②〉で表現。〈印刷①〉は謄写版をあげさげするさま、〈印刷②〉は輪転機から印刷物がはき出されるさま。

〈印刷①〉

ぱたぱたと手のひらを2、3度合わせる。

〈印刷②〉

左手のひらの指先を前に向け、その上をこするように右手のひらを前に出す。

いんしゅ【飲酒】

「飲酒運転」

→〈飲む③〉＋〈運転〉

「飲酒」は〈飲む③〉で表現。酒を飲むさまを表す。

〈飲む③〉

右手の親指と人差指でおちょこを持ち、飲むようにする。

〈運転〉

ハンドルを両手で握り、回すようにする。

いんしょう【印象】1

「良い印象を受ける」

→〈良い〉＋〈思う〉

例文の「印象を受ける」は感じることなので〈思う〉で表現。〈思う〉には「思いつくこと」の意味もある。

〈良い〉

右こぶしを鼻から前に出す。

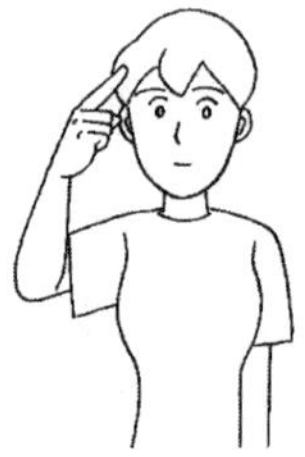

〈思う〉

右人差指を側頭部に当てる。

いんしょう【印象】2

「印象を与える」

→〈思う〉+〈取られる②〉

例文の「印象を与える」は相手に感じさせることなので〈思う〉+〈取られる②〉で表現。手話は相手にそうとられたことを表す。

〈思う〉

右人差指を側頭部に当てる。

〈取られる②〉

顔の前で半開きにした右手をすばやく閉じながら前に出す。

インスタント

「インスタントラーメン」

→〈インスタント〉+〈ラーメン〉

例文の「インスタント」はすぐにの意味なので〈インスタント〉で表現。腕時計の針がわずかに動いたさまを表す。

〈インスタント〉

左手首甲側に人差指を出した右手をのせ、ぴくりとふるわす。

〈ラーメン〉

左手のひらの上で右手の指文字〈ラ〉を口元まで上下する。

いんそつ【引率】

「生徒を引率する」

→〈学生①〉+〈案内〉

例文の「引率」は多くの人を連れて行く意味なので〈案内〉で表現。〈案内〉は手を引いて導くさまを表す。

〈学生①〉

軽く開いた両手を上下に置き、握りながらはかまのひもをしめるようにする。

〈案内〉

左手指を右手でつかみ、手を引くようにして右へ動かす。

インターチェンジ

「インターチェンジ」

→〈インターチェンジ〉

「インターチェンジ」は高速道路などの出入り口付近で道路が立体的に交差する地点。〈インターチェンジ〉はそのさまを表す。

〈インターチェンジ〉

両手２指をせりあげて交差させる。

インターナショナル

「インターナショナルスクール」

→〈インターナショナル〉+〈勉強②〉

例文の「インターナショナル」は〈インターナショナル〉で表現。〈インターナショナル〉は「インターナショナル」の頭音「イ」を回転して地球を表す。

〈インターナショナル〉

小指を出した左手の回りを小指を出した右手で１周して左手の上に置く。

〈勉強②〉

指先を上に向けた両手を並べて軽く前に出す。

インターネット

「インターネット販売」

→〈インターネット〉+〈売る②〉

「インターネット」は〈インターネット〉で表現。〈インターネット〉は右手が「インターネット」の頭音「イ」を表し、回転させてネットワークを表す。

〈インターネット〉

左こぶしの上に指文字〈イ〉の右手を置き、前に一回転させる。

〈売る②〉

右手親指と人差指で作った丸を手前に引くと同時に左手のひらを前に差し出すことを繰り返す。

いんたい【引退】

「(会長を)引退する」
→(〈会〉+〈長②〉+)
〈引退〉
または〈辞(や)める〉

「引退」は職などをやめる意味。〈引退〉の左手は地位、右手を人に見立てそれを降ろす。〈辞める〉は地位や役職から抜けるという表現。

〈引退〉
左手甲にのせた親指を立てた右手を下におろす。

〈辞(や)める〉
左手のひらの上にすぼめた右手をのせて手前に引く。

インテグレーション

「インテグレーションする」
→〈インテグレーション〉
または〈変わる③〉

例文はろう学校の生徒などが普通学校に転校する意味。〈インテグレーション〉または〈変わる③〉などで表現される。

〈インテグレーション〉
指先を前に向け手のひらを下に向けた両手を左右から前に出しながら近づけ、重ねる。

〈変わる③〉
右手 2 指を手首を返すようにして右へやる。

インタビュー1

「彼にインタビューする」
→〈彼〉+〈インタビュー〉

「インタビュー」は報道記者などが当事者に質問する意味。〈インタビュー〉はマイクを向けて尋ねるさまを表す。

〈彼〉
左親指を右人差指でさす。

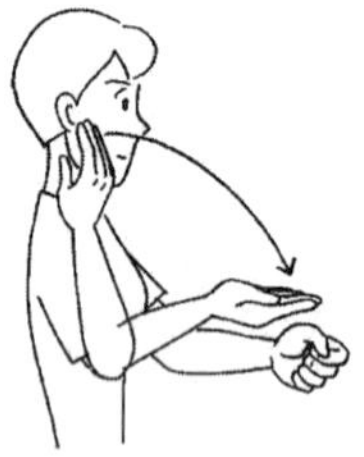

〈インタビュー〉
左こぶしを前に差し出し右手のひらを耳元から前に差し出す。

インテリア

「インテリアコーディネーター」
→〈インテリア〉+〈コーディネーター〉

例文の「インテリア」は〈インテリア〉で表現。「インテリア」の頭音「イ」を指文字にして表す。

〈インテリア〉
小指を立てた両手を左右に置き弧を描きながら離していく。

〈コーディネーター〉
右こぶしを上、左こぶしを下にして、右手を弧を描いて左手につける。

インタビュー2

「インタビューされる」
→〈マイク〉+〈聞かれる〉

例文の「インタビューされる」は受身形なので〈マイク〉+〈聞かれる〉で表現。マイクなどで尋ねられるさまを表す。

〈マイク〉
左手でマイクを握るようにする。

〈聞かれる〉
右手指先を手前に向けて引き寄せる。

インパクト

「インパクトを与える(事件)」
→〈インパクト〉+〈与える①〉
(+〈事件〉)

例文の「インパクト」は衝撃のことなので〈インパクト〉で表現。〈インパクト〉は指文字〈イ〉を使った新しい手話。

〈インパクト〉
手のひらを前方に向けて立てた左手のひらに小指を立てた右手の親指側を打ちつける。

〈与える①〉
両手のひらを上に向け並べて前に差し出す。

インフルエンザ

「インフルエンザにかかる」

→〈インフルエンザ〉+〈感染①〉（または〈感染②〉）

「インフルエンザ」は〈インフルエンザ〉で表現。〈インフルエンザ〉は〈風邪〉の手の形を「インフルエンザ」の頭音「イ」の指文字に変えて表す。

〈インフルエンザ〉

小指を立てた右こぶしを口元に当てて軽く前に出す。

〈感染①〉

前方に向けて５指をつまんだ両手の指先を胸につける。

インフレ（ーション）

「インフレ（ーション）になる」

→〈値上げ③〉または〈値上げ④〉

「インフレ」は通貨の価値がさがり、物価がどんどんあがることを意味するので〈値上げ③〉または〈値上げ④〉で表現。

〈値上げ③〉

両手の親指と人差指で丸を作り、揺らしながら右上にあげる。

〈値上げ④〉

親指と人差指で作った両手の丸を平行に斜め上にあげる。

いんよう【引用】1

「本から引用する」

→〈本〉+〈引用①〉

例文は本に表現された言葉などを使う意味なので〈引用①〉で表現。本に見立てた左手から右手で言葉や句などをつまみ取るさまを表す。

〈本〉

両手のひらを合わせて本を開くように左右に開く。

〈引用①〉

左手のひらの上から右手の親指と人差指をつまみながら手前に引く。

いんよう【引用】2

「言葉を引用する」

→〈言葉〉+〈引用②〉

例文の「引用する」は自分の文章などに他の本などから言葉や文章などを借用する意味なので〈引用②〉で表現。

〈言葉〉

両手人差指で「 」を示す。

〈引用②〉

左手のひらの上に右手の親指と人差指で前からつまんで持ってくる。

〈ウ〉

人差指と中指を立てて示す。

ウイスキー

「ウイスキーを飲む」

→〈ウイスキー〉+〈飲む①〉

「ウイスキー」は洋酒の一種で〈ウイスキー〉で表現。ウイスキー（WHISKY）の頭文字Wを口元に示しウイスキーを表す。

〈ウイスキー〉

右手３指で〈W〉を示し、口元に当てる。

〈飲む①〉

コップを持って水を飲むようにする。

ウインナソーセージ

「おかずにウインナソーセージ」

→〈副〉+〈ウインナソーセージ〉

「ウインナソーセージ」は〈ウインナソーセージ〉で表現。〈ウインナソーセージ〉はウインナソーセージの腸詰めにされたさまを表す。

〈副〉

左親指に右親指を少しさげてつける。

〈ウインナソーセージ〉

軽く握った左手の横に軽く握った右手を置き、しっかり握る動作を右に移動しながら繰り返す。

うえ【上】1

「上の方にある」

→〈上①〉+〈ある①〉

例文の「上」は位置が高い所、上方の意味なので〈上①〉で表現。〈上①〉は位置が高いことと地位が高いことを意味する。

〈上①〉

上を指さす。

〈ある①〉

右手のひらを体の前に軽く置く。

うえ【上】2

「机の上に置く」

→〈机〉+〈置く②〉

例文の「上」は物の表面を意味する。手話では最初に机を表し、〈置く②〉で机の上であることが表される。

〈机〉

両手で「 ┐を描くようにする。

〈置く②〉

両手のひらでものをはさみ持ち上げて動かすようにする。

うえ【上】3

「［彼の方が］力が上」

→〈力〉+〈先輩①〉

例文の「上」はすぐれていることを意味するので〈先輩①〉で表現。〈先輩①〉は相対的に優れている、目上であることを表す。

〈力〉

こぶしを握った左腕を曲げ、上腕に右人差指で力こぶを描く。

〈先輩①〉

右手のひらを上に向けてひじから軽くあげる。

うえ【上】4

「年が上」

→〈年齢〉+〈先輩②〉

例文の「上」は年齢が上である意味なので〈先輩②〉で表現。〈先輩②〉は意味として〈先輩①〉に同じ。

〈年齢〉

あごの下で右手の指を順に折る。

〈先輩②〉

右手の指文字〈コ〉を肩から上に小さく弧を描きながらあげる。

うえ【上】5

「相談の上で（連絡する）」

→〈相談〉+〈以後〉
（+〈連絡〉）

例文の「上」は～したあとの意味なので〈以後〉で表現。〈以後〉は「その後」の意味を表す。

〈相談〉

親指を立てた両手を軽くぶつけ合う。

〈以後〉

両手甲を合わせ、右手を前に押し出す。

うえ【上】6

「仕事の上の（つき合い）」

→〈仕事〉+〈関係①〉
（+〈会う④〉）

例文の「上」は関係があることを意味するので〈関係①〉で表現。〈関係①〉には「関わる」の意味がある。

〈仕事〉
手のひらを上に向け、向かい合わせた両手指先を繰り返しつき合わせる。

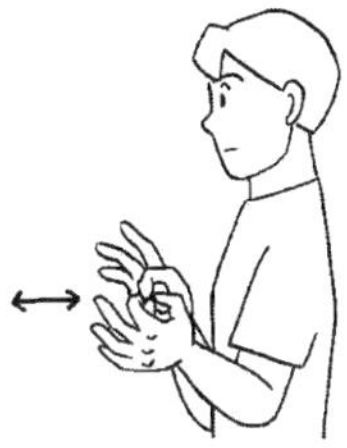

〈関係①〉
両手の親指と人差指を組み、前後に往復させる。

ウエーター

「ウエーター」

→〈ナプキン〉+〈男〉

「ウエーター」は〈ナプキン〉+〈男〉で表現。〈ナプキン〉はウエーターが手にナプキンをかけているさまを表す。

〈ナプキン〉
指先を右に向けた左手の内側から右手を乗り越えるようにして下におろす。

〈男〉
親指を立てた右手を出す。

ウエートレス

「ウエートレス」

→〈ナプキン〉+〈女〉

「ウエートレス」は〈ナプキン〉+〈女〉で表現。〈ナプキン〉はウエートレスが手にナプキンをかけているさまを表す。

〈ナプキン〉
指先を右に向けた左手の内側から右手を乗り越えるようにして下におろす。

〈女〉
右小指を立てる。

うえる【植える】

「稲を植える」

→〈稲〉+〈植える〉

例文の「植える」は〈植える〉で表現。草木の苗を植えるさまを表す。

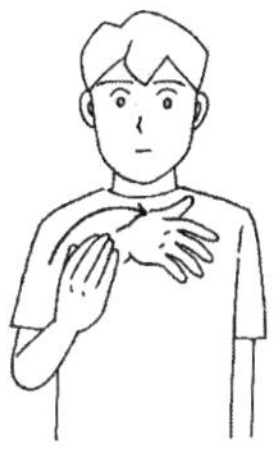

〈稲〉
指を閉じた右手を稲穂のように斜め前に開きながら出す。

〈植える〉
すぼめた両手を合わせ、稲を植えるように右手を前に出す。

うお【魚】

「魚釣り」

→〈魚（さかな）①〉+〈釣り〉

例文の「魚」は〈魚①〉で表現。手のひらを魚に見立てて泳ぐさまを表す。

〈魚（さかな）①〉
右手をひらひらさせながら左に向けて動かす。

〈釣り〉
両手の人差指を前後につなぐようにしてそのまま手前に起こす。

うかがう【窺・覗う】1

「母親の顔色をうかがう」

→〈母〉+〈うかがう〉

例文の「顔色をうかがう」は慣用句で相手の表情から機嫌などを推量する意なので〈うかがう〉で表現。ためらうさまを表す。

〈母〉
右人差指でほおにふれ、次に右小指を出す。

〈うかがう〉
手のひらを上向きにした両手を前後にずらして並べ、前後に動かす。視線は斜め上。

うかがう【窺・覗う】2

「辺りをうかがう」

→〈見回す〉または〈調べる①〉

例文の「うかがう」は密かに様子をさぐることなので〈見回す〉または〈調べる①〉で表現。〈調べる①〉のとき体も動かす。

〈見回す〉

目の前に置いた右２指を左から右に動かしながら顔も一緒に動かす。

〈調べる①〉

右手の人差指と中指を軽く折り曲げて、目の前を左右に往復させる。

うかがう【伺う】2

「（先生の）お噂は伺っています」

→（〈先生〉＋）〈知る②〉または〈知る③〉

例文の「伺う」は「聞く」の謙譲語で〈知る②〉または〈知る③〉で表現。手話単語で謙譲語は表さず、表情やゆっくりした動作などで表す。

〈知る②〉

右こぶしで軽く胸をたたく。

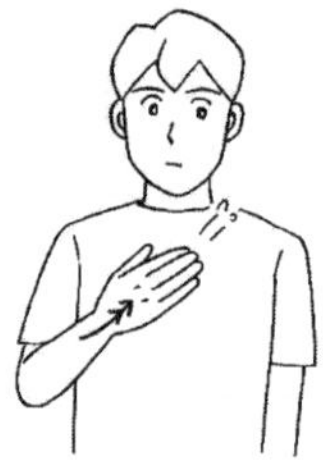

〈知る③〉

右手のひらで胸を軽くたたく。

うかがう【窺・覗う】3

「機会をうかがう」

→〈時①〉＋〈待つ〉

例文の「うかがう」は機会を待つことなので〈待つ〉で表現。この〈待つ〉は目を見開いて１点を少し下から上目遣いでみる表情で表す。

〈時①〉

左手のひらに右親指を当て、右人差指を時計の針のように回す。

〈待つ〉

右手指の背側をあごに当てる。

うかがう【伺う】3

「お宅に伺います」

→〈家〉＋〈行(い)く②〉

例文の「伺う」は「訪問する」の謙譲語で〈行く②〉で表現。手話単語で謙譲語は表さず、表情やゆっくりした動作などで表す。

〈家〉

両手で屋根形を作る。

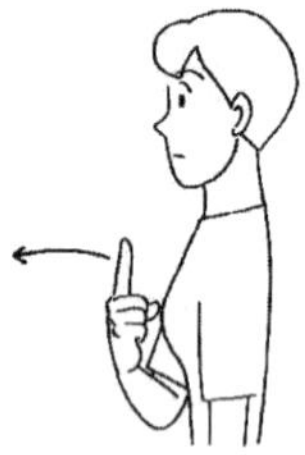

〈行(い)く②〉

人差指を立て、前に出す。

うかがう【伺う】1

「（先生に）伺う」

→（〈先生〉＋）〈尋ねる②〉または〈尋ねる③〉

例文の「伺う」は「尋ねる」の謙譲語で〈尋ねる②〉または〈尋ねる③〉で表現。〈尋ねる②〉は質問するさまで、〈尋ねる③〉は〈先生〉に向けて表す。

〈尋ねる②〉

右手のひらを右耳の横から前に出す。

〈尋ねる③〉

右手を右耳から、左手を胸の前から同時に前方に出す。

うかぶ【浮かぶ】1

「（池に）船が浮かぶ」

→（〈池〉＋）〈船〉＋〈ある①〉

例文の「船が浮かぶ」は〈船〉＋〈ある①〉と表現。〈船〉の動作によって進むさま、浮かぶさまを表す。

〈船〉

両手で船形を作り、前に出す。

〈ある①〉

右手のひらを前に軽く置く。

うかぶ【浮かぶ】2

「空に雲が浮かぶ」

→〈空〉+〈雲③〉

例文の「雲が浮かぶ」は〈雲③〉で表現。〈雲③〉は文脈や動作によって「雲」とも「雲が浮かぶ」ともなる。

〈空〉

右手で頭上に弧を描く。

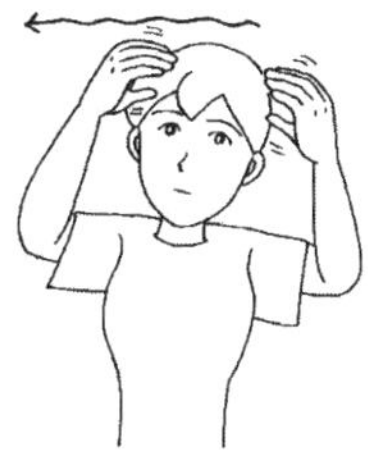

〈雲③〉

両手の親指と 4 指をふわふわさせながら左から右へ動かす。

うかぶ【浮かぶ】3

「(情景が)心に浮かぶ」

→(〈状態〉+)
〈思う〉+〈夢①〉

例文の「心に浮かぶ」は〈思う〉+〈夢①〉と表現。〈夢①〉は「夢」「想像」「思い浮かべる」などの意味を持つ。

〈思う〉

右人差指を側頭部に当てる。

〈夢①〉

指先を曲げた右手のひらを上に向けて頭から小さく上下させながら上にあげる。

うく【浮く】

「経費が浮く」

→〈使う〉+〈残る〉

例文の「浮く」は余りが出る、残るの意味なので〈残る〉で表現。〈残る〉は残る、余るの意味がある。

〈使う〉

左手のひらの上で右手の親指と人差指で作った丸をすべるようにして繰り返し前に出す。

〈残る〉

左手のひらの上で右手を手前に削るように引く。

うけおう【請け負う】

「仕事を請け負う」

→〈仕事〉+〈責任①〉

「請け負う」は仕事を引き受ける意味なので〈責任①〉で表現。〈責任①〉には、引き受ける、担当するなどの意味がある。

〈仕事〉

手のひらを上に向け、向かい合わせた両手指先を繰り返しつき合わせる。

〈責任①〉

右肩に軽く全指を折り曲げた右手をのせる。

うけつぐ【受け継ぐ】1

「伝統を受け継ぐ」

→〈伝統①〉+〈継承〉

例文の「受け継ぐ」は〈継承〉で表現。〈継承〉は以前からあるものを次に移すさまを表す。「継承」も同手話。

〈伝統①〉

親指を立てた両手を前に回転させながら交互に下におろす。

〈継承〉

左甲に全指を曲げた右手の甲をつけ、右手だけを斜め下に出す。

うけつぐ【受け継ぐ】2

「(親の)財産を受け継ぐ」

→(〈親〉+)
〈財産〉+〈金をもらう①〉

例文の「受け継ぐ」は財産をもらうことなので〈金をもらう①〉で表現。〈金をもらう①〉はお金をもらうさまを表す。

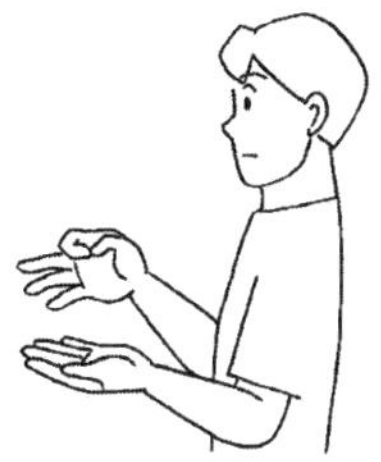

〈財産〉

左手のひらの上に右手で親指と人差指で作った丸を置く。

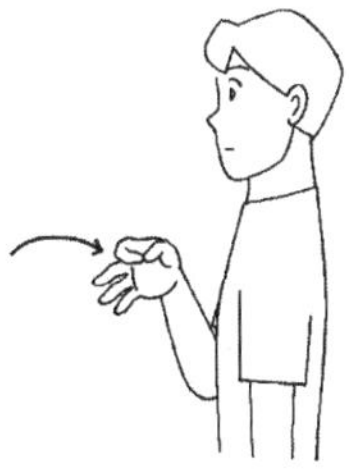

〈金をもらう①〉

親指と人差指で作った丸を手前に引き寄せる。

うけつけ【受付】

「会社の受付」
→〈会社〉+〈受付〉

「受付」は応対する窓口のこと。〈受付〉はテーブルに「受付」と書いた紙がかかっているさまを表す。

〈会社〉
両手の 2 指を交互に前後させる。

〈受付〉
左手甲から右手を前に垂らす。

うける【受ける】1

「ボールを受ける」
→〈ボール①〉+〈受ける〉

例文の「受ける」は向かって来るものを受けとめる意味なので〈受ける〉で表現。

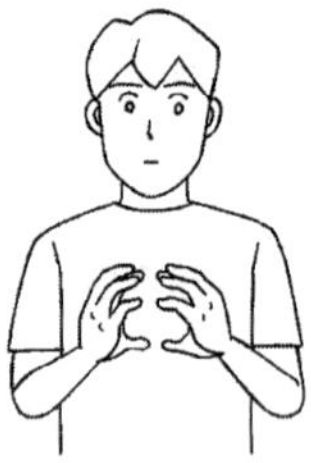

〈ボール①〉
両手でボールの形を作る。

〈受ける〉
両手でボールを受けとめるようにする。

うける【受ける】2

「料理の注文を受ける」
→〈料理〉+〈申し込まれる〉

例文の「受ける」は申し込まれる意味なので〈申し込まれる〉で表現。〈申し込まれる〉は相手から差し出される申込書をイメージしている。

〈料理〉
左手で押さえ、右手で刻むようにする。

〈申し込まれる〉
左手のひらの上に右人差指の先をつけて手前に引く。

うける【受ける】3

「相談を受ける」
→〈相談〉+〈受ける〉

例文の「受ける」は相手からの相談を受けとめる意味なので〈受ける〉で表現する。

〈相談〉
親指を立てた両手を軽くぶつけ合う。

〈受ける〉
両手のひらを前に向け、両手でボールを受けとめるようにする。

うける【受ける】4

「世話を受ける」
→〈世話〉+〈もらう①〉

例文は世話をしてもらう意味なので〈もらう①〉で表現。〈もらう①〉は物質的なものにも精神的なものにも使える。

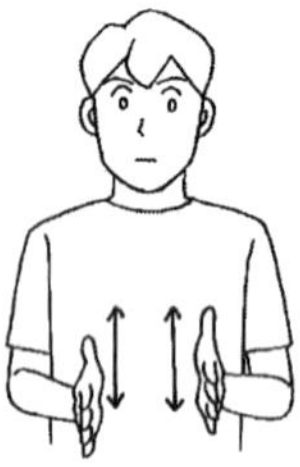

〈世話〉
指先を前に向け、手のひらを向かい合わせた両手を交互に上下させる。

〈もらう①〉
手のひらを上に向けた両手を手前に引く。

うける【受ける】5

「参加の誘いを受ける」
→〈参加①〉+〈招かれる〉

例文は誘われる、招かれる意味なので〈招かれる〉で表現。左手親指を人に見立て、右手で相手から招かれるさまを表す。

〈参加①〉
指先を上に向け、手のひらを手前に向けた左手に、人差指を立てた右手を打ちつける。

〈招かれる〉
親指を立てた左手を右手で招くようにして前に出す。

うける【受ける】6

「父親の指図を受ける」
→〈父〉+〈言いつかる〉

例文は指示や命令を受ける意味なので〈言いつかる〉で表現。

〈父〉
右人差指でほおにふれ、親指を出す。

〈言いつかる〉
右人差指を自分の顔に向けてさす。

うける【受ける】7

「親の影響を受ける」
→〈両親〉+〈影響される②〉

例文の「影響を受ける」は影響される意味なので〈影響される②〉で表現。〈影響される②〉は影響が身にふりかかるさまを表す。

〈両親〉
人差指をほおにふれ、親指と小指を出す。

〈影響される②〉
両手指先を顔に向け、押し寄せるように近づける。

うける【受ける】8

「いろいろ批判を受ける」
→〈いろいろ〉+〈批判される〉

例文の「批判を受ける」は批判される意味なので〈批判される〉で表現。右手人差指を手前に向けて、自分が相手から批判されるさまを表す。

〈いろいろ〉
親指と人差指を立てた右手をひねりながら右へやる。

〈批判される〉
左手のひらの上に右人差指の先を手前に向けて繰り返したたく。

うける【受ける】9

「来訪を受ける」
→〈客〉

例文の「来訪を受ける」は客が訪ねて来る意味なので〈客〉で表現。〈客〉は「客」、「客が来る」を意味している。

〈客〉
左手のひらに親指を立てた右手をのせ、右から手前に引き寄せる。

うける【受ける】10

「試験を受ける」
→〈試験〉+〈受ける〉

例文の「(試験を)受ける」は〈受ける〉で表現。手話は「受験」の意味がある。

〈試験〉
親指を立てた両手を交互に上下させる。

〈受ける〉
両手でボールを受けとめるようにする。

うける【受ける】11

「顔に傷を受ける」
→〈傷①〉

例文の「顔に傷を受ける」は〈傷①〉で表現するが、受ける傷の部位や傷の内容、程度によって表現は変わる。

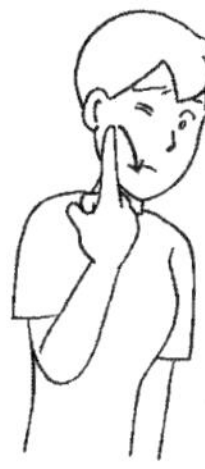

〈傷①〉
右人差指で右ほおを切るようにする。

うける【受ける】12

「(彼の話は)
みんなに受ける」
→(〈彼〉+〈手話〉+)
〈みんな〉+〈人気②〉

例文の「受ける」は人気(好評)を得る意味なので〈人気②〉で表現。左親指を人に見立て、右手で人々の視線を表し、注目が集まるさまを表す。

〈みんな〉
右手のひらを下に向けて水平に回す。

〈人気②〉
左親指に向かって右手の指先を近づける。

うける【受ける】13

「真(ま)に受ける」
→〈本当〉+〈思う〉

例文の「真(ま)に受ける」は本気にする、真面目に話を受けとめる意味なので〈本当〉+〈思う〉で表現する。

〈本当〉
右手をあごに当てる。

〈思う〉
右人差指を側頭部に当てる。

うごかす【動かす】1

「(大きな)石を動かす」
→(〈大きい②〉+)
〈岩〉+〈押す①〉

例文の「動かす」は押して場所を変える意味なので〈押す①〉で表現。手話は動かすものや動かし方によって変わる。

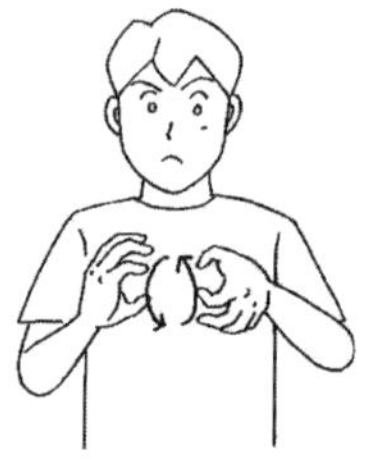

〈岩〉
全指を折り曲げた両手を向かい合わせてねじる。

〈押す①〉
両手のひらを前に向けて押すように前に出す。

うごかす【動かす】2

「(民衆の力が)
社会を動かす」
→(〈人々①〉+〈力〉+)
〈社会〉+〈変わる①〉

例文の「動かす」は変える、変化させる意味なので〈変わる①〉で表現。〈変わる①〉は「変わる」「変える」の意味を持つ。

〈社会〉
親指と小指を立てた両手を手前に水平に円を描く。

〈変わる①〉
手のひらを手前に向けた両手を交差させる。

うごく【動く】1

「電車が動く」
→〈電車〉+〈出発①〉

例文の「動く」は電車が動き出す意味なので〈出発①〉で表現。電車が駅を動き出すさまを表す。

〈電車〉
折り曲げた右手2指を左手2指に沿って前に動かす。

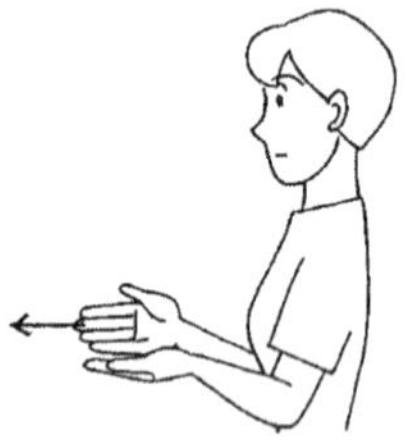

〈出発①〉
左手の指先を前に向け、その上に右手を立て、まっすぐ前に出す。

うごく【動く】2

「心が動く」
→〈心〉+〈迷う〉

例文の「心が動く」は心が迷い、揺れる意味なので〈迷う〉で表現。気持ちがぐらぐら揺れているさまを表す。

〈心〉
右人差指でみぞおち辺りをさす。

〈迷う〉
両手のひらを上に向けて4指の指先を向かい合わせて左右に揺らす。

うごく【動く】3

「警察が動く」

→〈警察①〉+〈調べる①〉

例文の「動く」は捜査をする意味なので〈調べる①〉で表現。〈調べる①〉は左右に目を配って注意するさまを表す。

〈警察①〉

軽く折り曲げた親指と人差指を額に当てる。

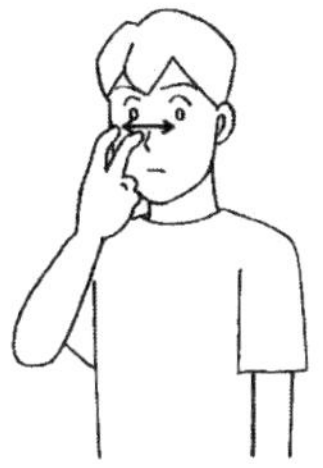

〈調べる①〉

右手の人差指と中指を軽く折り曲げて、目の前を左右に往復させる。

うごく【動く】4

「動かぬ証拠」

→〈はっきり〉+〈証拠〉

例文の「動かぬ」はまちがいのない、はっきりしたの意味なので〈はっきり〉で表現。〈はっきり〉には「はっきりした」「明白な」の意味がある。

〈はっきり〉

左右の手のひらを並べて見るようにして前後にすばやく離す。

〈証拠〉

左手のひらの上に指先を折り曲げた右手を判を押すようにのせる。

ウサギ【兎】

「ウサギを飼う」

→〈ウサギ〉+〈育てる③〉

動物の「ウサギ」は〈ウサギ〉で表現。ウサギの長い耳を表したもの。〈犬〉との違いに注意。

〈ウサギ〉

両手のひらを後ろに向け耳の上に当てる。

〈育てる③〉

少し曲げた左手をふせて、右手指先を繰り返し左手の下に近づける。

ウシ【牛】

「牛」

→〈牛〉

動物の「牛」は〈牛〉で表現。〈牛〉はその角を表したもの。

〈牛〉

両手親指と人差指で角の形を作り、親指を側頭部につける。

うしなう【失う】1

「信用を失う」

→〈頼る〉+〈消える①〉

例文の「失う」は持っていたものをなくしてしまう意味なので〈消える①〉で表現。目の前にあったものがぱっと消えるさまを表す。

〈頼る〉

両手でひもにつかまり、すがるようにする。

〈消える①〉

手のひらを前に向けた両手を交差させながら握る。

うしなう【失う】2

「色を失う」

→〈青くなる①〉
または〈青くなる②〉

例文の「色を失う」は驚いて血の気を失う、青くなる意味なので〈青くなる①〉または〈青くなる②〉で表現。どちらも驚き心配するさまを表す。

〈青くなる①〉

ほおに右手甲をつけ、静かにすべりおろす。

〈青くなる②〉

右人差指を軽く曲げて顔の下から上にすばやくあげる。

うしなう【失う】3

「気を失う」

→〈思う〉+〈倒れる①〉

例文の「気を失う」は意識を失うの意味で、〈倒れる①〉で表現。気を失って倒れるところからこのような表現をする。

〈思う〉
右人差指を側頭部に当てる。

〈倒れる①〉
左手のひらの上に右手２指を立ててひっくり返るように２指を寝かせる。

うしなう【失う】4

「妻を失う」

→〈妻①〉+〈死ぬ③〉

例文の「妻を失う」は妻が死ぬ意味なので〈死ぬ③〉で表現。手話は右手の〈妻①〉を出した位置で〈死ぬ②〉を表現する。

〈妻①〉
左親指と右小指を寄り添わせて、右小指を前に出す。

〈死ぬ③〉
〈妻①〉の左手を残したまま、指先を上に向けた右手を倒す。

うしろ【後ろ】1

「後ろを向く」

→〈振り返る〉

例文は後ろを振り返る意味なので〈振り返る〉で表現。〈振り返る〉は後ろを向くと同時に視線が後ろにいくことを表す。

〈振り返る〉
左肩越しに右手２指の指先を後ろに向ける。

うしろ【後ろ】2

「家の後ろ」

→〈家〉+〈裏③〉

例文の「(家の)後ろ」は家の裏の意味なので〈裏③〉で表現。〈裏③〉は〈家〉を示したその手前側を指し示して表す。

〈家〉
両手で屋根形を作る。

〈裏③〉
左手の屋根形を残してその後ろを右人差指でさす。

うしろ【後ろ】3

「後ろに座る」

→〈後ろ〉+〈座る①〉

例文の「後ろ」は後方の意味なので〈後ろ〉で表現。〈後ろ〉はその人の背後を示している。

〈後ろ〉
右肩越しに右人差指で後ろを指し示す。

〈座る①〉
椅子に見立てた左手２指に折り曲げた右手２指を座るようにのせる。

うしろ【後ろ】4

「本の後ろ(に書いてある)」

→〈本〉+〈まで〉
(+〈書く①〉+〈ある①〉)

例文の「後ろ」は最後の意味なので〈まで〉で表現。〈まで〉はこの場合、「終わり」「最後」を意味している。

〈本〉
両手のひらを合わせて本を開くように左右に開く。

〈まで〉
左手のひらに右手指先を軽くつける。

うず【渦】1

「海が渦を巻く」

→〈海〉+〈渦〉

例文の「渦」は水の渦なので〈渦〉で表現。〈渦〉は渦を巻いているさまを表す。「渦を巻く」も同手話。

〈海〉

右小指を口元に当て、手のひらを波のように動かす。

〈渦〉

「C」の字形の右手を回転しながらおろしてゆく。

うず【渦】2

「指紋の渦を比べる」

→〈指紋〉

例文の「渦」は指紋の渦なので〈指紋〉で表現。〈指紋〉は指紋の渦を表す。

〈指紋〉

立てた左人差指に向けて右人差指を小さく回転させる。

うず【渦】3

「感動の渦」

→〈感動〉+〈あがる⑩〉

例文は感動が巻き起こるさまなので〈感動〉+〈あがる⑩〉で表現。〈感動〉はこみあげる感情のさま、〈あがる⑩〉は喜びなどがわくさまを表す。

〈感動〉

指先をすぼめた右手をほおに当てて、ゆっくり上にあげる。

〈あがる⑩〉

手のひらを手前に向けた両手を下から同時にあげる。

うすい【薄い】1

「薄い氷」

→〈薄い①〉+〈氷〉

例文の「薄い」は厚みがない意味なので〈薄い①〉と表現。薄さの程度で薄さを示す手の幅が変わる。

〈薄い①〉

親指と4指でものをはさむようにして、その間をせばめる。

〈氷〉

左手のひらの上を右手で削るようにする。

うすい【薄い】2

「毛が薄い」

→〈髪①〉+〈少し〉

例文の「薄い」は少ない意味なので〈少し〉で表現。〈少し〉は「わずか」「ちょっと」の意味がある。

〈髪①〉

右手の親指と人差指で髪の毛をつかむようにする。

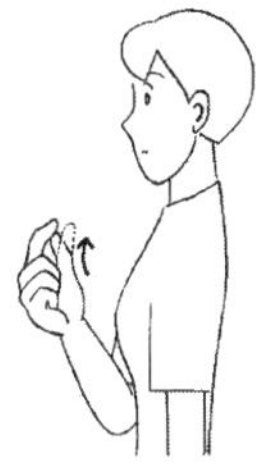

〈少し〉

右手の親指と人差指を合わせ、親指をはじく。

うすい【薄い】3

「縁が薄い」

→〈関係①〉+〈少し〉

例文の「薄い」は関係が乏しい意味なので〈少し〉で表現。〈少し〉は乏しい意味もある。

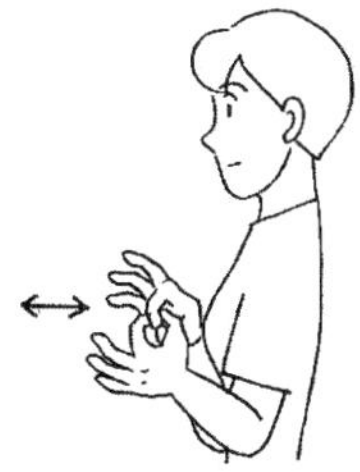

〈関係①〉

両手の親指と人差指を組み、前後に往復させる。

〈少し〉

右手の親指と人差指を合わせ、親指をはじく。

う

うすい【薄い】4

「味が薄い」

→〈味〉+〈ゆるむ〉

例文「薄い」は味が濃くない意味なので〈ゆるむ〉で表現。〈ゆるむ〉は「気がゆるむ」などにも使うが、「(味が)薄い」ことも意味する。

〈味①〉

右人差指で舌の先にふれるようにする。

〈ゆるむ〉

重ねた両手のひらを左右に開きながら指先も開くようにする。

うすい【薄い】5

「薄い緑」

→〈薄い②〉+〈緑〉

例文の「薄い」は色が強く出ない意味なので〈薄い②〉で表現。〈薄い②〉は「よく見えない」「ぼんやり見える」意味。

〈薄い②〉

手のひらを前方に向け、目の前で軽く振る。

〈緑〉

指先を右へ向けた左手の手前を甲側を前にした右手を右へ動かす。

うそ【嘘】

「うそ(をつく)」

→〈うそ①〉

または〈うそ②〉

(+〈言う①〉)

「うそ」は〈うそ①〉または〈うそ②〉で表現。いずれも舌でほおをふくらませあめ玉があるかのよう見せるしぐさで表すこともある。

〈うそ①〉

ほおをやや前に示して人差指で突く。

〈うそ②〉

ほおを舌でふくらませ、そこを人差指で突く。

うた【歌】

「歌(が上手)」

→〈歌う①〉

または〈歌う②〉

(+〈上手〉)

「歌」は〈歌う①〉または〈歌う②〉で表現。どちらもリズムに乗って声が流れ出るさまを表す。「歌う」も同じ手話。

〈歌う①〉

右手2指を口元に当て、くるりと回して上にあげる。

〈歌う②〉

両手2指を口元に当て、左右にくるりと回して上にあげる。

うたう【歌う】

「歌を歌う」

→〈歌う①〉

または〈歌う②〉

「歌を歌う」は〈歌う①〉または〈歌う②〉で表現。

〈歌う①〉

右手2指を口元に当て、くるりと回して上にあげる。

〈歌う②〉

両手2指を口元に当て、左右にくるりと回して上にあげる。

うたがい【疑い】1

「疑いが解ける」

→〈疑う〉+〈解決①〉

「疑い」は疑うこと、あやしいと思う意味なので〈疑う〉で表現。手をあごに当て、考え、疑う表情で表す。

〈疑う〉

右手の親指と人差指をあごに当てる。

〈解決①〉

左手のひらの上に右人差指で「×」を大きく書く。

うたがい【疑い】2

「疑いをはさむ」
→〈疑う〉
または〈あやしい〉

「疑いをはさむ」は疑う、あやしいと思う意味なので〈疑う〉または〈あやしい〉で表現。疑う程度で表情が変わる。

〈疑う〉
右手の親指と人差指をあごに当てる。

〈あやしい〉
右人差指をあごに当てる。

うたがい【疑い】3

「(病気の)疑いがある」
→(〈病気〉+)
〈疑問①〉
または〈疑問②〉

例文の「疑い」はたぶんそうではないかという疑問の意味なので〈疑問①〉または〈疑問②〉で表現。〈疑問①〉または〈疑問②〉は疑問符(?)を表す。

〈疑問①〉
右人差指で「?」を描く。

〈疑問②〉
つまんだ右親指と人差指で「?」を描く。

うたがう【疑う】1

「常識を疑う」
→〈常識〉+〈あやしい〉

例文の「疑う」は本当かどうか不審に思う意味なので〈あやしい〉と表現。〈あやしい〉は「変だ」「おかしい」の意味がある。

〈常識〉
両こぶしの小指側を繰り返し打ちつける。

〈あやしい〉
右人差指をあごに当てる。

うたがう【疑う】2

「(あいつを)泥棒ではないかと疑う」
→(〈彼〉+)
〈泥棒②〉+〈疑う〉

例文の「疑う」は悪いことについてそうではないかと思う意味なので〈疑う〉で表現。手をあごに当て、考え、疑う表情で表す。

〈泥棒②〉
かぎ状に曲げた右人差指を手首を返してすばやく2回手前に引く。

〈疑う〉
右手の親指と人差指をあごに当てる。

うたがう【疑う】3

「(病気)ではないかと疑う」
→(〈病気〉+)
〈疑問①〉
または〈疑問②〉

例文の「疑う」はたぶんそうではないかと思う意味なので〈疑問①〉または〈疑問②〉で表現。〈疑問①〉または〈疑問②〉は疑問符を表す。

〈疑問①〉
右人差指で「?」を描く。

〈疑問②〉
つまんだ右親指と人差指で「?」を描く。

うち【内】1

「部屋の内」
→〈部屋〉+〈中(なか)〉

例文の「内」は囲まれた所の内部の意味なので〈中(なか)〉で表現。〈中(なか)〉は内部を表す。

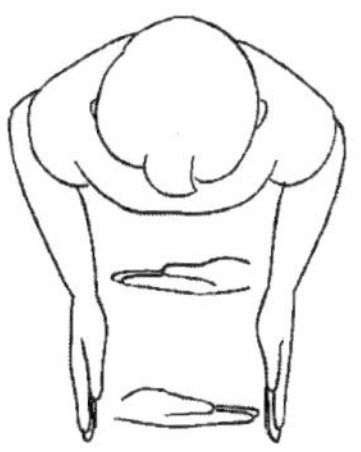

〈部屋〉
両手のひらで前後左右に四角く囲む。

〈中(なか)〉
指先を右に向けた左手の内側を右人差指でさす。

うち【内】2

「一日の内に終わる」

→〈一日②〉+〈解決①〉

例文の「内」は時間の範囲を意味するので〈一日②〉の内に含まれる。

〈一日②〉

右人差指を左胸に当て、弧を描いて右胸に移す。

〈解決①〉

左手のひらの上に右人差指で「×」を大きく書く。

うちあわせ【打ち合わせ】

「前もっての打ち合わせ」

→〈過去②〉+〈相談〉

「打ち合わせ」はものごとの前に相談することなので〈相談〉で表現。〈相談〉は人がひざつき合わせ相談するさまを表す。

〈過去②〉

右手のひらを後ろに向けて、押すようにして肩越しに少し後ろに動かす。

〈相談〉

親指を立てた両手を軽くぶつけ合う。

うち【内】3

「彼への思いを内に秘める」

→〈あこがれる〉+〈隠れる〉

例文の「内に秘める」は〈隠れる〉で表現。〈隠れる〉はそっと見えないところに隠れるさまを表す。

〈あこがれる〉

左親指に右手をひらひらさせながら近づける。

〈隠れる〉

両手の小指側を合わせて顔を隠すようにする。

うちきる【打ち切る】

「工事を打ち切る」

→〈工事〉+〈とめる〉

例文の「打ち切る」はやめて終わらせる意味なので〈とめる〉で表現。〈とめる〉はストップをかけるさまを表す。

〈工事〉

左こぶしに右こぶしを左右から打ちつける。

〈とめる〉

左手のひらの上に右手を振りおろす。

うち【内】4

「うちの会社」

→〈私①〉+〈会社〉

例文の「内」は自分の属する所を意味するので〈私①〉で表現。

〈私①〉

人差指で胸を指さす。

〈会社〉

両手の２指を交互に前後させる。

うちゅう【宇宙】

「宇宙旅行」

→〈宇宙〉+〈旅行〉

「宇宙」は地球を取り巻く大きな空間。〈地球〉と〈囲む〉を組み合わせた〈宇宙〉で表現。

〈宇宙〉

左手の親指と４指で作った丸のまわりを右手でおおうように前に回し、次に囲むように回す。

〈旅行〉

両手人差指を平行に並べ同時に左右に振る。

うちわけ【内訳】

「給料の内訳」
→〈給料〉+〈内訳〉

「内訳」は会計などの明細内容を示す意味なので〈内訳〉で表現。〈内訳〉は内訳を示すかっこ(⌒)を表したもの。

〈給料〉
左手のひらに右手親指と人差指で作った丸を添えて手前に引き寄せる。

〈内訳〉
両手の人差指で⌒を示す。

うつ【撃つ】

「(人に向かって)ピストルを撃つ」
→〈撃つ①〉
または〈撃つ②〉

例文の「ピストルを撃つ」はピストルの弾丸を発射すること。〈撃つ①〉〈撃つ②〉とも、左手の人に見立てた親指を目がけてピストルを撃つさまを表す。

〈撃つ①〉
左親指に向かって親指と人差指を立てた右手で撃つようにする。

〈撃つ②〉
左親指に向かって親指と人差指を立てた右手の人差指の先を近づける。

うつ【打つ】1

「太鼓を打つ」
→〈太鼓①〉
または〈太鼓②〉

例文の「太鼓を打つ」は4種類の表現がある。ひとつは〈太鼓①〉、ふたつめは〈太鼓②〉で表現。いずれも太鼓を打つさまを表す。

〈太鼓①〉
両手でばちを持って交互にたたくようにする。

〈太鼓②〉
両手人差指をばちに見立てて、交互にたたくようにする。

うつ【打つ】2

「太鼓を打つ」
→〈太鼓③〉
または〈太鼓④〉

例文のみっつめは〈太鼓③〉で表現。〈太鼓③〉は陣太鼓などをたたくさまを表す。よっつめは〈太鼓④〉で表現。〈太鼓④〉は和太鼓を打つさまを表す。

〈太鼓③〉
握った左手を掲げ、右手でばちを持って打つように振りおろす。

〈太鼓④〉
両手にばちを持って打つように右下に交互に振りおろす。

うつ【打つ】3

「釘を打つ」
→〈釘(くぎ)〉

例文の「釘を打つ」は〈釘〉で表現。左手に釘を持ち、右手の金づちで打つさまを表す。釘の長さにより手話は変化する。

〈釘(くぎ)〉
左手の親指と人差指を釘の長さほどに開き、右手で金槌を握って振りおろすようにする。

うつ【打つ】4

「(ボールを)バットで打つ」
→〈野球①〉
または〈野球②〉

例文の「打つ」は野球のバッティングの意味。〈野球①〉〈野球②〉どちらもバットでボールを打つさまを表す。

〈野球①〉
バットを握って振るようにする。

〈野球②〉
左手で丸を作り、右手人差指でそれを打つようにする。

うつ【打つ】5

「タイプを打つ」

→〈タイプライター〉

例文の「タイプを打つ」は〈タイプライター〉で表現。〈タイプライター〉はそのキーボードを打つさまを表す。

〈タイプライター〉

両手指先を軽く開きタイプを打つように交互に上下させる。

うつ【打つ】6

「予防注射を打つ」

→〈防ぐ〉+〈注射〉

例文の「注射を打つ」は注射する意味。〈注射〉で表現。〈注射〉は腕に注射するさまを表し、「注射」「注射する」も同じ手話。

〈防ぐ〉

両手のひらを前に向け押すように出す。

〈注射〉

右手３指で注射を打つようにする。

うつ【打つ】7

「趣味は碁を打つ」

→(〈趣味①〉または)
〈趣味②〉+〈囲碁〉

例文の「碁を打つ」は黒白の碁石を戦わせる囲碁をすること。〈囲碁〉で表現。碁盤の上で碁石を打つさまを表す。

〈趣味②〉

右手の親指と４指をほおをすべらせながら握る。

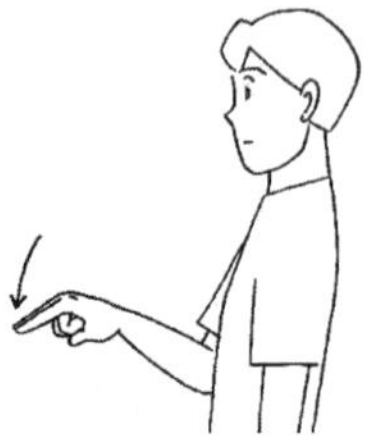

〈囲碁〉

人差指と中指で囲碁の石を置く。

うつ【打つ】8

「芝居を打つ」

→〈芝居〉+〈ごまかす②〉

例文の「芝居を打つ」は演技をしてだます意味なので〈芝居〉+〈ごまかす②〉で表現。文脈によっては単に〈芝居〉だけで意味が通じる。

〈芝居〉

前後に互い違いに向けた両こぶしを同時にひねる。

〈ごまかす②〉

左手甲を前に向け、右手の親指と中指と薬指を閉じ、その指先を前に向けて小さく回す。

うっかり 1

「うっかり忘れる」

→〈ゆるむ〉+〈忘れる①〉

例文の「うっかり」はぼんやりして忘れるさまを意味するので〈ゆるむ〉で表現。気持ちがゆるんでしまうさまを指間を開いて表す。

〈ゆるむ〉

重ねた両手のひらを左右に開きながら指先も開くようにする。

〈忘れる①〉

頭の横で握ったこぶしを上に向けてぱっと開く。

うっかり 2

「(お米がないのを)うっかりしていた」

→(〈米〉+〈なくなる①〉+)
〈失敗②〉

例文の「うっかりしていた」は忘れていたの意味。〈失敗②〉で表現。〈失敗②〉は額をたたいてしまったというさまを表す。

〈失敗②〉

右手のひらを額に打ちつける。

うつくしい【美しい】

「美しい(花)」
→〈美しい①〉
または〈美しい②〉
(+〈花①〉または〈花③〉)

「美しい」は〈美しい①〉または〈美しい②〉で表現。汚れがなく、きれいなさまを表し「美しい」「きれい」を意味する。

〈美しい①〉
顔の前で右手を左右に少し振る。

〈美しい②〉
左手のひらをなでるように右手のひらを滑らせる。

うつす【移す】1

「机を移す」
→〈机〉+〈運ぶ②〉

例文の「移す」は移動させる意味なので〈運ぶ②〉で表現。手で持って運ぶさまを表す。運ぶものによって手話は変わる。

〈机〉
両手で ┌ ┐ を描くようにする。

〈運ぶ②〉
両こぶしを向かい合わせて右から左へ動かす。または、左から右へ動かす。

うつす【移す】2

「去年居を移した」
→〈去年〉+〈引っ越す①〉

例文の「移す」は引っ越す意味なので〈引っ越す①〉で表現。〈引っ越す①〉は家が移るさまを表す。

〈去年〉
左こぶしの親指側に右人差指を当て、肩越しに後ろに動かす。

〈引っ越す①〉
両手で屋根形を作り、右から左へ動かす。

うつす【移す】3

「(病気を)うつす」
→(〈病気〉+)
〈感染①〉または〈感染②〉

例文の「病気をうつす」は〈病気〉+〈感染①〉または〈感染②〉で表現。〈感染①〉は自分にうつるさま、〈感染②〉は他にうつるさまを表す。

〈感染①〉
前方に向けて5指をつまんだ両手の指先を胸につける。

〈感染②〉
5指をつまんだ両手を胸に当て、指先の向きを変えて前に出す。

うつす【移す】4

「話題を移す」
→〈手話〉+〈置く①〉

例文の「移す」は別の話に変える意味で〈置く①〉で表現。〈置く①〉は横に置くさまを表す。

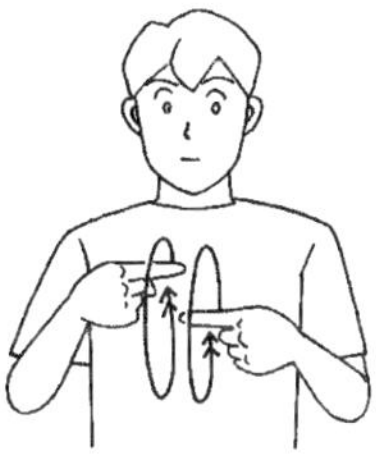

〈手話〉
両手の人差指を向かい合わせて、糸を巻くように回転させる。

〈置く①〉
両手のひらを向かい合わせて左から右へ弧を描いて移動する。

うつす【移す】5

「実行に移す」
→〈本当〉+〈する〉

例文の「実行に移す」は実行する意味なので〈本当〉+〈する〉で表現。「実施する」の意味もある。

〈本当〉
右手をあごに当てる。

〈する〉
両こぶしを力を込めて前に出す。

うつす【映す】1

「顔を鏡に映す」

→〈鏡①〉
　または〈鏡②〉

例文の「鏡に映す」は鏡を見る意味なので〈鏡①〉または〈鏡②〉で表現。〈鏡①〉または〈鏡②〉には「鏡」「鏡を見る」の意味がある。

〈鏡①〉

右手のひらを見つめて、右手を軽く振る。

〈鏡②〉

左手を前に右手を後ろにかざすようにする。

うつす【映す】2

「映画を映す」

→〈映画〉+〈映す①〉

例文の「映す」は映写する意味なので〈映す①〉で表現。〈映す①〉はスクリーンに映写するさまを表す。

〈映画〉

指間を軽く開き、両手のひらを目の前で前後に重ね、交互に上下させる。

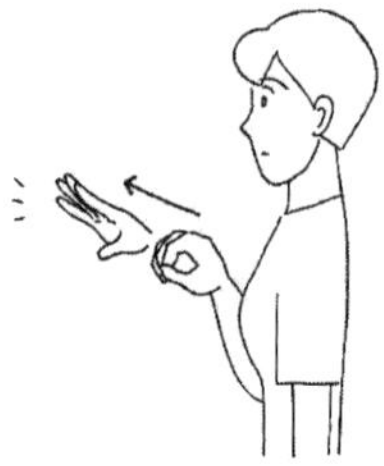

〈映す①〉

すぼめた右手を胸元から前に向けて開く。

うつす【写す】1

「本を写す」

→〈本〉+〈写す①〉

例文は手本の内容をそのまま書く意味なので〈写す①〉で表現。〈写す①〉は手本から内容をそっくりそのまま持ってくることを表す。

〈本〉

両手のひらを合わせて左右に開く。

〈写す①〉

親指と４指を曲げた右手を前から左手のひらの上にのせる。

うつす【写す】2

「写真に写す」

→〈カメラ〉+〈写す②〉

例文の「写す」は写真をとる意味なので〈写す②〉で表現。カメラでとるさまを表す。

〈カメラ〉

カメラのシャッターを押すようにする。

〈写す②〉

左人差指を曲げ、軽く開いた右手の親指と４指の指先を前に向けて、手前に引きながら閉じる。

うったえる【訴える】1

「裁判に訴える」

→〈裁判〉+〈申し込む〉

例文の「訴える」は裁判所に提訴する意味なので〈申し込む〉で表現。〈申し込む〉は書類を提出するさまを表す。

〈裁判〉

親指を立てた両手を肩から前に同時におろし、体の前で止める。

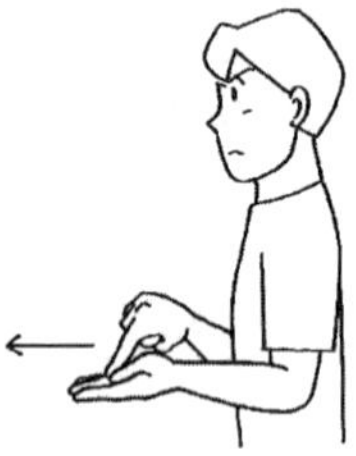

〈申し込む〉

左手のひらの上に右人差指をのせて前に出す。

うったえる【訴える】2

「痛みを訴える」

→〈痛い①〉+〈言う②〉

例文の「訴える」は告げ、知らせる意味なので〈言う②〉で表現。〈言う②〉は相手に告げるさまを表す。

〈痛い①〉

全指を折り曲げた右手を痛そうに振る。

〈言う②〉

右人差指を口元から繰り返し前に出す。

うつる【移る】1

「場所を移る」

→〈場所〉+〈変わる③〉

例文の「移る」は場所が変わる意味なので〈変わる③〉で表現。〈変わる③〉はいた場所が変わるさまを表す。

〈場所〉

全指を曲げた右手を前に置く。

〈変わる③〉

右手２指を手首を返すようにして右へやる。

うつる【移る】2

「(病気が)うつる」

→(〈病気〉+)
〈感染①〉または〈感染②〉

例文の「病気がうつる」は〈病気〉+〈感染①〉または〈感染②〉で表現。〈感染①〉は自分にうつるさま、〈感染②〉は他にうつるさまを表す。

〈感染①〉

前方に向けて５指をつまんだ両手の指先を胸につける。

〈感染②〉

５指をつまんだ両手を胸に当て、指先の向きを変えて前に出す。

うつる【移る】3

「時が移る」

→〈時①〉+〈経過〉

例文の「移る」は時が経過する意味なので〈経過〉で表現。〈経過〉はもともと水の流れの意味で、時が流れるさまを表す。

〈時①〉

左手のひらに右親指を当て、右人差指を時計の針のように回す。

〈経過〉

左上腕から指先に向かって右手甲を流れるように動かす。

うつる【写る】

「写真に写っている」

→〈カメラ〉+〈のせる①〉

例文は写真にその姿がのっているという意味なので〈のせる①〉で表現。〈のせる①〉は紙面などにそれがのるさまを表す。

〈カメラ〉

カメラのシャッターを押すようにする。

〈のせる①〉

左手のひらに全指を曲げた右手をのせる。

うで【腕】1

「腕が痛い」

→〈腕〉+〈痛い①〉

例文の「腕」は身体の部位名なので〈腕〉で表現。身体的部位名は多くの場合、その部位を手で示すことで表す。

〈腕〉

左腕を右手でぽんとたたく。

〈痛い①〉

全指を折り曲げた右手を痛そうに振る。

うで【腕】2

「腕のいい大工」

→〈大工〉+〈腕前〉

例文の「腕のいい」は技術が優れている意味なので〈腕前〉で表現。〈腕前〉は名人、達人を意味する。

〈大工〉

左手でのみを持ち、右手の金槌でたたくようにする。

〈腕前〉

左腕を右手のひらでぽんとたたく。

うで【腕】3

「腕があがる」

→〈技術〉+〈あがる⑦〉

例文の「腕」は技術の意味なので〈技術〉で表現。〈技術〉はそれだけで文脈によって「すぐれた技術」を表す場合もある。

〈技術〉

握った左手首を右手人差指で軽くたたく。

〈あがる⑦〉

左腕の上で指文字〈コ〉を示した右手を順に上にあげる。

うで【腕】4

「腕が鳴る」

→〈しめしめ〉

例文は慣用句で力や技を発揮したくてたまらないさまなので〈しめしめ〉で表現。〈しめしめ〉は手ぐすねを引いて待ちかまえるさまを表す。

〈しめしめ〉

少し肩をあげ、両手のひらをこすり合わせる。

うでまえ【腕前】1

「料理の腕前」

→〈料理〉+〈技術〉

例文の「腕前」は技術のことなので〈技術〉で表現。〈技術〉は腕を示して技術を表す。

〈料理〉

左手で押さえ、右手で刻むようにする。

〈技術〉

握った左手首を右人差指で軽くたたく。

うでまえ【腕前】2

「腕前があがる」

→〈技術〉+〈あがる⑦〉

例文の「腕前があがる」は〈技術〉+〈あがる⑦〉で表現。「腕があがる」と同手話。

〈技術〉

握った左手首を右人差指で軽くたたく。

〈あがる⑦〉

左腕の上で指文字〈コ〉を示した右手を順に上にあげる。

うどん【饂飩】

「うどんを注文する」

→〈うどん〉+〈注文〉

「うどん」は〈うどん〉で表現。〈うどん〉はうどんを食べるさまを表す。

〈うどん〉

左手のひらの上で右手2指を口元まで上下させる。

〈注文〉

口元に当てた右人差指を斜め上に出す。

ウナギ【鰻】1

「ウナギ丼」

→〈ウナギ〉+〈どんぶり〉

例文の「ウナギ」は魚名で〈ウナギ〉で表現。〈ウナギ〉はそのえらを表す。

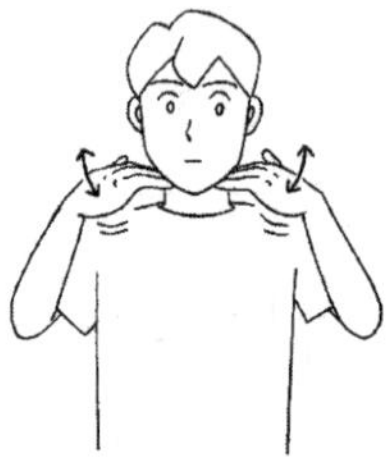

〈ウナギ〉

両手の指先を首に当てたまま同時に上下させる。

〈どんぶり〉

両手の2指を「井」の字形になるようにして、右手2指でたたく。

ウナギ【鰻】2

「物価がウナギ登り」

→〈値上げ③〉

例文の「ウナギ登り」は値段がどんどんあがることを意味するので〈値上げ③〉で表現。〈値上げ③〉は「インフレ」の意味もある。

〈値上げ③〉

両手の親指と人差指で丸を作り、揺らしながら右上にあげる。

うなずく

「(相手の話に)うなずく」

→(〈説明される〉+)
〈あいづち〉
または〈うなずく〉

「うなずく」は相手に同意を示すさま。〈あいづち〉は二人がうなずき合っているさま、〈うなずく〉は自分が同意するさまを表す。

〈あいづち〉

両こぶしを向かい合わせて手首を振って上下させ、同時に表現者もうなずくようにする。

〈うなずく〉

右腕を左手で支えて右こぶしをうなずくように繰り返し手首を曲げる。

うぬぼれる

「うぬぼれる」

→〈自慢〉

「うぬぼれる」は自分が偉いつもりでいる意味なので〈自慢〉で表現。〈自慢〉は慢心する、天狗になることも表し、いい意味に使われない。

〈自慢〉

右手指で鼻をつまむようにして斜め上にあげる。

うばう【奪う】1

「金を奪う」

→〈金(かね)①〉+〈盗む〉

例文の「奪う」は力ずくで取る意味なので〈盗む〉で表現。物を盗み取るさまを表す。

〈金(かね)①〉

右手の親指と人差指で作った丸を示す。

〈盗む〉

かぎ状にした人差指を手前に引く。

うばう【奪う】2

「三点奪う」

→〈3①〉+〈取る①〉

例文の「奪う」はスポーツなどで点数を取る意味なので〈取る①〉で表現。奪い取るさまを表す。

〈3①〉

右手3指の指先を上に向けて手のひら側を前に向けて示す。

〈取る①〉

右手で前からつかみ取るようにする。

うばう【奪う】3

「体温を奪う」

→〈体温〉+〈さがる④〉

例文の「奪う」は体温がさがる意味なので〈さがる④〉で表現。体温計の水銀がさがるさまを表す。

〈体温〉

右人差指を左脇にはさむ。

〈さがる④〉

人差指を立てた右手を下におろす。

うばう【奪う】4

「心を奪われる」

→〈心〉+〈取られる①〉

例文の「奪われる」は心を強く引きつけられる意味なので〈取られる①〉で表現。

〈心〉

右人差指でみぞおち辺りをさす。

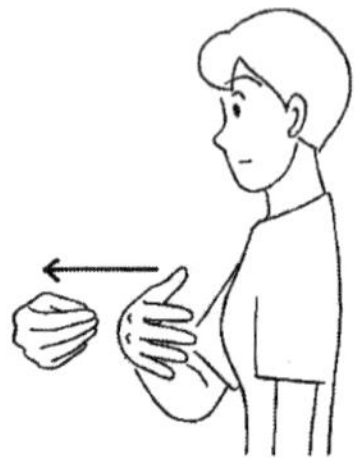

〈取られる①〉

軽く開いた右手の指先を手前に向けて前に出しながら閉じる。

ウマ【馬】1

「馬に乗る」

→〈馬〉+〈乗る①〉

動物の「馬」は〈馬〉で表現。馬の耳を表す。「犬」「兎」も耳で表わすがそれぞれの違いに注意。

〈馬〉

両手のひらを側頭部に当てながら同時に前後させる。

〈乗る①〉

左人差指の上に右手2指をまたぐようにのせる。

ウマ【馬】2

「馬が合う」

→〈心〉+〈合う①〉

例文の「馬が合う」は慣用句で二人の気持ちがぴったり合う意味なので〈心〉+〈合う①〉で表現。

〈心〉

右人差指でみぞおち辺りをさす。

〈合う①〉

左人差指の先に右人差指の先を当てる。

うまい 1

「うまい(寿司)」

→〈おいしい①〉
または〈おいしい②〉
(+〈寿司〉)

例文の「うまい」はおいしい意味なので〈おいしい①〉または〈おいしい②〉で表現。どちらもよだれをぬぐうさまを表す。

〈おいしい①〉

右手のひらであごをぬぐう。

〈おいしい②〉

右こぶし親指側であごをぬぐう。

うまい 2

「将棋がうまい」

→〈将棋〉+〈上手(じょうず)〉

例文の「うまい」は上手の意味なので〈上手〉で表現。表情に感嘆の気持ちを込めて表現する。

〈将棋〉

右手2指を斜め下に向けて前に出す。

〈上手(じょうず)〉

右手のひらを左下腕からなでるように伸ばす。

うまい 3

「うまい話(に乗る)」

→〈上手(じょうず)〉+〈手話〉
(+〈乗る①〉)

例文は都合のよい、金もうけになるという意味なので〈上手〉で表現。この場合の〈上手〉には皮肉、嫌味の意味が含まれる。

〈上手(じょうず)〉

右手のひらを左下腕からなでるように伸ばす。

〈手話〉

両手の人差指を向かい合わせて、糸を巻くように回転させる。

うまい 4

「うまい考え」

→〈考える〉+〈良い〉

例文の「うまい」はすばらしい、良い意味なので〈良い〉で表現。

〈考える〉

右人差指を頭にねじこむようにする。

〈良い〉

右こぶしを鼻から前に出す。

うまる【埋まる】

「(映画館の)席が埋まる」

→(〈映画〉+)
〈ビル①〉+〈満員〉

例文の「埋まる」は場所がいっぱいになることなので〈満員〉で表現。〈満員〉は人が混み合っているさまを表す。

〈ビル①〉

両手のひらを向かい合わせて上にあげ、閉じる。

〈満員〉

両手の指背側を合わせて水平に回す。

うまれつき【生まれつき】

「生まれつき(の性質)」

→〈生まれる〉+〈癖〉
(+〈性質〉)

「生まれつき」は生まれた時から身についたものの意味。〈生まれる〉+〈癖〉で表現。

〈生まれる〉

指先を向かい合わせた両手を腹から前に出す。

〈癖〉

左手甲に右手を上からぶつけるようにして握る。

うまれる【生まれる】1

「子供が生まれる」

→〈子供①〉+〈生まれる〉

例文の「生まれる」は出産する意味なので〈生まれる〉で表現。おなかから赤ちゃんが出るさまを表す。「子供を産む」の意味もある。

〈子供①〉

両手のひらを前に向けて、あやすように左右に振る。

〈生まれる〉

指先を向かい合わせた両手を腹から前に出す。

うまれる【生まれる】2

「疑問が生まれる」

→〈疑う〉+〈現れる〉

例文の「生まれる」は出てくる、現れるの意味なので〈現れる〉で表現。〈現れる〉は浮かびあがるさまを表す。

〈疑う〉

右手の親指と人差指をあごに当てる。

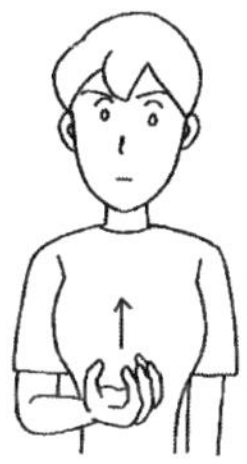

〈現れる〉

全指を曲げた右手のひらを上に向けてあげる。

うまれる【生まれる】3

「会が生まれる」

→〈会〉+〈建てる〉

例文の「生まれる」は会が新たに設立される、創設される意味なので〈建てる〉で表現。〈建てる〉は建築以外に設立の意味がある。

〈会〉

両手で屋根形を作り、左右に引く。

〈建てる〉

両手で屋根形を前から起こす。

うみ【海】1

「海の魚」

→〈海〉+〈魚(さかな)①〉

例文の「海」は〈海〉で表現。〈海〉は小指を唇に当てて塩辛いを示し、次に波を表す。

〈海〉

右小指を口元に当て、次に手のひらを波のように動かす。

〈魚(さかな)①〉

右手をひらひらさせながら左に向けて動かす。

うみ【海】2

「火の海」

→〈あたり〉+〈燃える〉

例文の「火の海」はあたり一面燃えあがるさまを意味するので〈あたり〉で表現する。〈あたり〉+〈燃える〉の範囲で手話は変わる。

〈あたり〉

右手のひらを下に向けて水平に回す。

〈燃える〉

両手の指先を上に向け、揺らしながら上にあげる。

うむ【産・生む】

「子供を産む」

→〈子供①〉+〈生まれる〉

例文の「産む」は出産する意味なので〈生まれる〉で表現。〈生まれる〉は赤ちゃんがおなかから生まれるさまを表す。「子供が産まれる」も同じ。

〈子供①〉

両手のひらを前方に向け、軽く振る。

〈生まれる〉

指先を向かい合わせた両手を腹から前に出す。

うめ【梅】

「梅の木」

→〈梅〉+〈木〉

「梅」は〈梅〉で表現。〈梅〉は唇の端に手を当ててすっぱいを表し、こめかみに当てるのは昔、頭痛時に梅干しをつけたことに由来する。

〈梅〉

親指と人差指と中指をすぼめた右手を唇の端とこめかみに順に当てる。

〈木〉

両手の親指と人差指で大きな丸を作り、上にあげながら左右に広げる。

うめあわせる【埋め合わせる】

「(赤)字を埋め合わせる」

→(〈赤〉+)〈線を引く①〉+〈補う①〉

例文の「埋め合わせる」は〈補う①〉で表現。〈補う①〉は穴が空いた所を埋めるさまを表す。補う、穴埋めの意。

〈線を引く①〉

左手のひらの上に右人差指でさっと線を引くようにする。

〈補う①〉

左手の親指と4指で作った丸を右手のひらでふさぐ。

うめる【埋める】1

「(道の)穴を埋める」

→(〈道①〉+)〈穴②〉+〈補う①〉

例文の「埋める」は穴をふさぐことなので〈補う①〉で表現。〈補う①〉は不足を穴埋めすることを表す。

〈穴②〉

両手親指と人差指を向かい合わせ穴の形を作る。

〈補う①〉

左手の親指と4指で作った丸を右手のひらでふさぐ。

うめる【埋める】2

「雪の中に埋める」
→〈雪〉+〈隠す〉

例文の「埋める」は物が隠れるように入れることなので〈隠す〉で表現。〈隠す〉は物をしまうさまを表す。

〈雪〉
両手の親指と人差指で作った丸をひらひらさせながらおろす。

〈隠す〉
左手のひらの下に右手をもぐり込ませる。

うめる【埋める】3

「不足を埋める」
→(〈不足〉または)
〈貧しい①〉+〈補う①〉

例文の「埋める」は不足を補うことなので〈補う①〉で表現。

〈貧しい①〉
右親指をあごに当てる。

〈補う①〉
左手の親指と 4 指で作った丸を右手のひらでふさぐ。

うやまう【敬う】

「老人を敬う」
→〈老人①〉+〈敬う①〉

「敬う」は尊敬する意味なので〈敬う①〉で表現。〈敬う①〉は人に見立てた親指に敬意を表すさま。「尊敬する」「尊ぶ」の意味もある。

〈老人①〉
曲げた親指を軽く上下させる。

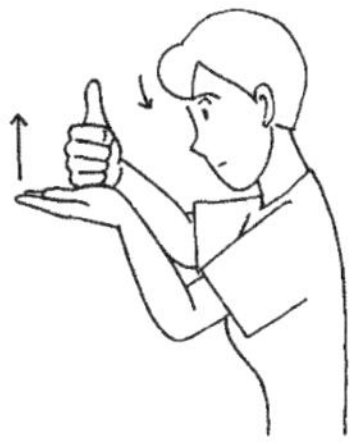

〈敬う①〉
左手のひらの上に親指を立てた右手を置き、それを目の上に掲げると同時に頭をさげる。

うら【裏】1

「(紙の)裏」
→(〈四角①〉+)
〈裏①〉
または〈裏②〉

例文の「裏」は〈裏①〉または〈裏②〉で表現。どちらも相手に見える側が表になる。

〈裏①〉
左手のひらを右手のひらで軽くふれる。

〈裏②〉
左手甲を前に向けて右人差指で左手のひらを突くようにする。

うら【裏】2

「家の裏」
→〈家〉+〈裏③〉

例文の「家の裏」は玄関の反対側にあるところで〈裏③〉で表現。〈家〉の左手を残したままで後ろをさして表す。「家の後ろ」も同じ手話。

〈家〉
両手で屋根形を作る。

〈裏③〉
左手の屋根形を残してその後ろを右人差指でさす。

うら【裏】3

「政治の裏」
→〈政治〉+〈裏①〉

例文の「裏」は表に出なくて他の人には分からない物事の影の部分の意味で〈裏①〉で表現。〈裏①〉は人に見えないところを表す。

〈政治〉
左手のひらの上に右ひじを置き、右手指先を伸ばし前後に振る。

〈裏①〉
左手のひらを右手のひらで軽くふれる。

う

うらぎる【裏切る】1

「(友達を)裏切る」
→(〈友達①〉+)〈裏切る〉

例文の「裏切る」は味方や仲間にそむく意味なので〈裏切る〉で表現。手のひらを返すさまで、寝返ることを表す。

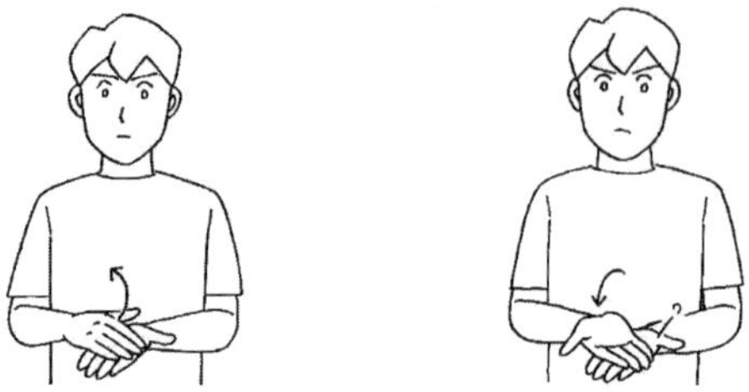

〈裏切る〉

左手のひらの上に右手のひらをのせ、

手のひらを返す。

うらむ【恨む】

「人を恨む」
→〈人〉+〈恨む〉

例文は相手から被害や迷惑を受け仕返しをしたいと思う気持ち。〈恨む〉は仕返しを意味する手話。表情のきつさ恐さで恨みの深さを表す。

〈人〉

人差指で「人」の字を空書する。

〈恨む〉

指先を上に向けた両手親指と人差指を強く交差させながら指先を閉じる。

うらぎる【裏切る】2

「期待を裏切る」
→〈期待〉+〈案外〉

例文の「裏切る」は反対の結果になる意味なので〈案外〉で表現。〈案外〉は思うことが外れるさまを表す。

〈期待〉

指文字〈キ〉をあごに当てる。

〈案外〉

右人差指を頭に当てて左こぶしの親指側をかすめるように振りおろす。

うらやましい【羨ましい】

「(お金持ちが)うらやましい」
→(〈金持ち〉+)〈うらやましい①〉または〈うらやましい②〉

「うらやましい」は自分もそうなりたいと思う気持ち。〈うらやましい①〉または〈うらやましい②〉で表現。羨望する、うらやむ気持ちを表す。

〈うらやましい①〉

鼻の上で右手の親指と４指を閉じたり開いたりする。

〈うらやましい②〉

唇の端に右人差指の先を当て、おろす。

うらなう【占う】

「人生を占う」
→〈人生〉+〈占い〉

「占う」は手相などを見て将来や吉凶を判断することで〈占い〉で表現。〈占い〉は天眼鏡で手相を見るさまを表し、「占う」「占い」の意味。

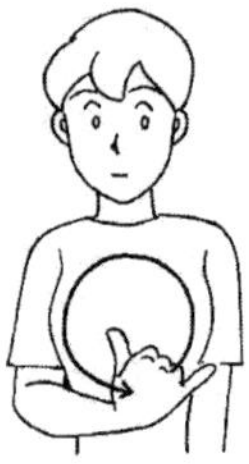

〈人生〉

親指と小指を立てた右手の甲側を前に示し、体の前で回す。

〈占い〉

左手のひらを右手に天眼鏡を持って見るようにする。

うりきれる【売り切れる】

「(野菜が)売り切れる」
→(〈野菜〉+)〈売る①〉+〈なくなる①〉

「売り切れる」は商品などが全部売れてしまう意味なので、〈売る①〉+〈なくなる①〉で表現。「売り切れ」の意味もある。

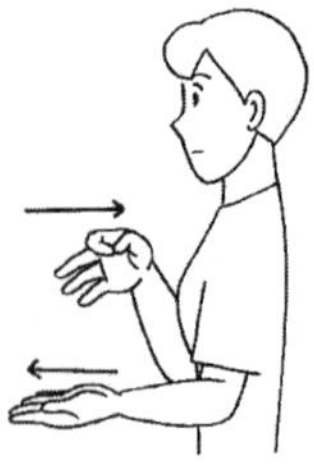

〈売る①〉

左手のひらを差し出すと同時に右手の親指と人差指で作った丸を手前に引き寄せる。

〈なくなる①〉

上下に向かい合わせた両手のひらを上から合わせると同時に右手を右に動かす。

うる【売る】1

「土地を売る」

→〈土〉+〈売る①〉

例文の「売る」はお金と交換に品物を渡す意味なので〈売る①〉で表現。手話はお金をもらい品物を受け取るさまを表す。「売り」も同じ。

〈土〉

砂や土をこすり落とすようにして両手で左右に開く。

〈売る①〉

左手のひらを差し出すと同時に右手の親指と人差指で作った丸を手前に引き寄せる。

うる【売る】2

「たくさん売る」

→〈たくさん②〉+〈売る②〉

例文の「売る」は〈売る②〉で表現。〈売る②〉は〈売る①〉を繰り返す表現で、複数売れるさまを表す。

〈たくさん②〉

親指から順番に折り曲げながら左から右へ動かす。

〈売る②〉

右手の親指と人差指で作った丸を手前に引くと同時に左手を前に差し出すことを繰り返す。

うる【売る】3

「(友を)売る」

→(〈友達①〉+)〈裏切る〉

例文の「売る」は信頼関係を破る、裏切る意味なので〈裏切る〉で表現。〈裏切る〉は寝返る、裏切るを意味している。

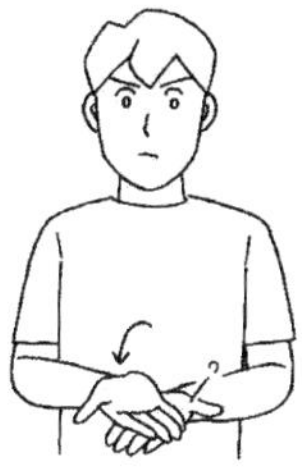

〈裏切る〉

左手のひらの上に右手のひらをのせ、

手のひらを返す。

うるさい 1

「うるさい音」

→〈うるさい①〉

例文の「うるさい」は音がやかましい意味なので〈うるさい①〉で表現。〈うるさい①〉は、耳に音が入って痛いことを表す。

〈うるさい①〉

右人差指を耳に当て、ねじこむようにする。

うるさい 2

「あとがうるさい」

→〈将来②〉+〈面倒〉

例文の「うるさい」はわずらわしい、めんどうの意味なので〈面倒〉で表現。〈面倒〉にはめんどう、わずらわしいの意味がある。

〈将来②〉

右手のひらを前に向けて少し押すように前に出す。

〈面倒〉

側頭部を右こぶしで軽くたたく。

うれしい【嬉しい】

「会えてうれしい」

→〈会う②〉+〈うれしい〉

「うれしい」は喜びで気持ちが浮き立つ意味。〈うれしい〉で表現。「うれしさ」「楽しい」も同じ手話。

〈会う②〉

人差指を立てた両手を軽く当てる。

〈うれしい〉

両手のひらを胸の前で、交互に上下させる。

う

うれのこり【売れ残り】

「売れ残り」

→〈売る①〉+〈残る〉

「売れ残り」は売れないで残った品物の意味。〈売る①〉+〈残る〉と表現。「売れ残る」も同じ手話。

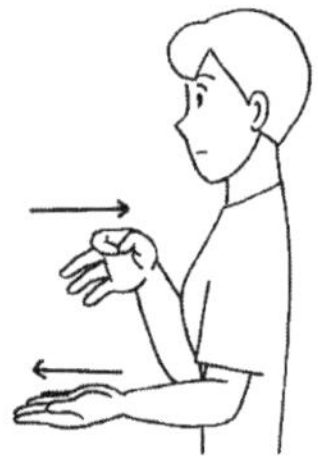

〈売る①〉

左手のひらを差し出すと同時に右手の親指と人差指で作った丸を手前に引き寄せる。

〈残る〉

左手のひらの上で右手を手前に削るように引く。

うれる【売れる】1

「本がよく売れる」

→〈本〉+〈売る②〉

例文の「売れる」はよく買われる意味なので〈売る②〉で表現。〈売れる①〉を反復する。繰り返しやスピードによって「売れる」程度を表す。

〈本〉

両手のひらを合わせて左右に開く。

〈売る②〉

右手親指と人差指で作った丸を手前に引くと同時に左手を前に差し出すことを繰り返す。

うれる【売れる】2

「(千円で)売れる」

→(〈千円〉+)
〈売る①〉+〈できる〉

例文の「売れる」は売ることができる意味なので〈売る①〉+〈できる〉と表現。

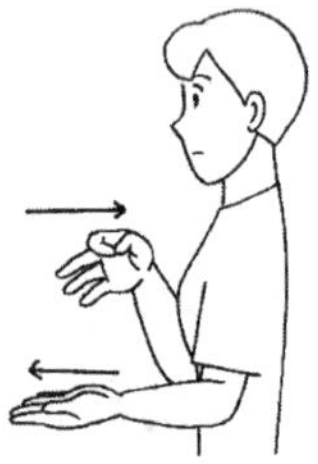

〈売る①〉

左手のひらを差し出すと同時に右手の親指と人差指で作った丸を手前に引き寄せる。

〈できる〉

右手指先を左胸と右胸に順に当てる。

うれる【売れる】3

「顔が売れる」

→〈顔〉+〈有名〉

例文の「売れる」は広く知られる意味なので〈有名〉で表現。〈有名〉は高く示してみんなに知られるさまを表す。

〈顔〉

右人差指で顔の前で丸を描く。

〈有名〉

左手のひらに右人差指を当て、上にあげる。

うわき【浮気】

「浮気を見破る」

→〈浮気〉+〈見抜く〉

「浮気」は恋人や夫婦など決まった相手以外の人を好きになる意味。〈浮気〉で表現。〈浮気〉は別の方に心を動かすさまを表す。

〈浮気〉

体の前で指先を向かい合わせた両手をそのまま左前方に出すようにする。

〈見抜く〉

右人差指を目元から前に出し、左手指の間を突き破る。

うわぎ【上着】

「冬の上着」

→〈寒い〉+〈服〉

例文の「上着」は〈服〉で表現。〈服〉は服を着るさまを表す。

〈寒い〉

両こぶしを握り、左右にふるわせる。

〈服〉

親指を立てた両手をえりに沿って下におろす。

うわさ【噂】

「うわさが広まる」

→〈うわさ〉+〈広がる①〉

「うわさ」は世間で言われる話の意味。〈うわさ〉で表現。〈うわさ〉は耳元で人がいろいろ話をするさまを表す。

〈うわさ〉

指先をつき合わせた両手をねじるように揺らし、耳を傾ける。

〈広がる①〉

すぼめた両手を前にぱっと広げるように開く。

うわて【上手】

「彼の方が一枚上手」

→〈彼〉+〈先輩②〉

例文の「上手」はすぐれている意味なので〈先輩②〉で表現。〈先輩②〉はそれより上位にあることを表す。

〈彼〉

左親指を右人差指でさす。

〈先輩②〉

右手の指文字〈コ〉を肩から上に小さく弧を描きながらあげる。

うん【運】

「運が良い」

→〈都合〉+〈良い〉

「運」は〈都合〉で表現。〈都合〉はせいちくを使う占いのさまを表す。

〈都合〉

左手のひらの上に右こぶしの小指側をつけてこすするように回す。

〈良い〉

右こぶしを鼻から前に出す。

うんそう【運送】

「運送業」

→〈運ぶ①〉+〈仕事〉

「運送」は〈運ぶ①〉で表現。〈運ぶ①〉は物を左から右へ運ぶさまを表す。

〈運ぶ①〉

両手のひらを左から右へ物を運ぶように動かす。

〈仕事〉

手のひらを上に向け、向かい合わせた両手指先を繰り返しつき合わせる。

うんちん【運賃】

「バス運賃」

→〈バス①〉+〈金(かね)①〉

「運賃」は乗車賃のこと。手話は先に乗車するものを出して、単に〈金(かね)①〉を示すことで何の「運賃」であるかを表す。

〈バス①〉

両手の人差指の先を向かい合わせ、親指を立てて前に進める。

〈金(かね)①〉

右手の親指と人差指で作った丸を示す。

うんでいのさ【雲泥の差】

「雲泥の差」

→〈雲泥の差〉

例文は比べる二つのものの差が非常に大きくかけ離れている意味。〈雲泥の差〉は天と地ほどに大きくかけ離れているさまを表す。

〈雲泥の差〉

両手の人差指の先を上下に向けてぱっと引き離す。

うんてん【運転】1

「自動車の運転」

→〈車①〉+〈運転〉

例文の「運転」は乗物を動かす意味。〈運転〉は車のハンドルを握るさまを表す。これは自動車の運転だけを意味する。

〈車①〉

右手を「コ」の字形にして指先を前に向けて出す。

〈運転〉

ハンドルを両手で握り、回すようにする。

うんてん【運転】2

「運転資金」

→〈経済〉+〈金(かね)①〉

例文の「運転」は経営をやりくりすることを意味するので〈経済〉で表すことが多い。〈経済〉はお金が回っているさまを表す。

〈経済〉

親指と人差指で作った丸を上下に置き、互い違いに水平に回す。

〈金(かね)①〉

右手の親指と人差指で作った丸を示す。

うんどう【運動】1

「(準備)運動」

→(〈準備①〉+)
〈体操①〉
または〈体操②〉

例文の「運動」は、体を動かして体操をする意味なので〈体操①〉または〈体操②〉で表現。

〈体操①〉

こぶしを握った両腕を交差させたり開いたりする。

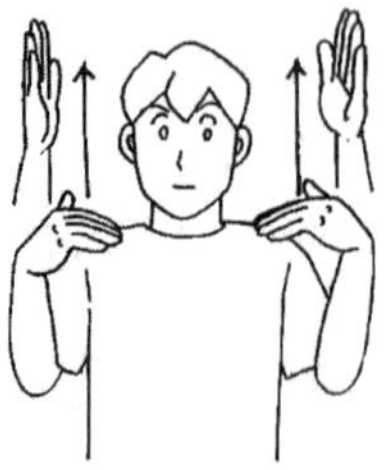

〈体操②〉

両手のひらを肩にのせて上に伸ばす。

うんどう【運動】2

「運動会」

→〈競争〉+〈会〉

例文の「運動」は走ったり飛んだりする競技の意味なので〈競争〉で表現。〈競争〉は人に見立てた親指が先頭を争うさまを表す。

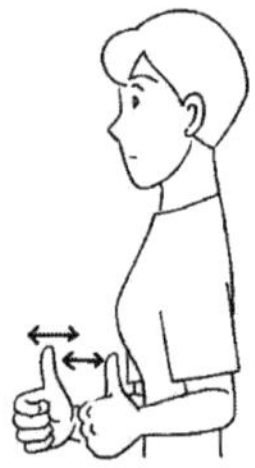

〈競争〉

親指を立てた両手を競うように交互に前後させる。

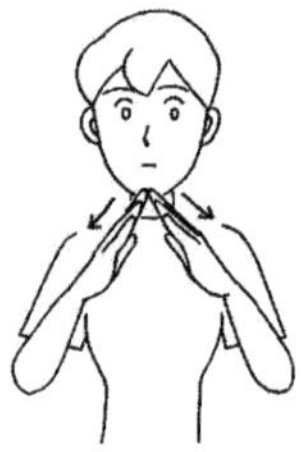

〈会〉

両手で屋根形を作り、左右に引く。

うんどう【運動】3

「運動不足」

→〈走る〉+〈貧しい②〉

例文の「運動」は体を動かすこと一般を意味するので〈走る〉で表現。〈走る〉は体全体を動かす運動一般を意味する。

〈走る〉

両手を握って走るようにこぶしを上下させる。

〈貧しい②〉

右親指をあごに当て、あごをこするようにして2回前に出す。

うんどう【運動】4

「選挙運動」

→〈選挙〉+〈活動〉

例文の「運動」は選挙の活動などの意味なので〈活動〉で表現。〈活動〉は手足を動かし活発に動くさまを表す。

〈選挙〉

そろえた両手を交互に中央におろす。

〈活動〉

ひじを少し張り、ひじを軸に両こぶしを交互に繰り返し前に出す。

うんめい【運命】

「運命」

→〈都合〉
または〈運命〉

「運命」は〈都合〉または〈運命〉で表現。〈都合〉はぜいちくを使うさま、〈運命〉はそれと区別するための新しい手話。

〈都合〉

左手のひらの上に右こぶしの小指側をつけてこするように回す。

〈運命〉

左手のひらの上に指文字〈ウ〉を示した右手をのせて回す。

え【絵】

「絵を描く」

→〈絵〉

例文は〈絵〉で表現。〈絵〉は左手をカンバスに見立て、右手を筆に見立てて絵の具を塗るさまを表す。「絵画」も同じ手話。

〈絵〉

左手のひらに右手指の背を軽く打ちつける。

うんよう【運用】

「法律の運用」

→〈規則〉(または〈法〉)+〈運用〉

例文の「運用」は〈運用〉で表現。〈運用〉は〈利用〉を変形した新しい手話。

〈規則〉

左手のひらに折り曲げた右手２指を打ちつける。

〈運用〉

右指文字〈ル〉を引き寄せながらつまむ。

えいえん【永遠】

「永遠の愛」

→〈永遠〉+〈愛①〉

「永遠」は〈永遠〉で表現。〈永遠〉は同じ状態がずっと続くさまを表す。

〈永遠〉

親指と人差指を平行にして右目の前に置き、前方にゆっくり動かす。

〈愛①〉

左手の甲をやさしくなでるように右手を回す。

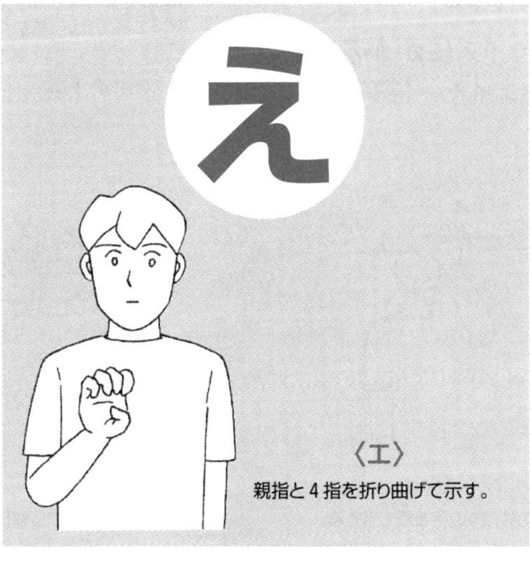

〈エ〉

親指と４指を折り曲げて示す。

えいが【映画】

「映画を見る」

→〈映画〉+〈見る①〉

「映画」は〈映画〉で表現。〈映画〉は昔の映画の画面に見られたちらついた横線の動きを表す。

〈映画〉

指間を軽く開き、両手のひらを目の前で前後に重ね、交互に上下させる。

〈見る①〉

右人差指を右目元から前に出す。

えいきょう【影響】1

「みんなに影響がある」

→〈みんな〉+〈広がる①〉

例文の「影響」はあることの作用が他に伝わる意味なので〈広がる①〉で表現。その作用が波のように伝わっていくさまを表す。

〈みんな〉

右手のひらを下に向けて水平に回す。

〈広がる①〉

両手を開きながら少しずつ前に出す。

えいきょう【影響】2

「(値上げは)生活に影響する」

→(〈値上げ②〉+)〈生活〉+〈影響される①〉

例文の「影響する」は〈影響される①〉で表現。

〈生活〉

親指と人差指を向かい合わせた両手を体の前で回す。

〈影響される①〉

両手の指先を揺らしながら手前に近づける。

えいきょう【影響】3

「父の影響を受ける」

→〈父〉+〈影響される②〉

例文の「影響を受ける」は自分が影響を受ける意味なので〈影響される②〉で表現。自分の方に影響が伝わるさまを表す。

〈父〉

右人差指でほおにふれ、親指を出す。

〈影響される②〉

両手指先を顔に向け、押し寄せるように近づける。

えいきょう【影響】4

「(彼に)影響される」

→(〈彼〉+)〈影響される③〉または〈影響される④〉

例文の「影響される」は〈影響される③〉または〈影響される④〉で表現。自分の方に影響が伝わるさまを表す。

〈影響される③〉

〈彼〉の左親指から右手の指先を手前に向けて近づける。

〈影響される④〉

両手の指先を前方から近づける。

えいご【英語】

「英語(が得意)」

→〈イギリス④〉+〈書く⑤〉(+〈得意〉)

「英語」は英国の言語なので〈イギリス④〉+〈書く⑤〉と表現。〈書く⑤〉は横文字を表す。

〈イギリス④〉

右手2指の背側をあごに沿って動かす。

〈書く⑤〉

ペンを寝かせて英語を書くようにする。

エイズ

「エイズにかかる」

→〈エイズ〉+〈感染①〉

「エイズ」は〈エイズ〉で表現。〈エイズ〉は〈病気〉の手の形を変えて指文字〈エ〉で表した手話。

〈エイズ〉

指文字〈エ〉の甲を額に当てる。

〈感染①〉

5指をすぼめて前方から胸につける。

えいせい【衛生】

「衛生管理」

→〈衛生〉+〈調べる①〉

「衛生」は物を清潔に、きれいに保つなどの意味なので〈衛生〉で表現。〈衛生〉はきれいにふき取るさまを表す。

〈衛生〉

左手甲を前に向けて右手４指で左手のひらを繰り返しぬぐうようにする。

〈調べる①〉

右手の人差指と中指を軽く折り曲げて、目の前を左右に往復させる。

エース 1

「トランプのエース」

→〈トランプ〉+〈A〉

例文の「エース」はトランプのことなので〈A〉で表現。〈A〉は「A」の字形を表す。

〈トランプ〉

左手でトランプを持ち、右手の親指と人差指でカードを切るように動かす。

〈A〉

人差指を斜めにして立てた左手と、親指と人差指を出した右手を付け合わせる。

えいぞく【永続】

「平和が永続する」

→〈安定〉+〈続く①〉

「永続」はずっと続く意味なので〈続く①〉を長めに表現。ものごとが続くさまを表し、続く程度によって表現は変わる。

〈安定〉

手のひらを下に向けた両手を左右に開く。

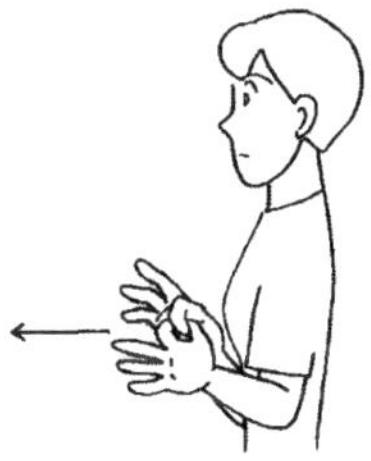

〈続く①〉

両手の親指と人差指を組んで前に出す。

エース 2

「エースピッチャー」

→〈投げる〉+〈エース〉

例文の「エース」は主戦投手のことなので〈エース〉で表現。〈エース〉は人が他より抜き出ているさまを表す。

〈投げる〉

右手で野球のボールを投げるようにする。

〈エース〉

手のひらを前方に向けた左手の下から親指を立てた右手を上にあげる。

えいよう【栄養】

「栄養をとる必要がある」

→〈栄養〉+〈必要①〉

「栄養」は生物が生存のために外部から取り入れる必要なものという意味なので〈栄養〉で表現。体に取り込まれることを表す。

〈栄養〉

手のひらを上に向けた右手指先を体に当てる。

〈必要①〉

指文字〈コ〉を示した両手を手前に引き寄せる。

エーティーエム【ＡＴＭ】

「ＡＴＭ」

→〈ＡＴＭ〉

「ＡＴＭ」は現金自動預け払い機のことで〈ＡＴＭ〉で表現。〈ＡＴＭ〉は左手がキャッシュカードを入れるさま、右手がお金の出入りを表す。

〈ＡＴＭ〉

親指と人差指を出した左手を前方へ出し、

次に、左手をそのままにして、丸を作った右手を前後に動かす。

えき【駅】1

「駅」は列車などの発着場の意味なので〈駅〉または〈とまる①〉で表現。〈駅〉は〈汽車〉＋〈場所〉で表す。〈とまる①〉は停車するさまを表す。

「駅」

→〈駅〉
または〈とまる①〉

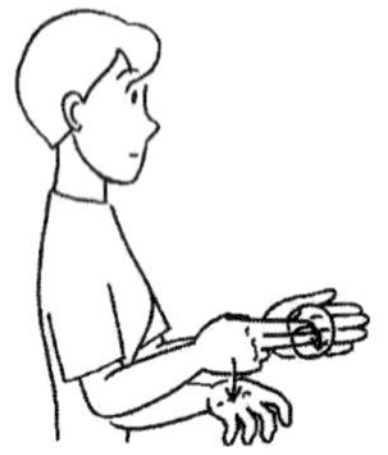

〈駅〉

左手のひらに右手２指を向かい合わせて前に回転し、次に全指を曲げた右手を置く。

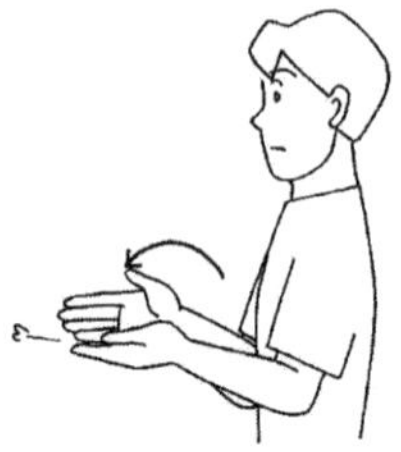

〈とまる①〉

左手のひらの上に右手をぽんとのせる。

えき【駅】2

「駅長」は駅の最高責任者の意味なので〈汽車〉＋〈長②〉で表現。〈場所〉は省略される。〈長②〉は最高責任者を表す。

「駅長」

→〈汽車〉＋〈長②〉

〈汽車〉

左手のひらの横で右手２指を前に回転させる。

〈長②〉

左手甲に親指を立てた右手をのせる。

えき【駅】3

駅名がつく場合は、駅名を先に出して単に〈とまる①〉で表現する。

「京都駅」

→〈京都〉＋〈とまる①〉

〈京都〉

親指と人差指を立てた両手を下に向け、２回おろす。

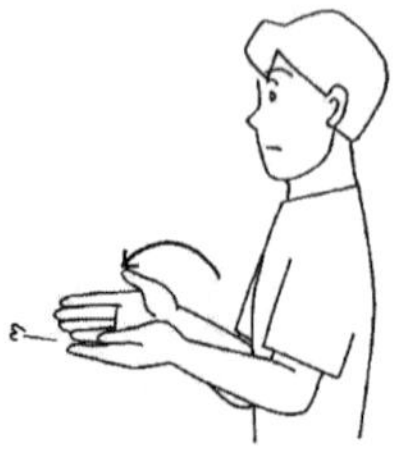

〈とまる①〉

左手のひらの上に右手をぽんとのせる。

えきでん【駅伝】

「駅伝」は〈候補〉＋〈走る〉で表現。〈候補〉は肩にかけたたすきを表す。

「駅伝」

→〈候補〉＋〈走る〉

〈候補〉

右手の親指と人差指で左肩から右下へたすきを描くようにする。

〈走る〉

両手を握って走るようにこぶしを上下させる。

エコ

例文の「エコ」は環境に配慮することなので〈エコロジー①〉または〈エコロジー②〉で表現。

「エコカー」

→(〈エコロジー①〉または)
〈エコロジー②〉＋〈運転〉

〈エコロジー②〉

右指文字〈エ〉で水平に円を描く。

〈運転〉

ハンドルを両手で握り、回すようにする。

エコーけんさ【エコー検査】

「エコー検査」は〈エコー検査〉で表現。〈エコー検査〉はエコーを当てているさまを表す。

「お腹のエコー検査」

→〈腹〉＋〈エコー検査〉

〈腹〉

腹に右手を当てる。

〈エコー検査〉

左甲に右こぶしを当て回す。

エコロジー

「エコロジー」

→〈エコロジー①〉または〈エコロジー②〉

「エコロジー」は生態学または環境保護の意味なので〈エコロジー①〉または〈エコロジー②〉で表現。いずれも指文字〈エ〉を使用した新しい手話。

〈エコロジー①〉

左指文字〈エ〉の下で手のひらを下に向けた右手で水平に円を描く。

〈エコロジー②〉

右指文字〈エ〉で水平に円を描く。

エスカレーター

「エスカレーターに乗る」

→〈エスカレーター〉

「エスカレーター」は自動的に動く階段なので〈エスカレーター〉で表現。エスカレーターに乗って上にあがるさまを表す。

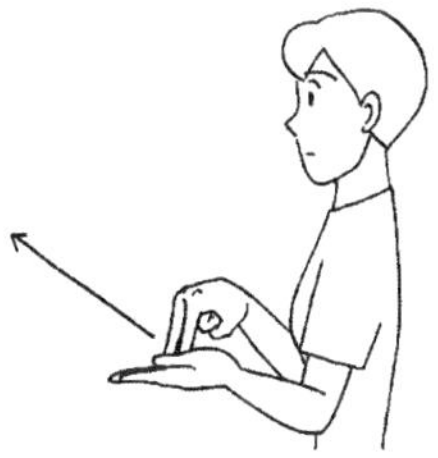

〈エスカレーター〉

左手のひらの上に右手２指を立てて、そのまま前方上にあげていく。

えだ【枝】

「木の枝」

→〈木〉+〈枝〉

例文の「枝」は〈枝〉で表現。木の四方から枝が伸びているさまを表す。特定の木の枝を表す場合はその形状によって手話は変わる。

〈木〉

両手の親指と人差指を向かい合わせて、上にあげながら左右に広げる。

〈枝〉

両手の人差指を交互に左右に突きあげる。

えだまめ【枝豆】

「枝豆をゆでる」

→〈枝豆〉+〈煮る〉

「枝豆」は〈枝豆〉で表現。〈枝豆〉は枝豆をつまんで口に入れるさまを表す。

〈枝豆〉

指を折り曲げた右手の指先を口元でつけたり離したりする。

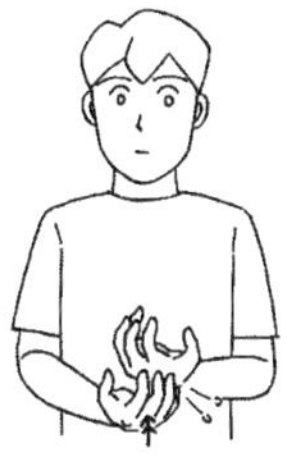

〈煮る〉

左手全指を曲げて手のひらを上に向け、折り曲げた右手全指を下から軽くたたくようにする。

エチケット

「エチケットを守る」

→〈常識〉+〈注意〉

「エチケット」は礼儀、作法の意味なので〈常識〉で表現。〈常識〉に「常識」「礼儀」「作法」「エチケット」「マナー」などの意味を持つ。

〈常識〉

両こぶしの小指側を繰り返し打ちつける。

〈注意〉

軽く開いた両手を上下に置き、体に引きつけて握る。

エックス【X】1

「X+Y」

→〈X〉(+〈十字〉)+〈Y〉

例文の「X」は〈X〉で表現。〈X〉は日本式アルファベットで、「X」の字形を表す。

〈X〉

両手の人差指を交差させる。

〈Y〉

人差指で「Y」を描く。

エックス【X】2

「X線撮影」

→〈X〉+〈取られる①〉

例文の「X線」は〈X〉で表現。

〈X〉

両手の人差指を交差させる。

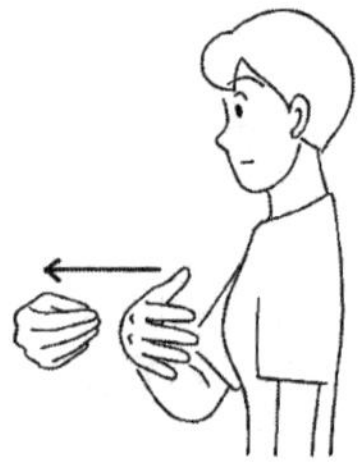

〈取られる①〉

軽く開いた右手の指先を手前に向けて前に出しながら閉じる。

エッチ【H】1

「鉛筆のH」

→〈鉛筆〉+〈H〉

例文の「H」は芯の堅さの度合いのことなので〈H〉で表現。〈H〉は日本式アルファベットで、「H」の字形を表す。

〈鉛筆〉

右手の親指と人差指を閉じて口元に近づけ、書くようにする。

〈H〉

左人差指と右手の親指と人差指で「H」を示す。

エッチ【H】2

「エッチ(な男)」

→〈助平〉または〈いやらしい〉(+〈男〉)

例文の「エッチ」は助平のことなので〈助平〉または〈いやらしい〉で表現。〈助平〉は目尻をさげるさま、〈いやらしい〉は鼻の下を伸ばすさまを表す。

〈助平〉

小指を目の横でこするようにする。

〈いやらしい〉

右手2指を鼻の下から右へ引く。

えど【江戸】

「江戸時代」

→〈江戸〉+〈時①〉

「江戸時代」に武士がちょんまげを結っていたところから〈江戸〉はちょんまげのもみあげで表す。

〈江戸〉

親指と人差指でもみあげを描くように下におろす。

〈時①〉

左手のひらに右親指を当て、右人差指を時計の針のように回す。

エヌエイチケイ【NHK】

「NHK」

→〈NHK〉

「NHK」は「日本放送協会」の略称。〈NHK〉はNから電波が伝わって行くさまを表した新しい手話。

〈NHK〉

左人差指と右手の親指と人差指で「N」の字形を作り、右手を斜め上にはねあげる。

エヌティティ【NTT】

「NTT」

→〈NTT〉

「NTT」は「日本電信電話株式会社」の略称。〈NTT〉はNTTのロゴマークを表す。

〈NTT〉

両手の2指を交互にはさみ、左右に弧を描き、手首をつける。

エヌピーオー
【NPO】

「ＮＰＯ団体」

→〈NPO〉+〈グループ〉

「NPO」は〈NPO〉で表現。〈NPO〉は「N」と「P」の字形を表す。

〈NPO〉

左人差指に親指と人差指を立てた右手の親指をつけ、右手を小さく回す。

〈グループ〉

指先を上に向けた両手で水平に手前に円を描く。

エネルギー

「エネルギーを節約する」

→〈エネルギー〉+〈節約〉

「エネルギー」は物体が活動する能力、活力、精力の意味。〈エネルギー〉は指文字〈エ〉と〈力〉を合成した新しい手話。

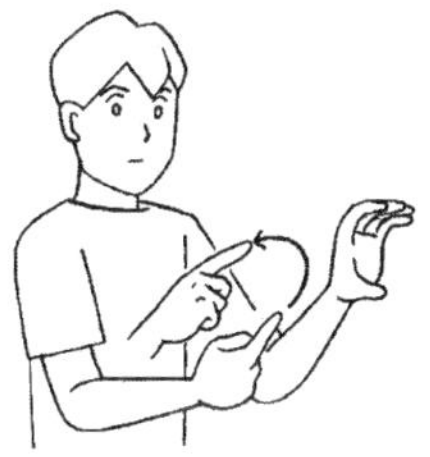

〈エネルギー〉

左手で指文字〈エ〉を示し、右人差指で左上腕に力こぶを描く。

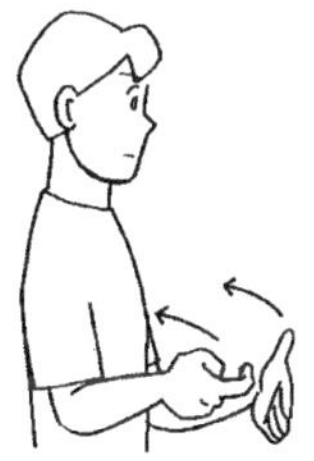

〈節約〉

左手のひらにかぎ状にした右人差指を当て、引きあげるように手前に引く。

エノキタケ

「エノキタケの栽培」

→〈エノキタケ〉+〈育てる⑤〉

「エノキタケ」は〈エノキタケ〉で表現。〈エノキタケ〉は左手が茎、右手がエノキタケの笠を表す。

〈エノキタケ〉

手のひらを手前に向けて立てた左手の指先に丸を作った右手を左親指から順に右へ動かす。

〈育てる⑤〉

〈エノキタケ〉の左手を残して、手のひらを上に向けた右手を繰り返し近づける。

えのぐ【絵の具】

「絵の具」

→〈絵の具〉+〈混ぜる〉

「絵の具」は〈絵の具〉+〈混ぜる〉で表現。〈絵の具〉は絵の具をしぼり出すさまを表す。〈混ぜる〉は混ぜるさまを表す。

〈絵の具〉

左手のひらの上に右手を乗せ、親指と４指をひねるようにして付け合わせる。

〈混ぜる〉

両手のひらを上下に重ねて混ぜ合わせるようにする。

エビ【海老】

「エビのテンプラ」

→〈エビ〉+〈テンプラ〉

「エビ」は〈エビ〉で表現。〈エビ〉はエビが体を曲げたり伸ばしたりして動くさまを表す。

〈エビ〉

折り曲げた２指をはねるように伸ばしながら右へ動かす。

〈テンプラ〉

右手２指を手首を軸にくるくる回す。

エプロン

「かわいいエプロン」

→〈愛①〉+〈エプロン〉

「エプロン」は〈エプロン〉で表現。〈エプロン〉は胸につけたエプロンのさまを表す。

〈愛①〉

左手甲を右手でなでるように回す。

〈エプロン〉

両人差指を胸の前で付け合わせ、左右に引き、下におろす。

エムアールアイ【MRI】

「MRI（検査）」
→〈マ〉+〈ドック〉
（+〈調べる①〉）

「MRI」は〈マ〉+〈ドック〉で表現。〈マ〉はアルファベットMで指文字〈マ〉と同形。〈ドック〉はドックの形を表す。

〈マ〉
3指の指先を下に向けて示す。

〈ドック〉
左手の親指と4指で作ったトンネルに右手2指を入れる。

えらい【偉い】1

「（あの人は）偉い」
→（左〈彼〉+）
〈敬う①〉+〈上品〉
（または〈良い〉）

例文の「偉い」は人が立派ですぐれていることなので〈敬う①〉+〈上品〉または〈良い〉で表現。

〈敬う①〉
左手のひらの上に親指を立てた右手を置き、それを目の上に掲げると同時に頭をさげる。

〈上品〉
鼻の下に当てた右手を静かに右へ動かす。

えらい【偉い】2

「（会社の）お偉い人」
→（〈会社〉+）
〈長①〉または〈長②〉

例文の「お偉い人」は地位が高い人のことなので〈長①〉または〈長②〉で表現。いずれも人の上に立つ人を表す。

〈長①〉
親指を立てた右手を上にあげる。

〈長②〉
左手の甲に親指を立てた右手をのせる。

えらい【偉い】3

「えらく（寒い）」
→〈すごい〉または〈とても〉
（+〈寒い〉）

例文の「えらく」は非常にの意なので〈すごい〉または〈とても〉で表現。〈すごい〉は目の玉がひっくり返るさまを表す。〈とても〉は「非常に」の意。

〈すごい〉
右手指先を曲げて頭の横で前方に回転させる。

〈とても〉
親指と人差指を閉じた右手を左から弧を描きながら親指を立てる。

えらい【偉い】4

「えらい目にあった」
→〈降参〉または〈苦労〉

例文の「えらい」はとても困った意で、4種類の表現がある。ひとつめは〈降参〉で表現。〈降参〉はかぶとを脱ぐさま。ふたつめは〈苦労〉で表現。

〈降参〉
頭の横に親指と人差指を当て、前におろす。

〈苦労〉
左腕を右こぶしで軽くたたく。

えらい【偉い】5

「えらい目にあった」
→〈迷惑〉または〈邪魔①〉

みっつめは〈迷惑〉で表現。〈迷惑〉は眉間にしわを寄せるさまを表す。よっつめは〈邪魔①〉で表現。〈邪魔①〉は目の上のたんこぶのさまを表す。

〈迷惑〉
親指と人差指で眉間をつまむ。

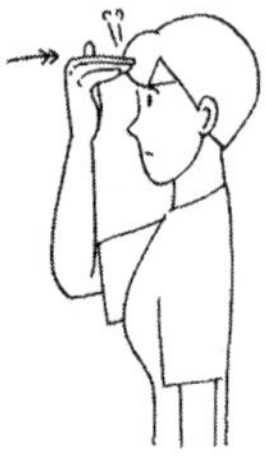

〈邪魔①〉
右手指先を額に繰り返し当てる。

えらぶ【選ぶ】1

「(議長を)選ぶ」

→(〈ギ〉+〈長①〉+)〈選ぶ①〉

例文の「選ぶ」は多数の中から一人選び出す意味なので〈選ぶ①〉で表現。

〈選ぶ①〉

左親指を右手の親指と人差指でつまみあげるように上に動かす。

える【得る】1

「名誉を得る」

→〈名誉〉+〈もらう①〉

例文の「得る」は手に入れる意味なので〈もらう①〉で表現。〈もらう①〉は物質的と精神的を問わずもらうさまを表す。

〈名誉〉

両手の人差指の先を向かい合わせて上にあげる。

〈もらう①〉

手のひらを上に向けた両手を手前に引く。

えらぶ【選ぶ】2

「リーダーに選ばれる」

→〈リーダー〉+〈選び出す〉

例文の「選ばれる」は〈選び出す〉で表現。〈選び出す〉は人が選び出されたことを表す。

〈リーダー〉

指先を上に向けた左手の横から親指を立てた右手を前に出す。

〈選び出す〉

左親指を右手の親指と人差指でつまむようにして前に出す。

える【得る】2

「考え得る(すべての答え)」

→〈考える〉+〈できる〉(+〈答える〉+〈すべて〉)

例文の「得る」はできる意味なので〈できる〉と表現。なお「得る」は「うる」と読むことが多い。

〈考える〉

右人差指を頭にねじこむようにする。

〈できる〉

右手指先を左胸と右胸に順に当てる。

えらぶ【選ぶ】3

「いくつかを選ぶ」

→〈数〉+〈選ぶ②〉

例文の「いくつかを選ぶ」は〈選ぶ②〉で表現。〈選ぶ②〉は選ぶ動作を繰り返すことで五指からいくつか選ぶことを表す。

〈数〉

右手の指を順に折る。

〈選ぶ②〉

左手甲を前にした５指を右手の親指と人差指でつまみあげるようにする。

エレベーター

「エレベーターの戸が開く」

→〈エレベーター〉+〈開(ひら)く②〉

〈エレベーター〉は昇降機のこと。〈エレベーター〉はエレベーターに乗って上へあがるさまを表す。

〈エレベーター〉

左手のひらに右手人差指と中指をのせ、上にあげる。

〈開(ひら)く②〉

左手のひらにつけた右手を右に開く。

えん【円】1

「紙に円を描く」
→〈四角①〉+〈丸③〉

例文の「円」は丸の意味なので〈丸③〉で表現。〈丸③〉は動作と文脈によって「丸」や「丸を描く」の意味を表す。

〈四角①〉
両手人差指で四角を描く。

〈丸③〉
右人差指で大きく丸を描く。

えん【円】2

「千円」
→〈千①〉+〈円〉

例文の「円」はお金の単位なので〈円〉で表現。〈円〉は紙幣の形を表す。

〈千①〉
親指と３指で丸を作る。

〈円〉
右手の親指と人差指をやや開き、左から右へ水平に動かす。

えん【縁】1

「不思議な縁で(会う)」
→〈不思議〉+〈都合〉
(+〈会う①〉)

例文の「縁」は運命、めぐりあわせの意味なので〈都合〉で表現。〈都合〉は運・運命の意味を持つ。

〈不思議〉
右人差指をあごにつけ、ねじるようにする。

〈都合〉
左手のひらの上に右こぶしの小指側をつけてこするように回す。

えん【縁】2

「(夫婦の)縁」
→〈夫婦①〉+〈関係①〉

例文の「縁」は関係を意味するので〈関係①〉で表現。〈関係①〉は二つのものが結ばれているさまを表す。

〈夫婦①〉
右小指と左親指を寄り添わせ下にさげる。

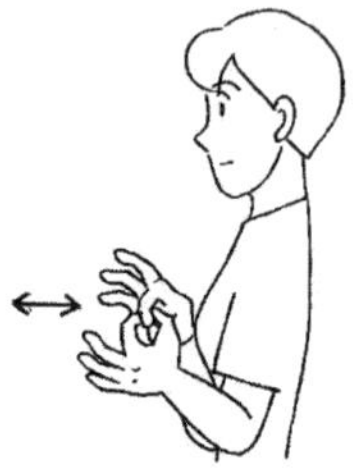

〈関係①〉
両手の親指と人差指を組み、前後に往復させる。

えん【縁】3

「縁を切る」
→〈たもとを分かつ①〉
または〈たもとを分かつ②〉

例文は関係を切る意味なので〈たもとを分かつ①〉または〈たもとを分かつ②〉で表現。「縁を切る」意味で袂(たもと)を分かつさまを表す。

〈たもとを分かつ①〉
左腕に添って右手で切るようにする。

〈たもとを分かつ②〉
左下腕に添って右手で切るようにする。

えん【縁】4

「縁の下の力持ち」
→〈隠れる〉+〈助ける①〉

例文の「縁の下の力持ち」は陰で支える人を意味するので〈隠れる〉+〈助ける①〉で表現。手話は影で助けるさまを表す。

〈隠れる〉
両手の小指側を合わせて顔を隠すようにする。

〈助ける①〉
親指を立てた左手の後ろを右手のひらで軽く後押しする。

えんかい【宴会】

「宴会」
→〈宴会〉
または〈パーティー〉

例文は〈宴会〉または〈パーティー〉で表現。〈宴会〉は日本式の杯のやり取り、〈パーティー〉は洋式のグラスを持ったパーティーをイメージ。

〈宴会〉
両手の親指と人差指を曲げて向かい合わせ交互に前後させる。

〈パーティー〉
親指と人差指で杯を持つようにして水平に回転させる。

えんかつ【円滑】

「(会議を)円滑に進める」
→(〈会議〉+)
〈なめらか①〉+〈進む①〉

「円滑」はスムーズに滑らかに物ごとが進むさまなので〈なめらか①〉で表現。〈なめらか①〉はひげそりあとのなめらかなさまを表す。

〈なめらか①〉
右人差指をほおに当て、すべらせて前に出す。

〈進む①〉
指文字〈コ〉を示した両手を前に進める。

えんき【延期】

「日程を延期する」
→〈いつ〉+〈延期〉

「延期」は日程などの予定を先にのばす意味なので〈延期〉で表現。〈延期〉の動きは右から左へ移動するが、その逆も可。

〈いつ〉
両手を上下にして、両手同時に順番に指を折る。

〈延期〉
両手の親指と人差指でつまむようにして右から左へ弧を描いて移す。

えんぎ【演技】

「演技がうまい」
→〈芝居〉+〈腕前〉
(または〈上手〉)

「演技」は芝居や映画などでみせる役者の芸の意味なので〈芝居〉で表現。歌舞伎の見得を切るさまを表す。「劇」「演じる」の意味もある。

〈芝居〉
前後に互い違いに向けた両こぶしを同時にひねる。

〈腕前〉
左腕を右手のひらでぽんとたたく。

えんじょ【援助】1

「仕事を援助する」
→〈仕事〉+〈助ける①〉

「援助」は助ける意味なので〈助ける①〉で表現。人に見立てた左手親指を右手で後押しして助けるさまを表す。

〈仕事〉
手のひらを上に向け、向かい合わせた両手指先を繰り返しつき合わせる。

〈助ける①〉
親指を立てた左手の後ろを右手のひらで軽く後押しする。

えんじょ【援助】2

「資金援助を受ける」
→〈金(かね)①〉+〈助けられる①〉

「援助を受ける」は〈助けられる①〉で表現。〈助けられる①〉は自分が助けられるさまを表す。

〈金(かね)①〉
右手の親指と人差指で作った丸を示す。

〈助けられる①〉
親指を立てた左手甲に右手のひらを前方から繰り返し当てる。

えんしょう【炎症】

「炎症を起こす」

→〈火①〉+〈病気〉

「炎症」は〈火①〉+〈病気〉で表現。〈火①〉は炎のさま、〈病気〉は額に氷のうを当てるさまから「病気」「〜症」の意。「炎症を起こす」も同手話。

〈火①〉

指先を上に向けた右手を揺らしながら上にあげる。

〈病気〉

こぶしで額を軽くたたく。

エンジン

「車のエンジン」

→〈運転〉+〈エンジン〉

例文の「エンジン」は車などの動力機関の意味なので〈エンジン〉で表現。〈エンジン〉はピストンが上下するさまを表す。

〈運転〉

ハンドルを両手で握り、回すようにする。

〈エンジン〉

折り曲げた両手2指を向かい合わせて交互に上下させる。

えんぜつ【演説】

「選挙演説をする」

→〈選挙〉+〈講演〉

「演説」は大勢の人の前で話をする意味なので〈講演〉で表現。〈講演〉は演壇に立って話をするさまを表す。

〈選挙〉

指先を下にした両手を交互にさげる。

〈講演〉

左手甲の上に右ひじをのせて指先を伸ばして前後に振る。

えんそく【遠足】

「学校の遠足」

→〈勉強①〉+〈行進〉

「遠足」は学校生徒などの集団ハイキングの意味なので〈行進〉で表現。〈行進〉は生徒たちが列になって進むさまを表す。

〈勉強①〉

両手を並べる。

〈行進〉

軽く開いた両手の指先を上に向けて前後に並べ、上下に揺らしながら前へ進める。

えんちょう【延長】1

「時間を延長する」

→〈時②〉+〈のばす〉

例文の「延長」は時間をのばす意味なので〈のばす〉で表現。〈のばす〉は時間や回数がのびるさまを表す。

〈時②〉

左こぶしの親指側に右親指を当て、人差指を時計の針のように回す。

〈のばす〉

親指と人差指を閉じた両手を向かい合わせ、右手を右へ離す。

えんちょう【延長】2

「延長戦」

→〈延期〉+〈けんか①〉

例文の「延長」は時間や回数をのばす意味であるが、〈延期〉で表現するのが慣用になっている。

〈延期〉

両手の親指と人差指でつまむようにして右から左へ弧を描いて移す。

〈けんか①〉

両手人差指を剣のようにふれ合わす。

えんとつ【煙突】

「煙突の煙」

→〈煙突〉+〈煙①〉

例文の「煙突」は〈煙突〉で表現。煙突の形を表す。

〈煙突〉

両手の親指と人差指を向かい合わせて同時に上にあげる。

〈煙①〉

左手の親指と4指で囲んで中から全指を折り曲げた右手を回しながら上にあげる。

えんばんなげ【円盤投げ】

「円盤投げの選手」

→〈円盤投げ〉+〈選手〉

「円盤投げ」は〈円盤投げ〉で表現。〈円盤投げ〉は円盤を投げるさまを表す。

〈円盤投げ〉

円盤を持って投げるしぐさをする。

〈選手〉

左こぶしの甲に親指を立てた右手を軽くかすめるように当て、上にあげる。

えんぴつ【鉛筆】

「ノートに鉛筆で書く」

→〈本〉+〈鉛筆〉

「鉛筆」は鉛筆をなめて書くことから〈鉛筆〉で表現。「なめる」ことで鉛筆であることを明らかにしている。

〈本〉

手のひらを合わせた両手を本を開くように左右に開く。

〈鉛筆〉

右手の親指と人差指を閉じて口元に近づけ、書くようにする。

えんりょ【遠慮】1

「遠慮深い」

→〈遠慮〉+〈とても〉

例文の「遠慮」は控える、慎むの意味なので〈遠慮〉で表現。〈遠慮〉は手を引っ込めるさまで表す。

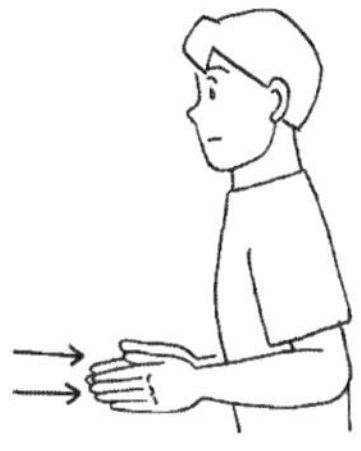

〈遠慮〉

向かい合わせた両手を同時に手前に引く。

〈とても〉

親指と人差指を閉じた右手を右へ弧を描きながら親指を立てる。

えんりょ【遠慮】2

「(入場は)ご遠慮下さい」

→(〈入る①〉+)
〈とめる〉+〈頼む②〉

例文の「遠慮」は人に対し、しないように制止することを意味するので〈とめる〉で表現。〈とめる〉はものごとを断つことを表す。

〈とめる〉

左手のひらの上に右手を振りおろす。

〈頼む②〉

両手を合わせて拝む。

〈オ〉

親指と4指で丸を作る。

お

おいこす【追い越す】1

「前の車を追い越す」

→〈追い越す①〉
（＋補助図）

例文の「追い越す」は車で追い越すので〈追い越す①〉で表現。

〈追い越す①〉

指先を前に向けた「コ」の字形の右手で左手を追い抜く。

（上から見た図）

おいしい【美味しい】1

「おいしい（料理）」

→〈おいしい①〉
または〈おいしい②〉
（＋〈料理〉）

３種類の表現がある。ひとつめは〈おいしい①〉、ふたつめは〈おいしい②〉で表現。ともによだれをふくさまでおいしいことを表す。

〈おいしい①〉

右手のひらであごをぬぐう。

〈おいしい②〉

右こぶし親指側であごをぬぐう。

おいこす【追い越す】2

「特急に追い越される」

→〈特別〉＋〈追い越す②〉

例文の「追い越される」は受身形で列車のことなので〈追い越す②〉で表現。両手を列車に見立てて右手をすばやく前に出して表す。

〈特別〉

左腕に親指と人差指をつまんだ右手を腕に沿って上下させる。

〈追い越す②〉

指先を前方に向け、両手のひらを向かい合わせ、右手をすばやく前に出す。

おいしい【美味しい】2

「おいしい料理」

→〈おいしい③〉＋〈料理〉

みっつめは〈おいしい③〉で表現。おいしくてほっぺたが落ちそうなさまを表す。

〈おいしい③〉

右手のひらで右ほおを軽くたたく。

〈料理〉

左手で押さえ、右手で刻むようにする。

おいこす【追い越す】3

「（成績で）
ライバルを追い越す」

→（〈成績〉＋）
〈争う〉＋〈追い越す③〉

例文の「追い越す」は成績のことなので〈追い越す③〉で表現。〈追い越す③〉は人に見立てた右親指を一気に上へあげて表す。

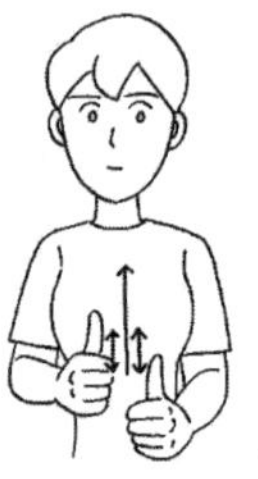

〈争う〉

親指を立てた両手を並べ、競うようにせりあげる。

〈追い越す③〉

親指を立てた両手を並べ、右手を一気に上へあげる。

おいぬく【追い抜く】1

「［前を走っている人を］
追い抜く」

→〈追い抜く①〉または〈追い抜く②〉

例文の「追い抜く」は人が走って追い抜くので〈追い抜く①〉または〈追い抜く②〉で表現。いずれも先行する人を後から追い抜くさまを表す。

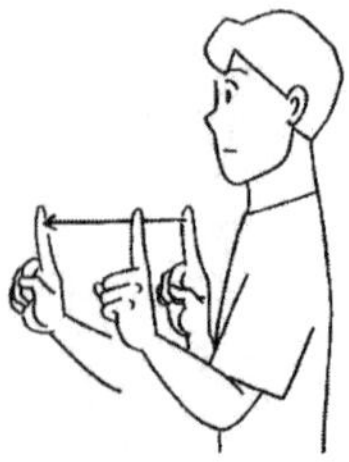

〈追い抜く①〉

左人差指の横を右人差指が追い抜くように前に出す。

〈追い抜く②〉

左人差指を右人差指で回り込んで追い抜くようにする。

おいぬく【追い抜く】2

「（身長で）父を追い抜く」

→（〈身長〉＋）
左〈父〉＋〈追い抜く③〉

例文の「追い抜く」は身長なので〈追い抜く③〉で表現。〈追い抜く③〉は左手の高さより右手の高さが高いさまを表す。

左〈父〉

左人差指でほおにふれ、親指を立てる。

〈追い抜く③〉

左指文字〈コ〉を口の高さに、右指文字〈コ〉を左より下にし、次に右を左より高くする。

おう【追う】1

「後を追う」

→〈追う①〉
または〈追う②〉

「追う」は前を行く人などをつける意味なので〈追う①〉または〈追う②〉で表現。人に見立てた親指、人差指で追うさまを表す。

〈追う①〉

左親指を右親指で追うようにする。

〈追う②〉

人差指を立てた両手を前後にして、左右に揺らしながら前に出す。

おいはらう【追い払う】

「（人を）追い払う」

→（〈人々①〉＋）
〈除く①〉または〈追い払う〉

例文の「追い払う」は〈除く①〉または〈追い払う〉で表現。〈除く①〉は「排除する」意、〈追い払う〉は追い払うさまで「のけ者にする」意。

〈除く①〉

左手のひらの上に右手の小指側をのせて前に払う。

〈追い払う〉

左手のひらを右手で払いのける。

おう【追う】2

「順を追って説明する」

→〈順番①〉＋〈説明〉

例文の「順を追って」は順番にの意味なので〈順番①〉で表現。〈順番①〉は次々にという意味を表す。

〈順番①〉

右手のひらを上に向けて順に右へ動かす。

〈説明〉

左手のひらを右手で小刻みにたたく。

おう【王】

「国王」

→〈国（くに）〉＋〈敬う①〉

「王」は〈敬う①〉で表現。〈敬う①〉は敬うさまで、敬うこと、偉い人を表す。この場合、前に〈国〉を示すので国王を意味する。

〈国（くに）〉

親指と４指を突き合わせ、左右に開きながら閉じる。

〈敬う①〉

左手のひらの上に親指を立てた右手をのせて上にあげる。

おう【追う】3

「仕事に追われる」

→〈仕事〉＋〈あわてる〉

例文は仕事などがたまってその処理にあわてている意味なので〈あわてる〉で表現。落ち着かず、あたふたしているさまを表す。

〈仕事〉

手のひらを上に向け、向かい合わせた両手指先を繰り返しつき合わせる。

〈あわてる〉

手のひらを上に向けた両手の指先を向かい合わせて交互に上にあげる。

おう【負う】1

「工事の責任を負う」

→〈工事〉+〈責任①〉

例文の「責任を負う」は責任を自分が持つ意味で〈責任①〉で表現。〈責任①〉は肩にかかるもの、責任を表す。

〈工事〉

左こぶしに右こぶしを左右から打ちつける。

〈責任①〉

右肩に軽く全指を折り曲げた右手をのせる。

おう【負う】2

「ひどい傷を負う」

→〈傷①〉+〈とても〉

例文の「傷を負う」は傷を受ける意味なので〈傷①〉で表現。傷の部位や程度によって手話は変わる。

〈傷①〉

右人差指で右ほおを切るようにする。

〈とても〉

右手の親指と人差指をつまみ、右へ弧を描きながら親指を立てる。

おうえん【応援】1

「仕事の応援をする」

→〈仕事〉+〈助ける①〉

例文の「応援」は後押しする、わきから助ける意味なので〈助ける①〉で表現。〈助ける①〉は後押ししているさまを表す。

〈仕事〉

手のひらを上に向け、向かい合わせた両手指先を繰り返しつき合わせる。

〈助ける①〉

親指を立てた左手の後ろを右手のひらで軽く後押しする。

おうえん【応援】2

「応援団」

→〈応援〉+〈グループ〉

例文の「応援」は声援を送る意味なので〈応援〉で表現。旗を振って応援するさまを表す。

〈応援〉

両こぶしを握り、旗のついた棒を左右に振るようにする。

〈グループ〉

指先を上に向けた両手で水平に手前に円を描く。

おうきゅう【応急】1

「応急策(を講じる)」

→〈当面〉+〈計画〉
(+〈する〉)

例文の「応急」は当面急場の間に合わせを意味するので〈当面〉で表現。〈当面〉はしばらくの意味を表す。

〈当面〉

左手甲に曲げた右人差指を当てて前に出す。

〈計画〉

左手のひらを下に向け、右人差指で線を引くようにする。

おうきゅう【応急】2

「(けがの)応急手当」

→(〈けが〉+)
〈急に〉+〈世話〉

例文の「応急手当」は急いで行う現場処置の意味なので〈急に〉+〈世話〉で表現。〈世話〉には処置の意味がある。

〈急に〉

右人差指を勢いよくすくいあげる。

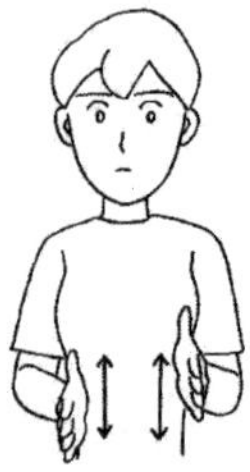

〈世話〉

指先を前に向け、手のひらを向かい合わせた両手を交互に上下させる。

おうじる【応じる】1

「注文に応じて（作る）」

→〈申し込まれる〉+〈合う①〉（+〈作る〉）

例文の「応じる」は相手の求めに従う意味なので〈合う①〉で表現。〈合う①〉は相手に合わせるさまを表す。

〈申し込まれる〉

左手のひらの上に右人差指をのせて手前に引き寄せる。

〈合う①〉

左人差指の先に右人差指の先を当てる。

おうじる【応じる】2

「［相手が］インタビューに応じる」

→〈インタビュー〉+〈返事〉

例文の「応じる」は相手が答える意味なので〈返事〉で表現。〈返事〉は相手から、回答や報告などの意味を持つ。

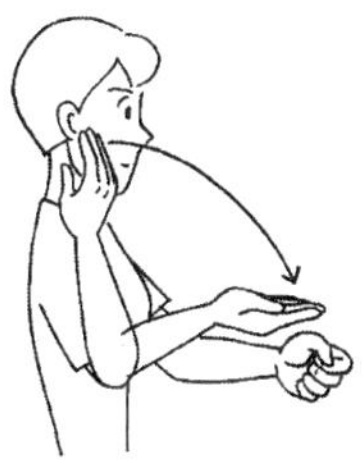

〈インタビュー〉

左こぶしを前に差し出し右手のひらを耳元から前に差し出す。

〈返事〉

親指と人差指を出した両手を手前に引き寄せる。

おうじる【応じる】3

「身分に応じる」

→〈立つ〉+〈合う②〉

例文の「応じる」は見合う、相応の意味なので〈合う②〉で表現。〈合う②〉はそれぞれに合わせるさまを表す。

〈立つ〉

左手のひらの上に右手2指を立てる。

〈合う②〉

両手の人差指の先を上下合わせる。

おうしん【往診】1

「（毎日）往診する」

→（〈いつも〉+）〈脈〉+〈行（い）く④〉

例文の「往診」は往診に行くことなので〈脈〉+〈行く④〉で表現。〈行く④〉は人が出向くさまを表す。

〈脈〉

右3指を左手首の内側に当てる。

〈行（い）く④〉

親指を立てた右手を弧を描いて前に出す。

おうしん【往診】2

「往診に来てもらう」

→〈脈〉+〈来る③〉

例文は前記とは逆に往診に来てもらうことなので〈脈〉+〈来る③〉で表現。〈来る③〉は人がやってくることを表す。

〈脈〉

右3指を左手首の内側に当てる。

〈来る③〉

親指を立てた右手を手前に引く。

おうふく【往復】1

「往復時間」

→〈通う〉+〈時間〉

例文の「往復」は行って帰る意味なので〈通う〉で表現。〈通う〉は行って帰るさまを表す。

〈通う〉

親指を立てた右手を前後に往復させる。

〈時間〉

左手の腕時計の位置を右人差指でさす。

おうふく【往復】2

「往復はがき」

→〈郵便を交わす〉+〈四角②〉

例文の「往復」は郵便はがきなので〈郵便を交わす〉で表現。〈郵便を交わす〉は郵便が往復するさまを表す。

〈郵便を交わす〉

左手２指と右手人差指で〒マークを作り、前後に動かす。

〈四角②〉

両手の人差指で四角を描く。

オウム【鸚鵡】

「オウムを育てる」

→〈オウム〉+〈育てる③〉

「オウム」は〈オウム〉で表現。〈オウム〉はオウムの頭の冠のさまを表す。

〈オウム〉

５指をすぼめた右手を額に置き、開きながら前に出す。

〈育てる③〉

少し曲げた左手をふせて、右手指先を繰り返し左手の下に近づける。

おうらい【往来】1

「人の往来がはげしい」

→〈人通り〉+〈とても〉

例文の「往来」は人の行き交いの意味なので〈人通り〉で表現。〈人通り〉は全指を人々に見立て、行き交うさまを表す。

〈人通り〉

両手のひらを向かい合わせて交互に前後させる。

〈とても〉

親指と人差指を閉じた右手を左から弧を描きながら親指を立てる。

おうらい【往来】2

「車の往来」

→〈運転〉+〈交通〉

例文の「車の往来」は車が行き交う意味なので〈交通〉で表現。両手は車に見立てて表す。

〈運転〉

ハンドルを両手で握り、回すようにする。

〈交通〉

両手のひらの甲側を前に示し、繰り返し交差させる。

おえる【終える】1

「仕事を終える」

→〈仕事〉+〈終わる〉

例文の「終える」は済ませる意味なので〈終わる〉で表現。〈終わる〉はものごとが終了したことを表す。

〈仕事〉

手のひらを上に向け、向かい合わせた両手指先を繰り返しつき合わせる。

〈終わる〉

指先を上に向けた両手を下におろしながら閉じる。

おえる【終える】2

「高校を終える」

→〈高校①〉+〈卒業〉

例文の「終える」は学校を卒業する意味なので〈卒業〉で表現。〈卒業〉は卒業証書をもらうさまを表す。

〈高校①〉

右手２指で額に２本線を引く。

〈卒業〉

賞状を持った両手を軽く上にあげながら頭をさげる。

おおい【多い】1

「人通りが多い」

→〈道①〉+〈人通り〉

例文の「多い」は〈人通り〉で表現。〈人通り〉の表情や動作で人通りの多さの程度を表す。

〈道①〉

指先を前に向けた両手を向かい合わせて前に出す。

〈人通り〉

両手のひらを向かい合わせて交互に前後させる。

おおい【多い】2

「子供が多い」

→〈子供①〉+〈たくさん③〉

例文の「多い」は人数が多い意味なので〈たくさん③〉で表現。〈たくさん③〉は数えられる程度に数が多いことを表す。

〈子供①〉

両手のひらを前に向けて、あやすように左右に振る。

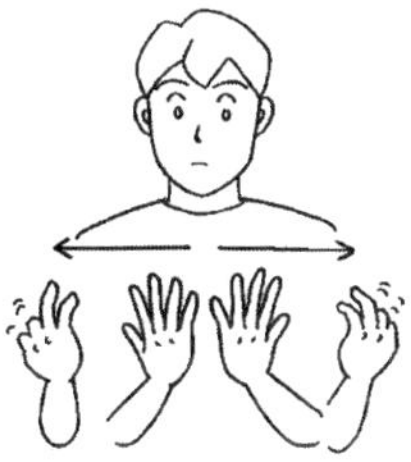

〈たくさん③〉

両手のひらを軽く開き、左右に開きながら指を折る。

おおい【多い】3

「(町には)人が多い」

→(〈町①〉+)〈人〉+〈たくさん⑤〉

例文の「多い」は人数が多い意味なので〈たくさん⑤〉で表現。〈たくさん⑤〉は数えられないほど多いことを表す。

〈人〉

人差指で「人」の字を空書する。

〈たくさん⑤〉

軽く開いた両手のひらを手前に向けて、前後に揺らしながら左右に開く。

おおい【多い】4

「雨の量が多い」

→〈雨①〉+〈増す〉

例文の「多い」は量の多さを表すので〈増す〉で表現。〈増す〉は水かさの多いことを表す。

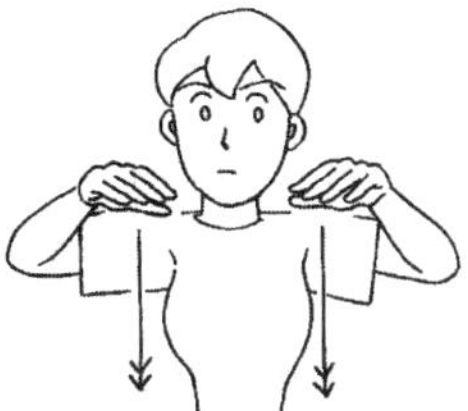

〈雨①〉

軽く開いた指先を前に向け両手を繰り返し下におろす。

〈増す〉

両手を上下に向かい合わせ、右手を上にあげていく。

おおい【多い】5

「一言多い」

→〈言う①〉+〈過ぎる〉

例文の「一言多い」は余計なことを言う意味なので〈言う①〉+〈過ぎる〉で表現。手話は言い過ぎる意味を表す。

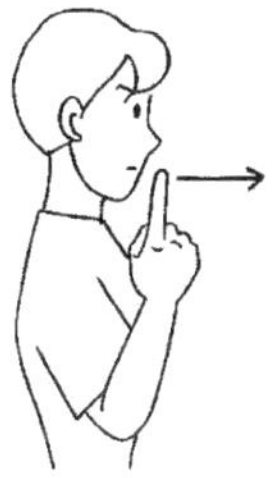

〈言う①〉

右人差指を口元から前に出す。

〈過ぎる〉

左手甲の上を右手で乗り越える。

おおい【多い】6

「肩書きが多い」

→〈肩書き①〉(または〈肩書き②〉)+〈たくさん②〉

例文の「多い」は〈たくさん②〉で表現。指折り数えるさまを表す。

〈肩書き①〉

右手の親指と人差指を右肩に当て、下におろす。

〈たくさん②〉

右手の指を順に折りながら左から右へ動かす。

おおきい【大きい】1

「声が大きい」

→〈声〉+〈大きい①〉

例文の「声が大きい」は〈声〉+〈大きい①〉で表現。〈大きい①〉は抽象的な意味にも使われる。

〈声〉

親指と人差指で作った丸をのど元に当て、気管に沿って口元から前に出す。

〈大きい①〉

親指と人差指を向かい合わせた両手を弧を描いて左右に広げる。

おおきい【大きい】2

「大きい魚」

→〈大きい②〉+〈魚(さかな)①〉

例文の「大きい」は〈大きい②〉で表現。〈大きい②〉の動作で魚の大きさの程度を表す。

〈大きい②〉

両手を軽く曲げて向かい合わせ左右に開く。

〈魚(さかな)①〉

右手指先を左に向けて揺らしながら動かす。

おおきい【大きい】3

「アメリカは大きい」

→(〈アメリカ①〉または)〈アメリカ②〉+〈広い③〉

例文の「大きい」は面積が広い意味なので〈広い③〉で表現。〈広い③〉は伸び伸びした広さを表す。

〈アメリカ②〉

両手の指を組んだまま左から右に揺らしながら動かす。

〈広い③〉

両こぶしを握り、両ひじを張って左右に開く。

おおきい【大きい】4

「体が大きい」

→〈体(からだ)〉+〈大きい③〉

例文の「体が大きい」は〈大きい③〉で表現。〈大きい③〉は肩幅が広く背の高いさまを表す。

〈体(からだ)〉

右手を体の上で回す。

〈大きい③〉

両肩に置いた両手を上にあげる。

おおきい【大きい】5

「家が大きい」

→〈家〉+〈広い②〉

例文の「家が大きい」は〈広い②〉で表現。〈広い②〉は〈家〉に続けることによって、家が広いことを表す。

〈家〉

両手で屋根形を作る。

〈広い②〉

両手で屋根形を作り、ひじを広げる。

おおきい【大きい】6

「騒ぎが大きい」

→〈混乱〉+〈とても〉

例文の「騒ぎが大きい」は〈混乱〉+〈とても〉で表現。〈とても〉を略して〈混乱〉の動作を大きくして、表情を加えても表現できる。

〈混乱〉

全指を曲げた両手のひらを上下に向かい合わせて、かき混ぜるようにする。

〈とても〉

右手の親指と人差指をつまみ、右へ弧を描きながら親指を立てる。

おおきい【大きい】7

「子供が大きくなる」

→〈子供③〉+〈大きくなる①〉

例文の「大きくなる」は背が伸びる意味なので〈大きくなる①〉で表現。〈大きくなる①〉の程度によってその大きさを表す。

〈子供③〉

身体の斜め前を右手のひらで軽く押さえるようにする。

〈大きくなる①〉

右手のひらを下から上にあげる。

おおきな【大きな】1

「大きな顔をする」

→〈いばる〉

例文の「大きな顔をする」はいばる意味なので〈いばる〉で表現。〈いばる〉は胸を張るさまを表す。

〈いばる〉

両手の親指を背広のえりに当て、4指を振る。

おおきな【大きな】2

「大きなお世話だ」

→〈いらない〉

例文の「大きなお世話だ」は余計な世話はいらないの意味なので〈いらない〉で表現。顔を背けて拒否の意志を表す。

〈いらない〉

手前に引き寄せた両手を前にはじくように開く。

オーケー【ＯＫ】

「ＯＫを出す」

→〈ＯＫ〉

「ＯＫ」は「はい」「分かった」など合意を示す意味なので〈ＯＫ〉で表現。〈ＯＫ〉は０から生まれた慣用的手話。

〈ＯＫ〉

右手の親指と人差指で作った丸を前に示す。

おおぜい【大勢】

「大勢の人が集まる」

→〈たくさん⑤〉+〈集まる①〉

例文の「大勢」は〈たくさん⑤〉で表現。〈たくさん⑤〉は人々が大勢のさまを表す。「盛大な会」も同手話。

〈たくさん⑤〉

軽く開いた両手のひらを手前に向けて、前後に揺らしながら左右に開く。

〈集まる①〉

軽く開いた両手のひらを向かい合わせて中央に寄せる。

おおぜき【大関】

「大関になる」

→〈大関〉+〈昇進〉

「大関」は〈大関〉で表現。〈大関〉は両手で「大」を表す手の形で門構えを描く。

〈大関〉

指文字〈ム〉の両手を左右に並べてつけ合わせ、左右に離して下におろす。

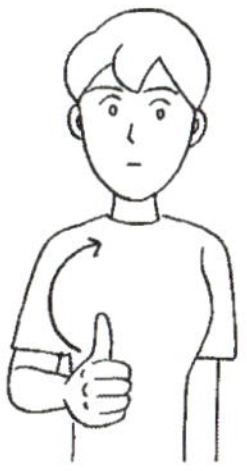

〈昇進〉

親指を立てた右手を弧を描くように上にあげる。

お

おおづめ【大詰め】

「事件は大詰めを迎えた」
→〈事件〉+〈大詰め〉

「大詰め」は〈大詰め〉で表現。〈大詰め〉は最後の意の〈まで〉の変形で終わりに向かっているさまを表す。「大詰めを迎える」も同手話。

〈事件〉
左手の指文字〈コ〉の下で右人差指をすくいあげるようにする。

〈大詰め〉
手のひらを手前に向けた左手に、手のひらを下にした右手をねじりながら左手のひらに近づける。

オートバイ

「オートバイに乗る」
→〈バイク〉+〈乗る①〉

「オートバイ」は「バイク」と言うのが一般的。〈バイク〉はハンドルを握り、アクセルを回すさまを表す。

〈バイク〉
バイクのハンドルを握り、右手でアクセルを回すようにする。

〈乗る①〉
左人差指の上に右手２指をまたぐようにのせる。

オーバー 1

「定員をオーバー」
→〈定まる〉+〈越える②〉

例文の「オーバー」は限度の人数を越える意味なので〈越える②〉で表現。〈越える②〉は左手に示す基準を上回るさまを表す。

〈定まる〉
両手指を曲げて上下に組み合わす。

〈越える②〉
左手のひらを下にして、その手前で指先を上に向けた右手をあげる。

オーバー 2

「時間をオーバーする」
→〈時①〉+〈過ぎる〉

例文の「時間をオーバー」は決められた時間を過ぎる意味なので〈過ぎる〉で表現。〈過ぎる〉は乗り越えるさまを表す。

〈時①〉
左手のひらに右親指を当て、右人差指を時計の針のように回す。

〈過ぎる〉
左手甲の上を右手で乗り越える。

オーバー 3

「オーバーな表現」
→〈越える②〉+〈表(あらわ)す〉

例文の「オーバー」は大げさの意味なので〈越える②〉で表現。〈越える②〉は基準を上回るさまを表す。

〈越える②〉
左手のひらを下にして、その手前で指先を上に向けた右手をあげる。

〈表(あらわ)す〉
左手のひらに右人差指をつけて前に押し出す。

オーバーコート

「(高い)オーバーコート」
→(〈高い①〉+)〈オーバーコート〉または〈着る〉

「オーバーコート」は〈オーバーコート〉または〈着る〉で表現。〈オーバーコート〉は厚い服を着るさまを表す。〈着る〉は大きく羽織るさまを表す。

〈オーバーコート〉
「コ」の字形の両手を肩から交差させながら下におろす。

〈着る〉
親指を立てた両手を内側に倒し、着るようにする。

オープン

「店がオープンする」

→〈店①〉+〈開(ひら)く①〉

例文の「オープン」は開店の意味なので〈開く①〉で表現。この手話はドアが開くさまを表しているが、いくつかの種類がある。

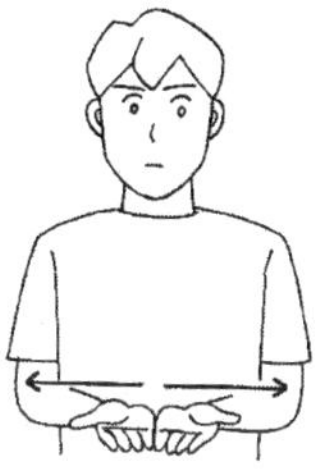

〈店①〉

両手のひらを上に向けて、左右に開く。

〈開(ひら)く①〉

手のひらを前に向けて閉じた両手を左右に開く。

オーロラ

「北極のオーロラ」

→〈北極〉+〈オーロラ〉

例文の「オーロラ」は〈オーロラ〉で表現。左手が〈地球〉、右手がオーロラの動きを表す。

〈北極〉

左手の親指と4指で丸を作り、右人差指で上をさす。

〈オーロラ〉

左指文字〈C②〉の上で右手5指を揺らし、手首も揺らしながら右へ動かす。

おおやけ【公】1

「公の仕事」

→〈公(おおやけ)〉+〈仕事〉

例文の「公」は個人でない機関や組織という意味なので〈公〉と表現。

〈公(おおやけ)〉

人差指で「八」の字形を示し、左人差指を残しながら右人差指で「ム」を書く。

〈仕事〉

手のひらを上に向け、向かい合わせた両手指先を繰り返しつき合わせる。

おか【岡】

「岡田」

→〈岡〉+〈田〉

例文の「岡」は〈岡〉で表現。〈岡〉は「岡」の字形の一部を表す。〈問題〉と同形異手話。

〈岡〉

両手の人差指と中指をつまみ「 ˥ 」を描く。

〈田〉

両手3指を重ねて「田」の字を作る。

おおやけ【公】2

「計画を公にする」

→〈計画〉+〈発表〉

例文の「公にする」は世間に知らせる意味なので〈発表〉で表現。〈発表〉には、公表の意味が含まれる。

〈計画〉

左手のひらを下に向け、右人差指で線を引くようにする。

〈発表〉

親指と4指を閉じた両手を口の前から左右にぱっと開く。

おか【丘】

「丘にのぼる」

→〈山〉+〈登る①〉

「丘」は山より低い少し盛り上がった地形の意味なので〈山〉を緩やかな盛り上がったようすを示すことで表す。

〈山〉

右手で山形を描く。

〈登る①〉

右手2指を登るように斜め上にあげる。

お

おかあさん
【お母さん】

「優しいお母さん」
→〈母〉+〈優しい〉

「おかあさん」は〈母〉で表現。〈母〉は最初にほおに触れて血縁・肉親を示し、次に女性を示す小指を出して母であることを表す。

〈母〉
右人差指をほおにふれ、右小指を出す。

〈優しい〉
両手の親指と4指の指先を向かい合わせてもむように動かしながら左右に開く。

おかげ 1

「みなさんのおかげです」
→〈みんな〉+〈ありがとう〉

例文の「おかげ」はお世話になりありがたいという意味なので〈ありがとう〉で表現。

〈みんな〉
右手のひらを下に向けて水平に回す。

〈ありがとう〉
左手甲に右手を軽く当て、拝むようにする。

おかげ 2

「(みなさんの)おかげで元気です」
→(〈みんな〉+)〈助けられる②〉+〈無事〉

例文の「おかげ」は相手からの恩恵を意味するので〈助けられる②〉で表現。〈助けられる②〉にはおかげ、世話になるの意味がある。

〈助けられる②〉
左こぶしの甲に右手のひらを前方から繰り返し当てる。

〈無事〉
両ひじを張って、両こぶしを同時に下におろす。

おかしい 1

「おかしくて笑う」
→〈おもしろい〉+〈笑う〉

例文の「おかしい」はおもしろい意味なので〈おもしろい〉で表現。〈おもしろい〉は腹が痛くなるほどおもしろいさまを表す。

〈おもしろい〉
両こぶしで腹を同時に軽くたたく。

〈笑う〉
軽く指を折り曲げた右手を左口端に繰り返し当てる。

おかしい 2

「(体の)調子がおかしい」
→(〈体(からだ)〉+)〈状態①〉+〈あやしい〉

例文の「おかしい」は普通と違い変だという意味なので〈あやしい〉で表現。〈あやしい〉は不審な、いぶかしげな表情で表す。

〈状態①〉
両手のひらを前に向け、交互に上下させる。

〈あやしい〉
右人差指の先をあごに当てる。

おかす【犯す】

「罪を犯す」
→〈へそまがり〉+〈する〉

例文の「犯す」は違反する意味。前に「罪」「犯罪」を意味する〈へそまがり〉があるので〈する〉で表現する。

〈へそまがり〉
右手の親指の先をへその辺りで左に向けてねじるようにして動かす。

〈する〉
両こぶしを力を込めて前に出す。

おかず

「(今晩の)おかず」

→(〈今①〉+〈暗い〉+)
〈食べる①〉+〈副〉

「おかず」は主食に対する副食の意味なので〈食べる①〉+〈副〉と表現。「副食」の意味もある。

〈食べる①〉

左手のひらの上を右手ですくって食べるようにする。

〈副〉

左親指に右親指を少しさげてつける。

おぎなう【補う】

「(足りないところを)補う」

→(〈不足〉+)
〈補う①〉または〈補う②〉

「補う」は不足する部分を穴埋めする意味なので〈補う①〉または〈補う②〉で表現。①は不足を穴埋めすること、②は欠落を補うことを表す。

〈補う①〉

左手の親指と4指で作った丸を右手のひらでふさぐ。

〈補う②〉

寝かした右手のひらを手前に引き上げて左手甲につける。

おきる【起きる】1

「転んで起きる」

→〈倒れる①〉+〈立つ〉

例文の「起きる」は立ちあがる意味なので〈立つ〉で表現。〈立つ〉は横になった人が立ちあがるさまを表す。

〈倒れる①〉

左手のひらの上に右手2指を立ててひっくり返るように2指を寝かせる。

〈立つ〉

左手のひらの上に右手2指をのせる。

おきる【起きる】2

「八時に起きる」

→〈八時〉+〈朝〉

例文の「起きる」は寝床から出る意味なので〈朝〉で表現。〈朝〉は起きるさまを表し、「朝」「起きる」「起床」の意味がある。

〈八時〉

左手首の甲側に右手で〈8〉を軽く当てて前に示す。

〈朝〉

こめかみ付近に当てた右こぶしをすばやく下におろす。

おきる【起きる】3

「子供が起きる」

→〈子供①〉+〈目覚める〉

例文の「起きる」は目をさます意味なので〈目覚める〉で表現。〈目覚める〉は目を開けるさまを表す。

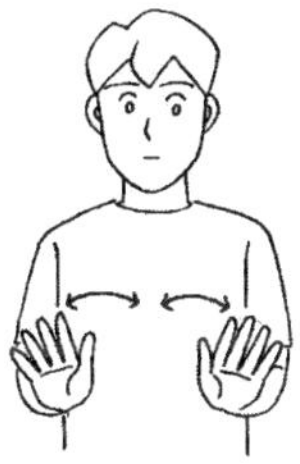

〈子供①〉

両手のひらを前に向けて、あやすように左右に振る。

〈目覚める〉

親指と人差指を閉じた両手を両目の前に置き、ぱっと開く。

おきる【起きる】4

「戦争が起きる」

→〈戦争〉+〈現れる〉

例文の「起きる」は生じる意味なので〈現れる〉で表現。〈現れる〉はものごとがぱっと現れるさまを表す。「勃発」も同じ。

〈戦争〉

両手の指先を激しくふれ合わせる。

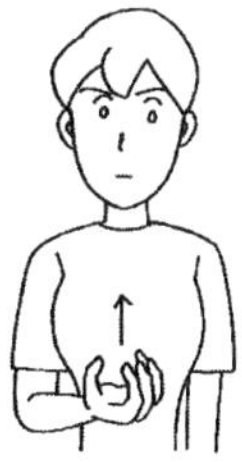

〈現れる〉

全指を曲げた右手のひらを上に向けてあげる。

おきる【起きる】5

「問題が起きる」

→〈問題〉+〈起きる②〉

例文の「起きる」は生じる、発生するという意味なので〈起きる②〉で表現。

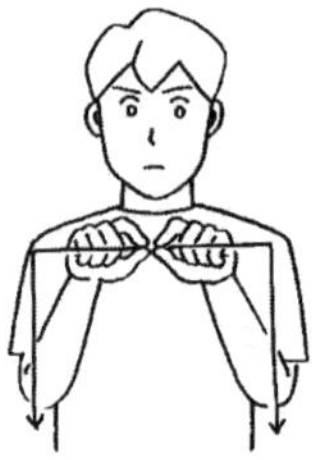

〈問題〉

両手の親指と人差指をつまみ「 ┐を描く。

〈起きる②〉

囲むようにした左手の中から右手人差指をすばやく上にあげる。

おく【奥】

「山の奥」

→〈山〉+〈遠い③〉

例文の「奥」は山の分け入った向こう側の意味なので〈遠い③〉で表現。〈遠い③〉は山を越えた向こう側を表す。

〈山〉

右手で山形を描く。

〈遠い③〉

右人差指で弧を描いて前をさす。

おく【億】

「(一)億(円)」

→(〈1①〉+)〈つなぐ〉
または〈億〉(+〈円〉)

「億」は0が8個並ぶ数字の単位。〈つなぐ〉は8指をつなぐことで「億」を表現。〈億〉は〈つなぐ〉を簡略化した表現。

〈つなぐ〉

両こぶしを左右から近づけ、親指側をつける。

〈億〉

手のひら側を下に向け握ったこぶしを示す。

おく【置く】1

「(机に)本を置く」

→(〈机〉+)
〈本〉+〈置く②〉

例文の「置く」は物の上にのせる意味なので〈置く②〉で表現。〈置く②〉は物の形、置く場所で変化する。

〈本〉

両手のひらを合わせて本を開くように左右に開く。

〈置く②〉

両手のひらを向かい合わせてものを置くようにする。

おく【置く】2

「(事務長を)置く」

→(〈事務〉+〈長①〉+)
〈選び出す〉

例文の「置く」は人を配置する意味なので〈選び出す〉で表現。〈選び出す〉は人を選び、配置するさまを表す。

〈選び出す〉

左親指を右手の親指と人差指でつまむようにして前に出す。

おく【置く】3

「彼のことを念頭に置く」

→〈彼〉+〈覚える〉

例文の「念頭に置く」は覚えておく意味なので〈覚える〉で表現。〈覚える〉はものごとを頭に入れるさまを表す。

〈彼〉

左親指を右人差指でさす。

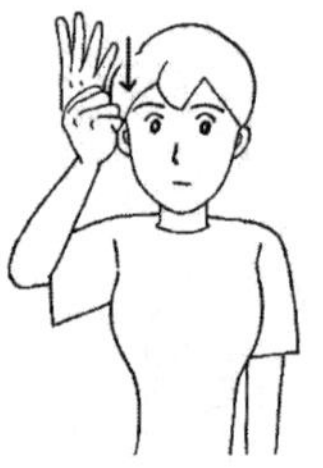

〈覚える〉

指先を開いた右手を上から頭につけて握る。

おく【置く】4

「筆を置く」

→〈書く⑥〉+〈とめる〉

例文の「筆を置く」は書くのを止める意味なので〈書く⑥〉+〈とめる〉で表現。〈書く⑥〉はノートに書くさまを表す。

〈書く⑥〉

左手のひらを見ながら、親指と人差指を閉じた右手で横に書くようにする。

〈とめる〉

左手のひらの上に右手を振りおろす。

おく【置く】5

「言わせておく」

→〈言われる②〉+〈捨てる②〉

例文の「～ておく」はそのままに放っておく意味なので〈捨てる②〉で表現。〈捨てる②〉はものごとを顧みない意味がある。

〈言われる②〉

すぼめた右手を手前に繰り返し開く。

〈捨てる②〉

握った両手を斜め前に投げ出すようにして開く。

おくさん【奥さん】

「隣の奥さん」

→〈隣〉+〈女〉

例文の「奥さん」は〈女〉で表現。

〈隣〉

右人差指の先を前に向け、右へ手首を返す。

〈女〉

右小指を立てる。

おくりもの【贈り物】1

「お祝いの贈り物をする」

→〈祝う〉+〈みやげ①〉

例文の「贈り物をする」は〈みやげ①〉で表現。手に土産のひもを持つさまを表す。「プレゼントする」も同手話。

〈祝う〉

すぼめた両手を上にあげてぱっと開く。

〈みやげ①〉

左手のひらの上で右手の親指と人差指をつまむようにして両手を前に出す。

おくりもの【贈り物】2

「記念の贈り物をもらう」

→〈記念〉+〈みやげ②〉

例文の「贈り物をもらう」は〈みやげ②〉で表現。〈みやげ①〉と逆の動きをする。「プレゼントをもらう」も同手話。

〈記念〉

頭の横で甲を前に向けた右手を閉じて、頭につける。

〈みやげ②〉

左手のひらの上に右手の親指と人差指でつまむようにして両手を手前に弧を描いて引く。

おくる【送る】1

「手紙を送る」

→〈郵便を出す①〉

例文の「手紙を送る」は一般に郵便で手紙を送る意味なので〈郵便を出す①〉で表現。手話は郵便(〒)を送るさまを表す。

〈郵便を出す①〉

左手２指と右人差指で〒マークを作り、前に出す。

おくる【送る】2

「客を送る」

→〈客〉+〈さようなら〉

例文の「送る」は見送る意味なので〈さようなら〉で表現。〈さようなら〉はさようならと手を振るさまを表す。

〈客〉

左手のひらに親指を立てた右手をのせ、右から手前に引き寄せる。

〈さようなら〉

右手のひらを前に向けて左右に振る。

おくる【送る】3

「日々の生活を送る」

→〈いつも〉+〈生活〉

例文の「送る」は生活する、過ごすの意味なので〈生活〉で表現。〈生活〉は「暮らす」「生活」の意味を持つ。

〈いつも〉

親指と人差指を立てた両手を向かい合わせて手首を回す。

〈生活〉

両手の親指と人差指を向かい合わせて回す。

おくる【贈る】1

「プレゼントを贈る」

→〈みやげ①〉

例文の「贈る」は贈物をあげる意味なので〈みやげ①〉で表現。みやげのひもを持って渡すさまを表す。

〈みやげ①〉

左手のひらの上で右手の親指と人差指をつまむようにして両手を前に出す。

おくる【贈る】2

「賞状を贈る」

→〈四角①〉+〈与える①〉

例文の「贈る」は与える意味なので〈与える①〉で表現。〈与える①〉は両手を丁寧に差し出すさまで、貴重なものを与える意味を表す。

〈四角①〉

両手の人差指で四角を描く。

〈与える①〉

両手のひらを上に向け並べて前に差し出す。

おくれる【遅れる】1

「(バスに)遅れてしまった」

→(〈バス①〉+)〈出発①〉+〈失敗②〉

例文の「遅れてしまった」は時間に間に合わずしまったという意味なので〈失敗②〉で表現。〈失敗②〉はしまったというしぐさを表す。

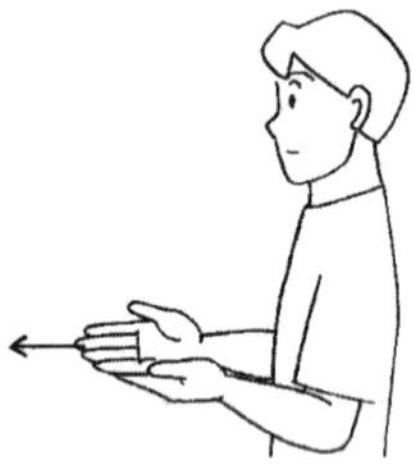

〈出発①〉

左手の指先を前に向け、その上に右手を立て、まっすぐ前に出す。

〈失敗②〉

手のひらを額に打ちつける。

おくれる【遅れる】2

「帰宅が遅れる」

→〈帰る〉+〈過ぎる〉

例文の「遅れる」は時間がいつもより遅くなる意味なので〈過ぎる〉で表現。〈過ぎる〉は限度を越えるさまを表す。

〈帰る〉

親指と4指を開いた右手を前に出しながら閉じる。

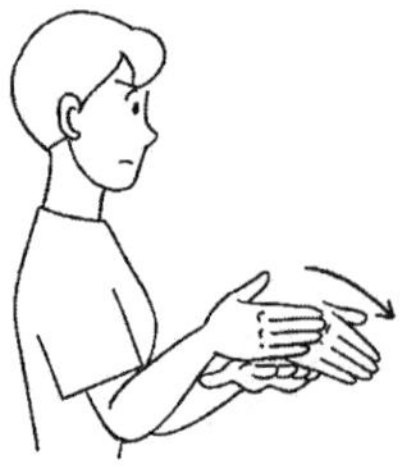

〈過ぎる〉

左手甲の上を右手で乗り越える。

おくれる【遅れる】3

「学校に遅れる」

→〈学校〉＋〈過ぎる〉

例文の「遅れる」は遅刻の意味なので〈過ぎる〉で表現。〈過ぎる〉は限度を越えるさまを表す。

〈学校〉

両手のひら手前に向けて並べ、次に全指を曲げた右手のひらを下に向けて置く。

〈過ぎる〉

左手甲の上を右手で乗り越える。

おくれる【遅れる】4

「勉強が遅れる」

→〈勉強②〉＋〈遅れる〉

例文の「遅れる」はとり残される意味なので〈遅れる〉で表現。〈遅れる〉は一緒に並べず後退するさまを表す。

〈勉強②〉

指先を上に向けた両手を並べて軽く前に出す。

〈遅れる〉

左人差指に添えた右人差指を手前に引く。

おこす【起こす】1

「混乱を起こす」

→〈混乱〉＋〈する〉

例文の「起こす」は事件などを発生させる意味なので〈する〉で表現。〈する〉は実施する、実行する意味がある。

〈混乱〉

全指を曲げた両手のひらを上下に向かい合わせて、かき混ぜるようにする。

〈する〉

両こぶしを力を込めて前に出す。

おこす【起こす】2

「問題を起こす」

→〈問題〉＋〈起きる①〉

例文の「起こす」は事件などを発生させる意味。〈起きる①〉で表現。「問題が起こる」の意味もある。

〈問題〉

両手の親指と人差指をつまみ「 ˥ を描く。

〈起きる①〉

右人差指をすくうようにあげる。

おこなう【行う】1

「試験を行う」

→〈試験〉＋〈する〉

例文の「行う」は実施する意味なので〈する〉で表現。〈する〉は実施する、実行する意味がある。

〈試験〉

親指を立てた両手を交互に上下させる。

〈する〉

両こぶしを力を込めて前に出す。

おこなう【行う】2

「世に行われる」

→〈社会〉＋〈広がる①〉

例文の「行われる」は世間一般に広がっている意味なので〈広がる〉で表現。「普及」「流行」の意味がある。

〈社会〉

親指と小指を立てた両手を手前に水平に円を描く。

〈広がる①〉

両手を前に出しながら左右に開く。

お

おこる【起こる】

「(問題が)起こる」

→(〈問題〉+)
〈起きる①〉
または〈現れる〉

例文の「起こる」は事件などが発生する意味。〈起きる①〉または〈現れる〉で表現。いずれもものごとが発生するさまを表す。

〈起きる①〉
右人差指をすくうようにあげる。

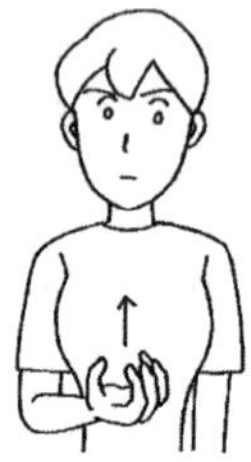

〈現れる〉
全指を曲げた右手のひらを上に向けてあげる。

おこる【怒る】1

「彼は怒った」

→〈彼〉+〈怒(おこ)る①〉

例文の「怒る」は腹を立てる意味なので〈怒る①〉で表現。〈怒る①〉は腹を立てるさまを表し、その動作と表情で怒る程度を表す。

〈彼〉
左親指を右人差指でさす。

〈怒(おこ)る①〉
両手で腹をつかむようにして上に向けてさっと動かす。

おこる【怒る】2

「カンカンに怒る」

→〈怒(おこ)る②〉

例文の「カンカンに怒る」はひどく怒る意味。〈怒る②〉で表現。〈怒る②〉は頭に血が上るさまではげしく怒るさまを表す。

〈怒(おこ)る②〉
全指を折り曲げた両手を顔の両脇でふるわせながら上にあげる。

おこる【怒る】3

「怒った顔をする」

→〈にらむ〉

例文の「怒った顔をする」は〈にらむ〉で表現。〈にらむ〉はにらみつけるさまを表す。

〈にらむ〉
全指を折り曲げて顔に向けた右手を返して前に向ける。

おこる【怒る】4

「子供を怒る」

→〈子供①〉+〈しかる②〉

例文の「怒る」は人をしかる意味なので〈しかる②〉で表現。〈しかる②〉は「めっ」とするしぐさを表し、禁止や制止を意味している。

〈子供①〉
両手のひらを前方に向け、軽く振る。

〈しかる②〉
左親指に向かって右親指を振りおろしてとめる。

おごる

「寿司をおごる」

→〈寿司〉+〈おごる〉

例文の「おごる」は自分がお金を出して人にご馳走する意味なので〈おごる〉で表現。〈おごる〉は気前よくお金を出すさまを表す。

〈寿司〉
左手のひらに右手2指を包み込み、寿司を握るようにする。

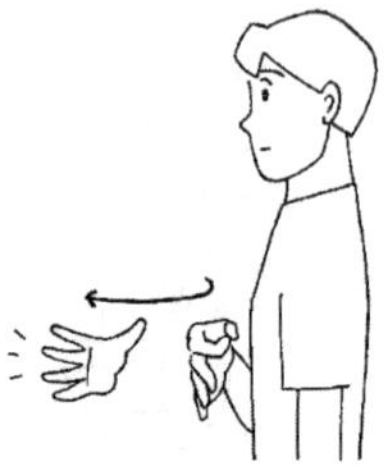

〈おごる〉
右手の親指と人差指で作った丸を手前から投げるように前に出してぱっと開く。

おさえる
【押・抑える】1

「怒りを抑える」

→〈怒(おこ)る②〉+〈我慢①〉
(または〈我慢②〉)

例文の「おさえる」は我慢することなので〈我慢①〉または〈我慢②〉で表現。いずれも出ないように押さえつけるさまを表す。

〈怒(おこ)る②〉
全指を折り曲げた両手を顔の両脇で振るわせながら上にあげる。

〈我慢①〉
親指を立てた左手を右手のひらで押さえる。

おさえる
【押・抑える】2

「出費を抑える」

→〈使う〉+〈けち〉

例文の「抑える」はお金を使わないようにとどめることなので〈けち〉で表現。〈けち〉はお金を口にくわえて離さないさまを表す。

〈使う〉
右手の親指と人差指で作った丸を左手のひらに滑らして繰り返し前に出す。

〈けち〉
親指と人差指で作った丸をかむようにする。

おさえる
【押・抑える】3

「場所を押さえる」

→〈場所〉+〈つかむ①〉

例文の「押さえる」は確保することなので〈つかむ①〉で表現。〈つかむ①〉はつまむさまを表す。

〈場所〉
全指を曲げた右手を前に置く。

〈つかむ①〉
軽く開いた右手のひらを下に向けてつかむようにする。

おさえる
【押・抑える】4

「(財産を)押さえる」

→(〈財産〉+)
〈赤〉+〈張る②〉

例文の「押さえる」は財産の差し押さえのことなので〈赤〉+〈張る②〉で表現。赤紙を貼るさまを表す。

〈赤〉
唇に人差指を当て、右へ引く。

〈張る②〉
右2指を前に出して張る動きをする。

おさない【幼い】1

「幼い子供」

→〈低い⑤〉+〈子供①〉

例文の「幼い」は年齢が小さい意味なので〈低い⑤〉で表現。〈低い⑤〉は小さいという意味もある。

〈低い⑤〉
手のひらを下に向け、押すようにさげる。

〈子供①〉
両手のひらを前に向けて、あやすように左右に振る。

おさない【幼い】2

「幼い考え」

→〈子供①〉+〈考える〉

例文の「幼い」は子供のように未熟な意味なので〈子供①〉で表現。〈子供①〉は文脈によって子供っぽいの意味を持つ。

〈子供①〉
両手のひらを前に向けて、あやすように左右に振る。

〈考える〉
右人差指を頭にねじこむようにする。

おさまる
【収・納・治まる】1

「気持ちがおさまる」
→〈気持ち〉+〈安定〉

例文の「おさまる」は落ち着く、安定する意味なので〈安定〉で表現。〈安定〉は波風の立たない安定したさまを表す。

〈気持ち〉
右人差指でみぞおち辺りに小さく円を描く。

〈安定〉
手のひらを下に向けた両手を左右に開く。

おさめる
【収・納・治める】1

「たんすにおさめる」
→〈たんす〉+〈隠す〉

例文の「おさめる」はかたづける、しまうの意味なので〈隠す〉で表現。〈隠す〉は表情やしぐさによってしまう意味にも隠す意味にもなる。

〈たんす〉
全指を軽く曲げた両手の手のひらを上に向け、手前に引く。

〈隠す〉
左手のひらの下に右手をもぐり込ませる。

おさまる
【収・納・治まる】2

「風がおさまる」
→〈風②〉+〈消える①〉

例文の「おさまる」は止むの意味なので〈消える①〉で表現。〈消える①〉はなくなる、止むの意味がある。

〈風②〉
両手のひらで風を送るように左へ動かす。

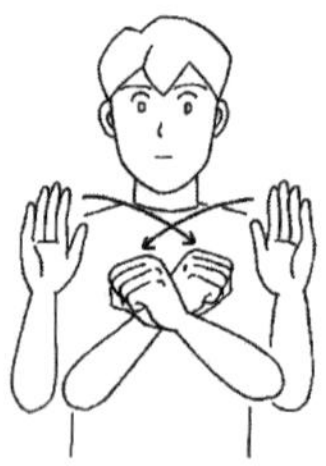

〈消える①〉
開いた両手を交差させながら握る。

おさめる
【収・納・治める】2

「怒りをおさめる」
→〈怒(おこ)る①〉+〈我慢①〉

例文の「おさめる」は押さえる、我慢する意味なので〈我慢①〉で表現。〈我慢①〉はぐっと押さえ込むさまを表す。

〈怒(おこ)る①〉
両手で腹をつかむようにして上に向けてさっと動かす。

〈我慢①〉
親指を立てた左手を右手のひらで押さえつける。

おさまる
【収・納・治まる】3

「混乱がおさまる」
→〈混乱〉+〈消える③〉

例文の「おさまる」は止むの意味なので〈消える③〉で表現。〈消える③〉はなくなる、止むの意味がある。

〈混乱〉
全指を曲げた両手のひらを上下に向かい合わせて、かき混ぜるようにする。

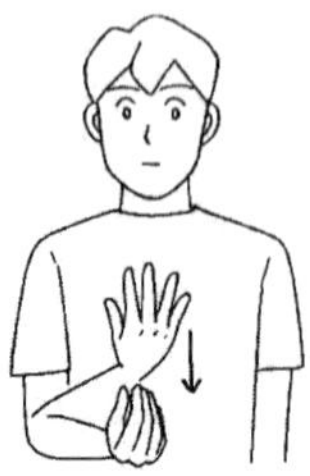

〈消える③〉
指先を上に向けた右手を下にさげながらすぼめる。

おさめる
【収・納・治める】3

「税金を納める」
→〈税金〉+〈金を納める〉

例文の「納める」はお金を払う意味なので〈金を納める〉で表現。手話はお金に手を添えて差し出すさまで丁寧にお金を納めることを表す。

〈税金〉
親指と人差指で作った丸をすばやく自分に向けて開く。

〈金を納める〉
右手親指と人差指で丸を作り、左手のひらを添えて同時に前に出す。

おさめる
【収・納・治める】4

「本を納める」

→〈本〉+〈納める〉

例文の「納める」は納品する意味なので〈納める〉で表現。物を相手に納めるさまを表す。物によって手話の形は変化する。

〈本〉

両手のひらを合わせて左右に開く。

〈納める〉

指先を前に向けた両手のひらを上下に向かい合わせて前に出す。

おさめる
【収・納・治める】5

「(つまらない物ですが)おおさめください」

→(〈くだらない〉+〈しかし〉+)〈贈物〉+〈頼む①〉

例文の「おおさめください」は受け取ってほしいの意味なので〈贈物〉+〈頼む①〉で表現。

〈贈物〉

両手を向かい合わせてそっと前に出すようにする。

〈頼む①〉

頭を下げて右手で拝むようにする。

おさめる
【収・納・治める】6

「手中におさめる」

→〈持つ〉+〈終わる〉

例文の「手中におさめる」は自分のものにする意味なので〈持つ〉で表現。

〈持つ〉

手のひらを上に向けた右手を荷物を持ちあげるように上にあげながら握る。

〈終わる〉

両手の親指と4指を上に向け、閉じながら下にさげる。

おさめる
【収・納・治める】7

「成功をおさめる」

→〈成功〉

例文の「成功をおさめる」は成功する意味なので〈成功〉で表現。〈成功〉はうまくいったほどの意味。

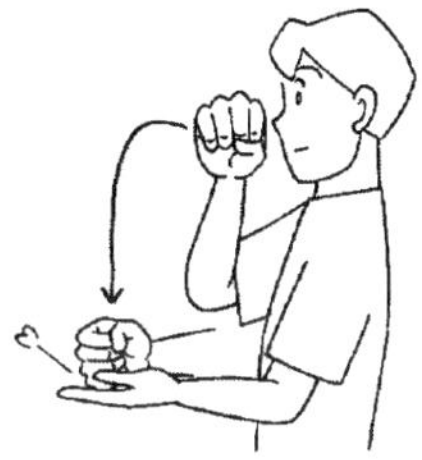

〈成功〉

右こぶしを鼻から左手のひらに打ちつける。

おじ 【伯父・叔父】1

「おじ」

→左〈父〉+〈兄〉
(または〈弟①〉)

例文の「おじ」は4種類の表現がある。ひとつめは左〈父〉+〈兄〉、ふたつめは左〈父〉+〈弟①〉で表現。

左〈父〉

左人差指でほおにふれ、親指を出す。

〈兄〉

中指を立て、甲側を前に向けた右手を上にあげる。

おじ 【伯父・叔父】2

「おじ」

→左〈母〉+〈弟①〉
(または〈兄〉)

みっつめは左〈母〉+〈弟①〉、よっつめは左〈母〉+〈兄〉で表現。

左〈母〉

左人差指でほおにふれ、次に左小指を出す。

〈弟①〉

右中指を立て、甲を前方に向け下にさげる。

お

おしい【惜しい】1

「惜しいことをした」

→〈残念①〉

例文の「惜しい」はしそこなって残念の意味なので〈残念①〉で表現。〈残念①〉は残念がるしぐさを表す。

〈残念①〉

左手のひらに右こぶしを打ちつけて左へ動かす。

おしい【惜しい】2

「惜しい人(を亡くした)」

→〈惜しい〉+〈人〉
(+〈死ぬ①〉)

例文の「惜しい人」はかけがえのない大切な人の意味なので〈惜しい〉で表現。〈惜しい〉には大切の意味が含まれる。

〈惜しい〉

右手のひらで左ほおを軽くたたく。

〈人〉

人差指で「人」の字を空書する。

おしい【惜しい】3

「(金が)惜しい」

→(〈金(かね)①〉+)
〈けち〉
または〈節約〉

例文の「惜しい」はお金を手離したくない意味なので〈けち〉または〈節約〉で表現。手話はどちらもお金を惜しがるさまを表す。

〈けち〉

親指と人差指で作った丸をかむようにする。

〈節約〉

左手のひらにかぎ状にした右人差指を当て、引きあげるように手前に引く。

おじいさん

「おじいさん」

→〈祖父〉
または〈老人①〉

「おじいさん」には祖父の意味と老人の意味がある。〈祖父〉は肉親である祖父、〈老人①〉は年を取った男性を表す。

〈祖父〉

右人差指でほおにふれ、親指を曲げて小さく上下させる。

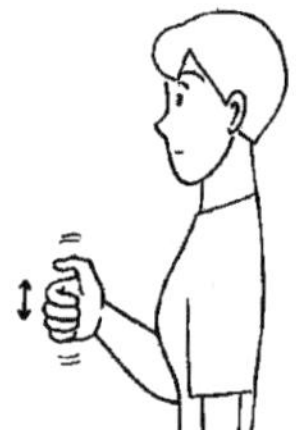

〈老人①〉

曲げた親指を軽く上下させる。

おしえる【教える】1

「算数を教える」

→〈算数〉+〈教える①〉

「教える」はものごとを教授する意味なので〈教える①〉で表現。先生が口伝てに教えるさまを表す。

〈算数〉

3指を立てた両手を軽く繰り返しぶつけ合う。

〈教える①〉

右人差指を口元付近から手首を軸にして振りおろす。

おしえる【教える】2

「教えられることが多い」

→〈教わる②〉+〈たくさん①〉

例文の「教えられる」は〈教わる②〉で表現。〈教わる②〉は自分が先生から教わるさまを表す。左手を添えて丁寧さを表す。

〈教わる②〉

左手のひらに人差指を折り曲げた右手をのせるようにして上から同時に引き寄せる。

〈たくさん①〉

左手のひらを上に向けた左腕を示し、その上に右手で山を描く。

おじさん【小父さん】

「知らないおじさん」
→〈他人〉+〈男〉

例文の「知らないおじさん」はよその男性の意味なので〈他人〉+〈男〉と表現。単なる「おじさん」は〈男〉で表現する。

〈他人〉
右手の指の背側をほおに当て、はじくように指先を伸ばして前に出す。

〈男〉
親指を立てた右手を出す。

おしゃれ 1

「あの人はおしゃれだ」
→〈彼〉+〈おしゃれ〉

例文の「おしゃれ」は服装に気を使うの意味なので〈おしゃれ〉で表現。ほこりを払うなど服装を気にするさまを表す。

〈彼〉
左親指を右人差指でさす。

〈おしゃれ〉
左腕を右手指先で払うようにする。

おしゃべり 1

「(あの人は)おしゃべりだ」
→(〈彼〉+)〈おしゃべり①〉または〈おしゃべり②〉

例文は口が軽い、よくしゃべる人の意味なので〈おしゃべり①〉または〈おしゃべり②〉で表現。どちらもぺらぺらしゃべるさまを表す。

〈おしゃべり①〉
指先を交互に上下させ、口元から前に繰り返し出す。

〈おしゃべり②〉
軽く開いた右手の指先を手首で回す。

おしゃれ 2

「おしゃれして出かける」
→〈飾る①〉+〈出る①〉

例文の「おしゃれ」は着飾る、めかす意味なので〈飾る①〉で表現。きらきらするネックレスやブローチで着飾るさまを表す。

〈飾る①〉
すぼめた両手をはじくように開閉しながら左右に開く。

〈出る①〉
左手の下から右手をはねあげるように前に出す。

おしゃべり 2

「おしゃべりが好き」
→〈会話②〉+〈好き①〉

例文の「おしゃべり」は人と雑談することの意味なので〈会話②〉で表現。〈会話②〉は複数の人が会話するさまを表す。

〈会話②〉
すぼめた両手を向かい合わせて同時に左右から繰り返し開く。

〈好き①〉
親指と人差指を開いた右手をのどに当て、下におろしながら閉じる。

おしょく【汚職】

「汚職事件」
→〈賄賂①〉+〈事件〉

「汚職」は職務を利用して賄賂をもらうなど不正を働くこと。〈賄賂①〉はその昔、賄賂を袖の下といっていたところから生まれた手話。

〈賄賂①〉
左袖の下に右の親指と人差指で作った丸を入れるようにする。

〈事件〉
左手の指文字〈コ〉の下で右人差指をすくいあげるようにする。

お

おしよせる【押し寄せる】1

「人が店に押し寄せる」

→〈店①〉+〈攻める②〉

例文の「押し寄せる」は〈店①〉+〈攻める②〉で表現。〈攻める②〉は大勢で攻め寄るさまを表す。

〈店①〉

両手のひらを上に向けて、左右に開く。

〈攻める②〉

両手指を前に向け押し寄せるように前に出す。

おしよせる【押し寄せる】2

「波が押し寄せる」

→〈波①〉(または〈波②〉)+〈影響される②〉

例文の「押し寄せる」は〈影響される②〉で表現。〈影響される②〉は自分の方に迫るさまを表す。

〈波①〉

右手のひらを下に向けて波打つように上下させ右へ動かす。

〈影響される②〉

両手指先を顔に向け、押し寄せるように近づける。

おす【押す】1

「印鑑を押す」

→〈印鑑〉

例文の「押す」は捺印する意味なので〈印鑑〉で表現。〈印鑑〉は印鑑、判を押すさまを表し「印鑑」「判」も意味する。

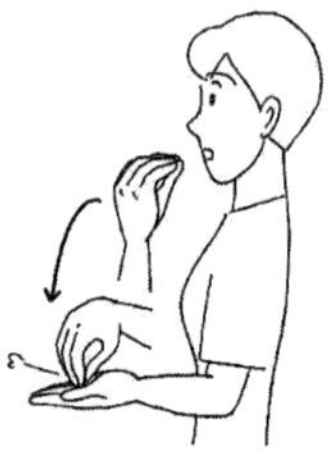

〈印鑑〉

すぼめた右手に息を吐きかけるようにして、それを左手のひらにつける。

おす【押す】2

「病気を押して(働く)」

→〈病気〉+〈我慢①〉(+〈仕事〉)

例文の「押す」は我慢して、無視して何かをする意味なので〈我慢①〉で表現。〈我慢①〉は気持ちを押さえ込むさまを表す。

〈病気〉

こぶしで額を軽くたたく。

〈我慢①〉

親指を立てた左手を右手のひらで押さえる。

おす【推す】

「(会長に)推す」

→(〈会〉+〈長①〉+)〈助ける①〉

例文の「推す」は推薦する意味なので〈助ける①〉で表現。〈助ける①〉は人の後押しをするさまを表し、「後援」「応援」などの意味がある。

〈助ける①〉

親指を立てた左手の後ろを右手のひらで軽く後押しする。

おせいぼ【お歳暮】

「お歳暮を贈る」

→〈一年①〉(または〈一年②〉)+〈贈物〉

「お歳暮」は日頃お世話になった人に年末にする贈物。〈一年①〉または〈一年②〉+〈贈物〉で表現。

〈一年①〉

左こぶしの親指側に右人差指をふれ、くるりと一回転する。

〈贈物〉

両手を向かい合わせてそっと前に出すようにする。

おせじ【お世辞】

「お世辞を言う」

→〈お世辞①〉+〈言う①〉

例文の「お世辞」は心にもないほめ言葉を言うこと。〈お世辞①〉で表現。この手話は「なだめる」も意味するが、表情が違う。

〈お世辞①〉

親指を立てた左手の背後を優しくなでるようにする。

〈言う①〉

右人差指を口元から前に出す。

おそう【襲う】1

「銀行を襲う」

→〈銀行〉+〈泥棒②〉

例文の「銀行を襲う」は銀行強盗を働く意味なので〈泥棒②〉で表現。〈泥棒②〉は泥棒、すりを表すしぐさを利用した手話。

〈銀行〉

両手の親指と人差指で作った丸を並べて同時に上下させる。

〈泥棒②〉

かぎ状に曲げた右人差指を手首を返してすばやく２回手前に引く。

おそい【遅い】1

「(返事が)遅い」

→(〈返事〉+)
〈遅い①〉
または〈遅い②〉

例文の「遅い」は時間がかかる意味なので〈遅い①〉または〈遅い②〉で表現。手話は日が暮れてしまうさまを表す。

〈遅い①〉

親指と人差指を出し、人差指の先を向き合わせ、左から右へゆっくり弧を描く。

〈遅い②〉

親指と人差指を立てた右手をゆっくり弧を描いて左から右へ動かす。

おそう【襲う】2

「敵に襲われる」

→〈敵〉+〈攻められる〉

例文は「襲う」の受身形で〈攻められる〉で表現。〈攻められる〉は多人数に「襲われる」さまを表すが、襲われ方によって手話は変わる。

〈敵〉

左手甲に右手甲をぶつける。

〈攻められる〉

全指を手前に向けて近づける。

おそい【遅い】2

「帰りが遅い」

→〈帰る〉+〈なかなか②〉

例文はいつもより時間がたっている意味なので〈なかなか②〉で表現。〈なかなか②〉は待ちぼうけになっているさまを表す。

〈帰る〉

右手の親指と４指を前に出しながら閉じる。

〈なかなか②〉

右人差指を鼻に当て、中指と薬指を軽くふるわせる。

おそう【襲う】3

「恐怖に襲われる」

→〈驚く②〉

例文の「恐怖に襲われる」は恐くなってしまう意味なので、〈驚く②〉で表現。

〈驚く②〉

全指を曲げた右手で胸を突きあげるようにして肩を少しあげる。

おそれる【恐れる】1

「人を恐れる」

→〈人〉+〈恐(こわ)い〉

例文の「恐れる」は恐がる意味なので〈恐い〉で表現。〈恐い〉はびくびくするさまを表す。

〈人〉

人差指で「人」の字を空書する。

〈恐(こわ)い〉

両こぶしを握り、ふるわせる。

おそろしい【恐ろしい】1

「地震が恐ろしい」

→〈地震〉+〈恐ろしい〉

例文の「恐ろしい」は恐い意味なので〈恐ろしい〉で表現。〈恐ろしい〉は足がふるえるさまを表す。

〈地震〉

手のひらを上に向けた両手を同時に前後に揺らす。

〈恐ろしい〉

左手のひらの上に右手２指を立てふるわせる。

おそれる【恐れる】2

「失敗を恐れる」

→〈失敗①〉+〈心配②〉

例文の「恐れる」は心配する意味なので〈心配②〉で表現。〈心配②〉は胸が締めつけられるように心配するさまを表す。

〈失敗①〉

右手で鼻の先を握って折るようにする。

〈心配②〉

手指を曲げた両手を胸に当てる。

おそろしい【恐ろしい】2

「(仕事が)恐ろしく速い」

→(〈仕事〉+)

〈とても〉+〈はやい①〉

例文の「恐ろしく」は非常に、とてもの意味なので〈とても〉で表現。〈とても〉は「とても」「非常に」などの意味。

〈とても〉

親指と人差指を閉じた右手を右へ弧を描きながら親指を立てる。

〈はやい①〉

親指と人差指を閉じた右手をすばやく左へ動かしながら人差指を伸ばす。

おそれる【恐れる】3

「神を恐れる」

→〈神〉+〈敬う①〉

例文の「恐れる」は恐(畏)れ敬う意味なので〈敬う①〉で表現。〈敬う①〉はその相手に対する敬意を表す。

〈神〉

柏手(かしわで)を打つ。

〈敬う①〉

左手のひらの上に親指を立てた右手をのせて上にあげる。

おそわる【教わる】

「(父から)教わる」

→(〈父〉+)

〈教わる①〉

または〈教わる②〉

例文の「教わる」は教えてもらう意味なので〈教わる①〉または〈教わる②〉で表現。手を目の高さから上にすることで、教わる謙虚な立場を表す。

〈教わる①〉

右手人差指の先を顔の方に向けて指先で指示されるように動かす。

〈教わる②〉

左手のひらに人差指を折り曲げた右手をのせるようにして上から同時に引き寄せる。

おだてる 1

「彼をおだてる」

→〈彼〉+〈あおる②〉

例文の「おだてる」はうまい話で相手を持ちあげる意味。〈あおる②〉は相手をあおり、持ちあげるさまを表す。

〈彼〉

左親指を右人差指でさす。

〈あおる②〉

親指を立てた左手を右手であおりながら上にあげる。

おだてる 2

「おだてられる」

→〈おだてられる〉

例文の「おだてられる」は「おだてる」の受身形。〈おだてる〉と逆に自分があおられ、持ちあげられるさまを表す。

〈おだてられる〉

親指を立てた左手を指先を手前に向けた右手で前からあおるようにして手前にあげる。

おたふくかぜ 【おたふく風邪】

「おたふく風邪にかかる」

→〈おたふく〉+〈感染①〉

例文は〈おたふく〉+〈感染①〉で表現。〈おたふく〉はおたふくのふくれたさま、〈感染①〉は病気が自分にうつるさまを表す。

〈おたふく〉

両手指文字〈C②〉を耳の下に当て両手を左右に開きながら同時にほおもふくらませる。

〈感染①〉

前方に向けて5指をつまんだ両手の指先を胸につける。

オタマジャクシ 【お玉杓子】

「オタマジャクシはカエルの(子)」

→〈オタマジャクシ〉+〈カエル〉(+〈子供①〉)

「オタマジャクシ」は〈オタマジャクシ〉で表現。〈オタマジャクシ〉はオタマジャクシが尾を振って泳ぐさまを表す。

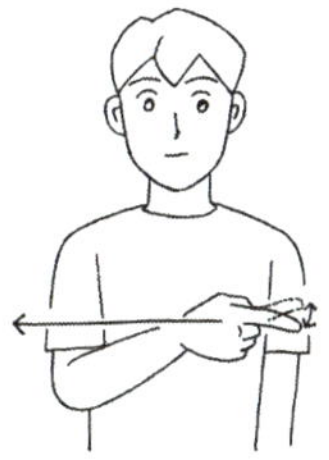

〈オタマジャクシ〉

右人差指を左に向けて寝かせ、指を前後に振りながら右に動かす。

〈カエル〉

ひじを張り、両手のひらを下に向け、指先を向かい合わせて上下させる。

おだやか 【穏やか】 1

「穏やかな天気」

→〈安定〉+〈空〉

例文は天候・自然が荒れていないさまなので〈安定〉+〈空〉で表現。〈安定〉は物事が落ち着いて静まっているさまを表す。

〈安定〉

手のひらを下に向けた両手を左右に開く。

〈空〉

右手で頭上に弧を描く。

おだやか 【穏やか】 2

「穏やかな性格」

→〈優しい〉+〈性質〉

例文は性格が落ち着いていることなので〈優しい〉+〈性質〉で表現。〈優しい〉は心の優しさ、物のやわらかさを表す。

〈優しい〉

両手の親指と4指の指先を向かい合わせてもむように動かしながら左右に開く。

〈性質〉

左手甲に右人差指を当て、すくうようにあげる。

おだやか【穏やか】3

「裁判とは穏やかではない」

→〈裁判〉+〈過ぎる〉

例文の「穏やかでない」は穏当でないということなので〈過ぎる〉で表現。〈過ぎる〉は越えることを表す。

〈裁判〉

親指を立てた両手を肩から前に同時におろし、体の前で止める。

〈過ぎる〉

左手甲の上を右手で乗り越える。

おちゅうげん【お中元】

「お中元を贈る」

→〈暑い①〉+〈贈物〉

「お中元」は夏にする日頃お世話になった人への贈物。〈暑い①〉は夏の意味。「お中元」「お中元を贈る」も同じ表現。

〈暑い①〉

うちわであおぐようにする。

〈贈物〉

両手を向かい合わせてそっと前に出すようにする。

おちつく【落ち着く】1

「(気持ちが)落ち着く」

→(〈心〉+)
〈落ち着く①〉
または〈落ち着く②〉

例文は気持ちが静まる意味なので〈落ち着く①〉または〈落ち着く②〉と表現。いずれも気持ちが静まるさまを表す。

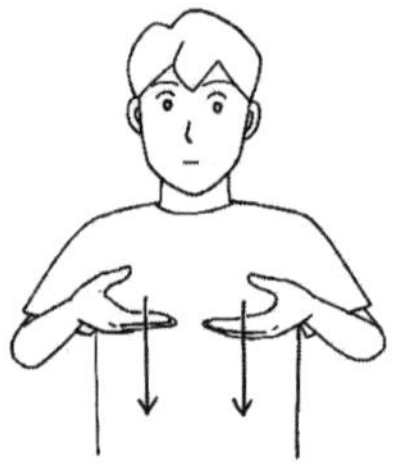

〈落ち着く①〉

指先を向かい合わせ、手のひらを上に向けた両手を胸元から静かにおろす。

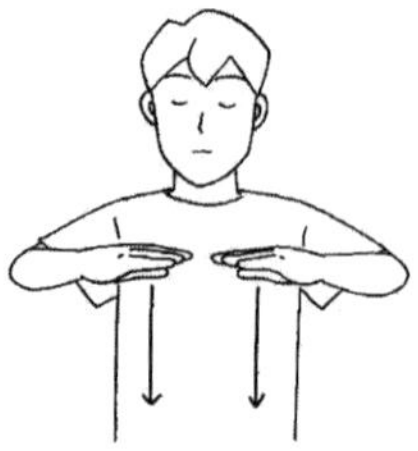

〈落ち着く②〉

指先を向かい合わせ、手のひらを下に向けた両手を胸から静かにおろす。

おちる【落ちる】1

「(人が)階段から落ちる」

→(〈人〉+)
〈階段〉+〈落ちる①〉

例文の「落ちる」は階段から転げ落ちる意味なので〈落ちる①〉で表現。〈落ちる①〉は高いところから人の転げ落ちるさまを表す。

〈階段〉

階段状に左手を右下から左上にあげる。

〈落ちる①〉

左上に置いた左手のひらから右手2指をひねりながら落とす。

おちつく【落ち着く】2

「騒ぎが落ち着く」

→〈混乱〉+〈安定〉

例文の「落ち着く」は騒ぎが静まり安定する意味なので〈安定〉と表現。〈安定〉は「平安」「平和」の意味がある。

〈混乱〉

全指を曲げた両手のひらを上下に向かい合わせて、かき混ぜるようにする。

〈安定〉

手のひらを下にした両手を左右に開きながらおろす。

おちる【落ちる】2

「ビルの上から人が落ちる」

→〈ビル①〉+〈落ちる②〉

例文の「落ちる」は転落する意味なので〈落ちる②〉で表現。〈落ちる②〉は高いところから人が真っ逆様に落ちるさまを表す。

〈ビル①〉

両手のひらを向かい合わせて上にあげ、閉じる。

〈落ちる②〉

甲を上向きにして左手を上にあげ、その上から右手2指が落ちるようにする。

おちる【落ちる】3

「雨が落ちてきた」
→〈雨②〉

例文の「落ちる」は雨が降り始める意味なので〈雨②〉で表現。〈雨②〉は雨がポツポツ落ち始めるさまを表す。

〈雨②〉
人差指を交互に下におろす。

おちる【落ちる】6

「試験に落ちる」
→〈試験〉＋〈落ちる③〉

例文の「落ちる」は落第する、不合格の意味なので〈落ちる③〉で表現。〈落ちる③〉は基準に達しないで落ちるさまを表す。

〈試験〉
親指を立てた両手を交互に上下させる。

〈落ちる③〉
左手のひらの内側で、指先を上に向けた右手を、すとんと落とす。

おちる【落ちる】4

「日が落ちる」
→〈日が沈む〉
　または〈夕方〉

例文の「落ちる」は太陽が沈む意味なので〈日が沈む〉または〈夕方〉で表現。いずれも太陽が沈むさまを表す。

〈日が沈む〉
左手甲を上に向け、右手２指で閉じない丸を作り、左手小指側に沈んでいくようにおろす。

〈夕方〉
右手全指を上に向けてひじから前に倒す。

おちる【落ちる】7

「品が落ちる」
→〈下品〉
　または〈びり〉

例文の「品が落ちる」は〈下品〉または〈びり〉で表現。〈下品〉は下らない、最低などの意味がある国際的な共通手話。

〈下品〉
親指を立てた右手を下に向けておろす。

〈びり〉
左手のひらの上に親指を立てた右手を勢いよく落とす。

おちる【落ちる】5

「雷が落ちる」
→〈雷〉

例文の「落ちる」は落雷の意味で〈雷〉で表現。〈雷〉は稲妻が光り、雷が落ちるさまを表す。

〈雷〉
親指と人差指をつまんだ両手を上から勢いよく下にぎざぎざを描きながら開く。

おちる【落ちる】8

「力が落ちる」
→〈力〉＋〈さがる②〉

例文の「落ちる」は衰える意味なので〈さがる②〉で表現。〈さがる②〉はものごとなどが下降線をたどるさまを表す。

〈力〉
こぶしを握った左腕を曲げ、上腕に右人差指で力こぶを描く。

〈さがる②〉
指文字〈コ〉を示した右手を右上から左下におろす。

お

おちる【落ちる】9

「敵のわなに落ちる」

→〈敵〉+〈だまされる〉

例文の「わなに落ちる」はだまされる意味なので〈だまされる〉で表現。

〈敵〉

左手甲に右手甲をぶつける。

〈だまされる〉

あごに当てた右手の親指と人差指を左手のひらの上に落とす。

おっと【夫】

「夫」

→〈夫(おっと)〉
　または〈男〉

「夫」は〈夫〉または単に〈男〉を示して表現。〈夫〉は結婚した男性を意味している。

〈夫(おっと)〉

左小指に添わせた右親指を前に出す。

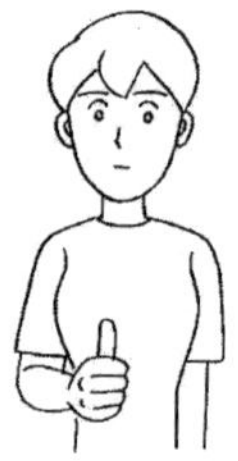

〈男〉

親指を立てた右手を出す。

おっしゃる 1

「(先生が)おっしゃった」

→(〈先生〉+)
　〈説明〉または〈説明される〉

例文の「おっしゃる」は「言う」の尊敬語で〈説明〉または〈説明される〉で表現。〈説明される〉は説明を受ける意。手話単語で尊敬語は表さない。

〈説明〉

左手のひらを右手で小刻みにたたく。

〈説明される〉

左手のひらの上を指先を手前に向けた右手で小刻みにたたく。

おてあげ【お手あげ】

「(勉強が)
難しくてお手あげだ」

→(〈勉強②〉+)
　〈難しい〉+〈お手あげ〉

「お手あげ」は降参、処置なしなどどうにもならなくなったさま。〈お手あげ〉は文字通りお手あげのさまを表す。

〈難しい〉

ほおをつねるようにする。

〈お手あげ〉

ぱっと両手をひじから上にあげる。

おっしゃる 2

「(お名前は)
何とおっしゃいますか」

→(〈名前①〉または〈名前②〉+)
　〈何〉+〈か〉

例文の「おっしゃる」は名前を尋ねる問いで、手話単語では表現しない。

〈何〉

右人差指を左右に振る。

〈か〉

右手のひらを前に差し出す。

おと【音】1

「風の音」

→〈風①〉+〈聞く②〉

例文の「音」は耳に聞こえる響きを意味するので〈聞く②〉で表現。〈聞く②〉は耳に入る音を示している。

〈風①〉

右手で風を送る。

〈聞く②〉

右人差指を右耳に当てる。

おと【音】2

「(近頃)音なし」

→(〈今①〉+〈くらい①〉+)〈郵便が来る〉+〈ない③〉

例文の「音」は便りの意味で、「音なし」は何の便りもないこと。手話は〈郵便が来る〉+〈ない③〉は便りが全くないことを表す。

〈郵便が来る〉

左手２指と右人差指で〒マークを作り、前から引き寄せる。

〈ない③〉

口元に当てた親指と人差指で作った丸を吹き出すようにして開く。

おとうさん【お父さん】

「お父さんの仕事」

→〈父〉+〈仕事〉

「おとうさん」は父の意味なので〈父〉で表現。〈父〉はほおに触れて肉親を表し、親指を立てて男性を表す。

〈父〉

右人差指でほおにふれ、親指を出す。

〈仕事〉

手のひらを上に向け、向かい合わせた両手指先を繰り返しつき合わせる。

おとうと【弟】

「弟」

→〈弟①〉

または〈弟②〉

「弟」は兄弟で年下の方なので〈弟①〉または〈弟②〉で表現。お兄さん指の中指をさげて年齢が下の弟であることを表す。

〈弟①〉

右中指を立て、甲を前方に向け下にさげる。

〈弟②〉

両手の中指を立て、甲側を前に向けて並べ、右手を下にさげる。

おとこ【男】1

「男と女」

→〈男〉+〈男女〉

例文の「男」は〈男〉で表現。〈男〉は親指、〈女〉は小指で表す。

〈男〉

親指を立てた右手を出す。

〈男女〉

右親指と左小指を並べて出す。

おとこ【男】2

「男らしい」

→〈男性〉+〈合う①〉

例文の「男らしい」は男性的である意味なので〈男性〉+〈合う①〉で表現。〈合う①〉はいかにもそれらしい意味を表す。

〈男性〉

親指を立てた両手を手前に引きながら水平に円を描く。

〈合う①〉

左人差指の先に右人差指の先を当てる。

おとす【落とす】1

「お金を落とす」

→〈金(かね)①〉+〈落とす〉

例文は持ち物を落とす、なくす意味で〈落とす〉で表現。〈落とす〉は身につけていたものが地面など下に落ちるさまを表す。

〈金(かね)①〉

右手の親指と人差指で作った丸を示す。

〈落とす〉

すぼめた手を下に向かって開く。

お

おとす【落とす】2

「汚れを落とす」

→〈汚い〉+〈削る②〉

例文の「落とす」はついたものを除く意味なので〈削る②〉で表現。〈削る②〉は取り除くさまを表す。

〈汚い〉

左手のひらに全指を折り曲げた右手を軽く打ちつける。

〈削る②〉

左手のひらを右手のひらで削り落とすようにする。

おとす【落とす】3

「試験で落とす」

→〈試験〉+〈落選〉

例文の「落とす」は落第させる意味なので〈却下〉で表現。〈却下〉は対象となるものを手で落とすさまを表す。

〈試験〉

親指を立てた両手を交互に上下させる。

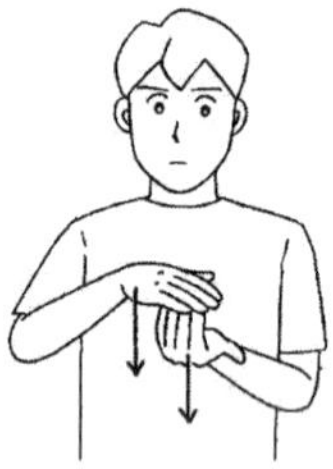

〈落選〉

左手指先を右手のひらに当てて、そのまま下に押しさげる。

おとす【落とす】4

「話を落とす」

→〈手話〉+〈下品〉

例文の「落とす」は内容を下品なものにする意味なので〈下品〉で表現。「話が落ちる」も同じ表現。〈下品〉には下らないの意味がある。

〈手話〉

両手の人差指を向かい合わせて、糸を巻くように回転させる。

〈下品〉

親指を立てた右手を下に向けておろす。

おどす【脅す】1

「彼をおどす」

→〈彼〉+〈おどす〉

「おどす」にはいろいろなおどし方があるが、この場合は言葉でおどす意味。〈おどす〉は上からかみつくようにおどすさまを表す。

〈彼〉

左親指を右人差指でさす。

〈おどす〉

親指を立てた左手に全指を折り曲げた右手をかぶせるようにおろす。

おどす【脅す】2

「ピストルでおどす」

→〈撃つ①〉

例文の「ピストルでおどす」はピストルをもって脅迫する意味。〈撃つ①〉はピストルを突き付けておどすさまを表す。

〈撃つ①〉

左親指に向かって親指と人差指を立てた右手で撃つようにする。

おどす【脅す】3

「彼におどされる」

→〈彼〉+〈おどされる〉

例文の「おどされる」は「おどす」の受身形で〈おどされる〉で表現。

〈彼〉

左親指を右人差指でさす。

〈おどされる〉

左親指に全指を曲げた右手を前から引きつけるように近づける。

おととい【一昨日】

「おとといの朝」

→〈おととい〉+〈朝〉

「おととい」は二日前の意味なので〈おととい〉で表現。これは数字２を後ろへやり、過去を表す。「一昨日」も同じ手話。

〈おととい〉

人差指と中指を立てた右手を肩越しに後ろへやる。

〈朝〉

こめかみ付近に当てた右こぶしをすばやく下におろす。

おとな【大人】

「大人料金」

→〈大人〉+〈金（かね）①〉

「大人」は成人の意味なので〈大人〉で表現。〈大人〉は背が高いさまを表し、成人した大人であることを表す。

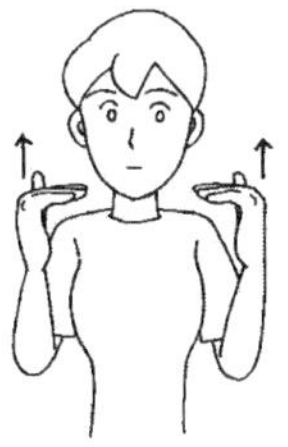

〈大人〉

指文字〈コ〉を示した両手を肩から上にあげる。

〈金（かね）①〉

右手の親指と人差指で作った丸を示す。

おとなしい【大人しい】１

「おとなしい（人）」

→〈落ち着く①〉または〈おとなしい〉（+〈人〉）

例文は動きが少なく静かにいる意味なので〈落ち着く①〉または〈おとなしい〉で表現。気持ちが落ち着いて、体の動きが少ないことを表す。

〈落ち着く①〉

指先を向かい合わせ、手のひらを上に向けた両手を胸元から静かにおろす。

〈おとなしい〉

両手のひらを向かい合わせて上から下におろす。

おとなしい【大人しい】２

「（会議では）おとなしくしている」

→（〈会議〉+）〈秘密①〉+〈おとなしい〉

例文は発言をしないでいる意味なので〈秘密①〉+〈おとなしい〉で表現。手話は黙ってじっとしているさまを表す。

〈秘密①〉

右人差指を口元に当てる。

〈おとなしい〉

両手のひらを向かい合わせて上から下におろす。

おとる【劣る】１

「質が劣る」

→〈性質〉+〈悪い①〉

例文の「劣る」は状態が他に比べて悪いことなので〈悪い①〉で表現。〈悪い①〉は良くないことを表す。

〈性質〉

左手甲に右人差指を当て、すくうようにあげる。

〈悪い①〉

人差指で鼻をこするようにして振りおろす。

おとる【劣る】２

「（弟は兄に）劣らず巧い」

→（右〈弟①〉+左〈兄〉+）〈五分五分①〉または〈五分五分②〉（+〈腕〉）

例文の「〜に劣らず」は〜と同じようにの意なので〈五分五分①〉または〈五分五分②〉で表現。いずれも両者が対等であることを表す。

〈五分五分①〉

親指を立てた両手を同時に内側に倒す。

〈五分五分②〉

親指を立てた両手を向かい合わせて内側に同時に繰り返し倒す。

おとろえる【衰える】

「力が衰える」

→〈力〉+〈さがる②〉

「力が衰える」は力が落ちていく意味。〈さがる②〉で表現。〈さがる②〉はものごとが衰え、下降していくさまを表す。

〈力〉

こぶしを握った左腕を曲げ、上腕に右人差指で力こぶを描く。

〈さがる②〉

指文字〈コ〉を示した右手を右上から左下におろす。

おなじ【同じ】1

「同じ服(を買う)」

→〈同じ①〉+〈服〉
(+〈買う〉)

例題の「同じ」は〈同じ①〉で表現。〈同じ①〉は「同じ」「同一」「等しい」などの意味を持つ。

〈同じ①〉

両手の親指と人差指の先を上に向けて閉じたり開いたりする。

〈服〉

親指を立てた両手をえりに沿って下におろす。

おどろく【驚く】1

「驚く」

→〈驚く①〉
または〈驚く②〉

例文は4種類の表現がある。〈驚く①〉はびっくりして飛びあがるさまを、〈驚く②〉はびっくりして胸にショックを感じるさまを表す。

〈驚く①〉

左手のひらの上に右手2指を立てて飛びあがるようにして2指を離し、またつける。

〈驚く②〉

全指を曲げた右手で胸を突きあげるようにして肩を少しあげる。

おなじ【同じ】2

「君と僕は考えが同じだ」

→〈思う〉+〈同じ②〉

例文の「同じ」は目の前の相手と自分が同じさまなので〈同じ②〉で表現。〈同じ②〉は相手と自分が同じであることを表す。

〈思う〉

右人差指を側頭部に当てる。

〈同じ②〉

両手を前後に置いて親指と人差指を閉じたり開いたりする。

おどろく【驚く】2

「驚く」

→〈驚く③〉
または〈驚く④〉

みっつめは〈驚く③〉で表現。驚いて目の玉が飛び出るさまを、よっつめは〈驚く④〉で表現。驚いて眼を見張るさまを表す。

〈驚く③〉

全指を折り曲げた両手を目から前に勢いよく出す。

〈驚く④〉

指を折り曲げた右手を目から前に勢いよく出す。

おに【鬼】

「赤鬼」

→〈赤〉+〈鬼〉

「鬼」は日本の伝説では二本の角をもつ怖い存在。〈鬼〉は二本の角を持つ鬼を表す。〈鬼〉は「悪魔」の意味も持つ。

〈赤〉

唇に人差指を当て、右へ引く。

〈鬼〉

両手人差指を角のように側頭部に当てる。

お

おにいさん
【お兄さん】

「（私の）お兄さんは背が高い」

→（〈私①〉＋）〈兄〉＋〈高い⑥〉

例文の「お兄さん」は兄のことなので〈兄〉で表現。

〈兄〉
中指を立て、甲側を前に向けた右手を上にあげる。

〈高い⑥〉
視線をあげながら右手のひらを下に向けて上にあげる。

おねえさん
【お姉さん】

「お姉さんはきれい」

→（〈姉①〉または）〈姉②〉＋〈美しい①〉（または〈美しい②〉）

例文の「お姉さん」は姉のことなので〈姉①〉または〈姉②〉で表現。後者が一般的。

〈姉②〉
右小指を上にあげる。

〈美しい①〉
顔の前で右手を左右に少し振る。

おば【伯母・叔母】1

「おば」

→左〈父〉＋〈姉②〉（または〈妹②〉）

例文の「おば」は４種類の表現がある。ひとつは〈父〉＋〈姉②〉、ふたつめは〈父〉＋〈妹②〉で表現。

左〈父〉
左人差指でほおにふれ、親指を出す。

〈姉②〉
右小指を上にあげる。

おば【伯母・叔母】2

「おば」

→左〈母〉＋〈妹②〉（または〈姉②〉）

みっつめは〈母〉＋〈妹②〉、よっつめは〈母〉＋〈姉②〉で表現。

左〈母〉
左人差指をほおにふれ、左小指を出す。

〈妹②〉
小指を立てた右手を下にさげる。

おば【伯母・叔母】3

「（京都の）おば」

→（〈京都〉＋）〈親類〉＋〈女〉

例文の「おば」は父母の兄弟など血のつながりのある女性の意味なので〈親類〉＋〈女〉と表現。〈親類〉は血のつながりを表す。

〈親類〉
親指と人差指を閉じた両手をほおにつけ、右手を前に伸ばし出す。

〈女〉
右小指を立てる。

おばあさん

「おばあさん」

→〈祖母〉または〈おばあさん〉

「おばあさん」は肉親の祖母とお年寄りの女性の二通りの意味がある。〈祖母〉は祖母を表し、〈おばあさん〉はお年寄りの女性を表す。

〈祖母〉
人差指でほおにふれ、小指を曲げて小さく上下させる。

〈おばあさん〉
右手小指を曲げて小さく上下させる。

お

おばさん【小母さん】

「知らないおばさん」

→〈他人〉+〈女〉

例文の「おばさん」は肉親でない中年の女性の意味。〈他人〉+〈女〉と表現。〈他人〉は全く知らない人の意味がある。

〈他人〉

右手の指の背側をほおに当て、はじくように指先を伸ばして前に出す。

〈女〉

右小指を立てる。

おびえる

「不安におびえる」

→〈心配②〉+〈恐ろしい〉

「おびえる」は恐ろしくて気持ちがひるむ意味で〈恐ろしい〉で表現。〈恐ろしい〉は右手２指を足に見立ててふるえるさまを表す。

〈心配②〉

手指を曲げた両手を胸に当てる。

〈恐ろしい〉

左手のひらの上に右手２指を立てふるわせる。

おはよう

「おはよう」

→〈朝〉+〈頼む①〉

「おはよう」は朝の挨拶。〈朝〉+〈頼む①〉と表現。「おはようございます」も同じだが、手話や動作が丁寧になる。

〈朝〉

こめかみ付近に当てた右こぶしをすばやく下におろす。

〈頼む①〉

頭を下げて右手で拝むようにする。

おぼえる【覚える】1

「名前を覚える」

→(〈名前①〉または)〈名前②〉+〈覚える〉

例文の「覚える」は記憶する意味なので〈覚える〉で表現。〈覚える〉はものごとを頭に入れるさまで覚える意味を表す。

〈名前②〉

右手の親指と人差指で作った丸を左胸に当てる。

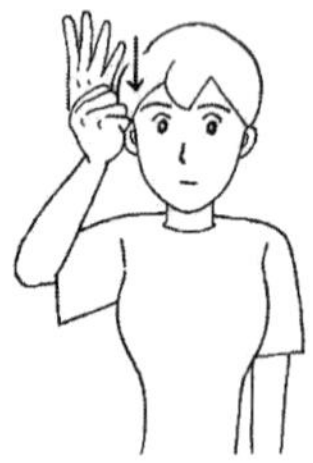

〈覚える〉

指先を開いた右手を上から頭につけて握る。

おび【帯】

「(着物の)帯」

→(〈着物〉+)〈帯(おび)①〉または〈帯(おび)②〉

例文の「帯」は腰に巻く帯のことなので〈帯①〉または〈帯②〉で表現する。手話は腰に巻く幅広い帯を表す。

〈帯(おび)①〉

両手の親指と人差指を開き、腹から左右に開く。

〈帯(おび)②〉

右手の親指と４指を腹の左から右へ帯を巻くように回す。

おぼえる【覚える】2

「安らぎを覚える」

→〈落ち着く②〉+〈感じる①〉

例文の「覚える」は感じる意味なので〈感じる①〉で表現。〈感じる①〉は頭にピンとくるさまを表す。

〈落ち着く②〉

指先を向かい合わせ、手のひらを下に向けた両手を胸から静かにおろす。

〈感じる①〉

右人差指を頭に当てて軽く突くようにする。

お

おぼえる【覚える】3

「酒を覚える」
→〈飲む③〉+〈習慣〉

例文の「覚える」は習慣になる意味なので〈習慣〉で表現。〈習慣〉はものごとが身につくさまを表す。

〈飲む③〉
右手の親指と人差指でおちょこを持ち、飲むようにする。

〈習慣〉
左手甲に指を半開きにした右手甲をつけ、前に出しながら握る。

おぼれる【溺れる】1

「水に溺れる」
→〈潜る①〉+〈溺(おぼ)れる〉

例文は体が水に沈んで死にそうになる意味なので〈潜る①〉+〈溺れる〉で表現。手話は体が水に沈み、ばたばた暴れるさまを表す。

〈潜る①〉
左手のひらを下に向けてその手前を右手2指の指先を上に向けてバタつかせながら下におろす。

〈溺(おぼ)れる〉
両手を交互に上下にばたばたさせる。

おぼれる【溺れる】2

「酒に溺れる」
→〈飲む⑥〉+〈一途①〉

例文の「溺れる」は悪いことに夢中になる意味で、〈一途①〉で表現。〈一途①〉はのめり込む意味がある。

〈飲む⑥〉
右手の親指と人差指でおちょこを持ち、繰り返し飲むようにする。

〈一途①〉
両手のひらをこめかみ付近から斜め前に絞り込むようにおろす。

おめでとう

「結婚おめでとう」
→〈結婚〉+〈祝う〉

「おめでとう」はお祝いのことば。〈祝う〉で表現。〈祝う〉は花がぱっと開くさまでおめでたい気持ちを表す。「祝い」の意味もある。

〈結婚〉
親指と小指を左右からつける。

〈祝う〉
すぼめた両手を上に向けてぱっと開く。

おもい【重い】1

「重い石」
→〈石①〉+〈重い〉

例文の「重い」は物の重さがある意味なので〈重い〉で表現。両手に重い物をもって腕がさがるさまを表す。「重さ」「重量」も同じ手話。

〈石①〉
左手のひらに「コ」の字形の右手を当てる。

〈重い〉
両手のひらを上に向け、重さでさがるようにする。

おもい【重い】2

「気が重い」
→〈気持ち〉+〈暗い〉

例文の「重い」は気分が暗くなる意味なので〈暗い〉で表現。〈暗い〉は、光の暗さ以外に精神的な暗さ、陰気も意味する。

〈気持ち〉
右人差指でみぞおち辺りに小さく円を描く。

〈暗い〉
両手のひらを前に向けた両腕を目の前で交差させる。

おもい【重い】3

「（役所は）腰が重い」

→（〈政治〉＋〈場所〉＋）〈する〉＋〈遅い①〉

例文の「腰が重い」はなかなかしない意味なので〈する〉＋〈遅い①〉で表現。手話はすることが遅い、なかなかしないさまを表す。

〈する〉

両こぶしを力を込めて前に出す。

〈遅い①〉

親指と人差指を出し、人差指の先を向き合わせ、左から右へゆっくり弧を描く。

おもい【重い】4

「責任が重い仕事」

→〈責任が重い〉＋〈仕事〉

例文の「責任が重い」は〈責任が重い〉で表現。〈責任が重い〉は肩にかかった責任の重さで体が傾くさまを表す。

〈責任が重い〉

右手を右肩に置いて体を傾ける。

〈仕事〉

手のひらを上に向け、向かい合わせた両手指先を繰り返しつき合わせる。

おもい【重い】5

「病気が重い」

→〈病気〉＋〈重い〉

例文の「重い」は重病の意味なので〈重い〉で表現。〈重い〉は物理的な重さも心理的・生理的な重さも意味する。

〈病気〉

こぶしで額を軽くたたく。

〈重い〉

両手のひらを上に向け、重さでさがるようにする。

おもいきる【思い切る】

「思い切って買う」

→〈決める②〉＋〈買う〉

例文は〈決める②〉＋〈買う〉で表現。〈決める②〉は決心するさまを表す。

〈決める②〉

左手のひらに右こぶしを強く打ちつける。

〈買う〉

右手の親指と人差指で作った丸を前に出すと同時に左手のひらを手前に引き寄せる。

おもいこむ【思い込む】1

「本当と思い込む」

→〈本当〉＋〈思い込む①〉

例文の「思い込む」はすっかりそうだと信じ込むことなので〈思い込む①〉で表現。〈思い込む①〉は固執するさまを表す。

〈本当〉

右手をあごに当てる。

〈思い込む①〉

しっかり握った右こぶしを頭に当てて力を入れる。

おもいこむ【思い込む】2

「思い込んだらあとへは引かない」

→〈決める②〉＋〈固い①〉

例文の「思い込む」は是非そうしようと思うことなので〈決める②〉で表現。〈決める②〉は「決心」「覚悟する」の意。

〈決める②〉

左手のひらに右こぶしを打ちつける。

〈固い①〉

軽く曲げた右手３指を振りおろして止める。

おもいだす
【思い出す】1

「（昔を）ふと思い出す」

→（〈過去①〉＋）〈思う〉＋〈思い出す〉（または〈感じる①〉）

例文の「ふと思い出す」は〈思う〉＋〈思い出す〉または〈感じる①〉で表現。〈思い出す〉はつながりを思いつくさまを表す。

〈思う〉
右人差指を側頭部に当てる。

〈思い出す〉
2指で丸を作ってつないだ両手を上へあげる。

おもいだす
【思い出す】2

「子供の（頃を）思い出す」

→〈子供①〉（または〈子供②〉＋〈時①〉）＋〈思う〉

例文の「思い出す」は〈思う〉で表現。思い出す表情で表す。

〈子供①〉
両手のひらを前方に向け、軽く振る。

〈思う〉
右人差指を側頭部に当てる。

おもいつく
【思いつく】

「（案を）思いつく」

→（〈案〉＋〈感じる①〉または）〈思う〉＋〈思い出す〉

「思いつく」は〈感じる①〉または〈思う〉＋〈思い出す〉で表現。〈思い出す〉は考えが浮かぶさまを表す。「思い出す」も同手話。

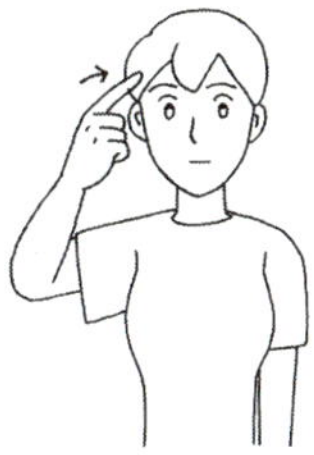

〈思う〉
右人差指を側頭部に当てる。

〈思い出す〉
2指で丸を作ってつないだ両手を上へあげる。

おもいで 【思い出】1

「昔の思い出」

→〈過去①〉＋〈なつかしい①〉

例文の「思い出」は心に残っている過去に経験したことなので〈なつかしい①〉で表現。〈なつかしい①〉は過去を思い起こすさまを表す。

〈過去①〉
右手のひらを後ろに向けて勢いよく押してやる。

〈なつかしい①〉
頭の横から右手のひらを下にしてひらひらさせながら横に出す。

おもいで 【思い出】2

「（いい）思い出になる」

→（〈良い〉＋）〈覚える〉または〈記念〉

例文の「思い出」は記念のことなので〈覚える〉または〈記念〉で表現。いずれも頭に入れるさまを表す。

〈覚える〉
指先を開いた右手を上から頭につけて握る。

〈記念〉
頭の横で甲を前に向けた右手を閉じて、頭につける。

おもう 【思う】1

「両親のことを思う」

→〈両親〉＋〈夢②〉

例文の「思う」は思い浮かべる意味なので〈夢②〉で表現。〈夢②〉はこの場合、頭の中に浮かぶ思いを表す。

〈両親〉
人差指をほおにふれ、親指と小指を出す。

〈夢②〉
指先を折り曲げた右手を頭から斜め上にあげる。

おもう【思う】2

「昔を思う」

→〈過去①〉+〈なつかしい①〉

例文の「思う」は昔をなつかしく思い起こす意味なので〈なつかしい①〉で表現。

〈過去①〉

右手のひらを後ろに向けて勢いよく押してやる。

〈なつかしい①〉

頭の横から右手のひらを下にしてひらひらさせながら横に出す。

おもう【思う】3

「思うように行かない」

→〈なめらか①〉+〈難しい〉

例文は思うほどにものごとが円滑に進まない意味なので〈なめらか①〉+〈難しい〉で表現。

〈なめらか①〉

右人差指をほおに当て、すべらせて前に出す。

〈難しい〉

右手の親指と人差指でほおをつねるようにする。

おもう【思う】4

「(妻を)思う(気持ち)」

→(〈妻①〉+)〈愛①〉
または〈大切①〉
(+〈気持ち〉)

例文の「思う」は愛する意味なので〈愛①〉または〈大切①〉で表現。〈愛①〉〈大切①〉は一般的に大切なもの、または大切にするさまを表す。

〈愛①〉

左手甲を右手でなでるようにする。

〈大切①〉

左手甲を右手のひらでなでるように回す。

おもう【思う】5

「良いと思う」

→〈良い〉+〈思う〉

例文の「思う」は判断する意味なので〈思う〉で表現。

〈良い〉

右こぶしを鼻から前に出す。

〈思う〉

右人差指を側頭部に当てる。

おもしろい【面白い】1

「キャンプはおもしろい」

→〈キャンプ〉+〈うれしい〉

例文の「おもしろい」は気持ちがはずんで心地良い意味なので〈うれしい〉で表現。〈うれしい〉はうれしくて胸のおどるさまを表す。

〈キャンプ〉

左手甲に軽く開いた右手全指を当て、上に引き上げながら閉じる。

〈うれしい〉

両手のひらを胸の前で、交互に上下させる。

おもしろい【面白い】2

「おもしろい表現」

→〈珍しい②〉+〈表(あらわ)す〉

例文の「おもしろい」は変わっていて興味が引かれる意味なので〈珍しい②〉で表現。〈珍しい②〉は目が見開かれるさまで「珍しい」の意味。

〈珍しい②〉

すぼめた右手を目の前から前に出しながら開く。

〈表(あらわ)す〉

左手のひらに右人差指をつけて前に押し出す。

おもしろい【面白い】3

「おもしろい顔」
→〈顔〉+〈おもしろい〉

例文の「おもしろい」は笑いたくなるような感じの意味なので〈おもしろい〉で表現。腹の痛いほどおかしい、おもしろいさまを表す。

〈顔〉
右人差指で顔の前で丸を描く。

〈おもしろい〉
両こぶしで腹を同時に軽くたたく。

おもしろい【面白い】4

「（二人は）おもしろくない関係」
→（〈二人①〉+）〈関係①〉+〈そぐわない〉

例文の「おもしろくない」は人間関係が悪い状態にある意味なので〈そぐわない〉で表現。〈そぐわない〉はそりが合わないさまを表す。

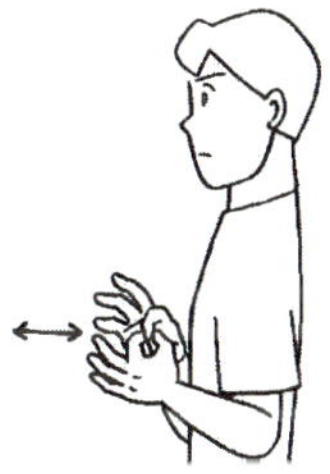

〈関係①〉
両手の親指と人差指を組み、前後に往復させる。

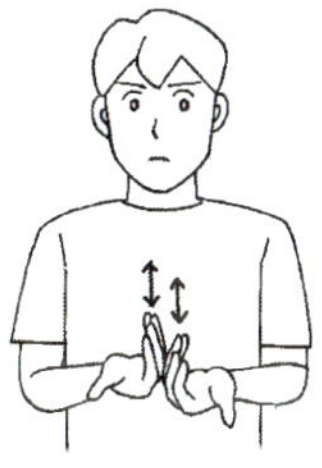

〈そぐわない〉
両手の指背側を合わせて、上下にこすり合わせる。

おもちゃ

「子供のおもちゃ」
→〈子供①〉+〈おもちゃ〉

「おもちゃ」は玩具の意味なので〈おもちゃ〉で表現。〈おもちゃ〉は子供がおもちゃを持ち遊ぶさまを表す。「玩具」も同じ。

〈子供①〉
両手のひらを前方に向け、軽く振る。

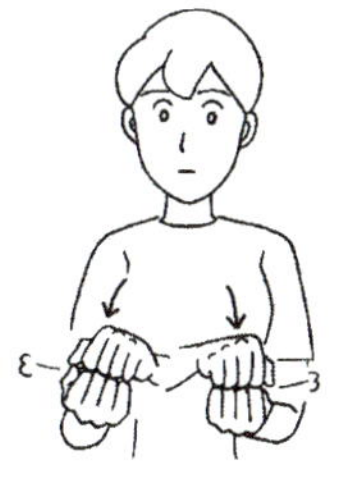

〈おもちゃ〉
両こぶしを上下入れ換えながら左右でたたく。

おもて【表】1

「（紙の）表と裏」
→（〈四角①〉+）〈表（おもて）①〉+〈裏①〉

例文の「表」は物の表面の意味なので〈表（おもて）①〉で表現。手話は甲側を表面に見立てて表す。

〈表（おもて）①〉
左手甲を右手指で軽くふれる。

〈裏①〉
左手のひらを右手のひらで軽くふれる。

おもて【表】2

「人の表（だけを見る）」
→〈人〉+〈表（おもて）②〉（+〈だけ〉+〈見る①〉）

例文の「表」は人の外面を意味するので〈表（おもて）②〉で表現。手話は甲側をなでることで上っ面、表面であることを表す。

〈人〉
人差指で「人」の字を空書する。

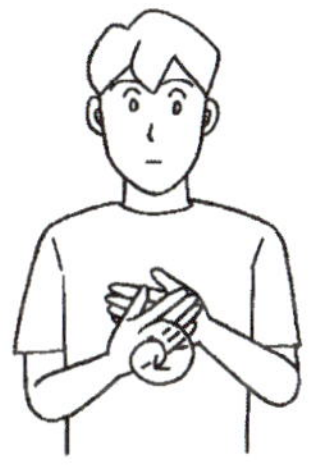

〈表（おもて）②〉
左手甲を右手指でなでるように回す。

おもて【表】3

「表を飾る」
→〈表（おもて）②〉+〈飾る②〉

例文は人が見える表側を飾りたてる意味なので〈表（おもて）②〉+〈飾る②〉で表現。〈表（おもて）②〉の左手を残しながら表現する。

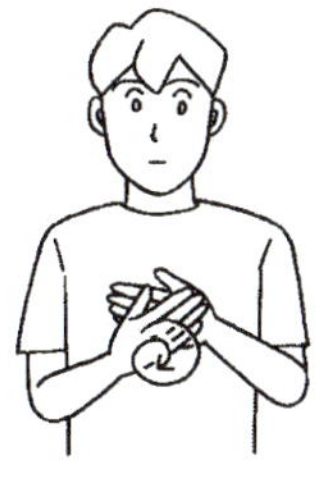

〈表（おもて）②〉
左手甲を右手指でなでるように回す。

〈飾る②〉
左手甲の前ですぼめた右手をはじくように開閉させながら左から右へ動かす。

おもて【表】4

「表（で遊ぶ）」

→〈家〉+〈外〉
（+〈遊ぶ①〉）

例文の「表」は家の外の意味なので〈家〉+〈外〉で表現。〈外〉は左手で囲われた外側を示すことで外であることを表す。

〈家〉
両手で屋根形を作る。

〈外〉
囲むように左手を立ててその中から右人差指を出す。

おもに【主に】

「（朝は）主にパン食です」

→（〈朝〉+）
〈パン①〉+〈たくさん②〉

例文の「主に」は数からみると多い意味なので〈たくさん②〉で表現。〈たくさん②〉は回数の多いさまを表す。

〈パン①〉
右手の閉じた親指と人差指をぱっと前に開く。

〈たくさん②〉
親指から順番に折り曲げながら左から右へ動かす。

おや【親】1

「親のめんどうを見る」

→〈両親〉+〈世話〉

例文の「親」は両親の意味なので〈両親〉で表現。〈両親〉は〈父〉と〈母〉を同時に表したもの。

〈両親〉
人差指をほおにふれ、親指と小指を出す。

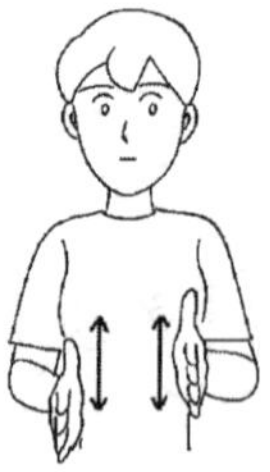

〈世話〉
指先を前に向け、手のひらを向かい合わせた両手を交互に上下させる。

おや【親】2

「男親としては
（娘のことが心配だ）」

→〈父〉+〈立つ〉
（+〈娘〉+〈心配①〉）

例文の「男親」は父の意味なので〈父〉で表現。同様に「女親」の場合は〈母〉で表す。〈両親〉はあるが、親一般を表す手話はない。

〈父〉
右人差指でほおにふれ、親指を出す。

〈立つ〉
左手のひらの上に右手 2 指を立てる。

おやすみ

「おやすみなさい」

→〈寝る〉+〈頼む①〉

「おやすみ」は寝る時のあいさつ。〈寝る〉+〈頼む①〉で表現。「おやすみなさい」も同じだが動作が丁寧になる。

〈寝る〉
頭を傾けて右こぶしを側頭部に当てる。

〈頼む①〉
頭を下げて右手で拝むようにする。

おやつ

「おやつをあげる」

→〈菓子〉+〈与える①〉

「おやつ」は三時などに食べるお菓子などの意味なので〈菓子〉で表現。〈菓子〉は手でつかんで気軽に食べるお菓子を表す。

〈菓子〉
親指と人差指でつまむようにして、繰り返し口に持っていく。

〈与える①〉
両手のひらを上に向け並べて前に差し出す。

およぐ【泳ぐ】1

「海で人が泳ぐ」

→〈海〉+〈泳ぐ〉

例文の「泳ぐ」は人が泳ぐことなので〈泳ぐ〉で表現。クロールのバタ足のさまを表す。「水泳」も同じ。犬などが泳ぐには使えない。

〈海〉

右小指を口元に当て、次に手のひらを波のように動かす。

〈泳ぐ〉

右手２指の指先を交互に上下させながら右へ動かす。

およぐ【泳ぐ】2

「魚が泳ぐ」

→〈魚(さかな)①〉

例文の「魚が泳ぐ」は〈魚①〉で表現。〈魚①〉は魚が体をくねらせて泳ぐさまを表す。

〈魚(さかな)①〉

右手をひらひらさせながら左に向けて動かす。

およそ

「およそ百(人)」

→〈ほとんど〉+〈百②〉

(+〈人〉)

例文の「およそ」はだいたい、おおよその意味なので〈ほとんど〉で表現。〈ほとんど〉は完全に円を描かず、下が開いているさまでほとんどの意味。

〈ほとんど〉

両手で円を描くが、下側をわずかに閉じないであけておく。

〈百②〉

右人差指をはねあげる。

おりる【下りる】1

「山をおりる」

→〈山〉+〈下(くだ)る〉

例文の「おりる」は山などから下へくだる意味なので〈下る〉で表現。山や階段を歩いてくだるさまを表す。

〈山〉

右手で山形を描く。

〈下(くだ)る〉

右手２指で右上から左下に歩くようにさげる。

おりる【下りる】2

「胸のつかえがおりる」

→〈安心①〉

または〈安心②〉

例文の「胸のつかえがおりる」は心配ごとなどがなくなる意味で〈安心①〉、〈同②〉で表現。胸をなでおろして安心するさまを表す。

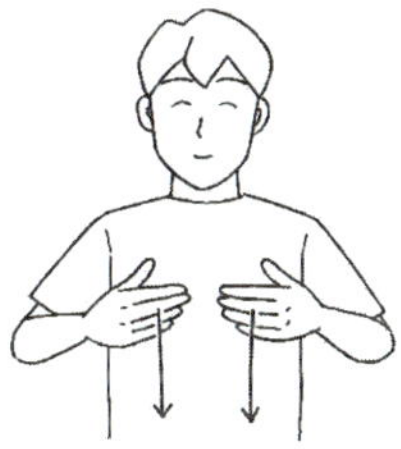

〈安心①〉

両手を胸に当て、下になでおろす。

〈安心②〉

右手のひらを胸に当て、下になでおろす。

おりる【下りる】3

「芝居の幕がおりる」

→〈芝居〉+〈さがる①〉

例文の「幕がおりる」は芝居などの幕がおりる意味なので〈さがる①〉で表現。上からおりる幕を表すが、幕の閉まり方で手話表現は変わる。

〈芝居〉

前後に互い違いに向けた両こぶしを同時にひねる。

〈さがる①〉

左手のひらの上に右手をすとんとおろす。

おりる【下りる】4

「(役所から)補助金がおりる」

→(〈政治〉+〈場所〉+)〈助ける①〉+〈払う①〉

例文の「おりる」は役所などから金が渡される意味なので〈払う①〉で表現。自分がもらう場合は〈金をもらう①〉で表現する。

〈助ける①〉
親指を立てた左手の後ろを右手のひらで軽く後押しする。

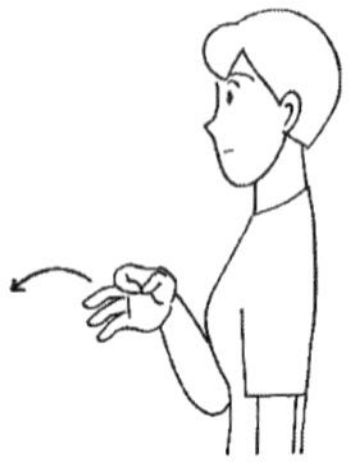

〈払う①〉
右手の親指と人差指で作った丸を前に出す。

おりる【下りる】5

「(役所から)許可がおりる」

→(〈政治〉+〈場所〉+)〈認める②〉+〈もらう①〉

例文の「おりる」は役所などから認められる意味なので〈もらう①〉で表現。「おりる」対象によって手話表現は変わる。

〈認める②〉
両こぶしを向かい合わせて内側に倒す。

〈もらう①〉
手のひらを上に向けた両手を手前に引く。

おりる【降りる】1

「電車から降りる」

→〈電車〉+〈降りる①〉

例文の「降りる」は乗り物から下車する意味。〈降りる①〉で表現。〈降りる①〉は「下車」も意味する。

〈電車〉
折り曲げた右手2指を左手2指に沿って前に動かす。

〈降りる①〉
左手のひらの上に置いた右手2指を横に降ろすようにする。

おりる【降りる】2

「(会長を)降りる」

→(〈会〉+〈長②〉+)〈引退〉

例文の「降りる」は役職などを退く意味なので〈引退〉で表現。〈引退〉は、役職などのポストから降りるさまを表す。

〈引退〉
左手甲にのせた親指を立てた右手を下におろす。

オリンピック

「オリンピックの年」

→〈オリンピック〉+〈年(ねん)〉

「オリンピック」のマークは五輪なので〈オリンピック〉で表現。〈オリンピック〉は輪が連なっているさまを表す。

〈オリンピック〉
両手の親指と人差指を組み換えながら左から右へ動かす。

〈年(ねん)〉
左こぶしの親指側に右人差指を当てる。

おる【織る】

「着物を織る」

→〈着物〉+〈織る〉

例文の「織る」は〈織る〉で表現。〈織る〉ははた織り機で織物を織っているさまを表す。「織物」「(西陣)織り」なども同じ表現。

〈着物〉
着物のえりを合わせるように右手と左手を順番に胸で重ねる。

〈織る〉
左手のひらを下に向けて指を開き、右手の指を左手の指の間にそれぞれ入れて前後に往復する。

おる【折る】1

「手の骨を折る」

→〈手〉+〈折る①〉

例文の「折る」は骨折する意味なので〈折る①〉で表現。〈折る①〉は棒状の物を折るさまを表す。骨の種類や部位によって表現は変わる。

〈手〉

左手甲を右手のひらでふれる。

〈折る①〉

両こぶしの親指側を合わせ、折るようにする。

おる【折る】2

「紙を折る」

→〈四角①〉+〈折る②〉

例文の「折る」は紙などを曲げて重ねる意味なので〈折る②〉で表現。〈折る②〉は紙など平面状のものを折るさまを表す。

〈四角①〉

両手の人差指で四角を描く。

〈折る②〉

両手のひらを上に向けて、右手を左手に折り重ね合わせる。

おる【折る】3

「指を折り、数える」

→〈数〉
　または〈数える①〉

例文は数える意味なので〈数〉または〈数える①〉で表現。いずれも指を順番に折るしぐさで数を数えるさまを表す。

〈数〉

右手の指を順に折る。

〈数える①〉

右人差指で指さしながら左手の指を順に折る。

オルガン

「オルガンを習う」

→〈オルガン〉+〈教わる①〉

「オルガン」は〈オルガン〉で表現。〈オルガン〉はオルガンを弾くさまを表す。「オルガンを弾く」も同手話。

〈オルガン〉

オルガンを弾くように両手を同時におろす。

〈教わる①〉

右手人差指の先を顔の方に向けて指先で指示されるように動かす。

おろす【降ろす】1

「(箱を)棚から降ろす」

→(〈箱②〉+)
　〈棚①〉+〈降ろす①〉

例文の「降ろす」は高い所から低い所へ移す意味なので〈降ろす①〉で表現。〈降ろす①〉は高い所から低い所へ移すさまを表す。

〈棚①〉

両手のひらを下に向けて目の上でそろえ左右に水平に開く。

〈降ろす①〉

両手を向かい合わせて上から下におろすようにする。

おろす【降ろす】2

「貯金を降ろす」

→〈貯金〉+〈降ろす②〉

例文の「降ろす」は貯金などを引き出す意味なので〈降ろす②〉で表現。手話は貯金通帳からお金が引き出されるさまを表す。

〈貯金〉

左手のひらの上に右こぶしの小指側で判をつくように当てながら前に出す。

〈降ろす②〉

左手のひらの上を右手でつかみ手前に引きおろす。

お

おろす【降ろす】3

「幕を降ろす」

→〈芝居〉+〈さがる①〉

例文の「幕を降ろす」は芝居などの幕をおろす意味なので〈さがる①〉で表現。上からおりる幕を表すが、幕の閉まり方で手話表現は変わる。

〈芝居〉

前後に互い違いに向けた両こぶしを同時にひねる。

〈さがる①〉

左手のひらの上に右手をすとんとおろす。

おろす【降ろす】4

「戸の錠を降ろす」

→〈閉める②〉+〈かける④〉

例文の「錠を降ろす」は鍵などをかける意味なので〈かける④〉で表現。かけ金などをかけるさまで、鍵がかかるさまを表す。

〈閉める②〉

指先を上に向けた左手のひらに指先を伸ばした右手の親指側を当てる。

〈かける④〉

左手の親指と4指で穴を作り、折り曲げた右手人差指を引っかけるように入れる。

おわる【終わる】1

「(話が)終わる」

→(〈講演〉+)
〈終わる〉
または〈まで〉

「終わる」は終了する意味なので〈終わる〉または〈まで〉で表現。前者は閉じてしまうさま、後者は最終段階に達するさまを表す。

〈終わる〉

両手の親指と4指を上に向け、閉じながら下にさげる。

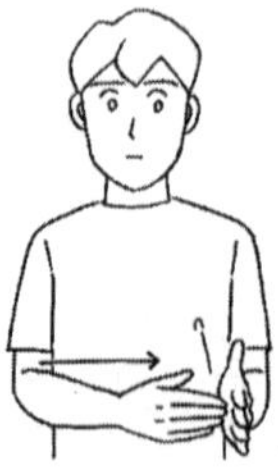

〈まで〉

左手のひらに右手指先を軽くつける。

おわる【終わる】2

「読み終わる」

→〈読む①〉+〈まで〉

例文の「終わる」は最後まで読み切る意味なので〈まで〉で表現。〈まで〉は最終段階に達したさまを表す。

〈読む①〉

左手のひらを見ながら視線に合わせるように右手2指を動かす。

〈まで〉

左手のひらに右手指先を軽くつける。

おん【恩】1

「親の恩」

→〈両親〉+〈恩〉

「恩」は目上の人から受けたありがたい行為。〈恩〉で表現。〈恩〉は「おかげ」の意味がある。

〈両親〉

人差指をほおにふれ、親指と小指を出す。

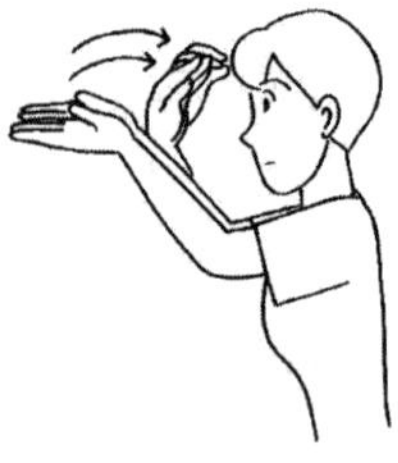

〈恩〉

両手のひらを並べて差しあげ、手前にかぶせるようにする。

おん【恩】2

「恩に着る」

→〈助けられる②〉+〈覚える〉

例文の「恩に着る」は恩を受けたことは忘れない意味なので〈助けられる②〉+〈覚える〉で表現。

〈助けられる②〉

左こぶしの甲に右手のひらを前方から繰り返し当てる。

〈覚える〉

指先を開いた右手を上から頭につけて握る。

おんがく【音楽】

「音楽を楽しむ」

→〈音楽〉+〈うれしい〉

「音楽」は〈音楽〉で表現。指揮棒を振るさまを表す。

〈音楽〉
両手の人差指を指揮棒を振るように左右に振る。

〈うれしい〉
両手のひらを胸の前で、交互に上下させる。

おんせん【温泉】

「温泉に入る」

→〈温泉〉+〈風呂①〉

「温泉」は地下からわき出る温かい湯。〈温泉〉は湯気のたつ温かい湯、温泉マークを表す。

〈温泉〉
左手の親指と 4 指の間から右手 3 指を出して指を揺らす。

〈風呂①〉
右こぶしをほおに当て、こするようにする。

おんど【温度】1

「部屋の温度」

→〈部屋〉+〈温度〉

例文の「温度」は〈温度〉で表現。〈温度〉は温度計の水銀柱が上下するさまを表す。

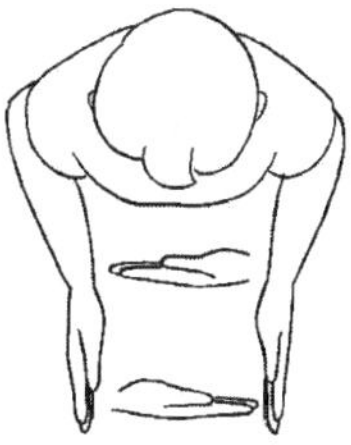

〈部屋〉
両手のひらで前後左右に四角く囲む。

〈温度〉
指先を上に向けた左手のひらの横で人差指を立てた右手を上下させる。

おんど【温度】2

「温度があがる」

→〈温度〉+〈温度があがる〉

例文の「温度」は〈温度〉で表現。〈温度〉は温度計の水銀柱が上下するさまを表し、それがあがるさまで温度があがることを表す。

〈温度〉
指先を上に向けた左手のひらの横で人差指を立てた右手を上下させる。

〈温度があがる〉
指先を上に向けた左手のひらの横で人差指を立てた右手を上にあげる。

おんな【女】1

「女の子」

→〈女〉+〈子供①〉

例文の「女」は〈女〉で表現。〈女〉は小指を出して表す。小指の出し方、動かし方によって〈女〉の意味は「妻」「娘」「姉」「妹」などといろいろ変化する。

〈女〉
右小指を立てる。

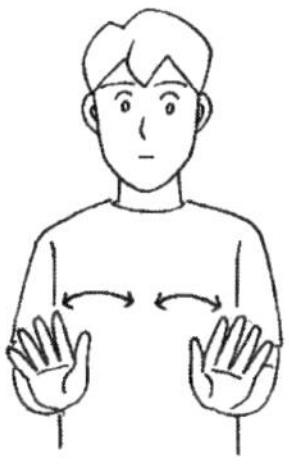

〈子供①〉
両手のひらを前に向けて、あやすように左右に振る。

おんな【女】2

「女らしい」

→〈女性〉+〈合う①〉

例文の「女らしい」は〈女性〉+〈合う①〉で表現。〈女性〉は両手で水平に円を描くことで女性一般を表している。

〈女性〉
両手小指を合わせて手前に水平に円を描く。

〈合う①〉
左人差指の先に右人差指の先を当てる。

〈カ〉
右手の親指と人差指と中指でKの字形を作る。

か【科】

「デザイン科」
→〈デザイン〉+〈まっすぐ①〉

「～科」は専門や学科の区分を表すので〈まっすぐ①〉で表現。〈まっすぐ①〉はこの道をずっと行くさまで「専攻」も意味している。

〈デザイン〉
両手のひらを下に向けて指先を向かい合わせ、小刻みに交互に前後させる。

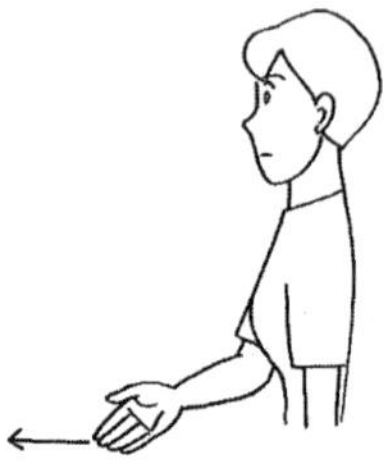

〈まっすぐ①〉
指先を伸ばし、まっすぐ前に進める。

か

「(お名前は)何ですか?」
→(〈名前②〉+)
〈何〉+〈か〉

「か」は問いかけを表しているので〈か〉で表現。〈か〉は相手の方に手を差し伸べて答えを促すさまを表す。

〈何〉
右人差指を左右に振る。

〈か〉
右手のひらを前に差し出す。

か【課】1

「課長」
→〈カ〉+〈長①〉

「課長」は行政や会社などの組織部署「課」の責任者を表す。「課」は指文字〈カ〉で表し、〈長①〉でその長を表す。

〈カ〉
人差指を立て、中指の中程に親指の腹を当てる。

〈長①〉
親指を立てた右手を上にあげる。

か【化】

「(本が)映画化される」
→(〈本〉+)
〈映画〉+〈変わる①〉

「～化」は「～になること」「～にすること」の意味なので〈変わる①〉で表現。〈変わる①〉は「～になる」「変化(する)」などの意味を表す。

〈映画〉
指間を軽く開き、両手のひらを目の前で前後に重ね、交互に上下させる。

〈変わる①〉
手のひらを手前に向けた両手を交差させる。

か【課】2

「会計課」
→〈計算〉+〈カ〉

部署を表す「課」は指文字〈カ〉で表現する。

〈計算〉
左手の指先の方向に右手4指を滑らせるように右へ動かす。

〈カ〉
人差指を立て、中指の中程に親指の腹を当てる。

カ【蚊】

「蚊がいる」
→〈刺す①〉+〈たたく〉

「蚊」は〈蚊〉で表現。〈蚊〉は刺され、それをたたきつぶすさまで蚊がいること、あるいは「蚊」そのものを表す。

〈刺す①〉
つまんだ親指と人差指の先でほおを軽く突く。

〈たたく〉
ほおを軽くたたく。

ガ【蛾】

「ガが飛ぶ」
→〈ガ〉+〈飛ぶ〉

「ガ」は〈ガ〉で表現。〈ガ〉はガの羽のさまを表す。

〈ガ〉
手のひらを前に向けて親指を交差させ、両手４指をつけ合わせる。

〈飛ぶ〉
両手を左右に広げて羽のように上下に動かして上にあげる。

カード１

「単語カード」
→〈単語〉+〈カード①〉

例文の「カード」は小型の厚紙のことなので〈カード①〉で表現。〈カード①〉はカードをめくるさまを表す。

〈単語〉
左人差指をかぎ状にし、その下で親指と人差指を開いた右手を差し込むようにする。

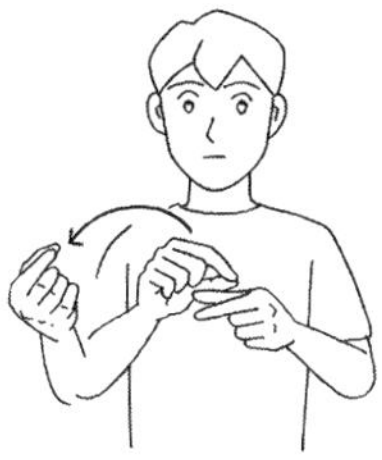

〈カード①〉
左手の親指と人差指を出し、右手の親指と人差指をつまんでめくるようにする。

カード２

「トランプのカード」
→〈トランプ〉

例文の「カード」はトランプの札のことなので〈トランプ〉で表現。〈トランプ〉はトランプのカードを切るさまを表す。

〈トランプ〉
左手でトランプを持ち、右手の親指と人差指でカードをきるように動かす。

カード３

「好カード」
→〈試合①〉+〈良い〉
（または〈良い〉+〈試合①〉）

例文の「カード」は試合の組み合わせのことなので〈試合①〉で表現。〈試合①〉は両者がぶつかり合うさまを表す。

〈試合①〉
親指を立てた両手を正面で軽くぶつける。

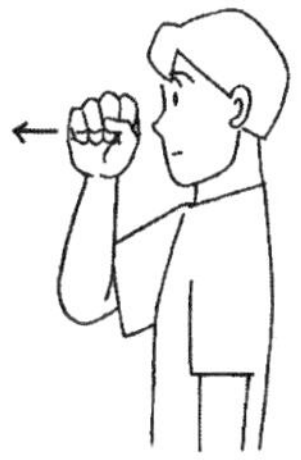

〈良い〉
右こぶしを鼻から前に出す。

カーナビ（ゲーション）

「カーナビは便利だ」
→〈カーナビ〉+〈便利〉

「カーナビ」は〈カーナビ〉で表現。〈カーナビ〉は左手の〈車〉から右手の電波が発するさまを表す。

〈カーナビ〉
「コ」の字形の左手の下から人差指を立てた右手を左右に揺らしながらあげていく。

〈便利〉
右手のひらであごをなでる。

カーブ

「カーブを投げる」

→〈投げる〉+〈カーブ〉

例文の「カーブ」は野球用語なので〈カーブ〉で表現。〈カーブ〉はボールがカーブするさまを表す。

〈投げる〉

右手で野球のボールを投げるようにする。

〈カーブ〉

2指で丸を作った右手を前に水平に弧を描いて出す。

かい【会】1

「役員会」

→〈腕章〉+〈会〉

例文の「会」は組織の集まりの意味。〈会〉で表現する。〈会〉は漢字「会」の冠を表す。

〈腕章〉

親指と人差指で腕章のように上腕に回す。

〈会〉

両手で屋根形を作り、左右に引く。

カーフェリー

「カーフェリーに乗る」

→〈カーフェリー〉+〈乗る②〉

「カーフェリー」は〈カーフェリー〉で表現。〈カーフェリー〉は左手〈船〉に右手〈車〉を積み込むさまを表す。

〈カーフェリー〉

左手の舟形の横に右手「コ」の字形をつけ、同時に前方へ出す。

〈乗る②〉

左手のひらに右手2指をのせる。

かい【会】2

「運動会」

→〈競争〉+〈集まる①〉

例文の「会」は寄り集まることの意味なので〈集まる①〉で表現。〈集まる①〉は人々が大勢集まるさまを表す。

〈競争〉

親指を立てた両手を競うように交互に前後させる。

〈集まる①〉

軽く開いた両手のひらを向かい合わせて中央に寄せる。

かい【～界】

「スポーツ界」

→〈スポーツ〉+〈世界〉

「界」は〈世界〉で表現。〈世界〉は丸い地球のさまを表す。

〈スポーツ〉

指先を前に向けて向かい合わせた両手を交互に前に出すように回す。

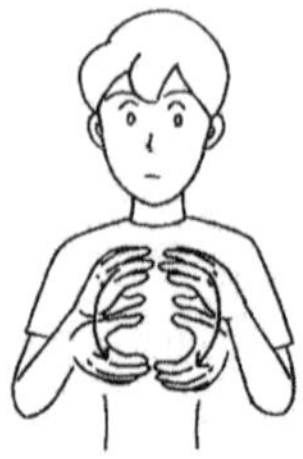

〈世界〉

両手の指先を向かい合わせ、球を描くように前に回す。

かい【貝】

「小さい貝」

→〈小さい②〉+〈貝〉

「貝」は巻き貝や二枚貝などいろいろあるが〈貝〉で代表させて表現。〈貝〉は殻が二枚ある二枚貝を表す。

〈小さい②〉

右手の親指と人差指を軽く開き、下にさげながら小さな丸を作る。

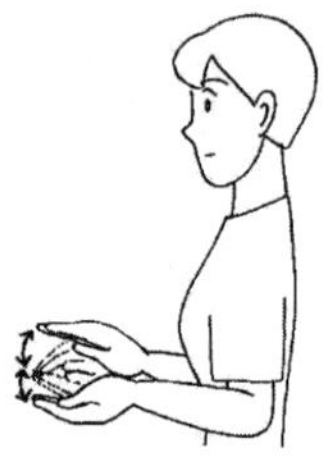

〈貝〉

手首を合わせ、手の甲を少しふくらませ、閉じたり開いたりする。

がい【害】1

「(この薬は)体に害がある」

→(〈薬〉+)〈体(からだ)〉+〈悪い①〉

例文の「害」は体に悪い影響を与える意味なので〈悪い①〉で表現。〈悪い①〉は害があることも含めて、悪いこと一般を表す。

〈体(からだ)〉
右手を体の上で回す。

〈悪い①〉
人差指で鼻をこするようにして振りおろす。

がい【害】2

「薬害」

→〈薬〉+〈被害〉

例文の「害」は被害の意味なので〈被害〉で表現。〈被害〉はこの場合「迷惑すること」の意味で「被害」を意味している。

〈薬〉
左手のひらに右薬指をつけてこねるように回す。

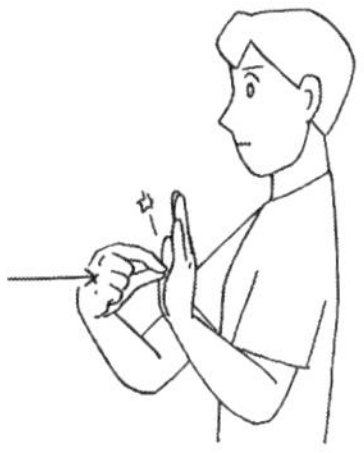

〈被害〉
手のひらを前方に向けた左手に親指と人差指でつまんだ右手を打ちつける。

かいあく【改悪】

「(法を)改悪する」

→(〈規則〉または〈法〉+)〈悪い①〉+〈変わる①〉

「改悪」は悪く変える意味なので〈悪い①〉+〈変わる①〉で表現。〈悪い①〉+〈変わる①〉は「悪く変える」を意味している。

〈悪い①〉
人差指で鼻をこするようにして振りおろす。

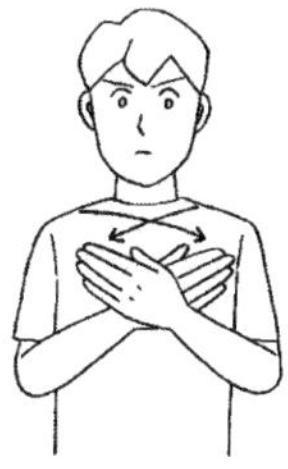

〈変わる①〉
手のひらを手前に向けた両手を交差させる。

かいいん【会員】

「協会の会員」

→(〈協会①〉または)〈協会②〉+〈バッジ〉

「会員」は組織などに参加している人のこと。会員は多くの場合それを示すバッジをつけているところから〈バッジ〉で表現。

〈協会②〉
人差指を組み、水平に回す。

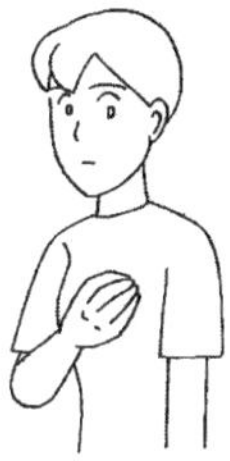

〈バッジ〉
すぼめた右手を左胸に当てる。

かいかい【開会】

「開会式」

→〈開(ひら)く①〉+〈礼〉(または〈式〉)

「開会」は〈開く①〉で表現。〈開く①〉は扉などが開くさまを表す。

〈開(ひら)く①〉
手のひらを前に向けて並べて、閉じた両手を左右に開く。

〈礼〉
指先を上に向け、両手のひらを前に向けて全指を前に倒す。

かいがい【海外】

「海外に行く」

→〈外国〉+〈行(い)く④〉

「海外」は外国の意味なので〈外国〉で表現。〈外国〉は目の色の違いで日本人と外国人が区別されることが多いところから生まれた手話。

〈外国〉
右人差指を右目のまわりで回す。

〈行(い)く④〉
親指を立てた右手を右前へ出す。

か

かいかん【会館】

「福祉会館」

→〈幸せ〉+〈ビル①〉

「会館」は建物、ビルを連想することが多いので〈ビル①〉で表現。〈ビル①〉は四角い大きな建物を表す。

〈幸せ〉

親指と４指であごをなでるようにする。

〈ビル①〉

両手のひらを向かい合わせて上にあげ、閉じる。

かいきゅう【階級】2

「２階級あがる」

→〈あがる⑥〉+〈２①〉

例文の「階級あがる」は地位があがることなので〈あがる⑥〉で表現。

〈あがる⑥〉

親指を立てた右手を左下から右上に順にあげる。

〈２①〉

人差指と中指を立てて示す。

かいぎ【会議】

「会議（を開く）」

→〈相談〉
　または〈会議〉
　（+〈開（ひら）く③〉）

「会議」は人々が集まって話し合う意味なので〈相談〉または〈会議〉で表現。どちらもひざを詰め、額を寄せて相談するさまを表す。

〈相談〉

親指を立てた両手を軽くぶつけ合う。

〈会議〉

親指を立てた両手を合わせたままで水平に回す。

かいけい【会計】

「会計の帳簿」

→〈計算〉+〈本〉

「会計」はお金の収支を計算整理する意味なので〈計算〉で表現。〈計算〉はそろばんの玉をはじくさまを表す。「経理」「出納」も同じ表現。

〈計算〉

左手の指先の方向に右手４指を滑らせるように右へ動かす。

〈本〉

両手のひらを合わせて本を開くように左右に開く。

かいきゅう【階級】1

「労働（者）階級」

→〈工事〉（+〈人々〉）+〈階級〉

例文は〈工事〉+〈人々〉+〈階級〉で表現。〈階級〉は新しい手話。

〈工事〉

左こぶしに右こぶしを左右から打ちつける。

〈階級〉

左手のひらに右親指と人差指を曲げて当て、２指を右に引く。

かいけいけんさいん【会計検査院】

「会計検査（院）」

→〈計算〉+〈調べる①〉
　（+〈院〉）

「会計検査院」は〈計算〉+〈調べる①〉+〈院〉で表現。〈計算〉はそろばんをはじくさま、〈調べる①〉は目を配るさま、〈院〉は指文字〈イ〉で「ン」を描く。

〈計算〉

左手の指先の方向に右手４指を滑らせるように右へ動かす。

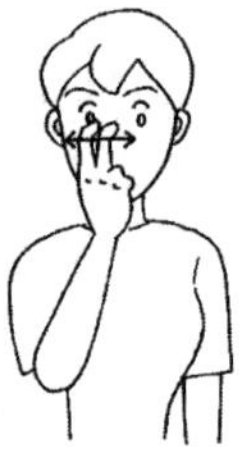

〈調べる①〉

右手の人差指と中指を軽く折り曲げて、目の前を左右に往復させる。

かいけつ【解決】

「解決が着く」
→〈解決①〉+〈終わる〉

例文は問題がかたづき、一件落着の意味なので〈解決①〉で表現。〈解決①〉はものごとの決着がつく〆(しめ)を表していると言われる。

〈解決①〉
左手のひらの上に右人差指で「×」を大きく書く。

〈終わる〉
両手の親指と４指を上に向け、閉じながら下にさげる。

かいこ【蚕】

「蚕を飼う」
→〈蚕〉+〈育てる①〉

「蚕」は〈蚕〉で表現。〈蚕〉は蚕が葉を食べるの口のさまを表す。

〈蚕〉
口元で右人差指を曲げたり伸ばしたりしながら右へ動かす。

〈育てる①〉
左親指に右手指先を繰り返し当てる。

かいこ【解雇】1

「(労働者を)解雇する」
→(〈仕事〉+〈人々①〉+)〈解雇①〉

例文の「解雇」は雇用主が首を切る意味で〈解雇①〉で表現。〈解雇①〉は首を切るさまで解雇、除名などの意味を表す。

〈解雇①〉
左親指を右手で切るようにする。

かいご【介護】1

「おばあさんを介護する」
→〈祖母〉+〈世話〉

例文の「介護」は介抱したり看護したりすることなので〈世話〉で表現。「世話をする」「面倒を見る」も同手話。

〈祖母〉
人差指でほおにふれ、小指を曲げて小さく上下させる。

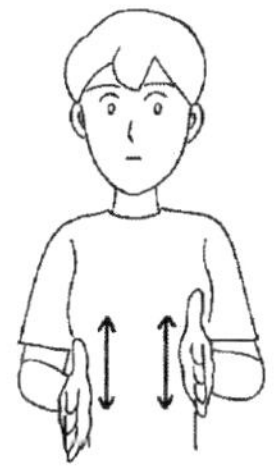

〈世話〉
指先を前に向け、手のひらを向かい合わせた両手を交互に上下させる。

かいこ【解雇】2

「会社を解雇される」
→(〈会社〉+)〈解雇②〉または〈解雇③〉

例文の「解雇される」は〈解雇②〉または〈解雇③〉で表現。手話はどちらも自分が首を切られるさまを表す。

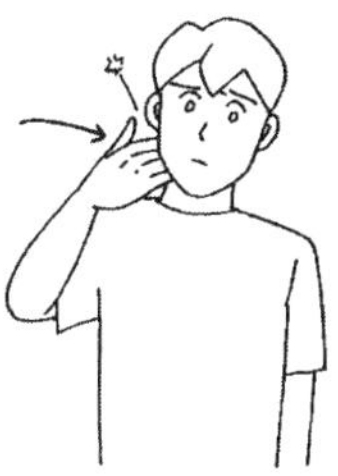

〈解雇②〉
右手を首に当てる。

〈解雇③〉
左親指を手のひらを上に向けた右手で手前から切るようにする。

かいご【介護】2

「介護士」
→〈介護〉+〈士〉

例文は〈介護〉+〈士〉で表現。〈介護〉は「介」の字形を表す。名称のときにこの手話を使用する。

〈介護〉
斜め上に向けた左人差指の下で右人差指と中指を下におろす。

〈士〉
親指と人差指と中指を出した右手を左肩に当てる。

がいこう【外交】1

「外交（問題）」

→〈世界〉+〈交渉①〉
（+〈問題〉）

例文の「外交」は国同士が交渉する意味なので〈世界〉+〈交渉①〉で表現。

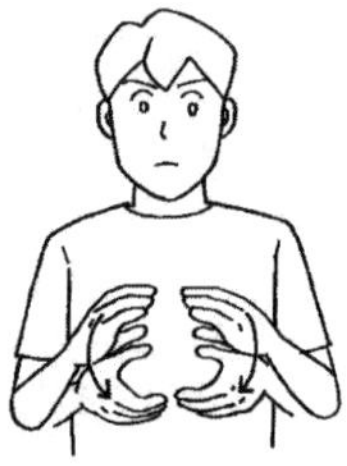

〈世界〉
両手の指先を向かい合わせ、球を描くように前に回す。

〈交渉①〉
両手の人差指を繰り返しつき合わせる。

がいこく【外国】

「外国（旅行に行く）」

→〈外国〉
または〈世界〉
（+〈旅行〉）

「外国」は〈外国〉または〈世界〉で表現。〈外国〉は目の色の違いを強調した手話。〈世界〉は「世界の国々」の意味もある。

〈外国〉
右人差指を右目のまわりで回す。

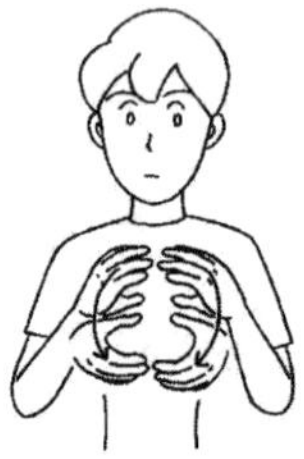

〈世界〉
両手の指先を向かい合わせ、球を描くように前に回す。

がいこう【外交】2

「外交官」

→〈外交〉+〈男〉

例文の「外交官」は外交の事務をとる公務員の意味。〈外交〉は、前掲の〈世界〉+〈交渉①〉を合成、簡略化した新しい手話。

〈外交〉
両手人差指をつき合わせ、弧を描いて上にあげ、また１回つき合わせる。

〈男〉
親指を立てた右手を出す。

かいさん【解散】

「グループを解散する」

→〈グループ〉+〈解散〉

例文の「解散」は組織をなくしてみんな別れることを意味するので〈解散〉で表現。〈解散〉は集まっていた者がぱっと散るさまを表す。

〈グループ〉
指先を上に向けた両手で水平に手前に円を描く。

〈解散〉
両手の指先を下に向けて前に払うように伸ばす。

がいこう【外交】3

「保険の外交」

→〈保険〉+〈訪問②〉

例文の「外交」は出かけて行って注文を取る意味なので〈訪問②〉で表現。〈訪問②〉は一軒一軒訪ねるさまを表す。

〈保険〉
左指文字〈ホ〉の甲に右手２指で作った丸を当て、前に出す。

〈訪問②〉
左右２か所で左手屋根形の下に人差指を立てた右手を入れる。

かいし【開始】

「（試合を）開始する」

→（〈試合①〉+）
〈開（ひら）く①〉
または〈開（ひら）く③〉

例文の「開始」は〈開く①〉または〈開く③〉で表現。いずれも閉まっている戸などが開くさまを表す。

〈開（ひら）く①〉
手のひらを前に向けて並べて、閉じた両手を左右に開く。

〈開（ひら）く③〉
手のひらを前に向けてつき合わせた両手を手前に扉を開くように動かす。

がいじ【外耳】

「外耳(炎)」
→〈外耳〉
(+〈火①〉)

「外耳炎」は〈外耳〉+〈火①〉で表現。〈外耳〉は鼓膜の外側を表す新しい手話。

〈外耳〉
右耳に手のひらを右に向けた左手を当て、右人差指で左手のひらをさし、

左手を残したまま右親指と人差指を曲げ、手のはらに当てる。

かいしゃ【会社】

「会社で働く」
→〈会社〉+〈仕事〉

「会社」は〈会社〉で表現。〈会社〉は会社に株式会社が多いところから株の売買のしぐさから生まれた手話。

〈会社〉
両手の2指を交互に前後させる。

〈仕事〉
手のひらを上に向け、向かい合わせた両手指先を繰り返しつき合わせる。

がいしゅつ【外出】

「外出禁止」
→〈出る①〉+〈とめる〉

「外出」は出かける意味なので〈出る①〉で表現。〈出る①〉は家から外へ出るさまを表す。

〈出る①〉
左手の下から右手をはねあげるように前に出す。

〈とめる〉
左手のひらの上に右手を振りおろす。

かいしょう【解消】1

「疑問が解消する」
→〈疑問①〉(または〈疑問②〉)+〈消える①〉

例文の「解消」は消えてなくなる意味なので〈消える①〉で表現。〈消える①〉はつかもうと思ったらぱっと消えるさまを表す。

〈疑問①〉
右人差指で「?」を描く。

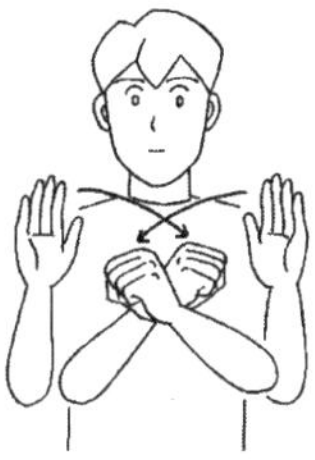

〈消える①〉
開いた両手を交差させながら握る。

かいしょう【解消】2

「疑問を解消する」
→〈疑問①〉(または〈疑問②〉)+〈なくなる①〉

例文の「解消」はなくす意味なので〈なくなる①〉で表現。〈なくなる①〉は手のひらの上のものを一掃することを表す。

〈疑問①〉
右人差指で「?」を描く。

〈なくなる①〉
上下に向かい合わせた両手のひらを上から合わせると同時に右手を右に動かす。

かいじょう【会場】

「会場(を借りる)」
→〈集まる①〉+〈場所〉
(+〈借りる〉)

「会場」は会を開くための場所なので〈集まる①〉+〈場所〉で表現。「集合場所」も同じ表現になる。

〈集まる①〉
軽く開いた両手のひらを向かい合わせて中央に寄せる。

〈場所〉
全指を曲げた右手を前に置く。

か

かいじょう【開場】1

「来年開場」

→〈来年〉+〈開(ひら)く①〉

例文の「開場」は新しい施設を開くことなので〈開く①〉で表現。〈開く①〉は扉が開くさまを表す。

〈来年〉

左こぶしの親指側に右人差指をふれて前に出す。

〈開(ひら)く①〉

手のひらを前に向けて並べて、両手を左右に開く。

かいじょう【開場】2

「5(時)開場」

→(〈時間〉+)〈5〉+〈開(ひら)く⑧〉

例文の「開場」は入口を開けることなので〈開く⑧〉で表現。〈開く⑧〉は門を開くさまを表す。

〈5〉

右親指を横に倒して示す。

〈開(ひら)く⑧〉

指先を左右向かい合わせてつけ、手のひらを手前に向けた両手を手首を返して左右に開く。

かいじょうほあんちょう【海上保安庁】

「海上保安(庁)」

→〈海〉+〈守る①〉(+〈庁〉)

「海上保安庁」は〈海〉+〈守る①〉+〈庁〉で表現。〈海〉は塩辛いと波のさま、〈守る①〉は取り囲み守るさまを表す。〈庁〉は「庁」の最後の画を表す。

〈海〉

右小指を口元に当て、手のひらを波のように動かす。

〈守る①〉

左親指のまわりを右手で取り囲むようにする。

かいせい【快晴】

「今日は快晴」

→〈今①〉+〈明るい①〉

「快晴」は空が晴れわたっている意味。〈明るい①〉を勢いよく表現。「晴れ(る)」も同手話だが、動作と表情で晴れる程度の違いを表す。

〈今①〉

両手のひらで軽く押さえつける。

〈明るい①〉

少し顔を上に向け、両手のひらを前に向けて交差させ左右に開く。

かいせい【改正】

「規則を改正する」

→〈規則〉+〈変わる①〉

例文の「改正」は悪い点を変える意味。〈変わる①〉で表現。「正しい」を意味する〈正しい〉は特に必要でない。「変更」「変える」も同手話。

〈規則〉

左手のひらに折り曲げた右手2指を打ちつける。

〈変わる①〉

手のひらを手前に向けた両手を交差させる。

かいせつ【解説】

「(テレビの)解説」

→(〈テレビ〉+)〈解説〉または〈説明〉

「解説」は〈解説〉または〈説明〉で表現。〈解説〉は「事柄」と「説明」を組み合わせ、日本語「解説」と同義とした新しい手話。

〈解説〉

指文字〈コ〉を示した左手の下で指先を前に向けた右手を刻むように上下させる。

〈説明〉

左手のひらを右手で小刻みにたたく。

かいせん【回線】1

「電話の回線が混む」
→〈電話する①〉+〈満員〉

例文の「電話の回線が混む」は〈電話する①〉+〈満員〉で表現。「回線」単独では手話表現しない。

〈電話する①〉
親指と小指を立てた右手を耳に当て、前に出す。

〈満員〉
両手の指背側を合わせて水平に回す。

かいせん【回線】2

「インターネットの回線が混む」
→〈インターネット〉+〈満員〉

例文の「インターネットの回線が混む」は〈インターネット〉+〈満員〉で表現し、「回線」は単独では手話表現しない。

〈インターネット〉
左こぶしの上に指文字〈イ〉の右手を置き、前に一回転させる。

〈満員〉
両手の指背側を合わせて水平に回す。

かいぜん【改善】

「(制度を)改善する」
→(〈制度〉+)
〈良い〉+〈変わる①〉

「改善」は悪い点を良くする意味なので〈良い〉+〈変わる①〉で表現。「良くする」の意味がある。

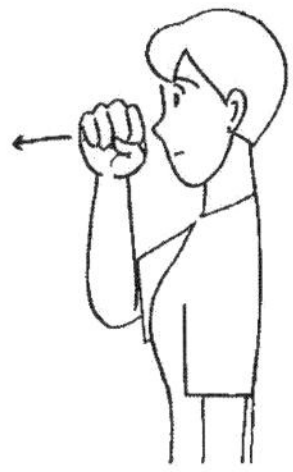

〈良い〉
右こぶしを鼻から前に出す。

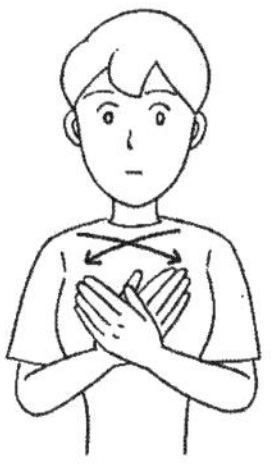

〈変わる①〉
手のひらを手前に向けた両手を交差させる。

かいそう【海藻】

「海藻サラダ」
→〈海藻〉+〈サラダ〉

「海藻」は〈海藻〉で表現。〈海藻〉は海中のコンブがゆらゆら動くさまを表す。

〈海藻〉
両手を離して向い合わせ、ゆらゆらさせながら上にあげる。

〈サラダ〉
両手 2 指ですくうように繰り返す。

かいだん【会談】

「(首脳)会談を開く」
→(〈首相〉+)
〈相談〉+〈開(ひら)く④〉

「会談」は複数の人が集まって話し合うこと。〈相談〉で表現。〈相談〉は二人の人が膝を突き合わせて話し合うさまを表す。

〈相談〉
親指を立てた両手を軽くぶつけ合う。

〈開(ひら)く④〉
両手のひらを下に向けて並べ、左右に開く。

かいだん【階段】

「階段を登る」
→〈階段〉+〈登る①〉

「階段」は〈階段〉で表現。〈階段〉は一般的な階段の形を表す。らせん階段など特徴を出す時はその都度その特徴を表す必要がある。

〈階段〉
階段状に左手を右下から左上にあげる。

〈登る①〉
右手 2 指を登るようにして左上にあげていく。

か

かいちょう【会長】

「会長」

→〈会〉+〈長②〉
（または〈長①〉）

「会長」は文字通り〈会〉+〈長②〉で表現。〈長②〉の代わりに〈長①〉で表現してもよい。

〈会〉

両手で屋根形を作り、左右に引く。

〈長②〉

左手甲に親指を立てた右手をのせる。

ガイドヘルパー 1

「ガイドヘルパー」

→〈案内〉+〈助ける①〉

「ガイドヘルパー」は２種類の表現がある。ひとつは〈案内〉+〈助ける①〉。〈案内〉は手を引いて案内するさま、〈助ける①〉は後押しするさまを表す。

〈案内〉

左手指を右手でつかみ、手を引くようにして右へ動かす。

〈助ける①〉

親指を立てた左手の後ろを右手のひらで軽く後押しする。

ガイドヘルパー 2

「ガイドヘルパー」

→〈案内〉+〈世話〉

「ガイドヘルパー」のもうひとつは〈案内〉+〈世話〉で表現。〈世話〉はあれこれと世話を焼くさまを表す。

〈案内〉

左手指を右手でつかみ、手を引くようにして右へ動かす。

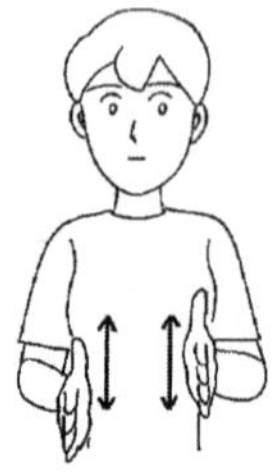

〈世話〉

指先を前に向け、手のひらを向かい合わせた両手を交互に上下させる。

かいはつ【開発】1

「国の開発（計画）」

→〈国（くに）〉+〈開発〉
（+〈計画〉）

例文の「開発」は切り開く意味なので〈開発〉で表現。〈開発〉は新しい手話で日本語「開発」とほぼ同じ意味に使う。

〈国（くに）〉

親指と４指を突き合わせ、左右に開きながら閉じる。

〈開発〉

向かい合わせた両手のひらを左右にかき分けるように前に進める。

かいはつ【開発】2

「薬を開発する」

→〈薬〉+〈発明〉

例文の「開発」は新しいものを作り出したり考え出したりする意味なので〈発明〉で表現。〈発明〉は頭からひらめき出たことを表す。

〈薬〉

左手のひらに右薬指をつけてこねるように回す。

〈発明〉

右人差指を頭に当て、はじくように指を伸ばす。

かいひ【会費】

「会費（を払う）」

→〈バッジ〉+〈金（かね）①〉
（+〈払う①〉）

「会費」は会員が払うお金の意味なので〈バッジ〉+〈金（かね）①〉で表現。〈バッジ〉は会員の意味がある。

〈バッジ〉

すぼめた右手を左胸に当てる。

〈金（かね）①〉

右手の親指と人差指で作った丸を示す。

か

かいひょう【開票】

「開票」

→〈選挙〉+〈開(あ)ける⑨〉

「開票」は〈選挙〉+〈開ける⑨〉で表現。〈選挙〉は投票するさまを表し、〈開ける⑨〉は投票箱を開けるさまを表す。

〈選挙〉

そろえた両手を交互に中央におろす。

〈開(あ)ける⑨〉

丸めた左手の上に置いた右手をふたを開けるように開く。

かいほう【解放】

「解放(感を味わう)」

→〈解放①〉
または〈解放②〉
(+〈うれしい〉)

「解放」は束縛から解き放たれることなので〈解放①〉または〈解放②〉で表現。いずれも束縛から解き放たれるさまを表す。

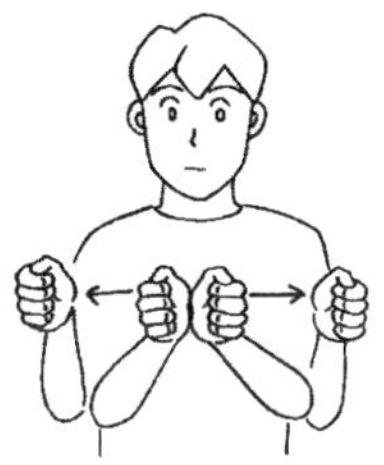

〈解放①〉

手首を合わせた両こぶしをぱっと左右に開く。

〈解放②〉

こぶしを握った両手の手首を交差させて左右にぱっと開く。

かいふく【回復】1

「体が回復する」

→〈体(からだ)〉+〈回復〉

例文の「回復」は健康を取り戻す意味なので〈回復〉で表現。〈回復〉は一旦倒れたものが元に戻るさまを表す。

〈体(からだ)〉

右手を体の上で回す。

〈回復〉

両こぶしを重ねて寝かせ、棒を起こすようにする。

かいぼう【解剖】1

「カエルを解剖する」

→〈カエル〉+〈手術〉

例文の「解剖」は体を切り開く意味なので〈手術〉で表現。〈手術〉はメスで切るさまを表す。

〈カエル〉

ひじを張り、両手のひらを下に向け、指先を向かい合わせて上下させる。

〈手術〉

左手のひらを下に向け、親指側の縁に沿って右人差指の先を手前に引く。

かいふく【回復】2

「(天候が)回復する」

→(〈空〉+)
〈良い〉+〈変わる①〉

例文の「回復」は天候が良くなる意味なので〈良い〉+〈変わる①〉で表現。「良くなる」も同じ手話。

〈良い〉

右こぶしを鼻から前に出す。

〈変わる①〉

手のひらを手前に向けた両手を交差させる。

かいぼう【解剖】2

「(心理を)解剖する」

→(〈心〉+)
〈細かい①〉+〈調べる①〉

例文は細かく分析して調べる意味なので〈細かい①〉+〈調べる①〉で表現。「詳しく調べる」の意味がある。

〈細かい①〉

両手の親指と人差指をつまみ、つき合わせ、つぶすようにする。

〈調べる①〉

右手の人差指と中指を軽く折り曲げて、目の前を左右に往復させる。

かいまく【開幕】1

「(芝居が)開幕する」

→(〈芝居〉+)
〈開(ひら)く①〉
または〈開(ひら)く⑤〉

例文の「開幕」は芝居が始まる意味なので〈開く①〉または〈開く⑤〉で表現。いずれも幕が開くさまを表す。

〈開(ひら)く①〉

手のひらを前に向けて並べて、閉じた両手を左右に開く。

〈開(ひら)く⑤〉

右手を左手のひらにのせ、上にあげる。

かいまく【開幕】2

「(博覧会が)開幕する」

→(〈博覧〉+)
〈開(ひら)く③〉
または〈開(ひら)く④〉

例文の「開幕」は催し物などが始まる意味なので〈開く③〉または〈開く④〉で表現。いずれも扉が開くさまを表す。

〈開(ひら)く③〉

手のひらを前に向けてつき合わせた両手を手前に扉を開くように動かす。

〈開(ひら)く④〉

両手のひらを下に向けて並べ、左右に開く。

がいむ【外務】

「外務省」

→〈外交〉+〈省〉

例文の「外務」は外交に関する事務の意味なので〈外交〉で表現。〈外交〉は国と国が交渉するさまを表した新しい手話。

〈外交〉

両手人差指をつき合わせ、弧を描いて上にあげ、また１回つき合わせる。

〈省〉

両手のひらを右肩上で合わせ、前後にすりながら交差させる。

かいもの【買い物】1

「買い物に行く」

→〈使う〉+〈行(い)く①〉

例文の「買い物」は物を買う意味なので〈使う〉で表現。〈使う〉はお金を使うさまを表しているが、「使う」一般の意味を持つようになった。

〈使う〉

左手のひらの上で右手の親指と人差指で作った丸をすべるようにして繰り返し前に出す。

〈行(い)く①〉

右手人差指を下に向けて、振りあげるように前をさす。

かいもの【買い物】2

「(これは)良い買い物だ」

→(〈これ〉+)
〈買う〉+〈もうける②〉

例文の「買い物」は買うと得である意味なので〈買う〉+〈もうける②〉で表現。〈もうける②〉はごっそり手に入るさまを表す。

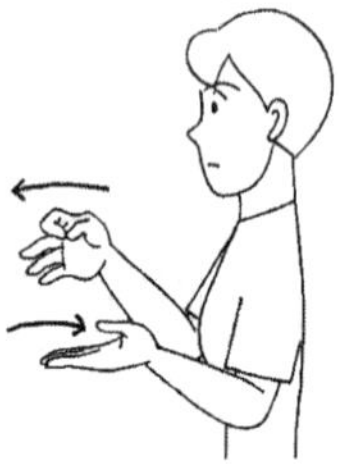

〈買う〉

右手の親指と人差指で作った丸を前に出すと同時に手のひらを上に向けた左手を手前に引く。

〈もうける②〉

両手のひらを上下に向かい合わせて手前にすばやく引きあげる。

かいよう【潰瘍】

「胃潰瘍」

→〈胃〉+〈潰瘍〉

「潰瘍」は〈潰瘍〉で表現。〈潰瘍〉は左手の表面の組織が右手によって取られるさまを表す。

〈胃〉

右手の親指と人差指で腹に胃の形を描く。

〈潰瘍〉

左手のひらを右親指と人差指でつまみとる動きをする。

かいりゅう【海流】

「海流」

→〈塩③〉+〈波③〉

「海流」は〈塩③〉+〈波③〉で表現。〈塩③〉は塩辛い海を表し、〈波③〉は流れを表す。

〈塩③〉

右小指を口端につける。

〈波③〉

指先を左に向け手のひらを下に向けた右手を、波打たせながら左に動かす。

かいりょう【改良】

「(機械を)改良する」

→(〈歯車〉+)
〈良い〉+〈直す〉

例文の「改良」はより良いものに直し変える意味なので〈良い〉+〈直す〉で表現。〈良い〉+〈直す〉は「良くすること」一般に使われる。

〈良い〉

右こぶしを鼻から前に出す。

〈直す〉

人差指を立てた両手を繰り返し交差させる。

かいわ【会話】1

「会話を交わす」

→〈会話①〉

例文の「会話」は向かい合って話をやりとりする意味なので〈会話①〉で表現。〈会話①〉は両者が口を開き、話をやりとりするさまを表す。

〈会話①〉

すぼめた両手を向かい合わせて左手に向かって右手を開き、

次に右手に向かって左手を開く。

かいわ【会話】2

「英会話(ができる)」

→〈イギリス④〉+〈会話②〉
(+〈できる〉)

例文の「会話」は話す、おしゃべりの意味なので〈会話②〉で表現。〈会話②〉は対面する両者がお互いに話をするさまを表す。

〈イギリス④〉

右手2指の背側をあごに沿って動かす。

〈会話②〉

すぼめた両手を向かい合わせて同時に左右から繰り返し開く。

カイワレ

「カイワレサラダ」

→〈カイワレ〉+〈サラダ〉

「カイワレ」は〈カイワレ〉で表現。〈カイワレ〉はカイワレの形を表す。

〈カイワレ〉

右2指で左人差指と中指の指先を順にふれる。

〈サラダ〉

両手2指ですくうように繰り返す。

かう【飼う】

「犬を飼う」

→〈犬〉+〈育てる③〉

「飼う」はえさをやるなど育てる意味なので〈育てる③〉で表現。〈育てる③〉はえさをやるさまを表す。

〈犬〉

両手の親指を側頭部に当て、4指を前に倒す。

〈育てる③〉

少し曲げた左手をふせて、右手指先を繰り返し左手の下に近づける。

か

かう【買う】1

「車を買う」

→〈運転〉+〈買う〉

例文の「買う」はお金を払って物を手に入れる意味なので〈買う〉で表現。〈買う〉は右手でお金を払って左手で物を手に入れるさまを表す。

〈運転〉
ハンドルを両手で握り、回すようにする。

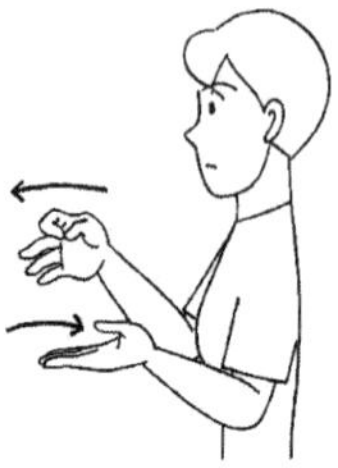

〈買う〉
右手の親指と人差指で作った丸を前に出すと同時に手のひらを上に向けた左手を手前に引く。

かう【買う】2

「腕を買う」

→〈技術〉+〈認める①〉

例文の「買う」は技術を高く評価して認める意味なので〈認める①〉で表現。〈認める①〉はうなずいて同意を示すさまを表す。

〈技術〉
握った左手首を右手人差指で軽くたたく。

〈認める①〉
右腕を左手でつかみ、右こぶしを手首から前に倒す。

かう【買う】3

「恨みを買う」

→〈恨む〉+〈受ける〉

例文の「買う」は恨みを受ける意味なので〈受ける〉で表現。〈受ける〉は物質的および精神的なものを受ける意味に使われる。

〈恨む〉
指先を上に向けた両手親指と人差指を強く交差させながら指先を閉じる。

〈受ける〉
両手のひらを前に向け、両手でボールを受けとめるようにする。

カウンセリング

「心のカウンセリングを(受ける)」

→〈心〉+〈カウンセリング〉(+〈受ける〉)

例文の「カウンセリング」は〈カウンセリング〉で表現。〈カウンセリング〉は左手が人、右手はカウンセリングの頭文字「C」を表す。

〈心〉
右人差指でみぞおちの辺りをさす。

〈カウンセリング〉
左人差指に向けて指文字〈C②〉を繰り返し近づける。

かえす【返す】1

「借金を返す」

→〈借りる〉+〈払う①〉

例文の「返す」は借りたお金を返す意味なので〈払う①〉で表現。〈払う①〉はお金を相手に渡すさまを表す。

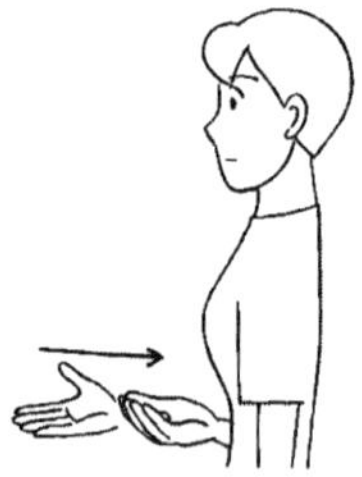

〈借りる〉
親指と4指を半開きにして手前に引きながら閉じる。

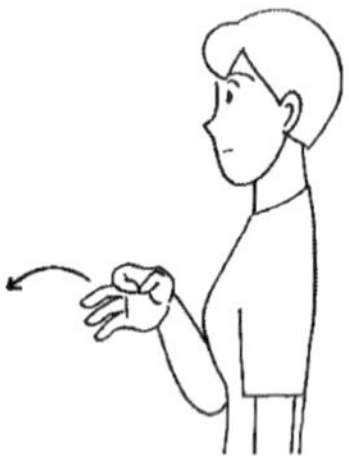

〈払う①〉
右手の親指と人差指で作った丸を前に出す。

かえす【返す】2

「本を返す」

→〈本〉+〈差し出す〉

例文の「返す」はもとあった所に戻す意味なので〈差し出す〉で表現。

〈本〉
両手のひらを合わせて左右に開く。

〈差し出す〉
右手を前に差し出す。

かえす【返す】3

「言われて言い返す」

→〈言われる④〉+〈言う⑤〉

例文の「返す」はされたことを逆にし返す意味なので〈言われる④〉+〈言う⑤〉で表現。〈言われる④〉をして直後に〈言う⑤〉を表現する。

〈言われる④〉

左親指からすぼめた右手を手前に向けてぱっと開く。

〈言う④〉

左親指に向かってすぼめた右手をぱっと開く。

かえって

「(それは)かえって悪い」

→(〈それ〉+)
〈あべこべ①〉+〈悪い①〉

例文の「かえって」は「予想と反対に」を意味するので〈あべこべ①〉で表現。〈あべこべ①〉は物事が逆であるさまを表す。

〈あべこべ①〉

全指を軽く曲げた両手を前後に置き、入れ換える。

〈悪い①〉

人差指で鼻をこするようにして振りおろす。

かえす【返す】4

「(本を)読み返す」

→(〈本〉+)
〈改めて〉+〈読む①〉

例文の「返す」は改めて繰り返すの意味なので〈改めて〉+〈読む①〉で表現。〈改めて〉は手を払って元に戻すさまを表す。

〈改めて〉

両手のひらを向かい合わせて交互に上下に手を払うようにする。

〈読む①〉

左手のひらを見ながら視線に合わせるように右手２指を動かす。

カエル【蛙】

「赤ガエル」

→〈赤〉+〈カエル〉

「カエル」は〈カエル〉で表現。カエルが前足を屈伸させて、飛び跳ねるさまを表す。

〈赤〉

唇に人差指を当て、右へ引く。

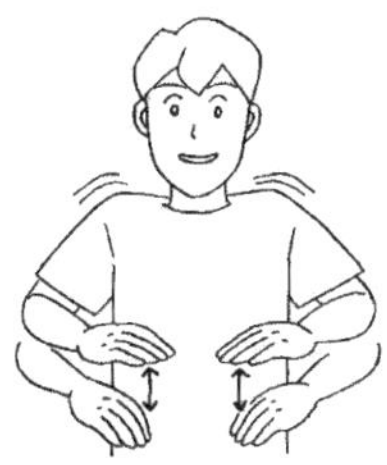

〈カエル〉

ひじを張り、両手のひらを下に向け、指先を向かい合わせて上下させる。

かえだま【替え玉】

「(試験の)替え玉」

→(〈試す〉+)
〈うそ①〉+〈交替②〉

例文の「替え玉」は本人の代わりに使う偽者のことなので〈うそ①〉+〈交替②〉で表現。〈交替②〉は入れ替わるさまを表す。

〈うそ①〉

ほおをやや前に示して人差指で突く。

〈交替②〉

人差指を立てた両手を向き合わせたまま、前後の位置を入れ換える。

かえる【換・替・代える】1

「お金をかえる」

→〈金(かね)①〉+〈交換①〉

例文は両替あるいは単位の違う貨幣に交換の意味。〈金①〉+〈交換①〉も両方の意味を持つ。どちらの意味かは文脈によってわかる。

〈金(かね)①〉

右手の親指と人差指で作った丸を示す。

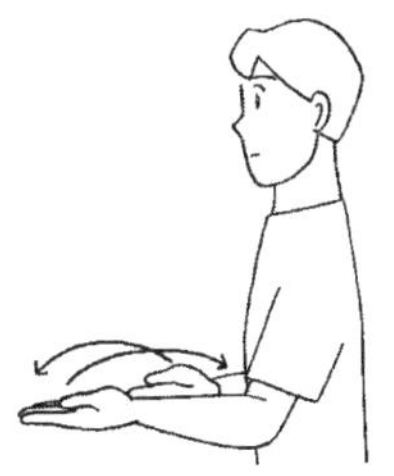

〈交換①〉

手のひらを上に向けた両手を前後に置き、同時に前後を入れ換える。

かえる
【換・替・代える】2

「隣の人とかえる」

→〈次〉+〈交換②〉

例文の「かえる」は隣と交換する意味。〈交換②〉は左右を入れ換えて表す。かえる仕方で左右、前後などいろいろな表現がある。

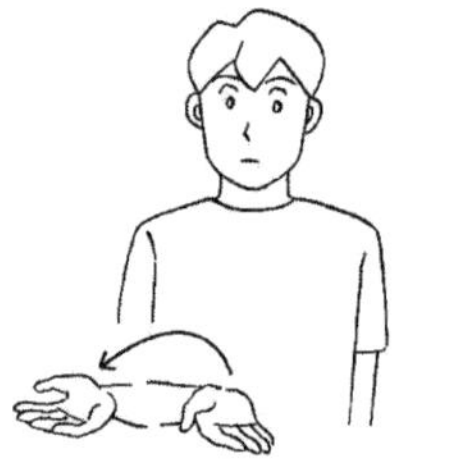

〈次〉

右手のひらを上に向け、弧を描いて右へ移す。

〈交換②〉

手のひらを上に向けた両腕を交差し、左右を入れ換える。

かえる
【換・替・代える】3

「車をかえる」

→〈運転〉+〈変わる①〉

例文の「かえる」は車を別のものにかえる意味なので〈変わる①〉で表現。〈変わる①〉は交換、変更するさまを表す。

〈運転〉

ハンドルを両手で握り、回すようにする。

〈変わる①〉

手のひらを手前に向けた両手を交差させる。

かえる
【換・替・代える】4

「席をかえる」

→〈座る①〉+〈交替①〉

例文の「かえる」は交替・交換の意味なので〈交替①〉で表現。〈交替①〉は人が交替するさまを表す。

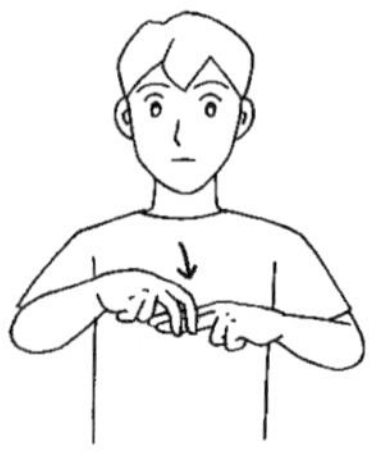

〈座る①〉

手のひらを下に向けた左手２指に折り曲げた右手２指を座るようにのせる。

〈交替①〉

親指を立てた両手を交差させて位置を入れ換える。

かえる
【換・替・代える】5

「立場をかえる」

→〈立場〉+〈あべこべ①〉

例文の「かえる」は置きかえる意味なので〈あべこべ①〉で表現。〈あべこべ①〉は位置や立場が入れ代わるさまを表す。

〈立場〉

前方と手前でそれぞれ左手のひらに右手２指を立てる。

〈あべこべ①〉

全指を軽く曲げた両手を前後に置き、入れ換える。

かえる
【換・替・代える】6

「選手をかえる」

→〈選手〉+〈交替②〉

例文の「かえる」は人を入れ換える意味なので〈交替②〉で表現。

〈選手〉

左こぶしの甲に親指を立てた右手を軽くかすめるように当て、上にあげる。

〈交替②〉

人差指を立てた両手を向き合わせたまま、前後の位置を入れ換える。

かえる【帰る】1

「日本に帰る」

→〈日本〉+〈帰る〉

例文の「帰る」は帰って行く意味なので〈帰る〉で表現。〈帰る〉は姿が段々小さくなって遠ざかって行くさまを表す。

〈日本〉

両手の親指と人差指をつき合わせ、左右に開きながら閉じる。

〈帰る〉

親指と４指を開いた右手を前に出しながら閉じる。

かえる【帰る】2

「久し振りに帰って来る」

→〈離れる①〉+〈帰って来る①〉

例文の「帰る」は家などに戻る意味なので〈帰って来る①〉で表現。〈帰る〉と逆向きに表現する。

〈離れる①〉

両手の指背側を合わせ、左右に開く。

〈帰って来る①〉

親指と４指を開いた右手を引き寄せながら閉じる。

かえる【帰る】3

「先に帰ります」

→〈一番①〉+〈出る①〉

例文の「帰る」はあいさつ表現に使うもので〈出る①〉で表現。〈出る①〉はその場を出るさまを表し、頭をさげて丁寧さを表す。

〈一番①〉

右人差指を左肩に軽く当てる。

〈出る①〉

左手の下から右手をはねあげるように前に出す。

かえる【帰る】4

「とうとう帰らぬ人となった」

→〈まで〉+〈死ぬ①〉

例文の「帰らぬ人となる」は死ぬ意味なので〈死ぬ①〉で表現。〈死ぬ①〉は両手で表現することで死者に対する敬意を表す。

〈まで〉

左手のひらに右手指先を軽くつける。

〈死ぬ①〉

両手のひらを合わせ、横に倒す。

かえる【変える】

「社会を変える」

→〈社会〉+〈変わる①〉

例文の「変える」は状態を変える意味なので〈変わる①〉で表現。「社会が変わる」の意味もある。

〈社会〉

親指と小指を立てた両手を手前に水平に円を描く。

〈変わる①〉

手のひらを手前に向けた両手を交差させる。

かお【顔】1

「顔から火が出る」

→〈恥ずかしい〉

例文の「顔から火が出る」は大変恥ずかしい意味なので〈恥ずかしい〉で表現。手話は顔を真っ赤にするさまを表す。

〈恥ずかしい〉

右人差指を唇に当て、左から右へ引き、手のひらを顔の上で回す。

かお【顔】2

「顔を立てる」

→〈顔〉+〈敬う①〉

例文の「顔を立てる」は相手の立場や名誉を尊重する意味なので〈顔〉+〈敬う①〉で表現。〈顔〉は立場、面子（めんつ）などの意味も持つ。

〈顔〉

右人差指で顔の前で丸を描く。

〈敬う①〉

左手のひらの上に親指を立てた右手をのせて上にあげる。

かお【顔】3

「顔をつぶす」

→〈顔〉+〈つぶす〉
（または〈折る①〉）

例文の「顔をつぶす」は名誉や立場を傷つけてだめにする意味なので〈顔〉+〈つぶす〉と表現。

〈顔〉
右人差指で顔の前で丸を描く。

〈つぶす〉
指先を前に向け軽く開いた両手をものをつぶすように閉じる。

かお【顔】4

「顔がそろう」

→〈みんな〉+〈集まる①〉

例文の「顔がそろう」は予定などした人がそろう意味なので〈みんな〉+〈集まる①〉で表現。「みんなが集まる」の意味を表す。

〈みんな〉
右手のひらを下に向けて水平に回す。

〈集まる①〉
軽く開いた両手のひらを向かい合わせて中央に寄せる。

かお【顔】5

「顔が広い」

→〈顔が広い①〉
または〈顔が広い②〉

例文の「顔が広い」はつきあいが広く知っている人が多い意味で〈顔が広い①〉または〈同②〉で表現。いずれも「顔がきく」「面識が広い」の意味。

〈顔が広い①〉
顔の脇に両手の親指と人差指をそえて左右に開く。

〈顔が広い②〉
両手の親指と４指を顔の横に置き、左右に開く。

かお【顔】6

「顔を売る」

→〈顔〉+〈売る①〉

例文の「顔を売る」は世間に広く知られるようにする意味で〈顔〉+〈売る①〉で表現。手話は自らを売り込んで名前を知ってもらう意味。

〈顔〉
右人差指で顔の前で丸を描く。

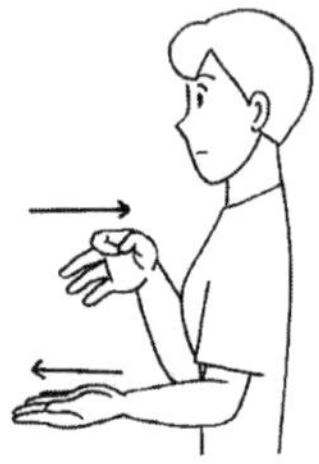

〈売る①〉
左手のひらを差し出すと同時に右手の親指と人差指で作った丸を手前に引き寄せる。

かおあわせ【顔合わせ】

「初顔合わせ」

→〈最初①〉+〈顔合わせ〉

「顔合わせ」は〈顔合わせ〉で表現。〈顔合わせ〉はこぶしを顔に見立て、両者が顔を合わせるさまを表す。

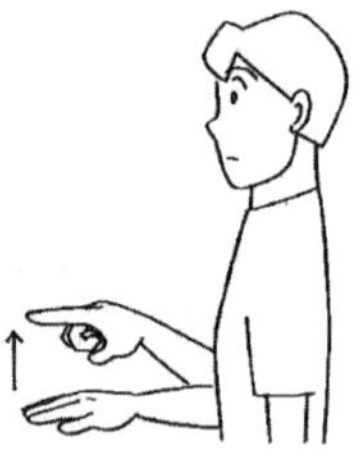

〈最初①〉
右手のひらを下にして、あげると同時に人差指を残して４指を握る。

〈顔合わせ〉
両こぶしを向かい合わせる。

かおり【香り】

「（花の）香り」

→（〈花①〉または〈花③〉+）
〈香り①〉
または〈香り②〉

「香り」は匂いの意味。〈香り①〉は空気など鼻で感じられるもの一般を表し、〈香り②〉は表情も伴って匂うもののかぐわしさ、臭さの程度を表す。

〈香り①〉
右手２指を繰り返し鼻に近づける。

〈香り②〉
うっとりした顔をして右手の指をひらひらさせて鼻に近づける。

かかあでんか【嬶天下】

「かかあでんか」

→〈かかあでんか〉

「かかあでんか」は妻が主導権を握ること。〈かかあでんか〉で表現。左手の夫の上に右手の妻が乗って押さえつけるさまを表す。

〈かかあでんか〉

小指を立てた右ひじで左親指を押しつぶすようにする。

かがい【加害】

「加害者」

→〈加害〉+〈人々③〉

例文は〈加害〉+〈人々③〉で表現。〈加害〉は〈被害〉の反対の動作で迷惑を加えるさまを表す。

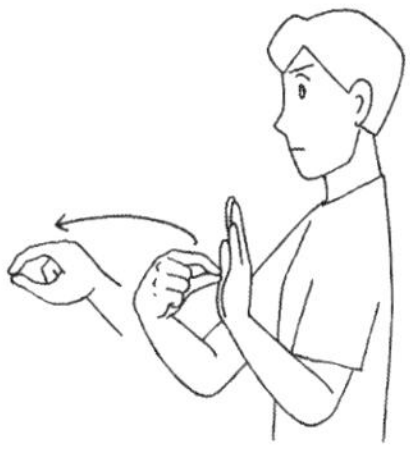

〈加害〉

手のひらを前に向けた左手に親指と人差指でつまんだ右手を当て、前に打ちつけるように出す。

〈人々③〉

〈加害〉の左手を残し、親指と小指を出した右手を振る。

かがく【化学】

「化学」

→〈化学〉

「化学」は物質の成分、性質、変化を研究する学問。〈化学〉で表現。〈化学〉は試験管で溶液を入れ換えるさまを表す。

〈化学〉

両手の親指と４指で筒を作り、右の筒を左の筒に注ぐように傾ける。

次に左の筒を右の筒に注ぐように傾ける。

かがく【科学】

「科学者」

→〈科学〉+〈人々①〉

「科学」は物質存在のあり方を研究すること。〈科学〉は地平線から打ち出されようとするロケットで科学をイメージする新しい手話。

〈科学〉

人差指を立てた右手を上向きに、人差指を立てた左手を右向きにして交差させる。

〈人々①〉

親指と小指を立てた両手を揺らしながら左右に開く。

かかげる【掲げる】1

「連盟旗を掲げる」

→〈協会①〉+〈あがる①〉

例文の「掲げる」は旗をあげる意味なので〈あがる①〉で表現。〈あがる①〉は旗がひるがえりながらあがるさまを表す。

〈協会①〉

両手の親指と人差指を組み、水平に回す。

〈あがる①〉

立てた左手人差指の先に開いた右手を添え、ゆらゆらさせてあげる。

かかげる【掲げる】2

「目標を掲げる」

→〈目的②〉+〈掲げる〉

例文の「掲げる」は広く示す意味なので〈掲げる〉で表現。〈掲げる〉は手のひらを高くあげることで、広く示すことを表す。

〈目的②〉

左こぶしを上にあげ、親指側に右人差指を当てる。

〈掲げる〉

左手のひらに右人差指をつけて上にあげる。

かがみ【鑑】

「教師の鑑」

→〈教える①〉+〈模範〉

例文の「鑑」は模範、手本の意味なので〈模範〉で表現。〈模範〉は見習うべきものの意味を表す。「模範」「手本」も同手話。

〈教える①〉

右人差指を口元から斜め下に振りおろす。

〈模範〉

左手のひらを前に向けて右手でそれをつかみとるようにして前に出す。

かがやく【輝く】2

「顔が輝く」

→〈顔〉+〈輝く〉

例文の「顔が輝く」は顔が光る意味なので〈輝く〉で表現。〈輝く〉は光ってきらきら輝くさまを表す。

〈顔〉

右人差指で顔の前で丸を描く。

〈輝く〉

右手指先を広げ、揺らしながらあげる。

かがみ【鏡】

「鏡に映す」

→〈鏡①〉

または〈鏡②〉

「鏡」は〈鏡①〉または〈鏡②〉で表現。手のひらを鏡に見立てて表す。

〈鏡①〉

右手のひらを見つめて、右手を軽く振る。

〈鏡②〉

左手を前に右手を後ろにかざすようにする。

かかり【係】

「(受付)係」

→(〈受付〉+)

〈腕章〉

または〈責任①〉

「係」は担当あるいはその責任をあずかる立場のこと。〈腕章〉は担当を示す腕章、〈責任①〉は肩に荷う責任を表す。

〈腕章〉

右手の親指と人差指で左上腕を巻くようにする。

〈責任①〉

右肩に軽く全指を折り曲げた右手をのせる。

かがやく【輝く】1

「空に星が輝く」

→〈空〉+〈星①〉

例文の「星が輝く」は星がきらきら光る意味なので〈星①〉で表現。〈星①〉は高く空に光る星のさまを表す。

〈空〉

右手で頭上に弧を描く。

〈星①〉

頭の上ですぼめた右手を閉じたり開いたりする。

かかる【掛かる】1

「服がかかっている」

→〈服〉+〈かける①〉

例文の「服がかかる」は服がハンガーにかけてある意味なので〈かける①〉で表現。〈かける①〉はハンガーをかけるさまを表す。

〈服〉

親指を立てた両手をえりに沿って下におろす。

〈かける①〉

折り曲げた右人差指を引っかけるように前に出す。

かかる【掛かる】2

「お目にかかる」

→〈会う②〉
または〈会う⑤〉

「お目にかかる」は会う意味なので〈会う②〉または相手が複数の場合には〈会う⑤〉と表現することもある。ともに自分が人に会うことを表す。

〈会う②〉
人差指を立てた両手を前後に向かい合わせて当てる。

〈会う⑤〉
指先を軽く開いた左手のひらと右人差指を向かい合わせる。

かかる【掛かる】3

「計略にかかる」

→〈ごまかされる〉+〈あきれる〉

「計略にかかる」はだまされる意味で〈ごまかされる〉+〈あきれる〉で表現。〈あきれる〉は口がふさがらないさまでだまされたことを表す。

〈ごまかされる〉
親指と中指と薬指を閉じて指先を顔に向け、小さく回す。

〈あきれる〉
両こぶしを合わせて上下に開く。

かかる【掛かる】4

「(みんなに)迷惑がかかる」

→(〈みんな〉+)
〈迷惑〉+〈与える①〉

例文の「迷惑がかかる」は迷惑を与える意味なので〈与える①〉で表現。〈与える①〉は物質的なものに限らず精神的なものにも使われる。

〈迷惑〉
親指と人差指で眉間をつまむ。

〈与える①〉
両手のひらを上に向け並べて前に差し出す。

かかる【掛かる】5

「家から電話がかかる」

→〈家〉前方+〈電話がかかる〉

例文の「電話がかかる」は相手から電話がかかってくる意味。〈家〉の位置から〈電話がかかる〉の動きをする。

〈家〉前方
体から少し離して両手で屋根形を作る。

〈電話がかかる〉
親指と小指を立てた右手を耳元に引き寄せる。

かかる【掛かる】6

「アイロンがよくかかっている」

→〈アイロン〉+〈美しい②〉

例文の「よくかかる」はしわがなくきれいの意味なので〈美しい②〉で表現。この場合の〈美しい②〉はしわのないさまを表す。

〈アイロン〉
左手のひらの上で右こぶしを往復させる。

〈美しい②〉
左手のひらをなでるように右手のひらを滑らせる。

かかる【掛かる】7

「税金がかかる」

→〈税金〉+〈付け足す〉

例文の「かかる」は本来の金額に上乗せされる意味なので〈付け足す〉で表現。

〈税金〉
親指と人差指で作った丸をすばやく自分に向けて開く。

〈付け足す〉
親指と人差指を開いた左手の上に、親指と人差指の間をややせばめた右手をのせる。

か

かかる【掛かる】8

「エンジンがなかなかからない」

→〈エンジン〉+〈なかなか①〉

例文の「なかなかかからない」は〈なかなか①〉だけで表現。〈なかなか①〉は思うようにいかないさまを表し、できないなど否定にだけ使う。

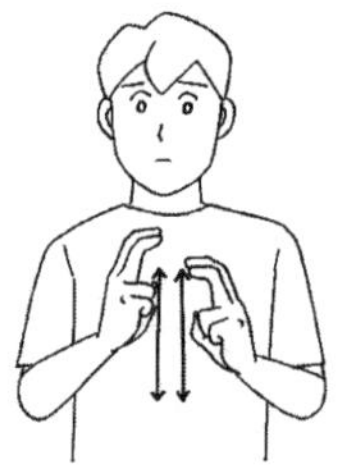

〈エンジン〉

折り曲げた両手２指を向かい合わせて交互に上下させる。

〈なかなか①〉

右手の指先を上に向けてねじるようにして上にあげる。

かかる【掛かる】9

「(仕事に)かかる」

→(〈仕事〉+)
〈開(ひら)く①〉
または〈開(ひら)く④〉

例文の「かかる」はやり始める意味なので〈開く①〉または〈開く④〉で表現。両者とものごとを始める意味を持つ。

〈開(ひら)く①〉

手のひらを前に向けて閉じた両手を左右に開く。

〈開(ひら)く④〉

両手のひらを下に向けて並べ、左右に開く。

かかる【掛かる】10

「気にかかる」

→〈心配②〉
または〈気にかかる〉

例文の「気にかかる」は心配または興味があるものが頭の隅からはなれない意味。〈気にかかる〉は頭に引っ掛かるさまを表す。

〈心配②〉

手指を曲げた両手を胸に当てる。

〈気にかかる〉

かぎ状にした右人差指で頭を引っ張るようにする。

かかる【掛かる】11

「医者にかかる」

→〈医者〉+〈行(い)く③〉

例文の「かかる」は医者に行き診察を受ける意味なので〈行く③〉で表現。〈行く③〉は自ら行くさまを表す。

〈医者〉

右手３指で左手首の脈をとるようにして、次に親指を立てる。

〈行(い)く③〉

親指を立てた両手を同時に弧を描いて前に出す。

かかる【掛かる】12

「山に霧がかかる」

→〈山〉+〈霧〉

例文の「霧がかかる」は霧が出ている意味。〈霧〉で表現。〈霧〉はぼんやりと流れる霧を表す。

〈山〉

右手で山形を描く。

〈霧〉

指先を上に向けて手のひらを前に向けた両手を並べて、左から右へゆっくり動かす。

かかる【掛かる】13

「一年かかる」

→〈一年①〉(または〈一年②〉)+
〈必要①〉

例文の「かかる」は時間を必要とする意味なので〈必要①〉で表現。〈必要①〉は自分に引き寄せて「必要」を意味する。

〈一年①〉

左こぶしの親指側に右人差指をふれ、くるりと一回転する。

〈必要①〉

指文字〈コ〉を示した両手を手前に引き寄せる。

かかる【掛かる】14

「敵にかかって行く」

→〈敵〉+〈攻める②〉

例文の「かかる」は襲いかかる、攻撃する意味なので〈攻める②〉で表現。〈攻める②〉は多人数のものが攻めるさまを表す。

〈敵〉

左手甲に右手甲をぶつける。

〈攻める②〉

両手指を前に向け押し寄せるように前に出す。

かかる【掛かる】15

「(川に)
橋がかかっている」

→(〈流れる②〉+)
〈橋〉+〈ある①〉右側

例文の「かかる」は橋が渡してある、存在する意味なので〈ある①〉で表現。〈ある①〉はそのものがそこにあるさまを表す。

〈橋〉

両手2指を弧を描きながら手前に引く。

〈ある①〉右側

右手のひらを前に置く。

かかる【掛かる】16

「(川に)橋がかかった」

→(〈流れる②〉+)
〈橋〉+〈終わる〉

例文の「かかる」は橋の取りつけ工事が終わる、橋が完成する意味なので〈橋〉+〈終わる〉で表現。

〈橋〉

両手2指を弧を描きながら手前に引く。

〈終わる〉

指先を上に向けた両手を下におろしながら閉じる。

かかる【掛かる】17

「父が病気にかかっている」

→〈父〉+〈病気〉

例文の「かかる」は病気になっている意味なので〈病気〉で表現。〈病気〉は「病気」「病気になる」意味を持つ。

〈父〉

右人差指でほおにふれ、親指を出す。

〈病気〉

こぶしで額を軽くたたく。

かかる【掛かる】18

「芝居がかる」

→〈芝居〉+〈合う①〉

例文の「〜がかる」は〜のようだを意味するので〈合う①〉で表現。〈芝居〉+〈合う①〉は芝居そのままの意味を表す。

〈芝居〉

前後に互い違いに向けた両こぶしを同時にひねる。

〈合う①〉

左人差指の先に右人差指の先を当てる。

カキ【牡蠣】

「カキフライ」

→〈カキ〉+〈テンプラ〉

例文の「カキ」は海の牡蠣なので〈カキ〉で表現。〈カキ〉は貝殻からカキの身を取り出すさまを表す。「フライ」は〈テンプラ〉で表現。

〈カキ〉

立てた左手のひらを右人差指を曲げてひっかく。

〈テンプラ〉

右手2指を手首を軸にくるくる回す。

カキ【柿】

「柿」は〈柿〉で表現。〈柿〉は固い柿の実に歯を立てるさまを表す。

「甘い柿」

→〈甘い〉+〈柿〉

〈甘い〉
右手のひらを口元で回す。

〈柿〉
わん曲させた右手の指先を手前に向けてかじるようにする。

かぎ【鍵】1

例文の「鍵」は家の玄関などの鍵を意味するので〈鍵〉で表現。〈鍵〉は鍵穴に鍵をさし込み、回すさまを表す。

「家の鍵」

→〈家〉+〈鍵(かぎ)〉

〈家〉
両手で屋根形を作る。

〈鍵(かぎ)〉
鍵を鍵穴に差し込んで、回すようにする。

かぎ【鍵】2

例文の「鍵を開ける」は鍵を外す意味。〈鍵〉+〈開ける⑧〉で表現。〈開ける⑧〉はつぼにはまった鍵を外すさまを表す。

「鍵を開ける」

→〈鍵(かぎ)〉+〈開(あ)ける⑧〉

〈鍵(かぎ)〉
鍵を鍵穴に差し込んで、回すようにする。

〈開(あ)ける⑧〉
左手の親指と4指で作った穴から折り曲げた右人差指を抜くようにする。

かぎ【鍵】3

例文の「かぎ」は重要な手がかりのことなので〈鍵〉で表現。

「問題を(解く)かぎ」

→〈問題〉(+〈解決〉)+〈鍵(かぎ)〉

〈問題〉
両手の親指と人差指をつまみ「 ┐を描く。

〈鍵(かぎ)〉
鍵を鍵穴に差し込んで、回すようにする。

かぎる【限る】1

例文の「限る」は時間の長さや期間を限定する意味なので〈定まる〉で表現。〈定まる〉は手を組み合わせ定まるさまを表す。

「時間を限る」

→〈時②〉+〈定まる〉

〈時②〉
左こぶしの親指側に右親指を当て、人差指を時計の針のように回す。

〈定まる〉
両手指を曲げて上下に組み合わす。

かぎる【限る】2

例文の「限る」は特定の対象に限定する意味なので〈だけ〉で表現。〈だけ〉は示されたものそれだけの意味を表す。

「女性に限る」

→〈女性〉+〈だけ〉

〈女性〉
両手小指を合わせて手前に水平に円を描く。

〈だけ〉
左手のひらに人差指を立てた右手を打ちつける。

かぎる【限る】3

「五人に限る」

→〈五人〉+〈最高〉

例文の「限る」は限度を意味するので〈最高〉で表現。〈最高〉は最高であるとともにそれをもって限度とする意味を持つ。

〈五人〉

左手で指文字〈5〉を示し、その下に右手で「人」を書く。

〈最高〉

手のひらを下に向けた左手に右手指先を突き上げて当てる。

かぎる【限る】4

「(花は)桜に限る」

→(〈花①〉または〈花③〉+)〈桜〉+〈最高〉

例文の「限る」はいろいろある中で一番良い意味なので〈最高〉で表現。〈最高〉はこれ以上ないさまを表す。

〈桜〉

軽く指先を開いた両手のひらを合わせて、少しずつずらしながらたたきながら回す。

〈最高〉

手のひらを下に向けた左手に右手指先を突き上げて当てる。

かく【核】1

「チームの核」

→〈グループ〉+〈核〉

例文の「核」は物事の中心のことなので〈核〉で表現。〈核〉はこぶしで核心や原子核などを表す。

〈グループ〉

指先を上に向けた両手で水平に手前に円を描く。

〈核〉

右こぶしを示す。

かく【核】2

「原子核」

→〈原子〉+左〈核〉

例文は〈原子〉+〈核〉で表現。〈原子〉は〈核〉の周りを「原子」の「ゲ」が回るさまを表す。〈核〉は〈原子〉の左手をそのまま残した形。

〈原子〉

左こぶしのまわりを親指を折り込んだ右手のひらを回す。

左〈核〉

〈原子〉の左こぶしを前に出す。

かく【核】3

「地球の核」

→〈地球〉+〈核〉

例文の「核」は地球の中心核のことなので〈地球〉+〈核〉で表現。

〈地球〉

左手の親指と4指で作った丸のまわりを右手でおおうように前に回す。

〈核〉

右こぶしを示す。

かく【欠く】1

「礼儀を欠く」

→〈常識〉+〈手落ち〉

例文「欠く」は本来備えなければならないものが抜け落ちている意味なので〈手落ち〉で表現。〈手落ち〉はそれが欠けているさまを表す。

〈常識〉

両こぶしの小指側を繰り返し打ちつける。

〈手落ち〉

手のひらを手前に向け両手を重ね、右手を前に倒すように落とす。

か

かく【欠く】2

「配慮を欠く」

→〈世話〉+〈貧しい①〉

例文「欠く」は不足の意味なので〈貧しい①〉で表現。〈貧しい①〉はあごが干あがる=貧乏の意味で、貧しい、乏しい、不足などの意味を持つ。

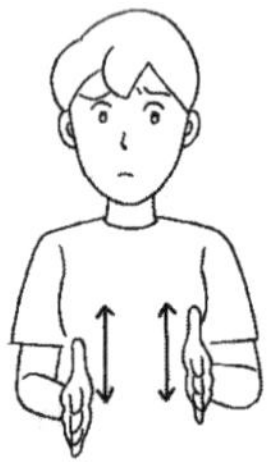

〈世話〉

指先を前に向け、手のひらを向かい合わせた両手を交互に上下させる。

〈貧しい①〉

右親指をあごに当てる。

かく【欠く】3

「優しさを欠く」

→〈優しい〉+〈不足〉
（または〈貧しい①〉）

例文の「欠く」は足りないの意味なので〈不足〉または〈貧しい①〉で表現。

〈優しい〉

両手の親指と4指の指先を向かい合わせてもむように動かしながら左右に開く。

〈不足〉

左手のひらを右人差指でほじくるようにする。

かく【書く】1

「手紙を書く」

→〈郵便〉+〈書く①〉

例文の「手紙を書く」は〈郵便〉+〈書く①〉で表現。〈書く①〉はペンを持って文字を書くさまで〈郵便〉が前にあるので手紙の意味を表す。

〈郵便〉

左手2指と右手人差指で〒マークを示す。

〈書く①〉

左手のひらに右手の親指と人差指で縦に書くようにする。

かく【書く】2

「縦に書く」

→〈書く①〉
または〈書く③〉

例文の「縦に書く」は〈書く①〉または〈書く③〉で表現。上から下に書くさまで縦書きを表す。

〈書く①〉

左手のひらに右手の親指と人差指で縦に書くようにする。

〈書く③〉

ペンを持って、上から下に書くようにする。

かく【書く】3

「横に書く」

→〈書く②〉
または〈書く④〉

例文の「横に書く」は〈書く②〉または〈書く④〉で表現。左から右に書くさまで横書きを表す。

〈書く②〉

左手のひらに右手の親指と人差指で横に書くようにする。

〈書く④〉

右手親指と人差指でペンを持ち、横に字を書くようにする。

かく【書く】4

「英語を書く」

→〈イギリス④〉+〈書く⑤〉

例文の「英語を書く」は〈書く⑤〉で表現。英語は横書きなのでペンを持って横文字を書くさまを表す。

〈イギリス④〉

右手2指の背側をあごに沿って動かす。

〈書く⑤〉

ペンを寝かせて英語を書くようにする。

かく【書く】5

「顔に書いてある」
→〈顔〉+〈表(あらわ)す〉

例文の「顔に書いてある」は表情に現れている意味なので〈表す〉で表現。〈表す〉は目の前に示すさまで「表す」を意味する。

〈顔〉
右人差指で顔の前で丸を描く。

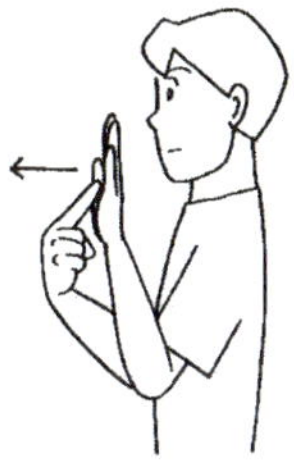

〈表(あらわ)す〉
左手のひらに右人差指をつけて前に押し出す。

がく【学】1

「学がある」
→〈いろいろ〉+〈知る①〉

例文の「学がある」はいろいろな知識を持っている意味なので〈いろいろ〉+〈知る①〉で表現。

〈いろいろ〉
親指と人差指を立てた右手をねじりながら右へ動かす。

〈知る①〉
右手のひらを胸に当て、下におろす。

かく【描く】

「美しい絵をかく」
→〈美しい②〉+〈絵〉

例文の「絵をかく」は〈絵〉で表現。カンバスに絵の具を塗りつけるさまで表す。〈絵〉は「絵を描く」も意味する。

〈美しい②〉
左手のひらをなでるように右手のひらを滑らせる。

〈絵〉
左手のひらに右手指の背を軽く打ちつける。

がく【学】2

「経済学」
→〈経済〉+〈勉強③〉

例文「学」は学問の専門科目を意味し〈勉強③〉で表現。〈勉強③〉は前に置く専門科目名によって学問名であることを表す。

〈経済〉
親指と人差指で作った丸を上下に置き、互い違いに水平に回す。

〈勉強③〉
手のひらを手前に向けた両手を左右から合わせる。

かぐ【家具】

「家具(をそろえる)」
→〈たんす〉+〈いろいろ〉
(+〈準備①〉)

「家具」は〈たんす〉+〈いろいろ〉で、たんすで家具を代表している。

〈たんす〉
全指を軽く曲げた両手の手のひらを上に向け、手前に引く。

〈いろいろ〉
親指と人差指を立てた右手をねじりながら右へ動かす。

かくぎ【閣議】

「閣議」
→〈閣僚①〉+〈相談〉

「閣議」は〈閣僚①〉+〈相談〉で表現。〈閣僚①〉は左手の首相と右手の居並ぶ閣僚を表す。

〈閣僚①〉
左親指の後ろで指先を上に向けた右手を右へ動かす。

〈相談〉
親指を立てた両手を軽くぶつけ合う。

か

かくご【覚悟】

「覚悟を決める」

→〈心〉+〈決める②〉

例文の「覚悟を決める」は決心する意味なので〈心〉+〈決める②〉で表現。〈決める②〉の動作と表情の強弱で決心の強さを表す。

〈心〉

右人差指でみぞおち辺りをさす。

〈決める②〉

左手のひらに右こぶしを打ちつける。

がくしき【学識】

「学識豊か」

→〈学識〉+〈豊か〉

「学識」は〈学識〉は左手が本・勉強を表し、右手が賢いを表す手話を組み合わせた新しい手話。

〈学識〉

左手を前に置き、右親指と人差指を閉じてこめかみに当て、はじきながら上にあげる。

〈豊か〉

両手のひらを首の脇から上にあげながら開く。

かくじつ【確実】1

「当選確実」

→〈合格〉+〈絶対〉

例文の「確実」は間違いない意味なので〈絶対〉で表現。〈絶対〉は絶対動かない確実なことを表す。

〈合格〉

左手の親指と4指の間を指先を上に向けた右手で下から突き破るようにあげる。

〈絶対〉

左手のひらに折り曲げた右手2指を強く打ちつける。

かくじつ【確実】2

「確実な商売」

→〈固い①〉+〈商売〉

例文の「確実」は堅実に利益があがる意味なので〈固い①〉で表現。〈固い①〉は物の固さの他に確実、堅実などの意味がある。

〈固い①〉

軽く曲げた右手3指を振りおろして止める。

〈商売〉

両手の親指と人差指で作った丸を交互に前後に動かす。

かくじつ【隔日】

「隔日に働く」

→〈隔日〉+〈仕事〉

「隔日」は一日置きのこと。〈隔日〉で表現。〈隔日〉は〈あさって〉を繰り返しながら前に出すことで、一日置きの意味を表す。

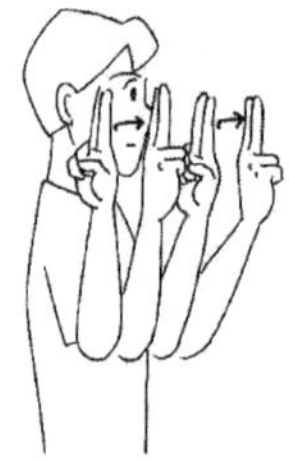

〈隔日〉

2指を出した右手を手首を返しながら前に出す。

〈仕事〉

手のひらを上に向け、向かい合わせた両手指先を繰り返しつき合わせる。

かくしゅう【隔週】

「(土曜は)隔週で休む」

→(〈土〉+)
〈隔週〉+〈休む①〉

「隔週」は一週間置きのこと。〈隔週〉は一週間を示す〈7〉で指をとびとびにさすことで「隔週」の意味を表す。

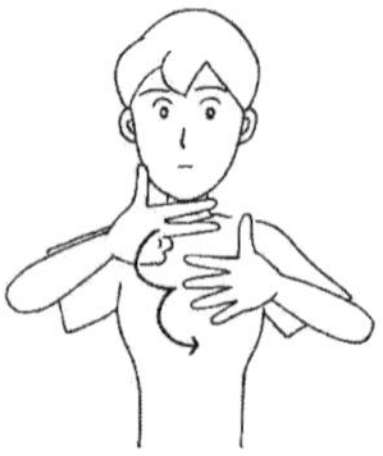

〈隔週〉

左手甲を前にして指を開き、右手で数字の〈7〉を示して2回弧を描くようにして下におろす。

〈休む①〉

手のひらを下にした両手を左右から閉じる。

がくしゅう【学習】

「福祉の学習」

→〈幸せ〉+〈勉強②〉

例文の「学習」は勉強することなので〈勉強②〉で表現。〈勉強②〉は本を読むさまで勉強を表す。

〈幸せ〉

親指と４指であごをなでるようにする。

〈勉強②〉

指先を上に向けた両手を並べて軽く前に出す。

かくす【隠す】1

「顔を隠す」

→〈顔〉+〈隠れる〉

例文の「隠す」は見えないようにする意味なので〈隠れる〉で表現。〈隠れる〉は顔を隠すさまで隠すことを表す。

〈顔〉

右人差指で顔の前で丸を描く。

〈隠れる〉

両手の小指側を合わせて顔を隠すようにする。

かくす【隠す】2

「気持ちを隠す」

→〈気持ち〉+〈我慢①〉

例文の「隠す」は表に出ようとする気持ちを押さえる意味なので〈我慢①〉で表現。〈我慢①〉は押さえ込むさまで我慢を表す。

〈気持ち〉

右人差指でみぞおち辺りに小さく円を描く。

〈我慢①〉

親指を立てた左手を右手のひらで押さえる。

かくす【隠す】3

「男が姿を隠した」

→〈男〉+〈消える①〉

例文の「隠す」はどこかに身を隠して見えなくなってしまう意味なので〈消える①〉で表現。〈消える①〉はぱっと消えるさまを表す。

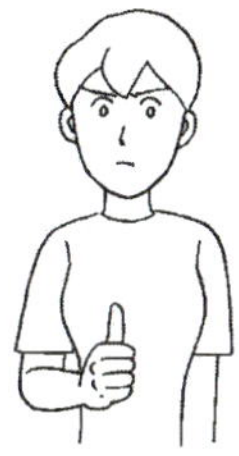

〈男〉

親指を立てた右手を出す。

〈消える①〉

両手のひらを交差させながら握る。

かくす【隠す】4

「たんすに隠す」

→〈たんす〉+〈隠す〉

例文の「隠す」は見えないようにしまう意味なので〈隠す〉で表現。〈隠す〉はものをしまうさまで隠す意味を表す。

〈たんす〉

全指を軽く曲げた両手の手のひらを上に向け、手前に引く。

〈隠す〉

左手のひらの下に右手をもぐり込ませる。

がくせい【学生】

「学生（生活）」

→〈学生①〉または〈学生②〉（+〈生活〉）

「学生」は〈学生①〉または〈学生②〉で表現。〈学生①〉は昔の学生がはいていた袴の帯をしめるさま、〈学生②〉は学生服のつめえりを表す。

〈学生①〉

軽く開いた両手を上下に置き、握りながらはかまのひもをしめるようにする。

〈学生②〉

親指と人差指を出した両手を首に沿って前に出す。

か

かくせいざい【覚醒剤】

「覚醒剤を追放する」

→〈覚醒剤〉+〈追い払う〉

「覚醒剤」は〈覚醒剤〉で表現。〈覚醒剤〉は覚醒剤を注射で打つさまを表す。「覚醒剤を打つ」も同様の手話。

〈覚醒剤〉

左下腕に右親指と人差指・中指で注射を打つようにする。

〈追い払う〉

左手のひらを右手で払いのける。

かくち【各地】

「日本各地」

→〈日本〉+〈地方〉

「各地」はいろいろな地方の意味。〈地方〉で表現。〈地方〉はあちこちの場所を表すさまで「各地」を表す。「あちこち」の意味もある。

〈日本〉

両手の親指と人差指を向かい合わせて左右に引きながら閉じる。

〈地方〉

全指を曲げた右手を下に向け、左から右へ順番に置く。

かくだい【拡大】1

「拡大コピー」

→〈大きい①〉+〈コピー〉

例文の「拡大」は字を大きくすることなので〈大きい①〉で表現。

〈大きい①〉

親指と人差指を向かい合わせた両手を左右に広げる。

〈コピー〉

手のひらを下に向けた左手の下で右手を閉じながらおろす。

かくとう【確答】

「確答する」

→〈はっきり〉+〈答える〉

「確答」ははっきりした答えの意味なので〈はっきり〉+〈答える〉で表現。〈はっきり〉はめりはりのあるさまを表す。

〈はっきり〉

左右の手のひらを並べて見るようにして前後にすばやく離す。

〈答える〉

口の前で両手の親指と人差指を向かい合わせて前に出す。

かくだい【拡大】2

「被害が拡大する」

→〈迷惑〉+〈広がる②〉

例文の「拡大」は広がることなので〈広がる②〉で表現。〈広がる②〉は周りに広がっていくさまを表す。

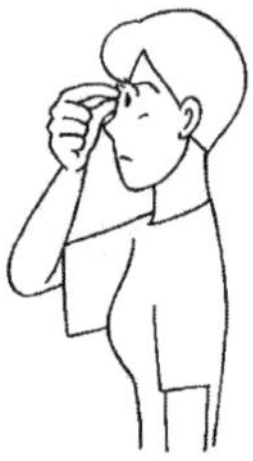

〈迷惑〉

親指と人差指で眉間をつまむ。

〈広がる②〉

両手の親指と人差指を向かい合わせて左右に広げる。

かくとく【獲得】

「自由を獲得する」

→〈自由〉+〈取る①〉

「獲得」は手に入れる意味なので〈取る①〉で表現。〈取る①〉はつかみ取るさまで手中にすることを表す。

〈自由〉

両こぶしをひじを使って交互に上下させる。

〈取る①〉

右手で前からつかみ取るようにする。

かくにん【確認】1

「（条件を）確認する」

→（〈条件〉＋）
〈はっきり〉＋〈認める②〉

例文の「確認」はしっかり認める意味なので〈はっきり〉＋〈認める②〉で表現。

〈はっきり〉

左右の手のひらを並べて見るようにして前後にすばやく離す。

〈認める②〉

両こぶしを向かい合わせて内側に倒す。

かくにん【確認】2

「未確認（情報）」

→〈認める②〉＋〈まだ①〉
（＋〈情報②〉）

例文の「未確認」はまだはっきり確認されていないこと。〈認める②〉＋〈まだ①〉で表現。

〈認める②〉

両こぶしを向かい合わせて内側に倒す。

〈まだ①〉

左手のひらに右手指先を向けて上下に振る。

かくほ【確保】1

「席を確保」

→〈座る①〉＋〈つかむ①〉

例文は〈座る①〉＋〈つかむ①〉で表現。〈つかむ①〉はつかんで手に入れるさまから、比喩的にも使う。

〈座る①〉

椅子に見立てた左手２指に折り曲げた右手２指を座るようにのせる。

〈つかむ①〉

軽く開いた右手のひらを下に向けてつかむようにする。

かくほ【確保】2

「人員を確保」

→〈人々①〉＋〈集める①〉

例文は〈人々①〉＋〈集める①〉で表現。〈集める①〉は人々を集めるさまを表す。

〈人々①〉

親指と小指を立てた両手を揺らしながら左右に開く。

〈集める①〉

呼び寄せるように両手を手前に招き寄せる。

かくほ【確保】3

「安全を確保」

→〈無事〉＋〈固い①〉

例文は〈無事〉＋〈固い①〉で表現。〈固い①〉は中が詰まって固いさまを表し、「固い」「固める」の意味もある。

〈無事〉

両ひじを軽く張り、両こぶしを同時に下におろす。

〈固い①〉

軽く曲げた右手３指を振りおろして止める。

かくめい【革命】

「革命が勃発する」

→〈革命〉＋〈現れる〉

「革命」は〈革命〉で表現。〈革命〉は上下がひっくり返るさまで「革命」を表す。

〈革命〉

親指と人差指を出し、上下の位置を入れ換える。

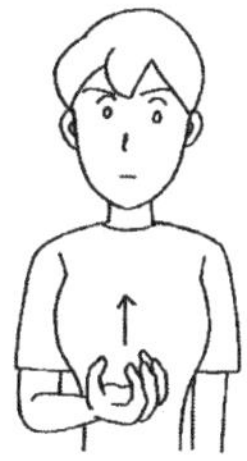

〈現れる〉

全指を曲げた右手のひらを上に向けてあげる。

がくもん【学問】1

「学問の進歩」

→〈学問〉+〈発展〉

例文の「学問」は知識を体系的にまとめたものなので〈学問〉で表現。〈学問〉は勉強すべての意味を表す新しい手話。

〈学問〉

目の前に両手のひらを並べて手前に引くようにして水平に円を描く。

〈発展〉

指文字〈コ〉を示した両手を斜め上にあげる。

かくりつ【確率】

「雨の確率」

→〈雨①〉+〈確率〉

「確率」は〈確率〉で表現。〈確率〉は左手の間で右手が動いて割合を表す。

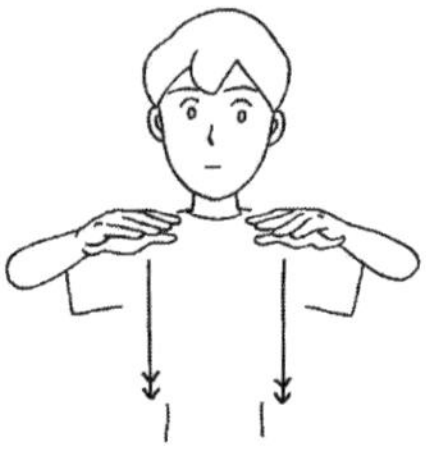

〈雨①〉

軽く開いた指先を前に向け両手を繰り返し下におろす。

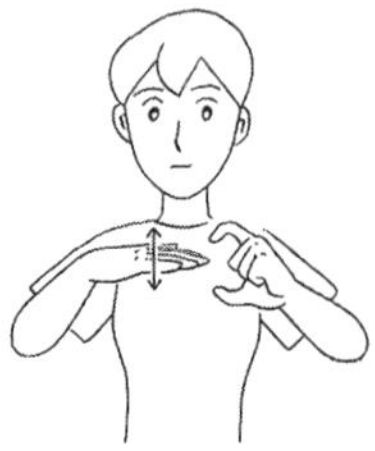

〈確率〉

左親指と人差指で半円を作り、指先を左に向け手のひらを下にした右手をその間で上下させる。

がくもん【学問】2

「(大学は)学問するところだ」

→(〈大学〉+)〈勉強②〉+〈場所〉

例文の「学問する」は勉強する意味なので〈勉強②〉で表現。〈勉強②〉は本を読むさまで勉強を意味する。

〈勉強②〉

指先を上に向けた両手を並べて軽く前に出す。

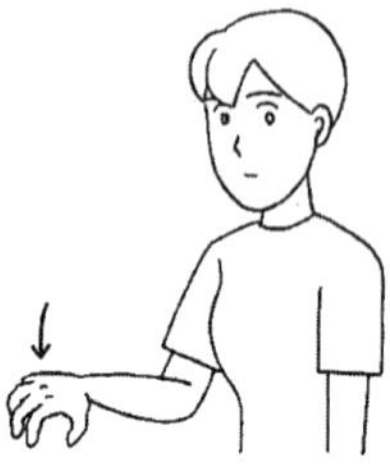

〈場所〉

全指を曲げた右手を前に置く。

かくりつ【確立】

「制度を確立する」

→〈制度〉+〈回復〉

「確立」はしっかりしたものにする意味なので〈回復〉で表現。〈回復〉は倒れたものを起こすさまで、新しく打ち立てる意味もある。

〈制度〉

両手2指を左右に並べ、左から右へ両手を動かす。

〈回復〉

両こぶしを重ねて寝かせ、棒を起こすようにする。

かくやく【確約】

「確約する」

→〈はっきり〉+〈約束〉

「確約」ははっきりした約束の意味なので〈はっきり〉+〈約束〉で表現。〈はっきり〉はめりはりがあるさまで「はっきり」の意味を表す。

〈はっきり〉

左右の手のひらを並べて前後にすばやく離す。

〈約束〉

両手小指をからませる。

かくりょう【閣僚】

「閣僚会議」

→〈閣僚②〉+〈会議〉

例文は〈閣僚②〉+〈会議〉で表現。〈閣僚②〉は大臣が居並ぶさまを表す。〈会議〉はひざをつめ、額を寄せ合って相談するさまを表す。

〈閣僚②〉

左手の甲の上に親指を立てた右手を乗せ、右に動かす。

〈会議〉

親指を立てた両手を合わせたままで水平に回す。

がくりょく【学力】

「学力（がある）」
→〈勉強③〉+〈力〉
（+〈ある①〉）

「学力」は勉強して身につけた力を意味するので〈勉強③〉+〈力〉で表現。〈勉強③〉は本を読むさまを、〈力〉は力こぶを表す。

〈勉強③〉
手のひらを手前に向けた両手を左右から合わせる。

〈力〉
こぶしを握った左腕を曲げ、上腕に右人差指で力こぶを描く。

がくれき【学歴】

「学歴」
→〈勉強②〉+〈経過〉

「学歴」は学校に関する履歴を意味するので〈勉強②〉+〈経過〉で表現。

〈勉強②〉
指先を上に向けた両手を並べて軽く前に出す。

〈経過〉
左上腕から指先に向かって右手甲を流れるように動かす。

かくれる【隠れる】

「部屋に隠れる」
→〈部屋〉+〈隠れる〉

例文の「隠れる」は姿が見えないような所に身を置く意味なので〈隠れる〉で表現。〈隠れる〉は顔を隠すさまで隠れることを表す。

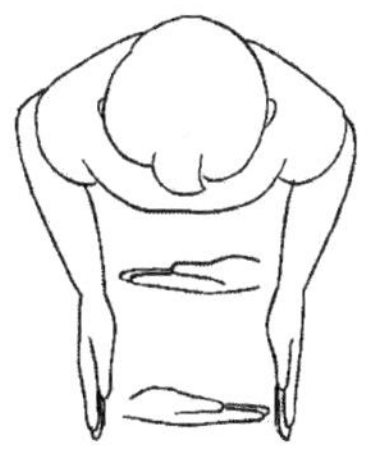

〈部屋〉
両手のひらで前後左右に四角く囲む。

〈隠れる〉
両手の小指側を合わせて顔を隠すようにする。

かげ【陰】

「陰で糸を引く」
→〈隠れる〉+〈操る②〉

例文の「陰で糸を引く」は裏に隠れて操るの意味なので〈隠れる〉+〈操る②〉で表現。見えない所から人を動かす意味。

〈隠れる〉
両手の小指側を合わせて顔を隠すようにする。

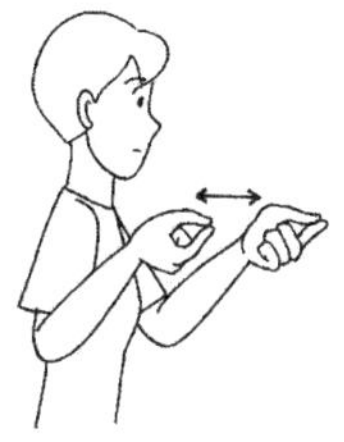

〈操る②〉
親指と人差指でひもを持つように交互に前後させる。

かげ【影】

「木の影」
→〈木〉+〈影〉

例文の「影」は光などの当たらない裏側のところで〈影〉で表現。〈影〉は左手の左側で漢字「影」の彡を表現した新しい手話。

〈木〉
両手の親指と人差指を向かい合わせて、上にあげながら左右に広げる。

〈影〉
指先を上に向けた左手の甲側で右手３指で「彡」を描くようにする。

かけい【家系】

「家系」
→〈家〉+〈歴史〉

「家系」は家の系統の意味なので〈家〉+〈歴史〉で表現。〈歴史〉は人々が代々続くさまで歴史を意味する新しい手話。

〈家〉
両手で屋根形を作る。

〈歴史〉
親指と小指を立てた両手を左上で合わせ、右手を揺らしながら右下へおろす。

か

かけい【家計】

「家計(をあずかる)」
→〈家〉+〈経済〉
(または〈計算〉+〈責任①〉)

「家計」は家の経済、収支計算のことなので〈家〉+〈経済〉または〈家〉+〈計算〉で表現。どちらかといえば〈経済〉がよく使われる。

〈家〉
両手で屋根形を作る。

〈経済〉
親指と人差指で作った丸を上下に置き、互い違いに水平に回す。

かげぐち【陰口】

「陰口を利く」
→〈陰口①〉
または〈陰口②〉

「陰口」は陰に隠れて悪口を言うことで〈陰口①〉または〈陰口②〉で表現。どちらも陰でよからぬことを言うさまを表す。

〈陰口①〉
左手のひらを口元に当て、顔をやや右に向け、右人差指を口元から繰り返し出す。

〈陰口②〉
左手のひらを口元に当て、顔をやや右に向け、閉じた右手を繰り返し口元から開く。

かけざん【かけ算】

「かけ算(が得意)」
→〈かける②〉+〈計算〉
(+〈得意〉)

例文の「かけ算」は〈かける②〉+〈計算〉で表現。〈かける②〉はかけ算の記号を表す。

〈かける②〉
両手の人差指を交差させる。

〈計算〉
左手の指先の方向に右手4指を滑らせるように右へ動かす。

かけひき【駆け引き】

「商売のかけひき」
→〈商売〉+〈かけひき〉

例文の「かけひき」は〈かけひき〉で表現。〈かけひき〉は、交渉で押したり引いたりするさまを表す。

〈商売〉
両手の親指と人差指で作った丸を交互に前後させる。

〈かけひき〉
両人差指を前後に向かい合わせ、同時に前後に動かす。

かける【掛ける】1

「服をかける」
→〈服〉+〈かける①〉

例文の「かける」はハンガーなどにかける意味なので〈かける①〉で表現。手話はハンガーをかけるさまを表す。

〈服〉
親指を立てた両手をえりに沿って下におろす。

〈かける①〉
折り曲げた右人差指を引っかけるように前に出す。

かける【掛ける】2

「電話をかける」
→〈電話する①〉
または〈電話する②〉

例文の「電話をかける」は〈電話する①〉または〈電話する②〉で表現。手話はどちらもこちらから相手方に電話するさまを表す。

〈電話する①〉
親指と小指を立てた右手を耳に当て、前に出す。

〈電話する②〉
親指と小指を立てた左手を顔横に置き、右人差指を相手先に向かって出す。

かける【掛ける】3

「腰をかける」

→〈座る①〉

例文の「腰をかける」は椅子に座る意味。〈座る①〉で表現。「椅子に座る」を意味する。

〈座る①〉

手のひらを下に向けた左手２指に折り曲げた右手２指を座るようにのせる。

かける【掛ける】4

「部屋に掃除機をかける」

→〈部屋〉+〈掃除〉

例文の「掃除機をかける」は掃除機を使って掃除する意味。〈掃除〉で表現。〈掃除〉は掃除機で掃除するさまを表す。

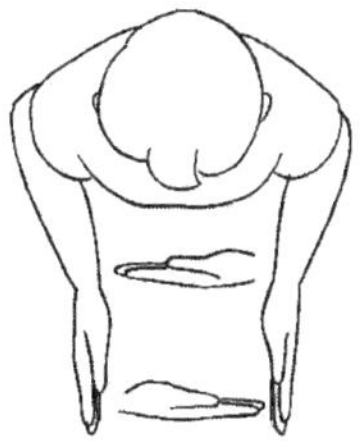

〈部屋〉

両手のひらで前後左右に四角く囲む。

〈掃除〉

両こぶしを握り、掃除機をかけるようにする。

かける【掛ける】5

「鍋を火にかける」

→〈鍋〉+〈煮る〉

例文の「火にかける」は鍋を火にかけて煮炊きする意味なので〈煮る〉で表現。〈煮る〉は鍋で煮るさまを表す。

〈鍋〉

両手のひらを上に向け指先をつき合わせて左右に引くようにあげる。

〈煮る〉

左手全指を曲げて手のひらを上に向け、折り曲げた右手全指で下から軽くたたくようにする。

かける【掛ける】6

「戸に鍵をかける」

→〈閉める②〉+〈かける④〉

例文の「戸に鍵をかける」は戸を閉めて鍵をする意味。〈閉める②〉+〈かける④〉で表現。手話はつぼに鍵がかかるさまを表す。

〈閉める②〉

指先を上に向けた左手のひらに指先を伸ばした右手の親指側を当てる。

〈かける④〉

左手の親指と４指で穴を作り、折り曲げた右手人差指を引っかけるように入れる。

かける【掛ける】7

「彼に声をかける」

→〈彼〉+〈呼ぶ〉

例文の「声をかける」は呼びかける意味。〈呼ぶ〉で表現。〈呼ぶ〉は対象者を手招きするしぐさで呼ぶことを表す。

〈彼〉

左親指を右人差指でさす。

〈呼ぶ〉

親指を立てた左手を右手で呼び寄せるようにして手前に引く。

かける【掛ける】8

「(川に)橋をかける」

→(〈流れる②〉+)
〈橋〉+〈作る〉

例文の「かける」は橋をとりつける意味なので〈作る〉で表現。〈作る〉は作ること一般を意味する手話。

〈橋〉

両手２指を弧を描きながら手前に引く。

〈作る〉

両手のこぶしを上下に打ちつける。

か

かける【掛ける】9

「両者を天秤にかける」

→〈二人①〉+〈比べる〉

例文の「両者を天秤にかける」は二人を比較する意味なので〈二人①〉+〈比べる〉で表現。〈比べる〉は天秤ではかるさまを表す。

〈二人①〉
人差指と中指を立てた右手を手前に向けて左右に軽く振る。

〈比べる〉
手のひらを上に向けた両手を並べ、交互に上下させる。

かける【掛ける】10

「裁判にかける」

→〈裁判〉+〈申し込む〉

例文の「裁判にかける」は提訴する意味なので〈申し込む〉で表現。〈申し込む〉は書類を提出するさまを表す。

〈裁判〉
親指を立てた両手を肩から前に同時におろし、体の前で止める。

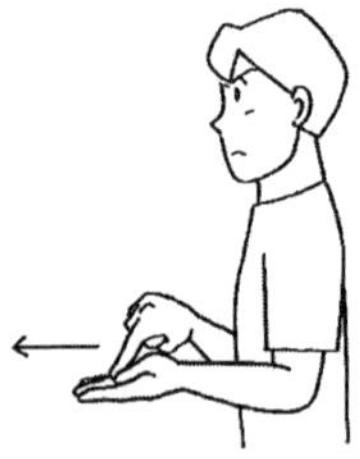

〈申し込む〉
左手のひらの上に右人差指をのせて前に出す。

かける【掛ける】11

「(宝石を)お目にかける」

→(〈ダイヤ〉+)
〈見る⑥〉+〈与える①〉

例文の「お目にかける」は見せる意味なので〈見る⑥〉+〈与える①〉で表現。

〈見る⑥〉
右人差指を目の下に当てる。

〈与える①〉
両手のひらを上に向け並べて前に差し出す。

かける【掛ける】12

「彼女のことを気にかける」

→〈彼女〉+〈考える〉

例文の「気にかける」は心配して考える意味なので〈考える〉で表現。〈考える〉はものごとを考えるさまを表す。

〈彼女〉
左小指を右人差指でさす。

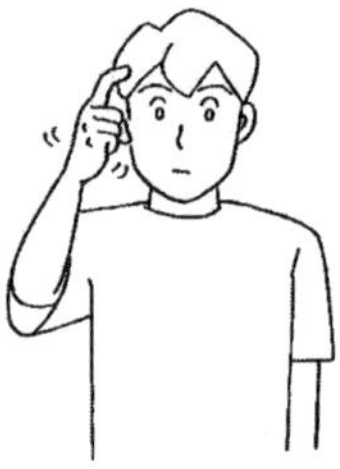

〈考える〉
右人差指を頭にねじこむようにする。

かける【掛ける】13

「敵を計略にかける」

→〈敵〉+〈ごまかす②〉

例文の「計略にかける」はだます、ごまかす意味なので〈ごまかす②〉で表現。〈ごまかす②〉は狐がだますさまを表す。

〈敵〉
左手甲に右手甲をぶつける。

〈ごまかす②〉
左手甲を前に向け、右手の親指と中指と薬指を閉じ、その指先を前に向けて小さく回す。

かける【掛ける】14

「彼に期待をかける」

→〈彼〉+〈期待〉

例文の「期待をかける」は今後を楽しみにして待つ意味なので〈期待〉で表現。〈期待〉は〈待つ①〉と指文字〈キ〉を組み合わせた新しい手話。

〈彼〉
左親指を右人差指でさす。

〈期待〉
指文字〈キ〉をあごに当てる。

かける【掛ける】15

「苦労をかける」

→〈苦労〉+〈与える①〉

例文の「苦労をかける」は苦労させる意味なので〈与える①〉で表現。〈与える①〉は精神的、物質的を問わず与える一般の意味がある。

〈苦労〉

右こぶしで左腕を軽くたたく。

〈与える①〉

両手のひらを上に向け並べて前に差し出す。

かける【掛ける】16

「(討議に)時間をかける」

→(〈討論〉+)
〈時①〉+〈長い②〉

例文の「時間をかける」は時間を長く費やす意味なので〈時①〉+〈長い②〉で表現。〈長い②〉の表現の仕方で長さの程度を表す。

〈時①〉

左手のひらに右親指を当て、右人差指を時計の針のように回す。

〈長い②〉

親指と人差指でつまんだ両手を左右に揺らしながら開く。

かける【掛ける】17

「大金をかける」

→〈高い②〉+〈払う②〉

例文の「かける」はお金を費やす意味なので〈払う②〉で表現。〈払う②〉は金額の程度で変わる。

〈高い②〉

左手のひらの上で親指と人差指で作った丸を上にあげる。

〈払う②〉

左手のひらの上に右手の親指と人差指で丸を作り、前に出して開く。

かける【掛ける】18

「(五に)三をかける」

→(〈5〉+)
〈かける②〉+〈3①〉

例文の「かける」はかけ算する意味なので〈かける②〉で表現。〈かける②〉はかけ算の記号を表す。

〈かける②〉

両手の人差指を交差させる。

〈3①〉

右手3指の指先を上に向けて手のひら側を前に向けて示す。

かける【掛ける】19

「保険をかける」

→〈保険〉+〈入る①〉

例文の「保険をかける」は掛け金を払い保険に入る意味なので〈保険〉+〈入る①〉で表現。〈入る①〉は漢字「入」を表す。

〈保険〉

左指文字〈ホ〉の甲に右手2指で作った丸を当て、前に出す。

〈入る①〉

両手人差指で「入」の字形を作り、倒すように前に出す。

かける【掛ける】20

「相談をかけられる」

→〈相談〉+〈持ち込まれる〉

例文は相談を持ち込まれる意味なので〈持ち込まれる〉で表現。〈持ち込まれる〉はものごとが持ち込まれるさまを表す。

〈相談〉

親指を立てた両手を軽くぶつけ合う。

〈持ち込まれる〉

左手のひらの上に右手の親指と人差指をつまむようにして手前に引く。

か

かける【掛ける】21

「ソースをかける」

→〈からい〉+〈かける③〉

例文は上からソースを注ぐことなので〈かける③〉で表現。〈かける③〉はソースや醤油を注ぐさまを表す。

〈からい〉

右手全指を折り曲げて口の前で回す。

〈かける③〉

親指と小指を立てた右手の親指を下にして回す。

かける【欠ける】1

「常識が欠ける」

→〈常識〉+〈手落ち〉

例文の「欠ける」はあって当然のものが不足することなので〈手落ち〉で表現。〈手落ち〉は抜け落ちているさまを表す。「常識を欠く」も同手話。

〈常識〉

両こぶしの小指側を繰り返し打ちつける。

〈手落ち〉

手のひらを手前に向け両手を重ね、右手を前に倒すように落とす。

かける【欠ける】2

「(メンバーが)一人欠ける」

→(〈署名〉+)〈一人①〉+〈貧しい②〉

例文の「欠ける」は一部がそろっていないことなので〈貧しい②〉で表現。〈貧しい②〉は不足を表す。「一人欠く」も同手話。

〈一人①〉

左人差指を横に倒し、その下に右人差指で「人」の字を書く。

〈貧しい②〉

右親指をあごに当て、あごをこするようにして２回前に出す。

かげろう【陽炎】

「遠くにかげろうが見える」

→〈遠い②〉+〈かげろう〉

「かげろう」は〈かげろう〉で表現。〈かげろう〉は地面からかげろうが立つさまを表す。

〈遠い②〉

親指と人差指を閉じた右手を肩から開きながら前に出す。

〈かげろう〉

手のひらを手前に向けて立てた両手を左右に並べ、同時にゆらゆらさせながら上にあげる。

かこ【過去】

「過去にさかのぼって考える」

→〈過去①〉+〈考える〉

例文の「過去」は現在より前の時点の意味なので〈過去①〉で表現。〈過去①〉は以前、昔を意味し表現の仕方で過去のどの程度かを表す。

〈過去①〉

右手のひらを後ろに向けて勢いよく押してやる。

〈考える〉

右人差指を頭にねじこむようにする。

かこうきりゅう【下降気流】

「下降気流」

→〈空〉+〈さがる②〉

「下降気流」は〈空〉+〈さがる②〉で表現。〈空〉は上に広がる空間を表す。〈さがる②〉はさがるさまを表す。

〈空〉

右手で頭上に弧を描く。

〈さがる②〉

指文字〈コ〉を示した右手を右上から左下におろす。

かこむ【囲む】

「城を囲む」
→〈城〉+〈守る①〉

例文の「城を囲む」は城の周囲をとりまく意味で〈守る①〉で表現。〈守る①〉は周囲をとり囲むさまを表す。

〈城〉
折り曲げた両手の人差指を向かい合わせる。

〈守る①〉
左親指のまわりを右手で取り囲むようにする。

かさ【傘】

「傘をさして帰る」
→〈傘〉+〈帰る〉

「傘」は〈傘〉で表現。〈傘〉は傘を広げてさすしぐさを表す。「傘をさす」も同じ手話。

〈傘〉
両こぶしを上下に重ね、右手をあげる。

〈帰る〉
親指と4指を開いた右手を前に出しながら閉じる。

かさなる【重なる】1

「不幸が重なる」
→〈不便〉+〈重ねる①〉

例文の「重なる」はさらにまたあるものごとが起きる意味で〈重ねる①〉で表現。〈重ねる①〉はものごとが重なるさまを表す。

〈不便〉
右手のひらをあごに当てて前にはじき出す。

〈重ねる①〉
左手甲に右手のひらを重ねる。

かさなる【重なる】2

「皿が何枚も重なる」
→〈皿〉+〈重ねる②〉

例文の「何枚も重なる」は〈重ねる②〉で表現。〈重ねる②〉は重ねる動作を繰り返して表す。

〈皿〉
両手のひらを上に向け小指側を合わせ、左右に弧を描いて小さく開く。

〈重ねる②〉
両手を順番に重ねていく。

かさなる【重なる】3

「本が重なる」
→〈本〉+〈重ねる③〉

例文の「本が重なる」は本が積み重なる意味なので〈重ねる③〉で表現。本の厚さに見立てて重ねるさまを表す。

〈本〉
両手のひらを合わせて本を開くように左右に開く。

〈重ねる③〉
「コ」の字形にした両手を積み重ねる。

かさなる【重なる】4

「予定が重なる」
→〈予定〉+〈同時〉
（または〈重ねる①〉）

「予定が重なる」は同じ日または同じ時間にもうひとつ予定ができる意味。〈同時〉は同じことがらが同時に現れるさまを表す。

〈予定〉
右こぶしを鼻の前で手首を使って軽く揺する。

〈同時〉
両手の閉じた親指と人差指をはじくように人差指だけを上に向ける。

かさねる【重ねる】1

「（皿を）重ねる」
→（〈皿〉+）
〈重ねる①〉
または〈重ねる②〉

例文は皿の上に皿を積む意味なので〈重ねる①〉または〈重ねる②〉で表現。手話は手を重ねて、皿を重ねる意味を表す。

〈重ねる①〉
左手甲に右手のひらを重ねる。

〈重ねる②〉
両手を順番に重ねていく。

かざる【飾る】1

「人形を飾る」
→〈人形〉+〈展示〉

例文の「飾る」は並べて展示する意味なので〈展示〉で表現。〈展示〉は目の前に並べて展示するさまを表す。

〈人形〉
両手を上下に置き、軽く握るようにする。

〈展示〉
目の前に両手のひらを向けて少し前後に振りながら左右に少しずつ開いていく。

かさねる【重ねる】2

「本を重ねる」
→〈本〉+〈重ねる③〉

例文の「重ねる」は積み重ねる意味なので〈重ねる③〉で表現。〈重ねる③〉は本が重なるさまを表し、本の厚みや重なり方で手話は変わる。

〈本〉
両手のひらを合わせて本を開くように左右に開く。

〈重ねる③〉
「コ」の字形にした両手を積み重ねる。

かざる【飾る】2

「外見を飾る」
→〈表（おもて）②〉+〈飾る②〉

例文の「飾る」は人の見えるところだけを良くする意味なので〈飾る②〉で表現。〈飾る②〉は外見をぴかぴかにするさまを表す。

〈表（おもて）②〉
左手甲を右手指でなでるように回す。

〈飾る②〉
左手甲の前ですぼめた右手をはじくように開閉させながら左から右へ動かす。

かさねる【重ねる】3

「年を重ねる」
→〈年齢〉+〈年をとる〉

例文の「年を重ねる」は年をとる意味なので〈年をとる〉で表現。〈年をとる〉は年齢が高くなることを表す。

〈年齢〉
あごの下で右手の指を順に折る。

〈年をとる〉
やや曲げた両手のひらを上下に向かい合わせ右手を上にあげ、甲をあごに当てる。

かし【菓子】1

「おいしいお菓子」
→〈おいしい①〉+〈菓子〉

例文の「菓子」は〈菓子〉で表現。「おやつ」も同手話。〈菓子〉はつまんで口に入れるお菓子を表す。

〈おいしい①〉
右手のひらであごをぬぐう。

〈菓子〉
親指と人差指でつまむようにして、繰り返し口に持っていく。

かし【菓子】2

「和菓子」
→〈日本〉+〈菓子〉

例文の「和菓子」は饅頭や最中(もなか)など日本の伝統的な菓子のこと。〈菓子〉はつまんで口に入れるお菓子を表す。

〈日本〉
両手の親指と人差指をつき合わせ、左右に開きながら閉じる。

〈菓子〉
親指と人差指でつまむようにして、繰り返し口に持っていく。

かしつ【過失】

「過失責任」
→〈手落ち〉+〈責任①〉

「過失」は不注意による落ち度、あやまちの意味なので〈手落ち〉で表現。〈手落ち〉はあるべきものが欠けるさまを表す。

〈手落ち〉
手のひらを手前に向け両手を重ね、右手を前に倒すように落とす。

〈責任①〉
右肩に軽く全指を折り曲げた右手をのせる。

かじ【火事】

「(家が)火事になる」
→(〈家〉+)
〈火事①〉
または〈火事②〉

「火事」は〈火事①〉または〈火事②〉で表現。いずれも家から火が出ているさまを表すが、何が燃えるかによって表現は変わる。

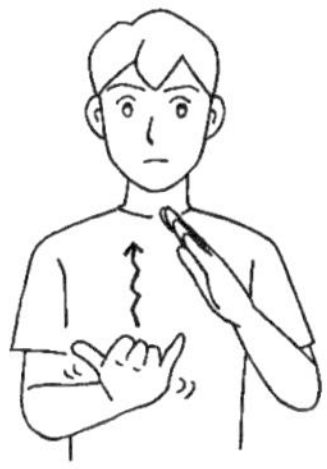

〈火事①〉
左手屋根形の下から親指と小指を立てた右手を炎のように振りながら上にあげる。

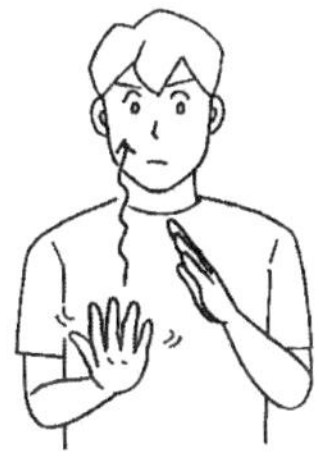

〈火事②〉
左手屋根形の下から指先を上に向けた右手を炎のように揺らしながら上にあげる。

かしわもち【柏餅】

「柏餅を食べる」
→〈柏餅〉+〈食べる②〉

「柏餅」は〈柏餅〉で表現。〈柏餅〉は柏でくるむさまを表す。

〈柏餅〉
手のひらを上向きにした右手の4指を折り曲げる。

〈食べる②〉
すぼめた右手を口元に繰り返し近づける。

かしこい【賢い】

「賢い妻」
→〈賢い①〉+〈妻①〉

例文の「賢い」は頭脳が優れていること。〈賢い①〉で表現。〈賢い①〉は人に抜きんでた優れた頭脳のさまを表す。「利口」も同じ。

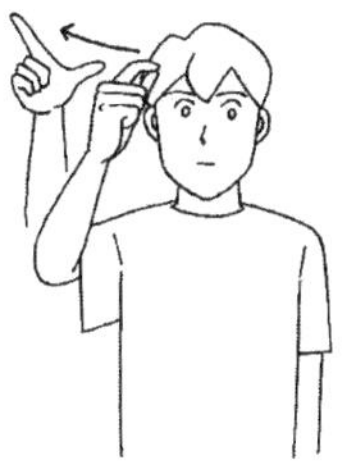

〈賢い①〉
右手の親指と人差指を閉じ、上に向かってはじくように開く。

〈妻①〉
左親指と右小指を寄り添わせて、右小指を前に出す。

かす【貸す】1

「車を貸す」
→〈運転〉+〈貸す〉

例文の「貸す」は物を貸し与える意味なので〈貸す〉で表現。〈貸す〉は自分のものを他人に貸し与えるさまを表す。

〈運転〉
ハンドルを両手で握り、回すようにする。

〈貸す〉
指先を手前に向けた右手の親指と4指を前方へ引くようにして閉じる。

かす【貸す】2

「事業に手を貸す」

→〈仕事〉+〈助ける①〉

例文の「手を貸す」は助ける意味なので〈助ける①〉で表現。〈助ける①〉は人を後押しするさまを表す。

〈仕事〉

手のひらを上に向け、向かい合わせた両手指先を繰り返しつき合わせる。

〈助ける①〉

親指を立てた左手の後ろを右手のひらで軽く後押しする。

かす【貸す】3

「(彼の)話に耳を貸す」

→(〈彼〉+)
〈説明される〉+〈聞く①〉

例文の「耳を貸す」は話を聞いてやる意味なので〈聞く①〉で表現。〈聞く①〉は耳を傾けて聞くさまを表す。

〈説明される〉

左手のひらの上を指先を手前に向けた右手で小刻みにたたく。

〈聞く①〉

右手を耳に添え、頭をやや傾けて聞くようにする。

かず【数】1

「言葉の数」

→〈言葉〉+〈数〉

例文の「数」は〈数〉で表現。〈数〉は指折り数えるさまを表し、「数」「数える」の意味がある。

〈言葉〉

両手の人差指をかぎ状にして「 」を示す。

〈数〉

右手の指を順に折る。

かず【数】2

「数をこなす」

→〈たくさん②〉+〈解決②〉

例文の「数をこなす」はたくさんのことを処理する意味なので〈たくさん②〉+〈解決②〉と表現。

〈たくさん②〉

親指から順番に折り曲げながら左から右へ動かす。

〈解決②〉

左手のひらに右人差指で「×」を繰り返し書きながら右へ動かす。

かず【数】3

「数に加える」

→〈計算〉+〈加える〉

例文の「数に加える」は計算の対象に入るという意味なので〈計算〉+〈加える〉で表現。〈計算〉はそろばんの珠をはらうさまを表す。

〈計算〉

左手の指先の方向に右手4指を滑らせるように右へ動かす。

〈加える〉

左手のひらに右人差指を添える。

ガス

「ガスをつける」

→〈香り①〉+〈つける〉

例文の「ガス」は熱源となるガスの意味。〈香り①〉で表現。〈香り①〉は匂うさまに由来し、鼻で感知できる気体一般をさす。

〈香り①〉

右手2指を繰り返し鼻に近づける。

〈つける〉

すぼめた右手を上に向けてぱっと開く。

かすか

「かすかに見える」
→〈小さい⑦〉または〈ぼける②〉

例文の「かすか」は形がぼやけて見えることなので〈小さい⑦〉または〈ぼける②〉で表現。〈小さい⑦〉は形が小さいさま、〈ぼける②〉は形がぼけるさま。

〈小さい⑦〉
右親指と人差指で小さい丸を作り、前方に出す。

〈ぼける②〉
両手のひらを前後に重ねて交互に左右に往復させる。

かぜ【風邪】

「風邪をひいて休む」
→〈風邪〉+〈休む②〉

例文の「風邪をひく」は風邪にかかること。〈風邪〉で表現。〈風邪〉はせきをするしぐさで風邪をひくことを表す。「せき」の意味もある。

〈風邪〉
せきこむように右手のこぶしを口に軽く２度当てる。

〈休む②〉
左手のひらの上に右こぶしをのせる。

かぜ【風】1

「風が吹く」
→〈風①〉
または〈風②〉

例文の「風」は空気の流れのこと。「風」の強さの程度によって、〈風①〉〈風②〉などいろいろな種類がある。

〈風①〉
右手で風を送る。

〈風②〉
両手のひらで風を送るように左へ動かす。

かせぐ【稼ぐ】

「(金を)稼ぐ」
→(〈金(かね)①〉+)
〈もうける①〉または〈もうける②〉

例文の「稼ぐ」は〈もうける①〉または〈もうける②〉で表現。いずれもお金が手に入るさまを表す。

〈もうける①〉
軽く曲げた右手を下から上にすばやく引きあげる。

〈もうける②〉
両手のひらを上下に向き合わせて手前にすばやく引きあげる。

かぜ【風】2

「風の便りに聞く」
→〈うわさ〉+〈聞く②〉

例文の「風の便り」はうわさの意味なので〈うわさ〉で表現。〈うわさ〉は耳元でざわめくさまでうわさを表す。

〈うわさ〉
両手の指先を向かい合わせてねじるようにゆすりながら耳を傾ける。

〈聞く②〉
右人差指を右耳に当てる。

がぞう【画像】1

「(会)長の画像」
→(〈会〉+)
〈長②〉+〈絵〉

例文の「画像」は絵の肖像のことなので〈絵〉で表現。〈絵〉はカンバスに絵の具を塗るさまを表す。「絵画」も同手話。

〈長②〉
左手の甲に親指を立てた右手をのせる。

〈絵〉
左手のひらに右手指の背を軽く打ちつける。

がぞう【画像】2

「画像が鮮明」

→〈画像〉＋〈はっきり〉

例文の「画像」はテレビ・コンピュータなどの映像のことなので〈画像〉で表現。〈画像〉は画面に現れる映像を表す新しい手話。

〈画像〉

左親指と人差指を出し、その前で寝かせた右手を開きながら上に動かす。

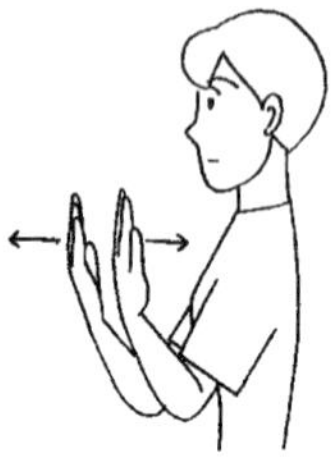

〈はっきり〉

左右の手のひらを並べて前後にすばやく離す。

かぞえる【数える】

「数える」

→〈数える①〉
　または〈数える②〉
　（または〈数〉）

「数える」は〈数える①〉または〈数える②〉で表現。どちらも指折り数えるしぐさで「数える」の意味を表す。〈数〉でもよい。

〈数える①〉

右人差指で指さしながら左手の指を順に折る。

〈数える②〉

左手のひらを右人差指でたたきながら指を折り、右へ動かす。

かぞく【家族】1

「三人家族」

→〈三人②〉＋〈家族〉

例文の「家族」は主に同じ家に住む血縁者の意味。〈家族〉は〈家〉と〈人々〉を合成したもので同じ家に住む人たちを表す。

〈三人②〉

左手で〈3②〉を示し、右人差指でその下に「人」の字を書く。

〈家族〉

左の屋根形の下で右手の親指と小指を振る。

かぞく【家族】2

「家族計画」

→〈生まれる〉＋〈計画〉

例文の「家族計画」は出産計画の意味なので〈生まれる〉＋〈計画〉で表現。〈生まれる〉は生まれるさまで出産を表す。

〈生まれる〉

指先を向かい合わせた両手を腹から前に出す。

〈計画〉

左手のひらを下に向け、右人差指で線を引くようにする。

ガソリン

「ガソリンスタンド」

→〈ガソリン〉＋〈店①〉

「ガソリン」は主に自動車の燃料。〈ガソリン〉はガソリンスタンドで給油口にガソリンを入れるさまで、ガソリンを表す。

〈ガソリン〉

左こぶしに親指と人差指を立てた右手の人差指の先を当てる。

〈店①〉

両手のひらを上に向けて、左右に開く。

かた【型】

「O型」

→〈オ〉＋〈形〉

「型」は〈形〉で表現。〈形〉は型・形の意。

〈オ〉

親指と4指で丸を作る。

〈形〉

親指と人差指を出した両手を交互に上下させる。

かた【肩】1

例文の「肩」は身体部位なので〈肩〉で表現。

「肩が痛い」

→〈肩〉+〈痛い①〉

〈肩〉

指先をやや開いた右手で左肩をおおうようにさわる。

〈痛い①〉

全指を折り曲げた右手を痛そうに振る。

かた【肩】2

例文は慣用句で責任や負担から解放されてほっとすることなので〈任せる①〉+〈ほっとする〉で表現。〈ほっとする〉は一息つくさまを表す。

「肩の荷がおりる」

→〈任せる①〉+〈ほっとする〉

〈任せる①〉

右手を肩にのせて前に出す。

〈ほっとする〉

右手２指を鼻の穴から息を抜くように前に出し、肩から力を抜く。

かた【肩】3

例文は慣用句で気落ちしたさまのことなので〈あきらめる③〉で表現。〈あきらめる③〉は気持ちがしぼむさまを表す。「がっかりする」も同手話。

「落選して肩を落とす」

→(〈選挙〉+〈落選〉または)〈落ちる③〉+〈あきらめる③〉

〈落ちる③〉

左手のひらの内側で、指先を上に向けた右手を、すとんと落とす。

〈あきらめる③〉

軽く開いた両手をすぼめながら下におろし、頭をがくりと落とす。

かた【肩】4

例文は慣用句で対等の位置に立つことなので〈五分五分①〉または〈同級〉で表現。〈五分五分①〉は両者が互角を、〈同級〉は高さが同じさまを表す。

「肩を並べる」

→〈五分五分①〉または〈同級〉

〈五分五分①〉

親指を立てた両手を同時に内側に倒す。

〈同級〉

右手の人差指側と左手の小指側をつき合わせる。

かた【肩】5

例文の「肩を持つ」は慣用句で味方することなので〈助ける①〉で表現。〈助ける①〉は後押しするさまを表す。「助力」「援助」も同手話。

「彼の肩を持つ」

→〈助ける①〉+〈彼〉

〈助ける①〉

親指を立てた左手の後ろを右手のひらで軽く後押しする。

〈彼〉

左親指を右人差指でさす。

かたい【固・硬・堅い】1

例文の「かたい」はまじめで信用できる意味なので〈まっすぐ①〉または〈正しい〉で表現。どちらもまじめで信用できる意味がある。

「堅い(人)」

→〈まっすぐ①〉
または〈正しい〉
(+〈男〉)

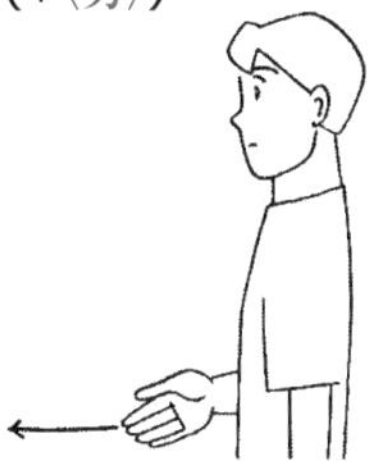

〈まっすぐ①〉

指先を伸ばし、まっすぐ前に進める。

〈正しい〉

親指と人差指をつまみ、胸に当て、右手をあげる。

か

かたい
【固・硬・堅い】2

「硬い(石)」

→〈固い①〉または〈固い②〉
(+〈石①〉)

例文の「かたい」は3種類の表現がある。ひとつは〈固い①〉、ふたつめは〈固い②〉で表現。

〈固い①〉
軽く曲げた右手3指を振りおろして止める。

〈固い②〉
曲げた右手全指を振りおろして止める。

かたい
【固・硬・堅い】3

「硬い石」

→〈固い③〉+〈石①〉

みっつめは〈固い③〉で表現。中が詰まってつぶれないさまで固いことを表す。

〈固い③〉
軽く曲げた右手2指を振りおろして止める。

〈石①〉
左手のひらに「コ」の字形の右手を当てる。

かたい
【固・硬・堅い】4

「意志が固い」

→〈心〉+〈固い①〉

例文の「かたい」は一度決めたことを守り抜く心の強さを意味し、〈固い①〉で表現。〈固い①〉は精神的な固さにも使える。

〈心〉
右人差指でみぞおち辺りをさす。

〈固い①〉
軽く曲げた右手3指を振りおろして止める。

かたい
【固・硬・堅い】5

「口が堅い」

→(〈秘密①〉または)
〈黙る①〉+〈固い①〉

例文の「口が堅い」は秘密を絶対に守るという意味なので〈秘密①〉または〈黙る①〉+〈固い①〉で表現。手話は口を固く閉じ、しゃべらないさまを表す。

〈黙る①〉
握ったこぶしを口に当てる。

〈固い①〉
軽く曲げた右手3指を振りおろして止める。

かたい
【固・硬・堅い】6

「頭が固い」

→〈頭①〉+〈がんこ〉

例文の「かたい」はがんこを意味するので〈がんこ〉で表現。〈がんこ〉は一つの考えに固執するさまを表す。

〈頭①〉
右人差指で頭をさす。

〈がんこ〉
頭の横で両手でものを握りつぶすように手指を向かい合わせる。

かたい
【固・硬・堅い】7

「合格は固い」

→〈合格〉+〈絶対〉

例文の「かたい」はまちがいない、大丈夫の意味なので〈絶対〉で表現。〈絶対〉は規則、法律の意味があり、まちがいない、絶対の意味を表す。

〈合格〉
左手の親指と4指の間を指先を上に向けた右手で下から突き破るようにあげる。

〈絶対〉
左手のひらに折り曲げた右手2指を強く打ちつける。

かたい
【固・硬・堅い】8

「堅い話」

→〈固い①〉+〈手話〉

例文の「かたい」は冗談抜きのまじめの意味なので〈固い①〉で表現。〈固い①〉は抽象的な固さも意味する。

〈固い①〉

軽く曲げた右手3指を振りおろして止める。

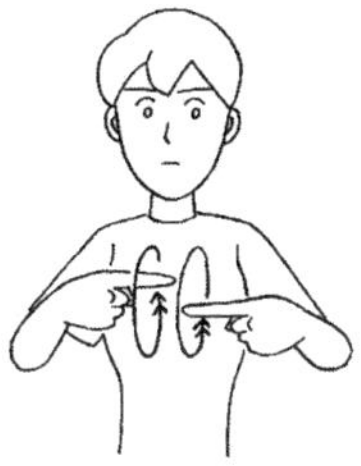

〈手話〉

両手の人差指を向かい合わせて、糸を巻くように回転させる。

かたがき【肩書き】1

「肩書き(が多い)」

→〈肩書き①〉または〈肩書き②〉(+〈たくさん②〉)

例文の「肩書きが多い」は3種類の表現がある。〈肩書き①〉または〈肩書き②〉+〈たくさん②〉で表現。

〈肩書き①〉

右手の親指と人差指を右肩に当て、下におろす。

〈肩書き②〉

左肩の上に折り曲げた右手の親指と人差指をのせる。

かだい【課題】

「課題を出す」

→〈課題〉+〈申し込む〉

「課題」は当面する問題の意味。〈課題〉で表現。指文字〈カ〉で〈問題〉の動きをする新しい手話。

〈課題〉

両手の指文字〈カ〉を左右に開いて下にさげる。

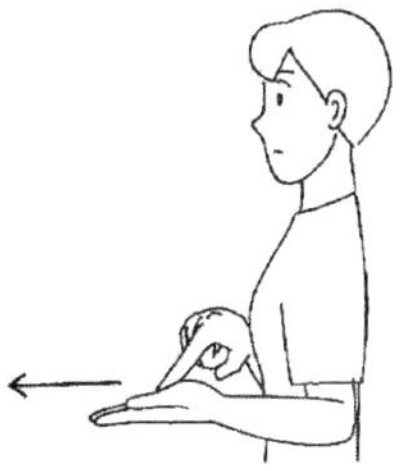

〈申し込む〉

左手のひらの上に右人差指をのせて前に出す。

かたがき【肩書き】2

「肩書きが多い」

→〈肩書きが多い〉

例文の「肩書きが多い」のみっつめは〈肩書きが多い〉で表現。肩章など地位を表すものが多いさまを表す。

〈肩書きが多い〉

右手を左肩に乗せ、指の間を開きながら肩に沿っておろしていく。

かたおもい【片思い】

「片思いはつらい」

→〈片思い〉+〈苦しい①〉

「片思い」は一方的に相手を好きになること。〈恋〉と違い、ハートの形の上部片方だけを表す。

〈片思い〉

両手人差指を立て、右人差指の先を弧を描くように左人差指に近づける。

〈苦しい①〉

右手で胸をかきむしるようにする。

かたかな【片仮名】

「かたかなを覚える」

→〈かたかな〉+〈覚える〉

例文の「かたかな」は〈かたかな〉で表現。

〈かたかな〉

右人差指を斜め横に向け前に打ちつけながらおろしていく。

〈覚える〉

指先を開いた右手を上から頭につけて握る。

か

かたこり【肩こり】

「肩こりがひどい」
→〈肩がこる〉+〈とても〉

「肩こり」は〈肩がこる〉で表現。〈肩がこる〉は肩を押さえるさまを表す。

〈肩がこる〉
痛そうにして左肩を押さえる。

〈とても〉
親指と人差指を閉じた右手を右へ弧を描きながら親指を立てる。

かたち【形】

「(良い)形」
→(〈良い〉+)
〈形〉または〈姿〉

例文の「形」は〈形〉または〈姿〉で表現。〈形〉は分類の型や姿かたちに使用する。〈姿〉は姿かたちに使用する。

〈形〉
親指と人差指を出した両手を交互に上下させる。

〈姿〉
向かい合わせた両手を上から下に体の線を描くようにおろす。

かたづける【片付ける】1

「部屋をかたづける」
→〈部屋〉+〈準備②〉

例文の「かたづける」はきれいに整頓する意味なので〈準備②〉で表現。〈準備②〉はものを並べるさまで用意、準備、整理などの意味を持つ。

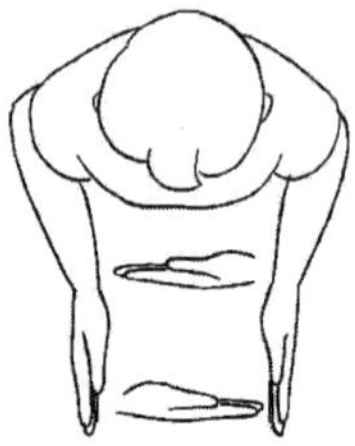

〈部屋〉
両手のひらで前後左右に四角く囲む。

〈準備②〉
両手のひらを向かい合わせて間隔を変えずに左から右へ順に仕切るように動かす。

かたづける【片付ける】2

「仕事をかたづける」
→〈仕事〉+〈解決①〉

例文の「かたづける」は処理する意味なので〈解決①〉で表現。〈解決①〉はものごとの終了を示す〆を表現したものと言われる。

〈仕事〉
手のひらを上に向け、向かい合わせた両手指先を繰り返しつき合わせる。

〈解決①〉
左手のひらの上に右人差指で「×」を大きく書く。

かたまる【固まる】1

「血が固まる」
→〈血液①〉+〈固い①〉

例文の「血が固まる」は〈固い①〉で表現。

〈血液①〉
右人差指で唇を示して、左腕に沿って線を引くようにする。

〈固い①〉
軽く曲げた右手3指を振りおろして止める。

かたまる【固まる】2

「(駅前に)家が固まる」
→(〈駅〉+)
〈家〉+〈集まる②〉

例文の「固まる」は一か所に密集する意味なので〈集まる②〉で表現。〈集まる②〉は人や家などが集中、集合するさまを表す。

〈家〉
両手で屋根形を作る。

〈集まる②〉
両手の指先を上に向け中央前に寄せるようにする。

かたまる【固まる】3

「方針が固まる」

→〈方針〉+〈固い①〉

例文の「固まる」は確実なものになる意味で〈固い①〉で表現。〈固い①〉は中が詰まってつぶれないさまを表す。

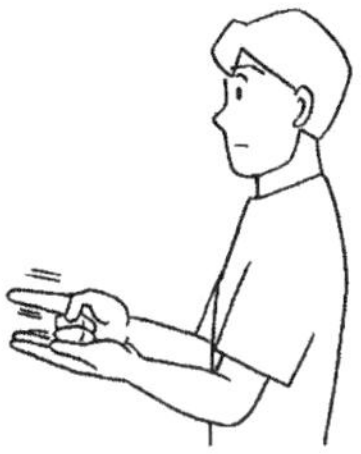

〈方針〉

左手のひらに人差指の指先を前に向けた右手をのせ、指先を左右に揺らす。

〈固い①〉

軽く曲げた右手３指を振りおろして止める。

かたむく【傾く】1

「家が傾く」

→〈家〉+〈傾く〉

例文の「傾く」は家屋が傾く意味と破綻寸前の意味があり、いずれも〈傾く〉で表現。〈傾く〉は〈家〉が傾くさまを表す。

〈家〉

両手で屋根形を作る。

〈傾く〉

両手で屋根形を作り、右前に崩れるように倒す。

かたむく【傾く】2

「日が傾く」

→〈夕方〉
　または〈日が沈む〉

例文の「傾く」は日が沈む、落ちる意味なので〈夕方〉または〈日が沈む〉で表現。〈夕方〉〈日が沈む〉はともに太陽が沈むさまを表す。

〈夕方〉

右手全指を上に向けてひじから前に倒す。

〈日が沈む〉

左手甲を上に向け、その前を右手の親指と人差指で閉じない丸を作って下におろす。

かたむく【傾く】3

「国が傾く」

→〈国(くに)〉+〈さがる②〉

例文の「傾く」は衰える意味なので〈さがる②〉で表現。〈さがる②〉は能力、力、財力などが下降するさまで衰えることを表す。

〈国(くに)〉

親指と４指を突き合わせ、左右に開きながら閉じる。

〈さがる②〉

指文字〈コ〉を示した右手を右上から左下におろす。

かたむく【傾く】4

「考えが傾く」

→〈考える〉+〈かたよる〉

例文の「傾く」は考えがある方向にひかれる意味なので〈かたよる〉で表現。〈かたよる〉はまん中から端に寄るさまで傾くことを表す。

〈考える〉

右人差指を頭にねじこむようにする。

〈かたよる〉

両手のひらを向かい合わせて左へ傾ける。

かたむく【傾く】5

「(行為が)悪い方に傾く」

→(〈活動〉+)
　〈悪い①〉+〈それる〉

例文の「傾く」は行為が悪いほうにそれる意味なので〈それる〉で表現。〈それる〉はものごとが軌道を外れるさまを表す。

〈悪い①〉

人差指で鼻をこするようにして振りおろす。

〈それる〉

指先を前に向けて両手を上下に重ね、右手を前に進めながら左へそらす。

かたむける【傾ける】1

「(彼に)心を傾ける」
→(〈彼〉+)
〈心〉+〈魅力〉

例文の「心を傾ける」は心をある方に向ける意味なので〈魅力〉で表現。「心が傾く」も同手話。

〈心〉
右人差指でみぞおち辺りをさす。

〈魅力〉
指先を手前に向けた右手を前に出しながら閉じる。

かたむける【傾ける】2

「話に耳を傾ける」
→〈説明される〉+〈聞く①〉

例文の「耳を傾ける」は話を聞く意味なので〈聞く①〉で表現。〈聞く①〉は話を聞くさまで、「話に耳を貸す」の意味もある。

〈説明される〉
左手のひらの上を指先を手前に向けた右手で小刻みにたたく。

〈聞く①〉
右手を耳に添え、頭をやや傾けて聞くようにする。

かたむける【傾ける】3

「楽しく杯を傾ける」
→〈うれしい〉+〈飲む③〉

例文の「杯を傾ける」は酒を飲む意味なので〈飲む③〉で表現。〈飲む③〉は酒を飲むさまを表す。

〈うれしい〉
両手のひらを胸の前で、交互に上下させる。

〈飲む③〉
右手の親指と人差指でおちょこを持ち、飲むようにする。

かためる【固める】1

「荷物を固める」
→〈荷物〉+〈集める④〉

例文の「固める」は荷物を一か所にまとめる意味なので〈集める④〉で表現。〈集める④〉は物を集めるさまを表す。

〈荷物〉
両手で荷物を持ちあげるようにする。

〈集める④〉
両手の親指と 4 指を向かい合わせて左右からせばめるように近づける。

かためる【固める】2

「方針を固める」
→〈方針〉+〈固い①〉

例文の「固める」は方針を決定間近なものにする意味で〈固い①〉で表現。〈固い①〉は内容が詰まりしっかりしているさまを表す。

〈方針〉
左手のひらの上に人差指を出した右手をのせて、磁石の針のように振る。

〈固い①〉
軽く曲げた右手 3 指を振りおろして止める。

かためる【固める】3

「身を固める」
→〈結婚〉+〈する〉

例文は結婚する意味なので〈結婚〉+〈する〉で表現。〈結婚〉は男女が一緒になるさまを表し、それだけで結婚する意味がある。

〈結婚〉
親指と小指を左右からつける。

〈する〉
両こぶしを力を込めて前に出す。

かたよる【偏る】

「考え方がかたよっている」

→〈考える〉+〈かたよる〉

例文の「かたよる」は一方に寄って不均衡な状態になることなので〈かたよる〉で表現。〈かたよる〉は真ん中から端によるさまを表す。

〈考える〉

右人差指を頭にねじこむようにする。

〈かたよる〉

両手のひらを向かい合わせて左へ傾ける。

かち【価値】1

「価値(判断)」

→〈価値①〉または〈価値②〉(+〈判断〉)

例文の「価値」は〈価値①〉または〈価値②〉で表現。〈価値①〉はお金が高い安いの程度を表す。〈価値②〉は〈評価〉から派生した新しい手話。

〈価値①〉

両手の親指と人差指で作った丸を交互に上下させる。

〈価値②〉

丸を作った右手を水平にして目の横に置き、手首を返して立てる。

かたる【語る】

「経験を語る」

→〈経験〉+〈説明〉

例文の「語る」は説明する、話をする意味なので〈説明〉で表現。〈説明〉は資料を示して話すさまを表す。

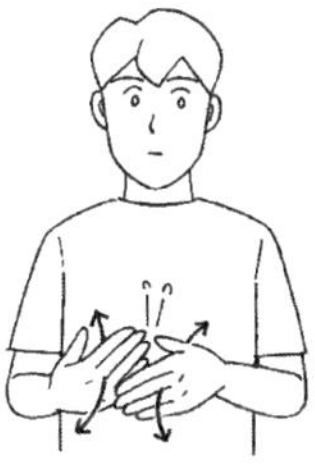

〈経験〉

両手指先をふれ合わせる。

〈説明〉

左手のひらを右手で小刻みにたたく。

かち【価値】2

「読む価値がない」

→〈読む①〉(または〈読む②〉)+〈くだらない〉

例文の「価値がない」は〈くだらない〉で表現。〈くだらない〉は頭打ちのさまで、くだらない意。

〈読む①〉

左手のひらを見ながら視線に合わせるように右手2指を動かす。

〈くだらない〉

右人差指を伸ばし下からあげて左手のひらに打ちつける。

カタログ

「車のカタログ」

→〈運転〉+〈カタログ〉

「カタログ」は〈カタログ〉で表現。〈カタログ〉は〈雑誌〉の右手の形を「カタログ」の頭音「カ」に変えて表す。

〈運転〉

ハンドルを両手で握り、回すようにする。

〈カタログ〉

左手のひらの上に右指文字〈カ〉を置き、右に手首を返す。

かつ【勝つ】1

「試合に勝つ」

→〈試合①〉+〈勝つ①〉

例文の「試合に勝つ」は〈勝つ①〉で表現。〈勝つ①〉は相手を押し倒すさまで勝ちを表す。

〈試合①〉

親指を立てた両手を正面で軽くぶつける。

〈勝つ①〉

親指を立てた左手を親指を立てた右手で打ち倒す。

かつ【勝つ】2

「勝ち進む」

→〈勝ち進む〉

例文の「勝ち進む」は次々と勝利を収めること。〈勝ち進む〉は次々に相手を倒すさまで、次々と勝利を収めることを表す。

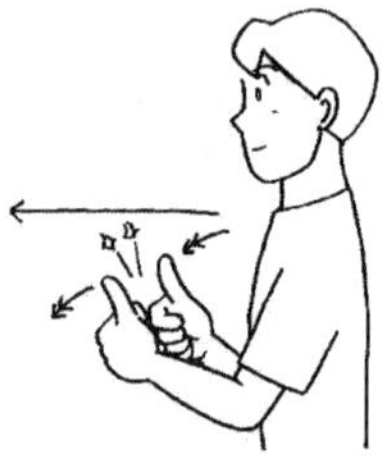

〈勝ち進む〉
親指を立てた左手を親指を立てた右手で前に倒しながら前へ進める。

かつ【勝つ】3

「兄が勝つ」

→〈兄〉+〈勝つ②〉

例文の「勝つ」は勝利を収めること。〈勝つ②〉で表現。〈勝つ②〉はボクシングなどで勝者が手をあげるところから生まれた手話。

〈兄〉
中指を立て、甲側を前に向けた右手を上にあげる。

〈勝つ②〉
こぶしを上に突きあげる。

がつ【月】

「五月」

→〈五月〉

例文の「五月」は〈五月〉で表現。暦の月は数字の下に〈月〉の手話を表す。

〈五月〉
左手で〈５〉を示し、その下で右手の親指と人差指で三日月を描く。

カツオ【鰹】1

「初ガツオ」

→〈最初①〉+〈カツオ〉

「カツオ」は〈カツオ〉で表現。〈カツオ〉はカツオの表面にある数本の線を表す。

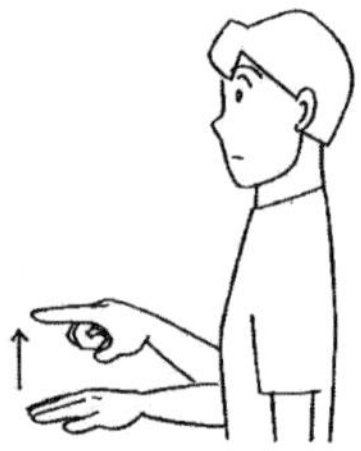

〈最初①〉
右手のひらを下にして、あげると同時に人差指を残して４指を握る。

〈カツオ〉
指先を前方に向けた左手の手のひらを指を折り曲げた右手でひっかくように後ろに引く。

カツオ【鰹】2

「カツオ節を削る」

→〈カツオ節〉

「カツオ節」は〈カツオ節〉で表現。〈カツオ節〉はカツオ節の削り器で削るさまを表す。例文の「カツオ節を削る」も同手話。

〈カツオ節〉
左手２指の上で折り曲げた右手を前後に動かす。

がっかり

「がっかりする」

→〈あきらめる①〉
または〈あきらめる③〉

「がっかりする」は気持ちがなえ気落ちする意味。〈あきらめる①〉は前向きの気持ちがなえるさま、〈あきらめる③〉は気落ちするさまを表す。

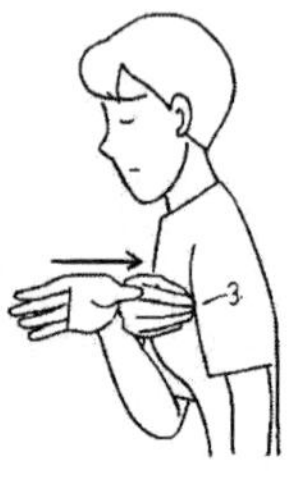

〈あきらめる①〉
親指と４指を開いた右手を左脇に引きつけながら閉じ、同時に軽く目を伏せる。

〈あきらめる③〉
軽く開いた両手をすぼめながら下におろし、頭をがくりと落とす。

かっきてき【画期的】

「画期的な（成功を収める）」

→〈画期〉+〈合う①〉
（+〈成功〉）

「画期的」はこれまでにない、初めての意味。〈画期〉は〈ずっと〉と〈最初〉を合成した新しい手話。

〈画期〉

指先を前に向けた左手の横に右人差指を置き、ぱっと上にあげる。

〈合う①〉

左人差指の先に右人差指の先を当てる。

かっこいい

「かっこいい車」

→〈かっこいい〉+〈運転〉

「かっこいい」は〈かっこいい〉で表現。〈かっこいい〉は見栄えがするさま、ハンサムなさまなど目にせまってくることを表す。

〈かっこいい〉

前向きに5指を折り曲げた右手を顔に近づけるように勢いよくひっくり返す。

〈運転〉

ハンドルを両手で握り、回すようにする。

かっこう【格好】1

「格好が良い男」

→〈かっこいい〉+〈男〉

例文の「格好が良い」は〈かっこいい〉で表現。〈かっこいい〉はパッと目に入るさまで、ハンサムの意。

〈かっこいい〉

前向きに5指を折り曲げた右手を顔に近づけるように勢いよくひっくり返す。

〈男〉

親指を立てた右手を出す。

かっこう【格好】2

「手ぶらでは格好がつかない」

→〈手ぶら〉+〈みっともない〉

例文の「格好がつかない」は体裁が悪い、みっともないことなので〈みっともない〉で表現。〈みっともない〉は〈かっこいい〉の反対の動作。

〈手ぶら〉

両ひじをあげて指先を下に向けて両手を振る。

〈みっともない〉

全指を折り曲げた右手を手首から前にたたきつけるようにする。

かっこう【格好】3

「（パーティに）ふさわしい格好」

→（〈パーティ〉+）
〈合う①〉+〈服〉

例文の「格好」は服装のことなので〈服〉で表現。

〈合う①〉

左人差指の先に右人差指の先を当てる。

〈服〉

親指を立てた両手をえりに沿って下におろす。

がっこう【学校】1

「学校」

→〈勉強②〉+〈場所〉

「学校」は2種類の表現がある。ひとつは〈勉強②〉+〈場所〉で表現。

〈勉強②〉

指先を上に向けた両手を並べて軽く前に出す。

〈場所〉

全指を曲げた右手を前に置く。

がっこう【学校】2

「学校」

→〈勉強②〉+〈家〉

もうひとつは〈勉強②〉+〈家〉で表現。

〈勉強②〉

指先を上に向けた両手を並べて軽く前に出す。

〈家〉

両手で屋根形を作る。

かって【勝手】1

「勝手にする」

→〈自由〉+〈する〉

例文の「勝手」は自由にする意味なので〈自由〉+〈する〉で表現。〈自由〉は両手が縛られずに動くさまで自由を表す。

〈自由〉

両こぶしを握り、ひじを使って交互に上下させる。

〈する〉

両こぶしを力を込めて前に出す。

かって【勝手】2

「自分勝手」

→〈自分一人〉+〈ひじてつ〉

例文の「勝手」はわがままの意味なので〈ひじてつ〉で表現。〈ひじてつ〉は、わがまま勝手を表す。「ひじてつを食らわす」の意味もある。

〈自分一人〉

右人差指を胸に当て、前にはねあげる。

〈ひじてつ〉

右手のひじを張る。

かつどう【活動】

「クラブ活動」

→〈グループ〉+〈活動〉

「活動」は元気よく動きはたらく意味。〈活動〉は手を活発に動かすことで表す。「孝行」の意味もある。

〈グループ〉

指先を上に向けた両手で水平に手前に円を描く。

〈活動〉

ひじを少し張り、ひじを軸に両こぶしを交互に繰り返し前に出す。

がっぴ【月日】

「生年月日」

→〈生まれる〉+〈いつ〉

「生年月日」は生まれた月日の意味なので〈いつ〉で表現。〈いつ〉は上が月、下が日を表し何月何日かを示していつかを尋ねる意味を表す。

〈生まれる〉

指先を向かい合わせた両手を腹から前に出す。

〈いつ〉

両手を上下にして、両手同時に順番に指を折る。

カップ 1

「コーヒーカップ」

→〈コーヒー〉+〈飲む⑦〉

例文の「カップ」はコーヒーカップなので〈飲む⑦〉で表現。〈飲む⑦〉はコーヒーカップの取っ手を持って飲むさまを表す。

〈コーヒー〉

カップを握るようにした左手の中を右手のスプーンでかき混ぜるようにする。

〈飲む⑦〉

カップの取っ手を持って飲むしぐさをする。

カップ 2

「計量カップ」

→〈計量カップ〉

例文の「カップ」は計量カップなので〈計量カップ〉で表現。左手がカップ、右手が目盛りを表す。

〈計量カップ〉

左手でカップを持ち、右人差指を前方に向け上下させる。

カップ 3

「優勝カップ」

→〈優勝〉+〈カップ〉

例文の「カップ」は優勝カップなので〈カップ〉で表現。〈カップ〉は優勝カップの柄を表す。

〈優勝〉

両こぶしで優勝旗のさおを持ち、上にあげるようにする。

〈カップ〉

軽く握った両手で優勝カップの柄の部分を描く。

カップ 4

「カップラーメンは安い」

→〈カップラーメン〉+〈安い①〉

例文の「カップ」はカップラーメンのカップなので〈カップラーメン〉で表現。〈カップラーメン〉は左手がカップ、右手がラーメンを表す。

〈カップラーメン〉

左手でカップを持ち、右手指文字〈ラ〉を繰り返し口に近づける。

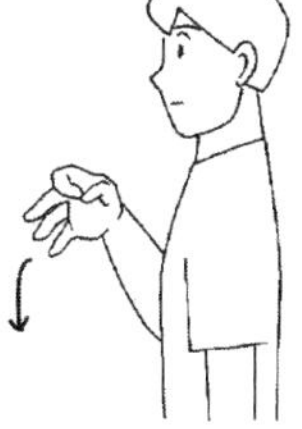

〈安い①〉

右手の親指と人差指で作った丸を下にさげる。

カップル

「カップル」

→〈夫婦②〉

または〈男女〉

「カップル」は結婚するしないに関係なく男女一組を意味するので〈夫婦②〉または〈男女〉で表現する。親指が男、小指が女を表す。

〈夫婦②〉

親指と小指を立てて振る。

〈男女〉

右親指と左小指を並べて出す。

がっぺい【合併】

「会社が合併する」

→〈会社〉+〈合わせる①〉

「合併」は複数のものが一緒になる意味なので〈合わせる①〉で表現。〈合わせる①〉は二つのものを合わせるさまを表す。

〈会社〉

両手の 2 指を交互に前後させる。

〈合わせる①〉

向かい合わせた両手を左右から合わせる。

かつやく【活躍】

「世界で活躍する」

→〈世界〉+〈活動〉

「活躍」は生き生きと活動する意味なので〈活動〉で表現。〈活動〉は手足が活発に動くさまを表し、活躍の程度で〈活動〉の動作は変化する。

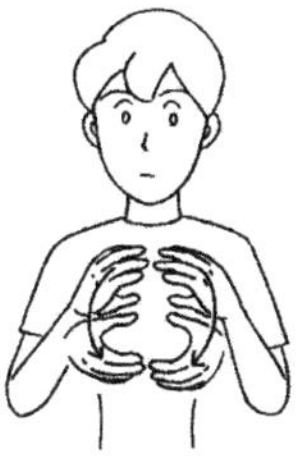

〈世界〉

両手の指先を向かい合わせ、球を描くように前に回す。

〈活動〉

ひじを少し張り、ひじを軸に両こぶしを交互に繰り返し前に出す。

かてい【家庭】

例文の「家庭」は〈家庭〉で表現。〈家庭〉は左手で家、右手でその内のみんなを表す。

「家庭料理」

→〈家庭〉+〈料理〉

〈家庭〉
左手屋根形の下で右手を回す。

〈料理〉
左手で押さえ、右手で刻むようにする。

かてい【過程】

「過程」はものごとが進行する道筋。〈経過〉で表現。〈経過〉は水が流れるさまで、流れやものごとの経過を表す。「プロセス」も同じ手話。

「実験の過程」

→〈実験〉+〈経過〉

〈実験〉
人差指を出した両手の手首を交差させて、ねじるように揺する。

〈経過〉
左上腕から指先に向かって右手甲を流れるように動かす。

かど【角】1

例文の「角」は物のとがった端なので〈隅〉で表現。〈隅〉は物の隅または角を表す。

「机の角」

→〈机〉+〈隅(すみ)〉

〈机〉
両手で ┌ ┐ を描くようにする。

〈隅(すみ)〉
両手の指先をつけて、角を作る。

かど【角】2

例文の「角」は道の折れ曲がった所なので〈隅〉で表現。

「道の角」

→〈道①〉+〈隅(すみ)〉

〈道①〉
指先を前に向けた両手を向かい合わせて前に出す。

〈隅(すみ)〉
両手の指先をつけて、角を作る。

かど【角】3

例文の「角」は性格がきついことなので〈厳しい〉で表現。〈厳しい〉は手の甲をつねるさまで厳しいさまを表す。

「性格に角がある」

→〈性質〉+〈厳しい〉

〈性質〉
左手甲に右人差指を当て、すくうようにあげる。

〈厳しい〉
左手甲を右手の親指と人差指でつねるようにする。

かなう【適・叶う】1

例文の「かなう」はちょうどうまく合うことなので〈合う①〉で表現。〈合う①〉は「ぴったり」「ちょうど」の意。

「時にかなう」

→〈時①〉+〈合う①〉

〈時①〉
左手のひらに右親指を当て、右人差指を時計の針のように回す。

〈合う①〉
左人差指の先に右人差指の先を当てる。

かなう【適・叶う】2

「願いがかなう」

→〈目的①〉(または〈希望〉または〈求める〉)+〈成功〉

例文の「かなう」は望みが実現することなので〈成功〉で表現。〈成功〉は「成功」「ことがなる」の意。

〈目的①〉

左こぶしの親指側に右人差指を当てる。

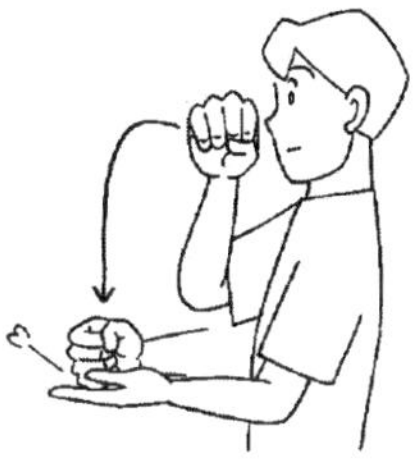

〈成功〉

右こぶしを鼻から左手のひらに打ちつける。

かなう【適・叶う】3

「彼にはかなわない」

→〈彼〉+〈負ける②〉

例文の「かなわない」は対抗できないことなので〈負ける②〉で表現。〈負ける②〉は打ち倒されるさまを表す。

〈彼〉

左親指を右人差指でさす。

〈負ける②〉

親指を立てた両手をぶつけ手前に倒す。

かなう【適・叶う】4

「(うるさくて)かなわない」

→(〈ややこしい〉+)〈お手あげ〉または〈降参〉

例文の「かなわない」は我慢できないことなので〈お手あげ〉または〈降参〉で表現。〈お手あげ〉はお手上げのさま、〈降参〉はかぶとを脱ぐさま。

〈お手あげ〉

ぱっと両手をひじから上にあげる。

〈降参〉

頭の横に親指と人差指を当て、前におろす。

かなしい【悲しい】

「悲しい(劇)」

→〈悲しい①〉または〈悲しい②〉(+〈芝居〉)

「悲しい」は〈悲しい①〉または〈悲しい②〉で表現。ともに涙が流れるさまで悲しさを表す。「悲しみ」「悲しさ」も同じ手話。

〈悲しい①〉

親指と人差指を閉じた右手を目元から揺らしながらおろす。

〈悲しい②〉

両手の親指と人差指を閉じて目元から、揺らしながらおろす。

かならず【必ず】1

「必ず行く」

→〈必ず〉+〈行(い)く①〉

例文の「必ず」は約束通りきっとの意味なので〈必ず〉で表現。〈必ず〉は約束のしぐさから生まれた手話。

〈必ず〉

両手の小指をからめて強く前に出す。

〈行(い)く①〉

右手人差指を下に向けて、振りあげるように前をさす。

かならず【必ず】2

「必ずしも(晴れるとは)限らない」

→(〈明るい①〉+)〈定まる〉+〈ない①〉

例文の「必ずしも～ない」はそうなるとは決まっていない意味なので〈定まる〉+〈ない①〉で表現。手話は「そうは決まってない」の意味。

〈定まる〉

両手指を曲げて上下に組み合わす。

〈ない①〉

指先を開いて手首を振る。

かなり

「かなり悪い」

→〈とても〉+〈悪い①〉

「かなり」は相当、とても、非常にの意味。〈とても〉で表現。〈とても〉は「非常に」「大変」「かなり」などを意味する。

〈とても〉

右手の親指と人差指をつまみ、右へ弧を描きながら親指を立てる。

〈悪い①〉

人差指で鼻をこするようにして振りおろす。

かなわない 1

「彼にはかなわない」

→〈彼〉+〈降参〉

例文の「かなわない」は彼にはとても勝てない、世話しきれない意味なので〈降参〉で表現。〈降参〉はかぶとを脱ぐさまで降参を意味する。

〈彼〉

左親指を右人差指でさす。

〈降参〉

頭の横に親指と人差指を当て、前におろす。

かなわない 2

「こう寒くてはかなわない」

→〈寒い〉+〈降参〉

例文の「かなわない」はまいった、やりきれないの意味なので〈降参〉で表現。〈降参〉はかぶとを脱ぐさまで表現。

〈寒い〉

両こぶしを握り、左右にふるわせる。

〈降参〉

頭の横に親指と人差指を当て、前におろす。

カニ【蟹】

「たくさんのカニ」

→〈カニ〉+〈たくさん④〉

「カニ」は〈カニ〉で表現。〈カニ〉はカニのはさみを表す。

〈カニ〉

両ひじを曲げて両手２指をはさみのように動かす。

〈たくさん④〉

両手を軽く開き、指を折りながら左から右へ動かす。

カヌー

「カヌー競技」

→〈カヌー〉+〈競争〉

「カヌー」は〈カヌー〉で表現。〈カヌー〉は櫂（かい）で８の字に漕ぐさまを表す。

〈カヌー〉

両こぶしを握り、両手でカヌーを８の字に漕ぐように動かす。

〈競争〉

親指を立てた両手を競うように交互に前後させる。

かね【金】1

「金をもうける」

→〈金（かね）①〉+〈もうける②〉

例文の「金」はお金のこと。〈金①〉で表現。〈金①〉は日本的なお金の身ぶりを表す。

〈金（かね）①〉

右手の親指と人差指で作った丸を示す。

〈もうける②〉

両手のひらを上下に向かい合わせて手前にすばやく引きあげる。

かね【金】2

「(この)商売は金になる」

→(〈これ〉+)
〈商売〉+〈もうける②〉

例文の「金になる」はもうかる意味なので〈もうける②〉で表現。〈もうける②〉はものをごっそり手に入れるさまを表す。

〈商売〉

両手の親指と人差指で作った丸を交互に前後に動かす。

〈もうける②〉

両手のひらを上下に向かい合わせて手前にすばやく引きあげる。

かねもち【金持ち】

「金持ちの家」

→〈金持ち〉+〈家〉

「金持ち」はお金など財産をたくさん持っている人。〈金持ち〉で表現。〈金持ち〉はお金で肥えた人のさまを表す。「資産家」の意味もある。

〈金持ち〉

両手の親指と人差指で作った丸を胸に当て、弧を描いて腹につける。

〈家〉

両手で屋根形を作る。

かねる【兼ねる】1

「役員を兼ねる」

→〈腕章〉+〈兼ねる〉

例文の「兼ねる」は二つの任務・職につく意味なので〈兼ねる〉で表現。〈兼ねる〉は責任を表す肩に数字２を当てて表す。

〈腕章〉

親指と人差指で腕章のように上腕に回す。

〈兼ねる〉

右手２指を左肩に当てる。

かねる【兼ねる】2

「(言《い》い)兼ねる」

→(〈言《い》う①〉+)
〈難しい〉
または〈せっぱつまる〉

例文の「兼ねる」はできない意味なので〈難しい〉または〈せっぱつまる〉で表現。手話はどちらも「困難」の意味を持つ。

〈難しい〉

右手の親指と人差指でほおをつねるようにする。

〈せっぱつまる〉

両こぶしを上下に重ね、ややずらし、左右にふるわせる。

かねる【兼ねる】3

「倒産し兼ねない」

→〈つぶれる②〉+〈心配②〉

例文の「兼ねない」は心配がある意味なので〈心配②〉で表現。〈心配②〉は不安な気持ちのさまで心配を表す。

〈つぶれる②〉

両手の屋根形を斜め前に倒すようにする。

〈心配②〉

手指を曲げた両手を胸に当てる。

かのう【可能】

「可能な限り」

→〈できる〉+〈最高〉

「可能」はできるの意味なので〈できる〉で表現。〈できる〉は胸を張っているさまで、「可能」「大丈夫」の意味を表す。

〈できる〉

右手指先を左胸と右胸に順に当てる。

〈最高〉

手のひらを下に向けた左手に右手指を下からあげて当てる。

か

かのじょ【彼女】1

「彼女は美しい」

→〈彼女〉+〈美しい②〉
（または〈美しい①〉）

例文の「彼女」は第三者の女性を意味するので〈彼女〉で表現。〈彼女〉は女性を指差し、当の女性であることを表す。

〈彼女〉
左小指を右人差指でさす。

〈美しい②〉
左手のひらをなでるように右手のひらを滑らせる。

かのじょ【彼女】2

「僕の彼女」

→〈私①〉+〈女〉

例文の「彼女」はつきあっている恋人の女性の意味なので〈女〉で表現。〈女〉の前に〈私①〉をおくことで自分の「彼女」であることを表す。

〈私①〉
人差指で胸を指さす。

〈女〉
右小指を立てる。

かばう

「子供をかばう」

→〈子供①〉+〈守る②〉

「かばう」は外敵などから守る意味なので〈守る②〉で表現。〈守る②〉は対象を囲み守るさまを表す。

〈子供①〉
両手のひらを前方に向け、軽く振る。

〈守る②〉
左こぶしのまわりを右手のひらで取り囲むようにする。

かばやき【蒲焼き】

「ウナギのかば焼き」

→〈ウナギ〉+〈かば焼き〉

「かば焼き」は〈かば焼き〉で表現。〈かば焼き〉は串刺ししたウナギを焼くさまを表す。

〈ウナギ〉
両手の指先を首に当てたまま同時に上下させる。

〈かば焼き〉
手のひらの向きを左右逆にした両手2指を前に向けて寝かせ、両手同時に同じ方向に回転。

かばん【鞄】

「黒のかばんを持つ」

→〈黒①〉+〈かばん〉

「かばん」は〈かばん〉で表現。この〈かばん〉は手さげかばんを表すが、かばんの種類によって表現は変わる。

〈黒①〉
右手全指で頭にふれる。

〈かばん〉
かばんを持ち、軽く上下に揺するようにする。

かはんしん【下半身】

「下半身が太い」

→〈下半身〉+〈大きい②〉

例文の「下半身」は〈下半身〉で表現。〈下半身〉は腹より下であることを表す。

〈下半身〉
手のひらを下向き、指先を互いに向け合った両手を腹から下におろす。

〈大きい②〉
軽く開いた両手のひらを向かい合わせ左右に広げる。

かぶ【株】1

「株券」

→〈株〉+〈券①〉
（または〈券②〉）

「株」は株券または株式のこと。〈株〉で表現。〈株〉は切符、領収証などを控えから切り取るさまから「切符」「株券」などの意味がある。

〈株〉

両こぶしを合わせて、前後にちぎるようにする。

〈券①〉

両手の親指と人差指で囲み、四角を示す。

カフェオレ

「カフェオレを注文する」

→〈カフェオレ〉+〈注文〉

「カフェオレ」は〈カフェオレ〉で表現。〈カフェオレ〉は〈コーヒー〉の手の形を〈ミルク〉の手の形に変えて表す。

〈カフェオレ〉

カップの形を示した左手の上で、右中指を曲げて突き出し下向きにした右手を回す。

〈注文〉

口元に当てた右人差指を斜め上に出す。

かぶ【株】2

「株式会社」

→〈株〉+〈会社〉

例文の「株式会社」は株主によって組織された営利組織のこと。〈株〉+〈会社〉と表現。〈株〉の意味がある。

〈株〉

両こぶしを合わせて、前後にちぎるようにする。

〈会社〉

両手の 2 指を交互に前後させる。

かぶき【歌舞伎】

「歌舞伎」

→〈歌舞伎①〉または〈歌舞伎②〉

「歌舞伎」は〈歌舞伎①〉または〈歌舞伎②〉で表現。いずれも見得を切るさまを表す。

〈歌舞伎①〉

手のひらを前向きにし 5 指を折り曲げた左手と、後ろに向けて 5 指を折り曲げた右手を同時に逆にひねって動かす。

〈歌舞伎②〉

手のひらを前に向け立てた左手と、後ろに向け立てた右手を同時に逆にひねって動かす。

カブ【蕪】

「赤カブ」

→〈赤〉+〈カブ〉

例文の「カブ」は野菜なので〈カブ〉で表現。〈カブ〉はカブのハート型を表す。

〈赤〉

唇に人差指を当て、右へ引く。

〈カブ〉

両手でハート型を作る。

かぶせる

「責任をかぶせる」

→〈責任①〉+〈かぶせる〉

例文の「かぶせる」は責任をある人に負わせる意味なので〈かぶせる〉で表現。〈かぶせる〉は自分の責任を人に押し付けるさまを表す。

〈責任①〉

右肩に軽く全指を折り曲げた右手をのせる。

〈かぶせる〉

左親指を全指を曲げた右手で上から押さえつけるようにする。

カプセル1

「薬のカプセル」

→〈薬〉+〈カプセル〉

例文は〈薬〉+〈カプセル〉で表現。〈カプセル〉は薬のカプセルの形を表す。

〈薬〉

左手のひらの上で右薬指をこねるように回す。

〈カプセル〉

「コ」の字形の左手にすぼめた右手を差し入れる。

カプセル2

「カプセルホテル」

→〈カプセル〉+〈ホテル〉

例文は〈カプセル〉+〈ホテル〉で表現。薬のカプセルを意味する〈カプセル〉を代用して表す。

〈カプセル〉

「コ」の字形の左手にすぼめた右手を差し入れる。

〈ホテル〉

左手のひらに右手2指を寝かせるようにして当て、順にあげる。

カプセル3

「タイムカプセル」

→〈時①〉+〈カプセル〉

例文は〈時①〉+〈カプセル〉で表現。薬のカプセルを意味する〈カプセル〉を代用して表す。

〈時①〉

左手のひらに右親指を当て、右人差指を時計の針のように回す。

〈カプセル〉

「コ」の字形の左手にすぼめた右手を差し入れる。

カブトムシ

【カブト虫】

「カブトムシのメス」

→〈カブトムシ〉+〈女〉

「カブトムシ」は〈カブトムシ〉で表現。〈カブトムシ〉はカブトムシの角を表す。「メス」は〈女〉で表現。

〈カブトムシ〉

2指を折り曲げて後ろ向きにした右手を額につける。

〈女〉

右小指を立てる。

かぶる

「全責任をかぶる」

→〈すべて〉+〈責任②〉

例文の「かぶる」は人の責任を自分が背負いこむ意味なので〈責任②〉で表現。〈責任②〉は両肩に負うさまを表す。

〈すべて〉

両手で上から下に円を描く。

〈責任②〉

両手を肩にのせる。

かふんしょう

【花粉症】

「花粉症」

→〈花粉〉+〈病気〉

「花粉症」は〈花粉〉+〈病気〉で表現。〈花粉〉は花が開き花粉が鼻に向かって飛んでくるさまを表す。この病名の時のみ使用する。

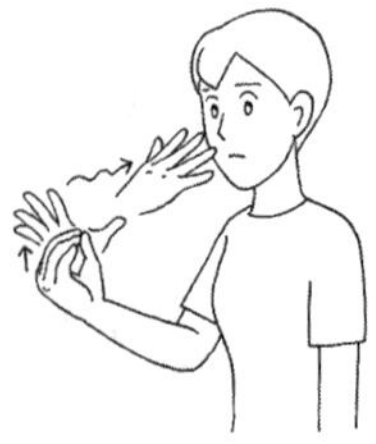

〈花粉〉

指先をつまんだ右手を開いて揺らしながら鼻に近づける。

〈病気〉

こぶしで額を軽くたたく。

かべ【壁】1

「白い壁」

→〈白〉+〈壁①〉

例文の「壁」は建造物の壁なので〈壁①〉で表現。〈壁①〉は左官が壁を塗るさまで壁を表す。

〈白〉

右人差指で前歯を指さし、左へ引く。

〈壁①〉

右手のひらを前に向けて小指側を上に向けてあげる。

カボチャ【南瓜】

「カボチャを煮る」

→〈カボチャ〉+〈煮る〉

「カボチャ」は〈カボチャ〉で表現。〈カボチャ〉はカボチャの形を表す。

〈カボチャ〉

指先を曲げた両手の爪を合わせ、弧を描いて下にさげ手首を合わせる。

〈煮る〉

左手全指を曲げて手のひらを上に向け、折り曲げた右手全指で下から軽くたたくようにする。

かべ【壁】2

「壁にぶつかってあきらめる」

→〈邪魔①〉+〈あきらめる①〉

例文の「壁」は抽象的な行く手をふさぐ物、先に進めなくするものの意味、〈邪魔①〉で表現。〈邪魔①〉は頭をぶつけるさまを表す。

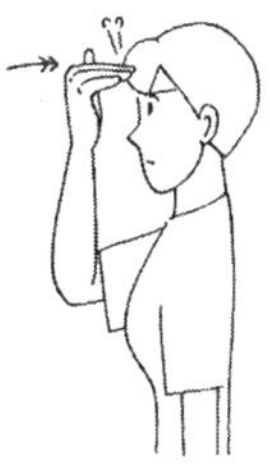

〈邪魔①〉

右手指先を額に繰り返し当てる。

〈あきらめる①〉

親指と4指を開いた右手を左脇に引きつけながら閉じ、同時に軽く目を伏せる。

かまぼこ【蒲鉾】

「かまぼこの土産」

→〈かまぼこ〉+〈みやげ①〉

「かまぼこ」は〈かまぼこ〉で表現。〈かまぼこ〉は板の上にのっているかまぼこのさまを表す。

〈かまぼこ〉

左手のひらに右手の親指と4指をのせて前に出す。

〈みやげ①〉

左手のひらの上で右手の親指と人差指をつまむようにして両手を前に出す。

カボス

「大分のカボス」

→〈大分〉+〈カボス〉

「カボス」は〈カボス〉で表現。〈カボス〉はカボスをしぼって回しかけるさまを表す。

〈大分〉

左小指側の手首近くに、輪にした右手2指を置く。

〈カボス〉

右こぶしを握って水平に円を描く。

かまわない【構わない】

「帰ってもかまわない」

→〈帰る〉+〈かまわない〉

例文の「かまわない」はしてもよいという許可を意味するので〈かまわない〉で表現。〈かまわない〉はしてもよいという意味を持つ。

〈帰る〉

右手の親指と4指を前に出しながら閉じる。

〈かまわない〉

右小指をあごに繰り返し当てる。

がまん【我慢】

「（痛いのを）我慢する」

→（〈痛い①〉＋）
〈我慢①〉または〈我慢②〉

例文の「我慢」は〈我慢①〉または〈我慢②〉で表現。いずれも出ようとする苦しい気持ちを抑えつけるさまを表す。

〈我慢①〉
親指を立てた左手を右手のひらで押さえる。

〈我慢②〉
手のひらを下に向けた右手を胸の前で下に押さえる動作を繰り返す。

かみ【紙】

「紙に書く」

→〈四角①〉＋〈書く①〉

「紙」は〈四角①〉で表現。紙の形を表す。紙の大きさによって描く四角の大きさは変わる。

〈四角①〉
両手の人差指で四角を描く。

〈書く①〉
左手のひらに右手の親指と人差指で縦に書くようにする。

かみ【神】

「神を信じる」

→〈神〉＋〈頼る〉

例文の「神」は信仰の対象である神の意味なので〈神〉で表現。〈神〉は柏手を打つさまを表す。キリスト教会では別表現をする。

〈神〉
柏手（かしわで）を打つ。

〈頼る〉
両手でひもをつかむようにする。

かみなり【雷】1

「雷が落ちる」

→〈雷〉

例文の「雷が落ちる」は自然現象の雷なので〈雷〉で表現。〈雷〉は空にひらめく稲妻を表す。

〈雷〉
親指と人差指をつまんだ両手を上から勢いよく下にぎざぎざを描きながら開く。

かみなり【雷】2

「雷が鳴る」

→〈雷〉＋〈聞く②〉

例文の「雷が鳴る」も〈雷〉で表現する。

〈雷〉
親指と人差指をつまんだ両手を上から勢いよく下にぎざぎざを描きながら開く。

〈聞く②〉
右人差指を右耳に当てる。

かみなり【雷】3

「父が雷を落とす」

→〈父〉＋〈おどす〉

例文「雷を落とす」は比喩的に強くしかりつける意味なので〈おどす〉で表現。〈おどす〉は、頭ごなしにしかりつけるさまを表す。

〈父〉
右人差指でほおにふれ、親指を出す。

〈おどす〉
親指を立てた左手に全指を折り曲げた右手をかぶせるようにおろす。

かむ【噛む】1

「［ご飯を］かんで食べる」

→〈かむ①〉+〈食べる①〉

例文の「かむ」は食べ物を上下の歯を合わせて砕くことなので〈かむ①〉で表現。〈かむ①〉は上下の歯でかむさまを表す。

〈かむ①〉

両こぶしの指を上下に合わせ、上下に動かす。

〈食べる①〉

左手のひらの上を右手ですくって食べるようにする。

かむ【噛む】2

「犬に手をかまれる」

→〈犬〉+〈かむ②〉

例文の「かむ」は犬がかむことなので〈かむ②〉で表現。〈かむ②〉は動物が手をかむさまを表す。

〈犬〉

両手の親指を側頭部に当て、4指を前に倒す。

〈かむ②〉

左腕を右５指でかむようにはさむ。

かむ【噛む】3

「かんで含めるよう」

→〈丁寧〉+〈知る①〉
（+〈簡単〉）

例文は慣用句で、よくわかるようにやさしく説明することなので〈丁寧〉+〈知る①〉+〈簡単〉で表現。丁寧にわかりやすくの意。

〈丁寧〉

両手のひらで交互に髪をなでつける。

〈知る①〉

右手のひらを胸に当てて下におろす。

かむ【噛む】4

「その計画に一枚かむ」

→〈計画〉+〈参加①〉

例文の「一枚かむ」は慣用句で、あることがらに一部かかわることなので〈参加①〉で表現。〈参加①〉は人の集まりに加わるさまを表す。

〈計画〉

左手のひらを下に向け、右人差指で線を引くようにする。

〈参加①〉

指先を上に向け、手のひらを手前に向けた左手に人差指を立てた右手を打ちつける。

カメ【亀】

「大きな亀」

→〈大きい②〉+〈亀〉

「亀」は首と手足を収める甲羅をもつ爬虫類の一種。〈亀〉で表現。〈亀〉は、首をもたげる亀のさまを表す。〈大きい②〉の語順は逆でもよい。

〈大きい②〉

軽く開いた両手のひらを向かい合わせ左右に広げる。

〈亀〉

甲側を盛り上げた左手の下から右手親指の先を出す。

がめつい

「がめつい奴」

→〈けち〉+〈男〉

「がめつい」はお金や物に執着する意味なので〈けち〉で表現。〈けち〉はお金をかんで放さないさまで、物欲に執着するさまを表す。

〈けち〉

親指と人差指で作った丸をかむようにする。

〈男〉

親指を立てた右手を出す。

カメラ

「カメラを買う」

→〈カメラ〉+〈買う〉

「カメラ」は写真機のこと。〈カメラ〉で表現。〈カメラ〉はカメラを構えてシャッターを押すさまを表す。

〈カメラ〉

カメラのシャッターを押すようにする。

〈買う〉

右手の親指と人差指で作った丸を前に出すと同時に左手のひらを手前に引き寄せる。

かめん【仮面】1

「仮面劇」

→〈仮面〉+〈芝居〉

例文の「仮面」は〈仮面〉で表現。〈仮面〉は面をつけるさまを表す。「仮面をつける」も同手話。

〈仮面〉

湾曲させた右手を横向きにして、右から口のあたりをおおうようにつける。

〈芝居〉

前後に互い違いに向けた両こぶしを同時にひねる。

かめん【仮面】2

「仮面をはぐ」

→〈仮面を取る〉+〈見抜く〉

例文は比喩用法で、装った言動・態度を見破ることなので〈仮面を取る〉+〈見抜く〉で表現。〈仮面を取る〉は〈仮面〉の逆の動作。

〈仮面を取る〉

口をおおった右手を手首を返して右に動かす。

〈見抜く〉

右人差指を目元から前に出し、左手指の間を突き破る。

カモ【鴨】

「池のカモ」

→〈池〉+〈カモ〉

「カモ」は〈カモ〉で表現。〈カモ〉はカモのくちばしを表す。

〈池〉

左手の親指と4指を囲むように出し、その中を手のひらを上に向けた右手を回す。

〈カモ〉

口元で親指と4指をつけ合わせたり離したりする。

かもしれない

「(明日は)雪かもしれない」

→(〈あした〉+)〈雪〉+〈かもしれない〉

例文の「かもしれない」は疑問に思う意味。〈かもしれない〉で表現。〈かもしれない〉は疑問符を描いて疑問に思うさまを表す。

〈雪〉

両手の親指と人差指で作った丸をひらひらさせながらおろす。

〈かもしれない〉

首をやや傾け、右手2指で?を描き、最後に小さく前後に振る。

かゆい【痒い】

「手がかゆい」

→〈手〉+〈かゆい〉

例文の「かゆい」は皮膚をかきたいという意味。〈かゆい〉で表現。〈かゆい〉はかゆい所によって表現が違う。

〈手〉

左手甲を右手のひらでふれる。

〈かゆい〉

左手甲を右手でかくようにする。

かよう【通う】1

「学校に通う」

→〈勉強②〉+〈通う〉

例文の「通う」は通学する意味で〈通う〉で表現。〈通う〉は人が往復するさまを表す。

〈勉強②〉

指先を上に向けた両手を並べて軽く前に出す。

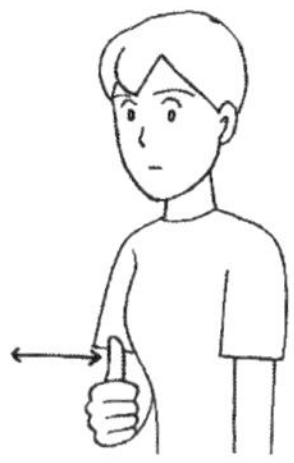

〈通う〉

親指を立てたまま前後に往復させる。

かよう【通う】2

「心が通う」

→〈心〉+〈通じる〉

例文の「通う」は心が伝わる意味なので〈通じる〉で表現。〈通じる〉は相対することがらが通じるさまを表す。

〈心〉

右人差指でみぞおち辺りをさす。

〈通じる〉

両手の人差指の先を近づけて合わせる。

かようび【火曜日】

「火曜日」

→〈火①〉
または〈火②〉

「火曜日」は〈火①〉または〈火②〉で表現。

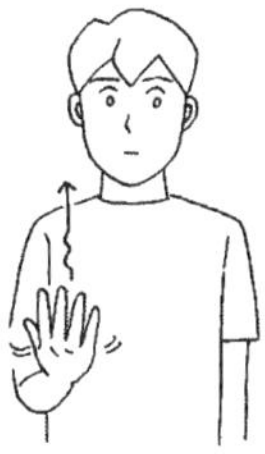

〈火①〉

全指を上に向けた右手を揺らしながら上にあげる。

〈火②〉

親指と小指を立てた右手を振りながら上にあげる。

から 1

「京都から来た」

→〈京都〉+〈来る②〉

例文の「から」は場所の出発点を意味するので〈京都〉を前方で示し、その位置から〈来る②〉を動かして表現する。

〈京都〉

親指と人差指を立てた両手を下に向け、2回おろす。

〈来る②〉

右人差指を上に向けて手前に引く。

から 2

「十時から(始まる)」

→〈十時〉+〈から〉
(+〈開(ひら)く③〉)

例文の「から」は時間の起点を意味するので〈から〉で表現。時間を示すことでそれが起点となる。

〈十時〉

左手首の甲側を右人差指でさし、次に右人差指を軽く曲げて〈10②〉を示す。

〈から〉

指先を前に向けた右手を左に払う。

から 3

「彼女から習う」

→〈彼女〉+〈教わる③〉

例文の「彼女から習う」は〈彼女〉を前方で示し、その位置から〈教わる③〉を表現する。

〈彼女〉

左小指を右人差指でさす。

〈教わる③〉

左手小指から折り曲げた右人差指の先を自分の目に向けて繰り返し近づける。

から 4

例文の「から」は始まりの人をさす意味なので〈から〉で表現。文の初めに出る手話がその起点を表す。

「僕から(始める)」

→〈私②〉+〈から〉
(+〈開(ひら)く③〉)

〈私②〉
右人差指で顔を指さす。

〈から〉
指先を前に向けた右手を左に払う。

から【空】

「空(から)」は中味などが何も無い意味なので〈空(から)〉で表現。左手の器の中に何も入っていないさまを表す。

「空の箱」

→〈開(あ)ける④〉+〈空(から)〉

〈開(あ)ける④〉
指を折り曲げた左手の上に、同様の右手をかぶせるように合わせ、右手を開けるように動かす。

〈空(から)〉
容器を持ったような左手の中に右手を入れ、軽く振る。

から 5

例文の「から」は理由を意味するので〈ので〉で表現。〈ので〉は「だから」など前後の関係を示す場合に使う。

「雨が降るから(行かない)」

→〈雨①〉+〈ので〉
(+〈行(い)く①〉+〈いいえ①〉)

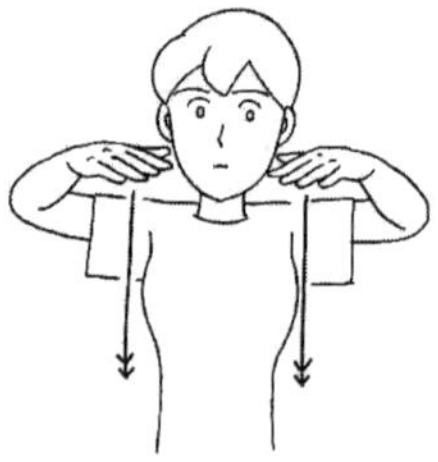

〈雨①〉
軽く開いた指先を前に向け両手を繰り返し下におろす。

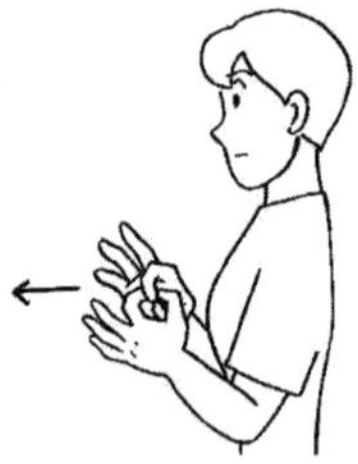

〈ので〉
両手の親指と人差指を組み、少し前に出す。

からい【辛い】1

例文の「からい」は、味覚に関することで〈からい〉で表現。〈からい〉には「塩からさ」とカレーのような「刺激的なからさ」の区別がない。

「からい料理」

→〈からい〉+〈料理〉

〈からい〉
右手全指を折り曲げて口の前で回す。

〈料理〉
左手で押さえ、右手で刻むようにする。

から 6

例文の「から」は原因を意味するので〈ので〉で表現。〈ので〉は、先立つ語句を原因とする場合に使う。

「疲れから来た(病気)」

→〈疲れる〉+〈ので〉
(+〈病気〉)

〈疲れる〉
両手のひらを胸に当てて振り落とすように指先を下に向ける。

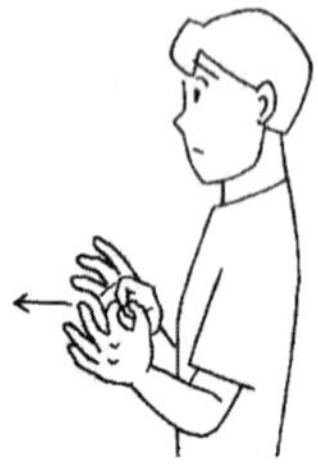

〈ので〉
両手の親指と人差指を組み、少し前に出す。

からい【辛い】2

例文の「からい」は点数が厳しい意味なので、〈厳しい〉で表現。〈厳しい〉は手の甲をつねるさまで厳しいさまを表す。

「点数がからい」

→〈数〉+〈厳しい〉

〈数〉
右手指でものを数えるようにして順に指を折る。

〈厳しい〉
左手甲を右手の親指と人差指でつねるようにする。

カラス【烏】

「カラス」はくちばしの大きい黒い鳥なので〈黒①〉+〈烏〉と表現する。

「カラス」

→〈黒①〉+〈烏〉

〈黒①〉

右手指先で髪の毛をさわる。

〈烏〉

右手の親指と人差指を口元で閉じたり開いたりする。

ガラス

「ガラス」は〈ガラス〉で表現。透き通って少しばかりちらちらするイメージを表現している。

「透き通ったガラス」

→〈ガラス〉+〈透明①〉

〈ガラス〉

右手の人差指と中指の背側を前に向け、目の前で閉じたり開いたりする。

〈透明①〉

左手の指の間から右手の全指を突き抜く。

からだ【体】1

例文の「体」は体つきのことなので〈体〉で表現。胴体部で体を表す。

「大きな体」

→〈体(からだ)〉+〈大きい③〉

〈体(からだ)〉

右手を体の上で回す。

〈大きい③〉

両肩に置いた両手を上にあげる。

からだ【体】2

例文の「体をこわす」は病気になる意味なので〈体〉+〈病気〉と表現。単に〈病気〉だけの表現でもよい。

「体をこわす」

→〈体(からだ)〉+〈病気〉

〈体(からだ)〉

右手を体の上で回す。

〈病気〉

こぶしで額を軽くたたく。

からっぽ【空っぽ】1

例文の「からっぽ」は何も考えていない意味で〈からっぽ〉で表現。思うこと、考えることが何もないことで、「無関心」「のんき」などの意味がある。

「頭がからっぽ」

→〈思う〉+〈からっぽ〉

〈思う〉

右人差指を側頭部に当てる。

〈からっぽ〉

左手の親指と人差指に沿って右人差指をくるくる回す。

からっぽ【空っぽ】2

例文の「からっぽ」は内容が何もないこと。〈空(から)〉は箱の中に何もないさまを表す。

「箱がからっぽ」

→〈開(あ)ける④〉+〈空(から)〉

〈開(あ)ける④〉

指を折り曲げた左手の上に、指を折り曲げた右手をかぶせるように合わせ、右手を開けるように動かす。

〈空(から)〉

容器を持ったような左手の中に右手を入れ、軽く振る。

からて【空手】

「空手を習う」

→〈空手〉+〈鍛える〉

例文の「空手」はスポーツの一種。〈空手〉で表現。〈空手〉は空手の突きをするさまを表す。

〈空手〉

両こぶしを両脇に構えて、右こぶしをひねりながら前に出す。

〈鍛える〉

ひじを張り、両こぶしで胸を同時に繰り返したたく。

カリキュラム

「カリキュラムを編成」

→〈カリキュラム〉+〈作る〉

「カリキュラム」は教育課程のことなので〈カリキュラム〉で表現。〈カリキュラム〉は〈プログラム〉の右手を指文字〈カ〉に変えて表した。

〈カリキュラム〉

指文字〈カ〉の右手を左手のひらに当てながら順におろしていく。

〈作る〉

両手のこぶしを上下に打ちつける。

かりに【仮に】1

「仮に雨が降ったら」

→〈もし〉+〈雨①〉
（+〈時①〉）

例文の「仮に」は仮定を意味するので〈もし〉で表現。

〈もし〉

右手の親指と人差指でほおをつまむようにする。

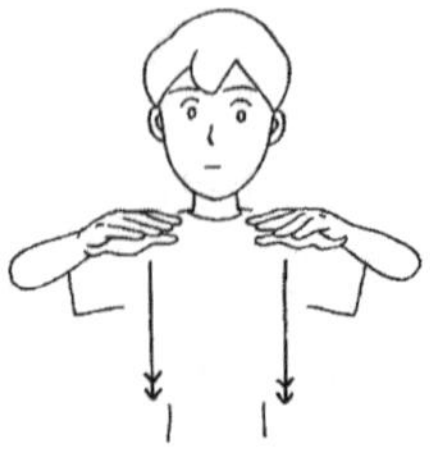

〈雨①〉

軽く開いた指先を前に向け両手を繰り返し下におろす。

かりに【仮に】2

「仮に作る」

→〈例〉+〈作る〉

例文の「仮に」は「臨時に」の意味なので〈例〉で表現。〈例〉には「たとえば」「仮の」などの意味がある。

〈例〉

左手甲に右手の親指と人差指で作った丸をつける。

〈作る〉

両手のこぶしを上下に打ちつける。

カリフラワー

「カリフラワー」

→〈白〉+〈ブロッコリー〉

「カリフラワー」は〈白〉+〈ブロッコリー〉で表現。〈白〉は歯をさして白を表し、〈ブロッコリー〉はブロッコリーなどの花球のさまを表す。

〈白〉

右人差指で前歯を指さし、左へ引く。

〈ブロッコリー〉

5 指をつまんで上向きにした左手の上に指を折り曲げた右手を上下させる。

かりる【借りる】1

「お金を借りる」

→〈金（かね）①〉+〈借りる〉

例文の「借りる」はお金を借りる意味なので〈借りる〉で表現。〈借りる〉はものを借りるときにも使われる。

〈金（かね）①〉

右手の親指と人差指で作った丸を示す。

〈借りる〉

親指と 4 指を半開きにして手前に引きながら閉じる。

かりる【借りる】2

「弟の手を借りる」

→〈弟①〉+〈助けられる①〉

例文の「手を借りる」は助けてもらう意味なので〈助けられる①〉で表現。〈助けられる①〉は援助を受ける意味がある。

〈弟①〉

右中指を立て、甲を前方に向け下にさげる。

〈助けられる①〉

親指を立てた左手甲に右手のひらを前方から繰り返し当てる。

かる【刈る】

「稲を刈る」

→〈稲〉+〈刈る〉

例文の「刈る」は鎌で稲を刈る意味なので〈刈る〉で表現。〈刈る〉は鎌で刈るしぐさを表す。

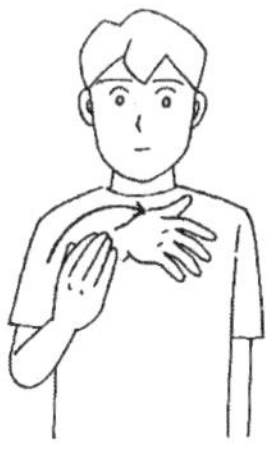

〈稲〉

指を閉じた右手を稲穂のように斜め前に開きながら出す。

〈刈る〉

握った左こぶしの下を鎌で刈るように右こぶしを回す。

かるい【軽い】1

「軽いかばん」

→〈軽い〉+〈かばん〉

例文の「軽い」は重さが軽いことを表すので〈軽い〉で表現。〈軽い〉は簡単に持ちあがって軽いさまを表す。

〈軽い〉

両手のひらを上に向け、軽く上に持ちあげるようにする。

〈かばん〉

かばんを持ち、軽く上下に揺するようにする。

かるい【軽い】2

「あいつは口が軽い」

→〈彼〉+〈おしゃべり①〉

「口が軽い」は言ってはならないことをぺらぺらしゃべる意味なので〈おしゃべり①〉で表現。〈口〉+〈軽い〉で表現する場合もある。

〈彼〉

左親指を右人差指でさす。

〈おしゃべり①〉

指先を交互に上下させ、口元から前に繰り返し出す。

かるい【軽い】3

「責任が軽い」

→〈責任①〉+〈軽い〉

例文の「軽い」は負担が少ない意味なので〈軽い〉で表現。〈軽い〉は簡単に持ちあがって軽いさまを表す。

〈責任①〉

右肩に軽く全指を折り曲げた右手をのせる。

〈軽い〉

両手のひらを上に向け、軽く上に持ちあげるようにする。

かるい【軽い】4

「病気が軽い」

→〈病気〉+〈軽い〉

例文の「軽い」は病気がちょっとしたものという意味なので〈軽い〉で表現。

〈病気〉

こぶしで額を軽くたたく。

〈軽い〉

両手のひらを上に向け、軽く上に持ちあげるようにする。

かるい【軽い】5

「軽く越える」

→〈越える②〉+〈簡単〉

例文の「軽く」は「簡単に」「たやすく」の意味なので〈簡単〉で表現。〈簡単〉は手軽、手早いなどを意味する。

〈越える②〉

左手のひらを下にして、その手前で指先を上に向けた右手をあげる。

〈簡単〉

右人差指をあごに当て、次に左手のひらの上に落とすようにつける。

かれ【彼】1

「彼とは仲よしだ」

→〈彼〉+〈仲間〉

例文の「彼」は三人称または第三者の男性をさすので〈彼〉で表現。対象者が目の前にいれば直接指差しすることもある。

〈彼〉

左親指を右人差指でさす。

〈仲間〉

両手を握り、水平に回す。

カルシウム

「カルシウム不足」

→〈カルシウム〉+〈貧しい②〉

「カルシウム」は〈カルシウム〉で表現。〈カルシウム〉は左腕の骨をつかんでカルシウムの記号「C」を表す。

〈カルシウム〉

指文字〈C②〉にした左手を立て、右手2指で左手の手首をつかむ。

〈貧しい②〉

右親指をあごに当て、あごをこするようにして2回前に出す。

かれ【彼】2

「私の彼」

→〈私①〉+〈男〉

例文の「彼」は恋人の男性を意味するので〈男〉で表現。この場合の〈男〉は恋人だけでなく夫を意味することもある。

〈私①〉

人差指で胸を指さす。

〈男〉

親指を立てた右手を出す。

カルテ

「カルテに記入する」

→〈カルテ〉+〈書く②〉

「カルテ」は〈カルテ〉で表す。〈カルテ〉は〈書く②〉の右手の形を「カルテ」の「カ」にした新しい手話。

〈カルテ〉

左手のひらで右手指文字〈カ〉を右に繰り返し動かす。

〈書く②〉

左手のひらに右手の親指と人差指で横に書くようにする。

カレーライス

「カレーライス」

→〈からい〉+〈スープ〉

「カレーライス」は一般にからいので〈からい〉+〈スープ〉で表現。

〈からい〉

右手全指を折り曲げて口の前で回す。

〈スープ〉

スープ用のスプーンを持ち、手前からスープをすくって飲むようにする。

かれる【枯れる】

「木が枯れる」

→〈木〉+〈枯れる〉

例文の「木が枯れる」は〈枯れる〉で表現。木が枯れて枝などが垂れたさまを表す。

〈木〉

両手の親指と人差指で大きな丸を作り、上にあげながら左右に広げる。

〈枯れる〉

右腕を左手でつかみ、上に伸ばした指先を下に垂らすように手首から曲げる。

カレンダー

「去年のカレンダー」

→〈去年〉+〈カレンダー〉

例文の「カレンダー」は〈カレンダー〉で表現。〈カレンダー〉はカレンダーをめくる動作を表す。

〈去年〉

左こぶしの親指側に右人差指を当て、肩越しに後ろに動かす。

〈カレンダー〉

左手のひらから右手の親指と人差指でつまんでめくるようにする。

かろう【過労】1

「過労（で死ぬ）」

→〈仕事〉+〈過ぎる〉

（+〈死ぬ①〉）

例文は〈仕事〉+〈過ぎる〉+〈死ぬ①〉で表現。〈過ぎる〉は超えるさまを表す。

〈仕事〉

手のひらを上に向け、向かい合わせた両手指先を繰り返しつき合わせる。

〈過ぎる〉

左手甲の上を右手で乗り越える。

かろう【過労】2

「過労死」

→〈過ぎる〉+〈死ぬ①〉

（または〈死ぬ②〉）

「過労死」は〈過ぎる〉+〈死ぬ①〉または〈死ぬ②〉で表現。〈死ぬ①〉、〈死ぬ②〉は人が倒れるさまを表し、「死ぬ」「死亡」の意。

〈過ぎる〉

左手甲の上を右手で乗り越える。

〈死ぬ①〉

両手のひらを合わせ、横に倒す。

カロリー

「低カロリー」

→〈低い③〉+〈カロリー〉

「カロリー」は〈カロリー〉で表現。〈カロリー〉はカロリーの cal を略して「c」と「l」を表す。

〈低い③〉

指文字〈コ〉を示した右手を下にさげる。

〈カロリー〉

左手で「C」の字形を示し、その横で右人差指で「ℓ」を描く。

かわ【川】

「川の流れ」

→〈川①〉+〈流れる①〉

例文の「川」は〈川①〉で表現。漢字「川」を描く。人名や地名などに使うことが多い。また〈流れる①〉だけで「川」を表すこともある。

〈川①〉

右手 3 指を軽く開き、「川」の字を描くようにおろす。

〈流れる①〉

右手甲を下に向けて左から右へ手首を返しながら右へ指先を向ける。

かわ【皮】

「牛皮」

→〈牛〉+〈皮〉

例文の「皮」は動物の外皮を表すので〈皮〉で表現。〈皮〉は手の皮をめくるさまで、皮一般を表す。

〈牛〉

両手親指と人差指で角の形を作り、親指を側頭部につける。

〈皮〉

左手の甲の皮を右手の親指と人差指でめくるようにする。

かわいい【可愛い】

「かわいい赤ちゃん」

→〈愛①〉+〈赤ちゃん〉

「かわいい」は頭をなでるさまを表す〈愛①〉で表現。〈愛①〉で「かわいらしい」と「(異性を)愛している」を区別するのは表情と動作。

〈愛①〉

左手甲を右手でなでるように回す。

〈赤ちゃん〉

赤ちゃんを両手でかかえるようにして軽く揺らす。

かわいがる【可愛がる】

「犬をかわいがる」

→〈犬〉+〈愛①〉
(または〈大切①〉)

例文の「かわいがる」は〈愛①〉または〈大切①〉で表現。〈愛①〉または〈大切①〉は動きが同じである。

〈犬〉

両手親指を側頭部につけ、全指を折り曲げる。

〈愛①〉

左手甲を右手でなでるようにする。

かわいそう【可哀想】

「彼がかわいそうだ」

→〈彼〉+〈悲しい③〉

「かわいそう」はあわれ、気の毒に思う意味。〈悲しい③〉で表現。〈悲しい③〉は〈彼〉の左手を残したまま〈悲しい①〉を表現。

〈彼〉

左親指を右人差指でさす。

〈悲しい③〉

〈彼〉の左親指を残して、右手の親指と人差指を閉じて目の下に当て、揺らしながらおろす。

かわいらしい【可愛らしい】

「かわいらしい子供」

→〈愛①〉+〈子供①〉

例文の「かわいらしい」はかわいいと思う意味。〈愛①〉で表現。

〈愛①〉

左手甲を右手でなでるようにする。

〈子供①〉

両手のひらを前に向けて、あやすように左右に振る。

かわく【渇く】

「暑くてのどがかわく」

→〈暑い①〉+〈欲しい〉

例文の「かわく」は水を飲みたいということ。〈欲しい〉で表現。〈欲しい〉は、のどがかわいて水を飲みたい気持ちを表す。

〈暑い①〉

扇子やうちわであおぐようにする。

〈欲しい〉

右手のひらの指先でのどをふれる。

か

かわす【交わす】1

「互いに挨拶を交わす」

→〈あいさつ〉+〈互いに〉

例文の「挨拶を交わす」は互いに挨拶をすること。〈互いに〉+〈あいさつ〉で表現。〈あいさつ〉だけで表現してもよい。

〈あいさつ〉

両手の人差指を向かい合わせて指先を曲げる。

〈互いに〉

両腕を交差させて両手の親指と人差指を閉じたり開いたりする。

かわる【代・替わる】

「(大臣が)代わる」

→(〈長②〉+)
〈交替①〉
または〈交替②〉

例文の「代わる」は交替する意味なので〈交替①〉または〈交替②〉で表現。いずれも人が交替するさまを表す。

〈交替①〉

親指を立てた両手を交差させて位置を入れ換える。

〈交替②〉

人差指を立てた両手を向き合わせたまま、前後の位置を入れ換える。

かわす【交わす】2

「約束を交わす」

→〈約束〉+〈交(か)わす〉

例文の「約束を交わす」は互いに約束し合うこと。〈交わす〉は互いに取り交わすさまを表す。

〈約束〉

両手小指をからませる。

〈交(か)わす〉

交差した両手を左右に開きながら握る。

かわる【変わる】1

「色が変わる」

→〈色①〉+〈変わる①〉

例文の「変わる」は変化する意味なので〈変わる①〉で表現。〈変わる①〉はものごとが変わる、変化するさまを表す。

〈色①〉

すぼめた両手を合わせてひねる。

〈変わる①〉

手のひらを手前に向けた両手を交差させる。

かわす【交わす】3

「彼女と手紙を交わす」

→〈彼女〉+〈郵便を交わす〉

例文の「手紙を交わす」は互いに手紙を出し合うこと。〈郵便を交わす〉で表現。手紙が郵便で行ったり来たりするさまを表す。

〈彼女〉

左小指を右人差指でさす。

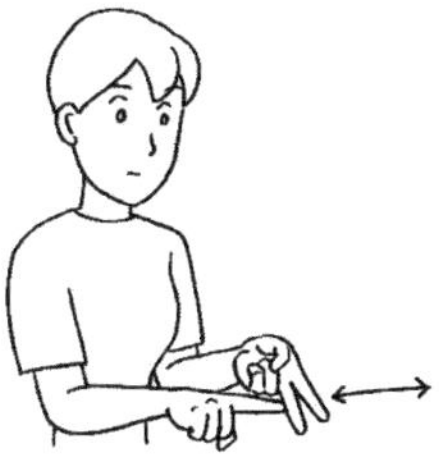

〈郵便を交わす〉

左手２指と右手人差指で〒マークを作り、前後に動かす。

かわる【変わる】2

「世の中が変わる」

→〈社会〉+〈変わる①〉

例文の「変わる」は様子が一変するという意味なので〈変わる①〉で表現。

〈社会〉

親指と小指を立てた両手を手前に水平に円を描く。

〈変わる①〉

手のひらを手前に向けた両手を交差させる。

か

かわる【変わる】3

「変わった(人)」

→〈変〉
またはく疑う〉
(+〈人〉)

例文の「変わった人」は変人の意味なので〈変〉+〈人〉で表現。〈変〉はおかしな(不審な)、変ななどの意味がある。

〈変〉
左手のひらに右親指を当て、残り4指を前にさっと倒すように回す。

〈疑う〉
右手の親指と人差指をあごに当てる。

かん【官】1

「官民(一体)」

→〈官〉+〈人々①〉
(+〈合わせる①〉)

例文の「官」は国家や公の機関に属する職員のことなので〈官〉で表現。〈官〉は政治を変形した新しい手話。

〈官〉
手のひらを左に向けた右手を前に振り出す。

〈人々①〉
親指と小指を立てた両手を揺らしながら左右に開く。

かん【勘】1

「勘がいい」

→〈感じる①〉+〈良い〉

例文の「勘がいい」は状況などを的確に察する意味。〈感じる①〉+〈良い〉で表現。

〈感じる①〉
右人差指で頭を軽く突きあげる。

〈良い〉
右こぶしを鼻から前に出す。

かん【官】2

「事務官」

→〈事務〉+〈男〉

例文の「官」は国家や公の機関に属する職員のことなので〈男〉で表現。

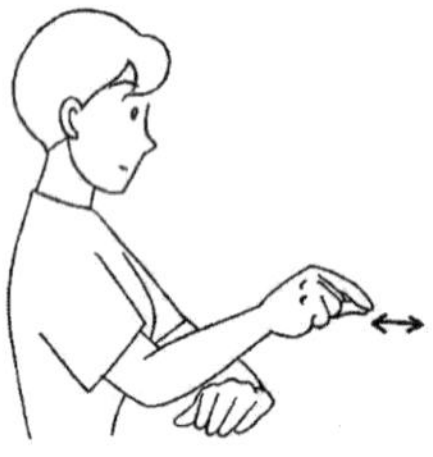

〈事務〉
左手のひらを下に向けて右腕の下に置き、右手の親指と人差指を閉じて小刻みに前後に動かす。

〈男〉
親指を立てた右手を出す。

かん【勘】2

「勘が働く」

→〈感じる①〉+〈繰り返す〉

例文「勘が働く」はいろいろな状況に応じて、判断などが的確に働くこと。「勘」は〈感じる①〉で表現。手話は「勘」がよく回ることを表す。

〈感じる①〉
右人差指で頭を軽く突きあげる。

〈繰り返す〉
両手の人差指を向かい合わせて回す。

がん【癌】

「胃がんになる」

→〈胃〉+〈がん〉

「がん」は〈がん〉で表現。〈がん〉は指文字〈ガ〉と〈ン〉をひとまとめにして指文字〈カ〉を跳ね上げて表す新しい手話。

〈胃〉
右手の親指と人差指で腹に胃の形を描く。

〈がん〉
右指文字〈カ〉を右に動かして上に跳ねあげる。

かんえん【肝炎】

「肝炎」
→〈肝臓〉+〈火③〉

「肝炎」は〈肝臓〉+〈火③〉で表現。〈肝臓〉は肝臓の形を表し、〈火③〉は〈肝臓〉の左手を残したまま〈火①〉の手話をする。

〈肝臓〉
腹の右側で指先をつけ合わせた両手を左右に少し離しながら狭める。

〈火③〉
〈肝臓〉の左手を残して、右手で〈火①〉を表す。

がんか【眼科】

「眼科」
→〈目②〉+〈脈〉

「眼科」は〈目②〉+〈脈〉で表現。〈脈〉は「医」一般を表す。

〈目②〉
右人差指で右目をさす。

〈脈〉
右 3 指を左手首の内側に当てる。

かんがえる【考える】1

「政治を考える」
→〈政治〉+〈考える〉

例文の「考える」は〈考える〉で表現。考える程度によって表情は変わる。例えば深刻に考える場合は難しい表情になる。

〈政治〉
左手のひらの上に右ひじを置き、右手指先を伸ばし前後に振る。

〈考える〉
右人差指を頭にねじこむようにする。

かんがえる【考える】2

「問題を考えあぐむ」
→〈問題〉+〈考えあぐむ〉

例文の「考えあぐむ」はいろいろと迷いながら考える意味なので〈考えあぐむ〉で表現。手話はああでもないこうでもないと悩むさまを表す。

〈問題〉
両手の親指と人差指をつまみ「 ˥ を描く。

〈考えあぐむ〉
頭をやや傾け、右人差指を頭に当てて少しねじるようにする。

かんがえる【考える】3

「ロケットを考え出す」
→〈ロケット〉+〈アイデア〉

例文の「考え出す」は発明・考案する意味なので〈アイデア〉で表現。〈アイデア〉は頭にひらめくさまで「発明」の意味もある。

〈ロケット〉
指先を上に向けた左手の下からすぼめた右手を下に向けて繰り返し開きながら上にあげる。

〈アイデア〉
こめかみに当てた右人差指を上方にはねあげ、目を見開く。

カンガルー

「カンガルーの赤ちゃん」
→〈カンガルー〉+〈子供①〉

「カンガルー」は〈カンガルー〉で表現。〈カンガルー〉はカンガルーが跳ねるさまを表す。

〈カンガルー〉
指文字〈キ〉の右手を弧を描きながら前に出す。

〈子供①〉
両手のひらを前方に向け、軽く振る。

か

かんきせん【換気扇】

「換気扇」は〈換気扇〉で表現。〈換気扇〉は換気扇が回って吸い出すさまを表す。

「換気扇の故障」

→〈換気扇〉+〈折る①〉

〈換気扇〉
右手を頭の横で回し、斜め上に引きあげながらつまむ。

〈折る①〉
両こぶしの親指側を合わせ、折るようにする。

かんきょう【環境】

例文の「環境」は自分を取り巻く状態の意味なので〈環境〉で表現。〈環境〉は人(左親指)のまわりにあるもの(右手)を表す。

「自然環境」

→〈自然〉+〈環境〉

〈自然〉
右人差指をゆっくりすくいあげるように上にあげる。

〈環境〉
親指を立てた左手の下で手のひらを下に向けた右手を水平に回す。

かんきょうしょう【環境省】

「環境省」は〈環境〉+〈省〉で表現。〈環境〉は左手が人、右手がその周りにあるものを表す。〈省〉は昔の大礼帽のさまを表す。

「環境省」

→〈環境〉+〈省〉

〈環境〉
親指を立てた左手の下で手のひらを下に向けた右手を水平に回す。

〈省〉
両手のひらを右肩上で合わせ、前後にすりながら交差させる。

かんぐる【勘ぐる】

「勘ぐる」は〈勘ぐる〉で表現。〈勘ぐる〉は見えない原因や物事をなぜだろうと探るさまを表す。

「(二人の)関係を勘ぐる」

→(〈二人〉+)〈関係③〉+〈勘ぐる〉

〈関係③〉
両手の親指と人差指を組み、左右に往復させる。

〈勘ぐる〉
親指と中指をつけたり離したりする。

かんけい【関係】1

例文「関係がある」は複数のものがかかわりあうこと。〈関係①〉で表現。〈関係①〉は二つの輪がつながり結びついているさまを表す。

「関係がある」

→〈関係①〉+〈ある①〉

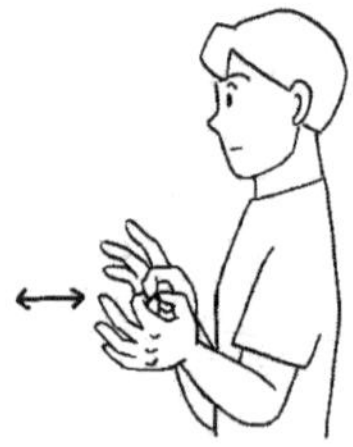

〈関係①〉
両手の親指と人差指を組み、前後に往復させる。

〈ある①〉
右手のひらを前に置く。

かんけい【関係】2

例文は地位の上の者と下の者とのかかわりを意味するので〈関係②〉で表現。上下に動かして、地位の上下関係を表す。

「会社の上下関係」

→〈会社〉+〈関係②〉

〈会社〉
両手の2指を交互に前後させる。

〈関係②〉
両手の親指と人差指を組み、上下に往復させる。

かんけい【関係】3

「隣との関係」

→〈隣〉+〈関係③〉

例文の「関係」は横の人間関係なので〈関係③〉で表現。左右に動かし、横のかかわりがあることを表す。

〈隣〉

右人差指の先を前に向け、右へ手首を返す。

〈関係③〉

両手の親指と人差指を組み、左右に往復させる。

かんけい【関係】4

「事件と関係ない」

→〈事件〉+〈関係ない〉

例文の「関係ない」は両者にかかわりがないこと。〈関係ない〉は二つの輪を離すことによって、互いに関係のないさまを表す。

〈事件〉

左手の指文字〈コ〉の下で右人差指をすくいあげるようにする。

〈関係ない〉

両手の親指と人差指を組み、左右にぱっと離すように開く。

かんげい【歓迎】1

「客を歓迎する」

→〈客〉+〈迎える〉

例文の「歓迎する」は〈迎える〉で表現。〈迎える〉はどうぞお入り下さいというしぐさで歓迎するさまを表す。

〈客〉

左手のひらに親指を立てた右手をのせ、右から手前に引き寄せる。

〈迎える〉

両手のひらを上に向け、右から左へ招くように手を動かす。

かんげい【歓迎】2

「みんなの歓迎(を受ける)」

→〈みんな〉+〈うれしい〉(+〈もらう①〉)

例文の「みんなの歓迎を受ける」は〈みんな〉+〈うれしい〉+〈もらう①〉で表現。

〈みんな〉

右手のひらを下に向けて水平に回す。

〈うれしい〉

両手のひらを胸の前で、交互に上下させる。

かんげき【感激】

「(話に)感激する」

→(〈説明される〉+)〈興奮〉または〈感動〉

例文の「感激」は心に強く感じることで、〈興奮〉または〈感動〉で表現。

〈興奮〉

すぼめた両手をほおに当て、揺らしながら上にあげる。

〈感動〉

指先をすぼめた右手をほおに当てて、ゆっくり上にあげる。

かんご【看護】1

「病人を看護する」

→〈病気〉+〈世話〉

例文の「看護」は病人を世話する意味なので〈世話〉で表現。〈世話〉は人を介抱するさまを表す。

〈病気〉

こぶしで額を軽くたたく。

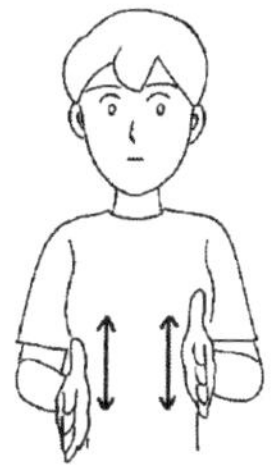

〈世話〉

指先を前に向け、手のひらを向かい合わせた両手を交互に上下させる。

か

かんご【看護】2

「看護(師)」

→〈脈〉+〈世話〉
(+〈士〉)

「看護師」は〈脈〉+〈世話〉+〈士〉で表現。〈脈〉は脈をとるさま、〈世話〉はあれこれと世話するさま、〈士〉は指文字〈シ〉を資格を表す肩に当てて表す。

〈脈〉
右3指を左手首の内側に当てる。

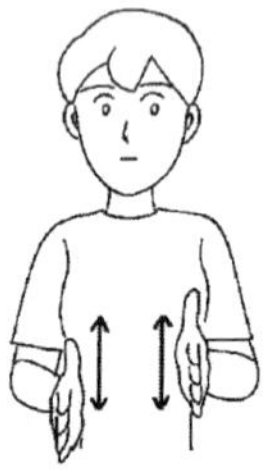

〈世話〉
指先を前に向け、手のひらを向かい合わせた両手を交互に上下させる。

がんこ【頑固】

「がんこ親父」

→〈父〉+〈がんこ〉

例文の「がんこ」はかたくななの意味なので〈がんこ〉で表現。〈がんこ〉は握ってもつぶれないほどの頭の固さを表す。

〈父〉
右人差指でほおにふれ、親指を出す。

〈がんこ〉
頭の横で両手でものを握りつぶすように手指を向かい合わせる。

かんこう【観光】

「観光バス」

→〈さがす①〉+〈バス①〉

例文の「観光」は旅行で景色などを見物すること。〈さがす①〉で表現。〈さがす①〉はいろいろなものを見回る意味もある。「見学」も同手話。

〈さがす①〉
親指と人差指で作った丸を目の前で回しながら左へ動かす。

〈バス①〉
両手の人差指の先を向かい合わせ、親指を立てて前に進める。

かんこうちょう【観光庁】

「観光庁」

→〈さがす①〉+〈庁〉

「観光庁」は〈さがす①〉+〈庁〉で表現。〈さがす①〉は目を見回し探すさまから、「探す」「観光」の意。〈庁〉は「庁」の最後の画を表す。

〈さがす①〉
親指と人差指で作った丸を目の前で回しながら右へ動かす。

〈庁〉
両手の人差指で「丁」を描く。

かんこうへん【肝硬変】

「肝硬変」

→〈肝臓〉+〈縮む②〉

「肝硬変」は〈肝臓〉+〈縮む②〉で表現。〈肝臓〉は肝臓の形を表し、〈縮む②〉は縮むさまを表す。

〈肝臓〉
腹の右側で指先をつけ合わせた両手を左右に少し離しながらせばめる。

〈縮む②〉
〈肝臓〉の手の形をすばやく小さくする。

かんこく【勧告】1

「ベースアップの勧告」

→〈値上げ②〉+〈レポート〉

例文の「勧告」はこのようにしてはどうか、と勧めること。〈レポート〉は新しい手話で、文書にしたレポートを意味している。

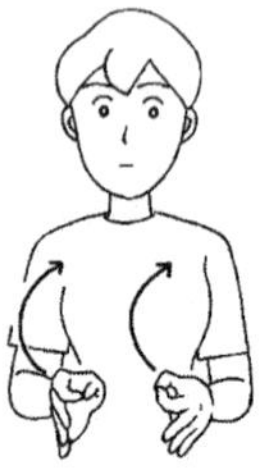

〈値上げ②〉
両手の親指と人差指で作った丸を同時に弧を描いて上にあげる。

〈レポート〉
指先を前方に向けた左手のひらの上で右指文字〈L〉を前に動かす。

かんこく【勧告】2

「辞任勧告」

→〈引退〉+〈言う①〉

例文の「勧告」は〈言う①〉で表現。ただし強めに表す。

〈引退〉

左手甲にのせた親指を立てた右手を下におろす。

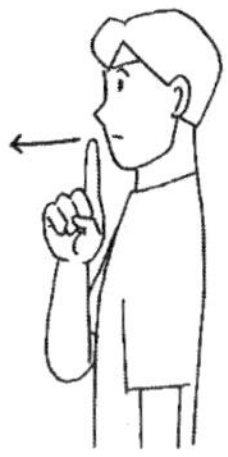

〈言う①〉

右人差指を口元から前に出す。

かんさ【監査】

「会計監査」

→〈計算〉+〈調べる①〉

「監査」は会計を検査し監督すること。〈調べる①〉で表現。〈調べる①〉は「検査」「調査」などの意味を持つ。

〈計算〉

左手の指先の方向に右手４指を滑らせるように右へ動かす。

〈調べる①〉

右手の人差指と中指を軽く折り曲げて、目の前を左右に往復させる。

かんさい【関西】1

「関西」

→〈近畿〉+〈西①〉

「関西」は２種類の表現がある。ひとつは〈近畿〉+〈西①〉で表現。

〈近畿〉

左手のひらを前に向けて人差指と親指に沿って右手のひらをすべらせるようにして右へやる。

〈西①〉

親指と人差指を出し、人差指を下に向けてさげる。

かんさい【関西】2

「関西」

→〈関西〉

もうひとつは〈関西〉で表現。〈関西〉は左手で近畿地方の地形を、右手で西を表す。

〈関西〉

手のひらを前方に向け、親指を寝かせた左手の横で右手親指と人差指を下に向けて動かす。

かんさつ【観察】

「行動を観察する」

→〈活動〉+〈調べる①〉

「観察」はありのままの状態を注意深く見る意味なので〈調べる①〉で表現。〈調べる①〉は目を配って注意するさまを表す。

〈活動〉

ひじを少し張り、ひじを軸に両こぶしを交互に繰り返し前に出す。

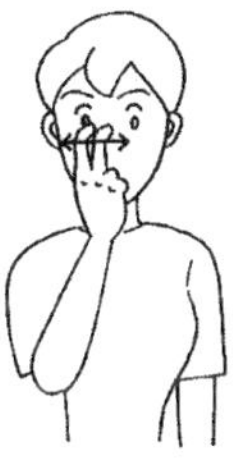

〈調べる①〉

右手の人差指と中指を軽く折り曲げて、目の前を左右に往復させる。

かんじ【幹事】1

「党の幹事(委員)」

→〈党〉+〈委員〉

例文の「幹事」は団体の中心になって事務処理・折衝を行う委員のことなので〈委員〉で表現。〈委員〉はチェックなど一つ一つこなしていくさまを表す。

〈党〉

両手で指文字〈ト〉を示し、手前に引きながら水平に円を描く。

〈委員〉

左手のひらを右人差指で軽くたたく。

か

かんじ【幹事】2

「会の幹事」

→〈パーティー〉+〈責任①〉

例文の「幹事」は会合の世話人のことなので〈責任①〉で表現。〈責任①〉は肩に担って役割・責任を負うことを表す。

〈パーティー〉

親指と人差指で杯を持つようにして水平に回転させる。

〈責任①〉

右肩に軽く全指を折り曲げた右手をのせる。

かんじ【漢字】

「漢字(を覚える)」

→〈複雑〉+〈文字〉
(+〈覚える〉)

「漢字」は字画が多く複雑で難しい文字なので、手話は〈複雑〉+〈文字〉で表現する。

〈複雑〉

全指を折り曲げた右手を顔の前で回す。

〈文字〉

左手のひらに指先を折り曲げた右手を当てて示す。

かんしゅう【慣習】

「慣習を守る」

→〈習慣〉+〈注意〉

「慣習」は社会のならわし、習慣の意味。〈習慣〉で表現。〈習慣〉は身についた癖や習慣を表す。

〈習慣〉

左手甲に右手甲をつけて前に出しながら右手を握る。

〈注意〉

軽く開いた両手を上下に置き、体に引きつけて握る。

かんしょう【干渉】

「政治に干渉する」

→〈政治〉+〈干渉〉

例文の「干渉」は立ち入って手出しする意味なので〈干渉〉で表現。〈干渉〉は手出しするさまを表す。

〈政治〉

左手のひらの上に右ひじを置き、右手指先を伸ばし前後に振る。

〈干渉〉

右手を左手甲にふれて前に出す。

かんじょう【勘定】1

「勘定する」

→〈数〉
または〈数える①〉
(または〈数える②〉)

例文の「勘定」は数える意味なので〈数〉または〈数える①〉または〈数える②〉で表現。手話は指折り数えるさまを表す。

〈数〉

右手の指を順に折る。

〈数える①〉

右人差指で指さしながら左手の指を順に折る。

かんじょう【勘定】2

「勘定はいくら」

→〈計算〉+〈数〉

例文の「勘定」は代金・会計の意味なので〈計算〉で表現。〈計算〉はそろばんを払うさまで「計算」「会計」などの意味を表す。

〈計算〉

左手の指先の方向に右手4指を滑らせるように右へ動かす。

〈数〉

右手の指を順に折る。

かんじょう【勘定】3

「勘定を済ます」

→〈払う①〉+〈解決①〉

例文の「勘定」は代金を支払う意味なので〈払う①〉で表現。〈払う①〉はお金を払うさまを表す。

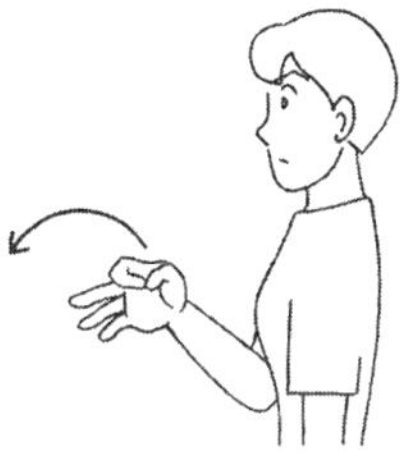

〈払う①〉

右手の親指と人差指で作った丸を前に出す。

〈解決①〉

左手のひらの上に右人差指で「×」を大きく書く。

かんじょう【勘定】4

「(車の混雑を)勘定に入れる」

→(〈渋滞(じゅうたい)〉+)〈考える〉+〈必要①〉

例文の「勘定に入れる」は考える、前もって考慮するの意味。〈考える〉で表現。〈考える〉はものごとを考えるさまを表す。

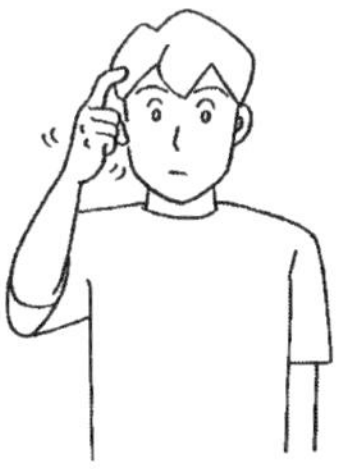

〈考える〉

右人差指を頭にねじこむようにする。

〈必要①〉

指文字〈コ〉を示した両手を手前に引き寄せる。

かんじょう【感情】1

「感情を害する」

→〈感情〉+〈折る①〉

例文の「感情」は気持ちの意味で〈感情〉で表現。〈感情〉は表面に表れる感情で、感情一般を代表させている。

〈感情〉

すぼめた右手をひねりながら顔の横で上にあげる。

〈折る①〉

両こぶしの親指側を合わせ、折るようにする。

かんじょう【感情】2

「感情を抑える」

→〈興奮〉+〈我慢①〉

例文の「感情」は怒りや喜びなどを意味するので〈興奮〉で表現。〈興奮〉はこみあげる激しい気持ちのさまを表す。

〈興奮〉

すぼめた両手をほおに当て、揺らしながら上にあげる。

〈我慢①〉

親指を立てた左手を右手のひらで押さえる。

かんじる【感じる】

「感じることが多い」

→〈感じる①〉+〈たくさん③〉

「感じる」は〈感じる①〉で表現。頭にピンと来るさまを表す。「勘」「感」も同じ手話。

〈感じる①〉

右人差指を頭に当てて軽く突くようにする。

〈たくさん③〉

両手のひらを軽く開き、左右に開きながら指を折る。

かんしん【感心】

「(絵を)見て感心する」

→(〈絵〉+)〈見る①〉+〈興奮〉

例文の「感心する」は心に感じ入ること。〈興奮〉で表現。〈興奮〉はこみあげる激しい気持ちのさまを表す。

〈見る①〉

右人差指を右目元から前に出す。

〈興奮〉

すぼめた両手をほおに当て、揺らしながら上にあげる。

かんしん【関心】1

「政治に関心を持つ」

→〈政治〉+〈魅力〉

例文の「関心」は注意して気にとめることで〈魅力〉で表現。〈魅力〉は気持ちが引かれるさまを表す。

〈政治〉

左手のひらの上に右ひじを置き、右手指先を伸ばし前後に振る。

〈魅力〉

指先を手前に向けた右手を前に出しながら閉じる。

かんしん【関心】2

「(教育に)関心が高い」

→(〈教える①〉+)〈魅力〉+〈強い①〉

例文の「関心」も注意して気にとめることで〈魅力〉で表現。〈魅力〉+〈強い①〉は気持ちが強く引かれるさまを表す。

〈魅力〉

指先を手前に向けた右手を前に出しながら閉じる。

〈強い①〉

こぶしを握った右腕を曲げて力こぶを作るようにする。

かんする【関する】

「手話に関する(研究)」

→〈手話〉+〈関係①〉(+〈試す〉)

「関する」は関係する、かかわる意味で〈関係①〉で表現。〈関係①〉は輪を作ってつながりがあることを表す。

〈手話〉

両手の人差指を向かい合わせて、糸を巻くように回転させる。

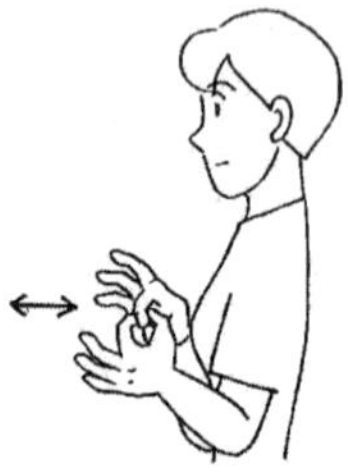

〈関係①〉

両手の親指と人差指を組み、前後に往復させる。

かんせい【完成】1

「(仕事が)完成する」

→(〈仕事〉+)〈すべて〉+〈終わる〉

例文の「完成」はすっかりできあがる意味なので〈すべて〉+〈終わる〉で表現。〈終わる〉は「成し遂げる」の意味もある。

〈すべて〉

両手で上から下に円を描く。

〈終わる〉

指先を上に向けた両手を下におろしながら閉じる。

かんせい【完成】2

「未完成」

→〈成功〉+〈まだ①〉

例文の「未完成」はまだしあがっていない意味なので〈成功〉+〈まだ①〉で表現。〈成功〉は「完成」の意味もある。

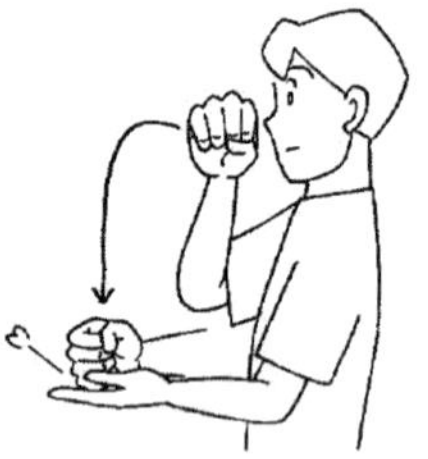

〈成功〉

右こぶしを鼻から左手のひらに打ちつける。

〈まだ①〉

左手のひらに右手指先を向けて上下に振る。

かんぜい【関税】

「関税がかかる」

→〈関税〉+〈必要①〉

例文の「関税」は〈関税〉で表現。〈関税〉は〈門〉と〈税金〉を組み合わせた手話。

〈関税〉

人差指を立てた左手に向けて右手の親指と人差指で作った丸をひねりながら開く。

〈必要①〉

指文字〈コ〉を示した両手を手前に引き寄せる。

かんせつ【間接】1

「彼から間接的に聞く」

→〈彼に言う〉+〈言われる④〉

例文の「間接的」は間に人を介しての意味なので〈彼に言う〉+〈言われる④〉で表現。手話は人を介して話が届くさまを表す。

〈彼に言う〉

左親指に向かってすぼめた右手をぱっと開く。

〈言われる④〉

左親指からすぼめた右手を手前に向けてぱっと開く。

かんせつ【間接】2

「間接税」

→〈間接〉+〈税金〉

例文は直接の反対の意味の「間接」なので〈間接〉で表現。〈間接〉は直接に向かうのではないことを表す。

〈間接〉

立てた左人差指に向けて右手指先を┐の字形に水平に進める。

〈税金〉

親指と人差指で作った丸をすばやく自分に向けて開く。

かんせつ【関節】

「[ひざの]関節」

→〈関節〉

例文の「関節」はひざなので〈関節〉で表現。〈関節〉は関節の動きのさまを表す。

〈関節〉

両こぶしを左右からつけ合せ第2関節をつけたままで、

手首を返しながら指の背をつけたり離したりする。

かんぜん【完全】

「完全な状態(で残っている)」

→〈すべて〉+〈状態①〉(+〈そのまま〉)

「完全」は全ての条件にかなうさま。〈すべて〉で表現。〈すべて〉は両手で完全な円を描くことによって完全なさまを表す。

〈すべて〉

両手で上から下に円を描く。

〈状態①〉

両手のひらを前に向けて、交互に上下させる。

かんせんしょう【感染症】

「感染(症)」

→〈感染①〉または〈感染②〉(+〈病気〉)

「感染症」は〈感染①〉または〈感染②〉+〈病気〉で表現。〈感染①〉は病気がうつること、〈感染②〉は病気をうつすことを表す。

〈感染①〉

前方に向けて5指をつまんだ両手の指先を胸につける。

〈感染②〉

5指をつまんだ両手を胸に当て、指先の向きを変えて前に出す。

かんそう【感想】

「感想を述べる」

→〈夢②〉+〈説明〉

「感想」は見たり聞いたりしたことについて頭に浮かぶ感じ。〈感想〉は深く考えないで、ふと頭に浮かぶもののさまを表す。

〈夢②〉

指先を折り曲げた右手を頭から斜め上にあげる。

〈説明〉

左手のひらを右手で小刻みにたたく。

か

かんぞう【肝臓】

「肝臓が悪い」

→〈肝臓〉+〈悪い①〉

「肝臓」は〈肝臓〉で表現。〈肝臓〉は肝臓の形と位置を表す。「肝炎」「肝硬変」の「肝」の表現にもこの手話を使用する。

〈肝臓〉

腹の右側で指先をつけ合わせた両手を左右に少し離しながらせばめる。

〈悪い①〉

人差指で鼻をこするようにして振りおろす。

かんだい【寛大】

「寛大な心」

→〈寛大〉+〈心〉

「寛大」は心が広くて大きい意味なので〈寛大〉で表現。〈寛大〉は心の大きいさまを表す。〈心〉は略してもよい。

〈寛大〉

両手の親指と４指を向かい合わせて左右に広げる。

〈心〉

右人差指でみぞおち辺りをさす。

かんそく【観測】1

「天体観測」

→〈天文〉+〈観測〉

例文は天体・気象の観察・測定のことなので〈天文〉+〈観測〉で表現。〈観測〉は望遠鏡をのぞくさまを表す。

〈天文〉

丸めた両手を前後に並べて目に当て、右手を斜め上に動かす。

〈観測〉

目の前に丸めた両手を前後に置き、両手を互いに逆方向に回す。

かんたん【簡単】

「簡単な問題」

→〈簡単〉+〈問題〉

「簡単」は手間がかからないこと。〈簡単〉で表現。〈簡単〉はほんの少しのつばをつけるだけでできるさまを表していると言われる。

〈簡単〉

右人差指をあごに当て、次に左手のひらの上に落とすようにつける。

〈問題〉

両手の親指と人差指をつまみ「 ˥ を描く。

かんそく【観測】2

「希望(的)観測」

→〈希望〉(+〈合う①〉)+〈観測〉

例文は物事の様子を見て動向を期待を込めて良いように予測することなので〈希望〉+〈合う①〉+〈観測〉で表現。〈合う①〉は省略できる。

〈希望〉

手にひらを下に向けた右手の指先を揺らしながら頭から前に出す。

〈観測〉

目の前に丸めた両手を前後に置き、両手を互いに逆方向に回す。

かんづめ【缶詰】1

「イワシの缶詰」

→〈イワシ〉+〈缶詰①〉

例文の「缶詰」は３種類の表現がある。ひとつは〈缶詰①〉で表現。〈缶詰①〉は缶切りでふたを開けるさまを表す。

〈イワシ〉

指先を左に向けた両手を前後に並べ、指を揺らしながら斜め前方へ動かす。

〈缶詰①〉

左手を「C」の字形にし、右手は缶切りで開けるように動かす。

かんづめ【缶詰】2

「缶詰」

→〈缶詰②〉または〈缶詰③〉

ふたつめは〈缶詰②〉、みっつめは〈缶詰③〉で表現。〈缶詰②〉はプルトップ型のもの、〈缶詰③〉は缶切りで開けるさま。

〈缶詰②〉

左手を「C」の字形にし、右人差指でつまみを引き上げるように動かす。

〈缶詰③〉

左手を「C」の字形にし、右こぶしを立てて缶切りで開けるように手首を回転させる。

かんてん【観点】1

「観点(が違う)」

→〈見る②〉+〈方法〉
(+〈違う①〉)

「観点」は物事に対する見方を意味するので〈見る②〉+〈方法〉で表現。

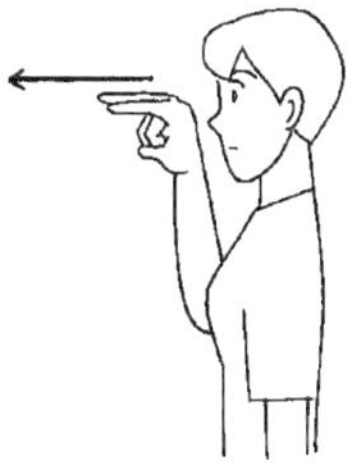

〈見る②〉

目の位置から右手の2指の指先を前に出す。

〈方法〉

左手甲を右手のひらで軽くたたく。

かんてん【観点】2

「(長期的な)観点に立つ」

→(〈将来〉+)
〈考える〉+〈立つ〉

例文の「観点に立つ」は〈考える〉+〈立つ〉で表現。

〈考える〉

右人差指を頭にねじこむようにする。

〈立つ〉

左手のひらの上に右手2指を立てる。

かんとう【関東】

「関東地方」

→〈関東〉+〈あたり〉

「関東」は箱根以東で東京を中心とする一円を意味する。〈関東〉で表現。

〈関東〉

親指と人差指を閉じた両手を前方から水平に回しながら手前で閉じる。

〈あたり〉

右手のひらを下にして小さく水平に回す。

かんとく【監督】1

「行動を監督する」

→〈活動〉+〈調べる①〉

例文の「監督」は間違いなどが起こらないように見守る意味なので〈調べる①〉で表現。〈調べる①〉は見守る意味もある。

〈活動〉

ひじを少し張り、ひじを軸に両こぶしを交互に繰り返し前に出す。

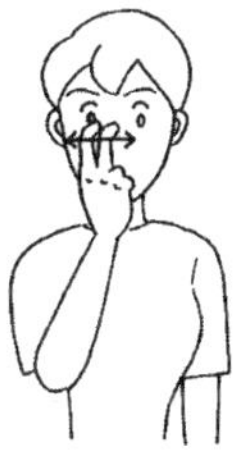

〈調べる①〉

右手の人差指と中指を軽く折り曲げて、目の前を左右に往復させる。

かんとく【監督】2

「映画監督」

→〈映画〉+〈指導〉

例文の「監督」は指揮をとる人なので〈指導〉で表現。〈指導〉はあれこれと指示するさまを表す。

〈映画〉

指間を軽く開き、両手のひらを目の前で前後に重ね、交互に上下させる。

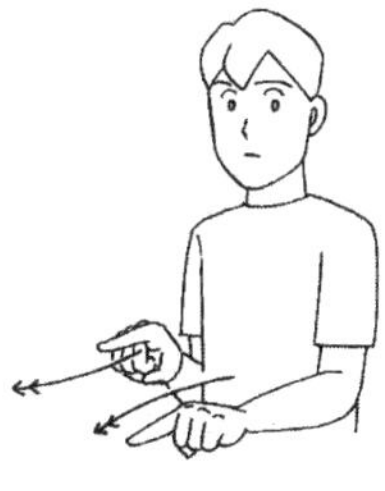

〈指導〉

人差指の指先を前に向け、交互に前後に動かす。

か

カンパ

「支援カンパを集める」

→〈助ける①〉+〈カンパ〉

「カンパ」は資金募集運動、またはそのお金。〈カンパ〉で表現。〈カンパ〉はお金を集めるさまを表す。

〈助ける①〉

親指を立てた左手の後ろを右手のひらで軽く後押しする。

〈カンパ〉

親指と人差指で作った丸を中央に投げ入れるようにする。

かんぱい【乾杯】

「乾杯の音頭をとる」

→〈乾杯〉+〈責任①〉

「乾杯」はお祝いなどで杯を高くあげて飲み干すこと。〈乾杯〉で表現。〈乾杯〉はグラスなどを持って乾杯するさまを表す。

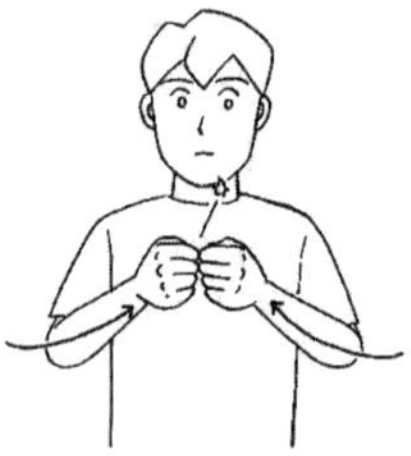

〈乾杯〉

両こぶしを中央で乾杯させるように軽くぶつける。

〈責任①〉

右肩に軽く全指を折り曲げた右手をのせる。

がんばる【頑張る】1

「徹夜でがんばる」

→〈徹夜〉+〈元気①〉

例文の「がんばる」は一生懸命、忍耐努力すること。〈元気①〉で表現。

〈徹夜〉

右手の親指と人差指で閉じない丸を作り、左手のまわりを回す。

〈元気①〉

両ひじを張り、両こぶしを同時に上下させる。

がんばる【頑張る】2

「がんばって勉強する」

→〈勉強③〉+〈一生懸命〉

例文の「がんばる」は一生懸命、ひたむきに努力する意味。〈一生懸命〉で表現。〈一生懸命〉は脇目も振らずひたむきに努力するさまを表す。

〈勉強③〉

手のひらを手前に向けた両手を左右から合わせる。

〈一生懸命〉

両手を顔の横から繰り返し強く前に出す。

かんばんだおれ【看板倒れ】

「(あの)店は看板倒れだ」

→(〈あれ①〉+)〈店①〉+〈看板倒れ〉

「看板倒れ」は〈看板倒れ〉で表現。〈看板倒れ〉は表したものが倒れるさまを表す。

〈店①〉

両手のひらを上に向けて、左右に開く。

〈看板倒れ〉

手のひらを前方に向けた左手の手のひらに右人差指をつけ、斜め前に倒す。

かんぶ【幹部】

「幹部に採用する」

→〈幹部〉+〈採用〉

「幹部」は組織などの仕事で上に立つ人々。〈幹部〉で表現。〈幹部〉は警察、消防などの幹部の肩章を表す。

〈幹部〉

右手で左肩を払う。

〈採用〉

左人差指を右手でつまみあげるようにする。

かんぽうやく【漢方薬】

「漢方薬」

→〈漢方〉＋〈薬〉

「漢方」は〈漢方〉で表現。〈漢方〉は漢方薬を作るために薬草などをすりおろすさまを表す。

〈漢方〉

両こぶしを左右に並べ前後に回す動きをする。

〈薬〉

左手のひらの上で右薬指をこねるように回す。

かんり【管理】

「(ビルの)管理」

→(〈ビル①〉＋)〈調べる①〉＋〈リ〉

「管理」は組織や建物などを責任をもって面倒を見、取り締まること。〈調べる①〉＋指文字〈リ〉で表現。

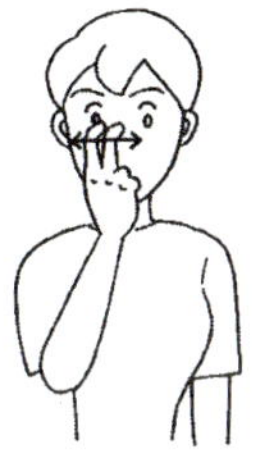

〈調べる①〉

右手の人差指と中指を軽く折り曲げて、目の前を左右に往復させる。

〈リ〉

右手２指で「リ」の字形を描く。

かんめい【感銘】

「(講演に)感銘する」

→(〈講演〉＋)〈興奮〉または〈感情〉

「感銘」は忘れられない強い印象を受けること。〈興奮〉または〈感情〉で表現。〈興奮〉は心打たれて興奮するさまを表す。

〈興奮〉

すぼめた両手をほおに当て、揺らしながら上にあげる。

〈感情〉

顔の横で指先をすぼめた右手をくねらせながら上にあげる。

かんりょう【完了】

「(検査を)完了した」

→(〈調べる①〉＋)〈すべて〉＋〈解決①〉(または〈終わる〉)

「完了」は完全に終わること。例文は〈すべて〉＋〈解決①〉または〈終わる〉で表現。

〈すべて〉

両手で上から下に円を描く。

〈解決①〉

左手のひらの上に右人差指で「×」を大きく書く。

かんゆう【勧誘】

「会員に勧誘する」

→〈バッジ〉＋〈引っ張る〉

「勧誘」はすすめ誘うこと。〈引っ張る〉で表現。「勧誘」の強弱によって〈引っ張る〉の表情は変化する。

〈バッジ〉

すぼめた右手を左胸に当てる。

〈引っ張る〉

両こぶしを握り、綱を引くようにする。

かんりょう【官僚】

「官僚政治」

→〈官僚〉＋〈政治〉

例文は〈官僚〉＋〈政治〉で表現。「官僚」は〈官僚〉で表現。〈官僚〉は上層部へあがっていく人を表す。

〈官僚〉

左手指先を前に向け、その横に親指を出した右手を寝かせ一気に立てる。

〈政治〉

左手のひらの上に右ひじを置き、右手指先を伸ばし前後に振る。

か

かんれん【関連】

「関連企業」

→〈関係③〉+〈会社〉

「関連」は他とのつながり、関係の意味なので〈関係③〉で表現。〈関係③〉は横のつながりがあることを表す。

〈関係③〉

両手の親指と人差指を組み、左右に往復させる。

〈会社〉

両手の２指を交互に前後させる。

き

〈キ〉

親指と中指と薬指を閉じて示す。

き【黄】

「黄」

→〈黄〉

「黄」は色の一種。〈黄〉で表現。〈黄〉はひよこの頭やとさかが黄色いところから。「黄色」「黄色い」も同じ手話。

〈黄〉

親指と人差指を立てた右手の親指を額に当て、人差指を時計方向に振る。

（補助図）

（左斜めから見た図）

き【気】1

「気が合う」

→〈心〉+〈合う①〉

例文の「気」は気持ちや性格の意味なので〈心〉で表現。

〈心〉

右人差指でみぞおち辺りをさす。

〈合う①〉

左人差指の先に右人差指の先を当てる。

き【気】2

「気がいい（娘）」

→〈心〉+〈優しい〉
（+〈娘〉）

例文の「気がいい」は性質が素直でおとなしい意味なので〈心〉+〈優しい〉で表現。〈心〉は気立てなどを表す場合もある。

〈心〉

右人差指でみぞおち辺りをさす。

〈優しい〉

両手の親指と４指の指先を向かい合わせてもむように動かしながら左右に開く。

き【気】3

「気が重い」

→〈心〉+〈重い〉

例文の「気が重い」は気持ちが沈む意味。〈心〉+〈重い〉で表現。〈気持ち〉+〈重い〉でもよい。

〈心〉

右人差指でみぞおち辺りをさす。

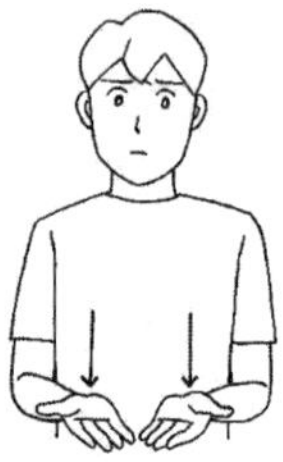

〈重い〉

両手のひらを上に向け、重さでさがるようにする。

き【気】4

「気がする」

→〈思う〉

例文の「気がする」はそう思うという意味なので〈思う〉で表現。〈思う〉+〈同じ①〉で表現してもよい。

〈思う〉
右人差指を側頭部に当てる。

き【気】5

「やっと気がつく（問題があることに）」

→（〈問題〉+〈ある①〉+）〈やっと〉+〈感じる①〉

例文の「気がつく」はそれまで分からなかったことにはたと思い当たること。〈感じる①〉で表現。〈感じる①〉はピンと来るさまを表す。

〈やっと〉
右手のひらで額をぬぐい、下におろす。

〈感じる①〉
右人差指を頭に当てて軽く突くようにする。

き【気】6

「気が強い」

→〈心〉+〈強い①〉

例文の「気が強い」は性格的に強気なこと。〈心〉+〈強い①〉で表現。〈心〉は性格などを意味する場合がある。

〈心〉
右人差指でみぞおち辺りをさす。

〈強い①〉
こぶしを握った右腕を曲げて力こぶを作るようにする。

き【気】7

「気が長い」

→〈心〉+〈長い①〉

例文の「気が長い」は性格的にのんびり、ゆったりしている意味。〈心〉+〈長い①〉で表現。「気長」も同じ手話。

〈心〉
右人差指でみぞおち辺りをさす。

〈長い①〉
親指と人差指を閉じた両手を向かい合わせ左右に開く。

き【気】8

「気が早い」

→〈心〉+〈はやい①〉

例文の「気が早い」はせっかちな意味。〈心〉+〈はやい①〉で表現。「気がせく」も同じ手話。

〈心〉
右人差指でみぞおち辺りをさす。

〈はやい①〉
親指と人差指を閉じた右手をすばやく左へ動かしながら人差指を伸ばす。

き【気】9

「気が晴れる」

→〈心〉+〈なくなる②〉

例文の「気が晴れる」はこれまでうっとうしい気持ちがさっぱりする意味。〈心〉+〈なくなる②〉で表現。〈心〉は〈気持ち〉にしてもよい。

〈心〉
右人差指でみぞおち辺りをさす。

〈なくなる②〉
上下に向かい合わせた両手のひらを合わせ左右に開く。

き

き【気】10

「絵が気に入る」

→〈絵〉+〈好き①〉

例文の「気に入る」は好みに合う意味なので〈好き①〉で表現。

〈絵〉

左手のひらに右手指の背を軽く打ちつける。

〈好き①〉

親指と人差指を開いた右手をのどに当て、下におろしながら閉じる。

き【気】11

「気にかかる」

→〈心配②〉
または〈気にかかる〉

例文の「気にかかる」はどういう様子か心配する意味で、〈心配②〉または〈気にかかる〉で表現。〈気にかかる〉は頭の隅にひっかかるさま。

〈心配②〉

手指を曲げた両手を胸に当てる。

〈気にかかる〉

かぎ状にした右人差指で頭を引っ張るようにする。

き【気】12

「色が気にくわない」

→〈色①〉+〈嫌い①〉

例文の「気にくわない」はその人の心に適わないことなので〈嫌い①〉で表現。〈嫌い①〉は「気に入らない」「嫌」の意味がある。

〈色①〉

すぼめた両手を合わせてひねる。

〈嫌い①〉

親指と人差指を閉じた右手をのどに当て、前に向かってぱっと開く。

き【気】13

「気にする」

→〈心配①〉
または〈気にかかる〉
(または〈心配②〉)

例文の「気にする」はどういう様子か心配することなので、〈心配①〉または〈気にかかる〉で表現。「気にかかる」と同じ意味で同じ手話。

〈心配①〉

指先を軽く折り曲げた右手を胸に繰り返し当てる。

〈気にかかる〉

かぎ状にした右人差指で頭を引っ張るようにする。

き【気】14

「言われても気にしない」

→〈言われる①〉上方+〈気にしない〉

例文の「気にしない」は気にもとめない意味で〈気にしない〉で表現。〈気にしない〉はまるっきり頭に残らないさまを表す。

〈言われる①〉上方

すぼめた右手を顔に向けて、ぱっと開く。

〈気にしない〉

4指を閉じた右手人差指を頭に当て、投げおろすようにして手を開く。

き【気】15

「病気のことが気になる」

→〈病気〉+〈心配②〉

例文の「気になる」はどういう様子か心配することで、〈心配②〉で表現。〈心配②〉は胸のうちの不安なさまを表す。

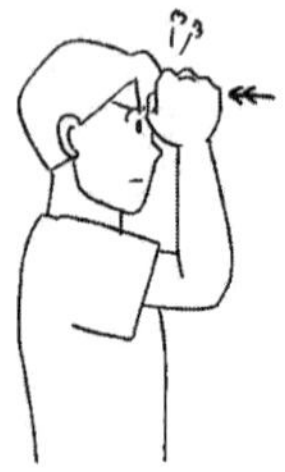

〈病気〉

こぶしで額を軽くたたく。

〈心配②〉

手指を曲げた両手を胸に当てる。

き【気】16

「気を使う」

→〈心〉+〈使う〉

例文の「気を使う」は人やものごとに配慮することの意味。手話は〈心〉+〈使う〉と日本語に対応した表現が普及している。

〈心〉

右人差指でみぞおち辺りをさす。

〈使う〉

左手のひらの上で右手の親指と人差指で作った丸をすべるようにして繰り返し前に出す。

きあつ【気圧】

「気圧の変化」

→〈気圧〉+〈変わる①〉

「気圧」は〈気圧〉で表現。〈気圧〉は水銀気圧計の高くなったり低くなったりするさまを表す。

〈気圧〉

手のひらを右に向けて立てた左手の横で指文字〈コ〉の右手を上下させる。

〈変わる①〉

手のひらを手前に向けた両手を交差させる。

き【気】17

「気をつける」

→〈注意〉

例文の「気をつける」は注意する意味なので〈注意〉で表現。〈注意〉は気を引き締めるさまを表す。

〈注意〉

軽く開いた両手を上下に置き、体に引きつけて握る。

きいろい【黄色い】

「黄色い花」

→〈黄〉+〈花①〉
（または〈花③〉）

例文の「黄色い」は色彩の黄色の意味。〈黄〉で表現。「黄色い声」など比喩的な意味には使われない。

〈黄〉

親指と人差指を立てた右手の親指を額に当て、人差指を時計方向に振る。

〈花①〉

両手を合わせてすぼませた指を左右に開く。

き【木】

「木を切る」

→〈木〉+〈切る③〉

例文の「木」は樹木のことで〈木〉で表現。〈木〉は幹から広がる樹木のさまを表す。木の大きさによって太さや切り方が変わる。

〈木〉

両手の親指と人差指で大きな丸を作り、上にあげながら左右に広げる。

〈切る③〉

〈木〉の左手を残し、その下を右手で切るようにする。

ぎいん【議員】

「議員」

→〈ギ〉+〈バッジ〉

「議員」はバッジをつけることから〈ギ〉+〈バッジ〉で表現。手話は議員バッジを表す。

〈ギ〉

中指と薬指と親指を閉じた右手を左から右へ動かす。

〈バッジ〉

すぼめた右手を左胸に当てる。

キウイ

「甘いキウイ」
→〈甘い〉+〈キウイ〉

「キウイ」はキウイフルーツの略で〈キウイ〉で表現。〈キウイ〉は左手の果物を右手の鳥のキウイがつつくさまを表す。

〈甘い〉
右手のひらを口元で回す。

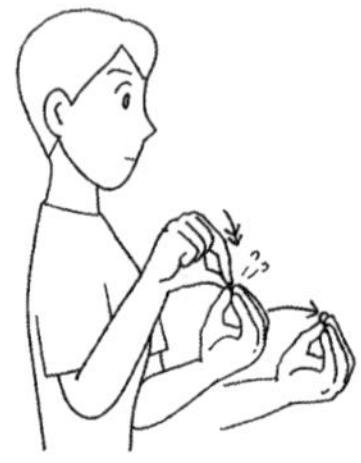

〈キウイ〉
右親指と人差指を閉じて、5 指をすぼめて上向きにした左手をつつき、左手を前に出す。

きえる【消える】1

「彼が消える」
→〈彼〉+〈消える①〉

例文の「消える」は姿が見えなくなる意味なので〈消える①〉で表現。〈消える①〉は両手でつかもうとして空をつかむさまを表す。

〈彼〉
左親指を右人差指でさす。

〈消える①〉
開いた両手を交差させながら握る。

きえる【消える】2

「雪が消える」
→〈雪〉+〈なくなる①〉

例文の「消える」は雪がとけてなくなる意味なので〈なくなる①〉で表現。積もったものが減りなくなるさまを表す。

〈雪〉
両手の親指と人差指で作った丸をひらひらさせながらおろす。

〈なくなる①〉
上下に向かい合わせた両手のひらを上から合わせると同時に右手を右に動かす。

きえる【消える】3

「明かりが消える」
→〈明かり②〉+〈消える②〉

例文の「消える」は電灯が消える意味なので〈消える②〉で表現。「明かりが消える」「消灯」の意味を表す。

〈明かり②〉
すぼめた両手を下に向けてぱっと開く。

〈消える②〉
軽く開いた両手をすばやく上に上げながらぱっと握る。

きえる【消える】4

「(火が)消える」
→(〈火①〉+)
〈消える③〉
または〈消える④〉

例文の「消える」は火が消える意味なので〈消える③〉または〈消える④〉で表現。炎が小さくなって消えるさまを表す。

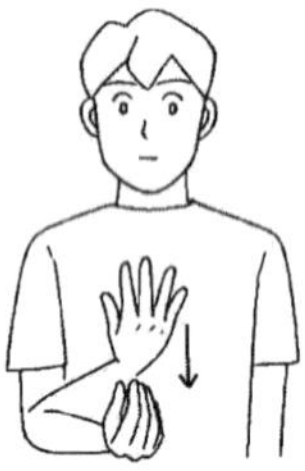

〈消える③〉
指先を上に向けた右手を下にさげながらすぼめる。

〈消える④〉
軽く開いた両手を下におろしながらすぼめる。

きおく【記憶】

「記憶(がない)」
→〈記憶〉
(+〈ない①〉)

「記憶」は経験や学習したことを頭に残すこと、または残ったもの。〈記憶〉はしっかり記憶すること、記憶したことを表す。

〈記憶〉
指先を軽く開いた右手の人差指を頭に当て、握った右こぶしを頭につける。

きおん【気温】

「気温があがる」

→〈温度〉+〈温度があがる〉

「気温」は大気の温度のこと。〈温度〉で表現。手話は温度計の水銀柱が上下するさまを表す。

〈温度〉

指先を上に向けた左手のひらの横で人差指を立てた右手を上下させる。

〈温度があがる〉

指先を上に向けた左手のひらの横で人差指を立てた右手を上にあげる。

きかい【機会】

「会う機会」

→〈会う①〉+〈時①〉

「機会」は何かのきっかけとなる時の意味なので〈時①〉で表現。〈時①〉は時計の針の動きを表す。ただし〈時①〉にチャンスの意味はない。

〈会う①〉

人差指を立てた両手を左右から近づけて軽くふれ合わせる。

〈時①〉

左手のひらに右親指を当て、右人差指を時計の針のように回す。

きかい【機械】

「機械(が壊れる)」

→〈機械〉

または〈歯車〉

(+〈折る①〉)

「機械」は〈機械〉または〈歯車〉で表現。〈機械〉はピストン、〈歯車〉は回転する歯車を表す。

〈機械〉

両手２指を前方に向け、交互に前に回転させる。

〈歯車〉

両手甲を前に向けて指先を組み合わせ歯車のように回す。

ぎかい【議会】

「議会」

→〈ギ〉+〈会〉

「議会」は〈ギ〉+〈会〉で表現する。

〈ギ〉

中指と薬指と親指を閉じた右手を左から右へ動かす。

〈会〉

両手で屋根形を作り、左右に引く。

きがえ【着替え】

「着替えを準備」

→〈着替え〉+〈準備①〉(または〈準備②〉)

「着替え」は〈着替え〉で表現。〈着替え〉は服を替えるさまを表す。「着替える」も同手話。

〈着替え〉

親指と人差指を出した両手を胸の前に置き、人差指が下になるように手首を回転させる。

〈準備①〉

両手のひらを向かい合わせて左から右へ動かす。

きがかり【気掛かり】

「(彼女のことが)気がかり」

→(〈彼女〉+)〈気にかかる〉

または〈心配①〉

(または〈心配②〉)

「気がかり」はあることが気にかかる、心配するの意味。〈気にかかる〉または〈心配①〉または〈心配②〉で表現。

〈気にかかる〉

かぎ状にした右人差指で頭を引っ張るようにする。

〈心配①〉

指先を軽く折り曲げた右手を胸に繰り返し当てる。

きかく【企画】

「企画を立てる」

→(〈考える〉+)
〈計画〉
または〈企画〉

例文は〈考える〉+〈計画〉か、または〈企画〉で表現。〈計画〉は設計図に線を引くさまを表し、〈企画〉は〈計画〉をもとに作った新しい手話。

〈計画〉
左手のひらを下に向け、右人差指で線を引くようにする。

〈企画〉
手のひらを下向き、指先を右に向けた左手の小指側に右人差指を右に引いて直角に手前に引く。

きがる【気軽】

「気軽に引き受ける」

→〈簡単〉+〈責任①〉

「気軽に」は気安く、簡単にの意味なので〈簡単〉で表現。「あっさり引き受ける」も同じ表現になる。

〈簡単〉
右人差指をあごに当て、次に左手のひらの上に落とすようにつける。

〈責任①〉
右肩に軽く全指を折り曲げた右手をのせる。

きかん【期間】

「休みの期間」

→〈休む①〉(または〈休む②〉)+
〈間(あいだ)〉

例文の「期間」は〈間〉で表現。〈間〉は仕切ってその間を示す。

〈休む①〉
手のひらを下にした両手を左右から閉じる。

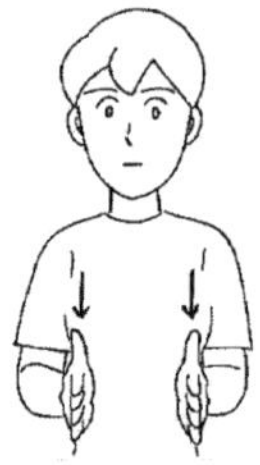

〈間(あいだ)〉
両手のひらを向かい合わせ、仕切るように下に少しさげる。

きかん【機関】1

「行政機関」

→〈行政〉+〈組織〉

例文の「機関」は組織の意味なので〈組織〉で表現。組織の構成図が下に行くほど広がるさまを表す。

〈行政〉
親指と人差指と中指を伸ばした両手の指先を前に向けて左右に開くように繰り返し出す。

〈組織〉
両手を胸の高さで並べ指先を開きながら左右におろす。

きかん【機関】2

「機関紙」

→〈組織〉+〈新聞〉

「機関紙」は組織が広報や連絡の目的で発行する新聞のことなので〈組織〉+〈新聞〉で表現。

〈組織〉
両手を胸の高さで並べ指先を開きながら左右におろす。

〈新聞〉
左手のひらの上に右ひじをのせて親指を外側に出して握った右こぶしを振る。

きかんし【気管支】

「気管支炎」

→〈気管支〉+〈火①〉

「気管支炎」は〈気管支〉+〈火①〉で表現。〈気管支〉は気管が左右の肺に分かれる管を表し、〈火①〉は炎症を表す。

〈気管支〉
2指を口からあごをかすめて体に沿っておろして胸で2指を開く。

〈火①〉
全指を上に向けた右手を揺らしながら上にあげる。

きき【危機】

「危機」は危ない、危険なこと。〈危機〉で表現。〈危機〉は狭い縁から落ちそうなさまを表す。

「絶滅の危機（に瀕する）」

→〈なくなる②〉+〈危機〉
（+〈心配①〉）

〈なくなる②〉

上下に向かい合わせた両手のひらを合わせ左右に開く。

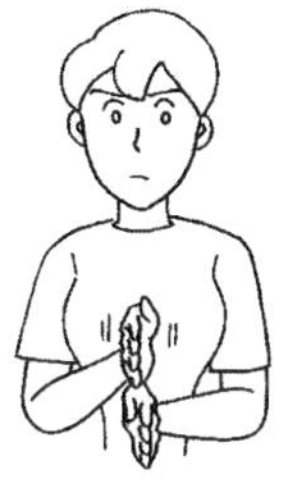

〈危機〉

指先を前に向けて両手を上下に重ねて、右手を揺する。

キク【菊】

「菊」は秋に咲く花の一種。〈菊〉で表現。〈菊〉は人形の全身を菊で飾る菊人形から生まれた手話。

「白い菊」

→〈白〉+〈菊〉

〈白〉

右人差指で前歯を指さし、左へ引く。

〈菊〉

左腕にそってすぼめた右手を上下にぱっぱっと開く。

きぎょう【企業】

「企業」は物資の生産、流通などの事業組織、一般的に会社で代表されるので〈会社〉で表現する。

「企業倒産」

→〈会社〉+〈つぶれる①〉

〈会社〉

両手の 2 指を交互に前後させる。

〈つぶれる①〉

屋根形にした両手の指先をつけたまま手のひらを合わせる。

きく【効く】

「効く」は薬などが治療に効果を発揮することなので〈効果〉で表現。〈効果〉は新しい手話で「効きめ」「効能」の意味にも使われる。

「薬が効く」

→〈薬〉+〈効果〉

〈薬〉

左手のひらの上で右薬指をこねるように回す。

〈効果〉

指先を上に向けて立てた左手のひらに右こぶしの親指側をつけ、前に出す。

ききん【基金】

「基金」は事業の経済的基礎となるお金の意味で〈基本①〉+〈金①〉と表現する。

「基金」

→〈基本①〉+〈金（かね）①〉

〈基本①〉

左ひじを立て、閉じた右手を当てて下に向けて開く。

〈金（かね）①〉

右手の親指と人差指で作った丸を示す。

きく【聞く】1

例文の「音楽を聞く」は〈聞く①〉で表現。話・音などに耳を傾けて聞くさまを表す。

「音楽を聞く」

→〈音楽〉+〈聞く①〉

〈音楽〉

両手の人差指を指揮棒を振るように左右に振る。

〈聞く①〉

右手を耳に添え、頭をやや傾けて聞くようにする。

き

きく【聞く】2

「住所を聞く」

→〈住所①〉+〈尋ねる①〉

例文の「聞く」は尋ねる意味なので〈尋ねる①〉で表現。〈尋ねる①〉は人にどうかと尋ねるさまを表す。

〈住所①〉

両手で屋根形を示し、右手を左手屋根形下に全指を曲げて置く。

〈尋ねる①〉

右人差指を右耳から前に差し出す。

きく【聞く】3

「要求を聞く」

→〈求める〉+〈認める②〉

例文の「聞く」は要求を聞き入れ、承諾する意味なので〈認める②〉で表現。〈認める②〉はうなずくことで承諾したさまを表す。

〈求める〉

左手のひらに右手の甲を打ちつける。

〈認める②〉

両こぶしを向かい合わせて内側に倒す。

きく【聞く】4

「(話を)聞き流す」

→(〈説明される〉+)〈聞き流す〉

例文の「聞き流す」は相手の話を気にもとめないこと。〈聞き流す〉は、話が右から左へ素通りして少しも頭に止まらないさまを表す。

〈聞き流す〉

右人差指を耳に当て、

次に左人差指を左耳から出す。

きく【聞く】5

「聞き捨てる」

→〈聞き捨てる〉

例文の「聞き捨てる」は相手の話をまるで聞かないこと。〈聞き捨てる〉は、話を耳にも入れずに捨てるさまを表す。

〈聞き捨てる〉

耳元ですぼめた右手を前に投げ捨てるようにする。

きく【聞く】6

「要求を聞き入れない」

→〈求める〉+〈無視④〉

例文の「聞き入れない」は要求を受け入れない意味なので〈無視④〉で表現。〈無視④〉ははねつけるさまを表す。

〈求める〉

左手のひらに右手の甲を打ちつける。

〈無視④〉

右耳前に立てた左手のひらに右人差指の先をつき立てて、はじかれるように前に出す。

きく【利く】1

「鼻が利く」

→〈香り①〉+〈得意〉

例文の「利く」は十分な働きをする意味で〈得意〉で表現。〈得意〉はこの場合、よく利く鼻を得意がっている意味を表す。

〈香り①〉

右手2指を繰り返し鼻に近づける。

〈得意〉

親指と小指を立てた右手の親指を鼻に当て、斜め上に出す。

きく【利く】2

「初めて口を利く」

→〈最初①〉+〈言う②〉

例文の「口を利く」はものを言う、話す意味で、手話は〈言う②〉で表現。

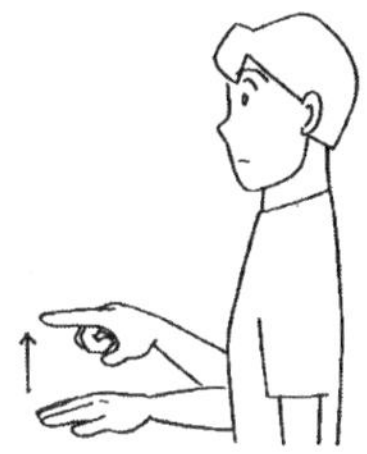

〈最初①〉

右手のひらを下にして、あげると同時に人差指を残して 4 指を握る。

〈言う②〉

右人差指を口元から繰り返し前に出す。

きく【利く】3

「洗濯が利く」

→〈洗濯〉+〈できる〉

例文の「洗濯が利く」は洗濯が可能の意味なので〈洗濯〉+〈できる〉で表現する。

〈洗濯〉

両こぶしをこすり合わせ、洗濯をするように動かす。

〈できる〉

右手指先を左胸と右胸に順に当てる。

ぎけつ【議決】

「(国会で)議決される」

→(〈国(くに)〉+〈会〉+)〈会議〉+〈決める②〉

「議決」は賛否などを決定すること。〈会議〉+〈決める②〉で表現。手話は会議で決定したことを意味する。

〈会議〉

親指を立てた両手を合わせたままで水平に回す。

〈決める②〉

左手のひらに右こぶしを打ちつける。

きけん【危険】

「危険な(道)」

→〈危ない①〉または〈危ない②〉(+〈道①〉)

「危険」は危ない意味。〈危ない①〉または〈危ない②〉で表現。手話はどちらも不安で胸が締めつけられ、おびえるさまを表す。

〈危ない①〉

全指を軽く折り曲げ、胸をたたく。

〈危ない②〉

全指を折り曲げた両手を胸に繰り返し当てる。

きけん【棄権】

「投票を棄権する」

→〈投票〉+〈棄権〉

「棄権」は権利を捨てて使わないこと。もっぱら投票しないことを意味している。〈棄権〉は権利を表す力こぶを捨てるさまを表す。

〈投票〉

左手の親指と 4 指の間に右手の 4 指を入れる。

〈棄権〉

こぶしを握って折り曲げた左腕の上腕から右手で力こぶをつかんで捨てるようにする。

きげん【期限】

「期限を定める」

→〈いつ〉+〈定まる〉

「期限」は前もって限られた期日のこと。〈いつ〉+〈定まる〉で表現。「期限」の意味にも「期限を定める」の意味にも使われる。

〈いつ〉

両手を上下にして、両手同時に順番に指を折る。

〈定まる〉

両手指を曲げて上下に組み合わす。

き

きげん【起源】

「動物の起源」

→〈動物〉+〈きっかけ①〉

「起源」はものごとの起こりの意味なので〈きっかけ①〉で表現。〈きっかけ①〉は芽を出すさまで物事の起こりを表す。

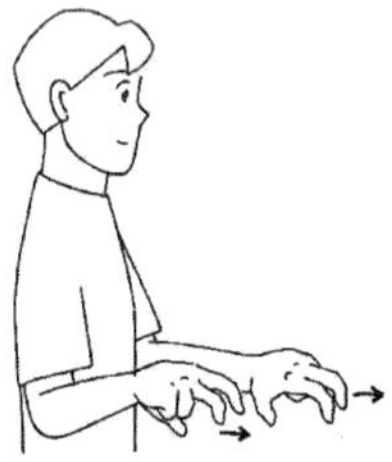

〈動物〉

両手の親指と人差指と中指を折り曲げて爪を立てるようにして前後に並べ前に出す。

〈きっかけ①〉

左手の親指と人差指を閉じた合わせ目から右人差指の指先を跳ねあげるように上に向ける。

きこえる【聞こえる】1

「声が聞こえる」

→〈声〉+〈聞く②〉

例文の「聞こえる」は耳に声が入ってくる意味なので〈聞く②〉で表現。〈聞く②〉は声や物音が耳に入るさまを表す。

〈声〉

親指と人差指で作った丸をのど元に当て、気管に沿って口元から前に出す。

〈聞く②〉

右人差指を右耳に当てる。

きこえる【聞こえる】2

「聞こえる人々」

→〈健聴〉+〈人々①〉

例文の「聞こえる人々」は健聴者の意味なので〈健聴〉で表現。〈健聴〉はしゃべることも聞くこともできるさまを表す。

〈健聴〉

右人差指を右耳から、左人差指を口から同時に繰り返し出す。

〈人々①〉

親指と小指を立てた両手を揺らしながら左右に開く。

きこえる【聞こえる】3

「聞こえない人々」

→〈聞こえない〉+〈人々①〉

例文はろう者を意味するので〈聞こえない〉で表現。〈聞こえない〉は耳がふさがって聞くことができないさまを表す。

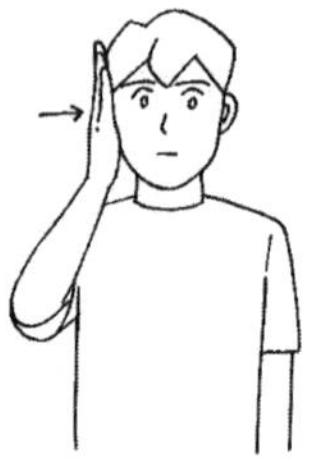

〈聞こえない〉

右手のひらで右耳をふさぐようにする。

〈人々①〉

親指と小指を立てた両手を揺らしながら左右に開く。

きこえる【聞こえる】4

「(私には)皮肉に聞こえる」

→(〈私①〉+)〈皮肉〉+〈感じる①〉

例文の「聞こえる」はそのように思われる意味なので〈感じる①〉で表現。〈感じる①〉は頭にぴんと来るさまで感じることを表す。

〈皮肉〉

親指と人差指を閉じた右手を口元から前に向けてつつくようにする。

〈感じる①〉

右人差指を頭に当てて軽く突くようにする。

きこえる【聞こえる】5

「世に聞こえた人」

→〈有名〉+〈人〉

例文の「世に聞こえる」は有名の意味なので〈有名〉で表現。〈有名〉は名が高くあがるさまを表す。

〈有名〉

左手のひらに右人差指を当て、上にあげる。

〈人〉

人差指で「人」の字を空書する。

きし【岸】1

「川の岸」

→〈川①〉+〈岸①〉

「岸」は川や海など波の打ち寄せる水際のことで〈岸①〉で表現。〈岸①〉は波の打ち寄せる水際を表し、「浜」の意味もある。

〈川①〉

右手３指を軽く開き、「川」の字を描くようにおろす。

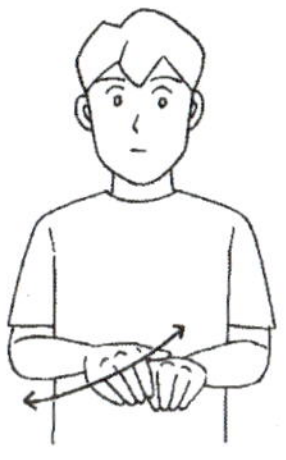

〈岸①〉

手のひらを下に向けた左手の親指側に右手のひらをするように左右に往復させる。

きし【岸】2

「岸(で遊ぶ)」

→〈岸①〉または〈岸②〉
(+〈遊ぶ①〉)

例文の「岸」は〈岸①〉または〈岸②〉で表現。いずれも波が打ちよせるさまを表す。

〈岸①〉

手のひらを下に向けた左手の親指側に右手のひらをするように左右に往復させる。

〈岸②〉

左こぶしに向けて右５指を打ち寄せるようにしてあげる。

キジ【雉】

「キジ鍋」

→〈キジ〉+〈鍋〉

「キジ」は〈キジ〉で表現。〈キジ〉はキジの長い尾を表す。

〈キジ〉

２指をつまんだ左手の甲側に右２指を開いて置き、手前に引き寄せながら指先をつまみあげる。

〈鍋〉

両手のひらを上に向け指先をつき合わせて左右に引くようにあげる。

きしゃ【汽車】

「汽車の旅」

→〈汽車〉+〈旅行〉

「汽車」は蒸気機関車に牽引された列車のこと。〈汽車〉は蒸気機関車のピストンの回るさまを表す。

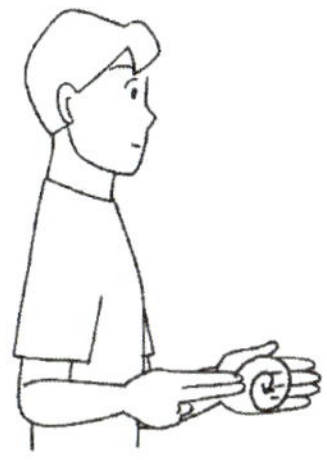

〈汽車〉

左手のひらの横で右手２指を前に回転させる。

〈旅行〉

両手人差指を平行に並べ同時に左右に振る。

きしゃ【記者】

「新聞記者」

→〈新聞〉+〈腕章〉

例文の「記者」は新聞などの記事を集め書く人の意味。〈腕章〉で表現。報道関係者が腕章をつけているさまで記者を表す。

〈新聞〉

左手のひらの上に右ひじをのせて親指を外側に出して握った右こぶしを振る。

〈腕章〉

親指と人差指で腕章のように上腕に回す。

ぎじゅつ【技術】

「技術者」

→〈技術〉+〈男〉

「技術」は理論を実際に応用する手段や仕方。〈技術〉で表現。〈技術〉は腕を示して「技術」を表す。

〈技術〉

握った左手首を右手人差指で軽くたたく。

〈男〉

親指を立てた右手を出す。

きじゅん【基準】

「基準(を示す)」

→〈基本①〉+〈レベル〉
(+〈表(あらわ)す〉)

例文の「基準」は比べるもとになる状態。〈基本①〉+〈レベル〉で表現。

〈基本①〉

左ひじを立て、閉じた右手を当てて下に向けて開く。

〈レベル〉

右手指先を前に向け、胸の高さで手のひらを下に向けて水平に右へ動かす。

きず【傷・瑕】1

「(軽い)傷」

→〈傷①〉
または〈傷②〉
(+〈少し〉)

例文の「傷」は外部に受けた切り傷のこと。〈傷①〉は顔の傷、〈傷②〉は手の傷を表す。部位によって手話は変わる。

〈傷①〉

右人差指でほおを切るようにする。

〈傷②〉

左手甲から指先に沿って右人差指先で引くように切る。

きしょうちょう【気象庁】

「気象庁」

→〈気象〉+〈庁〉

「気象庁」は〈気象〉+〈庁〉で表現。〈気象〉は左手の地球の上で右手の〈空〉を表す。〈庁〉は「庁」の最後の画を表す。

〈気象〉

左手指文字〈C②〉の後ろ側で指先を開いた右手で大きく弧を描く。

〈庁〉

両手の人差指で「丁」を描く。

きず【傷・瑕】2

「玉にきず」

→〈少し〉+〈手落ち〉

例文の「玉にきず」はすぐれたものなのに少し欠点がある意味なので〈少し〉+〈手落ち〉で表現する。

〈少し〉

右手の親指と人差指を合わせ、親指をはじく。

〈手落ち〉

両手のひらを手前に向けて重ね、右手を前に倒すように落とす。

キス

「キスをする」

→〈キス①〉
または〈キス②〉

「キス」は異性などが唇を合わせること。〈キス①〉または〈キス②〉で表現。〈キス①〉または〈キス②〉は唇が合わさるさまを表す。

〈キス①〉

すぼめた両手指先をつける。

〈キス②〉

指文字〈メ〉の形の左手に後ろから同形の右手をつける。

きず【傷・瑕】3

「心に傷(が残る)」

→〈心〉+〈傷つけられる①〉
(+〈覚える〉)

例文の「心に傷」は侮辱など心理的な傷を受ける意味。〈傷つけられる①〉で表現。〈傷つけられる①〉は侮辱されるなど心理的な意味に使われる。

〈心〉

右人差指でみぞおち辺りをさす。

〈傷つけられる①〉

左親指に前から右人差指で切りつけるようにする。

きずく【築く】

「城を築く」

→〈城〉+〈作る〉

例文の「築く」は建物などを建設する意味。〈作る〉で表現。〈作る〉は「作る」「建設する」などの意味を持つ。

〈城〉

折り曲げた両手の人差指を向かい合わせる。

〈作る〉

両手のこぶしを上下に打ちつける。

きせい【規制】1

「交通規制」

→〈交通〉+〈規制〉

「規制」は〈規制〉で表現。〈規制〉は左手が限度、右手が〈規則〉を表す。

〈交通〉

両手のひらの甲側を前に示し、繰り返し交差させる。

〈規制〉

指先を前方に向け、手のひらを右に向けた左手の横で 2 指を曲げた右手を振りおろす。

きせい【規制】2

「規制緩和」

→〈規制〉+〈広げる〉

例文は〈規制〉+〈広げる〉で表現。〈広げる〉は幅を広げるさまを表す。

〈規制〉

指先を前方に向け、手のひらを右に向けた左手の横で 2 指を曲げた右手を振りおろす。

〈広げる〉

指先を前方に向けて出した両手を左右に向かい合わせ、右手を弧を描いて右に動かす。

ぎせい【犠牲】1

「(命を)犠牲にする」

→(〈命〉+)

〈仕方ない〉+〈差しあげる〉

例文の「犠牲」はやむを得ない事情で大切なものを差し出す意味なので〈仕方ない〉+〈差しあげる〉で表現。

〈仕方ない〉

指先を伸ばした右手を左肩から右下に体をはすに切るようにおろす。

〈差しあげる〉

両手を上に差し上げ、頭をさげる。

ぎせい【犠牲】2

「(戦争の)犠牲者」

→(〈戦争〉+)

〈死ぬ①〉+〈人々①〉

例文の「犠牲者」は戦争で死んだ人々の意味なので〈死ぬ①〉+〈人々①〉で表現。〈死ぬ①〉は両手で表現することで敬意を表す。

〈死ぬ①〉

両手のひらを合わせ、横に倒す。

〈人々①〉

親指と小指を立てた両手を揺らしながら左右に開く。

きせつ【季節】

「季節はずれ(の寒さ)」

→〈季節〉+〈合わない〉

(+〈寒い〉)

「季節」は春などの四季の意味。〈季節〉で表現。〈季節〉は四つの季節が順に移り変わるさまを表す。「四季」も同じ手話。

〈季節〉

左手 4 指の甲側を前に向けて示し、その横で右手 2 指を回転させながらおろす。

〈合わない〉

左人差指の先に右人差指の先を当て、はじくように離す。

きそ【基礎】

「基礎工事」

→〈基本①〉+〈工事〉

例文の「基礎」は建物の土台の意味。〈基本①〉で表現。〈基本①〉は木の根がしっかり張っているさまを表す。

〈基本①〉

左ひじを立て、閉じた右手を当てて下に向けて開く。

〈工事〉

左こぶしに右こぶしを左右から打ちつける。

きそ【起訴】

「起訴する」

→〈裁判〉+〈申し込む〉

例文の「起訴」は検察が裁判所に公判を請求する意味なので、〈裁判〉+〈申し込む〉で表現。「裁判に訴える」も同じ手話になる。

〈裁判〉

親指を立てた両手を肩から前に同時におろし、体の前で止める。

〈申し込む〉

左手のひらの上に右人差指をのせて前に出す。

きそう【競う】

「成績を競う」

→〈成績〉+〈争う〉

例文の「競う」は競争することで〈争う〉で表現。〈争う〉は競う両者が互いに負けじと争うさまで「競う」の意味を表す。

〈成績〉

両手の人差指を並べて右人差指を上下させながら右へ動かす。

〈争う〉

親指を立てた両手を並べ、競うようにせりあげる。

きそく【規則】

「規則を守る」

→〈規則〉+〈注意〉

例文の「規則」は決まりを箇条書にまとめたもの。〈規則〉で表現。〈規則〉は「規則」「法律」「決まり」などの意味がある。

〈規則〉

左手のひらに折り曲げた右手２指を打ちつける。

〈注意〉

軽く開いた両手を上下に置き、体に引きつけて握る。

きた【北】

「北（の空）」

→〈北①〉
　または〈北②〉
　（+〈空〉）

例文の「北」は方角で北方の意味。〈北①〉または〈北②〉で表現。いずれも漢字「北」の字形を表した手話。

〈北①〉

両手の２指を上からおろして左右に開く。

〈北②〉

３指を伸ばした両手を交差させる。

きたい【期待】

「（将来に）期待する」

→（〈将来①〉+）
　〈待つ〉
　または〈期待〉

「期待」は来るべきものを待ちうけること。〈待つ〉または〈期待〉で表現。〈期待〉は指文字〈キ〉と〈待つ〉を合成した新しい手話。

〈待つ〉

右手指の背側をあごに当てる。

〈期待〉

指文字〈キ〉をあごに当てる。

きたえる【鍛える】

「体を鍛える」

→〈体(からだ)〉+〈鍛える〉

「鍛える」は練習を重ね、技術、体力などを強化すること。〈鍛える〉で表現。〈鍛える〉は体を打ちたたくさまで体力を強化するさまを表す。

〈体(からだ)〉

右手を体の上で回す。

〈鍛える〉

ひじを張り、両こぶしで胸を同時に繰り返したたく。

きたない【汚い】1

「汚い部屋」

→〈臭(くさ)い〉+〈部屋〉

例文の「汚い」は掃除のしていないほこりやにおいのする意味なので〈臭い〉で表現。〈臭い〉は顔をしかめる程度で臭さの程度を表す。

〈臭(くさ)い〉

右手の親指と人差指で鼻をつまむ。

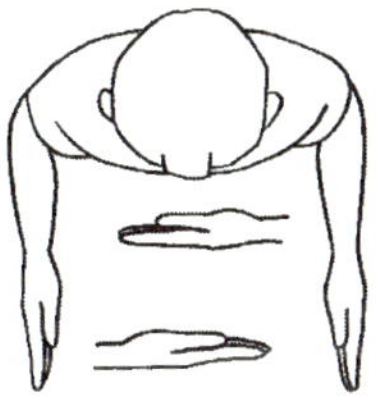

〈部屋〉

両手のひらで前後左右に四角く囲む。

きたない【汚い】2

「汚い(服)」

→〈臭(くさ)い〉+〈汚い〉

(+〈服〉)

例文の「汚い」は臭い、汚れがついている意味なので〈臭い〉+〈汚い〉で表現。〈汚い〉はほこりなどがついているさまを表す。

〈臭(くさ)い〉

右手の親指と人差指で鼻をつまむ。

〈汚い〉

左手のひらに全指を折り曲げた右手を軽く打ちつける。

きたない【汚い】3

「汚い言葉」

→〈乱暴①〉+〈言う②〉

例文の「汚い」は上品でなく乱暴の意味なので〈乱暴①〉で表現。〈乱暴①〉は自分勝手、横暴などの意味がある。

〈乱暴①〉

右親指で鼻の頭をこするようにする。

〈言う②〉

右人差指を口元から繰り返し前に出す。

きち【基地】

「軍事基地」

→〈軍〉+〈基地〉

「基地」は〈基地〉で表現。〈基地〉は〈基本〉をもとに基地の広く平らなさまを表す。

〈軍〉

握ったこぶしを上下にして右脇に当てる。

〈基地〉

手を握った左手のひじの下から右手を弧を描くように出す。

きちょう【貴重】

「貴重な本」

→〈大切①〉+〈本〉

例文の「貴重」は非常に大切なもの、ことの意味。〈大切①〉で表現。〈大切①〉は大切なもの一般を表す。

〈大切①〉

左手甲を右手のひらでなでるように回す。

〈本〉

両手のひらを合わせて本を開くように左右に開く。

ぎちょう【議長】

「議長」

→〈ギ〉+〈長①〉

「議長」は議会や会議など議事進行の責任者。指文字〈ギ〉+〈長①〉で表現する。

〈ギ〉

中指と薬指と親指を閉じた右手を左から右へ動かす。

〈長①〉

親指を立てた右手を上にあげる。

きちんと

「きちんとした服」

→〈きちんと①〉+〈服〉

「きちんと」はかたづいて整ったさまの意味。〈きちんと①〉で表現。〈きちんと①〉はきちんとしている意味を表す。

〈きちんと①〉

両手の親指と人差指を同時に閉じながら下におろす。

〈服〉

親指を立てた両手をえりに沿って下におろす。

きつい 1

「きつくしかる」

→〈厳しい〉+〈しかる①〉

例文の「きつく」は厳しくの意味なので〈厳しい〉で表現。〈厳しい〉は手の甲をつねるさまで、厳しいさまを表す。

〈厳しい〉

左手甲を右手の親指と人差指でつねるようにする。

〈しかる①〉

右親指を肩から前に振りおろしてとめる。

きつい 2

「顔がきつい」

→〈顔〉+〈にらむ〉

例文の「きつい」は顔が怒り、にらむようなさまを意味するので〈にらむ〉で表現。〈にらむ〉はにらむさまを表す。

〈顔〉

右人差指で顔の前で丸を描く。

〈にらむ〉

全指を折り曲げて顔に向けた右手を返して前に向ける。

きつい 3

「きつい仕事」

→〈厳しい〉+〈仕事〉

例文の「きつい」はつらい、苦しい意味で〈厳しい〉で表現。〈厳しい〉は手の甲をつねるさまで、厳しいさまを表す。

〈厳しい〉

左手甲を右手の親指と人差指でつねるようにする。

〈仕事〉

手のひらを上に向け、向かい合わせた両手指先を繰り返しつき合わせる。

きつい 4

「きつい性格」

→〈強い①〉+〈性質〉

例文の「きつい」は気が強い意味なので〈強い①〉で表現。〈強い①〉は力こぶの盛りあがったさまで強さを表す。

〈強い①〉

こぶしを握った右腕を曲げて力こぶを作るようにする。

〈性質〉

左手甲に右人差指を当て、すくうようにあげる。

きっかけ

「（話の）きっかけ」
→（〈手話〉＋）
〈きっかけ①〉
または〈きっかけ②〉

「きっかけ」はものごとの起こり、始まりの意味。〈きっかけ①〉また〈きっかけ②〉で表現。どちらもものごとの起こり、始まるさまを表す。

〈きっかけ①〉
左手の親指と人差指を閉じた合わせ目から右人差指の指先を跳ねあげるように上に向ける。

〈きっかけ②〉
手首を返し右手の人差指をはじくようにして上にあげる。

きって【切手】

「切手を貼る」
→〈郵便〉＋〈切手〉

「切手」は〈郵便〉＋〈切手〉で表現。〈切手〉は切手をなめて貼るさまを表す。〈郵便〉は省略してもよい。

〈郵便〉
左手２指と右人差指で〒マークを作る。

〈切手〉
右手２指を舌でなめるようにし、左手のひらに張りつけるようにする。

ぎっくりごし
【ぎっくり腰】

「ぎっくり腰」
→〈腰〉＋〈ぎっくり〉

例文の「ぎっくり腰」は〈腰〉＋〈ぎっくり〉で表現。〈ぎっくり〉は腰椎がずれるさまを表す。

〈腰〉
右手を右腰に当てる。

〈ぎっくり〉
両こぶしを上下に重ね、右手を前にずらす。

きっと１

「きっと（できる）」
→〈絶対〉または〈必ず〉
（＋〈できる〉）

例文の「きっと」は間違いなく必ずの意なので〈絶対〉または〈必ず〉で表現。〈絶対〉は〈規則〉を繰り返して表す。〈必ず〉は約束するさまを表す。

〈絶対〉
左手のひらに折り曲げた右手２指を強く打ちつける。

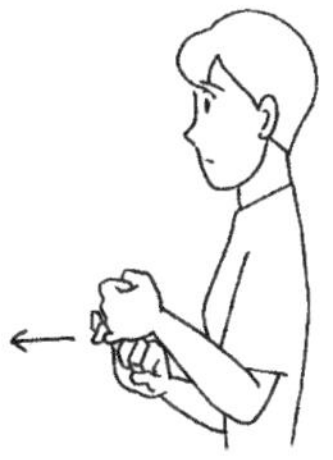

〈必ず〉
両手の小指を組み前に出す。

きっさてん【喫茶店】

「喫茶店」
→〈コーヒー〉＋〈店①〉

「喫茶店」は〈コーヒー〉＋〈店①〉で表現。喫茶店で飲める代表的な飲み物コーヒーで喫茶店であることを表す。

〈コーヒー〉
左手でカップを示し、右手の親指と人差指でスプーンを持って回すようにする。

〈店①〉
両手のひらを上に向けて、左右に開く。

きっと２

「すぐにきっとなる」
→〈はやい①〉＋〈怒（おこ）る③〉

例文の「きっとなる」は態度・表情が厳しくきついさまになることなので〈怒る③〉で表現。〈怒る③〉はきつい表情で角が出るさまを表す。

〈はやい①〉
親指と人差指を閉じた右手をすばやく左へ動かしながら人差指を伸ばす。

〈怒（おこ）る③〉
両人差指を側頭部からすばやく上にあげる。

キツネ【狐】1

「キツネうどん」

→〈キツネ〉+〈うどん〉

例文の「キツネうどん」は油あげの入ったうどん。〈キツネ〉+〈うどん〉で表現。〈キツネ〉は影絵のキツネの形を表す。

〈キツネ〉

親指と中指と薬指を閉じて指先を前に向ける。

〈うどん〉

左手のひらの上で右手２指を口元まで上下させる。

キツネ【狐】2

「キツネにつままれる」

→〈ごまかされる〉

例文は不思議な目に会う意味。〈ごまかされる〉は影絵のキツネの形を表し、それに化かされるさまを表す。

〈ごまかされる〉

親指と中指と薬指を閉じて指先を顔に向け、小さく回す。

きっぷ【切符】

「切符を買う」

→〈切符〉+〈買う〉

「切符」は〈切符〉で表現。〈切符〉は切符にはさみを入れるさまを表す。

〈切符〉

左手のひらを上に向けて右手の親指と人差指ではさむ。

〈買う〉

右手の親指と人差指で作った丸を前に出すと同時に手のひらを上に向けた左手を手前に引く。

きてん【機転】

「機転が利く」

→〈思う〉+〈繰り返す〉

「機転が利く」は危機などに直面してすばやく的確に対応する能力がある意味。〈思う〉+〈繰り返す〉で表現。頭の回転が速いことを表す。

〈思う〉

右人差指を側頭部に当てる。

〈繰り返す〉

両手の人差指を向かい合わせて回す。

きとく【危篤】

「危篤の知らせを受ける」

→〈危篤〉+〈連絡を受ける〉

「危篤」は病気が非常に重く死にそうなこと。〈危篤〉で表現。〈死ぬ①〉を揺らして死にそうなさまを表す。

〈危篤〉

両手のひらを合わせて指先を上に向けて立てそれが倒れそうで倒れないように揺らす。

〈連絡を受ける〉

両手の親指と人差指を組み合わせて手前に引きつける。

きぬ【絹】

「絹糸」

→〈絹〉+〈糸〉

「絹」は〈絹〉で表現。〈絹〉は蚕から巻いて絹糸を取り出すさまを表す。

〈絹〉

折り曲げた右人差指を口元で縦に回す。

〈糸〉

両手の親指と人差指をつまんで合わせ、左右に開くようにする。

きねん【記念】

「卒業記念」

→〈卒業〉＋〈記念〉

「記念」は後の日に思い出を残すこと、または思い出の品物。〈記念〉はしっかり記憶されたものや事柄を表す。

〈卒業〉

賞状を持った両手を軽く上にあげながら頭をさげる。

〈記念〉

頭の横で甲を前に向けた右手を閉じて、頭につける。

きのこ

「毒きのこ」

→〈毒〉＋〈きのこ〉

「きのこ」は〈きのこ〉で表現。本来「松茸」を表すもので、場合によってきのこ一般を表す。

〈毒〉

右手の閉じた親指と人差指を唇端からわずかにさげる。

〈きのこ〉

左手甲を盛り上げて、その下に全指を閉じた右手をつける。

きのう【機能】

「機能が良い」

→〈機能〉＋〈良い〉

「機能」はある働き、作用の意味。〈機能〉は日本語に対応して作られた新しい手話。「キ」の字形をもとにしている。

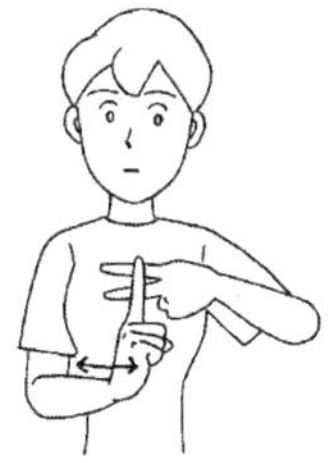

〈機能〉

左手２指の甲側を前に示し、その前でメーターの針が振れるように右人差指を左右に動かす。

〈良い〉

右こぶしを鼻から前に出す。

きのどく【気の毒】

「気の毒な人」

→〈悲しい①〉＋〈人〉

「気の毒」は他人の苦しみに心を痛めること。かわいそうに思うことで〈悲しい①〉で表現。〈悲しい①〉は涙を流すさまを表す。

〈悲しい①〉

親指と人差指を閉じた右手を目元から揺らしながらおろす。

〈人〉

人差指で「人」の字を空書する。

きのう【昨日】

「きのうの事件」

→〈きのう〉＋〈事件〉

「きのう」は一日前の意味。〈きのう〉で表現。〈きのう〉は数字１を過去を表す後方へやって表す。

〈きのう〉

右人差指を立て、肩越しに後ろへやる。

〈事件〉

左手の指文字〈コ〉の下で右人差指をすくいあげるようにする。

きびしい【厳しい】1

「厳しい訓練」

→〈厳しい〉＋〈鍛える〉

例文の「厳しい」は肉体的、精神的にきつい意味で〈厳しい〉で表現。〈厳しい〉は手の甲をつねるさまで、厳しいさまを表す。

〈厳しい〉

左手甲を右手の親指と人差指でつねるようにする。

〈鍛える〉

ひじを張り、両こぶしで胸を同時に繰り返したたく。

き

きびしい【厳しい】2

「寒さが厳しい」
→〈寒い〉+〈とても〉

例文の「厳しい」は程度がはなはだしい意味なので〈とても〉で表現。〈とても〉は非常に、大変などの意味を持つ。

〈寒い〉
両こぶしを握り、左右にふるわせる。

〈とても〉
右手の親指と人差指をつまみ、右へ弧を描きながら親指を立てる。

きふ【寄付】

「お金を寄付する」
→〈金(かね)①〉+〈寄付〉

「寄付」はお金や物品を提供すること。〈寄付〉で表現。〈寄付〉は本来「あげる」意味であったが、今は「寄付」の意味が定着している。

〈金(かね)①〉
右手の親指と人差指で作った丸を示す。

〈寄付〉
額に軽く当てた右手のひらを、手首を返して前に出す。

きぶん【気分】1

「気分が良い」
→〈気分が良い〉

例文の「気分が良い」は心地よい意味なので〈気分が良い〉で表現。〈気分が良い〉は心地よい、楽しいなどの意味がある。

〈気分が良い〉
胸に当てた右手のひらを小さく上下させる。

きぶん【気分】2

「気分が悪い」
→〈むかつく〉

例文の「気分が悪い」は体調がすぐれない意味なので〈むかつく〉で表現。〈むかつく〉は吐きそうな気分の悪いさまを表す。

〈むかつく〉
右手のひらを胸に当て、上にこすりあげるようにする。

きぶん【気分】3

「正月気分」
→〈正月①〉+〈気持ち〉

例文の「気分」は雰囲気、気持ちの意味なので〈気持ち〉で表現。〈気持ち〉は心の動くさまを表す。

〈正月①〉
両手の人差指の先を上下で向かい合わせる。

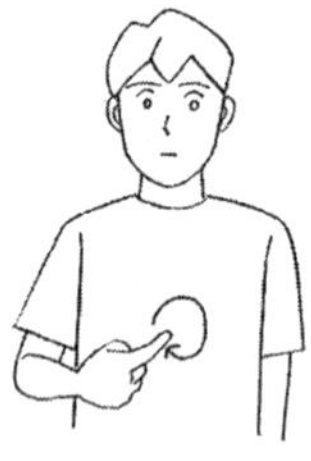

〈気持ち〉
右人差指でみぞおち辺りに小さく円を描く。

きぼう【希望】

「希望を抱く」
→〈希望〉+〈持つ〉

「希望」はそうなってほしいと願うことを意味するので〈希望〉で表現。〈希望〉は前途にはせる思いを表す。「望み」の意味もある。

〈希望〉
手のひらを下に向けた右手の指先を揺らしながら頭から前に出す。

〈持つ〉
手のひらを上に向けた右手を荷物を持ちあげるように上にあげながら握る。

きほん【基本】

「基本的(人権)」

→〈基本①〉
または〈基本②〉
(+〈合う①〉+〈人〉+〈力〉)

例文の「基本」は〈基本①〉または〈基本②〉で表現。〈基本①〉は木が根を張るさま、〈基本②〉はそれの「基礎」と区別するためにできた新しい手話。

〈基本①〉
左ひじを立て、閉じた右手を当てて下に向けて開く。

〈基本②〉
左ひじを立て右手を左ひじに当てて本を開くように動かす。

きまぐれ【気まぐれ】

「彼は気まぐれだ」

→〈彼〉+〈気まぐれ〉

「気まぐれ」は〈気まぐれ〉で表現。〈気まぐれ〉は気持ちがくるくる変わるさまを表す。

〈彼〉
左親指を右人差指でさす。

〈気まぐれ〉
手のひらを左に向けた右手を立て、手首を左右に回転させる。

きまる【決まる】1

「当番が決まる」

→〈腕章〉+〈決める①〉

例文の「決まる」は決定する意味なので〈決める①〉で表現。「当番を決める」の意味もある。

〈腕章〉
右手の親指と人差指で左上腕を巻くようにする。

〈決める①〉
左手のひらに右手２指を打ちつける。

きまる【決まる】2

「心が決まる」

→〈心〉+〈決める②〉

例文の「決まる」は決心する意味なので〈決める②〉で表現。〈決める②〉は「決心」「覚悟する」などの意味がある。「心を決める」も同じ手話。

〈心〉
右人差指でみぞおち辺りをさす。

〈決める②〉
左手のひらに右こぶしを打ちつける。

きまる【決まる】3

「服装が決まっている」

→〈服〉+〈定まる〉

例文の「決まる」は規則などで一律に固定されている意味なので〈定まる〉で表現。〈定まる〉は変わらない、一定しているという意味がある。

〈服〉
親指を立てた両手をえりに沿って下におろす。

〈定まる〉
両手指を曲げて上下に組み合わす。

きまる【決まる】4

「(食べなければ)
死ぬに決まっている」

→(〈食べる①〉+〈ない①〉+)
〈死ぬ①〉+〈当たり前〉

例文の「決まる」は当然そうなる意味なので〈当たり前〉で表現。〈当たり前〉はごく自然、普通、当然などの意味がある。

〈死ぬ①〉
両手のひらを合わせ、横に倒す。

〈当たり前〉
両手の親指と人差指を合わせて左右にすばやく開く。

ぎむ【義務】

「義務(を果たす)」

→〈ギ〉+〈責任①〉
(+〈解決①〉)

「義務」は行う責任がある意味で、指文字〈ギ〉+〈責任①〉で表現。指文字で〈ギ〉+〈ム〉と表現することもある。

〈ギ〉

中指と薬指と親指を閉じた右手を左から右へ動かす。

〈責任①〉

右肩に軽く全指を折り曲げた右手をのせる。

キムチ

「白菜キムチ」

→(〈白〉+)
〈野菜〉+〈キムチ〉

「キムチ」は〈キムチ〉で表現。〈キムチ〉は辛くて口がひりひりするさまを表す。

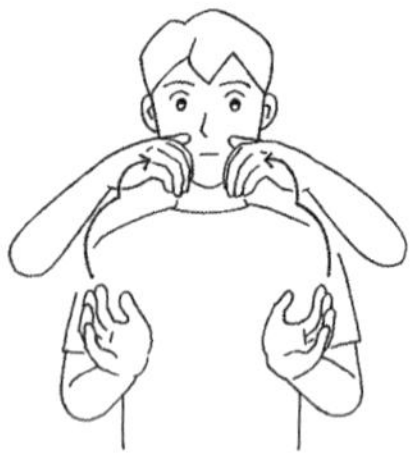

〈野菜〉

指先を上に向けた両手を向かい合わせて上にあげ、丸めるように指先を下に向ける。

〈キムチ〉

右親指と人差指を閉じたり開いたりしながら口の前を左から右に動かす。

きめる【決める】1

「当番を決める」

→〈腕章〉+〈決める①〉

例文の「決める」は決定する意味なので〈決める①〉で表現。〈決める①〉はぴしゃりと机をたたくさまで決定の意味を表す。

〈腕章〉

親指と人差指で腕章のように上腕に回す。

〈決める①〉

左手のひらに右手2指を軽く打ちつける。

きめる【決める】2

「心を決める」

→〈心〉+〈決める②〉

例文の「決める」は決心する意味なので〈決める②〉で表現。〈決める②〉は「決心」「覚悟する」「心が決まる」の意味がある。

〈心〉

右人差指でみぞおち辺りをさす。

〈決める②〉

左手のひらに右こぶしを打ちつける。

きめる【決める】3

「できないと決めてかかる」

→〈難しい〉+〈思い込む①〉

例文の「決めてかかる」は思い込むことなので〈思い込む①〉で表現。〈思い込む①〉はかたく思い込むさまを表す。

〈難しい〉

右手の親指と人差指でほおをつねるようにする。

〈思い込む①〉

しっかり握った右こぶしを頭に当てて力を入れる。

きもち【気持ち】1

「気持ちがわかる」

→〈気持ち〉+〈知る②〉

例文の「気持ち」は心の中の状態の意味で〈気持ち〉で表現。

〈気持ち〉

右人差指でみぞおち辺りに小さく円を描く。

〈知る②〉

右こぶしで軽く胸をたたく。

きもち【気持ち】2

「(あの人の)態度は気持ちが悪い」

→(〈あれ〉+〈男〉+)〈態度〉+〈そぐわない〉

例文の「気持ちが悪い」は自分とはそぐわない、嫌だという意味なので〈そぐわない〉で表現。〈そぐわない〉はそりが合わないさまを表す。

〈態度〉

こぶしを握った両手を交互に上下させる。

〈そぐわない〉

両手の指背側を合わせて、上下にこすり合わせる。

きもの【着物】

「着物を縫う」

→〈着物〉+〈縫う〉

「着物」は日本の伝統的な和服のことで〈着物〉で表現。着物のえりを合わせるさまを表す。

〈着物〉

着物のえりを合わせるように右手と左手を順番に胸で重ねる。

〈縫う〉

左手の親指と人差指を閉じ、右手で針を持って縫うように動かす。

きもち【気持ち】3

「(食べ過ぎて)気持ちが悪い」

→(〈食べる①〉+〈過ぎる〉+)〈むかつく〉

例文の「気持ちが悪い」は気分が悪い意味なので〈むかつく〉で表現。吐きそうなさまで、気持ちが悪いことを表す。

〈むかつく〉

右手のひらを胸に当て、上にこすりあげるようにする。

ぎもん【疑問】

「成功するかどうか疑問だ」

→(〈成功〉+)〈疑問①〉または〈疑問②〉

「疑問」はおかしいと思うことで〈疑問①〉または〈疑問②〉で表現。疑問符を描く。人差指だけで描くこの表現は国際的に共通している。

〈疑問①〉

右人差指で「?」を描く。

〈疑問②〉

つまんだ右親指と人差指で「?」を描く。

きもち【気持ち】4

「ほんの気持ちばかりのお礼」

→〈少し〉+〈ありがとう〉

例文の「気持ち」はしるしの意味で、全体として少しばかり感謝の気持ちを表すあいさつ表現の一つ。〈少し〉+〈ありがとう〉と表現。

〈少し〉

右手の親指と人差指を合わせ、親指をはじく。

〈ありがとう〉

左手甲に右手を軽く当て、拝むようにする。

きゃく【客】

「観光客」

→〈さがす①〉+〈客〉

「客」は外部から迎え入れる人のこと。〈客〉で表現。〈客〉は右親指を人に見立てて、迎え入れるさまを表す。

〈さがす①〉

親指と人差指で作った丸を目の前で回しながら右へ動かす。

〈客〉

左手のひらに親指を立てた右手をのせ、右から手前に引き寄せる。

き

きやく【規約】

「規約」
→〈規則〉+〈約束〉

「規約」は箇条書きにした組織などの規則の意味。〈規則〉+〈約束〉と表現する。

〈規則〉
左手のひらに折り曲げた右手2指を打ちつける。

〈約束〉
両手小指をからませる。

ぎゃくこうか【逆効果】

「逆効果になる」
→〈逆効果〉+〈変わる①〉

「逆効果」は〈逆効果〉で表現。〈逆効果〉は〈効果〉と逆方向の動きで表す。

〈逆効果〉
手のひらを前方に向けて立てた左手の甲に右こぶしをつけ、手前に引く。

〈変わる①〉
手のひらを手前に向けた両手を交差させる。

ぎゃく【逆】1

「(立場が)逆」
→(〈立つ〉+)
〈あべこべ①〉

例文の「立場が逆」は立場が入れ換わることで〈あべこべ①〉で表現。〈あべこべ①〉は前後の位置が入れ換わるさまで逆になることを表す。

〈あべこべ①〉
すぼめた両手を前後に置き、入れ換える。

(補助図)
(上から見た図)

ぎゃくじょう【逆上】

「逆上してなぐる」
→〈逆上〉+〈なぐる①〉

例文の「逆上」は〈逆上〉で表現。〈逆上〉は血が頭にのぼるさまで激しい怒りを表す。

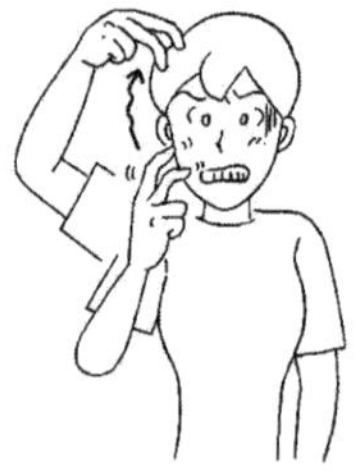

〈逆上〉
右手2指で顔の横を駆けあがるようにする。

〈なぐる①〉
右こぶしでなぐるようにする。

ぎゃく【逆】2

「上下を逆にする」
→〈逆〉

例文の「上下を逆にする」は上下の位置を入れ換えることで〈逆〉で表現。〈逆〉は上下を入れ換えるさまで上下を逆にする意味を表す。

〈逆〉
全指を軽く折り曲げた両手の上下を入れ換える。

ぎゃくたい【虐待】

「(子供を)虐待する」
→(〈子供①〉+)
〈いじめる〉+〈切りつける〉

「虐待」は〈いじめる〉+〈切りつける〉で表現。〈いじめる〉はつつくさま、〈切りつける〉は左手の人を右手で切りつけるさまを表す。

〈いじめる〉
左親指を右手の親指と人差指で上からつつくようにする。

〈切りつける〉
〈いじめる〉の左親指を残し、右人差指で切りつけるようにする。

ぎゃくてん【逆転】

「状況が逆転する」

→〈状態①〉+〈逆転〉

「逆転」は順位や状況が反対になること。〈逆転〉で表現。〈逆転〉は上下がひっくり返るさまを表す。

〈状態①〉

両手のひらを前に向けて、交互に上下させる。

〈逆転〉

上下に向かい合わせた両手を弧を描いて入れ換える。

きゃっかんてき【客観的】

「客観(的に判断する)」

→〈客〉+〈見る①〉
(+〈合う①〉+〈判断〉)

「客観的」は第三者的にものを考える公平なものの見方。日本語に対応して〈客〉+〈見る①〉+〈合う①〉と表現するのが一般的。

〈客〉

左手のひらに親指を立てた右手をのせ、右から手前に引き寄せる。

〈見る①〉

右人差指を右目元から前に出す。

キャスター

「キャスターを務める」

→〈キャスター〉+〈責任①〉

例文の「キャスター」はニュースキャスターのことなので〈キャスター〉で表現。〈キャスター〉は左手がマイク、右手が司会の意の〈司〉を表す。

〈キャスター〉

左こぶしの上から親指と人差指をつけた右手で「┐」を描く。

〈責任①〉

右肩に軽く全指を折り曲げた右手をのせる。

キャッシュカード

「キャッシュカード」

→〈金(かね)①〉+〈カード②〉

例文の「カード」は情報が組み込まれた小型の薄い札のことなので〈カード②〉で表現。〈カード②〉は機械にカードを差し込むさまを表す。

〈金(かね)①〉

右手の親指と人差指で作った丸を示す。

〈カード②〉

親指と人差指でカードを挟むようにして前に出す。

きゃっか【却下】

「訴えを却下する」

→〈申し込まれる〉+〈却下〉

「却下」は申し入れなどを取りあげず受けつけない意味。〈却下〉で表現。

〈申し込まれる〉

左手のひらの上に右人差指をのせて手前に引き寄せる。

〈却下〉

手のひらを手前へ向け指先を上にあげようとする左手を右手のひらで押さえて落とす。

キャベツ

「キャベツが好き」

→〈キャベツ〉+〈好き①〉

「キャベツ」は〈キャベツ〉で表現。〈キャベツ〉は葉が幾重にも重なり合っているさまを表す。

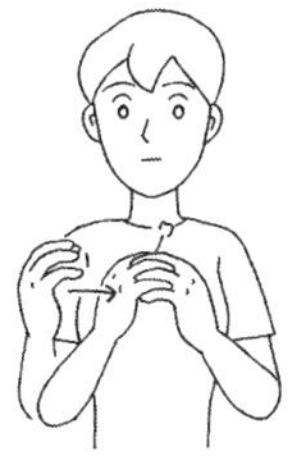

〈キャベツ〉

丸めた左手の指間に右手を挟む。

〈好き①〉

親指と人差指を開いた右手をのどに当て、下におろしながら閉じる。

キャラバン

「キャラバン隊」

→〈キャラバン〉+〈グループ〉

例文の「キャラバン」は自動車などで各地を周り、宣伝活動することなので〈キャラバン〉で表現。〈車〉の上に指文字〈C②〉をのせた。

〈キャラバン〉

「コ」の字形を示した左手の上に右手指文字〈C②〉をのせて両手を前に出す。

〈グループ〉

指先を上に向けた両手で水平に手前に円を描く。

キャンセル

「(旅行を)キャンセル」

→(〈旅行〉+)
〈約束〉+〈捨てる③〉

「キャンセル」は約束・予約などを取り消すことなので〈約束〉+〈捨てる③〉で表現。〈捨てる③〉は〈約束〉の左手を残して右手で〈捨てる〉。

〈約束〉

両手小指をからませる。

〈捨てる③〉

〈約束〉の左手を残し、右手でつまんで捨てる。

キャリア 1

「キャリア(を調べる)」

→〈経過〉または〈キャリア〉
(+〈調べる①〉)

例文の「キャリア」は経歴のことなので〈経過〉または〈キャリア〉で表現。〈経過〉は流れのさま、〈キャリア〉は〈経過〉の手の形を〈C②〉に変えた手話。

〈経過〉

左上腕から指先に向かって右手甲を流れるように動かす。

〈キャリア〉

伸ばした左腕に沿って、右指文字〈C②〉を下におろす。

キャンプ

「キャンプ場」

→〈キャンプ〉+〈場所〉

例文の「キャンプ」はテントなどを張って野外生活をすること。〈キャンプ〉で表現。〈キャンプ〉はテントを表す。

〈キャンプ〉

左手甲に軽く開いた右手全指を当て、上に引き上げながら閉じる。

〈場所〉

全指を曲げた右手を前に置く。

キャリア 2

「キャリア組」

→〈エリート〉+〈グループ〉

例文の「キャリア」は国家公務員Ｉ種合格者のことなので〈エリート〉で表現。〈エリート〉は他より抜き出ているさまを表す。

〈エリート〉

左手を立て、その後ろから右人差指を勢いよくあげる。

〈グループ〉

指先を上に向けた両手で水平に手前に円を描く。

きゅう【急】1

「急を要する」

→〈はやい①〉+〈必要①〉

例文の「急」は急ぐことなので〈はやい①〉で表現。〈はやい①〉は矢が飛ぶような速さのさまを表す。

〈はやい①〉

親指と人差指を閉じた右手をすばやく左へ動かしながら人差指を伸ばす。

〈必要①〉

指文字〈コ〉を示した両手を手前に引き寄せる。

きゅう【急】2

「急な坂」

→〈急な坂〉

例文の「急」は勾配の角度が直角の方向に近い意味なので〈急な坂〉で表現。〈坂〉を急勾配にして表現した手話。

〈急な坂〉

右手のひらで勾配の急な坂を示す。

きゅう【急】3

「急ブレーキ」

→〈急に〉+〈ブレーキ〉

例文の「急」は突然の意味なので〈急に〉で表現。〈急に〉は突然起こる急なできごとを表す。

〈急に〉

右人差指を勢いよくすくいあげる。

〈ブレーキ〉

指先を斜め上に向けて両手を並べ、右手を押し込むように前に動かす。

きゅう【灸】1

「肩に灸をする」

→〈肩〉+〈灸(きゅう)〉

例文の「灸」は〈灸〉で表現。〈灸〉は皮膚の上のもぐさに火をつけたさまを表す。

〈肩〉

指先をやや開いた右手で左肩をおおうようにさわる。

〈灸(きゅう)〉

左手甲から右手指を上に向けて揺らしながら上にあげる。

きゅう【灸】2

「灸を据える」

→左〈息子〉+〈しかる②〉

例文の「灸を据える」は慣用句で戒めるために厳しくしかることなので〈しかる②〉で表現。〈しかる②〉は親指で「めっ」としかるさまを表す。

左〈息子〉

親指を立てた左手を腹から前に出す。

〈しかる②〉

左親指に向かって右親指を振りおろしてとめる。

きゅう【九】1

「九歳です」

→〈年齢〉+〈９〉

数字の「９」は〈９〉で表現する。

〈年齢〉

あごの下で右手指を順に折る。

〈９〉

右親指を立て、４指の指先を閉じて左に向け示す。

きゅう【九】2

「九人」

→〈九人〉

例文の「九人」は左手の数字〈９〉と右手〈人〉を合わせて表現する。

〈九人〉

左手で〈９〉を示し、その下で右人差指で「人」を描く。

き

きゅうきゅうしゃ【救急車】

「救急車(で運ばれる)」
→〈十字〉+〈ライト〉
(+〈入院〉)

「救急車」は赤ライトを点滅させる赤十字の印の入った車両なので〈十字〉+〈ライト〉で表現。

〈十字〉
両手人差指を交差させて「十」を作る。

〈ライト〉
右手指を軽く開き手首で回転させる。

きゅうきゅうばこ【救急箱】

「救急箱」
→〈十字〉+〈箱①〉

「救急箱」は〈十字〉+〈箱①〉で表現。〈十字〉は十字を、〈箱①〉は箱のさまを表す。

〈十字〉
両手の人差指で十字を作る。

〈箱①〉
指先を曲げた両手を上下に重ねる。

きゅうけい【休憩】

「休憩する」
→〈休憩〉
または〈休む①〉

「休憩」は仕事などの合間に一服すること。〈休憩〉または〈休む①〉で表現。〈休憩〉は窓を開けて風を入れかえるさまを表す。

〈休憩〉
両手の小指側を前に向けながら交差を繰り返す。

〈休む①〉
手のひらを下にした両手を左右から閉じる。

きゅうこう【急行】

「急行列車(で行く)」
→〈はやい①〉+〈電車〉
(+〈行(い)〈①〉)

「急行」は主要駅にのみ停車する列車の意味。〈はやい①〉で表現。矢が飛ぶような速さのさまを表す。

〈はやい①〉
親指と人差指を閉じた右手をすばやく左へ動かしながら人差指を伸ばす。

〈電車〉
折り曲げた右手2指を左手2指に沿って前に動かす。

きゅうさい【救済】1

「救済活動」
→〈助ける①〉+〈活動〉

例文の「救済」は〈助ける①〉で表現。〈助ける①〉は後押しするさまを表す。「助ける」「後援」「助力」などの意。

〈助ける①〉
親指を立てた左手の後ろを右手のひらで軽く後押しする。

〈活動〉
ひじを少し張り、ひじを軸に両こぶしを交互に繰り返し前に出す。

きゅうさい【救済】2

「被爆(者)救済」
→〈被爆〉(+〈人々①〉+)〈救済〉

例文の「救済」は〈救済〉で表現。〈救済〉は左手は人、右手は助け守るさまを表す。

〈被爆〉
左こぶしの下に右こぶしを当て、右手を手前に勢いよく開く。

〈救済〉
左人差指を立て、右手を前方から左甲に当て、引き寄せる。

きゅうしゅう
【吸収】1

「栄養を吸収する」
→〈栄養〉

「栄養を吸収する」は体に必要なエネルギー源を取り入れること。〈栄養〉で表現。〈栄養〉は「栄養」「栄養をとる」を意味する。

〈栄養〉
手のひらを上に向けた右手指先を体に当てる。

きゅうどう【弓道】

「弓道の大会」
→〈弓道〉+〈大会〉

「弓道」は〈弓道〉で表現。〈弓道〉は弓を引くさまを表す。

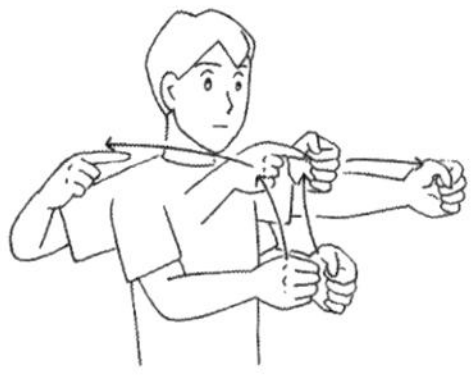

〈弓道〉
左こぶしを前に出して腕を伸ばすと同時に右こぶしを人差指に変えて後ろに引く。

〈大会〉
両手指先を上に向け、甲を前に向けて重ね、右手を前に出す。

きゅうしゅう
【吸収】2

「技術を吸収する」
→〈技術〉+〈癖〉

例文の「吸収」は技術を取り入れて自分のものにする意味なので〈癖〉で表現。〈癖〉は身に取り入れる、身についたものを表す。

〈技術〉
握った左手首を右手人差指で軽くたたく。

〈癖〉
左手甲に右手を上からぶつけるようにして握る。

きゅうに【急に】

「急に(雨が降り出す)」
→〈突然〉
　または〈急に〉
　(+〈雨①〉)

例文の「急に」は突然の意味なので〈突然〉または〈急に〉で表現。〈突然〉はシャボン玉が触れ合ってはじけるさまで突然の意味を表す。

〈突然〉
両手の親指と人差指で作った丸をぶつけ、左右にぱっと開く。

〈急に〉
右人差指を勢いよくすくいあげる。

きゅうしゅう
【九州】

「九州」
→〈九州①〉
　または〈九州②〉

「九州」は〈九州①〉または〈九州②〉で表現。数字〈9〉を手の甲におろして表す。

〈九州①〉
左手の甲の上に数字〈9〉を軽くのせる。

〈九州②〉
数字〈9〉の右手を下に垂らす。

ぎゅうにゅう
【牛乳】

「牛乳を飲む」
→〈ミルク〉+〈飲む①〉

「牛乳」は〈ミルク〉で表現。〈ミルク〉は乳首を吸うさまを表す。

〈ミルク〉
右中指を折り曲げて関節部分を口元に当てる。

〈飲む①〉
コップを持って、飲むようにする。

き

きゅうふ【給付】1

「お金を給付する」

→〈金(かね)①〉+〈給付〉

例文の「給付」は〈給付〉で表現。〈給付〉は右手のお金を左手に乗せて支給するさまを表す。

〈金(かね)①〉

右手の親指と人差指で作った丸を示す。

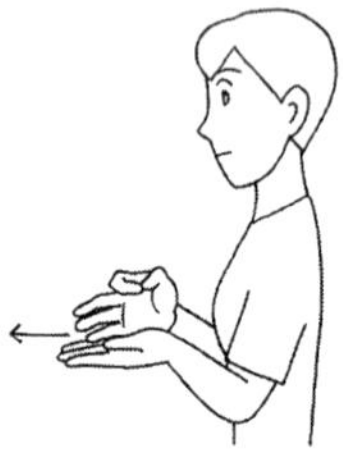

〈給付〉

左手のひらに丸を作った右手を乗せ、前方に出す。

きゅうふ【給付】2

「お金を給付される」

→〈金(かね)①〉+〈給付される〉

例文は受身形なので〈給付される〉で表現。〈給付される〉は〈給付〉の逆方向の動作で表す。

〈金(かね)①〉

右手の親指と人差指で作った丸を示す。

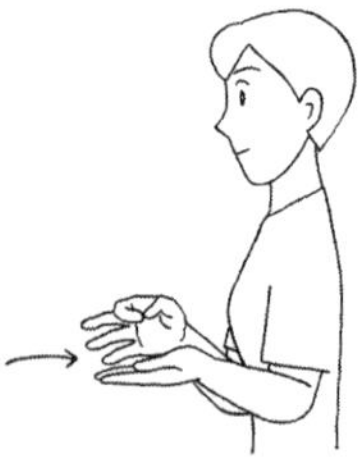

〈給付される〉

左手のひらに丸を作った右手を乗せ、手前に引く。

きゅうめいどうい【救命胴衣】

「救命胴衣」

→〈救命〉+〈厚着〉

「救命胴衣」は〈救命〉+〈厚着〉で表現。〈救命〉は左手が命、右手が助ける意、〈厚着〉はふくらんだ胴衣のさまを表す。

〈救命〉

左こぶしを胸に当て、立てた右手をその上に重ねる。

〈厚着〉

「コ」の字形の両手を胸の前から下におろす。

きゅうよう【休養】

「休養する」

→〈休む①〉+〈大切③〉

「休養する」は仕事などを休んで体を休める意味なので〈休む①〉+〈大切③〉で表現。

〈休む①〉

手のひらを下にした両手を左右から閉じる。

〈大切③〉

左手甲を右手でなでるように回す。

キュウリ【胡瓜】

「キュウリ畑」

→〈キュウリ〉+〈農業〉

「キュウリ」は〈キュウリ〉で表現。キュウリのやや曲がった形状を両手で表現。

〈キュウリ〉

両手の親指と人差指で作った丸を付け、左右に小さく弧を描くように離す。

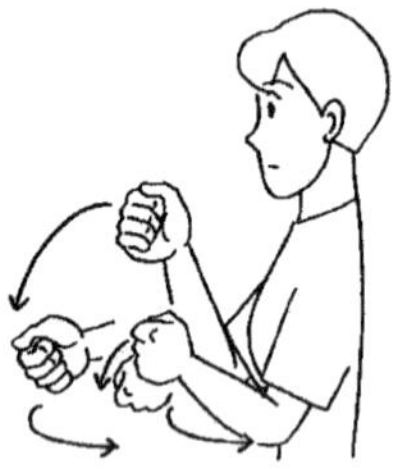

〈農業〉

両手のこぶしを握り、くわで耕すようにする。

きゅうりょう【給料】

「給料が安い」

→〈給料〉+〈安い②〉

「給料」は労働の報酬として受け取るお金。〈給料〉で表現。〈給料〉は雇用者などからお金を受け取る丁寧なしぐさを表す。

〈給料〉

左手のひらに右手親指と人差指で作った丸を添えて手前に引き寄せる。

〈安い②〉

胸の高さに置いた左手のひらに右手の親指と人差指で作った丸を下ろしてつける。

きよい【清い】

「清い水」

→〈美しい②〉+〈流れる②〉

「清い」はきれいで汚れのないさまの意味なので〈美しい②〉で表現。「きれい」「美しい」を意味する。

〈美しい②〉

左手のひらをなでるように右手のひらを滑らせる。

〈流れる②〉

右手の甲を下にして波のようにゆらゆら上下に揺すりながら右へやる。

きょう【今日】

「今日飛行機で出発する」

→〈今①〉+〈離陸〉

「今日」はその日のことで〈今①〉で表現。体の前の空間が現在の時制を表す。「今」「現在」「今日」も同じ手話になる。

〈今①〉

両手のひらで軽く押さえつける。

〈離陸〉

左手のひらの上から親指と小指を出した右手を左上に飛び出すようにあげる。

きよう【器用】1

「手先が器用だ」

→〈細かい①〉+〈上手(じょうず)〉

例文の「器用」は細かいことをうまくこなす意味なので〈細かい①〉+〈上手〉で表現。

〈細かい①〉

両手の親指と人差指をつまみ、つき合わせ、つぶすようにする。

〈上手(じょうず)〉

右手のひらを左下腕からなでるように伸ばす。

きよう【器用】2

「器用に立ち回る」

→〈ふれあう〉+〈得意〉

例文の「器用」はうまくやる意味なので〈得意〉で表現。手話は人あしらいがうまいという意味を表す。

〈ふれあう〉

人差指を立てた両手を交互に前後入れ換えながら軽くふれ合わせ、左から右へ動かす。

〈得意〉

親指と小指を立てた右手の親指を鼻に当て、斜め上に出す。

きょういく【教育】1

「(人を)教育する」

→(〈人〉+)
〈教える①〉+〈育てる①〉

例文の「教育」は人を教え、育てること。〈教える①〉+〈育てる①〉で表現するが、〈教える①〉だけでもよい。

〈教える①〉

右人差指を口元付近から手首を軸にして振りおろす。

〈育てる①〉

左手の親指に指先を伸ばした右手を繰り返し当てる。

きょういく【教育】2

「教育問題」

→〈教える①〉+〈問題〉

例文の「教育問題」は〈教える①〉+〈問題〉で表現。ここでは「教育する」で使われた〈育てる①〉は省かれる。

〈教える①〉

右人差指を口元付近から手首を軸にして振りおろす。

〈問題〉

両手の親指と人差指をつまみ「 ˥ を描く。

き

きょういん【教員】

「教員」

→〈教える①〉+〈人々①〉

「教員」は教師、先生のこと。〈教える①〉+〈人々①〉で表現。〈教える①〉の語源は発音を教えることから。単数なら〈教える①〉だけで表現。

〈教える①〉

右人差指を口元付近から手首を軸にして振りおろす。

〈人々①〉

親指と小指を立てた両手を揺らしながら左右に開く。

きょうかい【協会】

「(ろうあ)協会」

→(〈ろうあ①〉+)
〈協会①〉
または〈協会②〉

「協会」は〈協会①〉または〈協会②〉で表現。どちらも円を描くことで連帯するグループを表す。

〈協会①〉

両手の親指と人差指を組み、水平に回す。

〈協会②〉

人差指を組み、水平に回す。

きょうかい【境界】1

「土地の境界」

→〈土〉+〈境界〉

例文は〈土〉+〈境界〉で表現。〈境界〉は接する境目を表す。

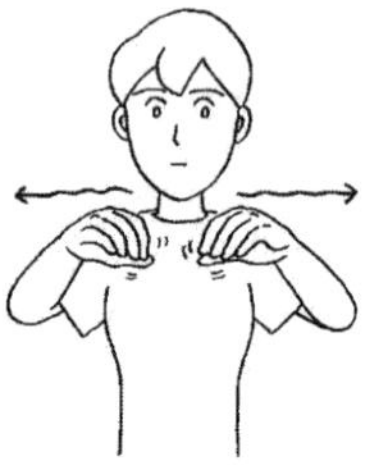

〈土〉

両手の親指と４指をこすり合わせて左右に開く。

〈境界〉

指を折り曲げた両手をつけ合わせ、前に出す。

きょうかい【境界】2

「隣との境界線」

→〈隣〉+〈境界〉

例文は〈隣〉+〈境界〉で表現。「境界線」も〈境界〉で表す。

〈隣〉

右人差指の先を前に向け、右へ手首を返す。

〈境界〉

指を折り曲げた両手をつけ合わせ、前に出す。

きょうかい【教会】

「キリスト教会」

→〈十字〉+〈家〉

例文の「教会」はキリスト教の礼拝堂及びその集まりの意味。〈十字〉+〈家〉で表現。十字架の掛かった建物を表す。

〈十字〉

両手の人差指で十字を作る。

〈家〉

両手で屋根形を作る。

きょうかしょ【教科書】

「教科書」

→〈教える①〉+〈本〉

「教科書」は学校で勉強を教えるテキスト、教本のこと。〈教える①〉+〈本〉で表現。

〈教える①〉

右人差指を口元付近から手首を軸にして振りおろす。

〈本〉

両手のひらを合わせて本を開くように左右に開く。

き

きょうかつ【恐喝】

「恐喝事件」
→〈おどす〉+〈事件〉

「恐喝」はおどかしてお金や物を奪うこと。〈おどす〉で表現。〈おどす〉は人をおどすさまを表す。

〈おどす〉
親指を立てた左手に全指を折り曲げた右手をかぶせるようにおろす。

〈事件〉
左手の指文字〈コ〉の下で右人差指をすくいあげるようにする。

きょうかん【共感】1

「その意見に共感する」
→〈意見〉+〈同じ③〉

例文の「共感する」は〈同じ③〉で表現。〈同じ③〉は相手と自分が同じであることを表す。「共感を覚える」も同手話。

〈意見〉
右小指を頭に当て、手首を返しながら前に出す。

〈同じ③〉
両手を相手と自分の前に置き、親指と人差指を同時に閉じる。

きょうかん【共感】2

「映画が共感を呼ぶ」
→〈映画〉+〈人気①〉

例文は〈映画〉+〈人気①〉で表現。〈人気①〉は視線、関心が集中するさまを表す。

〈映画〉
指間を軽く開き、両手のひらを目の前で前後に重ね、交互に上下させる。

〈人気①〉
左人差指に指先を揺らした右手を近づける。

きょうぎ【競技】

「競技に参加する」
→〈競争〉+〈参加①〉

「競技」は順位を競うスポーツなどの意味。〈競争〉で表現。走って先頭を争うさまを表す。「競争」も同じ手話になる。

〈競争〉
親指を立てた両手を競うように交互に前後させる。

〈参加①〉
指先を上に向け、手のひらを手前に向けた左手に人差指を立てた右手を打ちつける。

きょうぎ【協議】

「協議を始める」
→〈相談〉+〈開（ひら）く④〉

「協議」はお互いに話し合う意味なので〈相談〉で表現。〈相談〉は複数の人間が集まって協議、相談するさまを表す。

〈相談〉
親指を立てた両手を軽くぶつけ合う。

〈開（ひら）く④〉
両手のひらを下に向けて並べ、左右に開く。

ぎょうぎ【行儀】

「行儀が悪い」
→〈常識〉+〈悪い①〉

「行儀」はエチケット、マナーの意味。〈常識〉で表現。〈常識〉は礼儀など常識的に必要な「エチケット」「マナー」などを意味する。

〈常識〉
両こぶしの小指側を繰り返し打ちつける。

〈悪い①〉
人差指で鼻をこするようにして振りおろす。

き

きょうきゅう【供給】

例文の「供給」は〈与える①〉で表現。

「電力供給」
→〈電気〉+〈与える①〉

〈電気〉
親指と中指を向かい合わせ、繰り返しはじく。

〈与える①〉
両手のひらを上に向け並べて前に差し出す。

ギョウザ【餃子】

「ギョウザ」は〈ギョウザ〉で表現。〈ギョウザ〉はギョウザを握って作るさまを表す。

「ギョウザを作る」
→〈ギョウザ〉+〈作る〉

〈ギョウザ〉
手のひらを上向きにした右手の4指を折り曲げる動作を繰り返す。

〈作る〉
両手のこぶしを上下に打ちつける。

きょうくん【教訓】1

例文は〈教訓〉+〈説明〉で表現。〈教訓〉は教えられて飲み込む(納得する)さまを表す新しい手話。

「教訓を垂れる」
→〈教訓〉+〈説明〉

〈教訓〉
右人差指を額に向けて動かし、次に指先を下に向けてさげる。

〈説明〉
左手のひらを右手で小刻みにたたく。

きょうさん【共産】

「共産党」は科学的社会主義を掲げる政党。〈赤い〉+〈普通〉で表現。シンボルカラーが赤で〈普通〉=平等をうたうところから。

「共産(党)」
→〈赤〉+〈普通〉
(+〈党〉)

〈赤〉
唇に人差指を当て、右へ引く。

〈普通〉
両手の親指と人差指を合わせて左右に開く。

きょうくん【教訓】2

例文は〈教訓〉で表現。〈教訓〉は教えられて飲み込む(納得する)さまなので教訓を受ける側の表現である。

「教訓を得る」
→〈教訓〉

〈教訓〉
右人差指を額に向けて動かし、次に指先を下に向けてさげる。

きょうし【教師】1

例文の「教師」は複数の先生を意味するので〈教える①〉+〈人々①〉で表現。

「(多くの)教師」
→〈教える①〉+〈人々①〉
(+〈たくさん③〉)

〈教える①〉
右人差指を口元付近から手首を軸にして振りおろす。

〈人々①〉
親指と小指を立てた両手を揺らしながら左右に開く。

きょうし【教師】2

「男性教師」

→〈教える①〉+〈男〉

例文の「教師」は先生のこと。男性は〈教える①〉+〈男〉、女性なら〈教える①〉+〈女〉で表現する。

〈教える①〉

右人差指を口元付近から手首を軸にして振りおろす。

〈男〉

親指を立てた右手を出す。

ぎょうじ【行司】

「行司を辞める」

→〈行司〉+〈辞(や)める〉

「行司」は〈行司〉で表現。〈行司〉は軍配をあげるさまを表す。

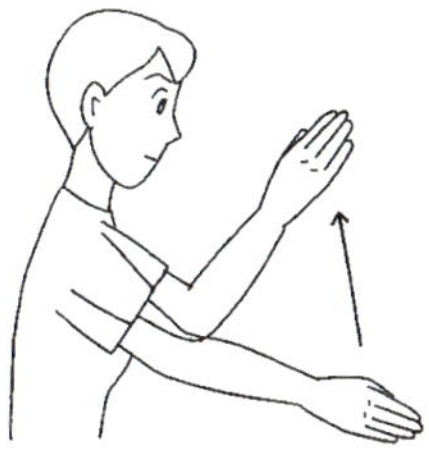

〈行司〉

右手を体の前から上にあげる。

〈辞(や)める〉

左手のひらの上にすぼめた右手をのせて手前に引く。

ぎょうじ【行事】1

「伝統行事」

→〈伝統②〉+〈行事〉

例文の「行事」は社会や団体が定期的に行う催し。〈行事〉で表現。〈行事〉は漢字の「行」の字形を表す。

〈伝統②〉

親指と小指を立てた両手を交互に回しながら下にさげる。

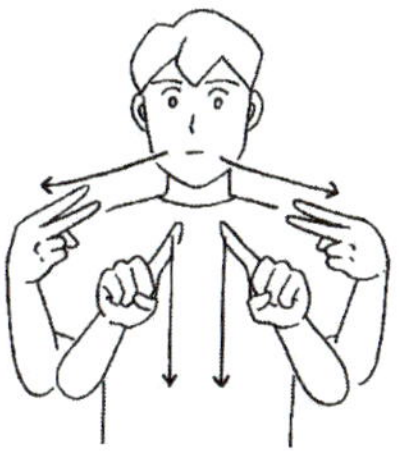

〈行事〉

両手２指の甲側を前に向け斜め左右に開き、手首を返して両手人差指で平行に縦に線を描く。

ぎょうじ【行事】2

「(年間)行事計画」

→(〈一年①〉+)〈活動〉+〈計画〉

例文の「行事」は運動・活動や催しの予定などの意味なので〈活動〉で表現。〈活動〉は手足を活発に動かすさまを表す。

〈活動〉

ひじを少し張り、ひじを軸に両こぶしを交互に繰り返し前に出す。

〈計画〉

左手のひらを下に向け、右人差指で線を引くようにする。

きょうしつ【教室】

「教室」

→〈教える①〉+〈部屋〉

「教室」は学校などで生徒に授業を行う部屋。〈教える①〉+〈部屋〉で表現する。

〈教える①〉

右人差指を口元付近から手首を軸にして振りおろす。

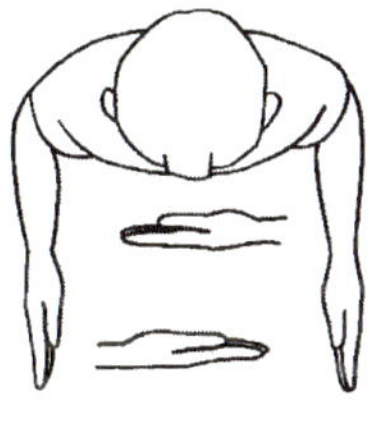

〈部屋〉

両手のひらで前後左右に四角く囲む。

きょうしゅく【恐縮】

「恐縮ですが」

→〈迷惑〉+〈しかし〉

例文「恐縮ですが」は人にものを頼む時の挨拶ことばなので〈迷惑〉+〈しかし〉で表現。「すみませんが」の意。

〈迷惑〉

親指と人差指で眉間をつまむ。

〈しかし〉

右手のひらを返す。

きょうせい【強制】1

「仕事を強制する」

→〈仕事〉+〈おどす〉

例文の「強制する」は無理にさせる意味なので〈おどす〉で表現。この場合の〈おどす〉は強制的に押し付ける意味。

〈仕事〉

手のひらを上に向け、向かい合わせた両手指先を繰り返しつき合わせる。

〈おどす〉

親指を立てた左手に全指を折り曲げた右手をかぶせるようにおろす。

きょうせい【強制】2

「強制的」

→〈無理②〉+〈合う①〉

例文の「強制的」は無理やりにさせるさまを表す。〈無理②〉+〈合う①〉で表現。

〈無理②〉

右人差指を下唇の下に当て、ねじりながら左へ動かす。

〈合う①〉

左人差指の先に右人差指の先を当てる。

きょうせい【強制】3

「強制労働」

→〈強制〉+〈工事〉

例文は〈強制〉+〈工事〉で表現。〈強制〉は人をひねりあげるさまを表す。

〈強制〉

立てた左親指を右手２指でつねるしぐさをする。

〈工事〉

左こぶしに右こぶしを左右から打ちつける。

ぎょうせい【行政】

「行政機関」

→〈行政〉+〈組織〉

「行政」は政策を実施する仕組みまたは機関の意味。〈行政〉は日本語「行政」を意味する手話。

〈行政〉

親指と人差指と中指を伸ばした両手の指先を前に向けて左右に開くように繰り返し出す。

〈組織〉

両手を胸の高さで並べ指先を開きながら左右におろす。

きょうそう【競争】

「生存競争」

→〈生きる①〉+〈争う〉

例文の「生存競争」は生きていくための競争の意味で〈生きる①〉+〈争う〉で表現。〈争う〉は相手の上に出ようと争うさまを表す。

〈生きる①〉

両ひじを張り、左右に広げる。

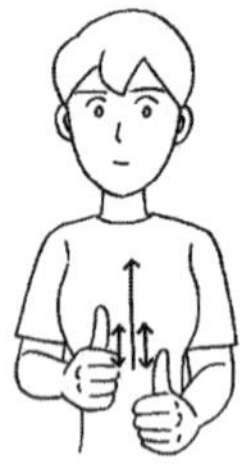

〈争う〉

親指を立てた両手を並べ、競うようにせりあげる。

きょうそう【競走】

「（百メートル）競走に勝つ」

→（〈百②〉+〈メートル①〉+）〈競争〉+〈勝つ②〉

例文の「競走」は走る競走なので〈競争〉で表現。〈競争〉は先頭を争うさまを表す。

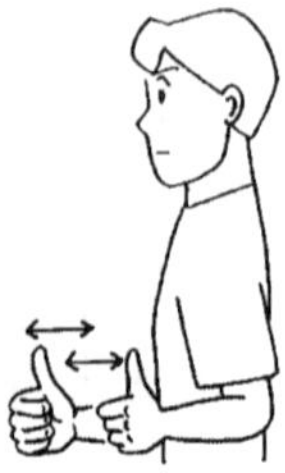

〈競争〉

親指を立てた両手を競うように交互に前後させる。

〈勝つ②〉

こぶしを上に突きあげる。

きょうだい【兄弟】

「兄弟」

→〈兄弟〉

「兄弟」は〈兄弟〉で表現。〈兄〉と〈弟〉を同時に表して〈兄弟〉とする。女のきょうだいは〈姉妹〉で表現。

〈兄弟〉

両手の中指を立て甲側を前に向け、交互に上下させる。

きょうちょう【強調】1

「強調して言う」

→〈強い①〉+〈言う②〉

例文の「強調」は力をこめて強く表現する意味なので〈強い①〉で表現。〈強い①〉は力こぶを作るさまで強いことを表す。

〈強い①〉

こぶしを握った右腕を曲げて力こぶを作るようにする。

〈言う②〉

右人差指を口元から繰り返し前に出す。

きょうちょう【強調】2

「(赤を)強調した(服)」

→(〈赤〉+)〈強い①〉+〈表(あらわ)す〉(+〈服〉)

例文の「強調」は目立つように表現する意味なので〈強い①〉+〈表す〉で表現。手話は強く表に表れるという意味を表す。

〈強い①〉

こぶしを握った右腕を曲げて力こぶを作るようにする。

〈表(あらわ)す〉

左手のひらに右人差指をつけて前に押し出す。

きょうつう【共通】

「(世界に)共通の願い」

→(〈世界〉+)〈共通〉+〈希望〉

「共通」は互いに同じか、似通った点があること。〈共通〉で表現。〈互いに〉を円を描いて表す。

〈共通〉

両腕を交差して両手の親指と人差指を閉じたり開いたりしながら水平に円を描く。

〈希望〉

手のひらを下に向けた右手の指先を揺らしながら頭から前に出す。

きょうどう【共同】

「共同作業」

→〈一緒①〉+〈仕事〉

「共同」は二人以上で一緒に行うこと。〈一緒①〉で表現。〈一緒①〉は人が寄り添うさまで共にすることを表す。

〈一緒①〉

両手の人差指を左右から合わせる。

〈仕事〉

手のひらを上に向け、向かい合わせた両手指先を繰り返しつき合わせる。

きょうふ【恐怖】

「恐怖の経験」

→〈恐(こわ)い〉+〈経験〉

「恐怖」は恐ろしい、恐いの意味。〈恐い〉で表現。〈恐い〉は体をふるわせ、恐ろしい、恐いさまを表す。

〈恐(こわ)い〉

両こぶしを握り、ふるわせる。

〈経験〉

両手指先をふれ合わせる。

きょうほ【競歩】

「競歩」

→〈歩く①〉+〈競争〉

「競歩」は〈歩く①〉+〈競争〉で表現。〈競争〉は先頭を争うさまを表す。

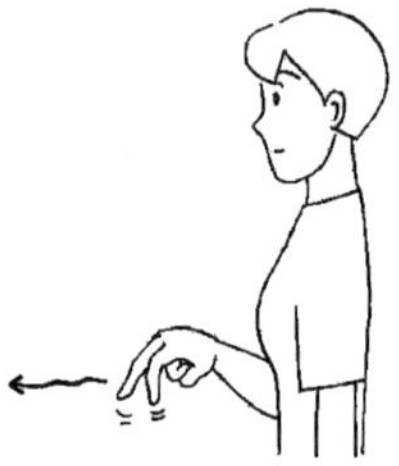

〈歩く①〉

右手２指を歩くように交互に前後させながら前に出す。

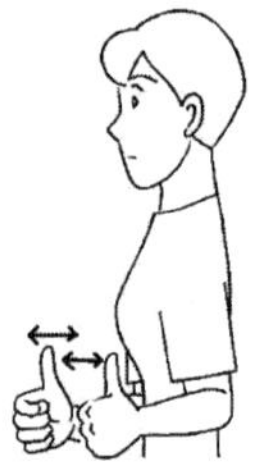

〈競争〉

親指を立てた両手を競うように交互に前後させる。

きょうよう【教養】

「教養(がある)」

→〈賢い①〉
または〈教養〉
(+〈ある①〉)

「教養」は人間的に優れた知識があることで〈賢い①〉または〈教養〉で表現。〈教養〉は頭に注がれた知識のさまを表す。

〈賢い①〉

右手の親指と人差指を閉じ、上に向かってはじくように開く。

〈教養〉

右手４指の指先を右端額に当てる。

きょうみ【興味】

「(絵に)興味を持つ」

→(〈絵〉+)
〈魅力〉+〈持つ〉

例文の「興味」は魅力を感じることなので〈魅力〉で表現。〈魅力〉は心引かれるさまを表す。

〈魅力〉

指先を手前に向けた右手を前に出しながら閉じる。

〈持つ〉

手のひらを上に向けた右手を荷物を持ちあげるように上にあげながら握る。

きょうりょく【協力】1

「彼に協力する」

→〈彼〉+〈助ける①〉

例文の「協力」は他人を助けて仕事などをする意味で〈助ける①〉で表現。〈助ける①〉は他人に対する援助を意味している。

〈彼〉

左親指を右人差指でさす。

〈助ける①〉

親指を立てた左手の後ろを右手のひらで軽く後押しする。

ぎょうむ【業務】

「業務を行う」

→〈仕事〉+〈する〉

例文の「業務」は所定の仕事のことで〈仕事〉で表現。〈仕事〉は紙をさばくさまで、かつてろう者に印刷関係の職業が多かったことに由来。

〈仕事〉

手のひらを上に向け、向かい合わせた両手指先を繰り返しつき合わせる。

〈する〉

両こぶしを力を込めて前に出す。

きょうりょく【協力】2

「みんなの協力(がある)」

→〈みんな〉+〈助けられる①〉
(+〈ある①〉)

例文の「協力」は自分が他から協力を得ることなので〈助けられる①〉で表現。援助を受ける意味を表す。

〈みんな〉

右手のひらを下に向けて水平に回す。

〈助けられる①〉

親指を立てた左手甲に右手のひらを前方から繰り返し当てる。

きょうりょく【強力】

「強力な援助」

→〈強い①〉+〈助ける①〉

例文の「強力」は力強いという意味なので〈強い①〉で表現。〈強い①〉は力こぶを示して強力なさまを表す。

〈強い①〉

こぶしを握った右腕を曲げて力こぶを作るようにする。

〈助ける①〉

親指を立てた左手の後ろを右手のひらで軽く後押しする。

きょか【許可】1

「許可証」

→〈認める①〉+〈証拠〉

例文の「許可証」はすることを認める証明の意味なので〈認める①〉+〈証拠〉で表現。〈認める①〉は人がうなずくさまを表す。

〈認める①〉

右腕を左手でつかみ、右こぶしを手首から前に倒す。

〈証拠〉

左手のひらの上に指先を折り曲げた右手を判を押すようにのせる。

ぎょうれつ【行列】

「行列ができる」

→〈並ぶ①〉

または〈並ぶ⑤〉

例文の「行列」は〈並ぶ①〉または〈並ぶ⑤〉で表現。いずれも人が並ぶさまで「行列」「並ぶ」などの意味がある。

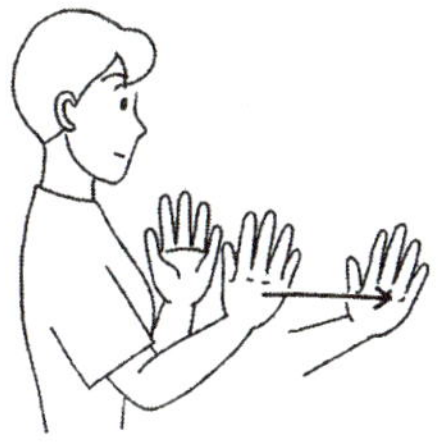

〈並ぶ①〉

左手の小指と右手の親指をつけて前後に並べ、右手を前に伸ばす。

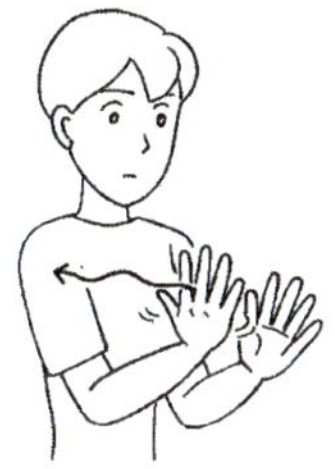

〈並ぶ⑤〉

指先を上に向けた両手を前後に置き、右手を揺らしながら手前に引く。

きょか【許可】2

「借用を許可する」

→〈貸す〉+〈認める②〉

例文の「許可」はすることを認める意味なので〈認める②〉で表現。〈認める②〉はお互いにうなずいて了解し合うさまを表す。

〈貸す〉

指先を手前に向けた右手の親指と４指を前方へ引くようにして閉じる。

〈認める②〉

両こぶしを向かい合わせて内側に倒す。

きょうわこく【共和国】

「共和国」

→〈コンビ〉+〈国(くに)〉

「共和国」は〈コンビ〉+〈国〉で表現。〈コンビ〉は一緒に行動するさまを表し、〈国〉は〈日本〉と区別するためにできた手話。

〈コンビ〉

そろえた人差指を水平に回す。

〈国(くに)〉

親指と４指を突き合わせ、左右に開きながら閉じる。

きょく【局】1

「郵便局」

→〈郵便〉+〈家〉

例文の「郵便局」は郵便を取り扱うところを意味するので〈郵便〉+〈家〉で表現。〈郵便〉は郵便の〒マークを表す。

〈郵便〉

左手２指と右手人差指で〒マークを示す。

〈家〉

両手で屋根形を作る。

きょく【局】2

「調査局」

→〈調べる①〉+〈局〉

例文の「局」は役所、企業などの部署名なので〈局〉で表現。〈局〉は漢字「局」の字形を表す新しい手話。

〈調べる①〉

右手の人差指と中指を軽く折り曲げて、目の前を左右に往復させる。

〈局〉

左手の親指と４指で丸を作り、小指側を前に向け、その横で右人差指でレ点を描く。

きょねん【去年】

「去年の五月」

→〈去年〉+〈五月〉

「去年」は一年前の意味。〈去年〉で表現。左手は木の年輪を表し「年」の意味がある。数字１を過去に表す後方へやって表す。

〈去年〉

左こぶしの親指側に右人差指を当て、肩越しに後ろに動かす。

〈五月〉

左手で〈５〉を示し、その下で右手の親指と人差指で三日月を描く。

きょひ【拒否】1

「提案を拒否する」

→〈申し込まれる〉+〈断る〉

例文の「拒否する」は受けつけず、つっかえす意味なので〈断る〉で表現。〈断る〉は受けつけず、つっかえすさまを表す。

〈申し込まれる〉

左手のひらの上に右人差指をのせて手前に引き寄せる。

〈断る〉

左指先を手前に向け、右手のひらで押し返す。

きょひ【拒否】2

「提案を拒否される」

→〈申し込む〉+〈断られる〉

「拒否される」は受けつけられず、つっかえされる意味で〈断られる〉で表現。〈断られる〉は受けつけられず、つっかえされるさまを表す。

〈申し込む〉

左手のひらの上に右人差指をのせて前に出す。

〈断られる〉

右指先を前に向け、左手のひらで受け止めて手前に押し返す。

きょひ【拒否】3

「拒否権」

→〈断る〉+〈力〉

例文の「拒否権」は断る権利を意味するので〈断る〉+〈力〉で表現。〈断る〉は受けつけず、つっかえすさまを表す。

〈断る〉

左指先を手前に向け、右手のひらで押し返す。

〈力〉

こぶしを握った左腕を曲げ、上腕に右人差指で力こぶを描く。

きょり【距離】1

「距離を測る」

→〈測る②〉+〈調べる①〉

例文の「距離」は長さの意味。〈測る②〉で表現。〈測る②〉は寸法を測るさまで、「測る」「長さ」などの意味がある。

〈測る②〉

両手の閉じた親指と人差指を左右に開く。

〈調べる①〉

右手の人差指と中指を軽く折り曲げて、目の前を左右に往復させる。

きょり【距離】2

「短距離競走」

→〈短い①〉+〈競争〉

例文の「短距離」は短い距離の意味なので〈短い①〉で表現。〈短い①〉は長さが短いさまで「短い」「短距離」などの意味がある。

〈短い①〉

親指と人差指を閉じた両手を左右からさっと近づける。

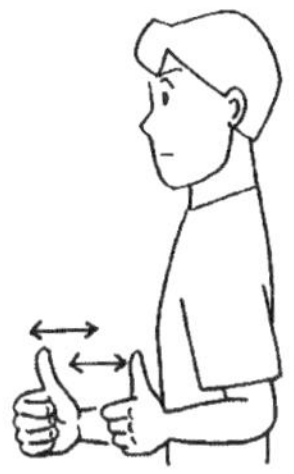

〈競争〉

親指を立てた両手を競うように交互に前後させる。

きらい【嫌い】1

「好き嫌い」

→〈好き①〉+〈嫌い①〉

例文の「嫌い」は心が受け付けない意味で〈嫌い①〉で表現。〈嫌い①〉は受け付けずはじき出すさまで嫌いの意味を表す。「嫌う」の意味もある。

〈好き①〉

親指と人差指を開いた右手をのどに当て、下におろしながら閉じる。

〈嫌い①〉

親指と人差指を閉じた右手をのどに当て、前に向かってぱっと開く。

きらい【嫌い】2

「ヘビが嫌い」

→〈ヘビ〉+〈嫌い②〉
（または〈嫌い①〉）

例文の「嫌い」は心が受け付けない意味で〈嫌い①〉または〈嫌い②〉で表現。〈嫌い②〉は気持ち悪く嫌いだというさまを表す。表情に注意。

〈ヘビ〉

親指を外に出して握った右こぶしをくねらせながら前に出す。

〈嫌い②〉

右手の親指と人差指を胸に突き立てるようにする。

きらう【嫌う】1

「勉強を嫌う」

→〈勉強②〉+〈嫌い①〉

例文の「嫌う」は心が受け付けない意味で〈嫌い①〉で表現。〈嫌い①〉は受け付けずはじき出すさまで嫌いの意味を表す。

〈勉強②〉

指先を上に向けた両手を並べて軽く前に出す。

〈嫌い①〉

親指と人差指を閉じた右手をのどに当て、前に向かってぱっと開く。

きらう【嫌う】2

「みんなに嫌われる」

→〈みんな〉+〈つまはじき②〉

例文「嫌われる」は人に受け入れられない意味で〈つまはじき②〉で表現。手話はその人がみんなからつまはじきされているさまを表す。

〈みんな〉

右手のひらを下に向けて水平に回す。

〈つまはじき②〉

左親指のまわりを右手の親指と中指ではじきながら回す。

きり【錐】

「錐で穴を開ける」

→〈錐（きり）〉+〈開（あ）ける⑦〉

「錐（きり）」は木材などに小さな穴をあけるための道具。〈錐（きり）〉で表現。〈錐（きり）〉はきりをもみこむさまを表す。

〈錐（きり）〉

きりで穴を開けるしぐさをする。

〈開（あ）ける⑦〉

軽く握った左手の穴の中に右手人差指をつっこむ。

きり【霧】

「霧がかかる」

→〈白〉+〈霧〉

「霧」は〈霧〉で表現。〈霧〉はうっすらと白い霧が目の前を流れるさまを表す。「霧」「霧がかかる」の意味を表す。

〈白〉

右人差指で前歯を指さし、左へ引く。

〈霧〉

指先を上に向けて手のひらを前に向けた両手を並べて、左から右へゆっくり動かす。

キリン

「キリン」

→〈キリン〉

「キリン」は〈キリン〉で表現。角のような耳と長い首のキリンのさまを表す。

〈キリン〉

右手の親指と人差指と中指を立て右腕を左手で握る。

きりふだ【切り札】

「最後の切り札を出す」

→〈まで〉+〈花札〉

例文は比喩的に最後にとっておきの手段を使うことなので〈花札〉で表現。〈花札〉は花札・トランプなどで切り札を出すさまを表す。

〈まで〉

左手のひらに右手指先をつける。

〈花札〉

左手でカードをはさみ持つようにして、右手でそれを引き抜き、前に投げ出すようにする。

きる【切る】1

「テープをはさみで切る」

→〈テープ①〉+〈切る①〉

例文の「はさみで切る」は〈切る①〉で表現。〈切る①〉ははさみでちょきんと切るさまを表す。

〈テープ①〉

テープの幅に合わせるように開いた両手の親指と人差指を左右に引く。

〈切る①〉

右手2指をはさみで切るようにする。

きりゅう【気流】

「気流が乱れる」

→〈空〉+〈波②〉

例文は〈空〉+〈波②〉で表現。〈空〉は上に広がる空間を表す。〈波②〉は波の動きを表す。「乱気流」も同手話。

〈空〉

右手で頭上に弧を描く。

〈波②〉

指先を左に向け手のひらを下に向けた右手を波打たせながら左に動かす。

きる【切る】2

「紙をはさみで切る」

→〈四角①〉+〈切る②〉

例文の「はさみで切る」ははさみでものを切ることなので〈切る②〉で表現。〈切る②〉ははさみでものをちょきちょき切るさまを表す。

〈四角①〉

両手の人差指で四角を描く。

〈切る②〉

左手の親指と4指で紙を持つようにし、右手2指をはさみで切るようにする。

きる【切る】3

「大根を包丁で切る」

→〈大根〉+〈料理〉

例文の「包丁で切る」は料理の過程と考えられるので〈料理〉で表現。〈料理〉は材料を包丁で切るさまで料理することを表す。

〈大根〉

両手の親指と4指でつかむようにして右手を右へ動かしながら握る。

〈料理〉

左手で押さえ、右手で刻むようにする。

きる【切る】4

「木をのこぎりで切る」

→〈木〉+〈のこぎり〉

例文の「のこぎりで切る」はのこぎりで木材などを切ることなので〈のこぎり〉で表現。〈のこぎり〉は木材などを切るさまを表す。

〈木〉

両手の親指と人差指を向かい合わせて、上にあげながら左右に広げる。

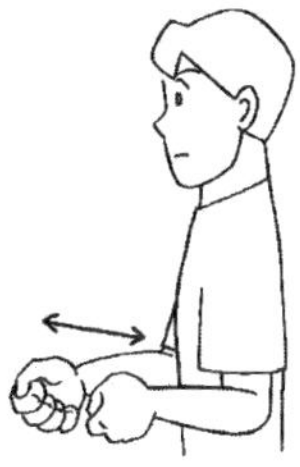

〈のこぎり〉

両こぶしを握り、のこぎりをひくように前後に往復させる。

きる【切る】5

「ナイフで手を切る」

→〈削る①〉+〈傷②〉

例文の「手を切る」は〈傷②〉で表現。〈傷②〉は手が鋭い刃物で切れるさまを表す。

〈削る①〉

左人差指を右人差指で削るようにする。

〈傷②〉

左手甲から指先に沿って右人差指先で引くように切る。

きる【切る】6

「(彼と)手を切る」

→(〈彼〉+)
〈たもとを分かつ①〉
または〈たもとを分かつ②〉

例文の「手を切る」は関係を絶ち切る意味なので〈たもとを分かつ①〉または〈たもとを分かつ②〉で表現。手話はどちらも縁を切るさまを表す。

〈たもとを分かつ①〉

左腕に添って右手で切るようにする。

〈たもとを分かつ②〉

左下腕に添って右手で切るようにする。

きる【切る】7

「切符を切る」

→〈切符〉

例文の「切符を切る」は切符にはさみを入れること。〈切符〉で表現。〈切符〉は切符にはさみを入れるさまで「切符」または「切符を切る」意味を表す。

〈切符〉

左手のひらを上に向けて右手の親指と人差指ではさむ。

きる【切る】8

「首を切る」

→〈解雇①〉
または〈解雇②〉

「首を切る」は解雇の意味なので〈解雇①〉または〈解雇②〉で表現。〈解雇①〉は首を切るさま、〈解雇②〉は首を切られるさまを表す。

〈解雇①〉

左親指を右手で切るようにする。

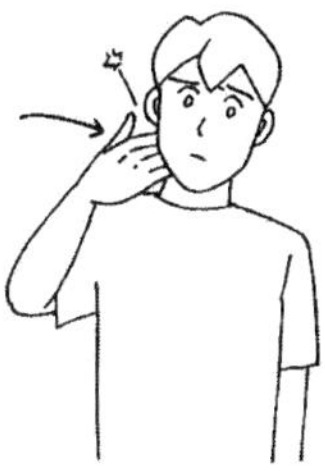

〈解雇②〉

右手を首に当てる。

きる【切る】9

「電話を切る」

→〈電話〉+〈電話を切る〉

「電話を切る」は受話器を置いて電話を打ち切る意味なので〈電話を切る〉で表現。〈電話を切る〉は受話器を置くさまを表す。

〈電話〉

親指と小指を立てた右手を顔横に置く。

〈電話を切る〉

親指と小指を立てた右手を下に向けて置く。

きる【切る】10

「（定員を）切る」

→（〈定員〉または〈定まる〉+〈人々①〉+）〈以下②〉

例文の「定員を切る」は定員を下回る意味なので〈以下②〉で表現。手話の左手が基準を示し、右手がそれ以下であることを表す。

〈以下②〉

両手を十文字に交差させて右手を下におろす。

きる【切る】11

「スタートを切る」

→〈スタート〉または〈出発①〉

「スタートを切る」はスタートする、出発する意味。〈スタート〉または〈出発①〉で表現。〈スタート〉はスタートラインを飛び出すさま。

〈スタート〉

親指と人差指を開いた両手を両脇から思い切って後ろにさげるようにする。

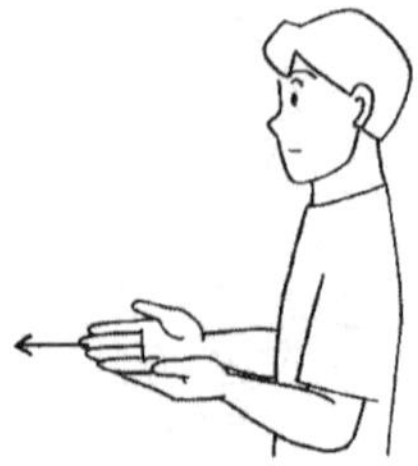

〈出発①〉

左手の指先を前に向け、その上に右手を立て、まっすぐ前に出す。

きる【切る】12

「領収書を切る」

→〈領収書〉+〈書く②〉

例文の「領収書を切る」は領収書を書く意味なので〈書く②〉で表現。〈書く②〉は領収書に必要事項を記入するさまを表す。

〈領収書〉

両手の小指側をつき合わせ、左手を残し右手を前に倒す。

〈書く②〉

左手のひらに右手の親指と人差指で横に書くようにする。

きる【切る】13

「読み切る」

→〈読む①〉+〈まで〉

例文の「読み切る」は最後まで読み終わる意味なので〈まで〉で表現。〈まで〉は最後までやりきってしまうという意味がある。

〈読む①〉

左手のひらを見ながら視線に合わせるように右手２指を動かす。

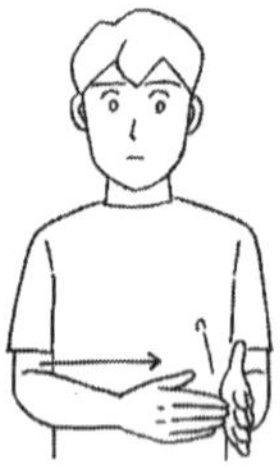

〈まで〉

左手のひらに右手指先を軽くつける。

きる【着る】

「洋服を着る」

→〈服〉+〈着る〉

例文の「着る」は服などを着用することなので〈着る〉で表現。〈着る〉は服を着るさまを表すが、着るものによって手話は変わる。

〈服〉

親指を立てた両手をえりに沿って下におろす。

〈着る〉

親指を立てた両手を内側に倒し、着るようにする。

きれい【綺麗】1

「きれいな着物」

→〈美しい②〉+〈着物〉

「きれいな」は美しい意味なので〈美しい②〉で表現。〈美しい②〉は、手のひらに何も汚れがついていないさまで「清潔」「美しい」を表す。

〈美しい②〉

左手のひらをなでるように右手のひらを滑らせる。

〈着物〉

着物のえりを合わせるように右手と左手を順番に胸で重ねる。

きれい【綺麗】2

「きれいさっぱり忘れる」

→〈すべて〉+〈忘れる①〉

例文の「きれい」はすっかり、完全にの意味なので〈すべて〉で表現。円を完全に描き切ることで「完全」「すべて」などの意味を表す。

〈すべて〉

両手で上から下に円を描く。

〈忘れる①〉

すぼめた右手を頭の横から上に向かって開く。

きれる【切れる】1

「(彼と)縁が切れる」

→(〈彼〉+)〈たもとを分かつ②〉
または〈離れる①〉
(または〈たもとを分かつ①〉)

例文の「切れる」は関係がなくなる意味。〈たもとを分かつ①、②〉、〈離れる①〉などで表現。〈離れる①〉は人が離れていくさまで別れを表す。

〈たもとを分かつ②〉

左下腕に添って右手で切るようにする。

〈離れる①〉

両手の指背側を合わせ、左右に開く。

きれる【切れる】2

「頭が切れる女性」

→〈賢い①〉+〈女〉

例文の「切れる」は頭がよく働く意味なので〈賢い①〉で表現。〈賢い①〉は頭が優れているさまで、知能の高いことを表す。

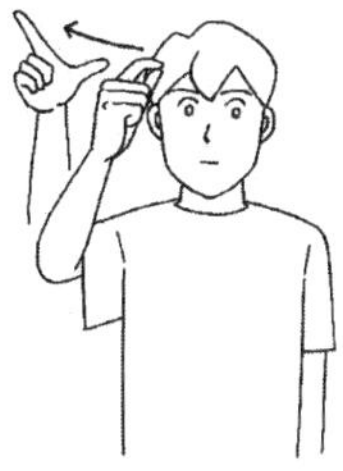

〈賢い①〉

右手の親指と人差指を閉じ、上に向かってはじくように開く。

〈女〉

右小指を立てる。

きれる【切れる】3

「あいつはすぐ切れる」

→〈彼〉+〈切れる①〉

例文の「切れる」は自制心をなくしてかっとなることなので〈切れる①〉で表現。〈切れる①〉はこめかみのところでつながっていたものが切れるさまを表す。

〈彼〉

左親指を右人差指でさす。

〈切れる①〉

両手の人差指と中指をこめかみあたりでつけ合わせ、勢いよく引き離す。

きれる【切れる】4

「期限が切れる」

→〈いつ〉+〈過ぎる〉

例文の「切れる」は期限が過ぎる意味なので〈過ぎる〉で表現。〈過ぎる〉は越えるさまで、「過ぎる」の意味を表す。

〈いつ〉

両手を上下にして、両手同時に順番に指を折る。

〈過ぎる〉

左手甲の上を右手で乗り越える。

きれる【切れる】5

「砂糖が切れる」

→〈甘い〉+〈なくなる①〉

例文の「切れる」はすっかりなくなる意味なので〈なくなる①〉で表現。〈なくなる①〉は底まで何もないさまで「底をつく」意味を表す。

〈甘い〉

右手のひらを口元で回す。

〈なくなる①〉

上下に向かい合わせた両手のひらを上から合わせると同時に右手を右に動かす。

きろく【記録】3

「新記録を出す」

→〈新しい〉+〈折る①〉

例文の「新記録を出す」は記録を破る意味。〈折る①〉で表現。〈折る①〉はものを壊すさまで、記録を破ることも表す。

〈新しい〉

すぼめた両手をぱっと前に出して広げる。

〈折る①〉

両こぶしの親指側を合わせ、折るようにする。

きろく【記録】1

「(ノートに)記録する」

→(〈本〉+)
〈書く①〉
または〈書く②〉

例文の「記録する」は書きつける意味なので〈書く①〉または〈書く②〉で表現。

〈書く①〉

左手のひらに右手の親指と人差指で縦に書くようにする。

〈書く②〉

左手のひらに右手の親指と人差指で横に書くようにする。

ぎろん【議論】

「みんなで議論する」

→〈みんな〉+〈討論〉

「みんなで議論」は大勢で討論することなので〈討論〉で表現。〈討論〉は大勢が論戦しているさまを表す。

〈みんな〉

右手のひらを下に向けて水平に回す。

〈討論〉

指を軽く開いて伸ばした両手指先を向かい合わせ、互い違いにねじるように揺らす。

きろく【記録】2

「(百メートルの)記録(は十秒)」

→(〈百②〉+〈メートル①〉+)
〈ストップウォッチ〉(+〈10①〉
+〈秒〉)

例文の「記録」は速さの記録なので〈ストップウォッチ〉で表現。

〈ストップウォッチ〉

ストップウォッチを押すように右親指を曲げる。

きわめて

「きわめて難しい」

→〈とても〉+〈難しい〉

例文の「きわめて」はとても、非常にの意味なので〈とても〉で表現。〈とても〉は「非常に」「大変」「とても」などの意味を持つ。

〈とても〉

右手の親指と人差指をつまみ、右へ弧を描きながら親指を立てる。

〈難しい〉

ほおをつねるようにする。

きん【金】

「金の指輪」

→〈金(きん)①〉+〈指輪〉

例文の「金」は貴金属の金の意味なので〈金(きん)①〉で表現。〈金(きん)①〉は金歯がきらきら光るさまを表す。

〈金(きん)①〉

前歯をかみ合わせ、口の端から親指と人差指を閉じた右手を揺らしながら上にあげる。

〈指輪〉

左の中指または薬指を右手の親指と人差指ではさみ指輪をはめるようにする。

きんえん【禁煙】

「禁煙する」

→〈タバコ〉+〈とめる〉

「禁煙する」は自ら喫煙をやめる意味なので〈タバコ〉+〈とめる〉で表現。

〈タバコ〉

右手2指を唇に当てタバコを吸うように前に出す。

〈とめる〉

左手のひらの上に右手を振りおろす。

ぎん【銀】

「銀(の指輪)」

→〈白〉+〈金(きん)①〉(+〈指輪〉)

「銀」は「しろがね」と言うところから〈白〉+〈金(きん)①〉で表現。

〈白〉

右人差指で前歯を指さし、左へ引く。

〈金(きん)①〉

前歯をかみ合わせ、口の端から親指と人差指を閉じた右手を揺らしながら上にあげる。

きんがん【近眼】

「近眼」

→〈目②〉+〈近づける〉

「近眼」は「近視」と同じく「目が近い」意味なので〈目②〉+〈近づける〉で表現。手話は近くでないと見えないさまで「近眼」を表す。

〈目②〉

右人差指で右目をさす。

〈近づける〉

右手のひらを顔の前に近づける。

きんいつ【均一】

「均一料金」

→〈均一〉+〈金(かね)①〉

「均一」はどこも同じ、一斉にの意味なので〈均一〉で表現。〈均一〉は〈同じ①〉を左右に広げ、どこでも同じの意味を表す。

〈均一〉

両手の親指と人差指を出して並べ、閉じながらすばやく左右に開く。

〈金(かね)①〉

右手の親指と人差指で作った丸を示す。

きんき【近畿】

「近畿ブロック」

→〈近畿〉+〈ブロック〉

「近畿」は大阪、京都などを中心とする地域。〈近畿〉は大阪湾を中心とする近畿の地形を表す。

〈近畿〉

左手のひらを前に向けて人差指と親指に沿って右手のひらをすべらせるようにして右へやる。

〈ブロック〉

つまんだ両手の親指と人差指を手前から水平に回し、つける。

きんきゅう【緊急】1

「緊急を要する」
→〈はやい①〉+〈必要①〉

例文の「緊急」は非常に急ぐことを意味するので〈はやい①〉で表現。

〈はやい①〉
親指と人差指を閉じた右手をすばやく左へ動かしながら人差指を伸ばす。

〈必要①〉
指文字〈コ〉を示した両手を手前に引き寄せる。

きんきゅう【緊急】2

「緊急事態」
→〈緊急〉+〈状態①〉

例文の「緊急」は思いもかけず突発して起こる意味なので〈緊急〉で表現。

〈緊急〉
右手の親指と人差指をこすり合わせながらぱっと上にあげる。

〈状態①〉
両手のひらを前に向けて、交互に上下させる。

きんぎょ【金魚】

「赤い金魚」
→〈赤〉+〈金魚〉

「金魚」は〈金魚〉で表現。〈金魚〉は金魚が尾をひらひらさせて泳ぐさまを表す。

〈赤〉
唇に人差指を当て、右へ引く。

〈金魚〉
親指と小指を閉じ3指を軽く開いた右手を左から右へゆらゆら動かす。

きんこ【金庫】1

「金庫にしまう」
→〈金庫〉+〈隠す〉

例文の「金庫」は大切なものなどを保管するがっちりした錠のついた金属製の箱の意味。左手で〈金(かね)①〉、右手でダイヤルを回すさまを表す。

〈金庫〉
左手で親指と人差指で作った丸を示し、右手でダイヤルをつかんで回すようにする。

〈隠す〉
左手のひらの下に右手をもぐり込ませる。

きんこ【金庫】2

「信用金庫」
→〈頼る〉+〈銀行〉

例文の「金庫」は銀行に類似の金融機関なので〈銀行〉で表現。

〈頼る〉
両手でひもをつかむようにする。

〈銀行〉
両手の親指と人差指で作った丸を並べて同時に上下させる。

ぎんこう【銀行】

「銀行預金」
→〈銀行〉+〈貯金〉

「銀行預金」は銀行にお金を預けること。〈銀行〉+〈貯金〉で表現。〈銀行〉は格子をはさんで金銭のやり取りをしたかつての銀行の名残り。

〈銀行〉
両手の親指と人差指で作った丸を並べて同時に上下させる。

〈貯金〉
左手のひらの上に右こぶしの小指側で判をつくように当てながら前に出す。

きんし【禁止】

「立入禁止」
→〈入る①〉+〈禁止〉

例文の「禁止」はしてはいけないとの指示なので〈禁止〉で表現。〈禁止〉は禁止を示す×印を表し「禁止」を意味している。

〈入る①〉
両手人差指で「入」の字形を作り、倒すように前に出す。

〈禁止〉
両手で×を示す。

きんし【近視】

「近視」
→〈目②〉+〈近づける〉

「近視」は「近眼」と同じく「目が近い」意味なので〈目②〉+〈近づける〉で表現。手話は近くでないと見えないさまを表す。

〈目②〉
右人差指で右目をさす。

〈近づける〉
右手のひらを顔の前に近づける。

きんしゅ【禁酒】

「禁酒する」
→〈酒〉+〈とめる〉

「禁酒する」は自ら酒を断つことなので〈酒〉+〈とめる〉で表現。〈とめる〉は手のひらに強く打ちおろして「断つ」を表す。

〈酒〉
右手をあごと額に順に当てる。

〈とめる〉
左手のひらの上に右手を振りおろす。

きんじょ【近所】

「近所(に住む)」
→〈家〉+〈短い①〉
(+〈生活〉または〈いる〉)

「近所」は家の近くを意味するので〈家〉+〈短い①〉で表現。

〈家〉
両手で屋根形を作る。

〈短い①〉
親指と人差指を閉じた両手を左右からさっと近づける。

きんじる【禁じる】

「外出を禁じる」
→〈出る①〉+〈禁止〉

例文の「禁じる」はしてはいけない意味なので〈禁止〉で表現。〈禁止〉は禁止を示す×印を表し「禁止」を意味している。

〈出る①〉
左手の下から右手をはねあげるように前に出す。

〈禁止〉
両手で×を示す。

きんぞく【金属】

「金属工業」
→〈金属〉+〈機械〉

「金属」は〈金属〉で表現。〈金属〉は〈鉄〉をもとに左手で〈金〉を、右手で〈鉄〉の動作をする。

〈金属〉
丸を作った左手のひらに右2指を折り曲げて、打ちつける。

〈機械〉
両手2指を前方に向け、交互に前に回転させる。

き

きんちょう【緊張】

「試験で緊張する」

→〈試験〉+〈引き締める〉

「緊張」は気持ちが鋭く引き締まることなので〈引き締める〉で表現。〈引き締める〉は気持ちがきゅっと引き締まるさまを表す。

〈試験〉

親指を立てた両手を交互に上下させる。

〈引き締める〉

指先を上に向けた両手を重ねながら指先を閉じる。

きんぱく【緊迫】

「緊迫した情勢」

→〈迫る③〉+〈状態①〉

「緊迫」は〈迫る③〉で表現。〈迫る③〉は切迫するさまを表す。

〈迫る③〉

手のひらを手前に向けて立てた右手の手首を左右に回転しながら目に近づける。

〈状態①〉

両手のひらを前に向けて、交互に上下させる。

ぎんみ【吟味】

「材料を吟味する」

→〈材料〉+〈調べる①〉

「吟味」は調べることなので〈調べる①〉で表現。〈調べる①〉は目を配り、周囲に注意するさまで「調べる」「調査」「点検」を意味する。

〈材料〉

左こぶしの甲を右こぶしでたたく。

〈調べる①〉

右手の人差指と中指を軽く折り曲げて、目の前を左右に往復させる。

きんゆう【金融】

「金融機関」

→〈金融〉+〈組織〉

「金融」は〈金融〉で表現。〈金融〉はお金の回りをお金が回るさまで「金融」を表す新しい手話。

〈金融〉

親指と人差指で作った丸を両手で示し、右手を水平に回す。

〈組織〉

両手を胸の高さで並べ指先を開きながら左右におろす。

きんゆうちょう【金融庁】

「金融庁」

→〈金融〉+〈庁〉

「金融庁」は〈金融〉+〈庁〉で表現。〈金融〉は左手のお金の周りを右手のお金が回るさま、〈庁〉は「庁」の最後の画を表す。

〈金融〉

親指と人差指で作った丸を示し、右手を水平に回す。

〈庁〉

両手の人差指で「丁」を描く。

きんようび【金曜日】

「金曜日」

→〈金(きん)①〉
または〈金曜日〉

「金曜日」は〈金(きん)①〉または〈金曜日〉で表現。〈金曜日〉は金を振るさまで「金曜日」を表し、〈金(きん)①〉は金歯の光るさまを表す。

〈金(きん)①〉

前歯をかみ合わせ、口の端から親指と人差指を閉じた右手を揺らしながら上にあげる。

〈金曜日〉

親指と人差指で作った丸を軽く振る。

きんり【金利】

「金利があがる」
→〈金利〉+〈高い①〉

例文の「金利」は〈金利〉で表現。〈金利〉は左手がお金、右手は利率を表す新しい手話。

〈金利〉
丸を作った左手を水平にし、その上に右親指をのせ、人差指を小刻みに上下させる。

〈高い①〉
親指と人差指で作った丸を勢いよくあげる。

く【苦】1

「苦にする」
→〈心配①〉
または〈心配②〉

例文の「苦にする」は気にして心配する意味なので〈心配①〉または〈心配②〉で表現。手話はどちらも不安に胸が騒ぐさまを表す。

〈心配①〉
指先を軽く折り曲げた右手を胸に繰り返し当てる。

〈心配②〉
全指を折り曲げた両手を胸に繰り返し当てる。

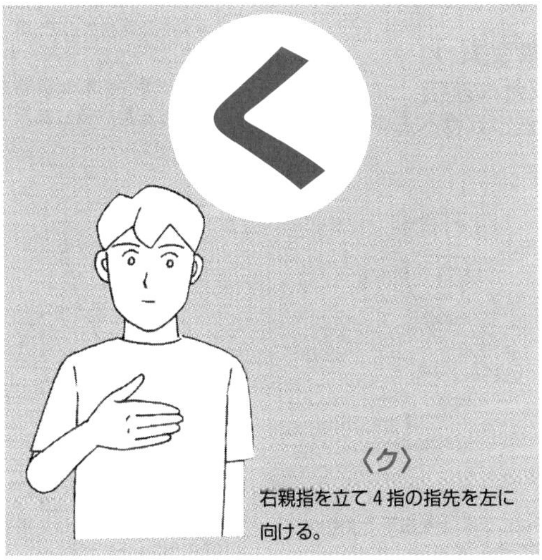

〈ク〉
右親指を立て４指の指先を左に向ける。

く【苦】2

「苦もなくやりとげる」
→〈簡単〉+〈解決①〉

例文の「苦もなく」は簡単にの意味なので〈簡単〉で表現。〈簡単〉はつばをちょっとつけるさまで「簡単」「容易」の意味。

〈簡単〉
右人差指をあごに当て、次に左手のひらの上に落とすようにつける。

〈解決①〉
左手のひらの上に右人差指で「×」を大きく書く。

く【区】

「北区」
→〈北①〉(または〈北②〉)+〈ク〉

政令指定都市における行政上の区域または東京都の23の特別区などを表す「区」は指文字〈ク〉で表現する。

〈北①〉
両手の２指を上からおろして左右に開く。

〈ク〉
右親指を立て４指の指先を左に向ける。

ぐあい【具合】1

「腹の具合が良い」
→〈腹〉+〈ＯＫ〉

例文の「具合が良い」は〈OK〉で表現。

〈腹〉
腹に右手を当てる。

〈OK〉
右手の親指と人差指で作った丸を前に示す。

ぐあい【具合】2

「腹の具合が悪い」

→〈腹〉+〈そぐわない〉

例文の「具合が悪い」は〈そぐわない〉で表現。〈そぐわない〉はそりが合わないさまを表す。

〈腹〉
腹に右手を当てる。

〈そぐわない〉
両手の指背側を合わせて、上下にすり合わせる。

くいちがう【食い違う】

「(話が)食い違う」

→(〈説明〉+)〈食い違う①〉
または〈食い違う②〉

「食い違う」は話や事柄が一致しない意味。〈食い違う①〉または〈食い違う②〉で表現。手話はどちらも一致しないさまを表す。

〈食い違う①〉
両手の人差指の先を向かい合わせて前後に離す。

〈食い違う②〉
指先が食い違うように前後させる。

ぐあい【具合】3

「機械の具合を調べる」

→〈機械〉+〈状態①〉

例文の「具合」は調子、良し悪しのことなので〈状態①〉で表現。〈状態①〉は「状態」「様子」「状況」の意。

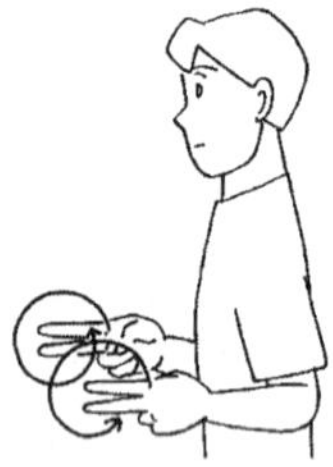

〈機械〉
両手２指を前方に向け、交互に前に回転させる。

〈状態①〉
両手のひらを前に向けて、交互に上下させる。

くう【食う】1

「飯を食う」

→〈食べる①〉
または〈食べる④〉

例文の「食う」はごはんを食べる意味なので〈食べる①〉または〈食べる④〉で表現。手話は茶碗を持って食べるさまを表す。

〈食べる①〉
左手のひらの上を右手ですくって食べるようにする。

〈食べる④〉
左手のひらの上を右手２指で食べるように上下させる。

ぐあい【具合】4

「巧い具合に行く」

→〈なめらか①〉+〈順調〉

例文の「巧い具合に行く」は〈なめらか①〉+〈順調〉で表現。〈なめらか①〉は「スムーズに」の意、〈順調〉は順調に行っているさまを表す。

〈なめらか①〉
右人差指をほおに当て、滑らせて前に出す。

〈順調〉
両手の親指と人差指を上に向け、繰り返し閉じながら左へ動かす。

くう【食う】2

「蚊に食われる」

→〈刺す②〉+〈かゆい〉

例文の「食われる」は蚊に刺される意味なので〈刺す②〉+〈かゆい〉で表現。手話は刺され、それがかゆいさまで蚊に食われたことを表す。

〈刺す②〉
つまんだ親指と人差指の先で左手甲を突く。

〈かゆい〉
左手甲を右手でかくようにする。

くう【食う】3

「一杯食わされた」

→〈あきれる〉+〈失敗②〉

例文「一杯食わされた」はだまされたの意味。〈あきれる〉+〈失敗②〉で表現。口をあんぐり開け、しまったと額をたたくさまを表す。

〈あきれる〉
両こぶしを合わせて上下に開く。

〈失敗②〉
右手のひらを額に打ちつける。

くうき【空気】

「きれいな空気」

→〈香り①〉+〈美しい②〉

「空気」は酸素などを含む大気中に自然に存在する気体。〈香り①〉で表現。〈香り①〉は「香り」だけでなくガスなど気体一般を表す。

〈香り①〉
右手 2 指を繰り返し鼻に近づける。

〈美しい②〉
左手のひらをなでるように右手のひらを滑らせる。

くう【食う】4

「時間を食う」

→〈時①〉+〈長い①〉

例文の「食う」は時間が長くかかる意味なので〈長い①〉で表現。〈長い①〉は距離や時間の長いことに使われる。

〈時①〉
左手のひらに右親指を当て、右人差指を時計の針のように回す。

〈長い①〉
両手の親指と人差指を閉じて左右に開く。

くうこう【空港】

「空港」

→〈離陸〉+〈場所〉

「空港」は旅客機など航空機が離着陸する場所なので〈離陸〉+〈場所〉で表現。手話は航空機が離陸するさまを表す。

〈離陸〉
左手のひらの上から親指と小指を出した右手を左上に飛び出すようにあげる。

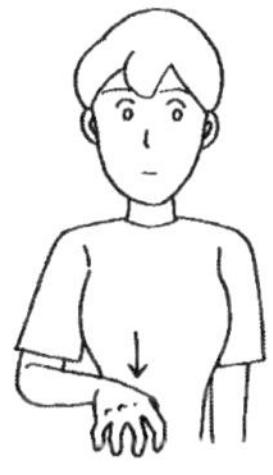

〈場所〉
全指を曲げた右手を前に置く。

くう【食う】5

「ガソリンを食う」

→〈ガソリン〉+〈使う〉

例文の「食う」はむだに消費する、ついやす意味なので〈使う〉で表現。

〈ガソリン〉
左こぶしに親指と人差指を立てた右手の人差指の先を当てる。

〈使う〉
左手のひらの上で右手の親指と人差指で作った丸をすべるようにして繰り返し前に出す。

ぐうぜん【偶然】

「偶然会う」

→〈都合〉+〈会う②〉

「偶然」は意図せずたまたまという意味。〈都合〉で表現。〈都合〉は「たまたま」「運」など人間の力で左右できない現象を表す。

〈都合〉
左手のひらの上に右こぶしの小指側をつけてこするように回す。

〈会う②〉
人差指を立てた両手を前後から近づけて軽くふれ合わせる。

くうてん【空転】

「会議が空転する」
→〈会議〉+〈空転〉

例文の「空転」は比喩的に物事が成果なくむなしく進行することなので〈空転〉で表現。〈空転〉は歯車が空回りするさまを表す。

〈会議〉
親指を立てた両手を合わせたままで水平に回す。

〈空転〉
手のひらを手前に向けた左手の横で手のひらを手前に向けた右手を繰り返し下に振る。

くぎ【釘】

「釘を打つ」
→〈釘(くぎ)〉

例文の「釘」は〈釘〉で表現。手話は釘を打つさまを表す。〈釘〉は「釘を打つ」の意味もある。

〈釘(くぎ)〉
左手の親指と人差指を釘の長さほどに開き、右手で金槌を握って振りおろすようにする。

くうふく【空腹】

「空腹」
→〈空腹①〉
　または〈空腹②〉

「空腹」はお腹が減ったことなので〈空腹①〉または〈空腹②〉で表現。手話はいずれもお腹がへこんでいるさまで「空腹」を表す。

〈空腹①〉
右手のひらを腹に当ててすべらせておろす。

〈空腹②〉
両手のひらを腹に当てて押すようにに下におろす。

くさ【草】

「庭の草」
→〈庭〉+〈草〉

「草」は自生する丈の低い植物なので〈草〉で表現。〈草〉は草が生えているさまを表す。

〈庭〉
左手の屋根形の前で右手のひらを下に向け水平に回す。

〈草〉
指先を軽く開いた両手の甲側を前に向け交互に小刻みに上下させながら左右に開く。

くがつ【九月】

「九月一日」
→〈九月〉+〈九月一日〉

例文の「九月一日」は〈九月〉+〈九月一日〉で表現。

〈九月〉
左手で〈９〉を示し、その下で右手の親指と人差指で三日月を描く。

〈九月一日〉
左手で〈９〉、右手で〈１②〉を示し、上下に置く。

くさい【臭い】1

「トイレが臭い」
→〈トイレ〉+〈臭(くさ)い〉

例文の「臭い」はいやなにおいがする意味なので〈臭い〉で表現。〈臭い〉は臭くて顔をしかめ鼻をつまむさまで「臭い」を表す。

〈トイレ〉
３指を立てて「Ｗ」の字形を表し、親指と人差指で「Ｃ」の字形を作る。

〈臭(くさ)い〉
右手の親指と人差指で鼻をつまむ。

くさい【臭い】2

「奴は臭い」

→〈彼〉+〈疑う〉

例文の「臭い」は疑いを抱く、怪しい意味なので〈疑う〉で表現。〈疑う〉はあごに手を当てて、はてなと考え込むしぐさを表す。

〈彼〉

左親指を右人差指でさす。

〈疑う〉

右手の親指と人差指をあごに当てる。

くさい【臭い】3

「年寄り臭い」

→〈老人①〉+〈同じ①〉

例文の「～臭い」は～のようなの意味なので〈同じ①〉で表現。〈同じ①〉はその先にたつ〈老人①〉と同じだという意味を表す。

〈老人①〉

右親指を曲げて軽く上下させる。

〈同じ①〉

両手の親指と人差指の先を上に向けて閉じたり開いたりする。

くさり【鎖】

「金の鎖」

→〈金(きん)①〉+〈鎖〉

例文の「鎖」は輪をつないだ金属性の細工物、〈鎖〉で表現。〈鎖〉はつながれた輪のさまで「鎖」を表す。

〈金(きん)①〉

前歯をかみ合わせ、口の端から親指と人差指を閉じた右手を揺らしながら上にあげる。

〈鎖〉

両手の親指と人差指を組み換えながら左から右へ動かす。

くさる【腐る】

「魚が腐る」

→〈魚(さかな)①〉+〈臭(くさ)い〉

例文の「腐る」は腐敗すること。腐敗すれば臭いので〈臭い〉で表現。〈臭い〉は、いやなにおいに顔をしかめて鼻をつまむさまを表す。

〈魚(さかな)①〉

右手をひらひらさせながら左に向けて動かす。

〈臭(くさ)い〉

右手の親指と人差指で鼻をつまむ。

クジャク【孔雀】

「クジャクの雄」

→〈クジャク〉+〈男〉

「クジャク」は〈クジャク〉で表現。〈クジャク〉はクジャクが羽を広げたさまを表す。

〈クジャク〉

２指をつまんだ左手の甲に立てた右手を置き、扇のように手首を半回転させる。

〈男〉

親指を立てた右手を出す。

くじょう【苦情】1

「苦情を言う」

→〈不満〉+〈ガミガミ言う③〉

例文は〈不満〉+〈ガミガミ言う③〉で表現。〈不満〉は胸につもるもののさま、〈ガミガミ言う③〉は相手に向けてガミガミ言うさまを表す。

〈不満〉

軽く開いた右手を胸からぱっと前にはじき出す。

〈ガミガミ言う③〉

指先を曲げた右手を前方に向け、前に突き出す。きつい表情がつく。

く

くじょう【苦情】2

「苦情を言われる」

→〈不満〉+〈ガミガミ言われる②〉
（または〈言われる〉）

例文は受身形なので〈不満〉+〈ガミガミ言われる②〉または〈言われる〉で表現。〈ガミガミ言われる②〉は〈ガミガミ言う③〉と逆方向で表す。

〈不満〉

軽く開いた右手を胸からぱっと前にはじき出す。

〈ガミガミ言われる②〉

指先を曲げた右手を手前に向け、手前に強く引き寄せる。困った表情がつく。

クジラ【鯨】

「大きなクジラ」

→〈大きい②〉+〈クジラ〉

「クジラ」は〈クジラ〉で表現。〈クジラ〉はその潮吹きのさまを表す。

〈大きい②〉

軽く開いた両手のひらを向かい合わせ左右に広げる。

〈クジラ〉

全指を閉じた右手を顔の横から後ろに向けて投げるようにしながら指を開く。

くずす【崩す】1

「山をブルドーザーで崩す」

→〈ブルドーザー〉+〈掘る③〉

例文の「崩す」は削り取ることなので〈掘る③〉で表現。

〈ブルドーザー〉

左手のひらの上を指先を曲げた右手を滑らせるように前に出す。

〈掘る③〉

〈ブルドーザー〉の左手を残し、折り曲げた右手を掘るように繰り返し引く。

くずす【崩す】2

「（体）調を崩す」

→（〈体〉+）
〈状態①〉+〈さがる②〉

例文の「崩す」は状態を悪くすることなので〈さがる②〉で表現。

〈状態①〉

両手のひらを前に向けて、交互に上下させる。

〈さがる②〉

指文字〈コ〉を示した右手を右上から左下におろす。

くずす【崩す】3

「（一万円）を崩す」

→（〈一万〉+〈円〉+）
〈細かい①〉+〈交換①〉

例文の「崩す」は細かい貨幣に換えることなので〈細かい①〉+〈交換①〉で表現。〈交換①〉は自分のものと相手のものを交換するさまを表す。

〈細かい①〉

両手の親指と人差指をつまみ、つき合わせ、つぶすようにする。

〈交換①〉

手のひらを上に向けた両手を前後に置き、同時に前後を入れ換える。

くすり【薬】

「風邪薬」

→〈風邪〉+〈薬〉

例文の「薬」は病気などの治療に使う薬品などのこと。〈薬〉で表現。〈薬〉はかつて薬を薬指でこねたさまを表す。

〈風邪〉

右こぶしを口元に当ててせきをするように軽く前に出す。

〈薬〉

左手のひらの上で右薬指をこねるように回す。

くずれる【崩れる】1

「ビルが崩れる」
→〈ビル①〉+〈倒れる②〉

例文の「崩れる」は建物が壊れ落ちることなので〈倒れる②〉で表現。〈倒れる②〉は建物などが横に倒れるさまを表す。

〈ビル①〉
両手のひらを向かい合わせて上にあげ、閉じる。

〈倒れる②〉
向かい合わせて立てた両手を同時に倒す。

くずれる【崩れる】2

「人の列が崩れる」
→〈並ぶ②〉+〈混ぜる〉

例文の「崩れる」は整った状態が乱れることなので〈混ぜる〉で表現。〈混ぜる〉はいろいろなものが区別なくまぜこぜになるさまを表す。

〈並ぶ②〉
左手の親指と右手の小指をつけて前後に並べ、右手を手前に引く。

〈混ぜる〉
両手のひらを上下に合わせてこね合わせるように回す。

くずれる【崩れる】3

「（午後から）天気が崩れる」
→（〈午後〉+）〈雨①〉+〈らしい〉

例文の「崩れる」は天候が悪くなることなので〈雨①〉で表現。

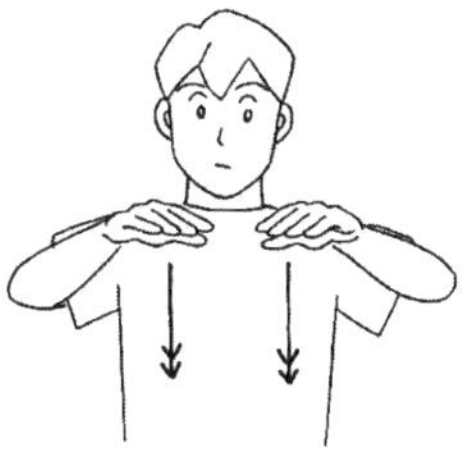

〈雨①〉
軽く開いた指先を前に向け両手を繰り返し下におろす。

〈らしい〉
右手２指を頭の横で前後に振る。

くせ【癖】1

「癖がつく」
→〈習慣〉または〈癖〉

例文の「癖がつく」は習慣になる、癖になる意味。〈習慣〉または〈癖〉で表現。どちらも身につくさまを表す。

〈習慣〉
左手甲に指を半開きにした右手甲をつけ、前に出しながら握る。

〈癖〉
左手甲に右手を上からぶつけるようにして握る。

くせ【癖】2

「変な癖」
→〈変〉+〈癖〉

例文の「癖」は習慣または性格のこと。〈癖〉で表現。〈癖〉は身についた習慣または性格などの意味を持つ。

〈変〉
左手のひらに右親指を当て、残り４指を前にさっと倒すように回す。

〈癖〉
左手甲に右手を上からぶつけるようにして握る。

くそ【糞】

「臭いくそをする」
→〈臭（くさ）い〉+〈大便〉

例文の「くそ」は〈大便〉で表現。〈大便〉は大便が出るさまを表す。「くそをする」「大便が出る」も同手話。

〈臭（くさ）い〉
右手の親指と人差指で鼻をつまむ。

〈大便〉
両手の親指を立てて向かい合わせ、内側に倒す。

くだ【管】1

「鉄の管」

→〈鉄〉+〈パイプ〉

例文の「くだ」は〈パイプ〉で表現。〈パイプ〉はパイプの形を表す。「管」「パイプ」の意。

〈鉄〉

立てた左手のひらに右手２指の指先を打ちつける。

〈パイプ〉

両手の親指と４指で丸を作り、親指側を合わせて左右に開く。

くだ【管】2

「くだを巻く」

→〈酔う〉+〈おしゃべり②〉

例文は慣用句で酔ってくどくどと話し続けることなので〈おしゃべり②〉で表現。〈おしゃべり②〉は舌がぺらぺら動くさまを表す。

〈酔う〉

両手の人差指の先を目に向けて回す。

〈おしゃべり②〉

軽く開いた右手の指先を手首で回す。

ぐたい【具体】

「具体的」

→〈細かい①〉+〈合う①〉

「具体的」は一つ一つがはっきり分かる様子という意味なので〈細かい①〉+〈合う①〉で表現。〈細かい①〉は細かく詳しいさまを表す。

〈細かい①〉

両手の親指と人差指をつまみ、つき合わせ、つぶすようにする。

〈合う①〉

左人差指の先に右人差指の先を当てる。

くだく【砕く】1

「(世界)平和に心を砕く」

→(〈世界〉+)
〈安定〉+〈考える〉

例文の「心を砕く」は自分のためではなく、人のためにあれこれと気を使って努力することなので〈考える〉で表現。

〈安定〉

手のひらを下にした両手を左右に開きながらおろす。

〈考える〉

右人差指を頭にねじこむようにする。

くだく【砕く】2

「編集に身を砕く」

→〈集める③〉+〈一生懸命〉

例文の「身を砕く」は人のためにあれこれと身をすり減らして努力することなので〈一生懸命〉で表現。〈一生懸命〉は脇目もふらないさまを表す。

〈集める③〉

全指を曲げた両手で繰り返しかき寄せるようにする。

〈一生懸命〉

両手を顔の横から繰り返し強く前に出す。

くだく【砕く】3

「砕いて(説明する)」

→〈知る①〉+〈簡単〉
(+〈説明〉)

例文の「砕く」はわかりやすい表現に直すことなので〈知る①〉+〈簡単〉で表現。

〈知る①〉

右手のひらを胸に当てて下におろす。

〈簡単〉

右人差指をあごに当て、次に左手のひらの上に落とすようにつける。

ください【下さい】1

「お菓子を下さい」

→〈菓子〉+〈求める〉

例文の「下さい」は欲しいと要求する意味で〈求める〉で表現。〈求める〉はちょうだいと手を出すさまで「求める」意味を表す。

〈菓子〉

親指と人差指でつまむようにして、繰り返し口に持っていく。

〈求める〉

左手のひらに右手の甲を打ちつける。

ください【下さい】2

「来て下さい」

→〈来る②〉+〈頼む①〉

例文の「下さい」は相手にして欲しいと頼む意味なので〈頼む①〉で表現。〈頼む①〉はお願いすると相手を拝むさまを表す。

〈来る②〉

右人差指を上に向けて手前に引く。

〈頼む①〉

頭を下げて右手で拝むようにする。

くだす【下す】1

「敵を下す」

→〈敵〉+〈勝つ①〉

例文の「下す」は戦って相手を負かす意味なので〈勝つ①〉で表現。〈勝つ①〉は相手を押し倒すさまで、勝つことを表す。

〈敵〉

左手甲に右手甲をぶつける。

〈勝つ①〉

親指を立てた左手を親指を立てた右手で前に倒す。

くだす【下す】2

「命令を下す」

→〈命じる〉

例文の「命令を下す」は命令をする意味なので〈命じる〉で表現。〈命じる〉は上から下に伝えるさまを表し、「命令」「指示」を意味している。

〈命じる〉

右人差指を口元から下にまっすぐ伸ばす。

くだす【下す】3

「手の下しようがない」

→〈助ける①〉+〈できない〉

例文の「手の下しようがない」とははたから助けることも、何もできない意味。〈助ける①〉+〈できない〉で表現。何もできないことを表す。

〈助ける①〉

親指を立てた左手の後ろを右手のひらで軽く後押しする。

〈できない〉

両こぶしを握り、手首を交差させて左右にぱっと開く。

くだす【下す】4

「腹を下す」

→〈下痢〉

例文の「下す」は下痢の意味なので〈下痢〉で表現。〈下痢〉は便が激しく出るさまを表す。「腹が下る」も同じ手話になる。

〈下痢〉

左手で作った丸の中に全指をすぼめた右手を入れ、下に突き出して開く。

くだもの【果物】

「冬のくだもの」

→〈寒い〉+〈くだもの〉

「くだもの」は〈くだもの〉で表現。〈くだもの〉は枝もたわわに木の実がなっているさまを表す。

〈寒い〉

両こぶしを握り、左右にふるわせる。

〈くだもの〉

指を開きやや曲げた両手のひらを上に向け、交互に小さく上下させる。

くだらない

「くだらない男」

→〈くだらない〉+〈男〉

「くだらない」はつまらないの意味。〈くだらない〉で表現。〈くだらない〉は頭打ちになっているさまでくだらないの意味を表す。

〈くだらない〉

右人差指を伸ばし下からあげて左手のひらに打ちつける。

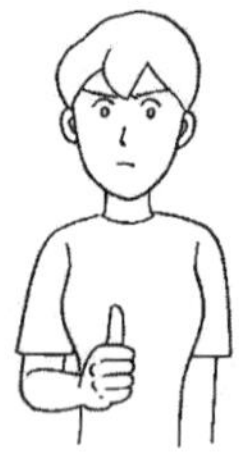

〈男〉

親指を立てた右手を出す。

くだる【下る】1

「山を下る」

→〈山〉+〈下(くだ)る〉

例文の「下る」は高い所から低い所へ降りて行く意味なので〈下る〉で表現。〈下る〉は山を降りるさまを表す。「下山」も同じ手話。

〈山〉

右手で山形を描く。

〈下(くだ)る〉

右手２指で右上から左下に歩くようにさげる。

くだる【下る】2

「腹が下る」

→〈下痢〉

例文の「下る」は下痢の意味なので〈下痢〉で表現。〈下痢〉は便が激しく出るさまを表す。「腹が下る」「腹を下す」も同じ手話。

〈下痢〉

左手で作った丸の中に全指をすぼめた右手を入れ、下に突き出して開く。

くだる【下る】3

「判決が下る」

→〈裁判〉+〈決める①〉

例文の「下る」は決定し伝える意味で〈決める①〉で表現。〈決める①〉は「決める」「決定する」の意味を表す。

〈裁判〉

親指を立てた両手を肩から前に同時におろし、体の前で止める。

〈決める①〉

左手のひらに右手２指を打ちつける。

くだる【下る】4

「千を下らない(人数)」

→〈千①〉+〈くらい①〉
(+〈数〉)

例文の「下らない」は基準より下にならない程度の意味なので〈くらい①〉で表現。少し手を振って幅をもたせ、その程度であることを表す。

〈千①〉

親指と３指の指先をつける。

〈くらい①〉

右手指先を前に向け、左右に小さく振る。

くち【口】1

「目と口」

→〈目①〉+〈口〉

例文の「口」は身体の口なので〈口〉で表現。〈口〉はその部位を示すことで口を表す。

〈目①〉
右人差指で右目のまわりを丸く示す。

〈口〉
右人差指の先を口元で回す。

くち【口】2

「(部屋の)入口」

→(〈部屋〉+)
〈入る①〉+〈口〉

例文の「口」は出入りする所の意味で〈口〉で表現。〈口〉は口そのものと出入りする所の意味もある。

〈入る①〉
両手人差指で「入」の字形を作り、倒すように前に出す。

〈口〉
右人差指の先を口元で回す。

くち【口】3

「話の口を切る」

→〈一番①〉+〈言う①〉

例文の「口を切る」は最初に発言する意味なので〈一番①〉+〈言う①〉で表現。〈一番①〉はテープを切るさまで一番を表す。

〈一番①〉
右人差指を左肩に軽く当てる。

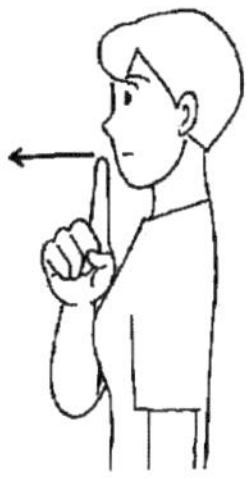

〈言う①〉
右人差指を口元から前に出す。

くち【口】4

「働き口」

→〈仕事〉+〈場所〉

例文の「働き口」は働く所の意味なので〈仕事〉+〈場所〉で表現。「つとめ口」も同じ手話になる。

〈仕事〉
手のひらを上に向け、向かい合わせた両手指先を繰り返しつき合わせる。

〈場所〉
全指を曲げた右手を前に置く。

くち【口】5

「(この)魚は口に合う」

→(〈これ〉+)
〈魚(さかな)①〉+〈おいしい①〉(または〈おいしい③〉)

例文の「口に合う」は食べ物の好みが合っておいしいと感じる意味なので〈おいしい①〉で表現。〈おいしい①〉はよだれをぬぐうさま。

〈魚(さかな)①〉
右手をひらひらさせながら左に向けて動かす。

〈おいしい①〉
右手のひらであごをぬぐう。

くち【口】6

「口がうまい」

→〈おしゃべり②〉+〈上手(じょうず)〉

例文の「口」は話すことの意味なので〈おしゃべり②〉で表現。〈おしゃべり②〉は単なるおしゃべりでなく油断ならないおしゃべりの意味。

〈おしゃべり②〉
指先を前に向けた右手を口元で回す。

〈上手(じょうず)〉
右手のひらを左下腕からなでるように伸ばす。

くち【口】7

「口が過ぎる」

→〈言う①〉+〈過ぎる〉

例文の「口が過ぎる」は言い過ぎるの意味なので〈言う①〉+〈過ぎる〉で表現。「言い過ぎ」も同じ手話。

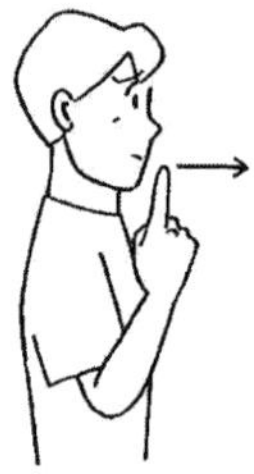

〈言う①〉
右人差指を口元から前に出す。

〈過ぎる〉
左手甲の上を右手で乗り越える。

くち【口】8

「口が滑る」

→〈漏らす②〉

例文の「口が滑る」は言ってはいけないことを思わずもらす意味なので〈漏らす②〉で表現。〈漏らす②〉はぽろりとしゃべってしまうさま。

〈漏らす②〉
すぼめた右手を口元からぱっと開いて前に落とす。

くち【口】9

「(社長に)口を利く」

→(〈会社〉+〈長①〉+)〈通訳〉+〈つなぐ〉

例文の「口を利く」は仲介する意味なので〈通訳〉+〈つなぐ〉で表現。手話は紹介して引き合わせることを表す。

〈通訳〉
親指を立てた右手を口元で左右に往復させる。

〈つなぐ〉
両こぶしを中央で合わせる。

くち【口】10

「まんじゅうをひと口で食べる」

→〈まんじゅう①〉+〈飲み込む①〉

例文の「ひと口で食べる」は一気に食べる意味なので〈飲み込む①〉で表現。〈飲み込む①〉はかみもしないで一気に食べるさま。

〈まんじゅう①〉
両手のひらを上下に向かい合わせてまるめるようにする。

〈飲み込む①〉
すぼめた右手を口元から下におろす。

くち【口】11

「一口(一万円)」

→〈1①〉+〈口〉(+〈1①〉+〈万〉+〈円〉)

「一口」は一つの単位の意味。〈1①〉+〈口〉で表現。手話は漢字対応の表現になっている。

〈1①〉
右人差指を立てる。

〈口〉
右人差指の先を口元で回す。

くちさき【口先】

「口先だけ」

→〈しゃべる①〉+〈だけ〉

「口先だけ」は言うだけで実行が伴わない意味なので〈しゃべる①〉+〈だけ〉で表現。手話は「口だけ」の意味を表す。

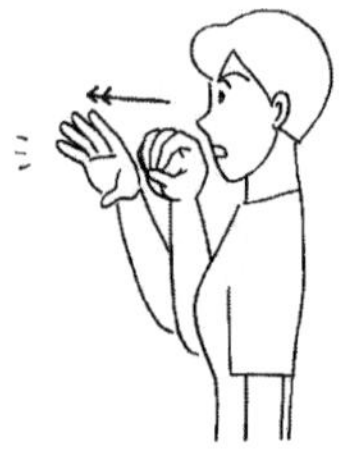

〈しゃべる①〉
すぼめた右手を口元から前に向かってぱっぱっと繰り返し開く。

〈だけ〉
左手のひらに人差指を立てた右手を打ちつける。

くちどめ【口止め】1

「厳しく口止めをする」

→〈厳しい〉+〈口止め①〉

例文は能動形なので〈口止め①〉で表現。〈口止め①〉は口に口止めの絆創膏を張るさまを表す。

〈厳しい〉

左手甲を右手の親指と人差指でつねるようにする。

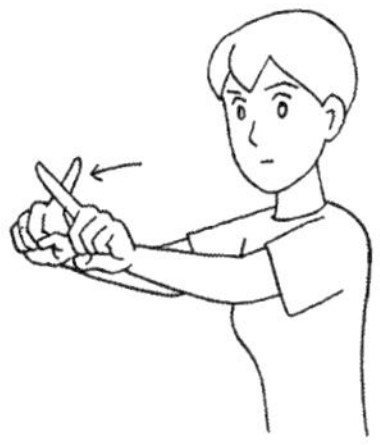

〈口止め①〉

両人差指で「×」を作り、口から前に出す。

くちどめ【口止め】2

「厳しく口止めをされる」

→〈厳しい〉+〈口止め②〉

例文は受身形なので〈口止め②〉で表現。〈口止め②〉は口に口止めの絆創膏を張られるさまを表す。体を引いてそれを表す。

〈厳しい〉

左手甲を右手の親指と人差指でつねるようにする。

〈口止め②〉

両人差指で「×」を作り、手前に引いて口に置く。

くちびる【唇】

「くちびるが紫色になった」

→〈くちびる〉+〈紫〉

「くちびる」は〈くちびる〉で表現。〈くちびる〉は唇の形を表す。

〈くちびる〉

右親指と人差指を唇に沿って動かす。

〈紫〉

親指と人差指を立てた右手の人差指を唇に沿って右へ動かす。

くちべに【口紅】

「口紅をつける」

→〈口紅〉

「口紅」は唇につける紅のことで〈口紅〉で表現。〈口紅〉は口紅を塗るさまを表す。「口紅」「口紅をつける」の意味がある。

〈口紅〉

右手で口紅を塗るようにして、唇の前で左右に動かす。

くつ【靴】

「靴をはく」

→〈靴①〉

または〈靴②〉

「靴」は〈靴①〉または〈靴②〉で表現。どちらも靴をはくさまを表す。〈靴①〉〈靴②〉は「靴」、「靴をはく」の意味。

〈靴①〉

指先を前に向け手のひらを下にした左手の手首部分から右手２指でつまみあげるようにする。

〈靴②〉

両手の折り曲げた両手の人差指を向かい合わせて手前に引きあげるようにする。

くつした【靴下】

「靴下をはく」

→〈靴下〉

「靴下」は〈靴下〉で表現。〈靴下〉は左腕を足に見立てて靴下をはくさまを表す。

〈靴下〉

左手のひらを下にして左腕をやや立て、右手で左腕をつかむようにして上にあげる。

くないちょう
【宮内庁】

「宮内庁」

→〈天皇皇后〉+〈庁〉

「宮内庁」は〈天皇皇后〉+〈庁〉で表現。〈天皇皇后〉は男と女を〈敬う〉で表し、〈庁〉は「庁」の最後の画を表す。

〈天皇皇后〉

左手のひらの上に親指と小指を立てた右手をのせ、両手を同時に上にあげる。

〈庁〉

両手の人差指で「丁」を描く。

くに【国】1

「アジアの国」

→〈アジア〉+〈国(くに)〉

例文の「国」は国家の意味で〈国〉で表現。〈国〉は「日本」と「国」を区別するため〈日本〉から生まれた新しい手話。

〈アジア〉

指文字〈ア〉を左から右へ弧を描くように動かす。

〈国(くに)〉

親指と4指を突き合わせ、左右に開きながら閉じる。

くに【国】2

「南の国」

→〈暑い①〉+〈あたり〉右側

例文の「国」は一定の広がりをもつ地域の意味なので〈あたり〉で表現。〈あたり〉は漠然とした範囲の地域を表す。

〈暑い①〉

うちわであおぐようにする。

〈あたり〉右側

右手のひらを下に向け、水平に小さく回す。

くに【国】3

「国(からの便り)」

→〈生まれる〉+〈場所〉

(+〈郵便が来る〉)

例文の「国」は故郷の意味なので〈生まれる〉+〈場所〉で表現。手話は「ふるさと」「郷里」などを表す。

〈生まれる〉

指先を向かい合わせた両手を腹から前に出す。

〈場所〉

全指を曲げた右手を前に置く。

くばる【配る】1

「お菓子を配る」

→〈菓子〉+〈配る①〉

例文の「配る」は何人かに分けてあげる意味なので〈配る①〉で表現。〈配る①〉は一人一人に渡すさまを表す。

〈菓子〉

親指と人差指でつまむようにして、繰り返し口に持っていく。

〈配る①〉

左手のひらの上に右手をのせ、左、中央、右の順に前に出す。

くばる【配る】2

「金を配る」

→〈金(かね)①〉+〈配る②〉

例文の「金を配る」は〈配る②〉で表現。左手のひらの上から右手の〈金(かね)①〉を順番に配るさまを表す。

〈金(かね)①〉

右手の親指と人差指で作った丸を示す。

〈配る②〉

左手のひらの上から右手の親指と人差指で作った丸を左、中央、右の順に出す。

くばる【配る】3

「目を配る」

→〈見渡す〉
または〈調べる①〉

例文の「目を配る」は見落とさないように注意して見渡す意味なので〈見渡す〉または〈調べる①〉で表現。いずれも目を配るさまを表す。

〈見渡す〉
額に右手を当て、左右に首を回す。

〈調べる①〉
右手の人差指と中指を軽く折り曲げて、目の前を左右に往復させる。

くばる【配る】4

「気を配る」

→〈考える〉+〈準備①〉

例文の「気を配る」はまわりの人々のことを考えていろいろ配慮することなので〈考える〉+〈準備①〉で表現。

〈考える〉
右人差指を頭にねじこむようにする。

〈準備①〉
両手のひらを向かい合わせて左から右へ動かす。

くび【首】1

「首が痛い」

→〈首①〉+〈痛い⑥〉

例文の「首」は身体部位の首なので〈首①〉で表現。

〈首①〉
右手のひらを首に当てる。

〈痛い⑥〉
〈首①〉の位置で全指を折り曲げた右手を痛そうに振る。

くび【首】2

「(キリンの)首が長い」

→(〈キリン〉+)
〈首②〉+〈長い④〉

例文の「首が長い」は〈首②〉+〈長い④〉で表現。〈首②〉は首の前面を表し、〈長い④〉は首が長いさまを表す。

〈首②〉
指文字〈C②〉を寝かせて首に当て、少しさげる。

〈長い④〉
〈首②〉をさらに上まであげる。

くび【首】3

「首になる」

→〈解雇②〉または〈解雇③〉

例文は慣用句で解雇されることなので〈解雇②〉または〈解雇③〉で表現。いずれも首を切られるさまを表す。

〈解雇②〉
右手を首に当てる。

〈解雇③〉
左親指を手のひらを上に向けた右手で手前から切るようにする。

くび【首】4

「首にする」

→〈解雇①〉

例文は慣用句で解雇することなので〈解雇①〉で表現。〈解雇①〉は首を切るさまを表す。

〈解雇①〉
左親指を右手で切るようにする。

くび【首】5

「首が飛ぶ」

→〈解雇②〉

例文は慣用句で解雇されることなので〈解雇②〉で表現。〈解雇②〉は首を切られるさまを表す。

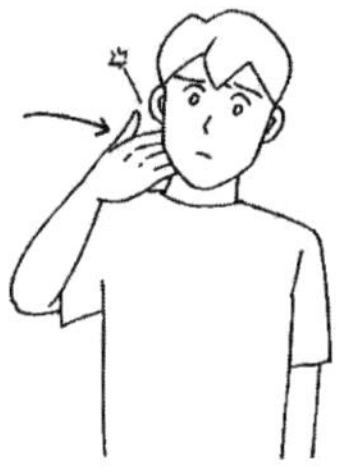

〈解雇②〉
右手を首に当てる。

くびきり【首切り】

「(会社の)首切り」

→(〈会社〉+)
〈解雇①〉
または〈解雇②〉

「首切り」は解雇する意味なので〈解雇①〉または〈解雇②〉で表現。〈解雇①〉は解雇するさま、〈解雇②〉は解雇されるさまを表す。

〈解雇①〉
左親指を右手で切るようにする。

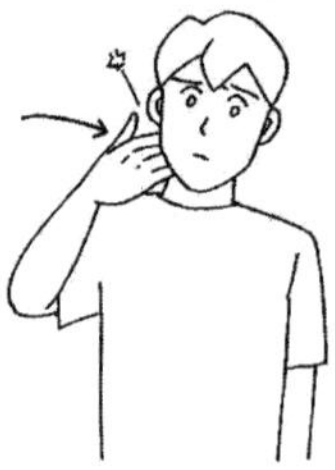

〈解雇②〉
右手を首に当てる。

くび【首】6

「(借金で)首が回らない」

→(〈金(かね)①〉+)
〈借りる〉+〈締める〉

例文は慣用句で借金でやりくりがつかないことなので〈金①〉+〈借りる〉+〈締める〉で表現。〈金①〉はお金、〈締める〉は首を絞めるさまを表す。

〈借りる〉
親指と4指を半開きにして手前に引きながら閉じる。

〈締める〉
両手で自分の首を絞めるようにする。

くふう【工夫】

「考えて工夫する」

→〈考える〉+〈試す〉

「工夫」はいい方法を考え、試みることなので〈試す〉で表現。〈試す〉は「研究する」「試みる」「試す」などの意味がある。

〈考える〉
右人差指を頭にねじこむようにする。

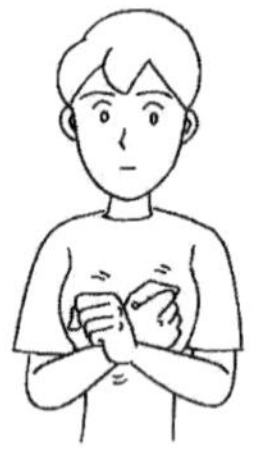

〈試す〉
こぶしを握った両手を手首で交差して、ねじるようにする。

くび【首】7

「連絡を首を長くして待つ」

→〈返事〉+〈待つ〉

例文の「首を長くして待つ」は慣用句で実現を待ちこがれることなので待ち遠しい表情で〈待つ〉を表現。

〈返事〉
親指と人差指を出した両手を手前に引き寄せる。

〈待つ〉
右手指の背側をあごにのせる。

くべつ【区別】1

「(善悪の)区別ができない」

→(〈良い〉+〈悪い①〉+)
〈判断〉+〈難しい〉

例文の「区別」は判断、見分けの意味なので〈判断〉で表現。〈判断〉は左と右にきっぱり分けるさまを表し、「区別」「判断」を意味する。

〈判断〉
左手のひらの上を右手で左右に振り分ける。

〈難しい〉
右手の親指と人差指でほおをつねるようにする。

くべつ【区別】2

「どちらか区別がつかない」

→〈どちら①〉+〈あいまい〉

「区別がつかない」はきっぱり分けられない意味。〈あいまい〉で表現。〈あいまい〉は複雑であいまい模糊としているさま。

〈どちら①〉

両手の人差指を上に向けて交互に上下させる。

〈あいまい〉

両手のひらを前後に向かい合わせ、こすり合わせるように回す。

くみ【組】1

「組に分ける」

→〈グループ〉左側・真ん中・右側

例文の「組」は〈グループ〉で表現し、「組に分ける」は〈グループ〉を3箇所で表現。〈グループ〉は「集団」「団体」「クラブ」などの意。

〈グループ〉左側・真ん中・右側

左側と真ん中と右側で指先を上に向けた両手で水平に手前に円を描く。

くべつ【区別】3

「男女を区別する」

→〈男女〉+〈分ける③〉

例文の「区別する」は判断し分ける意味なので〈分ける③〉で表現。〈分ける③〉は、別々に分けるさまを表す。

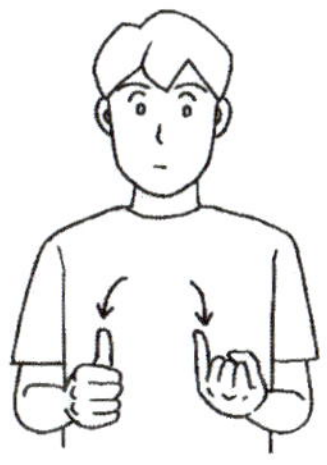

〈男女〉

右親指を出し、続けて左小指を示す。

〈分ける③〉

両手のひらを向かい合わせて指先から左右に離す。

くみ【組】2

「組を分ける」

→〈グループ〉+〈分かれる②〉

例文の「組を分ける」は〈グループ〉+〈分かれる②〉で表現。〈分かれる②〉はグループが分かれるさまを表す。

〈グループ〉

指先を上に向けた両手で水平に手前に円を描く。

〈分かれる②〉

指先を上に向けた両手を左右に離す。

クマ【熊】

「熊」

→〈熊①〉
　または〈熊②〉

「熊」は〈熊①〉または〈熊②〉で表現。〈熊①〉は月の輪熊ののど元の三日月を表す。〈熊②〉は熊がひっかくさまを表す。

〈熊①〉

右手の親指と人差指で胸に三日月形を描く。

〈熊②〉

5指を曲げてひっかくように上から斜め下におろす。

くみ【組】3

「カップル3組」

→〈男女〉左側・真ん中・右側+〈3①〉
（または〈3②〉または〈3③〉）

例文の「組」は男女のペアのことなので〈男女〉を3箇所で表現。

〈男女〉左側・真ん中・右側

右親指と左小指を並べて左・中央・右の位置に順に並べる。

〈3①〉

右手3指の指先を上に向けて手のひら側を前に向けて示す。

くみあい【組合】

「(労働)組合」

→(〈工事〉+)
〈協会①〉
または〈協会②〉

「組合」は〈協会①〉または〈協会②〉で表現。手話はいずれも指をからめ輪をつないで連帯を、円を描いてグループを表す。

〈協会①〉
両手の親指と人差指を組み、水平に回す。

〈協会②〉
人差指を組み、水平に回す。

くみたてる【組み立てる】

「機械を組み立てる」

→〈機械〉(または〈歯車〉)+〈組み立てる〉

「組み立てる」は部材を結合して完成品に仕あげること。〈組み立てる〉で表現。

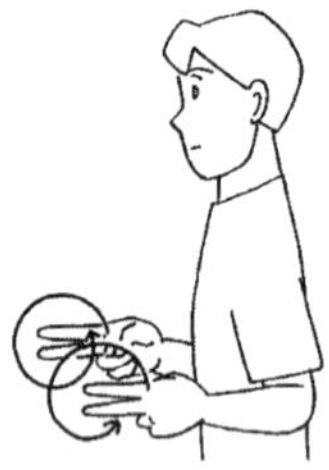

〈機械〉
両手2指を前方に向け、交互に前に回転させる。

〈組み立てる〉
指を組んだ両手をねじりながら上にあげる。

くも【雲】

「雲」

→〈雲①〉
または〈雲②〉

「雲」は〈雲①〉または〈雲②〉で表現。実際の状況によって手話はいろいろな形に変化する。

〈雲①〉
両手の親指と4指で雲の形を作り、右から左へ動かす。

〈雲②〉
両手の親指と4指をふわふわさせながら左右に開く。

クモ【蜘蛛】

「毒グモ」

→〈毒〉+〈クモ〉

「クモ」は〈クモ〉で表現。〈クモ〉はクモが足を広げて進むさまを表す。

〈毒〉
右手の親指と人差指をつまんで唇の端から垂らすようにする。

〈クモ〉
親指を交差させて手のひらを下に向け全指を軽く屈伸させる。

くもり【曇り】1

「(雨)のち曇り」

→(〈雨①〉+)
〈将来②〉+〈曇る〉

例文の「曇り」は空が曇ることなので〈曇る〉で表現。〈曇る〉は空に雲が広がるさまを表す。

〈将来②〉
右手のひらを前に向けて少し押すようにして前に出す。

〈曇る〉
指を軽く折り曲げた両手のひらを合わせ、かき回すようにしながら右へ動かす。

くもり【曇り】2

「鏡の曇り」

→〈鏡①〉(または〈鏡②〉)+〈見えない〉

例文の「曇り」は鏡がはっきり見えないことなので〈見えない〉で表現。〈見えない〉は目の前がさえぎられるさまで「見えない」意。

〈鏡①〉
右手のひらを見つめて、右手を軽く振る。

〈見えない〉
軽く開いた右手のひらを手前に向け、目の前で左右に揺らす。

くもる【曇る】1

「空が曇る」

→〈空〉+〈曇る〉

例文の「曇る」は雲が出て太陽が隠れる意味なので〈曇る〉で表現。〈曇る〉は空に雲が広がるさまを表す。「曇り」も同じ。

〈空〉

右手で頭上に弧を描く。

〈曇る〉

指を軽く折り曲げた両手のひらを合わせ、かき回すようにしながら右へ動かす。

くもる【曇る】2

「(顔が)くもる」

→(〈顔〉+)
〈暗い〉
または〈迷惑〉

例文の「くもる」は顔が暗くなる意味なので〈暗い〉または〈迷惑〉で表現。〈暗い〉は顔が暗いさまを〈迷惑〉は困るさまを表す。

〈暗い〉

両手のひらを前に向けた両腕を目の前で交差させる。

〈迷惑〉

親指と人差指で眉間をつまむ。

くやしい【悔しい】

「負けて悔しい」

→〈負ける①〉+〈悔しい〉

「悔しい」は人に負けて胸をかきむしるような気持ちなので〈悔しい〉で表現。〈悔しい〉は胸をかきむしるさまで「悔しい」を表す。

〈負ける①〉

右手のひらで鼻先をたたき落とすようにする。

〈悔しい〉

悔しそうに胸に爪を立てかきむしるようにして両手を交互に上下させる。

くらい【暗い】1

「暗い部屋」

→〈暗い〉+〈部屋〉

例文の「暗い」は明かりが十分でない意味なので〈暗い〉で表現。〈暗い〉は目の前が閉じられたように暗いさまを表す。

〈暗い〉

両手のひらを前に向けた両腕を目の前で交差させる。

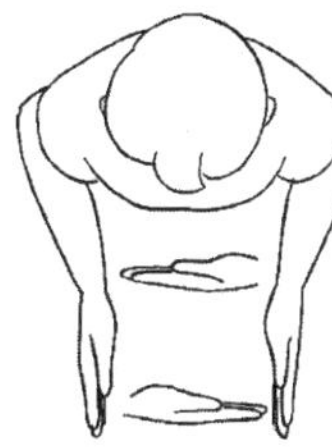

〈部屋〉

両手のひらで前後左右に四角く囲む。

くらい【暗い】2

「暗い性格」

→〈暗い〉+〈性質〉

例文の「暗い」は陰気の意味で〈暗い〉で表現。〈暗い〉は物理的に暗い意味であるが、心理的に暗い意味も持つ。

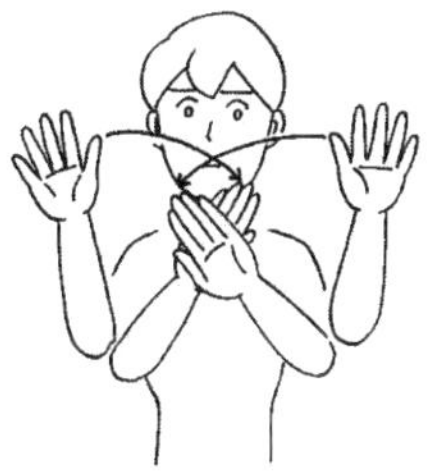

〈暗い〉

両手のひらを前に向けた両腕を目の前で交差させる。

〈性質〉

左手甲に右人差指を当て、すくうようにあげる。

くらい【暗い】3

「歴史に暗い」

→〈歴史〉+〈知らない〉

例文の「暗い」はよく知らない意味なので〈知らない〉で表現。〈知らない〉は我関せずとそっぽを向く様子から生まれた手話。

〈歴史〉

親指と小指を立てた両手を左上で合わせ、右手を揺らしながら右下へおろす。

〈知らない〉

右手のひらで右脇を払いあげる。

くらい【位】1

「去年ぐらい(から)」

→〈去年〉+〈くらい①〉
(+〈から〉)

例文の「〜くらい」はおおよそ、約の意味なので〈くらい①〉で表現。少し手を振って幅をもたせ、その程度であることを表す。「頃」も同じ。

〈去年〉
左こぶしの親指側に右人差指を当て、肩越しに後ろに動かす。

〈くらい①〉
右手指先を前に向け、左右に小さく振る。

くらい【位】2

「二メートルぐらい」

→〈2メートル〉+〈くらい②〉

例文の「くらい」はおおよそ、約の意味なので〈くらい②〉で表現。左手の〈2③〉を残したまま〈くらい①〉を表す。

〈2メートル〉
左手で〈2③〉を示し、右人差指でmを書く。

〈くらい②〉
左手に〈2③〉を残しながら右手指先を前に向け左右に小さく振る。

くらい【位】3

「彼くらい(の背)」

→〈彼〉+〈五分五分①〉
(+〈身長〉)

例文の「くらい」は比較するものと同等のという意味なので〈五分五分①〉で表現。〈五分五分①〉は同等という意味を表す。

〈彼〉
左親指を右人差指でさす。

〈五分五分①〉
親指を立てた両手を同時に内側に倒す。

クラス 1

「(学校の)クラス代表」

→(〈学校〉+)
〈グループ〉+〈代表〉

例文の「クラス」は学級の意味なので〈グループ〉で表現。〈グループ〉は学級以外にも「グループ」「集団」の意味を持つ。

〈グループ〉
指先を上に向けた両手で水平に手前に円を描く。

〈代表〉
指先を斜め上に向けた左手のひらの下から人差指を立てた右手を斜め上にあげる。

クラス 2

「トップクラス」

→〈最高〉+〈レベル〉

例文の「クラス」は順位または等級の意味なので〈レベル〉で表現。〈レベル〉は基準または一定の順位または等級を表す。

〈最高〉
手のひらを下に向けた左手に右手指先を突き上げて当てる。

〈レベル〉
右手指先を前に向け、胸の高さで手のひらを下に向けて水平に右へ動かす。

くらす【暮らす】

「一人で暮らす」

→〈自分一人〉+〈生活〉

「暮らす」は生活する意味なので〈生活〉で表現。〈生活〉は太陽が昇り沈むさまで、その下に営まれる人々の生活、暮らしを表す。

〈自分一人〉
右人差指を胸に当て、前にはねあげる。

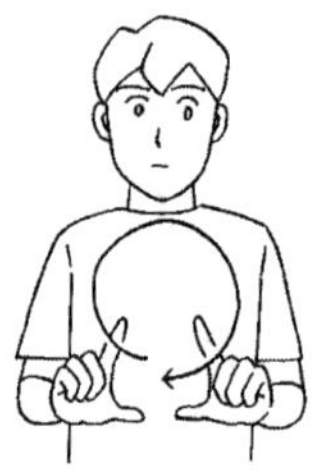

〈生活〉
両手の親指と人差指を向かい合わせて回す。

クラブ

「クラブ活動」

→〈グループ〉+〈活動〉

「クラブ」は集団、グループの意味なので〈グループ〉で表現。〈グループ〉は「グループ」「集団」「団体」「クラブ」「クラス」の意味がある。

〈グループ〉

指先を上に向けた両手で水平に手前に円を描く。

〈活動〉

ひじを少し張り、ひじを軸に両こぶしを交互に繰り返し前に出す。

クリ【栗】

「栗の木」

→〈栗〉+〈木〉

「栗」は〈栗〉で表現。〈栗〉は栗の渋皮を歯でこそげとるさまを表す。

〈栗〉

右こぶしをあごに当て、こするようにして繰り返しおろす。

〈木〉

両手の親指と人差指で大きな丸を作り、上にあげながら左右に広げる。

くらべる【比べる】1

「重さを比べる」

→〈重い〉+〈比べる〉

例文の「比べる」は比較する意味なので〈比べる〉で表現。〈比べる〉は重さを比べるさまを表す。「比較」も同じ手話。

〈重い〉

両手のひらを上に向け、重さでさがるようにする。

〈比べる〉

手のひらを上に向けた両手を並べ、交互に上下させる。

クリーニング

「クリーニング店」

→〈アイロン〉+〈店①〉

「クリーニング」は衣服を洗濯し、アイロンを掛けて形を整えることなので〈アイロン〉で表現。〈アイロン〉はアイロンをかけるしぐさ。

〈アイロン〉

左手のひらの上で右こぶしを往復させる。

〈店①〉

両手のひらを上に向けて、左右に開く。

くらべる【比べる】2

「力を比べる」

→〈力〉+〈争う〉

例文の「比べる」は争う、はり合う意味なので〈争う〉で表現。〈争う〉はどちらが上かを競うさまを表す。

〈力〉

こぶしを握った左腕を曲げ、上腕に右人差指で力こぶを描く。

〈争う〉

親指を立てた両手を並べ、競うようにせりあげる。

くりかえす【繰り返す】

「繰り返し言う」

→〈繰り返す〉+〈言う②〉

「繰り返す」は同じことを何回もやること。〈繰り返す〉で表現。〈繰り返す〉は同じことを繰り返すさまで、「反復(する)」の意味を表す。

〈繰り返す〉

両手の人差指を向かい合わせて回す。

〈言う②〉

右人差指を口元から繰り返し前に出す。

クリスマス

「クリスマスプレゼント」

→〈クリスマス〉+〈みやげ①〉
(または〈贈物〉)

「クリスマス」は12月25日キリストの生誕を祝う行事。〈クリスマス〉はXmasのXを飾られたもみの木に引っかけて表す新しい手話。

〈クリスマス〉
両手の親指と人差指を交差させて左右下に引く。

〈みやげ①〉
左手のひらの上で右手の親指と人差指をつまむようにして両手を前に出す。

くる【来る】1

「(友達が)来る」

→(〈友達②〉+)
〈来る①〉
または〈来る②〉

例文の「来る」は人がこちらの方に来ること。〈来る①〉または〈来る②〉で表現。人がこちらの方に来るさまを表し、「やって来る」の意味を表す。

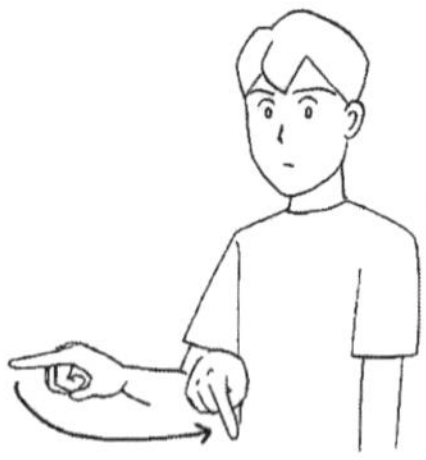

〈来る①〉
前方に向けた右人差指の先を手前に引く。

〈来る②〉
右人差指を上に向けて手前に引く。

くる【来る】2

「行ったり来たり」

→〈往復〉
または〈通う〉

例文の「行ったり来たり」は同じ道を行き来すること。〈往復〉または〈通う〉で表現。どちらも人が行き来するさまを表す。

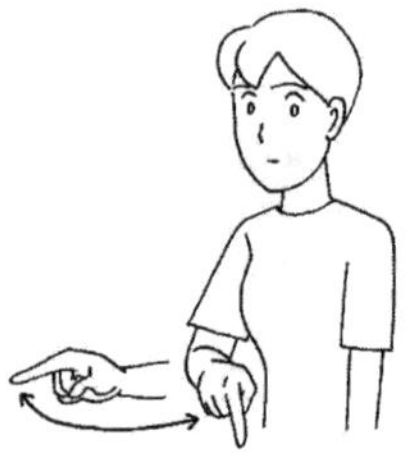

〈往復〉
人差指の先を下に向けさっと前へ向けまた元にもどす。

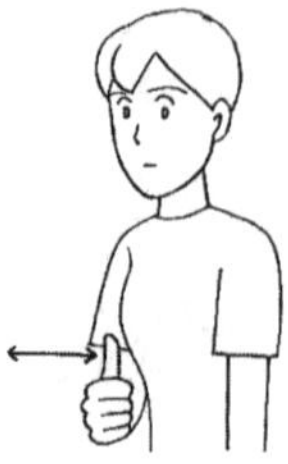

〈通う〉
親指を立てたまま前後に往復させる。

くる【来る】3

「男が来る」

→〈来る③〉

例文の「男が来る」は男を特定しての「来る」なので〈男〉をそのまま引き寄せて表現。「女が来る」なら〈女〉を引き寄せて表現する。

〈来る③〉
親指を立てた右手を手前に引く。

くる【来る】4

「母から手紙が来る」

→左〈母〉+〈郵便が来る〉

例文の「手紙が来る」は郵便で来ることなので〈郵便が来る〉で表現。〈母〉を表した位置から〈郵便が来る〉の動きをして表す。

左〈母〉
左人差指をほおにふれ、左小指を出す。

〈郵便が来る〉
左手２指と右人差指で〒マークを作り、前から引き寄せる。

くる【来る】5

「ピンと来る」

→〈感じる①〉

例文の「ピンと来る」ははっと感じることなので〈感じる①〉で表現。〈感じる①〉は頭にピンと来るさまを表し、「思い当たる」の意味を表す。

〈感じる①〉
右人差指で頭を軽く突きあげる。

くる【来る】6

「頭に来る」

→〈頭①〉+〈刺激〉

例文の「頭に来る」は怒る意味。〈頭①〉+〈刺激〉で表現。〈刺激〉は針でつつかれるさまを表し、不快な刺激の意味がある。

〈頭①〉

右人差指で頭をさす。

〈刺激〉

左手のひらを下から右人差指で突き刺すようにする。

くる【来る】9

「我慢して来た」

→〈我慢①〉+〈ずっと①〉

例文「～して来た」はずっと～して来たの意味なので〈ずっと①〉で表現。〈ずっと①〉は以前から今までずっと継続しているさまを表す。

〈我慢①〉

親指を立てた左手を右手のひらで押さえつける。

〈ずっと①〉

右人差指の先を前に向け、右から左へ線を引くように動かす。

くる【来る】7

「娘が帰って来る」

→〈娘〉+〈帰って来る①〉

例文の「帰って来る」は自宅などに外から戻ってくる意味なので〈帰って来る①〉で表現。〈帰って来る①〉は外から戻ってくる意味を表す。

〈娘〉

小指を立てた右手を腹から前に出す。

〈帰って来る①〉

親指と4指を開いた右手を引き寄せながら閉じる。

くるう【狂う】1

「時計が狂う」

→〈時計①〉+〈食い違う①〉

例文の「狂う」は時計が正常に動かないことなので〈食い違う①〉で表現。〈食い違う①〉は一致しないさまを表す。

〈時計①〉

左手首の甲側に右手の親指と人差指で作った丸をつける。

〈食い違う①〉

両手の人差指の先を向かい合わせて前後に離す。

くる【来る】8

「会社へ行って来る」

→〈会社〉+〈行(い)く①〉

例文の「行って来る」は行く意味なので〈行く①〉で表現。〈行く①〉はこちら側から外に行くさまを表す。

〈会社〉

両手の2指を交互に前後させる。

〈行(い)く①〉

右手人差指を下に向けて、振りあげるように前をさす。

くるう【狂う】2

「(世の中が)狂う」

→(〈世界〉+)
〈あやしい〉または〈変〉

例文の「狂う」は世の中が正常でなくなることなので〈あやしい〉または〈変〉で表現。どちらも表情を疑いの表情で表す。

〈あやしい〉

右人差指の先をあごに当てる。

〈変〉

左手のひらに右親指を当て、残り4指を前にさっと倒すように回す。

くるう【狂う】3

「(調子が)狂って失敗した」

→(〈状態①〉+)
〈とまる②〉+〈失敗①〉
(または〈失敗②〉)

例文の「狂う」は普通の状態でなくなることなので〈とまる②〉で表現。〈とまる②〉は機械が止まるさまを表す。

〈とまる②〉
両手の２指を向かい合わせて回し、途中でとめる。

〈失敗①〉
右手で鼻の先を握って折るようにする。

くるう【狂う】4

「予定が狂う」

→〈予定〉+〈折る①〉

例文の「狂う」は予定が違ってくることなので〈折る①〉で表現。〈折る①〉は「故障」「障害」などの意。

〈予定〉
右こぶしを鼻の前で手首を使って軽く揺する。

〈折る①〉
両こぶしの親指側を合わせ、折るようにする。

グループ 1

「仲良しグループ」

→〈仲間〉+〈グループ〉

「グループ」は人の集団の意味で〈グループ〉で表現。〈グループ〉は人が集まっているさまを表し、「集団」「団体」「クラブ」「クラス」の意味。

〈仲間〉
両手を握り、水平に回す。

〈グループ〉
指先を上に向けた両手で水平に手前に円を描く。

グループ 2

「グループホーム(で生活する)」

→〈グループ〉+〈長屋〉
(+〈生活〉)

「グループホーム」は2種類の表現がある。ひとつは〈グループ〉+〈長屋〉で表現。

〈グループ〉
指先を上に向けた両手で水平に手前に円を描く。

〈長屋〉
両手で示した屋根形を前に出す。

グループ 3

「グループホームで生活する」

→〈グループホーム〉+〈生活〉

もうひとつは〈グループホーム〉で表現。〈グループホーム〉は左手が〈家〉、右手が〈グループ〉を表す。

〈グループホーム〉
左手を斜めに立て、その下で右指文字〈ク〉で手前に水平に半円を描く。

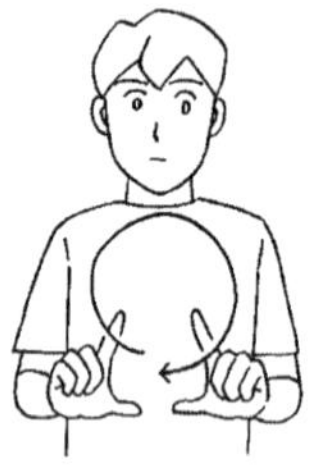

〈生活〉
両手の親指と人差指を向かい合わせて回す。

くるしい【苦しい】1

「(息が)苦しい」

→(〈呼吸①〉+)
〈苦しい①〉
または〈苦しい②〉

例文の「苦しい」は体に苦痛を感じる意味なので〈苦しい①〉または〈苦しい②〉で表現。①は胸をかきむしるさま、②は肉体的な大変さを表す。

〈苦しい①〉
右手で胸をかきむしるようにする。

〈苦しい②〉
右こぶしで胸をたたくようにする。

くるしい【苦しい】2

「聞き苦しい」

→〈聞く①〉+〈難しい〉

例文の「聞き苦しい」は聞きにくいの意味なので〈聞く①〉+〈難しい〉で表現。「聞きづらい」の意味を表す。

〈聞く①〉

右手を耳に添え、頭をやや傾けて聞くようにする。

〈難しい〉

右手の親指と人差指でほおをつねるようにする。

くるま【車】1

「新しい車」

→〈新しい〉+〈運転〉

例文の「車」は自動車のことで〈運転〉で表現。〈運転〉は自動車を運転するさまを表す。「自動車」も同じ手話になる。

〈新しい〉

すぼめた両手をぱっと前に出して広げる。

〈運転〉

ハンドルを両手で握り、回すようにする。

くるま【車】2

「車に乗る」

→〈車①〉+〈座る①〉

例文の「車」は自動車のことで〈車①〉で表現。〈車①〉は車の外観の形を表す。

〈車①〉

右手を「コ」の字形にして指先を前に向けて出す。

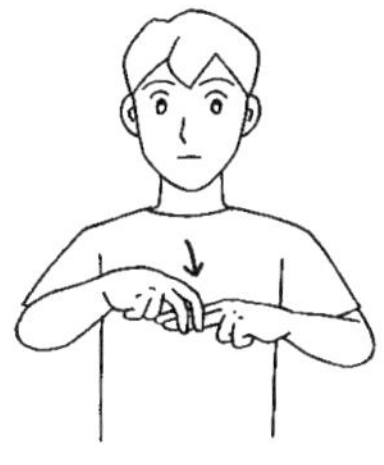

〈座る①〉

手のひらを下に向けた左手２指に折り曲げた右手２指を座るようにのせる。

くるまいす【車椅子】

「車いす専用(トイレ)」

→〈車いす①〉+〈専門〉
(+〈トイレ〉)

「車いす」は下肢障害者などが手で車輪を回して移動に使う車輪つきのいす。〈車いす①〉は手で車輪を回すさまで「車いす」を表す。

〈車いす①〉

両手の人差指を向かい合わせ、体のわきで同時に回す。

〈専門〉

両手の２指を左右から盛りあげるように中央に寄せて手首を返す。

グルメ

「(父は)グルメだ」

→(〈父〉+〈味①〉または)
〈味②〉+〈高い①〉

例文の「グルメ」は食通のことなので〈味①〉または〈味②〉+〈高い①〉で表現。〈味①〉、〈味②〉は味を見るさま、〈高い①〉は本来、値段が高い意。

〈味②〉

右人差指で口を指さす。

〈高い①〉

親指と人差指で作った丸を勢いよくあげる。

グレープフルーツ

「(すっぱい)グレープフルーツ」

→(〈すっぱい〉+)
〈切る⑤〉+〈食べる⑥〉

「グレープフルーツ」は〈切る⑤〉+〈食べる⑥〉で表現。〈切る⑤〉は半分に切るさま、〈食べる⑥〉はスプーンですくって食べるさまを表す。

〈切る⑤〉

指文字〈C②〉を寝かせた左手の上を、手のひらを下向きにした右手で切るように前に出す。

〈食べる⑥〉

〈切る⑤〉の左手を残し右手ですくって食べるしぐさをする。

クレジットカード

「クレジットカードで精算」

→〈クレジットカード〉+〈解決①〉

「クレジットカード」は〈クレジットカード〉で表現。〈クレジットカード〉はクレジットカードの番号に圧力をかけてカーボン紙に印字したさまを表す。

〈クレジットカード〉

左手のひらに右こぶしをのせ、前後に動かす。

〈解決①〉

左手のひらの上に右人差指で「×」を大きく書く。

くれる 1

「(父が)お金をくれた」

→(〈父〉+)〈金(かね)①〉+〈金をもらう①〉

例文の「くれる」はお金をもらう意味なので、〈金をもらう①〉で表現。〈金をもらう①〉はお金をもらうさまを表す。

〈金(かね)①〉

右手の親指と人差指で作った丸を示す。

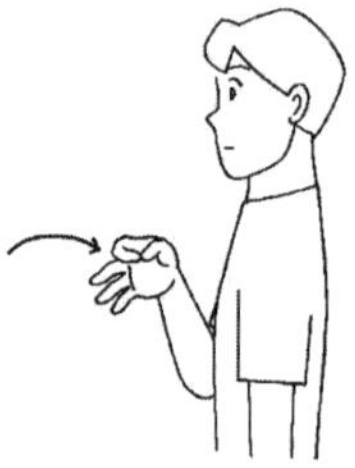

〈金をもらう①〉

親指と人差指で作った丸を手前に引き寄せる。

くれる 2

「お金を貸してくれる」

→〈金(かね)①〉+〈借りる〉

「貸してくれる」は借りる意味なので〈借りる〉で表現。〈借りる〉は物を手元に引き寄せるさまで、いずれ返さなければならないことを示す。

〈金(かね)①〉

右手の親指と人差指で作った丸を示す。

〈借りる〉

親指と4指を半開きにして手前に引きながら閉じる。

くれる 3

「本をくれ」

→〈本〉+〈求める〉

例文の「くれ」は要求する意味なので〈求める〉で表現。〈求める〉はものをちょうだいとねだるさまを表す。

〈本〉

両手のひらを合わせて本を開くように左右に開く。

〈求める〉

左手のひらに右手の甲を打ちつける。

くれる【暮れる】

「日が暮れる」

→〈日が沈む〉または〈夕方〉

例文の「暮れる」は太陽が西に沈んで暗くなる意味で、〈日が沈む〉または〈夕方〉で表現。いずれも太陽が沈むさまを表す。

〈日が沈む〉

左手甲を上に向け、その前を右手の親指と人差指で閉じない丸を作って下におろす。

〈夕方〉

右手全指を上に向けてひじから前に倒す。

くろ【黒】

「黒」

→〈黒①〉または〈黒②〉

例文の「黒」は黒色のことで〈黒①〉または〈黒②〉で表現。〈黒①〉は髪の黒いさま、〈黒②〉は墨をするさまで、「黒い」の意味もある。

〈黒①〉

右手指先で髪の毛をさわる。

〈黒②〉

左手のひらの上を右こぶしの小指側をつけて前後に墨をするようにこする。

くろい【黒い】1

「黒い車」

→(〈黒①〉または)
〈黒②〉+〈運転〉

例文の「黒い」は黒い色の意味。〈黒①〉または〈黒②〉で表現。

〈黒②〉

左手のひらの上を右こぶしの小指側をつけて前後に墨をするようにこする。

〈運転〉

ハンドルを両手で握り、回すようにする。

くろい【黒い】2

「腹が黒い」

→〈心〉+〈臭(くさ)い〉

例文の「腹が黒い」は慣用句で心の中に悪い考えを持っている意味で〈腹〉+〈臭い〉で表現。

〈心〉

右人差指でみぞおち辺りをさす。

〈臭(くさ)い〉

右手の親指と人差指で鼻をつまむ。

くろう【苦労】

「(親に)苦労をかける」

→(〈両親〉+)
〈苦労〉+〈与える①〉

「苦労をかける」は他人に苦労を与える意味なので〈苦労〉+〈与える①〉で表現。

〈苦労〉

左腕を右こぶしで軽くたたく。

〈与える①〉

両手のひらを上に向け並べて前に差し出す。

クローズアップ

「手話がクローズアップされる」

→〈手話〉+〈クローズアップ〉

例文の「クローズアップ」は大きく取り上げられることなので〈クローズアップ〉で表現。〈クローズアップ〉は左手に大写しにするさまを表す。

〈手話〉

両手の人差指を向かい合わせ、糸を巻くように回転させる。

〈クローズアップ〉

２指をつまんだ右手を開きながら左手のひらに当てる。

クロール

「クロールが得意」

→〈クロール〉+〈得意〉

「クロール」は〈クロール〉で表現。〈クロール〉はクロールで泳ぐさまを表す。

〈クロール〉

クロールで泳ぐしぐさをする。

〈得意〉

親指と小指を立てた右手の親指を鼻に当て、斜め上に出す。

くろじ【黒字】

「黒字が出る」

→〈黒①〉+〈線を引く①〉

「黒字」は利益が出る意味。〈黒①〉+〈線を引く①〉で表現。手話も比喩的表現で利益が出ることを意味している。

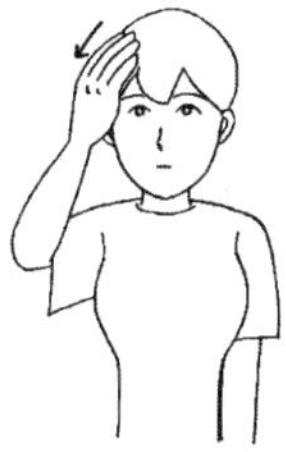

〈黒①〉

右手指先で髪の毛をさわる。

〈線を引く①〉

左手のひらの上に右手人差指でさっと線を引くようにする。

クワ【桑】

「桑の葉」

→〈桑〉+〈葉〉

「桑」は〈桑〉で表現。〈桑〉は蚕が桑の葉を食べるさまを表す。

〈桑〉

手のひらを左に向けた右手を口に当て、弧を描きながら斜め上にあげる。

〈葉〉

親指と人差指を閉じた両手をつけて右手を右へ動かしながら開き、また閉じて葉の形を描く。

くわえる【加える】1

「筆を加える」

→〈書く①〉+〈加える〉

例文の「加える」は付け足す意味なので〈加える〉で表現。〈加える〉は元のものに付け加えるさまを表す。「付加」も同じ手話になる。

〈書く①〉

左手のひらに右手の親指と人差指で縦に書くようにする。

〈加える〉

左手のひらに右人差指を添える。

くわえる【加える】2

「年々としを加える」

→〈毎年〉+〈年をとる〉

例文の「加える」は年をとる意味なので〈年をとる〉で表現。〈年をとる〉は年齢が段々高くなるさまを表す。

〈毎年〉

軽くにぎった左こぶしの親指側を右人差指でふれて繰り返し回す。

〈年をとる〉

やや曲げた両手のひらを上下に向かい合わせ右手を上にあげ、甲をあごに当てる。

くわえる【加える】3

「仲間に加える」

→〈仲間〉+〈参加③〉

例文の「加える」は仲間に入れる意味なので〈参加③〉で表現。〈参加③〉は元のグループ・仲間に加わるさまを表す。

〈仲間〉

両手を握り、水平に回す。

〈参加③〉

左手のひらに人差指を立てた右手を打ちつける。

クワガタムシ【クワガタ虫】

「クワガタムシのオス」

→〈クワガタムシ〉+〈男〉

「クワガタムシ」は〈クワガタムシ〉で表現。〈クワガタムシ〉は大あごのさまを表す。「オス」は〈男〉で表現。

〈クワガタムシ〉

両人差指を折り曲げてこめかみに置き、人差指をつけたり離したりする。

〈男〉

親指を立てた右手を出す。

くわしい【詳しい】1

「詳しく説明する」

→〈細かい①〉+〈説明〉

例文の「詳しい」は細かく具体的にの意味なので〈細かい①〉で表現。〈細かい①〉はこまごましたさまを表し、「詳細に」も同じ手話になる。

〈細かい①〉

両手の親指と人差指をつまみ、つき合わせ、つぶすようにする。

〈説明〉

左手のひらを右手で小刻みにたたく。

くわしい【詳しい】2

「歴史に詳しい」

→〈歴史〉+〈得意〉

例文の「詳しい」はよく知っている意味なので〈得意〉で表現。〈得意〉は鼻を高くするさまを表し、「得意」などの意味を持つ。

〈歴史〉

親指と小指を立てた両手を左上で合わせ、右手を揺らしながら右下へおろす。

〈得意〉

親指と小指を立てた右手の親指を鼻に当て、斜め上に出す。

くんしょう【勲章】

「勲章をもらう」

→〈メダル①〉+〈もらう①〉

例文の「勲章」はその人の功労をたたえて国から贈られる記章の意味で〈メダル①〉で表現。〈メダル①〉は首からさげたメダルを表現している。

〈メダル①〉

両手の親指と人差指で丸を作り、みぞおち辺りにつける。

〈もらう①〉

手のひらを上に向けた両手を手前に引く。

ぐん【軍】1

「アメリカ軍」

→(〈アメリカ②〉または)
〈アメリカ①〉+〈軍〉

例文の「軍」は武装した戦闘集団のこと。〈軍〉で表現。〈軍〉は銃を持つ兵士のさまを表す。「兵」「兵隊」の意味がある。

〈アメリカ①〉

両手の指を組んだまま左から右に揺らしながら動かす。

〈軍〉

握ったこぶしを上下にして右脇に当てる。

くんせい【薫製】

「イカのくん製」

→〈イカ〉+〈くん製〉

「くん製」は〈くん製〉で表現。〈くん製〉は食品を煙でいぶすさまを表す。

〈イカ〉

あごに右手を当て、ひらひらさせる。

〈くん製〉

指先を下に向けた左手の下に、指を上向きにして折り曲げた右手全体を斜めに回す。

ぐん【軍】2

「軍縮」

→〈軍〉+〈縮む①〉

例文の「軍縮」は軍備を縮小する意味なので〈軍〉+〈縮む①〉で表現。

〈軍〉

握ったこぶしを上下にして右脇に当てる。

〈縮む①〉

両手の親指と人差指を向かい合わせ揺らしながら間をせばめていく。

くんれん【訓練】

「厳しい訓練」

→〈厳しい〉+〈鍛える〉

「訓練」は鍛える意味なので〈鍛える〉で表現。〈鍛える〉は胸を打ちたたいて鍛えるさまを表す。「練習」「鍛練」も同じ手話になる。

〈厳しい〉

左手甲を右手の親指と人差指でつねるようにする。

〈鍛える〉

ひじを張り、両こぶしで胸を同時に繰り返したたく。

〈ケ〉
4指を立てて示す。

け【毛】1

「髪の毛が白い」
→〈髪①〉+〈白〉

例文の「髪の毛」は〈髪①〉で表現。髪の毛をつかむさまを表す。

〈髪①〉
右手の親指と人差指で髪の毛をつかむようにする。

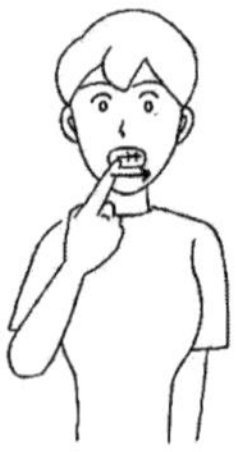

〈白〉
右人差指で前歯を指さし、左へ引く。

け【毛】2

「毛が薄い」
→〈髪①〉+〈少し〉

例文の「毛」は髪の毛のことなので〈髪①〉で表現。

〈髪①〉
右手の親指と人差指で髪の毛をつかむようにする。

〈少し〉
右手の親指と人差指を合わせ、親指をはじく。

け【毛】3

「動物の毛」
→〈動物〉+〈毛②〉

例文の「毛」は動物の毛なので〈毛②〉で表現。〈毛②〉は表面に毛が生えているさまを表す。

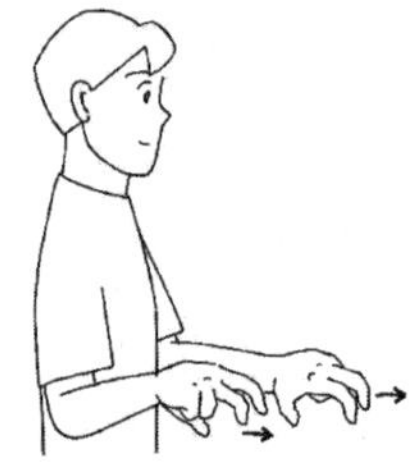

〈動物〉
両手の親指と人差指と中指を折り曲げて爪を立てるようにして前後に並べ前に出す。

〈毛②〉
手のひらを下にした左手の上で指先を上向きで折り曲げた右手を甲に沿って右に動かす。

け【毛】4

「毛のシャツ」
→〈毛①〉+〈シャツ〉

例文の「毛」は羊毛のことなので〈毛①〉で表現。

〈毛①〉
指先を曲げ、手のひらを上に向けた右手を左手甲にこすりつける。

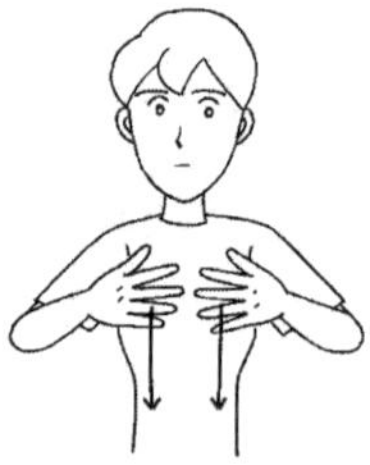

〈シャツ〉
両手のひらを胸に当てて下におろす。

けい【刑】

「(一年の)刑」
→(〈一年①〉+)
〈つかまる①〉
または〈刑〉

「刑」は犯罪者などに加える罰。〈つかまる①〉または〈刑〉で表現。〈つかまる①〉は逮捕されるさま、〈刑〉は漢字「刑」の一部を表す。

〈つかまる①〉
こぶしを握った両手の手首を合わせて前に出す。

〈刑〉
左手2指を横にして、そこに右手2指を縦におろす。

け

けい【計】1

「計千円」
→〈合わせる①〉+〈千円〉

例文の「計」は合計の意味なので〈合わせる①〉で表現。〈合わせる①〉はいろいろなものを一緒にするさまを表す。

〈合わせる①〉
向かい合わせた両手を左右から合わせる。

〈千円〉
右手の小指を除いた 4 指で丸を作り、次に親指と人差指を開いて右に引く。

けい【計】2

「速度計」
→〈はやい①〉+〈メーター〉

例文の「計」はメーターを意味するので〈メーター〉で表現。〈メーター〉は速度計などで針が振れるさまを表す。

〈はやい①〉
親指と人差指を閉じた右手をすばやく左へ動かしながら人差指を伸ばす。

〈メーター〉
左腕に人差指を出した右手の手首を当てて振る。

けいえい【経営】

「会社を経営する」
→〈会社〉+〈経済〉

例文の「経営」は会社などの事業をやりくりすることなので〈経済〉で表現。〈経済〉には「経営する」「運営する」という意味がある。

〈会社〉
両手の 2 指を交互に前後させる。

〈経済〉
親指と人差指で作った丸を上下に置き、互い違いに水平に回す。

けいえん【敬遠】

「(彼を)敬遠する」
→(〈彼〉+)
〈逃げる〉
または〈敬遠〉

「敬遠」は尊敬するように見せて実は相手にしないこと。〈逃げる〉または〈敬遠〉で表現。〈敬遠〉は野球の四球からヒントを得た新しい手話。

〈逃げる〉
両こぶしを右上にさっとあげる。

〈敬遠〉
右手のひらを上に向けて 4 指を示し、左から右へ動かす。

けいか【経過】1

「(八時間が)経過する」
→(〈八時間〉+)
〈経過〉
または〈ずっと①〉

例文の「経過」は時間が経つ意味なので〈経過〉または〈ずっと①〉で表現。〈経過〉は流れを、〈ずっと①〉は継続する状態を表す。

〈経過〉
左上腕から指先に向かって右手甲を流れるように動かす。

〈ずっと①〉
右人差指の先を前に向け、右から左へ線を引くように動かす。

けいか【経過】2

「(手術)後の経過」
→(〈手術〉+)
〈以後〉+〈状態①〉

例文の「経過」はその後の様子の意味なので〈状態①〉で表現。〈状態①〉は「様子」「状態」の意味がある。

〈以後〉
両手甲を合わせ、右手を前に押し出す。

〈状態①〉
両手のひらを前に向けて、交互に上下させる。

けいかい【警戒】1

「すりを警戒する」

→〈盗む〉+〈注意〉

例文の「警戒」は注意する意味なので〈注意〉で表現。〈注意〉は気持ちを引き締めるさまを表す。

〈盗む〉

かぎ状にした人差指を手前に引く。

〈注意〉

軽く開いた両手を上下に置き、体に引きつけて握る。

けいかい【警戒】2

「(あたりを)厳しく警戒する」

→(〈あたり〉+)〈調べる①〉+〈厳しい〉

例文の「警戒」は不審な者はいないかとあたりを注意して見る意味なので〈調べる①〉で表現。〈調べる①〉は目を配るさまを表す。

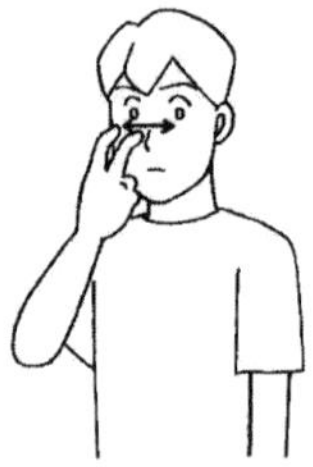

〈調べる①〉

右手の人差指と中指を軽く折り曲げて、目の前を左右に往復させる。

〈厳しい〉

左手甲を右手の親指と人差指でつねるようにする。

けいかく【計画】

「計画を立てる」

→〈計画〉+〈作る〉

「計画」は目的を決めて手順を考えること。〈計画〉で表現。〈計画〉は設計図の線を引くさまで「設計」や「計画」を意味する。

〈計画〉

左手のひらを下に向け、右人差指で線を引くようにする。

〈作る〉

両手のこぶしを上下に打ちつける。

けいき【契機】

「(その問題を)契機に」

→(〈問題〉+)〈きっかけ①〉または〈きっかけ②〉

「契機」はきっかけの意味。〈きっかけ①〉または〈きっかけ②〉で表現。手話はどちらも芽を出すさまを表し「起源」「発端」の意味がある。

〈きっかけ①〉

左手の親指と人差指を閉じた合わせ目から右人差指の指先を跳ねあげるように上に向ける。

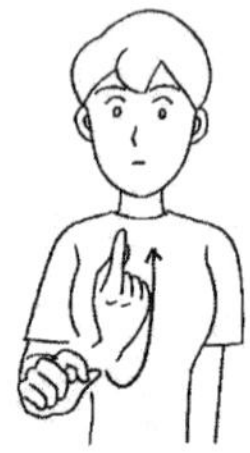

〈きっかけ②〉

手首を返し右手の人差指をはじくようにして上にあげる。

けいき【景気】1

「景気(の動向)」

→〈経済〉または〈景気〉(+〈状態①〉)

例文の「景気」は金回りの状態の意味なので〈経済〉または〈景気〉で表現。〈景気〉は指文字〈ケ〉と〈経済〉を組み合わせた新しい手話。

〈経済〉

親指と人差指で作った丸を上下に置き、互い違いに水平に回す。

〈景気〉

左手の指文字〈ケ〉の前で右手の親指と人差指で作った丸を回す。

けいき【景気】2

「景気のいい声」

→〈元気②〉+〈声〉

例文の「景気がいい」は元気がよいの意味なので〈元気②〉で表現。〈元気②〉は活発なさまを表し、元気なことを意味する。

〈元気②〉

ひじを左右に繰り返し張る。

〈声〉

親指と人差指で作った丸をのど元に当て、気管に沿って口元から前に出す。

けいけん【経験】

「経験が浅い」

→〈経験〉+〈不足〉

「経験」は見たり聞いたりすること。またはそれによって得た知識。〈経験〉で表現。〈経験〉はものごとを積み重ねるさまで「経験」を意味。

〈経験〉

両手指先をふれ合わせる。

〈不足〉

左手のひらを右人差指でほじくるようにする。

けいこうとう【蛍光灯】

「蛍光灯が切れる」

→〈蛍光灯〉+〈消える②〉

「蛍光灯」は〈蛍光灯〉で表現。〈蛍光灯〉は蛍光管の長さと点灯するさまを表す。

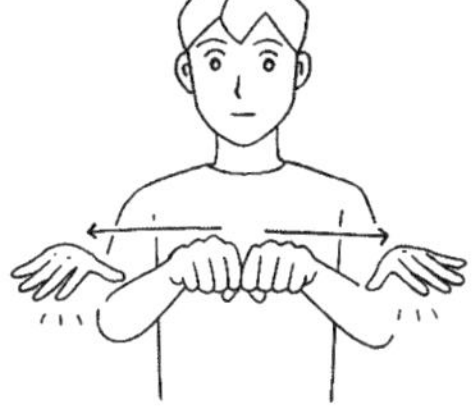

〈蛍光灯〉

両手を軽く握ってつけ合わせ、左右に離しながら指を開く。

〈消える②〉

軽く開いた両手をすばやく上にあげながらぱっと握る。

けいけんわん【頸肩腕】

「頸肩腕症候群」

→〈頸肩腕〉+〈症候群〉

「頸肩腕症候群」は〈頸肩腕〉+〈症候群〉で表現。〈頸肩腕〉は腕のしびれや痛みを表す。

〈頸肩腕〉

指を折り曲げ、手のひらを上向きにした右手甲で左腕の上腕と下腕をたたく。

〈症候群〉

右こぶしで額を軽くたたき、次に指先を下に向けて左から右へ動かす。

けいざい【経済】1

「経済問題」

→〈経済〉+〈問題〉

例文の「経済」は社会における生産、売買、消費などの活動。〈経済〉で表現。〈経済〉はお金がめぐるさまを表す。

〈経済〉

親指と人差指で作った丸を上下に置き、互い違いに水平に回す。

〈問題〉

両手の親指と人差指をつまみ「 ┐を描く。

けいこ【稽古】

「けいこをする」

→〈練習〉
　または〈鍛える〉

「けいこ」は技術を体で覚えさせることの意味。〈練習〉または〈鍛える〉で表現。〈練習〉は技術を腕に覚えさせるさまを表す。

〈練習〉

左手甲に手のひらを手前に向けた右手指先を繰り返し当てる。

〈鍛える〉

ひじを張り、両こぶしで胸を同時に繰り返したたく。

けいざい【経済】2

「経済家」

→〈節約〉+〈人々①〉

例文の「経済家」は無駄な費用を支出しないように注意する人の意味なので〈節約〉+〈人々①〉で表現。〈節約〉は出費を控えるさまを表す。

〈節約〉

左手のひらにかぎ状にした右人差指を当て、引きあげるように手前に引く。

〈人々①〉

親指と小指を立てた両手を揺らしながら左右に開く。

け

けいざいさんぎょうしょう【経済産業省】

「経済産業(省)」
→〈経済〉+〈工事〉(+〈省〉)

「経済産業省」は〈経済〉+〈工事〉+〈省〉で表現。〈経済〉はお金が回るさま、〈工事〉は工事で打ちつけるさま、〈省〉は昔の大礼帽のさまを表す。

〈経済〉
親指と人差指で作った丸を上下に置き、互い違いに水平に回す。

〈工事〉
左こぶしに右こぶしを左右から打ちつける。

けいさん【計算】2

「計算に入れる」
→〈考える〉+〈加える〉

例文の「計算」は予定の数字、予想の意味なので〈考える〉+〈加える〉で表現。

〈考える〉
右人差指を頭にねじこむようにする。

〈加える〉
左手のひらに右人差指を添える。

けいさつ【警察】

「警察官」
→〈警察①〉
または〈警察②〉
(+〈男〉)

「警察」は〈警察①〉または〈警察②〉で表現。どちらも帽子の徽(記)章を表す。

〈警察①〉
軽く折り曲げた親指と人差指を額に当てる。

〈警察②〉
右手の親指と人差指で作った丸を額に当てる。

けいじ【刑事】1

「刑事(になる)」
→〈刑〉+〈男〉
(+〈変わる①〉)

例文の「刑事」は刑事事件を担当する警察官。〈刑〉+〈男〉で表現。刑事が女の場合は〈女〉を使う。〈刑〉は漢字「刑」の一部を利用した手話。

〈刑〉
左手2指を横にして、そこに右手2指を縦におろす。

〈男〉
親指を立てた右手を出す。

けいさん【計算】1

「計算が得意」
→〈計算〉+〈得意〉

例文の「計算」は算数などの計算の意で〈計算〉で表現。〈計算〉はそろばんの珠をはらうさまを表し「会計」「経理」の意味も持つ。

〈計算〉
左手の指先の方向に右手4指を滑らせるように右へ動かす。

〈得意〉
親指と小指を立てた右手の親指を鼻に当て、斜め上に出す。

けいじ【刑事】2

「刑事事件」
→〈刑〉+〈事件〉

例文の「刑事」は民事に対する語で犯罪に関することの意味。〈刑〉で表現。〈刑〉は漢字「刑」の一部を利用した手話。

〈刑〉
左手2指を横にして、そこに右手2指を縦におろす。

〈事件〉
左手の指文字〈コ〉の下で右人差指をすくいあげるようにする。

けいじ【掲示】

「掲示」はポスターなどを張りつけることなので、〈張る①〉で表現。〈張る①〉はポスターなどを張りつけるさまを表す。

「掲示板」

→〈張る①〉＋〈四角③〉

〈張る①〉
両手の親指を立てて並べ、ピンを押すように上から下に同時におろす。

〈四角③〉
両手人差指で大きく四角を描く。

けいしき【形式】1

例文の「形式」は形、姿、スタイルの意味なので〈形〉または〈状態①〉で表現。〈形〉は分類の型や姿かたちに使用する。

「(新しい)形式」

→(〈新しい〉＋)
〈形〉
または〈状態①〉

〈形〉
親指と人差指を出した両手を交互に上下させる。

〈状態①〉
両手のひらを前に向けて、交互に上下させる。

けいしき【形式】2

例文の「形式」は表面的な形、様式の意味なので〈表(おもて)②〉で表現。〈表(おもて)②〉は表面をなぞるさまを表す。

「形式にとらわれる」

→〈表(おもて)②〉＋〈つかまる①〉

〈表(おもて)②〉
左手甲を右手指でなでるように回す。

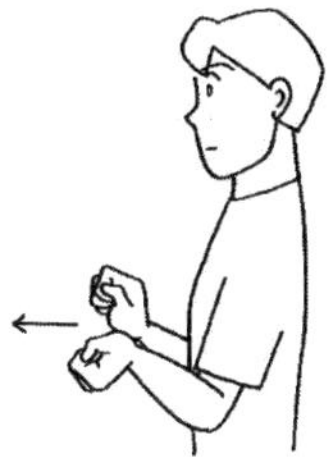

〈つかまる①〉
こぶしを握った両手の手首を合わせて前に出す。

けいしょう【継承】1

例文の「継承」は〈継承〉で表現。〈継承〉は以前からあるものを次に移すさまを表す。「受け継ぐ」も同手話。

「伝統の継承」

→〈伝統①〉＋〈継承〉

〈伝統①〉
親指を立てた両手を前に回転させながら交互に下におろす。

〈継承〉
左甲に全指を曲げた右手の甲をつけ、右手だけを斜め下に出す。

けいしょう【継承】2

例文の「継承」は財産のことなので〈金をもらう①〉で表現。〈金をもらう①〉はお金をもらうさまを表す。

「(親の)財産を継承する」

→(〈親〉＋)
〈財産〉＋〈金をもらう①〉

〈財産〉
左手のひらの上に右手で親指と人差指で作った丸を置く。

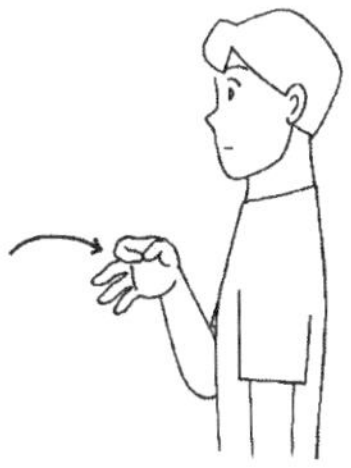

〈金をもらう①〉
親指と人差指で作った丸を手前に引き寄せる。

けいせいげか【形成外科】

「形成外科」は〈形成〉＋〈手術〉＋〈脈〉で表現。〈形成〉は

「形成外科」

→〈形成〉＋〈手術〉
(＋〈脈〉)

〈形成〉
両手で顔をおおい、左右に開く。

〈手術〉
左手のひらを下に向け、親指側の縁に沿って右人差指の先を手前に引く。

けいぞく【継続】

「毎日継続する」
→〈いつも〉+〈続く①〉

「継続」はあることが続いている意味なので〈続く①〉で表現。〈続く①〉は関係が同じままに続くさまを表す。

〈いつも〉
親指と人差指を立てた両手を向かい合わせて手首を回す。

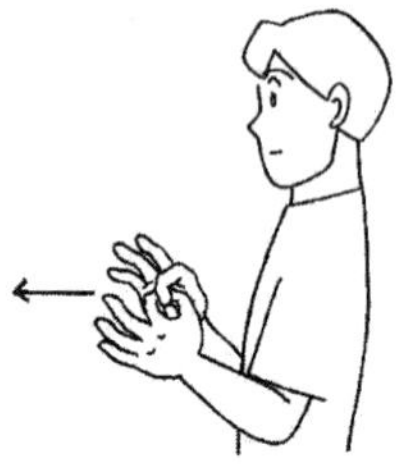

〈続く①〉
両手の親指と人差指を組んでまっすぐ前に出す。

けいたいでんわ【携帯電話】

「携帯電話が普及」
→〈携帯電話〉+〈広がる①〉

「携帯電話」は〈携帯電話〉で表現。〈携帯電話〉はアンテナを立てた電話のさまを表す。「携帯電話をかける」も同手話。

〈携帯電話〉
人差指を立てた右手を耳に当てる。

〈広がる①〉
両手を前に出しながら左右に開く。

けいちょう【慶弔】

「慶弔費」
→〈慶弔〉+〈金(かね)①〉

「慶弔」は〈慶弔〉で表現。〈慶弔〉はのし袋の水引の形を表す。

〈慶弔〉
両手の2指でのしの結び形を描く。

〈金(かね)①〉
右手の親指と人差指で作った丸を示す。

けいば【競馬】

「競馬(場)」
→〈競馬〉
または〈群馬〉
(+〈場所〉)

「競馬」は賞金を掛けて馬を競争させること。〈競馬〉または〈群馬〉で表現。〈競馬〉は馬が走るさまを表す。

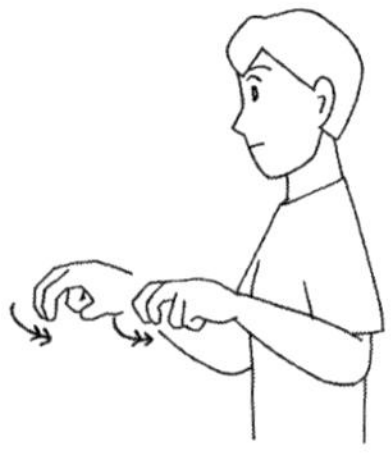

〈競馬〉
両手2指の指先を前に向けて同時に折り曲げながら繰り返し手前に引くようにする。

〈群馬〉
両手の人差指をむちを振るように繰り返し振りおろす。

けいび【警備】

「(ビルの)警備をする」
→(〈ビル①〉+)
〈警察①〉(または〈警察②〉)+
〈調べる①〉

「警備」は建物や道路などを警戒し守ることなので〈警察①〉または〈警察②〉+〈調べる①〉で表現。

〈警察①〉
軽く折り曲げた親指と人差指を額に当てる。

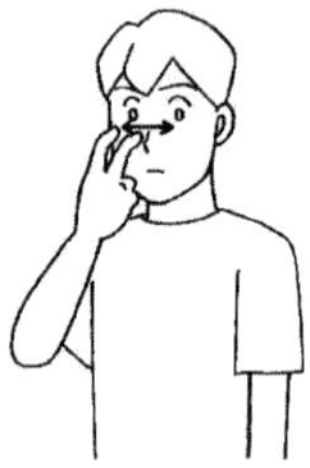

〈調べる①〉
右手の人差指と中指を軽く折り曲げて、目の前を左右に往復させる。

けいほう【刑法】

「刑法」
→〈刑〉+〈裁判〉
(または〈法〉)

「刑法」は犯罪人を処罰する法律で〈刑〉+〈裁判〉で表現。〈刑〉は漢字「刑」を表し、〈裁判〉は法律を表す。

〈刑〉
左手2指を横にして、そこに右手2指を縦におろす。

〈裁判〉
親指を立てた両手を肩から前に同時におろし、体の前で止める。

けいほう【警報】

「警報を出す」
→〈注意〉+〈発表〉

「警報」は警戒し、注意することを発表することなので〈注意〉+〈発表〉で表現。〈注意〉は気を引き締めるさまを表す。

〈注意〉
軽く開いた両手を上下に置き、体に引きつけて握る。

〈発表〉
親指と４指を閉じた両手を左右にぱっと開く。

けいむしょ【刑務所】

「刑務所」
→〈つかまる①〉+〈場所〉

「刑務所」は刑の確定した犯罪人を収容し、訓練などを行う場所。〈つかまる①〉+〈場所〉で表現。〈つかまる①〉は手錠をされたさま。

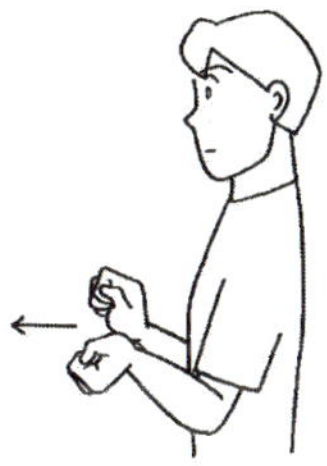

〈つかまる①〉
こぶしを握った両手の手首を合わせて前に出す。

〈場所〉
全指を曲げた右手を前に置く。

けいもう【啓蒙】

「啓蒙書」
→〈啓蒙〉+〈本〉

例文の「啓蒙」は一般の人に必要な知識を与え、知的水準を高める意味。〈啓蒙〉で表現。〈啓蒙〉は目が見開かれるさまを表した新しい手話。

〈啓蒙〉
両手の親指と人差指を目元で閉じて左右に動かしながらぱっと開く。

〈本〉
両手のひらを合わせて本を開くように左右に開く。

けいやく【契約】１

「契約を結ぶ」
→〈契約〉+〈調印〉

例文の「契約」は約束を取り交わす意味。〈契約〉で表現。〈契約〉は相互に約束を取り交わすさまを表す。

〈契約〉
交差した両手を左右に開きながら親指と４指を閉じる。

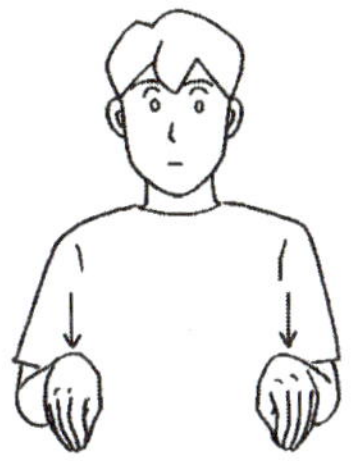

〈調印〉
すぼめた両手を下に押しつけるようにする。

けいやく【契約】２

「契約破棄」
→〈契約〉+〈取り消す〉

例文の「契約」は約束を取り交わす意味。〈契約〉は取り交わした約束を表し、〈取り消す〉はその約束を取り消すさまを表す。

〈契約〉
交差した両手を左右に開きながら親指と４指を閉じる。

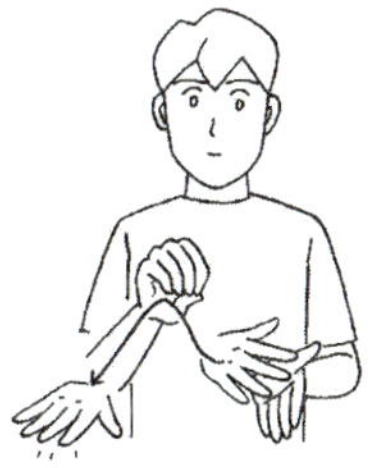

〈取り消す〉
右手で左手のひらからものをつかみとり、わきに捨てるようにする。

けいり【経理】

「会社の経理」
→〈会社〉+〈計算〉

「経理」は会社などの組織で会計を扱う部門の意味。〈計算〉で表現。〈計算〉はそろばんの珠をはらうさまで、金銭勘定の意味を持つ。

〈会社〉
両手の２指を交互に前後させる。

〈計算〉
左手の指先の方向に右手４指を滑らせるように右へ動かす。

け

けいりん【競輪】

「競輪場」

→〈競輪〉+〈場所〉

「競輪」は賞金を掛けるなどして競争用自転車を競争させるゲーム。〈競輪〉はトラックを自転車が並んで競争するさまを表す。

〈競輪〉

親指と人差指で作った丸を自転車の車輪のように前後に並べ、コーナーを曲がるように動かす。

〈場所〉

全指を曲げた右手を前に置く。

ケースワーカー

「ケースワーカー」

→〈相談〉+〈責任①〉

「ケースワーカー」は社会的な問題を抱えた人達の援助を担当する行政職員。〈相談〉+〈責任①〉で表現。相談し援助する担当者の意味。

〈相談〉

親指を立てた両手を軽くぶつけ合う。

〈責任①〉

右肩に軽く全指を折り曲げた右手をのせる。

けいれき【経歴】

「経歴書」

→〈経過〉+〈四角②〉

例文の「経歴」は人や団体などのこれまでの業績、経過。〈経過〉で表現。〈経過〉は流れを表し、「履歴」「経歴」の意味がある。

〈経過〉

左上腕から指先に向かって右手甲を流れるように動かす。

〈四角②〉

両手の人差指で四角を描く。

ゲートボール

「ゲートボール」

→〈ゲートボール①〉または〈ゲートボール②〉

「ゲートボール」は〈ゲートボール①〉または〈ゲートボール②〉で表現。いずれも左手のゲートをめがけて右手のスティックを振るさまを表す。

〈ゲートボール①〉

左手を曲げて下に向け、右手を左手に向けて振る。

〈ゲートボール②〉

左親指と人差指を曲げて下に向け、右人差指を左手に向けて振る。

けいろう【敬老】

「敬老の日」

→〈敬老〉+〈日〉

「敬老」は老人を敬い大切にすることで〈敬老〉で表現。〈敬老〉は右手の老人を左手のひらにのせ上にあげ、敬い大切にするさまを表す。

〈敬老〉

親指を曲げた右手を左手のひらにのせて上にあげ、頭をさげる。

〈日〉

親指と人差指を曲げて「日」の字を作る。

ケーブルテレビ

「ケーブルテレビ」

→〈パイプ〉+〈テレビ〉

「ケーブルテレビ」は〈パイプ〉+〈テレビ〉で表現。〈パイプ〉はケーブルを表し、〈テレビ〉はテレビの走査線のさまを表す。

〈パイプ〉

両手の親指と4指で丸を作り、親指側を合わせて左右に開く。

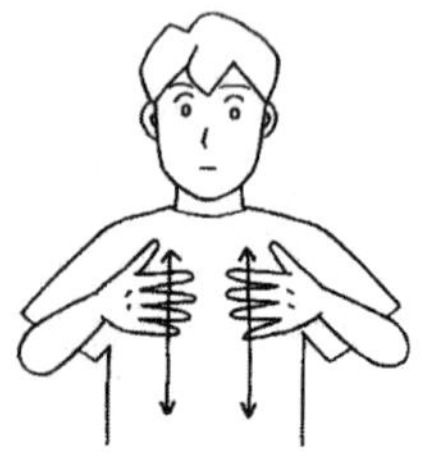

〈テレビ〉

両手の指先を向かい合わせて同時に上下させる。

ゲーム

「ゲーム」
→〈競争〉
　または〈遊ぶ①〉

「ゲーム」は勝負を競うこと、または遊びの意味なので〈競争〉または〈遊ぶ①〉で表現。〈競争〉は競うさまを表す。

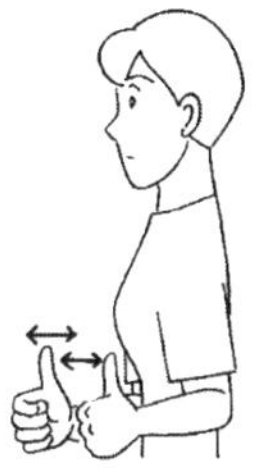

〈競争〉
親指を立てた両手を競うように交互に前後させる。

〈遊ぶ①〉
人差指を立てた両手を交互に前後に軽く振る。

げき【劇】

「舞台で劇を演じる」
→〈台〉+〈芝居〉

例文の「劇」は舞台などで演技をみせる演劇や芝居で〈芝居〉で表現。〈芝居〉は歌舞伎の見得を切るしぐさから生まれた手話。「演劇」の意味。

〈台〉
両手で┌ ┐を描く。

〈芝居〉
互い違いに向けた両こぶしを手首を返しながら前後させる。

けが【怪我】

「顔にけがをする」
→〈顔〉+〈傷①〉

「けが」は体の部位に傷を受けることなので〈傷①〉で表現。〈傷①〉は傷を受けた体の部位によって表現は変わる。

〈顔〉
右人差指で顔の前で丸を描く。

〈傷①〉
右人差指でほおを切るようにする。

げきろん【激論】

「彼と激論する」
→〈彼〉+〈けんか②〉

「激論」は激しく議論することで〈けんか②〉で表現。〈けんか②〉は手を出さないで激しくいがみ合うさまを表し、「口論」の意味もある。

〈彼〉
左親指を右人差指でさす。

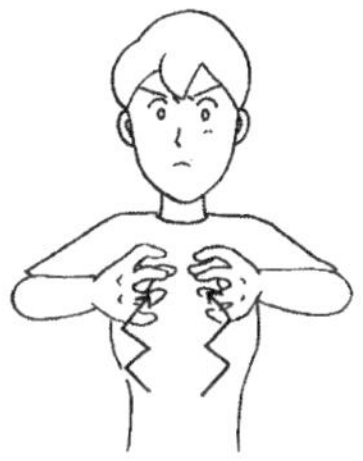

〈けんか②〉
両手の指先を曲げてぶつけ合うようにして上にあげる。

げか【外科】

「外科(医)」
→〈手術〉+〈脈〉
　(+〈男〉)

「外科」は病気やけがを手術などの方法で治療する医学部門。〈手術〉+〈脈〉で表現。〈手術〉は体にメスを入れるさまを表す。

〈手術〉
左手のひらを下に向け、親指側の縁に沿って右人差指の先を手前に引く。

〈脈〉
右３指を左手首の内側に当てる。

けしき【景色】

「良い景色」
→〈良い〉+〈ながめる〉

「景色」は風景の意味。〈ながめる〉で表現。〈ながめる〉は小手をかざして景色、風景を眺めるさまを表す。

〈良い〉
右こぶしを鼻から前に出す。

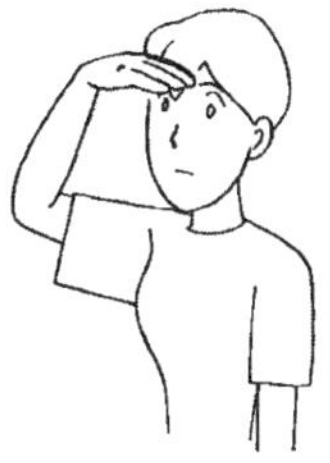

〈ながめる〉
右手のひらを額に当ててながめるようにする。

け

けしゴム【消しゴム】

「消しゴムを買う」

→〈消しゴム〉+〈買う〉

例文の「消しゴム」は〈消しゴム〉で表現。〈消しゴム〉は消しゴムで消すさまを表す。「字を消す」も同手話。

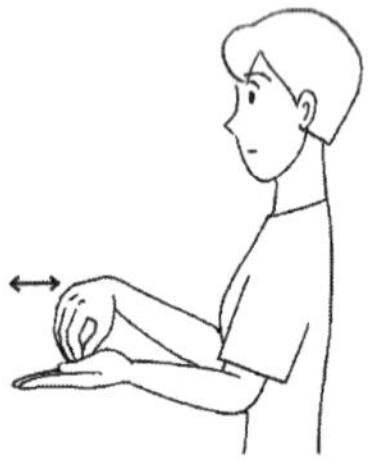

〈消しゴム〉

左手のひらの上ですぼめた右手指先をつけて、こするように前後させる。

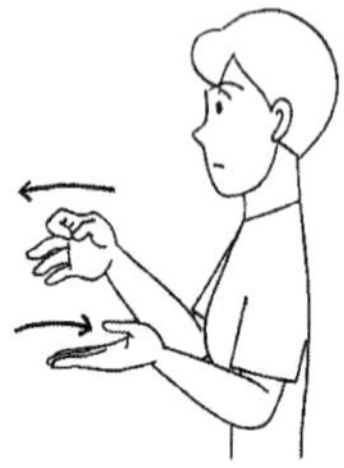

〈買う〉

右手の親指と人差指で作った丸を前に出すと同時に手のひらを上に向けた左手を手前に引く。

げしゃ【下車】

「列車から下車する」

→〈汽車〉
(または〈電車〉)+〈降りる①〉

例文の「下車」は列車から降りる意味なので〈降りる①〉で表現。〈降りる①〉は車両などから降りるさまを表す。

〈汽車〉

指先を前に向けた左手のひらの横で右手2指を回す。

〈降りる①〉

左手のひらの上に置いた右手2指を横に降ろすようにする。

けじめ 1

「(公私の)
けじめをつける」

→(〈公(おおやけ)〉+〈個人〉+)
〈分ける③〉

例文の「けじめをつける」ははっきり区別する意味なので〈分ける③〉で表現。〈分ける③〉ははっきり左右に分けるさまを表す。

〈分ける③〉

両手のひらを向かい合わせて指先から左右に離す。

げしゅく【下宿】1

「(京都に)下宿する」

→(〈京都〉+)
〈部屋〉+〈借りる〉

「下宿する」は〈部屋〉+〈借りる〉で表現。寝泊まりする所を借りる意。

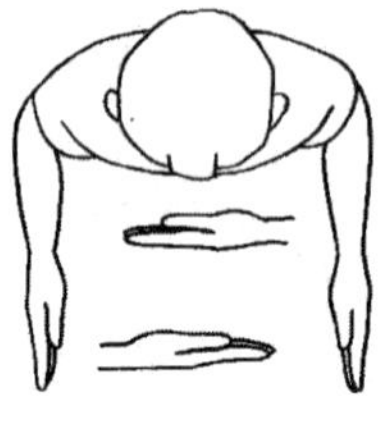

〈部屋〉

両手のひらで前後左右に四角く囲む。

〈借りる〉

親指と4指を半開きにして手前に引きながら閉じる。

けじめ 2

「(仕事の)
けじめをつける」

→(〈仕事〉+)
〈終わる〉+〈解決①〉

例文の「けじめをつける」はすべてを終える、完了する意味なので〈終わる〉+〈解決〉で表現。手話文の意味は完全に終了したの意味。

〈終わる〉

両手の親指と4指を上に向け、閉じながら下にさげる。

〈解決①〉

左手のひらの上に右人差指で「×」を大きく書く。

げしゅく【下宿】2

「下宿屋」

→〈部屋〉+〈貸す〉
(+〈商売〉)

「下宿屋」は〈部屋〉+〈貸す〉+〈商売〉で表現。

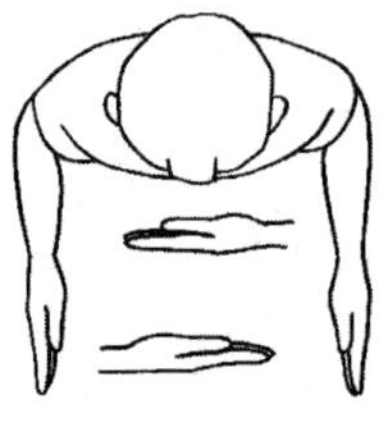

〈部屋〉

両手のひらで前後左右に四角く囲む。

〈貸す〉

指先を手前に向けた右手の親指と4指を前方へ引くようにして閉じる。

けしょう【化粧】

「きれいに化粧する」

→〈化粧〉+〈美しい②〉

例文の「化粧」は顔などをきれいにつくることなので〈化粧〉で表現。〈化粧〉はおしろいなどを顔につけるさまを表す。

〈化粧〉

両手のひらでほおを交互にこするようにする。

〈美しい②〉

左手のひらをなでるように右手のひらを滑らせる。

けす【消す】1

「ガスの火を消す」

→〈香り①〉+〈消える③〉

例文の「消す」は炎を消すことなので〈消える③〉で表現。〈消える③〉は炎が消えるさまを表し、「消す」「消える」の意味がある。

〈香り①〉

右手2指の指先を繰り返し鼻に近づける。

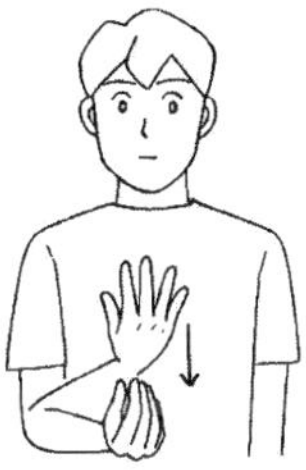

〈消える③〉

指先を上に向けた右手を下にさげながらすぼめる。

けす【消す】2

「ノートの字を消す」

→〈本〉+〈消しゴム〉

例文「字を消す」は消しゴムなどを使って書かれた字を消すことなので〈消しゴム〉で表現。〈消しゴム〉は消しゴムで消すさまを表す。

〈本〉

手のひらを合わせた両手を本を開くように左右に開く。

〈消しゴム〉

左手のひらの上ですぼめた右手指先をつけて、こするように前後させる。

けす【消す】3

「テレビを消す」

→〈テレビ〉+〈消える③〉

例文の「消す」はテレビを消すことなので〈消える③〉で表現。〈消える③〉はテレビが消えるさまを表す。「火を消す」の意味もある。

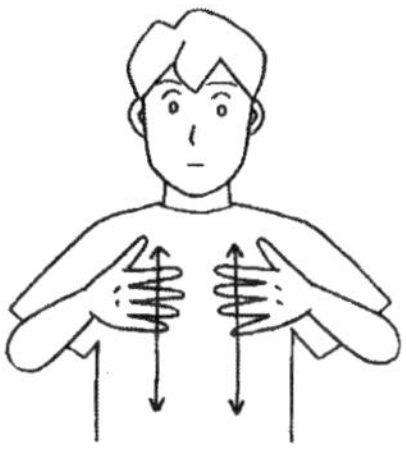

〈テレビ〉

両手の指先を向かい合わせて同時に上下させる。

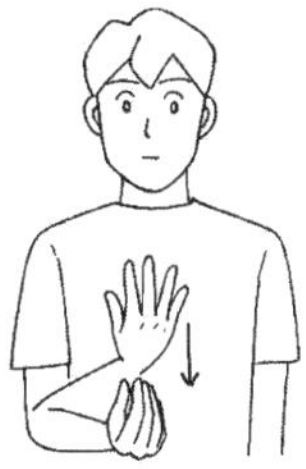

〈消える③〉

指先を上に向けた右手を下にさげながらすぼめる。

けす【消す】4

「においを消す」

→〈香り②〉+〈消える①〉

例文の「消す」はにおいを消すことなので〈消える①〉で表現。〈消える①〉はものをつかもうとして消えてなくなるさまを表す。

〈香り②〉

右手の指先を揺らしながら鼻に近づける。

〈消える①〉

両手のひらを交差させながら握る。

けす【消す】5

「姿を消す」

→〈消える①〉
　または〈消える⑥〉

例文の「消す」は人物などがいなくなることなので〈消える①〉または〈消える⑥〉で表現。手話はその人がいなくなってしまうさまを表す。

〈消える①〉

両手を交差させながら握る。

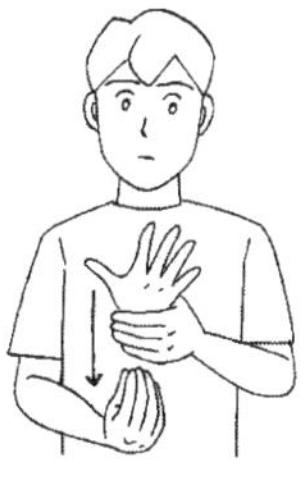

〈消える⑥〉

左手の親指と4指の間をくぐらせながら右手をすぼませる。

けす【消す】6

「明かりを消す」

→〈明かり①〉+〈消える⑤〉

例文の「消す」は明かりを消すことなので〈消える⑤〉で表現。〈消える⑤〉は頭上などにある明かりが消えるさまを表す。

〈明かり①〉

額の高さですぼめた右手をぱっと下に向けて開く。

〈消える⑤〉

顔のあたりで半開きにした右手をぱっと握ってあげる。

けす【消す】7

「邪魔者を消す」

→〈邪魔①〉+〈殺す〉

例文の「消す」は人間を殺す意味なので〈殺す〉で表現。〈殺す〉は短刀などで人をぐさりと突き刺すさまを表す。

〈邪魔①〉

右手指先を額に繰り返し当てる。

〈殺す〉

左親指を右人差指で刺すようにする。

けずる【削る】1

「鉛筆を削る」

→〈鉛筆〉+〈削る①〉

例文の「削る」は刃物でうすく取り去る意味なので〈削る①〉で表現。〈削る①〉はナイフで削るさまを表し、「ナイフ」の意味もある。

〈鉛筆〉

右手の親指と人差指を閉じて口元に近づけ、書くようにする。

〈削る①〉

左人差指を右人差指で削るようにする。

けずる【削る】2

「(予算を)削る」

→(〈予定〉+〈計算〉+)
〈削る②〉
または〈取り消す〉

「削る」は4種類の表現がある。ひとつは〈削る②〉で表現。ふたつめは〈取り消す〉で表現。

〈削る②〉

左手のひらを右手のひらで削り落とすようにする。

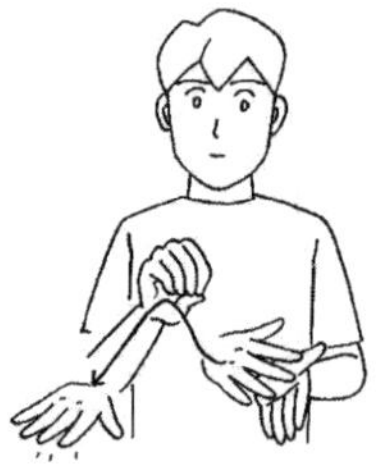

〈取り消す〉

右手で左手のひらからものをつかみとり、わきに捨てるようにする。

けずる【削る】3

「(予算を)削る」

→(〈予算〉+)
〈差し引く〉
または〈削る③〉

みっつめは〈差し引く〉で表現。よっつめは〈削る③〉で表現。〈差し引く〉は「減らす」、〈削る③〉は「部分的に削る」意味を表す。

〈差し引く〉

左手のひらから右手で手前に削り落とすようにする。

〈削る③〉

左人差指を右手で削るようにする。

げた【下駄】1

「下駄を買う」

→〈下駄〉+〈買う〉

例文の「下駄」は〈下駄〉で表現。〈下駄〉は下駄の歯を表す。

〈下駄〉

左手のひらを下にして下駄の歯のように右手を当てる。

〈買う〉

右手の親指と人差指で作った丸を前に出すと同時に手のひらを上に向けた左手を手前に引く。

げた【下駄】2

「彼に下駄を預ける」

→〈彼〉+〈任せる③〉

例文の「下駄を預ける」は慣用句で判断・処理を任せる意味なので〈任せる③〉で表現。〈任せる③〉は責任を人に委ねるさまを表す。

〈彼〉

左親指を右人差指でさす。

〈任せる③〉

左親指に向かって肩に置いた右手を差し出す。

けち 1

「彼はけちだ」

→〈彼〉+〈けち〉

例文「けち」は出すべきお金を出し惜しむ人の意味なので〈けち〉で表現。〈けち〉はお金を口にくわえて放さないさまで「けち」を表す。

〈彼〉

左親指を右人差指でさす。

〈けち〉

親指と人差指で作った丸をかむようにする。

けち 2

「けちな野郎」

→〈くだらない〉+〈男〉

例文の「けちな野郎」はくだらない男の意味。〈くだらない〉+〈男〉で表現。〈くだらない〉は上にあがれないさまで「くだらない」を表す。

〈くだらない〉

右人差指を伸ばし下からあげて左手のひらに打ちつける。

〈男〉

親指を立てた右手を出す。

けつあつ【血圧】

「血圧が高い」

→〈血圧〉+〈血圧が高い〉

「血圧」は心臓から血液を送り、戻す圧力。〈血圧〉で表現。〈血圧〉は腕にバンドを巻くさまで「血圧」を表す。

〈血圧〉

左腕の上で、右手を上下させる。

〈血圧が高い〉

左腕に右手のひらを当て、上にあげる。

けつい【決意】

「(禁煙を)決意する」

→(〈タバコ〉+〈とめる〉+)〈心〉+〈決める②〉

「決意」は心を決める意味。〈心〉+〈決める②〉で表現。〈決める②〉は「決意(する)」「決心(する)」などの意味。

〈心〉

右人差指でみぞおち辺りをさす。

〈決める②〉

左手のひらに右こぶしを打ちつける。

けつえき【血液】

「血液(を検査する)」

→〈血液①〉または〈血液②〉(+〈調べる①〉)

「血液」は血管を通して体を流れる血のこと。〈血液①〉または〈血液②〉で表現。〈血液②〉は指文字〈チ〉で血管を表す。

〈血液①〉

右人差指で唇を示して、左腕に沿って線を引くようにする。

〈血液②〉

左腕の内側に沿って指文字〈チ〉の右手を引く。

け

けっか【結果】

「結果」は最終的な状態の意味。〈結ぶ①〉で表現。〈結ぶ①〉は「結果」の「結」から連想した手話。

「試合の結果」

→〈試合①〉+〈結ぶ①〉

〈試合①〉

親指を立てた両手を正面で軽くぶつける。

〈結ぶ①〉

両手の親指と人差指でひもを結ぶようにして左右に開く。

けっかくじょうこう【欠格条項】

「欠格条項」は〈欠格〉+〈条項〉で表現。〈欠格〉は左手にあるものを右手ではぎ取るさま、〈条項〉は左手の項目を右手で示すさまを表す。

「欠格条項」

→〈欠格〉+〈条項〉

〈欠格〉

指先を右に向けた左手の甲を右手ではぎとるように右に動かす。

〈条項〉

4 指を寝かした左手の各指に向けて右人差指を順におろす。

けっかん【欠陥】

「欠陥」は落ち度、欠点などの意味。〈手落ち〉で表現。〈手落ち〉は本来あるべきものが抜け落ちているさまで「落ち度」「欠点」の意味。

「欠陥が多い」

→〈手落ち〉+〈たくさん②〉

〈手落ち〉

手のひらを手前に向け両手を重ね、右手を前に倒すように落とす。

〈たくさん②〉

親指から順番に折り曲げながら左から右へ動かす。

けっかん【血管】

「血管」は〈血管〉で表現。〈血管〉は〈赤〉と体の管を合わせて表す。

「血管が詰まる」

→〈血管〉+〈つまる①〉

〈血管〉

右人差指を唇に当て右に引き、次に左腕を伸ばし丸を作った右手を左腕に沿って下におろす。

〈つまる①〉

左手の親指と 4 指で作った丸にすぼめた右手全指をつめるようにする。

けつぎ【決議】

「決議」は会議などで議決すること、または議決したこと。〈決める②〉+〈ギ〉で表す。

「(大会)決議」

→(〈大会〉+)
〈決める②〉+〈ギ〉

〈決める②〉

左手のひらに右こぶしを打ちつける。

〈ギ〉

中指と薬指と親指を閉じた右手を左から右へ動かす。

げっきゅう【月給】

「月給」は月々にもらう労働報酬・給料のことなので〈月〉+〈給料〉で表現。「サラリー」も同じ手話。

「月給」

→〈月〉+〈給料〉

〈月〉

右手の親指と人差指で三日月形を描く。

〈給料〉

左手のひらに右手親指と人差指で作った丸を添えて手前に引き寄せる。

けっきょく【結局】

「結局わからない」

→〈まとめる〉+〈知らない〉

例文の「結局」は要するに、つまりの意味で〈まとめる〉で表現。〈まとめる〉は集約するさまを表し「要するに」「つまり」の意味を持つ。

〈まとめる〉

両手のひらを向かい合わせて左右から中央にあげながら握る。

〈知らない〉

右手のひらで右脇を払いあげる。

けっきん【欠勤】

「欠勤する」

→〈仕事〉+〈休む①〉

「欠勤」は仕事を休むことで〈仕事〉+〈休む①〉で表現。〈休む①〉は店などが戸を閉めているさまで「休む」「休み」などの意味。

〈仕事〉

手のひらを上に向け、向かい合わせた両手指先を繰り返しつき合わせる。

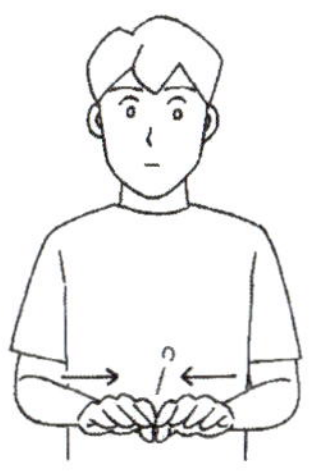

〈休む①〉

手のひらを下にした両手を左右から閉じる。

けっこう【決行】

「(ストライキを)決行する」

→(〈スト〉+)〈決める②〉+〈する〉

「決行」は思い切って実行する意味。〈決める②〉+〈する〉で表現。〈決める②〉は決心するさま、〈する〉は実行することを表す。

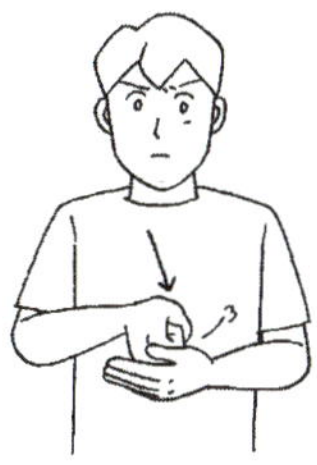

〈決める②〉

左手のひらに右こぶしを打ちつける。

〈する〉

両こぶしを力を込めて前に出す。

けっこう【結構】1

「結構な家」

→〈良い〉+〈家〉

例文の「結構」は良い、すばらしいの意味なので〈良い〉で表現。〈良い〉は立派なさま、優れているさまを表す。

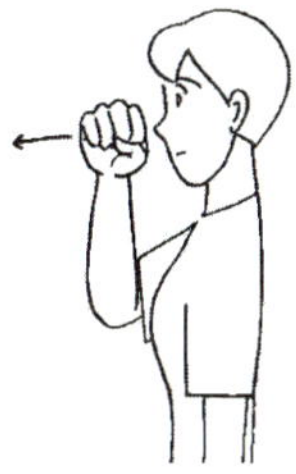

〈良い〉

右こぶしを鼻から前に出す。

〈家〉

両手で屋根形を作る。

けっこう【結構】2

「食べ物はもう結構です」

→〈食べる①〉+〈いいえ①〉

例文の「結構」は断わりの言葉なので〈いいえ①〉で表現。〈いいえ①〉は否定するしぐさで「いいえ」「違う」など否定の意味を表す。

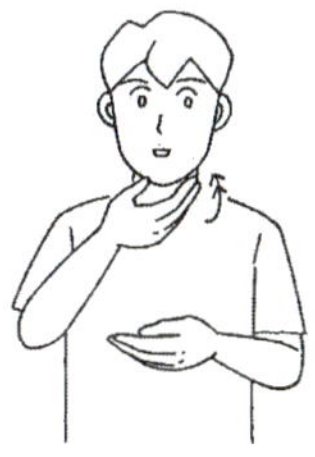

〈食べる①〉

左手のひらの上を右手ですくって食べるようにする。

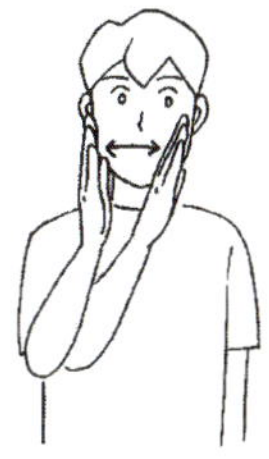

〈いいえ①〉

顔の前で手を左右に振る。

けっこう【結構】3

「結構楽しい」

→〈案外〉+〈うれしい〉

例文の「結構」は予想に反して十分にの意味なので〈案外〉で表現。〈案外〉は思いが外れるさまを表す。

〈案外〉

右人差指を頭に当てて左こぶしの親指側をかすめるように振りおろす。

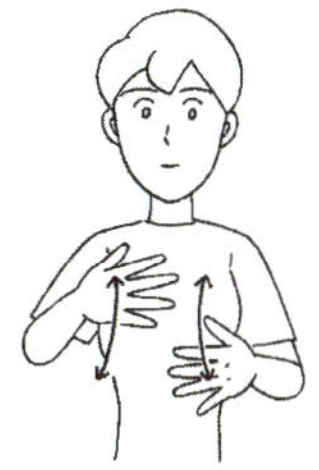

〈うれしい〉

両手のひらを胸の前で、交互に上下させる。

けっこう【結構】4

「お茶で結構です」

→〈お茶〉+〈かまわない〉

例文「結構」はそれでかまわないの意味なので〈かまわない〉で表現。〈かまわない〉は「かまわない」「いい」など肯定の意味を表す。

〈お茶〉

左手のひらの上に右手の親指と4指でつかむようにした右手をのせる。

〈かまわない〉

右小指をあごに繰り返し当てる。

けっさん【決算】

「決算(を報告する)」

→〈計算〉+〈決める②〉
(+〈発表〉)

「決算」は収支計算を最終的に決定することで〈計算〉+〈決める②〉で表現。

〈計算〉

左手の指先の方向に右手4指を滑らせるように右へ動かす。

〈決める②〉

左手のひらに右こぶしを打ちつける。

けっこん【結婚】

「明日結婚します」

→〈あした〉+〈結婚〉

「結婚」は〈結婚〉で表現。〈結婚〉は〈男〉と〈女〉が寄り添うさまで「結婚」を表す。両手のどちらに親指、小指を出してもよい。

〈あした〉

人差指を立てた右手を頭の横でくるりと回しながら前に出す。

〈結婚〉

親指と小指を左右からつける。

けっして【決して】

「決して忘れない」

→〈必ず〉+〈覚える〉

例文の「決して」は絶対に、必ずの意味なので〈必ず〉+〈覚える〉で表現。〈必ず〉は堅く約束するさまを表す。

〈必ず〉

小指を組んで前に強く出す。

〈覚える〉

指先を開いた右手を上から頭につけて握る。

けっさい【決裁】

「決裁する」

→〈認める②〉+〈印鑑〉

「決裁」は案などに責任者が承認を与えること。〈認める②〉+〈印鑑〉で表現。〈認める②〉はうなずきを、〈印鑑〉ははんこを押すさまを表す。

〈認める②〉

両こぶしを向かい合わせて内側に倒す。

〈印鑑〉

すぼめた右手に息を吐きかけるようにして、それを左手のひらにつける。

けっしょう【決勝】

「決勝試合」

→〈最高〉+〈試合①〉

「決勝」は勝ち進んだ人やチームが最終的に優勝を決めることなので〈最高〉で表現。〈最高〉はこれ以上はないさまを表す。

〈最高〉

手のひらを下に向けた左手に右手指先を突き上げて当てる。

〈試合①〉

親指を立てた両手を正面で軽くぶつける。

けっしん【決心】

「決心する」

→〈心〉+〈決める②〉

「決心」は心を決める、決意の意味なので〈心〉+〈決める②〉で表現。手話は心を決めるさまを表し、「心を決める」「決意」などの意味。

〈心〉

右人差指でみぞおち辺りをさす。

〈決める②〉

左手のひらに右こぶしを打ちつける。

けっちゃく【決着】

「(問題が)決着する」

→(〈問題〉+)
〈まで〉+〈決める②〉
(または〈終わる〉+〈解決①〉)

「決着」は問題などが最終的に決まること。〈まで〉+〈決める②〉で表現。〈まで〉は終わりの段階を表し、〈決める②〉は決定を表す。

〈まで〉

左手のひらに右手指先を軽くつける。

〈決める②〉

左手のひらに右こぶしを打ちつける。

けっせき【欠席】1

「欠席する」

→〈欠席①〉
または〈欠席②〉

「欠席」は4種類の表現がある。〈欠席①〉または〈欠席②〉で表現。〈欠席①〉は席につかないさま、〈欠席②〉は退くという意味。

〈欠席①〉

左手のひらにのせた折り曲げた右手２指をさっと手前に引く。

〈欠席②〉

左手のひらの上に立てた右手をさっと手前に引く。

けってい【決定】

「(代表を)決定する」

→(〈代表〉+)
〈決める①〉
または〈決める②〉

「決定」は決めることで〈決める①〉または〈決める②〉で表現。〈決める①〉はこれと決めるさま、〈決める②〉は決心するさまを表す。

〈決める①〉

左手のひらに右手２指を打ちつける。

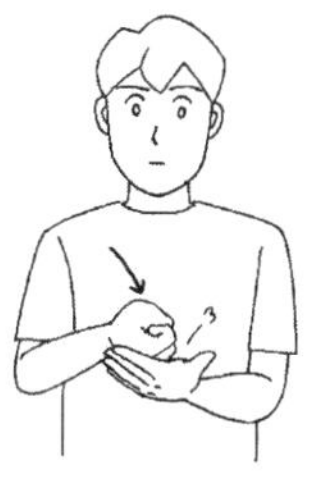

〈決める②〉

左手のひらに右こぶしを打ちつける。

けっせき【欠席】2

「欠席する」

→〈逃げる〉
または〈休む②〉

さらに〈逃げる〉または〈休む②〉で表現することもある。〈逃げる〉は避けるさまを表す。

〈逃げる〉

両こぶしを右上にさっとあげる。

〈休む②〉

左手のひらの上に右こぶしをのせる。

けってん【欠点】

「欠点をあげる」

→〈手落ち〉+〈数える②〉

「欠点」は落ち度、欠陥の意味なので〈手落ち〉で表現。〈手落ち〉はあるべきものが抜け落ちているさまで「落ち度」「欠陥」の意味。

〈手落ち〉

重ねた両手から右手が前に落ちるようにする。

〈数える②〉

左手のひらを右人差指でたたきながら指を折り、右へ動かす。

げっぷ【月賦】

「月賦（で買う）」

→〈月〉＋〈削る①〉
（＋〈買う〉）

「月賦」は月ごとに決まった金額を支払う商品購入の方法。〈月〉＋〈削る①〉で表現。〈削る①〉は月ごとに少しずつ返済するさまを表す。

〈月〉
右手の親指と人差指で三日月形を描く。

〈削る①〉
左人差指を右人差指で削るようにする。

けつまくえん【結膜炎】

「結膜炎」

→〈結膜〉＋〈火①〉

「結膜炎」は〈結膜〉＋〈火①〉で表現。〈結膜〉は目の形。

〈結膜〉
人差指と中指を目に沿って左から右に動かす。

〈火①〉
全指を上に向けた右手を揺らしながら上にあげる。

げつようび【月曜日】

「月曜日の朝」

→〈月〉＋〈朝〉

「月曜日」は〈月〉で表現。〈月〉は「月」の意味であるが、「月曜日」の意味もある。

〈月〉
右手の親指と人差指で三日月形を描く。

〈朝〉
こめかみ付近に当てた右こぶしをすばやく下におろす。

けつれつ【決裂】

「（交渉が）決裂する」

→（〈交渉②〉＋）
〈認めない②〉
または〈折る①〉

「決裂」は交渉などで双方が合意せずまとまらないことで〈認めない②〉または〈折る①〉で表現。〈認めない②〉は双方が合意しないさま。

〈認めない②〉
向かい合わせた両こぶしをひじを立てながら左右に開く。

〈折る①〉
両こぶしの親指側を合わせ、折るようにする。

けつろん【結論】1

「結論を出す」

→〈まで〉＋〈結ぶ①〉
（＋〈表（あらわ）す〉）

例文の「結論」は〈まで〉＋〈結ぶ①〉で表現。〈まで〉は「最後」の意、〈結ぶ①〉はひもを結ぶさまで「話などをまとめる」「しめくくる」の意。

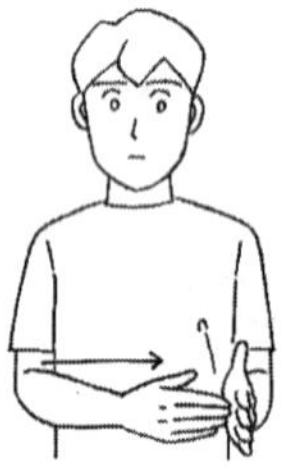

〈まで〉
左手のひらに右手指先を軽くつける。

〈結ぶ①〉
両手の親指と人差指でひもを結ぶようにして左右に開く。

けつろん【結論】2

「結論を下す」

→（〈まで〉＋）
〈結ぶ①〉＋〈解決①〉

例文の「結論を下す」は〈まで〉＋〈結ぶ①〉＋〈解決①〉で表現。〈解決①〉は手のひらに〆を書いて解決したことを表す。

〈結ぶ①〉
両手の親指と人差指でひもを結ぶようにして左右に開く。

〈解決①〉
左手のひらの上に右人差指で「×」を大きく書く。

けつろん【結論】3

「結論に達する」

→(〈まで〉+)
〈結ぶ①〉+〈終わる〉

例文の「結論に達する」は〈まで〉+〈結ぶ①〉+〈終わる〉で表現。〈終わる〉は閉じてしまうさまで「終わる」の意。

〈結ぶ①〉
両手の親指と人差指でひもを結ぶようにして左右に開く。

〈終わる〉
両手の親指と４指を上に向け、閉じながら下にさげる。

げひん【下品】

「下品な(話)」

→〈下品〉
または〈びり〉
(+〈手話〉)

「下品」は品が落ちることで〈下品〉または〈びり〉で表現。〈下品〉は表情と合わせて品が落ちるさまを表す。

〈下品〉
親指を立てた右手を下に向けておろす。

〈びり〉
左手のひらの上に親指を立てた右手を勢いよく落とす。

けびょう【仮病】1

「仮病」

→〈うそ②〉+〈病気〉

「仮病」は２種類の表現がある。ひとつは〈うそ②〉+〈病気〉で表現。うその病気の意味。

〈うそ②〉
ほおを舌でふくらませ、そこを人差指で突く。

〈病気〉
こぶしで額を軽くたたく。

ケムシ【毛虫】

「みどりの毛虫」

→〈緑〉+〈毛虫〉

「毛虫」は〈毛虫〉で表現。〈毛虫〉は左手が毛虫の毛、右手が毛虫のぜん動を表す。

〈緑〉
指先を右へ向けた左手の手前を甲側を前にした右手を右へ動かす。

〈毛虫〉
手のひらを前方に向けて立てた左手のひら側に右人差指をつけ、曲げたり伸ばしたりする。

けびょう【仮病】2

「仮病」

→〈仮病〉

もうひとつは〈仮病〉で表現。ほおを舌でふくらます〈うそ〉に〈病気〉を重ねた手話。

〈仮病〉
右のほおを舌でふくらまして右こぶしで額を軽くたたく。

けむり【煙】1

「煙突の煙」

→〈煙突〉+〈煙①〉

例文の「煙」は〈煙①〉で表現。煙突から煙が出るさまを表す。煙の状態によっていろいろな煙の表現がある。

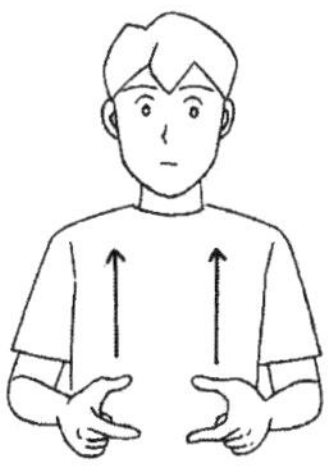

〈煙突〉
両手の親指と人差指を向かい合わせて同時に上にあげる。

〈煙①〉
左手の親指と４指で囲んだ中から全指を折り曲げた右手を回しながら上にあげる。

け

けむり【煙】2

「煙が立ちのぼる」

→〈煙②〉
　または〈煙③〉

例文は〈煙②〉または〈煙③〉で表現。手話はどちらも煙が立ちのぼるさまを表す。煙の立ちのぼる状態で手話は変わる。

〈煙②〉

全指を曲げた右手を揺らしながら上にあげる。

〈煙③〉

全指を曲げた両手を揺らしながら上にあげる。

けもの【獣】

「自然の獣」

→〈自然〉+〈動物〉

「獣」は野生の動物の意味。〈動物〉で表現。〈動物〉は爪を立てるところから生まれた新しい手話で「動物」一般の意味を持つ。

〈自然〉

右人差指をゆっくりすくいあげるように上にあげる。

〈動物〉

両手の親指と人差指と中指を折り曲げて爪を立てるようにして前後に並べ前に出す。

ケヤキ【欅】

「庭のケヤキ」

→〈庭〉+〈ケヤキ〉

「ケヤキ」は〈ケヤキ〉で表現。〈ケヤキ〉は幹から枝分かれで広がるケヤキのさまを表す。

〈庭〉

左手の屋根形の前で右手のひらを下に向け水平に回す。

〈ケヤキ〉

両手の親指をつけて開き、左右にあげながら広げる。

げり【下痢】

「下痢の薬」

→〈下痢〉+〈薬〉

「下痢」は腹の機能障害などで下る柔らかい便のことなので〈下痢〉で表現。〈下痢〉は柔らかい便が激しく出るさまを表す。

〈下痢〉

左手で作った丸の中に全指をすぼめた右手を入れ、下に突き出して開く。

〈薬〉

左手のひらに右薬指をつけてこねるように回す。

ける【蹴る】1

「ボールを遠くにける」

→〈サッカー〉+〈遠い③〉

例文の「ボールをける」は足ではね飛ばすことなので〈サッカー〉で表現。〈サッカー〉は左手がボール、右手がけるさまを表す。「サッカー」も同手話。

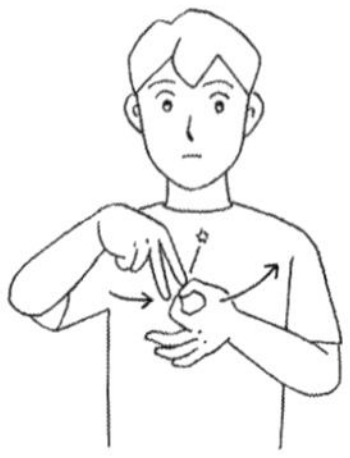

〈サッカー〉

丸を作った左手を右２指を足のようにけって左指を跳ね上げる。

〈遠い③〉

右人差指で弧を描いて前をさす。

ける【蹴る】2

「今日は踏んだりけったり」

→〈今①〉+〈降参〉

「踏んだりけったり」は慣用句でひどい目に遭っているところにさらにひどい目に遭うことなので〈降参〉で表現。〈降参〉はかぶとを脱ぐさまを表す。

〈今①〉

両手のひらで軽く押さえつける。

〈降参〉

頭の横に親指と人差指を当て、前におろす。

ける【蹴る】3

「席をける」

→〈怒(おこ)る①〉+〈出る①〉

例文の「席をける」は慣用句でひどく怒って出ることなので〈怒る①〉+〈出る①〉で表現。〈出る①〉は家を出るさまで、この場合、怒った表情で表す。

〈怒(おこ)る①〉

両手で腹をつかむようにして上に向けてさっと動かす。

〈出る①〉

左手の下から右手をはねあげるように前に出す。

けん【券】

「(図書)券」

→(〈本〉+)
〈券①〉
または〈券②〉

「券」は入場券や図書券など一般的に長方形の形をしているので〈券①〉または〈券②〉で表現。手話は長方形を描いて「券」を表す。

〈券①〉

両手の親指と人差指を向かい合わせて四角を示す。

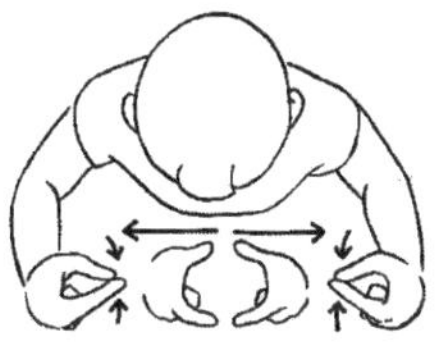

〈券②〉

両手の親指と人差指をつき合わせそのまま左右に開き、ぱっと閉じる。

ける【蹴る】4

「申し出をける」

→〈申し込まれる〉+〈断る〉

例文の「ける」は断ることなので〈断る〉で表現。〈断る〉は受け付けないさまで、「申し出を拒む」も同手話。

〈申し込まれる〉

左手のひらの上に右人差指をのせて手前に引き寄せる。

〈断る〉

左指先を手前に向け、右手のひらで押し返す。

けん【権】

「選挙権」

→〈選挙〉+〈力〉

例文の「権」は「権利」の意味で〈力〉で表現。〈力〉は力こぶを描くことで「強い」「権力」「権利」などを表す。

〈選挙〉

そろえた両手を交互に中央におろす。

〈力〉

こぶしを握った左腕を曲げ、上腕に右人差指で力こぶを描く。

けれども

「寒いけれども(平気)」

→〈寒い〉+〈しかし〉
(+〈平気〉)

「けれども」は前文を打ち消す意味に使われ〈しかし〉で表現。〈しかし〉は手のひらを返して打ち消すことを表し、「しかし」「だが」の意味。

〈寒い〉

両こぶしを握り、左右にふるわせる。

〈しかし〉

右手のひらを返す。

けん【県】

「県」

→〈県〉
または〈省〉

「県」は日本の地域行政単位のひとつで〈県〉または〈省〉で表現。〈県〉は指文字〈ケ〉+〈ン〉。〈省〉は明治時代の大礼服の帽子を表す。

〈県〉

指文字〈ケ〉と指文字〈ン〉を示す。

〈省〉

両手のひらを右肩上で合わせ、前後にすりながら交差させる。

げんいん【原因】

「原因」

→〈意味①〉
　または〈基本①〉

「原因」は結果が生じた元となるもので〈意味①〉または〈基本①〉で表現。〈意味①〉は「理由」、〈基本①〉は「根元」の意味がある。

〈意味①〉

左手のひらの下に右人差指を突っこむ。

〈基本①〉

左ひじを立て、閉じた右手を当てて下に向けて開く。

けんえんのなか【犬猿の仲】

「二人は犬猿の仲」

→〈二人①〉+〈犬猿の仲〉

「犬猿の仲」は仲が極端に悪い人間関係のことなので〈犬猿の仲〉で表現。手話は互いに顔をそむけあって合わせないさまで、仲の悪さを表す。

〈二人①〉

右手２指を立てて軽く左右に振る。

〈犬猿の仲〉

両手のこぶしを向き合わないように繰り返しねじる。

けんか【喧嘩】

「けんかする」

→〈けんか①〉
　または〈けんか②〉

「けんか」は〈けんか①〉または〈けんか②〉で表現。〈けんか①〉は暴力を振るうさま、〈けんか②〉は口先でのけんかを表す。

〈けんか①〉

両手人差指を剣のようにふれ合わす。

〈けんか②〉

指を折り曲げた両手をぶつけ合いながらあげる。

げんかい【限界】

「力の限界」

→〈力〉+〈行(ゆ)き止まり〉

「限界」はこれ以上前に進めない意味なので〈行き止まり〉で表現。〈行き止まり〉は壁に突き当たってはばまれるさまを表す。

〈力〉

こぶしを握った左腕を曲げ、上腕に右人差指で力こぶを描く。

〈行(ゆ)き止まり〉

左手のひらに右手指先をぶつけるように当てる。

げんき【元気】1

「子供は元気」

→〈子供①〉+〈元気①〉

例文の「元気」は３種類の表現がある。ひとつは〈元気①〉で表現。〈元気①〉は生き生きと活発なさまを表す。

〈子供①〉

両手のひらを前に向けて、あやすように左右に振る。

〈元気①〉

両ひじを張り、両こぶしを同時に上下させる。

げんき【元気】2

「(子供は)元気」

→(〈子供①〉+)
　〈元気②〉
　または〈元気③〉

ふたつめは〈元気②〉で、みっつめは〈元気③〉で表現。〈元気②〉は伸び伸びとひじを広げるさま、〈元気③〉は力こぶが盛りあがるさまを表す。

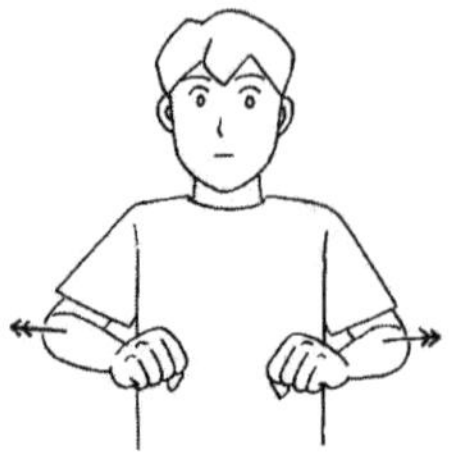

〈元気②〉

ひじを左右に繰り返し張る。

〈元気③〉

両こぶしを握り、ひじを繰り返し曲げる。

げんき【元気】3

「お元気で」

→〈無事〉+〈頼む①〉

例文の「お元気で」は無事を祈るあいさつ言葉なので〈無事〉+〈頼む①〉で表現。

〈無事〉

両ひじを張って、両こぶしを同時に下におろす。

〈頼む①〉

頭を下げて右手で拝むようにする。

けんきゅう【研究】

「研究する」

→〈試す〉
または〈さぐる〉

「研究」は物事を深く学び、調べる意味。〈試す〉は腕を組み考えるさま、〈さぐる〉は問題の根源を調べるさまでいずれも「研究」の意味。

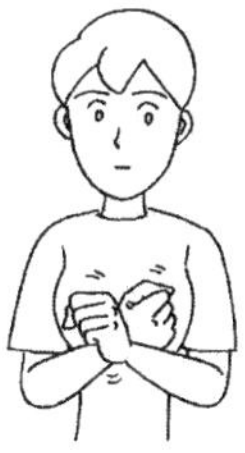

〈試す〉

こぶしを握った両手を手首で交差して、ねじるようにする。

〈さぐる〉

左こぶしの下を右人差指で突くようにする。

けんきょ【謙虚】

「謙虚な(人)」

→〈遠慮〉
または〈謙虚〉
(+〈人〉)

「謙虚」は控え目でつつましい意味なので〈遠慮〉または〈謙虚〉で表現。〈遠慮〉は手を引っ込めるさまで控え目でつつましい意味を表す。

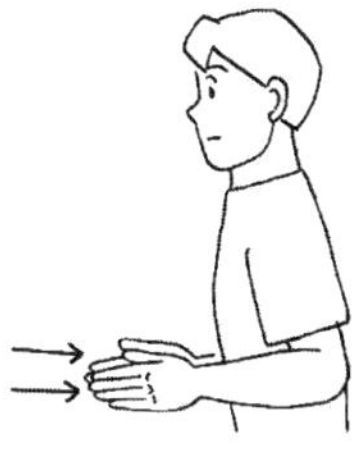

〈遠慮〉

向かい合わせた両手を同時に手前に引く。

〈謙虚〉

右手のひらを軽く鼻に当て首と手を同時に動かす。

けんきん【献金】

「政治献金」

→〈政治〉+〈払う②〉

「献金」はすすんでお金を差し出すこと。〈払う②〉で表現。〈払う②〉は丁寧にお金を提供するさまで、「献金」を表す。

〈政治〉

左手のひらの上に右ひじを置き、右手指先を伸ばし前後に振る。

〈払う②〉

左手のひらの上に右手の親指と人差指で丸を作り、前に出して開く。

げんきん【現金】

「現金(で払う)」

→〈本当〉+〈金(かね)①〉
(+〈払う①〉)

「現金」は小切手などではなく現物のお金の意味なので〈本当〉+〈金(かね)①〉で表現。

〈本当〉

右手をあごに当てる。

〈金(かね)①〉

右手の親指と人差指で作った丸を示す。

けんげん【権限】

「(社長の)権限」

→(〈会社〉+〈長①〉+)
〈力〉+〈部屋〉

「権限」はある範囲で権力を行使できる意味なので〈力〉+〈部屋〉で表現。〈部屋〉は仕切られた一定の範囲を表す。

〈力〉

こぶしを握った左腕を曲げ、上腕に右人差指で力こぶを描く。

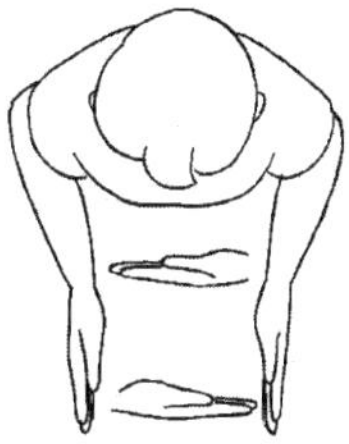

〈部屋〉

両手のひらで前後左右に四角く囲む。

げんご【言語】

「(日本の)言語」

→(〈日本〉+)〈言う②〉または〈言語〉

「言語」は〈言う②〉または〈言語〉で表現。〈言語〉は〈言う②〉の手の形を指文字〈ケ〉に変えて表す新しい手話。

〈言う②〉
右人差指を口元から繰り返し前に出す。

〈言語〉
手のひらを左に向け4指を立てた右手を口元から繰り返し前に出す。

げんこう【原稿】

「原稿(を書く)」

→〈原稿〉または〈表(ひょう)①〉(+〈書く①〉)

「原稿」は印刷するもとになる文書で〈原稿〉または〈表(ひょう)①〉で表現。いずれも原稿用紙のマス目を表す。「原稿用紙」も同じ手話。

〈原稿〉
指を少し開いた両手のひらを重ねて格子を描くように右手を繰り返し引く。

〈表(ひょう)①〉
やや開いた指先で縦横に格子を描く。

けんこう【健康】1

「健康(を保つ)」

→〈体(からだ)〉+〈無事〉(+〈維持〉)

例文の「健康」は体が丈夫で達者なことなので〈体〉+〈無事〉で表現。手話は体が病気もなく健全、無事であるさまを表す。

〈体(からだ)〉
右手を体の上で回す。

〈無事〉
両ひじを張って、両こぶしを同時に下におろす。

けんこうほけんしょう【健康保険証】

「健康保険(証)」

→〈体(からだ)〉(+〈無事〉)+〈保険〉(+〈券①〉)

「健康保険証」は〈体〉+〈無事〉+〈保険〉+〈券①〉で表現。

〈体(からだ)〉
右手を体の上で回す。

〈保険〉
左指文字〈ホ〉の甲に右手2指で作った丸を当て、前に出す。

けんこう【健康】2

「(私は)健康です」

→(〈私①〉+)〈元気①〉または〈元気②〉(または〈元気③〉)

例文の「健康」は丈夫で達者でいること。〈元気①〉または〈元気②〉または〈元気③〉で表現。いずれも体が丈夫でピンピンしているさまを表す。

〈元気①〉
両ひじを張り、両こぶしを同時に上下させる。

〈元気②〉
ひじを左右に繰り返し張る。

げんこく【原告】

「裁判の原告」

→〈裁判〉+〈原告〉

「原告」は裁判などに訴えた人または組織。〈原告〉は、〈男〉の形で〈言う①〉の動きをする新しい手話。

〈裁判〉
親指を立てた両手を肩から前に同時におろし、体の前で止める。

〈原告〉
右親指を口元から前に出す。

け

けんさ【検査】

「身体検査」

→〈体(からだ)〉+〈調べる①〉

「検査」は点検し調べることなので〈調べる①〉で表現。〈調べる①〉は目を配り詳しく見るさまを表す。「点検」「調査」の意味。

〈体(からだ)〉

右手を体の上で回す。

〈調べる①〉

右手の人差指と中指を軽く折り曲げて、目の前を左右に往復させる。

げんざい【現在】

「現在の気温」

→〈今①〉+〈温度〉

「現在」は今の時点のことなので〈今①〉で表現。〈今①〉は体の直前の空間を示すことで現在の時制を表す。「今日」も同じ手話。

〈今①〉

両手のひらで軽く押さえつける。

〈温度〉

指先を上に向けた左手のひらの横で人差指を立てた右手を上下させる。

けんさく【検索】1

「インターネットで検索する」

→〈インターネット〉+〈検索〉

例文は〈インターネット〉+〈検索〉で表現。〈検索〉は左手の画面、右手が見つけるさまを表す。

〈インターネット〉

左こぶしの上に指文字〈イ〉の右手を置き、前に一回転させる。

〈検索〉

指先を右に向けた左手の甲から2指を曲げた右手を前に出す。

けんさく【検索】2

「(辞典で)検索する」

→(〈辞典〉+)〈検索〉または〈調べる①〉

例文は〈辞典〉+〈検索〉または〈調べる①〉で表現。〈調べる①〉は注意深く目を配るさまで「調査」「検査」「監査」「点検」などの意味。

〈検索〉

指先を右に向けた左手の甲から2指を曲げた右手を前に出す。

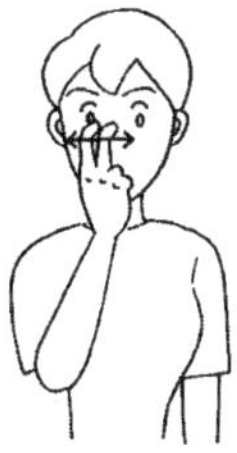

〈調べる①〉

右手の人差指と中指を軽く折り曲げて、目の前を左右に往復させる。

げんし【原子】1

「原子力」

→〈原子〉+〈力〉

「原子力」は原子核融合などを利用したエネルギーのことで〈原子〉+〈力〉で表現。〈原子〉は〈核〉(左手)を取り囲む原子〈ゲ〉(右手)を表す。

〈原子〉

左こぶしのまわりを親指を折り込んだ右手のひらを回す。

〈力〉

こぶしを握った左腕を曲げ、上腕に右人差指で力こぶを描く。

げんし【原子】2

「原子爆弾」

→〈光④〉+〈きのこ雲〉

「原子爆弾」は核分裂などを利用した兵器のことなので〈光④〉+〈きのこ雲〉で表現。〈光④〉は「閃光」を、〈きのこ雲〉は「きのこ雲」を表す。

〈光④〉

すぼめた両手を勢いよく開きながら下におろす。

〈きのこ雲〉

手指を閉じた両手を上にあげながら左右に開く。

げんじつ【現実】1

「現実(の問題)」

→〈今①〉+〈本当〉
(+〈問題〉)

例文の「現実」は今、目の前にある事実の意味なので〈今①〉+〈本当〉で表現。〈今①〉は「今」「現在」、〈本当〉は「事実」の意味。

〈今①〉
両手のひらで軽く押さえつける。

〈本当〉
右手をあごに当てる。

げんじつ【現実】2

「現実(に合わせる)」

→〈本当〉+〈状態①〉
(+〈合う①〉)

例文の「現実」は実際の状態の意味なので〈本当〉+〈状態①〉で表現。

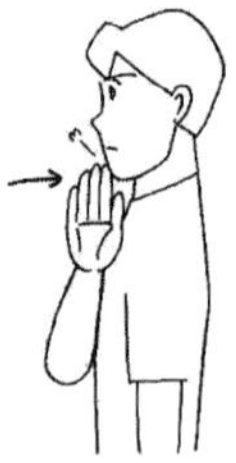

〈本当〉
右手をあごに当てる。

〈状態①〉
両手のひらを前に向けて、交互に上下させる。

けんしゅう【研修】

「研修を受ける」

→〈研修〉+〈受ける〉

「研修」は〈研修〉で表現。〈研修〉は研究の意の〈試す〉の左手と「修」の「彡」とを組み合わせた新しい手話。

〈研修〉
左こぶしの内側に3指を出した右手を交差させ、3指を払うように動かす。

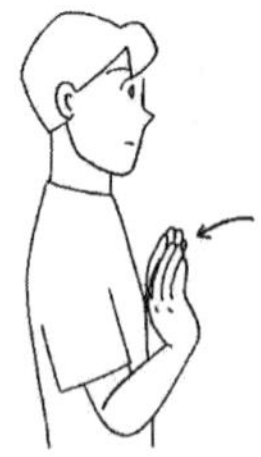

〈受ける〉
両手でボールを受けとめるようにする。

けんじゅう【拳銃】

「おもちゃの拳銃」

→〈おもちゃ〉+〈ピストル〉

「拳銃」は銃身の短い携帯用の銃、ピストルのことなので〈ピストル〉で表現。〈ピストル〉はピストルの形でそれを持つさまを表す。

〈おもちゃ〉
両こぶしを上下入れ換えながら左右でたたく。

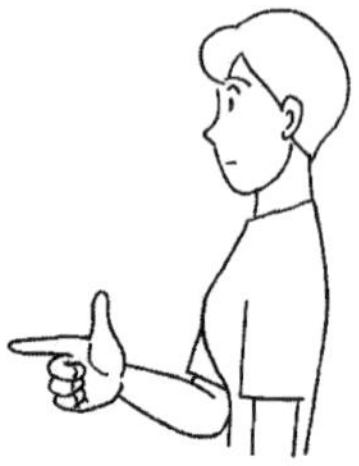

〈ピストル〉
親指と人差指を立てた右手を示す。

げんじゅうしょ【現住所】

「現住所」

→〈今①〉+〈住所①〉

「現住所」は今、現に居住している所の意味なので〈今①〉+〈住所①〉で表現。〈今①〉は体の直前の空間を示すことで「現在」「今日」の意味。

〈今①〉
両手のひらで軽く押さえつける。

〈住所①〉
両手で屋根形を示し、右手を左手屋根形下に全指を曲げて置く。

げんしょう【減少】

「(交通)事故が減少する」

→(〈交通〉+)
〈事故①〉+〈縮む①〉

例文の「減少」は〈縮む①〉で表現。〈縮む①〉は数・量が小さくなるさまを表す。「交通事故が減る」も同手話。

〈事故①〉
左右から両手指先をぶつけるようにして上にはねあげる。

〈縮む①〉
両手の親指と人差指を向かい合わせ揺らしながら間をせばめていく。

げんしょう【現象】

「不思議な現象」

→〈あやしい〉+〈状態①〉

「現象」は自然や社会に現われる事柄。〈状態①〉で表現。〈状態①〉はその様子を示し、「状態」「状況」「様子」などの幅広い意味を持つ。

〈あやしい〉

右人差指をあごに当てる。

〈状態①〉

両手のひらを前に向けて、交互に上下させる。

げんじょう【現状】1

「現状(を説明する)」

→〈今①〉+〈状態①〉
(+〈説明〉)

「現状」は2種類の表現がある。ひとつは〈今①〉+〈状態①〉で表現。〈状態①〉はその様子を示し、「状態」「状況」「様子」などの幅広い意味を持つ。

〈今①〉

両手のひらで軽く押さえつける。

〈状態①〉

両手のひらを前に向けて、交互に上下させる。

げんじょう【現状】2

「現状(を説明する)」

→〈本当〉+〈状態①〉
(+〈説明〉)

もうひとつは〈本当〉+〈状態①〉で表現。手話は「実情」「実態」などの意味を持つ。

〈本当〉

右手をあごに当てる。

〈状態①〉

両手のひらを前に向けて、交互に上下させる。

けんしん【検診】

「検診を受ける」

→〈調べる①〉+〈診察を受ける〉

「検診を受ける」は体を診察し調べてもらうことなので〈調べる①〉+〈診察を受ける〉で表現。〈診察を受ける〉は体を打診されるさまを表す。

〈調べる①〉

右手の人差指と中指を軽く折り曲げて、目の前を左右に往復させる。

〈診察を受ける〉

左手のひらを体の方に向け、その甲を右手2指で軽くたたく。

けんしん【献身】

「献身的な活動」

→〈捧げる〉+〈活動〉

「献身」は身をささげて何かに尽くすことなので〈捧げる〉で表現。〈捧げる〉は身をささげるさまで「犠牲的」「貢献」の意味がある。

〈捧げる〉

手のひらを上に向けた両手を上に差しあげるようにする。

〈活動〉

ひじを少し張り、ひじを軸に両こぶしを交互に繰り返し前に出す。

けんせつ【建設】1

「橋を建設する」

→〈橋〉+〈作る〉

例文の「建設」は構造物を作ることなので〈作る〉で表現。〈作る〉は工具を操るさまで「作る」「建設」「仕事」など幅広い意味を表す。

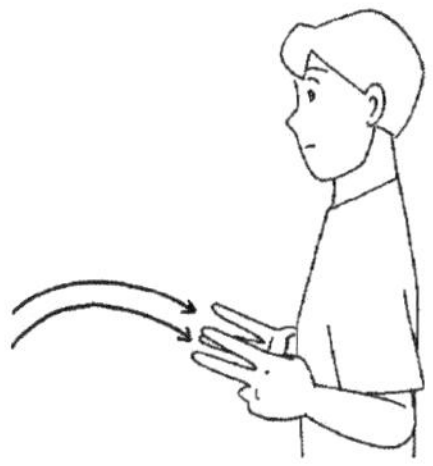

〈橋〉

両手2指を弧を描きながら手前に引く。

〈作る〉

両手のこぶしを上下に打ちつける。

けんせつ【建設】2

「(ビルを)建設する」

→(〈ビル①〉+)
〈組み立てる〉
または〈作る〉

例文「建設」は構造物を作ることで〈組み立てる〉または〈作る〉で表現。〈組み立てる〉はビルの鉄骨を組み立てるさまで「建築」の意味もある。

〈組み立てる〉

指を組んだ両手をねじりながら上にあげる。

〈作る〉

両手のこぶしを上下に打ちつける。

げんぞう【現像】

「写真を現像する」

→〈写真〉+〈現像〉

「現像」は写真などのネガフィルムに写った像を浮き出すこと。〈現像〉で表現。〈現像〉はネガフィルムを現像液にひたすさまを表す。

〈写真〉

左手の親指と4指で作った丸の前に右手のひらをおろす。

〈現像〉

両手の親指と人差指でフィルムを持ち左右に振るようにする。

けんぜん【健全】

「健全な体」

→〈体(からだ)〉+〈無事〉

「健全」は健康で無事にいる意味なので〈無事〉で表現。〈無事〉は体がしゃんとしているさまで「無事」を表す。

〈体(からだ)〉

右手を体の上で回す。

〈無事〉

両ひじを張って、両こぶしを同時に下におろす。

げんそく【原則】1

「参加することが原則」

→〈参加①〉+〈原則〉

「原則」は基本となる規則またはきまりのことで2種類の表現がある。ひとつは〈原則〉で表現。〈原則〉は左手数字1と右手〈規則〉を合わせた新しい手話。

〈参加①〉

指先を上に向け、手のひらを手前に向けた左手に人差指を立てた右手を打ちつける。

〈原則〉

左手人差指を立て右手2指を曲げて振りおろす。

げんせんちょうしゅう【源泉徴収】

「源泉徴収される」

→〈源泉徴収〉+〈取られる③〉

「源泉徴収」は〈源泉徴収〉で表現。〈源泉徴収〉は元を意味する〈基本〉と〈税金〉を組み合わせた手話。

〈源泉徴収〉

こぶしを握った左手を立て、その下で丸を作った右手をすばやく自分に向けて開く。

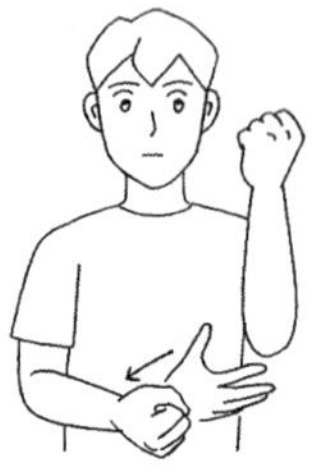

〈取られる③〉

〈源泉徴収〉の左手を残し、指先を手前に向けた右手を前に引くように出して握る。

げんそく【原則】2

「(参加することが)原則」

→(〈参加①〉+)
〈基本①〉+〈規則〉

もうひとつは〈基本①〉+〈規則〉で表現。〈基本①〉は木の根のさまで根本となるものを表す。

〈基本①〉

左ひじを立て、閉じた右手を当てて下に向けて開く。

〈規則〉

左手のひらに折り曲げた右手2指を打ちつける。

げんだい【現代】

「現代(科学)」

→〈今①〉+〈時①〉
(+〈科学〉)

「現代」は今の時代を意味するので〈今①〉+〈時①〉で表現。〈今①〉+〈時①〉は「現代」「現時点」などを意味する。

〈今①〉
両手のひらで軽く押さえつける。

〈時①〉
左手のひらに右親指を当て、右人差指を時計の針のように回す。

げんち【現地】

「現地(へ集合)」

→〈本当〉+〈場所〉
(+〈集まる①〉)

「現地」はその場所の意味。〈本当〉+〈場所〉で表現。〈本当〉は「本当」「事実」などの意味がある。「現場」も同じ表現になる。

〈本当〉
右手をあごに当てる。

〈場所〉
全指を曲げた右手を前に置く。

けんちく【建築】

「木造建築」

→〈木〉+〈組み立てる〉

「建築」は建物を組み立て、作ることで〈組み立てる〉で表現。〈組み立てる〉は部材を組み合わせ上に伸ばすさまで「建築」「建設」などの意味。

〈木〉
両手の親指と人差指で大きな丸を作り、上にあげながら左右に広げる。

〈組み立てる〉
指を組んだ両手をねじりながら上にあげる。

けんちょう【健聴】

「健聴者」

→〈健聴〉+〈人々①〉

「健聴者」はろう者に対して聞こえる人の意味。〈健聴〉+〈人々①〉で表現。〈健聴〉は耳が聞こえ、口で話すさまを表す。

〈健聴〉
右人差指を右耳から、左人差指を口から同時に繰り返し出す。

〈人々①〉
親指と小指を立てた両手を揺らしながら左右に開く。

けんてい【検定】

「手話検定」

→〈手話〉+〈検定〉

「検定」は〈調べる①〉と〈決める①〉の右手の形とを組み合わせた手話。

〈手話〉
両手の人差指を向かい合わせ、糸を巻くように回転させる。

〈検定〉
右２指を曲げて目の前に置き、伸ばして前に打ちつける。

げんてい【限定】1

「数を限定する」

→〈算数〉+〈限定〉

「限定」は〈限定〉で表現。〈限定〉は範囲を限定するさまを表す。

〈算数〉
３指を立てた両手を軽く繰り返しぶつけ合う。

〈限定〉
手のひらを手前に向けた両手を前後に離し、さげて止める。

け

げんてい【限定】2

「範囲を限定する」

→〈部屋〉+〈定まる〉

「限定」は区切り、境界などを定めることで〈定まる〉で表現。〈部屋〉は範囲を区切る意味がある。「範囲を限る」も同じ表現になる。

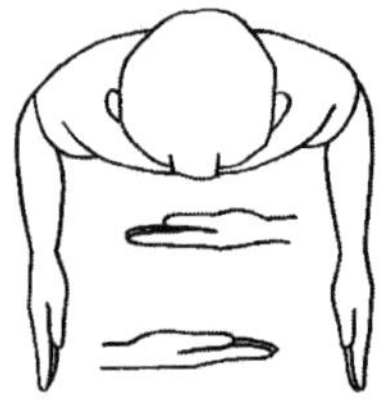

〈部屋〉

両手のひらで前後左右に四角く囲む。

〈定まる〉

両手指を曲げて上下に組み合わす。

げんてい【限定】3

「夏限定」

→〈暑い①〉+〈限定〉

例文の「限定」も〈限定〉で表現。

〈暑い①〉

うちわであおぐようにする。

〈限定〉

手のひらを手前に向けた両手を前後に離し、さげて止める。

げんてん【原点】

「原点に返る」

→〈原点〉+〈回復〉

「原点」は出発点またはそもそもの初めの意味。〈原点〉で表現。〈原点〉は〈基本〉を元にして根本の一点を表す新しい手話。

〈原点〉

左ひじの下に点を打つように右人差指をおろす。

〈回復〉

両こぶしを重ねて寝かせ、棒を起こすようにする。

げんど【限度】1

「最高限度の速さ」

→〈最高〉+〈はやい①〉

例文の「最高限度」は一番上の限界を意味するので〈最高〉で表現。〈最高〉は一番上、一番の高さを表す。

〈最高〉

手のひらを下に向けた左手に右手指先を突き上げて当てる。

〈はやい①〉

親指と人差指を閉じた右手をすばやく左へ動かしながら人差指を伸ばす。

げんど【限度】2

「最低限度の生活」

→〈最低〉+〈生活〉

例文の「最低限度」は一番下の限界を意味するので〈最低〉で表現。〈最低〉は一番下の限界を表す。

〈最低〉

手のひらを上に向けた左手に上から右手指先を下ろし当てる。

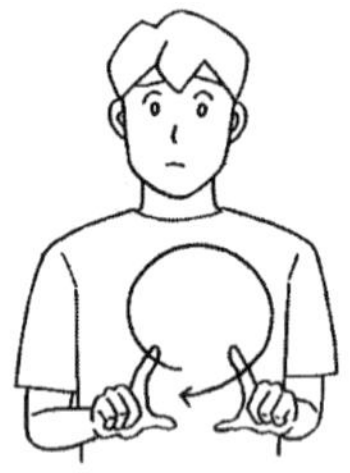

〈生活〉

両手の親指と人差指を向かい合わせて回す。

げんど【限度】3

「限度を超える」

→〈越える②〉

例文の「限度を超える」は定めた限界を超える意味。〈越える②〉で表現。〈越える②〉は基準(左手)を越えるさまを表す。

〈越える②〉

左手のひらを下にして、その手前で指先を上に向けた右手をあげる。

けんとう【検討】

「（問題を）検討する」

→（〈問題〉＋）
〈調べる①〉＋〈考える〉

例文の「検討」はよく調べ考える意味なので〈調べる①〉＋〈考える〉で表現。

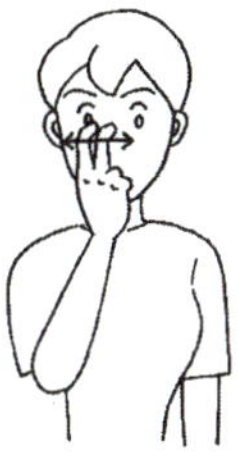

〈調べる①〉
右手の人差指と中指を軽く折り曲げて、目の前を左右に往復させる。

〈考える〉
右人差指を頭にねじこむようにする。

けんどう【剣道】

「剣道の稽古」

→〈剣道〉＋〈鍛える〉
（または〈練習〉）

「剣道」は〈剣道〉で表現。〈剣道〉は竹刀で面を打ち込むさまを表す。

〈剣道〉
左人差指を右人差指で握り、剣道をするように打ち込むしぐさをする。

〈鍛える〉
ひじを張り、両こぶしで胸を同時に繰り返したたく。

けんとう【見当】1

「見当をつける」

→〈考える〉＋〈目的①〉

例文の「見当をつける」は目標を推測する意味なので〈考える〉＋〈目的①〉で表現。

〈考える〉
右人差指を頭にねじこむようにする。

〈目的①〉
左こぶしの親指側に右人差指を当てる。

げんどうりょく【原動力】

「生きる原動力」

→〈生きる①〉（または〈生きる②〉）＋〈原動力〉

例文の「原動力」は〈原動力〉で表現。〈原動力〉は基礎から動かす力を表す新しい手話。

〈生きる①〉
両ひじを張り、左右に広げる。

〈原動力〉
こぶしを握って立てた左手のひじの下で右人差指を縦に回す。

けんとう【見当】2

「見当違いの方向」

→〈まちがう②〉＋〈方針〉

例文の「見当違い」はまちがうことなので〈まちがう②〉で表現。〈まちがう②〉は見まちがうさまで、「まちがい」「誤り」などの意味がある。

〈まちがう②〉
つまんだ両手を目の前に置き、交差させる。

〈方針〉
左手のひらの上に人差指を出した右手をのせて、磁石の針のように振る。

けんにん【兼任】

「委員を兼任する」

→〈バッジ〉＋〈兼ねる〉

「兼任」は二つの任務に責任を負う意味なので〈兼ねる〉で表現。〈兼ねる〉は数字２を責任を表す肩に当てて表す。「兼ねる」「兼務」の意味。

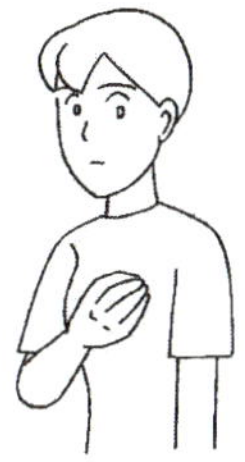

〈バッジ〉
すぼめた右手を左胸に当てる。

〈兼ねる〉
右手２指を左肩に当てる。

け

げんば【現場】

「（事故）現場」

→（〈事故〉＋）
〈本当〉＋〈場所〉

「現場」はあること、工事などが行われている場所の意味。〈本当〉＋〈場所〉で表現し、「現地」も同じ手話になる。

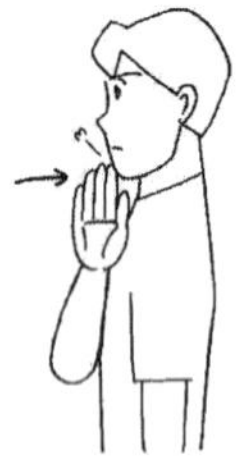

〈本当〉
右手をあごに当てる。

〈場所〉
全指を曲げた右手を前に置く。

げんまい【玄米】

「玄米ご飯」

→〈玄米〉＋〈食べる①〉

「玄米」は〈玄米〉で表現。〈玄米〉はもみ殻を取り除いただけで、まだ精白していない米のさまを表す。

〈玄米〉
右５指をすぼめて口端に持っていく。

〈食べる①〉
左手のひらの上を右手ですくって食べるようにする。

けんびきょう【顕微鏡】

「顕微鏡」

→〈顕微鏡①〉
または〈顕微鏡②〉

「顕微鏡」は微生物などを拡大して観察する装置で〈顕微鏡①〉または〈顕微鏡②〉で表現。手話はいずれも顕微鏡を操作するさまを表す。

〈顕微鏡①〉
左手の親指と４指で丸を作り、左目でのぞき込むようにして右手３指でネジを回すようにする。

〈顕微鏡②〉
両手の親指と４指で作った丸を上下に重ね、ねじるようにしながら右目でのぞき込む。

げんみつ【厳密】1

「厳密な（調査）」

→〈厳しい〉＋〈細かい①〉
（＋〈調べる①〉）

例文の「厳密」は厳しく細かいの意味なので〈厳しい〉＋〈細かい①〉で表現。〈厳しい〉は手の甲をつねるさまで厳しさを表す。

〈厳しい〉
左手甲を右手の親指と人差指でつねるようにする。

〈細かい①〉
両手の親指と人差指をつまみ、つき合わせ、つぶすようにする。

けんぽう【憲法】

「日本国憲法」

→〈日本〉＋〈憲法〉

「憲法」は諸法律の基本となる国の最高法規。〈憲法〉で表現。〈憲法〉は諸法律（左手）の上の法律（右手）の意味を表す新しい手話。

〈日本〉
両手の親指と人差指をつき合わせ、左右に開きながら閉じる。

〈憲法〉
２指を折り曲げた両手を上下にして右手を軽く繰り返し打ちつける。

げんみつ【厳密】2

「厳密に（言うと）」

→〈正しい〉＋〈細かい①〉
（＋〈言う①〉）

例文の「厳密」は正しく細かいところまでの意味なので〈正しい〉＋〈細かい①〉で表現。

〈正しい〉
親指と人差指をつまみ、胸に当て、右手をあげる。

〈細かい①〉
両手の親指と人差指をつまみ、つき合わせ、つぶすようにする。

けんめい【懸命】

「懸命に努力する」

→〈一生懸命〉+〈努力〉

「懸命」は一生懸命に努めるさまなので〈一生懸命〉で表現。〈一生懸命〉は脇目もふらないさまを表し、「懸命」「一心に」などの意味。

〈一生懸命〉
両手を顔の横から繰り返し強く前に出す。

〈努力〉
左手のひらに右人差指をねじこみながら前に押し出す。

けんりょく【権力】

「権力(者)」

→〈力〉+左〈強い①〉
(+〈人々①〉)

「権力」は強制的に人の自由を束縛する力のことで〈力〉+左〈強い①〉で表現。手話は強い力を表す。

〈力〉
こぶしを握った左腕を曲げ、上腕に右人差指で力こぶを描く。

左〈強い①〉
こぶしを握った右腕を曲げて力こぶを作るようにする。

けんやく【倹約】

「お金を倹約する」

→〈金(かね)①〉+〈節約〉

「倹約」は費用の支出を押さえることなので〈節約〉で表現。〈節約〉はお金などの支出を控えるさまを表す。

〈金(かね)①〉
右手の親指と人差指で作った丸を示す。

〈節約〉
左手のひらにかぎ状にした右人差指を当て、引きあげるように手前に引く。

げんろん【言論】

「言論の自由」

→〈言論〉+〈自由〉

例文の「言論」は〈言論〉で表現。〈言論〉は〈言語〉と〈説明〉の右手を組み合わせた新しい手話。

〈言論〉
4指を立てた右手を口に当てて前に出し、次に指先を前にして下におろす。

〈自由〉
両こぶしをひじを使って交互に上下させる。

けんり【権利】

「権利(を守る)」

→〈力〉+〈リ〉
(+〈守る②〉)

「権利」は特定の行動を自由に行える力で〈力〉+〈リ〉で表現。〈力〉は力こぶを表し、指文字〈リ〉をつけることで権利を表す。

〈力〉
こぶしを握った左腕を曲げ、上腕に右人差指で力こぶを描く。

〈リ〉
右手2指で「リ」の字形を描く。

〈コ〉
「コ」の字形を示す。

ご【五】

数字の「五」は〈５〉で表現する。

「五」

→〈５〉

〈５〉

右親指の指先を左に向けて示す。

ご【後】

「その後」はあることの後の意味なので〈将来②〉または〈以後〉で表現。手話はそれぞれ「近い将来」「それ以後」の意味を表す。

「その後」

→〈将来②〉
　または〈以後〉

〈将来②〉

右手のひらを前に向けて少し押すように前に出す。

〈以後〉

両手甲を合わせ、右手を前に押し出す。

ご【語】1

例文の「現代語」は今、現在使われている言葉の意味。〈今①〉＋〈言う②〉で表現。〈言う②〉は「言う」とともに「言葉」「言語」の意味。

「現代語」

→〈今①〉＋〈言う②〉

〈今①〉

両手のひらで軽く押さえつける。

〈言う②〉

右人差指を口元から繰り返し前に出す。

ご【語】2

例文の「語」は言葉の意味なので〈言葉〉で表現。〈言葉〉は「単語」あるいは「語句」を意味する新しい手話。

「語の意味」

→〈言葉〉＋〈意味①〉

〈言葉〉

両手人差指で「 」を示す。

〈意味①〉

左手のひらの下に右人差指を突っこむ。

コイ【鯉】

「コイ」は〈コイ〉で表現。〈コイ〉はコイの口ひげを表す。

「池のコイ」

→〈池〉＋〈コイ〉

〈池〉

左手の親指と４指を囲むように出し、その中を手のひらを上に向けた右手を回す。

〈コイ〉

両手人差指でひげを描く。

こい【濃い】1

例文の「色が濃い」はその色がはっきりしている意味なので〈はで〉で表現。〈はで〉ははっきり浮かびあがるさまを表す。

「色が濃い」

→〈色①〉＋〈はで〉

〈色①〉

すぼめた両手を合わせてひねる。

〈はで〉

両手のひらを目の前に勢いよく近づける。

こい【濃い】2

「(疑いが)濃い」
→(〈疑う〉+)
〈とても〉
または〈強い①〉

例文の「濃い」は大変疑わしい意味なので〈とても〉または〈強い①〉で表現。〈とても〉は「大変」「非常に」などの意味。

〈とても〉
右手の親指と人差指をつまみ、右へ弧を描きながら親指を立てる。

〈強い①〉
こぶしを握った右腕を曲げて力こぶを作るようにする。

こい【恋】

「恋する男」
→〈恋〉+〈男〉

「恋」は異性に感じる深い思いの意味。〈恋〉で表現。〈恋〉はハートの形を表す。

〈恋〉
両手人差指を軽く曲げ左右から弧を描き、中央で交差する。

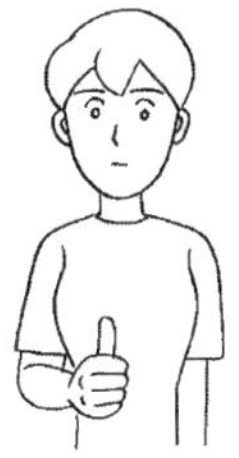

〈男〉
親指を立てた右手を出す。

ごい【語彙】

「手話の語彙」
→〈手話〉+〈語彙〉

「語彙」は〈語彙〉で表現。〈語彙〉は左手の〈言葉〉が右手で並んでいることを表す。

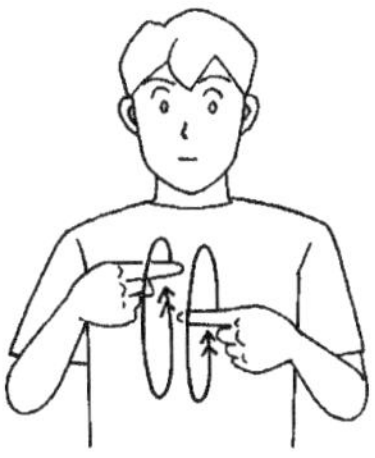

〈手話〉
両手の人差指を向かい合わせ、糸を巻くように回転させる。

〈語彙〉
左人差指を曲げ、その横に親指と人差指を曲げて出した右手を右に動かす。

こいしい【恋しい】1

「国が恋しい」
→〈国(くに)〉+〈なつかしい①〉

例文の「恋しい」はなつかしく思う意味なので〈なつかしい①〉で表現。〈なつかしい①〉は思い出をしのぶさまを表す。

〈国(くに)〉
親指と４指を突き合わせ、左右に開きながら閉じる。

〈なつかしい①〉
右手指先を揺らしながら頭から右横へ出す。

こいしい【恋しい】2

「母が恋しい」
→左〈母〉+〈なつかしい②〉

例文の「恋しい」は忘れられず、会いたいと思う気持ちで〈なつかしい②〉で表現。〈なつかしい②〉はその人に思いを寄せるさまを表す。

左〈母〉
左人差指をほおにふれ、左小指を出す。

〈なつかしい②〉
左小指に右手をひらひらさせながら近づける。

こいしい【恋しい】3

「ストーブが恋しい」
→〈ストーブ〉+〈求める〉

例文の「恋しい」は欲しい意味なので〈求める〉で表現。〈求める〉はちょうだいのしぐさで、求める意味を表す。

〈ストーブ〉
両手のひらを前にかざすようにする。

〈求める〉
左手のひらに右手の甲を打ちつける。

コインランドリー

「コインランドリー」

→〈金を入れる〉+〈かき回す②〉

「コインランドリー」は〈金を入れる〉+〈かき回す②〉で表現。〈金を入れる〉はコインを入れるさま、〈かき回す②〉は洗濯機が回るさまを表す。

〈金を入れる〉

右手の親指と人差指で作った丸を上から前に投げ入れるようにする。

〈かき回す②〉

手を開いた右手を伸ばしぐるぐる回す。

こうい【行為】

「彼の行為」

→〈彼〉+〈活動〉

「行為」は行動すること、行うことの意味で〈活動〉で表現。〈活動〉は手足を活発に動かすさまで「行為」「活動」「行動」などの意味。

〈彼〉

左親指を右人差指でさす。

〈活動〉

ひじを少し張り、ひじを軸に両こぶしを交互に繰り返し前に出す。

コインロッカー

「コインロッカー」

→〈金を入れる〉+〈開(あ)ける②〉

「コインロッカー」は〈金を入れる〉+〈開ける②〉で表現。〈金を入れる〉はコインを入れるさま、〈開ける②〉はドアを開けるさまを表す。

〈金を入れる〉

右手の親指と人差指で作った丸を上から前に投げ入れるようにする。

〈開(あ)ける②〉

取っ手を握って手前に引くようにする。

ごうい【合意】

「合意に達する」

→〈認める②〉+〈終わる〉

「合意」は〈認める②〉で表現。〈認める②〉は両者がうなずいて承認するさまを表す。

〈認める②〉

両こぶしを向かい合わせて内側に倒す。

〈終わる〉

指先を上に向けた両手を下におろしながら閉じる。

こうあん【考案】

「機械を考案する」

→〈機械〉(または〈歯車〉)+〈アイデア〉

「考案」は考え出すことなので〈アイデア〉で表現。〈アイデア〉はふと頭にひらめくさまで「アイデア」を表す。

〈機械〉

両手２指を前方に向け、交互に前に回転させる。

〈アイデア〉

こめかみに当てた右人差指を上方にはねあげ、目を見開く。

こういん【公印】1

「(協会の)公印を押す」

→(〈協会①〉または〈協会②〉+)〈公(おおやけ)〉+〈印鑑〉

「公印」は2種類の表現がある。ひとつは〈公〉+〈印鑑〉で表現。〈公〉は漢字の「公」を表す。〈印鑑〉は印鑑を押すさま。

〈公(おおやけ)〉

人差指で「八」の字形を示し、左人差指を残しながら右人差指で「ム」を書く。

〈印鑑〉

すぼめた右手に息を吐きかけるようにして、それを左手のひらにつける。

こういん【公印】2

「協会の公印を押す」

→〈協会①〉(または〈協会②〉)+〈公印〉

もうひとつは〈公印〉で表現。〈公印〉は左手が「公」の1画目、右手が大きめの判を押すさまを表す新しい手話。

〈協会①〉

両手の親指と人差指を組み、水平に回す。

〈公印〉

左人差指を斜めに立て、折り曲げた右手を口から下に判を押すようにおろす。

こううん【幸運】

「幸運に恵まれる」

→〈都合〉+〈幸せ〉(+〈会う①〉)

「幸運」は運がよい意味なので〈都合〉+〈幸せ〉で表現。〈都合〉は易者が運勢を占うさまから生まれた手話で「運」「都合」などの意味。

〈都合〉

左手のひらの上に右こぶしの小指側をつけてこするように回す。

〈幸せ〉

親指と4指であごをなでるようにする。

こうえい【公営】1

「公営(住宅)」

→〈公(おおやけ)〉+〈経済〉(+〈長屋〉)

「公営」は2種類の表現がある。ひとつは〈公〉+〈経済〉で表現。

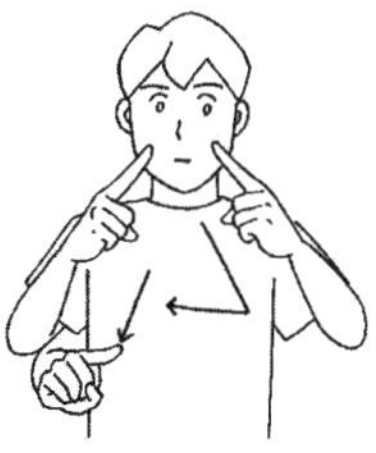

〈公(おおやけ)〉

人差指で「八」の字形を示し、左人差指を残しながら右人差指で「ム」を書く。

〈経済〉

親指と人差指で作った丸を上下に置き、互い違いに水平に回す。

こうえい【公営】2

「公営住宅」

→〈公営〉+〈長屋〉

もうひとつは〈公営〉で表現。〈公営〉は左手が「公」の1画、右手が経営を意味する〈経済〉を表す新しい手話。

〈公営〉

左人差指を斜めに立て、その横で丸を作った右手を水平に回す。

〈長屋〉

両手で示した屋根形を前に出す。

こうえき【公益】1

「公益(事業)」

→〈公(おおやけ)〉+〈もうける③〉(+〈仕事〉)

「公益」は2種類の表現がある。ひとつは〈公〉+〈もうける③〉で表現。〈公〉は漢字の「公」を表す。

〈公(おおやけ)〉

人差指で「八」の字形を示し、左人差指を残しながら右人差指で「ム」を書く。

〈もうける③〉

半開きにした両手をぱっと引きあげる。

こうえき【公益】2

「公益事業」

→〈公益〉+〈仕事〉

もうひとつは〈公益〉で表現。〈公益〉は左手が「公」の1画目、右手がもうけるを表す新しい手話。

〈公益〉

左人差指を斜めに立て、「コ」の字形の右手の指先を前方に向け、手前に引く。

〈仕事〉

手のひらを上に向け、向かい合わせた両手指先を繰り返しつき合わせる。

こうえん【後援】

「後援会」

→〈助ける①〉+〈会〉

「後援」はあと押し、援助することなので〈助ける①〉で表現。〈助ける①〉は後押しするさまで「後援」「援助」などの意味を表す。

〈助ける①〉

親指を立てた左手の後ろを右手のひらで軽く後押しする。

〈会〉

両手で屋根形を作り、左右に引く。

こうえん【公園】1

「(国立)公園」

→(〈国(くに)〉+〈立つ〉+)〈公(おおやけ)〉+〈場所〉

例文の「公園」は2種類の表現がある。ひとつは〈公〉+〈場所〉で表現。

〈公(おおやけ)〉

人差指で「八」の字形を示し、左人差指を残しながら右人差指で「ム」を書く。

〈場所〉

全指を曲げた右手を前に置く。

こうえん【公園】2

「(国立)公園」

→(〈国(くに)〉+〈立つ〉+)〈公園〉

もうひとつは〈公園〉で表現。〈公園〉は左手が「公」の１画目、右手が場所を表す新しい手話。

〈公園〉

左人差指を斜めに立てその横に５指を折り曲げて下に向けた右手を置く。

こうえん【公園】3

「(児童)公園」

→(〈子供①〉+)〈遊ぶ①〉+〈場所〉

例文の「公園」は２種類の表現がある。ひとつは〈遊ぶ①〉+〈場所〉で表現。

〈遊ぶ①〉

人差指を立てた両手を交互に前後に軽く振る。

〈場所〉

全指を曲げた右手を前に置く。

こうえん【公園】4

「(児童)公園」

→(〈子供①〉+)〈公園〉

もうひとつは〈公園〉で表現。〈公園〉は左手が「公」の１画目、右手が場所を表す新しい手話。

〈公園〉

左人差指を斜めに立てその横に５指を折り曲げて下に向けた右手を置く。

こうえん【講演】

「手話の講演」

→〈手話〉+〈講演〉

「講演」は集まった人の前で話をすることなので〈講演〉で表現。〈講演〉は壇上で話をするさまで「講演」「演説」などの意味がある。

〈手話〉

両手の人差指を向かい合わせて、糸を巻くように回転させる。

〈講演〉

左手甲の上に右ひじをのせて指先を伸ばして前後に振る。

こうか【効果】

「効果がある」

→〈効果〉+〈ある①〉

「効果」は効き目のことで〈効果〉で表現。〈効果〉は新しい手話で「効果」「効き目」などの意味がある。

〈効果〉

指先を上に向けて立てた左手のひらに右こぶしの親指側をつけ、前に出す。

〈ある①〉

右手のひらを体の前に軽く置く。

こうかい【後悔】

「失敗を後悔する」

→〈失敗②〉+〈後悔〉

「後悔」は後になって悔やむことで〈後悔〉で表現。〈後悔〉は自分の責任だがしまったという気持ちを表し「後悔」の程度は表情で表す。

〈失敗②〉

手のひらを額に打ちつける。

〈後悔〉

軽く頭を傾けて右手の指先を肩の下に当てる。

こうか【硬化】

「(態度を)硬化させる」

→(〈態度〉+)〈固い①〉+〈変わる①〉

「硬化」は硬くなる意味なので〈固い①〉+〈変わる①〉で表現。手話は硬く難しい態度に変わるさまを表す。

〈固い①〉

軽く曲げた右手３指を振りおろして止める。

〈変わる①〉

手のひらを手前に向けた両手を交差させる。

こうかい【公開】1

「(古い寺を)公開する」

→(〈古い〉+〈寺〉+)〈公(おおやけ)〉+〈開(ひら)く①〉

例文の「公開」は公に広く見ることができるように開放する意味なので〈公〉+〈開く①〉で表現。日本語対応の手話。

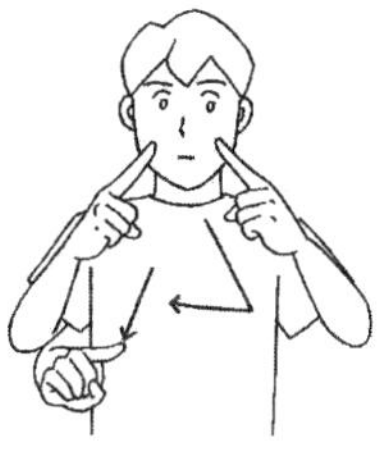

〈公(おおやけ)〉

人差指で「八」の字形を示し、左人差指を残しながら右人差指で「ム」を書く。

〈開(ひら)く①〉

手のひらを前に向けて閉じた両手を左右に開く。

こうか【高価】

「高価な宝石」

→〈高い①〉+〈ダイヤ〉

「高価」は金額が高い意味なので〈高い①〉で表現。〈高い①〉はお金が高いさまで「高価」であることを表す。

〈高い①〉

親指と人差指で作った丸を上にあげる。

〈ダイヤ〉

左手甲に指をすぼめた右手甲を当て、ぱっぱっと開く。

こうかい【公開】2

「公開質問」

→〈公(おおやけ)〉+〈尋ねる①〉

例文の「公開質問」は質問・回答とも公開する質問の意味。〈公〉+〈尋ねる①〉で表現。〈尋ねる①〉が付くことで前項の〈開く①〉が省略される。

〈公(おおやけ)〉

人差指で「八」の字形を示し、左人差指を残しながら右人差指で「ム」を書く。

〈尋ねる①〉

右人差指を右耳から前に差し出す。

こうかい【公開】3

「（情報）公開」

→（〈情報①〉または〈情報②〉＋）〈発表〉または〈公開〉

例文の「公開」は〈発表〉または〈公開〉で表現する。〈発表〉は口で広く知らせるさま、〈公開〉は左手が「公」の１画目、右手が開くを表す新しい手話。

〈発表〉

親指と４指を閉じた両手を左右にぱっと開く。

〈公開〉

左人差指を斜めに立て、その横で指先を左に向けた右手を前に払うように動かす。

こうかん【交換】1

「名刺を交換する」

→〈名刺〉＋〈交換①〉

例文の「交換」は目の前の人と物を交換することで〈交換①〉で表現。〈交換①〉は自分と相手のものを交換するさまで「交換」を表す。

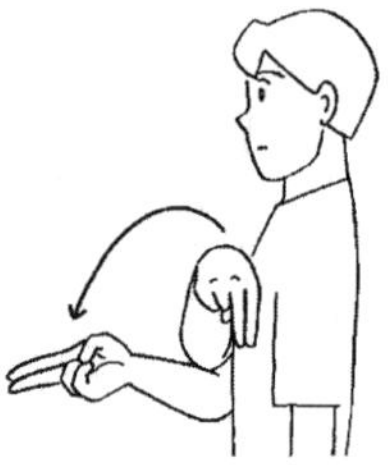

〈名刺〉

左胸のポケットに右手２指を入れ、差し出すようにする。

〈交換①〉

手のひらを上に向けた両手を前後に置き、同時に前後を入れ換える。

こうがい【公害】

「公害（問題）」

→〈公（おおやけ）〉＋〈混乱〉（＋〈問題〉）

「公害」は広く社会に害を与え混乱をもたらすことで〈公〉＋〈混乱〉で表現。この場合の〈公〉は「広く一般に」の意味を持つ。

〈公（おおやけ）〉

人差指で「八」の字形を示し、左人差指を残しながら右人差指で「ム」を書く。

〈混乱〉

全指を曲げた両手のひらを上下に向かい合わせて、かき混ぜるようにする。

こうかん【交換】2

「交換条件」

→〈交換②〉＋〈条件〉

例文の「交換条件」は互いの納得の上で交換する条件のことで〈交換②〉＋〈条件〉で表現。〈交換②〉は左右を入れ換えるさまで「交換」の意味。

〈交換②〉

手のひらを上に向けた両腕を交差し、左右を入れ換える。

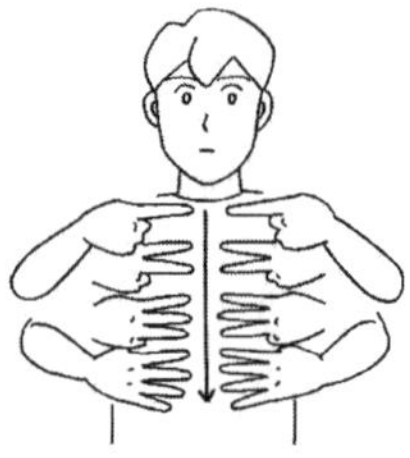

〈条件〉

上から下に指をつき合わせながら順に指を出していく。

ごうかく【合格】

「（試験に）合格する」

→（〈試験〉＋）〈合格〉または〈成功〉

「合格」は基準を突破、受かることで〈合格〉または〈成功〉で表現。〈合格〉は基準突破のさま、〈成功〉はうまく目的を達するさまを表す。

〈合格〉

左手の親指と４指の間を指先を上に向けた右手で下から突き破るようにあげる。

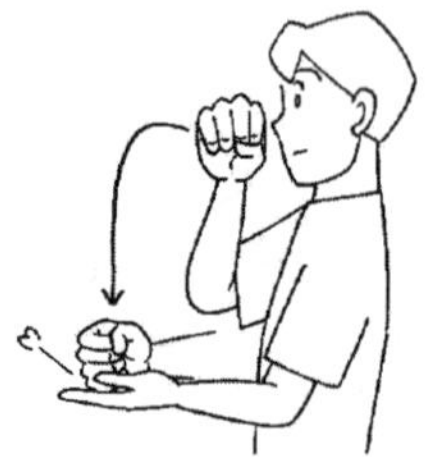

〈成功〉

右こぶしを鼻から左手のひらに打ちつける。

こうかん【交換】3

「隣の人と交換」

→〈隣〉＋〈交換②〉

例文の「交換」は隣との交換なので〈交換②〉で表現。〈交換②〉は隣と物を交換するさま。

〈隣〉

右人差指の先を前に向け、右へ手首を返す。

〈交換②〉

手のひらを上に向けた両腕を交差し、左右を入れ換える。

こうき【後期】1

「後期試験」
→〈将来②〉+〈試験〉

例文の「後期」は前期に対して後の期間なので〈将来②〉で表現。〈将来②〉はやや少し先のこと「近い将来」の意味がある。

〈将来②〉
右手のひらを前に向けて少し押すように前に出す。

〈試験〉
親指を立てた両手を交互に上下させる。

こうぎ【抗議】1

「(役所に)抗議する」
→(〈政治〉+〈場所〉+)
〈反対〉+〈申し込む〉

例文の「抗議する」は異議、不満を申し入れることなので〈反対〉+〈申し込む〉で表現。〈不満〉+〈申し込む〉でもよい。

〈反対〉
両手指の背をぶつける。

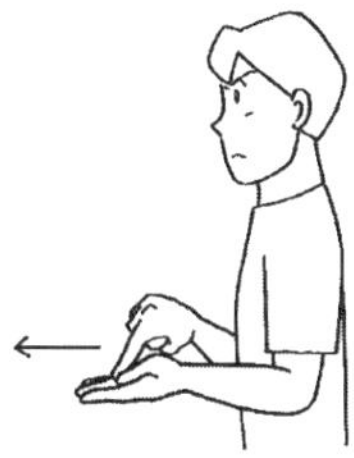

〈申し込む〉
左手のひらの上に右人差指をのせて前に出す。

こうき【後期】2

「(江戸)後期」
→(〈江戸〉+)
〈まで〉+〈後半〉

例文の「後期」は終わり頃の意味で〈まで〉+〈後半〉で表現。〈まで〉は最後の意味がある。手話文は最後に近い期間の意味。

〈まで〉
左手のひらに右手指先を軽くつける。

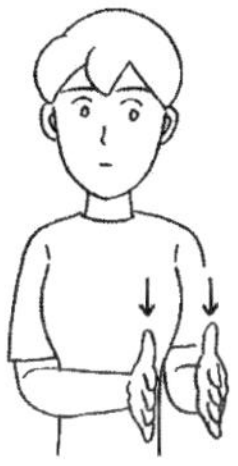

〈後半〉
ややせばめた両手のひらを向かい合わせ、体の左側に置くようにする。

こうぎ【抗議】2

「抗議を受ける」
→〈不満〉+〈申し込まれる〉

例文の「抗議を受ける」は異議、不満を申し入れられること。〈不満〉+〈申し込まれる〉で表現。〈反対〉+〈申し込まれる〉でもよい。

〈不満〉
軽く開いた右手を胸からぱっと前にはじき出す。

〈申し込まれる〉
左手のひらの上に右人差指をのせて手前に引き寄せる。

こうき【好機】

「好機(を逸する)」
→〈良い〉+〈時①〉
(+〈消える①〉)

「好機」は良い機会、チャンスの意味なので〈良い〉+〈時①〉で表現。「良い機会」「チャンス」も同じ手話表現になる。

〈良い〉
右こぶしを鼻から前に出す。

〈時①〉
左手のひらに右親指を当て、右人差指を時計の針のように回す。

こうぎ【講義】

「講義」
→〈講演〉+〈ギ〉

「講義」は学生などに教室壇上から教えることで〈講演〉+〈ギ〉で表現。〈講演〉は壇上から講演などするさまを表す。

〈講演〉
左手甲の上に右ひじをのせて指先を伸ばして前後に振る。

〈ギ〉
中指と薬指と親指を閉じた右手を左から右へ動かす。

こうきあつ【高気圧】

「高気圧（に覆われている）」

→〈気圧〉＋〈高い⑨〉（＋〈みんな〉）

「高気圧」は〈気圧〉＋〈高い⑨〉で表現。

〈気圧〉

手のひらを右に向けて立てた左手の横で指文字〈コ〉の右手を上下させる。

〈高い⑨〉

〈気圧〉の左手を残したまま指文字〈コ〉の右手をあげる。

こうきょう【好況】

「好況を呈する」

→（〈景気〉＋）〈坂〉または〈好況〉

例文は〈景気〉＋〈坂〉または〈好況〉で表現。〈好況〉は左指文字〈ケ〉と右手〈金〉を表す。

〈坂〉

右手指先を伸ばし坂を示す。

〈好況〉

左指文字〈ケ〉の横で丸を作った右手を弧を描いて段々にあげていく。

こうきょう【公共】1

「公共（施設）」

→〈公（おおやけ）〉＋〈普通〉（＋〈施設〉）

例文の「公共」は広くあまねくの意味。〈公〉＋〈普通〉で表現。

〈公（おおやけ）〉

人差指で「八」の字形を示し、左人差指を残しながら右人差指で「ム」を書く。

〈普通〉

両手の親指と人差指を合わせて左右に開く。

こうぎょう【工業】

「（重）工業」

→（〈重い〉＋）〈歯車〉または〈機械〉

「工業」は機械を使って生産することなので〈歯車〉または〈機械〉で表現。手話はいずれも機械が動くさまを表す。

〈歯車〉

両手指をかみ合わせるようにして指先を動かす。

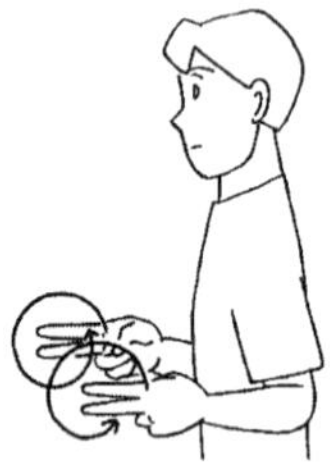

〈機械〉

両手２指を前方に向け、交互に前に回転させる。

こうきょう【公共】2

「（地方）公共団体」

→（〈地方〉＋）〈公（おおやけ）〉＋〈グループ〉

例文の「公共団体」は自治体の意味。手話では「公共」は〈公〉＋〈普通〉であるがここでは〈普通〉を省いて〈公〉だけで表現する。

〈公（おおやけ）〉

人差指で「八」の字形を示し、左人差指を残しながら右人差指で「ム」を書く。

〈グループ〉

指先を上に向けた両手で水平に手前に円を描く。

こうくう【航空】

「航空券」

→〈飛行機①〉＋〈券①〉

「航空」は乗客や物資を飛行機で輸送すること。〈飛行機①〉で表現。〈飛行機①〉はジェット機が飛行するさまを表す。

〈飛行機①〉

親指と小指を出した右手を飛び出すように斜め上にあげる。

〈券①〉

両手の親指と人差指を向かい合わせて四角を示す。

こうけい【光景】

「仲むつまじい光景」
→〈仲間〉+〈状態①〉

「光景」は状態や様子の意味なので〈状態①〉で表現。〈状態①〉は「状態」「様子」「ありさま」などの意味を持つ。

〈仲間〉
両手を握り、水平に回す。

〈状態①〉
両手のひらを前に向けて、交互に上下させる。

こうげき【攻撃】1

「(敵を)攻撃する」
→(〈敵〉+)
〈攻める①〉
または〈攻める②〉

例文の「攻撃」は対立する相手を攻めることで〈攻める①〉または〈攻める②〉で表現。手話はどちらも複数で襲いかかるさまを表す。

〈攻める①〉
左親指に向かって指先を少し広げた右手を勢いよく近づける。

〈攻める②〉
両手指を前に向け押し寄せるように前に出す。

ごうけい【合計】1

「(売り上げを)合計する」
→(〈もうける②〉+)
〈合わせる③〉+〈計算〉

例文の「合計」はお金やものを集計する意味なので〈合わせる③〉+〈計算〉で表現。手話は全部のものを合わせるさまを表す。

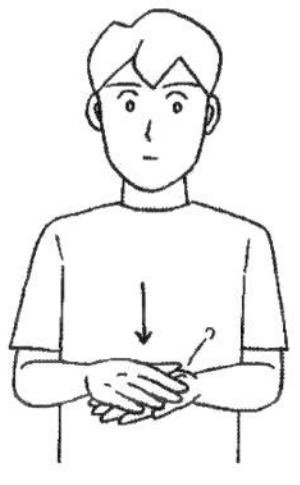

〈合わせる③〉
右手のひらを左手のひらに向けておろし、合わせる。

〈計算〉
左手の指先の方向に右手４指を滑らせるように右へ動かす。

こうげき【攻撃】2

「(個人)攻撃する」
→(〈個人〉+)
〈批判〉
または〈やり〉

「個人攻撃」は特定の個人を批判し槍玉にあげることで〈批判〉または〈やり〉で表現。〈批判〉は人を責めるさま、〈やり〉は人を突くさま。

〈批判〉
左親指に向かって右人差指を繰り返し振りおろす。

〈やり〉
両手の人差指を前後にして突き刺すように前に出す。

ごうけい【合計】2

「(学生数を)合計する」
→(〈学生②〉+〈数〉+)
〈合わせる①〉+〈計算〉

例文の「合計」は人数を合わせることなので〈合わせる①〉+〈計算〉で表現。〈合わせる①〉は横に並ぶものを合わせるさまを表す。

〈合わせる①〉
向かい合わせた両手を左右から合わせる。

〈計算〉
左手の指先の方向に右手４指を滑らせるように右へ動かす。

こうげき【攻撃】3

「九回の攻撃」
→〈９〉+〈野球①〉

例文の「攻撃」は野球の用語で〈野球①〉で表現。〈野球①〉は打つさまで攻撃に回る立場を表し、「野球」そのものの意味も持つ。

〈９〉
右親指を立て、４指の指先を閉じて左に向け示す。

〈野球①〉
バットを握って振るようにする。

こうけん【貢献】

「社会に貢献する」

→〈社会〉+〈捧げる〉

「貢献」はある目的に身を捧げるように努めることで〈捧げる〉で表現。〈捧げる〉は身を捧げるさまを表し、「献身」の意味も持つ。

〈社会〉

親指と小指を立てた両手を手前に水平に円を描く。

〈捧げる〉

手のひらを上に向けた両手を上に差しあげるようにする。

こうげん【公言】

「公言してはばからない」

→〈公言〉+〈平気〉

「公言」は〈公言〉で表現。〈公言〉は左手が「公」の１画目、右手が〈発表〉を表す新しい手話。

〈公言〉

左人差指を斜めに立て、すぼめた右手を口から前に開きながら出す。

〈平気〉

右手の指先を鼻の下につけて左下に払うようにおろす。

こうこう【高校】

「高校(生)」

→〈高校①〉
　または〈高校②〉
　(+〈学生①〉または〈学生②〉)

「高校」は〈高校①〉または〈高校②〉で表現。〈高校①〉は旧制高等学校の帽子の白線を表す。〈高校②〉はもじゃもじゃの頭のしぐさで「高校」を表す。

〈高校①〉

右手２指で額に２本線を引く。

〈高校②〉

指先を折り曲げた右手を額で回す。

こうごう【皇后】

「天皇皇后」

→〈天皇〉+〈皇后〉

「皇后」は〈皇后〉で表現。〈皇后〉は〈天皇〉と同様に左手甲の上に右手〈女〉をのせて地位が高いことを表し、さらに上にあげた。

〈天皇〉

左手の甲の上に親指を立てた右手を乗せ、右手を上にあげる。

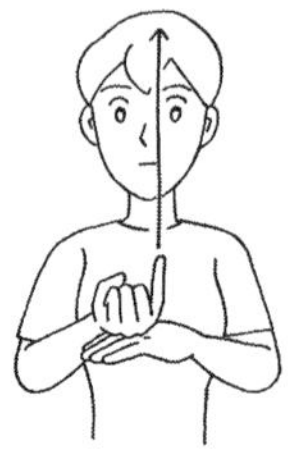

〈皇后〉

左手の甲の上に小指を立てた右手を乗せ、右手を上にあげる。

こうこく【広告】

「(新聞)広告」

→(〈新聞〉+)
　〈宣伝〉+〈のせる①〉

「広告」は新聞や雑誌で広く一般に宣伝することで〈宣伝〉+〈のせる①〉で表現。〈宣伝〉は呼び掛けるさま、〈のせる①〉は掲載を表す。

〈宣伝〉

親指と４指を閉じた両手を口の前から左右にぱっぱっと繰り返し開く。

〈のせる①〉

左手のひらに全指を曲げた右手をのせる。

こうさ【交差】1

「道路が交差する」

→〈道①〉+〈交差①〉

例文の「交差」は道路などが交わることで〈交差①〉で表現。〈交差①〉は高架などの方法で道路、線路などが交差するさまを表す。

〈道①〉

指先を前に向けた両手を向かい合わせて前に出す。

〈交差①〉

両手を交差させる。

こうさ【交差】2

「交差点」

→〈交差②〉+〈場所〉

「交差点」は道路などが十字路などで交差する場所で〈交差②〉+〈場所〉で表現。〈交差②〉は道路が交差する十字路を表す。

〈交差②〉
両手人差指を交差させる。

〈場所〉
全指を曲げた右手を前に置く。

こうさい【交際】1

「人と交際する」

→〈人々①〉+〈交流〉

例文の「交際」は人々の交わりの意味なので〈交流〉で表現。〈交流〉は人々が交流するさまで「交際」「交流」の意味を表す。

〈人々①〉
親指と小指を立てた両手を揺らしながら左右に開く。

〈交流〉
両手のひらを上に向け上下に置き、互い違いに水平に回す。

こうざ【口座】

「口座(を設ける)」

→〈口〉+〈ザ〉
(+〈作る〉)

「口座」は〈口〉+指文字〈ザ〉で表現。

〈口〉
右人差指の先を口元で回す。

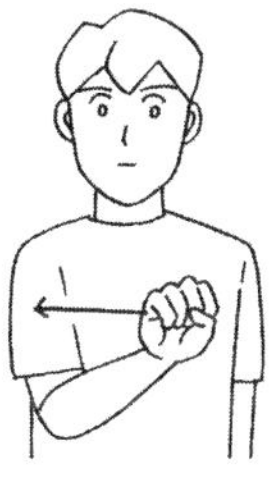

〈ザ〉
親指を外に出して握った右手を左から右へ動かす。

こうさい【交際】2

「交際(範囲)が広い」

→〈ふれあう〉+〈大きい①〉

例文の「交際」はつきあいの意味なので〈ふれあう〉で表現。〈ふれあう〉は〈会う〉を繰り返す形で「つきあい」「交際」の意味を表す。

〈ふれあう〉
人差指を立てた両手を交互に前後入れ換えながら軽くふれ合わせ、左から右へ動かす。

〈大きい①〉
両手の親指と人差指を向かい合わせ左右に広げる。

こうざ【講座】

「(文化)講座」

→(〈文化〉+)
〈講演〉+〈ザ〉

例文の「講座」は何人かの人が分担して講義などを行う講習会。〈講演〉+指文字〈ザ〉で表現。

〈講演〉
左手甲の上に右ひじをのせて指先を伸ばして前後に振る。

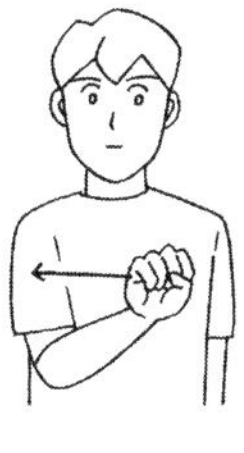

〈ザ〉
親指を外に出して握った右手を左から右へ動かす。

こうさく【工作】1

「工作の学習」

→〈作る〉+〈勉強②〉

例文の「工作」は物の加工を実習する科目名で〈作る〉で表現。〈作る〉は物を作り、加工する意味を表す。

〈作る〉
両手のこぶしを上下に打ちつける。

〈勉強②〉
指先を上に向けた両手を並べて軽く前に出す。

こうさく【工作】2

「政治工作する」

→〈政治〉+〈操る②〉

例文の「工作」はある目的のために陰で働きかける意味なので〈操る②〉で表現。〈操る②〉は背後で自分の思うままに人を操るさまを表す。

〈政治〉

左手のひらの上に右ひじを置き、右手指先を伸ばし前後に振る。

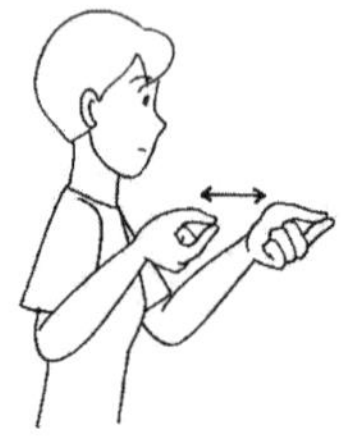

〈操る②〉

親指と人差指でひもを持つように交互に前後させる。

こうさん【降参】

「降参して逃げる」

→〈降参〉+〈逃げる〉

「降参」は負けてかぶとを脱ぐ意味なので〈降参〉で表現。〈降参〉はかぶとを脱ぐさまを表し「降参」「脱帽」「降服」などの意味を持つ。

〈降参〉

頭の横に親指と人差指を当て、前におろす。

〈逃げる〉

両こぶしを右上にさっとあげる。

こうし【講師】

「(手話の)講師」

→(〈手話〉+)〈講演〉+〈教える①〉

「講師」は講義をしたり教えたりする人の意味。〈講演〉+〈教える①〉で表現。

〈講演〉

左手甲の上に右ひじをのせて指先を伸ばして前後に振る。

〈教える①〉

右人差指を口元付近から手首を軸にして振りおろす。

こうじ【公示】

「(投票)日を公示する」

→(〈選挙〉+)〈いつ〉+〈表(あらわ)す〉

「公示」は〈表す〉で表現。〈表す〉は「表現する」「示す」意。

〈いつ〉

両手を上下にして、両手同時に順番に指を折る。

〈表(あらわ)す〉

左手のひらに右人差指をつけて前に押し出す。

こうじ【工事】

「道路工事」

→〈道①〉+〈工事〉

「工事」は道路や建築物などを作り改修することで〈工事〉で表現。〈工事〉は土木工事などで物を打ちつけるさまを表す。

〈道①〉

指先を前に向けた両手を向かい合わせて前に出す。

〈工事〉

左こぶしに右こぶしを左右から打ちつける。

こうしき【公式】1

「公式(会談)」

→〈公(おおやけ)〉+〈正式〉(+〈相談〉)

例文の「公式」は正式の意味なので〈公〉+〈正式〉で表現。〈公〉は漢字「公」を表し、〈正式〉はかみしもを表す。〈正式〉だけでもよい。

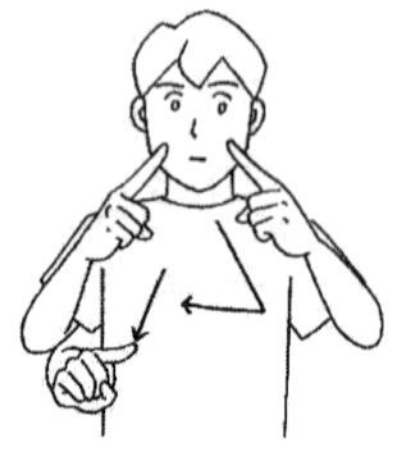

〈公(おおやけ)〉

人差指で「八」の字形を示し、左人差指を残しながら右人差指で「ム」を書く。

〈正式〉

つまんだ両手の親指と人差指で左右のえりを描くように下におろす。

こうしき【公式】2

「非公式」

→〈非①〉(または〈非②〉)+〈正式〉

例文の「非公式」は公式でない意味。〈非①〉+〈正式〉で表現。〈非①〉は「非」の字形を描く手話。〈正式〉はかみしもを表す。

〈非①〉

両手人差指で縦に平行線を描き、さらに3指を左右に開く。

〈正式〉

つまんだ両手の親指と人差指で左右のえりを描くように下におろす。

こうじつ【口実】

「口実(を考える)」

→〈ごまかす②〉+〈説明〉(+〈考える〉)

「口実」は言い逃れ、ごまかしの意味。〈ごまかす②〉+〈説明〉で表現。〈ごまかす②〉は狐を表し、「口実」「言い逃れ」の意味を持つ。

〈ごまかす②〉

左手甲を前に向け、右手の親指と中指と薬指を閉じ、その指先を前に向けて小さく回す。

〈説明〉

左手のひらを右手で小刻みにたたく。

こうしき【公式】3

「公式に認める」

→〈公(おおやけ)〉+〈認める②〉

例文の「公式」は公の意味なので〈公〉で表現。〈公〉は漢字「公」の字形を描いて表す。

〈公(おおやけ)〉

人差指で「八」の字形を示し、左人差指を残しながら右人差指で「ム」を書く。

〈認める②〉

両こぶしを向かい合わせて内側に倒す。

こうしゅう【公衆】1

「公衆電話」

→〈公(おおやけ)〉+〈電話〉

「公衆電話」は街頭などで誰にも使える電話。〈公〉+〈電話〉で表現。手話は後に〈電話〉が続くことで〈公〉だけで「公衆」の意味を表す。

〈公(おおやけ)〉

人差指で「八」の字形を示し、左人差指を残しながら右人差指で「ム」を書く。

〈電話〉

親指と小指を立てた右手を顔横に置く。

こうしき【硬式】

「硬式テニス」

→〈固い①〉+〈テニス〉

「硬式」は〈固い①〉で表現。〈固い①〉は中が詰まってつぶれないさまで固いことを表す。

〈固い①〉

右手3指を軽く曲げて振りおろして止める。

〈テニス〉

右手でラケットを握って左右に振るようにする。

こうしゅう【公衆】2

「公衆トイレ」

→〈公(おおやけ)〉+〈トイレ〉

「公衆トイレ」は〈公〉+〈トイレ〉で表現。〈公〉は漢字の「公」を表す。

〈公(おおやけ)〉

人差指で「八」の字形を示し、左人差指を残しながら右人差指で「ム」を書く。

〈トイレ〉

3指を立てて親指と人差指で「C」の字を作る。

こうしゅう【講習】

「講習(会)」

→〈講演〉
　または〈見習う①〉
　(+〈会〉)

「講習」は技術や学問を学ぶことで〈講演〉または〈見習う①〉で表現。〈講演〉は「講習」、〈見習う①〉は「学ぶ」「学習」の意味。

〈講演〉
左手甲の上に右ひじをのせて指先を伸ばして前後に振る。

〈見習う①〉
軽く指を折り曲げた右手のひらを前に向け顔の前で手前に引く。

こうじょ【控除】

「扶養控除」

→〈扶養〉(または〈育てる①〉)+
　〈差し引く〉

例文の「扶養控除」は〈扶養〉または〈育てる①〉+〈差し引く〉で表現。〈差し引く〉は一部を引き落とすさまで表す。

〈扶養〉
親指と小指を立てた左手を残し、右手の指先を繰り返し近づける。

〈差し引く〉
左手のひらから右手で手前に削り落とすようにする。

こうしょう【交渉】1

「店と交渉する」

→〈店①〉+〈交渉①〉

例文の「交渉」はお互いの合意のために話し合うことで〈交渉①〉で表現。〈交渉①〉は一対一で話し合う、交渉するさまを表す。

〈店①〉
両手のひらを上に向けて、左右に開く。

〈交渉①〉
両手の人差指を繰り返しつき合わせる。

こうしょう【交渉】2

「団体交渉」

→〈グループ〉+〈交渉②〉

例文の「交渉」はお互いの合意のために集団で話し合うことで〈交渉②〉で表現。〈交渉②〉は集団で話し合い、交渉するさまを表す。

〈グループ〉
指先を上に向けた両手で水平に手前に円を描く。

〈交渉②〉
両手の指先を向かい合わせ、左右から繰り返しつき合わせる。

こうじょう【向上】

「(生活水準が)向上する」

→(〈生活〉+〈レベル〉+)
　〈向上①〉
　または〈向上②〉

「向上」はレベルが上向くことで〈向上①〉または〈向上②〉で表現。〈向上①〉は段階的に、〈向上②〉は一段とレベルアップのさまを表す。

〈向上①〉
指文字〈コ〉を示した右手を斜め上にあげる。

〈向上②〉
指文字〈コ〉を示した両手を軽く弧を描いて同時に上にあげる。

こうじょう【工場】

「(自動車)工場」

→(〈運転〉+)
　〈機械〉+〈長屋〉

「工場」は機械を使って物を生産し修理するところなので〈機械〉+〈長屋〉で表現。〈長屋〉は工場や長屋など横に長い建物を表す。

〈機械〉
両手２指を前方に向け、交互に前に回転させる。

〈長屋〉
両手で屋根形を示し、前に出す。

ごうじょう【強情】1

「強情(な奴だ)」
→〈頭①〉+〈固い①〉
(+〈男〉)

例文の「強情」は自分の考えに固執する性格の意味で〈頭①〉+〈固い①〉で表現。手話は頭が固いさまを表す。

〈頭①〉
右人差指で頭をさす。

〈固い①〉
軽く曲げた右手３指を振りおろして止める。

こうしょく【公職】2

「公職選挙(法)」
→〈公職〉+〈選挙〉
(+〈法〉)

もうひとつは〈公職〉で表現。〈公職〉は「公」の１画目、右手が仕事を表す新しい手話。

〈公職〉
左人差指を斜めに立て、手のひらを上向きにした右手を中央へ動かす。

〈選挙〉
そろえた両手を交互に中央におろす。

ごうじょう【強情】2

「強情をはる」
→〈意地をはる〉

例文の「強情をはる」は自分の意志を通そうとがんばることなので〈意地をはる〉で表現。手話は意地になってがんばるさまを表す。

〈意地をはる〉
両ひじを張り、左右に揺する。

こうしん【更新】1

「世界記録を更新する」
→〈世界〉+〈折る①〉

例文の「更新」は記録を破る意味で〈折る①〉で表現。〈折る①〉は「破る」意味があり、前に〈世界〉を示すことで「世界記録を破る」意味。

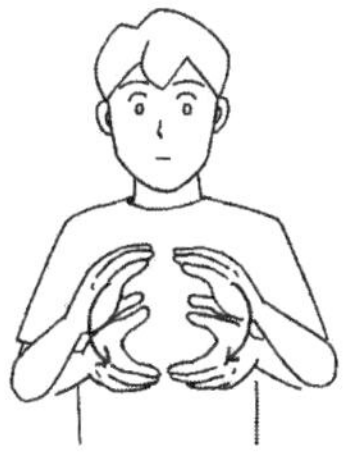

〈世界〉
両手の指先を向かい合わせ、球を描くように前に回す。

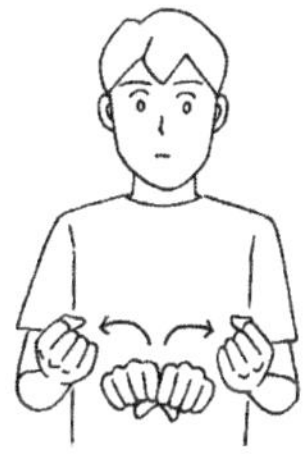

〈折る①〉
両こぶしの親指側を合わせ、折るようにする。

こうしょく【公職】1

「公職(選挙法)」
→〈公(おおやけ)〉+〈仕事〉
(+〈選挙〉+〈法〉)

「公職」は２種類の表現がある。ひとつは〈公〉+〈仕事〉で表現。〈公〉は漢字の「公」を表す。

〈公(おおやけ)〉
人差指で「八」の字形を示し、左人差指を残しながら右人差指で「ム」を書く。

〈仕事〉
手のひらを上に向け、向かい合わせた両手指先を繰り返しつき合わせる。

こうしん【更新】2

「(運転免許を)更新する」
→(〈運転〉+〈証拠〉+)
〈新しい〉+〈変わる①〉

例文の「更新」は免許を新しく改める意味なので〈新しい〉+〈変わる①〉で表現。「更新」「刷新」の意味を持つ。

〈新しい〉
すぼめた両手をぱっと前に出して広げる。

〈変わる①〉
手のひらを手前に向けた両手を交差させる。

こ

こうしん【行進】

「行進曲」

→〈行進〉+〈音楽〉

「行進」は行列を組んで歩くことで〈行進〉で表現。〈行進〉は人が行列を組んで歩くさまを表し「行列」「遠足」「行進」などの意味を持つ。

〈行進〉

軽く開いた両手の指先を上に向けて前後に並べ、上下に揺らしながら前へ進める。

〈音楽〉

両手の人差指を指揮棒を振るように左右に振る。

こうすい【香水】

「香水をつける」

→〈香り②〉+〈香水〉

「香水をつける」は〈香り②〉+〈香水〉で表現。〈香り②〉を省くこともある。〈香水〉は香水を吹きかけるさまを表す。

〈香り②〉

右手の指先を揺らしながら鼻に近づける。

〈香水〉

親指でスプレーを押して体に振りかけるようにする。

こうずい【洪水】1

「(川の)洪水を防ぐ」

→(〈川①〉+)
〈洪水〉+〈防ぐ〉

例文の「洪水」は大雨などで河川があふれることで〈洪水〉で表現。〈洪水〉は堤防から水があふれるさまを表す。

〈洪水〉

指先を前に向けて立てた左手に右手の指先を近づけて越えるようにする。

〈防ぐ〉

両手のひらを前に向け押すように出す。

こうずい【洪水】2

「車の洪水」

→〈運転〉+〈満員〉

例文の「洪水」は比喩的に物があふれる意味で〈満員〉で表現。〈満員〉はぎゅうぎゅう詰めのさまで「満員」「ぎゅうぎゅう詰め」の意味。

〈運転〉

ハンドルを両手で握り、回すようにする。

〈満員〉

両手の指背側を合わせて水平に回す。

こうせい【公正】1

「公正な取引」

→〈公正〉+〈商売〉

「公正」は社会的に正しいことの意味で〈公正〉で表現。〈公正〉は縦と横のめりはりをはっきりさせるさまで「公正」を意味する。

〈公正〉

右２指を顔から下におろし、水平に右へ動かす。

〈商売〉

両手の親指と人差指で作った丸を交互に前後に動かす。

こうせい【公正】2

「公正取引(委員会)」

→〈公正〉+〈商売〉
(+〈委員〉+〈会〉)

「公正取引委員会」は〈公正〉+〈商売〉+〈委員〉+〈会〉で表現。

〈公正〉

両手２指を顔から下におろし、水平に右へ動かす。

〈商売〉

両手の親指と人差指で作った丸を交互に前後させる。

こうせい【更生】

「更生施設」

→〈回復〉+〈施設〉

「更生」は復帰する、元にもどるの意味で〈回復〉で表現。〈回復〉は倒れたものが立ち直るさまで「更生」「復帰」「元にもどる」の意味。

〈回復〉

両こぶしを重ねて寝かせ、棒を起こすようにする。

〈施設〉

左手で指文字〈シ〉を示し、右手で「┐」を描く。

こうせいろうどうしょう【厚生労働省】

「厚生労働(省)」

→〈厚生〉+〈仕事〉

(+〈省〉)

「厚生労働省」は〈厚生〉+〈仕事〉+〈省〉で表現。〈厚生〉は「厚」の厂を表す。〈仕事〉は紙をさばくさまから仕事、働く意。〈省〉は昔の大礼帽のさまから。

〈厚生〉

左人差指の先から右人差指で「がんだれ」を描く。

〈仕事〉

手のひらを上に向け、向かい合わせた両手指先を繰り返しつき合わせる。

こうせい【校正】

「(原稿を)校正する」

→(〈原稿〉+)

〈赤〉+〈直す〉

「校正」は印刷原稿を赤ペンなどで訂正することなので〈赤〉+〈直す〉で表現。手話は赤ペンで訂正するさまを表す。

〈赤〉

唇に人差指を当て、右へ引く。

〈直す〉

人差指を立てた両手を繰り返し交差させる。

こうせき【功績】

「長年の功績」

→〈長い①〉+〈苦労〉

「功績」は手柄の意味で〈苦労〉で表現。〈苦労〉は疲れて腕をたたくさまで「苦労したこと」を表し、「功績」「功労」の意味。

〈長い①〉

親指と人差指を閉じた両手を向かい合わせ左右に開く。

〈苦労〉

左腕を右こぶしで軽くたたく。

ごうせい【合成】

「合成写真」

→〈合成〉+〈写真〉

「合成」は異なった成分のものを合わせる意味で〈合成〉で表現。〈合成〉は組み合わせて二つのものが一つに合わさるさまを表す。

〈合成〉

親指と４指で「コ」の字形を作り、左右から重ねる。

〈写真〉

左手の親指と４指で作った丸の前に右手のひらをおろす。

こうせん【光線】

「太陽光線」

→〈太陽〉+〈光線〉

「光線」は光または光の流れのことで〈光線〉で表現。〈光線〉は「光線」を意味する新しい手話。

〈太陽〉

両手の親指と人差指を向かい合わせて大きな丸を作り、上にあげる。

〈光線〉

閉じた右手を右肩上から斜め下に開き、途中で人差指でさすようにする。

こうそう【構想】1

「構想を練る」

→〈思う〉+〈組み立てる〉

例文は〈思う〉+〈組み立てる〉で表現。考えを組み立てる意。

〈思う〉

右人差指を側頭部に当てる。

〈組み立てる〉

指を組んだ両手をねじりながら上にあげる。

こうそう【構想】2

「(政権)構想」

→(〈政権〉+)〈思う〉+〈組み立てる〉

例文は〈政権〉+〈思う〉+〈組み立てる〉で表現。名詞「構想」も句「構想を練る」も同手話。

〈思う〉

右人差指を側頭部に当てる。

〈組み立てる〉

指を組んだ両手をねじりながら上にあげる。

こうそう【高層】

「高層ビルを設計する」

→〈そびえる〉+〈計画〉

例文の「高層ビル」は〈そびえる〉で表現。ビルがそそり立つさまを表す。

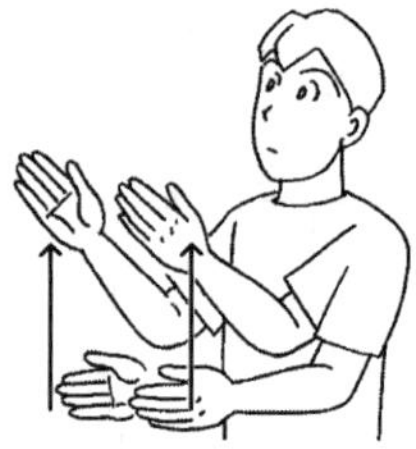

〈そびえる〉

視線をあげて見上げるようにし、向かい合わせた両手を上にあげる。

〈計画〉

左手のひらを下に向け、右人差指で線を引くようにする。

こうぞう【構造】1

「建物の構造」

→〈ビル①〉+〈組み立てる〉

「構造」は〈組み立てる〉で表現。〈組み立てる〉は組みあげるさまを表す。「組み立て」も同手話。

〈ビル①〉

両手のひらを向かい合わせて上にあげ、閉じる。

〈組み立てる〉

指を組んだ両手をねじりながら上にあげる。

こうぞう【構造】2

「頭の構造」

→〈頭①〉+〈組み立てる〉

例文は〈頭①〉+〈組み立てる〉で表現。〈頭①〉は頭をさす。

〈頭①〉

右人差指で頭をさす。

〈組み立てる〉

指を組んだ両手をねじりながら上にあげる。

こうぞう【構造】3

「構造改革」

→〈組み立てる〉+〈変わる①〉

例文は〈組み立てる〉+〈変わる①〉で表現。〈変わる①〉は左右入れ替えて交換、変更するさまを表す。

〈組み立てる〉

指を組んだ両手をねじりながら上にあげる。

〈変わる①〉

手のひらを手前に向けた両手を交差させる。

こうそく【拘束】

「拘束時間」
→〈拘束〉+〈時間〉

「拘束」は縛ったりして行動の自由を奪うことで〈拘束〉で表現。〈拘束〉は縛られているさまで「拘束」「束縛」の意味を表す。

〈拘束〉
両こぶしの手首を上下に合わせる。

〈時間〉
左手の腕時計の位置を右人差指でさす。

こうそく【高速】

「高速道路」
→〈はやい①〉+〈道①〉

「高速」は速度のはやいことで〈はやい①〉で表現。〈はやい①〉は矢が飛ぶさまで速度のはやいことを表す。

〈はやい①〉
親指と人差指を閉じた右手をすばやく左へ動かしながら人差指を伸ばす。

〈道①〉
指先を前に向けた両手を向かい合わせて前に出す。

こうぞく【皇族】

「皇族」
→〈天皇〉+〈人々④〉

「皇族」は〈天皇〉+〈人々④〉で表現。〈人々④〉は〈天皇〉の左手を残して右手で人々を表す新しい手話。

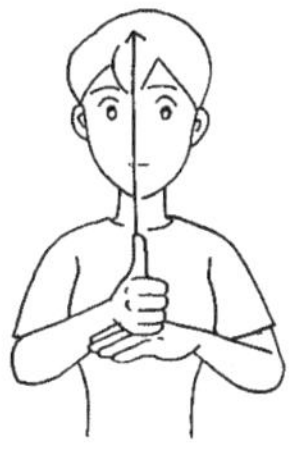

〈天皇〉
左手の甲の上に親指を立てた右手を乗せ、右手を上にあげる。

〈人々④〉
〈天皇〉の左手を残し、親指と小指を立てた右手の手首を振りながら右へ動かす。

こうたい【交替・交代】1

「選手を交替する」
→〈選手〉+〈交替①〉

例文の「交替」は人を入れ換えることなので〈交替①〉で表現。〈交替①〉は人を入れ換えるさまを表す。

〈選手〉
左こぶしの甲に親指を立てた右手を軽くかすめるように当て、上にあげる。

〈交替①〉
親指を立てた両手を交差させて位置を入れ換える。

こうたい【交替・交代】2

「係を交替する」
→〈責任①〉+〈交替②〉

例文の「交替」は人が入れ換わることなので〈交替②〉で表現。〈交替②〉は人が入れ換わるさまを表す。

〈責任①〉
右肩に軽く全指を折り曲げた右手をのせる。

〈交替②〉
人差指を立てた両手を向き合わせたまま、前後の位置を入れ換える。

こうたい【交替・交代】3

「(仕事は)八時間交替」
→(〈仕事〉+)
〈八時間〉+〈交替③〉

例文の「交替」は集団が入れ換わることなので〈交替③〉で表現。

〈八時間〉
左手首の腕時計の位置で〈８〉を示して水平に１回転する。

〈交替③〉
手のひらを上に向け、全指を折り曲げた両手を前後に置き、入れ換える。

こうたいし【皇太子】1

「皇太子(一家)」

→〈天皇〉+〈息子〉
(+〈家族〉)

「皇太子」は2種類の表現がある。ひとつは〈天皇〉+〈息子〉で表現。

〈天皇〉

左手の甲の上に親指を立てた右手を乗せ、右手を上にあげる。

〈息子〉

親指を立てた右手を腹から前に出す。

こうちょう【校長】

「校長」

→〈勉強①〉+〈長①〉

「校長」は学校長のことで〈勉強①〉+〈長①〉で表現。〈勉強①〉は学校の意味で〈場所〉を省略した形。

〈勉強①〉

両手を並べる。

〈長①〉

親指を立てた右手を上にあげる。

こうたいし【皇太子】2

「皇太子一家」

→〈皇太子〉+〈家族〉

もうひとつは〈皇太子〉で表現。〈皇太子〉は天皇の息子を表す。

〈皇太子〉

親指を立てた右手を顔の前から弧を描いて前に出し、左甲の上に置く。

〈家族〉

左の屋根形の下で右手の親指と小指を振る。

こうつう【交通】1

「交通違反」

→〈交通〉+〈違反〉

例文の「交通」は車などが行き交うことなので〈交通〉で表現。〈交通〉は車が行き交うさまを表す。

〈交通〉

両手のひらを前後に重なるように左右に動かす。

〈違反〉

左手のひらに折り曲げた右手2指をかすめるように振りおろす。

こうちゃ【紅茶】

「紅茶」

→〈赤〉+〈紅茶〉

「紅茶」は赤い色のお茶の一種。〈赤〉+〈紅茶〉で表現。〈紅茶〉はティーバッグに入った茶を表す。〈紅茶〉だけでもよい。

〈赤〉

唇に人差指を当て、右へ引く。

〈紅茶〉

茶碗を持つようにした左手の上をティーバッグを上下させるように右手を動かす。

こうつう【交通】2

「交通事故に気をつける」

→〈事故①〉+〈注意〉

例文の「交通事故」は車が衝突するなどの事故のことで〈事故①〉で表現。〈事故①〉は車が正面衝突するさまを表す。

〈事故①〉

左右から両手指先をぶつけるようにして上にはねあげる。

〈注意〉

軽く開いた両手を上下に置き、体に引きつけて握る。

こうてい【肯定】

「あやまちを肯定する」
→〈まちがう①〉+〈認める②〉

「肯定」は認める意味なので〈認める②〉で表現。〈認める②〉は頭をさげて承認するさまで「肯定」「認定」「承認」などの意味がある。

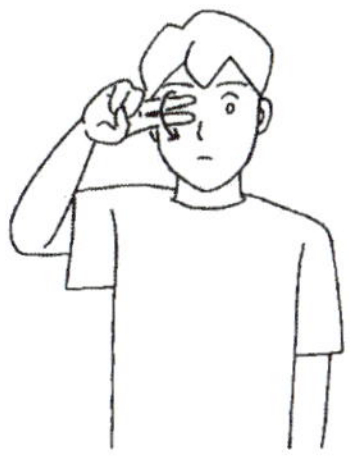

〈まちがう①〉
人差指と中指を目の前でくるりと回す。

〈認める②〉
両こぶしを向かい合わせて内側に倒す。

こうとう【高等】1

「高等学校」
→〈高校①〉(または〈高校②〉)+〈勉強②〉

例文の「高等学校」は、高校の意味なので〈高校①〉または〈高校②〉+〈勉強②〉で表現。なお、〈高校①〉または〈高校②〉だけでもよい。

〈高校①〉
右手2指で額に2本線を引く。

〈勉強②〉
指先を上に向けた両手を並べて軽く前に出す。

こうてつ【更迭】

「大臣を更迭する」
→〈長②〉+〈解雇①〉

「更迭」は〈解雇①〉で表現。〈解雇①〉は左手の人を右手で首を切るさまを表す。「首切り」も同手話。

〈長②〉
左手の甲に親指を立てた右手をのせる。

〈解雇①〉
左親指を右手で切るようにする。

こうとう【高等】2

「高等教育」
→〈高い③〉+〈教える①〉

例文の「高等教育」は程度の高い教育の意味なので〈高い③〉+〈教える①〉で表現。〈高い③〉は程度の高さを表す。

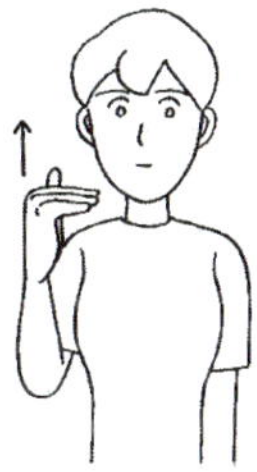

〈高い③〉
指文字〈コ〉を示した右手を上にあげる。

〈教える①〉
右人差指を口元から斜め下に振りおろす。

こうでん【香典】

「香典を出す」
→〈香典〉

「香典」は〈香典〉で表現。〈香典〉は左手が祈る、右手がお金を出すさまを表す。「香典を出す」も同手話。

〈香典〉
左手のひらを右向きにして立て、丸を作った右手を開きながら前に出す。

こうどう【行動】

「行動を起こす」
→〈活動〉+〈開(ひら)く③〉

例文の「行動」は活動の意味なので〈活動〉で表現。〈活動〉は活発な手足の動きのさまで、「活動」「行動」「行為」「行い」などの意味。

〈活動〉
ひじを少し張り、ひじを軸に両こぶしを交互に繰り返し前に出す。

〈開(ひら)く③〉
手のひらを前に向けた両手を左右に開く。

こ

ごうどう【合同】

「（各社が）合同で行う」

→（〈会社〉＋）
〈集まる①〉＋〈する〉

例文の「合同」は二つ以上の組織が一つにまとまることなので〈集まる①〉で表現。〈集まる①〉は人々が集まるさまを表す。

〈集まる①〉
軽く開いた両手のひらを向かい合わせて中央に寄せる。

〈する〉
両こぶしを力を込めて前に出す。

こうにん【公認】1

「（候補者を）公認する」

→（〈候補〉＋）
〈公（おおやけ）〉＋〈認める②〉

「公認」は公式に認めることで〈公〉＋〈認める②〉で表現。〈公〉は漢字「公」の字形を表し、〈認める②〉は「認める」の意味。

〈公（おおやけ）〉
人差指で「八」の字形を示し、左人差指を残しながら右人差指で「ム」を書く。

〈認める②〉
両こぶしを向かい合わせて内側に倒す。

こうにん【公認】2

「公認（会計士）」

→〈公（おおやけ）〉＋〈認める②〉
（＋〈計算〉＋〈士〉）

「公認」は２種類の表現がある。ひとつは〈公〉＋〈認める②〉で表現。〈公〉は漢字の「公」を表す。〈認める②〉は人々がうなずくさま。

〈公（おおやけ）〉
人差指で「八」の字形を示し、左人差指を残しながら右人差指で「ム」を書く。

〈認める②〉
両こぶしを向かい合わせて内側に倒す。

こうにん【公認】3

「公認会計（士）」

→〈公認〉＋〈計算〉
（＋〈士〉）

もうひとつは〈公認〉で表現。〈公認〉は左手が「公」の１画目、右手が認めるを表す新しい手話。

〈公認〉
左人差指を斜めに立て、右こぶしの腕を立て、手首を前に倒す。

〈計算〉
左手の指先の方向に右手４指を滑らせるように右へ動かす。

こうねんきしょうがい【更年期障害】

「更年期（障害）」

→〈更年期〉（＋〈折る①〉）

「更年期障害」は〈更年期〉＋〈折る①〉で表現。人体が成熟期から老年期に変わる時期なので、〈更年期〉は人を意味する両手を返す新しい手話。

〈更年期〉
手前に向けた左手のひらに親指と小指を立てた右手を当て、

両手を同時にひっくり返す。

こうはい【後輩】

「後輩の面倒をみる」

→〈後輩〉＋〈世話〉

「後輩」は自分より目下の者の意味で〈後輩〉で表現。〈後輩〉は自分より目下であることを表す。

〈後輩〉
手のひらを下に向けた右手を下にさげる。

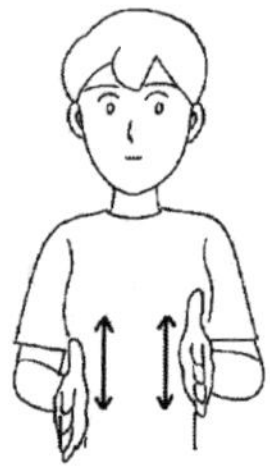

〈世話〉
指先を前に向け、手のひらを向かい合わせた両手を交互に上下させる。

こうはん【後半】

「(二十世紀)後半」
→(〈20〉+〈世紀〉+)
〈まで〉+〈後半〉

「後半」は最後の方に近い期間の意味で〈まで〉+〈後半〉で表現。〈まで〉は終わりの方を表し、「後半」「後期」などの意味を持つ。

〈まで〉
左手のひらに右手指先を軽くつける。

〈後半〉
ややせばめた両手のひらを向かい合わせ、体の左側に置くようにする。

こうひ【公費】1

「公費(で購入)」
→〈公(おおやけ)〉+〈金(かね)①〉
(+〈買う〉)

「公費」は2種類の表現がある。ひとつは〈公〉+〈金①〉で表現。〈公〉は漢字の「公」を表す。

〈公(おおやけ)〉
人差指で「八」の字形を示し、左人差指を残しながら右人差指で「ム」を書く。

〈金(かね)①〉
右手の親指と人差指で作った丸を示す。

こうひ【公費】2

「公費で購入」
→〈公費〉+〈買う〉

もうひとつは〈公費〉で表現。〈公費〉は左手が「公」の1画目、右手がお金を払うさまを表す新しい手話。

〈公費〉
左人差指を斜めに立て、その横で丸を作った右手を前に出す。

〈買う〉
右手の親指と人差指で作った丸を前に出すと同時に手のひらを上に向けた左手を手前に引く。

こうひょう【公表】

「(結果を)公表する」
→(〈結ぶ①〉+)
〈公(おおやけ)〉+〈発表〉

「公表」は公に発表することで〈公〉+〈発表〉で表現。手話は「公式発表」の意味も持つ。

〈公(おおやけ)〉
人差指で「八」の字形を示し、左人差指を残しながら右人差指で「ム」を書く。

〈発表〉
親指と4指を閉じた両手を左右にぱっと開く。

こうひょう【好評】

「好評を博する」
→〈良い〉+〈評判〉

「好評」は良い評判を得ることなので〈良い〉+〈評判〉で表現。

〈良い〉
右こぶしを鼻から前に出す。

〈評判〉
両手指先をふれ合わせるようにして耳に近づける。

こうふく【幸福】

「幸福な世の中」
→〈幸せ〉+〈世界〉

「幸福」は幸せの意味なので〈幸せ〉で表現。〈幸せ〉は幸せであごをなでるさまを表し、「幸福」「楽」などの意味。

〈幸せ〉
親指と4指であごをなでるようにする。

〈世界〉
両手の指先を向かい合わせ、球を描くように前に回す。

こ

こうふく【降伏】1

「降伏する」

→〈負ける②〉+〈お手あげ〉

例文の「降伏」は負けて降参することで３種類ある。ひとつめは〈負ける②〉+〈お手あげ〉で表現。

〈負ける②〉

親指を立てた両手をぶつけ手前に倒す。

〈お手あげ〉

ぱっと両手をひじから上にあげる。

こうふく【降伏】2

「降伏する」

→〈白〉+〈あがる①〉

ふたつめは〈白〉+〈あがる①〉で表現。手話は白旗をあげるさまを表す。

〈白〉

右人差指で前歯を指さし、左へ引く。

〈あがる①〉

立てた左手人差指の先に開いた右手を添えゆらゆらさせてあげる。

こうふく【降伏】3

「降伏する」

→〈降参〉

みっつめは〈降参〉で表現。かぶとを脱ぐさまを表す。

〈降参〉

頭の横に親指と人差指を当て、前におろす。

こうふん【興奮】

「興奮が冷める」

→〈興奮〉+〈冷(さ)める①〉

「興奮」は押さえきれない感情がこみあげることなので〈興奮〉で表現。〈興奮〉は感情がこみあげるさまを表す。

〈興奮〉

すぼめた両手をほおに当て、揺らしながら上にあげる。

〈冷(さ)める①〉

両目の前で開いた親指と人差指を閉じる。

こうへい【公平】

「公平に配る」

→〈普通〉+〈配る①〉

「公平」は平等の意味なので〈普通〉で表現。〈普通〉は皆が同じさまで「普通」「平等」「公平」などの意味がある。

〈普通〉

両手の親指と人差指を合わせて左右に開く。

〈配る①〉

左手のひらの上に右手をのせ、左、中央、右の順に前に出す。

こうほ【候補】

「優勝候補」

→〈優勝〉+〈候補〉

「候補」はある地位、身分などを目指す立場のことなので〈候補〉で表現。〈候補〉は選挙の立候補者がたすきをかけているさまを表す。

〈優勝〉

両こぶしで優勝旗のさおを持ち、上にあげるようにする。

〈候補〉

親指と人差指をたすきの幅ほどの間隔で開き、左肩から斜めにおろす。

こ

こうぼ【公募】1

「（職員の）公募」
→（〈仕事〉＋〈人々①〉）
〈公（おおやけ）〉＋〈集める①〉

「公募」は２種類の表現がある。ひとつは〈公〉＋〈集める①〉で表現。〈公〉は漢字の「公」を表す。〈集める①〉は人々を集めるさま。

〈公（おおやけ）〉
人差指で「八」の字形を示し、左人差指を残しながら右人差指で「ム」を書く。

〈集める①〉
呼び寄せるように両手を手前に招き寄せる。

こうぼう【攻防】

「必死の攻防」
→〈興奮〉＋〈攻防〉

「攻防」は攻め合い防ぎ合うことで〈攻防〉で表現。〈攻防〉は一進一退の攻防を表す。

〈興奮〉
すぼめた両手をほおに当て、揺らしながら上にあげる。

〈攻防〉
両手指を向かい合わせ、押したり引いたりするように左右に動かす。

こうぼ【公募】2

「（職）員の公募」
→（〈仕事〉＋）
〈人々①〉＋〈公募〉

もうひとつは〈公募〉で表現。〈公募〉は左手が「公」の１画目、右手が集めるさまを表す新しい手話。

〈人々①〉
親指と小指を立てた両手を揺らしながら左右に開く。

〈公募〉
左人差指を斜めに立て、右手で手招きする。

ごうまん【傲慢】

「傲慢な態度」
→〈いばる〉＋〈態度〉

「傲慢」はいばった態度の意味なので〈いばる〉で表現。〈いばる〉はいばるさまを表し、「傲慢」「えらそうな」などの意味。

〈いばる〉
両手の親指を背広のえりに当て、４指を振る。

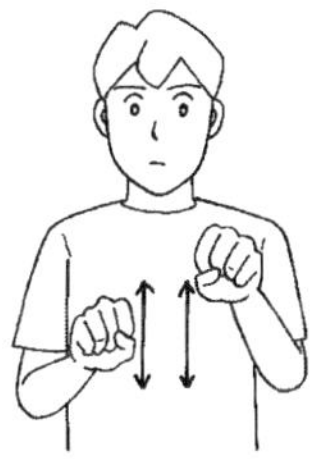

〈態度〉
こぶしを握った両手を交互に上下させる。

こうほう【広報】

「選挙広報」
→〈選挙〉＋〈発表〉

「広報」は広く一般に知らせることなので〈発表〉で表現。〈発表〉は公に発表するさまで「発表」「広報」などの意味を表す。

〈選挙〉
そろえた両手指先を交互に中央におろす。

〈発表〉
親指と４指を閉じた両手を左右にぱっと開く。

こうみょう【巧妙】1

「巧妙な手口」
→〈ずるい〉＋〈方法〉

例文の「巧妙」はずるい意味なので〈ずるい〉で表現。〈ずるい〉は顔を隠す卑怯なしぐさからきている。

〈ずるい〉
右手甲を左ほおにこすりつけるようにする。

〈方法〉
左手甲を右手のひらで軽くたたく。

こうみょう【巧妙】2

「巧妙な技術」

→〈上手(じょうず)〉+〈技術〉

例文の「巧妙」は上手の意味なので〈上手〉で表現。〈上手〉は水が流れるように鮮やかなさまで「上手」「巧妙」の意味。

〈上手(じょうず)〉

右手のひらを左下腕からなでるように伸ばす。

〈技術〉

握った左手首を右手人差指で軽くたたく。

こうみん【公民】1

「公民(権)」

→〈公(おおやけ)〉+〈人々①〉(+〈力〉)

「公民」は2種類の表現がある。ひとつは〈公〉+〈人々①〉で表現。〈公〉は漢字の「公」を表す。

〈公(おおやけ)〉

人差指で「八」の字形を示し、左人差指を残しながら右人差指で「ム」を書く。

〈人々①〉

親指と小指を立てた両手を揺らしながら左右に開く。

こうみん【公民】2

「公民権」

→〈公民〉+〈力〉

もうひとつは〈公民〉で表現。〈公民〉は左手が「公」の1画目、右手が人々を表す新しい手話。

〈公民〉

左人差指を斜めに立て、親指と小指を出した右手を振りながら右へ動かす。

〈力〉

こぶしを握った左腕を曲げ、上腕に右人差指で力こぶを描く。

こうむ【公務】1

「公務を果たす」

→〈公(おおやけ)〉+〈ム〉(+〈解決①〉)

「公務」は2種類の表現がある。ひとつは〈公〉+〈ム〉で表現。

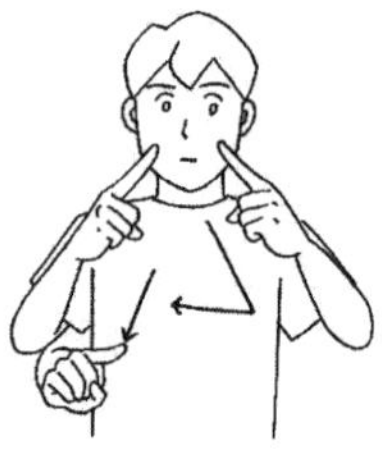

〈公(おおやけ)〉

人差指で「八」の字形を示し、左人差指を残しながら右人差指で「ム」を書く。

〈ム〉

親指と人差指を立て、甲側を前に示す。

こうむ【公務】2

「公務を果たす」

→〈公務〉+〈解決①〉

もうひとつは〈公務〉で表現。〈公務〉は左手が「公」の1画目、右手が指文字〈ム〉を表す新しい手話。

〈公務〉

左人差指を斜めに立て、その横に右指文字〈ム〉を出す。

〈解決①〉

左手のひらの上に右人差指で「×」を大きく書く。

こうむいん【公務員】1

「公務(員)」

→〈公(おおやけ)〉+〈仕事〉(+〈人々①〉)

「公務員」は2種類の表現がある。ひとつは〈公〉+〈仕事〉+〈人々①〉で表現。〈公〉は漢字の「公」を表す。

〈公(おおやけ)〉

人差指で「八」の字形を示し、左人差指を残しながら右人差指で「ム」を書く。

〈仕事〉

手のひらを上に向け、向かい合わせた両手指先を繰り返しつき合わせる。

こうむいん【公務員】2

「公務員」

→〈公務員〉

もうひとつは〈公務員〉で表現。〈公務員〉は左手が「公」の１画目、右手が委員を表す新しい手話。

〈公務員〉
左人差指を斜めに立て、丸を作った右手を左胸に当てる。

こうもん【肛門】

「肛門が痛い」

→〈肛門〉＋〈痛い①〉

「肛門」は〈肛門〉で表現。〈肛門〉は左手を肛門に見立て、右手でそれをさし示して表す。

〈肛門〉
左こぶしの下を右人差指で軽くたたく。

〈痛い①〉
全指を折り曲げた右手を痛そうに振る。

こうむる【被る】

「迷惑を被る」

→〈迷惑〉

例文の「迷惑を被る」は〈迷惑〉で表現。

〈迷惑〉
親指と人差指で眉間をつまむ。

こうやく【公約】

「公約（を守る）」

→〈公（おおやけ）〉＋〈約束〉
（＋〈注意〉）

「公約」は一般の人に対する公の約束。〈公〉＋〈約束〉で表現。〈公〉は漢字「公」の字形を表す。

〈公（おおやけ）〉
人差指で「八」の字形を示し、左人差指を残しながら右人差指で「ム」を書く。

〈約束〉
両手小指をからませる。

コウモリ【蝙蝠】

「コウモリが飛ぶ」

→〈コウモリ〉＋〈飛ぶ〉

「コウモリ」は〈コウモリ〉で表現。〈コウモリ〉は前足の親指のカギ状を表す。

〈コウモリ〉
両手人差指をかぎのように曲げて立て、交互に上下に動かす。

〈飛ぶ〉
両手を左右に広げて羽のように上下に動かして上にあげる。

こうやどうふ【高野豆腐】

「高野豆腐を煮る」

→〈高野豆腐〉＋〈煮る〉

「高野豆腐」は〈高野豆腐〉で表現。〈高野豆腐〉は耳たぶのような柔らかさを表す。

〈高野豆腐〉
右耳を軽く繰り返しはさむ。

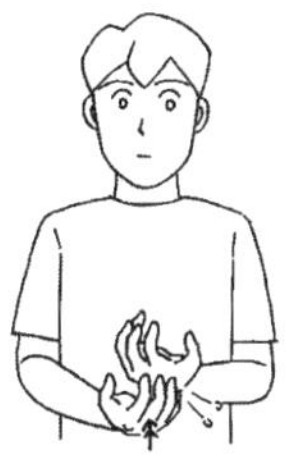

〈煮る〉
左手全指を曲げて手のひらを上に向け、折り曲げた右手全指を下から軽くたたくようにする。

こうよう【公用】1

「公用（で出かける）」

→〈公（おおやけ）〉+〈必要①〉
（+〈出る①〉）

例文の「公用」は公の用件、用事の意味で〈公〉+〈必要①〉で表現。〈公〉は漢字「公」の字形を表す。〈必要①〉は「用事」「用務」の意味。

〈公（おおやけ）〉
人差指で「八」の字形を示し、左人差指を残しながら右人差指で「ム」を書く。

〈必要①〉
指文字〈コ〉を示した両手を手前に引き寄せる。

こうよう【公用】2

「公用車」

→〈公（おおやけ）〉+〈運転〉

例文の「公用車」は公用に用いる自動車のことで〈公〉+〈運転〉で表現。手話は私用ではなく公務に使用する車の意味を表す。

〈公（おおやけ）〉
人差指で「八」の字形を示し、左人差指を残しながら右人差指で「ム」を書く。

〈運転〉
ハンドルを両手で握り、回すようにする。

こうり【小売り】

「小売り（店）」

→〈小〉+〈売る①〉
（+〈店①〉）

「小売り」は細かく分けて売ることで〈小〉+〈売る①〉で表現。〈小〉は漢字「小」の字形を表す。

〈小〉
左手の人差指を右手2指ではさむように入れる。

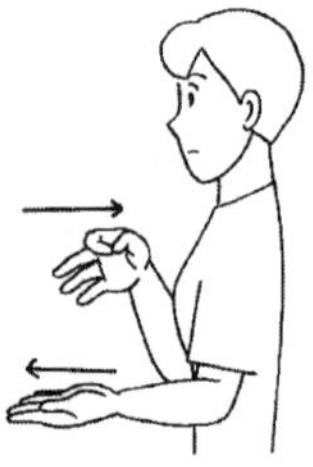

〈売る①〉
左手のひらを差し出すと同時に右手の親指と人差指で作った丸を手前に引き寄せる。

ごうり【合理】

「合理的」

→〈合理〉+〈合う①〉

「合理」は論理にかなっている意味なので〈合理〉で表現。〈合理〉は二つのものがぴったり合わさるさまから生まれた新しい手話。

〈合理〉
両手の親指と4指の指先をつき合わせる。

〈合う①〉
左人差指の先に右人差指の先を当てる。

こうりつ【公立】

「公立（学校）」

→〈公（おおやけ）〉+〈立つ〉
（+〈勉強②〉）

「公立」は国立、県立など公共団体が設置した施設などの意味で〈公〉+〈立つ〉で表現。「私立」に対する「公立」を意味する手話。

〈公（おおやけ）〉
人差指で「八」の字形を示し、左人差指を残しながら右人差指で「ム」を書く。

〈立つ〉
左手のひらの上に右手2指を立てる。

こうりゅう【交流】

「国際交流」

→〈世界〉（または〈国際〉）+〈交流〉

例文の「交流」は交際すること、交わることの意味なので〈交流〉で表現。〈交流〉は「交流」「交際」の意味を表す。

〈世界〉
両手の指先を向かい合わせ、球を描くように前に回す。

〈交流〉
両手のひらを上に向け上下に置き、互い違いに水平に回す。

こうりょ【考慮】

「考慮に入れる」
→〈考える〉+〈加える〉

例文の「考慮」は考える意味なので〈考える〉で表現。〈考える〉は考えるさまを表し、「考慮」「思慮」などの意味を持つ。

〈考える〉
右人差指を頭にねじこむようにする。

〈加える〉
左手のひらに右人差指を添える。

こうれい【高齢】

「高齢(者)」
→〈年齢〉+〈年をとる〉
(+〈人々①〉)

「高齢」は年齢が高いことなので〈年齢〉+〈年をとる〉で表現。手話は年齢が高いことを表す。

〈年齢〉
あごの下で右手の指を順に折る。

〈年をとる〉
やや曲げた両手のひらを上下に向かい合わせ右手を上にあげ、甲をあごに当てる。

こうろん【口論】

「(彼と)口論する」
→(〈彼〉+)
〈口論〉
または〈けんか②〉

「口論」は暴力を使わずに言い争うことで〈けんか②〉で表現。〈けんか②〉は「口論」「口げんか」などの意味を持つ。

〈口論〉
向かい合わせた人差指を上下させる。

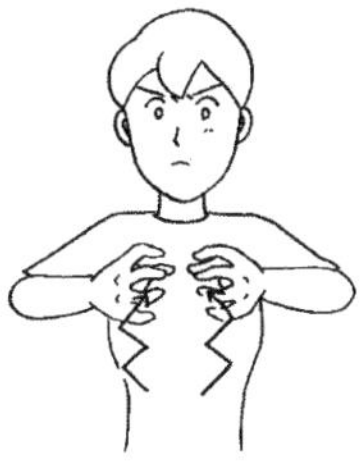

〈けんか②〉
両手の指先を曲げてぶつけ合うようにして上にあげる。

こうわ【口話】

「口話(教育)」
→〈口〉+〈言う②〉
(+〈教える①〉)

「口話」は口で話し目で読む方法。〈口〉+〈言う②〉で表現。口で話すさまを表す。

〈口〉
右人差指の先を口元で回す。

〈言う②〉
右人差指を口元から繰り返し前に出す。

こえ【声】1

「声を出す」
→〈声〉

例文の「声を出す」は〈声〉で表現。〈声〉はのどから出る声のさまを表す。

〈声〉
親指と人差指で作った丸をのど元に当て、気管に沿って口元から前に出す。

こえ【声】2

「声を出さない」
→〈声がない①〉
または〈声がない②〉

例文の「声を出さない」は〈声がない①〉または〈同②〉で表現。〈声がない①〉はのどから声も何も出ないさま、〈同②〉はのどを締めるさまを表す。

〈声がない①〉
右手でのどを払う。

〈声がない②〉
のどに向けて鍵を鍵穴に差し込んで回すようにする。

こえる【越・超える】1

「海を船で越える」

→〈海〉+〈船〉

例文の「船で越える」は海を船で渡ることで〈船〉で表現。〈船〉は「船」「航海」などの意味。

〈海〉

右小指を口元に当て、次に手のひらを波のように動かす。

〈船〉

両手を合わせて船形を作り、上下に揺らしながら前に進める。

こえる【越・超える】2

「山を歩いて越える」

→〈山〉+〈越える①〉

例文の「山を歩いて越える」は山を登りそれを越えて下ることで〈越える①〉で表現。〈越える①〉は山を登り下るさまを表す。

〈山〉

右手で山形を描く。

〈越える①〉

右手2指で歩くようにして上に登りまた下におりる。

こえる【越・超える】3

「(年が)五十を越える」

→(〈年齢〉+)
〈50〉+〈越える②〉

例文の「越える」はある境界を過ぎる意味で〈越える②〉で表現。〈越える②〉は左手の境界を右手で越えるさまで「越える」を表す。

〈50〉

右手親指を折り曲げ、軽く揺する。

〈越える②〉

左手のひらを下にして、その手前で指先を上に向けた右手をあげる。

こえる【越・超える】4

「限度を超える」

→〈越える②〉

例文の「超える」は一定の限界を過ぎる意味で〈越える②〉で表現。〈越える②〉は左手の限界線を右手で越えるさまで「限界を超える」意味。

〈越える②〉

左手のひらを下にして、その手前で指先を上に向けた右手をあげる。

こえる【肥える】1

「肥えた牛」

→〈太る②〉+〈牛〉

例文の「肥える」は太ったの意味なので〈太る②〉で表現。〈太る②〉は体が太っているさまを表し、太る程度により手話は変わる。

〈太る②〉

体の脇に開いた親指と4指を当て、左右にぱっと広げる。

〈牛〉

両手親指と人差指で角の形を作り、親指を側頭部につける。

こえる【肥える】2

「土地が肥える」

→〈土〉+〈良い〉

例文の「肥える」は作物がよくできるさまを意味するので〈良い〉で表現。〈土〉+〈良い〉は農業をするのに適した土地の意味。

〈土〉

砂や土をこすり落とすようにして両手で左右に開く。

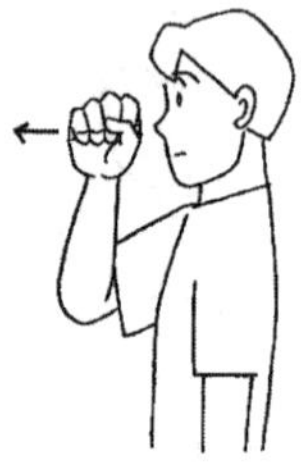

〈良い〉

右こぶしを鼻から前に出す。

こ

コース 1

「ハイキングコース」

→〈ハイキング〉+〈道①〉

例文の「コース」は進路の意味なので〈道①〉で表現。〈道①〉は道を示し、道幅によって手話は変わる。

〈ハイキング〉

指先を下に向けた両手人差指を交互に前に出す。

〈道①〉

指先を前に向けた両手を向かい合わせて前に出す。

コース 2

「(大学のドクター)コース」

→(〈大学①〉+〈博士〉+)〈まっすぐ①〉または〈まっすぐ②〉

例文の「コース」は課程の意味で〈まっすぐ①〉または〈まっすぐ②〉で表現。いずれも「コース」「専攻」の意味がある。

〈まっすぐ①〉

指先を伸ばし、まっすぐ前に進める。

〈まっすぐ②〉

左手のひらの上に右手をのせて前にまっすぐ出す。

コーチ

「きびしいコーチ」

→〈厳しい〉+〈教える①〉

「コーチ」は〈教える①〉で表現。〈教える①〉は口で教えるさまを表す。

〈厳しい〉

左手甲を右手の親指と人差指でつねるようにする。

〈教える①〉

右人差指を口元付近から手首を軸にして振りおろす。

コーディネーター 1

「(ファッション)コーディネーター」

→(〈服〉+)〈合う②〉+〈男〉(または〈女〉)

例文の「コーディネーター」は服飾などのとり合わせをする人のことなので〈合う②〉+〈男〉または〈女〉で表現。〈合う②〉は合わせるさまを表す。

〈合う②〉

両手の人差指の先を上下合わせる。

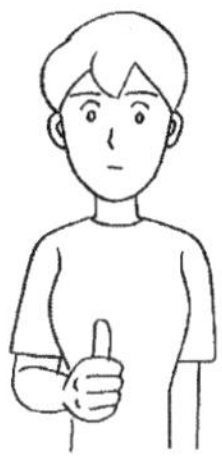

〈男〉

親指を立てた右手を出す。

コーディネーター 2

「通訳のコーディネーター」

→〈通訳〉+〈コーディネーター〉

例文の「コーディネーター」は調整係のことなので〈コーディネーター〉で表現。〈コーディネーター〉はつなぎまとめるさまを表す。

〈通訳〉

親指を立てた右手を口元で左右に往復させる。

〈コーディネーター〉

右こぶしを上、左こぶしを下にして、右手を弧を描いて左手につける。

コート

「レインコート」

→〈雨①〉+〈着る〉

例文の「コート」は洋服などの上に着る上着のことで〈着る〉で表現。〈着る〉は衣服の上にふんわりと着る感じを表す。

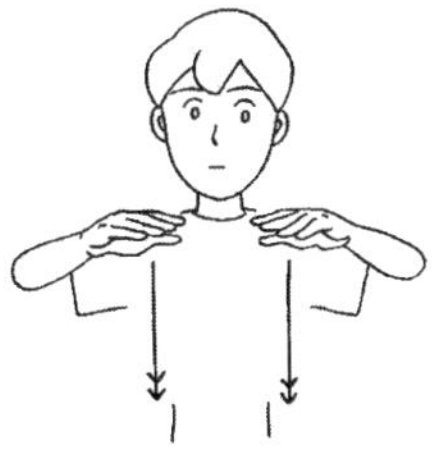

〈雨①〉

軽く開いた指先を前に向け両手を繰り返し下におろす。

〈着る〉

親指を立てた両手を内側に倒し、着るようにする。

コーヒー

「コーヒー」は〈コーヒー〉で表現。〈コーヒー〉はコーヒーをスプーンでかき回すさまを表す。

「コーヒーを注文する」

→〈コーヒー〉+〈注文〉

〈コーヒー〉

カップを握るようにした左手の中を右手のスプーンでかき混ぜるようにする。

〈注文〉

口元に当てた右人差指を斜め上に出す。

コーラス 1

「コーラス」は複数で歌う合唱で〈歌う②〉で表現。〈歌う②〉は「歌」「合唱」「ソング」などの意味がある。

「手話コーラス」

→〈手話〉+〈歌う②〉

〈手話〉

両手の人差指を向かい合わせて、糸を巻くように回転させる。

〈歌う②〉

両手２指を口元に当て、左右にくるりと回して上にあげる。

コーラス 2

例文の「コーラス」は合唱隊のことなので〈歌う②〉で表現。

「コーラスに加わる」

→〈歌う②〉+〈参加①〉

〈歌う②〉

両手２指を口元に当て、左右にくるりと回して上にあげる。

〈参加①〉

指先を上に向け、手のひらを手前に向けた左手に人差指を立てた右手を打ちつける。

コーラス 3

例文の「コーラス」はひとまとまりの歌の部分のことなので、全体で〈歌う②〉で表現。

「ワンコーラス歌う」

→〈１①〉+〈歌う②〉

〈１①〉

右人差指を立てる。

〈歌う②〉

両手２指を口元に当て、左右にくるりと回して上にあげる。

こおり【氷】

例文の「氷」は〈氷〉で表現。〈氷〉は昔、かんなで削って使ったことからきた手話で、氷を削るさまを表す。

「氷で頭を冷やす」

→〈氷〉+〈のせる③〉

〈氷〉

左手のひらの上を右手で削るようにする。

〈のせる③〉

閉じた右手を額にのせる。

ゴール

例文の「ゴール」は決勝点のことで〈ゴール〉で表現。〈ゴール〉はテープを切る決勝点のさまを表す。

「一番でゴールする」

→〈一番①〉+〈ゴール〉

〈一番①〉

右人差指を左肩に軽く当てる。

〈ゴール〉

指先を近づけた両手の人差指を胸で左右にぱっと開く。

ごかい【誤解】

「誤解が生じる」
→〈まちがう②〉+〈現れる〉

「誤解」はまちがった理解の意味なので〈まちがう②〉で表現。〈まちがう②〉は見まちがうさまで、「誤解」「見まちがい」「錯覚」などの意味。

〈まちがう②〉
つまんだ両手を目の前に置き、交差させる。

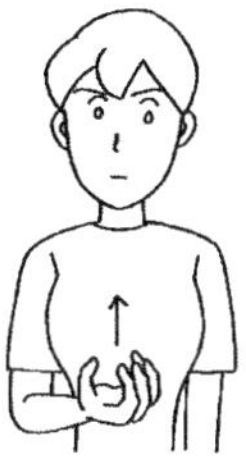

〈現れる〉
全指を曲げた右手のひらを上に向けてあげる。

こぎって【小切手】

「小切手」
→〈小〉+〈領収書〉

「小切手」は記入の金額を銀行で受け取る証票。〈小〉は漢字「小」の字形を表し、〈領収書〉は領収書を切るさまで領収書に似た書類の意味。

〈小〉
左手の人差指を右手２指ではさむように入れる。

〈領収書〉
両手の小指側をつき合わせ、左手を残し右手を前に倒す。

ごかく【互角】

「力が互角」
→(〈力〉+)
〈五分五分①〉
または〈五分五分②〉

「互角」は力が同じ程度の意味なので〈五分五分①〉または〈五分五分②〉で表現。「互角」「対等」「五分五分」などの意味。

〈五分五分①〉
親指を立てた両手を同時に内側に倒す。

〈五分五分②〉
親指を立てた両手を向かい合わせて内側に同時に繰り返し倒す。

こきゅう【呼吸】

「呼吸(が苦しい)」
→〈呼吸①〉
または〈呼吸②〉
(+〈苦しい②〉)

「呼吸」は息を吸ったり吐いたりすることなので〈呼吸①〉または〈呼吸②〉で表現。どちらも鼻から息を呼吸するさまを表す。

〈呼吸①〉
右の人差指と中指を鼻に向け繰り返し近づけ、軽く肩をあげさげする。

〈呼吸②〉
右手２指を交互に鼻に近づける。

ごがつ【五月】

「五月三日」
→〈五月〉+〈五月三日〉

例文の「五月」は〈五月〉で表現。〈五月〉は左手〈５〉の下で右手〈月〉を表す。

〈五月〉
左手で〈５〉を示し、その下で右手の親指と人差指で三日月を描く。

〈五月三日〉
左手で〈５〉、右手で〈３②〉を示し、上下に置く。

こきょう【故郷】1

「生まれ故郷」
→〈生まれる〉+〈場所〉

例文の「故郷」は〈生まれる〉+〈場所〉で表現。「ふるさと」「生まれ故郷」も同手話。

〈生まれる〉
指先を向かい合わせた両手を腹から前に出す。

〈場所〉
全指を曲げた右手を前に置く。

こきょう【故郷】2

「故郷に錦を飾る」

→〈成功〉+〈帰る〉

例文は慣用句で名を挙げて誇らしく故郷に帰ることなので〈成功〉+〈帰る〉で表現。

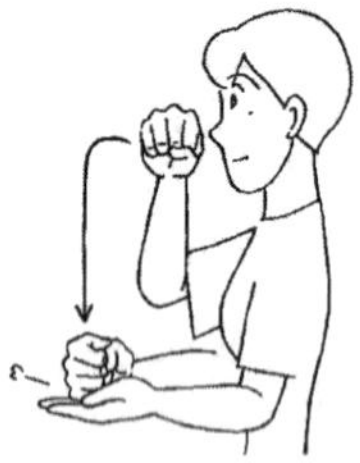

〈成功〉

右こぶしを鼻から左手のひらに打ちつける。

〈帰る〉

親指と４指を開いた右手を前に出しながら閉じる。

こくご【国語】1

「国語(辞典)」

→〈日本〉+〈言う②〉
(+〈辞典〉)

例文の「国語」は日本語の意味なので〈日本〉+〈言う②〉で表現。〈言う②〉は「言葉」「言語」の意味を持つ。

〈日本〉

両手の親指と人差指を向かい合わせて左右に引きながら閉じる。

〈言う②〉

右人差指を口元から繰り返し前に出す。

こくご【国語】2

「国語の成績」

→〈張る①〉+〈成績〉

例文の「国語」は教科名で、〈張る①〉で表現。地方によってさまざまな表現がある。

〈張る①〉

両手の親指を立てて並べ、ピンを押すように上から下に同時におろす。

〈成績〉

両手の人差指を並べて右人差指を上下させながら右へ動かす。

こくさい【国際】

「国際(連合)」

→〈世界〉または〈国際〉
(+〈協会①〉)

「国際」は世界の意味なので〈世界〉または〈国際〉で表現。〈世界〉は地球のさまを表し、〈国際〉は世界をめぐるさまを表す新しい手話。

〈世界〉

両手の指先を向かい合わせ、球を描くように前に回す。

〈国際〉

左指文字〈C②〉に右手をかぶせるようにして、右手を前方に回す。

こくぜいちょう【国税庁】

「国税(庁)」

→〈国(くに)〉+〈税金〉
(+〈庁〉)

「国税庁」は〈国〉+〈税金〉+〈庁〉で表現。〈国〉は国の形のさま、〈税金〉はお金を求められるさま、〈庁〉は「庁」の最後の画を表す。

〈国(くに)〉

親指と４指を突き合わせ、左右に開きながら閉じる。

〈税金〉

親指と人差指で作った丸をすばやく自分に向けて開く。

こくせき【国籍】1

「(私の)
国籍(はアメリカです)」

→(〈私〉+)
〈国(くに)〉+〈戸籍〉
(+〈アメリカ①〉)

例文の「国籍」は〈国〉+〈戸籍〉で表現。

〈国(くに)〉

親指と４指を突き合わせ、左右に開きながら閉じる。

〈戸籍〉

左手のひらを手前に向けて右手のひらを合わせ下におろす。

こくせき【国籍】2

「日本国籍」

→〈日本〉+〈戸籍〉

例文は〈日本〉+〈戸籍〉で表現。〈国〉の手話は不要。

〈日本〉

両手の親指と人差指を向かい合わせて左右に引きながら閉じる。

〈戸籍〉

左手のひらを手前に向けて右手のひらを合わせ下におろす。

こくどこうつうしょう【国土交通省】

「国土交通(省)」

→〈国(くに)〉(+〈土〉+)〈交通〉(+〈省〉)

「国土交通省」は〈国〉+〈土〉+〈交通〉+〈省〉で表現。〈土〉は省略可。〈国〉は国の形、〈土〉は土がこぼれるさま、〈交通〉は車が行き交うさまを表す。

〈国(くに)〉

親指と4指を突き合わせ、左右に開きながら閉じる。

〈交通〉

両手のひらの甲側を前に示し、繰り返し交差させる。

こくばん【黒板】

「黒板(に書く)」

→〈黒①〉+〈四角③〉(+〈書く④〉)

「黒板」は白墨やマジックでものを書く板のことで〈黒①〉+〈四角③〉で表現。「黒板」の大きさで〈四角③〉の大きさが変わる。

〈黒①〉

右手指先で髪の毛をさわる。

〈四角③〉

両手人差指で大きく四角を描く。

こくふく【克服】

「(病気を)克服する」

→(〈病気〉+)〈過ぎる〉または〈克服〉

「克服」は障害を乗り越える意味で〈過ぎる〉または〈克服〉で表現。〈過ぎる〉は乗り越えるさま、〈克服〉は壁を突き倒すさまを表す。

〈過ぎる〉

左手甲の上を右手で乗り越える。

〈克服〉

左手のひらに右人差指を当てて前に倒す。

こくみん【国民】

「(日本)国民」

→(〈日本〉+)〈国(くに)〉+〈人々①〉

「国民」は国に住む権利のある人々のことで〈国〉+〈人々①〉で表現。

〈国(くに)〉

親指と4指を突き合わせ、左右に開きながら閉じる。

〈人々①〉

親指と小指を立てた両手を揺らしながら左右に開く。

こくりつ【国立】

「国立(大学)」

→〈国(くに)〉+〈立つ〉(+〈大学①〉または〈大学②〉)

「国立」は国が設置した施設のことで〈国〉+〈立つ〉で表現。「私立」に対する「国立」を表す表現。

〈国(くに)〉

親指と4指を突き合わせ、左右に開きながら閉じる。

〈立つ〉

左手のひらの上に右手2指を立てる。

こ

こげる【焦げる】

「魚が焦げる」

→〈魚(さかな)①〉+〈焦げる〉

例文の「焦げる」は焼けて黒くなることなので〈焦げる〉で表現。〈焦げる〉は〈黒〉を強調したさまを表す。

〈魚(さかな)①〉

右手指先を左に向けて揺らしながら動かす。

〈焦げる〉

人差指と中指で側頭部をなでる。

ここ

「ここで(待ち合わせる)」

→〈場所〉+〈ここ〉
(+〈待つ〉)

例文の「ここ」は自分のいるところの意味なので〈場所〉+〈ここ〉で表現。〈ここ〉は自分のいるところを指さすさま。

〈場所〉

全指を曲げた右手を前に置く。

〈ここ〉

右人差指を下に向け、繰り返し指さす。

ごご【午後】

「午後の予定」

→〈午後〉+〈予定〉

「午後」は正午を回った時間で〈午後〉で表現。〈午後〉は時計の針が正午から午後の方向へ動くさまを表す。

〈午後〉

右手２指を顔面中央に立て、手首を軸に左へ倒す。

〈予定〉

右こぶしを鼻の前で手首を使って軽く揺する。

ココア

「ココアを飲む」

→〈ココア〉+〈飲む⑦〉

「ココア」は〈ココア〉で表現。〈ココア〉は〈コーヒー〉の右手の形を変えた手話。

〈ココア〉

左指文字〈C②〉を寝かせ、右親指をその上で回す。

〈飲む⑦〉

カップの取っ手を持って飲むしぐさをする。

ここちよい【心地よい】

「心地よい風」

→〈気分が良い〉+〈涼しい〉

「心地よい」は〈気分が良い〉で表現。〈気分が良い〉は心が少し躍るさまを表す。

〈気分が良い〉

胸に当てた右手のひらを小さく上下させる。

〈涼しい〉

両手で耳元をあおぐ。

こごと【小言】

「(父は)よく小言を言う」

→(〈父〉+)
〈いつも〉+〈ガミガミ言う①〉

「小言」は人に注意したり、しかったりする言葉の意味なので〈ガミガミ言う①〉で表現。手話はガミガミ言うさまを表す。

〈いつも〉

親指と人差指を立てた両手を向かい合わせて手首を回す。

〈ガミガミ言う①〉

口元で右手指を屈伸させる。

ここのか

「二月九日」

→〈二月〉+〈二月九日〉

例文の「二月九日」は〈二月〉+〈二月九日〉で表現。

〈二月〉

左手で〈２②〉を示し、その下で右手の親指と人差指で三日月を描く。

〈二月九日〉

左手で〈２②〉、右手で〈９〉を示し、上下に置く。

ここのつ【九つ】1

「ミカンが九つ」

→〈ミカン〉+〈９〉

例文の「九つ」は個数のことなので〈９〉で表現。

〈ミカン〉

すぼめた左手をみかんに見立てて皮をむくようにする。

〈９〉

右親指を立て、４指の指先を閉じて左に向け示す。

ここのつ【九つ】2

「九つ（下）」

→〈年齢〉+〈９〉
（+〈下③〉）

例文の「九つ」は歳のことなので〈年齢〉+〈９〉で表現。

〈年齢〉

あごの下で右手指を順に折る。

〈９〉

右親指を立て、４指の指先を閉じて左に向け示す。

こころ【心】1

「心が変わる」

→〈心〉+〈変わる①〉

例文の「心」は気持ちや考え方などの意味を含むので〈心〉で表現。〈心〉は心は腹にあるという考えから生まれた手話。

〈心〉

右人差指でみぞおち辺りをさす。

〈変わる①〉

手のひらを手前に向けた両手を交差させる。

こころ【心】2

「心ひかれる絵」

→〈魅力〉+〈絵〉

例文の「心ひかれる」はあるものに魅力を感じることで〈魅力〉で表現。〈魅力〉は目が引き寄せられるさまを表し、「魅力」「関心」などの意味。

〈魅力〉

指先を手前に向けた右手を前に出しながら閉じる。

〈絵〉

左手のひらに右手指の背を軽く打ちつける。

こころ【心】3

「仕事に心を傾ける」

→（〈仕事〉+）
〈一生懸命〉
または〈一途①〉

例文の「心を傾ける」は没頭する意味なので〈一生懸命〉または〈一途①〉で表現。

〈一生懸命〉

両手を顔の横から繰り返し強く前に出す。

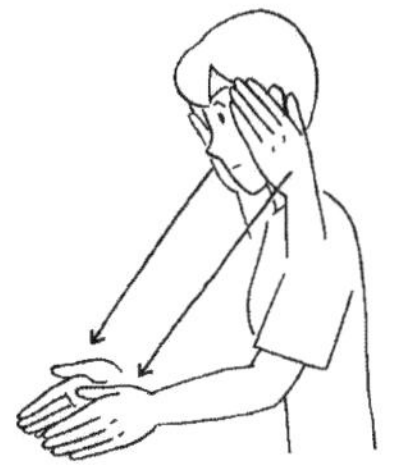

〈一途①〉

両手のひらをこめかみ付近から斜め前に絞り込むようにおろす。

こ

こころざす【志す】

「学問を志す」

→〈勉強②〉+〈目的②〉

「志す」は目指す意味なので〈目的②〉で表現。〈目的②〉は高く掲げた的に当てるさまで「目指す」「目標」「目的」などの意味。

〈勉強②〉

指先を上に向けた両手を並べて軽く前に出す。

〈目的②〉

左こぶしを上にあげ、親指側に右人差指を当てる。

こころみる【試みる】

「(できるか)どうか試みる」

→(〈できる〉+)〈どちら①〉+〈試す〉

「試みる」は試す意味なので〈試す〉で表現。〈試す〉は試験管を振って試験するさまで「試験」「試み」などの意味。

〈どちら①〉

両手人差指を立て、交互に上下させる。

〈試す〉

こぶしを握った両手を手首で交差して、ねじるようにする。

こころよい【快い】1

「快い風」

→〈気分が良い〉+〈涼しい〉

例文の「快い」は気分が良い意味なので〈気分が良い〉で表現。〈気分が良い〉は心軽やかに浮き立つさまを表す。

〈気分が良い〉

胸に当てた右手のひらを小さく上下させる。

〈涼しい〉

両手で耳元をあおぐ。

こころよい【快い】2

「申し入れを快く承知する」

→〈申し込まれる〉+〈認める①〉

例文の「快い」は〈認める①〉をにこやかな表情で表現する。

〈申し込まれる〉

左手のひらの上に右人差指の先をつけて手前に引く。

〈認める①〉

右腕を左手でつかみ、右こぶしを手首から前に倒す。

こし【腰】1

「腰が痛い」

→〈腰〉+〈痛い①〉

例文の「腰」は〈腰〉で表現。〈腰〉は腰に手を当てて表す。

〈腰〉

右手を右腰に当てる。

〈痛い①〉

全指を折り曲げた右手を痛そうに振る。

こし【腰】2

「腰をかけて話す」

→〈座る①〉+〈説明〉

例文の「腰をかける」は座る意味なので〈座る①〉で表現。〈座る①〉は椅子に腰をかけるさまを表す。

〈座る①〉

手のひらを下に向けた左手2指に折り曲げた右手2指を座るようにのせる。

〈説明〉

左手のひらを右手で小刻みにたたく。

こし【腰】3

「話を聞いて腰を抜かす」

→〈説明される〉+〈驚く①〉

例文の「腰を抜かす」は非常に驚く意味で〈驚く①〉で表現。〈驚く①〉は飛びあがるように驚くさまを表す。

〈説明される〉

左手のひらの上を指先を手前に向けた右手で小刻みにたたく。

〈驚く①〉

左手のひらの上に右手2指を立てて飛びあがるようにして2指を離し、またつける。

こじつける

「話をこじつける」

→〈説明〉+〈こじつける〉

例文の「こじつける」は〈こじつける〉で表現。〈こじつける〉は話をでっちあげる意。「話をこしらえる」も同手話。

〈説明〉

左手のひらを右手で小刻みにたたく。

〈こじつける〉

全指を閉じた両手の指先をつき合わせ交互に積みあげていく。

ごじゅう【五十】

「五十歳」

→〈年齢〉+〈50〉

「五十」は数字の〈50〉で表現。〈50〉は数字〈5〉の親指を折り曲げることで表す。

〈年齢〉

あごの下で右手の指を順に折る。

〈50〉

右手親指を折り曲げ、軽く揺する。

こしょう【故障】

「機械が故障する」

→(〈機械〉または)〈歯車〉+〈折る①〉

「故障」は止まったり、こわれたりする意味で〈折る①〉で表現。〈折る①〉は「故障」「障害」「こわれる」「破損」などの意味がある。

〈歯車〉

両手指をかみ合わせるようにして指先を動かす。

〈折る①〉

両こぶしの親指側を合わせ、折るようにする。

こしょう【胡椒】

「こしょうをかける」

→〈からい〉+〈ふりかける〉

「こしょう」はからい香辛料のことで〈からい〉+〈ふりかける〉で表現する。

〈からい〉

右手全指を折り曲げて口の前で回す。

〈ふりかける〉

右手で容器を持ち、ふりかけるようにする。

こしらえる【拵える】1

「家をこしらえる」

→〈家〉+〈作る〉

例文の「こしらえる」は作る意味なので〈作る〉で表現。〈作る〉はものを組み立て、製作するさまで「こしらえる」「作る」などの意味。

〈家〉

両手で屋根形を作る。

〈作る〉

両手のこぶしを上下に打ちつける。

こ

こしらえる【拵える】2

「話をこしらえる」

→〈説明〉+〈こじつける〉

例文の「こしらえる」はいいようにみせかける意味なので〈こじつける〉で表現。〈こじつける〉は「でっち上げ」「こじつけ」などの意味。

〈説明〉

左手のひらを右手で小刻みにたたく。

〈こじつける〉

全指を閉じた両手の指をつき合わせ交互に積み上げていく。

こじん【個人】

「個人主義」

→〈個人〉+〈主義〉

「個人」はひとりひとりの人間の意味なので〈個人〉で表現。〈個人〉は顔をなぞって自分という個人そのものを表す。

〈個人〉

両手の人差指で顔の輪郭を示す。

〈主義〉

左手のひらの上に親指を立てた右手をのせ、滑らせるようにまっすぐ前に出す。

こす【越す】1

「山を歩いて越す」

→〈山〉+〈越える①〉

例文「歩いて越す」は歩いて高いところを越える意味で〈越える①〉で表現。手話は山を登り下るさまで「山を歩いて越える」の意味。

〈山〉

右手で山形を描く。

〈越える①〉

右手２指で歩くようにして上に登りまた下におりる。

こす【越す】2

「千人を越す」

→〈千人〉+〈越える②〉

例文の「越す」はある限界を過ぎる意味なので〈越える②〉で表現。〈越える②〉はある限界を上回るさまで「越す」「越える」の意味。

〈千人〉

小指を除いた４指で丸を作り、その下に右人差指で「人」を書く。

〈越える②〉

左手のひらを下にして、その手前で指先を上に向けた右手をあげる。

こす【越す】3

「後輩に先を越される」

→〈後輩〉+〈優先①〉

例文の「先を越される」は前の者が後の者に追い越される意味なので〈優先①〉で表現。

〈後輩〉

右手のひらを下に向けてやや弧を描きながら一段下にさげるようにする。

〈優先①〉

指先を上に向けた左手の前に人差指を立てた右手を出す。

コスト 1

「制作コスト」

→〈作る〉+〈金（かね）①〉

例文の「コスト」は費用のことなので〈金①〉で表現。〈金①〉はお金を表す。

〈作る〉

両手のこぶしを上下に打ちつける。

〈金（かね）①〉

右手の親指と人差指で作った丸を示す。

コスト 2

「コストがかかる」

→〈使う〉+〈とても〉

例文は経費が高くつくことなので〈使う〉+〈とても〉で表現。〈使う〉はお金を使うさま、〈とても〉は大きいさまで「とても」「非常に」の意。

〈使う〉

右手の親指と人差指で作った丸を左手のひらに滑らして繰り返し前に出す。

〈とても〉

親指と人差指を閉じた右手を左から弧を描きながら親指を立てる。

コスト 3

「コスト割れ」

→〈原価〉+〈損〉

例文の「コスト」は原価のことなので〈原価〉で表現。〈原価〉は〈基本〉の右手を〈金①〉に変えて作った手話。

〈原価〉

こぶしを握った左手を立て、その下に丸を作った右手を置く。

〈損〉

両手の親指と人差指で作った丸を前に捨てるようにしてぱっと開く。

コスモス【秋桜】

「色とりどりのコスモス」

→(〈色①〉+)〈いろいろ〉+〈コスモス〉

例文の「コスモス」は花の名なので〈コスモス〉で表現。〈コスモス〉は秋風に揺れるコスモスのさまを表す。

〈いろいろ〉

親指と人差指を立てた右手をひねりながら右へやる。

〈コスモス〉

右甲を前方に向けて手を開き、左人差指を手首につけて左右に揺らす。

こせい【個性】

「個性(を尊重する)」

→〈個人〉+〈性質〉(+〈敬う〉)

「個性」は個人の性格や資質の意味なので〈個人〉+〈性質〉で表現。〈個人〉は人そのものを、〈性質〉は性格や資質の意味を表す。

〈個人〉

両手の人差指で顔の輪郭を示す。

〈性質〉

左手甲に右人差指を当て、すくうようにあげる。

こせき【戸籍】

「戸籍」

→〈家〉+〈戸籍〉

「戸籍」は夫婦を単位とする家族の公式台帳。〈家〉+〈戸籍〉で表現。〈戸籍〉は戸籍簿の欄を表す。文の前後関係で〈家〉は省いてもよい。

〈家〉

両手で屋根形を作る。

〈戸籍〉

左手のひらを手前に向けて右手のひらを合わせ下におろす。

ごぜん【午前】1

「午前中(に会う)」

→〈朝〉+〈間(あいだ)〉(+〈会う①〉)

「午前」は2種類の表現がある。ひとつは〈朝〉+〈間〉で表現。

〈朝〉

こめかみ付近に当てた右こぶしをすばやく下におろす。

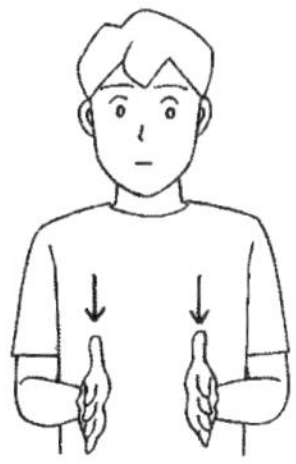

〈間(あいだ)〉

両手のひらを向かい合わせ、仕切るように下に少しさげる。

ごぜん【午前】2

「午前中(に会う)」

→〈午前〉+〈中(ちゅう)①〉
(+〈会う①〉)

もうひとつは〈午前〉で表現。〈午前〉は正午前の時計の針の位置を示す。〈午前〉は「午前」「正午前」の意味。

〈午前〉
右手2指を顔の中央で右から立てるようにして止める。

〈中(ちゅう)①〉
左手の親指と人差指と右人差指で「中」の字形を作る。

こたえる【答える】

「問題に答える」

→〈問題〉+〈答える〉

例文の「答える」は解答することで〈答える〉で表現。〈答える〉は答えるさまで「解答」「回答」「返事」「報告」などの意味。

〈問題〉
両手の親指と人差指をつまみ「 ┐を描く。

〈答える〉
口の前で両手の親指と人差指を向かい合わせて前に出す。

こだわる

「(金に)こだわる」

→(〈金(かね)①〉+)
〈がんこ〉
または〈思い込む①〉

「こだわる」はあるものごとに固執することで〈がんこ〉または〈思い込む①〉で表現。〈がんこ〉は頭が固いさま、〈思い込む①〉は固執するさま。

〈がんこ〉
頭の横で両手でものを握りつぶすように手指を向かい合わせる。

〈思い込む①〉
しっかり握った右こぶしを頭に当てて力を入れる。

ごちそう【御馳走】1

「ごちそうを食べる」

→〈おいしい①〉(または〈おいしい②〉または〈おいしい③〉)+〈食べる①〉

「ごちそう」はおいしい料理の意味で〈おいしい①〉または〈同②〉、〈同③〉などで表現。手話はよだれをふくなどおいしいさまを表す。

〈おいしい①〉
右手のひらであごをぬぐう。

〈食べる①〉
左手のひらの上を右手ですくって食べるようにする。

ごちそう【御馳走】2

「(今日は)ご馳走だ」

→(〈今日〉+)
〈おいしい①〉(または〈おいしい②〉)+〈最高〉

例文の「ご馳走」は豪華な食事のことなので〈おいしい①〉または〈おいしい②〉+〈最高〉で表現。〈最高〉はこの上がないさまを表す。

〈おいしい①〉
右手のひらであごをぬぐう。

〈最高〉
手のひらを下に向けた左手に右手指を下からあげて当てる。

ごちそう【御馳走】3

「私が御馳走する」

→〈私①〉+〈おごる〉

例文は話し手が食事でもてなすことなので〈おごる〉で表現。〈おごる〉は気前よくお金を出すさまを表す。

〈私①〉
人差指で胸を指さす。

〈おごる〉
右手の親指と人差指で作った丸を手前から投げるように前に出してぱっと開く。

ごちそう【御馳走】4

「ごちそうになる」

→〈おいしい①〉(または〈おいしい②〉)+〈もらう①〉

例文は食事のもてなしを受けることなので〈おいしい①〉または〈おいしい②〉+〈もらう①〉で表現。

〈おいしい①〉

右手のひらであごをぬぐう。

〈もらう①〉

手のひらを上に向けた両手を手前に引く。

ごちそう【御馳走】5

「ごちそうさま」

→〈おいしい①〉(または〈おいしい②〉)+〈ありがとう〉

例文は食事の後のあいさつなので〈おいしい①〉または〈おいしい②〉+〈ありがとう〉で表現。

〈おいしい①〉

右手のひらであごをぬぐう。

〈ありがとう〉

左手甲に右手を軽く当て、拝むようにする。

こちら 1

「こちらへどうぞ」

→〈こちら①〉+〈迎える〉

例文の「こちら」は場所をさし示すことばなので〈こちら①〉で表現。〈こちら①〉は場所を示す。

〈こちら①〉

上に向けた右手を左側に動かす。

〈迎える〉

両手のひらを上に向け、右から左へ招くように手を動かす。

こちら 2

「こちらが先生です」

→〈こちら②〉+〈先生〉

例文の「こちら」は人をさし示すことばなので〈こちら②〉で表現。〈こちら②〉は人を敬意をもってさし示す。

〈こちら②〉

手のひらを上向きにした右手を示し前に出す。

〈先生〉

右人差指を口元から振りおろし、右親指を示す。

こちら 3

「こちらから電話します」

→〈私①〉+〈電話する①〉

例文の「こちら」は自分、自分の側を指し示すことばなので〈私①〉で表現。

〈私①〉

人差指で胸を指さす。

〈電話する①〉

親指と小指を立てた右手を耳に当て、前に出す。

こつ 1

「商売のこつ」

→〈商売〉+〈こつ〉

例文の「こつ」は〈こつ〉で表現。〈こつ〉は〈技術〉が手首をたたくのに対して、指のつけ根をたたいて表す。

〈商売〉

両手の親指と人差指で作った丸を交互に前後させる。

〈こつ〉

甲を上にした左手の指のつけ根を右人差指でたたく。

こつ 2

「こつをつかむ」

→〈こつ〉+〈身につける〉

例文は〈こつ〉+〈身につける〉で表現。〈身につける〉は抽象的なことがらを身につけるさまを表す。

〈こつ〉

甲を上にした左手の指のつけ根を右人差指でたたく。

〈身につける〉

軽く指先を開いた両手を両側から同時にのどから胸におろすようにする。

こっか【国家】

「国家試験」

→〈国(くに)〉+〈試験〉

「国家」は「国」の意味なので〈国〉で表現。〈国〉は〈日本〉と区別するための新しい手話。

〈国(くに)〉

親指と4指を突き合わせ、左右に開きながら閉じる。

〈試験〉

親指を立てた両手を交互に上下させる。

こっかい【国会】

「国会(議員)」

→〈国(くに)〉+〈会〉(+〈バッジ〉)

「国会」は衆議院と参議院の両院を意味する語で〈国〉+〈会〉で表現。〈国〉+〈評議員〉と表現することもある。

〈国(くに)〉

親指と4指を突き合わせ、左右に開きながら閉じる。

〈会〉

両手で屋根形を作り、左右に引く。

こっかいぎじどう【国会議事堂】

「国会議事堂を見学する」

→〈トーナメント〉+〈さがす①〉

「国会議事堂」は〈トーナメント〉で表現。〈トーナメント〉は国会議事堂の形を表す。トーナメントの意の手話と同形。

〈トーナメント〉

両手の人差指を屈伸しながら中央上にあげていく。

〈さがす①〉

親指と人差指で作った丸を目の前で回しながら右へ動かす。

こっき【国旗】

「国旗」

→〈国(くに)〉+〈旗〉

「国旗」は国のしるしとして定められた旗で〈国〉+〈旗〉で表現。

〈国(くに)〉

親指と4指を突き合わせ、左右に開きながら閉じる。

〈旗〉

左人差指に右手のひらをつけて揺らす。

コック

「ホテルのコック」

→〈ホテル〉+〈コック〉

「コック」は〈コック〉で表現。〈コック〉はコックがかぶる帽子を表す。

〈ホテル〉

左手のひらに右手2指を寝かせるようにして当て、順にあげる。

〈コック〉

親指と人差指を半円にして側頭部に当て、両手同時にあげる。

こつずい【骨髄】

「骨髄バンク」
→〈骨髄〉
（+〈銀行〉）

例文は〈骨髄〉+〈銀行〉で表現。「骨髄」は〈骨髄〉で表現。〈骨髄〉は脊椎の中のさまを表す。

〈骨髄〉
丸めた両手を上下に重ね、

左手の中に入れた右人差指を引き抜く。

こっとう【骨董】

「骨とう品」
→〈骨とう〉+〈品(ひん)〉

「骨とう」は〈骨とう〉で表現。〈骨とう〉は〈古い〉の動きを変えて古くて長く続いているさまを表す新しい手話。

〈骨とう〉
曲げた右人差指を鼻の前で右へ動かす。

〈品(ひん)〉
右手の親指と人差指で作った丸を上、左、右に示す。

こつそしょうしょう【骨粗鬆症】

「骨粗しょう(症)」
→〈骨〉+〈ゆるむ〉
（+〈病気〉）

「骨粗しょう症」は〈骨〉+〈ゆるむ〉+〈病気〉で表現。〈骨〉はあばら骨を表し、〈ゆるむ〉は締まっていたものが緩むさまを表す新しい手話。

〈骨〉
指先を曲げた両手を胸に当て、左右に開く。

〈ゆるむ〉
指先を閉じた両手を交差させて重ね、腕を左右に引きながら指を開く。

コップ 1

「コップを買う」
→〈コップ〉+〈買う〉

例文の「コップを買う」は〈コップ〉+〈買う〉で表現。〈コップ〉はコップを持つしぐさで表す。

〈コップ〉
右手でコップを持つようにする。

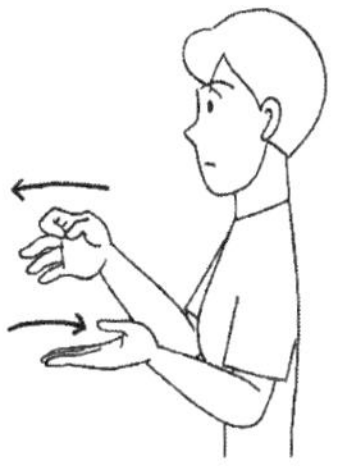

〈買う〉
右手の親指と人差指で作った丸を前に出すと同時に手のひらを上に向けた左手を手前に引く。

こづつみ【小包】

「郵便小包」
→〈郵便〉+〈結ぶ①〉

「小包」は小さな包みのことで〈結ぶ①〉で表現。〈結ぶ①〉はひもで小包を結ぶさまで表す。

〈郵便〉
左手２指と右人差指で「〒」マークを作る。

〈結ぶ①〉
両手の親指と人差指でひもを結ぶようにして左右に開く。

コップ 2

「コップにいっぱい」
→左〈コップ〉+〈いっぱい①〉

例文の「コップにいっぱい」は左手で〈コップ〉+〈いっぱい①〉で表現。

左〈コップ〉
左手でコップを持つようにする。

〈いっぱい①〉
コップを持つようにした左手の上を右手で削るように右へ滑らせる。

コップ 3

例文の「牛乳をコップで飲む」は〈ミルク〉+〈飲む①〉で表現。〈飲む①〉はコップで飲むさまを表す。

「牛乳をコップで飲む」

→〈ミルク〉+〈飲む①〉

〈ミルク〉

右中指を折り曲げて関節部分を口元に当てる。

〈飲む①〉

コップを持って、飲むようにする。

こてい【固定】

例文の「固定」はいつも決まった意味なので〈定まる〉で表現。〈定まる〉は「定まる」「定期」などの意味を表す。

「固定した収入がある」

→〈給料〉+〈定まる〉

〈給料〉

左手のひらに右手親指と人差指で作った丸を添えて手前に引き寄せる。

〈定まる〉

両手指を曲げて上下に組み合わす。

こと【事】1

例文の「事」は内容の意味なので〈内容〉で表現。〈内容〉は内側を指して「中身」「内容」の意味。

「おっしゃる事（がわからない）」

→〈説明される〉+〈内容〉
（+〈知らない〉）

〈説明される〉

左手のひらの上を指先を手前に向けた右手で小刻みにたたく。

〈内容〉

左手のひらで囲んだ内側を右人差指でかき回す。

こと【事】2

例文の「事」は事件や問題の意味であるが例文では〈起きる①〉にその意味が含まれて表現されている。

「恐ろしい事が起きた」

→〈恐（こわ）い〉+〈起きる①〉

〈恐（こわ）い〉

両こぶしを握り、ふるわせる。

〈起きる①〉

右人差指をすくうようにあげる。

こと【事】3

例文の「事」は困る、大変だの意味なので〈困る〉で表現。〈困る〉は頭をかくしぐさで「困る」「困難」などを意味する。

「見つけられては事だ」

→〈見られる①〉+〈困る〉

〈見られる①〉

右から右手2指の指先を顔の方に向ける。

〈困る〉

全指で頭をかくようにする。

こと【事】4

例文の「事」は〜についての意味なので〈関係①〉で表現。〈関係①〉は先立つ語に関わるさまを表し「〜について」「関わる」などの意味。

「手話の事（を話す）」

→〈手話〉+〈関係①〉
（+〈説明〉）

〈手話〉

両手の人差指を向かい合わせて、糸を巻くように回転させる。

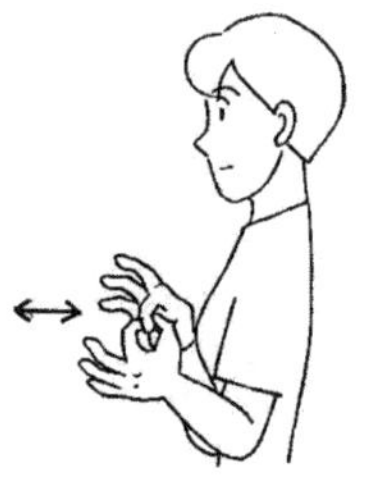

〈関係①〉

両手の親指と人差指を組み、前後に往復させる。

こと【事】5

「どういう事か(わからない)」

→〈意味①〉+〈何〉
(+〈知らない〉)

例文の「事」は意味という意味なので〈意味①〉で表現。〈意味①〉は根源をさぐるさまで「意味」「理由」「訳(わけ)」などの意味。

〈意味①〉
左手のひらの下を右人差指で突くようにする。

〈何〉
右人差指を左右に振る。

こと【事】8

「(わざわざ)聞く事はない」

→(〈苦労〉+)
〈尋ねる①〉+〈いらない〉

例文の「～する事はない」は不要の意味なので〈いらない〉で表現。〈いらない〉は手元から払うさまで「不要」「不用」「いらない」意味。

〈尋ねる①〉
右人差指を右耳から前に差し出す。

〈いらない〉
手前に引き寄せた両手を前にはじくように開く。

こと【事】6

「倒産する事(もある)」

→〈つぶれる①〉+〈時①〉
(+〈ある①〉)

例文の「事」は場合の意味なので〈時①〉で表現。〈時①〉はある時点を表し、「場合」「時」などの意味。

〈つぶれる①〉
屋根形にした両手の指先をつけたまま手のひらを合わせる。

〈時①〉
左手のひらに右親指を当て、右人差指を時計の針のように回す。

こと【事】9

「～という事」

→〈言う①〉+〈事〉

例文の「事」はその事という意味なので〈事〉で表現。

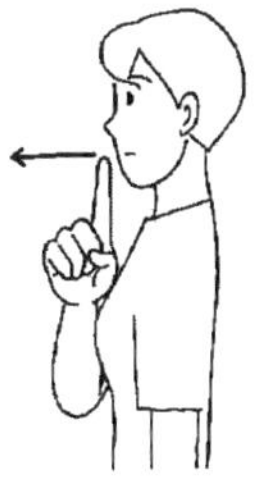

〈言う①〉
右人差指を口元から前に出す。

〈事〉
右手で指文字〈コ〉を示す。

こと【事】7

「見た事(がない)」

→〈見る①〉+〈経験〉
(+〈ない①〉)

例文の「事」は経験の意味なので〈経験〉で表現。〈経験〉は積み重なりのさまで「経験」「慣れる」などの意味。

〈見る①〉
右人差指を右目元から前に出す。

〈経験〉
両手指先をふれ合わせる。

こどく【孤独】

「孤独」

→〈孤独〉
または〈自分一人〉

「孤独」は一人きりの寂しいさまで〈孤独〉または〈自分一人〉で表現。〈孤独〉は人の周りに誰もいないさまで「孤独」「独身」の意味。

〈孤独〉
左人差指のまわりで右手を回す。

〈自分一人〉
右人差指を胸に当て、前にはねあげる。

こ

ことし【今年】

「今年」
→〈年(ねん)〉+〈今①〉
（または〈今①〉+〈年(ねん)〉）

「今年」は〈年〉+〈今①〉または〈今①〉+〈年〉で表現。〈年〉は樹木の年輪でその樹齢を示すところから生まれた手話。

〈年(ねん)〉
左こぶしの親指側に右人差指を当てる。

〈今①〉
両手のひらで軽く押さえつける。

ことなる【異なる】

「説明が異なる」
→〈説明〉+〈違う①〉

「異なる」は違う、相違する意味なので〈違う①〉で表現。〈違う①〉は「異なる」「相違する」「違う」などの意味。

〈説明〉
左手のひらを右手で小刻みにたたく。

〈違う①〉
親指と人差指を出し、同時に手首をねじるように動かす。

ことば【言葉】1

「中国の言葉」
→（〈中国①〉または〈中国②〉または）
〈中国③〉+〈言う②〉

例文の「言葉」は言語の意味なので〈言う②〉で表現。〈言う②〉は話すさまで「言う」「言葉」「言語」「話す」などの意味。

〈中国③〉
親指と人差指を閉じた右手を左胸に当て体に┐を書く。

〈言う②〉
右人差指を口元から繰り返し前に出す。

ことば【言葉】2

「ひとつの言葉」
→〈１①〉+〈言葉〉

例文の「言葉」は語を意味するので〈言葉〉で表現。〈言葉〉は「　」で区切られる言葉を表し「言葉」などの意味。

〈１①〉
右人差指を立てる。

〈言葉〉
両手人差指で「 」を示す。

ことば【言葉】3

「言葉に詰まる」
→〈手話〉+〈とまる②〉

例文の「言葉」は言うこと、話すことの意味なので〈手話〉で表現。〈手話〉は「話」の意味がある。〈とまる②〉は機械が止まるさま。

〈手話〉
両手の人差指を向かい合わせて、糸を巻くように回転させる。

〈とまる②〉
両手の２指を向かい合わせて回し、途中でとめる。

ことば【言葉】4

「言葉を濁す」
→〈言う②〉+〈混ぜる〉

例文の「言葉を濁す」は言い方をあいまいにする意味なので〈言う②〉+〈混ぜる〉で表現。

〈言う②〉
右人差指を口元から繰り返し前に出す。

〈混ぜる〉
指を軽く開いて両手のひらを合わせて混ぜ合わせるように回転させる。

こども【子供】

「（幼い）子供」
→（〈低い⑤〉＋）
〈子供①〉
または〈子供②〉

例文の「子供」は〈子供①〉または〈子供②〉で表現。〈子供①〉は赤ちゃんが手を振るさま、〈子供②〉は小さな子が何人かいるさまを表す。

〈子供①〉
両手のひらを前方に向け、軽く振る。

〈子供②〉
右手のひらを下にして、左から順番に置くように移動する。

ことわざ【諺】

「ことわざを覚える」
→〈ことわざ〉＋〈覚える〉

「ことわざ」は〈ことわざ〉で表現。〈ことわざ〉は左手の〈こと〉と右手の〈言う〉を組み合わせた新しい手話。

〈ことわざ〉
左手指文字〈コ〉の下から右人差指を口元から繰り返し出す。

〈覚える〉
指先を開いた右手を上から頭につけて握る。

ことわる【断る】1

「依頼を断る」
→〈頼まれる〉＋〈断る〉

例文の「断る」は拒否する意味で〈断る〉で表現。〈断る〉は受け付けないさまを表し、「断る」「拒否する」「拒絶する」などの意味。

〈頼まれる〉
右手の指先を自分に向け、前から近づける。

〈断る〉
左指先を手前に向け、右手のひらで押し返す。

ことわる【断る】2

「依頼を断られる」
→〈頼む①〉＋〈断られる〉

例文の「断られる」は〈断られる〉で表現。受け付けられないさまを表し「断られる」「拒否される」「拒絶される」などの意味。

〈頼む①〉
頭を下げて右手で拝むようにする。

〈断られる〉
右指先を前に向け、左手のひらで受け止めて手前に押し返す。

ことわる【断る】3

「最初に断っておく」
→〈最初②〉＋〈説明〉

例文の「断る」は前もって説明し了解をとる意味なので〈説明〉で表現。〈説明〉は「説明」「話す」「述べる」の意味。

〈最初②〉
左手甲から右手のひらを上にあげ、人差指を残して４指を握る。

〈説明〉
左手のひらを右手で小刻みにたたく。

こな【粉】1

「麦を粉（にする）」
→〈麦〉＋〈粉〉
（＋〈作る〉）

例文の「粉」は〈粉〉で表現。〈粉〉は粉をこすり合わせるさまを表す。

〈麦〉
左手の親指と人差指で丸を作り、それに右人差指を重ねる。

〈粉〉
右手の親指と４指をこすり合わせる。

こな【粉】2

「粉ミルク」

→〈粉〉+〈ミルク〉

例文の「粉」は〈粉〉で表現。

〈粉〉

右手の親指と 4 指をこすり合わせる。

〈ミルク〉

右中指を折り曲げて関節部分を口元に当てる。

このあいだ【この間】

「この間(終わった)」

→〈少し〉+〈過去②〉

(+〈終わる〉)

「この間」は少し以前の意味なので〈少し〉+〈過去②〉で表現。〈過去②〉はやや以前を表し、それを繰り返す〈過去③〉の表現も同じ意味。

〈少し〉

右手の親指と人差指を合わせ、親指をはじく。

〈過去②〉

右手のひらを後ろに向けて、押すようにして肩越しに少し後ろに動かす。

このうえ【この上】

「この上ない名誉」

→〈最高〉+〈名誉〉

「この上ない」はこれ以上はない、最高の意味なので〈最高〉で表現。〈最高〉はものごとの頂点を表し「最高」「最上」などの意味。

〈最高〉

手のひらを下に向けた左手に右手指先を突き上げて当てる。

〈名誉〉

両手の人差指の先を向かい合わせて上にあげる。

このごろ【この頃】

「この頃(元気がない)」

→〈今①〉+〈くらい①〉

(+〈元気①〉+〈ない①〉)

「この頃」は今日この頃の意味なので〈今①〉+〈くらい①〉で表現。「今頃」の意味もある。

〈今①〉

両手のひらで軽く押さえつける。

〈くらい①〉

右手指先を前に向け、左右に小さく振る。

このさい【この際】

「この際決定する」

→〈今②〉+〈決める②〉

「この際」は今こその意味なので〈今①〉を強調した〈今②〉で表現。強調した〈今②〉は「この際」「今だ」「今こそ」などの意味。

〈今②〉

両手のひらで強く押さえつける。

〈決める②〉

左手のひらに右こぶしを打ちつける。

このへん【この辺】

「この辺は(危ない)」

→〈ここ〉+〈あたり〉

(+〈危ない①〉)

「この辺」はこの付近の意味なので〈ここ〉+〈あたり〉で表現。手話は「この辺」「このあたり」などの意味。

〈ここ〉

右人差指を下に向け、繰り返し指さす。

〈あたり〉

右手のひらを下にして小さく水平に回す。

このまま

「(古い)
家をこのままにしておく」
→(〈古い〉+)
〈家〉+〈そのまま〉

「このまま」は現在の状態を保つ意味で〈そのまま〉で表現。〈そのまま〉は現状のままにしておくさまで「このまま」「そのまま」などの意味。

〈家〉
両手で屋根形を作る。

〈そのまま〉
両手のひらを前に向けて同時に軽く押すようにする。

ごはん【御飯】1

「ごはんを炊く」
→〈米〉+〈煮る〉

例文の「ごはん」は米を炊いたものなので〈米〉で表現。〈米〉はごはん粒が口についているさまで「ごはん」「米」の意味。

〈米〉
親指と人差指を閉じた右手を唇の端に当て、軽く揺する。

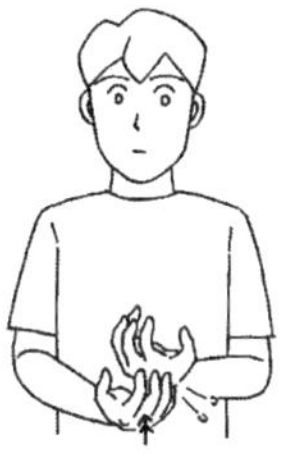

〈煮る〉
全指を軽く曲げた左手のひらを上に向け、下から全指を曲げた右手で軽くたたく。

このむ【好む】

「読書を好む」
→〈読む①〉+〈好き①〉

「好む」は好きなことで〈好き①〉で表現。〈好き①〉は「好む」「好き」「〜たい」「ほしい」などの意味。

〈読む①〉
左手のひらを見ながら視線に合わせるように右手2指を動かす。

〈好き①〉
親指と人差指を開いた右手をのどに当て、下におろしながら閉じる。

ごはん【御飯】2

「朝ごはん」
→〈朝〉+〈食べる①〉

例文の「ごはん」は食事の意味なので〈食べる①〉で表現。〈食べる①〉は食べるさまで「ごはん」「食事」などの意味。

〈朝〉
こめかみ付近に当てた右こぶしをすばやく下におろす。

〈食べる①〉
左手のひらの上を右手ですくって食べるようにする。

こばむ【拒む】

「申し出を拒む」
→〈申し込まれる〉+〈断る〉

「拒む」は拒否する、断る意味で〈断る〉で表現。〈断る〉は受け付けないさまで、「拒む」「断る」「拒否」「拒絶」などの意味。

〈申し込まれる〉
左手のひらの上に右人差指をのせて手前に引き寄せる。

〈断る〉
左指先を手前に向け、右手のひらで押し返す。

コピー

「コピー機」
→〈コピー〉+〈機械〉
(または〈歯車〉)

「コピー」は複写することまたは複写したものの意味で〈コピー〉で表現。〈コピー〉はコピーをとるさまを表す。

〈コピー〉
手のひらを下に向けた左手の下で右手を閉じながらおろす。

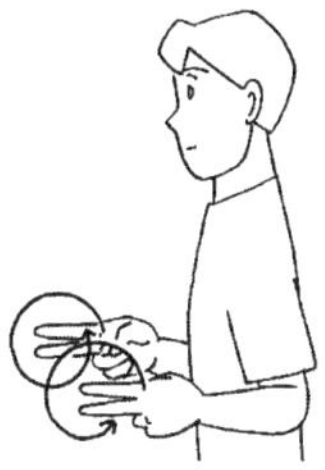

〈機械〉
両手2指を前方に向け、交互に前に回転させる。

こぶ【瘤】1

「頭にこぶができた」
→〈こぶ①〉

例文の「こぶ」は皮膚の盛り上がったしこりのことなので〈こぶ①〉で表現。〈こぶ①〉は頭のこぶを表す。

〈こぶ①〉
丸めた右手を頭にのせる。

こぶ【瘤】2

「ラクダのこぶ」
→〈ラクダ②〉+指さし

例文の「こぶ」はラクダのこぶなので〈ラクダ②〉+こぶの部分を指差して表す。

〈ラクダ②〉
こぶしを握った左手の腕にすぼめた右手を2か所ぽんぽんと置く。

指さし
〈ラクダ②〉のこぶを指さす。

こぶ【瘤】3

「目の上のこぶ」
→〈こぶ②〉

例文は邪魔になるやっかいなもののことなので〈こぶ②〉で表現。〈こぶ②〉は文字通り目の上のこぶを表す。

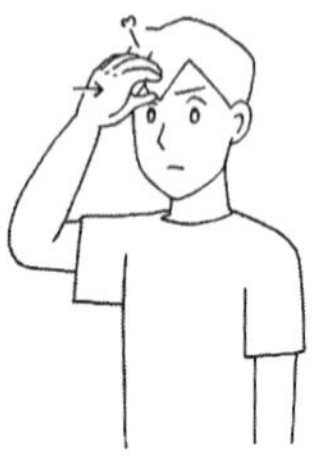

〈こぶ②〉
丸めた右手を額に当てる。

ごぶごぶ【五分五分】1

「五分五分(の勝負)」
→〈五分五分①〉
または〈五分五分②〉
(+〈試合①〉)

「五分五分」は互角、対等の意味で3種類ある。ひとつめは〈五分五分①〉、ふたつめは〈五分五分②〉で表現。いずれも両者が対等という意味を表す。

〈五分五分①〉
親指を立てた両手を同時に内側に倒す。

〈五分五分②〉
親指を立てた両手を向かい合わせて内側に同時に繰り返し倒す。

ごぶごぶ【五分五分】2

「五分五分の勝負」
→〈五分五分③〉+〈試合①〉

みっつめは〈五分五分③〉で表現。〈五分五分③〉は互角のさまで「五分と五分」「互角」「対等」などの意味。

〈五分五分③〉
親指を立てた両手を向かい合わせて右手、左手の順番に内側に倒すようにする。

〈試合①〉
親指を立てた両手を正面で軽くぶつける。

ゴボウ【牛蒡】

「ゴボウ」
→〈削る①〉
または〈ゴボウ〉

「ゴボウ」は主にささがきにして食べる野菜なので〈削る①〉または〈ゴボウ〉で表現。〈削る①〉はゴボウをささがきにするさまを表す。

〈削る①〉
左人差指を右人差指で削るようにする。

〈ゴボウ〉
左手親指を右手の親指と人差指ではさみ、右へ抜くように動かす。

こぼす 1

「別れに涙をこぼす」

→〈離れる①〉+〈悲しい①〉

例文の「涙をこぼす」は涙を流す意味なので〈悲しい①〉で表現。〈悲しい①〉は涙を流すさまで「悲しい」「かわいそう」などの意味。

〈離れる①〉

両手の指背側を合わせ、左右に開く。

〈悲しい①〉

親指と人差指を閉じた右手を目元から揺らしながらおろす。

こぼす 2

「ぐちをこぼす」

→〈不満〉+〈漏らす②〉

例文の「ぐちをこぼす」は不満を漏らすことなので〈不満〉+〈漏らす②〉で表現。手話は胸にたまったものを吐き出すさまを表す。

〈不満〉

軽く開いた右手を胸からぱっと前にはじき出す。

〈漏らす②〉

すぼめた右手を口元からぱっと開いて前に落とす。

ゴマ【胡麻】

「黒ゴマ」

→〈黒①〉+〈ゴマ〉

「ごま」は〈ゴマ〉で表現。〈ゴマ〉はごまをふりかけるさまを表す。

〈黒①〉

右手指先で髪の毛をさわる。

〈ゴマ〉

左手のひらの上で右 3 指をこすりながら水平に回す。

コマーシャル

「テレビのコマーシャル」

→〈テレビ〉+〈コマーシャル〉

「コマーシャル」は広告、宣伝の意味で〈コマーシャル〉で表現。〈コマーシャル〉は〈C②〉の中から宣伝するさまを表す新しい手話。

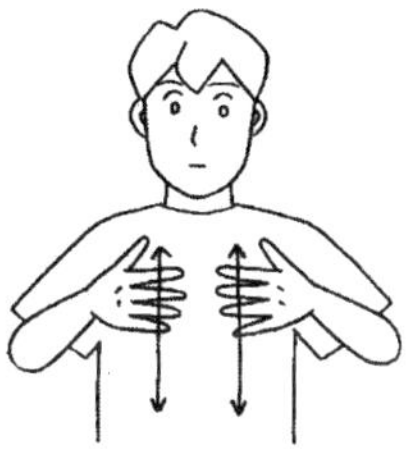

〈テレビ〉

両手の指先を向かい合わせて同時に上下させる。

〈コマーシャル〉

左手の親指と 4 指で「C」の字形を作り、その中から繰り返し閉じた右手を前に出してぱっと開く。

こまかい【細かい】1

「細かい仕事」

→〈細かい①〉+〈仕事〉

例文の「細かい」は手先を使う小さいさまを意味するので〈細かい①〉で表現。〈細かい①〉はしらみを潰すように細かくするさまで「細かい」の意味。

〈細かい①〉

両手の親指と人差指をつまみ、つき合わせ、つぶすようにする。

〈仕事〉

手のひらを上に向け、向かい合わせた両手指先を繰り返しつき合わせる。

こまかい【細かい】2

「神経が細かい」

→〈精神〉+〈鋭い〉

例文の「細かい」は小さなことまで気がつく意味で〈鋭い〉で表現。〈鋭い〉はナイフの切っ先が鋭いさまで「鋭い」「鋭利」などの意味。

〈精神〉

右人差指で頭をさし、次に両手を合わせる。

〈鋭い〉

左人差指を右親指と人差指ではさみ、指先へ抜けるように閉じて前に出す。

こまかい【細かい】3

「金に細かい人」

→〈けち〉+〈人〉

例文の「細かい」は少しのことでも損得を計算する意味なので〈けち〉で表現。〈けち〉は金を口にくわえて放さないさまで「けち」の意味。

〈けち〉

親指と人差指で作った丸をかむようにする。

〈人〉

人差指で「人」の字を空書する。

ごまかす 1

「(世間の目を)ごまかす」

→(〈みんな〉+)
〈ごまかす①〉
または〈ごまかす②〉

例文の「ごまかす」はだます意味で〈ごまかす①〉または〈ごまかす②〉で表現。手話はどちらもキツネに由来して「だます」意味。

〈ごまかす①〉

右手の親指と中指と薬指を閉じ、その指先を前に向け、小さく回す。

〈ごまかす②〉

左手甲を前に向け、右手の親指と中指と薬指を閉じ、その指先を前に向けて小さく回す。

ごまかす 2

「年齢をごまかす」

→〈年齢〉+〈うそ①〉

例文の「ごまかす」はいつわりを言う意味なので〈うそ①〉で表現。〈うそ①〉は「うそ」「うそを言う」「ごまかす」の意味。

〈年齢〉

あごの下で右手の指を順に折る。

〈うそ①〉

ほおをやや前に示して人差指で突く。

ごまかす 3

「金をごまかす」

→〈金(かね)①〉+〈盗む〉

例文の「ごまかす」はいつわって盗む意味なので〈盗む〉で表現。〈盗む〉は金をすりとるさまで「盗む」「盗み取る」などの意味。

〈金(かね)①〉

右手の親指と人差指で作った丸を示す。

〈盗む〉

かぎ状にした人差指を手前に引く。

こまく【鼓膜】

「鼓膜が破れる」

→〈鼓膜〉+〈折る①〉

「鼓膜」は〈鼓膜〉で表現。〈鼓膜〉は鼓膜が振動するさまを表す。

〈鼓膜〉

左こぶしの親指と人差指側を右手のひらでたたく。

〈折る①〉

両こぶしの親指側を合わせ、折るようにする。

ごますり

「ごますり」

→〈ごますり〉
または〈お世辞①〉

「ごますり」は相手の機嫌をとることなので〈ごますり〉または〈お世辞①〉で表現。〈ごますり〉は鉢でごまをするさまを表す。

〈ごますり〉

左手のひらの上で右手こぶしを回すようにする。

〈お世辞①〉

親指を立てた左手の背後をべたべたなでるようにする。

こまる【困る】1

「返事に困る」

→〈答える〉+〈せっぱつまる〉

例文の「困る」はどうしていいか悩む意味なので〈せっぱつまる〉で表現。〈せっぱつまる〉は刀が抜けないさまで「困る」「往生する」の意味。

〈答える〉

口の前で両手の親指と人差指を向かい合わせて前に出す。

〈せっぱつまる〉

両こぶしを上下に重ね、ややずらし、左右にふるわせる。

こまる【困る】2

「金に困る」

→〈金(かね)①〉+〈貧しい①〉

例文の「困る」は貧乏の意味なので〈貧しい①〉で表現。〈貧しい①〉はあごが干あがるさまで「貧しい」「貧乏」などの意味。

〈金(かね)①〉

右手の親指と人差指で作った丸を示す。

〈貧しい①〉

右手親指をあごに当てる。

こまる【困る】3

「困った問題」

→〈困る〉+〈問題〉

例文の「困る」は頭を悩ます意味なので〈困る〉で表現。〈困る〉は頭をかくさまで「困る」「弱る」などの意味。

〈困る〉

全指で頭をかくようにする。

〈問題〉

両手の親指と人差指をつまみ「 ˥ を描く。

こまる【困る】4

「うるさくて困る」

→〈うるさい①〉+〈迷惑〉

例文の「困る」は迷惑の意味なので〈迷惑〉で表現。〈迷惑〉は眉間にしわを寄せるさまで「迷惑」「困る」などの意味。

〈うるさい①〉

右人差指を耳につけてねじこむように指を動かす。

〈迷惑〉

親指と人差指で眉間をつまむ。

ごみ【ゴミ】1

「ごみを捨てる」

→〈汚い〉+〈捨てる⑥〉

例文の「ごみ」は〈汚い〉で表現。〈汚い〉は汚れがついているさまを表す。

〈汚い〉

左手のひらに全指を折り曲げた右手を軽く打ちつける。

〈捨てる⑥〉

〈汚い〉の左手を残したまま、握った右手を捨てるようにぱっと開く。

ごみ【ゴミ】2

「ごみ箱」

→〈捨てる①〉+〈箱③〉

例文の「ごみ箱」は〈捨てる①〉+〈箱③〉で表現。〈捨てる①〉は捨てるさま、〈箱③〉は筒状の入れ物を表す。

〈捨てる①〉

握った右手で斜め前にものを捨てるように出して開く。

〈箱③〉

両手を容器の形のように軽く曲げ、下におろす。

こ

コミュニケーション

「コミュニケーション手段」

→〈コミュニケーション〉+〈方法〉

「コミュニケーション」は話を交わすことで〈コミュニケーション〉で表現。〈コミュニケーション〉は〈C②〉が行き交うさまを表す新しい手話。

〈コミュニケーション〉
両手の親指と４指で「C」の字形を作り、組み合わせ交互に前後に動かす。

〈方法〉
左手甲を右手のひらで軽くたたく。

ゴム

「ゴム」

→〈ゴム〉

「ゴム」は伸び縮みする材料なので〈ゴム〉で表現。〈ゴム〉は伸び縮みするさまで「ゴム」を表す。

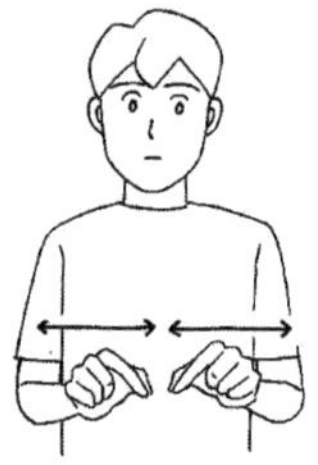

〈ゴム〉
つまむように閉じた両手の親指と人差指を左右に近づけたり離したりする。

コミュニティー

「コミュニティーセンター」

→〈コミュニティー〉+〈ビル①〉

「コミュニティー」は〈コミュニティー〉で表現。〈コミュニティー〉は「コミュニティー」の原語の頭文字Cで〈社会〉の動きを表す。

〈コミュニティー〉
指文字〈C②〉の両手を左右につけ合わせ、同時に前方へ水平に弧を描き、つけ合わせる。

〈ビル①〉
両手のひらを向かい合わせて上にあげ、閉じる。

こむぎ【小麦】

「小麦」

→〈小〉+〈麦〉

「小麦」は〈小〉+〈麦〉で表現するが〈麦〉だけでもよい。〈小〉は漢字〈小〉の字形、〈麦〉は麦の形を表す。

〈小〉
左手の人差指を右手２指ではさむように入れる。

〈麦〉
左手の親指と人差指で丸を作り、それに右人差指を重ねる。

こむ【混む】

「電車が混む」

→〈電車〉+〈満員〉

例文の「混む」はぎゅうぎゅう詰めの意味。〈満員〉で表現。〈満員〉はぎゅうぎゅう詰めのさまで「混む」「満員」の意味を表す。

〈電車〉
折り曲げた右手２指を左手２指に沿って前に動かす。

〈満員〉
両手の指背側を合わせて水平に回す。

こむすび【小結】

「小結のまま」

→〈小結〉+〈相変わらず①〉
（または〈相変わらず②〉）

例文の「小結」は力士の位のひとつなので〈小結〉で表現。〈小結〉は〈結ぶ〉の指を小指に変えて表した。

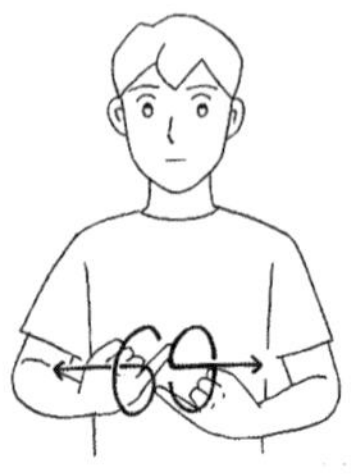

〈小結〉
両手の小指を互い違いに回転させ左右に引き離す。

〈相変わらず①〉
両手の親指と4指を閉じたり開いたりしながら右肩から前に出す。

こめ【米】

「日本の米」

→〈日本〉+〈米〉

「米」は〈米〉で表現。〈米〉はそれを炊いたごはん粒が口元についているさまを表す。

〈日本〉

両手の親指と人差指を向かい合わせて左右に引きながら閉じる。

〈米〉

親指と人差指を閉じた右手を唇の端に当て、軽く揺する。

こめる【込める】

「心を込める」

→〈心〉+〈加える〉

「込める」はつけ加える、入れるの意味なので〈加える〉で表現。〈加える〉は元のものにつけ加えるさまを表す。

〈心〉

右人差指でみぞおち辺りをさす。

〈加える〉

左手のひらに右人差指を添える。

ごめん【御免】1

「（やっと）お役御免となる」

→（〈やっと〉+）〈責任①〉+〈終わる〉

例文の「お役御免」は任務を解かれる、解職の意味なので〈責任①〉+〈終わる〉で表現。手話は任務が終わった意味を表す。

〈責任①〉

右肩に軽く全指を折り曲げた右手をのせる。

〈終わる〉

指先を上に向けた両手を下におろしながら閉じる。

ごめん【御免】2

「（そんな）仕事は御免こうむる」

→（〈それ〉+）〈仕事〉+〈断る〉

例文の「御免こうむる」は断るの意味なので〈断る〉で表現。〈断る〉は受け付けないさまで「断る」「拒否」「拒絶」などの意味。

〈仕事〉

手のひらを上に向け、向かい合わせた両手指先を繰り返しつき合わせる。

〈断る〉

左指先を手前に向け、右手のひらで押し返す。

ごめん【御免】3

「ごめんなさい」

→〈すみません〉

例文の「ごめんなさい」は迷惑をかけたときのあやまりことばなので〈すみません〉で表現。〈すみません〉は〈迷惑〉と〈頼む①〉から成る。

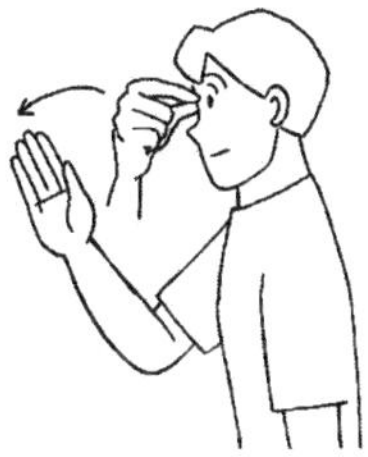

〈すみません〉

右手の親指と人差指で眉間をつまみ、右手で拝むようにする。

こもん【顧問】

「（会社の）顧問」

→（〈会社〉+）〈顧問〉+〈責任①〉

「顧問」は相談を受ける役目の人。〈顧問〉+〈責任①〉で表現。〈顧問〉は話を聞くさまを表す。〈責任①〉は省略してもよい。

〈顧問〉

右手のひらを右耳に当てる。

〈責任①〉

右肩に軽く全指を折り曲げた右手をのせる。

こ

こよみ【暦】

「暦の上では春」

→〈カレンダー〉+〈暖かい〉

例文の「暦」は〈カレンダー〉で表現。〈カレンダー〉は暦をめくるさまを表す。

〈カレンダー〉

左手のひらから右手の親指と人差指でつまんでめくるようにする。

〈暖かい〉

両手で下からあおぐようにする。

こらえる【堪える】1

「痛みをこらえる」

→〈痛い②〉+〈我慢①〉

「こらえる」は出ようとするものを押さえつける意味。〈我慢①〉で表現。〈我慢①〉は「我慢」「辛抱」「忍耐」「耐える」の意味。

〈痛い②〉

痛そうにして折り曲げた全指を曲げたり伸ばしたりする。

〈我慢①〉

親指を立てた左手を右手のひらで押さえる。

こらえる【堪える】2

「笑いをこらえる」

→〈笑う〉+〈我慢②〉

例文の「笑いをこらえる」は2種類の表現がある。ひとつは〈笑う〉+〈我慢②〉で表現。〈我慢②〉は気持ちを抑える、我慢するさまを表す手話。

〈笑う〉

軽く指を折り曲げた右手を左口端に繰り返し当てる。

〈我慢②〉

手のひらを下に向けた右手を胸の前で下に押さえる動作を繰り返す。

こらえる【堪える】3

「笑いをこらえる」

→〈笑いをこらえる〉

もうひとつは笑いを我慢することなので左手〈笑う〉と右手〈我慢①〉を組み合わせた〈笑いをこらえる〉で表現。

〈笑いをこらえる〉

全指を曲げた左手を口に当て、手のひらを下に向けた右手を腹に当て、押さえる。

コラム

「新聞のコラム」

→〈新聞〉+〈コラム〉

「コラム」は〈コラム〉で表現。〈コラム〉は左手が「コラム」の頭音「コ」で、右手が書くさまを表す。「コラムを書く」も同手話。

〈新聞〉

左手のひらの上に右ひじをのせて親指を外側に出して握った右こぶしを振る。

〈コラム〉

左手指文字〈C①〉の間に向けてペンを持って書くような右手を近づける。

こりごり

「戦争はこりごりだ」

→〈戦争〉+〈降参〉

「こりごり」はもう嫌だという気持ちの意味で〈降参〉で表現。〈降参〉はかぶとを脱ぐさまで「こりごり」「もう嫌」「降参」などの意味。

〈戦争〉

両手の指先を激しくふれ合わせる。

〈降参〉

頭の横に親指と人差指を当て、前におろす。

ゴルフ

「ゴルフの試合」

→〈ゴルフ〉+〈試合①〉

「ゴルフ」は〈ゴルフ〉で表現。〈ゴルフ〉はゴルフクラブを振るさまを表す。

〈ゴルフ〉

ゴルフのクラブを両手で持って振るようにする。

〈試合①〉

親指を立てた両手を正面で軽くぶつける。

これから

「これからの世の中」

→〈将来①〉+〈社会〉

例文の「これから」は将来の意味なので〈将来①〉で表現。〈将来①〉は「これから」「将来」「未来」などの意味を表す。

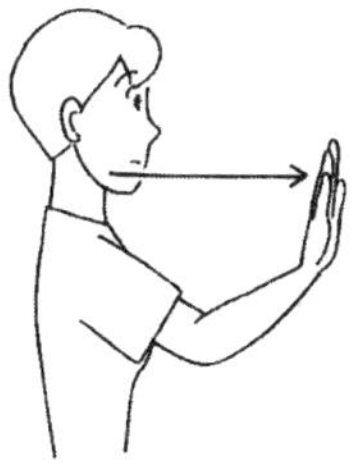

〈将来①〉

右手のひらを前に向けて押すように大きく前に出す。

〈社会〉

親指と小指を立てた両手を手前に水平に円を描く。

コレクション 1

「おもちゃのコレクション」

→〈おもちゃ〉+〈集める②〉

例文の「コレクション」は収集、収集物のことなので〈集める②〉で表現。〈集める②〉は手元にかき集めるさまを表す。

〈おもちゃ〉

両こぶしを上下入れ換えながら左右でたたく。

〈集める②〉

全指を折り曲げた両手を熊手のように中央にかき集める。

コレクション 2

「(東京)コレクション」

→(〈東京〉+)〈ワンピース〉+〈表(あらわ)す〉

例文の「コレクション」は有名デザイナーなどの最新ファッションのことなので〈ワンピース〉+〈表す〉で表現。〈表す〉は表現、示す意。

〈ワンピース〉

親指と人差指を出した両手を向かい合わせ、体に沿っておろしていく。

〈表(あらわ)す〉

左手のひらに右人差指をつけて前に押し出す。

コレステロール

「コレステロールの値が高い」

→〈コレステロール〉+〈高い③〉

「コレステロール」は〈コレステロール〉で表現。〈コレステロール〉は左手の血管の中に右手の脂肪がたまっているさまを表す新しい手話。

〈コレステロール〉

「C」の字形にした左手の人差指から親指と人差指との間をせばめた右手で弧を描く。

〈高い③〉

指文字〈コ〉を示した右手を上にあげる。

ころ【頃】1

「小さい頃」

→〈子供③〉+〈くらい①〉

例文の「頃」はその当時の意味。〈くらい①〉で表現。〈くらい①〉はその程度のさまで「頃」「それくらい」「その程度」などの意味。

〈子供③〉

身体の斜め前を右手のひらで軽く押さえるようにする。

〈くらい①〉

右手指先を前に向け、左右に小さく振る。

ころ【頃】2

「頃は春」

→〈時①〉+〈暖かい〉

例文の「頃」は時期の意味なので〈時①〉で表現。〈時①〉は時計の針が進むさまで「時」「時間」「時期」などの意味。

〈時①〉

左手のひらに右親指を当て、右人差指を時計の針のように回す。

〈暖かい〉

両手で下からあおぐようにする。

ころす【殺す】2

「才能を殺す」

→〈賢い①〉+〈つぶす〉

例文の「殺す」は役に立たなくする意味なので〈つぶす〉で表現。〈つぶす〉はぺちゃんこにするさまで「つぶす」「こわす」などの意味。

〈賢い①〉

右手の親指と人差指を閉じ、上に向かってはじくように開く。

〈つぶす〉

指先を前に向け軽く開いた両手をものをつぶすように閉じる。

ゴロ

「一塁ゴロ」

→〈ファースト〉+〈ゴロ〉

例文の「ゴロ」は野球用語なので〈ゴロ〉で表現。〈ゴロ〉は右手のバットで打った左手のボールが転がるさまを表す。

〈ファースト〉

左甲に右ひじを乗せ、右人差指を回す。

〈ゴロ〉

右人差指で丸を作った左手を打ち、左手を転がす。

コロッケ

「カニコロッケ」

→〈カニ〉+〈コロッケ〉

「コロッケ」は〈コロッケ〉で表現。〈コロッケ〉は左手が「コ」の字形を表し、右手でコロッケの形を表す。

〈カニ〉

両ひじを曲げて両手２指をはさみのように動かす。

〈コロッケ〉

親指と人差指を出した右手を「コ」の字形の左手の小指側から左手に沿って弧を描く。

ころす【殺す】1

「人を殺す」

→〈人〉+〈殺す〉

例文の「殺す」は命を奪う意味なので〈殺す〉で表現。〈殺す〉は人を刺すさまで「殺す」「殺人」などの意味。

〈人〉

人差指で「人」の字を空書する。

〈殺す〉

左親指を右人差指で刺すようにする。

ころぶ【転ぶ】

「転んで(けがをする)」

→〈倒れる①〉
(+〈傷①〉)

例文の「転ぶ」は転倒する意味なので〈倒れる①〉で表現。〈倒れる①〉は立っている人が倒れるさまを表す。「転倒(する)」の意味。

〈倒れる①〉

左手のひらの上に右手２指を立ててひっくり返し、

そのまま左手のひらの上に倒れるように落とす。

こわい【恐い】

「雷が恐い」

→〈雷〉+〈恐(こわ)い〉

「恐い」は〈恐い〉で表現。〈恐い〉は体が恐ろしさでふるえるさまで、「恐ろしい」「恐怖」などの意味。

〈雷〉

親指と人差指をつまんだ両手を上から勢いよく下にぎざぎざを描きながら開く。

〈恐(こわ)い〉

両こぶしを握り、ふるわせる。

こわす【壊す】1

「建物を壊す」

→〈ビル①〉+〈壊す〉

例文の「壊す」は破壊する意味なので〈壊す〉で表現。〈壊す〉は家を上からつぶすさまで「建物をつぶす」「建物を破壊する」などの意味。

〈ビル①〉

両手のひらを向かい合わせて上にあげ、閉じる。

〈壊す〉

屋根形にした両手を下に向けて内側に倒す。

こわす【壊す】2

「体を壊す」

→〈体(からだ)〉+〈病気〉

例文の「壊す」は病気になる意味なので〈病気〉で表現。〈病気〉は病気になって氷嚢を額に当てるさまを表す。

〈体(からだ)〉

右手を体の上で回す。

〈病気〉

こぶしで額を軽くたたく。

こわす【壊す】3

「話を壊す」

→〈手話〉+〈折る①〉

例文の「壊す」はだめにする意味なので〈折る①〉で表現。〈折る①〉は棒を折るさまで「故障」「壊す」「ぶち壊す」「障害」などの意味。

〈手話〉

両手の人差指を向かい合わせて、糸を巻くように回転させる。

〈折る①〉

両こぶしの親指側を合わせ、折るようにする。

こわれる【壊れる】1

「ガラスが壊れる」

→〈ガラス〉+〈割る①〉

例文の「壊れる」は割れる意味なので〈割る①〉で表現。〈割る①〉はガラスなど板状のものが割れるさまを表す。

〈ガラス〉

右手の人差指と中指の背側を前に向け、目の前で閉じたり開いたりする。

〈割る①〉

両手のひらを上に向け、指先を向かい合わせ下に向かって勢いよく開く。

こわれる【壊れる】2

「機械が壊れる」

→〈機械〉(または〈歯車〉)+〈折る①〉

例文の「壊れる」は故障する意味なので〈折る①〉で表現。〈折る①〉は棒を折るさまで「故障」「壊す」「ぶち壊す」「障害」などの意味。

〈機械〉

両手2指を前方に向け、交互に前に回転させる。

〈折る①〉

両こぶしの親指側を合わせ、折るようにする。

こんご【今後】

「今後の事」

→〈将来②〉+〈事〉

「今後」は近い将来の意味なので〈将来②〉で表現。〈将来②〉は少し手を前方に出して近い将来を表す。

〈将来②〉

右手のひらを前に向けて少し押すように前に出す。

〈事〉

右手で指文字〈コ〉を示す。

こんしゅう【今週】

「今週(の月曜日)」

→〈一週〉+〈今①〉
(+〈月〉)

「今週」は今の週の意味で〈一週〉+〈今①〉で表現。〈一週〉は数字〈7〉を左から右に弧を描いて表す。

〈一週〉

親指・人差指・中指を出し左から右に弧を描く。

〈今①〉

両手のひらで軽く押さえつける。

こんじょう【根性】1

「根性がない」

→〈根性〉+〈ない①〉

例文の「根性」は堪えてやり抜こうとする気力のことなので〈根性〉で表現。〈根性〉は〈基本〉と〈性質〉を組み合わせた新しい手話。

〈根性〉

握った左手のひじの下から右人差指を跳ねあげる。

〈ない①〉

指先を開いて手首を振る。

こんじょう【根性】2

「島(国)根性」

→〈島①〉(+〈国(くに)〉)+〈根性〉

例文は性根のことなので〈根性〉で表現。

〈島①〉

全指を曲げ、手のひらを下にした左手に沿って上に向けた右手を回す。

〈根性〉

握った左手のひじの下から右人差指を跳ねあげる。

こんな 1

「こんな人はいらない」

→〈あなた①〉+〈いらない〉

例文の「こんな人」は非難のことばなので〈あなた①〉をきつい表情で表現。

〈あなた①〉

右人差指でさす。

〈いらない〉

手前に引き寄せた両手を前にはじくように開く。

こんな 2

「(部屋が)
こんなにきれいになった」

→(〈部屋〉+)
〈こんな〉+〈うつくしい〉

例文の「こんなに」は程度をほめることばなので〈こんな〉をうれしい表情で表現。

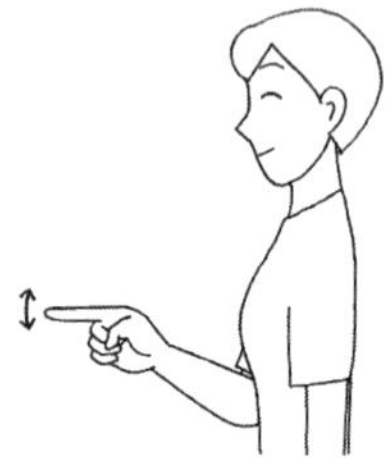

〈こんな〉

右人差指を前方に向けて出し、上下に振る。

〈美しい②〉

左手のひらの上をなでるように右手のひらを滑らせる。

こんな 3

「(いつもは)
こんなではない」
→(〈いつも〉+)
〈これ〉+〈違う①〉

例文の「こんな」は状態のことなので〈これ〉で表現。

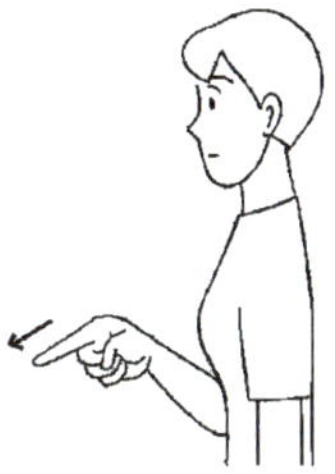

〈これ〉
斜め下を指さす。

〈違う①〉
親指と人差指を出し、同時に手首をねじるように動かす。

こんにゃく【蒟蒻】

「こんにゃく」
→〈こんにゃく〉

「こんにゃく」は弾力がある厚みのある食品なので〈こんにゃく〉で表現。

〈こんにゃく〉
両手の親指と4指を向かい合わせて交互に前後に動かす。

こんなん【困難】

「呼吸困難」
→〈呼吸①〉+〈難しい〉

「困難」は難しい意味なので〈難しい〉で表現。〈難しい〉は「難しい」「できない」などの意味を表す。

〈呼吸①〉
右の人差指と中指を鼻に向け繰り返し近づけ、軽く肩をあげさげする。

〈難しい〉
右手の親指と人差指でほおをつねるようにする。

コンパス 1

「コンパスで円を描く」
→〈コンパス〉+〈丸①〉

例文の「コンパス」は円を描く道具のことなので〈コンパス〉で表現。〈コンパス〉はコンパスを回すさまを表す。

〈コンパス〉
左手のひらの上に右人差指を立て、中指を回転させる。

〈丸①〉
右手の親指と人差指を閉じて丸を描く。

こんにちは

「こんにちは」
→〈頼む①〉

「こんにちは」は日中のあいさつことばで〈頼む①〉で表現。〈頼む①〉は「頼む」「お願い」「依頼」の意味。

〈頼む①〉
頭を下げて右手で拝むようにする。

コンパス 2

「船のコンパス」
→〈船〉+〈方針〉

例文の「コンパス」は羅針盤のことなので〈方針〉で表現。〈方針〉は方位磁石の針の動きを表す。

〈船〉
両手で船形を作り、前に出す。

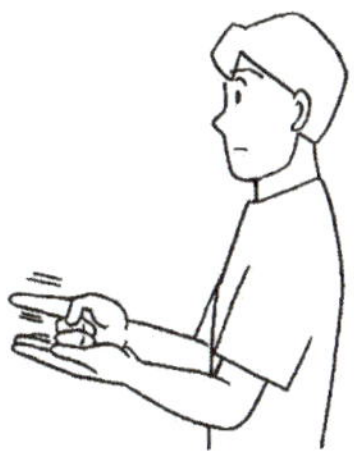

〈方針〉
左手のひらに人差指の指先を前に向けた右手をのせ、指先を左右に揺らす。

こ

コンパス 3

「コンパスが長い」
→〈足①〉+〈測る①〉

例文の「コンパス」は両足の長さのことなので〈足①〉で表現。

〈足①〉
右手指先で足にふれる。

〈測る①〉
両手の閉じた親指と人差指を上下に開く。

こんばん【今晩】

「今晩(伺います)」
→〈今①〉+〈暗い〉
(+〈行(い)く①〉)

「今晩」は今日の夜の意味で〈今①〉+〈暗い〉で表現。〈暗い〉は目の前が見えないさまで「暗い」「晩」「夜」などを意味する。

〈今①〉
両手のひらで軽く押さえつける。

〈暗い〉
両手のひらを前に向けた両腕を目の前で交差させる。

こんばんは

「こんばんは」
→〈暗い〉+〈頼む①〉

「こんばんは」は夜のあいさつ言葉で、〈暗い〉+〈頼む①〉で表現。

〈暗い〉
両手のひらを前に向けた両腕を目の前で交差させる。

〈頼む①〉
頭を下げて右手で拝むようにする。

コンビ

「コンビを組む」
→〈一緒①〉+〈コンビ〉

「コンビ」は二人の組み合わせで〈コンビ〉で表現。〈コンビ〉は二人が一緒に行動するさまで「コンビ」「二人組」の意味。

〈一緒①〉
両手の人差指を左右から合わせる。

〈コンビ〉
そろえた人差指を水平に回す。

コンビニ

「コンビニ弁当」
→〈コンビニ〉+〈弁当〉

「コンビニ」は〈コンビニ〉で表現。〈コンビニ〉は24時間営業の店があることから左手〈2①〉と右手〈4①〉を表す。

〈コンビニ〉
左手〈2①〉、右手〈4①〉を同時に左に回す。

〈弁当〉
軽く曲げた左手の親指側に右手のひらをこすりつけるようにする。

コンピュータ

「コンピュータで計算する」
→〈コンピュータ〉+〈計算〉

例文の「コンピュータ」は電子計算機のことで〈コンピュータ〉で表現。〈コンピュータ〉はテープやディスクが回転するさまを表す。

〈コンピュータ〉
両手の人差指で同時に円を描く。

〈計算〉
左手の指先の方向に右手 4 指を滑らせるように右へ動かす。

こんぶ【昆布】

「こんぶ」

→〈ちぎる①〉
　または〈ちぎる②〉

「こんぶ」は海草の一種で〈ちぎる①〉または〈ちぎる②〉で表現。手話はいずれもこんぶを口でちぎるさまを表す。

〈ちぎる①〉
両手の親指と人差指を口元でつかむようにして、歯でかんで引きちぎるように右手を下におろす。

〈ちぎる②〉
親指と人差指でつまむようにした右手を唇の端に当て、ちぎるように手首を返して下におろす。

こんらん【混乱】

「頭が混乱する」

→〈思う〉+〈混乱〉

「混乱」は入り乱れることで〈混乱〉で表現。〈混乱〉は入り乱れるさまで「入り乱れる」「まとまらない」「騒ぎ」などの意味がある。

〈思う〉
右人差指を側頭部に当てる。

〈混乱〉
全指を曲げた両手のひらを上下に向かい合わせて、かき混ぜるようにする。

こんぽん【根本】

「根本問題」

→〈基本①〉+〈問題〉

「根本」は基本、基礎の意味なので〈基本①〉で表現。〈基本①〉は木の根のさまで「基本」「基礎」などの意味。

〈基本①〉
左ひじを立て、閉じた右手を当てて下に向けて開く。

〈問題〉
両手の親指と人差指をつまみ「 ˥ を描く。

〈サ〉
握ったこぶしを示す。

こんやく【婚約】

「婚約(発表)」

→〈結婚〉+〈約束〉
　(+〈発表〉)

「婚約」は結婚を約束することなので〈結婚〉+〈約束〉で表現。

〈結婚〉
親指と小指を左右からつける。

〈約束〉
両手小指をからませる。

さ【差】1

「成績の差がある」

→〈成績〉+〈差〉

例文の「差」は上下の差を意味するので〈差〉で表現。〈差〉は上と下を区別するさまで「差」「差別」などの意味がある。

〈成績〉
両手の人差指を並べて右人差指を上下させながら右へ動かす。

〈差〉
両手のひらを下に向けて上下に離す。

さ【差】2

「走りで差をつける」

→〈走る〉+〈離れる③〉

例文の「差」は距離の差なので〈離れる③〉で表現。〈離れる③〉は前後に離れるさまで「差」「離れる」「離す」などの意味がある。

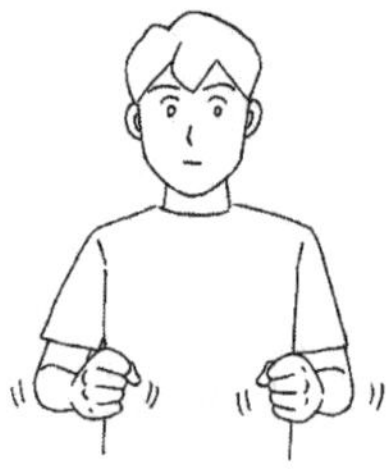

〈走る〉
両手を握って走るようにこぶしを上下させる。

〈離れる③〉
人差指を立てた両手を前後に離す。

ざ【座】1

「(客が)座につく」

→(〈客〉+)
〈座る①〉
または〈座る②〉

例文の「座につく」は座る意味なので〈座る①〉または〈座る②〉で表現。〈座る①〉は椅子、〈座る②〉は座敷の畳などに座るさまを表す。

〈座る①〉
手のひらを下に向けた左手2指に折り曲げた右手2指を座るようにのせる。

〈座る②〉
左手のひらに折り曲げた右手2指をのせる。

ざ【座】2

「妻の座」

→〈妻①〉+〈立つ〉

例文の「座」は立場を意味するので〈立つ〉で表現。〈立つ〉は人の立つさまで「立つ」「立場」などの意味がある。

〈妻①〉
左親指と右小指を寄り添わせて、右小指を前に出す。

〈立つ〉
左手のひらの上に右手2指を立てる。

ざ【座】3

「歌舞伎座」

→〈歌舞伎①〉(または〈歌舞伎②〉)+〈ザ〉

例文の「座」は芝居などを興行する劇場の意味なので指文字〈ザ〉で表現。

〈歌舞伎①〉
手のひらを前向きにし5指を折り曲げた左手と、後ろに向けて5指を折り曲げた右手を同時に逆にひねって動かす。

〈ザ〉
親指を外に出して握った右手を左から右へ動かす。

サーカス

「サーカスの象」

→〈サーカス〉+〈象〉

「サーカス」は〈サーカス〉で表現。〈サーカス〉は空中ブランコのさまを表す。

〈サーカス〉
左人差指の上に右人差指と中指をかけ、大きく左右に振る。

〈象〉
右手首を鼻に当て左右に揺らす。

サークル

「手話サークル」

→〈手話〉+〈サークル〉

「サークル」はグループの意味で〈サークル〉で表現。指文字〈サ〉でグループを示す円を描いて「サークル」を表す新しい手話。

〈手話〉
両手の人差指を向かい合わせて、糸を巻くように回転させる。

〈サークル〉
右こぶしの親指を前に示し、水平に回す。

サード

「サードを守る」

→〈サード〉+〈責任①〉

例文の「サード」は三塁のことなので〈サード〉で表現。〈サード〉は左手のベースの上で右手の数字3を表す。

〈サード〉

左甲に右ひじをのせ、右人差指・中指・薬指を出して回す。

〈責任①〉

右肩に軽く全指を折り曲げた右手をのせる。

サービス1

「サービスが良い」

→〈世話〉+〈良い〉

例文の「サービス」は客への対応の意味なので〈世話〉で表現。〈世話〉は人の世話をするさまで「サービス」「世話」などの意味がある。

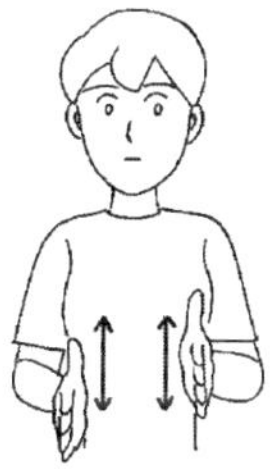

〈世話〉

指先を前に向け、手のひらを向かい合わせた両手を交互に上下させる。

〈良い〉

右こぶしを鼻から前に出す。

サービス2

「サービス品」

→〈サービス〉+〈品(ひん)〉

例文の「サービス」は商品のおまけ、無料で提供する奉仕などの意味なので〈サービス〉で表現。〈サービス〉は身を削って奉仕するさまを表す。

〈サービス〉

左4指を伸ばし、左人差指を右人差指で削るようにする。

〈品(ひん)〉

右手の親指と人差指で作った丸を上、左、右に示す。

サービス3

「家族サービス」

→〈家族〉+〈世話〉

例文の「サービス」は世話の意味なので〈世話〉で表現。〈世話〉は人の世話をするさまで「サービス」「世話」などの意味。

〈家族〉

左の屋根形の下で右手の親指と小指を振る。

〈世話〉

指先を前に向け、手のひらを向かい合わせた両手を交互に上下させる。

さい【再】1

「再交付を受ける」

→〈また〉+〈もらう②〉

例文の「再交付」は2回目の交付の意味で〈また〉+〈もらう②〉で表現。〈また〉は「また」「再び」「2回目」などの意味。

〈また〉

2指を出した右手の手首を返して甲側を示す。

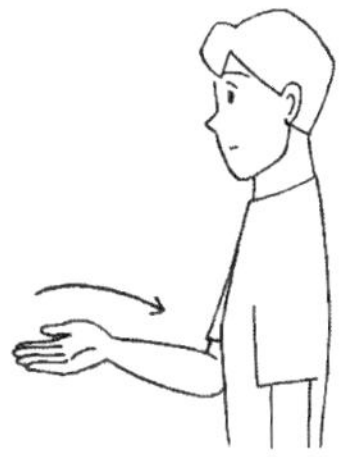

〈もらう②〉

右手のひらを上にして手前に引き寄せる。

さい【再】2

「再出発」

→〈改めて〉+〈出発①〉

例文の「再出発」は出発しなおす意味なので〈改めて〉+〈出発①〉で表現。〈改めて〉は手を払うさまで「やり直し」「改めて」などの意味。

〈改めて〉

両手のひらを向かい合わせて交互に上下に手を払うようにする。

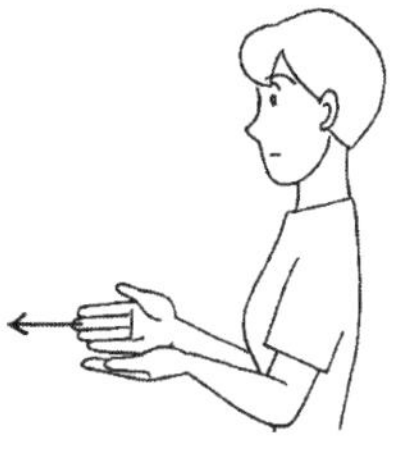

〈出発①〉

左手の指先を前に向け、その上に右手を立て、まっすぐ前に出す。

さい【歳】

「九歳」

→〈年齢〉+〈９〉

「歳」は年齢を数える単位で〈年齢〉で表現。

〈年齢〉
あごの下で右手指を順に折る。

〈９〉
右親指を立て、４指の指先を閉じて左に向け示す。

ざい【罪】

「殺人罪」

→〈殺す〉+〈罪（ざい）〉

例文は〈殺す〉+〈罪〉で表現。〈罪〉は〈悪い①〉の手の形を変えた新しい手話。

〈殺す〉
左親指を右人差指で刺すようにする。

〈罪（ざい）〉
右３指を鼻の前から左下におろす。

サイ【犀】

「サイ」

→〈サイ〉

動物の「サイ」は〈サイ〉で表現。〈サイ〉は「サイ」の角を表す。

〈サイ〉
人差指を軽く曲げた右手を鼻に当てる。

さいあく【最悪】

「最悪の状態」

→〈状態①〉+〈最低〉

「最悪」は一番悪いという意味なので〈最低〉で表現。〈最低〉はどん底のさまで「最低」「どん底」などの意味。

〈状態①〉
両手のひらを前に向け、交互に上下させる。

〈最低〉
手のひらを上に向けた左手に上から右手指先を下ろし当てる。

さい【際】

「結婚の際」

→〈結婚〉+〈時①〉

「際」はその時の意味なので〈時①〉で表現。〈時①〉は時計の針が回るさまで「時」「時期」などの意味。

〈結婚〉
親指と小指を左右からつける。

〈時①〉
左手のひらに右親指を当て、右人差指を時計の針のように回す。

さいがい【災害】１

「労働災害」

→〈工事〉+〈災害〉

例文の「災害」は労働、地震、火事などの災難の意味で〈災害〉で表現。〈災害〉は漢字「災」の字形を利用した新しい手話。

〈工事〉
左こぶしに右こぶしを左右から打ちつける。

〈災害〉
親指と小指を立てた左手の甲を前に向け、その上を右手３指で「巛」の字形を描く。

さいがい【災害】2

「(台風の)災害を被る」

→(〈台風〉+)
〈迷惑〉+〈受ける〉(または〈被害〉)

例文の「災害を被る」は被害を受けることなので〈迷惑〉+〈受ける〉または〈被害〉で表現。

〈迷惑〉

親指と人差指で眉間をつまむ。

〈受ける〉

両手のひらを前に向け、両手でボールを受けとめるようにする。

さいけつ【採決】

「採決を取る」

→〈採決〉+〈する〉

「採決」は提案に対する賛否を決定することで〈採決〉で表現。〈採決〉は手をあげて賛否の態度を示すさまを表す。

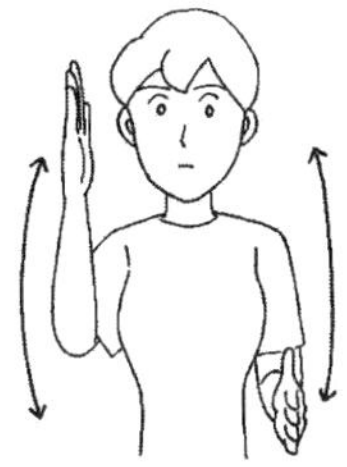

〈採決〉

指先を伸ばした左右の手を交互に上げ下げする。

〈する〉

両こぶしを力を込めて前に出す。

さいきん【最近】

「最近(のできごと)」

→〈今①〉+〈短い①〉
(+〈事件〉)

「最近」は今に近い時点のことなので〈今①〉+〈短い①〉で表現。

〈今①〉

両手のひらで軽く押さえつける。

〈短い①〉

親指と人差指を閉じた両手を左右からさっと近づける。

ざいげん【財源】

「財源が乏しい」

→〈財源〉+〈貧しい①〉

「財源」はお金のでどころの意味で〈財源〉で表現。〈財源〉は〈金(かね)①〉と〈基本〉を組み合わせた新しい手話。

〈財源〉

親指と人差指で丸を作った左手を立て、ひじから閉じた右手をぱっと開く。

〈貧しい①〉

右手親指をあごに当てる。

さいきん【細菌】

「細菌に感染する」

→〈細菌〉+〈感染①〉

「細菌」は〈細菌〉で表現。〈細菌〉は顕微鏡をのぞいて見えるさまを表す。

〈細菌〉

5指で丸を作った左手をのぞくようにしながら右人差指を左手の下でつつく。

〈感染①〉

前方に向けて5指をつまんだ両手の指先を胸につける。

さいご【最期】

「(母の)最期」

→(〈母〉+)
〈死ぬ①〉+〈時①〉

「最期」は死にぎわの意味なので〈死ぬ①〉+〈時①〉で表現。〈死ぬ①〉+〈時①〉は死ぬ時点を表す。

〈死ぬ①〉

両手のひらを合わせ、横に倒す。

〈時①〉

左手のひらに右親指を当て、右人差指を時計の針のように回す。

さいご【最後】

「最後の望み」

→〈まで〉+〈求める〉

「最後」は一番終わりの意味なので〈まで〉で表現。〈まで〉は一番終わりのさまで「最後」「まで」「終わり」などの意味。

〈まで〉

左手のひらに右手指先を軽くつける。

〈求める〉

左手のひらに右手の甲を打ちつける。

さいこう【最高】1

「最高気温」

→〈最高〉+〈温度〉

例文の「最高」は最も高い意味で〈最高〉で表現。〈最高〉はこれ以上はないさまで「最高」「最上」「最高級」などの意味。

〈最高〉

手のひらを下に向けた左手に右手指先を突き上げて当てる。

〈温度〉

指先を上に向けた左手のひらの横で人差指を立てた右手を上下させる。温度計を表す。

さいこう【最高】2

「最高の車」

→〈最高〉+〈運転〉

例文の「最高」は最も良い意味で〈最高〉で表現。〈最高〉はこれ以上はないさまで「最高級」「最高」「最上」などの意味。

〈最高〉

手のひらを下に向けた左手に右手指を下からあげて当てる。

〈運転〉

ハンドルを両手で握り、回すようにする。

さいさん【再三】

「再三教える」

→〈教える②〉+〈たくさん②〉

「再三」は何回もの意味なので〈たくさん②〉で表現。〈たくさん②〉は数が多いさまで「再三」「何回も」「何べんも」などの意味。

〈教える②〉

右人差指を口元から激しく3回振りおろすようにする。

〈たくさん②〉

親指から順番に折り曲げながら左から右へ動かす。

さいさん【採算】1

「採算が合う」

→〈もうける①〉

例文は利益があることなので〈もうける①〉で表現。〈もうける①〉はお金が手に入るさまを表す。

〈もうける①〉

軽く曲げた右手を下から上にすばやく引きあげる。

さいさん【採算】2

「採算が取れる」

→〈黒①〉+〈線を引く①〉

例文は黒字になることなので〈黒①〉+〈線を引く①〉で表現。「黒字が出る」も同表現。

〈黒①〉

右手指先で髪の毛をさわる。

〈線を引く①〉

左手のひらの上に右人差指でさっと線を引くようにする。

さいさん【採算】3

「採算割れ」
→〈赤〉+〈線を引く①〉

例文は赤字になることなので〈赤〉+〈線を引く①〉で表現。「赤字を出す」も同表現。

〈赤〉
唇に人差指を当て、右へ引く。

〈線を引く①〉
左手のひらの上に右人差指でさっと線を引くようにする。

さいしょ【最初】1

「最初に来た」
→〈来る②〉+〈一番①〉

例文の「最初」は一番先にの意味なので〈一番①〉で表現。〈一番①〉はゴールでテープを切るさまで「一番」「トップ」などの意味を表す。

〈来る②〉
右人差指を上に向けて手前に引く。

〈一番①〉
右人差指を左肩に軽く当てる。

ざいさん【財産】1

「父の財産」
→〈父〉+〈財産〉

例文の「財産」は保有する財貨の意味で〈財産〉で表現。〈財産〉はお金で財産を代表させて「財産」「お金」などの意味を表す。

〈父〉
右人差指でほおにふれ、親指を出す。

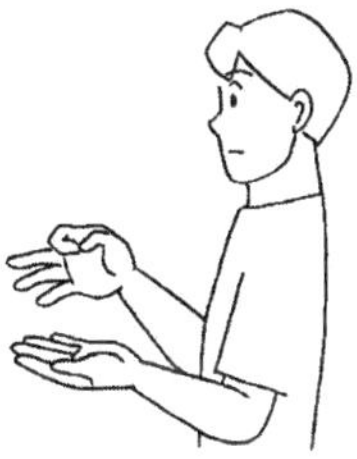

〈財産〉
左手のひらの上に右手で親指と人差指で作った丸を置く。

さいしょ【最初】2

「最初（から読む）」
→〈最初①〉
　または〈最初②〉
　（+〈から〉+〈読む①〉）

例文の「最初」は初めの意味なので〈最初①〉または〈最初②〉で表現。いずれも手初めのさまで「最初」「初めて」などの意味。

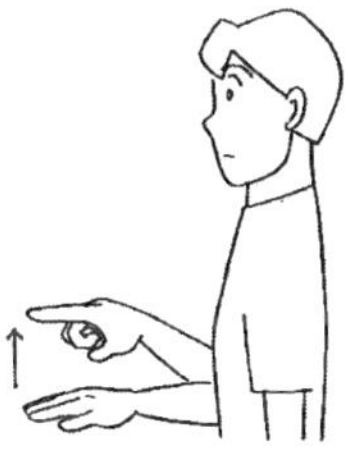

〈最初①〉
右手のひらを下にして、あげると同時に人差指を残して4指を握る。

〈最初②〉
左手甲から右手のひらを上にあげ、人差指を残して4指を握る。

ざいさん【財産】2

「財産家」
→〈金持ち〉+〈男〉

例文「財産家」はお金持ちの意味で〈金持ち〉+〈男〉で表現。〈金持ち〉は金をたくさん持つさまで「財産家」「金持ち」の意味。

〈金持ち〉
両手の親指と人差指で作った丸を胸に当て、弧を描いて腹につける。

〈男〉
親指を立てた右手を出す。

さいしょう【最小】

「最小（のカメラ）」
→〈一番①〉+〈小さい⑤〉
　（+〈カメラ〉）

「最小」は一番小さいの意味なので〈一番①〉+〈小さい⑤〉で表現。手話は「一番小さい」「最小」「最も小さい」の意味を表す。

〈一番①〉
右人差指を左肩に軽く当てる。

〈小さい⑤〉
両手の親指と人差指を向かい合わせて左右から近づけ絞り込むように小さな丸を作る。

サイズ

「(服の)サイズ」

→(〈服〉+)
〈測る①〉+〈測る②〉

「サイズ」は寸法、大きさの意味で〈測る①〉+〈測る②〉で表現。手話は縦横に寸法を測るさまで「寸法」などの意味を表す。

〈測る①〉
両手の閉じた親指と人差指を上下に開く。

〈測る②〉
両手の閉じた親指と人差指を左右に開く。

ざいせい【財政】1

「財政が悪化する」

→〈財政〉+〈さがる②〉

「財政」は国や自治体の政策実現の経済活動や経済状態。〈財政〉で表現。〈財政〉は〈政治〉と〈金(かね)①〉を組み合わせた新しい手話。

〈財政〉
左手のひらに右ひじをのせ、右手の親指と人差指で作った丸を前後に振る。

〈さがる②〉
指文字〈コ〉を示した右手を右上から左下におろす。

ざいせい【財政】2

「緊縮財政」

→〈しぼる①〉+〈財政〉

例文は〈しぼる①〉+〈財政〉で表現。〈しぼる①〉は物をひねりしぼるさまを表す。

〈しぼる①〉
両こぶしを重ね、タオルをしぼるようにする。

〈財政〉
左手のひらに右ひじをのせ、右手の親指と人差指で作った丸を前後に振る。

さいせんたん【最先端】

「最先端技術」

→〈最先端〉+〈技術〉

例文の「最先端」は〈最先端〉で表現。〈最先端〉は一番先のさまを表す新しい手話。

〈最先端〉
指先を前向き、手のひらを下向きにした右手を前に出しながら人差指だけ出し、他指は握る。

〈技術〉
握った左手首を右人差指で軽くたたく。

さいそく【催促】

「催促するのをやめる」

→〈催促〉+〈とめる〉

「催促」は早くするように相手をつつくことで〈催促〉で表現。〈催促〉は早くするようつつくさまで「催促」「促進」「うながす」の意味。

〈催促〉
左親指を右人差指でつつくようにし、両手を同時に動かす。

〈とめる〉
左手のひらの上に右手を振りおろす。

さいだい【最大】1

「(今年)最大の事件」

→(〈年(ねん)〉+〈今①〉+)
〈最高〉+〈事件〉

例文の「最大」は最も重大の意味で〈最高〉で表現。〈最高〉はこれ以上はないさまで「最高」「最上」「最良」の意味。

〈最高〉
手のひらを下に向けた左手に右手指先を突き上げて当てる。

〈事件〉
左手の指文字〈コ〉の下で右人差指をすくいあげるようにする。

さ

さいだい【最大】2

「(世界)
最大(の船)」

→(〈世界〉+)
〈一番①〉+〈大きい②〉
(+〈船〉)

例文の「最大」は最も大きい意味で〈一番①〉+〈大きい②〉で表現。〈一番①〉はトップでテープを切るさまで「一番」「トップ」などの意味。

〈一番①〉

右人差指を左肩に軽く当てる。

〈大きい②〉

軽く開いた両手のひらを向かい合わせ左右に広げる。

さいちゅう【最中】

「けんかの最中」

→(〈けんか①〉または)
〈けんか②〉+〈中(ちゅう)①〉

「最中」は途中の意味なので〈中(ちゅう)①〉で表現。〈中(ちゅう)①〉は漢字「中」の字形を表し、「途中」「最中」「～中」の意味。

〈けんか②〉

指を折り曲げた両手をぶつけ合いながらあげる。

〈中(ちゅう)①〉

左手の親指と人差指と右人差指で「中」の字形を作る。

さいたく【採択】

「(議案を)採択する」

→(〈ギ〉+〈申し込む〉+)
〈採決〉+〈決める②〉

「採択」は採決して選び取る意味で〈採決〉+〈決める②〉で表現。〈採決〉は挙手で賛否を問うさまを表す。

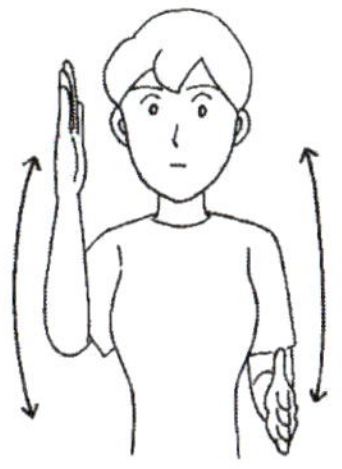

〈採決〉

指先を伸ばした左右の手を交互に上げ下げする。

〈決める②〉

左手のひらに右こぶしを打ちつける。

さいてい【最低】

「最低気温」

→〈最低〉+〈温度〉

「最低」は最も低い意味なので〈最低〉で表現。〈最低〉はそれ以下はない下限を表し「最低」「最悪」などの意味。

〈最低〉

手のひらを上に向けた左手に上から右手指先を下ろし当てる。

〈温度〉

指先を上に向けた左手のひらの横で人差指を立てた右手を上下させる。

ざいだん【財団】

「財団法人」

→〈財産〉+〈法人①〉
(または〈裁判〉+〈人〉)

「財団法人」は一定の目的に提供された財産を運用、事業を営む法人。〈財産〉+〈法人①〉で表現。〈法人①〉のかわりに〈裁判〉+〈人〉でもいい。

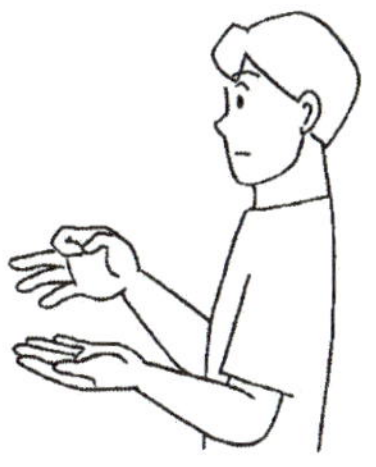

〈財産〉

左手のひらの上に右手で親指と人差指で作った丸を置く。

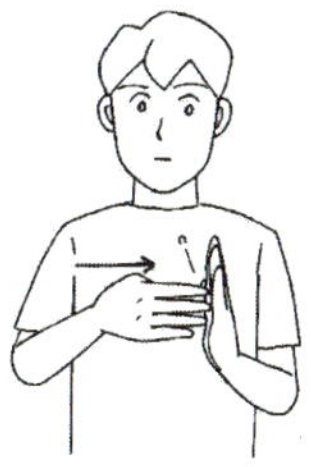

〈法人①〉

左手のひらに右４指を突き立てる。

さいなん【災難】1

「災難に遭う」

→〈ぶつかる①〉

例文の「災難に遭う」は〈ぶつかる①〉で表現。〈ぶつかる①〉はぶつかり合うさまを表す。

〈ぶつかる①〉

両手のひらを左右からぶつけるようにする。

さいなん【災難】2

「とんだ災難だった」

→〈迷惑〉+〈とても〉

例文は〈迷惑〉+〈とても〉で表現。〈迷惑〉は眉間にしわを寄せるさま。「とんだ災難に遭った」も同手話。

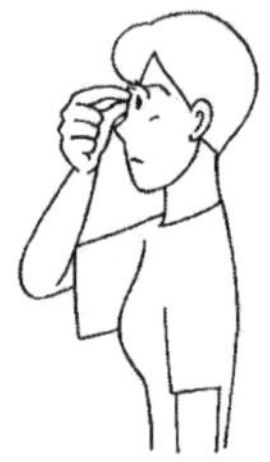

〈迷惑〉

親指と人差指で眉間をつまむ。

〈とても〉

右手の親指と人差指をつまみ、右へ弧を描きながら親指を立てる。

さいのう【才能】

「(文章を)書く才能がある」

→(〈文章〉+)〈書く①〉+〈賢い①〉

「才能」は知識・能力の意味で〈賢い①〉で表現。〈賢い①〉は知能が高いさまで「才能」「賢い」などの意味を表す。

〈書く①〉

左手のひらに右手の親指と人差指で縦に書くようにする。

〈賢い①〉

右手の親指と人差指を閉じ、上に向かってはじくように開く。

さいばん【裁判】

「裁判官」

→〈裁判〉+〈男〉

「裁判」は訴訟を審理し法律を適用すること。〈裁判〉で表現。〈裁判〉は裁判官の法衣を表し、「裁く」「法律」などの意味。

〈裁判〉

親指を立てた両手を肩から前に同時におろし、体の前で止める。

〈男〉

親指を立てた右手を出す。

さいふ【財布】

「財布を落とす」

→〈財布〉+〈落とす〉

「財布」はお金などを入れるケースで〈財布〉で表現。〈財布〉はお金を入れるさまを表す。

〈財布〉

左手の親指と4指の中に右手の親指と人差指で作った丸を入れる。

〈落とす〉

すぼめた手を下に向かって開く。

さいむ【債務】

「国の債務を負う」

→〈国(くに)〉+〈債務〉

「債務」は〈債務〉で表現。〈債務〉はお金の責任を負うさまを表す。「債務を負う」も同手話。

〈国(くに)〉

親指と4指を突き合わせ、左右に開きながら閉じる。

〈債務〉

丸を作った右手に左手を当て、同時に肩の上に置く。

ざいむしょう【財務省】

「財務省」

→〈財政〉+〈省〉

「財務省」は〈財政〉+〈省〉で表現。〈財政〉は〈政治〉と〈金(かね)①〉を組み合わせた新しい手話。

〈財政〉

左手のひらに右ひじをのせ、右手の親指と人差指で作った丸を前後に振る。

〈省〉

両手のひらを右肩上で合わせ、前後にすりながら交差させる。

ざいもく【材木】

「輸入材木」

→〈輸入〉+〈木〉

例文の「材木」は〈木〉で表現。〈木〉は木の幹のさまを表す。

〈輸入〉

左手のひらを上に向け、右手の船形を手前に向けて近づける。

〈木〉

両手の親指と人差指で大きな丸を作り、上にあげながら左右に広げる。

さいわい【幸い】

「幸い合格した」

→〈幸せ〉+〈合格〉

「幸い」は都合よく、うまくなどの意味。〈幸せ〉はよかったとあごをなでるしぐさを表し、「幸い」「幸せ」「幸福」の意味を表す。

〈幸せ〉

親指と4指であごをなでるようにする。

〈合格〉

左手の親指と4指の間を指先を上に向けた右手で下から突き破るようにあげる。

さいよう【採用】

「(社員を)新しく採用する」

→(〈会社〉+〈人々①〉+)〈新しい〉+〈採用〉

例文の「採用」は人を選び取る意味なので〈採用〉で表現。〈採用〉は人を選び取るさまで「選出」「選抜」などの意味。

〈新しい〉

すぼめた両手をぱっと前に出して広げる。

〈採用〉

左人差指を右手の親指と人差指でつまみあげるようにする。

サウナ

「サウナ風呂」

→〈サウナ〉+〈風呂①〉

「サウナ」は〈サウナ〉で表現。〈サウナ〉は入浴後に白樺の枝で肌を打つさまを表す。

〈サウナ〉

右こぶしを左肩に振りあげ、次に右肩に振りあげる。

〈風呂①〉

右こぶしをほおに当て、こするようにする。

ざいりょう【材料】

「材料を吟味する」

→〈材料〉+〈調べる①〉

「材料」は完成品のもとになるもので〈材料〉で表現。〈材料〉は〈作る〉を元にした新しい手話。

〈材料〉

左こぶしの甲を右こぶしでたたく。

〈調べる①〉

右手の人差指と中指を軽く折り曲げて、目の前を左右に往復させる。

さか【坂】

「坂を登る」

→〈坂〉+〈登る①〉

「坂」は傾斜のある道なので〈坂〉で表現。〈坂〉は坂の傾斜具合によって傾きが変わる。

〈坂〉

右手指先を伸ばし坂を示す。

〈登る①〉

右手2指を登るようにして左上にあげていく。

さかえる【栄える】1

「(工業が)栄える」

→(〈歯車〉または〈機械〉+)
〈栄える〉
または〈向上①〉

例文の「栄える」は繁栄する、上向くなどの意味なので〈栄える〉または〈向上①〉で表現。いずれも「盛ん」「繁栄(する)」などの意味。

〈栄える〉
手のひらを下にして斜め上にあげる。

〈向上①〉
指文字〈コ〉を示した右手を斜め上にあげる。

さかえる【栄える】2

「家が栄える」

→〈家〉+〈広い②〉

例文の「家が栄える」は稼業繁盛、子孫に恵まれるなどの意味なので〈広い②〉で表現。〈広い②〉は家が大きくなるさまを表す。

〈家〉
両手で屋根形を作る。

〈広い②〉
両手で屋根形を作り、ひじを広げる。

さかさま【逆様】1

「位置が逆さま」

→〈逆〉
または〈あべこべ①〉

例文の「位置が逆さま」は位置が逆の意味。上下の逆なら〈逆〉で、前後が逆なら〈あべこべ①〉で表現する。

〈逆〉
全指を軽く折り曲げた両手の上下を入れ換える。

〈あべこべ①〉
全指を軽く曲げた両手を前後に置き、入れ換える。

さかさま【逆様】2

「逆さまに落ちる」

→〈落ちる②〉

例文の「逆さまに落ちる」は人が頭を下にして落ちるさまなので〈落ちる②〉で表現。〈落ちる②〉は人が頭を下に落ちるさまを表す。

〈落ちる②〉
甲を上向きにして左手を上にあげ、その上から右手2指が落ちるようにする。

さがす【探・捜す】

「職を探す」

→〈仕事〉+〈さがす①〉

「探す」は〈さがす①〉で表現。〈さがす①〉は目を配ってさがすさまで「探索」「見回る」「観光」などの意味がある。〈さがす①〉は左へ動かすこともある。

〈仕事〉
手のひらを上に向け、向かい合わせた両手指先を繰り返しつき合わせる。

〈さがす①〉
親指と人差指で作った丸を目の前で回しながら右へ動かす。

さかな【魚】

「魚屋」

→〈魚(さかな)①〉+〈店①〉

「魚」は〈魚①〉で表現。〈魚①〉は魚が泳ぐさまで「魚が泳ぐ」の意味もある。

〈魚(さかな)①〉
右手指先を左に向けて揺らしながら動かす。

〈店①〉
両手のひらを上に向けて、左右に開く。

さからう【逆らう】

「親に逆らう」

→〈両親〉+〈ひじてつ〉

「逆らう」は反抗することなので〈ひじてつ〉で表現。〈ひじてつ〉は反抗するさまで「ひじてつ(を食わす)」「反抗(する)」の意味もある。

〈両親〉

人差指をほおにふれ、親指と小指を出す。

〈ひじてつ〉

右手のひじを張る。

さがる【下がる】1

「幕がさがる」

→〈さがる①〉

例文の「幕がさがる」は幕がおりる意味なので〈さがる①〉で表現。上から幕がおりるさまで「閉幕」「幕がおりる」「幕が閉じる」などの意味。

〈さがる①〉

左手のひらの上に右手をすとんとおろす。

さがる【下がる】2

「成績がさがる」

→(〈成績〉+)
〈さがる②〉
または〈さがる⑤〉

例文の「さがる」は成績が落ちる意味なので〈さがる②〉または〈さがる⑤〉で表現。いずれもレベルがさがるさまで「低下」などの意味もある。

〈さがる②〉

指文字〈コ〉を示した右手を右上から左下におろす。

〈さがる⑤〉

両手人差指を並べ右手人差指を上下させながら右へ動かしさげる。

さがる【下がる】3

「位がさがる」

→〈さがる③〉

例文の「位がさがる」は地位が低くなる意味なので〈さがる③〉で表現。〈さがる③〉は地位・立場が低くなるさまで「地位をさげる」も同じ。

〈さがる③〉

親指を立てた右手を右下におろす。

さがる【下がる】4

「熱がさがる」

→〈体温〉+〈さがる④〉

例文の「熱がさがる」は熱が低くなる意味なので〈さがる④〉で表現。〈さがる④〉は体温計の水銀柱がさがるさまを表す。

〈体温〉

右人差指を左脇にはさむ。

〈さがる④〉

人差指を立てた右手を下におろす。

さがる【下がる】5

「水位がさがる」

→〈流れる②〉+〈減る②〉

例文の「さがる」は水の量が減って水面がさがる意味なので〈減る②〉で表現。〈減る②〉は水面がさがるさまを表す。

〈流れる②〉

右手の甲を下にして波のようにゆらゆら上下に揺すりながら右へやる。

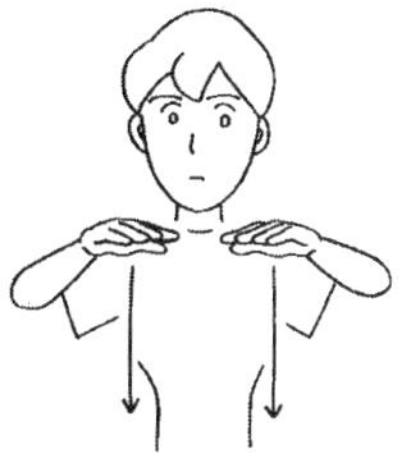

〈減る②〉

両手のひらを下に向けてさげる。

さがる【下がる】6

「エレベーターでさがる」

→〈さがる⑥〉

例文の「エレベーターでさがる」は〈さがる⑥〉で表現。人が乗るエレベーターがさがるさまを表す。

〈さがる⑥〉

左手のひらの上に右手 2 指を立ててそのまま下にさげる。

さがる【下がる】7

「彼の後ろにさがる」

→〈彼〉+〈さがる⑦〉

例文の「後ろにさがる」は後ろにまわる意味なので〈さがる⑦〉で表現。〈さがる⑦〉は背後にまわるさまを表す。

〈彼〉

左親指を右人差指でさす。

〈さがる⑦〉

親指を立てた両手を並べて、右親指を左親指の背後に動かす。

さがる【下がる】8

「土地の値段がさがる」

→〈土〉+〈値下げ①〉

例文の「値段がさがる」は価格が安くなる意味なので〈値下げ①〉で表現。〈値下げ①〉は値段がさがるさまで「価格が低下する」の意味もある。

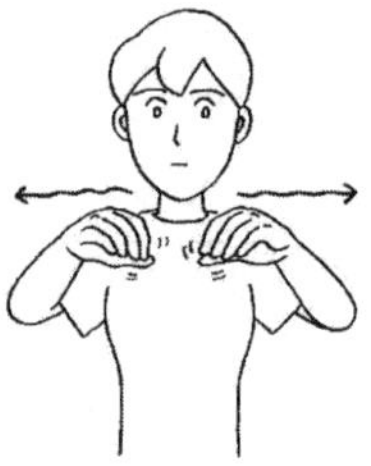

〈土〉

砂や土をこすり落とすようにして両手を左右に開く。

〈値下げ①〉

両手の親指と人差指で作った丸を同時にさげる。

さがる【下がる】9

「給料がさがる」

→〈給料〉+〈安い②〉

例文の「給料がさがる」は給料が安くなる意味なので〈給料〉+〈安い②〉で表現。手話はもらった給料が安くなるさまを表す。

〈給料〉

左手のひらに右手親指と人差指で作った丸を添えて手前に引き寄せる。

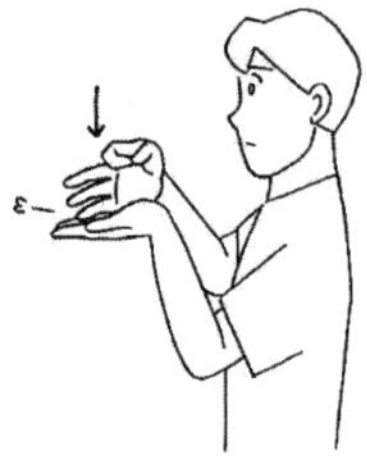

〈安い②〉

胸の高さに置いた左手のひらに右手の親指と人差指で作った丸を下ろしてつける。

さかん【左官】

「左官業」

→〈左官〉+〈仕事〉

「左官」は壁をモルタルや土で仕あげること、またその人のことなので〈左官〉で表現。〈左官〉は壁をこてで仕あげるさまを表す。

〈左官〉

左手のひらから壁土をとり、右手のこてで壁を塗るようにする。

〈仕事〉

手のひらを上に向け、向かい合わせた両手指先を繰り返しつき合わせる。

さかん【盛ん】1

「(国際)交流が盛んになる」

→(〈国際〉+)〈交流〉+〈増える②〉

例文の「盛ん」は規模や数が大きくなる意味なので〈増える②〉で表現。〈増える②〉は大きくなるさまで「広がる」「拡大」などの意味。

〈交流〉

両手のひらを上に向け上下に置き、互い違いに水平に回す。

〈増える②〉

向かい合わせた両手の親指と人差指を揺らしながら左右に開く。

さかん【盛ん】2

「(老いて)ますます盛ん」
→(〈年をとる〉+)
〈ますます〉+〈元気②〉

例文の「盛ん」は元気で衰えない意味なので〈元気②〉で表現。〈元気②〉はいきいきと活発なさまを表す。

〈ますます〉
親指と人差指を開いた両手を重ね、さらに右手を一段上にあげる。

〈元気②〉
ひじを左右に繰り返し張る。

さき【崎】

「長崎」
→(〈長い①〉+)〈崎(さき)①〉
または〈崎(さき)②〉

例文の「長崎」は〈長い①〉+〈崎①〉または〈崎②〉で表現。いずれもみさきで、突き出たさまを表す。

〈崎(さき)①〉
両手指先を前方でつける。

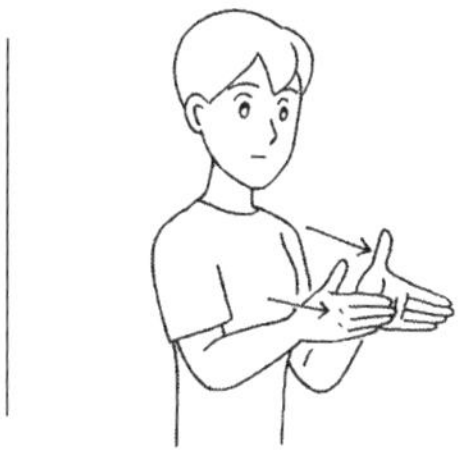

〈崎(さき)②〉
前に出しながら指先を前に向けた左手のひらに右指先をつける。

さかん【盛ん】3

「スポーツが盛んな(学校)」
→〈スポーツ〉+〈熱心②〉
(+〈学校〉)

例文の「盛ん」は熱心に取り組む意味なので〈熱心②〉で表現。〈熱心②〉は体から熱気が発散するさまで「熱心」「積極」などの意味。

〈スポーツ〉
向かい合わせた両手を交互に回転させる。

〈熱心②〉
親指と4指を閉じた右手を左脇に当て、前に出しながらぱっと開く。

さき【先】1

「先を争う」
→〈競争〉

例文の「先を争う」は一番になろうと争う意味なので〈競争〉で表現。〈競争〉は人が先を争うさまを表す。

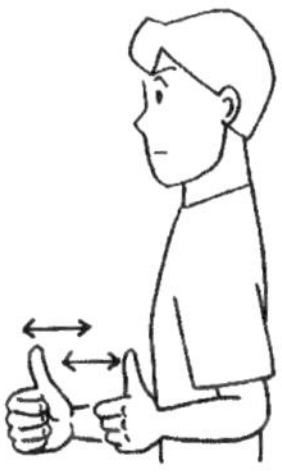

〈競争〉
親指を立てた両手を競うように交互に前後させる。

さかん【盛ん】4

「工業が盛んになってきた」
→(〈歯車〉または)
〈機械〉+〈栄える〉

例文の「盛ん」は勢いがあがる意味なので〈栄える〉で表現。〈栄える〉は上向くさまで「向上」「発展」「栄える」などの意味がある。

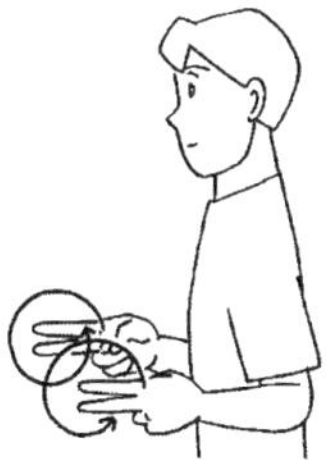

〈機械〉
両手2指を前方に向け、交互に前に回転させる。

〈栄える〉
手のひらを下にして斜め上にあげる。

さき【先】2

「(青森の)先は北海道」
→(〈青〉+〈森〉+)
〈遠い③〉+〈北海道①〉

例文の「先」は向こうの意味なので〈遠い③〉で表現。〈遠い③〉はやや遠い方をさすしぐさで「遠い」「遠く」「その先」などの意味。

〈遠い③〉
右人差指で弧を描いて前をさす。

〈北海道①〉
両手の2指で「◇」を描く。

さき【先】3

「先に述べた」

→〈過去②〉+〈説明〉

例文の「先」は以前の意味なので〈過去②〉で表現。〈過去②〉は少し以前を表す。

〈過去②〉

右手のひらを後ろに向けて、押すようにして肩越しに少し後ろに動かす。

〈説明〉

左手のひらを右手で小刻みにたたく。

さき【先】4

「先が思いやられる」

→〈将来②〉+〈心配②〉

例文の「先」は将来の意味なので〈将来②〉で表現。〈将来②〉はやや近い将来を表し、手の出し方で将来の程度を表す。

〈将来②〉

右手のひらを前に向けて少し押すように前に出す。

〈心配②〉

手指を曲げた両手を胸に当てる。

さき【先】5

「相手先が承知しない」

→〈彼〉+〈認めない①〉

例文の「相手先」は相手の意味なので〈彼〉を表現。〈彼〉は男を指さすさまで第三者を表す。

〈彼〉

左親指を右人差指でさす。

〈認めない①〉

左手で右腕を持ち、右こぶしをすばやく起こす。

さき【先】6

「私が先にやる」

→〈私①〉+〈一番①〉

例文の「先」はまず初めの意味なので〈一番①〉で表現。〈一番①〉はトップでゴールを切るさま。

〈私①〉

人差指で胸を指さす。

〈一番①〉

右人差指を左肩に軽く当てる。

さき【先】7

「郵便の送り先」

→〈郵便を出す①〉+〈場所〉

例文の「先」は先方、所の意味なので〈場所〉で表現。〈場所〉は「場所」「所」の意味。

〈郵便を出す①〉

左手２指と右人差指で〒マークを作り、前に出す。

〈場所〉

全指を曲げた右手を前に置く。

さぎ【詐欺】1

「詐欺(で捕まる)」

→〈ごまかす①〉
　または〈ごまかす②〉
　(+〈捕まる②〉)

例文の「詐欺」はだまし損害を与える意味なので〈ごまかす①〉または〈ごまかす②〉で表現。キツネの形を回してだますさまを表す。

〈ごまかす①〉

右手の親指と中指と薬指を閉じ、その指先を前に向け、小さく回す。

〈ごまかす②〉

左手甲を前に向け、右手の親指と中指と薬指を閉じ、その指先を前に向けて小さく回す。

さぎ【詐欺】2

「詐欺に会う」

→〈ごまかされる〉+〈あきれる〉

例文の「詐欺に会う」はだまされ損害を受ける意味なので〈ごまかされる〉+〈あきれる〉で表現。手話はだまされ唖然とするさまを表す。

〈ごまかされる〉

親指と中指と薬指を閉じて指先を顔に向け、小さく回す。

〈あきれる〉

両こぶしを合わせて上下に開く。

さぎ【詐欺】3

「(結婚)詐欺」

→(〈結婚〉+)〈ごまかす①〉または〈ごまかす②〉

例文の「詐欺」は〈ごまかす①〉または〈ごまかす②〉で表現。いずれもキツネの形を回してだますさまを表す。

〈ごまかす①〉

右手の親指と中指と薬指を閉じ、その指先を前に向け、小さく回す。

〈ごまかす②〉

左手甲を前に向け、右手の親指と中指と薬指を閉じ、その指先を前に向けて小さく回す。

さぎょう【作業】1

「手作業」

→〈手〉+〈作る〉

例文の「手作業」は〈手〉+〈作る〉で表現。〈作る〉は「作る」「工作」「製造」などの意。「手作り」も同手話。

〈手〉

左手甲を右手で軽くふれる。

〈作る〉

両手のこぶしを上下に打ちつける。

さぎょう【作業】2

「農作業にはげむ」

→〈農業〉+〈一生懸命〉

例文の「農作業」は〈農業〉で表現。〈農業〉は耕すさまを表す。

〈農業〉

両手のこぶしを握り、くわで耕すようにする。

〈一生懸命〉

両手を顔の横から繰り返し強く前に出す。

さぎょう【作業】3

「(一日)作業する」

→(〈一日①〉または〈一日②〉+)〈仕事〉または〈作る〉

例文の「作業する」は〈仕事〉または〈作る〉で表現。〈仕事〉は働く意。

〈仕事〉

手のひらを上に向け、向かい合わせた両手指先を繰り返しつき合わせる。

〈作る〉

両手のこぶしを上下に打ちつける。

さく【咲く】1

「(梅の)花が咲く」

→(〈梅〉+)〈花①〉または〈花③〉

例文の「咲く」は〈花①〉または〈花③〉で表現。いずれも花が開くさまを表す。

〈花①〉

両手を合わせてすぼませた指を左右に開く。

〈花③〉

両手を閉じて手首を付け合わせ、右にずらしながら回転させ、同時に手を開く。

さく【咲く】2

「話に花が咲く」

→〈うれしい〉+〈会話②〉

例文の「話に花が咲く」は話が楽しく盛んになる意味なので〈うれしい〉+〈会話②〉で表現。手話は楽しいおしゃべりの意味。

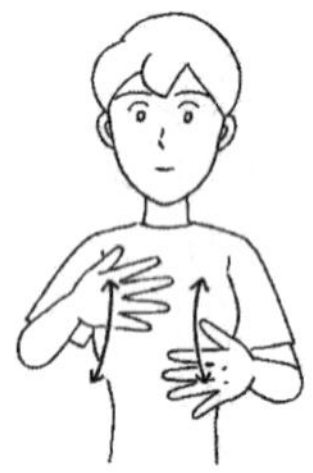

〈うれしい〉
両手のひらを胸の前で、交互に上下させる。

〈会話②〉
すぼめた両手を向かい合わせて同時に左右から繰り返し開く。

さく【策】

「策を練る」

→〈計画〉+〈考える〉

「策」は企て、計画の意味なので〈計画〉で表現。〈計画〉は設計図を引くさまで「策」「計画」「設計」などの意味。

〈計画〉
左手のひらを下に向け、右人差指で線を引くようにする。

〈考える〉
右人差指を頭にねじこむようにする。

さく【裂く】1

「紙を裂く」

→〈四角①〉+〈破る〉

例文の「裂く」は紙を破る意味なので〈破る〉で表現。〈破る〉は紙などを破るさまで「裂く」「ちぎる」などの意味。

〈四角①〉
両手の人差指で四角を描く。

〈破る〉
両手の親指と人差指でつまんだ紙を引き裂くように前後に動かす。

さく【裂く】2

「男女の仲を裂く」

→〈男女〉+〈裂く〉

例文の「裂く」は人間関係を無理やり断つ意味なので〈裂く〉で表現。〈裂く〉は二人の仲に立ち入って引き離すさまを表す。

〈男女〉
右親指と左小指を並べて出す。

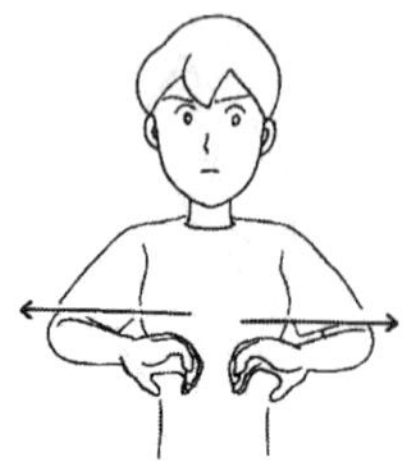

〈裂く〉
軽く曲げた両手を下に向け、左右に引き裂くようにする。

さくしゃ【作者】1

「(小説の)作者」

→(〈小〉+〈著作〉+)
〈書く①〉+〈男〉

例文の「作者」は文章を書く人なので〈書く①〉で表現。「小説の筆者」も同手話。

〈書く①〉
左手のひらに右手の親指と人差指で縦に書くようにする。

〈男〉
親指を立てた右手を出す。

さくしゃ【作者】2

「絵の作者」

→〈絵〉+〈男〉

例文の「作者」は絵を描く人なので〈男〉で表現。

〈絵〉
左手のひらに右手指の背を軽く打ちつける。

〈男〉
親指を立てた右手を出す。

さくしゅ【搾取】

「(労働者を)搾取する」

→(〈工事〉+〈人々①〉+)〈しぼる①〉+〈取る②〉

「搾取」はしぼり取る意味なので〈しぼる①〉+〈取る②〉で表現。手話はしぼり取るさまを表す。

〈しぼる①〉

両こぶしを重ね、タオルをしぼるようにする。

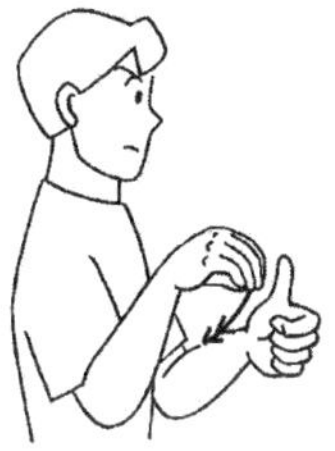

〈取る②〉

左親指の背後から右手全指でつまみ取るようにする。

さくねん【昨年】

「昨年」

→〈去年〉

「昨年」は一年前のことなので〈去年〉で表現。左手は年輪を表し、右手はそれが一年前であることを表す。

〈去年〉

左こぶしの親指側に右人差指を当て、肩越しに後ろに動かす。

さくひん【作品】

「作品(展を開く)」

→〈作る〉+〈品(ひん)〉(+〈並べる②〉+〈開(ひら)く④〉)

「作品」は完成した制作物のことで〈作る〉+〈品〉で表現。〈品〉は漢字「品」の字形を表す手話。

〈作る〉

両手のこぶしを上下に打ちつける。

〈品(ひん)〉

右手の親指と人差指で作った丸を上、左、右に示す。

さくぶん【作文】

「作文を書く」

→〈文章〉+〈書く①〉

「作文」は文章を書くこと、またはまとめられた文章で〈文章〉+〈書く①〉で表現。〈文章〉は〈文〉を伸ばして「文章」を表す。

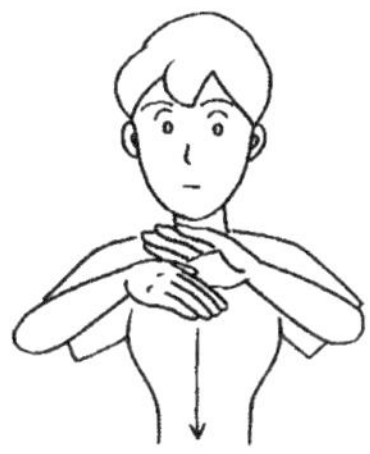

〈文章〉

両手の親指と4指の間を合わせて下におろす。

〈書く①〉

左手のひらに右手の親指と人差指で縦に書くようにする。

サクラ【桜】

「桜」

→〈桜〉

「桜」は〈桜〉で表現。〈桜〉は桜の花びらのさまを表す。

〈桜〉

軽く指先を開いた両手のひらを合わせて、少しずつずらしながらたたきながら回す。

少しずつずらしながら回す。

サクランボ

「サクランボ」

→〈サクランボ〉

「サクランボ」は小さな実をつけた果物。〈サクランボ〉で表現。〈サクランボ〉はその実と柄(え)を表す。「山形(県)」も同手話。

〈サクランボ〉

左手の親指と人差指で作った丸に右人差指をつける。

さぐる【探る】1

「ポケットを探る」

→〈ポケット①〉(または〈ポケット②〉)+〈調べる①〉

例文の「探る」は調べることなので〈調べる①〉で表現。〈調べる①〉は注意深く目を配るさまで、「調査」「検査」「点検」の意。

〈ポケット①〉
右手指先をズボンのポケットに入れるように下にさげる。

〈調べる①〉
右手の人差指と中指を軽く折り曲げて、目の前を左右に往復させる。

サケ【鮭】

「塩ザケ」

→〈塩②〉+〈サケ〉

「サケ」は〈サケ〉で表現。〈サケ〉は新巻鮭のさまを表す。

〈塩②〉
右手２指を口の前で小さく回転させる。

〈サケ〉
握った左手の下から立てた右手を左右にひねりながら下におろす。

さぐる【探る】2

「(真意を)探る」

→(〈本当〉+〈気持ち〉+)〈考える〉+〈見る③〉

例文の「探る」は考え知ろうとすることなので〈考える〉+〈見る③〉で表現。〈見る③〉は「〜てみる」の意。

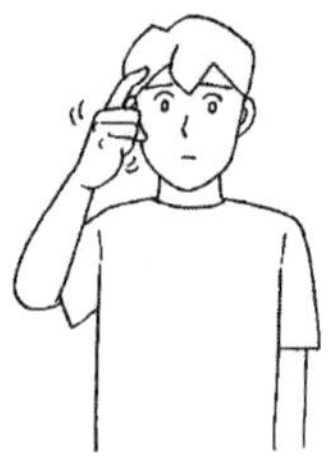

〈考える〉
右人差指を頭にねじこむようにする。

〈見る③〉
右人差指を目元から前に繰り返し出す。

さけ【酒】1

「酒屋」

→〈酒〉+〈店①〉

例文の「酒」は〈酒〉で表現。〈酒〉は酒に浮かれてあごや額に手をやるしぐさを表す。

〈酒〉
右手をあごと額に順に当てる。

〈店①〉
両手のひらを上に向けて、左右に開く。

さぐる【探る】3

「(語)源を探る」

→(〈言葉〉+)〈基本①〉+〈調べる①〉

例文の「探る」は調べることなので〈調べる①〉で表現。「語源を調べる」も同手話。

〈基本①〉
左ひじを立て、閉じた右手を当てて下に向けて開く。

〈調べる①〉
右手の人差指と中指を軽く折り曲げて、目の前を左右に往復させる。

さけ【酒】2

「酒を飲む」

→〈飲む③〉

例文の「酒を飲む」は〈飲む③〉で表現。おちょこで飲むさまで「一杯やる」「飲酒」などの意味。

〈飲む③〉
右手の親指と人差指でおちょこを持ち、飲むようにする。

さけぶ【叫ぶ】1

「改革を叫ぶ」

→〈変わる②〉+〈宣伝〉

例文の「叫ぶ」は強く主張し訴える意味なので〈宣伝〉で表現。〈宣伝〉は声をあげて呼びかけるさまを表す。

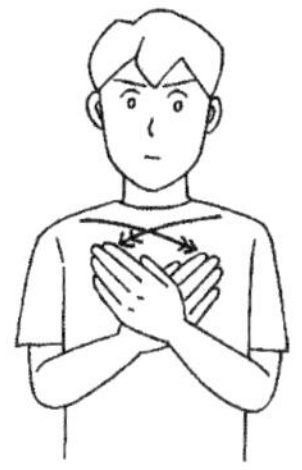

〈変わる②〉

手のひらを手前に向けた両手を交差させる。

〈宣伝〉

親指と4指を閉じた両手を口の前から左右にぱっぱっと繰り返し開く。

さけぶ【叫ぶ】2

「口々に叫ぶ」

→〈叫ぶ〉

例文の「叫ぶ」はいろいろな人が次々に叫ぶ意味なので〈叫ぶ〉で表現。

〈叫ぶ〉

閉じた両手を交互に前に出してぱっぱっと開く。

さけぶ【叫ぶ】3

「大声で叫ぶ」

→〈声があがる〉+〈大きい①〉

例文の「叫ぶ」は大声を出す意味なので〈声があがる〉+〈大きい①〉で表現。手話は大声を出すさまを表す。

〈声があがる〉

親指と人差指で作った丸をのど元に当て、気管に添って口元から上の方にあげる。

〈大きい①〉

親指と人差指を向かい合わせた両手を左右に広げる。

さける【避ける】1

「人目を避ける」

→〈見られる②〉+〈隠れる〉

例文の「避ける」は人に出会わないように隠れる意味なので〈隠れる〉で表現。〈隠れる〉は顔を隠すさまを表す。

〈見られる②〉

両手2指をくるりと自分の方に向ける。

〈隠れる〉

両手の小指側を合わせて顔を隠すようにする。

さける【避ける】2

「話を避ける」

→〈手話〉+〈防ぐ〉

例文の「避ける」は望ましくないものに近づかないようにする意味なので〈防ぐ〉で表現。〈防ぐ〉は追って来るものを防ぐさまを表す。

〈手話〉

両手の人差指を向かい合わせて、糸を巻くように回転させる。

〈防ぐ〉

両手のひらを前に向け押すように出す。

さける【避ける】3

「車を避ける」

→〈車①〉+〈逃げる〉

例文の「避ける」は向かってくるものに対して身をかわす意味なので〈逃げる〉で表現。〈逃げる〉は身をかわすさまを表す。

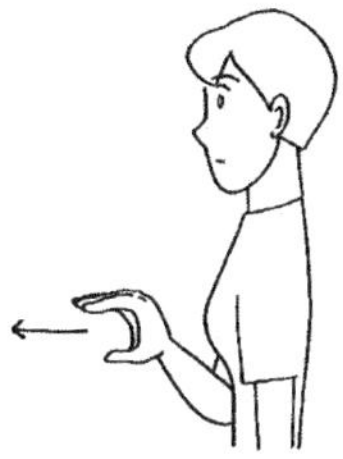

〈車①〉

右手を「コ」の字形にして指先を前に向けて出す。

〈逃げる〉

両こぶしを右上にさっとあげる。

さげる【下げる】1

「話をさげる」

→〈手話〉+〈下品〉

例文の「さげる」は下品にする意味なので〈下品〉で表現。〈下品〉は程度が低いさまで「品が落ちる」などの意味。

〈手話〉

両手の人差指を向かい合わせて、糸を巻くように回転させる。

〈下品〉

親指を立てた右手を下に向けておろす。

さげる【下げる】2

「位をさげる」

→〈さがる③〉

例文の「位をさげる」は地位が低くなる意味なので〈さがる③〉で表現。〈さがる③〉は地位が低くなるさまで「位がさがる」意味もある。

〈さがる③〉

親指を立てた右手を右下におろす。

さげる【下げる】3

「値段をさげる」

→〈金(かね)①〉+〈値下げ①〉

例文の「さげる」は値段を低くする意味なので〈値下げ①〉で表現。〈値下げ①〉は値段が低くなるさまで〈金(かね)①〉を略してもよい。

〈金(かね)①〉

右手の親指と人差指で作った丸を示す。

〈値下げ①〉

両手の親指と人差指で作った丸を同時にさげる。

さげる【下げる】4

「車をさげる」

→〈運転〉+〈バックする〉

例文の「さげる」は車をバックする意味なので〈バックする〉で表現。〈バックする〉は車がバックするさまを表す。

〈運転〉

ハンドルを両手で握り、回すようにする。

〈バックする〉

右手を「コ」の字形にして手前に引く。

さげる【下げる】5

「かばんをさげる」

→〈かばん〉

または〈ショルダーバッグ〉

「さげる」は手に持って、あるいは肩にかけてつるす意味なので〈かばん〉または〈ショルダーバッグ〉で表現。かばんの種類で手話は変わる。

〈かばん〉

かばんを持ち、軽く上下に揺するようにする。

〈ショルダーバッグ〉

左手２指の指先を左肩に当ててて下におろす。

サザエ

「サザエ」

→〈サザエ〉

「サザエ」は蓋をもった巻き貝。〈サザエ〉で表現。〈サザエ〉はサザエの貝殻から身を引き抜くさまを表す。

〈サザエ〉

左こぶしの親指側を右人差指をかぎ状形にしてねじって引っぱり出すようにする。

ささえる【支える】1

例文の「支える」は〈助ける①〉で表現。

「(家)計を支える」

→(〈家〉+)
〈経済〉+〈助ける①〉

〈経済〉

両手の親指と人差指で作った丸を上下で互い違いに回転させる。

〈助ける①〉

親指を立てた左手の後ろを右手のひらで軽く後押しする。

ささやく

「うわさがささやかれる」はうわさがある意味なので〈うわさ〉+〈ある①〉で表現。〈うわさ〉は耳元でささやくさま。

「うわさがささやかれている」

→〈うわさ〉+〈ある①〉

〈うわさ〉

指先をつき合わせた両手をねじるように揺らし、耳を傾ける。

〈ある①〉

手のひらを下に向けた右手を体の前に軽く置く。

ささえる【支える】2

例文の「支える」は〈助ける②〉で表現。〈助ける②〉は下から支えるさまを表す。

「うらで支える」

→〈隠れる〉+〈助ける②〉

〈隠れる〉

両手の小指側を合わせて顔を隠すようにする。

〈助ける②〉

親指を出した左手を右手のひらで下から当てる。

さしあげる【差し上げる】

「差しあげる」は「与える」の謙遜した言い方なので〈与える①〉で表現。〈与える①〉は両手で丁寧にするさまを表す。

「本を差しあげる」

→〈本〉+〈与える①〉

〈本〉

手のひらを合わせた両手を本を開くように左右に開く。

〈与える①〉

両手のひらを上に向け並べて前に差し出す。

ささげる【捧げる】

「捧げる」は差しあげる意味なので〈捧げる〉で表現。〈捧げる〉は両手で差しあげるさまで「奉仕」「献身」などの意味。

「身を捧げる」

→〈体(からだ)〉+〈捧げる〉

〈体(からだ)〉

右手を体の上で回す。

〈捧げる〉

手のひらを上に向けた両手を上に差しあげるようにする。

さしず【指図】

「指図」は指示、指導することなので〈指導〉で表現。〈指導〉は指示するさまで「指導」「指図」「指揮」「指示」などの意味。

「あれこれ指図する」

→〈いろいろ〉+〈指導〉

〈いろいろ〉

親指と人差指を立てた右手をねじりながら右へ動かす。

〈指導〉

両手人差指の指先を前に向け、ややひじをあげて、交互に前に出す。

さしひく【差し引く】

「給料から差し引く」
→〈給料〉+〈差し引く〉

「差し引く」は引き去る意味で〈差し引く〉で表現。〈差し引く〉はもとのものから差し引くさまを表す。

〈給料〉
左手のひらに右手親指と人差指で作った丸を添えて手前に引き寄せる。

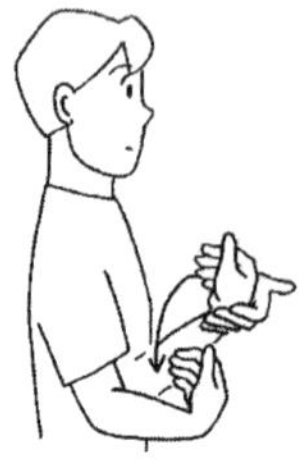

〈差し引く〉
左手のひらから右手で手前に削り落とすようにする。

さしみ【刺身】

「鯛の刺身」
→〈鯛(たい)〉+〈刺身〉

「刺身」は〈刺身〉で表現。〈刺身〉は魚をうすくそぎ切りにするさまを表す。

〈鯛(たい)〉
右手のひらを手前に返すようにして指先を上にあげる。

〈刺身〉
左手甲を魚の切り身に見立て、右手で刺身を切るようにする。

さす【差す】1

「月の光がさす」
→〈月〉+〈光①〉

例文の「さす」は光がさしこむことで〈光①〉で表現。〈光①〉は光線などがさしこむさまを表す。

〈月〉
右手の親指と人差指で三日月形を描く。

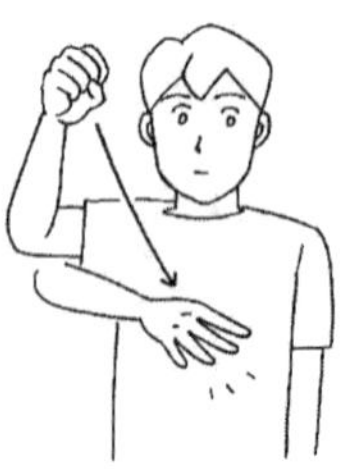

〈光①〉
閉じた右手を右肩上から斜め下に開きながらおろす。

さす【差す】2

「嫌気がさす」
→〈あきる〉

例文の「嫌気がさす」はうんざりする、いやになる意味なので〈あきる〉で表現。〈あきる〉は気が落ちるさまでうんざりした表情で表現。

〈あきる〉
右親指を胸に当て、すべらせるようにして指先を下に向ける。

さす【刺す】1

「[人を]
ナイフで刺す」
→〈削る①〉+〈殺す〉

例文の「刺す」は人をナイフで突き刺す意味なので〈殺す〉で表現。〈殺す〉は人をナイフで突き刺すさまで「刺す」「殺す」などの意味。

〈削る①〉
左人差指を右人差指で削るようにする。

〈殺す〉
左親指を右人差指で刺すようにする。

さす【刺す】2

「蚊が刺す」
→〈刺す①〉+〈たたく〉

例文の「蚊が刺す」は〈刺す①〉+〈たたく〉で表現。〈刺す①〉+〈たたく〉は刺した蚊をたたくさまで「蚊が刺す」「蚊」などの意味。

〈刺す①〉
つまんだ親指と人差指の先でほおを軽く突く。

〈たたく〉
ほおを軽くたたく。

さすが【流石】1

「秀才の彼でもさすがに(できない)」

→〈賢い②〉+〈しかし〉(+〈できない〉)

例文の「さすがに」は「〜であるが」の意味で〈しかし〉で表現。〈しかし〉は手のひらを返し先立つ語を否定する。「けれども」「しかし」の意味。

〈賢い②〉

〈彼〉の左手を残したまま、右手の閉じた親指と人差指を側頭部からすばやく斜め上に開く。

〈しかし〉

右手のひらを返す。

さずける【授ける】

「勲章を授ける」

→〈メダル①〉+〈与える①〉

「授ける」は目上の者が目下の者に与える意味なので〈与える①〉で表現。〈与える①〉は渡すさまで「授ける」「与える」「授与」の意味。

〈メダル①〉

両手の親指と人差指で丸を作り、みぞおち辺りにつける。

〈与える①〉

両手のひらを上に向け並べて前に差し出す。

さすが【流石】2

「(一人暮らしは)さすがに寂しい」

→(〈一人①〉+〈生活〉+)〈本当〉+〈寂しい②〉

例文の「さすがに」は本当に、の意味なので〈本当〉で表現。

〈本当〉

右手をあごに当てる。

〈寂しい②〉

右手人差指をこめかみに当て、他の4指を繰り返し軽くはじく。

ざせつ【挫折】

「計画が挫折する」

→〈計画〉+〈中途〉

「挫折」は途中でくじけてだめになる意味なので〈中途〉で表現。〈中途〉は最後まで行かずに終わってしまうさまを表す。

〈計画〉

左手のひらを下に向け、右人差指で線を引くようにする。

〈中途〉

左手のひらに右手指先を近づけて途中で落とす。

さすが【流石】3

「さすがは天才」

→〈さすが〉+〈天才〉

例文の「さすが」は感心して相手をほめて言う意味なので〈さすが〉で表現。〈さすが〉は「さすが」を意味する新しい手話。

〈さすが〉

あごのやや左に右手を立て、右へ引くようにしてあごに当てる。

〈天才〉

親指と人差指を閉じた右手を勢いよくはじいて人差指を立てる。

させん【左遷】1

「彼を左遷する」

→〈彼〉+〈左遷①〉

例文は〈彼〉+〈左遷①〉で表現。〈左遷①〉は向こうへ追いやるさまを表す。

〈彼〉

左親指を右人差指でさす。

〈左遷①〉

〈彼〉の右手を残したまま左親指を斜め前に出す。

させん【左遷】2

「左遷される」
→〈言いつかる〉+〈左遷②〉
(または〈さがる③〉)

「左遷」は低い地位にさげられたり遠くにとばされたりする意味なので〈言いつかる〉+〈左遷②〉または〈さがる③〉で表現。

〈言いつかる〉
右人差指を自分の顔に向けてさす。

〈左遷②〉
左手のひらに親指を立てた右手をのせ、滑るように左へ動かす。

さそう【誘う】

「彼女を誘う」
→〈彼女〉+〈誘う〉

例文の「誘う」は呼び寄せる意味で〈誘う〉で表現。〈誘う〉は呼び寄せるさま。「彼を誘う」なら左手を親指にする。

〈彼女〉
左小指を右人差指でさす。

〈誘う〉
左小指を右手のひらで呼び寄せるようにする。

さだまる【定まる】1

「方針が定まる」
→〈方針〉+〈決める①〉

例文の「定まる」は決まる意味なので〈決める①〉で表現。〈決める①〉は扇子をたたいて決断するさまで「決める」「決定」などの意味。

〈方針〉
左手のひらに人差指の指先を前に向けた右手をのせ、指先を左右に揺らす。

〈決める①〉
左手のひらに右手2指を軽く打ちつける。

さだまる【定まる】2

「定まった日」
→〈定まる〉+〈いつ〉

例文の「定まった」は一定の意味なので〈定まる〉で表現。〈定まる〉は手をしっかり組むさまで定められていることを表す。

〈定まる〉
両手指を曲げて上下に組み合わす。

〈いつ〉
両手を上下にして、両手同時に順番に指を折る。

さだめる【定める】1

「方針を定める」
→〈方針〉+〈決める①〉

例文の「定める」は〈決める①〉で表現。〈決める①〉はぴしゃりと机をたたくさまで「決定」の意。「方針を決める」も同手話。

〈方針〉
左手のひらの上に人差指を出した右手をのせて、磁石の針のように振る。

〈決める①〉
左手のひらに右手2指を打ちつける。

さだめる【定める】2

「あの男にねらいを定める」
→〈彼〉+〈目的②〉

例文の「ねらいを定める」は〈目的②〉で表現。ねらいを定めるような表情で表す。〈目的②〉はねらった的に矢を当てるさまを表す。

〈彼〉
左親指を右人差指でさす。

〈目的②〉
左こぶしを上にあげ、親指側に右人差指を当てる。

さつ【札】

「万札」
→〈万〉+〈券①〉

例文の「札」は紙幣のことなので〈券①〉で表現。〈券①〉は券や札のような長方形のものを表す。

〈万〉
右手の親指と4指を閉じて丸を作る。

〈券①〉
両手の親指と人差指を向かい合わせて四角を示す。

さっき 1

「さっき言った」
→〈過去②〉+〈言う①〉

例文の「さっき」は少し前のことなので〈過去②〉で表現。〈過去②〉は時間的に少し前の意。

〈過去②〉
右手のひらを後ろに向けて、押すようにして肩越しに少し後ろに動かす。

〈言う①〉
右人差指を口元から前に出す。

サッカー

「サッカーの試合」
→〈サッカー〉+〈試合①〉

「サッカー」は〈サッカー〉で表現。〈サッカー〉は左手のボールを右手の足でけるさまを表す。

〈サッカー〉
丸を作った左手を右2指を足のようにけって左指を跳ね上げる。

〈試合①〉
親指を立てた両手を正面で軽くぶつける。

さっき 2

「さっきから[見ている]」
→〈ずっと①〉または〈続く①〉

例文の「さっきから」は少し前から続いてのことなので〈ずっと①〉または〈続く①〉で表現。いずれもある状態がずっと続いているさまを表す。

〈ずっと①〉
右人差指の先を前に向け、右から左へ線を引くように動かす。

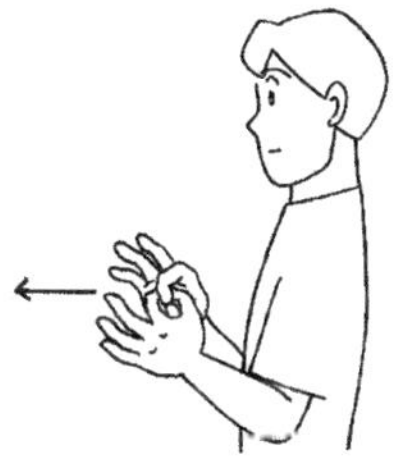

〈続く①〉
両手の親指と人差指を組んで前に出す。

さっかく【錯覚】

「錯覚を与える」
→〈まちがう②〉+〈取られる②〉

「錯覚」は見まちがう意味なので〈まちがう②〉で表現。〈まちがう②〉は見まちがうさまで「まちがう」「誤る」「錯覚」などの意味。

〈まちがう②〉
つまんだ両手を目の前に置き、交差させる。

〈取られる②〉
右手で顔を前につかみとるようにする。

ざっくばらん

「ざっくばらんに話す」
→〈ざっくばらん〉+〈説明〉

「ざっくばらん」は腹を割るあけすけな態度の意味なので〈ざっくばらん〉で表現。〈ざっくばらん〉は隠すことなく、腹を割るさまを表す。

〈ざっくばらん〉
軽く指先を曲げた両手を腹に当て、腹を開くように左右に開く。

〈説明〉
左手のひらを右手で小刻みにたたく。

ざっし【雑誌】

「雑誌がたまる」

→〈雑誌〉+〈たまる〉

「雑誌」は定期的に発行される本の一種で〈雑誌〉で表現。〈雑誌〉は雑誌を開くさまを表す。〈本〉との違いに注意。

〈雑誌〉

両手のひらを上下に合わせて右手を開くように返す。

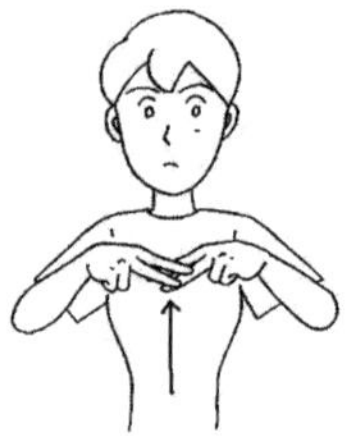

〈たまる〉

両手２指で「井」の字形を組み、下から上にあげる。

さっそく【早速】

「早速はじめる」

→〈はやい①〉+〈開(ひら)く④〉

「早速」はすぐにの意味なので〈はやい①〉で表現。〈はやい①〉は矢が飛ぶさまではやいさまを表す。

〈はやい①〉

親指と人差指を閉じた右手をすばやく左へ動かしながら人差指を伸ばす。

〈開(ひら)く④〉

両手のひらを下に向けて並べ、左右に開く。

ざつだん【雑談】

「雑談が多い」

→〈会話②〉+〈たくさん③〉

「雑談」はとりとめもなくいろいろと話し合うことなので〈会話②〉で表現。〈会話②〉は人々が口々に話すさまを表す。

〈会話②〉

すぼめた両手を向かい合わせて同時に左右から繰り返し開く。

〈たくさん③〉

両手指を親指から順番に折りながら左右に開く。

さっぱり 1

「さっぱりした部屋」

→〈美しい②〉+〈部屋〉

例文の「さっぱり」はきれいに整頓された意味なので〈美しい②〉で表現。〈美しい②〉はなめらかできれいなさまを表す。

〈美しい②〉

左手のひらをなでるように右手のひらを滑らせる。

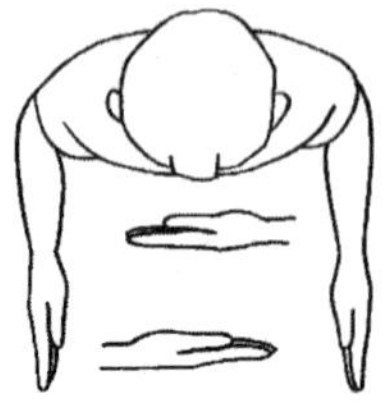

〈部屋〉

両手のひらで前後左右に四角く囲む。

さっぱり 2

「気分がさっぱりする」

→〈気持ち〉+〈なくなる①〉

例文の「さっぱり」は胸のつかえなどがなくなり気分のよい意味で〈なくなる①〉で表現。〈なくなる①〉はきれいさっぱりなくなるさま。

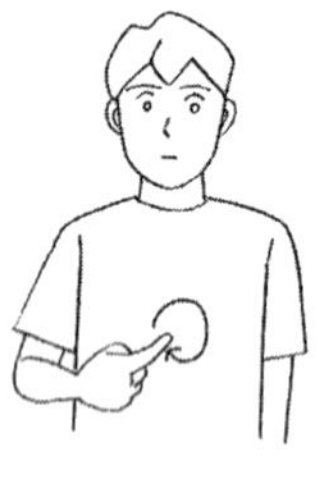

〈気持ち〉

右人差指でみぞおち辺りに小さく円を描く。

〈なくなる①〉

上下に向かい合わせた両手のひらを上から合わせると同時に右手を右に動かす。

さっぱり 3

「さっぱりわからない」

→〈すべて〉+〈わからない〉

例文の「さっぱり」は全くの意味なので〈すべて〉で表現。〈すべて〉は完全に円を描くさまで「全く」「完全」「全然」などの意味。

〈すべて〉

両手で上から下に円を描く。

〈わからない〉

指先を軽く開いた右手の人差指を鼻に当て、手のひらを揺らす。

さっぱり 4

「商売がさっぱりだ」

→〈商売〉+〈悪い①〉

例文の「さっぱり」は全然だめの意味なので〈悪い①〉で表現。〈悪い①〉はだめなさまで動作の大きさで悪い程度を表す。

〈商売〉

両手の親指と人差指で作った丸を交互に前後させる。

〈悪い①〉

人差指で鼻をこするようにして振りおろす。

さつまあげ【薩摩揚げ】

「さつま揚げ」

→〈鹿児島〉+〈テンプラ〉

「さつま揚げ」は鹿児島の名物なので〈鹿児島〉+〈テンプラ〉で表現。〈鹿児島〉は鹿の角のさま、〈テンプラ〉はテンプラなどを揚げるさまを表す。

〈鹿児島〉

右手３指をこめかみの横からひねりながら上へあげる。

〈テンプラ〉

右手２指を手首を軸にくるくる回す。

サツマイモ【薩摩芋】

「サツマイモ」

→〈サツマイモ〉

「サツマイモ」は薩摩特産のいも。〈サツマイモ〉で表現。〈サツマイモ〉は焼きいもをかじるさまを表す。

〈サツマイモ〉

右こぶしの親指側を口元にこすりあげる。

さて

「さて」

→〈置く①〉
または〈次〉

「さて」は話題を変える時の言葉なので〈置く①〉または〈次〉で表現。〈置く①〉はものを横に置くさまで「さて」などの意味。

〈置く①〉

両手のひらを向かい合わせて同時に弧を描いて左へ動かす。

〈次〉

右手のひらを上に向け、弧を描いて右へ移す。

サトイモ【里芋】

「サトイモ料理」

→〈サトイモ〉+〈料理〉

「サトイモ」は〈サトイモ〉で表現。〈サトイモ〉はサトイモを丸ごとほおばったさまを表す。

〈サトイモ〉

人差指と中指をほおに当て円を描く。

〈料理〉

左手で押さえ、右手で刻むようにする。

さとう【砂糖】

「砂糖(をかける)」

→〈砂糖〉
または〈甘い〉
(+〈ふりかける〉)

「砂糖」は〈砂糖〉または〈甘い〉で表現。手話はどちらも砂糖をなめるさまで、あまり区別しないで使う。

〈砂糖〉

右手のひらを口元に近づけ、上下に小刻みに動かす。

〈甘い〉

右手のひらを口元で回す。

さどう【茶道】

「茶道」はお茶をたてる礼法。〈茶道〉で表現。〈茶道〉は手のひらにのせた茶碗をまわすさまで「茶道」を意味する。正しくは「ちゃどう」と言う。

「茶道」

→〈茶道〉

〈茶道〉
左手のひらの上で茶碗を回すようにする。

さとる【悟る】

「悟る」は理屈抜きではっきりと知る意味なので〈知る②〉で表現。〈知る②〉は深く理解するさまを表す。

「事情を悟る」

→〈意味①〉+〈知る②〉

〈意味①〉
左手のひらの下を右人差指で突くようにする。

〈知る②〉
右こぶしで軽く胸をたたく。

サバ【鯖】

「サバ」は〈青〉+〈魚①〉で表現。青い魚の意。

「サバ」

→〈青〉+〈魚(さかな)①〉

〈青〉
右手のひらをほおに軽く当て、後ろに引く。

〈魚(さかな)①〉
右手をひらひらさせながら左に向けて動かす。

さばく【砂漠】

「砂漠」は一般に草も生えない荒涼たる土地で、〈土〉+〈広い④〉で表現。手話は土や砂が一面に広がっているさまを表す。

「砂漠」

→〈土〉+〈広い④〉

〈土〉
砂や土をこすり落とすようにして両手で左右に開く。

〈広い④〉
右手のひらを下にして大きく水平に回す。

さびしい【寂しい】1

例文の「寂しい」は4種類ある。ひとつめの〈寂しい①〉は人を待ちわびるさまを、ふたつめの〈寂しい②〉は一人もの思いにふけるさまを表す。

「寂しい(生活)」

→〈寂しい①〉
または〈寂しい②〉
(+〈生活〉)

〈寂しい①〉
右手指の背側に軽くあごをのせるようにする。

〈寂しい②〉
右手人差指をこめかみに当て、他の4指を繰り返し軽くはじく。

さびしい【寂しい】2

みっつめの〈寂しい③〉は気落ちするさまを、よっつめの〈寂しい④〉は髪の毛が抜け落ちるさまを表す。

「寂しい(生活)」

→〈寂しい③〉
または〈寂しい④〉
(+〈生活〉)

〈寂しい③〉
やや頭を前に傾けて右手のひらを左胸に当てる。

〈寂しい④〉
右手の親指と人差指で眉間をつまむようにして前に出す。

さびしい【寂しい】3

「ふところが寂しい」

→〈金(かね)①〉+〈貧しい①〉
(または〈貧しい②〉)

例文の「寂しい」は持ち合わせの金が少ないの意味で〈金(かね)①〉+〈貧しい①〉または〈貧しい②〉で表現。「ふところが寒い」も同手話。

〈金(かね)①〉

右手の親指と人差指で作った丸を示す。

〈貧しい①〉

右手親指をあごに当てる。

サボテン

「サボテンを育てる」

→〈サボテン〉+〈育てる④〉

「サボテン」は〈サボテン〉で表現。〈サボテン〉はサボテンの扁平状の茎のさまを表す。〈育てる④〉は〈サボテン〉の左手を残して〈育てる①〉を表す。

〈サボテン〉

手のひらを前方に向けた両手を上下にずらして置き、左、右の順に弧を描きながらあげていく。

〈育てる④〉

〈サボテン〉の左手を残して、それに向けて、手のひらを上向きにした右手を繰り返し近づける。

さびる【錆びる】

「鉄がさびる」

→〈鉄〉+〈汚い〉

例文の「さびる」は〈汚い〉で表現。〈汚い〉は汚れがついたさまを表す。

〈鉄〉

立てた左手のひらに右手２指の指先を打ちつける。

〈汚い〉

左手のひらに全指を折り曲げた右手を軽く打ちつける。

サボる 1

「仕事をサボる」

→〈仕事〉+〈なまける〉

例文の「サボる」はなまける意味なので〈なまける〉で表現。〈なまける〉はぼんやりするさまで「サボる」「なまける」「ぼんやり」の意味。

〈仕事〉

手のひらを上に向け、向かい合わせた両手指先を繰り返しつき合わせる。

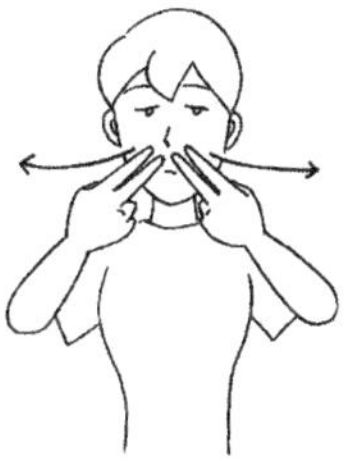

〈なまける〉

両手２指を鼻の下から左右に開く。

さべつ【差別】

「差別語」

→〈差別〉+〈言葉〉
(または〈言う②〉)

「差別」は上と下に差をつける意味なので〈差別〉で表現。〈差別〉は上と下に差をつけるさまを表す。

〈差別〉

並べた両手の右手をすばやく押しさげる。

〈言葉〉

両手人差指で「　」を示す。

サボる 2

「学校をサボる」

→〈勉強②〉+〈逃げる〉

例文の「サボる」は授業に出ない意味なので〈逃げる〉で表現。〈逃げる〉は身をかわすさまで「サボる」「逃げる」「脱走」などの意味。

〈勉強②〉

指先を上に向けた両手を並べて軽く前に出す。

〈逃げる〉

両こぶしを右上にさっとあげる。

さまざま【様々】

「さまざまな性格」
→〈いろいろ〉+〈性質〉

「さまざま」はいろいろと違う意味で〈いろいろ〉で表現。〈いろいろ〉は〈違う②〉を繰り返すような形で表す。

〈いろいろ〉
親指と人差指を立てた右手をひねりながら右へやる。

〈性質〉
左手甲に右人差指を当て、すくうようにあげる。

さます【覚ます】1

「目を覚ます」
→〈目覚める〉

例文の「覚ます」は眠っていたのが目覚める意味なので〈目覚める〉で表現。〈目覚める〉は目を開くさまで「目が覚める」「自覚」などの意味。

〈目覚める〉
親指と人差指を閉じた両手を両目の前に置き、ぱっと開く。

さます【覚ます】2

「酔いを覚ます」
→〈酔う〉+〈冷(さ)める①〉

例文の「覚ます」は酔いがさめるようにする意味なので〈冷める①〉で表現。〈冷める①〉は気が静まるさまを表す。

〈酔う〉
両手の人差指の先を目に向けて回す。

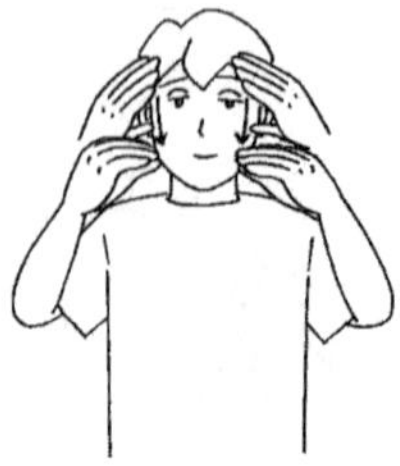

〈冷(さ)める①〉
親指と4指を開いた両手を顔の両脇につけ、閉じる。

さむい【寒い】1

「今日は寒い」
→〈今①〉+〈寒い〉

例文の「寒い」は気温が低いことで〈寒い〉で表現。〈寒い〉は体が寒さでふるえるさまで「冷たい」「冬」「寒い」などの意味。

〈今①〉
両手のひらで軽く押さえつける。

〈寒い〉
両こぶしを握り、左右にふるわせる。

さむい【寒い】2

「ふところが寒い」
→〈金(かね)①〉+(〈貧しい①〉または)〈貧しい②〉

例文の「ふところが寒い」は持ち合わせの金が少ない意味なので〈金(かね)①〉+〈貧しい①〉または〈貧しい②〉で表現。「ふところが寂しい」も同手話。

〈金(かね)①〉
右手の親指と人差指で作った丸を示す。

〈貧しい②〉
右親指をあごに当て、あごをこするようにして2回前に出す。

さめる【覚める】1

「目が覚める」
→〈目覚める〉

例文の「覚める」は眠りがさめる意味なので〈目覚める〉で表現。〈目覚める〉は目が開くさまで「目を覚ます」「自覚」などの意味。

〈目覚める〉
親指と人差指を閉じた両手を両目の前に置き、ぱっと開く。

さめる【覚める】2

「まちがいから覚める」

→〈まちがう②〉+〈感じる①〉

例文の「覚める」は気づき、ちゃんとする意味なので〈感じる①〉で表現。〈感じる①〉は頭にぴんと来るさまで「気づく」「感じる」などの意味。

〈まちがう②〉
つまんだ両手を目の前に置き、交差させる。

〈感じる①〉
右人差指で頭を軽く突きあげる。

さめる【冷める】1

「風呂が冷める」

→〈風呂①〉+〈消える③〉

例文の「冷める」は熱いものの温度がさがって冷たくなる意味なので、〈消える③〉で表現。〈消える③〉は「消える」「冷める」などの意味。

〈風呂①〉
右こぶしで顔をこするようにする。

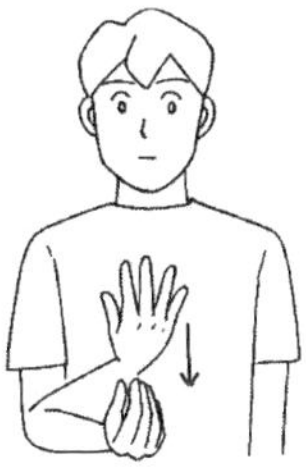

〈消える③〉
指先を上に向けた右手を下にさげながらすぼめる。

さめる【冷める】2

「興奮が冷める」

→〈興奮〉+〈冷(さ)める①〉

例文の「冷める」は高まった気持ちがなくなる意味なので〈冷める①〉で表現。〈冷める①〉は気が静まるさまを表す。

〈興奮〉
すぼめた両手をほおに当て、揺らしながら上にあげる。

〈冷(さ)める①〉
両目の前で開いた親指と人差指を閉じる。

さめる【冷める】3

「恋が冷める」

→〈恋〉+〈冷(さ)める③〉

例文の「冷める」は興味がなくなる意味で〈冷める③〉で表現。〈冷める③〉は興味がなくなるさまで「あきらめる」「冷める」の意味。

〈恋〉
両手人差指を軽く曲げ左右から弧を描き、中央で交差する。

〈冷(さ)める③〉
右手の親指と4指を開き左脇に当て閉じる。

ざやく【座薬】

「座薬を入れる」

→〈座薬〉

「座薬」は〈座薬〉で表現。〈座薬〉は左手の肛門に右手の座薬を入れるさまを表す。「座薬を入れる」も同手話。

〈座薬〉
左こぶしの下に右親指を当てる。

さよう【作用】

「いい作用を及ぼす」

→〈良い〉+〈広がる①〉

例文の「作用を及ぼす」は影響を与えることなので〈広がる①〉で表現。〈広がる①〉は作用が波のように伝わっていくさまを表す。

〈良い〉
右こぶしを鼻から前に出す。

〈広がる①〉
両手を開きながら少しずつ前に出す。

さようなら

「さようなら」
→〈さようなら〉

「さようなら」は別れのあいさつことばで〈さようなら〉で表現。〈さようなら〉は手を振って別れるしぐさを表す。

〈さようなら〉
右手のひらを前に向けて左右に振る。

さらに【更に】

「さらに詳しく(調べる)」
→〈もっと〉+〈細かい①〉
(+〈調べる①〉)

「さらに」はその上、もっとの意味で〈もっと〉で表現。〈もっと〉はもとのものにもうひとつ加えるさまで「さらに」「もっと」「一層」の意味。

〈もっと〉
左手の親指と人差指の上に右手の親指と人差指を重ねる。

〈細かい①〉
両手の親指と人差指をつまみ、つき合わせ、つぶすようにする。

サヨリ【細魚】

「サヨリの寿司」
→〈サヨリ〉+〈寿司〉

「サヨリ」は〈サヨリ〉で表現。〈サヨリ〉は細長い下あごのさまを表す。

〈サヨリ〉
指先を右に向け、手のひらを手前に向けた左手の小指から右小指を右に引く。

〈寿司〉
左手のひらに右手２指を包み込み、寿司を握るようにする。

サラリーマン

「サラリーマン」
→〈会社〉+〈通う〉

「サラリーマン」は月給取りの意味で〈会社〉+〈通う〉で表現。手話はサラリーマンが毎日出勤するさまを表す。

〈会社〉
両手の２指を交互に前後させる。

〈通う〉
親指を立てた右手を前後に往復させる。

さら【皿】

「きれいな皿」
→〈美しい②〉+〈皿〉

「皿」は浅くて平たい食器などの器で〈皿〉で表現。〈皿〉は皿の形を表し、皿の大きさで手話は変わる。

〈美しい②〉
左手のひらをなでるように右手のひらを滑らせる。

〈皿〉
両手のひらを上に向け小指側を合わせ、左右に弧を描いて小さく開く。

サル【猿】

「猿」
→〈猿〉

「猿」は〈猿〉で表現。〈猿〉は猿が手をかくさまを表す。

〈猿〉
左手甲を右手でかく。

さる【去る】1

「村を去る」

→〈村〉+〈出る①〉

例文の「去る」は離れてよそへ行く意味なので〈出る①〉で表現。〈出る①〉は家を出ていくさまを表す。

〈村〉

全指を折り曲げた左手のひらに右人差指をつけて、繰り返し手前に引く。

〈出る①〉

左手の下から右手をはねあげるように前に出す。

さる【去る】2

「春が去る」

→〈暖かい〉+〈まで〉

例文の「去る」はある季節が終わる意味なので〈まで〉で表現。〈まで〉はものごとの終わるさまを表す。

〈暖かい〉

両手で下からあおぐようにする。

〈まで〉

左手のひらに右手指先を軽くつける。

さる【去る】3

「今を去ること十年前」

→〈十年〉+〈過去①〉

例文の「去る」は時間をさかのぼる意味なので〈過去①〉で表現。〈過去①〉は現在より以前の時点を表す。

〈十年〉

左こぶしの上で、右手の親指と人差指で作った丸を縦に１回転させる。

〈過去①〉

右手のひらを後ろに向けて勢いよく押してやる。

さる【去る】4

「すべて忘れ去る」

→〈すべて〉+〈忘れる①〉

例文の「～去る」は完全に～する意味なので〈すべて〉で表現。〈すべて〉は完全に円を描くさまで「完全」「すべて」などの意味。

〈すべて〉

両手で上から下に円を描く。

〈忘れる①〉

頭の横で握ったこぶしを上に向けてぱっと開く。

さる【去る】5

「職を去る」

→〈仕事〉+〈辞(や)める〉

例文の「去る」はやめて離れる意味なので〈辞める〉で表現。〈辞める〉は「退職」「辞職」「辞める」などの意味を表す。

〈仕事〉

手のひらを上に向け、向かい合わせた両手指先を繰り返しつき合わせる。

〈辞(や)める〉

左手のひらの上にすぼめた右手をのせて手前に引く。

サロン 1

「大きなサロンで(談話する)」

→〈広い③〉+〈部屋〉(+〈会話②〉)

例文の「サロン」は客間のことなので〈部屋〉で表現。〈部屋〉は仕切られた部屋のさまを表す。

〈広い③〉

両こぶしを握り、両ひじを張って左右に開く。

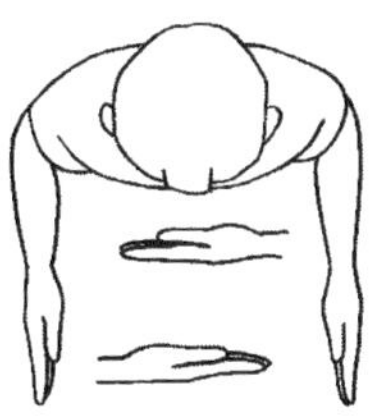

〈部屋〉

両手のひらで前後左右に四角く囲む。

さ

さ

サロン 2

「(文)学サロン」

→(〈文〉+)
〈勉強②〉+〈交流〉

例文の「サロン」は社交的な集まりのことなので〈交流〉で表現。〈交流〉は人々が交流するさまを表す。

〈勉強②〉

指先を上に向けた両手を並べて軽く前に出す。

〈交流〉

両手のひらを上に向け上下に置き、互い違いに水平に回す。

サロン 3

「サロン(を開催)」

→〈展示〉+〈会〉
(+〈開(ひら)く④〉)

例文の「サロン」は美術展覧会のことなので〈展示〉+〈会〉で表現。〈展示〉は展示品を並べるさまを表す。

〈展示〉

目の前に両手のひらを向けて少し前後に振りながら左右に少しずつ開いていく。

〈会〉

両手で屋根形を作り、左右に引く。

さわぐ【騒ぐ】1

「子供が騒ぐ」

→〈子供①〉+〈混乱〉

例文の「騒ぐ」は走り回り、声をあげやかましくする意味なので〈混乱〉で表現。〈混乱〉は乱れるさまで「混乱」「騒ぐ」「騒動」などの意味。

〈子供①〉

両手のひらを前方に向け、軽く振る。

〈混乱〉

全指を曲げた両手のひらを上下に向かい合わせて、かき混ぜるようにする。

さわぐ【騒ぐ】2

「胸が騒ぐ」

→〈心配①〉
または〈心配②〉

例文の「胸が騒ぐ」は胸がおだやかでない意味で〈心配①〉または〈心配②〉で表現。どちらも不安で胸がどきどきするさまを表す。

〈心配①〉

全指を折り曲げた右手を胸に当てる。

〈心配②〉

手指を曲げた両手を胸に当てる。

さん【三】1

「三」

→〈３①〉
または〈３②〉

「三」は３種類の表現がある。ひとつめは〈３①〉、ふたつめは〈３②〉で表現。〈３②〉は漢数字を表す時によく使う。

〈３①〉

右手３指の指先を上に向けて手のひら側を前に向けて示す。

〈３②〉

右手の３指の指先を左に向けて示す。

さん【三】2

「三」

→〈３③〉

みっつめは〈３③〉で表現。

〈３③〉

３指を立て、甲側を示す。

さんか【参加】1

「オリンピックに参加する」

→〈オリンピック〉+〈参加①〉

例文の「参加」は試合や行事に出席する意味なので〈参加①〉で表現。〈参加①〉は人の集まりに加わるさまを表す。

〈オリンピック〉

両手の親指と人差指を組み換えながら左から右へ動かす。

〈参加①〉

指先を上に向け、手のひらを手前に向けた左手に人差指を立てた右手を打ちつける。

さんか【産科】

「産科」

→〈生まれる〉+〈脈〉

「産科」は〈生まれる〉+〈脈〉で表現。〈生まれる〉は腹から生まれるさまを表す。〈脈〉は「医」を表す。

〈生まれる〉

指先を向かい合わせた両手を腹から前に出す。

〈脈〉

右３指を左手首の内側に当てる。

さんか【参加】2

「会議に参加する」

→〈相談〉+〈座る②〉
(または〈参加①〉)

例文の「参加」は会議に出席する意味で〈座る②〉または〈参加①〉で表現。〈座る②〉は畳にすわる、座に着くさまで「出席」「参加」の意味。

〈相談〉

親指を立てた両手を軽くぶつけ合う。

〈座る②〉

左手のひらに折り曲げた右手２指をのせる。

さんかく【三角】

「三角」

→〈三角①〉
または〈三角②〉

「三角」は三角の図や形のことで〈三角①〉または〈三角②〉で表現。手話はどちらも三角形を表す。

〈三角①〉

両手の親指と人差指で△を示す。

〈三角②〉

右人差指で三角形を空書する。

さんか【参加】3

「大勢が参加する」

→〈たくさん⑤〉+〈参加②〉

例文の「参加」は大勢の人が会議などに参加する意味で〈参加②〉で表現。〈参加②〉は大勢の人が参加するさまを表す。

〈たくさん⑤〉

軽く開いた両手のひらを手前に向けて、前後に揺らしながら左右に開く。

〈参加②〉

指先を上に向けて左手のひらに軽く閉じた右手を打ちつける。

さんがつ【三月】

「三月三日」

→〈三月〉+〈三月三日〉

例文の「三月」は〈三月〉で表現。〈三月〉は左手〈３②〉の下で右手〈月〉を表す。

〈三月〉

左手で〈３②〉を示し、その下で右手の親指と人差指で三日月を描く。

〈三月三日〉

右手と左手で上下に数字の〈３②〉を示す。

さんぎいん【参議院】

「参議院(選挙)」

→〈参〉+〈評議員〉
(+〈選挙〉)

「参議院」は国会の一院で衆議院と対をなす。〈参〉+〈評議員〉で表現。〈参〉は「参」の彡の字形を表した手話。

〈参〉

右手3指を立て、ぱっと手前に向ける。

〈評議員〉

親指を立てた両手を交互に上下する。

さんぎょう【産業】

「第一次産業」

→〈第一〉+〈作る〉

「産業」は財貨を生産する事業のことで〈作る〉で表現。〈作る〉はものを加工生産するさまで「作る」「製作」「作成」などの意味。

〈第一〉

指先を左に向けた人差指を右側に引く。

〈作る〉

両手のこぶしを上下に打ちつける。

ざんぎょう【残業】1

「残業」

→〈残業〉

「残業」は2種類の表現がある。ひとつは〈残業〉で表現。〈残業〉は〈過ぎる〉から派生した手話。

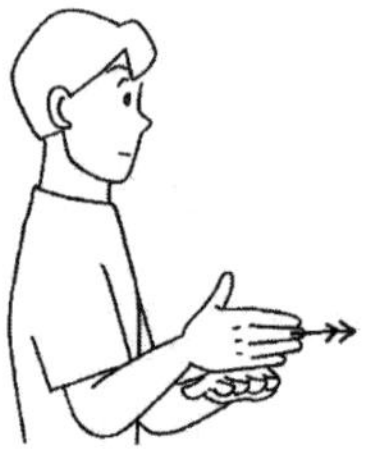

〈残業〉

左手甲の上で指先を前に向けた右手をこするように繰り返し前に出す。

ざんぎょう【残業】2

「残業」

→〈仕事〉+〈過ぎる〉

もうひとつは〈仕事〉+〈過ぎる〉で表現。手話は時間を超えて働くことを意味する。

〈仕事〉

手のひらを上に向け、向かい合わせた両手指先を繰り返しつき合わせる。

〈過ぎる〉

左手甲の上を右手で乗り越える。

さんこう【参考】

「(資料を)参考にする」

→(〈資料〉+)
〈参考〉+〈見る①〉

「参考」は助けにすることで〈参考〉で表現。〈参考〉は〈参〉を頭に当てるさまで「参考」の意味を表す。

〈参考〉

頭の横で右手3指を立てた手のひらをぱっと手前に向ける。

〈見る①〉

右人差指を右目元から前に出す。

さんさい【山菜】

「山菜料理」

→〈山菜〉+〈料理〉

「山菜」は〈山菜〉で表現。〈山菜〉は左手が山、右手が山菜が生えているさまを表す。

〈山菜〉

山形にした左手の内側で右人差指を立てる動きをしながら右に動かす。

〈料理〉

左手で押さえ、右手で刻むようにする。

さんしん【三振】1

「空振り三振」
→〈空振り〉+〈三振〉

「三振」は〈三振〉で表現。〈三振〉は左手のボールを右手のバットが空振りするさまを表す。

〈空振り〉
丸を作った左手と人差指の右手が当たらないように交差させる。

〈三振〉
丸を作った左手の上を右３指が通過する。

さんせい【賛成】

「賛成意見」
→〈賛成〉+〈意見〉

「賛成」は同意することで〈賛成〉で表現。〈賛成〉は同意して手をあげるさまを表す。

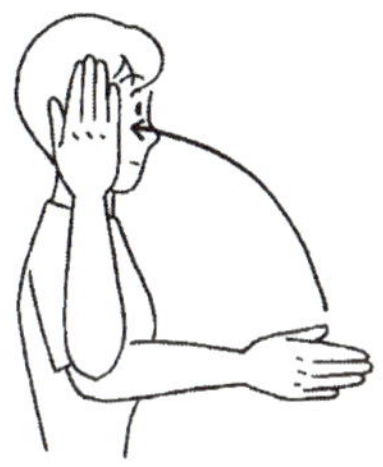

〈賛成〉
指先を伸ばした右手を上にあげる。

〈意見〉
右小指を頭に当て、手首を返しながら前に出す。

さんしん【三振】2

「見送り三振」
→〈見送り〉+〈三振〉

「三振」は〈三振〉で表現。〈三振〉は左手のボールを右手のバットが空振りするさまを表す。

〈見送り〉
バットを構えて顔と視線を右に動かす。

〈三振〉
丸を作った左手の上を右３指が通過する。

さんだんとび【三段跳び】

「三段跳びの選手」
→〈三段跳び〉+〈選手〉

「三段跳び」は〈三段跳び〉で表現。〈三段跳び〉は踏み切った足で着陸し、次にそれで跳躍し、さらにもう一方の足で跳躍して両足で着陸するさまを表す。

〈三段跳び〉
三段跳びのように人差指で踏切り、以下、人差指、中指の順に飛んで２指で着地するしぐさをする。

〈選手〉
左こぶしの甲に親指を立てた右手を軽くかすめるように当て、上にあげる。

さんすう【算数】

「算数が苦手」
→〈算数〉+〈苦手〉

「算数」は数の計算のことで〈算数〉で表現。〈算数〉は〈３③〉と〈３③〉を合わせる、数を合わせるさまで「算数」「数学」を意味する。

〈算数〉
３指を立てた両手を軽く繰り返しぶつけ合う。

〈苦手〉
右手のひらで鼻をつぶすように軽く当てる。

サンドイッチ

「サンドイッチ」
→〈サンドイッチ①〉
または〈サンドイッチ②〉

「サンドイッチ」はパンにハムや卵などの具をはさんだ食べ物で〈サンドイッチ①〉または〈サンドイッチ②〉で表現。

〈サンドイッチ①〉
両手の親指と４指をはさむように組む。

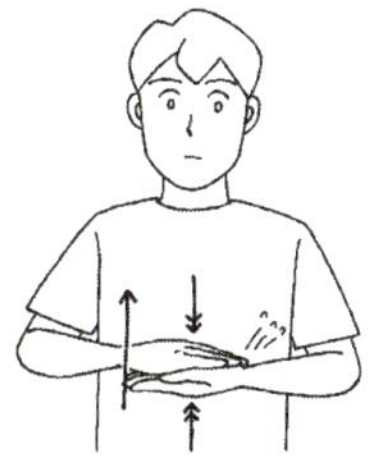

〈サンドイッチ②〉
両手のひらを重ね、繰り返し合わせながら上にあげる。

ざんねん【残念】

「残念」

→〈残念①〉
　または〈残念②〉

「残念」は失敗や敗北を悔しがることで〈残念①〉または〈残念②〉で表現。いずれもこぶしを打ちつけて悔しがるさまを表す。

〈残念①〉

左手のひらに右こぶしを打ちつけて左へ動かす。

〈残念②〉

左手のひらに右こぶしを繰り返し打ちつける。

さんふじんか【産婦人科】

「産婦人(科)」

→〈生まれる〉+〈女性〉
　(+〈脈〉)

「産婦人科」は出産する女性などの専門の診療科の意味なので〈生まれる〉+〈女性〉+〈脈〉で表現。

〈生まれる〉

指先を向かい合わせた両手を腹から前に出す。

〈女性〉

両手小指を合わせて手前に水平に円を描く。

さんぱつ【散髪】

「散髪屋」

→〈理容〉+〈店①〉

「散髪」ははさみや櫛を使って髪を整えることで〈理容〉で表現。〈理容〉は理容師が櫛を使って髪を整えるさまで「散髪」「理容」の意味。

〈理容〉

左手 2 指の背側を右手 2 指で刈りあげるようにする。

〈店①〉

両手のひらを上に向けて、左右に開く。

さんぽ【散歩】

「散歩」

→〈遊ぶ①〉+〈歩く①〉

「散歩」はぶらぶら歩くことなので〈遊ぶ①〉+〈歩く①〉で表現。手話はぶらぶら歩きを楽しむさまを表す。

〈遊ぶ①〉

人差指を立てた両手を交互に前後に軽く振る。

〈歩く①〉

右手 2 指を歩くように交互に前後させながら前に出す。

さんぴ【賛否】

「賛否(を問う)」

→〈賛成〉+〈反対〉
　(+〈尋ねる①〉または〈尋ねる②〉)

「賛否」は賛成と反対の意味なので〈賛成〉+〈反対〉で表現。〈賛成〉は同意して手をあげるさま、〈反対〉は抵抗するさまを表す。

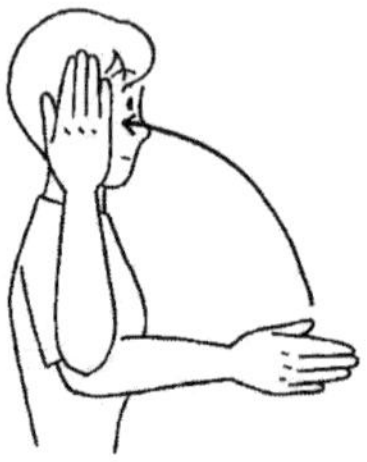

〈賛成〉

指先を伸ばした右手を上にあげる。

〈反対〉

両手指の背を軽くぶつける。

サンマ【秋刀魚】

「サンマの塩(焼き)」

→〈サンマ〉+〈塩②〉
　(+〈煮る〉)

「サンマ」は〈サンマ〉で表現。〈サンマ〉はサンマの細長いさまを表す。

〈サンマ〉

手のひらを手前に向けた左手の横から親指と人差指を出した右手を右に動かしながら閉じる。

〈塩②〉

右手 2 指を口の前で小さく回転させる。

さんみゃく【山脈】

「山脈」

→〈山脈〉

「山脈」は山が幾重にも連なっていることなので〈山脈〉で表現。〈山脈〉は連なる山並みを表す。

〈山脈〉

右手で山々の稜線を示す。

さんるいだ【三塁打】

「三塁打」

→〈サード〉+〈野球②〉

「三塁打」は〈サード〉+〈野球②〉で表現。〈野球②〉は左手のボールを右手のバットで打つさまを表す。

〈サード〉

左甲に右ひじをのせ、右人差指・中指・薬指を出して回す。

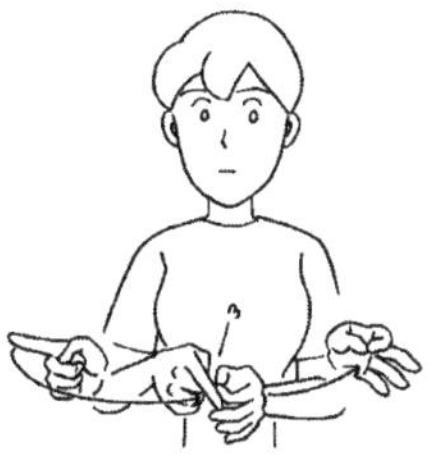

〈野球②〉

左手で丸を作り、右人差指でそれを打つようにする。

さんよ【参与】1

「政治に参与する」

→〈政治〉+〈参加①〉

例文の「参与」はかかわる意味なので〈参加①〉で表現。〈参加①〉はあるもの、または集団・団体などに加わるさまを表す。

〈政治〉

左手のひらの上に右ひじを置き、右手指先を伸ばし前後に振る。

〈参加①〉

指先を上に向け、手のひらを手前に向けた左手に人差指を立てた右手を打ちつける。

〈シ〉

親指と人差指と中指を立て、甲側を示す。

さんよ【参与】2

「参与になる」

→〈参〉+〈責任①〉

（または〈ヨ〉）

例文の「参与」は団体に関係して相談を受ける役職名で〈参〉+〈責任①〉で表現。〈参〉+〈ヨ〉で表現することもある。

〈参〉

右手３指を立て、ぱっと手前に向ける。

〈責任①〉

右肩に軽く全指を折り曲げた右手をのせる。

し【四】

「四」

→〈４①〉

または〈４②〉

「四」は〈４①〉または〈４②〉で表現。〈４②〉は漢数字を表す時によく使う。

〈４①〉

右手４指の指先を上に向け、手のひら側を前に示す。

〈４②〉

右手４指の指先を左に向け、甲側を前に示す。

し【士】

「(手話)通訳士」

→(〈手話〉+)
〈通訳〉+〈士〉

「士」は資格をもつ人の意味で〈士〉で表現。〈士〉は指文字〈シ〉を肩に当てることで資格を表す。

〈通訳〉

親指を立てた右手を口元で左右に往復させる。

〈士〉

親指と人差指と中指を出した右手を左肩に当てる。

し【死】

「(父の)死」

→(〈父〉+)
〈死ぬ①〉
または〈死ぬ②〉

「死」は生命を断たれることで〈死ぬ①〉または〈死ぬ②〉で表現。手話は人が倒れるさまで「死」「死ぬ」「死去」などの意味。

〈死ぬ①〉

両手のひらを合わせ、横に倒す。

〈死ぬ②〉

指先を上に向けた右手を倒す。

し【市】

「札幌市」

→〈札幌〉+〈シ〉

「市」は指文字〈シ〉で表現することが定着している。

〈札幌〉

両手甲を上に向けて重ね、左右に引き、碁盤の目を作る。

〈シ〉

親指と人差指と中指を立て、甲側を示す。

じ【痔】

「痔が痛い」

→〈痔〉+〈痛い②〉

「痔」は〈痔〉で表す。〈痔〉は左手の肛門の下で右手で指文字〈チ〉を表す新しい手話。

〈痔〉

左こぶしの下に右手の指文字〈チ〉をあてて右へ動かす。

〈痛い②〉

痛そうにして折り曲げた全指を曲げたり伸ばしたりする。

し【師】

「師と仰ぐ」

→〈教える①〉+〈敬う①〉

「師」は先生の意味なので〈教える①〉で表現。〈教える①〉は「先生」「教師」「教える」などの意味。

〈教える①〉

右人差指を口元から斜め下に振りおろす。

〈敬う①〉

左手のひらの上に親指を立てた右手を置き、それを目の上に掲げると同時に頭をさげる。

しあい【試合】

「試合に勝つ」

→〈試合①〉+〈勝つ①〉

「試合」は勝負を競うことで〈試合①〉で表現。〈試合①〉は対抗する両者がぶつかり合うさまで「試合」「勝負」「対戦」などの意味。

〈試合①〉

親指を立てた両手を正面で軽くぶつける。

〈勝つ①〉

親指を立てた左手を親指を立てた右手で打ち倒す。

しあわせ【幸せ】

「幸せな生活」

→〈幸せ〉+〈生活〉

「幸せ」は幸福なことで〈幸せ〉で表現。〈幸せ〉は楽にくつろいであごをなでるさまで「幸せ」「幸い」「幸福」「楽」などの意味。

〈幸せ〉
親指と4指であごをなでるようにする。

〈生活〉
両手の親指と人差指を向かい合わせて回す。

シイタケ【椎茸】

「なまシイタケ」

→〈生きる②〉+〈シイタケ〉

「シイタケ」は〈シイタケ〉で表現。〈シイタケ〉はシイタケが木に生えているさまを表す。

〈生きる②〉
両こぶしを握り、軽くひじを張り、左右に広げる。

〈シイタケ〉
握って立てた左前腕の内側に指文字〈コ〉の右手を当て、さらにおろし当てる。

シーエスほうそう【CS放送】

「CS放送」

→〈CS〉+〈放送〉

例文は〈CS〉+〈放送〉で表現。〈CS〉はアメリカ式指文字〈C〉と〈S〉を表す。〈放送〉は左手がマイク、右手がしゃべるさまを表す。

〈CS〉
左側でアメリカ指文字〈C〉を、右側でアメリカ指文字〈S〉を表す。

〈放送〉
左こぶしからすぼめた右手を前に向けて繰り返し開く。

シーティー【CT】

「CT(検査)」

→〈C②〉+〈ドック〉
(+〈調べる①〉)

「CT」は〈C②〉+〈ドック〉で表現。〈C②〉はアメリカ式指文字〈C〉を表し、〈ドック〉はドックの形を表す。

〈C②〉
アメリカ指文字〈C〉を胸の前で表す。

〈ドック〉
左手の親指と4指で作ったトンネルに右手2指を入れる。

シーエム【CM】

「テレビのCM」

→〈テレビ〉+〈コマーシャル〉

「CM」はコマーシャルのことで〈コマーシャル〉で表現。〈コマーシャル〉は〈C②〉と〈宣伝〉を組み合わせた新しい手話。

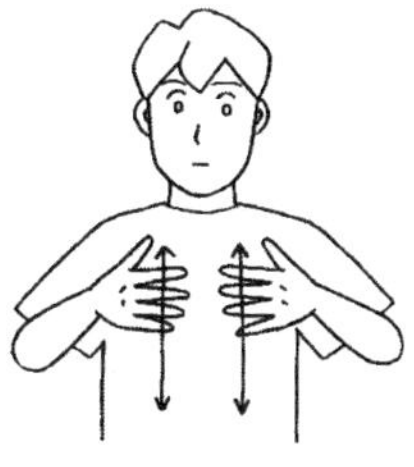

〈テレビ〉
両手の指先を向かい合わせて同時に上下させる。

〈コマーシャル〉
左手の親指と4指で「C」の字形を作り、その中から繰り返し閉じた右手を前に出してぱっと開く。

シーディーロム【CD–ROM】

「CD-ROMを買う」

→〈CD-ROM〉+〈買う〉

「CD-ROM」は〈CD-ROM〉で表現。〈CD-ROM〉は左手でCD-ROMの形を表し、右手で回転させて動くさまを表す。

〈CD-ROM〉
指文字〈C②〉の左手の中で人差指と中指を折り曲げた右手を回転させる。

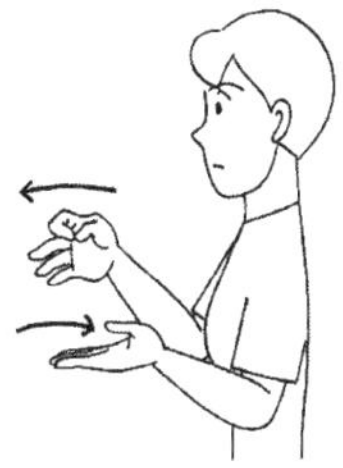

〈買う〉
右手の親指と人差指で作った丸を前に出すと同時に手のひらを上に向けた左手を手前に引く。

ジーパン【Gパン】

「ジーパン」

→〈G〉+〈ズボン①〉

「ジーパン」は〈G〉+〈ズボン①〉で表現。手話は「ジーパン」「ジーンズ」の意味。

〈G〉

左手の親指と人差指で「C」の字形を作り、右人差指を左親指にかける。

〈ズボン①〉

両手の親指と人差指を向かい合わせて両足に沿って下に伸ばす。

じえい【自衛】

「自衛する」

→〈自分一人〉+〈防ぐ〉

「自衛」は自分で自分を守ること。〈自分一人〉+〈防ぐ〉で表現。手話は自分の力で外敵を防ぎ、押し返すさまを表す。

〈自分一人〉

右人差指を胸に当て、前にはねあげる。

〈防ぐ〉

両手のひらを前に向け押すように出す。

しえい【市営】

「市営(住宅)」

→〈シ〉+〈経済〉

(+〈家〉)

「市営」は市が経営することで指文字〈シ〉+〈経済〉で表現。〈経済〉は経営の意味を表す。

〈シ〉

親指と人差指と中指を立て、甲側を示す。

〈経済〉

親指と人差指で作った丸を上下に置き、互い違いに水平に回す。

ジェイアール【JR】

「JR」

→〈JR〉

「JR」は旧国鉄を分割した全国的な鉄道会社の総称。〈JR〉で表現。Jの形とRを組み合わせた新しい手話。

〈JR〉

右人差指に右中指を重ね、右親指を出して、前に繰り返しだす。

じえい【自営】

「自営(業)」

→〈自分一人〉+〈経済〉

(+〈仕事〉)

「自営」は独立して自分で営業する意味なので〈自分一人〉+〈経済〉で表現。〈自分一人〉+〈商売〉で表現することもある。

〈自分一人〉

右人差指を胸に当て、前にはねあげる。

〈経済〉

親指と人差指で作った丸を上下に置き、互い違いに水平に回す。

ジェットき【ジェット機】

「ジェット機」

→〈ジェット機①〉

または〈ジェット機②〉

「ジェット機」は空気中の酸素を利用して飛行する噴射推進式の航空機。〈ジェット機①〉または〈同②〉で表現。手話は噴射推進のさまを表す。

〈ジェット機①〉

親指と小指を立てた左手にすぼめた右手を繰り返し開きながら右上にあげていく。

〈ジェット機②〉

すぼめた両手を両脇から後ろに向けて繰り返し開く。

しえん【支援】1

「活動を支援する」

→〈活動〉+〈助ける①〉

例文の「支援」は力を貸して助けることなので〈助ける①〉で表現。〈助ける①〉は後押しするさまを表す。「援助」も同手話。

〈活動〉
ひじを少し張り、ひじを軸に両こぶしを交互に繰り返し前に出す。

〈助ける①〉
親指を立てた左手の後ろを右手のひらで軽く後押しする。

しえん【支援】2

「支援費」

→〈支援〉(または〈助ける①〉)+〈金(かね)①〉

例文の「支援費」は〈支援〉または〈助ける①〉+〈金①〉で表現。〈支援〉は左手の人を助けるさまを表す新しい手話。

〈支援〉
人差指を立てた左手の後ろから右手を重ねる。

〈金(かね)①〉
右手の親指と人差指で作った丸を示す。

しお【塩】

「塩」

→〈塩①〉
または〈塩②〉

「塩」は調味料の一種。〈塩①〉または〈塩②〉で表現。手話はどちらも塩で歯をみがくさまを表す。

〈塩①〉
右人差指で歯の前を往復する。

〈塩②〉
右手2指を口の前で小さく回転させる。

しおひがり【潮干狩り】

「潮干狩り」

→〈貝〉+〈掘る②〉

「潮干狩り」は〈貝〉+〈掘る②〉で表現。〈貝〉は二枚貝のさまを表し、〈掘る②〉は〈貝〉の左手を残して右手で貝を掘るさまを表す。

〈貝〉
手首を合わせ、手の甲を少しふくらませ、閉じたり開いたりする。

〈掘る②〉
〈貝〉の左手を残し、折り曲げた右手を掘るように繰り返し引く。

しおれる 1

「花がしおれる」

→〈花①〉(または〈花③〉)+〈枯れる〉

例文の「しおれる」は水分を失って生気をなくす意味なので〈枯れる〉で表現。〈枯れる〉は花などが枯れてしおれるさまを表す。

〈花①〉
両手を合わせてすぼませた指を左右に開く。

〈枯れる〉
右腕を左手でつかみ、上に伸ばした指先を下に垂らすように手首から曲げる。

しおれる 2

「(試合に)負けてしおれる」

→(〈試合①〉+)〈負ける①〉+〈あきらめる③〉

例文の「しおれる」は人が元気をなくす意味なので〈あきらめる③〉で表現。〈あきらめる③〉は気落ちするさまで「がっかりする」などの意味。

〈負ける①〉
右手のひらで鼻先をたたき落とすようにする。

〈あきらめる③〉
軽く開いた両手をすぼめながら下におろし、頭をがくりと落とす。

し

しか

「(千円)しか持ってない」

→(〈千円〉+)
〈持つ〉+〈だけ〉

「しか〜ない」は〜だけの意味なので〈だけ〉で表現。それを示す数字１をたたきつけて、それだけであることを表す。

〈持つ〉

手のひらを上に向けた右手を荷物を持ちあげるように上にあげながら握る。

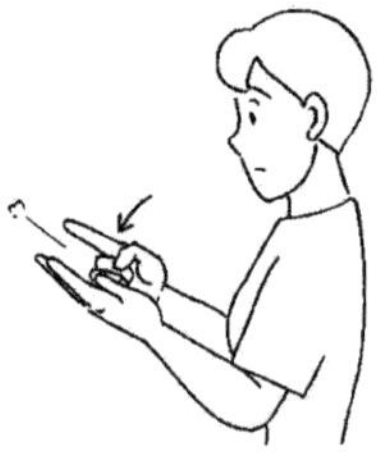

〈だけ〉

左手のひらに人差指を立てた右手を打ちつける。

しかい【司会】

「パーティーの司会」

→〈パーティー〉+〈司(つかさ)〉

「司会」は集いの進行を担当することまたは人。〈司〉で表現。〈司〉は漢字「司」の字画の一部を表した手話。

〈パーティー〉

親指と人差指で杯を持つようにして水平に回転させる。

〈司(つかさ)〉

右手の親指と人差指を閉じて┐を書く。

しか【歯科】

「歯科」

→〈歯〉+〈脈〉

「歯科」は歯の治療を専門とする診療科のことなので〈歯〉+〈脈〉で表現。「歯医者」の意味もある。

〈歯〉

右人差指で歯をさす。

〈脈〉

右３指を左手首の内側に当てる。

しかく【四角】

「四角」

→〈四角①〉
または〈四角②〉

「四角」は〈四角①〉または〈四角②〉で表現。語の前後関係で「四角」「紙」「掲示板」「〜状」と意味が変わる。

〈四角①〉

両手の人差指で四角を描く。

〈四角②〉

両手の人差指で四角を描く。

シカ【鹿】

「鹿」

→〈鹿①〉
または〈鹿②〉

「鹿」は〈鹿①〉または〈鹿②〉で表現。手話は鹿の角を表す。〈鹿①〉は「鹿児島」の意味もある。

〈鹿①〉

右手３指をねじりながら頭の横からあげる。

〈鹿②〉

両手３指をなじりながら頭の横から上にあげる。

しかく【視覚】

「視覚障害(者)」

→〈見る①〉+〈折る①〉
(+〈人々①〉)

「視覚」は見る感覚のことで〈見る①〉で表現。〈見る①〉はものを見るさまで「視覚」「見る」などの意味。

〈見る①〉

右人差指を右目元から前に出す。

〈折る①〉

両こぶしの親指側を合わせ、折るようにする。

しかく【資格】

「資格を取る」

→〈肩書き①〉+〈取る①〉

「資格」は身分、地位、ある範囲の業務などが認められる立場のことで〈肩書き①〉で表現。〈肩書き①〉はその地位の象徴である肩章のさま。

〈肩書き①〉

右手の親指と人差指を右肩に当て、下におろす。

〈取る①〉

右手で前からつかみ取るようにする。

じかく【自覚】

「自覚が足りない」

→〈目覚める〉+〈貧しい①〉

「自覚」は知る、認識するなどの意味で〈目覚める〉で表現。〈目覚める〉は生理的な「目覚め」と心理的な「目覚め」のふたつの意味がある。

〈目覚める〉

親指と人差指を閉じた両手を両目の前に置き、ぱっと開く。

〈貧しい①〉

右手親指をあごに当てる。

しかし

「しかし」

→〈しかし〉

「しかし」は先立つ語句を否定することばで〈しかし〉で表現。〈しかし〉は手のひらを返して打ち消すさまで「でも」「けれども」などの意味。

〈しかし〉

右手のひらを返す。

しかた【仕方】1

「勉強の仕方」

→〈勉強②〉(または〈勉強①〉または〈勉強③〉)+〈方法〉

例文の「仕方」は方法のことなので〈方法〉で表現。〈方法〉は「手だて」「手段」「方法」の意。

〈勉強②〉

指先を上に向けた両手を並べて軽く前に出す。

〈方法〉

左手甲を右手のひらで軽くたたく。

しかた【仕方】2

「引退も仕方がない」

→〈引退〉+〈仕方ない〉

例文の「仕方がない」は〈仕方ない〉で表現。〈仕方ない〉は身を切るさまを表す。

〈引退〉

左手甲にのせた親指を立てた右手を下におろす。

〈仕方ない〉

指先を伸ばした右手を左肩から右下に体をはすに切るようにおろす。

しかたない【仕方ない】1

「(言われて)仕方ないのでやる」

→(〈言われる①〉+)〈仕方ない〉+〈する〉

例文の「仕方ない」はほかにどうしようもないの意味で〈仕方ない〉で表現。〈仕方ない〉は身を切るさま。「仕方ない」「やむなし」の意味。

〈仕方ない〉

指先を伸ばした右手を左肩から右下に体をはすに切るようにおろす。

〈する〉

両こぶしを力を込めて前に出す。

しかたない【仕方ない】2

「（遊びたくて）仕方ない」

→（〈遊ぶ〉＋〈好き①〉＋）〈我慢①〉＋〈難しい〉

例文の「仕方ない」はたまらないの意味なので〈我慢①〉＋〈難しい〉で表現。〈我慢①〉＋〈難しい〉は「我慢できない」「辛抱できない」の意味。

〈我慢①〉

親指を立てた左手を右手のひらで押さえる。

〈難しい〉

ほおをつねるようにする。

しかたない【仕方ない】3

「（遊んでばかりいて）仕方ない奴だ」

→（〈遊ぶ①〉＋〈たくさん④〉＋）〈悪い①〉＋〈男〉

例文の「仕方ない」はいけないの意味なので〈悪い①〉で表現。〈悪い①〉は「悪い」「だめ」などの意味。

〈悪い①〉

人差指で鼻をこするようにして振りおろす。

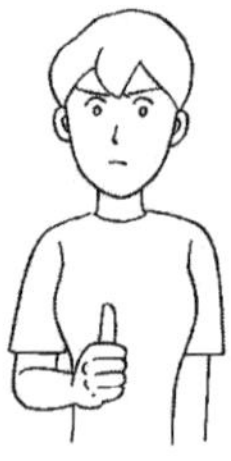

〈男〉

親指を立てた右手を出す。

しがつ【四月】

「四月一日」

→〈四月〉＋〈四月一日〉

例文の「四月」は〈四月〉で表現。〈四月〉は左手〈４②〉の下で右手〈月〉を表す。

〈四月〉

左手で〈４②〉を示し、その下で右手の親指と人差指で三日月を描く。

〈四月一日〉

左手で〈４②〉、右手で〈１②〉を示し、上下に置く。

じかに【直に】1

「じかに手渡す」

→〈会う②〉＋〈与える③〉

例文の「じかに」は直接会ってのことなので〈会う②〉で表現。

〈会う②〉

人差指を立てた両手を前後に向かい合わせて当てる。

〈与える③〉

立てた親指に右手のひらを差し出す。

じかに【直に】2

「［くつしたをはかず］じかにくつをはく」

→〈はだし〉＋〈はく②〉

例文の「じかにはく」は〈はだし〉＋〈はく②〉で表現。〈はだし〉はくつを脱ぐさま、〈はく②〉は左手のくつに右手の足を入れるさまを表す。

〈はだし〉

左手のひらと右手のひらを上下に重ねて右手を前に出す。

〈はく②〉

指先を下に向けた「Ｃ」の字形の左手に手のひらが下向きの右４指を差し込む。

しかも

「（スポーツもでき）しかも賢い」

→（〈スポーツ〉＋〈できる〉＋）〈もっと〉＋〈賢い①〉

「しかも」はその上に、さらにの意味で〈もっと〉で表現。〈もっと〉はそれを上回るさまで「しかも」「もっと」「さらに」などの意味。

〈もっと〉

両手の親指と人差指を一定の間隔に開き、左手の上に右手をのせる。

〈賢い①〉

右手の親指と人差指を閉じ、上に向かってはじくように開く。

しかる【叱る】1

「(子供を)厳しくしかる」

→(〈子供①〉+)
〈厳しい〉+〈しかる①〉

例文の「しかる」は戒める意味で〈しかる①〉で表現。〈しかる①〉は親が子をしかる時のしぐさで「しかる」「戒める」などの意味。

〈厳しい〉

左手甲を右手の親指と人差指でつねるようにする。

〈しかる①〉

右親指を肩から前に振りおろしてとめる。

しかる【叱る】2

「お母さんにしかられる」

→〈母〉+〈しかられる〉

例文の「しかられる」は「しかる」の受身形。〈しかられる〉で表現。〈しかられる〉は自分が他者からしかられるさまを表す。

〈母〉

右人差指をほおにふれ、右小指を出す。

〈しかられる〉

親指を立てた右手を顔に向け押すようにする。

じかん【次官】

「(事務)次官」

→(〈書く①〉または〈事務〉+)
〈副〉または〈次官〉

「次官」は〈副〉または〈次官〉で表現。〈副〉は長に次ぐ地位を表す。〈次官〉は左手がなみいる人々、右手が長に次ぐ地位を表す新しい手話。

〈副〉

左親指に右親指を少しさげてつける。

〈次官〉

手のひらを右に向け、立てた左手に親指を立てた右手を当て弧を描いて、少し下におろす。

じかん【時間】1

「時間(が足りない)」

→〈時①〉または〈時②〉
(+〈貧しい②〉)

例文の「時間」は〈時①〉または〈時②〉で表現。手話はいずれも時計の針の動きで、「時間」「時」などの意味を表す。

〈時①〉

左手のひらに右親指を当て、右人差指を時計の針のように回す。

〈時②〉

左こぶしの親指側に右親指を当て、人差指を時計の針のように回す。

じかん【時間】2

「算数の時間」

→〈算数〉+〈時①〉
(または〈時②〉)

例文の「時間」は時間帯の意味で〈時①〉または〈時②〉で表現。手話はいずれも時計の針の動きで、「時間」「時」などの意味を表す。

〈算数〉

3指を立てた両手を軽く繰り返しぶつけ合う。

〈時①〉

左手のひらに右親指を当て、右人差指を時計の針のように回す。

じかん【時間】3

「出発の時間」

→〈出発①〉+〈時間〉

例文の「時間」は時刻の意味なので、〈時間〉で表現。〈時間〉は腕時計を示すさまでその時点の時刻を表す。

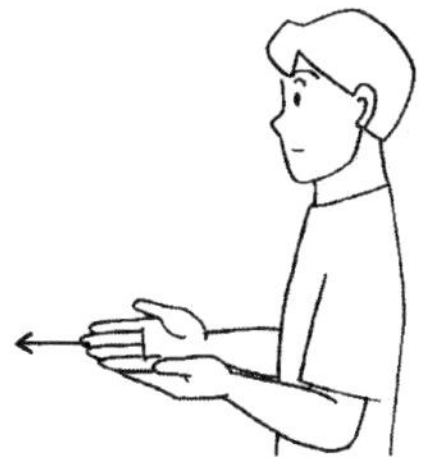

〈出発①〉

左手の指先を前に向け、その上に右手を立て、まっすぐ前に出す。

〈時間〉

左手の腕時計の位置を右人差指でさす。

じかん【時間】4

「八時間(労働)」

→〈八時間〉+〈間(あいだ)〉
(+〈仕事〉)

例文の「時間」は時間の長さの意味なので〈八時間〉+〈間〉で表現。〈八時間〉は右手の数字を変えていろいろな時間を表すことができる。

〈八時間〉

左手首の腕時計の位置で〈8〉を示して水平に1回転する。

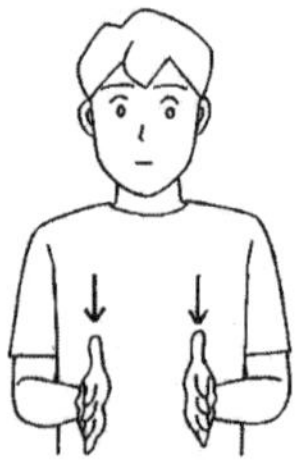

〈間(あいだ)〉

両手のひらを向かい合わせ、仕切るように下に少しさげる。

じかんわり【時間割】

「時間割」

→(〈時①〉または)
〈時②〉+〈表(ひょう)①〉

「時間割」は学科や労働の時間表のことなので〈時①〉または〈時②〉+〈表(ひょう)①〉で表現。手話は学科などの時間表のさまを表す。

〈時②〉

左こぶしの親指側に右親指を当て、人差指を時計の針のように回す。

〈表(ひょう)①〉

やや開いた指先で縦横に格子を描く。

しき【指揮】1

「指揮をとる」

→〈指導〉+〈責任①〉

例文の「指揮」は指導の意味なので〈指導〉で表現。〈指導〉は指示するさまで「指揮」「指導」「指図」「指示」などの意味。

〈指導〉

両手人差指の指先を前に向け、ややひじをあげて、交互に前に出す。

〈責任①〉

右肩に軽く全指を折り曲げた右手をのせる。

しき【指揮】2

「指揮者」

→〈音楽〉+〈男〉

例文の「指揮者」は楽団などの指揮者の意味なので〈音楽〉+〈男〉で表現。手話は指揮棒を打ち振る指揮者のさまを表す。

〈音楽〉

両手の人差指を指揮棒を振るように左右に振る。

〈男〉

親指を立てた右手を出す。

しき【式】1

「卒業式」

→〈卒業〉+〈式〉

例文の「式」は儀式の意味なので〈式〉で表現。〈式〉は式辞などを書いた巻物を開くさまを表す。

〈卒業〉

賞状を持った両手を軽く上にあげながら頭をさげる。

〈式〉

両こぶしを左右に開く。

しき【式】2

「(家具)一式そろえる」

→(〈たんす〉+〈いろいろ〉+)
〈すべて〉+〈準備①〉

例文の「一式」はひとまとまりの意味なので〈すべて〉で表現。〈すべて〉は「全部」「まるまる」などの意味を表す。

〈すべて〉

両手で上から下に円を描く。

〈準備①〉

両手のひらを向かい合わせて左から右へ動かす。

しき【式】3

「キリスト教式」

→〈十字〉+〈方法〉

例文の「式」は方式・様式の意味なので〈方法〉で表現。〈方法〉は「手段」「方法」などの意味。

〈十字〉

両手人差指を交差させて「十」を作る。

〈方法〉

左手甲を右手のひらで軽くたたく。

じき【時期】

「暑い時期」

→〈暑い①〉+〈時①〉

「時期」は時節など一定の時のことで〈時①〉で表現。〈時①〉は「時期」「時」「折り」などの意味を表す。

〈暑い①〉

うちわであおぐようにする。

〈時①〉

左手のひらに右親指を当て、右人差指を時計の針のように回す。

しきじ【式辞】

「式辞を述べる」

→〈式〉+〈言う②〉

「式辞」は式にあたってその式の目的や経過をのべることで〈式〉+〈言う②〉で表現。手話は「式辞」「式辞を述べる」などの意味。

〈式〉

両こぶしを左右に開く。

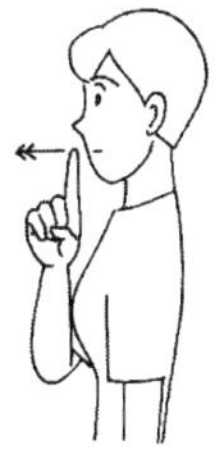

〈言う②〉

右人差指を口元から繰り返し前に出す。

しきゅう【支給】1

「(年金を)支給する」

→(〈年(ねん)〉+)〈金(かね)①〉+〈支給〉

例文の「支給」はお金を与える意味なので〈金(かね)①〉+〈支給〉で表現。〈支給〉だけでもよい。

〈金(かね)①〉

右手の親指と人差指で作った丸を示す。

〈支給〉

両手の親指と人差指で作った丸を手前から前に広げるように開く。

しきゅう【支給】2

「(年金が)支給される」

→(〈年(ねん)〉+)〈金(かね)①〉+〈金をもらう③〉

例文の「支給される」はお金をもらう意味なので〈金(かね)①〉+〈金をもらう③〉で表現。〈金をもらう③〉だけでもよい。

〈金(かね)①〉

右手の親指と人差指で作った丸を示す。

〈金をもらう③〉

親指と人差指で作った丸を手前に引き寄せる。

じぎょう【事業】

「事業に成功する」

→〈仕事〉+〈成功〉

「事業」はひとまとまりの仕事の意味で〈仕事〉で表現。〈仕事〉は印刷などの仕事で紙をさばくさまで、「事業」「仕事」などの意味。

〈仕事〉

手のひらを上に向け、向かい合わせた両手指先を繰り返しつき合わせる。

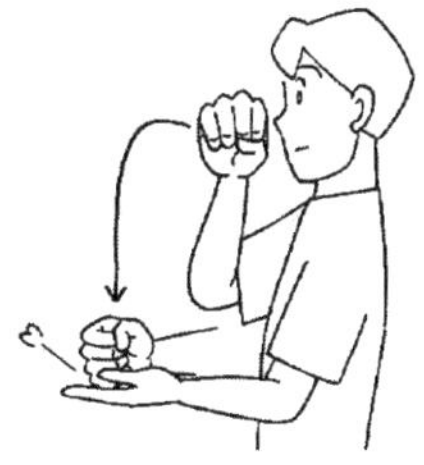

〈成功〉

右こぶしを鼻から左手のひらに打ちつける。

し

しきりに【頻りに】1

「（地震が）しきりに起きる」

→（〈地震〉＋）〈起きる③〉または〈続発〉

例文の「しきりに起きる」は〈起きる③〉または〈続発〉で表現。〈起きる③〉は〈起きる①〉を繰り返し表す。〈続発〉は〈現れる〉を両手で繰り返し表す。

〈起きる③〉
右人差指を連続して左右ですくいあげるようにする。

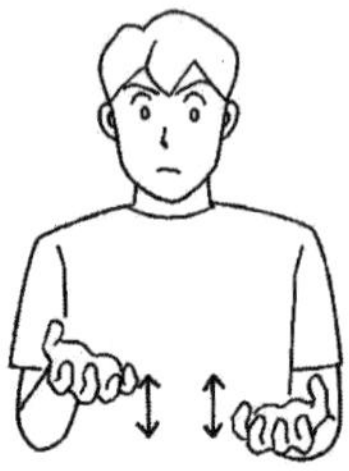

〈続発〉
全指を曲げて上に向けた両手を交互に上下させる。

しきりに【頻りに】2

「雨がしきりに降っている」

→〈雨①〉＋〈続く①〉

例文の「しきりに」は途切れることなく続いているさまなので〈続く①〉で表現。

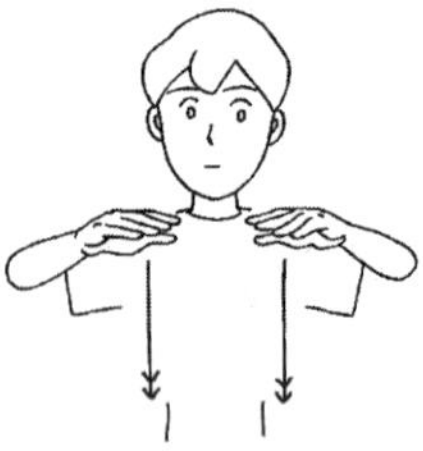

〈雨①〉
軽く開いた指先を前に向け両手を繰り返し下におろす。

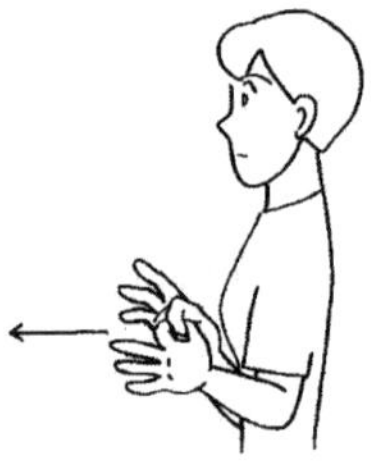

〈続く①〉
両手の親指と人差指を組んで前に出す。

しきりに【頻りに】3

「購入をしきりに勧める」

→〈買う〉＋〈勧める〉

例文の「しきりに」は熱心のさまで、それを単独では表現せず、「しきりに勧める」は〈勧める〉を固い決意のような力の入った表情で表す。

〈買う〉
右手の親指と人差指で作った丸を前に出すと同時に左手のひらを手前に引き寄せる。

〈勧める〉
左親指に手のひらを上にした右手指先を繰り返し近づける。

じきループ【磁気ループ】

「磁気ループを準備する」

→〈磁気ループ〉＋〈準備①〉

「磁気ループ」は〈磁気ループ〉で表現。〈磁気ループ〉は指文字〈ル〉で設置されている範囲を描いて表す。

〈磁気ループ〉
指文字〈ル〉の両手を手前から前方に水平に弧を描いてつけ合わせる。

〈準備①〉
向かい合わせた両手を左から右へ動かす。

しきん【資金】

「資金（不足）」

→〈基本①〉＋〈金（かね）①〉（＋〈不足〉）

「資金」はあることを行うための基礎となるお金の意味で〈基本①〉＋〈金（かね）①〉で表現。「基金」「元金」なども同じ手話。

〈基本①〉
左ひじを立て、閉じた右手を当てて下に向けて開く。

〈金（かね）①〉
右手の親指と人差指で作った丸を示す。

しく【敷く】

「（鉄道を）敷く」

→（〈列車〉＋〈道①〉＋）〈作る〉

例文の「（鉄道を）敷く」は敷設する、作る意味で〈作る〉で表現。〈作る〉は「生産」「製造」「製作」などの意味。

〈作る〉
両手のこぶしを上下に打ちつける。

し

しくみ【仕組み】

「政治の仕組み」
→〈政治〉+〈組み立てる〉

「仕組み」は組み立て方、構造の意味で〈組み立てる〉で表現。〈組み立てる〉はものを組み立てるさまで「組み立てる」「構造」などの意味。

〈政治〉
左手のひらの上に右ひじを置き、右手指先を伸ばし前後に振る。

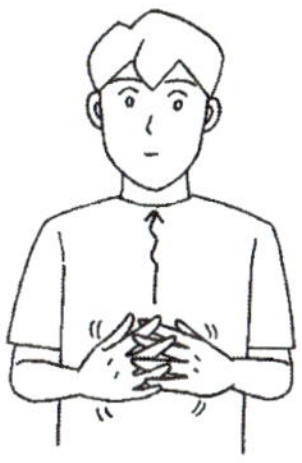

〈組み立てる〉
指を組んだ両手をねじりながら上にあげる。

しけい【死刑】

「死刑」
→〈解雇②〉+〈刑〉

「死刑」は〈解雇②〉+〈刑〉で表現。〈解雇②〉+〈刑〉は首を切られる刑を意味する。〈刑〉は漢字「刑」の字形の一部を表す。

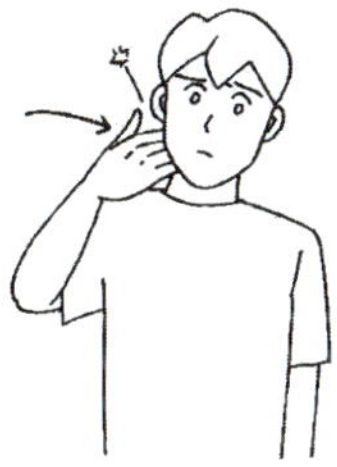

〈解雇②〉
右手を首に当てる。

〈刑〉
左手2指を横にして、そこに右手2指を縦におろす。

しげき【刺激】

「先輩に刺激される」
→〈先輩②〉+〈影響される②〉

例文の「刺激される」は〈影響される②〉で表現。〈影響される②〉は影響を受けるさまを表す。

〈先輩②〉
右手の指文字〈コ〉を肩から上に小さく弧を描きながらあげる。

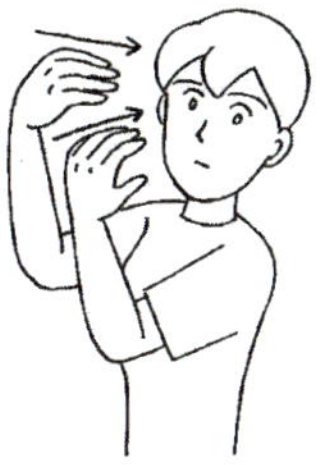

〈影響される②〉
両手指先を顔に向け、押し寄せるように近づける。

しげる【茂る】

「草が茂る」
→〈草〉

「草が茂る」は草がたくさん生える意味で〈草〉で表現。〈草〉は草が生えるさまで「草」「草が生える」「草が茂る」意味。

〈草〉
指先を軽く開いた両手の甲側を前に向け交互に小刻みに上下させながら左右に開く。

しけん【試験】1

「(入社)試験」
→(〈入る①〉+〈会社〉+)
〈試験〉
または〈試す〉

例文の「試験」は問題を出して答えさせることなので〈試験〉または〈試す〉で表現。手話はどちらも試し、競わせるさまを表す。

〈試験〉
親指を立てた両手を交互に上下させる。

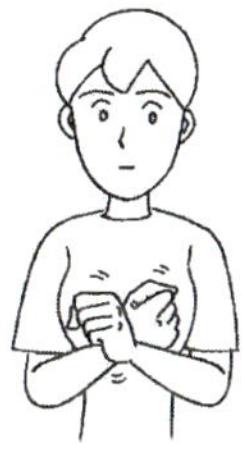

〈試す〉
こぶしを握った両手を手首で交差して、ねじるようにする。

しけん【試験】2

「(新車の)試験をする」
→(〈新しい〉+〈運転〉+)
〈試す〉+〈調べる①〉

例文の「試験」はものを試し調べる意味なので〈試す〉+〈調べる①〉で表現。

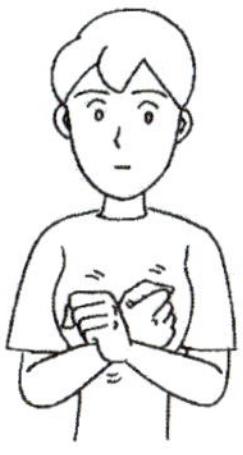

〈試す〉
こぶしを握った両手を手首で交差して、ねじるようにする。

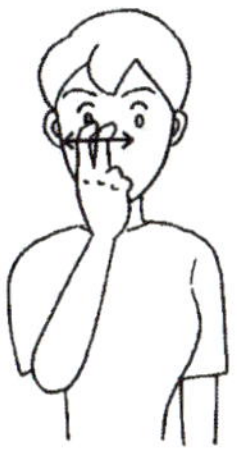

〈調べる①〉
右手の人差指と中指を軽く折り曲げて、目の前を左右に往復させる。

しげん【資源】

「地下資源」

→〈深い②〉+〈資源〉

「資源」は生産の原料となるもので〈資源〉で表現。〈資源〉は指文字〈シ〉とそのもとにある〈あたり〉を組み合わせた新しい手話。

〈深い②〉

左手のひらを下に向け、体と左手の間に右人差指を沈めるように下にさげる。

〈資源〉

左手で指文字〈シ〉を示して、その左ひじの下辺りで右手を水平に回す。

じけん【事件】1

「殺人事件」

→〈殺す〉+〈事件〉

例文の「事件」はできごとの意味なので〈事件〉で表現。左手の〈事〉に〈起きる①〉を組み合わせた新しい手話。

〈殺す〉

左親指を右人差指で刺すようにする。

〈事件〉

左手の指文字〈コ〉の下で右人差指をすくいあげるようにする。

じけん【事件】2

「刑事事件」

→〈刑〉+〈問題〉

例文の「事件」は訴訟に関わる事件の意味なので〈問題〉で表現。〈問題〉は「問」の字画の一部を表し、「問題」一般を広く意味する手話。

〈刑〉

左手２指を横にして、そこに右手２指を縦におろす。

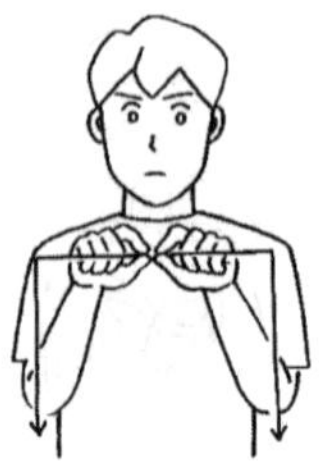

〈問題〉

両手の親指と人差指をつまみ「 ˥ を描く。

しげんエネルギーちょう【資源エネルギー庁】

「資源エネルギー(庁)」

→〈資源〉+〈エネルギー〉(+〈庁〉)

例文は〈資源〉+〈エネルギー〉+〈庁〉で表現。〈資源〉は〈シ〉と〈あたり〉を組み合わせた手話。〈エネルギー〉は指文字〈エ〉と力を組み合わせた手話。

〈資源〉

左手で指文字〈シ〉を示して、その左ひじの下辺りで右手を水平に回す。

〈エネルギー〉

左手で指文字〈エ〉を示し、右人差指で左上腕に力こぶを描く。

じこ【事故】1

「(交通)事故」

→(〈交通〉+)〈事故①〉または〈事故③〉

例文の「事故」は車の事故なので〈事故①〉または〈事故③〉で表現。いずれも車が正面衝突するさまを表す。

〈事故①〉

左右から両手指先をぶつけるようにして上にはねあげる。

〈事故③〉

「コ」の字形の両手を左右からぶつけて上にはねあげる。

じこ【事故】2

「信号の事故」

→〈信号〉+〈折る①〉

例文の「事故」は故障、トラブル、障害の意味なので〈折る①〉で表現。〈折る①〉は「折る」「事故」「障害」「トラブル」などの意味。

〈信号〉

目の上で右手指先を顔に向け、閉じたり開いたりする。

〈折る①〉

両こぶしの親指側を合わせ、折るようにする。

じこ【事故】3

「［人の］
転落事故があった」
→〈落ちる②〉＋〈事故②〉

例文の「事故」は人が転落することなので〈事故②〉で表現。〈事故②〉は左手の〈こと〉と右手の障害、トラブルの意の〈折る①〉を組み合わせた手話。

〈落ちる②〉
甲を上向きにして左手を上にあげ、その上から右手２指が落ちるようにする。

〈事故②〉
指文字〈コ〉の左手の下で右こぶしを手首を右にひねって起こす。

しこく【四国】

「四国」
→〈四国①〉
または〈四国②〉

「四国」は本州に対する四国のことで〈四国①〉または〈四国②〉で表現。右手は数字４、左手は四国の島を表す。

〈四国①〉
左手のひらに右手４指を上からおろす。

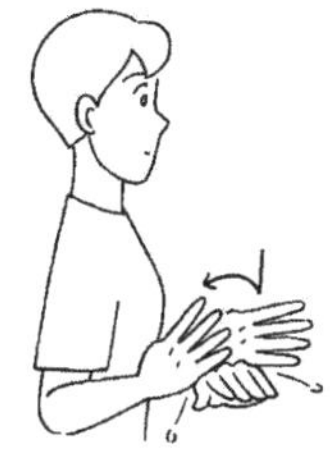

〈四国②〉
左手甲の上を右手４指を手前に引いて乗り越える。

じこ【自己】

「自己中心」
→〈個人〉＋〈中心〉

「自己」は自分の意味で〈個人〉で表現。〈個人〉は一人の人間をさし、「個人」「自分」「自身」「私自身」などの意味を表す。

〈個人〉
両手の人差指で顔の輪郭を示す。

〈中心〉
左手の親指と人差指と右人差指で「中」の字形を作り、それに右手２指を当てて少し下にさげる。

じこく【時刻】

「時刻表」
→〈時①〉＋〈表(ひょう)①〉

例文の「時刻」は〈時①〉で表現。〈時①〉は時計の針で「時間」を表す。「時間割」も同手話。

〈時①〉
左手のひらに右親指を当て、右人差指を時計の針のように回す。

〈表(ひょう)①〉
やや開いた指先で縦横に格子を描く。

しこう【思考】

「思考をめぐらす」
→〈いろいろ〉＋〈考える〉

例文の「思考をめぐらす」はいろいろと考える意味なので〈いろいろ〉＋〈考える〉で表現。

〈いろいろ〉
親指と人差指を立てた右手をねじりながら右へ動かす。

〈考える〉
右人差指を頭にねじこむようにする。

じごく【地獄】

「地獄」
→〈地獄〉

「地獄」は死後の世界で天国と対をなすもの。〈地獄〉で表現。拝むさまで死後を、下をさして地獄であることを表す。

〈地獄〉
左手で拝むようにして右人差指で下をさす。

しごと【仕事】

「仕事をする」

→〈仕事〉
　または〈作る〉

「仕事」は職業など労働の意味。〈仕事〉または〈作る〉で表現。いずれも「仕事」「働く」「労働」「職業」などの意味。

〈仕事〉
手のひらを上に向け、向かい合わせた両手指先を繰り返しつき合わせる。

〈作る〉
両手のこぶしを上下に打ちつける。

じさ【時差】

「時差ぼけ」

→〈時差〉+〈ゆるむ〉

「時差」は〈時差〉で表現。〈時差〉は両手がそれぞれ時計の針を表し、右手だけを動かして時間がずれているさまを表す。

〈時差〉
親指と人差指を出した両手の親指をつけ合わせ、右人差指を前に回す。

〈ゆるむ〉
指を閉じた両手を交差させて重ね、腕を左右に引きながら指を開く。

じさつ【自殺】

「自殺未遂」

→〈自殺〉+〈中途〉

「自殺」は自ら命を断つことで〈自殺〉で表現。〈自殺〉は短刀でのどをつく自殺のさまを表す。

〈自殺〉
両こぶしを重ね、首に押し当てる。

〈中途〉
左手のひらに右手指先を近づけて途中で落とす。

じさん【持参】

「弁当を持参する」

→〈弁当〉+〈持ってくる〉

「持参」は持ってくることなので〈持ってくる〉で表現。〈持ってくる〉はものを持ってくるさまを表し、持ってくるものによって変化する。

〈弁当〉
軽く曲げた左手の親指側に右手のひらをこすりつけるようにする。

〈持ってくる〉
左手のひらの上に右こぶしを添えて弧を描いて右から左へ動かす。

しじ【指示】

「(先生の)指示」

→(〈先生〉+)
　〈指示〉
　または〈指導〉

「指示」は指図、指導することで〈指示〉または〈指導〉で表現。〈指示〉はあれこれ指示するさまで「指図」「指示」などを意味する。

〈指示〉
右人差指で左右に突き刺すように前に出す。

〈指導〉
両手人差指の指先を前に向け、ややひじをあげて、交互に前に出す。

しじ【支持】1

「彼を支持する」

→左〈男〉+〈助ける①〉

例文の「支持」は助ける、応援する意味なので〈助ける①〉で表現。〈助ける①〉は後押しするさまで「助ける」「後援」などの意味。

左〈男〉
左親指を示す。

〈助ける①〉
親指を立てた左手の後ろを右手のひらで軽く後押しする。

しじ【支持】2

「みんなに支持される」
→〈みんな〉+〈支持される〉

例文の「支持される」は〈支持される〉で表現。〈支持される〉は支持や援助が集まるさまで「援助(される)」「部下」などを意味する。

〈みんな〉
右手のひらを下に向けて水平に回す。

〈支持される〉
親指を立てた左手甲に右手のひらを前から繰り返し当てる。

しじ【支持】3

「支持を得て(立候補する)」
→〈助けられる①〉+〈もらう①〉(+〈候補〉+〈立つ〉)

例文の「支持」は助けを得ることなので〈助けられる①〉で表現。〈助けられる①〉は支持や援助を得るさまで「支持される」などの意味。

〈助けられる①〉
親指を立てた左手甲に右手のひらを前方から繰り返し当てる。

〈もらう①〉
手のひらを上に向けた両手を手前に引く。

じじつ【事実】

「(それは)事実ですか」
→(〈それ〉+)〈本当〉+〈か〉

「事実」は本当または本当にあったことの意味なので〈本当〉で表現。〈本当〉は「事実」「本当」の意味。

〈本当〉
右手をあごに当てる。

〈か〉
右手のひらを相手に突き出す。

シジミ【蜆】

「シジミ汁」
→〈シジミ〉+〈飲む⑤〉

「シジミ」は〈シジミ〉で表現。〈シジミ〉はシジミの貝殻の模様を表す。

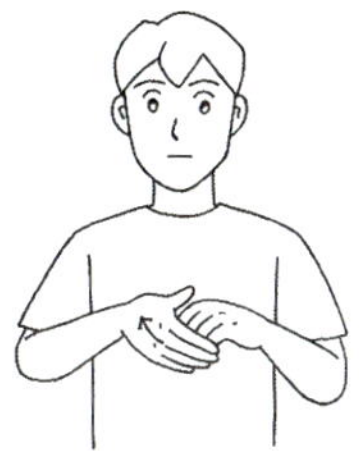

〈シジミ〉
少し丸めた左手の小指側から右手を水平に回す。

〈飲む⑤〉
両手で容器を持ち、飲むようにする。

じしゅ【自主】1

「自主的に勉強する」
→〈自分一人〉+〈勉強②〉

例文の「自主的」は自分からすすんでの意味なので〈自分一人〉で表現。〈自分一人〉は自分でするさまで「自主」「自主的」「自ら」の意味。

〈自分一人〉
右人差指を胸に当て、前にはねあげる。

〈勉強②〉
指先を上に向けた両手を並べて軽く前に出す。

じしゅ【自主】2

「自主独立」
→〈自分一人〉+〈立つ〉

例文の「自主独立」は自分一人で独立し他を頼らない意味なので〈自分一人〉+〈立つ〉で表現。手話は「自立」「自主独立」の意味。

〈自分一人〉
右人差指を胸に当て、前にはねあげる。

〈立つ〉
左手のひらの上に右手2指を立てる。

し

じしゅ【自首】

「自首する」

→〈自分一人〉+〈つかまる①〉

「自首」は犯罪者が自分から警察に申し出る意味なので〈自分一人〉+〈つかまる①〉で表現。手話は自ら逮捕されるさまを表す。

〈自分一人〉

右人差指を胸に当て、前にはねあげる。

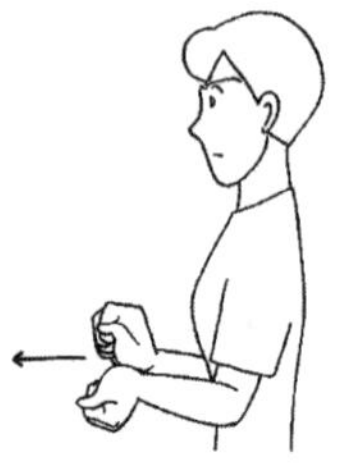

〈つかまる①〉

こぶしを握った両手の手首を合わせて前に出す。

ししゅう【刺繍】

「着物の刺繍」

→〈着物〉+〈刺繍〉

「刺繍」は糸で布に装飾を施すこと。〈刺繍〉で表現。〈刺繍〉は丸い木枠を使って刺繍するさまを表す。

〈着物〉

着物のえりを合わせるように右手と左手を順番に胸で重ねる。

〈刺繍〉

右手の親指と人差指で針を持ち、上下に針を通すように動かす。

ししゅつ【支出】

「支出超過」

→〈使う〉+〈越える②〉

「支出」はお金を払うこと、使うことなので〈使う〉で表現。〈使う〉はお金を使うさまを表すが「使う」意味一般に広く用いられる。

〈使う〉

左手のひらの上で右手の親指と人差指で作った丸をすべるようにして繰り返し前に出す。

〈越える②〉

左手のひらを下にして、その手前で指先を上に向けた右手をあげる。

じしょ【辞書】

「英語の辞書」

→〈イギリス④〉+〈辞典〉

「辞書」は物事の意味関係を説明した本で〈辞典〉で表現。〈辞典〉は辞典のページをめくるさまで「辞典」「字引き」「事典」などの意味。

〈イギリス④〉

右手２指の背側をあごに沿って動かす。

〈辞典〉

左手のひらの上に右手の２指をのせ、ページをめくるようにする。

しじょう【市場】

「海外市場」

→〈外国〉+〈市場(しじょう)〉

例文は〈外国〉+〈市場〉で表現。〈市場〉はお金が動いている場所を表す。

〈外国〉

右人差指を右目のまわりで回す。

〈市場(しじょう)〉

左手のひらの上で親指と人差指で作った丸を水平に回転する。

じじょう【事情】1

「家庭の事情」

→〈家庭〉+〈都合〉

例文の「事情」は事柄のいきさつなどの意味で〈都合〉で表現。〈都合〉は占うさまで「都合」「運」「事情」「偶然」などの意味。

〈家庭〉

左手屋根形の下で右手を回す。

〈都合〉

左手のひらの上に右こぶしの小指側をつけてこするように回す。

じじょう【事情】2

「海外の事情」

→〈外国〉+〈状態①〉

例文の「事情」は様子の意味なので〈状態①〉で表現。〈状態①〉は「様子」「状態」「状況」などの意味。

〈外国〉

右人差指を右目のまわりで回す。

〈状態①〉

両手のひらを前に向けて、交互に上下させる。

じしょく【辞職】

「役員を辞職する」

→〈腕章〉+〈辞(や)める〉

「辞職」は職から身を引くことで〈辞める〉で表現。〈辞める〉は身を引くさまで「辞職」「辞任」「退職」などの意味。

〈腕章〉

親指と人差指で腕章のように上腕に回す。

〈辞(や)める〉

左手のひらの上にすぼめた右手をのせて手前に引く。

じしん【自信】1

「自信を持つ」

→〈自信①〉

例文の「自信を持つ」は自分を信じている意味で〈自信①〉で表現。〈自信①〉は自ら信じるさまを表す。

〈自信①〉

手のひらを上に向けた右手を腹から上に持ちあげるようにする。

じしん【自信】2

「自信がつく」

→〈自信②〉+〈できる〉

例文の「自信がつく」は〈自信②〉+〈できる〉で表現。自分を信じて行動できるようになることを表す。

〈自信②〉

右人差指で腹をさし、右手を握って持ちあげるようにする。

〈できる〉

右手指先を左胸と右胸に順に当てる。

じしん【自身】

「自分自身」

→〈個人〉

「自身」は自分自身の意味で〈個人〉で表現。〈個人〉は一人の人間を示すさまで「個人」「自己」「自分」「私自身」などの意味。

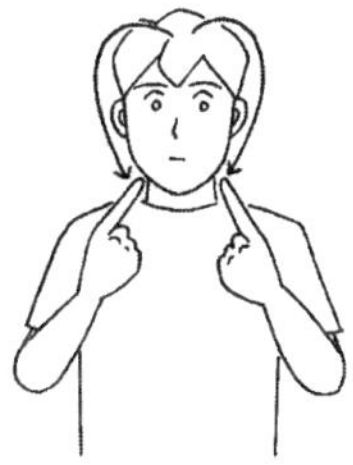

〈個人〉

両手の人差指で顔の輪郭を示す。

じしん【地震】

「地震が起きる」

→〈地震〉+〈現れる〉

「地震」は地殻の変動によって起こる地盤の揺れのことで〈地震〉で表現。〈地震〉は地面が揺れるさまを表す。

〈地震〉

手のひらを上に向けた両手を同時に前後に揺らす。

〈現れる〉

指先を軽く曲げ手のひらを上に向けた右手を下から上にあげる。

しずか【静か】1

「静かな海」

→〈安定〉+〈海〉

例文の「静か」は波が立たずに穏やかな意味なので〈安定〉で表現。〈安定〉は表面が安定するさまで「安定」「穏やか」などの意味。

〈安定〉
手のひらを下にした両手を左右に開きながらおろす。

〈海〉
右小指を口元に当て、次に手のひらを波のように動かす。

しずか【静か】2

「静かに暮らす」

→〈落ち着く②〉+〈生活〉

例文の「静か」は落ちついている意味なので〈落ち着く②〉で表現。〈落ち着く②〉は気を静めるさまで「落ち着く」「気を静める」などの意味。

〈落ち着く②〉
指先を向かい合わせ、手のひらを下に向けた両手を胸から静かにおろす。

〈生活〉
両手の親指と人差指を向かい合わせて回す。

しずか【静か】3

「静かにする」

→〈秘密①〉+〈安定〉

例文の「静か」は音や声を立てないようにする意味なので〈秘密①〉+〈安定〉で表現。

〈秘密①〉
右人差指を口元に当てる。

〈安定〉
手のひらを下に向けた両手を左右に開く。

システム

「システムが故障」

→〈システム〉+〈折る①〉

「システム」は〈システム〉で表現。〈システム〉は「システム」の頭音「シ」を指文字で〈組織〉の動きをしたもの。

〈システム〉
指文字〈シ〉の両手を向かい合わせ、同時に下におろす。

〈折る①〉
両こぶしの親指側を合わせ、折るようにする。

しずまる【鎮・静まる】1

「波が静まる」

→〈波①〉+〈安定〉

例文の「静まる」は波がなくなり穏やかになる意味で〈安定〉で表現。〈安定〉は表面が静かなさまで「安定」「穏やか」などの意味を表す。

〈波①〉
右手のひらを下に向けて波打つように上下させ右へ動かす。

〈安定〉
手のひらを下に向けた両手を左右に開く。

しずまる【鎮・静まる】2

「騒ぎが鎮まる」

→〈混乱〉+〈消える④〉

例文の「鎮まる」は騒ぎがおさまる意味なので〈消える④〉で表現。〈消える④〉は火が消えるさまで「消える」「なくなる」などの意味。

〈混乱〉
全指を曲げた両手のひらを上下に向かい合わせて、かき混ぜるようにする。

〈消える④〉
軽く開いた両手を下におろしながらすぼめる。

しずまる
【鎮・静まる】3

「怒りが静まる」

→〈怒(おこ)る①〉+〈落ち着く②〉

例文の「静まる」は落ち着く意味なので〈落ち着く②〉で表現。〈落ち着く②〉は気を静めるさまで「落ち着く」「気が静まる」などの意味。

〈怒(おこ)る①〉

両手で腹をつかむようにして上に向けてさっと動かす。

〈落ち着く②〉

指先を向かい合わせ、手のひらを下に向けた両手を胸から静かにおろす。

しずむ【沈む】2

「日が沈む」

→〈日が沈む〉
または〈夕方〉

例文の「日が沈む」は夕方太陽が沈む意味で〈日が沈む〉または〈夕方〉で表現。いずれも太陽が沈むさまを表す。

〈日が沈む〉

左手甲を上に向け、右手２指で閉じない丸を作り、左手小指側に沈んでいくようにおろす。

〈夕方〉

右手全指を上に向けてひじから前に倒す。

しずまる
【鎮・静まる】4

「痛みが鎮まる」

→〈痛い①〉+〈消える③〉

例文の「鎮まる」は痛みが消える意味なので〈消える③〉で表現。〈消える③〉は火が消えるさまで「消える」「なくなる」などの意味。

〈痛い①〉

全指を折り曲げた右手を痛そうに振る。

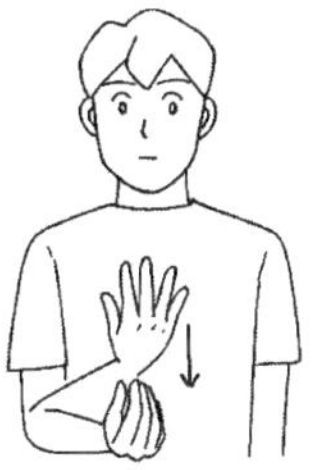

〈消える③〉

指先を上に向けた右手を下にさげながらすぼめる。

しずむ【沈む】3

「沈んだ顔」

→〈あきらめる③〉+〈顔〉

例文の「沈む」は元気がなく暗い意味で〈あきらめる③〉で表現。〈あきらめる③〉は気落ちするさまで「あきらめる」「がっかりする」の意味。

〈あきらめる③〉

軽く開いた両手をすぼめながら下におろし、頭をがくりと落とす。

〈顔〉

寂しそうな顔をして右人差指で顔の前で円を描く。

しずむ【沈む】1

「船が沈む」

→〈沈む〉

例文の「沈む」は沈没する意味で〈沈む〉で表現。〈沈む〉は船が傾き沈むさまで「船が沈む」「船が沈没する」などの意味。

〈沈む〉

両手で船形を作り、手前右下に引くようにさげる。

しずめる
【鎮・静める】1

「騒ぎを鎮める」

→〈混乱〉+〈安定〉

例文の「鎮める」は騒ぎをおさめる意味なので〈安定〉で表現。〈安定〉は状況が静かなさまで「安定」「穏やか」などの意味。

〈混乱〉

全指を曲げた両手のひらを上下に向かい合わせて、かき混ぜるようにする。

〈安定〉

手のひらを下にした両手を左右に開きながらおろす。

しずめる【鎮・静める】2

「怒りを静める」

→〈怒(おこ)る①〉+〈落ち着く②〉

例文の「静める」は気持ちを落ち着かせる意味で〈落ち着く②〉で表現。〈落ち着く②〉は気を静めるさまで「落ち着く」「気を静める」の意味。

〈怒(おこ)る①〉

両手で腹をつかむようにして上に向けてさっと動かす。

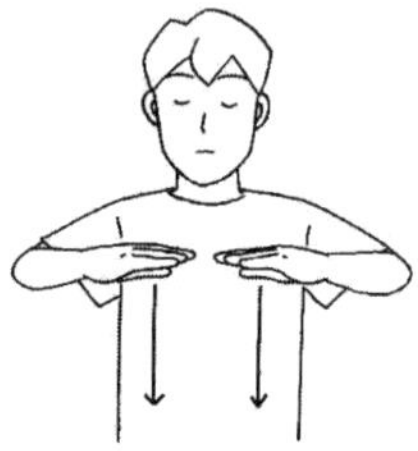

〈落ち着く②〉

指先を向かい合わせ、手のひらを下に向けた両手を胸から静かにおろす。

しせつ【施設】1

「福祉施設」

→〈幸せ〉+〈ビル①〉

例文の「施設」は社会的に利用する建物のことで〈ビル①〉で表現。〈ビル①〉は「ビル」「建物」「施設」などの意味。

〈幸せ〉

親指と4指であごをなでるようにする。

〈ビル①〉

両手のひらを向かい合わせて上にあげ、閉じる。

しせい【姿勢】1

「姿勢が良い」

→〈姿勢〉+〈良い〉

例文の「姿勢」は体勢の意味なので〈姿勢〉で表現。〈姿勢〉は姿勢を正すさまで、「姿勢」「体勢」などの意味。

〈姿勢〉

両手のひらを向かい合わせ上から下におろす。

〈良い〉

右こぶしを鼻から前に出す。

しせつ【施設】2

「(情報)提供施設」

→(〈情報①〉+)〈提供〉+〈施設〉

例文の「施設」は社会的に利用する建物のことで〈施設〉で表現。〈施設〉は「施設」を意味する新しい手話。

〈提供〉

両手のひらを重ね、右手を前に出す。

〈施設〉

左手で指文字〈シ〉を示し、右手で「┐」を描く。

しせい【姿勢】2

「対決の姿勢(を見せる)」

→〈試合①〉+〈態度〉(+〈現れる〉)

例文の「姿勢」は態度の意味なので〈態度〉で表現。〈態度〉は体の動きのさまで、「態度」「体の動き」などの意味。

〈試合①〉

親指を立てた両手を正面で軽くぶつける。

〈態度〉

こぶしを握った両手を交互に上下させる。

しせん【視線】1

「みんなの視線が集まる」

→〈みんな〉+〈注目される〉

例文の「視線が集まる」は注目される意味なので〈注目される〉で表現。〈注目される〉は「注目」「注目される」などの意味。

〈みんな〉

右手のひらを下に向けて水平に回す。

〈注目される〉

指先を一斉に顔のほうに向ける。

しせん【視線】2

「彼と視線が合う」
→〈彼〉+〈視線が合う〉

例文の「視線が合う」は見る方向がぶつかり見つめ合うさまで〈視線が合う〉で表現。手話は「視線が合う」「見つめ合う」などの意味。

〈彼〉
左肩まであげた左親指を右人差指でさす。

〈視線が合う〉
両手２指の指先をぱっと向かい合わせる。

しぜん【自然】2

「草が自然に生えてきた」
→〈自然〉+〈草が生える〉

例文の「自然」はひとりでにの意味なので〈自然〉で表現。〈自然〉は自ずから成長するものなどのさまで「自然に」「自ずから」などの意味。

〈自然〉
右人差指をゆっくりすくいあげるように上にあげる。

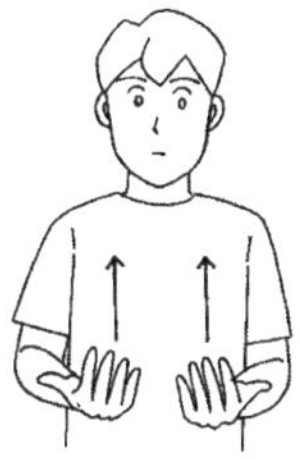

〈草が生える〉
両手のひらを手前に向け、指先を軽く開いて上にあげる。

しせん【視線】3

「視線をそらす」
→〈そらす〉

例文の「視線をそらす」は見る方向を変えることで〈そらす〉で表現。〈そらす〉は今まで見ていたものから目をそらすさまを表す。

〈そらす〉
右手２指の指先を前に向け、ぱっと横にそらす。

しそう【思想】

「思想の自由」
→〈考える〉+〈自由〉

「思想」はまとまった思考の体系なので〈考える〉で表現。〈考える〉は深く考えるさまで「思考」「思想」「考える」などの意味。

〈考える〉
右人差指を頭にねじこむようにする。

〈自由〉
両こぶしをひじを使って交互に上下させる。

しぜん【自然】1

「(森が)自然のまま残っている」
→(〈森〉+)〈自然〉+〈相変わらず①〉

例文の「自然」は山・川・草・木など人手が加わらないさまを意味するので〈自然〉で表現。〈自然〉は自ずからあるもののさまで「自然」の意味。

〈自然〉
右人差指をゆっくりすくいあげるように上にあげる。

〈相変わらず①〉
両手の親指と４指を閉じたり開いたりしながら右肩から前に出す。

した【下】1

「下(の部屋)」
→〈下①〉または〈下②〉(+〈部屋〉)

例文の「下」は今いる所より階が下の意味で〈下①〉または〈下②〉で表現。〈下①〉は指さし、〈下②〉は漢字「下」の字形を利用した手話。

〈下①〉
右人差指で下をさし示す。

〈下②〉
親指と人差指を出し、人差指で下をさす。

し

した【下】2

「服の下に(着る)」

→〈服〉+〈中(なか)〉
(+〈着る〉)

例文の「下」は内側の意味なので〈中(なか)〉で表現。〈中(なか)〉は服装の内部をさし、「シャツ」「下着」などの意味。

〈服〉
親指を立てた両手をえりに沿って下におろす。

〈中(なか)〉
指先を右に向けた左手の内側を右人差指でさす。

した【舌】2

「舌が回る」

→〈おしゃべり②〉

例文は慣用句でよくしゃべることなので〈おしゃべり②〉で表現。〈おしゃべり②〉はぺらぺらしゃべるさまを表す。

〈おしゃべり②〉
軽く開いた右手の指先を手首で回す。

した【下】3

「ひとつ下」

→(〈年齢〉+)
〈1①〉+〈下③〉

例文の「下」は年齢が若い意味なので〈下③〉で表現。〈下③〉はそれより下を表し、実力や年齢などが下であるという意味を表す。

〈1①〉
右人差指を立てる。

〈下③〉
右手のひらを下に向け指先を前に向け手首を下にさげる。

した【舌】3

「舌を巻く」

→〈得意〉

例文は慣用句で非常に驚く、非常に感心することなので〈得意〉を感心する表情で表現。〈得意〉は鼻が高いさまを表す。

〈得意〉
親指と小指を立てた右手の親指を鼻に当て、斜め上に出す。

した【舌】1

「舌が白い」

→〈舌〉+〈白〉

例文の「舌」は〈舌〉で表現。舌を出して指さす。

〈舌〉
出した舌を指さす。

〈白〉
右人差指で前歯を指さし、左へ引く。

したい【肢体】1

「きれいな肢体」

→〈美しい②〉+〈姿〉

例文の「肢体」は体・手足を意味するので〈姿〉で表現。〈姿〉は人の形のさまで「肢体」「姿」「体つき」などの意味。

〈美しい②〉
左手のひらをなでるように右手のひらを滑らせる。

〈姿〉
向かい合わせた両手を上から下に体の線を描くようにおろす。

したい【肢体】2

「肢体不自由」
→〈肢体不自由〉

例文の「肢体不自由」は手足の障害を意味するので〈肢体不自由〉で表現。〈肢体不自由〉は上肢を切るさまで「肢体不自由」の意味。

〈肢体不自由〉
左腕に右手を当て、右へ引き、

右腕に左手を当て、左へ引く。

しだい【次第】1

「でき次第
(お届けします)」
→〈終わる〉+〈はやい①〉
(+〈渡す〉)

例文の「次第」は引き続きすぐにの意味なので〈はやい①〉で表現。〈はやい①〉は矢が飛ぶさまではやいことを表す。

〈終わる〉
両手の親指と4指を上に向け、閉じながら下にさげる。

〈はやい①〉
親指と人差指を閉じた右手をすばやく左へ動かしながら人差指を伸ばす。

しだい【次第】2

「式次第」
→〈式〉+〈段階〉

例文の「次第」は式の順序の意味なので〈段階〉で表現。〈段階〉は進行などの順番のさまで「次第」「順序」「段階」などの意味。

〈式〉
両こぶしを左右に開く。

〈段階〉
指文字〈コ〉を示した右手を上から順番におろす。

しだい【次第】3

「その時次第」
→〈時①〉+〈合う③〉

例文の「次第」は場合場合によって決まる意味なので〈合う③〉で表現。〈合う③〉は個々に合わすさまを表す。

〈時①〉
左手のひらに右親指を当て、右人差指を時計の針のように回す。

〈合う③〉
左右で左人差指の先に右人差指の先を当てる。

しだい【次第】4

「次第に大きくなる」
→〈増える②〉
または〈大きくなる②〉

例文の「次第に」はだんだんにの意味で〈増える②〉〈大きくなる②〉の中に含まれる。〈増える②〉は拡大する、〈大きくなる②〉は背が伸びる意味。

〈増える②〉
向かい合わせた両手の親指と人差指を揺らしながら左右に開く。

〈大きくなる②〉
指文字〈コ〉を示した両手を肩から順に上にあげる。

じたい【辞退】

「(推薦を)辞退する」
→(〈選ばれる〉+)
〈断る〉
または〈辞(や)める〉

「辞退」は断る、辞めるなどの意味。〈断る〉または〈辞める〉で表現。〈断る〉は「断る」場合に、〈辞める〉は「辞める」場合に使う。

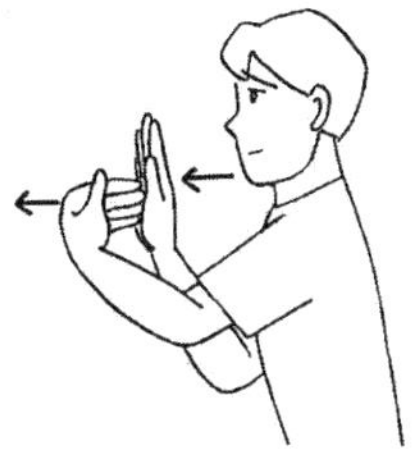

〈断る〉
左指先を手前に向け、右手のひらで押し返す。

〈辞(や)める〉
左手のひらの上にすぼめた右手をのせて手前に引く。

じだい【時代】1

「（江戸）時代」

→（〈江戸〉+）
〈時①〉または〈時代〉

例文の「時代」は〈時①〉または〈時代〉で表現。〈時代〉は一定の期間を表す。

〈時①〉

左手のひらに右親指を当て、右人差指を時計の針のように回す。

〈時代〉

指先を前にした左手に右人差指を当て、右に動かし、次に右手を左手と同じ形にしておろす。

じだい【時代】2

「時代劇」

→〈昔③〉+〈芝居〉

「時代劇」は〈昔③〉+〈芝居〉で表現。〈昔③〉は侍のちょんまげを表し、〈芝居〉は歌舞伎の見得を切るさまで「芝居」「劇」の意。

〈昔③〉

右親指・人差指・中指を出した右手を頭の上にのせる。

〈芝居〉

前後に互い違いに向けた両こぶしを同時にひねる。

したう【慕う】

「（故郷の）母を慕う」

→（〈生まれる〉+〈場所〉+）
〈母〉+〈なつかしい①〉

例文の「慕う」は懐かしく思う意味。〈なつかしい①〉で表現。手話は思い出すさまで「慕う」「懐かしい」「思い出」などの意味を表す。

〈母〉

右人差指をほおにふれ、右小指を出す。

〈なつかしい①〉

右手指先を揺らしながら頭から右横へ出す。

したがう【従う】1

「（先生に）
従って歩いて行く」

→（〈教える①〉+）
〈追う②〉または〈進む③〉

例文の「従う」はついて行く意味なので〈追う②〉または〈進む③〉で表現。〈進む③〉は一人の人を先頭に集団が進むさまを表す。

〈追う②〉

人差指を立てた両手を前後にして、左右に揺らしながら前に出す。

〈進む③〉

左手を立てて右人差指をその前に立て、上下に揺らしながら同時に前に出す。

したがう【従う】2

「（父に）
言われたことに従う」

→（〈父〉+）
〈言われる①〉上方+〈従う〉

例文の「従う」は言う通りにする意味なので〈従う〉で表現。〈従う〉は人と一緒に進むさまで「従う」「一緒にいく」「～にそってやる」の意味がある。

〈言われる①〉上方

すぼめた右手を顔に向けて、ぱっと開く。

〈従う〉

両手人差指をそわせて左前に出す。

したがう【従う】3

「規則に従う」

→〈規則〉+〈注意〉

例文の「従う」は規則を守る意味なので〈注意〉で表現。〈注意〉はあることを守るさまで「注意」「守る」などの意味を表す。

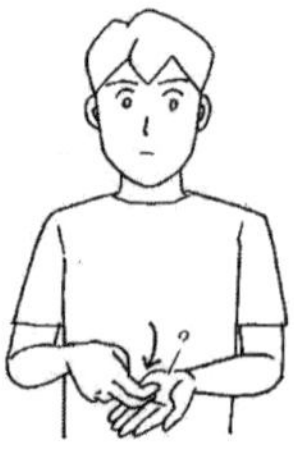

〈規則〉

左手のひらに折り曲げた右手2指を打ちつける。

〈注意〉

軽く開いた両手を上下に置き、体に引きつけて握る。

したがう【従う】4

「(見本に)従って組み立てる」

→(〈見る①〉+〈本〉+)〈そっくり〉+〈組み立てる〉

例文の「従う」は～の通りにするの意味で〈そっくり〉で表現。右から左へそっくりそのまま移すさまで「そっくり」「倣(なら)う」などの意味。

〈そっくり〉

両手の親指と4指でものをつかむようにして右上から左下に動かす。

〈組み立てる〉

指を組んだ両手をねじりながら上にあげる。

したく【支度】

「(旅行の)支度をする」

→(〈旅行〉+)〈準備①〉または〈準備②〉

「支度」は準備をする意味。〈準備①〉または〈準備②〉で表現。共にものを整理、整頓するさまで「用意」「整理」の意味を表す。

〈準備①〉

向かい合わせた両手を左から右へ動かす。

〈準備②〉

両手のひらを向かい合わせて間隔を変えずに左から右へ順に仕切るように動かす。

したがう【従う】5

「年をとるにしたがって」

→〈年をとる〉+〈ので〉

例文の「従う」は～につれての意味なので〈ので〉で表現。〈ので〉は先立つ語句が原因となる関係を表し「ので」「だから」の意味。

〈年をとる〉

やや曲げた両手のひらを上下に向かい合わせ右手を上にあげ、甲をあごに当てる。

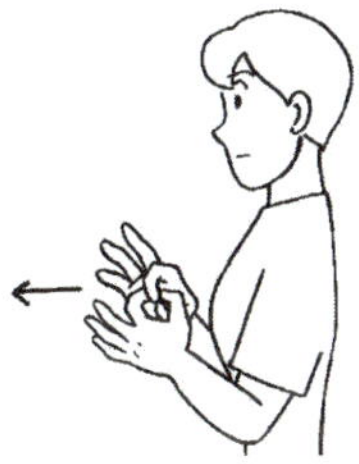

〈ので〉

両手の親指と人差指を組み、少し前に出す。

じたく【自宅】

「自宅」

→〈個人〉+〈家〉

「自宅」は自己の居住する家のことで〈個人〉+〈家〉で表現。〈個人〉は「個人」「自分自身」「自己」などを意味する。

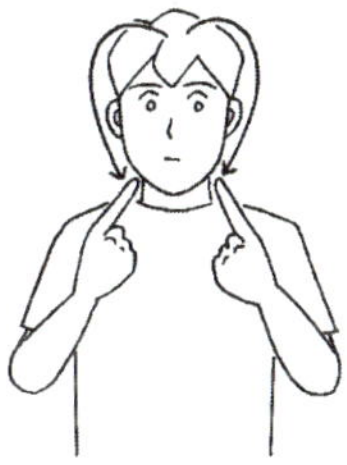

〈個人〉

両手の人差指で顔の輪郭を示す。

〈家〉

両手で屋根形を作る。

したぎ【下着】

「下着を着ける」

→〈中(なか)〉+〈シャツ〉

例文の「下着」は〈中(なか)〉+〈シャツ〉で表現。〈シャツ〉は体にぴったりつくさまで下着の「シャツ」の意。「下着を着ける」も同手話。

〈中(なか)〉

指先を右に向けた左手の内側を右人差指でさす。

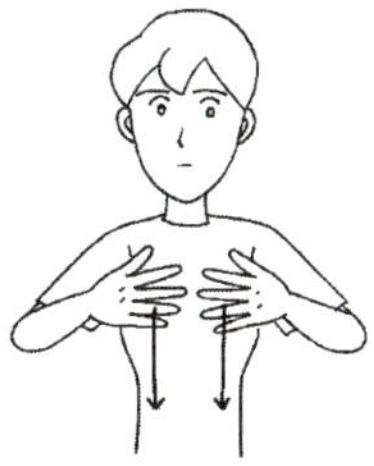

〈シャツ〉

両手のひらを胸に当てて下におろす。

したしい【親しい】1

「親しい友達」

→〈友達②〉

「親しい友達」は仲のよい友達の意味で〈友達②〉で表現。〈友達②〉は手を取り合うさまで握る力強さが親しさの程度を表す。「親友」の意味。

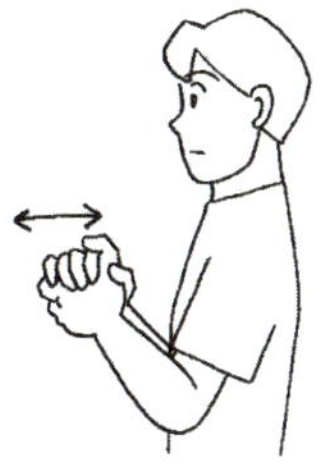

〈友達②〉

両手を強く組み、前後に軽く振る。

したしい【親しい】2

「親しくつきあう」

→〈ふれあう〉

「親しくつきあう」はよくつきあう意味で〈ふれあう〉で表現。〈ふれあう〉はいろいろな所で会うさまで「親しいつきあい」などの意味。

〈ふれあう〉

人差指を立てた両手を交互に前後入れ換えながら軽くふれ合わせ、左から右へ動かす。

じち【自治】

「自治(会)」

→〈自分一人〉+〈指導〉

(+〈会〉)

「自治」は自ら治める意味なので〈自分一人〉+〈指導〉で表現。

〈自分一人〉

右人差指を胸に当て、前にはねあげる。

〈指導〉

人差指の指先を前に向け、交互に前後に動かす。

じだん【示談】

「示談で解決する」

→〈会話②〉+〈解決①〉

「示談」は問題を話し合って合意することで〈会話②〉で表現。〈会話②〉は両者が話し合うさまで「示談」「話し合い」「会談」などの意味。

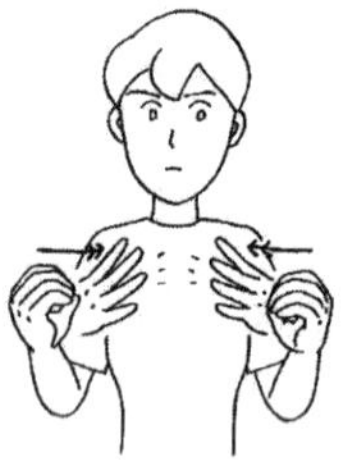

〈会話②〉

すぼめた両手を向かい合わせて同時に左右から繰り返し開く。

〈解決①〉

左手のひらの上に右人差指で「×」を大きく書く。

しちがつ【七月】

「七月七日」

→〈七月〉+〈七月七日〉

例文の「七月」は〈七月〉で表現。〈七月〉は左手〈7〉の下で右手〈月〉を表す。

〈七月〉

左手で〈7〉を示し、その下で右手の親指と人差指で三日月を描く。

〈七月七日〉

左右〈7〉を示し、上下に置く。

しち【七】

「七」

→〈7〉

「七」は数字の〈7〉で表現。指文字〈シ〉と同じ手話。

〈7〉

親指と人差指と中指を立て、甲側を示す。

しちや【質屋】

「質屋」

→〈7〉+〈のれん〉

「質屋」は物を預けそれを担保にお金を借りる店。〈7〉+〈のれん〉で表現。質屋は「ななつや」ともいうところから。「質店」も同じ。

〈7〉

親指と人差指と中指を立て、甲側を示す。

〈のれん〉

両手の指先を下に向けて手首から交互に前後に揺らす。

しつ【室】

「編集室」

→〈集める③〉+〈部屋〉

「室」は建物の仕切られた空間で〈部屋〉で表現。〈部屋〉は四角な場所のさまで「室」「部屋」の意味。

〈集める③〉

全指を曲げた両手で繰り返しかき寄せるようにする。

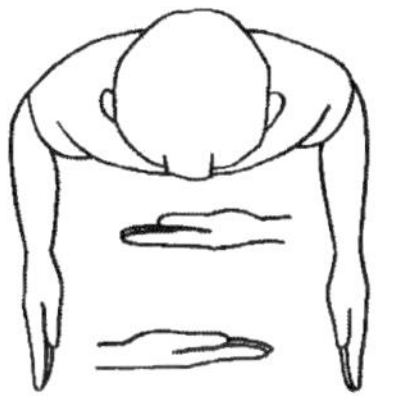

〈部屋〉

両手のひらで前後左右に四角く囲む。

しつ【質】1

「体質」

→〈体(からだ)〉+〈性質〉

例文の「質」は人の生理的な特徴の意味で〈性質〉で表現。〈性質〉は「質」「性質」「品質」などの意味。

〈体(からだ)〉

右手を体の上で回す。

〈性質〉

左手甲に右人差指を当て、すくうようにあげる。

しつ【質】2

「質が良い」

→〈性質〉+〈良い〉

例文の「質」は品質の意味で〈性質〉で表現。〈性質〉は「質」「性質」「品質」などの意味を表す。

〈性質〉

左手甲に右人差指を当て、すくうようにあげる。

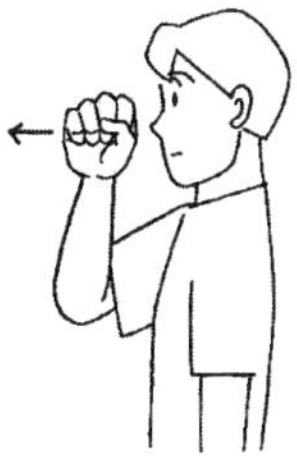

〈良い〉

右こぶしを鼻から前に出す。

しっかく【失格】

「(時間に)遅れて失格した」

→(〈時間〉+)〈過ぎる〉+〈解雇②〉

「失格」は資格を失うことで〈解雇②〉で表現。〈解雇②〉は「失格」「解雇」「除名」などの意味を表す。

〈過ぎる〉

左手甲の上を右手で乗り越える。

〈解雇②〉

右手を首に当てる。

しっかり 1

「しっかりした(基礎を作る)」

→〈固い①〉
または〈固い③〉
(+〈基本〉+〈作る〉)

例文の「しっかり」は土台が固くて動かない意味で〈固い①〉または〈固い③〉で表現。両者は物が固いさまを表し「しっかりしている」「固い」の意味。

〈固い①〉

軽く曲げた右手3指を振りおろして止める。

〈固い③〉

軽く曲げた右手2指を振りおろして止める。

しっかり 2

「しっかりした(人)」

→〈固い①〉
または〈固い③〉
(+〈人〉)

例文の「しっかり」は人間として頼りになり、判断力もある意味で〈固い①〉または〈固い③〉で表現。

〈固い①〉

軽く曲げた右手3指を振りおろして止める。

〈固い③〉

軽く曲げた右手2指を振りおろして止める。

し

しっかり 3

「もっとしっかりする」
→〈もっと〉+〈無事〉

例文の「しっかり」はふらふらしないで確かな意味なので〈無事〉で表現。〈無事〉は「安定している」「無事」「しっかりする」などの意味。

〈もっと〉
両手の親指と人差指を一定の間隔に開き、左手の上に右手をのせる。

〈無事〉
両ひじをやや張って、両こぶしを同時に下におろす。

しつぎょう【失業】

「失業保険」
→〈解雇②〉+〈保険〉

「失業」は解雇され職を失う意味なので〈解雇②〉で表現。〈解雇②〉は首を切られるさまで「失業」「解雇」「首を切られる」の意味を表す。

〈解雇②〉
右手を首に当てる。

〈保険〉
左指文字〈ホ〉の甲に右手2指で作った丸を当て、前に出す。

しつけ【躾】1

「(親の)しつけが良い」
→(〈両親〉+)
〈教える③〉+〈良い〉

例文「しつけ」は行儀作法などを教えることで〈教える③〉で表現。〈教える③〉は教育する、しつける意味を表す。

〈教える③〉
左親指に向かって右人差指を口元から繰り返し振りおろす。

〈良い〉
右こぶしを鼻から前に出す。

しつけ【躾】2

「(子供の)しつけが良い」
→(〈子供①〉+)
〈常識〉+〈良い〉

例文の「しつけ」は行儀、礼儀をわきまえることで〈常識〉で表現。〈常識〉は行儀よくするさまで「常識」「エチケット」「マナー」などの意味。

〈常識〉
両こぶしの小指側を繰り返し打ちつける。

〈良い〉
右こぶしを鼻から前に出す。

じっけん【実験】

「動物実験」
→〈動物〉+〈実験〉

「実験」は自然現象などをより小さな規模で実際に試すことで〈実験〉で表現。〈実験〉は試験管を使って実験するさまを表す。

〈動物〉
両手の親指と人差指と中指を折り曲げて爪を立てるようにして前後に並べ前に出す。

〈実験〉
人差指を出した両手の手首を交差させて、ねじるように揺する。

じつげん【実現】

「(夢が)実現した」
→(〈夢①〉+)
〈本当〉+〈成功〉

「実現」は現実に現れることで〈本当〉+〈成功〉で表現。

〈本当〉
右手をあごに当てる。

〈成功〉
右こぶしを鼻から左手のひらに打ちつける。

しつこい 1

「しつこい(やつだ)」

→〈うるさい①〉+〈来る②〉
(+〈男〉)

例文の「しつこい」は何度も何かをしかけるさまなので〈うるさい①〉で表現。〈うるさい①〉は耳がうるさいさまを表す。

〈うるさい①〉

右人差指を耳に当て、ねじこむようにする。

〈来る②〉

右人差指を上に向けて手前に引く。

しつこい 2

「しつこい味」

→〈目立つ①〉+〈味①〉
(または〈味②〉)

例文の「しつこい」は味が濃く後まで残ることなので嫌な表情で〈目立つ①〉を表現。〈目立つ①〉は目に飛び込んでくるさまで「はで」「目立つ」意。

〈目立つ①〉

目の前に全指を軽く曲げた右手のひらをぱっと引き寄せる。

〈味①〉

右人差指で舌の先にふれるようにする。

しつこい 3

「説明がしつこい」

→〈説明される〉+〈うるさい①〉

例文の「しつこい」は同じことを何度も繰り返すさまなので〈うるさい①〉で表現。

〈説明される〉

左手のひらの上を指先を手前に向けた右手で小刻みにたたく。

〈うるさい①〉

右人差指を耳に当て、ねじこむようにする。

しっこう【執行】

「執行猶予」

→〈つかまる①〉+〈延期〉

例文の「執行」は刑を行う意味で〈つかまる①〉で表現。〈つかまる①〉は逮捕されるさまで「逮捕」「刑」などの意味を表す。

〈つかまる①〉

こぶしを握った両手の手首を合わせて前に出す。

〈延期〉

両手の親指と人差指でつまむようにして右から左へ弧を描いて移す。

しっこう【失効】

「法律が失効する」

→〈規則〉(または〈法〉+)〈失効〉

例文の「失効」は法律や契約などの効力を失うことなので〈失効〉で表現。〈失効〉は効果が落ちるさまを表す新しい手話。

〈規則〉

左手のひらに折り曲げた右手2指を打ちつける。

〈失効〉

手のひらを前に向けて立てた左手のひらに右こぶしを当て、弧を描いて下におろす。

じっこう【実行】

「(計画を)実行する」

→(〈計画〉+)
〈本当〉+〈する〉

「実行」は実際にやる、実施する意味で〈本当〉+〈する〉で表現。「実際にやる」「実施する」などの意味を表す。

〈本当〉

右手をあごに当てる。

〈する〉

両こぶしを力を込めて前に出す。

じっさい【実際】

「実際にやる」

→〈本当〉+〈する〉

「実際」は本当のことの意味で〈本当〉で表現。〈本当〉は「本当」「実際」「事実」などの意味。

〈本当〉
右手をあごに当てる。

〈する〉
両こぶしを力を込めて前に出す。

じつじょう【実情】

「実情(をつかむ)」

→〈本当〉+〈状態①〉
(+〈つかむ①〉)

「実情」は本当の状態の意味で〈本当〉+〈状態①〉で表現。「実情」「実態」などの意味を表す。

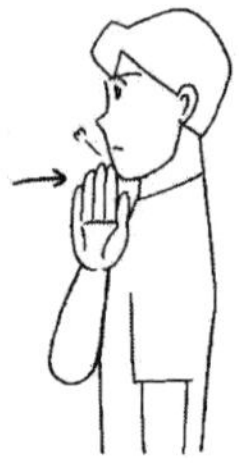

〈本当〉
右手をあごに当てる。

〈状態①〉
両手のひらを前に向けて、交互に上下させる。

じっし【実施】

「実施する」

→〈本当〉+〈する〉

「実施」は実際にやる意味で〈本当〉+〈する〉で表現。「実際にやる」「実施(する)」「実行する」などの意味を表す。

〈本当〉
右手をあごに当てる。

〈する〉
両こぶしを力を込めて前に出す。

じっせき【実績】

「実績を積む」

→〈本当〉+〈たまる〉

「実績」は実際に業績を重ねる意味で〈本当〉+〈たまる〉で表現。〈本当〉+〈たまる〉は業績を重ねるさまで「実績をあげる」意味もある。

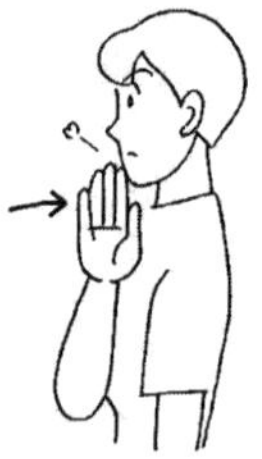

〈本当〉
右手をあごに当てる。

〈たまる〉
両手2指で「井」の字形を組み、下から上にあげる。

じっしゅう【実習】

「(教育)実習」

→(〈教える①〉+)
〈本当〉+〈練習〉

「実習」は実際の仕事と同じことを学習する意味で〈本当〉+〈練習〉で表現。

〈本当〉
右手をあごに当てる。

〈練習〉
左手甲に手のひらを手前に向けた右手指先を繰り返し当てる。

じっせん【実践】

「(計画通り)実践する」

→(〈計画〉+〈同じ①〉+)
〈本当〉+〈活動〉

「実践」は実行する、実際にやる意味で〈本当〉+〈活動〉で表現。〈本当〉+〈活動〉は実際に活動するさまで「実践」「実行」の意味。

〈本当〉
右手をあごに当てる。

〈活動〉
ひじを少し張り、ひじを軸に両こぶしを交互に繰り返し前に出す。

しっそ【質素】1

「質素に暮らす」
→〈節約〉+〈生活〉

例文の「質素に暮らす」は〈節約〉+〈生活〉で表現。〈節約〉はお金を控えるさまを表す。

〈節約〉
左手のひらにかぎ状にした右人差指を当て、引きあげるように手前に引く。

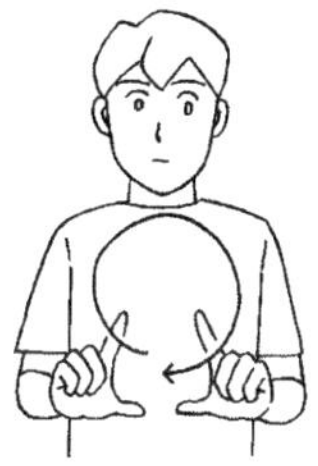

〈生活〉
両手の親指と人差指を向かい合わせて回す。

しっと【嫉妬】

「嫉妬深い」
→〈ねたむ〉
または〈うらやましい①〉

例文の「嫉妬深い」は人をうらやむ気持ちが強い意味なので〈ねたむ〉または〈うらやましい①〉で表現。

〈ねたむ〉
右手の人差指と中指で交互に鼻の頭をたたく。

〈うらやましい①〉
鼻の上で右手の親指と4指を閉じたり開いたりする。

しっそ【質素】2

「質素な食事」
→〈簡単〉+〈食べる①〉
（または〈食べる②〉または〈食べる④〉）

例文の「質素な食事」は〈簡単〉+〈食べる①〉または〈食べる②〉または〈食べる④〉で表現。

〈簡単〉
右人差指をあごに当て、左手のひらの上に落とすようにつける。

〈食べる①〉
左手のひらの上で右手ですくって食べるようにする。

しつど【湿度】1

「湿度が高い」
→〈湿度〉+〈高い⑧〉

「湿度が高い」は〈湿度〉+〈高い⑧〉で表現。〈湿度〉は湿り気の度合いを表す。

〈湿度〉
指先を上に向けた左手のひらの前で右親指と4指をつけたり離したりする。

〈高い⑧〉
手のひらを右に向けて立てた左手の横で指文字〈コ〉の右手をあげる。

じったい【実態】

「実態(調査)」
→〈本当〉+〈状態①〉
（+〈調べる①〉）

「実態」は本当の状態の意味で〈本当〉+〈状態①〉で表現。〈本当〉+〈状態①〉は実際の様子を表し「実情」「実態」などの意味。

〈本当〉
右手をあごに当てる。

〈状態①〉
両手のひらを前に向けて、交互に上下させる。

しつど【湿度】2

「湿度が低い」
→〈湿度〉+〈低い⑥〉

「湿度が低い」は〈湿度〉+〈低い⑥〉で表現。〈湿度〉は湿り気の度合いを表す。

〈湿度〉
指先を上に向けた左手のひらの前で右親指と4指をつけたり離したりする。

〈低い⑥〉
手のひらを右に向けて立てた左手の横で指文字〈コ〉の右手をさげる。

し

じつに【実に】

「実にすばらしい」

→〈本当〉+〈すばらしい〉

「実に」は本当にの意味で〈本当〉で表現。〈本当〉は「本当」「事実」「実に」「まことに」などの意味がある。

〈本当〉
右手をあごに当てる。

〈すばらしい〉
鼻からこぶしを右上に弧を描いてあげる。

じつは【実は】

「実は今（始まったばかりです）」

→〈本当〉+〈今②〉
（+〈開（ひら）く③〉）

「実は」は本当はの意味で〈本当〉で表現。〈本当〉は「本当」「事実」「本当は」「実は」などの意味がある。

〈本当〉
右手をあごに当てる。

〈今②〉
両手のひらで強く押さえつける。

しっぱい【失敗】1

「計画が失敗する」

→〈計画〉+〈失敗①〉

例文の「失敗」はしくじる、失策をおかすの意味で〈失敗①〉で表現。〈失敗①〉は鼻を折られるさまで「失敗」「失策」などの意味。

〈計画〉
左手のひらを下に向け、右人差指で線を引くようにする。

〈失敗①〉
右手で鼻の先を握って折るようにする。

しっぱい【失敗】2

「（うっかり）失敗した」

→（〈なまける〉+）
〈失敗②〉
または〈油断〉

例文の「失敗」は〈失敗②〉または〈油断〉で表現。前者は失敗して額に手を当てるさま、後者は油断して台なしになるさまを表す。

〈失敗②〉
手のひらを額に打ちつける。

〈油断〉
両こぶしを下に落とすようにして重ねて開く。

しっぱい【失敗】3

「試験に失敗した」

→〈試験〉+〈落ちる③〉

例文の「失敗」は不合格になる意味なので〈落ちる③〉で表現。〈落ちる③〉は落ちるさまで「落ちる」「不合格」「落第」の意味を表す。

〈試験〉
親指を立てた両手を交互に上下させる。

〈落ちる③〉
左手のひらの内側で、指先を上に向けた右手を、すとんと落とす。

しつぼう【失望】1

「（人生に）失望する」

→（〈人生〉+）
〈希望〉+〈消える①〉

例文の「失望」は希望を失う意味で〈希望〉+〈消える①〉で表現。〈希望〉+〈消える①〉は「希望を失う」「失望」などの意味。

〈希望〉
右手の指先を揺らしながら頭から前に出す。

〈消える①〉
手のひらを前に向けた両手を交差させながら握る。

しつぼう【失望】2

「（当てが外れて）失望した」

→（〈案外〉＋）〈あきらめる①〉または〈あきらめる③〉

例文の「失望」はがっかりする意味で〈あきらめる①〉または〈あきらめる③〉で表現。熱や燃えていたものがしぼむさまで「失望」「落胆」の意味。

〈あきらめる①〉

親指と４指を開いた右手を左脇に引きつけながら閉じ、同時に軽く目を伏せる。

〈あきらめる③〉

軽く開いた両手をすぼめながら下におろし、頭をがくりと落とす。

しつもん【質問】2

「質問される」

→〈聞かれる〉

例文の「質問される」は〈聞かれる〉で表現。〈聞かれる〉はものを聞かれる、尋ねられるさまを表す。

〈聞かれる〉

右手指先を手前に向けて引き寄せる。

しつめい【失明】

「彼は失明した」

→〈彼〉＋〈失明〉

例文の「失明」は視力を失うことで〈失明〉で表現。〈失明〉は目をふさいで「失明」「目が見えない」などの意味を表す。

〈彼〉

左親指を右人差指でさす。

〈失明〉

両手のひらを目に当てる。

しつもん【質問】3

「彼女に質問する」

→〈彼女〉＋〈質問②〉

例文の「質問」は第三者に質問することなので〈質問②〉で表現。〈質問②〉は女性に尋ねるさまで、男性なら左手は親指を出す。

〈彼女〉

左小指を右人差指でさす。

〈質問②〉

左小指に右手のひらを上に向けて指先を近づける。

しつもん【質問】1

「質問する」

→〈尋ねる①〉または〈尋ねる②〉

例文「質問する」はものを尋ねることで〈尋ねる①〉または〈尋ねる②〉で表現。どちらも尋ねるさまで「質問」「尋ねる」などの意味を表す。

〈尋ねる①〉

右人差指を右耳から前に差し出す。

〈尋ねる②〉

右手のひらを右耳の横から前に出す。

しつもん【質問】4

「質問攻め」

→〈質問攻め〉

例文の「質問攻め」は次々に質問する意味なので〈質問攻め〉で表現。〈質問攻め〉は次々と尋ねるさまを表す。

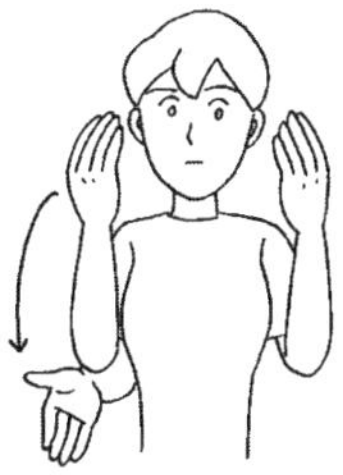

〈質問攻め〉

両手のひらを手前に向けて右手を前に差し出し、

差し出した右手を元に戻し、次に左手を差し出す。これを繰り返す。

じつりょく【実力】

「実力(テスト)」

→〈本当〉+〈力〉
(+〈試す〉)

例文の「実力」は持てる本当の力の意味なので〈本当〉+〈力〉で表現。

〈本当〉

右手をあごに当てる。

〈力〉

こぶしを握った左腕を曲げ、上腕に右人差指で力こぶを描く。

しつれい【失礼】1

「失礼なやつ」

→〈失礼①〉+〈男〉

例文の「失礼」は無礼の意味なので〈失礼①〉で表現。〈失礼①〉は〈常識〉をもとに、それをずらして常識を欠くさま、「無礼」「失礼」を表す。

〈失礼①〉

小指側を合わせた両こぶしを前後にはずすように動かす。

〈男〉

親指を立てた右手を出す。

しつれい【失礼】2

「まあ、失礼ね」

→〈失礼②〉

例文の「失礼ね」は女性のことばで「無礼な」の意味。〈失礼②〉で表現。〈失礼②〉は女性が相手に対して失礼をたしなめる手話。

〈失礼②〉

下に向けた両手を前にはじくように上にあげ、手のひらを前に向ける。

しつれい【失礼】3

「これで失礼します」

→〈今①〉+〈出る①〉

例文の「失礼」は帰る時や退出する時のあいさつで〈出る①〉で表現。〈出る①〉はゆっくり表現すれば「失礼します」と丁寧さが表れる。

〈今①〉

両手のひらで軽く押さえつける。

〈出る①〉

左手の下から右手をはねあげるように前に出す。

しつれい【失礼】4

「失礼しました」

→〈すみません〉

例文の「失礼しました」はわびる意味なので〈すみません〉で表現。〈すみません〉は迷惑をかけてわびるさまで「すみません」などの意味。

〈すみません〉

右手の親指と人差指で眉間をつまみ、右手で拝むようにする。

しつれん【失恋】

「失恋する」

→〈失恋〉

「失恋」は恋を失うことで〈失恋〉で表現。〈失恋〉はハートの上が破れるさまで「失恋」「恋が破れる」などの意味。

〈失恋〉

両手人差指を下向きに交差させて、左右にぱっと開く。

してい【指定】1

「指定席」
→〈定まる〉+〈座る①〉

例文の「指定席」は座る席が決まっている意味なので〈定まる〉で表現。〈定まる〉は「指定」「定期」などの意味を表す。

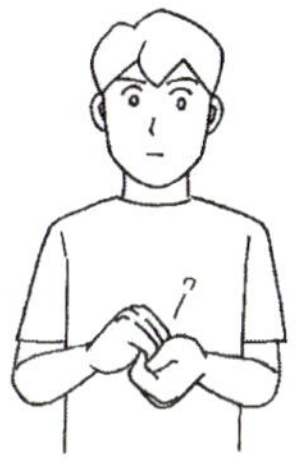

〈定まる〉
両手指を曲げて上下に組み合わす。

〈座る①〉
手のひらを下に向けた左手２指に折り曲げた右手２指を座るようにのせる。

してい【指定】2

「（約束の）時間を指定する」
→（〈約束〉+）〈時①〉+〈決める①〉

例文の「指定」は決める意味なので〈決める①〉で表現。〈決める①〉は扇子をぱちりとたたいて決断するさまで「決める」「決定」などの意味。

〈時①〉
左手のひらに右親指を当て、右人差指を時計の針のように回す。

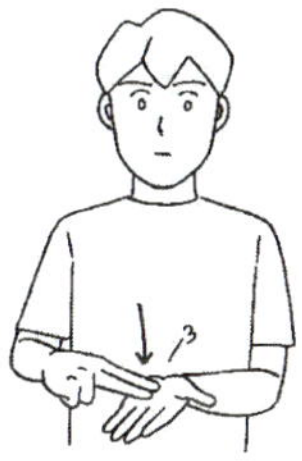

〈決める①〉
左手のひらに右手２指を軽く打ちつける。

してき【指摘】1

「まちがいを指摘する」
→〈まちがう②〉+〈指摘〉

例文の「指摘」は問題点をはっきり示す意味なので〈指摘〉で表現。〈指摘〉は書面などの問題点を示すさまで「指摘」「指さす」などの意味。

〈まちがう②〉
つまんだ両手を目の前に置き、交差させる。

〈指摘〉
左手のひらの上をぱっと指さす。

してき【指摘】2

「ミスを指摘される」
→〈手落ち〉+〈指摘される〉

例文の「指摘される」は〈指摘される〉で表現。〈指摘される〉は相手から自分に向けられる指摘のさまを表す。

〈手落ち〉
手のひらを手前に向け両手を重ね、右手を前に倒すように落とす。

〈指摘される〉
左手のひらを上に向けて右人差指をぱっと自分に向ける。

してつ【私鉄】

「私鉄」
→〈個人〉+〈電車〉

「私鉄」は公営に対する私営鉄道のことで〈個人〉+〈電車〉で表現。〈個人〉は人そのものの意味で「個人」「私人」などの意味がある。

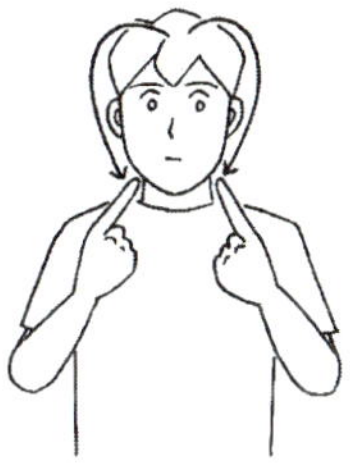

〈個人〉
両手の人差指で顔の輪郭を示す。

〈電車〉
折り曲げた右手２指を左手２指に沿って前に動かす。

してん【視点】1

「開発に視点が置かれた（政治）」
→〈開発〉+〈一途①〉（+〈政治〉）

例文の「視点が置かれた」は〈一途①〉で表現。〈一途①〉は脇目も振らないさまを表す。

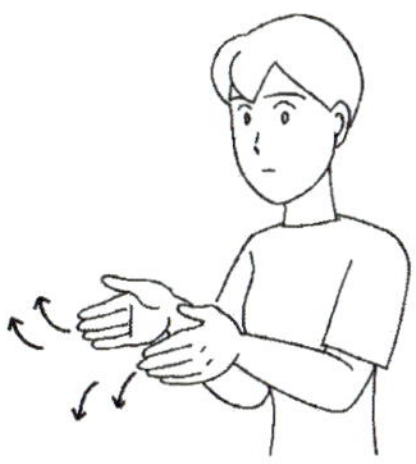

〈開発〉
向かい合わせた両手のひらを左右にかき分けるように前に進める。

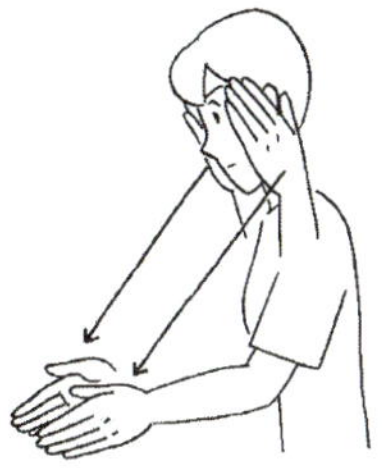

〈一途①〉
両手のひらをこめかみ付近から斜め前に絞り込むようにおろす。

してん【視点】2

「視点(を変えて論じる)」

→〈見る①〉(または〈見る②〉)+〈方法〉(+〈変わる①〉+〈説明〉)

例文の「視点」は〈見る①〉または〈見る②〉+〈方法〉で表現。〈見る①〉、〈見る②〉は視線を向けるさま、〈方法〉は手だて、手段を表す。

〈見る①〉
右人差指を右目元から前に出す。

〈方法〉
左手甲を右手のひらで軽くたたく。

じてん【辞典】

「手話辞典」

→〈手話〉+〈辞典〉

「辞典」は〈辞典〉で表現。〈辞典〉はページをめくるさまで「辞書」「字引き」「事典」などを意味する。

〈手話〉
両手の人差指を向かい合わせて、糸を巻くように回転させる。

〈辞典〉
左手のひらの上に右手の 2 指をのせ、ページをめくるようにする。

じてんしゃ【自転車】

「自転車に乗る」

→〈自転車〉+〈乗る①〉

「自転車」は〈自転車〉で表現。〈自転車〉は自転車に乗ってペダルをこぐさまを表す。

〈自転車〉
両こぶしを交互に前に回転させる。

〈乗る①〉
左人差指の上に右手 2 指をまたぐようにのせる。

しどう【指導】1

「生活を指導する」

→〈生活〉+〈指導〉

例文の「指導」は教え導く意味で〈指導〉で表現。〈指導〉はあれこれと指示するさまで「指導」「指図する」などを意味する。

〈生活〉
両手の親指と人差指を向かい合わせて回す。

〈指導〉
両手の人差指の先を前に向けて交互に前に出す。

しどう【指導】2

「英語を指導する」

→〈イギリス④〉+〈教える①〉

例文の「指導」は教える意味なので〈教える①〉で表現。〈教える①〉は「教える」「教授する」などを意味する。

〈イギリス④〉
右手 2 指の背側をあごに沿って動かす。

〈教える①〉
右人差指を口元付近から手首を軸にして振りおろす。

じどう【児童】

「学校の児童」

→〈勉強②〉+〈子供①〉

「児童」は子供のことなので〈子供①〉で表現。〈子供①〉は幼子が手を振るさまで比較的小さな「子供」「幼児」「赤ちゃん」を意味する。

〈勉強②〉
指先を上に向けた両手を並べて軽く前に出す。

〈子供①〉
両手のひらを前に向けて、あやすように左右に振る。

じどうしゃ【自動車】

「自動車を運転する」

→〈車①〉+〈運転〉

「自動車」は〈車①〉または〈運転〉で表現。「自動車を運転する」は〈車①〉+〈運転〉で表現するが〈車①〉を略してもよい。

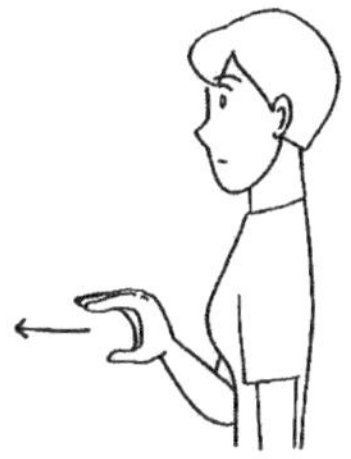

〈車①〉

右手を「コ」の字形にして指先を前に向けて出す。

〈運転〉

ハンドルを両手で握り、回すようにする。

しなもの【品物】

「店の品物」

→〈店①〉(または〈店②〉)+〈品(ひん)〉

例文の「品物」は〈品(ひん)〉で表現。〈品(ひん)〉は漢字「品」の字形を表す。

〈店①〉

両手のひらを上に向けて、左右に開く。

〈品(ひん)〉

右手の親指と人差指で作った丸を上、左、右に示す。

しな【品】1

「品不足」

→〈品(ひん)〉+〈貧しい②〉(または〈不足〉)

例文の「しな」は品物のことなので〈品(ひん)〉で表現。〈品(ひん)〉は漢字「品」の字形を表す。

〈品(ひん)〉

右手の親指と人差指で作った丸を上、左、右に示す。

〈貧しい②〉

右親指をあごに当て、あごをこするようにして 2 回前に出す。

しぬ【死ぬ】1

「(事故で)死ぬ」

→(〈事故〉+)〈死ぬ①〉または〈死ぬ②〉

例文の「死ぬ」は人や動物の命がなくなる意味で〈死ぬ①〉または〈死ぬ②〉で表現。いずれも人が倒れるさまで「死亡」「死去」の意味。

〈死ぬ①〉

両手のひらを合わせ、横に倒す。

〈死ぬ②〉

指先を上に向けた右手を倒す。

しな【品】2

「手を替え品を替え」

→〈方法〉+〈いろいろ〉

例文は慣用句であれこれいろいろな方法を試みることなので〈方法〉+〈いろいろ〉で表現。

〈方法〉

左手甲を右手のひらで軽くたたく。

〈いろいろ〉

親指と人差指を立てた右手をひねりながら右へやる。

しぬ【死ぬ】2

「アイデアが死ぬ」

→〈アイデア〉+〈水のあわ〉

例文の「死ぬ」はだめになる意味なので〈水のあわ〉で表現。〈水のあわ〉は「パーになる」「おしゃかになる」「水のあわ」などを意味する。

〈アイデア〉

こめかみに当てた右人差指を上方にはねあげ、目を見開く。

〈水のあわ〉

すぼめた両手を上に向けて、ぱっと開く。

しのぎをけずる【鎬を削る】

「しのぎを削る」

→〈厳しい〉+〈競争〉
(または〈争う〉)

「しのぎを削る」は慣用句ではげしく争う意味なので〈厳しい〉+〈競争〉または〈争う〉で表現。手話は「厳しい競争」「厳しい争い」などの意味。

〈厳しい〉
左手甲を右手の親指と人差指でつねるようにする。

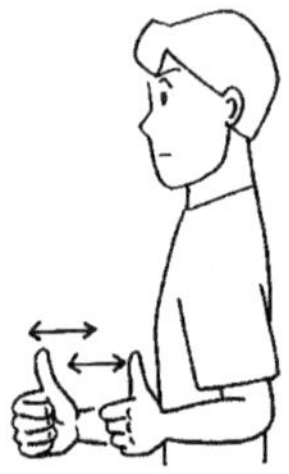

〈競争〉
親指を立てた両手を競うように交互に前後させる。

しのぶ【偲ぶ】

「昔をしのぶ」

→〈過去①〉+〈なつかしい①〉

「しのぶ」は過去をなつかしく思うことなので〈なつかしい①〉で表現。手話は過去を思うさまで「しのぶ」「なつかしい」「思い出」の意味。

〈過去①〉
右手のひらを後ろに向けて勢いよく押してやる。

〈なつかしい①〉
右手指先を揺らしながら頭から右横へ出す。

しのぶ【忍ぶ】1

「恥を忍ぶ」

→〈恥ずかしい〉+〈我慢①〉

例文の「忍ぶ」は我慢する意味なので〈我慢①〉で表現。〈我慢①〉は耐えしのぶさまで「忍ぶ」「我慢」「耐える」などを意味する。

〈恥ずかしい〉
右人差指を唇に当て、左から右へ引き、手のひらを顔の上で回す。

〈我慢①〉
親指を立てた左手を右手のひらで押さえつける。

しのぶ【忍ぶ】2

「世を忍ぶ生活」

→〈引きこもる〉+〈生活〉

例文の「忍ぶ」は人目にふれないようにする意味なので〈引きこもる〉で表現。〈引きこもる〉は人の陰に体を隠すさまを表す。

〈引きこもる〉
左手の指先を斜め上に向け右人差指を斜め上から左手のひらの下に引き入れる。

〈生活〉
親指と人差指を向かい合わせた両手を体の前で回す。

しはい【支配】1

「(日本を)支配する」

→(〈日本〉+)
〈領土〉+〈占領〉

例文の「支配」は領土を占領し治める意味なので〈領土〉+〈占領〉で表現。〈占領〉はある範囲の地域を手中に握るさまを表す。

〈領土〉
囲むようにした左手の内側で右手を水平に回す。

〈占領〉
左手の親指と4指で囲むようにした中を右手でつかみ取るようにする。

しはい【支配】2

「(ホテルの)支配人」

→(〈ホテル〉+)
〈指導〉+〈責任①〉
(+〈長①〉)

例文の「支配」は営業について指揮監督する意味なので〈指導〉で表現。〈指導〉は指図、指揮するさまで「指導」「支配」「指揮」などの意味。

〈指導〉
両手人差指の指先を前に向け、ややひじをあげて、交互に前に出す。

〈責任①〉
右肩に軽く全指を折り曲げた右手をのせる。

しばい【芝居】

「芝居を見る」

→〈芝居〉+〈見る①〉

「芝居」は舞台で見せる演劇の意味で〈芝居〉で表現。〈芝居〉は歌舞伎の見得を切るさまで「歌舞伎」「劇」「演劇」などの意味がある。

〈芝居〉

前後に互い違いに向けた両こぶしを同時にひねる。

〈見る①〉

右人差指を右目元から前に出す。

しはらう【支払う】

「料金を支払う」

→〈払う①〉

または〈払う②〉

「支払う」はお金を払うことで〈払う①〉または〈払う②〉で表現。どちらも相手にお金を払うさまを表す。

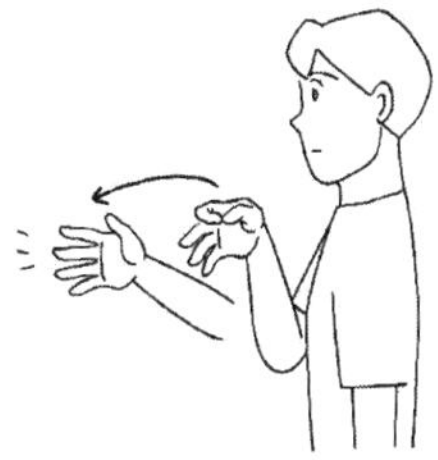

〈払う①〉

右手の親指と人差指で作った丸を前に出しながらぱっと開く。

〈払う②〉

左手のひらの上に右手の親指と人差指で丸を作り、前に出して開く。

じばら【自腹】1

「自腹を切る」

→〈切腹〉+〈払う①〉

「自腹を切る」は2種類の表現がある。ひとつは〈切腹〉+〈払う①〉で表現。〈切腹〉は自分の腹を切るさまを表す。

〈切腹〉

右こぶしを腹に当て、左から右へ切るように動かす。

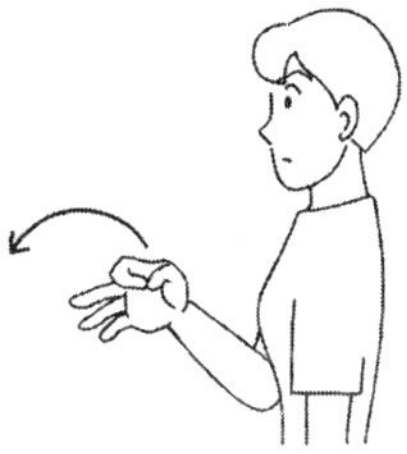

〈払う①〉

右手の親指と人差指で作った丸を前に出す。

しばらく 1

「しばらくお待ち下さい」

→〈待て〉

例文の「しばらく」は少しの間の意味なので〈待て〉で表現。〈待て〉はそのまま待てと制するさまで「しばらく待て」の意味を表す。

〈待て〉

右手指の背側をあごの下に当て、左手のひらを前に向けて押し止めるようにする。

じばら【自腹】2

「自腹を切る」

→〈自腹〉

もうひとつは〈自腹〉で表現。〈自腹〉は腹からお金を出すさまを表す。

〈自腹〉

丸を作った右手を腹から前に出す。

しばらく 2

「しばらく休憩する」

→〈休憩〉+〈待つ〉

例文の「しばらく」は少しの間の意味で〈待つ〉で表現。〈待つ〉はこの場合「しばらく」「ややしばらく」などの意味を表す。

〈休憩〉

両手の小指側を前に向けながら交差を繰り返す。

〈待つ〉

右手指の背側をあごに当てる。

しばらく 3

「しばらく(会ってない)」

→〈長い①〉
または〈離れる①〉
(+〈会う①〉+〈ない①〉)

例文の「しばらく」は久しくの意味なので〈長い①〉または〈離れる①〉で表現。どちらも「久し振り」などの意味がある。

〈長い①〉
親指と人差指を閉じた両手を向かい合わせ左右に開く。

〈離れる①〉
両手の指背側を合わせ、左右に開く。

しばらく 4

「しばらくはこのままでいる」

→〈当面〉+〈相変わらず①〉
(または〈相変わらず②〉)

例文の「しばらく」は一時、当面の意味なので〈当面〉で表現。〈当面〉は時間を置くさまで「しばらく」「当面」「暫時」などの意味。

〈当面〉
左手甲に曲げた右人差指を当てて前に出す。

〈相変わらず①〉
両手の親指と 4 指を閉じたり開いたりしながら前に出す。

しばる【縛る】1

「手を縛る」

→〈つかまる②〉+〈縛る〉

例文の「縛る」はひもなどでくくる意味なので〈縛る〉で表現。〈縛る〉はひもなどでくくるさまで「縛る」「結ぶ」などの意味がある。

〈つかまる②〉
左手首を右手でつかむ。

〈縛る〉
両こぶしを握ってひもを結ぶようにする。

しばる【縛る】2

「時間に縛られる」

→〈時間〉+〈つかまる①〉

例文の「縛られる」は制約される意味なので〈つかまる①〉で表現。〈つかまる①〉は拘束されるさまで「縛られる」「拘束される」などの意味。

〈時間〉
左手の腕時計の位置を右人差指でさす。

〈つかまる①〉
こぶしを握った両手の手首を合わせて前に出す。

じびいんこうか【耳鼻咽喉科】

「耳鼻咽喉科」

→〈耳鼻咽喉〉+〈脈〉

「耳鼻咽喉科」は〈耳鼻咽喉〉+〈脈〉で表現。〈耳鼻咽喉〉は耳・鼻・のどをさして表す。

〈耳鼻咽喉〉
人差指で耳・鼻・のどの順にさす。

〈脈〉
右 3 指を左手首の内側に当てる。

しびれ【痺れ】

「手のしびれ」

→〈手〉+〈しびれ〉

「しびれ」は〈しびれ〉で表現。〈しびれ〉は指先からしびれているさまを表す。

〈手〉
左手甲を右手で軽くふれる。

〈しびれ〉
左甲に右手を乗せ、小刻みに揺らしながらあげていく。

しぶ【支部】

「支部の活動」
→〈支部〉+〈活動〉

「支部」は本部に対してそれから分かれた部分をいうので〈支部〉で表現。〈支部〉は本部から分かれるさまで「支部」「支店」などの意味。

〈支部〉
両手の親指と人差指を閉じてつき合わせ、右手を前に伸ばすようにして出す。

〈活動〉
ひじを少し張り、ひじを軸に両こぶしを交互に繰り返し前に出す。

しぶい【渋い】1

「渋い柿」
→〈渋い〉+〈柿〉

例文の「渋い」は味覚について言うので〈渋い〉で表現。〈渋い〉は渋柿などの渋さがざらざら舌に残るさまで「渋い」の意味。

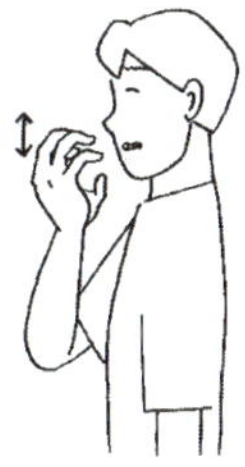

〈渋い〉
五指を折り曲げた右手を口の前で上下させる。

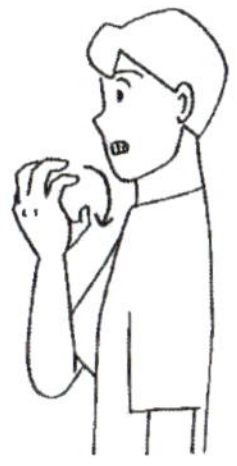

〈柿〉
わん曲させた右手の指先を手前に向けてかじるようにする。

しぶい【渋い】2

「金に渋い」
→〈けち〉

例文の「渋い」はけちの意味なので〈けち〉で表現。〈けち〉は金をかんで放さないさまで「けち」「がめつい」「吝嗇」などの意味を表す。

〈けち〉
親指と人差指で作った丸をかむようにする。

じぶん【自分】1

「自分を大切にする」
→〈個人〉+〈愛される②〉

例文の「自分」は自分自身の意味なので〈個人〉で表現。〈個人〉は人そのものの意味で「自分」「個人」「自身」「自分自身」の意味がある。

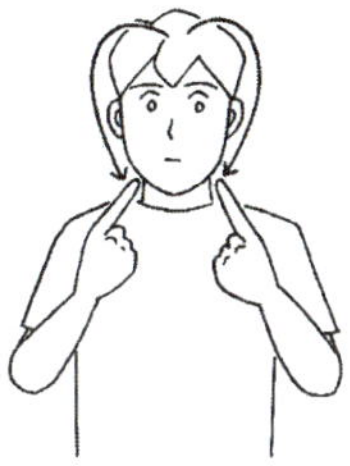

〈個人〉
両手の人差指で顔の輪郭を示す。

〈愛される②〉
親指を立てた左手の甲側を右手のひらでなでるように回す。

じぶん【自分】2

「自分でやる」
→〈自分一人〉+〈する〉

例文の「自分で」は自分一人での意味なので〈自分一人〉で表現。〈自分一人〉は自分一人のさまで「自分で」「一人で」「自ら」の意味。

〈自分一人〉
右人差指を胸に当て、前にはねあげる。

〈する〉
両こぶしを力を込めて前に出す。

じぶん【自分】3

「自分の両親」
→〈私①〉+〈両親〉

例文の「自分」は私の意味なので〈私①〉で表現。〈私①〉は自分をさし、「ぼく」「私」などの意味を表す。

〈私①〉
人差指で胸を指さす。

〈両親〉
人差指をほおにふれ、親指と小指を出す。

しへい【紙幣】

「紙幣」は〈券①〉で表現。〈券①〉は長方形の券の形を表す。

「一万円の紙幣」

→〈一万〉(+〈円〉)+〈券①〉

〈一万〉

右人差指を横にして示し、次に右手の親指と4指を閉じて丸を作る。

〈券①〉

両手の親指と人差指を向かい合わせて四角を示す。

じへいしょう【自閉症】

例文は〈自閉〉+〈病気〉で表現。〈自閉〉は自分の殻の中に閉じこもるさまを表す。

「自閉症」

→〈自閉〉+〈病気〉

〈自閉〉

両こぶしを握り、顔を覆うようにする。

〈病気〉

こぶしで額を軽くたたく。

しほう【司法】1

「司法」は2種類の表現がある。ひとつは〈司〉+〈裁判〉で表現。〈司〉は「司」の字形を利用した表現。〈裁判〉は「法」の意味がある。

「司法(試験)」

→〈司(つかさ)〉+〈裁判〉
(+〈試験〉または〈試す〉)

〈司(つかさ)〉

右手の親指と人差指を閉じて¬を書く。

〈裁判〉

親指を立てた両手を肩から前に同時におろし、体の前で止める。

しほう【司法】2

もうひとつは〈司法〉で表現。〈司法〉は左手が「法律」の「ホ」、右手が「司」を表す新しい手話。

「司法試験」

→〈司法〉+〈試験〉
(または〈試す〉)

〈司法〉

左指文字〈ホ〉、その横で右親指と人差指をつけ合わせ「¬」を描く。

〈試験〉

親指を立てた両手を交互に上下させる。

しぼう【志望】

「志望」は将来そうなりたいと希望する意味なので〈希望〉で表現。〈希望〉は望みあこがれるさまで「志望」「希望」「望み」などの意味を表す。

「志望校」

→〈希望〉+〈勉強②〉

〈希望〉

手のひらを下に向けた右手の指先を揺らしながら頭から前に出す。

〈勉強②〉

指先を上に向けた両手を並べて軽く前に出す。

しぼう【死亡】

「死亡」は死ぬことなので〈死ぬ①〉で表現。〈死ぬ①〉は倒れるさまで「死亡」「死去」「死ぬ」を意味する。

「死亡通知が届く」

→〈死ぬ①〉+〈郵便が来る〉

〈死ぬ①〉

両手のひらを合わせ、横に倒す。

〈郵便が来る〉

左手2指と右人差指で〒マークを作り、手前に引く。

しぼう【脂肪】

「体脂肪」

→〈体(からだ)〉+〈脂肪〉

「体脂肪」は〈体〉+〈脂肪〉で表現。〈脂肪〉は皮膚の下の脂肪を表す新しい手話。

〈体(からだ)〉

右手を体の上で回す。

〈脂肪〉

手のひらを下向きにした左手の下に「コ」の字形の右手を当て、右に動かす。

しぼる【絞る】1

「知恵をしぼる」

→〈考えあぐむ〉+〈しぼる①〉

例文の「絞る」は出ないものを努力して出す意味なので〈しぼる①〉で表現。〈しぼる①〉はひねりしぼり出すさまで「しぼる」を意味する。

〈考えあぐむ〉

頭をやや傾け、右人差指を頭に当てて少しねじるようにする。

〈しぼる①〉

両こぶしを重ね、タオルをしぼるようにする。

しぼる【絞る】2

「先輩にしぼられる」

→〈先輩②〉+〈厳しくされる〉

例文の「しぼられる」は厳しく指導される意味で〈厳しくされる〉で表現。〈厳しくされる〉は手をつねられるさまを表す。

〈先輩②〉

右手の指文字〈コ〉を肩から上に小さく弧を描きながらあげる。

〈厳しくされる〉

左手甲を前に向けて右手の親指と人差指でつねるようにする。

しぼる【絞る】3

「レンズをしぼる」

→〈しぼる②〉

例文の「しぼる」は入光量を少なくするためにレンズをしぼる意味なので〈しぼる②〉で表現。〈しぼる②〉はレンズをしぼるさまを表す。

〈しぼる②〉

両手の親指と4指で丸を作り、

絞り込んでいくように小さくする。

しぼる【絞る】4

「問題をしぼる」

→〈問題〉+〈縮む①〉

例文の「しぼる」は範囲をせばめる意味なので〈縮む①〉で表現。〈縮む①〉は枠を縮め、せばめるさまで「絞る」「縮む」「縮める」の意味。

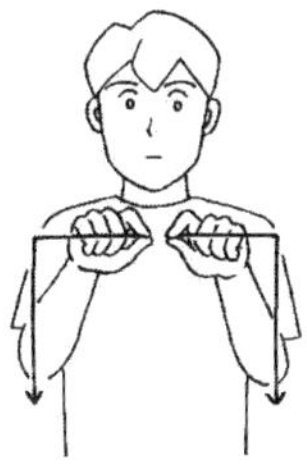

〈問題〉

両手の親指と人差指をつまみ「　」を描く。

〈縮む①〉

両手の親指と人差指を向かい合わせ揺らしながら間をせばめていく。

しぼる【搾る】

「牛の乳を搾る」

→〈牛〉+〈乳を搾る〉

例文の「乳を搾る」は乳房を搾り乳を出す意味なので〈乳を搾る〉で表現。〈乳を搾る〉は牛の乳を搾るさまで「搾乳」の意味。

〈牛〉

両手の人差指を軽く曲げて親指を頭に当てる。

〈乳を搾る〉

軽く開いた両手を交互に握りながら下におろす。

しほん【資本】1

「資本家」

→〈金持ち〉+〈人々①〉

「資本家」は資本をもって事業を営む人のことで〈金持ち〉+〈人々①〉で表現。手話は「資本家」「財産家」などの意味を表す。

〈金持ち〉

両手の親指と人差指で作った丸を胸に当て、弧を描いて腹につける。

〈人々①〉

親指と小指を立てた両手を揺らしながら左右に開く。

しまい【姉妹】

「姉妹」

→〈姉妹①〉
　または〈姉妹②〉

「姉妹」は〈姉妹①〉または〈姉妹②〉で表現。手話は〈姉〉と〈妹〉を同時に表したもので「姉妹」を意味する。〈姉妹②〉が一般的。

〈姉妹①〉

薬指を立て、甲側を示し、交互に上下させる。

〈姉妹②〉

小指を立て、両手の甲側を示し、交互に上下させる。

しほん【資本】2

「資本金」

→〈基本①〉+〈金(かね)①〉

「資本金」は事業を起こすための元手となるお金の意味なので〈基本①〉+〈金(かね)①〉で表現。「元金」「基金」の意味もある。

〈基本①〉

左ひじを立て、閉じた右手を当てて下に向けて開く。

〈金(かね)①〉

右手の親指と人差指で作った丸を示す。

しまう 1

「店をしまう」

→〈店①〉+〈つぶす〉

例文の「しまう」はやめる意味なので〈つぶす〉で表現。〈つぶす〉は店をつぶすさまで「やめる」「(店を)しまう」意味を表す。

〈店①〉

両手のひらを上に向けて、左右に開く。

〈つぶす〉

両手の親指と4指の指先を前に向けてつぶすように閉じる。

しま【島】

「島に住む」

→〈島①〉+〈いる〉

「島」は海に囲まれた陸地で〈島①〉で表現。〈島①〉の左手が陸地、右手がそれを囲む海を表す。

〈島①〉

全指を曲げ、手のひらを下にした左手に沿って上に向けた右手を回す。

〈いる〉

両手を握り、両ひじを立てて下におろす。

しまう 2

「(たんすに)金をしまう」

→(〈たんす〉+)
　〈金(かね)①〉+〈隠す〉

例文の「しまう」は中に入れる意味なので〈隠す〉で表現。〈隠す〉は中にしまうさまで「隠す」「(ある場所に)しまう」などの意味。

〈金(かね)①〉

右手の親指と人差指で作った丸を示す。

〈隠す〉

左手のひらの下に右手をもぐり込ませる。

しまう 3

「仕事をしまう」

→〈仕事〉+〈まで〉

例文の「しまう」は終える、済ます意味なので〈まで〉で表現。〈まで〉はものごとが終わるさまで「終わる」「終える」「まで」の意味。

〈仕事〉

手のひらを上に向け、向かい合わせた両手指先を繰り返しつき合わせる。

〈まで〉

左手のひらに右手指先を軽くつける。

じまく【字幕】2

「テレビの字幕」

→〈テレビ〉+〈字幕③〉

例文の「テレビの字幕」は〈字幕③〉で表現。〈字幕③〉はテレビ画面に表れる字幕を表す。

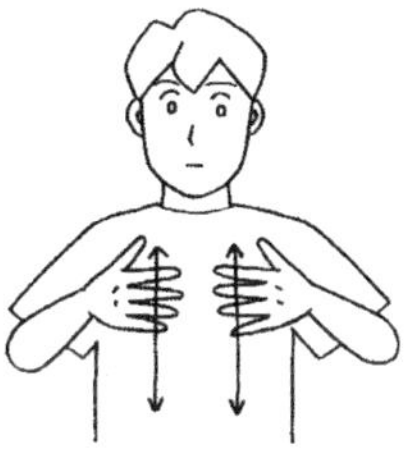

〈テレビ〉

両手の指先を向かい合わせて同時に上下させる。

〈字幕③〉

指先を右へ向け、甲を前に示した左手に右手の親指と人差指をつける。

しまう 4

「読んでしまう」

→〈読む②〉+〈解決①〉左側

例文の「しまう」はすることが終わる意味なので〈解決①〉で表現。〈解決①〉はものごとの終わるメを表し、「解決」「終了」などの意味。

〈読む②〉

左手のひらを手前に向けて右手２指を上下させながら右から左へ動かす。

〈解決①〉左側

左手のひらの上に右人差指で「×」を大きく書く。

しまつ【始末】1

「火の始末をして帰る」

→〈消える③〉+〈帰る〉

例文の「火の始末」は消すことなので〈消える③〉で表現。〈消える③〉は炎が消えるさまを表す。「火を消す」「火が消える」の意。

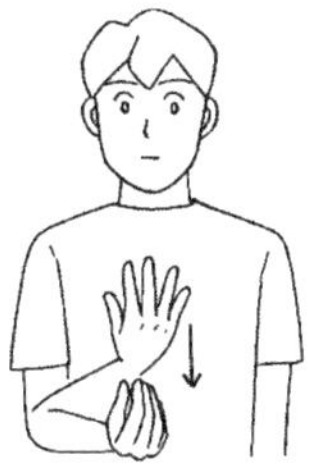

〈消える③〉

指先を上に向けた右手を下にさげながらすぼめる。

〈帰る〉

右手の親指と４指を前に出しながら閉じる。

じまく【字幕】1

「(映画の)字幕」

→(〈映画〉+)
〈字幕①〉
または〈字幕②〉

例文の「字幕」は映画の字幕のことで〈字幕①〉または〈字幕②〉で表現。〈字幕①〉は横書き、〈字幕②〉は縦書きの字幕を表す。

〈字幕①〉

指先をすぼめた右手を開閉しながら左から右へ動かす。

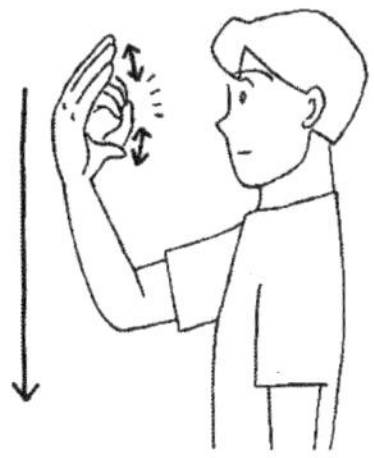

〈字幕②〉

指先をすぼめた右手を開閉しながら上から下にへ動かす。

しまつ【始末】2

「いらない物を始末する」

→〈いらない〉+〈捨てる②〉

例文の「始末」は処分することなので〈捨てる②〉で表現。

〈いらない〉

手前に引き寄せた両手を前にはじくように開く。

〈捨てる②〉

握った両手を左に向けて開くようにする。

しまる【閉まる】1

「戸が閉まる」

→〈閉める①〉
または〈閉める②〉

例文の「戸が閉まる」は〈閉める①〉または〈閉める②〉で表現。手話はどちらも戸を閉めるさまで、戸の種類によって手話は変わる。

〈閉める①〉
両手の甲側を手前に向けて閉じる。

〈閉める②〉
指先を上に向けた左手のひらに指先を伸ばした右手の親指側を当てる。

じまん【自慢】2

「腕自慢」

→〈腕〉+〈得意〉

例文の「自慢」は腕に自信がある意味なので〈得意〉で表現。〈得意〉は自信があるさまで「得意」「達者」などの意味を表す。

〈腕〉
左腕を右手で軽くたたく。

〈得意〉
親指と小指を立てた右手の親指を鼻に当て、斜め上に出す。

しまる【閉まる】2

「(店が)閉まる」

→(〈店①〉+)
〈閉める①〉
または〈さがる①〉

例文の「閉まる」はシャッターを閉めて営業が終わる意味なので〈閉める①〉または〈さがる①〉で表現。戸やシャッターが閉まるさまを表す。

〈閉める①〉
両手の甲側を手前に向けて閉じる。

〈さがる①〉
左手のひらの上に右手をすとんとおろす。

じみ【地味】

「地味な色」

→〈地味〉+〈色②〉
(または〈色①〉)

「地味」は目立たないことで〈地味〉で表現。〈地味〉は消え入りそうなさまで「地味」「目立たない」など「派手」の反対の意味を表す。

〈地味〉
両手のひらを同時に前方へやりながらすぼめる。

〈色②〉
左手のひらを右手中指でこねるように回す。

じまん【自慢】1

「(料理を)自慢する」

→(〈料理〉+)
〈いばる〉
または〈自慢〉

例文の「自慢」はいばる意味なので〈いばる〉または〈自慢〉で表現。〈いばる〉はいばるさま、〈自慢〉は天狗になるさまを表す。

〈いばる〉
両手の親指を背広のえりに当て、4指を振る。

〈自慢〉
右手指で鼻をつまむようにして斜め上にあげる。

シミュレーション

「(防災)訓練のシミュレーション」

→(〈災害〉+〈防ぐ〉+)
〈鍛える〉+〈シミュレーション〉

「シミュレーション」は模擬実験のことなので〈シミュレーション〉で表現。〈シミュレーション〉は〈試験〉の手の形を〈シ〉に変えた新しい手話。

〈鍛える〉
ひじを張り、両こぶしで胸を同時に繰り返したたく。

〈シミュレーション〉
指文字〈シ〉の両手を左右に並べ、交互に上下させる。

しみる 1

「寒さがしみる」

→〈寒い〉+〈降参〉

例文の「寒さがしみる」は体に痛みを感じるほどであることなので〈寒い〉+〈降参〉で表現。〈降参〉はかぶとを脱ぐさまを表す。

〈寒い〉

両こぶしを握り、左右にふるわせる。

〈降参〉

頭の横に親指と人差指を当て、前におろす。

じむ【事務】

「事務員」

→〈事務〉+〈人々②〉

「事務」は書類などを扱う業務の意味で〈事務〉で表現。〈事務〉は書類を書くさまで「事務」「書記」などの意味を表す。

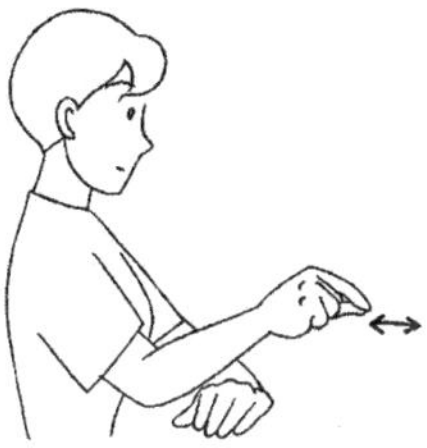

〈事務〉

左手のひらを下に向けて右腕の下に置き、右手の親指と人差指を閉じて小刻みに前後に動かす。

〈人々②〉

親指と小指を立てた右手を軽く振りながら右へ動かす。

しみる 2

「心にしみる話」

→〈感動〉+〈手話〉

例文の「しみる」は心に深く感じることなので〈感動〉で表現。〈感動〉はこみあげるさまで「感激」「感動」の意。

〈感動〉

指先をすぼめた右手をほおに当てて、ゆっくり上にあげる。

〈手話〉

両手の人差指を向かい合わせて、糸を巻くように回転させる。

しめい【指名】1

「候補を指名する」

→〈候補〉+〈指名〉

例文の「指名」は人を名指しすることで〈指名〉で表現。〈指名〉は人を指さしするさまで「指名」「名指し」などの意味を表す。

〈候補〉

右手の親指と人差指で左肩から右下へたすきを描くようにする。

〈指名〉

左親指を右人差指でさす。

しみん【市民】

「市民」

→〈シ〉+〈人々①〉

「市民」は市に住む人々のことで指文字〈シ〉+〈人々①〉で表現。〈シ〉は「市」を、〈人々①〉は「住民」の意味を表す。

〈シ〉

親指と人差指と中指を立て、甲側を示す。

〈人々①〉

親指と小指を立てた両手を揺らしながら左右に開く。

しめい【指名】2

「指名を受ける」

→〈指名される〉

例文は指名される意味なので〈指名される〉で表現。〈指名される〉は自分が指名されるさまを表す。

〈指名される〉

左親指を右人差指で前方からさす。

しめい【氏名】

「氏名」

→〈名前①〉
または〈名前②〉

「氏名」は姓名、名前のことなので〈名前①〉または〈名前②〉で表現。〈名前①〉は署名の下の捺印を、〈名前②〉は名札を表す。

〈名前①〉

左手のひらに右親指を当てる。

〈名前②〉

右手の親指と人差指で作った丸を左胸に当てる。

しめす【示す】1

「方向を示す」

→〈方針〉+〈あれ②〉

例文の「示す」は方角や方向をさし示す意味なので指さし〈あれ②〉で表現。〈あれ②〉は対象物を指さすさま。

〈方針〉

左手のひらの上に人差指を出した右手をのせて、磁石の針のように振る。

〈あれ②〉

やや腕を伸ばして前を指さす。

しめきり【締め切り】

「締め切り日」

→〈締め切り①〉+〈いつ〉

「締め切り」は最終期限のことで〈締め切り①〉で表現。〈締め切り①〉はある時点で切るさまで「締め切り」「期限」などの意味を表す。

〈締め切り①〉

手のひらを下に向け、右手２指でちょん切るようにする。

〈いつ〉

両手を上下にして、両手同時に順番に指を折る。

しめす【示す】2

「証拠を示す」

→〈証拠〉+〈表（あらわ）す〉

例文の「示す」は出す、表す意味なので〈表す〉で表現。〈表す〉は前に向けて示すさまで「表す」「表現する」などの意味がある。

〈証拠〉

左手のひらの上に指先を折り曲げた右手を判を押すようにのせる。

〈表（あらわ）す〉

左手のひらに右人差指をつけて前に押し出す。

しめしめ

「しめしめ」

→〈しめしめ〉

「しめしめ」はチャンスをてぐすね引いて待ち構えることで〈しめしめ〉で表現。〈しめしめ〉はてぐすね引いて待ち構えるさまを表す。

〈しめしめ〉

少し肩をあげ、両手のひらをこすり合わせる。

しめす【示す】3

「定期券を示す」

→〈定期券〉

例文の「定期券を示す」は〈定期券〉で表現。定期券をポケットから出すさまで「定期券を示す」「定期券」「パス」の意味がある。

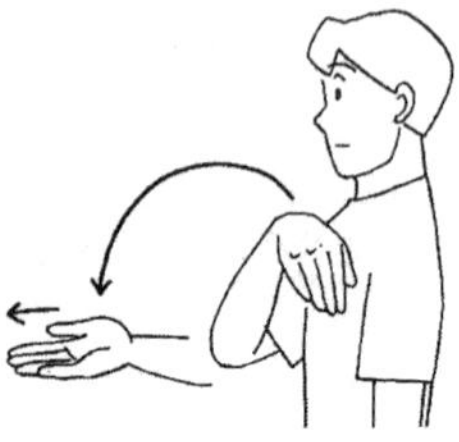

〈定期券〉

左胸から右手を取り出して前に出す。

しめる【湿る】

「湿っ《しめ》た（空気）」

→〈湿る〉
（＋〈香り①〉）

「湿る」は湿度の高いことで〈湿る〉で表現。〈湿る〉はべとべとなさまで「湿る」「湿度が高い」などの意味。

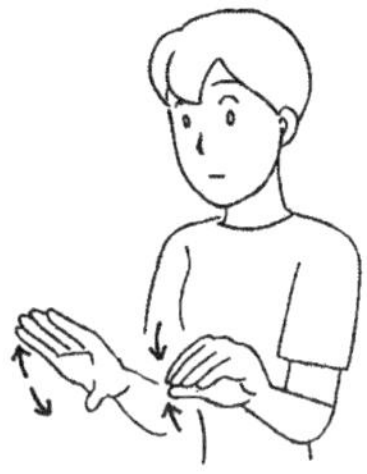

〈湿る〉

指先を前に向けた両手の親指と４指を

交互に閉じたり開いたりする。

しめる【締める】1

「気を締める」

→〈心〉＋〈引き締める〉

例文は気持ちを引き締める意味なので〈心〉＋〈引き締める〉で表現。〈引き締める〉は引き締めるさまで「引き締める」「緊張する」意味。

〈心〉

右人差指でみぞおち辺りをさす。

〈引き締める〉

指先を上に向けた両手を重ねながら指先を閉じる。

しめる【締める】2

「しめて千円」

→〈合わせる①〉＋〈千円〉

例文の「しめて」は合計するとの意味なので〈合わせる①〉で表現。〈合わせる①〉は合わせる、合計するさまで「合計」「合わせる」の意味。

〈合わせる①〉

向かい合わせた両手を左右から合わせる。

〈千円〉

右手の小指を除いた４指で丸を作り、次に親指と人差指を開いて右に引く。

しめる【閉める】1

「戸を閉める」

→〈閉める①〉
または〈閉める②〉

例文は〈閉める①〉または〈閉める②〉で表現。いずれも戸を閉めるさまで戸の種類によって表現が変わる。「戸が閉まる」の意味もある。

〈閉める①〉

両手の甲側を手前に向けて閉じる。

〈閉める②〉

指先を上に向けた左手のひらに指先を伸ばした右手の親指側を当てる。

しめる【閉める】2

「（店を）閉める」

→（〈店①〉＋）
〈閉める①〉
または〈さがる①〉

例文は閉店する意味で〈閉める①〉または〈さがる①〉で表現。手話はどちらも戸を閉めるさまで「（店が）閉まる」の意味もある。

〈閉める①〉

両手の甲側を手前に向けて閉じる。

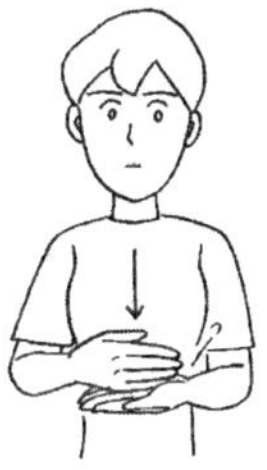

〈さがる①〉

左手のひらの上に右手をすとんとおろす。

じもと【地元】

「地元」

→〈土〉＋〈場所〉

「地元」は足元の地域の意味で〈土〉＋〈場所〉で表現。〈地域①〉または〈地域②〉で表現する場合もある。

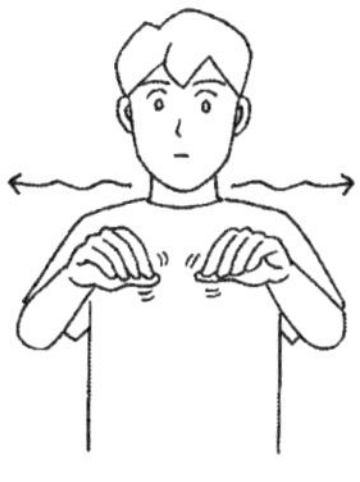

〈土〉

砂や土をこすり落とすようにして両手を左右に開く。

〈場所〉

全指を曲げた右手を前に置く。

しもやけ【霜焼け】

「足がしもやけになる」

→〈足①〉+〈しもやけ〉

「しもやけ」は〈しもやけ〉で表現。〈しもやけ〉ははれあがったさまを表す。

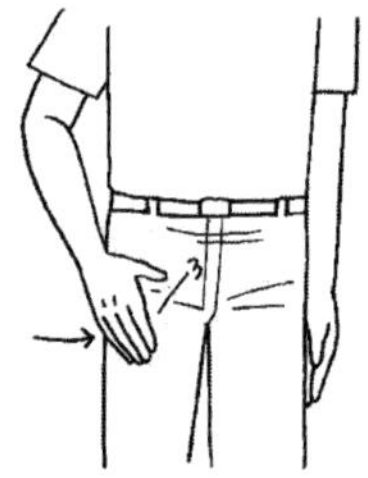

〈足①〉

右手指先で足にふれる。

〈しもやけ〉

左手の甲に右手を置き、右手を少し上にあげてふくらむようにする。

しや【視野】1

「視野が開ける」

→〈見渡す〉+〈視野が広がる〉

例文の「視野が開ける」は見渡せる範囲が広くなる意味なので〈見渡す〉+〈視野が広がる〉で表現するが〈視野が広がる〉だけでもよい。

〈見渡す〉

額に右手を当て、左右に首を回す。

〈視野が広がる〉

両目の脇で向かい合わせた両手のひらを左右に開く。

しゃ【社】

「新聞社」

→〈新聞〉+〈会社〉

例文の「社」は会社の意味なので〈会社〉で表現。〈会社〉は株を売買するさまで「株式会社」または単に「会社」を意味する。

〈新聞〉

左手のひらの上に右ひじをのせて親指を外側に出して握った右こぶしを振る。

〈会社〉

両手の２指を交互に前後させる。

しや【視野】2

「視野が狭い（奴）」

→〈思う〉+（〈狭い〉または）〈視野が狭い〉

（+〈男〉）

例文の「視野が狭い」は視覚の場合の〈視野が狭い〉で表現。考えの場合は〈思う〉+〈狭い〉または〈視野が狭い〉で表現。〈視野が狭い〉は見る範囲が狭められているさまを表す。

〈思う〉

右人差指を側頭部に当てる。

〈視野が狭い〉

指先を前に向けた両手を顔の横で向かい合わせ、せばめる。

しゃ【者】

「責任者」

→〈責任①〉+〈人々①〉

例文の「者」は人の意味なので〈人々①〉で表現する。〈人々①〉は複数の人の意味であるが人一般をさす場合もある。

〈責任①〉

右肩に軽く全指を折り曲げた右手をのせる。

〈人々①〉

親指と小指を立てた両手を揺らしながら左右に開く。

シャーベット

「シャーベット」

→〈ジュース②〉+〈固める〉

「シャーベット」は〈ジュース②〉+〈固める〉で表現。〈ジュース②〉はアメリカの指文字〈J〉でジュースを表し、〈固める〉は徐々に固まるさまを表す。

〈ジュース②〉

右小指で「J」の字を描くようにして口元に近づける。

〈固める〉

右指先を上に向け、すぼめながら少しさげる。

しゃかい【社会】

「日本社会」
→〈日本〉+〈社会〉

「社会」は〈社会〉で表現。〈社会〉は人々が作る集団を表す新しい手話で「社会」の意味。

〈日本〉
両手の親指と人差指を向かい合わせて左右に引きながら閉じる。

〈社会〉
親指と小指を立てた両手を手前に水平に円を描く。

しゃけん【車検】1

「車検(が切れる)」
→〈運転〉+〈調べる①〉
(+〈締め切り②〉)

例文の「車検」は2種類の表現がある。ひとつは〈運転〉+〈調べる①〉で表現。

〈運転〉
ハンドルを両手で振り、回すようにする。

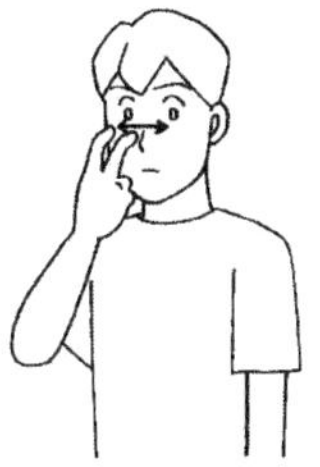

〈調べる①〉
右手の人差指と中指を軽く折り曲げて、目の前を左右に往復させる。

ジャガイモ

「ジャガイモ畑」
→〈ジャガイモ〉+〈農業〉

「ジャガイモ」は〈ジャガイモ〉で表現。〈ジャガイモ〉はジャガイモのでこぼこのさまを表す。

〈ジャガイモ〉
指先を折り曲げた左手の甲に指先を折り曲げた右手でつつきながら右に動かす。

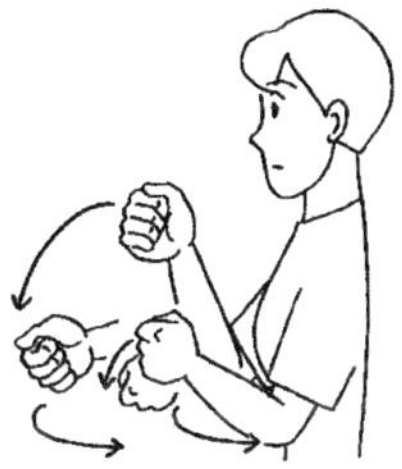

〈農業〉
両手のこぶしを握り、くわで耕すようにする。

しゃけん【車検】2

「車検が切れる」
→〈車検〉+〈締め切り②〉

もうひとつは〈車検〉で表現。〈車検〉は〈車〉と〈診察〉を組み合わせた新しい手話。

〈車検〉
「コ」の字形の左手を人差指と中指を少し曲げた右手で軽くたたく。

〈締め切り②〉
右手2指の指先を左に向け、はさみで切るようにする。

しゃくほう【釈放】

「釈放する」
→〈釈放〉
または〈解散〉

「釈放」は犯罪者などを解き放つことで〈釈放〉または〈解散〉で表現。〈釈放〉は解き放つさま、〈解散〉は刑務所などから放つさまを表す。

〈釈放〉
こぶしを握った両手首をつけて上下にぱっと離す。

〈解散〉
両手指先を下に向けて、はじくように前に開く。

しゃこ【車庫】

「自動車を車庫に入れる」
→〈運転〉+〈車庫〉

例文の「車庫」は屋根のついた自動車を置く小屋の意味なので〈車庫〉で表現。〈車庫〉は屋根のあるところに車を入れるさまを表す。

〈運転〉
ハンドルを両手で握り、回すようにする。

〈車庫〉
手のひらを下に向けた左手の下に「コ」の字形にした右手を入れる。

しゃこう【社交】1

「社交の下手な人」

→〈ふれあう〉+〈下手(へた)〉

例文の「社交」はつきあいのことなので〈ふれあう〉で表現。〈ふれあう〉はいろいろの人と出会い、つき合うさまで、「人とふれあう」「交流する」意。

〈ふれあう〉

人差指を立てた両手を交互に前後入れ換えながら軽く触れ合わせ、左か右へ動かす。

〈下手(へた)〉

左手甲を右手のひらで腕側にこすりあげる。

しゃこう【社交】2

「社交辞令」

→〈表(おもて)①〉(または〈表(おもて)②〉)+〈お世辞①〉

例文はつきあい上のお世辞のことなので〈表(おもて)①〉または〈表(おもて)②〉+〈お世辞①〉で表現。〈お世辞①〉は人をなでるさまを表す。

〈表(おもて)①〉

左手甲を右手指で軽くふれる。

〈お世辞①〉

親指を立てた左手の背後をべたべたなでるようにする。

しゃこう【社交】3

「社交家」

→〈ふれあう〉+〈得意〉

「社交家」はつきあいのうまい人のことなので〈ふれあう〉+〈得意〉で表現。〈得意〉は鼻が高いさまを表す。

〈ふれあう〉

人差指を立てた両手を交互に前後入れ換えながら軽く触れ合わせ、左か右へ動かす。

〈得意〉

親指と小指を立てた右手の親指を鼻に当て、斜め上に出す。

しゃこう【社交】4

「社交ダンス」

→〈ダンス①〉

「社交ダンス」は男女ペアで踊るダンスなので〈ダンス①〉で表現。〈ダンス①〉は左手が相手の腰に当て、右手が相手の手を取るさまを表す。

〈ダンス①〉

社交ダンスのように相手の手を軽く握り、左手を腰に回すようなつもりで構え、軽く体を揺らす。

しゃこう【社交】5

「社交的な人」

→〈ふれあう〉+〈腕〉

例文は〈ふれあう〉+〈腕〉で表現。〈腕〉は腕前で、「名人」「達人」の意。

〈ふれあう〉

人差指を立てた両手を交互に前後入れ換えながら軽く触れ合わせ、左か右へ動かす。

〈腕〉

左腕を右手で軽くたたく。

しゃしょう【車掌】

「車掌」

→〈腕章〉+〈車掌〉

「車掌」は電車などの運転手を補佐する役で〈腕章〉+〈車掌〉で表現。〈車掌〉は手をあげて笛を鳴らすさまを表す。

〈腕章〉

親指と人差指で腕章のように上腕に回す。

〈車掌〉

左手の親指と人差指を口に当て、右手をあげる。

しゃしん【写真】1

「写真をとる」

→〈カメラ〉+〈写す②〉

例文の「写真をとる」はカメラで写すことなので〈カメラ〉+〈写す②〉で表現。〈写す②〉はカメラに写すさまを表す。

〈カメラ〉

カメラのシャッターを押すようにする。

〈写す②〉

左人差指を曲げ、軽く開いた右手の親指と 4 指の指先を前に向けて、手前に引きながら閉じる。

しゃしん【写真】2

「［胸部の］レントゲン写真をとる」

→〈四角①〉+〈取られる①〉

例文の「レントゲン写真をとる」はＸ線撮影のことで〈四角①〉+〈取られる①〉で表現。手話は胸部Ｘ線撮影のさまを表す。

〈四角①〉

両手の人差指で四角を描く。

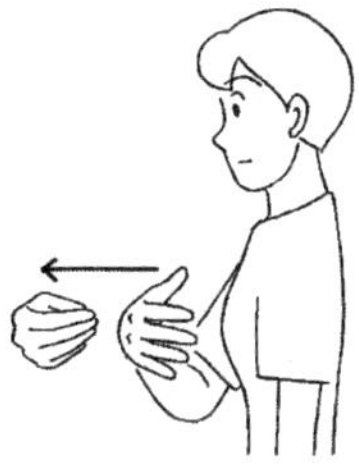

〈取られる①〉

軽く開いた右手の指先を手前に向けて前に出しながら閉じる。

しゃしん【写真】3

「（記念）写真」

→（〈記念〉+）
〈カメラ〉
または〈写真〉

例文の「写真」は〈カメラ〉または〈写真〉で表現。〈カメラ〉はカメラで写すさま、〈写真〉はシャッターがおりるさまを表す。

〈カメラ〉

カメラのシャッターを押すようにする。

〈写真〉

左手の親指と 4 指で作った丸の前に右手のひらをおろす。

しゃちょう【社長】

「社長」

→〈会社〉+〈長②〉
（または〈長①〉）

「社長」は会社の責任者のことで〈会社〉+〈長②〉または〈長①〉で表現。〈長②〉は社長など責任のある立場であることを表す。

〈会社〉

両手の 2 指を交互に前後させる。

〈長②〉

左手甲に親指を立てた右手をのせる。

シャツ

「［下着の］シャツ」

→〈中(なか)〉+〈シャツ〉

「シャツ」は下着なので〈中(なか)〉+〈シャツ〉で表現。〈シャツ〉はぴったり身についたさまで下着の「シャツ」の意味。

〈中(なか)〉

指先を右に向けた左手の内側を右人差指でさす。

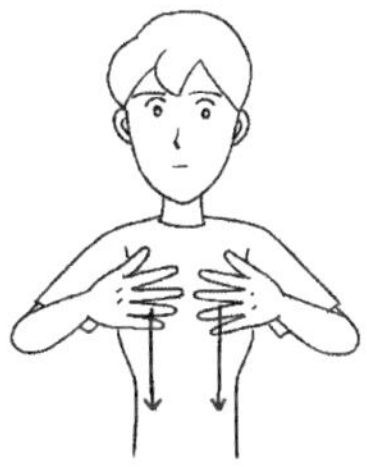

〈シャツ〉

両手のひらを胸に当てて下におろす。

しゃっきん【借金】

「借金をする」

→〈金(かね)①〉+〈借りる〉

「借金をする」はお金を借りることなので〈金(かね)①〉+〈借りる〉で表現。〈借りる〉は物を手元に引き寄せるさまを表す。

〈金(かね)①〉

右手の親指と人差指で作った丸を示す。

〈借りる〉

親指と 4 指を半開きにして手前に引きながら閉じる。

しゃべる

「しゃべる」
→〈しゃべる①〉
　または〈手話〉

「しゃべる」は口でしゃべるなら〈しゃべる①〉で、手話でしゃべるなら〈手話〉で表現する。

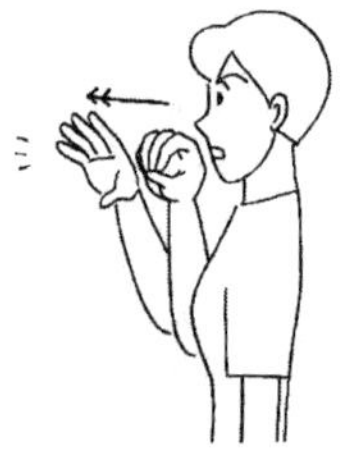

〈しゃべる①〉
すぼめた右手を口元から前に向かってぱっぱっと繰り返し開く。

〈手話〉
両手の人差指を向かい合わせて、糸を巻くように回転させる。

じゃま【邪魔】1

「(机が)邪魔だ」
→(〈机〉+)
　〈邪魔①〉
　または〈邪魔②〉

例文の「邪魔」は目ざわりの意味なので〈邪魔①〉または〈邪魔②〉で表現。①は目の上のたんこぶを、②は邪魔な額の上の髪を表す。

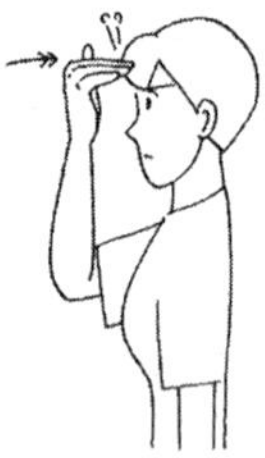

〈邪魔①〉
右手指先を額に繰り返し当てる。

〈邪魔②〉
額の前に置いた右手のひらを返しながら左へ振りおろす。

じゃま【邪魔】2

「(お宅へ)お邪魔します」
→(〈あなた②〉+〈家〉+)
　〈行(い)く①〉+〈すみません〉

例文の「お邪魔します」は訪問するときのことばなので〈行く①〉+〈すみません〉で表現。手話は「お邪魔します」の意味。

〈行(い)く①〉
右手人差指を下に向けて、振りあげるように前をさす。

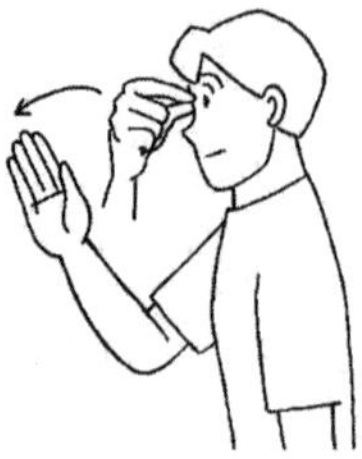

〈すみません〉
右手の親指と人差指で眉間をつまみ、右手で拝むようにする。

ジャム

「イチゴジャム」
→〈イチゴ〉+〈ジャム〉

例文の「ジャム」は〈ジャム〉で表現。〈ジャム〉はジャムを塗るさまを表す。

〈イチゴ〉
指先を閉じた右手を鼻に当てる。

〈ジャム〉
左手のひらに右小指を塗りつけるように前後に動かす。

しゃれい【謝礼】1

「謝礼を出す」
→〈ありがとう〉+〈与える⑥〉

例文は〈ありがとう〉+〈与える⑥〉で表現。〈ありがとう〉は関取が賞金をもらうときの手刀から。〈与える⑥〉は〈ありがとう〉の左手を残して表す。

〈ありがとう〉
右手を左手甲に軽く当て、拝むようにする。

〈与える⑥〉
〈ありがとう〉の左手を残し、右手を前に出す。

しゃれい【謝礼】2

「謝礼をもらう」
→〈ありがとう〉+〈もらう④〉

例文は〈ありがとう〉+〈もらう④〉で表現。〈もらう④〉は〈ありがとう〉の左手を残して表す。

〈ありがとう〉
右手を左手甲に軽く当て、拝むようにする。

〈もらう④〉
〈ありがとう〉の左手を残し、右手を手前に引き寄せる。

シャワー

「朝にシャワーを浴びる」
→〈朝〉+〈シャワー〉

例文の「シャワー」は〈シャワー〉で表現。〈シャワー〉はシャワーを浴びるさまを表す。「シャワーを浴びる」も同手話。

〈朝〉
こめかみ付近に当てた右こぶしをすばやく下におろす。

〈シャワー〉
すぼめた両手を頭の上から体に向けて繰り返し開く。

ジャンプ 1

「垂直ジャンプ力」
→〈はねる〉+〈力〉

例文の「ジャンプ」は垂直に飛び跳ねることなので〈はねる〉で表現。

〈はねる〉
左手のひらの上で右手２指を立てて繰り返し飛びあがるようにする。

〈力〉
こぶしを握った左腕を曲げ、上腕に右人差指で力こぶを描く。

ジャンプ 2

「スキーのジャンプ」
→〈ジャンプ〉

例文の「ジャンプ」はスキーのことなので〈ジャンプ〉で表現。ジャンプ台を飛び出して降りるさまを表す。

〈ジャンプ〉
左甲の上で右２指を立て、前方に弧を描いて出す。

ジャンプ 3

「走り幅跳びのジャンプ」
→〈走り幅跳び〉

例文の「ジャンプ」は走り幅跳びのことなので〈走り幅跳び〉で表現。

〈走り幅跳び〉
右２指を下に向け走るように動かしてジャンプする。

しゅう【州】

「50州」
→〈50〉+〈州〉

「州」は〈州〉で表現。〈州〉は漢字「州」の字形を表す。

〈50〉
右親指を折り曲げ、軽く揺する。

〈州〉
指先を前方に向けて手首をおろす。

しゅう【週】1

「週に一度」
→〈一週〉+〈１①〉

例文の「週」は一週間の意味なので〈一週〉で表現。〈一週〉は〈７〉を左から右に弧を描いて表す。

〈一週〉
親指・人差指・中指を出し左から右へ弧を描く。

〈１①〉
右人差指を立てる。

しゅう【週】2

「今週」

→〈今①〉+〈一週〉
（または〈一週〉+〈今①〉）

例文の「今週」は今の一週間の意味なので〈今①〉+〈一週〉または〈一週〉+〈今①〉で表現。

〈今①〉
両手のひらで軽く押さえつける。

〈一週〉
親指・人差指・中指を出し左から右へ弧を描く。

しゅう【週】5

「週間（予報）」

→〈一週〉+〈間（あいだ）〉
（+〈予定〉+〈発表〉）

例文の「週間」は「一週間」の期間のことなので〈一週〉+〈間〉で表現。〈一週〉+〈間〉は「一週間」「週間」を意味する。

〈一週〉
親指・人差指・中指を出し左から右へ弧を描く。

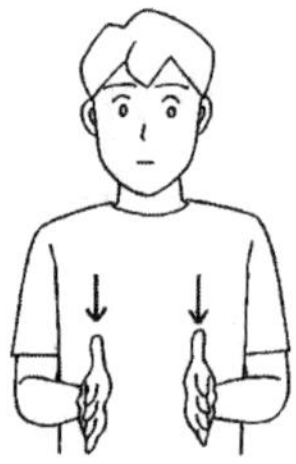

〈間（あいだ）〉
両手のひらを向かい合わせ、仕切るように下に少しさげる。

しゅう【週】3

「先週の金曜日」

→〈先週〉+〈金曜日〉

例文の「先週」は前の週のことで〈先週〉で表現。〈7〉を後ろへ向けて「前週」「先週」の意味を表す。

〈先週〉
親指と人差指と中指を出した右手を肩越しに後ろに動かす。

〈金曜日〉
親指と人差指で作った丸を軽く振る。

じゅう【十】

「十」

→〈10①〉
または〈10②〉

「十」は〈10①〉または〈10②〉で表現。〈10①〉は0を一つ表し、〈10②〉は〈1①〉を曲げて表す。

〈10①〉
右手のひらを前に向けて親指と人差指で作った丸を示す。

〈10②〉
手のひら側を前に向けた右手の人差指を軽く曲げる。

しゅう【週】4

「来週の木曜日」

→〈来週〉+〈木〉

例文の「来週」は次の週のことで〈来週〉で表現。〈7〉を前へ出して「次週」「来週」の意味を表す。

〈来週〉
親指と人差指と中指を出した右手を弧を描いて前に出す。

〈木〉
両手の親指と人差指で大きな丸を作り、上にあげながら左右に広げる。

じゅう【銃】

「銃（を買う）」

→〈銃〉または〈ピストル〉
（+〈買う〉）

例文の「銃」は〈銃〉または〈ピストル〉で表現。〈銃〉は小銃、〈ピストル〉は短銃を表す。「鉄砲」も同手話。

〈銃〉
左手で銃身を持ち、右手で引き金を引くようにする。

〈ピストル〉
親指と人差指を立てた右手を示す。

じゆう【自由】

「自由にふるまう」

→〈自分一人〉+〈自由〉

例文の「自由」は自分勝手にすることで〈自分一人〉+〈自由〉で表現。〈自由〉は拘束されていないさまを表す。〈自分一人〉は略してもよい。

〈自分一人〉

右人差指を胸に当て、前にはねあげる。

〈自由〉

両こぶしをひじを使って交互に上下させる。

じゅういちがつ【十一月】

「十一月」

→左〈10②〉+〈一月〉

例文の「十一月」は左〈10②〉+〈一月〉で表現。

左〈10②〉

左人差指を軽く曲げて少し振る。

〈一月〉

左手で〈1②〉を示し、その下で右手の親指と人差指で三日月を描く。

しゅうい【周囲】1

「家の周囲」

→〈家〉+〈周囲〉

例文の「周囲」は外側の周りのことなので〈周囲〉で表現。〈周囲〉は家のぐるりを表す。「家の周辺」も同手話。

〈家〉

両手で屋根形を作る。

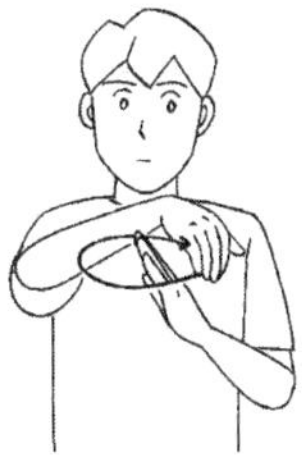

〈周囲〉

〈家〉の左手を残して、そのまわりで右手を回す。

しゅうかい【集会】

「集会場」

→〈集まる①〉+〈場所〉

「集会」は人が集まることなので〈集まる①〉で表現。〈集まる①〉は人が集まるさまで「集会」「集まり」「集い」などを意味する。

〈集まる①〉

両手指を軽く開いて向き合わせ中央に寄せる。

〈場所〉

全指を曲げた右手を前に置く。

しゅうい【周囲】2

「周囲の影響を受ける」

→〈みんな〉+〈影響される①〉
（または〈影響される④〉）

例文の「周囲」は周りの人のことなので〈みんな〉で表現。〈みんな〉はそこにいる人全部を表す。「みんなの影響を受ける」も同手話。

〈みんな〉

右手のひらを下に向けて水平に回す。

〈影響される①〉

両手の指先を揺らしながら手前に近づける。

しゅうかく【収穫】1

「柿の収穫」

→〈柿〉+〈取る⑤〉

例文の「柿の収穫」は〈柿〉+〈取る⑤〉で表現。〈取る⑤〉は左手のかごに右手で取った柿を入れるさまを表す。

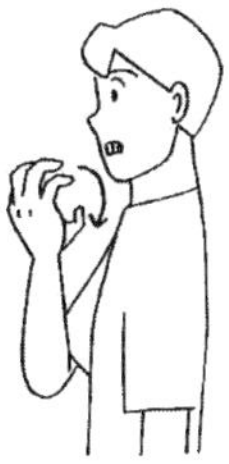

〈柿〉

わん曲させた右手の指先を手前に向けてかじるようにする。

〈取る⑤〉

立てた左ひじの下にもぎ取ったような右手を置く。

しゅうかく【収穫】2

「稲の収穫」

→〈稲〉+〈刈る〉

例文の「稲の収穫」は〈稲〉+〈刈る〉で表現。〈刈る〉は鎌で刈るさまを表す。「稲を刈る」も同手話。

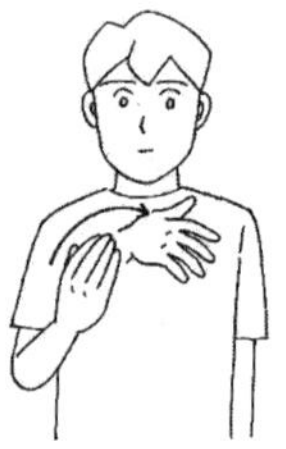

〈稲〉

指を閉じた右手を稲穂のように斜め前に開きながら出す。

〈刈る〉

握った左こぶしの下を鎌で刈るように右こぶしを回す。

しゅうかん【習慣】1

「歯みがきの習慣が身につく」

→〈歯をみがく〉+〈習慣〉

例文の「習慣」は自然にきまりとなったことがらのことで〈習慣〉で表現。〈習慣〉は身につくさまで「習慣」「身につく」を意味する。

〈歯をみがく〉

右手のこぶしを握って口元で左右に往復させて歯をみがくようにする。

〈習慣〉

左手甲に指を半開きにした右手甲をつけ、前に出しながら握る。

しゅうがくりょこう【修学旅行】

「修学旅行」

→〈勉強②〉+〈汽車〉

「修学旅行」は学校で学習のために旅行することで〈勉強②〉+〈汽車〉で表現。〈勉強②〉は〈勉強①〉または〈勉強③〉でもよい。

〈勉強②〉

指先を上に向けた両手を並べて軽く前に出す。

〈汽車〉

左手のひらの横で右手２指を前に回転させる。

しゅうかん【習慣】2

「歯みがきの習慣(がある)」

→〈歯をみがく〉+〈癖〉(+〈ある①〉)

例文の「習慣」は自然にきまりとなったことがらのことで〈癖〉で表現。〈癖〉は「癖」「習慣」「風習」「ならわし」などの意味。

〈歯をみがく〉

右手のこぶしを握って口元で左右に往復させて歯をみがくようにする。

〈癖〉

左手甲に右手を上からぶつけるようにして握る。

じゅうがつ【十月】

「十月二日」

→〈十月〉+〈十月二日〉

例文の「十月」は〈十月〉で表現。〈十月〉は左手の〈10②〉の下で右手〈月〉を表す。

〈十月〉

左手で〈10②〉を示し、その下で右手の親指と人差指で三日月を描く。

〈十月二日〉

左手で〈10②〉、右手で〈２②〉を示し、上下に置く。

しゅうぎいん【衆議院】

「衆議院」

→〈予定〉+〈評議員〉

「衆議院」は〈予定〉+〈評議員〉。〈予定〉は「予」の旧字体「豫」の「象」が「衆」に似ていることに由来。

〈予定〉

右こぶしを鼻の前で手首を使って軽く揺する。

〈評議員〉

親指を立てた両手を交互に上下する。

しゅうきょう【宗教】1

「宗教」

→〈祈る〉+〈いろいろ〉

「宗教」は 2 種類の表現がある。ひとつは〈祈る〉+〈いろいろ〉で表現。〈祈る〉+〈いろいろ〉はいろいろな宗派を意味する表現。

〈祈る〉

両手を合わせて祈るようにする。

〈いろいろ〉

親指と人差指を立てた右手をねじりながら右へ動かす。

しゅうきょう【宗教】2

「宗教法人」

→〈宗教〉+〈法人①〉

もうひとつは〈宗教〉で表現。〈宗教〉は左手が祈る、右手が教えるを表す新しい手話。

〈宗教〉

左手を立て、右人差指を口元から振る。

〈法人①〉

左手のひらに右 4 指を突き立てる。

しゅうきん【集金】

「集金する」

→〈カンパ〉
または〈募金〉

「集金」はお金を集める意味なので〈カンパ〉または〈募金〉で表現。いずれもお金を集めるさまで「集金」「カンパ」「募金」の意味を表す。

〈カンパ〉

親指と人差指で作った丸を中央に投げ入れるようにする。

〈募金〉

右手の親指と人差指で作った丸を三方から左手のひらの上に引き寄せる。

しゅうけん【集権】

「中央集権」

→〈中央〉+〈集権〉

「集権」は〈集権〉で表現。〈集権〉は左手が力、右手が握るさまを表す新しい手話。

〈中央〉

左手の親指と人差指と右人差指で「中」の字形を作り、人差指を下におろす。

〈集権〉

こぶしを握った左上腕に、開いた右手を右前方から握りながら置く。

しゅうごう【集合】1

「みんなが集合する」

→〈みんな〉+〈集まる①〉

例文の「集合」は集まることなので〈集まる①〉で表現。〈集まる①〉は人が集まるさまを表す。

〈みんな〉

右手のひらを下に向けて水平に回す。

〈集まる①〉

軽く開いた両手のひらを向かい合わせて中央に寄せる。

しゅうごう【集合】2

「みんなに集合をかける」

→〈みんな〉+〈集める①〉

例文の「集合をかける」は集まるように呼びかける意味なので〈集める①〉で表現。〈集める①〉は人を呼び集めるさまを表す。

〈みんな〉

右手のひらを下に向けて水平に回す。

〈集める①〉

呼び寄せるように両手を手前に招き寄せる。

じゅうし【重視】

「(問題を)重視する」

→(〈問題〉+)
〈重い〉(または〈大切①〉)+
〈考える〉

「重視」は大切に考える意味で〈重い〉または〈大切①〉+〈考える〉で表現。手話は慎重に考えるさまで「重視」「重要視」などの意味を表す。

〈重い〉
両手のひらを上に向け、重さでさがるようにする。

〈考える〉
右人差指を頭にねじこむようにする。

じゅうしょ【住所】

「住所」

→〈住所①〉
または〈住所②〉

「住所」は〈住所①〉または〈住所②〉で表現。〈住所①〉は家のある場所、〈住所②〉は所在地の通りを意味する表現。

〈住所①〉
両手で屋根形を示し、右手を左手屋根形下に全指を曲げて置く。

〈住所②〉
両手で屋根形を示し、左手屋根形を残して右手指先で手前に線を引くようにする。

じゅうじつ【充実】1

「充実した人生」

→〈充実〉+〈人生〉

例文の「充実」は豊かで満ち足りた意味なので〈充実〉で表現。〈充実〉は上までいっぱいつまっているさまで「充実」「十分」の意味。

〈充実〉
両手の指文字〈コ〉を上下に置き、右手をあげて左手につける。

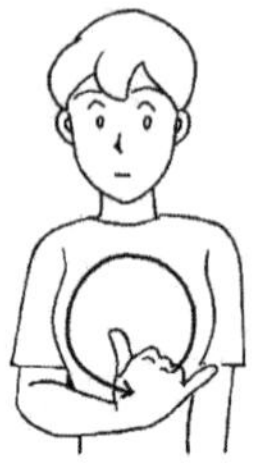

〈人生〉
親指と小指を立てた右手の甲側を前に示し、体の前で回す。

じゅうしょう【重傷】

「重傷」

→〈重い〉+〈けが〉

「重傷」は重いけがのことなので〈重い〉+〈けが〉で表現。〈重い〉+〈けが〉は「重傷」「重いけが」を意味する。

〈重い〉
両手のひらを上に向け、重さでさがるようにする。

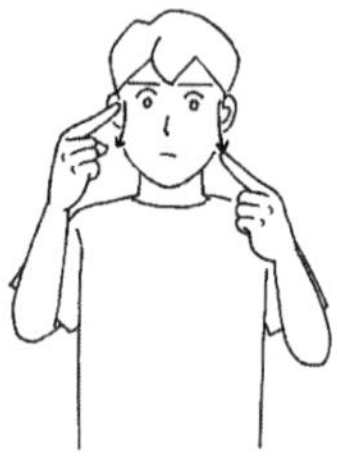

〈けが〉
両手人差指で交互にほおを切りつけるようにする。

じゅうじつ【充実】2

「(内容が)充実している」

→(〈内容〉+)
〈引き締める〉
または〈いっぱい⑤〉

例文の「充実」は内容が十分ある意味なので〈引き締める〉または〈いっぱい⑤〉で表現。〈引き締める〉は固く引き締まっているさまを表す。

〈引き締める〉
指先を上に向けた両手を重ねながら指先を閉じる。

〈いっぱい⑤〉
口元に当てた右手のひらをぷっと息を吐き出すようにして前に出す。

じゅうしょう【重症】

「重症」

→〈病気〉+〈重い〉

「重症」は重い病気のことで〈病気〉+〈重い〉で表現。〈病気〉+〈重い〉は「重症」「重い病気」を意味する。

〈病気〉
こぶしで額を軽くたたく。

〈重い〉
両手のひらを上に向け、重さでさがるようにする。

しゅうしょく【就職】

「就職する」
→〈仕事〉+〈入る②〉
（または〈入る①〉）

「就職する」は仕事につく、入る意味なので〈仕事〉+〈入る②〉または〈入る①〉で表現。いずれも「入社」、「仕事につく」などを意味する。

〈仕事〉
手のひらを上に向け、向かい合わせた両手指先を繰り返しつき合わせる。

〈入る②〉
左手のひらに指先を閉じた右手をつけて前に出す。

ジュース

「ジュース」
→〈ジュース①〉
または〈ジュース②〉

「ジュース」は〈ジュース①〉または〈同②〉で表現。①はストローで飲むさまを、②は「Ｊ」の字形とストローから飲むさまを組み合わせた新しい手話。

〈ジュース①〉
左手でコップを持ち、右手でストローを持って飲むようにする。

〈ジュース②〉
右小指で「Ｊ」の字を描くようにして口元に近づける。

しゅうしん【終身】1

「終身刑」
→〈終身〉+〈刑〉

例文は〈終身〉+〈刑〉で表現。〈終身〉は最後の意の〈まで〉と人の意の〈男〉を組み合わせた手話。〈刑〉は漢字の「刑」を表す。

〈終身〉
指先を前方に向けた左手のひらに親指を立てた右手を右から当てる。

〈刑〉
左手２指を横にして、そこに右手２指を縦におろす。

しゅうせい【修正】

「文章を修正する」
→〈文章〉+〈直す〉

例文の「修正」は訂正する、直す意味なので〈直す〉で表現。〈直す〉は「修正」「訂正」「直す」を意味する。

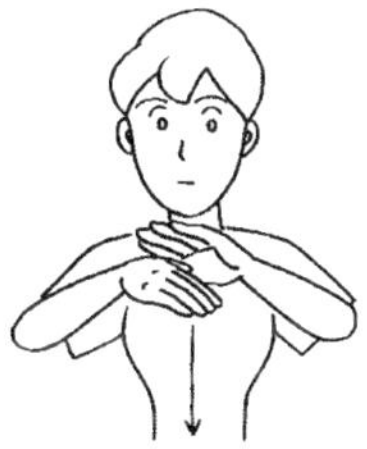

〈文章〉
両手の親指と４指の間を合わせて下におろす。

〈直す〉
人差指を立てた両手を繰り返し交差させる。

しゅうしん【終身】2

「終身雇用」
→〈終身〉+〈雇う〉

例文は〈終身〉+〈雇う〉で表現。〈雇う〉は人を採用するさまを表す。

〈終身〉
指先を前方に向けた左手のひらに親指を立てた右手を右から当てる。

〈雇う〉
親指を立てた左手を右手２指でつまみあげるようにする。

じゅうたい【渋滞】

「車が渋滞する」
→〈運転〉+〈渋滞〉

例文の「渋滞」は自動車などが混雑で前に進まないことで〈渋滞〉で表現。〈渋滞〉は車が数珠つなぎのさまを表す。

〈運転〉
ハンドルを両手で握り、回すようにする。

〈渋滞〉
「コ」の字形にした両手を前後につけ、右手を後ろに引く。

し

じゅうだい【重大】1

「責任重大」

→〈責任①〉+〈重い〉

例文の「重大」は責任が重い意味なので〈重い〉で表現。責任の重さの程度で〈重い〉の表現が変わる。

〈責任①〉

右肩に軽く全指を折り曲げた右手をのせる。

〈重い〉

両手のひらを上に向け、重さでさがるようにする。

じゅうたく【住宅】

「住宅(を探す)」

→〈いる〉+〈家〉
(+〈さがす〉)

「住宅」は人の住む家のことで〈いる〉+〈家〉で表現。手話は住む家を表し、「住宅」「住居」の意味を持つ。〈家〉だけでもよい。

〈いる〉

両手を握り、両ひじを立てて下におろす。

〈家〉

両手で屋根形を作る。

じゅうだい【重大】2

「重大な影響を及ぼす」

→〈とても〉+〈広がる①〉

例文の「重大」は大変なの意味なので〈とても〉で表現。〈とても〉は大きいさまで「とても」「非常に」「大変な」などの意味。

〈とても〉

右手の親指と人差指をつまみ、右へ弧を描きながら親指を立てる。

〈広がる①〉

両手を開きながら少しずつ前に出す。

しゅうだん【集団】

「集団生活」

→〈グループ〉+〈生活〉

「集団」は〈グループ〉で表現。〈グループ〉は人が集まっているさまで「集団」「グループ」「クラス」「団体」などを意味する。

〈グループ〉

指先を上に向けた両手で水平に手前に円を描く。

〈生活〉

両手の親指と人差指を向かい合わせて回す。

じゅうだい【重大】3

「重大な時期」

→〈大切①〉+〈時①〉

例文の「重大」は大切の意味なので〈大切①〉で表現。〈大切①〉はものごとをなでるさまで「大切な」「大事な」などの意味。

〈大切①〉

左手甲を右手のひらでなでるように回す。

〈時①〉

左手のひらに右親指を当て、右人差指を時計の針のように回す。

しゅうちゅう【集中】1

「(精神を)集中する」

→(〈精神〉+)
〈一途①〉または〈集中〉

例文の「集中」は精神をひとつのことに向けることなので〈一途①〉または〈集中〉で表現。いずれもひとつのことに集中するさまを表す。

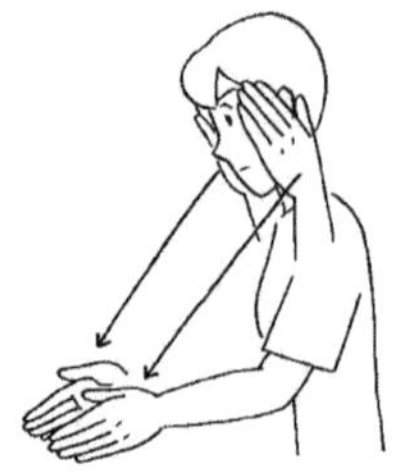

〈一途①〉

両手のひらをこめかみ付近から斜め前に絞り込むようにおろす。

〈集中〉

開いた両手を顔の横から握りながら顔の前で上下に重ねる。

しゅうちゅう
【集中】2

「彼に質問が集中する」
→〈彼〉+〈質問③〉

例文の「集中」は質問があちこちから彼にされる意味なので〈質問③〉で表現。〈質問③〉はあちこちから尋ねられるさまを表す。

〈彼〉
左親指を右人差指でさす。

〈質問③〉
左親指に手のひらを上に向けた右手を各方向から突きつける。

しゅうちゅう
【集中】3

「先生に質問が集中する」
→〈先生〉+〈質問攻め〉

例文は〈質問攻め〉で表現。〈質問攻め〉は次々と尋ねるさまを表す。

〈先生〉
右人差指を口元から振りおろし、右親指を示す。

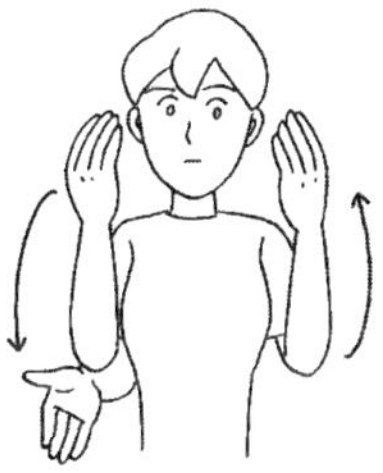

〈質問攻め〉
手のひらを手前に向けた両手を交互に前に差し出し戻す。

しゅうちゅう
【集中】4

「(店に)人が集中する」
→(〈店①〉+)
〈人々①〉+〈人気③〉

例文の「集中」は一か所に人が集まる意味なので〈人気③〉で表現。〈人気③〉は人がわっと押し寄せるさまで「集中」「人気集中」の意味。

〈人々①〉
親指と小指を立てた両手を揺らしながら左右に開く。

〈人気③〉
指先を前に向けた両手を前に出しながら近づける。

しゅうちゅう 【集中】5

「(東京に)人口が集中する」
→(〈東京〉+)
〈人々①〉+〈集まる①〉

例文の「集中」は人口のことなので〈集まる①〉で表現。〈集まる①〉は人が集まるさまを表す。

〈人々①〉
親指と小指を立てた両手を揺らしながら左右に開く。

〈集まる①〉
軽く開いた両手のひらを向かい合わせて中央に寄せる。

しゅうちゅう
【集中】6

「関心が集中する」
→〈魅力〉+〈人気③〉

例文の「集中」は〈人気③〉で表現。〈人気③〉は多くの人々が押し寄せるさまを表す。

〈魅力〉
指先を顔に向けた右手を前に出しながらすぼめる。

〈人気③〉
指先を前に向けた両手を前に出しながら近づける。

しゅうちゅう
【集中】7

「集中豪雨」
→(〈地域②〉+)
〈雨③〉または〈集中豪雨〉

「集中豪雨」は〈地域②〉+〈雨③〉か、または〈集中豪雨〉で表現。〈雨③〉は雨が激しく降るさま、〈集中豪雨〉は左手の雲から雨が激しく降るさまを表す。

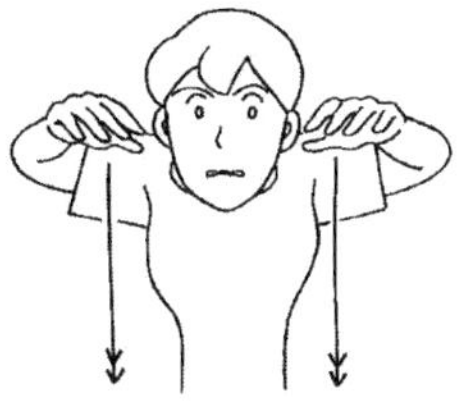

〈雨③〉
指先を前に向けた両手を上から激しく繰り返しおろす。

〈集中豪雨〉
手のひらを上向きにした左手の下から指先を下にした右手を勢いよく繰り返し下におろす。

じゅうてん【重点】

「重点的に(調べる)」

→〈特別〉+〈一途①〉
(+〈調べる①〉)

「重点的」は特に集中しての意味なので〈特別〉+〈一途①〉で表現。〈特別〉+〈一途①〉は特に関心を集中させるさまを表す。

〈特別〉

左腕に親指と人差指をつまんだ右手を腕に沿って上下させる。

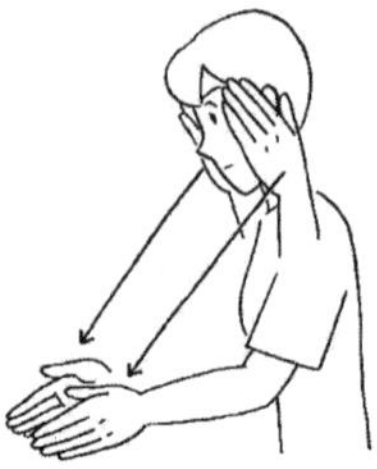

〈一途①〉

両手のひらをこめかみ付近から斜め前に絞り込むようにおろす。

しゅうにゅう【収入】

「固定した収入がある」

→〈定まる〉+〈収入〉

「収入」はお金が入ることで〈収入〉で表現。〈収入〉はお金が入るさまで「収入」「収入がある」などの意味。

〈定まる〉

両手指を曲げて上下に組み合わす。

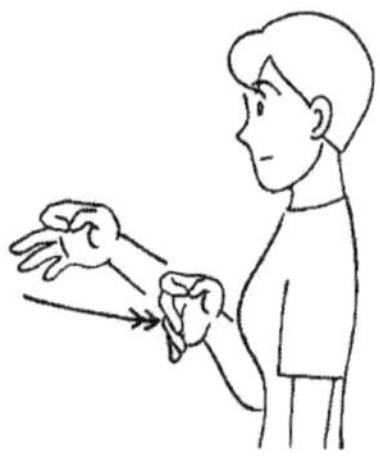

〈収入〉

右手の親指と人差指で作った丸を繰り返し引き寄せる。

じゅうどう【柔道】

「柔道選手」

→〈柔道〉+〈選手〉

「柔道」は〈柔道〉で表現。〈柔道〉は背負い投げのさまを表す。

〈柔道〉

両手のこぶしを握り、肩から背負い投げをするように交差させる。

〈選手〉

左こぶしの甲に親指を立てた右手を軽くかすめるように当て、上にあげる。

しゅうにん【就任】

「(社)長に就任」

→(〈会社〉+)
〈長①〉+〈長②〉

「就任」は〈長②〉で表現。〈長②〉は長に就くさまを表す。

〈長①〉

親指を立てた右手を上にあげる。

〈長②〉

左手甲に親指を立てた右手をのせる。

じゅうにがつ【十二月】

「十二月」

→左〈10②〉+〈二月〉

例文の「十二月」は左〈10②〉+〈二月〉で表現。

左〈10②〉

左人差指を軽く曲げて少し振る。

〈二月〉

左手で〈2②〉を示し、その下で右手の親指と人差指で三日月を描く。

しゅうねん【執念】

「彼は執念深い」

→〈彼〉+〈思い込む②〉

「執念深い」は一つのことに非常にとらわれてあきらめない意味なので〈思い込む②〉で表現。〈思い込む②〉はしっかり思い込むさまを表す。

〈彼〉

左親指を右人差指でさす。

〈思い込む②〉

左親指を立てて、右こぶしを強く握って頭につける。

しゅうねん【周年】1

「開店一周年」

→〈開(ひら)く④〉+〈一年①〉

例文の「一周年」は〈一年①〉で表現。

〈開(ひら)く④〉

両手のひらを下に向けて並べ、左右に開く。

〈一年①〉

左こぶしの親指側に右人差指をふれ、くるりと一回転する。

しゅうねん【周年】2

「(結婚)何周年」

→(〈結婚〉+)
〈年(ねん)〉+〈数〉

例文の「何周年」は〈年(ねん)〉+〈数〉で表現。

〈年(ねん)〉

左こぶしの親指側に右人差指を当てる。

〈数〉

右手の指を順に折る。

じゅうぶん【十分・充分】1

「十分注意する」

→〈すべて〉+〈注意〉

例文の「十分」はすべてに、よくよくの意味なので〈すべて〉で表現。〈すべて〉は完全な円を描くことで「すべて」「全部」「完全」の意味。

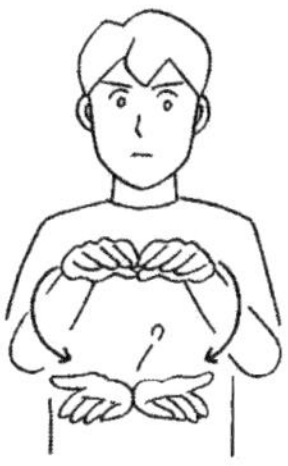

〈すべて〉

両手で上から下に円を描く。

〈注意〉

軽く開いた両手を上下に置き、体に引きつけて握る。

じゅうぶん【十分・充分】2

「十分間に合う」

→〈きちんと①〉+〈できる〉

例文の「十分」は余裕があるさまで〈きちんと①〉で表現。〈きちんと①〉はきちんとしたさまで「十分」「きちんと」「ちゃんと」などの意味。

〈きちんと①〉

両手の親指と人差指を同時に閉じながら下におろす。

〈できる〉

右手指先を左胸と右胸に順に当てる。

じゅうぶん【十分・充分】3

「十分承知している」

→〈すべて〉+〈知る①〉

例文の「十分」はすべてよくの意味で〈すべて〉で表現。〈すべて〉は完全な円を描くことで「全部」「完全」などの意味。

〈すべて〉

両手で上から下に円を描く。

〈知る①〉

右手のひらを胸に当て、下におろす。

しゅうへん【周辺】1

「家の周辺」

→〈家〉+〈周囲〉

例文は家のまわりの意味なので〈周囲〉で表現。〈周囲〉は家のぐるりを意味している。

〈家〉

両手で屋根形を作る。

〈周囲〉

〈家〉の左手を残して、そのまわりで右手を回す。

しゅうへん【周辺】2

「周辺環境を整備する」

→〈環境〉+〈準備①〉

例文の「周辺環境」は、そのあたりの、近くの環境の意味なので〈環境〉で表現。〈環境〉は人のいるあたりを表す。

〈環境〉

親指を立てた左手の下で手のひらを下に向けた右手を水平に回す。

〈準備①〉

向かい合わせた両手を左から右へ動かす。

シュウマイ【焼売】

「シュウマイはうまい」

→〈シュウマイ〉+〈おいしい①〉

「シュウマイ」は〈シュウマイ〉で表現。〈シュウマイ〉はシュウマイを作るさまを表す。

〈シュウマイ〉

指をすぼめた両手を上下に置き、右手をひねる。

〈おいしい①〉

右手のひらであごをぬぐう。

しゅうまつ【週末】

「週末は雨」

→〈週末〉+〈雨①〉

「週末」は〈週末〉で表現。〈週末〉は〈一週〉と〈まで〉を組み合わせた手話。

〈週末〉

親指・人差指・中指を出した右手を縦に回転させ、指先を前に向けた左手のひらにつける。

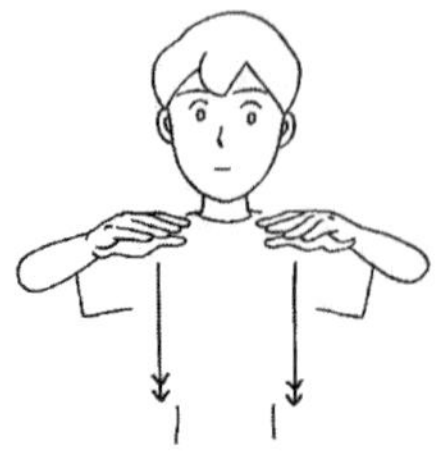

〈雨①〉

軽く開いた指先を前に向け両手を繰り返し下におろす。

じゅうみん【住民】

「住民」

→〈いる〉+〈人々①〉

「住民」はそこに住む人々の意味なので〈いる〉+〈人々①〉で表現。〈いる〉は「住む」の意味を表す。「住人」「居住者」も同じ表現。

〈いる〉

両手を握り、両ひじを立てて下におろす。

〈人々①〉

親指と小指を立てた両手を揺らしながら左右に開く。

じゅうよう【重要】1

「重要な問題」

→〈大切①〉+〈問題〉

例文の「重要」は大事な、大切なの意味なので〈大切①〉で表現。〈大切①〉はものごとをなでるさまで「大切な」「大事な」などの意味。

〈大切①〉

左手甲を右手のひらでなでるように回す。

〈問題〉

両手の親指と人差指をつまみ「 ˥ を描く。

じゅうよう【重要】2

「重要視する」

→〈重い〉+〈考える〉

例文は重く考えるの意味で〈重い〉+〈考える〉で表現。〈重い〉+〈考える〉は深く考えることで「重要視」「重視」の意味。

〈重い〉

両手のひらを上に向け、重さでさがるようにする。

〈考える〉

右人差指を頭にねじこむようにする。

じゅうらい【従来】1

「従来(の方法)」

→〈相変わらず③〉
または〈相変わらず②〉
(+〈方法〉)

例文の「従来」は相変わらずの意味なので〈相変わらず③〉または〈相変わらず②〉で表現。手話はどちらも同じことが続くさまを表す。

〈相変わらず③〉

右手の親指と４指を閉じたり開いたりしながら前に出す。

〈相変わらず②〉

両手の親指と人差指を閉じたり開いたりしながら右肩から前に出す。

じゅうらい【従来】2

「従来どおり」

→〈過去②〉+〈同じ①〉

例文の「従来」はこれまでの意味なので〈過去②〉で表現。〈過去②〉は過去を表し「過去」「以前」の意味を表す。

〈過去②〉

右手のひらを後ろに向けて、押すようにして肩越しに少し後ろに動かす。

〈同じ①〉

両手の親指と人差指の先を上に向けて閉じたり開いたりする。

しゅうり【修理】

「自転車を修理する」

→〈自転車〉+〈直す〉

「修理」はものを修繕、直すことなので〈直す〉で表現。〈直す〉は直すさまを表し「修理」「訂正」「修繕」「直す」などの意味。

〈自転車〉

両こぶしを交互に前に回転させる。

〈直す〉

人差指を立てた両手を繰り返し交差させる。

じゅうりょう【十両】

「十両に落ちる」

→〈十両〉+〈さがる③〉

例文の「十両」は相撲の地位なので〈十両〉で表現。〈十両〉の手の形は〈十〉で、動きは「両」の最後の２画「凵」を表す。

〈十両〉

人差指を曲げた両手を下にさげ左右からつけ合わせる。

〈さがる③〉

親指を立てた右手を右下におろす。

じゅうりょう【重量】

「重量を測る」

→〈重い〉+〈調べる①〉

「重量」は重さのことで〈重い〉で表現。〈重い〉は重いさまで「重さ」「重量」「重い」などの意味を表す。

〈重い〉

両手のひらを上に向け、重さでさがるようにする。

〈調べる①〉

右手の人差指と中指を軽く折り曲げて、目の前を左右に往復させる。

じゅうりょうあげ【重量挙げ】

「重量挙げの選手」

→〈重量挙げ〉+〈選手〉

「重量挙げ」は〈重量挙げ〉で表現。〈重量挙げ〉はバーベルを持ちあげるさまを表す。

〈重量挙げ〉

両手でバーベルを持ちあげるしぐさをする。

〈選手〉

左こぶしの甲に親指を立てた右手を軽くかすめるように当て、上にあげる。

じゅうりょく【重力】

「（地球の）重力」

→（〈地球〉＋）
〈重い〉＋〈力〉

「重力」は地球の中心に向かう力、引力のことで〈重い〉＋〈力〉で表現。

〈重い〉
両手のひらを上に向け、重さでさがるようにする。

〈力〉
こぶしを握った左腕を曲げ、上腕に右人差指で力こぶを描く。

しゅうわい【収賄】

「収賄で逮捕される」

→〈収賄〉＋〈つかまる③〉

「収賄」は賄賂を取ることで〈収賄〉で表現。〈収賄〉は袖の下にこっそりお金を入れるさまで「収賄」「賄賂」などの意味。

〈収賄〉
左手のひらの下に右手を差し込むように入れる。

〈つかまる③〉
親指を立てた左手の手首を右手でつかむ。

しゅかん【主観】

「主観（的）」

→〈長①〉＋〈感じる①〉
（＋〈合う①〉）

「主観」は自分一人の考え方などの意味で〈長①〉＋〈感じる①〉で表現。〈長①〉は「主」の意味、〈感じる①〉は「考え方」「考え」を表す。

〈長①〉
親指を立てた右手を上にあげる。

〈感じる①〉
右人差指で頭を軽く突きあげる。

しゅぎ【主義】1

「主義主張（を持つ）」

→〈考える〉＋〈はっきり〉
（＋〈持つ〉）

「主義主張」はその人が常に持っている考えの意味なので〈考える〉＋〈はっきり〉で表現。手話は考えがはっきりしているさまを表す。

〈考える〉
右人差指を頭にねじこむようにする。

〈はっきり〉
左右の手のひらを並べて見るようにして前後にすばやく離す。

しゅぎ【主義】2

「民族主義」

→〈民族〉＋〈主義〉

例文の「主義」は〈主義〉で表現。〈主義〉は人がまっすぐ行く道のさまで「主義」を意味する新しい手話。

〈民族〉
親指と小指を立てた両手を合わせて右手で上下に円を描く。

〈主義〉
左手のひらの上に親指を立てた右手をのせ、滑らせるようにまっすぐ前に出す。

じゅぎょう【授業】1

「（数学の）授業」

→（〈算数〉＋）
〈勉強②〉＋〈教える①〉

例文の「授業」は勉強を教え授ける意味なので〈勉強②〉＋〈教える①〉で表現。

〈勉強②〉
指先を上に向けた両手を並べて軽く前に出す。

〈教える①〉
右人差指を口元付近から手首を軸にして振りおろす。

じゅぎょう【授業】2

「授業を受ける」

→〈見習う②〉
または〈教わる②〉

例文は勉強を教え授けてもらう意味なので〈見習う②〉または〈教わる②〉で表現。手話はいずれも教わるさまを表す。

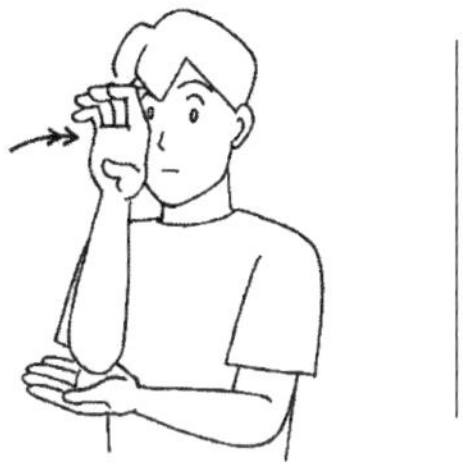

〈見習う②〉

右手の親指と4指を軽く曲げて前に向け左手のひらの上に右ひじをのせて目の前で引く。

〈教わる②〉

左手のひらに人差指を折り曲げた右手をのせるようにして上から同時に引き寄せる。

しゅくしょう【縮小】1

「縮小コピー」

→〈小さい①〉+〈コピー〉

例文の「縮小」は字を小さくすることなので〈小さい①〉で表現。

〈小さい①〉

両手の親指と人差指を向かい合わせ、左右から縮める。

〈コピー〉

左手のひらを下に向け軽く広げた右手をつかんで下におろすように閉じる。

しゅくじ【祝辞】

「祝辞を述べる」

→〈祝う〉+〈言う①〉

「祝辞」は祝いのことばの意味なので〈祝う〉+〈言う①〉で表現。手話はお祝いを述べるさまで「祝辞を述べる」「祝詞」などの意味。

〈祝う〉

すぼめた両手を上に向けてぱっと開く。

〈言う①〉

右人差指を口元から前に出す。

しゅくしょう【縮小】2

「会社を徐々に縮小する」

→〈会社〉+〈縮む①〉

例文は〈会社〉+〈縮む①〉で表現。〈縮む①〉は段々縮むさまを表す。

〈会社〉

両手の2指を交互に前後させる。

〈縮む①〉

両手の親指と人差指を向かい合わせ揺らしながら間をせばめていく。

しゅくじつ【祝日】

「祝日」

→〈祝日〉+〈休む①〉

「祝日」は国民の祝日で休日を意味し〈祝日〉で表現。〈祝日〉は国旗を立てて祝うさまを表す。「祝日」「旗日」などの意味。

〈祝日〉

両手を交差させて甲側を前に向け、親指をからめて指をはためかせるように動かす。

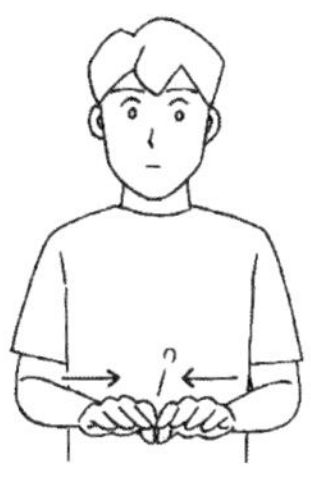

〈休む①〉

手のひらを下にした両手を左右から閉じる。

じゅくす【熟す】1

「柿が真っ赤に熟した」

→〈柿〉+〈熟す①〉

例文の「熟する」は果実が真っ赤にうれる意味なので〈柿〉+〈熟す①〉で表現。〈熟す①〉の左手は〈くだもの〉を、右手は〈赤〉を表す。

〈柿〉

わん曲させた右手の指先を手前に向けてかじるようにする。

〈熟す①〉

全指を軽く折り曲げた左手を上に向け、持ちあげるようにし、右人差指で唇を引く。

じゅくす【熟す】2

「イチジクが熟した」

→〈イチジク〉+〈熟す②〉

例文の「熟す」は果実が十分実ることなので〈熟す②〉で表現。〈熟す②〉は果実が熟して口を開けるさまを表す。

〈イチジク〉
右3指を鼻の下から少しおろす。

〈熟す②〉
斜めにした左手のひらの上にすぼめた右手を置き、ゆっくり開く。

じゅくす【熟す】3

「(芸が)熟していない」

→(〈芝居〉+)
〈腕〉+〈まだ①〉

例文の「熟していない」は十分に上達していないという意味なので〈腕〉+〈まだ①〉で表現。手話は「未熟」の意味を表す。

〈腕〉
左腕を右手で軽くたたく。

〈まだ①〉
左手のひらに右手指先を向けて上下に振る。

じゅくす【熟す】4

「機が熟す」

→〈迫る②〉+〈きちんと①〉

例文はことを行うちょうど良い状態になることなので〈きちんと①〉で表現。〈きちんと①〉はちょうど、きちんとしているさまを表す。

〈迫る②〉
両手のひらを前後に向かい合わせて右手を前から左手に近づける。

〈きちんと①〉
両手の親指と人差指を同時に閉じながら下におろす。

じゅくすい【熟睡】

「熟睡する」

→〈眠る②〉

「熟睡」は深くよく眠る意味なので〈眠る②〉で表現。〈眠る②〉の動作によって眠りの深さを表す。

〈眠る②〉
両手の親指と4指の指先を目に向けて閉じる。

しゅくだい【宿題】

「宿題を済ます」

→〈宿題〉+〈解決①〉

「宿題」は先生の指示で自宅でする勉強の意味なので〈宿題〉で表現。〈宿題〉は家で書くさまで「宿題」の意味を表す。

〈宿題〉
左手の屋根形の下で右手でペンを持ち書くようにする。

〈解決①〉
左手のひらの上に右人差指で「×」を大きく書く。

しゅくちょく【宿直】

「宿直」

→〈寝る〉+〈責任①〉
(または〈調べる①〉または〈腕章〉)

「宿直」は泊まり番の意味なので〈寝る〉+〈責任①〉または〈調べる①〉または〈腕章〉で表現。〈腕章〉は当番の意味を表す。

〈寝る〉
頭を傾けて右こぶしを側頭部に当てる。

〈責任①〉
右肩に軽く全指を折り曲げた右手をのせる。

しゅくでん【祝電】

「祝電を打つ」

→〈祝う〉+〈電報〉

「祝電」は祝いの電報の意味なので〈祝う〉+〈電報〉で表現。手話は「祝電」「祝電を打つ」などの意味を表す。

〈祝う〉

すぼめた両手を上に向けてぱっと開く。

〈電報〉

左手のひらの上に右手２指の指先を繰り返し打ちつける。

じゅくれん【熟練】1

「(手話通訳に)熟練している」

→(〈手話〉+〈通訳〉+)〈腕〉または〈腕前〉

例文の「熟練」は経験があって上手の意味なので〈腕〉または〈腕前〉で表現。〈腕〉または〈腕前〉は腕を強調するさまで「名人」「達人」「達者」などの意味。

〈腕〉

左腕を右手でぽんとたたく。

〈腕前〉

左腕を右手のひらでぽんとたたく。

じゅくれん【熟練】2

「熟練を要する」

→〈経験〉+〈必要①〉

例文の「熟練」は十分な経験の意味なので〈経験〉で表現。〈経験〉は積み重ねるさまで「経験」「経験がある」などの意味。

〈経験〉

両手指先をふれ合わせる。

〈必要①〉

指文字〈コ〉を示した両手を手前に引き寄せる。

しゅけん【主権】

「主権(在民)」

→〈長①〉+〈力〉(〈いる〉+〈人々①〉)

「主権」は国を治める最高の権力の意味なので〈長①〉+〈力〉で表現。〈長①〉は「主」を、〈力〉は権利の意味を表す。

〈長①〉

親指を立てた右手を上にあげる。

〈力〉

こぶしを握った左腕を曲げ、上腕に右人差指で力こぶを描く。

じゅけん【受験】

「(大学を)受験する」

→(〈大学①〉または〈大学②〉+)〈試験〉(または〈試す〉)+〈受ける〉

例文の「受験」は〈試験〉または〈試す〉+〈受ける〉で表現。〈試験〉は競うさまを表す。

〈試験〉

親指を立てた両手を交互に上下させる。

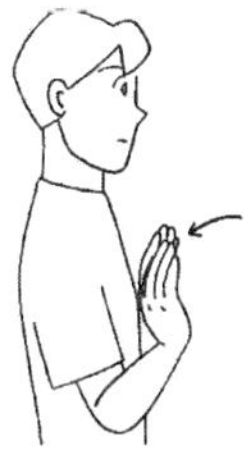

〈受ける〉

両手でボールを受けとめるようにする。

しゅさい【主催】

「(大会を)主催する」

→(〈大会〉+)〈長①〉+〈責任①〉

例文の「主催」は大会や集会を開く責任者または責任団体の意味なので〈長①〉+〈責任①〉で表現。〈長①〉は「主」の意味。

〈長①〉

親指を立てた右手を上にあげる。

〈責任①〉

右肩に軽く全指を折り曲げた右手をのせる。

しゅざい【取材】

「事件を取材する」

→〈事件〉+〈取材〉

「取材」は記事などの材料を集めることで〈取材〉で表現。〈取材〉はあちこちから記事などの材料を取り集めるさまを表す。

〈事件〉

左手の指文字〈コ〉の下で右人差指をすくいあげるようにする。

〈取材〉

左手のひらの上に親指と４指を軽く開いた右手を前から引きつけるようにして閉じる。

じゅさん【授産】

「授産施設」

→〈仕事〉+〈施設〉

「授産施設」は仕事を学び実習し、生活する施設の意味なので〈仕事〉+〈施設〉で表現。〈施設〉は「施設」を意味する新しい手話。

〈仕事〉

手のひらを上に向け、向かい合わせた両手指先を繰り返しつき合わせる。

〈施設〉

左手で指文字〈シ〉を示し、右手で「┐」を描く。

しゅじゅつ【手術】

「胃を手術する」

→〈胃〉+〈手術〉

「手術」は体の部位をメスで切るなどして治療することなので〈手術〉で表現。〈手術〉はメスで切るさまを表す。

〈胃〉

右手の親指と人差指で腹に胃の形を描く。

〈手術〉

左手のひらを下に向け、親指側の縁に沿って右人差指の先を手前に引く。

しゅしょう【主将】

「主将」

→〈選手〉+〈長②〉

「主将」は〈選手〉+〈長②〉で表現。〈長②〉は人の上に立つ人を表す。

〈選手〉

左こぶしの甲に親指を立てた右手を軽くかすめるように当て、上にあげる。

〈長②〉

左手甲に親指を立てた右手をのせる。

しゅしょう【首相】

「首相」

→〈首①〉+〈長①〉

「首相」は内閣の長で〈首①〉+〈長①〉で表現。〈首①〉+〈長①〉は「首相」「総理大臣」などの意味。

〈首①〉

右手のひらを首に当てる。

〈長①〉

親指を立てた右手を上にあげる。

じゅしょう【受賞】1

「初めて受賞する」

→〈最初①〉+〈受賞①〉

「受賞」は表彰などで賞をもらうことなので〈受賞①〉で表現。〈受賞①〉はうやうやしく賞状を受け取るさまを表す。

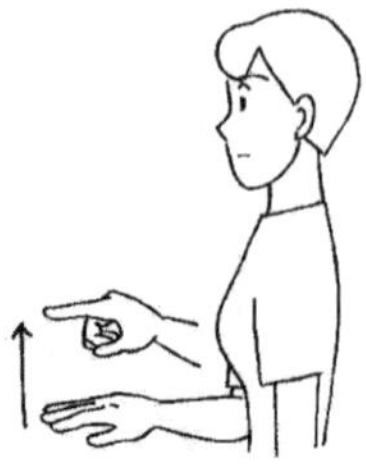

〈最初①〉

右手のひらを下にして、あげると同時に人差指を残して４指を握る。

〈受賞①〉

手のひらを上に向けた両手を同時に上にあげ、頭をさげる。

じゅしょう【受賞】2

「受賞(パーティー)」
→〈受賞②〉
(+〈パーティー〉)

例文の「受賞」は栄誉となる賞を受けること。〈受賞②〉は認定された賞状に印鑑が押されたものを受け取るさまで「受賞」を意味する。

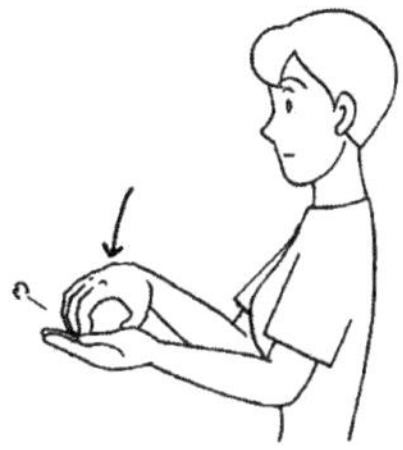

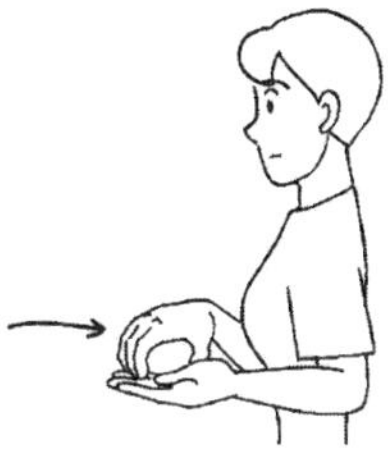

〈受賞②〉
左手のひらの上に全指を折り曲げた右手を印を押すようにのせ、手前に引く。

じゅしん【受信】1

「テレビの受信」
→〈テレビ〉+〈受信〉

例文の「受信」はテレビなので〈受信〉で表現。〈受信〉は左手のアンテナに電波などが入ってくるさまを表す。

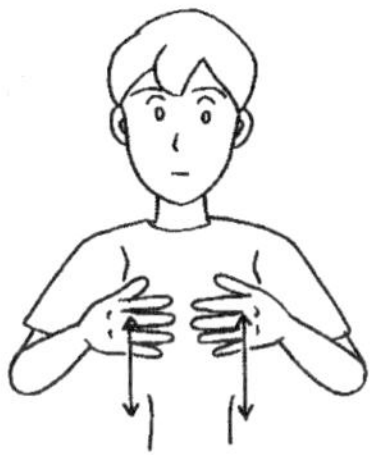

〈テレビ〉
両手の4指の指先を向かい合わせて左右同時に上下させる。

〈受信〉
開いた右親指と人差指を左人差指に向けて閉じながら引く。

しゅじん【主人】1

「店の主人」
→〈店①〉+〈長①〉

例文の「主人」は店主の意味なので〈店①〉+〈長①〉で表現。手話は店の責任者で「店主」「店長」などの意味。

〈店①〉
両手のひらを上に向けて、左右に開く。

〈長①〉
親指を立てた右手を上にあげる。

じゅしん【受信】2

「メールの受信」
→〈メール②〉

例文の「受信」はメールなので〈メール②〉で表現。〈メール②〉は指文字〈メ〉を手前に引いて受信を表す。「メールが来る」も同手話。

〈メール②〉
右指文字〈メ〉を前方から手前に引き寄せる。

しゅじん【主人】2

「うちの主人」
→〈私①〉+〈夫(おっと)〉

例文の「主人」は夫の意味なので〈夫〉で表現。〈夫〉は〈夫婦〉の手話から男性を示すことで表す。

〈私①〉
人差指で胸を指さす。

〈夫(おっと)〉
左小指に添わせた右親指を前に出す。

じゅせい【受精】

「魚の受精」
→〈魚(さかな)①〉+〈受精〉

「受精」は〈受精〉で表現。〈受精〉は左手の卵子に右手の精子が到達するさまを表す。

〈魚(さかな)①〉
右手指先を左に向けて揺らしながら動かす。

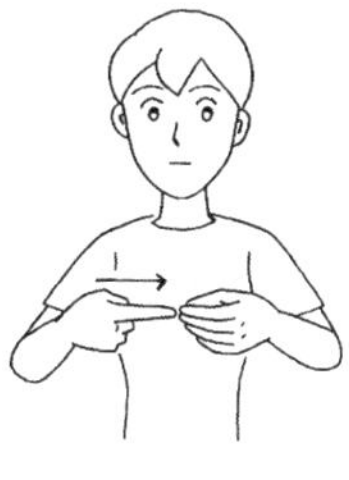

〈受精〉
すぼめた左手に右人差指をつける。

しゅだん【手段】

「最後の手段」

→〈まで〉+〈方法〉

「手段」はやり方、方法の意味なので〈方法〉で表現。〈方法〉は手立てを表し、「手段」「方法」「手立て」などの意味。

〈まで〉

左手のひらに右手指先を軽くつける。

〈方法〉

左手甲を右手のひらで軽くたたく。

しゅちょう【主張】1

「権利を主張する」

→〈権利〉+〈表(あらわ)す〉

例文の「主張」は自分の考えを強く出す意味なので〈表す〉で表現。〈表す〉は表に出し示すさまで「主張」「示す」「表す」などの意味。

〈権利〉

左腕を曲げて上腕に右人差指で力こぶを描き、次に右手の人差指と中指で「リ」を描く。

〈表(あらわ)す〉

左手のひらに右人差指をつけて前に押し出す。

しゅちょう【主張】2

「繰り返し主張する」

→〈繰り返す〉+〈説明〉

例文の「主張」は説を強く言う意味なので〈説明〉を強く表現。〈説明〉は、その強さで「主張」の強さを表す。

〈繰り返す〉

両手の人差指を向かい合わせて回す。

〈説明〉

左手のひらを右手で小刻みにたたく。

しゅっけつ【出血】

「手から出血する」

→〈赤〉+〈出血〉

「出血」はけがなどで体から血が出ることで〈出血〉で表現。〈出血〉は手からの場合であるが、出血の部位によって手話が変わる。

〈赤〉

唇に人差指を当て、右へ引く。

〈出血〉

左手甲にすぼめた右手を当て、流れるように右手を開く。

しゅっこう【出港】

「出港する」

→〈港〉+〈出港〉

「出港」は港から船が出る意味なので〈出港〉で表現。〈出港〉は港から船が出るさまで「出港」「出船(でふね)」の意味。

〈港〉

人差指を折り曲げた両手で前を囲む。

〈出港〉

〈港〉の左手を残して、右手で船形を作り、ゆらゆらと前に出す。

しゅっさん【出産】

「子供を出産する」

→〈子供①〉+〈生まれる〉

「出産」は赤ちゃんを生むことで〈生まれる〉で表現。〈生まれる〉は人の出産のさまであるが「出産」「生む」一般の意味を表す。

〈子供①〉

両手のひらを前方に向け、軽く振る。

〈生まれる〉

指先を向かい合わせた両手を腹から前に出す。

しゅつじょう【出場】1

「(チームが)
大会に出場する」

→(〈グループ〉+)
〈大会〉+〈参加②〉

例文の「出場」は団体が参加する意味なので〈参加②〉で表現。右手5指は複数が参加するさまで「出場」「参加」の意味を表す。

〈大会〉

両手指先を上に向け、甲を前に向けて重ね、右手を前に出す。

〈参加②〉

指先を上に向けて左手のひらに軽く閉じた右手を打ちつける。

しゅっせき【出席】

「(会議に)出席する」

→(〈会議〉+)
〈座る①〉または〈座る②〉

「出席」は会議や集いに参加することで〈座る①〉または〈座る②〉で表現。いずれも席に着くさまで「出席」「席に着く」などの意味。

〈座る①〉

手のひらを下に向けた左手2指に折り曲げた右手2指を座るようにのせる。

〈座る②〉

左手のひらに折り曲げた右手2指をのせる。

しゅつじょう【出場】2

「(私は)
オリンピックに出場する」

→(〈私①〉+)
〈オリンピック〉+〈参加①〉

例文の「出場」は個人が参加する意味なので〈参加①〉で表現。右手1指は個人が参加するさまで「出場」「参加」の意味を表す。

〈オリンピック〉

両手の親指と人差指を組み換えながら左から右へ動かす。

〈参加①〉

指先を上に向け、手のひらを手前に向けた左手に人差指を立てた右手を打ちつける。

しゅっちょう【出張】

「海外に出張する」

→〈外国〉+〈派遣①〉

「出張」は会社などの業務で他の地域へ派遣される意味なので〈派遣①〉で表現。〈派遣①〉は建物から出るさまで「出張」「出かける」の意味。

〈外国〉

右人差指を右目のまわりで回す。

〈派遣①〉

左手のひらの下から親指を立てた右手を前に出す。

しゅっせ【出世】

「彼は出世した」

→右〈彼〉+〈あがる⑥〉

「出世」は会社などでの地位があがる意味なので〈あがる⑥〉で表現。〈あがる⑥〉は出世のさまで「出世」「昇進」などの意味。

右〈彼〉

右親指を左人差指でさす。

〈あがる⑥〉

親指を立てた右手を左下から右上に順にあげる。

しゅっぱつ【出発】1

「(列車が)出発する」

→(〈汽車〉+)
〈出発①〉
または〈出発②〉

例文の「出発」は列車の出発なので〈出発①〉または〈出発②〉で表現。いずれも列車などが発車するさまで「出発」「発車」などの意味。

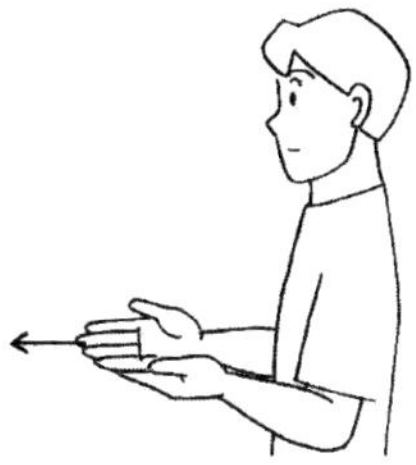

〈出発①〉

左手の指先を前に向け、その上に右手を立て、まっすぐ前に出す。

〈出発②〉

左手の指先を右に向け、その上に右手をのせ、前に出す。

しゅっぱつ【出発】2

「飛行機が出発する」
→〈離陸〉

例文の「出発」は飛行機の出発なので〈離陸〉で表現。〈離陸〉は飛行機が空港を飛び立つさまで「(飛行機の)出発」「離陸」を表す。

〈離陸〉
左手のひらの上から親指と小指を出した右手を左上に飛び出すようにあげる。

しゅっぱん【出版】1

「本を出版する」
→〈本〉+〈出版〉

例文の「出版」は書籍、本などを発行することなので〈出版〉で表現。〈出版〉は本を一斉に売り出すさまで「発行」「発刊」「刊行」などの意味。

〈本〉
両手のひらを合わせて左右に開く。

〈出版〉
指先を向かい合わせて手のひらを上に向けた両手を左右に開きながら前に出す。

しゅっぱん【出版】2

「(新聞を)出版する」
→(〈新聞〉+)
〈印刷②〉+〈出版〉

例文の「出版」は〈印刷②〉+〈出版〉で表現。〈印刷②〉+〈出版〉は新聞、書籍などを印刷、発行するさまで「出版」「発行」などの意味。

〈印刷②〉
両手を上下に合わせて右手をするように繰り返し前に出す。

〈出版〉
指先を向かい合わせて手のひらを上に向けた両手を左右に開きながら前に出す。

しゅと【首都】

「首都圏」
→〈首都〉+〈地域②〉
(または〈地域①〉)

「首都圏」は〈首都〉+〈地域②〉または〈地域①〉で表現。「首都」は〈首都〉で表現。〈首都〉は左手で国土を、右手で〈場所〉を表す。

〈首都〉
左手の甲の上に折り曲げた右手を乗せる。

〈地域②〉
開いた両手の親指と人差指の指先を同時に前にぱっと置くようにする。

しゅふ【主婦】

「専業主婦」
→〈専門〉+〈主婦〉

「主婦」は〈主婦〉で表現。〈主婦〉は左手〈家〉の中に右手〈女〉がいるさまを表す。

〈専門〉
両手の2指を左右から盛りあげるように中央に寄せて手首を返す。

〈主婦〉
屋根の形をした左手の下に小指を立てた右手を置く。

しゅみ【趣味】

「趣味(は将棋です)」
→〈趣味①〉
または〈趣味②〉
(+〈将棋〉)

「趣味」は楽しむ好きなものの意味。〈趣味①〉または〈趣味②〉などで表現。語源ははっきりしない。表現にはいくつかの変形がある。

〈趣味①〉
右こぶしの親指側で右ほおをこするように前に出す。

〈趣味②〉
右手の親指と4指をほおをすべらせながら握る。

じゅみょう【寿命】1

「寿命が延びる」

→〈寿命〉+〈長寿〉

例文は〈寿命〉+〈長寿〉で表現。〈寿命〉は左手が命、右手が長さを表す。〈長寿〉は命が長いさまを表す。

〈寿命〉

左こぶしを左胸につけ、右親指と人差指をつまんで左甲から前方にジグザグに動かす。

〈長寿〉

左こぶしを左胸につけ、右親指と人差指をつまんで左甲から前方に動かす。

じゅみょう【寿命】2

「寿命が縮む思いがする」

→〈驚く①〉または〈驚く②〉（または〈驚く③〉）

例文は非常に恐ろしく感じることなので〈驚く①〉または〈驚く②〉または〈驚く③〉で表現。〈驚く①〉は飛び上がるさま、〈驚く②〉はショックのさま。

〈驚く①〉

左手のひらの上に右手2指を立てて飛びあがるようにして2指を離し、またつける。

〈驚く②〉

全指を曲げた右手で胸を突きあげるようにして肩を少しあげる。

じゅみょう【寿命】3

「寿命が尽きる」

→〈死ぬ①〉

例文は死ぬことなので〈死ぬ①〉で表現。

〈死ぬ①〉

両手のひらを合わせて、横に倒す。

しゅもく【種目】

「競技種目」

→〈競争〉+〈種類〉

「種目」は〈種類〉で表現。〈種類〉は分けるさまを表す。

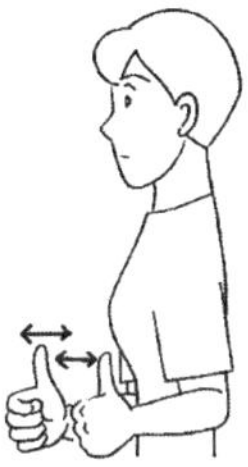

〈競争〉

親指を立てた両手を競うように交互に前後させる。

〈種類〉

左手のひらの上で右手を3方に向けて小刻みに向きを変える。

しゅやく【主役】1

「（映画の）主役」

→（〈映画〉+）〈長①〉+〈芝居〉

例文の「主役」は主人公を演ずる役者の意味なので〈長①〉+〈芝居〉で表現。〈長①〉は「主」の意味。

〈長①〉

親指を立てた右手を上にあげる。

〈芝居〉

前後に互い違いに向けた両こぶしを同時にひねる。

しゅやく【主役】2

「（パーティーの）主役は彼です」

→（〈パーティー〉+）〈敬う①〉+〈彼〉

例文の「主役」は中心的な重要な人の意味なので〈敬う①〉で表現。〈敬う①〉は人を敬うさまで、この場合は「主人公」の意味。

〈敬う①〉

左手のひらの上に親指を立てた右手をのせて上にあげる。

〈彼〉

左親指を右人差指でさす。

しゅよう【腫瘍】

「脳腫瘍」

→〈脳〉+〈腫瘍〉

「脳腫瘍」は〈脳〉+〈腫瘍〉で表現。〈脳〉は脳をさし、〈腫瘍〉は左手にがんを意味する carcinoma の頭文字「C」を指文字にして表した新しい手話。

〈脳〉

右人差指で頭頂部をさす。

〈腫瘍〉

左手のひらに指文字〈C②〉の右手をつけ、ふくらませる。

じゅよう【需要】1

「需要がある」

→〈申し込まれる〉+〈ある①〉

例文は商品を買い入れようとする気持ちがあることなので〈申し込まれる〉+〈ある①〉で表現。〈申し込まれる〉は自分側に示されるさまを表す。

〈申し込まれる〉

左手のひらの上に右人差指をのせて手前に引き寄せる。

〈ある①〉

右手のひらを前に置く。

じゅよう【需要】2

「需要が冷え込む」

→〈申し込まれる〉+〈縮む①〉

例文は〈申し込まれる〉+〈縮む①〉で表現。〈縮む①〉は段々縮むさまを表す。

〈申し込まれる〉

左手のひらの上に右人差指をのせて手前に引き寄せる。

〈縮む①〉

両手の親指と人差指を向かい合わせ揺らしながら間をせばめていく。

しゅるい【種類】1

「魚の種類」

→〈魚(さかな)①〉+〈種類〉

例文の「種類」は同じ範囲に属するものの分類のことなので〈種類〉で表現。〈種類〉は同じ範囲のものを細かく分けるさまを表す。

〈魚(さかな)①〉

右手指先を左に向けて揺らしながら動かす。

〈種類〉

左手のひらの上で右手を3方に向けて小刻みに向きを変える。

しゅるい【種類】2

「二種類しかない」

→〈2③〉+〈だけ〉

例文の「二種類しか」は種類はふたつだけの意味なので〈2③〉+〈だけ〉で表現。ここでは〈だけ〉が強調されるに伴って〈種類〉は略される。

〈2③〉

右手の人差指と中指を立てて甲側を前に向けて軽く振る。

〈だけ〉

左手のひらに人差指を立てた右手を打ちつける。

シュレッダー

「書類をシュレッダーで裁断する」

→〈四角①〉+〈シュレッダー〉

「シュレッダー」は〈シュレッダー〉で表現。〈シュレッダー〉は書類を機械に入れて裁断するさまを表す。「シュレッダーで裁断する」も同手話。

〈四角①〉

両手の人差指で四角を描く。

〈シュレッダー〉

手のひら下向き、指先右向きの左手の内側で指先下向きの右手をおろしながら指を開く。

しゅわ【手話】

「手話通訳」

→〈手話〉+〈通訳〉

「手話」は〈手話〉で表現。〈手話〉は手で話すさまで「手話」「手まね」の意味。ただし「手まね」の語には差別的な意味合いもある。

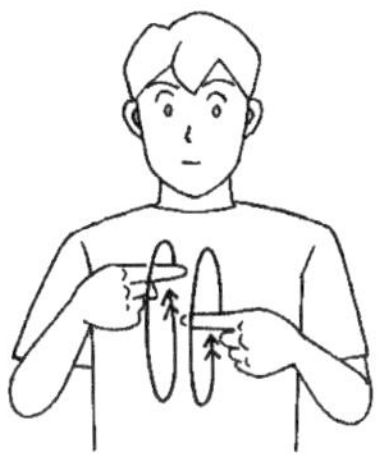

〈手話〉

両手の人差指を向かい合わせて、糸を巻くように回転させる。

〈通訳〉

親指を立てた右手を口元で左右に往復させる。

じゅん【順】1

「背の高い順に並ぶ」

→〈身長〉+〈順番②〉

例文の「高い順」は〈順番②〉で表現。〈順番②〉は高い順に並べるさまを表す。

〈身長〉

右人差指を頭にのせる。

〈順番②〉

手のひらを上に向けた右手を左上から右下に順にさげる。

じゅん【順】2

「順不同」

→〈順番①〉+〈まちまち〉

例文の「順不同」は〈順番①〉+〈まちまち〉で表現。〈順番①〉は次から次へ渡すさまを表す。「順番」の意。

〈順番①〉

右手のひらを上に向けて順に右へ動かす。

〈まちまち〉

両手の2指を交互に上下に開いたり閉じたりする。

じゅん【順】3

「五十音順」

→〈ア〉(+〈イ〉+〈ウ〉+〈エ〉+〈オ〉)+〈順番①〉

例文の「五十音順」は〈ア〉+〈イ〉+〈ウ〉+〈エ〉+〈オ〉+〈順番①〉で表現。

〈ア〉

親指を出し、4指は握る。

〈順番①〉

右手のひらを上に向けて順に右へ動かす。

じゅんい【順位】

「順位を発表する」

→〈順位〉+〈発表〉

「順位」は順番のことなので〈順位〉で表現。〈順位〉は1番、2番、3番、4番を順に出して表す。4番は略すこともある。

〈順位〉

左から順番に指を出しながら右へ動かしていく。

〈発表〉

親指と4指を閉じた両手を左右にぱっと開く。

じゅんえき【純益】

「純益」

→〈本当〉+〈もうける②〉

「純益」は純粋の、本当のもうけの意味なので〈本当〉+〈もうける②〉で表現。手話は「純益」「実益」の意味。

〈本当〉

右手をあごに当てる。

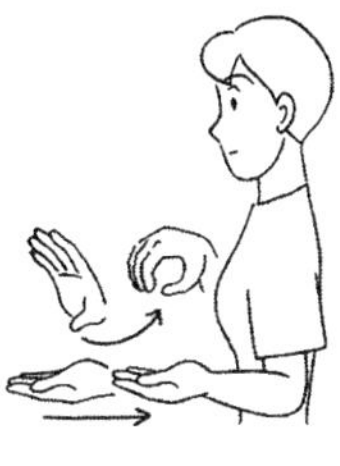

〈もうける②〉

両手のひらを上下に向かい合わせて手前にすばやく引きあげる。

じゅんかい【巡回】1

「巡回パトロール」

→〈歩き回る〉+〈調べる①〉

「巡回」は見回る意味なので〈歩き回る〉で表現。〈歩き回る〉は一定の場所を歩き回るさまを表し「巡回する」「めぐる」などの意味。

〈歩き回る〉

右手２指を歩くようにして水平に回す。

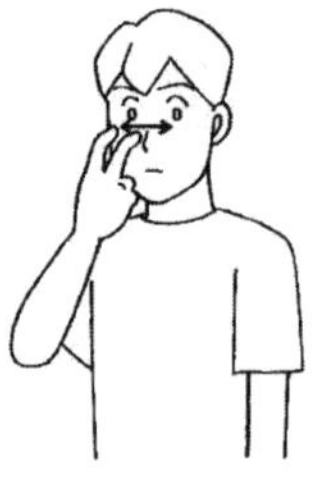

〈調べる①〉

右手の人差指と中指を軽く折り曲げて、目の前を左右に往復させる。

しゅんかん【瞬間】2

「打った瞬間（ホームランとわかる）」

→〈野球②〉（または〈野球①〉）+〈あれ③〉

例文の「瞬間」は行われたちょうどその時のことで、ここでは特別の手話単語はない。

〈野球②〉

左手で丸を作り、右人差指でそれを打つようにする。

〈あれ③〉

驚きの表情で斜め上を指さす。

じゅんかい【巡回】2

「巡回訪問」

→〈巡回〉+〈訪問②〉

例文の「巡回」はある所から他の所へと順に回る意味で〈巡回〉で表現。〈巡回〉は漢字「巡」の字形の一部を表した手話。

〈巡回〉

右手３指で「くくく」を描くようにする。

〈訪問②〉

左右２か所で左手屋根形の下に人差指を立てた右手を入れる。

じゅんかん【循環】

「循環バス」

→〈回る〉+〈バス①〉（または〈バス②〉）

「循環」はめぐって元に返る意味なので〈回る〉で表現。〈回る〉はぐるりと回るさまを表し「循環」「回る」「めぐる」などの意味。

〈回る〉

右人差指を下に向けて水平に円を描く。

〈バス①〉

両手の人差指の先を向かい合わせ、親指を立てて前に進める。

しゅんかん【瞬間】1

「瞬間接着（剤）」

→〈一瞬〉+〈合わせる②〉（+〈糊（のり）〉）

例文の「瞬間」は一瞬のことなので〈一瞬〉で表現。〈一瞬〉はストップウォッチの針が瞬時にもどるさまを表す。「一瞬」の意。

〈一瞬〉

左手首に人差指を立てた右手の手首を当て、ぱっと止める。

〈合わせる②〉

左手のひらに右手のひらを近づけて合わせる。

じゅんじょ【順序】1

「（仕事の）順序が狂う」

→（〈仕事〉+）〈準備②〉+〈混乱〉

例文の「順序」は順に並ぶことなので〈準備②〉で表現。〈準備②〉は整理されたさまで順序よく並ぶさまを表す。

〈準備②〉

両手のひらを向かい合わせて間隔を変えずに左から右へ順に仕切るように動かす。

〈混乱〉

全指を曲げた両手のひらを上下に向かい合わせて、かき混ぜるようにする。

し

じゅんじょ【順序】2

「順序が逆である」
→〈段階〉+〈逆〉

例文の「順序」は順番の意味で〈段階〉で表現。〈段階〉は上下の地位の順番のさまで「順序」「序列」「順位」などの意味。

〈段階〉
指文字〈コ〉を示した右手を上から順番におろす。

〈逆〉
全指を軽く折り曲げた両手の上下を入れ換える。

じゅんばん【順番】1

「(みんなで)当番を順番にする」
→(〈みんな〉+)〈腕章〉+〈順番①〉

例文の「順番」は規則的に次から次へとまわすことなので〈順番①〉で表現。〈順番①〉は次から次へ渡すさまで「順番」「順序」の意味。

〈腕章〉
親指と人差指で腕章のように上腕に回す。

〈順番①〉
右手のひらを上に向けて順に右へ動かす。

じゅんすい【純粋】

「純粋な気持ち」
→〈美しい②〉+〈気持ち〉

「純粋」はまじりけのない意味なので〈美しい②〉で表現。〈美しい②〉は清潔できれいなさまで「純粋」「きれい」「美しい」の意味。

〈美しい②〉
左手のひらをなでるように右手のひらを滑らせる。

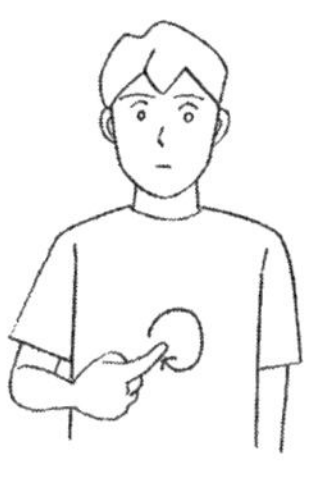

〈気持ち〉
右人差指でみぞおち辺りに小さく円を描く。

じゅんばん【順番】2

「順番が回ってきた」
→〈順番①〉+〈もらう②〉

例文の「順番が回る」は自分のところに順番が来る意味なので〈順番①〉+〈もらう②〉で表現。

〈順番①〉
右手のひらを上に向けて順に右へ動かす。

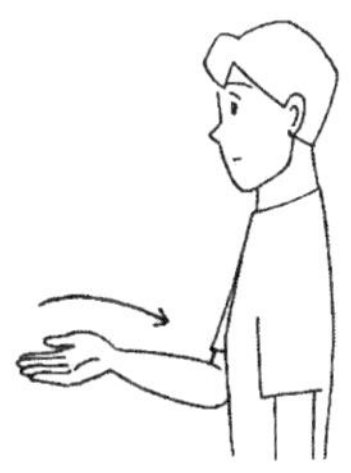

〈もらう②〉
右手のひらを上にして手前に引き寄せる。

じゅんちょう【順調】

「すべてが順調に行く」
→〈すべて〉+〈順調〉

「順調」は物事が調子よく進む意味なので〈順調〉で表現。〈順調〉はものごとが着々と進むさまで「順調」「順調に行く」などの意味。

〈すべて〉
両手で上から下に円を描く。

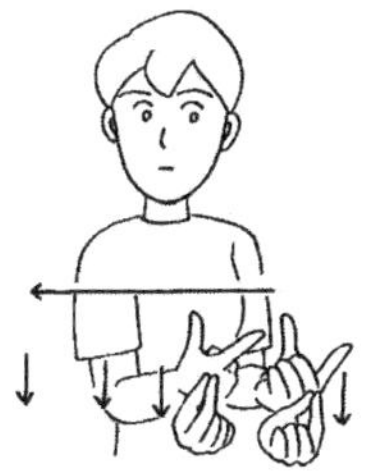

〈順調〉
両手の親指と人差指を上に向け、繰り返し閉じながら右へ動かす。

じゅんび【準備】

「(ご飯の)準備をする」
→(〈食べる①〉+)〈準備①〉または〈準備②〉

「準備」は前もって用意する意味で〈準備①〉または〈準備②〉で表現。運んだりかたづけたりするさまで「準備」「支度」「整える」などの意味。

〈準備①〉
向かい合わせた両手を左から右へ動かす。

〈準備②〉
両手のひらを向かい合わせて間隔を変えずに左から右へ順に仕切るように動かす。

しょ【所】

「事務所」

→〈事務〉+〈場所〉

例文の「所」は場所の意味なので〈場所〉で表現。〈場所〉はその場を表し、「〜所」「〜場」「場所」の意味。

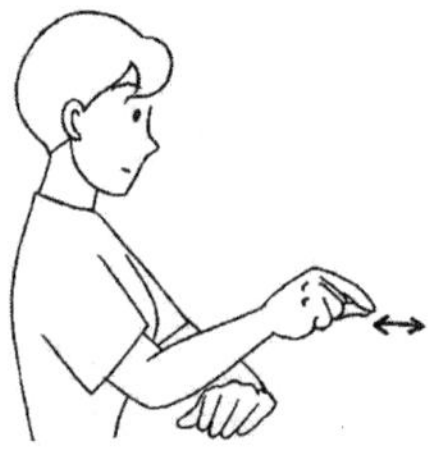

〈事務〉

左手のひらを下に向けて右腕の下に置き、右手の親指と人差指を閉じて小刻みに前後に動かす。

〈場所〉

全指を曲げた右手を前に置く。

しょ【書】1

「書を習う」

→〈書道〉+〈教わる②〉

例文の「書」は書道、習字の意味なので〈書道〉で表現。〈書道〉は筆で書くさまで「書」「書道」「習字」などの意味。

〈書道〉

左手を体の前に置き、右手で筆を持って書くようにする。

〈教わる②〉

左手のひらに人差指を折り曲げた右手をのせるようにして上から同時に引き寄せる。

しょ【書】2

「書を送る」

→〈書く①〉+〈郵便を出す①〉

例文の「書」は手紙の意味なので〈書く①〉で表現。〈書く①〉はものを書くさまで「書く」「手紙」「文書」などの意味。

〈書く①〉

左手のひらに右手の親指と人差指で縦に書くようにする。

〈郵便を出す①〉

左手２指と右人差指で〒マークを作り、前に出す。

しょ【書】3

「履歴書」

→〈経過〉+〈四角②〉

例文の「書」は用紙、書類の意味なので〈四角②〉で表現。〈四角②〉は紙でできた四角なもので「賞状」「書」「書類」「書面」などの意味。

〈経過〉

左上腕から指先に向かって右手甲を流れるように動かす。

〈四角②〉

両手の人差指で四角を描く。

しょう【小】

「中小(企業)」

→〈中(ちゅう)①〉+〈小〉
(+〈会社〉)

例文の「小」は小さいこと。〈小〉で表現。〈小〉は漢字「小」の字形を表した手話。

〈中(ちゅう)①〉

左手の親指と人差指と右人差指で「中」の字形を作る。

〈小〉

左手の人差指を右手２指ではさむように入れる。

しょう【省】

「外務省」

→〈外交〉+〈省〉

例文の「省」は〈省〉で表現。〈省〉はもと大礼帽のさまを表し、転じて「県」「省」の意。

〈外交〉

両手人差指をつき合わせ、弧を描いて上にあげ、また１回つき合わせる。

〈省〉

両手のひらを右肩上で合わせ、前後にすりながら交差させる。

しょう【賞】

「賞をもらう」

→〈四角①〉+〈受賞①〉

「賞をもらう」は表彰状などをもらう意味なので〈四角①〉+〈受賞①〉で表現。〈四角①〉はこの場合「賞状」「書面」「文書」などの意味。

〈四角①〉

両手の人差指で四角を描く。

〈受賞①〉

手のひらを上に向けた両手を同時に上にあげ、頭をさげる。

しょう【私用】

「私用で(電話をする)」

→〈個人〉+〈必要①〉

(+〈電話する①〉)

「私用」は個人の用(事)の意味なので〈個人〉+〈必要①〉で表現。〈個人〉は私個人を表す。

〈個人〉

両手の人差指で顔の輪郭を示す。

〈必要①〉

指文字〈コ〉を示した両手を手前に引き寄せる。

じょう【場】

「運動場」

→〈競争〉+〈場所〉

例文の「場」は場所の意味。〈場所〉で表現。〈場所〉はその場を表し「～所」「～場」「場所」の意味。

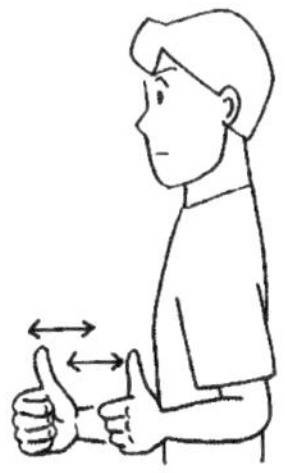

〈競争〉

親指を立てた両手を競うように交互に前後させる。

〈場所〉

全指を曲げた右手を前に置く。

しょうあく【掌握】

「(情報を)掌握している」

→(〈情報①〉+)

〈掌握〉

または〈身につける〉

例文の「掌握」は自分のものとして握っている意味なので〈掌握〉または〈身につける〉で表現。〈掌握〉はものを手中にするさまを表す。

〈掌握〉

指先を軽く開いて左右に置いた両手を手前に引きながら握る。

〈身につける〉

軽く指先を開いた両手を両側から同時にのどから胸におろすようにする。

しょう【使用】

「電話を使用する」

→〈電話〉+〈使う〉

「使用」は使うことなので〈使う〉で表現。〈使う〉は使う一般の意味に使われる手話で「使う」「使用」「用いる」などの意味。

〈電話〉

親指と小指を立てた右手を顔横に置く。

〈使う〉

左手のひらの上で右手の親指と人差指で作った丸をすべるようにして繰り返し前に出す。

しょうか【消化】1

「(胃の)消化が良い」

→(〈胃〉+)

〈消化〉+〈良い〉

例文の「消化」は食べ物を胃でとかす意味なので〈消化〉で表現。〈消化〉は歯でものをかみ砕くさまで「消化」「こなす」などの意味。

〈消化〉

握った両手の指側を合わせてこするように回す。

〈良い〉

右こぶしを鼻から前に出す。

しょうか【消化】2

「スケジュールを消化する」

→〈計画〉+〈解決②〉

例文の「消化」は処理する、こなす意味なので〈解決②〉で表現。〈解決②〉は終わりを示す〆を表し「消化」「処理」「処理する」などの意味。

〈計画〉

左手のひらを下に向け、右人差指で線を引くようにする。

〈解決②〉

左手のひらに右人差指で「×」を繰り返し書きながら右へ動かす。

しょうか【消化】3

「(予算を)消化する」

→(〈予定〉+〈金(かね)①〉+)〈使う〉+〈なくなる①〉

例文の「消化」は残さず使う意味なので〈使う〉+〈なくなる①〉で表現。〈なくなる①〉はすっからかんになってしまうさまを表す。

〈使う〉

左手のひらの上で右手の親指と人差指で作った丸をすべるようにして繰り返し前に出す。

〈なくなる①〉

上下に向かい合わせた両手のひらを上から合わせると同時に右手を右に動かす。

ショウガ【生姜】1

「新ショウガ」

→〈新しい〉+〈ショウガ〉

「ショウガ」は〈ショウガ〉で表現。〈ショウガ〉はショウガをすりおろすさまを表す。〈ワサビ〉は親指を出すが、〈ショウガ〉は中指を出す。

〈新しい〉

すぼめた両手をぱっと前に出して広げる。

〈ショウガ〉

左手のひらに中指を折り曲げて突き出した右手ですりおろすように動かす。

ショウガ【生姜】2

「ショウガをおろす」

→〈ショウガ〉

例文は〈ショウガ〉と同表現。

〈ショウガ〉

左手のひらに中指を折り曲げて突き出した右手ですりおろすように動かす。

しょうかい【紹介】

「自己紹介」

→〈個人〉+〈通訳〉

例文の「紹介」は相手に自分のことを知らせる意味なので〈通訳〉で表現。〈通訳〉は右から左に話を取り次ぐさまで「紹介」「通訳」の意味。

〈個人〉

両手の人差指で顔の輪郭を示す。

〈通訳〉

親指を立てた右手を口元で左右に往復させる。

しょうがい【傷害】1

「傷害(罪)でつかまる」

→〈傷害〉+〈つかまる①〉

例文の「傷害」は人の身体を傷つける意味なので〈傷害〉で表現。〈傷害〉は切りつけるさまで「傷害」「けがをさせる」などの意味。

〈傷害〉

左親指に右人差指で切りつけるようにする。

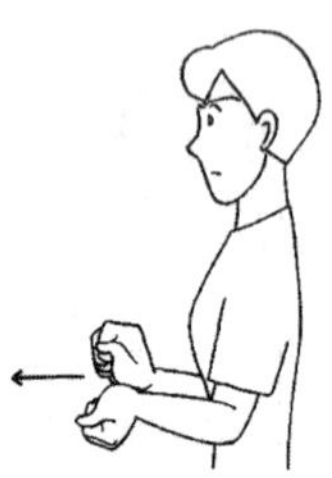

〈つかまる①〉

こぶしを握った両手の手首を合わせて前に出す。

しょうがい【傷害】2

「傷害保険」

→〈けが〉+〈保険〉

例文の「傷害」はけがを意味するので〈けが〉で表現。〈けが〉は傷つくさまで「傷害」一般を表し、特定の傷害の位置を示すものでない。

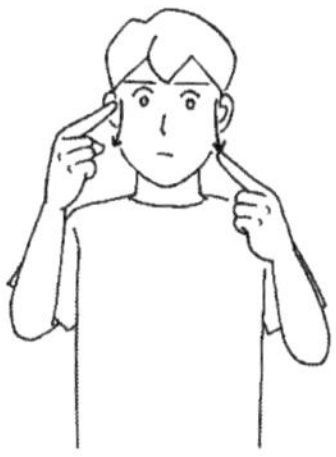

〈けが〉

両手人差指で交互にほおを切りつけるようにする。

〈保険〉

左指文字〈ホ〉の甲に右手２指で作った丸を当て、前に出す。

しょうがい【障害】1

「工事の障害となる」

→〈工事〉+〈邪魔①〉

例文の「障害」はさえぎるものの意味なので〈邪魔①〉で表現。〈邪魔①〉は目の上のたんこぶを表し「障害」「邪魔」「目障り」などの意味。

〈工事〉

左こぶしに右こぶしを左右から打ちつける。

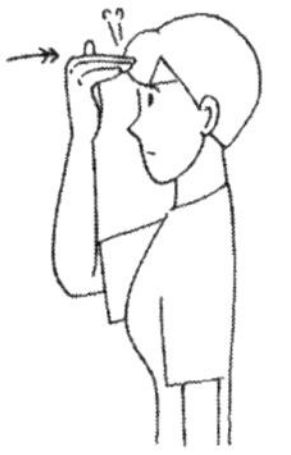

〈邪魔①〉

右手指先を額に繰り返し当てる。

しょうがい【障害】2

「(身体)障害者」

→(〈体(からだ)〉+)〈折る①〉+〈人々①〉

例文の「障害者」は〈折る①〉+〈人々①〉で表現。〈折る①〉は障害のさまで「障害」「壊す」などの意味を表す。

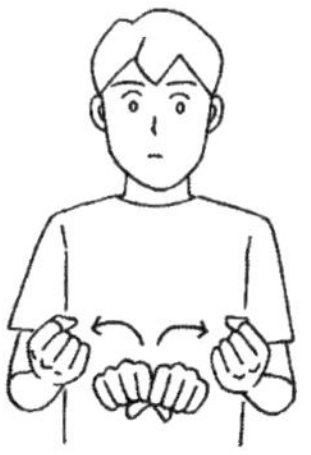

〈折る①〉

両こぶしの親指側を合わせ、折るようにする。

〈人々①〉

親指と小指を立てた両手を揺らしながら左右に開く。

しょうがい【生涯】1

「(九十年の)生涯を終える」

→(〈年齢〉+〈90〉+)〈死ぬ①〉+〈終わる〉

例文の「生涯を終える」は死ぬ意味なので〈死ぬ①〉+〈終わる〉で表現。両手で表す〈死ぬ①〉は「死ぬ」の丁寧な表現のしかた。

〈死ぬ①〉

両手のひらを合わせ、横に倒す。

〈終わる〉

両手の親指と４指を上に向け、閉じながら下にさげる。

しょうがい【生涯】2

「生涯教育」

→〈生涯〉+〈教える①〉

例文の「生涯」は一生の意味なので〈生涯〉で表現。〈生涯〉は〈ずっと〉と〈人々〉を組み合わせた新しい手話。

〈生涯〉

左手のひらに親指と小指を立てた右手を右から動かして親指を当てる。

〈教える①〉

右人差指を口元付近から手首を軸にして振りおろす。

しょうがつ【正月】

「正月」

→〈正月①〉または〈正月②〉

「正月」は元旦、一月一日の意味なので〈正月①〉また〈正月②〉で表現。いずれも一月一日を表し、「正月」の意味。

〈正月①〉

両手の人差指の先を上下で向かい合わせる。

〈正月②〉

両手の人差指を上下にして同時に軽く上にあげる。

しょうがっこう
【小学校】

「小学校」
→〈小〉+〈勉強②〉

「小学校」は義務教育で初めて入る学校のことで〈小〉+〈勉強②〉で表現。〈勉強②〉は学校の意味。

〈小〉
左手の人差指を右手２指ではさむように入れる。

〈勉強②〉
指先を上に向けた両手を並べて軽く前に出す。

じょうきゅう
【上級】

「(英語は)上級です」
→(〈イギリス④〉+)
〈上②〉+〈レベル〉

「上級」は上の等級の意味なので〈上②〉+〈レベル〉で表現。〈レベル〉は基準線を表し、その前につける語によって意味が決まる。

〈上②〉
親指と人差指を立てた右手の人差指で上を指さす。

〈レベル〉
右手指先を前に向け、胸の高さで手のひらを下に向けて水平に右へ動かす。

しょうぎ【将棋】

「将棋をさす」
→〈将棋〉

「将棋」は〈将棋〉で表現。〈将棋〉は将棋をさすさまで「将棋」「将棋をさす」の意味。

〈将棋〉
右手２指を斜め下に向けて前に出す。

しょうぎょう
【商業】

「商業高校」
→〈商売〉+〈高校①〉
(または〈高校②〉)

「商業」はものを売買する事業一般の意味で〈商売〉で表現。〈商売〉はお金のやりとりのさまで「商業」「商売」「あきない」などの意味。

〈商売〉
両手の親指と人差指で作った丸を交互に前後に動かす。

〈高校①〉
右手２指で額に２本線を引く。

しょうきゅう
【昇給】

「千円の昇給」
→〈千円〉+〈あがる⑤〉

「昇給」は給料があがる意味なので〈給料があがる〉で表現。〈給料があがる〉はお金があがるさまで「昇給」「給料アップ」などの意味。

〈千円〉
右手の小指を除いた４指で丸を作り、次に親指と人差指を開いて右に引く。

〈あがる⑤〉
左手のひらの上に右手の親指と人差指で作った丸を置き、小さく弧を描いてあげる。

じょうきょう
【状況】

「状況によって」
→〈状態①〉+〈関係①〉

「状況」はその時の様子の意味なので〈状態①〉で表現。〈状態①〉はものごとの様子のさまで「状況」「状態」「様子」「情勢」などの意味。

〈状態①〉
両手のひらを前に向けて、交互に上下させる。

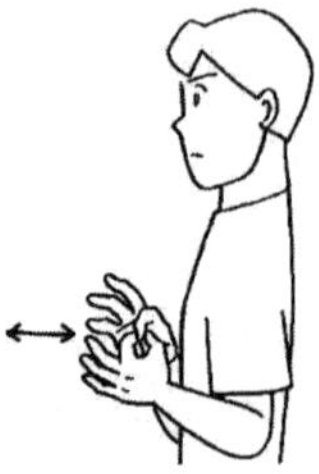

〈関係①〉
両手の親指と人差指を組み、前後に往復させる。

しょうきょくてき【消極的】

「消極的(な手段)」

→(〈遠慮〉または)
〈あきらめる①〉+〈合う①〉
(+〈方法〉)

「消極的」はあまり気の進まないような意味で〈あきらめる①〉+〈合う①〉または〈遠慮〉+〈合う①〉で表現。

〈あきらめる①〉

親指と4指を開いた右手を左脇に引きつけながら閉じる。

〈合う①〉

左人差指の先に右人差指の先を当てる。

しょうげん【証言】

「証言をする」

→〈証拠〉+〈言う②〉

「証言」は事実を証明すること、またその言葉の意味なので〈証拠〉+〈言う②〉で表現。

〈証拠〉

左手のひらの上に指先を折り曲げた右手を判を押すようにのせる。

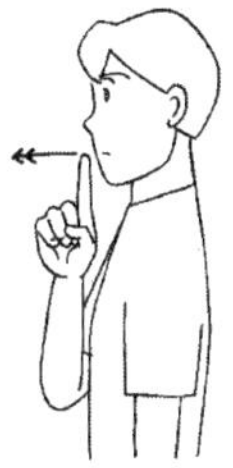

〈言う②〉

右人差指を口元から繰り返し前に出す。

じょうげ【上下】1

「背広の上下」

→〈背広〉+〈上下①〉

例文の「上下」は上着とズボンのペアを意味するので〈上下①〉で表現。〈上下①〉は上と下をさし、この場合は上着とズボンを示す。

〈背広〉

親指を立てた両手で背広のえりを示す。

〈上下①〉

右人差指で身体の上下を指さす。

じょうけん【条件】

「交換条件(を出す)」

→〈交換②〉+〈条件〉
(+〈申し込む〉)

「条件」はあることが成立するのに必要なことがらで〈条件〉で表現。〈条件〉は箇条書きの項目が並ぶさまを表す。

〈交換②〉

手のひらを上に向けた両腕を交差し、左右を入れ換える。

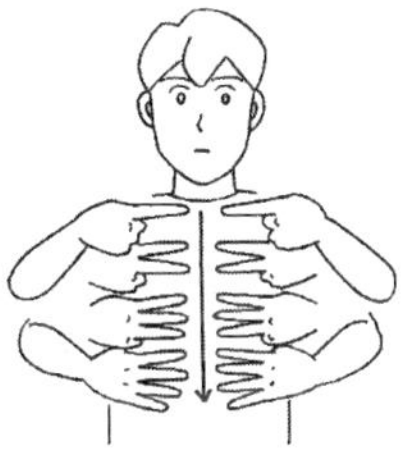

〈条件〉

上から下に指をつき合わせながら順に指を出していく。

じょうげ【上下】2

「(熱が)
三十八度を上下する」

→(〈熱〉+)
〈38度線〉+〈上下②〉

例文の「上下する」は上下に揺れる意味なので〈上下②〉で表現。左手が基準で、右手がそれを上下するさまを表す。

〈38度線〉

右手で指文字〈30〉と〈8〉を示して指先を前に向けた左手を水平に左右に動かす。

〈上下②〉

左手のひらを下に向け指先を前に向け、その位置から指文字〈コ〉を示した右手を上下する。

しょうこ【証拠】1

「確かな証拠」

→〈本当〉+〈証拠〉

例文の「証拠」はあることがまちがいないことを証明する材料で〈証拠〉で表現。〈証拠〉は判を押すさまで「証拠」「証明」などの意味。

〈本当〉

右手をあごに当てる。

〈証拠〉

左手のひらの上に指先を折り曲げた右手を判を押すようにのせる。

しょうこ【証拠】2

「動かぬ証拠(をつかむ)」

→〈はっきり〉+〈証拠〉
(+〈つかむ①〉)

例文の「動かぬ証拠」ははっきりした証拠の意味なので〈はっきり〉+〈証拠〉で表現。手話は「はっきりした証拠」「動かぬ証拠」の意味。

〈はっきり〉
左右の手のひらを並べて見るようにして前後にすばやく離す。

〈証拠〉
左手のひらの上に指先を折り曲げた右手を判を押すようにのせる。

しょうご【正午】

「正午」

→〈昼〉

「正午」は午前十二時のことで〈昼〉で表現。〈昼〉は時計の針が重なる十二時をさすさまで「正午」「昼」などの意味がある。

〈昼〉
右手２指を眉間に当てる。

しょうごう【照合】

「照合する」

→〈照合〉+〈調べる①〉

「照合」は二つのものを照らし合わせる意味なので〈照合〉+〈調べる①〉で表現。〈調べる①〉は略してもよい。

〈照合〉
手のひらを上に向けた両手を左右から近づけて合わせる。

〈調べる①〉
右手の人差指と中指を軽く折り曲げて、目の前を左右に往復させる。

しょうさん【称賛】1

「成功を称賛する」

→〈成功〉+〈称賛①〉

例文の「称賛」はほめたたえる意味なので〈称賛①〉で表現。〈称賛①〉はほめて拍手するさまで「称賛」「ほめたたえる」「拍手」などの意味。

〈成功〉
右こぶしを鼻から左手のひらに打ちつける。

〈称賛①〉
両手のひらを合わせて拍手するようにする。

しょうさん【称賛】2

「私は称賛された」

→〈良い〉+〈言われる③〉

例文の「称賛された」は〈良い〉+〈言われる③〉で表現。手話は良く言われる、ほめられるの意味を表す。

〈良い〉
右こぶしを鼻から前に出す。

〈言われる③〉
すぼめた両手を手前に向けて交互に開く。

しょうじき【正直】

「正直な人」

→〈正しい〉+〈人〉

「正直」は心のまっすぐなことで〈正しい〉で表現。〈正しい〉は心のまっすぐなさまで「正直」「まじめ」「素直」などの意味を持つ。

〈正しい〉
親指と人差指をつまみ、胸に当て、右手をあげる。

〈人〉
人差指で「人」の字を空書する。

じょうしき【常識】1

「常識がある」

→〈常識〉+〈ある①〉

例文の「常識」は普通に知られる礼儀やマナーのことで〈常識〉で表現。〈常識〉は「常識」「行儀」「エチケット」「マナー」などの意味。

〈常識〉

両こぶしの小指側を繰り返し打ちつける。

〈ある①〉

右手のひらを体の前に軽く置く。

じょうしゃ【乗車】2

「乗車券」

→〈切符〉

例文の「乗車券」は切符のことなので〈切符〉で表現。〈切符〉は切符にはさみを入れるさまを表す。

〈切符〉

左手のひらを上に向けて右手の親指と人差指ではさむ。

じょうしき【常識】2

「常識はずれなことをするな」

→〈失礼①〉+〈とめる〉

例文「常識はずれ」は失礼なの意味なので〈失礼①〉で表現。〈失礼①〉は〈常識〉をはずすさまで、「常識はずれ」「失礼」などの意味。

〈失礼①〉

小指側を合わせた両こぶしを前後にはずすように動かす。

〈とめる〉

左手のひらの上に右手を振りおろす。

しょうじょ【少女】

「少女」

→〈低い⑤〉+〈女〉

「少女」は小さな女の子の意味なので〈低い⑤〉+〈女〉で表現。

〈低い⑤〉

手のひらを下に向け、押すようにさげる。

〈女〉

右小指を立てる。

じょうしゃ【乗車】1

「バスに乗車する」

→〈バス①〉(または〈バス②〉)+〈乗る②〉

例文の「乗車」は乗物に乗る意味なので〈乗る②〉で表現。〈乗る②〉は乗物に乗るさまで「乗車」「乗る」などを意味する。

〈バス①〉

両手の人差指の先を向かい合わせ、親指を立てて前に進める。

〈乗る②〉

左手のひらに右手２指をのせる。

しょうじょう【賞状】

「賞状をもらう」

→〈四角①〉+〈いただく〉

「賞状」は表彰状などのことで〈四角①〉で表現。〈四角①〉は〈いただく〉が後に続くことで「賞状」の意味。

〈四角①〉

両手の人差指で四角を描く。

〈いただく〉

両手のひらを上にして目の上にあげ、頭をさげて手前に引き寄せる。

じょうしょうきりゅう【上昇気流】

「上昇気流」

→〈空〉+〈坂〉

「上昇気流」は〈空〉+〈坂〉で表現。〈空〉は上に広がる空間を表す。〈坂〉は上り坂を表す。

〈空〉
右手で頭上に弧を描く。

〈坂〉
右指先を伸ばし坂を示す。

しょうしん【昇進】1

「(課長に)昇進する」

→(〈カ〉+〈長①〉+)〈昇進〉

「昇進」は地位があがることなので〈昇進〉で表現。〈昇進〉は地位があがるさまで「昇進」「出世」を意味する。

〈昇進〉
親指を立てた右手を弧を描くように上にあげる。

しょうじる【生じる】

「疑いが生じる」

→〈疑う〉+〈現れる〉

例文の「生じる」は現れ出る意味なので〈現れる〉で表現。〈現れる〉はものが現れるさまで「生じる」「出てくる」などの意味。

〈疑う〉
右手の親指と人差指をあごに当てる。

〈現れる〉
指先を軽く曲げ手のひらを上に向けた右手を下から上にあげる。

しょうしん【昇進】2

「どんどん昇進する」

→〈あがる⑥〉

例文の「どんどん昇進する」は地位が連続的にあがっていくことなので〈あがる⑥〉で表現。〈あがる⑥〉は地位が連続的にあがるさまを表す。

〈あがる⑥〉
親指を立てた右手を左下から右上に順にあげる。

しょうしん【小心】

「小心(者)」

→〈心〉+〈小さい②〉(+〈男〉)

例文の「小心」は気持ちや心が小さいという意味なので〈心〉+〈小さい②〉で表現。〈小さい②〉は豆のように小さいさまを表す。

〈心〉
右人差指でみぞおち辺りをさす。

〈小さい②〉
右手の親指と人差指を軽く開き、下にさげながら小さな丸を作る。

じょうず【上手】

「料理が上手」

→〈料理〉+〈上手(じょうず)〉

「上手」はうまい、たくみの意味なので〈上手〉で表現。〈上手〉は上手から水が流れるように滑らかなさまで「うまい」「たくみ」の意味。

〈料理〉
左手で押さえ、右手で刻むようにする。

〈上手(じょうず)〉
右手のひらを左下腕からなでるように伸ばす。

しょうすう【少数】1

「少数意見」

→〈少数〉+〈意見〉

例文の「少数」は〈少数〉で表現。〈少数〉は左手に比べて少ないさまを表す。

〈少数〉

両手の親指と人差指を開いて向かい合わせ、右手の2指をせばめる。

〈意見〉

右小指を頭に当て、手首を返しながら前に出す。

しょうすう【少数】2

「反対は少数」

→〈反対〉+〈少し〉

例文の「少数」は〈少し〉で表現。

〈反対〉

両手指の背を軽くぶつける。

〈少し〉

右手の親指と人差指を合わせ、親指をはじく。

じょうせい【情勢】

「世界の情勢」

→〈世界〉+〈状態①〉

「情勢」はものごとの様子で〈状態①〉で表現。〈状態①〉はものごとのありさまで「情勢」「様子」「状況」の意味。

〈世界〉

両手の指先を向かい合わせ、球を描くように前に回す。

〈状態①〉

両手のひらを前に向けて、交互に上下させる。

しょうせつ【小説】

「小説」

→〈小〉+〈著作〉

「小説」は〈小〉+〈著作〉で表現。〈小〉は漢字「小」の字形を、〈著作〉は原稿用紙に自分の考えを写すという表現。

〈小〉

左手の人差指を右手2指ではさむように入れる。

〈著作〉

左手のひらに全指を軽く折り曲げた右手甲を軽く打ちつける。

しょうたい【招待】1

「客を招待する」

→〈客〉+〈迎える〉

例文の「招待」は客を呼び迎える意味なので〈迎える〉で表現。〈迎える〉はお客をようこそと迎えるさまで、「招待」「迎える」の意味。

〈客〉

左手のひらに親指を立てた右手をのせ、右から手前に引き寄せる。

〈迎える〉

両手のひらを上に向け、右から左へ招くように手を動かす。

しょうたい【招待】2

「招待される」

→〈招かれる〉

例文の「招待される」は〈招かれる〉で表現。〈招かれる〉は手招きされるさまで「招待される」「誘われる」「誘いを受ける」の意味。

〈招かれる〉

親指を立てた左手を右手で招くようにして前に出す。

し

じょうたい【状態】

「経済状態」

→〈経済〉+〈状態①〉

「状態」はものごとの様子で〈状態①〉で表現。〈状態①〉はものごとのさまで「情勢」「様子」「状況」などの意味。

〈経済〉

親指と人差指で作った丸を上下に置き、互い違いに水平に回す。

〈状態①〉

両手のひらを前に向けて、交互に上下させる。

しょうだく【承諾】

「承諾を得る」

→〈認める②〉+〈もらう①〉

「承諾」は認める、合意する意味なので〈認める②〉で表現。〈認める②〉はうなずくさまで「承諾」「承認」「認定」の意味。

〈認める②〉

両こぶしを向かい合わせて内側に倒す。

〈もらう①〉

手のひらを上に向けた両手を手前に引く。

じょうたつ【上達】1

「上達が早い」

→〈上手(じょうず)〉+〈はやい①〉

例文の「上達」は上手になる意味なので〈上手〉で表現。〈上手〉は上手から水が流れるように滑らかなさまで「うまい」「たくみ」の意味。

〈上手(じょうず)〉

右手のひらを左下腕からなでるように伸ばす。

〈はやい①〉

親指と人差指を閉じた右手をすばやく左へ動かしながら人差指を伸ばす。

じょうたつ【上達】2

「腕がなかなか上達しない」

→〈腕〉+〈なかなか①〉

例文の「上達しない」は上手にならないの意味で〈腕〉+〈なかなか①〉で表現、〈なかなか①〉は「なかなか〜しない」の意味。

〈腕〉

左腕を右手でぽんとたたく。

〈なかなか①〉

右手の指先を上に向けてねじるようにして上にあげる。

じょうだん【冗談】

「冗談を言う」

→〈冗談〉+〈言う①〉

「冗談」は〈冗談〉で表現。〈冗談〉は表情と合わせてふざけたことを言うさまで「冗談」「ふざけたこと」などの意味。

〈冗談〉

両手指先を軽く開いて上下に置き、手首をぶらぶらさせる。

〈言う①〉

右人差指を口元から前に出す。

しょうち【承知】1

「(内容は)承知しました」

→(〈内容〉+)〈知る①〉+〈た〉

例文の「承知しました」はわかりましたの意味なので〈知る①〉+〈た〉で表現。〈知る①〉は胸をなで下ろして「了解する」「納得する」の意味を表す。

〈知る①〉

右手のひらを胸に当て、下におろす。

〈た〉

両手のひらを手首から前に倒して下に向ける。

しょうち【承知】2

「話は承知している」
→〈手話〉+〈知る④〉

例文の「承知している」は前から知っている意味なので〈知る④〉で表現。〈知る④〉は了解したさまで「分かった」の意味。

〈手話〉
両手の人差指を向かい合わせて、糸を巻くように回転させる。

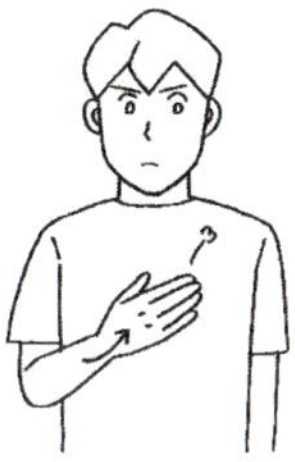

〈知る④〉
右手のひらで胸を軽くたたくようにする。

しょうちょう【象徴】

「(ハトは)平和の象徴」
→(〈ハト胸〉+〈鳥〉+)〈安定〉+〈象徴〉

「象徴」はあるもののイメージを表すもので〈象徴〉で表現。〈象徴〉は「シンボル」「象徴」を意味する新しい手話。

〈安定〉
手のひらを下にした両手を左右に開きながらおろす。

〈象徴〉
左手のひらに右人差指を当てて回す。

しょうち【承知】3

「今度は承知しないぞ」
→〈将来②〉+〈認めない②〉

例文の「承知しない」は認めない意味で〈認めない②〉で表現。〈認めない②〉は頭をさげる〈認める②〉と反対の動作で「承知しない」「認めない」の意。

〈将来②〉
右手のひらを前に向けて少し押すように前に出す。

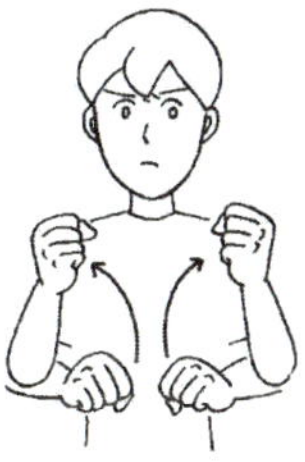

〈認めない②〉
向かい合わせた両こぶしをひじを立てながら左右に開く。

しょうてん【商店】

「商店」
→〈商売〉+〈店①〉

「商店」はものを売る店で〈商売〉+〈店①〉で表現。〈商売〉はお金をやりとりするさまを表す。

〈商売〉
両手の親指と人差指で作った丸を交互に前後に動かす。

〈店①〉
両手のひらを上に向けて、左右に開く。

しょうちゅう【焼酎】

「焼酎」
→〈火①〉+〈飲む③〉

「焼酎」は芋などを原料とするアルコール飲料。〈火①〉+〈飲む③〉で表現。〈火①〉は「焼」を、〈飲む③〉は酒を表す。

〈火①〉
全指を上に向けた右手を揺らしながら上にあげる。

〈飲む③〉
右手の親指と人差指でおちょこを持ち、飲むようにする。

しょうてん【焦点】

「カメラの焦点を合わせる」
→〈カメラ〉+〈ピント〉

例文の「焦点」はカメラのピントの意味で〈ピント〉で表現。〈ピント〉はカメラのピントを合わせるしぐさ。「ピント」「ピントを合わす」の意味。

〈カメラ〉
カメラのシャッターを押すようにする。

〈ピント〉
両手の人差指を立てて前後に置き、左右に動かして重ねるようにする。

しょうとう【消灯】

「消灯時間」
→〈消える②〉+〈時間〉

「消灯」は電灯を消す意味なので〈消える②〉で表現。〈消える②〉は頭上の明かりなどが消えるさまで「消灯」「消す」「消える」の意味。

〈消える②〉
軽く開いた両手をすばやく上に上げながらぱっと握る。

〈時間〉
左手の腕時計の位置を右人差指でさす。

しょうどく【消毒】

「消毒（薬）」
→〈毒〉+〈美しい②〉
（+〈薬〉）

「消毒」は〈毒〉+〈美しい②〉で表現。〈毒〉は口から血を流すさま、〈美しい②〉はきれいになくすさまを表す。

〈毒〉
右手の親指と人差指をつまんで唇の端から垂らすようにする。

〈美しい②〉
左手のひらをなでるように右手のひらを滑らせる。

しょうどう【衝動】1

「結婚したい衝動にかられる」
→〈結婚〉+〈衝動〉

「衝動にかられる」は〈衝動〉で表現。〈衝動〉は内から湧き上がる熱い気持ちを表す。

〈結婚〉
親指と小指を左右からつける。

〈衝動〉
指先を上に向け折り曲げた右手を胸の前で下から上にあげる。

しょうとつ【衝突】1

「車が衝突する」
→〈運転〉+〈事故①〉
（または〈事故③〉）

例文の「衝突」は車がぶつかる意味なので〈事故①〉または〈事故③〉で表現。いずれも正面衝突するさまで「衝突」「事故」などの意味。

〈運転〉
ハンドルを両手で握り、回すようにする。

〈事故①〉
左右から両手指先をぶつけるようにして上にはねあげる。

しょうどう【衝動】2

「衝動買い」
→〈衝動〉+〈買う〉

例文は〈衝動〉+〈買う〉で表現。

〈衝動〉
指先を上に向け折り曲げた右手を胸の前で下から上にあげる。

〈買う〉
右手の親指と人差指で作った丸を前に出すと同時に左手のひらを手前に引き寄せる。

しょうとつ【衝突】2

「意見が衝突する」
→〈意見〉+〈ぶつかる②〉

例文の「衝突」は意見が対立する意味なので〈ぶつかる②〉で表現。〈ぶつかる②〉は対立する両者がぶつかるさまで「衝突」「けんか」の意味。

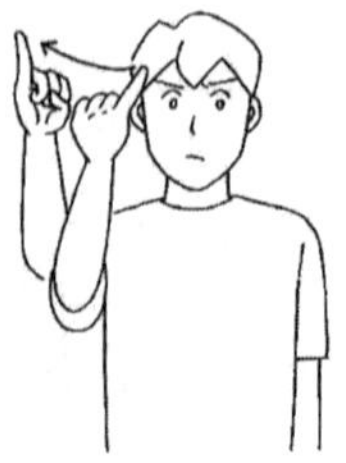

〈意見〉
右小指をこめかみに当て、手首を返してはねあげる。

〈ぶつかる②〉
全指を曲げた両手をぶつける。

しょうとつ【衝突】3

「軍事衝突」

→〈軍〉+〈けんか①〉

例文の「衝突」は軍隊の争いの意味なので〈けんか①〉で表現。〈けんか①〉は争いのさまで「戦争」「けんか」の意味。

〈軍〉

握ったこぶしを上下にして右脇に当てる。

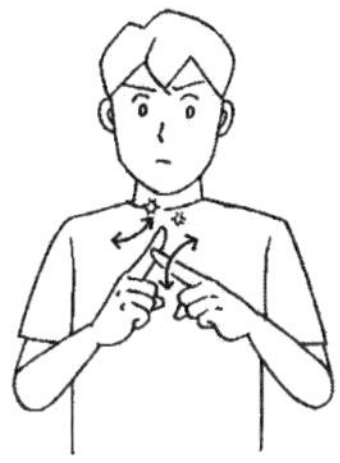

〈けんか①〉

両手人差指を剣のようにふれ合わす。

しょうに【小児】

「小児(科)」

→〈小〉+〈子供①〉
(+〈脈〉)

「小児」は小さな子供のことで〈小〉+〈子供①〉で表現。〈小〉は漢字「小」の字形を表す。

〈小〉

左手の人差指を右手 2 指ではさむように入れる。

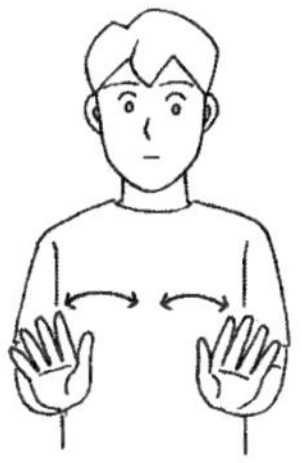

〈子供①〉

両手のひらを前に向けて、あやすように左右に振る。

しょうにん【承認】

「承認を得る」

→〈認める②〉+〈もらう①〉

「承認」は認める、承知する意味で〈認める②〉で表現。〈認める②〉はうなずき合意するさまで「承認」「承諾」などの意味。

〈認める②〉

両こぶしを向かい合わせて内側に倒す。

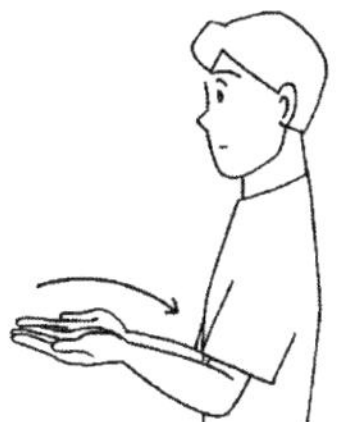

〈もらう①〉

手のひらを上に向けた両手を手前に引く。

じょうねつ【情熱】1

「(仕事に)情熱を燃やす」

→(〈仕事〉+)
〈心〉+〈火①〉

例文の「情熱」は 2 種類の表現がある。ひとつは〈心〉+〈火①〉で表現。「情熱を燃やす」も同手話。

〈心〉

右人差指でみぞおちの辺りをさす。

〈火①〉

指先を上に向けた右手を揺らしながら上にあげる。

じょうねつ【情熱】2

「仕事に情熱を燃やす」

→〈仕事〉+〈情熱〉

もうひとつは〈情熱〉で表現。〈情熱〉は熱心に考えるさまを表す。「情熱を燃やす」も同手話。

〈仕事〉

手のひらを上に向け、向かい合わせた両手指先を繰り返しつき合わせる。

〈情熱〉

右5指をすぼめて左脇に置き、手を開いて手首を回転しながら上にあげる。

じょうねつ【情熱】3

「情熱家」

→〈情熱〉+〈男〉
(または〈女〉)

例文の「情熱家」は〈情熱〉+〈男〉または〈女〉で表現。

〈情熱〉

右5指をすぼめて左脇に置き、手を開いて手首を回転しながら上にあげる。

〈男〉

親指を立てた右手を出す。

し

しょうねん【少年】

「少年」

→〈低い⑤〉+〈男〉

例文の「少年」は幼い男の子という意味なので〈低い⑤〉+〈男〉で表現。手話は「小さな男の子」という意味。

〈低い⑤〉

手のひらを下に向け、押すようにさげる。

〈男〉

親指を立てた右手を出す。

しょうはい【勝敗】

「(試合の)勝敗」

→(〈試合①〉+)
〈勝つ②〉+〈負ける①〉

「勝敗」は勝つことと負けることなので〈勝つ②〉+〈負ける①〉で表現。「勝敗」「勝ち負け」などの意味。

〈勝つ②〉

こぶしを上に突きあげる。

〈負ける①〉

右手のひらで鼻先をたたき落とすようにする。

しょうばい【商売】1

「(雨で)商売あがったり」

→(〈雨①〉+)
〈商売〉+〈お手あげ〉

例文の「商売あがったり」はもうけがなくてお手あげの意味なので〈商売〉+〈お手あげ〉で表現。商売はもう駄目だなどの意味を表す。

〈商売〉

両手の親指と人差指で作った丸を交互に前後させる。

〈お手あげ〉

ぱっと両手をひじから上にあげる。

しょうばい【商売】2

「私の商売(は魚屋)」

→〈私①〉+〈商売〉
(+〈魚(さかな)①〉+〈店①〉)

例文の「商売」はものを売る職業の意味なので〈商売〉で表現。〈商売〉はお金をやりとりするさまで「商売」「商い」などの意味。

〈私①〉

人差指で胸を指さす。

〈商売〉

両手の親指と人差指で作った丸を交互に前後させる。

じょうはんしん【上半身】

「上半身裸」

→〈上半身〉+〈裸〉

「上半身」は〈上半身〉で表現。〈上半身〉は腹から上であることを表す。

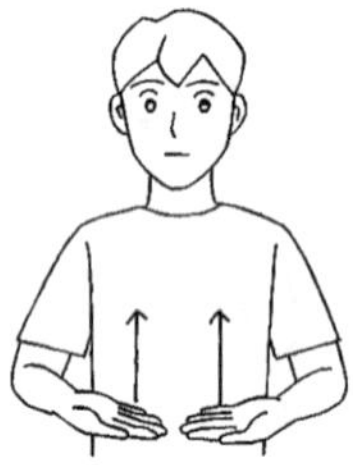

〈上半身〉

手のひらを上向き、指先を互いに向け合った両手を腹から上にあげる。

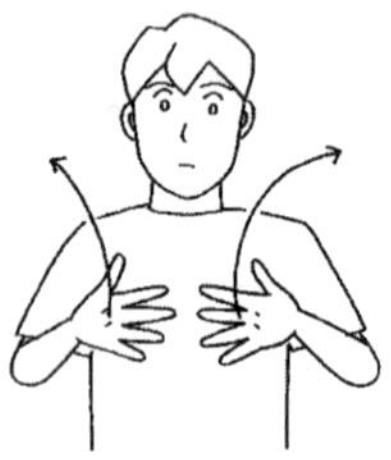

〈裸〉

胸に当てた両手のひらを肩から上にぱっとあげる。

しょうひ【消費】1

「消費者」

→〈使う〉+〈人々①〉

例文の「消費」は商品を買い使うことで〈使う〉で表現。〈使う〉はお金を使うことで「使うこと」一般に用いられ「消費」「使用」など。

〈使う〉

左手のひらの上で右手の親指と人差指で作った丸をすべるようにして繰り返し前に出す。

〈人々①〉

親指と小指を立てた両手を揺らしながら左右に開く。

しょうひ【消費】2

「消費税」

→〈使う〉+〈税金〉

例文の「消費税」は大衆課税のひとつで、ものを買うごとにかかる税金のこと。一般に〈使う〉+〈税金〉で表現される。

〈使う〉

左手のひらの上で右手の親指と人差指で作った丸をすべるようにして繰り返し前に出す。

〈税金〉

親指と人差指で作った丸をすばやく自分に向けて開く。

しょうひしゃちょう【消費者庁】

「消費者庁」

→〈使う〉+〈庁〉

「消費者庁」は〈使う〉+〈庁〉で表現。〈使う〉はお金を使うさまから「使う」意味一般に使用。〈庁〉は「庁」の最後の画を表す。

〈使う〉

右手の親指と人差指で作った丸を左手のひらに滑らして繰り返し前に出す。

〈庁〉

両手の人差指で「丁」を描く。

しょうひん【商品】

「商品」

→〈商売〉+〈品(ひん)〉

「商品」はお金で買う品物のことで〈商売〉+〈品〉で表現。〈品〉は漢字「品」の字形を表す。

〈商売〉

両手の親指と人差指で作った丸を交互に前後させる。

〈品(ひん)〉

右手の親指と人差指で作った丸を上、左、右に示す。

じょうひん【上品】

「上品な女性」

→〈上品〉+〈女〉

「上品」は品のよい意味で〈上品〉で表現。〈上品〉は気品のあるさまで「上品」「気品のある」「立派」などの意味を表す。

〈上品〉

鼻の下に当てた右手を静かに右へ動かす。

〈女〉

右小指を立てる。

しょうぶ【勝負】1

「勝負を決する」

→〈試合①〉+〈決める②〉

例文は試合で勝ち負けを決めることなので〈試合①〉+〈決める②〉で表現。〈試合①〉は両者がぶつかり合うさまで「対戦する」「勝負する」の意味。

〈試合①〉

親指を立てた両手を正面で軽くぶつける。

〈決める②〉

左手のひらに右こぶしを打ちつける。

しょうぶ【勝負】2

「勝負がつかない」

→〈争う〉+〈なかなか①〉

例文は試合などで勝ち負けがなかなか決まらないことで〈争う〉+〈なかなか①〉で表現。手話はせりあって勝負のつかないさまを表す。

〈争う〉

親指を立てた両手を並べ、競うようにせりあげる。

〈なかなか①〉

右手の指先を上に向けてねじるようにして上にあげる。

しょうぶ【勝負】3

「将棋で勝負する」

→〈将棋〉+〈試合①〉

例文の「勝負」は試合する、対戦するの意味なので〈試合①〉で表現。〈試合①〉は両者が対決するさまで「試合」「勝負」「対戦」の意味。

〈将棋〉

右手2指を斜め下に向けて前に出す。

〈試合①〉

親指を立てた両手を正面で軽くぶつける。

しょうべん【小便】

「小便をする」

→〈小便〉

「小便」は〈小便〉で表現。〈小便〉は男性が小便するさまで「小便」「小便をする」「尿」「尿をする」などの意味。

〈小便〉

右人差指を腹の下から前に振るように繰り返し出す。

じょうぶ【丈夫】1

「丈夫な(子供)」

→〈体(からだ)〉+〈元気①〉(+〈子供①〉)

例文「丈夫」は体がしっかりしている意味なので〈体〉+〈元気①〉で表現。〈元気①〉はしっかりしているさまで「丈夫」「元気」などの意味。

〈体(からだ)〉

右手を体の上で回す。

〈元気①〉

両ひじを張り、両こぶしを同時に上下させる。

しょうほう【商法】1

「(悪徳)商法」

→(〈悪い①〉+)〈商売〉+〈方法〉

例文の「商法」は商売または商売の仕方の意味なので〈商売〉+〈方法〉で表現。〈商売〉+〈方法〉は商売の仕方、手段を表す。

〈商売〉

両手の親指と人差指で作った丸を交互に前後に動かす。

〈方法〉

左手甲を右手のひらで軽くたたく。

じょうぶ【丈夫】2

「この歯は丈夫だ」

→〈歯〉+〈固い①〉

例文の「丈夫」は固くてしっかりしているの意味なので〈固い①〉で表現。〈固い①〉は固いさまで「丈夫」「しっかり」の意味を表す。

〈歯〉

右人差指で歯をさす。

〈固い①〉

軽く曲げた右手3指を振りおろして止める。

しょうほう【商法】2

「商法」

→〈商売〉+〈裁判〉

例文の「商法」は商業に関する法律の意味で2種類の表現がある。ひとつは〈商売〉+〈裁判〉で表現。〈裁判〉は「裁判」「法律」の意味がある。

〈商売〉

両手の親指と人差指で作った丸を交互に前後に動かす。

〈裁判〉

親指を立てた両手を肩から前に同時におろし、体の前で止める。

しょうほう【商法】3

「商法」

→〈商売〉+〈法〉

もうひとつは〈商売〉+〈法〉で表現。〈法〉は左手指文字〈ホ〉、右手が〈規則〉を表す新しい手話。

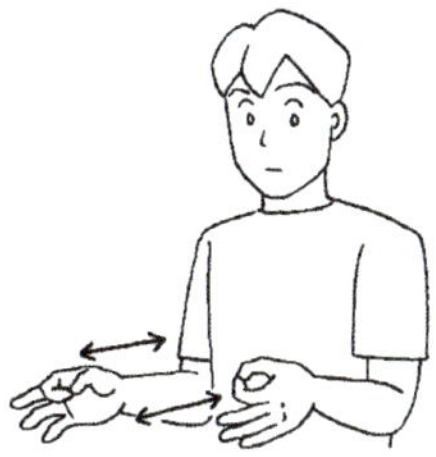

〈商売〉

両手の親指と人差指で作った丸を交互に前後させる。

〈法〉

左指文字〈ホ〉の横で、立てた右2指を曲げて下に打ちつけるようにおろす。

じょうほう【情報】2

「情報を得る」

→〈情報①〉

または〈情報②〉

例文の「情報を得る」は〈情報①〉または〈情報②〉で表現。いずれも「情報」「情報を得る」「情報が入る」などの意味を表す。

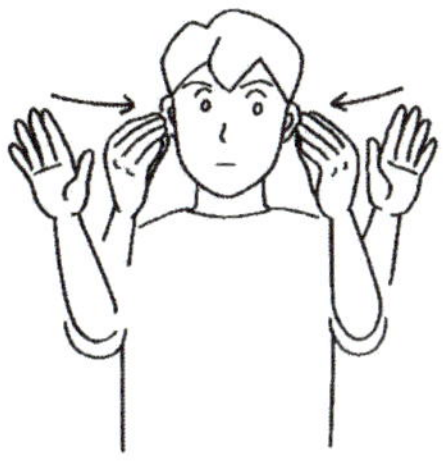

〈情報①〉

親指と4指を開いた両手を交互に耳に近づけながら閉じる。

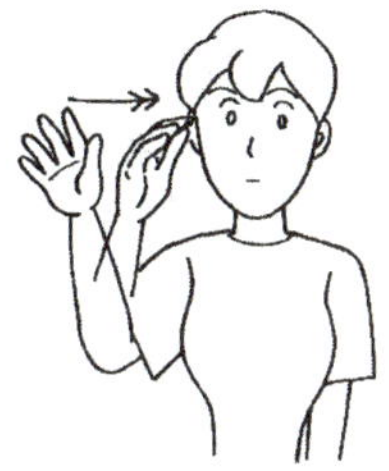

〈情報②〉

親指と4指を開いた右手を繰り返し耳に近づけながら閉じる。

しょうぼう【消防】

「消防車」

→〈消防〉+〈車①〉

「消防」は火災の時にホースなどで消火することなので〈消防〉で表現。〈消防〉はホースを構えて水をかけるさまを表す。

〈消防〉

両手でホースを持ち左右に振るように動かす。

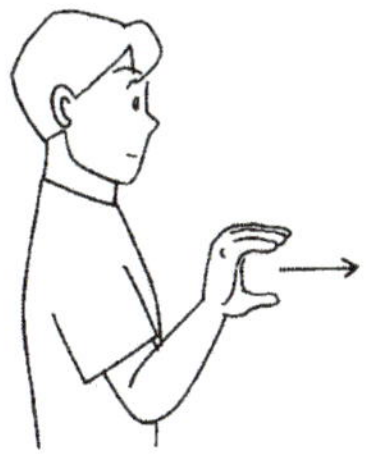

〈車①〉

右手を「コ」の字形にして指先を前に向けて出す。

しょうぼうちょう【消防庁】

「消防庁」

→〈消防〉+〈庁〉

「消防庁」は〈消防〉+〈庁〉で表現。〈消防〉はホースをかまえて水をかけるさま、〈庁〉は「庁」の最後の画を表す。

〈消防〉

両手でホースを持ち左右に振るように動かす。

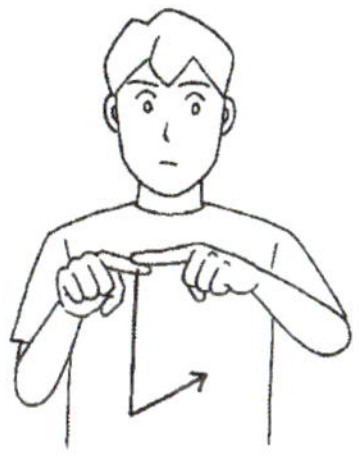

〈庁〉

両手の人差指で「丁」を描く。

じょうほう【情報】1

「新しい情報」

→〈新しい〉+〈情報①〉

例文の「情報」はいろいろな動きや様子についての知らせのことで〈情報①〉で表現。手話は情報を耳に入れるさまを表す。

〈新しい〉

すぼめた両手をぱっと前に出して広げる。

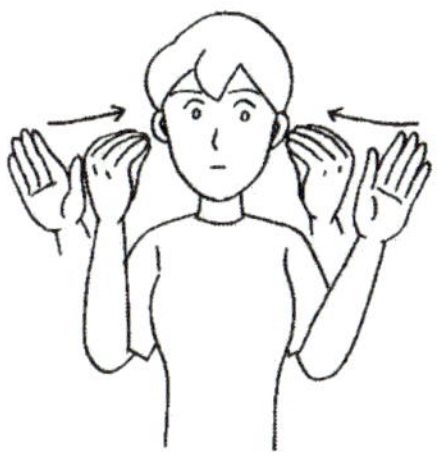

〈情報①〉

親指と4指を開いた両手を交互に耳に近づけながら閉じる。

しょうみ【賞味】1

「ありがたく賞味する」

→〈ありがとう〉+〈食べる①〉

例文の「賞味」は〈食べる①〉で表現。

〈ありがとう〉

右手を左手甲に軽く当て、拝むようにする。

〈食べる①〉

左手のひらの上を右手ですくって食べるようにする。

しょうみ【賞味】2

「賞味期限」
→〈味①〉+〈間(あいだ)〉

「賞味期限」は〈味①〉+〈間〉で表現。〈味①〉は味を見るさま、〈間〉は期間を表す。

〈味①〉
右人差指で舌の先にふれるようにする。

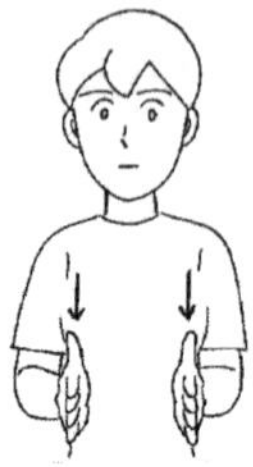

〈間(あいだ)〉
両手のひらを向かい合わせ、仕切るように下に少しさげる。

じょうみゃく【静脈】

「静脈注射」
→〈静脈〉+〈注射〉

「静脈」は〈静脈〉で表現。〈静脈〉は心臓にもどる血液を運ぶ血管を表す新しい手話。

〈静脈〉
右人差指を左腕に当て、上に向けて動かし、弧を描きながら左胸に向かっておろす。

〈注射〉
右手3指で注射を打つようにする。

しょうめい【照明】

「照明が暗い」
→〈明かり①〉+〈暗い〉

例文の「照明」は明るく照らすものまたは照らすことの意味で〈明かり①〉で表現。〈明かり①〉は照明がつくさまで「照明」「電灯」の意味。

〈明かり①〉
額の高さですぼめた右手をぱっと下に向けて開く。

〈暗い〉
両手のひらを前に向けた両腕を目の前で交差させる。

しょうめい【証明】

「身分を証明する」
→〈体(からだ)〉+〈証拠〉

例文の「証明する」はそれを明らかにするものを示すという意味なので〈証拠〉で表現。〈証拠〉は「証明」「証拠」などの意味を表す。

〈体(からだ)〉
右手を体の上で回す。

〈証拠〉
左手のひらの上に指先を折り曲げた右手を判を押すようにのせる。

しょうめん【正面】1

「顔を正面に向けて写真を撮る」
→〈まっすぐ③〉+〈取られる②〉

例文の「正面に向ける」はまっすぐ前を向くことなので〈まっすぐ③〉で表現。

〈まっすぐ③〉
立てた両手を顔横から前に出す。

〈取られる②〉
指先を顔に向けて開いた右手を前に出しながらすぼめる。

しょうめん【正面】2

「[車の]正面衝突」
→〈事故③〉

例文の「正面衝突」は車のことなので〈事故③〉で表現。〈事故③〉は車が左右からぶつかるさまを表す。

〈事故③〉
「コ」の字形の両手を左右からぶつけて上にはねあげる。

しょうめん【正面】3

「［列車の］
正面衝突」

→〈事故①〉

例文の「正面衝突」は列車のことなので〈事故①〉で表現。〈事故①〉は列車が左右からぶつかり合うさまを表す。

〈事故①〉

左右から両手指先をぶつけるようにして上にはねあげる。

しょうめん【正面】4

「意見が正面衝突」

→〈意見〉+〈ぶつかる②〉

例文の「正面衝突」は意見のことなので〈ぶつかる②〉で表現。〈ぶつかる②〉は両者がぶつかるさまを表す。「意見が衝突する」も同手話。

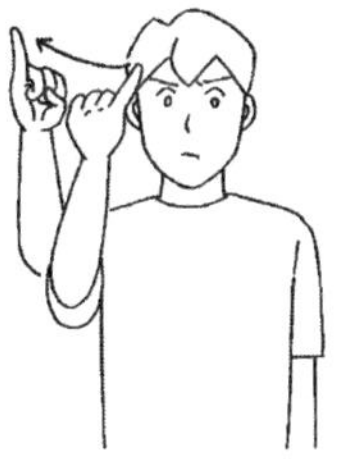

〈意見〉

右小指をこめかみに当て、手首を返してはね上げる。

〈ぶつかる②〉

全指を曲げた両手をぶつける。

しょうめん【正面】5

「正面切って反対する」

→〈はっきり〉+〈反対〉

例文の「正面切って」は直接にはっきり言うさまなので〈はっきり〉で表現。〈はっきり〉ははっきり区別がつくさまを表す。

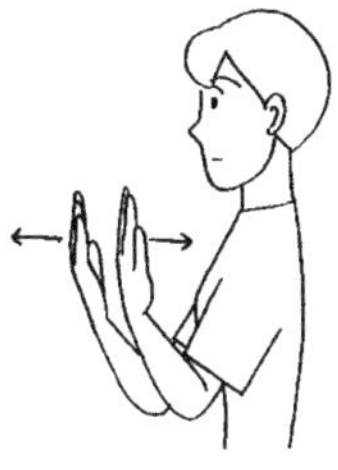

〈はっきり〉

左右の手のひらを並べて前後にすばやく離す。

〈反対〉

両手指の背を軽くぶつける。

しょうもう【消耗】1

「消耗品」

→〈使う〉+〈品(ひん)〉

例文の「消耗」は使うと減るの意味なので〈使う〉で表現。〈使う〉はお金を使うさまで、もの一般を使うことを表し、「消耗」「使用」の意味。

〈使う〉

左手のひらの上で右手の親指と人差指で作った丸をすべらせるようにして繰り返し前に出す。

〈品(ひん)〉

右手の親指と人差指で作った丸を上、左、右に示す。

しょうもう【消耗】2

「油を消耗する」

→〈油〉+〈消える③〉

例文の「消耗」は使い減っていく意味なので〈消える③〉で表現。〈消える③〉は炎が消えるさまで「減る」「なくなる」意味も表す。

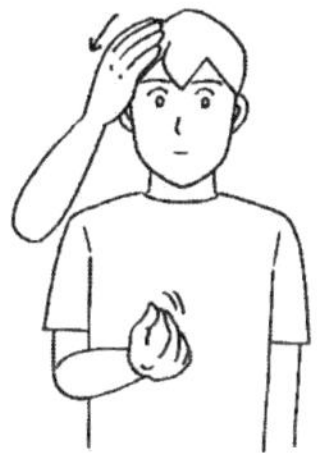

〈油〉

右手のひらで頭にふれ、親指と4指をこすり合わせる。

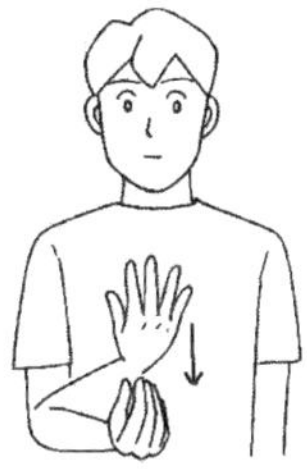

〈消える③〉

指先を上に向けた右手を下にさげながらすぼめる。

じょうやく【条約】1

「条約(を批准する)」

→〈条件〉+〈約束〉
(+〈批准〉)

例文の「条約」は2種類の表現がある。ひとつは〈条件〉+〈約束〉で表現。

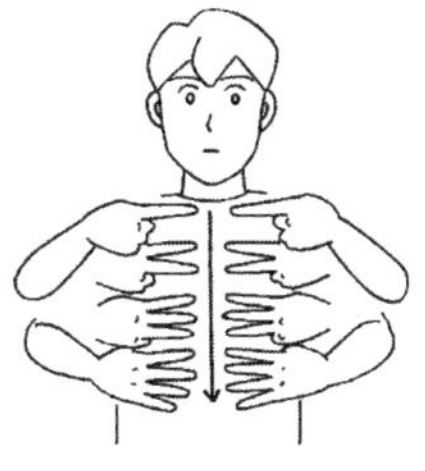

〈条件〉

上から下に指をつき合わせながら順に指を出していく。

〈約束〉

両手小指をからませる。

じょうやく【条約】2

「条約を批准する」

→〈条約〉+〈批准〉

もうひとつは〈条約〉で表現。〈条約〉は〈条件〉と〈約束〉を組み合わせた新しい手話。

〈条約〉

左手指先を右に向け手のひらを手前に向けた左小指に右小指をからませる。

〈批准〉

左手を湾曲にして寝かせ、その横にこぶしを握った右手をおろす。

しょうゆ【醤油】

「しょうゆをかける」

→〈しょうゆ〉

「しょうゆ」は〈しょうゆ〉で表現。〈しょうゆ〉は小指を舌で味見し、ついでしょうゆさしからかけるさまを表す。

〈しょうゆ〉

親指と小指を立てた右手の小指で唇を引くようにし、次に親指を下にして水平に回す。

しょうよ【賞与】

「賞与」

→〈結ぶ②〉+〈給料〉

「賞与」は期末などに出るボーナスの意味で〈結ぶ②〉+〈給料〉で表現。〈結ぶ②〉は賞与やお祝いを包む熨斗(のし)を表す。

〈結ぶ②〉

両手の親指と人差指で水引きを結ぶようにする。

〈給料〉

左手のひらに右手親指と人差指で作った丸を添えて手前に引き寄せる。

しょうらい【将来】1

「将来の夢」

→〈将来①〉+〈夢①〉

例文の「将来」は未来のことで〈将来①〉で表現。〈将来①〉はこれから先のさまで「将来」「未来」などの意味を表す。

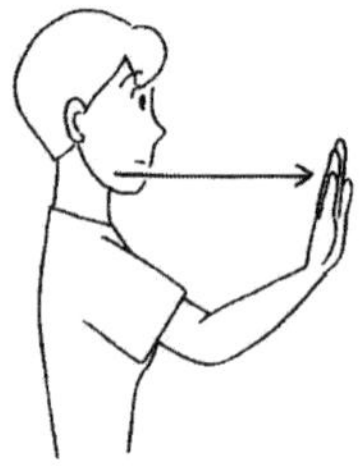

〈将来①〉

右手のひらを前に向けて押すように大きく前に出す。

〈夢①〉

指先を曲げた右手のひらを上に向けて頭から小さく上下させながら上にあげる。

しょうらい【将来】2

「近い将来」

→〈少し〉+〈将来②〉

例文の「近い将来」は〈将来②〉で表現。〈将来②〉は〈将来①〉よりも近い未来を表し「近い将来」「もう少し先」を表す。

〈少し〉

右手の親指と人差指を合わせ、親指をはじく。

〈将来②〉

右手のひらを前に向けて少し押すように前に出す。

しょうり【勝利】1

「相手に勝利する」

→〈勝つ①〉

例文の「勝利」は相手を打倒することなので〈勝つ①〉で表現。〈勝つ①〉は相手を打倒するさまで「勝利」「勝つ」「打倒」などの意味。

〈勝つ①〉

親指を立てた左手を親指を立てた右手で前に倒す。

しょうり【勝利】2

「勝利者」

→〈勝つ②〉+〈男〉

例文の「勝利」は〈勝つ②〉で表現。〈勝つ②〉は勝利したときにこぶしをふりあげるさま。「勝利」「勝つ」などの意味を表す。

〈勝つ②〉
こぶしを上に突きあげる。

〈男〉
親指を立てた右手を出す。

じょおう【女王】

「イギリスの女王」

→〈イギリス④〉+〈敬う②〉

「女王」は〈敬う②〉で表現。右手〈女〉に左手をそえてあげ敬意を表するさまで「女王」、また一般的に地位の高い女性の意味を表す。

〈イギリス④〉
右手２指の背側をあごに沿って動かす。

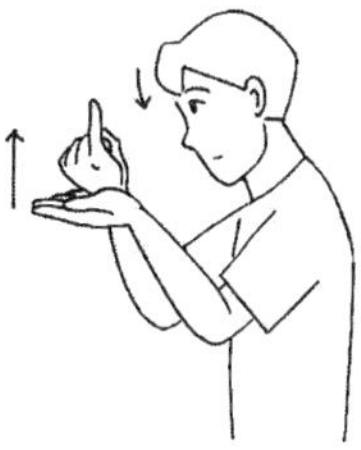

〈敬う②〉
左手のひらに小指を立てた右手をのせ頭を下げながら上にあげる。

しょうりゃく【省略】

「省略する」

→〈取り消す〉
または〈削る②〉

「省略」ははぶき、略すことで〈取り消す〉または〈削る②〉で表現。いずれも「省略」「はぶく」「略す」などの意味を持つ。

〈取り消す〉
右手で左手のひらからものをつかみとり、わきに捨てるようにする。

〈削る②〉
左手のひらを右手のひらで削り落とすようにする。

ショート 1

「ショートステイ」

→〈短い①〉+〈寝る〉

例文の「ショート」は短い意なので〈短い①〉で表現。

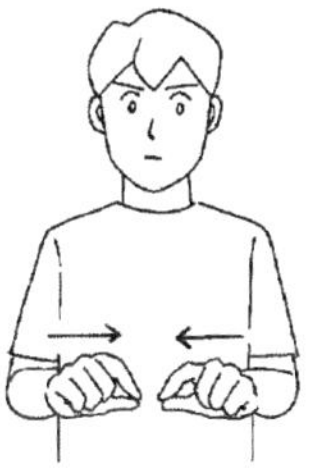

〈短い①〉
親指と人差指を閉じた両手を左右からさっと近づける。

〈寝る〉
右こぶしを頭に当てる。

しょうわ【昭和】

「昭和二十年」

→〈昭和〉+〈20〉

「昭和」は元号のことで〈昭和〉で表現。〈昭和〉は昭和の初期に流行した高いえり（ハイカラー）のさまで「昭和」「新型」などの意味。

〈昭和〉
親指と人差指を首に当てる。

〈20〉
右手の人差指と中指を曲げて軽く振る。

ショート 2

「資金がショートする」

→〈金（かね）①〉+〈貧しい①〉

例文の「ショート」は不足の意なので〈貧しい①〉で表現。〈貧しい①〉は不足や貧乏の意。

〈金（かね）①〉
右手の親指と人差指で作った丸を示す。

〈貧しい①〉
右親指をあごに当てる。

し

ショート 3

「電気がショートする」

→〈電気〉+〈切れる②〉

例文の「ショート」は電流が回路から外れることなので〈切れる②〉で表現。

〈電気〉

親指と中指を向かい合わせ、繰り返しはじく。

〈切れる②〉

両人差指の先を左右から合わせ、一気に上にはねあげる。

ショート 4

「ショートを守る」

→〈遊ぶ②〉+〈責任①〉

例文の「ショート」は遊撃手のことなので〈遊ぶ②〉で表現。〈遊ぶ②〉は遊撃手の「遊」から取ったもの。

〈遊ぶ②〉

開いた両手を交差させ、手首を振る。

〈責任①〉

右肩に軽く全指を折り曲げた右手をのせる。

しょき【書記】1

「書記能力」

→〈書く①〉+〈力〉

例文の「書記」は文字を書き記すことなので〈書く①〉で表現。〈書く①〉はペンなどを持って書くさまを表す。

〈書く①〉

左手のひらに右手の親指と人差指で縦に書くようにする。

〈力〉

こぶしを握った左腕を曲げ、上腕に右人差指で力こぶを描く。

しょき【書記】2

「書記(を務める)」

→〈書く①〉または〈事務〉(+〈責任①〉)

例文の「書記」は会議などの記録を行う役の人のことなので〈書く①〉または〈事務〉で表現。〈事務〉は書類などを書くさまを表す。

〈書く①〉

左手のひらに右手の親指と人差指で縦に書くようにする。

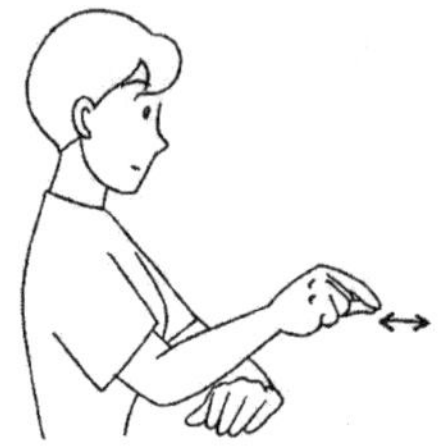

〈事務〉

左手のひらを下に向けて右腕の下に置き、右手の親指と人差指を閉じて小刻みに前後に動かす。

しょきゅう【初級】1

「初級(の手話)」

→〈最初①〉+〈レベル〉(+〈手話〉)

例文の「初級」は初歩のレベルの意味なので〈最初①〉+〈レベル〉で表現。〈最初①〉は「初めて」「最初」などの意味。

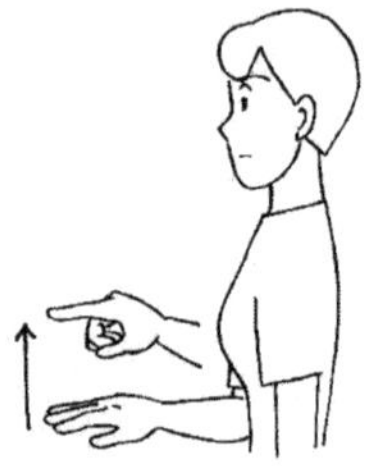

〈最初①〉

右手のひらを下にして、あげると同時に人差指を残して4指を握る。

〈レベル〉

右手指先を前に向け、胸の高さで手のひらを下に向けて水平に右へ動かす。

しょきゅう【初級】2

「初級クラス」

→〈最初①〉+〈グループ〉

例文の「初級クラス」のように初級の後にそれを受ける言葉が続く場合は前掲の〈レベル〉を省いて〈最初①〉だけで表現するのが普通。

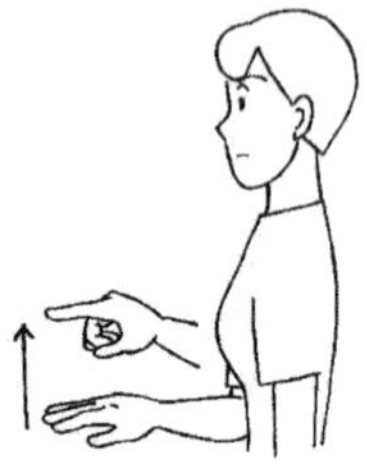

〈最初①〉

右手のひらを下にして、あげると同時に人差指を残して4指を握る。

〈グループ〉

指先を上に向けた両手で水平に手前に円を描く。

しょく【職】1

「事務職」

→〈事務〉+〈仕事〉

例文の「職」は仕事の意味なので〈仕事〉で表現。〈仕事〉は印刷などの仕事で紙をさばくさまで、かつてろう者に印刷工が多かったことに由来。

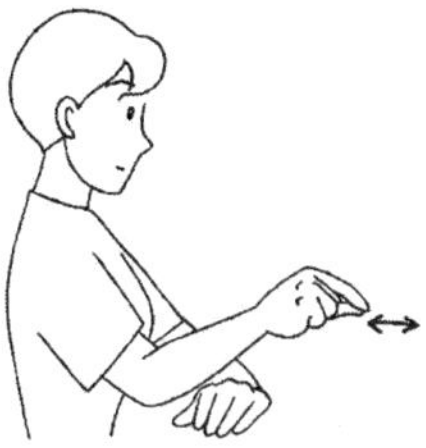

〈事務〉

左手のひらを下に向けて右腕の下に置き、右手の親指と人差指を閉じて小刻みに前後に動かす。

〈仕事〉

手のひらを上に向け、向かい合わせた両手指先を繰り返しつき合わせる。

しょく【食】1

「食が進む」

→〈食べる①〉

例文の「食が進む」は〈食べる①〉をはやく繰り返して表現。

〈食べる①〉

左手のひらの上を右手ですくって食べるようにする。

しょく【職】2

「名誉職」

→〈名誉〉+〈責任①〉

例文の「名誉職」は給料をもらわずにする職務の意味。〈名誉〉+〈責任①〉で表現。名誉ある地位や職務を担うという意味。

〈名誉〉

両手の人差指の先を向かい合わせて上にあげる。

〈責任①〉

右肩に軽く全指を折り曲げた右手をのせる。

しょく【食】2

「食が進まない」

→〈食べる①〉+〈いいえ②〉
（または〈あきる〉）

例文の「食が進まない」は〈食べる①〉+〈いいえ②〉または〈あきる〉で表現。〈いいえ②〉は断る気持ちの場合に使用、〈あきる〉は生理的な場合に使用。

〈食べる①〉

左手のひらの上を右手ですくって食べるようにする。

〈いいえ②〉

手のひらを前に向け胸のあたりで軽く振る。

しょく【職】3

「（会長の）職を退く」

→（〈会〉+〈長②〉+）
〈引退〉

例文の「職を退く」は地位ある立場から引退する意味なので〈引退〉で表現。〈引退〉は地位から降りるさまで「引退」「役職を降りる」の意味。

〈引退〉

左手甲にのせた親指を立てた右手を下におろす。

しょくいん【職員】

「職員」

→〈仕事〉+〈バッジ〉

「職員」は会社や役所などの組織で給料をもらって働く人のことで〈仕事〉+〈バッジ〉で表現。

〈仕事〉

手のひらを上に向け、向かい合わせた両手指先を繰り返しつき合わせる。

〈バッジ〉

すぼめた右手を左胸に当てる。

しょくぎょう
【職業】

「職業病」
→〈仕事〉+〈病気〉

「職業」は〈仕事〉で表現。〈仕事〉は印刷などの仕事で紙をさばくさまで、かつてろう者に印刷工が多かったことから生まれた手話。

〈仕事〉
手のひらを上に向け、向かい合わせた両手指先を繰り返しつき合わせる。

〈病気〉
こぶしで額を軽くたたく。

しょくじ【食事】1

「食事をとる」
→〈食べる①〉
　または〈食べる②〉
　（または〈食べる④〉）

例文の「食事をとる」は食事をすることなので〈食べる①〉または〈食べる②〉または〈食べる④〉で表現。手話はいずれも食事をするさまを表す。

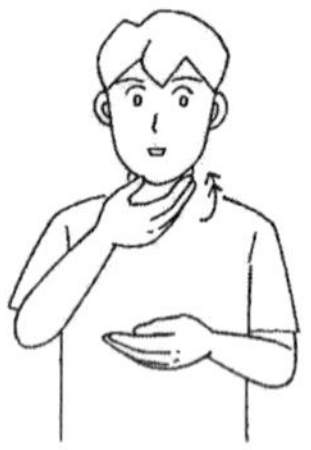

〈食べる①〉
左手のひらの上を右手ですくって食べるようにする。

〈食べる②〉
すぼめた右手を口元に繰り返し近づける。

しょくじ【食事】2

「食事がまずい」
→〈食べる①〉+〈不便〉

例文の「食事」は〈食事①〉で表現。食べるさまで表現は変わる。〈不便〉は「まずい」の意味がある。

〈食べる①〉
左手のひらの上を右手ですくって食べるようにする。

〈不便〉
右手のひらをあごに当て、前にはじくように出す。

しょくしゅわ
【触手話】

「触手話通訳」
→〈触手話〉+〈通訳〉

「触手話」は〈触手話〉で表現。〈触手話〉は右手の手話を左手でふれるさまを表す。

〈触手話〉
指先を右に向け手のひらを下に向けた左手の下で、人差指を左手にふれるように前に回転する。

〈通訳〉
親指を立てた右手を口元で左右に往復させる。

しょくたく【嘱託】

「嘱託医」
→〈任せる③〉+〈医者〉

「嘱託」は仕事を頼んでしてもらう意味なので〈任せる③〉で表現。〈任せる③〉は人に責任を任すさまで「嘱託」「委託」の意味を表す。

〈任せる③〉
左親指に向かって肩に置いた右手を差し出す。

〈医者〉
右手３指で左手首の脈をとるようにして、次に親指を立てる。

しょくどう【食堂】1

「［家の］食堂」
→〈食べる①〉+〈場所〉

例文の「食堂」は食事する部屋、場所の意味なので〈食べる①〉+〈場所〉で表現。

〈食べる①〉
左手のひらの上を右手ですくって食べるようにする。

〈場所〉
全指を曲げた右手を前に置く。

しょくどう【食堂】2

「食堂(を経営している)」

→〈食べる①〉+〈店①〉
(+〈商売〉)

例文の「食堂」は食事を提供する店の意味なので〈食べる①〉+〈店①〉で表現。

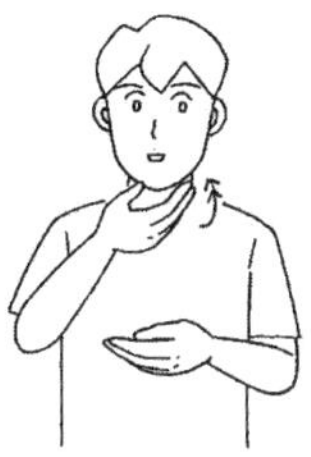

〈食べる①〉

左手のひらの上を右手ですくって食べるようにする。

〈店①〉

両手のひらを上に向けて、左右に開く。

しょくどう【食道】

「食道がん」

→〈食道〉+〈がん〉

「食道がん」は〈食道〉+〈がん〉で表現。〈食道〉はのどもとから食道のさまを表す。

〈食道〉

丸を作った右手をのどに沿って下におろす。

〈がん〉

指文字〈ガ〉を跳ね上げる。

しょくば【職場】

「職場(を探す)」

→〈仕事〉+〈場所〉
(+〈さがす〉)

「職場」は仕事をする場所または就職口の意味なので〈仕事〉+〈場所〉で表現。手話は「職場」「仕事場」「就職口」などの意味を表す。

〈仕事〉

手のひらを上に向け、向かい合わせた両手指先を繰り返しつき合わせる。

〈場所〉

全指を曲げた右手を前に置く。

しょくぶつ【植物】

「植物を育てる」

→〈植物〉+〈育てる①〉

「植物」は草や木などのことなので〈植物〉で表現。〈植物〉は左手〈草〉と右手〈木〉を組み合わせた新しい手話。

〈植物〉

左手の甲側を前に向け、右手は親指と人差指ではさむようにして上にあげる。

〈育てる①〉

左親指に右手指先を繰り返し当てる。

しょくよく【食欲】1

「食欲(がある)」

→〈食べる①〉+〈欲しい〉
(+〈ある①〉)

例文の「食欲」は食べることを欲しがる意味なので〈食べる①〉+〈欲しい〉で表現。手話は「食欲」「食べたい」などの意味。

〈食べる①〉

左手のひらの上を右手ですくって食べるようにする。

〈欲しい〉

右手のひらの指先でのどをふれる。

しょくよく【食欲】2

「食欲がない」

→〈食べる①〉+〈あきる〉

例文の「食欲がない」は食べたくない意味なので〈食べる①〉+〈あきる〉で表現。手話は食べる意欲がないことを表す。

〈食べる①〉

左手のひらの上を右手ですくって食べるようにする。

〈あきる〉

右親指を胸に当て、すべらせるようにして指先を下に向ける。

じょげん【助言】

「助言する」

→〈助ける①〉+〈言う②〉

「助言」は助けになるような考えを言うことなので〈助ける①〉+〈言う②〉で表現。手話は「助言」「アドバイス」「助言する」などの意味。

〈助ける①〉

親指を立てた左手の後ろを右手のひらで軽く後押しする。

〈言う②〉

右人差指を口元から繰り返し前に出す。

じょし【女子】1

「(クラスの)女子五人」

→(〈グループ〉+)
〈女〉+〈五人〉

例文の「女子」は学校などの女生徒の意味で〈女〉で表現。〈女〉は〈男〉に対する表現で「女」「女子」などの意味を表す。

〈女〉

右小指を立てる。

〈五人〉

左手で指文字〈５〉を示し、その下に右手で「人」を書く。

じょし【女子】2

「女子大学」

→〈女性〉+〈大学②〉
(または〈大学①〉)

例文の「女子」は女性の意味なので〈女性〉で表現。〈女性〉は女性グループのさまで「女子」「女性」「女性(複数)」の意味がある。

〈女性〉

両手小指を合わせて手前に水平に円を描く。

〈大学②〉

両手の人差指で角帽のひさしを示す。

じょしゅ【助手】

「実験の助手」

→〈実験〉+〈助ける①〉

例文の「助手」は〈助ける①〉で表現。

〈実験〉

人差指を出した両手の手首を交差させて、ねじるように揺する。

〈助ける①〉

親指を立てた左手の後ろを右手のひらで軽く後押しする。

じょせい【女性】

「女性のグループ」

→〈女性〉+〈グループ〉

「女性」は〈女性〉で表現。〈女性〉は女性グループのさまで「女子」「女性」「女性(複数)」の意味がある。〈グループ〉は略してもよい。

〈女性〉

両手小指を合わせて手前に水平に円を描く。

〈グループ〉

指先を上に向けた両手で水平に手前に円を描く。

しょだん【初段】

「柔道初段」

→〈柔道〉+〈初段〉

「初段」は〈初段〉で表現。〈初段〉は段位を表す手話で、右手は１を表す。「二段」は右手が２を出す。

〈柔道〉

両手のこぶしを握り、肩から背負い投げをするように交差させる。

〈初段〉

左腕に右人差指を当てる。

しょち【処置】1

「けがの処置をする」

→〈けが〉+〈世話〉

例文の「処置」は手当をすることなので〈世話〉で表現。〈世話〉は「世話を焼く」「面倒を見る」意。

〈けが〉

両手人差指で交互にほおを切りつけるようにする。

〈世話〉

指先を前に向け、手のひらを向かい合わせた両手を交互に上下させる。

ショック

「(彼の死に)
ショックを受けた」

→(〈彼〉+〈死ぬ②〉+)
〈驚く②〉
または〈ショック〉

例文の「ショックを受ける」は驚きびっくりするの意味なので〈驚く②〉または〈ショック〉で表現。〈ショック〉は胸に突き刺さるさま。

〈驚く②〉

全指を曲げた右手で胸を突きあげるようにして肩を少しあげる。

〈ショック〉

甲側を合わせた両手指先を手前に向け胸に突き刺すように当てる。

しょち【処置】2

「断乎たる処置をとる」

→(〈厳しい〉+)
〈はっきり〉+〈解決①〉

例文は相手に厳しく臨むことなので2種類の表現がある。ひとつは〈厳しい〉+〈はっきり〉+〈解決①〉で表現。

〈はっきり〉

左右の手のひらを並べて見るようにして前後にすばやく離す。

〈解決①〉

左手のひらの上に右人差指で「×」を大きく書く。

しょどう【書道】

「書道を習う」

→〈書道〉+〈教わる①〉
(または〈教わる②〉)

「書道」は筆で書く芸術のことで〈書道〉で表現。〈書道〉は筆で字を書くさまで「書道」「習字」などの意味を表す。

〈書道〉

左手を体の前に置き、右手で筆を持って書くようにする。

〈教わる①〉

右手人差指の先を顔の方に向けて指先で指示されるように動かす。

しょち【処置】3

「断乎たる処置をとる」

→〈厳しい〉+〈しかる①〉

もうひとつは〈厳しい〉+〈しかる①〉で表現。

〈厳しい〉

左手甲を右手の親指と人差指でつねるようにする。

〈しかる①〉

右親指を肩から前に振りおろしてとめる。

しょとく【所得】

「所得が低い」

→〈給料〉+〈安い②〉

「所得」は収入一般の意味であるが多くの場合、給料に代表されるので〈給料〉で表現。〈給料〉はお金をもらうさまを表す。

〈給料〉

左手のひらに右手親指と人差指で作った丸を添えて手前に引き寄せる。

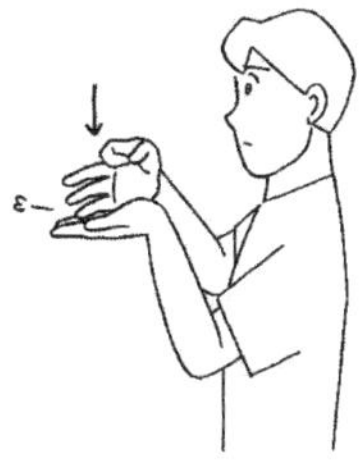

〈安い②〉

胸の高さに置いた左手のひらに右手の親指と人差指で作った丸を下ろしてつける。

しょぶん【処分】1

「厳しい処分を受ける」

→〈厳しい〉+〈しかられる〉

例文の「処分を受ける」は罰せられる意味なので〈しかられる〉で表現。〈しかられる〉は目上の者から叱責を受けるさまを表す。

〈厳しい〉

左手甲を右手の親指と人差指でつねるようにする。

〈しかられる〉

親指を立てた右手を顔に向け押すようにする。

しょぶん【処分】2

「家を処分する」

→〈家〉+〈売る①〉

例文の「処分」は売り払う意味なので〈売る①〉で表現。〈売る①〉は左手で物を差し出し、右手でお金を受け取るさまを表す。

〈家〉

両手で屋根形を作る。

〈売る①〉

左手のひらを差し出すと同時に右手の親指と人差指で作った丸を手前に引き寄せる。

しょぶん【処分】3

「廃棄処分」

→〈捨てる②〉+〈解決①〉

例文の「処分」は処理する意味なので〈解決①〉で表現。〈解決①〉はものごとの終わりを示す〆の字形を表し、それで終了を意味する。

〈捨てる②〉

握った両手を斜め前に投げ出すようにして開く。

〈解決①〉

左手のひらの上に右人差指で「×」を大きく書く。

しょほうせん【処方箋】

「処方箋をもらう」

→〈処方箋〉+〈もらう②〉

「処方箋」は〈処方箋〉で表現。〈処方箋〉は薬指で薬を書くさまを表す。

〈処方箋〉

左手のひらの上で右薬指を繰り返し右に引く。

〈もらう②〉

右手のひらを上にして手前に引き寄せる。

しょみん【庶民】1

「庶民の暮らし」

→〈人々①〉+〈生活〉

例文の「庶民」は一般の人々の意味なので〈人々①〉で表現。〈人々①〉には普通の人々という意味を表す場合がある。

〈人々①〉

親指と小指を立てた両手を揺らしながら左右に開く。

〈生活〉

両手の親指と人差指を向かい合わせて回す。

しょみん【庶民】2

「庶民(的な店)」

→〈普通〉+〈人々①〉
(+〈合う①〉+〈店①〉)

例文の「庶民的」は普通の人々に近い、親しみがもてる意味なので〈普通〉+〈人々①〉+〈合う①〉で表現。親しみのある店の意味を表す。

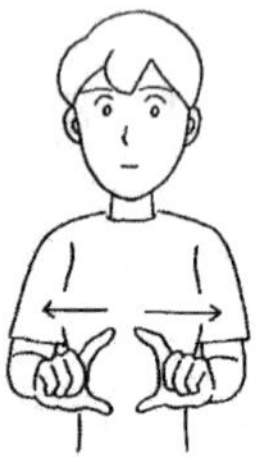

〈普通〉

両手の親指と人差指を合わせて左右に開く。

〈人々①〉

親指と小指を立てた両手を揺らしながら左右に開く。

しょむ【庶務】

「庶務(課)」

→(〈書く④〉または)
〈事務〉+〈いろいろ〉
(+〈カ〉)

「庶務」は事務を意味するので〈書く④〉または〈事務〉+〈いろいろ〉で表現。事務全般なんでもという意味を表す。

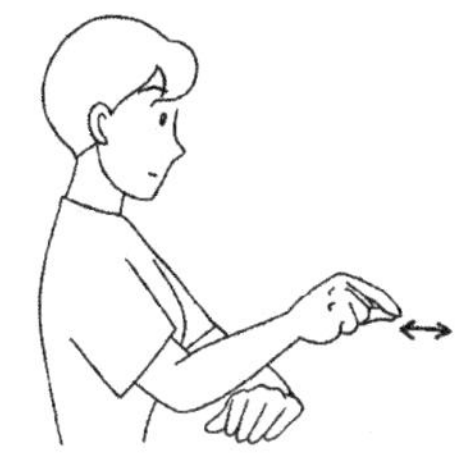

〈事務〉

左手のひらを下に向けて右腕の下に置き、右手の親指と人差指を閉じて小刻みに前後に動かす。

〈いろいろ〉

親指と人差指を立てた右手をねじりながら右へ動かす。

じょめい【除名】

「(彼を)除名する」

→(〈彼〉+)
〈解雇①〉または〈追い払う〉

「除名」は〈解雇①〉または〈追い払う〉で表現。〈解雇①〉は首を切るさま、〈追い払う〉は人を追い出すさまを表す。

〈解雇①〉

左親指を右手で切るようにする。

〈追い払う〉

左手のひらを右手で払いのける。

しょめい【署名】1

「[書類に]署名する」

→〈名前①〉(または〈名前②〉)+
〈書く①〉

例文の「署名」は〈名前①〉または〈名前②〉+〈書く①〉で表現。

〈名前①〉

左手のひらに右親指を当てる。

〈書く①〉

左手のひらに右手の親指と人差指で縦に書くようにする。

しょゆう【所有】

「土地を所有する」

→〈土〉+〈持つ〉

例文の「所有」は〈持つ〉で表現。〈持つ〉は手に持つさまで「所有する」意。

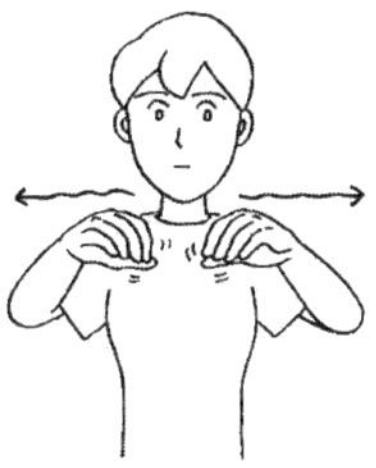

〈土〉

両手の親指と 4 指をこすり合わせて左右に開く。

〈持つ〉

手のひらを上に向けた右手を荷物を持ちあげるように上にあげながら握る。

しょめい【署名】2

「署名運動」

→〈署名〉+〈活動〉

例文の「署名運動」は〈署名〉+〈活動〉で表現。〈署名〉は帳面に並んだ名前となつ印のさまを表し、「登録」の意。

〈署名〉

左手のひらを上に向け、指に沿って右親指を滑らすように出す。

〈活動〉

ひじを少し張り、ひじを軸に両こぶしを交互に繰り返し前に出す。

しょり【処理】1

「問題を処理する」

→〈問題〉+〈解決①〉

例文の「処理」は始末をつける意味なので〈解決①〉で表現。〈解決①〉はものごとの終わりを示す〆の字形を表し、「処理」「かたをつける」の意味。

〈問題〉

両手の親指と人差指をつまみ「 ˥ を描く。

〈解決①〉

左手のひらの上に右人差指で「×」を大きく書く。

しょり【処理】2

「情報を処理する」

→〈情報①〉+〈準備②〉

例文の「処理」は整理する意味なので〈準備②〉で表現。〈準備②〉はものごとを整えるさまで「準備」「整える」「かたづける」の意味。

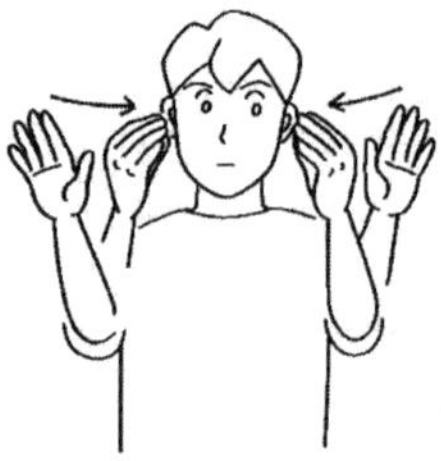

〈情報①〉

親指と4指を開いた両手を交互に耳に近づけながら閉じる。

〈準備②〉

両手のひらを向かい合わせて間隔を変えずに左から右へ順に仕切るように動かす。

しょるい【書類】

「書類」

→〈書く①〉+〈四角①〉

「書類」は〈書く①〉+〈四角①〉で表現。〈四角①〉は「書類」「書面」「紙」などの意味。

〈書く①〉

左手のひらに右手の親指と人差指で縦に書くようにする。

〈四角①〉

両手の人差指で四角を描く。

じょれつ【序列】1

「序列があがる」

→〈あがる⑥〉

例文の「序列があがる」は〈あがる⑥〉で表現。〈あがる⑥〉は人に見立てた親指が段々あがるさまで地位が高くなることを表す。

〈あがる⑥〉

親指を立てた右手を左下から右上に順にあげる。

じょれつ【序列】2

「(年功)序列」

→(〈年齢〉+)

〈序列〉

または〈順番③〉

例文の「序列」は〈年齢〉+〈序列〉または〈順番③〉で表現。〈序列〉は地位が順番にさがっていくさまを表す。〈順番③〉は〈順番②〉とは逆にあげていく。

〈序列〉

親指を立てた両手を並べて右手を順におろしていく。

〈順番③〉

手のひらを上に向けた右手を左下から右上に順にあげる。

しらが【白髪】

「しらが(が目立つ)」

→〈白〉+〈髪②〉

(+〈目立つ①〉)

「しらが」は白髪のことなので〈白〉+〈髪②〉で表現。〈白〉+〈髪②〉は白い髪を表し「しらが」「白髪」の意味。

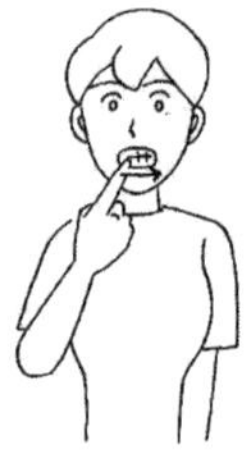

〈白〉

右人差指で前歯を指さし、左へ引く。

〈髪②〉

右手で髪をかきあげるようにする。

しらせ【知らせ】1

「合格の知らせを受ける」

→〈合格〉+〈連絡を受ける〉

例文の「知らせを受ける」は連絡が来た意味なので〈連絡を受ける〉で表現。〈連絡を受ける〉は連絡、知らせが来るさまを表す。

〈合格〉

左手の親指と4指の間を指先を上に向けた右手で下から突き破るようにあげる。

〈連絡を受ける〉

両手の親指と人差指を組み合わせて手前に引く。

しらせ【知らせ】2

「結婚の知らせが来た」

→〈結婚〉+〈郵便が来る〉

例文の「知らせが来た」は郵便で通知が来た意味なので〈郵便が来る〉で表現。〈郵便が来る〉は郵便物が届くことを表す。

〈結婚〉

親指と小指を左右からつける。

〈郵便が来る〉

左手2指と右人差指で〒マークを作り、前から引き寄せる。

しらせる【知らせる】3

「合格を電話で知らせる」

→〈合格〉+〈電話する①〉

例文の「電話で知らせる」は〈電話する①〉で表現。〈電話する①〉は「電話する」「電話で伝える」の意味を表す。

〈合格〉

左手の親指と4指の間を指先を上に向けた右手で下から突き破るようにあげる。

〈電話する①〉

親指と小指を立てた右手を耳に当て、前に出す。

しらせる【知らせる】1

「(会議の日を)みんなに知らせる」

→(〈会議〉+〈いつ〉+)〈みんな〉+〈発表〉

例文の「(みんなに)知らせる」は多くの人に伝える意味なので〈発表〉で表現。〈発表〉は広く知らせるさまで「発表」「公表」の意味。

〈みんな〉

右手のひらを下に向けて水平に回す。

〈発表〉

親指と4指を閉じた両手を左右にぱっと開く。

しらべる【調べる】

「原因を調べる」

→〈意味①〉+〈調べる①〉

「調べる」は〈調べる①〉で表現。〈調べる①〉は注意深く目を配るさまで「調査」「検査」「監査」「点検」などの意味を表す。

〈意味①〉

左手のひらの下を右人差指で突くようにする。

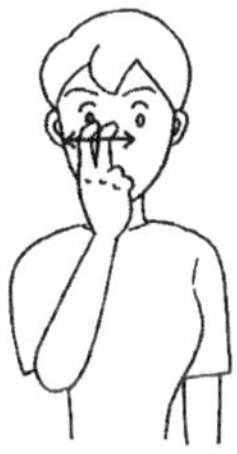

〈調べる①〉

右手の人差指と中指を軽く折り曲げて、目の前を左右に往復させる。

しらせる【知らせる】2

「彼に知らせる」

→〈彼〉+〈連絡①〉

例文の「(彼に)知らせる」は一人に伝える意味なので〈連絡①〉で表現。〈連絡①〉は伝えるさまで「連絡」「連絡する」の意味。

〈彼〉

左親指を右人差指でさす。

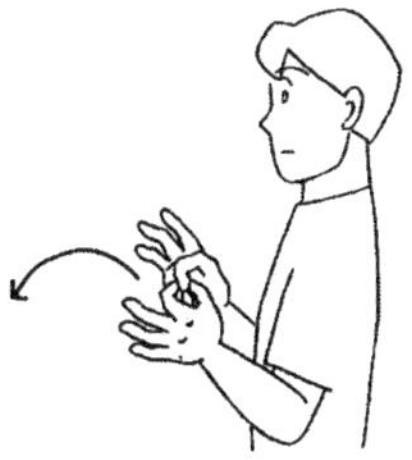

〈連絡①〉

両手の親指と人差指を組んで弧を描いて前に出す。

しらんぷり【知らんぷり】

「(誰が)来ても知らんぷりをする」

→(〈誰〉+)〈来る②〉+〈知らんぷり〉

「知らんぷり」は〈知らんぷり〉で表現。〈知らんぷり〉はほおをふくらませて〈うそ〉を表し、手は誰か知らないを表す。「知らん顔」も同手話。

〈来る②〉

右人差指を上に向けて手前に引く。

〈知らんぷり〉

舌で左ほおをふくらませ、右手を指の背側で右ほおを払うように動かす。

しり【尻】1

「尻が大きい」

→〈尻〉+〈大きい⑤〉

例文の「尻」は体の部位なので〈尻〉で表現。〈尻〉は尻の形を表す。

〈尻〉

両手で尻の形を作り、下に弧を描く。

〈大きい⑤〉

〈尻〉の手の形を手前に引く。

しり【尻】2

「尻が重い」

→〈遅い①〉(または〈遅い②〉または)〈なかなか①〉

例文の「尻が重い」は慣用句で、無精や慎重でなかなか物事にとりかかろうとしないことなので〈遅い①〉または〈遅い②〉または〈なかなか①〉で表現。

〈遅い①〉

親指と人差指を出し、人差指の先を向き合わせ、左から右へゆっくり弧を描く。

〈なかなか①〉

右手の指先を上に向けてねじるようにして上にあげる。

しり【尻】3

「尻に敷く」

→〈かかあでんか〉

例文は慣用句で家庭内で妻が夫より強く、自分の思いのままに振る舞うことなので〈かかあでんか〉で表現。〈かかあでんか〉は男を女が押さえるさま。

〈かかあでんか〉

小指を立てた右ひじで左親指を押しつぶすようにする。

しり【尻】4

「尻に火がつく」

→〈迫る②〉+〈あわてる〉

例文の「尻に火がつく」は慣用句で、事態が差し迫ってあわてることなので〈迫る②〉+〈あわてる〉で表現。〈迫る②〉はこちらに迫ってくるさま。

〈迫る②〉

両手のひらを前後に向かい合わせて右手を前から左手に近づける。

〈あわてる〉

手のひらを上に向けた両手の指先を向かい合わせて交互に上にあげる。

しり【尻】5

「夫の尻をたたく」

→〈夫(おっと)〉+〈せかす〉

例文の「尻をたたく」は慣用句で、叱咤激励することなので〈せかす〉で表現。〈せかす〉は〈はやい①〉を繰り返し表す。

〈夫(おっと)〉

左小指に添わせた右親指を前に出す。

〈せかす〉

右親指と人差指をつまみ、寝かせ、左に小さく手首を振る。

しり【尻】6

「失敗の尻をぬぐう」

→〈手落ち〉+〈補う①〉(または〈補う②〉)

例文の「尻をぬぐう」は慣用句で、人の失敗の後始末をすることなので〈手落ち〉+〈補う①〉または〈補う②〉で表現。

〈手落ち〉

両手のひらを手前に向けて重ね、右手を前に倒すように落とす。

〈補う①〉

左手の親指と4指で作った丸を右手のひらでふさぐ。

しり【尻】7

「ばれて尻をまくる」

→〈ばれる〉+〈居直る〉

例文の「尻をまくる」は慣用句で、居直って反抗的な態度を取ることなので〈居直る〉で表現。〈居直る〉は尻をまくるさまを表す。

〈ばれる〉

指先を開いた左手甲を前に示し、右人差指で前から突き破る。

〈居直る〉

両手で着物の裾をまくりあげてつかむようにする。

しりごみ【尻込み・後込み】

「(犬を)見てしりごみする」

→(〈犬〉+)〈見る①〉+〈しりごみ〉

例文の「しりごみ」は恐くて後ろにさがる意味なので〈しりごみ〉で表現。〈しりごみ〉は人が後の方にさがるさまを表す。

〈見る①〉

右人差指を右目元から前に出す。

〈しりごみ〉

左手のひらに右手2指を立て、ふるわせながら手前に引く。

シリーズ 1

「(映画の)シリーズ」

→(〈映画〉+)〈順位〉+〈続く③〉

例文の「シリーズ」はひと続きのものの意味なので〈順位〉+〈続く③〉で表現。手話は第一作、第二作、第三作と続くさまを表す。

〈順位〉

左から順番に指を出しながら右へ動かしていく。

〈続く③〉

両手の親指と人差指を組み合わせて左から右へ動かす。

しりぞく【退く】1

「部屋を退く」

→〈部屋〉+〈出る①〉

例文の「退く」は外に出る意味なので〈出る①〉で表現。〈出る①〉はある場所から外に出るさまを表す。

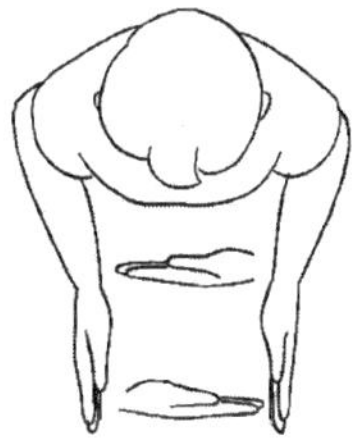

〈部屋〉

両手のひらで前後左右に四角く囲む。

〈出る①〉

左手の下から右手をはねあげるように前に出す。

シリーズ 2

「(野球の)日本シリーズ」

→(〈野球①〉+)〈日本〉+〈試合①〉

例文の「日本シリーズ」はプロ野球の日本一を決定する一連の試合の意味なので〈日本〉+〈試合①〉で表現。

〈日本〉

両手の親指と人差指をつき合わせ、左右に開きながら閉じる。

〈試合①〉

親指を立てた両手を正面で軽くぶつける。

しりぞく【退く】2

「(社長を)退く」

→(〈会社〉+〈長②〉+)〈引退〉

例文の「退く」は地位のある立場から引退する意味なので〈引退〉で表現。〈引退〉は地位ある立場から降りるさまで「役職を降りる」の意味。

〈引退〉

左手甲にのせた親指を立てた右手を下におろす。

しりぞける【退ける】1

「（あたりの）人を退ける」
→（〈あたり〉+）
〈人々①〉+〈追い払う〉

例文の「退ける」は追い払う、退席させる意味なので〈追い払う〉で表現。〈追い払う〉は人を追い出すさまで「追い払う」「追い出す」の意味。

〈人々①〉
親指と小指を立てた両手を揺らしながら左右に開く。

〈追い払う〉
左手のひらを右手で払いのける。

しりぞける【退ける】2

「挑戦者を退ける」
→〈挑戦を受ける〉+〈勝つ①〉

例文の「退ける」は挑戦者に勝つ意味なので〈勝つ①〉で表現。〈勝つ①〉は相手を倒すさまで「勝つ」「打倒」「退ける」などの意味。

〈挑戦を受ける〉
親指を立てた両手を前後にして左手を前からぶつける。

〈勝つ①〉
親指を立てた左手を親指を立てた右手で打ち倒す。

しりぞける【退ける】3

「申し入れを退ける」
→〈申し込まれる〉+〈断る〉

例文の「退ける」は断る意味なので〈断る〉で表現。〈断る〉は受け付けないさまで「拒絶」「拒否」「断る」などの意味を表す。

〈申し込まれる〉
左手のひらの上に右人差指をのせて手前に引き寄せる。

〈断る〉
左指先を手前に向け、右手のひらで押し返す。

しりつ【市立】

「（大阪）市立」
→（〈大阪〉+）
〈シ〉+〈立つ〉

「市立」は行政単位である市が設立したことの意味で指文字〈シ〉+〈立つ〉で表現。

〈シ〉
親指と人差指と中指を出して、親指の指先を上に向ける。

〈立つ〉
左手のひらの上に右手２指を立てる。

しりつ【私立】

「私立（大学）」
→〈個人〉+〈立つ〉
（+〈大学①〉または〈大学②〉）

「私立」は公的でない個人が設立したことの意味で〈個人〉+〈立つ〉で表現。

〈個人〉
両手の人差指で顔の輪郭を示す。

〈立つ〉
左手のひらの上に右手２指を立てる。

しりょう【資料】

「資料を集める」
→〈資料〉+〈集める③〉

「資料」はある目的に役立つ材料やデータのことで〈資料〉で表現。〈資料〉は指文字〈シ〉で資料をめくるさまを表す。

〈資料〉
左手のひらの上を親指と人差指と中指をすべらせるように繰り返し動かす。

〈集める③〉
全指を曲げた両手で繰り返しかき寄せるようにする。

しりょく【視力】

「視力(検査)」

→〈見る①〉+〈力〉
(+〈調べる①〉)

「視力」は目で見る能力のことで〈見る①〉+〈力〉で表現。〈見る①〉+〈力〉は見る力を表し「視力」の意味。

〈見る①〉
右人差指を右目元から前に出す。

〈力〉
こぶしを握った左腕を曲げ、上腕に右人差指で力こぶを描く。

しる【知る】1

「苦労を知る」

→〈苦労〉+〈知る①〉

例文の「知る」は理解する意味なので〈知る①〉で表現。〈知る①〉は胸をなでおろし納得するさまで「分かる」「理解する」などの意味。

〈苦労〉
左腕を右こぶしで軽くたたく。

〈知る①〉
右手のひらを胸に当て、下におろす。

しる【知る】2

「(君の小さい頃を)知っている」

→(〈あなた①〉+〈低い⑤〉+)
〈知る②〉または〈知る③〉

例文の「知っている」は知識として持っている意味なので〈知る②〉または〈知る③〉で表現。手話は胸をたたき了解しているさまを表す。

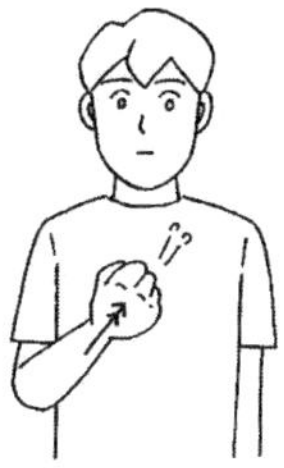

〈知る②〉
右こぶしで軽く胸をたたく。

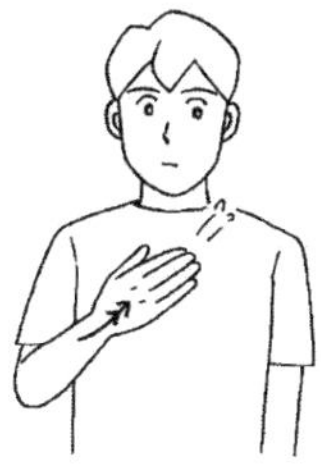

〈知る③〉
右手のひらで胸を軽くたたく。

しる【知る】3

「名前を知らない」

→(〈名前②〉または)
〈名前①〉+〈知らない〉

例文の「知らない」は〈知らない〉で表現。〈知らない〉は「知らない」「わからない」などの意味を表す。

〈名前①〉
左手のひらに右親指を当てる。

〈知らない〉
右手のひらで右脇を払いあげる。

しる【知る】4

「よく知っている人」

→〈会う④〉+〈男〉

例文の「よく知っている」はよく会って知っている意味なので〈会う④〉で表現。〈会う④〉は何度も会っているさまを表す。

〈会う④〉
人差指を立てた両手を繰り返し当てる。

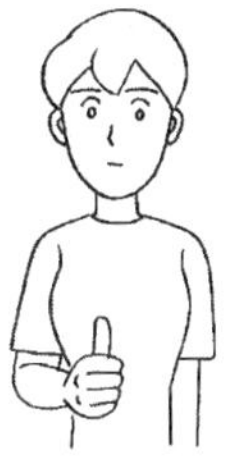

〈男〉
親指を立てた右手を出す。

しる【知る】5

「おれの知ったことか」

→〈関係ない〉

例文の「知ったことか」は関係ないの意味なので〈関係ない〉で表現。〈関係ない〉はつながりを示す輪を離すことで関係ないさまを表す。

〈関係ない〉
両手の親指と人差指を組み、左右にぱっと離すように開く。

しるし【印】1

「友情の印」

→〈仲間〉+〈証拠〉

例文の「印」は証拠となるものの意味なので〈証拠〉で表現。〈証拠〉は判を押すさまで「証拠」「証明」などの意味。

〈仲間〉

両手を握り、水平に回す。

〈証拠〉

左手のひらの上に指先を折り曲げた右手を判を押すようにのせる。

しるし【印】2

「お礼の印です」

→〈ありがとう〉+〈贈物〉
（または〈気持ち〉）

例文の「印」は気持ちを表すものの意味で〈ありがとう〉+〈贈物〉または〈気持ち〉で表現。お礼にどうぞということを表す。

〈ありがとう〉

左手甲に右手を軽く当て、拝むようにする。

〈贈物〉

両手を向かい合わせてそっと前に出すようにする。

しれい【指令】1

「指令を出す」

→〈命令②〉

例文の「指令」は〈命令②〉で表現。〈命令②〉は人を表す親指から命令が出るさまを表す。「指令」「指令を出す」などの意味。

〈命令②〉

左親指から右人差指を前に出す。

しれい【指令】2

「指令を受ける」

→〈言いつかる〉

例文の「指令を受ける」は命令を受ける意味なので〈言いつかる〉で表現。〈言いつかる〉は上から命令を受けるさまを表す。

〈言いつかる〉

右人差指を自分の顔に向けてさす。

しれる【知れる】

「うわさが世間に知れる」

→〈うわさ〉+〈広がる①〉

例文の「知れる」はみんなに知られる意味なので〈広がる①〉で表現。〈広がる①〉はうわさなどが広がるさまを表す。

〈うわさ〉

両手の指先を向かい合わせてねじるようにゆすりながら耳を傾ける。

〈広がる①〉

両手を前に出しながら左右に開く。

しろ【城】

「日本の城」

→〈日本〉+〈城〉

例文の「城」は封建時代の藩主の居館で天守閣のしゃちほこが特徴。〈城〉で表現。〈城〉は天守閣のしゃちほこを表す。

〈日本〉

両手の親指と人差指を向かい合わせて左右に引きながら閉じる。

〈城〉

折り曲げた両手の人差指を向かい合わせる。

しろ【白】

「白」は〈白〉で表現。〈白〉は歯の白いさまを表し、「白」「白い」「白さ」などの意味を表す。

「白色」

→〈白〉+〈色①〉

〈白〉
右人差指で前歯を指さし、左へ引く。

〈色①〉
すぼめた両手を合わせてひねる。

しろい【白い】

「白い」は白い色であるという意味なので〈白〉で表現。〈白〉は歯の白いさまを表し、「白」「白い」「白さ」などの意味を表す。

「白い紙」

→〈白〉+〈四角①〉

〈白〉
右人差指で前歯を指さし、左へ引く。

〈四角①〉
両手の人差指で四角を描く。

しろうと【素人】

例文の「しろうと」は技術が未熟でプロではないという意味なので〈白〉+〈しろうと〉で表現。

「しろうと」

→〈白〉+〈しろうと〉

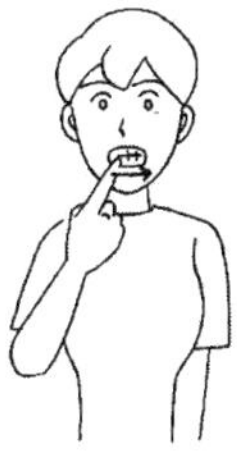

〈白〉
右人差指で前歯を指さし、左へ引く。

〈しろうと〉
左手首の外側に右人差指を当てて手前に引く。

しわよせ【皺寄せ】

「しわ寄せを受ける」は〈しわ寄せ〉で表現。〈しわ寄せ〉はしわが身に迫ってくるさまを表す。

「倒産のしわ寄せを受ける」

→〈つぶれる①〉(または〈つぶれる②〉)+〈しわ寄せ〉

〈つぶれる①〉
屋根形にした両手の指先をつけたまま手のひらを合わせる。

〈しわ寄せ〉
交差させた両手の指を揺らしながら手前に引く。

しん【心】1

例文の「心」はこころの意味なので〈心〉で表現。〈心〉は心があると考えられる腹をさして表す。

「道徳心」

→〈常識〉+〈心〉

〈常識〉
両こぶしの小指側を繰返し打ちつける。

〈心〉
右人差指でみぞおち辺りをさす。

しん【心】2

例文の「心が強い」は気持ち、精神がしっかりした意味なので〈心〉+〈固い①〉で表現。手話は「心が強い」「しっかりしている」の意味。

「心が強い(人)」

→〈心〉+〈固い①〉(+〈人〉)

〈心〉
右人差指でみぞおち辺りをさす。

〈固い①〉
軽く曲げた右手3指を振りおろして止める。

しん【新】

「新競技」

→〈新しい〉+〈競争〉

「新」は新しいという意味なので〈新しい〉で表現。〈新しい〉は海辺に黄金の太刀を投じたという新田義貞に由来する手話と言われる。

〈新しい〉

すぼめた両手をぱっと前に出して広げる。

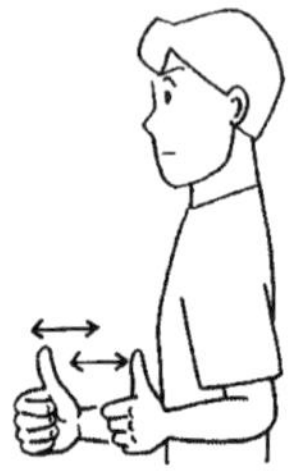

〈競争〉

親指を立てた両手を競うように交互に前後させる。

じん【人】

「日本人」

→〈日本〉+〈人〉

例文の「人」はひとの意味なので〈人〉で表現。漢字「人」を空書して表す。

〈日本〉

両手の親指と人差指をつき合わせ、左右に開きながら閉じる。

〈人〉

人差指で「人」の字を空書する。

しんか【進化】

「進化する」

→〈栄える〉+〈変わる①〉

「進化」はだんだん環境に適応して形質が変化発展する意味なので〈栄える〉+〈変わる①〉で表現。〈栄える〉は発展するさまを表す。

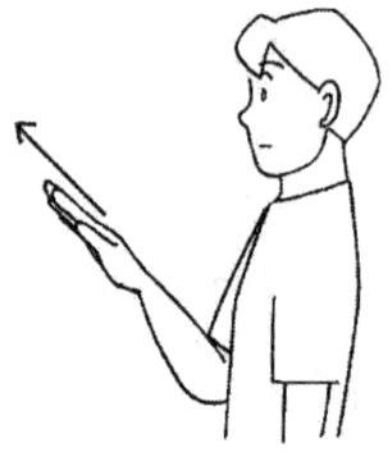

〈栄える〉

手のひらを下にして斜め上にあげる。

〈変わる①〉

手のひらを手前に向けた両手を交差させる。

しんがく【進学】

「大学に進学する」

→(〈大学①〉または)〈大学②〉+〈入る①〉

「進学」は上の学校に進むことで〈入る①〉で表現。〈入る①〉は学校や会社に入る場合に使われ「入学」「入社」などの意味。

〈大学②〉

両手の人差指で角帽のひさしを示す。

〈入る①〉

両手人差指で「入」の字を作り、倒すように前に出す。

じんかく【人格】

「人格の形成」

→〈人格〉+〈作る〉(または〈建てる〉)

「人格」は〈人格〉で表現。〈人格〉は〈人々〉の手の形で▽を描いて表す。

〈人格〉

親指と小指を立てた両手を左右に並べて小指をつけ合わせ、▽を描く。

〈作る〉

両手のこぶしを上下に打ちつける。

しんかん【新刊】

「新刊(書)」

→〈新しい〉+〈出版〉(+〈本〉)

「新刊」は新しく刊行する意味なので〈新しい〉+〈出版〉で表現。〈新しい〉は海辺に黄金の太刀を投じたという新田義貞に由来すると言う。

〈新しい〉

すぼめた両手をぱっと前に出して広げる。

〈出版〉

指先を向かい合わせて手のひらを上に向けた両手を左右に開きながら前に出す。

しんかんせん
【新幹線】

「新幹線に乗る」

→〈新幹線〉+〈座る①〉

「新幹線」は〈新幹線〉で表現。〈新幹線〉は新幹線の先頭車のロングノーズ(長い鼻)のさまを表す。

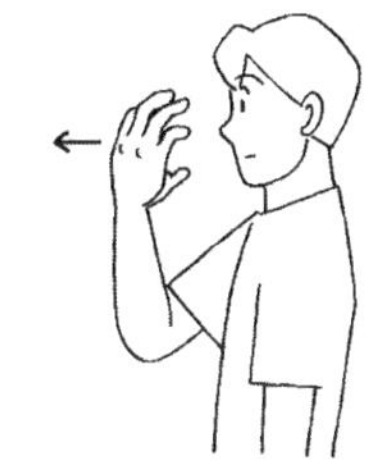

〈新幹線〉

わん曲させた右手を顔の前から前方に出す。

〈座る①〉

手のひらを下に向けた左手２指に折り曲げた右手２指を座るようにのせる。

しんきゅう【鍼灸】

「鍼灸(師)」

→〈鍼(はり)〉+〈灸(きゅう)〉(+〈士〉)

例文の「鍼灸」は治療法で鍼(はり)と灸(きゅう)の意味なので手話では〈鍼(はり)〉と〈灸(きゅう)〉で表現。

〈鍼(はり)〉

左手の親指と人差指で鍼の筒を持つようにし、右人差指を小刻みに動かす。

〈灸(きゅう)〉

左手甲から右手指を上に向けて揺らしながら上にあげる。

しんぎ【審議】

「(法案を)審議する」

→(〈規則〉+〈案〉+)〈調べる①〉+〈相談〉

「審議」は議案などを調べ論議して結論を出すことなので〈調べる①〉+〈相談〉で表現。

〈調べる①〉

右手の人差指と中指を軽く折り曲げて、目の前を左右に往復させる。

〈相談〉

親指を立てた両手を軽くぶつけ合う。

しんきょう【心境】

「心境を語る」

→〈気持ち〉+〈説明〉

「心境」は気持ちの意味なので〈気持ち〉で表現。〈気持ち〉は心に思うさまを表す。

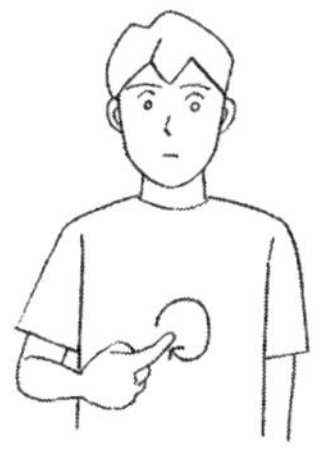

〈気持ち〉

右人差指でみぞおち辺りに小さく円を描く。

〈説明〉

左手のひらを右手で小刻みにたたく。

ジンギスカンなべ
【ジンギスカン鍋】

「ジンギスカン鍋」

→〈羊〉+〈焼く〉

「ジンギスカン鍋」は〈羊〉+〈焼く〉で表現。〈羊〉は羊の角のさま、〈焼く〉はひっくり返して焼くさまを表す。

〈羊〉

両手の人差指を両耳の横で回す。

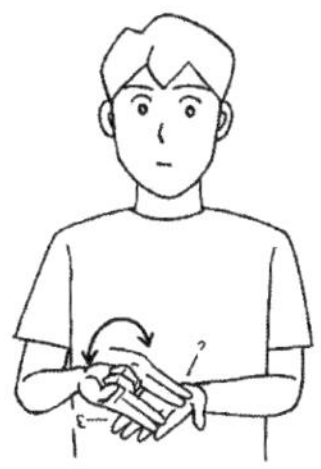

〈焼く〉

左手のひらの上で右手２指を繰り返し返す。

しんきんこうそく
【心筋梗塞】

「心筋梗塞」

→〈心臓〉+〈つまる①〉

「心筋梗塞」は〈心臓〉+〈つまる①〉で表現。〈つまる①〉は管がつまっているさまを表す。

〈心臓〉

全指を折り曲げた両手を上下に向かい合わせ、左胸の前に置き、間をせばめたり広げたりする。

〈つまる①〉

左手の親指と４指で作った丸にすぼめた右手全指をつめるようにする。

シングルス

「テニスのシングルス」

→〈テニス〉+〈シングルス〉

例文の「シングルス」は〈シングルス〉で表現。〈シングルス〉は１対１のさまを表す。

〈テニス〉

右手でラケットを握って左右に振るようにする。

〈シングルス〉

両手の人差指を立てて前後に向かい合わせる。

シンクロナイズドスイミング

「シンクロナイズドスイミング」

→〈シンクロナイズドスイミング〉

「シンクロナイズドスイミング」は〈シンクロナイズドスイミング〉で表現。逆立ちして足を開いたり閉じたりしながら浮き沈みをするさまを表す。

〈シンクロナイズドスイミング〉

手のひらを下に向けた左手の内側で右２指を広げて立て、閉じながらおろすことを繰り返す。

しんけい【神経】1

「神経痛」

→〈神経〉+〈痛い②〉

例文の「神経痛」は神経が激しく痛む病気で〈神経〉+〈痛い②〉で表現。手話は神経が痛むさまで痛む箇所や程度によって表現は変わる。

〈神経〉

右手甲から腕にかけて右人差指で波線を書くようにあげていく。

〈痛い②〉

痛そうにして折り曲げた全指を曲げたり伸ばしたりする。

しんけい【神経】2

「神経が鋭い」

→〈考える〉+〈鋭い〉

例文の「神経」は考えたり感じたりする心の働きの意味なので〈考える〉で表現。〈考える〉はものごとを考えるさまを表す。

〈考える〉

右人差指を頭にねじこむようにする。

〈鋭い〉

左人差指を右親指と人差指ではさみ、指先へ抜けるように閉じて前に出す。

しんけい【神経】3

「神経が太い」

→(〈性質〉または)〈心〉+〈太い②〉

例文の「神経が太い」は細かいことを気にしない性格である意味なので〈心〉または〈性質〉+〈太い②〉で表現。

〈心〉

右人差指でみぞおち辺りをさす。

〈太い②〉

左人差指を右手の親指と人差指で囲むようにして広げる。

しんけいか【神経科】

「神経科」

→〈神経〉+〈脈〉

「神経科」は〈神経〉+〈脈〉で表現。〈神経〉は腕の神経を代表にして表す。〈脈〉は「医」を表す。

〈神経〉

左手甲から腕にかけて右人差指で波線を書くようにあげていく。

〈脈〉

右３指を左手首の内側に当てる。

しんけん【真剣】1

「真剣に勉強する」

→〈一生懸命〉+〈勉強②〉

例文の「真剣に」は一生懸命の意味なので〈一生懸命〉で表現。〈一生懸命〉は脇目もふらずに打ち込むさまを表す。

〈一生懸命〉

両手を顔の横から繰り返し強く前に出す。

〈勉強②〉

指先を上に向けた両手を並べて軽く前に出す。

じんけん【人権】

「(基本的)人権」

→(〈基本〉+〈合う①〉+)〈人〉+〈力〉

「人権」は人の基本的権利のことで〈人〉+〈力〉で表現。〈力〉は「権利」を意味する。

〈人〉

人差指で「人」の字を空書する。

〈力〉

こぶしを握った左腕を曲げ、上腕に右人差指で力こぶを描く。

しんけん【真剣】2

「真剣な顔」

→〈正しい〉+〈顔〉

例文の「真剣な」はまじめな、本気の意味なので〈正しい〉で表現。〈正しい〉は真っ直ぐなさまで「真剣」「まじめ」「正しい」「正直」の意味。

〈正しい〉

親指と人差指をつまみ、胸に当て、右手をあげる。

〈顔〉

右人差指で顔の前で丸を描く。

しんこう【信仰】

「信仰が深い」

→〈信仰〉+〈深い①〉

「信仰」は神や仏などを信じることで〈信仰〉で表現。〈信仰〉は〈自信①〉と〈拝む〉を組み合わせた新しい手話。キリスト教会では別の手話がある。

〈信仰〉

右こぶしの小指側を腹につけて、左手で拝むようにする。

〈深い①〉

両手のひらを上下に向かい合わせて、右手をさげる。

しんげん【震源】

「震源は浅い」

→〈震源〉+〈浅い〉

「震源」は〈震源〉で表現。〈震源〉は〈地震〉の次に地下をさして表す。

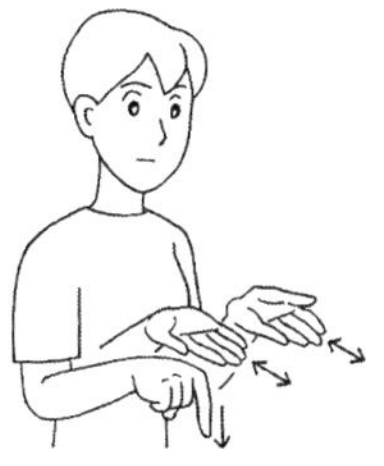

〈震源〉

手のひらを上向きにした両手を並べ、前後に揺らし、右人差指を下におろす。

〈浅い〉

左手のひらに右手のひらを下から近づける。

しんこう【進行】1

「車の進行方向」

→〈車①〉+〈方針〉

例文の「進行」は車が進んでいく意味なので〈車①〉で表現。〈車①〉は自動車が進むさまで「自動車」「車が進む」などの意味を表す。

〈車①〉

右手を「コ」の字形にして指先を前に向けて出す。

〈方針〉

左手のひらに人差指の指先を前に向けた右手をのせ、指先を左右に揺らす。

しんこう【進行】2

「病気が進行する」
→〈病気〉+〈重くなる〉

例文の「進行」は病気が進み重くなる意味なので〈重くなる〉で表現。〈重くなる〉は段々重くなるさまを表す。

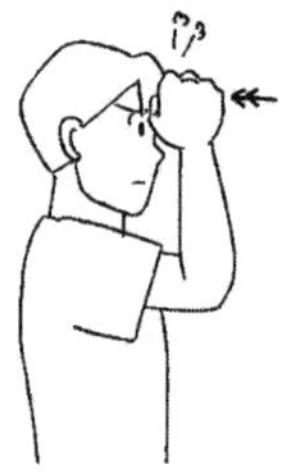

〈病気〉
こぶしで額を軽くたたく。

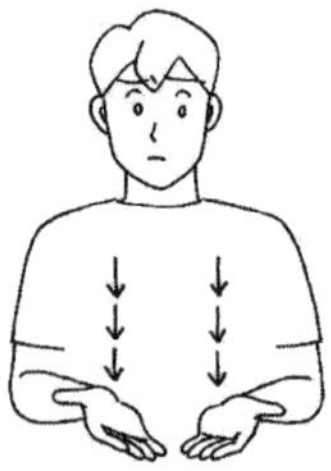

〈重くなる〉
両手のひらを上に向け順に下にさげる。

じんこう【人口】

「日本の人口」
→〈日本〉+〈人口〉

「人口」はある地域に住む人の数をいう。〈人口〉で表現。〈人口〉は〈人々〉を口の前で円を描く「人口」を意味する新しい手話。

〈日本〉
両手の親指と人差指をつき合わせ、左右に開きながら閉じる。

〈人口〉
親指と小指を立てた両手で口のまわりで円を描く。

しんこう【進行】3

「(会議の)進行係」
→(〈相談〉+)
〈進む②〉+〈責任①〉

例文の「進行」は会議を進める意味なので〈進む②〉で表現。〈進む②〉は会議などでものごとが段々進むさまで「進行」「進む」の意味。

〈進む②〉
指文字〈コ〉を示した両手を、順に前に進める。

〈責任①〉
右肩に軽く全指を折り曲げた右手をのせる。

じんこう【人工】1

「日本の人工衛星」
→〈日本〉+〈衛星〉

「人工衛星」は〈衛星〉で表現。〈衛星〉は左手の地球の周りを回る衛星のさまを表す。

〈日本〉
両手の親指と人差指を向かい合わせて左右に引きながら閉じる。

〈衛星〉
左手の親指と4指で示した丸のまわりを右手の親指と人差指で作った丸を回す。

しんごう【信号】

「赤信号」
→〈赤〉+〈信号〉

「信号」は交通信号の意味なので〈信号〉で表現。〈信号〉は信号灯が点滅するさまを表す。

〈赤〉
唇に人差指を当て、右へ引く。

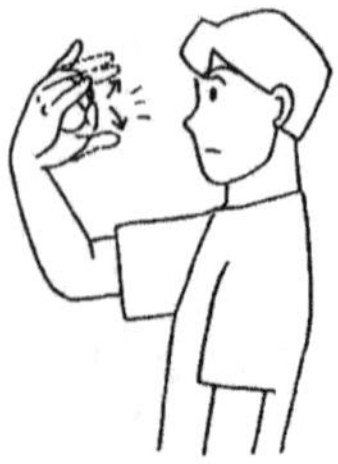

〈信号〉
目の上で右手指先を顔に向け、閉じたり開いたりする。

じんこう【人工】2

「人工雪」
→〈人工〉+〈雪〉

「人工雪」は〈人工〉+〈雪〉で表現。〈人工〉は〈作る〉の右手を〈人々〉の手の形に変えた新しい手話。

〈人工〉
親指と小指を出した右手で左こぶしをたたく。

〈雪〉
両手の親指と人差指で作った丸を揺らしながら下におろす。

じんこう【人工】3

「人工内耳手術」
→〈人工内耳〉+〈手術〉

「人工内耳」は〈人工内耳〉で表現。〈人工内耳〉は耳に人工内耳が入っていることを表す。

〈人工内耳〉
少し折り曲げた人差指と中指で耳の後ろをたたく。

〈手術〉
左手のひらを下に向け、親指側の縁に沿って右人差指の先を手前に引く。

しんこく【申告】1

「青色申告」
→〈青〉+〈申し込む〉

例文の「申告」は申し出ることなので〈申し込む〉で表現。〈申し込む〉は申し込むさまで「申告」「申請」「申し込む」などの意味を表す。

〈青〉
右手のひらでほおを後ろになでるように引く。

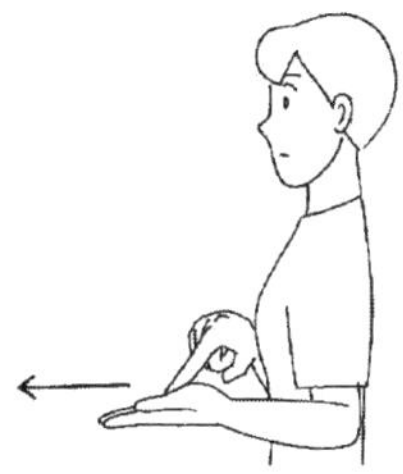

〈申し込む〉
左手のひらの上に右人差指をのせて前に出す。

しんこく【深刻】1

「(水不足が)深刻」
→(〈流れる②〉+〈貧しい〉+)〈本当〉+〈苦労〉

例文の「深刻」は程度がひどくて大変な意味なので〈本当〉+〈苦労〉で表現。手話は本当に苦労している意味を表す。

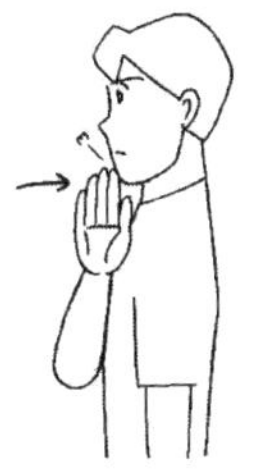

〈本当〉
右手をあごに当てる。

〈苦労〉
左腕を右こぶしで軽くたたく。

しんこく【申告】2

「(所得を)申告する」
→(〈給料〉+)〈言う①〉+〈申し込む〉

例文の「申告」は自分から申し出ることなので〈言う①〉+〈申し込む〉で表現。〈申し込む〉は申し込むさまで「申告」「申請」などの意味。

〈言う①〉
右人差指を口元から前に出す。

〈申し込む〉
左手のひらの上に右人差指をのせて前に出す。

しんこく【深刻】2

「深刻な悩み」
→〈とても〉+〈苦しい①〉

例文の「深刻」は大変な意味なので〈とても〉で表現。〈とても〉は「とても」「非常に」「大変」など事態が容易でないさまを強調する表現。

〈とても〉
右手の親指と人差指をつまみ、右へ弧を描きながら親指を立てる。

〈苦しい①〉
右手で胸をかきむしるようにする。

しんこん【新婚】

「新婚」
→〈新しい〉+〈結婚〉

「新婚」は結婚したばかりの頃を意味するので〈新しい〉+〈結婚〉で表現。手話は結婚して新しくまだほやほやという意味を表す。

〈新しい〉
すぼめた両手をぱっと前に出して広げる。

〈結婚〉
親指と小指を左右からつける。

じんざい【人材】1

「優秀な人材」

→〈賢い①〉+〈男〉
（または〈女〉）

例文の「人材」は文脈により〈男〉または〈女〉で表す。

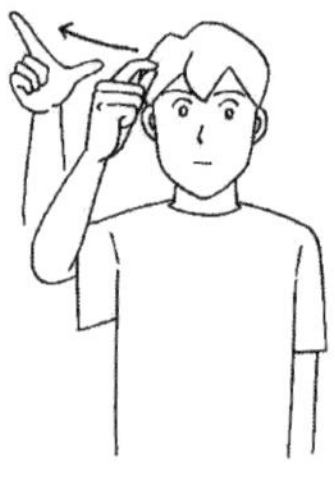

〈賢い①〉
右手の親指と人差指を閉じ、上に向かってはじくように開く。

〈男〉
親指を立てた右手を出す。

じんざい【人材】2

「人材不足」

→〈人材〉+〈貧しい①〉
（または〈不足〉）

例文の「人材」は〈人材〉で表現。〈人材〉は〈材料〉をもとに右手を〈人々〉に変えて表した手話。この例文の場合〈男〉または〈女〉では意味が異なる。

〈人材〉
握った左手の甲の上で親指と小指を立てた右手を振る。

〈貧しい①〉
右親指をあごに当てる。

しんさつ【診察】1

「（病人を）診察する」

→（〈病気〉+〈人〉+）
〈診察〉
または〈調べる①〉

例文の「診察する」は〈診察〉または〈調べる①〉で表現。〈診察〉は打診のさま、〈調べる①〉は目で観察するさまを表す。

〈診察〉
左手甲を右手２指で打診するようにする。

〈調べる①〉
右手の人差指と中指を軽く折り曲げて、目の前を左右に往復させる。

しんさつ【診察】2

「診察を受ける」

→〈診察を受ける〉

例文の「診察を受ける」は診察されることで〈診察を受ける〉で表現。〈診察を受ける〉は自分が打診をされるさまを表す。

〈診察を受ける〉
左手のひらを体の方に向け、その甲を右手２指で軽くたたく。

しんし【紳士】

「紳士服」

→〈男性〉+〈背広〉

例文の「紳士」は男性に対する敬称の意味で〈男性〉で表現。〈男性〉は「男」一般または複数の「男」を表す。

〈男性〉
親指を立てた両手を手前に引きながら水平に円を描く。

〈背広〉
親指を立てた両手で背広のえりを示す。

じんじ【人事】

「人事（異動）」

→〈人〉+〈ジ〉
（+〈交替①〉）

「人事異動」は職場などでの地位、配置が変わる意味で〈人〉+指文字〈ジ〉+〈交替①〉で表現。手話は人の地位、配置が変わるさまを表す。

〈人〉
人差指で「人」の字を空書する。

〈ジ〉
親指と人差指と中指を立てた右手の甲側を前に示し、右に引く。

じんじいん【人事院】1

「人事(院)」

→〈人〉+〈ジ〉
(+〈イ〉+〈ン〉)

「人事院」は２種類の表現がある。ひとつは〈人〉+〈ジ〉+〈イ〉+〈ン〉で表現。〈人〉は漢字「人」を描き、〈ジ〉〈イ〉〈ン〉は指文字。

〈人〉

人差指で「人」の字を空書する。

〈ジ〉

親指と人差指と中指を立てた右手の甲側を前に示し、右に引く。

じんじゃ【神社】

「神社」

→〈広島〉
または〈宮〉

「神社」は鳥居が特徴的な信仰の場所。〈広島〉または〈宮〉で表現。〈広島〉は鳥居を、〈宮〉は神社の社(やしろ)の屋根を表す。

〈広島〉

両手２指を左右に開き、上から下におろす。

〈宮〉

指を伸ばして手を組み、屋根形を示す。

じんじいん【人事院】2

「(人事)院」

→(〈人〉+〈ジ〉+)〈院〉

もうひとつは〈人〉+〈ジ〉+〈院〉で表現。〈院〉は指文字〈イ〉で「ン」を描く新しい手話。

〈院〉

指文字〈イ〉で「ン」を描く。

しんじゅ【真珠】

「真珠のネックレス」

→〈真珠〉+〈ネックレス〉

「真珠」は〈真珠〉で表現。〈真珠〉はアコヤガイに真珠が入っているさまを表す。

〈真珠〉

左手のひらの上に丸を作った右手を乗せる。

〈ネックレス〉

右手の親指と人差指で小さな丸を作り胸に当て、左から右へ順に動かす。

しんじつ【真実】

「真実を語る」

→〈本当〉+〈説明〉

「真実」は本当のことの意味なので〈本当〉で表現。〈本当〉は「真実」「本当」「まこと」などの意味を表す。

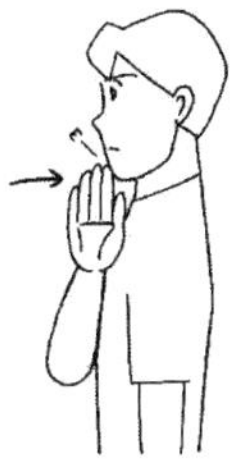

〈本当〉

右手をあごに当てる。

〈説明〉

左手のひらを右手で小刻みにたたく。

じんしゅ【人種】

「人種(差別)」

→〈人〉+〈種類〉
(+〈差別〉)

「人種」は人を皮膚の色や顔の形などの特徴によって分類した種別で〈人〉+〈種類〉で表現。手話は人の種別を表す。

〈人〉

人差指で「人」の字を空書する。

〈種類〉

左手のひらの上で右手を３方に向けて小刻みに向きを変える。

しんじる【信じる】

「(彼の)話を信じる」

→(〈彼〉+)
〈説明される〉+〈頼る〉

「信じる」は疑わずに頼る意味なので〈頼る〉で表現。〈頼る〉は相手にすがるさまで「信じる」「信頼する」「信用する」などの意味。

〈説明される〉
左手のひらの上を指先を手前に向けた右手で小刻みにたたく。

〈頼る〉
両手でひもをつかむようにする。

しんしん【心身】

「心身(障害者)」

→〈思う〉+〈体(からだ)〉
(+〈折る①〉+〈人々①〉)

「心身」は心と体の意味なので〈思う〉+〈体〉で表現。〈思う〉は考える能力を表し、例文の「心」に相当するものを表す。

〈思う〉
右人差指を側頭部に当てる。

〈体(からだ)〉
右手を体の上で回す。

じんせい【人生】

「長い人生」

→〈長い②〉+〈人生〉

「人生」は人が生まれ死ぬまでの間をいうので〈人生〉で表現。〈人生〉は「人生」を表す新しい手話。

〈長い②〉
親指と人差指でつまんだ両手を左右に揺らしながら開く。

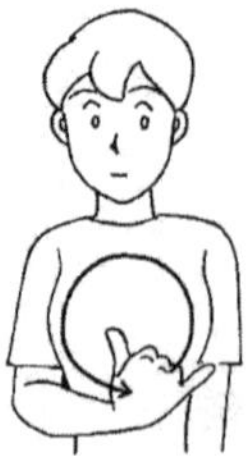

〈人生〉
親指と小指を立てた右手の甲側を前に示し、体の前で回す。

しんせき【親戚】

「親戚のおばさん」

→〈親類〉+〈女〉

「親戚」は血のつながりのある関係者のことで〈親類〉で表現。手話は血のつながり、血縁のあることを表す。

〈親類〉
親指と人差指を閉じた両手をほおにつけ、右手を前に伸ばし出す。

〈女〉
右小指を立てる。

しんせつ【親切】1

「親切に教える」

→〈優しい〉+〈教える①〉

例文の「親切」は優しいの意味で〈優しい〉で表現。〈優しい〉はやわらかいさまで「親切」「優しい」などの意味がある。

〈優しい〉
両手の親指と4指の指先を向かい合わせてもむように動かしながら左右に開く。

〈教える①〉
右人差指を口元から斜め下に振りおろす。

しんせつ【親切】2

「お年寄りに親切にする」

→〈老人②〉+〈世話〉

例文の「親切にする」はいろいろ世話を焼く意味で〈世話〉で表現。〈世話〉は人をあれこれと世話するさまを表す。

〈老人②〉
右手の親指と小指を順番に曲げて上下に揺らす。

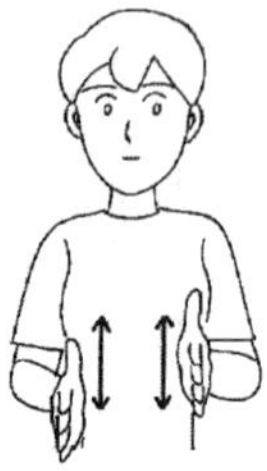

〈世話〉
指先を前に向け、手のひらを向かい合わせた両手を交互に上下させる。

しんせん【新鮮】

「新鮮な魚」

→〈新しい〉+〈魚(さかな)①〉

「新鮮」は新しいという意味なので〈新しい〉で表現。〈新しい〉は海辺に黄金の太刀を投じたという新田義貞に由来すると言われる。

〈新しい〉

すぼめた両手をぱっと前に出して広げる。

〈魚(さかな)①〉

右手指先を左に向けて揺らしながら動かす。

しんぞう【心臓】1

「心臓麻痺」

→〈心臓〉+〈心臓がとまる〉

例文の「心臓」は臓器の心臓のことなので〈心臓〉で表現。〈心臓〉は心臓の位置でそれが動くさまを表す。

〈心臓〉

全指を折り曲げた両手を上下に向かい合わせ、左胸の前に置き、間をせばめたり広げたりする。

〈心臓がとまる〉

左胸の前で全指を曲げた両手を上下に動かしながら急に動きをとめる。

しんぞう【心臓】2

「会社の心臓部だ」

→〈会社〉+〈中心〉

例文の「心臓」は中心部の意味なので〈中心〉で表現。〈中心〉は「中」と「心」の漢字の字形を利用した新しい手話。

〈会社〉

両手の2指を交互に前後させる。

〈中心〉

左手の親指と人差指と右人差指で「中」の字形を作り、それに右手2指を当て少し下にさげる。

しんぞう【心臓】3

「(あいつは)心臓が強い」

→(〈彼〉+)
〈厚かましい①〉
または〈平気〉

例文の「心臓が強い」はずうずうしい、厚かましい意味なので〈厚かましい①〉または〈平気〉で表現。〈厚かましい①〉は面の皮の厚いさま。

〈厚かましい①〉

親指と4指の間隔を保ち、ほおをすべりおろす。

〈平気〉

右手の指先を鼻先から左下に払うようにおろす。

じんぞう【腎臓】

「腎臓病」

→〈腎臓〉+〈病気〉

「腎臓」は〈腎臓〉で表現。腎臓のある位置に腎臓の形を示す手を置いて表す。

〈腎臓〉

軽く指を曲げた両手を両脇腹に当てる。

〈病気〉

こぶしで額を軽くたたく。

しんたい【身体】

「身体障害(者)」

→〈体(からだ)〉+〈折る①〉
(+〈人々①〉)

「身体」は体のことなので〈体〉で表現。〈体〉は人の上半身を示して「身体」「体」を表す。

〈体(からだ)〉

右手を体の上で回す。

〈折る①〉

両こぶしの親指側を合わせ、折るようにする。

しんだい【寝台】

「寝台列車」

→〈横になる〉+〈汽車〉
（または〈電車〉）

「寝台」はベッドのことで〈横になる〉で表現。〈横になる〉はベッドに寝るさまで「寝台」「ベッド」を表す。

〈横になる〉
左手のひらに右手２指を横たえるようにする。

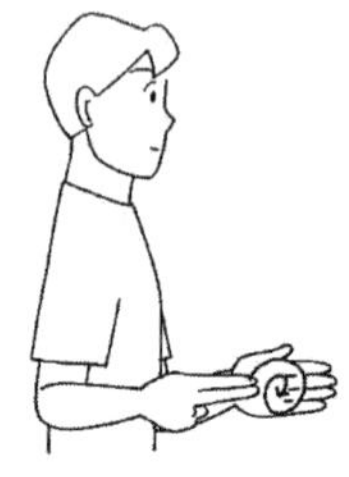

〈汽車〉
左手のひらの横で右手２指を前に回転させる。

しんだん【診断】1

「医者の診断（によれば）」

→〈医者〉+〈診察を受ける〉
（+〈ので〉）

例文の「診断」は診察を受ける意味なので〈診察を受ける〉で表現。〈診察を受ける〉は医者に打診されるさまを表す。

〈医者〉
右手３指で左手首の脈をとるようにして、次に親指を立てる。

〈診察を受ける〉
左手のひらを体の方に向け、その甲を右手２指で軽くたたく。

しんだん【診断】2

「診断（書）」

→〈診察〉+〈証拠〉
（または〈四角②〉）

例文の「診断書」は診察結果を証明する書類のことなので〈診察〉+〈証拠〉で表現。または〈診察〉+〈四角②〉でもよい。

〈診察〉
左手甲を右手２指で打診するようにする。

〈証拠〉
左手のひらの上に指先を折り曲げた右手を判を押すようにのせる。

しんちょう【慎重】

「慎重に（検討する）」

→〈落ち着く②〉または〈注意〉
（+〈調べる①〉）

「慎重」は〈落ち着く②〉または〈注意〉で表現。〈落ち着く②〉は気持を押さえるさまで、〈注意〉は気を引き締めて用心するさまを表す。

〈落ち着く②〉
指先を向かい合わせ、手のひらを下に向けた両手を胸から静かにおろす。

〈注意〉
軽く開いた両手を上下に置き、体に引きつけて握る。

しんちょう【身長】1

「身長はいくつですか」

→〈身長〉+〈数〉

例文の「身長」は背の高さのことで〈身長〉で表現。〈身長〉は身長測定器のバーが頭に当たるさまを表す。

〈身長〉
右人差指を頭にのせる。

〈数〉
右手の指を順に折る。

しんちょう【身長】2

「身長が伸びた」

→〈大きくなる①〉
または〈大人〉

例文の「身長が伸びた」は背が伸びた意味なので〈大きくなる①〉または〈大人〉で表現。手話はどちらも「身長が伸びた」意味を表す。

〈大きくなる①〉
右手のひらを下にして上にあげる。

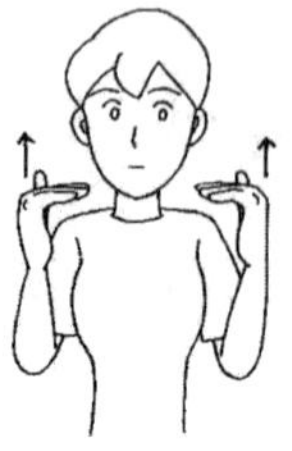

〈大人〉
指文字〈コ〉を示した両手を肩から上にあげる。

しんでんず【心電図】

「心電図検査」
→〈心電図〉+〈調べる①〉

「心電図」は〈心電図〉で表現。〈心電図〉は心電図のグラフのさまを表す。

〈心電図〉
左手を左胸に当て、右人差指で前方に波のようなグラフを描く。

〈調べる①〉
右手の人差指と中指を軽く折り曲げて、目の前を左右に往復させる。

しんど【震度】

「震度(5)」
→〈地震〉+〈気圧〉
(+〈5〉)

例文の「震度」は〈地震〉+〈気圧〉で表現。〈地震〉は揺れるさま、〈気圧〉は気圧の上下の動きのさまを表す。

〈地震〉
指先を前に向けた両手のひらを並べて同時に前後に揺らす。

〈気圧〉
手のひらを右に向けて立てた左手の横で指文字〈コ〉の右手を上下させる。

じんどう【人道】1

「人道にそむく」
→〈常識〉+〈失礼①〉

例文の「人道」は人の踏み行うべき道のことなので〈常識〉で表現。

〈常識〉
両こぶしの小指側を繰り返し打ちつける。

〈失礼①〉
小指側を合わせた両こぶしを前後にはずすように動かす。

じんどう【人道】2

「人道主義」
→〈人道〉+〈主義〉

例文の「人道」はヒューマニズムのことなので〈人道〉+〈主義〉で表現。〈人道〉は右手〈人々〉を表す新しい手話。

〈人道〉
指先を前方に手のひらを上に向けた左手に、親指と小指を出した右手を甲側を前に向けて出す。

〈主義〉
左手のひらの上に親指を立てた右手をのせ、滑らせるようにまっすぐ前に出す。

しんねん【信念】

「信念を持つ」
→〈心〉+〈自信①〉

「信念」は固く思い込む心の意味なので〈心〉+〈自信①〉で表現。手話は心に固く思い込むさまで「信念」「自信」「信念を持つ」の意味。

〈心〉
右人差指でみぞおち辺りをさす。

〈自信①〉
手のひらを上に向けた右手を腹から上に持ちあげる。

しんねん【新年】1

「新年(の挨拶)」
→〈正月①〉
または〈正月②〉
(+〈あいさつ〉)

例文の「新年」は正月のことなので〈正月①〉または〈正月②〉で表現。いずれも一月一日を表し、「新年」「正月」「元旦」などの意味。

〈正月①〉
両手人差指を上下に向き合わせるように動かす。

〈正月②〉
両手の人差指を上下にして同時に軽く上にあげる。

しんねん【新年】2

「新年(大会)」

→〈新しい〉+〈年(ねん)〉
(+〈大会〉)

例文の「新年」は新しい年の意味なので〈新しい〉+〈年〉で表現。

〈新しい〉
すぼめた両手をぱっと前に出して広げる。

〈年(ねん)〉
左こぶしの親指側に右人差指を当てる。

しんぱん【審判】

「試合の審判」

→〈試合①〉+〈審判〉

「審判」は〈審判〉で表現。〈審判〉はジャッジするさまを表す。

〈試合①〉
親指を立てた両手を正面で軽くぶつける。

〈審判〉
親指を立てた両手を交互に振りおろす。

しんぱい【心配】1

「(天気が)心配です」

→(〈空〉+)
〈心配①〉
または〈心配②〉

例文の「心配」は〈心配①〉または〈心配②〉で表現。手話は心が締めつけられる、どきどきするさまで「心配」「不安」などの意味を表す。

〈心配①〉
指先を軽く折り曲げた右手を胸に繰り返し当てる。

〈心配②〉
全指を折り曲げた両手を胸に繰り返し当てる。

しんぶん【新聞】

「新聞を読む」

→〈新聞〉+〈読む①〉

「新聞」は〈新聞〉で表現。〈新聞〉は昔、新聞の号外を鈴を振りながら配ったところから生まれたと言われる。

〈新聞〉
左手のひらの上に右ひじをのせて親指を外側に出して握った右こぶしを振る。

〈読む①〉
左手のひらを見ながら視線に合わせるように右手2指を動かす。

しんぱい【心配】2

「(みんなに)心配をかける」

→(〈みんな〉+)
〈心配②〉+〈与える①〉

例文の「心配をかける」は心配させる意味で〈心配②〉+〈与える①〉で表現。手話は心配を与えるさまで「心配かける」「心配させる」意味。

〈心配②〉
手指を曲げた両手を胸に当てる。

〈与える①〉
両手のひらを上に向け並べて前に差し出す。

しんぽ【進歩】1

「科学が進歩する」

→〈科学〉+〈向上①〉

例文の「進歩」は発展する、向上する意味なので〈向上①〉で表現。〈向上①〉は段々と発展するさまで「進歩」「発展」「向上」の意味。

〈科学〉
人差指を立てた右手を上向きに、人差指を立てた左手を右向きにして交差させる。

〈向上①〉
指文字〈コ〉を示した右手を斜め上にあげる。

しんぽ【進歩】2

「進歩的な考え」

→〈考え〉+〈新しい〉

例文の「進歩的」は進んだ、新しいの意味なので〈新しい〉で表現。手話は考えていることが新鮮で新しいという意味を表す。

〈考え〉

頭を右人差指の先で軽くたたく。

〈新しい〉

すぼめた両手をぱっと前に出して広げる。

しんまい【新米】1

「(今年の)新米」

→(〈年(ねん)〉+〈今①〉+)〈新しい〉+〈米〉

例文の「新米」は今期収穫された新しい米の意味なので〈新しい〉+〈米〉で表現。手話は新しい米という意味。

〈新しい〉

すぼめた両手をぱっと前に出して広げる。

〈米〉

親指と人差指を閉じた右手を唇の端に当て、軽く揺する。

しんぼう【辛抱】

「(タバコを吸うのを)辛抱する」

→(〈タバコ〉+)〈我慢①〉または〈我慢②〉

例文の「辛抱」は〈我慢①〉または〈我慢②〉で表現。いずれも出ようとする苦しい気持ちを抑えつけるさまを表す。

〈我慢①〉

親指を立てた左手を右手のひらで押さえる。

〈我慢②〉

手のひらを下に向けた右手を胸の前で下に押さえる動作を繰り返す。

しんまい【新米】2

「新米教師」

→〈新しい〉+〈先生〉

例文の「新米」は新しく仲間に入った者の意味なので〈新しい〉で表現。手話は新任の教師という意味を表す。

〈新しい〉

すぼめた両手をぱっと前に出して広げる。

〈先生〉

右人差指を口元から振りおろし、右親指を示す。

シンポジウム

「シンポジウムを開く」

→〈シンポジウム〉+〈開(ひら)く③〉

「シンポジウム」は討論会の一種で〈シンポジウム〉で表現。〈シンポジウム〉は指文字〈シ〉で講演者などが座っているさまを表す。

〈シンポジウム〉

指文字〈シ〉の両手を左右に向かい合わせ、同時に前方へ弧を描く。

〈開(ひら)く③〉

手のひらを前に向けてつけ合せた両手を手前に扉を開くように動かす。

しんや【深夜】

「深夜(料金)」

→〈暗い〉+〈過ぎる〉(+〈金(かね)①〉)

「深夜」は夜遅くの意味なので〈暗い〉+〈過ぎる〉で表現。〈暗い〉は目の前が暗いさまで「暗い」「夜」などの意味がある。

〈暗い〉

両手のひらを前に向けた両腕を目の前で交差させる。

〈過ぎる〉

左手甲の上を右手で乗り越える。

しんよう【信用】1

「彼を信用する」
→〈彼〉+〈頼る〉

例文の「信用」は信じる意味なので〈頼る〉で表現。〈頼る〉は相手にすがるさまで「信用」「信じる」「信頼」などの意味がある。

〈彼〉
左親指を右人差指でさす。

〈頼る〉
両手でひもをつかむようにする。

しんり【心理】1

「心理(学)」
→〈心〉+〈リ〉
(+〈勉強①〉)

例文の「心理学」は人の心理などを研究する学問名で〈心〉+指文字〈リ〉+〈勉強①〉で表現。

〈心〉
右人差指でみぞおち辺りをさす。

〈リ〉
右手２指で「リ」の字形を描く。

しんよう【信用】2

「(社長に)
信用されている」
→(〈会社〉+〈長①〉+)
〈頼る〉+〈もらう①〉

例文の「信用される」は〈頼る〉+〈もらう①〉で表現。手話は「信用される」「信じてもらう」「信頼される」などの意味がある。

〈頼る〉
両手でひもをつかむようにする。

〈もらう①〉
手のひらを上に向けた両手を手前に引く。

しんり【心理】2

「心理をつかむ」
→〈気持ち〉+〈つかむ①〉

例文の「心理」は心の動きの意味なので〈気持ち〉で表現。〈気持ち〉は心の動きを表す。

〈気持ち〉
右人差指でみぞおち辺りに小さく円を描く。

〈つかむ①〉
軽く開いた右手のひらを下に向けてつかむようにする。

しんらい【信頼】

「彼に信頼を置く」
→〈彼〉+〈頼る〉

「信頼」は〈頼る〉で表現。〈頼る〉は相手にすがるさまで「信頼」「信頼を置く」「信用(する)」「信じる」などの意味を表す。

〈彼〉
左親指を右人差指でさす。

〈頼る〉
両手でひもをつかむようにする。

しんり【真理】

「真理(の探求)」
→〈本当〉+〈リ〉
(+〈さがす〉+〈求める〉)

「真理」は客観的に正しい現象やその法則の意味なので〈本当〉+指文字〈リ〉で表現。

〈本当〉
右手をあごに当てる。

〈リ〉
右手２指で「リ」の字形を描く。

しんりゃく【侵略】

「侵略(戦争)」
→〈領土〉+〈占領〉
(+〈戦争〉)

例文の「侵略」は〈領土〉+〈占領〉で表現。〈領土〉は左手で範囲を示し、その内側で〈あたり〉を表し、〈占領〉は一定の地域を押さえるさまを表す。

〈領土〉
囲むようにした左手の内側を右手のひらを下に向けて丸く回す。

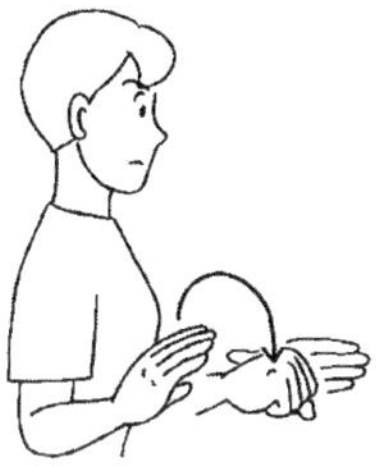

〈占領〉
左手の親指と 4 指で囲むようにした中を右手でつかみ取るようにする。

しんろ【進路】

「進路指導」
→〈進路〉+〈教える①〉

例文の「進路」は卒業後などの進んでゆく道の意味なので〈進路〉で表現。〈進路〉は多様な進むべき道を表す。

〈進路〉
左手のひらの上に右手をのせて、右手指先を 3 方向に前に出す。

〈教える①〉
右人差指を口元から斜め下に振りおろす。

しんるい【親類】

「親類のおじさん」
→〈親類〉+〈男〉

「親類」は血のつながりのある関係者の意味で〈親類〉で表現。手話は血縁関係のある意味で「親類」「親戚」などの意味を表す。

〈親類〉
親指と人差指を閉じた両手をほおにつけ、右手を前に伸ばし出す。

〈男〉
親指を立てた右手を出す。

す

〈ス〉
親指と人差指と中指で「ス」の字形を示す。

じんるい【人類】

「人類」
→〈人〉+〈人々①〉

「人類」は動物一般から人を区別していう言葉で〈人〉+〈人々①〉で表現。

〈人〉
人差指で「人」の字を空書する。

〈人々①〉
親指と小指を立てた両手を揺らしながら左右に開く。

す【酢】

「酢」
→〈ス〉
または〈すっぱい〉

「酢」はすしや酢の物などに使うすっぱい調味料のことで指文字〈ス〉または〈すっぱい〉で表現。〈すっぱい〉は「酢」「すっぱい」の意味。

〈ス〉
親指と人差指と中指の 3 指を出した右手の甲側を前に出し、人差指と中指の指先を下に向ける。

〈すっぱい〉
右手のすぼめた全指を口元に近づけ、ぱっぱっと開く。

ず【図】1

「（建物を）図に書く」

→（〈ビル①〉＋）
〈絵〉＋〈書く②〉

例文の「図」は絵を意味するので〈絵〉で表現。〈絵〉はカンバスに絵の具を塗りつけるさまを表す。

〈絵〉

左手のひらに右手指の背を軽く打ちつける。

〈書く②〉

左手のひらに右手の親指と人差指で横に書くようにする。

ず【図】2

「設計図」

→〈計画〉＋〈四角①〉

例文の「図」は図面の意味なので〈四角①〉で表現。〈四角①〉は四角な平面状のものを表し「図」「書面」「紙」などを意味する。

〈計画〉

左手のひらを下に向け、右人差指で線を引くようにする。

〈四角①〉

両手の人差指で四角を描く。

ずあん【図案】

「着物の図案」

→〈着物〉＋〈デザイン〉

「図案」はデザインの意味なので〈デザイン〉で表現。〈デザイン〉は模様を構想するさまで「図案」「デザイン」「絵柄」の意味。

〈着物〉

着物のえりを合わせるように右手と左手を順番に胸で重ねる。

〈デザイン〉

両手のひらを下に向けて指先を向かい合わせ、小刻みに交互に前後させる。

すいえい【水泳】

「水泳を習う」

→〈泳ぐ〉＋〈鍛える〉

「水泳」は〈泳ぐ〉で表現。〈泳ぐ〉はばた足のさまで「水泳」「泳ぐ」「スイミング」などの意味。

〈泳ぐ〉

右手２指の指先を交互に上下させながら右へ動かす。

〈鍛える〉

ひじを張り、両こぶしで胸を同時に繰り返したたく。

スイカ【西瓜】

「甘いスイカ」

→〈甘い〉＋〈スイカ〉

「スイカ」は〈スイカ〉で表現。〈スイカ〉は切ったスイカを食べるさまを表す。

〈甘い〉

右手のひらを口元で回す。

〈スイカ〉

全指を軽く折り曲げた両手のひらを手前に向けて口元で左右に往復する。

すいがい【水害】

「（村が）水害に遭った」

→（〈村〉＋）
〈洪水〉＋〈混乱〉

「水害」は大雨などで水があふれ被害が出ることなので〈洪水〉＋〈混乱〉で表現。手話は水があふれ混乱するさまを表す。

〈洪水〉

指先を前に向けて立てた左手に右手の指先を近づけて越えるようにする。

〈混乱〉

全指を曲げた両手のひらを上下に向かい合わせて、かき混ぜるようにする。

すいこう【遂行】

「任務を遂行する」

→〈責任①〉+〈する〉

「遂行」は与えられた任務を果たす意味なので〈する〉で表現。〈する〉はものごとを実行するさまで「遂行」「実行」「する」の意味。

〈責任①〉

右肩に軽く全指を折り曲げた右手をのせる。

〈する〉

両こぶしを力を込めて前に出す。

すいさんちょう【水産庁】

「水産庁」

→〈魚(さかな)①〉+〈庁〉

「水産庁」は〈魚①〉+〈庁〉で表現。〈魚①〉は魚が泳ぐさま、〈庁〉は「庁」の最後の画を表す。

〈魚(さかな)①〉

右手指先を左に向けて揺らしながら動かす。

〈庁〉

両手の人差指で「丁」を描く。

すいじ【炊事】

「炊事当番」

→〈料理〉+〈腕章〉

例文の「炊事」は〈料理〉で表現。「料理当番」も同手話。

〈料理〉

左手で押さえ、右手で刻むようにする。

〈腕章〉

親指と人差指で腕章のように上腕に回す。

すいじゃく【衰弱】

「(体が)衰弱する」

→(〈体(からだ)〉+)〈疲れる〉または〈さがる②〉

「衰弱」は衰え弱くなる意味なので〈疲れる〉または〈さがる②〉で表現。〈疲れる〉は体がぐったりするさまで「衰弱」「疲労」「疲れる」などの意味。

〈疲れる〉

両手指先を胸に軽く当てて下に振り落とすようにだらりとさげる。

〈さがる②〉

指文字〈コ〉を示した右手を右上から左下におろす。

すいじゅん【水準】

「(生活)水準が高い」

→(〈生活〉+)〈レベル〉+〈高い③〉

例文の「水準」は基準となる一定のレベルの意味なので〈レベル〉で表現。〈レベル〉は一定のレベルを表す。

〈レベル〉

右手指先を前に向け、胸の高さで手のひらを下に向けて水平に右へ動かす。

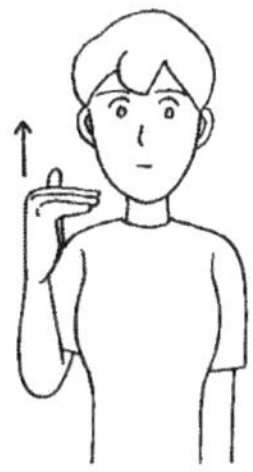

〈高い③〉

指文字〈コ〉を示した右手を上にあげる。

すいしん【推進】

「船の推進」

→〈船〉+〈モーター②〉

例文の「推進」は船を前進させることなので〈モーター②〉で表現。〈モーター②〉の左手は船、右手はモーターを表す。

〈船〉

両手で船形を作り、前に出す。

〈モーター②〉

〈船〉の左手を残し、その後ろで右人差指をモーターのように回す。

す

すいしん【推進】2

「計画を推進する」

→〈計画〉+〈進む②〉

例文の「推進」は事業・運動を推し進めることなので〈進む②〉で表現。〈進む②〉は前に進むさまを表す。

〈計画〉

左手のひらを下に向け、右人差指で線を引くようにする。

〈進む②〉

指文字〈コ〉を示した両手を、順に前に進める。

すいせん【推薦】

「(会長に)推薦する」

→(〈会〉+〈長①〉+)
〈助ける①〉+〈選び出す〉

「推薦」はよいと思う人、またはものを勧める意味なので〈助ける①〉+〈選び出す〉で表現。

〈助ける①〉

親指を立てた左手の後ろを右手のひらで軽く後押しする。

〈選び出す〉

左親指を右手の親指と人差指でつまむようにして前に出す。

すいせん【水洗】

「水洗便所」

→〈流れる①〉+〈トイレ〉

「水洗」は水で汚物を流す便器のことで〈流れる①〉で表現。〈流れる①〉は水が流れるさまで「水」の意味もある。

〈流れる①〉

右手甲を下に向けて左から右へ手首を返しながら右へ指先を向ける。

〈トイレ〉

3指を立てて親指と人差指で「C」の字を作る。

すいぞくかん【水族館】

「水族館」

→〈魚(さかな)③〉+〈ビル①〉

「水族館」は〈魚③〉+〈ビル①〉で表現。〈魚③〉は魚が右から左から泳ぎ回っているさまを表す。〈ビル①〉は建物を表す。

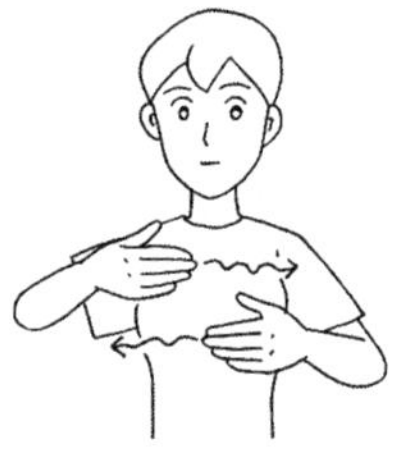

〈魚(さかな)③〉

横向きにした両手を上下に置き、揺らしながら交差させる。

〈ビル①〉

両手のひらを向かい合わせて上にあげ、閉じる。

すいとう【出納】

「出納簿」

→〈出納(すいとう)〉+〈帳簿〉

「出納」はお金の出し入れの意味なので〈出納〉で表現。〈出納〉はお金を出し入れするさまで「出納」「収支」などの意味。

〈出納(すいとう)〉

左手のひらの上で右手の親指と人差指で作った丸をこするように前後させる。

〈帳簿〉

両手のひらを上下に合わせて右手を開くようにあける。

すいどう【水道】

「水道(料金)」

→〈流れる②〉+〈ひねる①〉
(+〈金(かね)①〉)

「水道」は〈流れる②〉+〈ひねる①〉で表現。手話は水栓をひねるさまで「水道」の意味を表す。

〈流れる②〉

右手の甲を下にして波のようにゆらゆら上下に揺すりながら右へやる。

〈ひねる①〉

水道の蛇口をひねるように右手全指を回す。

ずいぶん【随分】

「随分(世話になった)」

→〈本当〉または〈とても〉
(+〈助けられる①〉)

例文の「随分」は〈本当〉または〈とても〉で表現。

〈本当〉

右手をあごに当てる。

〈とても〉

親指と人差指を閉じた右手を右へ弧を描きながら親指を立てる。

すいみん【睡眠】

「睡眠不足」

→〈眠る②〉+〈貧しい①〉

「睡眠」は眠ることなので〈眠る②〉で表現。〈眠る②〉は目をつぶって眠るさまを表す。

〈眠る②〉

両手の親指と 4 指の指先を目に向けて閉じる。

〈貧しい①〉

右親指をあごに当てる。

すいようび【水曜日】

「水曜日の夜」

→〈流れる②〉+〈暗い〉

「水曜日」は〈流れる②〉で表現。〈流れる②〉は「水」の意味でここでは「水曜日」を表す。

〈流れる②〉

右手の甲を下にして波のようにゆらゆら上下に揺すりながら右へやる。

〈暗い〉

両手のひらを前に向けた両腕を目の前で交差させる。

すいりゅう【水流】

「水流」

→〈流れる②〉+〈波③〉

「水流」は〈流れる②〉+〈波③〉で表現。〈流れる②〉は水が流れるさまで、「水」「流れ」の意味。〈波③〉は流れを表す。

〈流れる②〉

右手の甲を下にして波のようにゆらゆら上下に揺すりながら右へやる。

〈波③〉

右指先を左に向け手のひらを下に向けた右手を、波打たせながら左に動かす。

スイレン【睡蓮】

「スイレンが有名」

→〈スイレン〉+〈有名〉

「スイレン」は〈スイレン〉で表現。〈スイレン〉は池に咲くスイレンのさまを表す。

〈スイレン〉

半円にした左手を寝かせ、その横で、すぼめた右手をあげながら開く。

〈有名〉

左手のひらに右人差指を当て、上にあげる。

すう【吸う】1

「息を吸うのも苦しい」

→〈呼吸③〉+〈苦しい②〉

例文の「吸う」は空気を吸うので〈呼吸③〉で表現。〈呼吸③〉は鼻から気体を吸うさまで「空気」「ガス」などを吸うという意味を持つ。

〈呼吸③〉

右手 2 指の指先を鼻に近づける。

〈苦しい②〉

右こぶしで胸をたたくようにする。

すう【吸う】2

「タバコを吸う」

→〈タバコ〉

例文の「タバコを吸う」は〈タバコ〉で表現。〈タバコ〉はタバコを吸うさまで「タバコ」「タバコを吸う」意味を表す。

〈タバコ〉

右手 2 指を唇に当てタバコを吸うように前に出す。

すう【吸う】3

「赤ちゃんがミルクを吸う」

→〈赤ちゃん〉+〈ミルク〉

例文の「ミルクを吸う」は〈ミルク〉で表現。〈ミルク〉は赤ちゃんが乳房やほ乳びんの口を吸うさまで「ミルクを吸う」「ミルク」の意味。

〈赤ちゃん〉

赤ちゃんを両手でかかえるようにして軽く揺らす。

〈ミルク〉

右手中指を折り曲げて関節部分を口元に当てる。

すうがく【数学】

「数学」

→〈算数〉+〈勉強③〉

「数学」は数の計算を考える学問のことで〈算数〉で表現。〈算数〉は両手で指を足すさまで「数学」「算数」を意味する。

〈算数〉

3 指を立てた両手を軽く繰り返しぶつけ合う。

〈勉強③〉

手のひらを手前に向けた両手を左右から合わせる。

すうじ【数字】

「数字」

→〈数〉+〈書く③〉

「数字」は数を表すことなので〈数〉+〈書く③〉で表現。〈数〉は数を数えるさまを表し、不特定の数の意味を表す。

〈数〉

右手の指を順に折る。

〈書く③〉

ペンを持って、上から下に書くようにする。

ずうずうしい【図々しい】

「ずうずうしい奴」

→〈厚かましい①〉+〈男〉

「ずうずうしい」は厚かましい、つらの皮の厚い意味なので〈厚かましい①〉で表現。〈厚かましい①〉はつらの皮の厚いさまを表す。

〈厚かましい①〉

親指と 4 指の間隔を保ち、ほおをすべりおろす。

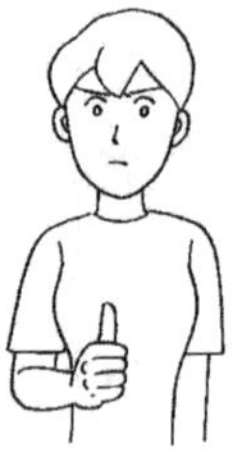

〈男〉

親指を立てた右手を出す。

スーツ

「春物のスーツ」

→〈暖かい〉+〈背広〉

「スーツ」は背広の上下や上着とスカートの組み合わせのことで〈背広〉で表現。〈背広〉は背広のえりを表す。

〈暖かい〉

両手で下からあおぐようにする。

〈背広〉

親指を立てた両手で背広のえりを示す。

すうにん【数人】

「数人(がやって来る)」

→〈数〉+〈人〉
（+〈来る②〉）

「数人」は特定できない複数の人の意味で〈数〉+〈人〉で表現。〈数〉は数を数えるさまで「数人」など数えられるほどの数を表す。

〈数〉
右手の指を順に折る。

〈人〉
人差指で「人」の字を空書する。

スーパー(マーケット)

「スーパーに行く」

→〈スーパー〉+〈行(い)く①〉

「スーパー(マーケット)」は〈スーパー〉で表現。〈スーパー〉はかごに品物を入れるさまを表す。

〈スーパー〉
買い物かごを持った左こぶしの下にものを入れるようにする。

〈行(い)く①〉
右手人差指を下に向けて、振りあげるように前をさす。

スープ

「スープを飲む」

→〈スープ〉

「スープ」は西洋風の吸い物のことで〈スープ〉で表現。〈スープ〉はスープを飲むさまを表し、「スープ」「スープを飲む」の意味。

〈スープ〉
スープ用のスプーンを持ち、手前からスープをすくって飲むようにする。

すえ【末】1

「(今)月の末」

→(〈今①〉+)
〈月〉+〈まで〉

例文の「末」は月の終わりの意味なので〈まで〉で表現。〈まで〉は終わりを示すさまで「末」「終わり」「まで」などの意味がある。

〈月〉
右手の親指と人差指で三日月形を描く。

〈まで〉
左手のひらに右手指先を軽くつける。

すえ【末】2

「思案の末」

→〈考える〉+〈結ぶ①〉

例文の「末」は結果の意味なので〈結ぶ①〉で表現。〈結ぶ①〉は結果の「結」の字に由来したもので「結果」「結末」などの意味がある。

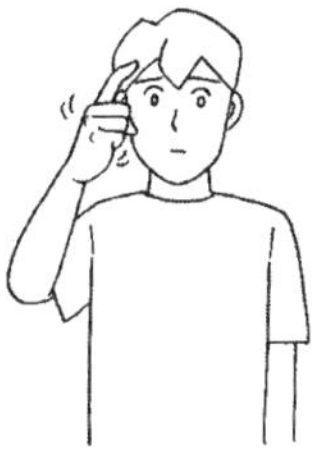

〈考える〉
右人差指を頭にねじこむようにする。

〈結ぶ①〉
両手の親指と人差指でひもを結ぶようにして左右に開く。

すえ【末】3

「末が楽しみ」

→〈将来①〉+〈期待〉

例文の「末」は将来の意味なので〈将来①〉で表現。〈将来①〉はかなり遠い将来のさまで「将来」「未来」などの意味を表す。

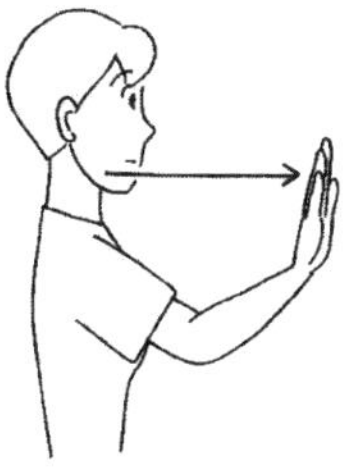

〈将来①〉
右手のひらを前に向けて押すように大きく前に出す。

〈期待〉
指文字〈キ〉をあごに当てる。

すえ【末】4

「末の娘」

→〈最低〉+〈娘〉

例文の「末」は最後に生まれた子の意味なので〈最低〉で表現。〈最低〉は一番下という意味を表す。

〈最低〉

手のひらを上に向けた左手に上から右手指先を下ろし当てる。

〈娘〉

小指を立てた右手を腹から前に出す。

スカート

「スカートをはく」

→〈スカート〉+〈はく①〉

「スカート」は〈スカート〉で表現。〈スカート〉はスカートを表す。

〈スカート〉

両手の親指と人差指を開いて腰元に当て、左右に開くようにおろす。

〈はく①〉

両こぶしを引きあげるようにする。

すがた【姿】1

「姿がいい」

→〈姿〉+〈良い〉

例文の「姿」は体形の意味なので〈姿〉で表現。〈姿〉は体の曲線のさまで「姿」「スタイル」などの意味を表す。

〈姿〉

向かい合わせた両手を上から下に体の線を描くようにおろす。

〈良い〉

右こぶしを鼻から前に出す。

すがた【姿】2

「(ボスが)姿を消す」

→(〈長①〉+)
〈消える①〉
または〈消える⑥〉

例文「姿を消す」はいなくなる意味なので〈消える①〉または〈消える⑥〉で表現。いずれも人がぱっといなくなるさまを表す。

〈消える①〉

両手のひらを交差させながら握る。

〈消える⑥〉

左手の親指と4指の間をくぐらせながら右手をすぼませる。

すき【好き】1

「菓子が好き」

→〈菓子〉+〈好き①〉

例文の「好き」は好ましく思うことで〈好き①〉で表現。〈好き①〉は「好き」「欲しい」「～したい」の意味を表す。

〈菓子〉

親指と人差指でつまむようにして、繰り返し口に持っていく。

〈好き①〉

親指と人差指を開いた右手をのどに当て、下におろしながら閉じる。

すき【好き】2

「彼女が好きです」

→〈彼女〉+〈好き②〉

例文の「彼女が好き」は〈好き②〉を表現。〈好き②〉は対象とする相手に首ったけ(好き)のさまで「好き」であることを表す。

〈彼女〉

左小指を右人差指でさす。

〈好き②〉

〈彼女〉の左手を残して、右手の親指と人差指をのどに当てるようにして閉じながらおろす。

すき【好き】3

「好きにする」

→〈自分一人〉+〈ひじてつ〉

例文は勝手にするの意味なので〈自分一人〉+〈ひじてつ〉で表現。〈自分一人〉は自分だけのさまで「勝手」「自分だけ」などの意味。

〈自分一人〉

右人差指を胸に当て、前にはねあげる。

〈ひじてつ〉

右手のひじを張る。

スギ【杉】

「杉の木」

→〈杉〉+〈木〉

「杉」は建具や箸などによく使われる木の一種で〈杉〉で表現。〈杉〉は漢字「杉」の字形を利用した手話。

〈杉〉

左人差指を立て、その横で右手3指で「彡」を描く。

〈木〉

両手の親指と人差指で大きな丸を作り、上にあげながら左右に広げる。

スキー

「スキーをする」

→〈スキー①〉または〈スキー②〉

「スキー」は〈スキー①〉または〈スキー②〉で表現。〈スキー①〉はストックで漕ぐさまを、〈スキー②〉はスキー板で滑るさまを表す。

〈スキー①〉

両こぶしをストックのように繰り返し後ろに動かす。

〈スキー②〉

両人差指を曲げて両脇から前に出す。

スキーヤー 1

「スキーヤー」

→〈スキー①〉+〈人々①〉

「スキーヤー」はスキーをする人々または選手のことで2種類の表現がある。ひとつは〈スキー①〉+〈人々①〉で表現する。

〈スキー①〉

両こぶしをストックのように繰り返し後ろに動かす。

〈人々①〉

親指と小指を立てた両手を揺らしながら左右に開く。

スキーヤー 2

「スキーヤー」

→〈スキー①〉+〈選手〉

もうひとつは〈スキー①〉+〈選手〉で表現。

〈スキー①〉

両こぶしをストックのように繰り返し後ろに動かす。

〈選手〉

左こぶしの甲に親指を立てた右手を軽くかすめるように当て、上にあげる。

すきやき【すき焼き】

「牛のすきやき」

→〈牛〉+〈すきやき〉

「すきやき」は〈すきやき〉で表現。〈すきやき〉は鍋に牛脂をひくさま。

〈牛〉

両手親指と人差指で角の形を作り、親指を側頭部につける。

〈すきやき〉

左手のひらの上を右手2指の指先で水平に円を描く。

すぎる【過ぎる】1

「冬が過ぎ（春が来た）」

→〈寒い〉＋〈まで〉
（＋〈暖かい〉＋〈来る②〉）

例文の「過ぎる」は終わる意味なので〈まで〉で表現。〈まで〉は終わりに達するさまで「まで」「終わる」などの意味を表す。

〈寒い〉
両こぶしを握り、左右にふるわせる。

〈まで〉
左手のひらに右手指先を軽くつける。

すぎる【過ぎる】2

「（予定の）時間が過ぎる」

→（〈予定〉＋）
〈時間〉＋〈過ぎる〉

例文の「過ぎる」はある時間が越える意味なので〈過ぎる〉で表現。〈過ぎる〉はある範囲を越えるさまで「過ぎる」「越える」の意味を表す。

〈時間〉
左手の腕時計の位置を右人差指でさす。

〈過ぎる〉
左手甲の上を右手で乗り越える。

すぎる【過ぎる】3

「二十歳を過ぎる」

→（〈年齢〉＋）
〈20〉＋〈越える②〉

例文の「過ぎる」はある年齢を越える意味なので〈越える②〉で表現。〈越える②〉はある基準を越えるさまで「過ぎる」「越える」の意味。

〈20〉
右手の人差指と中指を曲げて軽く振る。

〈越える②〉
左手のひらを下にして、その手前で指先を上に向けた右手をあげる。

すぎる【過ぎる】4

「口が過ぎる」

→〈言う①〉＋〈過ぎる〉

例文の「口が過ぎる」は相手の感情を害して言い過ぎる意味なので〈言う①〉＋〈過ぎる〉で表現。〈過ぎる〉はある範囲を越えるさまを表す。

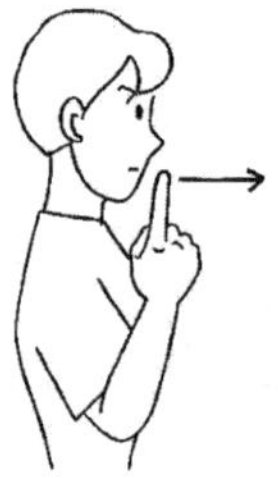

〈言う①〉
右人差指を口元から前に出す。

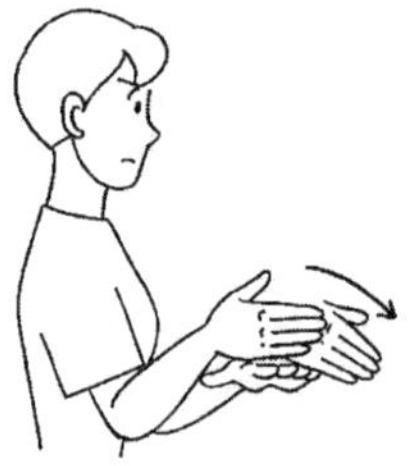

〈過ぎる〉
左手甲の上を右手で乗り越える。

すぎる【過ぎる】5

「飲み過ぎる」

→〈飲む③〉＋〈越える②〉

例文の「過ぎる」は度を越す意味なので〈越える②〉で表現。〈越える②〉はある基準を越えるさまで「過ぎる」「越える」の意味を表す。

〈飲む③〉
右手の親指と人差指でおちょこを持ち、飲むようにする。

〈越える②〉
左手のひらを下にして、その手前で指先を上に向けた右手をあげる。

スキンシップ

**「（母と）
子のスキンシップ」**

→（〈母〉＋）
〈子供①〉＋〈スキンシップ〉

「スキンシップ」は〈スキンシップ〉で表現。〈スキンシップ〉は肌と肌の触れ合いを表す。

〈子供①〉
両手のひらを前方に向け、軽く振る。

〈スキンシップ〉
両手を組んでほおになすりつける。

すくう【救う】

「飢えから救う」

→〈空腹②〉＋〈助ける①〉

「救う」は助ける意味なので〈助ける①〉で表現。〈助ける①〉は後押しするさまで「救う」「助ける」「救助」「救援」の意味を表す。

〈空腹②〉

両手のひらを腹に当てて押すように下におろす。

〈助ける①〉

親指を立てた左手の後ろを右手のひらで軽く後押しする。

スクーリング

「（夏）休みのスクーリングを受ける」

→（〈夏〉＋）〈連休〉＋〈スクーリング〉

例文の「スクーリング」は通信教育の面接授業などのことなので〈スクーリング〉で表現。〈スクーリング〉の左手は面接、右手は学ぶを表す新しい手話。

〈連休〉

両手のひらを下に向け、繰り返し閉じるようにして左から右へ動かす。

〈スクーリング〉

左こぶしを顔の前に立て、右人差指を左手に向けて動かす。

すくない【少ない】1

「雨が少ない」

→〈雨①〉＋〈少し〉

例文の「少ない」は少しの意味なので〈少し〉で表現。〈少し〉はこれっぽっちのさまで「少ない」「わずか」「ちょっと」などの意味がある。

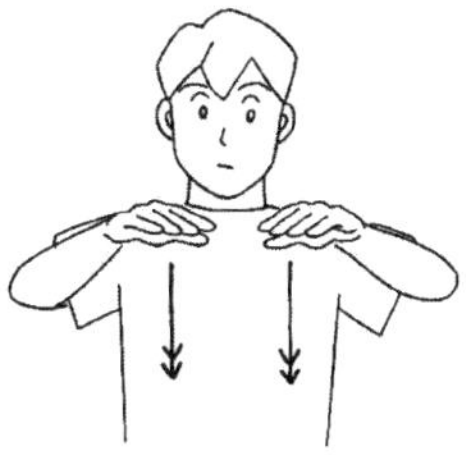

〈雨①〉

軽く開いた指先を前に向け両手を繰り返し下におろす。

〈少し〉

右手の親指と人差指を合わせ、親指をはじく。

すくない【少ない】2

「収入が少ない」

→〈給料〉＋〈安い②〉

例文の「少ない」は収入が低いことなので〈安い②〉で表現。〈安い②〉は収入が低いさまで「安い」「（収入が）低い」の意味。

〈給料〉

左手のひらに右手親指と人差指で作った丸を添えて手前に引き寄せる。

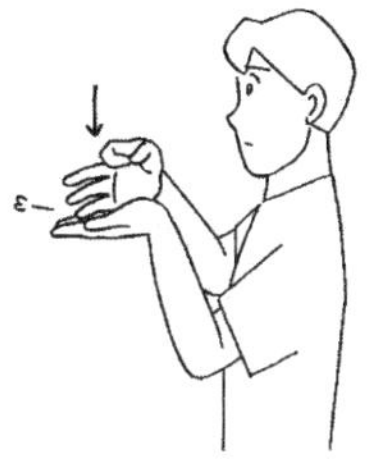

〈安い②〉

胸の高さに置いた左手のひらに右手の親指と人差指で作った丸を下ろしてつける。

すくない【少ない】3

「水量が少ない」

→〈流れる②〉＋〈減る①〉

例文の「少ない」は通常に比べて量が減っているという意味なので〈減る①〉で表現。〈減る①〉は量などが減る、かさが低いさまを表す。

〈流れる②〉

右手の甲を下にして波のようにゆらゆら上下に揺すりながら右へやる。

〈減る①〉

左手のひらに指文字〈コ〉を示した右手を置き、さげる。

スクリーン

「映画のスクリーン」

→〈映画〉＋〈四角③〉

「スクリーン」は映写幕のことで〈四角③〉で表現。〈四角③〉は四角な平面状のものをさし、この場合は「スクリーン」を意味する。

〈映画〉

指間を軽く開き、両手のひらを目の前で前後に重ね、交互に上下させる。

〈四角③〉

両手人差指で大きく四角を描く。

スケート

「スケートが得意」

→〈スケート〉+〈得意〉

「スケート」は氷上を滑走するスポーツのことで〈スケート〉で表現。手をスケートのエッジに見立てて滑るさまを表す。

〈スケート〉
体の前で少し弧を描き、交互に前に出す。

〈得意〉
親指と小指を立てた右手の親指を鼻に当て、斜め上に出す。

スケジュール

「スケジュールがつまっている」

→〈予定〉+〈いっぱい⑤〉

「スケジュール」は予定の意味なので〈予定〉で表現。〈予定〉は「予」の旧漢字「豫」の一部「象(ぞう)」に由来する表現。

〈予定〉
右こぶしを鼻の前で手首を使って軽く揺する。

〈いっぱい⑤〉
口元に当てた右手のひらをぷっと息を吐き出すようにして前に出す。

スケッチ

「(風景を)スケッチする」

→(〈ながめる〉+)
〈見る①〉+〈絵〉

「スケッチ」は写生する意味なので〈見る①〉+〈絵〉で表現。手話は対象を見ながら描くさまで「スケッチ」「写生」「写生する」の意味。

〈見る①〉
右人差指を右目元から前に出す。

〈絵〉
左手のひらに右手指の背を軽く打ちつける。

すごい【凄い】1

「すごい家」

→〈すごい〉+〈家〉

例文の「すごい」はびっくりするような意味なので〈すごい〉で表現。〈すごい〉は目の玉がでんぐり返るさまで「すごい」「ものすごい」の意味。

〈すごい〉
右手指先を曲げて頭の横で前方に回転させる。

〈家〉
両手で屋根形を作る。

すごい【凄い】2

「すごい美人」

→〈美しい①〉+〈驚く①〉

例文の「すごい」は驚くほどのの意味なので〈驚く①〉で表現。〈驚く①〉は飛びあがるさまで「すごい」「驚く」「びっくりする」の意味。

〈美しい①〉
顔の前で右手を左右に少し振る。

〈驚く①〉
左手のひらの上に右手 2 指を立てて飛びあがるようにして 2 指を離し、またつける。

すごく【凄く】

「すごく楽しい」

→〈とても〉+〈うれしい〉

「すごく」はとてもの意味なので〈とても〉で表現。〈とても〉は非常に大きいさまで「すごく」「大変」「非常に」などの意味を表す。

〈とても〉
親指と人差指を閉じた右手を左から弧を描きながら親指を立てる。

〈うれしい〉
両手のひらを胸の前で、交互に上下させる。

すこし【少し】1

「(服が)少し大きい」

→(〈服〉+)
〈少し〉+〈大きい②〉

例文の「少し」は〈少し〉で表現。〈少し〉はこれっぽっちのさまで「少ない」「ちょっと」「これっぽっち」などの意味がある。

〈少し〉

右手の親指と人差指を合わせ、親指をはじく。

〈大きい②〉

軽く開いた両手のひらを向かい合わせ左右に広げる。

すこし【少し】2

「背が少し高い」

→〈身長〉+〈高い③〉

例文の「少し高い」は〈高い③〉をわずかに上にあげて表現する。

〈身長〉

右人差指を頭にのせる。

〈高い③〉

指文字〈コ〉を示した右手を上にあげる。

すこし【少し】3

「(年が)少し上」

→(〈年齢〉+)
〈少し〉+〈上④〉

例文の「少し」はややの意味で〈少し〉で表現。〈少し〉はこれっぽっちのさまで「少ない」「やや」「これっぽっち」などの意味がある。

〈少し〉

右手の親指と人差指を合わせ、親指をはじく。

〈上④〉

指文字〈コ〉を示した両手の指先を向かい合わせ右手を弧を描くようにして上にあげる。

すこし【少し】4

「(悪いところは)少しもない」

→(〈悪い①〉+)
〈すべて〉+〈ない①〉

例文の「少しもない」は全くない意味なので〈すべて〉+〈ない①〉で表現。手話は「少しもない」「まったくない」などの意味を表す。

〈すべて〉

両手で上から下に円を描く。

〈ない①〉

指先を開いて手首を振る。

すこし【少し】5

「少しずつお金を貯める」

→〈削る①〉+〈貯金〉

例文の「少しずつ」はぼつぼつの意味で〈削る①〉で表現。〈削る①〉はナイフで削るさまで「削る」「少しずつ」「ぼつぼつ」などの意味。

〈削る①〉

左人差指を右人差指で削るようにする。

〈貯金〉

左手のひらの上に右こぶしの小指側で判をつくように当てながら前に出す。

すごす【過ごす】1

「海外で過ごす」

→〈外国〉+〈生活〉

例文の「過ごす」は生活する意味なので〈生活〉で表現。〈生活〉は日が昇り沈みそれを繰り返すさまで「生活」「暮らす」などの意味。

〈外国〉

右人差指を右目のまわりで回す。

〈生活〉

両手の親指と人差指を向かい合わせて回す。

すごす【過ごす】2

「（まちがいを）見過ごす」

→（〈まちがう①〉＋）〈見る①〉＋〈手落ち〉

例文の「見過ごす」は見落とす意味なので〈見る①〉＋〈手落ち〉で表現。手話は見ることを欠いたさまで「見過ごす」「見落とす」の意味。

〈見る①〉

右人差指を右目元から前に出す。

〈手落ち〉

両手のひらを手前に向けて重ね、右手を前に倒すように落とす。

すごす【過ごす】3

「寝過ごして遅刻した」

→〈寝坊〉＋〈過ぎる〉

例文の「寝過ごす」は寝坊する意味なので〈寝坊〉で表現。〈寝坊〉は枕をずらしてだらしなく眠るさまを表す。

〈寝坊〉

頭に当てた右こぶしをすべらせるように上にあげる。

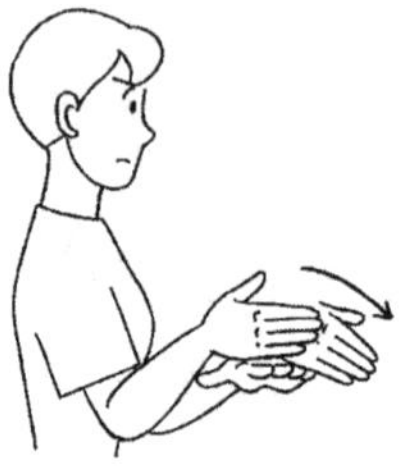

〈過ぎる〉

左手甲の上を右手で乗り越える。

すし【寿司】1

「寿司のおみやげ」

→〈寿司〉＋〈みやげ③〉

例文の「寿司」は一般ににぎり寿司をさすので〈寿司〉で表現。〈寿司〉はにぎり寿司をにぎるさまを表す。

〈寿司〉

左手のひらに右手２指を包み込み、寿司を握るようにする。

〈みやげ③〉

左手のひらの上でつまんだ右手をそえて上下に小さく揺らしながら前に出す。

すし【寿司】2

「巻き寿司で有名」

→〈巻き寿司〉＋〈有名〉

例文の「巻き寿司」はかんぴょうや伊達巻などを寿司飯と海苔で巻く寿司のことで〈巻き寿司〉で表現。〈巻き寿司〉はそれを巻くさまを表す。

〈巻き寿司〉

両手を軽く握るようにして前に倒す。

〈有名〉

左手のひらに右人差指を当て、上にあげる。

すず【鈴】

「鈴の音」

→〈鈴〉＋〈聞く②〉

「鈴」は金属製の殻（から）に玉を入れて音を出すもので〈鈴〉で表現。〈鈴〉は鈴を振るさまを表す。

〈鈴〉

右手を軽く閉じるようにして指先を下に向けて振る。

〈聞く②〉

右人差指を右耳に当てる。

ススキ【薄】

「秋のススキ」

→〈涼しい〉＋〈ススキ〉

「ススキ」は〈ススキ〉で表現。〈ススキ〉はススキの穂が垂れているさまを表す。

〈涼しい〉

両手で耳元をあおぐ。

〈ススキ〉

左人差指の上に右人差指をつけ、右人差指を少しあげて、手を開きながら垂らす。

すずしい【涼しい】

「山は涼しい」
→〈山〉＋〈涼しい〉

「涼しい」は〈涼しい〉で表現。〈涼しい〉は耳元を吹く心地よい涼しい風のさまで「涼しい」「秋」などの意味。

〈山〉
右手で山形を描く。

〈涼しい〉
両手で耳元をあおぐ。

すすむ【進む】1

「（人が）道を進む」
→（〈人〉＋）〈道①〉＋〈歩く①〉

例文の「進む」は前に向かって歩いて行く意味なので〈歩く①〉で表現。〈歩く①〉は人が歩くさまで「（歩いて）進む」「歩く」の意味。

〈道①〉
指先を前に向けた両手を向かい合わせて前に出す。

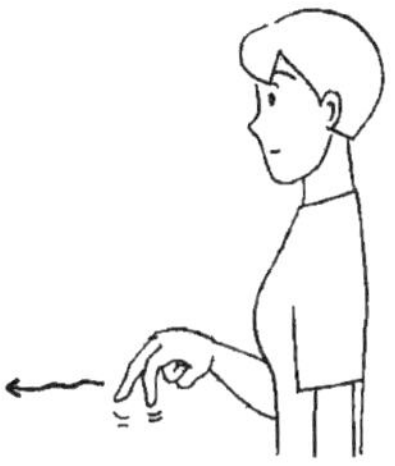

〈歩く①〉
右手２指を歩くように交互に前後させながら前に出す。

すすむ【進む】2

「車が少しも先に進まない」
→〈運転〉＋〈渋滞〉

例文の「進まない」は車が渋滞する意味なので〈渋滞〉で表現。〈渋滞〉は自動車が連なって動かないさまで「渋滞」の意味を表す。

〈運転〉
ハンドルを両手で握り、回すようにする。

〈渋滞〉
「コ」の字形にした両手を前後につけ、右手を後ろに引く。

すすむ【進む】3

「（工事が）進む」
→（〈工事〉＋）〈進む①〉または〈進む②〉

例文の「進む」ははかどる意味なので〈進む①〉または〈進む②〉で表現。いずれもものごとが着々と進むさまで「進む」「進行」などの意味。

〈進む①〉
指文字〈コ〉を示した両手を前に進める。

〈進む②〉
指文字〈コ〉を示した両手を、順に前に進める。

すすむ【進む】4

「ペンが進む」
→〈書く③〉＋〈なめらか①〉

例文の「ペンが進む」は書こうと思っていることがすらすらと書ける意味なので〈書く③〉＋〈なめらか①〉で表現。すらすらと書けるさまを表す。

〈書く③〉
ペンを持って、上から下に書くようにする。

〈なめらか①〉
右人差指をほおに当て、すべらせて前に出す。

すすむ【進む】5

「高校に進む」
→〈高校①〉＋〈入る②〉（または〈入る①〉）

例文の「進む」は進学する意味なので〈入る②〉または〈入る①〉で表現。いずれも組織や団体に入るさまで「入学」「入社」などの意味。

〈高校①〉
右手２指で額に２本線を引く。

〈入る②〉
左手のひらに指先を閉じた右手をつけて前に出す。

すすむ【進む】6

「科学が進む」

→〈科学〉+〈向上①〉

例文の「進む」は進歩、発展する意味なので〈向上①〉で表現。〈向上①〉は段々と進歩、発展するさまで「進歩」「発展」「向上」の意味。

〈科学〉

人差指を立てた右手を上向きに、人差指を立てた左手を右向きにして交差させる。

〈向上①〉

指文字〈コ〉を示した右手を斜め上にあげる。

スズメ【雀】

「スズメ」

→〈スズメ①〉

または〈スズメ②〉

例文の「スズメ」は〈スズメ①〉または〈スズメ②〉で表現。ほおの白さを表す。

〈スズメ①〉

両手の親指と人差指で作った丸を両ほおに当てる。

〈スズメ②〉

親指と人差指で作った丸でほおに丸を描く。

すすむ【進む】7

「気が進まない」

→〈熱心①〉+〈ない①〉

例文の「気が進まない」は積極的にそうしたいという気持ちになれない意味なので〈熱心①〉+〈ない①〉で表現。意欲がわかないという表現。

〈熱心①〉

親指と人差指を閉じた右手を左脇に当てて、前に出しながらぱっと開く。

〈ない①〉

両手の手首を回すように振る。

すすめる【勧める】1

「(娘に)結婚を勧める」

→(〈娘〉+)

〈結婚〉+〈勧める〉

例文の「勧める」はそうしなさいと促すことで〈勧める〉で表現。〈勧める〉は相手に勧めるさまを表す。

〈結婚〉

親指と小指を左右からつける。

〈勧める〉

左小指に手のひらを上にした右手指先を繰り返し近づける。

すすむ【進む】8

「(時計が)三分進んでいる」

→(〈時計〉+)

〈三分〉+〈はやい①〉

例文の「進む」は時計が正確な時間よりも早い意味なので〈はやい①〉で表現。〈はやい①〉は矢が飛ぶさまで「はやい」意味一般を表す。

〈三分〉

左手3指を示しながら右人差指で小さく「ノ」を描く。

〈はやい①〉

親指と人差指を閉じた右手をすばやく左へ動かしながら人差指を伸ばす。

すすめる【勧める】2

「(客に)お茶を勧める」

→(〈客〉+)

〈お茶を入れる〉+〈どうぞ①〉

例文の「勧める」は相手にどうぞと言う意味なので〈どうぞ①〉で表現。〈どうぞ①〉は相手にどうぞと勧めるさまを表す。

〈お茶を入れる〉

湯飲みを持つようにした左手に親指と小指を立てた右手を注ぎ入れるように傾ける。

〈どうぞ①〉

手のひらを上にして並べた両手を前に少し出す。

すすめる【勧める】3

「(参加を)勧められる」
→(〈参加①〉+)
〈勧められる①〉
または〈勧められる②〉

例文の「勧められる」は〈勧められる①〉または〈勧められる②〉で表現。①は首を引っ張られるさま、②はどうぞどうぞと勧められるさまを表す。

〈勧められる①〉
首につけられた縄を両手で引くようにする。

〈勧められる②〉
右手指先を自分の方に向けて繰り返し近づける。

すすめる【進める】1

「車を進める」
→〈運転〉+〈車①〉

例文の「進める」は〈車①〉で表現。〈車①〉は自動車自体が前に進むさまを表す。

〈運転〉
ハンドルを両手で握り、回すようにする。

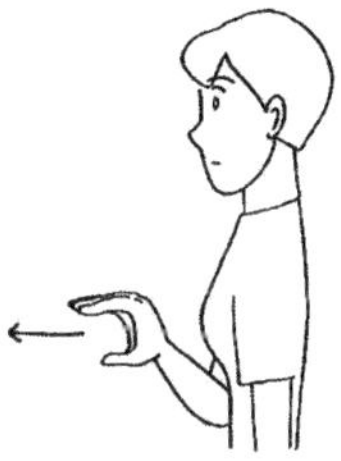

〈車①〉
右手を「コ」の字形にして指先を前に向けて出す。

すすめる【進める】2

「話を先に進める」
→(〈説明〉または)
〈会話②〉+〈進む①〉

例文の「話を進める」は会話の場合なら〈会話②〉+〈進む①〉で表現。一方的な話なら〈説明〉+〈進む①〉で表現。

〈会話②〉
すぼめた両手を向かい合わせて同時に左右から繰り返し開く。

〈進む①〉
指文字〈コ〉を示した両手を前に進める。

スタート 1

「競争がスタートした」
→(〈競争〉+)
〈スタート〉
または〈出発①〉

例文の「スタート」は競争が始まる意味なので〈スタート〉または〈出発①〉で表現。〈スタート〉はスタートラインを飛び出すさまを表す。

〈スタート〉
親指と人差指を開いた両手を両脇から思い切って後ろにさげるようにする。

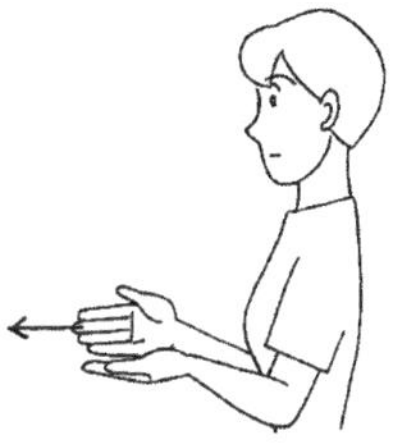

〈出発①〉
左手の指先を前に向け、その上に右手を立て、まっすぐ前に出す。

スタート 2

「(学生)
生活がスタートした」
→(〈学生②〉+)
〈生活〉+〈開(ひら)く④〉

例文の「スタート」は始まる意味なので〈開く④〉で表現。〈開く④〉は開始されるさまで「スタート」「始まる」「開始」の意味を表す。

〈生活〉
両手の親指と人差指を向かい合わせて回す。

〈開(ひら)く④〉
両手のひらを下に向けて並べ、左右に開く。

スタイル 1

「スタイルが良い」
→〈姿〉+〈良い〉

例文の「スタイル」は体形の意味なので〈姿〉で表現。〈姿〉は人の体の曲線を描き「スタイル」「姿」「格好」などの意味を表す。

〈姿〉
向かい合わせた両手を上から下に体の線を描くようにおろす。

〈良い〉
右こぶしを鼻から前に出す。

スタイル2

「流行のスタイル」

→〈広がる①〉+〈服〉

例文の「スタイル」は服装、格好の意味なので〈服〉で表現。〈服〉は服を着るさまで「スタイル」「服」「服装」などの意味を持つ。

〈広がる①〉

両手を左右に広げながら開く。

〈服〉

親指を立てた両手をえりに沿って下におろす。

スタッフ

「スタッフ募集」

→〈スタッフ〉+〈集める①〉

「スタッフ」は〈スタッフ〉で表現。〈スタッフ〉は名札の位置に「スタッフ」の「ス」を指文字で表す。

〈スタッフ〉

指文字〈ス〉を示した右手を左胸に当てる。

〈集める①〉

呼び寄せるように両手を手前に招き寄せる。

スタジオ

「テレビスタジオ」

→〈テレビ〉+〈スタジオ〉

例文の「スタジオ」はテレビ・ラジオの放送室・録音室のことなので〈スタジオ〉で表現。〈スタジオ〉は左手で屋内を、右手で撮影するさまを表す。

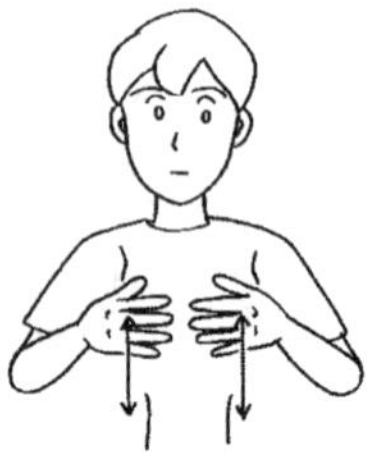

〈テレビ〉

両手の4指の指先を向かい合わせて左右同時に上下させる。

〈スタジオ〉

指文字〈コ〉の下に前方から右手をつまみながら引き寄せることを繰り返す。

スタミナ

「スタミナがある」

→〈スタミナ〉+〈ある①〉

「スタミナ」は〈スタミナ〉で表現。〈スタミナ〉は〈力〉をもとに力が持続するさまを表す。

〈スタミナ〉

左手を握り、力こぶを作るしぐさをし、右手2指を左手上腕に乗せ、前に出す。

〈ある①〉

右手のひらを前に置く。

スダチ【酢橘】

「スダチ」

→〈スダチ〉

「スダチ」は〈スダチ〉で表現。〈スダチ〉はスダチをつまんで回しかけるさまを表す。

〈スダチ〉

指文字〈ス〉を出し、次にその指をすぼめて水平に円を描く。

すたれる【廃れる】

「町がすたれる」

→〈町①〉+〈すたれる〉

「すたれる」は盛んだったものが衰える、はやらなくなる意味なので〈すたれる〉で表現。〈すたれる〉はしぼんでいくさまで「消滅」などの意味。

〈町①〉

両手で屋根形を左から右へすばやく順番に作る。

〈すたれる〉

軽く開いた両手指先を上に向け、指をすぼめながらつける。

スタンプ

「記念スタンプを押す」

→〈記念〉+〈スタンプ〉

例文の「スタンプ」は〈スタンプ〉で表現。〈スタンプ〉はスタンプを押すさまを表す。「スタンプを押す」も同手話。

〈記念〉

頭の横で甲を前に向けた右手を閉じて、頭につける。

〈スタンプ〉

左手のひらに右こぶしの小指側でスタンプを押すようにする。

すっかり

「すっかり変わった」

→〈すべて〉+〈変わる①〉

「すっかり」は全くの意味なので〈すべて〉で表現。〈すべて〉は完全な円を描くさまで「すっかり」「すべて」「全く」「完全」などの意味。

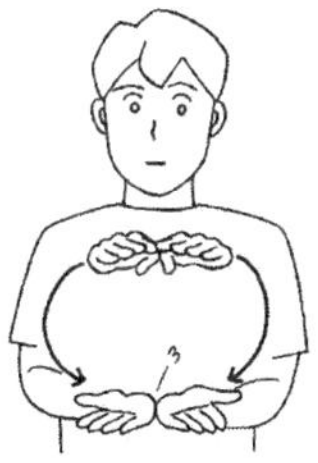

〈すべて〉

両手で上から下に円を描く。

〈変わる①〉

手のひらを手前に向けた両手を交差させる。

ずっと 1

「(彼の方が)ずっと若い」

→(〈彼〉+)〈もっと〉+〈若い〉

例文の「ずっと」は他のものよりも非常に差がある意味なので〈もっと〉で表現。〈もっと〉の表現の仕方で程度を表す。

〈もっと〉

左手の親指と人差指の上に右手の親指と人差指を重ねる。

〈若い〉

右手のひらで額をぬぐうようにする。

ずっと 2

「ずっと立ち通し」

→〈立つ〉+〈続く①〉

例文の「ずっと」は続いている意味なので〈続く①〉で表現。〈続く①〉は関係が継続するさまで「ずっと」「続く」などの意味を表す。

〈立つ〉

左手のひらの上に右手2指を立てる。

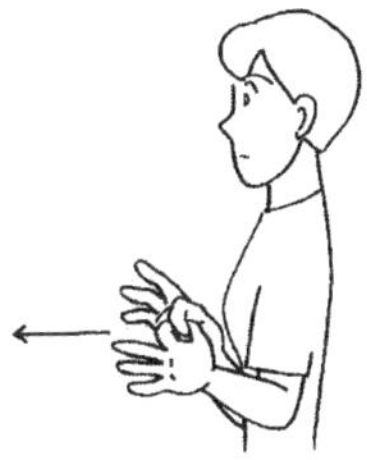

〈続く①〉

両手の親指と人差指を組んで前に出す。

ずっと 3

「きのうからずっと」

→〈きのう〉+〈ずっと①〉

例文はきのうから連続して今にいたるまでの意味なので〈きのう〉+〈ずっと①〉で表現。〈ずっと①〉はある状態が続いている意味。

〈きのう〉

右人差指を立て、肩越しに後ろへやる。

〈ずっと①〉

右人差指の先を前に向け、右から左へ線を引くように動かす。

ずっと 4

「今日までずっと」

→〈今①〉+〈ずっと②〉

例文は過去のある時点から今日まである状態が連続している意味なので〈今①〉+〈ずっと②〉で表現。手話はある状態が続いている意味。

〈今①〉

両手のひらで軽く押さえつける。

〈ずっと②〉

右人差指の先を前に向けて左へ動かして左手のひらに当てる。

すっぱい【酸っぱい】

「すっぱいミカン」

→〈すっぱい〉+〈ミカン〉

「すっぱい」は〈すっぱい〉で表現。すっぱさが口の中に広がるさまで「すっぱい」の意味を表す。すっぱそうな表情をする。

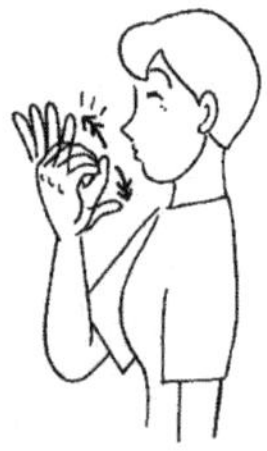

〈すっぱい〉
右手のすぼめた全指を口元に近づけ、ぱっぱっと開く。

〈ミカン〉
すぼめた左手をミカンに見立てて皮をむくようにする。

すっぽかす 1

「約束をすっぽかして遊びに行く」

→〈約束を破る〉+〈遊ぶ①〉

例文の「すっぽかす」は約束を破る意味で〈約束を破る〉で表現。〈約束を破る〉は指切りをはずすさまで「約束を破る」「すっぽかす」の意味。

〈約束を破る〉
小指を組んだ両手を上下に引き離す。

〈遊ぶ①〉
人差指を立てた両手を交互に前後に軽く振る。

すっぽかす 2

「仕事をすっぽかす」

→〈仕事〉+〈捨てる②〉

例文の「すっぽかす」はしなければならないことをそのままにしておく意味なので〈捨てる②〉で表現。〈捨てる②〉は捨てるさまを表す。

〈仕事〉
手のひらを上に向け、向かい合わせた両手指先を繰り返しつき合わせる。

〈捨てる②〉
握った両手を斜め前に投げ出すようにして開く。

スッポン【鼈】

「スッポン鍋」

→〈スッポン〉+〈鍋〉

「スッポン」は〈スッポン〉で表現。〈スッポン〉はかみついたら離さないさまを表す。

〈スッポン〉
親指と人差指を開いた右手の前腕に左手を置き、右2指をつまみながら左手の中に引き寄せる。

〈鍋〉
両手のひらを上に向け指先をつき合わせて左右に引くようにあげる。

ステーキ

「ビーフステーキ」

→〈牛〉+〈ステーキ〉

「ステーキ」は厚切りの牛肉を焼いたもの。〈ステーキ〉で表現。〈ステーキ〉はナイフとフォークでステーキを切るさまを表す。

〈牛〉
両手親指と人差指で角の形を作り、親指を側頭部につける。

〈ステーキ〉
左手のフォークで押さえ、右手に握ったナイフで切るように前後に動かす。

すてき【素敵】

「すてきな服だ」

→〈良い〉+〈服〉

「すてき」はすばらしい、良いの意味で〈良い〉で表現。〈良い〉は鼻が高いさまだが自慢する意味はなく「良い」「すてき」の意味を表す。

〈良い〉
右こぶしを鼻から前に出す。

〈服〉
親指を立てた両手をえりに沿って下におろす。

すでに【既に】

「(食事は)すでに済んだ」
→(〈食べる①〉+)
〈過去②〉+〈終わる〉

「すでに」は以前にもうの意味なので〈過去②〉で表現。〈過去②〉は近い過去で「すでに」「以前」「過去」などの意味を表す。

〈過去②〉
右手のひらを後ろに向けて、押すようにして肩越しに少し後ろに動かす。

〈終わる〉
両手の親指と4指を上に向け、閉じながら下にさげる。

すてる【捨てる】1

「タバコを捨てる」
→〈タバコ〉+〈捨てる①〉

例文の「捨てる」は放る意味なので〈捨てる①〉で表現。〈捨てる①〉は捨てる、放るさまで「捨てる」「放る」などの意味を表す。

〈タバコ〉
右手2指を唇に当てタバコを吸うように前に出す。

〈捨てる①〉
握った右手で斜め前に物を捨てるように出して開く。

すてる【捨てる】2

「(困っている人を見て)捨てておけない」
→(〈困る〉+〈人〉+〈見る①〉+)
〈捨てる②〉+〈難しい〉

例文の「捨てる」は知らぬ顔でいる意味なので〈捨てる②〉で表現。〈捨てる②〉は捨てる、放るさまで「捨てる」「放る」などの意味。

〈捨てる②〉
握った両手を斜め前に投げ出すようにして開く。

〈難しい〉
右手の親指と人差指でほおをつねるようにする。

ステレオ

「音楽のステレオ」
→〈音楽〉+〈ステレオ〉

「ステレオ」は両側にスピーカーを置くなどして立体的音響を聞かせる装置。〈ステレオ〉で表現。〈ステレオ〉は両側から聞こえてくるさま。

〈音楽〉
両手の人差指を指揮棒を振るように左右に振る。

〈ステレオ〉
すぼめた両手を左右から手前に向けてぱっぱっと開く。

ステンレス

「ステンレス(のフライパン)」
→〈ステンレス〉
(+〈フライパン〉)

「ステンレス」は〈ステンレス〉で表現。〈ステンレス〉は〈鉄〉の次に〈輝く〉を表す。

〈ステンレス〉
手のひらを右向きにして立てた左手のひらに折り曲げた右手2指を打ちつけ、

次に左手に沿って右手5指を伸ばして反転させながらあげていく。

ストーカー

「ストーカー被害」
→〈ストーカー〉+〈被害〉

「ストーカー」は〈ストーカー〉で表現。〈ストーカー〉は左手の人を右手の人が指さし、追い回すさまを表す。

〈ストーカー〉
左人差指を立て前に出すと同時に後ろから右人差指で左人差指をさしながら追う。

〈被害〉
手のひらを前方に向けた左手に親指と人差指でつまんだ右手を打ちつける。

す

ストーブ

「石油ストーブ」

→〈油〉+〈ストーブ〉

「ストーブ」は火を燃やして暖房をとる装置で〈ストーブ〉で表現。〈ストーブ〉はストーブにあたって暖をとるさまを表す。

〈油〉

右手のひらで頭にふれ、親指と4指をこすり合わせる。

〈ストーブ〉

両手のひらを前にかざすようにする。

ストップ1

「電車がストップする」

→〈電車〉+〈とまる①〉

例文の「ストップ」は停車する意味なので〈とまる①〉で表現。〈とまる①〉は電車などの車両が停車するさまを表す。

〈電車〉

折り曲げた右手2指を左手2指に沿って前に動かす。

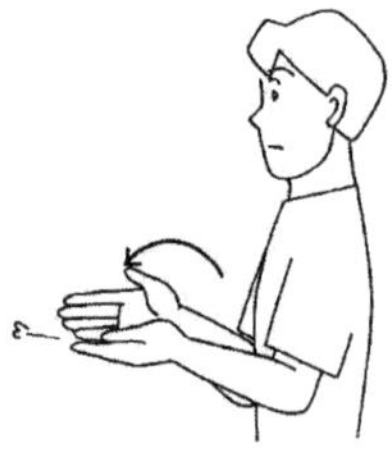

〈とまる①〉

左手のひらの上に右手をぽんとのせる。

ストーリー

「映画のストーリー」

→〈映画〉+〈流れる①〉

「ストーリー」は話の筋の意味なので〈流れる①〉で表現。〈流れる①〉は水の流れのさまだが、ここでは話の流れを表す。

〈映画〉

指間を軽く開き、両手のひらを目の前で前後に重ね、交互に上下させる。

〈流れる①〉

右手甲を下に向けて左から右へ手首を返しながら右へ指先を向ける。

ストップ2

「(試合に)ストップをかける」

→(〈試合①〉+)〈とまれ〉または〈タイム〉

例文の「ストップをかける」は中止させる意味なので〈とまれ〉または〈タイム〉で表現。前者は制止するさま、後者は「T」の字形を表す。

〈とまれ〉

右手のひらを前に押し出すようにして止める。

〈タイム〉

両手で「T」を示す。

ストッキング

「冬のストッキング」

→〈寒い〉+〈靴下〉

「ストッキング」は長い靴下のことで〈靴下〉で表現。〈靴下〉は左腕を足に見立ててストッキングをはくさまで「ストッキング」「靴下」の意味。

〈寒い〉

両こぶしを握り、左右にふるわせる。

〈靴下〉

左手のひらを下にして左腕をやや立て、右手で左腕をつかむようにして上にあげる。

ストライキ

「ストライキ」

→〈スト〉

「ストライキ」は労働権の一つで仕事をボイコットすること。「スト」と略称されることが多いので指文字〈ス〉+〈ト〉で表現する。

〈スト〉

指文字〈ス〉と指文字〈ト〉を示す。

ストライク 1

「ツーストライク」

→〈ストライク〉+〈２①〉

例文の「ストライク」は野球用語なので〈ストライク〉で表現。〈ストライク〉は審判のストライクの宣告を表す。

〈ストライク〉

右人差指を顔の横から前に振り出す。

〈２①〉

右手のひら側を前に向けて右手２指を示す。

ストレッチ

「毎日ストレッチをしている」

→〈いつも〉+〈ストレッチ〉

例文の「ストレッチ」は筋肉や関節を伸ばす体操のことなので〈ストレッチ〉で表現。〈ストレッチ〉は関節を伸ばすさまを表す。

〈いつも〉

親指と人差指を立てた両手を向かい合わせて回す。

〈ストレッチ〉

こぶしを左右につけ、ゆっくり引き離す。

ストライク 2

「ボウリングのストライク」

→〈ボウリング〉

例文の「ストライク」はボウリング用語なので〈ボウリング〉で表現。〈ボウリング〉はピンが倒れるさまを表す。

〈ボウリング〉

右手でボウリングの球を投げるようにして、

次に指先を上に、甲を前に向けた両手を前に倒す。

すな【砂】

「砂山」

→〈粉〉+〈山〉

「砂」は〈粉〉で表現。〈粉〉は手から落ちる粒状・粉状のもので「粉」「土」「砂」の意味がある。

〈粉〉

右手の親指と４指をこすり合わせる。

〈山〉

右手で山形を描く。

ストレス

「ストレス（がたまる）」

→〈ストレス①〉
または〈ストレス②〉
（+〈たくさん①〉）

例文の「ストレス」は〈ストレス①〉または〈ストレス②〉で表現。〈ストレス②〉はそれだけで「ストレスがたまる」という意味を表す新しい手話。

〈ストレス①〉

左手のひらの下で右手の指先を上に向けて軽くふるわせる。

〈ストレス②〉

左手のひらを下に向けて、右手の指文字〈ス〉を下からあげて当てる。

すなお【素直】1

「明るくて素直」

→〈明るい②〉+〈正しい〉

例文の「素直」は性格がひねくれていない意味なので〈正しい〉で表現。〈正しい〉は「素直」「正しい」「まじめ」などの意味を持つ。

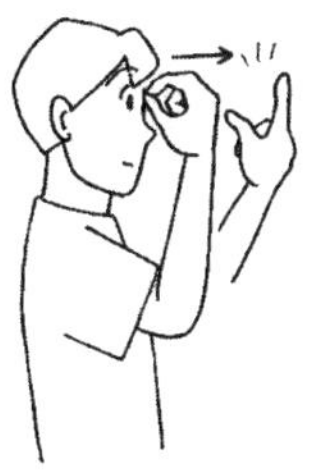

〈明るい②〉

眉間をつまむようにした右手の親指と人差指を前に出しながら開く。

〈正しい〉

親指と人差指をつまみ、胸に当て、右手をあげる。

すなお【素直】2

「素直な字を書く」

→〈美しい②〉+〈書く③〉

例文の「素直」はくせのないきれいなの意味なので〈美しい②〉で表現。〈美しい②〉は汚れのないきれいなさまを表す。

〈美しい②〉

左手のひらをなでるように右手のひらを滑らせる。

〈書く③〉

ペンを持って、上から下に書くようにする。

すなわち

「(隣国)すなわち韓国」

→(〈隣〉+〈国(くに)〉+)〈韓国〉+〈同じ①〉

例文の「すなわち」は前にある語と同じという意味なので〈同じ①〉で表現。〈同じ①〉は二つのものがそろっているさまで「同じ」の意味。

〈韓国〉

右手のひらを頭に当てて右へ引き、また指先を頭につける。

〈同じ①〉

両手の親指と人差指の先を上に向けて閉じたり開いたりする。

すねかじり

「親父のすねかじり」

→左〈父〉+〈取る②〉

「すねかじり」は、父兄から学費や生活費を無心する意味で〈取る②〉で表現。〈取る②〉はお金などをむしるさまを表す。

左〈父〉

左人差指でほおにふれ、親指を出す。

〈取る②〉

肩の高さに示した親指の甲側を右手指でむしるようにする。

ずのう【頭脳】1

「頭脳明晰」

→(〈思う〉または)〈考え〉+〈賢い①〉

例文の「頭脳」は頭の働きの意味なので〈考え〉または〈思う〉で表現。いずれも頭をさすさまで「頭脳」「考える」の意味を表す。

〈考え〉

頭を右人差指の先で軽くたたく。

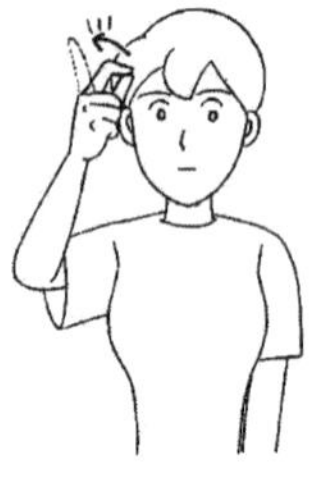

〈賢い①〉

右手の親指と人差指を閉じ、上に向かってはじくように開く。

ずのう【頭脳】2

「優れた頭脳(が集まる)」

→〈賢い①〉+〈人々①〉(+〈集まる①〉)

例文の「頭脳」は頭脳の持ち主つまり人々の意味なので〈賢い①〉+〈人々①〉で表現。「賢者」などの意味を表す。

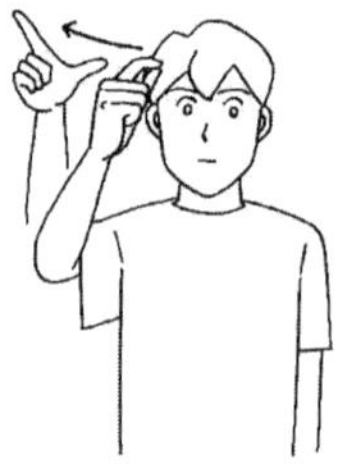

〈賢い①〉

右手の親指と人差指を閉じ、上に向かってはじくように開く。

〈人々①〉

親指と小指を立てた両手を揺らしながら左右に開く。

スパイ

「スパイをはたらく」

→〈スパイ〉+〈する〉

「スパイ」は人に隠れてこっそり情報を集めることなので〈スパイ〉で表現。

〈スパイ〉

右手のひらで口を隠すようにして少し横を向く。

〈する〉

両こぶしを力を込めて前に出す。

スパイク

「スパイクを履く」

→〈スパイク〉+〈靴①〉
（または〈靴②〉）

「スパイク」は〈スパイク〉で表現。〈スパイク〉は靴底のスパイクの爪を表す。

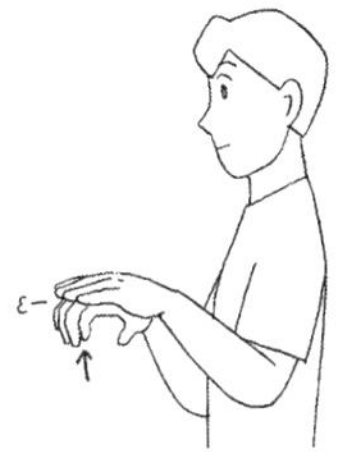

〈スパイク〉

指先を前方に向けた左手の手のひらに指先を曲げた右手を当てる。

〈靴①〉

指先を前に向け手のひらを下にした左手の手首部分から右手２指でつまみあげるようにする。

ずばり１

「問題をずばり指摘する」

→〈問題〉+〈図星①〉

例文は物事の急所、核心などを鋭く正確につくことなので〈図星①〉。〈図星①〉はずばりと言い当てるさまを表す。「図星をつく」も同手話。

〈問題〉

両手の親指と人差指をつまみ、「 ┐を描く。

〈図星①〉

左全指で丸を作り、右人差指をそこに打ち当てるように入れる。

スパゲッティ

「イタリアのスパゲッティ」

→（〈イタリア①〉または）〈イタリア②〉+〈スパゲッティ〉

「スパゲッティ」はイタリア特産の麺（めん）のことで〈スパゲッティ〉で表現。手話はフォークでスパゲッティをとるさまを表す。

〈イタリア②〉

右手２指を折り曲げて下におろし、左に向けて閉じる。

〈スパゲッティ〉

右手３指をやや下に向けてねじるようにする。

ずばり２

「問題をずばり指摘される」

→〈問題〉+〈図星②〉

例文は前記の受身形なので〈図星②〉で表現。〈図星②〉はずばりと言い当てられるさまを表す。「図星をさされる」も同手話。

〈問題〉

両手の親指と人差指をつまみ、「 ┐を描く。

〈図星②〉

左全指で丸を作り、胸に当て、前方から右人差指をそこに打ち当てるように入れる。

すばらしい

【素晴らしい】

「すばらしい天気」

→〈すばらしい〉+〈空〉

「すばらしい」は素敵な良さをいうので〈すばらしい〉で表現。〈すばらしい〉は〈良い〉よりも鼻を高く強調するさまを表す。

〈すばらしい〉

鼻からこぶしを右上に弧を描いてあげる。

〈空〉

右手で頭上に弧を描く。

ずばり３

「そのものずばり」

→〈合う①〉または〈きちんと①〉

例文は〈合う①〉または〈きちんと①〉で表現。〈合う①〉はぴったり合う、一致するさまを表す。〈きちんと①〉はちょうどの意。

〈合う①〉

左人差指の先に右人差指の先を当てる。

〈きちんと①〉

両手の親指と人差指を同時に閉じながら下におろす。

す

スピード 1

「（車の）スピードをあげる」

→（〈運転〉＋）〈はやい①〉＋〈メーター〉

例文の「スピードをあげる」は〈はやい①〉＋〈メーター〉で表現。手話はスピードメーターがあがるさまを表す。

〈はやい①〉
親指と人差指を閉じた右手をすばやく左へ動かしながら人差指を伸ばす。

〈メーター〉
左腕に人差指を出した右手の手首を当てて振る。

スピード 4

「スピード写真」

→〈はやい①〉＋〈写真〉

例文の「スピード」はすぐに仕あがる意味なので〈はやい①〉で表現。〈はやい①〉は矢の飛ぶさまでものごとの速いさまを表す。

〈はやい①〉
親指と人差指を閉じた右手をすばやく左へ動かしながら人差指を伸ばす。

〈写真〉
左手の親指と4指で作った丸の前に右手のひらをおろす。

スピード 2

「フルスピード」

→〈最高〉＋〈はやい①〉

例文の「フルスピード」は全速力の意味なので〈最高〉＋〈はやい①〉で表現。手話は最高のスピード、速さを表す。

〈最高〉
手のひらを下に向けた左手に右手指先を突き上げて当てる。

〈はやい①〉
親指と人差指を閉じた右手をすばやく左へ動かしながら人差指を伸ばす。

すべて【全て】

「すべてが解決した」

→〈すべて〉＋〈解決①〉

「すべて」は〈すべて〉で表現。円を完全に描くさまで「全部」「完全」「全体」「全」などの意味を表す。

〈すべて〉
両手で上から下に円を描く。

〈解決①〉
左手のひらの上に右人差指で「×」を大きく書く。

スピード 3

「スピードアップした」

→〈はやい①〉＋〈高い③〉

例文の「スピードアップ」は速める意味なので〈はやい①〉＋〈高い③〉で表現。手話はスピードをあげるさまを表す。

〈はやい①〉
親指と人差指を閉じた右手をすばやく左へ動かしながら人差指を伸ばす。

〈高い③〉
指文字〈コ〉を示した右手を上にあげる。

すべる【滑る】1

「スキーで滑る」

→〈スキー①〉または〈スキー②〉

例文の「スキーで滑る」は〈スキー①〉または〈スキー②〉で表現。〈スキー①〉はストックで漕ぐさまを、〈スキー②〉はスキーの板で滑るさまを表す。

〈スキー①〉
両こぶしをストックのように繰り返し後ろに動かす。

〈スキー②〉
両人差指を曲げて両脇から前に出す。

すべる【滑る】2

「スケートで滑る」

→〈スケート〉

例文の「スケートで滑る」は〈スケート〉で表現。〈スケート〉はスケート靴のエッジで滑るさまを表す。

〈スケート〉

体の前で少し弧を描き、交互に前に出す。

すべる【滑る】3

「足が滑って転ぶ」

→〈滑る〉+〈倒れる①〉

例文の「足が滑る」はつるりと足を滑らせることで〈滑る〉で表現。〈滑る〉はつるりと足を滑らせるさまを表す。

〈滑る〉

左手のひらの上に右手２指を立てて前に滑らせるようにする。

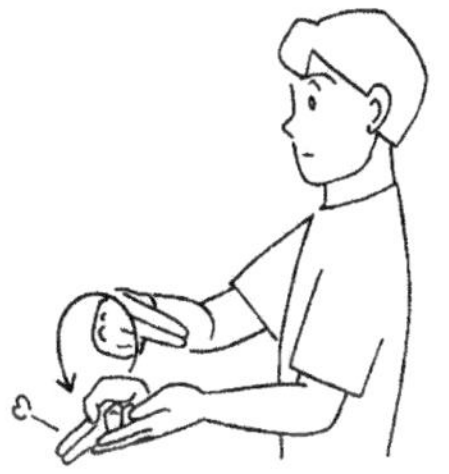

〈倒れる①〉

左手のひらの上に右手２指を立ててひっくり返るように２指を寝かせる。

すべる【滑る】4

「試験に滑る」

→〈試す〉または
〈試験〉+〈落ちる③〉

例文の「滑る」は不合格になる意味なので〈落ちる③〉で表現。〈落ちる③〉は基準線を下回るさまで「落第」「落選」などの意味。

〈試験〉

親指を立てた両手を交互に上下させる。

〈落ちる③〉

左手のひらの内側で、指先を上に向けた右手を、すとんと落とす。

すべる【滑る】5

「つい口が滑った」

→〈漏らす②〉+〈失敗②〉

例文の「口が滑る」は言ってはいけないことを思わず言ってしまう意味なので〈漏らす②〉で表現。〈漏らす②〉は秘密などを漏らすさま。

〈漏らす②〉

すぼめた右手を口元からぱっと開いて前に落とす。

〈失敗②〉

右手のひらを額に打ちつける。

スポーツ

「スポーツが好き」

→〈スポーツ〉+〈好き①〉

「スポーツ」は運動競技などをいうので〈スポーツ〉で表現。〈スポーツ〉は走るさまで「スポーツ」「走る」などの意味。

〈スポーツ〉

指先を前に向けて向かい合わせた両手を交互に前に出すように回す。

〈好き①〉

親指と人差指を開いた右手をのどに当て、下におろしながら閉じる。

ずぼし【図星】1

「図星をつく」

→〈図星①〉

「図星をつく」は〈図星①〉で表現。〈図星①〉はずばりと言い当てるさまを表す。「ずばり指摘する」も同手話。

〈図星①〉

左全指で丸を作り、右人差指をそこに打ち当てるように入れる。

ずぼし【図星】2

「図星をさされる」
→〈図星②〉

「図星をつかれる」は受身形なので〈図星②〉で表現。〈図星②〉はずばりと言い当てられるさまを表す。「ずばり指摘される」も同手話。

〈図星②〉
左全指で丸を作り、胸に当て、前方から右人差指をそこに打ち当てるように入れる。

スマート

「スマートな体」
→〈スマート〉+〈姿〉

「スマート」はすっきりと細いことで〈スマート〉で表現。〈スマート〉は体が細いさまで「スマート」「細身」などの意味。

〈スマート〉
両手のひらを身体の脇につけ、押しつけるようにして下におろす。

〈姿〉
向かい合わせた両手を上から下に体の線を描くようにおろす。

ズボン

「ズボン(をはく)」
→〈ズボン①〉
　または〈ズボン②〉
　(+〈はく①〉)

「ズボン」は下半身にはく衣類のことで〈ズボン①〉または〈ズボン②〉(+〈はく①〉)で表現。いずれも「ズボン」「スラックス」などの意味。

〈ズボン①〉
両手の親指と人差指を向かい合わせて両足に沿って下に伸ばす。

〈ズボン②〉
親指と人差指を開いた両手を上から下におろす。

すまい【住まい】

「新しい住まい」
→〈新しい〉+〈家〉

「住まい」は家など住む所の意味なので〈家〉で表現。〈家〉は屋根形を表し、「住まい」「家」「住居」などの意味。

〈新しい〉
すぼめた両手をぱっと前に出して広げる。

〈家〉
両手で屋根形を作る。

スポンサー

「テレビのスポンサー」
→〈テレビ〉+〈スポンサー〉

例文の「スポンサー」は資金の提供者や広告主などの意味で〈スポンサー〉で表現。〈スポンサー〉はお金を出す人を表す。

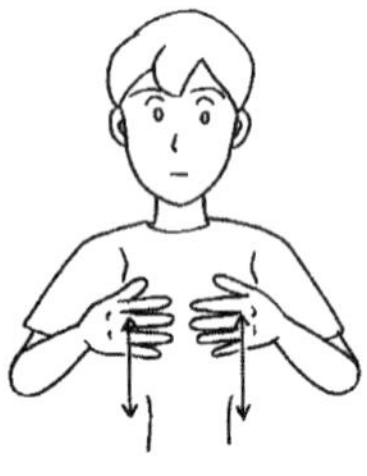

〈テレビ〉
両手の４指の指先を向かい合わせて左右同時に上下させる。

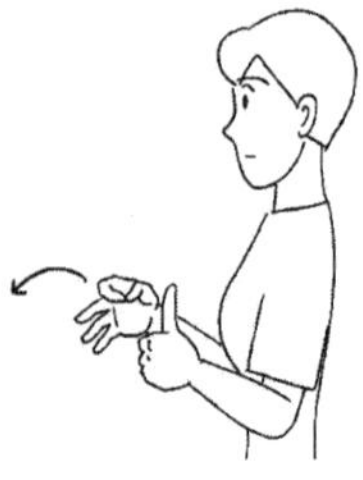

〈スポンサー〉
左親指から右手の親指と人差指で作った丸を前に出す。

すます【済ます】1

「食事を済ます」
→〈食べる①〉+〈終わる〉

例文の「済ます」は終える意味なので〈終わる〉で表現。〈終わる〉は「済ます」「済む」「終わる」などの意味。

〈食べる①〉
左手のひらの上を右手ですくって食べるようにする。

〈終わる〉
両手の親指と４指を上に向け、閉じながら下にさげる。

す

すます【済ます】2

「支払いを済ます」

→〈払う③〉+〈解決①〉

例文の「済ます」も終える意味で〈解決①〉で表現。〈解決①〉はものごとが終わる〆(しめ)を表し「解決」「果たす」などの意味。

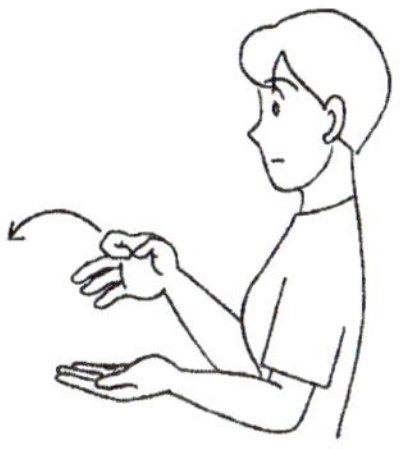

〈払う③〉

左手のひらの上に置いた右手の親指と人差指で作った丸を前に出す。

〈解決①〉

左手のひらの上に右人差指で「×」を大きく書く。

すます【済ます】3

「金で済ます」

→〈金(かね)①〉+〈解決①〉

例文の「済ます」は解決する意味で〈解決①〉で表現。〈解決①〉はものごとが終わる〆(しめ)を表し「済ます」「解決」「果たす」などの意味。

〈金(かね)①〉

右手の親指と人差指で作った丸を示す。

〈解決①〉

左手のひらの上に右人差指で「×」を大きく書く。

すまない【済まない】1

「(父に)済まないことをした」

→(左〈父〉+)〈迷惑〉+〈与える③〉

例文は第三者に対してなので〈迷惑〉+〈与える③〉で表現。〈与える③〉は左手の〈父〉に向けて表す。

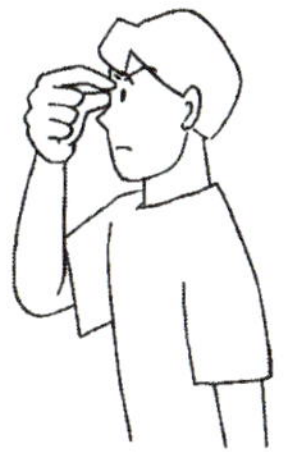

〈迷惑〉

親指と人差指で眉間をつまむ。

〈与える③〉

立てた親指に右手のひらを差し出す。

すまない【済まない】2

「あなたに済まないことをした」

→〈すみません〉

例文は話し相手に対してなので〈すみません〉で表現。

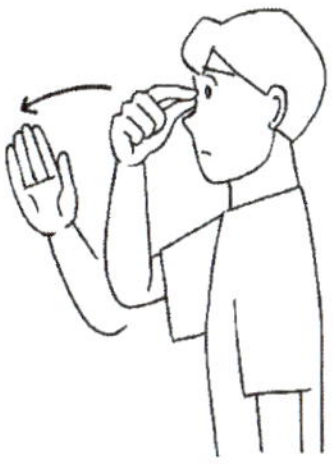

〈すみません〉

右手の親指と人差指で眉間をつまみ、右手で拝むようにする。

すまない【済まない】3

「もらってばかりで済まない」

→(〈いつも〉+)〈もらう①〉+〈ありがとう〉

例文の「済まない」は感謝の意なので〈ありがとう〉で表現。

〈もらう①〉

手のひらを上に向けた両手を繰り返し手前に引く。

〈ありがとう〉

左手甲に右手を軽く当て、拝むようにする。

すまない【済まない】4

「済まないが貸してくれないか」

→〈頼む①〉+〈借りる〉

例文の「済まないが」は頼むときのことばなので〈頼む①〉で表現。

〈頼む①〉

頭をさげて右手で拝むようにする。

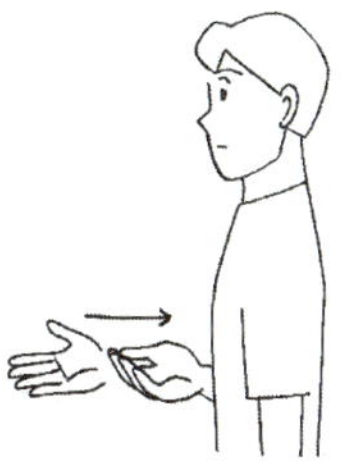

〈借りる〉

親指と4指を半開きにして手前に引きながら閉じる。

すみ【隅】1

「部屋の隅」

→〈部屋〉+〈隅(すみ)〉

例文の「隅」は角の内側の意味で〈隅〉で表現。〈隅〉は角を表す。

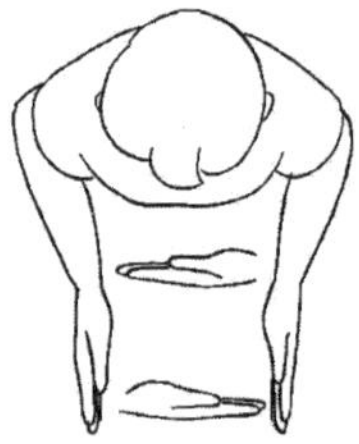

〈部屋〉

両手のひらで前後左右に四角く囲む。

〈隅(すみ)〉

両手の指先をつけて、角を作る。

すみ【隅】2

「隅から隅まで調べる」

→〈細かい②〉+〈調べる①〉

例文の「隅から隅まで」は細かく全部の意味なので〈細かい②〉で表現。〈細かい②〉は「隅から隅まで」「詳細に」の意味を表す。

〈細かい②〉

両手の親指と人差指をつまみ、つき合わせ、つぶすようにしながら右へ動かす。

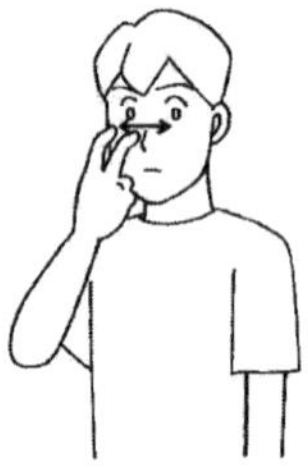

〈調べる①〉

右手の人差指と中指を軽く折り曲げて、目の前を左右に往復させる。

すみ【炭】

「炭(を焼く)」

→〈黒①〉+〈棒②〉
(+〈作る〉)

例文の「炭」は木炭のことなので〈黒①〉+〈棒②〉で表現。これは黒い棒状の物を表す。

〈黒①〉

右手指先で髪の毛をさわる。

〈棒②〉

3指を立てて親指と人差指で「C」の字形を作った両手を左右に開く。

すみ【墨】

「墨をする」

→〈黒②〉
または〈墨〉

「墨」は〈黒②〉または〈墨〉で表現。〈黒②〉はすずりで墨をするさまを表し、「墨」「黒」などの意味。〈墨〉は墨をするさまを表す。

〈黒②〉

左手のひらの上を右こぶしの小指側をつけて前後に墨をするようにこする。

〈墨〉

墨を持ってするように前後させる。

すみません 1

「遅刻してすみません」

→〈過ぎる〉+〈すみません〉

例文の「すみません」はあやまりのことばなので〈すみません〉で表現。〈すみません〉は「ごめんなさい」「あやまる」などの意味がある。

〈過ぎる〉

左手甲の上を右手で乗り越える。

〈すみません〉

右手の親指と人差指で眉間をつまみ、右手で拝むようにする。

すみません 2

「みやげをいただいてすみません」

→〈みやげ②〉+〈ありがとう〉

例文の「すみません」はお礼のことばなので〈ありがとう〉で表現。〈ありがとう〉は勝った関取が賞金をもらう時に切る手刀を表す。

〈みやげ②〉

左手のひらの上で右手の親指と人差指でつまむようにして両手を手前に弧を描いて引く。

〈ありがとう〉

右手を左手甲に軽く当て、拝むようにする。

スミレ【菫】

「スミレの花」

→〈スミレ〉+〈花①〉

「スミレ」は〈スミレ〉で表現。〈スミレ〉はスミレの花の形を表す。

〈スミレ〉

左人差指を親指・人差指・中指を出した右手の手首につけ、右手を下に垂らす。

〈花①〉

両手を合わせてすぼませた指を左右に開く。

すむ【済む】1

「(十二時に)試験が済んだ」

→(〈時間〉+〈昼〉+)〈試験〉+〈まで〉

例文の「済む」は終わるの意味なので〈まで〉で表現。〈まで〉はそれで終わるさまで「済む」「まで」「終わる」などの意味を表す。

〈試験〉

親指を立てた両手を交互に上下させる。

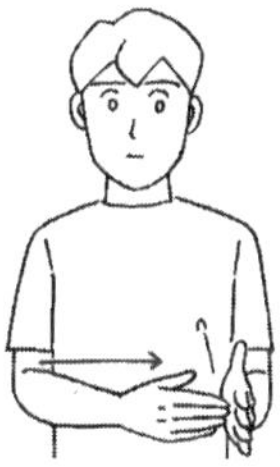

〈まで〉

左手のひらに右手指先を軽くつける。

すむ【済む】2

「(問題は)金で済んだ」

→(〈問題〉+)〈金(かね)①〉+〈解決①〉

例文の「済む」は解決する意味なので〈解決①〉で表現。〈解決①〉はものごとが終わるメ(しめ)を表し「済ます」「解決」「果たす」などの意味。

〈金(かね)①〉

右手の親指と人差指で作った丸を示す。

〈解決①〉

左手のひらの上に右人差指で「×」を大きく書く。

すむ【済む】3

「気が済むようにしろ」

→〈好き①〉+〈どうぞ④〉

例文の「気が済むようにしろ」は好き勝手にしろの意味なので〈好き①〉+〈どうぞ④〉で表現。〈どうぞ④〉はそっぽを向くところに注意。

〈好き①〉

親指と人差指を開いた右手をのどに当て、下におろしながら閉じる。

〈どうぞ④〉

顔をそむけるようにして、手のひらを上に向けた右手を身体の前から右側へ出す。

すむ【住む】1

「(人が)村に住む」

→(〈人〉+)〈村〉+〈いる〉

例文の「住む」は人が住むので〈いる〉で表現。〈いる〉は人が存在することを表し「住む」「いる」「存在する」などの意味。

〈村〉

指先を軽く開いて曲げた左手のひらに右人差指をつけて手前に繰り返し引く。

〈いる〉

両手を握り、両ひじを立てて下におろす。

すむ【住む】2

「(鳥が)森に住んでいる」

→(〈鳥〉+)〈森〉+〈ある①〉上方

例文の「住む」は鳥が住むことなので〈ある①〉で表現。〈ある①〉は人以外が存在することを表し「いる」「存在する」「ある」などの意味。

〈森〉

目の前の高さで指先を軽く開いた両手の甲側を前に向けて交互に上下させながら左右に開く。

〈ある①〉上方

右上に手を軽く置く。

す

すむ【澄む】1

「澄んだ空」

→〈美しい②〉+〈空〉

例文の「澄む」は空がくもりなくきれいな意味なので〈美しい②〉で表現。〈美しい②〉は汚れがなく清潔なさまで「きれい」「美しい」の意味。

〈美しい②〉

左手のひらをなでるように右手のひらを滑らせる。

〈空〉

右手で頭上に弧を描く。

すむ【澄む】2

「澄んだ心」

→〈美しい②〉+〈気持ち〉

例文の「澄む」は心がきれいの意味なので〈美しい②〉で表現。〈美しい②〉は汚れがなく清潔なさまで「きれい」「美しい」「澄む」の意味。

〈美しい②〉

左手のひらをなでるように右手のひらを滑らせる。

〈気持ち〉

右人差指でみぞおち辺りに小さく円を描く。

スムーズ

「車がスムーズに進む」

→〈なめらか①〉+〈車①〉

「スムーズ」はなめらかにことが運ぶさまをいうので〈なめらか①〉で表現。〈なめらか①〉はひげを剃った顔が滑らかなところから生まれた手話。

〈なめらか①〉

右人差指をほおに当て、すべらせて前に出す。

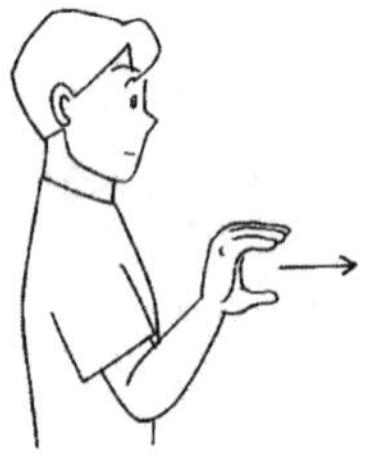

〈車①〉

右手を「コ」の字形にして指先を前に向けて出す。

すもう【相撲】

「相撲をとる」

→〈相撲〉+〈試合①〉

「相撲」は土俵で勝負を争うスポーツで〈相撲〉で表現。〈相撲〉はしこをふむさまを表す。

〈相撲〉

両手のこぶしを交互に脇腹に当てる。

〈試合①〉

親指を立てた両手を正面で軽くぶつける。

スランプ 1

「彼はスランプに陥った」

→〈彼〉+〈さがる②〉

例文の「スランプに陥る」は調子が衰える意味で〈さがる②〉で表現。〈さがる②〉は調子や成績がさがるさまで「不振に陥る」などの意味。

〈彼〉

左親指を右人差指でさす。

〈さがる②〉

指文字〈コ〉を示した右手を右上から左下におろす。

スランプ 2

「スランプの状態が続く」

→〈スランプ①〉
または〈スランプ②〉

例文の「スランプの状態が続く」は〈スランプ①〉または〈スランプ②〉で表現。手話はどちらも頭打ちの状態が続くさまを表す。

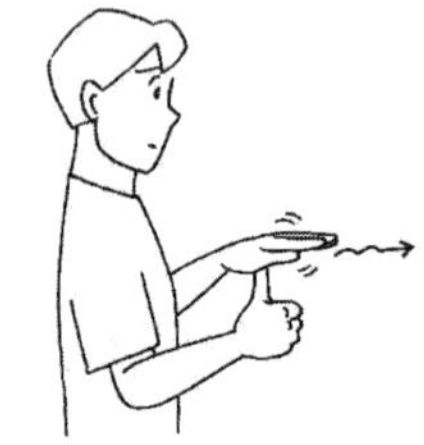

〈スランプ①〉

右手親指の上に左手のひらをのせ、親指を押さえつけるようにして、前に動かす。

〈スランプ②〉

左親指を右手のひらで押さえつけるようにして左へ動かす。

する 1

「仕事をする」

→〈仕事〉+〈する〉

例文の「する」は行う意味なので〈する〉で表現。〈する〉はものごとを実行するさまで「する」「実行」「実施」などの意味がある。

〈仕事〉

手のひらを上に向け、向かい合わせた両手指先を繰り返しつき合わせる。

〈する〉

両こぶしを力を込めて前に出す。

する 2

「役員をする」

→〈腕章〉+〈責任①〉

例文の「する」は役割をつとめる意味なので〈責任①〉で表現。〈責任①〉は任務や責任が肩にかかるさまで「責任」「担当」「担当する」の意味。

〈腕章〉

右手の親指と人差指で左上腕を巻くようにする。

〈責任①〉

右肩に軽く全指を折り曲げた右手をのせる。

する 3

「彼に頼むことにする」

→〈頼む③〉+〈決める②〉

例文の「する」は決める意味なので〈決める②〉で表現。〈決める②〉はものごとの決断を下すさまで「決める」「決断」「決定」などの意味。

〈頼む③〉

左親指に向かって右手で拝む。

〈決める②〉

左手のひらに右こぶしを打ちつける。

ずるい【狡い】

「考えがずるい」

→〈考える〉+〈ずるい〉

「ずるい」は公正でないことで〈ずるい〉で表現。〈ずるい〉は顔を隠してこっそりするさまで「ずるい」「アンフェア」などの意味。

〈考える〉

右人差指を頭にねじこむようにする。

〈ずるい〉

右手甲を左ほおにこすりつけるようにする。

するどい【鋭い】1

「鋭い(ナイフ)」

→〈なめらか①〉
または〈鋭い〉
(+〈削る①〉)

例文の「鋭い」はとがってよく切れる意味なので〈なめらか①〉または〈鋭い〉で表現。〈なめらか①〉はひげを剃った顔が滑らかなさま。

〈なめらか①〉

右人差指をほおに当て、すべらせて前に出す。

〈鋭い〉

左人差指を右親指と人差指ではさみ、指先へ抜けるように閉じて前に出す。

するどい【鋭い】2

「頭が鋭い」

→〈思う〉+〈鋭い〉

例文の「鋭い」は頭脳の働きがすぐれている意味で〈鋭い〉で表現。〈鋭い〉は先が鋭く尖っているさまで物理的、心理的「鋭い」の意味。

〈思う〉

右人差指を側頭部に当てる。

〈鋭い〉

左人差指を右親指と人差指ではさみ、指先へ抜けるように閉じて前に出す。

スルメ

「スルメ」
→〈イカ〉+〈ちぎる②〉

「スルメ」はイカを開いて乾燥させたもので〈イカ〉+〈ちぎる②〉で表現。〈ちぎる②〉は歯で引き裂くさまで「昆布」などを表す。

〈イカ〉
あごに右手を当て、ひらひらさせる。

〈ちぎる②〉
親指と人差指でつまむようにした右手を唇の端に当て、ちぎるように手首を返して下におろす。

すれちがう
【すれ違う】1

「道で人とすれ違う」
→〈道①〉+〈すれ違う①〉

例文の「すれ違う」は人の場合なので〈すれ違う①〉で表現。〈すれ違う①〉は人がすれ違うさまで「すれ違う」「入れ違う」などの意味。

〈道①〉
指先を前に向けた両手を向かい合わせて前に出す。

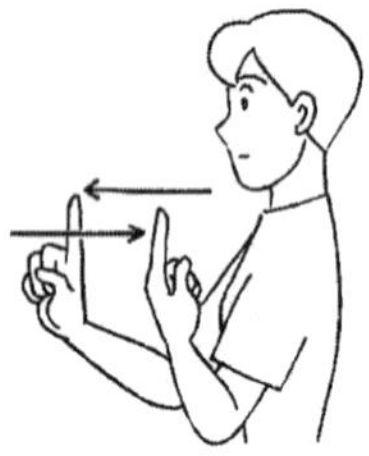

〈すれ違う①〉
人差指を立てた両手を前後にすれ違わせる。

すれちがう
【すれ違う】2

「(話が)すれ違う」
→(〈説明〉+)〈食い違う①〉
または〈食い違う②〉

例文の「すれ違う」は話の場合なので〈食い違う①〉または〈食い違う②〉で表現。いずれも話がかみ合わないさまを表す。

〈食い違う①〉
両手の人差指の先を向かい合わせて前後に離す。

〈食い違う②〉
指先が食い違うように前後させる。

すれちがう
【すれ違う】3

「自動車がすれ違う」
→〈運転〉+〈すれ違う②〉

例文の「すれ違う」は車の場合なので〈すれ違う②〉で表現。〈すれ違う②〉は自動車がすれ違うさまを表す。

〈運転〉
ハンドルを両手で握り、回すようにする。

〈すれ違う②〉
両手の「コ」の字形を前後にすれ違うように動かす。

スローガン

「スローガンを掲げる」
→〈タイトル〉+〈掲げる〉

「スローガン」は標語の意味なので〈タイトル〉で表現。〈タイトル〉は壁に垂れ幕が降りているさまで「タイトル」「演題」「テーマ」の意味。

〈タイトル〉
左手指先を上にし、手のひらを前に向け、右手の親指と人差指を当て下におろす。

〈掲げる〉
左手のひらに右人差指をつけて上にあげる。

すわる【座る】1

「椅子に座る」
→〈座る①〉

例文の「座る」は椅子に座る場合なので〈座る①〉で表現。〈座る①〉は椅子に座るさまで「座る」「腰かける」などの意味。

〈座る①〉
手のひらを下に向けた左手2指に折り曲げた右手2指を座るようにのせる。

すわる【座る】2

「畳に座る」
→〈畳〉+〈座る②〉

例文の「座る」は畳に座る場合なので〈座る②〉で表現。〈座る②〉は畳の上に正座するさまを表す。

〈畳〉
左手甲の上にこぶしを握った右ひじをのせて、手首を回す。

〈座る②〉
左手のひらに折り曲げた右手２指をのせる。

せ

〈セ〉
中指を立てて示す。

すわる【据わる】

「腹が据わる」
→〈心〉+〈決める②〉

例文の「腹が据わる」は物事にあわてない覚悟ができている意味なので〈心〉+〈決める②〉で表現。手話は心に堅く決めるさまを表す。

〈心〉
右人差指でみぞおち辺りをさす。

〈決める②〉
左手のひらに右こぶしを打ちつける。

せい【所為】1

「失敗を人のせいにする」
→〈失敗①〉(または〈失敗②〉)+〈人任せ〉

例文の「人のせい」は失敗の原因・理由を自分にはなく、人にあるとすることなので〈人任せ〉で表現。〈人任せ〉は責任を投げ出すさまを表す。

〈失敗①〉
右手で鼻の先を握って折るようにする。

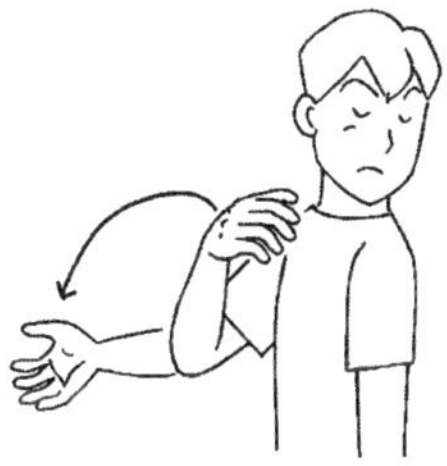

〈人任せ〉
顔をそむけ、右肩に置いた右手を前にぽいっと出す。

すんぽう【寸法】

「寸法を測る」
→〈測る①〉+〈測る②〉

例文の「寸法」は物の長さのことなので〈測る①〉+〈測る②〉で表現。〈測る①〉は縦の長さ、〈測る②〉は横の長さを測るさまを表す。

〈測る①〉
両手の閉じた親指と人差指を上下に開く。

〈測る②〉
両手の閉じた親指と人差指を左右に開く。

せい【所為】2

「気のせい」
→〈思う〉+〈だけ〉

例文の「気のせい」は理由はないが、なんとなくそう思うことなので〈思う〉+〈だけ〉で表現。

〈思う〉
右人差指を側頭部に当てる。

〈だけ〉
左手のひらに人差指を立てた右手を打ちつける。

せい【性】

「性教育」

→〈性〉+〈教える①〉

例文の「性」はセックスのことで〈性〉で表現。〈性〉は細胞分裂のさまで「性」「セックス」を表す。

〈性〉

両手の親指と４指の指先を合わせて、引きちぎるように左右に開く。

〈教える①〉

右人差指を口元付近から手首を軸にして振りおろす。

ぜい【税】1

「税を納める」

→〈税金〉+〈金を納める〉

「税」は国民の義務としての税金のことで〈税金〉で表現。〈税金〉はお金を求められるさまで「税」「税金」の意味。

〈税金〉

親指と人差指で作った丸をすばやく自分に向けて開く。

〈金を納める〉

右手親指と人差指で丸を作り、左手のひらを添えて同時に前に出す。

ぜい【税】2

「贈与税」

→〈与える④〉+〈税金〉

例文は〈与える④〉+〈税金〉で表現。〈与える④〉は贈る、手渡しするさまを表す。

〈与える④〉

左手のひらの上に右手甲を乗せ、右手を前に出す。

〈税金〉

親指と人差指で作った丸をすばやく自分に向けて開く。

ぜい【税】3

「(地方)交付税」

→(〈地方〉+)
〈与える⑤〉+〈税金〉

例文は〈地方〉+〈与える⑤〉+〈税金〉で表現。

〈与える⑤〉

手のひらを上に向けた両手を左右つけ合わせ、右手を前に出す。

〈税金〉

親指と人差指で作った丸をすばやく自分に向けて開く。

せいかく【性格】

「性格の不一致」

→〈性質〉+〈合わない〉

「性格」は人の性質のことで〈性質〉で表現。〈性質〉は「性質」「くせ」「質」などの意味。

〈性質〉

左手甲に右人差指を当て、すくうようにあげる。

〈合わない〉

左人差指の先に右人差指の先を当て、はじくように離す。

せいかく【正確】

「正確な時間」

→〈正しい〉+〈時間〉

「正確」は正しく確実なことの意味で〈正しい〉で表現。〈正しい〉は「正確」「正しく」「正直」などの意味。

〈正しい〉

親指と人差指をつまみ、胸に当て、右手をあげる。

〈時間〉

左手の腕時計の位置を右人差指でさす。

せいかつ【生活】

「食生活」
→〈食べる①〉+〈生活〉

「生活」は日々の暮らしのことなので〈生活〉で表現。〈生活〉は太陽が昇り沈む日々を繰り返すさまで「生活」「暮らす」「暮らし」などの意味。

〈食べる①〉
左手のひらの上を右手ですくって食べるようにする。

〈生活〉
両手の親指と人差指を向かい合わせて回す。

せいがん【請願】

「請願書」
→〈頼む②〉+〈四角①〉

「請願」は役所などに要望を願い出る意味なので〈頼む②〉で表現。〈頼む②〉はお願いするさまで「頼む」「頼み」「願う」「願い」の意味。

〈頼む②〉
両手を合わせて拝む。

〈四角①〉
両手の人差指で四角を描く。

せいき【世紀】

「二十世紀」
→〈20〉+〈世紀〉

「世紀」は百年単位の期間を表すことばで〈世紀〉で表現。〈世紀〉は「世紀」を表す英語の頭文字Cが継続するさまを表す新しい手話。

〈20〉
右手の人差指と中指を軽く曲げて、小さく振る。

〈世紀〉
左手の親指と４指で「C」を示し、右手の親指と人差指で「C」を作り、指先を合わせて右へ引く。

せいぎ【正義】

「正義(の味方)」
→〈正しい〉+〈ギ〉
(+〈味方②〉)

「正義」は正しい道理のあることで〈正しい〉+指文字〈ギ〉で表現。

〈正しい〉
親指と人差指をつまみ、胸に当て、右手をあげる。

〈ギ〉
中指と薬指と親指を閉じた右手を左から右へ動かす。

せいきゅう【請求】1

「請求書」
→〈求める〉+〈券①〉

例文の「請求」は求める意味なので〈求める〉で表現。〈求める〉はちょうだいと手を出すさまで「請求」「要求」「求める」などの意味。

〈求める〉
左手のひらに右手の甲を打ちつける。

〈券①〉
両手の親指と人差指を曲げて向き合わせて四角を示す。

せいきゅう【請求】2

「金を請求される」
→〈金(かね)①〉+〈求められる〉

例文の「請求される」は〈求められる〉で表現。〈求められる〉はほしいと求められるさまで「請求される」「求められる」の意味。

〈金(かね)①〉
右手の親指と人差指で作った丸を示す。

〈求められる〉
左手のひらの上に指先を手前に向けた右手を打ちつける。

せ

ぜいきん【税金】

「税金が高い」

→〈税金〉+〈高い①〉

「税金」は〈税金〉で表現。〈税金〉はお金を求められるさまで「税金」「税」の意味。

〈税金〉

親指と人差指で作った丸をすばやく自分に向けて開く。

〈高い①〉

親指と人差指で作った丸を勢いよくあげる。

せいけいげか【整形外科】

「整形外科」

→〈整形〉+〈手術〉

（+〈脈〉）

「整形外科」は〈整形〉+〈手術〉+〈脈〉で表現。〈整形〉はくずれた形をもとにもどすさまを表す新しい手話。〈脈〉は「医」を表す。

〈整形〉

両手を指文字〈C②〉にして中央に引き寄せ上下に置く。

〈手術〉

左手のひらを下に向け、親指側の縁に沿って右人差指の先を手前に引く。

せいけつ【清潔】1

「体を清潔にする」

→〈体（からだ）〉+〈衛生〉

例文の「清潔」は体に汚れがなく、きれいな意味で〈衛生〉で表現。〈衛生〉は消毒綿などできれいに拭くさまを表す新しい手話。

〈体（からだ）〉

右手を体の上で回す。

〈衛生〉

左手甲を前に向けて右手4指で左手のひらを繰り返しぬぐうようにする。

せいけつ【清潔】2

「清潔な政治」

→〈美しい②〉+〈政治〉

例文の「清潔」は正しく清らかである意味なので〈美しい②〉で表現。〈美しい②〉は汚れがなくきれいなさまで「きれい」「美しい」の意味。

〈美しい②〉

左手のひらをなでるように右手のひらを滑らせる。

〈政治〉

左手のひらの上に右ひじを置き、右手指先を伸ばし前後に振る。

せいけん【政権】1

「政権（を握る）」

→〈政治〉+〈力〉

（+〈取る①〉）

「政権」は政治を握る権力のことで2種類の表現がある。ひとつは〈政治〉+〈力〉で表現。手話は政治権力の意味で「政権」「政治力」などを表す。

〈政治〉

左手のひらの上に右ひじを置き、右手指先を伸ばし前後に振る。

〈力〉

こぶしを握った左腕を曲げ、上腕に右人差指で力こぶを描く。

せいけん【政権】2

「政権交代」

→〈政権〉+〈変わる①〉

（または〈交替①〉）

もうひとつは〈政権〉で表現。〈政権〉は〈政治〉と〈力〉とを組み合わせた新しい手話。

〈政権〉

手のひらを右に向けて立てた左手の上腕に右人差指で力こぶを描く。

〈変わる①〉

手のひらを手前に向けた両手を交差させる。

せいけん【政見】

「政見放送」

→〈政見〉+〈放送〉

例文は〈政見〉+〈放送〉で表現。〈政見〉は〈政治〉と〈見る〉を組み合わせた手話。〈放送〉はマイクを持ってしゃべるさまを表す。

〈政見〉

左手のひらに右ひじを乗せ、右人差指を目の前で前後に動かす。

〈放送〉

左こぶしからすぼめた右手を前に向けて繰り返し開く。

せいげん【制限】1

「人数を制限する」

→〈数〉+〈制限①〉

例文の「制限」は限度を設けることで〈制限①〉で表現。〈制限①〉は限度を越えようとするのを押さえるさまで「制限」「まで」などの意味。

〈数〉

右手指でものを数えるようにして順に指を折る。

〈制限①〉

右手のひらを下に向けて左手指先を当て、下に押し込める。

せいげん【制限】2

「道幅を制限する」

→(〈道①〉+)
〈狭い〉+〈決める①〉
(または〈規則〉)

例文の「制限」は限度を越えないように決めることで〈狭い〉+〈決める①〉で表現。

〈狭い〉

両手のひらを向かい合わせて両側から間をせばめる。

〈決める①〉

左手のひらに右手２指を軽く打ちつける。

せいげん【制限】3

「自由を制限する」

→〈自由〉+〈制限②〉

例文の「制限」は本来大きなものを小さくすることの意味なので〈制限②〉で表現。〈制限②〉は「範囲をせばめる」「小さくする」などの意味。

〈自由〉

両こぶしを握り、ひじを使って交互に上下させる。

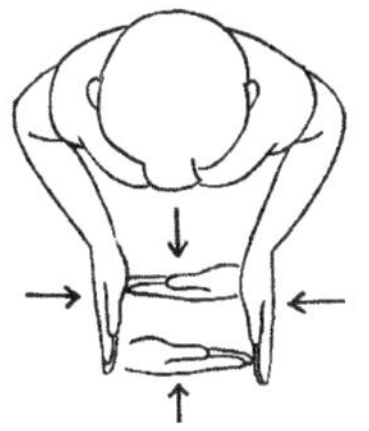

〈制限②〉

両手を前後左右に向かい合わせて押し込めるようにせばめる。

せいこう【成功】1

「実験に成功する」

→〈実験〉+〈成功〉

例文の「成功」はうまくいくことで〈成功〉で表現。〈成功〉は「成功」「完成」などの意味。

〈実験〉

人差指を出した両手の手首を交差させて、ねじるように揺する。

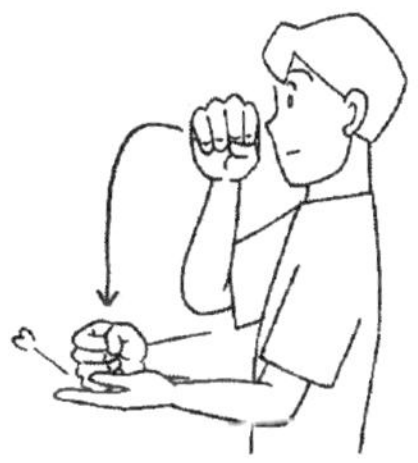

〈成功〉

右こぶしを鼻から左手のひらに打ちつける。

せいこう【成功】2

「成功をおさめる」

→〈成功〉+〈終わる〉

例文の「成功をおさめる」は成功することなので〈成功〉+〈終わる〉で表現。手話は成功のうちに終わったことを表す。

〈成功〉

右こぶしを鼻から左手のひらに打ちつける。

〈終わる〉

両手の親指と４指を上に向け、閉じながら下にさげる。

せいさい【制裁】1

「殴る蹴るの制裁を加える」

→〈なぐる②〉または〈袋だたき〉

例文の「制裁」は暴力を加えることなので〈なぐる②〉または〈袋だたき〉で表現。いずれも両手で相手をなぐるさまを表す。

〈なぐる②〉

両手のこぶしで交互になぐるようにする。

〈袋だたき〉

両こぶしを下に向けて交互になぐるようにする。

せいさく【政策】

「(外交)政策」

→(〈外交〉+)〈政治〉+〈計画〉

「政策」は目標とする政治的施策の意味なので〈政治〉+〈計画〉で表現。〈政治〉+〈計画〉は政治的施策の意味。

〈政治〉

左手のひらの上に右ひじを置き、右手指先を伸ばし前後に振る。

〈計画〉

左手のひらを下に向け、右人差指で線を引くようにする。

せいさい【制裁】2

「(先輩から)制裁を受ける」

→(〈先輩〉+)〈なぐられる②〉または〈袋だたきにされる①〉

例文は暴力を加えられることなので〈なぐられる②〉または〈袋だたきにされる①〉で表現。いずれもなぐられるさまを表す。

〈なぐられる②〉

両こぶしで交互にほおをなぐるようにする。

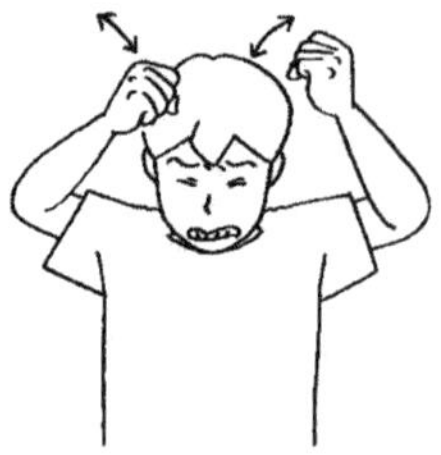

〈袋だたきにされる①〉

両こぶしで頭を交互にたたくようにする。

せいさく【製作】

「機械を製作する」

→〈機械〉(または〈歯車〉)+〈作る〉

「製作」は品物を作る意味なので〈作る〉で表現。〈作る〉は金槌などでたたいて作るさまで「製作」「製造」「作る」などの意味。

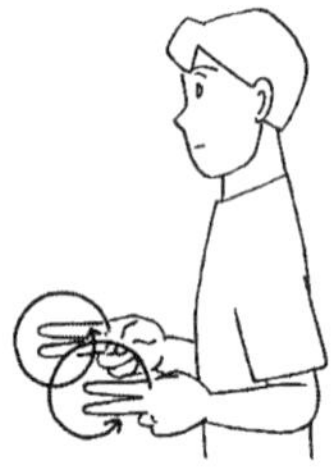

〈機械〉

両手 2 指を前方に向け、交互に前に回転させる。

〈作る〉

両手のこぶしを上下に打ちつける。

せいさい【制裁】3

「経済制裁」

→〈経済〉+〈制裁〉

「経済制裁」は〈経済〉+〈制裁〉で表現。〈制裁〉は左手で相手を制して、右手で〈しかる〉を表す新しい手話。

〈経済〉

親指と人差指で作った丸を上下に置き、互い違いに水平に回す。

〈制裁〉

左手で押さえつけるようにし、親指を立てた右手を斜め下に強く出す。

せいさん【清算】

「(借金を)清算する」

→(〈金(かね)①〉+〈借りる〉+)〈払う①〉+〈解決①〉

例文の「清算」は借金を返し貸借をなくす意味なので〈払う①〉+〈解決①〉で表現。〈解決①〉は「解決」「終了」などの意味。

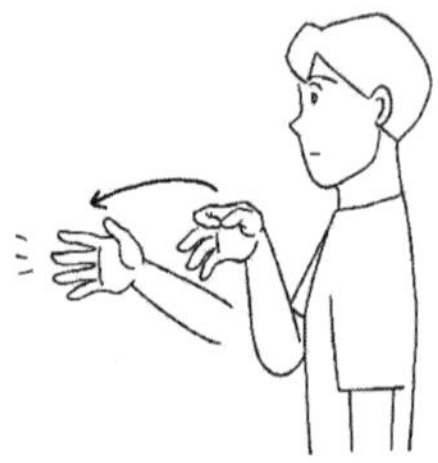

〈払う①〉

右手の親指と人差指で作った丸を前に出しながらぱっと開く。

〈解決①〉

左手のひらの上に右人差指で「×」を大きく書く。

せいさん【生産】

「米を生産する」

→〈米〉+〈作る〉

「生産」は品物などを作る意味なので〈作る〉で表現。〈作る〉は金槌などでたたいて作るさまで「生産」「製作」「製造」「作る」などの意味。

〈米〉
親指と人差指を閉じた右手を唇の端に当て、軽く揺する。

〈作る〉
両手のこぶしを上下に打ちつける。

せいし【生死】

「生死(を共にする)」

→〈生きる①〉+〈死ぬ①〉
(+〈一緒①〉)

例文の「生死」は生きることと死ぬことの意味なので〈生きる①〉+〈死ぬ①〉で表現。〈生きる①〉は元気なさま、〈死ぬ①〉は倒れ死ぬさま。

〈生きる①〉
両ひじを張り、左右に広げる。

〈死ぬ①〉
両手のひらを合わせ、横に倒す。

せいじ【政治】

「政治に参加する」

→〈政治〉+〈参加①〉

「政治」は社会を治める方針を決め実施することで〈政治〉で表現。〈政治〉は政治家が演壇で演説するさまを表す。

〈政治〉
左手のひらの上に右ひじを置き、右手指先を伸ばし前後に振る。

〈参加①〉
指先を上に向け、手のひらを手前に向けた左手に人差指を立てた右手を打ちつける。

せいしき【正式】

「正式に結婚する」

→〈正式〉+〈結婚〉

「正式」は一定の手続きを踏まえたやり方の意味で〈正式〉で表現。〈正式〉はかみしもを着て折り目正しいさまで「正式」「公式」などの意味。

〈正式〉
つまんだ両手の親指と人差指で左右のえりを描くように下におろす。

〈結婚〉
親指と小指を左右からつける。

せいしつ【性質】

「性質がおとなしい」

→〈性質〉+〈おとなしい〉

「性質」は人や動物または物の性質や品質を表し、〈性質〉で表現。〈性質〉は「性質」「性格」「質」などの意味。

〈性質〉
左手甲に右人差指を当て、すくうようにあげる。

〈おとなしい〉
両手のひらを向かい合わせて上から下におろす。

せいじつ【誠実】

「誠実な性格」

→〈正しい〉+〈性質〉

「誠実」はまごころのある意味なので〈正しい〉で表現。〈正しい〉は心がまっすぐなさまで「誠実」「正しい」「まじめ」などの意味。

〈正しい〉
親指と人差指をつまみ、胸に当て、右手をあげる。

〈性質〉
左手甲に右人差指を当て、２回すくうようにする。

せ

せいしゅん【青春】

「青春」

→〈若い〉+〈暖かい〉

「青春」は二十歳を前にした若い世代のことで〈若い〉+〈暖かい〉で表現。〈若い〉は「青年」、〈暖かい〉は「春」を意味する。

〈若い〉

右手のひらで額を左から右へふくようにする。

〈暖かい〉

両手で下からあおぐようにする。

せいしょ【聖書】

「聖書」

→〈十字〉+〈本〉

「聖書」はキリスト教の聖典なので〈十字〉+〈本〉で表現。〈十字〉はキリスト(教)の意味がある。

〈十字〉

両手人差指を交差させて「十」を作る。

〈本〉

両手のひらを合わせて本を開くように左右に開く。

せいじょう【正常】1

「正常に戻る」

→〈普通〉+〈回復〉

例文の「正常」は普通の状態の意味なので〈普通〉で表現。〈普通〉は同じように並ぶさまで「普通」「正常」「平等」などの意味。

〈普通〉

両手の親指と人差指を合わせ左右に開く。

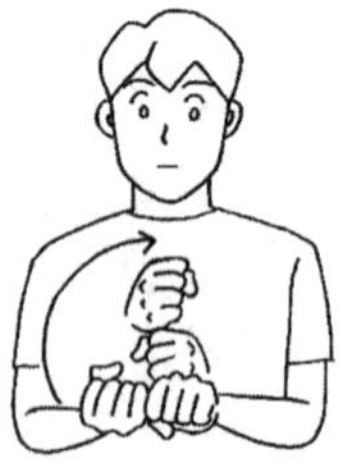

〈回復〉

両こぶしを重ねて寝かせ、棒を起こすようにする。

せいじょう【正常】2

「エンジンが正常に動いている」

→〈エンジン〉+〈順調〉

例文の「正常に動く」は順調に動いていることなので〈順調〉で表現。〈順調〉はきちんとしているさまで「順調」「着々」などの意味がある。

〈エンジン〉

折り曲げた両手2指を向かい合わせて交互に上下させる。

〈順調〉

両手の親指と人差指を上に向け、繰り返し閉じながら左へ動かす。

せいしん【精神】1

「(健全な)精神」

→(〈元気①〉+)〈思う〉+〈神〉

例文の「精神」は肉体に対して心の意味で〈思う〉+〈神〉で表現。手話は頭の働きと漢字表記「神」に対応させた慣用表現。

〈思う〉

右人差指を側頭部に当てる。

〈神〉

柏手(かしわで)を打つ。

せいしん【精神】2

「精神を集中する」

→〈思う〉+〈一途①〉(または〈集中〉)

例文の「精神」は心の働きの意味なので〈思う〉で表現。〈思う〉は頭に思うさまで「思考」「思う」「頭の働き」などの意味。

〈思う〉

右人差指を側頭部に当てる。

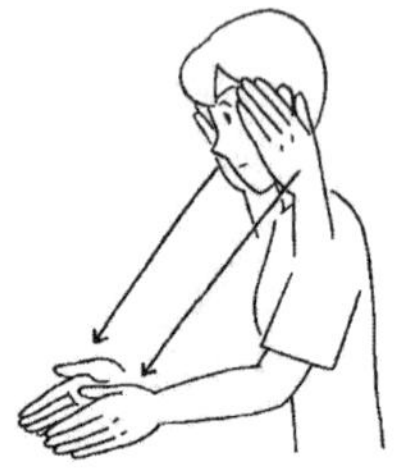

〈一途①〉

両手のひらをこめかみ付近から斜め前に絞り込むようにおろす。

せいじん【成人】

「成人向き」

→〈大人〉+〈合う①〉

「成人」は二十歳を越えた年齢層をいうので〈大人〉で表現。〈大人〉は背が大きいさまで「成人」「大人」「背が伸びる」などの意味。

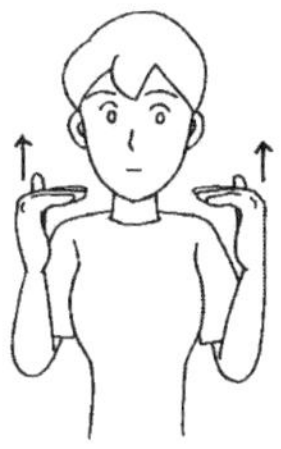

〈大人〉

指文字〈コ〉を示した両手を肩から上にあげる。

〈合う①〉

左人差指の先に右人差指の先を当てる。

せいぞう【製造】

「自動車を製造する」

→〈運転〉+〈作る〉

「製造」は品物を作る意味なので〈作る〉で表現。〈作る〉は金槌などでたたいて作るさまで「生産」「製作」「製造」「作る」などの意味。

〈運転〉

ハンドルを両手で握り、回すようにする。

〈作る〉

両手のこぶしを上下に打ちつける。

せいず【製図】

「製図」

→〈コンパス〉+〈計画〉

「製図」はコンパスや定規などで図面を書く意味。〈コンパス〉+〈計画〉で表現。〈コンパス〉はコンパスを、〈計画〉は定規で線を引くさま。

〈コンパス〉

左手のひらの上に右人差指を立て、中指を回転させる。

〈計画〉

左手のひらを下に向け、右人差指で線を引くようにする。

せいぞん【生存】1

「(人々の)生存を確認」

→(〈人々①〉+)
〈生きる②〉+〈証拠〉
(または〈認める②〉)

例文の「生存」は生きていることの意味なので〈生きる②〉で表現。〈生きる②〉はいきいきしているさまで「元気」「生きている」などの意味。

〈生きる②〉

両こぶしを握り、軽くひじを張り、左右に広げる。

〈証拠〉

左手のひらの上に指先を折り曲げた右手を判を押すようにのせる。

せいせき【成績】

「成績があがる」

→〈成績〉+〈あがる④〉

「成績」は学習や仕事の良さの程度を表すので〈成績〉で表現。〈成績〉はグラフで折れ線が上下するさまで「成績」「評価」などの意味。

〈成績〉

両手の人差指を並べて右人差指を上下させながら右へ動かす。

〈あがる④〉

右人差指を上下させながら右上へあげる。

せいぞん【生存】2

「生存競争」

→〈生きる②〉+〈争う〉

例文の「生存競争」は生きていこうとするために互いに競争する意味なので〈生きる②〉+〈争う〉で表す。

〈生きる②〉

両こぶしを握り、軽くひじを張り、左右に広げる。

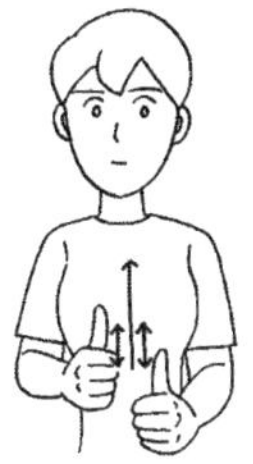

〈争う〉

親指を立てた両手を並べ、競うようにせりあげる。

せいだい【盛大】

「盛大な会」

→〈たくさん⑤〉+〈集まる①〉

「盛大」は非常に盛んな意味なので〈たくさん⑤〉で表現。〈たくさん⑤〉は人々が大勢のさまで「たくさん」「大勢」「多い」などの意味。

〈たくさん⑤〉

軽く開いた両手のひらを手前に向けて、前後に揺らしながら左右に開く。

〈集まる①〉

軽く開いた両手のひらを向かい合わせて中央に寄せる。

ぜいたく【贅沢】1

「ぜいたくな暮らしをする」

→〈金持ち〉+〈生活〉

例文の「ぜいたくな暮らし」はお金をたくさん使う生活の意味なので〈金持ち〉+〈生活〉で表現。〈金持ち〉はお金がたくさんあるさまを表す。

〈金持ち〉

両手の親指と人差指で作った丸を胸に当て、弧を描いて腹につける。

〈生活〉

両手の親指と人差指を向かい合わせて回す。

ぜいたく【贅沢】2

「食べ物にはぜいたくしている」

→〈食べる①〉+〈浪費②〉

例文の「ぜいたく」は金を多くかける意味なので〈浪費②〉で表現。〈浪費②〉はお金をどんどん使うさまで「ぜいたく」「浪費」の意味。

〈食べる①〉

左手のひらの上を右手ですくって食べるようにする。

〈浪費②〉

左手のひらの上を右手の親指と人差指で作った丸を繰り返し前に出しながら右へ動かす。

ぜいたく【贅沢】3

「ぜいたくはやめよ」

→〈ぜいたく〉+〈とめる〉

例文の「ぜいたく」は〈ぜいたく〉で表現。お金を気前よくぱっぱと使うさまで「ぜいたく」「金使いが荒い」「金を湯水のように使う」意味。

〈ぜいたく〉

両ひじを張り、両手の親指と人差指で作った丸を左右に開くように出す。

〈とめる〉

左手のひらの上に右手を振りおろす。

せいちょう【成長】1

「子供が成長する」

→〈子供①〉+〈大きくなる②〉

例文の「成長」は育って大きくなる意味なので〈大きくなる②〉で表現。〈大きくなる②〉は段々背丈が伸びて大きくなるさまを表す。

〈子供①〉

両手のひらを前に向けて、あやすように左右に振る。

〈大きくなる②〉

指文字〈コ〉を示した両手を肩から順に上にあげる。

せいちょう【成長】2

「経済が成長する」

→〈経済〉+〈栄える〉

例文の「成長」は大きく発展する意味なので〈栄える〉で表現。〈栄える〉は上向きに進むさまで「向上」「成長」「発展」などの意味。

〈経済〉

親指と人差指で作った丸を上下に置き、互い違いに水平に回す。

〈栄える〉

手のひらを下にして斜め上にあげる。

せいちょう【成長】3

「草が成長する」

→〈草〉+〈草が生える〉

例文の「成長」は草が伸びる意味なので〈草が生える〉で表現。〈草が生える〉は植物が成長するさまで「伸びる」「大きくなる」の意味。

〈草〉

指先を軽く開いた両手の甲側を前に向け交互に小刻みに上下させながら左右に開く。

〈草が生える〉

両手のひらを手前に向け、指先を軽く開いて上にあげる。

せいと【生徒】2

「生徒(募集)」

→〈教わる②〉+〈人々①〉
(+〈集める①〉)

例文の「生徒」は単に教えを受けている人の意味なので〈教わる②〉+〈人々①〉で表現。〈教わる②〉は教わるさまを表す。

〈教わる②〉

左手のひらに人差指を折り曲げた右手をのせるようにして上から同時に引き寄せる。

〈人々①〉

親指と小指を立てた両手を揺らしながら左右に開く。

せいてい【制定】

「法律を制定する」

→〈規則〉(または〈法〉)+〈決める①〉

「制定」はきまりを作る意味なので〈決める①〉で表現。〈決める①〉は扇子をぱんとたたいて決めるさまで「決定」「制定」「決める」の意味。

〈規則〉

左手のひらに右手の折り曲げた2指を繰り返し打ちつける。

〈決める①〉

左手のひらに右手2指を打ちつける。

せいど【制度】

「新しい制度(を設ける)」

→〈新しい〉+〈制度〉
(+〈作る〉)

例文の「制度」は社会の決まりや規則の意味で〈制度〉で表現。〈制度〉は整理された規則などを表す新しい手話。

〈新しい〉

すぼめた両手をぱっと前に出して広げる。

〈制度〉

両手2指を左右に並べ、左から右へ両手を動かす。

せいと【生徒】1

「(中学校の)生徒」

→(〈中(ちゅう)①〉+)
〈学生①〉
または〈学生②〉

例文の「生徒」は学校教育で教わる人なので〈学生①〉または〈学生②〉で表現。〈学生①〉は袴の帯をしめるさま、〈学生②〉は学生服のつめえりを表す。

〈学生①〉

軽く開いた両手を上下に置き、握りながらはかまのひもをしめるようにする。

〈学生②〉

親指と人差指を出した両手を首に沿って前に出す。

せいとう【政党】1

「(支持)政党」

→(〈助ける①〉+)
〈政治〉+〈グループ〉

「政党」は2種類の表現がある。ひとつは〈政治〉+〈グループ〉で表現。「政党」「政治団体」などの意味がある。

〈政治〉

左手のひらの上に右ひじを置き、右手指先を伸ばし前後に振る。

〈グループ〉

指先を上に向けた両手で水平に手前に円を描く。

せいとう【政党】2

「(支持)政党」
→(〈助ける①〉+)〈政治〉+〈党〉

もうひとつは〈政治〉+〈党〉で表現。〈党〉は指文字〈ト〉で〈グループ〉の動きをする「党」を意味する新しい手話。

〈政治〉
左手のひらの上に右ひじを置き、右手指先を伸ばし前後に振る。

〈党〉
両手で指文字〈ト〉を示し、手前に引きながら水平に円を描く。

せいとう【正当】

「正当防衛」
→〈正しい〉+〈防ぐ〉

「正当」は正しいという意味なので〈正しい〉で表現。〈正しい〉は心のまっすぐなさまで「正当」「正しい」「まじめ」などの意味。

〈正しい〉
親指と人差指をつまみ、胸に当て、右手をあげる。

〈防ぐ〉
両手のひらを前に向け押すように出す。

せいとん【整頓】

「部屋を整頓する」
→〈部屋〉+〈準備②〉

「整頓」はきちんと整える意味なので〈準備②〉で表現。〈準備②〉は物をきちんと置くさまで「整頓」「準備」「整理」「かたづける」の意味。

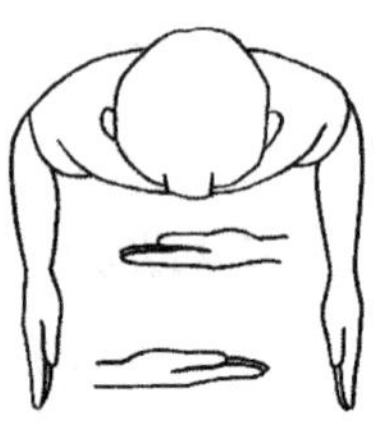

〈部屋〉
両手のひらで前後左右に四角く囲む。

〈準備②〉
両手のひらを向かい合わせて間隔を変えずに左から右へ順に仕切るように動かす。

せいねん【青年】

「青年(の集い)」
→〈若い〉+〈人々①〉(+〈集まる①〉)

「青年」は若い人々のことなので〈若い〉+〈人々①〉で表現。〈若い〉+〈人々①〉は「青年」「若者」「若人」などの意味。

〈若い〉
右手のひらで額をぬぐうようにする。

〈人々①〉
親指と小指を立てた両手を揺らしながら左右に開く。

せいねんがっぴ【生年月日】

「(あなたの)生年月日は?」
→(〈あなた②〉+)〈生まれる〉+〈いつ〉

「生年月日」は生まれた年月日のことで〈生まれる〉+〈いつ〉で表現。〈いつ〉は右手が月、左手が日を表し、「年月日」「月日」「いつ」の意味。

〈生まれる〉
指先を向かい合わせた両手を腹から前に出す。

〈いつ〉
両手を上下にして、両手同時に順番に指を折る。

せいひん【製品】

「(電化)製品」
→(〈電気〉+)〈作る〉+〈品(ひん)〉

例文の「製品」は〈作る〉+〈品〉で表現。「作品」「工作品」も同手話。

〈作る〉
両手のこぶしを上下に打ちつける。

〈品(ひん)〉
右手の親指と人差指で作った丸を上、左、右に示す。

せいふ【政府】

「政府」は政治を行う機関のことで〈政治〉+指文字〈フ〉で表現。

「政府」

→〈政治〉+〈フ〉

〈政治〉

左手のひらの上に右ひじを置き、右手指先を伸ばし前後に振る。

〈フ〉

親指と人差指で「フ」の字形を示す。

せいほん【製本】

「製本」は印刷物を綴じて本を作ることなので〈本〉+〈作る〉で表現。〈本〉+〈作る〉は本を作ることを表す。

「製本(会社)」

→〈本〉+〈作る〉
(+〈会社〉)

〈本〉

手のひらを合わせた両手を本を開くように左右に開く。

〈作る〉

両手のこぶしを上下に打ちつける。

せいふく【制服】

「制服」は会社や学校などが着ることを定めた服のことなので〈定まる〉+〈服〉で表現。手話は定められた服を表す。

「制服」

→〈定まる〉+〈服〉

〈定まる〉

両手指を曲げて上下に組み合わす。

〈服〉

親指を立てた両手をえりに沿って下におろす。

せいみつ【精密】

例文の「精密」は細かく詳しい意味なので〈細かい③〉で表現。〈細かい③〉は詳しく細かいさまで「精密」「詳細」「詳しい」などの意味。

「精密な調査」

→〈細かい③〉+〈調べる①〉

〈細かい③〉

両手の親指と人差指の指先でつぶすようにしながら下にさげる。

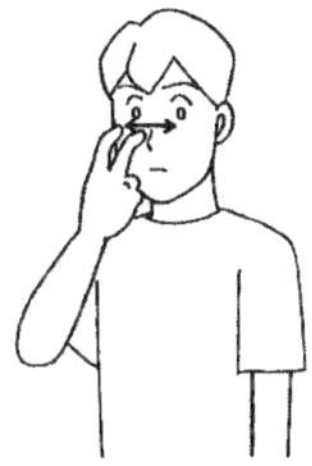

〈調べる①〉

右手の人差指と中指を軽く折り曲げて、目の前を左右に往復させる。

せいぶつ【生物】

例文の「生物」は生き物の意味なので〈生物〉で表現。〈生物〉は両手の〈物〉を動かすことで生きもの生物を表す新しい手話。

「地球の生物」

→〈世界〉+〈生物〉

〈世界〉

両手の指先を向かい合わせ、球を描くように前に回す。

〈生物〉

両手の親指と人差指を閉じて残り3指を羽のように上下させる。

せいめい【生命】

例文の「生命」は生物の命の意味なので〈生きる①〉+〈命〉で表現。〈生きる①〉はいきいきしているさま、〈命〉は心臓の形を表す。

「生命(が誕生する)」

→〈生きる①〉+〈命〉
(+〈生まれる〉)

〈生きる①〉

両ひじを張り、左右に広げる。

〈命〉

右こぶしを左胸に当てる。

せいめい【生命】2

「(新聞の)生命」
→(〈新聞〉+)
〈大切①〉+〈一番①〉

例文の「生命」は一番大切なものの意味なので２種類の表現がある。ひとつは〈大切①〉+〈一番①〉で表現。〈大切①〉は「大切」「愛」などの意味。

〈大切①〉
左手甲を右手のひらでなでるように回す。

〈一番①〉
右人差指を左肩に軽く当てる。

せいめい【生命】3

「(新聞の)生命」
→(〈新聞〉+)
〈愛①〉+〈一番①〉

もうひとつは〈愛①〉+〈一番①〉で表現。〈愛①〉は「大切」の意味がある。

〈愛①〉
左手甲を右手でなでるようにする。

〈一番①〉
右人差指を左肩に軽く当てる。

せいめい【声明】1

「(共同)声明」
→(〈一緒①〉+)
〈声〉+〈表(あらわ)す〉

「声明」は２種類の表現がある。ひとつは〈声〉+〈表す〉で表現。

〈声〉
親指と人差指で作った丸をのど元にあて、気管に沿って口元から前に出す。

〈表(あらわ)す〉
左手のひらに右人差指をつけて前に押し出す。

せいめい【声明】2

「(共同)声明」
→(〈一緒①〉+)
〈声〉+〈宣誓〉

もうひとつは〈声〉+〈宣誓〉で表現。これは新しい手話である。〈宣誓〉は手をあげるさまを表す。全体で声にして意見を出すことを表す。

〈声〉
親指と人差指で作った丸をのど元にあて、気管に沿って口元から前に出す。

〈宣誓〉
右手を斜め上にまっすぐにあげる。

せいよう【西洋】

「西洋(料理)」
→〈外国〉
または〈ヨーロッパ〉
(+〈料理〉)

例文の「西洋」はヨーロッパをいうので〈外国〉または〈ヨーロッパ〉で表現。〈ヨーロッパ〉は頭文字〈E〉でその地形を表す世界共通手話。

〈外国〉
右人差指を右目のまわりで回す。

〈ヨーロッパ〉
指文字〈E〉を回す。

せいよう【静養】

「静養が必要」
→〈大切③〉+〈必要①〉

「静養」は静かに体を休め、病気を直す意味なので〈大切③〉で表現。〈大切③〉は体をいたわり大切にするさまで「静養」「休養」の意味。

〈大切③〉
左手の甲を右手でなでるように回す。

〈必要①〉
指文字〈コ〉を示した両手を手前に引き寄せる。

せいり【整理】1

「部屋を整理する」

→〈部屋〉+〈準備②〉

例文の「整理」は整える意味なので〈準備②〉で表現。〈準備②〉はものをかたづけるさまで「整理」「整える」「整頓」「準備」などの意味。

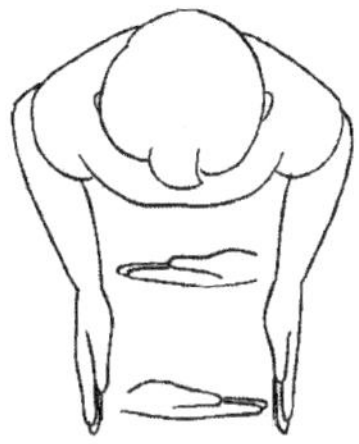

〈部屋〉

両手のひらで前後左右に四角く囲む。

〈準備②〉

両手のひらを向かい合わせて間隔を変えずに左から右へ順に仕切るように動かす。

せいり【生理】2

「生理痛」

→〈生理②〉+〈痛い②〉

「生理痛」は〈生理②〉+〈痛い②〉で表現。〈生理②〉は〈女〉と〈月〉を合わせた新しい手話。

〈生理②〉

左小指の横で右親指と人差指で三日月を描く。

〈痛い②〉

痛そうにして折り曲げた全指を曲げたり伸ばしたりする。

せいり【整理】2

「人員整理」

→〈仕事〉+〈解雇④〉

例文の「整理」はむだなものを取り除く意味。「人員整理」は〈仕事〉+〈解雇④〉で表現。〈解雇〉は「解雇」「首切り」の意味。

〈仕事〉

手のひらを上に向け、向かい合わせた両手指先を繰り返しつき合わせる。

〈解雇④〉

左手の親指を右手で切るようにして左から右へ動かす。

ぜいりし【税理士】

「税理士」

→〈税金〉+〈士〉

「税理士」は〈税金〉+〈士〉で表現。〈税金〉はお金を求められるさま、〈士〉は指文字〈シ〉を資格を表す肩に当てて表す。

〈税金〉

親指と人差指で作った丸をすばやく自分に向けて開く。

〈士〉

親指と人差指と中指を出した右手を左肩に当てる。

せいり【生理】1

「生理(不順)」

→〈生理①〉または〈生理②〉
(+〈まちまち〉)

例文の「生理」は月経のことなので〈生理①〉または〈生理②〉で表現。〈生理①〉は基礎体温が上下するさま、〈生理②〉は〈女〉と〈月〉を合わせた手話。

〈生理①〉

左こぶしの横で右人差指の先を上下させて左から右へ動かす。

〈生理②〉

左小指の横で右親指と人差指で三日月を描く。

せいりつ【成立】1

「(法案が)成立する」

→(〈規則〉+〈案〉または〈例〉+)
〈成功〉+〈終わる〉

例文の「成立」は承認されてできあがる意味なので〈成功〉+〈終わる〉で表現。〈成功〉+〈終わる〉は無事成功のさまで「成立」の意味。

〈成功〉

右こぶしを鼻から左手のひらに打ちつける。

〈終わる〉

両手の親指と 4 指を上に向け、閉じながら下にさげる。

せいりつ【成立】2

「会議は成立する」

→〈会議〉+〈きちんと①〉

例文の「成立」は定員を満たすなど成り立つ意味なので〈きちんと①〉で表現。〈きちんと①〉は条件などがきちんと満たされるさまを表す。

〈会議〉
親指を立てた両手を合わせたままで水平に回す。

〈きちんと①〉
両手の親指と人差指を同時に閉じながら下におろす。

せいれい【政令】

「政令都市」

→〈政令〉+〈シ〉

例文は〈政令〉+〈シ〉で表現。〈政令〉は〈政治〉と〈命令〉を組み合わせた手話。〈シ〉は都市の市を表す。「政令指定都市」も同手話。

〈政令〉
指先を上向き、手のひらを右向きにした左手の小指から右人差指を強く倒しながら前に出す。

〈シ〉
親指と人差指と中指を立て、甲側を示す。

せいれき【西暦】

「西暦2000年」

→〈西暦〉+〈2000〉

「西暦」は〈西暦〉で表現。〈西暦〉は左手で BC の C を表し、右手でそれ以降であるさまを表す。例文の「2000年」は〈西暦〉の左手を残して表現。

〈西暦〉
指文字〈C②〉の左手の横から前方に向けた右人差指を右に引く。

〈2000〉
左手〈C②〉を残したまま右手2指で「千」を描く。

せいろん【正論】

「(君の意見は)正論だ」

→(〈あなた①〉+〈意見〉+)〈正しい〉+〈説明〉

「正論」は正しい論理または議論の意味なので〈正しい〉+〈説明〉で表現。〈正しい〉+〈説明〉は「正論」「正しい説明」などの意味。

〈正しい〉
親指と人差指をつまみ、胸に当て、右手をあげる。

〈説明〉
左手のひらを右手で小刻みにたたく。

セーター

「セーター(を買う)」

→〈編む②〉+〈服〉(+〈買う〉)

「セーター」は毛糸を編んだ服なので〈編む②〉+〈服〉で表現。手話は手で編んだ服を表す。

〈編む②〉
両手人差指を付け合わせ、編むように動かす。

〈服〉
親指を立てた両手をえりに沿って下におろす。

セーフ

「ぎりぎりセーフになる」

→〈セーフ〉+〈危ない①〉

例文の「セーフ」は野球用語なので〈セーフ〉で表現。〈セーフ〉は野球の審判のセーフの宣告を表す。

〈セーフ〉
両手のひらを下に向けて、指先を合わせて左右に勢いよく開く。

〈危ない①〉
全指を軽く折り曲げ、胸をたたく。

セールスマン

「セールスマン」

→〈商売〉+〈訪問③〉

「セールスマン」は物を売る人のことで訪問販売人を連想することが多いので〈商売〉+〈訪問③〉で表現。家を訪れてセールスするさまを表す。

〈商売〉

両手の親指と人差指で作った丸を交互に前後させる。

〈訪問③〉

左手の屋根形の下に右親指を入れることを左右で繰り返す。

せかい【世界】1

「月世界」

→〈月〉+〈世界〉

例文の「月世界」は月の世界のことなので〈月〉+〈世界〉で表現。〈世界〉は丸い地球の形で「世界」「地球」の意味。

〈月〉

右手の親指と人差指で三日月形を描く。

〈世界〉

両手の指先を向かい合わせ、球を描くように前に回す。

せかい【世界】2

「(第二次)世界大戦」

→(〈第二①〉+)
〈世界〉+〈戦争〉

例文の「世界大戦」は世界戦争のことで〈世界〉+〈戦争〉で表現。〈世界〉は地球の形で「世界」「地球」を表す。

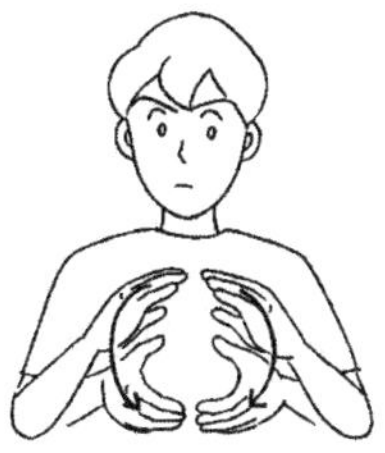

〈世界〉

両手の指先を向かい合わせ球を描くように前に回す。

〈戦争〉

両手の指先を激しくふれ合わせる。

せかいろうれんめい【世界ろう連盟】

「世界ろう連盟」

→〈世界ろう連盟〉

「世界ろう連盟」は〈世界ろう連盟〉で表現。〈世界ろう連盟〉は世界共通の手話で、同連盟のマークを表す。

〈世界ろう連盟〉

両手の人差指と中指で世界ろう連盟のマークを描く。

セカンド

「セカンドを守る」

→〈セカンド〉+〈責任①〉

例文の「セカンド」は二塁(手)のことなので〈セカンド〉で表現。〈セカンド〉は左手のベースの上で右手の数字２を表す。

〈セカンド〉

左甲に右ひじを乗せ、右人差指と中指を回す。

〈責任①〉

右肩に軽く全指を折り曲げた右手をのせる。

せき【咳】

「せきをする」

→〈風邪〉または〈せき〉

「せき」は〈風邪〉または〈せき〉で表現。〈せき〉はせきをする新しい手話。〈風邪〉と区別するためにのどの位置でする。

〈風邪〉

せきこむように右手のこぶしを口に軽く２度当てる。

〈せき〉

右こぶしをのど元で前後させる。

せき【席】1

「席に着く」

→〈座る①〉

例文の「席に着く」は座る意味なので〈座る①〉で表現。〈座る①〉は椅子に腰かけるさまで「席に着く」「着席」などの意味。

〈座る①〉
手のひらを下に向けた左手２指に折り曲げた右手２指を座るようにのせる。

せき【席】2

「席を立つ」

→〈座る①〉+〈席を立つ〉

例文の「席を立つ」は席を離れることなので〈座る①〉+〈席を立つ〉で表現。手話は座っていたのが立って離れるさまを表す。

〈座る①〉
手のひらを下に向けた左手２指に折り曲げた右手２指を座るようにのせる。

〈席を立つ〉
〈座る〉を示した左手を残してそこから右手２指を歩くように動かす。

せき【席】3

「宴会の席」

→〈パーティー〉+〈場所〉

例文の「席」は会や式の場所の意味なので〈場所〉で表現。〈場所〉はそのところを表し、「席」「場所」「所」などの意味。

〈パーティー〉
親指と人差指で杯を持つようにして水平に回転させる。

〈場所〉
全指を曲げた右手を前に置く。

せきじゅうじ【赤十字】

「赤十字(病院)」

→〈赤〉+〈十字〉
(+〈脈〉+〈ビル①〉)

「赤十字」は国際的な救援機関のことで〈赤〉+〈十字〉で表現。「赤十字」のマークを表す。

〈赤〉
唇に人差指を当て、右へ引く。

〈十字〉
両手人差指を交差させて「十」を作る。

せきたん【石炭】

「石炭」

→〈石①〉+〈黒①〉

「石炭」は炭素でできた地中に産する固体燃料のことで〈石①〉+〈黒①〉で表現。手話は黒い石を表し、「石炭」を意味する。

〈石①〉
左手のひらに「コ」の字形の右手を当てる。

〈黒①〉
右手指先で髪の毛をさわる。

せきどう【赤道】

「赤道」

→〈赤〉+〈赤道〉

「赤道」は南極と北極から等しい距離で地球を取り巻く線を言い、〈赤〉+〈赤道〉で表現。手話は地球の真ん中を走る赤道を表す。

〈赤〉
唇に人差指を当て、右へ引く。

〈赤道〉
親指と４指を閉じた左手の甲側を右人差指で左から右へ線を引く。

せ

せきにん【責任】1

「責任を果たす」

→〈責任①〉+〈解決①〉

例文の「責任」は与えられたまたは引き受けた任務のことで〈責任①〉で表現。〈責任①〉は肩に負うさまで「責任」「任務」の意味。

〈責任①〉
右肩に軽く全指を折り曲げた右手をのせる。

〈解決①〉
左手のひらの上に右人差指で「×」を大きく書く。

せきにん【責任】2

「責任が重い」

→〈責任が重い〉

例文の「責任が重い」は与えられまたは引き受けた任務が重い意味なので〈責任が重い〉で表現。手話は肩に担ったものが重いさまを表す。

〈責任が重い〉
右手を右肩に置いて体を傾ける。

せきにん【責任】3

「責任転嫁」

→〈人任せ〉

例文の「責任転嫁」は責任を人に預けてしまうことで〈人任せ〉で表現。〈人任せ〉は責任を投げ出すさまを表す。顔の向きと表情に注意。

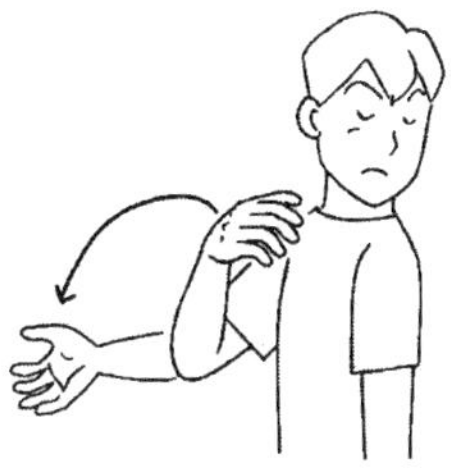

〈人任せ〉
顔をそむけ、右肩に置いた右手を前にぽいっと出す。

せきゆ【石油】1

「石油(の国)」

→〈石①〉+〈油〉
(+〈国(くに)〉)

「石油」は炭素で出来た地中に産する液体燃料のことで〈石①〉+〈油〉で表現。手話は石の油を表し「石油」を意味する。

〈石①〉
左手のひらに「コ」の字形の右手を当てる。

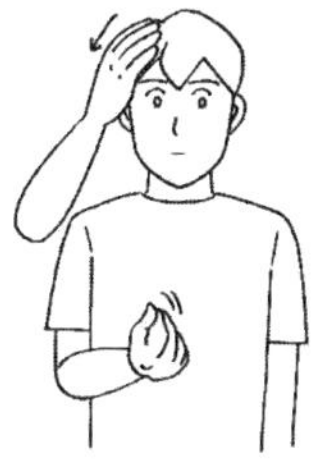

〈油〉
右手のひらで頭にふれ、親指と4指をこすり合わせる。

せきゆ【石油】2

「石油ストーブ」

→〈油〉+〈ストーブ〉

「石油ストーブ」は灯油を燃料とするストーブのことで〈油〉+〈ストーブ〉で表現。ここでは〈ストーブ〉があるので〈石①〉を省略。

〈油〉
右手のひらで頭にふれ、親指と4指をこすり合わせる。

〈ストーブ〉
両手のひらを前にかざすようにする。

せきわけ【関脇】

「関脇(に落ちる)」

→〈関脇〉
(+〈さがる③〉)

「関脇」は〈関脇〉で表現。〈関脇〉は両脇を表す。

〈関脇〉
右手で左脇を払い、

次に左手で右脇を払う。

セクハラ

「セクハラ」

→〈セクハラ①〉または〈セクハラ②〉

「セクハラ」は〈セクハラ①〉または〈セクハラ②〉で表現。〈セクハラ①〉は女性に対するセクハラ、〈セクハラ②〉は男性に対するセクハラを表す。

〈セクハラ①〉
左小指を右指の背側で強く払う。

〈セクハラ②〉
左親指を右指の背側で強く払う。

せけん【世間】1

「世間知らず」

→〈世界〉+〈もの知らず〉

例文の「世間」はこの世の中の意味なので〈世界〉で表現。〈世界〉は丸い地球の形で「地球」「世界」と共に「世間」を表すことがある。

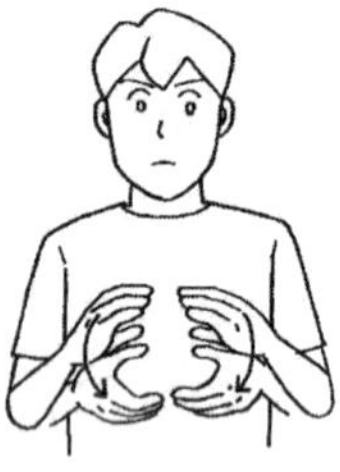

〈世界〉
両手の指先を向かい合わせ、球を描くように前に回す。

〈もの知らず〉
右手のひらを目に当てる。

せけん【世間】2

「(うわさが)世間に知れ渡る」

→(〈うわさ〉+)〈みんな〉+〈広がる①〉

例文の「世間」は世の中の人々の意味なので〈みんな〉で表現。手話はみんなに広がるさまを表す。

〈みんな〉
右手のひらを下に向けて水平に回す。

〈広がる①〉
すぼめた両手を前にぱっと広げるように開く。

せけん【世間】3

「世間一般(の考え)」

→〈社会〉+〈普通〉(+〈思う〉)

例文の「世間」は広く社会の意味なので〈社会〉で表現。〈社会〉は「世の中」「世間」「社会」などの意味。

〈社会〉
親指と小指を立てた両手を手前に水平に円を描く。

〈普通〉
両手の親指と人差指を合わせ左右に開く。

せたい【世帯】

「世帯主」

→〈家族〉+〈主人〉

「世帯」は一家を構成する家族のことで〈家族〉で表現。〈家族〉は同じ家に住む人々を表し、「家族」「世帯」などの意味。

〈家族〉
左の屋根形の下で右手の親指と小指を振る。

〈主人〉
左手を屋根形にし、親指を立てた右手をあげる。

せだい【世代】1

「若い世代」

→〈若い〉+〈人々①〉

例文は〈若い〉+〈人々①〉で表現。

〈若い〉
右手のひらで額をぬぐうようにする。

〈人々①〉
親指と小指を立てた両手を揺らしながら左右に開く。

せだい【世代】2

「世代のギャップ」

→〈世代〉+〈違う①〉

例文は〈世代〉+〈違う①〉で表現。〈世代〉は人を意味する手を年齢層に応じておろして表す。

〈世代〉

親指と小指を立てた左手の下に同様の右手を当て、下に弧を描きながらおろしていく。

〈違う①〉

親指と人差指を出し、同時に手首をねじるように動かす。

せだい【世代】3

「三世代」

→〈3①〉+〈世代〉

例文は〈3①〉+〈世代〉で表現。

〈3①〉

右手3指の指先を上に向けて手のひら側を前に向けて示す。

〈世代〉

親指と小指を立てた左手の下に同様の右手を当て、下に弧を描きながらおろしていく。

せっかく【折角】1

「せっかく来てくれた(のに)」

→〈面倒〉+〈来る②〉
(+〈しかし〉)

例文の「せっかく」はわざわざしたことがよい結果につながらない意味なので〈面倒〉で表現。〈面倒〉は「苦労する」「わざわざ」などの意味。

〈面倒〉

側頭部を右こぶしで軽くたたく。

〈来る②〉

右人差指を上に向けて手前に引く。

せっかく【折角】2

「せっかくの休み(がつぶれた)」

→〈大切①〉+〈休む①〉
(+〈つぶす〉)

例文の「せっかく」は期待がむだになることを残念がる意味なので〈大切①〉で表現。〈大切①〉は「大切な」「大切なもの」の意味。

〈大切①〉

左手甲を右手のひらでなでるように回す。

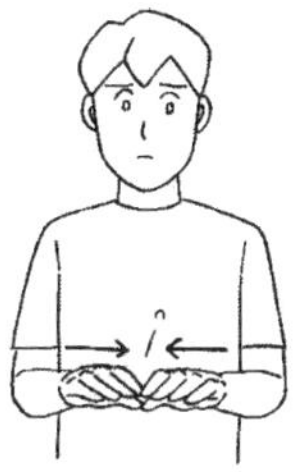

〈休む①〉

手のひらを下にした両手を左右から閉じる。

せっきょく【積極】

「積極(的な活動)」

→〈熱心①〉
または〈熱心②〉
(+〈合う①〉+〈活動〉)

「積極」は前向きに熱心なことで〈熱心①〉または〈熱心②〉で表現。手話はどちらも熱があがるさまで「積極」「熱心」を表す。

〈熱心①〉

親指と人差指を閉じた右手を左脇に当てて、前に出しながらぱっと開く。

〈熱心②〉

親指と4指を閉じた右手を左脇に当て、前に出しながらぱっと開く。

せっけん【石鹸】1

「せっけんで手を洗う」

→〈せっけん〉+〈洗う〉

「せっけん」は汚れを洗い落とすもので〈せっけん〉で表現。〈せっけん〉はせっけんでこすり洗いするさまで「せっけん」を表す。

〈せっけん〉

左手のひらを右こぶしでこするようにする。

〈洗う〉

両手を洗うようにこすり合わせる。

せ

せっけん【石鹸】2

「粉せっけん」

→〈せっけん〉+〈粉〉

「粉せっけん」は粉状のせっけんのことで〈せっけん〉+〈粉〉で表現。〈粉〉は細かい粒であることを表し、「粉」「砂」の意味。

〈せっけん〉

左手のひらを右こぶしでこするようにする。

〈粉〉

右手の親指と 4 指をこすり合わせる。

ゼッケン

「ゼッケンをつけて走る」

→〈ゼッケン〉+〈走る〉

「ゼッケン」は〈ゼッケン〉で表現。〈ゼッケン〉は胸のゼッケンを表す。

〈ゼッケン〉

両人差指で胸に四角形を描く。

〈走る〉

両手を握って走るようにこぶしを上下させる。

ぜっこう【絶交】

「けんかして絶交した」

→〈けんか②〉+〈たもとを分かつ②〉

(または〈たもとを分かつ①〉)

「絶交」は仲たがいでつきあいをやめる意味で〈たもとを分かつ②〉で表現。手話は縁を切るさまで「そでを分かつ」「縁を切る」などの意味。

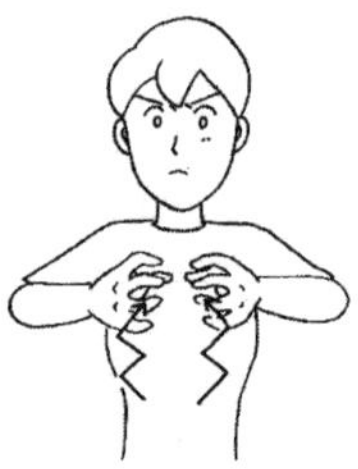

〈けんか②〉

両手の指先を曲げてぶつけ合うようにして上にあげる。

〈たもとを分かつ②〉

左下腕に添って右手で切るようにする。

ぜっこう【絶好】

「絶好の日和」

→〈良い〉+〈空〉

例文の「絶好」はこの上もなく良い意味なので〈良い〉で表現。〈良い〉は動作や表情をオーバーにすることで「絶好」を表す。

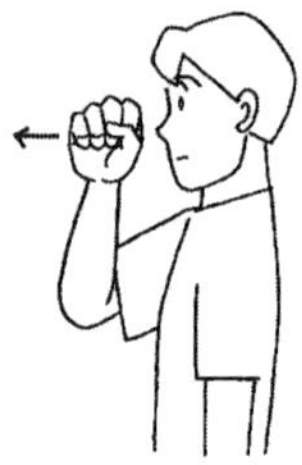

〈良い〉

右こぶしを鼻から前に出す。

〈空〉

右手で頭上に弧を描く。

せっする【接する】1

「隣の家と接する」

→〈家〉左側・右側+〈接する〉

例文の「接する」はくっつく意味なので〈接する〉で表現。〈接する〉は二つのものがくっついているさまで「接する」「くっつく」の意味。

〈家〉左側・右側

左側で屋根形を作り、次に右側でも同様にする。

〈接する〉

親指と 4 指を曲げた両手をつき合わせる。

せっする【接する】2

「客に接する(態度)」

→〈客〉+〈会う②〉

(+〈態度〉)

例文の「接する」は応対する意味なので〈会う②〉で表現。〈会う②〉は人と人が会うさまで「応対」「面会」「会見」などの意味。

〈客〉

左手のひらに親指を立てた右手をのせ、右から手前に引き寄せる。

〈会う②〉

人差指を立てた両手を前後から近づけて軽くふれ合わせる。

せったい【接待】

「客を接待する」
→〈客〉+〈世話〉

「接待」はもてなす意味なので〈世話〉で表現。〈世話〉はもてなすさまで「接待」「世話」「めんどうをみる」「もてなす」などの意味。

〈客〉
左手のひらに親指を立てた右手をのせ、右から手前に引き寄せる。

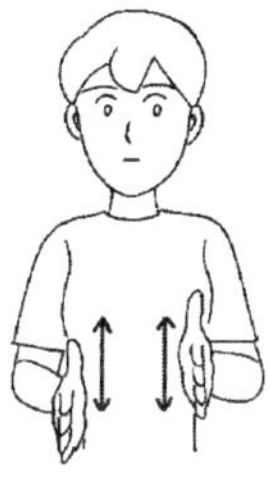

〈世話〉
指先を前に向け、手のひらを向かい合わせた両手を交互に上下させる。

ぜったい【絶対】1

「絶対に出席する」
→〈必ず〉+〈座る②〉
（または〈座る①〉）

例文の「絶対」は必ずの意味なので〈必ず〉で表現。〈必ず〉は指切りで約束するさまで「絶対」「必ず」「きっと」などの意味。

〈必ず〉
両手の小指をからめて強く前に出す。

〈座る②〉
左手のひらに折り曲げた右手２指をのせる。

ぜったい【絶対】2

「絶対反対」
→〈絶対〉+〈反対〉

例文の「絶対」はどんなことがあってもの意味なので〈絶対〉で表現。〈絶対〉は〈規則〉を強く繰り返すことで「絶対」の意味。

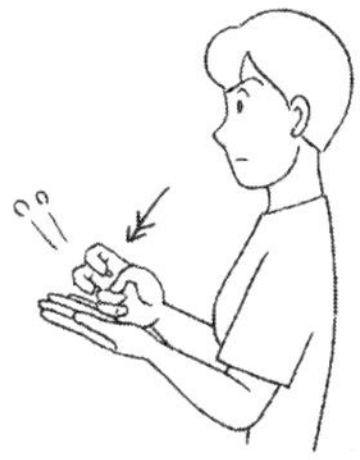

〈絶対〉
左手のひらに折り曲げた右手２指を強く打ちつける。

〈反対〉
両手指の背を軽くぶつける。

せっち【設置】1

「（病）院を設置」
→（〈脈〉+）
〈ビル①〉+〈建てる〉

例文の「設置」は施設をこしらえることなので〈建てる〉で表現。〈建てる〉は家を建てるさまを表す。

〈ビル①〉
両手のひらを向かい合わせて上にあげ、閉じる。

〈建てる〉
両手の屋根形を前から起こす。

せっち【設置】2

「通訳を設置」
→〈通訳〉+〈選び出す〉

例文の「設置」は人物を置くことなので〈選び出す〉で表現。〈選び出す〉は人を選んでそこに置くさまを表す。

〈通訳〉
親指を立てた右手を口元で左右に往復させる。

〈選び出す〉
左親指を右手の親指と人差指でつまむようにして前に出す。

せっとく【説得】

「母を説得する」
→〈母〉+〈説得〉

「説得」は話して納得させる意味なので〈説得〉で表現。〈説得〉は〈説明〉を繰り返しながら前に出し「説得」の意味。

〈母〉
右人差指をほおにふれ、右小指を出す。

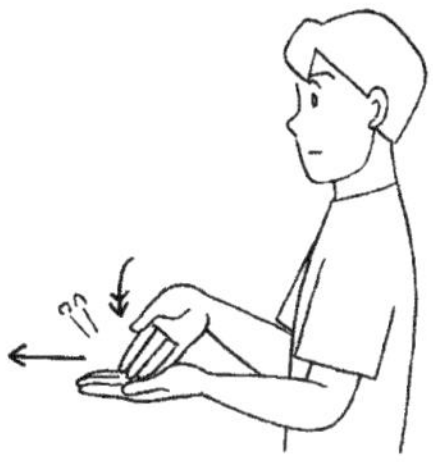

〈説得〉
左手のひらに右手を小刻みに打ちつけるようにして前に出す。

せ

せっぱつまる
【切羽詰まる】

「せっぱつまって盗んだ」

→〈せっぱつまる〉+〈盗む〉

「せっぱつまる」はどうにもしかたなくなる意味で〈せっぱつまる〉で表現。手話は刀を抜こうとして抜けないさまを表す。

〈せっぱつまる〉

両こぶしを上下に重ね、ややずらし、左右にふるわせる。

〈盗む〉

かぎ状にした人差指を手前に引く。

ぜつぼう【絶望】1

「(人生に)絶望する」

→(〈人生〉+)
〈行(ゆ)き止まり〉
または〈あきらめる①〉

例文の「絶望」は希望をなくす意味で〈行き止まり〉または〈あきらめる①〉で表現。前者は行きづまるさま、後者は熱がさめるさまを表す。

〈行(ゆ)き止まり〉上方

左手のひらを目の前に置き、右指先をぶつける。

〈あきらめる①〉

親指と４指を開いた右手を左脇に引きつけながら閉じ、同時に軽く目を伏せる。

せつび【設備】1

「設備の良い(ホテル)」

→〈設備〉+〈良い〉
(+〈ホテル〉)

例文の「設備」は建物の電気、機械などの設備の意味で〈設備〉で表現。〈設備〉はパイプなどがビル全館に通っているさまを表す新しい手話。

〈設備〉

両手の親指と人差指で作った丸を左右から上にあげて中央でつける。

〈良い〉

右こぶしを鼻から前に出す。

ぜつぼう【絶望】2

「前途は絶望的だ」

→〈将来②〉+〈暗い〉

例文の「絶望」は望みが断たれまっ暗の意味で〈暗い〉で表現。〈暗い〉は物理的な「闇」「夜」と比喩的な「お先まっ暗」などを意味する。

〈将来②〉

右手のひらを前に向けて少し押すように前に出す。

〈暗い〉

両手のひらを前に向けた両腕を目の前で交差させる。

せつび【設備】2

**「(視聴覚の)
設備(が整う)」**

→(〈見る①〉+〈聞く②〉+)
〈歯車〉または〈機械〉(+〈準備②〉)

例文の「設備」は建物に備えられた機器の意味なので〈歯車〉または〈機械〉で表現。

〈歯車〉

両手甲を前に向けて指先を組み合わせ歯車のように回す。

〈機械〉

両手２指を前方に向け、交互に前に回転させる。

せつめい【説明】1

「意味を説明する」

→〈意味①〉+〈説明〉

例文の「説明」はある事をわかりやすく話すことで〈説明〉で表現。〈説明〉は手の上のものを示しながら話すさまで「説明(する)」の意味。

〈意味①〉

左手のひらの下を右人差指で突くようにする。

〈説明〉

左手のひらを右手で小刻みにたたく。

せつめい【説明】2

「彼の説明を受ける」

→〈彼〉+〈説明される〉

例文の「説明を受ける」は〈説明される〉で表現。〈説明される〉は説明を自分に向けてするさまを表す。

〈彼〉

左親指を右人差指でさす。

〈説明される〉

左手のひらの上を指先を手前に向けた右手で小刻みにたたく。

せつめい【説明】3

「(彼に)説明を求める」

→(〈彼〉+)
〈説明される〉+〈求める〉

例文の「説明を求める」は〈説明される〉+〈求める〉で表現。手話は相手からの説明を求めるさまで「説明を求める」「説明を要求する」の意味。

〈説明される〉

左手のひらの上を指先を手前に向けた右手で小刻みにたたく。

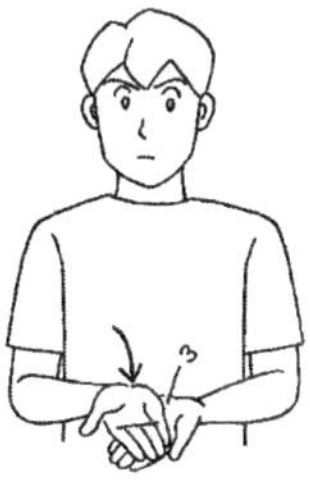

〈求める〉

左手のひらに右手の甲を打ちつける。

せつやく【節約】

「お金を節約する」

→〈金(かね)①〉+〈節約〉

例文の「節約」はお金を使うことを控える意味で〈節約〉で表現。〈節約〉はお金を出さないさまで「節約(する)」「節減」を表す。

〈金(かね)①〉

右手の親指と人差指で作った丸を示す。

〈節約〉

左手のひらにかぎ状にした右人差指を当て、引きあげるように手前に引く。

せつりつ【設立】

「会社を設立する」

→〈会社〉+〈建てる〉

「設立」は会社などを新しく作る意味で〈建てる〉で表現。〈建てる〉は建物を建てるさまで「建設」「創立」「設立」を表す。

〈会社〉

両手の 2 指を交互に前後させる。

〈建てる〉

両手で屋根形を前から起こす。

ぜひ【是非】1

「是非(を論ずる)」

→〈良い〉+〈悪い①〉
(+〈討論〉)

例文の「是非」は良し悪しの意味なので〈良い〉+〈悪い①〉で表現。〈良い〉は良いこと、〈悪い①〉は悪いことを表す。

〈良い〉

右こぶしを鼻から前に出す。

〈悪い①〉

人差指で鼻をこするようにして振りおろす。

ぜひ【是非】2

「是非お越し(下さい)」

→〈必ず〉+〈来る②〉
(+〈頼む①〉)

例文の「是非」は必ずの意味なので〈必ず〉で表現。〈必ず〉は約束を意味する指切りのさまで「是非」「必ず」「きっと」などの意味。

〈必ず〉

両手の小指をからめて強く前に出す。

〈来る②〉

右人差指を上に向けて手前に引く。

せびろ【背広】

「背広を買う」

→〈背広〉+〈買う〉

「背広」は男性のスーツのことで〈背広〉で表現。〈背広〉は背広のえりのさまで「背広」「スーツ」などの意味。

〈背広〉

親指を立てた両手で背広のえりを示す。

〈買う〉

右手の親指と人差指で作った丸を前に出すと同時に左手のひらを手前に引き寄せる。

せぼね【背骨】

「背骨が痛む」

→〈背骨〉+〈痛い①〉

例文の「背骨」は〈背骨〉で表現。〈背骨〉は背骨のさまを表す。

〈背骨〉

左こぶしの上に右こぶしをのせ、右手を左右に小さく動かす。

〈痛い①〉

全指を折り曲げた右手を痛そうに振る。

せまい【狭い】1

「狭い土地」

→〈小さい①〉+〈土〉

例文の「狭い」は面積が小さい意味なので〈小さい①〉で表現。〈小さい①〉はものやものごとが小さいさまで「狭い」「小さい」などの意味。

〈小さい①〉

両手の親指と人差指を向かい合わせ、左右から縮める。

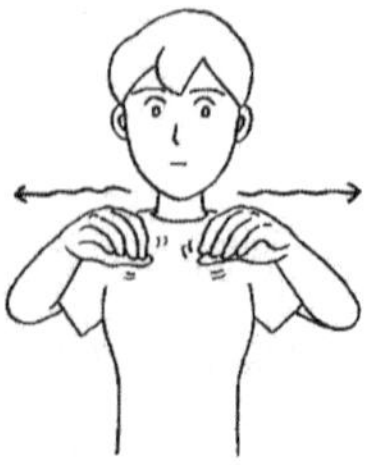

〈土〉

砂や土をこすり落とすようにして両手を左右に開く。

せまい【狭い】2

「狭い道」

→〈狭い〉+〈道①〉

例文の「狭い」は幅が短かい意味なので〈狭い〉で表現。〈狭い〉は幅の狭いさまで「(幅が)狭い」「細い」などの意味。

〈狭い〉

両手のひらを向かい合わせて両側から間をせばめる。

〈道①〉

道幅に見立てた向かい合わせた両手をまっすぐ前に出す。

せまる【迫る】1

「期日が迫る」

→〈いつ〉+〈迫る①〉

例文の「迫る」は時間的に近づく意味なので〈迫る①〉で表現。〈迫る①〉は期間が少なくなるさまで「迫る」「いよいよ」などの意味。

〈いつ〉

両手を上下にして、両手同時に順番に指を折る。

〈迫る①〉

両手のひらを前後に向かい合わせて右手を左手に近づける。

せまる【迫る】2

「危機が迫る」

→〈危ない①〉+〈迫る②〉

例文の「迫る」は空間・時間的にこちらに近づく意味なので〈迫る②〉で表現。〈迫る②〉はものやものごとがこちらに近づくさまを表す。

〈危ない①〉

全指を軽く折り曲げ、胸をたたく。

〈迫る②〉

両手のひらを前後に向かい合わせて右手を前から左手に近づける。

せまる【迫る】3

「敵が迫る」

→〈敵〉+〈押し寄せる〉

例文の「迫る」は敵が押し寄せてくる意味なので〈押し寄せる〉で表現。〈押し寄せる〉は軍勢などが攻めて来るさまを表す。

〈敵〉
左手甲に右手甲をぶつける。

〈押し寄せる〉
左手のひらに指先を手前に向けた右手を近づける。

せまる【迫る】4

「変更を迫る」

→〈変わる①〉+〈求める〉

例文の「迫る」は強く求める意味なので〈求める〉を強く表現。〈求める〉は要求するさまでその強さを表情で表す。

〈変わる①〉
手のひらを手前に向けた両手を交差させる。

〈求める〉
左手のひらに右手の甲を打ちつける。

セミ【蝉】

「アブラゼミ」

→〈油〉+〈セミ〉

「アブラゼミ」は〈油〉+〈セミ〉で表現。〈セミ〉はセミがやかましく鳴くさまを表す。

〈油〉
右手のひらで頭にふれ、親指と4指をこすり合わせる。

〈セミ〉
両手を両耳に当て、左右に揺らす。

セミナー

「セミナーに参加する」

→〈セミナー〉+〈参加①〉

例文の「セミナー」は講習会のことなので〈セミナー〉で表現。〈セミナー〉は頭音の「セ」から指文字〈セ〉を用いて表す。

〈セミナー〉
右中指を立てて回す。

〈参加①〉
指先を上に向け、手のひらを手前に向けた左手に人差指を立てた右手を打ちつける。

せめる【攻める】1

「(敵の)大将を攻める」

→(〈敵〉+)
〈長②〉+〈攻める①〉

例文の「攻める」は襲いかかる意味なので〈攻める①〉で表現。〈攻める①〉は敵などに襲いかかるさまを表す。

〈長②〉
左手甲の上に親指を立てた右手をのせる。

〈攻める①〉
左親指に向かって指先を少し広げた右手を勢いよく近づける。

せめる【攻める】2

「城を攻める」

→〈城〉+〈攻める②〉

例文の「攻める」は攻撃する意味なので〈攻める②〉で表現。〈攻める②〉は大勢で攻撃するさまで大勢で「攻める」「攻撃する」の意味。

〈城〉
折り曲げた両手の人差指を向かい合わせる。

〈攻める②〉
両手指を前に向け押し寄せるように前に出す。

せめる【攻める】3

「敵に攻められる」

→〈敵〉+〈攻められる〉

例文の「攻められる」は襲われる意味なので〈攻められる〉で表現。〈攻められる〉は敵などに襲われるさまを表す。

〈敵〉

左手甲に右手甲をぶつける。

〈攻められる〉

全指を手前に向けて近づける。

せめる【責める】

「非を責める」

→〈悪い①〉+〈批判〉

「責める」はとがめる、批判する意味なので〈批判〉で表現。〈批判〉は人を責めるさまで「責める」「批判する」などを意味する。

〈悪い①〉

人差指で鼻をこするようにして振りおろす。

〈批判〉

左親指に向かって右人差指を繰り返し振りおろす。

ゼロ 1

「点数がゼロ」

→〈数〉+〈ゼロ〉

例文の「ゼロ」は零点の意味なので〈ゼロ〉で表現。〈ゼロ〉は零の下に二本線を描くさまで零点を表す。

〈数〉

右手の指を順に折る。

〈ゼロ〉

左手の親指と人差指で作った丸の下を右手2指で線を引くように右へ動かす。

ゼロ 2

「内容がゼロ」

→〈内容〉+〈ない②〉

例文の「ゼロ」は何もない意味なので〈ない②〉で表現。〈ない②〉は中身が何もなく空っぽのさまで「ゼロ」「空っぽ」「空虚」などの意味。

〈内容〉

左手のひらで囲んだ内側を右人差指でかき回す。

〈ない②〉

左手のひらを下に向け、右親指を軸にして4指を左右に振る。

セロリ

「セロリのサラダ」

→〈セロリ〉+〈サラダ〉

「セロリ」は〈セロリ〉で表現。〈セロリ〉は左手が葉、右手が茎を表す。

〈セロリ〉

左手のひらを上に向け、その手首の下から右こぶしをおろす。

〈サラダ〉

両手2指ですくうように繰り返す。

せわ【世話】1

「老人の世話をする」

→〈老人①〉+〈世話〉

例文の「世話」は身の回りのことをあれこれと面倒をみる意味なので〈世話〉で表現。〈世話〉は世話するさまで「世話を焼く」「面倒をみる」意味。

〈老人①〉

曲げた親指を軽く上下させる。

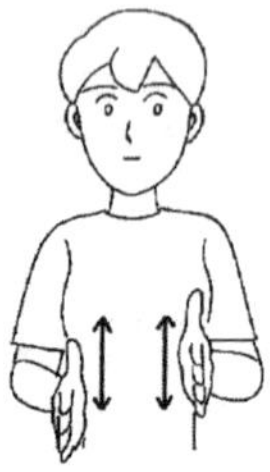

〈世話〉

指先を前に向け、手のひらを向かい合わせた両手を交互に上下させる。

せわ【世話】2

「嫁の世話をする」

→〈妻①〉+〈通訳〉

例文の「世話」は紹介や取りはからう意味なので〈通訳〉で表現。〈通訳〉は右から左に取次ぐさまで「紹介する」「通訳」などの意味。

〈妻①〉

左親指と右小指を寄り添わせて、右小指を前に出す。

〈通訳〉

親指を立てた右手を口元で左右に往復させる。

せわ【世話】3

「あれこれ世話を焼く」

→〈いろいろ〉+〈世話〉

例文の「世話を焼く」はあれこれと面倒をみる意味なので〈世話〉で表現。〈世話〉は世話するさまで「世話を焼く」「面倒をみる」などの意味。

〈いろいろ〉

親指と人差指を立てた右手をねじりながら右へ動かす。

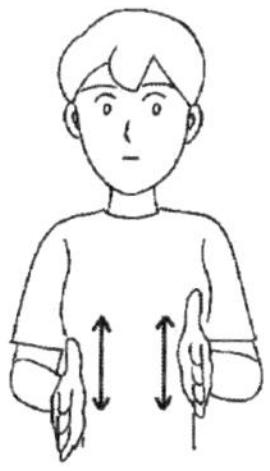

〈世話〉

指先を前に向け、手のひらを向かい合わせた両手を交互に上下させる。

せわ【世話】4

「世話になる」

→〈助けられる①〉+〈もらう①〉

例文の「世話になる」はひとの助けを受ける意味なので〈助けられる①〉+〈もらう①〉で表現。

〈助けられる①〉

親指を立てた左手甲に右手のひらを前方から繰り返し当てる。

〈もらう①〉

手のひらを上に向けた両手を手前に引く。

せわ【世話】5

「大きなお世話だ」

→〈助けられる①〉+〈いらない〉

例文の「大きなお世話」は世話を焼いてくれてかえって迷惑だの意味なので〈助けられる①〉+〈いらない〉で表現。「世話はいらない」の意味。

〈助けられる①〉

親指を立てた左手甲に右手のひらを前方から繰り返し当てる。

〈いらない〉

手前に引き寄せた両手を前にはじくように開く。

せん【千】

「千」

→〈千①〉または〈千②〉

「千」は〈千①〉または〈千②〉で表現。〈千①〉は輪を三つ作って千(1000)を表し、〈千②〉は「千」の字形を単純化して空書した表現。

〈千①〉

親指と 3 指で丸を作る。

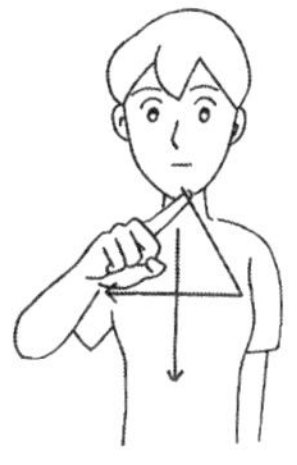

〈千②〉

右人差指で「千」を描く。

せん【戦】

「決勝戦」

→〈最高〉+〈試合①〉

例文の「戦」は試合の意味なので〈試合①〉で表現。〈試合①〉は対立する両者がぶつかり合うさまで「戦」「試合」「対立」などを表す。

〈最高〉

手のひらを下に向けた左手に右手指先を突き上げて当てる。

〈試合①〉

親指を立てた両手を正面で軽くぶつける。

せん【線】1

「(紙に)赤い線を引く」

→(〈四角①〉+)
〈赤〉+〈線①〉

例文の「線」は棒線の意味なので〈線①〉で表現。〈線①〉は横に線を引くさまで「線」「横線を引く」などの意味。

〈赤〉
唇に人差指を当て、右へ引く。

〈線①〉
右手の親指と人差指でペンを持ち、左から右へ線を引くようにする。

ぜん【前】

「前首相」

→〈過去②〉+〈首相〉

「前」は過去のことを意味するので〈過去②〉で表現。〈過去②〉は現在より前のさまで「前」「以前」「過去」などの意味。

〈過去②〉
右手のひらを後ろに向けて、押すようにして肩越しに少し後ろに動かす。

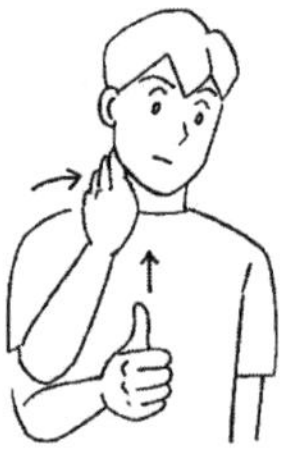

〈首相〉
右手のひらを首筋に当てて親指を出す。

せん【線】2

「国際線の飛行機」

→〈世界〉+〈飛行機①〉
(または〈飛行機②〉)

例文の「国際線」は飛行機の路線の意味なので〈世界〉+〈飛行機①〉または〈飛行機②〉で表現。手話は国際航路を飛ぶ飛行機の意味。

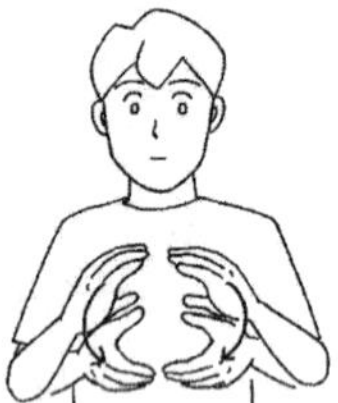

〈世界〉
両手の指先を向かい合わせ、球を描くように前に回す。

〈飛行機①〉
親指と小指を出した右手を飛び出すように斜め上にあげる。

ぜん【善】

「善(を行う)」

→〈良い〉+〈事〉
(+〈する〉)

「善」は良いことの意味なので〈良い〉+〈事〉で表現。〈良い〉は鼻が高いさまを表す。悪い意味はない。〈事〉は省略してもよい。

〈良い〉
右こぶしを鼻から前に出す。

〈事〉
右手で指文字〈コ〉を示す。

せん【線】3

「その線で行く」

→(〈それ〉+)
〈方針〉+〈進む①〉

例文の「線」は考え、方針の意味なので〈方針〉で表現。〈方針〉は磁石の針が動くさまで「方向」「方針」などの意味。

〈方針〉
左手のひらに人差指の指先を前に向けた右手をのせ、指先を左右に揺らす。

〈進む①〉
指文字〈コ〉を示した両手を前に進める。

ぜん【全】1

「全選手」

→〈すべて〉+〈選手〉

例文の「全」はすべての意味なので〈すべて〉で表現。〈すべて〉は完全な円を描くことで「全」「全部」「すべて」などの意味。

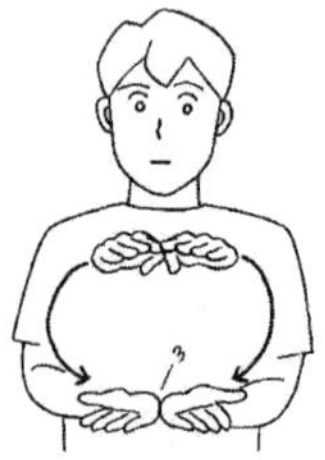

〈すべて〉
両手で上から下に円を描く。

〈選手〉
左こぶしの甲に親指を立てた右手を軽くかすめるように当て、上にあげる。

ぜん【全】2

「全日本ろうあ(連盟)」
→〈日本〉+〈ろうあ①〉
(+〈協会①〉)

例文の「全」は全体の意味であるが日常的には「全」を省略する形で「全日本」は〈日本〉で表現されている。

〈日本〉
両手の親指と人差指をつき合わせ、左右に開きながら閉じる。

〈ろうあ①〉
右手のひらで口と耳をふさぐように当てる。

ぜんいん【全員】1

「全員(無事)」
→〈すべて〉+〈人々①〉
(+〈無事〉)

例文の「全員」はすべての人々の意味なので〈すべて〉+〈人々①〉で表現。

〈すべて〉
両手で上から下に円を描く。

〈人々①〉
親指と小指を立てた両手を揺らしながら左右に開く。

ぜんいん【全員】2

「全員集合する」
→〈みんな〉+〈集まる①〉

例文の「全員」はみんなのことなので〈みんな〉で表現。〈みんな〉は集まった人々全体をさすしぐさで「みんな」「みなさん」などの意味。

〈みんな〉
右手のひらを下に向けて水平に回す。

〈集まる①〉
両手指を軽く開いて向き合わせ中央に寄せる。

ぜんかい【全快】

「全快(祝い)」
→〈病気〉+〈消える①〉
(+〈祝う〉)

「全快」は病気がすっかり直る意味なので〈病気〉+〈消える①〉で表現。〈消える①〉は目の前のものが消えてなくなるさまを表す。

〈病気〉
こぶしで額を軽くたたく。

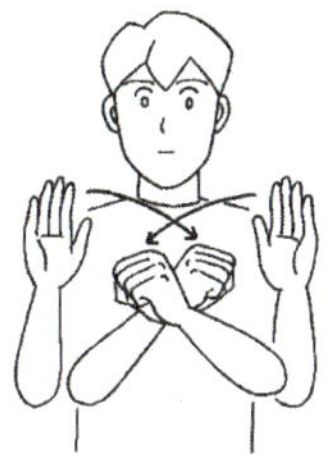

〈消える①〉
開いた両手を交差させながら握る。

ぜんがく【全額】

「全額を払う」
→〈すべて〉+〈払う②〉

「全額」は〈すべて〉+〈金(かね)①〉で表現するが、「金額を払う」は〈金(かね)①〉を略して〈すべて〉+〈払う②〉で表現。

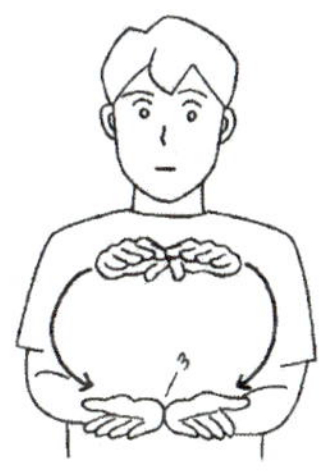

〈すべて〉
両手で上から下に円を描く。

〈払う②〉
左手のひらの上に右手の親指と人差指で丸を作り、前に出して開く。

ぜんき【前期】1

「前期(試験)」
→〈過去②〉
または〈以前〉
(+〈試験〉)

例文の「前期」は二つに分けた期間の初めの時期で〈過去②〉または〈以前〉で表現。手話はどちらも先立つ時期を表す。

〈過去②〉
右手のひらを後ろに向けて、押すようにして肩越しに少し後ろに動かす。

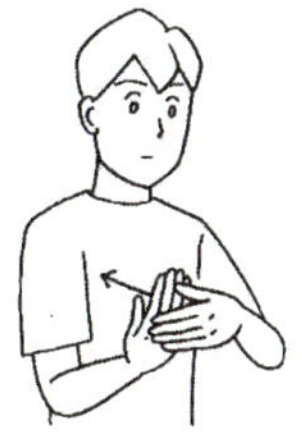

〈以前〉
左手のひらに右手甲を当て、右手を手前に引く。

せ

ぜんき【前期】2

「(明治)前期」
→(〈明治〉+)
〈以前〉+〈間(あいだ)〉

例文の「前期」はある期間の初めの時期の意味で〈以前〉+〈間〉で表現。手話は先立つ時期の期間を表す。

〈以前〉
左手のひらに右手甲を当て、右手を手前に引く。

〈間(あいだ)〉
両手のひらを向かい合わせ、仕切るように下に少しさげる。

せんきゃくばんらい【千客万来】

「今日は千客万来」
→〈今①〉+〈千客万来〉

「千客万来」は多くの客が次々に来る意味なので〈千客万来〉で表現。〈千客万来〉は客が切れ目なく入れかわり来るさまを表す。

〈今①〉
両手のひらで軽く押さえつける。

〈千客万来〉
人差指を立てた両手を交互に繰り返し手前に引き寄せる。

せんきょ【占拠】1

「建物を占拠する」
→〈ビル①〉+〈掌握〉

例文の「占拠」は〈掌握〉で表現。〈掌握〉は自分の手に入れるさまで、「占領」の意。

〈ビル①〉
両手のひらを向かい合わせて上にあげ、閉じる。

〈掌握〉
指先を軽く開いて左右に置いた両手を手前に引きながら握る。

せんきょ【占拠】2

「土地を占拠する」
→〈土〉+〈占領〉

例文の「占拠」は〈占領〉で表現。〈占領〉は手に入れて押さえるさまを表す。

〈土〉
両手の親指と4指をこすり合わせて左右に開く。

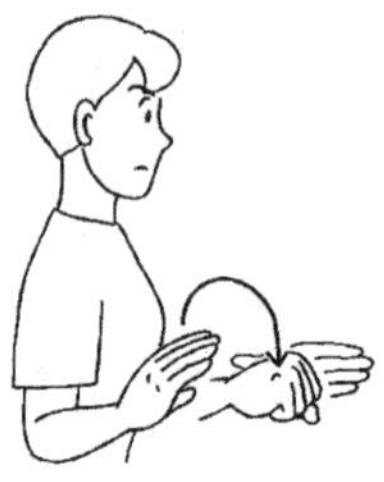

〈占領〉
左手の親指と4指で囲むようにした中を右手でつかみ取るようにする。

せんきょ【選挙】

「役員を選挙する」
→〈腕章〉+〈選挙〉

「選挙」は投票によって選ぶことなので〈選挙〉で表現。〈選挙〉は投票するさまで「選挙」「投票」などの意味。

〈腕章〉
親指と人差指で腕章のように上腕に回す。

〈選挙〉
そろえた両手を交互に中央におろす。

せんけつ【先決】

「先決問題だ」
→〈優先①〉+〈問題〉

「先決」は先に決めるべきことの意味なので〈優先①〉で表現。〈優先①〉はいろいろな中から先立つさまを表す。

〈優先①〉
指先を上に向けた左手の前に人差指を立てた右手を出す。

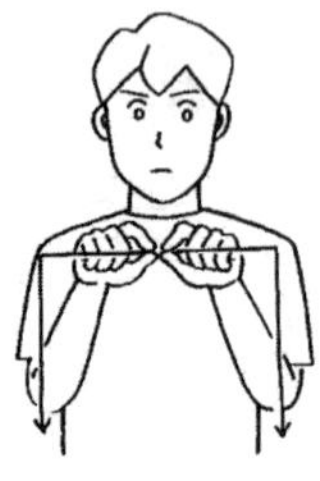

〈問題〉
両手の親指と人差指をつまみ「 ˥を描く。

せんげつ【先月】

「先月」
→〈過去②〉+〈月〉

「先月」は一つ前の月のことで〈過去②〉+〈月〉で表現。手話は「先月」「前月」の意味。

〈過去②〉
右手のひらを後ろに向けて、押すようにして肩越しに少し後ろに動かす。

〈月〉
右手の親指と人差指で三日月形を描く。

せんご【戦後】

「戦後(の日本)」
→〈戦争〉+〈以後〉
(+〈日本〉)

「戦後」は戦争が終わった後の意味で〈戦争〉+〈以後〉で表現。

〈戦争〉
軽く指を開いた両手指先を激しくふれ合わせる。

〈以後〉
両手甲を合わせ、右手を前に押し出す。

せんげん【宣言】1

「(人権)宣言」
→(〈人〉+〈力〉+)
〈表(あらわ)す〉+〈言う①〉

例文の「宣言」は〈表す〉+〈言う①〉で表現。公に言うさまを表す。

〈表(あらわ)す〉
左手のひらに右人差指をつけて前に押し出す。

〈言う①〉
右人差指を口元からやや長めに前に出す。

ぜんご【前後】1

「前後を見る」
→〈見る②〉+〈振り返る〉

例文の「前後」は前方と後方の意味なので〈見る②〉+〈振り返る〉で表現。〈見る②〉は前を見る、〈振り返る〉は後ろを見るさまを表す。

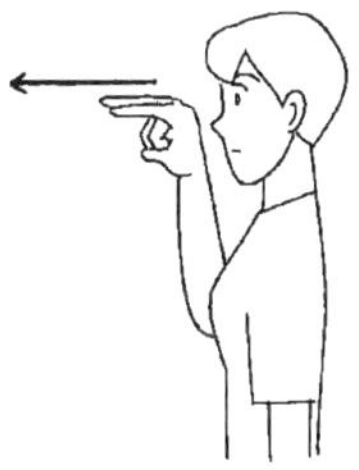

〈見る②〉
目の位置から右手の 2 指の指先を前に出す。

〈振り返る〉
左肩越しに右手 2 指の指先を後ろに向ける。

せんげん【宣言】2

「開会を宣言する」
→(〈開(ひら)く①〉または)
〈開(ひら)く③〉+〈言う①〉

例文の「宣言」ははっきりそれと言うことなので〈言う①〉で表現。〈言う①〉は言うさまで「宣言」「宣言する」「言う」などの意味。

〈開(ひら)く③〉
手のひらを前に向けてつき合わせた両手を手前に扉を開くように動かす。

〈言う①〉
右人差指を口元からやや長めに前に出す。

ぜんご【前後】2

「(食事の)前後」
→(〈食べる①〉+)
〈以前〉+〈以後〉

例文の「前後」は時間的な前と後の意味なので〈以前〉+〈以後〉で表現。〈以前〉はその前を、〈以後〉はその後を表す。

〈以前〉
左手のひらに右手甲を当て、右手を手前に引く。

〈以後〉
両手甲を合わせ、右手を前に押し出す。

ぜんご【前後】3

「前後(十年間)」

→〈過去①〉+〈ずっと②〉
(+〈十年〉+〈間(あいだ)〉)

例文の「前後」は過去から現在に至るまでの間の意味なので〈過去①〉+〈ずっと②〉で表現。手話は過去から今まで続いた期間を表す。

〈過去①〉

右手のひらを後ろに向けて勢いよく押してやる。

〈ずっと②〉

右人差指の先を前に向けて左へ動かして左手のひらに当てる。

ぜんご【前後】4

「話が前後する」

→〈手話〉+〈あべこべ①〉

例文の「前後」は順序が逆になる意味なので〈あべこべ①〉で表現。〈あべこべ①〉は前後を入れ換えて「前後が逆になる」意味。

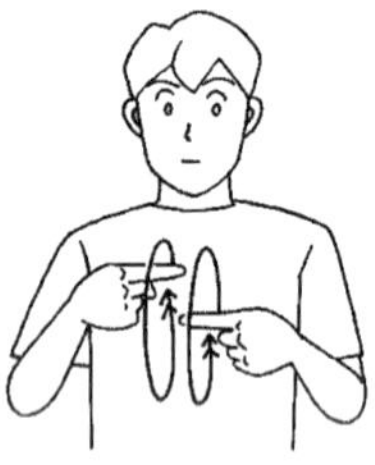

〈手話〉

両手の人差指を向かい合わせて、糸を巻くように回転させる。

〈あべこべ①〉

すぼめた両手を前後に置き、入れ換える。

ぜんご【前後】5

「人々が前後してやって来る」

→〈人々①〉+〈千客万来〉

例文の「前後」はすぐあとにひき続いての意味なので〈千客万来〉で表現。〈千客万来〉は人が切れ目なく入れかわり来るさまを表す。

〈人々①〉

親指と小指を立てた両手を揺らしながら左右に開く。

〈千客万来〉

人差指を立てた両手を交互に繰り返し手前に引き寄せる。

ぜんご【前後】6

「八時前後」

→〈八時〉+〈くらい①〉

例文の「八時前後」は八時頃の意味なので〈くらい①〉で表現。〈くらい①〉はその程度のさまで「くらい」「前後」「程度」の意味。

〈八時〉

左手首の甲側に右手で〈8〉を軽く当てて前に示す。

〈くらい①〉

右手指先を前に向け、左右に小さく振る。

せんこく【宣告】1

「無罪を宣告する」

→〈解放①〉+〈言う①〉

例文の「宣告」は裁判の判決を言うことなので〈言う①〉で表現。〈言う①〉は口に出ることばのさまで「言う」「告げる」「宣告」の意味。

〈解放①〉

手首を合わせた両こぶしをぱっと左右に開く。

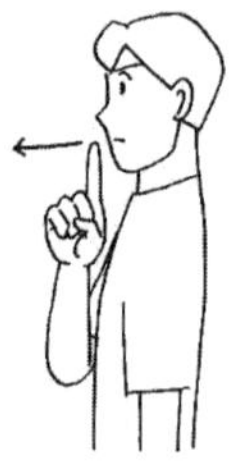

〈言う①〉

右人差指を口元から前に出す。

せんこく【宣告】2

「がんの宣告を受ける」

→〈がん〉+〈言われる①〉

例文の「宣告を受ける」は言われる、告げられることなので〈言われる①〉で表現。〈言われる①〉は「言われる」「告げられる」などの意味。

〈がん〉

右指文字〈カ〉を右に動かして上に跳ねあげる。

〈言われる①〉

指先をすぼめた右手を手前に向けてぱっと開く。

ぜんこく【全国】

「日本全国」

→〈日本〉+〈みんな〉

例文の「全国」は日本全体の意味なので〈みんな〉で表現。〈みんな〉は全部を指し示すさまで「みんな」「全部」「全体」の意味。

〈日本〉

両手の親指と人差指を向かい合わせて左右に引きながら閉じる。

〈みんな〉

右手のひらを下に向けて水平に回す。

せんざい【洗剤】

「（台所）洗剤」

→（〈料理〉+〈場所〉+）〈せっけん〉+〈ふりかける〉

「洗剤」は〈せっけん〉+〈ふりかける〉で表現。手話は容器に入ったせっけん液（粉）をふりかけるさまを表す。

〈せっけん〉

左手のひらを右こぶしでこするようにする。

〈ふりかける〉

右手で容器を持ち、ふりかけるようにする。

せんさい【繊細】1

「繊細な指」

→〈細い②〉

例文の「繊細」は細く小さいさまなので〈細い②〉で表現。〈細い②〉は指の細いさまを表す。

〈細い②〉

右親指と人差指の間を細め、左指に沿って動かし閉じる。

せんさばんべつ【千差万別】

「考え方は千差万別」

→〈考える〉+〈ばらばら〉

「千差万別」は非常に種類や差が多い意味なので〈ばらばら〉で表現。〈ばらばら〉は〈違う〉を繰り返すさまで多様な違いを表す。

〈考える〉

右人差指を頭にねじこむようにする。

〈ばらばら〉

両手の親指と人差指を開き、手首をひねりながら交互に上下させる。

せんさい【繊細】2

「繊細な神経を持っている」

→〈繊細〉+〈ある①〉

例文の「繊細」は感情・感覚などが細やかで感じやすいことなので〈繊細〉で表現。〈繊細〉は髪の毛のような繊細さを表す。「デリケート」も同手話。

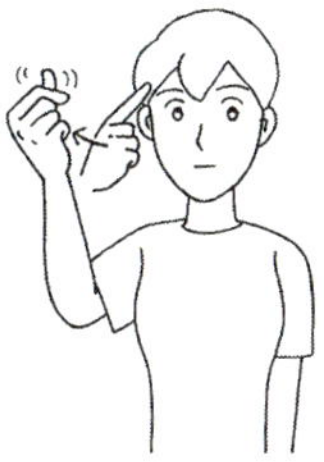

〈繊細〉

右人差指をこめかみに当て、親指と人差指をこすり合わせながら右前方に動かす。

〈ある①〉

右手のひらを体の前に軽く置く。

せんじつ【先日】

「先日はありがとうございました」

→〈過去②〉+〈ありがとう〉

「先日」はこの間の意味なので〈過去②〉で表現。〈過去②〉は「先日」「以前」「この前」などの意味。

〈過去②〉

右手のひらを後ろに向けて、押すようにして肩越しに少し後ろに動かす。

〈ありがとう〉

左手甲に右手を軽く当て、拝むようにする。

ぜんじつ【前日】1

「前日は雨」

→〈きのう〉+〈雨①〉

例文の「前日」はきのうの意味なので〈きのう〉で表現。〈きのう〉は一日前のさまで「前日」「きのう」「昨日」などの意味。

〈きのう〉

右人差指を立て、肩越しに後ろへやる。

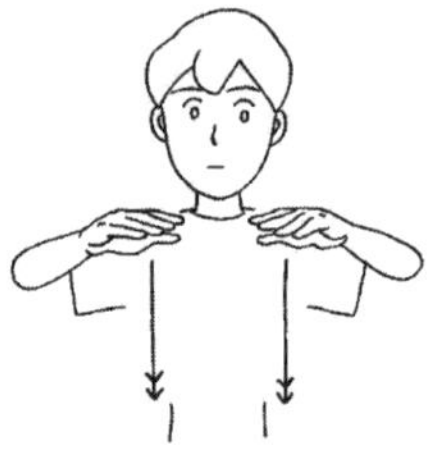

〈雨①〉

軽く開いた指先を前に向け両手を繰り返し下におろす。

せんしゅう【先週】

「先週の月曜日」

→〈先週〉+〈月〉

「先週」は「前の週」「前週」のことで〈先週〉で表現。〈先週〉は一週を意味する数字〈7〉で過去を示す後方にやって表す。

〈先週〉

〈7〉を肩越しに後ろに動かす。

〈月〉

右手の親指と人差指で三日月形を描く。

ぜんじつ【前日】2

「(結婚式の)前日」

→(〈結婚〉+〈式〉+)〈前(まえ)〉+〈いつ〉

例文の「前日」はその日の一つ前の日の意味で〈前(まえ)〉+〈いつ〉で表現。手話はその日の前日の意味を表す。

〈前(まえ)〉

右手のひらを手前に向けて肩より下で手前に引く。

〈いつ〉

両手を上下にして、両手同時に順番に指を折る。

せんじゅう【専従】

「専従職(員)」

→〈専門〉+〈仕事〉(+〈人々①〉)

「専従」はその仕事に専門に従事する人の意味なので〈専門〉で表現。〈専門〉は「専門」「専従」を意味する。

〈専門〉

両手の 2 指を左右から盛りあげるように中央に寄せて手首を返す。

〈仕事〉

手のひらを上に向け、向かい合わせた両手指先を繰り返しつき合わせる。

せんしゅ【選手】

「野球の選手」

→〈野球①〉+〈選手〉

「選手」は試合などに出る選ばれた人の意味で〈選手〉で表現。〈選手〉は腕を軽くはたいて腕前を見せるさまを表す。

〈野球①〉

バットを握って振るようにする。

〈選手〉

左こぶしの甲に親指を立てた右手を軽くかすめるように当て、上にあげる。

ぜんしん【前進】

「研究が前進する」

→〈試す〉+〈進む②〉

「前進」は前に進むことなので〈進む②〉で表現。〈進む②〉は着々と前進するさまで「前進」「進歩」「進める」などの意味。

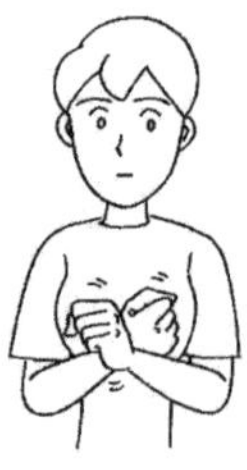

〈試す〉

こぶしを握った両手を手首で交差して、ねじるようにする。

〈進む②〉

指文字〈コ〉を示した両手を、順に前に進める。

せんしんこく【先進国】

「先進国」
→〈先進〉+〈国(くに)〉

「先進国」は〈先進〉+〈国〉で表現。〈先進〉は一定の基準を超えて進んでいるさまを表す。〈国〉は〈日本〉と区別するためにできた手話。

〈先進〉
水平にした左手の下から右手を斜め上にあげる。

〈国(くに)〉
親指と4指を突き合わせ、左右に開きながら閉じる。

せんせい【先生】

「(中学校の)先生」
→(〈中(ちゅう)①〉+〈勉強②〉+)
〈教える①〉+〈男〉

「先生」は教える人のことなので〈教える①〉+〈男〉で表現。〈教える①〉は教えるさまで「教える」意味であるがそれだけで「先生」も表す。

〈教える①〉
右人差指を口元から斜め下に振りおろす。

〈男〉
親指を立てた右手を出す。

センス

「(服の)センスがいい」
→(〈服〉+)
〈趣味①〉+〈得意〉

例文の「センス」は趣味などを意味するので〈趣味〉で表現。〈趣味〉は「趣味」を意味する。

〈趣味①〉
右こぶしの親指側で右ほおをこするように前に出す。

〈得意〉
親指と小指を立てた右手の親指を鼻に当て、斜め上に出す。

せんせい【宣誓】

「選手宣誓」
→〈選手〉+〈宣誓〉

「宣誓」は〈宣誓〉で表現。〈宣誓〉は手をあげて宣誓するさまを表す。

〈選手〉
左こぶしの甲に親指を立てた右手を軽くかすめるように当て、上にあげる。

〈宣誓〉
右手を斜め上にまっすぐにあげる。

せんすいかん【潜水艦】

「潜水艦事故」
→〈潜水艦〉+〈事故①〉

「潜水艦」は〈潜水艦〉で表現。〈潜水艦〉は左手の海面から右手の潜望鏡が出て動くさまを表す。

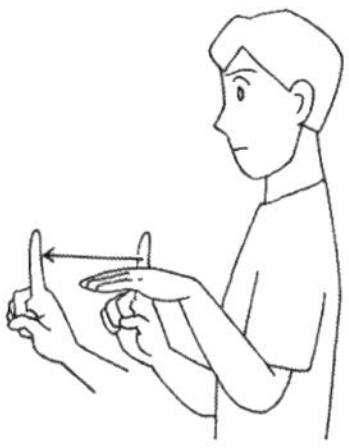

〈潜水艦〉
左手の親指の股に右人差指を当て、右手だけを前へ出す。

〈事故①〉
左右から両手指先をぶつけるようにして上にはねあげる。

ぜんせん【前線】1

「前線基地」
→〈前線〉+〈基地〉

例文の「前線」は戦場の第一線のことなので〈前線〉で表現。〈前線〉は前に出して線を引くさまを表す。

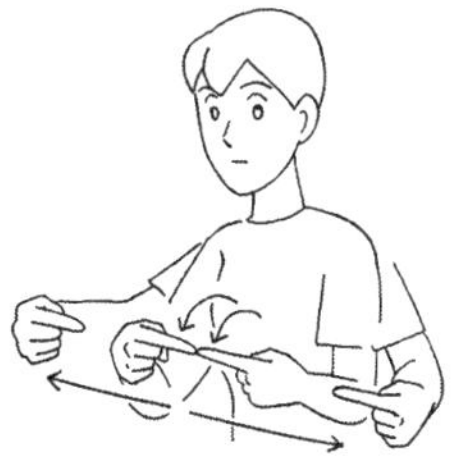

〈前線〉
人差指の先をつけ合わせて弧を描きながら前に出し、次に左右に引き離す。

〈基地〉
手を握った左手のひじの下から右手を弧を描くように出す。

ぜんせん【前線】2

「温暖前線」

→〈暖かい〉+〈前線〉

例文の「前線」は密度や気温などが異なる二つの気団が交わる線で〈前線〉で表現。

〈暖かい〉

両手で下からあおぐようにする。

〈前線〉

人差指の先をつけ合わせて弧を描きながら前に出し、次に左右に引き離す。

ぜんぜん【全然】3

「全然いい」

→〈とても〉+〈良い〉

例文の「全然」は俗語でとてもの意味なので〈とても〉で表現。

〈とても〉

親指と人差指を閉じた右手を左から弧を描きながら親指を立てる。

〈良い〉

右こぶしを鼻から前に出す。

ぜんぜん【全然】1

「全然知らない」

→〈すべて〉+〈知らない〉

例文の「全然」は全くの意味なので〈すべて〉で表現。〈すべて〉は完全な円を描くさまで「全然」「すべて」「全く」などの意味。

〈すべて〉

両手で上から下に円を描く。

〈知らない〉

右手のひらで右脇を払いあげる。

せんぞ【先祖】

「先祖代々」

→〈先祖〉+〈伝わる〉

例文は〈先祖〉+〈伝わる〉で表現。〈先祖〉は〈歴史〉の反対動作で、さかのぼることを表す。「祖先」も同手話。〈伝わる〉は先祖から次々に伝わるさま。

〈先祖〉

親指と小指を立てた両手を向かい合わせ、右手を振りながら上へあげる。

〈伝わる〉

親指と小指を立てた左手から手のひらを上に向けた右手を順番にさげる。

ぜんぜん【全然】2

「金が全然ない」

→〈金(かね)①〉+〈ない②〉

例文の「全然」もすべての意味であるが、この場合は〈ない②〉を強調してその意味を表す。

〈金(かね)①〉

右手の親指と人差指で作った丸を示す。

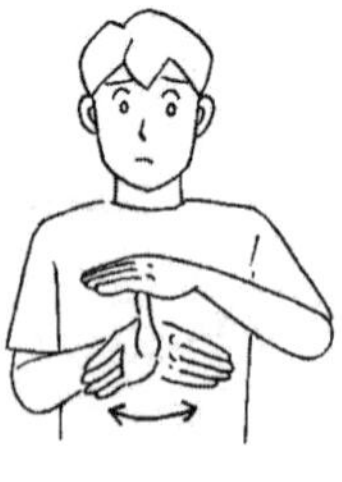

〈ない②〉

左手のひらを下に向け、右親指を軸にして 4 指を左右に振る。

せんそう【戦争】1

「戦争が起こる」

→〈戦争〉+〈現れる〉

例文の「戦争」は国などが戦うことで〈戦争〉で表現。〈戦争〉は多数の人が向きあって戦っているさまで「戦争」「いくさ」を表す。

〈戦争〉

両手の指先を激しくふれ合わせる。

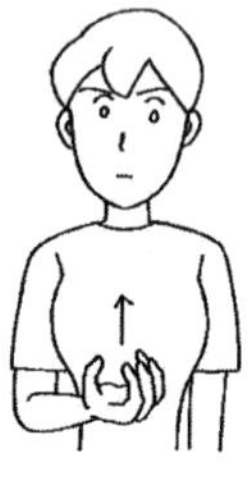

〈現れる〉

全指を曲げた右手のひらを上に向けてあげる。

せんそう【戦争】2

「受験戦争」

→〈試験〉+〈戦争〉

例文の「戦争」は武器をもった戦いでなく社会的な問題を意味するが〈戦争〉をそのまま使う。

〈試験〉

親指を立てた両手を交互に上下させる。

〈戦争〉

軽く指を開いた両手指先を激しくふれ合わせる。

ぜんそく【喘息】

「ぜん息で苦しむ」

→〈ぜん息〉+〈苦しい①〉

「ぜん息」は〈ぜん息〉で表現。〈ぜん息〉はのどがゼーゼーするさまを表す。

〈ぜん息〉

5指を折り曲げた右手を胸の中央で上下させる。

〈苦しい①〉

右手で胸をかきむしるようにする。

センター 1

「福祉センター」

→〈幸せ〉+〈ビル①〉

例文の「センター」は施設の意味で〈ビル①〉で表現。この場合前に〈福祉〉があるので〈ビル①〉は「センター」「会館」の意味。

〈幸せ〉

親指と4指であごをなでるようにする。

〈ビル①〉

両手のひらを向かい合わせて上にあげ、閉じる。

センター 2

「[野球の]センターを守る」

→〈中(ちゅう)②〉+〈責任①〉

例文の「センター」は野球の中堅(手)のことなので〈中②〉で表現。〈中②〉は漢字の「中」を表す。

〈中(ちゅう)②〉

「コ」の字形の左手の内側に右手を立てて当てる。

〈責任①〉

右肩に軽く全指を折り曲げた右手をのせる。

ぜんたい【全体】1

「建物全体」

→〈ビル①〉+〈すべて〉

例文の「全体」は〈すべて〉で表現。〈すべて〉は完全な円を描くさまで「全然」「すべて」「全く」などの意味。

〈ビル①〉

両手のひらを向かい合わせて上にあげ、閉じる。

〈すべて〉

両手で上から下に円を描く。

ぜんたい【全体】2

「クラス全体」

→〈グループ〉+〈みんな〉

例文の「全体」は人のことなので〈みんな〉で表現。〈みんな〉はその場にいる人全部をさすさまで「みんな」「その場にいる人全部」などの意味。

〈グループ〉

指先を上に向けた両手で水平に手前に円を描く。

〈みんな〉

右手のひらを下に向けて水平に回す。

せんたく【洗濯】1

「服を洗濯する」

→〈服〉+〈洗濯〉

例文の「洗濯」は〈洗濯〉で表現。〈洗濯〉は昔風に手で洗濯するさまで「洗濯」「(衣類を)洗う」などの意味。

〈服〉

親指を立てた両手をえりに沿って下におろす。

〈洗濯〉

両こぶしをこすり合わせ、洗濯をするように動かす。

センチ(メートル)

「五センチメートル」

→〈5〉+〈センチメートル〉

「センチ」は長さの単位で〈センチメートル〉で表現。〈センチメートル〉は左手〈C②〉と右手〈メートル〉を組み合わせた表現。

〈5〉

右親指の指先を左に向けて示す。

〈センチメートル〉

左手で〈C②〉を示し、つまんだ右手の親指と人差指を右口端から前に出す。

せんたく【洗濯】2

「洗濯機」

→〈洗濯〉+〈かき回す①〉

例文の「洗濯機」は自動的に洗濯する機械のことで〈洗濯〉+〈かき回す①〉で表現。〈かき回す①〉は洗濯機の回るさまを表す。

〈洗濯〉

両こぶしをこすり合わせ、洗濯をするように動かす。

〈かき回す①〉

指先を下に向けて軽く開き、かき回す。

ぜんてい【前提】

「結婚を前提(に交際する)」

→〈結婚〉+〈前提〉

(+〈交流〉)

「前提」はあることが成立するための条件の意味で〈前提〉で表現。〈前提〉は前もってのさまで「前提」を意味する新しい手話。

〈結婚〉

親指と小指を左右からつける。

〈前提〉

指先を前にした左手のひら横で指先を曲げて上に向けた右手を手前に引く。

せんたく【選択】

「本を選択する」

→〈本〉+〈選ぶ②〉

「選択」は選ぶことなので〈選ぶ②〉で表現。〈選ぶ②〉は数あるうちから選ぶさまで「選択」「選ぶ」などの意味。

〈本〉

手のひらを合わせた両手を本を開くように左右に開く。

〈選ぶ②〉

左手甲を前にした5指を右手の親指と人差指でつまみあげるようにする。

せんてん【先天】1

「先天性(ろうあ)」

→〈生まれる〉+〈大きくなる①〉

(+〈ろうあ①〉)

例文の「先天性」は生まれつきの意味で〈生まれる〉+〈大きくなる①〉で表現。手話は生まれた時から大きくなるまでの意味。

〈生まれる〉

指先を向かい合わせた両手を腹から前に出す。

〈大きくなる①〉

右手のひらを下にして上にあげる。

せんてん【先天】2

「先天的な（才能）」
→〈生まれる〉+〈癖〉
（+〈賢い①〉）

例文の「先天的」は生まれつき備わっている意味なので〈生まれる〉+〈癖〉で表現。〈癖〉は生まれついているさまを表す。

〈生まれる〉
指先を向かい合わせた両手を腹から前に出す。

〈癖〉
左手甲に右手を上からぶつけるようにして握る。

せんどう【扇動】

「人々を扇動する」
→〈人々①〉+〈あおる①〉

「扇動」は人々をそそのかし、ある行動をとるように仕向ける意味なので〈あおる①〉で表現。〈あおる①〉はうちわであおぐさまを表す。

〈人々①〉
親指と小指を立てた両手を揺らしながら左右に開く。

〈あおる①〉
両手のひらで下から風をおこすように繰り返し動かす。

せんでん【宣伝】

「薬の宣伝をする」
→〈薬〉+〈宣伝〉

「宣伝」はそのものの存在を広めていくことで〈宣伝〉で表現。〈宣伝〉は何回も〈発表〉を繰り返すさまで「宣伝（する）」などの意味。

〈薬〉
左手のひらの上で右薬指をこねるように回す。

〈宣伝〉
親指と4指を閉じた両手を口の前から左右にぱっぱっと繰り返し開く。

せんにん【専任】1

「専任通訳」
→〈専門〉+〈通訳〉

例文の「専任通訳」は通訳を専門にしていることで〈専門〉+〈通訳〉で表現。〈専門〉は「専門」「専任」「専従」などの意味。

〈専門〉
両手の2指を左右から盛りあげるように中央に寄せて手首を返す。

〈通訳〉
親指を立てた右手を口元で左右に往復させる。

ぜんと【前途】

「前途（は明るい）」
→〈将来①〉
または〈将来②〉
（+〈明るい①〉）

「前途」は将来の意味なので〈将来①〉または〈将来②〉で表現。〈将来①〉は遠い将来、〈将来②〉は近い将来を表す。

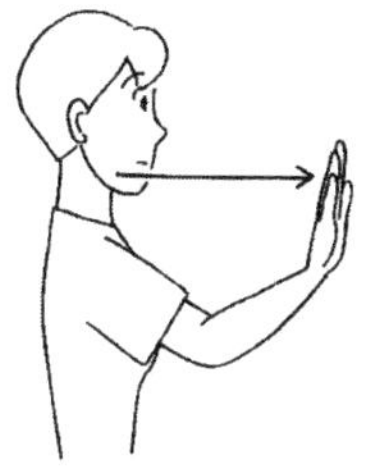

〈将来①〉
右手のひらを前に向けて押すように大きく前に出す。

〈将来②〉
右手のひらを前に向けて少し押すように前に出す。

せんにん【専任】2

「専任（の講師）」
→〈専門〉+〈責任①〉
（+〈講演〉+〈男〉）

例文の「専任」はそれを専門に受け持っている意味なので〈専門〉+〈責任①〉で表現。

〈専門〉
両手の2指を左右から盛りあげるように中央に寄せて手首を返す。

〈責任①〉
右肩に軽く全指を折り曲げた右手をのせる。

せんねん【専念】

「勉学に専念する」

→〈勉強②〉+〈一途①〉

「専念」はそのことだけ熱心にする意味なので〈一途①〉で表現。〈一途①〉は集中するさまで「専念」「没頭」「専心」「一途」の意味。

〈勉強②〉

指先を上に向けた両手を並べて軽く前に出す。

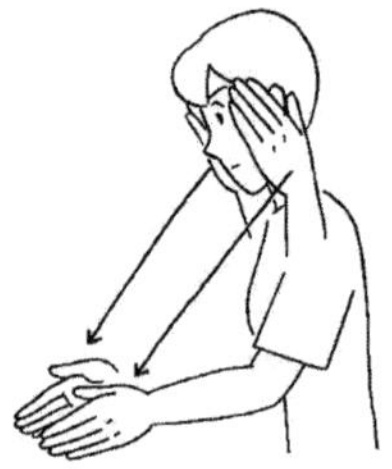

〈一途①〉

両手のひらをこめかみ付近から斜め前に絞り込むようにおろす。

せんぱい【先輩】

「(会社の)先輩」

→(〈会社〉+)
〈先輩①〉
または〈先輩②〉

「先輩」は目上の人なので〈先輩①〉または〈先輩②〉で表現。手話はどちらも目上を示すさまで「先輩」「目上の人」の意味を表す。

〈先輩①〉

右手のひらを上に向けてひじから軽くあげる。

〈先輩②〉

右手の指文字〈コ〉を肩から上に小さく弧を描きながらあげる。

ぜんはん【前半】

「(二十世紀)前半」

→(〈20〉+〈世紀〉+)
〈以前〉+〈半分②〉

例文の「前半」は前の半分の意味なので〈以前〉+〈半分②〉で表現。〈以前〉はこの場合、「前」を意味している。

〈以前〉

左手のひらに右手甲を当て、右手を手前に引く。

〈半分②〉

左手のひらの上で右手を手前に引く。

ぜんぶ【全部】

「全部終わった」

→〈すべて〉+〈終わる〉

「全部」は〈すべて〉で表現。〈すべて〉は完全な円を描くさまで「全然」「すべて」「全く」などの意味。

〈すべて〉

両手で上から下に円を描く。

〈終わる〉

両手の親指と４指を上に向け、閉じながら下にさげる。

せんぷうき【扇風機】

「扇風機が回る」

→〈扇風機〉

「扇風機」は〈扇風機〉で表現。〈扇風機〉は扇風機が首を振るさまで「扇風機」「扇風機が回る」意味を表す。

〈扇風機〉

右手の親指と４指を軽く曲げて左右に振る。

せんべい【煎餅】

「おみやげのせんべい」

→〈みやげ②〉+〈せんべい〉

「せんべい」は〈せんべい〉で表現。〈せんべい〉はせんべいを口で割るさまを表す。

〈みやげ②〉

左手のひらの上に右手の親指と人差指でつまむようにして両手を手前に弧を描いて引く。

〈せんべい〉

両手でせんべいを持ち、歯で折るようにする。

ゼンマイ【薇】

「ゼンマイを取る」

→〈ゼンマイ〉+〈抜く〉

「ゼンマイ」は〈ゼンマイ〉で表現。〈ゼンマイ〉はゼンマイの形を表す。

〈ゼンマイ〉

左人差指の先から右人差指でゼンマイの形を描く。

〈抜く〉

左手のひらの上につみとってくるように右手を動かす。

せんよう【専用】

「男子専用」

→〈男性〉+〈まっすぐ①〉

例文の「専用」は指定するものだけに用立てる意味なので〈まっすぐ①〉で表現。〈まっすぐ①〉はそれだけのさまで「専用」の意味。

〈男性〉

親指を立てた両手を手前に引きながら水平に円を描く。

〈まっすぐ①〉

指先を伸ばし、まっすぐ前に進める。

せんもん【専門】1

「歴史が専門」

→〈歴史〉+〈専門〉

「専門」は〈専門〉で表現。〈専門〉は「専門」「専任」「専従」などの意味。

〈歴史〉

親指と小指を立てた両手を左上で合わせ、右手を揺らしながら右下へおろす。

〈専門〉

両手の2指を左右から盛りあげるように中央に寄せて手首を返す。

せんりょう【占領】1

「(部屋を)一人で占領する」

→(〈部屋〉+)〈自分一人〉+〈掌握〉

例文の「占領」はある場所をひとり占めにする意味なので〈掌握〉で表現。〈掌握〉は自分の手に入れるさまを表す。

〈自分一人〉

右人差指を胸に当て、前にはねあげる。

〈掌握〉

指先を軽く開いて左右に置いた両手を手前に引きながら握る。

せんもん【専門】2

「専門学校」

→〈専門〉+〈勉強②〉

「専門学校」は教育機関で特定の学科を専門に教える学校。〈専門〉+〈勉強②〉で表現。学校を表す〈場所〉は略されている。

〈専門〉

両手の2指を左右から盛りあげるように中央に寄せて手首を返す。

〈勉強②〉

指先を上に向けた両手を並べて軽く前に出す。

せんりょう【占領】2

「(敵)地を占領する」

→(〈敵〉+)〈領土〉+〈占領〉

例文の「占領」は一定の地域を兵力で支配する意味なので〈領土〉+〈占領〉で表現。〈占領〉は一定の地域を押さえるさまを表す。

〈領土〉

囲むようにした左手の内側で右手を水平に回す。

〈占領〉

左手の親指と4指で囲むようにした中を右手でつかみ取るようにする。

せんろ【線路】

「線路工事」
→〈線路〉+〈工事〉

例文の「線路」は鉄道などのレールの意味なので〈線路〉で表現。〈線路〉は渡した枕木の上をレールが通るさまを表す。

〈線路〉
左手指の上で右手２指を前にまっすぐ伸ばす。

〈工事〉
左こぶしに右こぶしを左右から打ちつける。

そう【添う】1

「（子供に）添うて寝る」
→（〈子供①〉+）〈添える〉+〈寝る〉

例文の「添う」は寄り添う、一緒にの意味なので〈添える〉で表現。〈添える〉は人に人が寄り添い一緒のさまを表す。

〈添える〉
左人差指に右人差指を添える。

〈寝る〉
右こぶしを頭に当てる。

そ

〈ソ〉
人差指で斜め下をさす。

そう【添う】2

「（長年）連れ添った妻」
→（〈長い①〉+〈年（ねん）〉+）〈コンビ〉+〈妻①〉

例文の「連れ添う」は夫婦として一緒に生活する意味なので〈コンビ〉で表現。〈コンビ〉は二人が一緒に行動するさまを表す。

〈コンビ〉
そろえた人差指を水平に回す。

〈妻①〉
左親指と右小指を寄り添わせて、右小指を前に出す。

そう【層】

「若い年齢層」
→〈若い〉+〈人々①〉

例文の「年齢層」は年齢によって分けた階層の意味なので〈人々①〉で表現。〈人々①〉は不特定の男女多数を表す。

〈若い〉
右手のひらで額を左から右へふくようにする。

〈人々①〉
親指と小指を立てた両手を揺らしながら左右に開く。

ぞう【像】1

「理想像（を示す）」
→〈希望〉+〈姿〉（+〈表（あらわ）す〉）

例文の「像」は姿の意味なので〈姿〉で表現。〈姿〉は人の姿、形をなぞるさまで「像」「姿」「スタイル」などの意味。

〈希望〉
手のひらを下に向けた右手の指先を揺らしながら頭から前に出す。

〈姿〉
向かい合わせた両手を上から下に体の線を描くようにおろす。

ぞう【像】2

「像が建っている」

→〈姿〉+〈ある①〉

例文の「像」は銅像・彫像の意味で〈姿〉で表現。〈姿〉は人の姿、形をなぞるさまで「像」「姿」「スタイル」などの意味。

〈姿〉
向かい合わせた両手を上から下に体の線を描くようにおろす。

〈ある①〉
右手のひらを体の前に軽く置く。

そううつびょう【躁鬱病】

「そううつ病」

→〈あがりさがり〉+〈病気〉

「そううつ病」は〈あがりさがり〉+〈病気〉で表現。気分があがったりさがったりするさまを表す。

〈あがりさがり〉
手のひらを下向きに、指先を左に向けた右手を斜め上にあげ、次に斜め下にさげる。

〈病気〉
こぶしで額を軽くたたく。

そうい【相違】1

「事実と相違する」

→〈本当〉+〈違う①〉

例文の「相違」は違う意味なので〈違う①〉で表現。〈違う①〉は二つのものが違うさまで「相違」「相異」「違う」「異なる」などの意味。

〈本当〉
右手をあごに当てる。

〈違う①〉
親指と人差指を出し、同時に手首をねじるように動かす。

そうおん【騒音】

「飛行機の騒音」

→〈飛行機①〉+〈うるさい①〉

「騒音」はうるさい音のことなので〈うるさい①〉で表現。〈うるさい①〉はうるさくて耳に指を入れるさまで「騒音」「うるさい」などの意味。

〈飛行機①〉
親指と小指を出した右手を飛び出すように斜め上にあげる。

〈うるさい①〉
右人差指を耳につけてねじこむように指を動かす。

そうい【相違】2

「事実に相違ない」

→〈本当〉+〈同じ①〉

例文の「相違ない」はまちがいない、その通りの意味なので〈同じ①〉で表現。〈同じ①〉は二つのものが同じであるさまを表す。

〈本当〉
右手をあごに当てる。

〈同じ①〉
両手の親指と人差指の先を上に向けて閉じたり開いたりする。

ぞうか【増加】1

「人口が増加する」

→〈人口〉+〈増える①〉

例文の「増加」は人口が増えることなので〈増える①〉で表現。〈増える①〉は人などが増えるさまで「増加」「増える」「拡大」などの意味。

〈人口〉
親指と小指を立てた両手で口のまわりで円を描く。

〈増える①〉
両手の親指と人差指で囲んだ領域を少しずつ広げる。

ぞうか【増加】2

「体重が増加する」

→〈体(からだ)〉+〈重くなる〉

例文の「増加」は重さが増えることなので〈重くなる〉で表現。〈重くなる〉は次第に重くなるさまで「重くなる」「次第に重くなる」の意味。

〈体(からだ)〉
右手を体の上で回す。

〈重くなる〉
両手のひらを上に向け、重さで順に下にさがるようにする。

そうかい【総会】

「総会(を開く)」

→〈すべて〉(または〈集まる①〉)
+〈大会〉
(+〈開(ひら)く④〉)

例文の「総会」は〈すべて〉または〈集まる①〉で表現。〈集まる①〉は集会の意味。

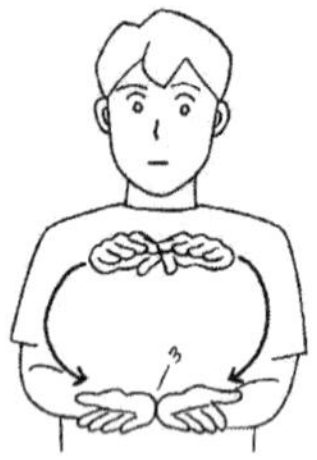

〈すべて〉
両手で上から下に円を描く。

〈大会〉
両手指先を上に向け、甲を前に向けて重ね、右手を前に出す。

そうかん【創刊】

「(雑誌を)創刊する」

→(〈雑誌〉+)
〈最初①〉+〈出版〉

「創刊」は新聞・雑誌などを初めて出す意味なので〈最初①〉+〈出版〉で表現。〈最初①〉は手初めのさまで「最初」「初めて」などの意味。

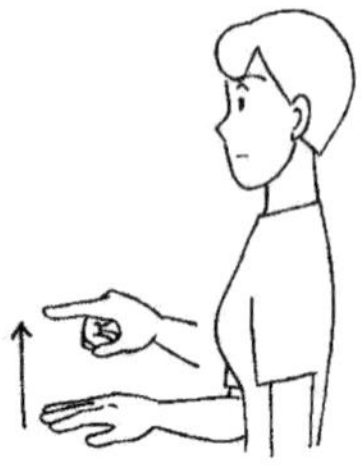

〈最初①〉
右手のひらを下にして、あげると同時に人差指を残して4指を握る。

〈出版〉
指先を向かい合わせて手のひらを上に向けた両手を左右に開きながら前に出す。

ぞうきん【雑巾】

「雑巾をかける」

→〈しぼる①〉+〈拭く〉

「雑巾」は〈しぼる①〉+〈拭く〉で表現。「雑巾をかける」「拭き掃除」も同手話。

〈しぼる①〉
両こぶしを重ね、タオルをしぼるようにする。

〈拭く〉
両手を拭き掃除のように動かす。

そうけい【総計】1

「総計(百人)」

→〈すべて〉+〈合わせる①〉
(+〈百人〉)

例文の「総計」は全部の人数で〈すべて〉+〈合わせる①〉で表現。〈合わせる①〉は合わせるさまで「計」「合計」の意味。〈すべて〉は総計を強調。

〈すべて〉
両手で上から下に円を描く。

〈合わせる①〉
向かい合わせた両手を左右から合わせる。

そうけい【総計】2

「総計(百万円)」

→〈合わせる③〉+〈計算〉
(+〈百②〉+〈万〉+〈円〉)

例文の「総計」はお金の計算のことなので〈合わせる③〉+〈計算〉で表現。〈合わせる③〉は全部の数字を合わせるさまを表す。

〈合わせる③〉
右手のひらを左手のひらに向けておろし、合わせる。

〈計算〉
左手の指先の方向に右手4指を滑らせるように右へ動かす。

そうけん【双肩】

「(日本の将来は)彼の双肩にかかっている」

→(〈日本〉+〈将来①〉+)〈彼〉+〈責任②〉

「双肩にかかる」は大きな責任を背負う意味なので〈責任②〉で表現。〈責任②〉は両方の肩にかかる責任を表し、責任の重さを強調している。

〈彼〉
左親指を右人差指でさす。

〈責任②〉
両手を肩にのせる。

そうご【相互】

「相互関係」

→〈互いに〉+〈関係③〉

「相互」は互いの意味なので〈互いに〉で表現。〈互いに〉は〈同じ①〉の左右の手を交差させたもので同じ立場にいることを表す。

〈互いに〉
両腕を交差させて両手の親指と人差指を閉じたり開いたりする。

〈関係③〉
両手の親指と人差指を組み、左右に往復させる。

そうごう【総合】1

「話を総合すると」

→〈手話〉+〈まとめる〉

例文の「総合」は一つにまとめる意味なので〈まとめる〉で表現。〈まとめる〉は全部のものを一つにするさまで「総合」「まとめる」の意味。

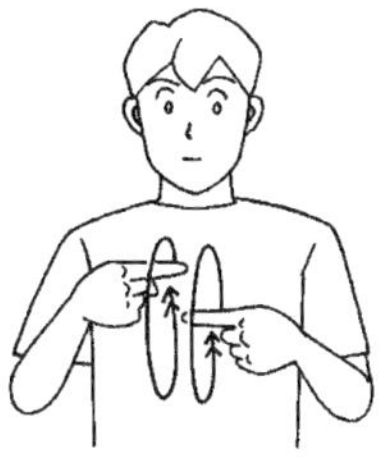

〈手話〉
両手の人差指を向かい合わせて、糸を巻くように回転させる。

〈まとめる〉
両手のひらを向かい合わせて左右から中央にあげながら握る。

そうごう【総合】2

「総合優勝」

→〈まとめる〉+〈優勝〉

例文の「総合優勝」は〈まとめる〉+〈優勝〉で表現。〈まとめる〉は全部のものを一つにするさまで「総合」「まとめる」の意味。

〈まとめる〉
両手のひらを向かい合わせて左右から中央にあげながら握る。

〈優勝〉
両こぶしで優勝旗のさおを持ち、上にあげるようにする。

そうさ【捜査】

「警察が捜査する」

→〈警察①〉(または〈警察②〉)+〈捜査〉

「捜査」は〈捜査〉で表現。〈捜査〉は〈調べる①〉をもとに、両手を使用することによって広範な調べ物をするさまを表す。

〈警察①〉
軽く折り曲げた親指と人差指を額に当てる。

〈捜査〉
人差指と中指を折り曲げた両手を上下に置き、同時に同方向に縦に回転する。

そうさ【操作】1

「ハンドルを操作する」

→〈運転〉

例文の「操作」は機械を操ることなので〈運転〉で表現。〈運転〉はハンドルを握るさまを表す。

〈運転〉
ハンドルを両手で握り、回すようにする。

そうさ【操作】2

「コンピュータを操作する」

→〈コンピュータ〉+〈タイプライター〉

例文の「操作」はコンピュータを動かす意味なので〈タイプライター〉で表現。〈タイプライター〉はキーボードを打つさまを表す。

〈コンピュータ〉
両手の人差指で同時に円を描く。

〈タイプライター〉
両手指先を軽く開きタイプを打つように交互に上下させる。

そうさ【操作】3

「会計を操作する」

→〈計算〉+〈ごまかす②〉

例文の「操作」はごまかし、やりくりする意味なので〈ごまかす②〉で表現。〈ごまかす②〉はキツネの形でごまかすことを表す。

〈計算〉
左手の指先の方向に右手4指を滑らせるように右へ動かす。

〈ごまかす②〉
左手甲を前に向け、右手の親指と中指と薬指を閉じ、その指先を前に向けて小さく回す。

そうさ【操作】4

「世論を操作する」

→〈世論(よろん)〉+〈操る②〉

例文の「操作」は陰で思うように動かす、操る意味なので〈操る②〉で表現。〈操る②〉は裏で糸を引くさまを表す。

〈世論(よろん)〉
両手の人差指をこめかみに当て、水平に円を描き閉じる。

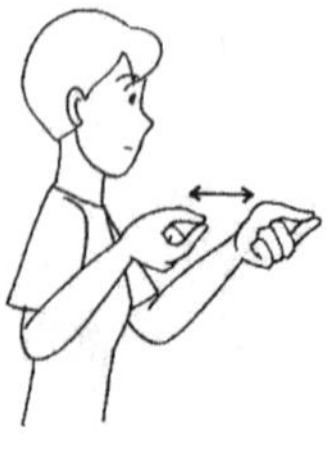

〈操る②〉
親指と人差指でひもを持つように交互に前後させる。

そうさ【操作】5

「裏で操作する」

→〈隠れる〉+〈操る②〉

例文の「操作」は陰で自分の思うように操ることなので〈操る②〉で表現。〈操る②〉は陰で糸を引くさまを表す。

〈隠れる〉
両手の小指側を合わせて顔を隠すようにする。

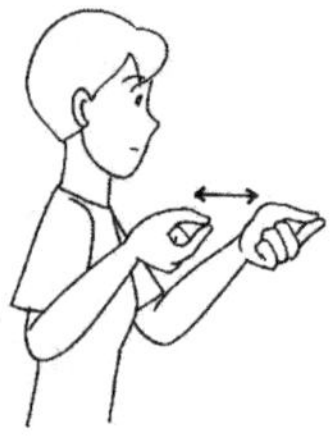

〈操る②〉
親指と人差指でひもを持つように交互に前後させる。

そうさい【総裁】

「総裁」

→〈まとめる〉+〈長②〉

「総裁」は〈まとめる〉+〈長②〉で表現。〈まとめる〉はひとつにまとめることを表し、〈長②〉は人の上に立つ人を表す。「総監」も同手話。

〈まとめる〉
両手のひらを向かい合わせて左右から中央にあげながら握る。

〈長②〉
左手の甲に親指を立てた右手をのせる。

そうさく【創作】

「文章を創作する」

→〈文章〉+〈著作〉

例文の「創作」は芸術的な文章作品を作る意味なので〈著作〉で表現。〈著作〉は原稿用紙に自分の考えを写すさまを表す。

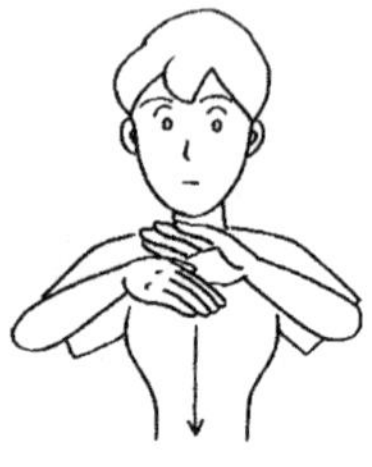

〈文章〉
両手の親指と4指の間を合わせて下におろす。

〈著作〉
左手のひらに全指を軽く折り曲げた右手甲を軽く打ちつける。

そうさく【捜索】1

「捜索願い」

→〈さがす①〉+〈頼む②〉

例文の「捜索」は人を捜す意味なので〈さがす①〉で表現。〈さがす①〉は目で捜すさまで「捜す」「調べる」などの意味を表す。

〈さがす①〉

親指と人差指で作った丸を目の前で回しながら左へ動かす。

〈頼む②〉

両手を合わせて拝む。

そうさく【捜索】2

「家宅捜索」

→〈家〉+〈調べる①〉

例文は法律に基づいて強制的に他人の家を調べる意味。〈家〉+〈調べる①〉で表現。手話は「家を調査」などの意味を表す。

〈家〉

両手で屋根形を作る。

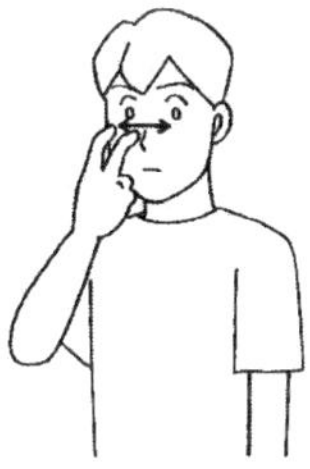

〈調べる①〉

右手の人差指と中指を軽く折り曲げて、目の前を左右に往復させる。

そうじ【掃除】

「部屋を掃除する」

→〈部屋〉+〈掃除〉

「掃除」は〈掃除〉で表現。掃除機をかけるさまを表す。ほうきを使うことを表したい場合はほうきで掃くさまで表現する。

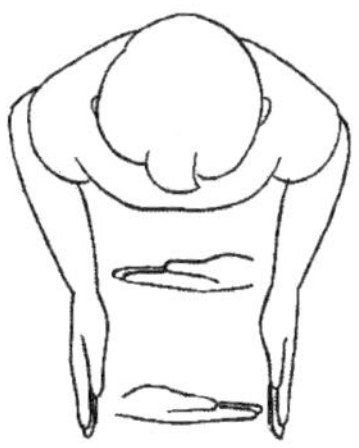

〈部屋〉

両手のひらで前後左右に四角く囲む。

〈掃除〉

両こぶしを握り、掃除機をかけるようにする。

そうしき【葬式】1

「葬式(に参列する)」

→〈死ぬ①〉+〈祈る〉
(+〈座る②〉)

例文の「葬式」は死者を弔う儀式のことで3種類の表現がある。ひとつめは〈死ぬ①〉+〈祈る〉で表現。

〈死ぬ①〉

両手のひらを合わせ、横に倒す。

〈祈る〉

両手を合わせて祈るようにする。

そうしき【葬式】2

「葬式(に参列する)」

→〈死ぬ①〉+〈拝む〉
(+〈座る②〉)

ふたつめは〈死ぬ①〉+〈拝む〉で表現。

〈死ぬ①〉

両手のひらを合わせ、横に倒す。

〈拝む〉

両手のひらをすり合わせて拝むようにする。

そうしき【葬式】3

「葬式(に参列する)」

→〈焼香〉+〈式〉
(+〈座る②〉)

みっつめは〈焼香〉+〈式〉で表現。〈焼香〉は焼香のさまを表す。

〈焼香〉

右手3指をつまみ、焼香するさま。

〈式〉

両こぶしを左右に開く。

そうしつ【喪失】

「自信を喪失する」

→〈自信②〉+〈消える①〉

「喪失」はなくなる、失う意味なので〈消える①〉で表現。〈消える①〉は目の前のものがなくなるさまで「喪失」「失う」「消失」の意味。

〈自信②〉

右人差指でみぞおち辺りをさして右手を握って持ちあげるようにする。

〈消える①〉

手のひらを前に向けた両手を交差させながら握る。

そうせいじ【双生児】

「双生児」

→〈ふたご〉

「双生児」はふたごの意味なので〈ふたご〉で表現。〈ふたご〉は二人が一緒に生まれるさまで「双生児」「ふたご」の意味。

〈ふたご〉

腹の下から人差指と中指を立てた右手を出す。

そうぞう【創造】

「創造(的な意見)」

→〈新しい〉+〈作る〉
(+〈合う①〉+〈意見〉)

「創造」は新しく作り出す意味なので〈新しい〉+〈作る〉で表現。手話は「創造」「創作」「新作」などの意味。

〈新しい〉

すぼめた両手をぱっと前に出して広げる。

〈作る〉

両手のこぶしを上下に打ちつける。

そうぞう【想像】1

「未来を想像する」

→〈将来①〉+〈夢①〉

例文の「想像」は頭に浮かぶことなので〈夢〉で表現。〈夢〉は頭に浮かぶさまで「想像」「夢」などの意味。

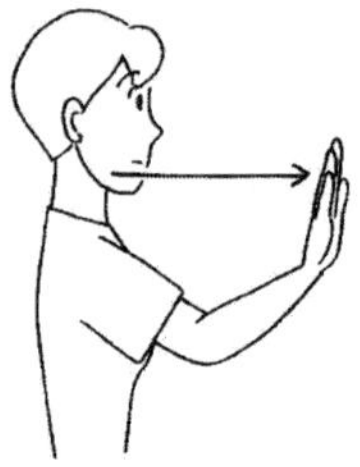

〈将来①〉

右手のひらを前に向けて押すように大きく前に出す。

〈夢①〉

軽く開いた右手のひらをふわふわさせながら頭から出す。

そうぞう【想像】2

「想像がつく」

→〈思う〉+〈知る②〉

例文の「想像がつく」はおおよそこうであろうとわかる意味なので〈思う〉+〈知る②〉で表現。手話は考えれば分かるの意味。

〈思う〉

右人差指を側頭部に当てる。

〈知る②〉

右こぶしで軽く胸をたたく。

そうぞう【想像】3

「想像を絶する」

→〈考える〉+〈難しい〉

例文の「想像を絶する」は考えを超える意味なので〈考える〉+〈難しい〉で表現。手話はとても考えられないの意味。

〈考える〉

右人差指を頭にねじこむようにする。

〈難しい〉

右手の親指と人差指でほおをつねるようにする。

そうぞく【相続】

「遺産を相続した」
→〈遺産〉+〈責任①〉

「相続」は受け継ぐ意味なので〈責任①〉で表現。〈責任①〉は任務、責任、権利などを自分が引き受けるさまを表す。

〈遺産〉
左手で〈お金〉を示し、立てた右手を倒す。

〈責任①〉
右肩に軽く全指を折り曲げた右手をのせる。

そうだ 1

「雨が降りそうだ」
→〈雨①〉+〈らしい〉

例文の「そうだ」は推量を表すので〈らしい〉で表現。〈らしい〉はそうだろうと思うさまで「そうだ」「らしい」「だろう」の意味。

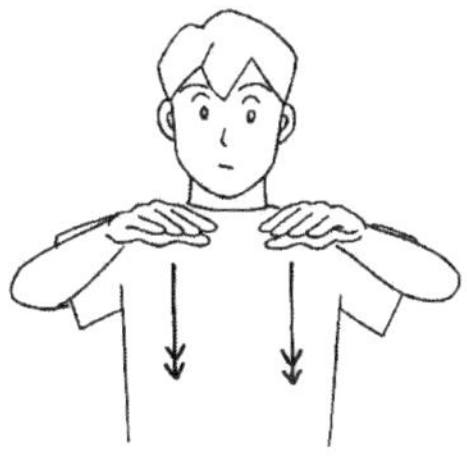

〈雨①〉
軽く開いた指先を前に向け両手を繰り返し下におろす。

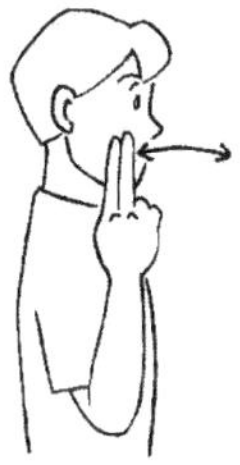

〈らしい〉
右手 2 指を頭の横で前後に振る。

そうだ 2

「雨が降るそうだ」
→〈雨①〉+〈言われる②〉

例文の「そうだ」は聞いたことを表すので〈言われる②〉で表現。〈言われる②〉は人から言われるさまを表す。

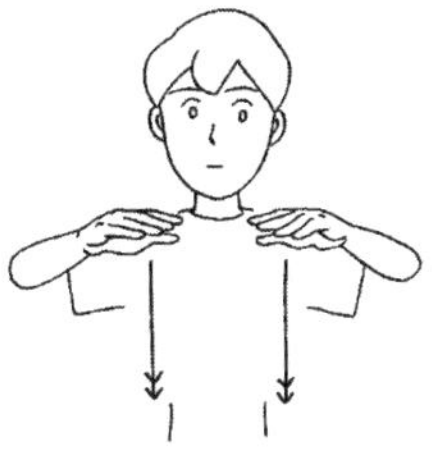

〈雨①〉
軽く開いた指先を前に向け両手を繰り返し下におろす。

〈言われる②〉
すぼめた右手を手前に繰り返し開く。

そうたい【早退】

「(会社を)早退した」
→(〈会社〉+)
〈中途〉+〈帰る〉

「早退」は途中で早く帰ることで〈中途〉+〈帰る〉で表現。〈中途〉+〈帰る〉は「途中で帰る」「早退」「早びき」などの意味。

〈中途〉
左手のひらに右手指先を近づけて途中で落とす。

〈帰る〉
親指と 4 指を開いた右手を前に出しながら閉じる。

そうたい【相対】

「相対的(に良い)」
→〈比べる〉+〈きちんと①〉
(+〈良い〉)

「相対的」は比較できるものがある意味なので〈比べる〉+〈きちんと①〉で表現。手話はきちんと比べるなどの意味。

〈比べる〉
両手のひらを上に向けて並べ交互に上下させる。

〈きちんと①〉
両手の親指と人差指を同時に閉じながら下におろす。

そうだん【相談】1

「先生と相談する」
→〈先生〉+〈相談〉

例文の「相談」は人に考えを聞くことで〈相談〉で表現。〈相談〉は人と人がひざをつき合わせて相談するさまを表す。

〈先生〉
右人差指を口元から振りおろし、右親指を示す。

〈相談〉
親指を立てた両手を軽くぶつけ合う。

そうだん【相談】2

「相談を受ける」

→〈相談〉+〈持ち込まれる〉

例文の「相談を受ける」は〈相談〉+〈持ち込まれる〉で表現。手話は相談ごとが持ち込まれることを表す。

〈相談〉

親指を立てた両手を軽くぶつけ合う。

〈持ち込まれる〉

左手のひらの上に指先をすぼめた右手を添えて前に引く。

そうだん【相談】3

「それはできない相談だ」

→〈それ〉+〈難しい〉

例文の「できない相談」はそれは難しい、できないの意味なので〈難しい〉で表現。〈難しい〉は「難しい」「できない」「困難」の意味。

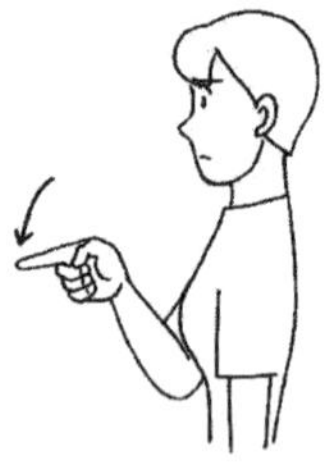

〈それ〉

前にある物をさす。

〈難しい〉

右手の親指と人差指でほおをつねるようにする。

そうとう【相当】1

「(一ドルは)百円に相当する」

→(〈1①〉+〈ドル〉+)〈百円〉+〈五分五分②〉

例文の「相当」は同じくらいの意味なので〈五分五分②〉で表現。〈五分五分②〉はお互いに対等のさまで「同等」「対等」「互角」などの意味。

〈百円〉

人差指をはねあげるようにして親指と人差指を開いた右手を右に引く。

〈五分五分②〉

親指を立てた両手を向かい合わせて内側に同時に繰り返し倒す。

そうとう【相当】2

「能力に相当する(仕事)」

→〈力〉+〈合う①〉(+〈仕事〉)

例文の「相当する」は釣り合う意味なので〈合う①〉で表現。〈合う①〉はぴったり合うさまで「相当する」「ぴったり合う」などの意味。

〈力〉

こぶしを握った左腕を曲げ、上腕に右人差指で力こぶを描く。

〈合う①〉

左人差指の先に右人差指の先を当てる。

そうとう【相当】3

「相当厳しい」

→〈とても〉+〈厳しい〉

例文の「相当」はとてもの意味なので〈とても〉で表現。〈とても〉は非常に大きいさまで「とても」「非常に」「大変」などの意味。

〈とても〉

右手の親指と人差指をつまみ、弧を描きながら親指を立てる。

〈厳しい〉

左手甲を右手の親指と人差指でつねるようにする。

ぞうに【雑煮】

「正月の雑煮」

→〈正月①〉(または〈正月②〉)+〈雑煮〉

「雑煮」は〈雑煮〉で表現。〈雑煮〉は箸で餅を伸ばして切るさまを表す。

〈正月①〉

両手の人差指の先を上下で向かい合わせる。

〈雑煮〉

右手２指を口元から「C」の字形の左手に向けて繰り返し動かす。

そうば【相場】

「相場(は三万円)」

→〈普通〉+〈金(かね)①〉
(+〈3③〉+〈万〉+〈円〉)

例文の「相場」は世間一般の評価の意味なので〈普通〉+〈金(かね)①〉で表現。〈普通〉はごく当然のさまで「普通」「当然」などの意味。

〈普通〉

両手の親指と人差指を合わせて左右に開く。

〈金(かね)①〉

右手の親指と人差指で作った丸を示す。

ぞうわい【贈賄】

「贈賄でつかまる」

→〈贈賄〉+〈つかまる②〉

「贈賄」は賄賂をおくる意味なので〈贈賄〉で表現。袖の下からお金を差し出すさまで「贈賄」「賄賂を渡す」の意味。

〈贈賄〉

左手のひらの下から右手をそっと出す。

〈つかまる②〉

左手首を右手でつかむ。

そうむしょう【総務省】

「総務省」

→〈まとめる〉+〈省〉

「総務省」は〈まとめる〉+〈省〉で表現。〈まとめる〉は一つにまとめるさま、〈省〉は昔の大礼帽のさまから。

〈まとめる〉

両手のひらを向かい合わせて左右から中央にあげながら握る。

〈省〉

両手のひらを右肩上で合わせ、前後にすりながら交差させる。

そえる【添える】1

「切手を添えて(申し込む)」

→〈切手〉+〈加える〉
(+〈申し込む〉)

例文の「添える」はある物につけることなので〈加える〉で表現。〈加える〉はつけ加えるさまを表す。

〈切手〉

右手2指を舌でなめるようにし、左手のひらに張りつけるようにする。

〈加える〉

左手のひらに右人差指を添える。

そうりだいじん【総理大臣】

「総理大臣」

→〈首①〉+〈長①〉

「総理大臣」は首相のことで〈首①〉+〈長①〉で表現。〈首①〉+〈長①〉は一般的な首長の意味はなく「総理大臣」「首相」を意味する慣用表現。

〈首①〉

右手のひらを首に当てる。

〈長①〉

親指を立てた右手を上にあげる。

そえる【添える】2

「父が口を添えた」

→〈父〉+〈助ける①〉

例文の「口を添える」はことばで手助けすることなので〈助ける①〉を強く表す。

〈父〉

右人差指をほおにふれ、親指を出す。

〈助ける①〉

親指を立てた左手の後ろを右手のひらで強く後押しする。

そえる【添える】3

「活動に力を添える」

→〈活動〉+〈助ける①〉

例文の「力を添える」は行為によって手助けすることなので〈助ける①〉で表現。

〈活動〉

ひじを少し張り、ひじを軸に両こぶしを交互に繰り返し前に出す。

〈助ける①〉

親指を立てた左手の後ろを右手のひらで軽く後押しする。

ソース

「ソース」

→〈からい〉+〈かける③〉

ソースはペッパーなどを原料とする調味料のことで〈からい〉+〈かける③〉で表現。これはソースだけを意味する慣用表現。

〈からい〉

右手全指を折り曲げて口の前で回す。

〈かける③〉

親指と小指を立てた右手の親指を下にして回す。

ソーセージ

「魚肉ソーセージ」

→〈魚(さかな)①〉+〈ソーセージ〉

「ソーセージ」は〈ソーセージ〉で表現。〈ソーセージ〉はソーセージのさまを表す。

〈魚(さかな)①〉

右手指先を左に向けて揺らしながら動かす。

〈ソーセージ〉

軽く握った左手の横に軽く握った右手を置き、右に引きながらしっかり握る。

ソーラーカー

「ソーラーカー」

→〈ソーラー〉+〈車①〉

「ソーラーカー」は〈ソーラー〉+〈車①〉で表現。〈ソーラー〉は左手の車に右手で光を集めているさまを表す。

〈ソーラー〉

右手を左斜め上からすぼめながら左手甲にのせる。

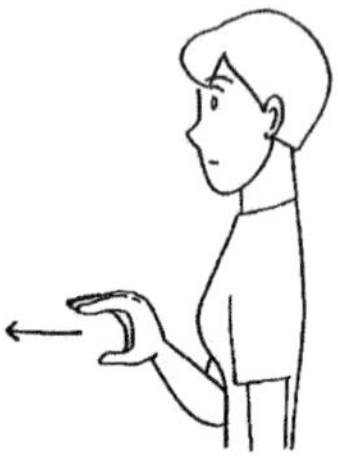

〈車①〉

右手を「コ」の字形にして指先を前に向けて出す。

そかく【組閣】1

「組閣に失敗する」

→〈組閣〉+〈失敗①〉

「組閣」は〈組閣〉で表現。〈組閣〉は左手が首相、右手が閣僚を表す。

〈組閣〉

親指を立てた左手に向けて５指を立てた右手を動かす。

〈失敗①〉

右手で鼻の先を握って折るようにする。

そかく【組閣】2

「組閣する」

→〈閣僚①〉+〈作る〉

例文の「組閣する」は〈閣僚①〉+〈作る〉で表現。〈閣僚①〉は首相の後ろに大臣が並ぶさまを表す。

〈閣僚①〉

左親指の後ろで指先を上に向けた右手を右へ動かす。

〈作る〉

両手のこぶしを上下に打ちつける。

そくしん【促進】

「雇用を促進する」
→〈選び出す〉+〈促進〉

「促進」は人々をうながして物事を早く進める意味なので〈促進〉で表現。人に見立てた親指をつつくさまで「促進」「せっつく」などの意味。

〈選び出す〉
左親指を右手の親指と人差指でつまむようにして前に出す。

〈促進〉
左親指の背後を右人差指でつつくようにする。

そくど【速度】

「最高速度」
→〈最高〉+〈はやい①〉

「速度」は速さの程度のことで〈はやい①〉で表現。〈はやい①〉は「はやい」だけでなく「スピード」「速度」の意味がある。

〈最高〉
手のひらを下に向けた左手に右手指先を突き上げて当てる。

〈はやい①〉
親指と人差指を閉じた右手をすばやく左へ動かしながら人差指を伸ばす。

ぞくする【属する】

「クラブに属する」
→〈グループ〉+〈参加①〉

例文の「属する」は参加していることなので〈参加①〉で表現。〈参加①〉は集団や大会などに参加するさまで「属する」「参加する」の意味。

〈グループ〉
指先を上に向けた両手で水平に手前に円を描く。

〈参加①〉
指先を上に向け、手のひらを手前に向けた左手に人差指を立てた右手を打ちつける。

ぞくはつ【続発】

「地震が続発する」
→〈地震〉+〈続発〉

「続発」は続けざまに起こる意味なので〈続発〉で表現。〈続発〉は〈現れる〉を両手で繰り返すことで「続発」の意味を表す。

〈地震〉
手のひらを上に向けた両手を同時に前後に揺らす。

〈続発〉
全指を曲げて上に向けた両手を交互に上下させる。

そくたつ【速達】

「手紙を速達で出す」
→〈赤〉+〈郵便を出す①〉

例文の「速達」は郵便のことなので〈赤〉+〈郵便を出す①〉で表現。〈赤〉は速達の赤のスタンプを表す。

〈赤〉
唇に人差指を当て、右へ引く。

〈郵便を出す①〉
左手2指と右人差指で〒マークを作り、前に出す。

そくほう【速報】

「(選挙)速報」
→(〈選挙〉+)
〈はやい①〉+〈発表〉

「速報」ははやく知らせること。またその知らせの意味なので〈はやい①〉+〈発表〉で表現。

〈はやい①〉
親指と人差指を閉じた右手をすばやく左へ動かしながら人差指を伸ばす。

〈発表〉
親指と4指を閉じた両手を左右にぱっと開く。

そくりょう【測量】

「土地を測量する」
→〈土〉+〈測量〉

「測量」は〈測量〉で表現。〈測量〉は左手のポールを右手の測量器でのぞくさまを表す。

〈土〉
両手の親指と４指をこすり合わせて左右に開く。

〈測量〉
丸めた右手を目に当て、左右に回しながら前方に立てた左人差指を見る。

そこ1

「そこで（待つ）」
→〈それ〉+〈場所〉
（+〈待つ〉）

例文の「そこ」は場所をさすので〈それ〉+〈場所〉で表現。〈それ〉はそれと指定する場所をさすしぐさ。

〈それ〉
右人差指で前にある物をさす。

〈場所〉
全指を曲げた右手を前に置く。

そぐわない1

「内容にそぐわない」
→〈内容〉+〈合わない〉

例文の「そぐわない」は似合わない、合わない意味で〈合わない〉で表現。〈合わない〉ははじき合うさまで「似合わない」「合わない」の意味。

〈内容〉
左手のひらで囲んだ内側を右人差指でかき回す。

〈合わない〉
左人差指の先に右人差指の先を当て、はじくように離す。

そこ2

「そこが問題だ」
→〈それ〉+〈問題〉

例文の「そこ」は話に出てきた箇所を指摘する意味なので〈それ〉で表現。〈それ〉は話に出てきた箇所を指摘するさま。

〈それ〉
前にある物をさす。

〈問題〉
両手の親指と人差指をつまみ「 ┐を描く。

そぐわない2

「気持ちにそぐわない」
→〈心〉+〈そぐわない〉

例文「そぐわない」はしっくりこない意味で〈そぐわない〉で表現。〈そぐわない〉はそりが合わないさまで「そぐわない」「そりが合わない」の意味。

〈心〉
右人差指でみぞおち辺りをさす。

〈そぐわない〉
両手の指背側を合わせて、上下にこすり合わせる。

そこ【底】1

「心の底まで（はわからない）」
→〈心〉+〈深い②〉
（+〈知らない〉）

例文の「底」は隠れた奥底の意味で〈深い②〉で表現。〈深い②〉は深いところをさすさまで「深い」「底」などの意味。

〈心〉
右人差指でみぞおち辺りをさす。

〈深い②〉
左手のひらを下に向け、体と左手の間に右人差指を沈めるように下にさげる。

そこ【底】2

「底が深い井戸」

→〈深い②〉+〈井①〉

例文の「底が深い」は〈深い②〉で表現。〈深い②〉は深いところをさすさまで「深い」「底」などの意味。動作で深さの程度を表す。

〈深い②〉

左手のひらを下に向け、体と左手の間に右人差指を沈めるように下にさげる。

〈井①〉

両手の2指を重ね「井」形を作る。

そしき【組織】

「組織がしっかりしている」

→〈組織〉+〈固い①〉
（または〈固い③〉）

「組織」は社会や団体などの有機的な構成体の意味なので〈組織〉で表現。〈組織〉は組織図のように下部に行くほど広がるさまを表す。

〈組織〉

両手を胸の高さで並べ指先を開きながら左右におろす。

〈固い①〉

軽く曲げた右手3指を振りおろして止める。

そこ【底】3

「底が割れる」

→〈見抜く〉

例文の「底が割れる」は隠そうとしていることがわかる意味なので〈見抜く〉で表現。〈見抜く〉は突き破って見抜くさまを表す。

〈見抜く〉

右人差指を目元から前に出し、左手指の間を突き破る。

そしょう【訴訟】

「訴訟を起こす」

→〈裁判〉+〈申し込む〉

「訴訟」は裁判に訴える意味なので〈裁判〉+〈申し込む〉で表現。手話は「訴訟」「訴訟を起こす」「提訴」の意味。

〈裁判〉

親指を立てた両手を肩から前に同時におろし、体の前で止める。

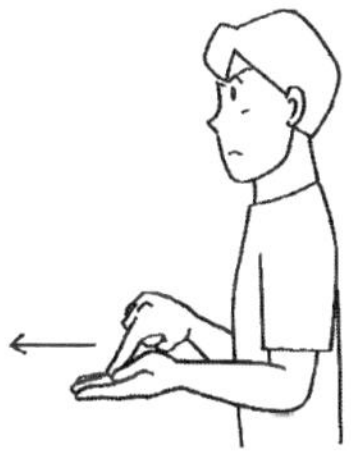

〈申し込む〉

左手のひらの上に右人差指をのせて前に出す。

そこ【底】4

「資金が底をついた」

→〈金が減る〉+〈なくなる①〉

例文の「底をつく」はたくわえた金がなくなる意味なので〈金が減る〉+〈なくなる①〉で表現。手話は金が減り、なくなるさまを表す。

〈金が減る〉

左手のひらの上に置いた右手の親指と人差指で作った丸を揺らしながら下におろす。

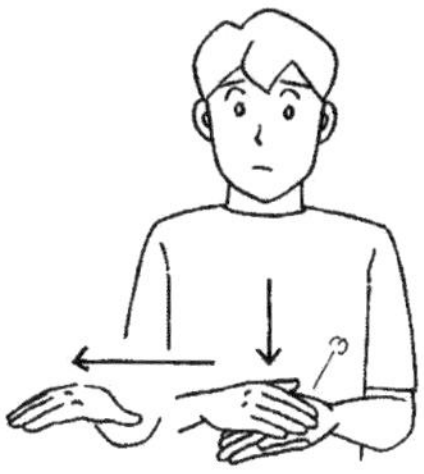

〈なくなる①〉

上下に向かい合わせた両手のひらを上から合わせると同時に右手を右に動かす。

そそぐ【注ぐ】1

「コップにお茶を注ぐ」

→左〈コップ〉+〈お茶を入れる〉

例文の「注ぐ」はお茶を入れる意味で〈お茶を入れる〉で表現。手話は急須からお茶が注がれるさまで「お茶」「お茶を注ぐ」の意味。

左〈コップ〉

左手でコップを持つようにする。

〈お茶を入れる〉

湯飲みを持つようにした左手に親指と小指を立てた右手を注ぎ入れるように傾ける。

そそぐ【注ぐ】2

「彼に視線を注ぐ」

→〈彼〉+〈彼を見る〉

例文の「視線を注ぐ」は人を見る意味なので〈彼を見る〉で表現。手話は男(人)を見るさまで「見る」「視線を注ぐ」の意味。

〈彼〉

左肩まであげた左親指を右人差指でさす。

〈彼を見る〉

〈彼〉の左手を残して、それに向かって右手2指を目から近づける。

そそぐ【注ぐ】3

「心血を注ぐ」

→〈一生懸命〉+〈努力〉

例文の「心血を注ぐ」は自分の持てるものすべてを打ち込む意味なので〈一生懸命〉+〈努力〉で表現。手話は一生懸命努力するさまを表す。

〈一生懸命〉

両手を顔の横から繰り返し強く前に出す。

〈努力〉

左手のひらに右人差指をねじこみながら前に押し出す。

そそのかす

「彼をそそのかす」

→〈そそのかす〉

「そそのかす」はうまいことを言って相手の気をさそう意味なので〈そそのかす〉で表現。ほおで〈うそ〉を表し、相手をうまくつつくさまで表す。

〈そそのかす〉

左親指の背後を右人差指で下から突きあげるように上にあげる。

そだつ【育つ】

「子供が育つ」

→〈子供②〉+〈大きくなる①〉

「育つ」は大きくなることなので〈大きくなる①〉で表現。〈大きくなる①〉は大きくなるさまで「成長する」「育つ」などの意味。

〈子供②〉

右手のひらを左から順番に置くように移動する。

〈大きくなる①〉

右手のひらを下にして上にあげる。

そだてる【育てる】1

「(子供を)育てる」

→(〈子供①〉+)
〈育てる①〉
または〈育てる②〉

例文の「育てる」は子供を育てる意味なので〈育てる①〉または〈育てる②〉で表現。手話はいずれも大きくなるようにものを与えるさまを表す。

〈育てる①〉

左親指に右手指先を繰り返し当てる。

〈育てる②〉

左親指に右手の指先を繰り返し近づけながら上にあげる。

そだてる【育てる】2

「犬を育てる」

→〈犬〉+〈育てる③〉

例文の「育てる」は動物を育てる意味なので〈育てる③〉で表現。〈育てる③〉は動物などにえさを与えるさまを表す。

〈犬〉

両手親指を側頭部につけ、全指を折り曲げる。

〈育てる③〉

少し曲げた左手をふせて、右手指先を繰り返し左手の下に近づける。

そち【措置】1

「行政措置」

→〈行政〉+〈措置〉

例文の「措置」は〈措置〉で表現。〈措置〉は人に指示することを表す。

〈行政〉

親指と人差指と中指を伸ばした両手の指先を前に向けて左右に開くように繰り返し出す。

〈措置〉

右人差指で左人差指をさす。

そち【措置】2

「断固たる措置を講じる」

→〈決める②〉+〈する〉

例文は〈決める②〉+〈する〉で表現。〈決める②〉を強く表現する。

〈決める②〉

左手のひらに右こぶしを強く打ちつける。

〈する〉

両こぶしを力を込めて前に出す。

そつぎょう【卒業】

「大学を卒業する」

→(〈大学①〉または)〈大学②〉+〈卒業〉

「卒業」は学校の規定の課程を修了する意味で〈卒業〉で表現。〈卒業〉は卒業証書をもらうさまを表す。

〈大学②〉

両手の人差指で角帽のひさしを示す。

〈卒業〉

賞状を持った両手を軽く上にあげながら頭をさげる。

そっきん【即金】1

「即金で支払う」

→〈すべて〉+〈払う②〉

例文の「即金で支払う」は全額をいっぺんに払うことなので2種類の表現がある。ひとつは〈すべて〉+〈払う②〉で表現。手話は全額を払うさまを表す。

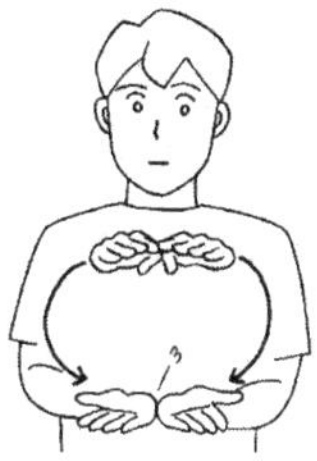

〈すべて〉

両手で上から下に円を描く。

〈払う②〉

左手のひらの上に右手の親指と人差指で丸を作り、前に出して開く。

そっきん【即金】2

「即金(で支払う)」

→〈抜刀〉+〈金(かね)①〉(+〈払う①〉)

もうひとつは〈抜刀〉+〈金(かね)①〉で表現。〈抜刀〉は素早く刀を抜くさまで「即座」「その場で」などの意味を表す。

〈抜刀〉

右人差指を左から右へ切りつけるようにする。

〈金(かね)①〉

右手の親指と人差指で作った丸を示す。

ソックス

「ソックスをはく」

→〈靴下〉

「ソックス」は靴下のことで〈靴下〉で表現。〈靴下〉は靴下をはくさまで「ソックス(をはく)」「靴下(をはく)」の意味。

〈靴下〉

左手のひらを下にして左腕をやや立て、右手で左腕をつかむようにして上にあげる。

そっくり 1

「（建物は）そのままそっくり残っている」

→（〈ビル①〉＋）
〈過去②〉＋〈相変わらず①〉
（または〈相変わらず②〉）

例文の「そのままそっくり」は〈過去②〉＋〈相変わらず①〉で表現。〈相変わらず①〉は以前と同じそのままの状態である意味を表す。

〈過去②〉
右手のひらを後ろに向けて、押すようにして肩越しに少し後ろに動かす。

〈相変わらず①〉
両手の親指と４指を閉じたり開いたりしながら右肩から前に出す。

そっくり 2

「残らずそっくり食べる」

→〈食べる①〉＋〈なくなる②〉

例文の「残らずそっくり」は少しも残さずの意味なので〈なくなる②〉で表現。手話は残さずすっかり食べてしまうさまを表す。

〈食べる①〉
左手のひらの上を右手ですくって食べるようにする。

〈なくなる②〉
上下に向かい合わせた両手のひらを合わせ左右に開く。

そっくり 3

「顔がそっくり」

→〈顔〉＋〈そっくり〉

例文の「そっくり」は非常に似ている意味なので〈そっくり〉で表現。〈そっくり〉は右から左へ写したように同じさまで「うりふたつ」の意味。

〈顔〉
右人差指で顔の前で丸を描く。

〈そっくり〉
両手の親指と４指でものをつかむようにして右上から左下に動かす。

そっくり 4

「（娘の声は）母親そっくり」

→（〈娘〉＋〈声〉＋）
〈母〉＋〈同じ⑥〉

例文の「そっくり」は声が非常に似ている意味なので〈同じ⑥〉で表現。〈同じ⑥〉は上下の位置にある二つのものが同じであるさまを表す。

〈母〉
右人差指をほおにふれ、右小指を出す。

〈同じ⑥〉
両手の親指と人差指を上下で閉じたり開いたりする。

そっと 1

「そっと歩く」

→〈そっと歩く〉

例文の「そっと歩く」は静かに歩くの意味なので〈そっと歩く〉で表現。〈そっと歩く〉は静かに歩くさまで表情に注意して表現する。

〈そっと歩く〉
両手人差指を交互に前に出す。

そっと 2

「そっと事を運ぶ」

→〈隠れる〉＋〈進む①〉

例文の「そっと」は人に知られないようにの意味なので〈隠れる〉で表現。〈隠れる〉は人目から隠れるさまを表す。

〈隠れる〉
両手の小指側を合わせて顔を隠すようにする。

〈進む①〉
指文字〈コ〉を示した両手を前に進める。

そっと 3

「しばらくそっとしておく」

→〈当面〉+〈そのまま〉

例文の「そっと」は手を入れずそのままにの意味なので〈そのまま〉で表現。〈そのまま〉はそのままおいておくさまを表す。

〈当面〉

左手甲に曲げた右人差指を当てて前に出す。

〈そのまま〉

両手のひらを前に向けて同時に軽く押すようにする。

そで【袖】2

「洋服の袖」

→〈服〉+〈袖②〉

例文の「袖」は洋服なので〈袖②〉で表現。〈袖②〉は筒状の袖のさまを表す。

〈服〉

親指を立てた両手をえりに沿って下におろす。

〈袖②〉

右指文字〈C②〉を左上腕部に当て、手首まで動かす。

そっとう【卒倒】

「(暑さで)卒倒する」

→(〈暑い①〉+)〈倒れる①〉

「卒倒」は突然意識を失って倒れる意味なので〈倒れる①〉で表現。〈倒れる①〉は立っていた人が倒れるさまを表す。

〈倒れる①〉

左手のひらの上に右手2指を立ててひっくり返し、

そのまま左手のひらの上に倒れるように落とす。

そで【袖】3

「袖の下を使う」

→〈贈賄〉または〈買収〉

例文の「袖の下」は慣用句で賄賂のことなので〈贈賄〉または〈買収〉で表現。いずれも袖の下からそっと物やお金を渡すさまを表す。

〈贈賄〉

左手のひらの下から右手をそっと出す。

〈買収〉

左手のひらの下から右手の親指と人差指で作った丸を前に出す。

そで【袖】1

「着物の袖」

→〈着物〉+〈袖①〉

例文の「袖」は着物なので〈袖①〉で表現。「着物のたもと」も同手話。

〈着物〉

着物のえりを合わせるように右手と左手を順番に胸で重ねる。

〈袖①〉

左ひじをあげて上から右人差指で袖を描く。

そで【袖】4

「男を袖にする」

→〈男〉+〈ひじてつ〉

例文の「袖にする」は慣用句で、すげなく断ったり見捨てたりすることなので〈ひじてつ〉で表現。「男を振る」も同手話。

〈男〉

親指を立てた右手を出す。

〈ひじてつ〉

右手のひじを張る。

そと【外】1

「部屋の外」
→〈部屋〉+〈外〉

例文の「外」はある場所や空間の外側の意味なので〈外〉で表現。〈外〉は外側であることを指さして表す。

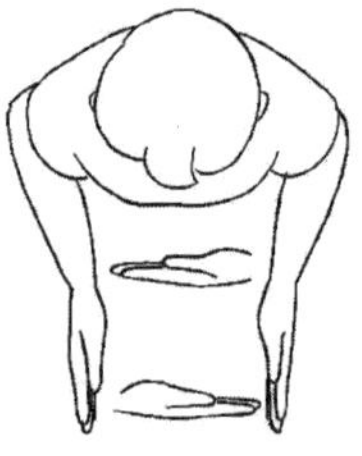

〈部屋〉
両手のひらで前後左右に四角く囲む。

〈外〉
囲むように左手を立ててその中から右人差指を出す。

そなえる【備える】2

「能力を身に備える」
→〈力〉+〈習慣〉

例文の「備える」は生まれつき持っている意味なので〈習慣〉で表現。〈習慣〉は身についたさまで「(身に)備わる」「習慣」「癖」の意味。

〈力〉
こぶしを握った左腕を曲げ、上腕に右人差指で力こぶを描く。

〈習慣〉
左手甲に指を半開きにした右手甲をつけ、前に出しながら握る。

そと【外】2

「怒りを外に出す」
→〈怒(おこ)る①〉+〈表(あらわ)す〉

例文の「外に出す」は表情などに表す意味なので〈表す〉で表現。〈表す〉は表に出すさまで「表す」「表に出す」などの意味を持つ。

〈怒(おこ)る①〉
両手で腹をつかむようにして上に向けてさっと動かす。

〈表(あらわ)す〉
左手のひらに右人差指をつけて前に押し出す。

その

「その服」
→〈それ〉+〈服〉

「その」はものをさすことなので〈それ〉で表現。〈それ〉は指さすさまで「その」「それ」の意味。

〈それ〉
右人差指で前にある物をさす。

〈服〉
親指を立てた両手をえりに沿って下におろす。

そなえる【備える】1

「試験に備える」
→(〈試す〉または)〈試験〉+〈準備①〉

例文の「備える」は準備する意味なので〈準備①〉で表現。〈準備①〉はものを整理して備えるさまで「備える」「準備」「整理」の意味。

〈試験〉
親指を立てた両手を交互に上下させる。

〈準備①〉
両手のひらを向かい合わせて左から右へ動かす。

そのうえ【その上】

「(優しく)その上きれいだ」
→(〈優しい〉+)〈もっと〉+〈美しい②〉(または〈美しい①〉)

「その上」はそれに加えてさらにの意味で〈もっと〉で表現。〈もっと〉はさらにその上に加わるさまで「その上」「さらに」「もっと」の意味。

〈もっと〉
両手の親指と人差指を一定の間隔に開き、左手の上に右手をのせる。

〈美しい②〉
左手のひらをなでるように右手のひらを滑らせる。

そのうち

「そのうち会おう」

→〈将来②〉+〈会う②〉

「そのうち」は近いうちの意味なので〈将来②〉で表現。〈将来②〉は近い将来のさまで、手の動きで将来の程度を表す。

〈将来②〉

右手のひらを前に向けて少し押すように前に出す。

〈会う②〉

人差指を立てた両手を軽く当てる。

そのほか

「そのほかの問題」

→〈別〉+〈問題〉

「そのほか」はそれ以外のものをいうので〈別〉で表現。〈別〉は他のものと区別するさまで「そのほか」「その他」「別」の意味。

〈別〉

両手の甲を合わせて右手を前に押し出す。

〈問題〉

両手の親指と人差指をつまみ「 ┐を描く。

そのまま

「荷物をそのままにしておく」

→〈荷物〉+〈そのまま〉

例文の「そのまま」は現状のままの意味なので〈そのまま〉で表現。〈そのまま〉は現状のまま動かさないようにしておくさまを表す。

〈荷物〉

両手で荷物を持ちあげるようにする。

〈そのまま〉

両手のひらを前に向けて同時に軽く押すようにする。

そば【蕎麦】

「そばを食べる」

→〈そば〉

「そば」はそば粉をこねて作る麺類で〈そば〉で表現。〈そば〉はざるそばを食べるさまで「そば」「そばを食べる」の意味。

〈そば〉

左手で小鉢を持ち、右手２指を箸に見立てて、そばを食べるようにする。

そば【側】1

「家のそば」

→〈家〉+〈短い①〉

例文の「そば」は近くのことなので〈短い①〉で表現。〈短い①〉は時間や距離が近いことを表す。

〈家〉

両手で屋根形を作る。

〈短い①〉

親指と人差指を閉じた両手を左右からさっと近づける。

そば【側】2

「覚えるそばから忘れる」

→〈覚える〉+左〈忘れる①〉

例文の「～するそばから」は～するとすぐにの意。例文は〈覚える〉をした後すぐに左手で〈忘れる①〉を表現。

〈覚える〉

指先を開いた右手を上から頭につけて握る。

左〈忘れる①〉

頭の横で握ったこぶしを上に向けてぱっと開く。

そ

そびえる

「ビルがそびえている」
→〈そびえる〉

例文の「そびえる」はビルが高く立つさまなので〈そびえる〉で表現。〈そびえる〉は高いビルがそそり立つさまを表す。

〈そびえる〉
視線をあげて見あげるようにし、向かい合わせた両手を上にあげる。

ソフトボール

「ソフトボール」
→〈下投げ〉+〈野球①〉

「ソフトボール」はピッチャーの下投げが特徴的な野球に似たゲームのことで〈下投げ〉+〈野球①〉で表現。

〈下投げ〉
下手からボールを投げるようにする。

〈野球①〉
バットを握って振るようにする。

そふ【祖父】

「祖父は出かけている」
→〈祖父〉+〈出る①〉

「祖父」は肉親のおじいさんの意味で〈祖父〉で表現。〈祖父〉は人差指をほおに触れて肉親を表し、次に〈老人①〉を表す。

〈祖父〉
右人差指でほおにふれ、親指を曲げて小さく上下させる。

〈出る①〉
左手の下から右手をはねあげるように前に出す。

そぼ【祖母】

「祖母はいます」
→〈祖母〉+〈いる〉

「祖母」は肉親のおばあさんの意味で〈祖母〉で表現。〈祖母〉は人差指をほおに触れて肉親を表し、次に〈おばあさん〉を表す。

〈祖母〉
人差指でほおにふれ、小指を曲げて小さく上下させる。

〈いる〉
両手を握り、両ひじを立てて下におろす。

ソフトクリーム

「ソフトクリーム」
→〈ソフトクリーム〉

例文の「ソフトクリーム」はコーンに盛った柔らかいアイスクリームのことで〈ソフトクリーム〉で表現。ソフトクリームの形を表す。

〈ソフトクリーム〉
左手でコーンを持つようにし、軽く開いた右手指先を下に向け、ねじるようにあげる。

そまつ【粗末】

「粗末な食事」
→〈くだらない〉+〈食べる①〉
（または〈食べる②〉または〈食べる④〉）

例文の「粗末」は〈くだらない〉で表現。〈くだらない〉は「つまらない」「品がない」意。

〈くだらない〉
右人差指を伸ばし下からあげて左手のひらに打ちつける。

〈食べる①〉
左手のひらの上を右手ですくって食べるようにする。

そむく【背く】1

「親にそむく」

→〈両親〉+〈ひじてつ〉

例文の「そむく」は反抗することなので〈ひじてつ〉で表現。〈ひじてつ〉はひじ鉄砲をくらわせるさまで「そむく」「反抗する」の意味。

〈両親〉

人差指をほおにふれ、親指と小指を出す。

〈ひじてつ〉

右手のひじを張る。

そめる【染める】

「(布を)黄色に染める」

→(〈四角①〉+)〈黄〉+〈染める〉

例文の「染める」は液にひたして色をつける意味なので〈染める〉で表現。〈染める〉は染めるさまで「染める」「染色」「染め物」の意味。

〈黄〉

親指と人差指を立てた右手の親指を額に当て、人差指を時計方向に振る。

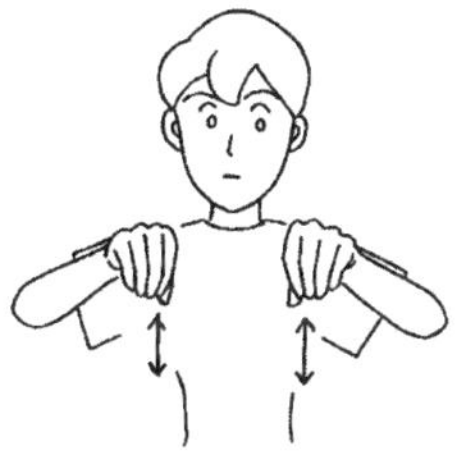

〈染める〉

両手の親指と 4 指を閉じて下に向け上下させる。

そむく【背く】2

「(恋人に)そむく」

→(〈恋〉+〈男〉+)〈裏切る〉

例文の「そむく」は〈裏切る〉で表現。〈裏切る〉は手のひらを返すさまで「裏切る」の意味。

〈裏切る〉

左手のひらの上に右手のひらをのせ、

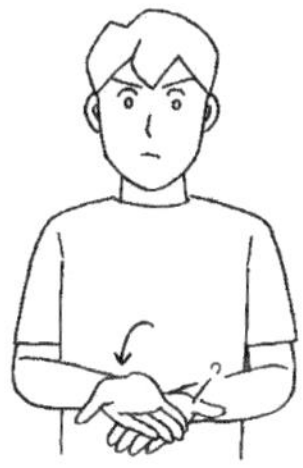

手のひらを返す。

そら【空】1

「空模様」

→〈空〉+〈状態①〉

例文の「空」は地上から見える宇宙空間の意味で〈空〉で表現。〈空〉は上に広がる空間を示すしぐさ。

〈空〉

右手で頭上に弧を描く。

〈状態①〉

両手のひらを前に向けて、交互に上下させる。

そむく【背く】3

「彼女にそむかれる」

→〈女〉+〈追い払われる〉(または〈裏切る〉)

例文の「そむかれる」は〈追い払われる〉または〈裏切る〉で表現。〈追い払われる〉は自分が追い出されるさまを表す。

〈女〉

右小指を立てる。

〈追い払われる〉

左手のひらの上で右手を手前にはき出すようにする。

そら【空】2

「空があやしい」

→〈雨①〉+〈心配①〉

例文の「空があやしい」は天候が悪くなりそうという意味なので〈雨①〉+〈心配①〉で表現。手話は雨を心配しているさまを表す。

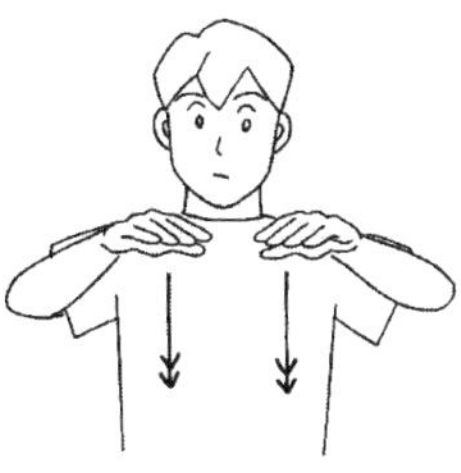

〈雨①〉

軽く開いた指先を前に向け両手を繰り返し下におろす。

〈心配①〉

全指を折り曲げた右手を胸に当てる。

そる【剃る】

「ひげを剃る」

→〈剃る〉

例文の「剃る」はひげを剃ることなので〈剃る〉で表現。〈剃る〉はカミソリで剃るさまで、剃る場所によって手の位置が変わる。

〈剃る〉

右人差指をほおに当ててそるように繰り返す。

それぞれ 2

「それぞれ１冊ずつ（買う）」

→〈１①〉左側・真ん中・右側＋〈本〉(＋〈買う〉)

例文の「それぞれ」は〈１①〉を左・中央・右で表す。

〈１①〉左側・真ん中・右側

右人差指を立て、左・中央・右に移動しながら表す。

〈本〉

手のひらを合わせた両手を本を開くように左右に開く。

それ

「それを下さい」

→〈それ〉＋〈求める〉

例文の「それ」は〈それ〉で表現。〈それ〉は前にあるものをさす。

〈それ〉

前にある物をさす。

〈求める〉

左手のひらに右手の甲を打ちつける。

それる 1

「矢が的をそれる」

→〈矢〉＋〈はずれる〉

例文の「それる」は的に当たらないではずれる意味なので、〈はずれる〉で表現。手話は左手の的をそれる矢のさまを表す。

〈矢〉

左手を握り、全指を閉じた右手をつけて右へ引くようにしてぱっと手を開く。

〈はずれる〉

左こぶしの親指側を的にして右人差指を左へはずす。

それぞれ 1

「人それぞれ違う」

→〈個人個人〉＋〈ばらばら〉

例文の「人それぞれ」は〈個人個人〉で表現。〈個人個人〉は「各自」の意。

〈個人個人〉

両手の人差指で繰り返して顔をなぞる。

〈ばらばら〉

両手の親指と人差指を開き、手首をひねりながら交互に上下させる。

それる 2

「話が横道にそれる」

→〈説明〉＋〈それる〉

例文の「それる」は違った方向へ行く意味なので〈それる〉で表現。〈それる〉は道を外れるさまで「それる」「(道を)外れる」の意味。

〈説明〉

左手のひらを右手で小刻みにたたく。

〈それる〉

指先を前に向けて両手を上下に重ね、右手を前に進めながら左へそらす。

そろう【揃う】1

「粒がそろう」
→〈良い〉+〈均一〉

例文の「粒がそろう」は慣用句で、質の良いものがそろうことなので〈良い〉+〈均一〉で表現。〈均一〉は同じものがそろっているさまを表す。

〈良い〉
右こぶしを鼻から前に出す。

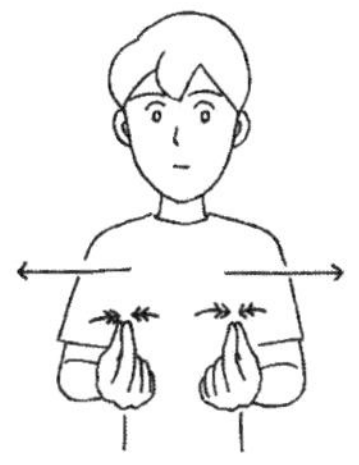

〈均一〉
両手の親指と人差指を閉じたり開いたりしながら左右に開く。

そろう【揃う】2

「(兄弟)
そろってハンサムだ」
→(〈兄弟〉+)
〈みんな〉+〈かっこいい〉

例文の「そろって」は「同じように」の意なので〈みんな〉で表現。

〈みんな〉
右手のひらを下に向けて水平に回す。

〈かっこいい〉
前向きに5指を折り曲げた右手を顔に近づけるように勢いよくひっくり返す。

そろう【揃う】3

「(全員が)そろう」
→(〈みんな〉+)
〈集まる①〉+〈終わる〉

例文の「そろう」はもれなく集まることなので〈集まる①〉で表現。

〈集まる①〉
軽く開いた両手のひらを向かい合わせて中央に寄せる。

〈終わる〉
両手の親指と4指を上に向け、閉じながら下にさげる。

そろう【揃う】4

「二人そろって出かける」
→〈二人①〉+〈一緒②〉

例文の「そろって」は「一緒に」の意なので〈一緒②〉で表現。

〈二人①〉
右手2指を立てて軽く左右に振る。

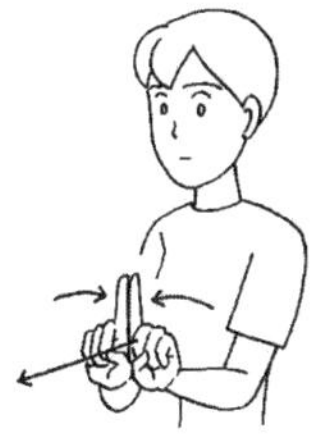

〈一緒②〉
人差指を上に向け左右から寄せるように添わせ前に出す。

そろえる【揃える】

「商品をそろえる」
→〈品(ひん)〉+〈準備①〉
(または〈準備②〉)

例文の「そろえる」は〈準備①〉または〈準備②〉で表現。いずれも用意したり片付けたりするさまを表す。

〈品(ひん)〉
右手の親指と人差指で作った丸を上、左、右に示す。

〈準備①〉
両手のひらを向かい合わせて左から右へ動かす。

そん【損】

「買って損した」
→〈買う〉+〈損〉

例文の「損」は損害をこうむることで〈損〉で表現。〈損〉はお金が捨てられるさまで「損」「損害」「損失」の意味。

〈買う〉
右手の親指と人差指で作った丸を前に出すと同時に左手のひらを手前に引き寄せる。

〈損〉
両手の親指と人差指で作った丸を前に捨てるようにしてぱっと開く。

そんがい【損害】1

「損害(は二億円)」

→〈損〉+〈金(かね)①〉
(+〈2②〉+〈つなぐ〉)

例文の「損害」はお金について言っているので〈損〉+〈金(かね)①〉で表現。手話は損した金、損金を表す。

〈損〉
両手の親指と人差指で作った丸を前に捨てるようにしてぱっと開く。

〈金(かね)①〉
右手の親指と人差指で作った丸を示す。

そんがい【損害】2

「(事故で相手に)損害を与えた」

→(〈事故〉+)
〈迷惑〉+〈与える①〉

例文の「損害」は人へ損害を与えることなので〈迷惑〉+〈与える①〉で表現。または〈損〉+〈与える①〉でもよく、迷惑や損害を与える意味。

〈迷惑〉
親指と人差指で眉間をつまむ。

〈与える①〉
両手のひらを上に向け並べて前に差し出す。

そんがい【損害】3

「損害賠償を請求する」

→〈損〉+(〈賠償①〉または)〈賠償②〉

例文は〈損〉+〈賠償①〉または〈賠償②〉で表現。〈損〉はお金が捨てられるさまで「損」「損害」「損失」の意味。

〈損〉
両手の親指と人差指で作った丸を前に捨てるようにしてぱっと開く。

〈賠償②〉
親指と人差指で作った丸を示し左手のひらの上に右手の甲を打ちつける。

そんけい【尊敬】

「父を尊敬する」

→〈父〉+〈敬う①〉

「尊敬」は人を尊び敬意を表することなので〈敬う①〉で表現。〈敬う①〉は人に敬意を表するさまで「敬う」「尊ぶ」「尊重」「尊い」の意味。

〈父〉
右人差指でほおにふれ、親指を出す。

〈敬う①〉
左手のひらの上に親指を立てた右手を置き、それを目の上に掲げると同時に頭をさげる。

そんげん【尊厳】1

「命の尊厳」

→〈命〉+〈尊厳〉

例文の「尊厳」は〈尊厳〉で表現。人を表す親指を高くあげることで表す新しい手話。

〈命〉
右こぶしを左胸に当てる。

〈尊厳〉
右親指を額に当て、斜め上にあげる。

そんげん【尊厳】2

「尊厳死」

→〈尊厳〉+〈死ぬ②〉

例文の「尊厳」は〈尊厳〉で表現。人を表す親指を高くあげることで表す新しい手話。

〈尊厳〉
右親指を額に当て、斜め上にあげる。

〈死ぬ②〉
指先を上に向けた右手を倒す。

そんざい【存在】

「存在」は人やものがそこにいる、あることなので〈ある①〉で表現。〈ある①〉は人やものがそこにいる、あるさまを表す。

「証拠が存在する」

→〈証拠〉+〈ある①〉

〈証拠〉

左手のひらの上に指先を折り曲げた右手を判を押すようにのせる。

〈ある①〉

手のひらを下に向けた右手を体の前に軽く置く。

そんちょう【村長】

「村長」は村の責任者の意味なので〈村〉+〈長①〉で表現。〈村〉は耕すさまを表す。

「村長」

→〈村〉+〈長①〉

〈村〉

全指を折り曲げた左手のひらに右人差指をつけて、繰り返し手前に引く。

〈長①〉

親指を立てた右手を上にあげる。

そんしつ【損失】

「損失」は損する意味なので〈損〉で表現。〈損〉はお金を捨ててしまうさまで「損」「損害」「損失」の意味。

「大きな損失」

→〈損〉+〈とても〉

〈損〉

両手の親指と人差指で作った丸を前に投げるようにして開く。

〈とても〉

右手の親指と人差指をつまみ、右へ弧を描きながら親指を立てる。

そんな

「そんな」はそのような、それ、などの意味なので〈それ〉で表現。〈それ〉は指さすさまで「そんな」「それ」などの意味。

「そんなことは知らない」

→〈それ〉+〈知らない〉

〈それ〉

やや斜め下をさす。

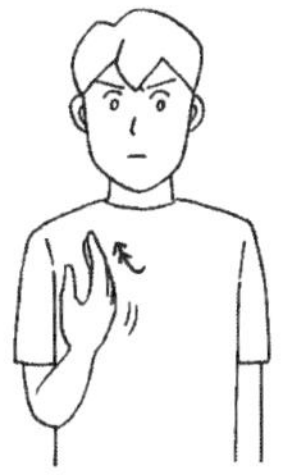

〈知らない〉

右手のひらで右脇を払いあげる。

そんちょう【尊重】

「尊重」は価値を認め大事にする意味で〈敬う①〉で表現。人に見立てた親指に左手をそえてあげ敬意を表するさまで「尊重」「敬う」の意味。

「意見を尊重する」

→〈意見〉+〈敬う①〉

〈意見〉

右小指を頭に当て、手首を返しながら前に出す。

〈敬う①〉

左手のひらの上に親指を立てた右手をのせて上にあげる。

ぞんぶん【存分】

「存分」は十分の意味なので〈たくさん①〉で表現。〈たくさん①〉は山盛りのさまで「存分」「たくさん」などの意味。

「存分に練習した」

→〈たくさん①〉+〈鍛える〉

〈たくさん①〉

左手のひらを上に向けた左腕を示し、その上に右手で山を描く。

〈鍛える〉

ひじを張り、両こぶしで胸を同時に繰り返したたく。

〈タ〉
親指を立てて示す。

た

「（前に）聞いた」
→（〈過去②〉＋）
〈聞く②〉＋〈た〉

例文の「た」は過去や完了を表すので〈た〉で表現。

〈聞く②〉
右人差指を右耳に当てる。

〈た〉
両手のひらを前に向けて倒し、指先を下に向ける。

た【他】1

「他の事」
→〈別〉＋〈事〉

例文の「他」はほかの、別の意味なので〈別〉で表現。〈別〉は区別するさまで「他」「その他」「別」などの意味。

〈別〉
両手の甲を合わせて右手を前に押し出す。

〈事〉
右手で指文字〈コ〉を示す。

た【他】2

「（秘密を）他にもらす」
→（〈秘密〉＋）
〈人々①〉＋〈漏らす③〉

例文の「他」はほかの人の意味なので〈人々①〉で表現。〈人々①〉は複数の人の意味と共に人一般を表す。

〈人々①〉
親指と小指を立てた両手を揺らしながら左右に開く。

〈漏らす③〉
左手のひらを手前に向け囲むようにして、すぼめた右手を口元からぱっと開いて前に落とす。

た【田】1

「山田（と言います）」
→〈山〉＋〈田〉
（＋〈言う①〉）

例文の「田」は人名で〈田〉で表現。〈田〉は漢字「田」の字形を表した手話。〈田〉は漢字の「田」を表すほかに「たんぼ」などの意味を持つ。

〈山〉
右手で山形を描く。

〈田〉
両手３指を重ねて「田」の字を作る。

た【田】2

「田や畑」
→〈たんぼ〉＋〈農業〉

例文の「田」はたんぼの意味なので〈たんぼ〉で表現。〈たんぼ〉は漢字「田」の字形を利用した手話で「水田」「たんぼ」などの意味。

〈たんぼ〉
左手３指の上を右手３指で軽くたたくようにする。

〈農業〉
両手のこぶしを握り、くわで耕すようにする。

ダース

「鉛筆一ダース」

→〈鉛筆〉+〈12〉

「ダース」は12個一組のものをさすので〈12〉で表現。〈12〉は数の「十二」の意味。

〈鉛筆〉

右手の親指と人差指を閉じて口元に近づけ、書くようにする。

〈12〉

〈10②〉と〈2③〉を連続して示す。

だい【台】

「台にあがる」

→〈台〉+〈上に立つ〉

例文の「台」は人が乗るためのものをさすので〈台〉で表現。〈台〉は「舞台」などの意味がある。

〈台〉

両手で ┌ ┐ を描く。

〈上に立つ〉

左手甲の上に右手２指を立てる。

たい

「(本が)読みたい」

→(〈本〉+)
〈読む①〉+〈好き①〉

「たい」は希望・願望を表すので〈好き①〉で表現。〈好き①〉は「好き」「ほしい」「〜したい」などの意味。

〈読む①〉

左手のひらを見ながら視線に合わせるように右手２指を動かす。

〈好き①〉

親指と人差指を開いた右手をのどに当て、下におろしながら閉じる。

だい【大】

「損害は大である」

→〈損〉+〈とても〉

例文の「大」は大きい意味なので〈とても〉で表現。〈とても〉は非常に大きいさまで「とても」「大変」「とても大きい」などの意味。

〈損〉

両手の親指と人差指で作った丸を前に投げるようにして開く。

〈とても〉

右手の親指と人差指をつまみ、右へ弧を描きながら親指を立てる。

タイ【鯛】

「鯛の刺身」

→〈鯛(たい)〉+〈刺身〉

「鯛」は〈鯛〉で表現。〈鯛〉は勢いよく跳ねる鯛のさまを表す。

〈鯛(たい)〉

右手のひらを手前に返すようにして指先を上にあげる。

〈刺身〉

左手甲を魚の切り身に見立て、右手で刺身を切るようにする。

だい【題】1

「(文章の)題」

→(〈文章〉+)
〈名前①〉
または〈タイトル〉

例文の「題」は題名の意味なので〈名前①〉または〈タイトル〉で表現。

〈名前①〉

左手のひらに右親指を当てる。

〈タイトル〉

左手指先を上にし、手のひらを前に向け、右手の親指と人差指を当て下におろす。

だい【題】2

「講演の題」
→〈講演〉+〈タイトル〉

例文の「題」は題目の意味なので〈タイトル〉で表現。〈タイトル〉は題が垂れ幕に書かれるさまで「テーマ」「演題」などの意味がある。

〈講演〉
左手甲の上に右ひじをのせて指先を伸ばして前後に振る。

〈タイトル〉
左手指先を上にし、手のひらを前に向け、右手の親指と人差指を当て下におろす。

だい【題】3

「(試験の)文章題」
→(〈試験〉+)〈文章〉+〈問題〉

例文の「題」は問題の意味なので〈問題〉で表現。〈問題〉は門がまえを描き、「問題」の意味。

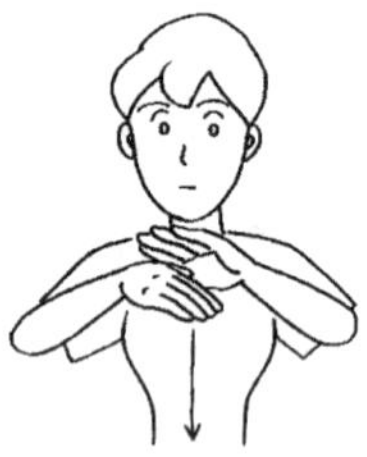

〈文章〉
両手の親指と4指の間を合わせて下におろす。

〈問題〉
両手の親指と人差指をつまみ「 ┐を描く。

たいいく【体育】

「(国民)体育大会」
→(〈国(くに)〉+〈人々①〉+)〈体育〉+〈大会〉

「体育」はスポーツのことで〈体育〉で表現。〈体育〉は体操をするさまで「体育」「スポーツ」などの意味。

〈体育〉
両こぶしを胸の前で同時に前後させる。

〈大会〉
両手指先を上に向け、甲を前に向けて重ね、右手を前に出す。

だいいち【第一】1

「第一のテーマ」
→〈第一〉+〈タイトル〉

例文の「第一」は最初の意味なので〈第一〉で表現。〈第一〉は〈1①〉を横に引き「第一」「一位」「一番」の意味。

〈第一〉
指先を左に向けた人差指を右側に引く。

〈タイトル〉
左手指先を上にし、手のひらを前に向け、右手の親指と人差指を当て下におろす。

だいいち【第一】2

「第一人者」
→〈得意〉+〈最高〉

例文の「第一人者」はその分野で一番すぐれている人の意味なので〈得意〉+〈最高〉で表現。〈得意〉は「得意」「上手」「得手」などの意味。

〈得意〉
親指と小指を立てた右手の親指を鼻に当て、斜め上に出す。

〈最高〉
手のひらを下に向けた左手に右手指先を突き上げて当てる。

だいいち【第一】3

「(健康が)第一だ」
→(〈元気①〉+)〈一番①〉+〈大切①〉

例文の「第一」は一番大切の意味なので〈一番①〉+〈大切①〉で表現。〈一番①〉はトップでテープを切るさまを表す。

〈一番①〉
右人差指を左肩に軽く当てる。

〈大切①〉
左手甲を右手のひらでなでるように回す。

たいいん【退院】

「明日、退院する」

→〈あした〉+〈退院〉

「退院」は病気が治り病院から出ることで〈退院〉で表現。〈退院〉はベッドから出るさまで「退院」を表す。

〈あした〉

人差指を立てた右手を頭の横でくるりと回しながら前に出す。

〈退院〉

左手のひらに右手２指を寝かせて手前に引く。

たいかい【大会】

「全国大会」

→〈日本〉+〈大会〉

「大会」は〈大会〉で表現。人が奥までずらっと並んでいるさまで「大会」「集会」などの意味。

〈日本〉

両手の親指と人差指を向かい合わせて左右に引きながら閉じる。

〈大会〉

両手指先を上に向け、甲を前に向けて重ね、右手を前に出す。

たいおう【対応】

「対応策」

→〈対応〉+〈計画〉

「対応」はあることに応じることで〈対応〉で表現。〈対応〉は向き合って応じるさまで「対応」「対処」などの意味。

〈対応〉

指先を上に向けた両手を前後に向かい合わせ近づける。

〈計画〉

左手のひらを下に向け、右人差指で線を引くようにする。

たいかく【体格】

「りっぱな体格」

→〈すばらしい〉+〈大きい③〉

「体格」はからだつきの意味で、例文は「りっぱな」とあるので〈大きい③〉で表現。〈大きい③〉はがっしりと大きいさまを表す。

〈すばらしい〉

右こぶしを鼻から右上にはねあげる。

〈大きい③〉

両肩に置いた両手を上にあげる。

たいおん【体温】

「体温を測る」

→〈体温〉+〈調べる①〉

「体温」は〈体温〉で表現。〈体温〉は脇に体温計をはさむさまで「体温」を表す。

〈体温〉

右人差指を左脇にはさむ。

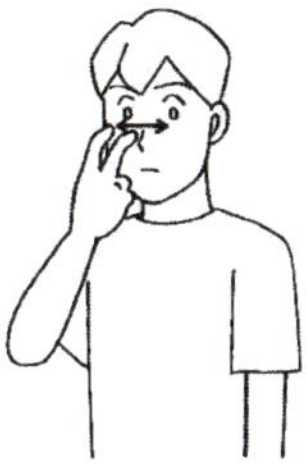

〈調べる①〉

右手の人差指と中指を軽く折り曲げて、目の前を左右に往復させる。

たいがく【退学】1

「(高校を)退学する」

→(〈高校①〉+)〈中途〉+〈辞(や)める〉

例文の「退学」は学校を中途でやめる意味なので〈中途〉+〈辞める〉で表現。手話は「退学」「中退」などの意味。

〈中途〉

左手のひらに右手指先を近づけて途中で落とす。

〈辞(や)める〉

左手のひらの上にすぼめた右手をのせて手前に引く。

た

たいがく【退学】2

「退学処分」

→〈勉強②〉+〈解雇①〉

例文の「退学」は学校を中途でやめさせられる意味なので〈解雇①〉で表現。〈解雇①〉は「退学にする」「解雇」「首にする」などの意味。

〈勉強②〉

指先を上に向けた両手を並べて軽く前に出す。

〈解雇①〉

左親指を右手で切るようにする。

たいきけん【大気圏】

「大気圏外に出る」

→〈大気圏〉+〈ロケット〉

「大気圏」は〈大気圏〉で表現。〈大気圏〉は左手が地球、右手がその周りの大気を表す。

〈大気圏〉

指文字〈C②〉の左手に沿って指文字〈C②〉の右手で弧を描く。

〈ロケット〉

指先を上に向けた左手の下からすぼめた右手を下に向けて繰り返し開きながら上にあげる。

だいがく【大学】1

「大学(生)」

→〈大学①〉
(+〈学生①〉または〈学生②〉)

「大学」は2種類の表現がある。ひとつは〈大学①〉で表現。〈大学①〉は角帽を表す。

〈大学①〉

両手2指を頭の横で斜め前後に引き、

次に両手の位置を変えて同じ動きをする。

だいぎし【代議士】

「代議士」

→〈予定〉+〈バッジ〉

「代議士」は衆議院議員のことで〈予定〉+〈バッジ〉で表現。〈予定〉は「予」の旧漢字「豫」が「象」を含むところから象の鼻を表す。

〈予定〉

右こぶしを鼻の前で手首を使って軽く揺する。

〈バッジ〉

すぼめた右手を左胸に当てる。

だいがく【大学】2

「大学生」

→〈大学②〉+〈学生①〉
(または〈学生②〉)

もうひとつは〈大学②〉で表現。〈大学②〉は角帽を表すが、これは国際的な共通手話になっている。

〈大学②〉

両手の人差指で角帽のひさしを示す。

〈学生①〉

軽く開いた両手を上下に置き、握りながらはかまのひもをしめるようにする。

たいきばんせい【大器晩成】

「大器晩成型」

→〈大器晩成〉+〈形〉

「大器晩成」は〈大器晩成〉で表現。〈大器晩成〉は長く下積みした後、成長するさまを表す。

〈大器晩成〉

指先を右に手のひらを下に向けた左手の下に親指を立てた右手を当て、下から向こう側に出す。

〈形〉

親指と人差指を出した両手を左右に並べ、交互に上下させる。

だいきゅう【代休】

「(明日は)代休です」

→(〈あした〉+)
〈交替②〉+〈休む②〉
(または〈休み①〉)

「代休」は代わりの休みの意味なので〈交替②〉+〈休む②〉または〈休む①〉で表現。手話は「代休」「振替休日」などの意味。

〈交替②〉
人差指を立てた両手を向き合わせたまま、前後の位置を入れ換える。

〈休む②〉
左手のひらの上に右こぶしをのせる。

だいく【大工】1

「(父は)大工です」

→(〈父〉+)
〈家〉+〈作る〉
(+〈男〉)

例文の「大工」は家などを作る大工職人の意味で〈家〉+〈作る〉+〈男〉で表現。手話は「大工」と「家を作る」の意味。〈男〉は省略できる。

〈家〉
両手で屋根形を作る。

〈作る〉
両手のこぶしを上下に打ちつける。

だいく【大工】2

「大工仕事が得意」

→〈大工〉+〈得意〉

例文の「大工仕事」は〈大工〉で表現。この〈大工〉は金槌でたたくさまを表すが、他にかんなで削るなど表現はいろいろある。

〈大工〉
左手でのみを持ち、右手の金槌でたたくようにする。

〈得意〉
親指と小指を立てた右手の親指を鼻に当て、斜め上に出す。

たいくつ【退屈】1

「たいくつな毎日です」

→〈退屈〉+〈いつも〉

例文の「退屈」はすることがなくてつまらない意味なので〈退屈〉で表現。〈退屈〉は伸び、あくびをするさまを表す。

〈退屈〉
両こぶしを肩の上から背筋を伸ばすように上にあげる。

〈いつも〉
親指と人差指を立てた両手を向かい合わせて手首を回す。

たいくつ【退屈】2

「(あの人は)退屈な人」

→(〈彼〉+)
〈つまらない〉+〈男〉

例文の「退屈」はつまらない意味なので〈つまらない〉で表現。〈つまらない〉はしらけるさまで「つまらない」「しらける」などの意味。

〈つまらない〉
顔の前で全指を折り曲げた右手を下におろす。

〈男〉
親指を立てた右手を出す。

たいけい【体系】

「学問の体系」

→〈学問〉+〈体系〉

「体系」一定の考えによってまとめた理論の全体の意味で〈体系〉で表現。〈体系〉は〈組織〉をもとにした「体系」を意味する新しい手話。

〈学問〉
目の前に両手のひらを並べて手前に引くようにして水平に円を描く。

〈体系〉
手のひらを下に向け指先を軽く開いた両手を重ねて、右手を前にすべり落とす。

たいけつ【対決】

「彼と対決する」

→〈彼〉+〈試合①〉

例文の「対決」は対立する両者が向かい合って争おうとすることで〈試合①〉で表現。〈試合①〉は両者がぶつかり合うさまで「対決」「対抗」の意味。

〈彼〉

左親指を右人差指でさす。

〈試合①〉

親指を立てた両手を正面で軽くぶつける。

たいけん【体験】1

「体験者」

→〈経験〉+〈人々①〉

例文の「体験」は経験の意味なので〈経験〉で表現。〈経験〉は積み重ねるさまで「体験」「体験する」「経験」「経験する」などの意味。

〈経験〉

両手指先をふれ合わせる。

〈人々①〉

親指と小指を立てた両手を揺らしながら左右に開く。

たいけん【体験】2

「体験（学習）」

→〈体（からだ）〉+〈経験〉
（+〈勉強②〉）

例文の「体験」は実際に体で経験する意味なので〈体〉+〈経験〉で表現。手話は身をもって経験する意味を表す。

〈体（からだ）〉

右手を体の上で回す。

〈経験〉

両手指先をふれ合わせる。

たいこ【太鼓】1

「太鼓をたたく」

→〈太鼓①〉または〈太鼓②〉

「太鼓」は4種類の表現がある。ひとつは〈太鼓①〉、ふたつめは〈太鼓②〉で表現。いずれも太鼓をたたくさまを表す。

〈太鼓①〉

両手でばちを持って交互にたたくようにする。

〈太鼓②〉

両手人差指をばちに見立てて、交互にたたくようにする。

たいこ【太鼓】2

「太鼓をたたく」

→〈太鼓③〉または〈太鼓④〉

みっつめは〈太鼓③〉で表現。〈太鼓③〉は陣太鼓などをたたくさまを表す。よっつめは〈太鼓④〉で表現。〈太鼓④〉は和太鼓を打つさまを表す。

〈太鼓③〉

握った左手を掲げ、右手でばちを持って打つように振りおろす。

〈太鼓④〉

両手にばちを持って打つように右下に交互に振りおろす。

たいこ【太鼓】3

「太鼓腹」

→〈太鼓腹〉

例文の「太鼓腹」はまるく突き出た腹の意味なので〈太鼓腹〉で表現。〈太鼓腹〉は腹が突き出ているさまを表す。

〈太鼓腹〉

右手で腹が出たように弧を描く。

たいこう【対抗】

「クラス対抗」

→〈グループ〉左側・右側＋〈試合①〉

例文の「対抗」は互いに勝とうと争う意味なので〈試合①〉で表現。〈試合①〉は向かい合う両者が対抗するさまで「対抗」「試合」「対立」の意味。

〈グループ〉左側・右側

左側と右側で指先を上に向けた両手で水平に円を描く。

〈試合①〉

親指を立てた両手を正面で軽くぶつける。

たいさく【対策】

「対策(を考える)」

→〈会う②〉＋〈計画〉(＋〈考える〉)

「対策」はある事柄に対応する手段・方法の意味なので〈会う②〉＋〈計画〉で表現。

〈会う②〉

人差指を立てた両手を軽く当てる。

〈計画〉

左手のひらを下に向け、右人差指で線を引くようにする。

ダイコン【大根】

「大根」

→〈白〉＋〈大根〉

「大根」は〈白〉＋〈大根〉で表現。手話は大根の代表的な色と形を表す。

〈白〉

右人差指で前歯を指さし、左へ引く。

〈大根〉

両手の親指と4指でつかむようにして右手を右へ動かしながら握る。

だいさん【第三】

「第三の手段」

→〈第三〉＋〈方法〉

「第三」は三番目の意味で〈第三〉で表現。〈第三〉は〈3②〉を横に引き「第三」「三番目」の意味を表す。

〈第三〉

3指の出した右手の甲側を前に向けて、右に引く。

〈方法〉

左手甲を右手のひらで軽くたたく。

たいざい【滞在】

「三か月間の滞在」

→〈三か月〉＋〈いる〉

「滞在」はよそにとどまる意味なので〈いる〉で表現。〈いる〉は居住するさまで「いる」「居住」「滞在」「滞留」「逗留」の意味。

〈三か月〉

指先を閉じた右手をほおに当て、前に出しながら3指を示す。

〈いる〉

両手を握り、両ひじを立てて下におろす。

だいさんセクター【第三セクター】

「第三セクターの破たん」

→〈第三セクター〉＋〈つぶす〉

「第三セクター」は〈第三セクター〉で表現。〈第三セクター〉は〈会社〉の手の形を数字3に変えて表す。

〈第三セクター〉

両手3指を立て交互に前後に振る。

〈つぶす〉

指先を前に向け軽く開いた両手をものをつぶすように閉じる。

た

たいし【大使】

「大使館」

→〈大使〉+〈ビル①〉

「大使」は国を代表して外国に派遣される外交官の一番上の人の意味で〈大使〉で表現。〈大使〉は大使のかつての礼帽を表す。

〈大使〉

軽く開いた右手の親指と４指を額に当てて前に出しながら握る。

〈ビル①〉

両手のひらを向かい合わせて上にあげ、閉じる。

だいじ【大事】1

「一大事」

→〈とても〉+〈問題〉

例文の「大事」は大変なことの意味なので〈とても〉+〈問題〉で表現。〈とても〉は非常に大きいさまで後に続く言葉を強調する。

〈とても〉

右手の親指と人差指をつまみ、弧を描きながら親指を立てる。

〈問題〉

両手の親指と人差指をつまみ「 ┐を描く。

だいじ【大事】2

「大事な話」

→〈大切①〉+〈手話〉

例文の「大事」は大切の意味なので〈大切①〉で表現。〈大切①〉は大切にするさまで「大切」「大事にする」などの意味。

〈大切①〉

左手甲を右手のひらでなでるように回す。

〈手話〉

両手の人差指を向かい合わせて、糸を巻くように回転させる。

だいじ【大事】3

「大事をとって休む」

→〈注意〉+〈休む①〉

例文の「大事をとる」は用心深くする意味なので〈注意〉で表現。〈注意〉は気持ちをしっかり持つさまで「注意」「用心」などの意味。

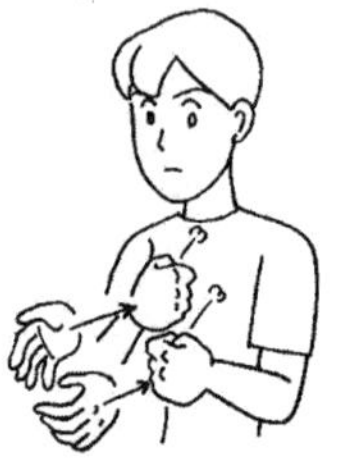

〈注意〉

軽く開いた両手を上下に置き、体に引きつけて握る。

〈休む①〉

手のひらを下にした両手を左右から閉じる。

たいしゅう【大衆】

「一般大衆」

→〈普通〉+〈人々①〉

「大衆」は普通の人々の意味なので〈普通〉+〈人々①〉で表現。手話は普通の人々、すなわち「大衆」「民衆」「庶民」などの意味。

〈普通〉

両手の親指と人差指を合わせ左右に開く。

〈人々①〉

親指と小指を立てた両手を揺らしながら左右に開く。

たいじゅう【体重】

「体重(を測る)」

→〈体(からだ)〉+〈重い〉
(+〈調べる①〉)

「体重」は体の重さの意味なので〈体〉+〈重い〉で表現。〈体〉+〈重い〉は「体が重い」の意味もあるが文脈や動きの強弱で区別する。

〈体(からだ)〉

右手を体の上で回す。

〈重い〉

両手のひらを上に向け、重さでさがるようにする。

たいしょう【対照】1

「（日本と）西洋を対照する」

→（〈日本〉右側＋）〈ヨーロッパ〉左側＋〈比べる〉

例文の「対照」は照らし合わせ比べる意味なので〈比べる〉で表現。〈比べる〉は比較するさまで「比較」「対比」などの意味。

〈ヨーロッパ〉左側

指文字〈E〉を回す。

〈比べる〉

手のひらを上に向けた両手を並べ、交互に上下させる。

たいしょう【大正】

「大正三年」

→〈大正〉＋〈３②〉

「大正」は元号で大正時代のこと。〈大正〉で表現。〈大正〉は大正天皇のひげを表す。

〈大正〉

鼻の下に右手の親指と人差指を当てひげのようにそらしながら閉じる。

〈３②〉

右手の３指の指先を左に向けて示す。

たいしょう【対照】2

「（二人の性格は）対照的」

→（〈二人①〉＋〈性質〉＋）〈あべこべ①〉＋〈らしい〉

例文の「対照的」ははっきりした違いが見られる意味なので〈あべこべ①〉＋〈らしい〉で表現。手話は比較するものが逆のさまを表す。

〈あべこべ①〉

全指を軽く曲げた両手を前後に置き、入れ換える。

〈らしい〉

右手２指を頭の横で前後に振る。

たいじょう【退場】1

「（会が終って）みんなが退場する」

→（〈会〉＋〈終わる〉＋）〈みんな〉＋〈解散〉

例文の「退場」は多くの人が会場から出る意味なので〈解散〉で表現。〈解散〉は人々が散っていくさまで「退場」「解放」「解散」の意味。

〈みんな〉

右手のひらを下に向けて水平に回す。

〈解散〉

両手指先を下に向けて、はじくように前に開く。

たいしょう【対象】

「老人を対象」

→〈老人②〉＋〈目的①〉

例文の「対象」はねらいとするものの意味なので〈目的①〉で表現。〈目的①〉は的を当てるさまで「対象」「目的」「目標」などの意味。

〈老人②〉

右手の親指と小指を順番に曲げて上下に揺らす。

〈目的①〉

左こぶしの親指側に右人差指を当てる。

たいじょう【退場】2

「退場処分」

→〈追い払う〉＋〈しかる①〉

例文の「退場」は選手などが競技場などから追い出される意味なので〈追い払う〉で表現。〈追い払う〉は「退場」「追放」などの意味。

〈追い払う〉

左手のひらを右手で払いのける。

〈しかる①〉

右親指を肩から前に振りおろしてとめる。

だいじょうぶ【大丈夫】

「体は大丈夫」
→〈体(からだ)〉+〈できる〉

「大丈夫」は心配ないの意味で〈できる〉で表現。〈できる〉はできる、大丈夫と胸を張るさまで「大丈夫」「できる」などの意味。

〈体(からだ)〉
右手を体の上で回す。

〈できる〉
右手指先を左胸と右胸に順に当てる。

だいじん【大臣】

「大臣(をめざす)」
→〈省〉+〈長②〉
(+〈目的②〉)

例文の「大臣」は省の責任者なので〈省〉+〈長②〉で表現。〈省〉+〈長②〉は大臣」「～相」の意味。

〈省〉
両手のひらを右肩上で合わせ、前後にすりながら交差させる。

〈長②〉
左手の甲に親指を立てた右手をのせる。

たいしょく【退職】

「(定年で)退職する」
→(〈年齢〉+〈最高〉+)
〈仕事〉+〈辞(や)める〉

「退職」は職をやめる意味なので〈仕事〉+〈辞める〉で表現。〈辞める〉は地位や役職から抜けるさまで「退職」「辞職」などの意味。

〈仕事〉
手のひらを上に向け、向かい合わせた両手指先を繰り返しつき合わせる。

〈辞(や)める〉
左手のひらの上にすぼめた右手をのせて手前に引く。

だいず【大豆】

「大豆」
→〈黄〉+〈豆〉

「大豆」は〈黄〉+〈豆〉で表現。〈黄〉はひよこの頭の黄色から、〈豆〉は豆の形を表す。

〈黄〉
親指と人差指を立てた右手の親指を額に当て、人差指を時計方向に振る。

〈豆〉
両手の親指と人差指で小さな丸を作り、交互に上下させる。

たいしん【耐震】

「耐震構造」
→〈耐震〉+〈組み立てる〉

例文の「耐震」は地震の揺れに耐えることなので〈耐震〉で表現。〈耐震〉は左手が〈建物〉、右手が〈固い③〉を表す。

〈耐震〉
左手を立て、その横で親指と人差指を曲げて出した右手を左斜め下に強くおろして止める。

〈組み立てる〉
指を組んだ両手をねじりながら上にあげる。

たいする【対する】1

「敵に対する(作戦)」
→〈敵〉+〈試合①〉
(+〈計画〉)

例文の「対する」は相手と して争う意味で〈試合①〉で表現。〈試合①〉は相対する両者が対抗するさまで「対する」「試合」「対抗」などの意味。

〈敵〉
左手甲に右手甲をぶつける。

〈試合①〉
親指を立てた両手を正面で軽くぶつける。

たいする【対する】2

「客に対する(態度)」

→〈客〉+〈会う②〉
(+〈態度〉)

例文の「対する」は応じる意味なので〈会う②〉で表現。〈会う②〉は人が人に会うさまで「対する」「会う」「会見」などの意味。

〈客〉

左手のひらに親指を立てた右手をのせ、右から手前に引き寄せる。

〈会う②〉

人差指を立てた両手を軽く当てる。

たいせつ【大切】2

「お体を大切に(なさってください)」

→〈体(からだ)〉+〈大切③〉
(+〈頼む①〉)

例文の「大切」は体をいたわる意味なので〈大切③〉で表現。〈大切③〉は自らの体をいたわるさまで「休養」「保養」「自愛」などの意味。

〈体(からだ)〉

右手を体の上で回す。

〈大切③〉

左手の甲を右手でなでるように回す。

たいする【対する】3

「政治に対する(関心)」

→〈政治〉+〈関係①〉
(+〈魅力〉)

例文の「対する」は関するの意味なので〈関係①〉で表現。〈関係①〉は二つの輪がつながり関わるさまで「関わる」「関する」などの意味。

〈政治〉

左手のひらの上に右ひじを置き、右手指先を伸ばし前後に振る。

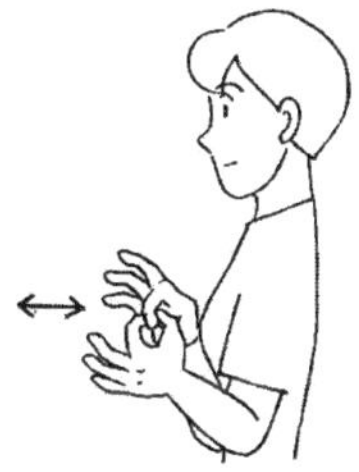

〈関係①〉

両手の親指と人差指を組み、前後に往復させる。

たいそう【体操】1

「(準備)体操」

→(〈準備①〉+)
〈体操①〉
または〈体操②〉

例文の「体操」は全身を動かす運動の意味なので〈体操①〉または〈体操②〉で表現。手話はどちらも体操するさまを表す。

〈体操①〉

こぶしを握った両腕を交差させたり開いたりする。

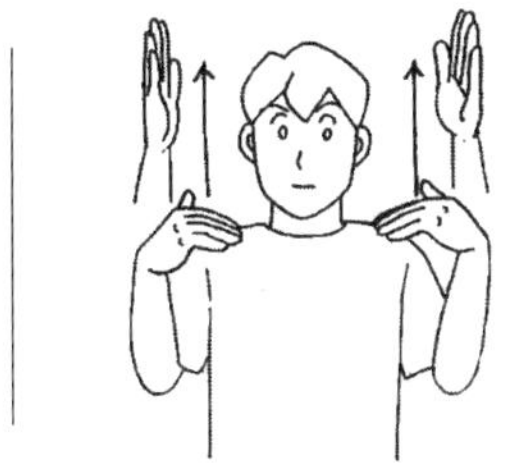

〈体操②〉

両手のひらを肩にのせて上に伸ばす。

たいせつ【大切】1

「大切な(こと)」

→〈大切①〉
または〈大切②〉
(+〈事〉)

例文の「大切」は非常に重要なさまの意味で〈大切①〉または〈大切②〉で表現。いずれも人やものを大切にする、大事にする意味を表す。

〈大切①〉

左手甲を右手のひらでなでるように回す。

〈大切②〉

右手のひらで左ほおをなでるように回す。

たいそう【体操】2

「体操競技」

→〈体操②〉+〈争う〉

例文の「体操」は鉄棒・床などの運動競技の意味なので〈体操②〉で表現。〈体操②〉は体操するさまで「体操」を表す。

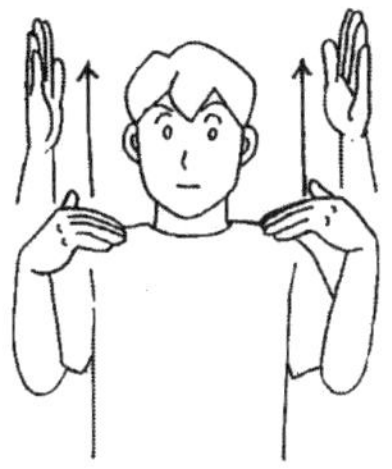

〈体操②〉

両手のひらを肩にのせて上に伸ばす。

〈争う〉

親指を立てた両手を並べ、競うようにせりあげる。

た

たいだ【怠惰】

「怠惰な生活をする」

→〈なまける〉+〈生活〉

「怠惰」はなまけてだらだらしている意味なので〈なまける〉で表現。〈なまける〉はぼんやりしているさまで「怠慢」「ぐうたら」などの意味。

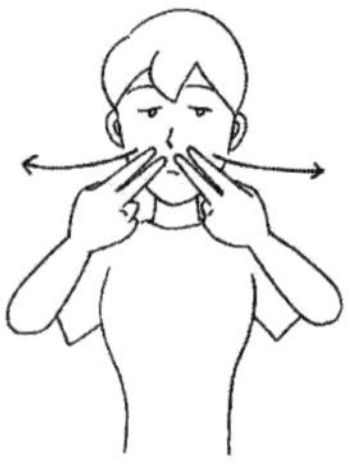

〈なまける〉

両手２指を鼻の下から左右に開く。

〈生活〉

両手の親指と人差指を向かい合わせて回す。

だいたい【大体】1

「（仕事は）大体かたづいた」

→（〈仕事〉+）〈ほとんど〉+〈解決①〉

例文の「大体」はほとんどの意味なので〈ほとんど〉で表現。〈ほとんど〉は円を完全に描ききらないさまで「大体」「ほとんど」「大部分」の意味。

〈ほとんど〉

両手で円を描くが、下側をわずかに閉じないであけておく。

〈解決①〉

左手のひらの上に右人差指で「×」を大きく書く。

だいたい【大体】2

「大体十年」

→〈十年〉+〈くらい①〉

例文の「大体」はおおよその意味なので〈くらい①〉で表現。〈くらい①〉はある程度の範囲を示すさまで「くらい」「程度」の意味。

〈十年〉

左こぶしの上で、右手の親指と人差指で作った丸を縦に１回転させる。

〈くらい①〉

右手指先を前に向け左右に小さく振る。

だいたん【大胆】1

「大胆（にやる）」

→〈落ち着く①〉または〈平気〉（+〈する〉）

例文の「大胆」は人を恐れず平気なさまを意味するので〈落ち着く①〉または〈平気〉で表現。〈落ち着く①〉は気持ちが落ち着くさまを表す。

〈落ち着く①〉

指先を向かい合わせ、手のひらを上に向けた両手を胸元から静かにおろす。

〈平気〉

右手の指先を鼻先から左下に払うようにおろす。

だいたん【大胆】2

「大胆な服」

→〈目立つ②〉+〈服〉

例文の「大胆」は人を驚かすようなを意味するので〈目立つ②〉で表現。〈目立つ②〉はぱっと目に入るさまで「目立つ」「派手」などの意味。

〈目立つ②〉

目の前に全指を軽く曲げた両手のひらをぱっと引き寄せる。

〈服〉

親指を立てた両手をえりに沿って下におろす。

たいてい【大抵】1

「大抵、まちがえる」

→〈いつも〉+〈まちがう②〉

例文の「大抵」はほとんどいつもの意味で〈いつも〉で表現。〈いつも〉は同じことが繰り返されるさまで「いつも」「毎日」などの意味。

〈いつも〉

親指と人差指を立てた両手を向かい合わせて手首を回す。

〈まちがう②〉

つまんだ両手を目の前に置き、交差させる。

たいてい【大抵】2

「苦労が大抵でない」

→〈苦労〉+〈とても〉

例文の「大抵でない」は普通ではない、たいへんの意味なので〈とても〉で表現。〈とても〉は「非常に」「とても」「たいへん」などの意味。

〈苦労〉

左腕を右こぶしで軽くたたく。

〈とても〉

右手の親指と人差指をつまみ、弧を描きながら親指を立てる。

たいど【態度】1

「優しい態度」

→〈優しい〉+〈態度〉

例文の「態度」は考え、気持ちを身振り、表情、ことばに表したものの意味で〈態度〉で表現。〈態度〉はそぶりのさまで「そぶり」「態度」の意味。

〈優しい〉

両手の親指と4指の指先を向かい合わせてもむように動かしながら左右に開く。

〈態度〉

こぶしを握った両手を交互に上下させる。

たいど【態度】2

「行こうか行くまいか態度を決めかねている」

→〈行(い)く①〉+〈迷う〉

例文の「態度を決めかねる」はものごとに対する取り組みをどうしたらよいか迷う意味なので〈迷う〉で表現。〈迷う〉は心が揺れるさま。

〈行(い)く①〉

右手人差指を下に向けて、振りあげるように前をさす。

〈迷う〉

両手のひらを並べて左右に振る。

たいとう【対等】

「対等」

→〈五分五分①〉または〈同等〉

「対等」は五分五分、同等などの意味なので〈五分五分①〉または〈同等〉で表現。手話はいずれも対等、五分五分のさまを表す。

〈五分五分①〉

親指を立てた両手を同時に内側に倒す。

〈同等〉

手のひらを下にした両手を左右から水平に近づけて合わせる。

だいとうりょう【大統領】

「アメリカ大統領」

→(〈アメリカ②〉または)〈アメリカ①〉+〈長②〉

「大統領」は共和制をとる国の元首で〈長②〉で表現。〈長②〉は一般的な「首長」の意味で〈アメリカ①〉に続くことで「大統領」を表す。

〈アメリカ①〉

右手のひらを手前に向けてはためかせながら、目の前を右へ引く。

〈長②〉

左手甲に親指を立てた右手をのせる。

だいどころ【台所】1

「台所(が広い)」

→〈料理〉+〈場所〉(+〈広い③〉)

例文の「台所」は料理する場所の意味なので〈料理〉+〈場所〉。手話は「台所」「調理場」「キッチン」などの意味。

〈料理〉

左手で押さえ、右手で刻むようにする。

〈場所〉

全指を曲げた右手を前に置く。

た

だいどころ【台所】2

「台所が苦しい」

→〈経済〉+〈苦しい①〉

例文の「台所」は経済上のやりくりの意味なので〈経済〉で表現。〈経済〉はお金がぐるぐる回るさまで、金の運用、やりくりの意味。

〈経済〉

両手の親指と人差指で作った丸を上下で互い違いに回転させる。

〈苦しい①〉

右手で胸をかきむしるようにする。

タイトル

「本のタイトル」

→〈本〉+〈タイトル〉

例文の「タイトル」は題名の意味なので〈タイトル〉で表現。〈タイトル〉は題名が垂れ幕に書かれているさまで「題名」「タイトル」の意味。

〈本〉

両手のひらを合わせて左右に開く。

〈タイトル〉

左手指先を上にし、手のひらを前に向け、右手の親指と人差指を当て下におろす。

だいなし【台なし】1

「(台風で)
稲が台なしになる」

→(〈台風〉+)
〈稲〉+〈悪い①〉

例文の「台なし」はすっかりだめになる意味なので〈悪い①〉で表現。〈悪い①〉は一般的な「悪い」をさす言葉でここでは「駄目になる」の意味。

〈稲〉

指先を閉じた右手を上にあげながら指先を開き、下に向ける。

〈悪い①〉

人差指で鼻をこするようにして振りおろす。

だいなし【台なし】2

「計画が台なし」

→〈計画〉+〈水のあわ〉

例文の「台なし」はむだになる意味なので〈水のあわ〉で表現。〈水のあわ〉はパーになるというしぐさで「台なし」「水のあわ」「パー」などの意味。

〈計画〉

左手のひらを下に向け、右人差指で線を引くようにする。

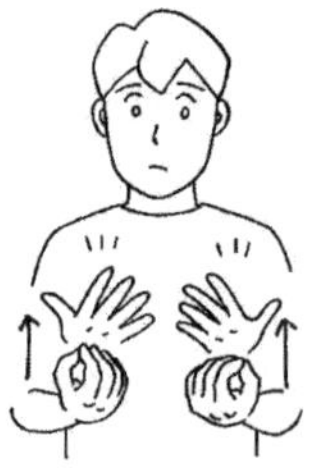

〈水のあわ〉

すぼめた両手を上に向けて、ぱっと開く。

だいなし【台なし】3

「すべてだいなし」

→〈すべて〉+〈おじゃん〉

「だいなし」は〈おじゃん〉で表現。〈おじゃん〉は徒労に終わる、水の泡を表す。

〈すべて〉

両手で上から下に円を描く。

〈おじゃん〉

両手でつまみ上げた物を下に落とすようにして開く。

だいに【第二】1

「第二回大会」

→〈第二①〉+〈大会〉

例文の「第二」は二番目のことで〈第二①〉で表現。〈第二①〉は〈2②〉を右へ強く引き「第二」「二番目」を表す表現。

〈第二①〉

右手2指の甲側を前に向けて右へ少し引く。

〈大会〉

両手指先を上に向け、甲を前に向けて重ね、右手を前に出す。

だいに【第二】2

「第二土曜日」
→(〈第二①〉または)〈第二②〉+〈土〉

例文の「第二」は二週目のことなので〈第二①〉または〈第二②〉で表現。〈第二②〉は月に4週あるうちの二番目の週であることを表す。

〈第二②〉
左手4指を出し、左中指を右人差指でさす。

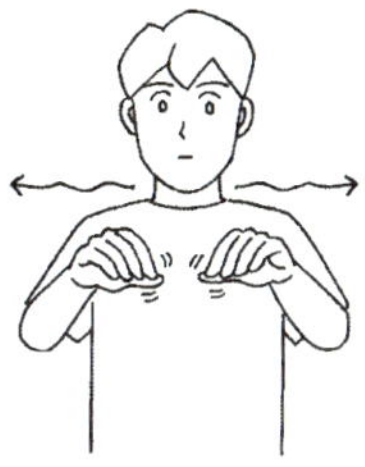

〈土〉
砂や土をこすり落とすようにして両手を左右に開く。

たいはん【大半】

「選手の大半」
→〈選手〉+〈ほとんど〉

「大半」はほとんどの意味なので〈ほとんど〉で表現。〈ほとんど〉は円を完全に描ききらないさまで「大体」「ほとんど」などの意味。

〈選手〉
左こぶしの甲に親指を立てた右手を軽くかすめるように当て、上にあげる。

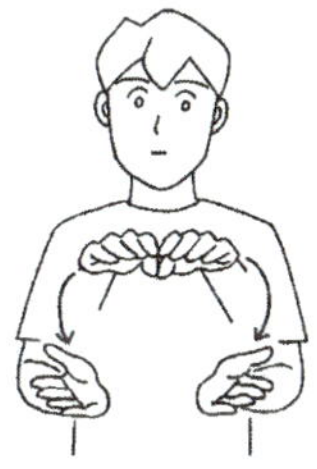

〈ほとんど〉
両手で円を描くが、下側をわずかに閉じないであけておく。

だいひょう【代表】

「クラスの代表」
→〈グループ〉+〈代表〉

「代表」は集団に代わってその意志を表す人の意味で〈代表〉で表現。〈代表〉は集団の中から抜きん出ているさまで「代表」の意味を表す。

〈グループ〉
指先を上に向けた両手で水平に手前に円を描く。

〈代表〉
指先を斜め上に向けた左手のひらの下から人差指を立てた右手を斜め上にあげる。

タイプ 1

「新しいタイプ(の車)」
→〈新しい〉+〈状態①〉(+〈運転〉)

例文の「タイプ」は型・様式の意味なので〈状態①〉で表現。〈状態①〉は「タイプ」「型」「様式」「状況」の意味。

〈新しい〉
すぼめた両手をぱっと前に出して広げる。

〈状態①〉
両手のひらを前に向けて、交互に上下させる。

タイプ 2

「好きなタイプ(の女性)」
→〈好き①〉+〈性質〉(+〈女〉)

例文の「タイプ」は共通の特性を持つ人の意味なので〈性質〉で表現。〈性質〉は「性質」「性格」「タイプ」などの意味。

〈好き①〉
親指と人差指を開いた右手をのどに当て、下におろしながら閉じる。

〈性質〉
左手甲に右人差指を当て、2回すくうようにする。

タイプ 3

「タイプを打つ」
→〈タイプライター〉

例文「タイプ」はタイプライターの意味で〈タイプライター〉で表現。〈タイプライター〉はタイプを打つさまを表す。

〈タイプライター〉
両手指先を軽く開きタイプを打つように交互に上下させる。

たいふう【台風】

「大型台風」
→〈とても〉+〈台風〉

「台風」は〈台風〉で表現。〈台風〉はひとまとまりの強い風が吹きつけるさまで「台風」「暴風」などの意味。

〈とても〉
右手の親指と人差指をつまみ、右へ弧を描きながら親指を立てる。

〈台風〉
両手のひらで風を送るように右から左へ激しくあおる。

たいへん【大変】1

「(インフレで)生活が大変」
→(〈値上げ③〉+)〈生活〉+〈苦しい①〉

例文の「大変」は非常に苦しい、困る意味なので〈苦しい①〉で表現。胸をかきむしるさまと表情によってその苦しさの程度を表す。

〈生活〉
親指と人差指を向かい合わせた両手を体の前で回す。

〈苦しい①〉
右手で胸をかきむしるようにする。

たいへん【大変】2

「仕事が大変だ」
→〈仕事〉+〈苦労〉

例文の「大変」は非常に苦労する意味なので〈苦労〉で表現。〈苦労〉は疲れたと二の腕をたたくさまで「苦労」「大変」「困難」などの意味。

〈仕事〉
手のひらを上に向け、向かい合わせた両手指先を繰り返しつき合わせる。

〈苦労〉
右こぶしで左腕を軽くたたく。

たいへん【大変】3

「大変な被害を受けた」
→〈とても〉+〈迷惑〉
(または〈被害〉)

例文の「大変」は程度がひどいさまを意味するので〈とても〉で表現。〈とても〉は大きいさまで「大変」「非常に」「とても」などの意味。

〈とても〉
右手の親指と人差指をつまみ、右へ弧を描きながら親指を立てる。

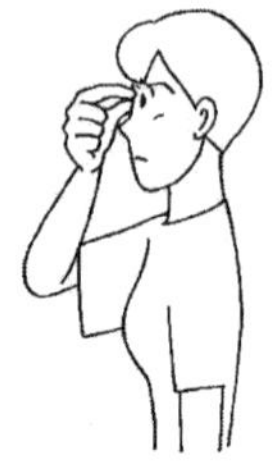

〈迷惑〉
親指と人差指で眉間をつまむ。

たいへん【大変】4

「大変すばらしい」
→〈とても〉+〈すばらしい〉

例文の「大変」はとてもの意味なので〈とても〉で表現。〈とても〉は大きいさまで「大変」「非常に」「とても」などの意味。

〈とても〉
親指と人差指を閉じた右手を左から弧を描きながら親指を立てる。

〈すばらしい〉
鼻からこぶしを右上に弧を描いてあげる。

だいべん【大便】

「大便をする」
→〈大便〉

「大便」は肛門から排泄される老廃物で〈大便〉で表現。〈大便〉は大便が出るさまで「大便」を表す。

〈大便〉
両手の親指を立てて向かい合わせ、内側に倒す。

たいほ【逮捕】

「泥棒を逮捕する」
→左〈泥棒①〉+〈つかまる②〉

「逮捕」は犯罪の容疑などで警察がつかまえることなので〈つかまる②〉で表現。〈つかまる②〉は手錠をかけられるさまを表す。

左〈泥棒①〉
かぎ状にした左人差指を手前に引き、親指を立てる。

〈つかまる②〉
左手首を右手でつかむ。

たいまん【怠慢】

「職務怠慢」
→〈仕事〉+〈なまける〉

「怠慢」はなまけおこたる意味なので〈なまける〉で表現。〈なまける〉はぼんやりしているさまで「怠惰」「なまける」「ぼんやり」の意味。

〈仕事〉
手のひらを上に向け、向かい合わせた両手指先を繰り返しつき合わせる。

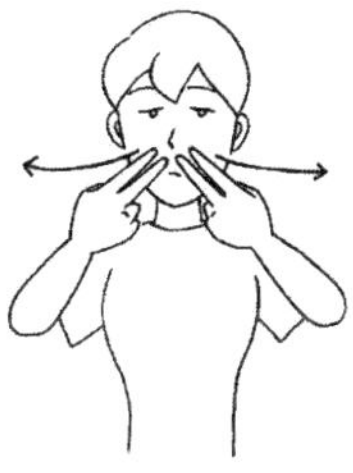

〈なまける〉
両手２指を鼻の下から左右に開く。

タイミング 1

「タイミングが良い」
→〈時①〉+〈合う①〉
（または〈きちんと①〉）

例文の「タイミング」は時機、チャンス、機会などの意味で〈時①〉で表現。〈時①〉は時計の針が回るさまを表す。

〈時①〉
左手のひらに右親指を当て、右人差指を時計の針のように回す。

〈合う①〉
左人差指の指先に右人差指の指先を当てる。

タイミング 2

「タイミングが合わない」
→〈時①〉（または〈時②〉）+〈食い違う①〉

例文は〈時①〉または〈時②〉+〈食い違う①〉で表現。〈時①〉も〈時②〉も時計の針が回るさま、〈食い違う①〉はかみ合わないさまを表す。

〈時①〉
左手のひらに右親指を当て、右人差指を時計の針のように回す。

〈食い違う①〉
両手の人差指の先を向かい合わせて前後に離す。

タイミング 3

「タイミングが狂う」
→〈とまる②〉

例文は〈とまる②〉で表現。〈とまる②〉はピストンが停止するさまを表す。

〈とまる②〉
両手の２指を向かい合わせて回し、途中でとめる。

タイム

「タイムを計る」
→〈時間を調べる〉
または〈ストップウォッチ〉

例文は時間を計る意味なので〈時間を調べる〉または〈ストップウォッチ〉で表現。いずれも時間を調べるさまを表す。

〈時間を調べる〉
左手首の腕時計の位置を見ながら折り曲げた右手２指を目の前で往復させる。

〈ストップウォッチ〉
ストップウォッチを押すように右親指を曲げる。

タイヤ

「車のタイヤ」

→〈運転〉+〈タイヤ〉

「タイヤ」は自動車などの車輪に装着する空気を充填したゴム製の輪で〈タイヤ〉で表現。〈タイヤ〉はタイヤの形を表す。

〈運転〉

ハンドルを両手で握り、回すようにする。

〈タイヤ〉

両手の親指と人差指の指先をつけ、円を描く。

ダイヤモンド

「ダイヤモンドの指輪」

→〈ダイヤ〉+〈指輪〉

「ダイヤモンド」は〈ダイヤ〉で表現。〈ダイヤ〉は指輪のダイヤがピカピカ光るさまで「ダイヤモンド」また「宝石」一般の意味もある。

〈ダイヤ〉

左手甲に指をすぼめた右手甲を当て、ぱっぱっと開く。

〈指輪〉

左の中指または薬指を右手の親指と人差指ではさみ指輪をはめるようにする。

たいよう【太陽】1

「太陽が昇る」

→〈太陽〉
　または〈日が昇る〉

例文の「太陽が昇る」は〈太陽〉または〈日が昇る〉で表現。〈太陽〉は太陽の形を、〈日が昇る〉は水平線から昇る太陽のさまを表す。

〈太陽〉

両手の親指と人差指を向かい合わせて大きな丸を作り、上にあげる。

〈日が昇る〉

左手のひらの下をくぐって右手の親指と人差指で作った閉じない丸を上にあげる。

たいよう【太陽】2

「太陽が沈む」

→〈日が沈む〉
　または〈夕方〉

例文の「太陽が沈む」は〈日が沈む〉または〈夕方〉で表現。〈日が沈む〉は水平線に沈む太陽のさま、〈夕方〉は夕焼けのさまを表す。

〈日が沈む〉

左手甲を上に向け、右手 2 指で閉じない丸を作り、左手小指側に沈んでいくようにおろす。

〈夕方〉

右手全指を上に向けてひじから前に倒す。

たいら【平ら】

「平らな地面」

→〈平ら〉+〈土〉

「平ら」は起伏がなく平坦なことなので〈平ら〉で表現。〈平ら〉は平坦なさまで「平ら」「平たい」「平坦」などの意味。

〈平ら〉

手のひらを下に向けて、左右に水平に開く。

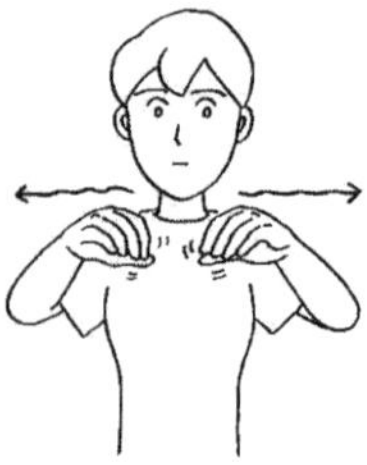

〈土〉

両手の親指と 4 指をこすり合わせて左右に開く。

だいり【代理】1

「(課長)代理」

→(〈カ〉+〈長①〉+)
　〈交替②〉+〈責任①〉

例文の「代理」は代わって責任を持つ人の意味なので〈交替②〉+〈責任①〉で表現。

〈交替②〉

人差指を立てた両手を向き合わせたまま、前後の位置を入れ換える。

〈責任①〉

右肩に軽く全指を折り曲げた右手をのせる。

だいり【代理】2

「代理で挨拶する」

→〈交替②〉+〈あいさつ〉

例文の「代理」は代わっての意味なので単に〈交替②〉で表現。〈交替②〉は交替するさまで「代わりに」「交替」などの意味を表す。

〈交替②〉

人差指を立てた両手を向き合わせたまま、前後の位置を入れ換える。

〈あいさつ〉

両手の人差指を向かい合わせて指先を曲げる。

たいりつ【対立】2

「対立(候補)」

→〈試合①〉または〈対立〉(+〈候補〉)

「対立」は〈試合①〉または〈対立〉で表現。〈試合①〉は試合などで両者がぶつかり合うさま、〈対立〉は相対して張り合うさまを表す。

〈試合①〉

親指を立てた両手を正面で軽くぶつける。

〈対立〉

親指を立てた両手を左右向かい合わせに置き、両手を同時にあげる。

たいりく【大陸】

「アメリカ大陸」

→(〈アメリカ②〉または)〈アメリカ①〉+〈大陸〉

例文の「大陸」は広大な陸地の意味なので〈大陸〉で表現。左手の陸と右手〈広い④〉を組み合わせた新しい手話。

〈アメリカ①〉

右手のひらを手前に向けてはためかせながら、目の前を右へ引く。

〈大陸〉

指先を右に向け手のひらを下向きにした左手の上で、手のひらを下向きにした右手を水平に回す。

たいわ【対話】

「対話する」

→〈会う②〉+〈会話②〉

「対話」は向かい合って話し合う意味なので〈会う②〉+〈会話②〉で表現。手話は向かい合って話し合うさまを表す。

〈会う②〉

人差指を立てた両手を前後から近づけて軽くふれ合わせる。

〈会話②〉

すぼめた両手を向かい合わせて同時に左右から繰り返し開く。

たいりつ【対立】1

「意見が対立する」

→〈意見〉+〈反対〉

例文の「対立」は互いに反対の立場に立つ意味なので〈反対〉で表現。〈反対〉は背を向け合うさまで「対立」「反対」などの意味。

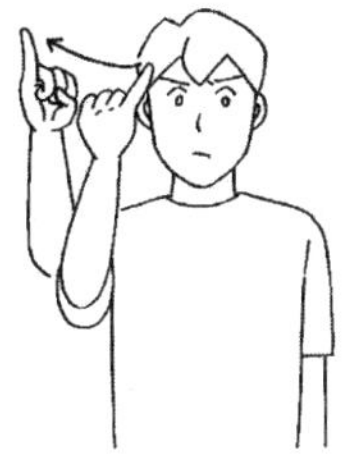

〈意見〉

右小指をこめかみに当て、手首を返してはねあげる。

〈反対〉

両手指の背をぶつける。

ダウン 1

「(成績が)ダウンする」

→(〈成績〉+)〈さがる②〉または〈さがる⑤〉

例文の「ダウン」はさがる意味なので〈さがる②〉または〈さがる⑤〉で表現。〈さがる②〉または〈さがる⑤〉は成績のグラフがさがるさまで「成績がさがる」を意味する。

〈さがる②〉

指文字〈コ〉を示した右手を右上から左下におろす。

〈さがる⑤〉

両手人差指を並べ右手人差指を上下させながら右へ動かしさげる。

ダウン 2

「一回ダウンする」

→〈倒れる①〉+〈1①〉

例文の「ダウン」は倒れる意味なので〈倒れる①〉で表現。〈倒れる①〉は人が倒れるさまで「ダウン」「倒れる」「転倒」などの意味。

〈倒れる①〉

左手のひらの上に右手2指を立ててひっくり返るように2指を寝かせる。

〈1①〉

右人差指を立てる。

ダウンロード

「ケータイにダウンロードする」

→〈携帯電話〉+〈ダウンロード〉

「ダウンロード」は〈ダウンロード〉で表現。〈ダウンロード〉は左手がコンピュータを表し、右手でデータを取り込むさまを表す。

〈携帯電話〉

人差指を立てた右手を耳に当てる。

〈ダウンロード〉

左指文字〈レ〉に右手を斜め上からおろし当てる。

たえず【絶えず】

「絶えず眠っている」

→〈いつも〉+〈眠る②〉

「絶えず」はとぎれなく連続していることなので〈いつも〉で表現。〈いつも〉は同じことを繰り返すさまで「いつも」「絶えず」などの意味。

〈いつも〉

親指と人差指を立てた両手を向かい合わせて手首を回す。

〈眠る②〉

両手の親指と4指の指先を目に向けて閉じる。

たえる【絶える】1

「連絡が絶える」

→〈連絡を受ける〉+〈消える①〉

例文の「絶える」はとぎれる、なくなる意味なので〈消える①〉で表現。〈消える①〉は目の前のものがなくなるさまで「なくなる」「絶える」などの意味。

〈連絡を受ける〉

両手の親指と人差指を組み合わせて手前に引きつける。

〈消える①〉

手のひらを前に向けた両手を交差させながら握る。

たえる【絶える】2

「食料が絶える」

→〈食べる①〉+〈なくなる①〉

例文の「絶える」は尽きてなくなる意味なので〈なくなる①〉で表現。〈なくなる①〉は底をついて何もなくなるさまで「すっからかん」の意味。

〈食べる①〉

左手のひらの上を右手ですくって食べるようにする。

〈なくなる①〉

上下に向かい合わせた両手のひらを上から合わせると同時に右手を右に動かす。

たえる【絶える】3

「息が絶える」

→〈死ぬ①〉

例文の「息が絶える」は死ぬ意味なので〈死ぬ①〉で表現。〈死ぬ①〉は死ぬさまで「死ぬ」「息が絶える」の意味。

〈死ぬ①〉

両手のひらを合わせ、横に倒す。

たえる【耐・堪える】1

「苦痛に耐える」

→〈苦しい①〉+〈我慢①〉

例文の「耐える」は我慢する意味なので〈我慢①〉で表現。〈我慢①〉は出ようとするものを押さえるさまで「忍耐」「辛抱」などの意味。

〈苦しい①〉

右手で胸をかきむしるようにする。

〈我慢①〉

親指を立てた左手を右手のひらで押さえる。

たえる【耐・堪える】2

「聞くにたえない(話)」

→〈説明される〉+〈くだらない〉(+〈手話〉)

例文の「聞くにたえない」は聞くことができないくらい酷いの意味なので〈くだらない〉で表現。〈くだらない〉は「つまらない」「くだらない」の意味。

〈説明される〉

左手のひらの上を指先を手前に向けた右手で小刻みにたたく。

〈くだらない〉

右人差指を伸ばし下からあげて左手のひらに打ちつける。

たおす【倒す】

「敵を倒す」

→〈敵〉+〈勝つ①〉

例文の「倒す」は相手を負かす意味なので〈勝つ①〉で表現。〈勝つ①〉は対立する相手を打倒するさまで「倒す」「勝つ」「勝利する」の意味。

〈敵〉

左手甲に右手甲をぶつける。

〈勝つ①〉

親指を立てた左手を親指を立てた右手で前に倒す。

たおれる【倒れる】1

「人が倒れる」

→〈人〉+〈倒れる①〉

例文の「倒れる」は人が転ぶ、横になる意味なので〈倒れる①〉で表現。〈倒れる①〉は人が倒れるさまで「倒れる」「転倒」「転ぶ」などの意味。

〈人〉

人差指で「人」の字を空書する。

〈倒れる①〉

左手のひらの上に右手2指を立ててひっくり返るように2指を寝かせる。

たおれる【倒れる】2

「会社が倒れる」

→〈会社〉+〈つぶれる②〉

例文の「倒れる」は会社が倒産する意味なので〈つぶれる②〉で表現。〈つぶれる②〉は家がつぶれるさまで比喩的に「倒産」を表す。

〈会社〉

両手の2指を交互に前後させる。

〈つぶれる②〉

両手の屋根形を斜め前に倒すようにする。

たおれる【倒れる】3

「塀が倒れる」

→〈塀〉+〈倒れる②〉

例文の「塀が倒れる」は〈倒れる②〉で表現。〈倒れる②〉は横に長いものが倒れるさまを表す。

〈塀〉

指先を上に向けた両手で囲むように動かす。

〈倒れる②〉

向かい合わせて立てた両手を同時に倒す。

たおれる【倒れる】4

「凶弾に倒れる」

→〈撃つ①〉+〈銃殺〉

例文は銃に撃たれて死ぬ意味なので〈銃殺〉で表現。手話はピストルに打たれて死ぬさまを表す。

〈撃つ①〉

左親指に向かって親指と人差指を立てた右手で撃つようにする。

〈銃殺〉

〈撃つ①〉の右手をそのまま残し、左手を倒す。

たおれる【倒れる】5

「疲れで倒れる」

→〈疲れる〉+〈倒れる①〉

例文の「倒れる」は病気などで活動できなくなる意味で〈倒れる①〉で表現。〈倒れる①〉は横になるさまで「倒れる」「ダウン」の意味を表す。

〈疲れる〉

両手のひらを胸に当てて振り落とすように指先を下に向ける。

〈倒れる①〉

左手のひらの上に右手2指を立ててひっくり返るように2指を寝かせる。

たかい【高い】1

「金額が高い」

→〈高い①〉
または〈高い②〉

例文の「高い」は値段が上の意味なので〈高い①〉または〈高い②〉で表現。手話はどちらも金額が高いさまを表す。

〈高い①〉

親指と人差指で作った丸を勢いよくあげる。

〈高い②〉

左手のひらの上で親指と人差指で作った丸を上にあげる。

たかい【高い】2

「背が高い」

→〈身長〉+〈高い③〉

例文の「高い」は人の背丈が高いことなので〈高い③〉で表現。〈高い③〉は人の背丈が高いさまで「背が高い」「長身」などの意味。

〈身長〉

右人差指を頭にのせる。

〈高い③〉

指文字〈コ〉を示した右手を上にあげる。

たかい【高い】3

「(外国人は)鼻が高い」

→(〈外国〉+〈人〉+)
〈高い④〉
または〈高い⑤〉

例文の「高い」は鼻の高さのことなので〈高い④〉または〈高い⑤〉で表現。手話はどちらも鼻の高いさまを表す。

〈高い④〉

右人差指で高い鼻の形を描く。

〈高い⑤〉

右手指先で鼻をつまんで前に出すようにする。

たかい【高い】4

「高いビル」

→〈そびえる〉+〈高い③〉

例文の「高い」はビルについて言うので〈高い③〉で表現。〈高い③〉は見あげるような高さを表し、その動作で高さの程度を表す。

〈そびえる〉

視線をあげて見あげるようにし、向かい合わせた両手を上にあげる。

〈高い③〉

指文字〈コ〉を示した右手を上にあげる。

たかい【高い】5

「(人を)見る目が高い」

→(〈人〉+)
〈見る①〉+〈得意〉

例文の「目が高い」は見分ける力がすぐれている意味で 2 種類の表現がある。ひとつめは〈見る①〉+〈得意〉で表現。手話は見分ける力の高さを誇るさまを表す。

〈見る①〉
右人差指を右目元から前に出す。

〈得意〉
親指と小指を立てた右手の親指を鼻に当て、斜め上に出す。

たかい【高い】6

「(人を)見る目が高い」

→(〈人〉+)
〈目②〉+〈高い①〉

もうひとつは〈目②〉+〈高い①〉で表現。手話は優れた眼識であることを表す。

〈目②〉
右人差指で右目をさす。

〈高い①〉
右手の親指と人差指で作った丸をすばやく上にあげる。

たかい【高い】7

「理想が高い」

→〈希望〉+〈高い③〉

例文の「高い」はレベルや水準が高い意味なので〈高い③〉で表現。〈高い③〉は程度の高いさまを表す。

〈希望〉
手のひらを下に向けた右手の指先を揺らしながら頭から前に出す。

〈高い③〉
指文字〈コ〉を示した右手を上にあげる。

たかい【高い】8

「血圧が高い」

→〈血圧〉+〈血圧が高い〉

例文の「高い」は血圧の数値が高いことで〈血圧が高い〉で表現。手話は血圧の高さを示し、血圧を測定する腕の付近で表現する。

〈血圧〉
左腕の上で、右手を上下させる。

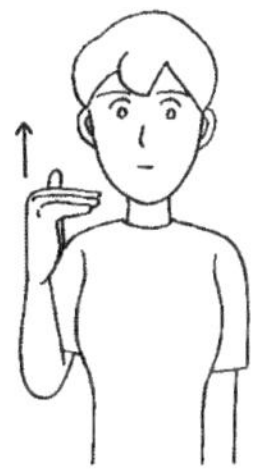

〈血圧が高い〉
左腕に右手のひらを当て、上にあげる。

たかい【高い】9

「地位が高い」

→〈立つ〉+〈高い③〉

例文の「高い」は地位が上の意味なので〈高い③〉で表現。〈高い③〉はそのレベルの高さを表す。

〈立つ〉
左手のひらの上に右手 2 指を立てる。

〈高い③〉
指文字〈コ〉を示した右手を上にあげる。

たかい【高い】10

「彼を高く評価する」

→〈彼〉+〈敬う①〉

例文の「高く評価する」はその実績や業績に高い評価を与えて敬意を表する意味なので〈敬う①〉で表現。

〈彼〉
左親指を右人差指でさす。

〈敬う①〉
左手のひらの上に親指を立てた右手をのせて上にあげる。

た

た

たかい【高い】11

「悪名が高い」

→〈悪い①〉+〈有名〉

例文の「高い」は有名の意味なので〈有名〉で表現。〈有名〉は名があがるさまで「有名」「名が売れている」「著名」などの意味。

〈悪い①〉
人差指で鼻をこするようにして振りおろす。

〈有名〉
左手のひらの上に右人差指を当て、上にあげる。

たがいに【互いに】1

「互いに努力する」

→〈互いに〉+〈努力〉

例文の「互いに」は一方だけでなく両者がの意味なので〈互いに〉で表現。〈互いに〉は〈同じ①〉を交差させて両者が同じようにという意味を表す。

〈互いに〉
両腕を交差させて両手の親指と人差指を閉じたり開いたりする。

〈努力〉
左手のひらに右人差指をねじこみながら前に押し出す。

たがいに【互いに】2

「互いに助け合う」

→〈助ける①〉+〈助けられる①〉

例文の「互いに助け合う」は〈助ける①〉+〈助けられる①〉で表現。手話は相互に助け合うさまを表す。

〈助ける①〉
左親指の背後を右手のひらで後押しするようにする。

〈助けられる①〉
親指を立てた左手甲に右手のひらを前方から繰り返し当てる。

たかぶる【高ぶる】

「気持ちが高ぶってなかなか眠れない」

→〈興奮〉+〈不眠〉

例文の「高ぶる」は興奮する意味なので〈興奮〉で表現。手話は興奮してなかなか眠れないさまを表す。

〈興奮〉
すぼめた両手をほおに当て、揺らしながら上にあげる。

〈不眠〉
両手の親指と人差指を目の前で閉じたり開いたりする。

たかまる【高まる】1

「気持ちが高まる」

→〈興奮〉

例文の「気持ちが高まる」は興奮する意味なので〈興奮〉で表現。〈興奮〉は気持ちが高まるさまで「興奮」を、表情を変えれば「感激」を表す。

〈興奮〉
すぼめた両手をほおに当て、揺らしながら上にあげる。

たかまる【高まる】2

「辞典の名声が高まる」

→〈辞典〉+〈有名〉

例文の「名声が高まる」は有名になる意味なので〈有名〉で表現。〈有名〉は名があがるさまで「有名」「知れ渡る」などの意味を表す。

〈辞典〉
左手のひらの上に右手の2指をのせ、ページをめくるようにする。

〈有名〉
左手のひらに右人差指を当て、上にあげる。

たから【宝】1

「(家の)宝」

→(〈家〉+〈大切①〉+)
〈ダイヤ〉または〈宝〉

例文の「宝」は〈大切①〉+〈ダイヤ〉または〈宝〉で表現。〈ダイヤ〉はダイヤの輝くさまで宝石一般を意味する。〈宝〉は光り輝いているさまを表す。

〈ダイヤ〉
左手甲に指をすぼめた右手甲を当て、ぱっぱっと開く。

〈宝〉
すぼめた右手をぱっぱっと開く。

たき【滝】

「滝」

→〈滝①〉
または〈滝②〉

「滝」は高い急な崖を下る流れのことで〈滝①〉または〈滝②〉で表現。手話はいずれも高い所から水が流れ落ちるさまを表す。

〈滝①〉
両手を滝の落ちるように上から下におろす。

〈滝②〉
左手甲の上から右手を流れるように落とす。

たから【宝】2

「宝さがし」

→〈宝〉+〈さがす①〉

例文の「宝」は〈宝〉で表現。

〈宝〉
すぼめた右手をぱっぱっと開く。

〈さがす①〉
親指と人差指で作った丸を目の前で回しながら左へ動かす。

だきょう【妥協】

「(互いに)妥協した」

→(〈互いに〉+)
〈歩み寄り〉+〈認める②〉

「妥協」は両者が折れ合って話をつける意味なので〈歩み寄り〉+〈認める②〉で表現。手話は両者が歩み寄り互いに認め合うさまを表す。

〈歩み寄り〉
左右から立てた人差指と中指を歩くようにして近づける。

〈認める②〉
両こぶしを向かい合わせて内側に倒す。

だから

「年だから
(健康には注意)」

→〈老人①〉+〈ので〉
(+〈体(からだ)〉+〈注意〉)

「だから」は原因と結果の関係を表しているので〈ので〉で表現。〈ので〉はそのことが原因でという意味を表す。

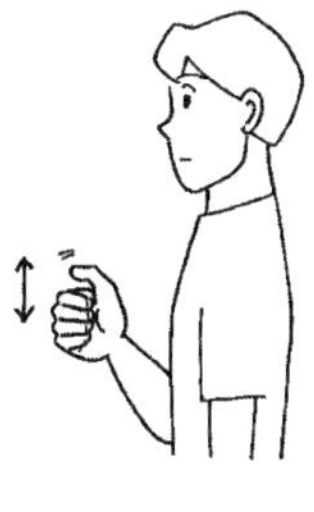

〈老人①〉
右親指を曲げて軽く上下させる。

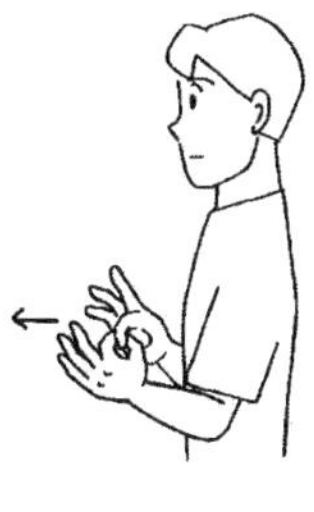

〈ので〉
両手の親指と人差指を組み、少し前に出す。

たく【炊く】

「ご飯を炊く」

→〈米〉+〈煮る〉

「炊く」はものを煮ることなので〈煮る〉で表現。〈煮る〉は炎がなべの底をなめるさまで「炊く」「煮る」の意味を表す。

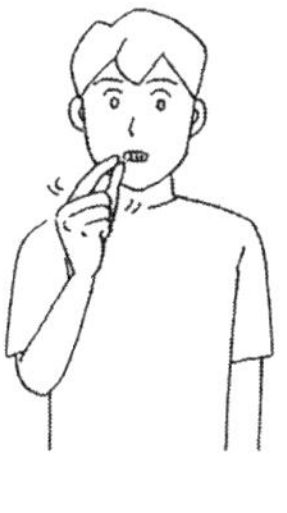

〈米〉
親指と人差指を閉じた右手を唇の端に当て、軽く揺する。

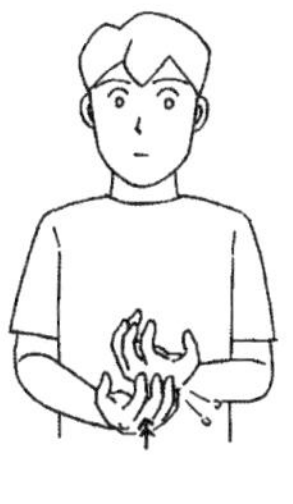

〈煮る〉
全指を軽く曲げた左手のひらを上に向け、下から全指を曲げた右手で軽くたたく。

たく【焚く】

「風呂を焚く」

→〈風呂①〉+〈煮る〉

「焚く」はものを燃やすこと。この場合は風呂を焚くことなので〈煮る〉で表現。〈煮る〉は風呂釜を焚くさまで「焚く」「わかす」を表す。

〈風呂①〉

右こぶしで顔をこするようにする。

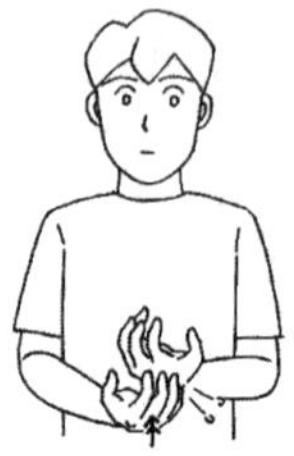

〈煮る〉

全指を軽く曲げた左手のひらを上に向け、下から全指を曲げた右手で軽くたたく。

たくさん【沢山】1

「ご飯をたくさん食べる」

→〈たくさん①〉+〈食べる④〉

例文の「たくさん」は量の多いことなので〈たくさん①〉で表現。〈たくさん①〉は山盛りのさまで量の多いことを表す。

〈たくさん①〉

左手のひらを上に向けた左腕を示し、その上に右手で山を描く。

〈食べる④〉

左手のひらの上を右手２指で食べるように上下させる。

たくさん【沢山】2

「(人が)たくさんいる」

→(〈人々①〉+)
〈たくさん②〉
または〈たくさん③〉

例文の「たくさん」は大勢の意味なので４種類の表現がある。〈たくさん②〉または〈たくさん③〉で表現。いずれも数を数えるさまで数の多さを表す。

〈たくさん②〉

親指から順番に折り曲げながら左から右へ動かす。

〈たくさん③〉

両手指を親指から順番に折りながら左右に開く。

たくさん【沢山】3

「(人が)たくさんいる」

→(〈人々①〉+)
〈たくさん④〉
または〈たくさん⑤〉

さらに〈たくさん④〉または〈たくさん⑤〉でも表現できる。いずれも人やものの数が多いことを表す。

〈たくさん④〉

両手を軽く開き、指を折りながら左から右へ動かす。

〈たくさん⑤〉

軽く開いた両手のひらを手前に向けて、前後に揺らしながら左右に開く。

たくさん【沢山】4

「もう戦争はたくさんだ」

→〈戦争〉+〈降参〉

例文の「たくさん」はもう結構の意味なので〈降参〉で表現。〈降参〉はかぶとを脱ぐさまで「降参」「こりごり」などの意味。

〈戦争〉

両手の指先を激しくふれ合わせる。

〈降参〉

頭の横に親指と人差指を当て、前におろす。

タクシー1

「電話でタクシーを呼ぶ」

→〈タクシー〉+〈電話で呼ぶ〉

例文の「タクシー」は〈タクシー〉で表現。〈タクシー〉は百銭のさまで、昭和初期、タクシーを「円(百銭)タク」と言っていたことに由来。

〈タクシー〉

親指と中指と薬指を軽く向い合わせ前に出す。

〈電話で呼ぶ〉

親指と小指を立てた左手を耳に当て、右手で手招きする。

タクシー 2

「タクシーを拾う」

→〈タクシー〉+〈手をあげる〉

例文は〈タクシー〉+〈手をあげる〉で表現。手をあげてタクシーを止めるさまを表す。

〈タクシー〉
親指と中指と薬指を軽く向い合わせ前に出す。

〈手をあげる〉
手をあげる。

たくましい

「たくましい体」

→〈体(からだ)〉+〈強い②〉

例文の「たくましい」は体格がいい意味なので〈強い②〉で表現。〈強い②〉は力強いさまで「たくましい」「強健」などの意味。

〈体(からだ)〉
右手を体の上で回す。

〈強い②〉
両手のこぶしを握り、ひじを曲げて力こぶを作るようにする。

たくす【託す】

「願いを託す」

→〈希望〉+〈任せる①〉

「託す」は任せる意味なので〈任せる①〉で表現。〈任せる①〉は肩にかかる責任を委ねるさまで「託す」「任せる」の意味。

〈希望〉
手のひらを下に向けた右手をこめかみあたりから指先を揺らしながら前に出す。

〈任せる①〉
右手を肩にのせて前に出す。

たくみ【巧み】

「巧みな文章」

→〈上手(じょうず)〉+〈文章〉

例文の「巧み」は上手の意味なので〈上手〉で表現。〈上手〉は上手から水が流れるように滑らかなさまで「上手」「巧み」「巧妙」などの意味。

〈上手(じょうず)〉
右手のひらを左下腕からなでるように伸ばす。

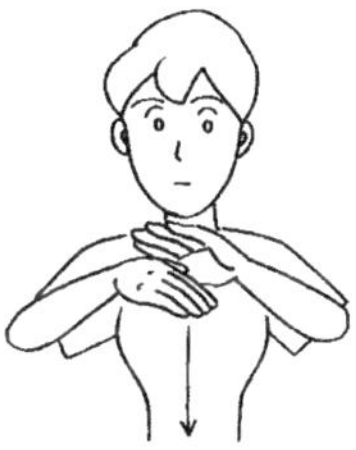

〈文章〉
両手の親指と4指の間を合わせて下におろす。

たくはい【宅配】

「寿司の宅配」

→〈寿司〉+〈宅配〉

「宅配」は〈宅配〉で表現。〈宅配〉は左手の〈車〉から〈配る〉を表す。「宅配便」も同手話。

〈寿司〉
左手のひらに右手2指を包み込み、寿司を握るようにする。

〈宅配〉
「コ」の字形の左手から右手で配るしぐさをする。

たくらむ【企む】

「襲撃をたくらむ」

→〈攻める②〉+〈計画〉

「たくらむ」は悪事を計画する意味なので〈計画〉で表現。〈計画〉は設計図を引くさまで「たくらむ」「計画」「設計」などを意味する。

〈攻める②〉
両手指を前に向け押し寄せるように前に出す。

〈計画〉
左手のひらを下に向け、右人差指で線を引くようにする。

たくわえる【蓄える】1

「(金を)蓄える」

→(〈金(かね)①〉+)
〈貯金〉
または〈金を蓄える〉

例文の「蓄える」はお金をためる意味なので〈貯金〉または〈金を蓄える〉で表現。〈貯金〉は通帳に印を押すさまを表す。

〈貯金〉
左手のひらの上に右こぶしの小指側で判をつくように当てながら前に出す。

〈金を蓄える〉
左手のひらの上から右手の親指と人差指で作った丸を上に揺らしながらあげる。

たくわえる【蓄える】2

「力を蓄える」

→〈力〉+〈たまる〉

例文の「蓄える」は力をためる意味なので〈たまる〉で表現。〈たまる〉は薪などを積むさまで「蓄える」「溜める」「蓄積する」などの意味。

〈力〉
こぶしを握った左腕を曲げ、上腕に右人差指で力こぶを描く。

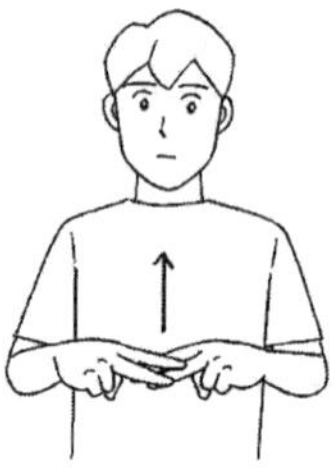

〈たまる〉
両手２指で「井」の字形を組み、下から上にあげる。

たくわえる【蓄える】3

「知識を蓄える」

→〈知識〉+〈増す〉

例文の「蓄える」は知識をためる意味なので〈増す〉で表現。〈増す〉は増えるさまで「蓄える」「増す」「増える」などの意味。

〈知識〉
小指を立てて親指と残り３指を閉じた右手を額に当てて、左から右へ引く。

〈増す〉
両手を上下に向かい合わせ、右手を上にあげていく。

たくわえる【蓄える】4

「鼻の下にひげを蓄える」

→〈ひげ②〉+〈ある①〉上方

例文の「蓄える」はひげがある意味なので〈ある〉で表現。〈ある〉は指示するものが存在するさまを表す。

〈ひげ②〉
右手の指先を軽く曲げて鼻の下に当てておろす。

〈ある①〉上方
右上に手を軽く置く。

タケ【竹】

「竹」

→〈竹①〉
または〈竹②〉

「竹」は〈竹①〉または〈竹②〉で表現。〈竹①〉は節のある竹のさま、〈竹②〉は竹の節を表す。

〈竹①〉
両手の親指と人差指で作った丸をつなぐようにして順に上下に離していく。

〈竹②〉
左手のひらに指文字〈コ〉の右手指先をつけ、次に右手のひらに指文字〈コ〉の左手指先をつける。

だけ 1

「私だけが(知っている)」

→〈私①〉+〈だけ〉
(+〈知る①〉)

例文の「だけ」はそれのみの意味なので〈だけ〉で表現。〈だけ〉は一つを強調するさまで〈だけ〉〈一つだけ〉〈それだけ〉などの意味。

〈私①〉
人差指で胸を指さす。

〈だけ〉
左手のひらに人差指を立てた右手を打ちつける。

だけ 2

「できるだけやる」

→〈できる〉+〈範囲〉

例文の「だけ」は限度を表すので〈範囲〉で表現。〈範囲〉は左右に枠を表し、「範囲」「限度」などの意味を表す。

〈できる〉

右手指先を左胸と右胸に順に当てる。

〈範囲〉

手のひらに交互に片方の指先を当てる。

たこ【凧】

「凧上げ」

→〈凧(たこ)〉

「凧」は空にあげる凧(たこ)のことで〈凧(たこ)〉で表現。〈凧(たこ)〉はたこ上げのさまを表す。

〈凧(たこ)〉

左手のひらに右人差指の指先を向けて繰り返し手前に引く。

だけ 3

「自慢するだけのことはある」

→〈自慢〉+〈本当〉

例文の「～だけのことはある」は本当にその通りの意味なので〈本当〉で表現。〈本当〉は「本当」「事実」「まこと」などの意味。

〈自慢〉

右手指で鼻をつまむようにして斜め上にあげる。

〈本当〉

右手をあごに当てる。

タコ【蛸】

「タコの刺身」

→〈タコ〉+〈刺身〉

「タコ」は海にいる蛸(たこ)のことで〈タコ〉で表現。〈タコ〉は丸い頭に八本の足のあるさまを表す。

〈タコ〉

左手甲に指先を閉じた右手を置き、左の指をゆらゆらする。

〈刺身〉

左手甲を魚の切り身に見立て、右手で刺身を切るようにする。

タケノコ【竹の子】

「タケノコご飯」

→〈タケノコ〉+〈食べる④〉

「タケノコ」は〈タケノコ〉で表現。〈タケノコ〉はタケノコの皮が幾重にも重なっているさまを表す。

〈タケノコ〉

指先を閉じて軽く曲げた両手のひらを向かい合わせて指先を交互に手のひらにつける。

〈食べる④〉

左手のひらの上を右手２指で食べるように上下させる。

ださん【打算】

「彼は打算的だ」

→〈彼〉+〈けち〉

「打算的」は自分の損得を先に考えて行動する意味なので〈けち〉で表現。〈けち〉はお金をかんで放さないさまで「けち」「がめつい」などの意味。

〈彼〉

左親指を右人差指でさす。

〈けち〉

親指と人差指で作った丸をかむようにする。

た

たしか【確か】1

「腕は確かだ」

→〈腕〉+〈できる〉

例文の「確か」は信用できる、安心できる意味なので〈できる〉で表現。〈できる〉は大丈夫と胸を張るさまで「大丈夫」「できる」の意味。

〈腕〉
左腕を右手で軽くたたく。

〈できる〉
右手指先を左胸と右胸に順に当てる。

たしか【確か】2

「確かな証拠」

→〈本当〉+〈証拠〉

例文の「確か」は本当に、間違いないの意味なので〈本当〉で表現。〈本当〉は「本当」「事実」「まこと」などの意味。

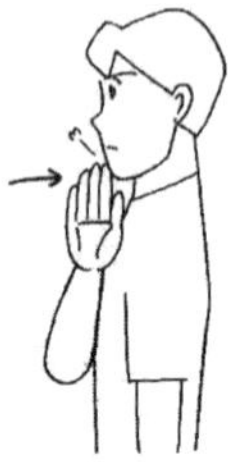

〈本当〉
右手をあごに当てる。

〈証拠〉
左手のひらの上に指先を折り曲げた右手を判を押すようにのせる。

たしかめる【確かめる】1

「(事実を)確かめる」

→(〈本当〉+)
〈どちら①〉+〈認める②〉

例文の「確かめる」は本当かどうかを確認する意味なので〈どちら①〉+〈認める②〉で表現。手話はどちらが事実か確認する意味を表す。

〈どちら①〉
両手人差指を立て、交互に上下させる。

〈認める②〉
両こぶしを向かい合わせて内側に倒す。

たしかめる【確かめる】2

「戸締りを確かめる」

→〈閉める②〉+〈調べる②〉

例文の「確かめる」は調べる意味なので〈調べる②〉で表現。〈調べる②〉は〈閉める②〉を受けてそれを調べるさまを表す。

〈閉める②〉
指先を上に向けた左手のひらに指先を伸ばした右手の親指側を当てる。

〈調べる②〉
〈閉める②〉を表現した左手を残し、右手2指を折り曲げて目の前で左右に往復させる。

たしざん【足し算】

「足し算」

→〈十字〉+〈計算〉

「足し算」は数を合わせる計算の意味なので〈十字〉+〈計算〉で表現。〈十字〉は足すの意味のプラスを表す。

〈十字〉
両手人差指を交差させて「十」を作る。

〈計算〉
左手の指先の方向に右手4指を滑らせるように右へ動かす。

たしょう【多少】1

「(人数の)多少(によって)」

→(〈人々①〉+〈数〉+)
〈たくさん③〉+〈少し〉
(+〈関係①〉)

例文の「多少」は人数の多いことと少ないことの意味なので〈たくさん③〉+〈少し〉で表現。

〈たくさん③〉
両手指を親指から順番に折りながら左右に開く。

〈少し〉
右手の親指と人差指を合わせ、親指をはじく。

たしょう【多少】2

「金額の多少にかかわらず」

→〈高い安い〉+〈かまわない〉

例文の「多少にかかわらず」は〈高い安い〉+〈かまわない〉で表現。〈高い安い〉は金額の高い安いを表し、そのどちらでもいいという表現。

〈高い安い〉

右手の親指と人差指で作った丸を一度上にあげて、すぐにさげる。

〈かまわない〉

右小指をあごに繰り返し当てる。

たしょう【多少】3

「多少誤り(がある)」

→〈少し〉+〈まちがう②〉
(+〈ある①〉)

例文の「多少」は少しはの意味なので〈少し〉で表現。〈少し〉はちょっぴりのさまで「少し」「ちょっぴり」「少々」などの意味。

〈少し〉

右手の親指と人差指を合わせ、親指をはじく。

〈まちがう②〉

つまんだ両手を目の前に置き、交差させる。

たす【足す】1

「不足分を足す」

→〈貧しい①〉+〈付け足す〉

例文の「足す」は不足分を補う意味で〈付け足す〉で表現。〈付け足す〉はもとの量に上乗せするさまで「足す」「付加」などを意味する。

〈貧しい①〉

右手親指をあごに当てる。

〈付け足す〉

親指と人差指を開いた左手の上に、間をせばめた右手の親指と人差指をのせる。

たす【足す】2

「言い足す」

→〈言う①〉+〈加える〉

例文の「足す」は加えるの意味なので〈加える〉で表現。〈加える〉はもとのものに加えるさまで「加える」「付け加える」の意味。

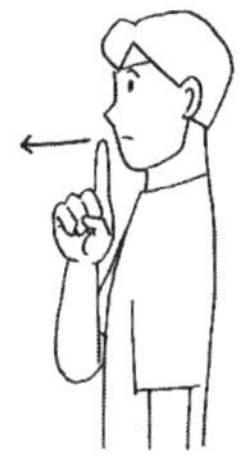

〈言う①〉

右人差指を口元から前に出す。

〈加える〉

左手のひらに右人差指を添える。

たす【足す】3

「三たす(五)」

→〈3①〉+〈十字〉
(+〈5〉)

例文の「足す」は算数の足し算の意味なので〈十字〉で表現。〈十字〉は加算記号のプラス(+)を表す。

〈3①〉

右手3指の指先を上に向けて手のひら側を前に向けて示す。

〈十字〉

両手の人差指で十字を作る。

だす【出す】1

「(箱から)菓子を出す」

→(〈箱①〉+)
〈菓子〉+〈出す〉

例文の「出す」は中から外に移すの意味なので〈出す〉で表現。〈出す〉は中のものを外に出すさまで容器の形、出すものによって変わる。

〈菓子〉

親指と人差指でつまむようにして、繰り返し口に持っていく。

〈出す〉

わん曲させた左手の中から全指をつまんだ右手を前に出す。

だす【出す】2

「財布から金を出す」

→〈財布〉+〈金を出す〉

例文の「出す」はお金を財布の中から出す意味なので〈金を出す〉で表現。〈金を出す〉は財布からお金を出すさまを表す。

〈財布〉

左手の親指と 4 指の間に右手の親指と人差指で作った丸を入れる。

〈金を出す〉

左手のひらで囲んだ中から右手の親指と人差指で作った丸を前に出す。

だす【出す】3

「きれいな声を出す」

→〈美しい②〉+〈声〉

例文の「声を出す」は〈声〉で表現。〈声〉はのどから出る声のさまで「声」「声を出す」の意味。

〈美しい②〉

左手のひらをなでるように右手のひらを滑らせる。

〈声〉

親指と人差指で作った丸をのど元に当て、気管に沿って口元から前に出す。

だす【出す】4

「(気持ちを)顔に出す」

→(〈気持ち〉+)
〈顔〉+〈表(あらわ)す〉

例文の「出す」は表す意味なので〈表す〉で表現。〈表す〉ははっきり目の前に示すさまで「表す」「表現する」の意味。

〈顔〉

右人差指で顔の前で丸を描く。

〈表(あらわ)す〉

左手のひらに右人差指をつけて前に押し出す。

だす【出す】5

「土から芽を出す」

→〈土〉+〈芽①〉

例文の「芽を出す」は〈芽①〉で表現。〈芽①〉は土の中から草や木の芽が生えてくるさまで「芽」「芽を出す」の意味。

〈土〉

砂や土をこすり落とすようにして両手で左右に開く。

〈芽①〉

手のひらを下に向けた左手の指の下から右人差指を突き出す。

だす【出す】6

「精を出して働く」

→〈一生懸命〉+〈仕事〉

例文の「精を出す」は一生懸命の意味なので〈一生懸命〉で表現。〈一生懸命〉は脇目もふらないさまで「一生懸命」「ひたすら」の意味。

〈一生懸命〉

両手を顔の横から繰り返し強く前に出す。

〈仕事〉

手のひらを上に向け、向かい合わせた両手指先を繰り返しつき合わせる。

だす【出す】7

「(隣の)家が火事を出す」

→(〈隣〉+)
〈家〉右側+〈火事①〉
(または〈火事②〉)

例文の「火事を出す」は火元になることなので〈火事①〉または〈火事②〉で表現。手話はどちらも家が燃えるさまを表す。

〈家〉右側

体の右側に両手で屋根の形を作る。

〈火事①〉

左手屋根形の下から親指と小指を立てた右手を炎のように振りながら上にあげる。

だす【出す】8

「(車が)スピードを出す」

→(〈運転〉+)
〈はやい①〉+〈メーター〉

例文の「スピードを出す」は〈はやい①〉+〈メーター〉で表現。〈メーター〉はスピードメーターが回るさまを表す。

〈はやい①〉

親指と人差指を閉じた右手をすばやく左へ動かしながら人差指を伸ばす。

〈メーター〉

左腕に人差指を出した右手の手首を当てて振る。

だす【出す】11

「良い答えを出す」

→〈良い〉+〈答える〉

例文の「答えを出す」は答えるの意味なので〈答える〉で表現。〈答える〉は返事をするさまで「答えを出す」「答え」「返事」などの意味。

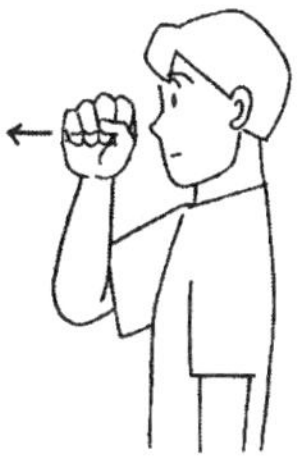

〈良い〉

右こぶしを鼻から前に出す。

〈答える〉

口の前で両手の親指と人差指を向かい合わせて前に出す。

だす【出す】9

「もっと元気を出せ」

→〈もっと〉+〈元気①〉

例文の「元気を出せ」は励ます意味なので〈もっと〉+〈元気①〉で表現。〈元気①〉は「元気」の意味で力む表現で出せと励ます意味。

〈もっと〉

左手の親指と人差指の上に右手の親指と人差指を重ねる。

〈元気①〉

両ひじを張り、両こぶしを同時に上下させる。

だす【出す】12

「(国会に)代表を出す」

→(〈国(くに)〉+〈会〉+)
〈代表〉+〈渡す〉

例文の「出す」は送り出す意味なので〈渡す〉で表現。〈渡す〉は手元から相手側に送り出す意味を表す。

〈代表〉

指先を斜め上に向けた左手のひらの下から人差指を立てた右手を斜め上にあげる。

〈渡す〉

右手のひらを上に向けて手前から前にさっと出す。

だす【出す】10

「本を出す」

→〈本〉+〈出版〉

例文の「出す」は出版する意味なので〈出版〉で表現。〈出版〉は広く売り出すさまで「出版」「刊行」「発売」などの意味。

〈本〉

手のひらを合わせた両手を本を開くように左右に開く。

〈出版〉

指先を向かい合わせて手のひらを上に向けた両手を左右に開きながら前に出す。

だす【出す】13

「自分を出す」

→〈気持ち〉+〈表(あらわ)す〉

例文の「出す」は自分の気持ちを表す意味なので〈気持ち〉+〈表す〉で表現。〈表す〉ははっきり示すさまで「表す」「表現する」の意味。

〈気持ち〉

右人差指でみぞおち辺りに小さく円を描く。

〈表(あらわ)す〉

左手のひらに右人差指をつけて前に押し出す。

だす【出す】14

「宿泊の許可を出す」

→〈寝る〉+〈認める②〉

例文の「許可を出す」は許可する意味なので〈認める②〉で表現。〈認める②〉はうなずいて承知するさまで「許可する」「認める」などの意味。

〈寝る〉

頭を傾けて右こぶしを側頭部に当てる。

〈認める②〉

両こぶしを向かい合わせて内側に倒す。

たすう【多数】

「女性が多数を占める」

→〈女性〉+〈たくさん③〉

「多数」は数が多い意味なので〈たくさん③〉で表現。〈たくさん③〉は数が多いさまで「多数」「多い」「大勢」などの意味。

〈女性〉

両手小指を合わせて手前に水平に円を描く。

〈たくさん③〉

両手指を親指から順番に折りながら左右に開く。

だす【出す】15

「熱を出して寝込む」

→〈熱〉+〈寝る〉

例文の「熱を出す」は体温があがることなので〈熱〉で表現。〈熱〉は体温があがるさまで「熱を出す」「(体の)熱」などの意味。

〈熱〉

親指と人差指を閉じた右手を左脇の下につけて、人差指を上にはねあげて開く。

〈寝る〉

右こぶしを頭に当て、傾ける。

たすうけつ【多数決】

「多数決で決まる」

→〈多数〉+〈決める②〉

「多数決」は多数の意見によって決める意味なので〈多数〉+〈決める②〉で表現。〈多数〉は相対的に多いさまで「(相対的に)多数」の意味。

〈多数〉

両手の親指と人差指を向かい合わせて右手の人差指を開く。

〈決める②〉

左手のひらに右こぶしを打ちつける。

だす【出す】16

「突然、雨が降り出す」

→〈急に〉+〈雨①〉

例文の「降り出す」は雨が降り始める意味なので〈雨①〉で表現。〈雨①〉は雨が降るさまで「雨」「雨が降る」の意味。

〈急に〉

右人差指を勢いよくすくいあげる。

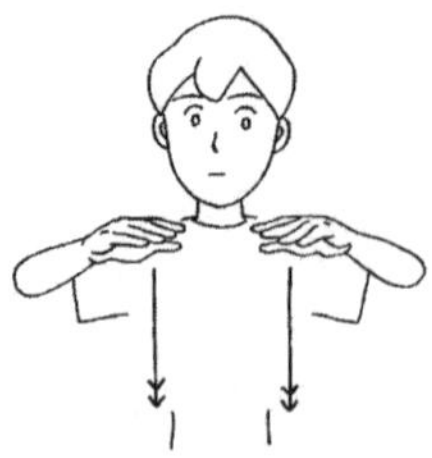

〈雨①〉

軽く開いた指先を前に向け両手を繰り返し下におろす。

たすかる【助かる】

「手術して助かる」

→〈手術〉+〈回復〉

例文の「助かる」は死なないで済むことなので〈回復〉で表現。〈回復〉は倒れたものが立ち直るさまで「回復」「復帰」「立ち直る」の意味。

〈手術〉

左手のひらを下に向け、親指側の縁に沿って右人差指の先を手前に引く。

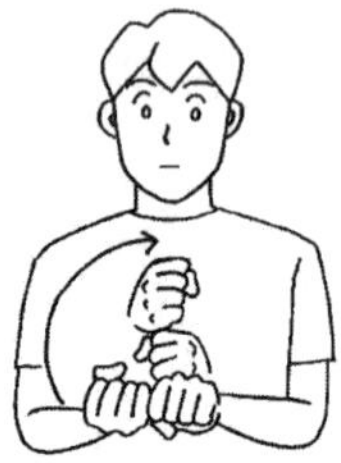

〈回復〉

両こぶしを重ねて寝かせ、棒を起こすようにする。

たすける【助ける】1

「家を助ける」

→〈家〉+〈助ける①〉

例文の「助ける」は手伝う意味なので〈助ける①〉で表現。〈助ける①〉は後押しするさまで「助ける」「後援」「助力」の意味。

〈家〉

両手で屋根形を作る。

〈助ける①〉

親指を立てた左手の後ろを右手のひらで軽く後押しする。

たすける【助ける】2

「消化を助ける」

→〈消化〉+〈助ける①〉

例文の「助ける」はある作用を促す意味で「助ける」で表現。〈助ける①〉は後押しするさまで「助力」「援助」などの意味。

〈消化〉

握った両手の指側を合わせてこするように回す。

〈助ける①〉

親指を立てた左手の後ろを右手のひらで軽く後押しする。

たすける【助ける】3

「(仲間に)助けられる」

→(〈仲間〉+)
〈助けられる①〉
または〈助けられる②〉

例文の「助けられる」は〈助けられる①〉または〈助けられる②〉で表現。手話はいずれも自分が助けられるさまを表す。

〈助けられる①〉

親指を立てた左手甲に右手のひらを前方から繰り返し当てる。

〈助けられる②〉

左こぶしの甲に右手のひらを前方から繰り返し当てる。

たずねる【尋ねる】1

「居場所を尋ねる」

→〈いる〉+〈何〉

例文の「尋ねる」は探す意味で〈何〉で表現。〈何〉はここでは「どこか」と尋ねるさまなので、尋ねようとする表情に注意。

〈いる〉

両手を握り、両ひじを立てて下におろす。

〈何〉

右人差指を左右に振る。

たずねる【尋ねる】2

「古きを尋ねて
(新しきを知る)」

→〈過去①〉+〈調べる①〉
(+〈新しい〉+〈知る①〉)

例文の「尋ねる」は調べて明らかにする意味なので〈調べる①〉で表現。〈調べる①〉は目を配って探すさまで「調べる」「探る」などの意味。

〈過去①〉

右手のひらを後ろに向けて勢いよく押してやる。

〈調べる①〉

右手の人差指と中指を軽く折り曲げて、目の前を左右に往復させる。

たずねる【尋ねる】3

「結果を尋ねる」

→〈結ぶ①〉+〈尋ねる②〉

例文の「尋ねる」は問う、質問する意味なので〈尋ねる②〉で表現。〈尋ねる②〉は相手に聞くさまで「尋ねる」「質問する」などの意味。

〈結ぶ①〉

両手の親指と人差指でひもを結ぶようにして左右に開く。

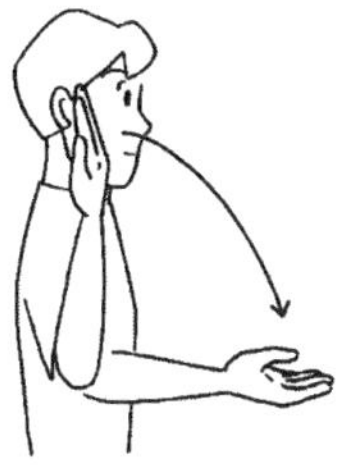

〈尋ねる②〉

右手のひらを右耳の横から前に出す。

たずねる【尋ねる】4

「結果を尋ねられる」

→〈結ぶ①〉+〈聞かれる〉

例文の「尋ねられる」は〈聞かれる〉で表現。〈聞かれる〉は自分が人に聞かれるさまで「尋ねられる」「聞かれる」の意味。

〈結ぶ①〉

両手の親指と人差指でひもを結ぶようにして左右に開く。

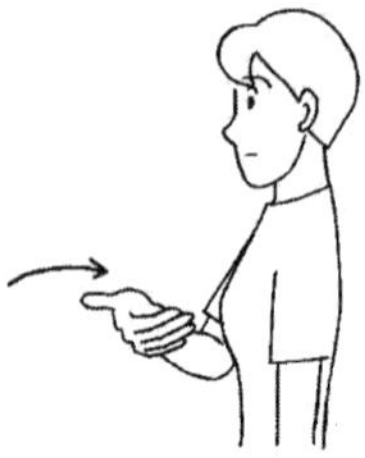

〈聞かれる〉

右手指先を手前に向けて引き寄せる。

たずねる【尋ねる】5

「(友達の)家を尋ねて行く」

→(〈友達①〉+)〈訪問①〉

例文の「尋ねる」は訪問する意味なので〈訪問①〉で表現。〈訪問①〉は〈家〉の片手を残して訪問するさまで家を「訪問」「訪れる」の意味。

〈訪問①〉

左手の屋根形の下に人差指を立てた右手を入れる。

(補助図)

(右から見た図)

だそく【蛇足】1

「蛇足を加える」

→〈蛇足〉

例文の「蛇足を加える」は〈蛇足〉で表現。〈蛇足〉は〈あえて〉を繰り返す表現で、不要な物をつけ加えるさまを表す。

〈蛇足〉

左手甲に指先をすぼめた右手をのせ、次に右手甲にすぼめた左手をのせる。

だそく【蛇足】2

「蛇足(とは思いますが)」

→〈いらない〉+〈事〉(+〈思う〉+〈しかし〉)

例文の「蛇足」はいらない事の意味なので〈いらない〉+〈事〉で表現。手話はいらない事、不用な事を表す。

〈いらない〉

手前に引き寄せた両手を前にはじくように開く。

〈事〉

右手で指文字〈コ〉を示す。

ただ【只】1

「飲み物はただです」

→〈飲む①〉+〈無料〉

例文の「ただ」は無料の意味なので〈無料〉で表現。〈無料〉はお金がいらないさまで「ただ」「無料」の意味。

〈飲む①〉

コップを持って水を飲むようにする。

〈無料〉

右手の親指と人差指で作った丸を左へ投げるようにして開く。

ただ【只】2

「ただの人」

→〈普通〉+〈人〉

例文の「ただ」は普通の意味なので〈普通〉で表現。〈普通〉は当たり前のさまで「普通」「一般」「当たり前」などの意味。

〈普通〉

両手の親指と人差指を合わせて左右に開く。

〈人〉

人差指で「人」の字を空書する。

ただ【只】3

「ただ一日中座っている」
→〈一日②〉+〈座る①〉

例文の「ただ」はほかに何もない意味なので手話には直接表現しない。あえてつけ加えるなら〈だけ〉を後に加えてもよい。

〈一日②〉
右人差指を左胸に当て、弧を描いて右胸に移す。

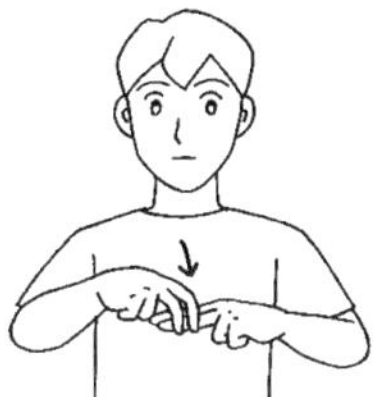

〈座る①〉
手のひらを下に向けた左手２指に折り曲げた右手２指を座るようにのせる。

たたかう【戦・闘う】1

「（二か）国が戦う」
→（〈２①〉+）
〈国（くに）〉+〈戦争〉

例文の「戦う」は戦争する意味なので〈戦争〉で表現。〈戦争〉は大勢の人が戦うさまで「戦争」「戦い」の意味。

〈国（くに）〉
親指と４指を突き合わせ、左右に開きながら閉じる。

〈戦争〉
両手の指先を激しくふれ合わせる。

たたかう【戦・闘う】2

「（強）敵と戦う」
→（〈強い①〉+）
〈敵〉+〈試合①〉

例文の「戦う」は試合をする意味なので〈試合①〉で表現。〈試合①〉は対立する両者がぶつかり合うさまで「試合」「対抗」「対立」の意味。

〈敵〉
左手甲に右手甲をぶつける。

〈試合①〉
親指を立てた両手を正面で軽くぶつける。

たたかう【戦・闘う】3

「病気と闘う」
→〈病気〉+〈けんか①〉

例文の「闘う」は物事を克服しようとがんばる意味なので〈けんか①〉で表現。〈けんか①〉は両者が争うさまで「闘う」「けんか」の意味。

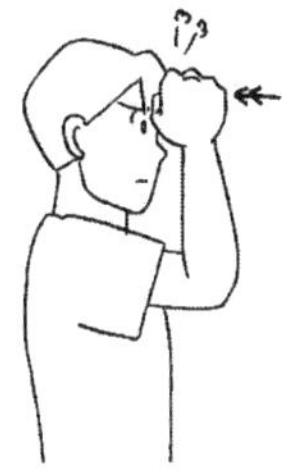

〈病気〉
こぶしで額を軽くたたく。

〈けんか①〉
両手人差指を剣のようにふれ合わす。

たたく【叩く】1

「太鼓をたたく」
→〈太鼓①〉または〈太鼓②〉

「太鼓をたたく」は４種類の表現がある。ひとつは〈太鼓①〉、ふたつめは〈太鼓②〉で表現。いずれも太鼓をたたくさまを表す。

〈太鼓①〉
両手でばちを持って交互にたたくようにする。

〈太鼓②〉
両手人差指をばちに見立てて、交互にたたくようにする。

たたく【叩く】2

「太鼓をたたく」
→〈太鼓③〉または〈太鼓④〉

みっつめは〈太鼓③〉で表現。〈太鼓③〉は陣太鼓などをたたくさまを表す。よっつめは〈太鼓④〉で表現。〈太鼓④〉は和太鼓をたたくさまを表す。

〈太鼓③〉
握った左手を掲げ、右手でばちを持って打つように振りおろす。

〈太鼓④〉
両手にばちを持って打つように右下に交互に振りおろす。

たたく【叩く】3

「（新聞で）
首相がたたかれる」

→（〈新聞〉＋）
〈首相〉＋〈批判〉

例文の「たたかれる」は非難される意味なので〈批判〉で表現。手話は（新聞が）首相を攻撃・非難しているという意味を表す。

〈首相〉

右手のひらを首筋に当てて親指を出す。

〈批判〉

左親指に向かって右人差指を繰り返し振りおろす。

たたく【叩く】4

「陰口をたたく」

→〈陰口①〉
または〈陰口②〉

例文の「陰口をたたく」は３種類の表現がある。ひとつめは〈陰口①〉で表現。ふたつめは〈陰口②〉で表現。いずれも隠れて言うさまを表す。

〈陰口①〉

左手のひらを口元に当て、顔をやや右に向け、右人差指を口元から繰り返し出す。

〈陰口②〉

左手のひらを口元に当て、顔をやや右に向け、閉じた右手を繰り返し口元から開く。

たたく【叩く】5

「陰口をたたく」

→〈陰口③〉

みっつめは〈陰口③〉で表現する。〈陰口③〉は左手で隠された中であれこれ非難するさまを表す。

〈陰口③〉

左手で手前を囲み、右人差指で鼻の頭をこするように振りおろす。

その左手を残したまま右人差指でその内側をたたくようにする。

たたく【叩く】6

「買いたたく」

→〈交渉①〉＋〈値下げ①〉

例文の「たたく」は値切る意味なので〈交渉①〉＋〈値下げ①〉で表現。手話は値下げを交渉する意味で「値切る」「買いたたく」の意味。

〈交渉①〉

両手の人差指を繰り返しつき合わせる。

〈値下げ①〉

両手の親指と人差指で作った丸を同時にさげる。

ただしい【正しい】

「正しい言葉」

→〈正しい〉＋〈言葉〉

例文の「正しい」は〈正しい〉で表現。〈正しい〉は心がまっすぐなさまで「正しい」「まじめ」「正直」「正確」などの意味を表す。

〈正しい〉

親指と人差指をつまみ、胸に当て、右手をあげる。

〈言葉〉

両手人差指で「 」を示す。

ただす【正す】1

「誤りを正す」

→〈まちがう②〉＋〈直す〉

例文の「正す」は正しくする、直す意味なので〈直す〉で表現。〈直す〉はものごとを訂正するさまで「正す」「訂正」「直す」の意味。

〈まちがう②〉

つまんだ両手を目の前に置き、交差させる。

〈直す〉

人差指を立てた両手を繰り返し交差させる。

ただす【正す】2

「姿勢を正して本を読む」

→〈姿勢〉+〈読む①〉

例文の「姿勢を正す」は〈姿勢〉で表現。〈姿勢〉は人がしゃんと立っているさまで「姿勢」「しゃんとした姿勢」の意味を表す。

〈姿勢〉

両手のひらを向かい合わせ上から下におろす。

〈読む①〉

左手のひらを見ながら視線に合わせるように右手２指を動かす。

たたむ【畳む】1

「(着物を)たたむ」

→(〈着物〉+)〈たたむ〉

例文の「たたむ」は折って重ねる意味なので〈たたむ〉で表現。〈たたむ〉は折って重ねるさまで「たたむ」「折りたたむ」などの意味。

〈たたむ〉

両手のひらを上に向けて順番に内側に返すようにして、

両手のひらを重ねる。

ただす【正す】3

「もとを正せば」

→〈基本①〉+〈何〉

例文の「もとを正せば」は原因をはっきりさせる意味なので〈基本①〉+〈何〉で表現。手話は原因は何か分かっていてあえて問いかけるさま。

〈基本①〉

左ひじを立て、閉じた右手を当てて下に向けて開く。

〈何〉

右人差指を左右に振る。

たたむ【畳む】2

「店をたたむ」

→〈商売〉+〈つぶす〉

例文の「たたむ」は営業をやめる意味なので〈つぶす〉で表現。〈つぶす〉はものをつぶすさまで「つぶす」「やめる」「つぶれる」の意味。

〈商売〉

両手の親指と人差指で作った丸を交互に前後させる。

〈つぶす〉

両手の親指と４指の指先を前に向けてつぶすように閉じる。

たたみ【畳】

「畳を敷く」

→〈畳〉+〈敷く〉

「畳」は〈畳〉で表現。〈畳〉は畳床にむしろを縫い付ける畳み職人のさまを表す。

〈畳〉

左手甲の上にこぶしを握った右ひじをのせて、手首を回す。

〈敷く〉

両手のひらを下に向けて３方で合わせる。

たち【達】1

「子供達」

→〈子供①〉+〈人々①〉

例文の「子供達」は複数の子供をいうので〈子供①〉+〈人々①〉で表現。〈人々①〉は複数の人を表し、「方々」「人達」などの意味がある。

〈子供①〉

両手のひらを前方に向け、軽く振る。

〈人々①〉

親指と小指を立てた両手を揺らしながら左右に開く。

たち【達】2

「君達」

→〈あなた①〉+〈みんな〉

例文の「君達」は目の前にいる複数の人達に呼び掛けることばで〈あなた①〉+〈みんな〉で表現。〈みんな〉は複数の人に対する呼びかけ。

〈あなた①〉
目の前を右人差指でさす。

〈みんな〉
右手のひらを下に向けて水平に回す。

たちおうじょう【立往生】1

「質問に立往生する」

→〈聞かれる〉+〈せっぱつまる〉

例文の「立往生」は〈せっぱつまる〉で表現。〈せっぱつまる〉は刀を抜こうとして抜けないさまでどうしようもなくなるという意味を表す。

〈聞かれる〉
右手指先を手前に向けて引き寄せる。

〈せっぱつまる〉
両こぶしを上下に重ね、ややずらし、左右にふるわせる。

たち【達】3

「男達」

→〈男性〉

例文の「男達」は〈男性〉で表現。〈男性〉は男のグループあるいは男性一般をさす手話。

〈男性〉
親指を立てた両手を手前に引きながら水平に円を描く。

たちおうじょう【立往生】2

「批判に立往生する」

→〈批判される〉+〈お手あげ〉

例文の「立往生する」はどうしようもなくなってお手あげの状態になってしまう意味なので〈お手あげ〉で表現。両手をあげるさまを表す。

〈批判される〉
左手のひらの上に右人差指の先を手前に向けて繰り返したたく。

〈お手あげ〉
両手を上にあげる。

たちあい【立会】

「立会(演説会)」

→〈立つ〉+〈会う①〉
(+〈講演〉+〈会〉)

例文の「立会演説会」は〈立つ〉+〈会う①〉+〈講演〉+〈会〉で表現。

〈立つ〉
左手のひらの上に右手2指をのせる。

〈会う①〉
人差指を立てた両手を左右から近づけて軽くふれ合わせる。

たちなおる【立ち直る】

「(病気から)やっと立ち直る」

→(〈病気〉+)
〈やっと〉+〈回復〉

「立ち直る」はもとに戻ることで〈回復〉で表現。〈回復〉は倒れたものがもとに戻るさまで「立ち直る」「回復」「復帰」などの意味。

〈やっと〉
右手のひらで額をぬぐい、下におろす。

〈回復〉
両こぶしを重ねて寝かせ、棒を起こすようにする。

たちのき【立ち退き】

「立ち退きに会う」

→〈家〉+〈追い払われる〉

「立ち退き」は追い払われることで〈追い払われる〉で表現。〈追い払われる〉は追い払われるさまで「立ち退き」「立ち退かされる」意味。

〈家〉

両手で屋根形を作る。

〈追い払われる〉

左手のひらの上で右手を手前にはき出すようにする。

たちまち 2

「(天気が)たちまち変わった」

→(〈空〉+)〈はやい①〉+〈変わる①〉

例文の「たちまち」は急にの意味なので〈はやい①〉で表現。〈はやい①〉は矢が飛ぶさまで「はやく」「すぐに」などの意味を表す。

〈はやい①〉

親指と人差指を閉じた右手をすばやく左へ動かしながら人差指を伸ばす。

〈変わる①〉

手のひらを手前に向けた両手を交差させる。

たちば【立場】

「教える立場」

→〈教える①〉+〈立つ〉

「立場」はその人の置かれている社会的または心理的な場所の意味で〈立つ〉で表現。〈立つ〉は立つさまで「立つ」「立場」「観点」などの意味。

〈教える①〉

右人差指を口元から斜め下に振りおろす。

〈立つ〉

左手のひらの上に右手２指を立てる。

たちむかう【立ち向かう】

「問題に立ち向かう」

→〈問題〉+〈挑戦〉

「立ち向かう」は向かって行く、挑戦する意味なので〈挑戦〉で表現。〈挑戦〉は立ち向かうさまで「立ち向かう」「挑戦」「チャレンジ」の意味。

〈問題〉

両手の親指と人差指をつまみ「 ┐を描く。

〈挑戦〉

親指を立てた左手に親指を立てた右手をぶつける。

たちまち 1

「たちまち売り切れる」

→〈あっけない②〉+〈なくなる①〉

「たちまち」はあっという間のことで〈あっけない②〉で表現。〈あっけない②〉は手をこまねいている間に終わるさまで「たちまち」「あっけない」の意味。

〈あっけない②〉

指を半開きにした両手を下に向け振る。

〈なくなる①〉

上下に向かい合わせた両手のひらを上から合わせると同時に右手を右に動かす。

ダチョウ【駝鳥】

「ダチョウの卵」

→〈ダチョウ〉+〈ボール①〉

「ダチョウ」は〈ダチョウ〉で表現。〈ダチョウ〉は首の長いダチョウが歩くさまを表す。

〈ダチョウ〉

左手の甲の上にくちばしのような形の右手を乗せ、前後に動かす。

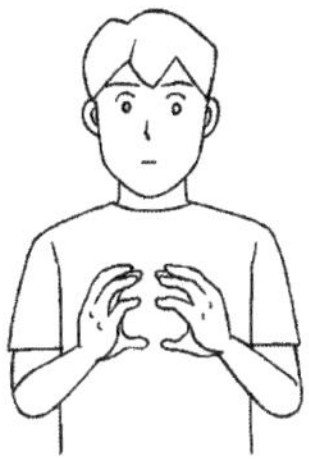

〈ボール①〉

両手でボールの形を作る。

たつ【経つ】1

「長い年月が経つ」

→〈毎年〉+〈長い①〉

例文は長い時間が経過する意味なので〈毎年〉+〈長い①〉で表現。手話は年単位の長い時間が経過したという意味を表す。

〈毎年〉
軽くにぎった左こぶしの親指側を右人差指でふれて繰り返し回す。

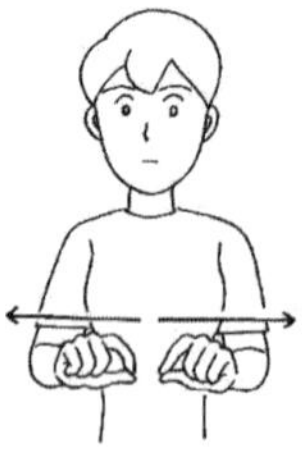

〈長い①〉
親指と人差指を閉じた両手を向かい合わせ左右に開く。

たつ【経つ】2

「時が経つのを忘れる」

→〈時間〉+〈忘れる①〉

例文の「時が経つ」は時間が経過する意味なので〈時間〉で表現。〈時間〉は「時間」「時」などの意味を表す。

〈時間〉
左手の腕時計の位置を右人差指でさす。

〈忘れる①〉
すぼめた右手を頭の横から上に向かって開く。

たつ【経つ】3

「二十分経った」

→〈20分〉+〈ずっと①〉

例文の「経った」は経過したの意味なので〈ずっと①〉で表現。〈ずっと①〉は経過するさまで「ずっと」「経過する」などの意味。

〈20分〉
左手首を右人差指でさし、右手2指を折り曲げる。

〈ずっと①〉
右人差指の先を前に向け、右から左へ線を引くように動かす。

たつ【経つ】4

「(ご飯を食べて)しばらく経って」

→(〈食べる①〉+)〈休憩〉+〈将来②〉

例文の「しばらく経って」は〈休憩〉+〈将来②〉で表現。〈休憩〉はくつろぎの意味で「休憩」「しばらくの間」などの意味がある。

〈休憩〉
両手の小指側を前に向けながら交差を繰り返す。

〈将来②〉
右手のひらを前に向けて少し押すように前に出す。

たつ【経つ】5

「いつまで経っても(帰ってこない)」

→〈長い①〉+〈なかなか②〉(+〈帰って来る①〉+〈ない①〉)

例文は長い時間が経過してもの意味なので〈長い①〉+〈なかなか②〉で表現。〈なかなか②〉は長い時間待っているさまを表す。

〈長い①〉
両手の親指と人差指を閉じて左右に開く。

〈なかなか②〉
右人差指を鼻に当て、中指と薬指を軽くふるわせる。

たつ【建つ】1

「家が建つ」

→〈家〉+〈建てる〉

例文の「建つ」は〈建てる〉で表現。建築中の家が土台から立ちあがるさまで「建てる」「建築する」などの意味。

〈家〉
両手で屋根形を作る。

〈建てる〉
両手の屋根形を前から起こす。

たつ【建つ】2

「ビルが建つ」

→〈ビル①〉+〈建てる〉

例文の「建つ」も〈建てる〉で表現。〈建てる〉は「建てる」「建築する」などの意味を表す。

〈ビル①〉

両手のひらを向かい合わせて上にあげ、閉じる。

〈建てる〉

両手の屋根形を前から起こす。

たつ【断・絶つ】3

「事故で命を絶つ」

→〈事故①〉+〈死ぬ②〉

例文の「命を絶つ」は死ぬ意味なので〈死ぬ②〉で表現。〈死ぬ②〉は横たわるさまで「死ぬ」「死亡」「死亡する」などの意味を表す。

〈事故①〉

左右から両手指先をぶつけるようにして上にはねあげる。

〈死ぬ②〉

指先を上に向けた右手を倒す。

たつ【断・絶つ】1

「交際を絶つ」

→〈交流〉+〈とめる〉

例文の「絶つ」はつながりをなくす意味なので〈とめる〉で表現。〈とめる〉はつながりをきっぱり切る意味で「とめる」「やめる」の意味。

〈交流〉

両手のひらを上に向け上下に置き、互い違いに水平に回す。

〈とめる〉

左手のひらの上に右手を振りおろす。

たつ【断・絶つ】4

「自らの命を絶つ」

→〈自殺〉

例文の「自らの命を絶つ」は自殺する意味なので〈自殺〉で表現。〈自殺〉はのどを突き刺すさまで自殺一般を表す。

〈自殺〉

両こぶしを重ね、首に押し当てる。

たつ【断・絶つ】2

「(酒を)断つ」

→(〈酒〉+)
〈とめる〉
または〈つぶす〉

例文の「断つ」はやめる意味なので〈とめる〉または〈つぶす〉で表現。〈つぶす〉はものをつぶすさまで「やめる」「とめる」などの意味。

〈とめる〉

左手のひらの上に右手を振りおろす。

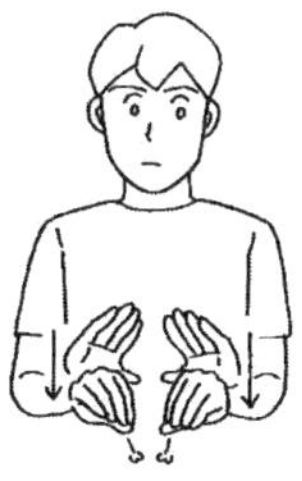

〈つぶす〉

両手の親指と４指の指先を前に向けてつぶすように閉じる。

たつ【立つ】1

「煙が立つ」

→〈煙②〉
または〈煙③〉

例文の「立つ」は煙があがる意味なので〈煙②〉または〈煙③〉で表現。いずれも煙が立ちのぼるさまを表す。

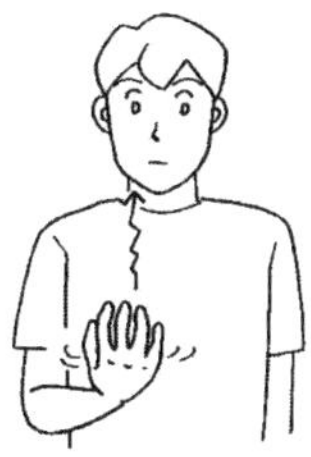

〈煙②〉

全指を曲げた右手を揺らしながら上にあげる。

〈煙③〉

全指を曲げた両手を揺らしながら上にあげる。

たつ【立つ】2

「風呂の湯気が立つ」

→〈風呂①〉+〈煙③〉

例文の「立つ」は湯気が上にあがる意味なので〈煙③〉で表現。〈煙③〉は広い範囲で煙や湯気が立ちのぼるさまを表す。

〈風呂①〉
右こぶしをほおに当て、こするようにする。

〈煙③〉
全指を曲げた両手を揺らしながら上にあげる。

たつ【立つ】3

「白波が立つ」

→〈白〉+〈波①〉

例文の「立つ」は波がおこる意味なので〈波①〉で表現。〈波①〉は波のさまでその大きさによって手話の大きさも変わる。

〈白〉
右人差指で前歯を指さし、左へ引く。

〈波①〉
右手のひらを下に向けて波打つように上下させ右へ動かす。

たつ【立つ】4

「鳥が立つ」

→〈鳥〉+〈飛ぶ〉

例文の「立つ」は鳥が飛び立つ意味なので〈飛ぶ〉で表現。〈飛ぶ〉は鳥が羽を広げて飛ぶさまを表す。

〈鳥〉
右手の親指と人差指を口元で閉じたり開いたりする。

〈飛ぶ〉
両手を左右に広げて羽のように上下に動かして上にあげる。

たつ【立つ】5

「とても腹が立つ」

→〈怒(おこ)る①〉+〈とても〉

例文の「腹が立つ」は怒る意味なので〈怒る①〉で表現。〈怒る①〉は腹を立てるさまで「腹を立てる」「立腹」などの意味。表情に注意。

〈怒(おこ)る①〉
両手で腹をつかむようにして上に向けてさっと動かす。

〈とても〉
右手の親指と人差指をつまみ、弧を描きながら親指を立てる。

たつ【立つ】6

「自分が優位に立つ」

→〈私①〉+〈優位に立つ〉

例文の「優位に立つ」はほかにまさる意味なので〈優位に立つ〉で表現。手話は一方が他方より上に立つさまで「優位に立つ」「優越する」の意味。

〈私①〉
人差指で胸を指さす。

〈優位に立つ〉
左親指の上に右親指をのせる。

たつ【立つ】7

「目に立つ」

→〈目立つ①〉
　または〈目立つ②〉

例文の「目に立つ」は目立つ意味なので〈目立つ①〉または〈目立つ②〉で表現。手話はいずれも目に飛び込んでくるさまで「目立つ」「派手」の意味。

〈目立つ①〉
目の前に全指を軽く曲げた右手のひらをぱっと引き寄せる。

〈目立つ②〉
目の前に全指を軽く曲げた両手のひらをぱっと引き寄せる。

たつ【立つ】8

「うわさが立つ」

→〈うわさ〉+〈広がる①〉

例文の「立つ」は世間に広まる意味なので〈広がる①〉で表現。〈広がる①〉は広がるさまで「広がる」「普及する」などの意味を表す。

〈うわさ〉
指先をつき合わせた両手をねじるように揺らし、耳を傾ける。

〈広がる①〉
すぼめた両手を前にぱっと広げるように開く。

たつ【立つ】9

「人の上に立つにふさわしい」

→〈長②〉+〈合う①〉

例文の「人の上に立つ」は指導する地位にある意味なので〈長②〉で表現。〈長②〉は人の上に立つことを表す。

〈長②〉
左手の甲に親指を立てた右手をのせる。

〈合う①〉
左人差指の先に右人差指の先を当てる。

たつ【立つ】10

「暮らしが立つ」

→〈生活〉+〈順調〉

例文の「立つ」はその状態でやっていける意味なので〈順調〉で表現。〈順調〉はちゃんとしているさまで「順調」の意味。

〈生活〉
両手の親指と人差指を向かい合わせて回す。

〈順調〉
両手の親指と人差指を上に向け、左と右で閉じるようにして下におろす。

たつ【立つ】11

「弁が立つ」

→〈おしゃべり①〉+〈得意〉

例文の「立つ」はよくできる意味なので〈得意〉で表現。〈得意〉は鼻が高いさまで「得意」「得手」「達者」などの意味がある。

〈おしゃべり①〉
指先を交互に上下させ、口元から前に繰り返し出す。

〈得意〉
親指と小指を立てた右手の親指を鼻に当て、前に出す。

たつ【立つ】12

「筆が立つ」

→〈書く⑥〉+〈腕前〉

例文の「筆が立つ」は文章を書くのがうまいという意味なので〈腕前〉で表現。〈腕前〉は腕を示すさまで「名人」「達人」を意味する。

〈書く⑥〉
左手のひらを見ながら、親指と人差指を閉じた右手で横に書くようにする。

〈腕前〉
左腕を右手のひらでぽんとたたく。

たつ【立つ】13

「席を立つ」

→〈出る①〉
　または〈出る②〉

例文の「立つ」はそこから離れる意味なので〈出る①〉または〈出る②〉で表現。手話はどちらもある場所から出て行くさまを表す。

〈出る①〉
左手の下から右手をはねあげるように前に出す。

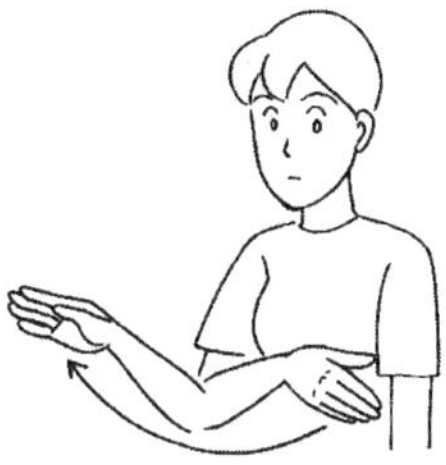

〈出る②〉
指先を下に向けた右手のひらを手首を返してはねあげるように前に出す。

たつ【立つ】14

「十時にたつ」

→〈十時〉+〈出発①〉

例文の「たつ」は出発する意味なので〈出発①〉で表現。〈出発①〉は列車などが発車するさまで「出発」「発車」などの意味を表す。

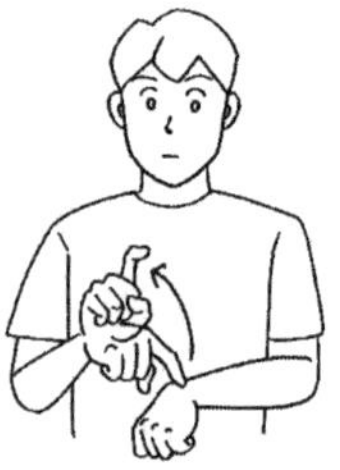

〈十時〉

左手首の甲側を右人差指でさし、次に右人差指を軽く曲げて〈10②〉を示す。

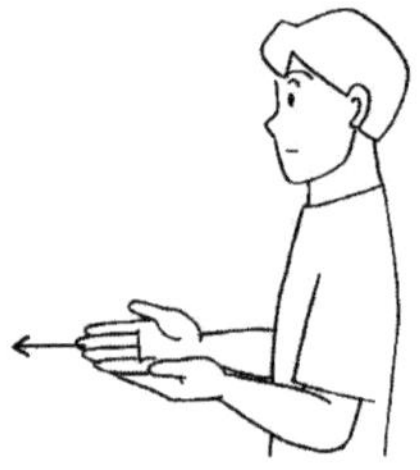

〈出発①〉

左手の指先を前に向け、その上に右手を立て、まっすぐ前に出す。

たっきゅう【卓球】

「卓球の試合」

→〈卓球〉+〈試合①〉

「卓球」は〈卓球〉で表現。左手のラケットが右手のピンポン球をはじくさまで「卓球」「ピンポン」を表す。

〈卓球〉

左手の親指と人差指で作った丸を右手指の背側ではじくように繰り返し当てる。

〈試合①〉

親指を立てた両手を正面で軽くぶつける。

だっきゅう【脱臼】

「肩が脱臼した」

→〈肩〉+〈脱臼〉

例文の「脱臼」は関節が外れる意味で〈脱臼〉で表現。〈脱臼〉は関節が外れるさまで「関節が外れる」「脱臼」の意味。

〈肩〉

指先をやや開いた右手で左肩をおおうようにさわる。

〈脱臼〉

左手のひら下につけた右こぶしを下にはずすようにする。

たっしゃ【達者】1

「達者でね」

→〈元気①〉+〈頼む①〉

例文の「達者」は元気の意味なので〈元気①〉で表現。〈元気①〉はピンピンしているさまで「達者」「元気」「健康」などの意味を表す。

〈元気①〉

両ひじを張り、両こぶしを同時に上下させる。

〈頼む①〉

頭を下げて右手で拝むようにする。

たっしゃ【達者】2

「口が達者」

→〈説明〉+〈上手(じょうず)〉

例文の「達者」は上手の意味なので〈上手〉で表現。〈上手〉は上手から水が流れるように滑らかなさまで「達者」「上手」「うまい」の意味。

〈説明〉

左手のひらを右手で小刻みにたたく。

〈上手(じょうず)〉

右手のひらを左下腕からなでるように伸ばす。

だっしゅつ【脱出】

「国外へ脱出する」

→〈外国〉+〈逃げる〉

「脱出」は逃げ出す意味なので〈逃げる〉で表現。〈逃げる〉は身をかわすさまで「脱出」「脱走」「逃走」「逃亡」「逃げる」などの意味。

〈外国〉

右人差指を右目のまわりで回す。

〈逃げる〉

両こぶしを右上にさっとあげる。

だっすい【脱水】

「脱水症」

→〈脱水〉+〈病気〉

「脱水」は〈脱水〉で表現。〈脱水〉は体から抜けていくさまを表す。

〈脱水〉

開いた両手を胸に当て、すぼめながら前に出すことを繰り返す。

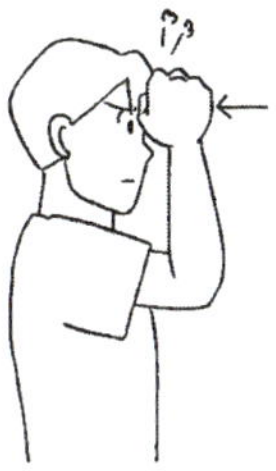

〈病気〉

こぶしで額をたたく。

たっする【達する】1

「目標を達する」

→〈目的②〉+〈成功〉

例文の「達する」はやりとげる意味なので〈成功〉で表現。〈成功〉はものごとがうまくいったさまで「達する」「達成」「成功」などの意味。

〈目的②〉

左こぶしを上にあげ、親指側に右人差指を当てる。

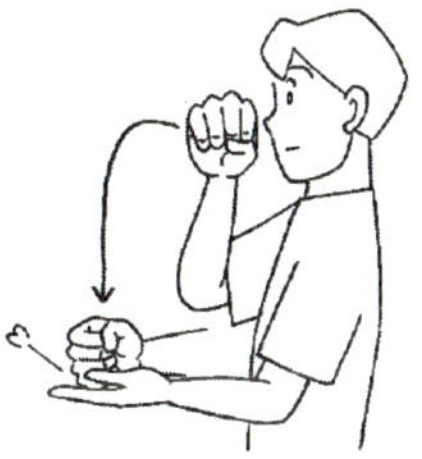

〈成功〉

右こぶしを鼻から左手のひらに打ちつける。

たっする【達する】2

「(被害が)二億に達する」

→(〈損〉+)

〈2③〉+〈億〉

例文の「二億に達する」はその金額になるという意味なので、数字を示して表現する。手話は二億円になったという意味を表す。

〈2③〉

人差指と中指を立てた右手の甲側を前に示す。

〈億〉

手のひら側を下に向け握ったこぶしを示す。

たっする【達する】3

「山頂に達する」

→〈山〉+〈上に立つ〉

例文の「達する」は山頂に着く意味なので〈上に立つ〉で表現。〈上に立つ〉は高いところに立つさまを表す。

〈山〉

右手で山形を描く。

〈上に立つ〉

左手甲の上に右手２指を立てる。

たっせい【達成】1

「目標を達成する」

→〈目的②〉+〈成功〉

例文の「達成」はやりとげる意味なので〈成功〉で表現。〈成功〉はものごとがうまくいったさまで「達成」「(目標を)達する」「完成」の意味。

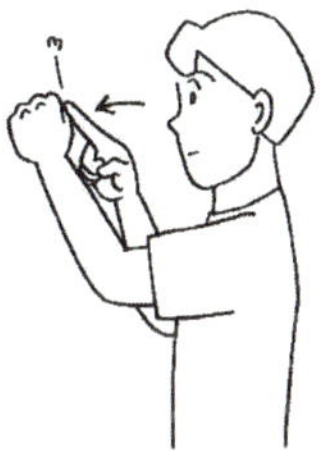

〈目的②〉

左こぶしを上にあげ、親指側に右人差指を当てる。

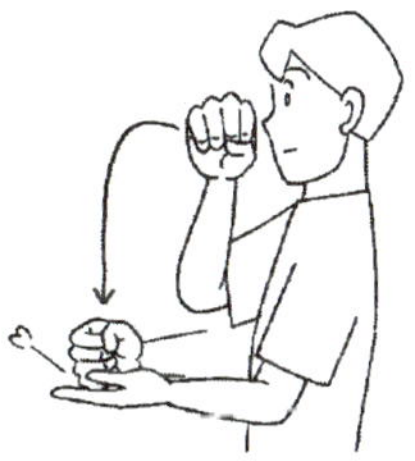

〈成功〉

右こぶしを鼻から左手のひらに打ちつける。

たっせい【達成】2

「使命を達成する」

→〈責任①〉+〈解決①〉

例文の「達成」は使命、任務をやりとげる意味で〈解決①〉で表現。〈解決①〉はものごとを果たすさまで「やりとげる」「果たす」など。

〈責任①〉

右肩に軽く全指を折り曲げた右手をのせる。

〈解決①〉

左手のひらの上に右人差指で「×」を大きく書く。

だつぜい【脱税】

「脱税」
→〈税金〉+〈逃げる〉

「脱税」は不正な行為をして税を逃れる意味なので〈税金〉+〈逃げる〉で表現。〈逃げる〉は身をかわすさまで「逃げる」「さける」意味。

〈税金〉
親指と人差指で作った丸をすばやく自分に向けて開く。

〈逃げる〉
両こぶしを右上にさっとあげる。

たて【縦】1

「縦割り行政」
→〈縦〉+〈行政〉

例文の「縦割り」は部局に横の連絡がないことなので〈縦〉で表現。〈縦〉は縦に別れているさまで「縦割り」「縦ごとに別」などの意味。

〈縦〉
右手で右から順番に線を引くようにおろす。

〈行政〉
親指と人差指と中指を伸ばした両手の指先を前に向けて左右に開くように繰り返し出す。

たて【縦】2

「首を縦に振る」
→〈認める①〉

例文の「首を縦に振る」は認める意味なので〈認める①〉で表現。〈認める①〉はうなずいて認めるさまで「認める」「承認する」の意味。

〈認める①〉
右こぶしを手首から前に倒す。

たて【縦】3

「縦と横の長さ」
→〈測る①〉+〈測る②〉

例文の「縦」は上下の方向の長さの事なので〈測る①〉で表現。〈測る①〉はメジャーで上下の方向に測るさまを表す。

〈測る①〉
両手の閉じた親指と人差指を上下に開く。

〈測る②〉
両手の閉じた親指と人差指を左右に開く。

たて【縦】4

「会社の縦の関係」
→〈会社〉+〈関係②〉

例文の「縦」は組織の中の上下関係の意味なので〈関係②〉で表現。〈関係②〉は〈関係①〉を上下に動かすことによって上下関係を表す。

〈会社〉
両手の 2 指を交互に前後させる。

〈関係②〉
両手の親指と人差指を組み、上下に往復させる。

たて【縦】5

「子供が縦に並ぶ」
→〈子供①〉+〈並ぶ①〉

例文の「縦」は前から後ろ方向の意味なので〈並ぶ①〉で表現。〈並ぶ①〉は前から後ろ方向、縦の方向に並ぶさまを表す。

〈子供①〉
両手のひらを前方に向け、軽く振る。

〈並ぶ①〉
左手の小指と右手の親指をつけて前後に並べ、右手を前に伸ばす。

たて【盾】

「優勝盾」

→〈優勝〉+〈盾〉

「盾」は武器である盾の形をした記念品。〈盾〉で表現。〈盾〉は立て掛ける盾を表す。

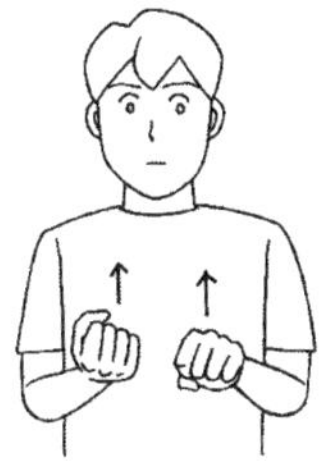

〈優勝〉

両こぶしで優勝旗のさおを持ち、上にあげるようにする。

〈盾〉

左手のひらをやや傾けて右人差指で支えるようにする。

たてまえ【建て前】

「本音と建て前」

→〈本音〉+〈建て前〉

例文の「建て前」は表向きの方針・主義の意味なので〈建て前〉で表現。〈建て前〉は表だけのさまを表す。

〈本音〉

指先を右に向けた左手で囲み、口元で閉じた右手全指をおろしながら開く。

〈建て前〉

指先を右に向けた左手の下から右手をくぐらせて立てる。

たてかえる【建て替える】

「(家を)建て替える」

→(〈家〉+)
〈壊す〉+〈変わる①〉

「建て替える」は一旦壊して新しく建てることで〈壊す〉+〈変わる①〉で表現。

〈壊す〉

屋根形にした両手を下に向けて内側に倒す。

〈変わる①〉

手のひらを手前に向けた両手を交差させる。

たてもの【建物】1

「大きな建物」

→〈大きい②〉+〈ビル①〉

例文の「建物」の大きなものは〈ビル①〉で表現。〈ビル①〉はコンクリート造の建物のさま。ただし具体的な建物の形によって手話は変わる。

〈大きい②〉

軽く開いた両手のひらを向かい合わせ左右に広げる。

〈ビル①〉

両手のひらを向かい合わせて上にあげ、閉じる。

たてかえる【立て替える】

「(食事代を)立て替える」

→(〈食べる①〉+〈金(かね)①〉
+)〈立て替える〉

「立て替える」は一時、その人に代わってお金を支払う意味なので〈立て替える〉で表現。

〈立て替える〉

左手のひらに右手2指をつけてひっくり返し、

左手のひら上に右手2指甲側をつける。

たてもの【建物】2

「古い建物(に住む)」

→〈古い〉+〈家〉
(+〈いる〉)

例文の「建物」は家のイメージなので〈家〉で表現。具体的な「建物」の形によって手話はいろいろ変わる。

〈古い〉

右人差指で鼻を下からこするように回す。

〈家〉

両手で屋根形を作る。

たてる【建てる】

「家を建てる」
→〈家〉+〈建てる〉

「建てる」は家を建てることなので〈建てる〉で表現。〈建てる〉は「建てる」「建築」「設立」などの意味を表す。

〈家〉
両手で屋根形を作る。

〈建てる〉
両手の屋根形を前から起こす。

たてる【立てる】1

「湯気を立てて怒る」
→〈怒(おこ)る②〉
または〈逆上〉

例文の「湯気を立てる」はかんかんに怒るさまを意味するので〈怒る②〉または〈逆上〉で表現。手話はどちらも激しい怒りを表す。

〈怒(おこ)る②〉
全指を折り曲げた両手を顔の両脇でふるわせながら上にあげる。

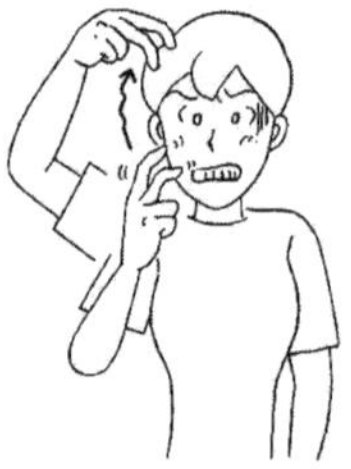

〈逆上〉
右手２指で顔の横を駆けあがるようにする。

たてる【立てる】2

「(彼はいつも)波風を立てる」
→(〈彼〉+〈いつも〉+)
〈混乱〉+〈基本①〉

例文の「波風を立てる」は騒ぎなどを起こす意味なので〈混乱〉+〈基本①〉で表現。〈基本①〉は原因の意味で手話は「混乱の原因」を表す。

〈混乱〉
全指を曲げた両手のひらを上下に向かい合わせて、かき混ぜるようにする。

〈基本①〉
左ひじを立て、閉じた右手を当てて下に向けて開く。

たてる【立てる】3

「腹を立てる」
→〈怒(おこ)る①〉
または〈怒(おこ)る②〉

例文の「腹を立てる」は怒る意味なので〈怒る①〉または〈怒る②〉で表現。「腹が立つ」「立腹」も同じで怒りの程度で表情は変わる。

〈怒(おこ)る①〉
両手で腹をつかむようにして上に向けてさっと動かす。

〈怒(おこ)る②〉
全指を折り曲げた両手を顔の両脇でふるわせながら上にあげる。

たてる【立てる】4

「説を立てる」
→〈説明〉+〈表(あらわ)す〉

例文の「立てる」は考えを表す意味なので〈説明〉+〈表す〉で表現。〈説明〉+〈表す〉は自分の考えを説いて明らかにすることを表す。

〈説明〉
左手のひらを右手で小刻みにたたく。

〈表(あらわ)す〉
左手のひらに右人差指をつけて前に押し出す。

たてる【立てる】5

「計画を立てる」
→〈計画〉+〈作る〉

例文の「立てる」は計画を作る意味で〈作る〉で表現。〈作る〉はものを組み立てるさまで「作る」「作成」「製作」「製造」などの意味。

〈計画〉
左手のひらを下に向け、右人差指で線を引くようにする。

〈作る〉
両手のこぶしを上下に打ちつける。

たてる【立てる】6

「候補者を立てる」

→〈候補〉+〈選び出す〉

例文の「立てる」は人々を選び出す意味なので〈選び出す〉で表現。〈選び出す〉は人を選び出すさまで「選び出す」「選出する」の意味。

〈候補〉

右手の親指と人差指で左肩から右下へたすきを描くようにする。

〈選び出す〉

左親指を右手の親指と人差指でつまむようにして前に出す。

たてる【立てる】7

「声を立てて騒ぐ」

→〈声があがる〉+〈混乱〉

例文の「声を立てる」は声を響かせる意味なので〈声があがる〉で表現。〈声があがる〉は声を高くあげるさまで「声をあげる」意味もある。

〈声があがる〉

親指と人差指で作った丸をのど元に当て、気管に添って口元から上の方にあげる。

〈混乱〉

全指を曲げた両手のひらを上下に向かい合わせて、かき混ぜるようにする。

たてる【立てる】8

「筋道を立てて話す」

→〈説明〉+〈順調〉

例文は順序よく話をするさまを意味するので〈説明〉+〈順調〉で表現。〈順調〉はきちんきちんとしているさまで進行のスムーズな意味。

〈説明〉

左手のひらを右手で小刻みにたたく。

〈順調〉

両手の親指と人差指を上に向け、繰り返し閉じながら左へ動かす。

たてる【立てる】9

「学問で名を立てる」

→〈学問〉+〈有名〉

例文の「名を立てる」は有名になる意味なので〈有名〉で表現。〈有名〉は名があがるさまで「有名」「名が立つ」などの意味がある。

〈学問〉

目の前に両手のひらを並べて手前に引くようにして水平に円を描く。

〈有名〉

左手のひらに右人差指を当て、上にあげる。

たてる【立てる】10

「誓いを立てる」

→〈約束〉+〈する〉

例文の「誓いを立てる」は誓う意味なので〈約束〉+〈する〉で表現。〈約束〉は指切りで約束するさまを表し「約束」「誓い」などの意味を表す。

〈約束〉

両手小指をからませる。

〈する〉

両こぶしを力を込めて前に出す。

たてる【立てる】11

「志を立てる」

→〈目的①〉+〈決める②〉

例文の「立てる」は目標を定める意味なので〈目的①〉+〈決める②〉で表現。〈決める②〉は決断するさまで「決定」「決断」などの意味。

〈目的①〉

左こぶしの親指側に右人差指を当てる。

〈決める②〉

左手のひらに右こぶしを打ちつける。

たてる【立てる】12

「新記録を立てる」

→〈新しい〉+〈折る①〉

例文の「立てる」は新記録を作る意味なので〈新しい〉+〈折る①〉で表現。〈折る①〉は「障害」の意味もあるがここでは「破る」を意味する。

〈新しい〉

すぼめた両手をぱっと前に出して広げる。

〈折る①〉

両こぶしの親指側を合わせ、折るようにする。

たてる【立てる】13

「風呂を立てる」

→〈風呂①〉+〈煮る〉

例文の「立てる」はわかす意味なので〈煮る〉で表現。〈煮る〉は風呂釜をたくさまで「煮る」「わかす」の意味を表す。

〈風呂①〉

右こぶしで顔をこするようにする。

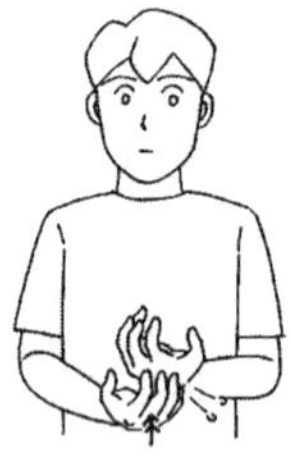

〈煮る〉

全指を軽く曲げた左手のひらを上に向け、下から全指を曲げた右手で軽くたたく。

たてる【立てる】14

「生計を立てる」

→〈仕事〉+〈給料〉

例文の「生計を立てる」は暮らしていけるようにする意味で〈仕事〉+〈給料〉で表現。

〈仕事〉

手のひらを上に向け、向かい合わせた両手指先を繰り返しつき合わせる。

〈給料〉

左手のひらに右手親指と人差指で作った丸を添えて手前に引き寄せる。

たてる【立てる】15

「顔を立てる」

→〈立つ〉+〈敬う①〉

例文の「顔を立てる」は人の面目を失わないで済ませる意味なので〈立つ〉+〈敬う①〉で表現。手話はその立場を尊重するさまを表す。

〈立つ〉

左手のひらの上に右手２指を立てる。

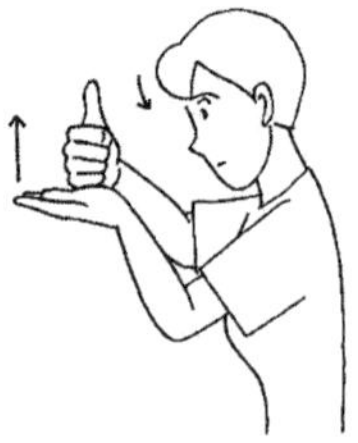

〈敬う①〉

左手のひらの上に親指を立てた右手を置き、それを目の上に掲げると同時に頭をさげる。

たてる【立てる】16

「しゃべり立てる」

→〈おしゃべり①〉
　または〈おしゃべり②〉

例文の「しゃべり立てる」は盛んにしゃべる意味なので〈おしゃべり①〉または〈おしゃべり②〉で表現。どちらも盛んにしゃべるさまを表す。

〈おしゃべり①〉

指先を前に向けた右手を口元に当て指を揺らしながら前に出す。

〈おしゃべり②〉

軽く開いた右手の指先を手首で回す。

たてる【立てる】17

「いろいろとわめき立てる」

→〈いろいろ〉+〈わめく〉

例文の「わめき立てる」は盛んにわめく意味なので〈わめく〉を繰り返して表現。〈わめく〉はあちこちに声を張りあげるさまを表す。

〈いろいろ〉

親指と人差指を立てた右手をねじりながら右へ動かす。

〈わめく〉

両手の親指と人差指で作った丸をのどから交互に左右にあげる。

たとえ【例え】

「たとえの話」
→〈例〉+〈手話〉

「たとえ」はたとえることなので〈例〉で表現。〈例〉は仮定のことを示すさまで「たとえ」「たとえば」「仮」「仮に」「比喩」などの意味。

〈例〉
左手甲に右手の親指と人差指で作った丸をつける。

〈手話〉
両手の人差指を向かい合わせて、糸を巻くように回転させる。

たとえば【例えば】

「たとえば」
→〈もし〉
　または〈例〉

「たとえば」は例をあげればの意味で〈もし〉または〈例〉で表現。〈もし〉は「もし」「もしも」「もしかしたら」などの意味を表す。

〈もし〉
右手の親指と人差指でほおをつまむようにする。

〈例〉
左手甲に右手の親指と人差指で作った丸をつける。

たな【棚】1

「棚に載せる」
→〈棚①〉+〈のせる⑤〉

例文の「棚」は物を載せる板の意味で〈棚①〉で表現。〈棚①〉は上の方にある棚を表し、棚の形によって手話は変わる。

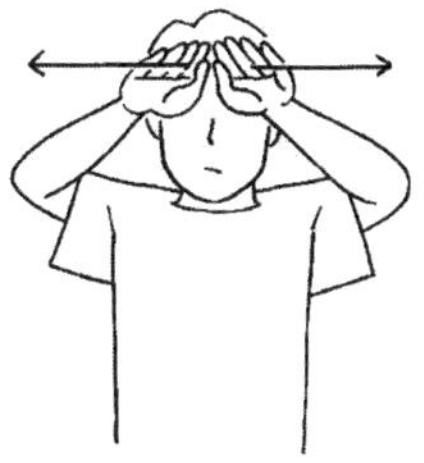

〈棚①〉
両手のひらを下に向けて目の上でそろえ左右に水平に開く。

〈のせる⑤〉
両手のひらを向かい合わせ、下から上に持ちあげるようにする。

たな【棚】2

「本棚」
→〈本〉+〈棚②〉

例文の「本棚」は〈本〉+〈棚②〉で表現。〈本〉+〈棚②〉は本を並べる棚のさまを表す。

〈本〉
手のひらを合わせた両手を本を開くように左右に開く。

〈棚②〉
左手を立てて右手のひらを下にして上下で水平に動かす。

たなばた【七夕】

「今日は七夕」
→〈今①〉+〈七夕〉

「七夕」は七月七日に行われるお祭りの意味なので〈七夕〉で表現。〈七夕〉は七月七日を示し「七夕」を表す。

〈今①〉
両手のひらで軽く押さえつける。

〈七夕〉
両手で指文字〈7〉を示しながら同時に上下で手首を返す。

たに【谷】1

「山と谷」
→〈山〉+〈谷〉

「谷」は山と山の間にある凹部、切れ込みのことで〈谷〉で表現。〈谷〉は切れ込む谷のさまを表す。

〈山〉
右手で山形を描く。

〈谷〉
軽く曲げた両手の指先を向かい合わせて内側に落とし込む。

た

たに【谷】2

「深い谷がある」

→〈深い谷〉

例文の「深い谷」は〈深い谷〉で表現。〈深い谷〉は切れ込みの深さを両手の落差で表す。

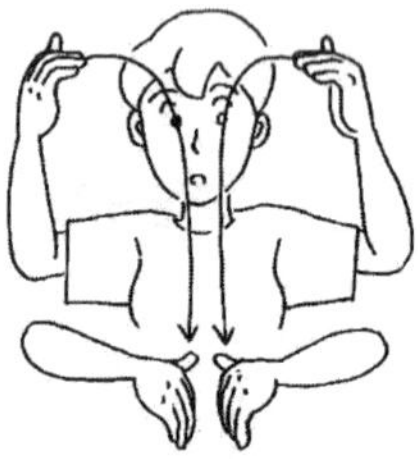

〈深い谷〉

軽く曲げた両手の指先を向かい合わせて内側に深く落とし込む。

たにん【他人】3

「他人(の子供)」

→〈別〉+〈人〉
(+〈子供①〉)

例文の「他人」はよその人の意味なので〈別〉+〈人〉で表現。〈別〉+〈人〉は「他人」の丁寧な表現で「他人」「別人」を意味する。

〈別〉

両手の甲を合わせて右手を前に押し出す。

〈人〉

人差指で「人」の字を空書する。

たにん【他人】1

「赤の他人」

→〈他人〉

例文の「赤の他人」は全くの他人の意味で〈他人〉で表現。〈他人〉は〈誰〉の強い表現でその強さで見知らぬ人の意味を表す。

〈他人〉

右手の指の背側をほおに当て、はじくように指先を伸ばして前に出す。

タヌキ【狸】1

「タヌキとキツネ」

→〈タヌキ〉+〈キツネ〉

例文の「タヌキ」は〈タヌキ〉で表現。〈タヌキ〉はぽんぽこぽんと腹鼓を打つさまを表す。

〈タヌキ〉

両こぶしで交互に腹をたたくようにする。

〈キツネ〉

親指と中指と薬指を閉じて指先を前に向ける。

たにん【他人】2

「すべて他人任せ」

→〈すべて〉+〈人任せ〉

例文の「他人任せ」は〈人任せ〉で表現。自分の責任を放棄するさまを表す。そっぽをむいた表情に注意。

〈すべて〉

両手で上から下に円を描く。

〈人任せ〉

顔をやや左に向け、肩に置いた右手をぱっと右へ放すように出す。

タヌキ【狸】2

「タヌキ寝入りを決め込む」

→〈タヌキ寝入り〉+〈知らない〉

例文の「タヌキ寝入り」は眠ったふりをする意味なので〈タヌキ寝入り〉で表現。表情は〈うそ〉を表す。「空寝(そらね)」などの意味。

〈タヌキ寝入り〉

舌でほおをふくらませ、右こぶしを頭に当てて目を閉じる。

〈知らない〉

右手のひらで右脇を払いあげる。

たね【種】1

「大根の種をまく」
→〈大根〉+〈まく②〉

例文の「種」は種子の意味で〈まく②〉で表現。〈まく②〉は種をまくさまで「種をまく」「種」などの意味を表す。

〈大根〉
両手の親指と４指でつかむようにして右手を右へ動かしながら握る。

〈まく②〉
指先をこすりながら右手を左から右へ動かす。

たのしみ【楽しみ】

「成長を楽しみにする」
→〈大きくなる①〉+〈待つ〉
（または〈期待〉）

「楽しみ」は期待して待つの意味なので〈待つ〉または〈期待〉で表現。〈待つ〉はあごに手を当てて待つさま。楽しみに待つ表情に注意。

〈大きくなる①〉
右手のひらを下にして上にあげる。

〈待つ〉
右手指の背側をあごに当てる。

たね【種】2

「心配の種」
→〈心配②〉+〈基本①〉

例文の「種」は原因の意味なので〈基本①〉で表現。〈基本①〉は木の根のさまで「根」「基本」「原因」「根源」などの意味を表す。

〈心配②〉
手指を曲げた両手を胸に当てる。

〈基本①〉
左ひじを立て、閉じた右手を当てて下に向けて開く。

たのしむ【楽しむ】

「釣りを楽しむ」
→〈釣り〉+〈うれしい〉

「楽しむ」は〈うれしい〉で表現。〈うれしい〉は心が軽やかにはずむさまで「楽しい」「楽しむ」「うれしい」の意味を表す。

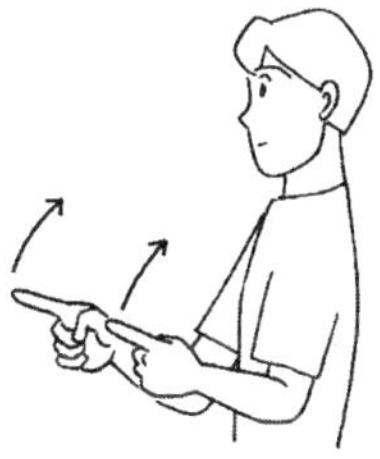

〈釣り〉
両手の人差指を前後につなぐようにしてそのまま手前に起こす。

〈うれしい〉
両手のひらを胸の前で、交互に上下させる。

たのしい【楽しい】

「楽しい遠足」
→〈うれしい〉+〈行進〉

「楽しい」はうれしいさまなので〈うれしい〉で表現。〈うれしい〉は心が軽やかにはずむさまで「楽しい」「うれしい」の意味を表す。

〈うれしい〉
両手のひらを胸の前で、交互に上下させる。

〈行進〉
軽く開いた両手の指先を上に向けて前後に並べ、上下に揺らしながら前へ進める。

たのむ【頼む】1

「（母に）頼む」
→（〈母〉+）〈頼む①〉
または〈頼む②〉

例文の「頼む」はしてくれるように願う意味なので〈頼む①〉または〈頼む②〉で表現。手話は手を合わせて願うさまを表す。

〈頼む①〉
頭を下げて右手で拝むようにする。

〈頼む②〉
両手を合わせて拝む。

た

たのむ【頼む】2

「講演を頼まれる」
→〈講演〉+〈頼まれる〉

例文の「頼まれる」は〈頼まれる〉で表現。〈頼まれる〉は自分が人から手を合わせて頼まれるさまを表す。「依頼される」も同じ手話。

〈講演〉
左手甲の上に右ひじをのせて指先を伸ばして前後に振る。

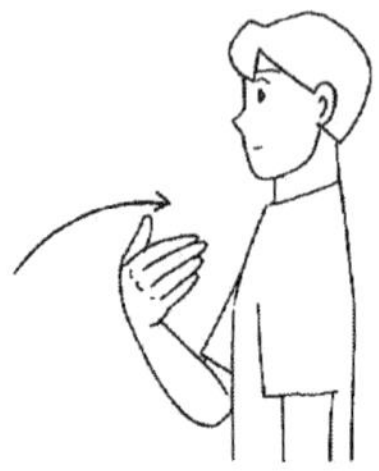

〈頼まれる〉
右手の指先を自分に向け、前から近づける。

たび【度】2

「(写真を)見るたびに」
→(〈写真〉+)
〈見る④〉+〈いつも〉

例文の「〜たび」は〜するときはいつもの意味なので〈いつも〉で表現。〈いつも〉は同じことが繰り返されるさまで「いつも」「毎日」などの意味。

〈見る④〉
右人差指を目の下に当て、左手のひらの上に向けて出す。

〈いつも〉
親指と人差指を立てた両手を向かい合わせて手首を回す。

タバコ【煙草】

「タバコを止める」
→〈タバコ〉+〈つぶす〉

「タバコ」は〈タバコ〉で表現。〈タバコ〉はタバコを吸うさまで「タバコ」「タバコを吸う」の意味。

〈タバコ〉
右手2指を唇に当てタバコを吸うように前に出す。

〈つぶす〉
指先を前にして両手の親指と4指をつぶすようにして閉じる。

たび【度】3

「三たび(言う)」
→〈繰り返す〉+〈三度(さんど)〉
(+〈言う②〉)

例文の「たび」は回数を表すので「三たび」は〈繰り返す〉+〈三度〉で表現。〈繰り返す〉は繰り返すさまを表す。

〈繰り返す〉
両手の人差指を向かい合わせて回す。

〈三度(さんど)〉
右手3指の甲側を前にしてさっと指先を左に向ける。

たび【度】1

「このたびはおめでとうございます」
→〈今②〉+〈祝う〉

例文の「たび」は時の意味で「このたび」は〈今②〉で表現。〈今②〉は〈今①〉を強調するさまで、ここでは「このたび」の意味を表す。

〈今②〉
両手のひらで強く押さえつける。

〈祝う〉
すぼめた両手を上にあげてぱっと開く。

たび【旅】1

「汽車の旅」
→〈汽車〉+〈遊ぶ①〉

例文の「旅」は〈遊ぶ①〉で表現。〈遊ぶ①〉はぶらぶらするさまを表す。

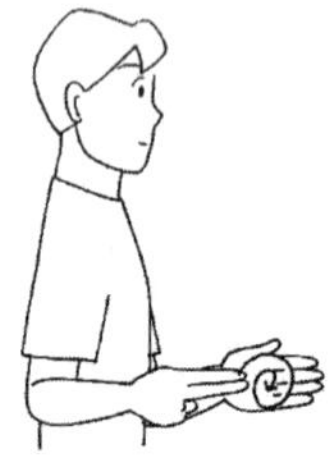

〈汽車〉
左手のひらの横で右手2指を前に回転させる。

〈遊ぶ①〉
人差指を立てた両手を交互に前後に軽く振る。

たび【旅】2

「空の旅」

→〈飛行機①〉(または〈飛行機②〉)+〈旅行〉

例文の「旅」は〈旅行〉で表現。〈旅行〉はかばんをさげてあちこち行くさまで「旅」「旅行」の意味を表す。

〈飛行機①〉

親指と小指を出した右手を飛び出すように斜め上にあげる。

〈旅行〉

両手人差指を平行に並べ同時に左右に振る。

たび【旅】3

「旅の道連れ」

→〈旅行〉+〈コンビ〉

例文の「旅」も〈旅行〉で表現。〈旅行〉はかばんをさげてあちこち行くさまで「旅」「旅行」の意味を表す。

〈旅行〉

両手人差指を平行に並べ同時に左右に振る。

〈コンビ〉

そろえた人差指を水平に回す。

たびたび【度々】

「たびたび休む」

→〈連休〉+〈たくさん②〉

「たびたび」はなんどもの意味なので〈たくさん②〉で表現。〈連休〉は続けて休むさま、〈たくさん②〉は数が多いさまを表す。

〈連休〉

両手のひらを下に向け、繰り返し閉じるようにして左から右へ動かす。

〈たくさん②〉

親指から順番に折り曲げながら左から右へ動かす。

ダビング

「テープをダビングする」

→〈テープ②〉+〈コピー〉

「ダビング」は録音・録画したテープを別のテープに転写する意味なので〈コピー〉で表現。〈コピー〉はコピー機で写すさまを表す。

〈テープ②〉

両手の人差指の先を下に向けて回す。

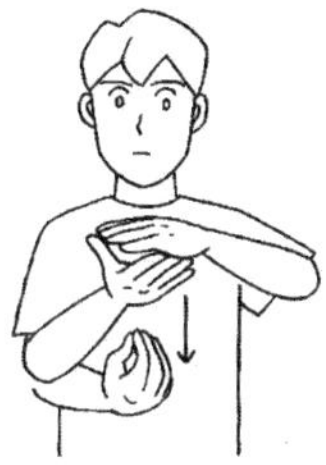

〈コピー〉

手のひらを下に向けた左手の下で右手を閉じながらおろす。

タブー 1

「タブーを犯す」

→〈タブー〉+〈折る①〉

「タブー」は禁忌のことなので〈タブー〉で表現。〈タブー〉は×を回して表す。

〈タブー〉

両人差指を交差させ、水平に右回りに円を描く。

〈折る①〉

両こぶしの親指側を合わせ、折るようにする。

タブー 2

「タブーにする」

→〈タブー〉+〈決める①〉(または〈規則〉)

例文は〈タブー〉+〈決める①〉または〈規則〉で表現。

〈タブー〉

両人差指を交差させ、水平に右回りに円を描く。

〈決める①〉

左手のひらに右手2指を軽く打ちつける。

た

ダブリューシー
【WC】

「WC」
→〈トイレ〉

「WC」はトイレの意味で〈トイレ〉で表現。〈トイレ〉はWとCの組み合わせ。

〈トイレ〉
3 指を立てて親指と人差指で「C」の字を作る。

ダブる 1

「予定がダブる」
→〈予定〉+〈同時〉

例文の「ダブる」は同じ時に起こる意味なので〈同時〉で表現。〈同時〉は同じことが同時に起こるさまで「ダブる」「重なる」などの意味。

〈予定〉
右こぶしを鼻の前で手首を使って軽く揺する。

〈同時〉
両手の閉じた親指と人差指をはじくように人差指だけを上に向ける。

ダブる 2

「姿がダブる」
→〈姿〉+〈ダブる〉

例文の「ダブる」は姿が重なる意味なので〈ダブる〉で表現。〈ダブる〉はあるものが重なるさまで「ダブる」「重なる」などの意味。

〈姿〉
向かい合わせた両手を上から下に体の線を描くようにおろす。

〈ダブる〉
指先を軽く広げて手のひらを前に向けて重ねる。

ダブる 3

「ダブられた」
→〈ダブルプレー〉+〈失敗②〉

例文の「ダブられる」は野球のダブルプレーの意味なので〈ダブルプレー〉+〈失敗②〉で表現。〈ダブルプレー〉は左手数字 2 、右手〈アウト〉を表す。

〈ダブルプレー〉
左手 2 指に向かって右親指を振りおろす。

〈失敗②〉
手のひらを額に打ちつける。

ダブルス 1

「テニスのダブルス」
→〈テニス〉+〈ダブルス〉

例文の「ダブルス」は〈ダブルス〉で表現。〈ダブルス〉は 2 対 2 のさまを表す。

〈テニス〉
右手でラケットを握って左右に振るようにする。

〈ダブルス〉
両手の 2 指を立てて前後に向かい合わせる。

ダブルス 2

「テニスの混合ダブルス」
→〈テニス〉+〈混合ダブルス〉

例文の「混合ダブルス」は〈混合ダブルス〉で表現。〈ダブルス〉の 2 指の代わりに男と女を意味する親指と小指を出して表す。

〈テニス〉
右手でラケットを握って左右に振るようにする。

〈混合ダブルス〉
両手の親指と小指を立てて前後に向かい合わせる。

ダブルプレー 1

「ダブルプレーに成功する」

→〈ダブルプレー〉+〈成功〉

「ダブルプレー」は〈ダブルプレー〉で表現。〈ダブルプレー〉はアウトを一挙に二つとるさまを表す。例文は守備側から言った場合なので表情に注意。

〈ダブルプレー〉

左手２指に向かって右親指を振りおろす。

〈成功〉

右こぶしを鼻から左手のひらに打ちつける。

ダブルボタン

「ダブルボタンは似合わない」

→〈ダブルボタン〉+〈合わない〉

「ダブルボタン」は〈ダブルボタン〉で表現。〈ダブルボタン〉はスーツのダブルボタンのさまを表す。

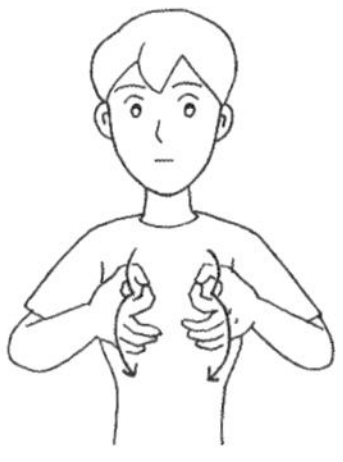

〈ダブルボタン〉

丸を作った両手を胸に当て、小さな弧を描きながら胸に当てておろす。

〈合わない〉

左人差指の先に右人差指の先を当て、はじくように離す。

ダブルプレー 2

「ダブルプレーを食う」

→〈ダブルプレー〉+〈失敗②〉

「ダブルプレーを食う」は〈ダブルプレー〉+〈失敗②〉で表現。例文は攻撃側から言った場合なので表情に注意。

〈ダブルプレー〉

左手２指に向かって右親指を振りおろす。

〈失敗②〉

手のひらを額に打ちつける。

たぶん【多分】1

「多分のお金を頂く」

→〈たくさん①〉+〈金をもらう②〉

例文の「多分」はたくさんの意味なので〈たくさん①〉で表現。〈たくさん①〉は漠然と量的に多いさまを表す。

〈たくさん①〉

左手のひらを上に向けた左腕を示し、その上に右手で山を描く。

〈金をもらう②〉

左手のひらの上に右手の親指と人差指で作った丸を添えて手前に引く。

ダブルベッド

「ダブルベッドを買う」

→〈ダブルベッド〉+〈買う〉

「ダブルベッド」は〈ダブルベッド〉で表現。〈ダブルベッド〉は二人が一緒に寝るさまを表す。

〈ダブルベッド〉

手のひらを手前に向け２指を立てた両手をつけて並べ、前方に倒す。

〈買う〉

右手の親指と人差指で作った丸を前に出すと同時に手のひらを上に向けた左手を手前に引く。

たぶん【多分】2

「多分、雨だろう」

→〈雨①〉+〈らしい〉

例文の「多分」はおそらくの意味なので〈らしい〉で表現。〈らしい〉は推測の意味を表し「らしい」「そのようだ」などの意味を表す。

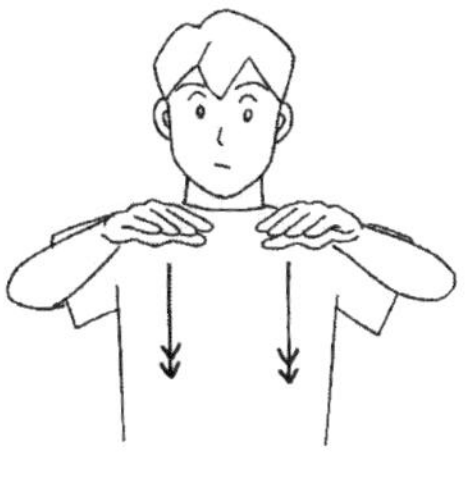

〈雨①〉

軽く開いた指先を前に向け両手を繰り返し下におろす。

〈らしい〉

右手２指を頭の横で前後に振る。

たぶん【多分】3

「多分、大丈夫だろう」

→〈ほとんど〉+〈できる〉

例文の「多分」もおそらくの意味だが〈ほとんど〉で表現。〈ほとんど〉は完全に円を描き切らないさまで「多分」「ほとんど」「おそらく」。

〈ほとんど〉

両手で円を描くが、下側をわずかに閉じないであけておく。

〈できる〉

右手指先を左胸と右胸に順に当てる。

たべもの【食べ物】1

「好きな食べ物(は何ですか)」

→〈食べる①〉+〈好き①〉(+〈何〉)

例文の「食べ物」は〈食べる①〉で表現。〈食べる①〉は茶碗などに入ったものを食べるさまで「食べ物」「食べる」の意味を表す。

〈食べる①〉

左手のひらの上を右手ですくって食べるようにする。

〈好き①〉

親指と人差指を開いた右手をのどに当て、下におろしながら閉じる。

たべもの【食べ物】2

「食べ物がない」

→〈食べる②〉+〈ない①〉

例文の「食べ物」は〈食べる②〉で表現。〈食べる②〉はパンなど手でつかんで食べるものの意味で「食べ物」「食べる」の意味を表す。

〈食べる②〉

すぼめた右手を口元に繰り返し近づける。

〈ない①〉

両手指を軽く広げて回転する。

たべる【食べる】1

「(何でも)食べる」

→(〈いろいろ〉+)〈食べる①〉または〈食べる②〉

「食べる」は3種類の表現がある。ひとつめは〈食べる①〉、ふたつめは〈食べる②〉。

〈食べる①〉

左手のひらの上を右手ですくって食べるようにする。

〈食べる②〉

すぼめた右手を口元に繰り返し近づける。

たべる【食べる】2

「何でも食べる」

→〈いろいろ〉+〈食べる③〉

みっつめは〈食べる③〉で表現。片手ですくって食べるさまを表す。

〈いろいろ〉

親指と人差指を立てた右手をねじりながら右へ動かす。

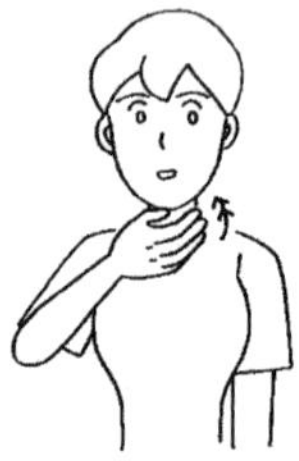

〈食べる③〉

右手のひらですくって食べるようにする。

たべる【食べる】3

「ご飯をいっぱい食べる」

→〈食べる④〉+〈たくさん①〉

例文の「ご飯を食べる」は〈食べる④〉で表現。〈食べる④〉は箸で食べるさまを表し、「ご飯を食べる」「箸で食べる」などの意味を表す。

〈食べる④〉

左手のひらの上を右手2指で食べるように上下させる。

〈たくさん①〉

左手のひらを上に向けた左腕を示し、その上に右手で山を描く。

たべる【食べる】4

「おいしいお菓子を食べる」

→〈おいしい①〉+〈菓子〉

例文の「お菓子を食べる」は〈菓子〉で表現。〈菓子〉はつまんで食べるもののさまで「菓子」「菓子を食べる」などの意味を表す。

〈おいしい①〉

右手のひらであごをぬぐう。

〈菓子〉

親指と人差指でつまむようにして、繰り返し口に持っていく。

たべる【食べる】5

「ステーキを食べる」

→〈ステーキ〉+〈ステーキを食べる〉

例文の「ステーキを食べる」は〈ステーキ〉+〈ステーキを食べる〉で表現。手話はナイフとフォークで食べるさまを表す。

〈ステーキ〉

左手のフォークで押さえ、右手に握ったナイフで切るように前後に動かす。

〈ステーキを食べる〉

左手にフォークと右手にナイフを持って、左手を口元に近づけるようにする。

たべる【食べる】6

「キツネうどんを食べる」

→〈キツネ〉+〈うどん〉

例文の「うどんを食べる」は〈うどん〉で表現。〈うどん〉は細長いうどんを箸で食べるさまで「うどんを食べる」「うどん」の意味。

〈キツネ〉

親指と中指と薬指を閉じて指先を前に向ける。

〈うどん〉

左手のひらの上で右手2指を口元まで上下させる。

たべる【食べる】7

「フォークで食べる」

→〈スパゲッティ〉+〈食べる⑤〉

例文の「フォークで食べる」は〈スパゲッティ〉+〈食べる⑤〉で表現。

〈スパゲッティ〉

右手3指をやや下に向けてねじるようにする。

〈食べる⑤〉

右手3指をすくいあげるように口に持っていく。

たま【球】1

「野球の球」

→〈野球①〉+〈玉②〉

例文の「球」は野球のボールなので〈玉②〉で表現。〈玉②〉は野球のボールの大きさを表す。大きさによって球の種類を判断する。

〈野球①〉

バットを握って振るようにする。

〈玉②〉

両手の親指と4指で丸を作るようにする。

たま【球】2

「電球の球」

→〈電球〉

例文の「球」は電球のことなので〈電球〉で表現。〈電球〉は電球をソケットにネジ込むさまを表す。

〈電球〉

半開きにした右手を上に向けて電球を回すようにする。

たま【玉】1

「玉のそろった（ネックレス）」

→〈玉①〉+〈同じ④〉
（+〈ネックレス〉）

例文の「玉」は小さな球状のもので真珠のようなものの意味なので〈玉①〉で表現。〈玉①〉は小さな丸いもののさまを表す。

〈玉①〉
右手の親指と人差指で小さく丸を作るようにする。

〈同じ④〉
両手の親指と人差指を閉じたり開いたりしながら左から右へ動かす。

たま【玉】2

「玉のような赤ちゃん」

→〈愛①〉+〈赤ちゃん〉

例文の「玉のような」はかわいいの意味なので〈愛①〉で表現。〈愛①〉は頭をなでるさまで「かわいい」「愛らしい」などの意味を表す。

〈愛①〉
左手甲を右手でなでるように回す。

〈赤ちゃん〉
赤ちゃんを両手でかかえるようにして軽く揺らす。

たま【玉】3

「目の玉が飛び出るほど高い」

→〈高い①〉+〈驚く③〉

例文の「目の玉が飛び出る」は驚く意味なので〈驚く③〉で表現。〈驚く③〉は文字通り目の玉が飛び出るさまで「驚く」意味を表す。

〈高い①〉
右手の親指と人差指で作った丸を上にあげる。

〈驚く③〉
全指を折り曲げた両手を目から前に勢いよく出す。

たまご【卵】1

「ニワトリが卵を産む」

→〈ニワトリ〉+〈卵を産む〉

例文の「卵を産む」は〈卵を産む〉で表現。〈卵を産む〉は鶏卵の形と〈生まれる〉の動きを組み合わせた表現で卵を産むさまを表す。

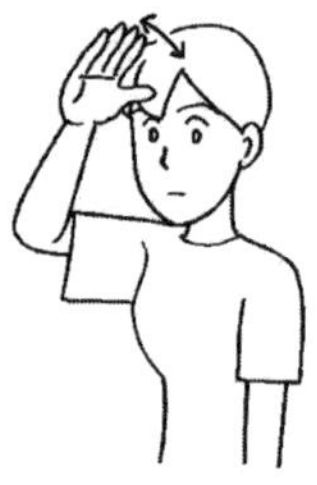

〈ニワトリ〉
右手の親指を額に当て、4指を軽く振る。

〈卵を産む〉
両手の親指と4指の指先を合わせて卵形をつくり、腹から弧を描いて前に出す。

たまご【卵】2

「卵焼き」

→〈卵〉+〈巻く〉

例文の「卵」はニワトリの卵なので〈卵〉で表現。〈卵〉は卵を割るさまを表す。

〈卵〉
手の甲を下にして両手の親指と4指を下に向けて卵を割るように開く。

〈巻く〉
指先を向かわせた両手の人差指を回しながら前に出す。

たまご【卵】3

「医者の卵」

→〈医者〉+〈見習う①〉

例文の「卵」は修行中の見習いの意味なので〈見習う①〉で表現。〈見習う①〉は学ぶ、見習うさまで「見習う」「研修する」などの意味。

〈医者〉
右手3指で左手首の脈をとるようにして、次に親指を立てる。

〈見習う①〉
軽く指を折り曲げた右手のひらを前に向け顔の前で手前に引く。

だます 1

「彼をだます」

→〈彼〉+〈ごまかす③〉

例文の「だます」は〈ごまかす③〉で表現。〈ごまかす③〉は〈キツネ〉を回し、人をだますさまを表す。

〈彼〉

左親指を右人差指でさす。

〈ごまかす③〉

左親指に向かって親指と中指と薬指を閉じた右手を小さく回す。

だます 2

「人にだまされる」

→〈ごまかされる〉
または〈だまされる〉

例文の「だまされる」は〈ごまかされる〉または〈だまされる〉で表現。手話は自分がごまかされ、だまされるさまを表す。

〈ごまかされる〉

親指と中指と薬指を閉じて指先を顔に向け、小さく回す。

〈だまされる〉

あごに当てた右手の親指と人差指を左手のひらの上に落とす。

だます 3

「あいつにはだまされないぞ」

→〈彼〉+〈疑う〉

例文の「だまされないぞ」は用心する意味なので〈疑う〉で表現。「だまされないぞ」と疑う表情に注意。

〈彼〉

左親指を右人差指でさす。

〈疑う〉

右手の親指と人差指をあごに当てる。

だます 4

「だましだまし連れて行く」

→〈お世辞②〉+〈案内〉

例文の「だましだまし」はなだめすかしながらの意味で〈お世辞②〉で表現。〈お世辞②〉は相手をなだめるしぐさをしながら表情〈うそ〉をする。

〈お世辞②〉

ほおを舌でふくらませ、左親指を右手でなでるようにする。

〈案内〉

左手指を右手でつかみ、手を引くようにして右へ動かす。

たまたま

「たまたま会う」

→〈都合〉+〈会う③〉

「たまたま」は偶然の意味なので〈都合〉で表現。〈都合〉は易の占いのぜいちくを表し、人の意志ではどうにもならないことを意味する。

〈都合〉

左手のひらの上に右こぶしの小指側をつけてこするように回す。

〈会う③〉

人差指を立てた両手を前後から近づけて勢いよくぶつけてあげる。

たまに

「たまに会う」

→〈時々②〉+〈会う②〉

「たまに」はまれに、時々の意味なので〈時々②〉で表現。〈時々②〉はとびとびのさまで「ときたま」「ときおり」「たまに」などの意味。

〈時々②〉

人差指の先を前に向けて左から右へ弧を描きながら順に動かす。

〈会う②〉

人差指を立てた両手を前後から近づけて軽くふれ合わせる。

タマネギ【玉葱】

「タマネギ」

→〈タマネギ〉

「タマネギ」は〈タマネギ〉で表現。〈タマネギ〉は切るとタマネギが目にしみて涙が出るさまを表す。

〈タマネギ〉
右手のひらを目の下に当て全指を上下に小さくひらひらさせる。

たまる【貯・溜まる】1

「金がたまる」

→〈金(かね)①〉+〈金がたまる〉

例文の「金がたまる」は〈金がたまる〉で表現。〈金がたまる〉はお金が積みあがるさまで「金がたまる」「金をためる」の意味を表す。

〈金(かね)①〉
右手の親指と人差指で作った丸を示す。

〈金がたまる〉
左手のひらの上で右手の親指と人差指で作った丸を徐々に上にあげる。

たまる【貯・溜まる】2

「池に水がたまる」

→〈池〉+〈あがる⑨〉

例文の「水がたまる」は水かさが増すことなので〈あがる⑨〉で表現。〈あがる⑨〉はある枠の水かさが増えるさまを表す。

〈池〉
左手の親指と4指で囲むように出し、その中で手のひらを上に向けた右手を回す。

〈あがる⑨〉
左手の親指と4指を囲むように立てた中で右手を下から上にあげる。

たまる【貯・溜まる】3

「疲れがたまる」

→〈疲れる〉+〈たまる〉

例文は疲れが重なることで〈疲れる〉+〈たまる〉で表現。〈たまる〉はかさが増えるさまで「たまる」「重なる」の意味を表す。

〈疲れる〉
両手指先を胸に軽く当てて下に振り落とすようにだらりとさげる。

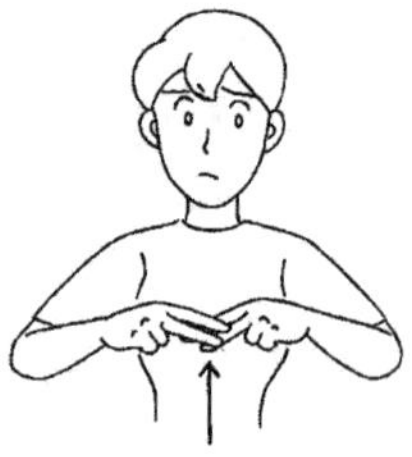

〈たまる〉
両手2指で「井」の字形を組み、下から上にあげる。

だまる【黙る】1

「黙れ、静かにしろ」

→〈黙る①〉+〈静かに〉

例文の「黙れ」は物を言うのをやめる意味なので〈黙る①〉で表現。〈黙る①〉は口をつぐむさまできつく表現することで命令の意味を表す。

〈黙る①〉
握ったこぶしを口に当てる。

〈静かに〉
右人差指を唇に当てる。

だまる【黙る】2

「黙って盗む」

→〈口をぬぐう〉+〈盗む〉

例文の「黙って」はひとに断らずにする意味なので〈口をぬぐう〉で表現。〈口をぬぐう〉は知らぬ顔で口をぬぐうさまを表す。

〈口をぬぐう〉
右手のひらで口元をぬぐうようにする。

〈盗む〉
かぎ状にした人差指を手前に引く。

だまる【黙る】3

「黙っていられない」

→〈我慢①〉+〈難しい〉

例文の「黙っていられない」は何もしないではいられない意味なので〈我慢①〉+〈難しい〉で表現。手話は「我慢できない」などの意味。

〈我慢①〉

親指を立てた左手を右手のひらで押さえる。

〈難しい〉

右手の親指と人差指でほおをつねるようにする。

だまる【黙る】4

「一同が黙る」

→〈黙る②〉

例文は〈黙る②〉で表現。〈黙る②〉は一同が口を閉じ黙るさまを表す。

〈黙る②〉

指先をつけ合わせた両手を向かい合わせ、前方に水平に弧を描いて小指側をつけ合せる。

たまわる【賜る】

「ご本を賜り（ありがとうございます）」

→〈本〉+〈いただく〉（+〈ありがとう〉）

「賜る」は目上の人から与えられる意味で〈いただく〉で表現。〈いただく〉は「もらう」を両手でする丁寧な表現で「いただく」などの意味。

〈本〉

手のひらを合わせた両手を本を開くように左右に開く。

〈いただく〉

両手のひらを上にして目の上にあげ、頭をさげて手前に引き寄せる。

ダム

「ダム工事」

→〈ダム〉+〈工事〉

「ダム」は流れをせきとめ水をためる施設のことで〈ダム〉で表現。〈ダム〉は上げたゲートから水が流れるさまを表す。

〈ダム〉

左手の下からすぼませた右手を落としながら開く。

〈工事〉

左こぶしに右こぶしを左右から打ちつける。

ため【為】1

「雨天のため（中止）」

→〈雨①〉+〈ので〉（+〈とめる〉）

例文の「ため」は原因・理由を表すので〈ので〉で表現。〈ので〉は原因・理由を関係づける表現。

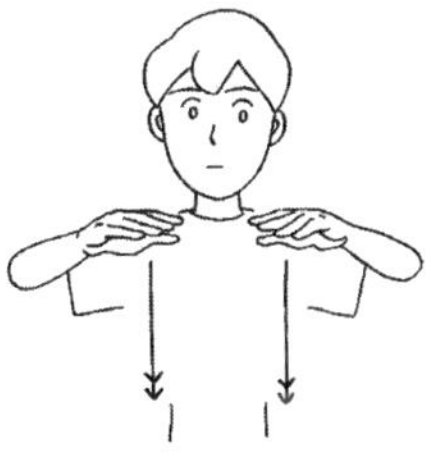

〈雨①〉

軽く開いた指先を前に向け両手を繰り返し下におろす。

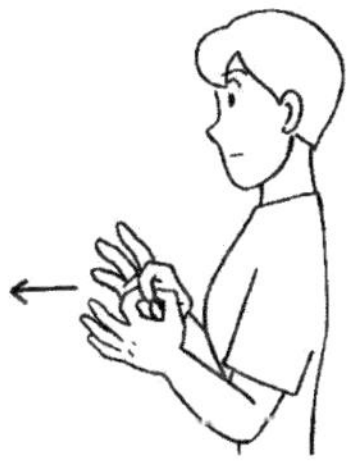

〈ので〉

両手の親指と人差指を組み、少し前に出す。

ため【為】2

「ためになる本」

→〈良い〉+〈本〉

例文の「ため」は利益や役に立つ意味なので〈良い〉で表現。〈良い〉は鼻が高いさまであるが自慢するという意味はない。

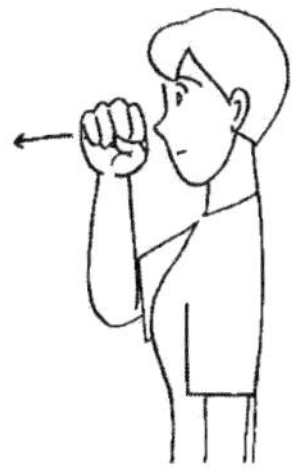

〈良い〉

右こぶしを鼻から前に出す。

〈本〉

手のひらを合わせた両手を本を開くように左右に開く。

た

ため【為】3

「何のために（生きるのか）」

→（〈生きる①〉＋）〈目的①〉＋〈何〉（＋〈か〉）

例文の「ため」は目的を表すので〈目的①〉で表現。〈目的①〉は的を当てるさまで「ため」「ために」「目的」「目標」などの意味。

〈目的①〉
左こぶしの親指側に右人差指を当てる。

〈何〉
右人差指を左右に振る。

だめ【駄目】1

「テレビがだめになる」

→〈テレビ〉＋〈折る①〉

例文の「だめ」は役に立たないの意味なので〈折る①〉で表現。〈折る①〉は「破損する」「こわれる」などの意味がある。

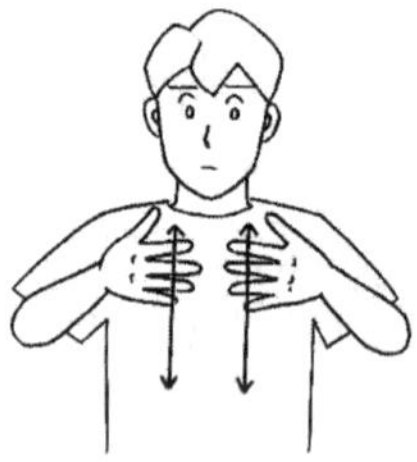

〈テレビ〉
両手の指先を向かい合わせて左右同時に上下に往復させる。

〈折る①〉
両こぶしの親指側を合わせ、折るようにする。

だめ【駄目】2

「行ってもだめ」

→〈行(い)く①〉＋〈損〉

例文の「だめ」はむだ、損の意味なので〈損〉で表現。〈損〉はお金を捨てるさまで「むだ」「損」などの意味を表す。

〈行(い)く①〉
右手人差指を下に向けて、振りあげるように前をさす。

〈損〉
両手の親指と人差指で作った丸を前に捨てるようにしてぱっと開く。

だめ【駄目】3

「（行っては）だめだ」

→（〈行(い)く①〉＋）〈だめ〉または〈悪い①〉

例文の「だめ」はしてはいけないの意味なので〈だめ〉または〈悪い①〉で表現。〈悪い①〉は「悪い」「してはいけない」などの意味がある。

〈だめ〉
右人差指で大きく×を書く。

〈悪い①〉
人差指で鼻をこするようにして振りおろす。

だめ【駄目】4

「もうだめだ」

→〈降参〉または〈お手あげ〉

例文の「だめ」はむりである、とてもできないの意味なので〈降参〉または〈お手あげ〉で表現。

〈降参〉
頭の横に親指と人差指を当て、前におろす。

〈お手あげ〉
両手を上にあげる。

ためす【試す】1

「力を試す」

→〈力〉＋〈試す〉

例文の「試す」は〈試す〉で表現。〈試す〉は実験などで試験管を振るさまで「実験」「試験」「試みる」などの意味を表す。

〈力〉
こぶしを握った左腕を曲げ、上腕に右人差指で力こぶを描く。

〈試す〉
こぶしを握った両手の手首を重ねてねじるようにする。

ためす【試す】2

「(薬の)効き目を試す」

→(〈薬〉+)
〈効果〉+〈調べる①〉

例文の「試す」は調べる意味なので〈調べる①〉で表現。〈調べる①〉は目を配って観察するさまで「調べる」「調査する」などの意味。

〈効果〉

指先を上に向けて立てた左手のひらに右こぶしの親指側をつけ、前に出す。

〈調べる①〉

右手の人差指と中指を軽く折り曲げて、目の前を左右に往復させる。

ためる【貯・溜める】1

「金を貯める」

→〈金がたまる〉
または〈貯金〉

「金を貯める」は〈金がたまる〉または〈貯金〉で表現。〈貯金〉は貯金通帳に印を押してもらうさまで「貯金」の意味を表す。

〈金がたまる〉

左手のひらの上で右手の親指と人差指で作った丸を徐々に上にあげる。

〈貯金〉

左手のひらの上に右こぶしの小指側で判をつくように当てながら前に出す。

ためらう 1

「行こうかどうかためらう」

→〈行(い)く①〉+〈迷う〉

「ためらう」はどうしたらよいか迷う意味なので〈迷う〉で表現。〈迷う〉は心がゆれ動くさまで「ためらう」「ちゅうちょする」などを意味する。

〈行(い)く①〉

右手人差指を下に向けて、振りあげるように前をさす。

〈迷う〉

両手のひらを並べて左右に振る。

ためる【貯・溜める】2

「目に涙をためる」

→〈悲しい①〉+〈涙をためる〉

「涙をためる」は悲しくて涙が溢れそうになるさまなので〈悲しい①〉+〈涙をためる〉で表現。〈涙をためる〉は目元に涙があふれるさまを表す。

〈悲しい①〉

親指と人差指を閉じた右手を目元から揺らしながらおろす。

〈涙をためる〉

右目の端で親指と 4 指を小さく開く。

ためらう 2

「結婚をためらう」

→〈結婚〉+〈決めかねる〉

例文の「ためらう」は気持ちを決めかねる意味なので〈決めかねる〉で表現。

〈結婚〉

親指と小指を左右からつける。

〈決めかねる〉

左手のひらの上で右こぶしをおろしかねるようにあげさげする。

たもつ【保つ】1

「関係を保つ」

→〈関係①〉+〈続く①〉

例文の「保つ」は続ける意味なので〈続く①〉で表現。〈続く①〉は関係が継続するさまで「続く」「継続する」などの意味を表す。

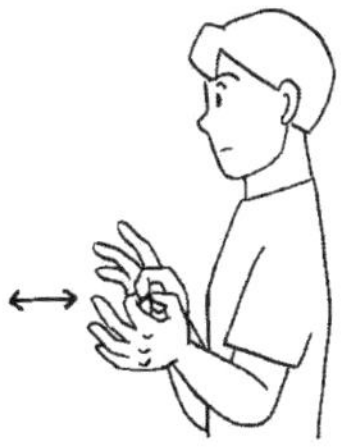

〈関係①〉

両手の親指と人差指を組み、前後に往復させる。

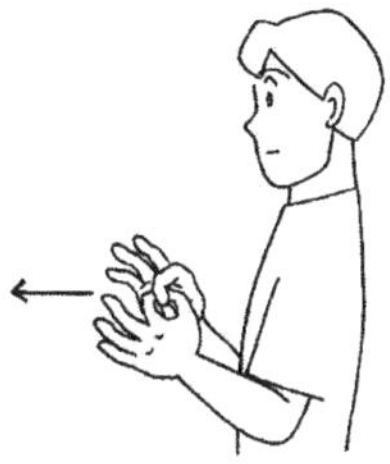

〈続く①〉

両手の親指と人差指を組んでまっすぐ前に出す。

たもつ【保つ】2

「健康を保つ」

→〈元気②〉+〈維持〉

例文の「保つ」は持続する意味なので〈維持〉で表現。〈維持〉はその状態が続くさまで「保つ」「維持」「持続する」などの意味を表す。

〈元気②〉

ひじを左右に繰り返し張る。

〈維持〉

左手甲の上で右手の親指と４指を閉じたり開いたりしながら前に出す。

たもと【袂】1

「着物のたもと」

→〈着物〉+〈袖①〉

例文の「たもと」は和服のそでの下のほうをさすので〈袖①〉で表現。〈袖①〉の表現はその袖の大きさによって変わる。

〈着物〉

着物のえりを合わせるように右手と左手を順番に胸で重ねる。

〈袖①〉

左ひじをあげて上から右人差指で袖を描く。

たもと【袂】2

「橋のたもと」

→〈橋〉+〈橋のたもと〉

「橋のたもと」は橋の両端部分の意味なので〈橋〉を示してその端の部分を指さして表現。

〈橋〉

両手２指を弧を描きながら手前に引く。

〈橋のたもと〉

〈橋〉を示した左手を残して、左手首の横を右人差指でさす。

たもと【袂】3

「たもとを分かつ」

→〈たもとを分かつ①〉
または〈たもとを分かつ②〉
（または〈離れる①〉）

例文の「たもとを分かつ」は別れる、つきあいをやめる意味なので〈たもとを分かつ①〉または〈同②〉で表現。手話は「縁を切る」などの意味を表す。

〈たもとを分かつ①〉

左腕に添って右手で切るようにする。

〈たもとを分かつ②〉

左下腕に添って右手で切るようにする。

たより【便り】1

「母から便りが来る」

→〈母〉+〈郵便が来る〉

例文の「便りが来る」は郵便で来る意味なので〈郵便が来る〉で表現。〈郵便が来る〉は郵便物が届くさまで「手紙が来る」「郵便が来る」の意味。

〈母〉

右人差指をほおにふれ、右小指を出す。

〈郵便が来る〉

左手２指と右人差指で〒マークを作り、前から引き寄せる。

たより【便り】2

「兄に便りを出す」

→左〈兄〉+〈郵便を出す①〉

例文の「便りを出す」は手紙を出す意味なので〈郵便を出す①〉で表現。〈郵便を出す①〉は「手紙を出す」「郵便を出す」などの意味を表す。

左〈兄〉

中指を立て、甲側を前に向けた左手を上にあげる。

〈郵便を出す①〉

左手２指と右人差指で〒マークを作り、前に出す。

たより【便り】3

「風の便りに聞く」

→〈うわさ〉+〈聞く②〉

例文の「風の便り」はうわさの意味なので〈うわさ〉で表現。〈うわさ〉は耳元でこそこそ話し合われるさまで「うわさ」「風聞」などの意味。

〈うわさ〉

両手の指先を向かい合わせてねじるようにゆすりながら耳を傾ける。

〈聞く②〉

右人差指を右耳に当てる。

たより【頼り】

「あなたが頼りだ」

→〈あなた①〉+〈頼る〉

例文の「頼り」はあてにする人の意味なので〈頼る〉で表現。〈頼る〉は人にすがるさまで「頼る」「信じる」「信用する」などの意味を表す。

〈あなた①〉

目の前を右人差指でさす。

〈頼る〉

両手でひもにつかまり、すがるようにする。

たよりない【頼りない】1

「(彼は)頼りない」

→(〈彼〉+)〈頼る〉+〈ない①〉

例文の「頼りない」はあてにならない意味なので〈頼る〉+〈ない①〉で表現。

〈頼る〉

両手でひもにつかまり、すがるようにする。

〈ない①〉

両手の手首を回すように振る。

たよりない【頼りない】2

「運転は頼りない」

→〈運転〉+〈心配②〉

例文の「頼りない」は不安、心配の意味なので〈心配②〉で表現。〈心配②〉は胸を締め付けられるような不安なさまで「心配」などの意味。

〈運転〉

ハンドルを両手で握り、回すようにする。

〈心配②〉

手指を曲げた両手を胸に当てる。

たよりない【頼りない】3

「頼りない返事」

→〈あいまい〉+〈返事〉

例文の「頼りない」はあてにならないあやふやなの意味なので〈あいまい〉で表現。〈あいまい〉はもやもやしているさまを表す。

〈あいまい〉

両手のひらを前後に向かい合わせ、こすり合わせるように回す。

〈返事〉

親指と人差指を出した両手を手前に引き寄せる。

たよる【頼る】

「姉を頼って(上京する)」

→〈姉①〉+〈頼る〉(+〈東京〉+〈行(い)く①〉)

「頼る」はあてにすることで〈頼る〉で表現。〈頼る〉は人にすがるさまで「頼る」「信じる」「信用する」などの意味を表す。

〈姉①〉

右薬指を上にあげる。

〈頼る〉

両手こぶしを握り、綱にすがるようにする。

だらけ

「まちがいだらけ」

→〈まちがう②〉+〈たくさん④〉
（または〈たくさん③〉）

「だらけ」はそのものがいっぱいあることなので〈たくさん④〉または〈たくさん③〉で表現。手話はどちらも数的に多いさまを表す。

〈まちがう②〉
つまんだ両手を目の前に置き、交差させる。

〈たくさん④〉
軽く開いた両手のひらを上に向け、親指から順番に閉じながら右へ動かす。

たらす【垂らす】1

「池で釣糸を垂らす」

→〈池〉+〈釣糸を垂らす〉

例文の「釣糸を垂らす」は魚を釣るために釣糸を垂らすことで〈釣糸を垂らす〉で表現。〈釣糸を垂らす〉は「釣りをする」の意味を表す。

〈池〉
左手の親指と４指で囲むように出し、その中で手のひらを上に向けた右手を回す。

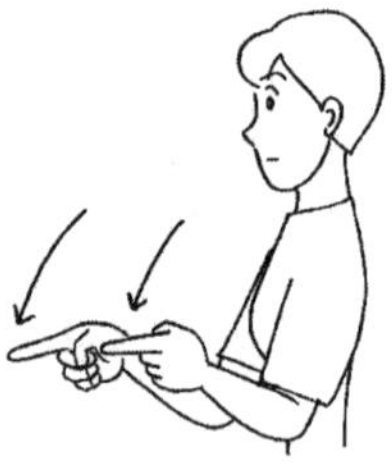

〈釣糸を垂らす〉
両手の人差指を重ねるようにして前に倒す。

たらす【垂らす】2

「長い髪を垂らした女」

→〈長い髪〉+〈女〉

例文の「髪を垂らす」は長い髪をしている意味なので〈長い髪〉で表現。〈長い髪〉は髪の毛が長いさまを表す。

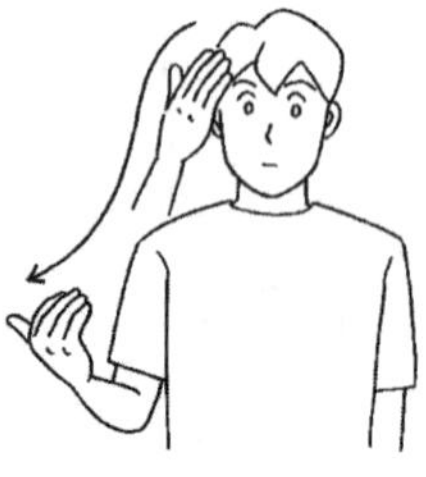

〈長い髪〉
右手のひらを頭に当ててたらすように下におろす。

〈女〉
右小指を立てる。

たり 1

「見たり（聞いたり）」

→〈見る①〉+〈から〉
（+〈聞く①〉+〈から〉）

例文の「～たり」のような言い回しは手話では〈から〉で表現。〈から〉は物事を例示的に並べて述べるときに使う手話表現。

〈見る①〉
右人差指を右目元から前に出す。

〈から〉
指先を前に向けた右手を左に払う。

たり 2

「うそをついたりしてはいけない」

→〈うそ①〉+〈悪い①〉

例文の「～たり」は例としてあげるときに使うことば。この場合、〈うそ①〉+〈悪い①〉で表現。最初に〈例〉をつけることもある。

〈うそ①〉
ほおを舌でふくらませ、そこを人差指で突く。

〈悪い①〉
人差指で鼻をこするようにして振りおろす。

たりる【足りる】1

「（百円あれば）足りる」

→（〈百円〉+〈ある①〉+）
〈きちんと①〉
または〈できる〉

例文の「足りる」は十分である、満ち足りるの意味なので〈きちんと①〉または〈できる〉で表現。〈きちんと①〉はこれで十分という意味を表す。

〈きちんと①〉
両手の親指と人差指を同時に閉じながら下におろす。

〈できる〉
右手指先を左胸と右胸に順に当てる。

たりる【足りる】2

「お金が足りない」

→〈金(かね)①〉+〈貧しい①〉（または〈不足〉）

例文の「足りない」は十分でない意味なので〈貧しい①〉または〈不足〉で表現。〈貧しい①〉はあごが干あがるさまで「貧しい」「貧乏」の意味。

〈金(かね)①〉

右手の親指と人差指で作った丸を示す。

〈貧しい①〉

右手親指をあごに当てる。

たりる【足りる】3

「電話で用が足りる」

→〈電話する①〉+〈きちんと②〉

例文の「足りる」は用が済む、間に合う意味なので〈きちんと②〉で表現。〈きちんと②〉はちゃんとできるという意味を表す。

〈電話する①〉

親指と小指を立てた右手を耳に当て、前に出す。

〈きちんと②〉

両手の親指と人差指を同時に繰り返し閉じながら下におろす。

たりる【足りる】4

「信頼するに足りる」

→〈頼る〉+〈できる〉

例文の「足りる」は～することができる、大丈夫の意味なので〈できる〉で表現。〈できる〉は大丈夫と胸を張るさまを表す。

〈頼る〉

両手でひもをつかむようにする。

〈できる〉

右手指先を左胸と右胸に順に当てる。

たりる【足りる】5

「満ち足りた（生活）」

→〈満足〉+〈順調〉（+〈生活〉）

例文の「満ち足りた」は満足する意味なので〈満足〉+〈順調〉で表現。〈満足〉+〈順調〉は満足で万事うまくいっているさまを表す。

〈満足〉

両手のひらを手前に向けて前後に置き、右手を左手にぶつける。

〈順調〉

両手の親指と人差指を上に向け、繰り返し閉じながら右へ動かす。

だるま

「雪だるま」

→〈雪〉+〈だるま〉

「だるま」は手足のない頭と胴体だけの人形のことで〈だるま〉で表現。〈だるま〉は「だるま」の形を表す。

〈雪〉

両手の親指と人差指で作った丸をひらひらさせながらおろす。

〈だるま〉

両手でだるまの輪郭を描く。

だれ【誰】1

「あの人は誰」

→〈それ〉+〈誰〉

例文の「誰」は〈誰〉で表現。目の見えない人たちの手をとって顔をふれさせ誰かを教えるさまで「誰」の意味を表す。

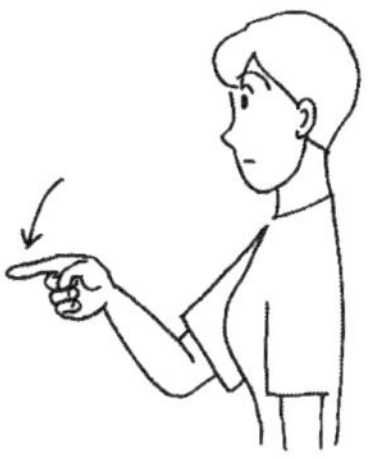

〈それ〉

右人差指で前をさす。

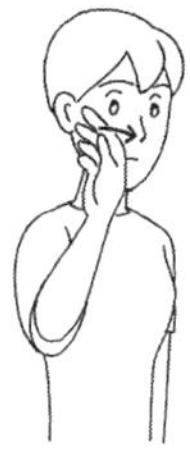

〈誰〉

右手指の背側をほおに当ててこするようにする。

だれ【誰】2

「家に誰もいない」

→〈家〉+〈留守〉

例文の「誰もいない」は〈留守〉で表現。左手（家）の屋根の下に誰もいないからっぽのさまを表す。

〈家〉

両手で屋根形を作る。

〈留守〉

左手で屋根形を作り、その下で右手を水平に回す。

だれ【誰】3

「誰も知らない」

→〈みんな〉+〈知らない〉

例文の「誰も」はみんなの意味なので〈みんな〉で表現。〈みんな〉は前にいる人達をさすさまで「みんな」「皆さん」の意味を表す。

〈みんな〉

右手のひらを下に向けて水平に回す。

〈知らない〉

右手のひらで右脇を払いあげる。

たれる【垂れる】1

「枝が垂れる」

→〈枝〉+〈垂れる〉

例文の「垂れる」は木の枝が垂れさがる意味なので〈垂れる〉で表現。〈垂れる〉は木の枝が垂れさがるさまを表す。

〈枝〉

両手の人差指を交互に左右に突きあげる。

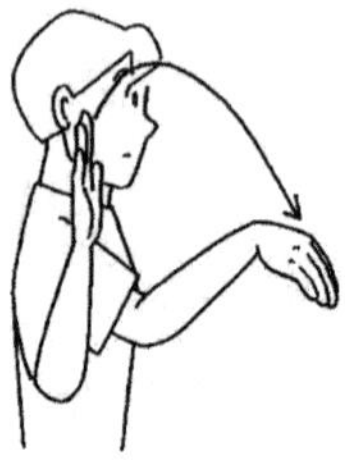

〈垂れる〉

右手のひらを前に向けてしおれるように前に垂らす。

たれる【垂れる】2

「風邪で鼻水が垂れる」

→〈風邪〉+〈鼻水〉

例文の「垂れる」は鼻水が線状に落ちる意味なので〈鼻水〉で表現。〈鼻水〉は鼻から鼻水が垂れるさまを表す。

〈風邪〉

せきこむように右手のこぶしを口に軽く2度当てる。

〈鼻水〉

鼻の下に右手2指の指先をつけて下におろす。

たれる【垂れる】3

「汗が垂れる」

→〈汗②〉

または〈汗③〉

例文の「垂れる」は汗がしたたり流れる意味なので〈汗②〉または〈汗③〉で表現。いずれも汗が流れるさまを表す。

〈汗②〉

親指と人差指でつまんだ両手を揺らしながら額からほおにおろす。

〈汗③〉

親指と人差指をつまんだ両手をほおに当て上下させる。

たれる【垂れる】4

「屁を垂れる」

→〈臭（くさ）い〉+〈屁〉

例文はおならをするという意味なので〈臭い〉+〈屁〉で表現。〈屁〉は尻から屁がプッと出るさまを表す。〈臭い〉は省略してもよい。

〈臭（くさ）い〉

右手の親指と人差指で鼻をつまむ。

〈屁〉

尻のわきで閉じた右手を後ろ向きにぱっと開く。

たれる【垂れる】5

「教えを垂れる」
→〈教える①〉+〈与える①〉

例文の「垂れる」は上の者が下の者に与える意味なので〈与える①〉で表現。〈与える①〉は与えるさまで「与える」「あげる」などの意味。

〈教える①〉
右人差指を口元付近から手首を軸にして振りおろす。

〈与える①〉
両手のひらを上に向け並べて前に差し出す。

たわし

「鍋をたわしで洗う」
→〈鍋〉+〈たわし〉

「たわし」は食器などを洗うシュロの毛などを束ねたもので〈たわし〉で表現。〈たわし〉はたわしでごしごし洗うさまを表す。

〈鍋〉
両手のひらを上に向け指先をつき合わせて左右に引くようにあげる。

〈たわし〉
右手指先を軽く曲げて左手のひらをこするようにする。

だろう 1

「晴れるだろう」
→〈明るい①〉+〈らしい〉

例文の「だろう」は推量を表すので〈らしい〉で表現。〈らしい〉は推測するさまで「だろう」「らしい」「そのようだ」などの意味がある。

〈明るい①〉
少し顔を上に向け、両手のひらを前に向けて交差させ左右に開く。

〈らしい〉
右手２指を頭の横で前後に振る。

たんい【単位】1

「貨幣の単位」
→〈金(かね)①〉+〈単位〉

例文の「単位」は数量の一定の基準の意味なので〈単位〉で表現。〈単位〉は「単位」を意味する新しい手話。

〈金(かね)①〉
右手の親指と人差指で作った丸を示す。

〈単位〉
左手のひらに右手の親指と人差指を突き立てる。

だろう 2

「(君も)行くんだろう」
→(〈あなた①〉+)
〈行(い)く①〉+〈同じ②〉

例文の「だろう」は相手に念を押したり同意を求めたりする気持ちを表すので〈同じ②〉で表現。〈同じ②〉で相手に同意を促す表情を示す。

〈行(い)く①〉
右手人差指を下に向けて、振りあげるように前をさす。

〈同じ②〉
両手を前後に置いて親指と人差指を閉じたり開いたりする。

たんい【単位】2

「クラス単位で行動する」
→〈グループ〉左側・右側+〈活動〉

例文の「単位」はひとまとまりの意味で〈グループ〉で表現。手話は左右に〈グループ〉を示してグループごとに分かれたさまを表す。

〈グループ〉左側・右側
左側と右側で指先を上に向けた両手で水平に円を描く。

〈活動〉
ひじを少し張り、ひじを軸に両こぶしを交互に繰り返し前に出す。

だんい【段位】

「将棋の段位」

→〈将棋〉+〈段位〉

「段位」は技術のレベルを示すもので〈段位〉で表現。〈段位〉は警察の腕章が地位を示すところからとった表現で技術のレベルを表す。

〈将棋〉

右手2指を斜め下に向けて前に出す。

〈段位〉

右手を左上腕に当て、順に下におろす。

だんかい【段階】1

「五段階」

→〈5〉+〈段階〉

例文の「段階」はある基準で分けた順序の意味なので〈段階〉で表現。〈段階〉はいくつかに分かれたレベルのさまで「段階」「レベル」の意味。

〈5〉

右親指の指先を左に向けて示す。

〈段階〉

指文字〈コ〉を示した右手を上から順番におろす。

たんか【単価】

「単価はいくら」

→〈単価〉+〈数〉

「単価」は単位あたりの値段の意味なので〈単価〉で表現。〈単価〉は〈金(かね)①〉と〈単位〉を組み合わせた「単価」を表す新しい手話。

〈単価〉

右手の親指と人差指を一定に開き、同時に左手で親指と人差指で作った丸を示す。

〈数〉

右手指でものを数えるようにして順に指を折る。

だんかい【段階】2

「(実験は)最終段階」

→(〈実験〉+)
〈まで〉+〈時①〉

例文の「最終段階」は最後のくぎりの意味で〈まで〉+〈時①〉で表現。〈まで〉+〈時①〉は「最後の時」つまり「最終段階」の意味を表す。

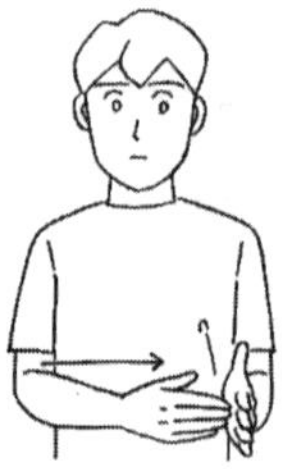

〈まで〉

左手のひらに右手指先を軽くつける。

〈時①〉

左手のひらに右親指を当て、右人差指を時計の針のように回す。

たんか【短歌】

「短歌集」

→〈短歌〉+〈本〉

「短歌」は〈短歌〉で表現。「短歌」は「和歌」ともいうことから〈和歌山〉を表す左手と短冊に書くしぐさを組み合わせた新しい手話。

〈短歌〉

左手を口元に当て、右手の親指と人差指で上から下に書くようにする。

〈本〉

両手のひらを合わせて左右に開く。

だんかい【段階】3

「(まだ)実験の段階」

→(〈まだ①〉+)
〈実験〉+〈中(ちゅう)①〉

例文の「段階」は途中の意味なので〈中(ちゅう)①〉で表現。〈中(ちゅう)①〉は漢字「中」の字形を表し、最中であることを表す。

〈実験〉

人差指を出した両手の手首を交差させて、ねじるように揺する。

〈中(ちゅう)①〉

左手の親指と人差指と右人差指で「中」の字形を作る。

たんき【短期】

「短期」は期間が短いことを意味するので〈短い①〉で表現。〈短い①〉+〈大学②〉は「短期大学」を表す一般的な表現。

「短期大学」

→〈短い①〉+〈大学②〉
（または〈大学①〉）

〈短い①〉
親指と人差指を閉じた両手を左右からさっと近づける。

〈大学②〉
両手の人差指で角帽のひさしを示す。

たんき【短気】1

例文の「短気」は気が短い性格のことなので〈心〉+〈短い①〉で表現。手話は「短気」「気短か」「気が短い」などの意味を表す。

「短気(は損)」

→〈心〉+〈短い①〉
（+〈損〉）

〈心〉
右人差指でみぞおち辺りをさす。

〈短い①〉
親指と人差指を閉じた両手を左右からさっと近づける。

たんき【短気】2

例文の「短気を起こす」はすぐ怒る意味なので〈はやい①〉+〈怒る①〉で表現。〈はやい①〉は「はやい」「すぐ」などの意味がある。

「短気を起こす」

→〈はやい①〉+〈怒(おこ)る①〉

〈はやい①〉
親指と人差指を閉じた右手をすばやく左へ動かしながら人差指を伸ばす。

〈怒(おこ)る①〉
両手で腹をつかむようにして上に向けてさっと動かす。

タンク1

例文の「タンク」は液体の容器のことなので〈タンク〉で表現。〈タンク〉は器の形を表す。

「石油タンク」

→〈油〉+〈タンク〉

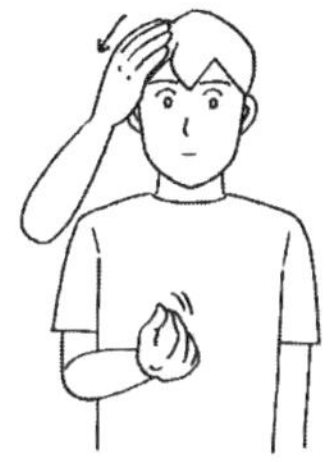

〈油〉
右手のひらで頭にふれ、親指と4指をこすり合わせる。

〈タンク〉
指を曲げた両手を離して上下に向い合わせる。

タンク2

例文の「シンクタンク」は頭脳集団のことなので〈思う〉+〈タンク〉で表現。

「シンクタンク」

→〈思う〉+〈タンク〉

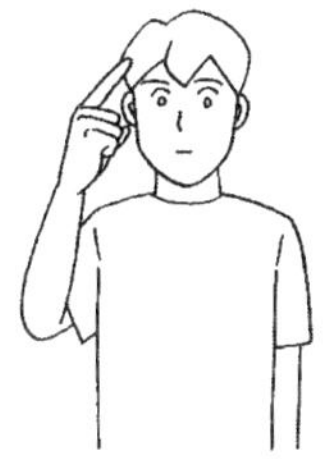

〈思う〉
右人差指を側頭部に当てる。

〈タンク〉
指を曲げた両手を離して上下に向い合わせる。

だんけつ【団結】1

例文の「団結」は仲よくすることなので〈仲間〉で表現。〈仲間〉はみんなが手をつなぐさまで「団結」「仲間」の意味を表す。

「チームの団結」

→〈グループ〉+〈仲間〉

〈グループ〉
指先を上に向けた両手で水平に手前に円を描く。

〈仲間〉
両手を握り、水平に回す。

だんけつ【団結】2

「一致団結する」

→〈一致〉+〈仲間〉

例文はみんなが心を合わせて仲よくすることなので〈一致〉+〈仲間〉で表現。

〈一致〉

親指と人差指を開いた両手を交差させて、指を閉じながら腕を左右にすばやく開く。

〈仲間〉

両手を握り、水平に回す。

たんけん【探検】

「(島を)探検する」

→(〈島①〉+)〈調べる①〉または〈探検〉

「探検」は〈調べる①〉または〈探検〉で表現。〈調べる①〉は注意深く目を配るさまを表し、〈探検〉は〈調べる①〉と区別するために指先を逆にして表す。

〈調べる①〉

右手の人差指と中指を軽く折り曲げて、目の前を左右に往復させる。

〈探検〉

折り曲げた右2指を目の前で回す。

だんげん【断言】

「(明日晴れると)断言する」

→(〈あした〉+〈明るい①〉+)〈はっきり〉+〈言う①〉

「断言」はきっぱりと言い切る意味なので〈はっきり〉+〈言う①〉で表現。手話は「断言」「明言」「言い切る」などの意味を表す。

〈はっきり〉

左右の手のひらを並べて前後にすばやく離す。

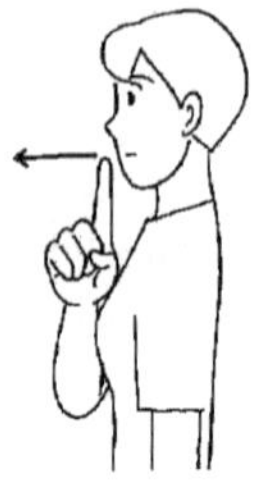

〈言う①〉

右人差指を口元から前に出す。

たんご【単語】

「英単語」

→〈イギリス④〉+〈単語〉

「単語」は文を構成する一つ一つの言葉の意味なので〈単語〉で表現。〈単語〉は〈言葉〉と〈単位〉を組み合わせた「単語」を表す新しい手話。

〈イギリス④〉

右手2指の背側をあごに沿って動かす。

〈単語〉

左人差指をかぎ状にし、その下で親指と人差指を開いた右手を差し込むようにする。

だんご【団子】1

「おいしいだんご」

→〈おいしい①〉+〈だんご〉

例文の「だんご」は和菓子のだんごなので〈だんご〉で表現。〈だんご〉は串だんごのさまを表す。

〈おいしい①〉

右手のひらであごをぬぐう。

〈だんご〉

前向きにした左人差指の上に右親指と人差指で作った丸を3か所に置きながら前に出す。

だんご【団子】2

「肉だんご」

→〈牛〉+〈まんじゅう①〉

例文の「だんご」は丸く固めた物なので〈まんじゅう①〉で表現。〈まんじゅう①〉は丸めるさまを表す。例文の「肉」は〈牛〉で表現。

〈牛〉

両手親指と人差指で角の形を作り、親指を側頭部につける。

〈まんじゅう①〉

両手のひらを上下に向かい合わせて丸めるようにする。

だんさ【段差】1

「段差に注意」
→〈段差〉+〈注意〉

例文の「段差」は高低のずれのことなので〈段差〉で表現。

〈段差〉
指先を前方に向け手のひらを下に向けた両手を左右に並べ、右手を少し下にさげる。

〈注意〉
軽く開いた両手を上下に置き、体に引きつけて握る。

だんさ【段差】2

「段差を感じる」
→〈差〉+〈思う〉

例文の「段差」は段位の違いのことなので〈差〉で表現。〈差〉は上下に差があるさまを表す。

〈差〉
両手のひらを下に向けて上下に離す。

〈思う〉
右人差指を側頭部に当てる。

だんし【男子】1

「成人男子」
→〈大人〉+〈男性〉

例文の「男子」は男性一般の意味なので〈男性〉で表現。〈男性〉は複数の男性または男性一般を表す。

〈大人〉
指文字〈コ〉を示した両手を肩から上にあげる。

〈男性〉
親指を立てた両手を手前に引きながら水平に円を描く。

だんし【男子】2

「男子一人」
→〈男〉+〈一人①〉

例文の「男子」は一人なので〈男〉で表現。〈男〉は「男」または具体的な第三者「彼」を表す。

〈男〉
親指を立てた右手を出す。

〈一人①〉
左人差指を横に倒し、その下に右人差指で「人」の字を書く。

たんしゃ【単車】

「単車の免許」
→〈バイク〉+〈証拠〉

「単車」は二輪バイクのことなので〈バイク〉で表現。〈バイク〉はハンドルのアクセルを操作するさまを表す。

〈バイク〉
バイクのハンドルを握り、右手でアクセルを回すようにする。

〈証拠〉
左手のひらの上に指先を折り曲げた右手を判を押すようにのせる。

たんじゅん【単純】1

「単純労働」
→〈簡単〉+〈仕事〉

例文の「単純」は複雑ではないという意味なので〈簡単〉で表現。〈簡単〉は「容易である」「易しい」などの意味を表す。

〈簡単〉
右人差指をあごに当て、次に左手のひらの上に落とすようにつける。

〈仕事〉
手のひらを上に向け、向かい合わせた両手指先を繰り返しつき合わせる。

たんじゅん【単純】2

「単純な(人)」

→〈考える〉+〈簡単〉
(+〈人〉)

例文の「単純」は考えが浅い意味なので〈考える〉+〈簡単〉で表現。

〈考える〉

右人差指を頭にねじこむようにする。

〈簡単〉

右人差指をあごに当て、次に左手のひらの上に落とすようにつける。

だんじょ【男女】2

「一組の男女が歩く」

→〈デート①〉
または〈デート②〉

例文の「一組の男女が歩く」は〈デート①〉または〈デート②〉で表現。手話は男と女が肩を並べて歩くさまを表す。

〈デート①〉

右小指と左親指を寄り添わせて前に出す。

〈デート②〉

親指と小指を立てた右手を前に出す。

たんしょ【短所】

「私の短所」

→〈私①〉+〈手落ち〉

「短所」は悪い点、欠点の意味なので〈手落ち〉で表現。〈手落ち〉はものの欠けるさまで「短所」「手落ち」「欠点」などの意味を表す。

〈私①〉

人差指で胸を指さす。

〈手落ち〉

重ねた両手から右手が前に落ちるようにする。

たんじょう【誕生】1

「男児が誕生する」

→〈男〉+〈生まれる〉

例文の「誕生」は生まれる意味なので〈生まれる〉で表現。〈生まれる〉は人が生まれるさまであるが「誕生」「生む」「出産」の意味。

〈男〉

親指を立てた右手を出す。

〈生まれる〉

指先を向かい合わせた両手を腹から前に出す。

だんじょ【男女】1

「男女平等」

→〈男女〉+〈平等〉

例文の「男女」は男と女の意味なので〈男女〉で表現。〈男女〉は男と女を同列に並べることで対等の「男女」を表す。

〈男女〉

右親指を出し、続けて左小指を示す。

〈平等〉

両手のひらを下に向けてつき合わせ、左右に水平に開く。

たんじょう【誕生】2

「誕生日」

→〈生まれる〉+〈いつ〉

例文の「誕生日」は生まれた年月日のことなので〈生まれる〉+〈いつ〉で表現。〈いつ〉は月日を示すさまで「年月日」「月日」などの意味。

〈生まれる〉

指先を向かい合わせた両手を腹から前に出す。

〈いつ〉

両手を上下にして、両手同時に順番に指を折る。

たんじょう【誕生】3

「学校が誕生する」

→〈勉強②〉+〈建てる〉

例文の「誕生」は創設されるの意味なので〈建てる〉で表現。〈建てる〉は建物が建つさまで「建築」「設立」「創立」などの意味を表す。

〈勉強②〉

指先を上に向けた両手を並べて軽く前に出す。

〈建てる〉

両手の屋根形を前から起こす。

たんしんふにん【単身赴任】

「東京に単身赴任する」

→〈東京〉+〈単身赴任〉

「単身赴任」は〈単身赴任〉で表現。〈単身赴任〉は一人で行くことを表す。

〈東京〉

「L」にした両手を2回上にあげる。

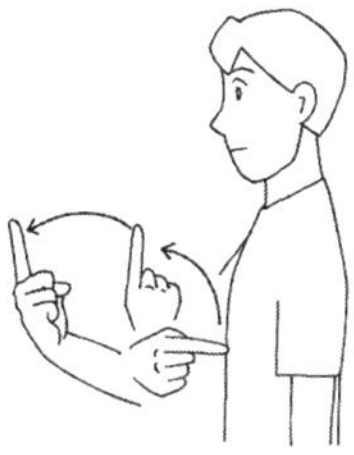

〈単身赴任〉

人差指を胸から跳ね上げ、そのまま前方に弧を描きながら出す。

たんす【箪笥】1

「たんすにしまう」

→〈たんす〉+〈隠す〉

例文の「たんす」は〈たんす〉で表現。〈たんす〉はたんすの引き出しを開けるさまを表す。

〈たんす〉

全指を軽く曲げた両手の手のひらを上に向け、手前に引く。

〈隠す〉

左手のひらの下に右手をもぐり込ませる。

たんす【箪笥】2

「洋服だんす」

→〈服〉+〈開(ひら)く⑥〉

例文の「洋服だんす」は服を吊す両開きのたんすのことなので〈服〉+〈開く⑥〉で表現。手話は洋服だんすの戸を開くさまを表す。

〈服〉

親指を立てた両手をえりに沿って下におろす。

〈開(ひら)く⑥〉

両手のこぶしを合わせて手前に引きながら左右に開く。

ダンス 1

「社交ダンスを踊る」

→〈ダンス①〉

「社交ダンス」は男女がペアになって踊ることなので〈ダンス①〉で表現。ダンスによって手話は変わる。

〈ダンス①〉

社交ダンスのように相手の手を軽く握り、左手を腰に回すようなつもりで構え、軽く体を揺らす。

ダンス 2

「ダンスが好き」

→〈ダンス②〉+〈好き①〉

例文の「ダンス」は〈ダンス②〉で表現。〈ダンス②〉は足を動かすダンスのさまを表す。

〈ダンス②〉

指先を右に向け、手のひらを上に向けた左手の上で右2指を下に向け、左右に振る。

〈好き①〉

親指と人差指を開いた右手をのどに当て、下におろしながら閉じる。

だんせい【男性】1

「男性合唱」

→〈男性〉+〈歌う②〉

例文の「男性」は複数の男性の意味なので〈男性〉で表現。〈男性〉+〈歌う②〉は複数の男性が歌うさまで「男性合唱」の意味を表す。

〈男性〉

親指を立てた両手を手前に引きながら水平に円を描く。

〈歌う②〉

両手2指を口元に当て、左右にくるりと回して上にあげる。

だんせい【男性】2

「男性的」

→〈男性〉+〈合う①〉

例文の「男性」は男性一般の意味なので〈男性〉で表現。〈男性〉+〈合う①〉は「男性的」「男らしい」の意味を表す。

〈男性〉

親指を立てた両手を手前に引きながら水平に円を描く。

〈合う①〉

左人差指の先に右人差指の先を当てる。

だんせい【男性】3

「男性にまちがう」

→〈男〉+〈まちがう②〉

例文の「男性」は男の人の意味なので〈男〉で表現。〈男〉は〈女〉に対応する表現で「男」「彼」などの意味を表す。

〈男〉

親指を立てた右手を出す。

〈まちがう②〉

つまんだ両手を目の前に置き、交差させる。

だんぜん【断然】1

「断然行くことを決めた」

→〈行(い)く①〉+〈決める②〉

例文の「断然」は人を押し切って行うさまを意味する。手話は〈決める②〉を力強く表現することでその意味を表す。

〈行(い)く①〉

右手人差指を下に向けて、振りあげるように前をさす。

〈決める②〉

左手のひらに右こぶしを打ちつける。

だんぜん【断然】2

「(彼の方が)断然賢い」

→(〈彼〉+)
〈代表〉+〈賢い①〉

例文の「断然」は程度がはなはだしく優れていることを意味するので〈代表〉で表現。〈代表〉はとび抜けているさまを表す。

〈代表〉

指先を斜め上に向けた左手のひらの下から人差指を立てた右手を斜め上にあげる。

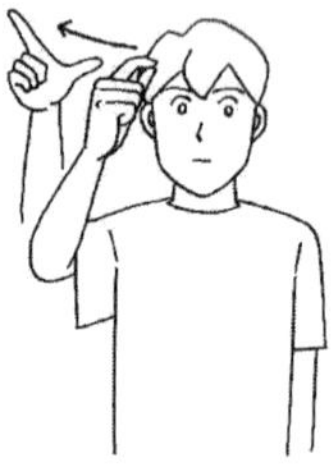

〈賢い①〉

右手の親指と人差指を閉じ、上に向かってはじくように開く。

だんそう【断層】1

「断層が生じる」

→〈断層①〉または〈断層②〉

「断層」は〈断層①〉または〈断層②〉で表現。いずれも地層がずれていることを表す。「断層が生じる」も同手話。

〈断層①〉

指先を下に向けた両手をつけ合わせ、右手を下におろす。

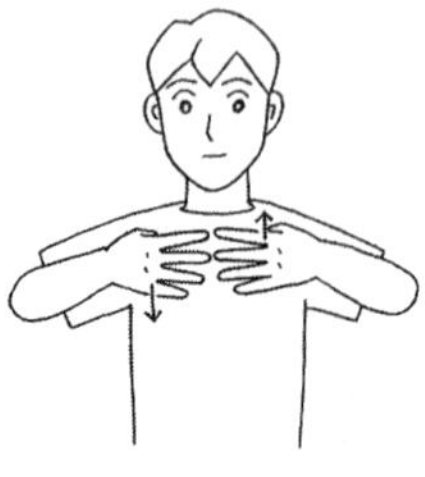

〈断層②〉

4指の指先を向かい合わせにした両手を上下にずらす。

だんそう【断層】2

「断層写真」

→〈断層③〉+〈写真〉

例文の「断層」はＸ線の写真なので〈断層③〉で表現。〈断層③〉はCTの輪切りのさまを表す。

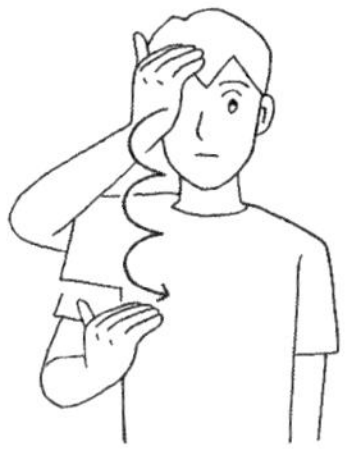

〈断層③〉

手のひらを下に向け指先を左に向けた右手を頭から順に下に切るようにおろしていく。

〈写真〉

左手の親指と4指で作った丸の前に右手のひらをおろす。

だんたい【団体】1

「団体で行動する」

→〈グループ〉+〈動き回る〉

例文の「団体」は人々の集まりの意味なので〈グループ〉で表現。〈グループ〉は人々がまとまり集まるさまで「団体」「グループ」「クラス」の意味。

〈グループ〉

指先を上に向けた両手で水平に手前に円を描く。

〈動き回る〉

指先を上に向けて囲むようにつけた両手をぐるぐる回すように右から左へ動かす。

だんたい【団体】2

「政治団体」

→〈政治〉+〈グループ〉

例文の「政治団体」は〈政治〉+〈グループ〉で表現。これは「政党」も意味する。

〈政治〉

左手のひらの上に右ひじを置き、右手指先を伸ばし前後に振る。

〈グループ〉

指先を上に向けた両手で水平に手前に円を描く。

だんたい【団体】3

「団体交渉」

→〈グループ〉+〈交渉②〉

例文の「団体交渉」はグループで交渉することなので〈グループ〉+〈交渉②〉で表現。〈グループ〉は人々がまとまり集まるさまを表す。

〈グループ〉

指先を上に向けた両手で水平に手前に円を描く。

〈交渉②〉

両手の指先を向かい合わせ、左右から繰り返しつき合わせる。

だんだん【段々】1

「子供が段々大きくなる」

→〈子供①〉+〈大きくなる②〉

例文の「段々大きくなる」は〈大きくなる②〉で表現。〈大きくなる②〉は段々と大きくなるさまを表す。

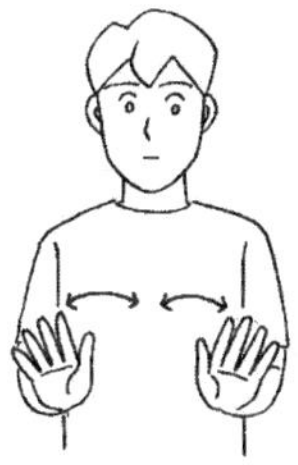

〈子供①〉

両手のひらを前に向けて、あやすように左右に振る。

〈大きくなる②〉

指文字〈コ〉を示した両手を肩から順に上にあげる。

だんだん【段々】2

「うわさが段々広まる」

→〈うわさ〉+〈広がる③〉

例文の「段々広まる」は次第に広がる意味なので〈広がる③〉で表現。〈広がる③〉を徐々に動かして「段々」を表す。

〈うわさ〉

両手の指先を向かい合わせてねじるようにゆすりながら耳を傾ける。

〈広がる③〉

両手の指先を揺らし、左右に広げながら前に出す。

だんだん【段々】3

「（病気が）段々悪くなる」

→（〈病気〉＋）
〈だんだん〉＋〈とても〉

例文は病気が次第に悪くなることなので〈だんだん〉＋〈とても〉で表現。これから先も病気が次第に重くなるという意味を表す。

〈だんだん〉
右手のひらを前に向けて軽く前に出す。

〈とても〉
右手の親指と人差指をつまみ、右へ弧を描きながら親指を立てる。

だんち【団地】

「（住宅）団地」

→（〈いる〉＋）
〈ビル①〉＋〈並べる③〉

「団地」は同じような住宅の棟が並ぶので〈ビル①〉＋〈並べる③〉で表現。手話は団地の建物が並ぶさまを表す。

〈ビル①〉
両手のひらを向かい合わせて上にあげ、閉じる。

〈並べる③〉
両手のひらを手前に向けて間をおいて並べ、右手を順番に区切るように前に出す。

たんちょう【単調】

「単調な生活」

→〈普通〉＋〈生活〉

「単調」は同じ調子が続き、変化のないさまを意味するので〈普通〉で表現。〈普通〉は「平凡」の意味がある。

〈普通〉
両手の親指と人差指を合わせて左右に開く。

〈生活〉
両手の親指と人差指を向かい合わせて回す。

だんちょう【団長】

「団長」

→〈グループ〉＋〈長②〉
（または〈長①〉）

「団長」は団体の長なので〈グループ〉＋〈長②〉または〈長①〉で表現。

〈グループ〉
指先を上に向けた両手で水平に手前に円を描く。

〈長②〉
左手の甲に親指を立てた右手をのせる。

だんちょうのおもい【断腸の思い】

「断腸の思いで決断」

→〈断腸の思い〉＋〈決める②〉

「断腸の思い」はがまんできないほどつらい気持ちの意味なので〈断腸の思い〉で表現。〈断腸の思い〉は腸がねじられるようなつらいさま。

〈断腸の思い〉
両手のこぶしの親指側をつけて前後にねじ切るように回す。

〈決める②〉
左手のひらに右こぶしを打ちつける。

たんとう【担当】

「会計を担当する」

→〈計算〉＋〈責任①〉

「担当」は受け持つ意味なので〈責任①〉で表現。〈責任①〉は任務を肩に負うさまで「担当」「担任」「責任」「受け持つ」などの意味。

〈計算〉
左手の指先の方向に右手4指を滑らせるように右へ動かす。

〈責任①〉
右肩に軽く全指を折り曲げた右手をのせる。

たんどく【単独】

「単独で山に登る」

→〈自分一人〉+〈登る①〉

「単独」は自分ただひとりの意味なので〈自分一人〉で表現。〈自分一人〉は「単独」「単身」「自分一人」の意味を表す。

〈自分一人〉

右人差指を胸に当て、前にはねあげる。

〈登る①〉

右手 2 指を登るように斜め上にあげる。

たんなる【単なる】1

「単なる友達です」

→〈普通〉+〈友達①〉

例文の「単なる」はただの、普通のの意味なので〈普通〉で表現。〈普通〉はみなが同じさまで「普通」「一般」「当たり前」などの意味を表す。

〈普通〉

両手の親指と人差指を合わせ左右に開く。

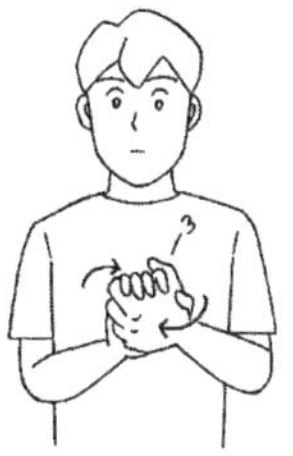

〈友達①〉

両手を組み、手を組み換える。

だんな【旦那】1

「うちのだんな」

→〈私①〉+〈夫(おっと)〉

例文の「だんな」は夫の意味なので〈夫〉で表現。〈夫〉は〈夫婦〉から〈男〉を示すさまで「だんな」「夫」の意味を表す。

〈私①〉

人差指で胸を指さす。

〈夫(おっと)〉

左小指に添わせた右親指を前に出す。

たんなる【単なる】2

「単なる空想にすぎない」

→〈夢①〉+〈だけ〉

例文の「単なる」はただの、それだけのの意味なので〈だけ〉で表現。〈だけ〉は一つだけを表すさまで「だけ」「それだけ」などの意味。

〈夢①〉

指先を軽く曲げて手のひらを上に向けた右手を頭から揺らしながら前に出す。

〈だけ〉

左手のひらに人差指を立てた右手を打ちつける。

だんな【旦那】2

「店のだんな」

→〈店①〉+〈長②〉

例文の「だんな」は店の主人の意味なので〈長②〉で表現。〈長②〉は責任者のさまで「だんな」「店の主人」「店主」「店長」などの意味。

〈店①〉

両手のひらを上に向けて、左右に開く。

〈長②〉

左手の甲に親指を立てた右手をのせる。

たんにん【担任】

「クラス担任」

→〈グループ〉+〈責任①〉

「担任」はクラスを受け持つ先生の意味なので〈責任①〉で表現。〈責任①〉は任務を肩に負うさまで「担当」「担任」「責任」「受け持つ」の意味。

〈グループ〉

指先を上に向けた両手で水平に手前に円を描く。

〈責任①〉

右肩に軽く全指を折り曲げた右手をのせる。

だんねん【断念】

「旅行を断念する」

→〈旅行〉+〈冷(さ)める③〉

「断念」はあきらめる意味なので〈冷める③〉で表現。〈冷める③〉はその気がなくなるという意味を表す。

〈旅行〉

両手人差指を平行に並べ同時に左右に振る。

〈冷(さ)める③〉

右手の親指と4指を開き左脇に当て閉じる。

たんのう【堪能】1

「料理を堪能する」

→〈食べる①〉+〈おいしい①〉

例文は食事をおいしく食べて十分に満足する意味なので〈食べる①〉+〈おいしい①〉で表現。

〈食べる①〉

左手のひらの上を右手ですくって食べるようにする。

〈おいしい①〉

右手のひらであごをぬぐう。

たんのう【堪能】2

「(英語に)堪能な人」

→(〈イギリス④〉+〈書く④〉+)〈得意〉+〈人〉

例文の「堪能」はすぐれている意味なので〈得意〉で表現。〈得意〉は鼻が高いさまで「得意」「得手」「達者」などの意味を表す。

〈得意〉

親指と小指を立てた右手の親指を鼻に当て、斜め上に出す。

〈人〉

人差指で「人」の字を空書する。

たんぼ

「たんぼの稲」

→〈たんぼ〉+〈稲〉

「たんぼ」は〈たんぼ〉で表現。〈たんぼ〉は漢字「田」の字形を利用した表現で〈田〉から派生した表現。

〈たんぼ〉

左手3指の上を右手3指で軽くたたくようにする。

〈稲〉

指先を閉じた右手を上にあげながら指先を開き、下に向ける。

だんぼう【暖房】1

「部屋を暖房する」

→〈部屋〉+〈暖かい〉

例文の「暖房」は部屋などを暖める意味なので〈暖かい〉で表現。〈暖かい〉は体がぽかぽかするさまで「暖かい」「春」などの意味がある。

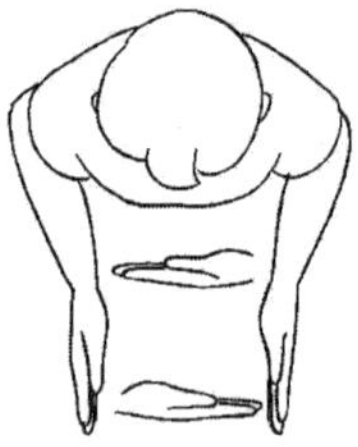

〈部屋〉

両手のひらで前後左右に四角く囲む。

〈暖かい〉

両手で下からあおぐようにする。

だんぼう【暖房】2

「暖房器具が欲しい」

→〈暖房〉+〈求める〉

例文の「暖房器具」は〈暖房〉で表現。〈暖房〉は囲まれた空間を暖めるさまで「暖房」「暖房器具」などの意味を表す新しい手話。

〈暖房〉

左手で指文字〈コ〉を示し、右手のひらで下からあおぐようにする。

〈求める〉

左手のひらに右手の甲を打ちつける。

タンポポ

「タンポポの花」

→〈タンポポ〉+〈花①〉
（または〈花②〉）

「タンポポ」は〈タンポポ〉で表現。〈タンポポ〉はタンポポの綿毛が飛ぶさまを表す。

〈タンポポ〉

左人差指に右手の甲をつけ、その右手が飛ぶように右上に動かす。

〈花①〉

両手を合わせてすぼませた指を左右に開く。

たんめい【短命】

「父は短命でした」

→〈父〉+〈短命〉

例文の「短命」は寿命が短いことなので〈短命〉で表現。〈短命〉は左手が命、右手が短いことを表す。

〈父〉

右人差指でほおにふれ、親指を出す。

〈短命〉

左こぶしを左胸に置き、右親指と人差指をつまんで前方から左甲につける。

だんらん【団欒】

「（一家）団欒」

→（〈家族〉+）
〈うれしい〉+〈会話②〉

「団欒」は集まってなごやかに過ごす意味なので〈うれしい〉+〈会話②〉で表現。手話は集まったみんなが楽しく話し合うさまを表す。

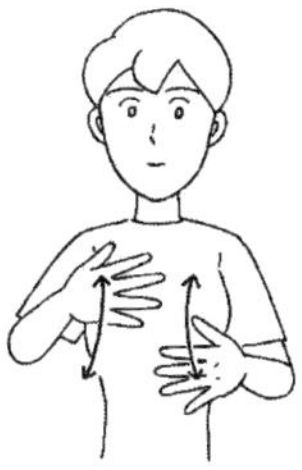

〈うれしい〉

両手のひらを胸の前で、交互に上下させる。

〈会話②〉

すぼめた両手を向かい合わせて同時に左右から繰り返し開く。

たんれん【鍛錬】

「体の鍛錬をする」

→〈体（からだ）〉+〈鍛える〉

「鍛練」は鍛える意味なので〈鍛える〉で表現。〈鍛える〉は胸を打ちつけて体を鍛えるさまで「鍛練」「鍛える」「訓練」などの意味を表す。

〈体（からだ）〉

右手を体の上で回す。

〈鍛える〉

ひじを張り、両こぶしで胸を同時に繰り返したたく。

だんわ【談話】1

「談話がはずむ」

→〈会話②〉+〈盛りあがる〉

例文の「談話」は会話のことなので〈会話②〉で表現。〈会話②〉は両者が話をするさまを表す。

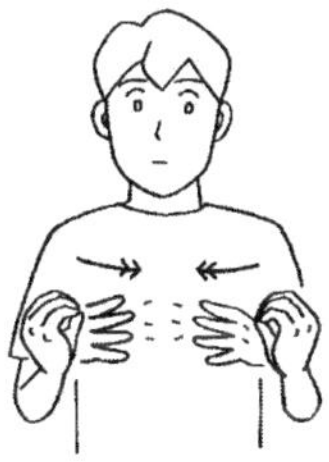

〈会話②〉

すぼめた両手を向かい合わせて同時に左右から繰り返し開く。

〈盛りあがる〉

指先を向かい合わせた両手をねじりながら上に動かす。

だんわ【談話】2

「（首相の）談話」

→（〈首相〉+）
〈言う①〉+〈C①〉

例文の「談話」は個人が意見を述べることなので〈言う①〉+〈C①〉で表現。〈C①〉は日本式アルファベットの「C」を表す。

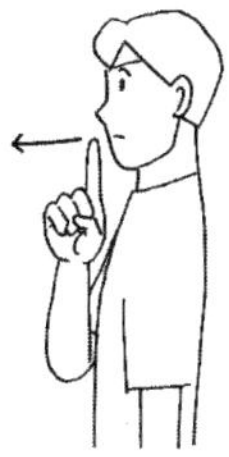

〈言う①〉

右人差指を口元から前に出す。

〈C①〉

日本式アルファベット〈C〉を口の前で表す。

〈チ〉

小指を立て、親指と残り3指の先を閉じて示す。

ち【血】1

「頭から血を流す」

→〈血液①〉+〈血が流れる〉

例文の「血」は体を流れる血液のことで〈血液①〉で表現。〈血液①〉は血管を流れる赤い血液のさま。血を流す部位によって手話は変わる。

〈血液①〉

右人差指で唇を示して、左腕に沿って線を引くようにする。

〈血が流れる〉

指先を軽く開いた右手を頭に当ててほおを伝うようにおろす。

ち【血】2

「血がつながっている」

→〈親類〉+〈関係①〉

例文の「血がつながる」は親子・兄弟・親類の関係の意味なので〈親類〉+〈関係①〉で表現。手話は肉親関係を表す。

〈親類〉

親指と人差指を閉じた両手をほおにつけ、右手を前に伸ばし出す。

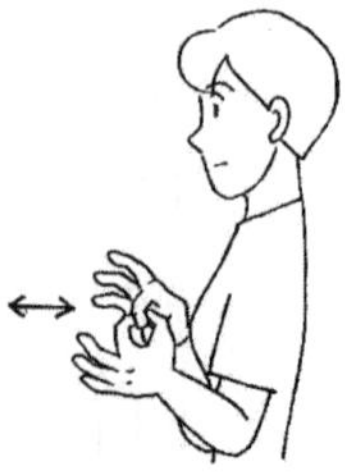

〈関係①〉

両手の親指と人差指を組み、前後に往復させる。

ち【血】3

「怒られて頭に血がのぼる」

→〈しかられる〉+〈興奮〉

例文の「頭に血がのぼる」はかっかして興奮する意味なので〈興奮〉で表現。〈興奮〉は血がのぼるさまでかっかした表情に注意。

〈しかられる〉

親指を立てた右手を顔に向け押すようにする。

〈興奮〉

すぼめた両手をほおに当て、揺らしながら上にあげる。

ち【血】4

「血のにじむような努力」

→〈すごい〉+〈努力〉

例文の「血のにじむような」は大変な苦労をする意味なので〈すごい〉で表現。〈すごい〉は目をむくようなさまを表す。

〈すごい〉

右手指先を曲げて頭の横で前方に回転させる。

〈努力〉

左手のひらに右人差指をねじこみながら前に押し出す。

ち【血】5

「血も涙もない」

→〈心〉+〈寒い〉

例文の「血も涙もない」は人間らしい思いやりが少しもない、冷たい意味なので〈心〉+〈寒い〉で表現。〈寒い〉は心理的な冷たさも表す。

〈心〉

右人差指でみぞおち辺りをさす。

〈寒い〉

両こぶしを握り、左右にふるわせる。

ち【血】6

「血の気が引く」

→〈青くなる①〉
またはく青くなる②〉

例文の「血の気が引く」は顔が真っ青になる意味なので〈青くなる①〉または〈青くなる②〉で表現。手話はどちらも顔が青くなるさまを表す。

〈青くなる①〉

ほおに右手甲をつけ、静かにすべりおろす。

〈青くなる②〉

右人差指を軽く曲げて顔の下から上にすばやくあげる。

ち【血】7

「血と汗(の結晶)」

→〈いろいろ〉+〈苦労〉
(+〈まとめる〉)

例文は非常に苦労した末に手に入れたものの意味なので〈いろいろ〉+〈苦労〉+〈まとめる〉で表現。〈まとめる〉は「成果」「結果」の意味。

〈いろいろ〉

親指と人差指を立てた右手をねじりながら右へ動かす。

〈苦労〉

左腕を右こぶしで軽くたたく。

ち【地】1

「地の果て」

→〈大陸〉+〈行(ゆ)き止まり〉

例文の「地」は陸地や地域の意味なので〈大陸〉で表現。〈大陸〉は左手〈場所〉と右手〈広い④〉を組み合わせた、「大陸」を意味する新しい手話。

〈大陸〉

指先を右に向け手のひらを下向きにした左手の上で、手のひらを下向きにした右手を水平に回す。

〈行(ゆ)き止まり〉

左手のひらに右手指先をぶつけるように当てる。

ち【地】2

「住宅地」

→〈家〉左側・右側+〈土〉

例文の「地」は地域の意味で〈土〉で表現。〈土〉は「土」そのものの意味であるが「土地」をも意味する。

〈家〉左側・右側

左側で屋根形を作り、次に右側でも同様にする。

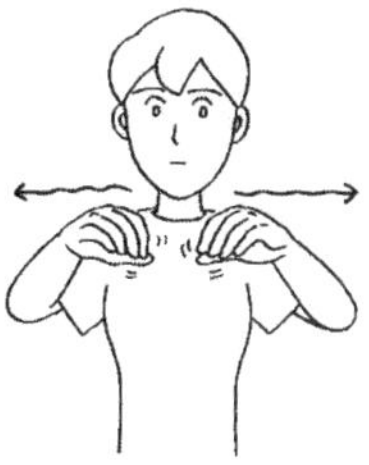

〈土〉

砂や土をこすり落とすようにして両手を左右に開く。

ち【地】3

「信用が地に落ちる」

→〈頼る〉+〈消える①〉

例文の「地に落ちる」は信用・権威などがまったくなくなる意味で〈消える①〉で表現。〈消える①〉は目の前のものがなくなるさまを表す。

〈頼る〉

両手でひもにつかまり、すがるようにする。

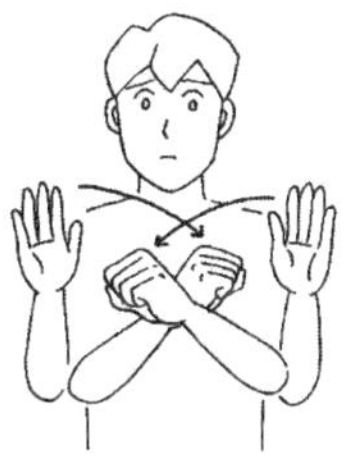

〈消える①〉

手のひらを前に向けた両手を交差させながら握る。

ちい【地位】1

「会社での地位」

→〈会社〉+〈肩書き①〉

例文の「地位」は身分・位の意味なので〈肩書き①〉で表現。〈肩書き①〉は名札のさまで「肩書き」「資格」などの意味を表す。

〈会社〉

両手の 2 指を交互に前後させる。

〈肩書き①〉

右手の親指と人差指を右肩に当て、下におろす。

ちい【地位】2

「ろうあ者の地位」

→〈ろうあ①〉+〈立つ〉

例文の「地位」は社会における立場・位置の意味なので〈立つ〉で表現。〈立つ〉は立つさまで「立つ」「立場」の意味がある。

〈ろうあ①〉

右手のひらで口と耳をふさぐように当てる。

〈立つ〉

左手のひらの上に右手２指を立てる。

ちいき【地域】

「地域(社会)」

→〈地域①〉
　または〈地域②〉
　(+〈社会〉)

「地域」は広がりをもった一定の土地を言い〈地域①〉または〈地域②〉で表現。①はコンパスで描かれる範囲、②は一定の範囲を表す。

〈地域①〉

左手のひらの上に右親指を立てて人差指をコンパスのように回す。

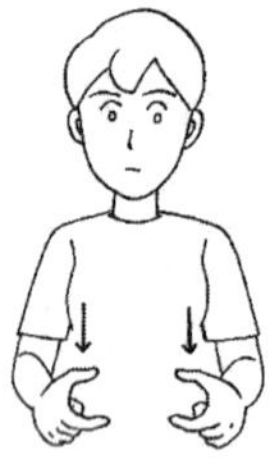

〈地域②〉

開いた両手の親指と人差指の指先を同時に前にぱっと置くようにする。

ちいさい【小さい】1

「小さい箱」

→〈小さい①〉+〈箱①〉

例文の「小さい」は形が小さい意味なので〈小さい①〉で表現。〈小さい①〉は形が小さいさまで、手の示す小ささでその程度を表す。

〈小さい①〉

両手の親指と人差指を向かい合わせ、左右から縮める。

〈箱①〉

指先を曲げた両手を上下に重ねる。

ちいさい【小さい】2

「小さい丸」

→〈小さい②〉+〈丸④〉

例文の「小さい」は形が小さい意味なので〈小さい②〉で表現。〈小さい②〉は形が小さいさまで、手の示す小ささでその程度を表す。

〈小さい②〉

右手の親指と人差指を軽く開き、下にさげながら小さな丸を作る。

〈丸④〉

右人差指で丸を描く。

ちいさい【小さい】3

「小さい犬」

→〈小さい③〉+〈犬〉

例文の「小さい」は体型が小型の意味なので〈小さい③〉で表現。〈小さい③〉は形が小さいさまで、手の示す小ささでその程度を表す。

〈小さい③〉

両手を向かい合わせ、左右から縮める。

〈犬〉

両手親指を側頭部につけ、全指を折り曲げる。

ちいさい【小さい】4

「背が小さい」

→〈小さい④〉
　または〈低い⑤〉

例文の「小さい」は背が低い意味なので〈小さい④〉または〈低い⑤〉で表現。手話はどちらも背丈、体格が小さいさまを表す。

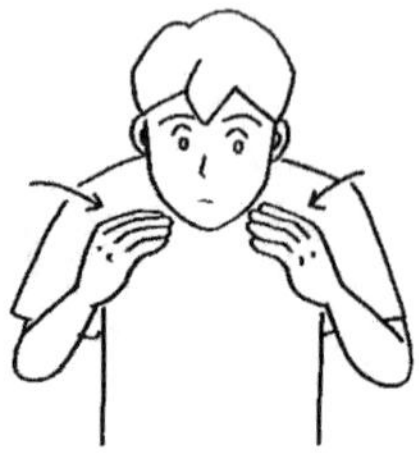

〈小さい④〉

体を縮めるようにして肩にのせた両手のひらをせばめる。

〈低い⑤〉

手のひらを下に向け、押すようにさげる。

ちいさい【小さい】5

「小さい声」

→〈声〉+〈小さい②〉

例文の「小さい」は音・声がかすかの意味なので〈小さい②〉で表現。〈小さい②〉は出す声などが小さいさまを表す。

〈声〉

親指と人差指で作った丸をのど元に当て、気管に沿って口元から前に出す。

〈小さい②〉

右手の親指と人差指を軽く開き、下にさげながら小さな丸を作る。

ちいさい【小さい】6

「小さい失敗」

→〈少し〉+〈失敗②〉

例文の「小さい」はわずかなの意味なので〈少し〉で表現。〈少し〉はこれっぽっちのさまで「これっぽっち」「ちょっと」「少し」などの意味。

〈少し〉

右手の親指と人差指を合わせ、親指をはじく。

〈失敗②〉

手のひらを額に打ちつける。

ちいさい【小さい】7

「もうけが小さい」

→〈もうける②〉+〈安い②〉

例文の「小さい」は金銭的な利益が少ない意味なので〈安い②〉で表現。〈安い②〉はお金が少ないさまで「安い」「低額」などの意味。

〈もうける②〉

両手のひらを上下に向かい合わせて手前にすばやく引きあげる。

〈安い②〉

左手のひらの上に右手の親指と人差指で作った丸を上から落とすようにつける。

ちいさい【小さい】8

「影響が小さい」

→〈広がる①〉+〈少し〉

例文の「小さい」は程度が少ない意味なので〈少し〉で表現。〈少し〉はこれっぽっちのさまで「これっぽっち」「ちょっと」「少し」などの意味。

〈広がる①〉

両手を左右に開きながら前に出す。

〈少し〉

右手の親指と人差指を合わせ、親指をはじく。

ちいさい【小さい】9

「人間が小さい」

→〈心〉+〈小さい②〉

例文の「小さい」は心がせまい意味なので〈心〉+〈小さい②〉で表現。手話は心が狭いさまで「心がせまい」「小心」などの意味。

〈心〉

右人差指でみぞおち辺りをさす。

〈小さい②〉

右手の親指と人差指を軽く開き、下にさげながら小さな丸を作る。

ちいさい【小さい】10

「小さい時」

→〈低い⑤〉+〈時①〉

例文の「小さい」は幼いの意味なので〈低い⑤〉で表現。〈低い⑤〉は背丈が低いさまで「小さい」「幼い」「子供」などの意味を表す。

〈低い⑤〉

手のひらを下に向け、押すようにさげる。

〈時①〉

左手のひらに右親指を当て、右人差指を時計の針のように回す。

ち

チーズ

「粉チーズ」

→〈粉〉+〈チーズ〉

例文の「チーズ」は〈チーズ〉で表現。〈チーズ〉はチーズをすり下ろすさまを表すアメリカ手話の借用。

〈粉〉

右手の親指と 4 指をこすり合わせる。

〈チーズ〉

両手のひらを手首に近い部分でこすり合わせる。

チーター

「チーターは速い」

→〈チーター〉+〈はやい①〉

「チーター」は〈チーター〉で表現。〈チーター〉はチーターが疾走するさまを表す。

〈チーター〉

両手親指・人差指・中指を折り曲げて、すばやく繰り返しけるように動かす。

〈はやい①〉

親指と人差指を閉じた右手をすばやく左へ動かしながら人差指を伸ばす。

チーフ

「(グループの)チーフ」

→(〈グループ〉または〈チーム〉+)
〈長①〉または〈長②〉

「チーフ」は責任者の意味なので〈長①〉または〈長②〉で表現。いずれも地位の高いさまで「責任者」「長」などの意味を表す。

〈長①〉

親指を立てた右手を上にあげる。

〈長②〉

左手の甲に親指を立てた右手をのせる。

チーム 1

「(野球の)チーム」

→(〈野球〉+)
〈グループ〉または〈チーム〉

例文の「チーム」は〈グループ〉または〈チーム〉で表現。〈グループ〉は「団体」「集団」の意。〈チーム〉は指文字〈チ〉を回してまとまりを表す新しい手話。

〈グループ〉

指先を上に向けた両手で水平に手前に円を描く。

〈チーム〉

指文字〈チ〉を水平に回す。

チーム 2

「チームワーク」

→〈グループ〉(または〈チーム〉)
+〈仲間〉

例文の「チームワーク」はグループのまとまりの意味なので〈グループ〉または〈チーム〉+〈仲間〉で表現。

〈グループ〉

指先を上に向けた両手で水平に手前に円を描く。

〈仲間〉

両手を握り、水平に回す。

チームワーク 1

「チームワーク」

→〈グループ〉(または〈チーム〉)
+〈仲間〉

「チームワーク」は 4 種類の表現がある。ひとつめは〈グループ〉+〈仲間〉、ふたつめは〈チーム〉+〈仲間〉で表現。〈仲間〉は団結を表す。

〈グループ〉

指先を上に向けた両手で水平に手前に円を描く。

〈仲間〉

両手を握り、水平に回す。

チームワーク 2

「チームワーク」

→(〈グループ〉または)
〈チーム〉+〈集まる③〉

みっつめは〈グループ〉+〈集まる③〉、よっつめは〈チーム〉+〈集まる③〉で表現。〈集まる③〉は集合するさまを表す。

〈チーム〉
指文字〈チ〉を水平に回す。

〈集まる③〉
親指と４指を向かい合わせた両手を左右から集める。

ちえ【知恵】1

「いい知恵」

→〈良い〉+〈考える〉

例文の「知恵」は考えの意味なので〈考える〉で表現。〈考える〉はものごとを考えるさまで「考える」「思考」などの意味を表す。

〈良い〉
右こぶしを鼻から前に出す。

〈考える〉
右人差指を頭にねじこむようにする。

ちえ【知恵】2

「段々知恵がついてきた」

→〈賢い①〉+〈高くなる〉

例文の「知恵がつく」は賢くなる意味なので〈賢い①〉で表現。〈賢い①〉は頭が利発、賢いさまで「賢い」「利発」などの意味を表す。

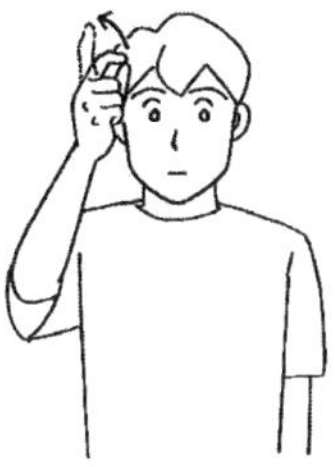

〈賢い①〉
右手の親指と人差指を閉じ、上に向かってはじくように開く。

〈高くなる〉
指文字〈コ〉を示した右手を肩から段々上にあげる。

ちえ【知恵】3

「知恵を借りる」

→〈考える〉+〈教わる②〉

例文の「知恵を借りる」は考えを教わる意味なので〈考える〉+〈教わる②〉で表現。手話は「考えを借りる」「知恵を借りる」などの意味を表す。

〈考える〉
右人差指を頭にねじこむようにする。

〈教わる②〉
左手のひらに人差指を折り曲げた右手をのせるようにして上から同時に引き寄せる。

ちえ【知恵】4

「知恵(を貸す)」

→〈賢い①〉
または〈考える〉
(+〈教える①〉)

例文の「知恵」は〈賢い①〉または〈考える〉で表現。

〈賢い①〉
右手の親指と人差指を閉じ、上に向かってはじくように開く。

〈考える〉
右人差指を頭にねじこむようにする。

ちえ【知恵】5

「知恵を絞って考える」

→〈考える〉+〈しぼる①〉

例文の「知恵を絞る」はあれこれと必死に考える意味で〈考える〉+〈しぼる①〉で表現。〈しぼる①〉は比喩的な「絞る」意味にも使う。

〈考える〉
右人差指を頭にねじこむようにする。

〈しぼる①〉
両こぶしを重ね、タオルをしぼるようにする。

チェーン 1

「タイヤのチェーン」

→〈タイヤ〉+〈鎖〉

例文の「チェーン」は鎖の意味なので〈鎖〉で表現。〈鎖〉は輪がつながっているさまで「チェーン」「鎖」を表す。

〈タイヤ〉

両手の親指と人差指の指先をつけ、円を描く。

〈鎖〉

両手の親指と人差指を組み換えながら左から右へ動かす。

チェーン 2

「チェーンストア」

→〈鎖〉+〈店①〉

「チェーンストア」は同じ資本によって経営される系統の店で〈鎖〉+〈店①〉で表現。手話は「系列店」「チェーンストア」の意味。

〈鎖〉

両手の親指と人差指を組み換えながら左から右へ動かす。

〈店①〉

両手のひらを上に向けて、左右に開く。

チェック 1

「チェックの服」

→〈表(ひょう)①〉+〈服〉

例文の「チェック」は格子じまの意味なので〈表(ひょう)①〉で表現。手話はます目のさまで「チェック」「格子じま」を表す。

〈表(ひょう)①〉

やや開いた指先で縦横に格子を描く。

〈服〉

親指を立てた両手をえりに沿って下におろす。

チェック 2

「文章をチェックする」

→〈文章〉+〈調べる①〉

例文の「チェック」は確かめ、調べる意味なので〈調べる①〉で表現。〈調べる①〉は目を配り調べるさまで「チェック(する)」意味。

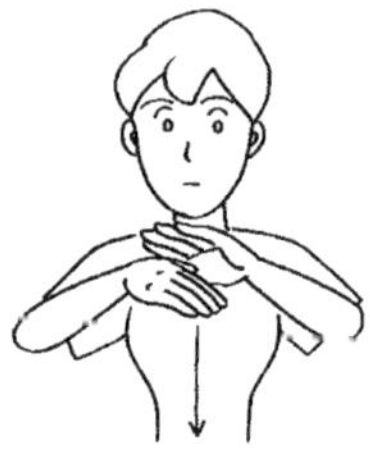

〈文章〉

両手の親指と4指の間を合わせて下におろす。

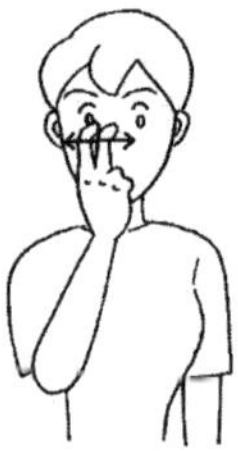

〈調べる①〉

右手の人差指と中指を軽く折り曲げて、目の前を左右に往復させる。

チェリー

「チェリーが好き」

→〈サクランボ〉+〈好き①〉

「チェリー」はサクランボのことで〈サクランボ〉で表現。〈サクランボ〉は小さな実に長い柄のついたサクランボのさまを表す。

〈サクランボ〉

左手の親指と人差指で作った丸に右人差指をつける。

〈好き①〉

親指と人差指を開いた右手をのどに当て、下におろしながら閉じる。

ちか【地下】1

「地下(にダイヤが埋まっている)」

→〈土〉+〈下②〉
(+〈ダイヤ〉+〈ある①〉)

例文の「地下」は地面の下の意味なので〈土〉+〈下②〉で表現。〈土〉+〈下②〉は地盤面の下をさすさまで「地下」「地中」の意味。

〈土〉

砂や土をこすり落とすようにして両手で左右に開く。

〈下②〉

親指と人差指を出し、人差指で下をさす。

ちか【地下】2

「(両親は)地下に眠る」

→(〈両親〉+)
〈墓〉+〈隠す〉

例文の「地下に眠る」は死んで墓に葬られている意味なので〈墓〉+〈隠す〉で表現。〈隠す〉は「埋める」の意味がある。

〈墓〉
両手で縦長の墓石を描く。

〈隠す〉
左手のひらの下に右手をもぐり込ませる。

ちか【地下】3

「地下二階」

→〈土〉+〈地下二階〉

例文の「地下二階」は地面の下の二階の意味で〈土〉+〈地下二階〉で表現。〈地下二階〉は〈２②〉を下の方に動かして表す。

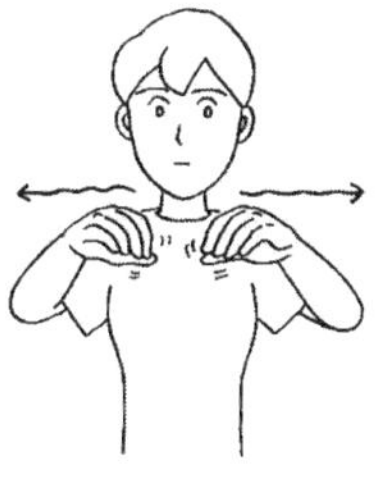

〈土〉
砂や土をこすり落とすようにして両手を左右に開く。

〈地下二階〉
右手２指を弧を描いて下に動かす。

ちか【地下】4

「地下街」

→〈深い②〉+〈人通り〉

例文の「地下街」は〈深い②〉+〈人通り〉で表現。〈深い②〉は地下のさまで「深い」と共に「地下」「地中」を表す。

〈深い②〉
左手のひらを下に向け、体と左手の間に右人差指を沈めるように下にさげる。

〈人通り〉
両手のひらを向かい合わせて交互に前後させる。

ちか【地下】5

「地下鉄に乗る」

→〈地下鉄〉+〈乗る②〉

例文の「地下鉄」は地下を走る鉄道の意味なので〈地下鉄〉で表現。

〈地下鉄〉
左手のひらを下にして右手をまっすぐ前に進める。

〈乗る②〉
左手のひらに右手２指をのせる。

ちかい【近い】1

「(ろうあ)センターに近い」

→(〈ろうあ①〉+)
〈ビル①〉+〈短い①〉

例文の「近い」は距離が短い意味なので〈短い①〉で表現。〈短い①〉は距離の短いさまで「短い」「近い」の意味を表す。

〈ビル①〉
両手のひらを向かい合わせて上にあげ、閉じる。

〈短い①〉
親指と人差指を閉じた両手を左右からさっと近づける。

ちかい【近い】2

「近い将来家が建つ」

→〈将来③〉+〈建てる〉

例文の「近い将来」は時間的に近い未来の意味なので〈将来③〉で表現。〈将来③〉は〈将来②〉の小さく繰り返す表現で「近々」「近い将来に」の意味。

〈将来③〉
右手のひらを前に向けて繰り返し軽く押すように動かす。

〈建てる〉
両手で屋根形を前から起こす。

ちかい【近い】3

「(夜)トイレが近い」

→(〈暗い〉+)
〈トイレ〉+〈いつも〉

例文の「トイレが近い」は頻繁にトイレに行く意味なので〈トイレ〉+〈いつも〉で表現。〈いつも〉はひんぴんと繰り返されるさまを表す。

〈トイレ〉
3指を立てて親指と人差指で「C」の字を作る。

〈いつも〉
親指と人差指を立てた両手を向かい合わせて手首を回す。

ちかい【近い】4

「三十近い(年)」

→(〈年齢〉+)
〈30〉+〈短い①〉

例文の「三十近い」は年齢が三十少し手前の意味なので〈短い①〉で表現。この場合の〈短い①〉は時間的に近い、接近しているという意味を表す。

〈30〉
右手3指を曲げて軽く振る。

〈短い①〉
親指と人差指を閉じた両手を左右からさっと近づける。

ちかい【近い】5

「不可能に近い」

→〈ほとんど〉+〈難しい〉

例文の「不可能に近い」はできる可能性はほとんどない意味なので〈ほとんど〉+〈難しい〉で表現。

〈ほとんど〉
両手で円を描くが、下側をわずかに閉じないであけておく。

〈難しい〉
右手の親指と人差指でほおをつねるようにする。

ちかい【近い】6

「(栗に)近い味だ」

→(〈栗〉+)
〈似ている〉+〈味①〉

例文の「近い」は似ている意味なので〈似ている〉で表現。〈似ている〉は「似ている」「同じようだ」の意味を表す。

〈似ている〉
親指と小指を立てた両手の小指をふれ合わせる。

〈味①〉
右人差指で舌の先にふれるようにする。

ちかい【近い】7

「目が近い」

→〈目②〉+〈近づける〉

例文の「目が近い」は近眼の意味なので〈目②〉+〈近づける〉で表現。〈近づける〉は近づかなければ見えないさまで「近眼」の意味。

〈目②〉
右人差指で右目をさす。

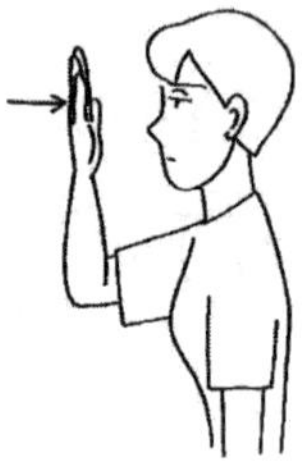

〈近づける〉
右手のひらを顔の前に近づける。

ちかう【誓う】

「神に誓う」

→〈神〉+〈約束〉

例文の「誓う」は〈約束〉で表現。〈約束〉は指切りして約束するさまで「誓う」「約束」「必ず」「きっと」などの意味を表す。

〈神〉
柏手(かしわで)を打つ。

〈約束〉
両手小指をからませる。

ちがう【違う】1

「(君と僕は)意見が違う」

→(〈あなた①〉+〈私①〉+)〈意見〉+〈違う①〉

例文の「違う」は同じでない意味なので〈違う①〉で表現。〈違う①〉は二つのものが違うさまで「違う」「異なる」「相違する」などの意味。

〈意見〉

右小指を頭に当て、手首を返しながら前に出す。

〈違う①〉

親指と人差指を出し、同時に手首をねじるように動かす。

ちがう【違う】2

「答えが違う」

→〈答える〉+〈まちがう②〉

例文の「違う」はまちがえる意味なので〈まちがう②〉で表現。〈まちがう②〉は見まちがえるさまで「まちがう」「誤る」などの意味。

〈答える〉

口の前で両手の親指と人差指を向かい合わせて前に出す。

〈まちがう②〉

つまんだ両手を目の前に置き、交差させる。

ちがう【違う】3

「首の筋が違った」

→〈首①〉+〈ひねる②〉

例文の「違う」ははずれる意味なので〈ひねる②〉で表現。〈ひねる②〉はひねったさまで筋違いなどのさまを表す。

〈首①〉

右手のひらを首に当てる。

〈ひねる②〉

両手で握った物をひねるようにする。

ちがう【違う】4

「人が道で行き違う」

→〈道①〉+〈すれ違う①〉

例文の「行き違う」は人のことなので〈すれ違う①〉で表現。〈すれ違う①〉は人がすれ違うさまで「すれ違う」「行き違う」などの意味を表す。

〈道①〉

指先を前に向けた両手を向かい合わせて前に出す。

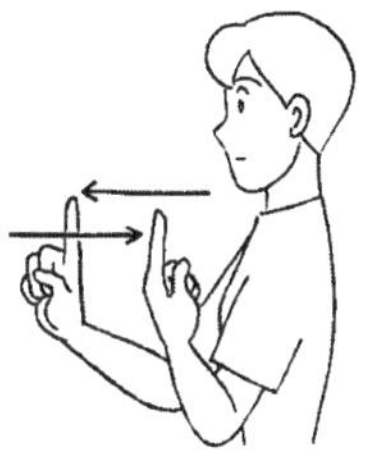

〈すれ違う①〉

人差指を立てた両手を前後にすれ違わせる。

ちがう【違う】5

「話が食い違う」

→〈手話〉+〈食い違う①〉

例文の「食い違う」は話などが一致しない意味で〈食い違う①〉で表現。〈食い違う①〉は指先が合わず一致しないさまを表す。

〈手話〉

両手の人差指を向かい合わせて、糸を巻くように回転させる。

〈食い違う①〉

両手の人差指の先を向かい合わせて前後に離す。

ちかすい【地下水】

「地下水」

→〈深い②〉+〈流れる③〉

「地下水」は〈深い②〉+〈流れる③〉で表現。〈深い②〉は底が深いさま、〈流れる③〉は〈深い②〉の左手を残したまま〈流れる②〉を表す。

〈深い②〉

左手のひらを下に向け、体と左手の間に右人差指を沈めるように下にさげる。

〈流れる③〉

〈深い②〉の左手の下で手のひらを上向きにした右手を揺らしながら右に動かす。

ちかづく【近づく】1

「春が近づく」

→〈暖かい〉+〈迫る②〉

例文の「近づく」は近づいて来る意味なので〈迫る②〉で表現。〈迫る②〉は対象が近づくさまで「迫る」「いよいよ」などの意味。

〈暖かい〉
両手で下からあおぐようにする。

〈迫る②〉
両手のひらを前後に向かい合わせて右手を前から左手に近づける。

ちかづく【近づく】2

「冬が終わりに近づく」

→〈寒い〉+〈近づく①〉

例文の「終わりに近づく」はまもなく終わる意味なので〈近づく①〉で表現。〈近づく①〉は〈まで〉と違い、右手を左手につけない。

〈寒い〉
両こぶしを握り、左右にふるわせる。

〈近づく①〉
左手のひらに右手指先を近づける。

ちかづく【近づく】3

「名人に近づく」

→〈腕前〉+〈近づく②〉

例文の「近づく」はそのレベルに近づくことなので〈近づく②〉で表現。〈近づく②〉は左手で示したレベルに近づくさまを表す。

〈腕前〉
左腕を右手のひらでぽんとたたく。

〈近づく②〉
両手で指文字〈コ〉を示し、右手を左手に下から近づける。

ちかよる【近寄る】1

「近寄りがたい」

→〈近寄る①〉+〈難しい〉

「近寄る」は相手に近寄っていくことで〈近寄る①〉で表現。〈近寄る①〉は自分が相手に近寄るさまで「近寄る」「接近する」などの意味。

〈近寄る①〉
左人差指に右人差指を手前から近づける。

〈難しい〉
ほおをつねるようにする。

ちかよる【近寄る】2

「男が女に近寄る」

→〈近寄る②〉

例文は男が女に近づいていく意味なので〈近寄る②〉で表現。〈近寄る②〉は左手で示した〈女〉に右手〈男〉を近づけることで表現。

〈近寄る②〉
左小指に右親指を前から近づける。

ちから【力】1

「力が強い」

→〈強い①〉
　または〈強い②〉

例文の「強い」は腕力が強い意味なので〈強い①〉または〈強い②〉で表現。いずれも力こぶを作るさまで「強い」「強力」の意味を表す。

〈強い①〉
こぶしを握った右腕を曲げて力こぶを作るようにする。

〈強い②〉
両手のこぶしを握り、ひじを曲げて力こぶを作るようにする。

ちから【力】2

「力仕事」

→〈力〉+〈作る〉

例文の「力仕事」は体全体の筋肉を使う仕事の意味で〈力〉+〈作る〉で表現。〈力〉は盛りあがる力こぶのさまを表す。

〈力〉
こぶしを握った左腕を曲げ、上腕に右人差指で力こぶを描く。

〈作る〉
両手のこぶしを上下に打ちつける。

ちから【力】3

「断られて力を落とす」

→〈断られる〉+〈あきらめる③〉

例文の「力を落とす」はがっかりする意味なので〈あきらめる③〉で表現。〈あきらめる③〉はがっかりするさまで「力を落とす」「落胆」の意味。

〈断られる〉
右指先を前に向け、左手のひらで受け止めて手前に押し返す。

〈あきらめる③〉
軽く開いた両手をすぼめながら下におろし、頭をがくりと落とす。

ちから【力】4

「負けて力が抜ける」

→〈負ける②〉+〈疲れる〉

例文の「力が抜ける」は気力がなくなる意味なので〈疲れる〉で表現。〈疲れる〉は疲れるさまで「力が抜ける」「疲れる」「ばてる」の意味。

〈負ける②〉
親指を立てた両手をぶつけ手前に倒す。

〈疲れる〉
両手のひらを胸に当てて振り落とすように指先を下に向ける。

ちから【力】5

「(村の発展に)力を尽くす」

→(〈村〉+〈発展〉+)〈一生懸命〉+〈捧げる〉

例文の「力を尽くす」は他人のために骨折る意味なので〈一生懸命〉+〈捧げる〉で表現。〈捧げる〉は体ごと捧げるさまで「貢献」などの意味。

〈一生懸命〉
両手を顔の横から繰り返し強く前に出す。

〈捧げる〉
手のひらを上に向けた両手を上に差しあげるようにする。

ちから【力】6

「(困ったときは)力になって下さい」

→(〈困る〉+〈時①〉+)〈助けられる②〉+〈頼む①〉

例文の「力になって」は助けを求める意味なので〈助けられる②〉+〈頼む①〉で表現。手話は助けてほしいと頼むさまを表す。

〈助けられる②〉
左こぶしの甲側を右手のひらで前方から繰り返し当てる。

〈頼む①〉
頭を下げて右手で拝むようにする。

ちから【力】7

「力を借りる」

→〈力〉+〈借りる〉

例文の「力を借りる」は〈力〉+〈借りる〉で表現。これは日本語通りの表現であるが、〈助けられる①〉を使ってもよい。

〈力〉
こぶしを握った左腕を曲げ、上腕に右人差指で力こぶを描く。

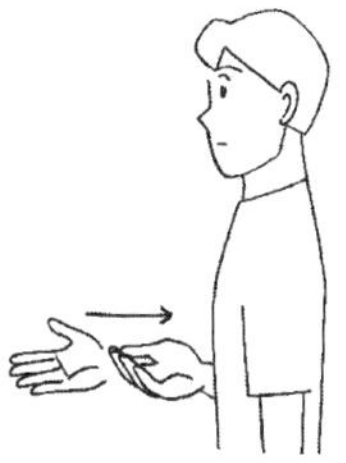

〈借りる〉
親指と4指を半開きにして手前に引きながら閉じる。

ちから【力】8

「数学の力がある」
→〈算数〉+〈得意〉

例文の「力がある」は2種類の表現がある。ひとつは〈得意〉で表現。〈得意〉は鼻が高いさまで「得意」「得手」「すぐれている」などの意味。

〈算数〉
3指を立てた両手を軽く繰り返しぶつけ合う。

〈得意〉
親指と小指を立てた右手の親指を鼻に当て、前に出す。

ちから【力】9

「(数学の)力がある」
→(〈算数〉+)
〈力〉+〈ある①〉

もうひとつは〈力〉+〈ある①〉で表現。これは日本語そのままの手話表現である。

〈力〉
こぶしを握った左腕を曲げ、上腕に右人差指で力こぶを描く。

〈ある①〉
手のひらを下に向けた右手を体の前に軽く置く。

ちかん【痴漢】

「痴漢(防止)」
→〈なでる〉+〈男〉(+〈防ぐ〉)

「痴漢」は〈なでる〉+〈男〉で表現。〈なでる〉は左手の女をいやらしくなでるさまを表す。

〈なでる〉
左小指を右手で下からなであげる。

〈男〉
親指を立てた右手を出す。

ちきゅう【地球】

「地球は丸い」
→〈地球〉+〈丸②〉

「地球」は〈地球〉で表現。〈地球〉は丸い球の表面を示すさまで「地球」「世界」などの意味を表す。

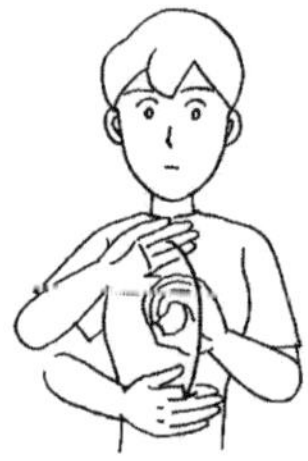

〈地球〉
左手の親指と4指で作った丸のまわりを右手でおおうように前に回す。

〈丸②〉
両手の親指と4指で丸を作る。

ちくせき【蓄積】

「問題が蓄積している」
→〈問題〉+〈たまる〉

「蓄積」は増えていく、たまる意味なので〈たまる〉で表現。〈たまる〉はものやものごとが積み上げられるさまで「たまる」「増える」の意味。

〈問題〉
両手の親指と人差指をつまみ「 ￢ を描く。

〈たまる〉
両手2指で「井」の字形を組み、下から上にあげる。

ちこく【遅刻】

「(会社に)遅刻する」
→(〈会社〉+)
〈時①〉+〈過ぎる〉

「遅刻」は所定の時間に遅れる意味で〈時①〉+〈過ぎる〉で表現。〈過ぎる〉は時間を越えるさまで「遅れる」「過ぎる」「越える」。

〈時①〉
左手のひらに右親指を当て、右人差指を時計の針のように回す。

〈過ぎる〉
左手甲の上を右手で乗り越える。

ちじ【知事】1

「(父は)知事です」
→(〈父〉+)
〈チ〉+〈長②〉

例文の「知事」は県の責任者の意味なので〈チ〉+〈長②〉で表現。〈チ〉は「知事」の頭文字を表す。

〈チ〉
小指を立て、親指と残り3指の先を閉じて示す。

〈長②〉
左手の甲に親指を立てた右手をのせる。

ちじ【知事】2

「県知事」
→〈省〉+〈長②〉

例文の「県知事」は県の責任者の意味なので〈省〉+〈長②〉で表現。「知事」「大臣」を表す。

〈省〉
両手のひらを右肩上で合わせ、前後にすりながら交差させる。

〈長②〉
左手の甲に親指を立てた右手をのせる。

ちしき【知識】

「知識が豊富だ」
→〈知識〉+〈たくさん①〉

「知識」はものごとについての認識の意味で〈知識〉で表現。〈知識〉は指文字〈チ〉を額に当てて表す新しい手話。

〈知識〉
小指を立てて親指と残り3指を閉じた右手を額に当てて、左から右へ引く。

〈たくさん①〉
左手のひらを上に向けた左腕を示し、その上に右手で山を描く。

ちじょう【地上】1

「地上六階の建物」
→〈六階建て〉+〈ビル①〉

例文の「地上六階」は〈六階建て〉で表現。〈六階建て〉は建物の高さが六階まであることを表す。出す数字を変えて何階でも表せる。

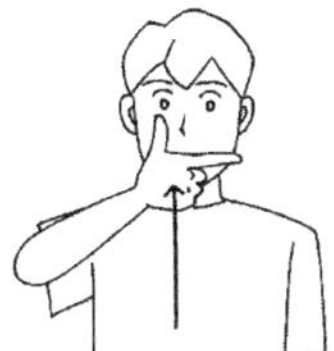

〈六階建て〉
右手で数字の〈6〉を示してまっすぐに上にあげる。

〈ビル①〉
両手のひらを向かい合わせて上にあげ、閉じる。

ちじょう【地上】2

「飛行機が地上に降りる」
→〈着陸〉

例文の「地上に降りる」は飛行機が着陸することなので〈着陸〉で表現。〈着陸〉は飛行機が空港に着陸するさまで「地上に降りる」「着陸」の意味。

〈着陸〉
左手のひらに親指と小指を立てた右手をおろしてつける。

ちじょう【地上】3

「タケノコが地上に出てきた」
→〈タケノコ〉+〈芽が出る〉

例文はタケノコが地上に出る意味なので〈芽が出る〉で表現。〈芽が出る〉はタケノコの芽が地面に顔を出すさまを表す。

〈タケノコ〉
指先を閉じて軽く曲げた両手のひらを向かい合わせて指先を交互に手のひらにつける。

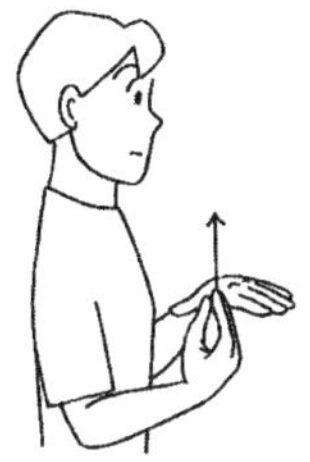

〈芽が出る〉
手のひらを下に向けた左手の親指と4指の間で全指をすぼめた右手を上にあげる。

ちじょう【地上】4

「この地上（に住む人々）」

→〈ここ〉+〈世界〉
（+〈いる〉+〈人々①〉）

例文の「地上」はこの世界の意味なので〈世界〉で表現。〈世界〉は地球の形で「地球」「世界」の意味を表す。

〈ここ〉

右人差指を下に向け、繰り返し指さす。

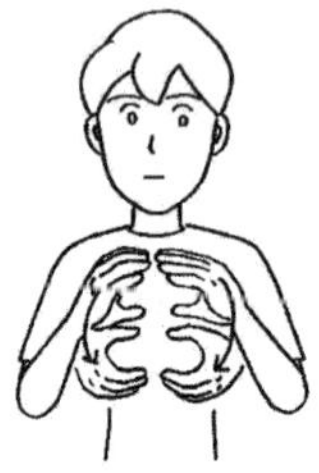

〈世界〉

両手の指先を向かい合わせて前にまわし、球を描く。

ちそう【地層】

「地層が見える」

→〈地層〉+〈見る①〉

「地層」は〈地層〉で表現。〈地層〉は左手が地面、右手が地層を表す。

〈地層〉

指先を右に向け、手のひらを下にした左手の下で右4指を右に引く。

〈見る①〉

右人差指を右目元から前に出す。

ちじん【知人】

「私の知人」

→〈私①〉+〈会う④〉

「知人」は知り合いの人の意味で〈会う④〉で表現。〈会う④〉は〈会う②〉を繰り返すさまで「知り合い」「知人」などの意味を表す。

〈私①〉

人差指で胸を指さす。

〈会う④〉

人差指を立てた両手を繰り返し当てる。

ちたい【地帯】

「安全地帯」

→〈無事〉+〈場所〉

「地帯」は一定の場所の意味で〈場所〉で表現。〈場所〉はそのところを示すさまで「場所」「その場」などの意味を表す。

〈無事〉

両ひじを軽く張り、両こぶしを同時に下におろす。

〈場所〉

全指を曲げた右手を前に置く。

ちず【地図】

「（日本）地図」

→（〈日本〉+）
〈デザイン〉
または〈地図〉

「地図」は〈デザイン〉または〈地図〉で表現。〈デザイン〉は地形の状態を、〈地図〉は道順を示すさまで「地図」の意味を表す。

〈デザイン〉

両手のひらを下に向けて指先を向かい合わせ、小刻みに交互に前後させる。

〈地図〉

左手のひらに右人差指を当てて、くねくねと前に進める。

ちち【乳】1

「（お母さんが）
赤ちゃんに乳を飲ませる」

→（〈母〉+）
〈赤ちゃん〉+〈乳房③〉

例文の「乳を飲ませる」は〈乳房③〉で表現。視線も赤ちゃんに向ける。

〈赤ちゃん〉

赤ちゃんを両手でかかえるようにして軽く揺らす。

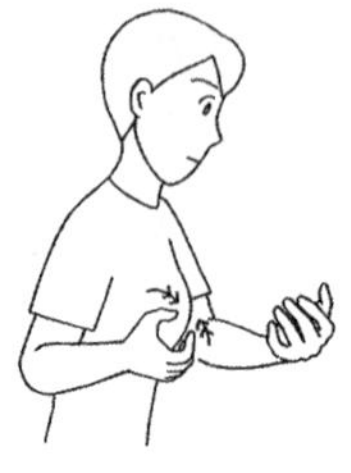

〈乳房③〉

〈赤ちゃん〉の左手を残したまま、右手の親指と4指で左胸を下からもむようにする。

ちち【乳】2

「乳を吸う」

→〈ミルク〉

例文の「乳」は母乳などの意味で〈ミルク〉で表現。〈ミルク〉は哺乳瓶の乳首のさまで「ミルク」「牛乳」を表す。

〈ミルク〉

右手中指を折り曲げて関節部分を口元に当てる。

ちち【乳】3

「牛の乳を搾る」

→〈牛〉+〈乳を搾る〉

例文の「乳を搾る」は牛の乳を搾る意味で〈乳を搾る〉で表現。〈乳を搾る〉は牛の乳房を搾るさまを表す。

〈牛〉

両手の人差指を軽く曲げて親指を頭に当てる。

〈乳を搾る〉

軽く開いた両手を交互に握りながら下におろす。

ちち【父】1

「私の父」

→〈私①〉+〈父〉

例文の「父」は父親の意味なので〈父〉で表現。〈父〉はほおにふれて肉親を表し、〈男〉を示す。「父」「父親」「おとうさん」の意味。

〈私①〉

人差指で胸を指さす。

〈父〉

右人差指でほおにふれ、親指を出す。

ちち【父】2

「(ろう)教育の父」

→(〈ろうあ①〉+)〈教える①〉+〈父〉

例文の「父」は新しいものごとを始めた人の意味で〈父〉で表現。ここでも肉親の〈父〉を表現するがこれは比喩的な使い方。

〈教える①〉

右人差指を口元から斜め下に振りおろす。

〈父〉

右人差指でほおにふれ、親指を出す。

ちぢむ【縮む】1

「服が縮む」

→〈服〉+〈縮む①〉

例文の「縮む」は大きさが小さくなる意味なので〈縮む①〉で表現。〈縮む①〉は段々縮むさまで「縮む」「小さくなる」の意味を表す。

〈服〉

親指を立てた両手をえりに沿って下におろす。

〈縮む①〉

両手の親指と人差指を向かい合わせ揺らしながら間をせばめていく。

ちぢむ【縮む】2

「身の縮む思い」

→〈恥ずかしい〉または〈恐(こわ)い〉

例文の「身の縮む思い」は恥ずかしい思いをする、または恐ろしい思いをする意味なので〈恥ずかしい〉または〈恐い〉で表現。

〈恥ずかしい〉

右人差指を唇に当て、左から右へ引き、手のひらを顔の上で回す。

〈恐(こわ)い〉

両こぶしを握り、ふるわせる。

ちぢめる【縮める】1

「道路の幅を縮める」

→〈道①〉+〈狭い〉

例文の「縮める」は幅を小さくする意味なので〈狭い〉で表現。〈狭い〉は幅を狭くするさまで「狭い」「狭くする」意味を表す。

〈道①〉

道幅に見立てた向かい合わせた両手をまっすぐ前に出す。

〈狭い〉

両手のひらを向かい合わせて両側から間をせばめる。

ちぢめる【縮める】2

「寿命を縮める」

→〈はやい①〉+〈死ぬ②〉

例文の「縮める」は命を短くする意味なので〈はやい①〉+〈死ぬ②〉で表現。〈はやい①〉は「時間が早い」「急ぐ」などの意味がある。

〈はやい①〉

親指と人差指を閉じた右手をすばやく左へ動かしながら人差指を伸ばす。

〈死ぬ②〉

指先を上に向けた右手を倒す。

ちぢめる【縮める】3

「恐れに身を縮める」

→〈恐ろしい〉
　または〈恐(こわ)い〉

例文の「身を縮める」は恐ろしくて身を小さくする意味なので〈恐ろしい〉または〈恐い〉で表現。手話はふるえるさまを表す。

〈恐ろしい〉

左手のひらの上に右手2指を立てふるわせる。

〈恐(こわ)い〉

両こぶしを握り、ふるわせる。

ちつじょ【秩序】1

「秩序正しい(生活)」

→〈準備②〉+〈順調〉
　(+〈生活〉)

例文の「秩序正しい」はものごとの順序が正しい意味なので〈準備②〉+〈順調〉で表現。手話は順序正しく整理されているさまを表す。

〈準備②〉

両手のひらを向かい合わせて間隔を変えずに左から右へ順に仕切るように動かす。

〈順調〉

両手の親指と人差指を上に向け、繰り返し閉じながら右へ動かす。

ちつじょ【秩序】2

「社会の秩序が乱れる」

→〈社会〉+〈混乱〉

例文の「秩序が乱れる」は混乱していることなので〈混乱〉で表現。〈混乱〉は混乱のさまで「混乱」「乱れる」などの意味を表す。

〈社会〉

親指と小指を立てた両手を手前に水平に円を描く。

〈混乱〉

全指を曲げた両手のひらを上下に向かい合わせて、かき混ぜるようにする。

ちどりあし【千鳥足】

「酔っ払って千鳥足になる」

→〈酔う〉+〈歩く②〉

「千鳥足」は〈歩く②〉で表現。〈歩く②〉は千鳥足のさまを表す。

〈酔う〉

両手の人差指の先を目に向けて回す。

〈歩く②〉

右手2指を左右に揺らしながら歩くように動かす。

ちのう【知能】1

「知能（検査）」

→〈思う〉+〈力〉
（+〈調べる①〉）

例文の「知能」は頭の能力の意味なので〈思う〉+〈力〉で表現。〈思う〉は思う力の意味もあり、この場合は「思考力」「知能」の意味を表す。

〈思う〉

右人差指を側頭部に当てる。

〈力〉

こぶしを握った左腕を曲げ、上腕に右人差指で力こぶを描く。

ちほう【地方】1

「近畿地方」

→〈近畿〉+〈地域①〉

例文の「地方」はある広さをもった土地の意味で〈地域①〉で表現。〈地域①〉はコンパスを回すさまでそこに含まれる「地方」「地域」の意味を表す。

〈近畿〉

左手のひらを前に向けて人差指と親指に沿って右手のひらをすべらせるようにして右へやる。

〈地域①〉

左手のひらの上に右親指を立てて人差指をコンパスのように回す。

ちのう【知能】2

「彼は優れた知能の持ち主だ」

→〈彼〉+〈賢い②〉

例文の「優れた知能の持ち主」は賢いの意味なので〈賢い②〉で表現。〈賢い②〉は頭脳が優れているさまで「賢い」「知恵」などの意味。

〈彼〉

左親指を右人差指でさす。

〈賢い②〉

〈彼〉の左手を残したまま、右手の閉じた親指と人差指を側頭部からすばやく斜め上に開く。

ちほう【地方】2

「地方裁判（所）」

→〈地方〉+〈裁判〉
（+〈場所〉）

例文の「地方裁判所」は〈地方〉+〈裁判〉+〈場所〉で表現。〈地方〉は〈場所〉を三か所で表して「地方」を意味する。

〈地方〉

全指を曲げた右手を下に向け、左から右へ順番に置く。

〈裁判〉

親指を立てた両手を肩から前に同時におろし、体の前で止める。

ちぶさ【乳房】

「（母の）乳房」

→（〈母〉+）
〈乳房①〉または〈乳房②〉

「乳房」は〈乳房①〉または〈乳房②〉で表現。〈乳房①〉は左の乳房を、〈乳房②〉は両乳房を表す。

〈乳房①〉

右手の親指と4指で左胸を下からもむようにする。

〈乳房②〉

半円にした両手を胸に当てる。

ちみつ【緻密】

「緻密な計画」

→〈細かい①〉+〈計画〉

「緻密」は細かいところまで注意が行き届いている意味なので〈細かい①〉で表現。〈細かい①〉は細かく具体的なさまで「緻密」「綿密」「詳細」の意味。

〈細かい①〉

両手の親指と人差指をつまみ、つき合わせ、つぶすようにする。

〈計画〉

左手のひらを下に向け、右人差指で線を引くようにする。

ちゃ【茶】1

「お茶を飲む」

→〈お茶を入れる〉+左〈飲む①〉

例文の「お茶を飲む」は湯のみに入れたお茶を飲むことで〈お茶を入れる〉+〈飲む①〉で表現。〈お茶を入れる〉は急須からお茶を注ぐさまを表す。

〈お茶を入れる〉

湯飲みを持つようにした左手に親指と小指を立てた右手を注ぎ入れるように傾ける。

左〈飲む①〉

右手でコップを持ち、飲むようにする。

ちゃ【茶】2

「お茶を飲む」

→〈お茶〉+〈飲む②〉

前記の表現以外に〈お茶〉+〈飲む②〉で表現。〈お茶〉は茶筒に茶の葉を入れるさまで「茶」の意味を表す。

〈お茶〉

左手のひらの上に右手の親指と4指でつかむようにした右手をのせる。

〈飲む②〉

右手を左手のひらにつけて湯飲みで飲むしぐさをする。

ちゃ【茶】3

「お茶を習う」

→〈茶道〉+〈教わる①〉

例文の「お茶」は茶道の意味なので〈茶道〉で表現。〈茶道〉は茶碗を回す作法のさまを表す。

〈茶道〉

左手のひらの上で茶碗を回すようにする。

〈教わる①〉

右手人差指の先を顔の方に向けて指先で指示されるように動かす。

チャイルドシート

「チャイルドシートを締める」

→〈子供①〉+〈シートベルト〉

「チャイルドシート」は〈子供①〉+〈シートベルト〉で表現。〈子供①〉は赤ちゃんが手を振るさま、〈シートベルト〉はシートベルトを締めるさまを表す。

〈子供①〉

両手のひらを前方に向け、軽く振る。

〈シートベルト〉

指をそろえた両手を腹の前に重ねる。

ちゃいろ【茶色】

「茶色の犬」

→〈茶色〉+〈犬〉

「茶色」は色のことで〈茶色〉で表現。

〈茶色〉

右手2指を口元横でこすりあげる。

〈犬〉

両手親指を側頭部につけ、全指を折り曲げる。

ちゃくじつ【着実】

「着実な仕事ぶり」

→〈仕事〉+〈きちんと②〉

「着実」はきちんと堅実なさまで〈きちんと②〉で表現。〈きちんと②〉はちゃんと整っているさまを表す。

〈仕事〉

手のひらを上に向け、向かい合わせた両手指先を繰り返しつき合わせる。

〈きちんと②〉

両手の親指と人差指を同時に繰り返し閉じながら下におろす。

ちゃくしゅ【着手】

「工事に着手する」

→〈工事〉+〈開(ひら)く④〉

「着手」は仕事にとりかかる、始める意味なので〈開く④〉で表現。〈開く④〉は開くさまで「始める」「開始」「開始する」などの意味。

〈工事〉

左こぶしに右こぶしを左右から打ちつける。

〈開(ひら)く④〉

両手のひらを下に向けて並べ、左右に開く。

チャリティー

「チャリティーセール」

→〈チャリティー〉+〈商売〉

「チャリティー」は慈善のことなので〈チャリティー〉で表現。〈チャリティー〉は左手のお金を支援するさまを表す。

〈チャリティー〉

丸を作った左手を後ろから右手で軽くたたく。

〈商売〉

両手の親指と人差指で作った丸を交互に前後させる。

ちゃくちゃく【着々】

「工事が着々と進む」

→〈工事〉+〈進む②〉

「着々」は物事が順調に進む意味なので〈進む②〉で表現。〈進む②〉は物事が着々と順調に進むさまを表す。

〈工事〉

左こぶしに右こぶしを左右から打ちつける。

〈進む②〉

指文字〈コ〉を示した両手を、順に前に進める。

チャレンジ

「チャンピオンにチャレンジする」

→〈チャンピオン〉+〈挑戦〉

「チャレンジ」は挑戦の意味なので〈挑戦〉で表現。〈挑戦〉は自分より上位の者にぶつかっていくさまで「チャレンジ」「挑戦」を表す。

〈チャンピオン〉

両手の親指と人差指を向かい合わせて腹につける。

〈挑戦〉

親指を立てた左手に親指を立てた右手をぶつける。

ちゃくりく【着陸】

「飛行機が着陸する」

→〈着陸〉

例文は飛行機が地上に降りることなので〈着陸〉で表現。〈着陸〉は飛行機が滑走路に着陸するさまを表す。

〈着陸〉

左手のひらに親指と小指を立てた右手をおろしてつける。

ちゃんこなべ【ちゃんこ鍋】

「ちゃんこ鍋」

→〈相撲〉+〈鍋〉

「ちゃんこ鍋」は〈相撲〉+〈鍋〉で表現。〈相撲〉は四股を踏むさま、〈鍋〉は鍋の形を表す。

〈相撲〉

両手のこぶしを交互に脇腹に当てる。

〈鍋〉

両手のひらを上に向け指先をつき合わせて左右に引くようにあげる。

チャンス

「絶好のチャンス」

→〈良い〉+〈時①〉

「チャンス」は機会、時機の意味なので〈時①〉で表現。〈時①〉はある時、時機のさまで「チャンス」「機会」の意味。

〈良い〉

右こぶしを鼻から前に出す。

〈時①〉

左手のひらに右親指を当て、右人差指を時計の針のように回す。

ちゃんと1

「ちゃんとした服装」

→〈きちんと①〉+〈服〉

例文の「ちゃんと」は乱れていない、きちんとしたことなので〈きちんと①〉で表現。「きちんとした服装」も同手話。

〈きちんと①〉

両手の親指と人差指を同時に閉じながら下におろす。

〈服〉

親指を立てた両手をえりに沿って下におろす。

ちゃんと2

「ちゃんとしなさい」

→〈きちんと①〉+〈行(い)く①〉

例文の「ちゃんとしなさい」も〈きちんと①〉+〈行く①〉で表現。命令文なので〈行く①〉は強く表現する。

〈きちんと①〉

両手の親指と人差指を同時に閉じながら下におろす。

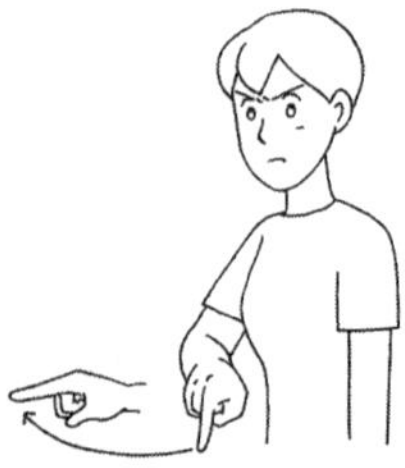

〈行(い)く①〉

右人差指を下に向けて、強く振りあげるように前をさす。

ちゃんと3

「(時間)通りちゃんと(帰ってくる)」

→(〈時間①〉+)〈きちんと①〉または〈きちんと②〉(+〈帰ってくる①〉)

例文の「ちゃんと」は間違いなくの意なので〈きちんと①〉または〈きちんと②〉で表現。〈きちんと②〉はちゃんとできる意。

〈きちんと①〉

両手の親指と人差指を同時に閉じながら下におろす。

〈きちんと②〉

両手の親指と人差指を同時に繰り返し閉じながら下におろす。

チャンピオン1

「チャンピオンになる」

→〈チャンピオン〉+〈長②〉

「チャンピオン」は〈チャンピオン〉で表現。これはチャンピオンベルトを表す。

〈チャンピオン〉

両手の親指と人差指を向かい合わせて腹につける。

〈長②〉

左手甲に親指を立てた右手をのせる。

チャンピオン2

「チャンピオンフラッグ」

→〈優勝〉+〈旗〉

「チャンピオンフラッグ」は優勝旗の意味なので〈優勝〉+〈旗〉で表現。〈優勝〉は優勝旗を受け取るさまを表し、「優勝」の意味。

〈優勝〉

両こぶしで優勝旗のさおを持ち、上にあげるようにする。

〈旗〉

左人差指に右手のひらをつけて揺らす。

ちゅう【中】1

「中ぐらい」

→〈中(ちゅう)①〉+〈くらい①〉

例文の「中(ちゅう)」はなかほどの意味なので〈中(ちゅう)①〉で表現。漢字「中」の字形を表す。

〈中(ちゅう)①〉

左手の親指と人差指と右人差指で「中」の字形を作る。

〈くらい①〉

右手指先を前に向け、左右に小さく振る。

ちゅう【中】2

「明日中」

→〈あした〉+〈まで〉

例文の「中(ちゅう)」は〜のうちにの意味なので〈まで〉で表現。〈まで〉は期限を示すさまで「ここまで」の意味を表す。

〈あした〉

人差指を立てた右手を頭の横でくるりと回しながら前に出す。

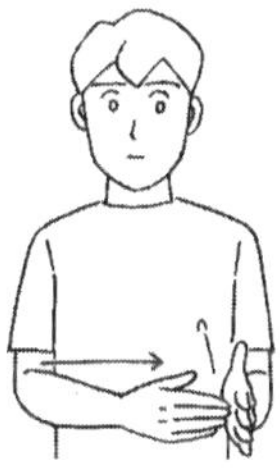

〈まで〉

左手のひらに右手指先を軽くつける。

ちゅう【中】3

「戦争中(のできごと)」

→〈戦争〉+〈時①〉
(+〈事件〉)

例文の「中(ちゅう)」は最中の意味で〈時①〉で表現。〈時①〉はその時点を表し〈戦争〉+〈時①〉は「戦中」「戦時」などの意味を表す。

〈戦争〉

両手の指先を激しくふれ合わせる。

〈時①〉

左手のひらに右親指を当て、右人差指を時計の針のように回す。

ちゅう【中】4

「(ただ今)会議中」

→(〈今①〉+)
〈相談〉+〈中(ちゅう)①〉

例文の「中(ちゅう)」も最中の意味で〈中(ちゅう)〉で表現。〈中(ちゅう)〉はその最中であるという意味を表す。

〈相談〉

親指を立てた両手を軽くぶつけ合う。

〈中(ちゅう)①〉

左手の親指と人差指と右人差指で「中」の字形を作る。

ちゅう【中】5

「開催中(無料)」

→〈開(ひら)く④〉+〈間(あいだ)〉
(+〈無料〉)

例文の「中(ちゅう)」は期間の意味で〈間(あいだ)〉で表現。〈間(あいだ)〉は「間(あいだ)」「期間」などの意味を表す。

〈開(ひら)く④〉

両手のひらを下に向けて並べ、左右に開く。

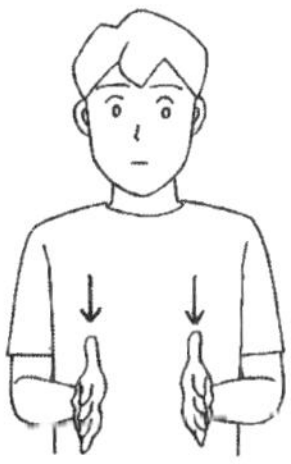

〈間(あいだ)〉

両手のひらを向かい合わせ、仕切るように下に少しさげる。

ちゅう【宙】

「計画が宙に浮く」

→〈計画〉+〈もてあます〉

「宙に浮く」は計画が途中で進まなくなる意味で〈もてあます〉で表現。〈もてあます〉はものの持って行き場がないさまを表す。

〈計画〉

左手のひらを下に向け、右人差指で線を引くようにする。

〈もてあます〉

左手のひらの上に右手の親指と人差指をつまむように添え、水平に回す。

ちゅうい【注意】1

「（お母さんの）注意を守る」

→（〈母〉＋）〈言いつかる〉＋〈注意〉

例文の「注意」はお母さんからの指示を意味するので〈言いつかる〉で表現。〈言いつかる〉は指示されるさまを表す。

〈言いつかる〉
右人差指を自分の顔に向けてさす。

〈注意〉
軽く開いた両手を上下に置き、体に引きつけて握る。

ちゅうい【注意】2

「注意を払う」

→〈注意〉

例文の「注意を払う」は用心する意味で〈注意〉で表現。〈注意〉は気を引き締めて用心するさまで「注意」「用心する」「気をつける」の意味。

〈注意〉
軽く開いた両手を上下に置き、体に引きつけて握る。

ちゅうい【注意】3

「（小さな）虫にも注意を注ぐ」

→（〈小さい②〉＋）〈虫〉＋〈見つめる①〉

例文の「注意を注ぐ」は見過ごさず気をつけて見る意味で〈見つめる①〉で表現。〈見つめる①〉はじっと見つめるさまで「注視する」などの意味。

〈虫〉
右人差指を屈伸させながら前に出す。

〈見つめる①〉
右手の人差指と中指を曲げて鼻をまたぐようにして目の下に当てる。

ちゅうい【注意】4

「先生が注意する」

→〈先生〉＋〈しかる①〉

例文の「注意」はよくないことを指摘して気をつけるように教える意味で〈しかる①〉で表現。〈しかる①〉はしかりつけるさまを表す。

〈先生〉
右人差指を口元から振りおろし、右親指を示す。

〈しかる①〉
右親指を肩から前に振りおろしてとめる。

ちゅうい【注意】5

「注意人物」

→〈問題〉＋〈人〉

例文の「注意人物」は行動などに問題があって気をつけなければならない人の意味なので〈問題〉＋〈人〉で表現する。

〈問題〉
両手の親指と人差指をつまみ「 ┐を描く。

〈人〉
人差指で「人」の字を空書する。

ちゅうい【注意】6

「注意深く見る」

→〈細かい①〉＋〈調べる①〉

例文の「注意深く」は気を付けて、注意しての意味で〈細かい①〉で表現。〈細かい①〉は詳しいさまで「細かく」「詳しく」などの意味。

〈細かい①〉
両手の親指と人差指をつまみ、つき合わせ、つぶすようにする。

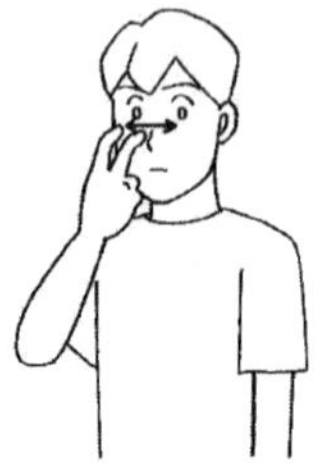

〈調べる①〉
右手の人差指と中指を軽く折り曲げて、目の前を左右に往復させる。

チューインガム

「チューインガム」
→〈チューインガム〉

「チューインガム」は〈チューインガム〉で表現。〈チューインガム〉はそれを伸ばすさまを表す。

〈チューインガム〉
親指と人差指を閉じた右手を口元から前に出す。

ちゅうおう【中央】

「町の中央」
→〈町①〉+〈中心〉

「中央」は真ん中、センターの意味なので〈中心〉で表現。〈中心〉は〈中(ちゅう)①〉と漢字「心」の字形を組み合わせた新しい手話。

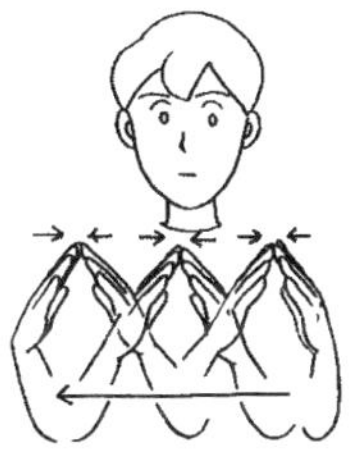

〈町①〉
両手で屋根形を作りながら左から右へ動かす。

〈中心〉
左手の親指と人差指と右人差指で「中」の字形を作り、続いて右手2指を少し下におろす。

ちゅうがっこう【中学校】

「中学校」
→〈中(ちゅう)①〉+〈勉強②〉

「中学校」は〈中(ちゅう)①〉+〈勉強②〉で表現。〈勉強②〉は後に続く〈場所〉が省略されているが「学校」を表す。

〈中(ちゅう)①〉
左手の親指と人差指と右人差指で「中」の字形を作る。

〈勉強②〉
指先を上に向けた両手を並べて軽く前に出す。

ちゅうかん【中間】1

「中間(発表)」
→〈中(ちゅう)①〉+〈中途〉
(+〈発表〉)

例文の「中間」はものごとの途中の意味なので〈中(ちゅう)①〉+〈中途〉で表現。手話は途中、中ほどの意味を表す。

〈中(ちゅう)①〉
左手の親指と人差指と右人差指で「中」の字形を作る。

〈中途〉
左手のひらに右手指先を近づけて途中で落とす。

ちゅうかん【中間】2

「中間(色)」
→〈中(ちゅう)①〉+〈間(あいだ)〉
(+〈色①〉)

例文の「中間」はふたつのもののあいだの意味なので〈中(ちゅう)①〉+〈間〉で表現。手話は「中間」を表す手話の一例。

〈中(ちゅう)①〉
左手の親指と人差指と右人差指で「中」の字形を作る。

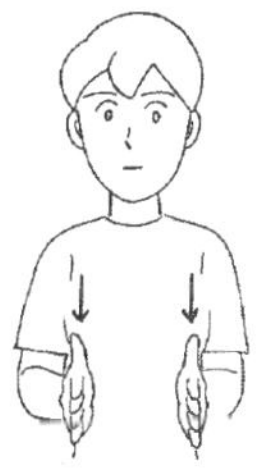

〈間(あいだ)〉
両手のひらを向かい合わせ、仕切るように下に少しさげる。

ちゅうきゅう【中級】

「中級(の手話)」
→〈中(ちゅう)①〉+〈レベル〉
(+〈手話〉)

「中級」は〈中(ちゅう)①〉+〈レベル〉で表現。手話は中ほどのレベルのさまで「中級」「中等」などの意味を表す。

〈中(ちゅう)①〉
左手の親指と人差指と右人差指で「中」の字形を作る。

〈レベル〉
右手指先を前に向け、胸の高さで手のひらを下に向けて水平に右へ動かす。

ちゅうげん【中元】

「御中元」

→〈暑い①〉＋〈贈物〉

「中元」は夏にする贈物のことなので〈暑い①〉＋〈贈物〉で表現。〈暑い①〉は夏の意味、〈贈物〉はものをそっと差し出すさまを表す。

〈暑い①〉

うちわであおぐようにする。

〈贈物〉

両手を向かい合わせてそっと前に出すようにする。

ちゅうこ【中古】

「中古(車)」

→〈中(ちゅう)①〉＋〈古い〉
(＋〈運転〉)

「中古」は少し古いものの意味で〈中(ちゅう)①〉＋〈古い〉で表現。「中古」「ちゅうぶる」の意味を表す。

〈中(ちゅう)①〉

左手の親指と人差指と右人差指で「中」の字形を作る。

〈古い〉

右人差指で鼻を下からこするように回す。

ちゅうこく【忠告】1

「(医者が)忠告する」

→(〈医者〉＋)
〈注意〉＋〈言う①〉

例文の「忠告」は相手のために注意して言う意味なので〈注意〉＋〈言う①〉で表現。

〈注意〉

軽く開いた両手を上下に置き、体に引きつけて握る。

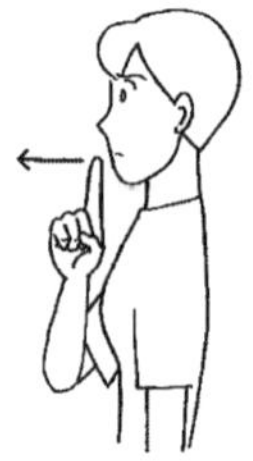

〈言う①〉

右人差指を口元から前に出す。

ちゅうこく【忠告】2

「(先輩の)忠告を受ける」

→(〈先輩②〉＋)
〈注意〉＋〈説明される〉

例文の「忠告を受ける」は〈注意〉＋〈説明される〉で表現。

〈注意〉

軽く開いた両手を上下に置き、体に引きつけて握る。

〈説明される〉

左手のひらの上を指先を手前に向けた右手で小刻みにたたく。

ちゅうごく【中国】

「[日本の]中国(地方)」

→〈中(ちゅう)①〉＋〈国(くに)〉
(＋〈あたり〉)

例文の「中国」は岡山以西、山口以東を表す日本の地方名で〈中(ちゅう)①〉＋〈国〉で表現。手話は「中国地方」を表す一般的な表現。

〈中(ちゅう)①〉

左手の親指と人差指と右人差指で「中」の字形を作る。

〈国(くに)〉

親指と４指を突き合わせ、左右に開きながら閉じる。

ちゅうさい【仲裁】

「けんかの仲裁」

→〈けんか①〉＋〈仲裁〉

「仲裁」は〈仲裁〉で表現。〈仲裁〉は対立する両者を「まあまあ」と止めるさまを表す。「調停」も同手話。

〈けんか①〉

両手人差指を剣のようにふれ合わす。

〈仲裁〉

両手を左右斜め下に押さえるように動かす。

ちゅうし【中止】1

「遠足を中止する」
→〈行進〉+〈つぶす〉

例文の「中止」はとりやめる意味なので〈つぶす〉で表現。〈つぶす〉はつぶすさまで「中止」「中止する」「やめる」などの意味。

〈行進〉
指先を上に向け軽く開いた両手を前後に置き、上下に揺らしながら前に進める。

〈つぶす〉
指先を前にして両手の親指と4指をつぶすようにして閉じる。

ちゅうじつ【忠実】1

「(原文に)忠実に訳す」
→(〈基本〉+〈文章〉+)
〈同じ①〉+〈翻訳〉

例文の「忠実」はありのままの意味なので〈同じ①〉で表現。〈同じ①〉は「そのままに」「同じ」「同一」などの意味を表す。

〈同じ①〉
両手の親指と人差指の先を上に向けて閉じたり開いたりする。

〈翻訳〉
左手のひらの上に右手2指をのせ、手首を返すようにして右へやる。

ちゅうし【中止】2

「(試合が)中止になる」
→(〈試合①〉+)
〈中(ちゅう)①〉+〈とめる〉

例文の「中止」は途中でやめる意味なので〈中(ちゅう)①〉+〈とめる〉で表現。〈中(ちゅう)①〉は表現しなくてもよい。

〈中(ちゅう)①〉
左手の親指と人差指と右人差指で「中」の字形を作る。

〈とめる〉
左手のひらの上に右手を振りおろす。

ちゅうじつ【忠実】2

「忠実に働く」
→〈正しい〉+〈仕事〉

例文の「忠実」はまじめにまごころをもってするさまを意味するので〈正しい〉で表現。〈正しい〉は「忠実」「まじめ」「誠実」の意味。

〈正しい〉
親指と人差指をつまみ、胸に当て、右手をあげる。

〈仕事〉
手のひらを上に向け、向かい合わせた両手指先を繰り返しつき合わせる。

ちゅうじ【中耳】

「中耳炎」
→〈中耳〉+〈火①〉

「中耳炎」は〈中耳〉+〈火①〉で表現。〈中耳〉は鼓膜と内耳の間の部分を表す新しい手話。

〈中耳〉
右耳の横に手のひらを右に向けた左手を立て、右親指と人差指を曲げて耳と左手の間に置く。

〈火①〉
全指を上に向けた右手を揺らしながら上にあげる。

ちゅうしゃ【注射】

「予防注射をする」
→〈防ぐ〉+〈注射〉

「注射」は〈注射〉で表現。〈注射〉は腕に注射をうつさまで注射一般を表すが、注射する部位によって手話は変わる。

〈防ぐ〉
両手のひらを前に向け押すように出す。

〈注射〉
右手3指で注射を打つようにする。

ちゅうしゃ【駐車】1

「道路に駐車する」

→〈道①〉+〈とまる③〉

例文の「駐車」は車を止めることなので〈とまる③〉で表現。〈とまる③〉は道路に車を止めるさまで「駐車」「停車」の意味。

〈道①〉

指先を前に向けた両手を向かい合わせて前に出す。

〈とまる③〉

左手のひらに「コ」の字形にした右手をぽんとのせる。

ちゅうしゃ【駐車】2

「駐車場」

→〈とまる③〉+〈場所〉

例文の「駐車場」は自動車を止めておく場所なので〈とまる③〉+〈場所〉で表現。手話は「駐車場」「停車場所」などを表す。

〈とまる③〉

左手のひらに「コ」の字形にした右手をぽんとのせる。

〈場所〉

全指を曲げた右手を前に置く。

ちゅうしょう【中傷】1

「中傷する」

→〈傷つける〉

例文の「中傷」はありもしないことを言って人の名誉を傷つける意味なので〈傷つける〉で表現。〈傷つける〉は人を切りつけるさまを表す。

〈傷つける〉

左親指を右人差指で切るようにする。

ちゅうしょう【中傷】2

「中傷する」

→〈悪い②〉+〈言う②〉

前記の表現以外に〈悪い②〉+〈言う②〉で表現。手話はことあるごとに悪い悪いと言うさまを表す。

〈悪い②〉

右人差指で繰り返し鼻の頭をこするようにする。

〈言う②〉

右人差指を口元から繰り返し前に出す。

ちゅうしょう【中傷】3

「人に中傷される」

→〈傷つけられる①〉

例文の「中傷される」は〈傷つけられる〉で表現。〈傷つけられる〉は人に切りつけられるさまで、心理的に傷つけられるという意味を表す。

〈傷つけられる①〉

左親指に前から右人差指で切りつけるようにする。

ちゅうしょう【抽象】

「抽象的(な言葉)」

→〈抽象〉+〈合う①〉
(+〈言う②〉)

「抽象的」は具体的でなくて、実際の様子がはっきりしないさま。〈抽象〉で表現。〈抽象〉は莫然と見当をつけるさまで「抽象」を表す新しい手話。

〈抽象〉

左人差指を頭に当て右手のひらを前に向けて回す。

〈合う①〉

左人差指の先に右人差指の先を当てる。

ちゅうしょうきぎょうちょう【中小企業庁】1

「中小(企業庁)」

→〈中(ちゅう)①〉+〈小〉
(+〈会社〉+〈庁〉)

「中小」は〈中①〉+〈小〉で表現。〈中①〉は漢字「中」、〈小〉は漢字「小」の字形を利用した手話。「企業庁」は次項に続く。

〈中(ちゅう)①〉

左手の親指と人差指と右人差指で「中」の字形を作る。

〈小〉

左手の人差指を右手２指ではさむように入れる。

ちゅうしょうきぎょうちょう【中小企業庁】2

「(中小)企業庁」

→(〈中(ちゅう)①〉+〈小〉+)
〈会社〉+〈庁〉

(前記の続き)「企業庁」は〈会社〉+〈庁〉で表現。

〈会社〉

両手の２指を交互に前後させる。

〈庁〉

両手の人差指で「丁」を描く。

ちゅうしょく【昼食】

「昼食をとる」

→〈昼〉+〈食べる①〉

「昼食」は〈昼〉+〈食べる①〉で表現。〈昼〉+〈食べる①〉は「昼食」「昼食をとる」「昼食を食べる」などの意味を表す。

〈昼〉

右手２指を眉間に当てる。

〈食べる①〉

左手のひらの上を右手ですくって食べるようにする。

ちゅうしん【中心】1

「円の中心」

→〈丸③〉+〈点〉

例文の「中心」はまんなかの点の意味なので〈点〉で表現。〈点〉は円を描いてその中心を示すさまで円の中心を表す。

〈丸③〉

右人差指で大きく丸を描く。

〈点〉

右人差指で点を打つ。

ちゅうしん【中心】2

「中心人物」

→〈中心〉+〈人〉

例文の「中心」は核になる人、まとめ役の意味なので〈中心〉+〈人〉で表現。〈中心〉は「中」と「心」の字形を利用した手話。

〈中心〉

左手の親指と人差指と右人差指で「中」の字形を作り、それに右手２指を当て少し下にさげる。

〈人〉

人差指で「人」の字を空書する。

ちゅうしん【中心】3

「(町の)中心」

→(〈町①〉+)
〈中央〉+〈場所〉

例文の「中心」は町のもっとも中央、繁華な場所の意味なので〈中央〉+〈場所〉で表現。

〈中央〉

左手の親指と人差指と右人差指で「中」の字形を作り、人差指を下におろす。

〈場所〉

全指を曲げた右手を前に置く。

ちゅうしん【中心】4

「自己中心的」

→〈自分一人〉+〈けち〉

「自己中心的」は〈自分一人〉+〈けち〉で表現。〈自分一人〉は自分だけを、〈けち〉はお金をかんで放さないさまでけち、がめついの意味。

〈自分一人〉

右人差指を胸に当て、前にはねあげる。

〈けち〉

親指と人差指で作った丸をかむようにする。

ちゅうせい【中性】

「中性脂肪」

→〈中性〉+〈脂肪〉

「中性脂肪」は〈中性〉+〈脂肪〉で表現。〈中性〉は〈中(ちゅう)①〉と〈性〉を組み合わせて作った新しい手話。

〈中性〉

左人差指を立て、右手指文字〈C②〉をその後ろに置き、右に引きながら指をすぼめる。

〈脂肪〉

手のひらを下向きにした左手の下に「コ」字形の右手を当て、右に動かす。

ちゅうぜつ【中絶】1

「作業が中絶する」

→〈作る〉+〈中途〉

例文の「中絶」は作業などを途中でやめる意味なので〈中途〉で表現。左手が終わりを表し、そこまで行かないさまで「中絶」「中断」を表す。

〈作る〉

左こぶしの上を右こぶしでたたくようにする。

〈中途〉

左手のひらに右手指先を近づけて途中で落とす。

ちゅうぜつ【中絶】2

「妊娠中絶」

→(〈妊娠①〉または)〈妊娠②〉+〈中絶〉

例文の「中絶」は妊娠した子供を堕胎する意味なので〈中絶〉で表現。〈中絶〉はお腹の赤ちゃんを取り去るさまを表す。

〈妊娠②〉

両手のひらで大きな腹を示す。

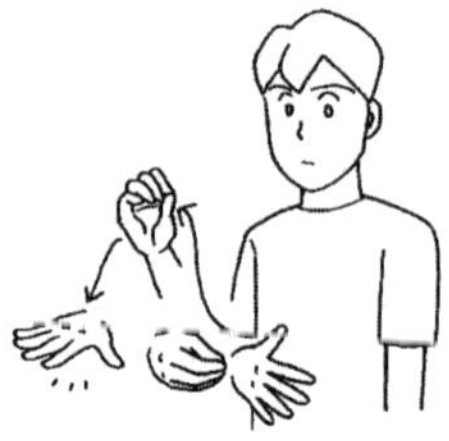

〈中絶〉

腹を右手でつかむようにして前に向けてぱっと開く。

ちゅうせん【抽選】1

「抽選に当たる」

→〈抽選〉+〈目的①〉

例文の「抽選」は〈抽選〉で表現。〈抽選〉は箱の穴から札などを取り出すさまで「抽選」「くじ引き」などの意味を表す。

〈抽選〉

左手の親指と4指で丸を作り、その中から右手の親指と人差指でつまみあげるようにする。

〈目的①〉

左こぶしの親指側に右人差指を当てる。

ちゅうせん【抽選】2

「抽選にもれる」

→〈抽選〉+〈落選〉

例文の「抽選」も〈抽選〉で表現。〈抽選〉は箱の穴から札などを取り出すさまで「抽選」「くじ引き」などの意味を表す。

〈抽選〉

左手の親指と4指で丸を作り、その中から右手の親指と人差指でつまみあげるようにする。

〈落選〉

左手指先を右手のひらに当てて、そのまま下に押しさげる。

ちゅうたい【中退】

「(大学を)中退する」

→(〈大学①〉または〈大学②〉+)〈中途〉+〈辞(や)める〉

例文の「中退」は学校を途中でやめる意味なので〈中途〉+〈辞める〉で表現。〈中途〉は終わりまで行かないさまで「途中」「中断」の意味。

〈中途〉

左手のひらに右手指先を近づけて途中で落とす。

〈辞(や)める〉

左手のひらの上にすぼめた右手をのせて手前に引く。

ちゅうちょ【躊躇】

「結婚を躊躇する」

→〈結婚〉+〈迷う〉

「躊躇」はしようかやめようか迷う意味なので〈迷う〉で表現。〈迷う〉は心が揺れ動くさまで「躊躇する」「迷う」などの意味を表す。

〈結婚〉

親指と小指を左右からつける。

〈迷う〉

両手のひらを並べて左右に振る。

ちゅうだん【中断】1

「放送が中断する」

→〈放送〉+〈中途〉

例文の「中断」は途中で止まることこと、ストップすることなので〈中途〉で表現。〈中途〉は終わりまで行かないさまで「中断」「途中」の意味。

〈放送〉

左こぶしを口元に近づけ、左手甲からすぼめた右手を前に向かって開く。

〈中途〉

左手のひらに右手指先を近づけて途中で落とす。

ちゅうと【中途】1

「中途失聴」

→〈中途〉+〈聞こえない〉

例文の「中途」は途中の意味で〈中途〉で表現。〈中途〉は終わりまで行かないさまで「中途」「中断」「途中」などの意味を表す。

〈中途〉

左手のひらに右手指先を近づけて途中で落とす。

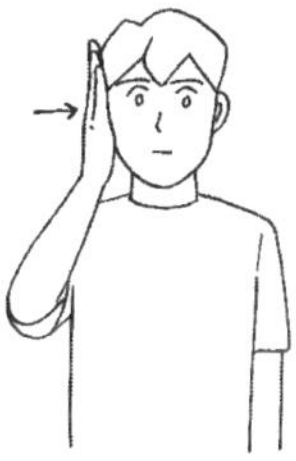

〈聞こえない〉

右手のひらで右耳をふさぐようにする。

ちゅうだん【中断】2

「(話し合いを)中断する」

→(〈会話②〉+)〈中途〉または〈とめる〉

例文の「中断」は途中でやめる意味と事前に取り止めにする意味があり、前者なら〈中途〉で、後者なら〈とめる〉で表現する。

〈中途〉

左手のひらに右手指先を近づけて途中で落とす。

〈とめる〉

左手のひらの上に右手を振りおろす。

ちゅうと【中途】2

「中途半端な(工事)」

→(〈工事〉+)〈中(ちゅう)①〉+〈中途〉

「中途半端」は途中までしかできあがっていない意味で〈中(ちゅう)①〉+〈中途〉で表現。〈中(ちゅう)①〉は表現しなくてもよい。

〈中(ちゅう)①〉

左手の親指と人差指と右人差指で「中」の字形を作る。

〈中途〉

左手のひらに右手指先を近づけて途中で落とす。

ちゅうどく【中毒】

「(ガス)中毒」

→(〈香り①〉+)
〈中(ちゅう)①〉+〈毒〉

「中毒」は毒に当たることで〈中(ちゅう)①〉+〈毒〉で表現。〈毒〉は口から血が垂れるさまで「毒」を表す。

〈中(ちゅう)①〉
左手の親指と人差指と右人差指で「中」の字形を作る。

〈毒〉
右手の親指と人差指をつまんで唇の端から垂らすようにする。

チューナー

「テレビのチューナー」

→〈テレビ〉+〈チューナー〉

「チューナー」は〈チューナー〉で表現。〈チューナー〉は電波を取り込む箱形の装置を表す新しい手話。

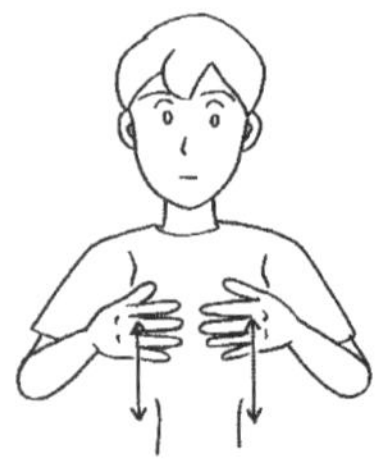

〈テレビ〉
両手の4指の指先を向かい合わせて左右同時に上下させる。

〈チューナー〉
右に向けた「コ」の字形の左手に親指と人差指を出した右手を手前に引きながらつまんで入れる。

ちゅうねん【中年】

「中年(男性)」

→〈中(ちゅう)①〉+〈年齢〉
(+〈男〉)

「中年」は〈中(ちゅう)①〉+〈年齢〉で表現。〈中〉は漢字「中」の字形を表し〈年齢〉は漢字「齢」の歯の意味を表す。

〈中(ちゅう)①〉
左手の親指と人差指と右人差指で「中」の字形を作る。

〈年齢〉
あごの下で右手の指を順に折る。

ちゅうぶう【中風】

「中風になる」

→〈半分③〉+〈まひ〉

「中風」は脳出血によって手足がまひして体が思うように動かなくなる病気なので〈半分③〉+〈まひ〉で表現。手がふるえるさまを表す。

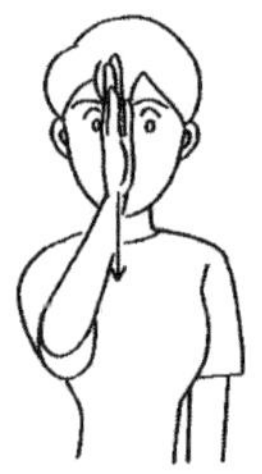

〈半分③〉
右手を頭に当て、下におろす。

〈まひ〉
右ひじを軽くあげて、右手を軽く振る。

ちゅうもく【注目】1

「彼に注目する」

→〈彼〉+〈彼を見る〉

例文の「注目する」は自分が関心をもって見る意味なので〈彼を見る〉で表現。手話は特定の相手に視線を注ぐさまを表す。

〈彼〉
左肩まであげた左親指を右人差指でさす。

〈彼を見る〉
〈彼〉の左手を残して、それに向かって右手2指を目から近づける。

ちゅうもく【注目】2

「彼は人々に注目される」

→〈彼〉+〈注目する〉

例文の「注目される」は〈注目する〉で表現。〈注目する〉は対象となる人に人々の視線が注がれるさまを表す。

〈彼〉
左親指を右人差指でさす。

〈注目する〉
左親指に右手全指の指先をぱっと向ける。

ちゅうもく【注目】3

「みんなに注目される」

→〈みんな〉+〈注目される〉

例文の「注目される」は自分に関心が集まる意味なので〈注目される〉で表現。手話はみんなの視線が自分に集まるさまを表す。

〈みんな〉

右手のひらを下に向けて水平に回す。

〈注目される〉

指先を一斉に顔のほうに向ける。

ちゅうもん【注文】3

「（きれいにしろと）注文をつける」

→（〈美しい②〉+〈する〉+）〈不満〉+〈言う①〉

例文の「注文をつける」はこうしてほしいと要望する意味なので〈不満〉+〈言う①〉で表現。

〈不満〉

軽く開いた右手を胸からぱっと前にはじき出す。

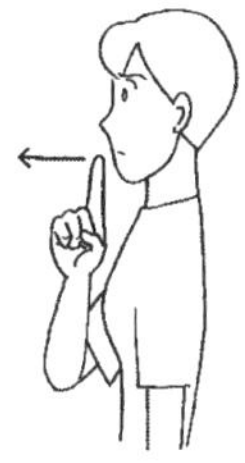

〈言う①〉

右人差指を口元から前に出す。

ちゅうもん【注文】1

「コーヒーを注文する」

→〈コーヒー〉+〈注文〉

例文の「注文」はほしいと言いつけることなので〈注文〉で表現。〈注文〉は言いつけるさまで「注文する」「発注する」などの意味を表す。

〈コーヒー〉

カップを握るようにした左手の中を右手のスプーンでかき混ぜるようにする。

〈注文〉

口元に当てた右人差指を斜め上に出す。

ちゅうや【昼夜】

「昼夜の区別なく働く」

→〈徹夜〉+〈仕事〉

「昼夜の区別なく」は一日中の意味なので〈徹夜〉で表現。地平線を昇って沈む太陽のさまで「一日中」「徹夜」の意味を表す。

〈徹夜〉

左手のまわりで右手の親指と人差指で作った閉じない丸を回す。

〈仕事〉

手のひらを上に向け、向かい合わせた両手指先を繰り返しつき合わせる。

ちゅうもん【注文】2

「電話で注文が来る」

→〈電話〉+〈申し込まれる〉

例文の「注文が来る」は商品などが注文されることで〈申し込まれる〉で表現。〈申し込まれる〉は注文などが届くさまで「注文が来る」の意味。

〈電話〉

親指と小指を立てた右手を顔横に置く。

〈申し込まれる〉

左手のひらの上に右人差指をのせて手前に引き寄せる。

ちゅうりつ【中立】

「中立の立場をとる」

→〈中（ちゅう）①〉+〈立つ〉

「中立」は対立するどちらの側にも立たないことで〈中（ちゅう）①〉+〈立つ〉で表現。

〈中（ちゅう）①〉

左手の親指と人差指と右人差指で「中」の字形を作る。

〈立つ〉

左手のひらの上に右手２指を立てる。

チューリップ

「赤いチューリップ」

→〈赤〉+〈チューリップ〉

「チューリップ」は〈チューリップ〉で表現。〈チューリップ〉はチューリップの花びらのさまを表す。

〈赤〉
唇に人差指を当て、右へ引く。

〈チューリップ〉
やや丸めて立てた左手の周りを同様の右手で囲むように動かす。

ちょう【兆】

「一兆(円)」

→〈1①〉+〈兆〉
(+〈円〉)

「兆」は数の単位で〈兆〉で表現。〈兆〉は漢字「兆」の字形の一部を利用した手話。

〈1①〉
右人差指を立てる。

〈兆〉
両手で儿を描く。

ちょう【庁】

「警察庁」

→〈警察②〉+〈庁〉

「庁」は官庁などの役所のことで〈庁〉で表現。〈庁〉は漢字「庁」の字形の一部を表し、「庁」の意味で使われる。

〈警察②〉
右手の親指と人差指で作った丸を額に当てる。

〈庁〉
両手の人差指で「丁」を描く。

ちょう【町】

「(市)町(村)」

→(〈シ〉+)〈町①〉
または〈町②〉
(+〈村〉)

「町」は行政単位のことで〈町①〉または〈町②〉で表現。〈町①〉は家並みを、〈町②〉は人通りを表す。

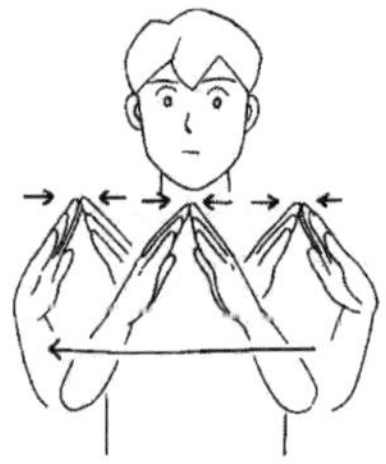

〈町①〉
両手で屋根形を左から右へすばやく順番に作る。

〈町②〉
やや指先を広げた両手を交互に前後させる。

ちょう【腸】1

「胃腸の薬」

→〈胃〉+〈薬〉

「胃腸」は体の部位で胃と腸のこと。一般的には「胃」の意味で使われるので〈胃〉だけで表現。〈胃〉は胃の形を表す。

〈胃〉
右手の親指と人差指で腹に胃の形を描く。

〈薬〉
左手のひらの上で右薬指をこねるように回す。

ちょう【腸】2

「十二指腸」

→〈12〉+〈腸〉

例文の「十二指腸」は内臓の一部で胃の出口から小腸に続く部分。〈12〉+〈腸〉で表現。〈腸〉は曲がりくねった腸管のさまを表す。

〈12〉
〈10②〉と〈2③〉を連続して示す。

〈腸〉
右手の親指と人差指で作った丸を腹に当て左右に往復させる。

ちょう【腸】3

「小腸」

→〈小〉+〈腸〉

「小腸」は体の部位で十二指腸から大腸に続く部分。〈小〉+〈腸〉で表現。〈小〉は漢字「小」の字形を、〈腸〉は曲がりくねった腸管を表す。

〈小〉

左手の人差指を右手２指ではさむように入れる。

〈腸〉

右手の親指と人差指で作った丸を腹に当て左右に往復させる。

ちょう【腸】4

「大腸」

→〈大①〉+〈腸〉

例文の「大腸」は体の部位で小腸から肛門に続く部分。〈大①〉+〈腸〉で表現。〈大①〉は漢字「大」の字形を、〈腸〉は曲がりくねった腸管を表す。

〈大①〉

右人差指で「大」の字を書く。

〈腸〉

右手の親指と人差指で作った丸を腹に当て左右に往復させる。

ちょう【超】

「超満員の電車」

→〈満員〉+〈電車〉

「超」は程度がそれ以上である意味で「超満員」は〈満員〉を強調して表現。

〈満員〉

両手の指背側を合わせて水平に回す。

〈電車〉

折り曲げた右手２指を左手２指に沿って前に動かす。

ちょう【長】1

「長距離電話」

→〈遠い①〉+〈電話〉

例文の「長」は距離が長い意味なので〈遠い①〉で表現。〈遠い①〉は離れているさまで「遠く離れた」「遠い」などの意味を表す。

〈遠い①〉

親指と人差指を閉じた両手をつき合わせ、右手を弧を描いて前に出す。

〈電話〉

親指と小指を立てた右手を顔横に置く。

ちょう【長】2

「長期間」

→〈長い①〉+〈間(あいだ)〉

例文は期間が長いという意味なので〈長い①〉+〈間〉で表現。〈間〉の両手の間隔を広げるだけでも表現できる。

〈長い①〉

閉じた両手の親指と人差指を左右に引き離す。

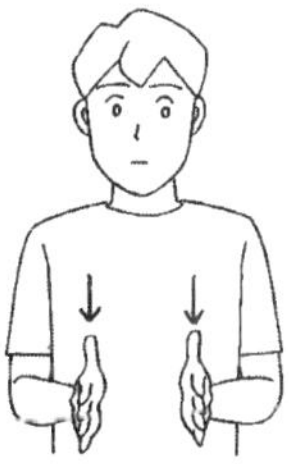

〈間(あいだ)〉

両手のひらを向かい合わせ、仕切るように下に少しさげる。

ちょう【長】3

「(村)長」

→(〈村〉+)
〈長①〉
または〈長②〉

例文の「長」は集団を代表する人の意味なので〈長①〉または〈長②〉で表現。手話はいずれも人の上に立つ人または責任者を表す。

〈長①〉

親指を立てた右手を上にあげる。

〈長②〉

左手の甲に親指を立てた右手をのせる。

ちょういん【調印】

「調印(式)」

→〈契約〉+〈調印〉
(+〈式〉)

「調印」は条約などの文書に互いに署名、印を押す意味なので〈契約〉+〈調印〉で表現。〈調印〉は両者が印を押すさまを表す。

〈契約〉

交差した両手を左右に開きながら親指と4指を閉じる。

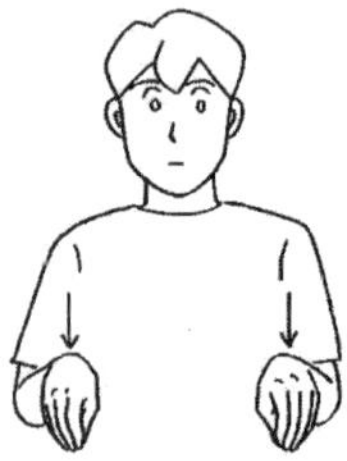

〈調印〉

すぼめた両手を下に押しつけるようにする。

ちょうえき【懲役】

「懲役十年」

→〈つかまる①〉+〈十年〉

「懲役」は刑務所に拘置する刑なので〈つかまる①〉で表現。〈つかまる①〉は手錠をかけられるさまだが後に続く〈十年〉によって刑とわかる。

〈つかまる①〉

こぶしを握った両手の手首を合わせて前に出す。

〈十年〉

左こぶしの上で、右手の親指と人差指で作った丸を縦に1回転させる。

ちょうか【超過】1

「重量が超過する」

→〈重い〉+〈越える②〉

例文の「超過」は重さが限度を越える意味なので〈越える②〉で表現。〈越える②〉は基準を越えるさまで「越える」「超過」「突破」など。

〈重い〉

両手のひらを上に向け、重さでさがるようにする。

〈越える②〉

左手のひらを下にして、その手前で指先を上に向けた右手をあげる。

ちょうか【超過】2

「時間が超過する」

→〈時①〉+〈過ぎる〉

例文の「超過」は時間が限度を越える意味なので〈過ぎる〉で表現。〈過ぎる〉は定刻を越えるさまで「過ぎる」「遅い」などの意味を表す。

〈時①〉

左手のひらに右親指を当て、右人差指を時計の針のように回す。

〈過ぎる〉

左手甲の上を右手で乗り越える。

ちょうかく【聴覚】

「聴覚障害(者)」

→〈聞く②〉+〈折る①〉
(+〈人々①〉)

「聴覚障害」は〈聞く②〉+〈折る①〉で表現。〈折る①〉は障害一般を表す表現で、他に「故障」「(記録を)破る」などの意味もある。

〈聞く②〉

右人差指を右耳に当てる。

〈折る①〉

両こぶしの親指側を合わせ、折るようにする。

ちょうかん【長官】

「(警察庁)長官」

→(〈警察①〉または〈警察②〉+〈庁〉+)
〈長①〉+〈長官〉

「長官」は〈長①〉+〈長官〉で表現。〈長①〉は地位の高い人を表す。〈長官〉は左手がなみいる人々、右手が離れて立つ長を表す新しい手話。

〈長①〉

親指を立てた右手を上にあげる。

〈長官〉

手のひらを前方に向けて立てた左手の横に親指を立てた右手を置き、右へ動かす。

ちょうき【長期】1

「長期滞在」

→〈長い①〉+〈いる〉

例文の「長期」は長い期間の意味なので〈長い①〉で表現。〈長い①〉は距離や時間が長く続くさまで「長期間」の意味を表す。

〈長い①〉

親指と人差指を閉じた両手を向かい合わせ左右に開く。

〈いる〉

両手を握り、両ひじを立てて下におろす。

ちょうこく【彫刻】1

「木に彫刻する」

→〈木〉+〈彫刻①〉

例文の「彫刻」は木を彫ることなので〈彫刻①〉で表現。〈彫刻①〉はのみで木を彫るさまを表す。

〈木〉

両手の親指と人差指で大きな丸を作り、上にあげながら左右に広げる。

〈彫刻①〉

左手で押さえ、右手で彫刻刀を握って彫るようにする。

ちょうき【長期】2

「長期的な展望」

→〈遠い①〉+〈視野が広がる〉

例文の「長期的」は将来に向けての意味なので〈遠い①〉で表現。〈遠い①〉はこれから先の長い期間という意味を表す。

〈遠い①〉

親指と人差指を閉じた両手をつき合わせ、右手を弧を描いて前に出す。

〈視野が広がる〉

両目の脇で向かい合わせた両手のひらを左右に開く。

ちょうこく【彫刻】2

「石に彫刻する」

→〈石①〉+〈彫刻②〉

例文の「彫刻」は石を彫るので〈彫刻②〉で表現。左手にのみ、右手に槌をもって石をたたき削るさまを表す。

〈石①〉

左手のひらに「コ」の字形の右手を当てる。

〈彫刻②〉

左手でのみを握り、右手の槌でたたくようにする。

ちょうけし【帳消し】

「借金を帳消しにする」

→〈借りる〉+〈なくなる①〉

「帳消し」はお金の貸し借りの関係がなくなる意味なので〈なくなる①〉で表現。〈なくなる①〉はすっかりなくしてしまうという意味を表す。

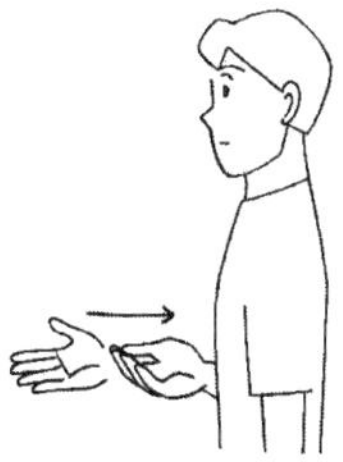

〈借りる〉

親指と４指を半開きにして手前に引きながら閉じる。

〈なくなる①〉

上下に向かい合わせた両手のひらを上から合わせると同時に右手を右に動かす。

ちょうさ【調査】

「調査結果」

→〈調べる①〉+〈結ぶ①〉

「調査」は調べる意味なので〈調べる①〉で表現。〈調べる①〉は目を配りよく見るさまで「調査」「調査する」「調べる」などの意味を表す。

〈調べる①〉

右手の人差指と中指を軽く折り曲げて、目の前を左右に往復させる。

〈結ぶ①〉

両手の親指と人差指でひもを結ぶようにして左右に開く。

ちょうし【調子】1

「強い調子で抗議する」

→〈反対〉+〈申し込む〉

例文の「強い調子」は話や文章の感じの強い意味なので〈反対〉+〈申し込む〉で表現。手話を強く表現することで「強い調子」を表す。

〈反対〉

両手指の背をぶつける。

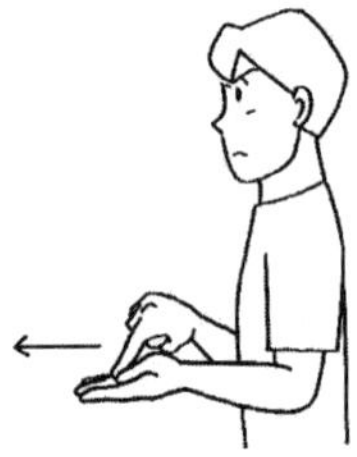

〈申し込む〉

左手のひらの上に右人差指をのせて前に出す。

ちょうし【調子】2

「体の調子」

→〈体(からだ)〉+〈状態①〉

例文の「調子」は体の具合の意味なので〈状態①〉で表現。〈状態①〉はものごとの様子、状況のさまで「状態」「様子」「状況」の意味を表す。

〈体(からだ)〉

右手を体の上で回す。

〈状態①〉

両手のひらを前に向けて、交互に上下させる。

ちょうし【調子】3

「相手の話に適当に調子を合わせる」

→〈説明される〉+〈鼻であしらう〉

例文は相手の話に適当な同意を与えて対応する意味なので〈説明される〉+〈鼻であしらう〉で表現。手話は適当にうなずくさまを表す。

〈説明される〉

左手のひらの上を指先を手前に向けた右手で小刻みにたたく。

〈鼻であしらう〉

視線をそらして右こぶしをうなずくように上下させる。

ちょうじゅ【長寿】1

「長寿を祝う」

→〈長寿〉+〈祝う〉

例文の「長寿」は長生きすることなので〈長寿〉で表現。〈長寿〉は左手が命、右手が長いことを表す。

〈長寿〉

左こぶしを左胸に置き、右親指と人差指をつまんで左甲から前方に動かす。

〈祝う〉

すぼめた両手を上に向けてぱっと開く。

ちょうじゅ【長寿】2

「長寿番組」

→〈長い⑤〉+〈番組〉

例文の「長寿」は長く続くことなので〈長い⑤〉で表現。

〈長い⑤〉

親指と人差指をつまんだ両手をつけ合わせ、右手を前方に出す。

〈番組〉

指先を合わせて両手を下におろす。

ちょうしょ【長所】

「長所(を育てる)」

→〈良い〉+〈場所〉(+〈育てる①〉)

「長所」はすぐれているところの意味なので〈良い〉+〈場所〉で表現。〈良い〉は鼻が高いさまであるが、自慢するという意味はない。

〈良い〉

右こぶしを鼻から前に出す。

〈場所〉

全指を曲げた右手を前に置く。

ちょうじょ【長女】

「長女の結婚」
→〈長女〉+〈結婚〉

「長女」は一番最初に生まれた娘で〈長女〉で表現。〈長女〉は一番目の娘を表す新しい手話。

〈長女〉
左人差指の先から右小指を弧を描いて前に出す。

〈結婚〉
親指と小指を左右からつける。

ちょうじょう【頂上】

「山の頂上」
→〈山〉+〈最高〉

「頂上」は山のいただきの意味なので〈最高〉で表現。〈最高〉はこれ以上の上はないさまで「最高」「てっぺん」「頂点」などを表す。

〈山〉
右手で山形を描く。

〈最高〉
手のひらを下に向けた左手に右手指を下からあげて当てる。

ちょうしょく【朝食】

「朝食（はパン）」
→〈朝〉+〈食べる②〉
（+〈パン①〉）

「朝食」は朝の食事の意味なので〈朝〉+〈食べる②〉で表現。〈朝〉は起きるさま、〈食べる②〉はものを食べるさまを表す。

〈朝〉
こめかみ付近に当てた右こぶしをすばやく下におろす。

〈食べる②〉
すぼめた右手を口元に繰り返し近づける。

ちょうせい【調整】1

「（体の）コンディションを調整する」
→（〈体（からだ）〉+）〈状態①〉+〈準備①〉

例文の「調整」は体の調子を整える意味なので〈準備①〉で表現。〈準備①〉は整理するさまで「整える」「準備」「整理」などの意味を表す。

〈状態①〉
両手のひらを前に向けて、交互に上下させる。

〈準備①〉
両手のひらを向かい合わせて左から右へ動かす。

ちょうせい【調整】2

「日程を調整する」
→〈いつ〉+〈操る①〉

例文の「調整」は全体がうまくいくようにする意味で〈操る①〉で表現。〈操る①〉は操り人形を操るさまで「操る」「調整」などの意味を表す。

〈いつ〉
両手を上下にして、両手同時に順番に指を折る。

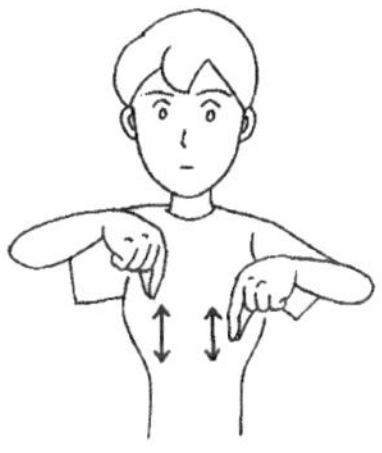

〈操る①〉
親指と人差指でひもを持つように交互に上下させる。

ちょうせつ【調節】

「温度調節」
→〈温度〉+〈操る①〉

「調節」はほどよく調子を整える意味で〈操る①〉で表現。〈繰る①〉は操り人形を操るさまで自分の都合のよいようにするという意味がある。

〈温度〉
指先を上に向けた左手のひらの横で人差指を立てた右手を上下させる。

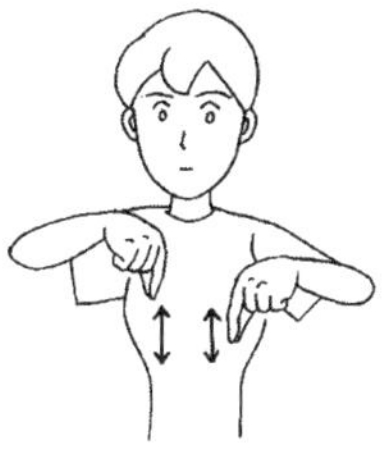

〈操る①〉
親指と人差指でひもを持つように交互に上下させる。

ち

ちょうせん【挑戦】1

「チャンピオンに挑戦する」

→〈チャンピオン〉+〈挑戦〉

例文の「挑戦」は上位の者に戦いを挑むことで〈挑戦〉で表現。手話は上位の者にぶつかっていくさまで「挑戦」「チャレンジ」の意味。

〈チャンピオン〉

両手の親指と人差指を向かい合わせて腹につける。

〈挑戦〉

親指を立てた左手に親指を立てた右手をぶつける。

ちょうせん【挑戦】2

「敵の挑戦を受ける」

→〈敵〉+〈挑戦を受ける〉

例文の「挑戦を受ける」は戦いを挑まれることなので〈挑戦を受ける〉で表現。手話は他者が自分に向かってくるさまを表す。

〈敵〉

左手甲に右手甲をぶつける。

〈挑戦を受ける〉

親指を立てた両手を前後にして左手を前からぶつける。

ちょうせん【朝鮮】

「朝鮮語」

→〈韓国〉+〈言う②〉

「朝鮮」は〈韓国〉で表現。〈韓国〉は民族衣装の帽子を表す国際的な共通手話。

〈韓国〉

右手のひらを頭に当てて右へ引き、また指先を頭につける。

〈言う②〉

右人差指を口元から繰り返し前に出す。

ちょうだい【頂戴】1

「結構な物をちょうだいする」

→〈良い〉+〈もらう①〉

例文の「ちょうだいする」は品物をもらう意味で〈もらう①〉で表現。〈もらう①〉はもらうさまで「ちょうだいする」「いただく」の意味。

〈良い〉

右こぶしを鼻から前に出す。

〈もらう①〉

手のひらを上に向けた両手を手前に引く。

ちょうだい【頂戴】2

「お目玉をちょうだいする」

→〈しかられる〉+〈失敗②〉

例文の「お目玉をちょうだい」はしかられる意味なので〈しかられる〉+〈失敗②〉で表現。〈失敗②〉はしまったのさまで失敗の意味を表す。

〈しかられる〉

親指を立てた右手を顔に向け押すようにする。

〈失敗②〉

手のひらを額に打ちつける。

ちょうだい【頂戴】3

「お金をちょうだい」

→〈金(かね)①〉+〈求める〉

例文の「ちょうだい」はくださいの意味なので〈求める〉で表現。〈求める〉はほしがるさまで「求める」「要求する」などの意味。

〈金(かね)①〉

右手の親指と人差指で作った丸を示す。

〈求める〉

左手のひらに右手の甲を打ちつける。

ちょうだい【頂戴】4

「来てちょうだい」

→〈来る②〉+〈頼む①〉

例文の「ちょうだい」は人に頼む時の言葉で〈頼む①〉で表現。〈頼む①〉は人に頼むさまで「頼む」「お願いする」の意味を表す。

〈来る②〉

右人差指を上に向けて手前に引く。

〈頼む①〉

頭を下げて右手で拝むようにする。

ちょうてい【調停】1

「争いの調停」

→〈けんか①〉+〈仲裁〉

「調停」は〈仲裁〉で表現。〈仲裁〉は対立する両者を「まあまあ」と止めるさまを表す。「仲裁」も同手話。

〈けんか①〉

両手人差指を剣のようにふれ合わす。

〈仲裁〉

両手を左右斜め下に押さえるように動かす。

チョウチョ【蝶蝶】

「きれいなチョウチョ」

→〈美しい②〉+〈チョウチョ〉

「チョウチョ」は〈チョウチョ〉で表現。〈チョウチョ〉はひらひらと羽根を広げて飛ぶチョウチョのさまを表す。

〈美しい②〉

左手のひらをなでるように右手のひらを滑らせる。

〈チョウチョ〉

両手の親指を交差させて4指を羽根のように揺らす。

ちょうてい【調停】2

「（裁判の）調停」

→（〈裁判〉+）〈仲裁〉+〈調印〉

例文の「調停」は〈仲裁〉+〈調印〉で表現。〈調印〉は両者が印を押すさまを表す。

〈仲裁〉

両手を左右斜め下に押さえるように動かす。

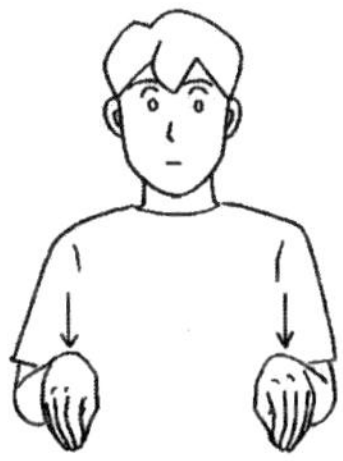

〈調印〉

すぼめた両手を下に押しつけるようにする。

ちょうちん【提灯】

「祭りの提灯」

→〈祭り〉+〈提灯〉

「提灯」は〈提灯〉で表現。〈提灯〉は折りたたんだ提灯を広げるさまを表す。

〈祭り〉

肩に棒をかつぐようにして揺らす。

〈提灯〉

指を折り曲げた両手を上下に向かい合わせ、下側の手をおろす。

ちょうてん【頂点】1

「山の頂点に立つ」

→〈山〉+〈上に立つ〉

例文の「頂点」は頂上、いただきの意味で〈上に立つ〉で表現。〈上に立つ〉は頂上に立つさまで「頂上に達する」「頂点に立つ」などの意味。

〈山〉

右手で山形を描く。

〈上に立つ〉

左手甲の上に右手2指を立てる。

ちょうてん【頂点】2

「興奮が頂点に達する」

→〈興奮〉+〈最高〉

例文の「頂点」は最高の状態を意味するので〈最高〉で表現。〈最高〉「頂点に達する」「最高潮」「絶頂」「クライマックス」などの意味。

〈興奮〉

すぼめた両手をほおに当て、揺らしながら上にあげる。

〈最高〉

手のひらを下に向けた左手に右手指先を突き上げて当てる。

ちょうでん【弔電】

「弔電を打つ」

→〈死ぬ②〉+〈電報〉

「弔電」はおくやみの電報の意味なので〈死ぬ②〉+〈電報〉で表現。〈死ぬ②〉は横に倒れるさまで「死ぬ」「死亡」などの意味を表す。

〈死ぬ②〉

指先を上に向けた右手を倒す。

〈電報〉

左手のひらの上に右手２指を繰り返し打ちつける。

ちょうど【丁度】1

「ちょうど千円になる」

→〈千円〉+〈きちんと①〉

例文の「ちょうど」は端数がつかないさまを意味するので〈きちんと①〉で表現。〈きちんと①〉はけじめがきちんとしているさまを表す。

〈千円〉

右手の小指を除いた４指で丸を作り、次に親指と人差指を開いて右に引く。

〈きちんと①〉

両手の親指と人差指を同時に閉じながら下におろす。

ちょうど【丁度】2

「ちょうどの大きさの服だ」

→〈服〉+〈きちんと①〉

例文の「ちょうど」は大きさがぴったり合う意味なので〈きちんと①〉で表現。〈きちんと①〉はけじめがきちんとしているさまを表す。

〈服〉

親指を立てた両手をえりに沿って下におろす。

〈きちんと①〉

両手の親指と人差指を同時に閉じながら下におろす。

ちょうなん【長男】

「長男の嫁」

→〈長男〉+〈妻①〉

「長男」は一番最初に生まれた息子の意味で〈長男〉で表現。〈長男〉は一番目の息子の意味を表す新しい手話。

〈長男〉

左人差指の先から右親指を弧を描くように前に出す。

〈妻①〉

左親指と右小指を寄り添わせて、右小指を前に出す。

ちょうふく【重複】1

「説明が重複する」

→〈説明〉+〈重ねる①〉

例文の「重複」は同じことが二度重なる意味なので〈重ねる①〉で表現。〈重ねる①〉は二つの物が重なるさまで「重複」「ダブる」などの意味。

〈説明〉

左手のひらを右手で小刻みにたたく。

〈重ねる①〉

左手甲に右手のひらを重ねる。

ちょうふく【重複】2

「重複障害(者)」

→〈重ねる①〉+〈折る①〉
(+〈人々①〉)

例文の「重複障害」は〈重ねる①〉+〈折る①〉で表現。〈重ねる①〉は二つの物が重なるさまで「重複」「ダブる」などの意味を表す。

〈重ねる①〉
左手甲に右手のひらを重ねる。

〈折る①〉
両こぶしの親指側を合わせ、折るようにする。

ちょうふく【重複】3

「日にちが重複する」

→〈いつ〉+〈同時〉

例文の「重複」は物事が同じ日に重なる意味なので〈同時〉で表現。〈同時〉は二つのことが同時に起こるさまで「ぶつかる」「ダブる」の意味。

〈いつ〉
両手を上下にして、両手同時に順番に指を折る。

〈同時〉
両手の閉じた親指と人差指をはじくように人差指だけを上に向ける。

ちょうめん【帳面】

「帳面に書く」

→〈本〉+〈書く①〉

「帳面」はノートの意味なので〈本〉で表現。〈本〉には書籍の意味とノートの意味があり、文脈によっていずれか判断する。

〈本〉
両手のひらを合わせて本を開くように左右に開く。

〈書く①〉
左手のひらに右手の親指と人差指で縦に書くようにする。

ちょうりょく【聴力】1

「聴力(検査)」

→〈聞く②〉+〈力〉
(+〈調べる①〉)

例文の「聴力」は聞く力のことなので〈聞く②〉+〈力〉で表現。

〈聞く②〉
右人差指を右耳に当てる。

〈力〉
こぶしを握った左腕を曲げ、上腕に右人差指で力こぶを描く。

ちょうりょく【聴力】2

「聴力が衰える」

→〈聞く②〉+〈さがる②〉

「聴力」は前項のように〈聞く②〉+〈力〉で表現するが、この例文の場合〈さがる②〉が続くので〈力〉は省略されて〈聞く②〉だけで表現。

〈聞く②〉
右人差指を右耳に当てる。

〈さがる②〉
指文字〈コ〉を示した右手を右上から左下におろす。

ちょうれい【朝礼】

「朝礼」

→〈朝〉+〈礼〉

「朝礼」は朝に職員が集まり挨拶や指示をするなどのことで〈朝〉+〈礼〉で表現。〈礼〉はそろっておじぎをするさまを表す。

〈朝〉
こめかみ付近に当てた右こぶしをすばやく下におろす。

〈礼〉
指先を上に向け、両手のひらを前に向けて全指を前に倒す。

ちょうわ【調和】1

「グループの調和」

→〈グループ〉+〈和解〉

例文の「調和」は波風を立てずにうまくいく意味なので〈和解〉で表現。〈和解〉はみんなが仲よくするさまで「調和」の意味を表す。

〈グループ〉

指先を上に向けた両手で水平に手前に円を描く。

〈和解〉

両手をゆっくりと結ぶ。

ちょうわ【調和】2

「色が調和する」

→〈色①〉+〈合う①〉

例文の「調和」はよくつり合う意味なので〈合う①〉で表現。〈合う①〉はぴったりしているさまで「合う」「ぴったり」「適当」などの意味。

〈色①〉

すぼめた両手を合わせてひねる。

〈合う①〉

左人差指の先に右人差指の先を当てる。

ちょきん【貯金】

「貯金がたまる」

→〈貯金〉+〈金がたまる〉

「貯金」は銀行などにお金を預けためることで〈貯金〉で表現。〈貯金〉は貯金通帳に判を押すさまで「貯金」「預金」を表す。

〈貯金〉

左手のひらの上に右こぶしの小指側で判をつくように当てながら前に出す。

〈金がたまる〉

左手のひらの上で右手の親指と人差指で作った丸を徐々に上にあげる。

ちょくご【直後】

「(終戦)直後」

→(〈戦争〉+〈終わる〉+)
〈少し〉+〈将来②〉

「直後」はすぐ後の意味なので〈少し〉+〈将来②〉で表現。〈少し〉はほんの少しのさまで「ほんの少し」「ちょっと」などの意味を表す。

〈少し〉

右手の親指と人差指を合わせ、親指をはじく。

〈将来②〉

右手のひらを前に向けて少し押すように前に出す。

ちょくせつ【直接】

「彼に直接会って(話を聞く)」

→〈直接〉+〈会う①〉
(+〈説明される〉+〈聞く①〉)

「直接」は間に何もはさまずじかにの意味なので〈直接〉で表現。〈直接〉は人にじかに向かうさまで「直接」を意味する新しい手話。

〈直接〉

左親指に右手の指先をまっすぐ近づける。

〈会う①〉

人差指を立てた両手を左右から近づけて軽くふれ合わせる。

ちょくぜん【直前】

「締め切り直前」

→〈締め切り②〉+〈迫る①〉

「直前」は時間的にすぐ前の意味なので〈迫る①〉で表現。〈迫る①〉はものに迫るさまで「直前」「迫る」などの意味を表す。

〈締め切り②〉

右手2指の指先を左に向け、はさみで切るようにする。

〈迫る①〉

両手のひらを前後に向かい合わせて右手を左手に近づける。

チョコレート

「チョコレート」

→〈券①〉+〈割る③〉

「チョコレート」は〈券①〉+〈割る③〉で表現。手話は板チョコの形でそれを割るさまを表す。

〈券①〉

両手の親指と人差指を曲げて向き合わせて四角を示す。

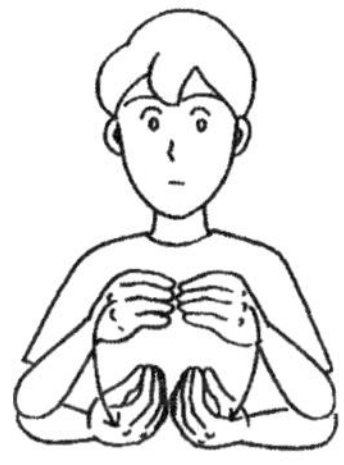

〈割る③〉

親指と４指を閉じた両手の指先を合わせて折るようにする。

チョッキ

「チョッキ」

→〈チョッキ①〉
または〈チョッキ②〉

「チョッキ」は〈チョッキ①〉または〈チョッキ②〉で表現。〈チョッキ①〉は形、〈チョッキ②〉はポケットを表す。同意の「ベスト」も同じ。

〈チョッキ①〉

両手の人差指で体に八を書く。

〈チョッキ②〉

指先を下にした両手の４指を胸と腹でポケットに手を入れるようにする。

ちょさく【著作】

「著作権」

→〈著作〉+〈力〉

「著作権」は〈著作〉+〈力〉で表現。〈著作〉は原稿用紙のマス目とそれに表されるものを意味し、「著作(物)」を表す。

〈著作〉

左手のひらに全指を軽く折り曲げた右手甲を軽く打ちつける。

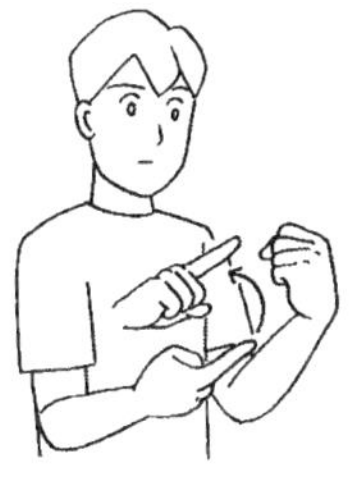

〈力〉

こぶしを握った左腕を曲げ、上腕に右人差指で力こぶを描く。

ちょっきゅう【直球】

「直球を投げる」

→〈投げる〉+〈まっすぐ①〉

「直球」は〈まっすぐ①〉で表現。〈まっすぐ①〉はボールをまっすぐに投げ出すさまを表す。

〈投げる〉

右手で野球のボールを投げるようにする。

〈まっすぐ①〉

指先を伸ばし、まっすぐ前に進める。

ちょっかん【直感】

「直感が当たる」

→〈感じる①〉+〈目的①〉

例文の「直感」は根拠はないが何となく感じられることで〈感じる①〉で表現。〈感じる①〉は頭にピンと来るさまで「直感」「勘」などを表す。

〈感じる①〉

右人差指で頭を軽く突きあげる。

〈目的①〉

左こぶしの親指側に右人差指を当てる。

ちょっと 1

「もうちょっと右」

→〈少し〉+〈右①〉

例文の「ちょっと」は少しの意味なので〈少し〉で表現。〈少し〉はほんのちょっぴりのさまで「ちょっと」「少し」「ほんのちょっぴり」など。

〈少し〉

右手の親指と人差指を合わせ、親指をはじく。

〈右①〉

右手を握り、ひじをあげて右へやる。

ちょっと 2

「ちょっと見当もつかない」

→〈何〉+〈知らない〉

例文の「ちょっと」は簡単にはの意味で〈何〉+〈知らない〉で表現。手話は表情を含めてさっぱり見当がつかないさまを表す。

〈何〉
右人差指を左右に振る。

〈知らない〉
右手のひらで右脇を払いあげる。

ちょめい【著名】

「著名人」

→〈有名〉+〈人〉

「著名」は有名の意味なので〈有名〉で表現。〈有名〉は名高いさまで「著名」「名高い」「高名」「有名」などの意味を表す。

〈有名〉
左手のひらに右人差指を当て、上にあげる。

〈人〉
人差指で「人」の字を空書する。

ちらす【散らす】1

「二人は火花を散らして言い争う」

→〈二人②〉+〈けんか②〉

例文の「火花を散らす」は激しく争うさまを言うので〈けんか②〉で表現。〈けんか②〉の動作や表情によって激しさの程度を表す。

〈二人②〉
左手２指の下に右人差指で「人」を書く。

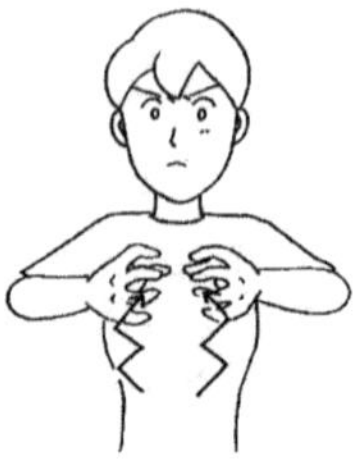

〈けんか②〉
両手の指先を曲げてぶつけ合うようにして上にあげる。

ちらす【散らす】2

「痛みを散らす」

→〈痛い①〉+〈消える④〉

例文の「散らす」は痛みを少なくする、なくす意味なので〈消える④〉で表現。〈消える④〉は炎が消えるさまで「消える」「消す」の意味を表す。

〈痛い①〉
全指を曲げて左右に小刻みに振る。

〈消える④〉
軽く開いた両手を下におろしながらすぼめる。

ちらす【散らす】3

「どなり散らす」

→〈ガミガミ言う①〉

例文の「どなり散らす」はやたらとどなる意味なので〈ガミガミ言う①〉で表現。〈ガミガミ言う①〉はそのさまで「怒鳴る」「ガミガミ言う」の意味。

〈ガミガミ言う①〉
口元で右手指を屈伸させる。

ちらばる【散らばる】

「本が散らばる」

→〈本〉+〈散らばる〉

例文の「散らばる」はあちこちにばらばらと放ってあるさまで〈散らばる〉で表現。〈散らばる〉はあちこちに放るさま。

〈本〉
両手のひらを合わせて本を開くように左右に開く。

〈散らばる〉
閉じた両手を交互にあちこちに向けて捨てるように開く。

ちり【地理】

「京都の地理(に詳しい)」
→〈京都〉+〈デザイン〉
(+〈細かい①〉)

例文の「地理」は〈デザイン〉で表現。〈デザイン〉は地形のさまを現し、「地図」の意。

〈京都〉
親指と人差指を立てた両手を下に向け、2回おろす。

〈デザイン〉
両手のひらを下に向けて指先を向かい合わせ、小刻みに交互に前後させる。

ちりがみ【ちり紙】

「ちり紙をちょうだい」
→〈ちり紙〉+〈求める〉

「ちり紙」は鼻紙などのことで〈ちり紙〉で表現。〈ちり紙〉は鼻をかむさまで「ちり紙」「鼻紙」などの意味を表す。

〈ちり紙〉
両手のひらで鼻をかむようにする。

〈求める〉
左手のひらに右手の甲を打ちつける。

ちりょう【治療】1

「歯の治療」
→〈歯〉+〈直す〉

例文の「治療」は直す意味なので〈直す〉で表現。〈直す〉は「直す」「修理する」などの意味を表す。

〈歯〉
右人差指で歯をさす。

〈直す〉
人差指を立てた両手を繰り返し交差させる。

ちりょう【治療】2

「治療を受ける」
→〈診察を受ける〉

例文の「治療を受ける」は医者にかかることなので〈診察を受ける〉で表現。〈診察を受ける〉は医者に打診されるさまを表す。

〈診察を受ける〉
左手のひらを体の方に向け、その甲を右手2指で軽くたたく。

ちりょう【治療】3

「治療費」
→〈脈〉+〈金(かね)①〉

例文の「治療費」は医者に払う治療費用のことで〈脈〉+〈金(かね)①〉で表現。〈脈〉は医者を、〈金(かね)①〉は費用を表す。

〈脈〉
右3指を左手首の内側に当てる。

〈金(かね)①〉
右手の親指と人差指で作った丸を示す。

ちる【散る】1

「(風で)桜が散る」
→(〈風②〉+)
〈桜〉+〈散る〉

例文の「散る」は花がはらはらと落ちる意味なので〈散る〉で表現。〈散る〉は桜などがはらはらと落ちるさまを表す。

〈桜〉
軽く指先を開いた両手のひらを合わせて、少しずつずらしながらたたきながら回す。

〈散る〉
指先を開いた両手のひらを前に向けて揺らしながらおろす。

ちる【散る】2

「人々が散っていく」

→〈人々①〉+〈解散〉

例文の「散る」は人がばらばらに分かれて去る意味なので〈解散〉で表現。〈解散〉は人がばらばらと散っていくさまで「解散」「散会」の意味。

〈人々①〉
親指と小指を立てた両手を揺らしながら左右に開く。

〈解散〉
両手の指先を下に向けて前に払うように伸ばす。

ちる【散る】3

「気が散る」

→〈一途①〉+〈難しい〉

例文の「気が散る」はものごとに集中できない意味なので〈一途①〉+〈難しい〉で表現。

〈一途①〉
両手のひらをこめかみ付近から斜め前に絞り込むようにおろす。

〈難しい〉
右手の親指と人差指でほおをつねるようにする。

ちんぎん【賃金】

「賃金はいくら」

→〈給料〉+〈数〉

「賃金」は労働に対して受け取る報酬のことで〈給料〉で表現。〈給料〉はまとまったお金を受け取るさまで「賃金」「給与」などの意味。

〈給料〉
左手のひらに右手親指と人差指で作った丸を添えて手前に引き寄せる。

〈数〉
右手指でものを数えるようにして順に指を折る。

ちんじょう【陳情】

「陳情に行く」

→〈拝む〉+〈申し込む〉

「陳情」は役所などに実情を述べ要望することで〈拝む〉+〈申し込む〉で表現。〈拝む〉は頼み込むさまで「拝む」「頼む」などの意味。

〈拝む〉
両手のひらをすり合わせて拝むようにする。

〈申し込む〉
左手のひらの上に右人差指をのせて前に出す。

ちんもく【沈黙】

「沈黙を守る」

→〈黙る①〉+〈相変わらず①〉

「沈黙を守る」は何も言わないことなので〈黙る①〉+〈相変わらず①〉で表現。口を閉じ、黙り続けるさまを表す。

〈黙る①〉
握ったこぶしを口に当てる。

〈相変わらず①〉
両手の親指と 4 指を閉じたり開いたりしながら前方に動かす。

つ

〈ツ〉
親指と人差指と中指を閉じて示す。

ツアー

「ツアーに参加」
→〈ツアー〉+〈参加①〉

「ツアー」は周遊旅行のことなので〈ツアー〉で表現。〈ツアー〉はツアーの世話人が持つ旗の形を表す。

〈ツアー〉
人差指を立てた左手に右親指と人差指を当て、右に引きながらつまむ。

〈参加①〉
指先を上に向け、手のひらを手前に向けた左手に人差指を立てた右手を打ちつける。

ついか【追加】

「注文を追加する」
→〈注文〉+〈付け足す〉

「追加」はあとからつけ加える意味なので〈付け足す〉で表現。既にある量にさらに加えるさまで「追加する」「付け足す」の意味を表す。

〈注文〉
口元に当てた右人差指を斜め上に出す。

〈付け足す〉
親指と人差指を開いた左手の上に、間をせばめた右手の親指と人差指をのせる。

つい 1

「つい寝過ごした」
→〈失敗②〉+〈寝坊〉

例文の「つい」は思わず、うっかりの意味なので〈失敗②〉で表現。しまったといって額をたたくさまで「つい」「うっかり」などの意味。

〈失敗②〉
右手のひらを額に打ちつける。

〈寝坊〉
頭に当てた右こぶしをすべらせるように上にあげる。

ついきゅう【追及】

「(責任を)追及する」
→(〈責任①〉+)
〈批判〉
または〈追及〉

「追及」は責任を問いただし追いつめる意味なので〈批判〉または〈追及〉で表現。〈追及〉は厳しく問うさまを表す。

〈批判〉
左親指に向かって右人差指を繰り返し振りおろす。

〈追及〉
左親指に手のひらを上に向けた右手指先を繰り返し近づける。

つい 2

「ついさっき」
→〈少し〉+〈過去②〉

例文の「つい」はちょっとの意味なので〈少し〉で表現。〈少し〉はほんのちょっとのさまで「ほんのちょっと」「少し」などの意味を表す。

〈少し〉
右手の親指と人差指を合わせ、親指をはじく。

〈過去②〉
右手のひらを後ろに向けて、押すようにして肩越しに少し後ろに動かす。

ついきゅう【追求】

「幸福を追求する」
→〈幸せ〉+〈追求〉

「追求」は追い求める意味なので〈追求〉で表現。〈追求〉は欲しいと求め続けるさまで「追い求める」「要求する」などの意味を表す。

〈幸せ〉
親指と4指であごをなでるようにする。

〈追求〉
左手のひらの上に右手を打ちつけながら前に出す。

ついきゅう【追究】

「原因を追究する」
→〈基本①〉+〈さぐる〉

例文の「追究」はわからないことをつきつめていくことなので〈さぐる〉で表現。〈さぐる〉木の根をさぐるさまで「探求する」「研究する」の意味。

〈基本①〉
左ひじを立て、閉じた右手を当てて下に向けて開く。

〈さぐる〉
左こぶしの下を右人差指で突くようにする。

ついたち【一日】

「五月一日」
→〈五月〉+〈五月一日〉

例文の「五月一日」は〈五月一日〉で表現。上の数字〈5〉は月を、下の数字〈1②〉は日にちを表す。

〈五月〉
左手で〈5〉を示し、その下で右手の親指と人差指で三日月を描く。

〈五月一日〉
左手で〈5〉、右手で〈1②〉を示し、上下に置く。

ついせき【追跡】1

「(泥棒を)追跡する」
→(〈泥棒①〉+)
〈追う②〉
または〈追う③〉

例文の「追跡」は逃げる者のあとを追う意味なので〈追う②〉または〈追う③〉で表現。いずれも人を追うさまで「追跡」「追う」の意味。

〈追う②〉
左人差指の後ろに右人差指をつけて小刻みに左右に揺らしながら前に進める。

〈追う③〉
左親指後ろを右人差指をつけて左右に小刻みに揺らしながら前に出す。

ついて 1

「手話について(講演する)」
→〈手話〉+〈関係①〉
(+〈講演〉)

例文の「ついて」は〜に関しての意味なので〈関係①〉で表現。〈関係①〉は関わるさまを表し「ついて」「関して」などの意味を表す。

〈手話〉
両手の人差指を向かい合わせて、糸を巻くように回転させる。

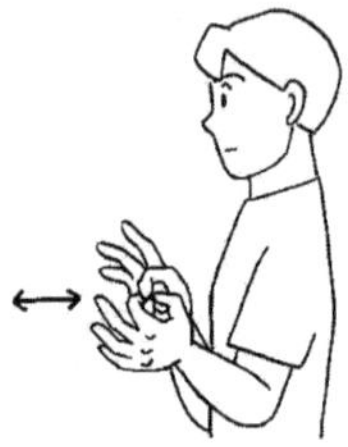

〈関係①〉
両手の親指と人差指を組み、前後に往復させる。

ついせき【追跡】2

「追跡調査」
→〈ずっと①〉+〈調べる①〉

例文の「追跡調査」はその後どうなったかを調べる意味なので〈ずっと①〉+〈調べる①〉で表現。

〈ずっと①〉
右人差指の先を前に向け、右から左へ線を引くように動かす。

〈調べる①〉
右手の人差指と中指を軽く折り曲げて、目の前を左右に往復させる。

ついて 2

「一人について三個」
→〈一人①〉+〈3④〉

例文は「一人あたり」の意味なので〈一人①〉+〈3④〉で表現。手話は一人あたり三つずつ割り振るさまを表す。

〈一人①〉
左人差指を横に倒し、その下に右人差指で「人」の字を書く。

〈3④〉
数字〈3③〉を3方向で示す。

ついとう【追悼】

「友人を追悼する」

→〈友達①〉+〈追悼〉

「追悼」は〈追悼〉で表現。〈追悼〉は〈祈る〉と〈なつかしい〉とを組み合わせた手話。

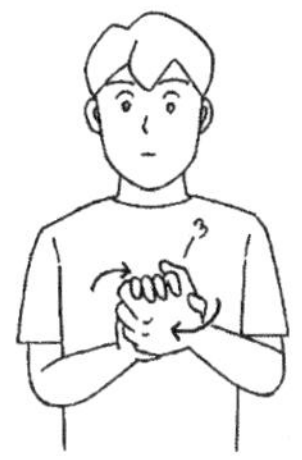

〈友達①〉

両手を組み、手を組み換える。

〈追悼〉

左手を立て、右人差指をこめかみに当て、指を開き揺らしながら斜め右に動かす。

ついとう【追突】

「車に追突する」

→〈運転〉+〈追突〉

例文の「追突」は車の後ろに車がぶつかることで〈追突〉で表現。〈追突〉は前の車に後の車がぶつかるさまで「追突」の意味を表す。

〈運転〉

ハンドルを両手で握り、回すようにする。

〈追突〉

両手で「コ」の字形を示し、左手の後ろに右手を当てる。

ついに【遂に】

「ついに完成した」

→〈まで〉+〈成功〉

「ついに」はとうとう、最後にの意味なので〈まで〉で表現。〈まで〉は一番終わりのさまで「ついに」「とうとう」「最後に」などの意味。

〈まで〉

左手のひらに右手指先を軽くつける。

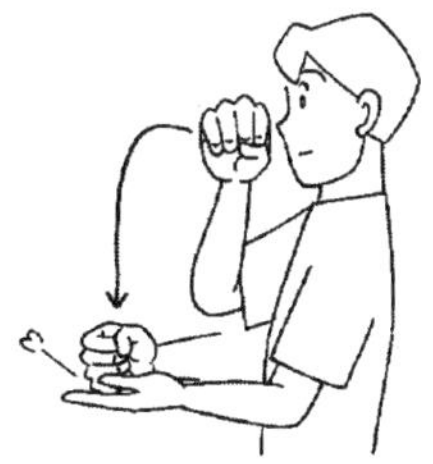

〈成功〉

右こぶしを鼻から左手のひらに打ちつける。

ついほう【追放】1

「暴力を追放する」

→〈なぐる②〉+〈追い払う〉

例文の「追放」は追い払うの意味なので〈追い払う〉で表現。〈追い払う〉は追い払うさまで「追放」「追い払う」「放逐」の意味を表す。

〈なぐる②〉

両手のこぶしで交互になぐるようにする。

〈追い払う〉

左手のひらを右手で払いのける。

ついほう【追放】2

「国外に追放される」

→〈国(くに)〉+〈追い払われる〉

例文の「追放される」は〈追い払われる〉で表現。〈追い払われる〉は追い払われるさま「追放される」「追い払われる」の意味を表す。

〈国(くに)〉

親指と4指を突き合わせ、左右に開きながら閉じる。

〈追い払われる〉

左手のひらの上で右手を手前にはき出すようにする。

ついやす【費やす】1

「二時間を費やす」

→〈二時間〉+〈ずっと①〉

例文の「費やす」は時間を使う意味なので〈ずっと①〉で表現。〈ずっと①〉は経過するさまで「経過する」「費やす」などの意味を表す。

〈二時間〉

左手首甲側で右手2指を回す。

〈ずっと①〉

右人差指の先を前に向け、右から左へ線を引くように動かす。

ついやす【費やす】2

「金を費やす」

→〈金(かね)①〉+〈使う〉

例文の「費やす」はお金を使う意味なので〈使う〉で表現。〈使う〉はお金を使うさまであるが、「使う」一般の意味がある。

〈金(かね)①〉

右手の親指と人差指で作った丸を示す。

〈使う〉

左手のひらの上で右手の親指と人差指で作った丸をすべるようにして繰り返し前に出す。

ついやす【費やす】3

「時間をむだに費やす」

→〈時①〉+〈損〉

例文の「費やす」はむだに使う意味なので〈損〉で表現。〈損〉はお金を捨てるさまで「損」「損失」などの意味を表す。

〈時①〉

左手のひらに右親指を当て、右人差指を時計の針のように回す。

〈損〉

両手の親指と人差指で作った丸を前に捨てるようにしてぱっと開く。

ツイン

「ツインの部屋」

→〈ツイン〉+〈部屋〉

例文の「ツイン」はホテルで一人用ベッドをふたつ入れた客室の意味なので〈ツイン〉で表現。〈ツイン〉はふたつ並んだベッドのさまを表す。

〈ツイン〉

両手の2指の甲側を下に向けて並べる。

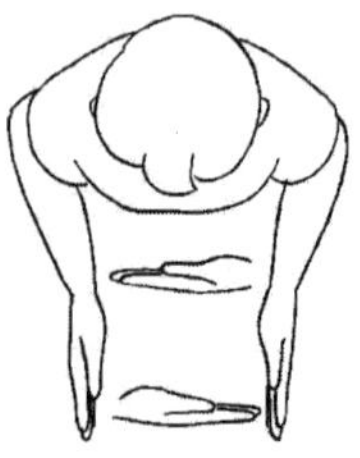

〈部屋〉

両手のひらで前後左右に四角く囲む。

ツインベッド

「ツインベッドを予約する」

→〈ツイン〉+〈約束〉

「ツインベッド」は〈ツインベッド〉で表現。〈ツインベッド〉は2台並んでいるベッドに寝るさまを表す。

〈ツイン〉

両手の2指の甲側を下に向けて並べる。

〈約束〉

両手小指をからませる。

つうか【通過】1

「駅を通過する」

→〈駅〉+〈通過〉

例文の「通過」は止まらず通り過ぎる意味なので〈通過〉で表現。〈通過〉は止まらず通り過ぎるさまで「通過する」の意味を表す。

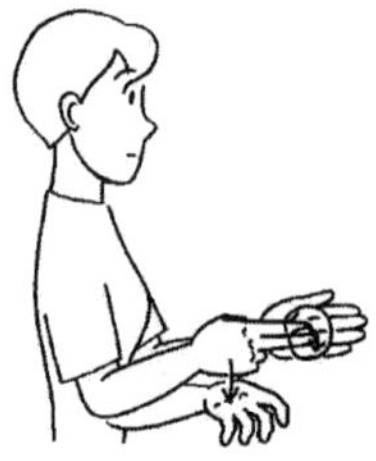

〈駅〉

左手のひらに右手2指を向かい合わせて前に回転し、次に全指を曲げた右手を置く。

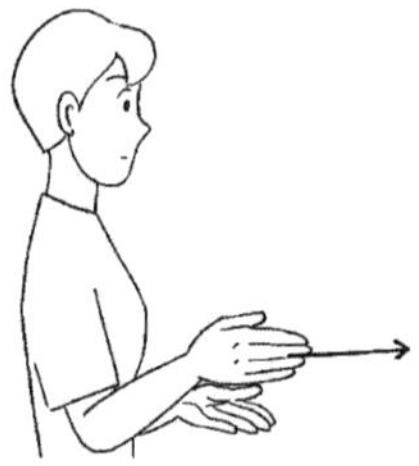

〈通過〉

左手のひらの上で指先を前にした右手をまっすぐ前に出す。

つうか【通過】2

「列車がトンネルを通過する」

→〈汽車〉(または〈電車〉)+〈トンネル②〉

例文の「通過」はトンネルの中を通ることなので〈トンネル②〉で表現。〈トンネル②〉はトンネルを列車が通るさまを表す。

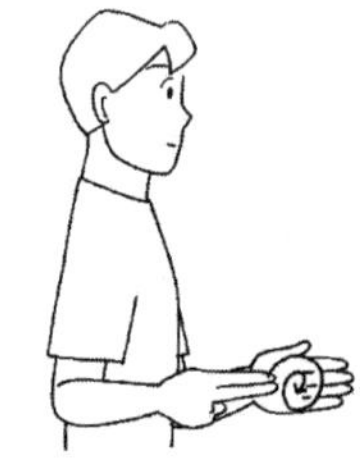

〈汽車〉

左手のひらの横で右手2指を前に回転させる。

〈トンネル②〉

右手を左手のひらの下をくぐらせて前に出す。

つうか【通過】3

「(法案が)会議を通過する」

→(〈裁判〉+〈案〉+)〈会議〉+〈合格〉

例文の「通過」は議案が可決される意味なので〈合格〉で表現。〈合格〉は基準ラインを突破するさまで「合格」「通過」「通る」などの意味。

〈会議〉

親指を立てた両手を合わせたままで水平に回す。

〈合格〉

左手の親指と4指の間を指先を上に向けた右手で下から突き破るようにあげる。

つうきん【通勤】

「会社に通勤している」

→〈会社〉+〈通う〉

「通勤」は勤め先に通う意味なので〈会社〉+〈通う〉で表現。〈通う〉は人が定期的に往復するさまで「通勤」「通学」などの意味を表す。

〈会社〉

両手の2指を交互に前後させる。

〈通う〉

親指を立てたまま前後に往復させる。

つうがく【通学】

「通学する」

→〈勉強②〉+〈通う〉

「通学」は学校に通う意味なので〈勉強②〉+〈通う〉で表現。〈勉強②〉は後に〈通う〉が続くことで〈場所〉が省略されても学校の意味。

〈勉強②〉

指先を上に向けた両手を並べて軽く前に出す。

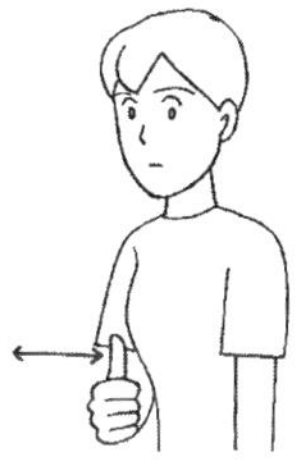

〈通う〉

親指を立てたまま前後に往復させる。

つうこう【通行】1

「(車は)左側通行です」

→(〈運転〉+)〈左②〉+左〈車①〉

例文の「通行」は車が通る意味なので左〈車①〉で表現。左〈車①〉は車が走るさまで、ここでは左側を走ることを表す。

〈左②〉

左ひじをややあげて左手のひらで左を押す。

左〈車①〉

左手を「コ」の字形にして指先を前に向けて出す。

つうかん【痛感】

「(自分の)未熟を痛感する」

→(〈自分一人〉+)〈まだ①〉+〈痛感〉

「痛感」は強く心に感じる意味なので〈痛感〉で表現。〈痛感〉は表情で「痛感」の程度を表す。

〈まだ①〉

左手のひらに右手指先を向けて上下に振る。

〈痛感〉

右人差指を頭に当て頭を傾けて考えるようにする。

つうこう【通行】2

「通行止め」

→〈道①〉+〈禁止〉

例文の「通行止め」は〈道①〉+〈禁止〉で表現。〈禁止〉は道路標識の禁止マークを表し、してはいけない意味を表す。

〈道①〉

道幅に見立てた向かい合わせた両手をまっすぐ前に出す。

〈禁止〉

両手で×を示す。

つうじょう【通常】1

「通常通り」

→〈いつも〉+〈同じ①〉

例文の「通常」はいつものの意味なので〈いつも〉で表現。手話はいつもと同じを表す。

〈いつも〉

親指と人差指を立てた両手を向かい合わせて手首を回す。

〈同じ①〉

両手の親指と人差指の先を上に向けて閉じたり開いたりする。

つうじょう【通常】2

「通常の状態」

→〈普通〉+〈状態①〉

例文の「通常」は普通のことなので〈普通〉で表現。

〈普通〉

両手の親指と人差指を合わせ左右に開く。

〈状態①〉

両手のひらを前に向けて、交互に上下させる。

つうじる【通じる】1

「(電話が)通じる」

→(〈電話〉+)〈通じる〉
または〈電話が通じる〉

例文の「通じる」は電話がつながる意味なので〈通じる〉または〈電話が通じる〉で表現。〈通じる〉は電話線がつながるさまを表す。

〈通じる〉

両手の人差指の先を近づけて合わせる。

〈電話が通じる〉

親指と小指を立てた両手の小指側を近づける。

つうじる【通じる】2

「(この道は)駅まで通じている」

→(〈これ〉+〈道①〉+)〈駅〉+〈続く①〉

例文の「通じる」は道が通っている意味なので〈続く①〉で表現。〈駅〉を少し前方に置いてそこをめがけて〈続く①〉を表す。

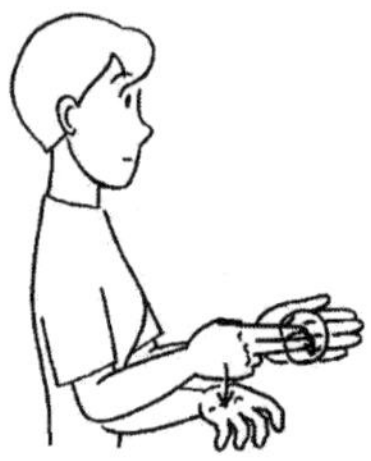

〈駅〉

左手のひらに右手2指を向かい合わせて前に回転し、次に全指を曲げた右手を置く。

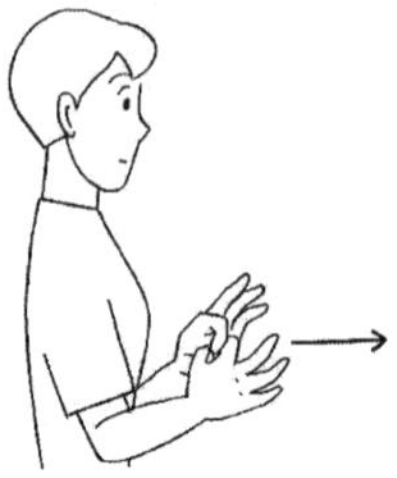

〈続く①〉

両手の親指と人差指を組んでまっすぐ前に出す。

つうじる【通じる】3

「気持ちが通じない」

→〈気持ち〉+〈食い違う①〉

例文の「通じない」は気持ちが食い違うことなので〈食い違う①〉で表現。〈食い違う①〉は双方の思うことが一致しないさまを表す。

〈気持ち〉

右人差指でみぞおち辺りに小さく円を描く。

〈食い違う①〉

両手の人差指の先を向かい合わせて前後に離す。

つうじる【通じる】4

「(敵と)通じている」

→(〈敵〉+)〈隠れる〉+〈関係④〉

例文の「通じる」はこっそりと連絡をとる意味で〈隠れる〉+〈関係④〉で表現。手話はこっそりと連絡をとるさまを表す。

〈隠れる〉

両手の小指側を合わせて顔を隠すようにする。

〈関係④〉

両手の親指と人差指を組み、右側で左右に往復させる。

つうじる【通じる】5

「テレビを通じて知らせる」

→〈テレビ〉+〈発表〉

例文はテレビを利用して知らせる意味なので〈テレビ〉+〈発表〉で表現。

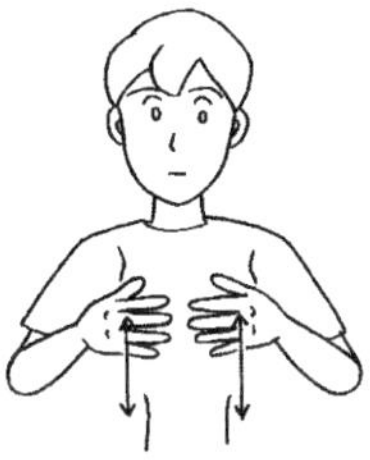

〈テレビ〉

両手の4指の指先を向かい合わせて左右同時に上下させる。

〈発表〉

親指と4指を閉じた両手を左右にぱっと開く。

つうじる【通じる】6

「一年を通じて」

→〈一年①〉(または〈一年②〉)+〈ずっと①〉

例文の「通じる」はずっと続く意味なので〈ずっと①〉で表現。〈ずっと①〉は先に示したことがずっと続いているさまを表す。

〈一年①〉

左こぶしの親指側に右人差指をふれ、くるりと一回転する。

〈ずっと①〉

右人差指の先を前に向け、右から左へ線を引くように動かす。

つうしん【通信】1

「通信(衛星)」

→〈通信①〉
または〈通信②〉
(+〈衛星〉)

例文の「通信衛星」はテレビや無線通信の遠距離中継に使う人工衛星の意味なので〈通信①〉または〈通信②〉+〈衛星〉で表現。

〈通信①〉

両手の人差指の先を近づけて合わせる。

〈通信②〉

左人差指と右手2指で「〒」マークを示し、前後させる。

つうしん【通信】2

「通信教育」

→〈通信②〉+〈教える①〉

「通信教育」は教材を郵送、レポートを書かせ教育する制度のことで〈通信②〉+〈教える①〉で表現。〈通信②〉は「通信」の意味を表す。

〈通信②〉

左人差指と右手2指で「〒」マークを示し、前後させる。

〈教える①〉

右人差指を口元付近から手首を軸にして振りおろす。

つうしん【通信】3

「パソコン通信」

→〈パソコン〉+〈通信①〉

例文の「パソコン通信」はパソコンによる通信なので〈パソコン〉+〈通信①〉で表現するのが定着している。

〈パソコン〉

左手で指文字〈パ〉を示し、右手でタイプを打つようにする。

〈通信①〉

両手の人差指の先を近づけて合わせる。

つうたつ【通達】

「通達が出る」

→〈指令〉+〈ある①〉

「通達」は上の役所から下の役所へ決定したことを知らせることなので〈指令〉で表現。〈指令〉は上から下へ一斉に指示を出すさま。

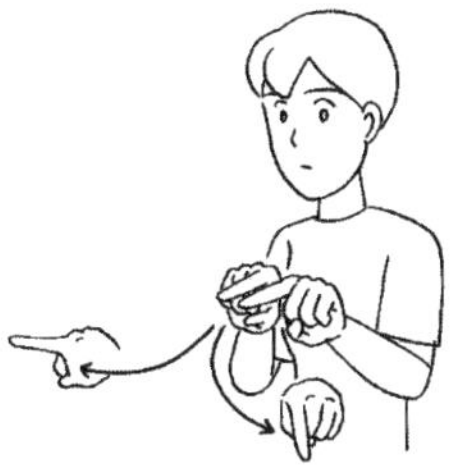

〈指令〉

両手人差指を合わせ、前に出しながら左右に開く。

〈ある①〉

右手のひらを体の前に軽く置く。

つうち【通知】1

「決定の通知が届く」

→〈決める①〉+〈郵便が来る〉

例文の「通知が届く」は〈郵便が来る〉で表現。〈郵便が来る〉は〒マークが自分のところに来るさまを表す。

〈決める①〉

左手のひらに右手２指を軽く打ちつける。

〈郵便が来る〉

左手２指と右人差指で〒マークを作り、前から引き寄せる。

つうち【通知】2

「転居通知を出す」

→〈引っ越す①〉(または〈引っ越す②〉)+〈郵便を出す①〉

例文の「通知を出す」は〈郵便を出す①〉で表現。〈郵便を出す①〉は〒マークを前に出して表す。

〈引っ越す①〉

両手で屋根形を作り、右から左へ動かす。

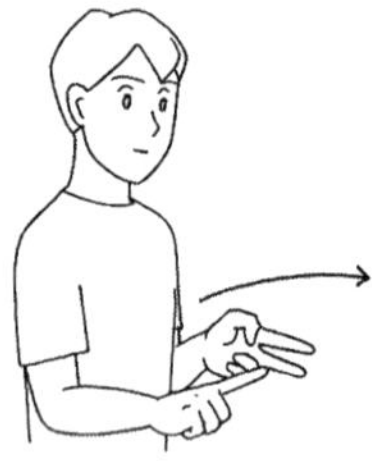

〈郵便を出す①〉

左手２指と右人差指で〒マークを作り、前に出す。

つうち【通知】3

「通知表」

→〈成績〉+〈表(ひょう)①〉

例文の「通知表」は成績表なので〈成績〉+〈表①〉で表現。〈成績〉はグラフを表し、〈表①〉は表のマス目を表す。

〈成績〉

両手の人差指を並べて右人差指を上下させながら右へ動かす。

〈表(ひょう)①〉

やや開いた指先で縦横に格子を描く。

つうふう【痛風】

「痛風(でかなわない)」

→左〈痛い②〉+〈風①〉(+〈降参〉)

「痛風」は左手〈痛い②〉+右手〈風①〉で表現。新しい手話。

左〈痛い②〉

左手の指を曲げ、ふるわせる。

〈風①〉

〈痛い②〉の左手を残したまま、右手であおぐ。

つうやく【通訳】

「手話通訳」

→〈手話〉+〈通訳〉

「通訳」は〈通訳〉で表現。〈通訳〉は右から左にとりつぐさまで「通訳」「紹介」「口きき」などの意味がある。

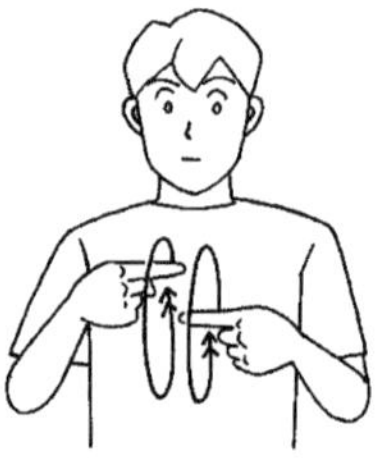

〈手話〉

両手の人差指を向かい合わせて、糸を巻くように回転させる。

〈通訳〉

親指を立てた右手を口元で左右に往復させる。

つかう【使う】1

「人を使う」

→〈人〉+〈指導〉

例文の「使う」は人を働かせる意味なので〈指導〉で表現。〈指導〉は人を指図するさまで「指導」「(人を)使う」意味を表す。

〈人〉

人差指で「人」の字を空書する。

〈指導〉

両手人差指の指先を前に向け、ややひじをあげて、交互に前に出す。

つかう【使う】2

「部屋を使う」

→〈部屋〉+〈使う〉

例文の「使う」はある目的のために用いる意味なので〈使う〉で表現。本来はお金を使うさまを表すものであるが今は「使う」意味一般に使う。

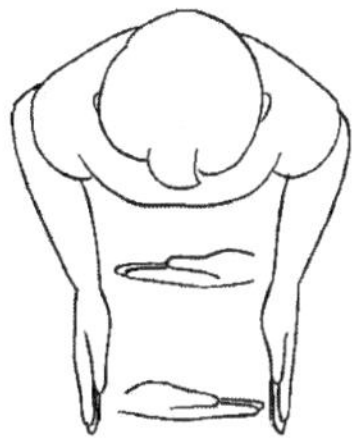

〈部屋〉

両手のひらで前後左右に四角く囲む。

〈使う〉

左手のひらの上で右手の親指と人差指で作った丸をすべるようにして繰り返し前に出す。

つかう【使う】3

「仮病を使って休む」

→〈仮病〉+〈逃げる〉

例文の「使う」はある目的のための手段として行う意味で「仮病を使う」は〈仮病〉で表現。ほおをふくらますのは「うそ」の意味を表す。

〈仮病〉

右のほおを舌でふくらまして右こぶしで額を軽くたたく。

〈逃げる〉

両こぶしを右上にさっとあげる。

つかう【使う】4

「相手に気を使う」

→〈相手①〉+〈考える〉

例文の「気を使う」は相手に配慮、思いやることなので〈考える〉で表現。

〈相手①〉

左人差指を右人差指でさす。

〈考える〉

右人差指を頭にねじこむようにする。

つかう【使う】5

「金を使う」

→〈金(かね)①〉+〈使う〉

例文の「使う」はお金を使うことなので〈使う〉で表現。〈使う〉はお金を使うさまであるが今では「使う」意味一般に用いられている。

〈金(かね)①〉

右手の親指と人差指で作った丸を示す。

〈使う〉

左手のひらの上で右手の親指と人差指で作った丸をすべるようにして繰り返し前に出す。

つかう【使う】6

「(時間を)うまく使う」

→(〈時①〉+)〈上手(じょうず)〉+〈繰り返す〉

例文の「うまく使う」は上手にやりくりすることなので〈上手〉+〈繰り返す〉で表現。手話は上手に立ち回る意味を表す。

〈上手(じょうず)〉

右手のひらを左下腕からなでるように伸ばす。

〈繰り返す〉

両手の人差指を向かい合わせて回す。

つかえる【仕える】

「親方に仕える」

→〈長②〉+〈弟子〉

「仕える」はその下につくことなので〈弟子〉で表現。〈弟子〉は言いつかったことをはい、はいと従うさまで「弟子」「でっち」の意味。

〈長②〉

左手甲に親指を立てた右手をのせる。

〈弟子〉

両手の 4 指の指先を腹の下に突き立てる。

つかまる【捕まる】

「(泥棒が)つかまる」
→(〈泥棒②〉+)
〈つかまる①〉
または〈つかまる②〉

例文の「つかまる」は逮捕されることなので〈つかまる①〉または〈つかまる②〉で表現。〈つかまる①〉は手錠をかけられたさまを表す。

〈つかまる①〉
こぶしを握った両手の手首を合わせて前に出す。

〈つかまる②〉
左手首を右手でつかむ。

つかむ【摑む】1

「大金をつかむ」
→〈たくさん①〉+〈もうける②〉

例文の「つかむ」はお金を手に入れる意味なので〈もうける②〉で表現。〈もうける②〉はお金などがごっそり手に入るさまを表す。

〈たくさん①〉
左手のひらを上に向けた左腕を示し、その上に右手で山を描く。

〈もうける②〉
両手のひらを上下に向かい合わせて手前にすばやく引きあげる。

つかむ【摑む】2

「情報をつかむ」
→〈情報②〉+〈つかむ①〉

例文の「つかむ」は情報を手に入れる意味なので〈つかむ①〉で表現。〈つかむ①〉は物理的な手に入れるさまであるが比喩的にも使われる。

〈情報②〉
親指と4指を開いた右手を耳に近づけながら閉じる。

〈つかむ①〉
軽く開いた右手のひらを下に向けてつかむようにする。

つかむ【摑む】3

「内容をつかむ」
→〈内容〉+〈つかむ②〉

例文の「つかむ」は理解する、しっかりとらえる意味なので〈つかむ②〉で表現。〈つかむ②〉は内容や意味を理解するさまを表す。

〈内容〉
左手のひらを体側に向けてその中を右人差指でかき回す。

〈つかむ②〉
左手甲を前に示してその手前を右手でつかむ。

つかむ【摑む】4

「雲をつかむような話」
→〈あいまい〉+〈手話〉

例文の「雲をつかむような」は物事がぼんやりして、とらえどころのない意味で〈あいまい〉で表現。〈あいまい〉は漠然とあいまいなさま。

〈あいまい〉
両手のひらを前後に向かい合わせ、こすり合わせるように回す。

〈手話〉
両手の人差指を向かい合わせて、糸を巻くように回転させる。

つかれる【疲れる】

「体が疲れる」
→〈体(からだ)〉+〈疲れる〉

「疲れる」は疲労することで〈疲れる〉で表現。〈疲れる〉は肩が落ち、手がだらりとさがる疲れたさまで「疲れる」「疲労」「くたびれる」の意味。

〈体(からだ)〉
右手を体の上で回す。

〈疲れる〉
両手指先を胸に軽く当てて下に振り落とすようにだらりとさげる。

つき【月】1

「月が出た」

→〈月〉+〈日が昇る〉

例文の「月」は天体の月のことで〈月〉で表現。〈月〉は三日月の形であるがこれで「月」一般を表す。

〈月〉

右手の親指と人差指で三日月形を描く。

〈日が昇る〉

左手のひらの下をくぐって右手の親指と人差指で作った閉じない丸を上にあげる。

つき【月】2

「月に一度」

→〈一か月〉+〈１①〉

例文の「月」は一か月の意味なので〈一か月〉で表現。〈一か月〉は「一か月」を表す手話で「ひと月」も同じ表現になる。

〈一か月〉

親指と人差指を閉じた右手をほおに当て、人差指を伸ばしながら指先を左に向けて前に出す。

〈１①〉

右人差指を立てる。

つき【月】3

「月とすっぽん」

→〈雲泥の差〉

例文の「月とすっぽん」はひどく違うもののたとえで〈雲泥の差〉で表現。〈雲泥の差〉は天と地に離れていくさまで「天地の差」と同じ意味。

〈雲泥の差〉

両手の人差指の先を上下に向けてぱっと引き離す。

つぎ【次】1

「次の人」

→〈次〉+〈人〉

例文の「次」は順序が一つあとの意味なので〈次〉で表現。〈次〉は「その次」を表すさま。

〈次〉

右手のひらを上に向け、弧を描いて右へ移す。

〈人〉

人差指で「人」の字を空書する。

つぎ【次】2

「次から次へ伝える」

→〈順番①〉+〈続く③〉

例文の「次から次へ」は順々にの意味なので〈順番①〉で表現。〈順番①〉は次から次へと移るさまで「次から次へ」「順番に」などの意味を表す。

〈順番①〉

右手のひらを上に向けて順に右へ動かす。

〈続く③〉

両手の親指と人差指を組み合わせて左から右へ動かす。

つぎ【次】3

「この次に話す」

→〈将来②〉+〈説明〉

例文の「この次」は次回の意味で〈将来②〉で表現。〈将来②〉は未来を示すさまで「近い将来」「今度」などの意味を表す。

〈将来②〉

右手のひらを前に向けて少し押すように前に出す。

〈説明〉

左手のひらを右手で小刻みにたたく。

つぎ【次】4

「次の日の朝」

→〈あした〉+〈朝〉

例文の「次の日」は一日あと、つまりあしたの意味なので〈あした〉で表現。〈あした〉は「あした」「翌日」を意味する。

〈あした〉

人差指を立てた右手を頭の横でくるりと回しながら前に出す。

〈朝〉

こめかみ付近に当てた右こぶしをすばやく下におろす。

つきあたり【突き当たり】

「廊下の突き当たり」

→〈道①〉+〈行(ゆ)き止まり〉

「突き当たり」は行き止まりの意味なので〈行き止まり〉で表現。〈行き止まり〉は壁にぶつかり進めないさまを表す。

〈道①〉

道幅に見立てた向かい合わせた両手をまっすぐ前に出す。

〈行(ゆ)き止まり〉

左手のひらに右手指先をぶつけるように当てる。

つきあう【付き合う】1

「(彼女と)つき合う」

→(〈彼女〉+)
〈交流〉
または〈会う④〉

例文の「つき合う」は交際する意味なので〈交流〉または〈会う④〉で表現。〈交流〉は「交際する」「つき合う」などの意味を持つ。

〈交流〉

両手のひらを上に向け上下に置き、互い違いに水平に回す。

〈会う④〉

人差指を立てた両手を繰り返し当てる。

つきそい【付き添い】

「子供の付き添い」

→〈子供①〉+〈添える〉

「付き添い」は人の世話をするために一緒に行動する人のことで〈添える〉で表現。〈添える〉は付き添うさまで「付き添い」「付き添う」。

〈子供①〉

両手のひらを前に向けて、あやすように左右に振る。

〈添える〉

左人差指に右人差指を添える。

つきあう【付き合う】2

「食事につき合う」

→〈食べる①〉+〈つき合う〉

例文の「つき合う」は何かを一緒にする意味なので〈つき合う〉で表現。〈つき合う〉は一緒に行動するさまを表す。

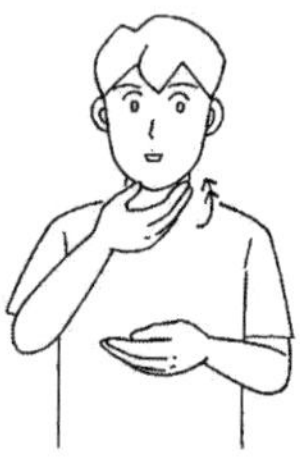

〈食べる①〉

左手のひらの上を右手ですくって食べるようにする。

〈つき合う〉

両手の人差指を合わせて左から右へ動かす。

つぎつぎ【次々】

「次々に問題が生じる」

→〈順番①〉+〈問題〉

例文の「次々」は次から次へと連続するさまを意味するので〈順番①〉で表現。〈順番①〉は「次から次へ」の意味を表す。

〈順番①〉

右手のひらを上に向けて順に右へ動かす。

〈問題〉

両手の親指と人差指をつまみ「 ˥ を描く。

つきなみ【月並み】

「月並みな(話)」

→〈普通〉
または〈くだらない〉
(+〈手話〉)

「月並み」は平凡でありふれた意味なので〈普通〉または〈くだらない〉で表現。

〈普通〉

両手の親指と人差指を合わせて左右に開く。

〈くだらない〉

右人差指を伸ばし下からあげて左手のひらに打ちつける。

つきる【尽きる】3

「あなたには愛想が尽きる」

→〈あなた①〉+〈降参〉

例文の「愛想が尽きる」はある人にうんざりする意味なので〈降参〉で表現。〈降参〉はかぶとを脱ぐさまで「降参」「うんざりする」の意味。

〈あなた①〉

右人差指で前をさす。

〈降参〉

頭の横に親指と人差指を当て、前におろす。

つきる【尽きる】1

「金が尽きる」

→〈金が減る〉+〈なくなる①〉

例文の「尽きる」はなくなる意味なので〈なくなる①〉で表現。〈なくなる①〉は底をついたさまを表す。

〈金が減る〉

左手のひらの上に置いた右手の親指と人差指で作った丸を揺らしながら下におろす。

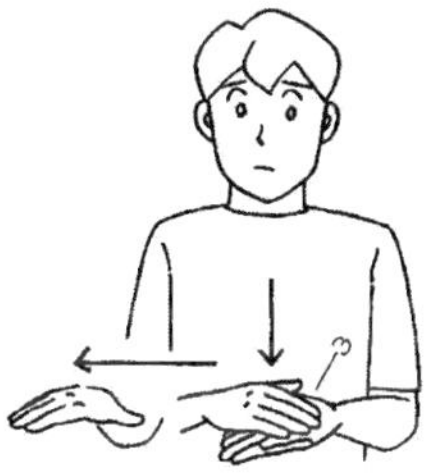

〈なくなる①〉

上下に向かい合わせた両手のひらを上から合わせると同時に右手を右に動かす。

つく【付・就・着く】1

「実がいっぱいついている」

→〈くだもの〉+〈たくさん③〉

例文の「実がつく」は木の実がなることなので〈くだもの〉で表現。〈くだもの〉は実がなっているさまで「くだもの」「実がつく」の意味。

〈くだもの〉

指を開きやや曲げた両手のひらを上に向け、交互に小さく上下させる。

〈たくさん③〉

両手指を親指から順番に折りながら左右に開く。

つきる【尽きる】2

「話が尽きない」

→〈会話②〉+〈続く②〉

例文の「尽きない」は終わらずずっと続く意味なので〈続く②〉で表現。〈続く②〉は関係が続くさまで「続く」「継続する」の意味を表す。

〈会話②〉

すぼめた両手を向かい合わせて同時に左右から繰り返し開く。

〈続く②〉

両手の親指と人差指を組み合わせて揺らしながら前に出す。

つく【付・就・着く】2

「(料理に)
コーヒーがつく」

→(〈料理〉+)
〈コーヒー〉+〈添える〉

例文の「つく」は添える意味なので〈添える〉で表現。〈添える〉は何かをつけるさまで「つく」「添える」の意味を表す。

〈コーヒー〉

カップを握るようにした左手の中を右手のスプーンでかき混ぜるようにする。

〈添える〉

左人差指に右人差指を添える。

つく【付・就・着く】3

「目につく」

→〈表(あらわ)れる〉
または〈目立つ①〉

例文の「目につく」は目立つ意味なので〈表れる〉または〈目立つ①〉で表現。〈表れる〉はそれが浮かびあがるさまを表す。

〈表(あらわ)れる〉
左手のひらに右人差指を当て、手前に引く。

〈目立つ①〉
目の前に全指を軽く曲げた右手のひらをぱっと引き寄せる。

つく【付・就・着く】4

「(自慢)話が鼻につく」

→(〈自慢〉+)
〈説明される〉+〈そぐわない〉

例文の「鼻につく」はあきあきしていやになる意味で〈そぐわない〉で表現。〈そぐわない〉はそりが合わないさまで「そりが合わない」などの意味。

〈説明される〉
左手のひらの上を指先を手前に向けた右手で小刻みにたたく。

〈そぐわない〉
両手の指背側を合わせて、上下にこすり合わせる。

つく【付・就・着く】5

「入金が通帳につく」

→〈本〉+〈のせる②〉

例文の「通帳につく」は通帳に記載される意味なので〈のせる②〉で表現。〈のせる②〉は数字などの横文字が記載されるさまを表す。

〈本〉
両手のひらを合わせて本を開くように左右に開く。

〈のせる②〉
左手のひらに右手の親指と人差指の指先をのせる。

つく【付・就・着く】6

「けりがつく」

→〈解決①〉+〈終わる〉

例文の「けりがつく」は物事の決着がつく、終わりになる意味なので〈解決①〉+〈終わる〉で表現。手話は万事終了のさまを表す。

〈解決①〉
左手のひらの上に右人差指で「×」を大きく書く。

〈終わる〉
両手の親指と4指を上に向け、閉じながら下にさげる。

つく【付・就・着く】7

「目鼻がつく」

→〈見通す〉+〈できる〉

例文の「目鼻がつく」は物事の大体の見通しがつく意味なので〈見通す〉+〈できる〉で表現。手話は「見通しがつく」「目鼻がつく」の意味。

〈見通す〉
右人差指を目の下から前に出して左手の指の間を突き刺すようにする。

〈できる〉
右手指先を左胸と右胸に順に当てる。

つく【付・就・着く】8

「勝負がつく」

→〈勝つ①〉+〈終わる〉

「勝負がつく」は勝負が終わる意味。〈勝つ①〉+〈終わる〉で表現。負けた側は〈負ける②〉+〈終わる〉で表すこともある。

〈勝つ①〉
親指を立てた左手を親指を立てた右手で打ち倒す。

〈終わる〉
指先を上に向けた両手を下におろしながら閉じる。

つく【付・就・着く】9

「飛行機が着く」

→〈着陸〉

例文の「飛行機が着く」は空港に着陸することなので〈着陸〉で表現。〈着陸〉は飛行機が空港に着陸するさまを表す。

〈着陸〉

左手のひらに親指と小指を立てた右手をおろしてつける。

つく【付・就・着く】10

「港に船が着く」

→〈港〉+〈入港〉

例文の「港に船が着く」は〈港〉+〈入港〉で表現。〈港〉は防波堤に囲まれた港のさまで、〈入港〉はその港に船が入るさまを表す。

〈港〉

人差指を折り曲げた両手で前を囲む。

〈入港〉

〈港〉の左手を残して、船形を示した右手を手前に向けて近づける。

つく【付・就・着く】11

「彼女の手紙が着く」

→〈彼女〉+〈郵便が来る〉

例文の「手紙が着く」は郵便で着く意味なので〈郵便が来る〉で表現。〈郵便が来る〉は郵便が着くさまで「手紙が着く」「来信する」の意味。

〈彼女〉

左小指を右人差指でさす。

〈郵便が来る〉

左手２指と右人差指で〒マークを作り、前から引き寄せる。

つく【付・就・着く】12

「床につく」

→〈横になる〉+〈寝る〉

例文の「床につく」は寝る意味なので〈横になる〉+〈寝る〉か〈寝る〉だけで表現。病気の場合は〈横になる〉の代わりに〈病気〉を使う。

〈横になる〉

左手のひらに右手２指を横たえるようにする。

〈寝る〉

頭を傾けて右こぶしを側頭部に当てる。

つく【付・就・着く】13

「会議の席につく」

→〈会議〉+〈座る①〉

例文の「席につく」は座る意味なので〈座る①〉で表現。〈座る①〉は椅子に座るさまであるが「座る」「着席する」「出席する」の意味。

〈会議〉

親指を立てた両手を合わせたままで水平に回す。

〈座る①〉

手のひらを下に向けた左手２指に折り曲げた右手２指を座るようにのせる。

つく【付・就・着く】14

「職につく」

→〈仕事〉+〈入る②〉

例文の「職につく」は就職する意味なので〈仕事〉+〈入る②〉で表現。〈入る②〉は入社、入学など組織、団体に入る場合にだけ使う。

〈仕事〉

手のひらを上に向け、向かい合わせた両手指先を繰り返しつき合わせる。

〈入る②〉

左手のひらに指先を閉じた右手をつけて前に出す。

つく【付・就・着く】15

「先生につく」

→〈先生〉+〈副〉

例文の「つく」は先生のもとで学ぶ意味で〈副〉で表現。〈副〉は人につく人のさまで、「(人に)つく」「副」「補佐」などの意味がある。

〈先生〉

右人差指を口元から振りおろし、右親指を示す。

〈副〉

左親指に右親指を少しさげてつける。

つく【付・就・着く】16

「味方につく」

→〈味方②〉+〈参加③〉

例文の「つく」は加わる意味なので〈参加③〉で表現。〈参加③〉はグループ、集団に加わるさまで「参加」「加入」などの意味がある。

〈味方②〉

両手を強く握る。

〈参加③〉

左手のひらに人差指を立てた右手を打ちつける。

つく【付・就・着く】17

「家に火がつく」

→〈家〉+〈火事②〉

例文の「家に火がつく」は火事になることなので〈火事②〉で表現。〈火事②〉は家の屋根が片手に残り「(家、建物が)火事」の意味。

〈家〉

両手で屋根形を作る。

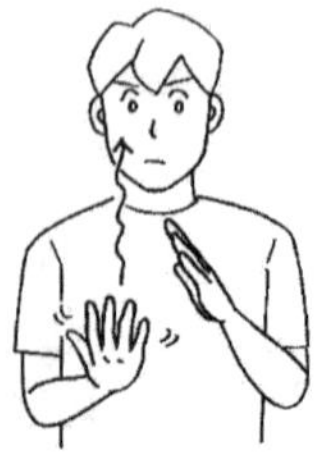

〈火事②〉

左手屋根形の下から指先を上に向けた右手を炎のように揺らしながら上にあげる。

つく【付・就・着く】18

「部屋の電気がつく」

→〈部屋〉+〈明かり①〉

例文の「電気がつく」は明かりがつくことなので〈明かり①〉で表現。〈明かり①〉は上から明かりが照らすさまを表す。

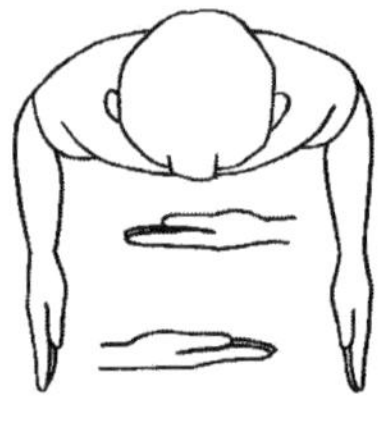

〈部屋〉

両手のひらで前後左右に四角く囲む。

〈明かり①〉

額の高さですぼめた右手をぱっと下に向けて開く。

つく【付・就・着く】19

「手話が身につく」

→〈手話〉+〈習慣〉

例文の「身につく」は知識や技術が自分のものになる意味なので〈習慣〉で表現。〈習慣〉は「習慣」とともに「次第に身につく」意味を表す。

〈手話〉

両手の人差指を向かい合わせて、糸を巻くように回転させる。

〈習慣〉

左手甲に指を半開きにした右手甲をつけ、前に出しながら握る。

つく【付・就・着く】20

「テレビがつく」

→〈テレビ〉+〈つく〉

「テレビがつく」は〈テレビ〉+〈つく〉で表現。〈テレビ〉は横に走る走査線のさまで左右の手が同時平行的に動くことで〈映画〉と区別。

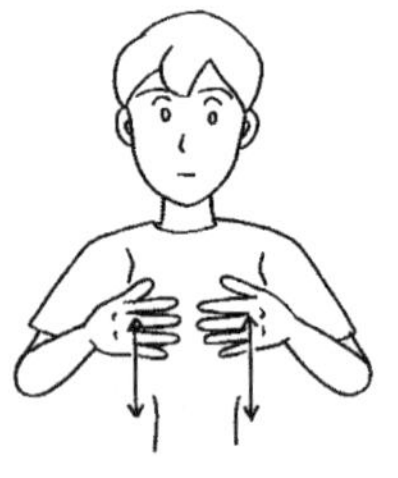

〈テレビ〉

両手の4指の指先を向かい合わせて左右同時に上下させる。

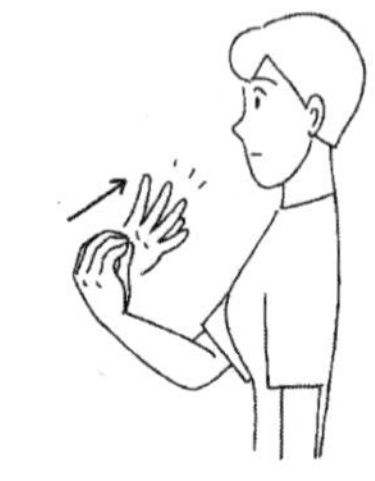

〈つく〉

すぼめた右手を手前に向かってぱっと開く。

つく【付・就・着く】21

「想像がつく」

→〈夢②〉+〈できる〉

例文の「想像がつく」は想像ができる意味なので〈夢②〉+〈できる〉で表現。〈夢②〉は頭に浮かぶさまで「夢」「想像」の意味を表す。

〈夢②〉

指先を折り曲げた右手を頭から斜め上にあげる。

〈できる〉

右手指先を左胸と右胸に順に当てる。

つく【付・就・着く】22

「修理が高くつく」

→〈直す〉+〈高い①〉

例文の「高くつく」は値段が高い意味なので〈高い①〉で表現。〈高い①〉は金額が高いさまで「高額」「高価」「(金額が)高い」の意味。

〈直す〉

人差指を立てた両手を繰り返し交差させる。

〈高い①〉

親指と人差指で作った丸を上にあげる。

つく【付・就・着く】23

「彼にキツネがついている」

→〈彼〉+〈キツネつき〉

例文の「キツネがつく」はキツネが人に取りつきおかしくなるという言い伝えで〈キツネつき〉で表現。〈キツネ〉を頭にのせて表す。

〈彼〉

左親指を右人差指でさす。

〈キツネつき〉

頭の上に指文字〈キ〉をのせる。

つく【付・就・着く】24

「(今日は)ついている」

→(〈今①〉+)
〈都合〉+〈良い〉

例文の「ついている」は運がいい意味。〈都合〉は占いのぜいちくを回すさまで「運」「運命」「都合」など人が左右できないことを表す。

〈都合〉

左手のひらの上に右こぶしの小指側をつけてこするように回す。

〈良い〉

右こぶしを鼻から前に出す。

つく【付・就・着く】25

「(社内)旅行につき(休業します)」

→(〈会社〉+)
〈旅行〉+〈ので〉
(+〈休む①〉)

例文の「につき」は~のために、~のゆえの意味で〈ので〉で表現。〈ので〉は原因や理由を表す表現で「ので」「だから」の意味。

〈旅行〉

両手人差指を平行に並べ同時に左右に振る。

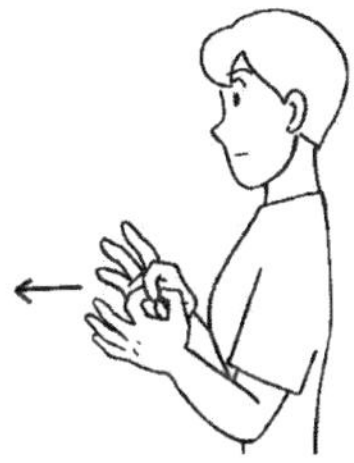

〈ので〉

両手の親指と人差指を組み、少し前に出す。

つくえ【机】

「机の上に置く」

→〈机〉+〈置く②〉

「机」は〈机〉で表現。〈机〉はその形を示すもので、その大きさや高さで表現は変わる。また、〈置く②〉も置く場所やものによって変わる。

〈机〉

両手で ┌ ┐ を描くようにする。

〈置く②〉

両手のひらでものをはさみ持ち上げて動かすようにする。

つ

つくす【尽くす】1

「力を尽くして戦う」

→〈一生懸命〉+〈けんか①〉

例文の「力を尽くす」は力のあるかぎりを出す意味なので〈一生懸命〉で表現。〈一生懸命〉はそれに集中するさまで「一生懸命」「ひたむき」の意味。

〈一生懸命〉

両手を顔の横から繰り返し強く前に出す。

〈けんか①〉

両手人差指を剣のようにふれ合わす。

つくす【尽くす】2

「(医者が)手段を尽くす」

→(〈医者〉+)
〈助ける①〉+〈いろいろ〉

例文の「手段を尽くす」はなんとかしようとあれこれする意味で、この場合、「医者」なので〈助ける①〉+〈いろいろ〉で表現。

〈助ける①〉

親指を立てた左手の後ろを右手のひらで軽く後押しする。

〈いろいろ〉

親指と人差指を立てた右手をねじりながら右へ動かす。

つくす【尽くす】3

「社会に尽くす」

→〈社会〉+〈捧げる〉

例文の「尽くす」は人のために努力する意味なので〈捧げる〉で表現。〈捧げる〉は我が身を捧げるさまで「捧げる」「貢献する」などの意味。

〈社会〉

親指と小指を立てた両手を手前に水平に円を描く。

〈捧げる〉

手のひらを上に向けた両手を上に差しあげるようにする。

つくす【尽くす】4

「食べ尽くす」

→〈食べる①〉+〈なくなる②〉

例文の「食べ尽くす」はすっかり食べる意味なので〈なくなる②〉で表現。〈なくなる②〉は底をつくさまで「なくなる」意味を表す。

〈食べる①〉

左手のひらの上を右手ですくって食べるようにする。

〈なくなる②〉

上下に向かい合わせた両手のひらを合わせ左右に開く。

つくだに【佃煮】

「つくだ煮」

→〈しょうゆ〉+〈煮る〉

「つくだ煮」は小魚などを甘辛く煮つめたもので〈しょうゆ〉+〈煮る〉で表現。〈煮る〉は煮つめるさまをうまく表現すること。

〈しょうゆ〉

親指と小指を立てた右手の小指で唇を引くようにし、次に親指を下にして水平に回す。

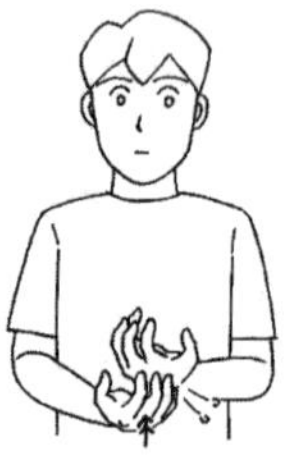

〈煮る〉

全指を軽く曲げた左手のひらを上に向け、下から全指を曲げた右手で軽くたたく。

つくる【作・造る】1

「車を作る」

→〈運転〉+〈作る〉

例文の「作る」は製造する意味なので〈作る〉で表現。〈作る〉はものを組み立てるさまで「作る」「製造」「工作」などの意味を表す。

〈運転〉

ハンドルを両手で握り、回すようにする。

〈作る〉

両手のこぶしを上下に打ちつける。

つくる【作・造る】2

「文章を作る」

→〈文章〉+〈書く①〉

例文の「作る」は書く意味なので〈書く①〉で表現。〈書く①〉は字を書くさまで、横に書く場合は〈書く②〉で表現。

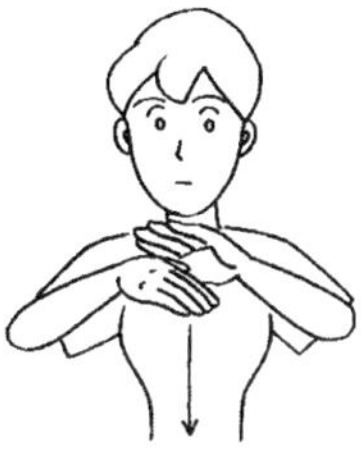

〈文章〉

両手の親指と４指の間を合わせて下におろす。

〈書く①〉

左手のひらに右手の親指と人差指で縦に書くようにする。

つくる【作・造る】3

「会社を作る」

→〈会社〉+〈建てる〉

例文の「作る」は会社を新設する意味なので〈建てる〉で表現。〈建てる〉は物理的な「建てる」の意味のほかに「創立」「設立」の意味もある。

〈会社〉

両手の２指を交互に前後させる。

〈建てる〉

両手の屋根形を前から起こす。

つくる【作・造る】4

「(将来をになう)人間を作る」

→(〈将来①〉+〈責任①〉+)〈人〉+〈育てる②〉

例文の「作る」は養成する意味なので〈育てる②〉で表現。〈育てる②〉は手塩にかけて人を育てるさまで「養成する」「育成する」の意味がある。

〈人〉

人差指で「人」の字を空書する。

〈育てる②〉

左親指に右手の指先を繰り返し近づけながら上にあげる。

つくる【作・造る】5

「客が列を作る」

→〈客〉+〈並ぶ①〉

例文の「列を作る」は人が並ぶ意味なので〈並ぶ①〉で表現。〈並ぶ①〉は人が行列するさまで「(人が)並ぶ」「行列する」の意味。

〈客〉

左手のひらに親指を立てた右手をのせ、右から手前に引き寄せる。

〈並ぶ①〉

左手の小指と右手の親指をつけて前後に並べ、右手を前に伸ばす。

つくる【作・造る】6

「金を作る」

→〈金(かね)①〉+〈カンパ〉

例文の「作る」はある目的のためにお金を集める意味なので〈カンパ〉で表現。〈カンパ〉はお金を集めるさまで「カンパ」「集金」の意味。

〈金(かね)①〉

右手の親指と人差指で作った丸を示す。

〈カンパ〉

親指と人差指で作った丸を中央に投げ入れるようにする。

つくる【作・造る】7

「口実を作る」

→〈説明〉+〈こじつける〉

「口実を作る」は言いわけをいつわり考える意味で〈説明〉+〈こじつける〉で表現。〈こじつける〉はあることないことをくっつけるさま。

〈説明〉

左手のひらを右手で小刻みにたたく。

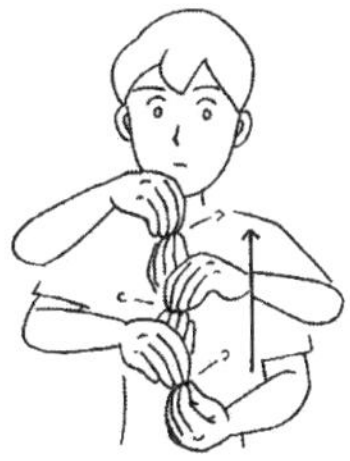

〈こじつける〉

全指を閉じた両手の指をつき合わせ交互に積み上げていく。

つけ 1

「つけがたまる」

→〈つけ〉+〈たまる〉

例文は〈つけ〉+〈たまる〉で表現。〈つけ〉は代金を帳面につけておくさまを表す。

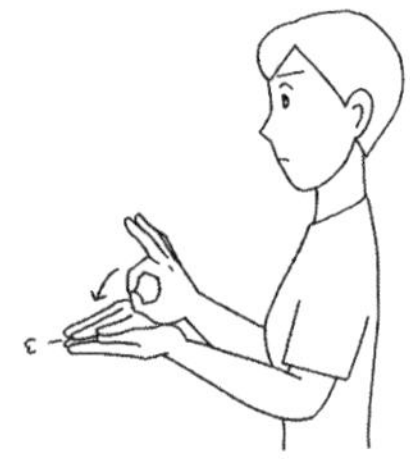

〈つけ〉

左手のひらに丸を作った右手を乗せ、次に右５指を伸ばして左手のひらをたたく。

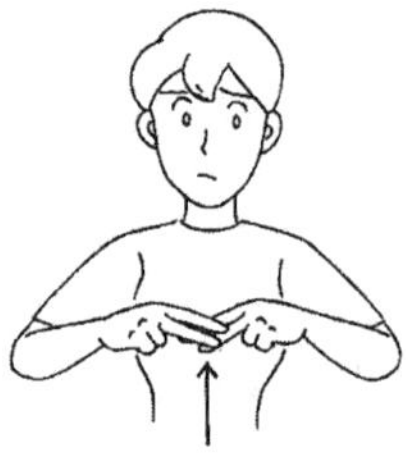

〈たまる〉

両手２指で「井」の字形を組み、下から上にあげる。

つけ 2

「つけが回る」

→〈つけ〉+〈もらう③〉

例文は慣用句で、悪いことなどをした報いが現れる意なので〈つけ〉+〈もらう③〉で表現。

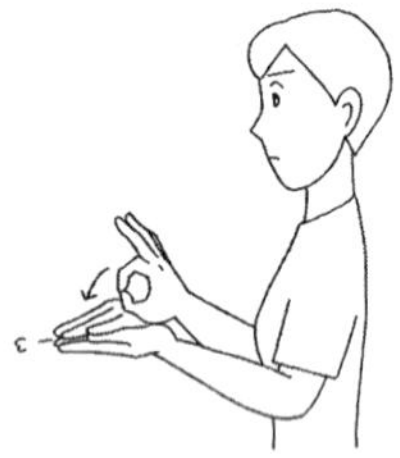

〈つけ〉

左手のひらに丸を作った右手を乗せ、次に右５指を伸ばして左手のひらをたたく。

〈もらう③〉

手のひらを上に向けた両手を、右に水平に弧を描きながら手前に引く。

つけたす【付け足す】

「説明をつけ足す」

→〈説明〉+〈加える〉

例文の「つけ足す」は〈加える〉で表現。〈加える〉はつけ足すさまを表す。「説明を加える」も同手話。

〈説明〉

左手のひらを右手で小刻みにたたく。

〈加える〉

左手のひらに右人差指を添える。

つけもの【漬物】

「野菜の漬物」

→〈野菜〉+〈漬物〉

「漬物」は〈漬物〉で表現。〈漬物〉は重石でつけるさまを表す。

〈野菜〉

指先を上に向けた両手を向かい合わせて上にあげ、丸めるように指先を下に向ける。

〈漬物〉

両手のひらを下に向けて押す。

つける【付・着ける】1

「ごちそうに箸をつける」

→〈おいしい①〉+〈食べる①〉

例文の「箸をつける」は食べる意味なので〈食べる①〉で表現。〈食べる①〉は食べるさまであるが食べるものによって表現は変わる。

〈おいしい①〉

右手のひらであごをぬぐう。

〈食べる①〉

左手のひらの上を右手ですくって食べるようにする。

つける【付・着ける】2

「(赤ちゃんに)名前をつける」

→(〈赤ちゃん〉+)〈名前①〉(または〈名前②〉)+〈決める①〉

例文の「名前をつける」は生まれた赤ちゃんの名前を決めることなので〈名前①〉または〈名前②〉+〈決める①〉で表現。〈決める①〉は「決定する」意味。

〈名前①〉

左手のひらに右親指を当てる。

〈決める①〉

左手のひらに右手２指を打ちつける。

つける【付・着ける】3

「ガスに火をつける」

→〈香り①〉+〈つける〉

例文の「火をつける」はガスに点火することなので〈つける〉で表現。〈つける〉はレンジのガスの火がぱっとつくさまを表す。

〈香り①〉

右手２指を繰り返し鼻に近づける。

〈つける〉

すぼめた右手を上に向けてぱっと開く。

つける【付・着ける】4

「船を港につける」

→〈港〉+〈入港〉

例文の「船を港につける」は入港する意味なので〈入港〉で表現。〈入港〉は防波堤に囲まれた港に船が入るさまを表す。

〈港〉

人差指を折り曲げた両手で前を囲む。

〈入港〉

〈港〉の左手を残して、船形を示した右手を手前に向けて近づける。

つける【付・着ける】5

「日記をつける」

→〈いつも〉+〈書く①〉

例文の「つける」は書く意味で〈書く①〉で表現。〈書く①〉は文字を書くさま。〈いつも〉は〈書く①〉との組み合わせで「日記」を意味する。

〈いつも〉

親指と人差指を立てた両手を向かい合わせて手首を回す。

〈書く①〉

左手のひらに右手の親指と人差指で縦に書くようにする。

つける【付・着ける】6

「けりをつける」

→〈解決①〉+〈終わる〉

例文の「けりをつける」は物事の決着をつけ、終わりにする意味なので〈解決①〉+〈終わる〉で表現。

〈解決①〉

左手のひらの上に右人差指で「×」を大きく書く。

〈終わる〉

指先を上に向けた両手を下におろしながら閉じる。

つける【付・着ける】7

「都合をつける」

→〈都合〉+〈作る〉

例文の「都合をつける」は工夫して時間などを作る意味なので〈都合〉+〈作る〉で表現。〈作る〉はものを作る意味と比喩的な意味がある。

〈都合〉

左手のひらの上に右こぶしの小指側をつけてこするように回す。

〈作る〉

両手のこぶしを上下に打ちつける。

つける【付・着ける】8

「あとをつける」

→〈追う①〉
　または〈追う②〉

例文の「あとをつける」は尾行する意味なので〈追う①〉または〈追う②〉で表現。いずれも人に見立てた指の後をつけるさまで表す。

〈追う①〉

左親指を右親指で追うようにする。

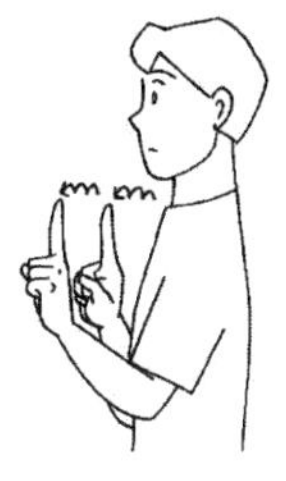

〈追う②〉

人差指を立てた両手を前後に置いて、一方を追うように前に動かす。

つける【付・着ける】9

「車に気をつける」

→〈運転〉+〈注意〉

例文の「気をつける」は注意することなので〈注意〉で表現。〈注意〉は気を引き締めるさまで「気をつける」「注意する」の意味。

〈運転〉

ハンドルを両手で握り、回すようにする。

〈注意〉

軽く開いた両手を上下に置き、体に引きつけて握る。

つける【付・着ける】10

「(請求書を)送りつける」

→(〈求める〉+〈券①〉+)〈郵便〉+〈渡す〉

例文の「送りつける」は郵送する意味なので〈郵便〉+〈渡す〉で表現。〈渡す〉はぞんざいな表現で「〜つける」の強い気持ちを表す。

〈郵便〉

左手２指と右人差指で〒マークを示す。

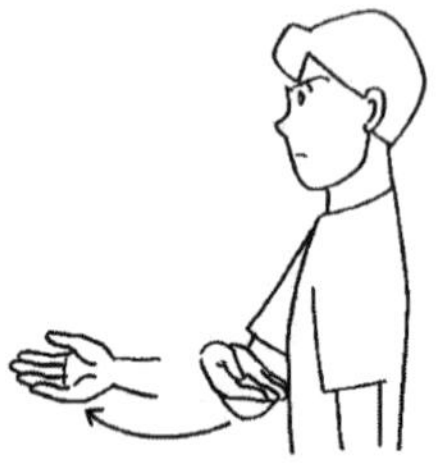

〈渡す〉

手のひらを上に向けた右手を前にぱっと出す。

つける【付・着ける】11

「彼をどなりつける」

→〈彼〉+〈おどす〉

例文の「どなりつける」は強くどなる意味なので〈おどす〉で表現。〈おどす〉は居丈高に言いつけるさまで「おどす」「どなりつける」の意味。

〈彼〉

左親指を右人差指でさす。

〈おどす〉

親指を立てた左手に全指を折り曲げた右手をかぶせるようにおろす。

つける【付・着ける】12

「はきつけている(靴)」

→〈いつも〉+〈使う〉(+〈靴②〉)

例文の「〜つける」はいつも〜する意味なので〈いつも〉で表現。〈いつも〉は繰り返しのさまで「いつも」「毎日」の意味がある。

〈いつも〉

親指と人差指を立てた両手を向かい合わせて手首を回す。

〈使う〉

右手の親指と人差指で作った丸を左手のひらに滑らして繰り返し前に出す。

つける【付・着ける】13

「行きつけている(店)」

→〈いつも〉+〈通う〉(+〈店①〉)

例文の「行きつける」はいつも行っている意味で〈いつも〉+〈通う〉で表現。〈通う〉は往復するさまで「通勤」「通学」などの意味もある。

〈いつも〉

親指と人差指を立てた両手を向かい合わせて手首を回す。

〈通う〉

親指を立てた右手を前後に往復させる。

つげる【告げる】1

「名前を告げる」

→(〈名前①〉または)〈名前②〉+〈言う①〉

例文の「告げる」は言うことなので〈言う①〉で表現。〈言う①〉は口をついて出ることばのさまで「告げる」「言う」「話す」意味を表す。

〈名前②〉

右手の親指と人差指で作った丸を左胸に当てる。

〈言う①〉

右人差指を口元からやや長めに前に出す。

つげる【告げる】2

「別れを告げる」

→〈離れる①〉+〈さようなら〉

例文の「別れを告げる」は別れを言うことなので〈離れる①〉+〈さようなら〉で表現。〈離れる①〉は離れるさまで「別れ」「別離」の意味。

〈離れる①〉

両手の指背側を合わせ、左右に開く。

〈さようなら〉

右手のひらを前に向けて左右に振る。

つげる【告げる】3

「(一同に)時を告げる」

→(〈みんな〉+)
〈時①〉+〈発表〉

例文の「(一同に)告げる」は多くの人に言うことなので〈発表〉で表現。〈発表〉は「発表」「公表」などの意味を表す。

〈時①〉

左手のひらに右親指を当て、右人差指を時計の針のように回す。

〈発表〉

親指と4指を閉じた両手を左右にぱっと開く。

つげる【告げる】4

「戦争は終わりを告げた」

→〈戦争〉+〈まで〉

例文の「終わりを告げる」は終わる意味なので〈まで〉で表現。左手の最後に右手が行き着いたさまで「(ここ)まで」「終わり」を表す。

〈戦争〉

両手の指先を軽く広げて指先がふれ合うようにして交互に前後に動かす。

〈まで〉

左手のひらに右手指先を軽くつける。

つごう【都合】1

「都合が悪い」

→〈同時〉
または〈ぶつかる①〉

例文は用件がダブってしまったという意味なので〈同時〉または〈ぶつかる①〉で表現。手話はどちらも用件がぶつかり合うさまを表す。

〈同時〉

両手の閉じた親指と人差指をはじくように人差指だけを上に向ける。

〈ぶつかる①〉

両手のひらを左右からぶつけるようにする。

つごう【都合】2

「都合をつける」

→〈都合〉+〈作る〉

例文の「都合をつける」は具合よくいくように調整する意味なので〈都合〉+〈作る〉で表現。〈都合〉は「都合」「具合」の意味。

〈都合〉

左手のひらの上に右こぶしの小指側をつけてこするように回す。

〈作る〉

両手のこぶしを上下に打ちつける。

つごう【都合】3

「お金を都合する」

→〈金(かね)①〉+〈作る〉

例文の「都合する」はなんとかしてお金を用意する、作る意味なので〈お金〉+〈作る〉で表現。〈作る〉は工夫して生み出すという意味。

〈金(かね)①〉

右手の親指と人差指で作った丸を示す。

〈作る〉

両手のこぶしを上下に打ちつけるようにする。

つたえる【伝える】1

「(テレビで)
ニュースを伝える」

→(〈テレビ〉+)
〈ニュース〉+〈宣伝〉

例文の「伝える」はテレビで広く知らせる意味なので〈宣伝〉で表現。〈宣伝〉は公に、広く知らせるさまで「宣伝」「知らせる」の意味。

〈ニュース〉

右手2指を右へ引く。

〈宣伝〉

親指と4指を閉じた両手を口の前から左右にぱっぱっと繰り返し開く。

つたえる【伝える】2

「(よろしく)
お伝え下さい」

→(〈良い〉+)
〈言う①〉+〈頼む①〉

例文の「伝える」は伝言する意味なので〈言う①〉で表現。〈言う①〉はことばが口をついて出るさまで「言う」「発言する」の意味。

〈言う①〉

右人差指を口元から前に出す。

〈頼む①〉

頭を下げて右手で拝むようにする。

つたえる【伝える】3

「技術を子孫に伝える」

→〈技術〉+〈伝わる〉

例文の「伝える」は後世に教えを残す意味なので〈伝わる〉で表現。左手は先祖を表し、その子孫に順々に伝わるさまを表す。

〈技術〉

握った左手首を右手人差指で軽くたたく。

〈伝わる〉

親指と小指を立てた左手から手のひらを上に向けた右手を順番にさげる。

つたえる【伝える】4

「(ヨーロッパに)
技術を伝える」

→(〈ヨーロッパ〉+)
〈技術〉+〈連絡①〉

例文の「伝える」はほかからもってきて広める意味なので〈連絡①〉で表現。〈連絡①〉は輪に結ばれた関係のさまで「連絡する」「伝達する」意味。

〈技術〉

握った左手首を右手人差指で軽くたたく。

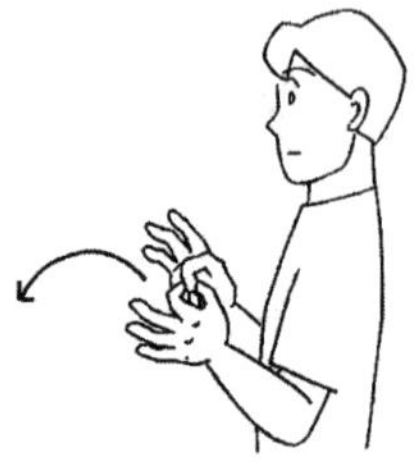

〈連絡①〉

両手の親指と人差指を組んで弧を描いて前に出す。

つたえる【伝える】5

「(鉄は熱を)伝えやすい」

→(〈鉄〉+〈熱い〉+)
〈続く①〉+〈はやい①〉

例文の「伝える」は熱が伝導する意味で〈続く①〉で表現。〈続く①〉は輪に結ばれた関係が伝わるさまで「継続する」「伝導する」の意味。

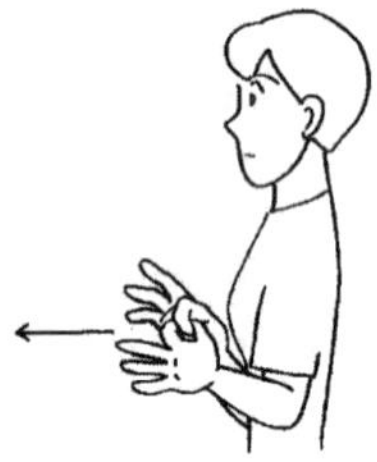

〈続く①〉

両手の親指と人差指を組んで前に出す。

〈はやい①〉

親指と人差指を閉じた右手をすばやく左へ動かしながら人差指を伸ばす。

つたない【拙い】

「つたない文章」

→〈下手(へた)〉+〈文章〉

「つたない」はへたの意味なので〈下手〉で表現。〈下手〉は〈上手〉と逆の表現で「下手」「つたない」などの意味を表す。

〈下手(へた)〉

左手甲を右手のひらで腕側にこすりあげる。

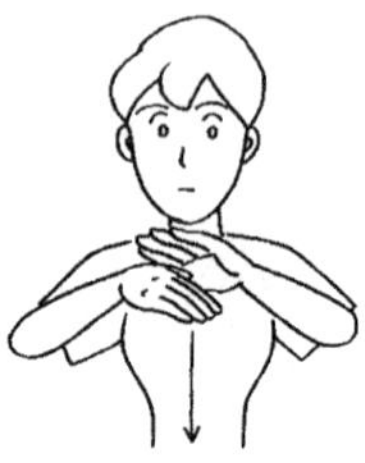

〈文章〉

両手の親指と4指の間を合わせて下におろす。

つたわる【伝わる】1

「（町中に）ニュースが伝わる」

→（〈町②〉＋〈みんな〉＋）〈ニュース〉＋〈広がる①〉

例文の「伝わる」は広まる意味なので〈広がる①〉で表現。〈広がる①〉は周囲に広がるさまで「広がる」「広まる」「浸透する」などの意味。

〈ニュース〉
右手２指を右へ引く。

〈広がる①〉
両手を前に出しながら左右に開く。

つたわる【伝わる】2

「（その土地に）伝わる話」

→（〈それ〉＋〈土〉＋）〈伝統②〉＋〈説明〉

例文の「伝わる」は昔から受けつがれる意味なので〈伝統②〉で表現。〈伝統②〉は子孫が続くさまで「伝統」「歴史」などの意味を表す。

〈伝統②〉
親指と小指を立てた両手を交互に回しながら下にさげる。

〈説明〉
左手のひらを右手で小刻みにたたく。

つたわる【伝わる】3

「先祖より伝わる（宝）」

→〈過去①〉＋〈伝わる〉（＋〈ダイヤ〉または〈玉③〉）

例文の「先祖より伝わる」は〈過去①〉＋〈伝わる〉で表現。〈伝わる〉は先祖からその子孫に順々に伝わるさまで「（先祖から）伝わる」意味。

〈過去①〉
右手のひらを後ろに向けて勢いよく押してやる。

〈伝わる〉
親指と小指を立てた左手から手のひらを上に向けた右手を順番にさげる。

つたわる【伝わる】4

「（ヨーロッパから）技術が伝わる」

→（〈ヨーロッパ〉＋）〈技術〉＋〈連絡を受ける〉

例文の「伝わる」はほかからこちらに渡ってきて広まる意味なので〈連絡を受ける〉で表現。手話はこちらに伝わってくるという意味を表す。

〈技術〉
握った左手首を右手人差指で軽くたたく。

〈連絡を受ける〉
両手の親指と人差指を組み合わせて手前に引く。

つたわる【伝わる】5

「熱が伝わる」

→〈熱い〉＋〈続く①〉

例文の「伝わる」は伝導する意味なので〈続く①〉で表現。〈続く①〉は関係が継続するさまで「継続する」「伝導する」意味。

〈熱い〉
指先を下にした右手をすばやく上にあげる。

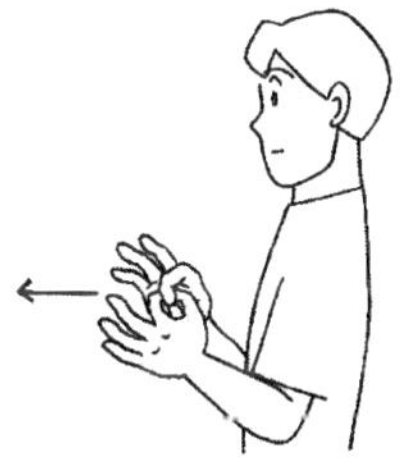

〈続く①〉
両手の親指と人差指を組んでまっすぐ前に出す。

つち【土】1

「土を耕す」

→〈土〉＋〈農業〉

例文の「土」は土地の意味で〈土〉で表現。〈土〉は手からこぼれる土のさまで「土」と共に「土地」「地面」「砂」などの意味がある。

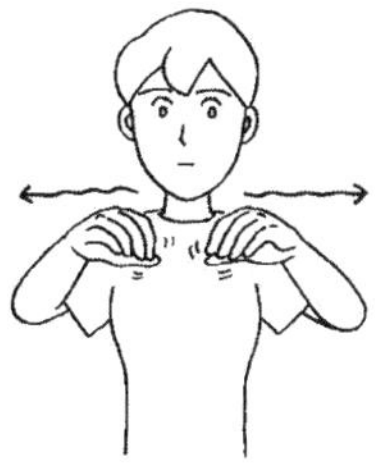

〈土〉
砂や土をこすり落とすようにして両手を左右に開く。

〈農業〉
両手のこぶしを握り、くわで耕すようにする。

つち【土】2

「(十年ぶりに)日本の土を踏む」

→(〈十年〉+〈離れる①〉+)〈日本〉+〈帰って来る①〉

「土を踏む」はその場所に来る意味で、例文は戻って来る意味なので〈帰って来る①〉で表現。〈帰って来る①〉は外からこちらに戻るさま。

〈日本〉

両手の親指と人差指をつき合わせ、左右に開きながら閉じる。

〈帰って来る①〉

親指と4指を開いた右手を引き寄せながら閉じる。

つち【土】3

「横綱に土がつく」

→〈横綱〉+〈負ける②〉

例文の「土がつく」は相撲に負ける意味なので〈負ける②〉で表現。〈負ける②〉は相手に倒されるさまで「負ける」「敗北する」などの意味。

〈横綱〉

軽く開いた両手を向かい合わせてねじるように左右に開く。

〈負ける②〉

親指を立てた両手をぶつけ手前に倒す。

つつ 1

「歩きつつ本を読む」

→〈本〉+〈読みながら歩く〉

例文の「つつ」は二つの動作が同時に行われていることを表すので〈歩く①〉と〈本〉を左右の手で表す。

〈本〉

手のひらを合わせた両手を本を開くように左右に開く。

〈読みながら歩く〉

左手のひらに目をやりながら、右手2指を歩くようにして前に出す。

つつ 2

「(悪いと)知りつつ」

→(〈悪い①〉+)〈知る②〉+〈しかし〉

例文の「つつ」は二つの事柄の相反する関係を表すので〈しかし〉で表現。〈しかし〉は手のひらを返すさまで「しかし」「けれども」などの意味。

〈知る②〉

右こぶしで軽く胸をたたく。

〈しかし〉

右手のひらを返す。

つつ 3

「準備が整いつつある」

→〈準備①〉+〈進む①〉

例文の「つつ」は今行われていることを表すので〈進む①〉で表現。〈進む①〉はものごとが進行するさまで「進む」「進行する」などの意味。

〈準備①〉

両手のひらを向かい合わせて左から右へ動かす。

〈進む①〉

指文字〈コ〉を示した両手を前に進める。

つづく【続く】1

「(六月に入り)雨が続いている」

→(〈六月〉+)〈雨①〉+〈相変わらず①〉

例文の「続く」は継続していることで〈相変わらず①〉で表現。〈相変わらず①〉は同じことが続くさまで「相変わらず」「依然として」の意味。

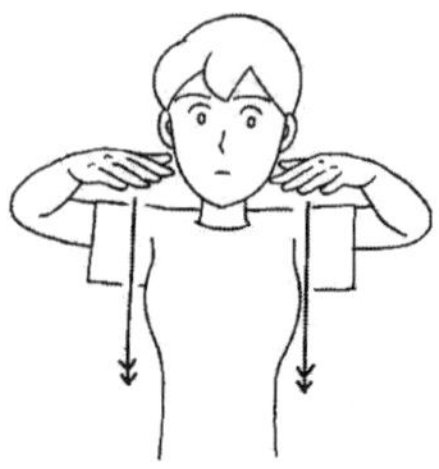

〈雨①〉

軽く開いた指先を前に向け両手を繰り返し下におろす。

〈相変わらず①〉

両手の親指と4指を閉じたり開いたりしながら前方に動かす。

つづく【続く】2

「（この道は）
東京まで続いている」

→（〈これ〉＋〈道①〉＋）
〈東京〉＋〈続く①〉

例文の「続く」はつながる意味なので〈続く①〉で表現。〈続く①〉は輪がつながった関係が継続するさまで「続く」「継続する」「連続する」意味。

〈東京〉

両手の親指と人差指を立て、上に向けて２回あげる。

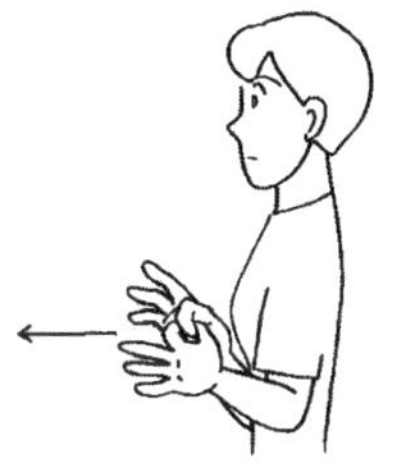

〈続く①〉

両手の親指と人差指を組んで前に出す。

つづく【続く】3

「おめでたが続く」

→〈祝う〉＋〈続く①〉

例文「続く」は連続して起きる意味で〈続く①〉で表現。〈続く①〉は輪がつながった関係が継続するさまで「続く」「継続する」「連続する」意味。

〈祝う〉

すぼめた両手を上に向けてぱっと開く。

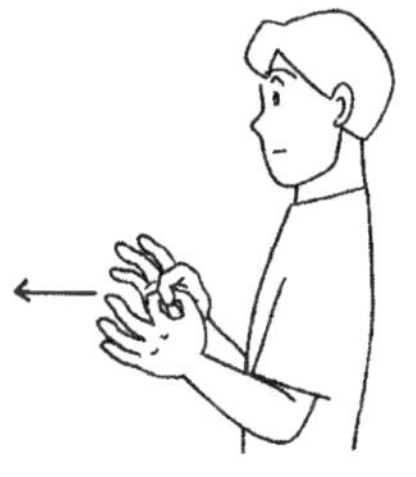

〈続く①〉

両手の親指と人差指を組んでまっすぐ前に出す。

つづく【続く】4

「彼の後に続いて行く」

→〈彼〉＋〈追う①〉

例文の「続く」はあとに従う意味なので〈追う①〉で表現。〈追う①〉は人の後に続くさまで「従う」「ついて行く」などの意味。

〈彼〉

左親指を右人差指でさす。

〈追う①〉

左親指を右親指で追うようにする。

つづく【続く】5

「彼に続く（実力）」

→〈男〉＋〈副〉
（＋〈本当〉＋〈力〉）

例文の「続く」はその次に来る、そのすぐ下にある意味で２種類の表現がある。ひとつは〈副〉で表現。〈副〉は下につくさまで「副」などの意味。

〈男〉

親指を立てた右手を出す。

〈副〉

左親指に右親指を少しさげてつける。

つづく【続く】6

「彼に続く（実力）」

→〈彼〉＋〈彼の次〉
（＋〈本当〉＋〈力〉）

もうひとつは〈彼〉＋〈彼の次〉で表現。

〈彼〉

左親指を右人差指でさす。

〈彼の次〉

〈彼〉の左手を残して、その横から手のひらを上に向けた右手を一段下にさげる。

つづける【続ける】1

「議論を続ける」

→〈討論〉＋〈続く①〉

例文の「続ける」は続くようにする意味なので〈続く①〉で表現。〈続く①〉は輪がつながった関係が継続するさまで「続く」「継続する」意味。

〈討論〉

指を軽く開いて伸ばした両手指先を向かい合わせ、互い違いにねじるように揺らす。

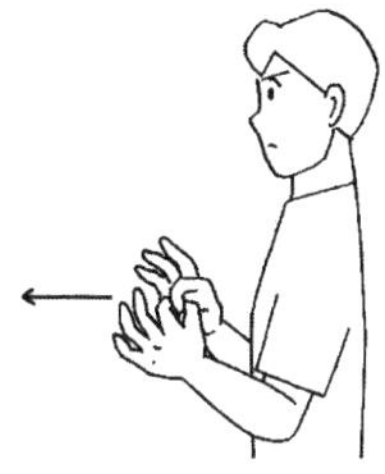

〈続く①〉

両手の親指と人差指を組んでまっすぐ前に出す。

つづける【続ける】2

「あやまちを続ける」

→〈まちがう②〉+〈いつも〉

例文の「続ける」はあとからあとから繰り返し同じことを行う意味で〈いつも〉で表現。〈いつも〉は同じことが繰り返されるさまを表す。

〈まちがう②〉

つまんだ両手を目の前に置き、交差させる。

〈いつも〉

親指と人差指を立てた両手を向かい合わせて手首を回す。

つづける【続ける】3

「続けて誰か（話してください）」

→〈次〉+〈誰〉（+〈言う②〉+〈頼む①〉）

例文の「続ける」はあとにつなげる意味なので〈次〉で表現。〈次〉は、順番の次の人をうながすさまで、次に移るという意味を表す。

〈次〉

右手のひらを上に向け、弧を描いて右へ移す。

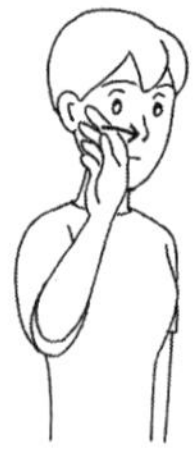

〈誰〉

右手指の背側をほおに当ててこするようにする。

つつしむ【慎・謹む】1

「言葉を慎む」

→〈言う②〉+〈注意〉

例文の「慎む」は注意して控えめに行動する意味なので〈注意〉で表現。〈注意〉は気を引き締めるさまで「気をつける」などの意味。

〈言う②〉

右人差指を口元から繰り返し前に出す。

〈注意〉

軽く開いた両手を上下に置き、体に引きつけて握る。

つつしむ【慎・謹む】2

「酒を慎む」

→〈酒〉+〈我慢①〉

例文の「慎む」は度を越さないようにする、やめる意味なので〈我慢①〉で表現。〈我慢①〉はしたいと思う心を押さえるさまで「我慢」「辛抱」の意味。

〈酒〉

右手をあごと額に順に当てる。

〈我慢①〉

親指を立てた左手を右手のひらで押さえつける。

つつしむ【慎・謹む】3

「謹んでお悔やみ申しあげる」

→〈悲しい①〉+〈申しあげる〉

例文は葬式でのあいさつ言葉で〈悲しい①〉+〈申しあげる〉で表現することが定着。

〈悲しい①〉

親指と人差指を閉じた右手を目元から揺らしながらおろす。

〈申しあげる〉

口元から右人差指を上にあげて出す。

つつしむ【慎・謹む】4

「謹んでお受けする」

→〈ありがとう〉+〈もらう①〉

例文は敬意をこめて引き受けることを表すので〈ありがとう〉+〈もらう①〉で表現。丁寧に表現することで敬意が込められる。

〈ありがとう〉

右手を左手甲に軽く当て、拝むようにする。

〈もらう①〉

手のひらを上に向けた両手を手前に引く。

つつむ【包む】1

「緑に包まれた(学校)」

→〈緑〉+〈囲う〉
(+〈勉強②〉)

例文の「包まれる」は囲まれる意味なので〈囲う〉で表現。〈囲う〉はあるものの周りを囲むようにすることで「囲まれる」「囲う」の意味。

〈緑〉

指先を右へ向けた左手の手前を甲側を前にした右手を右へ動かす。

〈囲う〉

指先を上に向けた両手で水平に囲むようにする。

つつむ【包む】2

「包み隠さず白状する」

→〈すべて〉+〈漏らす②〉

例文の「包み隠さず」は秘密にしないですべての意味なので〈すべて〉で表現。〈すべて〉は完全な円を描くさまで「すべて」「完全に」を意味する。

〈すべて〉

両手で上から下に円を描く。

〈漏らす②〉

すぼめた右手を口元からぱっと開いて前に落とす。

つとめる【勤める】

「会社に勤める」

→〈会社〉+〈通う〉

例文の「勤める」は会社に通う意味なので〈通う〉で表現。〈通う〉は同じところを往復するさまで「通勤する」「勤める」「通う」の意味。

〈会社〉

両手の 2 指を交互に前後させる。

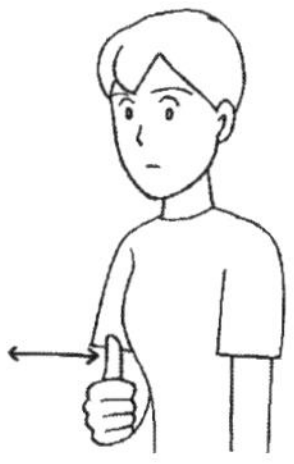

〈通う〉

親指を立てたまま前後に往復させる。

つとめる【努める】

「(会社の発展に)努めてきた」

→(〈会社〉+〈向上①〉+)
〈努力〉+〈ずっと①〉

例文の「努める」は努力する意味なので〈努力〉で表現。〈努力〉は障害を突き破ろうとするさまで「努める」「努力する」などの意味を表す。

〈努力〉

左手のひらに右人差指をねじこみながら前に押し出す。

〈ずっと①〉

右人差指の先を前に向け、右から左へ線を引くように動かす。

つとめる【務める】

「案内係を務める」

→〈案内〉+〈責任①〉

例文の「務める」は役割を受け持つ意味なので〈責任①〉で表現。〈責任①〉は任務を肩に負うさまで「務める」「担当する」などの意味。

〈案内〉

左手指を右手でつかみ、手を引くようにして右へ動かす。

〈責任①〉

右肩に軽く全指を折り曲げた右手をのせる。

つな【綱】1

「(あなたが)頼みの綱」

→(〈あなた①〉+)
〈だけ〉+〈頼る〉

例文の「頼みの綱」は頼りとする人の意味なので〈頼る〉で表現。〈頼る〉は寄りかかるさまで「頼る」「信頼」「信頼する」などの意味。

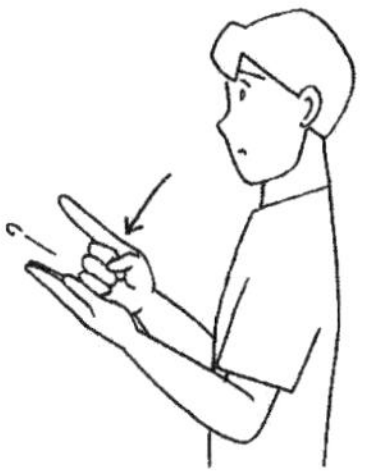

〈だけ〉

左手のひらに人差指を立てた右手を打ちつける。

〈頼る〉

両手でひもにつかまり、すがるようにする。

つな【綱】2

「綱を締める」

→〈横綱〉+〈長②〉

例文の「綱を締める」は横綱になる意味で〈横綱〉+〈長②〉で表現。〈横綱〉は土俵入りにしめる綱を表し、〈長②〉はその地位にあがる意味。

〈横綱〉

軽く開いた両手を向かい合わせてねじるように左右に開く。

〈長②〉

左手の甲に親指を立てた右手をのせる。

つながる 1

「首がつながる」

→〈解雇②〉+〈無事〉

例文の「首がつながる」は首にならないでいる意味なので〈解雇②〉+〈無事〉で表現。〈解雇②〉は首を切られるさまで「解雇」「首切り」の意味。

〈解雇②〉

右手を首に当てる。

〈無事〉

両ひじを軽く張り、両こぶしを同時に下におろす。

つながる 2

「(電話が)つながる」

→(〈電話〉+)
〈通じる〉
または〈電話が通じる〉

例文の「電話がつながる」は電話が通じる意味なので〈通じる〉または〈電話が通じる〉で表現。〈通じる〉は線がつながるさまを表す。

〈通じる〉

両手の人差指の先を近づけて合わせる。

〈電話が通じる〉

親指と小指を立てた両手の小指側を近づける。

つながる 3

「島と橋でつながる」

→〈島①〉+〈橋〉

例文の「橋でつながる」は橋がかかり、ひとつづきになる意味なので〈橋〉で表現。〈橋〉は二つの場所をアーチ型の橋がかかるさまを表す。

〈島①〉

全指を曲げ、手のひらを下にした左手に沿って上に向けた右手を回す。

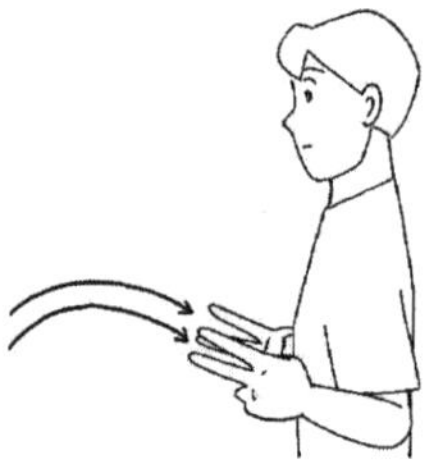

〈橋〉

両手２指を弧を描きながら手前に引く。

つながる 4

「事件につながる」

→〈事件〉+〈関係①〉

例文の「つながる」は関係がある意味なので〈関係①〉で表現。〈関係①〉は輪が両方をつないでいるさまで「関係」「関係する」などの意味。

〈事件〉

左手の指文字〈コ〉の下で右人差指をすくいあげるようにする。

〈関係①〉

両手の親指と人差指を組み、前後に往復させる。

つなぐ 1

「獄につなぐ」

→〈牢〉+〈つかまる①〉

例文の「つなぐ」はしばり離れないようにする意味で〈つかまる①〉で表現。〈つかまる①〉は手錠をはめられるさまで刑に処せられる意味。

〈牢〉

格子を握るようにした両こぶしを同時にさげる。

〈つかまる①〉

こぶしを握った両手の手首を合わせて前に出す。

つなぐ 2

「世界と手をつなぐ」

→〈世界〉+〈仲間〉

例文の「手をつなぐ」は仲良くする意味で〈仲間〉で表現。〈仲間〉は手を握り合うさまで「手をつなぐ」「仲良くする」「仲間」を表す。

〈世界〉

両手の指先を向かい合わせ、球を描くように前に回す。

〈仲間〉

両手を握り、水平に回す。

つなぐ 5

「(息子に)望みをつなぐ」

→(〈息子〉+)〈希望〉+〈任せる③〉

例文の「望みをつなぐ」は望みを次の人に託して続くようにする意味なので〈任せる③〉で表現。〈任せる③〉はものごとを一任するさま。

〈希望〉

手のひらを下に向けた右手をこめかみあたりから指先を揺らしながら前に出す。

〈任せる③〉

左親指に向かって肩に置いた右手を差し出す。

つなぐ 3

「電話をつなぐ」

→〈電話〉+〈つながる〉

例文の「電話をつなぐ」は通じるようにする意味で〈つながる〉で表現。〈つながる〉は二つの輪を結びつけるさまで「関係づける」「つなぐ」意味。

〈電話〉

親指と小指を立てた右手を顔横に置く。

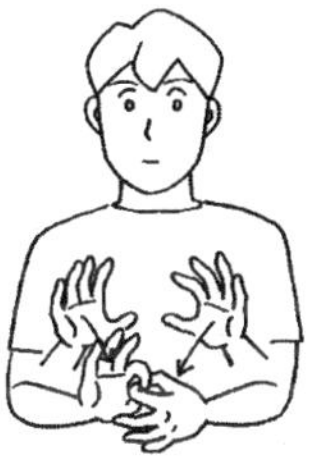

〈つながる〉

軽く開いた両手を前に出しながら両手の親指と人差指を組む。

つなみ【津波】

「津波の被害」

→〈津波〉+〈被害〉

「津波」は〈津波〉で表現。〈津波〉は左手の陸地を右手の津波が襲うさまを表す。

〈津波〉

手のひらを下向き、指先を右に向けた左手の上を右手で波のようにおおいかぶさるように動かす。

〈被害〉

手のひらを前方に向けた左手に親指と人差指でつまんだ右手を打ちつける。

つなぐ 4

「命をつなぐ」

→〈無事〉+〈続く①〉

例文の「命をつなぐ」は生きながらえる意味なので〈無事〉+〈続く①〉で表現。〈無事〉は元気でいるさまで「無事」「元気」の意味を表す。

〈無事〉

両ひじをやや張って、両こぶしを同時に下におろす。

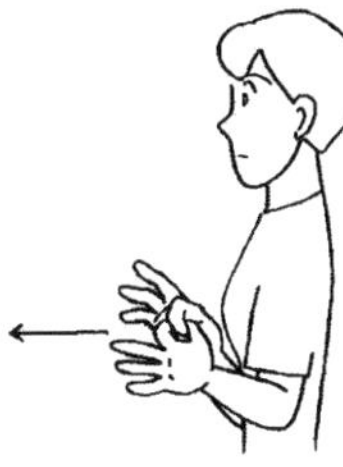

〈続く①〉

両手の親指と人差指を組んで前に出す。

つなわたり【綱渡り】1

「サーカスの綱渡り」

→〈サーカス〉+〈綱渡り①〉

例文の「綱渡り」は曲芸なので〈綱渡り①〉で表現。

〈サーカス〉

左人差指の上に右人差指と中指をかけ、大きく左右に振る。

〈綱渡り①〉

左人差指を前方に向け、その上を右手 2 指で歩くように動かす。

つなわたり【綱渡り】2

「経営は綱渡り」

→〈経済〉+〈綱渡り②〉

例文の「綱渡り」は危険を冒して行うことなので〈綱渡り②〉で表現。〈綱渡り②〉は綱渡りが揺れているさまを表す。

〈経済〉

親指と人差指で作った丸を上下に置き、互い違いに水平に回す。

〈綱渡り②〉

左人差指を前方に向け、その上を右手２指で歩くように動かしながら左右に動かす。

ツバキ【椿】

「ツバキの花」

→〈ツバキ〉+〈花①〉
（または〈花③〉）

「ツバキ」は〈ツバキ〉で表現。〈ツバキ〉はツバキの花が咲くさまを表す。

〈ツバキ〉

指先をつまんだ左手に右手を添え、右手を前方へぱっと倒す。

〈花①〉

両手を合わせてすぼませた指を左右に開く。

つばめ【燕】

「ツバメ」

→〈ツバメ〉

「ツバメ」は〈ツバメ〉で表現。〈ツバメ〉は風を切って飛ぶツバメのさまを表す。

〈ツバメ〉

薬指のみを折った右手を左上から弧を描いて右へ引く。

つぶ【粒】1

「砂粒」

→〈土〉+〈粒〉

例文の「粒」は小さくて丸いものなので〈粒〉で表現。〈粒〉は豆のように小さく丸いもののさまで「細かい」「粒」などを表す。

〈土〉

砂や土をこすり落とすようにして両手を左右に開く。

〈粒〉

両手の親指と人差指で小さな丸を作り、交互に前後させる。

つぶ【粒】2

「（選手の）
粒がそろっている」

→（〈選手〉+）
〈良い〉+〈均一〉

例文の「粒がそろう」は集まった人の能力がみなすぐれている意味なので〈良い〉+〈均一〉で表現。〈均一〉はそろっているさまを表す。

〈良い〉

右こぶしを鼻から前に出す。

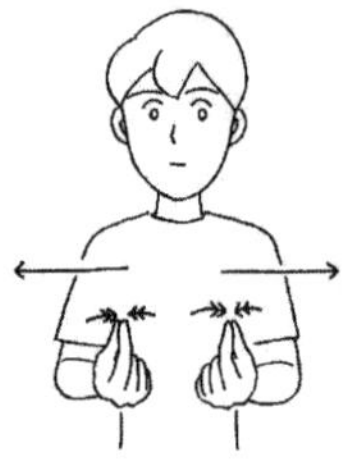

〈均一〉

両手の親指と人差指を閉じたり開いたりしながら左右に開く。

つぶす【潰す】1

「家をつぶす」

→〈家〉+〈つぶれる③〉

例文の「つぶす」は押しつぶし、こわす意味なので〈つぶれる③〉で表現。〈つぶれる③〉は「つぶす」「こわす」などの意味を表す。

〈家〉

両手で屋根形を作る。

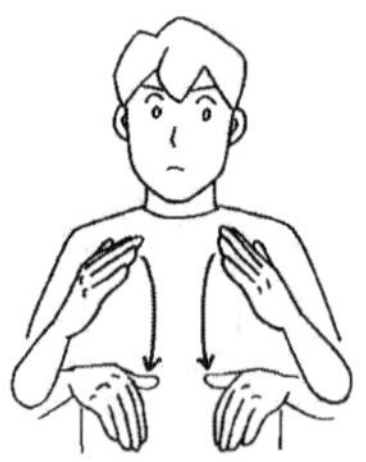

〈つぶれる③〉

指先を上に向けて向かい合わせた両手を内側に向けて落とすように指先を下に向ける。

つぶす【潰す】2

「声をつぶす」

→〈声〉+〈折る①〉

例文の「声をつぶす」は声が出なくなることで〈声〉+〈折る①〉で表現。〈折る①〉は障害が生じるさまで「(声)をつぶす、~がつぶれる」意味。

〈声〉

親指と人差指で作った丸をのど元に当て、気管に沿って口元から前に出す。

〈折る①〉

両こぶしの親指側を合わせ、折るようにする。

つぶす【潰す】3

「肝をつぶす」

→〈驚く①〉
または〈驚く②〉

例文の「肝をつぶす」はひどく驚く意味なので〈驚く①〉または〈驚く②〉で表現。どちらも大変驚くさまで「肝がつぶれる」などの意味。

〈驚く①〉

左手のひらの上に右手 2 指を立てて飛びあがるようにして 2 指を離し、またつける。

〈驚く②〉

全指を曲げた右手で胸を突きあげるようにして肩を少しあげる。

つぶす【潰す】4

「(顔を)つぶす」

→(〈顔〉+)
〈折る①〉
または〈つぶす〉

「顔をつぶす」は面目をつぶす、名誉を傷つける意味で〈顔〉+〈折る①〉または〈つぶす〉で表現。

〈折る①〉

両こぶしの親指側を合わせ、折るようにする。

〈つぶす〉

指先を前に向け軽く開いた両手をものをつぶすように閉じる。

つぶす【潰す】5

「(絵を)塗りつぶす」

→(〈絵〉+)
〈すべて〉+〈塗る〉

例文の「塗りつぶす」はすき間なくすべて塗る意味なので、〈すべて〉+〈塗る〉で表現。〈塗る〉はペンキを塗るさまを表す。

〈すべて〉

両手で上から下に円を描く。

〈塗る〉

左手のひらを手前に向けて右手指先を刷毛のようにして塗る。

つぶす【潰す】6

「(失敗して)会社をつぶす」

→(〈失敗①〉+)
〈会社〉+〈つぶれる①〉

例文の「会社をつぶす」は会社を倒産させる意味で〈つぶれる①〉で表現。〈つぶれる①〉は家をたたむさまで「倒産」「破産」などの意味。

〈会社〉

両手の 2 指を交互に前後させる。

〈つぶれる①〉

屋根形にした両手の指先をつけたまま手のひらを合わせる。

つぶす【潰す】7

「ニワトリをつぶす」

→〈ニワトリ〉+〈ひねる②〉

例文の「つぶす」は料理するために、ニワトリの首をひねって殺す意味なので〈ひねる②〉で表現。〈ひねる②〉はニワトリの首をひねるさまを表す。

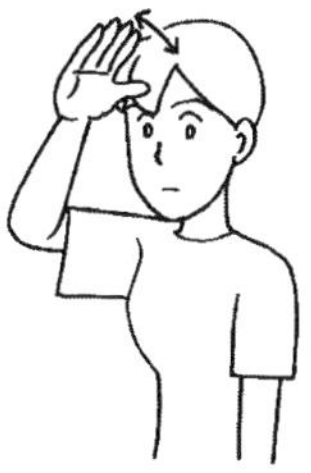

〈ニワトリ〉

右手の親指を額に当て、4 指を軽く振る。

〈ひねる②〉

両手で握った物をひねるようにする。

つぶやく

「一人でブツブツつぶやく」

→〈自分一人〉+〈つぶやく〉

「つぶやく」は小さく声を出すことなので〈つぶやく〉で表現。〈つぶやく〉は小さく声を出すさまを表す。

〈自分一人〉

右人差指を胸に当て、前にはねあげる。

〈つぶやく〉

すぼめた右手を口元に当てて小さく閉じたり開いたりする。

つぶれる【潰れる】1

「(会社が)つぶれる」

→(〈会社〉+)

〈つぶれる①〉

または〈つぶれる②〉

例文の「つぶれる」は倒産する意味なので〈つぶれる①〉または〈つぶれる②〉で表現。手話はどちらも「倒産」「破産」などの意味を表す。

〈つぶれる①〉

屋根形にした両手の指先をつけたまま手のひらを合わせる。

〈つぶれる②〉

両手の屋根形を斜め前に倒すようにする。

つぶれる【潰れる】2

「肝がつぶれる」

→〈驚く①〉

または〈驚く②〉

例文の「肝がつぶれる」はひどく驚く意味なので〈驚く①〉または〈驚く②〉で表現。手話はどちらも大変驚くさまを表す。

〈驚く①〉

左手のひらの上に右手２指を立てて飛びあがるようにして２指を離し、またつける。

〈驚く②〉

全指を曲げた右手で胸を突きあげるようにして肩を少しあげる。

つぶれる【潰れる】3

「(顔が)つぶれる」

→(〈顔〉+)

〈つぶす〉

または〈折る①〉

例文の「顔がつぶれる」は面目がつぶれる、名誉が傷つけられる意味で〈顔〉+〈つぶす〉または〈折る①〉で表現。顔が立たないさまを表す。

〈つぶす〉

指先を前に向け軽く開いた両手をものをつぶすように閉じる。

〈折る①〉

両こぶしの親指側を合わせ、折るようにする。

つぶれる【潰れる】4

「(一日)つぶれる」

→(〈一日①〉+)

〈損〉

または〈水のあわ〉

例文の「つぶれる」は時間が使えなくなる意味で〈損〉または〈水のあわ〉で表現。〈損〉は無駄にした、〈水のあわ〉はなくなったなどの意味。

〈損〉

両手の親指と人差指で作った丸を前に投げるようにして開く。

〈水のあわ〉

すぼめた両手を上に向けて、ぱっと開く。

つぶれる【潰れる】5

「声がつぶれる」

→〈声〉+〈折る①〉

例文の「声がつぶれる」は声が出なくなることで〈声〉+〈折る①〉で表現。〈折る①〉は障害が生じるさまで「折る」「こわれる」などの意味。

〈声〉

親指と人差指で作った丸をのど元に当て、気管に沿って口元から前に出す。

〈折る①〉

両こぶしの親指側を合わせ、折るようにする。

つぶれる【潰れる】6

「卵がつぶれる」

→〈卵〉+〈つぶす〉

例文の「つぶれる」は卵がこわれる意味なので〈つぶす〉で表現。〈つぶす〉は「つぶす」「こわす」などの意味を表す。

〈卵〉

手の甲を下にして両手の親指と４指を下に向けて卵を割るように開く。

〈つぶす〉

両手の親指と４指の指先を前に向けてつぶすように閉じる。

つぼ【壺】1

「古いつぼ」

→〈古い〉+〈つぼ①〉

例文の「つぼ」は入れ物のつぼなので〈つぼ①〉で表現。〈つぼ①〉はつぼの形を表す。

〈古い〉

右人差指で鼻を下からこするように回す。

〈つぼ①〉

両手のひらを向かい合わせて壺の形を示す。

つぼ【壺】2

「腰のつぼを押さえる」

→〈腰〉+〈つぼ②〉

例文の「つぼ」は鍼灸のつぼのことなので〈つぼ②〉で表現。〈つぼ②〉はつぼを押さえるさまを表す。

〈腰〉

右手を右腰に当てる。

〈つぼ②〉

左こぶしの親指側を右親指で押さえる。

つぼ【壺】3

「つぼを押さえて話す」

→〈ポイント〉+〈つかむ①〉（+〈説明〉）

例文の「つぼ」は物事の最も大事なところなので〈ポイント〉で表現。〈ポイント〉は左手の指文字〈ホ〉を右手で指さす。

〈ポイント〉

左指文字〈ホ〉の甲を右人差指でさす。

〈つかむ①〉

軽く開いた右手のひらを下に向けてつかむようにする。

つぼ【壺】4

「思うつぼ」

→〈思う〉+〈目的①〉

例文の「思うつぼ」は思い通りになる意味で〈思う〉+〈目的①〉で表現。〈思う〉+〈目的①〉は「思った通り」「予想が当たった」の意味。

〈思う〉

右人差指を側頭部に当てる。

〈目的①〉

左こぶしの親指側に右人差指を当てる。

つぼみ

「花のつぼみ」

→〈花①〉（または〈花③〉）+〈つぼみ〉

「つぼみ」は花の開くまえの状態を言い〈つぼみ〉で表現。〈つぼみ〉は花のつぼみのさまを表す。

〈花①〉

両手を合わせてすぼませた指を左右に開く。

〈つぼみ〉

手の甲側をふくらませて両手を合わせる。

つま【妻】

「妻」は〈妻①〉または〈妻②〉で表現。〈妻①〉は結婚した女性を、〈妻②〉は自分の妻を表す。

「妻」

→〈妻①〉
　または〈妻②〉

〈妻①〉

左親指と右小指を寄り添わせて、右小指を前に出す。

〈妻②〉

体に右小指をつけて前に出す。

つまはじき【爪弾き】

「つまはじき」は嫌ったり軽蔑したりしてのけものにする意味なので〈つまはじき①〉または〈同②〉で表現。手話はつまはじきにするさま。

「彼をつまはじきにする」

→〈つまはじき①〉
　または〈つまはじき②〉

〈つまはじき①〉

左親指を示して、右手の親指と中指ではじくようにする。

〈つまはじき②〉

左親指のまわりを右手の親指と中指ではじきながら回す。

つまずく 1

例文の「つまずく」は足先が物に当たってよろめく意味なので〈つまずく〉で表現。〈つまずく〉はつまずくさまで「つまずく」などの意味。

「石につまずく」

→〈石①〉+〈つまずく〉

〈石①〉

左手のひらに「コ」の字形の右手を当てる。

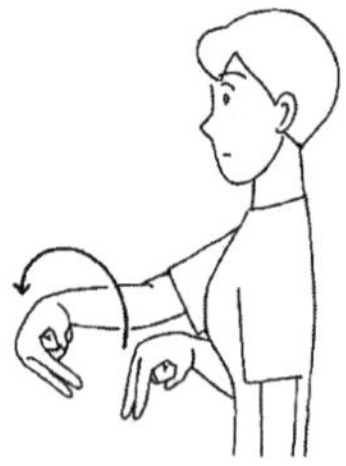

〈つまずく〉

指先を下にした右手 2 指を前に倒すように動かす。

つまみ

例文の「酒のつまみ」は酒を飲む時の肴(さかな)の意味で〈酒〉+〈副〉で表現。〈副〉は添え物のさまで「さかな」「つまみ」の意味。

「酒のつまみ」

→〈酒〉+〈副〉

〈酒〉

右手をあごと額に順に当てる。

〈副〉

左親指に右親指を少しさげてつける。

つまずく 2

例文の「つまずく」は失敗してうまくいかなくなる意味なので〈失敗①〉で表現。〈失敗①〉は鼻がへし折れるさまで「失敗」の意味を表す。

「仕事につまずく」

→〈仕事〉+〈失敗①〉

〈仕事〉

手のひらを上に向け、向かい合わせた両手指先を繰り返しつき合わせる。

〈失敗①〉

右手で鼻の先を握って折るようにする。

つまらない 1

例文の「つまらない」はおもしろくない意味なので〈あきる〉または〈つまらない〉で表現。〈あきる〉は気持ちが冷めるさまを表す。

「(講演が)つまらない」

→(〈講演〉+)
　〈あきる〉
　または〈つまらない〉

〈あきる〉

右親指を胸に当て、すべらせるようにして指先を下に向ける。

〈つまらない〉

顔の前で全指を折り曲げた右手を下におろす。

つまらない 2

「つまらない物ですが」

→〈くだらない〉+〈贈物〉

例文の「つまらない」は値うちがないという謙遜した言い方で〈くだらない〉で表現。手話は謙遜してものを差し出すさまを表す。

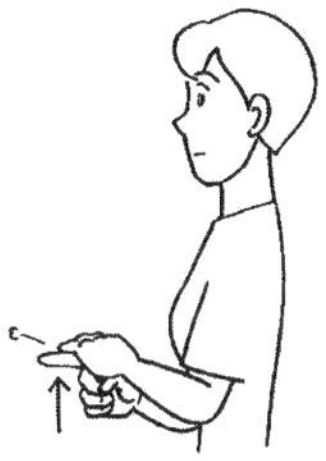

〈くだらない〉

右人差指を伸ばし下からあげて左手のひらに打ちつける。

〈贈物〉

両手を向かい合わせてそっと前に出すようにする。

つまり 1

「つまり何だ」

→〈まとめる〉+〈何〉

例文の「つまり」はまとめて言うとの意味で〈まとめる〉で表現。〈まとめる〉はいろいろなものをひとつにするさまで「つまり」「要するに」の意味。

〈まとめる〉

両手のひらを向かい合わせて左右から中央にあげながら握る。

〈何〉

右人差指を左右に振る。

つまり 2

「とどのつまり」

→〈まで〉+〈結ぶ①〉

例文の「とどのつまり」は結局、最後はの意味なので〈まで〉+〈結ぶ①〉で表現。〈まで〉+〈結ぶ①〉は「結局」「結論的に」などの意味を表す。

〈まで〉

左手のひらに右手指先を軽くつける。

〈結ぶ①〉

両手の親指と人差指でひもを結ぶようにして左右に開く。

つまる【詰まる】1

「バスに人がぎっしりつまっている」

→〈バス①〉+〈満員〉

例文の「人がつまる」は人がいっぱい入っている意味なので〈満員〉で表現。〈満員〉は人がぎっしりつまっているさまを表す。

〈バス①〉

両手の人差指の先を向かい合わせ、親指を立てて前に進める。

〈満員〉

両手の指背側を合わせて水平に回す。

つまる【詰まる】2

「(頭の中が)知識でつまっている」

→(〈頭①〉+)〈知識〉+〈たまる〉

例文の「つまる」は知識がいっぱい入っているの意味なので〈知識〉+〈たまる〉で表現。〈たまる〉が頭の横で表現されていることに注意。

〈知識〉

小指を立てて親指と残り3指を閉じた右手を額に当てて、左から右へ引く。

〈たまる〉

両手2指で「井」の字形を組み、下から上にあげる。

つまる【詰まる】3

「パイプがつまる」

→〈パイプ〉+〈つまる①〉

例文の「つまる」はつかえて通らない意味なので〈つまる①〉で表現。〈つまる①〉はものがつまっているさまで「つまる」「ふさがる」の意味。

〈パイプ〉

両手の親指と4指で丸を作り、親指側を合わせて左右に開く。

〈つまる①〉

軽く握った左手にすぼめた右手を差し込む。

つまる【詰まる】4

「金につまる」

→〈金（かね）①〉+〈せっぱつまる〉

例文の「つまる」はお金がなくなって苦しくなる意味なので〈せっぱつまる〉で表現。〈せっぱつまる〉は刀が抜くに抜けないさまを表す。

〈金（かね）①〉

右手の親指と人差指で作った丸を示す。

〈せっぱつまる〉

両こぶしを上下に重ね、ややずらし、左右にふるわせる。

つまる【詰まる】5

「言葉につまる」

→〈言う②〉+〈とまる②〉

例文の「つまる」は今までしていたことができなくなって止まる意味なので〈とまる②〉で表現。〈とまる②〉はピストンが停止するさま。

〈言う②〉

右人差指を口元から繰り返し前に出す。

〈とまる②〉

両手の２指を向かい合わせて回し、途中でとめる。

つまる【詰まる】6

「仕事に行きづまる」

→〈仕事〉+〈行（ゆ）き止まり〉

例文の「行きづまる」は〈行き止まり〉で表現。袋小路に突き当たるさまで「行きづまる」「突き当たる」などの意味を表す。

〈仕事〉

手のひらを上に向け、向かい合わせた両手指先を繰り返しつき合わせる。

〈行（ゆ）き止まり〉

左手のひらに右手指先をぶつけるように当てる。

つみ【罪】1

「罪を犯す」

→〈悪い①〉または〈罪（ざい）〉

例文は〈悪い①〉または〈罪（ざい）〉で表現。〈罪（ざい）〉は「罪」の字形の一部を取り、〈悪い①〉の手の形を変えて作った新しい手話。

〈悪い①〉

人差指で鼻をこするようにして振りおろす。

〈罪（ざい）〉

右３指を鼻の前から左下におろす。

つみ【罪】2

「罪を罰する」

→〈へそまがり〉+〈しかる①〉

例文の「罪を罰する」は〈へそまがり〉+〈しかる①〉で表現。〈へそまがり〉はへそが曲がっているさまであるが「罪」の意味もある。

〈へそまがり〉

右手の親指の先をへその辺りで左に向けてねじるようにして動かす。

〈しかる①〉

右親指を肩から前に振りおろしてとめる。

つみ【罪】3

「罪をきせる」

→〈責任①〉+〈かぶせる〉

例文は〈責任①〉+〈かぶせる〉で表現。〈責任①〉は責任の意、〈かぶせる〉は責任を人に押しつけるさまを表す。「責任をかぶせる」も同手話。

〈責任①〉

右肩に軽く全指を折り曲げた右手をのせる。

〈かぶせる〉

左親指を全指を曲げた右手で上から押さえつけるようにする。

つみかさねる
【積み重ねる】1

「練習を積み重ねる」
→〈練習〉+〈重ねる②〉

例文の「練習を積み重ねる」は何回も練習することで〈練習〉+〈重ねる②〉で表現。〈重ねる②〉は物事を重ねるさまで「重ねる」を表す。

〈練習〉
左手甲に手のひらを手前に向けた右手指先を繰り返し当てる。

〈重ねる②〉
両手のひらを順に上に重ねていく。

つみかさねる
【積み重ねる】2

「本を積み重ねる」
→〈本〉+〈重ねる③〉

例文は本を何冊も積みあげることで〈本〉+〈重ねる③〉で表現。〈重ねる③〉は本など厚みのあるものを積みあげるさまを表す。

〈本〉
両手のひらを合わせて本を開くように左右に開く。

〈重ねる③〉
「コ」の字形にした両手を積み重ねる。

つみたてる
【積み立てる】

「旅行の金を積み立てる」
→〈旅行〉+〈積み立てる〉

例文の「金を積み立てる」はお金をためることで〈積み立てる〉で表現。〈積み立てる〉はお金が金額を増していくさまを表す。

〈旅行〉
両手人差指を平行に並べ同時に左右に振る。

〈積み立てる〉
左手のひらの上に右手の親指と人差指で作った丸を順にあげていく。

つむ【積む】1

「船に積む」
→〈船〉+〈船にのせる〉

例文の「積む」は荷物をのせる意味なので〈船にのせる〉で表現。〈船にのせる〉は船に荷物を積むさまを表す。

〈船〉
両手の小指側を合わせ船形を作り、前に進める。

〈船にのせる〉
〈船〉の左手を残したまま、左手のひらに全指を曲げた右手をのせる。

つむ【積む】2

「年を積む」
→〈年齢〉+〈年をとる〉

例文の「積む」は年をとる意味なので〈年をとる〉で表現。〈年をとる〉は年齢が増えるさまで「年をとる」「年寄り」の意味を表す。

〈年齢〉
あごの下で右手の指を順に折る。

〈年をとる〉
やや曲げた両手のひらを上下に向かい合わせ右手を上にあげ、甲をあごに当てる。

つむ【積む】3

「経験を積む」
→〈経験〉+〈たまる〉

例文の「積む」は経験を蓄積する意味なので〈たまる〉で表現。〈たまる〉は薪を積むさまで「たまる」「積む」「蓄積する」などの意味。

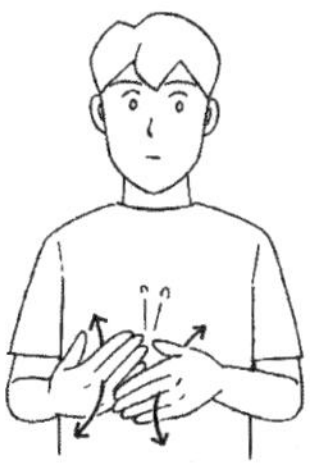

〈経験〉
両手指先をふれ合わせる。

〈たまる〉
両手2指で「井」の字形を組み、下から上にあげる。

つめこむ【詰め込む】1

「かばんにつめこむ」
→〈かばん〉+〈つめこむ①〉

例文の「つめこむ」はたくさん押し込める意味なので〈つめこむ①〉で表現。〈つめこむ①〉は容器にものをつめこむさまを表す。

〈かばん〉
かばんを持ち、軽く上下に揺するようにする。

〈つめこむ①〉
軽く指を曲げた両手を左右から合わせてつめるようにする。

つめこむ【詰め込む】2

「(頭に)知識をつめこむ」
→(〈頭①〉+)
〈知識〉+〈つめこむ②〉

例文の「つめこむ」は次々に覚えさせる意味なので〈つめこむ②〉で表現。〈つめこむ②〉は容器につめこむさまで、ここでは頭の位置で表現。

〈知識〉
小指を立てて親指と残り 3 指を閉じた右手を額に当てて、左から右へ引く。

〈つめこむ②〉
左手の親指と 4 指で丸を作り、すぼめた右手をつめるようにする。

つめたい【冷たい】

「水が冷たい」
→〈流れる②〉+〈寒い〉

「冷たい」は〈寒い〉で表現。〈寒い〉は寒さで身が震えるさまで「寒い」「冷たい」などの意味がある。

〈流れる②〉
右手の甲を下にして波のようにゆらゆら上下に揺すりながら右へやる。

〈寒い〉
両こぶしを握り、左右にふるわせる。

つめる【詰める】1

「息をつめて見つめる」
→〈一途①〉+〈見つめる②〉

例文の「息をつめる」はじっとして息をしない意味なので〈一途①〉+〈見つめる②〉で表現。〈一途①〉は脇目をふらず集中する意味。

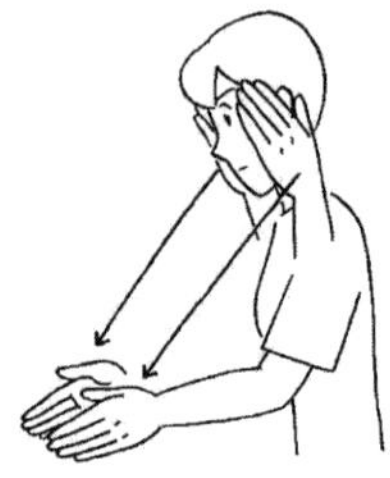

〈一途①〉
両手のひらをこめかみ付近から斜め前に絞り込むようにおろす。

〈見つめる②〉
右手の人差指と中指を曲げて鼻をまたぐようにして目の下に当てる。

つめる【詰める】2

「服の袖をつめる」
→〈服〉+〈つめる〉

例文の「つめる」は短くする意味なので〈つめる〉で表現。〈つめる〉は洋服の袖を短くするさまで「つめる」「縮める」などの意味。

〈服〉
親指を立てた両手をえりに沿って下におろす。

〈つめる〉
左腕に右手を当て、上にあげる。

つめる【詰める】3

「部屋につめる」
→〈部屋〉+〈いる〉

例文の「つめる」はある場所に出向き待つ意味で〈いる〉で表現。〈いる〉は人が存在することで「いる」「存在する」などの意味を表す。

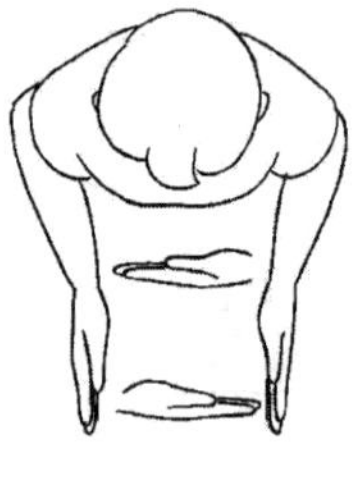

〈部屋〉
両手のひらで前後左右に四角く囲む。

〈いる〉
両手を握り、両ひじを立てて下におろす。

つめる【詰める】4

「根《こん》をつめて勉強する」

→〈一途①〉+〈勉強③〉

例文の「根をつめる」は一生懸命にひとつのことをし続ける意味なので〈一途①〉で表現。〈一途①〉は物事に集中するさまを表す。

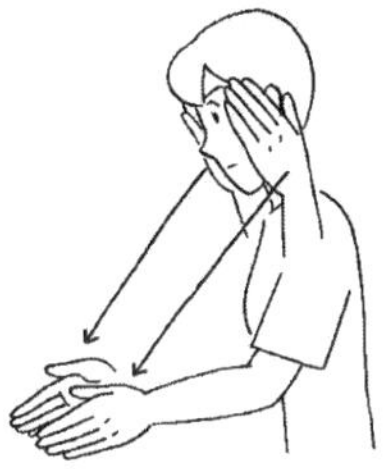

〈一途①〉

両手のひらをこめかみ付近から斜め前に絞り込むようにおろす。

〈勉強③〉

手のひらを手前に向けた両手を左右から合わせる。

つめる【詰める】7

「彼女を思いつめる」

→〈好き②〉+〈一途①〉

例文の「思いつめる」は〈好き②〉+〈一途①〉で表現。手話は彼女のことだけに夢中になるという表現。

〈好き②〉

左小指を示し、親指と人差指を開いた右手をのどから下におろしながら閉じる。

〈一途①〉

両手のひらをこめかみ付近から斜め前に絞り込むようにおろす。

つめる【詰める】5

「弁当をつめる」

→〈弁当〉

例文の「弁当をつめる」は弁当を作ることで〈弁当〉で表現。〈弁当〉は弁当をつめるさまで「弁当」「弁当をつめる」の意味を表す。

〈弁当〉

軽く曲げた左手の親指側に右手のひらをこすりつけるようにする。

つめる【詰める】8

「考えを煮つめる」

→〈考える〉+〈煮る〉

例文の「煮つめる」は十分考える意味で〈煮る〉で表現。〈煮る〉は食べ物を炊く意味であるが比喩的に考えを「煮つめる」意味に転用される。

〈考える〉

右人差指を頭にねじこむようにする。

〈煮る〉

全指を軽く曲げた左手のひらを上に向け、下から全指を曲げた右手で軽くたたくようにする。

つめる【詰める】6

「費用を切りつめる」

→〈使う〉+〈節約〉

例文の「切りつめる」はお金の支出をできるだけ少なくする意味なので〈節約〉で表現。〈節約〉はお金の支出を控えるさまで「節約」「倹約」。

〈使う〉

左手のひらの上で右手の親指と人差指で作った丸をすべるようにして繰り返し前に出す。

〈節約〉

左手のひらにかぎ状にした右人差指を当て、引きあげるように手前に引く。

つもり 1

「どういうつもり」

→〈考える〉+〈何〉

例文の「どういうつもり」は何を考えているのかという意味なので〈考える〉+〈何〉で表現。〈何〉の問いかけの表情に注意。

〈考える〉

右人差指を頭にねじこむようにする。

〈何〉

右人差指を左右に振る。

つもり 2

「どうするつもり」
→〈計画〉+〈何〉

例文の「どうするつもり」は何をどうしようとするのかという意味なので〈計画〉+〈何〉で表現。〈何〉の問いかけの表情に注意。

〈計画〉
左手のひらを下に向け、右人差指で線を引くようにする。

〈何〉
右人差指を左右に振る。

つもり 3

「大船に乗ったつもりで任せておけ」
→〈責任②〉+〈できる〉

例文の「大船に乗ったつもり」は信じ頼りにし安心する意味で、〈できる〉で表現。〈できる〉は胸を張り大丈夫というさま。表情に注意。

〈責任②〉
両手を両肩にのせる。

〈できる〉
右手指先を左胸と右胸に順に当てる。

つもる【積もる】1

「雪が積もる」
→〈雪〉+〈いっぱい②〉

例文の「雪が積もる」は〈雪〉+〈いっぱい②〉で表現。〈いっぱい②〉は積もる雪の量を表す。

〈雪〉
両手の親指と人差指で作った丸をひらひらさせながらおろす。

〈いっぱい②〉
両手のひらを下に向けて上にあげる。

つもる【積もる】2

「不満が積もる」
→〈不満〉+〈たまる〉

例文の「不満が積もる」は不満がたまる意味なので〈不満〉+〈たまる〉で表現。〈たまる〉は薪を積むさまで「積もる」「たまる」などの意味。

〈不満〉
軽く開いた右手を胸からぱっと前にはじき出す。

〈たまる〉
両手２指で「井」の字形を組み、下から上にあげる。

つや【通夜】

「通夜に出る」
→〈通夜〉+〈行(い)く③〉

「通夜」は〈通夜〉で表現。〈通夜〉は〈祈る〉と〈徹夜〉を組み合わせた手話。

〈通夜〉
左手を立て、その下から親指と人差指で半円を作った右手を弧を描きながら上にあげる。

〈行(い)く③〉
親指を立てた両手を同時に弧を描いて前に出す。

つゆ【梅雨】

「梅雨(が明ける)」
→〈梅〉+〈雨①〉
(+〈終わる〉)

「梅雨」は〈梅〉+〈雨①〉で表現。〈梅〉は頭痛の時にこめかみにはる梅干しを表す。

〈梅〉
親指と人差指と中指をすぼめた右手を唇の端とこめかみに順に当てる。

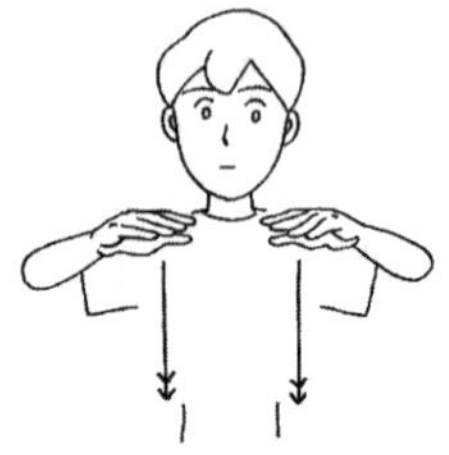

〈雨①〉
軽く開いた指先を前に向け両手を繰り返し下におろす。

つよい【強い】1

「(力が)強い」

→(〈力〉+)
〈強い①〉
または〈強い②〉

例文の「強い」は力がある意味で〈強い①〉または〈強い②〉で表現。どちらも力こぶを示して強いさまを表す。「強力」「力強い」の意味。

〈強い①〉

こぶしを握った右腕を曲げて力こぶを作るようにする。

〈強い②〉

両手のこぶしを握り、ひじを曲げて力こぶを作るようにする。

つよい【強い】2

「怒って強い口調で言う」

→〈怒(おこ)る②〉+〈説明〉

例文の「強い」は怒りの程度または感情の激しいさまを意味するので〈説明〉を断固たる調子で表現することでその意味を表す。

〈怒(おこ)る②〉

全指を折り曲げた両手を顔の両脇でふるわせながら上にあげる。

〈説明〉

左手のひらを右手で小刻みにたたく。

つよい【強い】3

「急に強い雨が降ってきた」

→〈突然〉+〈雨③〉

例文の「強い雨」は〈雨③〉で表現。〈雨③〉は〈雨①〉を降り方の程度に合わせて強く表現した手話。程度に合わせていろいろな表現が可能。

〈突然〉

両手の親指と人差指で作った丸をぶつけ、左右にぱっと開く。

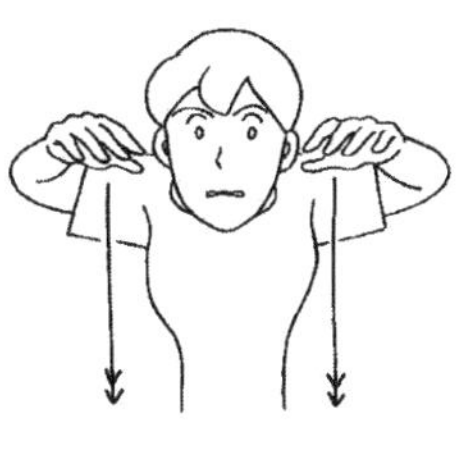

〈雨③〉

指先を前に向けた両手を上から激しく繰り返しおろす。

つよい【強い】4

「強い風で家が倒れる」

→〈風①〉+〈つぶれる②〉

例文の「強い風」は〈風①〉で表現。〈風①〉の吹き方にはいろいろあり、それに合わせていろいろな表現が可能。この〈風①〉は強い風の吹き方。

〈風①〉

右手で風を送る。

〈つぶれる②〉

両手の屋根形を斜め前に倒すようにする。

つよい【強い】5

「地震に強い(建物)」

→〈地震〉+〈固い①〉
(または〈固い③〉+〈ビル①〉)

例文の「強い」はじょうぶの意味なので〈固い①〉または〈固い③〉で表現。いずれもしっかりしていてつぶれない固さを表す。

〈地震〉

指先を前に向けた両手のひらを並べて同時に前後に揺らす。

〈固い①〉

軽く曲げた右手3指を振りおろして止める。

つよい【強い】6

「数字に強い」

→(〈算数〉または)
〈計算〉+〈得意〉

例文の「強い」は得意の意味なので〈得意〉で表現。〈得意〉は鼻が高いさまで「得意」「得手」「達者」などの意味を表す。

〈計算〉

左手の指先の方向に右手4指を滑らせるように右へ動かす。

〈得意〉

親指と小指を立てた右手の親指を鼻に当て、斜め上に出す。

つらい【辛い】1

「仕事がつらい」

→〈仕事〉+〈厳しい〉

例文の「つらい」はがまんできないくらい苦しい意味で〈厳しい〉で表現。〈厳しい〉は手をつねるさまで厳しさ、つらさを表す。

〈仕事〉

手のひらを上に向け、向かい合わせた両手指先を繰り返しつき合わせる。

〈厳しい〉

左手甲を右手の親指と人差指でつねるようにする。

つらい【辛い】2

「子供につらく当たる」

→〈子供①〉+〈いじめる〉

例文の「つらく当たる」は冷たく、意地悪くする意味で〈いじめる〉で表現。〈いじめる〉は人に見立てた親指をつつくさまで「いじめ」を表す。

〈子供①〉

両手のひらを前に向けて、あやすように左右に振る。

〈いじめる〉

左親指を右手の親指と人差指で上からつつくようにする。

つらい【辛い】3

「つらい立場にある」

→〈せっぱつまる〉+〈立つ〉

例文の「つらい」はどうしようもない大変な意味で〈せっぱつまる〉で表現。〈せっぱつまる〉は刀が抜くに抜けないさまで困りきったさま。

〈せっぱつまる〉

両こぶしを上下に重ね、ややずらし、左右にふるわせる。

〈立つ〉

左手のひらの上に右手２指を立てる。

つらぬく【貫く】1

「的を貫く」

→〈目的①〉

例文の「貫く」は的を射通す意味なので〈目的①〉で表現。左手を的、右手を矢に見立て、的に当たるさまで「目的」「当てる」などの意味。

〈目的①〉

左こぶしの親指側に右人差指を当てる。

つらぬく【貫く】2

「町を貫く(道路)」

→〈町①〉+〈中央〉
(+〈道①〉)

例文の「貫く」は町のまん中を通る意味で〈中央〉で表現。〈中央〉は漢字の「中」を表す。

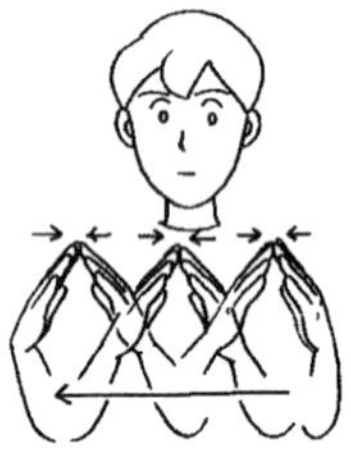

〈町①〉

両手で屋根形を作りながら左から右へ動かす。

〈中央〉

左手の親指と人差指と右人差指で「中」の字形を作り、人差指を下におろす。

つらぬく【貫く】3

「考えを貫く」

→〈考える〉+〈まっすぐ②〉

例文の「貫く」は最後までやりとげる意味なので〈まっすぐ②〉で表現。前方へまっすぐに進むさまで貫き通す意味を表す。

〈考える〉

右人差指を頭にねじこむようにする。

〈まっすぐ②〉

左手のひらの上に右手をのせて前にまっすぐ出す。

つり【釣り】

「魚釣り」
→〈魚(さかな)①〉+〈釣り〉

「釣り」は魚釣りの意味で〈釣り〉で表現。人差指を釣りざおに見立て釣るさまで「魚釣り」「魚を釣る」などの意味を表す。

〈魚(さかな)①〉
右手をひらひらさせながら左に向けて動かす。

〈釣り〉
両手の人差指を前後につなぐようにしてそのまま手前に起こす。

つりあい【釣り合い】1

「つりあいを保つ」
→〈操る①〉+〈維持〉

例文の「つりあい」はバランスの意味で〈操る①〉で表現。〈操る①〉は「つりあい」「操る」「バランス」などの意味を表す。

〈操る①〉
両手のつまんだ親指と人差指を交互に上下させる。

〈維持〉
左手甲の上で右手の親指と4指を閉じたり開いたりしながら前に出す。

つりあい【釣り合い】2

「つりあいがとれる」
→〈操る①〉+〈合う①〉

例文の「つりあいがとれる」はバランスがとれる意味で〈操る①〉+〈合う①〉で表現。〈操る①〉は「つりあい」「操る」「バランス」の意味。

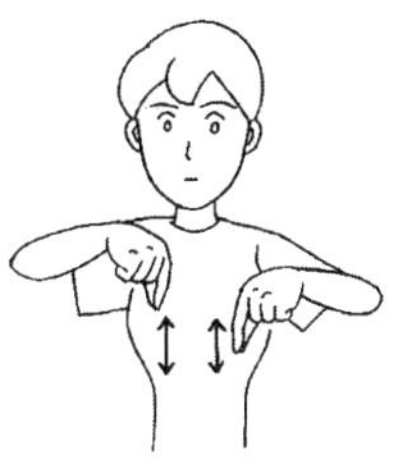

〈操る①〉
親指と人差指でひもを持つように交互に上下させる。

〈合う①〉
左人差指の先に右人差指の先を当てる。

つる【釣る】1

「魚を釣る」
→〈魚(さかな)①〉+〈釣り〉

例文の「釣る」は〈釣り〉で表現。〈釣り〉は釣ざおで魚を釣るさまで「釣り」「釣る」などの意味を表す。

〈魚(さかな)①〉
右手をひらひらさせながら左に向けて動かす。

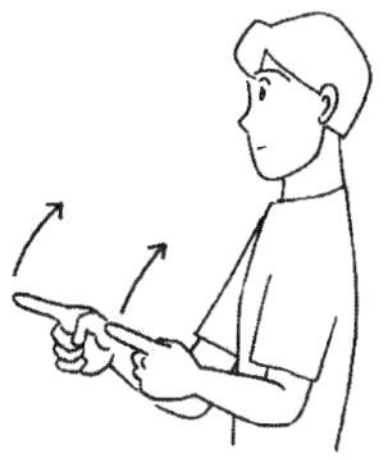

〈釣り〉
両手の人差指を前後につなぐようにしてそのまま手前に起こす。

つる【釣る】2

「魚を釣りあげる」
→〈釣りあげる〉

例文は魚を釣針で釣りあげることなので〈釣りあげる〉で表現。手話は魚の口元に針がかかり、それを引きあげるさまを表す。

〈釣りあげる〉
左手指先を右に向けて揺らしながら進め、右人差指をかぎ状にする。

右人差指をかぎ状にして左手を引きあげるようにする。

つる【釣る】3

「(甘い)言葉に釣られる」
→(〈上手(じょうず)〉+)
〈説明される〉+〈釣られる〉

例文の「釣られる」はうまいことを言われて相手の思い通りになる意味で〈釣られる〉で表現。釣針にかかったさまで「だまされる」などの意味。

〈説明される〉
左手のひらの上を指先を手前に向けた右手で小刻みにたたく。

〈釣られる〉
右手人差指をかぎ状にして、口元から釣り上げられるようにする。

ツル【鶴】1

「鶴」

→〈鶴〉

例文の「鶴」は〈鶴〉で表現。〈鶴〉は鶴の長い口ばしを表す。

〈鶴〉

右手の親指と人差指を口元から前に出しながら閉じる。

ツル【鶴】2

「鶴の一声（で決める）」

→〈強い①〉＋〈命じる〉
（＋〈決める①〉）

例文の「鶴の一声」はその一言ですべてが決まるような強い指示、命令の意味なので〈強い①〉＋〈命じる〉で表現する。

〈強い①〉

こぶしを握った右腕を曲げて力こぶを作るようにする。

〈命じる〉

右人差指を口元から下にまっすぐ伸ばす。

つれる【連れる】

「子供を連れる」

→〈子供①〉（または〈子供②〉）＋
〈連れる〉

例文の「連れる」は〈連れる〉で表現。〈連れる〉は手を引いて行くさまを表す。

〈子供①〉

両手のひらを前方に向け、軽く振る。

〈連れる〉

右こぶしを右から左に弧を描きながら移す。

て

〈テ〉

手のひらを前に向けて示す。

て【手】1

「手にけがをする」

→〈手〉＋〈傷②〉

例文の「手」は手をさし示す〈手〉で表現。「手」「頭」など体の部位を表す手話は自分の体のその部位をさして表現することが多い。

〈手〉

左手甲を右手で軽くふれる。

〈傷②〉

左手甲から指先に沿って右人差指先で引くように切る。

て【手】2

「手があがる」

→〈腕〉＋〈あがる⑦〉

例文の「手があがる」は書道などで腕前があがる意味なので〈腕〉＋〈あがる⑦〉で表現。〈あがる⑦〉は技術などが上達するさまを表す。

〈腕〉

左腕を右手でぽんとたたく。

〈あがる⑦〉

左腕の上で指文字〈コ〉を示した右手を順に上にあげる。

て【手】3

「その手に乗らない」

→〈それ〉+〈疑う〉

例文の「その手に乗らない」はその計略にひっかからない意味で〈それ〉+〈疑う〉で表現。

〈それ〉

やや斜め下をさす。

〈疑う〉

右手の親指と人差指をあごに当てる。

て【手】4

「いい手(を考える)」

→〈良い〉+〈方法〉
(+〈考える〉)

例文の「手」は方法の意味で〈方法〉で表現。〈方法〉は手を示すさまで「手」「方法」「手段」「手だて」などの意味を表す。

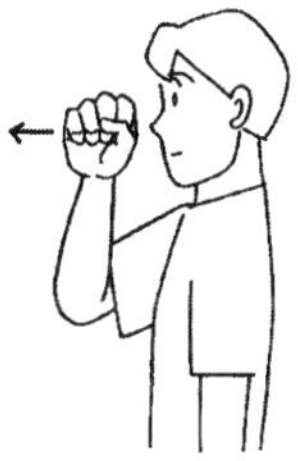

〈良い〉

右こぶしを鼻から前に出す。

〈方法〉

左手甲を右手のひらで軽くたたく。

て【手】5

「仕事で手を抜く」

→〈仕事〉+〈削る②〉

例文の「手を抜く」はいいかげんな仕事をする意味で〈削る②〉で表現。仕事の手順や手間を削りはぶくさまを表す。

〈仕事〉

手のひらを上に向け、向かい合わせた両手指先を繰り返しつき合わせる。

〈削る②〉

左手のひらを右手のひらで削り落とすようにする。

て【手】6

「手が足りない」

→〈人〉+〈貧しい①〉

例文の「手」は働く人、人手の意味なので〈人〉で表現。〈人〉は漢字「人」を空書して表す。

〈人〉

人差指で「人」の字を空書する。

〈貧しい①〉

右手親指をあごに当てる。

て【手】7

「大金を手に入れる」

→〈高い①〉+〈もうける②〉

例文の「手に入れる」はお金を自分のものにする、もうける意味で〈もうける②〉で表現。〈もうける②〉はものをごっそり手に入れるさま。

〈高い①〉

親指と人差指で作った丸を上にあげる。

〈もうける②〉

両手のひらを上下に向かい合わせて手前にすばやく引きあげる。

て【手】8

「(珍しい)本を手に入れる」

→(〈珍しい②〉+)
〈本〉+〈買う〉

例文の「手に入れる」は買って自分のものにする意味で〈買う〉で表現。〈買う〉はお金を払ってものを手に入れるさまで「買う」の意味。

〈本〉

両手のひらを合わせて本を開くように左右に開く。

〈買う〉

右手の親指と人差指で作った丸を前に出すと同時に左手のひらを手前に引き寄せる。

て

て【手】9

「この手の物(が少ない)」

→〈これ〉+〈同じ①〉
(+〈少し〉)

例文の「この手の物」はこれと同じ種類の物の意味なので〈これ〉+〈同じ①〉で表現。〈同じ①〉は二つの物がそろうさまを表す。

〈これ〉
斜め下を指さす。

〈同じ①〉
両手の親指と人差指の先を上に向けて閉じたり開いたりする。

て【手】10

「家から火の手があがる」

→〈家〉+〈火柱〉

例文の「火の手があがる」は火が出る、火事になる意味なので〈火柱〉で表現。〈火柱〉は火の手があがるさまを表す。

〈家〉
両手で屋根形を作る。

〈火柱〉
指先を上に向けて揺らしながら上にあげる。

て【手】11

「仲間と手を切る」

→〈仲間〉+〈たもとを分かつ②〉
(または〈たもとを分かつ①〉)

例文の「手を切る」は関係を断つ意味で〈たもとを分かつ①〉または〈たもとを分かつ②〉で表現。手話はどちらも縁を切るさまを表す。

〈仲間〉
両手を握り、水平に回す。

〈たもとを分かつ②〉
左下腕に添って右手で切るようにする。

て【手】12

「語り手」

→〈説明〉+〈男〉

例文の「手」は〜する人の意味で〈男〉で表現。語り手が女性であることを強調したい場合は〈女〉を使うこともある。

〈説明〉
左手のひらを右手で小刻みにたたく。

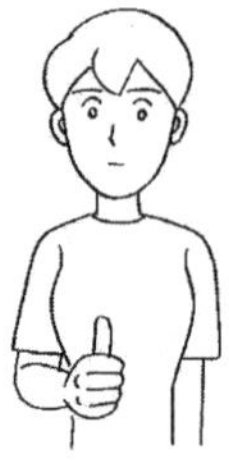

〈男〉
親指を立てた右手を出す。

て【手】13

「彼には手がつけられない」

→〈彼〉+〈お手あげ〉

例文の「手がつけられない」はどうにもすることができない意味なので〈お手あげ〉で表現。〈お手あげ〉はばんざいで往生するさまを表す。

〈彼〉
左親指を右人差指でさす。

〈お手あげ〉
両手を上にあげる。

て【手】14

「手に負えない」

→〈降参〉
または〈お手あげ〉

例文の「手に負えない」は自分の力ではどうにもできない意味なので〈降参〉または〈お手あげ〉で表現。〈降参〉はかぶとを脱ぐさまを表す。

〈降参〉
頭の横に親指と人差指を当て、前におろす。

〈お手あげ〉
両手を上にあげる。

て【手】15

「手も足も出ない」

→〈すべて〉+〈できない〉
（または〈せっぱつまる〉）

「手も足も出ない」は力が足りなくて全くどうすることもできない、かなわない意味なので〈すべて〉+〈できない〉または〈せっぱつまる〉で表現。

〈すべて〉

両手で上から下に円を描く。

〈できない〉

両こぶしを握り、手首を交差させて左右にぱっと開く。

て【手】16

「手を替え品を替え」

→〈方法〉+〈いろいろ〉

例文の「手をかえ品をかえ」はあれこれとやりかたを変える意味なので〈方法〉+〈いろいろ〉で表現。いろいろの方法でするという意味。

〈方法〉

左手甲を右手のひらで軽くたたく。

〈いろいろ〉

親指と人差指を立てた右手をひねりながら右へやる。

て【手】17

「手を出す」

→〈干渉〉

例文の「手を出す」は口出しをする、干渉するの意味なので〈干渉〉で表現。〈干渉〉は手出しするさまで〈干渉〉の意味を表す。

〈干渉〉

右手を左手甲にふれて前に出す。

て【手】18

「株に手を出す」

→〈株〉+〈買う〉

例文の「手を出す」は買う意味なので〈買う〉で表現。〈買う〉はお金を払ってものを手に入れるさまで「買う」の意味を表す。

〈株〉

両こぶしを合わせて、前後にちぎるようにする。

〈買う〉

右手の親指と人差指で作った丸を前に出すと同時に左手のひらを手前に引き寄せる。

て【手】19

「（商売から）手を引く」

→（〈商売〉+）
〈とめる〉
または〈遠慮〉

例文の「手を引く」は関係していたことをやめる意味なので〈とめる〉または〈遠慮〉で表現。〈とめる〉はものごとの関係を断つさまを表す。

〈とめる〉

左手のひらの上に右手を振りおろす。

〈遠慮〉

向かい合わせた両手を同時に手前に引く。

て【手】20

「手を焼く」

→〈降参〉
または〈お手あげ〉

例文の「手を焼く」はうまく対処できなくて困る意味なので〈降参〉または〈お手あげ〉で表現。手話はどちらも困り切るさまを表す。

〈降参〉

頭の横に親指と人差指を当て、前におろす。

〈お手あげ〉

両手を上にあげる。

て

であう【出会う】1

「道で出会う」

→〈道②〉+〈会う②〉

例文の「出会う」は人と会うことなので〈会う②〉で表現。〈会う②〉は人に見立てた人差指同士が出会うさまを表す。

〈道②〉

両手を向かい合わせて左右に揺らしながら前に出す。

〈会う②〉

人差指を立てた両手を前後に向かい合わせて当てる。

であう【出会う】2

「ばったり出会う」

→〈会う③〉

例文の「ばったり出会う」は〈会う③〉で表現。〈会う③〉は勢いよくぶつけることで突然出会うという意味を表す。

〈会う③〉

人差指を立てた両手を前後から近づけて勢いよくぶつけてあげる。

であう【出会う】3

「(さまざまな)問題に出会う」

→(〈いろいろ〉+)〈問題〉+〈現れる〉

例文の「出会う」はさまざまな問題が出てくることなので〈現れる〉で表現。〈現れる〉は現れ出るさまを表す。

〈問題〉

両手の親指と人差指をつまみ「 ┐を描く。

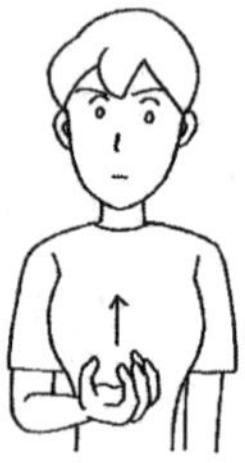

〈現れる〉

全指を曲げた右手のひらを上に向けてあげる。

てあて【手当】1

「(家族)手当」

→(〈家族〉+)〈手〉+〈金(かね)①〉

例文の「手当」は支給されるお金の意味なので〈手〉+〈金(かね)①〉で表現する。

〈手〉

左手甲を右手のひらでふれる。

〈金(かね)①〉

右手の親指と人差指で作った丸を示す。

てあて【手当】2

「(応急)手当て」

→(〈はやい①〉+)〈手〉+〈世話〉

例文の「手当て」は病気やけがなどの処置の意味なので〈手〉+〈世話〉で表現。

〈手〉

左手甲を右手のひらでふれる。

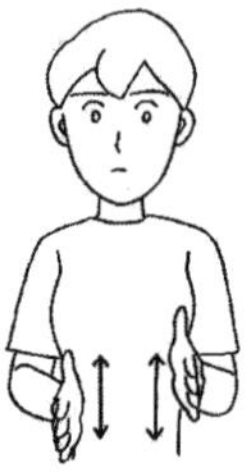

〈世話〉

指先を前に向け、手のひらを向かい合わせた両手を交互に上下させる。

てあらい【手洗い】

「手洗い」

→〈手洗い〉

「手洗い」は手を洗うことまたはトイレの意味で〈手洗い〉で表現。〈手洗い〉は手を洗うさまで「手を洗う」「手洗い」「トイレ」などの意味。

〈手洗い〉

両手で手を洗うようにする。

ていあん【提案】

「提案する」

→〈考える〉+〈申し込む〉

「提案」は会議などに自分の考えを出す意味なので〈考える〉+〈申し込む〉で表現。〈考える〉はここでは「案」「構想」などの意味。

〈考える〉

右人差指を頭にねじこむようにする。

〈申し込む〉

左手のひらの上に右人差指をのせて前に出す。

ティーシャツ【Tシャツ】

「Tシャツ」

→〈T〉+〈シャツ〉

「Tシャツ」はそでを広げた形がT字形の丸首の半そでシャツ。〈T〉+〈シャツ〉で表現。〈T〉はアルファベット「T」を表す。

〈T〉

両手の人差指で「T」を示す。

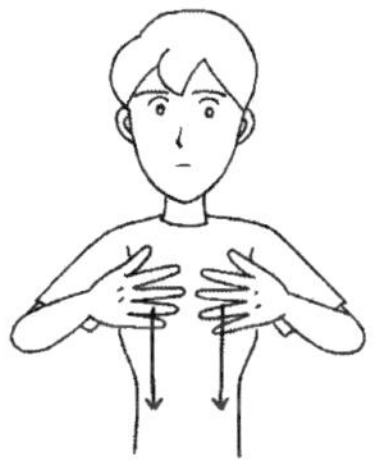

〈シャツ〉

両手のひらを胸に当てて下におろす。

ディーブイディー【DVD】

「DVDに録画する」

→〈DVD〉+〈録画〉

「DVD」は〈DVD〉で表現。〈DVD〉は左手が「V」、両手で「D」を作り、回転して表す。

〈DVD〉

親指と人差指で半円を作った右手を左指文字〈V〉の人差指につけ、一回転させる。

〈録画〉

四角を示した左手に右手の親指と４指を繰り返し閉じながら近づける。

ていいん【定員】1

「定員(五人)」

→〈定まる〉+〈人々①〉
(+〈五人〉)

「定員」は２種類の表現がある。ひとつは〈定まる〉+〈人々①〉で表現。手話はこの人数に決まっているという意味を表す。

〈定まる〉

両手指を曲げて上下に組み合わす。

〈人々①〉

親指と小指を立てた両手を揺らしながら左右に開く。

ていいん【定員】2

「定員五人」

→〈定員〉+〈五人〉

もうひとつは〈定員〉で表現。〈定員〉は〈最高〉と〈人々②〉を組み合わせた「定員」を表す新しい手話。

〈定員〉

左手のひらを下に向けて、親指と小指を立てた右手を下から当てる。

〈五人〉

左手で指文字〈５〉を示し、その下に右手で「人」を書く。

ていか【低下】1

「力が低下する」

→〈力〉+〈さがる②〉

例文の「低下」は程度が悪くなる意味で〈さがる②〉で表現。〈さがる②〉は力や能力が低下するさまで「さがる」「低下する」意味を表す。

〈力〉

こぶしを握った左腕を曲げ、上腕に右人差指で力こぶを描く。

〈さがる②〉

指文字〈コ〉を示した右手を右上から左下におろす。

ていか【低下】2

「気温が低下する」

→〈温度〉+〈寒い〉

例文の「低下する」は温度が低くなる意味なので〈寒い〉で表現。〈寒い〉はふるえるさまを表す。

〈温度〉

指先を上に向けた左手のひらの横で人差指を立てた右手を上下させる。

〈寒い〉

両こぶしを握り、左右にふるわせる。

ていか【定価】

「定価(千円)」

→〈定まる〉+〈金(かね)①〉(+〈千円〉)

「定価」は公表された販売価格のことで〈定まる〉+〈金(かね)①〉で表現。

〈定まる〉

両手指を曲げて上下に組み合わす。

〈金(かね)①〉

右手の親指と人差指で作った丸を示す。

ていかん【定款】

「法人の定款」

→〈法人①〉(または〈法人②〉)+〈定款〉

例文の「定款」は〈定款〉で表現。〈定款〉は〈規則〉を立てて表す新しい手話。

〈法人①〉

左手のひらに右4指を突き立てる。

〈定款〉

手のひらを前方に向けて立てた左手に、2指を曲げた右手を打ちつける。

ていき【定期】1

「定期預金」

→〈定まる〉+〈貯金〉

例文の「定期預金」は銀行に一定の期間あずける預金なので〈定まる〉+〈預金〉で表現。〈定まる〉は「定まる」「定める」「定期」の意味。

〈定まる〉

両手指を曲げて上下に組み合わす。

〈貯金〉

左手のひらの上に右こぶしの小指側で判をつくように当てながら前に出す。

ていき【定期】2

「定期便」

→〈定まる〉+〈飛行機①〉(または〈飛行機②〉または〈船〉)

例文の「定期便」は一定の区間を定まった時と時間で結ぶ交通機関なので〈定まる〉+〈飛行機①〉または〈船〉で表現。

〈定まる〉

両手指を曲げて上下に組み合わす。

〈飛行機①〉

親指と小指を出した右手を飛び出すように斜め上にあげる。

ていき【定期】3

「電車の定期券」

→〈電車〉+〈定期券〉

例文の「定期券」は一定の区間を乗り降りするために一定期間を区切って購入する乗車券で〈定期券〉で表現。定期券を胸から出して示すさま。

〈電車〉

折り曲げた右手2指を左手2指に沿って前に動かす。

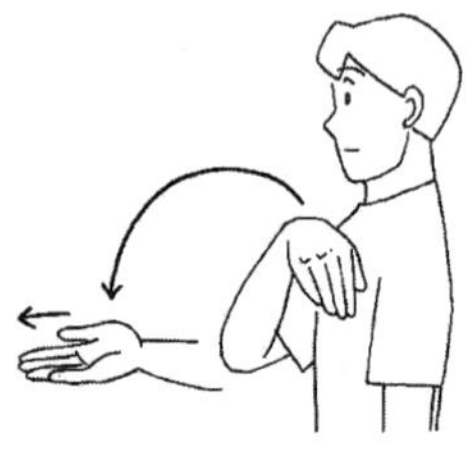

〈定期券〉

左胸から右手を取り出して前に出す。

ていきあつ【低気圧】

「(日本は)
低気圧(に覆われている)」

→(〈日本〉+)〈気圧〉+〈低い⑥〉
(+〈みんな〉)

「低気圧」は〈気圧〉+〈低い⑥〉で表現。

〈気圧〉

手のひらを右に向けて立てた左手の横で指文字〈コ〉の右手を上下させる。

〈低い⑥〉

〈気圧〉の左手を残したまま指文字〈コ〉の右手をさげる。

ていきゅう【定休】

「(木曜日は)定休日です」

→(〈木〉+)
〈定まる〉+〈休む①〉

「定休日」は年間を通じて休業を定めた日のことで〈定まる〉+〈休む①〉で表現。手話は定期的な休みの日を意味する。

〈定まる〉

両手指を曲げて上下に組み合わす。

〈休む①〉

手のひらを下にした両手を左右から閉じる。

ていきゅう【庭球】

「庭球部」

→〈テニス〉+〈グループ〉

「庭球」はテニスの意味なので〈テニス〉で表現。〈テニス〉はラケットを振るさまを表す。

〈テニス〉

右手でラケットを握って左右から振るようにする。

〈グループ〉

指先を上に向けた両手で水平に手前に円を描く。

ていきょう【提供】

「情報を提供する」

→〈情報②〉+〈提供〉

例文の「提供」は相手に与える意味なので〈提供〉で表現。〈提供〉は〈与える②〉などと区別した「提供」を意味する新しい手話。

〈情報②〉

親指と4指を開いた右手を繰り返し耳に近づけながら閉じる。

〈提供〉

両手のひらを重ね、右手を前に出す。

ていけつあつ【低血圧】

「低血圧」

→〈血圧〉+〈血圧が低い〉

「低血圧」は血圧が低いことで〈血圧〉+〈血圧が低い〉で表現。〈血圧が低い〉は〈血圧〉に続いて表現し、血圧の低いさまを表す。

〈血圧〉

左腕の上で、右手を上下させる。

〈血圧が低い〉

左腕の上で指文字〈コ〉を示した右手をさげる。

ていこう【抵抗】1

「暴力に抵抗する」

→〈なぐる②〉+〈断る〉

例文の「抵抗」は外からの力にさからう意味で〈断る〉で表現。〈断る〉は受け付けないさまで「断る」「抵抗」「拒絶」「拒否」などの意味。

〈なぐる②〉

両手のこぶしで交互になぐるようにする。

〈断る〉

左指先を手前に向け、右手のひらで押し返す。

ていこう【抵抗】2

「抵抗を受ける」

→〈断られる〉

例文の「抵抗を受ける」は〈断られる〉で表現。〈断られる〉は受け付けられないさまで「断られる」「拒絶される」「拒否される」などの意味。

〈断られる〉

右指先を前に向け、左手のひらで受け止めて手前に押し返す。

ていこう【抵抗】3

「(彼の)
考えには抵抗を感じる」

→(〈彼〉+)
〈考える〉+〈そぐわない〉

例文の「抵抗」は気持ちの上ですなおに従えない意味なので〈そぐわない〉で表現。〈そぐわない〉はそりが合わないさまを表す。

〈考える〉

右人差指を頭にねじこむようにする。

〈そぐわない〉

両手の指背側を合わせて、上下にこすり合わせる。

デイサービス

「デイサービス」

→〈一日②〉+〈世話〉

「デイサービス」は〈一日②〉+〈世話〉で表現。〈一日②〉は太陽が東から西に動くさま、〈世話〉はあれこれと世話を焼くさまを表す。

〈一日②〉

右人差指を左胸に当て、弧を描いて右胸に移す。

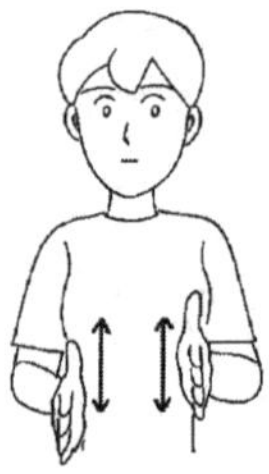

〈世話〉

指先を前に向け、手のひらを向かい合わせた両手を交互に上下させる。

ていし【停止】1

「車が停止する」

→〈運転〉+〈とまる③〉

例文の「停止する」は停車することなので〈とまる③〉で表現。〈とまる③〉は車がとまるさまで「(車が)停止する」「停車する」の意味を表す。

〈運転〉

ハンドルを両手で握り、回すようにする。

〈とまる③〉

左手のひらに「コ」の字形にした右手をぽんとのせる。

ていし【停止】2

「機械が停止する」

→〈機械〉+〈とまる②〉

例文の「(機械が)停止」は〈とまる②〉で表現。〈とまる②〉はピストンが止まるさまで「(機械が)停止する、とまる」の意味を表す。

〈機械〉

両手2指を前方に向け、交互に前に回転させる。

〈とまる②〉

両手の2指を向かい合わせて回し、途中でとめる。

ていし【停止】3

「営業停止」

→〈商売〉+〈とめる〉

例文の「営業停止」は商売、営業を一時やめさせる意味なので〈商売〉+〈とめる〉で表現。〈とめる〉の強い表現で命令の意味を表す。

〈商売〉

両手の親指と人差指で作った丸を交互に前後させる。

〈とめる〉

左手のひらの上に右手を振りおろす。

ていじ【提示】1

「(学生)証を提示する」

→(〈学生①〉または〈学生②〉+)〈証拠〉+〈差し出す〉

例文の「提示」は見えるように差し出す意味なので〈差し出す〉で表現。〈差し出す〉は持っているものを差し出すさまで「提示」「差し出す」意味。

〈証拠〉

左手のひらの上に指先を折り曲げた右手を判を押すようにのせる。

〈差し出す〉

左手のひらを前に差し出す。

ていじ【提示】2

「問題を提示する」

→〈問題〉+〈申し込む〉

例文の「提示」は問題を示す意味なので〈申し込む〉で表現。〈申し込む〉は文書を差し出すさまで「提示」「申し込む」の意味を表す。

〈問題〉

両手の親指と人差指をつまみ「 ┐を描く。

〈申し込む〉

左手のひらの上に右人差指をのせて前に出す。

ていしゃ【停車】1

「車が停車する」

→〈運転〉+〈とまる③〉

例文の「(車が)停車する」は〈とまる③〉で表現。〈とまる③〉は車が停止するさまで「(車が)停止する」「とまる」などの意味を表す。

〈運転〉

ハンドルを両手で握り、回すようにする。

〈とまる③〉

左手のひらに「コ」の字形にした右手をぽんとのせる。

ていしゃ【停車】2

「電車が停車する」

→〈電車〉+〈とまる①〉

例文の「(電車が)停車」は〈とまる①〉で表現。〈とまる①〉は動いていたものが停止するさまで「(電車が)停止する」「とまる」の意味。

〈電車〉

折り曲げた右手2指を左手2指に沿って前に動かす。

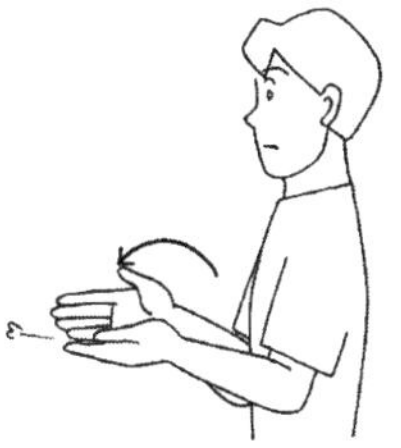

〈とまる①〉

左手のひらの上に右手をぽんとのせる。

ていしゅ【亭主】1

「うちの亭主」

→〈私①〉+〈夫(おっと)〉

例文の「亭主」は夫の意味なので〈夫〉で表現。〈夫婦〉を示し、次いで〈男〉を示すことで「夫」の意味になる。

〈私①〉

人差指で胸を指さす。

〈夫(おっと)〉

左小指に添わせた右親指を前に出す。

ていしゅ【亭主】2

「亭主関白」

→〈亭主関白〉

「亭主関白」は夫婦のうち男性上位の意味なので〈亭主関白〉で表現。〈亭主関白〉は〈女〉の上に〈男〉が乗るさまで男性上位を表す。

〈亭主関白〉

左小指を親指を立てた右ひじで押しつぶすようにする。

ていしゅつ【提出】

「（書類を）提出する」

→（〈四角①〉＋）
〈与える①〉
または〈差し出す〉

「提出」は文書を差し出す意味なので〈与える①〉または〈差し出す〉で表現。いずれも提出するさまを表す。

〈与える①〉
両手のひらを上に向け並べて前に差し出す。

〈差し出す〉
右手のひらを前に差し出す。

ていしょく【定食】

「（テンプラ）定食」

→（〈テンプラ〉＋）
〈定まる〉＋〈食べる①〉

「定食」は一定の料理がワンセットになっていることで〈定まる〉＋〈食べる①〉で表現。

〈定まる〉
両手指を曲げて上下に組み合わす。

〈食べる①〉
左手のひらの上を右手ですくって食べるようにする。

ていせい【訂正】

「まちがいを訂正する」

→〈まちがう②〉＋〈直す〉

「訂正」はまちがいを直す意味なので〈直す〉で表現。〈直す〉は「直す」「訂正」「修正」「修理」などの意味がある。

〈まちがう②〉
つまんだ両手を目の前に置き、交差させる。

〈直す〉
人差指を立てた両手を繰り返し交差させる。

ていちゃく【定着】1

「京都に定着する」

→〈京都〉＋〈維持〉

例文の「定着」はある所にとどまって動かない意味なので〈維持〉で表現。〈維持〉は習慣化されたものがそのまま保たれているさまを表す。

〈京都〉
親指と人差指を立てた両手を下に向け、２回おろす。

〈維持〉
左手甲の上で右手の親指と４指を閉じたり開いたりしながら前に出す。

ていちゃく【定着】2

「考えが定着する」

→〈考える〉＋〈習慣〉

例文の「定着」は考えが広く認められて決まったものになる意味なので〈習慣〉で表現。〈習慣〉は身につくさまを表す。

〈考える〉
右人差指を頭にねじこむようにする。

〈習慣〉
左手甲に指を半開きにした右手甲をつけ、前に出しながら握る。

ティッシュ

「ティッシュで鼻をかむ」

→〈ティッシュ〉＋〈ちり紙〉

「ティッシュ」は鼻紙、ちり紙のことで〈ティッシュ〉で表現。〈ティッシュ〉はティッシュを箱からつまみ出すさまを表す。

〈ティッシュ〉
左手の親指と４指で囲んだ中を右手の親指と人差指でつまみあげるようにする。

〈ちり紙〉
両手のひらで鼻をかむようにする。

ていでん【停電】1

「停電で真っ暗」

→〈消える②〉+〈暗い〉

例文の「停電」は電灯が消える意味で〈消える②〉で表現。〈消える②〉は今までついていた明かりが消えるさまを表す。

〈消える②〉

半開きにした両手のひらを上にあげながら握る。

〈暗い〉

両手のひらを前に向けた両腕を目の前で交差させる。

ていでん【停電】2

「停電で(電車がとまる)」

→〈電気〉+〈消える②〉
(+〈とまる①〉)

例文の「停電」は送電が一時とまる意味なので〈電気〉+〈消える②〉で表現。手話は電気が消える、停電を表す。

〈電気〉

親指と中指を向かい合わせ、繰り返しはじく。

〈消える②〉

軽く開いた両手をすばやく上に上げながらぱっと握る。

ていど【程度】1

「程度が高い」

→〈レベル〉+〈高い③〉

例文の「程度」は度合い、レベルの意味で〈レベル〉で表現。〈レベル〉は一定の線を示すさまで「程度」「レベル」「ランク」を表す。

〈レベル〉

右手指先を前に向け、胸の高さで手のひらを下に向けて水平に右へ動かす。

〈高い③〉

指文字〈コ〉を示した右手を上にあげる。

ていど【程度】2

「程度が違う」

→〈レベル〉+〈差〉

例文の「程度が違う」はレベルに差がある意味なので〈レベル〉+〈差〉で表現。〈差〉はレベルに差があるさまを表す。

〈レベル〉

右手指先を前に向け、胸の高さで手のひらを下に向けて水平に右へ動かす。

〈差〉

両手のひらを下に向けて上下に離す。

ていど【程度】3

「百人程度」

→〈百人〉+〈くらい①〉

例文の「程度」はおよその意味なので〈くらい①〉で表現。〈くらい①〉はある範囲の幅を示すさまで「程度」「くらい」などの意味を表す。

〈百人〉

左手で〈百〉を示し、右手で「人」を書く。

〈くらい①〉

右手指先を前に向け左右に小さく振る。

ていど【程度】4

「程度の低い冗談」

→〈くだらない〉+〈冗談〉

例文の「程度の低い」はくだらない意味なので〈くだらない〉で表現。〈くだらない〉は「くだらない」「品がない」の意味を表す。

〈くだらない〉

右人差指を伸ばし下からあげて左手のひらに打ちつける。

〈冗談〉

両手指先を軽く開いて上下に置き、手首をぶらぶらさせる。

ていねい【丁寧】1

「丁寧に作る」

→〈丁寧〉+〈作る〉

例文の「丁寧」は注意が行き届いている意味なので〈丁寧〉で表現。〈丁寧〉はポマードで髪をなでつけるさまで「丁寧」「入念」の意味。

〈丁寧〉

両手のひらで交互に髪をなでつける。

〈作る〉

両手のこぶしを上下に打ちつける。

ていねい【丁寧】2

「丁寧に書く」

→〈美しい②〉+〈書く①〉

例文の「丁寧」は正しくきれいの意味なので〈美しい②〉で表現。〈美しい②〉は汚れがなくきれいなさまで「美しい」「きれい」の意味。

〈美しい②〉

左手のひらをなでるように右手のひらを滑らせる。

〈書く①〉

左手のひらに右手の親指と人差指で縦に書くようにする。

ていねん【定年】

「定年(退職)」

→〈年齢〉+〈最高〉
(+〈仕事〉+〈辞(や)める〉)

「定年」は会社などでやめることが決められている年齢なので〈年齢〉+〈最高〉で表現。手話は雇用する最高の年齢を表す。

〈年齢〉

あごの下で右手の指を順に折る。

〈最高〉

手のひらを下に向けた左手に右手指先を突き上げて当てる。

ていばん【定番】

「定番(商品)」

→〈定まる〉+〈相変わらず⑤〉
(+〈商売〉+〈品(ひん)〉)

例文の「定番」は流行に左右されない基本的な商品のことなので〈定まる〉+〈相変わらず⑤〉で表現。

〈定まる〉

両手指を曲げて上下に組み合わせる。

〈相変わらず⑤〉

両手親指と人差指を両肩から閉じたり開いたりしながら斜め下に出す。

ていれい【定例】

「定例会議」

→〈定まる〉+〈相談〉
(または〈会議〉)

「定例」は会を行う日時がいつも決まっている意味なので〈定まる〉で表現。〈定まる〉は取り決められているさまを表す。

〈定まる〉

両手指を曲げて上下に組み合わす。

〈相談〉

親指を立てた両手を軽くぶつけ合う。

データ 1

「データを収集する」

→〈資料〉+〈集める②〉

「データ」は資料の意味なので〈資料〉で表現。〈資料〉は右手指文字〈シ〉で頁をめくるさまを表す。

〈資料〉

左手のひらの上を親指と人差指と中指をすべらせるように繰り返し動かす。

〈集める②〉

全指を折り曲げた両手を熊手のように中央にかき集める。

データ 2

「実験データ」

→〈実験〉+〈データ〉

例文の「データ」は数値などのことなので〈データ〉で表現。〈データ〉は表を表す。

〈実験〉

人差指を出した両手の手首を交差させて、ねじるように揺する。

〈データ〉

手のひらを手前に向け立てた左手に、手のひらを手前に向け寝かせた右手を重ねて右に引く。

テープ 1

「一着でテープを切る」

→〈一番①〉+〈ゴール〉

例文の「テープを切る」は一位でゴールに入る意味なので〈ゴール〉で表現。〈ゴール〉はゴールのテープを切るさまを表す。

〈一番①〉

右人差指を左肩に軽く当てる。

〈ゴール〉

指先を近づけた両手の人差指を胸で左右にぱっと開く。

データ 3

「データ通信」

→〈データ〉+〈通信①〉

例文の「データ」はコンピュータの情報のことで〈データ〉で表現。

〈データ〉

手のひらを手前に向け立てた左手に、手のひらを手前に向け寝かせた右手を重ねて右に引く。

〈通信①〉

両手の人差指の先を近づけて合わせる。

テープ 2

「テープカット」

→〈テープ①〉+〈切る①〉

例文の「テープカット」は式典でテープを切る意味なので〈テープ①〉+〈切る①〉で表現。手話は張られたテープをはさみで切るさまを表す。

〈テープ①〉

テープの幅に合わせるように開いた両手の親指と人差指を左右に引く。

〈切る①〉

右手２指のはさみで切るようにする。

デート

「デートする」

→〈デート①〉
または〈デート②〉

「デート」は男女が約束して会う意味なので〈デート①〉または〈デート②〉で表現。手話はどちらも男女のカップルが並んで歩くさまを表す。

〈デート①〉

右小指と左親指を寄り添わせて前に出す。

〈デート②〉

親指と小指を立てた右手を前に出す。

テープ 3

「テープにとる」

→〈テープ②〉+〈取る③〉

例文の「テープ」は録音テープの意味なので〈テープ②〉の表現。〈テープ②〉は録画（録音）テープが回るさまを表す。

〈テープ②〉

両手の人差指の先を下に向けて回す。

〈取る③〉

左手の親指と人差指で囲んだ中に親指と４指を開いた右手を閉じながら近づける。

テーブル 1

「テーブルにつく」

→〈机〉+〈座る①〉

「テーブル」は〈机〉で表現。〈机〉は足のある机やテーブルのさまを表し「テーブル」「机」「台」の意味。

〈机〉

両手で ┌ ┐ を描くようにする。

〈座る①〉

手のひらを下に向けた左手２指に折り曲げた右手２指を座るようにのせる。

テーブル 2

「テーブルマナー」

→〈ステーキ〉+〈常識〉

「テーブルマナー」は西洋料理の食事の作法の意味なので〈ステーキ〉+〈常識〉で表現。〈常識〉は「道徳」「マナー」「エチケット」の意味。

〈ステーキ〉

左手のフォークで押さえ、右手に握ったナイフで切るように前後に動かす。

〈常識〉

両こぶしの小指側を繰返し打ちつける。

テーマ

「講演のテーマ」

→〈講演〉+〈タイトル〉

例文の「テーマ」は演題の意味なので〈タイトル〉で表現。〈タイトル〉は天井から垂れ幕のさがるさまを表す。

〈講演〉

左手甲の上に右ひじをのせて指先を伸ばして前後に振る。

〈タイトル〉

左手指先を上にし、手のひらを前に向け、右手の親指と人差指を当て下におろす。

ておくれ【手遅れ】

「手遅れ」

→〈手〉+〈遅い③〉

「手遅れ」は既に遅すぎて間に合わないの意味で〈手〉+〈遅い③〉で表現。手話は「手遅れ」を表す慣用的な表現。

〈手〉

左手甲を右手のひらでふれる。

〈遅い③〉

〈手〉の左手を残したまま、右手親指と人差指でゆっくり弧を描く。

ておち【手落ち】

「作業に手落ちがある」

→〈仕事〉+〈手落ち〉

「手落ち」はやり方の不注意による不足や欠点がある意味で〈手落ち〉で表現。〈手落ち〉は欠けているさまで「手落ち」「落ち度」「欠点」の意味。

〈仕事〉

手のひらを上に向け、向かい合わせた両手指先を繰り返しつき合わせる。

〈手落ち〉

両手のひらを手前に向けて重ね、右手を前に倒すように落とす。

でかける【出掛ける】1

「会社に出かける」

→〈会社〉+〈行(い)く④〉

例文の「出かける」は目的に向かって出て行く意味で〈行く④〉で表現。〈行く④〉は人に見立てた親指を前に出して行くさまを表す。

〈会社〉

両手の２指を交互に前後させる。

〈行(い)く④〉

親指を立てた右手を右前へ出す。

でかける【出掛ける】2

「用事で出かける」

→〈必要①〉+〈出る①〉

例文の「出かける」は用事があって家などを出る意味で〈出る①〉で表現。〈出る①〉は家から出るさまを表す。

〈必要①〉

指文字〈コ〉を示した両手を手前に引き寄せる。

〈出る①〉

左手の下から右手をはねあげるように前に出す。

てがみ【手紙】1

「父に手紙を送る」

→〈父〉+〈郵便を出す①〉

例文の「手紙を送る」は郵便で出す意味なので〈郵便を出す①〉で表現。〈郵便を出す①〉は〒マークを作り、〈父〉の位置に出す。

〈父〉

右人差指でほおにふれ、親指を出す。

〈郵便を出す①〉

左手２指と右人差指で〒マークを作り、前に出す。

てがみ【手紙】2

「母が手紙をよこす」

→左〈母〉+〈郵便が来る〉

例文の「手紙をよこす」は郵便が来る意味なので〈郵便が来る〉で表現。〈郵便が来る〉は〈母〉の位置から〒マークが自分のところに来るさまを表す。

左〈母〉

左人差指をほおにふれ、左小指を出す。

〈郵便が来る〉

左手２指と右人差指で〒マークを作り、前から引き寄せる。

てがみ【手紙】3

「手紙を書く」

→〈郵便〉+〈書く①〉

例文の「手紙」は郵便で送るものなので〈郵便〉+〈書く①〉で表現。〈郵便〉は郵便の〒マークを表す。

〈郵便〉

左手２指と右手人差指で〒マークを示す。

〈書く①〉

左手のひらに右手の親指と人差指で縦に書くようにする。

てがみ【手紙】4

「彼との手紙のやりとり」

→〈彼〉+〈郵便を交わす〉

例文の「手紙のやりとり」は互いに郵便を交わすことなので〈郵便を交わす〉で表現。〈郵便を交わす〉は郵便の〒マークの行き来を表す。

〈彼〉

左親指を右人差指でさす。

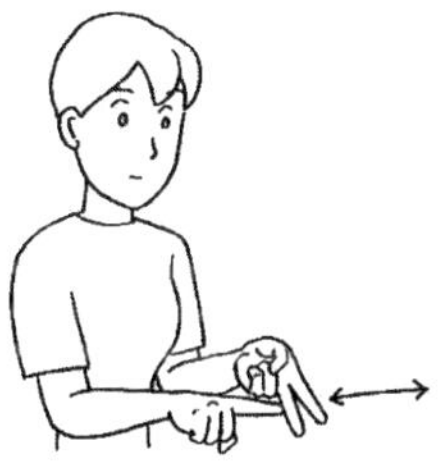

〈郵便を交わす〉

左手２指と右手人差指で〒マークを作り、前後に動かす。

てがる【手軽】

「手軽な料理」

→〈簡単〉+〈料理〉

例文の「手軽」は簡単な意味なので〈簡単〉で表現。〈簡単〉は「手軽」「簡単」「簡易」「容易」などの意味を表す。

〈簡単〉

右人差指をあごに当て、次に左手のひらの上に落とすようにつける。

〈料理〉

左手で押さえ、右手で刻むようにする。

てき

てき【敵】

「敵の攻撃を受ける」

→〈敵〉+〈攻められる〉

「敵」は相いれない対立する相手のことで〈敵〉で表現。〈敵〉は手を結べないそりの合わない相手のさまを表す。

〈敵〉

左手甲に右手甲をぶつける。

〈攻められる〉

全指を手前に向けて近づける。

てき【的】

「科学的」

→〈科学〉+〈合う①〉

「的」は～のようなの意味で〈合う①〉で表現。〈合う①〉はぴったり合うさまで「合う」「～的」「ぴったり」などの意味を表す。

〈科学〉

人差指を立てた右手を上向きに、人差指を立てた左手を右向きにして交差させる。

〈合う①〉

左人差指の先に右人差指の先を当てる。

てきおう【適応】1

「生活に適応する」

→〈生活〉+〈合う③〉

例文の「適応」はまわりの環境に合うように変わる意味なので〈合う③〉で表現。〈合う③〉はそれぞれに適応するさまを表す。

〈生活〉

両手の親指と人差指を向かい合わせて回す。

〈合う③〉

左右で左人差指の先に右人差指の先を当てる。

てきおう【適応】2

「習慣に適応できない」

→〈癖〉+〈そぐわない〉

例文の「適応できない」はなじめない、そぐわない意味なので〈そぐわない〉で表現。〈そぐわない〉はそりが合わないさまを表す。

〈癖〉

左手甲に右手を上からぶつけるようにして握る。

〈そぐわない〉

両手の指背側を合わせて、上下にこすり合わせる。

テキスト

「(手話の)テキスト」

→(〈手話〉+)〈教える①〉+〈本〉

例文の「テキスト」はそれをもとに教える教本、教科書の意味なので〈教える①〉+〈本〉で表現。

〈教える①〉

右人差指を口元付近から手首を軸にして振りおろす。

〈本〉

両手のひらを合わせて本を開くように左右に開く。

てきせい【適性】1

「適性検査」

→〈合う①〉+〈調べる①〉

例文の「適性」はある事に合う性質の意味なので〈合う①〉で表現。〈合う①〉+〈調べる①〉は合うか合わないか調べる意味を表す。

〈合う①〉

左人差指の先に右人差指の先を当てる。

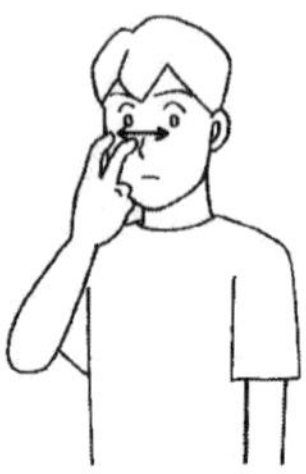

〈調べる①〉

右手の人差指と中指を軽く折り曲げて、目の前を左右に往復させる。

てきせい【適性】2

「仕事の適性に欠ける」
→〈仕事〉+〈合わない〉

例文の「適性に欠ける」はその仕事が向かない、合わない意味なので〈合わない〉で表現。〈合わない〉は一致しないさまを表す。

〈仕事〉
手のひらを上に向け、向かい合わせた両手指先を繰り返しつき合わせる。

〈合わない〉
左人差指の先に右人差指の先を当て、はじくように離す。

てきとう【適当】1

「適当な温度」
→〈温度〉+〈合う①〉

例文の「適当」はちょうどよい意味なので〈合う①〉で表現。〈合う①〉はぴったり合うさまで「合う」「ぴったり」などの意味を表す。

〈温度〉
指先を上に向けた左手のひらの横で人差指を立てた右手を上下させる。温度計を表す。

〈合う①〉
左人差指の先に右人差指の先を当てる。

てきせつ【適切】

「適切な判断をくだす」
→〈正しい〉+〈決める①〉

「適切」はちょうどよい、ぴったりの意味で〈正しい〉で表現。〈正しい〉はまっすぐなさまで「正しい」「適切」「正直」などの意味を表す。

〈正しい〉
親指と人差指をつまみ、胸に当て、右手をあげる。

〈決める①〉
左手のひらに右手2指を軽く打ちつける。

てきとう【適当】2

「適当にあしらう」
→〈適当に〉+〈世話〉

例文の「適当」はいいかげんの意味で〈適当に〉で表現。〈適当に〉は〈合う①〉を繰り返す表現。ただし、表情や表現の仕方に注意する。

〈適当に〉
左人差指の先に右人差指を繰り返し当てる。

〈世話〉
指先を前に向け、手のひらを向かい合わせた両手を交互に上下させる。

てきちゅう【的中】

「予想が的中する」
→〈夢①〉+〈目的①〉

「的中」は的に当たる意味で〈目的①〉で表現。左手が的、右手が矢でそれが当たるさまで「命中」「的（まと）を射る」などの意味を表す。

〈夢①〉
指先を曲げた右手のひらを上に向けて頭から小さく上下させながら上にあげる。

〈目的①〉
左こぶしの親指側に右人差指を当てる。

できもの

「体中にできものができる」
→〈体（からだ）〉+〈できもの〉

「できもの」は体の表面にできるぶつぶつ、腫瘍のことで〈できもの〉で表現。〈できもの〉は体にできるできもののさまを表す。

〈体（からだ）〉
右手を体の上で回す。

〈できもの〉
すぼめた両手を体のあちこちにつける。

できる【出来る】1

「用事ができる」

→〈必要①〉+〈起きる①〉

例文の「できる」はあることが生じる、起きる意味なので〈起きる①〉で表現。〈起きる①〉は物事が生じるさまを表す。

〈必要①〉

指文字〈コ〉を示した両手を手前に引き寄せる。

〈起きる①〉

右人差指をすくうようにあげる。

できる【出来る】2

「（新しい）店ができる」

→（〈新しい〉+）
〈店①〉+〈建てる〉

例文の「できる」は新しく作られる意味で〈建てる〉で表現。〈建てる〉は建物が建つさまで「創立」「設立」などの意味がある。

〈店①〉

両手のひらを上に向けて、左右に開く。

〈建てる〉

両手の屋根形を前から起こす。

できる【出来る】3

「子供ができる」

→〈子供①〉+〈生まれる〉

例文の「できる」は生まれる意味なので〈生まれる〉で表現。〈生まれる〉は腹から生まれるさまで「生まれる」「生む」「誕生」などの意味。

〈子供①〉

両手のひらを前に向けて、あやすように左右に振る。

〈生まれる〉

指先を向かい合わせた両手を腹から前に出す。

できる【出来る】4

「資金ができた」

→〈金がたまる〉+〈た〉

例文の「できた」は完了したの意味なので〈た〉で表現。〈た〉は完了したことを表す手話。手話は必要なお金がたまったという意味を表す。

〈金がたまる〉

左手のひらの上で右手の親指と人差指で作った丸を徐々に上にあげる。

〈た〉

両手のひらを前に向けて倒し、指先を下に向ける。

できる【出来る】5

「宿題ができた」

→〈宿題〉+〈終わる〉

例文の「できる」は仕あがる、終わる意味なので〈終わる〉で表現。〈終わる〉は「終わる」「終了する」の意味を表す。

〈宿題〉

左手屋根形の下で右手の親指と人差指で書くようにする。

〈終わる〉

両手の親指と 4 指を上に向け、閉じながら下にさげる。

できる【出来る】6

「よくできた（人）」

→〈本当〉+〈良い〉
（+〈人〉）

例文の「できた」は人がらなどがりっぱである意味なので〈良い〉で表現。〈良い〉は鼻の高いさまで「良い」意味一般に使われる。

〈本当〉

右手をあごに当てる。

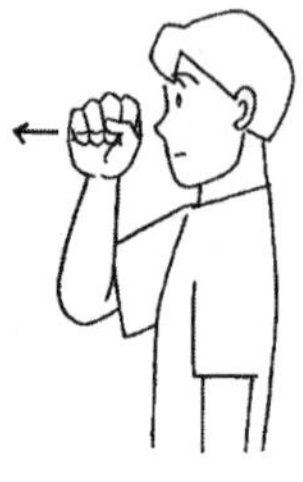

〈良い〉

右こぶしを鼻から前に出す。

できる【出来る】7

「手話がよくできる」

→〈手話〉+〈得意〉

例文の「よくできる」は得意の意味なので〈得意〉で表現。〈得意〉は鼻を高くするさまで「得意」「得手」「達者」などの意味を表す。

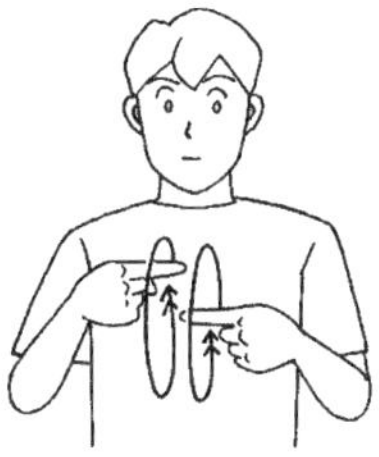

〈手話〉

両手の人差指を向かい合わせて、糸を巻くように回転させる。

〈得意〉

親指と小指を立てた右手の親指を鼻に当て、斜め上に出す。

できる【出来る】10

「できる限り努力します」

→〈最高〉+〈努力〉

例文の「できる限り」は最高の努力をする意味なので〈最高〉で表現。〈最高〉はこれ以上はない最高の限界を表す。

〈最高〉

手のひらを下に向けた左手に右手指先を突き上げて当てる。

〈努力〉

左手のひらに右人差指をねじこみながら前に押し出す。

できる【出来る】8

「(手話が)少しできる」

→(〈手話〉+)
〈少し〉+〈できる〉

例文の「できる」は〈できる〉で表現。〈できる〉は大丈夫と胸を張るさまで「できる」「大丈夫」「可能」などの意味を表す。

〈少し〉

右手の親指と人差指を合わせ、親指をはじく。

〈できる〉

右手指先を左胸と右胸に順に当てる。

できる【出来る】11

「それはできない相談だ」

→〈それ〉+〈難しい〉

例文の「できない相談」は無理なこと、難しいことなので〈難しい〉で表現。〈難しい〉は「できない」「難しい」の意味。

〈それ〉

右人差指で前をさす。

〈難しい〉

右手の親指と人差指でほおをつねるようにする。

できる【出来る】9

「できれば(行きたい)」

→〈できる〉+〈時②〉
(または〈時①〉+〈行(い)く①〉
+〈好き①〉)

例文の「できれば」はできるならばの仮定の意味で〈できる〉+〈時②〉または〈時①〉で表現。手話は「事情が許す場合は」の意味を表す。

〈できる〉

右手指先を左胸と右胸に順に当てる。

〈時②〉

左こぶしの親指側に右親指を当て、人差指を時計の針のように回す。

できる【出来る】12

「(計算が)できない」

→(〈計算〉+)
〈難しい〉
または〈できない〉

例文の「できない」はすることがむずかしい、自分の手には負えないという意味なので〈難しい〉または〈できない〉で表現。

〈難しい〉

ほおをつねるようにする。

〈できない〉

両こぶしを握り、手首を交差させて左右にぱっと開く。

てぐすね

「てぐすね引いて（待つ）」

→〈なめる②〉+〈しめしめ〉
（+〈待つ〉）

「てぐすね引く」は十分用意して待ちかまえる意味で〈なめる②〉+〈しめしめ〉で表現。手話はしめしめと手もみをするさまを表す。

〈なめる②〉
右手のひらをなめるようにする。

〈しめしめ〉
少し肩を上げて両手をこすり合わせる。

てこずる

「指導にてこずる」

→〈指導〉+〈苦労〉

「てこずる」は扱いに困る意味で〈苦労〉で表現。〈苦労〉は疲れた腕をたたくさまで「苦労」「苦労する」「大変」などの意味を表す。

〈指導〉
両手の人差指の先を前に向けて交互に前に出す。

〈苦労〉
左腕を右こぶしで軽くたたく。

でぐち【出口】

「出口（を探す）」

→〈出る①〉+〈口〉
（+〈さがす〉）

「出口」は会場などから外に出ていく場所のことで〈出る①〉+〈口〉で表現。

〈出る①〉
左手の下から右手をはねあげるように前に出す。

〈口〉
右人差指の先を口元で回す。

デザート

「デザートのアイスクリーム」

→〈デザート〉+〈アイスクリーム②〉

「デザート」は〈デザート〉で表現。〈デザート〉は左手の皿の上に右手でアメリカの指文字〈D〉を乗せて表す新しい手話。

〈デザート〉
左手のひらに右指文字〈D〉を乗せ、両手を前方に出す。

〈アイスクリーム②〉
左手でアイスクリームのカップを持ち、右手のヘラですくって食べるようにする。

デコーダー

「（テレビと）デコーダーをつなぐ」

→（〈テレビ〉+）
〈デコーダー〉+〈つなぐ〉

「デコーダー」はコード化された情報を元の形式にもどす装置なので〈デコーダー〉で表現。〈デコーダー〉は左手が装置、右手が変換を表す。

〈デコーダー〉
指先を右に向けた「コ」の字型の左手に右甲を手前に向けた２指を差し入れ、手首を返す。

〈つなぐ〉
両こぶしを左右から近づけ、親指側をつける。

デザイナー

「（職業は）デザイナー」

→（〈仕事〉+）
〈デザイン〉+〈まっすぐ①〉
（または〈まっすぐ②〉）

「デザイナー」は〈デザイン〉+〈まっすぐ①〉で表現。〈デザイン〉はデザインを構想するさま、〈まっすぐ①〉はそれを専門とする人の意味。

〈デザイン〉
両手のひらを下に向けて指先を向かい合わせ、小刻みに交互に前後させる。

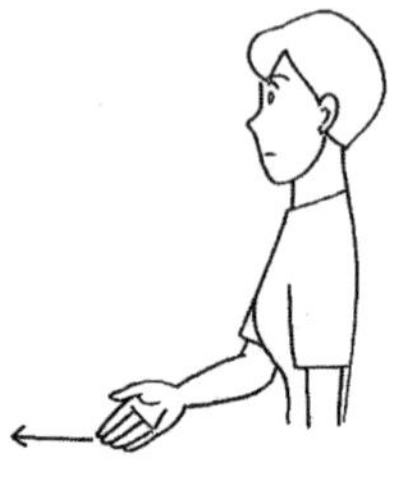

〈まっすぐ①〉
指先を伸ばし、まっすぐ前に進める。

デザイン

「デザイン」

→〈計画〉+〈デザイン〉

「デザイン」は〈計画〉+〈デザイン〉で表現。〈計画〉は定規で線を引くさま、〈デザイン〉は定規を動かして模様を描くさまを表す。

〈計画〉

左手のひらを下に向け、右人差指で線を引くようにする。

〈デザイン〉

両手のひらを下に向けて指先を向かい合わせ、小刻みに交互に前後させる。

でし【弟子】

「弟子入りする」

→〈弟子〉+〈入る①〉

例文の「弟子入り」は指導を受けるために先生につくことで〈弟子〉+〈入る①〉で表現。〈弟子〉は「弟子」「でっち」「しもべ」などの意味。

〈弟子〉

両手の4指の指先を腹の下に突き立てる。

〈入る①〉

両手人差指で「入」の字形を作り、倒すように前に出す。

デジタル1

「デジタル放送」

→〈デジタル〉+〈放送〉

「デジタル」は〈デジタル〉で表現。〈デジタル〉は右手の数字0と左手の数字1を交互に出して表す。

〈デジタル〉

指文字〈オ〉の右手と人差指を立てた左手を交互に前後させる。

〈放送〉

左こぶしからすぼめた右手を前に向けて繰り返し開く。

デジタル2

「デジタルカメラで撮影する」

→〈デジタルカメラ〉+〈写す③〉

「デジタルカメラ」は〈デジタルカメラ〉で表現。〈デジタルカメラ〉はアメリカの指文字〈D〉でシャッターを切る動作をして表す。

〈デジタルカメラ〉

右人差指を立て、他の4指で丸を作り、シャッターを押すように人差指を曲げる。

〈写す③〉

軽く開いた右手の親指と4指の指先を前に向けて、手前に引きながら閉じる。

てじな【手品】1

「楽しい手品」

→〈うれしい〉+〈手品〉

「手品」は奇術の意味で2種類の表現がある。ひとつは〈手品〉で表現。〈手品〉は忍者が姿を消すさまで「手品」「奇術」「忍術」などの意味を表す。

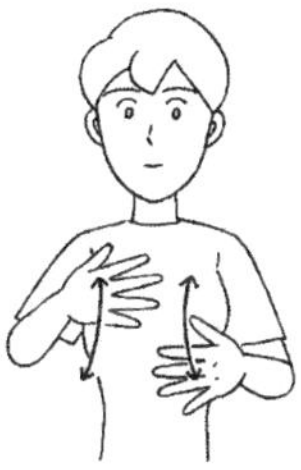

〈うれしい〉

両手のひらを胸の前で、交互に上下させる。

〈手品〉

右手2指を左手でつかみ、左手2指を立て左右に振る。

てじな【手品】2

「(楽しい)手品」

→(〈うれしい〉+〈手品〉または)〈マジック〉

もうひとつは〈マジック〉で表現。〈マジック〉は左手から何かが突如現れるさまを表す。

〈マジック〉

両こぶしを体の前に出し、

次に左手をぱっと開くと同時に右人差指で左手のひらをさす。

てじゅん【手順】1

「（仕事の）手順」

→（〈仕事〉＋）
〈手〉＋〈準備②〉

例文の「手順」は物事をする順序の意味なので〈手〉＋〈準備②〉で表現。〈準備②〉はものごとの整理をするさまで「準備」「整理」の意味。

〈手〉

左手甲を右手のひらでふれる。

〈準備②〉

両手のひらを向かい合わせて間隔を変えずに左から右へ順に仕切るように動かす。

てじゅん【手順】2

「手順（をふむ）」

→〈手〉＋〈順番①〉
（＋〈きちんと②〉）

例文の「手順をふむ」は順序正しくものごとを進めることで〈手〉＋〈順番①〉＋〈きちんと②〉で表現。手話はきちんと順序よくするさま。

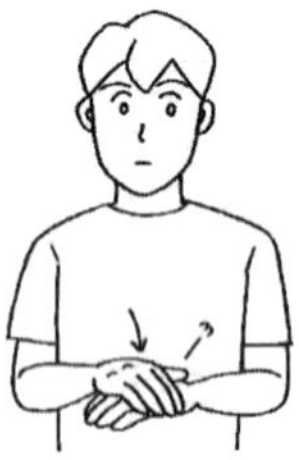

〈手〉

左手甲を右手のひらでふれる。

〈順番①〉

右手のひらを上に向けて順に右へ動かす。

てすう【手数】1

「手数料」

→〈苦労〉＋〈金（かね）①〉

例文の「手数料」は手続きをするために必要な経費の意味で〈苦労〉＋〈金（かね）①〉で表現。〈苦労〉は手間をかける意味が含まれる。

〈苦労〉

左腕を右こぶしで軽くたたく。

〈金（かね）①〉

右手の親指と人差指で作った丸を示す。

てすう【手数】2

「お手数をおかけします」

→〈苦労〉＋〈頼む①〉

例文の「お手数」は面倒の意味で〈苦労〉で表現。〈苦労〉は疲れた腕をたたくさまで「苦労」「面倒」「手数」「骨折り」などの意味。

〈苦労〉

左腕を右こぶしで軽くたたく。

〈頼む①〉

頭を下げて右手で拝むようにする。

テスト 1

「入（団）テスト」

→（〈グループ〉＋）
〈入る①〉＋〈試験〉

例文の「テスト」は応募者のうちから適切な能力のある者を選び出すことで〈試験〉で表現。〈試験〉は競い合うさまを表す。

〈入る①〉

両手人差指で「入」の字形を作り、倒すように前に出す。

〈試験〉

親指を立てた両手を交互に上下させる。

テスト 2

「算数のテスト」

→〈算数〉＋〈試す〉

例文の「テスト」は適切な能力があるかどうかを調べることで〈試す〉で表現。〈試す〉は実験で試験管を振るさまを表す。

〈算数〉

3指を立てた両手を軽く繰り返しぶつけ合う。

〈試す〉

こぶしを握った両手の手首を重ねてねじるようにする。

テスト 3

「機械をテストする」

→〈機械〉(または〈歯車〉)+〈試す〉

例文の「テスト」は試す意味なので〈試す〉で表現。〈試す〉は実験で試験管などを振るさまで「テスト」「試験」「試みる」などの意味。

〈機械〉

両手２指を前方に向け、交互に前に回転させる。

〈試す〉

こぶしを握った両手の手首を重ねてねじるようにする。

でたらめ 1

「でたらめを言ってごまかす」

→〈でたらめ①〉+〈ごまかす①〉

例文の「でたらめ」は口からでまかせを言うことなので〈でたらめ①〉で表現。〈でたらめ①〉は口から次々に違うことが出るさまを表す。

〈でたらめ①〉

右手の中指と人差指の先を口元に当て、交互に指をぱたぱたする。

〈ごまかす①〉

右手の親指と中指と薬指を閉じて、その指先を前に向け、小さく回す。

でたらめ 2

「でたらめな(生活)」

→〈思う〉+〈でたらめ②〉(+〈生活〉)

例文の「でたらめ」は思いつくままのいいかげんなことなので〈思う〉+〈でたらめ②〉で表現。〈でたらめ②〉はひねってでたらめなさまを表す。

〈思う〉

右人差指を側頭部に当てる。

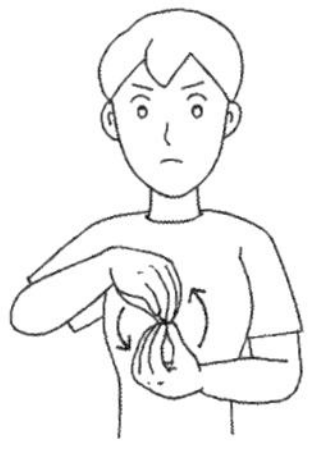

〈でたらめ②〉

５指をつまんだ両手を上下につけ、ひっくり返す。

てちょう【手帳】

「生徒手帳」

→〈学生①〉(または〈学生②〉)+〈本〉

例文の「手帳」は生徒の身分証明などが含まれる手帳のことで〈本〉で表現。〈本〉は「本」「手帳」「ノート」などの意味がある。

〈学生①〉

軽く開いた両手を上下に置き、握りながらはかまのひもをしめるようにする。

〈本〉

両手のひらを合わせて左右に開く。

てつ【鉄】

「鉄で作る」

→〈鉄〉+〈作る〉

「鉄」は〈鉄〉で表現。〈鉄〉は手に打ちつけるさまで固い「鉄」を表す。

〈鉄〉

立てた左手のひらに右手２指の指先を打ちつける。

〈作る〉

両手のこぶしを上下に打ちつける。

てっかい【撤回】

「発言を撤回する」

→〈言う①〉+〈取り消す〉

「撤回」は取り消す意味なので〈取り消す〉で表現。〈取り消す〉はつかみ取り、捨てるさまで「撤回」「取り消し」「削除」などの意味を表す。

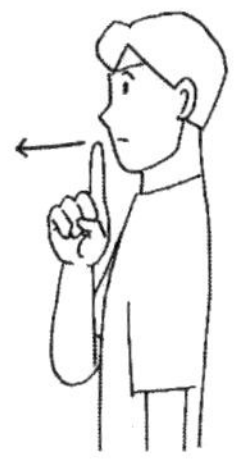

〈言う①〉

右人差指を口元から前に出す。

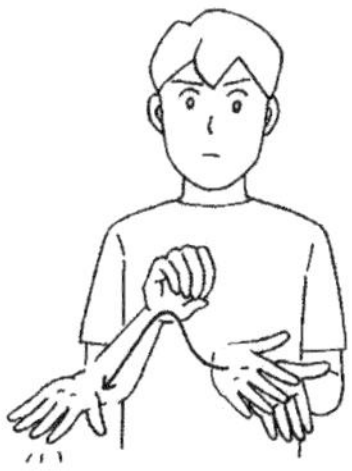

〈取り消す〉

右手で左手のひらからものをつかみとり、わきに捨てるようにする。

てつがく【哲学】

「哲学を専攻する」

→〈哲学〉+〈まっすぐ①〉
（または〈まっすぐ②〉）

「哲学」は〈哲学〉で表現。〈哲学〉は〈本当〉の形を頭に当てて表す新しい手話。

〈哲学〉
右手の親指側を額に当てて前に出す。

〈まっすぐ①〉
指先を伸ばし、まっすぐ前に進める。

でっちあげる【でっち上げる】

「（証拠を）でっちあげる」

→（〈証拠〉+）
〈うそ②〉+〈こじつける〉

「でっちあげる」は実際にないことをあるように見せかける意味なので〈うそ②〉+〈こじつける〉で表現。

〈うそ②〉
ほおを舌でふくらませ、そこを人差指で突く。

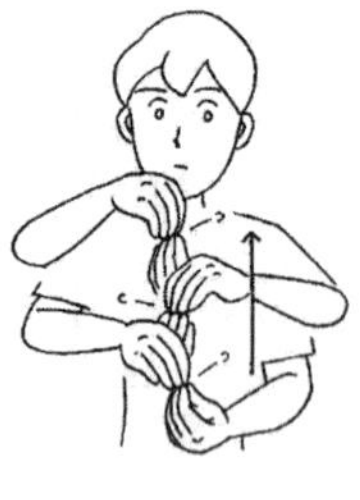

〈こじつける〉
全指を閉じた両手の指をつき合わせ交互に積み上げていく。

てつだう【手伝う】1

「仕事を手伝う」

→〈仕事〉+〈助ける①〉

例文の「手伝う」は人の仕事を助けることなので〈助ける①〉で表現。〈助ける①〉は人の後押しをするさまで「手伝う」「助ける」の意味を表す。

〈仕事〉
手のひらを上に向け、向かい合わせた両手指先を繰り返しつき合わせる。

〈助ける①〉
親指を立てた左手の後ろを右手のひらで軽く後押しする。

てつづき【手続き】

「手続きをする」

→〈手〉+〈続く①〉

「手続き」は申請などの申し込み順序または申し込みそのものの意味で〈手〉+〈続く①〉で表現。手話は「手続き」を表す慣用的な表現。

〈手〉
左手甲を右手のひらでふれる。

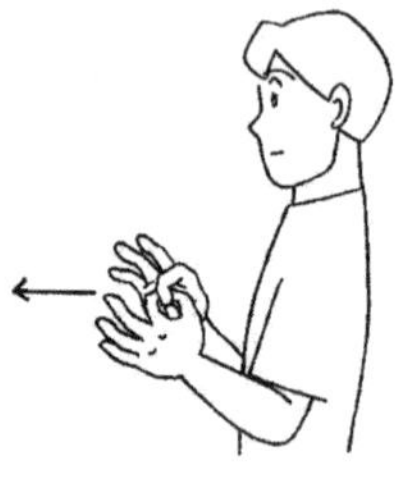

〈続く①〉
両手の親指と人差指を組んでまっすぐ前に出す。

てつだう【手伝う】2

「お母さんを手伝う」

→左〈母〉+〈母を助ける〉

例文の「手伝う」は〈母を助ける〉で表現。この場合は助ける対象が目上の母のことなのでその対象とするものとの位置に注意して表す。

左〈母〉
左人差指をほおにふれ、左小指を出す。

〈母を助ける〉
左〈母〉の左手を右手のひらでやさしく後押しする。

てってい【徹底】1

「徹底した調査」

→〈細かい②〉+〈調べる①〉

例文の「徹底」は細かい所まで十分に行き渡るさまの意味で〈細かい②〉で表現。〈細かい②〉の動作の程度で「徹底」の程度を表す。

〈細かい②〉
両手の親指と人差指をつまみ、つき合わせ、つぶすようにしながら右へ動かす。

〈調べる①〉
右手の人差指と中指を軽く折り曲げて、目の前を左右に往復させる。

てってい【徹底】2

「徹底的に非難する」

→〈批判〉+〈徹底〉

例文の「徹底」はとことんするさまをいうので〈徹底〉で表現。〈徹底〉はとことんするさまを表す。

〈批判〉

左親指に向かって右人差指を繰り返し振りおろす。

〈徹底〉

左手のひらを右手指先で下に押しさげるようにする。

てってい【徹底】3

「徹底してない」

→〈広がる①〉+〈まだ①〉

例文の「徹底する」はみんなによく知らせる意味なので〈広がる①〉で表現。〈広がる①〉は広く伝わる、伝えるさまを表す。

〈広がる①〉

すぼめた両手を前にぱっと広げるように開く。

〈まだ①〉

左手のひらに右手指先を向けて上下に振る。

デッドボール

「頭にデッドボールを受ける」

→〈当たる〉+〈どうぞ③〉

「デッドボール」は〈当たる〉+〈どうぞ③〉で表現。〈当たる〉はボールが当たるさま。なお、ボールが当たる部位によって〈当たる〉の位置が異なる。

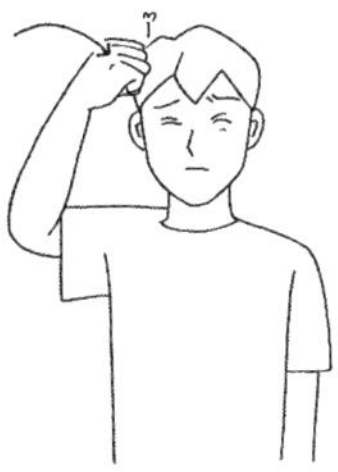

〈当たる〉

わん曲させた右手を頭に当てる。

〈どうぞ③〉

右手のひらを上に向け、左から右へ動かす。

てっぱい【撤廃】

「(差別)の撤廃」

→(〈差〉+)〈つぶす〉+〈捨てる④〉

「撤廃」は〈つぶす〉+〈捨てる④〉で表現。つぶして捨てるさまを表す。

〈つぶす〉

指先を前に向け軽く閉じた両手をものをつぶすように閉じる。

〈捨てる④〉

握った両手を斜め下に向け開きながら動かす。

てっぽう【鉄砲】

「鉄砲」

→〈銃〉または〈ピストル〉

「鉄砲」は〈銃〉または〈ピストル〉で表現。〈銃〉は小銃、〈ピストル〉は短銃を表す。

〈銃〉

左手で銃身を持ち、右手で引き金を引くようにする。

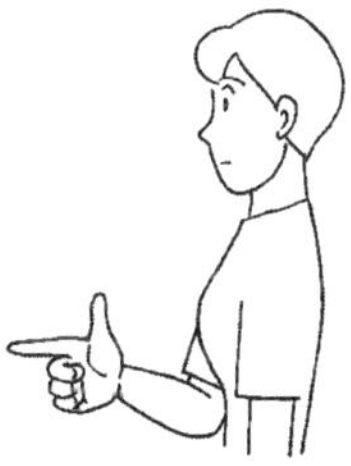

〈ピストル〉

親指と人差指を立てた右手を示す。

てつや【徹夜】

「徹夜で勉強」

→〈徹夜〉+〈勉強③〉(または〈勉強②〉)

「徹夜」は夜通し目をさましていることで〈徹夜〉で表現。〈徹夜〉は地平線上を太陽が昇り沈むさまで「二十四時間」「夜を徹する」意味。

〈徹夜〉

右手の親指と人差指で閉じない丸を作り、左手のまわりを回す。

〈勉強③〉

手のひらを手前に向けた両手を左右から合わせる。

てどり【手取り】

「手取り(二十万)」

→〈手〉+〈給料〉
(+〈20〉+〈万〉)

「手取り」は税金などを引いた実際に受け取る金額で〈手〉+〈給料〉で表現。〈手〉+〈取る①〉で表す場合もある。

〈手〉
左手甲を右手のひらでふれる。

〈給料〉
左手のひらに右手親指と人差指で作った丸を添えて手前に引き寄せる。

テニス

「テニスクラブ」

→〈テニス〉+〈グループ〉

「テニス」は「庭球」のことで〈テニス〉で表現。〈テニス〉はラケットを振るさまで「テニス」「庭球」を表す。

〈テニス〉
右手でラケットを握って左右から振るようにする。

〈グループ〉
指先を上に向けた両手で水平に手前に円を描く。

てぬき【手抜き】

「手抜き(工事)」

→〈手〉+〈削る②〉
(+〈工事〉)

「手抜き」は当然しなければならないことをはぶく意味で〈手〉+〈削る②〉で表現。手話は必要な手間をはぶく意味を表す。

〈手〉
左手甲を右手で軽くふれる。

〈削る②〉
左手のひらを右手のひらで削り落とすようにする。

デパート

「デパート」

→〈商売〉+〈ビル①〉

「デパート」は〈商売〉+〈ビル①〉で表現。手話は手広く商売する大きな店のさまを表す。

〈商売〉
両手の親指と人差指で作った丸を交互に前後させる。

〈ビル①〉
両手のひらを向かい合わせて上にあげ、閉じる。

てはい【手配】1

「(場所を)手配する」

→(〈場所〉+)
〈手〉+〈準備①〉

例文の「手配」は準備の意味なので〈手〉+〈準備①〉で表現。〈準備①〉はものを整理するさまで「準備」「用意」などの意味。

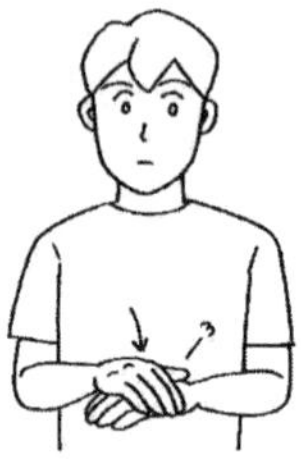

〈手〉
左手甲を右手のひらでふれる。

〈準備①〉
両手のひらを向かい合わせて左から右へ動かす。

てはい【手配】2

「(指名)手配」

→(〈彼〉+)
〈手〉+〈指令〉

例文の「手配」は犯人をつかまえるために連絡や指令を出す意味なので〈手〉+〈指令〉で表現。

〈手〉
左手甲を右手で軽くふれる。

〈指令〉
両手の人差指をそろえて前に出しながら開く。

てはじめ【手始め】

「(指文字を)手始めに覚える」
→(〈指文字〉+)〈最初①〉+〈覚える〉

「手始め」は物事のはじめの意味で〈最初①〉で表現。〈最初①〉は一番初めのさまで「手始め」「最初」の意味を表す。

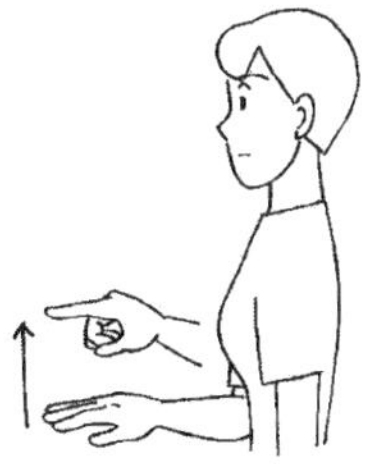

〈最初①〉
右手のひらを下にして、あげると同時に人差指を残して４指を握る。

〈覚える〉
指先を開いた右手を上から頭につけて握る。

てびき【手引き】1

「(盲)人を手引きする」
→(〈盲(もう)〉+)〈人〉+〈案内〉

例文の「手引き」は手を引いて案内する意味なので〈案内〉で表現。〈案内〉は手で導くさまで「手引き」「案内」「導く」などの意味を表す。

〈人〉
人差指で「人」の字を空書する。

〈案内〉
左手指を右手でつかみ、手を引くようにして右へ動かす。

てびき【手引き】2

「(学習の)手引」
→(〈勉強②〉+)〈説明〉+〈本〉

例文の「手引」は説明書の意味なので〈説明〉+〈本〉で表現。〈説明〉は「説明」「話す」などの意味を表す。

〈説明〉
左手のひらを右手で小刻みにたたく。

〈本〉
手のひらを合わせた両手を本を開くように左右に開く。

デビュー

「映画デビューする」
→〈映画〉+〈デビュー〉

例文の「デビュー」は初めての出演・登場などを意味するので〈デビュー〉で表現。指文字〈デ〉を用いた新しい手話。

〈映画〉
指間を軽く開き、両手のひらを目の前で前後に重ね、交互に上下させる。

〈デビュー〉
右手を開いて左前に置き、右にさっと動かしながら人差指を残して他を握る。

てぶくろ【手袋】

「手袋をはめる」
→〈手袋〉

「手袋」は〈手袋〉で表現。〈手袋〉は手袋をはめるさまで「手袋」「手袋をはめる」の意味を表す。

〈手袋〉
右手指先に左手の親指と４指をかぶせるようにし、

次に左手指先に右手の親指と４指をかぶせるようにする。

てぶら【手ぶら】

「手ぶらで出かける」
→〈手ぶら〉+〈出る①〉

「手ぶら」は手に何も持たないことなので〈手ぶら〉で表現。〈手ぶら〉は手に何も持たないさまで「手ぶら」「失業」の意味。

〈手ぶら〉
両ひじをあげて指先を下に向けて交互に両手を振る。

〈出る①〉
左手の下から右手をはねあげるように前に出す。

デフリンピック

「デフリンピック」

→〈デフ〉+〈オリンピック〉

「デフリンピック」はろう者のオリンピックのことなので〈デフ〉+〈オリンピック〉で表現。〈デフ〉は国際手話でろう者のこと。

〈デフ〉
右人差指を耳、次に口に当てる。

〈オリンピック〉
両手の親指と人差指を組み換えながら左から右へ動かす。

デフレ

「デフレになる」

→〈値下げ③〉+〈変わる①〉

「デフレ」は〈値下げ③〉で表現。〈値下げ③〉はじりじり値段がさがるさまを表す。

〈値下げ③〉
両手の親指と人差指で作った丸を揺らしながら同時に右下にさげる。

〈変わる①〉
手のひらを手前に向けた両手を交差させる。

てほん【手本】1

「(習字の)手本」

→(〈書道〉+)
〈手〉+〈本〉

例文の「手本」は練習の時、模範にする本の意味なので〈手〉+〈本〉で表現。手話は「手本」を表す慣用的な表現。

〈手〉
左手甲を右手のひらでふれる。

〈本〉
両手のひらを合わせて本を開くように左右に開く。

てほん【手本】2

「良い手本を示す」

→〈良い〉+〈表(あらわ)す〉

例文の「手本」は見習うべき行いの意味で〈良い〉+〈表す〉で表現。

〈良い〉
右こぶしを鼻から前に出す。

〈表(あらわ)す〉
左手のひらに右人差指をつけて前に押し出す。

てほん【手本】3

「親を手本にする」

→〈両親〉+〈模範〉

例文の「手本にする」は模範にすることなので〈模範〉で表現。〈模範〉は見習うべきもの「模範」「モデル」「鑑(かがみ)」を表す。

〈両親〉
人差指をほおにふれ、親指と小指を出す。

〈模範〉
左手のひらを前に向けて右手でそれをつかみとるようにして前に出す。

てま【手間】

「手間がかかる」

→〈苦労〉+〈長い①〉

「手間がかかる」は仕事をしあげるのに時間がかかり、苦労する意味なので〈苦労〉+〈長い①〉で表現。手話は長く苦労したさまを表す。

〈苦労〉
左腕を右こぶしで軽くたたく。

〈長い①〉
両手の親指と人差指を閉じて左右に開く。

デマ

「デマをとばす」
→〈こじつける〉+〈宣伝〉

「デマ」はうそのいいかげんなうわさの意味で〈こじつける〉で表現。〈こじつける〉はあることないことを言うさまで「でっち上げ」などの意味。

〈こじつける〉
全指をすぼめた両手を交互に上下させながらつけるようにして上にあげる。

〈宣伝〉
親指と４指を閉じた両手を口の前から左右にぱっぱっと繰り返し開く。

でむかえる
【出迎える】2

「(父を)駅に出迎える」
→(〈父〉+)
〈駅〉+〈待つ〉

例文の「出迎える」は出かけて行って来るのを待つ意味なので〈待つ〉で表現。

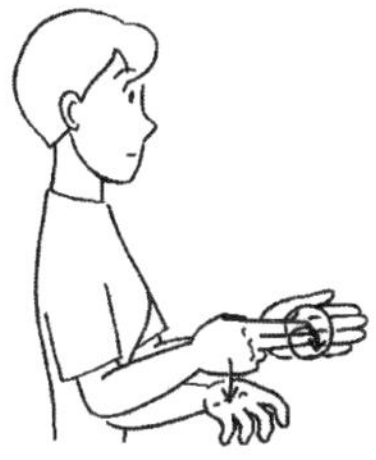

〈駅〉
左手のひらに右手２指を向かい合わせて前に回転し、次に全指を曲げた右手を置く。

〈待つ〉
右手指の背側をあごに当てる。

てまね【手真似】

「手まねをする」
→〈手まね〉

「手まね」は〈手まね〉で表現。ただしこの〈手まね〉は〈手話〉の蔑称の意味合いが強い。「手振り」「身振り」などは別の表現になる。

〈手まね〉
指先を向かい合わせた両手を前に回転する。

でも

「雨でも(決行する)」
→〈雨①〉+〈しかし〉
(+〈する〉)

「でも」は〜であってもの意味で〈しかし〉で表現。〈しかし〉は手のひらを返すさまで先立つ語と反対の意味を言うときに使う。

〈雨①〉
軽く開いた指先を前に向け両手を繰り返し下におろす。

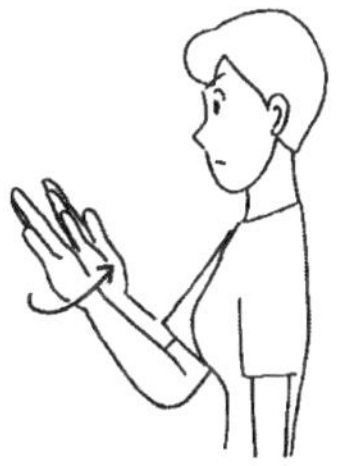

〈しかし〉
右手のひらを返す。

でむかえる
【出迎える】1

「駅で客を出迎える」
→〈駅〉+〈客〉

例文の「出迎える」はお客を出迎えることなので〈客〉で表現。〈客〉は客を迎えるさまで「客を迎える」「客」の意味がある。

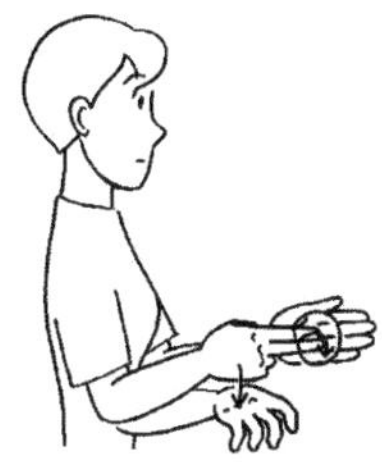

〈駅〉
左手のひらに右手２指を向かい合わせて前に回転し、次に全指を曲げた右手を置く。

〈客〉
左手のひらに親指を立てた右手をのせ、右から手前に引き寄せる。

デモ

「デモに参加する」
→〈デモ〉+〈参加①〉

「デモ」は行列を組んでデモンストレーションすることで〈デモ〉で表現。〈デモ〉はプラカードを持って行進するさまを表す。

〈デモ〉
左手を右手の人差指と中指ではさみ、上下させながら前に出す。

〈参加①〉
指先を上に向け、手のひらを手前に向けた左手に人差指を立てた右手を打ちつける。

てら【寺】

「寺」

→〈寺〉

例文の「寺」は仏教寺院の意味なので〈寺〉で表現。〈寺〉は僧が木魚をたたくさまを表し、宗派に関係なく寺一般を意味する。

〈寺〉

左手で拝むようにして右人差指で前をたたくようにする。

てらす【照らす】1

「(太陽が)山を照らす」

→(〈太陽〉+)〈山〉+〈光①〉

例文の「照らす」は光が当たって明るくなる意味なので〈光①〉で表現。〈光①〉は光源から光線が出るさまで「照らす」「光」などの意味。

〈山〉

右手で山形を描く。

〈光①〉

すぼめた右手を右上から左下に向かって開く。

てらす【照らす】2

「(法律に)照らして(考える)」

→(〈規則〉+)〈合う①〉+〈どちら①〉(+〈考える〉)

例文の「照らす」は2種類の表現がある。ひとつは〈合う①〉+〈どちら①〉で表現。手話はどちらが適当か比べるさまを表す。

〈合う①〉

左人差指の先に右人差指の先を当てる。

〈どちら①〉

両手人差指を立て、交互に上下させる。

てらす【照らす】3

「法律に照らして(考える)」

→〈規則〉(または〈法〉)+〈照合〉(+〈考える〉)

もうひとつは〈照合〉で表現。〈照合〉は両者を見比べるさまで「照合」「照らし合わせる」の意味を表す。

〈規則〉

左手のひらに右手の折り曲げた2指を繰り返し打ちつける。

〈照合〉

手のひらを上に向けた両手を左右から近づけて合わせる。

デリケート 1

「デリケートな神経を持っている」

→〈繊細〉+〈ある①〉

例文の「デリケート」は感情・感覚などが細やかで感じやすいことなので〈繊細〉で表現。〈繊細〉は髪の毛のような繊細さを表す。「繊細」も同手話。

〈繊細〉

人差指をこめかみに当て、次に親指と人差指をこすり合わせながら右前方に動かす。

〈ある①〉

右手のひらを体の前に軽く置く。

デリケート 2

「デリケートな問題」

→〈微妙〉+〈問題〉

例文の「デリケート」は複雑な事情があり、むずかしいさまのことなので〈微妙〉で表現。〈微妙〉はぼやけているさまを表す。

〈微妙〉

目の前で両手のひらを前後に重ね合わせ、左右に少しずらす。

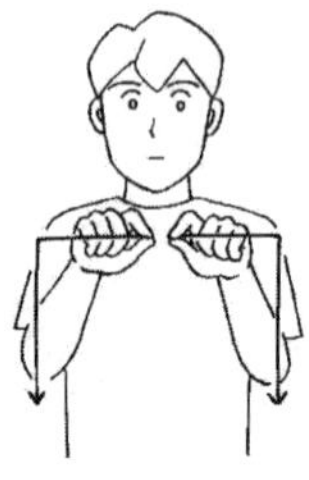

〈問題〉

両手の親指と人差指をつまみ、「 ˥ を描く。

デリケート 3

「デリケートな肌」

→〈苦手〉+〈肌①〉
（または〈肌②〉）

例文の「デリケート」はこわれやすいさまなので〈苦手〉で表現。〈苦手〉は鼻がつぶれるさまで「苦手」の意。

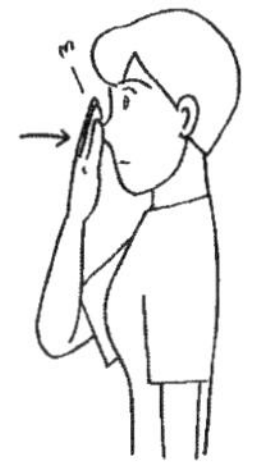

〈苦手〉
右手のひらを鼻の頭をつぶすように当てる。

〈肌①〉
左手甲を右手２指でこするようにする。

でる【出る】1

「家を出る」

→〈家〉+〈出る①〉

例文の「出る」は家から外へ出かける意味なので〈出る①〉で表現。〈出る①〉は家の屋根を残し家から出るさまを表す。

〈家〉
両手で屋根形を作る。

〈出る①〉
左手の下から右手をはねあげるように前に出す。

てる【照る】1

「日が照っている」

→〈太陽〉+〈光①〉

例文の「照る」は空に雲もなく太陽が光っている意味なので〈光①〉で表現。〈光①〉は太陽が照らすさまを表す。

〈太陽〉
両手の親指と人差指を向かい合わせて大きな丸を作り、上にあげる。

〈光①〉
すぼめた右手を右上から左下に向かって開く。

でる【出る】2

「電車が出る」

→〈電車〉+〈出発①〉

例文の「出る」は電車が出発する意味なので〈出発①〉で表現。〈出発①〉は列車が出発するさまで「出発」「出る」一般を表す。

〈電車〉
折り曲げた右手２指を左手２指に沿って前に動かす。

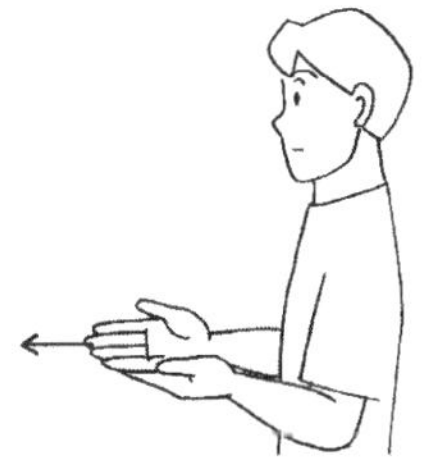

〈出発①〉
左手の指先を前に向け、その上に右手を立て、まっすぐ前に出す。

てる【照る】2

「降っても照っても」

→〈雨①〉+〈明るい①〉

例文の「照る」は晴れる意味なので〈明るい①〉で表現。〈明るい①〉はぱっと明るいさまで「晴」「晴れる」「明るい」などの意味を表す。

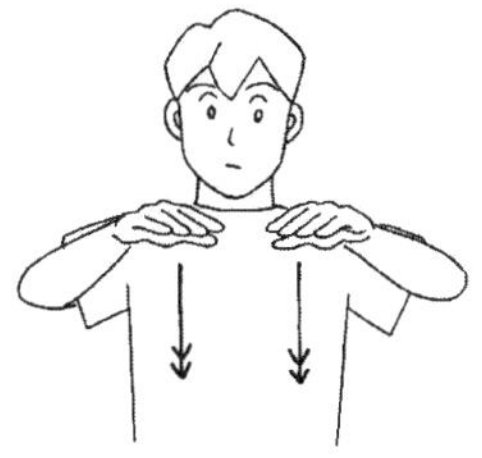

〈雨①〉
軽く開いた指先を前に向け両手を繰り返し下におろす。

〈明るい①〉
両手のひらを前に向けて交差させ、ぱっと左右に開く。

でる【出る】3

「大学を出る」

→（〈大学①〉または）
〈大学②〉+〈卒業〉

例文の「出る」は卒業する意味なので〈卒業〉で表現。〈卒業〉は卒業証書をもらうさまを表す。

〈大学②〉
両手の人差指で角帽のひさしを示す。

〈卒業〉
賞状を持った両手を軽く上にあげながら頭をさげる。

でる【出る】4

「よく出る(本)」

→〈売る②〉+〈たくさん⑤〉
(+〈本〉)

例文の「出る」は売れる意味なので〈売る②〉で表現。〈売る②〉はものを売るさまで、その繰り返しと速さでよく売れるさまを表す。

〈売る②〉
右手親指と人差指で作った丸を手前に引くと同時に左手を前に差し出すことを繰り返す。

〈たくさん⑤〉
軽く開いた両手のひらを手前に向けて、前後に揺らしながら左右に開く。

でる【出る】5

「日が出る」

→〈日が昇る〉
または〈太陽〉

例文の「出る」は太陽が昇る意味なので〈日が昇る〉または〈太陽〉で表現。〈日が昇る〉は日が地平線から昇るさまを表す。

〈日が昇る〉
左手のひらの下をくぐって右手の親指と人差指で作った閉じない丸を上にあげる。

〈太陽〉
両手の親指と人差指を向かい合わせて大きな丸を作り、上にあげる。

でる【出る】6

「(東の空に)月が出ている」

→(〈東〉+〈空〉+)
〈月〉+〈ある①〉上方

例文の「出ている」は月がそこにあることなので、先に表している〈月〉を受けて〈ある①〉を上方で表現する。

〈月〉
右手の親指と人差指で三日月形を描く。

〈ある①〉上方
右上に手を軽く置く。

でる【出る】7

「会議に出る」

→〈相談〉+〈座る②〉
(または〈座る①〉)

例文の「出る」は出席する意味なので〈座る②〉または〈座る①〉で表現。〈座る②〉は畳に座るさまで「座る」「出席」「出席する」などの意味を表す。

〈相談〉
親指を立てた両手を軽くぶつけ合う。

〈座る②〉
左手のひらに折り曲げた右手２指をのせる。

でる【出る】8

「選挙に出る」

→〈選挙〉+〈立つ〉

例文の「出る」は立候補する意味なので〈立つ〉で表現。〈立つ〉は演壇などに立つさまで「立つ」「立候補する」などの意味を表す。

〈選挙〉
そろえた両手を交互に中央におろす。

〈立つ〉
左手のひらの上に右手２指をのせる。

でる【出る】9

「本が出る」

→〈本〉+〈出版〉

例文の「出る」は出版される意味なので〈出版〉で表現。〈出版〉は一斉に売り出すさまで「出版」「発行」「発売」「刊行」などの意味を表す。

〈本〉
手のひらを合わせた両手を本を開くように左右に開く。

〈出版〉
指先を向かい合わせて手のひらを上に向けた両手を左右に開きながら前に出す。

でる【出る】10

「新聞に出る」
→〈新聞〉+〈のせる①〉

例文の「出る」は新聞に掲載される意味なので〈のせる①〉で表現。〈のせる①〉は紙面に載るさまで「掲載される」などの意味がある。

〈新聞〉
左手のひらの上に右ひじをのせて親指を外側に出して握った右こぶしを振る。

〈のせる①〉
左手のひらに全指を曲げた右手をのせる。

でる【出る】11

「宿題が出る」
→〈宿題〉+〈もらう①〉

例文の「出る」は与えられる意味なので〈もらう①〉で表現。〈もらう①〉はものをもらうさまで「与えられる」「もらう」などの意味を表す。

〈宿題〉
左手屋根形の下で右手でペンを持ち書くようにする。

〈もらう①〉
手のひらを上に向けた両手を手前に引く。

でる【出る】12

「足が出る」
→〈赤〉+〈線を引く①〉

例文の「足が出る」は赤字になる意味なので〈赤〉+〈線を引く①〉で表現。

〈赤〉
唇に人差指を当て、右へ引く。

〈線を引く①〉
左手のひらの上に右手人差指でさっと線を引くようにする。

でる【出る】13

「家から火が出る」
→〈家〉+〈火事②〉

例文の「火が出る」は火事なので〈火事②〉で表現。〈火事②〉は家、建物が燃えるさまで「火が出る」「火事」などを表す。

〈家〉
両手で屋根形を作る。

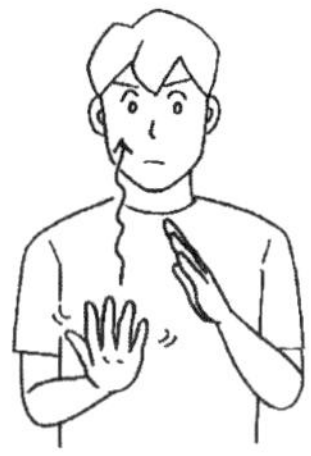

〈火事②〉
左手屋根形の下から指先を上に向けた右手を炎のように揺らしながら上にあげる。

でる【出る】14

「(花の)芽が出る」
→(〈花①〉または〈花②〉+)
〈芽①〉
または〈芽②〉

例文の「芽が出る」は草や木の芽が出ることで〈芽①〉または〈芽②〉で表現。〈芽①〉は地面から芽が出るさま、〈芽②〉は球根から芽が出るさまを表す。

〈芽①〉
手のひらを下に向けた左手の指の下から右人差指を突き出す。

〈芽②〉
つまんだ左手に右人差指を当て、少し上にあげる。

でる【出る】15

「急に風が出てきた」
→〈急に〉+〈風①〉

例文の「風が出る」は風が吹き始めることで〈風①〉で表現。〈風①〉は風が吹く強さによって表現の強さが変わる。

〈急に〉
右人差指を勢いよくすくいあげる。

〈風①〉
右手で風を送る。

でる【出る】16

例文の「出る」はわき出る意味なので〈わき出る〉で表現。〈わき出る〉は水や湯がわき出るさまを表す。

「温泉が出る」

→〈温泉〉+〈わき出る〉

〈温泉〉
左手の親指と４指の間から右手３指を出して指を揺らす。

〈わき出る〉
左手の親指と４指で囲んだ中から閉じた右手をあげて、ぱっと開く。

でる【出る】17

例文の「涙が出る」は〈悲しい①〉で表現。〈悲しい①〉は涙が出るさまで「涙が出る」「悲しい」などの意味を表す。

「苦しくて涙が出る」

→〈苦しい①〉+〈悲しい①〉

〈苦しい①〉
右手で胸をかきむしるようにする。

〈悲しい①〉
親指と人差指を閉じた右手を目元から揺らしながらおろす。

でる【出る】18

例文の「スピードが出る」は車を速く飛ばすことで〈はやい①〉で表現。〈はやい①〉は矢が飛ぶさまで「はやい」「スピードが出る」の意味。

「車のスピードが出る」

→〈運転〉+〈はやい①〉

〈運転〉
ハンドルを両手で握り、回すようにする。

〈はやい①〉
親指と人差指を閉じた右手をすばやく左へ動かしながら人差指を伸ばす。

でる【出る】19

例文の「給料」は労働に対する報酬の意味で〈給料〉で表現。〈給料〉はまとまったお金をもらうさまで「給料」「給料をもらう」意味。

「給料が出る」

→〈給料〉

〈給料〉
左手のひらに右手親指と人差指で作った丸を添えて手前に引き寄せる。

テレビ

「テレビ」は〈テレビ〉で表現。〈テレビ〉はテレビ画面の走査線のさまで、同時に両手を動かすことで〈映画〉と区別する。

「テレビを見る」

→〈テレビ〉+〈見る①〉

〈テレビ〉
両手の４指の指先を向かい合わせて左右同時に上下させる。

〈見る①〉
右人差指を右目元から前に出す。

てれる【照れる】

「照れる」は恥ずかしくてはにかむことなので〈照れる〉で表現。〈照れる〉は照れてはにかみ、顔をかくさまを表す。

「(好きと)言われて照れる」

→(〈好き①〉+)
〈言われる①〉+〈照れる〉

〈言われる①〉
すぼめた右手を手前に向かってぱっと開く。

〈照れる〉
右手でほおをかくようにする。

てん【天】1

「天と地」

→〈上①〉+〈下①〉

例文の「天」は空の意味あるいは観念的な天上の意味なので〈上①〉で表現。上をさして表す。

〈上①〉
上を指さす。

〈下①〉
下を指さす。

てん【点】1

「小さい点」

→〈小さい②〉+〈点〉

例文の「点」は小さい丸の意味なので〈点〉で表現。〈点〉は例文の「点」や「(小数)点」などの意味に使われる。

〈小さい②〉
右手の親指と人差指を軽く開き、下にさげながら小さな丸を作る。

〈点〉
右人差指で点を打つ。

てん【天】2

「天にも昇る気持ち」

→〈うれしい〉+〈最高〉

例文の「天にも昇る気持ち」はとてもうれしい気持ちなので〈うれしい〉+〈最高〉で表現。〈うれしい〉は心がはずむさまを表す。

〈うれしい〉
両手のひらを胸の前で、交互に上下させる。

〈最高〉
手のひらを下に向けた左手に右手指先を突き上げて当てる。

てん【点】2

「(算数の)点が悪い」

→(〈算数〉+)
〈数〉+〈悪い①〉

例文の「点」は成績の点数の意味なので〈数〉で表現。〈数〉は数を数えるさまで「数」「いくつか」の意味。

〈数〉
右手の指を順に折る。

〈悪い①〉
人差指で鼻をこするようにして振りおろす。

てん【店】

「代理店」

→〈交替②〉+〈店①〉

「〜店」はものを売る商店などの意味で〈店①〉で表現。〈店①〉は店先に並べられた商品のさまを表す。

〈交替②〉
人差指を立てた両手を向き合わせたまま、前後の位置を入れ換える。

〈店①〉
両手のひらを上に向けて、左右に開く。

てん【点】3

「三点入る」

→〈3①〉+〈取る①〉

例文の「点」は得点の数え方。手話ではこのような数の数え方(例、〜個、〜匹、〜本など)を表す特別の表現はない。

〈3①〉
右手3指の指先を上に向けて手のひら側を前に向けて示す。

〈取る①〉
右手で前からつかみ取るようにする。

て

てん【点】4

「この点が問題」
→〈それ〉+〈問題〉

例文の「点」は問題となることがらの意味で〈それ〉で表現。〈それ〉は対象となるものをさすさまで「これ」「この点」などの意味。

〈それ〉
前にある物をさす。

〈問題〉
両手の親指と人差指をつまみ┌ ┐を描く。

でん【電】1

「発電(所)」
→〈電気〉+〈作る〉
(+〈場所〉)

例文の「電」は電気の意味で〈電気〉で表現。「発電」は水力や火力を利用して電気を起こすことで〈電気〉+〈作る〉で表現する。

〈電気〉
親指と中指を向かい合わせ、繰り返しはじく。

〈作る〉
両手のこぶしを上下に打ちつける。

でん【電】2

「祝電を打つ」
→〈祝う〉+〈電報〉

例文の「電」は電報の意味で〈電報〉で表現。〈電報〉は発信機で打電するさまを表す。「祝電」は〈祝う〉+〈電報〉で表現する。

〈祝う〉
すぼめた両手を上に向けてぱっと開く。

〈電報〉
左手のひらの上に右手2指の指先を繰り返し打ちつける。

でん【電】3

「終電(に乗る)」
→〈まで〉+〈電車〉
(+〈乗る②〉)

例文の「電」は電車の意味なので〈電車〉で表現。「終電」は最終の電車なので〈まで〉+〈電車〉で表現。〈まで〉は最終の意味。

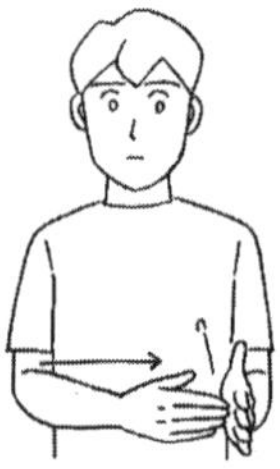

〈まで〉
左手のひらに右手指先を軽くつける。

〈電車〉
折り曲げた右手2指を左手2指に沿って前に動かす。

てんかん【転換】1

「気分転換」
→〈気持ち〉+〈変わる①〉

例文の「気分転換」は新しい気持ちを持つようにすることで〈気持ち〉+〈変わる①〉で表現。〈変わる①〉は「変える」「入れ換える」の意味。

〈気持ち〉
右人差指でみぞおち辺りに小さく円を描く。

〈変わる①〉
手のひらを手前に向けた両手を交差させる。

てんかん【転換】2

「配置転換があった」
→〈交替①〉+〈た〉

例文の「配置転換」は勤めている部署を変える意味なので〈交替①〉で表現。〈交替①〉は人と人が交替するさまを表す。

〈交替①〉
親指を立てた両手を交差させて位置を入れ換える。

〈た〉
両手のひらを手首から前に倒して下に向ける。

てんかん【転換】3

「（方針を）転換する」
→（〈方針〉＋）
〈交替②〉
または〈変わる①〉

例文の「（方針を）転換」は方針を変えることで〈交替②〉または〈変わる①〉で表現。いずれも変えるさまを表す。

〈交替②〉
人差指を立てた両手を向き合わせたまま、前後の位置を入れ換える。

〈変わる①〉
手のひらを手前に向けた両手を交差させる。

でんき【電気】1

「電気ストーブ」
→〈電気〉＋〈ストーブ〉

例文の「電気」は〈電気〉で表現。〈電気〉は陰極と陽極の間を電気の火花がとぶさまを表す。

〈電気〉
親指と中指を向かい合わせ、繰り返しはじく。

〈ストーブ〉
両手のひらを前にかざすようにする。

てんき【天気】1

「天気が悪い」
→〈空〉＋〈悪い①〉

例文の「天気」は空模様の意味なので〈空〉で表現。〈空〉は「空」を表す。

〈空〉
右手で頭上に弧を描く。

〈悪い①〉
人差指で鼻をこするようにして振りおろす。

でんき【電気】2

「電気をつける」
→〈電球〉＋〈明かり①〉

例文の「電気」は電灯の意味なので〈電球〉＋〈明かり①〉で表現。〈電球〉は白熱電球をソケットに差し込むさまを表す。

〈電球〉
半開きにした右手を上に向けて電球を回すようにする。

〈明かり①〉
額の高さですぼめた右手をぱっと下に向けて開く。

てんき【天気】2

「今日は天気だ」
→〈今①〉＋〈明るい①〉

例文の「天気」は晴れの意味なので〈明るい①〉で表現。〈明るい①〉はぱっと明るいさまで「お天気」「晴」「明るい」などの意味。

〈今①〉
両手のひらで軽く押さえつける。

〈明るい①〉
両手のひらを前に向けて交差させ、ぱっと左右に開く。

てんきょ【転居】

「転居通知（を出す）」
→〈引っ越す①〉＋〈郵便〉
（＋〈出版〉）

「転居」は家を引っ越す意味なので〈引っ越す①〉で表現。〈引っ越す①〉は家を移すさまで「転居」「転宅」「引っ越し」などの意味を表す。

〈引っ越す①〉
両手で屋根形を作り、右から左へ動かす。

〈郵便〉
左手２指と右手人差指で〒マークを示す。

てんきん【転勤】

「転勤する」

→〈通う〉+〈変わる③〉

「転勤」は会社などの勤める場所が変わる意味なので〈通う〉+〈変わる③〉で表現。〈通う〉は人が往復するさまで「通勤」などを表す。

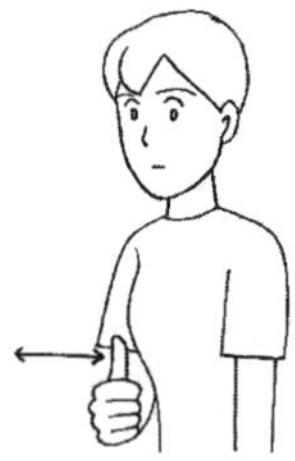

〈通う〉
親指を立てたまま前後に往復させる。

〈変わる③〉
右手２指を手首を返すようにして右へやる。

てんけん【点検】

「点検に来る」

→〈調べる①〉+〈来る②〉

「点検」は器具などを調べることで〈調べる①〉で表現。〈調べる①〉は目を配り調べるさまで「調査」「検査」「点検」などの意味を表す。

〈調べる①〉
右手の人差指と中指を軽く折り曲げて、目の前を左右に往復させる。

〈来る②〉
右人差指を上に向けて手前に引く。

てんこう【天候】

「悪天候」

→〈空〉+〈悪い①〉

「悪天候」は天候が悪いことで〈空〉+〈悪い①〉で表現。〈空〉は「空」を表す。

〈空〉
右手で頭上に弧を描く。

〈悪い①〉
人差指で鼻をこするようにして振りおろす。

てんこう【転校】

「転校する」

→〈学校〉+〈変わる③〉

「転校」は学校を変わることなので〈学校〉+〈変わる③〉で表現。〈変わる③〉は場所や部署が変わることを表す。

〈学校〉
両手のひら手前に向けて並べ、次に全指を曲げた右手のひらを下に向けて置く。

〈変わる③〉
右手２指を手首を返すようにして右へやる。

てんごく【天国】

「天国と地獄」

→〈天国〉+〈地獄〉

「天国」は〈天国〉で表現。〈天国〉〈地獄〉は新しい手話。左手は拝むさまを表す。

〈天国〉
左手を立てて拝むようにして、右人差指で上をさす。

〈地獄〉
左手で拝むようにして右人差指で下をさす。

てんさい【天才】

「彼は天才だ」

→〈彼〉+〈天才〉

「天才」は非常にまれな才能の持ち主の意味で〈天才〉で表現。〈天才〉は〈賢い〉を強調した新しい手話。

〈彼〉
左親指を右人差指でさす。

〈天才〉
親指と人差指を閉じた右手を勢いよくはじいて人差指を立てる。

てんさい【天災】

「天災」

→〈自然〉+〈災害〉

「天災」は自然界に起こる災害の意味なので〈自然〉+〈災害〉で表現。〈災害〉は漢字「災」の字を表す新しい手話。

〈自然〉

右人差指をゆっくりすくいあげるように上にあげる。

〈災害〉

親指と小指を立てた左手の甲を前に向け、その上を右手 3 指で「巛」の字形を描く。

てんし【天使】

「天使のような(看護師)」

→〈天使〉+〈同じ①〉
(+〈世話〉+〈士〉)

「天使」は〈天使〉で表現。〈天使〉は背中に羽のある天使のさまを表す。

〈天使〉

両腕を交差させて羽のように両手のひらを動かす。

〈同じ①〉

両手の親指と人差指の先を上に向けて閉じたり開いたりする。

てんじ【展示】

「絵を展示する」

→〈絵〉+〈展示〉

「展示」は並べて見せる意味なので〈展示〉で表現。〈展示〉は展示品が並べてあるさまで「展示」「展示する」などの意味。

〈絵〉

左手のひらに右手指の背を軽く打ちつける。

〈展示〉

目の前に両手のひらを向けて少し前後に振りながら左右に少しずつ開いていく。

てんじ【点字】

「点字を読む」

→〈点字〉

「点字」は盲人用に触覚で判断できるように工夫された点々の凹凸文字。〈点字〉で表現。〈点字〉は点字をさわって読むさまを表す。

〈点字〉

左手のひらの上を右手指先でなぞるようにする。

でんし【電子】

「電子レンジ」

→〈電子〉+〈開(あ)ける②〉

「電子」は原子を構成する要素の一つで〈電子〉で表現。〈電子〉は原子核を回る電子のさまを表した新しい手話。

〈電子〉

左こぶしの上で右手をはじく。

〈開(あ)ける②〉

取っ手を握って手前に開くようにする。

でんしゃ【電車】

「電車が出る」

→〈電車〉+〈出発①〉

「電車」は電動モーターで走行する車両で〈電車〉で表現。〈電車〉はパンタグラフを出して走行する電車のさまを表す。

〈電車〉

折り曲げた右手 2 指を左手 2 指に沿って前に動かす。

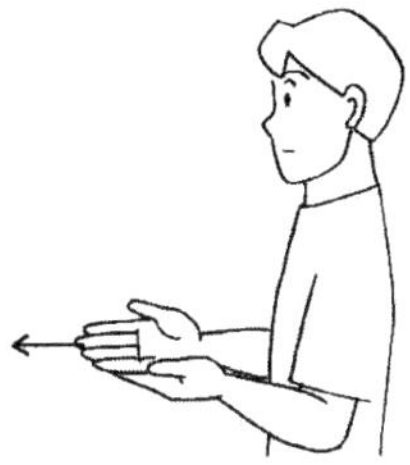

〈出発①〉

左手の指先を前に向け、その上に右手を立て、まっすぐ前に出す。

てんじょう【天井】1

「天井が高い」

→〈天井〉+〈高い③〉

例文の「天井」は建物の天井なので〈天井〉で表現。〈天井〉は左手が屋根、右手が天井を表す。

〈天井〉

左手を斜めにして立て、指のつけ根あたりから指先を前方に向けた右手を右に動かす。

〈高い③〉

指文字〈コ〉を示した右手を上にあげる。

てんじょう【天井】2

「天井知らずで値上がりが続いている」

→〈値上げ③〉+〈続く①〉

例文は〈値上げ③〉+〈続く①〉で表現。〈値上げ③〉はじりじり値があがるさまを表す。

〈値上げ③〉

両手の親指と人差指で丸を作り、揺らしながら右上にあげる。

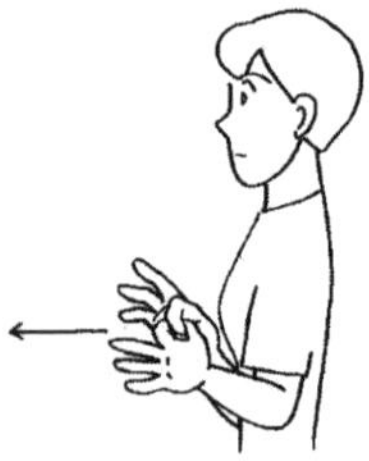

〈続く①〉

両手の親指と人差指を組んで前に出す。

てんしょく【転職】

「転職する」

→〈仕事〉+〈変わる④〉

「転職」は職を変える意味なので〈仕事〉+〈変わる④〉で表現。手話は仕事を変えるさまで「転職」「転業」などの意味を表す。

〈仕事〉

手のひらを上に向け、向かい合わせた両手指先を繰り返しつき合わせる。

〈変わる④〉

〈仕事〉の左手を残して右手２指を右へ返す。

でんせん【伝染】1

「病気が伝染する」

→〈病気〉+〈広がる①〉

例文の「伝染」は病気がほかにうつる意味なので〈広がる①〉で表現。〈広がる①〉は広がっていくさまで「広がる」「拡散する」意味。

〈病気〉

こぶしで額を軽くたたく。

〈広がる①〉

すぼめた両手を前にぱっと広げるように開く。

でんせん【伝染】2

「（あくびが）伝染する」

→（〈退屈〉+）〈感染①〉または〈感染②〉

例文の「伝染」は〈感染①〉または〈感染②〉で表現。

〈感染①〉

前方に向けて５指をつまんだ両手の指先を胸につける。

〈感染②〉

５指をつまんだ両手を胸に当て、指先の向きを変えて前に出す。

でんたく【電卓】

「電卓を借りる」

→〈電卓〉+〈借りる〉

「電卓」は電子式卓上計算機の略で〈電卓〉で表現。〈電卓〉は手の上で電卓を操作するさまを表す。

〈電卓〉

左手で電卓を持ち、右手でキーをたたくようにする。

〈借りる〉

親指と４指を半開きにして手前に引きながら閉じる。

でんたつ【伝達】

「全員に伝達する」
→〈みんな〉+〈連絡②〉

「伝達」は連絡などを伝える意味なので〈連絡②〉で表現。〈連絡②〉は輪で結ばれた関係を伝えるさまで「伝達」「連絡」などの意味を表す。

〈みんな〉
右手のひらを下に向けて水平に回す。

〈連絡②〉
両手の親指と人差指を組んで弧を描いて前に出す。

てんてき【点滴】

「点滴注射」
→〈点滴〉

「点滴」は栄養剤を直接血管に送る治療方法のことで〈点滴〉で表現。〈点滴〉は注射管によって点滴液が少しずつ血管に送り込まれるさまを表す。

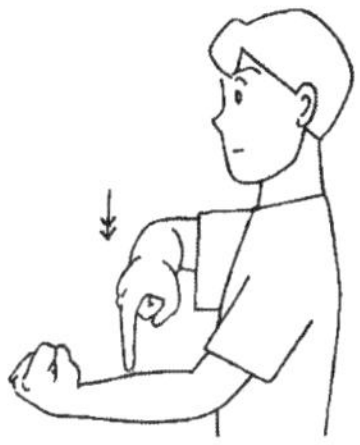

〈点滴〉
左腕を右人差指で繰り返しさすようにする。

てんち【天地】

「新天地」
→〈新しい〉+〈世界〉

例文の「天地」は世界の意味なので〈世界〉で表現。〈世界〉は回転する地球のさまで「世界」「国際」などの意味を表す。

〈新しい〉
すぼめた両手をぱっと前に出して広げる。

〈世界〉
両手の指先を向かい合わせ、球を描くように前に回す。

テント

「山にテントを張る」
→〈山〉+〈キャンプ〉

「テント」は野営するために用いる防水防風用の仮設設備。〈キャンプ〉で表現。〈キャンプ〉は地面に張られたテントのさまを表す。

〈山〉
右手で山形を描く。

〈キャンプ〉
左手甲に軽く開いた右手全指を当て、上に引き上げながら閉じる。

でんち【電池】

「電池」
→〈電気〉+〈筒〉

「電池」は小型蓄電池のことで〈電気〉+〈筒〉で表現。〈筒〉は丸い筒型の電池を表す。

〈電気〉
親指と中指を向かい合わせ、繰り返しはじく。

〈筒〉
両手の親指と人差指で作った丸をつけて左右に引き離す。

でんとう【伝統】1

「伝統(を守る)」
→〈伝統①〉
または〈伝統②〉
(+〈注意〉)

「伝統」は古くから伝えられた儀式あるいは風習。〈伝統①〉または〈伝統②〉で表現。いずれも親から代々受けつがれていくさまを表す。

〈伝統①〉
親指を立てた両手を前に回転させながら交互に下におろす。

〈伝統②〉
親指と小指を立てた両手を交互に回しながら下にさげる。

でんとう【伝統】2

「伝統を受け継ぐ」

→(〈伝統②〉または)
〈伝統①〉+〈責任②〉

例文の「伝統を受け継ぐ」は〈伝統①〉+〈責任②〉で表現。〈伝統①〉は親から代々受けつがれていくさまで、それを引きつぐことを表す。

〈伝統①〉
親指を立てた両手を前に回転させながら交互に下におろす。

〈責任②〉
両手を肩にのせる。

でんとう【電灯】

「電灯をつける」

→〈明かり①〉

「電灯」は〈明かり①〉で表現。〈明かり①〉は電灯をつけるさまを表す。

〈明かり①〉
額の高さですぼめた右手をぱっと下に向けて開く。

てんねん【天然】1

「天然の美」

→〈自然〉+〈美しい②〉

例文の「天然」は自然のままの状態を意味するので〈自然〉で表現。〈自然〉は「自然」「天然」を表す。

〈自然〉
右人差指をゆっくりすくいあげるように上にあげる。

〈美しい②〉
左手のひらをなでるように右手のひらを滑らせる。

てんねん【天然】2

「天然ガス」

→〈天然〉+〈香り①〉

「天然ガス」は地下に蓄えられた自然のガス燃料。〈天然〉+〈香り①〉で表現。〈天然〉は〈自然〉と区別して「天然」を表した新しい手話。

〈天然〉
右手のひらを前に向けて弧を描き、次に右人差指をすくうようにしてあげる。

〈香り①〉
右手２指を繰り返し鼻に近づける。

てんのう【天皇】

「天皇制」

→〈天皇〉+〈制度〉

例文は〈天皇〉+〈制度〉で表現。〈天皇〉は左手甲の上に右手〈男〉を乗せて地位が高いことを表し、さらに上にあげた。

〈天皇〉
左手の甲の上に親指を立てた右手をのせ、右手を上にあげる。

〈制度〉
両手２指を左右に並べ、左から右へ両手を動かす。

でんぱ【電波】

「テレビ電波」

→〈テレビ〉+〈電波〉

「電波」は〈電波〉で表現。〈電波〉はアンテナから電波が流れるさまを表す。

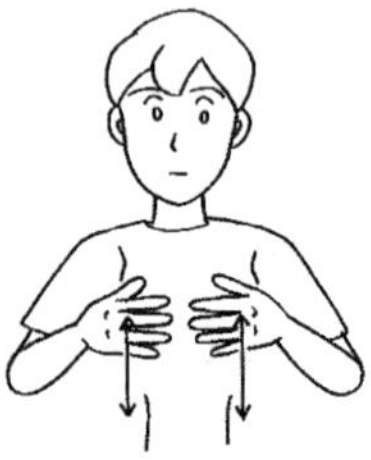

〈テレビ〉
両手の４指の指先を向かい合わせて左右同時に上下させる。

〈電波〉
左人差指の先に手のひらを下にした右手をつけ、ひらひらさせながら前に出す。

でんぴょう【伝票】

「(出金)伝票」

→(〈使う〉+)〈計算〉+〈券①〉

「伝票」はお金の出し入れを記録する小さい紙で〈計算〉+〈券①〉で表現するのが慣用になっている。

〈計算〉

左手の指先の方向に右手4指を滑らせるように右へ動かす。

〈券①〉

両手の親指と人差指を曲げて向き合わせて四角を示す。

テンプラ

「エビのテンプラを揚げる」

→〈エビ〉+〈テンプラ〉

「テンプラ」は〈テンプラ〉で表現。はしでテンプラを揚げるさまを表す。

〈エビ〉

折り曲げた2指をはねるように伸ばしながら右へ動かす。

〈テンプラ〉

右手2指を手首を軸にくるくる回す。

てんぼう【展望】1

「展望が良い」

→〈ながめる〉+〈良い〉

例文の「展望」は遠くまで広くながめ渡す意味なので〈ながめる〉で表現。〈ながめる〉は手をかざしてながめるさまで「景色」「眺望」の意味。

〈ながめる〉

右手を額に当ててながめるようにする。

〈良い〉

右こぶしを鼻から前に出す。

てんぼう【展望】2

「将来の展望」

→〈将来①〉+〈視野が広がる〉

例文の「展望」は社会の動きを広く見渡す意味なので〈視野が広がる〉で表現。〈視野が広がる〉は幅広く見るさまで「展望」の意味もある。

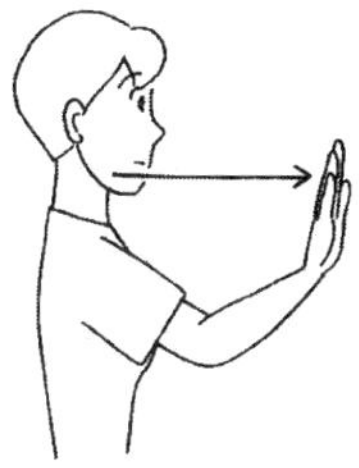

〈将来①〉

右手のひらを前に向けて押すように大きく前に出す。

〈視野が広がる〉

両目の脇で向かい合わせた両手のひらを左右に開く。

でんぽう【電報】

「電報を打つ」

→〈電報〉+〈渡す〉

「電報」は〈電報〉で表現。〈電報〉は発信機でキーを打つさまで「電報」「打電」「電報を打つ」などの意味を表す。

〈電報〉

左手のひらの上に右手2指の指先を繰り返し打ちつける。

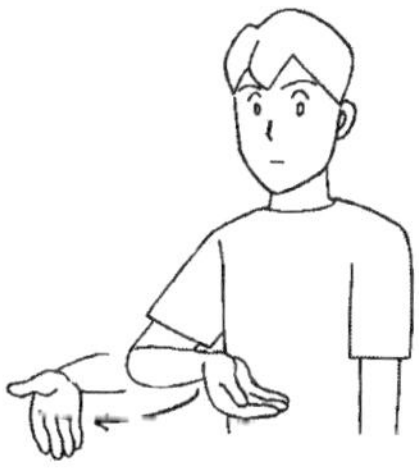

〈渡す〉

右手のひらを上に向けて手前から前にさっと出す。

てんもん【天文】

「天文学」

→〈天文〉+〈学問〉

「天文学」は〈天文〉+〈学問〉で表現。〈天文〉は天体望遠鏡をのぞくさまを表す。

〈天文〉

丸めた両手を前後に並べて目に当て、右手を斜め上に動かす。

〈学問〉

目の前に両手のひらを並べて手前に引くようにして水平に円を描く。

てんらく【転落】

「ビルから人が転落した」

→〈ビル①〉+〈落ちる②〉

例文の「転落」は高い所から落ちる意味なので〈落ちる②〉で表現。〈落ちる②〉は高い所から頭を下にして落ちるさまを表す。

〈ビル①〉

両手のひらを向かい合わせて上にあげ、閉じる。

〈落ちる②〉

甲を上向きにして左手を上にあげ、その上から右手２指が落ちるようにする。

てんらんかい【展覧会】

「展覧会」

→〈展示〉+〈会〉

「展覧会」は〈展示〉+〈会〉で表現。〈展示〉は展示品などを並べ展示するさまで「展示品」「展示」「展示する」などの意味を表す。

〈展示〉

目の前に両手のひらを向けて少し前後に振りながら左右に少しずつ開いていく。

〈会〉

両手で屋根形を作り、左右に引く。

でんりゅう【電流】

「電流」

→〈電気〉+〈電流〉

「電流」は電気の流れで〈電気〉+〈電流〉で表現。〈電流〉は電線を伝わる電気のさまを表す。

〈電気〉

親指と中指を向かい合わせ、繰り返しはじく。

〈電流〉

右人差指先を左へ向けてそのまままっすぐ左へ動かす。

でんりょく【電力】

「電力」

→〈電気〉+〈力〉

「電力」は電気量のことで〈電気〉+〈力〉で表現。手話は「電力」を表す慣用的な表現。

〈電気〉

親指と中指を向かい合わせ、繰り返しはじく。

〈力〉

こぶしを握った左腕を曲げ、上腕に右人差指で力こぶを描く。

でんわ【電話】1

「電話をかける」

→〈電話する①〉
　または〈電話する②〉

例文の「電話をかける」は電話することなので〈電話する①〉または〈電話する②〉で表現。

〈電話する①〉

親指と小指を立てた右手を耳に当て、前に出す。

〈電話する②〉

親指と小指を立てた左手を顔横に置き、右人差指を相手先に向かって出す。

でんわ【電話】2

「東京から電話がかかってくる」

→〈東京〉右側+〈電話がかかる〉

例文の「電話がかかる」は先方からこちらにかかってくることで〈電話がかかる〉で表現。〈東京〉を表した位置から〈電話がかかる〉を表す。

〈東京〉右側

やや右で親指と人差指を立てた両手の人差指を上に向けて２回あげるようにする。

〈電話がかかる〉

親指と小指を立てた右手を耳元に引き寄せる。

でんわ【電話】3

「電話が途中で切れる」
→〈電話〉+〈中途〉

例文の「電話が切れる」は〈電話〉+〈中途〉で表現。〈中途〉は途中で切れるさまでこの場合は「途中で切れる」の意味を表す。

〈電話〉
親指と小指を立てた右手を顔横に置く。

〈中途〉
左手のひらに右手指先を近づけて途中で落とす。

でんわ【電話】4

「公衆電話」
→〈金を入れる〉+〈電話〉

例文の「公衆電話」は街頭にあるカードや現金を使ってかける電話のことで〈金を入れる〉+〈電話〉で表現。

〈金を入れる〉
右手の親指と人差指で作った丸を上から前に投げ入れるようにする。

〈電話〉
親指と小指を立てた右手を顔横に置く。

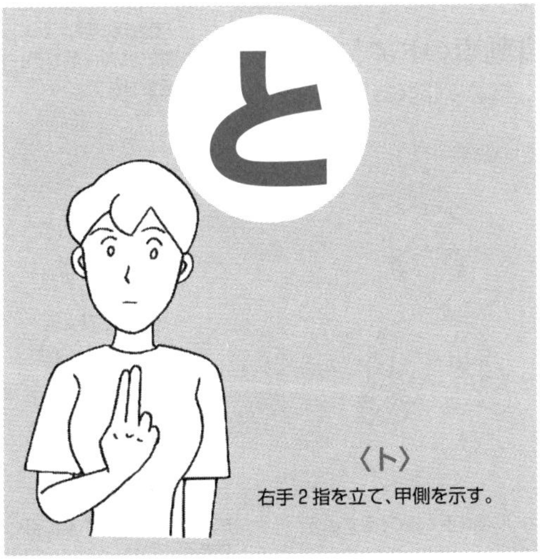

〈ト〉
右手２指を立て、甲側を示す。

と 1

「寿司と(そば)」
→〈寿司〉+〈と〉
(+〈そば〉)

例文の「と」は並べて言う時に使う言葉で〈と〉で表現。〈と〉はふたつ目のものをさすさまを表す。

〈寿司〉
左手のひらに右手２指を包み込み、寿司を握るようにする。

〈と〉
左手の人差指と中指を立てて、右人差指を左中指に当てる。

と 2

「友達と(旅行する)」
→〈友達①〉+〈一緒①〉
(+〈旅行〉)

例文の「と」は共にの意味なので〈一緒①〉で表現。〈一緒①〉は二人が一緒に行動するさまを表す。

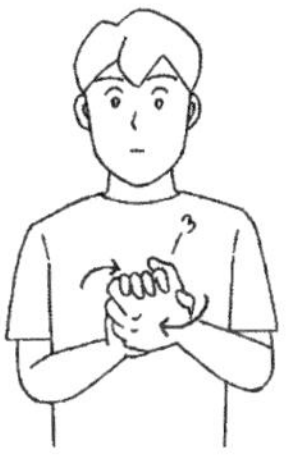

〈友達①〉
両手を組み、手を組み換える。

〈一緒①〉
両手の人差指を添わせる。

と 3

「右に行くと(橋がある)」
→〈右②〉+〈行(い)く①〉
(+〈橋〉+〈ある①〉右側)

例文の「と」はある条件のもとではいつもあることが起こることを表し、手話では表現しないが、〈時①〉を使うこともある。

〈右②〉
右手のひらで右側を押すようにする。

〈行(い)く①〉
右手人差指を下に向けて、振りあげるように前をさす。

と【戸】

「戸を開ける」
→〈開(ひら)く②〉
または〈開(あ)ける②〉

「戸」は種類によって表現が違うが〈開く②〉は引き戸を、〈開ける②〉はドアを表す。

〈開(ひら)く②〉
左手のひらにつけた右手を右に開く。

〈開(あ)ける②〉
取っ手を握って手前に開くようにする。

と【都】

「東京都」
→〈東京〉+〈ト〉

「東京都」の「都」は指文字〈ト〉で表現する。

〈東京〉
両手の親指と人差指を立て、上に向けて２回あげる。

〈ト〉
右手２指を立て、甲側を示す。

ど【度】1

「(今)年度」
→(〈今〉+)
〈年(ねん)〉+〈度〉

例文の「度」は〈度〉で表現。〈度〉は指文字〈ド〉で表す。この場合、〈年〉の左手を残して表す。

〈年(ねん)〉
左こぶしの親指側に右人差指を当てる。

〈度〉
〈年(ねん)〉の左こぶしをそのままにして、右手２指で指文字〈ド〉を示す。

ど【度】2

「８度の熱」
→〈熱〉+〈８〉

例文の「度」は温度の単位なので手話単語には表さない。

〈熱〉
親指と人差指を閉じた右手を左脇の下につけて、人差指を上にはねあげて上に開く。

〈８〉
小指を折った右手甲を前に向ける。

ドア1

「自動ドア」
→〈自然〉+〈開(ひら)く②〉

例文の「自動ドア」は自動的に開くドアのことで〈自然〉+〈開く②〉で表現。この場合の〈自然〉は「自動」の意味。

〈自然〉
右人差指をゆっくりすくいあげるように上にあげる。

〈開(ひら)く②〉
左手のひらにつけた右手を右に開く。

ドア2

「自動車のドア」
→〈運転〉+〈開(あ)ける③〉

例文の「ドア」は〈開ける③〉で表現。〈開ける③〉は片開き式の自動車のドアのさまを表す。

〈運転〉
ハンドルを両手で握り、回すようにする。

〈開(あ)ける③〉
ドアに手をかけて手前に引くようにする。

といあわせ【問い合わせ】

「問い合わせ先」

→〈尋ねる①〉+〈場所〉

例文の「問い合わせ」は尋ねる意味なので〈尋ねる①〉で表現。〈尋ねる①〉は「問い合わせ」「尋ねる」「質問する」などの意味を表す。

〈尋ねる①〉

右人差指を右耳から前に差し出す。

〈場所〉

全指を曲げた右手を前に置く。

とう【塔】1

「テレビ塔」

→〈テレビ〉+〈塔〉

「テレビ塔」は〈テレビ〉+〈塔〉で表現。〈塔〉はテレビタワーを表したもので「塔」「タワー」を表す。

〈テレビ〉

両手の4指の指先を向かい合わせて左右同時に上下させる。

〈塔〉

両手2指の指先を向かい合わせて上にあげながら近づける。

トイレ

「トイレ」

→〈トイレ〉
または〈手洗い〉

「トイレ」は〈トイレ〉または〈手洗い〉で表現。〈トイレ〉はWCの文字を表し、どちらも「WC」「便所」「トイレ」「手洗い」の意味。

〈トイレ〉

3指を立てて親指と人差指で「C」の字を作る。

〈手洗い〉

両手で手を洗うようにする。

とう【塔】2

「五重の塔がある」

→〈五重の塔〉+〈ある①〉

「五重の塔」は〈五重の塔〉で表現。〈五重の塔〉は屋根を五つ表すが、数字〈5〉と屋根の形の組み合わせでも表現できる。

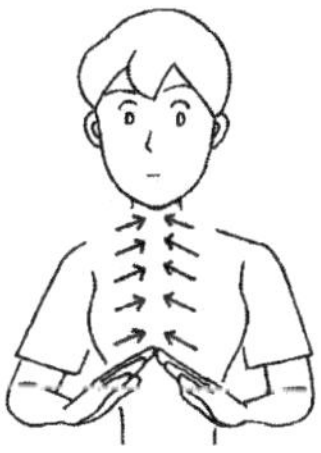

〈五重の塔〉

上から順番に屋根形を示す。

〈ある①〉

右手のひらを体の前に軽く置く。

とう【党】

「(自由)党」

→(〈自由〉+)
〈グループ〉
または〈党〉

「党」は〈グループ〉または〈党〉で表現。〈党〉は指文字〈ト〉と〈グループ〉の動きを組み合わせた「党」を表す新しい手話。

〈グループ〉

指先を上に向けた両手で水平に手前に円を描く。

〈党〉

両手で指文字〈ト〉を示し、手前に引きながら水平に円を描く。

とう【等】

「(電車、)バス等」

→(〈電車〉+)
〈バス①〉+〈いろいろ〉

「等」はほかにもまだあることを表すので〈いろいろ〉で表現。〈いろいろ〉は違うものがいくつもあるさまで「等」「など」の意味を表す。

〈バス①〉

両手の人差指の先を向かい合わせ、親指を立てて前に進める。

〈いろいろ〉

親指と人差指を立てた右手をひねりながら右へやる。

とう【問う】1

「（無事）かどうかを問う」

→（〈無事〉＋）
〈どちら①〉＋〈尋ねる①〉

例文の「問う」は尋ねる意味なので〈尋ねる①〉で表現。〈尋ねる①〉は「問い合わせ」「尋ねる」「質問する」などの意味を表す。

〈どちら①〉
両手人差指を立て、交互に上下させる。

〈尋ねる①〉
右人差指を右耳から前に差し出す。

とう【問う】2

「（事故の責任を）問う」

→（〈事故〉＋〈責任①〉＋）
両手〈か〉
または〈追及〉

例文の「問う」は責任を明らかにするために問いただす意味で〈か〉または〈追及〉で表現。〈か〉はどうかと問い詰めるさまを表す。

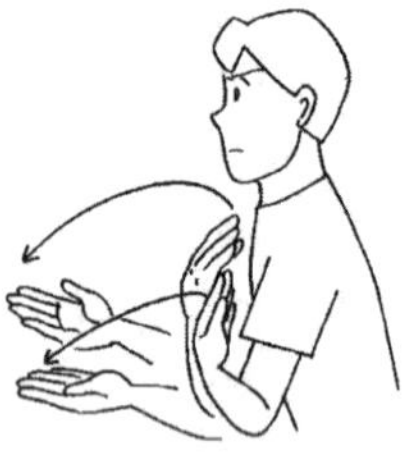

両手〈か〉
両手のひらを同時に前に差し出す。

〈追及〉
左親指に手のひらを上に向けた右手指先を繰り返し近づける。

とう【問う】3

「年齢を問わない」

→〈年齢〉＋〈関係ない〉

例文の「問わない」は問題としない意味で〈関係ない〉で表現。〈関係ない〉は輪が切れたさまで「関係ない」「無関係」を意味する。

〈年齢〉
あごの下で右手指を順に折る。

〈関係ない〉
親指と人差指を組んだ両手を左右にぱっと離す。

どう 1

「（体の具合は）どうか」

→（〈体（からだ）〉＋〈状態①〉＋）
〈尋ねる②〉
または〈何〉

「どう」はどうかと尋ねる意味なので〈尋ねる②〉または〈何〉で表現。〈何〉はどうかと尋ねるさまを表す。その表情に注意。

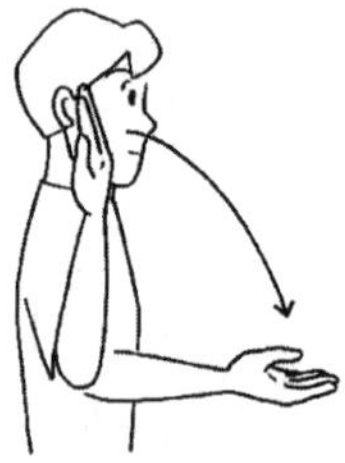

〈尋ねる②〉
右手のひらを右耳の横から前に出す。

〈何〉
右人差指を左右に振る。

どう 2

「どうしよう」

→〈方法〉＋〈何〉

例文はどうすればよいか、どんな方法がよいかなどを考えることなので〈方法〉＋〈何〉で表現。

〈方法〉
左手甲を右手のひらで繰り返したたく。

〈何〉
右人差指を左右に振る。

どう【同】

「同年齢」

→〈同じ①〉＋〈年齢〉

「同」は同じ意味なので〈同じ①〉で表現。〈同じ①〉は二つのものがそろっているさまで「同」「同じ」「同一」などの意味を表す。

〈同じ①〉
両手の親指と人差指の先を上に向けて閉じたり開いたりする。

〈年齢〉
あごの下で右手指を順に折る。

どう【銅】

「銅(メダル)」

→〈赤〉+〈鉄〉
(+〈メダル①〉)

「銅」は昔は赤がねと言ったので〈赤〉+〈鉄〉で表現。

〈赤〉
唇に人差指を当て、右へ引く。

〈鉄〉
立てた左手のひらに右手２指の指先を打ちつける。

どうい【同意】

「同意する」

→〈認める①〉
または〈認める②〉

「同意」は賛成する、承認する意味なので〈認める①〉または〈認める②〉で表現。手話はどちらもうなずき同意するさまで「同意」「承認」の意味。

〈認める①〉
右腕を左手でつかみ、右こぶしを手首から前に倒す。

〈認める②〉
両こぶしを向かい合わせて内側に倒す。

とういつ【統一】1

「意見を統一する」

→〈意見〉+〈まとめる〉

例文の「統一」は一つにまとめる意味なので〈まとめる〉で表現。〈まとめる〉はいろいろなものを一つにまとめるさまで「統一」「統合」の意味。

〈意見〉
右小指を頭に当て、手首を返しながら前に出す。

〈まとめる〉
両手のひらを向かい合わせて左右から中央にあげながら握る。

とういつ【統一】2

「統一選挙」

→〈均一〉+〈選挙〉

例文の「統一選挙」は知事や議員選挙などいろいろな地方選挙を全国一斉に行う選挙のことで〈均一〉+〈選挙〉で表現。

〈均一〉
両手の親指と人差指を出して並べ、閉じながらすばやく左右に開く。

〈選挙〉
そろえた両手を交互に中央におろす。

とういつ【統一】3

「統一ドイツ」

→〈統一〉+〈ドイツ〉

例文の「統一」はいろいろ分かれているものを一つにまとめ支配する意味なので〈統一〉で表現。〈統一〉はまとめて一つにするさまを表す。

〈統一〉
両手のひらを向かい合わせて中央にあげながら左手を握り、右人差指を立てる。

〈ドイツ〉
人差指を立てた右手を額に当てる。

どういつ【同一】

「同一人物」

→〈同じ①〉+〈人〉

「同一」は同じこと、同じものの意味なので〈同じ①〉で表現。〈同じ①〉は二つのものが同じさまで「同一」「同じ」の意味。

〈同じ①〉
両手の親指と人差指の先を上に向けて閉じたり開いたりする。

〈人〉
人差指で「人」の字を空書する。

どうか

「どうかお願いします」

→〈必ず〉+〈頼む②〉

「どうか」は相手に頼むとき初めに言う言葉で〈必ず〉で表現。〈必ず〉は指切りで約束するさま。「どうか」「必ず」「ぜひ」などの意味。

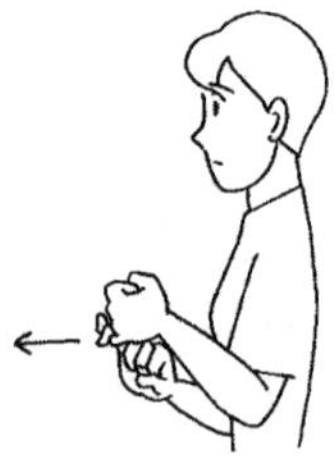

〈必ず〉
両手の小指を組み前に出す。

〈頼む②〉
両手を合わせて拝む。

どうかん【同感】

「(君の)意見には同感」

→(〈あなた①〉+)〈意見〉+〈同じ②〉

「同感」は同じ感じや気持ちを持つ意味なので〈同じ②〉で表現。〈同じ②〉は相手と同じさまで「同一」「同じ」の意味。

〈意見〉
右手小指を頭に当て、手首を返しながら前に出す。

〈同じ②〉
両手を前後に置いて親指と人差指を閉じたり開いたりする。

とうがらし【唐辛子】1

「とうがらし(をかける)」

→〈赤〉+〈からい〉(+〈ふりかける〉)

「とうがらし」は2種類の表現がある。ひとつは〈赤〉+〈からい〉で表現。〈からい〉は口がひりひりするさまを表す。

〈赤〉
唇に人差指を当て、右へ引く。

〈からい〉
右手全指を折り曲げて口の前で回す。

どうき【動機】

「動機を尋ねる」

→〈意味①〉+〈尋ねる①〉

「動機」は考えや行動を始めるようになった原因の意味で〈意味①〉で表現。〈意味①〉は木の根元、根源のさまで「動機」「理由」などの意味。

〈意味①〉
左手のひらの下を右人差指で突くようにする。

〈尋ねる①〉
右人差指を右耳から前に差し出す。

とうがらし【唐辛子】2

「とうがらしをかける」

→〈とうがらし〉+〈ふりかける〉

「とうがらし」のもうひとつは〈とうがらし〉で表現。〈とうがらし〉はとうがらしの形を表す。

〈とうがらし〉
左小指をやや曲げて出し、それを右親指と人差指でつまんで弧を描きながら指を閉じる。

〈ふりかける〉
右手で容器を持ち、ふりかけるようにする。

どうき【動悸】

「動悸が激しい」

→〈ドキドキ〉+〈とても〉

「動悸」は〈ドキドキ〉で表現。〈ドキドキ〉は心臓が波打つさまを表す。

〈ドキドキ〉
左胸の前に置いた左手のひらに右手甲を繰り返し当てる。

〈とても〉
親指と人差指を閉じた右手を左から弧を描きながら親指を立てる。

とうきゅう【等級】

「障害の等級」

→〈折る①〉+〈等級〉

「等級」は一級、二級と分かれるランクのことで〈等級〉で表現。〈等級〉は一級、二級、三級と連続的に表すさまで「等級」を表す。

〈折る①〉

両こぶしの親指側を合わせ、折るようにする。

〈等級〉

左手のひらを手前に向けて、右手の指先を前に向けて順番に出しながら下におろす。

どうきょ【同居】

「(両親と)同居する」

→(〈両親〉+)
〈一緒①〉+〈生活〉

「同居」は一緒に住む意味なので〈一緒①〉+〈生活〉で表現。〈一緒①〉は二人が並ぶさまで「一緒」「共同」などの意味を表す。

〈一緒①〉

両手の人差指を添わせる。

〈生活〉

両手の親指と人差指を向かい合わせて回す。

どうきゅう【同級】1

「同級(で一番)」

→〈同じ①〉+〈グループ〉
(+〈一番①〉)

例文の「同級」は同じクラスの意味なので〈同じ①〉+〈グループ〉で表現。〈同じ①〉は二つのものが同じさまで「同一」「同じ」の意味。

〈同じ①〉

両手の親指と人差指の先を上に向けて閉じたり開いたりする。

〈グループ〉

指先を上に向けた両手で水平に手前に円を描く。

どうぐ【道具】1

「大工道具」

→〈大工〉+〈道具〉

例文の「道具」は〈道具〉で表現。〈道具〉はベルトに道具を納めるさまを表す。一般に「道具」は具体的な物で表す。

〈大工〉

左手でのみを持ち、右手の金槌でたたくようにする。

〈道具〉

左手の親指と4指で「C」の字形を作り右2指を差し込む。

どうきゅう【同級】2

「同級生」

→〈同級〉+〈学生①〉

例文の「同級」は同じ学年の意味なので〈同級〉で表現。〈同級〉は学年やクラスが同じさまで「同級」「同輩」「同期」を表す。

〈同級〉

右手の人差指側と左手の小指側をつき合わせる。

〈学生①〉

軽く開いた両手を上下に置き、握りながらはかまのひもをしめるようにする。

どうぐ【道具】2

「嫁入り道具」

→〈花嫁〉+〈たんす〉

例文の「嫁入り道具」はたんすに代表されるので〈花嫁〉+〈たんす〉で表現。〈たんす〉は「たんす」の意。「嫁入りだんす」も同手話。

〈花嫁〉

手のひらを手前に向け斜めに立てた両手を額に置き、角隠しを描く。

〈たんす〉

全指を軽く曲げた両手のひらを上に向け、手前に引く。

とうげ【峠】1

「峠を越える」

→〈峠〉+〈過ぎる〉

例文の「峠」は山道を登りつめた上りと下りのさかいめの意味で〈峠〉で表現。〈峠〉は峠の漢字の上と下を表した新しい手話。

〈峠〉

親指と人差指を立てた両手で上下を指さす。

〈過ぎる〉

左手甲の上を右手で乗り越える。

とうげ【峠】2

「(病気は今)夜が峠だ」

→(〈病気〉+〈今①〉+)〈暗い〉+〈危機〉

例文の「峠」は一番危険な時の意味なので〈危機〉で表現。〈危機〉はどちらに転ぶかわからないさまで「危機」「ピンチ」などの意味。

〈暗い〉

両手のひらを前に向けた両腕を目の前で交差させる。

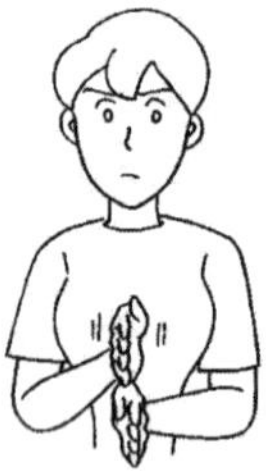

〈危機〉

指先を前に向けて両手を上下に重ねて、右手を揺する。

とうけい【統計】1

「統計学」

→〈統計〉+〈勉強③〉

「統計学」は数的な比較を研究する学問のことで〈統計〉+〈勉強③〉で表現。〈統計〉は折れ線グラフを表す。

〈統計〉

右人差指を曲げて上下させながら右へ動かす。

〈勉強③〉

手のひらを手前に向けた両手を左右から合わせる。

とうけい【統計】2

「統計をとる」

→〈統計〉+〈作る〉

例文は〈統計〉+〈作る〉で表現。〈統計〉は折れ線グラフを表す。

〈統計〉

右人差指を曲げて上下させながら右へ動かす。

〈作る〉

両手のこぶしを上下に打ちつける。

とうげい【陶芸】

「趣味は陶芸」

→〈趣味①〉(または〈趣味②〉)+〈陶芸〉

「陶芸」は〈陶芸〉で表現。〈陶芸〉はろくろを回して陶器を作るさまを表す。

〈趣味①〉

右こぶしの親指側で右ほおをこするように前に出す。

〈陶芸〉

指先を下に向けた両手を手前に弧を描いて引き寄せる。

とうけつ【凍結】1

「(川が)凍結した」

→(〈流れる①〉+)〈寒い〉+〈固い②〉

例文の「凍結」はこおりつく意味なので〈寒い〉+〈固い②〉で表現。

〈寒い〉

両こぶしを握り、左右にふるわせる。

〈固い②〉

曲げた右手全指を振りおろして止める。

とうけつ【凍結】2

「問題を凍結する」

→〈問題〉+〈隠す〉

例文の「凍結」は今のままの状態にある期間とめておく意味で〈隠す〉で表現。〈隠す〉は「そのままにしておく」「保留する」の意味がある。

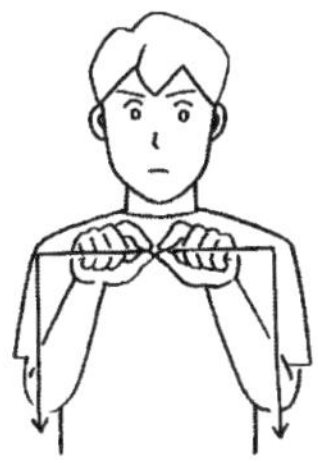

〈問題〉

両手の親指と人差指をつまみ「 ┐を描く。

〈隠す〉

左手のひらの下に右手をもぐり込ませる。

とうごうしっちょうしょう【統合失調症】

「統合失調(症)」

→〈まとめる〉+〈操る①〉
（+〈病気〉）

「統合失調症」は〈まとめる〉+〈操る①〉+〈病気〉で表現。

〈まとめる〉

両手のひらを向かい合わせて左右から中央にあげながら握る。

〈操る①〉

親指と人差指でひもを持つように交互に上下させる。

とうこう【登校】1

「登校する」

→〈勉強②〉+〈行(い)く①〉

例文の「登校」は学校へ行く意味なので〈勉強②〉+〈行く①〉で表現。〈勉強②〉は〈学校〉から〈場所〉を省略した形。

〈勉強②〉

指先を上に向けた両手を並べて軽く前に出す。

〈行(い)く①〉

右手人差指を下に向けて、振りあげるように前をさす。

どうさ【動作】

「動作が鈍い」

→〈活動〉+〈遅い①〉
（または〈遅い②〉）

例文の「動作」は生き物の動きなので〈活動〉で表現。〈活動〉は手を活発に動くさまを表す。「動きが鈍い」も同手話。

〈活動〉

ひじを少し張り、ひじを軸に両こぶしを交互に繰り返し前に出す。

〈遅い①〉

親指と人差指を出し、人差指の先を向き合わせ、左から右へゆっくり弧を描く。

とうこう【登校】2

「登校(拒否)」

→〈勉強②〉+〈通う〉
（+〈断る〉）

例文の「登校拒否」は〈勉強②〉+〈通う〉+〈断る〉で表現。〈勉強②〉は〈学校〉から〈場所〉を省略した形。

〈勉強②〉

指先を上に向けた両手を並べて軽く前に出す。

〈通う〉

親指を立てたまま前後に往復させる。

とうざい【東西】

「東西(南北)」

→〈東〉+〈西①〉
（+〈暑い①〉+〈北①〉または〈北②〉）

「東西」は東と西のことなので〈東〉+〈西①〉で表現。〈東〉は日が昇るさま、〈西①〉は日が沈むさまを表す。

〈東〉

両手の親指と人差指を向かい合わせて同時にあげる。

〈西①〉

親指と人差指を出し、人差指を下に向けてさげる。

とうさん【倒産】

「（会社が）倒産する」

→（〈会社〉＋）
〈つぶれる①〉
または〈つぶれる②〉

「倒産」は会社がつぶれる意味なので〈つぶれる①〉または〈つぶれる②〉で表現。手話はどちらも「倒産」「破産」の意味を表す。

〈つぶれる①〉

屋根形にした両手の指先をつけたまま手のひらを合わせる。

〈つぶれる②〉

両手の屋根形を斜め前に倒すようにする。

とうし【投資】

「設備投資」

→〈設備〉＋〈払う②〉

「投資」は事業を行うまたは拡大するためにお金を出すことなので〈払う②〉で表現。〈払う②〉はまとまったお金を支出するさまを表す。

〈設備〉

両手の親指と人差指で作った丸を左右から上にあげて中央でつける。

〈払う②〉

左手のひらの上に右手の親指と人差指で丸を作り、前に出して開く。

とうじ【当時】1

「当時を振り返る」

→〈過去②〉＋〈なつかしい①〉

例文の「当時」はその昔の意味なので〈過去②〉で表現。〈過去②〉は過ぎ去った昔のさまを表す。

〈過去②〉

右手のひらを後ろに向けて、押すようにして肩越しに少し後ろに動かす。

〈なつかしい①〉

右手指先を揺らしながら頭から右横へ出す。

とうじ【当時】2

「結婚当時」

→〈結婚〉＋〈くらい①〉

例文の「結婚当時」は結婚したその頃の意味なので〈くらい①〉で表現。〈くらい①〉はある程度の幅を表し「頃」などの意味。

〈結婚〉

親指と小指を左右からつける。

〈くらい①〉

右手指先を前に向け、左右に小さく振る。

とうじ【答辞】

「答辞」

→〈答える〉＋〈式〉

「答辞」は送辞に答えて述べる言葉なので〈答える〉＋〈式〉で表現。〈式〉はあいさつを書いた紙を広げ読むさまを表す。

〈答える〉

口の前で両手の親指と人差指を向かい合わせて前に出す。

〈式〉

両こぶしを左右に開く。

どうじ【同時】1

「（地震と）
火事が同時に起きた」

→（〈地震〉＋）
〈火事②〉＋〈同時〉

例文の「同時」は二つのことが同じ時に起きる意味なので〈同時〉で表現。〈同時〉は両手が同時に起きるさまを表す。

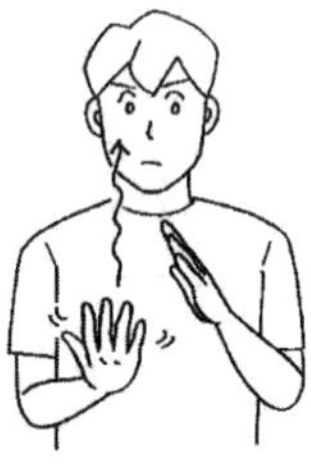

〈火事②〉

左手屋根形の下から指先を上に向けた右手を炎のように揺らしながら上にあげる。

〈同時〉

両手の閉じた親指と人差指をはじくように人差指だけを上に向ける。

どうじ【同時】2

「(選手)であると同時に監督である」

→(〈選手〉+)
〈指導〉+〈兼ねる〉

例文の「同時」は二つのことを兼ねる意味で〈兼ねる〉で表現。〈兼ねる〉は数字２を肩に当て、二つ責任があることを表す。

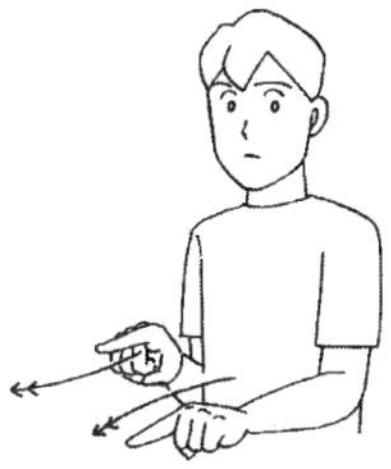

〈指導〉

人差指の指先を前に向け、交互に前後に動かす。

〈兼ねる〉

右手２指を左肩に当てる。

どうして 2

「どうして死んだ」

→〈死ぬ①〉+〈意味①〉

例文の「どうして」は理由を尋ねる意味なので〈意味①〉で表現。〈意味①〉は木の根元をさぐるさまで「意味」「理由」「原因」を表す。

〈死ぬ①〉

両手のひらを合わせ、横に倒す。

〈意味①〉

左手のひらの下を右人差指で突くようにする。

どうじ【同時】3

「同時(通訳)」

→〈一緒①〉または〈平行〉
(+〈通訳〉)

「同時通訳」は〈一緒①〉または〈平行〉+〈通訳〉で表現。〈一緒①〉はともに同じことをするさま、〈平行〉は二つのものが間隔を保って進むさまを表す。

〈一緒①〉

両手の人差指を左右から合わせる。

〈平行〉

指先を前に向けた両手を平行に前に出す。

どうして 3

「どうしてここに来たのか」

→〈来る②〉+〈どうして〉

例文は〈来る②〉+〈どうして〉で表現。〈どうして〉はなぜそうなるのかと相手に問いただすのと同時に意外な感じを持つさまを表す。

〈来る②〉

右人差指を上に向けて手前に引く。

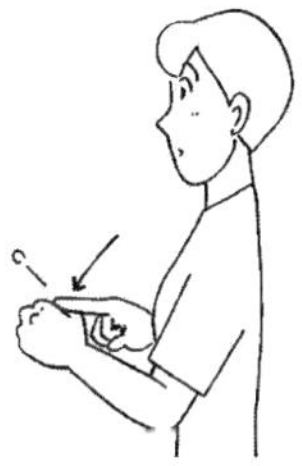

〈どうして〉

意外だという表情をしながら右人差指で左こぶしの親指側をたたく。

どうして 1

「どうして(暮らしていく)のか」

→(〈生活〉+)
〈方法〉+〈何〉

例文の「どうして」はどのようにしてと方法を尋ねる意味なので〈方法〉+〈何〉で表現。ものを尋ねる〈何〉の表情に注意。

〈方法〉

左手甲を右手のひらで軽くたたく。

〈何〉

右人差指を左右に振る。

どうしても 1

「どうしてもやり(たい)」

→〈絶対〉+〈する〉
(+〈好き①〉)

例文の「どうしても」はどんなことがあっても、ぜひともの意味なので〈絶対〉で表現。〈絶対〉は規則を繰り返して「絶対」の意味を表す。

〈絶対〉

左手のひらに折り曲げた右手２指を強く打ちつける。

〈する〉

両こぶしを力を込めて前に出す。

どうしても 2

「どうしても(行け)ない」

→(〈行(い)〉〈①〉+)
〈難しい〉
または〈できない〉

例文の「どうしても」はどうやってもできない意味なので〈難しい〉または〈できない〉で表現。

〈難しい〉
ほおをつねるようにする。

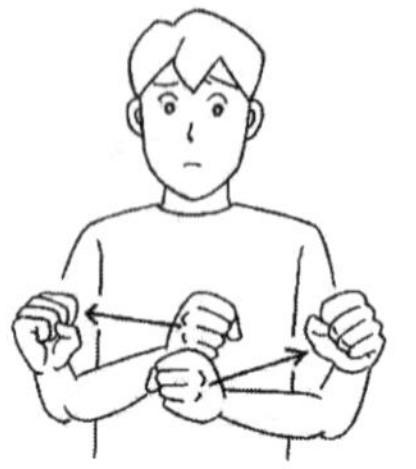

〈できない〉
両こぶしを握り、手首を交差させて左右にぱっと開く。

とうしゅ【投手】

「(野球の)投手」

→(〈野球①〉+)
〈投げる〉+〈男〉

「投手」は野球のピッチャーのことで〈投げる〉+〈男〉で表現。手話は「投手」「ピッチャー」を表す。

〈投げる〉
右手で野球のボールを投げるようにする。

〈男〉
親指を立てた右手を出す。

とうじょう【登場】1

「講師が登場する」

→〈講演〉+〈客〉

例文の「登場」は舞台に現れる意味なので〈客〉で表現。〈客〉は迎え入れるさまで「客」「迎える」「登場」などの意味を表す。

〈講演〉
左手甲の上に右ひじをのせて指先を伸ばして前後に振る。

〈客〉
左手のひらに親指を立てた右手をのせ、右から手前に引き寄せる。

とうじょう【登場】2

「映画に登場する」

→〈映画〉+〈参加①〉

例文の「登場」は映画のある場面に現れる意味なので〈参加①〉で表現。手話は映画に登場するという意味を表す。

〈映画〉
指間を軽く開き、両手のひらを目の前で前後に重ね、交互に上下させる。

〈参加①〉
指先を上に向け、手のひらを手前に向けた左手に人差指を立てた右手を打ちつける。

とうじょう【登場】3

「(役者が)
舞台に登場する」

→(〈俳優〉+)
〈台〉+〈来る③〉

例文は舞台の上に現れる意味なので〈来る③〉で表現。〈来る③〉は舞台の中央に役者が現れるさまで、目の前に登場するの意味。

〈台〉
両手で ┌ ┐ を描く。

〈来る③〉
親指を立てた右手を手前に引く。

どうじょう【同情】

「同情する」

→〈悲しい①〉+〈思う〉

「同情」は人の悲しみを思いやる意味なので〈悲しい①〉+〈思う〉で表現。手話は人の悲しみに同調するさまを表す。

〈悲しい①〉
親指と人差指を閉じた右手を目元から揺らしながらおろす。

〈思う〉
右人差指を側頭部に当てる。

とうしん【答申】

「首相に答申する」

→〈首相〉+〈答える〉

「答申」は地位の上の人の問いに答えて意見を文書にして述べる意味なので〈答える〉で表現。〈答える〉は〈首相〉に向けて動かす。

〈首相〉

右手のひらを首筋に当てて親指を出す。

〈答える〉

口の前で両手の親指と人差指を向かい合わせて前に出す。

とうせき【透析】

「人工透析で通う」

→〈透析〉+〈通う〉

「人工透析」は〈透析〉で表現。〈透析〉は血液を浄化させる装置を表す新しい手話。

〈透析〉

左腕の上で右人差指を前向きに回す。

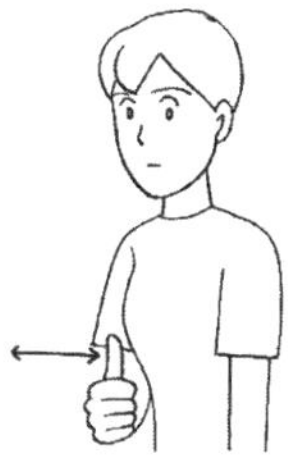

〈通う〉

親指を立てたまま前後に往復させる。

どうせ 1

「どうせ失敗するぞ」

→〈失敗①〉+〈絶対〉

例文の「どうせ」は結局は予想通りになるの意味なので〈絶対〉で表現。〈絶対〉は〈規則〉を繰り返し、必ずそうなる「絶対」の意味を表す。

〈失敗①〉

右こぶしで鼻を握り、手首を返して折るようにする。

〈絶対〉

左手のひらに折り曲げた右手2指を強く打ちつける。

とうせん【当選】1

「(委員に)当選した」

→(〈委員〉+)
〈選ぶ②〉
または〈合格〉

例文の「当選」は選挙で選ばれることなので〈選ぶ②〉または〈合格〉で表現。〈選ぶ②〉は選び出されるさまを表す。

〈選ぶ②〉

左手甲を前にした5指を右手の親指と人差指でつまみあげるようにする。

〈合格〉

左手の親指と4指の間を指先を上に向けた右手で下から突き破るようにあげる。

どうせ 2

「どうせやるなら」

→〈する〉+〈時②〉

例文の「どうせやるなら」はやるとすればの意味で〈する〉+〈時②〉で表現。「どうせ」は文を強調することばなので、手話表現する強さで表す。

〈する〉

両こぶしを力を込めて前に出す。

〈時②〉

左こぶしの親指側に右親指を当て、人差指を時計の針のように回す。

とうせん【当選】2

「(市長に)当選した」

→(〈シ〉+〈長①〉+)
〈選ぶ①〉+〈成功〉

例文の「当選」は選挙で選ばれることなので〈選ぶ①〉+〈成功〉で表現。〈選ぶ①〉+〈成功〉はうまく選ばれた喜びがこもる。

〈選ぶ①〉

左親指を右手の親指と人差指でつまみあげるように上に動かす。

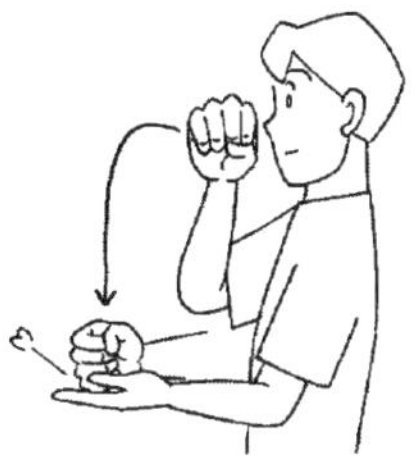

〈成功〉

右こぶしを鼻から左手のひらに打ちつける。

と

と

とうぜん【当然】

「するのが当然」

→〈する〉+〈当たり前〉

「当然」は珍しくもないごく普通のことで〈当たり前〉で表現。〈当たり前〉は「当然」「当たり前」「普通」などの意味を表す。

〈する〉

両こぶしを力を込めて前に出す。

〈当たり前〉

両手の親指と人差指を合わせて左右にすばやく開く。

とうそう【闘争】

「賃金闘争」

→〈給料〉+〈けんか①〉

「闘争」は闘い争う意味なので〈けんか①〉で表現。〈けんか①〉は闘うさまで「けんか」「争う」「戦争」「闘争」などの意味がある。

〈給料〉

左手のひらに右手親指と人差指で作った丸を添えて手前に引き寄せる。

〈けんか①〉

両手人差指を剣のようにふれ合わす。

どうぞ 1

「どうぞよろしくお願いします」

→〈良い〉+〈頼む①〉

例文の「どうぞ」は人にものを頼むときの丁寧さを表す言葉で〈良い〉+〈頼む①〉を丁寧に表現することで表す。

〈良い〉

右こぶしを鼻から前に出す。

〈頼む①〉

頭を下げて右手で拝むようにする。

どうそう【同窓】1

「同窓会」

→〈問題〉+〈会〉

「同窓会」は同じ学校の卒業生の会のことで〈問題〉+〈会〉で表現。〈問題〉は「問」「同」の字形を表したもので「問」「同」をさす。

〈問題〉

両手の親指と人差指をつまみ「 ˥ を描く。

〈会〉

両手で屋根形を作り、左右に引く。

どうぞ 2

「お茶をどうぞ」

→〈お茶を入れる〉+〈与える①〉

例文の「どうぞ」は人にものを勧めるときの言葉で〈与える①〉で表現。〈与える①〉は渡すさまで丁寧な表現にどうぞの気持ちをこめる。

〈お茶を入れる〉

湯飲みを持つようにした左手に親指と小指を立てた右手を注ぎ入れるように傾ける。

〈与える①〉

両手のひらを上に向け並べて前に差し出す。

どうそう【同窓】2

「同窓(生)」

→〈勉強②〉+〈同じ①〉
(+〈学生①〉)

例文の「同窓」は卒業した学校が同じ意味なので〈勉強②〉+〈同じ①〉で表現。〈勉強②〉は〈場所〉を略しているが「学校」の意味。

〈勉強②〉

指先を上に向けた両手を並べて軽く前に出す。

〈同じ①〉

両手の親指と人差指の先を上に向けて閉じたり開いたりする。

とうだい【灯台】

「灯台を目指す」

→〈灯台〉+〈目的②〉

「灯台」は〈灯台〉で表現。〈灯台〉は灯台の回転する明かりを表す。

〈灯台〉

左手のひらの上に右ひじをのせて指先を曲げた右手の手首を回す。

〈目的②〉

左こぶしを上にあげ、親指側に右人差指を当てる。

とうたつ【到達】1

「目標に到達する」

→〈目的②〉+〈成功〉

例文の「到達」は目標や目的を果たすことで〈成功〉で表現。〈成功〉は目標や目的を果たせたさまで「到達」「成功」「達成」などの意味。

〈目的②〉

左こぶしを上にあげ、親指側に右人差指を当てる。

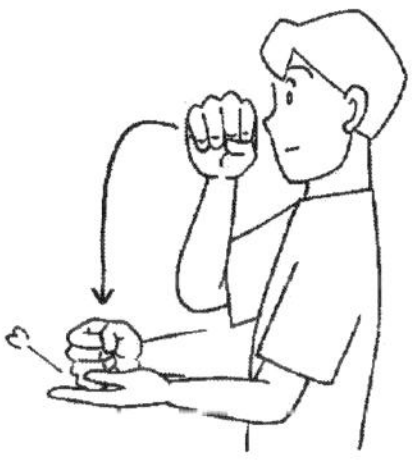

〈成功〉

右こぶしを鼻から左手のひらに打ちつける。

とうたつ【到達】2

「(山)頂に到達する」

→(〈山〉+)
〈最高〉+〈上に立つ〉

例文の「山頂に到達」は山頂に立つことなので〈上に立つ〉で表現。〈上に立つ〉は山などの頂上に立つさまを表す。

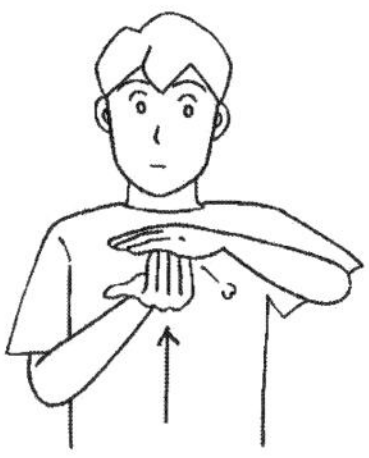

〈最高〉

手のひらを下に向けた左手に右手指を下からあげて当てる。

〈上に立つ〉

左手甲の上に右手２指を立てる。

とうちゃく【到着】1

「首相が到着する」

→〈首相〉+〈来る③〉

例文の「到着」は人が着く意味なので〈来る③〉で表現。〈来る③〉は向こうから来るさまで「来る」「到着」「着く」などの意味を表す。

〈首相〉

右手のひらを首筋に当てて親指を出す。

〈来る③〉

親指を立てた右手を手前に引く。

とうちゃく【到着】2

「飛行機が東京に到着」

→〈東京〉+〈着陸〉

例文の「到着」は飛行機が着く意味なので〈着陸〉で表現。〈着陸〉は飛行機が空港に着陸するさまを表す。

〈東京〉

両手の親指と人差指を立て、上に向けて２回あげる。

〈着陸〉

左手のひらに親指と小指を立てた右手をおろしてつける。

とうちゃく【到着】3

「汽車が到着する」

→〈汽車〉+〈とまる①〉

例文の「到着」は汽車が着く意味なので〈とまる①〉で表現。〈とまる①〉は列車がとまるさまで「とまる」「到着」「停車」などの意味がある。

〈汽車〉

左手のひらの横で右手２指を前に回転させる。

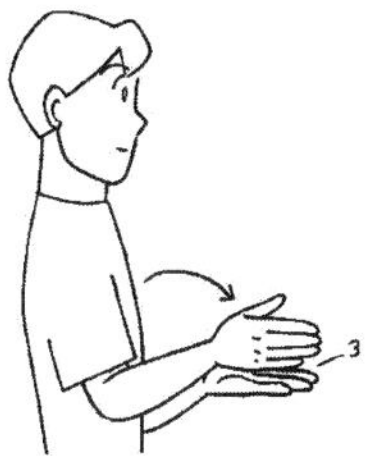

〈とまる①〉

左手のひらの上に右手をぽんとのせる。

と

とうてい【到底】

「到底できない」

→〈お手あげ〉
　または〈できない〉

「到底」は下に打ち消しの言葉がきて、とてもできない意味。〈お手あげ〉または〈できない〉の表現を強調することで表す。

〈お手あげ〉
ぱっと両手をひじから上にあげる。

〈できない〉
両こぶしを握り、手首を交差させて左右にぱっと開く。

とうとい【尊い】

「尊い命」

→〈大切①〉+〈命〉

「尊い」は大切にし、重んじなければならない意味なので〈大切①〉で表現。〈大切①〉は大切にするさまを表し、「尊い」「大切」などの意味。

〈大切①〉
左手甲を右手のひらでなでるように回す。

〈命〉
右こぶしを左胸に当てる。

とうとう【到頭】

「とうとう合格した」

→〈やっと〉+〈合格〉

「とうとう」はついにの意味で〈やっと〉で表現。〈やっと〉は額の汗をぬぐうさまにこれまでの苦労が込められている。

〈やっと〉
右手のひらで額をぬぐい、下におろす。

〈合格〉
左手の親指と４指の間を指先を上に向けた右手で下から突き破るようにあげる。

どうとう【同等】1

「〜と同等(の成績)」

→(〈成績〉+)〈五分五分①〉
　または〈五分五分②〉
　(または〈五分五分③〉)

例文の「同等」は力などが同じであることなので〈五分五分①〉または〈五分五分②〉または〈五分五分③〉で表現。いずれも対等であることを表す。

〈五分五分①〉
親指を立てた両手を同時に内側に倒す。

〈五分五分②〉
親指を立てた両手を向かい合わせて内側に同時に繰り返し倒す。

どうとう【同等】2

「同等(の立場)」

→(〈立つ〉+)
　〈普通〉または〈五分五分①〉
　(または〈五分五分②〉)

例文の「同等」は身分や資格などが同じ程度であることなので〈普通〉または〈五分五分①〉または〈五分五分②〉で表現。

〈普通〉
両手の親指と人差指を合わせ左右に開く。

〈五分五分①〉
親指を立てた両手を同時に内側に倒す。

どうとく【道徳】

「道徳教育」

→〈常識〉+〈教える①〉

「道徳」は一般的には知っていて当然の人の道なので〈常識〉で表現。〈常識〉は「道徳」「行儀」「エチケット」などの意味を表す。

〈常識〉
両こぶしの小指側を繰返し打ちつける。

〈教える①〉
右人差指を口元付近から手首を軸にして振りおろす。

とうなん【盗難】

「盗難に遭った」
→〈盗まれる〉+〈た〉

「盗難にあう」はお金を盗まれる意味なので〈盗まれる〉で表現。〈盗まれる〉は盗まれるさまで「盗難にあう」「盗まれる」の意味を表す。

〈盗まれる〉
右人差指をかぎ状にして前方に動かす。

〈た〉
両手のひらを前に向けて倒し、指先を下に向ける。

とうひょう【投票】

「彼に投票する」
→〈彼〉+〈投票〉

「投票」は〈投票〉で表現。〈投票〉は投票用紙を投票箱に入れるさまを表す。

〈彼〉
左親指を右人差指でさす。

〈投票〉
左手の親指と4指の間に右手の4指を入れる。

とうにょうびょう【糖尿病】

「糖尿病」
→〈甘い〉+〈病気〉

「糖尿病」は〈甘い〉+〈病気〉で表現。〈甘い〉は砂糖の意味もあるため、こう表す。

〈甘い〉
右手のひらを口元で回す。

〈病気〉
こぶしで額を軽くたたく。

とうふ【豆腐】

「湯豆腐」
→〈温泉〉+〈豆腐〉

「豆腐」は〈豆腐〉で表現。〈豆腐〉は豆腐を四角に切るさまを表す。

〈温泉〉
左手の親指と4指の間から右手3指を出して指を揺らす。

〈豆腐〉
左手のひらの上で右手で前後左右に豆腐を切るようにする。

とうばん【当番】

「掃除当番(が当たる)」
→〈掃除〉+〈腕章〉
(+〈責任①〉)

「当番」は順に受け持つ仕事の番に当たる人で〈腕章〉で表現。〈腕章〉は当番などが腕章をするさまで「当番」「係」などの意味を表す。

〈掃除〉
両こぶしを握り、掃除機をかけるようにする。

〈腕章〉
右手の親指と人差指で左上腕を巻くようにする。

どうぶつ【動物】

「動物園」
→〈動物〉+〈場所〉

「動物」は〈動物〉で表現。〈動物〉は鋭い足の爪のさまでそれが三本なのに注意。

〈動物〉
両手の親指と人差指と中指を折り曲げて爪を立てるようにして前後に並べ前に出す。

〈場所〉
全指を曲げた右手を前に置く。

とうぶん【当分】

「当分の間」
→〈当面〉+〈間(あいだ)〉

「当分」はしばらくの間の意味なので〈当面〉で表現。〈当面〉は時をしばらくおくさまで「当分」「暫時」「しばらく」「当面」などの意味。

〈当面〉
左手甲に曲げた右人差指を当てて前に出す。

〈間(あいだ)〉
両手のひらを向かい合わせ、仕切るように下に少しさげる。

とうほく【東北】

「東北(地方)」
→〈東〉+〈北①〉
(または〈北②〉+〈あたり〉)

「東北」は〈東〉+〈北①〉または〈北②〉で表現。〈東〉は太陽の昇るさまから、〈北①〉または〈北②〉は漢字「北」の字形を表す。

〈東〉
両手の親指と人差指を向かい合わせて同時にあげる。

〈北①〉
両手の2指を上からおろして左右に開く。

とうほん【謄本】

「謄本」
→〈印刷③〉+〈四角①〉

「謄本」は原本を全部写しとった文書の意味なので〈印刷③〉+〈四角①〉で表現。〈印刷③〉は写しとるさまで「謄本」の意味にだけ使う。

〈印刷③〉
左手のひらに右手のひらを上から押さえるように合わせる。

〈四角①〉
両手人差指で四角を描く。

どうみゃく【動脈】1

「[体の]大動脈」
→〈大②〉+〈動脈〉

例文の「動脈」は〈動脈〉で表現。〈動脈〉は心臓から各部に血液を運ぶ血管を表す新しい手話。

〈大②〉
親指と人差指を立てた右手を左から右へ動かす。

〈動脈〉
右人差指を左胸に当て、上に向かって動かし、弧を描きながら左腕に向かっておろす。

どうみゃく【動脈】2

「動脈硬化(症)」
→〈動脈〉+〈固い②〉
(+〈病気〉)

例文は〈動脈〉+〈固い②〉+〈病気〉で表現。

〈動脈〉
右人差指を左胸に当て、上に向かって動かし、弧を描きながら左腕に向かっておろす。

〈固い②〉
右手全指を曲げ、振りおろして止める。

とうめい【透明】1

「透明なガラス」
→〈透明①〉+〈ガラス〉

例文の「透明」は透き通って向こうが見える意味なので〈透明①〉で表現。〈透明①〉は透き通って見えるさまを表す。

〈透明①〉
左手の指の間から右手の全指を突き抜く。

〈ガラス〉
右手の人差指と中指の背側を前に向け、目の前で閉じたり開いたりする。

とうめい【透明】2

「透明な海」

→〈透明②〉+〈波①〉
（または〈海〉）

例文の「透明」は透き通って中が見える意味なので〈透明②〉で表現。〈透明②〉は底まで見通せるさまを表す。

〈透明②〉

左手甲を下に向けて指の間から右手２指を突きおろす。

〈波①〉

右手のひらを下に向けて波打つように上下させ右へ動かす。

どうめい【同盟】

「アメリカと同盟を結ぶ」

→〈アメリカ①〉（または〈アメリカ②〉）+〈つながる〉

「同盟を結ぶ」は〈つながる〉で表現。〈つながる〉は二つの輪を結びつけるさまで「関係づける」「つなぐ」の意がある。

〈アメリカ①〉

右手のひらを手前に向けてはためかせながら、目の前を右へ引く。

〈つながる〉

軽く開いた両手を前に出しながら両手の親指と人差指を組む。

とうめん【当面】1

「当面する問題」

→〈対応〉+〈問題〉

例文の「当面する」はある状況に直接ぶつかる意味なので〈対応〉で表現。〈対応〉は差し迫ったさま、直面するさまで「直面する」などの意味。

〈対応〉

指先を上に向けた両手を前後に向かい合わせ近づける。

〈問題〉

両手の親指と人差指をつまみ「 ˥ を描く。

とうめん【当面】2

「当面このまま」

→〈当面〉+〈そのまま〉

例文の「当面」はしばらくの間の意味なので〈当面〉で表現。〈当面〉は時をしばらくおくさまで「当面」「さしあたり」「当分」などの意味。

〈当面〉

左手甲に曲げた右人差指を当てて前に出す。

〈そのまま〉

両手のひらを前に向けて同時に軽く押すようにする。

どうも 1

「どうもできない」

→〈なかなか①〉+〈難しい〉

例文の「どうも」はどうしてもの意味で〈なかなか①〉で表現。〈なかなか①〉は「なかなかできない」など否定の意味にだけ使われる。

〈なかなか①〉

右手の指先を上に向けてねじるようにして上にあげる。

〈難しい〉

右手の親指と人差指でほおをつねるようにする。

どうも 2

「彼はどうもおかしい」

→〈彼〉+〈あやしい〉

例文の「どうも」ははっきりしないがなんだかの意味で〈あやしい〉の表現を強調して「どうも」の意味を表す。

〈彼〉

左親指を右人差指でさす。

〈あやしい〉

右人差指をあごに当てる。

どうも 3

「どうもありがとう」
→〈苦労〉+〈ありがとう〉

例文の「どうも」は本当にご苦労さまの意味がこもっているので〈苦労〉で表現。〈苦労〉を丁寧にするさまで「どうも」の意味を表す。

〈苦労〉
左腕を右こぶしで軽くたたく。

〈ありがとう〉
右手を左手甲に軽く当て、拝むようにする。

どうも 4

「どうもすみません」
→〈本当〉+〈すみません〉

例文の「どうも」も本当にの意味なので〈本当〉で表現。〈本当〉は「本当に」「まことに」「実に」などの意味を表す。

〈本当〉
右手をあごに当てる。

〈すみません〉
右手の親指と人差指で眉間をつまみ、右手で拝むようにする。

どうも 5

「きのうはどうも」
→〈きのう〉+〈ありがとう〉

例文の「どうも」は軽いありがとうの意味なので〈ありがとう〉で表現。〈ありがとう〉は感謝する意味。

〈きのう〉
右人差指を立て、肩越しに後ろへやる。

〈ありがとう〉
左腕に右手を当て、拝むようにする。

トウモロコシ

「焼きトウモロコシ」
→〈焼く〉+〈トウモロコシ〉

「トウモロコシ」は〈トウモロコシ〉で表現。トウモロコシをまわしながら食べるさまを表す。

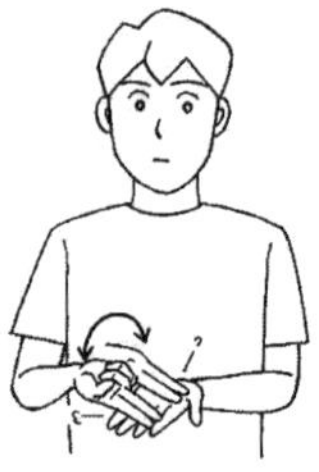

〈焼く〉
左手のひらの上で右手２指を繰り返し返す。

〈トウモロコシ〉
両手でトウモロコシを食べるようにする。

どうやら 1

「どうやら終わった」
→〈やっと〉+〈終わる〉

例文の「どうやら」はやっとの意味なので〈やっと〉で表現。〈やっと〉は額の汗をぬぐうさまを表す。

〈やっと〉
右手のひらで額をぬぐい、下におろす。

〈終わる〉
指先を上に向けた両手を下におろしながら閉じる。

どうやら 2

「どうやら雨が降りそうだ」
→〈雨①〉+〈らしい〉

例文の「どうやら」は様子からするとなんとなくの意味で〈らしい〉の表情に疑問の気持ちをこめて表現する。

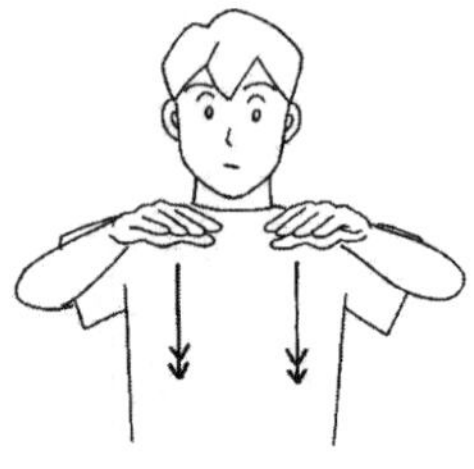

〈雨①〉
軽く開いた指先を前に向け両手を繰り返し下におろす。

〈らしい〉
右手２指を頭の横で前後に振る。

とうゆ【灯油】

「灯油」

→〈火①〉+〈油〉

「灯油」は石油ストーブなどの燃料にする白灯油のことなので〈火①〉+〈油〉で表現。

〈火①〉

全指を上に向けた右手を揺らしながら上にあげる。

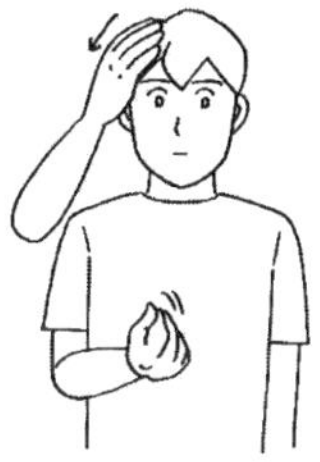

〈油〉

右手のひらで頭にふれ、親指と4指をこすり合わせる。

どうりょう【同僚】

「会社の同僚」

→〈会社〉+〈同級〉

「同僚」は仕事などを一緒にする人のことで〈同級〉で表現。〈同級〉は肩をならべるさまで「同僚」「同級」「同輩」などの意味を表す。

〈会社〉

両手の2指を交互に前後させる。

〈同級〉

右手の人差指側と左手の小指側をつき合わせる。

どうよう【動揺】

「動揺する」

→〈心〉+〈迷う〉

「動揺」は心配で心が揺れる意味なので〈心〉+〈迷う〉で表現。〈迷う〉は心が揺れるさまで「迷う」「動揺」などの意味。

〈心〉

右人差指でみぞおち辺りをさす。

〈迷う〉

両手のひらを並べて左右に振る。

とうるい【盗塁】

「盗塁失敗」

→〈泥棒②〉+〈失敗①〉

「盗塁」は〈泥棒②〉で表現。〈泥棒②〉は泥棒を表す。

〈泥棒②〉

かぎ状に曲げた右人差指を手首を返してすばやく手前に引く。

〈失敗①〉

右こぶしで鼻を握り、手首を返して折るようにする。

とうらい【到来】

「時節が到来」

→(〈良い〉+)
〈時①〉+〈来る②〉

「到来」は時機がやってくる意味なので〈時①〉+〈来る②〉で表現。〈時①〉+〈来る②〉は時機がやって来る意味。

〈時①〉

左手のひらに右親指を当て、右人差指を時計の針のように回す。

〈来る②〉

右人差指を上に向けて手前に引く。

どうろ【道路】

「道路」

→〈道①〉
または〈道②〉

「道路」は〈道①〉または〈道②〉で表現。

〈道①〉

指先を前に向けた両手を向かい合わせて前に出す。

〈道②〉

両手を向かい合わせて左右に揺らしながら前に出す。

と

とうろく【登録】

「登録書」

→〈署名〉+〈券①〉

「登録」は役所などに届けて帳簿にのせる意味なので〈署名〉で表現。〈署名〉は並んだ名前となつ印を表す。

〈署名〉

左手のひらを上に向け、指に沿って右親指を滑らすように出す。

〈券①〉

両手の親指と人差指を向かい合わせて四角を示す。

とうろん【討論】

「討論会」

→〈討論〉+〈会〉

「討論」は論議を闘わせることで〈討論〉で表現。〈討論〉は人が集まって討論するさまで「討論」「論議」「議論」などの意味を表す。

〈討論〉

指先を向かい合わせた両手のひらを互い違いにねじりながら左右に動かす。

〈会〉

両手で屋根形を作り、左右に引く。

どうわ【童話】

「童話を読む」

→〈童話〉+〈読む①〉

「童話」は子供に聞かせるおとぎ話のことで〈童話〉で表現。〈童話〉は〈子供〉と〈言う〉を組み合わせて創作した新しい手話。

〈童話〉

指先を上に向け、両手のひらを向かい合わせて、口元で交互に前後させる。

〈読む①〉

左手のひらを見ながら視線に合わせるように右手２指を動かす。

とおい【遠い】1

「遠い(所)」

→〈遠い①〉
またはく遠い②〉
(+〈場所〉)

例文の「遠い」は距離が離れている意味なので〈遠い①〉または〈遠い②〉で表現。手話はどちらも遠いさまで「遠い」「遠方」などの意味。

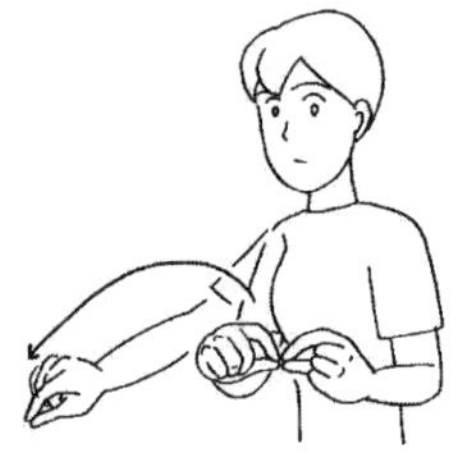

〈遠い①〉

親指と人差指を閉じた両手をつき合わせ、右手を弧を描いて前に出す。

〈遠い②〉

親指と人差指を閉じた右手を肩から開きながら前に出す。

とおい【遠い】2

「遠い将来」

→〈将来①〉

例文の「遠い」は時間的にへだたっている意味で、「遠い将来」は〈将来①〉で表現。〈将来①〉は「未来」を表す。

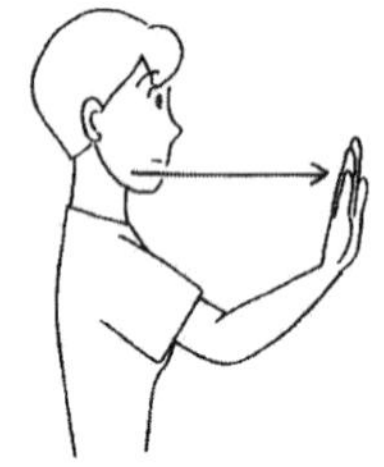

〈将来①〉

右手のひらを前に向けて押すように大きく前に出す。

とおい【遠い】3

「秀才というには遠い」

→〈賢い①〉+〈まだまだ〉

例文の「遠い」は大きく差がある意味で〈まだまだ〉で表現。〈まだまだ〉は目標とするところに届かないさまで「まだまだ」「ほど遠い」の意味。

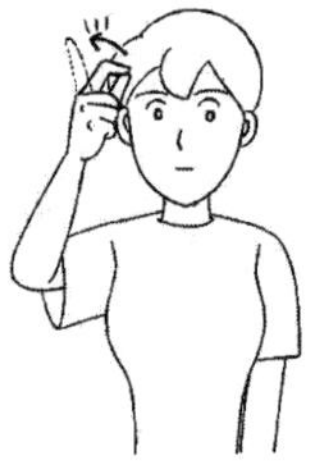

〈賢い①〉

右手の親指と人差指を閉じ、上に向かってはじくように開く。

〈まだまだ〉

左手のひらに向かって右手指先を向けて離し、右手を上下に振る。

とおい【遠い】4

「耳が遠い」

→〈聞く②〉+〈聞こえなくなる〉

例文の「遠い」はよく聞こえない意味なので〈聞こえなくなる〉で表現。〈聞こえなくなる〉は段々耳がふさがってくるさまを表す。

〈聞く②〉

右人差指を右耳に当てる。

〈聞こえなくなる〉

右手のひらを右耳へ近づける。

とおざかる【遠ざかる】1

「人々から遠ざかる」

→〈人々①〉+〈離れる②〉

例文の「遠ざかる」は人々から離れる意味なので〈離れる②〉で表現。〈離れる②〉は人の集団から一人離れていくさまを表す。

〈人々①〉

親指と小指を立てた両手を揺らしながら左右に開く。

〈離れる②〉

指先を上に向けた左手から人差指を立てた右手を離す。

とおか【十日】1

「十日(前)」

→〈寝る〉+〈10②〉

(または〈10①〉+〈過去①〉)

例文の「十日」は日数なので〈寝る〉+〈10②〉または〈10①〉で表現。

〈寝る〉

頭を傾けて右こぶしを側頭部に当てる。

〈10②〉

右人差指を軽く曲げて少し振る。

とおざかる【遠ざかる】2

「(政)界から遠ざかる」

→(〈政治〉+)

〈世界〉+〈離れる①〉

例文の「遠ざかる」は離れる意味なので〈離れる①〉で表現。〈離れる①〉は離れるさまで「離れる」「別れる」「遠ざかる」などの意味。

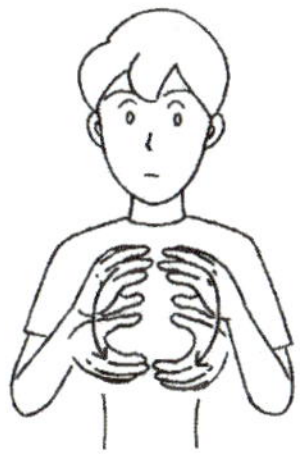

〈世界〉

両手の指先を向かい合わせ、球を描くように前に回す。

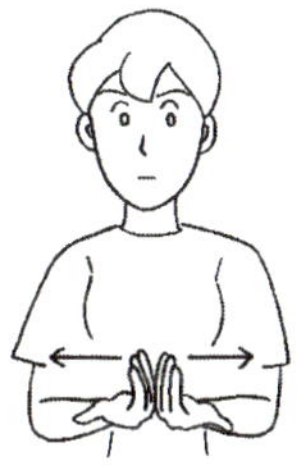

〈離れる①〉

両手の指背側を合わせ、左右に開く。

とおか【十日】2

「三月十日」

→〈三月〉+〈三月十日〉

例文の「三月十日」は〈三月〉+〈三月十日〉で表現。

〈三月〉

左手で〈3②〉を示し、その下で右手の親指と人差指で三日月を描く。

〈三月十日〉

左手で〈3②〉、右手で〈10②〉を示し、上下に置く。

とおざける【遠ざける】

「あいつを遠ざける」

→〈彼〉+〈追い払う〉

「遠ざける」は近寄せずに離すことなので〈追い払う〉で表現。〈追い払う〉は追い払うさまで「追い払う」「追放する」などの意味がある。

〈彼〉

左親指を右人差指でさす。

〈追い払う〉

左手のひらを右手で払いのける。

とおす【通す】1

「(法)案を通す」

→(〈裁判〉または〈法〉+)
〈例〉+〈認める②〉

例文の「通す」は法案を承認する意味で〈認める②〉で表現。〈認める②〉はうなずいて合意するさまで「承認する」「認定する」などの意味。

〈例〉

左手甲に右手の親指と人差指で作った丸をつける。

〈認める②〉

両こぶしを向かい合わせて内側に倒す。

とおす【通す】2

「鉄道を通す」

→〈線路〉+〈作る〉

例文の「通す」は鉄道を敷設することなので〈作る〉で表現。〈作る〉はものを組み立てるさまで「作る」「建設する」などの意味を表す。

〈線路〉

左手指の上で右手 2 指を前にまっすぐ伸ばす。

〈作る〉

両手のこぶしを上下に打ちつける。

とおす【通す】3

「(ガラスは)光を通す」

→(〈ガラス〉+)
〈光①〉+〈通す〉

例文の「通す」はガラスの向こう側まで光を届かせる意味なので〈通す〉で表現。〈通す〉は透けて見えるさまを表す。

〈光①〉

すぼめた右手を右上から左下に向かって開く。

〈通す〉

左手の指先を前に向けて右手の指を右上から突き刺すように組む。

とおす【通す】4

「客を通す」

→〈客〉+〈どうぞ③〉

例文の「通す」は部屋に導き入れる意味なので〈どうぞ③〉で表現。〈どうぞ③〉は案内するさまで「どうぞ」「ようこそ」などの意味。

〈客〉

左手のひらに親指を立てた右手をのせ、右から手前に引き寄せる。

〈どうぞ③〉

右手のひらを上に向け、右から左へ動かす。

とおす【通す】5

「受付を通す」

→〈受付〉+〈言う①〉

例文の「通す」は受付に申し出て案内を乞う意味なので〈言う①〉で表現。〈言う①〉は「申し出る」「告げる」などの意味を表す。

〈受付〉

左手甲から右手を前に垂らす。

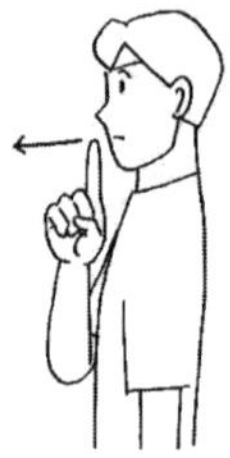

〈言う①〉

右人差指を口元から前に出す。

とおす【通す】6

「我《が》を通す」

→〈意地をはる〉+〈まっすぐ①〉

例文の「通す」は一つのことを貫く意味で〈まっすぐ①〉で表現。〈まっすぐ①〉はまっすぐ進むさまで「通す」「貫く」「専門」などの意味。

〈意地をはる〉

両ひじを張り、左右に揺する。

〈まっすぐ①〉

指先を伸ばし、まっすぐ前に進める。

とおす【通す】7

「書類に目を通す」

→〈めくる〉+〈調べる③〉

例文の「目を通す」はざっと見る意味なので〈調べる③〉で表現。〈調べる③〉は目を配り注意して見るさま。この場合は〈調べる③〉を軽く表現する。

〈めくる〉
左手のひらを上に向けて右手でページをめくるようにする。

〈調べる③〉
左手のひらを目の前に向けて、右手２指を曲げて目の前を左右に往復する。

トータルコミュニケーション

「トータルコミュニケーション」

→〈TC①〉または〈TC②〉

「トータルコミュニケーション」は〈TC①〉または〈TC②〉で表現。両手はそれぞれ〈C②〉と指文字〈ト〉を表す。

〈TC①〉
左手の親指と４指で「Ｃ」の字を作り、口元で右手の指文字〈ト〉を水平に回す。

〈TC②〉
左手の親指と４指で「Ｃ」の字を作り、口元から右手の指文字〈ト〉を繰り返し前に出す。

とおす【通す】8

「読み通す」

→〈読む①〉+〈まで〉

例文の「通す」は最後まで し続ける意味なので〈まで〉で表現。〈まで〉は終わりに到達するさまで「まで」「終わり」「終点」などの意味。

〈読む①〉
左手のひらを見ながら視線に合わせるように右手２指を動かす。

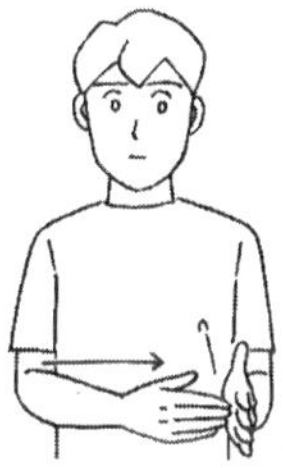

〈まで〉
左手のひらに右手指先を軽くつける。

ドーナツ

「ドーナツを食べる」

→〈ドーナツ〉+〈菓子〉

「ドーナツ」は〈ドーナツ〉で表現。〈ドーナツ〉はドーナツの形を表す。

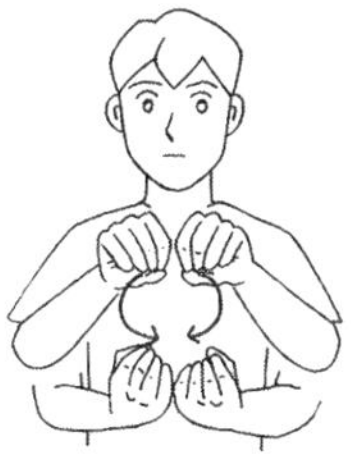

〈ドーナツ〉
丸を作った両手を左右につけ合わせ、弧を描いておろし小指をつける。

〈菓子〉
親指と人差指でつまむようにして、繰り返し口に持っていく。

トースト

「トースト」

→〈焼く〉+〈パン①〉

「トースト」は切った食パンを焼いたもので〈焼く〉+〈パン①〉で表現。〈焼く〉は表を返して両面焼くさまを表す。

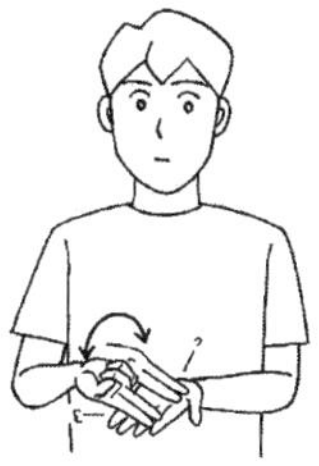

〈焼く〉
左手のひらの上で右手２指を繰り返し返す。

〈パン①〉
右手の親指と人差指を前にぱっと開く。

トーナメント

「将棋のトーナメント」

→〈将棋〉+〈トーナメント〉

「トーナメント」は勝ち抜き式の試合方法で〈トーナメント〉で表現。〈トーナメント〉はトーナメント戦の組み合わせ図を表す。

〈将棋〉
右手２指を斜め下に向けて前に出す。

〈トーナメント〉
両手の人差指を屈伸しながら中央上にあげていく。

とおり【通り】1

「通りを歩く」

→〈道①〉+〈歩く①〉

例文の「通り」は人の通る道のことで〈道①〉で表現。〈道①〉は幅のある道が続くさまで「通り」「道」「道路」の意味を表す。

〈道①〉

道幅に見立てた向かい合わせた両手をまっすぐ前に出す。

〈歩く①〉

右手２指を歩くように交互に前後させながら前に出す。

とおり【通り】2

「言われた通りに(する)」

→〈言われる①〉上方+〈同じ①〉(+〈する〉)

例文の「通り」は同じを意味するので〈同じ①〉で表現。〈同じ①〉は二つのものがそろうさまで「同じ」「その通り」「同一」などの意味。

〈言われる①〉上方

すぼめた右手を顔に向けて、ぱっと開く。

〈同じ①〉

両手の親指と人差指の先を上に向けて閉じたり開いたりする。

とおり【通り】3

「三通りの方法」

→〈方法〉+〈３③〉

例文の「通り」は種類を数えるときの数え方。手話では数え方(例、〜匹、〜個など)は表現しない例が多く、この場合もそうである。

〈方法〉

左手甲を右手のひらで軽くたたく。

〈３③〉

３指を立て、甲側を示す。

とおる【通る】1

「車が家の前を通る」

→〈家〉+〈車が通る〉

例文の「通る」は車が行き来する意味で〈車が通る〉で表現。〈車が通る〉は家の前を車が通るさまを表す。

〈家〉

両手で屋根形を作る。

〈車が通る〉

〈家〉の左手を残し、左手の前を右手「コ」の字形を右から左へ動かす。

とおる【通る】2

「人が家の前を通る」

→〈家〉+〈人が通る〉

例文の「通る」は人が行き来する意味で〈人が通る〉で表現。〈人が通る〉は家の前を人が歩くさまを表す。

〈家〉

両手で屋根形を作る。

〈人が通る〉

〈家〉の左手を残し、左手の前で右から左へ右手２指を歩くように動かす。

とおる【通る】3

「(心配で)のどを通らない」

→(〈心配①〉+)〈食べる①〉+〈難しい〉

例文の「のどを通らない」は食べられない意味なので〈食べる①〉+〈難しい〉で表現。

〈食べる①〉

左手のひらの上を右手ですくって食べるようにする。

〈難しい〉

右手の親指と人差指でほおをつねるようにする。

とおる【通る】4

「部屋に通る」

→〈部屋〉+〈行(い)く②〉

例文の「通る」は客が家の中に入る意味で〈行く②〉で表現。〈行く②〉は人が目的に向かって行くさまを表す。

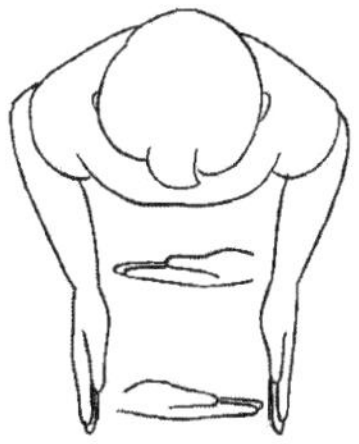

〈部屋〉
両手のひらで前後左右に四角く囲む。

〈行(い)く②〉
人差指を立て、前に出す。

とおる【通る】5

「バスが通っている」

→〈バス①〉+〈ある①〉

例文の「バスが通っている」はバス路線がある意味なので〈ある①〉で表現。〈ある①〉は存在するという意味。

〈バス①〉
両手の人差指の先を向かい合わせ、親指を立てて前に進める。

〈ある①〉
右手のひらを体の前に軽く置く。

とおる【通る】6

「世界に名が通る」

→〈世界〉+〈有名〉

例文の「名が通る」はみんなに知られている意味なので〈有名〉で表現。〈有名〉は名前が高くあがるさまで「名が通る」「有名」の意味。

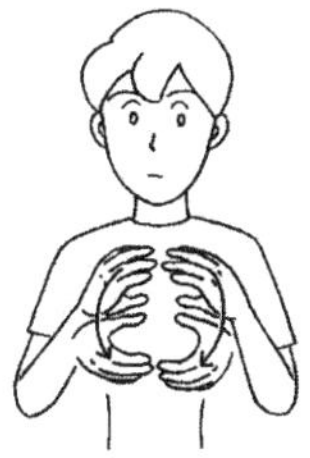

〈世界〉
両手の指先を向かい合わせ、球を描くように前に回す。

〈有名〉
左手のひらに右人差指を当て、上にあげる。

とおる【通る】7

「(意見が)通る」

→(〈意見〉+)
〈選ぶ②〉
または〈認める②〉

例文の「通る」は会議などで認められる意味なので〈選ぶ②〉または〈認める②〉で表現。〈選ぶ②〉は「採用される」「選ばれる」の意味。

〈選ぶ②〉
左手甲を前にした5指を右手の親指と人差指でつまみあげるようにする。

〈認める②〉
両こぶしを向かい合わせて内側に倒す。

とおる【通る】8

「(法案が)通る」

→(〈裁判〉+〈例〉+)
〈合格〉
または〈認める②〉

例文「通る」は議会で認められる意味なので〈合格〉または〈認める②〉で表現。〈認める②〉はうなずいて同意を示すさまで「承認」の意味。

〈合格〉
左手の親指と4指の間を指先を上に向けた右手で下から突き破るようにあげる。

〈認める②〉
両こぶしを向かい合わせて内側に倒す。

とおる【通る】9

「試験に通る」

→〈試験〉+〈合格〉

例文の「通る」は合格する意味なので〈合格〉で表現。〈合格〉は基準とするところを突破するさまで「合格」「パスする」などの意味を表す。

〈試験〉
親指を立てた両手を交互に上下させる。

〈合格〉
左手の親指と4指の間を指先を上に向けた右手で下から突き破るようにあげる。

とかい【都会】

「都会の生活」

→〈町①〉+〈生活〉

例文の「都会」は人が多く住み、文化的設備が整ったところで〈町①〉で表現。〈町①〉は家が並んでいるさまを表す。

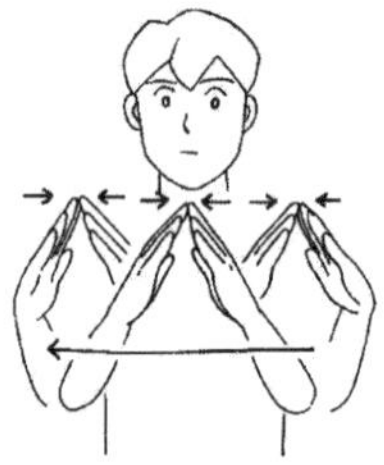

〈町①〉

両手で屋根形を左から右へすばやく順番に作る。

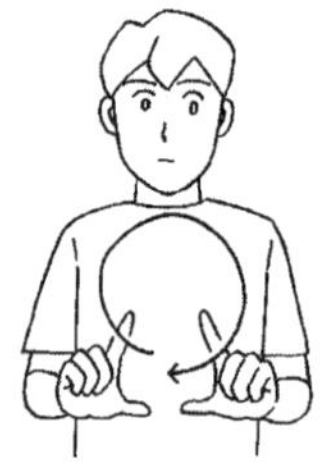

〈生活〉

両手の親指と人差指を向かい合わせて回す。

とき【時】1

「時が経つのを(忘れる)」

→〈時①〉
　または〈時②〉
　(+〈忘れる①〉)

例文の「時が経つ」は時間が経過する意味なので〈時①〉または〈時②〉で表現。手話はどちらも時計の針が回るさまで「時間」を表す。

〈時①〉

左手のひらに右親指を当て、右人差指を時計の針のように回す。

〈時②〉

左こぶしの親指側に右親指を当て、人差指を時計の針のように回す。

とき【時】2

「時の人」

→〈みんな〉+〈人気②〉

例文の「時の人」はみんなが話題にしている人の意味なので〈みんな〉+〈人気②〉で表現。〈人気②〉は視線が集まるさまを表す。

〈みんな〉

右手のひらを下に向けて水平に回す。

〈人気②〉

左親指に右手全指の指先を向けて近づける。

とき【時】3

「(子供の)時」

→(〈子供②〉+)
　〈時①〉
　または〈時②〉

例文の「時」は時期、年代の意味で〈時①〉または〈時②〉で表現。どちらも時計の針が回るさまで「時間」「時期」を表す。

〈時①〉

左手のひらに右親指を当て、右人差指を時計の針のように回す。

〈時②〉

左こぶしの親指側に右親指を当て、人差指を時計の針のように回す。

とき【時】4

「時を得た(発言)」

→(〈時②〉または)
　〈時①〉+〈合う①〉
　(+〈言う②〉)

例文の「時を得る」はその時期にぴたりとする意味なので〈時②〉または〈時①〉+〈合う①〉で表現。

〈時①〉

左手のひらに右親指を当て、右人差指を時計の針のように回す。

〈合う①〉

左人差指の先に右人差指の先を当てる。

とき【時】5

「時を告げる」

→〈時間〉+〈発表〉

例文の「時」は時刻の意味なので〈時間〉で表現。〈時間〉は腕時計をさし示すさまで「時」「時刻」「時間」などを表す。

〈時間〉

左手の腕時計の位置を右人差指でさす。

〈発表〉

親指と4指を閉じた両手を左右にぱっと開く。

とき【時】6

「痛い時には」

→〈痛い①〉+〈時①〉
（または〈時②〉）

例文の「時」は場合の意味なので〈時①〉または〈時②〉で表現。どちらも「その時」「場合」などの意味を表す。

〈痛い①〉

全指を折り曲げた右手を痛そうに振る。

〈時①〉

左手のひらに右親指を当て、右人差指を時計の針のように回す。

ときどき【時々】2

「その時々に」

→〈それ〉+〈その時々〉

例文の「その時々に」はその時その時の意味なので〈その時々〉で表現。〈その時々〉は〈時①〉を場所を変えて繰り返し「その時々」の意味を表す。

〈それ〉

右人差指で前をさす。

〈その時々〉

左手のひらに右親指をつけて右人差指を時計の針のように回し、右へ動かしながら繰り返す。

トキ【朱鷺】

「トキを保護する」

→〈トキ〉+〈守る①〉

「トキ」は鳥の名なので〈トキ〉で表現。〈トキ〉はトキのくちばしのさまを表す。

〈トキ〉

右親指と人差指を左向きに出して口元から弧を描きながら下に動かし、指をすぼめる。

〈守る①〉

左親指のまわりを右手で取り囲むようにする。

ドキドキ

「心臓がドキドキする」

→〈ドキドキ〉

「ドキドキ」は驚いた時などに心臓が波打つことで〈ドキドキ〉で表現。〈ドキドキ〉は心臓が波打つさまでその大きさで驚きの大きさを表す。

〈ドキドキ〉

左胸の前に置いた左手のひらに右手甲を繰り返し当てる。

ときどき【時々】1

「時々（参加する）」

→〈時々①〉
または〈時々②〉
（+〈参加①〉）

例文の「時々」は間をおいて同じことが起きるさまを言うので〈時々①〉または〈時々②〉で表現。いずれも間をおいて起きるさまを表す。

〈時々①〉

右人差指ですくうようにして手首を返しながら左へ動かす。

〈時々②〉

人差指の先を前に向けて左から右へ弧を描きながら順に動かす。

ときに【時に】

「時に
（おじいさんはお元気ですか）」

→〈手話〉+〈置く①〉
（+〈おじいさん〉+〈元気①〉+〈か〉）

例文の「時に」はところで、話は変わるがの意味なので〈手話〉+〈置く①〉で表現。〈置く①〉は脇に置くさまで「さて」「ところで」の意味。

〈手話〉

両手の人差指を向かい合わせて、糸を巻くように回転させる。

〈置く①〉

両手のひらを向かい合わせて同時に弧を描いて左へ動かす。

どきょう【度胸】1

「度胸がある」

→〈心〉+〈寛大〉
（または〈強い①〉）

例文の「度胸がある」は物事に動じないことで〈心〉+〈寛大〉または〈強い①〉で表現。〈寛大〉は心が広いさまを表す。

〈心〉
右人差指でみぞおち辺りをさす。

〈寛大〉
両手の親指と４指を向かい合わせて左右に広げる。

どきょう【度胸】2

「度胸をすえる」

→〈心〉+〈決める②〉

例文の「度胸をすえる」は覚悟を決める意味なので〈心〉+〈決める②〉で表現。

〈心〉
右人差指でみぞおち辺りをさす。

〈決める②〉
左手のひらに右こぶしを打ちつける。

とく【解く】1

「契約を解く」

→〈交(か)わす〉+〈取り消す〉

例文の「解く」は約束や取り決めを取り消す意味なので〈取り消す〉で表現。〈取り消す〉は取りあげ捨てるさまで「取り消す」「解消する」意味。

〈交(か)わす〉
交差した両手を左右に開きながら握る。

〈取り消す〉
右手で左手のひらからものをつかみとり、わきに捨てるようにする。

とく【解く】2

「(禁を)解く」

→(〈禁止〉+)
〈解放①〉
または〈解放②〉

例文の「解く」は禁止していたことを取り除く意味なので〈解放①〉または〈解放②〉で表現。どちらも自由になるさまを表す。

〈解放①〉
手首を合わせた両こぶしをぱっと左右に開く。

〈解放②〉
こぶしを握った両手の手首を交差させて左右にぱっと開く。

とく【解く】3

「役を解く」

→〈責任①〉+〈解雇①〉

例文の「解く」は職や任務をやめさせる意味なので〈解雇①〉で表現。〈解雇①〉は首を切るさまで「解雇」「除名」「解職」の意味。

〈責任①〉
右肩に軽く全指を折り曲げた右手をのせる。

〈解雇①〉
左親指を右手で切るようにする。

とく【解く】4

「怒りを解く」

→〈怒(おこ)る①〉+〈落ち着く②〉

例文の「解く」は感情的なわだかまりをなくす意味なので〈落ち着く②〉で表現。〈落ち着く②〉は気が静まり落ち着くさまを表す。

〈怒(おこ)る①〉
両手で腹をつかむようにして上に向けてさっと動かす。

〈落ち着く②〉
指先を向かい合わせ、手のひらを下に向けた両手を胸から静かにおろす。

とく【解く】5

「(算数の)問題を解く」

→(〈算数〉+)
〈問題〉+〈解決①〉

例文の「解く」は問題の答えを出す意味なので〈解決①〉で表現。〈解決①〉は〆(しめ)のさまで無事に終わったことを表す。

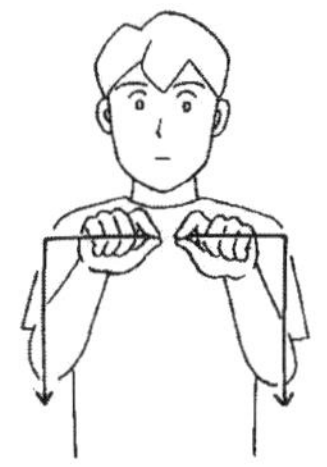

〈問題〉

両手の親指と人差指をつまみ「 ˥ を描く。

〈解決①〉

左手のひらの上に右人差指で「×」を大きく書く。

とく【説く】

「情勢を説く」

→〈状態①〉+〈説明〉

「説く」は説明することなので〈説明〉で表現。〈説明〉は「説く」「説明する」「説明」などの意味を表す。

〈状態①〉

両手のひらを前に向けて、交互に上下させる。

〈説明〉

左手のひらを右手で小刻みにたたく。

とく【得】

「買い得」

→〈買う〉+〈もうける①〉

「得」は利益を得ることなので〈もうける①〉で表現。〈もうける①〉はごっそりお金が手に入るさまで「もうける」「得する」の意味。

〈買う〉

右手の親指と人差指で作った丸を前に出すと同時に左手のひらを手前に引き寄せる。

〈もうける①〉

親指と4指を広げた右手を手前上に引き寄せる。

とく【徳】

「徳川」

→〈徳〉+〈川①〉

例文の「徳」は〈徳〉で表現。〈徳〉は固有名詞にのみ使用する。

〈徳〉

右手2指を出して親指をあごにつける。

〈川①〉

右手3指を軽く開き、「川」の字を描くようにおろす。

どく【毒】1

「毒蛇」

→〈毒〉+〈ヘビ〉

例文の「毒」は健康に害を与えるものの意味で〈毒〉で表現。〈毒〉は毒を食べた人が口から血を垂らすさまを表す。

〈毒〉

唇の端から血が滴るようにつまんだ親指と人差指をわずかにおろす。

〈ヘビ〉

親指を外に出して握った右こぶしをくねらせながら前に出す。

どく【毒】2

「体に毒だ」

→〈体(からだ)〉+〈悪い①〉

例文の「毒」は悪影響を与える悪いものの意味なので〈悪い①〉で表現。〈悪い①〉は「悪い」「よくない」「だめ」などの意味を表す。

〈体(からだ)〉

右手を体の上で回す。

〈悪い①〉

人差指で鼻をこするようにして振りおろす。

とくい【得意】1

「得意になって話す」

→〈自慢〉+〈説明〉

例文の「得意になる」は自慢する意味なので〈自慢〉で表現。〈自慢〉は鼻の高い天狗になるさまで「自慢」「いばる」などの意味を表す。

〈自慢〉

右手指で鼻をつまむようにして斜め上にあげる。

〈説明〉

左手のひらを右手で小刻みにたたく。

とくい【得意】2

「(水泳は)得意だ」

→(〈泳ぐ〉+)

〈腕〉

または〈得意〉

例文の「得意」はすぐれている意味なので〈腕〉または〈得意〉で表現。〈得意〉は鼻が高いさまだが自慢するという意味はない。

〈腕〉

左腕を右手で軽くたたく。

〈得意〉

親指と小指を立てた右手の親指を鼻に当て、斜め上に出す。

とくい【得意】3

「お得意様」

→〈ふれあう〉+〈客〉

例文の「お得意様」はいつもひいきにしてくれる客の意味なので〈ふれあう〉+〈客〉で表現。〈ふれあう〉はつき合いの深いさまを表す。

〈ふれあう〉

人差指を立てた両手を交互に前後入れ換えながら軽くふれ合わせ、左から右へ動かす。

〈客〉

左手のひらに親指を立てた右手をのせ、右から手前に引き寄せる。

どくさい【独裁】1

「独裁」

→〈自分一人〉+〈指導〉

例文の「独裁」は一人独断的にものごとを決めることで〈自分一人〉+〈指導〉で表現。

〈自分一人〉

右人差指を胸に当て、前にはねあげる。

〈指導〉

両手の人差指の先を前に向けて交互に前に出す。

どくさい【独裁】2

「独裁」

→〈個人〉+〈決める③〉

前記の表現以外に〈個人〉+〈決める③〉でも表現。この表現は個人的に何でも決めていくさまを表す。

〈個人〉

両手の人差指で顔の輪郭を示す。

〈決める③〉

左手のひらを右手２指でたたきながら左から右へ動かす。

どくじ【独自】

「日本独自」

→〈日本〉+〈自分一人〉

例文の「独自」は他の多くのものと違って他に例を見ない意味なので〈自分一人〉で表現。〈自分一人〉は「自分だけ」「独自」の意味。

〈日本〉

両手の親指と人差指を向かい合わせて左右に引きながら閉じる。

〈自分一人〉

右人差指を胸に当て、前にはねあげる。

どくしゃ【読者】

「(新聞の)読者」

→(〈新聞〉+)
〈読む①〉+〈人々①〉

「読者」はその本なり新聞なりを読む人々のことで〈読む①〉+〈人々①〉で表現。

〈読む①〉
左手のひらを見ながら視線に合わせるように右手２指を動かす。

〈人々①〉
親指と小指を立てた両手を揺らしながら左右に開く。

どくしょ【読書】

「(趣味は)読書です」

→(〈趣味①〉+)
〈本〉+〈読む①〉

「読書」は本を読むことなので〈本〉+〈読む①〉で表現。〈読む①〉は片手に本をもって読むさまを表す。

〈本〉
両手のひらを合わせて本を開くように左右に開く。

〈読む①〉
左手のひらを見ながら視線に合わせるように右手２指を動かす。

とくしゅ【特殊】1

「特殊な性質」

→〈特別〉+〈性質〉

例文の「特殊」はそれだけ変わった、特別の意味で〈特別〉で表現。〈特別〉は昔の軍隊の特別な地位を表す腕章のＶ字に由来すると言われる。

〈特別〉
左腕に親指と人差指をつまんだ右手を腕に沿って上下させる。

〈性質〉
左手甲に右人差指を当て、２回すくうようにする。

とくしょく【特色】

「特色を出す」

→〈特徴〉+〈表(あらわ)す〉

「特色」は特徴の意味なので〈特徴〉で表現。〈特徴〉は指文字〈ト〉と〈性質〉を組み合わせた新しい手話。

〈特徴〉
左手甲に右手２指をすくいあげるように当てる。

〈表(あらわ)す〉
左手のひらに右人差指をつけて前に押し出す。

とくしゅ【特殊】2

「特殊教育」

→〈特別〉+〈教える①〉

例文の「特殊」はそれだけ変わった、特別の意味で〈特別〉で表現。〈特別〉は昔の軍隊の特別な地位を表す腕章のＶ字に由来すると言われる。

〈特別〉
左腕に親指と人差指をつまんだ右手を腕に沿って上下させる。

〈教える①〉
右人差指を口元から斜め下に振りおろす。

どくしん【独身】1

「独身(の時)」

→〈結婚〉+〈まだ③〉
(+〈時①〉)

例文の「独身」はまだ結婚していない意味なので〈結婚〉+〈まだ③〉で表現。〈まだ③〉はまだ達していないさまで「まだ」「未」などの意味。

〈結婚〉
親指と小指を左右からつける。

〈まだ③〉
〈結婚〉の左手を残し、右手の指先を左小指に向けて上下に振る。

どくしん【独身】2

「独身を通す」

→〈独身〉+〈まっすぐ①〉

例文の「独身」は自分ひとり身の意味なので〈独身〉で表現。〈独身〉は人のまわりにだれもいないさまで「独身」「独り身」「孤独」を表す。

〈独身〉

左親指のまわりで右手指先を回す。

〈まっすぐ①〉

指先を伸ばし、まっすぐ前に進める。

どくぜつ【毒舌】

「毒舌をふるう」

→〈毒〉+〈しゃべる①〉

「毒舌」は人を傷つけるきつい言葉、皮肉、悪口などを言う意味なので〈毒〉+〈しゃべる①〉で表現。〈毒〉は毒を食らって口から血を流すさま。

〈毒〉

右手の親指と人差指をつまんで唇の端から垂らすようにする。

〈しゃべる①〉

すぼめた右手を口元から前に向かってぱっぱっと繰り返し開く。

どくせん【独占】

「独占企業」

→〈独占〉+〈会社〉

「独占」はひとりじめする意味なので〈独占〉で表現。〈独占〉は自分が全部を握る、ひとりじめのさまを表す。

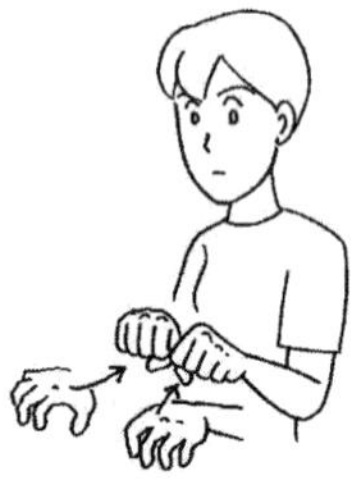

〈独占〉

半開きにした両手のひらを下に向けて手前に引き寄せながら握る。

〈会社〉

両手の２指を交互に前後させる。

どくそう【独走】1

「トップは独走態勢」

→〈一番①〉+〈独走〉

例文の「独走」は競争相手を大きく引き離して走ること、他を大きく引き離していることなので〈独走〉で表現。〈独走〉は他を引き離しているさまを表す。

〈一番①〉

右人差指を左肩に軽く当てる。

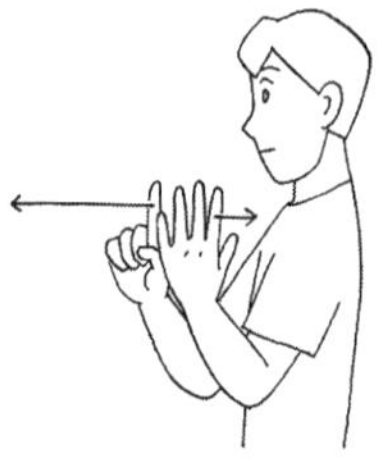

〈独走〉

人差指を立てた右手の後ろに５指を立てた左手を置き、右手を前に、左手を後ろに一気に離す。

どくそう【独走】2

「（理事会の）独走」

→（〈リ〉+〈ジ〉+〈会〉）
〈自分一人〉+〈決める①〉

例文の「独走」は一人勝手な行動を取ることなので〈自分一人〉+〈決める①〉で表現。ただしこの場合、〈決める①〉を繰り返しながら右に移動する。

〈自分一人〉

右人差指を胸に当て、前にはねあげる。

〈決める①〉

左手のひらに右２指を軽く打ちつけながら右へ動かす。

ドクター1

「ドクターコース」

→〈博士〉+〈まっすぐ①〉

例文の「ドクターコース」は大学院の博士課程の意味なので〈博士〉+〈まっすぐ①〉で表現。〈博士〉は博士帽のふさを表す。

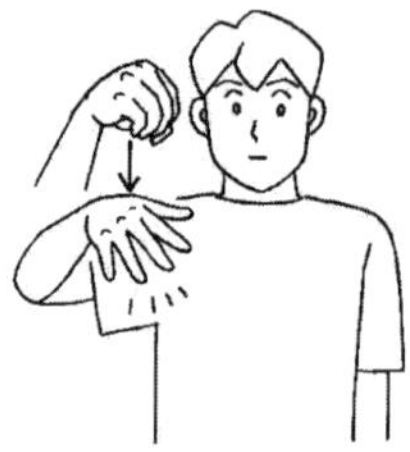

〈博士〉

頭の脇からすぼめた右手をぱっと開いておろす。

〈まっすぐ①〉

指先を伸ばし、まっすぐ前に進める。

ドクター 2

「ドクターを目指す」

→〈医者〉+〈目的②〉

例文の「ドクター」は医者の意味なので〈医者〉で表現。〈医者〉は〈脈〉+〈男〉を合成したもので「ドクター」「医者」を表す。

〈医者〉

右手３指で左手首の脈をとるようにして、次に親指を立てる。

〈目的②〉

左こぶしを上にあげ、親指側に右人差指を当てる。

どくだん【独断】

「独断」

→(〈自分一人〉または)〈私①〉+〈決める①〉

「独断」は他人の意見を聞かず、自分ひとりの考えで決める意味なので〈自分一人〉または〈私①〉+〈決める①〉で表現。

〈私①〉

人差指で胸を指さす。

〈決める①〉

左手のひらに右手２指を打ちつける。

とくちょう【特徴】

「彼の特徴」

→〈彼〉+〈特徴〉

「特徴」は他と比べて目立つ点の意味なので〈特徴〉で表現。〈特徴〉は指文字〈ト〉と〈性質〉を組み合わせた新しい手話。

〈彼〉

左親指を右人差指でさす。

〈特徴〉

左手甲に右手２指をすくいあげるように当てる。

とくてん【得点】1

「算数の得点は百点」

→〈算数〉+〈百①〉

例文の「得点は百点」は点数の意味なので〈百①〉で表現。〈算数〉を示すことで点数ということがわかる。〈取る①〉をつける場合もある。

〈算数〉

３指を立てた両手を軽く繰り返しぶつけ合う。

〈百①〉

右手の親指と人差指と中指を閉じて示す。

とくてん【得点】2

「得点が入った」

→〈数〉+〈取る①〉

例文の「得点が入る」は点を取ることなので〈数〉+〈取る①〉で表現。〈数〉は数を表す。

〈数〉

右手指でものを数えるようにして順に指を折る。

〈取る①〉

右手で前からつかみ取るようにして引き寄せる。

どくとく【独特】

「独特の色」

→〈特別〉+〈色①〉

「独特」はそのものだけが特別に持っている様子の意味なので〈特別〉で表現。〈特別〉は昔の軍隊の特別な地位を表す腕章のＶ字に由来すると言う。

〈特別〉

左腕に親指と人差指をつまんだ右手を腕に沿って上下させる。

〈色①〉

すぼめた両手を合わせてひねる。

とくに【特に】

「特に大きい」

→〈特別〉+〈大きい②〉

「特に」は特別にの意味なので〈特別〉で表現。〈特別〉は昔の軍隊の特別な地位を表す腕章のV字に由来すると言われる。

〈特別〉

左腕に親指と人差指をつまんだ右手を腕に沿って上下させる。

〈大きい②〉

軽く開いた両手のひらを向かい合わせ左右に広げる。

とくべつ【特別】1

「特別扱いする」

→〈特別〉+〈世話〉

例文の「特別」は〈特別〉で表現。〈特別〉は昔の軍隊の特別な地位を表す腕章のV字に由来すると言われる。「特に」「独特」「格別」などの意味。

〈特別〉

左腕に親指と人差指をつまんだ右手を腕に沿って上下させる。

〈世話〉

指先を前に向け、手のひらを向かい合わせた両手を交互に上下させる。

とくべつ【特別】2

「特別変わったことはない」

→〈特別〉+〈ない①〉

例文の「特別」は特にとりたてての意味なので〈特別〉で表現。〈特別〉は昔の軍隊の特別な地位を表す腕章のV字に由来すると言われる。

〈特別〉

左腕に親指と人差指をつまんだ右手を腕に沿って上下させる。

〈ない①〉

両手の手首を回すように振る。

とくめい【匿名】

「匿名」

→(〈名前①〉または)〈名前②〉+〈削る②〉

「匿名」は自分の名前を隠して何かをする意味なので〈名前①〉または〈名前②〉+〈削る②〉で表現。〈削る②〉は「はぶく」の意味。

〈名前②〉

右手の親指と人差指で作った丸を左胸に当てる。

〈削る②〉

左手のひらを右手のひらで削り落とすようにする。

どくりつ【独立】1

「独立して(商売をする)」

→〈自分一人〉+〈立つ〉(+〈商売〉)

例文の「独立」は自分の力でやっていく意味なので〈自分一人〉+〈立つ〉で表現。〈自分一人〉+〈立つ〉は「独立」「自立」などの意味。

〈自分一人〉

右人差指を胸に当て、前にはねあげる。

〈立つ〉

左手のひらの上に右手2指をのせる。

どくりつ【独立】2

「独立(国)」

→〈自分一人〉+〈立つ〉(+〈国(くに)〉)

例文の「独立国」は主権を行使する国家のことで〈自分一人〉+〈立つ〉+〈国〉で表現。

〈自分一人〉

右人差指を胸に当て、前にはねあげる。

〈立つ〉

左手のひらの上に右手2指をのせる。

どくわ【読話】

「読話」
→〈口〉+〈読む③〉

「読話」は相手の口の形を見て言葉を判断する技術のこと。〈口〉+〈読む③〉で表現。

〈口〉
右人差指の先を口元で回す。

〈読む③〉
右手２指の指先を前に向けて上から下に繰り返しおろす。

とけい【時計】

「腕時計」
→〈時計①〉または〈時計②〉

例文の「腕時計」は〈時計①〉または〈時計②〉で表現。〈時計①〉は一般の腕時計、〈時計②〉は聴覚障害者用の振動する腕時計を表す。

〈時計①〉
左手首の甲側に右手の親指と人差指で作った丸をつける。

〈時計②〉
左手首に親指と人差指で丸を作った右手を乗せ、揺らす。

とける【解ける】1

「(外出禁止が)解ける」
→(〈出る①〉+〈禁止〉+)
〈解放①〉
または〈解放②〉

例文の「解ける」は禁止などの制限がなくなる意味で〈解放①〉または〈解放②〉で表現。〈解放①〉は手錠を外すさまで「解放」「解く」の意味。

〈解放①〉
手首を合わせた両こぶしをぱっと左右に開く。

〈解放②〉
こぶしを握った両手の手首を交差させて左右にぱっと開く。

とける【解ける】2

「(父の)怒りが解ける」
→(〈父〉+)
〈怒(おこ)る①〉+〈消える①〉

例文の「解ける」は怒りなどの感情のわだかまりが消える意味で〈消える①〉で表現。〈消える①〉は目の前からなくなるさまを表す。

〈怒(おこ)る①〉
両手で腹をつかむようにして上に向けてさっと動かす。

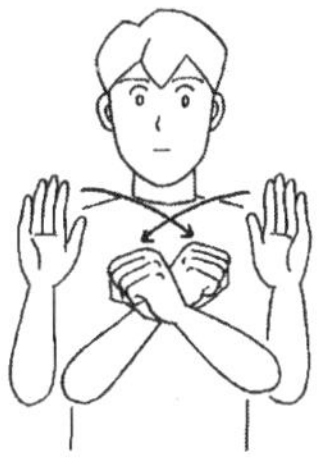

〈消える①〉
開いた両手を交差させながら握る。

とける【解ける】3

「なぞが解ける」
→〈なぞ②〉+〈見抜く〉

例文の「解ける」は答えがわかる意味なので〈見抜く〉で表現。〈見抜く〉は壁の向こうを突き通すさまで「見破る」「見抜く」などの意味を表す。

〈なぞ②〉
右手２指で「?」を書く。

〈見抜く〉
右人差指を目元から前に出し、左手指の間を突き破る。

とける【溶・融ける】1

「雪がとける」
→〈雪〉+〈なくなる①〉

例文の「(雪が)とける」は〈なくなる①〉で表現。〈なくなる①〉はかさばったものがなくなるさまで「(雪が)とける」「なくなる」意味。

〈雪〉
両手の親指と人差指で作った丸をひらひらさせながらおろす。

〈なくなる①〉
上下に向かい合わせた両手のひらを上から合わせると同時に右手を右に動かす。

と

とける【溶・融ける】2

「(砂糖が)水にとける」

→(〈甘い〉+)
〈流れる②〉+〈混ぜる〉

例文の「(水に)とける」は〈混ぜる〉で表現。〈混ぜる〉はつぶすように混ぜるさまで砂糖が水にとけるさまを表す。

〈流れる②〉
右手の甲を下にして波のようにゆらゆら上下に揺すりながら右へやる。

〈混ぜる〉
両手のひらを上下に重ねて混ぜ合わせるようにする。

とげる【遂げる】1

「発展を遂げる」

→〈発展〉+〈成功〉

例文の「遂げる」は～という結果になる意味で、この場合「発展」なので〈成功〉で表現。

〈発展〉
指文字〈コ〉を示した両手を斜め上にあげる。

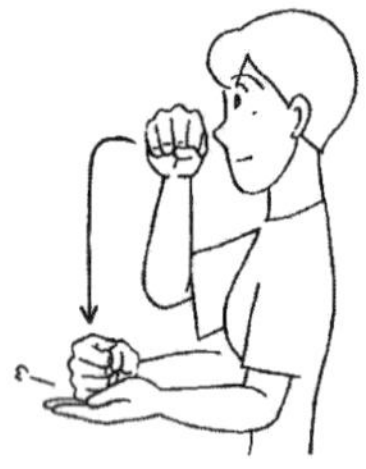

〈成功〉
右こぶしを鼻から左手のひらに打ちつける。

とげる【遂げる】2

「あわれな最期を遂げる」

→〈悲しい①〉+〈死ぬ②〉

例文の「最期を遂げる」は死んでしまうという意味なので〈死ぬ②〉で表現。〈死ぬ②〉は人が倒れて死ぬさまを表す。

〈悲しい①〉
親指と人差指を閉じた右手を目元から揺らしながらおろす。

〈死ぬ②〉
指先を上に向けた右手を倒す。

とげる【遂げる】3

「優勝を遂げる」

→〈優勝〉+〈解決①〉

例文の「遂げる」はなし終える意味なので〈解決①〉で表現。〈解決①〉は〆(しめ)のさまで成功のうちに終わったことを表す。

〈優勝〉
両こぶしで優勝旗のさおを持ち、上にあげるようにする。

〈解決①〉
左手のひらの上に右人差指で「×」を大きく書く。

どこ 1

「どこへ行くのか」

→〈行(い)く①〉+〈何〉

例文の「どこ」は場所を尋ねる言葉なので〈何〉で表現。〈何〉はこの場合「どこ」の意味。〈何〉を表現する時の表情に注意。

〈行(い)く①〉
右手人差指を下に向けて、振りあげるように前をさす。

〈何〉
右人差指を左右に振る。

どこ 2

「どこにでもある」

→〈何〉+〈ある②〉

例文はどんな場所にでもあるという意味なので〈何〉+〈ある②〉で表現する。手話はいたるところどこにでもあるというさまを表す。

〈何〉
右人差指を立てて左右に振る。

〈ある②〉
手のひらを下にした右手を左・中央・右の3か所に置く。

どこか 1

「どこかで（会ったことがある）」

→〈場所〉+〈何〉（+〈会う①〉+〈た〉）

例文の「どこか」ははっきりわからない場所をさす言葉なので〈場所〉+〈何〉で表現。〈何〉を表現する場合のとまどうような表情に注意。

〈場所〉

全指を曲げた右手を前に置く。

〈何〉

右人差指を立てて左右に振る。

どこか 2

「どこか上品」

→〈見る①〉+〈上品〉

例文の「どこか」はどことは言えないがなんとなくの意味で〈見る①〉で表現。この〈見る①〉は「よく見ると」という程度の意味を表す。

〈見る①〉

右人差指を右目元から前に出す。

〈上品〉

鼻の下に当てた右手を静かに右へ動かす。

どこまでも 1

「どこまでもついて行く」

→〈従う〉+〈ずっと①〉

例文の「どこまでも」はどんな所でもの意味で〈ずっと①〉で表現。〈ずっと①〉は継続するさまで「どこまでもずっと」の意味を表す。

〈従う〉

両手人差指をそわせて左前に出す。

〈ずっと①〉

右人差指の先を前に向け、右から左へ線を引くように動かす。

どこまでも 2

「どこまでもついて行く」

→〈追う②〉+〈続く①〉

前記の表現以外に〈続く①〉で表現。〈続く①〉は継続するさまで「どこまでもし続ける」の意味を表す。

〈追う②〉

人差指を立てた両手を前後にして、左右に揺らしながら前に出す。

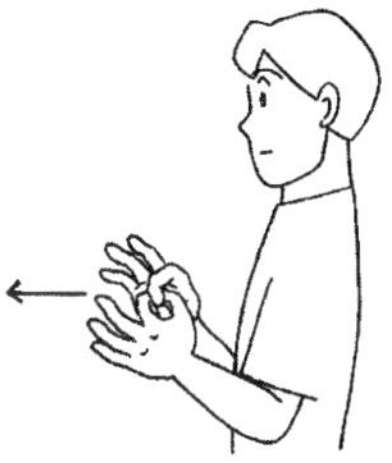

〈続く①〉

両手の親指と人差指を組んでまっすぐ前に出す。

どこまでも 3

「どこまでもがんこな奴だ」

→〈がんこ〉+〈本当〉

例文の「どこまでも」は本当に全くの意味なので〈本当〉で表現。〈本当〉は「本当」「実際」「まことに」の意味。

〈がんこ〉

頭の横で両手でものを握りつぶすように手指を向かい合わせる。

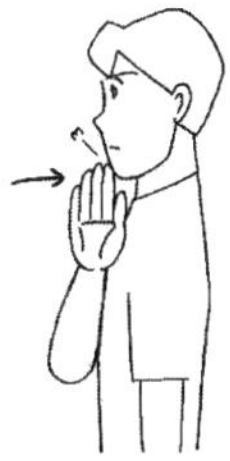

〈本当〉

右手をあごに当てる。

ところ【所】1

「便利な所」

→〈便利〉+〈場所〉

例文の「所」は場所の意味なので〈場所〉で表現。〈場所〉は一定の位置、範囲を示すさまで「所」「場所」などの意味を表す。

〈便利〉

右手のひらであごをなでる。

〈場所〉

全指を曲げた右手を前に置く。

ところ【所】2

「所によって習慣（が違う）」

→〈地方〉+〈習慣〉
（+〈ばらばら〉）

例文の「所」はその土地、住む場所の意味で、〈地方〉で表現。〈地方〉はあちこちの場所の意味で「地方」「地域」を表す。

〈地方〉
全指を曲げた右手を下に向け、左から右へ順番に置く。

〈習慣〉
左手甲に指を半開きにした右手甲をつけ、前に出しながら握る。

ところ【所】3

「お所とお名前」

→〈住所①〉+〈名前①〉

例文の「所」は住所の意味なので〈住所①〉で表現。〈住所①〉は家の場所のさまで「住所」「所」の意味を表す。

〈住所①〉
両手で屋根形を示し、右手を左手屋根形下に全指を曲げて置く。

〈名前①〉
左手のひらに右親指を当てる。

ところ【所】4

「君の所（に遊びに行く）」

→〈あなた①〉+〈家〉
（+〈遊ぶ〉+〈行(い)く①〉）

例文の「所」は「家」の意味なので〈家〉で表現。〈家〉は屋根の形のさまで「家」を表す。

〈あなた①〉
右人差指でさす。

〈家〉
両手で屋根形を作る。

ところ【所】5

「話のその所（がわからない）」

→〈説明される〉+〈それ〉
（+〈知らない〉）

例文の「所」は一つのことがら、点の意味なので〈それ〉で表現。〈それ〉は対象とするところをさすさまで「それ」「その所」などの意味。

〈説明される〉
左手のひらの上を指先を手前に向けた右手で小刻みにたたく。

〈それ〉
前にある物をさす。

ところ【所】6

「読んでいるところに（やってきた）」

→〈読む①〉+〈時①〉
（+〈来る②〉）

例文の「ところ」は場面、状況の意味なので〈時①〉で表現。〈時①〉は場面、状況を示すこともあり、この場合は「その時」の意味。

〈読む①〉
左手のひらを見ながら視線に合わせるように右手２指を動かす。

〈時①〉
左手のひらに右親指を当て、右人差指を時計の針のように回す。

ところ【所】7

「今日のところは（許してやる）」

→〈今①〉+〈特別〉
（+〈認める①〉）

例文の「今日のところは」は〈今①〉で表現。〈今①〉は「きょう」「今」「現在」などの意味を表す。

〈今①〉
両手のひらで軽く押さえつける。

〈特別〉
左腕に親指と人差指をつまんだ右手を腕に沿って上下させる。

ところ【所】8

「思うところ（がある）」

→〈思う〉+〈事〉

（+〈ある①〉）

例文の「思うところ」は〈思う〉+〈事〉で表現。〈事〉は漢字「事」の略字「¬」で「事」を表す。〈事〉はなくてもよい。

〈思う〉

右人差指を側頭部に当てる。

〈事〉

右手で指文字〈コ〉を示す。

ところで

「ところで（ご両親はお元気ですか）」

→〈置く①〉

（+〈両親〉+〈元気①〉+〈か〉）

「ところで」は話題を変えるときに使う言葉で〈置く①〉で表現。〈置く①〉は脇に置くさまで「ところで」「さて」「それはさておいて」など。

〈置く①〉

両手のひらを向かい合わせて左から右へ弧を描いて移動する。

ところ【所】9

「帰ったところ（誰もいない）」

→〈帰る〉+〈しかし〉

（+〈ない②〉）

例文の「ところ」は条件を示し、「帰ったら」「来たら」など「たら」の意味で、この場合〈しかし〉で表現。

〈帰る〉

右手の親指と4指を前に出しながら閉じる。

〈しかし〉

手のひらを返す。

ところてん

「ところてん（が有名）」

→〈ところてん〉

（+〈有名〉）

「ところてん」は〈ところてん〉で表現。〈ところてん〉はてん突きでところてんを押し出すさまを表す。

〈ところてん〉

手のひらを上に向けて折り曲げた左手に向けて握った右手を押し出すように動かし、

その右手を左手の上を通り抜けて前にぱっと開く。

ところが

「質問した。ところが」

→〈質問①〉+〈しかし〉

「ところが」は予想に反したことを述べる接続詞で「しかし」の意味。〈しかし〉で表現。〈しかし〉は手のひらを返して打ち消しを表す。

〈質問①〉

右手のひらを耳元から左親指に差し出す。

〈しかし〉

右手のひらを返す。

とざん【登山】

「（冬山）登山」

→（〈寒い〉+）

〈山〉+〈登る①〉

「登山」は山に登ることで〈山〉+〈登る①〉で表現。〈山〉+〈登る①〉は山に登るさまで「登山」「山に登る」「山登り」などの意味を表す。

〈山〉

右手で山形を描く。

〈登る①〉

右手2指を登るように斜め上にあげる。

とし【都市】

「都市計画」

→〈町①〉+〈計画〉

例文の「都市」は〈町①〉で表現。〈町①〉は家が並んでいるさまを表す。「町」「都会」の意。

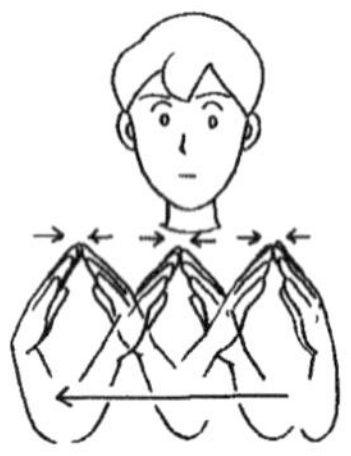

〈町①〉

両手で屋根形を作りながら左から右へ動かす。

〈計画〉

左手のひらを下に向け、右人差指で線を引くようにする。

とし【年】1

「(新しい)年が始まる」

→(〈新しい〉+)
〈年(ねん)〉+〈開(ひら)く④〉

例文は「年」は〈年〉で表現。〈年〉の左手は木の切り株(年輪)のさまで「年」を表す。ただし〈年〉は年齢を意味しない。

〈年(ねん)〉

左こぶしの親指側に右人差指を当てる。

〈開(ひら)く④〉

両手のひらを下に向けて並べ、左右に開く。

とし【年】2

「年が明ける」

→〈正月①〉+〈明るい①〉

例文の「年が明ける」は新年の一月一日になることなので〈正月①〉+〈明るい①〉で表現。正月を迎えて年が明けたことを表す。

〈正月①〉

両手の人差指の先を上下で向かい合わせる。

〈明るい①〉

両手のひらを前に向けて交差させ、ぱっと左右に開く。

とし【年】3

「年が若い」

→〈年齢〉+〈若い〉

例文の「年」は年齢の意味で〈年齢〉で表現。〈年齢〉は「齢」を構成する歯を示し、「年齢」「年(とし)」の意味を表す。

〈年齢〉

あごの下で右手の指を順に折る。

〈若い〉

右手のひらで額を左から右へふくようにする。

とし【年】4

「年をとる」

→〈年齢〉+〈年をとる〉

例文の「年をとる」は年齢が高くなることなので〈年齢〉+〈年をとる〉で表現。〈年をとる〉は年齢が増えるさまを表す。

〈年齢〉

あごの下で右手の指を順に折る。

〈年をとる〉

やや曲げた両手のひらを上下に向かい合わせ右手を上にあげ、甲をあごに当てる。

としごろ【年頃】1

「年頃の娘」

→〈若い〉+〈娘〉

例文の「年頃」は結婚するのにふさわしい年齢の意味で〈若い〉で表現。〈若い〉の表現のうちに結婚するのにふさわしい年齢の意味がある。

〈若い〉

右手のひらで額を左から右へふくようにする。

〈娘〉

小指を立てた右手を腹から前に出す。

としごろ【年頃】2

「（遊びたい）年頃」

→（〈遊ぶ〉＋〈好き①〉＋）〈年齢〉＋〈くらい①〉

例文の「年頃」はちょうどふさわしい年齢の意味で〈年齢〉＋〈くらい①〉で表現。この場合の〈くらい①〉は「頃」「その頃」の意味を表す。

〈年齢〉

あごの下で右手指を順に折る。

〈くらい①〉

右手指先を前に向け左右に小さく振る。

としつき【年月】3

「長い年月にわたる」

→〈毎年〉＋〈長い①〉

例文の「長い年月にわたる」は何年もの長い間の意味で〈毎年〉＋〈長い①〉で表現。〈毎年〉＋〈長い①〉は長い年月の意味を表す。

〈毎年〉

軽くにぎった左こぶしの親指側を右人差指でふれて繰り返し回す。

〈長い①〉

親指と人差指を閉じた両手を向かい合わせ左右に開く。

としつき【年月】1

「十年の年月が経つ」

→〈十年〉＋〈ずっと②〉

例文の「年月が経つ」は年月が経過する意味なので〈ずっと②〉で表現。〈ずっと②〉は継続する、経過するさまを表す。

〈十年〉

左こぶしの上で、右手の親指と人差指で作った丸を縦に１回転させる。

〈ずっと②〉

右人差指の先を前に向けて左へ動かして左手のひらに当てる。

としょ【図書】1

「図書館」

→〈本〉＋〈ビル①〉

「図書」は〈本〉で表現。「図書館」は〈本〉＋〈ビル①〉で表現。〈本〉＋〈ビル①〉は図書館の意味で本屋などとは区別される。

〈本〉

両手のひらを合わせて本を開くように左右に開く。

〈ビル①〉

両手のひらを向かい合わせて上にあげ、閉じる。

としつき【年月】2

「年月を経た寺」

→〈古い〉＋〈寺〉

例文の「年月を経る」は古い意味なので〈古い〉で表現。〈古い〉は鼻が曲がるほど臭い、つまり古いさまで「古い」の意味を表す。

〈古い〉

右人差指で鼻を下からこするように回す。

〈寺〉

左手で拝むようにして右人差指で前をたたくようにする。

としょ【図書】2

「図書券」

→〈本〉＋〈券①〉

「図書券」はチェーン加盟の本屋では現金と同じ働きをする図書金券のことで〈本〉＋〈券①〉で表現。

〈本〉

両手のひらを合わせて本を開くように左右に開く。

〈券①〉

両手の親指と人差指を向かい合わせて四角を示す。

ドジョウ【泥鰌】

「ドジョウ（の鍋）」

→〈ドジョウ〉
（+〈鍋〉）

「ドジョウ」は〈ドジョウ〉で表現。〈ドジョウ〉は安来節のドジョウをつかむしぐさから。

〈ドジョウ〉
左親指を右２指でつまみ、

次に右親指を左２指でつまむ。

としより【年寄り】1

「お年寄り（を敬う）」

→〈老人①〉
または〈老人②〉
（+〈敬う①〉）

例文の「年寄り」は年をとった人の意味なので〈老人①〉または〈老人②〉で表現。手話はどちらも腰を曲げたお年寄りを表す。

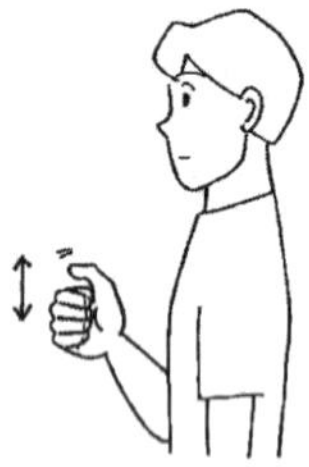

〈老人①〉
右親指を曲げて軽く上下させる。

〈老人②〉
右手の親指と小指を順番に曲げて上下に揺らす。

としより【年寄り】2

「年寄りくさい（服）」

→〈老人①〉+〈合う①〉
（+〈服〉）

例文の「年寄りくさい」は年寄りのようなの意味で〈老人①〉+〈合う①〉で表現。手話は「年寄りくさい」「年寄りみたい」などの意味。

〈老人①〉
右親指を曲げて軽く上下させる。

〈合う①〉
左人差指の先に右人差指の先を当てる。

とじる【閉じる】1

「本を閉じる」

→〈本〉+〈閉じる①〉

例文の「閉じる」は開いていた本を合わせた状態にする意味なので〈閉じる①〉で表現。〈閉じる①〉は本を閉じるさまを表す。

〈本〉
両手のひらを合わせて本を開くように左右に開く。

〈閉じる①〉
左手のひらに右手を合わせるように閉じる。

とじる【閉じる】2

「目を閉じる」

→〈眠る②〉

例文の「閉じる」は開いている目のまぶたを合わせる意味なので〈眠る②〉で表現。〈眠る②〉は目を閉じて眠るさまを表す。

〈眠る②〉
両手の親指と４指の指先を目に向けて閉じる。

とじる【閉じる】3

「封を閉じる」

→〈投票〉+〈閉じる②〉

例文の「閉じる」は封をする意味なので〈閉じる②〉で表現。〈閉じる②〉は封筒の封をするさまを表す。

〈投票〉
左手の親指と４指の間に右手の４指を入れる。

〈閉じる②〉
両手を上下に重ねて右手を手前に倒すようにして閉じる。

とじる【閉じる】4

「店を閉じる」

→〈店①〉+〈閉じる③〉

例文の「閉じる」は店を終わりにする意味なので〈閉じる③〉で表現。〈閉じる③〉は店をしまうさまで「閉店」「営業終了」の意味。

〈店①〉
両手のひらを上に向けて、左右に開く。

〈閉じる③〉
両手のひらを左右から閉じる。

とたん【途端】

「（家を出た）途端、雨が降り出した」

→（〈出る①〉+）〈突然〉+〈雨①〉

「途端」はちょうどその時の意味で〈突然〉で表現。〈突然〉はシャボン玉が触れ合ってはじけるさまで「途端」「突然」などの意味を表す。

〈突然〉
両手の親指と人差指で作った丸を軽くぶつけ、ぱっと左右に開く。

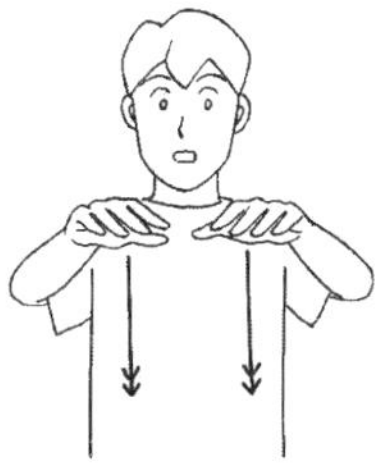

〈雨①〉
軽く開いた指先を前に向け両手を繰り返し下におろす。

とそう【塗装】1

「壁を塗装する」

→〈壁①〉+〈塗る〉

例文の「壁を塗装する」は〈壁①〉+〈塗る〉で表現。〈塗る〉ははけで壁を塗るさまを表す。

〈壁①〉
右手のひらを前に向けて小指側を上に向けてあげる。

〈塗る〉
左手のひらを手前に向けて右手指先を刷毛のようにして塗る。

とち【土地】1

「土地を耕す」

→〈土〉+〈農業〉

例文の「土地」は大地の意味で〈土〉で表現。〈土〉は細かい土の粒のさまであるが「土地」「大地」「地面」「土」などの意味を表す。

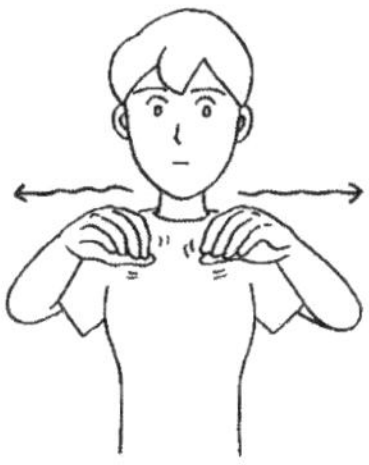

〈土〉
砂や土をこすり落とすようにして両手を左右に開く。

〈農業〉
両手のこぶしを握り、くわで耕すようにする。

とそう【塗装】2

「車の塗装」

→〈運転〉+〈塗装〉

例文の「塗装」は車なので〈塗装〉で表現。〈塗装〉はスプレーで車体に吹きつけるさまを表す。

〈運転〉
ハンドルを両手で握り、回すようにする。

〈塗装〉
左手のひらを手前に向けて親指と人差指を出した右手の人差指で左右に吹きつけるようにする。

とち【土地】2

「土地を買う」

→〈土〉+〈買う〉

例文の「土地」は地所の意味で〈土〉で表現。〈土〉は細かい土の粒のさまで「土地」「大地」「地所」「土」などの意味を表す。

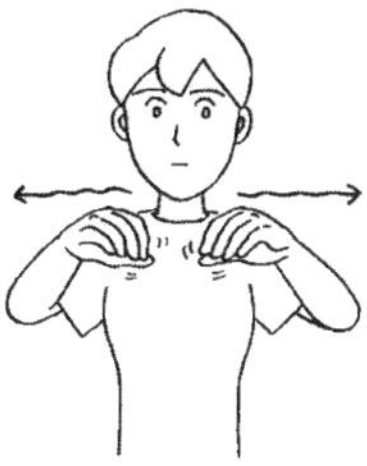

〈土〉
砂や土をこすり落とすようにして両手を左右に開く。

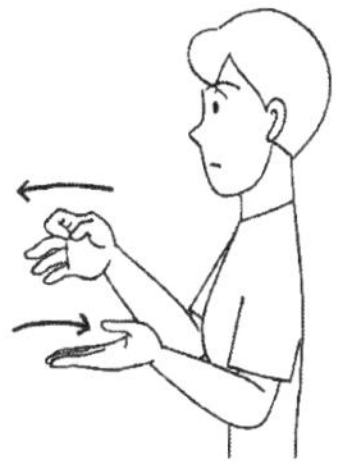

〈買う〉
右手の親指と人差指で作った丸を前に出すと同時に手のひらを上に向けた左手を手前に引く。

とち【土地】3

「その土地（の事情に詳しい）」

→〈それ〉+〈場所〉（+〈細かい①〉+〈知る①〉）

例文の「土地」はその土地の風習や様子の意味で〈場所〉で表現。〈場所〉は位置、一定の範囲を示すさまで「場所」「所」などの意味を表す。

〈それ〉
右人差指で前にある物をさす。

〈場所〉
全指を曲げた右手を前に置く。

どちら 2

「（西は）どちらですか」

→（〈西②〉+）〈どちら②〉+〈か〉

例文の「どちら」は方向を尋ねる言葉なので〈どちら②〉で表現。〈どちら②〉はどの方向か尋ねるさま。

〈どちら②〉
両手の人差指でそれぞれ交互に右と左をさす。

〈か〉
右手のひらを前に差し出す。

とちゅう【途中】

「帰る途中」

→〈帰る〉+〈途中〉

「途中」は終点に到着しない中間の意味で〈途中〉で表現。〈途中〉は終点までまだ距離があるさまで「途中」の意味を表す。

〈帰る〉
右手の親指と 4 指を前に出しながら閉じる。

〈途中〉
左手のひらに右手指先を近づけてとめる。

どちら 3

「（家は）どちらですか」

→（〈家〉+）〈場所〉+〈何〉

例文の「どちら」は場所を尋ねる言葉なので〈場所〉+〈何〉で表現。〈何〉は質問するさまで、この場合は「どこ」を表す。

〈場所〉
全指を曲げた右手を前に置く。

〈何〉
右人差指を立てて左右に振る。

どちら 1

「どちらになさいますか」

→〈どちら①〉+〈か〉

例文の「どちら」はいくつかあるもののうちどれかの意味なので〈どちら①〉で表現。〈どちら①〉は右か左かを問うさまを表す。

〈どちら①〉
両手人差指を立て、交互に上下させる。

〈か〉
右手のひらを前に差し出す。

どちら 4

「どちらさまですか」

→〈誰〉+〈か〉

例文の「どちら」はだれかと尋ねる言葉なので〈誰〉で表現。〈誰〉は視覚障害者がほおに手を当てて誰かを判断するさまで「誰」「どなた」の意味。

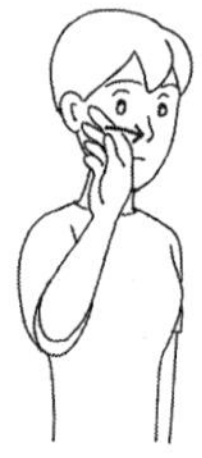

〈誰〉
右手指の背側をほおに当ててこするようにする。

〈か〉
右手のひらを前に差し出す。

とっきゅう【特急】

「特急(券)」

→〈特別〉+〈はやい①〉
(+〈券①〉)

「特急」は〈特別〉+〈はやい①〉で表現。〈特別〉は昔の軍隊の特別な地位を表す腕章のＶ字に由来すると言われる。「特別」「特に」などの意味。

〈特別〉
左腕に親指と人差指をつまんだ右手を腕に沿って上下させる。

〈はやい①〉
親指と人差指を閉じた右手をすばやく左へ動かしながら人差指を伸ばす。

とつぐ【嫁ぐ】

「遠くに嫁ぐ」

→〈遠い①〉+〈とつぐ〉

「嫁ぐ」は嫁に行く意味なので〈とつぐ〉で表現。〈とつぐ〉は〈男〉に〈女〉が寄りそっていくさまで「とつぐ」「結婚する」の意味を表す。

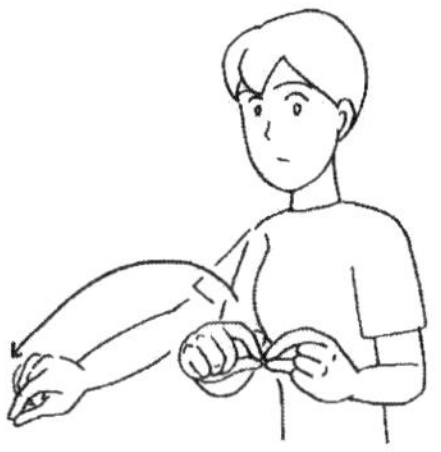

〈遠い①〉
親指と人差指を閉じた両手をつき合わせ、右手を弧を描いて前に出す。

〈とつぐ〉
左親指に右小指をつける。

どっきょ【独居】

「独居老人」

→〈独居〉+〈老人②〉

「独居」は〈独居〉で表現。〈独居〉は左手の〈家〉に右手の〈自分一人〉でいるさまを表す。

〈独居〉
左手を斜めにして立て、右人差指を胸につけ、上に跳ねあげる。

〈老人②〉
右手の親指と小指を順番に曲げて上下に揺らす。

とっくに

「(食事は)とっくに済ました」

→(〈食べる①〉+)
〈過去①〉+〈た〉

「とっくに」はずっと前にの意味なので〈過去①〉で表現。〈過去①〉はすでに過ぎた時を表し、その表現の仕方で過ぎた時の長さを表す。

〈過去①〉
右手のひらを後ろに向けて勢いよく押してやる。

〈た〉
両手のひらを前に向けて倒し、指先を下に向ける。

とっきょちょう【特許庁】

「特許(庁)」

→〈アイデア〉+〈証拠〉
(+〈庁〉)

「特許庁」は〈アイデア〉+〈証拠〉+〈庁〉で表現。〈アイデア〉は良い考えがはっと頭に浮かぶさま、〈証拠〉は判を押すさまを表す。

〈アイデア〉
右人差指を頭から上にはじきあげる。

〈証拠〉
左手のひらの上に指先を折り曲げた右手を判を押すようにのせる。

とっけん【特権】

「特権(がある)」

→〈特別〉+〈力〉
(+〈ある①〉)

「特権」は特別の権利の意味で〈特別〉+〈力〉で表現。〈力〉は「権利」「権力」の意味がある。

〈特別〉
左腕に親指と人差指をつまんだ右手を腕に沿って上下させる。

〈力〉
こぶしを握った左腕を曲げ、上腕に右人差指で力こぶを描く。

とっこうやく【特効薬】

「（風邪の）特効薬」
→（〈風邪〉＋）
〈特別〉＋〈薬〉

「特効薬」はある病気に特に効果のある薬のことで〈特別〉＋〈薬〉で表現。手話は特別に治療に効果のあるよい薬という表現。

〈特別〉
左腕に親指と人差指をつまんだ右手を腕に沿って上下させる。

〈薬〉
左手のひらの上で右薬指をこねるように回す。

とつぜん【突然】1

「突然のできごと」
→〈突然〉＋〈起きる①〉

例文の「突然」は思いもかけず急にの意味で〈突然〉＋〈起きる①〉で表現。〈突然〉はシャボン玉が触れ合いはじけるさまで「途端」「突然」の意味。

〈突然〉
両手の親指と人差指で作った丸を軽くぶつけ、ぱっと左右に開く。

〈起きる①〉
右人差指をすくうようにあげる。

とつぜん【突然】2

「突然死」
→〈急に〉＋〈死ぬ②〉

例文の「突然死」は思いもかけない急な死の意味で〈急に〉＋〈死ぬ②〉で表現。〈急に〉は突然生じるさまで「突然」の意味を表す。

〈急に〉
右人差指を勢いよくすくいあげる。

〈死ぬ②〉
指先を上に向けた右手を倒す。

とっておき【取って置き】

「とっておきのウイスキー」
→〈とっておき〉＋〈ウイスキー〉

「とっておき」はいざという時のために大切にしまっておいたものの意味で、〈とっておき〉はしまっておいたものを出すさまを表す。

〈とっておき〉
左手のひらの下から右手を左手甲の上にのせる。

〈ウイスキー〉
右手３指で〈W〉を示し、口元に当てる。

とっぱ【突破】

「目標を突破する」
→〈目的②〉＋〈越える②〉

「突破」は基準を越える意味なので〈越える②〉で表現。〈越える②〉は基準を越えるさまで「突破」「越える」などの意味を表す。

〈目的②〉
左こぶしを上にあげ、親指側に右人差指を当てる。

〈越える②〉
左手のひらを下にして、その手前で指先を上に向けた右手をあげる。

トップ 1

「トップを切って走る」
→〈一番①〉＋〈走る〉

例文の「トップを切る」は競走の先頭で走る意味なので〈一番①〉で表現。〈一番①〉は順番が一番のことでゴールのテープを切るさまを表す。

〈一番①〉
右人差指を左肩に軽く当てる。

〈走る〉
両手を握って走るようにこぶしを上下させる。

トップ 2

「成績がトップ」

→〈成績〉+〈最高〉

例文の「トップ」は首席、第一位の意味なので〈最高〉で表現。〈最高〉はこれ以上はないさまで「最高」「トップ」「最上」の意味。

〈成績〉

両手の人差指を並べて右人差指を上下させながら右へ動かす。

〈最高〉

手のひらを下に向けた左手に右手指を下からあげて当てる。

とても 1

「とても行けない」

→〈行(い)く①〉+〈難しい〉

例文の「とても」は打ち消しを伴ってどうしてもの意味で〈難しい〉で表現。〈難しい〉の難しそうな表情にどうしてもの意味を含む。

〈行(い)く①〉

右手人差指を下に向けて、振りあげるように前をさす。

〈難しい〉

右手の親指と人差指でほおをつねるようにする。

トップ 3

「(会社の)トップ」

→(〈会社〉+)
〈最高〉+〈長②〉

例文の「トップ」は最高幹部の意味なので〈最高〉+〈長②〉で表現。〈最高〉+〈長②〉は最高幹部の意味を表す。

〈最高〉

手のひらを下に向けた左手に右手指先を突き上げて当てる。

〈長②〉

左手の甲に親指を立てた右手をのせる。

とても 2

「とてもおもしろい」

→〈とても〉+〈おもしろい〉

例文の「とても」は非常にの意味なので〈とても〉で表現。〈とても〉は非常に大きいさまで「とても」「非常に」「大変」の意味。

〈とても〉

親指と人差指を閉じた右手を左から弧を描きながら親指を立てる。

〈おもしろい〉

両こぶしで腹を同時に軽くたたく。

トップ 4

「(新聞の)トップ記事」

→(〈新聞〉+)
〈一番①〉+〈のせる①〉

例文の「トップ記事」は新聞の最上段の記事の意味で〈一番①〉+〈のせる①〉で表現。〈一番①〉は順番が一番のことでゴールのテープを切るさまを表す。

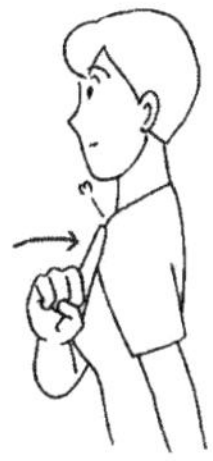

〈一番①〉

右人差指を左肩に軽く当てる。

〈のせる①〉

左手のひらに全指を曲げた右手をのせる。

とどく【届く】1

「彼からの手紙が届く」

→〈彼〉+〈郵便が来る〉

例文の「届く」は差し出したものが郵便で着く意味なので〈郵便が来る〉で表現。〈郵便が来る〉は〒マークが来るさまで表す。

〈彼〉

左親指を右人差指でさす。

〈郵便が来る〉

左手 2 指と右人差指で〒マークを作り、前から引き寄せる。

と

とどく【届く】2

「注意が届かなくて（すみません）」

→〈注意〉+〈貧しい①〉
（+〈すみません〉）

例文の「届かない」はすみずみまでゆきわたらない意味で〈貧しい①〉で表現。〈貧しい①〉はすみずみまでゆきわたらせる注意が不足するさま。

〈注意〉
軽く開いた両手を上下に置き、体に引きつけて握る。

〈貧しい①〉
右手親指をあごに当てる。

とどく【届く】3

「願いが届いた」

→〈求める〉+〈成功〉

例文の「届く」は願いが承認される意味なので〈成功〉で表現。〈成功〉はうまくいったさまで「成功」「完成」などの意味を表す。

〈求める〉
左手のひらに右手の甲を打ちつける。

〈成功〉
右こぶしを鼻から左手のひらに打ちつける。

とどける【届ける】1

「贈り物を届ける」

→〈みやげ①〉
または〈与える①〉

例文の「贈り物を届ける」は先方に渡す意味で〈みやげ①〉または〈与える①〉で表現。〈みやげ①〉はみやげを渡すさま、〈与える①〉はものを渡すさま。

〈みやげ①〉
左手のひらの上で右手の親指と人差指をつまむようにして両手を前に出す。

〈与える①〉
両手のひらを上に向け並べて前に差し出す。

とどける【届ける】2

「出生を届ける」

→〈生まれる〉+〈申し込む〉

例文の「届ける」は役所などに申し出る意味なので〈申し込む〉で表現。〈申し込む〉は書類を届けるさまで「申し込む」「（書類を）届ける」意味。

〈生まれる〉
指先を向かい合わせた両手を腹から前に出す。

〈申し込む〉
左手のひらの上に右人差指をのせて前に出す。

ととのう【整う】1

「体調が整う」

→〈体（からだ）〉+〈きちんと①〉

例文の「整う」は乱れたところがなくなる、きちんとする意味なので〈きちんと①〉で表現。〈きちんと①〉はきちんとしているさまを表す。

〈体（からだ）〉
右手を体の上で回す。

〈きちんと①〉
両手の親指と人差指を同時に閉じながら下におろす。

ととのう【整う】2

「（式の）準備が整う」

→（〈式〉+）
〈準備①〉+〈終わる〉

例文の「準備が整う」は準備が終わる意味なので〈準備①〉+〈終わる〉で表現。〈準備①〉は整理するさまで「準備」「整理」「整える」など。

〈準備①〉
向かい合わせた両手を左から右へ動かす。

〈終わる〉
両手の親指と4指を上に向け、閉じながら下にさげる。

ととのえる【整える】1

「体調を整える」

→〈体(からだ)〉+〈鍛える〉

例文の「整える」は乱れのないようにする、きちんとする意味なので〈体〉+〈鍛える〉で表現。〈鍛える〉は胸をたたき鍛えるさまを表す。

〈体(からだ)〉

右手を体の上で回す。

〈鍛える〉

ひじを張り、両こぶしで胸を同時に繰り返したたく。

ととのえる【整える】2

「準備を整える」

→〈準備①〉
または〈準備②〉

例文の「準備を整える」は準備する意味なので〈準備①〉または〈準備②〉で表現。手話はどちらも準備を整えるさまを表す。

〈準備①〉

向かい合わせた両手を左から右へ動かす。

〈準備②〉

両手のひらを向かい合わせて間隔を変えずに左から右へ順に仕切るように動かす。

とどまる【留まる】1

「家にとどまる」

→〈家〉+〈いる〉

例文の「とどまる」は滞在する、いる意味なので〈いる〉で表現。〈いる〉は人がいる、存在するさまで「いる」「存在する」意味を表す。

〈家〉

両手で屋根形を作る。

〈いる〉

両手を握り、両ひじを立てて下におろす。

とどまる【留まる】2

「(現在の)
仕事にとどまる」

→(〈今①〉+)
〈仕事〉+〈相変わらず①〉
(または〈相変わらず②〉)

例文の「とどまる」はそのままでいる意味なので〈相変わらず①〉または〈相変わらず②〉で表現。手話はそのままの状態を続けるさま。

〈仕事〉

手のひらを上に向け、向かい合わせた両手指先を繰り返しつき合わせる。

〈相変わらず①〉

両手の親指と4指を閉じたり開いたりしながら前に出す。

とどまる【留まる】3

「(わずかな)
損害にとどまる」

→(〈少し〉+)
〈損〉+〈終わる〉

例文の「とどまる」はそれだけで終わる意味なので〈終わる〉で表現。〈終わる〉は終わるさまで「終わる」「終了する」の意味。

〈損〉

両手の親指と人差指で作った丸を前に捨てるようにしてぱっと開く。

〈終わる〉

両手の親指と4指を上に向け、閉じながら下にさげる。

とどまる【留まる】4

「平凡な記録にとどまった」

→〈折る①〉+〈普通〉

例文の「平凡な記録にとどまる」は平凡な記録に終わる意味で〈折る①〉+〈普通〉で表現。〈折る①〉は「記録(を破る)」の意味。

〈折る①〉

両こぶしの親指側を合わせ、折るようにする。

〈普通〉

両手の親指と人差指を合わせて左右に開く。

とどめる【留める】1

「歴史に名をとどめる」
→〈歴史〉+〈有名〉

例文の「名をとどめる」は名を後に残す意味なので〈有名〉で表現。〈有名〉は名をあげるさまで「有名」「名をあげる」の意味。

〈歴史〉
親指と小指を立てた両手を左上で合わせ、右手を揺らしながら右下へおろす。

〈有名〉
左手のひらの上に右人差指を当て、上にあげる。

とどめる【留める】2

「(昔の)姿を留める」
→(〈過去①〉+)
〈状態①〉+〈相変わらず①〉
(または〈相変わらず②〉)

例文の「姿をとどめる」は姿を昔のまま残す意味なので〈相変わらず①〉または〈相変わらず②〉で表現。いずれもそのまま変わらないさま。

〈状態①〉
両手のひらを前に向けて、交互に上下させる。

〈相変わらず①〉
両手の親指と4指を閉じたり開いたりしながら右肩から前に出す。

とどめる【留める】3

「(わずかな)損害にとどめた」
→(〈少し〉+)
〈損〉+〈拒否する〉

例文の「とどめる」はそれ以上のことはないようにする意味で〈断る〉で表現。〈断る〉は受け付けないさまでそこで押しとどめたことを表す。

〈損〉
両手の親指と人差指で作った丸を前に捨てるようにしてぱっと開く。

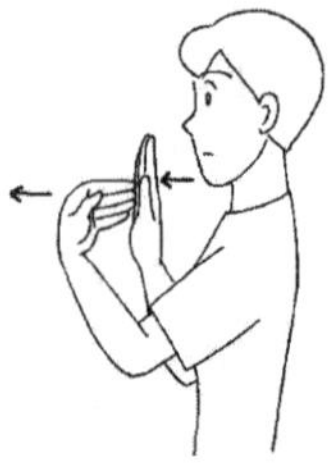

〈拒否する〉
右手のひらに左手指先を当てて、前方に押し戻すようにする。

とどろく【轟く】1

「雷がとどろく」
→〈雷〉

例文の「とどろく」は雷の大きな音がひびきわたる意味なので〈雷〉で表現。〈雷〉は空にいなずまが走るさまを表す。

〈雷〉
親指と人差指をつまんだ両手を上から勢いよく下にぎざぎざを描きながら開く。

とどろく【轟く】2

「名が天下にとどろく」
→〈有名〉+〈とても〉

例文の「とどろく」は名が広く世間に知れる意味なので〈有名〉+〈とても〉で表現。〈有名〉は名をあげるさまで「有名」「名をあげる」意味。

〈有名〉
左手のひらに右人差指を当て、上にあげる。

〈とても〉
親指と人差指を閉じた右手を左から弧を描きながら親指を立てる。

とどろく【轟く】3

「胸がとどろく」
→〈ドキドキ〉

例文の「とどろく」は心臓がはげしく打つ意味なので〈ドキドキ〉で表現。〈ドキドキ〉は胸がドキドキするさまを表す。

〈ドキドキ〉
左胸の前に置いた左手のひらに右手甲を繰り返し当てる。

ドナー

「（心臓の）ドナー」

→（〈心臓〉＋）
〈切る⑥〉＋〈与える②〉

例文の「ドナー」は臓器の提供者のことなので〈切る⑥〉＋〈与える②〉で表現。

〈切る⑥〉
右手指先を体に向けて下におろす。

〈与える②〉
右手のひらを上に向けて前に出す。

となり【隣】

「隣の人」

→〈隣〉＋〈人〉

「隣」は自分のすぐ横の意味なので〈隣〉で表現。〈隣〉は自分のすぐ横を示すさまで「隣」の意味を表す。

〈隣〉
右人差指の先を前に向け、右へ手首を返す。

〈人〉
人差指で「人」の字を空書する。

どなる【怒鳴る】1

「親父がどなる」

→〈父〉＋〈ガミガミ言う①〉

例文の「どなる」はガミガミ言うことなので〈ガミガミ言う①〉で表現。〈ガミガミ言う①〉はガミガミ言うさまを表す。

〈父〉
右人差指でほおにふれ、親指を出す。

〈ガミガミ言う①〉
口元で右手指を屈伸させる。

どなる【怒鳴る】2

「お父さんにどなられる」

→〈父〉＋〈どなられる〉

例文の「どなられる」は〈どなられる〉で表現。〈どなられる〉はガミガミ言われるさまを表す。

〈父〉
右人差指でほおにふれ、親指を出す。

〈どなられる〉
右手全指を屈伸させながら顔に近づける。

とにかく 1

「とにかくやってみよう」

→〈どちら①〉＋〈する〉

例文の「とにかく」はいずれにしてもの意味で〈どちら①〉で表現。〈どちら①〉は「とにかく」「いずれにしても」の意味を表す。

〈どちら①〉
両手の人差指を上に向けて交互に上下させる。

〈する〉
両こぶしを力を込めて前に出す。

とにかく 2

「君はとにかく（あいつはだめだ）」

→〈あなた①〉＋〈置く①〉
（〈男〉＋〈だめ〉）

例文の「とにかく」は～は別としての意味なので〈置く①〉で表現。〈置く①〉は脇に置くさまで「～は別として」の意味を表す。

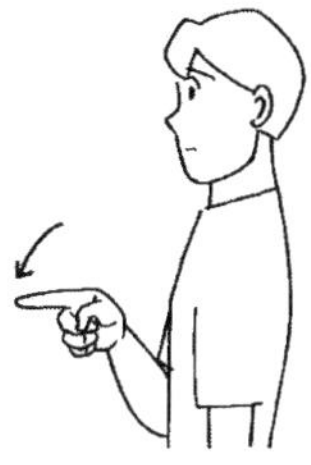

〈あなた①〉
目の前を右人差指でさす。

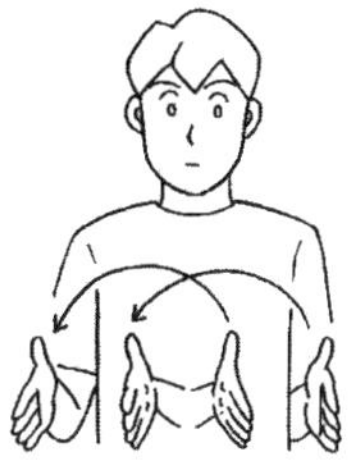

〈置く①〉
両手のひらを向かい合わせて左から右へ弧を描いて移動する。

と

どの

「どの人が好きですか」

→〈好き①〉+〈誰〉

「どの」は多くの中からどれかを選ぶときの言葉で「どの人」は〈誰〉で表現。〈誰〉は視覚障害者が相手のほおに触れて誰かを判断するさま。

〈好き①〉

親指と人差指を開いた右手をのどに当て、下におろしながら閉じる。

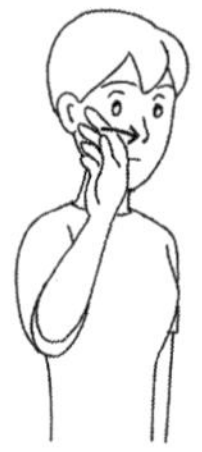

〈誰〉

右手指の背側をほおに当ててこするようにする。

とのさま【殿様】

「殿様商売」

→〈殿様〉+〈商売〉

「殿様」は〈殿様〉で表現。〈殿様〉は髪を束ねて頭上にもとどりを作る殿様の冠下の髪形を表す。

〈殿様〉

折り曲げた右手を頭の後ろから頭上へ握りながら動かす。

〈商売〉

両手の親指と人差指で作った丸を交互に前後させる。

とばす【飛ばす】1

「デマを飛ばす」

→〈こじつける〉+〈宣伝〉

例文の「飛ばす」は言って広める意味なので〈宣伝〉で表現。〈宣伝〉は広く公に言うさまで「知らせる」「言い触らす」などの意味。

〈こじつける〉

全指をすぼめた両手を交互に上下させながらつけるようにして上にあげる。

〈宣伝〉

親指と 4 指を閉じた両手を口の前から左右にぱっぱっと繰り返し開く。

とばす【飛ばす】2

「田舎に飛ばされた」

→〈村〉+〈左遷②〉

例文の「飛ばされる」は左遷される意味なので〈左遷②〉で表現。〈左遷②〉は人を左へ動かすさまで「左遷」の意味を表す。

〈村〉

全指を折り曲げた左手のひらに右人差指をつけて、繰り返し手前に引く。

〈左遷②〉

左手のひらに親指を立てた右手をのせ、滑るように左へ動かす。

とびあがる【飛び上がる】

「飛びあがって喜ぶ」

→〈驚く①〉+〈うれしい〉

「飛びあがって喜ぶ」は大変喜ぶ意味で〈驚く①〉+〈うれしい〉で表現。〈驚く①〉は飛びあがるさまで「驚く」「飛びあがる」の意味。

〈驚く①〉

左手のひらの上に右手 2 指を立てて飛びあがるようにして 2 指を離し、またつける。

〈うれしい〉

両手のひらを胸の前で、交互に上下させる。

とびこみ【飛び込み】

「飛び込み競技」

→〈飛び込み〉+〈競争〉

例文の「飛び込み」は飛び込み競技のことなので〈飛び込み〉で表現。〈飛び込み〉は左手の飛び込み台から右手の人が飛び込むさまを表す。

〈飛び込み〉

左 2 指の上に右 2 指を立て、飛びあがって指先を上にして下におろす。

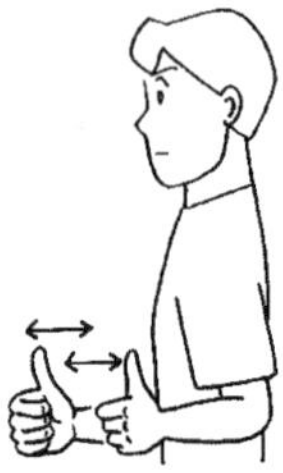

〈競争〉

親指を立てた両手を競うように交互に前後させる。

とびだす【飛び出す】1

「家の外に飛び出す」

→〈家〉+〈飛び出す〉

例文の「飛び出す」は家の中から外へ勢いよく出ることなので〈飛び出す〉で表現。〈飛び出す〉は左手が家、右手がそこから飛び出すさまを表す。

〈家〉

両手で屋根形を作る。

〈飛び出す〉

左手屋根形の下から右手２指を前に飛び出すように出す。

とびだす【飛び出す】2

「高価で目が飛び出す」

→〈高い①〉+〈驚く③〉

例文の「飛び出す」は非常に驚くことなので〈驚く③〉で表現。〈驚く③〉は驚いて目の玉が飛び出るさまを表す。

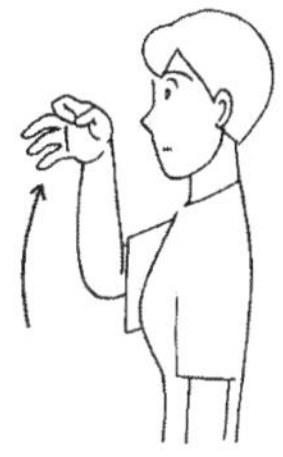

〈高い①〉

親指と人差指で作った丸を上にあげる。

〈驚く③〉

全指を折り曲げた両手を目から前に勢いよく出す。

とびだす【飛び出す】3

「意外な返事が飛び出す」

→〈返事〉+〈初耳〉

例文の「意外な返事が飛び出す」は予想しない返事が突然現れることなので〈返事〉+〈初耳〉で表現。〈初耳〉は初耳で驚くさまを表す。

〈返事〉

親指と人差指を出した両手を手前に引き寄せる。

〈初耳〉

右手のひらを手前に向け、顔の前からさっと下におろす。

とびだす【飛び出す】4

「組織から飛び出す」

→〈組織〉+〈離れる②〉

例文の「飛び出す」は組織の関係を切って出ることなので〈離れる②〉を勢いよく表現。〈離れる②〉は左手のグループから右手の人が出るさま。

〈組織〉

両手を胸の高さで並べ指先を開きながら左右におろす。

〈離れる②〉

指先を上に向けた左手から人差指を立てた右手を離す。

どひょう【土俵】1

「土俵を作る」

→〈土俵〉+〈作る〉

「土俵」は〈土俵〉で表現。〈土俵〉は土俵の俵を表す。

〈土俵〉

甲を下にした両こぶしを前方に弧を描きながら手首を返して親指側をつける。

〈作る〉

両手のこぶしを上下に打ちつける。

どひょう【土俵】2

「土俵にあがる」

→〈土俵〉+〈試合②〉

例文の「土俵にあがる」は相撲を取ることなので〈土俵〉+〈試合②〉で表現。〈土俵〉は土俵の俵を表す。

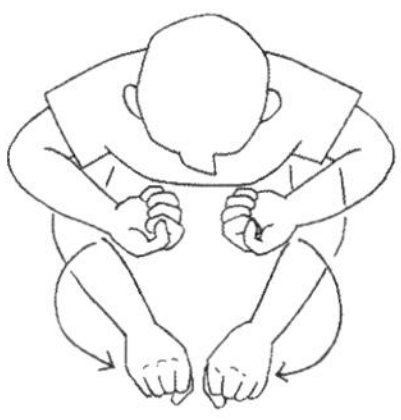

〈土俵〉

甲を下にした両こぶしを前方に弧を描きながら手首を返して親指側をつける。

〈試合②〉

親指を立てた両手を少し上に弧を描きながら離して向かい合わせる。

とびら【扉】

「とびらが開く」
→〈開(ひら)く①〉

「とびら」は〈開く①〉で表現。〈開く①〉は両開き戸が開くさまで「とびらが開く」「とびら」の両方を意味する。その他いろいろ表現がある。

〈開(ひら)く①〉
手のひらを前に向けて並べて、閉じた両手を左右に開く。

とぶ【飛ぶ】1

「鳥が飛ぶ」
→〈鳥〉+〈飛ぶ〉

例文の「飛ぶ」は鳥が空中を動く意味なので〈飛ぶ〉で表現。〈飛ぶ〉は鳥が羽を動かして飛ぶさまを表す。

〈鳥〉
右手の親指と人差指を口元で閉じたり開いたりする。

〈飛ぶ〉
両手を左右に広げて羽のように上下に動かして上にあげる。

とぶ【飛ぶ】2

「飛行機が飛ぶ」
→〈飛行機①〉
または〈飛行機②〉

例文の「飛行機が飛ぶ」は〈飛行機①〉または〈飛行機②〉で表現。いずれも飛行機が飛ぶさまを表し「飛行機」「飛行機が飛ぶ」の意味がある。

〈飛行機①〉
親指と小指を出した右手を飛び出すように斜め上にあげる。

〈飛行機②〉
親指と人差指と小指を出した右手を飛び出すように斜め上にあげる。

とぶ【飛ぶ】3

「飛んで帰る」
→〈はやい①〉+〈帰る〉

例文の「飛んで」ははやくの意味なので〈はやい①〉で表現。〈はやい①〉は矢が飛ぶさまで「はやい」「すぐ」などの意味を表す。

〈はやい①〉
親指と人差指を閉じた右手をすばやく左へ動かしながら人差指を伸ばす。

〈帰る〉
右手の親指と4指を前に出しながら閉じる。

とぶ【飛ぶ】4

「(2メートルの)
バーを飛ぶ」
→(〈2メートル〉+)
〈走り高跳び〉

例文の「飛ぶ」は跳ねてこえる意味なので〈走り高跳び〉で表現。〈走り高跳び〉は走り高跳びのバーを越えるさまを表す。

〈走り高跳び〉
横にした左人差指に向かって右手2指を走るように近づけ、

左人差指を右手2指が飛び越えるようにする。

とぶ【飛ぶ】5

「デマが飛ぶ」
→〈こじつける〉+〈うわさ〉

例文の「デマが飛ぶ」はデマが広まる意味なので〈こじつける〉+〈うわさ〉で表現。

〈こじつける〉
全指を閉じた両手の指をつき合わせ交互に積み上げていく。

〈うわさ〉
指先をつき合わせた両手をねじるように揺らし、耳を傾ける。

とぶ【飛ぶ】6

「首が飛ぶ」
→〈解雇②〉

例文の「首が飛ぶ」は首を切られる意味なので〈解雇②〉で表現。〈解雇②〉は首を切られるさまで「解雇」「くび」「除名」などの意味。

〈解雇②〉
右手を首に当てる。

とぼしい【乏しい】

「金が乏しい」
→〈金(かね)①〉+〈貧しい①〉

「乏しい」は不足、足りない意味なので〈貧しい①〉で表現。〈貧しい①〉はあごが干あがるさまで「乏しい」「貧しい」「不足」「足りない」の意味。

〈金(かね)①〉
右手の親指と人差指で作った丸を示す。

〈貧しい①〉
右手親指をあごに当てる。

とほ【徒歩】

「徒歩で遠足」
→〈歩く①〉+〈行進〉

「徒歩」は歩く意味なので〈歩く①〉で表現。〈歩く①〉は人が二本足で歩くさまを表す。

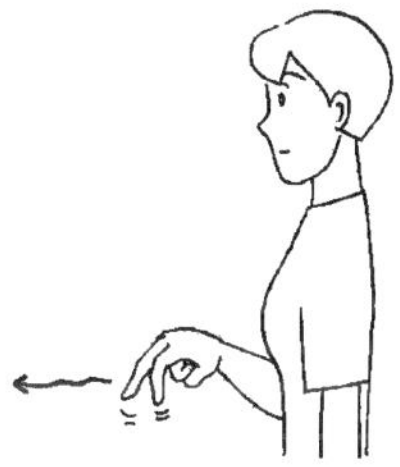

〈歩く①〉
右手2指を歩くように交互に前後させながら前に出す。

〈行進〉
指先を上に向け軽く開いた両手を前後に置き、上下に揺らしながら前に進める。

トマト

「トマトを食べる」
→〈トマト〉+〈食べる②〉

「トマト」は〈トマト〉で表現。〈トマト〉は指文字〈ト〉を「トマト」の形に動かした新しい手話。

〈トマト〉
指文字〈ト〉を一回転する。

〈食べる②〉
すぼめた右手を口元に繰り返し近づける。

とぼける

「何を言われてもとぼけている」
→〈言われる②〉+〈知らない〉

「とぼける」はわざと知らないふりをする意味なので〈知らない〉で表現。言われた方に顔を向けずに表現するところに注意。

〈言われる②〉
すぼめた右手を斜め横から視線を向けずに繰り返し開く。

〈知らない〉
視線をよそに向け、右手のひらで脇を繰り返し払いあげる。

とまる【止まる】1

「(車が)とまる」
→(〈運転〉+)
〈とまる①〉
または〈とまる③〉

例文の「とまる」は車が停止する意味なので〈とまる①〉または〈とまる③〉で表現。手話はいずれも車が停車するさまを表す。

〈とまる①〉
左手のひらの上に右手をぽんとのせる。

〈とまる③〉
左手のひらに「コ」の字形にした右手をぽんとのせる。

とまる【止まる】2

「時計がとまる」

→〈時間〉+〈解雇②〉

例文の「とまる」は時計が動かなくなる意味なので〈解雇②〉で表現。〈解雇②〉は「解雇」の意味と共に「故障」の意味を表す。

〈時間〉

左手の腕時計の位置を右人差指でさす。

〈解雇②〉

右手を首に当てる。

とまる【止まる】3

「心臓がとまる」

→〈心臓〉+〈心臓がとまる〉

例文の「とまる」は心臓が動かなくなる意味で〈心臓がとまる〉で表現。手話は動いていた心臓が停止するさまを表す。

〈心臓〉

全指を折り曲げた両手を上下に向かい合わせ、左胸の前に置き、間をせばめたり広げたりする。

〈心臓がとまる〉

左胸の前で全指を曲げた両手を上下に動かしながら急に動きをとめる。

とまる【止まる】4

「(雪で)交通がとまる」

→(〈雪〉+)
〈交通〉+〈水のあわ〉

例文の「とまる」は交通が動かなくなる意味で〈水のあわ〉で表現。〈水のあわ〉は期待されたことが駄目になるさまを表す。

〈交通〉

両手のひらの甲側を前に示し、繰り返し交差させる。

〈水のあわ〉

すぼめた両手を上に向けて、ぱっと開く。

とまる【止まる】5

「電気がとまる」

→〈電気〉+〈とめる〉

例文の「とまる」は電気が来なくなる意味で〈とめる〉で表現。〈とめる〉は断ち切るさまで「とまる」「断つ」「中止」などの意味を表す。

〈電気〉

親指と中指を向かい合わせ、繰り返しはじく。

〈とめる〉

左手のひらの上に右手を振りおろす。

とまる【止まる】6

「痛みがとまる」

→〈痛い①〉+〈消える①〉

例文の「とまる」は痛みがやむ意味なので〈消える①〉で表現。〈消える①〉は目の前のものがなくなるさまで「消える」「なくなる」の意味。

〈痛い①〉

全指を曲げた右手のひらを上に向けて左右に振る。

〈消える①〉

開いた両手を交差させながら握る。

とまる【止まる】7

「笑いがとまらない」

→〈笑う〉+〈続く①〉

例文の「とまらない」は続くことなので〈続く①〉で表現。〈続く①〉は輪で結ばれたものが続くさまで「続く」「継続する」の意味を表す。

〈笑う〉

軽く指を折り曲げた右手を左口端に繰り返し当てる。

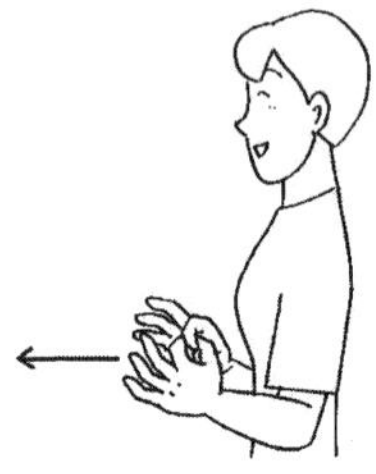

〈続く①〉

両手の親指と人差指を組んで前に出す。

とまる【泊まる】

「ホテルに泊まる」

→〈ホテル〉+〈寝る〉

例文の「泊まる」は〈寝る〉で表現。「ホテルで寝る」も同手話。

〈ホテル〉

左手のひらに右手２指を寝かせるようにして当て、順にあげる。

〈寝る〉

右こぶしを頭に当てる。

とまる【留まる】1

「目にとまる」

→〈見る①〉

例文の「目にとまる」は目に入る意味なので〈見る①〉で表現。〈見る①〉はものを見るさまで「見る」「気がつく」などを意味する。

〈見る①〉

右人差指を右目元から前に出す。

とまる【留まる】2

「心にとまる」

→〈覚える〉

例文の「心にとまる」は心から離れず覚えている意味なので〈覚える〉で表現。〈覚える〉はしっかり頭に入れておくさまを表す。「心にとめる」も同手話。

〈覚える〉

指先を開いた右手を上から頭につけて握る。

とみ【富】1

「富を築く」

→〈財産〉+〈金を蓄える〉

例文の「富」は財産のことなので〈財産〉で表現。〈財産〉はお金がどっさりあることを表し、〈金を蓄える〉はそれがどんどん増えるさまを表す。

〈財産〉

左手のひらの上に右手で親指と人差指で作った丸を置く。

〈金を蓄える〉

左手のひらの上から右手の親指と人差指で作った丸を上に揺らしながらあげる。

とみ【富】2

「巨万の富をなす」

→〈金(かね)①〉+〈たくさん①〉

例文の「巨万の富」はたくさんの財産の意味なので〈金(かね)①〉+〈たくさん①〉で表現。〈たくさん①〉を山のように盛りあげる。

〈金(かね)①〉

右手の親指と人差指で作った丸を示す。

〈たくさん①〉

左手のひらを上に向けた左腕を示し、その上に右手で山を描く。

とむ【富む】1

「富む人」

→〈金持ち〉+〈男〉

例文の「富む」はお金を多く持つ意味なので〈金持ち〉で表現。〈金持ち〉はお金で腹を膨らませるさまで「金持ち」「財産家」を表す。

〈金持ち〉

両手の親指と人差指で作った丸を胸に当て、弧を描いて腹につける。

〈男〉

親指を立てた右手を出す。

とむ【富む】2

「経験に富む」
→〈経験〉+〈たくさん③〉

例文の「富む」は多くある意味なので〈たくさん③〉で表現。〈たくさん③〉は「豊富」「たくさん」などの意味を表す。

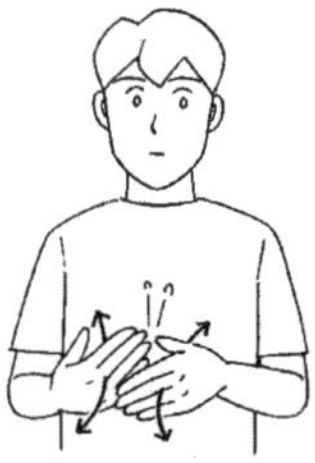

〈経験〉
両手指先をふれ合わせる。

〈たくさん③〉
両手のひらを軽く開き、左右に開きながら指を折る。

とむ【富む】3

「知識に富む」
→〈知識〉+〈賢い①〉
（または〈たまる〉）

例文の「知識に富む」は優れた知識があることで〈知識〉+〈賢い①〉または〈たまる〉で表現。手話は知識に優れ、豊富なさまを表す。

〈知識〉
小指を立てて親指と残り3指を閉じた右手を額に当てて、左から右へ引く。

〈賢い①〉
右手の親指と人差指を閉じ、上に向かってはじくように開く。

とめる【止める】1

「車をとめる」
→〈運転〉+〈とまる③〉

例文の「とめる」は車を駐車する、停止する意味で〈とまる③〉で表現。〈とまる③〉は車が停車するさまを表す。「車がとまる」も同じ手話。

〈運転〉
ハンドルを両手で握り、回すようにする。

〈とまる③〉
左手のひらに「コ」の字形にした右手をぽんとのせる。

とめる【止める】2

「電気をとめる」
→〈電気〉+〈とめる〉

例文の「とめる」は電気が来ないようにする意味で〈とめる〉で表現。〈とめる〉は断ち切るさま。「電気がとまる」も同じ手話。

〈電気〉
親指と中指を向かい合わせ、繰り返しはじく。

〈とめる〉
左手のひらの上に右手を振りおろす。

とめる【止める】3

「痛みをとめる」
→〈痛い①〉+〈とめる〉

例文の「とめる」は続いていた痛みを押さえ、なくす意味で〈とめる〉で表現。〈とめる〉は断ち切るさまで「とめる」「遮断する」の意味。

〈痛い①〉
全指を曲げた右手のひらを上に向けて左右に振る。

〈とめる〉
左手のひらの上に右手を振りおろす。

とめる【止める】4

「発言を止められる」
→〈言う②〉+〈断られる〉

例文の「止められる」は受身形なので〈断られる〉で表現。

〈言う②〉
右人差指を口元から繰り返し前に出す。

〈断られる〉
右指先を前に向け、左手のひらで受け止めて手前に押し返す。

とめる【泊める】

「(家に)泊める」

→(〈家〉+)
〈寝る〉+〈迎える〉
(または〈与える〉)

例文の「泊める」は〈寝る〉+〈迎える〉または〈与える〉で表現。「泊めてあげる」も同手話。

〈寝る〉

頭を傾けて右こぶしを側頭部に当てる。

〈迎える〉

両手のひらを上に向け、右から左へ招くように手を動かす。

とめる【留める】1

「目をとめる」

→〈見つめる①〉

例文の「目をとめる」は注意して見る意味なので〈見つめる①〉で表現。〈見つめる①〉はじっと見るさまを表す。

〈見つめる①〉

右手の２指を曲げて指先を目に向けて前に出す。

とめる【留める】2

「心にとめる」

→〈覚える〉

例文の「心にとめる」は忘れずに覚えておく意味なので〈覚える〉で表現。〈覚える〉はしっかり頭に入れておくさまを表す。「心にとまる」も同手話。

〈覚える〉

指先を開いた右手を上から頭につけて握る。

とも【友】

「竹《ちく》馬《ば》の友」

→(〈友達②〉または)
〈友達①〉+〈大きくなる①〉

「竹馬の友」は小さい時からの友達の意味なので〈友達①〉+〈大きくなる①〉。〈大きくなる①〉は小さい時からずっとの意味を表す。

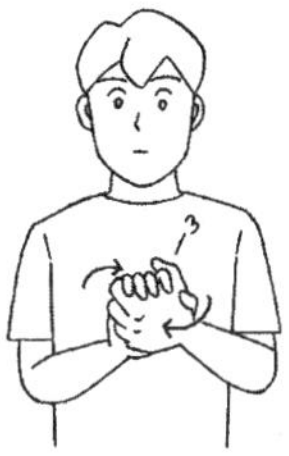

〈友達①〉

両手を組み、手を組み換える。

〈大きくなる①〉

右手のひらを下から上にあげる。

ともかせぎ【共稼ぎ】

「夫婦共稼ぎ」

→〈共稼ぎ〉

「共稼ぎ」は夫婦がともに働きに出ている意味なので〈共稼ぎ〉で表現。〈共稼ぎ〉は夫婦がともに通勤するさまを表す。

〈共稼ぎ〉

右小指と左親指を同時に前後させる。

ともだち【友達】1

「友達(が多い)」

→〈友達①〉
または〈友達②〉
(+〈たくさん③〉)

例文の「友達」は〈友達①〉または〈友達②〉で表現。いずれも手を組むさまを表す。

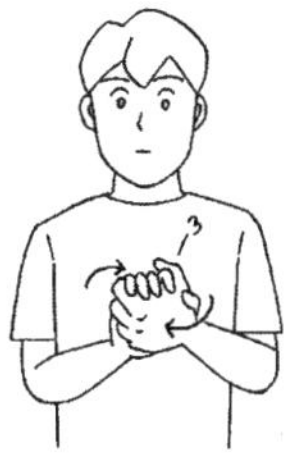

〈友達①〉

両手を組み、手を組み換える。

〈友達②〉

両手を強く組み、前後に軽く振る。

ともだち【友達】2

「(彼と)友達になる」

→(〈彼〉+)
〈和解〉+〈きちんと①〉

例文の「友達になる」は〈和解〉+〈きちんと①〉で表現。手話はきちんと手を結び合ったさまを表す。

〈和解〉

両手をゆっくりと結ぶ。

〈きちんと①〉

両手の親指と人差指を同時に閉じながら下におろす。

ともなう【伴う】3

「危険の伴う仕事」

→〈危ない②〉+〈仕事〉

例文の「危険の伴う」は「危険な」を意味するので〈危ない②〉で表現する。

〈危ない②〉

全指を折り曲げた両手を胸に繰り返し当てる。

〈仕事〉

手のひらを上に向け、向かい合わせた両手指先を繰り返しつき合わせる。

ともなう【伴う】1

「生徒を伴う」

→〈学生①〉+〈案内〉

例文の「伴う」は連れて行く意味なので〈案内〉で表現。〈案内〉は手を引いて導くさまで「案内」の意味を表す。

〈学生①〉

軽く開いた両手を上下に置き、握りながらはかまのひもをしめるようにする。

〈案内〉

左手指を右手でつかみ、手を引くようにして右へ動かす。

ともに【共に】1

「うれしく思うと共に(すまないと思う)」

→〈うれしい〉+〈しかし〉
(+〈すみません〉)

例文の「共に」はそれと同時にの意味だが、後文に「うれしい」とは逆の意味の「すまない」が来るので〈しかし〉で表現。

〈うれしい〉

両手のひらを胸の前で、交互に上下させる。

〈しかし〉

右手のひらを返す。

ともなう【伴う】2

「収入に伴って(支出も増える)」

→〈給料〉+〈比例〉
(+〈使う〉+〈とても〉)

例文の「伴う」は〜につれての意味で〈比例〉で表現。〈比例〉は二つのものが同じ動きをするさまで「比例」「伴って」などの意味を表す。

〈給料〉

左手のひらに右手親指と人差指で作った丸を添えて手前に引き寄せる。

〈比例〉

人差指を立てた両手を右斜め下におろす。

ともに【共に】2

「共に歩む」

→〈一緒①〉+〈ボランティア〉

例文の「共に」は一緒にの意味なので〈一緒①〉で表現。〈一緒①〉は二つのものがくっつくさまで「共に」「一緒に」の意味を表す。

〈一緒①〉

両手の人差指を左右から合わせる。

〈ボランティア〉

両手の 2 指を歩くようにして同時に前に出す。

どようび【土曜日】

「土曜日」
→〈土〉

「土曜日」は〈土〉で表現。〈土〉は「土」「土地」の意味であるが、文脈によって「土曜日」を意味する。

〈土〉
砂や土をこすり落とすようにして両手を左右に開く。

トラ【虎】

「虎」
→〈虎〉

「虎」は〈虎〉で表現。虎の顔を表す。

〈虎〉
指先を曲げた両手を口元から左右に開く。

トライアスロン

「トライアスロンの選手」
→〈トライアスロン〉+〈選手〉

「トライアスロン」は〈トライアスロン〉で表現。トライアスロンは3種目のレースなので三角形を描いて表す。

〈トライアスロン〉
親指と人差指を開いた左手の内側に沿って甲を前方に向けた右2指で三角形を描く。

〈選手〉
左こぶしの甲に親指を立てた右手を軽くかすめるように当て、上にあげる。

ドライブ 1

「ドライブする」
→〈運転〉

例文の「ドライブする」は自動車による遠乗りのことなので〈運転〉で表現。〈運転〉は車を運転して出かける意味を持つ。

〈運転〉
ハンドルを両手で握り、回すようにする。

ドライブ 2

「ドライブウエー」
→〈運転〉+〈道②〉

「ドライブウエー」は自動車専用の観光道路のことで〈運転〉+〈道②〉で表現する。〈運転〉は「自動車」を表す。

〈運転〉
ハンドルを両手で握り、回すようにする。

〈道②〉
両手を向かい合わせて左右に揺らしながら前に出す。

とらえる【捕らえる】1

「特徴をとらえる」
→〈特徴〉+〈取る①〉

例文の「とらえる」はしっかりとつかむ意味なので〈取る①〉で表現。〈取る①〉は手でつかみ取るさまを表す。

〈特徴〉
左手甲に右手2指をすくいあげるように当てる。

〈取る①〉
右手で前からつかみ取るようにする。

とらえる【捕らえる】2

「泥棒を捕らえる」

→左〈泥棒①〉+〈つかまる③〉

例文の「捕らえる」はとりおさえる意味なので〈つかまる③〉で表現。〈つかまる③〉は手錠をかけるさまで「捕らえる」「逮捕」の意味。

左〈泥棒①〉

かぎ状にした左人差指を手前に引き、親指を立てる。

〈つかまる③〉

親指を立てた左手の手首を右手でつかむ。

トラック

「トラック競技」

→〈トラック(競走路)〉+〈競争〉

例文の「トラック」は競走路の意味なので〈トラック〉で表現。〈トラック〉は左手のフィールドの周りを右手で走路を描くさまを表す。

〈トラック(競走路)〉

手のひらを下向きにした左手の親指側から指先に沿って弧を描く。

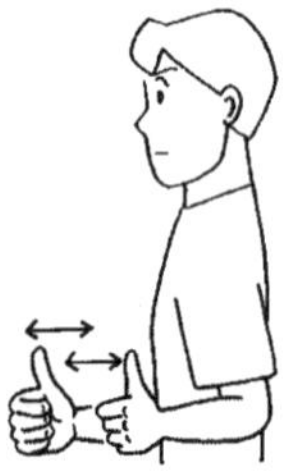

〈競争〉

親指を立てた両手を競うように交互に前後させる。

トラック

「トラックを運転する」

→〈トラック(車)〉+〈運転〉

例文の「トラック」は貨物自動車のことなので〈トラック〉で表現。〈トラック〉は荷物を荷台に載せるさまを表す。

〈トラック(車)〉

人差指を曲げた両手を向かい合わせ、腹の前から右肩へ引きあげる。

〈運転〉

ハンドルを両手で握り、回すようにする。

トラブル1

「いつもトラブルを起こす」

→〈いつも〉+〈問題〉

例文の「トラブル」はめんどうな問題の意味なので〈問題〉で表現。〈問題〉は「問」の字形を利用した手話で「問題」「問題になる」の意味。

〈いつも〉

親指と人差指を立てた両手を向かい合わせて手首を回す。

〈問題〉

両手の親指と人差指をつまみ「 ┐を描く。

トラブル2

「金銭トラブル」

→〈金(かね)①〉+〈混乱〉

例文の「トラブル」はごたごたを意味するので〈混乱〉で表現。〈混乱〉はごたごた混乱するさまを表す。

〈金(かね)①〉

右手の親指と人差指で作った丸を示す。

〈混乱〉

全指を曲げた両手のひらを上下に向かい合わせて、かき混ぜるようにする。

トラブル3

「エンジントラブル」

→〈エンジン〉+〈折る①〉

例文の「トラブル」は故障の意味なので〈折る①〉で表現。〈折る①〉は棒が折れるさまで「故障」「破損」「障害」などを意味する。

〈エンジン〉

折り曲げた両手2指を向かい合わせて交互に上下させる。

〈折る①〉

両こぶしの親指側を合わせ、折るようにする。

ドラマ

「テレビドラマ」

→〈テレビ〉+〈芝居〉

「ドラマ」は芝居の意味なので〈芝居〉で表現。〈芝居〉は歌舞伎の見得を切るさまを表す。「劇」「演劇」「歌舞伎」の意味もある。

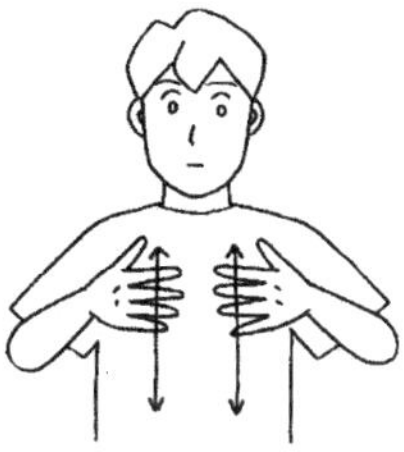

〈テレビ〉

両手の指先を向かい合わせて同時に上下させる。

〈芝居〉

互い違いに向けた両こぶしを手首を返しながら前後させる。

トランプ

「トランプ」

→〈トランプ〉

「トランプ」は〈トランプ〉で表現。〈トランプ〉はトランプのカードを切るさまを表す。

〈トランプ〉

左手でトランプを持ち、右手の親指と人差指でカードを切るように動かす。

とり【鳥】1

「鳥が飛ぶ」

→〈鳥〉+〈飛ぶ〉

例文の「鳥」は〈鳥〉で表現。〈鳥〉は鳥のくちばしを表す。

〈鳥〉

右手の親指と人差指を口元で閉じたり開いたりする。

〈飛ぶ〉

両手を左右に広げて羽のように上下に動かして上にあげる。

とり【鳥】2

「小鳥を飼う」

→〈鳥〉+〈育てる③〉

例文の「小鳥」は〈鳥〉で表現する。

〈鳥〉

右手の親指と人差指を口元で閉じたり開いたりする。

〈育てる③〉

少し曲げた左手をふせて、右手指先を繰り返し左手の下に近づける。

とり【鳥】3

「鳥のすきやき」

→〈ニワトリ〉+〈すきやき〉

例文の「鳥」はニワトリのことなので〈ニワトリ〉で表現。〈ニワトリ〉はニワトリのとさかを表す。

〈ニワトリ〉

右手の親指を額に当て、4 指を軽く振る。

〈すきやき〉

左手のひらの上で右手 2 指を水平に回す。

トリオ

「トリオ」

→〈トリオ〉

例文の「トリオ」は三人一組のものの意味なので〈トリオ〉で表現。〈トリオ〉は三人が一組になって行動するさまを表す。

〈トリオ〉

左手 3 指を右手 2 指ではさみ水平に回す。

と

とりかえる
【取り替える】1

「［古い物を新しい物に］取り替える」

→〈交換①〉または〈交換②〉

例文の「取り替える」は〈交換①〉または〈交換②〉で表現。いずれも交換するさまを表す。

〈交換①〉

手のひらを上に向けた両手を前後に置き、同時に前後を入れ換える。

〈交換②〉

手のひらを上に向けた両腕を交差し、左右を入れ換える。

とりくむ【取り組む】

「問題に取り組む」

→〈問題〉+〈一生懸命〉

例文の「取り組む」は真剣に考える意味なので〈一生懸命〉で表現。〈一生懸命〉は集中するさまを表す。

〈問題〉

両手の親指と人差指をつまみ「 ┐を描く。

〈一生懸命〉

両手を顔の横から繰り返し強く前に出す。

とりかえる
【取り替える】2

「（汚い）服を取り替える」

→（〈汚い〉+）
〈服〉+〈着替え〉

例文の「取り替える」は服のことなので〈着替え〉で表現。

〈服〉

親指を立てた両手をえりに沿って下におろす。

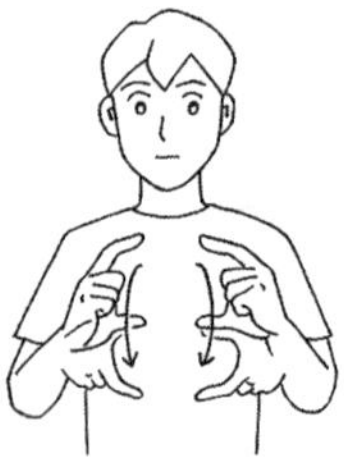

〈着替え〉

親指と人差指を出した両手を胸の前に置き、人差指が下になるように手首を回転させる。

とりけす【取り消す】

「契約を取り消す」

→〈交(か)わす〉+〈取り消す〉

例文の「取り消す」は一旦決めたことをやめることで〈取り消す〉で表現。〈取り消す〉は取りあげ捨てるさまで「撤回」などの意味を表す。

〈交(か)わす〉

交差した両手を左右に開きながら握る。

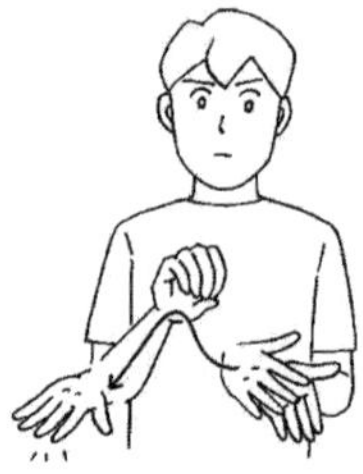

〈取り消す〉

右手で左手のひらからものをつかみとり、わきに捨てるようにする。

とりくみ【取組】

「相撲の取組」

→〈相撲〉+〈試合①〉
（または〈試合②〉）

「取組」は相撲の試合の意味なので〈試合①〉または〈試合②〉で表現。いずれも向かい合う両者がぶつかり合うさまを表す。

〈相撲〉

両手のこぶしを交互に脇腹に当てる。

〈試合①〉

親指を立てた両手を正面で軽くぶつける。

とりひき【取り引き】1

「取引先」

→〈商売〉+〈相手②〉

例文の「取引」は商売の意味なので〈商売〉で表現。〈商売〉はお金のやりとりのさまで「売買」「あきない」などの意味を表す。

〈商売〉

両手の親指と人差指で作った丸を交互に前後に動かす。

〈相手②〉

人差指を立てた左手に人差指を立てた右手を近づけ軽く当てる。

とりひき【取り引き】2

「魚の取り引きをする」
→〈魚(さかな)①〉+〈商売〉

例文の「取り引き」も商売の意味なので〈商売〉で表現。〈商売〉はお金のやりとりのさまで「売買」「あきない」などの意味。

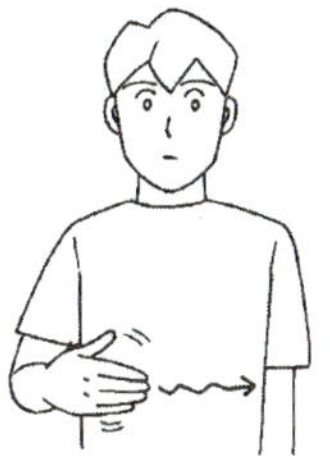

〈魚(さかな)①〉
右手をひらひらさせながら左に向けて動かす。

〈商売〉
両手の親指と人差指で作った丸を交互に前後させる。

とりひき【取り引き】3

「裏取り引き」
→〈隠れる〉+〈契約〉

「裏取り引き」は隠れて約束を交わすなどすることで〈隠れる〉+〈契約〉で表現。〈契約〉は契約、約束をかわすさまを表す。

〈隠れる〉
両手の小指側を合わせて顔を隠すようにする。

〈契約〉
交差した両手を左右に開きながら親指と４指を閉じる。

とりやめる【取り止める】

「計画を取り止める」
→〈計画〉+〈つぶす〉

「取り止める」は中止することなので〈つぶす〉で表現。〈つぶす〉は計画などをつぶすさまで「取り止める」「中止する」「つぶす」の意味。

〈計画〉
左手のひらを下に向け、右人差指で線を引くようにする。

〈つぶす〉
指先を前にして両手の親指と４指をつぶすようにして閉じる。

どりょく【努力】

「日頃の努力」
→〈いつも〉+〈努力〉

「努力」は前向きに力を尽くすことなので〈努力〉で表現。〈努力〉は壁を破ろうと努めるさまで「努力」「力を尽くす」などの意味を表す。

〈いつも〉
親指と人差指を立てた両手を向かい合わせて手首を回す。

〈努力〉
左手のひらに右人差指をねじこみながら前に押し出す。

とる【取・採・執・撮る】1

「筆をとる」
→〈書く①〉
または〈書道〉

例文の「筆をとる」は書く意味なので〈書く①〉または〈書道〉で表現。手話はどちらもものを書くさまを表す。

〈書く①〉
左手のひらに右手の親指と人差指で縦に書くようにする。

〈書道〉
左手を体の前に置き、右手で筆を持って書くようにする。

とる【取・採・執・撮る】2

「疲れをとる」
→〈疲れる〉+〈消える①〉

例文の「とる」は除く意味なので〈消える①〉で表現。〈消える①〉は目の前のものが消えるさまで「消える」「消す」の意味を表す。

〈疲れる〉
両手のひらを胸に当てて振り落とすように指先を下に向ける。

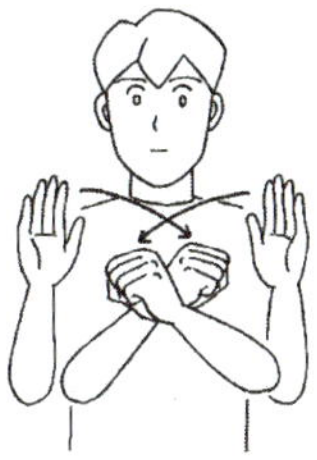

〈消える①〉
開いた両手を交差させながら握る。

とる
【取・採・執・撮る】3

「血をとって(調べる)」
→〈血液①〉+〈血を抜く〉
(+〈調べる①〉)

例文の「血をとる」は採血の意味なので〈血を抜く〉で表現。〈血を抜く〉は腕から血などを抜くさま。

〈血液①〉
右人差指で唇を示して、左腕に沿って線を引くようにする。

〈血を抜く〉
左腕から右人差指を引き抜くようにする。

とる
【取・採・執・撮る】6

「休暇をとる」
→〈休む②〉+〈取る①〉

例文の「とる」は休暇をとることなので〈取る①〉で表現。〈取る①〉は手でものをとるさまを表す。この〈取る①〉は省略してもよい。

〈休む②〉
左手のひらの上に右こぶしをのせる。

〈取る①〉
右手で前からつかみ取るようにして引き寄せる。

とる
【取・採・執・撮る】4

「金をとられる」
→〈金(かね)①〉+〈盗まれる〉

例文の「とられる」は盗まれる意味なので〈盗まれる〉で表現。〈盗まれる〉は自分の持ち物が盗まれるさまを表す。〈盗む〉と方向が逆になる。

〈金(かね)①〉
右手の親指と人差指で作った丸を示す。

〈盗まれる〉
右人差指をかぎ状にして前方に動かす。

とる
【取・採・執・撮る】7

「たっぷり栄養をとる」
→〈たくさん①〉+〈栄養〉

例文の「栄養をとる」は栄養を体にとり入れることなので〈栄養〉で表現。〈栄養〉は体を養うさまで「栄養」「栄養をとる」を表す。

〈たくさん①〉
左手のひらを上に向けた左腕を示し、その上に右手で山を描く。

〈栄養〉
手のひらを上に向けた右手指先を体に当てる。

とる
【取・採・執・撮る】5

「税金をとられる」
→〈税金〉+〈取られる①〉

例文の「とられる」はお金を取られることなので〈取られる①〉で表現。〈取られる①〉は持っているものを取られるさまを表す。

〈税金〉
親指と人差指で作った丸をすばやく自分に向けて開く。

〈取られる①〉
指先を手前に向けた右手を前に引くように出して握る。

とる
【取・採・執・撮る】8

「新聞をとっている」
→〈新聞〉+〈内職〉

例文の「(新聞を)とる」は新聞を自宅に配達してもらうことなので〈内職〉で表現。〈内職〉は仕事を自宅に取り込むさまを表す。

〈新聞〉
左手のひらの上に右ひじをのせて親指を外側に出して握った右こぶしを振る。

〈内職〉
左手のひらを下に向けてその下に指先を手前に向けた右手を繰り返し入れるようにする。

とる
【取・採・執・撮る】9

「責任をとって辞める」

→〈責任①〉+〈辞(や)める〉

例文の「責任をとる」は果たせなかった責任の始末をすることなので〈責任①〉で表現。〈責任①〉は自分が肩に負った責任を表す。

〈責任①〉

右肩に軽く全指を折り曲げた右手をのせる。

〈辞(や)める〉

左手のひらの上にすぼめた右手をのせて手前に引く。

とる
【取・採・執・撮る】10

「年をとる」

→〈年齢〉+〈年をとる〉

例文の「年をとる」は年齢が積み重なることで〈年齢〉+〈年をとる〉で表現。〈年をとる〉は年が積み重なるさまを表す。

〈年齢〉

あごの下で右手の指を順に折る。

〈年をとる〉

やや曲げた両手のひらを上下に向かい合わせ右手を上にあげ、甲をあごに当てる。

とる
【取・採・執・撮る】11

「(社員を)三人とる」

→(〈会社〉+〈人々①〉+)〈三人②〉+〈選ぶ②〉

例文の「とる」は人を新しく雇う意味なので〈選ぶ②〉で表現。〈選ぶ②〉は「採用」の意味。〈選ぶ②〉の左手を〈3③〉で示すこともできる。

〈三人②〉

左手で〈3②〉を示し、右人差指でその下に「人」の字を書く。

〈選ぶ②〉

左手甲を前にした5指を右手の親指と人差指でつまみあげるようにする。

とる
【取・採・執・撮る】12

「メモをとる」

→〈書く①〉
または〈書く②〉

例文の「とる」は書きしるす意味なので〈書く①〉または〈書く②〉で表現。いずれも書くさまで「書く」「メモをとる」などの意味がある。

〈書く①〉

左手のひらに右手の親指と人差指で縦に書くようにする。

〈書く②〉

左手のひらに右手の親指と人差指で横に書くようにする。

とる
【取・採・執・撮る】13

「原稿のコピーをとる」

→〈原稿〉+〈コピー〉

例文の「コピーをとる」は〈コピー〉で表現。〈コピー〉はコピーをとるさまで「コピーをとる」「コピー」の意味を表す。

〈原稿〉

指を少し開いた両手のひらを重ねて格子を描くように右手を繰り返し引く。

〈コピー〉

手のひらを下に向けた左手の下で右手を閉じながらおろす。

とる
【取・採・執・撮る】14

「写真をとる」

→〈写真〉
または〈写す②〉

例文の「写真をとる」は〈写真〉または〈写す②〉で表現。〈写真〉はシャッターを切るさま、〈写す②〉は写すさまを表す。

〈写真〉

左手の親指と4指で作った丸の前に右手のひらをおろす。

〈写す②〉

左人差指を曲げ、軽く開いた右手の親指と4指の指先を前に向けて、手前に引きながら閉じる。

とる
【取・採・執・撮る】15

「上司の機嫌をとる」
→左〈長①〉+〈お世辞①〉

例文の「機嫌をとる」は相手の気に入るようにする意味で〈お世辞①〉で表現。〈お世辞①〉の機嫌をとる表情に注意。

左〈長①〉
親指を立てた左手を上にあげる。

〈お世辞①〉
左親指の背後を右手でなでるようにする。

とる
【取・採・執・撮る】16

「寸法をとる」
→〈測る①〉+〈測る②〉

例文の「寸法をとる」は長さを測る意味なので〈測る①〉+〈測る②〉で表現。手話は縦と横の長さを測るさまを表す。

〈測る①〉
両手の閉じた親指と人差指を上下に開く。

〈測る②〉
両手の閉じた親指と人差指を左右に開く。

とる
【取・採・執・撮る】17

「(したくに)手間をとる」
→(〈準備①〉+)
〈長い①〉+〈苦労〉

例文の「手間をとる」は時間や手数がかかる意味なので〈長い①〉+〈苦労〉で表現。手話は煩わしいことが長時間続くことを意味する。

〈長い①〉
両手の親指と人差指を閉じて左右に開く。

〈苦労〉
左腕を右こぶしで軽くたたく。

とる
【取・採・執・撮る】18

「化粧に時間をとる」
→〈化粧〉+〈長い①〉

例文の「時間をとる」は時間が長くかかる意味なので〈長い①〉で表現。

〈化粧〉
両手のひらでほおを交互にこするようにする。

〈長い①〉
親指と人差指を閉じた両手を向かい合わせ左右に開く。

とる
【取・採・執・撮る】19

「席の予約をとる」
→〈座る①〉+〈約束〉

例文の「予約をとる」は予約する意味で〈約束〉で表現。〈約束〉は指切りのさまで「約束」の意味を表す。

〈座る①〉
手のひらを下に向けた左手２指に折り曲げた右手２指を座るようにのせる。

〈約束〉
両手小指をからませる。

とる
【取・採・執・撮る】20

「相撲をとる」
→〈相撲〉+〈試合①〉
(または〈試合②〉)

例文の「相撲をとる」は相撲をすることなので〈相撲〉+〈試合①〉または〈試合②〉で表現。〈相撲〉は四股(しこ)を踏むさまを表す。

〈相撲〉
両手のこぶしを交互に脇腹に当てる。

〈試合①〉
親指を立てた両手を正面で軽くぶつける。

ドル

「ドル」
→〈ドル〉

例文の「ドル」はアメリカ通貨の単位で国際的な通貨の単位にもなっている。〈ドル〉で表現。〈ドル〉はドル＝＄を空書したもの。

〈ドル〉
右人差指で「S」を書き、

右手２指で上から下まで２本線を引くようにする。

ドレス

「ウエディングドレス」
→〈結婚〉+〈ドレス〉

例文の「ドレス」は女性の洋服のことで〈ドレス〉で表現。〈ドレス〉はドレスの下の部分、スカートのさまで「ドレス」「スカート」を表す。

〈結婚〉
親指と小指を左右からつける。

〈ドレス〉
両手のひらを腰に当てて、左右に開くようにおろす。

どれ

「どれがいいです（か）」
→〈良い〉+〈どれ〉
(+〈か〉)

例文の「どれ」は〈どれ〉で表現。たくさんある中から何を選ぶかを尋ねるので〈何〉をしながら右へ動かし表現する。

〈良い〉
右こぶしを鼻から前に出す。

〈どれ〉
右人差指を左右に振りながら左から右へ動かす。

ドレッシング

「（和風）ドレッシング」
→（〈日本〉+）
〈ドレッシング〉
または〈ふりかける〉

「ドレッシング」は〈ドレッシング〉または〈ふりかける〉で表現。〈ドレッシング〉は両手でかけるさま、〈ふりかける〉は片手でふりかけるさまを表す。

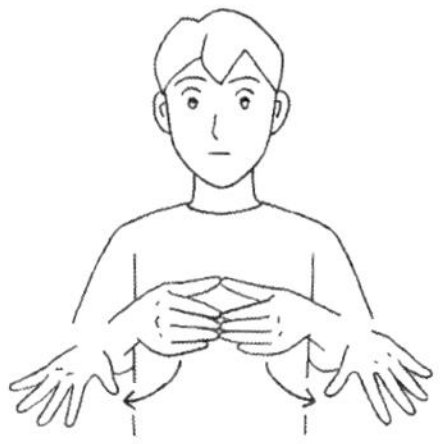

〈ドレッシング〉
両手の指先を合わせて手首を外に返して全指を開く。

〈ふりかける〉
右手で容器を持ち、ふりかけるようにする。

トレーニング

「ハードトレーニング」
→〈厳しい〉+〈鍛える〉

例文の「トレーニング」は練習の意味なので〈鍛える〉で表現。〈鍛える〉は胸をたたくさまで「トレーニング」「鍛練」「訓練」などの意味。

〈厳しい〉
左手甲を右手の親指と人差指でつねるようにする。

〈鍛える〉
ひじを張り、両こぶしで胸を同時に繰り返したたく。

トレパン

「トレパン」
→〈鍛える〉+〈ズボン②〉

「トレパン」は運動用のズボンの意味なので〈鍛える〉+〈ズボン②〉で表現。〈鍛える〉は「トレーニング」「鍛練」「訓練」などの意味。

〈鍛える〉
ひじを張り、両こぶしで胸を同時に繰り返したたく。

〈ズボン②〉
親指と人差指を開いた両手を上から下におろす。

と

とれる【取れる】1

「(服の)ボタンが取れる」

→(〈服〉+)
〈ボタン〉+〈消える①〉

例文の「取れる」はついていたものが離れ落ちる意味なので〈消える①〉で表現。〈消える①〉は目の前のものがなくなるさまを表す。

〈ボタン〉
右手の親指と人差指で作った丸を胸に上下に当てる。

〈消える①〉
両手のひらを交差させながら握る。

とれる【取れる】2

「米がたくさん取れた」

→〈米〉+〈もうける②〉

例文の「たくさん取れる」は収穫が多い意味なので〈もうける②〉で表現。〈もうける②〉はごっそり入るさまを表す。

〈米〉
親指と人差指を閉じた右手を唇の端に当て、軽く揺する。

〈もうける②〉
両手のひらを上下に向かい合わせて手前にすばやく引きあげる。

とれる【取れる】3

「痛みが取れる」

→〈痛い①〉+〈消える①〉

例文の「取れる」はなくなる意味で〈消える①〉で表現。〈消える①〉は目の前のものがなくなるさまで「消える」「なくなる」の意味。

〈痛い①〉
全指を曲げた右手のひらを上に向けて左右に振る。

〈消える①〉
開いた両手を交差させながら握る。

とれる【取れる】4

「バランスが取れる」

→〈操る①〉+〈良い〉

例文の「バランスが取れる」は釣り合いが取れる意味なので〈操る①〉+〈良い〉で表現。〈操る①〉は「操る」「バランスを取る」意味。

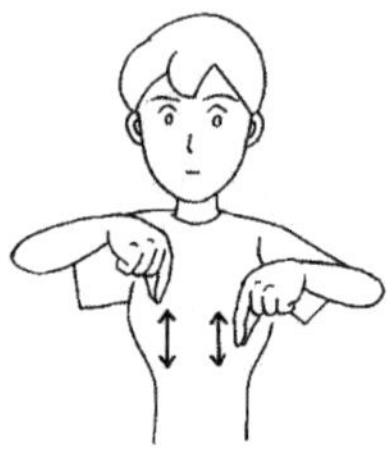

〈操る①〉
親指と人差指でひもを持つように交互に上下させる。

〈良い〉
右こぶしを鼻から前に出す。

どろぼう【泥棒】1

「泥棒(をつかまえる)」

→〈泥棒①〉
または〈泥棒②〉
(+〈つかまる②〉)

例文の「泥棒」は盗む人の意味なので〈泥棒①〉または〈泥棒②〉で表現。手話はどちらも盗むさまを表し「ぬすっと」「盗賊」などの意味。

〈泥棒①〉
かぎ状にした右人差指を手前に引き、親指を立てる。

〈泥棒②〉
かぎ状に曲げた右人差指を手首を返してすばやく2回手前に引く。

どろぼう【泥棒】2

「泥棒する」

→〈盗む〉

例文の「泥棒」は盗む意味なので〈盗む〉で表現。〈盗む〉は人差指を曲げて盗む古典的なすりを表すしぐさから生まれた手話。

〈盗む〉
かぎ状にした人差指を手前に引く。

どんかん【鈍感】

「鈍感な奴だ」
→〈感じる①〉+〈遅い②〉

例文の「鈍感」は感じ方がにぶい意味なので〈感じる①〉+〈遅い②〉で表現。〈遅い②〉は遅いさまで「遅い」「鈍い」などの意味を表す。

〈感じる①〉
右人差指を頭に当てて軽く突くようにする。

〈遅い②〉
親指と人差指を立てた右手をゆっくり弧を描いて左から右へ動かす。

ドングリ【団栗】

「ドングリの木」
→〈ドングリ〉+〈木〉

「ドングリ」は〈ドングリ〉で表現。〈ドングリ〉はドングリの形を表す。

〈ドングリ〉
両手を少し丸めてつけ合わせ、左右に小さく振る。

〈木〉
両手の親指と人差指で大きな丸を作り、上にあげながら左右に広げる。

どんぞこ【どん底】

「どん底の生活」
→〈どん底〉+〈生活〉

例文の「どん底」は一番悪い状態の意味で〈どん底〉で表現。〈どん底〉は底をついている状態で「どん底」「底辺」などの意味を表す。

〈どん底〉
左手のひらを上に向けて右手指先で上から下に突くようにする。

〈生活〉
親指と人差指を向かい合わせた両手を体の前で回す。

とんだ

「とんだ災難に遭った」
→〈迷惑〉+〈とても〉

例文の「とんだ」は思いがけない大変な意味で〈とても〉で表現。〈とても〉は非常に大きいさまで「とても」「非常に」「大変」などの意味。

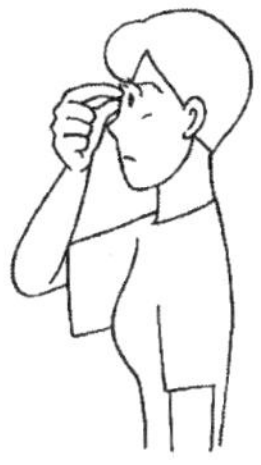

〈迷惑〉
親指と人差指で眉間をつまむ。

〈とても〉
右手の親指と人差指をつまみ、右へ弧を描きながら親指を立てる。

どんな 1

「どんな物が欲しい」
→〈好き①〉+〈何〉

例文の「どんな」は何の意味なので〈好き①〉+〈何〉で表現。〈好き①〉は「好き」「欲しい」の意味がある。

〈好き①〉
親指と人差指を開いた右手をのどに当て、下におろしながら閉じる。

〈何〉
右人差指を左右に振る。

どんな 2

「どんなことが起こるか」
→〈起きる①〉+〈何〉

例文の「どんなこと」は〈何〉で表現。〈起きる①〉+〈何〉は「何が起こるか」「どんなことが起こるか」の意味を表す。

〈起きる①〉
右人差指をすくうようにあげる。

〈何〉
右人差指を左右に振る。

どんなに

「どんなに貧しく(ても)」

→〈貧しい②〉+〈最低〉
(+〈しかし〉)

例文の「どんなに貧しくても」は非常に貧しくてもの意味で〈貧しい②〉+〈最低〉で表現。〈最低〉は底をつくさまで「最低」などの意味。

〈貧しい②〉
右親指をあごに当て、あごをこするようにして2回前に出す。

〈最低〉
手のひらを上に向けた左手に上から右手指先を下ろし当てる。

トンネル

「トンネル」

→〈トンネル①〉
または〈トンネル②〉

道路の場合は〈トンネル①〉で、列車の場合は〈トンネル②〉で表現。それぞれ右手は車と列車を、左手はトンネルの天井を表す。

〈トンネル①〉
左手のひらの下を「コ」の字形にした右手をくぐらせて前に出す。

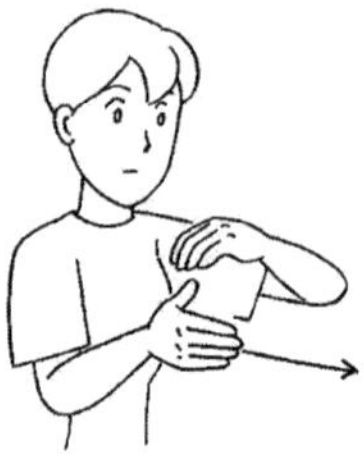

〈トンネル②〉
左手のひらの下を右手をくぐらせて前に出す。

どんぶり【丼】1

「丼いっぱい(食べる)」

→〈どんぶりばち〉+〈たくさん①〉
(+〈食べる①〉)

例文の「丼」はどんぶりばちのことで〈どんぶりばち〉で表現。〈どんぶりばち〉はどんぶりばちの形を表す。

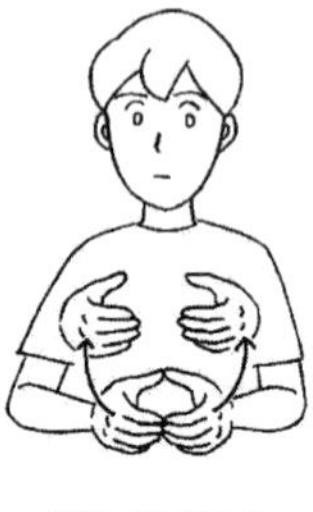

〈どんぶりばち〉
親指と4指をつきあわせた両手を上にあげながら左右に開く。

〈たくさん①〉
左手のひらを上に向けた左腕を示し、その上に右手で山を描く。

どんぶり【丼】2

「卵丼」

→〈卵〉+〈どんぶり〉

例文の「卵丼」は〈卵〉+〈どんぶり〉で表現。〈どんぶり〉は漢字〈丼〉の字形を利用した「～丼」を表す手話。

〈卵〉
手の甲を下にして両手の親指と4指を下に向けて卵を割るように開く。

〈どんぶり〉
両手の2指を「井」の字形になるようにして、右手2指でたたく。

トンボ

「赤トンボ」

→〈赤〉+〈トンボ〉

例文の「トンボ」は〈トンボ〉で表現。〈トンボ〉はトンボの羽を表す。

〈赤〉
唇に人差指を当て、右へ引く。

〈トンボ〉
2指を立てた両手を手首で交差させて上下に揺する。

〈ナ〉
2指の指先を下に向けて示す。

な【名】1

「(息子の)名」

→(〈息子〉+)
〈名前①〉
または〈名前②〉

例文の「名」は名前の意味なので〈名前①〉または〈名前②〉で表現。〈名前①〉は拇印を、〈名前②〉は名札を表す。後者は主に関西で使用。

〈名前①〉
左手のひらに右親指を当てる。

〈名前②〉
右手の親指と人差指で作った丸を左胸に当てる。

な【名】2

「スポーツで名をあげる」

→〈スポーツ〉+〈有名〉

例文の「名をあげる」は有名になる意味なので〈有名〉で表現。〈有名〉は名が高いさまで「有名」「名高い」「高名」などの意味を表す。

〈スポーツ〉
指先を前に向けて向かい合わせた両手を交互に前に出すように回す。

〈有名〉
左手のひらに右人差指を当て、上にあげる。

な【名】3

「名を売る」

→(〈名前①〉または)
〈名前②〉+〈売る①〉

例文の「名を売る」は名前を世間に広く知られるようにする意味で〈名前①〉または〈名前②〉+〈売る①〉で表現。「売名」の意味もある。

〈名前②〉
右手の親指と人差指で作った丸を左胸に当てる。

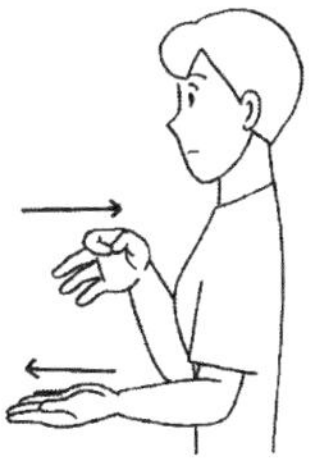

〈売る①〉
左手のひらを差し出すと同時に右手の親指と人差指で作った丸を手前に引き寄せる。

な【名】4

「世界に名が高い」

→〈世界〉+〈有名〉

例文の「名が高い」は有名の意味で〈有名〉で表現。〈有名〉は名が高いさまで「有名」「名高い」「高名」などの意味を表す。

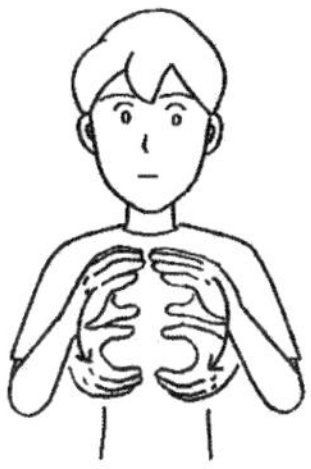

〈世界〉
両手の指先を向かい合わせて前にまわし、球を描く。

〈有名〉
左手のひらに右人差指を当て、上にあげる。

な【名】5

「名ばかり(の会長)」

→〈表(おもて)①〉+〈だけ〉
(+〈会〉+〈長①〉)

例文の「名ばかり」は名前だけあって、実際の内容がない意味で〈表(おもて)①〉+〈だけ〉で表現。手話は「表面だけ」の意味を表す。

〈表(おもて)①〉
左手甲を右手指で軽くふれる。

〈だけ〉
左手のひらに人差指を立てた右手を打ちつける。

ない 1

「(私は)行かない」

→(〈私①〉+)
〈行(い)く①〉+〈いいえ①〉

例文の「行かない」は「行くか」の問いに対する答えで〈行く①〉+〈いいえ①〉で表現。「行かない」ことを表す。

〈行(い)く①〉
右手人差指を下に向けて、振りあげるように前をさす。

〈いいえ①〉
顔の前で手を左右に振る。

ない 2

「なかなか売れない」
→〈売る①〉+〈なかなか①〉

例文の「なかなか〜ない」は〈なかなか①〉で表現。〈なかなか①〉は「なかなかできない」など否定の意味だけを表す。

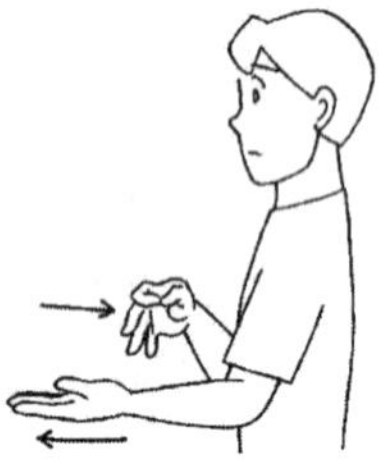

〈売る①〉
左手のひらを差し出すと同時に右手の親指と人差指で作った丸を手前に引き寄せる。

〈なかなか①〉
右手の指先を上に向けてねじるようにして上にあげる。

ない 3

「(英語)がしゃべれない」
→(〈イギリス④〉+)
〈言う②〉+〈難しい〉

例文の「しゃべれない」はしゃべることができない意味なので〈言う②〉+〈難しい〉で表現。〈言う②〉は口から出る言葉のさまを表す。

〈言う②〉
右人差指を口元から繰り返し前に出す。

〈難しい〉
右手の親指と人差指でほおをつねるようにする。

ない 4

「行きたくない」
→〈行(い)く①〉+〈嫌い①〉

例文の「…たくない」はいやだの意味なので〈嫌い①〉で表現。〈嫌い①〉は「嫌い」「いや」「したくない」などの意味を表す。

〈行(い)く①〉
右手人差指を下に向けて、振りあげるように前をさす。

〈嫌い①〉
親指と人差指を閉じた右手をのどに当て、前に向かってぱっと開く。

ない 5

「来ない」
→〈来る②〉+〈ない①〉

例文の「来ない」は「来る」の打ち消しなので〈来る②〉+〈ない①〉で表現。〈ない①〉は手のひらを返して打ち消しのさまを表す。

〈来る②〉
右人差指を上に向けて手前に引く。

〈ない①〉
指先を開いて手首を振る。

ない 6

「家にだれもいない」
→〈家〉+〈ない④〉

例文の「いない」は人がいないことなので〈ない④〉で表現。〈ない④〉は手のひらの上に何もないさまで「いない」「ない」意味を表す。

〈家〉
両手で屋根形を作る。

〈ない④〉
左手のひらの上で右手を払うようにする。

ない【無い】1

「(暇が)ない」
→(〈暇(ひま)〉+)
〈ない①〉
または〈改めて〉

例文の「ない」は〈ない①〉または〈改めて〉で表現。〈改めて〉は手を払って何もないさまで「改めて」「何もない」意味を表す。

〈ない①〉
両手指を軽く広げて回転する。

〈改めて〉
両手のひらを向かい合わせて手を払うようにする。

ない【無い】2

「(時間が)ない」

→(〈時間〉+)
〈不足〉
または〈貧しい①〉

例文の「ない」は不足、乏しいの意味なので〈不足〉または〈貧しい①〉で表現。〈不足〉は欠けるさまで「足りない」の意味を表す。

〈不足〉
左手のひらを右人差指でほじくるようにする。

〈貧しい①〉
右親指をあごに当てる。

ない【無い】3

「何もない」

→〈すべて〉+〈ない②〉

例文の「ない」は存在しない意味なので〈ない②〉で表現。〈ない②〉は内容がないさまで「空っぽ」「空白」などの意味を表す。

〈すべて〉
両手で上から下に円を描く。

〈ない②〉
左手のひらを下に向け、右親指を軸にして4指を左右に振る。

ない【無い】4

「(学問が)ない」

→(〈思う〉+)
〈貧しい①〉
または〈ない③〉

例文の「ない」は持っていない意味なので〈貧しい①〉または〈ない③〉で表現。〈ない③〉は一切なにもないことを表す。

〈貧しい①〉
右手親指をあごに当てる。

〈ない③〉
右手の親指と人差指で作った丸を口元に当て、吹くようにして前に出して開く。

ないか【内科】

「内科」

→〈中(なか)〉(または〈体(からだ)〉)+〈脈〉

例文の「内科」は〈中〉または〈体〉+〈脈〉で表現。〈脈〉は脈をとるさまで医療に関する「科」を表す。

〈中(なか)〉
指先を右に向けた左手の内側を右人差指でさす。

〈脈〉
右3指を左手首の内側に当てる。

ないかく【内閣】1

「内閣総理大臣」

→〈首相〉

例文の「内閣総理大臣」は首相と同義なので〈首相〉で表現。〈首相〉は〈首〉と〈長①〉の組み合わせで「首相」の意味だけを表す。

〈首相〉
右手のひらを首筋に当てて親指を出す。

ないかく【内閣】2

「内閣(府)」

→左〈首相〉+〈閣僚①〉
(+〈フ〉)

「内閣府」は左〈首相〉+〈閣僚①〉+〈フ〉で表現。〈フ〉は指文字。

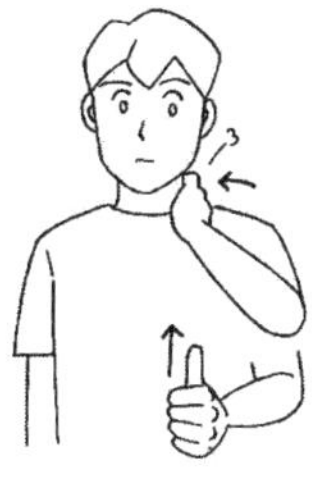

左〈首相〉
左手のひらを首に当てて左親指を上にあげる。

〈閣僚①〉
左親指の後ろで指先を上に向けた右手を右へ動かす。

ないかく【内閣】3

「内閣（を組閣する）」

→左〈首相〉+〈閣僚①〉
（+〈選ぶ②〉）

例文の「内閣」は内閣総理大臣を中心に国務大臣で組織されるものなので左〈首相〉+〈閣僚①〉で表現。〈閣僚①〉は首相のうしろに並ぶさま。

左〈首相〉
左手のひらを首に当てて左親指を上にあげる。

〈閣僚①〉
左親指の後ろで指先を上に向けた右手を右へ動かす。

ないしょ【内緒】2

「内緒話をする」

→〈隠れる〉+〈会話③〉

例文の「内緒話」はこっそりする話で〈隠れる〉+〈会話③〉で表現。手話は隠れて話をするさまで「内緒話」「ひそひそ話」の意味。

〈隠れる〉
両手の小指側を合わせて顔を隠すようにする。

〈会話③〉
両手の親指と４指を向かい合わせて同時に閉じたり開いたりする。

ないじ【内耳】

「内耳炎」

→〈内耳〉+〈火①〉

「内耳炎」は〈内耳〉+〈火①〉で表現。〈内耳〉は鼓膜の内側を表す新しい手話。

〈内耳〉
右耳の横に手のひらを右に向けた左手を立て、右人差指を耳と左手の間に下向きにおろす。

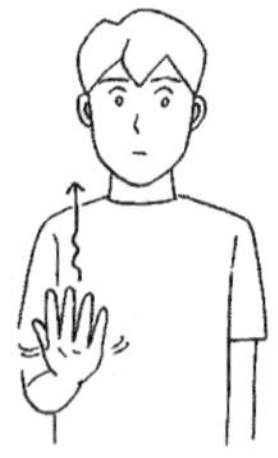

〈火①〉
全指を上に向けた右手を揺らしながら上にあげる。

ないしょ【内緒】3

「（人事）異動はまだ内緒だ」

→（〈人〉+〈ジ〉+）
〈交替①〉+〈内緒〉

例文の「内緒」はまだ人に知らせないで伏せておく意味なので〈内緒〉で表現。〈内緒〉は伏せておくさまで「内緒」「秘密」の意味を表す。

〈交替①〉
親指を立てた両手を交差させて位置を入れ換える。

〈内緒〉
指先を向かい合わせた両手を手前にふせる。

ないしょ【内緒】1

「（みんなに）内緒」

→（〈みんな〉+）
〈秘密①〉
または〈秘密②〉

例文の「内緒」は秘密の意味なので〈秘密①〉または〈秘密②〉で表現。〈秘密①〉は口をとじるさまで、〈秘密②〉は口にチャックするさまで表す。

〈秘密①〉
右人差指を口元に当てる。

〈秘密②〉
親指と人差指をつまみ口の左端から右端へ移動させる。

ないじょう【内情】

「内情（をさぐる）」

→〈内容〉+〈状態①〉
（+〈調べる①〉）

「内情」は内部の実情の意味なので〈内容〉+〈状態①〉で表現。〈内容〉は内部のさまで「内容」「内部」などの意味を表す。

〈内容〉
左手のひらで囲んだ内側を右人差指でかき回す。

〈状態①〉
両手のひらを前に向けて、交互に上下させる。

ないしょく【内職】

「母の内職」

→〈母〉+〈内職〉

「内職」は自宅でする仕事の意味で〈内職〉で表現。〈内職〉は左手の家に持ち込まれる仕事のさまを表す。

〈母〉

右人差指でほおにふれ、次に小指を出す。

〈内職〉

左手を斜めにして立て、指先を手前に向け、手のひらを上にした右手を左手の下に入れる。

ナイフ

「ナイフ」

→〈削る①〉
または〈ステーキ〉

「ナイフ」は〈削る①〉または〈ステーキ〉で表現。〈ステーキ〉はステーキを切るさまで「ステーキ」「ナイフ」「ステーキを切る」の意味。

〈削る①〉

左人差指を右人差指で削るようにする。

〈ステーキ〉

左手のフォークで押さえ、右手に握ったナイフで切るように前後に動かす。

ないぶ【内部】1

「内部構造」

→〈中(なか)〉+〈組み立てる〉

例文の「内部」は内側の意味なので〈中(なか)〉で表現。〈中(なか)〉は囲いの内側をさし示すさまで「内部」「内」などの意味を表す。

〈中(なか)〉

指先を右に向けた左手の内側を右人差指でさす。

〈組み立てる〉

指を組んだ両手をねじりながら上にあげる。

ないぶ【内部】2

「(警察の)内部」

→(〈警察①〉+)
〈内容〉
または〈中(なか)〉

例文の「内部」は団体・組織の中の意味なので〈内容〉または〈中(なか)〉で表現。〈内容〉は内部のさまで「内容」「内部」などの意味。

〈内容〉

左手のひらを体側に向けてその中を右人差指でかき回す。

〈中(なか)〉

指先を右に向けた左手の内側を右人差指でさす。

ないみつ【内密】

「内密に調査する」

→〈隠れる〉+〈調べる①〉

「内密」は外部に知られないように秘密にする意味なので〈隠れる〉で表現。〈隠れる〉は「こっそり」「ひそかに」などの意味を表す。

〈隠れる〉

両手の小指側を合わせて顔を隠すようにする。

〈調べる①〉

右手の人差指と中指を軽く折り曲げて、目の前を左右に往復させる。

ないめん【内面】

「人の内面」

→〈人〉+〈中(なか)〉

「内面」は内側の意味なので〈中(なか)〉で表現。〈中(なか)〉は囲いの内側をさし示すさまで「内部」「内面」などの意味を表す。

〈人〉

人差指で「人」の字を空書する。

〈中(なか)〉

指先を右に向けた左手の内側を右人差指でさす。

な

ないよう【内容】

「本の内容」

→〈本〉+〈内容〉

「内容」は中味の意味で〈内容〉で表現。〈内容〉は左手で囲った中のものを示すさまで「内容」「(組織の)内部」「中味」などの意味を表す。

〈本〉

両手のひらを合わせて本を開くように左右に開く。

〈内容〉

左手のひらを体側に向けてその中を右人差指でかき回す。

なお【猶】1

「今でもなお(若い)」

→〈今①〉+〈相変わらず②〉(+〈若い〉)

例文の「なお」は以前の状態が続いている意味なので〈相変わらず②〉で表現。〈相変わらず②〉は同じ状態が続くさまを表す。

〈今①〉

両手のひらで軽く押さえつける。

〈相変わらず②〉

両手の親指と人差指を閉じたり開いたりしながら右肩から前に出す。

なお【猶】2

「なお悪い」

→〈もっと〉+〈悪い①〉

例文の「なお」は今まで以上に、さらにの意味なので〈もっと〉で表現。〈もっと〉は元の量にさらに新しい量が加わるさまを表す。

〈もっと〉

親指と人差指を開いた左手の上に親指と人差指を開いた右手をのせる。

〈悪い①〉

人差指で鼻をこするようにして振りおろす。

なおす【直・治す】1

「道路を直す」

→〈道①〉+〈直す〉

例文の「直す」は修理する意味なので〈直す〉で表現。〈直す〉は手直しするさまで「直す」「修理」「修繕」などの意味を表す。

〈道①〉

指先を前に向けた両手を向かい合わせて前に出す。

〈直す〉

人差指を立てた両手を繰り返し交差させる。

なおす【直・治す】2

「病気を治す」

→〈病気〉+〈消える①〉

例文の「治す」は悪いところを取り除く意味で〈消える①〉で表現。〈消える①〉は目の前のものが消えるさまで「治す」意味もある。

〈病気〉

こぶしで額を軽くたたく。

〈消える①〉

開いた両手を交差させながら握る。

なおす【直・治す】3

「英文に直す」

→〈イギリス④〉+〈翻訳〉

例文の「直す」はかえる、翻訳する意味なので〈翻訳〉で表現。〈翻訳〉は左のものを右に返すさまで「翻訳」の意味を表す。

〈イギリス④〉

右手２指の背側をあごに沿って動かす。

〈翻訳〉

左手のひらの上に右手２指をのせ、手首を返すようにして右へやる。

なおす【直・治す】4

「考え直す」
→〈はっきり〉+〈変わる①〉

例文の「～直す」はもう一度する意味で〈変わる①〉で表現。〈変わる①〉は左と右を交換するさまで「変わる」と「変える」の意味がある。

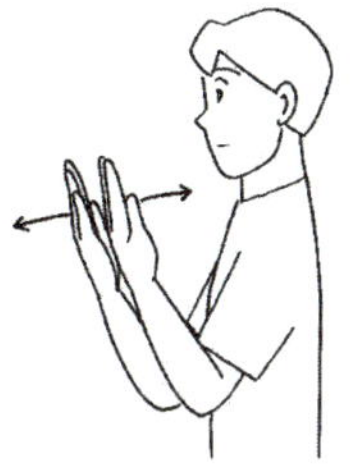

〈はっきり〉
左右の手のひらを並べて見るようにして前後にすばやく離す。

〈変わる①〉
手のひらを手前に向けた両手を交差させる。

なおる【直・治る】1

「仲が直る」
→〈友達②〉+〈回復〉

例文の「直る」はもとに戻る意味なので〈回復〉で表現。〈回復〉は倒れたものを起こすさまで「直る」「回復」「復活」の意味を表す。

〈友達②〉
両手を強く組み、前後に軽く振る。

〈回復〉
両こぶしを重ねて寝かせ、棒を起こすようにする。

なおる【直・治る】2

「道が直る」
→〈道①〉+〈直す〉

例文の「直る」は直してよくなる意味で〈直す〉で表現。〈直す〉は手直しするさまで「直る」「直す」「修理する」などの意味がある。

〈道①〉
指先を前に向けた両手を向かい合わせて前に出す。

〈直す〉
人差指を立てた両手を繰り返し交差させる。

なおる【直・治る】3

「病気が治る」
→〈病気〉+〈消える①〉

例文の「治る」は病気などがよくなる意味で〈消える①〉で表現。〈消える①〉は痛みなどが消えるさまで「治る」「(病気が)いえる」の意味。

〈病気〉
こぶしで額を軽くたたく。

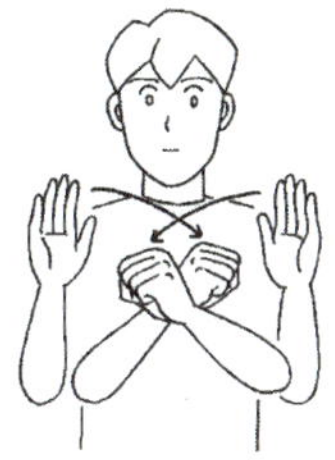

〈消える①〉
開いた両手を交差させながら握る。

なか【中】1

「家の中」
→〈家〉+〈家の中〉

例文の「中」は家の内部のことで〈家の中〉で表現。〈家の中〉は家の屋根の内側を示すさまで「中」「内部」の意味を表す。

〈家〉
両手で屋根形を作る。

〈家の中〉
〈家〉の左手を残して、その下を右人差指でさす。

なか【中】2

「部屋の中」
→〈部屋〉+〈中(なか)〉

例文の「中」は内部の意味なので〈中(なか)〉で表現。〈中(なか)〉は内部、内側などの意味を表す。

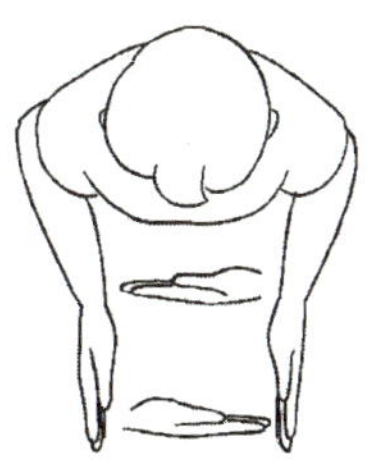

〈部屋〉
両手のひらで前後左右に四角く囲む。

〈中(なか)〉
指先を右に向けた左手の内側を右人差指でさす。

な

なか【中】3

「中の息子」

→〈まんなか〉+〈息子〉

例文「中」は三人の中のまんなかの意味で〈まんなか〉で表現。〈まんなか〉は三人の中のまんなかを表す。

〈まんなか〉

左手３指の甲側を前に向け、中指をつまむ。

〈息子〉

親指を立てた右手を腹から前に出す。

なか【中】4

「雨の中をやって来る」

→〈雨①〉+〈来る②〉

例文の「雨の中」は雨の状態が続いている間の意味で〈雨①〉で表現。〈雨①〉自体が継続するさまを表す。

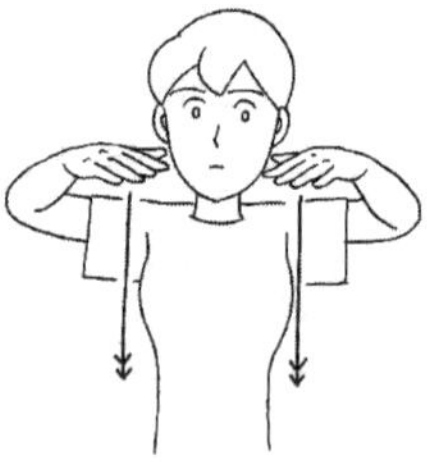

〈雨①〉

軽く開いた指先を前に向け両手を繰り返し下におろす。

〈来る②〉

右人差指を上に向けて手前に引く。

なか【仲】1

「夫婦の仲が良い」

→〈夫婦②〉+〈友達②〉

例文の「仲が良い」は〈友達②〉で表現。〈友達②〉はしっかり手を組むさまで「味方」「仲が良い」「仲良し」などを表す。

〈夫婦②〉

親指と小指を立てて振る。

〈友達②〉

両手を強く組み、前後に軽く振る。

なか【仲】2

「二人の仲を取り持つ」

→〈二人①〉+〈つなぐ〉

例文の「仲を取り持つ」は二人の交際や結婚の仲介をする意味なので〈つなぐ〉で表現。〈つなぐ〉は両者をつなぐさまを表す。

〈二人①〉

人差指と中指を立てた右手を手前に向けて左右に軽く振る。

〈つなぐ〉

両こぶしを左右から近づけ、親指側をつける。

ながい【長い】1

「気が長い」

→〈心〉+〈長い①〉

例文の「気が長い」は性格的なことなので〈心〉+〈長い①〉で表現。

〈心〉

右人差指でみぞおち辺りをさす。

〈長い①〉

親指と人差指を閉じた両手を向かい合わせ左右に開く。

ながい【長い】2

「（二人は）長い間しゃべっている」

→（〈二人①〉+）〈会話②〉+〈長い②〉（または〈長い①〉）

例文の「長い間」は〈長い②〉または〈長い①〉で表現。〈長い②〉は延々と続くさまを表す。

〈会話②〉

すぼめた両手を向かい合わせて同時に左右から繰り返し開く。

〈長い②〉

親指と人差指でつまんだ両手を左右に揺らしながら開く。

ながい【長い】3

「長い棒」

→〈パイプ〉+〈長い③〉

例文は棒が長いということなので〈長い③〉で表現。〈長い③〉は長さを示すさまで長さによって〈長い③〉は変わる。

〈パイプ〉

両手の親指と 4 指で丸を作り、親指側を合わせて左右に開く。

〈長い③〉

向かい合わせた両手を左右に開く。

ながい【長い】4

「長い顔」

→〈顔が長い〉

例文の「長い顔」は〈顔が長い〉で表現。〈顔が長い〉は顔が長いさまを表す。

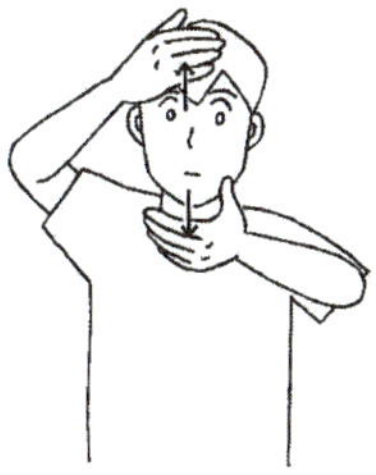

〈顔が長い〉

両手で顔をつかみ上下に伸ばすようにする。

ながい【長い】5

「長い道のり」

→〈歩く①〉+〈遠い①〉

例文の「長い」は遠い意味なので〈遠い①〉で表現。〈遠い①〉は遠いさまで動作と表情によって遠い程度は変わる。

〈歩く①〉

右手 2 指を歩くように交互に前後させながら前に出す。

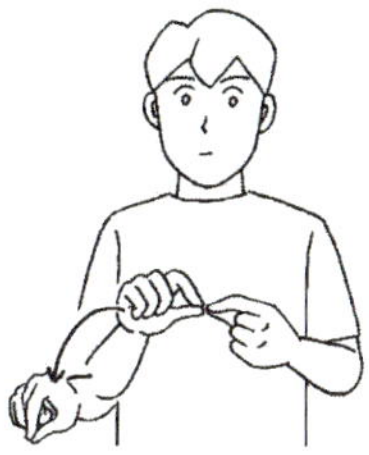

〈遠い①〉

親指と人差指を閉じた両手をつき合わせ、右手を弧を描いて前に出す。

ながす【流す】1

「(水道の)水を流す」

→(〈ひねる①〉+)
〈流れる①〉
または〈流す〉

例文の「流す」は水を流れるようにする意味なので〈流れる①〉または〈流す〉で表現。〈流す〉は蛇口から水の流れるさま。

〈流れる①〉

右手甲を下に向けて左から右へ手首を返しながら右へ指先を向ける。

〈流す〉

すぼめた右手を下に向けて繰り返し開く。

ながす【流す】2

「水に流す」

→〈美しい②〉+〈忘れる①〉

例文の「水に流す」は過去の不愉快なことをなかったこととしてきれいさっぱり忘れる意味なので〈美しい②〉+〈忘れる①〉で表現。

〈美しい②〉

左手のひらをなでるように右手のひらを滑らせる。

〈忘れる①〉

頭の横で握ったこぶしを上に向けてぱっと開く。

ながす【流す】3

「涙を流す」

→〈悲しい①〉
または〈悲しい②〉

例文の「涙を流す」は悲しい意味なので〈悲しい①〉または〈悲しい②〉で表現。手話はどちらも悲しくて涙を流すさまを表す。

〈悲しい①〉

親指と人差指を閉じた右手を目元から揺らしながらおろす。

〈悲しい②〉

両手の親指と人差指を閉じて目元から、揺らしながらおろす。

ながす【流す】4

「風呂で汗を流す」

→〈風呂①〉+〈浴びる①〉

例文の「汗を流す」は風呂に入る意味なので〈浴びる①〉で表現。お湯をかけるさまで「汗を流す」「ひと風呂浴びる」などの意味を表す。

〈風呂①〉
右こぶしで顔をこするようにする。

〈浴びる①〉
両こぶしをそろえて容器を持ち、体にかけるようにする。

ながす【流す】5

「うわさを流す」

→〈うわさ〉+〈出版〉

例文の「流す」は広める意味なので〈出版〉で表現。〈出版〉は広く売り出す、広めるさまを表す。

〈うわさ〉
両手の指先を向かい合わせてねじるように揺すりながら耳を傾ける。

〈出版〉
指先を向かい合わせて手のひらを上に向けた両手を左右に開きながら前に出す。

ながす【流す】6

「(言われたことを)聞き流す」

→(〈言われる①〉+)〈聞き流す〉

例文の「聞き流す」は〈聞き流す〉で表現。〈聞き流す〉は右の耳から左の耳へ抜けるさまで「聞き流す」「馬耳東風(ばじとうふう)」の意味。

〈聞き流す〉
右人差指を耳に当て、

次に左人差指を左耳から出す。

なかたがい【仲違い】1

「二人は仲たがいしている」

→〈二人①〉+〈そぐわない〉

例文は仲の悪い状態である意味なので〈そぐわない〉で表現。〈そぐわない〉はそりが合わないさまで「不和」「不仲」などの意味。

〈二人①〉
人差指と中指を立てた右手を手前に向けて左右に軽く振る。

〈そぐわない〉
両手の指背側を合わせて、上下にこすり合わせる。

なかたがい【仲違い】2

「仲たがいして別れる」

→〈けんか①〉+〈離れる①〉

例文の「仲たがいする」はけんかする意味なので〈けんか①〉で表現。〈けんか①〉は二人が争うさまで「けんか」「争う」などの意味。

〈けんか①〉
両手人差指を剣のようにふれ合わす。

〈離れる①〉
両手の指背側を合わせ、左右に開く。

なかなおり【仲直り】

「仲直りする」

→〈味方②〉+〈回復〉

例文の「仲直り」は仲が回復する意味なので〈味方②〉+〈回復〉で表現。〈味方②〉はしっかり手を結ぶさまで「味方」「仲良し」の意味。

〈味方②〉
両手を強く握る。

〈回復〉
両こぶしを重ねて寝かせ、棒を起こすようにする。

なかなか 1

「なかなか行けない」

→〈行(い)く①〉+〈なかなか①〉
(または〈できない〉)

例文の「なかなか〜ない」は〈なかなか①〉で表現。〈なかなか①〉は「なかなか〜ない」などの形で否定形にだけ使う。

〈行(い)く①〉
右手人差指を下に向けて、振りあげるように前をさす。

〈なかなか①〉
右手の指先を上に向けてねじるようにして上にあげる。

ながなが【長々】

「長々としゃべる」

→〈おしゃべり①〉+〈長い②〉

例文の「長々」は延々と長いさまで〈長い②〉で表現。〈長い②〉は延々と続くさまを表す。

〈おしゃべり①〉
指先を前に向けた右手を口元に当て指を揺らしながら前に出す。

〈長い②〉
親指と人差指でつまんだ両手を左右に揺らしながら開く。

なかなか 2

「彼女はなかなか来ない」

→〈彼女〉+〈なかなか②〉

例文の「なかなか来ない」は〈なかなか②〉で表現。〈なかなか②〉は長時間待たされるさまで「なかなか来ない」などの意味に使われる。

〈彼女〉
左小指を右人差指でさす。

〈なかなか②〉
右人差指を鼻につけて中指と薬指を軽くふるわせる。

なかま【仲間】1

「仲間に入る」

→〈仲間〉+〈参加①〉

例文の「仲間」は仲のよいグループのことで〈仲間〉で表現。〈仲間〉は仲のよいグループを表す。

〈仲間〉
両手を握り、水平に回す。

〈参加①〉
指先を上に向け、手のひらを手前に向けた左手に人差指を立てた右手を打ちつける。

なかなか 3

「なかなか難しい」

→〈とても〉+〈難しい〉

例文の「なかなか」は非常にの意味で〈とても〉で表現。〈とても〉は非常に大きいさまで「かなり」「非常に」などの意味。

〈とても〉
右手の親指と人差指をつまみ、右へ弧を描きながら親指を立てる。

〈難しい〉
右手の親指と人差指でほおをつねるようにする。

なかま【仲間】2

「仲間割れ」

→〈仲間〉+〈分かれる②〉

「仲間割れ」は仲間が分裂する意味なので〈仲間〉+〈分かれる②〉で表現。〈分かれる②〉は二つに分かれるさまだが分かれ方にはいろいろある。

〈仲間〉
両手を握り、水平に回す。

〈分かれる②〉
指先を上に向けた両手を左右に離す。

なかま【仲間】3

「仲間はずれにする」

→〈仲間〉+〈追い払う〉

例文の「仲間はずれにする」は仲間からのけものにする意味なので〈仲間〉+〈追い払う〉で表現。〈追い払う〉は「追い払う」「追放」の意味。

〈仲間〉

両手を握り、水平に回す。

〈追い払う〉

左手のひらを右手で払いのける。

なかま【仲間】4

「仲間はずれになる」

→〈仲間はずれ〉

例文は仲間からのけものにされる意味なので〈仲間はずれ〉で表現。〈仲間はずれ〉は左手の人から右手のみんなが去って一人になるさまを表す。

〈仲間はずれ〉

人差指を立てた左手から５指を立てた右手を離す。

なかみ【中身・中味】

「(話の)なかみがない」

→(〈説明〉+)
〈内容〉+〈ない②〉

例文の「なかみ」は内容のことなので〈内容〉で表現。〈内容〉はなかみを示すさまで「なかみ」「内容」などの意味を表す。

〈内容〉

左手のひらで囲んだ内側を右人差指でかき回す。

〈ない②〉

左手のひらを下に向け、右親指を軸にして４指を左右に振る。

ながめる【眺める】1

「海をながめる」

→〈海〉+〈ながめる〉

例文の「ながめる」は景色を見る意味で〈ながめる〉で表現。〈ながめる〉は小手をかざしてながめるさまで「景色」「風景」の意味もある。

〈海〉

右小指を口元に当て、次に手のひらを波のように動かす。

〈ながめる〉

右手を額に当ててながめるようにする。

ながめる【眺める】2

「(あの人の)顔をじっとながめる」

→(〈彼〉+)
〈顔〉+〈見つめる②〉

例文の「じっとながめる」は長く続けて見る意味なので〈見つめる②〉で表現。〈見つめる②〉はじっと見つめるさまで「見つめる」「注視する」の意味。

〈顔〉

右人差指で顔の前で丸を描く。

〈見つめる②〉

右手の人差指と中指を曲げて鼻をまたぐようにして目の下に当てる。

ながら 1

「テレビを見ながら食事をする」

→〈テレビ〉+〈見ながら食べる〉

例文の「ながら」は二つの動作が同時に行われていることを表すので、視線は前を見ながら〈食べる①〉の手話で表現する。

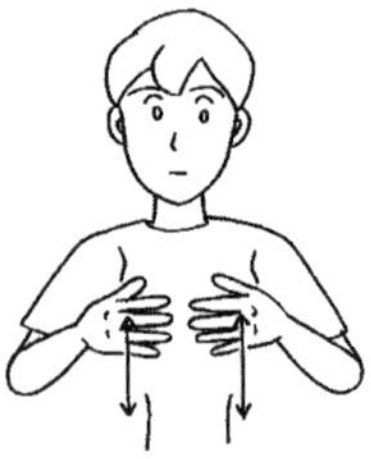

〈テレビ〉

両手の４指の指先を向かい合わせて左右同時に上下させる。

〈見ながら食べる〉

視線を前に向けながら左手のひらの上を右手のひらですくって食べるようにする。

ながら 2

「狭いながらも（楽しい我が家）」

→〈家が狭い〉+〈しかし〉（+〈うれしい〉+〈私①〉+〈家〉）

例文の「〜ながら」は〜ではあるがの意味なので〈しかし〉で表現。〈しかし〉は手のひらを返すさまで、先立つ語を否定する手話。

〈家が狭い〉
両手で屋根形を作り、両手の間隔をせばめる。

〈しかし〉
右手のひらを返す。

ながら 3

「昔ながらの（家）」

→〈過去①〉+〈相変わらず①〉（または〈相変わらず②〉+〈家〉）

例文の「〜ながら」は〜のままの意味で〈相変わらず①〉または〈相変わらず②〉で表現。手話はどちらも変わらない状態を表す。

〈過去①〉
右手のひらを後ろに向けて勢いよく押してやる。

〈相変わらず①〉
両手の親指と４指を閉じたり開いたりしながら前方に動かす。

ながれる【流れる】1

「水が流れる」

→〈流れる①〉または〈流れる②〉

例文の「水が流れる」は〈流れる①〉または〈流れる②〉で表現。手話はいずれも水が流れるさまを表す。

〈流れる①〉
右手甲を下に向けて左から右へ手首を返しながら右へ指先を向ける。

〈流れる②〉
右手の甲を下にして波のようにゆらゆら上下に揺すりながら右へやる。

ながれる【流れる】2

「冷や汗が流れる」

→〈寒い〉+〈汗②〉

例文の「冷や汗が流れる」は怖くて汗が出るようなさまなので〈寒い〉+〈汗②〉で表現。〈寒い〉は「寒い」「怖い」の意味がある。

〈寒い〉
両こぶしを握り、左右にふるわせる。

〈汗②〉
親指と人差指でつまんだ両手を揺らしながら額からほおにおろす。

ながれる【流れる】3

「川が流れる」

→〈川①〉+〈流れる②〉

例文の「川が流れる」は〈流れる②〉で表現。〈流れる②〉は大河の水のようにゆったり流れるさまを表す。

〈川①〉
右手３指を軽く開き、「川」の字を描くようにおろす。

〈流れる②〉
右手の甲を下にして波のようにゆらゆら上下に揺すりながら右へやる。

ながれる【流れる】4

「涙が流れて困る」

→〈悲しい②〉+〈困る〉

例文の「涙が流れる」は〈悲しい②〉で表現。ただし、涙が流れる理由はいろいろなので表情は変わる。

〈悲しい②〉
両手の親指と人差指を閉じて目元から、揺らしながらおろす。

〈困る〉
右手で頭をかくようにする。

ながれる【流れる】5

「遠くで雲が流れる」
→〈遠い③〉+〈雲①〉

例文の「雲が流れる」は〈雲①〉で表現。〈雲①〉は雲が流れるさまを表すが、雲が流れるさまはさまざまあるので表現は変わる。

〈遠い③〉
右人差指で弧を描いて前をさす。

〈雲①〉
両手の親指と4指で雲の形を作り、右から左へ動かす。

ながれる【流れる】6

「山を霧が流れる」
→〈山〉+〈霧〉

例文の「霧が流れる」は〈霧〉で表現。〈霧〉は霧がうっすらと目の前を流れるさまを表す。

〈山〉
右手で山形を描く。

〈霧〉
指先を上に向けて手のひらを前に向けた両手を並べて、左から右へゆっくり動かす。

ながれる【流れる】7

「十年の月日が流れる」
→〈十年〉+〈経過〉

例文の「月日が流れる」は時間が経過することなので〈経過〉で表現。〈経過〉は流れるさまを表す。

〈十年〉
左こぶしの上で、右手の親指と人差指で作った丸を縦に1回転させる。

〈経過〉
左上腕から指先に向かって右手甲を流れるように動かす。

ながれる【流れる】8

「(集会が)流れる」
→(〈集まる①〉+)〈中(ちゅう)①〉+〈とめる〉

例文の「流れる」は中止になる意味なので〈中(ちゅう)①〉+〈とめる〉で表現。〈とめる〉は断つさまで「とめる」「中止する」の意味。

〈中(ちゅう)①〉
左手の親指と人差指と右人差指で「中」の字形を作る。

〈とめる〉
左手のひらの上に右手を振りおろす。

なき【亡き】

「亡き母」
→〈死ぬ②〉+〈母〉

「亡き」は死んだの意味なので〈死ぬ②〉で表現。意味をはっきりさせるために〈死ぬ②〉の前に〈過去②〉をつけることもある。

〈死ぬ②〉
指先を上に向けた右手を倒す。

〈母〉
右人差指をほおにふれ、右小指を出す。

なきごと【泣き言】

「泣き言を言う」
→〈泣く①〉+〈言う①〉

例文の「泣き言」はつらい、苦しいなどと嘆いて言う言葉の意味なので〈泣く①〉+〈言う①〉で表現。

〈泣く①〉
右手で目の下をこすり、泣くようにする。

〈言う①〉
右人差指を口元から前に出す。

なく【泣く】

「(子供が)泣く」
→(〈子供①〉+)
〈泣く①〉
または〈泣く②〉

「泣く」は〈泣く①〉または〈泣く②〉で表現。いずれも手で目をこすって泣くさまを表す。

〈泣く①〉
右手で目の下をこすり、泣くようにする。

〈泣く②〉
両手で目の下をこすり、泣くようにする。

なく【鳴く】

「犬が鳴く」
→〈犬〉+〈声を出す〉

「犬が鳴く」は犬がほえることで〈声〉で表現。〈声〉はのどから音を出すことで「声」「声を出す」「ほえる」「鳴く」などの意味がある。

〈犬〉
両手親指を側頭部につけ、全指を折り曲げる。

〈声を出す〉
右手の親指と人差指で作った丸をのどから口元に繰り返しあげる。

なぐさめる【慰める】

「(彼を)慰める」
→(〈彼〉+)
〈悲しい①〉+〈なだめる〉

「慰める」は悲しみをいやすようにすることで〈悲しい①〉+〈なだめる〉で表現。〈なだめる〉は優しくはげますさまを表す。

〈悲しい①〉
親指と人差指を閉じた右手を目元から揺らしながらおろす。

〈なだめる〉
親指を立てた左手の背後を右手で優しくなでるようにする。

なくす【無・亡くす】1

「財布をなくす」
→〈財布〉+〈消える①〉

例文の「なくす」は失う意味なので〈消える①〉で表現。〈消える①〉は目の前からなくなるさまで「消える」「なくす」などの意味を表す。

〈財布〉
左手の親指と4指の中に右手の親指と人差指で作った丸を入れる。

〈消える①〉
手のひらを前に向けた両手を交差させながら握る。

なくす【無・亡くす】2

「父を亡くす」
→〈父〉+〈死ぬ②〉

例文の「亡くす」は死なれる意味なので〈死ぬ②〉で表現。〈死ぬ②〉は倒れるさまで「死ぬ」「死亡」の意味を表す。

〈父〉
右人差指でほおにふれ、親指を出す。

〈死ぬ②〉
指先を上に向けた右手を倒す。

なくなる
【無・亡くなる】1

「金がなくなる」
→〈金(かね)①〉+〈なくなる①〉

例文の「なくなる」はすっかり使ってしまう意味なので〈なくなる①〉で表現。〈なくなる①〉はすっかり底をつくさまを表す。

〈金(かね)①〉
右手の親指と人差指で作った丸を示す。

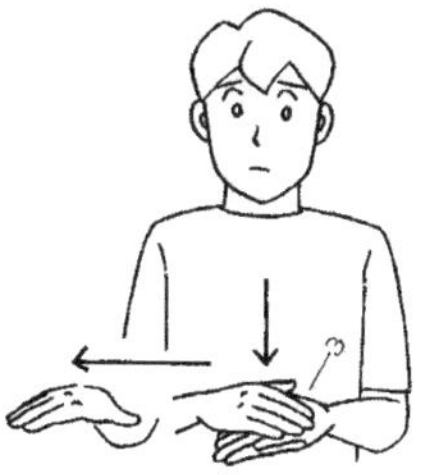

〈なくなる①〉
上下に向かい合わせた両手のひらを上から合わせると同時に右手を右に動かす。

な

なくなる
【無・亡くなる】2

「(遅くて)電車がなくなる」

→(〈時間〉+〈過ぎる〉+)
〈電車〉+〈水のあわ〉

例文の「なくなる」は〈水のあわ〉で表現。〈水のあわ〉は駄目になるさまで「なくなる」「水のあわ」「駄目になる」「パー」などの意味。

〈電車〉
折り曲げた右手2指を左手2指に沿って前に動かす。

〈水のあわ〉
すぼめた両手を上に向けて、ぱっと開く。

なくなる
【無・亡くなる】3

「彼が亡くなる」

→〈彼〉+〈死ぬ②〉

例文の「亡くなる」は死ぬ意味なので〈死ぬ②〉で表現。〈死ぬ②〉は倒れるさまで「死ぬ」「死亡」の意味を表す。

〈彼〉
左親指を右人差指でさす。

〈死ぬ②〉
指先を上に向けた右手を倒す。

なぐる【殴る】1

「顔をなぐる」

→〈顔〉+〈なぐる①〉

例文の「なぐる」は〈なぐる①〉で表現。〈なぐる①〉はこぶしでなぐるさまを表す。

〈顔〉
右人差指で顔の前で丸を描く。

〈なぐる①〉
右こぶしでなぐるようにする。

なぐる【殴る】2

「ぽかぽかなぐる」

→〈なぐる②〉

例文は連続してなぐる意味なので〈なぐる②〉で表現。〈なぐる②〉は両手で連続して相手をなぐるさまを表す。

〈なぐる②〉
両手のこぶしで交互になぐるようにする。

なぐる【殴る】3

「彼をなぐる」

→〈彼〉+〈なぐる③〉

例文は特定の人をなぐりつける意味なので〈彼〉を左手に示してなぐるを表す〈なぐる③〉で表現。

〈彼〉
左親指を右人差指でさす。

〈なぐる③〉
左親指を右こぶしでなぐるようにする。

なぐる【殴る】4

「なぐられる」

→〈なぐられる①〉

例文の「なぐられる」は〈なぐられる①〉で表現。〈なぐられる①〉は自分が人にこぶしでなぐられるさまを表す。

〈なぐられる①〉
右こぶしでほおをなぐるようにする。

なげく【嘆く】

「(友達の)死を嘆く」

→(〈友達①〉+)
〈死ぬ②〉+〈悲しい①〉
(または〈泣く①〉)

例文の「嘆く」は悲しむことなので〈悲しい①〉または〈泣く①〉で表現。〈悲しい①〉または〈泣く①〉は涙を流して悲しむさまで「嘆く」「悲しむ」などの意味を表す。

〈死ぬ②〉
指先を上に向けた右手を倒す。

〈悲しい①〉
親指と人差指を閉じた右手を目元から揺らしながらおろす。

なげる【投げる】1

「石を投げる」

→〈石①〉+〈投げる〉

例文の「投げる」は遠くへ飛ばす意味なので〈投げる〉で表現。〈投げる〉は石を投げるさまで「投げる」「放る」などの意味を表す。

〈石①〉
左手のひらに「コ」の字形の右手を当てる。

〈投げる〉
右手で野球のボールを投げるようにする。

なげる【投げる】2

「(海に)身を投げる」

→(〈海〉+)
〈自殺〉+〈身投げ〉

例文の「身を投げる」は自殺するために海に飛び込むことなので〈身投げ〉で表現。〈身投げ〉は飛び込むさまを表す。

〈自殺〉
両こぶしを重ねて首にぐっと近づける。

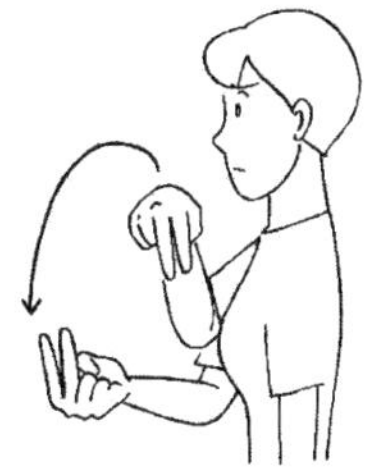

〈身投げ〉
指先を下に向けた右手2指をひっくり返して下に落とす。

なげる【投げる】3

「相手を投げる」

→〈相手②〉+〈柔道〉

例文の「投げる」は相手をつかんで倒す意味なので〈柔道〉で表現。〈柔道〉は背負い投げのさまで「(人を)投げる」「柔道」の意味。

〈相手②〉
人差指を立てた左手に人差指を立てた右手を軽く当てる。

〈柔道〉
両手のこぶしを握り、肩から背負い投げをするように交差させる。

なげる【投げる】4

「試合を投げる」

→〈試合①〉+〈捨てる②〉

例文の「投げる」はあきらめてやめる意味なので〈捨てる②〉で表現。〈捨てる②〉はものを捨てるさまで「捨てる」「放棄する」の意味。

〈試合①〉
親指を立てた両手を正面で軽くぶつける。

〈捨てる②〉
握った両手を斜め前に投げ出すようにして開く。

なげる【投げる】5

「さじを投げる」

→〈降参〉+〈捨てる②〉

例文の「さじを投げる」は慣用句でもうどうしようもない、治る見込みがないとあきらめて手を引く、見放す意味なので〈降参〉+〈捨てる②〉で表現。

〈降参〉
頭の横に親指と人差指を当て、前におろす。

〈捨てる②〉
握った両手を斜め前に投げ出すようにして開く。

な

なこうど【仲人】

「仲人をする」
→〈つなぐ〉+〈責任①〉

「仲人」は結婚の公式な世話人の意味なので〈つなぐ〉で表現。〈つなぐ〉は二つのものをつなぐさまで「仲人」「媒酌人」「仲介」などの意味。

〈つなぐ〉
両こぶしを左右から近づけ、親指側をつける。

〈責任①〉
右肩に軽く全指を折り曲げた右手をのせる。

ナシ【梨】1

「新鮮なナシ」
→〈新しい〉+〈ナシ〉

例文の「ナシ」は〈ナシ〉で表現。〈ナシ〉はナシから出ている柄のさまを表す。

〈新しい〉
すぼめた両手をぱっと前に出して広げる。

〈ナシ〉
左手の親指と4指を軽く開き、右人差指を4指の先から上にあげる。

なごやか【和やか】

「なごやかな会話」
→〈うれしい〉+〈会話②〉

「なごやか」は雰囲気が楽しそうなさまなので〈うれしい〉で表現。〈うれしい〉はうれしいさまで「うれしい」「楽しい」の意味を表す。

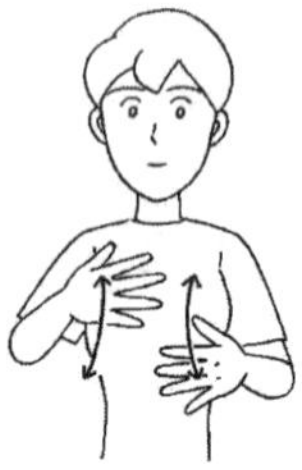

〈うれしい〉
両手のひらを胸の前で、交互に上下させる。

〈会話②〉
すぼめた両手を向かい合わせて同時に左右から繰り返し開く。

ナシ【梨】2

「ナシのつぶて」
→〈返事〉+〈ない①〉

例文の「ナシのつぶて」は便りをしても返事がない意味なので〈返事〉+〈ない①〉で表現。〈ない①〉は何もないさまを表す。

〈返事〉
親指と人差指を出した両手を手前に引き寄せる。

〈ない①〉
両手指を軽く広げて回転する。

なさけない【情けない】

「(落第して)本当に情けない」
→(〈落ちる③〉+)〈本当〉+〈残念①〉

例文の「情けない」は思い通りにならず残念の意味なので〈残念①〉で表現。〈残念①〉は悔しがるさまで「残念」「情けない」「悔しい」など。

〈本当〉
右手をあごに当てる。

〈残念①〉
左手のひらに右こぶしを打ちつけて左へ動かす。

なしとげる【成し遂げる】

「事業を成し遂げる」
→〈仕事〉+〈成功〉

「成し遂げる」は完成する意味なので〈成功〉で表現。〈成功〉はうまくいったさまで「成し遂げる」「成功」「完成」などの意味を表す。

〈仕事〉
手のひらを上に向け、向かい合わせた両手指先を繰り返しつき合わせる。

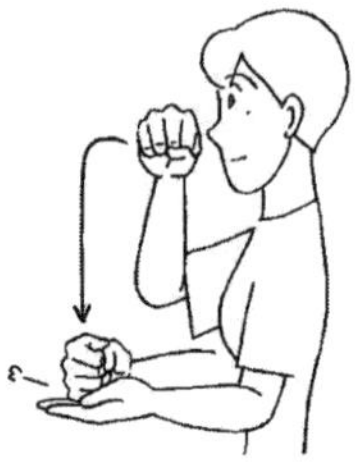

〈成功〉
右こぶしを鼻から左手のひらに打ちつける。

なじみ【馴染み】1

「彼とは馴染みが深い」

→〈彼〉+〈ふれあう〉

例文の「馴染みが深い」はなれ親しんでいることなので〈ふれあう〉で表現。〈ふれあう〉は人と何度も出会い、つきあうさまを表す。

〈彼〉

左親指を右人差指でさす。

〈ふれあう〉

人差指を立てた両手を交互に前後入れ換えながら、軽くふれ合わせる。

なじみ【馴染み】2

「馴染みの店」

→〈通う〉+〈店①〉

例文の「馴染みの店」はよく通っている店のことなので〈通う〉+〈店①〉で表現。〈通う〉は人が往復するさまで通うことを表す。

〈通う〉

親指を立てた右手を前後に往復させる。

〈店①〉

両手のひらを上に向けて、左右に開く。

なじむ【馴染む】1

「生活になじむ」

→〈生活〉+〈合わせる②〉

例文の「なじむ」は慣れる、親しくなるの意味で〈合わせる②〉で表現。手話はぴったりと合うさまで「合う」「一緒になる」などの意味。

〈生活〉

両手の親指と人差指を向かい合わせて回す。

〈合わせる②〉

左手のひらに右手のひらを近づけて合わせる。

なじむ【馴染む】2

「周囲になじめない」

→〈守る①〉+〈そぐわない〉

例文の「なじめない」は親しくなれない、ぴったり来ない意味なので〈そぐわない〉で表現。〈そぐわない〉はそりの合わないさまを表す。

〈守る①〉

左親指のまわりを右手で取り囲むようにする。

〈そぐわない〉

両手の指背側を合わせて、上下にこすり合わせる。

ナス【茄子】

「ナスを炊く」

→〈ナス〉+〈煮る〉

「ナス」は野菜のナスのことで〈ナス〉で表現。〈ナス〉はナスの形を表す。

〈ナス〉

全指をつまんだ左手を下にして右人差指の先をつける。

〈煮る〉

全指を軽く曲げた左手のひらを上に向け、下から全指を曲げた右手で軽くたたく。

なぜ【何故】

「なぜか」

→〈意味①〉

または〈意味②〉

(+〈か〉)

「なぜ」は疑問を表し、その意味を問うことなので〈意味①〉または〈意味②〉で表現。いずれも「なぜ」「意味」「理由」などの意味。

〈意味①〉

左手のひらの下に右人差指を突っこむ。

〈意味②〉

左こぶしの下を右人差指で突くようにする。

な

なぞ【謎】1

「なぞ(を解く)」

→〈なぞ①〉
または〈なぞ②〉
(+〈解決①〉)

例文の「なぞ」は疑問の意味で〈なぞ①〉または〈なぞ②〉で表現。手話はいずれも「?」(クエスチョンマーク)を表す。

〈なぞ①〉
人差指を曲げた右手を額に当てる。

〈なぞ②〉
右手２指で「?」を書く。

なぞ【謎】2

「なぞを出す」

→〈なぞ②〉+〈申し込む〉

例文の「なぞを出す」はなぞを解いてほしいとみんなの前に示す意味なので〈なぞ②〉+〈申し込む〉で表現。

〈なぞ②〉
右手２指で「?」を書く。

〈申し込む〉
左手のひらの上に右人差指をのせて前に出す。

なぞなぞ【謎謎】

「なぞなぞ遊び」

→〈なぞなぞ〉+〈遊ぶ①〉

「なぞなぞ」は〈なぞなぞ〉で表現。〈なぞなぞ〉は「?」(クエスチョンマーク)の連続を表す。

〈なぞなぞ〉
人差指を屈伸させながら右手を額から上にあげる。

〈遊ぶ①〉
人差指を立てた両手を交互に前後に軽く振る。

なだめる

「子供をなだめる」

→〈子供①〉+〈なだめる〉

「なだめる」は怒りや悲しみの感情をやわらげしずめる意味なので〈なだめる〉で表現。〈なだめる〉は優しく背中をなでてはげますさまを表す。

〈子供①〉
指先を上に向けて手のひらを前に向けた両手を左右に振る。

〈なだめる〉
親指を立てた左手の背後を右手で優しくなでるようにする。

なだれ【雪崩】1

「なだれが起きる」

→〈雪〉+〈くずれる①〉

「なだれ」は積もった斜面上の雪が一気に落ちることで〈雪〉+〈くずれる①〉で表現。手話は積もった雪が落ちるさまを表す。

〈雪〉
両手の親指と人差指で作った丸をひらひらさせながらおろす。

〈くずれる①〉
指先をそろえた両手を上から下に流れ落ちるようにする。

なだれ【雪崩】2

「(彼は)なだれに遭った」

→(〈彼〉+)
〈雪〉+〈くずれる②〉

例文は〈彼〉+〈雪〉+〈くずれる②〉で表現。〈くずれる②〉は左手〈彼〉に向かって雪崩が起きたさまを表す。

〈雪〉
両手の親指と人差指で作った丸をひらひらさせながらおろす。

〈くずれる②〉
左親指に向かって右手指先を向け、流れ落ちるようにする。

なつ【夏】

「夏休み」

→〈暑い①〉+〈連休〉

「夏」は暑いので〈暑い①〉で表現。〈暑い①〉はうちわであおぐさま。休みが続く「夏休み」は〈連休〉で表現。

〈暑い①〉

うちわであおぐようにする。

〈連休〉

両手のひらを閉じて右から左へ動かす。

なつかしい【懐かしい】1

「昔がなつかしい」

→〈過去①〉+〈なつかしい①〉

例文の「なつかしい」は昔のことが思い出される意味で〈なつかしい①〉で表現。手話は思い出すさまで「なつかしい」「しのばれる」などの意味。

〈過去①〉

右手のひらを後ろに向けて勢いよく押してやる。

〈なつかしい①〉

頭の横から右手のひらを下にしてひらひらさせながら横に出す。

なつかしい【懐かしい】2

「母がなつかしい」

→左〈母〉+〈なつかしい②〉

例文の「なつかしい」は〈なつかしい②〉で表現。手話は母に思いを寄せるさまで「なつかしい」「しのばれる」「思いを寄せる」の意味。

左〈母〉

左人差指をほおにふれ、左小指を出す。

〈なつかしい②〉

左〈母〉の左手を残し、左小指に右手指を揺らしながら近づける。

なっとう【納豆】1

「納豆(を食べる)」

→〈ねばねば〉+〈豆〉

(+〈食べる①〉)

「納豆」は〈ねばねば〉+〈豆〉で表現。手話は納豆のねばねばしたさまを表す。

〈ねばねば〉

指先を前に向けた両手の親指と4指を交互にゆっくり閉じたり開いたりする。

〈豆〉

両手の親指と人差指で小さな丸を作り、交互に上下させる。

なっとう【納豆】2

「甘納豆」

→〈甘い〉+〈豆〉

「甘納豆」は〈甘い〉+〈豆〉で表現。

〈甘い〉

右手のひらを口元で回す。

〈豆〉

両手の親指と人差指で小さな丸を作り、交互に上下させる。

なっとく【納得】1

「納得が行く」

→〈知る①〉

または〈飲み込む②〉

(または〈飲み込む①〉)

例文の「納得が行く」は理解できて認めることなので〈知る①〉または〈飲み込む②〉で表現。〈飲み込む②〉は話の内容を飲み込むさまを表す。

〈知る①〉

右手のひらを胸に当て、下におろす。

〈飲み込む②〉

人差指を口元から下におろす。

なっとく【納得】2

「納得が行かない」
→〈納得が行かない〉

例文の「納得が行かない」は〈納得が行かない〉で表現。〈知る①〉の手の動きを途中で止め、首を振って認められないことを表す。

〈納得が行かない〉
右手のひらを胸に当て下におろし、

左手のひらで止め、首を左右に振る。

なっとく【納得】3

「納得できない」
→(〈飲み込む②〉または)
〈飲み込む①〉+〈難しい〉

「納得できない」は理解して認めることができないの意味で〈飲み込む①〉+〈難しい〉で表現。内容を飲みこめないさまを表す。

〈飲み込む①〉
すぼめた右手を口元から下におろす。

〈難しい〉
右手の親指と人差指でほおをつねるようにする。

なっとく【納得】4

「納得できない」
→〈知る①〉+〈難しい〉

前記の表現以外に〈知る①〉+〈難しい〉で表現。手話は承知できないという意味を表す。

〈知る①〉
右手のひらを胸に当てて下におろす。

〈難しい〉
右手の親指と人差指でほおをつねるようにする。

なつばて【夏ばて】

「夏ばて」
→〈暑い①〉+〈負ける①〉

「夏ばて」は〈暑い①〉+〈負ける①〉で表現。〈暑い①〉はあおぐさまで「夏」「暑い」意。〈負ける①〉は鼻がつぶれるさまで「負ける」意。

〈暑い①〉
扇子やうちわであおぐようにする。

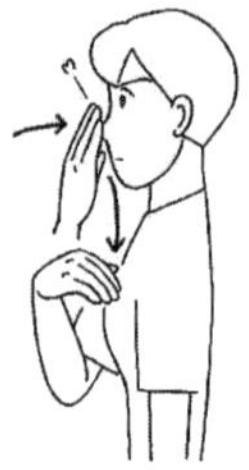

〈負ける①〉
右手のひらで鼻をそぎ落とすようにする。

など【等】

「(バスや)電車など」
→(〈バス①〉+)
〈電車〉+〈いろいろ〉

「など」はその他いろいろの意味なので〈いろいろ〉で表現。〈いろいろ〉は違うことがたくさんあるさまで「など」「いろいろ」の意味。

〈電車〉
折り曲げた右手2指を左手2指に沿って前に動かす。

〈いろいろ〉
親指と人差指を立てた右手をねじりながら右へ動かす。

なな【七】

「七歳」
→〈年齢〉+〈7〉

「七歳」は年齢のことなので〈年齢〉+〈7〉で表現。〈7〉は数字の「7」を表す。〈7〉と指文字〈シ〉は同形。

〈年齢〉
あごの下で右手の指を順に折る。

〈7〉
親指と人差指と中指を出して、親指の指先を上に向ける。

ななつ【七つ】1

「ミカンが七つ」
→〈ミカン〉+〈７〉

例文の「七つ」は個数なので〈７〉で表現。

〈ミカン〉
すぼめた左手をミカンに見立てて皮をむくようにする。

〈７〉
親指と人差指と中指を出して、親指の指先を上に向ける。

ななつ【七つ】2

「(妹は)七つ」
→(〈妹①〉または〈妹②〉+)〈年齢〉+〈７〉

例文の「七つ」は歳のことなので〈年齢〉+〈7〉で表現。

〈年齢〉
あごの下で右手の指を順に折る。

〈７〉
親指と人差指と中指を出して、親指の指先を上に向ける。

ななめ【斜め】1

「家が斜めに傾いている」
→〈家〉+〈傾く〉

例文の「斜め」は傾いていることなので〈傾く〉で表現。〈傾く〉は家が傾くさまを表す。「家が傾く」も同手話。

〈家〉
両手で屋根形を作る。

〈傾く〉
両手で屋根形を作り、右前に崩れるように倒す。

ななめ【斜め】2

「ご機嫌斜め」
→〈太る①〉または〈怒(おこ)る④〉

例文の「斜め」は機嫌が悪いことなので〈太る①〉または〈怒る④〉で表現。〈太る①〉はふくれっ面のさま、〈怒る④〉は角が出そうで出ないさまを表す。

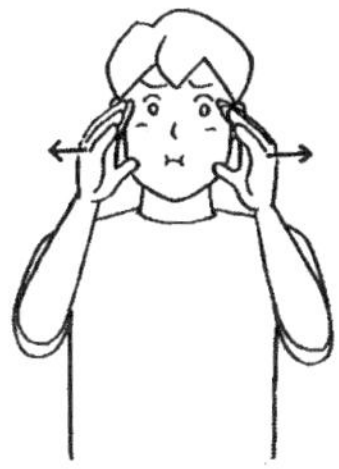

〈太る①〉
全指を軽く折り曲げた両手のひらを顔の横で向かい合わせて左右に開く。ふくれっ面をする。

〈怒(おこ)る④〉
両手人差指を側頭部に当て、小さく上下に動かす。

なに【何】1

「これは何」
→〈これ〉+〈何〉

例文の「何」は名前や正体がはっきりしないものを尋ねる言葉で〈何〉で表現。〈何〉は疑問を示すさまで「何」の意味を表す。

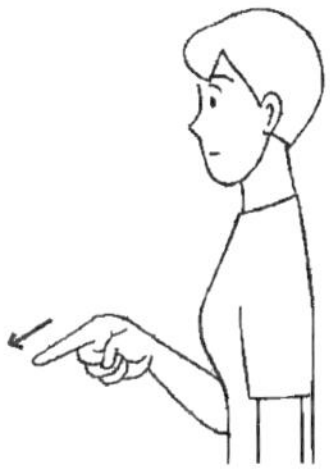

〈これ〉
斜め下を指さす。

〈何〉
右人差指を左右に振る。

なに【何】2

「何不自由ない(生活)」
→〈困る〉+〈ない①〉(+〈生活〉)

例文の「何不自由ない」は全く不自由のない、困らない意味なので〈困る〉+〈ない①〉で表現。「全く」の意味は〈ない①〉の強調して表す。

〈困る〉
右手で頭をかくようにする。

〈ない①〉
指先を開いて手首を振る。

な

なにも【何も】1

「何も見えない」

→〈すべて〉+〈見えない〉

例文の「何も」は全然の意味なので〈すべて〉で表現。〈すべて〉は完全な円を描くさまで「全く」「すべて」「完全に」などの意味を表す。

〈すべて〉

両手で上から下に円を描く。

〈見えない〉

軽く開いた右手のひらを手前に向け、目の前で左右に振る。

なま【生】1

「生ビール」

→〈ビール②〉

例文の「生ビール」は〈ビール②〉で表現。〈ビール②〉はジョッキで飲むさまを表す。

〈ビール②〉

親指と小指を立てた右手で飲むようにする。

なにも【何も】2

「(そういうつもりは)何もない」

→(〈それ〉+〈思う〉+)〈特別〉+〈ない①〉

例文の「何も」は特別にの意味なので〈特別〉で表現。〈特別〉は昔の軍隊の特別な地位を表す腕章のV字に由来すると言われる。

〈特別〉

左腕に親指と人差指をつまんだ右手を腕に沿って上下させる。

〈ない①〉

両手の手首を回すように振る。

なま【生】2

「生放送」

→〈生きる②〉+〈放送〉

「生放送」は〈生きる②〉+〈放送〉で表現。〈放送〉は左手がマイクを持ち、右手が話すさまを表す。

〈生きる②〉

両こぶしを握り、軽くひじを張り、左右に広げる。

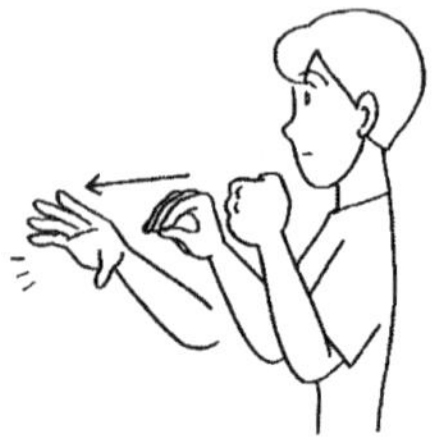

〈放送〉

左こぶしを口元に近づけ、左手甲からすぼめた右手を前に向かって開く。

なべ【鍋】

「土鍋」

→〈土〉+〈鍋〉

「鍋」は〈鍋〉で表現。〈鍋〉は鍋の形を表す。

〈土〉

砂や土をこすり落とすようにして両手を左右に開く。

〈鍋〉

両手のひらを上に向け指先をつき合わせて左右に引くようにあげる。

なま【生】3

「生焼け」

→〈煮る〉+〈中途〉

例文の「生」はまだ十分でない状態の意味なので〈中途〉で表現。〈中途〉はまだ終わりに到達していないさまで「まだ」「途中」などの意味。

〈煮る〉

全指を曲げた左手甲に下から全指を曲げた右手を繰り返し当てる。

〈中途〉

左手のひらに右手指先を近づけて途中で落とす。

な

なま【生】4

「生野菜」
→〈生きる②〉+〈野菜〉

例文の「生」は手を加えていないもとのままの状態の意味なので〈生きる②〉で表現。〈生きる②〉はいきいきしているさまを表す。

〈生きる②〉
両こぶしを握り、軽くひじを張り、左右に広げる。

〈野菜〉
指先を上に向けた両手を向かい合わせて上にあげ、丸めるように指先を下に向ける。

なまいき【生意気】

「生意気なことを言う」
→〈生意気〉+〈言う①〉

「生意気」は分不相応にえらそうに振る舞うことで〈生意気〉で表現。〈生意気〉は自分で自分をえらそうに見せるさまを表す。

〈生意気〉
親指を立てた右手を胸に当て、ぐっとあげる。

〈言う①〉
右人差指を口元から前に出す。

なまえ【名前】

「名前」
→〈名前①〉
または〈名前②〉

「名前」は〈名前①〉または〈名前②〉で表現。〈名前①〉は拇印、〈名前②〉は名札のさまで「名前」「名」「名称」の意味。〈名前②〉は主に関西で使用。

〈名前①〉
左手のひらに右親指を当てる。

〈名前②〉
右手の親指と人差指で作った丸を左胸に当てる。

なまける【怠ける】

「(仕事を)なまける」
→(〈仕事〉+)
〈逃げる〉
または〈なまける〉

「なまける」は仕事などをまじめにしないことで〈逃げる〉または〈なまける〉で表現。〈逃げる〉は仕事などから逃げるさまを表す。

〈逃げる〉
両こぶしを右上にさっとあげる。

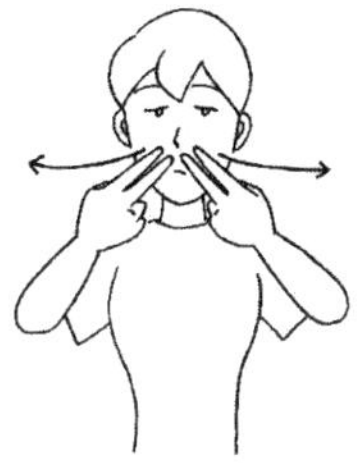

〈なまける〉
両手2指を鼻の下から左右に開く。

ナマズ【鯰】

「ナマズ」
→〈ナマズ〉

「ナマズ」は〈ナマズ〉で表現。〈ナマズ〉はナマズのひげを表す。

〈ナマズ〉
人差指先を曲げて鼻の下に当て、屈伸させながら左右に離す。

なまり【鉛】

「(心が)鉛のよう」
→(〈心〉+)
〈鉛〉+〈同じ①〉

「鉛」は〈鉛〉で表現。〈鉛〉は〈鉄〉をもとにして、動かして柔らかいさまを表す。

〈鉛〉
手のひらを右に向けて立てた左手の手のひらに右2指を曲げてつけ、上下に揺らす。

〈同じ①〉
両手の親指と人差指の先を上に向けて閉じたり開いたりする。

な

な

なみ【波】1

「波が穏やか」

→〈波①〉+〈安定〉

例文の「波」は水面の波なので〈波①〉で表現。〈波①〉は水面が波打つさまで、波の大きさによって表現は変わる。

〈波①〉
右手のひらを下にして波打たせながら右に動かす。

〈安定〉
手のひらを下にした両手を左右に開きながらおろす。

なみ【波】2

「波乗り(が得意)」

→〈サーフィン①〉
または〈サーフィン②〉
(+〈得意〉)

例文の「波乗り」はボードで波乗りするサーフィンのことで〈サーフィン①〉または〈サーフィン②〉で表現。手話はサーフィンボードで波乗りするさま。

〈サーフィン①〉
左手のひらに右手２指を立て、左右に揺らしながら前に出す。

〈サーフィン②〉
両脇から交互に両手で水をかくようにする。

なみ【波】3

「遠い山波」

→〈遠い③〉+〈山脈〉

例文の「山波」は山が連続していること、山脈の意味で〈山脈〉で表現。〈山脈〉は連なる山脈のさまで「山波」「山脈」を表す。

〈遠い③〉
右人差指で弧を描いて前をさす。

〈山脈〉
右手で山々の稜線を示す。

なみ【波】4

「人の波でいっぱい」

→〈人通り〉+〈たくさん④〉

例文の「人の波」は大勢の人が次々に押し寄せて動いている意味なので〈人通り〉で表現。〈人通り〉は人々が行き交うさまを表す。

〈人通り〉
両手のひらを向かい合わせて交互に前後させる。

〈たくさん④〉
両手を軽く開き、指を折りながら左から右へ動かす。

なみ【波】5

「(仕事が)波に乗る」

→(〈仕事〉+)
〈順調〉+〈なめらか①〉

例文の「波に乗る」は順調に調子に乗るの意味で〈順調〉+〈なめらか①〉で表現。〈順調〉は順調なさまを、〈なめらか①〉はスムーズなさまを表す。

〈順調〉
両手の親指と人差指を上に向け、繰り返し閉じながら左へ動かす。

〈なめらか①〉
右人差指をほおに当て、すべらせて前に出す。

なみ【並】1

「並の成績」

→〈普通〉+〈成績〉

例文の「並」は普通の意味なので〈普通〉で表現。〈普通〉はごく当たり前のさまで「通常」「平凡」「並」「当たり前」などの意味。

〈普通〉
両手の親指と人差指を合わせて左右に開く。

〈成績〉
両手の人差指を並べて右人差指を上下させながら右へ動かす。

なみ【並】2

「家並みが美しい」
→〈町①〉+〈美しい②〉

例文の「家並み」は家が並んでいることなので〈町①〉で表現。〈町①〉は家が並ぶさまで人家の多いことを表す。

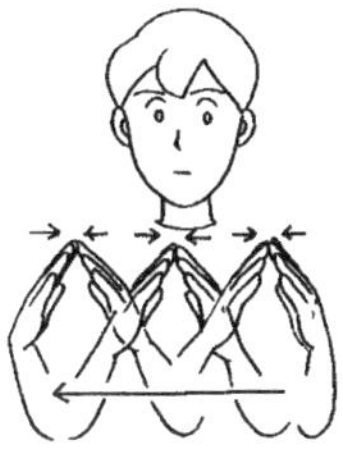

〈町①〉
両手で屋根形を作りながら左から右へ動かす。

〈美しい②〉
左手のひらをなでるように右手のひらを滑らせる。

なみ【並】3

「人並みの暮らし」
→〈普通〉+〈生活〉

例文の「人並み」は普通の人と同じである意味なので〈普通〉で表現。〈普通〉はごく当たり前のさまで「通常」「当たり前」などの意味。

〈普通〉
両手の親指と人差指を合わせて左右に開く。

〈生活〉
両手の親指と人差指を向かい合わせて回す。

なみだ【涙】1

「涙を流す」
→〈悲しい①〉
または〈悲しい②〉

例文の「涙を流す」は〈悲しい①〉または〈悲しい②〉で表現。いずれも涙がほおを伝うさま。うれしい涙か悲しい涙かは表情などで区別する。

〈悲しい①〉
親指と人差指を閉じた右手を目元から揺らしながらおろす。

〈悲しい②〉
両手の親指と人差指を閉じて目元から、揺らしながらおろす。

なみだ【涙】2

「涙を飲む」
→〈悔しい〉+〈我慢①〉

例文の「涙を飲む」は慣用句で悔しい気持ちをじっと我慢する意味なので〈悔しい〉+〈我慢①〉で表現。〈悔しい〉は悔しいさまを表す。

〈悔しい〉
悔しそうに胸に爪を立てかきむしるようにして両手を交互に上下させる。

〈我慢①〉
親指を立てた左手を右手のひらで押さえる。

なみだ【涙】3

「血も涙もない」
→〈心〉+〈寒い〉

例文の「血も涙もない」は慣用句で人間らしい思いやりの心が少しもない意味なので〈心〉+〈寒い〉で表現。〈寒い〉は「冷酷な」の意味がある。

〈心〉
右人差指でみぞおち辺りをさす。

〈寒い〉
両こぶしを握り、左右にふるわせる。

ナメコ

「ナメコ汁」
→〈ナメコ〉+〈飲む⑤〉

「ナメコ」は〈ナメコ〉で表現。〈ナメコ〉は左手がナメコの形、右手が粘りを表す。

〈ナメコ〉
手のひらを手前に向け、やや丸めた左手の横から右手をすぼめながら右に引く。

〈飲む⑤〉
両手で容器を持ち、飲むようにする。

なめらか【滑らか】1

「なめらかな(肌)」
→〈美しい②〉
または〈なめらか③〉
(+〈肌①〉または〈肌②〉)

例文の「なめらか」は表面がつるつるしている意味なので〈美しい②〉または〈なめらか③〉で表現。〈美しい②〉は汚れがないさま、〈なめらか③〉は肌がなめらかなさまを表す。

〈美しい②〉
左手のひらをなでるように右手のひらを滑らせる。

〈なめらか③〉
右4指で右ほおをなで、前に出しながら指をすり合わせる。

なめらか【滑らか】2

「滑らかな(走行)」
→〈なめらか①〉または〈なめらか③〉
(+〈車〉)

例文の「滑らか」は〈なめらか①〉または〈なめらか③〉で表現。〈なめらか③〉はすべすべしたさまを表す。

〈なめらか①〉
右人差指をほおに当て、滑らせて前に出す。

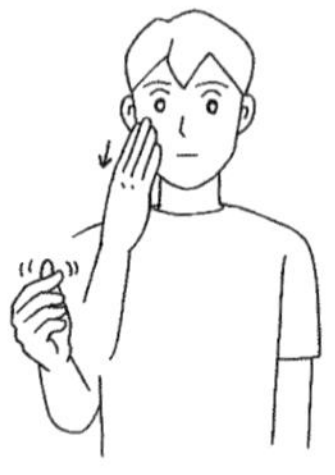

〈なめらか③〉
右4指で右ほおをなで、前に出しながら指をすり合わせる。

なめらか【滑らか】3

「筆がなめらか」
→〈書く①〉+〈なめらか②〉

例文の「滑らか」は〈なめらか②〉で表現。〈書く①〉の左手を残して〈なめらか①〉を表す。

〈書く①〉
左手のひらに右手の親指と人差指で縦に書くようにする。

〈なめらか②〉
〈書く①〉の左手を残し、右人差指でほおを滑らせるように前に出す。

なめらか【滑らか】4

「口調がなめらか」
→〈おしゃべり①〉+〈なめらか①〉

例文の「なめらか」は引っかからずにの意味なので〈なめらか①〉で表現。〈なめらか①〉はひげをそったあとのつるつるした肌のさま。

〈おしゃべり①〉
指先を交互に上下させ、口元から前に繰り返し出す。

〈なめらか①〉
右人差指をほおに当て、すべらせて前に出す。

なめる【嘗める】1

「ソフトクリームをなめる」
→〈ソフトクリーム〉+〈なめる①〉

例文の「なめる」は舌の先でさわる意味なので〈なめる①〉で表現。〈なめる①〉は舌を出してなめるさまを表す。

〈ソフトクリーム〉
左こぶしの上を右手でねじるように上にあげる。

〈なめる①〉
右こぶしをなめるようにする。

なめる【嘗める】2

「苦しみをなめる」
→〈苦しい①〉+〈経験〉
(+〈た〉)

例文の「なめる」はつらい経験をする意味なので〈経験〉で表現。〈経験〉は積み重ねるさまで「経験する」「経験」の意味を表す。

〈苦しい①〉
右手で胸をかきむしるようにする。

〈経験〉
両手指先をふれ合わせる。

なめる【嘗める】3

「(人を)なめる」

→〈朝飯前〉
または〈ものともしない〉

例文の「なめる」は人を軽くみる意味なので〈朝飯前〉または〈ものともしない〉で表現。〈朝飯前〉は吹き飛ばすさままで容易なことを表す。

〈朝飯前〉
手のひらの上にのったものを吹き飛ばすように軽く息を吹きかける。

〈ものともしない〉
閉じた右手の親指と人差指をぱっと開きながら左へ動かす。

なやむ【悩む】1

「恋に悩む」

→〈恋〉+〈苦しい①〉

例文の「悩む」は心の中でいろいろ考えて苦しむ意味なので〈苦しい①〉で表現。〈苦しい①〉は苦しくて胸をかきむしるさまを表す。

〈恋〉
両手人差指を軽く曲げ左右から弧を描き、中央で交差する。

〈苦しい①〉
右手で胸をかきむしるようにする。

なやむ【悩む】2

「人生に悩む」

→〈人生〉+〈悩む〉

例文の「悩む」は思案する意味なので〈悩む〉で表現。〈悩む〉は頭をかかえて悩むさまを表す。

〈人生〉
親指と小指を立てた右手の甲側を前に示し、体の前で回す。

〈悩む〉
額に右手の親指と4指を当てる。

なやむ【悩む】3

「成績が伸び悩む」

→〈成績〉+〈スランプ②〉

例文の「伸び悩む」は物事がなかなか順調に進まない意味なので〈スランプ②〉で表現。〈スランプ②〉は頭打ちの状態が続くさまを表す。

〈成績〉
両手の人差指を並べて右人差指を上下させながら右へ動かす。

〈スランプ②〉
左親指を右手のひらで押さえつけるようにして左へ動かす。

なら 1

「必要ならあげよう」

→〈必要①〉+〈与える①〉

例文の「なら」は～ならばの意味で、この手話文では省略されているが文脈によって〈時①〉を挿入することもある。

〈必要①〉
相手に尋ねるように首を傾け、指文字〈コ〉を示した両手を手前に引き寄せる。

〈与える①〉
両手のひらを上に向け並べて前に差し出す。

なら 2

「雨なら(中止)」

→〈雨①〉+〈時①〉
(+〈つぶす〉)

例文の「なら」は～ならば、～の場合の意味で〈時①〉で表現。〈時①〉は時計を表し、「時」「その時」「場合」などの意味がある。

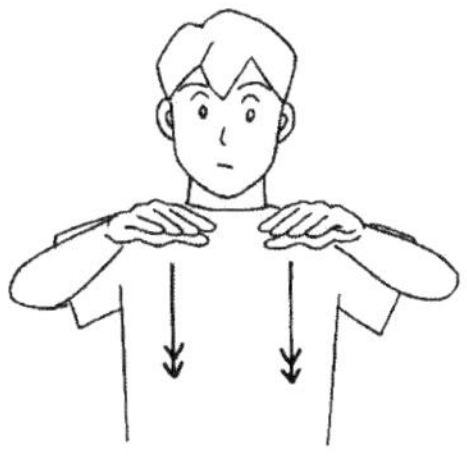

〈雨①〉
軽く開いた指先を前に向け両手を繰り返し下におろす。

〈時①〉
左手のひらに右親指を当て、右人差指を時計の針のように回す。

な

ならう【習・倣う】1

「（手話を）習う」

→（〈手話〉＋）
〈教わる①〉
または〈教わる②〉

例文の「習う」は教えを受ける意味なので〈教わる①〉または〈教わる②〉で表現。〈教わる②〉の方が丁寧な表現である。

〈教わる①〉
右手人差指の先を顔の方に向けて指先で指示されるように動かす。

〈教わる②〉
左手のひらに人差指を折り曲げた右手をのせるようにして上から同時に引き寄せる。

ならう【習・倣う】2

「書道を習う」

→〈書道〉＋〈練習〉

例文の「習う」は技術やわざを体得する意味なので〈練習〉で表現。〈練習〉は技術やわざを手に仕込むさまを表す。

〈書道〉
左手を体の前に置き、右手で筆を持って書くようにする。

〈練習〉
左手甲に右手の指先を前から繰り返し当てる。

ならう【習・倣う】3

「過去にならう」

→〈過去①〉＋〈同じ⑤〉

例文の「ならう」は～に従って、～と同じようにの意味なので〈同じ⑤〉で表現。手話は過去と同じようにの意味を表す。

〈過去①〉
右手のひらを後ろに向けて勢いよく押してやる。

〈同じ⑤〉
右手２指を閉じたり開いたりする。

ならぶ【並ぶ】1

「一列に並んで（待つ）」

→〈並ぶ①〉
または〈並ぶ②〉
（＋〈待つ〉）

例文の「並ぶ」は人が列を作る意味なので〈並ぶ①〉または〈並ぶ②〉で表現。いずれも人の並ぶさまで「並ぶ」「行列」などの意味。

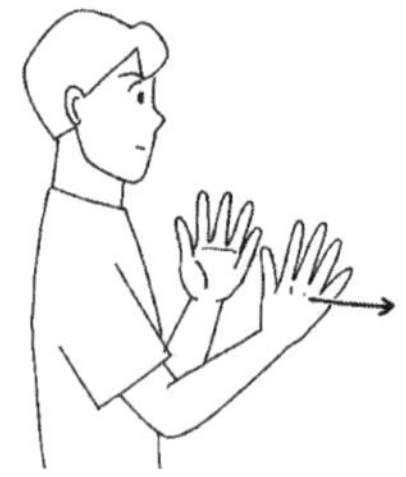

〈並ぶ①〉
左手の親指と右手の小指をつけて前後に並べ、右手を前に伸ばす。

〈並ぶ②〉
左手の小指と右手の親指をつけて前後に並べ、右手を手前に引く。

ならぶ【並ぶ】2

「男女、男女の順に並ぶ」

→〈男女男女〉＋〈並ぶ③〉

例文の「並ぶ」は横に並ぶ意味なので〈並ぶ③〉で表現。〈並ぶ③〉は人が横に並ぶさまを表す。

〈男女男女〉
右小指と左親指を交互に位置を変えながら動かす。

〈並ぶ③〉
指先を軽く開いて手のひらを手前に向け、両手を左右に開く。

ならぶ【並ぶ】3

「本が並ぶ」

→〈本〉＋〈並ぶ④〉

例文の「並ぶ」は本棚などに並ぶ意味なので〈並ぶ④〉で表現。〈並ぶ④〉は本が本棚などに横に並んでいるさまを表す。

〈本〉
手のひらを合わせた両手を本を開くように左右に開く。

〈並ぶ④〉
両手のひらを向かい合わせて右手を右へ離す。

ならぶ【並ぶ】4

「二人が並んで座る」

→〈二人②〉+〈並んで座る〉

例文の「並ぶ」は〈並んで座る〉で表現。〈並んで座る〉は二人が腰かけて並ぶさまを表す。

〈二人②〉

左手2指の下に右人差指で「人」を書く。

〈並んで座る〉

両手2指を軽く曲げて、座るようにする。

ならぶ【並ぶ】5

「彼に並ぶ者はいない」

→〈彼〉+〈最高〉

例文の「並ぶ者はいない」は一番だ、最高だの意味なので〈最高〉で表現。〈最高〉はこれ以上はないさまで「最高」「最上」などの意味。

〈彼〉

左親指を右人差指でさす。

〈最高〉

手のひらを下に向けた左手に右手指を下からあげて当てる。

ならべる【並べる】1

「魚を店に並べる」

→〈魚(さかな)①〉+〈並べる①〉

例文の「並べる」は〈並べる①〉で表現。〈並べる①〉は魚屋の店先に魚を並べるさまを表す。

〈魚(さかな)①〉

右手をひらひらさせながら左に向けて動かす。

〈並べる①〉

指先をやや下にした両手のひらを上に向けて並べ、右手を順に右へやる。

ならべる【並べる】2

「絵を並べる」

→〈絵〉+〈並べる②〉

例文の「並べる」は展示する意味なので〈並べる②〉で表現。〈並べる②〉は壁にかけて並べるさまを表す。

〈絵〉

左手のひらに右手指の背を軽く打ちつける。

〈並べる②〉

指先を上に向けた両手のひらを目の前に並べ、右手を順に右へやる。

ならべる【並べる】3

「子供たちが枕を並べて寝る」

→〈子供②〉+〈枕を並べる〉

例文の「枕を並べて寝る」は〈枕を並べる〉で表現。子供たちが並んで寝ているさまを表す。

〈子供②〉

右手のひらを左から順番に置くように移動する。

〈枕を並べる〉

指先を前に向けた両手2指を並べて右手2指を順に右へやる。

ならべる【並べる】4

「(文句を)並べる」

→(〈不満〉+)
〈数えあげる〉
または〈言う②〉

例文の「並べる」は次々に言う意味なので〈数えあげる〉または〈言う②〉で表現。〈言う②〉は言葉が口から連続的に出るさまを表す。

〈数えあげる〉

右人差指を繰り返し口元から前に出し、同時に左手指を折りながら左から右へ動かす。

〈言う②〉

右人差指を口元から繰り返し前に出す。

ならべる【並べる】5

「彼と肩を並べる」

→左右〈男〉+〈五分五分②〉

例文の「肩を並べる」は対等の力を持つ意味なので〈五分五分②〉で表現。〈五分五分②〉は五分五分のさまで「肩を並べる」「対等」などの意味。

左右〈男〉

右親指を示し、次に左親指を示す。

〈五分五分②〉

親指を立てた両手を向かい合わせて内側に同時に繰り返し倒す。

なる 1

「ことがなる」

→〈すべて〉+〈成功〉

例文の「なる」はできあがる、成就する意味なので〈成功〉で表現。〈成功〉はうまくいったことを表すさまで「成功」「完成」などの意味。

〈すべて〉

両手で上から下に円を描く。

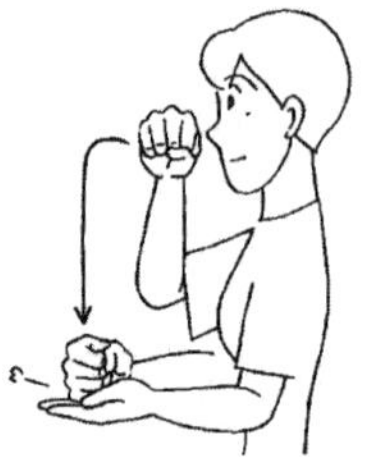

〈成功〉

右こぶしを鼻から左手のひらに打ちつける。

なる 2

「春になる」

→〈暖かい〉+〈変わる①〉

例文の「なる」は変わる意味で２種類の表現がある。ひとつは〈変わる①〉で表現。〈変わる①〉は入れ替わる、そのような状態になる意味を表す。

〈暖かい〉

両手で下からあおぐようにする。

〈変わる①〉

手のひらを手前に向けた両手を交差させる。

なる 3

「(春に)なる」

→(〈暖かい〉+)
〈なる〉

もうひとつは〈なる〉で表現。〈なる〉は手のひらを裏返して状態が変わったという意味を表す。主に関東で使用。

〈なる〉

左手のひらの上に右手のひらをのせ、

手のひらを返す。

なる 4

「世話になる」

→〈助けられる②〉+〈もらう①〉

例文の「世話になる」は世話をしてもらう意味なので〈助けられる②〉+〈もらう①〉で表現。「助けられる」の幾分丁寧な言い方。

〈助けられる②〉

左こぶしの甲に右手のひらを前方から繰り返し当てる。

〈もらう①〉

手のひらを上に向けた両手を手前に引く。

なる 5

「二十歳になる」

→(〈年齢〉+)
〈20〉+〈きちんと①〉

例文はちょうど二十歳になる意味なので〈きちんと①〉で表現。手話は二十歳ちょうどになったという意味を表す。

〈20〉

右手の人差指と中指を軽く曲げて、小さく振る。

〈きちんと①〉

両手の親指と人差指を同時に閉じながら下におろす。

なる 6

「許してなるものか」

→〈絶対〉+〈認めない①〉

例文の「なるものか」は許さないことを強調する意味なので〈絶対〉+〈認めない①〉で表現。〈絶対〉と表情によって認めないことを強調。

〈絶対〉

左手のひらに折り曲げた右手２指を強く打ちつける。

〈認めない①〉

左手で右腕を持ち、右こぶしをすばやく起こす。

なる 9

「息子が大きくなる」

→〈息子〉+〈大きくなる①〉

例文の「大きくなる」は背が大きくなる意味なので〈大きくなる①〉で表現。〈大きくなる①〉は背が大きくなるさまを表す。

〈息子〉

親指を立てた右手を腹から前に出す。

〈大きくなる①〉

右手のひらを下から上にあげる。

なる 7

「行くことになる」

→〈行(い)く①〉+〈決める②〉

例文の「〜ことになる」は〜が決まる意味なので〈決める②〉で表現。手話は行くことが決まったという意味を表す。

〈行(い)く①〉

右手人差指を下に向けて、振りあげるように前をさす。

〈決める②〉

左手のひらに右こぶしを打ちつける。

なるべく

「なるべく(はやく)」

→〈できる〉+〈だけ〉
(+〈はやい①〉)

「なるべく」はできるだけの意味なので〈できる〉+〈だけ〉で表現。〈できる〉+〈だけ〉は「できるだけ」「なるべく」などの意味を表す。

〈できる〉

右手指先を左胸と右胸に順に当てる。

〈だけ〉

左手のひらに人差指を立てた右手を打ちつける。

なる 8

「(柿の)木に実がなる」

→(〈柿〉+)
〈木〉+〈くだもの〉

例文の「実がなる」は果物が実る意味なので〈くだもの〉で表現。〈くだもの〉は実がたわわになっているさまで「果物がなる」の意味も表す。

〈木〉

両手の親指と人差指で大きな丸を作り、上にあげながら左右に広げる。

〈くだもの〉

指を開きやや曲げた両手のひらを上に向け、交互に小さく上下させる。

なるほど

「なるほどそうですね」

→〈なるほど〉+〈同じ②〉

「なるほど」は同意を表す言葉で〈なるほど〉で表現。〈なるほど〉はあいづちを打つさまを表す。

〈なるほど〉

右親指をあごに当て、右人差指を回す。

〈同じ②〉

両手を前後に置いて親指と人差指を閉じたり開いたりする。

なれあい【馴れ合い】

「なれ合い(の政治)」

→〈なれ合い〉(+〈政治〉)

「なれ合い」はこっそり相談し合って自分たちの都合のいいようにする意味なので〈なれ合い〉で表現。〈なれ合い〉の顔の向きに注意。

〈なれ合い〉

顔をそむけて人差指を立てた両手を合わせ、

繰り返し前後を入れ換えてふれ合わせる。

なれる【慣れる】

「(環境に)慣れる」

→(〈環境〉+)〈慣れる〉または〈経験〉

「慣れる」は〈慣れる〉または〈経験〉で表現。

〈慣れる〉

右親指を右目の下からほおをこするようにおろす。

〈経験〉

両手指先をふれ合わせる。

ナレーション

「番組のナレーション」

→〈番組〉+〈ナレーション〉

例文の「ナレーション」は〈ナレーション〉で表現。〈ナレーション〉はマイクを持って説明するさまを表す新しい手話。

〈番組〉

指先を合わせた両手を下におろす。

〈ナレーション〉

左こぶしの横で、指先を前方に向けた右手を繰り返し小さく振りおろす。

なわばり【縄張り】

「縄張り争い」

→〈縄張り〉+〈けんか①〉

例文の「縄張り」は勢力の及ぶ範囲の意味なので〈縄張り〉で表現。〈縄張り〉は縄を張りめぐらすさまで「縄張り」「勢力範囲」を表す。

〈縄張り〉

親指と人差指を閉じた両手をつけて右手を水平に回す。

〈けんか①〉

両手人差指を剣のようにふれ合わす。

ナレーター

「ナレーター」

→〈ナレーション〉+〈男〉(または〈女〉)

「ナレーター」は語り手のことなので〈ナレーション〉+〈男〉または〈女〉で表現。〈ナレーション〉はマイクを持って説明するさまを表す新しい手話。

〈ナレーション〉

左こぶしの横で、指先を前方に向けた右手を繰り返し小さく振りおろす。

〈男〉

親指を立てた右手を出す。

なん【難】1

「難を逃れる」

→〈危ない②〉+〈逃げる〉

例文の「難」は災難、危険の意味なので〈危ない②〉で表現。〈危ない②〉は胸をどきどきさせるさまで「危ない」「災難」「危険」など。

〈危ない②〉

全指を折り曲げた両手を胸に繰り返し当てる。

〈逃げる〉

両こぶしを右上にさっとあげる。

なん【難】2

「難を言えば遠い」

→〈問題〉+〈遠い②〉

例文の「難」は欠点、難点の意味なので〈問題〉で表現。〈問題〉は漢字「問」の一部を表現したもので「問題」「疑問」「難点」などの意味。

〈問題〉
両手の親指と人差指をつまみ「 ┐を描く。

〈遠い②〉
親指と人差指を閉じた右手を肩から開きながら前に出す。

なん【難】3

「結婚難」

→〈結婚〉+〈難しい〉

例文の「難」は困難な、難しいの意味で〈難しい〉で表現。〈難しい〉は難しくて首をひねるさまで「困難」「難しい」などの意味を表す。

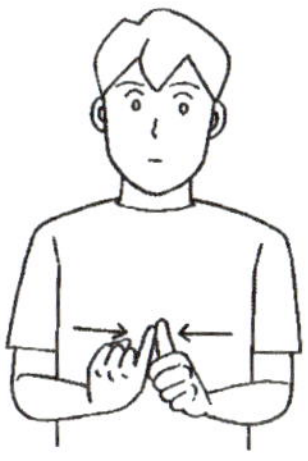

〈結婚〉
親指と小指を左右からつける。

〈難しい〉
右手の親指と人差指でほおをつねるようにする。

なんきょく【南極】

「南極大陸」

→〈南極〉+〈大陸〉

「南極」は〈南極〉で表現。〈南極〉は左手で地球の形を表し、右手で下方を指さして「南極」を表す。

〈南極〉
左手の親指と4指で閉じない丸を作り、その手前で右人差指で下をさす。

〈大陸〉
指先を右に向け手のひらを下向きにした左手の上で、手のひらを下向きにした右手を水平に回す。

なんこう【難航】

「会議が難航する」

→〈会議〉+〈八方ふさがり〉

「難航」は物事がなかなか進まない意味なので〈八方ふさがり〉で表現。〈八方ふさがり〉はあちこちで壁にぶつかるさまを表す。

〈会議〉
親指を立てた両手を合わせたままで水平に回す。

〈八方ふさがり〉
左手のひらに右手指先を3方でぶち当てる。

なんしき【軟式】

「軟式野球」

→〈やわらかい〉+〈野球①〉

「軟式」は軟球を使う方式の意味で〈やわらかい〉で表現。〈やわらかい〉はやわらかいさまで「軟式」「やわらかい」「やさしい」など。

〈やわらかい〉
両手の親指と4指の指先を向かい合わせてもむように動かす。

〈野球①〉
バットを握って振るようにする。

なんちょう【難聴】1

「難聴協会」

→〈半分③〉+〈協会②〉
(または〈協会①〉)

例文の「難聴」は〈半分③〉で表現。〈半分③〉はろうと違って半分口がきける、半分聴力が残っているという意味などを表す。

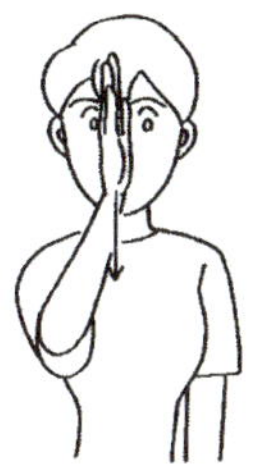

〈半分③〉
右手を頭に当て、下におろす。

〈協会②〉
人差指を組み、水平に回す。

な

なんちょう【難聴】2

「難聴になる」

→〈聞こえなくなる〉

例文の「難聴になる」は聞こえにくくなる意味なので〈聞こえなくなる〉で表現。手話は少しずつ耳がふさがれていくさまを表す。

〈聞こえなくなる〉
右手のひらを少しずつ右耳に近づける。

なんでも【何でも】1

「何でも食べる」

→〈いろいろ〉+〈食べる①〉

例文の「何でも」はすべて、どんなものでもの意味なので〈いろいろ〉で表現。〈いろいろ〉は違うものがたくさんあるさまを表す。

〈いろいろ〉
親指と人差指を立てた右手をねじりながら右へ動かす。

〈食べる①〉
左手のひらの上を右手ですくって食べるようにする。

なんでも【何でも】2

「何が何でも合格する」

→〈絶対〉+〈合格〉

例文の「何が何でも」はどうしても、ぜひともの意味なので〈絶対〉で表現。〈絶対〉は〈規則〉を強く繰り返し表したもの。

〈絶対〉
左手のひらに折り曲げた右手2指を強く打ちつける。

〈合格〉
左手の親指と4指の間を指先を上に向けた右手で下から突き破るようにあげる。

なんでも【何でも】3

「何でも(ビルが)建つそうだ」

→(〈ビル①〉+)〈建てる〉+〈らしい〉

例文の「何でも」ははっきりしないが、どうやらの意味なので〈らしい〉で表現。〈らしい〉は推察のさまで「何でも～らしい」の意味を表す。

〈建てる〉
両手で屋根形を前から起こす。

〈らしい〉
右手2指を頭の横で前後に振る。

なんとか 1

「なんとかして(助けたい)」

→〈何〉+〈方法〉(+〈助ける〉+〈好き①〉)

例文の「なんとかして」は何かの方法であれこれやってみる意味で〈何〉+〈方法〉で表現。手話は「何等かの方法で」という意味。

〈何〉
右人差指を立てて左右に振る。

〈方法〉
左手甲を右手のひらで軽くたたく。

なんとか 2

「名前はなんとか言った」

→〈名前①〉(または〈名前②〉)+〈何〉

例文の「なんとか」ははっきりしない人や物の名前を表すときに言うので〈何〉で表現。〈何〉は思い出そうとする表情に注意。

〈名前①〉
左手のひらに右親指を当てる。

〈何〉
右人差指を左右に振る。

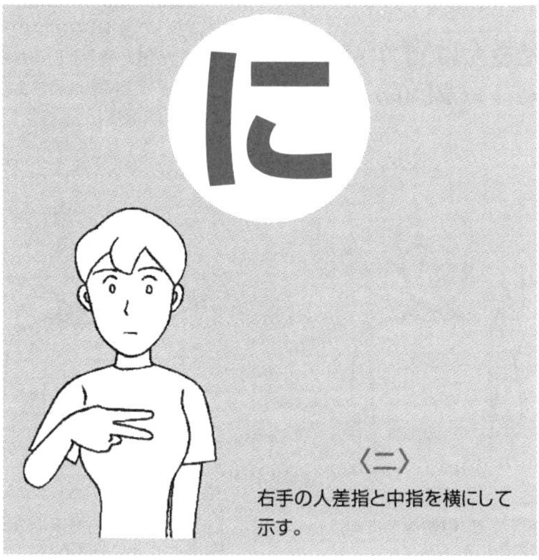

〈二〉
右手の人差指と中指を横にして示す。

に【荷】1

「肩の荷をおろす」

→〈責任①〉+〈解決①〉

例文の「肩の荷」は責任の意味なので〈責任①〉で表現。〈責任①〉は肩に荷物を負うさまで比喩的な意味で「肩の荷」「責任」を表す。

〈責任①〉
右肩に軽く全指を折り曲げた右手をのせる。

〈解決①〉
左手のひらの上に右人差指で「×」を大きく書く。

に【荷】2

「(会長は)荷が重い」

→(〈会〉+〈長②〉+)
〈責任①〉+〈責任が重い〉

例文の「荷」も責任、負担の意味なので〈責任①〉で表現。〈責任①〉は肩に荷物を負うさまで「負担」「責任」などを表す。

〈責任①〉
右肩に軽く全指を折り曲げた右手をのせる。

〈責任が重い〉
右手を右肩に置いて体を傾ける。

に【荷】3

「荷揚げ」

→〈船〉+〈あげる②〉

例文の「荷」は船の荷物の意味なので「荷揚げ」は〈船〉+〈あげる②〉で表現。〈あげる②〉はクレーンであげるさま。他にも表現がある。

〈船〉
両手で船形を作り、前に出す。

〈あげる②〉
左手の船形を残し右手をかぎ状にして船から荷物をおろすようにする。

に【二】1

「二」

→〈2①〉
または〈2②〉

「二」には3種類の表現がある。ひとつめは〈2①〉で表現。ふたつめは〈2②〉で表現。いずれも数や数字の「二」の違った表し方。

〈2①〉
人差指と中指を立てて示す。

〈2②〉
右手の人差指と中指を横にして示す。

に【二】2

「二」

→〈2③〉

みっつめは〈2③〉で表現。〈2③〉は数や数字を表す。

〈2③〉
人差指と中指を立てた右手の甲側を前に示す。

にあう【似合う】1

「服が似合う」

→〈服〉+〈合う①〉

「似合う」はぴったりしていることなので〈合う①〉で表現。〈合う①〉はぴったりしているさまで「似合う」「ぴったりしている」などの意味。

〈服〉

親指を立てた両手をえりに沿って下におろす。

〈合う①〉

左人差指の先に右人差指の先を当てる。

にいさん【兄さん】

「兄さんは背が高い」

→〈兄〉+〈高い⑥〉

「兄さん」は「兄」のことで〈兄〉で表現。中指はお兄さん指と言うところから中指を上にあげるさまで「兄」を表す。

〈兄〉

中指を立て、甲側を前に向けた右手を上にあげる。

〈高い⑥〉

視線をあげながら右手のひらを下に向けて上にあげる。

にあう【似合う】2

「服が似合わない」

→〈服〉+〈合わない〉

「似合わない」は〈合わない〉で表現。〈合わない〉は〈合う〉の否定形で、〈合う①〉と逆の動きを表す。

〈服〉

親指を立てた両手をえりに沿って下におろす。

〈合わない〉

左人差指の先に右人差指の先を当て、はじくように離す。

にえる【煮える】

「(豆が)やわらかく煮える」

→(〈豆〉+)〈煮る〉+〈やわらかい〉

例文の「煮える」は鍋の中にあるものができあがる意味で〈煮る〉で表現。〈煮る〉は鍋を火にかけるさまで「煮える」「煮る」「炊く」の意味。

〈煮る〉

全指を軽く曲げた左手のひらを上に向け、下から全指を曲げた右手で軽くたたく。

〈やわらかい〉

両手の親指と4指の指先を向かい合わせてもむように動かす。

ニアミス

「ニアミスが起きる」

→〈ニアミス〉+〈起きる①〉

「ニアミス」は航空機同士の異常接近のことなので〈ニアミス〉で表現。〈ニアミス〉は両手の〈飛行機〉がニアミスするさまを表す。

〈ニアミス〉

親指と小指を出した両手を左右から交差させる。

〈起きる①〉

右人差指ですくうようにあげる。

におい【臭い】1

「においに敏感」

→〈香り①〉+〈鋭い〉

例文の「におい」は〈香り①〉で表現。〈香り①〉はにおいが鼻に入るさまを表す。無表情で表す。

〈香り①〉

右手2指を繰り返し鼻に近づける。

〈鋭い〉

左人差指を右親指と人差指ではさみ、指先へ抜けるように閉じて前に出す。

におい【臭い】2

「香水の良いにおい」

→〈香水〉+〈香り②〉

例文の「におい」は良い香りなので〈香り②〉で表現。〈香り②〉は表情も伴ってかぐわしい香りのさまを表す。

〈香水〉

親指でスプレーを押して体にふりかけるようにする。

〈香り②〉

うっとりした顔をして右手の指をひらひらさせて鼻に近づける。

におい【臭い】3

「タバコの嫌なにおい」

→〈タバコ〉+〈臭(くさ)い〉

例文の「におい」は嫌なにおいなので〈臭い〉で表現。鼻をつまむさまで表す。

〈タバコ〉

右手２指を唇に当てタバコを吸うように前に出す。

〈臭(くさ)い〉

右手の親指と人差指で鼻をつまみ顔をそむける。

におう【匂・臭う】1

「ガスがにおう」

→〈香り①〉+〈臭(くさ)い〉

例文の「におう」は臭いガスについてなので〈臭い〉で表現。〈臭い〉は臭いにおいに鼻をつまむさまで「におう」「臭い」の意味を表す。

〈香り①〉

右手２指を繰り返し鼻に近づける。

〈臭(くさ)い〉

右手の親指と人差指で鼻をつまみ顔をそむける。

におう【匂・臭う】2

「花がにおう」

→〈花①〉(または〈花③〉+)〈香り②〉

例文の「におう」は花なので〈香り②〉で表現。〈香り②〉はいいにおいを嗅ぐさまを表す。

〈花①〉

両手を合わせてすぼませた指を左右に開く。

〈香り②〉

右手の指先を揺らしながら鼻に近づける。

にかい【二階】1

「ビルの二階」

→〈ビル①〉+〈二階〉

例文の「ビルの二階」は〈二階〉で表現。

〈ビル①〉

両手のひらを向かい合わせて上にあげ、閉じる。

〈二階〉

右手２指を弧を描いて上にあげる。

にかい【二階】2

「地下二階」

→〈土〉+〈地下二階〉

例文の「地下二階」は地面の下の二階の意味で〈土〉+〈地下二階〉で表現。〈地下二階〉は〈２②〉を下の方に動かすことに注意。

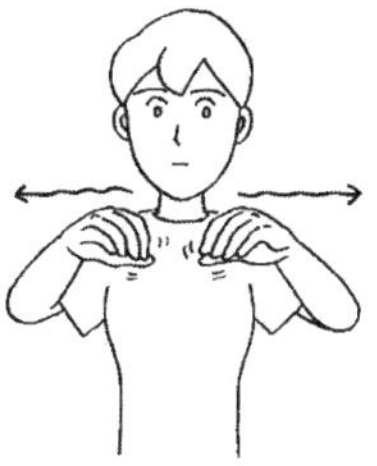

〈土〉

砂や土をこすり落とすようにして両手を左右に開く。

〈地下二階〉

右手２指を弧を描いて下に動かす。

にかい【二階】3

例文の「家の二階」は〈家の二階〉で表現。家の二階を示すさまで一般の住宅の「二階」を表す。

「家の二階」

→〈家〉+〈家の二階〉

〈家〉

両手で屋根形を作る。

〈家の二階〉

〈家〉の左手を残し、右手２指を弧を描いて上にあげる。

にかい【二階】4

「二階建ての家」は〈二階建て〉+〈家〉で表現。〈二階建て〉+〈家〉は家そのものが二階建てであることを表す。

「二階建ての家」

→〈二階建て〉+〈家〉

〈二階建て〉

右手で〈２②〉を示して上にあげる。

〈家〉

両手で屋根形を作る。

にがい【苦い】1

例文の「苦い」は味について言うので〈苦い〉で表現。〈苦い〉は苦味が口の中を走るさまで表情に注意。

「苦いコーヒー」

→〈苦(にが)い〉+〈コーヒー〉

〈苦(にが)い〉

全指を曲げた右手を口の前で左右に動かす。

〈コーヒー〉

左手でカップを示し、右手の親指と人差指でスプーンを持って回すようにする。

にがい【苦い】2

例文の「苦い」は経験のことでつらい、苦しい意味なので〈苦しい①〉で表現。〈苦しい①〉は胸をかきむしるさまで「苦しい」「つらい」の意味。

「苦い経験」

→〈苦しい①〉+〈経験〉

〈苦しい①〉

右手で胸をかきむしるようにする。

〈経験〉

両手指先をふれ合わせる。

にがつ【二月】

例文の「二月」は〈二月〉で表現。〈二月〉は左手の〈２②〉の下で右手〈月〉を表す。

「二月九日」

→〈二月〉+〈二月九日〉

〈二月〉

左手で〈２②〉を示し、その下で右手の親指と人差指で三日月を描く。

〈二月九日〉

左手で〈２②〉、右手で〈９〉を示し、上下に置く。

にがて【苦手】1

例文の「苦手」は得意でない意味で〈苦手〉で表現。〈得意〉は鼻が高くなるのに対し、〈苦手〉は鼻を押さえる形で「謙遜」の意味も表す。

「料理が苦手」

→〈料理〉+〈苦手〉

〈料理〉

左手で押さえ、右手で刻むようにする。

〈苦手〉

右手のひらで鼻をつぶすように軽く当てる。

にがて【苦手】2

「(私は)彼が苦手だ」

→(〈私①〉+)
〈彼〉+〈降参〉

例文の「苦手」はやりにくい相手の意味なので〈降参〉で表現。〈降参〉はかぶとを脱ぐさまで「降参」「かなわない」などの意味を表す。

〈彼〉

左親指を右人差指でさす。

〈降参〉

頭の横に親指と人差指を当て、前におろす。

にきび

「にきび」

→〈にきび〉

「にきび」は〈にきび〉で表現。〈にきび〉はにきびをつぶすさまを表す。

〈にきび〉

ほおのあたりで両手の親指と人差指でにきびをつぶすようにする。

にぎやか【賑やか】1

「にぎやかなパーティー」

→〈たくさん⑤〉+〈パーティー〉

例文の「にぎやか」は人が多くいる意味で〈たくさん⑤〉で表現。〈たくさん⑤〉は人が大勢いるさまを表す。

〈たくさん⑤〉

軽く開いた両手のひらを手前に向けて、前後に揺らしながら左右に開く。

〈パーティー〉

親指と人差指で杯を持つようにして水平に回転させる。

にぎやか【賑やか】2

「にぎやかな町」

→〈人通り〉+〈町①〉

例文の「にぎやか」は人が多く活気に満ちている意味で〈人通り〉で表現。〈人通り〉は両手を人に見立ててそれが行き来するさまを表す。

〈人通り〉

両手のひらを向かい合わせて交互に前後させる。

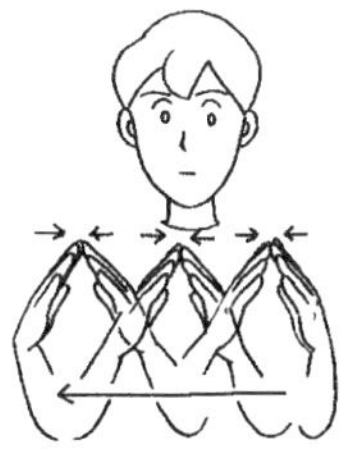

〈町①〉

両手で屋根形を作りながら左から右へ動かす。

にぎやか【賑やか】3

「にぎやかな人です」

→〈おしゃべり①〉+〈性質〉

例文の「にぎやか」はさわがしくしゃべったり笑ったりする意味なので〈おしゃべり①〉で表現。〈おしゃべり①〉はよくしゃべるさまを表す。

〈おしゃべり①〉

指先を交互に上下させ、口元から前に繰り返し出す。

〈性質〉

左手甲に右人差指を当て、2回すくうようにする。

にきゅう【二級】

「二級の障害」

→〈二級〉+〈折る①〉

「二級」は〈二級〉で表現。〈二級〉は数字2を手前に引くようにして2のレベルにあることを表す。

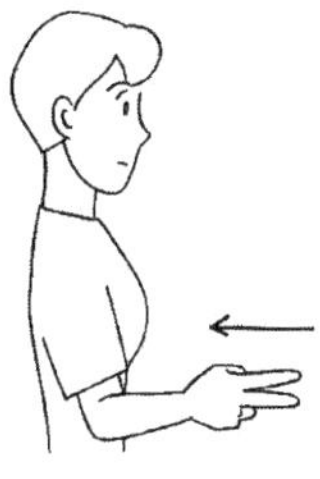

〈二級〉

指先を前に向けた右手2指を手前に引く。

〈折る①〉

両こぶしの親指側を合わせ、折るようにする。

に

にぎる【握る】1

「タクシーのハンドルを握る」

→〈タクシー〉+〈運転〉

例文の「ハンドルを握る」は運転する意味なので〈運転〉で表現。〈運転〉は自動車を運転するさまで「自動車」「運転する」などの意味。

〈タクシー〉
親指と中指と薬指を軽く向い合わせ前に出す。

〈運転〉
ハンドルを両手で握り、回すようにする。

にぎる【握る】2

「寿司を握る」

→〈寿司〉

例文の「寿司を握る」はにぎり寿司を作ることで〈寿司〉で表現。〈寿司〉はにぎり寿司を作るさまで「寿司を握る」「寿司」の意味がある。

〈寿司〉
左手のひらに右手2指を包み込み、寿司を握るようにする。

にぎる【握る】3

「政権を握る」

→〈政治〉+〈掌握〉

例文の「握る」は自分のものにする意味なので〈掌握〉で表現。〈掌握〉は自分の手に入れる意味を表す。

〈政治〉
左手のひらの上に右ひじを置き、右手指先を伸ばし前後に振る。

〈掌握〉
指先を軽く開いて左右に置いた両手を手前に引きながら握る。

にく【肉】1

「(高級な)牛肉ですきやきをする」

→(〈高い①〉+)〈牛〉+〈すきやき〉

例文の「牛肉」は〈牛〉で表現。あとに〈すきやき〉が続くので牛肉を意味することが分かる。〈牛〉は「牛肉」「牛」などの意味がある。

〈牛〉
両手親指と人差指で角の形を作り、親指を側頭部につける。

〈すきやき〉
左手のひらの上を右手2指の指先で水平に円を描く。

にく【肉】2

「肉が落ち、やせた」

→〈やせる①〉

例文の「肉が落ちる」はやせることなので〈やせる①〉で表現。〈やせる①〉はほおがこける、やせるさまで「やせる」の意味を表す。

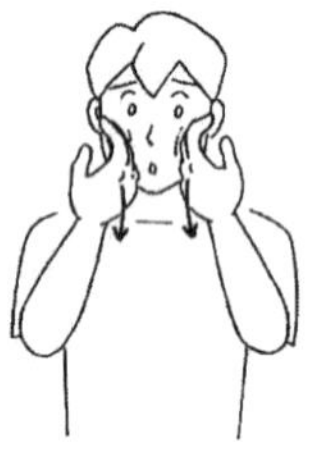

〈やせる①〉
両手指の背をほおに当て、押さえるようにして下におろす。

にくい【憎い】

「憎い(奴)」

→〈悔しい〉+〈恨む〉(+〈男〉)

「憎い」は相手に嫌な感じを抱くさまで〈悔しい〉+〈恨む〉で表現。〈悔しい〉は嫌い、憎い、悔しいなどの意味を表す。

〈悔しい〉
悔しそうに胸に爪を立てかきむしるようにして両手を交互に上下させる。

〈恨む〉
指先を上に向けた両手親指と人差指を強く交差させながら指先を閉じる。

にくい【難い】1

「(この本は)読みにくい」

→(〈これ〉+〈本〉+)〈読む①〉+〈難しい〉

例文の「読みにくい」は内容や字の具合で読むのが困難な意味なので〈読む①〉+〈難しい〉で表現。「簡単には読めない」「読みにくい」。

〈読む①〉

左手のひらを見ながら視線に合わせるように右手２指を動かす。

〈難しい〉

〈読む①〉の左手を残して、右手の親指と人差指でほおをつねるようにする。

にくい【難い】2

「読みにくい字」

→〈読む①〉+〈わからない〉

例文の「読みにくい字」は〈読む①〉+〈わからない〉で表現。〈わからない〉は漢字が難しかったり字が下手だったりして、わからない意味。

〈読む①〉

左手のひらを見ながら視線に合わせるように右手２指を動かす。

〈わからない〉

指先を軽く開いた右手の中指を鼻に当て、手のひらを揺らす。

にくい【難い】3

「(みんなの前では)話しにくい」

→(〈みんな〉+〈いる〉+)〈説明〉+〈せっぱつまる〉

例文の「～にくい」は思い切って自由にできない意味なので〈せっぱつまる〉で表現。「やりにくい」「どうしようもない」などの意味を表す。

〈説明〉

左手のひらを右手で小刻みにたたく。

〈せっぱつまる〉

両こぶしを上下に重ね、ややずらし、左右にふるわせる。

にくしみ【憎しみ】

「憎しみに燃える」

→〈悔しい〉+〈たまる〉

「憎しみ」は相手を否定する強い感情を意味するので〈悔しい〉で表現。〈悔しい〉は胸をかきむしるさまで「悔しさ」「憎しみ」などを表わす。

〈悔しい〉

悔しそうに胸に爪を立てかきむしるようにして両手を交互に上下させる。

〈たまる〉

両手２指で「井」の字形を組み、下から上にあげる。

にくたい【肉体】

「肉体労働」

→〈体(からだ)〉+〈工事〉

「肉体」は人間の生身の体をいうので〈体〉で表現。〈体〉は人間の体で「身体」「肉体」などの意味を持つ。

〈体(からだ)〉

右手を体の上で回す。

〈工事〉

左こぶしに右こぶしを左右から打ちつける。

にくたらしい【憎たらしい】

「憎たらしい奴」

→〈悔しい〉+〈男〉

例文の「憎たらしい」は相手に嫌悪を感じる意味なので〈悔しい〉で表現。〈悔しい〉は胸をかきむしるさまで「憎たらしい」「憎い」の意味。

〈悔しい〉

悔しそうに胸に爪を立てかきむしるようにして両手を交互に上下させる。

〈男〉

親指を立てた右手を出す。

に

にくむ【憎む】1

「憎む」は相手を殺したい、傷つけたい強い感情の表れなので〈恨む〉で表現。

「彼を憎む」

→〈彼〉+〈恨む〉

〈彼〉

左親指を右人差指でさす。

〈恨む〉

指先を上に向けた両手親指と人差指を強く交差させながら指先を閉じる。

にくむ【憎む】2

例文の「憎まれる」は自分が憎まれることで〈傷つけられる②〉で表現。〈傷つけられる②〉は相手から物理的にも心理的にも傷つけられるさま。

「彼に憎まれる」

→〈男〉+〈傷つけられる②〉

〈男〉

親指を立てた右手を出す。

〈傷つけられる②〉

立てた左親指に右人差指で前方から繰り返したたくようにする。

にげる【逃げる】1

例文の「逃げる」は〈逃げる〉で表現。〈逃げる〉は身をかわすさまで「逃げる」「身をかわす」「逃走する」などの意味を表す。

「盗んで逃げる」

→〈盗む〉+〈逃げる〉

〈盗む〉

かぎ状にした人差指を手前に引く。

〈逃げる〉

両こぶしを右上にさっとあげる。

にげる【逃げる】2

例文の「(車で)逃げる」は車を使って逃げることなので〈飛び出す〉で表現。〈飛び出す〉は今いる場所から飛び出していくさまを表す。

「車で逃げる」

→〈運転〉+〈飛び出す〉

〈運転〉

ハンドルを両手で握り、回すようにする。

〈飛び出す〉

左手のひらの下から右手 2 指の先を前に向けて飛び出すようにする。

にこにこ

例文の「にこにこ」は〈にこにこ①〉または〈にこにこ②〉で表現。〈にこにこ①〉はほほえみのさま、〈にこにこ②〉は笑顔を示すさまを表す。

「にこにこする」

→〈にこにこ①〉または〈にこにこ②〉

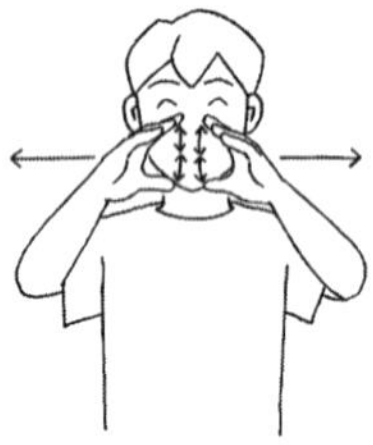

〈にこにこ①〉

口の前で両手指先を向かい合わせ、親指と 4 指をつけたり離したりしながら左右に離していく。

〈にこにこ②〉

両人差指をほおに当て、少し首を振る。

にこやか

「にこやか」は声を立てずにうれしそうな表情なので〈にこにこ①〉で表現。〈にこにこ①〉は口元のほほえみのさまを表す。

「にこやかな表情」

→〈にこにこ①〉+〈表情①〉

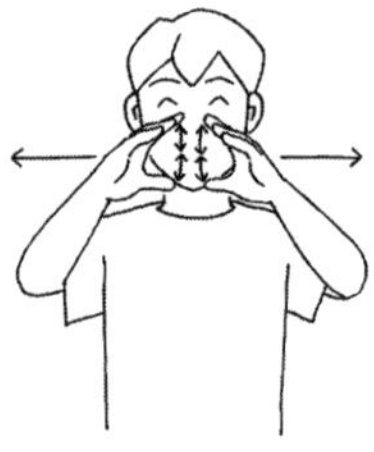

〈にこにこ①〉

口の前で両手指先を向かい合わせ、親指と 4 指をつけたり離したりしながら左右に離していく。

〈表情①〉

両手の親指と 4 指で顔をおおい、左右に動かす。

にごる【濁る】

「池が濁る」
→〈池〉+〈混ぜる〉

例文の「濁る」は泥水などが混ざって水が不透明なさまで〈混ぜる〉で表現。〈混ぜる〉はいろいろなものがごっちゃになるさまを表す。

〈池〉
左手の親指と4指で囲むように出し、その中で手のひらを上に向けた右手を回す。

〈混ぜる〉
両手のひらを上下に重ねて混ぜ合わせるようにする。

にし【西】

「西」
→〈西①〉
または〈西②〉

「西」は方角のことで〈西①〉または〈西②〉で表現。手話はどちらも太陽が沈むさまを表す。

〈西①〉
親指と人差指を出し、人差指を下に向けてさげる。

〈西②〉
親指と人差指を立てた右手を弧を描いて前に倒す。

にじ【二次】1

「二次試験」
→〈第二①〉+〈試験〉

例文の「二次試験」は一次試験に続く二番目の試験の意味なので〈第二①〉で表現。

〈第二①〉
右手2指の甲側を前に向けて右へ少し引く。

〈試験〉
親指を立てた両手を交互に上下させる。

にじ【二次】2

「二次会」
→〈第二①〉+〈飲む③〉

「二次会」は本番の宴会やパーティーなどが終わった後にさらに飲んだりすることで〈第二①〉+〈飲む③〉で表現。

〈第二①〉
右手2指の甲側を前に向けて右へ少し引く。

〈飲む③〉
右手の親指と人差指でおちょこを持ち、飲むようにする。

にじ【虹】

「虹が出た」
→〈虹〉+〈見あげる②〉

「虹」は〈虹〉で表現。〈虹〉は七色の虹が空にかかるさまを表す。

〈虹〉
親指と人差指と中指を立てた右手で目の前に弧を描く。

〈見あげる②〉
指先を前方に向けた右手2指を目元から上に向ける。

にじゅう【二十】

「二十円」
→〈20〉+〈円〉

「二十」は〈20〉で表現。

〈20〉
右手の人差指と中指を軽く曲げて、小さく振る。

〈円〉
右手の親指と人差指をやや開き、左から右へ水平に動かす。

に

にじゅう【二重】

「二重(人格)」

→〈表(おもて)①〉+〈裏①〉
(+〈人〉+〈性質〉)

例文の「二重」は二つの違う性格をもって行動することなので〈表(おもて)①〉+〈裏①〉で表現。表、裏のあるさまを表す。

〈表(おもて)①〉

左手甲を右手指で軽くふれる。

〈裏①〉

左手のひらを右手のひらで軽くふれる。

にせもの【偽物・偽者】2

「あいつは偽者だ」

→〈彼〉+〈偽者(にせもの)〉

例文の「偽者」は人間が本人でなく替え玉などの意味なので〈偽者〉で表現。〈偽者〉はこの男ではないという意味を表す。

〈彼〉

左親指を右人差指でさす。

〈偽者(にせもの)〉

左親指を示し右手の親指と人差指を出し、手首をひねる。

にせ【偽】

「偽のダイヤモンド」

→〈うそ①〉+〈ダイヤ〉

例文の「偽」は本物でなくまがいものの意味で〈うそ①〉で表現。〈うそ①〉はほおをふくらませてあめ玉をしゃぶるかのように見せかけるところから。

〈うそ①〉

ほおを舌でふくらませ、そこを人差指で突く。

〈ダイヤ〉

左手甲に指をすぼめた右手甲を当て、ぱっぱっと開く。

にだん【二段】

「柔道二段」

→〈柔道〉+〈二段〉

例文の「二段」は段位を表し〈二段〉で表現。〈二段〉は数字2を腕に当てて表す。警官などが腕の徽章で地位を表すところから。

〈柔道〉

両手のこぶしを握り、肩から背負い投げをするように交差させる。

〈二段〉

右手2指を左上腕に当てる。

にせもの【偽物・偽者】1

「偽物」

→〈うそ①〉+〈偽物(にせもの)〉

例文の「偽物」は〈うそ①〉+〈偽物〉で表現。手話は「にせもの」を表す慣用的な表現。

〈うそ①〉

ほおを舌でふくらませ、そこを人差指で突く。

〈偽物(にせもの)〉

右手2指の甲側を前にして、手首を返して右へやる。

にち【日】1

「三十日(間)」

→〈寝る〉+〈30〉
(+〈間(あいだ)〉)

例文は日数の期間を表す表現なので〈寝る〉+日数+〈間〉で表現。日数の期間を表す一般的な表現。

〈寝る〉

頭を傾けて右こぶしを側頭部に当てる。

〈30〉

右手3指を曲げて軽く振る。

にち【日】2

「（九月）十五日」

→（〈九月〉+）
〈九月十五日〉

「九月十五日」は〈九月十五日〉で表現。まず〈九月〉を表し、次に右手で〈10②〉と〈5〉を表す。がつ【月】の項参照。

〈九月十五日〉

左手で〈9〉を示し、右手で〈10②〉を示す。

続けて、右手で〈5〉を示す。

にち【日】3

「一日いた」

→〈一日②〉+〈いる〉

例文の「一日」は一日中の意味なので〈一日②〉で表現。〈一日②〉は「一日」「一日中」の意味がある。

〈一日②〉

右人差指を左胸に当て、弧を描いて右胸に移す。

〈いる〉

両手を握り、両ひじを立てて下におろす。

にちじょう【日常】

「日常生活」

→〈いつも〉+〈生活〉

「日常」はいつもの通り、普通のの意味なので〈いつも〉で表現。〈いつも〉は太陽が昇り沈むさまで「毎日」「つねひごろ」などの意味。

〈いつも〉

親指と人差指を立てた両手を向かい合わせて手首を回す。

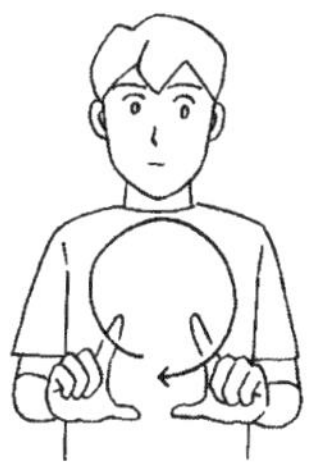

〈生活〉

両手の親指と人差指を向かい合わせて回す。

にちようび【日曜日】1

「日曜日」

→〈赤〉+〈休む①〉

「日曜日」は2種類の表現がある。ひとつは〈赤〉+〈休む①〉で表現。日曜日がカレンダーでは赤で表示されるところから。

〈赤〉

唇に人差指を当て、右へ引く。

〈休む①〉

手のひらを下にした両手を左右から閉じる。

にちようび【日曜日】2

「日曜日」

→〈赤〉+〈休む②〉

もうひとつは〈赤〉+〈休む②〉で表現。

〈赤〉

唇に人差指を当て、右へ引く。

〈休む②〉

左手のひらの上に右こぶしをのせる。

にっき【日記】

「日記をつける」

→〈いつも〉+〈書く①〉

「日記」は毎日つけるものなので〈いつも〉+〈書く①〉で表現。〈いつも〉+〈書く①〉は「日記」「日記をつける」「日記を書く」などの意味を表す。

〈いつも〉

親指と人差指を立てた両手を向かい合わせて手首を回す。

〈書く①〉

左手のひらに右手の親指と人差指で縦に書くようにする。

に

にっきゅう【日給】

「日給」

→〈一日②〉+〈給料〉

「日給」は労働に対して一日単位にもらう給料のことで〈一日②〉+〈給料〉で表現。

〈一日②〉

右人差指を左胸に当て、弧を描いて右胸に移す。

〈給料〉

左手のひらに右手親指と人差指で作った丸を添えて手前に引き寄せる。

にっこう【日光】

「日光」

→〈太陽〉+〈光①〉

「日光」は太陽の光の意味なので〈太陽〉+〈光①〉で表現。〈太陽〉は空に輝く太陽のさま。〈光①〉は光線の注ぐさまを表す。

〈太陽〉

両手の親指と人差指を向かい合わせて大きな丸を作り、上にあげる。

〈光①〉

すぼめた右手を右上から左下に向かって開く。

にっちゅう【日中】

「日中(は雨)」

→〈昼〉+〈間(あいだ)〉
(+〈雨①〉)

「日中」は昼間の意味なので〈昼〉+〈間〉で表現。〈昼〉は正午に時計の短針と長針が重なり、真上に来るさまを表す。

〈昼〉

右手2指を額中央に当てる。

〈間(あいだ)〉

両手のひらを向かい合わせ、仕切るように下に少しさげる。

にってい【日程】

「(旅行の)日程」

→(〈旅行〉+)
〈いつ〉+〈段階〉

「日程」はその日その日の予定の意味なので〈いつ〉+〈段階〉で表現。〈いつ〉は月日を、〈段階〉はその順序を表す。

〈いつ〉

両手を上下にして、両手同時に順番に指を折る。

〈段階〉

指文字〈コ〉を示した右手を上から順番におろす。

になう【担う】1

「肩に荷を担う」

→〈担う〉

例文の「担う」は肩にかつぐ意味なので〈担う〉で表現。〈担う〉は肩に荷物をかつぐさまを表す。

〈担う〉

両手で肩に荷物をかつぎあげるようにする。

になう【担う】2

「(国の)政治を担う」

→(〈国(くに)〉+)
〈政治〉+〈責任①〉

例文の「担う」は仕事や責任を引き受ける意味で〈責任①〉で表現。〈責任①〉は任務を負うさまで「担う」「責任」「責任を持つ」などの意味。

〈政治〉

左手のひらの上に右ひじを置き、右手指先を伸ばし前後に振る。

〈責任①〉

右肩に軽く全指を折り曲げた右手をのせる。

にばん【二番】

「成績が二番」

→〈成績〉+〈二番〉

例文の「二番」は順位が二番の意味なので〈二番〉で表現。〈二番〉は二番目にゴールに到着するさまを表す。

〈成績〉

両手の人差指を並べて右人差指を上下させながら右へ動かす。

〈二番〉

右手２指を左肩に当てる。

にぶい【鈍い】3

「動作が鈍い」

→〈態度〉+〈遅い②〉

例文の「鈍い」は動作が遅い意味なので〈遅い②〉で表現。〈遅い②〉は遅いさまで「遅い」「ゆっくりしている」などの意味を表す。

〈態度〉

こぶしを握った両手を交互に上下させる。

〈遅い②〉

親指と人差指を立てた右手をゆっくり弧を描いて左から右へ動かす。

にぶい【鈍い】1

「勘が鈍い」

→〈感じる①〉+〈遅い②〉

例文の「鈍い」は感じ方が遅い意味なので〈遅い②〉で表現。〈遅い②〉は遅いさまで「遅い」「鈍い」などの意味を表す。

〈感じる①〉

右人差指を頭に当てて軽く突くようにする。

〈遅い②〉

親指と人差指を立てた右手をゆっくり弧を描いて左から右へ動かす。

にほん【日本】1

「日本一」

→〈日本〉+〈一番②〉

「日本」はわが国のことで〈日本〉で表現。〈日本〉は弓なりに反った細長い日本列島の形を表す。

〈日本〉

両手の親指と人差指をつき合わせ、左右に開きながら閉じる。

〈一番②〉

右人差指を横にして上にあげる。

にぶい【鈍い】2

「頭が鈍い」

→〈頭①〉+〈悪い①〉

例文の「鈍い」は頭の働きが悪い意味なので〈頭①〉+〈悪い①〉で表現。〈頭①〉は頭の働き、頭の中味を意味する。

〈頭①〉

右人差指で頭をさす。

〈悪い①〉

人差指で鼻をこするようにして振りおろす。

にほん【日本】2

「日本人」

→〈日本〉+〈人〉

「日本人」は日本に生まれた、あるいは日本国籍を持つ人のことで〈日本〉+〈人〉で表現。

〈日本〉

両手の親指と人差指をつき合わせ、左右に開きながら閉じる。

〈人〉

人差指で「人」の字を空書する。

にほん【日本】3

「日本語」

→〈日本〉+〈言う②〉

「日本語」は日本で普通に使われる言語のことで〈日本〉+〈言う②〉で表現。

〈日本〉

両手の親指と人差指をつき合わせ、左右に開きながら閉じる。

〈言う②〉

右人差指を口元から繰り返し前に出す。

にまいじた【二枚舌】

「二枚舌を使う男」

→〈二枚舌〉+〈男〉

「二枚舌」は先に言ったことと後で言ったことが食い違う意味なので〈二枚舌〉で表現。舌が二枚動くさまを表す。

〈二枚舌〉

口元から右手2指の指先を前に向けて揺らしながら前に出す。

〈男〉

親指を立てた右手を出す。

にもかかわらず【にも拘わらず】

「病気にもかかわらず」

→〈病気〉+〈しかし〉

「にもかかわらず」は前の語句を否定する意味なので〈しかし〉で表現。〈しかし〉は手のひらを返すさまで前の語句を否定する意味。

〈病気〉

こぶしで額を軽くたたく。

〈しかし〉

右手のひらを返す。

にもつ【荷物】1

「旅行の荷物」

→〈旅行〉+〈かばん〉

例文の「荷物」はかばんなどの手荷物をさし〈かばん〉で表現。〈かばん〉は手に持つかばんのさまで、手に持つものによって手話は変わる。

〈旅行〉

両手人差指を平行に並べ同時に左右に振る。

〈かばん〉

かばんを持ち、軽く上下に揺するようにする。

にもつ【荷物】2

「彼はお荷物になる」

→〈彼〉+〈邪魔②〉

例文の「お荷物」はほかの人にとってやっかいなものの意味で〈邪魔②〉で表現。〈邪魔②〉は邪魔な額の上の髪の毛を表す。

〈彼〉

左親指を右人差指でさす。

〈邪魔②〉

額の前に置いた右手のひらを返しながら左へ振りおろす。

ニュアンス

「言葉のニュアンス」

→〈言葉〉+〈ニュアンス〉

例文の「ニュアンス」は言葉の微妙な感じの意味なので〈ニュアンス〉で表現。指文字〈ニ〉を応用した新しい手話。

〈言葉〉

両手の人差指をかぎ状にして「 」を示す。

〈ニュアンス〉

両手2指の指先を向かい合わせて右手をねじるように回す。

にゅういん【入院】1

「入院する」

→〈脈〉+〈入る①〉

「入院」は病気などで一定の期間、病院に入ったまま治療することで2種類の表現がある。ひとつは〈脈〉+〈入る①〉で表現。〈脈〉は病院を意味する。

〈脈〉

右3指を左手首の内側に当てる。

〈入る①〉

両手人差指で「入」の字形を作り、倒すように前に出す。

にゅうさつ【入札】

「工事の入札」

→〈工事〉+〈入れる①〉

「入札」は〈入れる①〉で表現。〈入れる①〉は紙を箱に入れるさまを表す。

〈工事〉

左こぶしに右こぶしを左右から打ちつける。

〈入れる①〉

指先を下にした両手を同時にさげる。

にゅういん【入院】2

「入院する」

→〈入院〉

もうひとつは〈入院〉で表現。〈入院〉はベッドにのせて病院に入るさまを表す。

〈入院〉

左手のひらの上に右手2指をのせて前に出す。

にゅうし【入試】

「(大学)入試」

→(〈大学①〉または〈大学②〉+)〈入る①〉+〈試験〉

例文の「入試」は入学のための試験の意味なので〈入る①〉+〈試験〉で表現。〈入る①〉は入学、入社、入場などの「入」の意味に使う。

〈入る①〉

両手人差指で「入」の字形を作り、倒すように前に出す。

〈試験〉

親指を立てた両手を交互に上下させる。

にゅうがく【入学】

「学校に入学した」

→〈勉強②〉+〈入る①〉

「入学」は学校に入ることで〈勉強②〉+〈入る①〉で表現。〈勉強②〉は「勉強」「学校」を意味する。

〈勉強②〉

指先を上に向けた両手を並べて軽く前に出す。

〈入る①〉

両手人差指で「入」の字形を作り、倒すように前に出す。

にゅうしゃ【入社】

「入社(式)」

→〈会社〉+〈入る①〉(+〈式〉)

例文の「入社」は社員として会社に入ることなので〈会社〉+〈入る①〉で表現。〈入る①〉は入学、入社、入場などの「入」の意味に使う。

〈会社〉

両手の2指を交互に前後させる。

〈入る①〉

両手人差指で「入」の字形を作り、倒すように前に出す。

にゅうじょう
【入場】1

「選手の入場」

→〈選手〉+〈行進〉

例文の「入場」は選手が並んで場内に入る意味なので〈行進〉で表現。〈行進〉は人が並んで進むさまでこの場合は「入場」の意味を表す。

〈選手〉

左こぶしの甲に親指を立てた右手を軽くかすめるように当て、上にあげる。

〈行進〉

軽く開いた両手の指先を上に向けて前後に並べ、上下に揺らしながら前へ進める。

にゅうせき【入籍】

「(結婚して)入籍する」

→(〈結婚〉+)
〈入る①〉+〈戸籍〉

「入籍」は結婚などで新たに「戸籍」を作り、戸籍台帳に載ることで〈入る①〉+〈戸籍〉で表現。〈戸籍〉は戸籍台帳の各欄のさまを表す。

〈入る①〉

両手人差指で「入」の字形を作り、倒すように前に出す。

〈戸籍〉

左手のひらを手前に向けて右手のひらを合わせ下におろす。

にゅうじょう
【入場】2

「入場券」

→〈入る①〉+〈切符〉

「入場券」は映画館や野球場などに入るための切符のことなので〈入る①〉+〈切符〉で表現。〈入る①〉は漢字の「入」の形を表す。

〈入る①〉

両手人差指で「入」の字を作り、倒すように前に出す。

〈切符〉

左手のひらを上に向けて右手の親指と人差指ではさむ。

にゅうせん【入選】

「展覧会に入選した」

→〈並べる②〉+〈入選〉

「入選」は選考などで選に入る、あるいは「入選」のランクに入ることで〈入選〉で表現。

〈並べる②〉

指先を上に向けた両手のひらを目の前に並べ、右手を順に右へやる。

〈入選〉

左手を右手でつまみあげるようにする。

ニュース

「(手話)ニュース」

→(〈手話〉+)
〈ニュース〉+〈発表〉

「ニュース」は〈ニュース〉+〈発表〉で表現。〈ニュース〉は指文字〈2②〉を横に引いたもので「ニュース」を表す新しい手話。

〈ニュース〉

右手2指を右へ引く。

〈発表〉

親指と4指を閉じた両手を左右にぱっと開く。

にゅうもん【入門】

「(相撲部屋に)入門する」

→(〈相撲〉+〈部屋〉+)
〈入門〉
または〈入る①〉

例文の「入門」はその世界に弟子入りする意味なので〈入門〉または〈入る①〉で表現。〈入門〉は「入門」を意味する新しい手話。

〈入門〉

両手の指先を合わせて前に出すように倒す。

〈入る①〉

両手人差指で「入」の字形を作り、倒すように前に出す。

にゅうよく【入浴】

「入浴」

→〈風呂①〉
または〈風呂②〉

「入浴」は風呂に入る意味なので〈風呂①〉または〈風呂②〉で表現。手話はどちらも風呂で体を洗うさまで「風呂」「入浴」「風呂に入る」などの意味。

〈風呂①〉

右こぶしをほおに当て、こするようにする。

〈風呂②〉

右こぶしで体をこするようにする。

にょうぼう【女房】

「僕の女房」

→〈私①〉+〈妻②〉

「女房」は夫に対する妻のことで〈妻②〉で表現。〈妻②〉は男である自分に添う〈女〉であるさまを表す。

〈私①〉

人差指で胸を指さす。

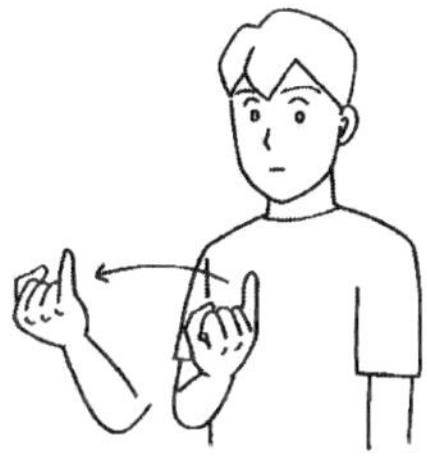

〈妻②〉

体に右小指をつけて前に出す。

ニラ【韮】

「ニラ料理」

→〈ニラ〉+〈料理〉

「ニラ」は〈ニラ〉で表現。〈ニラ〉はニラの薄く長いさまを表す。

〈ニラ〉

左小指を寝かせ、右手ではさんで右手だけ右に動かす。

〈料理〉

左手で押さえ、右手で刻むようにする。

にらむ【睨む】1

「彼をにらむ」

→〈男〉+〈にらむ〉

例文の「にらむ」は目に力を入れてじっと見る意味なので〈にらむ〉で表現。〈にらむ〉は顔を引き締めてにらむさまを表す。

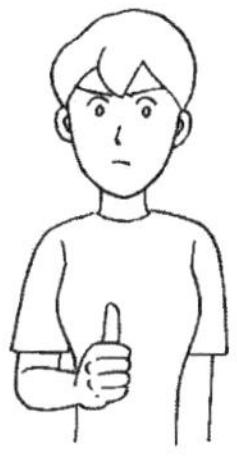

〈男〉

親指を立てた右手を出す。

〈にらむ〉

全指を折り曲げて顔に向けた右手を返して前に向ける。

にらむ【睨む】2

「先生ににらまれる」

→〈先生〉+〈見られる①〉

例文の「にらまれる」は厳しいまなざしで見られることなので〈見られる①〉で表現。〈見られる①〉は視線を注がれるさまを表す。

〈先生〉

右人差指を口元から振りおろし、右親指を示す。

〈見られる①〉

右手２指の指先をぱっと顔に向ける。

にらむ【睨む】3

「にらみ合う」

→〈にらみ合う①〉
または〈にらみ合う②〉

「にらみ合う」は〈にらみ合う①〉または〈にらみ合う②〉で表現。表情に注意。

〈にらみ合う①〉

両手の２指の指先を向かい合わせて上にあげる。

〈にらみ合う②〉

全指を折り曲げた両手を合わせて上にあげる。

にらむ【睨む】4

「（彼が）犯人だとにらむ」

→（〈彼〉＋）
〈悪い③〉＋〈見抜く〉

例文の「にらむ」は見当をつける意味なので〈見抜く〉で表現。〈見抜く〉は隠れているものを見抜くさまで「見通す」「見抜く」などの意味。

〈悪い③〉
左親指を示して右人差指で鼻をこするように振りおろす。

〈見抜く〉
右人差指を目元から前に出し、左手指の間を突き破る。

にりゅう【二流】

「二流選手」

→〈二流〉＋〈選手〉

「二流」は「一流」に次ぐ意味で〈二流〉で表現。〈二流〉は〈2②〉の下に流れるさまを組み合わせた新しい手話。

〈二流〉
左手2指の下ですぼめた右手を前に流れるように出す。

〈選手〉
左こぶしの甲に親指を立てた右手を軽くかすめるように当て、上にあげる。

にる【似る】1

「（子供は）親に似る」

→（〈子供①〉＋）
〈両親〉＋〈そっくり〉

例文の「親に似る」は〈そっくり〉で表現。〈そっくり〉は右から左へそのままうつしたようにそっくり同じさまを表す。

〈両親〉
人差指をほおにふれ、親指と小指を出す。

〈そっくり〉
親指と4指の指先を前に向けた両手を右上から左下に動かす。

にる【似る】2

「色が似ている」

→〈色①〉＋〈似ている〉

例文の「似ている」は〈似ている〉で表現。

〈色①〉
すぼめた両手を合わせてひねる。

〈似ている〉
親指と小指を立てた両手の小指をふれ合わせる。

にる【似る】3

「似たような（経験）」

→〈同じ①〉＋〈らしい〉
（＋〈経験〉）

例文の「似たような」は同じようなの意味なので〈同じ①〉＋〈らしい〉で表現。手話は「同じような」の意味を表す。

〈同じ①〉
両手の親指と人差指の先を上に向けて閉じたり開いたりする。

〈らしい〉
右手2指を頭の横で前後に振る。

にる【似る】4

「似ても似つかない」

→〈すべて〉＋〈違う①〉

「似ても似つかない」は全く似ていない意味なので〈すべて〉＋〈違う①〉で表現。〈すべて〉＋〈違う①〉は「全く違う」「全然違う」など。

〈すべて〉
両手で上から下に円を描く。

〈違う①〉
親指と人差指を出し、同時に手首をねじるように動かす。

にる【似る】5

「似たり寄ったり」

→〈同じ①〉+〈五分五分①〉

「似たり寄ったり」は互いによく似ていてほとんど同じようなの意味なので〈同じ①〉+〈五分五分①〉で表現。手話は「同じくらい」の意味。

〈同じ①〉

両手の親指と人差指の先を上に向けて閉じたり開いたりする。

〈五分五分①〉

親指を立てた両手を同時に内側に倒す。

にるいだ【二塁打】

「二塁打」

→〈セカンド〉+〈野球②〉

「二塁打」は〈セカンド〉+〈野球②〉で表現。〈セカンド〉は二塁を表し、〈野球②〉はヒットのさまで「二塁打」を表す。

〈セカンド〉

左手甲の上に右ひじをのせて右手２指を回す。

〈野球②〉

左手で丸を作り、右手人差指でそれを打つようにする。

にる【煮る】

「魚を煮る」

→〈魚(さかな)①〉+〈煮る〉

「煮る」は鍋でものを炊くことで〈煮る〉で表現。〈煮る〉は火に鍋をかけているさまを表す。

〈魚(さかな)①〉

右手をひらひらさせながら左に向けて動かす。

〈煮る〉

全指を軽く曲げた左手のひらを上に向け、下から全指を曲げた右手で軽くたたく。

にわ【庭】

「家の庭」

→〈家〉+〈庭〉

「庭」は〈庭〉で表現。〈庭〉は家の前にある広がりのある場所のさまで「庭」を表す。

〈家〉

両手で屋根形を作る。

〈庭〉

左手の屋根形の前で右手のひらを下に向け水平に回す。

にるいしゅ【二塁手】

「うまい二塁手」

→〈上手(じょうず)〉+〈セカンド〉

野球などの「二塁手」は〈セカンド〉で表現。〈セカンド〉はベースの上で数字２をかざすさまで「二塁手」を表す。

〈上手(じょうず)〉

右手のひらを左下腕からなでるように伸ばす。

〈セカンド〉

左手甲の上に右ひじをのせて右手２指を回す。

にわか【俄か】1

「にわかに降り出した」

→〈急に〉+〈雨①〉

例文の「にわか」は〈急に〉で表現。〈急に〉は突然起こるさまを表す。「にわか雨が降る」も同手話。

〈急に〉

右人差指で勢いよくすくいあげる。

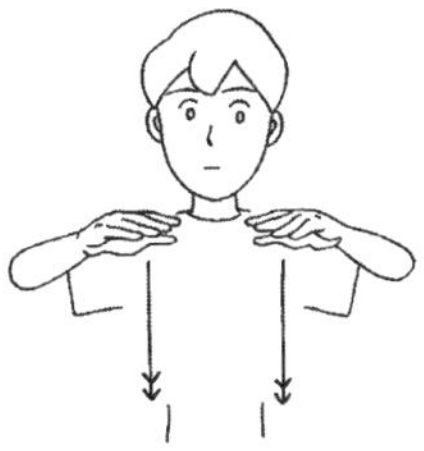

〈雨①〉

軽く開いた指先を前に向け両手を繰り返し下におろす。

にわか【俄か】2

「にわかには信じがたい」

→〈本当〉+〈まさか②〉

例文の「にわかには」は「すぐには」の意で、ここでは〈本当〉+〈まさか②〉で表現。

〈本当〉

右手をあごに当てる。

〈まさか②〉

左手のひらを右手のひらで調子をつけてたたく。

ニワトリ【鶏】

「ニワトリを飼う」

→〈ニワトリ〉+〈育てる①〉

「ニワトリ」は〈ニワトリ〉で表現。〈ニワトリ〉は特徴であるとさかを表す。

〈ニワトリ〉

右手の親指を額に当て、4 指を軽く振る。

〈育てる①〉

左親指に右手指先を繰り返し当てる。

にん【人】1

「選挙人」

→〈選挙〉+〈人〉

例文の「人」は人のことで〈人〉で表現。〈人〉は漢字「人」を空書する。

〈選挙〉

そろえた両手を交互に中央におろす。

〈人〉

人差指で「人」の字を空書する。

にん【人】2

「三人」

→〈三人①〉
または〈三人②〉

例文の「人」は人の数え方で「三人」は〈三人①〉または〈三人②〉で表現。数が変わっても同様な表現をする。

〈三人①〉

3 指を立てた右手の甲側を前にして「人」を空書する。

〈三人②〉

左手で〈3 ②〉を示し、右人差指でその下に「人」の字を書く。

にんい【任意】

「任意に出頭する」

→〈自分一人〉+〈行(い)く②〉

「任意に出頭する」は犯罪の疑いをかけられた人が警察などに自分から出向く意味なので〈自分一人〉+〈行く②〉で表現。

〈自分一人〉

右人差指を胸に当て、前にはねあげる。

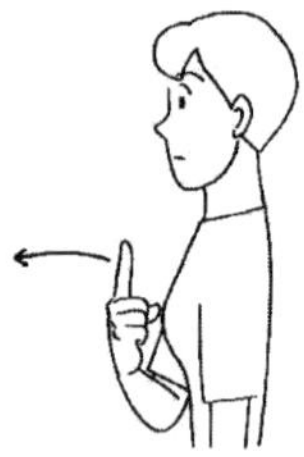

〈行(い)く②〉

人差指を立て、前に出す。

にんか【認可】

「認可が下りる」

→〈認める②〉+〈終わる〉

「認可」は役所が認め許す意味なので〈認める②〉で表現。〈認める②〉はうなずいて合意するさまで「認可する」「承認する」などの意味。

〈認める②〉

両こぶしを向かい合わせて内側に倒す。

〈終わる〉

両手の親指と 4 指を上に向け、閉じながら下にさげる。

にんき【人気】1

例文の「人気がある」は〈人気①〉または〈人気②〉で表現。〈人気①〉は人気がある人を、〈人気②〉は人気がある女性を表す。

「人気がある」

→〈人気①〉
　または〈人気②〉

〈人気①〉
左人差指に指先を揺らした右手を近づける。

〈人気②〉
左小指に右手指先を近づける。

にんき【人気】2

例文の「人気がある」は人々が興味を持つさまなので〈人気③〉で表現。〈人気③〉は多くの人々が押し寄せるさまで「人気がある」など。

「野球は人気がある」

→〈野球①〉+〈人気③〉

〈野球①〉
バットを握って振るようにする。

〈人気③〉
指先を前に向けた両手を前に出しながら近づける。

にんき【人気】3

例文の「人気者」は人々が興味を持つ人のことなので〈人気②〉で表現。〈人気②〉は多くの人々が押し寄せるさまで「人気がある」など。

「彼は人気者」

→〈彼〉+〈人気②〉

〈彼〉
左親指を右人差指でさす。

〈人気②〉
左親指に右手全指の指先を向けて近づける。

にんき【人気】4

例文の「人気が落ちる」は〈人気が落ちる①〉または〈人気が落ちる②〉で表現。いずれも人が離れていくさまを表す。

「人気が落ちる」

→〈人気が落ちる①〉
　または〈人気が落ちる②〉

〈人気が落ちる①〉
左親指に右手指先をつけて右へ引くように離す。

〈人気が落ちる②〉
親指を立てた左手に右手を添えて、前に倒す。

にんぎょう【人形】1

例文の「西洋人形」は洋服を着た人形のことで〈ドレス〉+〈人形〉で表現。〈人形〉は人形を抱くさまを表す。

「西洋人形」

→〈ドレス〉+〈人形〉

〈ドレス〉
両手のひらを腰に当てて、左右に開くようにおろす。

〈人形〉
両手を上下に置き、軽く握るようにする。

にんぎょう【人形】2

例文の「操り人形」は上から糸を引いて操る人形のことで〈操る①〉+〈人形〉で表現。〈操る①〉は糸を操るさまを表す。

「操り人形」

→〈操る①〉+〈人形〉

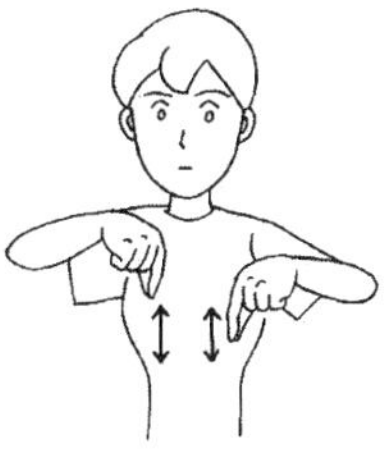

〈操る①〉
親指と人差指でひもを持つように交互に上下させる。

〈人形〉
両手を上下に置き、軽く握るようにする。

にんぎょう【人形】3

「指人形」

→〈指人形〉

「指人形」は人形の中に指を入れて操る人形のことで〈指人形〉で表現。〈指人形〉は指人形を操るさまを表す。

〈指人形〉

右手の親指と人差指と中指を立てて指先を動かす。

にんげん【人間】1

「人間の歴史」

→〈人〉+〈歴史〉

例文の「人間」は人の意味なので〈人〉で表現。〈人〉は漢字「人」を表したもので「人間」「人」の意味を表す。

〈人〉

人差指で「人」の字を空書する。

〈歴史〉

親指と小指を立てた両手を左上で合わせ、右手を揺らしながら右下へおろす。

にんげん【人間】2

「人間ドック」

→(〈人々①〉または)〈人々②〉+〈ドック〉

「人間ドック」は短期間の人の精密検査のことで〈人々②〉+〈ドック〉で表現。〈ドック〉はレントゲン撮影のドックに入るさまを表す。

〈人々②〉

親指と小指を立てた右手を軽く振りながら右へ動かす。

〈ドック〉

左手の親指と4指で作ったトンネルに右手2指を入れる。

にんげん【人間】3

「正直な人間」

→〈正しい〉+〈人〉

例文の「人間」は人物の意味なので〈人〉で表現。〈人〉は漢字「人」を表したもので「人間」「人」の意味を表す。

〈正しい〉

親指と人差指をつまみ、胸に当て、右手をあげる。

〈人〉

人差指で「人」の字を空書する。

にんしき【認識】1

「しっかりした認識」

→〈固い②〉+〈考える〉

例文の「認識」は物事に対するはっきりとした理解と判断の意味で〈考える〉で表現。〈考える〉は考えるさまで「考え」「認識」の意味。

〈固い②〉

曲げた右手全指を振りおろして止める。

〈考える〉

右人差指を頭にねじこむようにする。

にんしき【認識】2

「認識不足」

→〈知る①〉+〈貧しい②〉

例文の「認識不足」はある物事についての判断する知識が足りない意味なので〈知る①〉+〈貧しい②〉で表現。知識や理解が足りないさまを表す。

〈知る①〉

右手のひらを胸に当てて下におろす。

〈貧しい②〉

右親指をあごに当て、あごをこするようにして2回前に出す。

にんじゃ【忍者】

「忍者」は〈忍者〉で表現。〈忍者〉はドロンと術をかける忍者のさまを表す。

「彼は忍者だ」

→〈彼〉+〈忍者〉

〈彼〉

左親指を右人差指でさす。

〈忍者〉

右手２指を２指を立てた左手で握り、軽く振る。

にんじょう【人情】1

例文の「人情」は人が持っている思いやりの意味なので〈人情〉で表現。〈人々〉の形を目から涙が落ちるようにして表した新しい手話。

「人情がある」

→〈人情〉+〈ある①〉

〈人情〉

親指と小指を立てた右手を目元から下におろす。

〈ある①〉

手のひらを下に向けた右手を体の前に軽く置く。

にんじょう【人情】2

例文の「人情」はみんなが同じように持つ思いの意味なので〈みんな〉+〈同じ①〉で表現。

「(楽をしたいというのが)人情だ」

→(〈楽〉+〈好き①〉+)〈みんな〉+〈同じ①〉

〈みんな〉

右手のひらを下に向けて水平に回す。

〈同じ①〉

両手の親指と人差指の先を上に向けて閉じたり開いたりする。

にんしん【妊娠】1

例文の「妊娠」は〈妊娠①〉または〈妊娠②〉で表現。〈妊娠①〉は左手で〈女〉を表し、お腹が大きいさまを表す。

「妊娠している」

→〈妊娠①〉または〈妊娠②〉

〈妊娠①〉

左小指を立て右人差指でふくらみをつける。

〈妊娠②〉

両手のひらで大きな腹を示す。

にんしん【妊娠】2

「妊娠中絶」は胎内にできた赤ちゃんを体外に出すことで〈妊娠①〉または〈妊娠②〉+〈中絶〉で表現。〈中絶〉はお腹から取り除くという意味を持つ。

「妊娠中絶」

→(〈妊娠①〉または)〈妊娠②〉+〈中絶〉

〈妊娠②〉

両手のひらで大きな腹を示す。

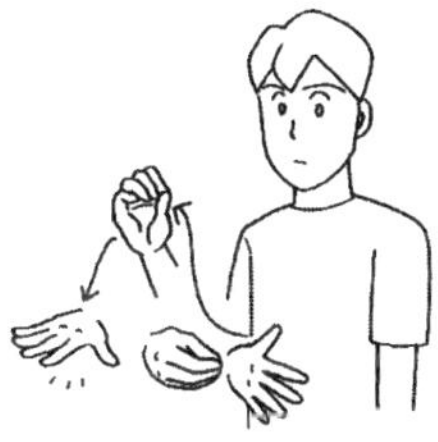

〈中絶〉

腹を右手でつかむようにして前に向けてぱっと開く。

ニンジン【人参】

「ニンジン」は〈赤〉+〈棒①〉で表現。赤いニンジンの形を表す。

「ニンジン」

→〈赤〉+〈棒①〉

〈赤〉

唇に人差指を当て、右へ引く。

〈棒①〉

両手の親指と人差指で作った丸を合わせて、右手を右へ引き離す。

にんずう【人数】1

「(参加)人数」

→(〈参加①〉+)
〈算数〉
または〈数〉

「人数」は催しなどに参加する人のことで〈算数〉または〈数〉で表現。〈算数〉は数を合わせるさまで「足す(プラス)」「人数」などの意味。

〈算数〉
3 指を立てた両手を軽く繰り返しぶつけ合う。

〈数〉
右手の指を順に折る。

にんてい【認定】

「認定(を受ける)」

→〈認める①〉
または〈認定〉
(+〈もらう①〉)

「認定」は事実や資格の有無について公的機関が認める意味なので〈認める①〉または〈認定〉で表現。〈認定〉は「認定」を表す新しい手話。

〈認める①〉
右腕を左手でつかみ、右こぶしを手首から前に倒す。

〈認定〉
左親指に向かって右手 2 指を振りおろす。

にんずう【人数】2

「人数を数える」

→〈数える①〉
または〈数える②〉

「人数を数える」は数を計算することで〈数える①〉または〈数える②〉で表現。いずれも指折り数えるさまを表す。

〈数える①〉
右人差指で指さしながら左手の指を順に折る。

〈数える②〉
左手のひらを右人差指でたたきながら指を折り、右へ動かす。

ニンニク【大蒜】

「ニンニクは臭い」

→〈ニンニク〉+〈臭(くさ)い〉

「ニンニク」は〈ニンニク〉で表現。〈ニンニク〉はニンニクをすりおろすさまを表す。

〈ニンニク〉
左手のひらの上で 2 指をつまんだ右手を前後に動かす。

〈臭(くさ)い〉
右手の親指と人差指で鼻をつまみ顔をそむける。

にんたい【忍耐】

「忍耐強い」

→〈我慢①〉+〈強い①〉

例文の「忍耐」は感情など押さえて我慢する意味なので〈我慢①〉で表現。〈我慢①〉は自分の気持ちや感情が出ないように押さえつけるさまを表す。

〈我慢①〉
親指を立てた左手を右手のひらで押さえつける。

〈強い①〉
こぶしを握った右腕を曲げて力こぶを作るようにする。

にんむ【任務】

「重要な任務につく」

→〈大切①〉+〈責任①〉

「任務」は任された仕事の意味なので〈責任①〉で表現。〈責任①〉は任務を受け持つさまで「任務につく」「任務」などの意味を表す。

〈大切①〉
左手甲を右手のひらでなでるように回す。

〈責任①〉
右肩に軽く全指を折り曲げた右手をのせる。

にんめい【任命】

「(大使に)任命する」

→(〈大使〉+)
〈責任①〉+〈指名〉

「任命する」はある役につくように命じる意味なので〈責任①〉+〈指名〉で表現。手話はその地位につくよう指示するさまを表す。

〈責任①〉
右肩に軽く全指を折り曲げた右手をのせる。

〈指名〉
左親指を右人差指でさす。

ぬう【縫う】1

「着物を縫う」

→〈着物〉+〈縫う〉

例文の「縫う」は着物を縫うことなので〈縫う〉で表現。〈縫う〉は針で縫うさまで「縫物」「裁縫」などの意味を表す。

〈着物〉
着物のえりを合わせるように右手と左手を順番に胸で重ねる。

〈縫う〉
左手の親指と人差指を閉じ、右手で針を持って縫うように動かす。

〈ヌ〉
人差指を曲げて示す。

ぬう【縫う】2

「洋服をミシンで縫う」

→〈服〉+〈ミシン〉

例文の「縫う」はミシンを使って縫うことなので〈ミシン〉で表現。〈ミシン〉はミシンで縫うさまを表し、「洋裁」などの意味もある。

〈服〉
親指を立てた両手をえりに沿って下におろす。

〈ミシン〉
指先を前に向けた両手をゆっくり前に出す。

ぬいもの【縫物】

「縫物が得意」

→〈縫う〉+〈得意〉

「縫物」は衣服などを縫うこと、または縫うものの意味で〈縫う〉で表現。〈縫う〉は針で縫うさまで「縫う」「裁縫」などの意味を表す。

〈縫う〉
左手の親指と人差指を閉じ、右手で針を持って縫うように動かす。

〈得意〉
親指と小指を立てた右手の親指を鼻に当て、斜め上に出す。

ぬう【縫う】3

「(人混みを)縫って(歩く)」

→(〈人通り〉+)
〈分ける②〉(+〈歩く①〉)

例文の「(人混みを)縫って歩く」は人込みを分けるようにして歩くことなので〈分ける②〉+〈歩く①〉で表現。

〈分ける②〉
指先を下にした右手を右へ押しやり、

次に左手も左へ押しやる。

ぬう【縫う】4

「人混みを縫って歩く」

→〈人通り〉+〈歩く②〉

前記の表現以外に〈人通り〉+〈歩く②〉で表現。〈歩く②〉はジグザグに歩くさまを表す。

〈人通り〉

両手のひらを向かい合わせて交互に前後させる。

〈歩く②〉

右手２指でジグザグに歩くようにする。

ぬかす【抜かす】1

「(一人)抜かす」

→(〈一人①〉+)
〈追い抜く①〉
または〈追い抜く②〉

例文の「抜かす」は追い抜く意味なので〈追い抜く①〉または〈追い抜く②〉で表現。いずれも先行する人を後から追い抜くさまを表す。

〈追い抜く①〉

左人差指の横を右人差指が追い抜くように前に出す。

〈追い抜く②〉

左人差指を右人差指で回り込んで追い抜くようにする。

ぬかす【抜かす】2

「メンバーから抜かされた」

→〈署名〉+〈除く②〉

例文の「抜かされる」はメンバーからはずされる意味なので〈除く②〉で表現。〈除く②〉はメンバー表から除くさまを表す。

〈署名〉

左手のひらを上に向け、指に沿って右親指を滑らすように出す。

〈除く②〉

左手のひらの上に右手をのせて右に払う。

ぬかす【抜かす】3

「おばあさんが腰を抜かす」

→〈おばあさん〉+〈驚く①〉

例文の「腰を抜かす」はひどく驚く意味なので〈驚く①〉で表現。〈驚く①〉は飛びあがるほどびっくり仰天するさまを表す。

〈おばあさん〉

右手小指を曲げて小さく上下させる。

〈驚く①〉

左手のひらの上に右手２指を立てて飛びあがるようにして２指を離し、またつける。

ぬかす【抜かす】4

「映画にうつつを抜かす」

→〈映画〉+〈一途②〉

例文の「うつつを抜かす」は慣用句で本業でないことに夢中になる意味なので〈一途②〉で表現。〈一途②〉は〈一途①〉をわきにそらして表す。

〈映画〉

指間を軽く開き、両手のひらを目の前で前後に重ね、交互に上下させる。

〈一途②〉

頭の横で向かい合わせた両手のひらを斜め下に向けながら間をせばめる。

ぬきんでる【抜きん出る】

「力が抜きん出ている」

→〈強い①〉+〈代表〉

「抜きん出る」はとび抜けてすぐれている意味なので〈代表〉を勢いよく表現。他の人々から一人がとび抜けているさまを表す。

〈強い①〉

こぶしを握った右腕を曲げて力こぶを作るようにする。

〈代表〉

指先を斜め上に向けた左手のひらの下から人差指を立てた右手を斜め上にあげる。

ぬく【抜く】1

「歯を抜く」
→〈歯〉+〈歯を抜く〉

例文の「歯を抜く」は虫歯などで歯を抜くことで〈歯を抜く〉で表現。〈歯を抜く〉は歯を抜くさまで痛そうな表情に注意。

〈歯〉
右人差指で歯をさす。

〈歯を抜く〉
かぎ状にした右手を口元から引き抜くように動かす。

ぬく【抜く】2

「前の車を抜く」
→〈追い越す①〉

例文の「車を抜く」は前の車を追い越すことなので〈追い越す①〉で表現。〈追い越す①〉は車が車を追い越すさまを表す。

〈追い越す①〉
指先を前に向けた「コ」の字形の右手で左手を追い抜く。

（補助図）
（上から見た図）

ぬく【抜く】3

「（走って）人を抜く」
→〈追い抜く②〉
（または〈追い抜く①〉）

例文の「抜く」は人を追い抜くことなので〈追い抜く②〉または〈追い抜く①〉で表現。いずれも「追い抜く」「追い越す」の意味を表す。

〈追い抜く②〉
左人差指を右人差指で回り込んで追い抜くようにする。

（補助図）
（左から見た図）

ぬく【抜く】4

「（食事を）抜く」
→（〈食べる①〉+）
〈取り消す〉
または〈削る②〉

例文の「抜く」は食事をしないことなので〈取り消す〉または〈削る②〉で表現。手話は食事をしない、取り消すさまを表す。

〈取り消す〉
左手のひらから右手でつかみとり、下に向かって開く。

〈削る②〉
左手のひらを右手のひらで削り落とすようにする。

ぬく【抜く】5

「考え抜く」
→〈考える〉+〈努力〉

「考え抜く」は終わりまで考える、どこまでも考える意味なので〈考える〉+〈努力〉で表現。〈努力〉はできるかぎり前に進もうとするさま。

〈考える〉
右人差指を頭にねじこむようにする。

〈努力〉
左手のひらに右人差指をねじこみながら前に押し出す。

ぬぐ【脱ぐ】1

「服を脱ぐ」
→〈服〉+〈脱ぐ①〉

例文の「脱ぐ」は服を脱ぐことなので〈脱ぐ①〉で表現。〈脱ぐ①〉は洋服を脱ぐさまを表す。

〈服〉
親指を立てた両手をえりに沿って下におろす。

〈脱ぐ①〉
両手で服を持ち、肩から脱ぎ捨てるようにする。

ぬぐ【脱ぐ】2

「帽子を脱ぐ」

→〈帽子①〉+〈脱ぐ②〉

例文の「脱ぐ」は帽子を脱ぐことなので〈脱ぐ②〉で表現。〈脱ぐ②〉は帽子を頭から脱ぐさまを表す。

〈帽子①〉
右手で帽子のつばをつかむようにする。

〈脱ぐ②〉
帽子のひさしをつかむようにした右手の親指と４指を前におろす。

ぬぐ【脱ぐ】3

「ズボンを脱ぐ」

→〈ズボン①〉+〈脱ぐ③〉

例文の「脱ぐ」はズボンを脱ぐことなので〈脱ぐ③〉で表現。〈脱ぐ③〉はズボンや下着を脱ぐさまを表す。

〈ズボン①〉
両手の親指と人差指を向かい合わせて両足に沿って下に伸ばす。

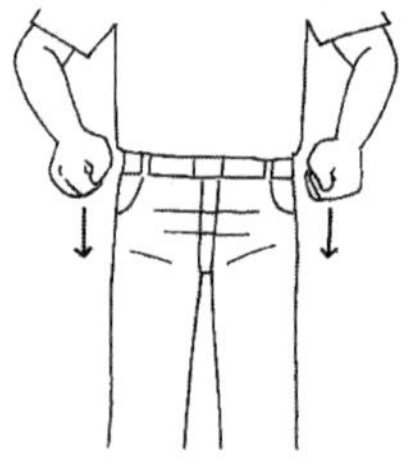

〈脱ぐ③〉
両こぶしを腰に当て、同時にさげる。

ぬぐ【脱ぐ】4

「靴を脱ぐ」

→〈靴①〉+〈脱ぐ④〉

例文の「脱ぐ」は靴を脱ぐことなので〈脱ぐ④〉で表現。〈脱ぐ④〉は足先に見立てた手から靴を脱ぐさまを表す。

〈靴①〉
指先を前に向け手のひらを下にした左手の手首部分から右手２指でつまみあげるようにする。

〈脱ぐ④〉
左手４指を右手親指と４指ではさみこみ、前に出す。

ぬぐ【脱ぐ】5

「一肌脱ぐ」

→〈助ける①〉

例文の「一肌脱ぐ」は慣用句で人に力を貸す意味なので〈助ける①〉で表現。〈助ける①〉は人を後押しするさまで「助ける」を表す。

〈助ける①〉
親指を立てた左手の後ろを右手のひらで軽く後押しする。

ぬぐ【脱ぐ】6

「かぶとを脱ぐ」

→〈降参〉

例文の「かぶとを脱ぐ」は慣用句で降参する意味なので〈降参〉で表現。〈降参〉はかぶとを脱ぐさまで「かぶとを脱ぐ」「降参」「お手あげ」などを表す。

〈降参〉
頭の横に親指と人差指を当て、前におろす。

ぬぐう【拭う】1

「額の汗をぬぐう」

→〈汗①〉+〈汗をぬぐう〉

「汗をぬぐう」は流れる汗をふくことで〈汗をぬぐう〉で表現。〈汗をぬぐう〉は汗をぬぐうさまで「汗をぬぐう」「汗をふく」などの意味。

〈汗①〉
両手指を顔に向け、暑いという表情をしながら下におろす。

〈汗をぬぐう〉
額を右手甲でぬぐうようにする。

ぬぐう【拭う】2

「口をぬぐって言わない」

→〈口をぬぐう〉+〈口を結ぶ〉

「口をぬぐう」はこっそり良くないことをしておいて知らん顔をする意味なので〈口をぬぐう〉で表現。〈口をぬぐう〉は口をぬぐうさま。

〈口をぬぐう〉

右手のひらで口元をぬぐうようにする。

〈口を結ぶ〉

右手の親指と4指を口元で手前に向けて、閉じる。

ぬける【抜ける】1

「歯が抜ける」

→〈歯〉+〈歯を抜く〉

例文の「歯が抜ける」は〈歯を抜く〉で表現。〈歯を抜く〉は歯を抜く、また歯が抜けるさまを表す。

〈歯〉

右人差指で歯をさす。

〈歯を抜く〉

右手の親指と人差指で前歯をつかみ引き抜くようにする。

ぬける【抜ける】2

「気が抜ける」

→〈ゆるむ〉
または〈あきらめる③〉

例文の「気が抜ける」は張り切っていた気持ちがしぼむ意味で〈ゆるむ〉または〈あきらめる③〉で表現。〈ゆるむ〉は気が抜けるさま。

〈ゆるむ〉

両手のひらを重ね指先を開きながら左右に開く。

〈あきらめる③〉

軽く開いた両手をすぼめながら下におろし、頭をがくりと落とす。

ぬける【抜ける】3

「間が抜けている」

→〈なまける〉
または〈油断〉

例文の「間が抜ける」は大切なことが欠けていてばかみたいの意味なので〈なまける〉または〈油断〉で表現。いずれも「ぼんやり」の意味。

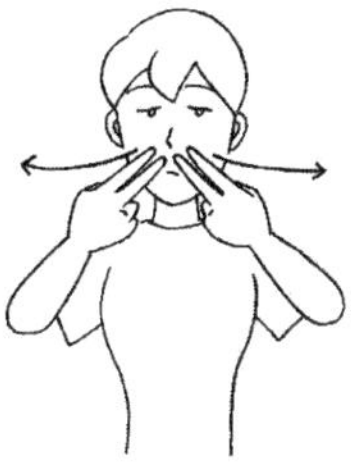

〈なまける〉

両手2指を鼻の下から左右に開く。

〈油断〉

両こぶしを下に落とすようにして重ねて開く。

ぬし【主】1

「家主」

→〈家〉+〈持つ〉

例文の「主」は持ち主の意味なので〈持つ〉で表現。〈持つ〉は所有している意味を表す。

〈家〉

両手で屋根形を作る。

〈持つ〉

手のひらを上に向けた右手を荷物を持ちあげるように上にあげながら握る。

ぬし【主】2

「落し主」

→〈落とす〉+〈人〉

例文の「主」はそのことをした人の意味なので〈人〉で表現。〈人〉は漢字「人」を空書して表す。

〈落とす〉

すぼめた手を下に向かって開く。

〈人〉

人差指で「人」の字を空書する。

ぬ

ぬ

ぬし【主】3

「手紙の主」

→〈郵便が来る〉+〈男〉
（または〈人〉）

例文の「主」は手紙をくれた相手の人のことなので〈男〉または〈人〉で表現。

〈郵便が来る〉
左手２指と右人差指で〒マークを作り、前から引き寄せる。

〈男〉
親指を立てた右手を出す。

ぬすむ【盗む】1

「金を盗む」

→〈金（かね）①〉+〈盗む〉

例文の「盗む」は他人の金をとる意味なので〈盗む〉で表現。〈盗む〉は財布をすり取る古典的なすりのしぐさを表す。

〈金（かね）①〉
右手の親指と人差指で作った丸を示す。

〈盗む〉
かぎ状にした人差指を手前に引く。

ぬすむ【盗む】2

「金を盗まれる」

→〈金（かね）①〉+〈盗まれる〉

例文の「盗まれる」は〈盗まれる〉で表現。〈盗まれる〉は自分の持ち物が盗まれるさまを表す。

〈金（かね）①〉
右手の親指と人差指で作った丸を示す。

〈盗まれる〉
右人差指をかぎ状にして前方に動かす。

ぬすむ【盗む】3

「（先生の）目を盗んで読む」

→（〈先生〉+）
〈隠れる〉+〈読む①〉

例文の「目を盗む」は気づかれないようにこっそりする意味なので〈隠れる〉で表現。〈隠れる〉は人の目から隠れるさまを表す。

〈隠れる〉
両手の小指側を合わせて顔を隠すようにする。

〈読む①〉
左手のひらを見ながら視線に合わせるように右手２指を動かす。

ぬま【沼】

「深い沼」

→〈沼〉+〈深い①〉

「沼」は〈沼〉で表現。〈沼〉はどろどろした沼のさまで、池と区別するためにできた新しい手話。

〈沼〉
左手の親指と４指で囲んだ中で右手の親指と４指を閉じたり開いたりする。

〈深い①〉
両手のひらを上下に向かい合わせて、右手をさげる。

ぬらす【濡らす】1

「（雨で）服をぬらす」

→（〈雨①〉+）
〈服〉+〈ぬれる〉

例文の「ぬらす」は雨などで衣服がぬれることで〈ぬれる〉で表現。〈ぬれる〉は衣服がぬれてびしょびしょのさまを表す。

〈服〉
親指を立てた両手をえりに沿って下におろす。

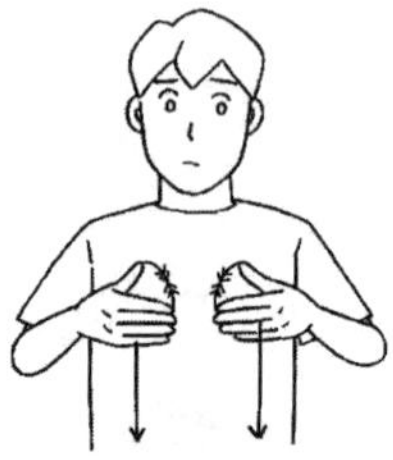

〈ぬれる〉
両手の親指と４指を胸に当てて閉じたり開いたりしながら下におろす。

ぬらす【濡らす】2

「涙でほおをぬらす」

→〈悲しい①〉
または〈悲しい②〉

例文の「ぬらす」は涙を流すことなので〈悲しい①〉または〈悲しい②〉で表現。いずれも涙が流れるさまで「悲しい」「涙にぬれる」などの意味。

〈悲しい①〉

親指と人差指を閉じた右手を目元から揺らしながらおろす。

〈悲しい②〉

両手の親指と人差指を閉じて目元から、揺らしながらおろす。

ぬる【塗る】1

「(壁を)白く塗る」

→(〈壁〉+)
〈白〉+〈塗る〉

例文の「(壁を)塗る」は刷毛などでペンキを塗ることで〈塗る〉で表現。〈塗る〉は刷毛を使って塗るさまを表す。

〈白〉

右人差指で前歯を指さし、左へ引く。

〈塗る〉

左手のひらを手前に向けて右手指先を刷毛のようにして塗る。

ぬる【塗る】2

「パンにバターを塗る」

→〈パン①〉+〈バター〉

例文の「バターを塗る」は〈バター〉で表現。〈バター〉はバターを塗るさまで「バター」「バターを塗る」意味を表す。

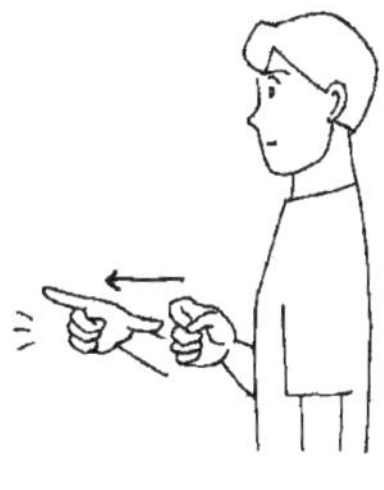

〈パン①〉

右手の親指と人差指を前にぱっと開く。

〈バター〉

左手のひらの上を右手２指で塗るようにする。

ぬる【塗る】3

「おしろいを塗る」

→〈化粧〉

例文の「塗る」はおしろいを塗り化粧することなので〈化粧〉で表現。〈化粧〉はおしろいなどで化粧をするさまを表す。

〈化粧〉

両手のひらでほおを交互にこするようにする。

ぬる【塗る】4

「車を塗る」

→〈運転〉+〈塗装〉

例文の「塗る」は車にスプレーを吹きつけて塗ることで〈塗装〉で表現。〈塗装〉はスプレーを吹きつけるさまを表す。

〈運転〉

ハンドルを両手で握り、回すようにする。

〈塗装〉

左手のひらを手前に向けて親指と人差指を出した右手の人差指で左右に吹きつけるようにする。

ぬるい【温い】

「ぬるい(風呂)」

→〈暖かい〉+〈普通〉
(+〈風呂①〉)

「ぬるい」はお湯などの熱さが十分でないことで〈暖かい〉+〈普通〉で表現。この場合の〈普通〉はぬるい意味で興ざめた表情に注意。

〈暖かい〉

両手で下からあおぐようにする。

〈普通〉

両手の親指と人差指を合わせて左右に開く。

ぬれる【濡れる】1

「雨にぬれる」

→〈雨①〉+〈ぬれる〉

例文の「ぬれる」は雨で衣服がぬれる意味なので〈ぬれる〉で表現。〈ぬれる〉は衣服がびしょびしょのさまで「ぬれる」「ぬらす」の意味。

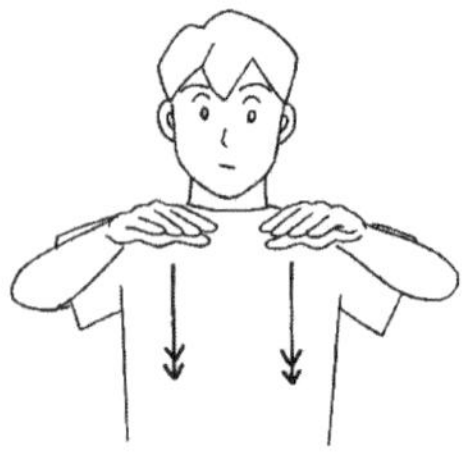

〈雨①〉

軽く開いた指先を前に向け両手を繰り返し下におろす。

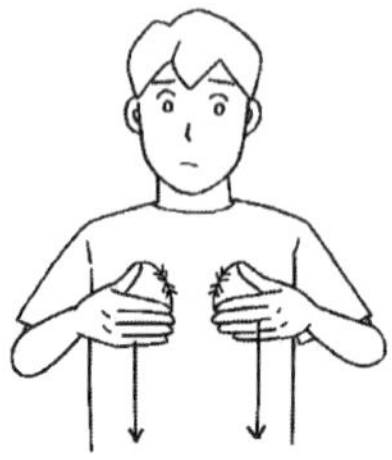

〈ぬれる〉

両手の親指と４指を胸に当てて閉じたり開いたりしながら下におろす。

ぬれる【濡れる】2

「涙にぬれる」

→〈悲しい①〉

または〈悲しい②〉

例文の「ぬれる」は悲しくて泣く意味なので〈悲しい①〉または〈悲しい②〉で表現。いずれも涙が流れるさまを表す。

〈悲しい①〉

親指と人差指を閉じた右手を目元から揺らしながらおろす。

〈悲しい②〉

両手の親指と人差指を閉じて目元から、揺らしながらおろす。

ね

〈ネ〉

指先を下に向けて示す。

ね【音】

「音をあげる」

→〈降参〉

「音をあげる」は苦しさ、つらさにたえられず負けてしまう意味なので〈降参〉で表現。〈降参〉はかぶとを脱ぐさまで「降参」「お手上げ」。

〈降参〉

頭の横に親指と人差指を当て、前におろす。

ね【根】1

「（木の）根」

→（〈木〉+）

〈基本①〉

または〈根①〉

例文の「根」は木の養分を吸い上げ安定を保つ地中に張る部分で〈基本①〉または〈根①〉で表現。いずれも根が地中に張るさまを表す。

〈基本①〉

左ひじを立て、閉じた右手を当てて下に向けて開く。

〈根①〉

指先を上に向けて甲側を前にした左手の手首からすぼめた右手を下に向けて開く。

ね【根】2

「悪の根（を断つ）」

→〈悪い①〉+〈基本①〉

（+〈取り消す〉）

例文の「根」は源（みなもと）、原因の意味なので〈基本①〉で表現。〈基本①〉は地中に張る木の根のさまで「根」「基本」「根源」を意味する。

〈悪い①〉

人差指で鼻をこするようにして振りおろす。

〈基本①〉

左ひじを立て、閉じた右手を当てて下に向けて開く。

ね【根】3

「根が正直」

→〈性質〉+〈正しい〉

例文の「根」は生まれつきの性質の意味なので〈性質〉で表現。〈性質〉は「性質」「性格」などの意味を表す。

〈性質〉

左手甲に右人差指を当て、すくうようにあげる。

〈正しい〉

親指と人差指をつまみ、胸に当て、右手をあげる。

ね【根】4

「言われたことを根に持つ」

→〈言われる①〉+〈執念〉

例文の「根に持つ」はうらみをいつまでも忘れない意味なので〈執念〉で表現。〈執念〉は覚えていて忘れないさま。怖い表情に注意。

〈言われる①〉

指先をすぼめた右手を手前に向けてぱっと開く。

〈執念〉

頭の横で右こぶしを回す。

ね【根】5

「根も葉もない」

→〈基本①〉+〈ない①〉

例文の「根も葉もない」は慣用句で全く根拠のない意味なので〈基本①〉+〈ない①〉で表現。〈基本①〉は木の根のさまで「根」「基本」「根拠」を表す。

〈基本①〉

左ひじを立て、閉じた右手を当てて下に向けて開く。

〈ない①〉

両手指を軽く広げて回転する。

ね【値】1

「値があがる」

→〈値上げ①〉
　または〈値上げ②〉

例文の「値があがる」は商品などの価格があがることで4種類の表現がある。〈値上げ①〉または〈値上げ②〉で表現。いずれも一斉に値のあがるさま。

〈値上げ①〉

両手の親指と人差指で作った丸を同時に上にあげる。

〈値上げ②〉

両手の親指と人差指で作った丸を弧を描いて上にあげる。

ね【値】2

「値があがる」

→〈値上げ③〉
　または〈値上げ④〉

さらに〈値上げ③〉または〈値上げ④〉で表現。〈値上げ③〉はじりじりと値があがるさまを表し、「インフレ」などの意味を表す。

〈値上げ③〉

両手の親指と人差指で丸を作り、揺らしながら右上にあげる。

〈値上げ④〉

親指と人差指で作った両手の丸を平行に斜め上にあげる。

ね【値】3

「値をつける」

→〈金(かね)①〉+〈決める①〉

例文の「値をつける」は金額、価格を決めることなので〈金(かね)①〉+〈決める①〉で表現。

〈金(かね)①〉

右手の親指と人差指で作った丸を示す。

〈決める①〉

左手のひらに右手2指を打ちつける。

ね【値】4

「土地の値がはる」

→〈土〉+〈高い①〉

例文の「値がはる」は金額が高い意味なので〈高い①〉で表現。手話は金額が高いさまで「高価」「高額」などの意味を表す。

〈土〉

砂や土をこすり落とすようにして両手を左右に開く。

〈高い①〉

親指と人差指で作った丸を上にあげる。

ねあがり【値上がり】

「電車が値上がりする」

→〈電車〉+〈値上げ②〉
（または〈値上げ①〉）

「値上がり」は電車などの料金が高くなることなので〈値上げ②〉または〈値上げ①〉で表現。いずれも料金や価格が一斉に高くなるさまを表す。

〈電車〉

折り曲げた右手2指を左手2指に沿って前に動かす。

〈値上げ②〉

両手の親指と人差指で作った丸を弧を描いて上にあげる。

ねあげ【値上げ】1

「（バスが）値上げする」

→（〈バス①〉+）
〈値上げ①〉
または〈値上げ②〉

例文の「値上げ」は料金などが一斉に高くなることなので〈値上げ①〉または〈同②〉で表現。いずれも料金や価格が一斉に高くなるさまを表す。

〈値上げ①〉

両手の親指と人差指で作った丸を同時に上にあげる。

〈値上げ②〉

両手の親指と人差指で作った丸を弧を描いて上にあげる。

ねあげ【値上げ】2

「徐々に値上げする」

→〈値上げ③〉
または〈値上げ④〉

例文の「徐々に値上げする」は〈値上げ③〉または〈値上げ④〉で表現。いずれも時間とともに値上がりするさまを表す。

〈値上げ③〉

両手の親指と人差指で丸を作り、揺らしながら右上にあげる。

〈値上げ④〉

親指と人差指で作った両手の丸を平行に斜め上にあげる。

ねうち【値打ち】

「値打ちのある辞典」

→〈すばらしい〉+〈辞典〉

「値打ち」はそのものが持っているりっぱさの意味なので〈すばらしい〉で表現。〈すばらしい〉は〈良い〉を強調した形。

〈すばらしい〉

右こぶしを鼻から右上にはねあげる。

〈辞典〉

左手のひらの上に右手の2指をのせ、ページをめくるようにする。

ねえさん【姉さん】

「姉さん」

→〈姉①〉
または〈姉②〉

「姉さん」は姉妹のうち年上をいうので〈姉①〉または〈姉②〉で表現。手話はどちらも年上の女性のさま。一般的に〈姉②〉がよく使われる。

〈姉①〉

右薬指を上にあげる。

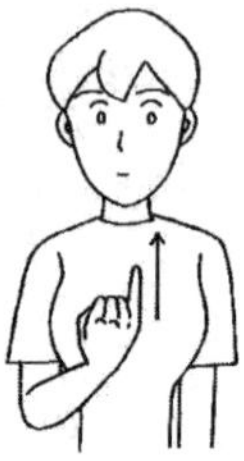

〈姉②〉

右小指を上にあげる。

ねがい【願い】1

「一生のお願い」

→〈本当〉+〈拝む〉

例文の「願い」は願いごとの意味で〈拝む〉で表現。〈拝む〉は手をすり合わせて頼むさまを表す。

〈本当〉

右手をあごに当てる。

〈拝む〉

両手のひらをすり合わせて拝むようにする。

ねがい【願い】2

「よろしくお願いします」

→〈良い〉+〈頼む①〉

例文の「よろしくお願いします」はあいさつの言葉で〈良い〉+〈頼む①〉で表現することが慣用表現になっている。

〈良い〉

右こぶしを鼻から前に出す。

〈頼む①〉

頭を下げて右手で拝むようにする。

ねがい【願い】3

「休暇願いを出す」

→〈休む①〉+〈申し込む〉

例文は届け出の文書を提出する意味なので〈申し込む〉で表現。〈申し込む〉は文書を出すさまで「願いを出す」「申し込む」の意味を表す。

〈休む①〉

手のひらを下にした両手を左右から閉じる。

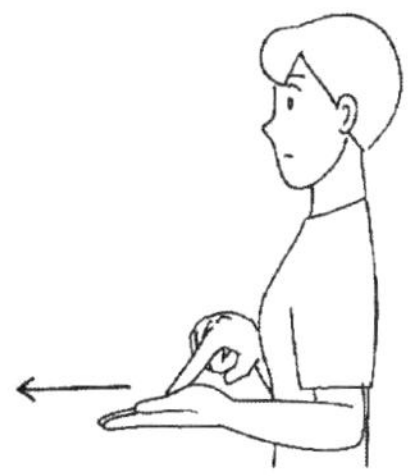

〈申し込む〉

左手のひらの上に右人差指をのせて前に出す。

ねがう【願う】1

「平和を願う」

→〈安定〉+〈求める〉

例文の「願う」は求めるという意味なので〈求める〉で表現。〈求める〉は手を出して要求するさまで「要求する」「求める」「願う」の意味。

〈安定〉

手のひらを下に向けた両手を左右に開く。

〈求める〉

左手のひらに右手の甲を打ちつける。

ねがう【願う】2

「許可を願う」

→〈認める②〉+〈頼む①〉

例文の「願う」は頼むことなので〈頼む①〉で表現。〈頼む①〉は片手で拝むさまで、両手(〈頼む②〉)ですれば丁寧な表現になる。

〈認める②〉

両こぶしを向かい合わせて内側に倒す。

〈頼む①〉

頭を下げて右手で拝むようにする。

ねがう【願う】3

「願ってもないこと」

→〈しめしめ〉

例文の「願ってもない」はそうあってほしいと思ってもむずかしいことがうまく実現する意味なので〈しめしめ〉で表現。表情に注意。

〈しめしめ〉

少し肩をあげ、両手のひらをこすり合わせる。

ね

ネギ【葱】

「ネギ」

→〈ネギ〉

「ネギ」は野菜の一種。〈ネギ〉で表現。〈ネギ〉は細長い「ネギ」のさまを表す。

〈ネギ〉

左小指を右手の親指と人差指ではさみ右へ抜くようにする。

ねぎらう【労う】

「(労を)ねぎらう」

→(〈苦労〉+)
〈世話〉
または〈なだめる〉

「ねぎらう」は苦労した人にことばをかけるなど慰労する意味なので〈世話〉または〈なだめる〉で表現。〈世話〉は人の世話を焼くさまを表す。

〈世話〉

指先を前に向け、手のひらを向かい合わせた両手を交互に上下させる。

〈なだめる〉

親指を立てた左手の背後を右手で優しくなでるようにする。

ネクタイ

「ネクタイ」

→〈ネクタイ〉
または〈蝶ネクタイ〉

「ネクタイ」は男性が首にしめるものでスタンダードな〈ネクタイ〉と〈蝶ネクタイ〉がある。

〈ネクタイ〉

右手2指を軽く曲げて、のど元に当て、小さく弧を描く。

〈蝶ネクタイ〉

両手の親指と人差指で蝶ネクタイの形を示す。

ネコ【猫】1

「猫が好き」

→〈猫〉+〈好き①〉

「猫」は〈猫〉で表現。〈猫〉は前足で顔を洗うさまを表す。

〈猫〉

右こぶしの親指側でほおを丸くなでるようにする。

〈好き①〉

親指と人差指を開いた右手をのどに当て、下におろしながら閉じる。

ネコ【猫】2

「猫の手も借りたいほどの忙しさ」

→(〈忙しい①〉または)
〈忙しい②〉+〈とても〉

例文はとても忙しい意味の比喩的表現。〈忙しい①〉または〈忙しい②〉+〈とても〉で表現。〈忙しい②〉はばたばたするさまを表す。

〈忙しい②〉

指先を折り曲げた両手のひらを下に向けて同時に水平に回す。

〈とても〉

右手の親指と人差指をつまみ、弧を描きながら親指を立てる。

ネコ【猫】3

「猫をかぶる」

→(〈表(おもて)①〉+)
〈猫かぶり①〉または〈猫かぶり②〉

例文の「猫をかぶる」は慣用句で本性を隠して人の前ではおとなしくすることなので〈猫かぶり①〉または〈猫かぶり②〉で表現。

〈猫かぶり①〉

右ほおを舌でふくらませながら両手のひらを向かい合わせて下におろす。

〈猫かぶり②〉

指先を右に向けた左手甲に指を折り曲げた右手を当て、左手の下から内側に引き入れる。

ネコ【猫】4

「猫かわいがり」

→〈愛①〉+〈甘い〉

「猫かわいがり」はなでるようにやたらとかわいがる意味なので〈愛①〉+〈甘い〉で表現。手話は「甘やかす」などの意味がある。

〈愛①〉

左手甲を右手でなでるように回す。

〈甘い〉

右手のひらを口元で回す。

ねこかぶり【猫かぶり】

「猫かぶり」

→(〈表(おもて)①〉+)〈猫かぶり①〉または〈猫かぶり②〉

「猫かぶり」は本性を隠して人の前ではおとなしくすることなので〈猫かぶり①〉または〈猫かぶり②〉で表現。〈猫かぶり②〉は脅しの顔を隠すさま。

〈猫かぶり①〉

右ほおを舌でふくらませながら両手のひらを向かい合わせて下におろす。

〈猫かぶり②〉

指先を右に向けた左手甲に指を折り曲げた右手を当て、左手の下から内側に引き入れる。

ネコ【猫】5

「猫の額ほどの土地」

→〈土〉+〈小さい①〉

「猫の額ほど」は土地が非常に狭い意味なので〈小さい①〉で表現。〈小さい①〉は小さいさまで、表現の仕方によって大きさが変わる。

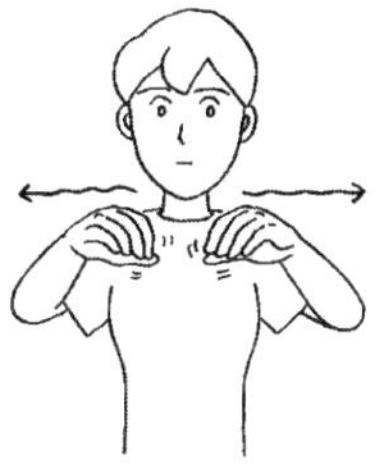

〈土〉

砂や土をこすり落とすようにして両手を左右に開く。

〈小さい①〉

両手の親指と人差指を向かい合わせ、左右から縮める。

ねごと【寝言】

「寝言を言う」

→〈寝言①〉または〈寝言②〉

「寝言」は寝ながらしゃべることで〈寝言①〉または〈寝言②〉で表現。

〈寝言①〉

左こぶしを頭に当て、右手指先を揺らしながら口元から出す。

〈寝言②〉

左こぶしを頭に当てて右人差指を回す。

ネコ【猫】6

「それは猫に小判だ」

→〈それ〉+〈損〉

「猫に小判」は値打ちあるものでもわからないものには全く価値のないことなので〈損〉で表現。〈損〉はお金を捨てるさまを表す。

〈それ〉

右人差指で前をさす。

〈損〉

両手の親指と人差指で作った丸を前に投げるようにして開く。

ねこばば【猫ばば】1

「(金を)ねこばばする」

→(〈金(かね)①〉+)〈ねこばば①〉または〈ねこばば②〉

例文は〈ねこばば①〉または〈ねこばば②〉で表現。〈ねこばば①〉はこっそり自分の物にするさま、〈ねこばば②〉はそっとポケットに入れるさまを表す。

〈ねこばば①〉

左手のひらの下から右腕を出して前からつかみ取るようにする。

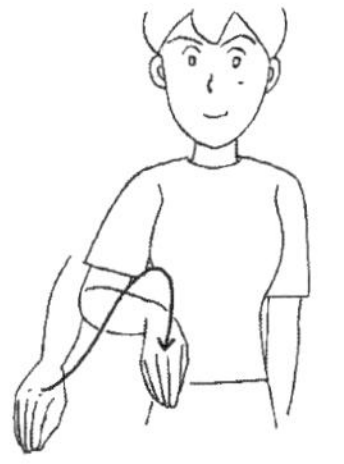

〈ねこばば②〉

右手をそっとポケットに入れるようにする。

ね

ねこばば【猫ばば】2

「ねこばばをきめこむ」

→〈ねこばば①〉(または〈ねこばば②〉)＋〈知らんぷり〉

例文は〈ねこばば①〉または〈ねこばば②〉＋〈知らんぷり〉で表現。〈知らんぷり〉はほおをふくらませてうそを表し、右手で知らないことを表す。

〈ねこばば①〉
左手のひらの下から右腕を出して前からつかみ取るようにする。

〈知らんぷり〉
舌で左ほおをふくらませ、右手の指の背側で右ほおを払うように動かす。

ねさがり【値下がり】

「野菜が値下がりする」

→〈野菜〉＋〈値下げ①〉

「値下がり」は価格がさがることで〈値下げ①〉で表現。〈値下げ①〉は価格がさがるさまで他にいろいろな表現の種類がある。

〈野菜〉
指先を上に向けた両手を向かい合わせて上にあげ、丸めるように指先を下に向ける。

〈値下げ①〉
両手の親指と人差指で作った丸を同時にさげる。

ねさげ【値下げ】1

「(野菜を)値下げする」

→(〈野菜〉＋)
〈値下げ①〉
または〈値下げ②〉

例文の「値下げ」は5種類の表現がある。〈値下げ①〉また〈値下げ②〉ともいっぺんに値段ががくんとさがるさまを表す。

〈値下げ①〉
両手の親指と人差指で作った丸を同時にさげる。

〈値下げ②〉
両手の親指と人差指で作った丸を弧を描きながら同時に下におろす。

ねさげ【値下げ】2

「(野菜を)値下げする」

→(〈野菜〉＋)
〈値下げ③〉
または〈値下げ④〉

みっつめは〈値下げ③〉で表現。じりじりさがるさま。よっつめは〈値下げ④〉で表現。低下するさまを表す。

〈値下げ③〉
両手の親指と人差指で作った丸を揺らしながら同時に右下にさげる。

〈値下げ④〉
両手の親指と人差指で作った丸を同時に斜め下におろす。

ねさげ【値下げ】3

「野菜を値下げする」

→〈野菜〉＋〈値下げ⑤〉

いつつめは〈値下げ⑤〉で表現。じりじりさがるさまを表す。

〈野菜〉
指先を上に向けた両手を向かい合わせて上にあげ、丸めるように指先を下に向ける。

〈値下げ⑤〉
両手の親指と人差指で作った丸を同時に揺らしながら下におろす。

ねじける

「心がねじける」

→〈心〉＋〈へそまがり〉

「ねじける」は心がひねくれる意味で〈へそまがり〉で表現。〈へそまがり〉は心がひねくれるさまで「ねじける」「罪」などの意味がある。

〈心〉
右人差指でみぞおち辺りをさす。

〈へそまがり〉
右手の親指の先をへその辺りで左に向けてねじるようにして動かす。

ねじまわし
【ねじ回し】

「ねじ回しを借りる」
→〈ねじ回し〉+〈借りる〉

「ねじ回し」は〈ねじ回し〉で表現。〈ねじ回し〉はねじ回しを使用しているさまを表す。「ねじをしめる」も同手話。

〈ねじ回し〉
指先を前方に向けた左手のひらに右 2 指をつけて回転させる。

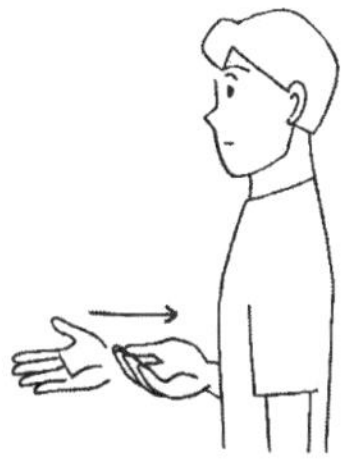

〈借りる〉
親指と 4 指を半開きにして手前に引きながら閉じる。

ネズミ【鼠】

「ネズミをつかまえる」
→〈ネズミ〉+〈つかむ①〉

「ネズミ」は〈ネズミ〉で表現。〈ネズミ〉はネズミの鋭い門歯を表す。

〈ネズミ〉
右手 2 指を口元に当て、屈伸させる。

〈つかむ①〉
視線を向けて目の前のものをつかむようにする。

ねたむ【妬む】

「成功をねたむ」
→〈成功〉+〈ねたむ〉

「ねたむ」は他人の幸せなどをうらやましく思うことで〈ねたむ〉で表現。〈ねたむ〉はうらやましく思うさまで「ねたむ」「ひがむ」の意味。

〈成功〉
右こぶしを鼻から左手のひらに打ちつける。

〈ねたむ〉
右手の人差指と中指で交互に鼻の頭をたたく。

ねだん【値段】1

「値段(をつける)」
→〈金(かね)①〉+〈数〉
(+〈決める①〉)

「値段」は価格、金額のことで〈金(かね)①〉+〈数〉で表現。手話は「いくらの金額」の意味を表す。

〈金(かね)①〉
右手の親指と人差指で作った丸を示す。

〈数〉
右手の指を順に折る。

ねだん【値段】2

「値段が高い」
→〈高い①〉

「値段が高い」は〈高い①〉で表現。お金を意味する右手を上にあげ値段が高いさまで「値段が高い」「高価」「高額」などの意味を表す。

〈高い①〉
親指と人差指で作った丸を勢いよくあげる。

ねだん【値段】3

「値段があがる」
→〈値上げ②〉
または〈値上げ④〉

「値段があがる」は商品などの価格があがることで〈値上げ②〉または〈値上げ④〉で表現。手話はどちらも値のあがるさまを表す。

〈値上げ②〉
両手の親指と人差指で作った丸を弧を描いて上にあげる。

〈値上げ④〉
親指と人差指で作った両手の丸を平行に斜め上にあげる。

ねつ【熱】1

「野球に熱をあげる」

→〈野球①〉+〈一途①〉

例文の「熱をあげる」は夢中になることなので〈一途①〉で表現。〈一途①〉はそのことだけに思いが集中するさま。「熱中する」も同じ手話。

〈野球①〉
バットを握って振るようにする。

〈一途①〉
両手のひらをこめかみ付近から斜め前に絞り込むようにおろす。

ねつ【熱】2

「熱がある」

→〈体温〉+〈熱〉

例文の「熱がある」は体の体温があがることなので2種類の表現がある。ひとつは〈体温〉+〈熱〉で表現。〈熱〉は体温計の水銀柱があがるさま。

〈体温〉
右人差指を左脇にはさむ。

〈熱〉
親指と人差指を閉じた右手を左脇の下につけて、人差指を上にはねあげて開く。

ねつ【熱】3

「熱がある」

→〈額〉+〈熱い〉

もうひとつは〈額〉+〈熱い〉で表現。額に当てた手に熱を感じるさまを表す。

〈額〉
額に右手のひらを当てる。

〈熱い〉
指先を下に向けた右手をぱっと上にあげる。

ねつ【熱】4

「体の熱があがる」

→〈体(からだ)〉+〈熱〉

例文の「熱があがる」は体の体温があがることで〈体〉+〈熱〉で表現。

〈体(からだ)〉
右手を体の上で回す。

〈熱〉
親指と人差指を閉じた右手を左脇の下につけて、人差指を上にはねあげて開く。

ねつ【熱】5

「体の熱がさがる」

→〈体(からだ)〉+〈熱がさがる〉

例文の「熱がさがる」は体の体温がさがることで〈体〉+〈熱がさがる〉で表現。手話は体温計の水銀柱がだんだんさがるさまを表す。

〈体(からだ)〉
右手を体の上で回す。

〈熱がさがる〉
親指と人差指を開いた右手を左脇に当て、閉じる。

ねつ【熱】6

「すぐに熱が冷める」

→〈あきらめる①〉+〈あっけない②〉

例文の「熱が冷める」は熱中した状態がなくなる意味なので〈あきらめる①〉で表現。〈あきらめる①〉は意欲がなくなるさまを表す。

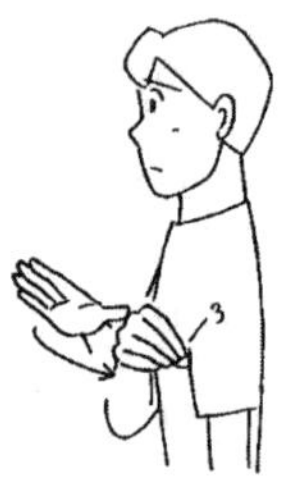

〈あきらめる①〉
親指と4指を開いた右手を左脇に引きつけながら閉じる。

〈あっけない②〉
指を半開きにした両手を下に向け振る。

ねつ【熱】7

「仕事に熱が入る」

→〈仕事〉+〈熱心①〉

例文の「熱が入る」は一生懸命になる意味で〈熱心①〉で表現。〈熱心①〉は体が熱くなるほど熱中するさまを表す。

〈仕事〉

手のひらを上に向け、向かい合わせた両手指先を繰り返しつき合わせる。

〈熱心①〉

閉じた親指と人差指を左脇の下につけ、前にはじくように開く。

ねっしん【熱心】

「熱心に(勉強する)」

→〈熱心①〉
または〈熱心②〉
(+〈勉強②〉)

「熱心に」は〈熱心①〉または〈熱心②〉で表現。手話は意欲的に取り組むさまを表し、「熱心に」「積極的に」などの意味を表す。

〈熱心①〉

親指と人差指を閉じた右手を左脇に当てて、前に出しながらぱっと開く。

〈熱心②〉

親指と 4 指を閉じた右手を左脇に当て、前に出しながらぱっと開く。

ねつい【熱意】

「熱意をもって教育する」

→〈教える①〉+〈熱心①〉

「熱意をもって」は熱心にの意味なので〈熱心①〉で表現。〈熱心①〉は体が熱くなるほど熱中するさまで「熱心に」「積極的に」の意味を表す。

〈教える①〉

右人差指を口元付近から手首を軸にして振りおろす。

〈熱心①〉

親指と人差指を閉じた右手を左脇に当てて、前に出しながらぱっと開く。

ねつぞう【捏造】

「話をねつ造する」

→〈うそ①〉+〈こじつける〉

「ねつ造」はないことをあるようにうそをついて作りあげる意味なので〈うそ①〉+〈こじつける〉で表現。「でっちあげ」の意味もある。

〈うそ①〉

ほおを舌でふくらませ、そこを人差指で突く。

〈こじつける〉

全指をすぼめた両手を交互に上下させながらつけるようにして上にあげる。

ネックレス

「ネックレスを贈る」

→〈ネックレス〉+〈与える①〉

「ネックレス」は真珠や宝石などで作った首にかけるアクセサリーのことで〈ネックレス〉で表現。手話は首にかけたネックレスのさまを表す。

〈ネックレス〉

右手の親指と人差指で小さな丸を作り胸に当て、左から右へ順に動かす。

〈与える①〉

両手のひらを上に向け並べて前に差し出す。

ネット 1

「テニスのネット」

→〈テニス〉+〈網①〉

例文の「ネット」は網の意味なので〈網①〉で表現。〈網①〉は網目のさまで網目の大きさなどによって表現は変わる。

〈テニス〉

右手でラケットを握って左右から振るようにする。

〈網①〉

軽く指先を開いた両手を重ね、網の目を描くように左右に引く。

ネット 2

「全国ネット(の放送)」

→〈日本〉+〈ネットワーク〉
(+〈放送〉)

例文の「ネット」は「ネットワーク」の略で放送網の意味なので〈ネットワーク〉で表現。

〈日本〉
両手の親指と人差指をつき合わせ、左右に開きながら閉じる。

〈ネットワーク〉
両手の指を重ねてそのまま回す。

ネットワーク

「ネットワークを作る」

→〈ネットワーク〉+〈作る〉

「ネットワーク」は〈ネットワーク〉で表現。網目のように張り巡らされたネットが機能するさまを表す新しい手話。

〈ネットワーク〉
両手の指を重ねてそのまま回す。

〈作る〉
両手のこぶしを上下に打ちつける。

ねつぼう【熱望】

「熱望する」

→(〈熱心①〉または)
〈強い①〉+〈求める〉

「熱望」は熱心に願い望む意味なので〈熱心①〉または〈強い①〉+〈求める〉で表現。〈強い①〉は力こぶのさまで「強い」「強く」などの意味を表す。

〈強い①〉
こぶしを握った右腕を曲げて力こぶを作るようにする。

〈求める〉
左手のひらに右手の甲を打ちつける。

ねばねば

「ねばねばして気持ちが悪い」

→〈ねばねば〉+〈そぐわない〉

例文の「ねばねば」は〈ねばねば〉で表現。

〈ねばねば〉
指先を前に向けた両手の親指と４指を交互にゆっくり閉じたり開いたりする。

〈そぐわない〉
両手の指背側を合わせて、上下にすり合わせる。

ねばる【粘る】

「粘って勝つ」

→〈努力〉+〈勝つ②〉

例文の「粘る」は根気よくがんばる意味なので〈努力〉で表現。〈努力〉は壁を打ち破ろうと努めるさまで表現によって「努力」の強弱を表す。

〈努力〉
左手のひらに右人差指をねじこみながら前に押し出す。

〈勝つ②〉
こぶしを上に突きあげる。

ねびき【値引き】

「値引き(販売)」

→〈金(かね)①〉+〈差し引く〉
(+〈売る②〉)

例文の「値引き」は金額を割引くことなので〈金(かね)①〉+〈差し引く〉で表現。〈差し引く〉は「値引き」「割引き」などの意味がある。

〈金(かね)①〉
右手の親指と人差指で作った丸を示す。

〈差し引く〉
左手のひらを右手で手前に削り落とすようにする。

ねぶそく【寝不足】

「寝不足」

→〈眠る①〉+〈貧しい①〉
（または〈不足〉）

「寝不足」は寝足りないことなので〈眠る①〉+〈貧しい①〉または〈不足〉で表現。〈眠る①〉が眠そうな表情なのに注意。

〈眠る①〉

親指と４指の指先を目に向けて閉じる。

〈貧しい①〉

右手親指をあごに当てる。

ねむい【眠い】

「眠くなる」

→〈眠い〉

「眠い」は眠りたいと思うことで〈眠い〉で表現。〈眠い〉はうつらうつらと目が閉じたり開いたりするさまを表す。

〈眠い〉

両手の親指と４指の指先を目に向けて閉じたり開いたりする。

ねぼう【寝坊】

「寝坊して遅刻する」

→〈寝坊〉+〈過ぎる〉

「寝坊」は朝、寝過ごすことなので〈寝坊〉で表現。〈寝坊〉は思わず寝過ごすさまで「寝坊」「寝過ごす」などの意味を表す。

〈寝坊〉

頭に当てた右こぶしをすべらせるように上にあげる。

〈過ぎる〉

左手甲の上を右手で乗り越える。

ねむる【眠る】1

「（少し）眠る」

→（〈少し〉+）
〈眠る①〉
または〈眠る②〉

例文の「眠る」は目を閉じて睡眠をとることなので〈眠る①〉または〈眠る②〉で表現。いずれも目を閉じて眠るさまを表す。

〈眠る①〉

親指と4指を目の前で合わせ、軽く目をつぶる。

〈眠る②〉

両手の親指と４指の指先を目に向けて閉じる。

ねみみにみず【寝耳に水】

「寝耳に水」

→〈寝耳に水〉

「寝耳に水」は突然のできごとに驚く意味で〈寝耳に水〉で表現。〈寝耳に水〉は耳に水が入ってがくぜんとするさまを表す。

〈寝耳に水〉

右手の親指と人差指をつまんで軽く耳に当て、

右手のひらで右耳をふさぐ。

ねむる【眠る】2

「地下に眠る資源」

→〈深い②〉+〈資源〉

例文の「眠る」は役に立つものが活用されずにいる意味なので、この場合〈深い②〉+〈資源〉で表現してその意味を表す。

〈深い②〉

左手のひらを下に向け、体と左手の間に右人差指を沈めるように下にさげる。

〈資源〉

左手で指文字〈シ〉を示して、その左ひじの下辺りで右手を水平に回す。

ねらい 1

「(この)本のねらい」
→(〈これ〉+)
〈本〉+〈目的①〉

例文の「ねらい」は目的の意味なので〈目的①〉で表現。〈目的①〉は的に矢を当てるさまで「ねらい」「目的」「目当て」などの意味を表す。

〈本〉
手のひらを合わせた両手を本を開くように左右に開く。

〈目的①〉
左こぶしの親指側に右人差指を当てる。

ねらう 2

「優勝をねらう」
→〈優勝〉+〈目的②〉

例文の「ねらう」は目標にする意味なので〈目的②〉で表現。〈目的②〉はねらった的に矢を当てるさまを表す。

〈優勝〉
両こぶしで優勝旗のさおを持ち、上にあげるようにする。

〈目的②〉
左こぶしを上にあげ、親指側に右人差指を当てる。

ねらい 2

「ねらいがはずれる」
→〈はずれる〉

例文の「ねらいがはずれる」は的をはずすことなので〈はずれる〉で表現。〈はずれる〉は的に矢が当たらずそれるさまを表す。

〈はずれる〉
左こぶしの親指側を的にして右人差指を左へはずす。

ねる【寝る】1

「寝ている間」
→〈寝る〉+〈間(あいだ)〉

「寝る」は〈寝る〉で表現。〈寝る〉は頭に枕を当てて眠るさまを表す。

〈寝る〉
頭を傾けて右こぶしを側頭部に当てる。

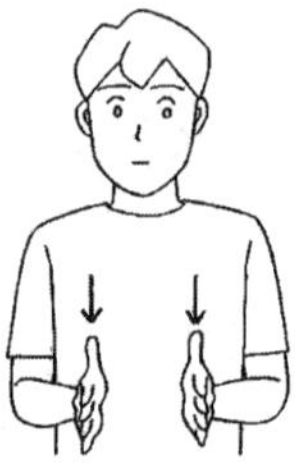

〈間(あいだ)〉
両手のひらを向かい合わせ、仕切るように下に少しさげる。

ねらう 1

「彼をねらって撃つ」
→〈撃つ②〉

例文の「ねらう」は目標を決めてピストルで撃つ意味なので〈撃つ②〉で表現。〈撃つ②〉はねらいを定めてピストルで撃つさまを表す。

〈撃つ②〉
左親指に向かって親指と人差指を立てた右手の人差指の先を近づける。

ねる【寝る】2

「仰向けに寝る」
→〈寝る〉+〈横になる〉

「仰向けに寝る」は〈寝る〉+〈横になる〉で表現。〈横になる〉は上を向いて眠るさま。顔をやや上に向けることに注意。

〈寝る〉
頭を傾けて右こぶしを側頭部に当てる。

〈横になる〉
顔をやや上に向けて左手のひらの上に右手 2 指を置く。

ねる【寝る】3

「病気で寝る」
→〈病気〉+〈寝る〉

「(病気で)寝る」は病気で床につく意味で〈寝る〉で表現。〈寝る〉は頭に枕を当てて眠るさまを表す。

〈病気〉
こぶしで額を軽くたたく。

〈寝る〉
右こぶしを頭に当て、傾ける。

ねる【練る】

「計画を練る」
→〈計画〉+〈練る〉

例文の「練る」は十分にあれこれ考え、工夫する意味なので〈練る〉で表現。〈練る〉はすりこぎで練るさまを表す。

〈計画〉
左手のひらを下に向け、右人差指で線を引くようにする。

〈練る〉
両手のこぶしを重ねて上にのせた右手を小さくこすり合わせるように回す。

ねん【年】1

「年に二回」
→〈一年①〉+〈2④〉

例文の「年」は一年の意味なので〈一年①〉で表現。〈一年①〉は木の年輪が一まわりするさまで「一年」の意味を表す。

〈一年①〉
左こぶしの親指側に右人差指をふれ、くるりと一回転する。

〈2④〉
左手のこぶしを残したまま、右手2指を示す。

ねん【年】2

「(昭和)三十年」
→(〈昭和〉+)
〈30〉+〈年(ねん)〉

例文の「年」は年の数え方なので、〈年〉で表現。〈年〉は木の年輪を表し、「年」の意味を表す。この場合〈年〉は表さなくてもよい。

〈30〉
右手3指を曲げて軽く振る。

〈年(ねん)〉
左こぶしの親指側に右人差指を当てる。

ねん【年】3

「中学三年」
→〈中(ちゅう)①〉+〈3②〉

例文の「年」も年数の数え方。例文は〈中(ちゅう)①〉+〈3②〉で表現。手話は中学校の学年を表す表現。小学校、大学も同様に表現する。

〈中(ちゅう)①〉
左手の親指と人差指と右人差指で「中」の字形を作る。

〈3②〉
右手の3指の指先を左に向けて示す。

ねん【年】4

「(国際)婦人年」
→(〈世界〉または〈国際〉+)
〈女性〉+〈年(ねん)〉

例文の「年」は〈年〉で表現。〈年〉は木の年輪を表し、「年」の意味。

〈女性〉
両手小指を合わせて手前に水平に円を描く。

〈年(ねん)〉
左こぶしの親指側に右人差指を当てる。

ねんいり【念入り】1

「念入りに調べる」

→〈細かい②〉+〈調べる①〉

例文の「念入り」は細かいところまで丁寧にする意味なので〈細かい②〉で表現。〈細かい②〉はしらみつぶしのさまで「念入り」「細かく」の意味。

〈細かい②〉

両手の親指と人差指をつまみ、つき合わせ、つぶすようにしながら右へ動かす。

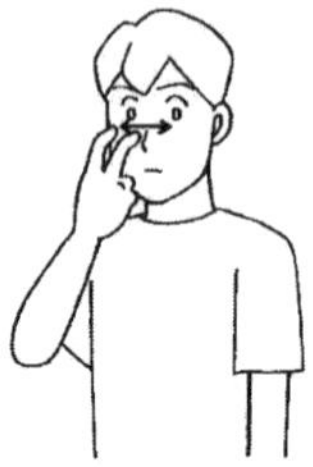

〈調べる①〉

右手の人差指と中指を軽く折り曲げて、目の前を左右に往復させる。

ねんいり【念入り】2

「化粧を念入りにする」

→〈化粧〉+〈細かい①〉

例文の「念入り」は丁寧に時間をかけてすることで〈細かい①〉で表現。〈細かい①〉はしらみつぶしのさまで「細かく」「丁寧に」の意味。

〈化粧〉

両手のひらでほおを交互にこするようにする。

〈細かい①〉

両手の親指と人差指をつまみ、つき合わせ、つぶすようにする。

ねんがじょう【年賀状】1

「年賀状(を書く)」

→〈正月①〉+〈四角②〉
(+〈書く①〉)

例文の「年賀状」は〈正月①〉+〈四角②〉で表現。手話は正月の葉書という意味を表す。

〈正月①〉

両手の人差指の先を上下で向かい合わせる。

〈四角②〉

両手の人差指で四角を描く。

ねんがじょう【年賀状】2

「年賀状が来た」

→〈正月①〉+〈郵便が来る〉

「年賀状が来る」は年賀状が届くことで〈正月①〉+〈郵便が来る〉で表現。「年賀状」の「状」を表す〈四角②〉は省略されている。

〈正月①〉

両手の人差指の先を上下で向かい合わせる。

〈郵便が来る〉

左手2指と右人差指で〒マークを作り、前から引き寄せる。

ねんがん【念願】

「念願(がかなう)」

→〈求める〉+〈相変わらず③〉
(+〈成功〉)

「念願」はずっと前からの望みの意味なので〈求める〉+〈相変わらず③〉で表現。手話はずっと求めていたことという意味を表す。

〈求める〉

左手のひらに右手の甲を打ちつける。

〈相変わらず③〉

右手の親指と4指を閉じたり開いたりしながら前に出す。

ねんきん【年金】

「(厚生)年金」

→(〈厚生〉+)
〈年(ねん)〉+〈金(かね)①〉

「年金」は国の年金制度に基づいて支給されるお金のことで〈年〉+〈金(かね)①〉で表現。

〈年(ねん)〉

左こぶしの親指側に右人差指を当てる。

〈金(かね)①〉

右手の親指と人差指で作った丸を示す。

ねんげつ【年月】

「長い年月」

→〈長い①〉+〈間(あいだ)〉

例文の「年月」は期間の意味なので〈間〉で表現。〈間〉は期間の意味で〈間〉の間隔の開き方で期間の長短を表す。

〈長い①〉

閉じた両手の親指と人差指を左右に引き離す。

〈間(あいだ)〉

両手のひらを向かい合わせ、仕切るように下に少しさげる。

ねんこう【年功】

「年功序列」

→〈年齢〉+〈序列〉

「年功序列」は年齢や勤続年数で地位や給料が決まることを言うので〈年齢〉+〈序列〉で表現。手話は年齢に応じて地位が決まるさま。

〈年齢〉

あごの下で右手の指を順に折る。

〈序列〉

親指を立てた両手を並べて右手を順に下ろしていく。

ねんざ【捻挫】1

「手首のねんざ」

→〈手首〉+〈ねんざ①〉

「(手首の)ねんざ」はくじくことで〈ねんざ①〉で表現。〈ねんざ①〉はねんざ、くじくさまで、ねんざの部位によって指示する箇所が異なる。

〈手首〉

左手首を右人差指でさす。

〈ねんざ①〉

左手のひらに右こぶしを包み、ねじるようにする。

ねんざ【捻挫】2

「ひじのねんざ」

→〈ひじ②〉+〈ねんざ②〉

「(ひじの)ねんざ」はくじくことで〈ねんざ②〉で表現。〈ねんざ②〉はねんざ、くじくさまで、ねんざの部位によって指示する箇所が異なる。

〈ひじ②〉

左ひじを右人差指で指さす。

〈ねんざ②〉

両こぶしを合わせてねじるようにする。

ねんざ【捻挫】3

「足をねんざする」

→〈足③〉+〈ねんざ③〉

例文は足のねんざなので〈ねんざ③〉で表現。〈ねんざ③〉はひねったさまを表す。

〈足③〉

足首を指さす。

〈ねんざ③〉

左手のひらに右こぶしを当て、ひねる。

ねんし【年始】1

「年始の挨拶」

→〈正月①〉+〈あいさつ〉

例文の「年始」は年のはじめの祝いの意味で〈正月①〉で表現。〈正月①〉は一月一日を表す。

〈正月①〉

両手の人差指の先を上下で向かい合わせる。

〈あいさつ〉

両手の人差指を向かい合わせて指先を曲げる。

ねんし【年始】2

「(年末)年始」
→(〈年(ねん)〉+〈まで〉+)〈年(ねん)〉+〈開(ひら)く④〉

例文の「年始」は年のはじめの意味なので〈年〉+〈開く④〉で表現。〈年〉は年輪で「年」を表す。

〈年(ねん)〉
左こぶしの親指側に右人差指を当てる。

〈開(ひら)く④〉
両手のひらを下に向けて並べ、左右に開く。

ねんしょう【燃焼】

「完全燃焼」
→〈すべて〉+〈燃える〉

「燃焼」は燃える意味なので〈燃える〉で表現。〈燃える〉は炎をあげてものが燃えるさまを表す。

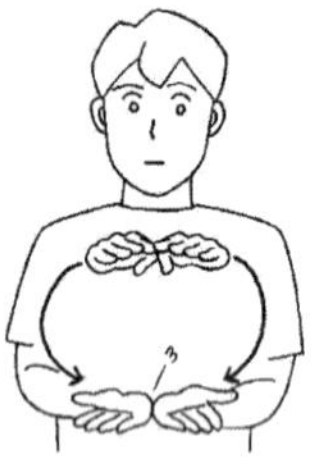

〈すべて〉
両手で上から下に円を描く。

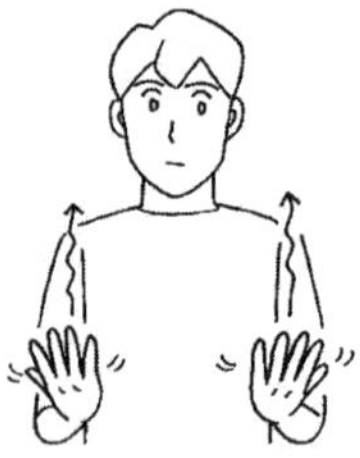

〈燃える〉
両手の指先を上に向け、揺らしながら上にあげる。

ねんじる【念じる】

「無事を念じる」
→〈無事〉+〈祈る〉

例文の「念じる」は心の中で祈る意味なので〈祈る〉で表現。〈祈る〉は神仏に祈るさまを表す。

〈無事〉
両ひじを張って、両こぶしを同時に下におろす。

〈祈る〉
両手を合わせて祈るようにする。

ねんど【年度】

「(九十七)年度」
→(〈90〉+〈7〉+)〈年(ねん)〉+〈ド〉

「年度」は国によって違うが日本では普通四月一日から翌年三月三十一日までの期間をいい、〈年〉+指文字〈ド〉で表現する。

〈年(ねん)〉
左こぶしの親指側に右人差指を当てる。

〈ド〉
左こぶしをそのままにして、右手2指で指文字〈ド〉を示す。

ねんない【年内】1

「年内(無休)」
→〈年(ねん)〉+〈まで〉(+〈休む①〉+〈ない①〉)

例文の「年内」は年末までの意味なので〈年〉+〈まで〉で表現。手話は年の終わりまでの意味。

〈年(ねん)〉
左こぶしの親指側に右人差指を当てる。

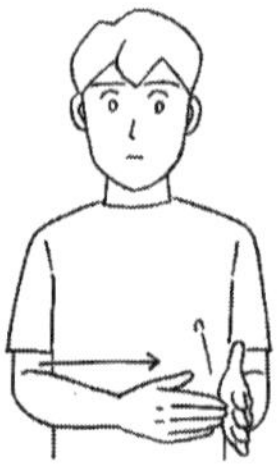

〈まで〉
左手のひらに右手指先を軽くつける。

ねんない【年内】2

「年内(に解散)」
→〈年(ねん)〉+〈中(なか)〉(+〈解散〉)

例文の「年内」はその年の内にの意味で〈年〉+〈中(なか)〉で表現。

〈年(ねん)〉
左こぶしの親指側に右人差指を当てる。

〈中(なか)〉
指先を右に向けた左手の内側を右人差指でさす。

ねんまつ【年末】

「年末」

→〈年(ねん)〉+〈まで〉

「年末」は年の終わりの意味なので〈年〉+〈まで〉で表現。手話は年の終わりの意味。

〈年(ねん)〉

左こぶしの親指側に右人差指を当てる。

〈まで〉

左手のひらに右手指先を軽くつける。

ねんりん【年輪】

「年輪を重ねた(技術)」

→〈経験〉+〈深い①〉
(+〈技術〉)

「年輪を重ねる」は経験が深い意味なので〈経験〉+〈深い①〉で表現。〈経験〉+〈深い①〉は「経験が深い」意味を表す。

〈経験〉

両手指先をふれ合わせる。

〈深い①〉

両手のひらを上下に向かい合わせて、右手をさげる。

ねんりょう【燃料】1

「燃料が切れる」

→〈燃料〉+〈なくなる①〉

例文の「燃料」は〈燃料〉で表現。〈燃料〉は左手が材料、右手が炎を表す新しい手話。

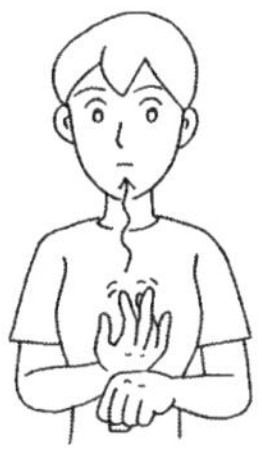

〈燃料〉

左こぶしの上から右手の5指を揺らしながらあげていく。

〈なくなる①〉

上下に向かい合わせた両手のひらを上から合わせると同時に右手を右に動かす。

ねんれい【年齢】

「平均年齢」

→〈平均〉+〈年齢〉

「年齢」は〈年齢〉で表現。〈年齢〉は漢字「齢」の「歯」のさまで「年齢」を表す。

〈平均〉

左手の親指と人差指の指先を前に向けて上下に開き、その中から右人差指を右へ引く。

〈年齢〉

あごの下で右手の指を順に折る。

ねんりょう【燃料】2

「燃料費」

→〈燃料〉+〈金(かね)①〉

「燃料」は〈燃料〉で表現。〈燃料〉は左手が材料で右手がその上で燃えるさまを表す。

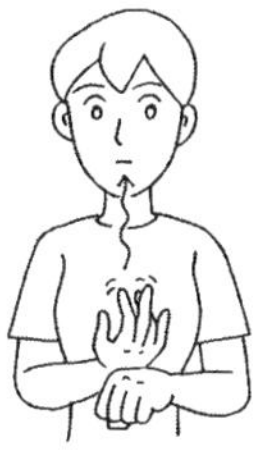

〈燃料〉

左こぶしの上から右手の5指を揺らしながらあげていく。

〈金(かね)①〉

右手の親指と人差指で作った丸を示す。

〈ノ〉

人差指で「ノ」を描く。

の【野】1

「野に咲く花」

→〈原〉+〈花①〉
（または〈花②〉または〈花③〉）

例文の「野」は野原のことで〈原〉で表現。〈原〉は左手が草、右手が大地を表す。

〈原〉
指先を上に向けた左手甲側を前に向け、右手のひらを下に向けて水平に回す。

〈花①〉
両手を合わせてすぼませた指を左右に開く。

の【野】2

「（後は）野となれ山となれ」

→（〈将来〉+）〈どちら①〉+〈かまわない〉

例文は慣用句で、後はどうなろうと自分には関係ない、またはかまわないということなので〈将来〉+〈どちら①〉+〈かまわない〉で表現。

〈どちら①〉
両手人差指を立て、交互に上下させる。

〈かまわない〉
右小指をあごに当てる。

ノイローゼ

「ノイローゼ」

→〈ノイローゼ〉

「ノイローゼ」は精神的に不安定な状態のことで〈ノイローゼ〉で表現。〈ノイローゼ〉は〈思う〉と指文字〈ノ〉を組み合わせた新しい手話。

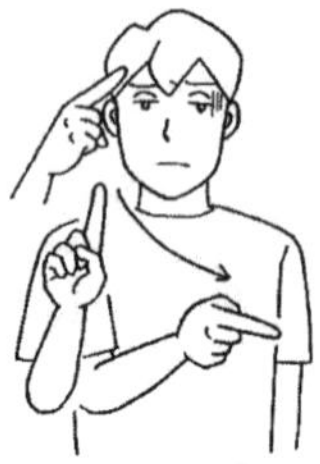

〈ノイローゼ〉
右人差指を頭につけ、振り下ろして指文字〈ノ〉を描く。

のう【能】

「能舞台」

→〈能〉+〈台〉

例文の「能」は能楽のことなので〈能〉で表現。〈能〉は左手に面、右手に扇子を持って舞うさまを表す。

〈能〉
左手のひらを顔に当て、右こぶしで水平に前を刈るようにする。

〈台〉
両手で ┌ ┐ を描くようにする。

のう【脳】1

「脳死」

→〈脳〉+〈死ぬ②〉

例文の「脳」は頭の中にあって高度な働きをする人間の器官のことで〈脳〉で表現。〈脳〉は脳の位置をさし示すことで表現。

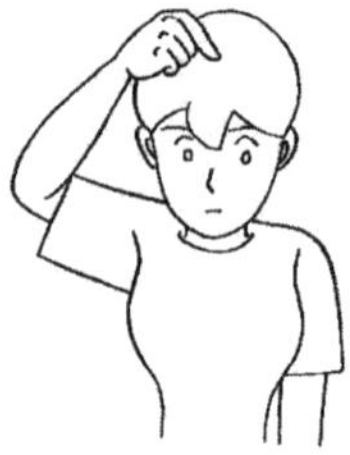

〈脳〉
右人差指で頭頂部をさす。

〈死ぬ②〉
指先を上に向けた右手を倒す。

のう【脳】2

「脳が弱っている」

→〈考える〉+〈さがる②〉

例文の「脳」は頭の働きの意味なので〈考える〉で表現。

〈考える〉
右人差指を頭にねじこむようにする。

〈さがる②〉
指文字〈コ〉を示した右手を右上から左下におろす。

のうか【農家】

「農家」
→〈農業〉+〈家〉

「農家」は農業を営む人々または家のことで〈農業〉+〈家〉で表現。〈農業〉はくわで畑を耕すさまを表す。

〈農業〉
両手のこぶしを握り、くわで耕すようにする。

〈家〉
両手で屋根形を作る。

のうがく【農学】

「農学(部)」
→〈農業〉+〈勉強②〉
(+〈ブ〉)

「農学」は農業に関する学問のことで〈農業〉+〈勉強②〉で表現。〈農業〉はくわで畑を耕すさまを表す。

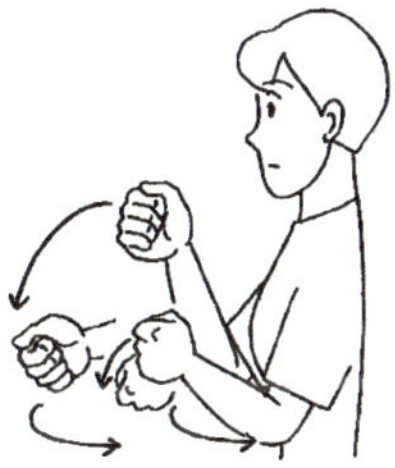

〈農業〉
両手のこぶしを握り、くわで耕すようにする。

〈勉強②〉
指先を上に向けた両手を並べて軽く前に出す。

のうき【納期】1

「(税金の)
納期(が過ぎる)」
→(〈税金〉+)
〈金を納める〉+〈締め切り①〉
(+〈過ぎる〉)

例文の「納期」は税金を納める期限の意味で〈金を納める〉+〈締め切り①〉で表現。〈締め切り①〉はそれを期限として切るさまを表す。

〈金を納める〉
右手親指と人差指で丸を作り、左手のひらを添えて同時に前に出す。

〈締め切り①〉
左手のひらを上に向け、右手2指の指先を前に向けてはさみで切るようにする。

のうき【納期】2

「納期(は一か月)」
→〈納める〉+〈間(あいだ)〉
(+〈一か月〉)

例文の「納期」は納める期間の意味なので〈納める〉+〈間〉で表現。〈間〉は「期間」「間」などを表し、その間隔によって長短を表す。

〈納める〉
指先を前に向けた両手のひらを上下に向かい合わせて前に出す。

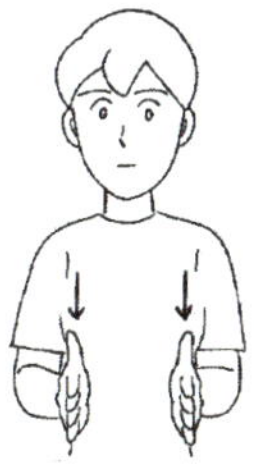

〈間(あいだ)〉
両手のひらを向かい合わせ、仕切るように下に少しさげる。

のうぎょう【農業】1

「仕事は農業」
→〈仕事〉+〈農業〉

「農業」は〈農業〉で表現。〈農業〉はくわで畑を耕すさまで「耕す」「農民」「お百姓さん」などの意味を表す。

〈仕事〉
手のひらを上に向け、向かい合わせた両手指先を繰り返しつき合わせる。

〈農業〉
両手のこぶしを握り、くわで耕すようにする。

のうぎょう【農業】2

「農業協同組合」
→〈農業〉+〈協会②〉
(または〈協会①〉)

「農業協同組合」は農業を営む人たちがお互いの助け合いのために作った組織で〈農業〉+〈協会②〉または〈協会①〉で表現。

〈農業〉
両手のこぶしを握り、くわで耕すようにする。

〈協会②〉
人差指を組み、水平に回す。

のうげか【脳外科】

「脳外科」

→〈脳〉+〈手術〉
（+〈脈〉）

「脳外科」は〈脳〉+〈手術〉+〈脈〉で表現。〈脳〉は脳をさし、〈手術〉はメスで切るさまを表し、〈脈〉は「医」を表す。

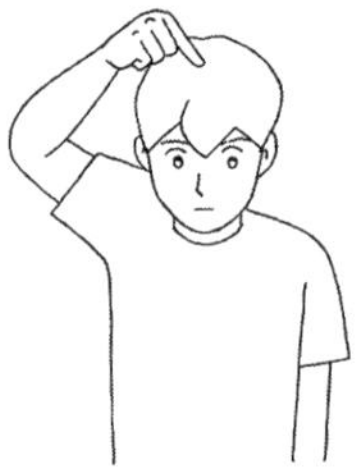

〈脳〉
右人差指で頭頂部をさす。

〈手術〉
左手のひらを下に向け、親指側の縁に沿って右人差指の先を手前に引く。

のうこうそく【脳梗塞】

「脳梗塞」

→〈脳〉+〈つまる①〉

「脳梗塞」は〈脳〉+〈つまる①〉で表現。〈つまる①〉は管がつまっているさまを表す。

〈脳〉
右人差指で頭頂部をさす。

〈つまる①〉
軽く握った左手にすぼめた右手を差し込む。

のうこう【濃厚】1

「濃厚な色」

→〈色①〉+〈目立つ①〉

例文の「濃厚」は色が濃い意味なので〈目立つ①〉で表現。〈目立つ①〉はそこだけがパッと目につくさまで「濃厚」「目立つ」「派手」など。

〈色①〉
すぼめた両手を合わせてひねる。

〈目立つ①〉
目の前に全指を軽く曲げた右手のひらをぱっと引き寄せる。

のうぜい【納税】

「納税（者）」

→〈税金〉+〈金を納める〉
（+〈人々①〉）

「納税」は税金を納める意味なので〈税金〉+〈金を納める〉で表現。〈税金〉は請求されるお金のさまで「税金」を表す。

〈税金〉
親指と人差指で作った丸をすばやく自分に向けて開く。

〈金を納める〉
右手親指と人差指で丸を作り、左手のひらを添えて同時に前に出す。

のうこう【濃厚】2

「敗色が濃厚」

→〈負ける①〉+〈らしい〉

例文の「濃厚」はその傾向が強いさまを意味するので〈らしい〉で表現。〈らしい〉はそのようだという推測するさまで「そのようだ」「らしい」。

〈負ける①〉
右手のひらで鼻をたたき落とすようにする。

〈らしい〉
右手２指を頭の横で前後に振る。

のうそっちゅう【脳卒中】

「脳卒中」

→〈脳卒中〉

「脳卒中」は「脳出血」「脳溢血」など脳の血管障害によって起こる病気の総称で〈脳卒中〉で表現。〈脳卒中〉は脳の血管が破れるさま。

〈脳卒中〉
すぼめた右手を首筋に当て、ぱっと上に開く。

のうそん【農村】

「農村の暮らし」

→〈村〉+〈生活〉

「農村」は農家を主な構成要素とする地域または行政単位のことなので〈村〉で表現。〈村〉は鋤(すき)で畑を耕すさまを表す。

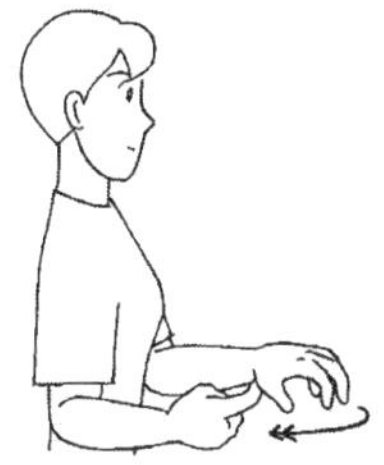

〈村〉

指先を軽く開いて曲げた左手のひらに右人差指をつけて手前に繰り返し引く。

〈生活〉

両手の親指と人差指を向かい合わせて回す。

のうひん【納品】1

「納品する」

→〈納める〉

「納品」は注文を受けた品物などを注文主に納めることで〈納める〉で表現。〈納める〉は品物を納めるさまを表す。

〈納める〉

指先を前に向けた両手のひらを上下に向かい合わせて前に出す。

のうち【農地】

「農地」

→〈農業〉+〈土〉

「農地」は田や畑など耕作する土地のことで〈農業〉+〈土〉で表現。〈農業〉は畑を耕すさま、〈土〉は「土地」の意味を表す。

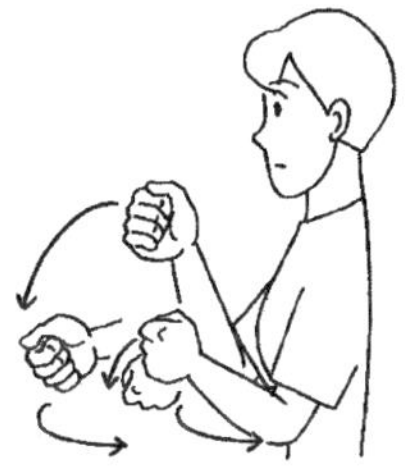

〈農業〉

両手のこぶしを握り、くわで耕すようにする。

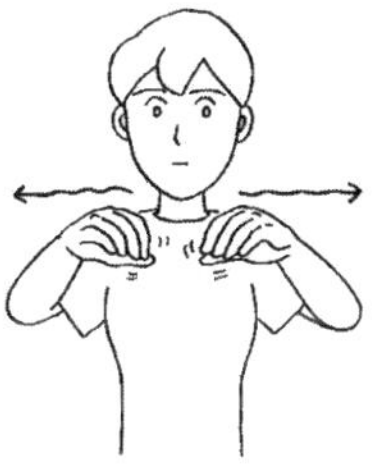

〈土〉

砂や土をこすり落とすようにして両手を左右に開く。

のうひん【納品】2

「納品書」

→〈納める〉+〈書く②〉

「納品書」は注文を受けた品物などを記載した書類のことで品物を納めた証拠となるもの。〈納める〉+〈書く②〉で表現。

〈納める〉

指先を前に向けた両手のひらを上下に向かい合わせて前に出す。

〈書く②〉

左手のひらに右手の親指と人差指で横に書くようにする。

のうてんき【能天気】

「能天気な(奴)」

→〈思う〉+〈ちっぽけ〉
(+〈男〉)

例文の「能天気」は〈思う〉+〈ちっぽけ〉で表現。

〈思う〉

右人差指を側頭部に当てる。

〈ちっぽけ〉

丸を作った右手をあごに当てる。

のうみん【農民】

「農民」

→〈農業〉+〈人々①〉

「農民」は農業を営む人々のことで〈農業〉+〈人々①〉で表現。〈農業〉はくわで畑を耕すさまを表す。

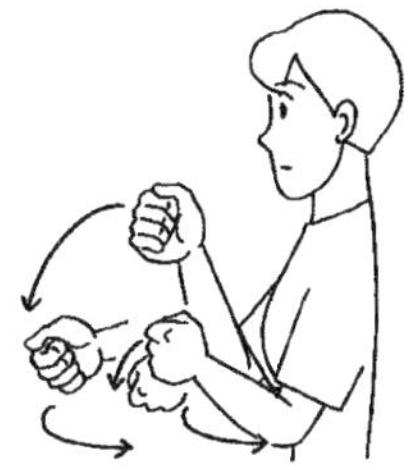

〈農業〉

両手のこぶしを握り、くわで耕すようにする。

〈人々①〉

親指と小指を立てた両手を揺らしながら左右に開く。

のうりつ【能率】

「能率があがる」

→〈能率〉+〈高い③〉

「能率」は〈能率〉で表現。〈能率〉は〈力〉と〈比率〉を組み合わせた新しい手話。

〈能率〉

握った左手の腕に右手の親指と人差指を当て、人差指を上下させる。

〈高い③〉

指文字〈コ〉を示した右手を上にあげる。

のうりんすいさんしょう【農林水産省】

「農林水産(省)」

→〈村〉+〈魚(さかな)①〉(+〈省〉)

「農林水産省」は〈村〉+〈魚①〉+〈省〉で表現。〈村〉は畑を耕すさま、〈魚①〉は魚が泳ぐさま、〈省〉は昔の大礼帽のさまを表す。

〈村〉

指先を軽く開いて曲げた左手のひらに右人差指をつけて手前に繰り返し引く。

〈魚(さかな)①〉

右手指先を左に向けて揺らしながら動かす。

のうりょく【能力】1

「計算能力」

→〈計算〉+〈力〉

「能力」はある仕事、目的を果たす力のことで〈力〉で表現。〈力〉は力こぶを描くが精神的な意味の「能力」を表すこともある。

〈計算〉

左手の指先の方向に右手4指を滑らせるように右へ動かす。

〈力〉

こぶしを握った左腕を曲げ、上腕に右人差指で力こぶを描く。

ノート 1

「ノートを買う」

→〈本〉+〈買う〉

例文の「ノート」はものを書く帳面の意味なので〈本〉で表現。〈本〉は本の他、帳面などを表す。

〈本〉

両手のひらを合わせて本を開くように左右に開く。

〈買う〉

右手の親指と人差指で作った丸を前に出すと同時に左手のひらを手前に引き寄せる。

のうりょく【能力】2

「能力給」

→〈力〉+〈給料〉

「能力給」は働く能力に応じて支給される給料のことで〈力〉+〈給料〉で表現。〈力〉は力こぶを描くが精神的な意味の「能力」も表す。

〈力〉

こぶしを握った左腕を曲げ、上腕に右人差指で力こぶを描く。

〈給料〉

左手のひらに右手親指と人差指で作った丸を添えて手前に引き寄せる。

ノート 2

「(講演を)ノートする」

→(〈講演〉+)
〈書く①〉
または〈書く②〉

例文の「ノートする」は筆記する意味なので〈書く①〉または〈書く②〉で表現。〈書く①〉は縦に書くさまを、〈書く②〉は横に書くさまを表す。

〈書く①〉

左手のひらに右手の親指と人差指で縦に書くようにする。

〈書く②〉

左手のひらに右手の親指と人差指で横に書くようにする。

ノーマライゼーション

「ノーマライゼーションが進む」

→〈ノーマライゼーション〉+〈進む②〉

「ノーマライゼーション」は〈ノーマライゼーション〉で表現。〈ノーマライゼーション〉は右手が〈みんな〉で、左手につけて一緒であることを表す。

〈ノーマライゼーション〉

手のひらを下に向けた両手をつけ合わせて並べ、右手を水平に回して左手にもどす。

〈進む②〉

指文字〈コ〉を示した両手を、順に前に進める。

のがれる【逃れる】1

「危険から逃れる」

→〈危ない①〉+〈逃げる〉

例文の「逃れる」は逃げ出す意味なので〈逃げる〉で表現。〈逃げる〉は身をかわすさまで「逃げる」「逃れる」「脱走する」などの意味。

〈危ない①〉

全指を軽く折り曲げ、胸をたたく。

〈逃げる〉

両こぶしを右上にさっとあげる。

のがす【逃す】1

「機会を逃す」

→〈時①〉+〈消える①〉

例文の「逃す」はとらえそこなう意味なので〈消える①〉で表現。〈消える①〉は目の前のものがなくなるさまを表す。

〈時①〉

左手のひらに右親指を当て、右人差指を時計の針のように回す。

〈消える①〉

手のひらを前に向けた両手を交差させながら握る。

のがれる【逃れる】2

「責任を逃れる」

→〈責任①〉+〈任せる①〉

例文の「逃れる」は責任をとらずにすます意味で〈任せる①〉で表現。〈任せる①〉は他人に任せるさまでこの場合は「転嫁する」の意味を表す。

〈責任①〉

右肩に軽く全指を折り曲げた右手をのせる。

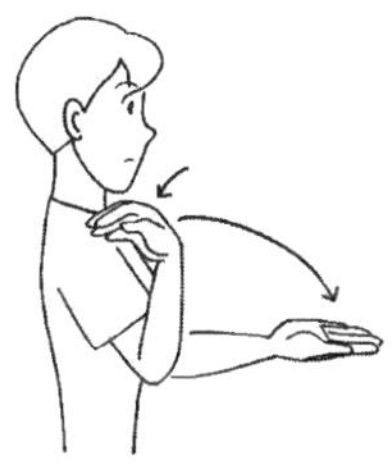

〈任せる①〉

右肩にのせた右手を前に出す。

のがす【逃す】2

「(まちがいを)見逃す」

→(〈まちがう②〉+)〈見る①〉+〈手落ち〉

例文の「見逃す」は見ていたのに気づかずにそのままにしてしまう意味。〈見る①〉+〈手落ち〉は「見逃す」「見落とす」などの意味を表す。

〈見る①〉

右人差指を右目元から前に出す。

〈手落ち〉

両手のひらを手前に向けて重ね、右手を前に倒すように落とす。

のけもの【のけ者】1

「彼をのけ者にする」

→〈男〉+〈追い払う〉

例文の「のけ者にする」は〈追い払う〉で表現。〈追い払う〉は追い払うさまで「追い払う」「のけ者にする」などの意味を表す。

〈男〉

親指を立てた右手を出す。

〈追い払う〉

左手のひらを右手で払いのける。

のけもの【のけ者】2

「のけ者にされる」

→〈つまはじき②〉
または〈追い払われる〉

例文は〈つまはじき②〉または〈追い払われる〉で表現。〈つまはじき②〉はその人が文字通りつまはじきされるさまを表す。

〈つまはじき②〉
左親指のまわりを右手の親指と中指ではじきながら回す。

〈追い払われる〉
左手のひらの上で右手を手前にはき出すようにする。

のける【除・退ける】1

「本を横にのける」

→〈本〉+〈置く①〉

例文の「のける」はその場所からほかの場所へ移す意味なので〈置く①〉で表現。〈置く①〉はそのものを置く場所によって変わる。

〈本〉
両手のひらを合わせて本を開くように左右に開く。

〈置く①〉
両手のひらを向かい合わせて左から右へ弧を描いて移動する。

のける【除・退ける】2

「彼をのけて(決める)」

→〈彼〉+〈のける〉
(+〈決める①〉)

例文の「のける」は人を対象からはずす意味なので〈のける〉で表現。〈のける〉は対象となる人を横に置くさまで「のける」「はずす」の意味。

〈彼〉
左親指を右人差指でさす。

〈のける〉
左親指の横に右手を置き、右から左へ弧を描いて動かす。

のける【除・退ける】3

「(大切な)本をのけて置く」

→(〈大切①〉+)
〈本〉+〈隠す〉

例文の「のけて置く」はしまっておく意味なので〈隠す〉で表現。〈隠す〉はしまうさまで「隠す」「しまう」「しまっておく」などの意味。

〈本〉
手のひらを合わせた両手を本を開くように左右に開く。

〈隠す〉
左手のひらの下に右手をもぐり込ませる。

のける【除・退ける】4

「(難しい)仕事をやってのける」

→(〈難しい〉+)
〈仕事〉+〈解決①〉

例文の「やってのける」はみごとにやりとげる意味なので〈解決①〉で表現。〈解決①〉はメのさまでめでたく成功したさまを表す。

〈仕事〉
手のひらを上に向け、向かい合わせた両手指先を繰り返しつき合わせる。

〈解決①〉
左手のひらの上に右人差指で「×」を大きく書く。

のこぎり【鋸】

「板をのこぎりで切る」

→〈板〉+〈のこぎり〉

「のこぎり」は〈のこぎり〉で表現。のこぎりをひくさまを表す。「のこぎり」の表現には場面により他にもいくつかの種類がある。

〈板〉
左手のひらを右手の親指と4指ではさみ、右へ引き抜く。

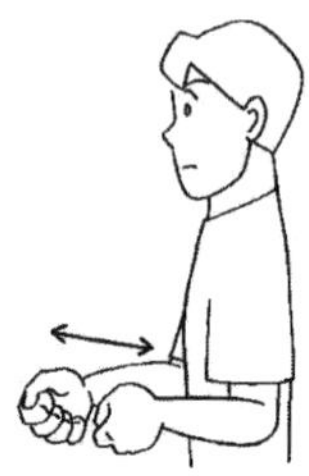

〈のこぎり〉
両こぶしを握り、のこぎりをひくように前後に往復させる。

のこす【残す】1

「(古い)町並みを残す」

→(〈古い〉+)
〈町①〉+〈そのまま〉

例文の「残す」はそのままにしておく意味なので〈そのまま〉で表現。〈そのまま〉はそのままの状態にしておくさまを表す。

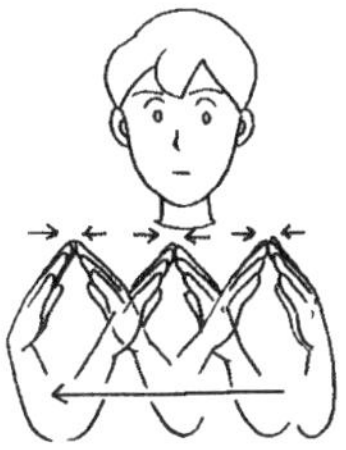

〈町①〉

両手で屋根形を作りながら左から右へ動かす。

〈そのまま〉

両手のひらをやや下に向けて前に押すようにする。

のこる【残る】1

「(古い)町並みが残る」

→(〈古い〉+)
〈町①〉+〈相変わらず①〉

例文の「残る」はそのまま後の世に伝わる意味なので〈相変わらず①〉で表現。〈相変わらず①〉はその状態が続くさまを表す。

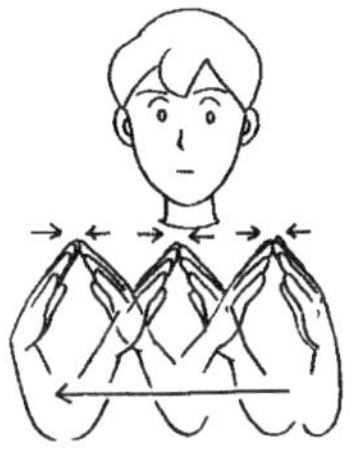

〈町①〉

両手で屋根形を作りながら左から右へ動かす。

〈相変わらず①〉

両手の親指と４指を閉じたり開いたりしながら前に出す。

のこす【残す】2

「ご飯を残す」

→〈食べる①〉+〈残る〉

例文の「残す」は〈残る〉で表現。〈残る〉は一部のものが残る状態のさまで「残す」「残る」「余る」などの意味を表す。「ご飯が残る」も同じ。

〈食べる①〉

左手のひらの上を右手ですくって食べるようにする。

〈残る〉

左手のひらの上で右手を手前に削るように引く。

のこる【残る】2

「ご飯が残る」

→〈食べる①〉+〈残る〉

例文の「残る」は〈残る〉で表現。〈残る〉は一部のものが残る状態のさまで「残す」「残る」「余る」などの意味を表す。「ご飯を残す」も同じ。

〈食べる①〉

左手のひらの上を右手ですくって食べるようにする。

〈残る〉

左手のひらの上で右手を手前に削るように引く。

のこす【残す】3

「発言を記録に残す」

→〈言う②〉+〈のせる①〉

例文の「記録に残す」は書きとどめる意味なので〈のせる①〉で表現。

〈言う②〉

右人差指を口元から繰り返し前に出す。

〈のせる①〉

左手のひらに全指を曲げた右手をのせる。

のこる【残る】3

「(発言が)記録に残る」

→(〈言う②〉+)
〈書く②〉+〈ある①〉

例文の「残る」は消えずにある意味なので〈ある①〉で表現。〈ある①〉はそのものがそこにあるさま、存在するさまを表す。

〈書く②〉

左手のひらに右手の親指と人差指で横に書くようにする。

〈ある①〉

右手のひらを体の前に軽く置く。

のせる【乗・載せる】1

「一口のせてもらう」

→〈私①〉+〈参加①〉

例文の「のせてもらう」は参加する意味なので〈参加①〉で表現。〈参加①〉は仲間に加わるさまを表す。

〈私①〉

人差指で胸を指さす。

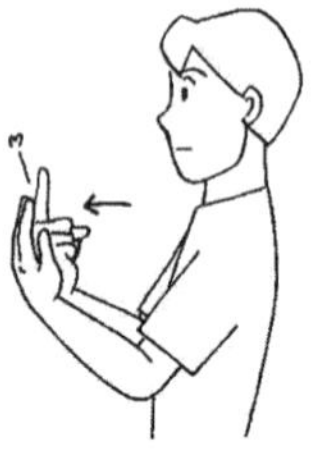

〈参加①〉

指先を上に向け、手のひらを手前に向けた左手に人差指を立てた右手を打ちつける。

のせる【乗・載せる】2

「(小説を)新聞にのせる」

→(〈小〉+〈著作〉+)〈新聞〉+〈のせる①〉

例文の「のせる」は掲載する意味なので〈のせる①〉で表現。〈のせる①〉は左手の紙面に小説などをのせるさまで「掲載する」などの意味。

〈新聞〉

左手のひらの上に右ひじをのせて親指を外側に出して握った右こぶしを振る。

〈のせる①〉

左手のひらに全指を曲げた右手をのせる。

のぞく【除く】1

「草を除く」

→〈草〉+〈抜く〉

例文の「除く」は草を抜いて除く意味なので〈抜く〉で表現。〈抜く〉は地面に生える草を抜くさまを表す。

〈草〉

指先を軽く開いた両手の甲側を前に向けて交互に上下させながら左右に開く。

〈抜く〉

左手のひらの上につみとってくるように右手を動かす。

のぞく【除く】2

「(邪魔者を)除く」

→(〈邪魔①〉+)〈除く①〉または〈殺す〉

例文の「除く」ははずすまたは殺す意味で、はずす場合は〈除く①〉で、殺す場合は〈殺す〉で表現。〈除く①〉は「排斥する」「排除する」の意味。

〈除く①〉

左手のひらの上に右手の小指側をのせて前に払う。

〈殺す〉

左親指を右人差指で刺すようにする。

のぞく【除く】3

「(名簿から)除く」

→(〈署名〉+)〈除く②〉または〈取り消す〉

例文の「除く」は資格のない者とみなして消す意味なので〈除く②〉または〈取り消す〉で表現。資格を失って削除される意味を表す。

〈除く②〉

左手のひらの上に右手をのせて右に払う。

〈取り消す〉

左手のひらから右手でつかみとり、下に向かって開く。

のぞく【除く】4

「日本を除く(国々)」

→〈日本〉+〈別〉(+〈国(くに)〉)

例文の「除く」は～以外の意味なので〈別〉で表現。〈別〉はそのもの以外のさまで「別」「その他」などの意味を表す。

〈日本〉

両手の親指と人差指をつき合わせ、左右に開きながら閉じる。

〈別〉

両手の甲を合わせて右手を前に押し出す。

のぞく【覗く】1

「店をのぞく」

→(〈店①〉または)
〈店②〉+〈冷やかす〉

例文の「のぞく」はちょっとだけ立ち寄る、少しだけ見る意味で〈冷やかす〉で表現。〈冷やかす〉は買う気もなくただ見るだけのさまを表す。

〈店②〉
両手のひらを上に向けて指先を向かい合わせ、前に出す。

〈冷やかす〉
顔をやや前に出し、右目の下に右手の指先を軽く当てる。

のぞみ【望み】1

「望みがかなう」

→〈求める〉+〈成功〉

例文の「望み」はそうあってほしいという願いの意味なので〈求める〉で表現。〈求める〉は要求するさまで「求める」「要求する」の意味。

〈求める〉
左手のひらに右手の甲を打ちつける。

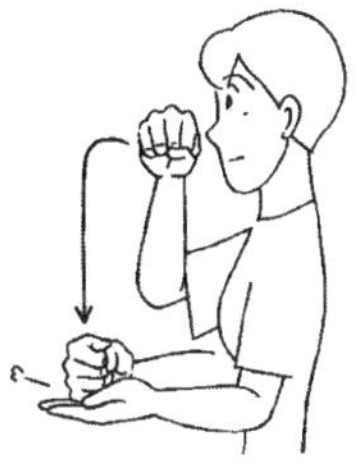

〈成功〉
右こぶしを鼻から左手のひらに打ちつける。

のぞく【覗く】2

「顕微鏡をのぞく」

→〈顕微鏡①〉
または〈顕微鏡②〉

例文の「顕微鏡をのぞく」は顕微鏡で対象とするものを見ることで〈顕微鏡①〉または〈顕微鏡②〉で表現。

〈顕微鏡①〉
左手の親指と４指で丸を作り、左目でのぞき込むようにして右手３指でネジを回すようにする。

〈顕微鏡②〉
両手の親指と４指で作った丸を上下に重ね、ねじるようにしながら右目でのぞき込む。

のぞみ【望み】2

「合格する望みがない」

→〈合格〉+〈難しい〉

例文の「望みがない」は可能性がない意味で〈難しい〉で表現。〈難しい〉は首をかしげるさまで「難しい」「困難」などの意味を表す。

〈合格〉
左手の親指と４指の間を指先を上に向けた右手で下から突き破るようにあげる。

〈難しい〉
ほおをつねるようにする。

のぞましい【望ましい】

「望ましい姿」

→〈希望〉+〈姿〉

「望ましい」はそうあってほしい意味なので〈希望〉で表現。〈希望〉は先を思い浮かべるさまで「希望」「望み」「望ましい」などの意味。

〈希望〉
手のひらを下に向けた右手の指先を揺らしながら頭から前に出す。

〈姿〉
向かい合わせた両手を上から下に体の線を描くようにおろす。

のぞむ【望む】1

「結婚を望む」

→〈結婚〉+〈好き①〉

例文の「望む」はそうありたいと思う意味なので〈好き①〉で表現。〈好き①〉は「したい」「欲しい」などの意味もある。

〈結婚〉
親指と小指を左右からつける。

〈好き①〉
親指と人差指を開いた右手をのどに当て、下におろしながら閉じる。

のぞむ【望む】2

「(二人に)望むこと」

→(〈二人①〉+)〈求める〉+〈事〉

例文の「望む」はそうあってほしいと求める意味なので〈求める〉で表現。〈求める〉は要求するさまで「求める」「要求する」の意味。

〈求める〉
左手のひらに右手の甲を打ちつける。

〈事〉
右手で指文字〈コ〉を示す。

のぞむ【望む】3

「富士山を望む」

→〈富士山〉+〈ながめる〉

例文の「望む」はながめる意味なので〈ながめる〉で表現。〈ながめる〉は小手をかざしてながめるさまで「ながめる」「景色」などの意味。

〈富士山〉
両手２指で富士山の稜線を描くようにする。

〈ながめる〉
右手のひらを額に当ててながめるようにする。

のぞむ【臨む】1

「式に臨む」

→〈式〉+〈座る①〉

例文の「臨む」は出席する意味なので〈座る①〉で表現。〈座る①〉は座るさまで「座る」「出席する」の意味がある。

〈式〉
両こぶしを左右に開く。

〈座る①〉
手のひらを下に向けた左手２指に折り曲げた右手２指を座るようにのせる。

のぞむ【臨む】2

「テストに臨む」

→〈試す〉+〈試合①〉

例文の「臨む」はぶつかる、対する意味なので〈試合①〉で表現。〈試合①〉は相手に向かっていくさまで「試合」「対抗」などの意味を表す。

〈試す〉
こぶしを握った両手の手首を重ねてねじるようにする。

〈試合①〉
親指を立てた両手を正面で軽くぶつける。

のち【後】

「晴れのち(くもり)」

→〈明るい①〉+〈将来②〉(+〈曇る〉)

「のち」は後のことなので〈将来②〉で表現。〈将来②〉は近い将来を表すさまで「のち」「あと」「将来」などの意味。

〈明るい①〉
両手のひらを前に向けて交差させ、ぱっと左右に開く。

〈将来②〉
右手のひらを前に向けて少し押すように前に出す。

ので

「暑いので」

→〈暑い①〉+〈ので〉

「ので」は前の言葉を受けてそれを原因とすることをいうので〈ので〉で表現。〈ので〉はそれが理由または原因でという意味を表す。

〈暑い①〉
うちわであおぐようにする。

〈ので〉
両手の親指と人差指を組み、少し前に出す。

のど【喉】1

「のどが痛い」

→〈のど〉+〈痛い①〉
（または〈痛い②〉）

例文の「のど」は〈のど〉で表現。〈のど〉はのどをさして表す。

〈のど〉
右人差指でのどをさす。

〈痛い①〉
全指を曲げて左右に小刻みに振る。

のど【喉】2

「餅がのどに詰まる」

→〈もち〉+〈つまる②〉

例文は〈もち〉+〈つまる②〉で表現。〈もち〉はもちをはしで食べるさま、〈つまる②〉は穴に物がつまるさまを表す。「便秘」の意もある。

〈もち〉
右手２指を口の端から伸ばすように前に出す。

〈つまる②〉
左手で作った丸の中にすぼめた右手をつめ込むようにする。

のど【喉】3

「ひどくのどが渇く」

→〈欲しい〉+〈とても〉

例文の「のどが渇く」は〈欲しい〉で表現。〈欲しい〉はのどが渇いて水が欲しいさまを表す。

〈欲しい〉
右手のひらの指先でのどをふれる。

〈とても〉
右手の親指と人差指をつまみ、右へ弧を描きながら親指を立てる。

のど【喉】4

「のどから手が出るほど欲しい」

→〈本当〉+〈追求〉

「のどから手が出るほど」は欲しくてたまらない意味なので〈本当〉+〈追求〉で表現。手話はいずれも強調的な表現で求めていることを表す。

〈本当〉
右手をあごに当てる。

〈追求〉
左手のひらの上に右手を打ちつけながら前に出す。

のどか【長閑】

「のどかな春」

→〈暇〉+〈暖かい〉

「のどか」はのんびりしているさまなので〈暇〉で表現。〈暇〉は手が空いているさまで「暇」「のどか」などの意味。のどかな表情に注意。

〈暇〉
手のひらを上に向けた両手を左右に開く。

〈暖かい〉
両手で下からあおぐようにする。

のに

「熱があるのに（出かける）」

→〈熱〉+〈しかし〉
（+〈出る①〉）

「のに」は前の語句を否定する逆接の関係を示すので〈しかし〉で表現。〈しかし〉は手のひらを返すさまで「けれども」「しかし」などの意味。

〈熱〉
親指と人差指を閉じた右手を左脇の下につけて、人差指を上にはねあげて開く。

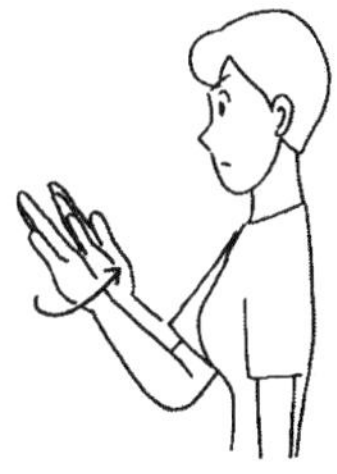

〈しかし〉
右手のひらを返す。

のばす【伸・延ばす】1

「時間をのばす」

→〈時①〉+〈のばす〉

例文の「のばす」は予定より時間を長くする意味なので〈のばす〉で表現。〈のばす〉は延長するさまで「のばす」「のびる」の意味を表す。

〈時①〉

左手のひらに右親指を当て、右人差指を時計の針のように回す。

〈のばす〉

親指と人差指を閉じた両手を向かい合わせ、右手を右へ離す。

のばす【伸・延ばす】2

「あごひげをのばす」

→〈明治〉

例文の「のばす」はひげを長くする意味なので〈明治〉で表現。〈明治〉は明治天皇の長いひげのさまで「明治」「あごひげ(をのばす)」の意味。

〈明治〉

あごに当てた右手の親指と4指を下にさげながら握る。

のばす【伸・延ばす】3

「アイロンでのばす」

→〈美しい②〉+〈アイロン〉

例文の「のばす」はアイロンでまっすぐにする意味なので〈美しい②〉で表現。〈美しい②〉はしわのないさまで「美しい」「しわをのばす」の意味。

〈美しい②〉

左手のひらをなでるように右手のひらを滑らせる。

〈アイロン〉

左手のひらの上で右こぶしを往復させる。

のばす【伸・延ばす】4

「返事をのばす」

→〈答える〉+〈延期〉

例文の「のばす」は約束の時をもっと先にする意味なので〈延期〉で表現。〈延期〉はそれを先にもっていくさまを表す。

〈答える〉

口の前で両手の親指と人差指を向かい合わせて前に出す。

〈延期〉

両手の親指と人差指でつまむようにして右から左へ弧を描いて移す。

のばす【伸・延ばす】5

「成績をのばす」

→〈成績〉+〈高い③〉

例文の「のばす」は成績をよくする意味なので〈高い③〉で表現。〈高い③〉は上にあがるさま、「高くなる」「のばす」「上」などを表す。

〈成績〉

両手の人差指を並べて右人差指を上下させながら右へ動かす。

〈高い③〉

指文字〈コ〉を示した右手を上にあげる。

のびる【伸・延びる】1

「背がのびる」

→〈身長〉+〈大人〉

例文の「のびる」は背丈が成長する意味なので〈大人〉で表現。〈大人〉は背が高くなるさまで「大人」「大きくなる」などの意味を表す。

〈身長〉

右人差指を頭にのせる。

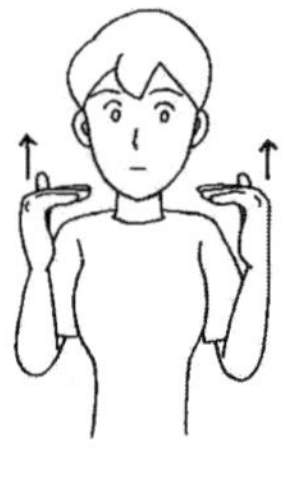

〈大人〉

指文字〈コ〉を示した両手を肩から上にあげる。

のびる【伸・延びる】2

「時間がのびる」

→〈時①〉+〈長い①〉

例文の「のびる」は時間が予定より長くなる意味なので〈長い①〉で表現。〈長い①〉は長いさまで「長い」「長くなる」意味を表す。

〈時①〉

左手のひらに右親指を当て、右人差指を時計の針のように回す。

〈長い①〉

親指と人差指を閉じた両手を向かい合わせ左右に開く。

のべる【述べる】1

「意見を述べる」

→〈意見〉+〈説明〉

例文の「述べる」は順を追って口で言う意味なので〈説明〉で表現。〈説明〉は「説明する」「述べる」の意味を表す。

〈意見〉

右小指を頭に当て、手首を返しながら前に出す。

〈説明〉

左手のひらを右手で小刻みにたたく。

のびる【伸・延びる】3

「(雨で)試合がのびる」

→(〈雨①〉+)〈試合①〉+〈延期〉

例文の「のびる」は日時がもっと先になる意味なので〈延期〉で表現。〈延期〉はそれを先にもっていくさまで「のびる」「のばす」を表す。

〈試合①〉

親指を立てた両手を正面で軽くぶつける。

〈延期〉

両手の親指と人差指でつまみあげ、右から左へ移す。

のべる【述べる】2

「(考えを)本に述べる」

→(〈考える〉+)〈本〉+〈書く①〉

例文の「述べる」は順を追って書く意味なので〈書く①〉で表現。〈書く①〉は書くさまを表す。

〈本〉

両手のひらを合わせて本を開くように左右に開く。

〈書く①〉

左手のひらに右手の親指と人差指で縦に書くようにする。

のびる【伸・延びる】4

「成績がのびる」

→〈あがる④〉

例文の「のびる」は成績があがる意味で〈あがる④〉で表現。〈あがる④〉は折れ線グラフの線があがるさまで成績がよくなるさまを表す。

〈あがる④〉

両手の人差指を上に向けて並べ、右手を上下させながら上にあげる。

のぼせる 1

「風呂でのぼせる」

→〈風呂①〉+〈興奮〉

例文の「のぼせる」は頭に血がのぼって頭が熱くなる意味なので〈興奮〉で表現。〈興奮〉は血がのぼるさまで「興奮」「のぼせる」を表す。

〈風呂①〉

右こぶしをほおに当て、こするようにする。

〈興奮〉

すぼめた両手をほおに当て、揺らしながら上にあげる。

のぼせる 2

「勝ってのぼせる」

→〈勝つ①〉+〈自慢〉

例文の「のぼせる」はうぬぼれる意味なので〈自慢〉で表現。〈自慢〉は天狗のように鼻をのばすさまで「自慢」「高慢」などの意味を表す。

〈勝つ①〉
親指を立てた左手を親指を立てた右手で打ち倒す。

〈自慢〉
右手指で鼻をつまむようにして斜め上にあげる。

のぼる【上・昇・登る】3

「魚が川をのぼる」

→〈川②〉+〈魚(さかな)②〉

例文は魚が上流の方へ行く意味なので〈魚②〉で表現。〈魚②〉は流れに逆らって魚が泳ぐさまで「遡上する」意味を表す。

〈川②〉
右手3指を左上から右下に揺らしながらおろす。

〈魚(さかな)②〉
右手指先をやや上に向け揺らしながらあげる。

のぼる【上・昇・登る】1

「日が昇る」

→〈日が昇る〉
または〈太陽〉

「日が昇る」は〈日が昇る〉または〈太陽〉で表現。〈太陽〉は太陽を、〈日が昇る〉は地平線に昇る太陽のさまを表す。

〈日が昇る〉
左手のひらの下をくぐって右手の親指と人差指で作った閉じない丸を上にあげる。

〈太陽〉
両手の親指と人差指を向かい合わせて大きな丸を作り、上にあげる。

のぼる【上・昇・登る】4

「木に登る」

→〈木〉+〈登る②〉

例文の「木に登る」は〈登る②〉で表現。〈登る②〉は木に登るさまで木の形状を強調したい場合は手話も変わる。

〈木〉
両手の親指と人差指で大きな丸を作り、上にあげながら左右に広げる。

〈登る②〉
両手の親指と4指で木の幹をつかみ交互に腕を上にあげていく。

のぼる【上・昇・登る】2

「山に登る」

→〈山〉+〈登る①〉

「(山に)登る」は〈登る①〉で表現。〈登る①〉は斜面を登るさまで斜面の角度を変化させて登る困難さの程度が表現できる。

〈山〉
右手で山形を描く。

〈登る①〉
右手2指を登るように斜め上にあげる。

のぼる【上・昇・登る】5

「煙突から煙がのぼる」

→〈煙突〉+〈煙①〉

例文の「煙がのぼる」は〈煙①〉で表現。〈煙①〉は煙突からのぼる煙のさまで煙突や煙の形の違いによって手話は変わる。

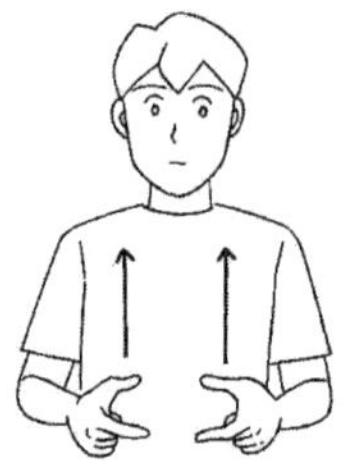

〈煙突〉
両手の親指と人差指を向かい合わせて同時に上にあげる。

〈煙①〉
左手の親指と4指で囲んだ中から全指を折り曲げた右手を回しながら上にあげる。

のぼる
【上・昇・登る】6

「頭に血がのぼる」
→〈興奮〉
　または〈逆上〉

例文の「頭に血がのぼる」はかっと興奮することで〈興奮〉または〈逆上〉で表現。〈興奮〉はかっと興奮するさまで「興奮」などの意味。

〈興奮〉
すぼめた両手をほおに当て、揺らしながら上にあげる。

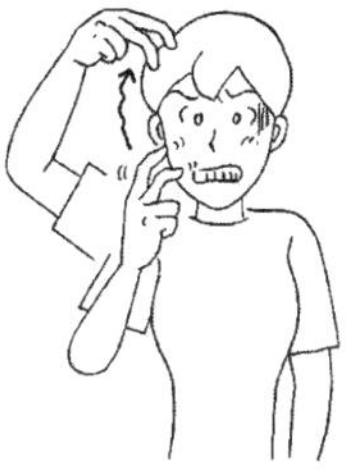

〈逆上〉
右手２指で顔の横を駆けあがるようにする。

のぼる
【上・昇・登る】9

「うわさが人の口にのぼる」
→〈うわさ〉+〈会話③〉

例文の「人の口にのぼる」は話題になる意味なので〈会話③〉で表現。〈会話③〉は人々がしゃべり合っているさまを表す。

〈うわさ〉
指先をつき合わせた両手をねじるように揺らし、耳を傾ける。

〈会話③〉
両手の親指と４指を向かい合わせて同時に閉じたり開いたりする。

のぼる
【上・昇・登る】7

「最高の位にのぼる」
→〈最高〉+〈長②〉

例文の「最高の位にのぼる」はトップになることで〈最高〉+〈長②〉で表現。〈最高〉はこれ以上はないさまを表す。

〈最高〉
手のひらを下に向けた左手に右手指を下からあげて当てる。

〈長②〉
左手甲の上に親指を立てた右手をのせる。

のみかい【飲み会】

「飲み会」
→〈飲む③〉+〈会〉

「飲み会」は酒を飲む会の意味で〈飲む③〉+〈会〉で表現。〈飲む③〉はおちょこで一杯飲むさまを表す。

〈飲む③〉
右手の親指と人差指でおちょこを持ち、飲むようにする。

〈会〉
両手で屋根形を作り、左右に引く。

のぼる
【上・昇・登る】8

「千人にものぼる（参加者）」
→〈千人〉+〈越える②〉
　（+〈参加①〉+〈人々①〉）

例文の「のぼる」は達する意味なので〈越える②〉で表現。〈越える②〉は目的または基準とする線を越えるさまを表す。

〈千人〉
小指を除いた４指で丸を作り、その下に右人差指で「人」を書く。

〈越える②〉
左手のひらを下にして、その手前で指先を上に向けた右手をあげる。

のみこむ【飲み込む】1

「飴を飲み込む」
→〈飴〉+〈飲み込む①〉

例文の「飲み込む」は食物などをかまずに飲んで胃へ入れる意味なので〈飲み込む①〉で表現。〈飲み込む①〉は飲み込むさまを表す。

〈飴〉
ほおを舌で軽くふくらませ、右手の親指と人差指で作った丸をくるくる回す。

〈飲み込む①〉
すぼめた右手を口元から下におろす。

のみこむ【飲み込む】2

「（やり方を）飲み込む」
→（〈方法〉＋）
〈飲み込む②〉
または〈覚える〉

例文の「飲み込む」はこつをつかむ、理解する意味なので〈飲み込む②〉または〈覚える〉で表現。〈飲み込む②〉は「理解する」「わかる」の意味。

〈飲み込む②〉
人差指を口元から下におろす。

〈覚える〉
指先を開いた右手を上から頭につけて握る。

のみこむ【飲み込む】3

「説明がよく飲み込めない」
→〈説明される〉＋〈知らない〉

例文の「よく飲み込めない」は理解できない、わからないの意味なので〈知らない〉で表現。〈知らない〉は理解できないという意味を表す。

〈説明される〉
左手のひらの上を指先を手前に向けた右手で小刻みにたたく。

〈知らない〉
右手のひらで右脇を払いあげる。

のむ【飲む】1

「コップで水を飲む」
→〈流れる②〉＋〈飲む①〉

「（水を）飲む」は〈飲む①〉で表現。〈飲む①〉はコップの水を飲むさまを表す。

〈流れる②〉
右手の甲を下にして波のようにゆらゆら上下に揺すりながら右へやる。

〈飲む①〉
コップを持って水を飲むようにする。

のむ【飲む】2

「お茶を飲む」
→〈お茶〉＋〈飲む②〉

「（お茶を）飲む」は〈飲む②〉で表現。〈飲む②〉は湯飲みでお茶を飲むさまを表す。

〈お茶〉
左手のひらの上に右手の親指と４指でつかむようにした右手をのせる。

〈飲む②〉
右手を左手のひらにつけて湯飲みで飲むしぐさをする。

のむ【飲む】3

「スープを飲む」
→〈スープ〉

「スープを飲む」は〈スープ〉で表現。〈スープ〉は平たい皿に入ったスープをスプーンで飲むさまを表す。

〈スープ〉
スプーンでスープを飲むようにする。

のむ【飲む】4

「日本酒を飲む」
→〈酒〉＋〈飲む③〉

「（日本酒を）飲む」は〈飲む③〉で表現。〈飲む③〉はおちょこで一杯飲むさまを表す。

〈酒〉
右手をあごと額に順に当てる。

〈飲む③〉
右手の親指と人差指でおちょこを持ち、飲むようにする。

のむ【飲む】5

「薬を飲む」

→〈薬〉+〈飲む④〉

「(薬を)飲む」は〈飲む④〉で表現。〈飲む④〉は薬を飲むさまを表す。

〈薬〉

左手のひらの上で右薬指をこねるように回す。

〈飲む④〉

すぼめた手を口に入れるようにする。

のむ【飲む】6

「タバコを飲む」

→〈タバコ〉

「タバコを飲む」は〈タバコ〉で表現。〈タバコ〉はタバコを飲むさまで「タバコを飲む」「タバコを吸う」「タバコ」の意味を表す。

〈タバコ〉

右手２指を唇に当てタバコを吸うように前に出す。

のむ【飲む】7

「涙を飲む」

→〈悲しい①〉+〈我慢①〉
(または〈残念②〉)

「涙を飲む」はつらい気持ちをじっとこらえる意味で〈悲しい①〉+〈我慢①〉または〈残念②〉で表現。〈我慢①〉は押さえるさまを表す。

〈悲しい①〉

親指と人差指を閉じた右手を目元から揺らしながらおろす。

〈我慢①〉

親指を立てた左手を右手のひらで押さえる。

のむ【飲む】8

「条件を飲む」

→〈条件〉+〈認める②〉

例文は提案された条件を認める意味なので〈条件〉+〈認める②〉で表現。〈認める②〉は「認める」「承認する」の意味を表す。

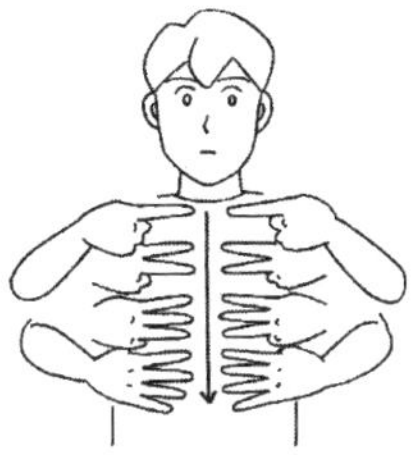

〈条件〉

上から下に指をつき合わせながら順に指を出していく。

〈認める②〉

両こぶしを向かい合わせて内側に倒す。

のむ【飲む】9

「(敵を)飲む」

→(〈敵〉+)
〈ものともしない〉
または〈朝飯前〉

例文の「敵を飲む」は敵の力はたいしたことはないと馬鹿にする意味なので〈ものともしない〉または〈朝飯前〉で表現。

〈ものともしない〉

閉じた右手の親指と人差指をぱっと開きながら左へ動かす。

〈朝飯前〉

手のひらの上にのったものを吹き飛ばすように軽く息を吹きかける。

のり【海苔】

「のり弁当」

→〈焼のり〉+〈弁当〉

例文の「のり」は〈焼きのり〉で表現。〈焼きのり〉はのりを焼くさまを表す。

〈焼のり〉

右手を８の字を描くように動かす。

〈弁当〉

軽く曲げた左手の親指側に右手のひらをこすりつけるようにする。

の

のり【糊】

「のりで封をする」

→〈糊(のり)〉+〈閉じる②〉

「糊」は接着用の糊のことで〈糊(のり)〉で表現。〈糊(のり)〉は糊を塗るさまを表す。

〈糊(のり)〉

左手のひらの上を右人差指でこするように繰り返し前に出す。

〈閉じる②〉

両手を上下に重ねて右手を手前に倒すようにして閉じる。

のりかえる【乗り換える】1

「列車を乗り換える」

→〈汽車〉+〈変わる③〉

例文の「乗り換える」は列車のことなので〈変わる③〉で表現。〈変わる③〉は学校・部署・場所などが変わる意。

〈汽車〉

指先を前に向けた左手のひらの横で右手2指を回す。

〈変わる③〉

右手2指を手首を返すようにして右へやる。

のりかえる【乗り換える】2

「(新)車に乗り換える」

→(〈新しい〉+)
〈運転〉+〈交換①〉

例文の「乗り換える」は車のことなので〈交換①〉で表現。〈交換①〉は取り換える意。

〈運転〉

ハンドルを両手で握り、回すようにする。

〈交換①〉

手のひらを上に向けた両手を前後に置き、同時に前後を入れ換える。

のりこえる【乗り越える】1

「障害を乗り越える」

→〈折る①〉+〈過ぎる〉

例文の「乗り越える」は困難を切り抜ける意味なので〈過ぎる〉で表現。〈過ぎる〉は障害となるものを乗り越えるさまを表す。

〈折る①〉

両こぶしの親指側を合わせ、折るようにする。

〈過ぎる〉

左手甲の上を右手で乗り越える。

のりこえる【乗り越える】2

「お父さんを乗り越える」

→左〈父〉+〈乗り越える〉

例文の「乗り越える」は先にいる人を追い越す意味なので〈乗り越える〉で表現。〈乗り越える〉は人の上に立つさまで偉くなる意味を表す。

左〈父〉

左人差指でほおにふれ、親指を出す。

〈乗り越える〉

親指を立てた左手の上に親指を立てた右手をのせる。

のりこす【乗り越す】

「駅を乗り越す」

→〈失敗②〉+〈通過〉

「乗り越す」はうっかり降りるのを忘れ、先まで行ってしまう意味で〈失敗②〉+〈通過〉で表現。〈失敗②〉はしまったと額をたたくさまを表す。

〈失敗②〉

右手のひらを額に打ちつける。

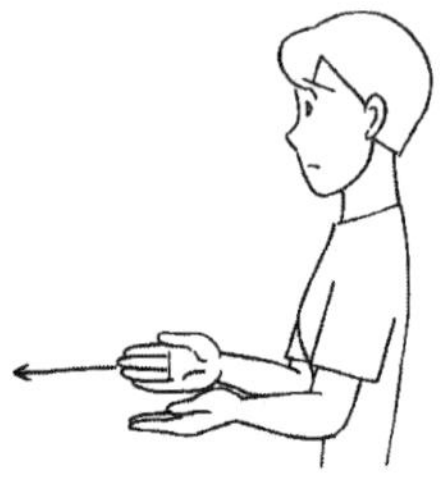

〈通過〉

左手のひらの上を指先を前にした右手をまっすぐ前に出す。

のる【乗・載る】1

「馬に乗る」

→〈馬〉+〈乗る①〉

「(馬に)乗る」はまたがる意味なので〈乗る①〉で表現。〈乗る①〉はまたがるさまで「(馬などに)乗る」「乗馬する」などの意味を表す。

〈馬〉

両手のひらを側頭部に当てながら同時に前後させる。

〈乗る①〉

左人差指の上に右手２指をまたぐようにのせる。

のる【乗・載る】2

「台に乗る」

→〈台〉+〈乗る②〉

「乗る」は台の上に立つ意味なので〈乗る②〉で表現。〈乗る②〉は台の上に立つさまを表す。「(列車に)乗る」などの意味もある。

〈台〉

両手で ┌ ┐ を描く。

〈乗る②〉

左手のひらに右手２指をのせる。

のる【乗・載る】3

「車に乗って行く」

→〈運転〉+〈行(い)く①〉

「車に乗る」は〈運転〉で表現。〈運転〉は自動車を運転するさまで「車に乗る」「自動車」「ドライブ」などの意味を表す。

〈運転〉

ハンドルを両手で握り、回すようにする。

〈行(い)く①〉

右手人差指を下に向けて、振りあげるように前をさす。

のる【乗・載る】4

「音楽にのって(踊る)」

→〈音楽〉+〈合う②〉
(+〈ダンス〉)

例文の「のる」は調子に合わせる意味なので〈合う②〉で表現。〈合う②〉はそれぞれに合わせる意味で「合う」「合わせる」などの意味を表す。

〈音楽〉

両手の人差指を指揮棒を振るように左右に振る。

〈合う②〉

上下で左人差指先に右人差指の先を当てる。

のる【乗・載る】5

「相談にのる」

→〈相談〉+〈受ける〉

例文の「のる」は相談の相手になる意味なので〈受ける〉で表現。〈受ける〉はものごとを受けるさまを表す。

〈相談〉

親指を立てた両手を軽くぶつけ合う。

〈受ける〉

両手のひらを前に向け、両手でボールを受けとめるようにする。

のる【乗・載る】6

「口車にのる」

→〈説明される〉+〈だまされる〉

「口車にのる」は相手のうまい話にだまされる意味なので〈説明される〉+〈だまされる〉で表現。

〈説明される〉

左手のひらの上を指先を手前に向けた右手で小刻みにたたく。

〈だまされる〉

あごに当てた右手の親指と人差指を左手のひらの上に落とす。

のる【乗・載る】7

「新聞に載る」

→〈新聞〉+〈のせる①〉

例文の「載る」は紙面に出る意味なので〈のせる①〉で表現。〈のせる①〉は紙面に載るさまで「載る」「掲載する」などの意味を表す。

〈新聞〉

左手のひらの上に右ひじをのせて親指を外側に出して握った右こぶしを振る。

〈のせる①〉

左手のひらに全指を曲げた右手をのせる。

のろい【鈍い】

「仕事がのろい」

→〈仕事〉+〈遅い①〉

「のろい」は遅い意味なので〈遅い①〉で表現。〈遅い①〉はゆっくりするさまで「遅い」「のろい」などの意味を表す。

〈仕事〉

手のひらを上に向け、向かい合わせた両手指先を繰り返しつき合わせる。

〈遅い①〉

親指と人差指を出し、人差指の先を向き合わせ、左から右へゆっくり弧を描く。

ノルマ

「ノルマを果たす」

→〈ノルマ〉+〈解決①〉

「ノルマ」は一定の時間内に課せられた労働量の意味で〈ノルマ〉で表現。〈ノルマ〉は肩にかかる責任の量を表す新しい手話。

〈ノルマ〉

親指と 4 指を開いた右手を左肩にのせる。

〈解決①〉

左手のひらの上に右人差指で「×」を大きく書く。

のんき

「のんきな性格」

→〈のんき〉+〈性質〉

「のんき」は楽観的でおおらかなことで〈のんき〉で表現。手話は何も考えていないという意味を表す。

〈のんき〉

右人差指で頭をさして左手の親指と 4 指で囲んだ中を回す。

〈性質〉

左手甲に右人差指を当て、すくうようにあげる。

のれん【暖簾】

「のれんをくぐる」

→〈のれん〉+〈入る④〉

「のれんをくぐる」は飲み食いする店に入る意味なので〈のれん〉+〈入る④〉で表現。〈のれん〉はのれんがさがっているさまを表す。

〈のれん〉

両手の指先を下に向けて手首から交互に前後に揺らす。

〈入る④〉

左手のひらの下に右手 2 指を差し込むように入れる。

のんびり

「のんびり暮らす」

→〈暇〉+〈生活〉

「のんびり」は何もすることがなくゆったりしていることで〈暇〉で表現。〈暇〉は手に何もないさまで「暇」「のんびり」などの意味を表す。

〈暇〉

手のひらを上に向けた両手を左右に開く。

〈生活〉

両手の親指と人差指を向かい合わせて回す。

は

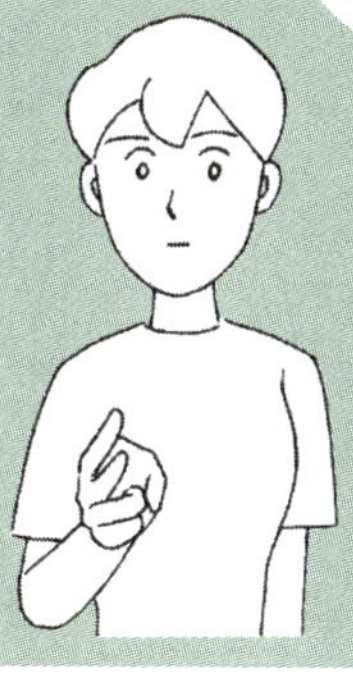

〈ハ〉

右手２指の指先を前に向けて示す。

は【歯】1

「歯医者」

→〈歯〉+〈医者〉

人・動物の「歯」は〈歯〉で表現。〈歯〉は歯をさして表す。

〈歯〉

右人差指で歯をさす。

〈医者〉

右手３指で左手首の脈をとるようにして、次に親指を立てる。

は【歯】2

「歯をみがく」

→〈歯をみがく〉
または〈塩①〉

「歯をみがく」は〈歯をみがく〉または〈塩①〉で表現。〈歯をみがく〉は歯ブラシを使って歯をみがくさまで「歯みがき」「歯ブラシ」などの意味。

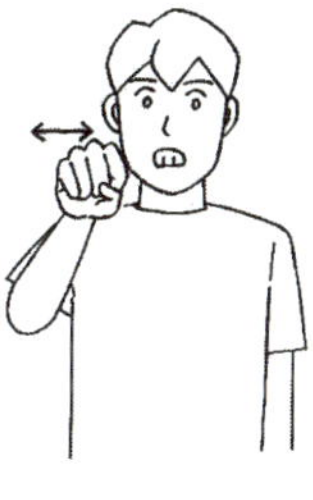

〈歯をみがく〉

右手のこぶしを握って口元で左右に往復させて歯をみがくようにする。

〈塩①〉

右人差指で歯の前を往復する。

は【歯】3

「のこぎりの歯」

→〈のこぎり〉+〈のこぎりの歯〉

「のこぎりの歯」は〈のこぎりの歯〉で表現。手話はのこぎりの歯のギザギザを表す。

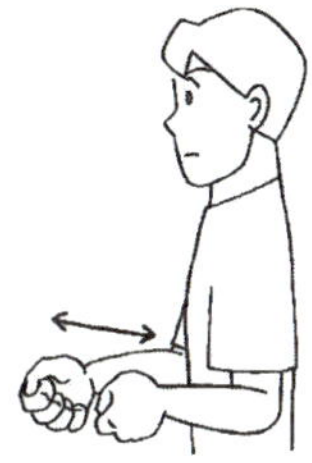

〈のこぎり〉

両こぶしを握り、のこぎりをひくように前後に往復させる。

〈のこぎりの歯〉

指先を上に向け、甲を前に示した左手の上を右人差指でギザギザを描く。

は【歯】4

「歯が立たない」

→〈降参〉
または〈お手あげ〉

「歯が立たない」は慣用句でとてもかなわない、とても難しいの意味なので〈降参〉または〈お手あげ〉で表現。〈降参〉はかぶとを脱ぐさまを表す。

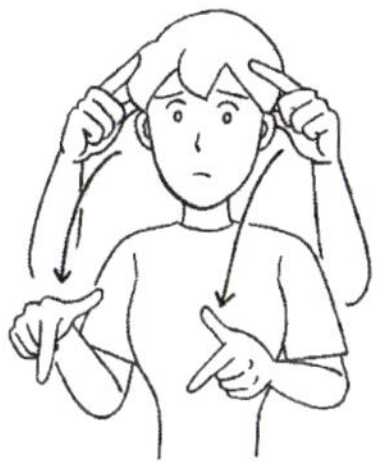

〈降参〉

頭の横に親指と人差指を当て、前におろす。

〈お手あげ〉

両手を上にあげる。

は【葉】1

「木の葉」

→〈木〉+〈葉〉

例文の「葉」は〈葉〉で表現。〈葉〉は木の葉の形を表し「葉」「木の葉」「はっぱ」などの意味を表す。

〈木〉

両手の親指と人差指で大きな丸を作り、上にあげながら左右に広げる。

〈葉〉

親指と人差指を閉じた両手をつけて右手を右へ動かしながら開き、また閉じて葉の形を描く。

は【葉】2

「葉が茂る」

→〈木〉+〈葉が茂る〉

「葉が茂る」は木に枝葉がいっぱいあるさまで〈木〉+〈葉が茂る〉で表現。〈葉が茂る〉は枝が広がっているさまを表す。

〈木〉

両手の親指と人差指を向かい合わせて、上にあげながら左右に広げる。

〈葉が茂る〉

指先を軽く開き前に向けた両手を頭の上から交互におろす。

ば【場】1

「話し合いの場」

→〈会話②〉+〈場所〉

例文の「場」は場所の意味なので〈場所〉で表現。〈場所〉は一定の大きさをもったあるところを表し、「場」「場所」を意味する。

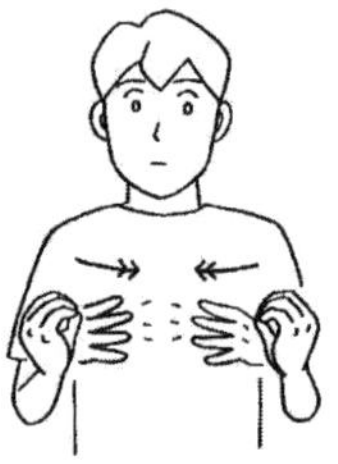

〈会話②〉

すぼめた両手を向かい合わせて同時に左右から繰り返し開く。

〈場所〉

全指を曲げた右手を前に置く。

は【葉】3

「木から葉が落ちる」

→〈木〉+〈散る〉

「葉が落ちる」は〈散る〉で表現。〈散る〉は葉がはらはらと落ちるさまで「葉が落ちる」「葉が散る」「落葉する」などを意味する。

〈木〉

両手の親指と人差指で大きな丸を作り、上にあげながら左右に広げる。

〈散る〉

指先を開いた両手のひらを前に向けて揺らしながらおろす。

ば【場】2

「その場しのぎの言い訳」

→〈合う②〉+〈ごまかす②〉

例文の「その場しのぎ」はその時だけをごまかし、切り抜けようとする意味で〈合う②〉+〈ごまかす②〉で表現。適当にごまかす意味。

〈合う②〉

上下で左人差指の先に右人差指の先を当てる。

〈ごまかす②〉

左手甲を前に向け、右手の親指と中指と薬指を閉じ、その指先を前に向けて小さく回す。

ば

「雨が降れば(中止)」

→〈雨①〉+〈時①〉
(+〈つぶす〉)

例文の「ば」は仮定を表し「場合」を意味するので〈時①〉で表現。〈時①〉は時計を表し、「時」「場合」など意味する。

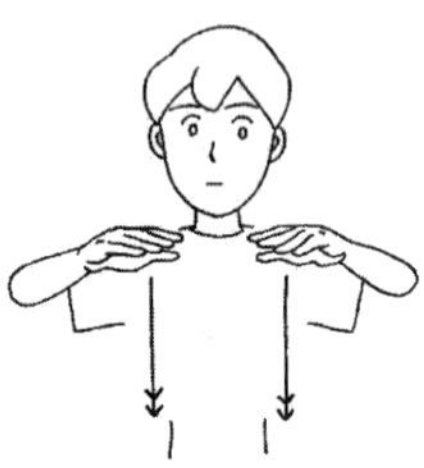

〈雨①〉

軽く開いた指先を前に向け両手を繰り返し下におろす。

〈時①〉

左手のひらに右親指を当て、右人差指を時計の針のように回す。

ばあい【場合】1

「雨が降った場合」

→〈雨①〉+〈時①〉

例文の「場合」はあることが起こった時の仮定を表すので〈時①〉で表現。〈時①〉は時計を表し、「時」「場合」などを意味する。

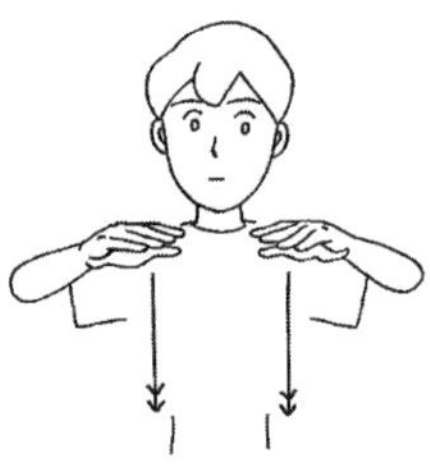

〈雨①〉

軽く開いた指先を前に向け両手を繰り返し下におろす。

〈時①〉

左手のひらに右親指を当て、右人差指を時計の針のように回す。

ばあい【場合】2

「万一の場合は」

→〈万一〉+〈時①〉

「万一の場合」は〈万一〉+〈時①〉で表現。〈時①〉は時計の針を表し、「時」「場合」などの意味。〈万一〉は〈万〉と〈1②〉の組み合わせ。

〈万一〉
右手で〈万〉と〈1②〉を示す。

〈時①〉
左手のひらに右親指を当て、右人差指を時計の針のように回す。

バーゲンセール

「バーゲンセール」

→〈値下げ④〉+〈売る①〉

「バーゲンセール」は〈値下げ④〉+〈売る①〉で表現。〈値下げ④〉はお金がさがるさま、〈売る①〉は右手のお金をもらって左手の物を渡すさま。

〈値下げ④〉
両手の親指と人差指で作った丸を同時に斜め下におろす。

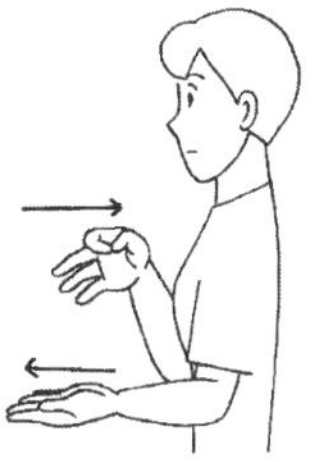

〈売る①〉
左手のひらを差し出すと同時に右手の親指と人差指で作った丸を手前に引き寄せる。

ばあい【場合】3

「場合が場合だから」

→〈今①〉+〈仕方ない〉

「場合が場合」はそのときの事情でやむをえない意味なので〈今①〉+〈仕方ない〉で表現。〈仕方ない〉は身を切るさまを表す。

〈今①〉
両手のひらで軽く押さえつける。

〈仕方ない〉
指先を伸ばした右手を左肩から右下に体をはすに切るようにおろす。

パーセント【%】

「二十パーセント」

→〈20〉+〈パーセント〉

「パーセント」は百分率のことで〈パーセント〉で表現。〈パーセント〉は%を描いたもの。

〈20〉
右手の人差指と中指を軽く曲げて、小さく振る。

〈パーセント〉
右人差指で斜線を引き、その上下で親指と人差指で作った丸を示す。

はあく【把握】

「意味を把握する」

→〈意味①〉+〈つかむ②〉

「把握」はしっかりと理解する、つかむ意味なので〈つかむ②〉で表現。〈つかむ②〉は内容をつかむさまで「把握」「つかむ」などの意味。

〈意味①〉
左手のひらの下を右人差指で突くようにする。

〈つかむ②〉
左手のひらの下で右手を握る。

パーティー 1

「パーティーを開く」

→〈パーティー〉+〈開(ひら)く④〉

「パーティー」はお祝いなどで飲み食べる集いのことで〈パーティー〉で表現。〈パーティー〉はグラスを持って回るさまを表す。

〈パーティー〉
親指と人差指で杯を持つようにして水平に回転させる。

〈開(ひら)く④〉
両手のひらを下に向けて並べ、左右に開く。

パーティー2

「ダンスパーティー」

→〈ダンス①〉+〈交流〉

「ダンスパーティー」はダンスを楽しむ集いのことで〈ダンス①〉+〈交流〉で表現。ダンスによる交流のさまを表す。

〈ダンス①〉

社交ダンスのように相手の手を軽く握り、左手を腰に回すようなつもりで構え、軽く体を揺らす。

〈交流〉

両手のひらを上に向け上下に置き、互い違いに水平に回す。

ハート

「彼女のハート(をつかむ)」

→〈彼女〉+〈ハート〉
(+〈つかむ①〉)

「ハート」は心、特に男女間の愛情または温かい気持ちの意味なので〈ハート〉で表現。〈ハート〉は心臓にハート形を作って表す。

〈彼女〉

左小指を右人差指でさす。

〈ハート〉

両手の親指と人差指で左胸でハートを作る。

ハード1

「毎日がハードスケジュール」

→〈忙しい①〉+〈いつも〉

「ハードスケジュール」は仕事などがぎっしりとつまっている日程の意味で〈忙しい①〉で表現。〈忙しい①〉はばたばたするさまを表す。

〈忙しい①〉

両手のひらを上に向けて指先を向かい合わせて交互に上下させる。

〈いつも〉

親指と人差指を立てた両手を向かい合わせて手首を回す。

ハード2

「ハードな仕事(をこなす)」

→〈厳しい〉+〈仕事〉
(+〈解決②〉)

例文の「ハード」ははげしい、厳しい意味なので〈厳しい〉で表現。〈厳しい〉は手の甲をつねるさまで「厳しい」「ハード」などの意味。

〈厳しい〉

左手甲を右手の親指と人差指でつねるようにする。

〈仕事〉

手のひらを上に向け、向かい合わせた両手指先を繰り返しつき合わせる。

バードウォッチング

「バードウォッチング」

→〈飛ぶ〉+〈双眼鏡〉

「バードウォッチング」は〈飛ぶ〉+〈双眼鏡〉で表現。〈飛ぶ〉は羽を動かし飛ぶさま、〈双眼鏡〉は双眼鏡をのぞくさまを表す。

〈飛ぶ〉

両手を左右に広げて羽のように上下に動かして上にあげる。

〈双眼鏡〉

指文字〈オ〉の両手を目に当て同時に左右に回す。

パートタイム

「パートタイム」

→〈時②〉+〈仕事〉

「パートタイム」は一日の内の短い時間だけ働くことで〈時②〉+〈仕事〉で表現。〈時②〉は時計の針のさまで「時間」「時計」を意味する。

〈時②〉

左こぶしの親指側に右親指を当て、人差指を時計の針のように回す。

〈仕事〉

手のひらを上に向け、向かい合わせた両手指先を繰り返しつき合わせる。

ハードル 1

「ハードル競走」

→〈ハードル走〉+〈競争〉

例文の「ハードル」は陸上競技の障害競走のことなので〈ハードル走〉で表現。〈ハードル走〉は左手のハードルを右手の人が飛び越えるさまを表す。

〈ハードル走〉

指先を右に向けた左手を右 2 指で飛び越えることを繰り返す。

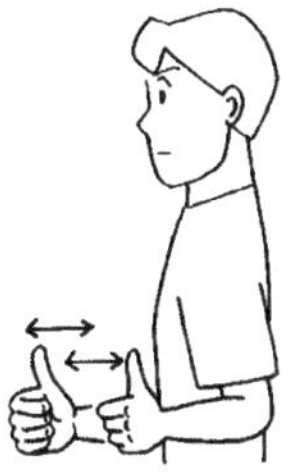

〈競争〉

親指を立てた両手を競うように交互に前後させる。

バーベキュー

「バーベキューパーティー」

→〈バーベキュー〉+〈パーティー〉

「バーベキュー」は〈バーベキュー〉で表現。〈バーベキュー〉は串に刺した物を焼くさまを表す。

〈バーベキュー〉

両手人差指を前に向けて並べ、同時に同じ方向に回転させる。

〈パーティー〉

親指と人差指で杯を持つようにして水平に回転させる。

ハードル 2

「ハードルが高い」

→〈レベル〉+〈高い③〉

例文の「ハードル」は比喩的に乗り越えなければならない困難のことなので〈レベル〉で表現。

〈レベル〉

右手指先を前に向け、胸の高さで手のひらを下に向けて水平に左右に動かす。

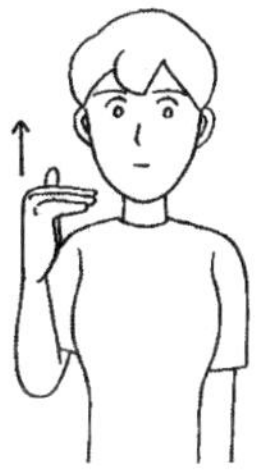

〈高い③〉

指文字〈コ〉を示した右手を上にあげる。

パーマ

「パーマに行く」

→〈パーマ〉+〈行(い)く①〉

「パーマ」は髪にウェーブをかけることで〈パーマ〉で表現。〈パーマ〉はこてでウェーブをかけるさまを表す。

〈パーマ〉

頭で両手 2 指をねじるようにあげる。

〈行(い)く①〉

右手人差指を下に向けて、振りあげるように前をさす。

ハーブ

「ハーブティー(を飲む)」

→〈ハーブ〉+〈紅茶〉(+〈飲む⑦〉)

「ハーブ」は香草の総称で〈ハーブ〉で表現。〈ハーブ〉は左手が草、右手が香りを嗅ぐさまを表す。

〈ハーブ〉

指文字〈ホ〉の左手の上で右手を香りを嗅ぐように動かす。

〈紅茶〉

茶碗を持つようにした左手の上をティーバッグを上下させるように右手を動かす。

はい【灰】1

「(死んで)灰になる」

→(〈死ぬ①〉+)〈土〉+〈変わる①〉

例文の「灰になる」は火葬されて土にかえる意味なので〈土〉+〈変わる①〉で表現。〈土〉は手からこぼれる土のさまで「土」を表す。

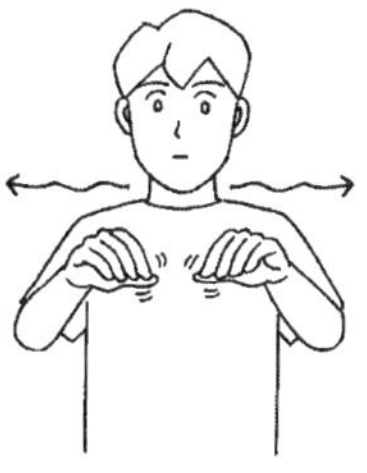

〈土〉

砂や土をこすり落とすようにして両手を左右に開く。

〈変わる①〉

手のひらを手前に向けた両手を交差させる。

は

はい【灰】2

「何もかも灰になる」
→〈すべて〉+〈なくなる①〉

例文の「灰になる」は全てがなくなる意味なので〈すべて〉+〈なくなる①〉で表現。

〈すべて〉
両手で上から下に円を描く。

〈なくなる①〉
上下に向かい合わせた両手のひらを上から合わせると同時に右手を右に動かす。

はい【肺】

「肺をわずらう」
→〈肺〉+〈病気〉

例文の「肺」は〈肺〉で表現。〈肺〉は両肺のある位置に手を置いて表す。

〈肺〉
両手のひらを胸に当てる。

〈病気〉
こぶしで額を軽くたたく。

ばい【倍】1

「倍の努力」
→〈もっと〉+〈努力〉

例文の「倍」は二倍の意味なので〈もっと〉で表現。〈もっと〉は左手に示す量に右手の同じ量を重ねるさまで「倍」「もっと」の意味。

〈もっと〉
左手の親指と人差指の上に右手の親指と人差指を重ねる。

〈努力〉
左手のひらに右人差指をねじこみながら前に押し出す。

ばい【倍】2

「九倍」
→〈９〉+〈もっと〉

例文の「九倍」は数を九倍にする意味で〈９〉+〈もっと〉で表現。〈もっと〉は左手に示す量に右手の同じ量を重ねるさまで「倍」の意味。

〈９〉
右親指を立て、４指の指先を閉じて左に向け示す。

〈もっと〉
左手の親指と人差指の上に右手の親指と人差指を重ねる。

はいいろ【灰色】1

「灰色（の空）」
→〈ネズミ〉+〈色①〉
（+〈空〉）

例文の「灰色」はネズミ色のことなので〈ネズミ〉+〈色①〉で表現。〈ネズミ〉はその門歯のさまで「グレー」「ネズミ」の意味を表す。

〈ネズミ〉
右手２指を口元に当て、屈伸させる。

〈色①〉
すぼめた両手を合わせてひねる。

はいいろ【灰色】2

「灰色の人生」
→〈暗い〉+〈人生〉

例文は暗い希望のないという意味なので〈暗い〉で表現。「暗い」は目の前が閉ざされているさまで「暗い」「夜」などの意味を表す。

〈暗い〉
両手のひらを前に向けた両腕を目の前で交差させる。

〈人生〉
親指と小指を立てた右手の甲側を前に示し、体の前で回す。

はいいろ【灰色】3

「灰色(議員)」

→〈疑問①〉
または〈疑問②〉
(+〈バッジ〉)

例文の「灰色」は犯罪の疑いがある意味なので〈疑問①〉または〈疑問②〉で表現。〈疑問①〉〈疑問②〉は?を描き「謎」「疑問」「問題」などの意味を表す。

〈疑問①〉
右人差指で「?」を描く。

〈疑問②〉
つまんだ右親指と人差指で「?」を描く。

ばいう【梅雨】

「梅雨」

→〈梅〉+〈雨①〉

「梅雨」はつゆのことで〈梅〉+〈雨①〉で表現。〈梅〉は頭痛に貼る梅干しのさまで「梅」を表す。

〈梅〉
親指と人差指と中指をすぼめた右手を唇の端とこめかみに順に当てる。

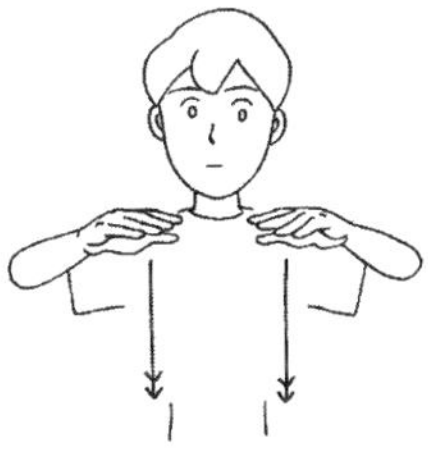

〈雨①〉
軽く開いた指先を前に向け両手を繰り返し下におろす。

はいえい【背泳】

「背泳が得意」

→〈背泳〉+〈得意〉

「背泳」は〈背泳〉で表現。〈背泳〉は背泳で泳ぐさまを表す。

〈背泳〉
背泳のように両腕を交互に後ろに回す。

〈得意〉
親指と小指を立てた右手の親指を鼻に当て、斜め上に出す。

はいえん【肺炎】

「肺炎(にかかる)」

→〈肺〉+〈火①〉
(+〈病気〉)

例文は肺に炎症を起こす病気の名前なので〈肺〉+〈火①〉で表現。〈肺〉は両肺を両手で表し、〈火①〉は炎症を表す便宜的な表現。

〈肺〉
両手のひらを胸に当てる。

〈火①〉
指先を上に向けた右手を揺らしながら上にあげる。

パイオニア

「パイオニア」

→〈開発〉または〈パイオニア〉

例文の「パイオニア」は開拓者のことなので〈開発〉または〈パイオニア〉で表現。

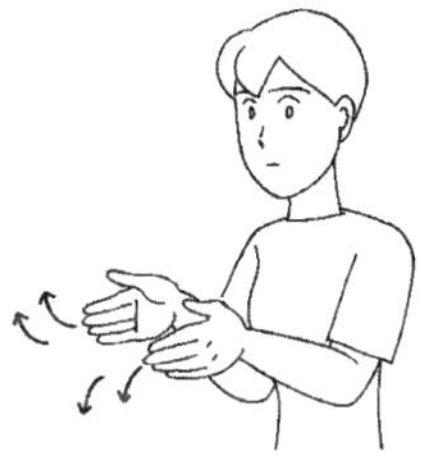

〈開発〉
向かい合わせた両手のひらを左右にかき分けるように前に進める。

〈パイオニア〉
右人差指を鼻に当て、斜め上に勢いよく出す。

ばいかい【媒介】1

「結婚媒介(所)」

→〈結婚〉+〈つなぐ〉
(+〈場所〉)

例文の「媒介」はふたつのものの橋渡しをするもののことなので〈つなぐ〉で表現。〈つなぐ〉は両者をつなぐさまを表す。「取り持つ」も同手話。

〈結婚〉
親指と小指を左右からつける。

〈つなぐ〉
両こぶしを左右から近づけ、親指側をつける。

ばいかい【媒介】2

「(蚊が)媒介する伝染病」

→(〈蚊〉+)
〈感染②〉+〈病気〉

例文の「媒介」は病原菌を他にうつすことなので〈感染②〉で表現。〈感染②〉は病気が他にうつるさまを表す。

〈感染②〉
5指をつまんだ両手を胸に当て、指先の向きを変えて前に出す。

〈病気〉
こぶしで額を軽くたたく。

はいき【廃棄】

「書籍を廃棄する」

→〈本〉+〈捨てる②〉

「廃棄」は捨てる意味なので〈捨てる②〉で表現。〈捨てる②〉はものを捨てるさまで「捨てる」「廃棄する」などの意味を表す。

〈本〉
両手のひらを合わせて左右に開く。

〈捨てる②〉
握った両手を斜め前に投げ出すようにして開く。

はいき【排気】

「車の排気ガス」

→〈運転〉+〈排気〉

例文の「排気ガス」は車から排出される排気のことで〈排気〉で表現。〈排気〉はパイプから排出される排気のさまを表す。

〈運転〉
ハンドルを両手で握り、回すようにする。

〈排気〉
左手親指と4指で囲んだ中からすぼめた右手を左に開く。

ハイキング

「ハイキングに行く」

→〈ハイキング〉+〈行(い)く①〉

「ハイキング」は健康と娯楽を兼ねて野山を歩くことで〈ハイキング〉で表現。〈ハイキング〉はおおまたに歩く人のさまを表す。

〈ハイキング〉
指先を下に向けた両手人差指を交互に前に出す。

〈行(い)く①〉
右手人差指を下に向けて、振りあげるように前をさす。

バイキング

「ホテルのバイキング」

→〈ホテル〉+〈バイキング〉

例文の「バイキング」は料理のことなので〈バイキング〉で表現。〈バイキング〉は並んでいる料理を皿に取るさまを表す。

〈ホテル〉
左手のひらに右手2指を寝かせるようにして当て、順にあげる。

〈バイキング〉
左手のひらの上に右親指・人差指・中指をつまみながら置く。

はいく【俳句】

「俳句をよむ」

→〈俳句〉+〈考える〉

「俳句」は五七五の十七音からなる日本伝統の短詩で〈俳句〉で表現。〈俳句〉は短冊に俳句を書きつけるさまを表す。

〈俳句〉
左手の親指と4指で短冊を持ち、右手の親指と人差指で書きつけるようにする。

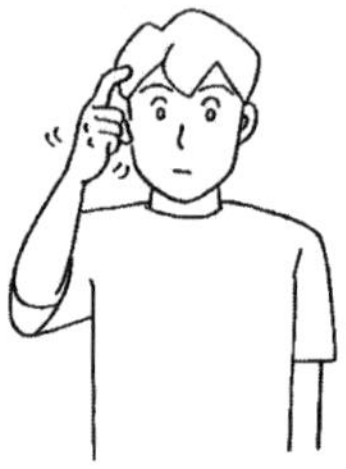

〈考える〉
右人差指を頭にねじこむようにする。

は

バイク

「バイク事故」
→〈バイク〉+〈事故①〉

例文の「バイク」は〈バイク〉で表現。〈バイク〉はハンドルのアクセルを操作するさまを表す。「単車」も同手話。

〈バイク〉
バイクのハンドルを握り、右手でアクセルを回すようにする。

〈事故①〉
左右から両手指先をぶつけるようにして上にはねあげる。

はいけい【背景】

「事件の背景」
→〈事件〉+〈背景〉

例文の「背景」は事件のうしろに隠れていることがらの意味で〈背景〉で表現。〈背景〉は人の背後にあるもののさまを表す新しい手話。

〈事件〉
左手の指文字〈コ〉の下で右人差指をすくいあげるようにする。

〈背景〉
人差指を立てた左手の背後を指先を上に向けた右手を右へ動かす。

はいけっかく【肺結核】

「肺結核」
→〈肺〉+〈肺結核〉

「肺結核」は結核菌によって肺におこる病気で〈肺結核〉で表現。〈肺結核〉は肺のある位置で〈結ぶ〉を表す「肺結核」を意味する慣用的表現。

〈肺〉
両手のひらを胸に当てる。

〈肺結核〉
左胸の前で両手の親指と人差指を結ぶようにする。

はいけん【拝見】1

「切符を拝見」
→〈切符〉+〈見る①〉
(+〈頼む①〉)

例文の「拝見」は見る意味なので〈見る①〉で表現。〈見る①〉は視線をそそぐさまで「見る」「拝見(する)」などの意味を表す。

〈切符〉
左手のひらを上に向けて右手の親指と人差指ではさむ。

〈見る①〉
右人差指を右目元から前に出す。

はいけん【拝見】2

「お手紙を拝見しました」
→〈郵便が来る〉+〈読む①〉

例文の「拝見」は読む意味なので〈読む①〉で表現。〈読む①〉は視線が字を追っていくさまで「読む」意味を表す。

〈郵便が来る〉
左手2指と右人差指で〒マークを作り、前から引き寄せる。

〈読む①〉
左手のひらを見ながら視線に合わせるように右手2指を動かす。

はいし【廃止】

「電車を廃止する」
→〈電車〉+〈つぶす〉

「廃止」はなくす、つぶすの意味なので〈つぶす〉で表現。〈つぶす〉はものごとをつぶすさまで「なくす」「つぶす」「やめる」などの意味。

〈電車〉
折り曲げた右手2指を左手2指に沿って前に動かす。

〈つぶす〉
両手の親指と4指の指先を前に向けてつぶすように閉じる。

はいしゃ【敗者】1

「敗者(の弁)」

→〈負ける①〉+〈男〉
(+〈説明〉)

例文の「敗者」は負けた人なので〈負ける①〉+〈男〉で表現。

〈負ける①〉
右手のひらで鼻先をたたき落とすようにする。

〈男〉
親指を立てた右手を出す。

はいしゃ【敗者】2

「敗者復活(戦)」

→〈負ける①〉+〈回復〉
(+〈試合〉)

「敗者復活」は一旦負けた者が、再度挑戦する資格を得ることで〈負ける①〉+〈回復〉で表現。ここで〈負ける①〉は「敗者」を意味する。

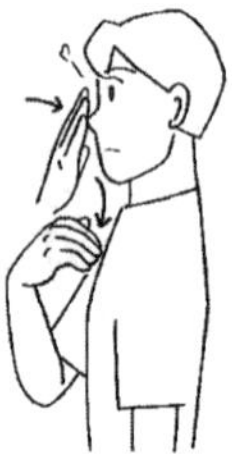

〈負ける①〉
右手のひらで鼻をたたき落とすようにする。

〈回復〉
両こぶしを重ねて寝かせ、棒を起こすようにする。

ばいしゃく【媒酌】

「結婚の媒酌」

→〈結婚〉+〈つなぐ〉

「媒酌」は結婚をいわば公的に仲立ちする人のことで〈つなぐ〉で表現。〈つなぐ〉は両者をつなぐさまで「媒酌」「仲人」などの意味を表す。

〈結婚〉
親指と小指を左右からつける。

〈つなぐ〉
両こぶしを左右から近づけ、親指側をつける。

ハイジャック

「ハイジャック事件」

→〈ハイジャック〉+〈事件〉

「ハイジャック」は航空機を乗っ取るゲリラなどのことで〈ハイジャック〉で表現。〈ハイジャック〉は航空機をピストルで脅すさまを表す。

〈ハイジャック〉
親指と小指を立てた左手〈飛行機①〉の背後から右手〈ピストル〉で撃つようにする。

〈事件〉
左手の指文字〈コ〉の下で右人差指をすくいあげるようにする。

ばいしゅう【買収】1

「会社を買収する」

→〈会社〉+〈買う〉

例文の「買収」は買い取る意味なので〈買う〉で表現。〈買う〉は金を払ってものを手に入れるさまで「買う」「買収」などの意味を表す。

〈会社〉
両手の2指を交互に前後させる。

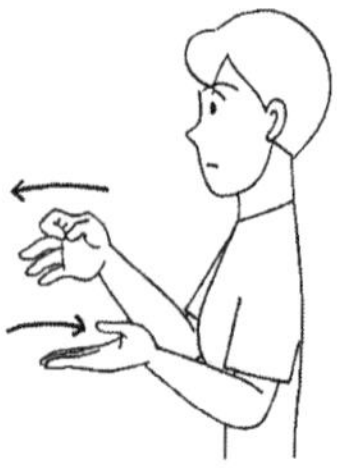

〈買う〉
右手の親指と人差指で作った丸を前に出すと同時に手のひらを上に向けた左手を手前に引く。

ばいしゅう【買収】2

「(反対)派を買収する」

→(〈反対〉+)
〈グループ〉+〈買収〉

例文の「買収」はこっそりお金を与えて自分の思うようにさせる意味なので〈買収〉で表現。〈買収〉は袖の下からこっそりお金を出すさまを表す。

〈グループ〉
指先を上に向けた両手で水平に手前に円を描く。

〈買収〉
左手のひらの下から右手の親指と人差指で作った丸を前に出す。

ばいしょう【賠償】1

「(損害)賠償を請求する」

→(〈損〉+)
〈賠償①〉または〈賠償②〉

例文は賠償を請求する側の言い方なので〈賠償①〉または〈賠償②〉で表現。〈賠償①〉は片手でお金を求めるさま、〈賠償②〉は両手で同じさまを表す。

〈賠償①〉

右手の親指と人差指で作った丸を示し右手のひらをぱっと開いて前に出す。

〈賠償②〉

親指と人差指で作った丸を示し左手のひらの上に右手の甲を打ちつける。

ばいしょう【賠償】2

「(損害)
賠償を請求される」

→(〈損〉+)
〈賠償①〉+〈求められる〉

例文は賠償を請求される側の言い方なので〈賠償①〉+〈求められる〉で表現。〈求められる〉は〈求める〉の受身形。

〈賠償①〉

右手の親指と人差指で作った丸を示し右手のひらをぱっと開いて前に出す。

〈求められる〉

左手のひらの上に指先を手前に向けた右手を打ちつける。

はいしん【配信】1

「(ニュースを)配信する」

→(〈ニュース〉+)
〈受信〉+〈配信〉

例文の「配信」は〈受信〉+〈配信〉で表現。〈受信〉は情報を受信するさま、〈配信〉はそれを流すさまを表す。

〈受信〉

開いた右親指と人差指を左人差指に向けて閉じながら引く。

〈配信〉

左人差指に当てたつまんだ右手2指を開きながら斜め下に出す。

はいしん【配信】2

「記事を配信する」

→〈書く①〉+〈配信〉

例文の「配信」は〈配信〉で表現。

〈書く①〉

左手のひらに右手の親指と人差指で縦に書くようにする。

〈配信〉

左人差指に当てたつまんだ右手2指を開きながら斜め下に出す。

はいせき【排斥】

「排斥運動」

→〈追い払う〉+〈活動〉

「排斥」は嫌ってしりぞける意味なので〈追い払う〉で表現。〈追い払う〉は手のひらから払いのけるさまで「追い払う」「排斥」などの意味。

〈追い払う〉

左手のひらを右手で払いのける。

〈活動〉

ひじを少し張り、ひじを軸に両こぶしを交互に繰り返し前に出す。

はいせん【敗戦】1

「敗戦(国)」

→〈戦争〉+〈負ける①〉
(+〈国(くに)〉)

例文の「敗戦」は戦争に負ける意味なので〈戦争〉+〈負ける①〉で表現。〈負ける①〉は「負ける」「敗北(する)」などの意味を表す。

〈戦争〉

軽く指を開いた両手指先を激しくふれ合わせる。

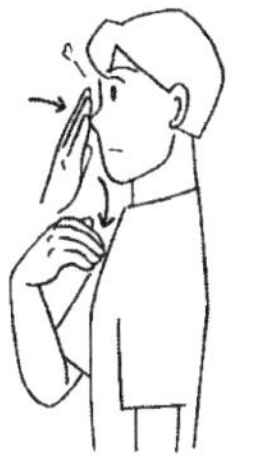

〈負ける①〉

右手のひらで鼻をたたき落とすようにする。

は

はいせん【敗戦】2

「敗戦投手」

→〈負ける①〉+〈投げる〉

例文の「敗戦」は試合に負ける意味なので〈負ける①〉で表現。〈負ける①〉は「負ける」「敗北（する）」などの意味を表す。

〈負ける①〉
右手のひらで鼻をたたき落とすようにする。

〈投げる〉
右手３指でボールを投げるようにする。

ばいたい【媒体】1

「コミュニケーション媒体」

→〈コミュニケーション〉+〈方法〉

例文の「媒体」は〈方法〉で表現。〈方法〉は手だて、手段を表す。

〈コミュニケーション〉
両手の親指と４指で「C」の字形を作り、組み合わせ交互に前後に動かす。

〈方法〉
左手甲を右手のひらで軽くたたく。

ばいたい【媒体】2

「宣伝媒体」

→〈宣伝〉+〈媒体〉

例文の「媒体」は〈媒体〉で表現。〈媒体〉はあるものから他のものへの中継地を表す新しい手話。

〈宣伝〉
親指と４指を閉じた両手を軽く口の前から左右にぱっぱっと繰り返し開く。

〈媒体〉
両こぶしを前方から脇腹に引き寄せる。

はいたつ【配達】

「郵便を配達する」

→〈郵便〉+〈配る①〉

「配達」は品物などを配ることなので〈配る①〉で表現。〈配る①〉はそれぞれの人に配るさまで「配る」「配達」などの意味を表す。

〈郵便〉
左手２指と右人差指で〒マークを作る。

〈配る①〉
左手のひらの上に右手をのせ、左、中央、右の順に前に出す。

ばいてん【売店】

「売店」

→〈商売〉+〈店①〉

「売店」はものを売る小規模な店のことで〈商売〉+〈店①〉で表現。〈商売〉はお金のやりとりのさまで「商店」「売店」などの意味を表す。

〈商売〉
両手の親指と人差指で作った丸を交互に前後させる。

〈店①〉
両手のひらを上に向けて、左右に開く。

パイナップル

「パイナップルジュース」

→〈パイナップル〉+〈ジュース①〉（または〈ジュース②〉）

「パイナップル」は〈パイナップル〉で表現。〈パイナップル〉はパイナップルの表面の模様を表す。

〈パイナップル〉
左指文字〈C②〉にし、右４指でそれを切るように「×」を描く。

〈ジュース①〉
左手でコップを持ち、右手でストローを持って飲むようにする。

はいにん【背任】

「背任(罪)」

→〈背任〉
(または〈裏切る〉+〈罪(ざい)〉)

「背任」は〈背任〉または〈裏切る〉で表現。両者とも手のひらを返して背くことを表す。

〈背任〉
両手のひらを合わせ、

右手を裏返す。

はいぼく【敗北】

「(試合で)敗北する」

→(〈試合①〉+)
〈負ける①〉
または〈負ける②〉

「敗北」は負ける意味なので〈負ける①〉または〈負ける②〉で表現。「敗れる」も同じ手話。

〈負ける①〉
右手のひらで鼻先をたたき落とすようにする。

〈負ける②〉
親指を立てた両手をぶつけ手前に倒す。

は

ばいばい【売買】

「株の売買」

→〈株〉+〈商売〉

「売買」は売り買いの意味なので〈商売〉で表現。〈商売〉はお金のやりとりのさまで「売買」「商売」などの意味を表す。

〈株〉
両こぶしを合わせて、前後にちぎるようにする。

〈商売〉
両手の親指と人差指で作った丸を交互に前後させる。

ばいめい【売名】

「売名(行為)」

→(〈名前①〉または)
〈自分一人〉+〈売る②〉
(+〈活動〉)

「売名」は自分の利益のために自分の名前を広めようとする意味なので〈名前①〉または〈自分一人〉+〈売る②〉で表現。

〈自分一人〉
右人差指を胸に当て、前にはねあげる。

〈売る②〉
右手親指と人差指で作った丸を手前に引くと同時に左手を前に差し出すことを繰り返す。

ハイブリッド

「ハイブリッドカー」

→〈組み合わせる〉+〈車①〉

「ハイブリッドカー」は〈組み合わせる〉+〈車①〉で表現。〈組み合わせる〉は複数のものを一つに組み合わせるさまを表す。

〈組み合わせる〉
すぼめた両手を肩の高さから開きながら胸の前で手のひらを重ねる。

〈車①〉
右手を「コ」の字形にして指先を前に向けて出す。

はいゆう【俳優】

「映画俳優」

→〈映画〉+〈俳優〉

「俳優」は映画や演劇に出演する人のことで〈俳優〉で表現。〈俳優〉は〈人々〉の手の形で〈芝居〉の動きを表した新しい手話。

〈映画〉
指間を軽く開き、両手のひらを目の前で前後に重ね、交互に上下させる。

〈俳優〉
親指と小指を立てた両手を手首を回して前後に出す。

はいりょ【配慮】1

「配慮してほしい」

→〈考える〉+〈好き①〉

例文の「配慮」は細かなところまで気を配る、考えるの意味なので〈考える〉で表現。〈考える〉は「考える」「考慮する」などの意味。

〈考える〉
右人差指を頭にねじこむようにする。

〈好き①〉
親指と人差指を開いた右手をのどに当て、下におろしながら閉じる。

はいりょ【配慮】2

「配慮(に欠ける)」

→〈心〉+〈準備②〉
(+〈手落ち〉)

例文の「配慮」は〈心〉+〈準備②〉で表現。

〈心〉
右人差指でみぞおちの辺りをさす。

〈準備②〉
両手のひらを向かい合わせて間隔を変えずに左から右へ順に仕切るように動かす。

はいりょ【配慮】3

「配慮が足りない」

→〈思う〉+〈不足〉

例文の「配慮」は〈思う〉+〈不足〉で表現。

〈思う〉
右人差指を側頭部に当てる。

〈不足〉
左手のひらを右人差指でほじるようにする。

はいりょ【配慮】4

「ご配慮にあずかりありがとうございます」

→〈助けられる①〉+〈ありがとう〉

例文は〈助けられる①〉+〈ありがとう〉で表現。

〈助けられる①〉
親指を立てた左手甲に右手のひらを前方から繰り返し当てる。

〈ありがとう〉
左手甲に右手を軽く当て、拝むようにする。

はいる【入る】1

「(会社に)入る」

→(〈会社〉+)
〈入る①〉
または〈入る②〉

例文の「入る」は社員や組織の一員になる意味なので〈入る①〉または〈入る②〉で表現。〈入る①〉は漢字「入」の形を利用した手話。

〈入る①〉
両手人差指で「入」の字形を作り、倒すように前に出す。

〈入る②〉
左手のひらに指先を閉じた右手をつけて前に出す。

はいる【入る】2

「風呂に入る」

→〈風呂①〉+〈入る③〉

「(風呂に)入る」は〈入る③〉で表現。〈入る③〉は浴槽の中に入るさまで「(風呂に)入る」「(風呂に)つかる」意味を表す。

〈風呂①〉
右こぶしで顔をこするようにする。

〈入る③〉
左手の親指と4指で囲んだ中へ右手の2指を入れる。

はいる【入る】3

「話が頭に入る」

→〈説明される〉+〈覚える〉

例文の「頭に入る」は理解し覚えることなので〈覚える〉で表現。

〈説明される〉

左手のひらの上を指先を手前に向けた右手で小刻みにたたく。

〈覚える〉

指先を開いた右手を上から頭につけて握る。

はいる【入る】4

「部屋に入る」

→〈部屋〉+〈部屋にあがる〉

例文の「部屋に入る」は〈部屋にあがる〉で表現。〈部屋にあがる〉は〈部屋〉の残りの手の中に入って行くさまで「部屋に入る、あがる」の意味。

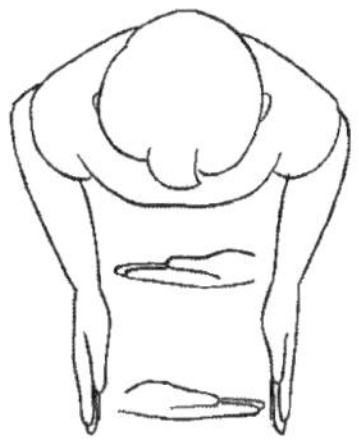

〈部屋〉

両手のひらで前後左右に四角く囲む。

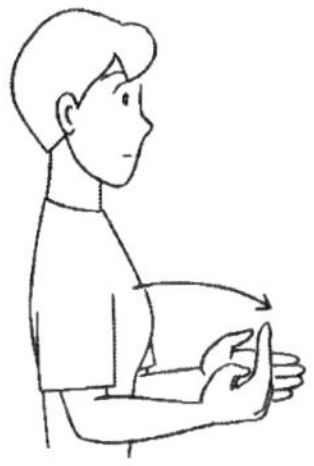

〈部屋にあがる〉

〈部屋〉の左手を残して人差指を立てた右手をその横に置く。

はいる【入る】5

「仲間に入る」

→〈仲間〉+〈参加①〉

例文の「入る」は加わる意味なので〈参加①〉で表現。〈参加①〉はグループや集会などに参加するさまを表す。

〈仲間〉

両手を握り、水平に回す。

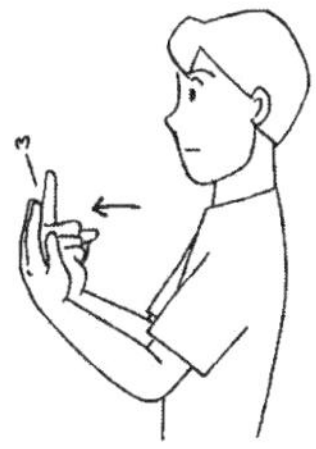

〈参加①〉

指先を上に向け、手のひらを手前に向けた左手に人差指を立てた右手を打ちつける。

はいる【入る】6

「仕事が入る」

→〈仕事〉+〈もらう①〉

「仕事が入る」は仕事をもらうことなので〈もらう①〉で表現。〈もらう①〉はものをもらうさまで「もらう」「与えられる」などの意味。

〈仕事〉

手のひらを上に向け、向かい合わせた両手指先を繰り返しつき合わせる。

〈もらう①〉

手のひらを上に向けた両手を手前に引く。

はいる【入る】7

「給料が入る」

→〈給料〉

「給料が入る」は給料をもらうことなので〈給料〉で表現。〈給料〉は給料をもらうさまで「給料」「収入」「所得」などの意味を表す。

〈給料〉

左手のひらに右手親指と人差指で作った丸を添えて手前に引き寄せる。

はいる【入る】8

「夜に入り雨が降ってきた」

→〈暗い〉+〈雨①〉

「夜に入る」は夜になることなので〈暗い〉で表現。〈暗い〉は目の前が閉ざされたさまで「暗い」「夜」の意味を表す。

〈暗い〉

両手のひらを前に向けた両腕を目の前で交差させる。

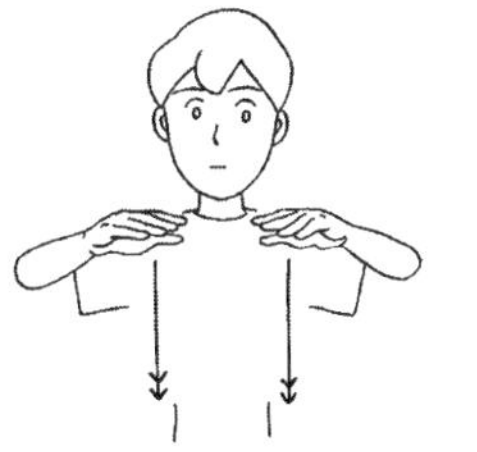

〈雨①〉

軽く開いた指先を前に向け両手を繰り返し下におろす。

はいる【入る】9

「毒が入っている」

→〈毒〉+〈加える〉

例文の「入っている」は含まれている意味なので〈加える〉で表現。〈加える〉は加えるさまで「加える」「加わる」などの意味を表す。

〈毒〉

右手の親指と人差指をつまんで唇の端から垂らすようにする。

〈加える〉

左手のひらに右人差指を添える。

はいる【入る】10

「仕事に力が入る」

→〈仕事〉+〈一生懸命〉

例文の「力が入る」は一生懸命になる意味なので〈一生懸命〉で表現。〈一生懸命〉はものごとに打ち込むさまで「一生懸命」「熱中」の意味。

〈仕事〉

手のひらを上に向け、向かい合わせた両手指先を繰り返しつき合わせる。

〈一生懸命〉

両手を顔の横から繰り返し強く前に出す。

はいる【入る】11

「ビルにひびが入る」

→〈ビル①〉+〈ひび〉

「ひびが入る」は割れ目ができることで〈ひび〉で表現。〈ひび〉は割れ目が走るさまを表す。

〈ビル①〉

両手のひらを向かい合わせて上にあげ、閉じる。

〈ひび〉

右人差指でギザギザのひびを書く。

はいる【入る】12

「(仕事に)身が入らない」

→(〈仕事〉+)

〈一途①〉+〈難しい〉

「身が入る」はあることに一生懸命になる意味で〈一途①〉で表現。〈一途①〉はものごとに集中するさまで「一途」「夢中」などの意味を表す。

〈一途①〉

両手のひらをこめかみ付近から斜め前に絞り込むようにおろす。

〈難しい〉

右手の親指と人差指でほおをつねるようにする。

はいる【入る】13

「うわさが耳に入る」

→〈うわさ〉+〈聞く②〉

例文の「耳に入る」は聞こえることなので〈聞く②〉で表現。〈聞く②〉は耳に言葉などが届くさまで「聞こえる」「耳に入る」などの意味。

〈うわさ〉

両手の指先を向かい合わせてねじるようにゆすりながら耳を傾ける。

〈聞く②〉

右人差指を右耳に当てる。

はいる【入る】14

「お茶が入りました」

→〈お茶を入れる〉+〈どうぞ①〉

「お茶が入る」はお茶を入れて出すことなので〈お茶を入れる〉で表現。〈お茶を入れる〉は急須でお茶を入れるさまを表す。

〈お茶を入れる〉

湯飲みを持つようにした左手に親指と小指を立てた右手を注ぎ入れるように傾ける。

〈どうぞ①〉

手のひらを上にして並べた両手を前に少し出す。

はいる【入る】15

「空き巣に入る」

→〈空き巣〉+〈する〉

例文は空き巣に入る側の言い方なので〈空き巣〉+〈する〉で表現。〈空き巣〉は左手が家、右手が盗むを表す。

〈空き巣〉

左手を斜めに立てて屋根を作り、その下から曲げた右人差指を右上に動かす。

〈する〉

両こぶしを力を込めて前に出す。

ハエ【蝿】

「銀バエ」

→(〈白〉+)
〈金(きん)①〉+〈ハエ〉

「ハエ」は〈ハエ〉で表現。〈ハエ〉はハエが飛び回るさまを表す。

〈金(きん)①〉

前歯をかみ合わせ、口の端から親指と人差指を閉じた右手を揺らしながら上にあげる。

〈ハエ〉

右2指で頭上に8の字を描く。

はいる【入る】16

「(私の)部屋に勝手に入る(な)」

→(〈私〉+)
〈部屋〉+〈入られる〉
(+〈しかる①〉)

例文の「部屋に入る」は話し手の部屋のことなので〈部屋〉+〈入られる〉で表現。〈入られる〉は〈入る〉の逆の動き。

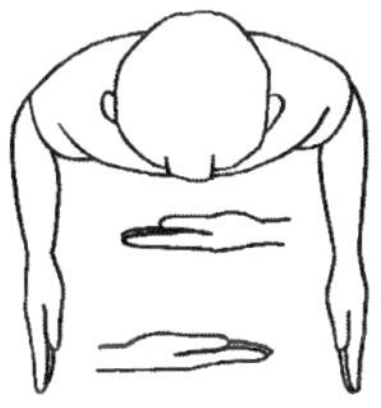

〈部屋〉

両手のひらで前後左右に四角く囲む。

〈入られる〉

両人差指で「入」を作り手前に立てる。

はえる【生える】1

「庭に草が生える」

→〈庭〉+〈草〉

「草が生える」は〈草〉で表現。〈草〉は草が生えるさまで「草が生える」「草」の意味を表す。

〈庭〉

左手の屋根形の前で右手のひらを下に向け水平に回す。

〈草〉

指先を軽く開いた両手の甲側を前に向け交互に小刻みに上下させながら左右に開く。

ハウス

「ハウス栽培」

→〈長屋〉+〈育てる①〉

「ハウス栽培」はビニールハウスで野菜を育てることで〈長屋〉+〈育てる①〉で表現。〈長屋〉はビニールハウスの形を表す。

〈長屋〉

両手で屋根形を示し、前に出す。

〈育てる①〉

左手の親指に指先を伸ばした右手を繰り返し当てる。

はえる【生える】2

「芽が生える」

→〈芽①〉

「芽が生える」は草や木の芽が出ることで〈芽①〉で表現。〈芽①〉は地面から芽が出るさまを表す。

〈芽①〉

手のひらを下に向けた左手の指の下から右人差指を突き出す。

はえる【生える】3

「歯が生える」

→〈歯〉+〈歯が生える〉

「歯が生える」は〈歯〉+〈歯が生える〉で表現。手話は歯が生える、出るさまを表す。

〈歯〉

右人差指で歯をさす。

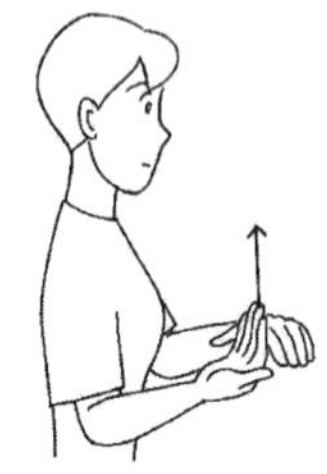

〈歯が生える〉

手のひらを下に向けた左手の親指と4指の間から右手の4指を上に突き出す。

ばか【馬鹿】1

「人をばかにする」

→〈鼻にもかけない〉
　または〈朝飯前〉

「ばかにする」は〈鼻にもかけない〉または〈朝飯前〉で表現。前者は鼻にもひっかけないさまを、後者は吹けば飛ぶさまを表す。

〈鼻にもかけない〉

右手で鼻の頭をつかみ投げ捨てるようにする。

〈朝飯前〉

手のひらの上にのったものを吹き飛ばすように軽く息を吹きかける。

はおり【羽織】

「羽織」

→〈羽織〉

「羽織」は着物の上にかける和服の一種で〈羽織〉で表現。〈羽織〉は羽織の形とひもを結ぶさまを表す。

〈羽織〉

両手の親指と人差指を肩に当て、上から下におろして、

腹の辺りで両手の親指と人差指で結ぶようにする。

ばか【馬鹿】2

「(お前は)ばかだ」

→(〈あなた①〉+)
　〈ばか①〉
　または〈ばか②〉

例文の「ばか」は愚かの意味なので〈ばか①〉または〈ばか②〉で表現。〈ばか①〉は「愚か」の意味。〈ばか②〉は人をからかいばかにするさまを表す。

〈ばか①〉

頭に右手の親指を当て、4指を閉じる。

〈ばか②〉

右手の親指を鼻の頭に当て、4指を振る。

はか【墓】

「墓参り」

→〈墓〉+〈拝む〉

例文の「墓」は〈墓〉で表現。〈墓〉は墓石の形を表す。

〈墓〉

両手で縦長の墓石を描く。

〈拝む〉

両手のひらをすり合わせて拝むようにする。

ばか【馬鹿】3

「自分だけがばかを見る」

→〈自分一人〉+〈損〉

「ばかを見る」は損をする意味なので〈損〉で表現。〈損〉はお金を捨てるさまで「損する」「損」「無駄をする」「無駄」などの意味を表す。

〈自分一人〉

右人差指を胸に当て、前にはねあげる。

〈損〉

両手の親指と人差指で作った丸を前に捨てるようにしてぱっと開く。

ばか【馬鹿】4

「そんなばかな話はない」

→〈まさか①〉
または〈まさか②〉

「そんなばかな話はない」はひどくて信じられない、道理に合わないという意味なので〈まさか①〉または〈まさか②〉で表現。

〈まさか①〉
右こぶしを腹に当ててぱっと前に出し、開き、揺らす。

〈まさか②〉
左手のひらを右手のひらで調子をつけてたたく。

ばか【馬鹿】5

「(今日は)ばかに暑い」

→(〈今①〉+)
〈暑い①〉+〈とても〉

例文の「ばかに」はとてもの意味なので〈とても〉で表現。〈とても〉は非常に大きいさまで「とても」「大変」「非常に」などの意味。

〈暑い①〉
扇子やうちわであおぐようにする。

〈とても〉
右手の親指と人差指をつまみ、右へ弧を描きながら親指を立てる。

ばか【馬鹿】6

「出費がばかにならない」

→〈使う〉+〈高い②〉

「ばかにならない」は軽く見ることはできない、相当なものになる意味で、ここではお金のことなので〈高い②〉で表現。

〈使う〉
左手のひらの上で右手の親指と人差指で作った丸をすべるようにして繰り返し前に出す。

〈高い②〉
左手のひらの上で親指と人差指で作った丸を上にあげる。

はかい【破壊】1

「環境を破壊する」

→〈環境〉+〈折る①〉

例文の「破壊」はこわす意味なので〈折る①〉で表現。〈折る①〉は木を折るさまで「破壊」「破壊する」「障害」などの意味がある。

〈環境〉
親指を立てた左手の下で手のひらを下に向けた右手を水平に回す。

〈折る①〉
両こぶしの親指側を合わせ、折るようにする。

はかい【破壊】2

「ビルを破壊する」

→〈ビル①〉+〈つぶれる③〉

例文の「破壊」は建物を強い力でこわす意味で〈つぶれる③〉で表現。〈つぶれる③〉はつぶすさまで「つぶれる」「つぶす」の意味。

〈ビル①〉
両手のひらを向かい合わせて上にあげ、閉じる。

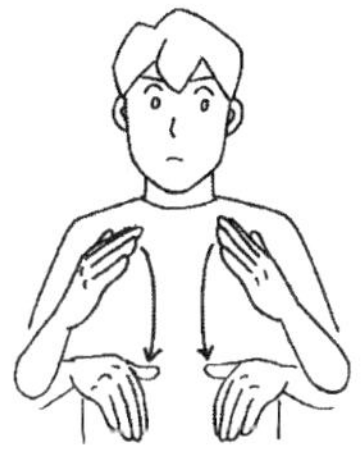

〈つぶれる③〉
指先を上に向けて向かい合わせた両手を内側に向けて落とすように指先を下に向ける。

はがき【葉書】

「はがき」

→〈郵便〉+〈四角②〉

「はがき」は〈郵便〉+〈四角②〉で表現。〈郵便〉は〒マークを、〈四角②〉は四角形の紙や書類を表す。

〈郵便〉
左手２指と右手人差指で〒マークを示す。

〈四角②〉
両手の人差指で四角を描く。

は

はかせ【博士】

「医学博士」

→〈脈〉+〈博士〉

「博士」はある専門分野の学識を示す資格で〈博士〉で表現。〈博士〉は博士帽のふさを表し「博士(はかせ)」の意味を表す。

〈脈〉

右 3 指を左手首の内側に当てる。

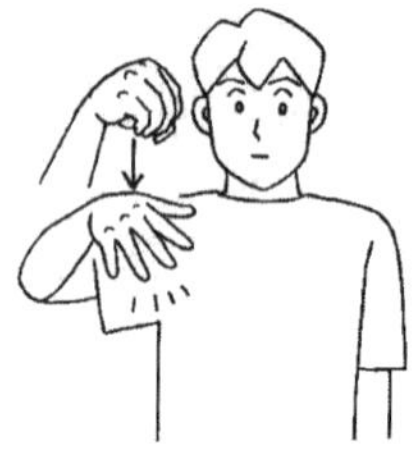

〈博士〉

頭の脇からすぼめた右手をぱっと開いておろす。

はかどる 1

「仕事がはかどる」

→〈仕事〉+〈解決②〉

例文の「はかどる」は仕事がよく進む意味なので〈解決①〉を繰り返して表す〈解決②〉で表現。手話は次々に処理してしまうさまを表す。

〈仕事〉

手のひらを上に向け、向かい合わせた両手指先を繰り返しつき合わせる。

〈解決②〉

左手のひらに右人差指で「×」を繰り返し書きながら右へ動かす。

はかどる 2

「勉強がはかどる」

→〈勉強②〉+〈順調〉

例文の「はかどる」は勉強がよく進む意味なので〈順調〉で表現。〈順調〉はきちんきちんとものごとが進むさまを表す。

〈勉強②〉

指先を上に向けた両手を並べて軽く前に出す。

〈順調〉

両手の親指と人差指を上に向け、繰り返し閉じながら右へ動かす。

ばかばかしい【馬鹿馬鹿しい】

「ばかばかしい話」

→〈くだらない〉+〈説明〉

「ばかばかしい」はくだらない、ひどくばからしい意味なので〈くだらない〉で表現。〈くだらない〉は見さげるさまを表す。

〈くだらない〉

右人差指を伸ばし下からあげて左手のひらに打ちつける。

〈説明〉

左手のひらを右手で小刻みにたたく。

はかま【袴】

「はかま」

→〈はかま〉

「はかま」は和服の一種で腰につけるもの。〈はかま〉で表現。〈はかま〉ははかまをつけるさまを表す。

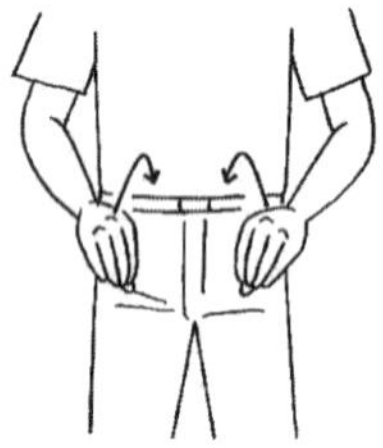

〈はかま〉

両手の親指と 4 指でつまみあげるようにする。

はがゆい【歯がゆい】

「見ていて歯がゆい」

→〈見る①〉+〈歯がゆい〉

「歯がゆい」は思うようにならず、いらいらする意味なので〈歯がゆい〉で表現。〈歯がゆい〉は歯がかゆいさまを表す比喩的な表現。

〈見る①〉

右人差指を右目元から前に出す。

〈歯がゆい〉

あごのつけねを右手指先でかくようにする。

ばかり 1

「百ばかり(ください)」

→〈百①〉+〈くらい①〉
(+〈求める〉)

例文の「ばかり」はおおよその数量を示し、くらいの意味なので〈くらい①〉で表現。〈くらい①〉はこのくらいという程度の幅を表す。

〈百①〉

右手の親指と人差指と中指を閉じて示す。

〈くらい①〉

右手指先を前に向け左右に小さく振る。

ばかり 2

「彼にばかり(話す)」

→〈彼〉+〈だけ〉
(+〈言う①〉)

例文の「ばかり」はそれに限る意味なので〈だけ〉で表現。〈だけ〉は一つを強調するさまで「これだけ」「だけ」「一つだけ」などの意味。

〈彼〉

左親指を右人差指でさす。

〈だけ〉

左手のひらに人差指を立てた右手を打ちつける。

ばかり 3

「あわてたばかりに(忘れ物をした)」

→〈あわてる〉+〈ので〉
(+〈忘れる①〉)

例文の「ばかり」は原因を表すので〈ので〉で表現。

〈あわてる〉

手のひらを上に向けた両手の指先を向かい合わせて交互に上にあげる。

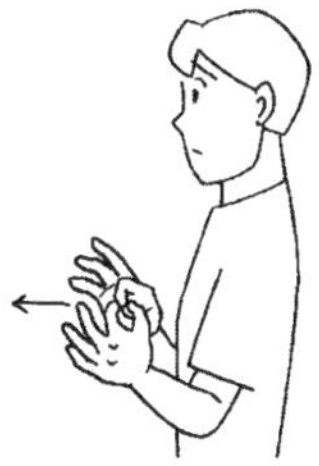

〈ので〉

両手の親指と人差指を組み、少し前に出す。

ばかり 4

「(今)、着いたばかり」

→〈来る②〉+〈きちんと①〉
(+〈今②〉)

例文の「ばかり」はあることの直後を表すので〈きちんと①〉で表現。〈きちんと①〉はちゃんとしているさまで「きちんと」「きっかり」など。

〈来る②〉

右人差指を上に向けて手前に引く。

〈きちんと①〉

両手の親指と人差指を同時に閉じながら下におろす。

はかる
【計・測・量る】1

「タイムを計る」

→〈時間〉+〈時間を調べる〉

「(タイムを)計る」は〈時間を調べる〉で表現。〈時間を調べる〉は腕時計を見ながら調べるさまを表す。

〈時間〉

左手の腕時計の位置を右人差指でさす。

〈時間を調べる〉

左手首の腕時計の位置を見ながら折り曲げた右手2指を目の前で往復させる。

はかる
【計・測・量る】2

「重さを量る」

→〈重い〉+〈調べる①〉

例文の「量る」は重さを調べることなので〈調べる①〉で表現。〈調べる①〉は目を配り、詳しく見るさまを表す。

〈重い〉

両手のひらを上に向け、重さでさがるようにする。

〈調べる①〉

右手の人差指と中指を軽く折り曲げて、目の前を左右に往復させる。

は

はかる【計・測・量る】3

「体温を測る」

→〈体温〉+〈調べる①〉

例文の「測る」は体温を調べることなので〈調べる①〉で表現。〈調べる①〉は目を配り、詳しく見るさまを表す。

〈体温〉

右人差指を左脇にはさむ。

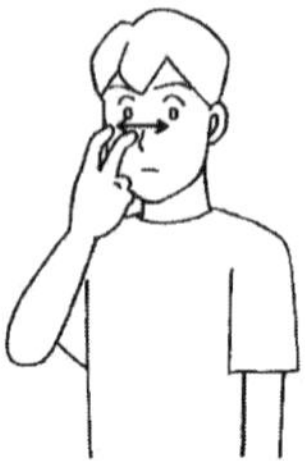

〈調べる①〉

右手の人差指と中指を軽く折り曲げて、目の前を左右に往復させる。

はかる【計・測・量る】4

「距離を測る」

→〈間（あいだ）〉+〈測る②〉

例文の「測る」は距離を計測することなので〈測る②〉で表現。〈測る②〉はメジャーを伸ばして測るさまを表す。

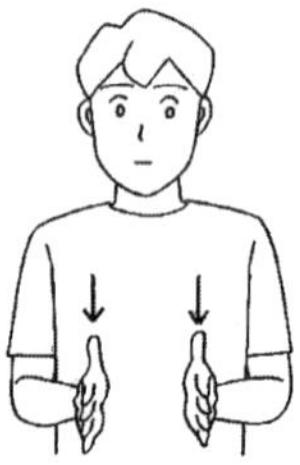

〈間（あいだ）〉

両手のひらを向かい合わせ、仕切るように下に少しさげる。

〈測る②〉

両手の閉じた親指と人差指を左右に開く。

はかる【計・測・量る】5

「（相手の）気持ちをはかる」

→（〈相手①〉+）〈気持ち〉+〈考える〉

例文の「はかる」は見当をつける意味で〈考える〉で表現。〈考える〉はこめかみに指を当て考えるさまを表す。

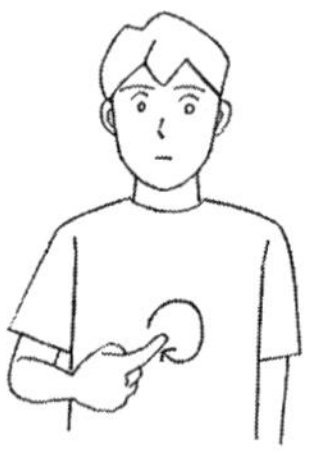

〈気持ち〉

右人差指でみぞおち辺りに小さく円を描く。

〈考える〉

右人差指を頭にねじこむようにする。

はかる【諮る】

「みんなにはかって（決める）」

→〈みんな〉+〈相談〉（+〈決める①〉）

例文の「はかる」は相談する意味なので〈相談〉で表現。〈相談〉は頭を寄せて相談するさまで「相談」「相談する」「はかる」意味を表す。

〈みんな〉

右手のひらを下に向けて水平に回す。

〈相談〉

親指を立てた両手を軽くぶつけ合う。

はかる【図・謀る】1

「自殺をはかる」

→〈自殺〉+〈する〉

例文の「はかる」は企てる、実行する意味なので〈する〉で表現。

〈自殺〉

両こぶしを重ね、首に押し当てる。

〈する〉

両こぶしを力を込めて前に出す。

はかる【図・謀る】2

「まんまとはかられた」

→〈失敗②〉+〈だまされる〉

例文の「はかられた」はだまされたの意味なので〈だまされる〉で表現。〈だまされる〉はその気になったところで落とされるさま。

〈失敗②〉

右手のひらを額に打ちつける。

〈だまされる〉

右手の親指と人差指を開いてあごに当て、左手のひらの上に落とす。

はかる【図・謀る】3

「便宜をはかってもらう」
→〈便利〉+〈助けられる②〉

例文の「はかってもらう」はうまくかたづけてもらう意味で〈助けられる②〉で表現。〈助けられる②〉は支援を受けるさまを表す。

〈便利〉
右手のひらであごをなでる。

〈助けられる②〉
左こぶしの甲に右手のひらを前方から繰り返し当てる。

ハギ【萩】

「秋のハギ」
→〈涼しい〉+〈ハギ〉

「ハギ」は〈ハギ〉で表現。〈ハギ〉はハギの枝が垂れるように咲く花のさまを表す。

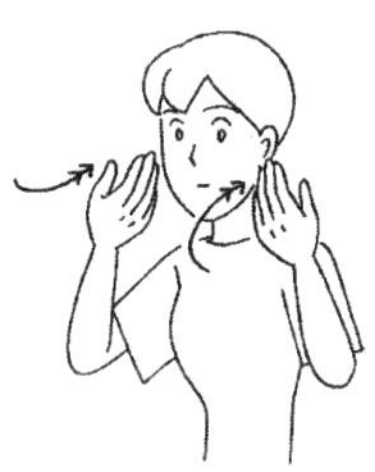

〈涼しい〉
両手で耳元をあおぐ。

〈ハギ〉
右甲を右に向けたこぶしを前方に開きながら垂らす。

はく【掃く】

「庭をほうきで掃く」
→〈庭〉+〈ほうき〉

「掃く」はほうきを使ってごみなどを寄せる意味で〈ほうき〉で表現。〈ほうき〉はほうきを使うさまで「ほうき」「掃く」の意味を表す。

〈庭〉
左手の屋根形の前で右手のひらを下に向け水平に回す。

〈ほうき〉
両こぶしを握り、ほうきで掃くようにする。

はく【吐く】1

「血を吐く」
→〈赤〉+〈吐く〉

例文の「吐く」は口から胃の内容物などを出す意味なので〈吐く〉で表現。〈吐く〉は吐くさまで「吐く」「もどす」「あげる」などを表す。

〈赤〉
唇に人差指を当て、右へ引く。

〈吐く〉
右手のひらを胸に当て、こすりあげて口から前に出すようにする。

はく【吐く】2

「食べ物を吐く」
→〈食べる①〉+〈吐く〉

例文の「吐く」も〈吐く〉で表現。〈吐く〉は吐くさまで「吐く」「もどす」「あげる」などを表す。

〈食べる①〉
左手のひらの上を右手ですくって食べるようにする。

〈吐く〉
右手のひらを胸に当て、こすりあげて口から前に出すようにする。

はく【吐く】3

「議論を吐く」
→〈説明〉+〈おしゃべり①〉

例文の「吐く」は盛んに口に出して言う意味なので〈おしゃべり①〉で表現。〈おしゃべり①〉はよくしゃべるさまを表す。

〈説明〉
左手のひらを右手で小刻みにたたく。

〈おしゃべり①〉
指先を交互に上下させ、口元から前に繰り返し出す。

は

はく【吐く】4

「弱音を吐く」

→〈降参〉+〈漏らす②〉

例文の「吐く」はぽろりと言葉に出る意味なので〈漏らす②〉で表現。〈漏らす②〉はふと言うさまで「吐く」「漏らす」などの意味。

〈降参〉

頭の横に親指と人差指を当て、前におろす。

〈漏らす②〉

すぼめた右手を口元からぱっと開いて前に落とす。

はく【吐く】5

「ついにどろを吐いた」

→〈まで〉+〈漏らす③〉

例文の「吐く」は隠していたことを言う意味で〈漏らす③〉で表現。〈漏らす③〉は隠していることを表に出すさまで「白状する」などの意味。

〈まで〉

左手のひらに右手指先を軽くつける。

〈漏らす③〉

左手のひらを手前に向け囲むようにして、すぼめた右手を口元からぱっと開いて前に落とす。

はく【吐く】6

「煙突から煙を吐く」

→〈煙突〉+〈煙①〉

例文の「吐く」は吹き出す意味なので〈煙①〉で表現。〈煙①〉は煙突から煙が出るさまで、煙の出方によって手話は変わる。

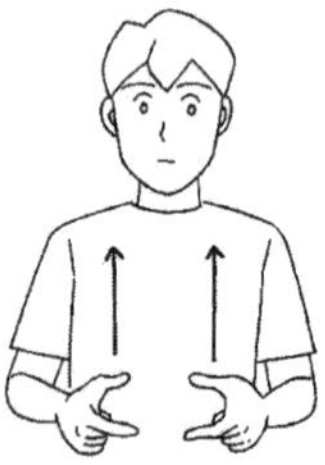

〈煙突〉

両手の親指と人差指を向かい合わせて同時に上にあげる。

〈煙①〉

左手の親指と4指で囲んだ中から全指を折り曲げた右手を回しながら上にあげる。

ばくげきき【爆撃機】

「爆撃機」

→〈爆弾〉+左〈飛行機①〉

「爆撃機」は〈爆弾〉+左〈飛行機①〉で表現。〈爆弾〉は左手の飛行機から右手の爆弾が投下されるさまを表す。

〈爆弾〉

親指と小指を出した左手の下から右人差指を落ちるようにさげる。

左〈飛行機①〉

親指と小指を出した左手を飛び出すように斜め上にあげる。

はくさい【白菜】

「白菜の（漬け物）」

→〈白〉+〈野菜〉
（+〈漬物〉）

「白菜」は〈白〉+〈野菜〉で表現。〈野菜〉はキャベツや白菜のような葉野菜の形を表す。

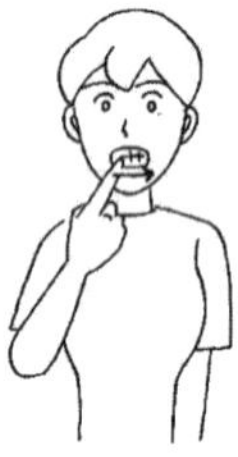

〈白〉

右人差指で前歯を指さし、左へ引く。

〈野菜〉

指先を上に向けた両手を向かい合わせて上にあげ、丸めるように指先を下に向ける。

はくし【博士】

「法学博士」

→〈規則〉（または〈法〉）+〈博士〉

「博士」はある専門分野の学識を示す資格で〈博士〉で表現。〈博士〉は博士帽のふさを表し、「博士（はくし）」の意味を表す。

〈規則〉

左手のひらに折り曲げた右手2指を打ちつける。

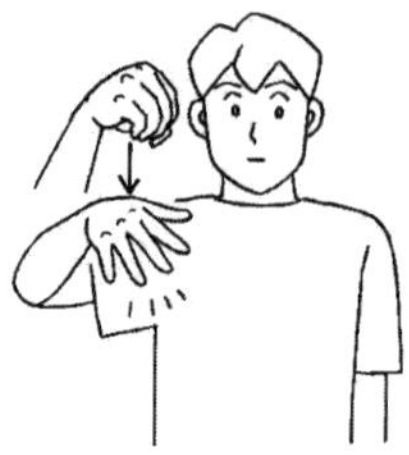

〈博士〉

頭の脇からすぼめた右手をぱっと開いておろす。

はくし【白紙】1

「白紙(で出す)」

→〈白〉+〈四角①〉
(+〈差し出す〉)

例文の「白紙」は何も書いていない紙の意味なので〈白〉+〈四角①〉で表現。〈四角①〉は紙または書面などの意味を表す。

〈白〉
右人差指で前歯を指さし、左へ引く。

〈四角①〉
両手の人差指で四角を描く。

はくじょう【白状】

「盗みを白状する」

→〈盗む〉+〈漏らす③〉

「白状」は隠していること、犯した罪を告白する意味なので〈漏らす③〉で表現。〈漏らす③〉は隠していることを表に出すさまを表す。

〈盗む〉
かぎ状にした人差指を手前に引く。

〈漏らす③〉
左手のひらを手前に向け囲むようにして、すぼめた右手を口元からぱっと開いて前に落とす。

はくし【白紙】2

「白紙(の状態)」

→〈白〉+〈美しい②〉
(+〈状態①〉)

例文の「白紙」は何も考えていない意味なので〈白〉+〈美しい②〉で表現。〈美しい②〉はきれいさっぱり何もないの意味もある。

〈白〉
右人差指で前歯を指さし、左へ引く。

〈美しい②〉
左手のひらをなでるように右手のひらを滑らせる。

ばくぜん【漠然】

「話が漠然としている」

→〈説明〉+〈あいまい〉

「漠然」ははっきりしないさまを意味するので〈あいまい〉で表現。〈あいまい〉はものごとがごちゃごちゃしたさまで「あいまい」の意味。

〈説明〉
左手のひらを右手で小刻みにたたく。

〈あいまい〉
両手のひらを前後に向かい合わせ、こすり合わせるように回す。

はくし【白紙】3

「白紙にもどす」

→〈改めて〉+〈回復〉

例文の「白紙にもどす」は元の何もなかった状態にもどす意味なので〈改めて〉+〈回復〉で表現。〈改めて〉は手を払うさまを表す。

〈改めて〉
両手のひらを向かい合わせて上下に2度ほど払うようにする。

〈回復〉
両こぶしを重ねて寝かせ、棒を起こすようにする。

ばくだん【爆弾】

「飛行機が爆弾を投下する」

→〈爆弾〉

例文の「爆弾」は飛行機から投下するもので〈爆弾〉で表現。〈爆弾〉は左手の飛行機から爆弾が投下されるさまを表す。

〈爆弾〉
親指と小指を出した左手の下から右人差指を落ちるようにさげる。

ばくち【博打】

「ばくちを打つ」

→〈ばくち〉

「ばくち」はお金をかけて勝負ごとをすることで〈ばくち〉で表現。〈ばくち〉はさいころばくちのさまを表す。

〈ばくち〉

折り曲げた右手のひらをぱっとかぶせるように置く。

ばくはつ【爆発】2

「怒りが爆発する」

→〈怒(おこ)る①〉+〈爆発〉

例文の「爆発」はたまっていた感情が一度に吹き出す意味で〈爆発〉で表現。〈爆発〉は一度に外に吹き出すさまを表す。

〈怒(おこ)る①〉

両手で腹をつかむようにして上に向けてさっと動かす。

〈爆発〉

親指と4指を閉じた両手を合わせ、勢いよく上にあげながら左右に開く。

はくないしょう【白内障】

「白内障の手術」

→〈白内障〉+〈手術〉

「白内障」は〈白内障〉で表現。〈白内障〉は左手の眼球の中に右手のかすみがかかっているさまを表す新しい手話。

〈白内障〉

丸を作った左手を左目の前に置き、手のひらを前方に向けた右手を内側から右に動かす。

〈手術〉

左手のひらを下に向け、親指側の縁に沿って右人差指の先を手前に引く。

はくぶつかん【博物館】

「博物館」

→〈視野が広がる〉+〈ビル①〉

「博物館」はそれぞれの部門の現物や資料を整理して一般に公開するところで〈視野が広がる〉+〈ビル①〉で表現。

〈視野が広がる〉

両目の脇で向かい合わせた両手のひらを左右に開く。

〈ビル①〉

両手のひらを向かい合わせて上にあげ、閉じる。

ばくはつ【爆発】1

「ガス爆発」

→〈香り①〉+〈爆発〉

例文の「爆発」はダイナマイトや火薬が破裂することで〈爆発〉で表現。〈爆発〉は炎や光がいっぺんに吹き出すさまを表す。

〈香り①〉

右手2指の指先を繰り返し鼻に近づける。

〈爆発〉

親指と4指を閉じた両手を合わせ、勢いよく上にあげながら左右に開く。

はぐらかす

「質問をはぐらかす」

→〈尋ねる②〉+〈はぐらかす〉

例文は問いに答えないで別の話をしてごまかす意味なので〈はぐらかす〉で表現。手話は質問を左右にはぐらかすさまを表す。

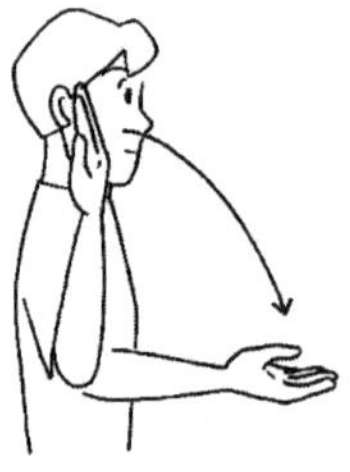

〈尋ねる②〉

右手のひらを右耳の横から前に出す。

〈はぐらかす〉

両手で布を持ち、左右に動かすようにする。

はくらんかい【博覧会】

「博覧会」は〈博覧〉で表現。〈博覧〉は広く見るさまを表し、「博覧(会)」を表す新しい手話。

「万国博覧会」

→〈世界〉+〈博覧〉

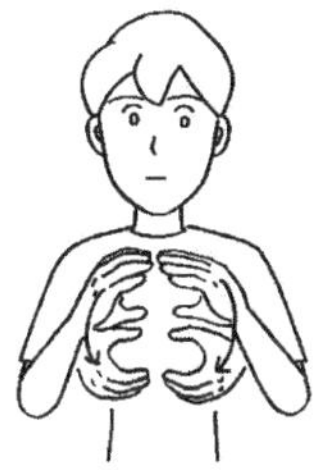

〈世界〉

両手の指先を向かい合わせて前にまわし、球を描く。

〈博覧〉

目の横に両手 2 指を置き、左右に開く。

はぐるま【歯車】1

例文の「歯車」は〈歯車〉で表現。〈歯車〉は歯車がかみ合い動くさまで「歯車」「機械」「かみ合う」などの意味を表す。

「機械の歯車」

→〈機械〉+〈歯車〉

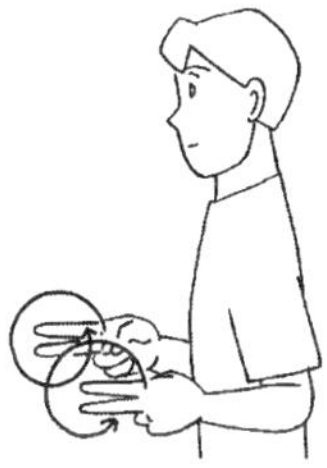

〈機械〉

両手 2 指を前方に向け、交互に前に回転させる。

〈歯車〉

両手指をかみ合わせるようにして指先を動かす。

はぐるま【歯車】2

「歯車がかみ合わない」は〈歯車〉+〈食い違う②〉で表現。手話は歯車がはずれるさまで「歯車がかみ合わない」「食い違う」などを表す。

「歯車がかみ合わない」

→〈歯車〉+〈食い違う②〉
(または〈食い違う①〉)

〈歯車〉

両手甲を前に向けて指先を組み合わせ歯車のように回す。

〈食い違う②〉

指先が食い違うように前後させる。

はげ【禿】

「はげ頭」は頭に毛がないことなので〈はげ〉で表現。〈はげ〉は頭がつるつるに光るさまを表す。

「はげ頭」

→〈はげ〉

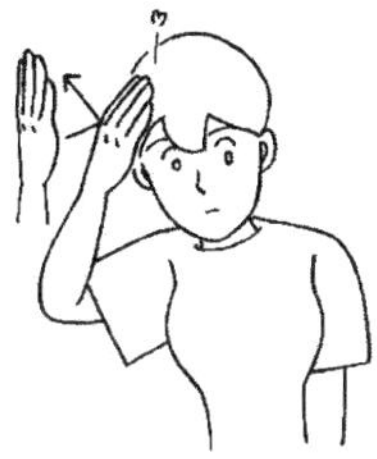

〈はげ〉

右手のひらで頭の上を軽くたたくようにする。

はげしい【激しい】1

例文の「激しい」は雨がとても強いことで〈とても〉で表現。〈とても〉は〈雨③〉の強さを強調しているが〈雨③〉の表情にも注意。

「激しい雨」

→〈雨③〉+〈とても〉

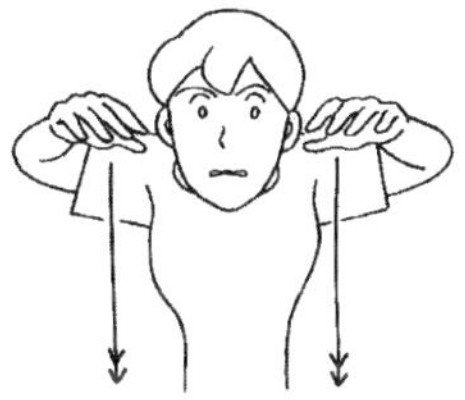

〈雨③〉

指先を前に向けた両手を上から激しく繰り返しおろす。

〈とても〉

親指と人差指を閉じた右手を左から弧を描きながら親指を立てる。

はげしい【激しい】2

例文の「激しい」も強い痛みのことで〈とても〉で表現。〈とても〉は〈痛い①〉の強さを強調しているが〈痛い①〉の表情にも注意。

「激しい痛み」

→〈痛い①〉+〈とても〉

〈痛い①〉

指先を曲げた右手のひらを上に向けて左右に振る。

〈とても〉

右手の親指と人差指をつまみ、右へ弧を描きながら親指を立てる。

はげしい【激しい】3

「(好き)嫌いが激しい」

→(〈好き①〉+)
〈嫌い①〉+〈たくさん④〉

例文の「激しい」はたくさんある意味で〈たくさん④〉で表現。〈たくさん④〉はたくさんの数を数えるさまで「たくさん」の意味を表す。

〈嫌い①〉

親指と人差指を閉じた右手をのどに当て、前に向かってぱっと開く。

〈たくさん④〉

両手を軽く開き、指を折りながら左から右へ動かす。

はげる【禿げる】1

「頭がつるつるにはげる」

→〈はげる〉+〈はげ〉

例文の「はげる」は頭の毛が抜け落ちる意味なので〈はげる〉で表現。〈はげる〉は頭に毛がなくなり、光るさまを表す。

〈はげる〉

頭を前に傾けて右手のひらを額から後ろにすべらせる。

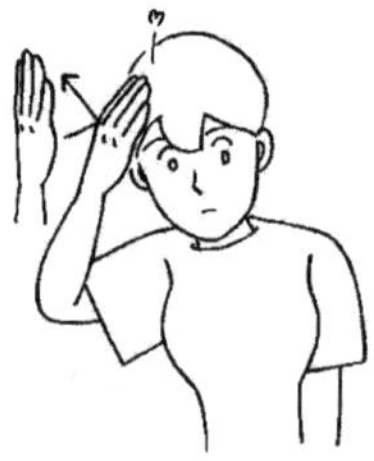

〈はげ〉

右手のひらで頭の上を軽くたたくようにする。

はげます【励ます】

「息子を励ます」

→左〈息子〉+〈助ける①〉

「励ます」は力づけることで〈助ける①〉で表現。〈助ける①〉は応援する、バックアップするさまで「力づける」「激励する」などの意味がある。

左〈息子〉

親指を立てた左手を腹から前に出す。

〈助ける①〉

親指を立てた左手の後ろを右手のひらで軽く後押しする。

はげる【禿げる】2

「(山が)はげた」

→(〈山〉+)
〈木〉+〈ない④〉

例文の「はげる」は山の木がなくなる意味なので〈木〉+〈ない④〉で表現。〈ない④〉は何もないさまを表す。

〈木〉

両手の親指と人差指で大きな丸を作り、上にあげながら左右に広げる。

〈ない④〉

左手のひらの上で右手を払うようにする。

はげむ【励む】

「仕事に励む」

→〈仕事〉+〈一生懸命〉

「励む」は一生懸命に努力する意味なので〈一生懸命〉で表現。〈一生懸命〉は脇目もふらないさまで「一生懸命」「励む」「いそしむ」などの意味。

〈仕事〉

手のひらを上に向け、向かい合わせた両手指先を繰り返しつき合わせる。

〈一生懸命〉

両手を顔の横から繰り返し強く前に出す。

はけん【派遣】1

「(手話)通訳を派遣する」

→(〈手話〉+)
〈通訳〉+〈派遣①〉

例文の「派遣」は人を行かせる意味なので〈派遣①〉で表現。〈派遣①〉は人が建物から出るさまを表す。

〈通訳〉

親指を立てた右手を口元で左右に往復させる。

〈派遣①〉

左手のひらの下から親指を立てた右手を前に出す。

はけん【派遣】2

「軍隊を派遣する」

→〈軍〉+〈派遣②〉

例文の「派遣」は軍隊という集団を行かせる意味なので〈派遣②〉で表現。〈派遣②〉は集団が移動するさまを表す。

〈軍〉

握ったこぶしを上下にして右脇に当てる。

〈派遣②〉

指先を上に向けた両手を合わせ、右から左へ動かす。

はこいりむすめ【箱入り娘】

「大事な箱入り娘」

→(〈大切①〉または)〈愛①〉+〈箱入り娘〉

「箱入り娘」は表に出さないように大切に育てられた娘のことで〈箱入り娘〉で表現。〈箱入り娘〉は箱にふたをされた娘のさまを表す。

〈愛①〉

左手の甲をやさしくなでるように右手を回す。

〈箱入り娘〉

左手の親指と4指を曲げて下に向け、右小指をその中から前に出す。

はこ【箱】1

「箱を開ける」

→〈箱①〉+〈開(あ)ける④〉

例文の「箱」は〈箱①〉で表現。〈箱①〉は箱のさまを表すが、形や大きさによって手話は変わる。

〈箱①〉

指先を曲げた両手を上下に重ねる。

〈開(あ)ける④〉

指先を曲げた両手を上下に重ねて右手を開けるようにする。

はこぶ【運ぶ】1

「仕事がうまく運ぶ」

→〈仕事〉+〈順調〉

例文の「運ぶ」は物事が進む意味で「うまく運ぶ」は〈順調〉で表現。〈順調〉は着々と物事が進行するさまを表す。

〈仕事〉

手のひらを上に向け、向かい合わせた両手指先を繰り返しつき合わせる。

〈順調〉

両手の親指と人差指を上に向け、繰り返し閉じながら左へ動かす。

はこ【箱】2

「ミカン箱」

→〈ミカン〉+〈箱②〉

例文の「ミカン箱」は大きな箱なので〈箱②〉で表現。〈箱②〉は箱のさまを表すが、形や大きさによって表現は変わる。

〈ミカン〉

すぼめた左手をミカンに見立てて皮をむくようにする。

〈箱②〉

両手で└┘を描く。

はこぶ【運ぶ】2

「食事を運ぶ」

→〈食べる①〉+〈運ぶ①〉

例文の「運ぶ」は食事を他の場所へ移す意味なので〈運ぶ①〉で表現。〈運ぶ①〉はものを左から右へ運ぶさまを表す。

〈食べる①〉

左手のひらの上を右手ですくって食べるようにする。

〈運ぶ①〉

両手のひらを左から右へ物を運ぶように動かす。

はこぶ【運ぶ】3

「荷物を運ぶ」

→〈荷物〉+〈運ぶ②〉

例文の「運ぶ」は荷物を他の場所へ移す意味なので〈運ぶ②〉で表現。〈運ぶ②〉は荷物を持つさまで荷物の形や大きさによって表現は変わる。

〈荷物〉

両手で荷物を持ちあげるようにする。

〈運ぶ②〉

両こぶしを向かい合わせて右から左へ動かす。または、左から右へ動かす。

はこぶ【運ぶ】4

「学校まで足を運ぶ」

→〈学校〉+〈行(い)く③〉

例文の「足を運ぶ」は行く意味なので〈行く③〉で表現。〈行く③〉は自ら体を運ぶさまを表す。

〈学校〉

両手のひら手前に向けて並べ、次に全指を曲げた右手のひらを下に向けて置く。

〈行(い)く③〉

親指を立てた両手を同時に弧を描いて前に出す。

はさみ【鋏】1

「はさみを借りる」

→〈はさみ〉+〈借りる〉

例文の「はさみ」は〈はさみ〉で表現。〈はさみ〉ははさみの刃を表す。

〈はさみ〉

右手2指をはさみのように動かす。

〈借りる〉

親指と4指を半開きにして手前に引きながら閉じる。

はさみ【鋏】2

「紙をはさみで切る」

→〈四角①〉+〈切る②〉

「はさみで切る」は〈切る②〉で表現。〈切る②〉ははさみを使って紙などを切るさまを表す。

〈四角①〉

両手の人差指で四角を描く。

〈切る②〉

左手の親指と4指で紙を持つようにし、右手2指をはさみで切るようにする。

はさみ【鋏】3

「切符にはさみを入れる」

→〈切符〉

例文の「はさみを入れる」は切符を切る意味で〈切符〉で表現。〈切符〉は切符にはさみを入れるさまで「切符を切る」などの意味を表す。

〈切符〉

左手のひらを上に向けて右手の親指と人差指ではさむ。

はさむ【挟む】1

「(資料を)本に挟む」

→(〈資料〉+)
〈本〉+〈ファイル〉

例文の「挟む」は間に入れることなので〈ファイル〉で表現。〈ファイル〉は書類を差し込むさまを表す。

〈本〉

手のひらを合わせた両手を本を開くように左右に開く。

〈ファイル〉

左手の親指と4指との間に右手を差し込む。

はさむ【挟む】2

「テーブルを挟んで話す」

→〈机〉+〈会話②〉

例文の「挟む」は間に置くことで手話単語には直接表現しない。この場合〈会話②〉を〈机〉の幅ほど開いて表す。

〈机〉

両手で ┌ ┐ を描くようにする。

〈会話②〉

すぼめた両手を向かい合わせて同時に左右から繰り返し開く。

はさむ【挟む】3

「事件に疑いを挟む」

→〈事件〉+〈疑う〉

例文の「挟む」は疑問を心に抱くことなので〈疑う〉で表現。〈疑う〉はあごに手を当て疑う表情で表す。

〈事件〉

左手の指文字〈コ〉の下を右人差指ですくいあげるようにする。

〈疑う〉

右手の親指と人差指をあごに当てる。

はさん【破産】

「会社が破産する」

→〈会社〉+〈つぶれる①〉

「破産」は財産などをなくすことで〈つぶれる①〉で表現。〈つぶれる①〉は家がつぶれるさまで「つぶれる」「破産」「倒産」などを表す。

〈会社〉

両手の 2 指を交互に前後させる。

〈つぶれる①〉

屋根形にした両手の指先をつけたまま手のひらを合わせる。

はし【橋】1

「橋をかける」

→〈橋〉+〈作る〉

「橋」は〈橋〉で表現。〈橋〉は川などにかかる橋のさまを表す。

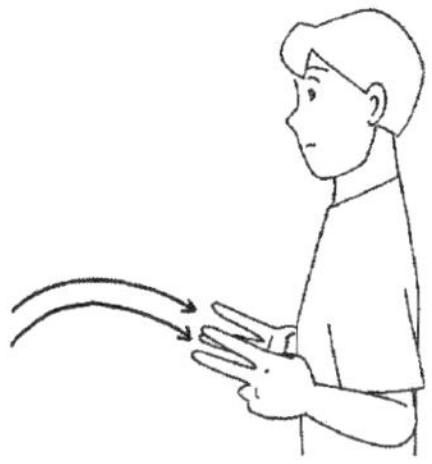

〈橋〉

両手 2 指を弧を描きながら手前に引く。

〈作る〉

両手のこぶしを上下に打ちつける。

はし【橋】2

「二人の橋渡しをする」

→〈二人①〉+〈つなぐ〉

「橋渡し」は両者の間の仲立ちをする意味なので〈つなぐ〉で表現。〈つなぐ〉は両者をつなぐさまで「媒酌」「仲人」「とりもつ」の意味。

〈二人①〉

人差指と中指を立てた右手を手前に向けて左右に軽く振る。

〈つなぐ〉

両こぶしを左右から近づけ、親指側をつける。

はし【橋】3

「虹の橋がかかる」

→〈虹〉

「虹の橋」は空にかかる虹のことなので〈虹〉で表現。〈虹〉は七色のアーチが空にかかるさまを表す。

〈虹〉

親指と人差指と中指を立てた右手で目の前に弧を描く。

は

はし【箸】1

「箸を買う」

→〈箸〉+〈買う〉

「箸」はご飯を食べる道具のことで〈箸〉で表現。〈箸〉は箸ではさむさまを表す。

〈箸〉
右手２指で物をはさむようにする。

〈買う〉
右手の親指と人差指で作った丸を前に出すと同時に左手のひらを手前に引き寄せる。

はし【箸】2

「おかずに箸をつける」

→〈副〉+〈箸をつける〉

「箸をつける」は食べ始める意味なので〈箸をつけ る〉で表現。〈箸をつける〉は箸を使って食べるさまを表す。

〈副〉
左親指に右親指を少しさげてつける。

〈箸をつける〉
左手のひらを上に向けて右手２指を箸のようにして食べるようにする。

はし【箸】3

「箸を置く」

→〈食べる①〉+〈終わる〉

「箸を置く」は食べ終わる意味なので〈食べる①〉+〈終わる〉で表現。〈食べる①〉はものを食べるさまで「食べる」意味一般を表す。

〈食べる①〉
左手のひらの上を右手ですくって食べるようにする。

〈終わる〉
両手の親指と４指を上に向け、閉じながら下にさげる。

はじ【恥】1

「恥をかく」

→〈恥①〉
　または〈恥②〉

「恥をかく」は恥ずかしい思いをすることで〈恥①〉または〈恥②〉で表現。いずれも顔に傷がつくさまで、傷ついた気持ちを表す。

〈恥①〉
右人差指をほおに当てる。

〈恥②〉
両手の人差指で×をほおに当てる。

はじ【恥】2

「恥をさらす」

→〈恥②〉+〈表(あらわ)す〉

「恥をさらす」は自分のみっともないことを世間に知られてしまう意味なので〈恥②〉+〈表す〉で表現。〈恥②〉は傷ついた気持ちのさま。

〈恥②〉
両手の人差指で×をほおに当てる。

〈表(あらわ)す〉
左手のひらに右人差指をつけて前に押し出す。

はじ【恥】3

「恥の上塗り」

→〈恥の上塗り〉

「恥の上塗り」は恥をかいた上にさらに恥を重ねる意味なので〈恥の上塗り〉で表現。〈恥①〉の次に〈恥②〉という順番で表す。

〈恥の上塗り〉
右人差指をほおに当て、さらに左人差指を当て、×を示す。

はしか

「はしかにかかる」

→〈赤〉+〈発しん〉

「はしか」は幼児のかかる伝染病で赤い発しんが体にできる。〈赤〉+〈発しん〉で表現。手話は赤い発しんのさまを表す。

〈赤〉

唇に人差指を当て、右へ引く。

〈発しん〉

全指を曲げた右手を体中に当てる。

はしご【梯子】1

「はしごにのぼる」

→〈はしご〉

例文の「はしご」は上下の移動に使う道具で〈はしご〉で表現。〈はしご〉ははしごにのぼるさまで「はしご(にのぼる)」などの意味を表す。

〈はしご〉

右手と左手を交互につかみのぼるようにする。

はしご【梯子】2

「はしごする」

→〈飲む③〉+〈入る⑤〉

例文の「はしご」は場所を次々と変えて酒を飲む「はしご酒」の略で〈飲む③〉+〈入る⑤〉で表現。〈入る⑤〉はあちこちの店に入るさま。

〈飲む③〉

右手の親指と人差指でおちょこを持ち、飲むようにする。

〈入る⑤〉

左手のひらの下に右手2指を左右でもぐりこませる。

はじまる【始まる】1

「講演が始まる」

→〈講演〉+〈開(ひら)く④〉

例文の「始まる」は〈開く④〉で表現。〈開く④〉は扉が開くさまで「始まる」「開始」「オープン」などの意味を表す。

〈講演〉

左手甲の上に右ひじをのせて指先を伸ばして前後に振る。

〈開(ひら)く④〉

両手のひらを下に向けて並べ、左右に開く。

はじまる【始まる】2

「芝居が始まる」

→〈芝居〉+〈開(ひら)く⑤〉

例文の「始まる」は〈開く⑤〉で表現。〈開く⑤〉は幕が上に開くさまで「開幕」「開演」などの意味。

〈芝居〉

互い違いに向けた両こぶしを手首を返しながら前後させる。

〈開(ひら)く⑤〉

右手を左手のひらにのせ、上にあげる。

はじまる【始まる】3

「今さら悔やんでも始まらない」

→〈後悔〉+〈仕方ない〉

例文の「始まらない」はしてもむだの意味なので〈仕方ない〉で表現。〈仕方ない〉は身を切るさまで「仕方ない」「辛抱する」などの意味。

〈後悔〉

軽く頭を傾けて右手の指先を肩の下に当てる。

〈仕方ない〉

指先を伸ばした右手を左肩から右下に体をはすに切るようにおろす。

は

はじめ【初・始め】1

「年のはじめ」

→〈年(ねん)〉+〈最初①〉

例文の「はじめ」は最初のときの意味で〈最初①〉で表現。〈最初①〉は一を出すさまで「はじめ」「はじめて」「最初」などの意味。

〈年(ねん)〉

左こぶしの親指側に右人差指を当てる。

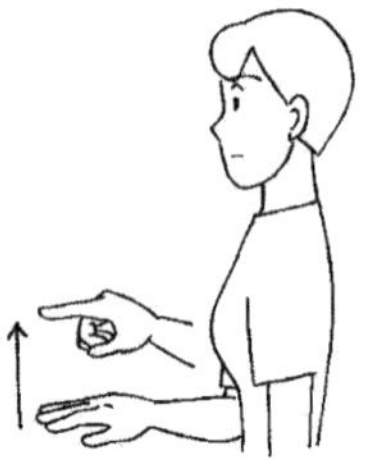

〈最初①〉

右手のひらを下にして、あげると同時に人差指を残して 4 指を握る。

はじめ【初・始め】2

「仕事はじめ」

→〈仕事〉+〈開(ひら)く④〉

例文の「はじめ」は始める意味なので〈開く④〉で表現。〈開く④〉は扉が開くさまで「始まる」「開始」「オープン」などの意味を表す。

〈仕事〉

手のひらを上に向け、向かい合わせた両手指先を繰り返しつき合わせる。

〈開(ひら)く④〉

両手のひらを下に向けて並べ、左右に開く。

はじめて【初・始めて】1

「はじめての経験」

→〈最初①〉+〈経験〉

例文の「はじめて」は〈最初①〉で表現。〈最初①〉は一を出すさまで「はじめ」「はじめて」「最初」などの意味。

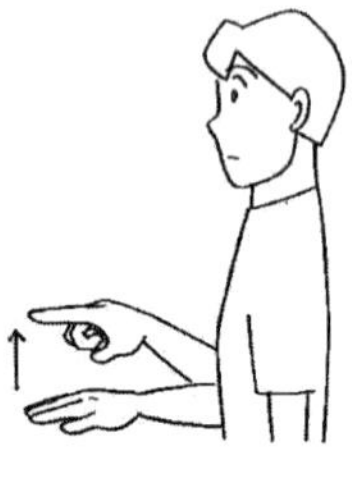

〈最初①〉

右手のひらを下にして、あげると同時に人差指を残して 4 指を握る。

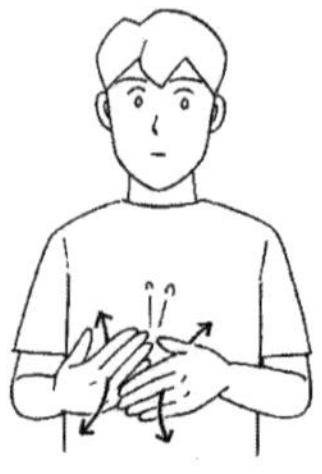

〈経験〉

両手指先をふれ合わせる。

はじめて【初・始めて】2

「はじめて知った」

→〈初耳〉

「はじめて知る」は〈初耳〉で表現。〈初耳〉は目の前がぱっと開かれるさまで「初耳」「はじめて知る」「そうか!」など多くの意味がある。

〈初耳〉

右手のひらを手前に向け、顔の前から下にさっとおろす。

はじめまして【初めまして】

「初めまして」

→〈最初①〉+〈会う②〉

「初めまして」は初対面の人へのあいさつ言葉で、〈最初①〉+〈会う②〉で表現。

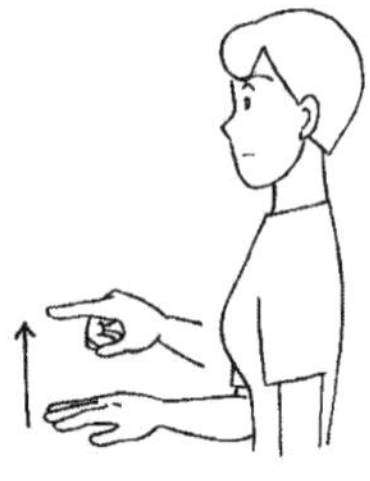

〈最初①〉

右手のひらを下にして、あげると同時に人差指を残して 4 指を握る。

〈会う②〉

人差指を立てた両手を前後から近づけて軽くふれ合わせる。

はじめる【始める】

「商売を始める」

→〈商売〉+〈開(ひら)く④〉

「始める」は〈開く④〉で表現。〈開く④〉は扉が開くさまで「始まる」「開始」「オープン」などの意味を表す。

〈商売〉

両手の親指と人差指で作った丸を交互に前後させる。

〈開(ひら)く④〉

両手のひらを下に向けて並べ、左右に開く。

パジャマ

「パジャマを着る」

→〈寝る〉+〈着る〉

「パジャマ」は寝る時に着る寝間着のことで〈寝る〉+〈着る〉で表現。手話は「パジャマ(を着る)」「寝間着(を着る)」などの意味。

〈寝る〉
右こぶしを頭に当てる。

〈着る〉
親指を立てた両手を内側に倒し、着るようにする。

ばしょ【場所】1

「(景色の)良い場所」

→(〈ながめる〉+)
〈良い〉+〈場所〉

例文の「場所」はある地点の意味で〈場所〉で表現。〈場所〉はある地点あるいは一定の広がりのあるところのさまで「場所」「所」などの意味。

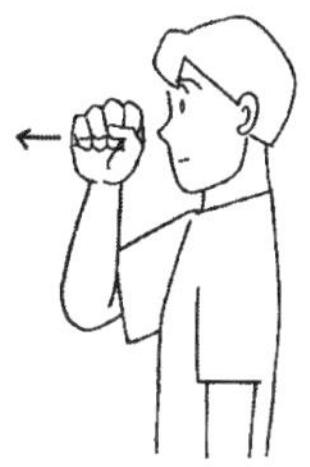

〈良い〉
右こぶしを鼻から前に出す。

〈場所〉
全指を曲げた右手を前に置く。

ばしょ【場所】2

「(大相撲の)春場所」

→(〈相撲〉+)
〈暖かい〉+〈場所〉

例文の「場所」は相撲を興行する期間の意味で〈場所〉で表現。これは日本語をそのまま手話にしたもの。

〈暖かい〉
両手で下からあおぐようにする。

〈場所〉
全指を曲げた右手を前に置く。

はしら【柱】1

「寺の柱」

→〈寺〉+〈柱〉

例文の「柱」は建物を支える支柱のことで〈柱〉で表現。〈柱〉は柱のさまでその大きさによって表現は変わる。

〈寺〉
左手で拝むようにして右人差指で前をたたくようにする。

〈柱〉
両手の親指と4指の指先を向かい合わせて上にあげる。

はしら【柱】2

「火柱があがった」

→〈火柱〉

例文の「火柱」は炎が高くあがることで〈火柱〉で表現。〈火柱〉は〈火①〉を高くあげて表し「火柱があがる」「火の手があがる」など。

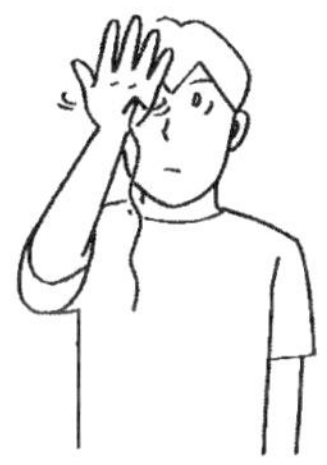

〈火柱〉
指先を上に向けて揺らしながら上にあげる。

はしりたかとび【走り高跳び】

「走り高跳び」

→〈走り高跳び〉

「走り高跳び」は渡されたバーを越える高さを競うスポーツの一種で〈走り高跳び〉で表現。〈走り高跳び〉はバーを越えるさまを表す。

〈走り高跳び〉
横にした左人差指に向かって右手2指を走るように近づけ、

左人差指を右手2指が飛び越えるようにする。

はしりはばとび
【走り幅跳び】

「走り幅跳び」
→〈走り幅跳び〉

「走り幅跳び」は走って跳ぶ距離を競うスポーツの一種で〈走り幅跳び〉で表現。〈走り幅跳び〉は走って跳ぶさまを表す。

〈走り幅跳び〉
右手２指を下に向け走るように動かしてジャンプする。

はしる【走る】1

「走るのがはやい」
→〈走る〉＋〈はやい①〉

例文の「走る」は人が走る意味なので〈走る〉で表現。〈走る〉は腕を振って人が走るさまを表す。

〈走る〉
両手を握って走るようにこぶしを上下させる。

〈はやい①〉
親指と人差指を閉じた右手をすばやく左へ動かしながら人差指を伸ばす。

はしる【走る】2

「電車が走る」
→〈電車〉

例文の「走る」は電車が走行することで〈電車〉で表現。〈電車〉は架線にパンタグラフをつけて走る電車のさまで「(電車が)走る」の意味。

〈電車〉
折り曲げた右手２指を左手２指に沿って前に動かす。

はしる【走る】3

「馬が走る」
→〈馬〉＋〈競馬〉

「(馬が)走る」は〈競馬〉で表現。〈競馬〉は四つ脚で馬が走るさまを表す。

〈馬〉
両手のひらを側頭部に当てながら同時に前後させる。

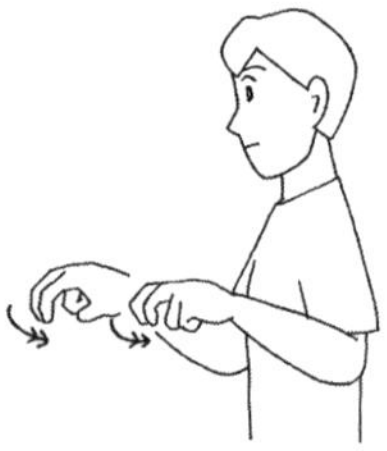

〈競馬〉
両手２指の指先を前に向けて同時に折り曲げながら繰り返し手前に引くようにする。

はしる【走る】4

「稲妻が走る」
→〈雷〉

「稲妻が走る」は空中放電によって走る電光のことで〈雷〉で表現。〈雷〉は稲妻が走るさまを表す。

〈雷〉
親指と人差指をつまんだ両手を上から勢いよく下にギザギザを描きながら開く。

はしる【走る】5

「筆が走る」
→〈書く①〉＋〈なめらか②〉

「筆が走る」は文章がすらすら書ける意味なので〈書く①〉＋〈なめらか②〉で表現。〈なめらか②〉はスムーズに筆で字を書くさまを表す。

〈書く①〉
左手のひらに右手の親指と人差指で縦に書くようにする。

〈なめらか②〉
左手のひらを目の前に置き、右人差指でほおをすべらせるように前に出す。

はしる【走る】6

「悪事に走る」
→〈悪い①〉+〈それる〉

例文の「走る」はある方向に傾く意味で〈それる〉で表現。〈それる〉は正常な軌道からそれるさまを表す。

〈悪い①〉
人差指で鼻をこするようにして振りおろす。

〈それる〉
指先を前に向けて両手を上下に重ね、右手を前に進めながら左へそらす。

はしる【走る】7

「感情に走る」
→〈感情〉+〈越える②〉

「感情に走る」は理性を忘れて感情のままに動かされる意味で〈感情〉+〈越える②〉で表現。ただし〈越える②〉の表情に注意。

〈感情〉
すぼめた右手をひねりながら顔の横で上にあげる。

〈越える②〉
左手甲を上に向けて右手を交差させて上にあげる。

はしる【走る】8

「(敵)方に走る」
→(〈敵〉+)
〈グループ〉+〈参加①〉

「敵方に走る」は裏切って敵につく意味なので〈敵〉+〈グループ〉+〈参加①〉で表現。〈参加①〉は〈グループ〉に加わるさまを表す。

〈グループ〉
指先を上に向けた両手で水平に手前に円を描く。

〈参加①〉
指先を上に向け、手のひらを手前に向けた左手に人差指を立てた右手を打ちつける。

はしる【走る】9

「全身に痛みが走る」
→〈体(からだ)〉+〈痛い⑤〉

例文の「痛みが走る」は体中に強い痛みを感じることなので〈痛い⑤〉で表現。〈痛い⑤〉はあちこちが痛いさまで痛みの強さを強調する表現。

〈体(からだ)〉
右手を体の上で回す。

〈痛い⑤〉
全指を折り曲げ両手を左右に振る。

はしる【走る】10

「壁にひびが走る」
→〈壁①〉+〈ひび〉

例文の「ひびが走る」は壁などに割れ目ができることで〈ひび〉で表現。〈ひび〉は割れ目のさまを表す。

〈壁①〉
右手のひらを前に向け、小指側を上にしてあげる。

〈ひび〉
右人差指でギザギザのひびを書く。

はじる【恥じる】1

「(勉強)不足を恥じる」
→(〈勉強②〉+)
〈貧しい①〉+〈恥ずかしい〉

例文の「恥じる」は恥ずかしいと思う意味なので〈恥ずかしい〉で表現。〈恥ずかしい〉は顔が赤くなるさまで「恥じる」「赤面する」の意味。

〈貧しい①〉
右手親指をあごに当てる。

〈恥ずかしい〉
右人差指を唇に当て、左から右へ引き、手のひらを顔の上で回す。

はじる【恥じる】2

「横綱の名に恥じない」

→〈横綱〉+〈合う①〉

例文の「名に恥じない」はその名の通りの意味なので〈合う①〉で表現。〈合う①〉はぴったり合うさまを表す。

〈横綱〉

軽く開いた両手を向かい合わせてねじるように左右に開く。

〈合う①〉

左人差指の先に右人差指の先を当てる。

はず【筈】1

「(会社を)やめるはずがない」

→(〈会社〉+)〈辞(や)める〉+〈まさか②〉

例文の「はずがない」は〈まさか②〉で表現。〈まさか②〉は「そんなはずはない」「まさか〜するはずがない」などの意味を表す。

〈辞(や)める〉

左手のひらの上にすぼめた右手をのせて手前に引く。

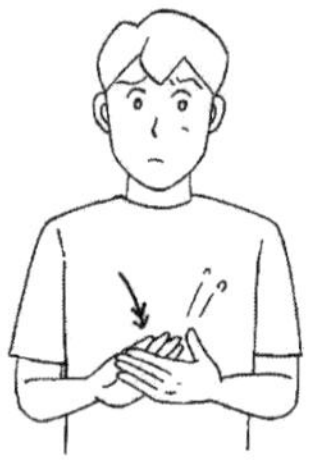

〈まさか②〉

左手のひらを右手のひらで調子をつけてたたく。

はず【筈】2

「(電車が)着くはずだ」

→(〈電車〉+)〈とまる①〉+〈予定〉

例文の「はず」はそうなる予定を表すので〈予定〉で表現。〈予定〉は「予」の旧漢字「豫」に象が含まれているのを利用した表現。

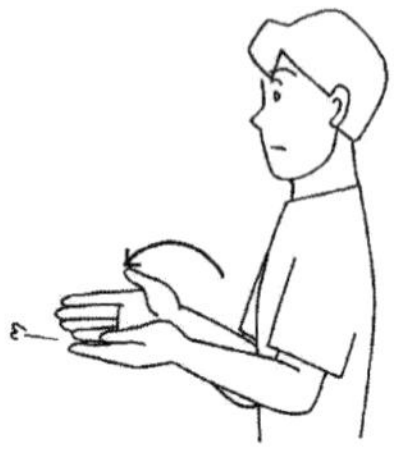

〈とまる①〉

左手のひらの上に右手をぽんとのせる。

〈予定〉

右こぶしを鼻の前で手首を使って軽く揺する。

バス

「バス(に乗る)」

→〈バス①〉または〈バス②〉(+〈座る①〉)

「バス」は乗合自動車のことで〈バス①〉または〈バス②〉で表現。手話はいずれもバスの前部バンパーを表す。

〈バス①〉

両手の人差指の先を向かい合わせ、親指を立てて前に進める。

〈バス②〉

折り曲げた両手人差指を向かい合わせて前に出す。

パス 1

「試験にパスする」

→〈試験〉+〈合格〉

例文の「パス」は合格する意味なので〈合格〉で表現。〈合格〉は基準線を突破するさまで「パス」「合格」「当選」などの意味を表す。

〈試験〉

親指を立てた両手を交互に上下させる。

〈合格〉

左手の親指と4指の間を指先を上に向けた右手で下から突き破るようにあげる。

パス 2

「パスを見せる」

→〈定期券〉

例文の「パス」は通行証・定期券の意味なので〈定期券〉で表現。〈定期券〉はパスを見せるさまで「パス(を見せる)」の意味を表す。

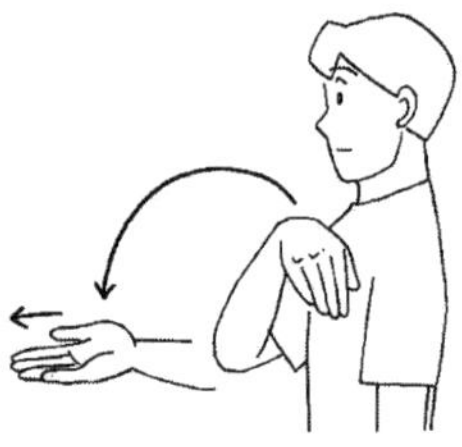

〈定期券〉

左胸から右手を取り出して前に出す。

はずかしい【恥ずかしい】

「負けて恥ずかしい」
→〈負ける①〉+〈恥ずかしい〉

「恥ずかしい」は〈恥ずかしい〉で表現。〈恥ずかしい〉は顔が赤くなるさまで「恥ずかしい」「赤面する」の意味。

〈負ける①〉
右手のひらで鼻先をたたき落とすようにする。

〈恥ずかしい〉
右人差指を唇に当て、左から右へ引き、手のひらを顔の上で回す。

バスケットボール

「バスケットボールの試合」
→〈バスケットボール〉+〈試合①〉

「バスケットボール」はゴールのかごに入れるボールの数を競うスポーツで〈バスケットボール〉で表現。シュートしてかごに入れるさまを表す。

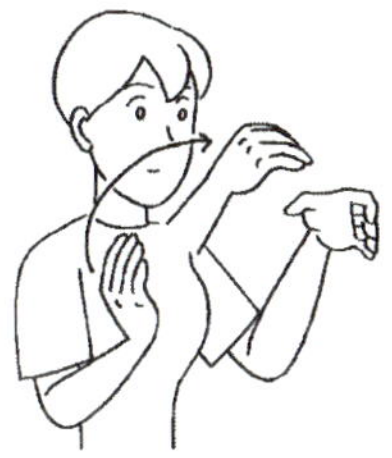

〈バスケットボール〉
親指と4指で囲んだ中に右手指先を入れる。

〈試合①〉
親指を立てた両手を正面で軽くぶつける。

はずす【外す】1

「メンバーからはずす」
→〈署名〉+〈削る②〉

例文の「はずす」は除く意味なので〈削る②〉で表現。〈削る②〉は名簿から除くさまで「はずす」「削る」「削除する」などの意味を表す。

〈署名〉
左手のひらを上に向け、指に沿って右親指を滑らすように出す。

〈削る②〉
左手のひらを右手のひらで削り落とすようにする。

はずす【外す】2

「タイミングをはずす」
→(〈時①〉または)〈時②〉+〈はずれる〉

例文の「はずす」は失う、取り逃す意味なので〈はずれる〉で表現。〈はずれる〉は矢が的をはずすさまを表す。

〈時②〉
左こぶしの親指側に右親指を当て、人差指を時計の針のように回す。

〈はずれる〉
左こぶしの親指側を的にして右人差指を左へはずす。

はずす【外す】3

「的をはずす」
→〈はずれる〉

例文の「はずす」は的に当たらない意味なので〈はずれる〉で表現。〈はずれる〉は矢が的をはずすさまを表す。

〈はずれる〉
左こぶしの親指側を的にして右人差指を左へはずす。

はずす【外す】4

「席をはずす」
→〈座る①〉+〈席をはずす〉

例文の「はずす」はその場所から離れる意味なので〈席をはずす〉で表現。〈席をはずす〉は席を立つさまで「席を立つ」「席をはずす」意味。

〈座る①〉
手のひらを下に向けた左手2指に折り曲げた右手2指を座るようにのせる。

〈席をはずす〉
手のひらを下に向けた左手2指にのせた右手2指をはずすようにする。

は

パスポート

「パスポート(を発行する)」

→〈本〉+〈スタンプ〉
(+〈提供〉)

「パスポート」は外国旅行に使う身分証明書のようなもので〈本〉+〈スタンプ〉で表現。手話はパスポートに押されたスタンプを表す。

〈本〉
両手のひらを合わせて左右に開く。

〈スタンプ〉
左手のひらに右こぶしの小指側でスタンプを押すようにする。

はずむ【弾む】1

「話が弾む」

→〈会話②〉+〈盛りあがる〉

例文の「弾む」は盛り上がることなので〈盛りあがる〉で表現。「会話が盛り上がる」も同手話。

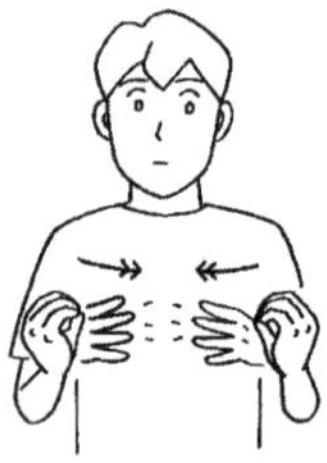

〈会話②〉
すぼめた両手を向かい合わせて同時に左右から繰り返し開く。

〈盛りあがる〉
指先を向かい合わせた両手をねじりながら上に動かす。

はずむ【弾む】2

「デートに心が弾む」

→〈デート②〉+〈うれしい〉

例文の「弾む」はうきうきすることなので〈うれしい〉で表現。〈うれしい〉は胸がおどるさまを表す。

〈デート②〉
親指と小指を立てた右手を前に出す。

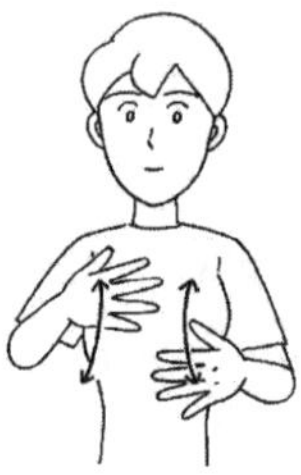

〈うれしい〉
両手のひらを胸の前で、交互に上下させる。

はずむ【弾む】3

「走って息が弾む」

→〈走る〉+〈呼吸①〉

例文の「弾む」は呼吸が激しくなることなので〈呼吸①〉をはやく表現する。〈呼吸①〉は鼻から吸ったり吐いたりするさまを表す。

〈走る〉
両手を握って走るようにこぶしを上下させる。

〈呼吸①〉
右の人差指と中指を鼻に向け繰り返しはやく近づける。

バスルーム

「バスルーム」

→〈風呂①〉+〈場所〉

「バスルーム」は風呂場の意味なので〈風呂①〉+〈場所〉で表現。〈風呂①〉は風呂で体を洗うさまを表す。

〈風呂①〉
右こぶしで顔をこするようにする。

〈場所〉
全指を曲げた右手を前に置く。

はずれ【外れ】1

「はずれの答え」

→〈答える〉+〈まちがう②〉

例文の「はずれ」はまちがいの意味なので〈まちがう②〉で表現。〈まちがう②〉は見誤るさまで「まちがう」「見誤る」などの意味を表す。

〈答える〉
口の前で両手の親指と人差指を向かい合わせて前に出す。

〈まちがう②〉
つまんだ両手を目の前に置き、交差させる。

はずれ【外れ】2

「期待はずれ」

→〈案外〉または〈期待はずれ〉

例文は〈案外〉または〈期待はずれ〉で表現。〈案外〉は思いが外れるさまを、〈期待はずれ〉は思ったより下であったことを表す。

〈案外〉

右人差指を頭に当てて左こぶしの親指側をかすめるように振りおろす。

〈期待はずれ〉

右人差指をこめかみに当て、次に手のひらを下に向けた左手の内側で右手を当て直角におろす。

はずれる【外れる】2

「（選挙で）委員からはずれる」

→（〈選挙〉＋）〈バッジ〉＋〈落ちる③〉

例文の「はずれる」は選挙で選ばれなかった意味なので〈落ちる③〉で表現。〈落ちる③〉は基準を下回るさまで「落ちる」「落選」の意味。

〈バッジ〉

すぼめた右手を左胸に当てる。

〈落ちる③〉

左手のひらの内側で、指先を上に向けた右手を、すとんと落とす。

はずれ【外れ】3

「町はずれ」

→〈町①〉＋〈まで〉

「町はずれ」は町の中心部から外れた端の方の意味なので〈町①〉＋〈まで〉で表現。〈まで〉は「終わり」「果て」の意味を表す。

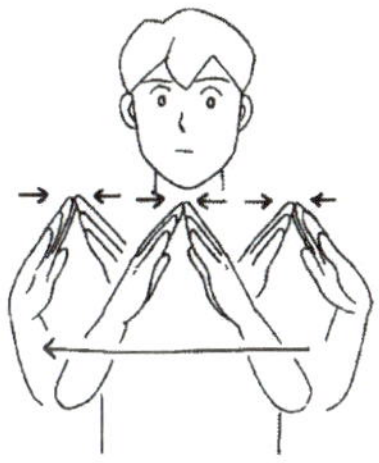

〈町①〉

両手で屋根形を左から右へすばやく順番に作る。

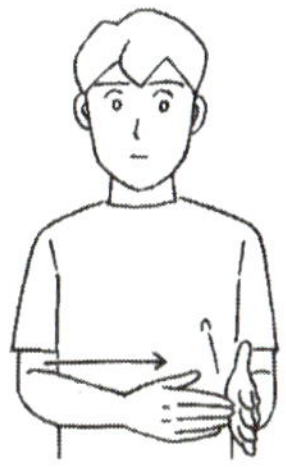

〈まで〉

左手のひらに右手指先を軽くつける。

はずれる【外れる】3

「的がはずれる」

→〈はずれる〉

例文の「はずれる」は当たらない意味なので〈はずれる〉で表現。〈はずれる〉は矢が的からはずれるさまを表す。

〈はずれる〉

左こぶしの親指側を的にして右人差指を左へはずす。

はずれる【外れる】1

「常識からはずれる」

→〈常識〉＋〈合わない〉（または〈非常識〉）

例文の「はずれる」は常識からそれる意味で〈合わない〉または〈非常識〉で表現。〈合わない〉は相互に反発するさまを表す。

〈常識〉

両こぶしの小指側を繰り返し打ちつける。

〈合わない〉

左人差指の先に右人差指の先を当て、はじくように離す。

はずれる【外れる】4

「（芝居が）はずれる」

→（〈芝居〉＋）〈人気が落ちる①〉または〈人気が落ちる②〉

例文の「はずれる」は客の入りが悪い意味で〈人気が落ちる①〉または〈同②〉で表現。手話は人が寄りつかないさまで興業的な失敗を意味する。

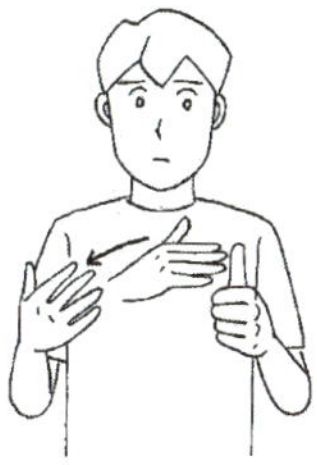

〈人気が落ちる①〉

左親指に右手指先をつけて右へ引くように離す。

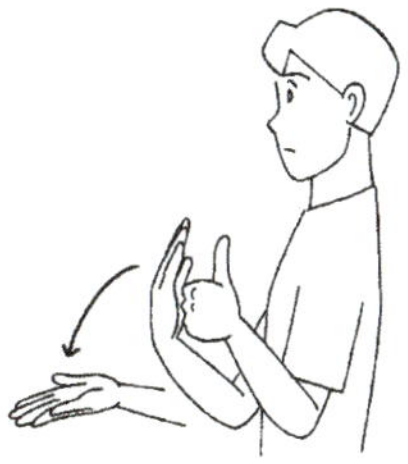

〈人気が落ちる②〉

親指を立てた左手に右手を添えて、前に倒す。

は

パセリ

「パセリの香り」

→〈パセリ〉+〈香り①〉

「パセリ」は〈パセリ〉で表現。〈パセリ〉はパセリの形を表す。

〈パセリ〉

小指を立て、甲を前に向けた左手の周りをすぼめた右手が開いたり閉じたりしながら半周する。

〈香り①〉

右手２指を繰り返し鼻に近づける。

パソコン

「パソコンを買う」

→〈パソコン〉+〈買う〉

「パソコン」はパーソナルコンピューターの略で〈パソコン〉で表現。左手で指文字〈パ〉を示し、右手でパソコンを操作するさまを表す。

〈パソコン〉

左手で指文字〈パ〉を示し、右手でタイプを打つようにする。

〈買う〉

右手の親指と人差指で作った丸を前に出すと同時に左手のひらを手前に引き寄せる。

はた【旗】1

「日本の旗」

→〈日本〉+〈旗〉

例文の「旗」は〈旗〉で表現。〈旗〉はポールにひるがえる旗のさまを表す。

〈日本〉

両手の親指と人差指を向かい合わせて左右に引きながら閉じる。

〈旗〉

左人差指に右手のひらをつけて揺らす。

はた【旗】2

「旗を振る」

→〈応援〉

例文の「旗を振る」は〈応援〉で表現。〈応援〉はフレーフレーと旗を振るさまで「旗を振る」「応援」の意味を表す。

〈応援〉

両こぶしを握り、旗のついた棒を左右に振るようにする。

はた【旗】3

「旗日」

→〈祝日〉

「旗日」は祝祭日の意味なので〈祝日〉で表現。〈祝日〉は旗をクロスして掲げたさまを表す。

〈祝日〉

両手を交差させて甲側を前に向け、親指をからめて指をはためかせるように動かす。

はだ【肌】1

「手の肌がきれい」

→〈肌①〉+〈美しい②〉

例文の「手の肌」は皮膚のことで〈肌①〉で表現。〈肌①〉は手の皮膚にふれるさまで、肌の位置によってふれるところは変わる。

〈肌①〉

左手甲を右手２指でこするようにする。

〈美しい②〉

左手のひらをなでるように右手のひらを滑らせる。

はだ【肌】2

「顔の肌がきれい」

→〈肌②〉+〈美しい②〉

例文の「顔の肌」は顔の皮膚のことなので〈肌②〉で表現。〈肌②〉は顔の皮膚をさわるさまを表す。

〈肌②〉
指先で頬を斜めに上下させる。

〈美しい②〉
左手のひらをなでるように右手のひらを滑らせる。

バター

「パンにバターを塗る」

→〈パン①〉+〈バター〉

「バター」は〈バター〉で表現。〈バター〉はパンにバターを塗るさまで「バター(を塗る)」の意味を表す。

〈パン①〉
右手の親指と人差指を前にぱっと開く。

〈バター〉
左手のひらの上を右手２指で塗るようにする。

はだ【肌】3

「なめらかな肌」

→〈美しい②〉(または〈なめらか③〉+)〈肌①〉(または〈肌②〉)

例文の「なめらかな肌」は〈美しい②〉または〈なめらか③〉+〈肌①〉または〈肌②〉で表現。

〈美しい②〉
左手のひらをなでるように右手のひらを滑らせる。

〈肌①〉
左手甲を右手２指でこするようにする。

はだか【裸】1

「裸の子供」

→〈裸〉+〈子供①〉

例文の「裸」は何も着ていないことで〈裸〉で表現。〈裸〉は衣類を脱ぐさまを表す。

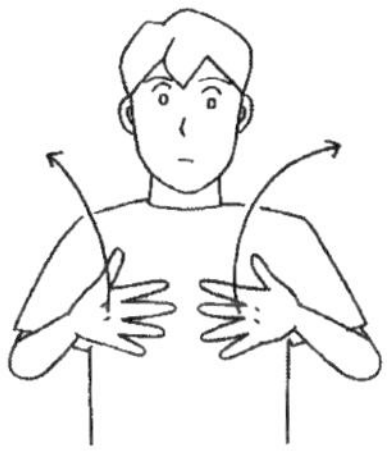

〈裸〉
胸に当てた両手のひらを肩から上にぱっとあげる。

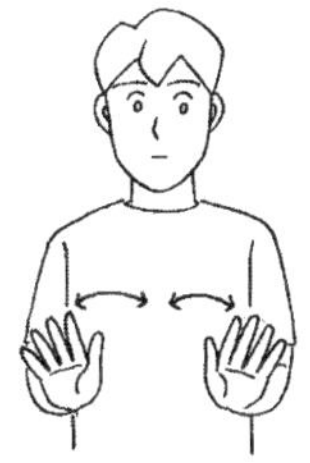

〈子供①〉
両手のひらを前に向けて、あやすように左右に振る。

はだ【肌】4

「肌が合わない」

→〈そぐわない〉

例文の「肌が合わない」は慣用句で気持ちがしっくりといかない意味なので〈そぐわない〉で表現。〈そぐわない〉はそりが合わないさまを表す。

〈そぐわない〉
両手の指背側を合わせて、上下にこすり合わせる。

はだか【裸】2

「裸のつきあいをする」

→〈腹を割る〉+〈交流〉

例文の「裸」は隠しだてのない意味なので〈腹を割る〉で表現。〈腹を割る〉は腹のうちを示すさまで「腹を割る」「おおらか」などの意味。

〈腹を割る〉
両手のひらを上に向けて重ね、左右に開く。

〈交流〉
両手のひらを上に向け上下に置き、互い違いに水平に回す。

はたけ【畑】1

「畑を耕す」

→〈農業〉

例文の「畑」は野菜などを作る耕地のことで〈農業〉で表現。〈農業〉は畑をくわで耕すさまを表す。

〈農業〉
両手のこぶしを握り、くわで耕すようにする。

はたけ【畑】2

「畑が違う」

→〈専門〉+〈別〉

例文の「畑」は専門の意味なので〈専門〉で表現。〈専門〉は「専門」「専攻」「専従」などの意味を表す。

〈専門〉
両手の２指を左右から盛りあげるように中央に寄せて手首を返す。

〈別〉
両手の甲を合わせて右手を前に押し出す。

はだし【裸足】1

「はだしで走る」

→〈はだし〉+〈走る〉

例文の「はだし」ははきものをはかない意味なので〈はだし〉で表現。〈はだし〉はくつを脱ぐさまを表す。

〈はだし〉
左手のひらと右手のひらを上下に重ねて右手を前に出す。

〈走る〉
両手を握って走るようにこぶしを上下させる。

はだし【裸足】2

「くろうとはだし」

→〈プロ〉+〈五分五分①〉

例文の「くろうとはだし」は専門家でもないのに専門家と同じくらいの力量のある意味で〈プロ〉+〈五分五分①〉で表現。プロと互角の意味を表す。

〈プロ〉
右手の親指と人差指で作った丸を額に当てる。

〈五分五分①〉
親指を立てた両手を同時に内側に倒す。

はたす【果たす】

「責任を果たす」

→〈責任①〉+〈解決①〉

「果たす」は目的をなしとげることなので〈解決①〉で表現。〈解決①〉は〆（しめ）を描くさまで「果たす」「なしとげる」などの意味を表す。

〈責任①〉
右肩に軽く全指を折り曲げた右手をのせる。

〈解決①〉
左手のひらの上に右人差指で「×」を大きく書く。

はたち【二十歳】

「はたち」

→〈年齢〉+〈20〉

「はたち」は二十歳なので〈年齢〉+〈20〉で表現。〈年齢〉は漢字「齢」を構成する歯を表し「年齢」の意味を表す。

〈年齢〉
あごの下で右手の指を順に折る。

〈20〉
右手の人差指と中指を軽く曲げて、小さく振る。

バタフライ

「バタフライが苦手」

→〈バタフライ〉+〈苦手〉

例文の「バタフライ」は泳法をさすので〈バタフライ〉で表現。〈バタフライ〉はバタフライの波打つように泳ぐさまを表す。

〈バタフライ〉

右2指を左から右に波打つように動かす。

〈苦手〉

右手のひらで鼻の頭をつぶすように当てる。

はたらき【働き】1

「働きに出る」

→〈仕事〉+〈通う〉

例文の「働き」は仕事の意味なので〈仕事〉で表現。〈仕事〉は印刷などで紙をさばくさまで「仕事」「職業」「作業」などの意味を表す。

〈仕事〉

手のひらを上に向け、向かい合わせた両手指先を繰り返しつき合わせる。

〈通う〉

親指を立てたまま前後に往復させる。

はたらき【働き】2

「良い働きをする」

→〈良い〉+〈活動〉

例文の「働き」は活躍の意味なので〈活動〉で表現。〈活動〉は手足を活発に動かすさまで「活動」「活躍」などの意味を表す。

〈良い〉

右こぶしを鼻から前に出す。

〈活動〉

ひじを少し張り、ひじを軸に両こぶしを交互に繰り返し前に出す。

はたらき【働き】3

「（亭主の）働きが悪い」

→（〈夫（おっと）〉+）〈給料〉+〈安い②〉

例文の「働き」は収入の意味なので〈給料〉で表現。〈給料〉はまとまった金をもらうさまで「給料」「給金」「給与」などの意味を表す。

〈給料〉

左手のひらに右手親指と人差指で作った丸を添えて手前に引き寄せる。

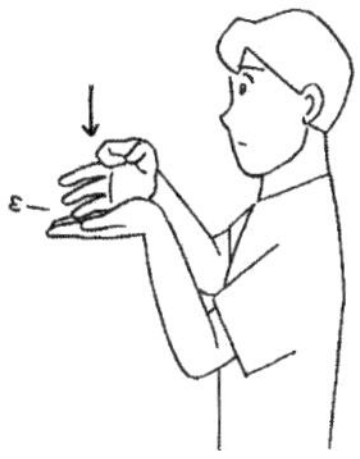

〈安い②〉

胸の高さに置いた左手のひらに右手の親指と人差指で作った丸を下ろしてつける。

はたらき【働き】4

「頭の働きが悪い」

→〈思う〉+〈悪い①〉

例文の「頭の働き」は知能の活動の意味なので〈思う〉で表現。〈思う〉は頭をさすさまで「頭の働き」「頭」の意味を表す。

〈思う〉

右人差指を側頭部に当てる。

〈悪い①〉

人差指で鼻をこするようにして振りおろす。

はたらく【働く】1

「会社で働く」

→〈会社〉+〈仕事〉

例文の「働く」は仕事をする意味なので〈仕事〉で表現。〈仕事〉は印刷などで紙をさばくさまで「仕事」「職業」「作業」などの意味を表す。

〈会社〉

両手の2指を交互に前後させる。

〈仕事〉

手のひらを上に向け、向かい合わせた両手指先を繰り返しつき合わせる。

はたらく【働く】2

「勘が働く」

→〈考え〉+〈感じる①〉

例文の「勘が働く」は頭にピンと来ることで〈考え〉+〈感じる①〉で表現。手話は頭にピンと来るさまを表す。

〈考え〉
頭を右人差指の先で軽くたたく。

〈感じる①〉
右人差指で頭を軽く突きあげる。

はたらく【働く】3

「彼は頭がよく働く」

→〈彼〉+〈頭が働く〉

例文の「頭がよく働く」は〈頭が働く〉で表現。〈頭が働く〉は頭の回転がよいさまを表す。

〈彼〉
左親指を右人差指でさす。

〈頭が働く〉
人差指と中指を出した両手を右こめかみあたりで交互に同じ方向に回転させる。

はたらく【働く】4

「知恵が働く」

→〈考える〉+〈繰り返す〉

例文の「働く」は知能の活動を意味し〈繰り返す〉で表現。〈繰り返す〉は回転するさまでここでは頭の回転の良さを表す。

〈考える〉
右人差指を頭にねじこむようにする。

〈繰り返す〉
両手の人差指を向かい合わせて回す。

はたらく【働く】5

「悪事を働く」

→〈悪い①〉+〈する〉

例文の「悪事を働く」は悪いことをする意味なので〈悪い①〉+〈する〉で表現。〈する〉は実行するさまで「する」「実行する」などの意味。

〈悪い①〉
人差指で鼻をこするようにして振りおろす。

〈する〉
両こぶしを力を込めて前に出す。

はたらく【働く】6

「盗みを働いてつかまる」

→〈盗む〉+〈つかまる②〉

例文の「盗みを働く」は盗む意味なので〈盗む〉で表現。〈盗む〉はかぎ形の指ですり取るさまで「盗む」「泥棒する」などの意味を表す。

〈盗む〉
かぎ状にした人差指を手前に引く。

〈つかまる②〉
左手首を右手でつかむ。

はち【八】

「八」

→〈8〉

数字の「八」は〈8〉で表現。数字5(親指)に数字3が加わった表現。

〈8〉
小指を折った右手甲を前に向ける。

ハチ【蜂】

「ハチに刺されて痛い」

→〈ハチ〉+〈痛い①〉

「ハチ」は〈ハチ〉で表現。〈ハチ〉はハチに刺されるさまを表す。

〈ハチ〉

人差指をほおに突き刺し、離す。

〈痛い①〉

全指を折り曲げた右手を痛そうに振る。

ばち【罰】

「ばちが当たる」

→〈神〉+〈しかられる〉

「ばちが当たる」は一般的に天罰の意味なので〈神〉+〈しかられる〉で表現。神様のばちが当たる意味を表す。

〈神〉

柏手（かしわで）を打つ。

〈しかられる〉

親指を立てた右手を顔に向け押すようにする。

はちがつ【八月】

「明日から八月になる」

→〈あした〉+〈八月〉

例文の「八月」は〈八月〉で表現。〈八月〉は左手の〈8〉の下で〈月〉を表す。

〈あした〉

人差指を立てた右手を頭の横でくるりと回しながら前に出す。

〈八月〉

左手で〈8〉を示し、その下で右手の親指と人差指で三日月を描く。

はちみつ【蜂蜜】

「はちみつ」

→〈ハチ〉+〈甘い〉

例文は〈ハチ〉+〈甘い〉で表現。

〈ハチ〉

人差指をほおに突き刺し、離す。

〈甘い〉

右手のひらを口元で回す。

ばつ【罰】1

「罰を受ける」

→〈しかられる〉

「罰を受ける」は〈しかられる〉で表現。〈しかられる〉は目上の人から注意されるさまで「しかられる」「罰を受ける」などの意味を表す。

〈しかられる〉

親指を立てた右手を顔に向け押すようにする。

ばつ【罰】2

「罰を加える」

→〈しかる①〉

「罰を加える」は〈しかる①〉で表現。〈しかる①〉は目下の者に注意するさまで「しかる」「罰する」「こらしめる」などの意味を表す。

〈しかる①〉

右親指を肩から前に振りおろしてとめる。

はつおん【発音】

「発音練習」

→〈声〉+〈練習〉

「発音」は声を出すことで〈声〉で表現。〈声〉はのどから声が出るさまで「発音」「声」「音声」などの意味を表す。

〈声〉

親指と人差指で作った丸をのど元に当て、気管に沿って口元から前に出す。

〈練習〉

左手甲に右手の指先を前から繰り返し当てる。

はつか【二十日】

「二十日の火曜日」

→〈20〉+〈火②〉

「はつか」は二十日のことで〈20〉で表現。〈20〉は数字を表すが、前後の関係(文脈)で日にちの二十日を意味する。

〈20〉

右手の人差指と中指を軽く曲げて、小さく振る。

〈火②〉

親指と小指を立てた右手を振りながら上にあげる。

はっかく【発覚】

「不正が発覚する」

→〈不正〉+〈見抜く〉

「発覚」は隠していたことがばれる意味なので〈見抜く〉で表現。〈見抜く〉は隠れているものを見抜くさまで「ばれる」「露見する」などの意味。

〈不正〉

つまんだ両手を胸の上下に置き、左右にずらすように動かす。

〈見抜く〉

右人差指を目元から前に出し、左手指の間を突き破る。

はっき【発揮】

「力を発揮する」

→〈力〉+〈表(あらわ)す〉

「発揮する」は力を十分に表に出す意味なので〈表す〉で表現。〈表す〉は人に見えるように示すさまで「表す」「示す」「表現する」などの意味。

〈力〉

こぶしを握った左腕を曲げ、上腕に右人差指で力こぶを描く。

〈表(あらわ)す〉

左手のひらに右人差指をつけて前に押し出す。

はっきり 1

「はっきり見える」

→〈はっきり〉+〈見る②〉

例文の「はっきり」はまわりのものとよく区別できるさまなので〈はっきり〉で表現。〈はっきり〉は前後がはっきりわかるさまを表す。

〈はっきり〉

左右の手のひらを並べて前後にすばやく離す。

〈見る②〉

目の位置から右手の 2 指の指先を前に出す。

はっきり 2

「(病気か)
どうかはっきりしない」

→(〈病気〉+)
〈どちら①〉+〈知らない〉

例文の「はっきりしない」はよくわからない意味なので〈知らない〉で表現。〈知らない〉は了解できないさまで「知らない」「わからない」の意味。

〈どちら①〉

両手の人差指を上に向けて交互に上下させる。

〈知らない〉

右手のひらで右脇を払いあげる。

ばっきん【罰金】

「罰金」

→〈しかる①〉+〈金(かね)①〉

「罰金」は法律などに違反したために払わなければならないお金のことで〈しかる①〉+〈金(かね)①〉で表現。〈しかる①〉は「罰」の意味。

〈しかる①〉

右親指を肩から前に振りおろしてとめる。

〈金(かね)①〉

右手の親指と人差指で作った丸を示す。

バック1

「バックを見る」

→〈振り返る〉

例文の「バック」はうしろの意味で「バックを見る」は〈振り返る〉で表現。〈振り返る〉は首を振り向けて視線を背後に移すさまを表す。

〈振り返る〉

左肩越しに右手２指の指先を後ろに向ける。

バック2

「バックがいる」

→〈助けられる②〉+〈いる〉

例文の「バック」は後援者の意味なので〈助けられる②〉で表現。〈助けられる②〉は支援されるさまで「後援者」「支援者」などの意味。

〈助けられる②〉

左こぶしの甲に右手のひらを前方から繰り返し当てる。

〈いる〉

両手を握り、両ひじを立てて下におろす。

バック3

「車がバックする」

→〈運転〉+〈バックする〉

例文の「バックする」はうしろにさがる意味なので〈バックする〉で表現。〈バックする〉はバックする車のさまを表す。

〈運転〉

ハンドルを両手で握り、回すようにする。

〈バックする〉

右手を「コ」の字形にして手前に引く。

バッグ

「重いバッグ」

→〈重い〉+〈かばん〉

「バッグ」はかばんの意味なので〈かばん〉で表現。〈かばん〉の形や大きさで〈かばん〉の表現は変わる。

〈重い〉

両手のひらを上に向け、重さでさがるようにする。

〈かばん〉

かばんを持ち、軽く上下に揺するようにする。

ばつぐん【抜群】1

「抜群の成績」

→(〈成績〉または)
〈勉強①〉+〈代表〉

例文の「抜群」は多くの中で特にすぐれている意味なので〈代表〉で表現。〈代表〉は多くのものの中からとびぬけているものを表す。

〈勉強①〉

両手を並べる。

〈代表〉

指先を斜め上に向けた左手のひらの下から人差指を立てた右手を斜め上にあげる。

ばつぐん【抜群】2

「(料理が)抜群にうまい」

→(〈料理〉+)
〈特別〉+〈上手(じょうず)〉

例文の「抜群に」は特に、格別の意味なので〈特別〉で表現。〈特別〉は昔の軍隊の特別な地位を表す腕章のV字に由来すると言われる。

〈特別〉

左腕に親指と人差指をつまんだ右手を腕に沿って上下させる。

〈上手(じょうず)〉

右手のひらを左下腕からなでるように伸ばす。

はっけつびょう【白血病】

「白血(病)」

→〈白〉+〈血液①〉(または〈血液②〉+〈病気〉)

「白血病」は〈白〉+〈血液①〉または〈血液②〉+〈病気〉で表現。〈血液①〉は血管を表し、〈血液②〉は指文字〈チ〉で「血」を表す。

〈白〉

右人差指で前歯を指さし、左へ引く。

〈血液①〉

右人差指を左腕に沿って線を引くようにする。

はっけん【発見】

「(新)大陸を発見する」

→(〈新しい〉+)
〈大陸〉+〈発見〉

「発見」は新しく見つけることで〈発見〉で表現。〈発見〉は見つけるさまで「発見する」「見つける」の意味。

〈大陸〉

指先を右に向け手のひらを下向きにした左手の上で、手のひらを下向きにした右手を水平に回す。

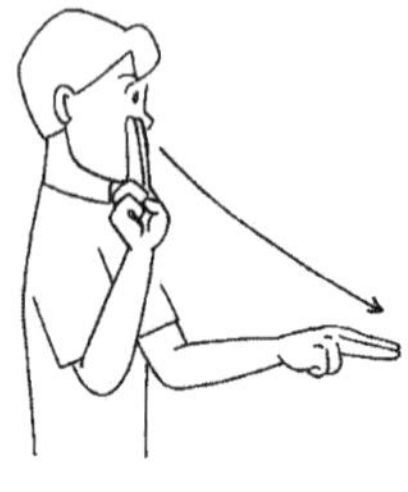

〈発見〉

右手2指の指先を目元からすばやく下におろす。

はつげん【発言】1

「進んで発言する」

→〈自分一人〉+〈言う②〉

例文の「発言」は意見を述べる意味なので〈言う②〉で表現。〈言う②〉は口から言葉が出るさまで「言う」「述べる」「話す」などの意味。

〈自分一人〉

右人差指を胸に当て、前にはねあげる。

〈言う②〉

右人差指を口元から繰り返し前に出す。

はつげん【発言】2

「(反対の)発言が相次ぐ」

→(〈反対〉+)
〈説明〉+〈たくさん②〉

例文の「発言」は意見の意味で〈説明〉で表現。〈説明〉は「説明」「説明する」「話す」などの意味を表す。

〈説明〉

左手のひらを右手で小刻みにたたく。

〈たくさん②〉

親指から順番に折り曲げながら左から右へ動かす。

はつこい【初恋】

「初恋」

→〈最初①〉+〈恋〉

「初恋」ははじめての恋の意味なので〈最初①〉+〈恋〉で表現。〈最初①〉は数字の一(いち)を示すさまで、〈恋〉はハート形の上部を表す。

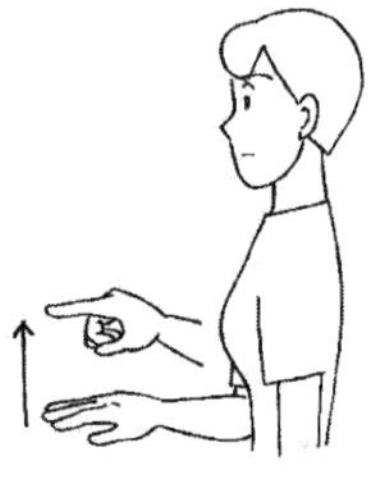

〈最初①〉

右手のひらを下にして、あげると同時に人差指を残して4指を握る。

〈恋〉

両手人差指を軽く曲げ左右から弧を描き、中央で交差する。

はっこう【発効】

「条約が発効する」
→〈条約〉+〈発効〉

例文の「発効」は法律や契約などの効力が発生することなので〈発効〉で表現。〈発効〉は〈効果〉を利用した新しい手話。

〈条約〉
左手指先を右に向け手のひらを手前に向けた左小指に右小指をからませる。

〈発効〉
手のひらを前に向けて立てた右手のひらに左こぶしを当て、右手を斜め前に出す。

はっこう【発行】1

「本を発行する」
→〈本〉+〈出版〉

例文の「発行」は本を作って売り出す意味なので〈出版〉で表現。〈出版〉は一斉に売り出すさまで「発行」「出版」などの意味を表す。

〈本〉
手のひらを合わせた両手を本を開くように左右に開く。

〈出版〉
指先を向かい合わせて手のひらを上に向けた両手を左右に開きながら前に出す。

はっこう【発行】2

「証明書を発行する」
→〈証拠〉+〈提供〉

例文の「発行」は証明書を作って出す意味なので〈提供〉で表現。〈提供〉はものを渡すさまで「提供」「提供する」「差し出す」などの意味。

〈証拠〉
左手のひらの上に指先を折り曲げた右手を判を押すようにのせる。

〈提供〉
両手のひらを重ね、右手を前に出す。

バッジ

「委員のバッジ」
→〈委員〉+〈バッジ〉

「バッジ」は胸などにつける記章のことで〈バッジ〉で表現。〈バッジ〉は胸のバッジを表し、「委員」「会員」なども意味する。

〈委員〉
左手のひらを右人差指で軽くたたく。

〈バッジ〉
すぼめた右手を左胸に当てる。

はっしゃ【発車】1

「電車が発車する」
→〈電車〉+〈出発①〉

「(電車が)発車」は〈出発①〉で表現。〈出発①〉は電車がホームを出発するさまで(電車などが)「発車」「出発」「出る」などの意味を表す。

〈電車〉
折り曲げた右手2指を左手2指に沿って前に動かす。

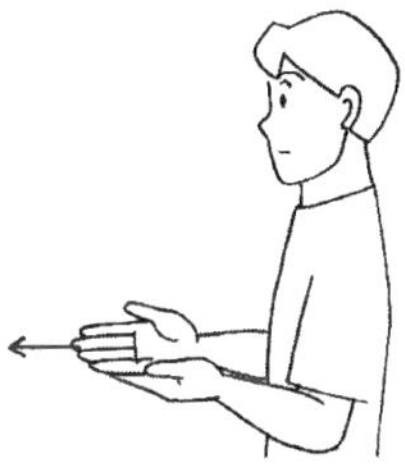

〈出発①〉
左手の指先を前に向け、その上に右手を立て、まっすぐ前に出す。

はっしゃ【発車】2

「車が発車する」
→〈運転〉+〈発車〉

「(車が)発車」は〈発車〉で表現。〈発車〉は車がスタートするさまで(車が)「発車」「出発」「出る」などの意味を表す。

〈運転〉
ハンドルを両手で握り、回すようにする。

〈発車〉
左手のひらの上に「コ」の字形の右手を置き、前に出す。

は

はっしん【発信】1

「情報を発信する」

→〈情報①〉(または〈情報②〉)＋〈発信〉

例文の「発信」は〈発信〉で表現。〈発信〉は左手のアンテナから電話や情報が出て行くさまを表す。

〈情報①〉

親指と4指を開いた両手を交互に耳に近づけながら閉じる。

〈発信〉

つまんだ右親指と人差指を左人差指から開きながら前に出す。

はっしん【発信】2

「テレビ電波を発信する」

→〈テレビ〉＋〈電波〉

例文の「発信」はテレビ電波なので〈電波〉で表現。〈電波〉はアンテナから電波が出るさまを表す。

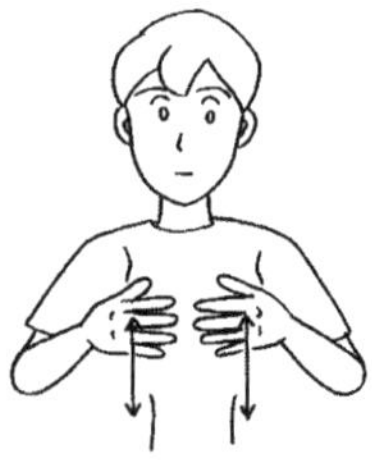

〈テレビ〉

両手の4指の指先を向かい合わせて左右同時に上下させる。

〈電波〉

左人差指の先に手のひらを下にした右手をつけ、ひらひらさせながら前に出す。

はっしん【発信】3

「メールの発信」

→〈メール①〉

例文の「発信」はメールなので〈メール①〉で表現。〈メール①〉は指文字〈メ〉を前方に出して発信を表す。「メールを送る」も同手話。

〈メール①〉

右指文字〈メ〉を前方に出す。

はっしん【発信】4

「郵便を発信する」

→〈郵便を出す①〉

例文の「発信」は郵便のことなので〈郵便を出す①〉で表現。〈郵便を出す①〉は〒マークを前に出して表す。

〈郵便を出す①〉

左手2指と右人差指で〒マークを作り、前に出す。

ばっすい【抜粋】

「新聞から抜粋」

→〈新聞〉＋〈抜粋〉

「抜粋」は主な部分を抜き出す意味なので〈抜粋〉で表現。〈抜粋〉は抜き出して他に載せるさまを表す。

〈新聞〉

左手のひらの上に右ひじをのせて親指を外側に出して握った右こぶしを振る。

〈抜粋〉

左手のひらに右手の親指と人差指を右から持ってきてのせる。

はっせい【発生】1

「事故が発生」

→〈事故①〉＋〈起きる①〉

例文の「発生」は起こる意味なので〈起きる①〉で表現。〈起きる①〉は物事が起きるさまで「起きる」「発生」「発生する」などの意味。

〈事故①〉

左右から両手指先をぶつけるようにして上にはねあげる。

〈起きる①〉

右人差指をすくうようにあげる。

はっせい【発生】2

「台風が発生」

→〈台風〉+〈現れる〉

例文の「発生」は生じ現れる意味なので〈現れる〉で表現。〈現れる〉は物事が現れるさまで「発生(する)」「出現(する)」などの意味。

〈台風〉

両手のひらで風を送るように右から左へ激しくあおる。

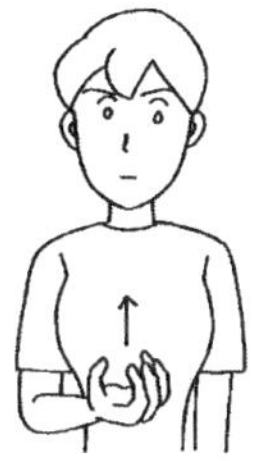

〈現れる〉

全指を曲げた右手のひらを上に向けてあげる。

はったつ【発達】2

「台風が発達する」

→〈台風〉+〈増える①〉

例文の「発達」は大型の勢力の強いものになる意味なので〈増える①〉で表現。〈増える①〉は次第に大きくなるさまを表す。

〈台風〉

両手のひらで風を送るように右から左へ激しくあおる。

〈増える①〉

両手の親指と人差指を向かい合わせて左右に広げる。

ばっそく【罰則】

「罰則(を設ける)」

→〈しかる①〉+〈規則〉
(+〈作る〉)

「罰則」は罰するための規則の意味なので〈しかる①〉+〈規則〉で表現。〈しかる①〉は目上の者がしかるさまで「罰」「しかる」などの意味。

〈しかる①〉

右親指を肩から前に振りおろしてとめる。

〈規則〉

左手のひらに折り曲げた右手2指を打ちつける。

パッチワーク

「パッチワーク」

→〈パッチワーク①〉または〈パッチワーク②〉

「パッチワーク」は〈パッチワーク①〉または〈パッチワーク②〉で表現。いずれも布をはぎ合わせるさまを表す。

〈パッチワーク①〉

親指を内に入れた両手を交互につけ合わせながら上にあげていく。

〈パッチワーク②〉

親指を内に入れた両手を交互につけ合わせながら下におろしていく。

はったつ【発達】1

「体の発達」

→〈体(からだ)〉+〈大きくなる②〉

例文の「発達」は成長して大きくなる意味なので〈大きくなる②〉で表現。〈大きくなる②〉は次第に背丈が伸びるさまを表す。

〈体(からだ)〉

右手を体の上で回す。

〈大きくなる②〉

指文字〈コ〉を示した両手を肩から順に上にあげる。

バッテリー 1

「バッテリーが切れる」

→〈バッテリー〉+〈水のあわ〉

例文の「バッテリー」は蓄電池のことなので〈バッテリー〉で表現。〈バッテリー〉は電極をはさむさまを表す。

〈バッテリー〉

両手の親指・人差指・中指を下に向け、つまむ動作を繰り返す。

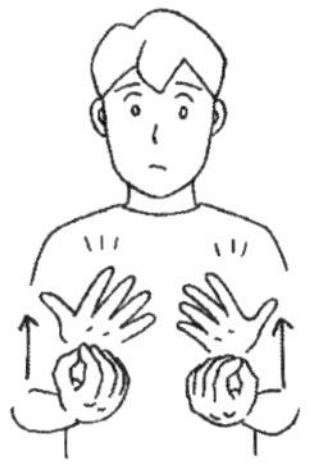

〈水のあわ〉

すぼめた両手を上に向けて、ぱっと開く。

バッテリー 2

「バッテリー(を組む)」

→〈投げる〉+〈受ける〉
(+〈一緒①〉)

例文の「バッテリー」は野球の投手と捕手の組み合わせのことなので〈投げる〉+〈受ける〉で表現。

〈投げる〉

右手で野球のボールを投げるようにする。

〈受ける〉

両手のひらを前に向け、両手でボールを受けとめるようにする。

はつねつ【発熱】

「40度の発熱」

→〈40〉+〈熱〉(または〈熱〉+〈40〉)

「発熱」は〈熱〉で表現。〈熱〉は脇に挟んだ体温計があがるさまを表す。

〈40〉

4指を立て、曲げる。

〈熱〉

親指と人差指を閉じた右手を左脇の下につけて、人差指を上にはねあげて上に開く。

はってん【発展】1

「(町が)発展する」

→(〈町①〉+)
〈発展〉
または〈栄える〉

例文の「発展」は栄える意味なので〈発展〉または〈栄える〉で表現。いずれも上り坂に物事が進むさまを表す。

〈発展〉

指文字〈コ〉を示した両手を斜め上にあげる。

〈栄える〉

手のひらを下にして斜め上にあげる。

はっぴょう【発表】1

「(意見を)新聞に発表する」

→(〈意見〉+)
〈新聞〉+〈のせる①〉

例文の「発表」は紙面で知らせる意味なので〈のせる①〉で表現。〈のせる①〉は新聞など紙面に掲載するさまを表す。

〈新聞〉

左手のひらの上に右ひじをのせて親指を外側に出して握った右こぶしを振る。

〈のせる①〉

左手のひらに全指を曲げた右手をのせる。

はってん【発展】2

「(話が)発展する」

→(〈手話〉+)
〈進む②〉
または〈広がる②〉

例文の「発展」は先の段階へ進む意味なので〈進む②〉または〈広がる②〉で表現。〈進む②〉は進むさまを、〈広がる②〉は広がるさま。

〈進む②〉

指文字〈コ〉を示した両手を、順に前に進める。

〈広がる②〉

両手の親指と人差指を向かい合わせて左右に広げる。

はっぴょう【発表】2

「テレビで発表する」

→〈テレビ〉+〈発表〉

例文の「発表」はテレビで知らせるので〈発表〉で表現。〈発表〉は広く公開するさまを表す。

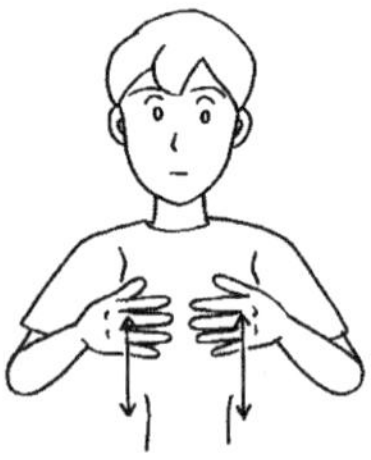

〈テレビ〉

両手の4指の指先を向かい合わせて左右同時に上下させる。

〈発表〉

親指と4指を閉じた両手を左右にぱっと開く。

はっぽうふさがり【八方塞がり】

「八方ふさがりの状態」

→〈八方ふさがり〉+〈状態①〉

「八方ふさがり」は行き詰まることで〈八方ふさがり〉で表現。〈八方ふさがり〉はあちこちで行き詰まるさまを表す。

〈八方ふさがり〉

左手のひらに右手指先を３方でぶち当てる。

〈状態①〉

両手のひらを前に向け、交互に上下させる。

はつみみ【初耳】

「それは初耳だ」

→〈本当〉+〈初耳〉

「初耳」ははじめて聞くことなので〈初耳〉で表現。〈初耳〉は目の前の壁がなくなるさまで「初耳」「初めて聞く」など多くの意味がある。

〈本当〉

右手をあごに当てる。

〈初耳〉

右手のひらを手前に向け、顔の前から下にさっとおろす。

はつめい【発明】1

「テレビを発明する」

→〈テレビ〉+〈発明〉

例文の「発明」は新しい機械や装置を作り出すことで〈発明〉で表現。〈発明〉は考えがひらめくさまを表す。

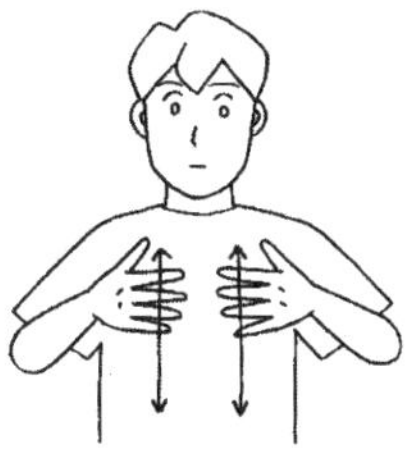

〈テレビ〉

両手の指先を向かい合わせて同時に上下させる。

〈発明〉

右人差指を頭に当て、はじくように指を伸ばす。

はつめい【発明】2

「発明家」

→〈発明〉+〈得意〉

「発明家」は発明が得意な人のことなので〈発明〉+〈得意〉で表現。〈発明〉は考えがひらめくさまを表す。

〈発明〉

右人差指を頭に当て、はじくように指を伸ばす。

〈得意〉

親指と小指を立てた右手の親指を鼻に当て、斜め上に出す。

はつらつ

「元気はつらつ」

→〈元気③〉+〈はつらつ〉

「はつらつ」は元気あふれる意味なので〈はつらつ〉で表現。〈はつらつ〉は目がぱっちり生き生きしている様子で「はつらつ」の意味を表す。

〈元気③〉

両こぶしを握り、ひじを繰り返し曲げる。

〈はつらつ〉

目元に当てた両手の親指と人差指を左右にはじくように広げる。

はで【派手】1

「はでな(服を着る)」

→〈はで〉
または〈目立つ②〉
(+〈服〉)

例文の「はで」は目立つ意味で〈はで〉または〈目立つ②〉で表現。〈目立つ②〉は目にとびこむようなさまで「はで」「目立つ」の意味を表す。

〈はで〉

両手のひらを目の前に勢いよく近づける。

〈目立つ②〉

目の前に全指を軽く曲げた両手のひらをぱっと引き寄せる。

は

はで【派手】2

「はでにけんかする」

→〈けんか①〉

例文の「はでに」は程度が普通以上で人目につく意味なので２種類の表現ができる。ひとつは〈けんか①〉を強調して表す。

〈けんか①〉
両手の人差指を激しくふれ合わせる。

はで【派手】3

「はでにけんかする」

→〈すごい〉＋〈けんか①〉

もうひとつは〈すごい〉＋〈けんか①〉で表現。〈すごい〉は目をむくような、すごいの意味を表す。

〈すごい〉
右手指先を曲げて頭の横で前方に回転させる。

〈けんか①〉
両手人差指を剣のようにふれ合わす。

はてしない
【果てしない】1

「はてしない砂漠」

→〈土〉＋〈広い④〉

例文の「はてしない」は限りがないという意味なので〈広い④〉で表現。〈広い④〉は見渡す限りずっと広がるさまを表す。

〈土〉
両手指をこする。

〈広い④〉
右手のひらを下にして大きく水平に回す。

はてしない
【果てしない】2

「議論がはてしなく続く」

→〈討論〉＋〈続く①〉
（または〈続く②〉）

例文の「はてしない」は終わりがない、どこまでも続く意味なので〈続く①〉または〈続く②〉で表現。手話は延々と続くさまを表す。

〈討論〉
指を軽く開いて伸ばした両手指先を向かい合わせ、互い違いにねじるように揺らす。

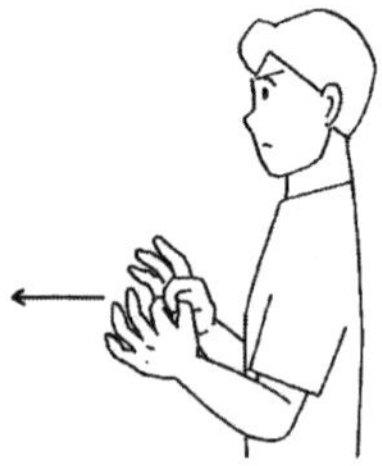

〈続く①〉
両手の親指と人差指を組んでまっすぐ前に出す。

ばてる

「（仕事が）ばててできない」

→（〈仕事〉＋）
〈疲れる〉＋〈難しい〉

「ばてる」は疲れはてる意味なので〈疲れる〉で表現。〈疲れる〉はがっくり疲れるさまで「ばてる」「疲れる」「疲労する」などの意味。

〈疲れる〉
両手指先を胸に軽く当てて下に振り落とすようにだらりとさげる。

〈難しい〉
右手の親指と人差指でほおをつねるようにする。

ハト【鳩】

「ハト」

→〈ハト胸〉＋〈鳥〉

「ハト」は胸が丸く大きいのが特徴。〈ハト胸〉で表現するが、わかりやすくするために〈鳥〉を加えることもある。

〈ハト胸〉
右手を胸に当て弧を描く。

〈鳥〉
右手の親指と人差指を口元で閉じたり開いたりする。

パトカー

「パトカー」

→(〈警察①〉または)
〈警察②〉+〈ライト〉

「パトカー」は〈警察①〉または〈警察②〉+〈ライト〉で表現。〈ライト〉はパトカーの車上の回転灯のさまを表す。

〈警察②〉

右手の親指と人差指で作った丸を額に当てる。

〈ライト〉

右腕を左手で握り、ややすぼめた右手を回す。

バドミントン

「バドミントンの試合」

→〈バドミントン〉+〈試合①〉

「バドミントン」は〈バドミントン〉で表現。〈バドミントン〉はラケットを振るさまを表す。

〈バドミントン〉

ラケットを左、右と振るしぐさをする。

〈試合①〉

親指を立てた両手を正面で軽くぶつける。

はな【花】1

「(きれいな)花」

→〈花①〉または〈花③〉
(+〈美しい①〉または〈美しい②〉)

例文の「花」は草花のことで〈花①〉または〈花③〉で表現。いずれも花が開くさまで「花」「花が咲く」の意味を表す。

〈花①〉

両手を合わせてすぼませた指を左右に開く。

〈花③〉

両手を閉じて手首を付け合わせ、右にずらしながら回転させ、同時に手を開く。

はな【花】2

「花見」

→〈桜〉+〈見る①〉

「花見」は普通は桜見のことなので〈桜〉+〈見る①〉で表現。〈桜〉は桜の花びらを表す。

〈桜〉

軽く指先を開いた両手のひらを合わせて、少しずつずらしながらたたきながら回す。

〈見る①〉

右人差指を右目元から前に出す。

はな【花】3

「(若いうちが)花だ」

→(〈若い〉+〈時①〉+)
〈一番①〉+〈良い〉

例文の「花」は一番いい時の意味なので〈一番①〉+〈良い〉で表現。〈一番①〉はトップでゴールのテープを切るさまを表す。

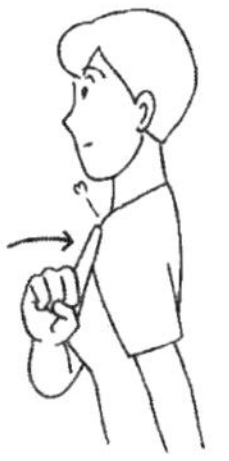

〈一番①〉

右人差指を左肩に軽く当てる。

〈良い〉

右こぶしを鼻から前に出す。

はな【花】4

「お花を習う」

→〈生花〉+〈教わる②〉

例文の「お花」は生花の意味なので〈生花〉で表現。〈生花〉は花をいけるさまを表す。

〈生花〉

親指と4指でつまんだ花茎を中央に交互に差し込むようにする。

〈教わる②〉

左手のひらに人差指を折り曲げた右手をのせるようにして上から同時に引き寄せる。

はな【花】5

「（先輩に）花を持たせる」

→（〈先輩①〉＋）
〈敬う①〉＋〈どうぞ②〉
（または〈どうぞ①〉）

例文の「花を持たせる」は名誉を相手にゆずる意味なので〈敬う①〉＋〈どうぞ②〉で表現。

〈敬う①〉
左手のひらの上に親指を立てた右手をのせて上にあげる。

〈どうぞ②〉
右手のひらを上に向け、相手に勧めるよう前に出す。

はな【鼻】1

「（西洋人は）鼻が高い」

→（〈ヨーロッパ〉＋〈人々①〉＋）
〈高い④〉
または〈高い⑤〉

例文の「鼻が高い」は身体器官の鼻が高い意味なので〈高い④〉または〈高い⑤〉で表現。いずれも鼻が高いさまを表す。

〈高い④〉
右人差指で高い鼻の形を描く。

〈高い⑤〉
右手指先で鼻をつまんで前に出すようにする。

はな【鼻】2

「（犬は）鼻がよく利く」

→（〈犬〉＋）
〈香り②〉＋〈得意〉

「鼻がよく利く」はにおいをかぎわけることがすぐれている意味なので〈香り②〉＋〈得意〉で表現。〈香り②〉は「におい（を嗅ぐ）」の意味。

〈香り②〉
右手の指先を揺らしながら鼻に近づける。

〈得意〉
親指と小指を立てた右手の親指を鼻に当て、斜め上に出す。

はな【鼻】3

「鼻高々」

→〈自慢〉

「鼻高々」は非常に得意になって満足げな顔をする意味で〈自慢〉で表現。〈自慢〉は天狗のように鼻を高くするさまを表す。

〈自慢〉
右手指で鼻をつまむようにして前に出す。

はな【鼻】4

「鼻が曲がるようなにおい」

→〈臭（くさ）い〉＋〈過ぎる〉

「鼻が曲がる」は我慢ができないほどくさい意味なので〈臭い〉＋〈過ぎる〉で表現。強烈な臭さを表す〈臭い〉の表情に注意。

〈臭（くさ）い〉
右手の親指と人差指で鼻をつまむ。

〈過ぎる〉
左手甲の上を右手で乗り越える。

はな【鼻】5

「鼻であしらう」

→〈鼻であしらう〉
または〈腹芸〉

「鼻であしらう」は相手をばかにしていいかげんな態度で接する意味なので〈鼻であしらう〉または〈腹芸〉で表現。

〈鼻であしらう〉
視線をそらして右こぶしをうなずくように上下させる。

〈腹芸〉
左手甲を右こぶしで軽くたたくようにする。

はな【鼻】6

「成績を鼻にかける」

→〈あがる④〉+〈いばる〉

「鼻にかける」は自慢する意味なので〈いばる〉で表現。〈いばる〉は胸を張っていばるさまを表す。

〈あがる④〉

両手の人差指を上に向けて並べ、右手を上下させながら上にあげる。

〈いばる〉

両手の親指を背広のえりに当て、4指を振る。

はな【鼻】7

「冗談が鼻につく」

→〈冗談〉+〈あきる〉

「鼻につく」はあきあきしていやになる意味なので〈あきる〉で表現。〈あきる〉は気持ちがなえるさまで「あきる」「うんざりする」の意味。

〈冗談〉

両手指先を軽く開いて上下に置き、手首をぶらぶらさせる。

〈あきる〉

右親指を胸につけ、すべらせるようにして指先を下に向ける。

はな【鼻】8

「鼻の下が長い」

→〈助平〉
または〈いやらしい〉

「鼻の下が長い」は女好きで女性に甘い意味なので〈助平〉または〈いやらしい〉で表現。〈助平〉は女のことが頭にこびりつくさまを表す。

〈助平〉

小指を目の横でこするようにする。

〈いやらしい〉

右手2指を鼻の下から右下へ引く。

はな【鼻】9

「鼻をつくにおい」

→〈臭(くさ)い〉+〈強い①〉

「鼻をつく」はひどい臭いがする意味なので〈臭い〉+〈強い①〉で表現。〈臭い〉は「におい」「くさい」の意味。

〈臭(くさ)い〉

右手の親指と人差指で鼻をつまみ顔をそむける。

〈強い①〉

こぶしを握った右腕を曲げて力こぶを作るようにする。

はな【鼻】10

「学校は目と鼻の先」

→〈学校〉+〈短い①〉

「目と鼻の先」は非常に近い意味なので〈短い①〉で表現。〈短い①〉は距離が短いさまで「近い」「(長さや距離が)短い」意味を表す。

〈学校〉

両手のひら手前に向けて並べ、次に全指を曲げた右手のひらを下に向けて置く。

〈短い①〉

親指と人差指を閉じた両手を左右からさっと近づける。

はな【鼻】11

「申し込みを鼻にもかけない」

→〈申し込まれる〉+〈鼻にもかけない〉

「鼻にもかけない」は全く相手にしない意味で〈鼻にもかけない〉で表現。手話は鼻にもかけないさまを表し、無視する意味を表す。

〈申し込まれる〉

左手のひらの上に右人差指をのせて手前に引き寄せる。

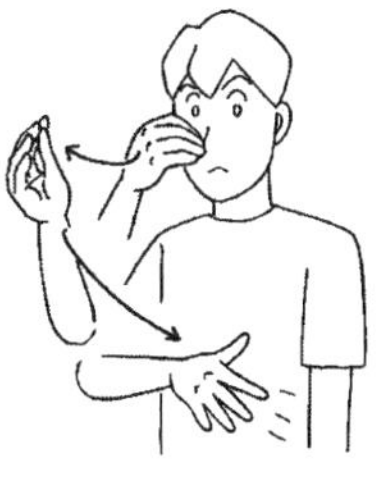

〈鼻にもかけない〉

右手で鼻の頭をつかみ投げ捨てるようにする。

は

はなし【話】1

「話をする」

→〈言う②〉
または〈手話〉

「話をする」は口で話すなら〈言う②〉で、手話で話すなら〈手話〉で表現。ただし、どちらも「話をする」一般を表す場合もある。

〈言う②〉
右人差指を口元から繰り返し前に出す。

〈手話〉
両手の人差指を向かい合わせて、糸を巻くように回転させる。

はなし【話】2

「…という話だ」

→〈手話〉+〈ある①〉

例文は伝え聞いた話（伝聞）の意味なので〈手話〉+〈ある①〉で表現。手話は第三者の立場から話や事実を説明するさまを表す。

〈手話〉
両手の人差指を向かい合わせて、糸を巻くように回転させる。

〈ある①〉
右手のひらを前に置く。

はなし【話】3

「話(がまとまる)」

→〈手話〉
または〈相談〉
(+〈結ぶ①〉)

例文の「話」は相談した事柄の意味なので〈手話〉または〈相談〉で表現。〈相談〉は相対する両者が話し合うさまを表す。

〈手話〉
両手の人差指を向かい合わせて、糸を巻くように回転させる。

〈相談〉
親指を立てた両手を軽くぶつけ合う。

はなし【話】4

「話のわかる(人)」

→〈説明〉+〈知る①〉
(+〈人〉)

例文の「話」は物事の道理の意味で〈説明〉で表現。〈説明〉は、この場合は「話」と同じように物事の道理の意味を表す。

〈説明〉
左手のひらを右手で小刻みにたたく。

〈知る①〉
右手のひらを胸に当て、下におろす。

はなし【話】5

「昔話」

→〈過去①〉+〈手話〉

「昔話」は古い時代の言い伝えのことで〈過去①〉+〈手話〉で表現。〈過去①〉の表現の仕方で時代の古さを表す。

〈過去①〉
右手のひらを後ろに向けて勢いよく押してやる。

〈手話〉
両手の人差指を向かい合わせて、糸を巻くように回転させる。

はなし【話】6

「(ばからしくて)話にならない」

→(〈くだらない〉+)
〈意味②〉+〈ない①〉

「話にならない」はあきれてものがいえない意味なので〈意味②〉+〈ない①〉で表現。手話は「ナンセンス」の意味を表す。

〈意味②〉
左こぶしの下を右人差指で突くようにする。

〈ない①〉
指先を上に向けた両手の手首を振る。

はなし【話】7

「耳よりの話」
→〈良い〉+〈手話〉

「耳よりの話」は聞く値うちのある話の意味なので〈良い〉+〈手話〉で表現。〈良い〉は良いこと一般の意味。

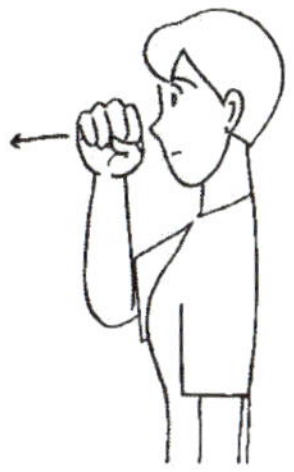

〈良い〉
右こぶしを鼻から前に出す。

〈手話〉
両手の人差指を向かい合わせて、糸を巻くように回転させる。

はなす【放す】

「(川に)魚を放す」
→(〈川①〉+)
〈魚(さかな)①〉+〈放す〉

例文の「放す」は飼っていたものなどを自然に帰すさまで〈放す〉で表現。〈放す〉は広い自然に放つさまを表す。

〈魚(さかな)①〉
右手指先を左に向けて揺らしながら動かす。

〈放す〉
手のひらを上に向けた両手を左右に開く。

はなす【離す】1

「十メートル離す」
→〈10メートル〉+〈離れる③〉

例文の「離す」は距離をあける意味なので〈離れる③〉で表現。〈離れる③〉は人差指を人に見立て、その離し方で離れる程度を表す。

〈10メートル〉
左手で〈10②〉を示し、右手のつまんだ親指と人差指を右の口端から前に出す。

〈離れる③〉
人差指を立てた両手を前後に離す。

はなす【離す】2

「二人の仲を離す」
→〈夫婦②〉+〈裂く〉

例文の「離す」はくっついていたものを無理に分ける意味なので〈裂く〉で表現。〈裂く〉は一つのものを二つにするさまを表す。

〈夫婦②〉
親指と小指を立てた右手を軽く振る。

〈裂く〉
軽く曲げた両手を下に向け、左右に引き裂くようにする。

はなす【話す】1

「言葉を話す」
→〈言葉〉+〈言う②〉

例文の「話す」は言う意味なので〈言う②〉で表現。〈言う②〉は口をついて出る言葉のさまを表す。

〈言葉〉
両手人差指で「 」を示す。

〈言う②〉
右人差指を口元から繰り返し前に出す。

はなす【話す】2

「二人で話す」
→〈二人①〉+〈会話②〉

例文の「話す」は会話する意味なので〈会話②〉で表現。〈会話②〉は向かい合う二人が話し合うさまを表す。

〈二人①〉
人差指と中指を立てた右手を手前に向けて左右に軽く振る。

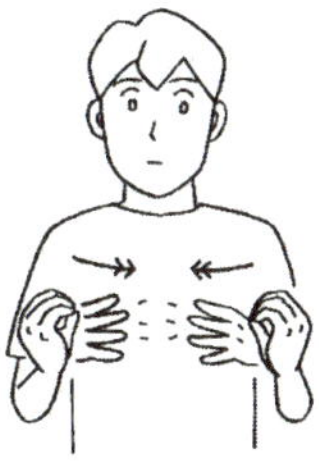

〈会話②〉
すぼめた両手を向かい合わせて同時に左右から繰り返し開く。

は

はなす【話す】3

「内容を話す」

→〈内容〉+〈説明〉

例文の「話す」は説明する意味なので〈説明〉で表現。〈説明〉は「説明(する)」「話す」などの意味を表す。

〈内容〉

左手のひらを体側に向けてその中を右人差指でかき回す。

〈説明〉

左手のひらを右手で小刻みにたたく。

はなす【話す】4

「大会で話す」

→〈大会〉+〈講演〉

例文の「話す」は講演する意味なので〈講演〉で表現。〈講演〉は演壇で話をするさまを表す。

〈大会〉

両手指先を上に向け、甲を前に向けて重ね、右手を前に出す。

〈講演〉

左手甲の上に右ひじをのせて指先を伸ばして前後に振る。

はなづまり【鼻づまり】

「鼻づまりで苦しい」

→〈鼻づまり〉+〈苦しい①〉

「鼻づまり」は〈鼻づまり〉で表現。〈鼻づまり〉は鼻がつまるさまを表す。

〈鼻づまり〉

右2指を鼻の下から鼻の穴につけ、止める。

〈苦しい①〉

右手で胸をかきむしるようにする。

バナナ

「バナナの木」

→〈バナナ〉+〈木〉

「バナナ」は〈バナナ〉で表現。〈バナナ〉はバナナの皮をむくさまを表す。

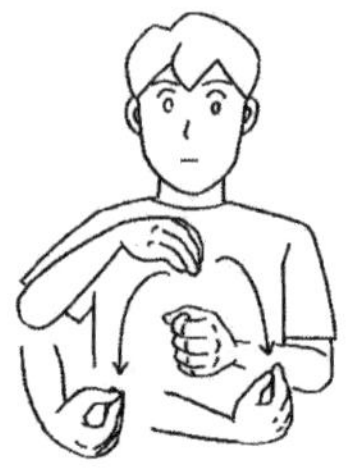

〈バナナ〉

左手で持ったバナナを右手でむくようにする。

〈木〉

両手の親指と人差指を向かい合わせて、上にあげながら左右に広げる。

はなび【花火】1

「空に打ち上げ花火があがる」

→〈空〉+〈花火①〉

「打ち上げ花火」は筒などで空高くあげる花火のことで〈花火①〉で表現。〈花火①〉は花火が空高く上げられ開いていくさまを表す。

〈空〉

右手で頭上に弧を描く。

〈花火①〉

すぼめた両手をあげながら左右に開く。

はなび【花火】2

「線香花火」

→〈花火②〉

「線香花火」は火花を散らす手に持つ小さな花火のことで〈花火②〉で表現。〈花火②〉は「線香花火」の火花のさまを表す。

〈花火②〉

左手の親指と人差指でつまむようにしてすぼめた右手を下に向けて繰り返し開く。

はなふだ【花札】

「花札で遊ぶ」
→〈花札〉+〈遊ぶ①〉

「花札」は花合わせに使うカルタのことで〈花札〉で表現。〈花札〉は花札を切るさまを表す。

〈花札〉
左手でカードをはさみ持つようにして、右手でそれを引き抜き、前に投げ出すようにする。

〈遊ぶ①〉
人差指を立てた両手を交互に前後に軽く振る。

はなみち【花道】

「引退の花道を飾る」
→〈引退〉+〈花道〉

例文の「花道」は人に惜しまれ引退する意味のことで〈花道〉で表現。〈花道〉は道の両側が花で飾られているさまを表す新しい手話。

〈引退〉
左手甲にのせた親指を立てた右手を下におろす。

〈花道〉
すぼめた両手を上に向け、開いたり閉じたりしながら前に出す。

はなれる【離れる】1

「親もとを離れる」
→〈両親〉+〈離れる①〉

例文の「離れる」は別々に分かれる意味で〈離れる①〉で表現。〈離れる①〉は離れるさまで「離れる」「久し振り」の意味を表す。

〈両親〉
人差指をほおにふれ、親指と小指を出す。

〈離れる①〉
両手の指背側を合わせ、左右に開く。

はなれる【離れる】2

「席を離れる」
→〈座る①〉+〈席をはずす〉

例文の「席を離れる」は〈席をはずす〉で表現。〈席をはずす〉は席を離れるさまで「席を離れる」「席をはずす」「席を立つ」などの意味。

〈座る①〉
手のひらを下に向けた左手2指に折り曲げた右手2指を座るようにのせる。

〈席をはずす〉
手のひらを下に向けた左手2指にのせた右手2指をはずすようにする。

はなれる【離れる】3

「グループから一人離れる」
→〈グループ〉+〈離れる②〉

例文の「一人離れる」は一人でグループから離れることなので〈離れる②〉で表現。〈離れる②〉は左手のグループから一人離れるさまを表す。

〈グループ〉
指先を上に向けた両手で水平に手前に円を描く。

〈離れる②〉
指先を上に向けた左手から人差指を立てた右手を離す。

はなれる【離れる】4

「離れて歩く」
→〈離れる③〉+〈歩く①〉

例文の「離れる」は間をあける意味なので〈離れる③〉で表現。〈離れる③〉は人差指を人に見立て、それが離れるさまを表す。

〈離れる③〉
人差指を立てた両手を前後に引き離す。

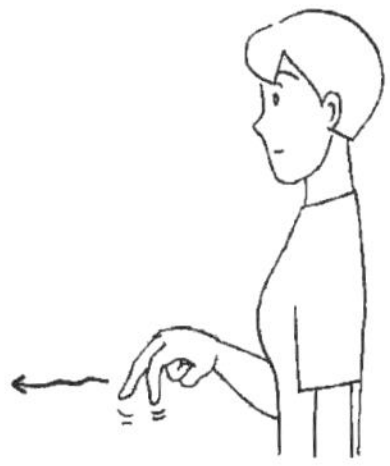

〈歩く①〉
右手2指を歩くように交互に前後させながら前に出す。

はなれる【離れる】5

「町から離れた所」

→〈町①〉+〈離れる④〉

例文の「離れる」は場所から離れる意味なので〈離れる④〉で表現。〈離れる④〉はある場所から離れたところを意味する。

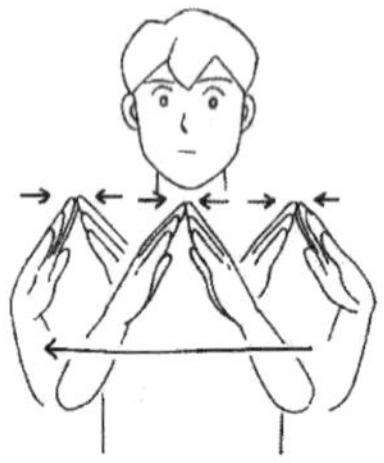

〈町①〉

両手で屋根形を左から右へすばやく順番に作る。

〈離れる④〉

指先を下に向けた曲げた両手を並べて、右手を離す。

パニック 1

「頭がパニックになる」

→〈思う〉+〈パニック〉

例文の「パニック」は大混乱のことなので〈パニック〉で表現。〈パニック〉は混乱が起きるさまを表す。

〈思う〉

右人差指を側頭部に当てる。

〈パニック〉

指先を上に向けて折り曲げた右手を回し、上にあげる。

パニック 2

「経済がパニックになる」

→〈経済〉+〈折る①〉

例文の「パニック」は経済恐慌のことなので〈折る①〉で表現。〈折る①〉は折るさまで「故障」「壊す」「障害」などの意。

〈経済〉

親指と人差指で作った丸を上下に置き、互い違いに水平に回す。

〈折る①〉

両こぶしの親指側を合わせ、折るようにする。

はねる【跳ねる】1

「子供がぴょんぴょんはねる」

→〈子供①〉+〈はねる〉

例文の「はねる」はとびはねるの意味なので〈はねる〉で表現。〈はねる〉はぴょんぴょんとびはねるさまを表す。

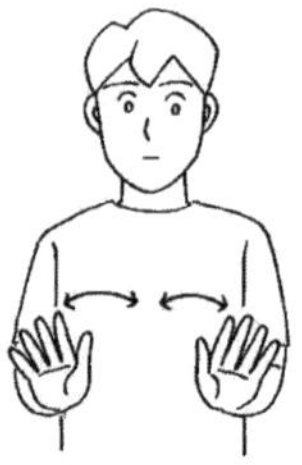

〈子供①〉

両手のひらを前に向けて、あやすように左右に振る。

〈はねる〉

左手のひらの上で右手２指を立てて繰り返し飛びあがるようにする。

はねる【跳ねる】2

「芝居がはねる」

→〈芝居〉+〈まで〉

例文の「はねる」はその日の芝居が終わる意味なので〈まで〉で表現。〈まで〉は終わりを示すさまで「ここまで」「終わり」などの意味を表す。

〈芝居〉

互い違いに向けた両こぶしを手首を返しながら前後させる。

〈まで〉

左手のひらに右手指先を軽くつける。

パネルディスカッション

「パネルディスカッション」

→〈並ぶ③〉+〈会話②〉

「パネルディスカッション」は討論の一種で〈並ぶ③〉+〈会話②〉で表現。〈並ぶ③〉は人が横に並ぶさま、〈会話②〉は複数の者が話すさまを表す。

〈並ぶ③〉

指先を軽く開いて手のひらを手前に向け、両手を左右に開く。

〈会話②〉

すぼめた両手を向かい合わせて同時に左右から繰り返し開く。

はは【母】

「母親」

→〈母〉

「母」は〈母〉で表現。ほおにふれて肉親であることを表し、次に〈女〉を出し「母」を表す。「お母さん」も同じ手話。

〈母〉

右人差指をほおにふれ、右小指を出す。

はば【幅】1

「道幅が広い」

→〈道①〉+〈広い①〉

例文の「幅」は道幅のことなので〈道①〉で表現。〈広い①〉は幅が広いさまを表す。

〈道①〉

道幅に見立てた向かい合わせた両手をまっすぐ前に出す。

〈広い①〉

両手のひらを向かい合わせて左右に広げる。

はば【幅】2

「人間に幅が出てきた」

→〈寛大〉+〈変わる①〉

例文の「幅が出る」は寛大になる意味なので〈寛大〉で表現。〈寛大〉は心が大きく広いさまを表す。

〈寛大〉

両手の親指と４指を向かい合わせて左右に広げる。

〈変わる①〉

手のひらを手前に向けた両手を交差させる。

はば【幅】3

「幅をきかす」

→〈いばる〉
または〈顔が広い②〉

例文の「幅をきかす」は思いのままにふるまう、いばるなどの意味なので〈いばる〉または〈顔が広い②〉で表現。

〈いばる〉

両手の親指を背広のえりに当て、４指を振る。

〈顔が広い②〉

両手の親指と４指を顔の横に置き、左右に開く。

はばつ【派閥】

「派閥争い」

→〈派閥〉+〈けんか①〉

「派閥」は政党内部のグループなど特定の目的をもつ集団のことで〈派閥〉で表現。〈派閥〉は親分に見立てた親指の下に組織が広がるさま。

〈派閥〉

親指を立てた左手の下から右手指先を下に向け、おろしながら開く。

〈けんか①〉

両手人差指を剣のようにふれ合わす。

はばむ【阻む】1

「勝利をはばむ」

→〈勝つ②〉+〈断る〉

例文の「はばむ」は防ぎ止めるの意味なので〈断る〉で表現。〈断る〉は受けつけないさまで「断る」「はばむ」「阻止する」などの意味を表す。

〈勝つ②〉

こぶしを上に突きあげる。

〈断る〉

左指先を手前に向け、右手のひらで押し返す。

はばむ【阻む】2

「(雪が)行く手をはばむ」
→(〈雪〉+)
〈歩く①〉+〈難しい〉

例文の「行く手をはばむ」は行けないようにする意味なので〈歩く①〉+〈難しい〉で表現。〈難しい〉は首をひねって考え込むさまを表す。

〈歩く①〉
右手2指を歩くように交互に前後させながら前に出す。

〈難しい〉
右手の親指と人差指でほおをつねるようにする。

はびこる

「(悪が)はびこる」
→(〈悪い①〉+)
〈はびこる〉
または〈広がる①〉

「はびこる」はほうぼうに広がる意味なので〈はびこる〉または〈広がる①〉で表現。いずれも広がるさまで「広がる」「はびこる」などの意味を表す。

〈はびこる〉
指先を揺らしながら両手を左右に開く。

〈広がる①〉
両手を前に出しながら左右に開く。

はぶく【省く】

「挨拶を省く」
→〈あいさつ〉+〈削る②〉

「省く」は省略することで〈削る②〉で表現。〈削る②〉は削り落とすさまで「削除(する)」「省略(する)」などの意味を表す。

〈あいさつ〉
両手の人差指を向かい合わせて指先を曲げる。

〈削る②〉
左手のひらを右手のひらで削り落とすようにする。

はま【浜】

「浜(で遊ぶ)」
→〈岸①〉または〈岸②〉
(+〈遊ぶ①〉)

例文は〈岸①〉または〈岸②〉+〈遊ぶ①〉で表現。〈岸①〉〈岸②〉の左手は岸、右手は波を表す。

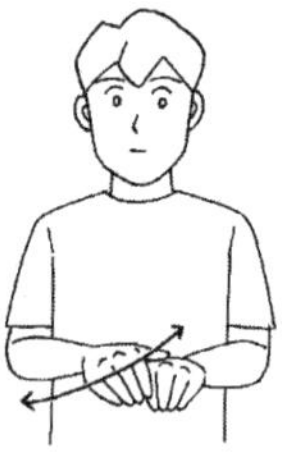

〈岸①〉
手のひらを下に向けた左手の親指側に右手のひらをするように左右に往復させる。

〈岸②〉
左こぶしに向けて右5指を打ち寄せるようにしてあげる。

ハマグリ【蛤】

「ハマグリを焼く」
→〈ハマグリ〉+〈煮る〉

「ハマグリ」は〈ハマグリ〉で表現。〈ハマグリ〉は左手の浜に右手の波が打ち寄せるさまを表す。

〈ハマグリ〉
指先を右に向け、手のひらを下に向けた左手の指先から右手のひらを上にあげる。

〈煮る〉
左手全指を曲げて手のひらを上に向け、折り曲げた右手全指で下から軽くたたくようにする。

ハム

「高級ハム」
→〈高い①〉+〈ハム〉

例文の「ハム」は食品のハムなので〈ハム〉で表現。〈ハム〉はハムの包装されたさまを表す。

〈高い①〉
親指と人差指で作った丸を勢いよくあげる。

〈ハム〉
前方に向けて折り曲げた両手を左右に並べ、左右に引きながら握る。

はめつ【破滅】1

「（酒は）身の破滅を招く」

→（〈酒〉＋）
〈体（からだ）〉＋〈折る①〉

例文の「身の破滅を招く」は身体をこわす意味なので〈体〉＋〈折る①〉で表現。〈折る①〉は折るさまで「こわす」「駄目にする」「障害」の意味。

〈体（からだ）〉

右手を体の上で回す。

〈折る①〉

両こぶしの親指側を合わせ、折るようにする。

はめつ【破滅】2

「地球の破滅」

→〈世界〉＋〈爆発〉

例文の「地球の破滅」は〈世界〉＋〈爆発〉で表現。〈爆発〉は音や光を伴って飛び散るさまを表す。地球が爆発で滅びることを想像した表現。

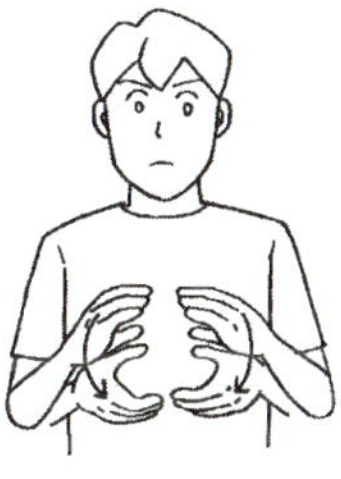

〈世界〉

両手の指先を向かい合わせ、球を描くように前に回す。

〈爆発〉

親指と4指を閉じた両手を合わせ、勢いよく上にあげながら左右に開く。

ばめん【場面】

「別れの場面」

→〈離れる①〉＋〈時①〉

「場面」はある状況の起こる場のことで〈時①〉で表現。〈時①〉は「時間」「場合」「場面」の意味を表す。

〈離れる①〉

両手の指背側を合わせ、左右に開く。

〈時①〉

左手のひらに右親指を当て、右人差指を時計の針のように回す。

はやい【早・速い】1

「仕事が速い」

→〈仕事〉＋〈はやい①〉

例文の「速い」はきまった時間内にする仕事量が多い意味なので〈はやい①〉で表現。〈はやい①〉は矢が飛ぶように速いさまを表す。

〈仕事〉

手のひらを上に向け、向かい合わせた両手指先を繰り返しつき合わせる。

〈はやい①〉

親指と人差指を閉じた右手をすばやく左へ動かしながら人差指を伸ばす。

はやい【早・速い】2

「速い車」

→〈はやい①〉＋〈運転〉

例文の「速い」はスピードがある意味なので〈はやい①〉で表現。〈はやい①〉は矢が飛ぶように速いさまを表す。

〈はやい①〉

親指と人差指を閉じた右手をすばやく左へ動かしながら人差指を伸ばす。

〈運転〉

ハンドルを両手で握り、回すようにする。

はやい【早・速い】3

「早い話が」

→〈まとめる〉＋〈言う①〉

「早い話が」は簡単にまとめて言うの意味で〈まとめる〉＋〈言う①〉で表現。〈まとめる〉は「まとめる」「要するに」「結局」などの意味。

〈まとめる〉

両手のひらを向かい合わせて左右から中央にあげながら握る。

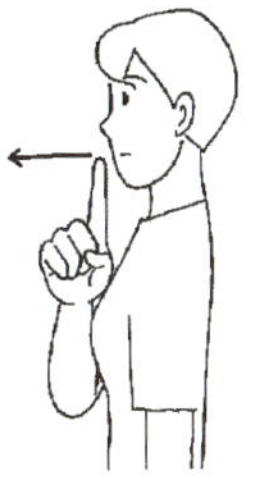

〈言う①〉

右人差指を口元から前に出す。

は

はやい【早・速い】4

「あきらめるのはまだ早い」

→〈あきらめる①〉+〈まだ①〉

例文の「まだ早い」はまだその時期になっていない意味なので〈まだ①〉で表現。〈まだ①〉は終点に到達してないさまを表す。

〈あきらめる①〉

親指と4指を開いた右手を左脇に引きつけながら閉じる。

〈まだ①〉

左手のひらに右手指先を向けて上下に振る。

はやし【林】

「松林」

→〈松①〉+〈林〉

例文の「林」は樹木が広がりをもって茂っているところで〈林〉で表現。〈林〉は両手を樹木に見立て数多く生えているさまを表す。

〈松①〉

右手2指でほおをさすようにする。

〈林〉

指先を上に向けた両手のひらを向かい合わせて交互に上下させながら左右に開く。

はやい【早・速い】5

「朝早く」

→〈朝〉+〈はやい①〉

例文の「朝早い」は朝の時間帯のはじめをさすので〈朝〉+〈はやい①〉で表現。手話は夜明けから間もない早朝を意味している。

〈朝〉

こめかみ付近に当てた右こぶしをすばやく下におろす。

〈はやい①〉

親指と人差指を閉じた右手をすばやく左へ動かしながら人差指を伸ばす。

はやす【生やす】1

「ひげを生やした男」

→〈ひげ①〉+〈男〉

例文の「ひげを生やす」は〈ひげ①〉で表現。〈ひげ①〉はあごにひげが生えているさまで、ひげの場所や生え方によって表現は変わる。

〈ひげ①〉

指先を曲げた右手であごをなでるようにする。

〈男〉

親指を立てた右手を出す。

はやい【早・速い】6

「仕事をはやくして」

→〈仕事〉+〈はやい②〉

例文の「はやくして」は相手に督促する意味なので〈はやい②〉で表現。〈はやい②〉は相手に行為をはやくするように促すさまを表す。

〈仕事〉

手のひらを上に向け、向かい合わせた両手指先を繰り返しつき合わせる。

〈はやい②〉

右人差指の先を振るようにして右から左へ動かす。

はやす【生やす】2

「草が根を生やす」

→〈草〉+〈根①〉

例文の「根を生やす」は草の養分を吸い上げ支える地中部分が成長することで〈根①〉で表現。手話は根が地中に伸びるさまを表す。

〈草〉

指先を軽く開いた両手の甲側を前に向け交互に小刻みに上下させながら左右に開く。

〈根①〉

指先を上に向けて甲側を前にした左手の手首からすぼめた右手を下に向けて開く。

はやる【流行る】1

「はやっている服」

→〈広がる①〉+〈服〉

例文の「はやる」は流行している意味なので〈広がる①〉で表現。〈広がる①〉は世間に広がるさまを表す。

〈広がる①〉

両手を前に出しながら左右に開く。

〈服〉

親指を立てた両手をえりに沿って下におろす。

はやる【流行る】2

「はやっている店」

→〈人気②〉+〈店①〉

例文の「はやる」は人気があり、にぎわっている意味なので〈人気②〉で表現。〈人気②〉は人が押し寄せるさまを表す。

〈人気②〉

左親指に右手全指の指先を向けて近づける。

〈店①〉

両手のひらを上に向けて、左右に開く。

はやる【流行る】3

「風邪がはやっている」

→〈風邪〉+〈広がる①〉

例文の「はやる」は病気が広がる意味で〈広がる①〉で表現。〈広がる①〉は世間に広がるさまを表す。

〈風邪〉

右こぶしを口元に当ててせきをするように軽く前に出す。

〈広がる①〉

すぼめた両手を前にぱっと広げるように開く。

はら【原】

「くさはら」

→〈草〉+〈原〉

例文の「原」は草の生えた大地の意味なので〈原〉で表現。〈原〉は草（左手）の茂る大地（右手）のさまを表す。

〈草〉

指先を軽く開いた両手の甲側を前に向けて交互に上下させながら左右に開く。

〈原〉

指先を上に向けた左手甲側を前に向け、右手のひらを下に向けて水平に回す。

はら【腹】1

「腹が痛い」

→〈腹〉+〈痛い①〉

例文の「腹」は体の部位名で〈腹〉で表現。〈腹〉は腹をさし示して表す。

〈腹〉

腹に右手を当てる。

〈痛い①〉

全指を折り曲げた右手を痛そうに振る。

はら【腹】2

「腹が減る」

→〈空腹①〉
　または〈空腹②〉

「腹が減る」は空腹のことなので〈空腹①〉または〈空腹②〉で表現。手話はどちらも腹がへこむさまで「腹が減る」「空腹」の意味を表す。

〈空腹①〉

右手のひらを腹に当ててすべらせておろす。

〈空腹②〉

両手のひらを腹に当てて押すように下におろす。

は

はら【腹】3

「腹ごしらえが必要だ」

→〈食べる①〉+〈必要①〉

「腹ごしらえ」は仕事などの前に十分食べておく意味なので〈食べる①〉で表現。〈食べる①〉は食事をするさまを表す。

〈食べる①〉

左手のひらの上を右手ですくって食べるようにする。

〈必要①〉

指文字〈コ〉を示した両手を手前に引き寄せる。

はら【腹】4

「腹を痛めた(子)」

→〈自分一人〉+〈生まれる〉
(+〈子供①〉)

例文は自分が生んだ子供の意味なので〈自分一人〉+〈生まれる〉+〈子供①〉で表現。〈自分一人〉は自分を強調する表現。

〈自分一人〉

右人差指を胸に当て、前にはねあげる。

〈生まれる〉

指先を向かい合わせた両手を腹から前に出す。

はら【腹】5

「腹がすわる」

→〈気持ち〉+〈重い〉

「腹がすわる」は度胸がありどっしりかまえてあわてて驚かない意味なので〈気持ち〉+〈重い〉で表現。〈重い〉はどっしりかまえるさま。

〈気持ち〉

右人差指でみぞおち辺りに小さく円を描く。

〈重い〉

両手のひらを上に向け、重さでさがるようにする。

はら【腹】6

「互いに腹を探る」

→〈互いに〉+〈だまし合い〉

例文の「腹を探る」は互いに相手の心の中を知ろうとする意味で〈だまし合い〉で表現。〈だまし合い〉は「腹の探り合い」の意味もある。

〈互いに〉

両腕を交差させて両手の親指と人差指を閉じたり開いたりする。

〈だまし合い〉

〈キ〉の両手を互い違いに回す。

はら【腹】7

「腹を割って話す」

→〈腹を割る〉+〈言う①〉

「腹を割る」は隠しだてしないで本当の気持ちを打ち明ける意味なので〈腹を割る〉で表現。〈腹を割る〉は腹を広げるさまを表す。

〈腹を割る〉

両手のひらを上に向けて重ね、左右に開く。

〈言う①〉

右人差指を口元から前に出す。

はら【腹】8

「腹が黒い男」

→〈へそまがり〉+〈男〉

「腹が黒い」は良くない考えを持っている意味なので〈へそまがり〉で表現。〈へそまがり〉には「罪」「腹が黒い」などの意味がある。

〈へそまがり〉

右手の親指の先をへその辺りで左に向けてねじるようにして動かす。

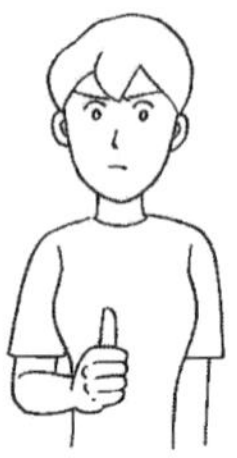

〈男〉

親指を立てた右手を出す。

はら【腹】9

「腹が立つことばかり」

→〈怒(おこ)る①〉+〈たくさん①〉

「腹が立つ」は怒る意味なので〈怒る①〉で表現。〈怒る①〉は腹を立てるさまで「怒る」「立腹する」「腹を立てる」などの意味を表す。

〈怒(おこ)る①〉

両手で腹をつかむようにして上に向けてさっと動かす。

〈たくさん①〉

左手のひらを上に向けた左腕を示し、その上に右手で山を描く。

はら【腹】10

「すぐに腹を立てる」

→〈怒(おこ)る①〉+〈あっけない②〉
(または〈はやい①〉)

「腹を立てる」は怒る意味なので〈怒る①〉で表現。〈怒る①〉は腹を立てるさまで「怒る」「立腹する」「腹を立てる」などの意味を表す。

〈怒(おこ)る①〉

両手で腹をつかむようにして上に向けてさっと動かす。

〈あっけない②〉

指を半開きにした両手を下に向け振る。

はら【腹】11

「腹の虫が治まらない」

→〈我慢①〉+〈難しい〉

「腹の虫が治まらない」はしゃくにさわって我慢できない意味なので〈我慢①〉+〈難しい〉で表現。手話は我慢できないさまを表す。

〈我慢①〉

親指を立てた左手を右手のひらで押さえつける。

〈難しい〉

右手の親指と人差指でほおをつねるようにする。

バラ【薔薇】

「赤いバラ」

→〈赤〉+〈バラ〉

例文の「バラ」は花の名なので〈バラ〉で表現。〈バラ〉はフラメンコを踊るカルメンが赤いバラをくわえているさまを表す。

〈赤〉

唇に人差指を当て、右へ引く。

〈バラ〉

すぼめた右手を口の左端につけ、手首を返しながら開く。

はらう【払う】1

「服のほこりを払う」

→〈服〉+〈おしゃれ〉

例文の「払う」は軽くたたいてとりのける意味なので〈おしゃれ〉で表現。〈おしゃれ〉は服のちりを払うさまで「おしゃれ」の意味を表す。

〈服〉

親指を立てた両手をえりに沿って下におろす。

〈おしゃれ〉

左腕を右手指先で払うようにする。

はらう【払う】2

「人を払う」

→〈人々①〉+〈断る〉

例文の「払う」はその場から人をいなくする意味なので〈断る〉で表現。〈断る〉受けつけないさまを表す。

〈人々①〉

親指と小指を立てた両手を揺らしながら左右に開く。

〈断る〉

左指先を手前に向け、右手のひらで押し返す。

はらう【払う】3

「駐車料金を払う」

→〈とまる③〉+〈払う①〉

例文の「払う」は料金を渡す意味なので〈払う①〉で表現。〈払う①〉はお金を払うさまを表す。

〈とまる③〉

左手のひらに「コ」の字形にした右手をぽんとのせる。

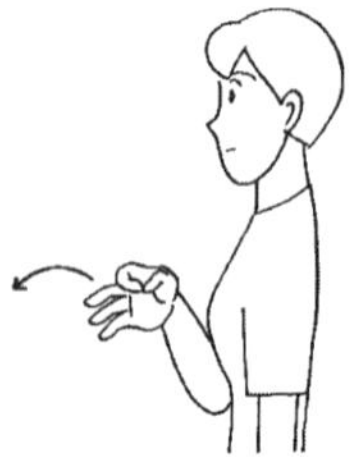

〈払う①〉

右手の親指と人差指で作った丸を前に出す。

はらう【払う】6

「努力を払う」

→〈努力〉

例文の「努力を払う」は努力する意味なので〈努力〉で表現。〈努力〉は壁や障害を突破しようと努めるさまを表す。

〈努力〉

左手のひらに右人差指をねじこみながら前に押し出す。

はらう【払う】4

「税金を払う」

→〈税金〉+〈払う②〉
（または〈払う①〉）

例文の「払う」は税金を払う意味なので〈払う②〉で表現。〈払う②〉は手を添えることでいくぶん丁寧な払い方を表す。

〈税金〉

親指と人差指で作った丸をすばやく自分に向けて開く。

〈払う②〉

左手のひらの上に右手の親指と人差指で丸を作り、前に出して開く。

はらう【払う】7

「犠牲を払う」

→〈仕方ない〉+〈捧げる〉

例文の「犠牲を払う」は犠牲にする意味なので〈仕方ない〉+〈捧げる〉で表現。〈仕方ない〉は身を切るさま、〈捧げる〉は身を捧げるさま。

〈仕方ない〉

指先を伸ばした右手を左肩から右下に体をはすに切るようにおろす。

〈捧げる〉

手のひらを上に向けた両手を上に差しあげるようにする。

はらう【払う】5

「注意を払う」

→〈注意〉

例文の「注意を払う」は注意する、気をつける意味なので〈注意〉で表現。〈注意〉は気を引き締めるさまを表す。

〈注意〉

軽く開いた両手を上下に置き、体に引きつけて握る。

パラシュート

「飛行機からパラシュートで降りる」

→〈飛行機①〉+〈パラシュート〉

例文の「パラシュート」は飛行機から降りる落下傘のことで〈パラシュート〉で表現。手話はパラシュートで降下するさまを表す。

〈飛行機①〉

親指と小指を出した右手を飛び出すように斜め上にあげる。

〈パラシュート〉

指先を曲げた右手のひらに左人差指の先を向けて右上から左下におりるようにする。

はらす【晴らす】1

「恨みを晴らす」

→〈恨む〉+〈解決①〉

例文の「晴らす」はなしとげる、解決する、処理する意味なので〈解決①〉で表現。〈解決①〉は首尾よく終えるさまを表す。

〈恨む〉

指先を上に向けた両手親指と人差指を強く交差させながら指先を閉じる。

〈解決①〉

左手のひらの上に右人差指で「×」を大きく書く。

はらす【晴らす】2

「気分を晴らす」

→〈心〉+〈なくなる②〉

例文の「晴らす」は重い気分をすっかり取り去る意味なので〈なくなる②〉で表現。〈なくなる②〉はすっかりなくすさまを表す。

〈心〉

右人差指でみぞおち辺りをさす。

〈なくなる②〉

上下に向かい合わせた両手のひらを合わせ左右に開く。

はらす【晴らす】3

「疑いを晴らす」

→〈疑う〉+〈消える①〉

例文の「晴らす」は疑いをすっかり消し去る意味なので〈消える①〉で表現。〈消える①〉は目の前のものがなくなるさまを表す。

〈疑う〉

右手の親指と人差指をあごに当てる。

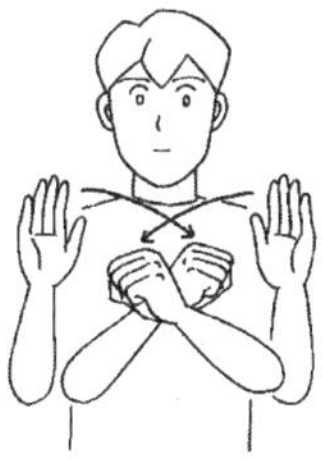

〈消える①〉

開いた両手を交差させながら握る。

ばらばら 1

「意見がばらばら」

→〈意見〉+〈ばらばら〉

例文の「ばらばら」は意見がまとまりがなく別々のことなので〈ばらばら〉で表現。〈ばらばら〉は〈違う〉を繰り返して表す。

〈意見〉

右小指を頭に当て、手首を返しながら前に出す。

〈ばらばら〉

両手の親指と人差指を開き、手首をひねりながら交互に上下させる。

ばらばら 2

「荷物をばらばらにする」

→〈荷物〉+〈散らばる〉

例文の「ばらばら」はまとまっているものを別々にすることなので〈散らばる〉で表現。〈散らばる〉はあちこちに放るさまを表す。

〈荷物〉

両手で荷物を持ちあげるようにする。

〈散らばる〉

閉じた両手を交互にあちこちに向けて捨てるように開く。

パラリンピック

「パラリンピック」

→(〈車いす①〉または)〈車いす②〉+〈オリンピック〉

「パラリンピック」は〈車いす①〉または〈車いす②〉+〈オリンピック〉で表現。〈車いす①〉、〈車いす②〉は車いすの輪を回すさまを表す。

〈車いす②〉

車いすの車輪を回すしぐさをする。

〈オリンピック〉

両手の親指と人差指を組み換えながら左から右へ動かす。

バランス 1

「体のバランスをとる」

→〈体(からだ)〉+〈バランス〉

例文の「バランスをとる」は体の平衡をとることなので〈体〉+〈バランス〉で表現。手話は体の平衡をとるさまを表す。

〈体(からだ)〉
右手を体の上で回す。

〈バランス〉
両手のひらを下に向け小さく交互に上下させてバランスをとるようにする。

バランス 2

「栄養のバランスをとる」

→〈栄養〉+〈操る①〉

「栄養のバランス」は〈栄養〉+〈操る①〉で表現。〈操る①〉はつり合いをとるさまで「操る」「つり合い(をとる)」などの意味を表す。

〈栄養〉
手のひらを上に向けた右手指先を体に当てる。

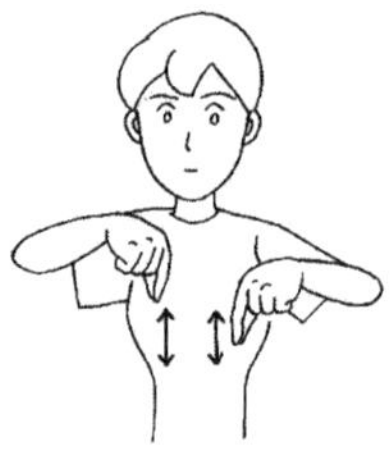

〈操る①〉
親指と人差指でひもを持つように交互に上下させる。

はり【針】1

「縫い針」

→〈縫う〉+〈針①〉

例文の「針」は裁縫に使う針のことで〈針①〉で表現。〈針①〉はほおにちくちく刺すさまでその鋭さを表す。

〈縫う〉
左手の親指と人差指を閉じ、右手で針を持って縫うように動かす。

〈針①〉
右人差指をほおに立て中指と親指をはじくようにする。

はり【針】2

「釣り針」

→〈釣り〉+〈針②〉

「釣り針」は魚用の針のことで〈釣り〉+〈針②〉で表現。〈釣り〉は釣りのさま、〈針②〉はかぎ形の釣り針のさまを表す。

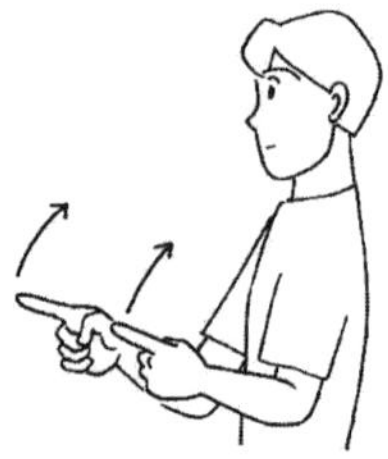

〈釣り〉
両手の人差指を前後につなぐようにしてそのまま手前に起こす。

〈針②〉
右人差指を曲げて、釣りあげるようにする。

はり【針】3

「時計の針が正午をさす」

→〈時②〉+〈昼〉

例文は〈正午〉で表現。〈正午〉は時計の長針と短針が重なり、正午の位置に来るさまを表す。

〈時②〉
左こぶしの親指側に右親指を当て、人差指を時計の針のように回す。

〈昼〉
右手２指を眉間に当てる。

はり【鍼】

「はりを打つ」

→〈鍼(はり)〉

例文の「はり」は治療用の針のことで〈鍼(はり)〉で表現。〈鍼(はり)〉は治療で針を打つさまを表す。

〈鍼(はり)〉
左手の親指と人差指で鍼の筒を持つようにし、右人差指を小刻みに動かす。

バリアフリー

「バリアフリーの社会」

→〈バリアフリー〉+〈社会〉

「バリアフリー」は〈バリアフリー〉で表現。〈バリアフリー〉は障壁を取り払うさまを表す。

〈バリアフリー〉
両手の指先をつけて下におろし、次に同時に指先を左右に開く。

〈社会〉
親指と小指を立てた両手を手前へ水平に円を描く。

はる【春】3

「春を売る」

→〈体(からだ)〉+〈売る①〉

例文の「春を売る」は売春する意味なので〈体〉+〈売る①〉で表現。〈売る①〉は金を受け取り、ものを差し出すさまを表す。

〈体(からだ)〉
右手を体の上で回す。

〈売る①〉
左手のひらを差し出すと同時に右手の親指と人差指で作った丸を手前に引き寄せる。

はる【春】1

「春が来た」

→〈暖かい〉+〈変わる①〉

例文の「春」は季節のことで〈暖かい〉で表現。〈暖かい〉は体がぽかぽかするさまで「春」「暖かい」などの意味を表す。

〈暖かい〉
両手で下からあおぐようにする。

〈変わる①〉
手のひらを手前に向けた両手を交差させる。

はる【張る】1

「根がはる」

→〈根①〉+〈組織〉

例文の「はる」は伸び広がる意味なので〈組織〉で表現。〈組織〉は頂点から下に組織が広がるさまを表す。

〈根①〉
指先を上に向けて甲側を前にした左手の手首からすぼめた右手を下に向けて開く。

〈組織〉
両手を胸の高さで並べ指先を開きながら左右におろす。

はる【春】2

「初《はつ》春《はる》」

→〈正月①〉
　または〈正月②〉

「初春(はつはる)」は年の初めを意味するので〈正月①〉または〈正月②〉で表現。手話は「正月」「元旦」「一月一日」などを表す。

〈正月①〉
両手の人差指の先を上下で向かい合わせる。

〈正月②〉
両手の人差指を上下にして同時に軽く上にあげる。

はる【張る】2

「(池に)氷がはる」

→(〈池〉+)
　〈寒い〉+〈板〉

例文は池の表面に氷ができることなので〈寒い〉+〈板〉で表現。手話は冷たい板状のものを表し、氷がはる意味を表す。

〈寒い〉
両こぶしを握り、左右にふるわせる。

〈板〉
左手のひらを右手の親指と4指ではさみ、右へ引き抜く。

はる【張る】3

「かなり値がはる」

→〈高い①〉+〈とても〉

例文の「値がはる」は値段が高い意味なので〈高い①〉で表現。〈高い①〉は値段や金額が高いさまを表す。

〈高い①〉

親指と人差指で作った丸を上にあげる。

〈とても〉

右手の親指と人差指をつまみ、弧を描きながら親指を立てる。

はる【張る】4

「腹がはって苦しい」

→〈満腹〉+〈苦しい①〉

例文の「腹がはる」は腹がふくれる意味なので〈満腹〉で表現。〈満腹〉は腹がはるさまで「腹がはる」「満腹」の意味を表す。

〈満腹〉

腹の前に置いた左手に右手甲を打ちつける。

〈苦しい①〉

右手で胸をかきむしるようにする。

はる【張る】5

「テントをはる」

→〈キャンプ〉+〈大工〉

例文の「はる」はテントを組み立てる意味なので〈大工〉で表現。〈大工〉は金槌をふるうさまを表す。

〈キャンプ〉

左手甲に軽く開いた右手全指を当て、上に引き上げながら閉じる。

〈大工〉

左手でのみを持ち、右手の金槌でたたくようにする。

はる【張る】6

「切手をはる」

→〈郵便〉+〈切手〉

例文の「切手をはる」は〈郵便〉+〈切手〉で表現。〈切手〉は切手をはるさまで「切手をはる」「切手」の意味を表す。

〈郵便〉

左手２指と右人差指で〒マークを作る。

〈切手〉

右手２指を舌でなめるようにし、左手のひらに張りつけるようにする。

はる【張る】7

「ポスターをはる」

→〈張る①〉

例文の「ポスターをはる」は〈張る①〉で表現。〈張る①〉はポスターをはるさまで「ポスターをはる」「ポスター」の意味を表す。

〈張る①〉

両手の親指を立てて並べ、ピンを押すように上から下に同時におろす。

はる【張る】8

「意地をはる」

→〈意地をはる〉
または〈意地〉

「意地をはる」はどこまでも自分の考えを通そうとする意味なので〈意地をはる〉または〈意地〉で表現。〈意地をはる〉は我(が)をはるさま。

〈意地をはる〉

両ひじを張り、左右に揺する。

〈意地〉

みぞおちあたりに置いたこぶしを強く前に出す。

はる【張る】9

「みえをはる」

→〈みえ〉
または〈いばる〉

「みえをはる」は自分を実際以上によく見せようとする意味なので〈みえ〉または〈いばる〉で表現。〈みえ〉はそのように見せかけるさま。

〈みえ〉
左手甲を前に示し、親指と４指を曲げた右手を前に向けて出す。

〈いばる〉
両手の親指を背広のえりに当て、４指を振る。

はるまき【春巻】

「春巻を揚げる」

→〈春巻〉+〈テンプラ〉

「春巻」は〈春巻〉で表現。〈春巻〉は左手の具を右手の皮で包むさまを表す。

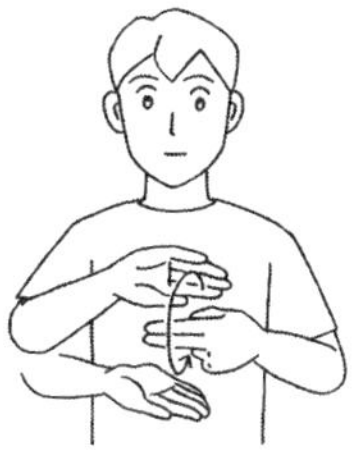

〈春巻〉
左２指を寝かせてその周りを右手で巻くように動かす。

〈テンプラ〉
右手２指を手首を軸にくるくる回す。

はれ【晴れ】1

「今日は晴れ」

→〈今①〉+〈明るい①〉

例文の「晴れ」は空が晴れる意味なので〈明るい①〉で表現。〈明るい①〉はぱっと明るいさまで「晴れ」「明るい」の意味を表す。

〈今①〉
両手のひらで軽く押さえつける。

〈明るい①〉
両手のひらを前に向けて交差させ、ぱっと左右に開く。

はれ【晴れ】2

「晴れの舞台」

→〈名誉〉+〈芝居〉

例文の「晴れ」は表に出て晴れがましい名誉の意味なので〈名誉〉で表現。〈名誉〉は御簾（みす）をあげて身分の高い人に会うさまを表す。

〈名誉〉
両手の人差指の先を向かい合わせて上にあげる。

〈芝居〉
前後に互い違いに向けた両こぶしを同時にひねる。

バレエ

「バレエ団」

→〈バレエ〉+〈グループ〉

例文の「バレエ」は舞踊のことなので〈バレエ〉で表現。〈バレエ〉はバレエダンサーが回るさまを表す。

〈バレエ〉
左手のひらの上で指先を下に向けた右２指を回転させながらあげていく。

〈グループ〉
指先を上に向けた両手で水平に手前に円を描く。

パレード

「パレード」

→〈行進〉または〈パレード〉

「パレード」は〈行進〉または〈パレード〉で表現。〈行進〉は人が行列を作って歩くさま、〈パレード〉は人々が列を作って右や左に進むさまを表す。

〈行進〉
軽く開いた両手の指先を上に向けて前後に並べ、上下に揺らしながら前へ進める。

〈パレード〉
手のひらを前方に向けた両手を間隔を開けて前後に並べ、両手同時に左右に動かす。

バレーボール

「バレーボールの選手」

→〈バレーボール〉+〈選手〉

「バレーボール」は〈バレーボール〉で表現。〈バレーボール〉はトスのさまを表す。

〈バレーボール〉

顔の前で両手のひらをボールを打ちあげるように出す。

〈選手〉

左こぶしの甲に親指を立てた右手を軽くかすめるように当て、上にあげる。

はれつ【破裂】

「(ガス)管が破裂した」

→(〈香り①〉+)
〈筒〉+〈爆発〉

例文の「破裂」は破れ裂けることなので〈爆発〉で表現。〈爆発〉は爆弾の「爆発」とガス管や水道管などの「破裂」の意味も表す。

〈筒〉

両手の親指と人差指で作った丸をつけて左右に引き離す。

〈爆発〉

親指と4指を閉じた両手を合わせ、勢いよく上にあげながら左右に開く。

はれる【晴れる】1

「空が晴れる」

→〈空〉+〈明るい①〉

例文の「晴れる」は天候のことで〈明るい①〉で表現。〈明るい①〉はぱっと明るいさまで「晴れ(る)」「明るくなる」の意味を表す。

〈空〉

右手で頭上に弧を描く。

〈明るい①〉

両手のひらを前に向けて交差させ、ぱっと左右に開く。

はれる【晴れる】2

「疑いが晴れる」

→〈疑う〉+〈消える①〉

例文の「晴れる」はなくなる意味なので〈消える①〉で表現。〈消える①〉は目の前のものがなくなるさまを表す。

〈疑う〉

右手の親指と人差指をあごに当てる。

〈消える①〉

開いた両手を交差させながら握る。

ばれる

「うそがばれる」

→〈うそ①〉+〈ばれる〉

「ばれる」は隠していたことがわかってしまうことで〈ばれる〉で表現。〈ばれる〉は内部を見すかされるさまを表す。

〈うそ①〉

ほおを舌でふくらませ、そこを人差指で突く。

〈ばれる〉

指先を開いた左手甲を前に示し、右人差指で前から突き破る。

ハローワーク

「ハローワークに通う」

→〈ハロー〉+〈仕事〉

「ハローワーク」は公共職業安定所のことなので〈ハロー〉+〈仕事〉で表現。〈ハロー〉はアメリカ手話の借用。

〈ハロー〉

手のひらを左に向けて立てた右手を前に出す。

〈仕事〉

手のひらを上に向け、向かい合わせた両手指先を繰り返しつき合わせる。

ハワイ

「ハワイ旅行」
→〈ハワイ〉+〈旅行〉

例文の「ハワイ」はアメリカの一州のことで〈ハワイ〉で表現。〈ハワイ〉はフラダンスのさまを表す。

〈ハワイ〉
指先を右に向けて揺らす。

〈旅行〉
両手人差指を平行に並べ同時に左右に振る。

はん【半】

「八時半」
→〈八時〉+〈半〉
（または〈半分①〉）

例文の「半」は一時間の半分のことで〈半〉で表現。〈半〉は〈半分①〉を〈八時〉を示しながら表現したもの。「～時三十分」の意味を表す。

〈八時〉
左手首の甲側に右手で〈８〉を軽く当てて前に示す。

〈半〉
左手首を示してその横で右手を振りおろす。

はん【反】1

「反社会(的)」
→〈ひじてつ〉+〈社会〉
（+〈合う①〉）

「反」は反対する、反抗する意味なので〈ひじてつ〉で表現。〈ひじてつ〉はひじてつをくらわすさまで「反抗」「さからう」などの意味。

〈ひじてつ〉
右手のひじを張る。

〈社会〉
親指と小指を立てた両手を手前に水平に円を描く。

はん【反】2

「反道徳(的)」
→〈反対〉+〈常識〉
（+〈合う①〉）

例文の「反」はそむく、反対する意味なので〈反対〉で表現。〈反対〉は互いに背を向け合って反発するさまを表す。

〈反対〉
両手指の背を軽くぶつける。

〈常識〉
両こぶしの小指側を繰り返し打ちつける。

ばん【晩】

「晩ごはん」
→〈暗い〉+〈食べる①〉

「晩」は夜の意味なので〈暗い〉で表現。〈暗い〉は目の前が閉ざされているさまで「暗い」「晩」「夜」などの意味を表す。

〈暗い〉
両手のひらを前に向けた両腕を目の前で交差させる。

〈食べる①〉
左手のひらの上を右手ですくって食べるようにする。

ばん【番】1

「番を待つ」
→〈順番①〉+〈待つ〉

例文の「番」は順番の意味なので〈順番①〉で表現。〈順番①〉は次から次に移るさまで「順番」「順序」などの意味を表す。

〈順番①〉
右手のひらを上に向けて順に右へ動かす。

〈待つ〉
右手指の背側をあごに当てる。

は

ばん【番】2

「(役が)私の番になる」

→(〈腕章〉+)
〈私①〉+〈責任①〉

例文の「番になる」は役が自分に回ってくることなので〈責任①〉で表現。〈責任①〉は役を受け持つ、責任を負うさまを表す。

〈私①〉
人差指で胸を指さす。

〈責任①〉
右肩に軽く全指を折り曲げた右手をのせる。

はんい【範囲】

「範囲を限る」

→〈部屋〉+〈定まる〉

「範囲」はある一定の区域のことなので〈部屋〉で表現。〈部屋〉は場所を区切るさまで「部屋」「範囲」の意味を表す。

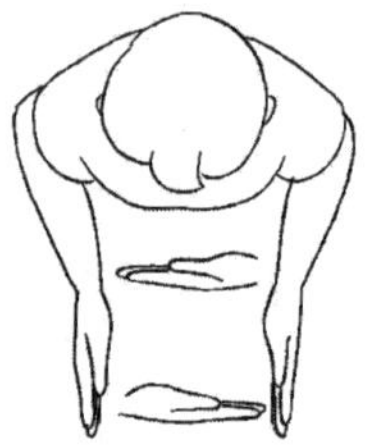

〈部屋〉
両手のひらで前後左右に四角く囲む。

〈定まる〉
両手指を曲げて上下に組み合わす。

ばん【番】3

「店の番をする」

→〈店①〉+〈調べる①〉

例文の「番をする」は見張る意味なので〈調べる①〉で表現。〈調べる①〉は目を配って見張るさまを表す。

〈店①〉
両手のひらを上に向けて、左右に開く。

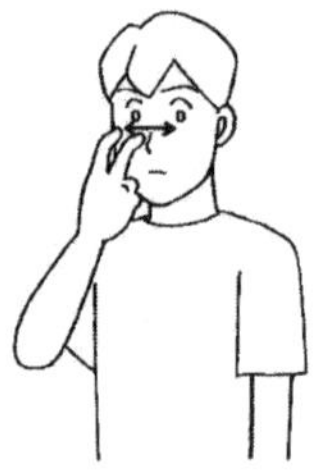

〈調べる①〉
右手の人差指と中指を軽く折り曲げて、目の前を左右に往復させる。

はんえい【反映】

「(国民の意見が)政治に反映する」

→(〈国(くに)〉+〈人々①〉+〈意見〉+)
〈政治〉+〈表(あらわ)す〉

「反映」は影響が現れる意味なので〈表す〉で表現。〈表す〉は正面切って掲げるさまで「表す」「表れる」「表現する」などの意味。

〈政治〉
左手のひらの上に右ひじを置き、右手指先を伸ばし前後に振る。

〈表(あらわ)す〉
左手のひらに右人差指をつけて前に押し出す。

パン

「(フランス)パン」

→(〈フランス①〉または〈フランス②〉+)
〈パン①〉または〈パン②〉

例文の「パン」は食料のパンのことで〈パン①〉または〈パン②〉で表現。手話はいずれも「パ」を発音する口形からとったと言われている。

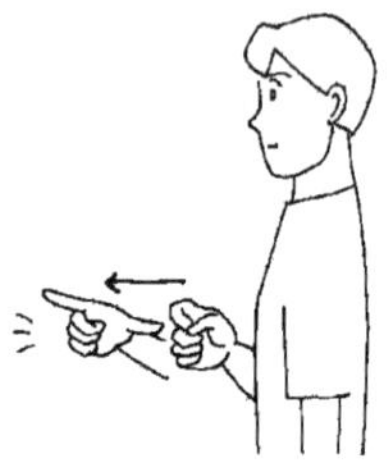

〈パン①〉
右手の親指と人差指を前にぱっと開く。

〈パン②〉
閉じた両手の親指と人差指を前にはじき出す。

はんえい【繁栄】

「(町が)繁栄する」

→(〈町①〉+)
〈発展〉
または〈栄える〉

「繁栄」は栄え発展する意味なので〈発展〉または〈栄える〉で表現。いずれも上り坂に物事が進むさまを表す。

〈発展〉
指文字〈コ〉を示した両手を斜め上にあげる。

〈栄える〉
手のひらを下にして斜め上にあげる。

はんがく【半額】

「(定価の)半額」

→(〈定まる〉+)
〈金(かね)①〉+〈半分②〉

例文の「半額」は定価の半分の意味なので〈金(かね)①〉+〈半分②〉で表現。手話は半分に値引きするという意味。

〈金(かね)①〉

右手の親指と人差指で作った丸を示す。

〈半分②〉

左手のひらの上で、右手を手前に引く。

ハンカチ

「ハンカチ」

→〈洗う〉+〈四角①〉

「ハンカチ」は〈洗う〉+〈四角①〉で表現。〈四角①〉は四角な紙や布を表す。

〈洗う〉

両手を洗うようにこすり合わせる。

〈四角①〉

両手の人差指で四角を描く。

はんかん【反感】1

「(彼に)反感を持つ」

→(〈彼〉+)
〈反対〉
または〈そぐわない〉

「反感を持つ」は反発する気持ちを持つ意味なので〈反対〉または〈そぐわない〉で表現。〈そぐわない〉はそりが合わないさまを表す。

〈反対〉

両手指の背をぶつける。

〈そぐわない〉

両手の指背側を合わせて、上下にこすり合わせる。

はんかん【反感】2

「人々から反感を買う」

→〈人々①〉+〈つまはじき①〉

「反感を買う」は〈つまはじき①〉で表現。手話はみんなから嫌われるさまを表す。

〈人々①〉

両手の親指と小指を立てて揺らしながら左右に開く。

〈つまはじき①〉

左親指を示して、右手の親指と中指ではじくようにする。

はんきょう【反響】1

「(太鼓が)部屋いっぱいに反響する」

→(〈太鼓①〉+)
〈部屋〉+〈響く〉

例文は太鼓の音が何かにぶつかり、はね返り広がる意味なので〈響く〉で表現。〈響く〉は音が大きく響きわたるさまを表す。

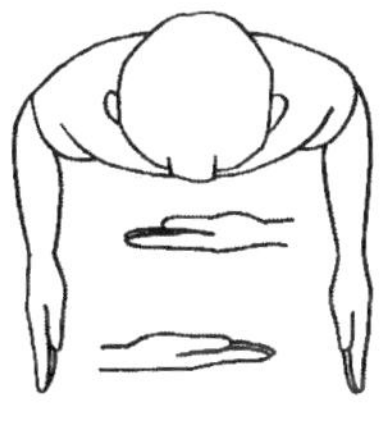

〈部屋〉

両手のひらで前後左右に四角く囲む。

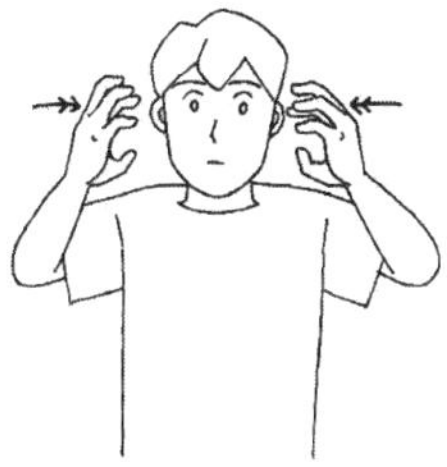

〈響く〉

全指を折り曲げた両手を耳に当て、小刻みにふるわせる。

はんきょう【反響】2

「(ホールは)反響が良い」

→(〈ビル①〉+)
〈聞こえる①〉+〈良い〉

例文の「反響」は単に物理的な現象で良い音が聞こえる意味なので〈聞こえる①〉で表現。手話は聞こえの具合が良い意味を表す。

〈聞こえる①〉

指先を揺らしながら右手を耳に近づける。

〈良い〉

右こぶしを鼻から前に出す。

はんきょう【反響】3

「（講演は）良い反響があった」

→（〈講演〉＋）〈評判〉＋〈良い〉

例文の「良い反響」は多くの人に評判が良い意味なので〈評判〉＋〈良い〉で表現。〈評判〉は人々が耳元でささやくさまを表す。

〈評判〉

両手指先をふれ合わせるようにして耳に近づける。

〈良い〉

右こぶしを鼻から前に出す。

はんけつ【判決】

「判決を下す」

→〈裁判〉＋〈決める②〉

「判決」は裁判所が決定を下すことなので〈裁判〉＋〈決める②〉で表現。手話は「判決」「判決を下す」などの意味を表す。

〈裁判〉

親指を立てた両手を肩から前に同時におろし、体の前で止める。

〈決める②〉

左手のひらに右こぶしを打ちつける。

パンク

「タイヤがパンクする」

→〈タイヤ〉＋〈つぶす〉

例文の「パンク」はタイヤの空気が抜けることなので〈つぶす〉で表現。〈つぶす〉はタイヤの空気が抜けてぺちゃんこになるさまを表す。

〈タイヤ〉

両手の親指と人差指の指先をつけ、円を描く。

〈つぶす〉

指先を前にして両手の親指と4指をつぶすようにして閉じる。

はんこう【反抗】

「親に反抗する」

→〈両親〉＋〈ひじてつ〉

「反抗」はさからう意味なので〈ひじてつ〉で表現。〈ひじてつ〉は反抗するさまで「反抗」「たてつく」「ひじてつ」などの意味を表す。

〈両親〉

人差指をほおにふれ、親指と小指を出す。

〈ひじてつ〉

右手のひじを張る。

ばんぐみ【番組】

「テレビ番組」

→〈テレビ〉＋〈番組〉

例文の「番組」はテレビのことなので〈番組〉で表現。〈番組〉は新聞などにのるテレビ番組表のさまを表す。

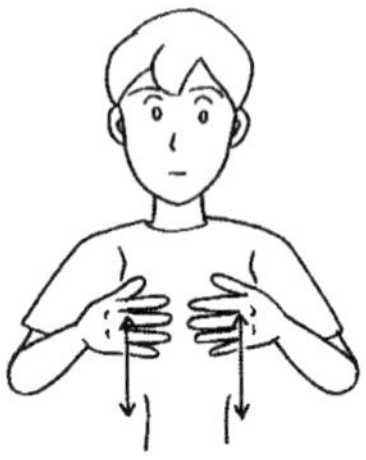

〈テレビ〉

両手の4指の指先を向かい合わせて左右同時に上下させる。

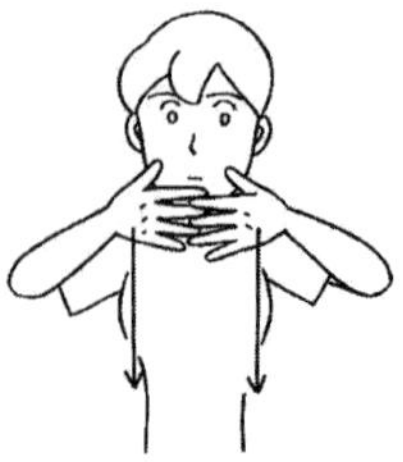

〈番組〉

指先を合わせた両手を下におろす。

はんこう【犯行】

「犯行（を重ねる）」

→〈悪い①〉＋〈する〉（＋〈たくさん②〉）

「犯行」は罪になる行ないの意味なので〈悪い①〉＋〈する〉で表現。手話は悪いことをするという意味を表す。

〈悪い①〉

人差指で鼻をこするようにして振りおろす。

〈する〉

両こぶしを力を込めて前に出す。

ばんごう【番号】

「電話番号」

→〈電話〉+〈数〉

例文の「番号」は〈数〉で表現。〈数〉は数を数えるさまで「番号」を表す。

〈電話〉

親指と小指を立てた右手を顔横に置く。

〈数〉

右手の指を順に折る。

はんざい【犯罪】

「犯罪(を防ぐ)」

→〈悪い④〉+〈罪(ざい)〉
(+〈防ぐ〉)

「犯罪」は〈悪い④〉+〈罪(ざい)〉で表現。

〈悪い④〉

人差指で鼻をこするようにして振りおろす。

〈罪(ざい)〉

右３指を鼻の前から左下におろす。

ハンサム

「ハンサムな男性」

→〈美しい①〉+〈男〉

「ハンサム」は美男のことで〈美しい①〉+〈男〉で表現。手話は「男前」「ハンサム」「美男」の意味を表す。

〈美しい①〉

手のひらを目の前で左右に少し振る。

〈男〉

親指を立てた右手を出す。

ばんじ【万事】1

「万事がこの調子」

→〈すべて〉+〈同じ①〉

例文の「万事」は全てのことの意味なので〈すべて〉で表現。〈すべて〉は完全な円を描くさまで「すべて」「万事」「全部」などの意味を表す。

〈すべて〉

両手で上から下に円を描く。

〈同じ①〉

両手の親指と人差指の先を上に向けて閉じたり開いたりする。

ばんじ【万事】2

「失敗し万事休す」

→〈失敗①〉+〈万事休す〉

例文の「万事休す」は全てがだめになるの意味なので〈万事休す〉で表現。〈万事休す〉はすべてが閉ざされてしまうさまで「万事休す」の意味。

〈失敗①〉

右こぶしで鼻を握り、手首を返して折るようにする。

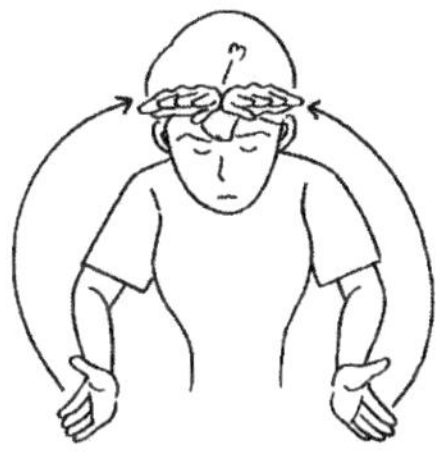

〈万事休す〉

頭をさげて向かい合わせた両手を上にあげて、頭の前で閉じる。

はんしゃ【反射】

「光が反射してまぶしい」

→〈反射〉+〈見えない〉

例文の「反射」は光がはねかえる意味で〈反射〉で表現。〈反射〉は光がはねかえるさまを表す。

〈反射〉

左手のひらに向かってすぼめた右手を開き、右人差指の先をつけてはねかえるようにする。

〈見えない〉

軽く開いた右手のひらを手前に向け、目の前で左右に振る。

は

はんじょう【繁盛】

「店が繁盛する」

→〈店①〉+〈千客万来〉

例文の「繁盛」は客がいっぱいでにぎわう意味なので〈千客万来〉で表現。〈千客万来〉は人々が入れかわりやって来るさまを表す。

〈店①〉

両手のひらを上に向けて、左右に開く。

〈千客万来〉

人差指を立てた両手を交互に繰り返し手前に引き寄せる。

はんする【反する】2

「期待に反する」

→〈期待はずれ〉

もうひとつは〈期待はずれ〉で表現。〈期待はずれ〉は思ったことより下の意。

〈期待はずれ〉

右人差指をこめかみに当て、次に手のひらを下に向けた左手の内側で指先を上に向けた右手を当て直角におろす。

はんしんはんぎ【半信半疑】

「うわさは半信半疑」

→〈うわさ〉+〈半信半疑〉

「半信半疑」は半ば信じ半ば疑う意味なので〈半信半疑〉で表現。〈半信半疑〉は〈本当〉が揺れているさまを表す。

〈うわさ〉

指先をつき合わせた両手をねじるように揺らし、耳を傾ける。

〈半信半疑〉

右手をあごの前で小さく振る。

はんする【反する】3

「法に反する行為」

→〈違反〉+〈活動〉

例文の「反する」は違反する意味なので〈違反〉で表現。〈違反〉は〈規則〉の形がはずれるさまで「違反」「反則を犯す」などの意味。

〈違反〉

左手のひらに折り曲げた右手２指をかすめるように振りおろす。

〈活動〉

ひじを少し張り、ひじを軸に両こぶしを交互に繰り返し前に出す。

はんする【反する】1

「期待に反する」

→〈待つ〉+〈はずれる〉

例文の「期待に反する」は２種類の表現がある。ひとつは〈待つ〉+〈はずれる〉で表現。〈はずれる〉は矢が的をはずれるさまを表す。

〈待つ〉

右手指の背側をあごに当てる。

〈はずれる〉

左こぶしの親指側を的にして右人差指を左へはずす。

はんせい【反省】1

「反省を求める」

→〈反省〉+〈求める〉

「反省」は自らかえりみることで〈反省〉で表現。〈反省〉は自ら心に手を当てるさまで「反省（する）」「後悔（する）」などの意味を表す。

〈反省〉

右手のひらを頭から弧を描いて下におろす。

〈求める〉

左手のひらに右手の甲を打ちつける。

はんせい【反省】2

「深く反省する」
→〈反省〉

例文の「深く反省する」は頭をやや下げて〈反省〉で表現。手話は深く反省するさまを表す。

〈反省〉
右手のひらを頭から弧を描いて下におろす。

はんそく【反則】2

「反則負け」
→〈違反〉+〈負ける①〉

「反則負け」は規則に反したために負けることで〈違反〉+〈負ける①〉で表現。〈違反〉は〈規則〉の形がはずれるさまで「違反」を表す。

〈違反〉
左手のひらに折り曲げた右手２指をかすめるように振りおろす。

〈負ける①〉
右手のひらで鼻先をたたき落とすようにする。

は

ばんぜん【万全】

「万全な(対策)」
→〈手落ち〉+〈ない①〉
(+〈会う①〉+〈計画〉)

「万全」は少しも手落ちのないさまを意味するので〈手落ち〉+〈ない①〉で表現。手話は落ち度やミスがないという意味を表す。

〈手落ち〉
重ねた両手から右手が前に落ちるようにする。

〈ない①〉
両手の手首を回すように振る。

パンダ

「かわいいパンダ」
→〈愛①〉+〈パンダ〉

「パンダ」は〈パンダ〉で表現。〈パンダ〉はパンダの目の周りのさまを表す。

〈愛①〉
左手甲を右手でなでるように回す。

〈パンダ〉
親指と人差指を出した両手を目の周りに当てる。

はんそく【反則】1

「反則を犯す」
→〈違反〉

「反則」は規則に反することで〈違反〉で表現。〈違反〉は〈規則〉の形がはずれるさまで「違反」「反則を犯す」などの意味。

〈違反〉
左手のひらに折り曲げた右手２指をかすめるように振りおろす。

はんたい【反対】1

「意味が反対」
→〈意味①〉+〈あべこべ①〉

例文の「反対」は逆、あべこべの意味なので〈あべこべ①〉で表現。〈あべこべ①〉はあべこべなさまで「逆」「あべこべ」の意味を表す。

〈意味①〉
左手のひらの下を右人差指で突くようにする。

〈あべこべ①〉
全指を軽く曲げた両手を前後に置き、入れ換える。

はんたい【反対】2

「反対意見(を述べる)」

→〈反対〉+〈意見〉
(+〈言う①〉)

例文の「反対」はさからう意味なので〈反対〉で表現。〈反対〉は互いに背を向け合って対立するさまを表す。

〈反対〉

両手指の背を軽くぶつける。

〈意見〉

右小指を頭に当て、手首を返しながら前に出す。

はんだん【判断】1

「(善悪の)判断を下す」

→(〈良い〉+〈悪い①〉+)
〈考える〉+〈決める②〉

例文の「判断を下す」は考えを決めることなので〈考える〉+〈決める②〉で表現。手話は「決断(する)」「判断(する)」などの意味を表す。

〈考える〉

右人差指を頭にねじこむようにする。

〈決める②〉

左手のひらに右こぶしを打ちつける。

はんだん【判断】2

「判断が難しい」

→〈区別〉+〈難しい〉

例文の「判断が難しい」はどちらが正しいか判断、区別が難しいことなので〈区別〉+〈難しい〉で表現。〈区別〉は「区別」「判断」を表す。

〈区別〉

左手の人差指と中指の間に右手を入れて振る。

〈難しい〉

右手の親指と人差指でほおをつねるようにする。

はんだん【判断】3

「判断に迷う」

→〈判断〉+〈迷う〉

例文の「判断」は考えを決めることで〈判断〉で表現。〈判断〉は右か左かを割り切るさまで「判断」「割り切る」などの意味を表す。

〈判断〉

左手のひらの上を右手で左右に振り分ける。

〈迷う〉

両手のひらを上に向けて4指の指先を向かい合わせて左右に揺らす。

はんだん【判断】4

「姓名判断」

→〈名前①〉(または〈名前②〉)+
〈占い〉

「姓名判断」は姓名で吉・凶を占うことなので〈名前①〉(または〈名前②〉)+〈占い〉で表現。〈占い〉は手相を見るさまを表す。

〈名前①〉

左手のひらに右親指を当てる。

〈占い〉

左手のひらを右手に天眼鏡を持って見るようにする。

パンツ 1

「パンツルックが流行する」

→〈ズボン①〉+〈広がる①〉

例文の「パンツルック」は女性がパンツ=ズボンをはく服装のことで〈ズボン①〉で表現。

〈ズボン①〉

両手の親指と人差指を向かい合わせて左右の足にそって下におろす。

〈広がる①〉

両手を前に出しながら左右に開く。

パンツ 2

「［下着の］
パンツをはく」

→〈パンツ〉＋〈はく①〉

例文の「パンツ」は下着のことで〈パンツ〉で表現。〈パンツ〉はパンツの形を表す。

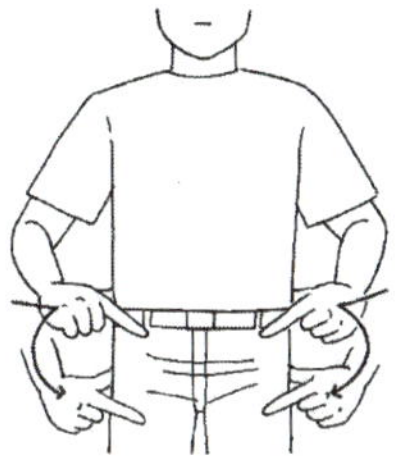

〈パンツ〉
両手の親指と人差指で腰をつかみ、さらにその下をつかむ。

〈はく①〉
両こぶしを引きあげるようにする。

ばんづけ【番付】

「長者番付」

→〈金持ち〉＋〈番付〉

例文の「番付」はお金持ちの格付けのことで〈番付〉で表現。〈番付〉は相撲番付表で下へいけばいくほど名前が小さくなるところから。

〈金持ち〉
両手の親指と人差指で作った丸を胸に当て、弧を描いて腹につける。

〈番付〉
両手の親指と人差指を広げて並べ、右へ移動しながらせばめる。

はんてい【判定】1

「写真判定」

→〈写真〉＋〈調べる①〉

例文の「判定」は見て決定する意味なので〈調べる①〉で表現。〈調べる①〉は目配りして調べるさまを表す。

〈写真〉
左手の親指と４指で作った丸の前に右手のひらをおろす。

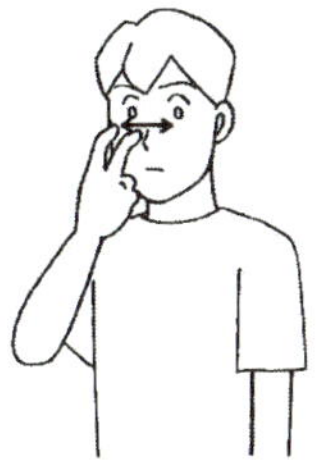

〈調べる①〉
右手の人差指と中指を軽く折り曲げて、目の前を左右に往復させる。

はんてい【判定】2

「判定（勝ち）」

→〈採決〉＋〈判定〉
（＋〈勝つ①〉）

例文の「判定」はノックアウトなどによらず審判の採点で勝敗を決めることで〈採決〉で表現。〈採決〉は審判が手をあげるさまを表す。

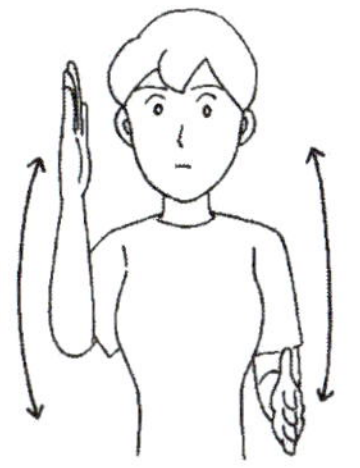

〈採決〉
指先を伸ばした左右の手を交互に上げ下げする。

〈判定〉
左手のひらの上に右人差指を打ちつける。

パンティー

「パンティーをはく」

→〈パンティー〉＋〈はく①〉

「パンティー」は女性の下着のことで〈パンティー〉で表現。〈パンティー〉はパンティーの形で「パンティー」「ショーツ」などを表す。

〈パンティー〉
両手の親指と人差指を向かい合わせて三角を作るように左右に引く。

〈はく①〉
両こぶしを引きあげるようにする。

ハンディキャップ

「ハンディキャップを負う」

→〈ハンディキャップ〉＋〈責任②〉

「ハンディキャップ」は〈ハンディキャップ〉で表現。〈ハンディキャップ〉は指文字〈ハ〉を使った新しい手話。

〈ハンディキャップ〉
指先を前方に向けた左手のひらに右２指を直角に当て、下におとす。

〈責任②〉
両手を肩にのせる。

はんとう【半島】

「半島に暮らす」
→〈半島〉+〈生活〉

「半島」は〈半島〉で表現。〈半島〉は左手を半島に見立てて右手で海を表す。

〈半島〉
手のひらを下に向けた左手の小指側から手のひらを上に向けた右手で水平に弧を描く。

〈生活〉
両手の親指と人差指を向かい合わせて回す。

はんドン【半ドン】

「土曜日は半ドン」
→〈土〉+〈半ドン〉

「半ドン」は午前中だけ勤務する意味なので〈半ドン〉で表現。時計の長針と短針が重なり十二時をさしたところで止めるさまを表す。

〈土〉
砂や土をこすり落とすようにして両手を左右に開く。

〈半ドン〉
右手の人差指と中指を重ね、右から起こしながら左手のひらに当てる。

パントマイム

「パントマイム（がうまい）」
→〈パントマイム〉
（+〈上手(じょうず)〉）

「パントマイム」は〈パントマイム〉で表現。〈パントマイム〉は何もない空間にあたかも壁があるかのように表す。「パントマイムをする」も同手話。

〈パントマイム〉
手のひらを前に向けた右手を壁に当てるようにして止め、

次に左手も同様にする。

はんにん【犯人】

「犯人(を逮捕する)」
→〈悪い④〉+〈人〉
（または〈男〉+〈つかまる②〉）

「犯人」は〈悪い④〉+〈人〉（または〈男〉）で表現。〈悪い④〉は〈悪い①〉の特別の形で〈人〉または〈男〉との組み合わせで「犯人」を表す。

〈悪い④〉
右親指で鼻の頭をかするようにする。

〈人〉
人差指で「人」の字を空書する。

ハンドル

「初めてハンドルを握る」
→〈最初①〉+〈運転〉

例文の「ハンドル」は車を運転することなので〈運転〉で表現。〈運転〉はハンドルを握り、車を運転するさまを表す。

〈最初①〉
右手のひらを下にして、あげると同時に人差指を残して４指を握る。

〈運転〉
ハンドルを両手で握り、回すようにする。

はんのう【反応】

「(呼んでも)反応がない」
→(〈しゃべる①〉+)
〈返事〉+〈ない①〉

例文の「反応」は返事の意味なので〈返事〉で表現。〈返事〉は相手から返ってくる報告のさまで「返事」「回答」などの意味を表す。

〈返事〉
親指と人差指を出した両手を手前に引き寄せる。

〈ない①〉
両手指を軽く広げて回転する。

ばんのう【万能】1

「万能(薬)」

→〈すべて〉+〈できる〉
(+〈薬〉)

例文の「万能」は何でもききめがある意味なので〈すべて〉+〈できる〉で表現。〈できる〉の代わりに〈効果〉を使うこともある。

〈すべて〉
両手で上から下に円を描く。

〈できる〉
右手指先を左胸と右胸に順に当てる。

ばんのう【万能】2

「(スポーツが)万能」

→(〈スポーツ〉+)
〈いろいろ〉+〈得意〉

例文の「万能」はすべてにすぐれている意味なので〈いろいろ〉+〈得意〉で表現。〈すべて〉+〈得意〉で表現することもある。

〈いろいろ〉
親指と人差指を立てた右手をひねりながら右へやる。

〈得意〉
親指と小指を立てた右手の親指を鼻に当て、斜め上に出す。

ハンバーガー

「ハンバーガーを食べる」

→〈ハンバーガー〉

「ハンバーガー」はハンバーグをパンにはさんだ食物で〈ハンバーガー〉で表現。手話はハンバーガーを食べるさまを表す。

〈ハンバーガー〉
両手の親指と4指を閉じて口元に近づける。

ハンバーグ

「ハンバーグ(ステーキ)」

→〈ハンバーグ〉
(+〈ステーキ〉)

「ハンバーグ」は〈ハンバーグ〉で表現。〈ハンバーグ〉はハンバーグをこねて成形するさまを表す。

〈ハンバーグ〉
少し丸めた左手に同様の右手を上から向かい合わせ、

次に上下を逆にして同様の動きをする。

はんばい【販売】1

「自動車の販売」

→〈運転〉+〈売る②〉

例文の「販売」は売る意味なので〈売る②〉で表現。〈売る②〉は繰り返し物を渡し、お金を受け取るさまを表す。

〈運転〉
ハンドルを両手で握り、回すようにする。

〈売る②〉
右手親指と人差指で作った丸を手前に引くと同時に左手を前に差し出すことを繰り返す。

はんばい【販売】2

「自動販売機」

→〈金を入れる〉+〈取る④〉

「自動販売機」は〈金を入れる〉+〈取る④〉で表現。手話は文字通り金を入れて物を受け取る「自動販売機」のさまを表す。

〈金を入れる〉
右手の親指と人差指で作った丸を上から前に投げ入れるようにする。

〈取る④〉
自動販売機の下から缶を取り出すようにする。

は

はんぱつ【反発】1

「反発を感じる」

→〈反対〉+〈感じる①〉

例文の「反発」はとても同意できない気持ちの意味なので〈反対〉で表現。〈反対〉は互いに背を向け合って反発するさまを表す。

〈反対〉
両手指の背を軽くぶつける。

〈感じる①〉
右人差指を頭に当てて軽く突くようにする。

はんぱつ【反発】2

「強く反発した」

→〈強い①〉+〈ひじてつ〉

例文の「反発」は反抗する意味なので〈ひじてつ〉で表現。〈ひじてつ〉はさからうさまで「さからう」「反抗する」「ひじてつをくわす」など。

〈強い①〉
こぶしを握った右腕を曲げて力こぶを作るようにする。

〈ひじてつ〉
右手のひじを張る。

パンフレット

「映画のパンフレット」

→〈映画〉+〈パンフレット〉

「パンフレット」は〈パンフレット〉で表現。〈パンフレット〉はパンフレットなどを左右に見開くさまを表す。

〈映画〉
指間を軽く開き、両手のひらを目の前で前後に重ね、交互に上下させる。

〈パンフレット〉
両手２指を付け合わせて並べ、同時に左右に裏返す。

はんぶん【半分】1

「スイカを半分(下さい)」

→〈スイカ〉+〈半分①〉
(+〈求める〉)

例文の「半分」は二つに分けたものの一方の意味なので〈半分①〉で表現。〈半分①〉は一つのものを半分に割るさまを表す。

〈スイカ〉
全指を軽く折り曲げた両手のひらを手前に向けて口元で左右に往復する。

〈半分①〉
左手のひらに右手を打ちおろす。

はんぶん【半分】2

「値段を半分にする」

→〈金(かね)①〉+〈半分②〉

例文の「半分」は半額にする意味なので〈半分②〉で表現。〈半分②〉は値段を半分に割り引くという意味を表す。

〈金(かね)①〉
右手の親指と人差指で作った丸を示す。

〈半分②〉
左手のひらの上で右手を手前に引く。

はんぶん【半分】3

「冗談半分」

→〈冗談〉+〈混ぜる〉

例文の「半分」はその気持ちがなかば混じっている意味なので〈混ぜる〉で表現。〈混ぜる〉は違ったものをごたまぜにするさまを表す。

〈冗談〉
両手指先を軽く開いて上下に置き、手首をぶらぶらさせる。

〈混ぜる〉
指を軽く開いて両手のひらを合わせて混ぜ合わせるように回転させる。

はんろん【反論】

「反論する」

→〈反対〉+〈説明〉

「反論」は反対の意見を述べる意味なので〈反対〉+〈説明〉で表現。〈説明〉は「説明(する)」「論じる」の意味を表す。

〈反対〉
両手指の背を軽くぶつける。

〈説明〉
左手のひらを右手で小刻みにたたく。

〈ヒ〉
人差指を立てて示す。

ひ【火】1

「火が燃える」

→〈火①〉
または〈火②〉

例文の「火」はものが燃えて出る炎のことで〈火①〉または〈火②〉で表現。〈火①〉は炎のさま、〈火②〉は漢字「火」を利用した表現。

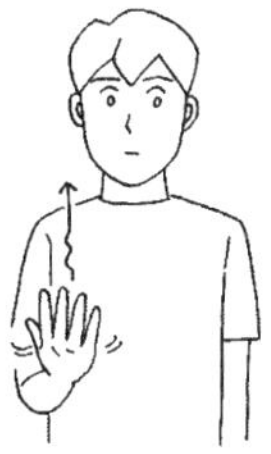

〈火①〉
全指を上に向けた右手を揺らしながら上にあげる。

〈火②〉
親指と小指を立てた右手を振りながら上にあげる。

ひ【火】2

「隣が火を出す」

→〈隣〉+〈火事①〉

例文の「火を出す」は火事の意味なので〈火事①〉で表現。〈火事①〉は左手に屋根の形だけ示した家が燃えているさまを表す。

〈隣〉
右人差指の先を前に向け、右へ手首を返す。

〈火事①〉
左手屋根形の下から親指と小指を立てた右手を炎のように振りながら上にあげる。

ひ【火】3

「火を通す」

→〈焼く〉
または〈煮る〉

「火を通す」は煮たり焼いたりして食べ物に熱を加える意味なので〈焼く〉または〈煮る〉で表現。具体的な状況に応じて使い分ける。

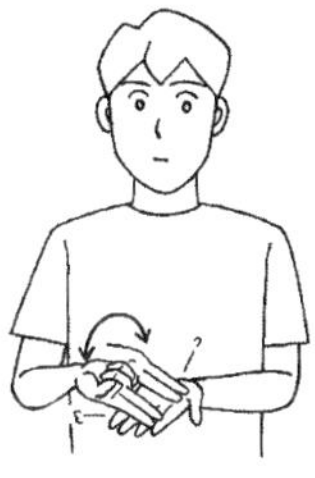

〈焼く〉
左手のひらの上で右手２指を繰り返し返す。

〈煮る〉
左手全指を曲げて手のひらを上に向け、折り曲げた右手全指で下から軽くたたくようにする。

ひ【火】4

「情熱の火が燃える」

→〈心〉+〈火①〉

例文の「情熱」は2種類の表現がある。ひとつは〈心〉+〈火①〉で表現。

〈心〉
右人差指でみぞおちの辺りをさす。

〈火①〉
指先を上に向けた右手を揺らしながら上にあげる。

ひ【火】5

「情熱の火が燃える」

→〈情熱〉

もうひとつは〈情熱〉で表現。〈情熱〉は〈熱心②〉と〈火①〉を組み合わせた手話。

〈情熱〉

右５指をすぼめて左脇に置き、手を開いて手首を回転しながら上にあげる。

ひ【火】6

「火を見るよりも明らか」

→〈はっきり〉+〈知る④〉

「火を見るよりも明らか」はとてもはっきりしていて、疑わしいところは全くない意味なので〈はっきり〉+〈知る④〉で表現。

〈はっきり〉

左右の手のひらを並べて見るようにして前後にすばやく離す。

〈知る④〉

右手のひらで胸を軽くたたくようにする。

ひ【日】1

「日の光がさす」

→〈太陽〉+〈光①〉

例文の「日」は太陽の意味なので〈太陽〉で表現。〈太陽〉は太陽が昇るさまを表す。

〈太陽〉

両手の親指と人差指を向かい合わせて大きな丸を作り、上にあげる。

〈光①〉

すぼめた右手を右上から左下に向かって開く。

ひ【日】2

「日が昇る」

→〈日が昇る〉
　または〈太陽〉

例文の「日」も太陽の意味で「日が昇る」は〈日が昇る〉または〈太陽〉で表現。いずれも太陽が東から昇るさまを表す。

〈日が昇る〉

左手のひらの下をくぐって右手の親指と人差指で作った閉じない丸を上にあげる。

〈太陽〉

両手の親指と人差指を向かい合わせて大きな丸を作り、上にあげる。

ひ【日】3

「日に焼ける」

→〈体(からだ)〉+〈黒②〉

例文の「日に焼ける」は日に焼けて体が黒くなることなので〈体〉+〈黒②〉で表現。手話は体が黒くなることで「日焼け」などの意味。

〈体(からだ)〉

右手を体の上で回す。

〈黒②〉

左手のひらの上を右こぶしの小指側をつけて前後に墨をするようにこする。

ひ【日】4

「日が長い」

→〈日が沈む〉+〈なかなか②〉

例文は日没の時間が伸びるという意味なので〈日が沈む〉+〈なかなか②〉で表現。手話は日がなかなか沈まず、日が長く感じられるさま。

〈日が沈む〉

左手甲を上に向け、右手２指で閉じない丸を作り、左手小指側に沈んでいくようにおろす。

〈なかなか②〉

右人差指を鼻につけて中指と薬指を軽くふるわせる。

ひ【日】5

「楽しく日を送る」

→〈生活〉+〈気分が良い〉

例文の「日を送る」は一日を過ごす意味なので〈生活〉で表現。〈生活〉は太陽が昇り沈むその下に人間の生活が営まれるさまを表す。

〈生活〉

両手の親指と人差指を向かい合わせて回す。

〈気分が良い〉

胸に当てた右手のひらを小さく上下させる。

ひ【日】6

「日を一日のばす」

→〈一日②〉+〈延期〉

例文は期間や期日を一日のばすという意味なので〈一日②〉+〈延期〉で表現。

〈一日②〉

右人差指を左胸に当て、弧を描いて右胸に移す。

〈延期〉

両手の親指と人差指でつまむようにして右から左へ弧を描いて移す。

ひ【日】7

「母の日」

→〈母〉+〈日〉

例文の「日」は特定の一日の意味なので〈日〉で表現。〈日〉は漢字「日」の字形に似せて表したもの。

〈母〉

右人差指をほおにふれ、右小指を出す。

〈日〉

親指と人差指を曲げて「日」の字を作る。

ひ【日】8

「完成まで日がかかる」

→〈成功〉+〈待つ〉
（+〈必要①〉）

例文の「日がかかる」は日数を必要とすることで〈待つ〉で表現。〈待つ〉は日がかかるので待つさまを表すが〈必要〉を後に加えてもよい。

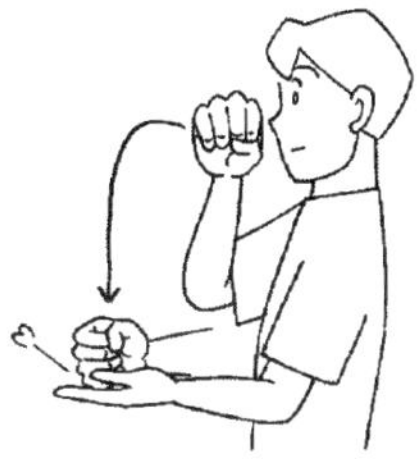

〈成功〉

右こぶしを鼻から左手のひらに打ちつける。

〈待つ〉

右手指の背側をあごに当てる。

ひ【非】1

「非をあばく」

→〈悪い①〉+〈批判〉

例文の「非」は悪いことの意味なので〈悪い①〉で表現。〈悪い①〉は「悪」「悪い」「不正」などの意味を表す。

〈悪い①〉

人差指で鼻をこするようにして振りおろす。

〈批判〉

左親指に向かって右人差指を繰り返し振りおろす。

ひ【非】2

「非の打ち所がない」

→〈手落ち〉+〈ない③〉

例文の「非の打ち所がない」は欠点が全くない意味なので〈手落ち〉+〈ない③〉で表現。〈ない③〉は手の中に何もないさまで全然ないの意味。

〈手落ち〉

重ねた両手から右手が前に落ちるようにする。

〈ない③〉

口元に当てた親指と人差指で作った丸を吹き出すようにして開く。

ひ【非】3

「非常識な行動」
→〈非常識〉+〈活動〉

「非常識」は常識がない、礼儀を知らないなどの意味で〈非常識〉で表現。〈非常識〉は〈常識〉がずれるさまを表す。

〈非常識〉
小指側で合わせた両こぶしを前後に引き離す。

〈活動〉
ひじを少し張り、ひじを軸に両こぶしを交互に繰り返し前に出す。

び【美】2

「有終の美(を飾る)」
→〈まで〉+〈良い〉
(+〈解決①〉)

「有終の美」は最後までやって得られるりっぱな成果の意味なので〈まで〉+〈良い〉で表現。〈まで〉は終点のさまで「終わり」の意味を表す。

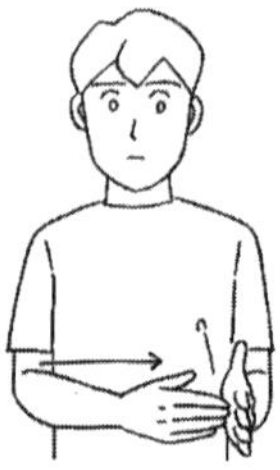

〈まで〉
左手のひらに右手指先を軽くつける。

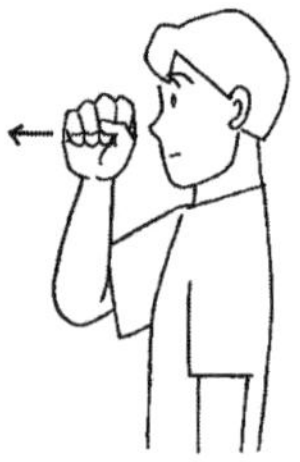

〈良い〉
右こぶしを鼻から前に出す。

ひ【非】4

「非(社会的)」
→〈非①〉
または〈非②〉
(+〈社会〉+〈合う①〉)

例文の「非」は「～ではない」という意味なので〈非①〉または〈非②〉で表現。いずれも「非」の字形を表す。

〈非①〉
両手人差指で縦に平行線を描き、さらに３指を左右に開く。

〈非②〉
３指の指先を前方に向けた両手を左右に開く。

ピアノ

「ピアノを習う」
→〈ピアノ〉+〈教わる②〉

「ピアノ」は楽器の一種で〈ピアノ〉で表現。〈ピアノ〉はピアノの鍵盤をたたくさまを表す。

〈ピアノ〉
全指を曲げてピアノを弾くように交互に上下させる。

〈教わる②〉
左手のひらに人差指を折り曲げた右手をのせるようにして上から同時に引き寄せる。

び【美】1

「日本の美」
→〈日本〉+〈美しい②〉

例文の「美」は美しさの意味なので〈美しい②〉で表現。〈美しい②〉は汚れがなく清潔なさまで「美しい」「きれい」などの意味を表す。

〈日本〉
両手の親指と人差指をつき合わせ、左右に開きながら閉じる。

〈美しい②〉
左手のひらをなでるように右手のひらを滑らせる。

ピーアール【PR】

「本をＰＲする」
→〈本〉+〈宣伝〉

「ＰＲ」は宣伝の意味なので〈宣伝〉で表現。〈宣伝〉は繰り返し発表するさまを表す。「ＰＲ」の字形をそのまま表す場合もある。

〈本〉
手のひらを合わせた両手を本を開くように左右に開く。

〈宣伝〉
親指と４指を閉じた両手を口の前から左右にぱっぱっと繰り返し開く。

ひ

ビーエスえいせいほうそう
【ＢＳ衛星放送】

「ＢＳ(衛星)放送」
→〈ＢＳ〉(＋〈衛星〉)＋〈放送〉

例文は〈BS〉＋〈衛星〉＋〈放送〉で表現。〈BS〉はアメリカの指文字〈B〉と〈S〉を表す。〈放送〉は左手がマイク、右手がしゃべるさまを表す。

〈ＢＳ〉
左側でアメリカ指文字〈B〉、右側でアメリカ指文字〈S〉を表す。

〈放送〉
左こぶしからすぼめた右手を前に向けて繰り返し開く。

ピーク

「混雑のピーク」
→〈満員〉＋〈最高〉

例文の「ピーク」は「頂点」の意味なので〈最高〉で表現。〈最高〉はこれ以上はないさまで「最高」「最上」「極」「極み」などの意味。

〈満員〉
両手の指背側を合わせて水平に回す。

〈最高〉
手のひらを下に向けた左手に右手の指先を下からつきあげる。

ヒーター

「ヒーターの設備」
→〈暖かい〉＋〈設備〉

例文の「ヒーター」は暖房装置の意味なので〈暖かい〉で表現。〈暖かい〉は体がぽかぽかするさまで「暖かい」「春」「ヒーター」を表す。

〈暖かい〉
両手で下からあおぐようにする。

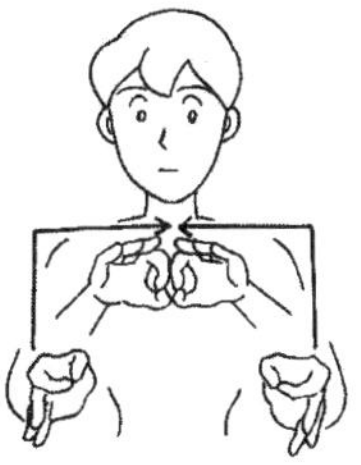

〈設備〉
両手の親指と人差指で作った丸を左右から上にあげて中央でつける。

ピーマン

「ピーマン」
→〈ピーマン①〉
または〈ピーマン②〉

「ピーマン」は〈ピーマン①〉または〈ピーマン②〉で表現。いずれもピーマンの形を表したもの。

〈ピーマン①〉
両こぶしを合わせる。

〈ピーマン②〉
全指を折り曲げた両手をつき合わせる。

ビール

「ビール」
→〈ビール①〉
または〈ビール②〉

「ビール」は〈ビール①〉または〈ビール②〉で表現。〈ビール①〉はビールびんをあけるさま、〈ビール②〉はジョッキで飲むさまを表す。

〈ビール①〉
左こぶし親指側に右手２指を当てて栓を抜くようにする。

〈ビール②〉
親指と小指を立てた右手で飲むようにする。

ひえる【冷える】1

「ご飯が冷える」
→〈食べる①〉＋〈寒い〉

例文の「冷える」はつめたくなる意味なので〈寒い〉で表現。〈寒い〉はふるえるさまで「寒い」「冷たい」「冷える」などの意味を表す。

〈食べる①〉
左手のひらの上を右手ですくって食べるようにする。

〈寒い〉
両こぶしを握り、左右にふるわせる。

ひえる【冷える】2

「体が冷える」

→〈体(からだ)〉+〈寒い〉

例文の「冷える」はつめたくなる意味なので〈寒い〉で表現。〈寒い〉はふるえるさまで「寒い」「冷たい」「冷える」などの意味を表す。

〈体(からだ)〉

右手を体の上で回す。

〈寒い〉

両こぶしを握り、左右にふるわせる。

ひえる【冷える】3

「(二人の)関係が冷えた」

→(〈二人①〉+)〈関係①〉+〈消える④〉

例文の「冷える」は愛情がさめる意味なので〈消える④〉で表現。〈消える④〉は燃える炎が消えていくさまを表す。

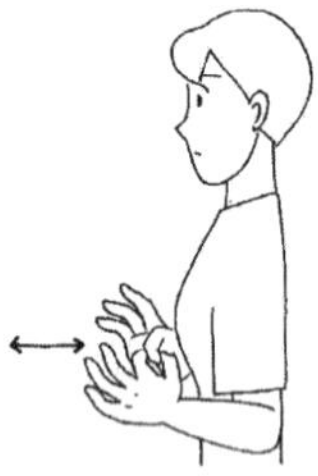

〈関係①〉

両手の親指と人差指を組み、前後に往復させる。

〈消える④〉

軽く開いた両手を下におろしながらすぼめる。

ひがい【被害】1

「被害(を受ける)」

→〈迷惑〉(+〈受ける〉)または〈被害〉

例文は〈迷惑〉+〈受ける〉か、または〈被害〉で表現。〈迷惑〉は眉間にしわを寄せるさまで、〈被害〉は〈迷惑〉を自分に打ちつけて表した。

〈迷惑〉

親指と人差指で眉間をつまむ。

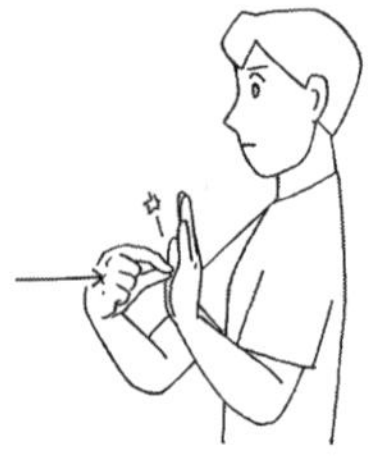

〈被害〉

手のひらを前方に向けた左手に親指と人差指でつまんだ右手を打ちつける。

ひがい【被害】2

「被害(者)」

→〈迷惑〉または〈被害〉(+〈人々①〉)

例文の「被害」は〈迷惑〉または〈被害〉で表現。〈迷惑〉は眉間にしわを寄せ困るさま、〈被害〉は〈迷惑〉を自分に打ちつけて表した。

〈迷惑〉

親指と人差指で眉間をつまむ。

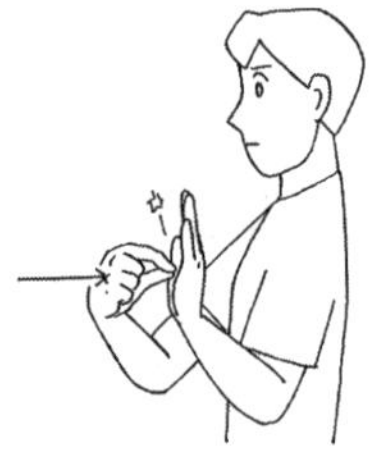

〈被害〉

手のひらを前方に向けた左手に親指と人差指をつまんだ右手を打ちつける。

ひがえり【日帰り】

「日帰り旅行」

→〈日帰り〉+〈汽車〉

「日帰り」は〈日帰り〉で表現。〈日帰り〉は〈一日〉と〈行く〉を組み合わせて、一日で行って帰って来るさまを表す。例文の「旅行」は〈汽車〉で表現。

〈日帰り〉

左胸の前に置いた右人差指を前方に出して、次に右胸につける。

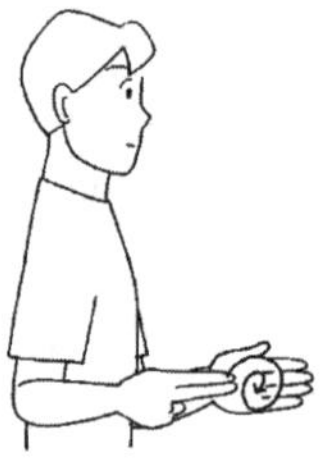

〈汽車〉

左手のひらの横で右手２指を前に回転させる。

ひかく【比較】

「成績を比較する」

→〈成績〉+〈比べる〉

「比較する」は比べることなので〈比べる〉で表現。〈比べる〉は両手にもって比べるさまで「比べる」「比較する」などの意味を表す。

〈成績〉

両手の人差指を並べて右人差指を上下させながら右へ動かす。

〈比べる〉

手のひらを上に向けた両手を並べ、交互に上下させる。

ひがし【東】

「東風」

→〈東〉+〈風②〉

例文の「東」は方角のことで〈東〉で表現。〈東〉は太陽が昇る方角を表す。

〈東〉

両手の親指と人差指を向かい合わせて同時にあげる。

〈風②〉

両手のひらで風を送るように左へ動かす。

ひがむ

「ひがみ(やすい)」

→〈ひがむ①〉
　または〈ひがむ②〉
　(+〈簡単〉)

例文の「ひがむ」は自分ばかりが損をしていると思うことで〈ひがむ①〉または〈ひがむ②〉で表現。

〈ひがむ①〉

右人差指を屈伸させながら頭から前に出す。

〈ひがむ②〉

両手の人差指を向かい合わせ、屈伸させながら前に出す。

ひかり【光】1

「太陽の光」

→〈太陽〉+〈光①〉

例文の「光」は光線のことで3種類の表現がある。ひとつめは〈光①〉で表現。〈光①〉は差し込む光のさまを表す。光のさす方向で手を開く方向が変わる。

〈太陽〉

両手の親指と人差指を向かい合わせて大きな丸を作り、上にあげる。

〈光①〉

すぼめた右手を右上から左下に向かって開く。

ひかり【光】2

「(太陽の)光」

→(〈太陽〉+)
　〈光②〉
　または〈光③〉

ふたつめは〈光②〉で表現。みっつめは〈光③〉で表現。光の差し込む方向によって手の位置や向きが変わる。

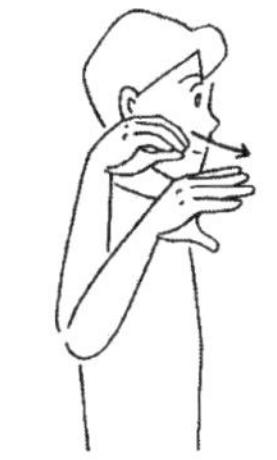

〈光②〉

肩口ですぼめた右手を斜め下に向かってライトの光線が広がるように開きながらおろす。

〈光③〉

すぼめた右手を顔に向けて開く。

ひかり【光】3

「ホタルの光」

→〈ホタル①〉
　または〈ホタル②〉

例文の「ホタル」は〈ホタル①〉または〈ホタル②〉で表現。手話は「ホタルの光」の意味も表す。

〈ホタル①〉

すぼめた右手を繰り返し開きながら目の前を左から右へ動かす。

〈ホタル②〉

左人差指を曲げてすぼめた右手を閉じたり開いたりしながら右へ動かす。

ひかり【光】4

「かなり以前に目の光を失う」

→〈過去①〉+〈盲(もう)〉

「目の光を失う」は失明する意味なので〈盲(もう)〉で表現。〈盲(もう)〉は目が見えなくなるさまを表す。

〈過去①〉

右手のひらを後ろに向けて勢いよく押してやる。

〈盲(もう)〉

右手2指を両目の前で下におろす。

ひかり【光】5

「希望の光を失う」

→〈希望〉+〈消える①〉

例文の「光」は希望の意味なので〈希望〉で表現。〈希望〉は前途に対する思いのさまで「希望」「望み」などの意味を表す。

〈希望〉
右手の指先を揺らしながら頭から前に出す。

〈消える①〉
手のひらを前に向けた両手を交差させながら握る。

ひかり【光】6

「親の七光」

→〈両親〉+〈恩〉

「七光」は親の利益・恩恵を受ける意味なので〈恩〉で表現。〈恩〉はおしいただくさまで「恩」「お陰」などの意味を表す。

〈両親〉
人差指をほおにふれ、親指と小指を出す。

〈恩〉
両手のひらを並べて差しあげ、手前にかぶせるようにする。

ひかる【光る】1

「星が光る」

→〈星①〉

例文の「光る」は星のことなので〈星①〉で表現。〈星①〉は上空に光るさまを表し、星の数を強調する場合はまたたくしぐさになる。

〈星①〉
頭の上ですぼめた右手を閉じたり開いたりする。

ひかる【光る】2

「高価なダイヤが光る」

→〈高い①〉+〈ダイヤ〉

「ダイヤが光る」は〈ダイヤ〉で表現。〈ダイヤ〉はダイヤの光るさまで「ダイヤ」「ダイヤが光る」の意味を表す。

〈高い①〉
親指と人差指で作った丸を上にあげる。

〈ダイヤ〉
左手甲に指をすぼめた右手甲を当て、ぱっぱっと開く。

ひかる【光る】3

「彼女は光った存在」

→〈彼女〉+〈代表〉

例文の「光る」はすぐれていて目立つ意味なので〈代表〉で表現。〈代表〉は人々のうちでとび抜けているさまで「抜群」「抜きん出る」の意味。

〈彼女〉
左小指を右人差指でさす。

〈代表〉
指先を斜め上に向けた左手のひらの下から人差指を立てた右手を斜め上にあげる。

ひかる【光る】4

「親の目が光る」

→〈両親〉+〈調べる①〉

例文の「目が光る」は監視する意味なので〈調べる①〉で表現。〈調べる①〉は注意深く目を配るさまを表す。

〈両親〉
人差指をほおにふれ、親指と小指を出す。

〈調べる①〉
右手の人差指と中指を軽く折り曲げて、目の前を左右に往復させる。

ひ

ひかれる【引かれる】

「手話に心引かれる」

→〈手話〉+〈魅力〉

例文の「引かれる」は心が引きつけられる意味なので〈魅力〉で表現。〈魅力〉は目が引きつけられるさまで「引かれる」「魅力を感じる」の意味。

〈手話〉

両手の人差指を向かい合わせて、糸を巻くように回転させる。

〈魅力〉

指先を手前に向けた右手を前に出しながら閉じる。

ひがん【彼岸】1

「春の彼岸」

→〈暖かい〉+〈拝む〉

「春の彼岸」は春分の日前後のことで墓参りなどするので〈暖かい〉+〈拝む〉で表現。〈暖かい〉は「春」、〈拝む〉は「仏」の意味を表す。

〈暖かい〉

両手で下からあおぐようにする。

〈拝む〉

両手のひらをすり合わせて拝むようにする。

ひ

ひかん【悲観】1

「(将来を)悲観する」

→(〈将来①〉+)〈あきらめる③〉または〈悲観〉

例文の「悲観」は〈あきらめる③〉または〈悲観〉で表現。〈あきらめる③〉は気持ちがしぼみがっかりするさま、〈悲観〉は目の前が暗くなるさま。

〈あきらめる③〉

軽く開いた両手をすぼめながら下におろし、頭をがくりと落とす。

〈悲観〉

立てた両手を目の前に握りながら前後につけ合わせ並べる。

ひがん【彼岸】2

「秋の彼岸」

→〈涼しい〉+〈拝む〉

「秋の彼岸」は秋分の日前後のことで墓参りなどするので〈涼しい〉+〈拝む〉で表現。〈涼しい〉は「秋」、〈拝む〉は「仏」の意味を表す。

〈涼しい〉

両手で耳元をあおぐ。

〈拝む〉

両手のひらをすり合わせて拝むようにする。

ひかん【悲観】2

「悲観的(な見方)」

→〈悲観〉+〈合う①〉(+〈見る①〉+〈方法〉)

「悲観的」は〈悲観〉+〈合う①〉で表現。

〈悲観〉

立てた両手を目の前に握りながら前後につけ合わせ並べる。

〈合う①〉

左人差指の指先に右人差指の指先を当てる。

ひきあげる【引き上げる】1

「賃金を引きあげる」

→〈給料〉+〈あがる⑤〉

例文の「引きあげる」は値段を高くする意味なので〈あがる⑤〉で表現。〈あがる⑤〉は給料が高くなるさまを表す。

〈給料〉

左手のひらに右手親指と人差指で作った丸を添えて手前に引き寄せる。

〈あがる⑤〉

左手のひらの上に右手の親指と人差指で作った丸を置き、小さく弧を描いてあげる。

ひきあげる
【引き上げる】2

「（外国から日本に）引きあげる」

→（〈外国〉＋〈日本〉＋）〈再び〉（＋〈引っ越す②〉）

例文の「引きあげる」はそこを去ってもとの土地へもどる意味なので〈再び〉＋〈引っ越す②〉で表現。

〈再び〉

右手２指をあごの下にあて、

その２指を手首を返してくるりと反対に向ける。

ひきうける
【引き受ける】

「注文を引き受ける」

→〈申し込まれる〉＋〈責任①〉

「引き受ける」は責任をもって承知する意味なので〈責任①〉で表現。〈責任①〉は任務を肩に負うさまを表す。

〈申し込まれる〉

左手のひらの上に右人差指をのせて手前に引き寄せる。

〈責任①〉

右肩に軽く全指を折り曲げた右手をのせる。

ひきいる【率いる】1

「選手を率いて（入場行進）」

→〈選手〉＋〈案内〉（＋〈入る①〉＋〈行進〉）

例文の「率いる」は先に立って連れていく意味なので〈案内〉で表現。〈案内〉は手を引き導くさまで「率いる」「引率」「案内」などの意味。

〈選手〉

左こぶしの甲に親指を立てた右手を軽くかすめるように当て、上にあげる。

〈案内〉

左手指を右手でつかみ、手を引くようにして右へ動かす。

ひきおこす
【引き起こす】

「騒ぎを引き起こす」

→〈混乱〉＋〈マッチ〉

例文の「引き起こす」は騒ぎを発生させる意味なので〈マッチ〉で表現。〈マッチ〉は火をつけるさまを表す。

〈混乱〉

全指を曲げた両手のひらを上下に向かい合わせて、かき混ぜるようにする。

〈マッチ〉

左手でマッチの箱を持ち、右手にマッチ棒を持って擦るようにする。

ひきいる【率いる】2

「軍を率いる」

→〈軍〉＋〈まとめる〉

例文の「率いる」は多くの人を指図する意味なので〈まとめる〉で表現。〈まとめる〉は多くのものを一つにまとめるさまを表す。

〈軍〉

握ったこぶしを上下にして右脇に当てる。

〈まとめる〉

両手のひらを向かい合わせて左右から中央にあげながら握る。

ひきかえ【引換】

「引換券」

→〈交換①〉＋〈券①〉

例文の「引換券」は物と交換するための切符のことで〈交換①〉＋〈券①〉で表現。〈交換①〉は相手と交換するさまで「交換」「引換」の意味。

〈交換①〉

手のひらを上に向けた両手を前後に置き、同時に前後を入れ換える。

〈券①〉

両手の親指と人差指を向かい合わせて四角を示す。

ひきかえる
【引き替える】

「東京にひきかえ（京都は緑が多い）」

→〈東京〉+〈比べる〉
（+〈京都〉+〈緑〉+〈たくさん⑤〉）

例文の「～にひきかえ」は～とは反対にの意味で〈比べる〉で表現。〈比べる〉は比べるさまでここでは「比べてみると」の意味を表す。

〈東京〉
両手の親指と人差指を立て、上に向けて２回あげる。

〈比べる〉
両手のひらを上に向けて並べ交互に上下させる。

ひきざん【引き算】

「引き算」

→〈マイナス〉+〈計算〉

「引き算」はある数からある数を引く計算のことなので〈マイナス〉+〈計算〉で表現。〈マイナス〉は「マイナス」で引く意味。

〈マイナス〉
右人差指の先を左に向けて右へ引く。

〈計算〉
左手の指先の方向に右手４指を滑らせるように右へ動かす。

ひきこもる
【引きこもる】1

「家に引きこもる」

→〈家〉+〈引きこもる〉

例文の「引きこもる」は閉じこもることなので〈引きこもる〉で表現。〈引きこもる〉は内に退いてこもるさまを表す。

〈家〉
両手で屋根形を作る。

〈引きこもる〉
左手の指先を斜め上に向け右人差指を斜め上から左手のひらの上に引き入れる。

ひきしめる
【引き締める】1

「心を引き締める」

→〈心〉+〈引き締める〉

例文の「引き締める」は心のゆるみをなくす意味なので〈引き締める〉で表現。〈引き締める〉は気を引き締めるさまで「緊張する」などの意味。

〈心〉
右人差指でみぞおち辺りをさす。

〈引き締める〉
指先を上に向けた両手を重ねながら指先を閉じる。

ひきこもる
【引きこもる】2

「［引退して］田舎に引きこもる」

→〈村〉+〈生活〉

例文の「こもる」は公の場から身を引いて暮らすことなので〈生活〉で表現。

〈村〉
全指を折り曲げた左手のひらに右人差指をつけて、繰り返し手前に引く。

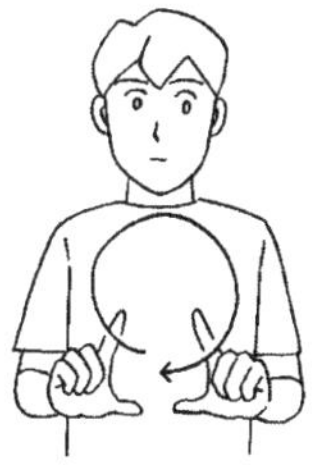

〈生活〉
両手の親指と人差指を向かい合わせて回す。

ひきしめる
【引き締める】2

「金融を引き締める」

→〈金融〉+〈縮む①〉

例文の「引き締める」は規模を小さくすることなので〈縮む①〉で表現。〈縮む①〉はものごとを縮める、小さくするさまを表す。

〈金融〉
親指と人差指で作った丸を両手で示し、右手を水平に回す。

〈縮む①〉
両手の親指と人差指を向かい合わせ揺らしながら間をせばめていく。

ひきつける
【引きつける】

「人の目を引きつけるのがうまい」

→〈注目される〉+〈得意〉

例文の「引きつける」は相手の心をとらえる意味なので〈注目される〉で表現。〈注目される〉は両手の指で視線が注がれるさまを表す。

〈注目される〉

指先を一斉に顔のほうに向ける。

〈得意〉

親指と小指を立てた右手の親指を鼻に当て、斜め上に出す。

ひきのばす
【引き延ばす】

「時間を引き延ばす」

→〈時①〉+〈のばす〉

例文の「引き延ばす」は時間を長びかせる意味なので〈のばす〉で表現。〈のばす〉はのばすさまで「延ばす」「延びる」「引き延ばす」など。

〈時①〉

左手のひらに右親指を当て、右人差指を時計の針のように回す。

〈のばす〉

親指と人差指を閉じた両手を向かい合わせ、右手を右へ離す。

ひきのばす
【引き伸ばす】

「写真を引き伸ばす」

→〈写真〉+〈大きい①〉

例文の「引き伸ばす」は大きくする意味なので〈大きい①〉で表現。〈大きい①〉は大きくするさまで「大きくする」「大きい」の意味。

〈写真〉

左手の親指と 4 指で作った丸の前に右手のひらをおろす。

〈大きい①〉

両手の親指と人差指を向かい合わせて左右に広げる。

ひきはなす
【引き離す】1

「十メートル引き離す」

→〈10メートル〉+〈離れる③〉

例文の「引き離す」は間の距離をあける意味なので〈離れる③〉で表現。〈離れる③〉は人に見立てた人差指が離れるさまを表す。

〈10メートル〉

左手で〈10②〉を示し、右手のつまんだ親指と人差指を右の口端から前に出す。

〈離れる③〉

人差指を立てた両手を前後に離す。

ひきはなす
【引き離す】2

「二人の仲を引き離す」

→〈二人①〉+〈裂く〉

例文の「引き離す」はむりやりに離す意味なので〈裂く〉で表現。〈裂く〉は一つのもの、くっついたものを二つに分けるさまを表す。

〈二人①〉

右手 2 指を立てて軽く左右に振る。

〈裂く〉

軽く曲げた両手を下に向け、左右に引き裂くようにする。

ひく【引く】1

「網を引く」

→〈網①〉+〈引っ張る〉

例文の「引く」は網を手で自分の方へ引き寄せる意味なので〈引っ張る〉で表現。〈引っ張る〉は網を手で自分の方へ引き寄せるさまを表す。

〈網①〉

軽く指先を開いた両手を重ね、網の目を描くように左右に引く。

〈引っ張る〉

両こぶしを握り、網を引くようにする。

ひく【引く】2

「風邪を引いて寝こむ」

→〈風邪〉+〈寝る〉

「風邪を引く」は〈風邪〉で表現。〈風邪〉は風邪を引いてせきをするさまで「風邪を引く」「風邪」の意味がある。

〈風邪〉
右こぶしを口元に当ててせきをするように軽く前に出す。

〈寝る〉
右こぶしを頭に当て、傾ける。

ひく【引く】3

「みんなの注意を引く」

→〈みんな〉+〈注目される〉

「注意を引く」は相手をひきつける意味なので〈注目される〉で表現。〈注目される〉は視線を表す両手の指が自分に注がれるさまを表す。

〈みんな〉
右手のひらを下に向けて水平に回す。

〈注目される〉
指先を一斉に顔のほうに向ける。

ひく【引く】4

「父の血を引いてそっくりだ」

→〈父〉+〈そっくり〉

「血を引く」は親の血すじを受けつぐ意味で、例文の場合〈そっくり〉に含まれる。〈そっくり〉は引き写すさまでよく似ている意味を表す。

〈父〉
右人差指でほおにふれ、親指を出す。

〈そっくり〉
親指と 4 指の指先を前に向けた両手を右上から左下に動かす。

ひく【引く】5

「辞典を引く」

→〈辞典〉+〈調べる③〉

例文の「引く」は調べる意味なので〈調べる③〉で表現。〈調べる③〉は左手の本を見て調べるさまを表す。

〈辞典〉
左手のひらの上に右手の 2 指をのせ、ページをめくるようにする。

〈調べる③〉
左手のひらを目の前に向けて、右手 2 指を曲げて目の前を左右に往復する。

ひく【引く】6

「例を引く」

→〈例〉+〈引用②〉

例文の「引く」は引用する意味なので〈引用②〉で表現。〈引用②〉は本などから引用して載せるさまを表す新しい手話。

〈例〉
左手甲に右手の親指と人差指で作った丸をつける。

〈引用②〉
左手のひらの上に右手の親指と人差指で前からつまんで持ってくる。

ひく【引く】7

「くじを引いて決める」

→〈抽選〉+〈決める②〉

例文の「くじを引く」は〈抽選〉で表現。〈抽選〉はくじを引くさまを表す。

〈抽選〉
左手の親指と 4 指で丸を作り、その中から右手の親指と人差指でつまみあげるようにする。

〈決める②〉
左手のひらに右こぶしを打ちつける。

ひ

ひく【引く】8

「(すべての)職から身を引く」

→(〈すべて〉+)〈仕事〉+〈辞(や)める〉

「身を引く」はある役・立場から退く意味なので〈辞める〉で表現。〈辞める〉は退くさまを表す。

〈仕事〉
手のひらを上に向け、向かい合わせた両手指先を繰り返しつき合わせる。

〈辞(や)める〉
左手のひらの上にすぼめた右手をのせて手前に引く。

ひく【引く】9

「(十)引く二」

→(〈10②〉+)〈マイナス〉+〈2①〉

例文の「引く」は引き算をする意味なので〈マイナス〉で表現。〈マイナス〉は「マイナス」で引く意味を表す。

〈マイナス〉
右人差指の先を左に向けて右へ引く。

〈2①〉
人差指と中指を立てて示す。

ひく【引く】10

「千円引く」

→〈千円〉+〈差し引く〉

例文の「引く」は安くする、割引きする意味なので〈差し引く〉で表現。〈差し引く〉は元のものを削るさまで「割り引く」「差し引く」の意味。

〈千円〉
右手の小指を除いた4指で丸を作り、次に親指と人差指を開いて右に引く。

〈差し引く〉
左手のひらから右手で手前に削り落とすようにする。

ひく【引く】11

「本に線を引く」

→〈本〉+〈線を引く②〉

例文の「線を引く」は〈線を引く②〉で表現。〈線を引く②〉は鉛筆などで線を引くさまを表す。

〈本〉
手のひらを合わせた両手を本を開くように左右に開く。

〈線を引く②〉
左手のひらの上に右手の親指と人差指で線を引くようにする。

ひく【引く】12

「潮が引く」

→〈岸①〉+〈波がひく〉

例文の「引く」は引き潮になる意味なので〈波がひく〉で表現。〈波がひく〉は岸から波がさっと引くさまを表す。

〈岸①〉
左手甲に右手のひらをかするように当てる。

〈波がひく〉
左手甲の上を右手のひらで引くようにする。

ひく【引く】13

「水が引く」

→〈流れる②〉+〈減る②〉

例文の「引く」は水かさが減ってなくなっていく意味なので〈減る②〉で表現。〈減る②〉は水量が減少するさまを表す。

〈流れる②〉
右手の甲を下にして波のようにゆらゆら上下に揺すりながら右へやる。

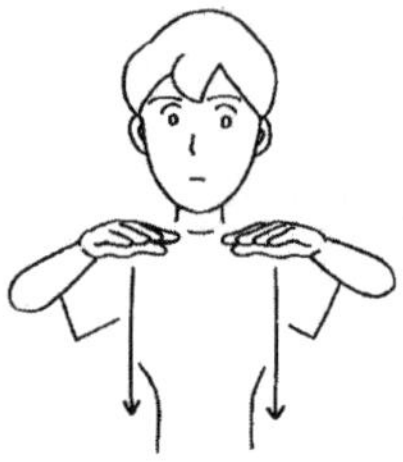

〈減る②〉
両手のひらを下に向けてさげる。

ひく【引く】14

「熱が引く」

→〈体温〉+〈さがる④〉

例文の「引く」は熱がさがる意味なので〈さがる④〉で表現。〈さがる④〉は体温計の水銀柱がさがるさまを表す。

〈体温〉

右人差指を左脇にはさむ。

〈さがる④〉

人差指を立てた右手を下におろす。

ひくい【低い】3

「鼻が低い」

→〈鼻〉+〈苦手〉

例文の「低い」は鼻の高さについてなので〈苦手〉で表現。〈苦手〉は鼻がつぶれるさまで「鼻の低い」「苦手」「謙虚」の意味を表す。

〈鼻〉

右人差指で鼻をさす。

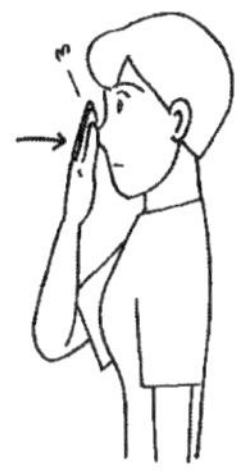

〈苦手〉

右手のひらを鼻の頭をつぶすように当てる。

ひくい【低い】1

「弟は背が低い」

→〈弟①〉+〈低い①〉

例文の「低い」は背丈の高さについてなので〈低い①〉で表現。〈低い①〉は背丈の低いさまを表す。

〈弟①〉

右中指を立て、甲を前方に向け下にさげる。

〈低い①〉

指文字〈コ〉を示した両手を向かい合わせ下にさげる。

ひくい【低い】4

「(社会的)立場が低い」

→(〈社会〉+〈合う①〉+)〈立つ〉+〈低い③〉

例文の「低い」は地位の高さについてなので〈低い③〉で表現。〈低い③〉は地位、知識、能力などの低いさまを表す。

〈立つ〉

左手のひらの上に右手２指を立てる。

〈低い③〉

指文字〈コ〉を示した右手を下にさげる。

ひくい【低い】2

「かかとが低い」

→〈靴①〉+〈低い②〉

例文の「低い」は靴のかかとの高さについてなので〈低い②〉で表現。〈低い②〉は靴のかかとが低いさまを表す。

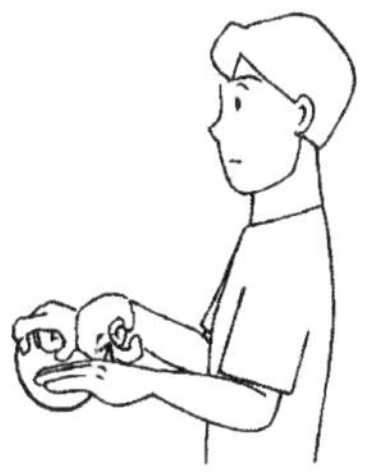

〈靴①〉

左手のひらを下に向けた手首のあたりで右手の親指と人差指でつまむようにあげる。

〈低い②〉

左手のひらの下に右手の親指と人差指を置き、その間をせばめるようにする。

ひくい【低い】5

「血圧が低い」

→〈血圧〉+〈血圧が低い〉

例文の「(血圧が)低い」は〈血圧が低い〉で表現。〈血圧〉の左手を残したまま右手で〈低い③〉を表す。

〈血圧〉

左腕の上で、右手を上下させる。

〈血圧が低い〉

左腕の上で指文字〈コ〉を示した右手をさげる。

ひくい【低い】6

「能力が低い」

→〈力〉+〈低い④〉

例文の「低い」は能力が劣る意味で〈低い④〉で表現。〈低い④〉は〈力〉の左手を残したまま右手で〈低い③〉を表す。

〈力〉

こぶしを握った左腕を曲げ、上腕に右人差指で力こぶを描く。

〈低い④〉

〈力〉の左手を残して、指文字〈コ〉を示した右手を下にさげる。

ひくい【低い】7

「(この映画の)評価は低い」

→(〈これ〉+〈映画〉+)〈評判〉+〈悪い①〉

例文の「低い」は悪い意味なので〈悪い①〉で表現。〈悪い①〉は「悪い」「不正」などの意味を表す。

〈評判〉

両手指先をふれ合わせるようにして耳に近づける。

〈悪い①〉

人差指で鼻をこするようにして振りおろす。

ピクニック

「ピクニックに行く」

→〈ハイキング〉+〈行(い)く①〉

「ピクニック」は野山に出かけ弁当などを食べること。〈ハイキング〉は野山を歩くことで少し違うが手話では区別がない。

〈ハイキング〉

指先を下に向けた両手人差指を交互に前に出す。

〈行(い)く①〉

右手人差指を下に向けて、振りあげるように前をさす。

ひげ【髭・鬚・髯】1

「ひげが濃い」

→〈ひげ①〉+〈目立つ①〉

例文の「ひげ」は人の顔に生える毛で毛の生える場所によってさまざまな表現がある。〈ひげ①〉はほおからあごにかけて生える一般的なひげのさま。

〈ひげ①〉

指先を曲げた右手であごをなでるようにする。

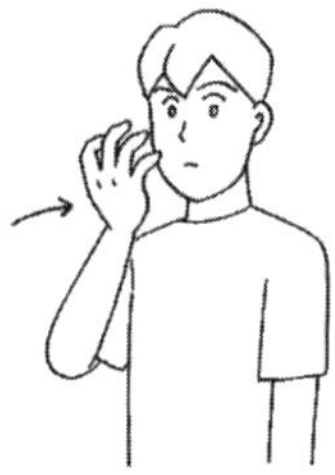

〈目立つ①〉

目の前に全指を軽く曲げた右手をぱっと引き寄せる。

ひげ【髭・鬚・髯】2

「ひげを生やしている」

→〈ひげ②〉
または〈ひげ③〉

例文の「ひげ」は人の顔に生えるもので4種類の表現がある。ひとつめ〈ひげ②〉は口ひげ、ふたつめ〈ひげ③〉はあごひげを表す。

〈ひげ②〉

右手の指先を軽く曲げて鼻の下に当てておろす。

〈ひげ③〉

右手の親指と4指であごをつまむようにする。

ひげ【髭・鬚・髯】3

「ひげを生やしている」

→〈ひげ④〉
または〈明治〉

みっつめ〈ひげ④〉は八の字のくちひげを、よっつめ〈明治〉はあごひげのさまで「あごひげ」「明治」を表す。

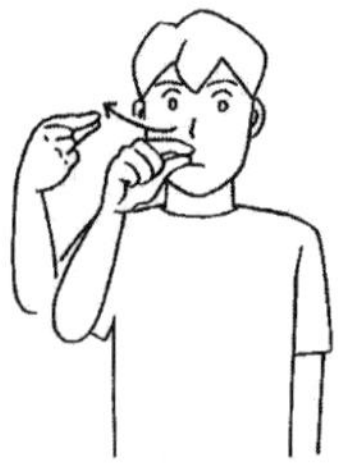

〈ひげ④〉

鼻の下から右手の親指と人差指をつまんで右上へあげるようにする。

〈明治〉

あごに当てた右手の親指と4指を下にさげながら握る。

ひげ【髭・鬚・髯】4

例文の「ひげ」は猫のひげのことで〈ひげ⑤〉で表現。〈ひげ⑤〉は猫のひげのさまを表す。

「猫のひげ」

→〈猫〉+〈ひげ⑤〉

〈猫〉

右こぶしの親指側でほおを丸くなでるようにする。

〈ひげ⑤〉

両手３指をほおから左右に開く。

ひけつ【否決】

「否決」は議案を認めないことに決める意味なので〈却下〉または〈認めない②〉で表現。〈却下〉は落とされるさまを表す。

「(提案を)否決する」

→(〈申し込まれる〉+)
〈却下〉
または〈認めない②〉

〈却下〉

手のひらを手前へ向け指先を上にあげようとする左手を右手のひらで押さえて落とす。

〈認めない②〉

向かい合わせた両こぶしをひじを立てながら左右に開く。

ひげき【悲劇】1

例文の「悲劇」は悲しいできごとをテーマとした劇なので〈悲しい①〉+〈芝居〉で表現。

「悲劇(を書く)」

→〈悲しい①〉+〈芝居〉
(+〈書く①〉)

〈悲しい①〉

親指と人差指を閉じた右手を目元から揺らしながらおろす。

〈芝居〉

互い違いに向けた両こぶしを手首を返しながら前後させる。

ひけつ【秘訣】

「秘訣」はうまくやるためのもっとも良い方法の意味なので〈良い〉+〈方法〉で表現。〈方法〉は手を示すさまで「手(て)」「方法」の意味。

「(成功の)秘訣」

→(〈成功〉+)
〈良い〉+〈方法〉

〈良い〉

右こぶしを鼻から前に出す。

〈方法〉

左手甲を右手のひらで軽くたたく。

ひげき【悲劇】2

例文の「悲劇」は人生における悲しいできごとの意味なので〈悲しい①〉で表現。〈悲しい①〉は涙を流して悲しむさまで「悲しい」の意味。

「(戦争の)悲劇を語る」

→(〈戦争〉+)
〈悲しい①〉+〈説明〉

〈悲しい①〉

親指と人差指を閉じた右手を目元から揺らしながらおろす。

〈説明〉

左手のひらを右手で小刻みにたたく。

ひこう【非行】

「非行」は社会的なきまりからそれるような行為で〈それる〉で表現。〈それる〉は行くべき道からそれるさまを表す。

「非行が増える」

→〈それる〉+〈増える②〉

〈それる〉

指先を前に向けて両手を上下に重ね、右手を前に進めながら左へそらす。

〈増える②〉

向かい合わせた両手の親指と人差指を揺らしながら左右に開く。

びこう【尾行】

「男を尾行する」

→〈彼〉+〈追う①〉

「尾行」はあとをつける意味なので〈追う①〉で表現。人に見立てた親指を親指が追うさまで「尾行(する)」「後をつける」などの意味を表す。

〈彼〉

左親指を右人差指でさす。

〈追う①〉

左親指を右親指で追うようにする。

ひこうき【飛行機】

「飛行機が飛ぶ」

→〈飛行機①〉
または〈飛行機②〉

「飛行機」は〈飛行機①〉または〈飛行機②〉で表現。手話はジェット機が飛ぶさまを表す。

〈飛行機①〉

親指と小指を出した右手を飛び出すように斜め上にあげる。

〈飛行機②〉

親指と人差指と小指を出した右手を飛び出すように斜め上にあげる。

ひこうしき【非公式】

「非公式」

→〈非①〉(または〈非②〉)+〈正式〉

「非公式」は公式、正式でないことで〈非①〉または〈非②〉+〈正式〉で表現。いずれも漢字「非」の字形を表した表現。〈正式〉はかみしもを表す。

〈非①〉

両手人差指で縦に平行線を描き、さらに3指を左右に開く。

〈正式〉

つまんだ両手の親指と人差指で左右のえりを描くように下におろす。

ひこく【被告】

「被告人」

→〈被告〉

「被告」は裁判所に訴えられる立場の人で〈被告〉で表す。手話は裁判所から呼び出される人の意味を表す新しい手話。

〈被告〉

顔に向けて手招きをし、次に親指を立てる。

ひごろ【日頃】

「日頃の行い(が良い)」

→〈いつも〉+〈活動〉
(+〈良い〉)

「日頃」はふだんの意味なので〈いつも〉で表現。〈いつも〉は日が昇り、沈む毎日のさまで「いつも」「毎日」などの意味を表す。

〈いつも〉

親指と人差指を立てた両手を向かい合わせて手首を回す。

〈活動〉

ひじを少し張り、ひじを軸に両こぶしを交互に繰り返し前に出す。

ひざ【膝】

「ひざを曲げる」

→〈座る②〉

例文は〈座る②〉で表現。〈座る②〉は正座するさまを表す。

〈座る②〉

左手のひらに折り曲げた右手2指をのせる。

ひさしぶり【久し振り】

「久し振り(に会う)」

→〈離れる①〉または〈長い①〉（＋〈会う①〉）

「久し振り」は長い日数がたった意味なので〈離れる①〉または〈長い①〉で表現。

〈離れる①〉

両手の指背側を合わせ、左右に開く。

〈長い①〉

閉じた両手の親指と人差指を左右に引き離す。

ひさん【悲惨】

「悲惨な事故」

→〈感情〉＋〈事故①〉

「悲惨」は〈感情〉で表現。〈感情〉は心が動かされるさまで、〈事故①〉と組み合わさって「ひどい事故」「悲惨な事故」の意味を表す。

〈感情〉

すぼめた右手をひねりながら顔の横で上にあげる。

〈事故①〉

両手の指先を左右から近づけて軽く当て上にはねあげるようにする。

ひじ【肘】1

「ひじが痛い」

→〈ひじ①〉＋〈痛い①〉

例文の「ひじ」は〈ひじ①〉で表現。〈ひじ①〉はひじをたたいて表す。

〈ひじ①〉

左ひじを右手でたたく。

〈痛い①〉

全指を折り曲げた右手を痛そうに振る。

ひじ【肘】2

「［席の］ひじ」

→〈ソファー〉

例文の「ひじ」はひじを置くところなので〈ソファー〉で表現。〈ソファー〉は椅子のひじを表す。

〈ソファー〉

指文字〈C②〉を下に向けた両手を同時に体をそらしながら後ろへ引く。

ひじてつ【肘鉄】

「彼女から肘鉄を食う」

→〈女〉＋〈追い払われる〉

例文の「肘鉄を食う」は〈追い払われる〉で表現。〈追い払われる〉は除け者にされるさまを表す。「彼女に振られる」も同手話。

〈女〉

右小指を立てる。

〈追い払われる〉

左手のひらの上で右手を手前にはき出すようにする。

ビジネス

「(新しい)ビジネス」

→(〈新しい〉＋)〈仕事〉または〈商売〉

例文の「ビジネス」は仕事または商売の意味なので〈仕事〉または〈商売〉で表現。〈商売〉は売り買いのさまで「商売」を表す。

〈仕事〉

手のひらを上に向け、向かい合わせた両手指先を繰り返しつき合わせる。

〈商売〉

両手の親指と人差指で作った丸を交互に前後に動かす。

びじゅつ【美術】

「美術館」

→〈美術〉+〈ビル①〉

「美術」は〈美術〉で表現。〈美術〉は美術大学の校章の「美」のはじめの二画を表す。

〈美術〉

右手２指で額中央に縦の２本線を引くようにする。

〈ビル①〉

両手のひらを向かい合わせて上にあげ、閉じる。

ひじゅん【批准】

「条約を批准する」

→〈条約〉+〈批准〉

「批准」は〈批准〉で表現。〈批准〉は左手が国、右手が承認を表す手話を組み合わせた新しい手話。

〈条約〉

左手指先を右に向け手のひらを手前に向けた左小指に右小指をからませる。

〈批准〉

左手を湾曲にして寝かせ、その横にこぶしを握った右手をおろす。

ひしょ【秘書】

「秘書の資格」

→〈秘書〉+〈肩書き①〉

例文の「秘書」は地位のある人についてその助けをする人のことで〈秘書〉で表現。〈秘書〉は人について回るさまを表す。

〈秘書〉

親指を立てた両手を前後につけて回す。

〈肩書き①〉

右手の親指と人差指を右肩に当て、下におろす。

ひじょう【非常】１

「非常口（から逃げる）」

→〈非①〉（または〈非②〉）+〈口〉（+〈逃げる〉）

「非常口」は火災や地震の際の逃げ口のことで〈非①〉または〈非②〉+〈口〉で表現。〈非〉は漢字「非」の字形を表し、「非常」の意味を表す。

〈非①〉

両手人差指で縦に平行線を描き、さらに３指を左右に開く。

〈口〉

右人差指の先を口元で回す。

ひじょう【非常】２

「非常にうれしい」

→〈とても〉+〈うれしい〉

「非常に」はとてもの意味なので〈とても〉で表現。〈とても〉は非常に大きいさまで「非常に」「とても」「大変」などの意味を表す。

〈とても〉

親指と人差指を閉じた右手を左から弧を描きながら親指を立てる。

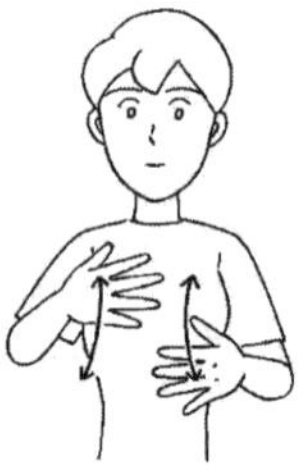

〈うれしい〉

両手のひらを胸の前で、交互に上下させる。

ひじょう【非情】

「非情な（人間）」

→〈心〉+〈寒い〉（+〈人〉）

「非情」は心が冷たいさまなので〈心〉+〈寒い〉で表現。〈寒い〉は「冷たい」の意味。「非情」「冷酷」「薄情」などの意味を表す。

〈心〉

右人差指でみぞおち辺りをさす。

〈寒い〉

両こぶしを握り、左右にふるわせる。

ひじょうきん
【非常勤】

「非常勤(講師)」

→〈非①〉(または〈非②〉)+〈通う〉(+〈講演〉+〈男〉)

「非常勤」は「常勤」に対する言葉で〈非①〉または〈非②〉+〈通う〉で表現。〈非〉は漢字「非」の字形を表す。

〈非①〉

両手人差指で縦に平行線を描き、さらに3指を左右に開く。

〈通う〉

親指を立てた右手を前後に往復させる。

ヒステリー

「よくヒステリーを起こす」

→〈ヒステリー〉+〈たくさん②〉

「ヒステリー」は感情の度が過ぎる精神的な状態のことで〈ヒステリー〉で表現。〈ヒステリー〉は青筋を立てて気持ちを高ぶらせるさまを表す。

〈ヒステリー〉

親指と人差指でつまんだ両手を顔の横から上にあげる。

〈たくさん②〉

親指から順番に折り曲げながら左から右へ動かす。

ビジョン

「ビジョン(を持つ)」

→〈夢①〉
または〈ビジョン〉
(+〈持つ〉)

「ビジョン」は将来に対する展望・計画の意味なので〈夢①〉または〈ビジョン〉で表現。〈ビジョン〉はVの字を利用した新しい手話。

〈夢①〉

指先を曲げた右手のひらを上に向けて頭から小さく上下させながら上にあげる。

〈ビジョン〉

両手の指文字〈V〉を目元から左右に開くように前に出す。

ピストル

「ピストル強盗」

→左〈ピストル〉+〈ピストル強盗〉

「ピストル」は銃身の短い短銃のことで〈ピストル〉で表現。〈ピストル〉はピストルを構えるさまを表す。

左〈ピストル〉

親指と人差指を立てた左手を示す。

〈ピストル強盗〉

〈ピストル〉の左手を残し、右人差指をかぎ状にして手前にすばやく2回引く。

びじん【美人】

「(秋田)美人」

→(〈フキ①〉+〈美しい①〉または)
〈美しい②〉+〈女〉

「美人」は美しい女性のことで〈美しい①〉または〈美しい②〉+〈女〉で表現。手話は「美人」「きれいな女性」「麗人」などの意味を持つ。

〈美しい②〉

左手のひらをなでるように右手のひらを滑らせる。

〈女〉

右小指を立てる。

ひたすら

「ひたすら仕事に励む」

→〈仕事〉+〈一生懸命〉

「ひたすら」はそのことだけにうちこむ意味なので〈一生懸命〉で表現。〈一生懸命〉はそのことに集中するさまを表す。

〈仕事〉

手のひらを上に向け、向かい合わせた両手指先を繰り返しつき合わせる。

〈一生懸命〉

両手を顔の横から繰り返し強く前に出す。

ビタミン

「ビタミン(C)」

→〈V〉+〈栄養〉
(+〈C②〉)

「ビタミン」は栄養素の一つでビタミン Vitamin の頭文字〈V〉+〈栄養〉で表現。〈栄養〉は体内に取り入れるさまで「栄養」の意味を表す。

〈V〉
右手２指で「V」の字を示す。

〈栄養〉
手のひらを上に向けた右手指先を体に当てる。

ひだり【左】1

「左に行く」

→〈左①〉+〈行(い)く①〉

例文の「左」は左方向の意味なので〈左①〉で表現。〈左①〉は「左方」「左側」「左翼」などの意味を表す。

〈左①〉
こぶしを握った左手でひじをあげて左を示す。

〈行(い)く①〉
右手人差指を下に向けて、振りあげるように前をさす。

ひだり【左】2

「車は左(人は右)」

→〈運転〉+〈左②〉
(+〈歩く①〉+〈右②〉)

例文の「左」は道の左側の意味なので〈左②〉で表現。〈左②〉は左側を示すさま。

〈運転〉
ハンドルを両手で握り、回すようにする。

〈左②〉
左ひじをややあげて左手のひらで左を押す。

ひだり【左】3

「左寄りの考え」

→〈思う〉+〈左③〉

例文の「左」は思想、政治上の左翼の意味なので〈左③〉で表現。〈左③〉は「左側」「左翼」などの意味を表す。

〈思う〉
右人差指を側頭部に当てる。

〈左③〉
左腕を右手のひらで軽くたたく。

ひだりまえ【左前】

「商売が左前になる」

→〈商売〉+〈傾く〉

例文の「左前」は経済状態・家計が苦しくなる意味なので〈傾く〉で表現。〈傾く〉は家が傾くさまで建物と経済状態の傾くさまを表す。

〈商売〉
両手の親指と人差指で作った丸を交互に前後させる。

〈傾く〉
両手で屋根形を作り、右前に崩れるように倒す。

ひっかかる
【引っ掛かる】1

「魚が針にひっかかる」

→〈釣りあげる〉

例文は魚が釣り針にひっかかることなので〈釣りあげる〉で表現。〈釣りあげる〉は釣り針にかかった魚を引きあげるさまを表す。

〈釣りあげる〉
左手指先を右に向けて揺らしながら進め、右人差指をかぎ状にする。

左手を引きあげるようにする。

ひっかかる
【引っ掛かる】2

「話にひっかかる」

→〈説明される〉+〈だまされる〉

例文の「ひっかかる」はだまされる意味なので〈だまされる〉で表現。〈だまされる〉はあんぐり開けた口のさまで「だまされる」の意味。

〈説明される〉

左手のひらの上を指先を手前に向けた右手で小刻みにたたく。

〈だまされる〉

あごに当てた右手の親指と人差指を左手のひらの上に落とす。

ひっかかる
【引っ掛かる】3

「話には何かひっかかるところがある」

→〈説明される〉+〈あやしい〉

例文の「ひっかかる」はどうもあやしいところがある意味なので〈あやしい〉で表現。〈あやしい〉は不審に思うさまで「あやしい」「不審」。

〈説明される〉

左手のひらの上を指先を手前に向けた右手で小刻みにたたく。

〈あやしい〉

右人差指をあごに当てる。

ひっかける
【引っ掛ける】1

「客をひっかけ（金をまきあげる）」

→〈客〉+〈ごまかす②〉
（+〈金（かね）①〉+〈取る①〉）

例文の「ひっかける」はだます意味なので〈ごまかす②〉で表現。〈ごまかす②〉はキツネがだますさまで「ごまかす」「だます」の意味を表す。

〈客〉

左手のひらに親指を立てた右手をのせ、右から手前に引き寄せる。

〈ごまかす②〉

左手甲を前に向け、右手の親指と中指と薬指を閉じ、その指先を前に向けて小さく回す。

ひっかける
【引っ掛ける】2

「一杯ひっかけて帰る」

→〈飲む③〉+〈帰る〉

例文の「ひっかける」は酒を勢いよく飲む意味なので〈飲む③〉で表現。〈飲む③〉はおちょこで酒をひっかける調子で表現。

〈飲む③〉

右手の親指と人差指でおちょこを持ち、飲むようにする。

〈帰る〉

右手の親指と4指を前に出しながら閉じる。

ひっき【筆記】1

「筆記（通訳）」

→〈事務〉または〈書く②〉
（+〈通訳〉）

「筆記通訳」は〈事務〉または〈書く②〉+〈通訳〉で表現。

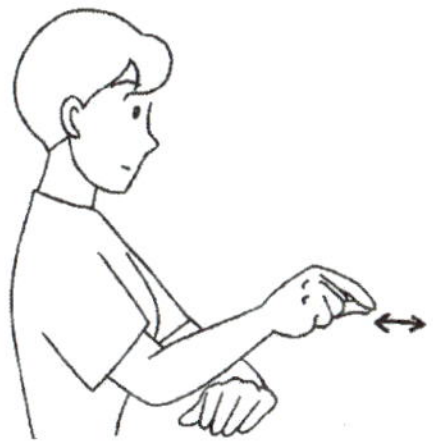

〈事務〉

左手のひらを下に向けて右腕の下に置き、右手の親指と人差指を閉じて小刻みに前後に動かす。

〈書く②〉

左手のひらに右手の親指と人差指で横に書くようにする。

ひっき【筆記】2

「筆記試験」

→〈書く①〉+〈試験〉

例文は口頭でなく筆記する試験の意味なので〈書く①〉+〈試験〉で表現。〈書く①〉はペンで紙に書くさまを表す。

〈書く①〉

左手のひらに右手の親指と人差指で縦に書くようにする。

〈試験〉

親指を立てた両手を交互に上下させる。

ひ

びっくり

「（話を聞いて）
びっくりした」

→（〈説明される〉＋）
〈驚く①〉または〈驚く②〉
（または〈驚く③〉）

「びっくり」は驚くことなので〈驚く①〉、〈驚く②〉、〈驚く③〉で表現。〈驚く①〉は飛びあがるさま、〈驚く②〉はショックを受けるさま。

〈驚く①〉

左手のひらの上に右手２指を立てて飛びあがるようにして２指を離し、またつける。

〈驚く②〉

全指を曲げた右手で胸を突きあげるようにして肩を少しあげる。

ひづけ【日付】

「日付を入れる」

→〈いつ〉＋〈入れる③〉

「日付」は日にちのことで〈いつ〉で表現。〈いつ〉は上の手が何月、下の手が何日かを表す。

〈いつ〉

両手を上下にして、両手同時に順番に指を折る。

〈入れる③〉

左手のひらに右手の親指と人差指をつける。

ひっくりかえる【ひっくり返る】1

「話がひっくり返る」

→〈説明〉＋〈逆転〉

例文の「ひっくり返る」は逆転する意味なので〈逆転〉で表現。〈逆転〉は上下がひっくり返るさまで「ひっくり返る」「逆転する」の意味。

〈説明〉

左手のひらを右手で小刻みにたたく。

〈逆転〉

上下に向かい合わせた両手を弧を描いて入れ換える。

ひっこす【引っ越す】1

「（大阪から京都へ）
引っ越す」

→（〈大阪〉右側＋〈京都〉左側＋）
〈引っ越す①〉

「引っ越す」は住む家を変更することで〈引っ越す①〉で表現。手話は家が移るさまを表す。

〈引っ越す①〉

両手で屋根形を作り、右から左へ動かす。

ひっくりかえる【ひっくり返る】2

「ころんでひっくり返る」

→〈倒れる①〉

例文の「ひっくり返る」は倒れる意味なので〈倒れる①〉で表現。〈倒れる①〉は人の倒れるさまで「倒れる」「転ぶ」の意味を表す。

〈倒れる①〉

左手のひらの上に右手２指を立ててひっくり返し、

そのまま左手のひらの上に倒れるように落とす。

ひっこす【引っ越す】2

「家を引っ越す」

→〈家〉＋〈引っ越す②〉

例文の「引っ越す」は〈引っ越す②〉でも表現。家の一切を移すという意味を表す。

〈家〉

両手で屋根形を作る。

〈引っ越す②〉

両手の親指と４指をそれぞれつまみ、同時に右に動かしながらぱっと開く。

ひっし【必死】

「必死に(勉強する)」
→〈ねじりはちまき〉
　または〈一生懸命〉
　(+〈勉強②〉)

「必死」は全力をふりしぼる意味なので〈ねじりはちまき〉または〈一生懸命〉で表現。手話は「必死」「死にもの狂い」などの意味を表す。

〈ねじりはちまき〉
両こぶしを頭の横で結ぶようにする。

〈一生懸命〉
両手を顔の横から繰り返し強く前に出す。

ひつぜん【必然】

「失敗は必然の結果である」
→〈失敗①〉+〈当たり前〉

「必然」は必ずそうなるべきことの意味なので〈当たり前〉で表現。〈当たり前〉は「普通」「当然」「通常」などの意味を表す。

〈失敗①〉
右こぶしで鼻を握り、手首を返して折るようにする。

〈当たり前〉
両手の親指と人差指を合わせて左右にすばやく開く。

ひつじ【羊】

「羊を飼う」
→〈羊〉+〈育てる③〉

「羊」は〈羊〉で表現。〈羊〉は羊の角のさまを表す。

〈羊〉
両手の人差指を両耳の横で回す。

〈育てる③〉
少し曲げた左手をふせて、右手指先を繰り返し左手の下に近づける。

ひっそり 1

「(町は)
ひっそりと静まりかえる」
→(〈町①〉+)
　〈秘密①〉+〈安定〉

例文の「ひっそり」は音もなく静かの意味なので〈秘密①〉で表現。〈秘密①〉はしゃべらないさまで、物音もない静けさを表す。

〈秘密①〉
右人差指を口元に当てる。

〈安定〉
手のひらを下にした両手を左右に開きながらおろす。

ひっしゃ【筆者】

「筆者」
→〈書く③〉+〈男〉

「筆者」は本などを執筆した人のことで〈書く③〉+〈男〉で表現。〈書く③〉は書くさまで「執筆(する)」などの意味もある。

〈書く③〉
ペンを持って、上から下に書くようにする。

〈男〉
親指を立てた右手を出す。

ひっそり 2

「(田舎で)
ひっそりと暮らす」
→(〈村〉+)
　〈落ち着く①〉+〈生活〉

例文の「ひっそり」は人に知られないように静かにしている意味なので〈落ち着く①〉で表現。〈落ち着く①〉は静かに構えるさまを表す。

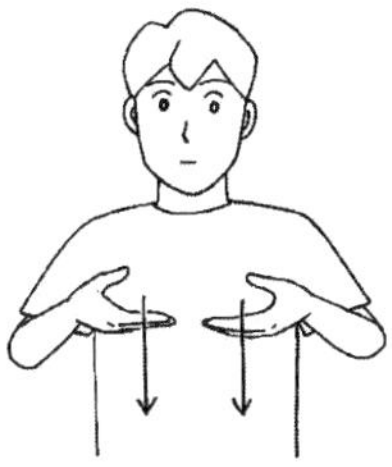

〈落ち着く①〉
指先を向かい合わせ、手のひらを上に向けた両手を胸元から静かにおろす。

〈生活〉
両手の親指と人差指を向かい合わせて回す。

ぴったり 1

「（二人は）いつもぴったりくっついている」

→（〈二人①〉＋）〈いつも〉＋〈コンビ〉

例文の「ぴったり」はくっついているさまを意味するので〈コンビ〉で表現。〈コンビ〉は二人が一緒に行動するさまを表す。

〈いつも〉

親指と人差指を立てた両手を向かい合わせて手首を回す。

〈コンビ〉

そろえた人差指を水平に回す。

ぴったり 2

「考え方がぴったり一致する」

→〈考える〉＋〈合う①〉

例文の「ぴったり」は完全に合う意味なので〈合う①〉を強調して表現。〈合う①〉は一致するさまで「合う」「一致する」などの意味を表す。

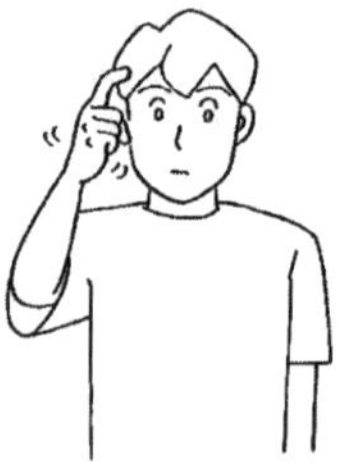

〈考える〉

右人差指を頭にねじこむようにする。

〈合う①〉

左人差指の先に右人差指の先を当てる。

ぴったり 3

「（タバコを）ぴったりとやめる」

→（〈タバコ〉＋）〈すべて〉＋〈とめる〉

例文の「ぴったり」はある時から完全にやめるさまを意味するので〈すべて〉で表現。〈すべて〉は完全を示すさまで「全部」「一切」などの意味。

〈すべて〉

両手で上から下に円を描く。

〈とめる〉

左手のひらの上に右手を振りおろす。

ぴったり 4

「服がぴったり」

→〈服〉＋〈合う①〉

例文の「ぴったり」はよく合うさまなので〈合う①〉で表現。〈合う①〉はぴったり一致するさまで「合う」「一致する」などの意味を表す。

〈服〉

親指を立てた両手をえりに沿って下におろす。

〈合う①〉

左人差指の先に右人差指の先を当てる。

ひつだん【筆談】

「筆談」

→〈書く①〉＋〈交換①〉

例文の「筆談」は難聴者などが書いて話をすることで〈書く①〉＋〈交換①〉で表現。〈書く①〉は文字を書くさまを表す。

〈書く①〉

左手のひらに右手の親指と人差指で縦に書くようにする。

〈交換①〉

手のひらを上に向けた両手を前後に置き、同時に前後を入れ換える。

ピッチャー

「ピッチャー（の交替）」

→〈投げる〉＋〈男〉（＋〈交替②〉）

「ピッチャー」は野球などの投手の意味なので〈投げる〉＋〈男〉で表現。〈投げる〉はピッチャーが投げるさまを表す。

〈投げる〉

右手で野球のボールを投げるようにする。

〈男〉

親指を立てた右手を出す。

ひってき【匹敵】

「彼に匹敵する人（はいない）」

→〈彼〉+〈五分五分①〉（+〈ない①〉）

「匹敵」は力が同じくらいの意味なので〈五分五分①〉で表現。〈五分五分①〉は対等のさまで「対等」「互角」「五分五分」などの意味を表す。

〈彼〉
左親指を右人差指でさす。

〈五分五分①〉
親指を立てた両手を同時に内側に倒す。

ひっぱりだこ【引っ張り凧】

「（彼は）引っ張りだこだ」

→（〈彼〉+）〈引っ張りだこ〉または〈人気②〉

「引っ張りだこ」は皆が争ってほしがる意味で〈引っ張りだこ〉または〈人気②〉で表現。〈引っ張りだこ〉はあちこちから引っ張られるさま。

〈引っ張りだこ〉
左親指を右手の親指と人差指であちこちから引っ張るようにする。

〈人気②〉
親指を立てた左手に右手指先を近づける。

ヒット 1

「ヒット曲」

→〈広がる①〉+〈音楽〉

例文の「ヒット」は大当りの意味なので〈広がる①〉で表現。〈広がる①〉は世に広がるさまで「広がる」「普及する」などの意味を表す。

〈広がる①〉
両手を前に出しながら左右に開く。

〈音楽〉
両手の人差指を指揮棒を振るように左右に振る。

ひつよう【必要】1

「（会社に）必要な（男）」

→（〈会社〉+）〈必要①〉または〈必要②〉（+〈男〉）

「必要」は〈必要①〉または〈必要②〉で表現。いずれも自分の方にかき寄せるさまで「必要（とする）」「要る」などの意味を表す。

〈必要①〉
指文字〈コ〉を示した両手を手前に引き寄せる。

〈必要②〉
指先を手前にした両手を引き寄せる。

ヒット 2

「ヒットを打つ」

→〈野球②〉

例文の「ヒット」は野球の安打のことなので〈野球②〉で表現。〈野球②〉はヒットを打つさまで「野球」「ヒット」「打つ」などの意味。

〈野球②〉
左手で丸を作り、右手人差指でそれを打つようにする。

ひつよう【必要】2

「薬は必要ではない」

→〈薬〉+〈いらない〉

「必要ではない」はいらないことなので〈いらない〉で表現。〈いらない〉は〈必要〉とは逆に「不必要」「不要」などの意味を表す。

〈薬〉
左手のひらに右薬指をつけてこねるように回す。

〈いらない〉
手前に引き寄せた両手を前にはじくように開く。

ひ

ひてい【否定】

「事実を否定する」

→〈本当〉+〈認めない①〉

「否定」はそうでないと打ち消す意味なので〈認めない①〉で表現。〈認めない①〉は首をたてに振らないさまで「認めない」意味を表す。

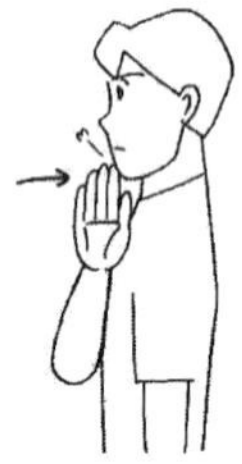

〈本当〉

右手をあごに当てる。

〈認めない①〉

左手で右腕を持ち、右こぶしをすばやく起こす。

ビデオ 1

「ビデオカセット」

→〈テープ②〉+〈券①〉

「ビデオカセット」は〈テープ②〉+〈券①〉で表現。〈テープ②〉はテープを巻くさまでビデオを、〈券①〉はカセットの形を表す。

〈テープ②〉

両手の人差指の先を下に向けて回す。

〈券①〉

両手の親指と人差指で囲み、四角を示す。

ビデオ 2

「ビデオカメラ」

→〈テープ②〉+〈ビデオカメラ〉

「ビデオカメラ」は〈テープ②〉+〈ビデオカメラ〉で表現。〈テープ②〉はテープを巻くさまでビデオを表す。

〈テープ②〉

両手の人差指の先を下に向けて回す。

〈ビデオカメラ〉

左手のひらの上に親指と人差指と中指を立てた右手をのせて、目の前で構えるようにする。

ひと【一】1

「ひと月かかる」

→〈一か月〉+〈必要①〉

例文の「ひと月」は一か月なので〈一か月〉で表現。

〈一か月〉

親指と人差指を閉じた右手をほおに当て、人差指を伸ばしながら指先を左に向けて前に出す。

〈必要①〉

指文字〈コ〉を示した両手を手前に引き寄せる。

ひと【一】2

「池をひとまわり散歩する」

→〈池〉+〈池をまわる〉

例文の「ひとまわり」は一回まわることなので〈池をまわる〉で表現。手話は〈池〉の左手を残し、その周囲を歩いて回るさまを表す。

〈池〉

左手の親指と４指で囲むように出し、その中で手のひらを上に向けた右手を回す。

〈池をまわる〉

左手の親指と４指で囲んだまわりで右手２指を歩くように回す。

ひと【一】3

「ひと風呂浴びる」

→〈風呂①〉+〈浴びる②〉

例文は風呂に入ることなので〈風呂①〉+〈浴びる②〉で表現。〈風呂①〉は顔をこするさまを表す。

〈風呂①〉

右こぶしで顔をこするようにする。

〈浴びる②〉

手のひらを上に向けて軽く曲げた両手を手前にかける。

ひと【人】1

「人と動物(の違い)」

→〈人〉+〈動物〉
(+〈違う①〉)

例文の「人」は人間の意味なので〈人〉で表現。〈人〉は漢字「人」を空書した表現。

〈人〉
人差指で「人」の字を空書する。

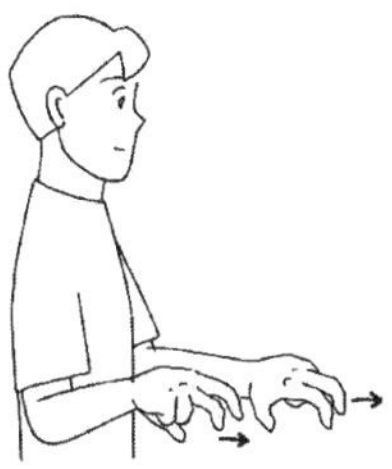

〈動物〉
両手の親指と人差指と中指を折り曲げて爪を立てるようにして前後に並べ前に出す。

ひと【人】2

「人に笑われる」

→〈みんな〉+〈笑う〉

例文の「人」は世間の人の意味なので〈みんな〉で表現。〈みんな〉は目の前にいる人々をさすさまで「みんな」「世間の人」などの意味。

〈みんな〉
右手のひらを下に向けて水平に回す。

〈笑う〉
軽く指を折り曲げた右手を左口端に繰り返し当てる。

ひと【人】3

「人のこと(はどうでもいい)」

→〈別〉+〈人々①〉
(+〈関係ない〉)

例文の「人」は他人の意味なので〈別〉+〈人々①〉で表現。〈別〉+〈人々①〉はその他の人々のさまで「他人」「その他の人々」の意味。

〈別〉
両手の甲を合わせて右手を前に押し出す。

〈人々①〉
両手の親指と小指を立てて揺らしながら左右に開く。

ひと【人】4

「人が来ている」

→〈客〉+〈ある①〉

例文の「人」は客の意味なので〈客〉で表現。〈客〉は〈男〉に手を添えることで丁寧さを表す。

〈客〉
左手のひらに親指を立てた右手をのせ、右から手前に引き寄せる。

〈ある①〉
手のひらを下に向けた右手を体の前に軽く置く。

ひと【人】5

「つきあっている人」

→〈交流〉+〈女〉
(または〈男〉)

例文の「人」は女の人または男の人の意味なので〈女〉または〈男〉で表現。

〈交流〉
両手のひらを上に向け上下に置き、互い違いに水平に回す。

〈女〉
右小指を立てる。

ひどい 1

「ひどい親だ」

→〈悪い①〉+〈両親〉

例文の「ひどい」は悪い意味なので〈悪い①〉で表現。〈悪い①〉は「悪い」「ひどい」「不正な」などの意味を表す。

〈悪い①〉
人差指で鼻をこするようにして振りおろす。

〈両親〉
人差指をほおにふれ、親指と小指を出す。

ひ

ひ

ひどい 2

「部屋はひどい状態」

→〈部屋〉+〈混乱〉

例文の「ひどい」は混乱した意味なので〈混乱〉で表現。〈混乱〉はごちゃごちゃ混乱したさまを表す。

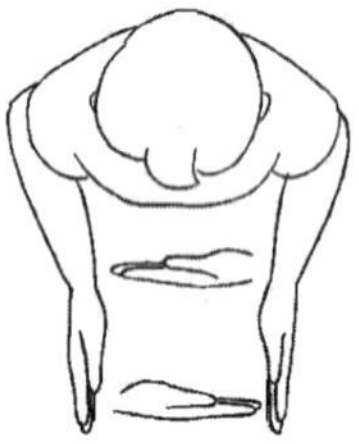

〈部屋〉

両手のひらで前後左右に四角く囲む。

〈混乱〉

全指を曲げた両手のひらを上下に向かい合わせて、かき混ぜるようにする。

ひどい 3

「ひどく心配する」

→〈心配②〉+〈とても〉

例文の「ひどく」はとてもの意味なので〈とても〉で表現。〈とても〉は非常に大きいさまで「とても」「ひどく」「非常に」などの意味。

〈心配②〉

全指を折り曲げた両手を胸に繰り返し当てる。

〈とても〉

右手の親指と人差指をつまみ、右へ弧を描きながら親指を立てる。

ひといき【一息】1

「ビールを一息に飲む」

→〈ビール①〉+〈飲む①〉

例文の「一息」は途中で休まずにの意味なので〈飲む①〉を勢いよく表現して「一息」の意味を表す。

〈ビール①〉

左こぶし親指側に右手２指を当てて栓を抜くようにする。

〈飲む①〉

コップを持って水を飲むようにする。

ひといき【一息】2

「(仕事が)かたづき一息つく」

→(〈仕事〉+)〈解決①〉+〈ほっとする〉

例文の「一息つく」はひと休みする、ほっとする意味なので〈ほっとする〉で表現。〈ほっとする〉はほっと一息つくさまを表す。

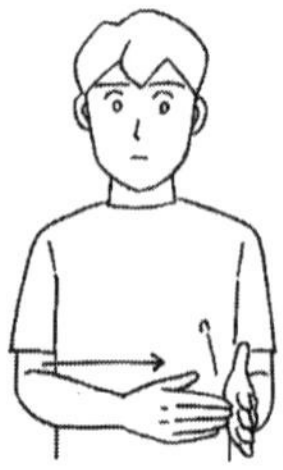

〈解決①〉

左手のひらの上に右人差指で「×」を大きく書く。

〈ほっとする〉

右手２指を鼻の穴から息を抜くように前に出し、肩から力を抜く。

ひといき【一息】3

「あと一息で終わる」

→〈まで〉+〈少し〉

例文の「一息」はあとわずかの意味なので〈少し〉で表現。〈少し〉は時間や量がわずかなさまを表す。

〈まで〉

左手のひらに右手指先を軽くつける。

〈少し〉

右手の親指と人差指を合わせ、親指をはじく。

ひとがら【人柄】

「人柄」

→〈人〉+〈性質〉

「人柄」は人の性質の意味なので〈人〉+〈性質〉で表現。〈性質〉はもって生まれた「性質」や「くせ」の意味を表す。

〈人〉

人差指で「人」の字を空書する。

〈性質〉

左手甲に右人差指を当て、すくうようにあげる。

ひときわ

「ひときわ目立つ」

→〈特別〉+〈目立つ①〉

「ひときわ」はほかと比べて目立つ意味なので〈特別〉で表現。〈特別〉は昔の軍隊の特別な地位を表す腕章のＶ字に由来すると言われる。

〈特別〉

左腕に親指と人差指をつまんだ右手を腕に沿って上下させる。

〈目立つ①〉

目の前に全指を軽く曲げた右手のひらをぱっと引き寄せる。

ひとくち【一口】1

「まんじゅうを一口で食べる」

→〈まんじゅう①〉+〈飲み込む①〉

例文の「一口」は一度に口に入れる意味で〈飲み込む①〉で表現。〈飲み込む①〉はかまずに飲み込むさまを表す。

〈まんじゅう①〉

両手のひらを上下に向かい合わせてまるめるようにする。

〈飲み込む①〉

すぼめた右手を口元から下におろす。

ひとくち【一口】2

「一口いかがですか」

→〈食べる②〉+〈どうぞ②〉

例文の「一口」は少し食べる意味なので〈食べる②〉で表現。〈食べる②〉は少し食べるさまを表す。

〈食べる②〉

すぼめた右手を口元に繰り返し近づける。

〈どうぞ②〉

右手のひらを上に向け、相手に勧めるよう前に出す。

ひとくち【一口】3

「一口で言う」

→〈まとめる〉+〈言う①〉

例文の「一口」はまとめて簡単に言う意味なので〈まとめる〉で表現。〈まとめる〉はたばねるさまで「まとめる」の意味を表す。

〈まとめる〉

両手のひらを向かい合わせて左右から中央にあげながら握る。

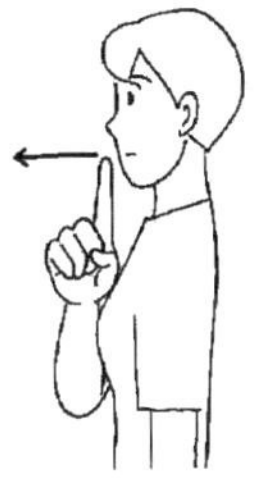

〈言う①〉

右人差指を口元から前に出す。

ひとくち【一口】4

「一口(千円)」

→〈１①〉+〈口〉
(+〈千円〉)

例文の「一口」は寄付、申し込みなどの単位で〈１①〉+〈口〉で表現。

〈１①〉

右人差指を立てる。

〈口〉

右人差指の先を口元で回す。

ひとくち【一口】5

「一口まんじゅう」

→〈小さい⑥〉+〈まんじゅう①〉

例文の「一口」は一口で食べられる小さい形のものを意味するので〈小さい⑥〉で表現。〈小さい⑥〉は小さいさまを表す。

〈小さい⑥〉

両手の親指と人差指で作った丸を重ねてすぼめていく。

〈まんじゅう①〉

両手のひらを上下に向かい合わせてまるめるようにする。

ひ

ひとしい【等しい】

「重さが等しい」

→〈重い〉+〈同じ①〉

例文の「等しい」は同じ意味なので〈同じ①〉で表現。〈同じ①〉は二つのものが同じさまで「同じ」「等しい」などの意味を表す。

〈重い〉

両手のひらを上に向け、重さでさがるようにする。

〈同じ①〉

両手の親指と人差指の先を上に向けて閉じたり開いたりする。

ひとすじ【一筋】1

「ひとすじの道」

→〈まっすぐ②〉+〈道③〉

例文は一本の細い道のことなので〈まっすぐ②〉+〈道③〉で表現。〈まっすぐ②〉は直線で曲がっていないさまを表す。

〈まっすぐ②〉

左手のひらの上に右手をのせて前にまっすぐ出す。

〈道③〉

指先を前に向けた両手を向かい合わせて、目を細めながらずっと前に出す。

ひとすじ【一筋】2

「(手話)一筋」

→(〈手話〉+)
〈まっすぐ①〉
または〈まっすぐ②〉

例文の「一筋」はそのことだけに熱心に打ち込む意味なので〈まっすぐ①〉または〈まっすぐ②〉で表現。手話はその道を進むさまを表す。

〈まっすぐ①〉

指先を伸ばし、まっすぐ前に進める。

〈まっすぐ②〉

左手のひらの上に右手をのせて前にまっすぐ出す。

ひとすじ【一筋】3

「彼女一筋」

→〈彼女〉+〈一途①〉

例文の「一筋」は彼女だけに関心を示すことなので〈一途①〉で表現。〈一途①〉は他のことをかえりみないでそのことに集中するさまを表す。

〈彼女〉

左小指を右人差指でさす。

〈一途①〉

両手のひらをこめかみ付近から斜め前に絞り込むようにおろす。

ひとつ【一つ】1

「卵が一つ」

→〈卵〉+〈1①〉

例文の「一つ」は一個の意味なので〈1①〉で表現。

〈卵〉

手の甲を下にして両手の親指と4指を下に向けて卵を割るように開く。

〈1①〉

右人差指を立てる。

ひとつ【一つ】2

「一つ釜の飯を食う」

→〈一緒①〉+〈生活〉

「一つ釜の飯を食う」は生活を共にする意味なので〈一緒①〉+〈生活〉で表現。

〈一緒①〉

両手の人差指を左右から合わせる。

〈生活〉

両手の親指と人差指を向かい合わせて回す。

ひ

ひとつ【一つ】3

「もうひとつの方法」

→〈隣〉+〈方法〉

例文の「もうひとつ」は〈隣〉で表現。〈隣〉は次のものを示すさまで「隣」「次」「もうひとつ」などの意味を表す。

〈隣〉

右人差指の先を前に向け、右へ手首を返す。

〈方法〉

左手甲を右手のひらで軽くたたく。

ひとつ【一つ】4

「何ひとつできない」

→〈すべて〉+〈難しい〉

例文の「何ひとつ」は後に打ち消しの言葉がきて「全く〜ない」の意味になるので〈すべて〉で表現。何もできない意味を表す。

〈すべて〉

両手で上から下に円を描く。

〈難しい〉

右手の親指と人差指でほおをつねるようにする。

ひとつ【一つ】5

「態度ひとつ(で決まる)」

→〈態度〉+〈ので〉
(+〈決まる①〉)

例文の「〜ひとつ」は「〜によって」の意味なので〈ので〉で表現。〈ので〉は輪につながれた関係を表し「ので」「によって」などの意味を表す。

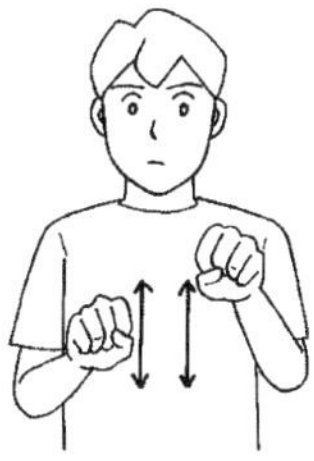

〈態度〉

こぶしを握った両手を交互に上下させる。

〈ので〉

両手の親指と人差指を組み、少し前に出す。

ひとつ【一つ】6

「ひとつ読んで(みて下さい)」

→〈少し〉+〈読む①〉
(+〈頼む①〉)

例文の「ひとつ」は少しの意味なので〈少し〉で表現。〈少し〉は「少し」「ちょっと」などの意味を表す。

〈少し〉

右手の親指と人差指を合わせ、親指をはじく。

〈読む①〉

左手のひらを見ながら視線に合わせるように右手2指を動かす。

ひとつ【一つ】7

「ひとつよろしく」

→〈良い〉+〈頼む①〉

「ひとつよろしく」は「よろしくお願い」の意味なので〈良い〉+〈頼む①〉で表現。

〈良い〉

右こぶしを鼻から前に出す。

〈頼む①〉

頭を下げて右手で拝むようにする。

ひとで【人手】1

「人手(が足りない)」

→〈仕事〉+〈人〉
(+〈貧しい①〉)

「人手」は働く人の意味なので〈仕事〉+〈人〉で表現。〈人〉+〈手〉と表現する場合もある。

〈仕事〉

手のひらを上に向け、向かい合わせた両手指先を繰り返しつき合わせる。

〈人〉

人差指で「人」の字を空書する。

ひとで【人手】2

「家が人手に渡る」

→〈家〉+〈取られる①〉

例文の「人手に渡る」は他人の所有になる意味なので〈取られる①〉で表現。

〈家〉

両手で屋根形を作る。

〈取られる①〉

指先を手前に向けた右手を前に引くように出して握る。

ひとなみ【人並み】1

「人並みの生活」

→〈普通〉+〈生活〉

例文の「人並み」は普通の人と同じ意味なので〈普通〉で表現。〈普通〉は通常のさまで「普通」「通常」「人並み」などの意味を表す。

〈普通〉

両手の親指と人差指を合わせて左右に開く。

〈生活〉

両手の親指と人差指を向かい合わせて回す。

ひとなみ【人並み】2

「人並みすぐれた成績」

→〈成績〉+〈良い〉

「人並みすぐれた」は人よりすぐれた意味なので〈良い〉で表現。〈良い〉は鼻を高くするさまであるが自慢する意味はない。

〈成績〉

両手の人差指を並べて右人差指を上下させながら右へ動かす。

〈良い〉

右こぶしを鼻から前に出す。

ひとびと【人々】

「聞こえない人々」

→〈聞こえない〉+〈人々①〉

「人々」は〈人々①〉で表現。親指は男、小指は女を表し、それが大勢いることを表す。

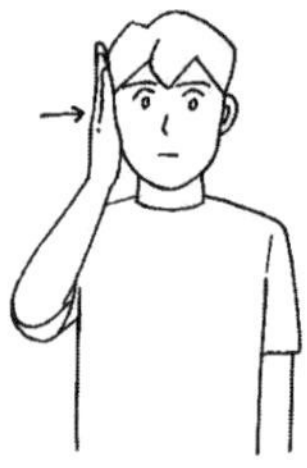

〈聞こえない〉

右手のひらで右耳をふさぐようにする。

〈人々①〉

親指と小指を立てた両手を揺らしながら左右に開く。

ひとまず 1

「(その話は)ひとまず置いて」

→(〈それ〉+〈手話〉+)〈どちら①〉+〈置く①〉

例文の「ひとまず」はとにかくの意味なので〈どちら①〉で表現。〈どちら①〉は「とにかく」「ともかく」「どちら」などを意味する。

〈どちら①〉

両手人差指を立て、交互に上下させる。

〈置く①〉

両手のひらを向かい合わせて左から右へ弧を描いて移動する。

ひとまず 2

「ひとまず入院」

→〈当面〉+〈入院〉

例文の「ひとまず」は当面の意味なので〈当面〉で表現。〈当面〉は時をおくさまで「しばらく」「当面」「ひとまず」などの意味を表す。

〈当面〉

左手甲に曲げた右人差指を当てて前に出す。

〈入院〉

左手のひらの上に右手2指を横たえて置く。

ひとり【一人】1

「一人(で出かける)」

→〈一人①〉
または〈一人②〉
(+〈出る①〉)

例文の「一人」は人数が一人のことなので〈一人①〉または〈一人②〉で表現。

〈一人①〉
左人差指を横に倒し、その下に右人差指で「人」の字を書く。

〈一人②〉
人差指を立てた右手甲側を前に示して「人」を空書する。

ひとり【一人】2

「一人息子」

→〈息子〉+〈一人②〉

例文の「一人息子」は一人しかいない息子の意味なので〈息子〉+〈一人②〉で表現。

〈息子〉
親指を立てた右手を腹から前に出す。

〈一人②〉
人差指を立てた右手甲側を前に示して「人」を空書する。

ひとり【一人】3

「まだ一人だ(という)」

→〈結婚〉+〈まだ①〉
(+〈らしい〉)

例文の「一人」はまだ結婚していない独身の意味なので2種類の表現がある。ひとつは〈結婚〉+〈まだ①〉で表現。

〈結婚〉
親指と小指を左右からつける。

〈まだ①〉
左手のひらに右手指先を向けて上下に振る。

ひとり【一人】4

「まだ一人だという」

→〈独身〉+〈らしい〉

もうひとつは〈独身〉で表現。〈独身〉は自分のまわりに誰もいないさまを表し、女性が独身の場合。男性の場合は親指にする。

〈独身〉
左小指のまわりで右手指先を回す。

〈らしい〉
右手2指を頭の横で前後に振る。

ひとり【一人】5

「(知っているのは)一人彼のみ」

→(〈知る①〉+)
〈彼〉+〈だけ〉

例文の「一人」はひとりしかいない意味なので〈だけ〉で表現。〈だけ〉は一人を強調するさまで「だけ」「それだけ」の意味を表す。

〈彼〉
左親指を右人差指でさす。

〈だけ〉
左手のひらに人差指を立てた右手を打ちつける。

ひなた【日向】1

「ひなた(に出る)」

→〈光①〉+〈場所〉
(+〈行(い)く①〉)

例文の「ひなた」は日光が当たっている所なので〈光①〉+〈場所〉で表現。〈光①〉は光がさすさまで「光がさす」「日が当たる」の意味。

〈光①〉
すぼめた右手を右上から左下に向かって開く。

〈場所〉
全指を曲げた右手を前に置く。

ひ

ひなた【日向】2

「ひなたぼっこ」

→〈光③〉+〈暇〉

「ひなたぼっこ」は太陽の当たる所に出てのんびりとあたたまることなので〈光③〉+〈暇〉で表現。〈暇〉はのんびりするさまを表す。

〈光③〉

すぼめた右手を顔に向けて開く。

〈暇〉

手のひらを上に向けた両手を左右に開く。

ひなん【非難】1

「彼を非難する」

→〈彼〉+〈批判〉

例文の「非難」は悪いと言ってとがめる意味なので〈批判〉で表現。人に見立てた親指に向かって指をさしてとがめるさまを表す。

〈彼〉

左親指を右人差指でさす。

〈批判〉

左親指に向かって右人差指を繰り返し振りおろす。

ひなん【避難】1

「地震で避難する」

→〈地震〉+〈飛び出す〉

例文の「避難」は地震の難を逃れることなので〈飛び出す〉で表現。〈飛び出す〉は家を飛び出すさまを表す。

〈地震〉

手のひらを上に向けた両手を同時に前後に揺らす。

〈飛び出す〉

左手のひらの下から右手２指の先を前に向けて飛び出すようにする。

ひなん【非難】2

「非難する（のはやさしい）」

→〈悪い①〉+〈言う②〉（+〈簡単〉）

例文の「非難」は悪いと言ってとがめる意味なので〈悪い①〉+〈言う②〉で表現。手話は「悪く言う」の意味を表す。

〈悪い①〉

人差指で鼻をこするようにして振りおろす。

〈言う②〉

右人差指を口元から繰り返し前に出す。

ひなん【避難】2

「避難場所」

→〈逃げる〉+〈場所〉

例文の「避難」は逃げてくる場所の意味なので〈逃げる〉で表現。〈逃げる〉は身をかわすさまで「逃げる」「脱出する」などの意味を表す。

〈逃げる〉

両こぶしを右上にさっとあげる。

〈場所〉

全指を曲げた右手を前に置く。

ひなん【非難】3

「（みんなから）非難を浴びる」

→（〈みんな〉+）〈批判される〉または〈袋だたきにされる②〉

「非難を浴びる」は悪いとがめられることで〈批判される〉または〈袋だたきにされる②〉で表現。手話は自分が非難されるさまを表す。

〈批判される〉

左手のひらの上に右人差指の先を手前に向けて繰り返したたく。

〈袋だたきにされる②〉

両手の人差指で頭を交互に打ちつけるようにする。

ひ

ひにく【皮肉】1

「皮肉がうまい」

→〈皮肉〉+〈上手(じょうず)〉

例文の「皮肉」は意地悪く遠回しに言う言葉なので〈皮肉〉で表現。〈皮肉〉は言葉でいじめるさまを表す。

〈皮肉〉

親指と人差指を閉じた右手を口元から前に向けてつつくようにする。

〈上手(じょうず)〉

右手のひらを左下腕からなでるように伸ばす。

ひにく【皮肉】2

「皮肉な(結果になる)」

→〈変〉
または〈あやしい〉
(+〈結ぶ①〉)

例文の「皮肉な」は予想と違いあいにくなの意味なので〈変〉または〈あやしい〉で表現。手話は予期しない結果に不審なさまを表す。

〈変〉

左手のひらに右親指を当て、残り4指を前にさっと倒すように回す。

〈あやしい〉

右人差指の先をあごに当てる。

ひにち 1

「会議のひにち」

→〈相談〉(または〈会議〉)+〈いつ〉

例文の「ひにち」は何月何日のことなので〈いつ〉で表現。〈いつ〉は右手が月、左手が日を表し「何月何日」の意。無表情で表す。

〈相談〉

親指を立てた両手を軽くぶつけ合う。

〈いつ〉

両手を上下にして、両手同時に順番に指を折る。

ひにち 2

「締め切りまでにもうひにちがない」

→〈締め切り②〉+〈迫る①〉

例文の「ひにち」は日数のことで、「ひにちがない」は〈迫る①〉で表現。「締め切り直前」も同手話。

〈締め切り②〉

右手2指の指先を左に向け、はさみで切るようにする。

〈迫る①〉

両手のひらを前後に向かい合わせて右手を左手に近づける。

ひにょうきか【泌尿器科】

「泌尿器科」

→〈小便〉+〈脈〉

「泌尿器科」は〈小便〉+〈脈〉で表現。〈小便〉は男性が小便をするさまを表す。〈脈〉は「医」を表す。

〈小便〉

右人差指を腹の下から前に振るように繰り返し出す。

〈脈〉

右3指を左手首の内側に当てる。

ひにん【否認】

「盗みを否認する」

→〈泥棒②〉+〈認めない②〉

例文の「否認」は事実ではないとして認めない意味なので〈認めない②〉で表現。〈認めない②〉は同意しないさまを表す。

〈泥棒②〉

かぎ状に曲げた右人差指を手首を返してすばやく2回手前に引く。

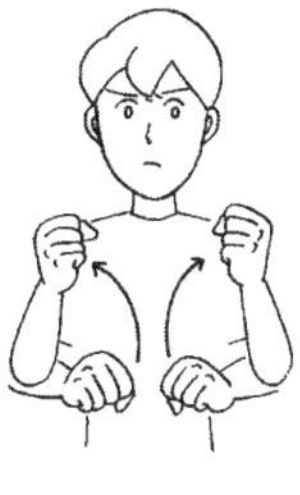

〈認めない②〉

向かい合わせた両こぶしをひじを立てながら左右に開く。

ひ

ひにん【避妊】

「避妊」

→〈断る〉+〈妊娠②〉

「避妊」は子供が生まれないようにすることで〈断わる〉+〈妊娠②〉で表現。〈断わる〉は受け付けないさまで「拒否する」「断る」意味。

〈断る〉

左指先を手前に向け、右手のひらで押し返す。

〈妊娠②〉

両手のひらで大きな腹を示す。

ひねくれる 1

「頭がひねくれている」

→〈頭①〉+〈ねじる〉

例文の「ひねくれる」は考えがねじけてすなおでない意味なので〈ねじる〉で表現。

〈頭①〉

右人差指で頭をさす。

〈ねじる〉

両手でねじるようにする。

ひねくれる 2

「心がひねくれている」

→〈心〉+〈へそまがり〉

例文の「ひねくれる」は心がねじけてすなおでない意味なので〈へそまがり〉で表現。

〈心〉

右人差指でみぞおち辺りをさす。

〈へそまがり〉

右手の親指の先をへその辺りで左に向けてねじるようにして動かす。

ひねる 1

「(手首を)ひねる」

→(〈手首〉+)
〈ねんざ①〉または〈ねんざ②〉
(または〈ねんざ③〉)

例文の「ひねる」はくじくのことなので〈ねんざ①〉または〈ねんざ②〉または〈ねんざ③〉で表現。「手首のねんざ」も同手話。

〈ねんざ①〉

左手のひらに右こぶしを包み、ねじるようにする。

〈ねんざ②〉

両こぶしを合わせてねじるようにする。

ひねる 2

「話に首をひねる」

→〈説明される〉+〈首をひねる〉

例文の「首をひねる」はおかしいと疑うことなので〈首をひねる〉で表現。〈首をひねる〉は納得できない表情で首に見立てた右手をひねる。

〈説明される〉

左手のひらの上を指先を手前に向けた右手で小刻みにたたく。

〈首をひねる〉

こぶしを握った右腕を立て手首を返す。

ひねる 3

「赤子の手をひねるよう」

→〈朝飯前〉または〈簡単〉

例文は慣用句で簡単にやってのける、できることなので〈朝飯前〉または〈簡単〉で表現。

〈朝飯前〉

手のひらの上にのったものを吹き飛ばすように軽く息を吹きかける。

〈簡単〉

右人差指をあごに当て、左手のひらの上に落とすようにつける。

ひのいり【日の入り】

「日の入り」

→〈日が沈む〉

「日の入り」は太陽が西に沈む意味なので〈日が沈む〉で表現。〈日が沈む〉は水平線下に太陽が沈むさまを表す。

〈日が沈む〉

左手甲を上に向け、右手２指で閉じない丸を作り、左手小指側に沈んでいくようにおろす。

ひばく【被爆】

「被爆者」

→〈被爆〉+〈人々①〉

「被爆者」は〈被爆〉+〈人々①〉で表現。〈被爆〉は左手の〈核〉から放射能を受けるさまを表す。

〈被爆〉

左こぶしの下に右こぶしを当て、右手を手前に勢いよく開く。

〈人々①〉

親指と小指を立てた両手を揺らしながら左右に開く。

ヒノキ【檜】

「ヒノキ」

→〈香り①〉+〈木〉

例文の「ヒノキ」は樹木の一種で独特の香りがある。〈香り①〉+〈木〉で表現。

〈香り①〉

右手２指を繰り返し鼻に近づける。

〈木〉

両手の親指と人差指で大きな丸を作り、上にあげながら左右に広げる。

ヒバリ

「ヒバリ」

→〈ヒバリ〉

「ヒバリ」は〈ヒバリ〉で表現。〈ヒバリ〉は空高くさえずりながら舞いあがるヒバリのさまを表す。

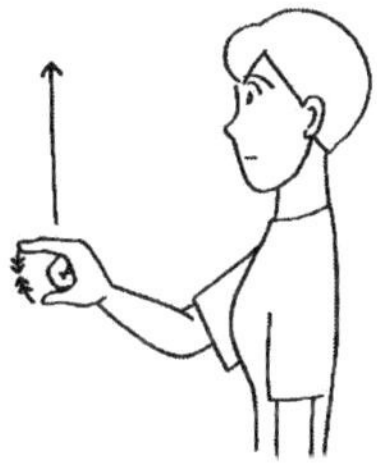

〈ヒバリ〉

右手の親指と人差指を閉じたり開いたりしながら上にあげる。

ひので【日の出】

「日の出」

→〈日が昇る〉
　または〈太陽〉

「日の出」は太陽が昇る意味なので〈日が昇る〉または〈太陽〉で表現。〈日が昇る〉は水平線上を昇る太陽を表す。

〈日が昇る〉

左手のひらの下をくぐって右手の親指と人差指で作った閉じない丸を上にあげる。

〈太陽〉

両手の親指と人差指を向かい合わせて大きな丸を作り、上にあげる。

ひはん【批判】1

「彼を批判する」

→〈彼〉+〈批判〉

例文の「批判」は〈批判〉で表現。人に見立てた親指に向かって右人差指が批判するさまで「非難」の意味もある。

〈彼〉

左親指を右人差指でさす。

〈批判〉

左親指に向かって右人差指を繰り返し振りおろす。

ひはん【批判】2

「自己批判する」

→〈自省〉

「自己批判」は〈自省〉で表現。〈自省〉は自らを省みるさまで、目に見立てた両手の丸で体を見るさまを表す。

〈自省〉
両手の親指と人差指で作った丸を目に当てて同時に弧を描いて体に当てる。

ひはん【批判】3

「みんなから批判される」

→〈みんな〉+〈批判される〉

例文の「批判される」は自分が批判を受けることなので〈批判される〉で表現。〈批判される〉は自分に向けてされる批判のさまを表す。

〈みんな〉
右手のひらを下に向けて水平に回す。

〈批判される〉
左手のひらの上に右人差指の先を手前に向けて繰り返したたく。

ひび【日々】

「日々の暮らし」

→〈いつも〉+〈生活〉

「日々」はいつも、毎日の意味で〈いつも〉で表現。〈いつも〉は太陽が昇り沈むさまで、その下に人々の日々の生活があることを表す。

〈いつも〉
親指と人差指を立てた両手を向かい合わせて手首を回す。

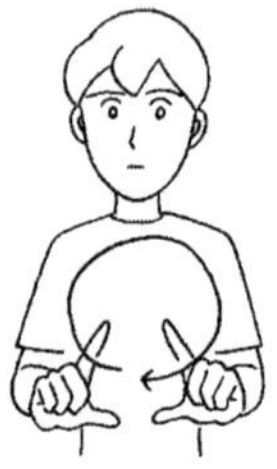

〈生活〉
両手の親指と人差指を向かい合わせて回す。

ひびく【響く】1

「太鼓が響く」

→〈太鼓①〉+〈響く〉

例文の「響く」は音がまわりに伝わって聞こえる意味なので〈響く〉で表現。〈響く〉は音の大きな振動を表す。

〈太鼓①〉
両手でばちを持って交互にたたくようにする。

〈響く〉
全指を折り曲げた両手を耳に当て、小刻みにふるわせる。

ひびく【響く】2

「世界に名声が響く」

→〈世界〉+〈有名〉

例文の「響く」は評判が広く伝わる意味なので〈有名〉で表現。〈有名〉は名があがるさまで「名高い」「高名」などの意味を表す。

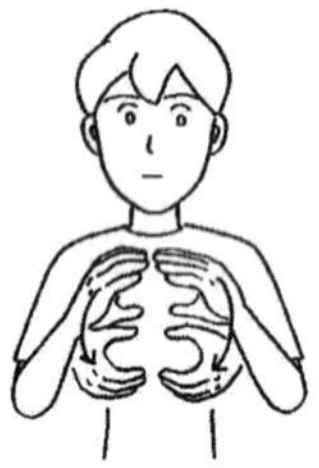

〈世界〉
両手の指先を向かい合わせて前にまわし、球を描く。

〈有名〉
左手のひらに右人差指を当て、上にあげる。

ひびく【響く】3

「(タバコは)健康に響く」

→(〈タバコ〉+)
〈体(からだ)〉+〈悪い①〉

例文の「響く」は体に悪い影響を与える意味なので〈悪い①〉で表現。〈悪い①〉は「悪い」「不正」などの意味を表す。

〈体(からだ)〉
右手を体の上で回す。

〈悪い①〉
人差指で鼻をこするようにして振りおろす。

ひびく【響く】4

「(値上げは)生活に響く」

→(〈値上げ①〉+)〈影響される①〉+〈苦しい①〉

例文の「響く」は影響を受けて苦しくなる意味なので〈影響される①〉+〈苦しい①〉で表現。〈影響される①〉はこちらに伝わるさまを表す。

〈影響される①〉

両手の指先を揺らしながら手前に近づける。

〈苦しい①〉

右手で胸をかきむしるようにする。

ひびく【響く】5

「胸に響く話」

→〈感動〉+〈説明〉

例文の「響く」は感動を与える意味なので〈感動〉で表現。〈感動〉は感情がこみあげるさまで「感動」「感激」などの意味を表す。

〈感動〉

指先をすぼめた右手をほおに当てて、ゆっくり上にあげる。

〈説明〉

左手のひらを右手で小刻みにたたく。

ひひょう【批評】

「映画を批評する」

→〈映画〉+〈批評〉

「批評」は良い悪いの評価をすることで〈批評〉で表現。〈批評〉は本などを対象に批評するさまで「批評」「批判」などの意味を表す。

〈映画〉

指間を軽く開き、両手のひらを目の前で前後に重ね、交互に上下させる。

〈批評〉

左手のひらを手前に向けて右人差指を口元から繰り返し出す。

ひふ【皮膚】

「皮膚(病)」

→〈皮膚①〉または〈皮膚②〉(+〈病気〉)

「皮膚」は人の表皮のことで〈皮膚①〉または〈皮膚②〉で表現。手話はどちらも皮膚をさすさまで「皮膚」「肌」の意味を表す。

〈皮膚①〉

左手甲を右人差指でこするようにする。

〈皮膚②〉

左手甲を右手指先でこするようにする。

ひふか【皮膚科】

「皮膚科」

→〈皮膚①〉+〈脈〉

「皮膚科」は〈皮膚①〉+〈脈〉で表現。〈皮膚①〉は皮膚をさすさまを表す。〈脈〉は「医」を表す。

〈皮膚①〉

左手甲を右人差指でこするようにする。

〈脈〉

右3指を左手首の内側に当てる。

ひふく【被服】1

「被服費」

→〈服〉+〈金(かね)①〉

例文の「被服」は衣服の意味なので〈服〉で表現。〈服〉は服を着るさまで「被服」「衣服」「洋服」などの意味を表す。

〈服〉

親指を立てた両手をえりに沿って下におろす。

〈金(かね)①〉

右手の親指と人差指で作った丸を示す。

ひふく【被服】2

「被服科」

→〈ミシン〉+〈まっすぐ②〉

「被服科」は衣服を作る勉強をする学科なので〈ミシン〉+〈まっすぐ②〉で表現。〈まっすぐ②〉は専攻の意味を表す。

〈ミシン〉

指先を前に向けた両手をゆっくり前に出す。

〈まっすぐ②〉

左手のひらの上に右手をのせて前にまっすぐ出す。

ひぼん【非凡】

「非凡な力」

→〈代表〉+〈力〉

「非凡」は特にすぐれている意味なので〈代表〉で表現。〈代表〉は多くの中でとび抜けているさまで「抜群」「非凡」「代表」などの意味。

〈代表〉

指先を斜め上に向けた左手のひらの下から人差指を立てた右手を斜め上にあげる。

〈力〉

こぶしを握った左腕を曲げ、上腕に右人差指で力こぶを描く。

ビフテキ

「ビフテキ」

→〈牛〉+〈ステーキ〉

「ビフテキ」は〈牛〉+〈ステーキ〉で表現。〈ステーキ〉はステーキを切るさまを表す。

〈牛〉

両手親指と人差指で角の形を作り、親指を側頭部につける。

〈ステーキ〉

左手のフォークで押さえ、右手に握ったナイフで切るように前後に動かす。

ひま【暇】1

「暇な時」

→〈暇〉+〈時①〉

例文の「暇」は用事や仕事などがない意味なので〈暇〉で表現。〈暇〉は手があいているさまで「暇」「のんびり」などの意味を表す。

〈暇〉

両手のひらを前に出すようにぱっと開く。

〈時①〉

左手のひらに右親指を当て、右人差指を時計の針のように回す。

ひほけんしゃ【被保険者】

「損害の被保険者」

→〈損〉+〈被保険者〉

例文の「被保険者」は保険の対象になる人のことなので〈被保険者〉で表現。指文字〈ホ〉と〈金(かね)〉を組み合わせた新しい手話。

〈損〉

両手の親指と人差指で作った丸を前に投げるようにして開く。

〈被保険者〉

左指文字〈ホ〉に丸を作った右手を当て、水平に弧を描きながら手前に引き寄せる。

ひま【暇】2

「寝る暇(がない)」

→〈眠る②〉+〈時①〉
(+〈ない①〉)

例文の「暇」は何かをする時間の意味なので〈時①〉で表現。〈時①〉は時計の針を表し、「時計」「時」「時間」などの意味。

〈眠る②〉

両手の親指と4指の指先を目に向けて閉じる。

〈時①〉

左手のひらに右親指を当て、右人差指を時計の針のように回す。

ひま【暇】3

「暇がかかる」

→〈時①〉+〈長い①〉

例文の「暇」は何かをする時間の意味なので〈時①〉で表現。〈時①〉は時計の針を表し、「時計」「時」「時間」などの意味。

〈時①〉

左手のひらに右親指を当て、右人差指を時計の針のように回す。

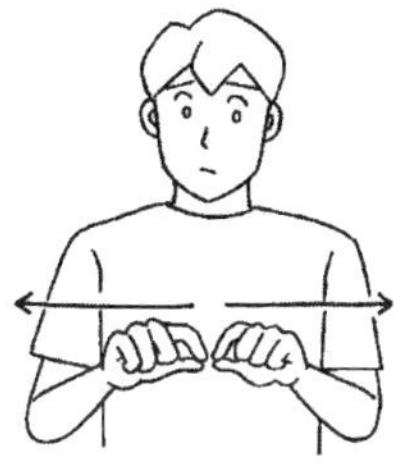

〈長い①〉

両手の親指と人差指を閉じて左右に開く。

ヒマワリ【向日葵】

「ヒマワリの花」

→〈ヒマワリ〉+〈花①〉
（または〈花③〉）

「ヒマワリ」は〈ヒマワリ〉で表現。〈ヒマワリ〉は太陽に向かって花が動くさまを表す。

〈ヒマワリ〉

手首を付け合わせた両手を前後入れ換えながら右へ動かす。

〈花①〉

両手を合わせてすぼませた指を左右に開く。

ひま【暇】4

「暇をもらう」

→〈休む①〉+〈もらう①〉

例文の「暇」は休みの意味なので〈休む①〉で表現。〈休む①〉は戸を閉めるさまで「休む」「休み」などの意味を表す。

〈休む①〉

手のひらを下にした両手を左右から閉じる。

〈もらう①〉

手のひらを上に向けた両手を手前に引く。

ひみつ【秘密】

「秘密（をもらす）」

→〈秘密①〉
または〈秘密②〉
（+〈漏らす③〉）

例文の「秘密」は言ってはならないことの意味なので〈秘密①〉または〈秘密②〉で表現。〈秘密①〉は口を閉ざすさまで〈秘密②〉は口にチャックをするさまで表す。

〈秘密①〉

右人差指を口元に当てる。

〈秘密②〉

親指と人差指をつまみ口の左端から右端へ移動させる。

ひま【暇】5

「暇を出す」

→〈解雇①〉

「暇を出す」は雇い人をやめさせる意味なので〈解雇①〉で表現。〈解雇①〉は首を切るさまで「解雇」「首を切る」「除名」などの意味。

〈解雇①〉

左親指を右手で切るようにする。

ひやあせ【冷や汗】

「冷や汗をかく」

→〈青くなる②〉+〈汗③〉

「冷や汗」は恥ずかしいまたは恐い思いをしたり、はらはらしたりしたときに出る汗なので〈青くなる②〉+〈汗③〉で表現。

〈青くなる②〉

右人差指を軽く曲げて顔の下から上にすばやくあげる。

〈汗③〉

親指と人差指をつまんだ両手をほおに当て上下させる。

ひやかす【冷やかす】1

「（彼を）ひやかす」

→（〈彼〉＋）
〈笑う〉＋〈皮肉〉

例文の「ひやかす」はからかう意味なので〈笑う〉＋〈皮肉〉で表現。〈皮肉〉は言葉でいじめるさまを表す。

〈笑う〉
軽く指を折り曲げた右手を左口端に繰り返し当てる。

〈皮肉〉
親指と人差指を閉じた右手を口元から前に向けてつつくようにする。

ひゃくしょう【百姓】

「うちは百姓をやっている」

→〈私①〉＋〈農業〉

例文の「百姓」は農業を営む人のことで〈農業〉で表現。〈農業〉は畑をくわで耕すさまを表す。

〈私①〉
人差指で胸を指さす。

〈農業〉
両手のこぶしを握り、くわで耕すようにする。

ひやかす【冷やかす】2

「（夜店を）ひやかして歩く」

→（〈暗い〉＋〈店②〉＋）
〈冷やかす〉＋〈歩く②〉

例文の「ひやかす」は買う気がないのに商品を見たり値段を聞いたりする意味なので〈冷やかす〉で表現。〈冷やかす〉は見るだけのさま。

〈冷やかす〉
顔をやや前に出し、右目の下に右手の指先を軽く当てる。

〈歩く②〉
右手２指を左右に揺らしながら歩くように動かす。

ひやす【冷やす】1

「（ビールを）冷蔵庫で冷やす」

→（〈ビール①〉＋）
〈寒い〉＋〈隠す〉

例文の「冷やす」はつめたくする意味なので〈寒い〉で表現。〈寒い〉は寒くてふるえるさまで「寒い」「冷たい」「冷やす」などの意味。

〈寒い〉
両こぶしを握り、左右にふるわせる。

〈隠す〉
左手のひらの下に右手をもぐり込ませる。

ひゃく【百】

「百（メートル競走）」

→〈百①〉
または〈百②〉
（＋〈競争〉）

「百」は〈百①〉または〈百②〉で表現。〈百①〉は０を２つ作るさまで百（100）を表す。

〈百①〉
右手の親指と人差指と中指を閉じて示す。

〈百②〉
右人差指をはねあげる。

ひやす【冷やす】2

「頭を冷やす」

→〈頭①〉＋〈冷（さ）める②〉

「頭を冷やす」は気を落ち着かせる意味なので〈頭①〉＋〈冷める②〉で表現。〈冷める②〉は頭にのぼった血がさがるさまを表す。

〈頭①〉
右人差指で頭をさす。

〈冷（さ）める②〉
指文字〈コ〉を示した両手を額から下にさげる。

ひやす【冷やす】3

「火事に肝を冷やす」

→〈火事①〉+〈恐ろしい〉

「肝を冷やす」は慣用句で危ないめにあってひやっとする意味なので〈恐ろしい〉で表現。〈恐ろしい〉は恐ろしくて足がふるえるさまを表す。

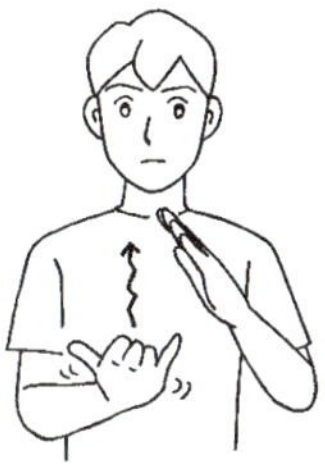

〈火事①〉

左手屋根形の下から親指と小指を立てた右手を炎のように振りながら上にあげる。

〈恐ろしい〉

左手のひらの上に右手 2 指を立てふるわせる。

ひやす【冷やす】4

「氷で額を冷やす」

→〈氷〉+〈のせる③〉

「氷で冷やす」は氷を置いたり、のせたりすることで表現する。例文は〈のせる③〉で表現。部位によって表現が変わる。

〈氷〉

左手のひらの上を右手で削るようにする。

〈のせる③〉

閉じた右手を額にのせる。

ひゃっかてん【百貨店】

「百貨店」

→〈商売〉+〈ビル①〉

「百貨店」はデパートのことで〈商売〉+〈ビル①〉で表現。手話は「百貨店」「デパート」の意味。

〈商売〉

両手の親指と人差指で作った丸を交互に前後に動かす。

〈ビル①〉

両手のひらを向かい合わせて上にあげ、閉じる。

ひややっこ【冷奴】

「冷奴」

→〈寒い〉+〈豆腐〉

「冷奴」は〈寒い〉+〈豆腐〉で表現。

〈寒い〉

両こぶしを握り、左右にふるわせる。

〈豆腐〉

左手のひらの上で右手で前後左右に豆腐を切るようにする。

ひょう【票】1

「千票(集める)」

→〈千①〉+〈券①〉
(+〈集める②〉)

例文の「票」は選挙の投票用紙を意味するので〈券①〉で表現。〈券①〉は券の形をした紙などのことで「券」「用紙」「票」などの意味を表す。

〈千①〉

親指と 3 指で丸を作る。

〈券①〉

両手の親指と人差指を向かい合わせて四角を示す。

ひょう【票】2

「彼に票を投じる」

→〈彼〉+〈投票〉

例文の「票を投じる」は投票する意味なので〈投票〉で表現。〈投票〉は投票箱に投票用紙を入れるさまを表す。

〈彼〉

左親指を右人差指でさす。

〈投票〉

左手の親指と 4 指の間に右手の 4 指を入れる。

ひょう【表】1

「表にあらわす」

→〈表(ひょう)①〉+〈表(あらわ)す〉

例文の「表」は数量などを表にしたもので〈表(ひょう)①〉で表現。手話はます目のさまで「原稿」「表」などの意味を表す。

〈表(ひょう)①〉

やや開いた指先で縦横に格子を描く。

〈表(あらわ)す〉

左手のひらに右人差指をつけて前に押し出す。

ひょう【表】2

「(汽車の)時刻表」

→(〈汽車〉+)〈時①〉+〈表(ひょう)①〉

例文の「時刻表」は〈時①〉+〈表(ひょう)①〉で表現。〈時①〉は時間を、〈表(ひょう)①〉はそれを表にした意味を表す。

〈時①〉

左手のひらに右親指を当て、右人差指を時計の針のように回す。

〈表(ひょう)①〉

やや開いた指先で縦横に格子を描く。

ひょう【表】3

「年表」

→〈年(ねん)〉+〈表(ひょう)②〉

「年表」はそれぞれの年代における重要な出来事を表にしたもので〈年〉+〈表(ひょう)②〉で表現。手話は縦書きになった年表のさま。

〈年(ねん)〉

左こぶしの親指側に右人差指を当てる。

〈表(ひょう)②〉

指先を前に向けた右手を下におろす。

ヒョウ【豹】

「メスヒョウ」

→〈女〉+〈ヒョウ〉

「ヒョウ」は〈ヒョウ〉で表現。〈ヒョウ〉はヒョウの斑点のさまと襲いかかるさまを表す。

〈女〉

右小指を立てる。

〈ヒョウ〉

両手親指・人差指・中指を折り曲げて胸につけ、勢いよく前に出す。

ひよう【費用】

「結婚費用」

→〈結婚〉+〈使う〉

「費用」はある目的に必要なお金のことで〈使う〉で表現。〈使う〉はお金を使うさまで「出費」「費用」の他「使う」一般の意味に用いられる。

〈結婚〉

親指と小指を左右からつける。

〈使う〉

左手のひらの上で右手の親指と人差指で作った丸をすべるようにして繰り返し前に出す。

びょう【病】

「心臓病」

→〈心臓〉+〈病気〉

例文の「病」は病気の意味なので〈病気〉で表現。〈病気〉は熱さましに額に氷嚢(ひょうのう)を当てるさまで「病気」「病」を表す。

〈心臓〉

全指を折り曲げた両手を上下に向かい合わせ、左胸の前に置き、間をせばめたり広げたりする。

〈病気〉

こぶしで額を軽くたたく。

びょう【秒】

「七秒で終わる」
→〈七秒〉+〈終わる〉

例文の「秒」は時間の単位で〈秒〉で表現。〈秒〉は「秒」の記号「″」を表す。この場合は左手に〈7〉を、右手に〈秒〉を表現。

〈七秒〉
左手で〈7〉を示し、右手2指でその上に点を打つようにする。

〈終わる〉
両手の親指と4指を上に向け、閉じながら下にさげる。

びよういん【美容院】

「美容院」
→〈パーマ〉+〈店①〉

「美容院」は女性の髪形を整える店のことで〈パーマ〉+〈店①〉で表現。〈パーマ〉はパーマをかけるさまを表す。

〈パーマ〉
頭で両手2指をねじるようにあげる。

〈店①〉
両手のひらを上に向けて、左右に開く。

びょういん【病院】

「病院」
→〈脈〉+〈ビル①〉

「病院」は病気の診断、治療を行う大きな施設のことで〈脈〉+〈ビル①〉で表現。〈ビル①〉は大きな建物、施設のさまを表す。

〈脈〉
右3指を左手首の内側に当てる。

〈ビル①〉
両手のひらを向かい合わせて上にあげ、閉じる。

ひょうか【評価】1

「みんなから高い評価を受けている」
→〈みんな〉+〈敬う①〉

「高い評価を受けている」は敬われている、尊敬されていることなので〈敬う①〉で表現。〈敬う①〉は敬うさまで「敬う」「尊敬する」の意味。

〈みんな〉
右手のひらを下に向けて水平に回す。

〈敬う①〉
左手のひらの上に親指を立てた右手を置き、それを目の上に掲げると同時に頭をさげる。

ひょうか【評価】2

「評価が高い」
→〈評価〉+〈高い①〉

例文は〈評価〉+〈高い①〉で表現。〈評価〉は目の横でお金を上下することで価値を見ることを表す。〈高い①〉は値段が高いさまを表す。

〈評価〉
目の横で丸を作った右手を上下に動かす。

〈高い①〉
親指と人差指で作った丸を上にあげる。

ひょうか【評価】3

「評価が低い」
→〈評価〉+〈安い①〉

例文は〈評価〉+〈安い①〉で表現。〈安い①〉は安いさまを表す。

〈評価〉
目の横で丸を作った右手を上下に動かす。

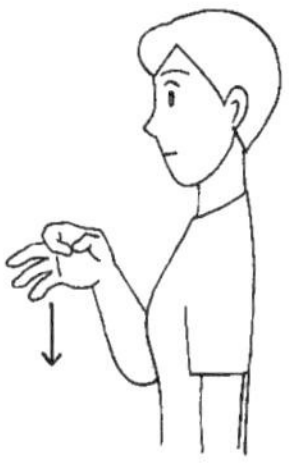

〈安い①〉
右手の親指と人差指で作った丸を下にさげる。

ひょうか【評価】4

「評価(が分かれる)」

→〈良い〉+〈悪い①〉
(〈考える〉+〈離れる①〉)

例文の「評価」は良いか悪いかという判断の意味なので〈良い〉+〈悪い①〉で表現。〈良い〉は「良い」「すてき」などの意味を表す。

〈良い〉
右こぶしを鼻から前に出す。

〈悪い①〉
人差指で鼻をこするようにして振りおろす。

ひょうか【評価】5

「過大評価する」

→〈敬う①〉+〈過ぎる〉

例文の「過大評価」は実際よりも良い評価をする意味なので〈敬う①〉+〈過ぎる〉で表現。〈敬う①〉は敬意を表するさまを表す。

〈敬う①〉
左手のひらの上に親指を立てた右手をのせて上にあげる。

〈過ぎる〉
左手甲の上を右手で乗り越える。

びょうき【病気】

「病気を直す」

→〈病気〉+〈消える①〉

「病気」は〈病気〉で表現。〈病気〉は熱さましに額に氷嚢(ひょうのう)を当てるさまを表す。「病気」「やまい」「～症」を意味する。

〈病気〉
こぶしで額を軽くたたく。

〈消える①〉
開いた両手を交差させながら握る。

ひょうげん【表現】

「表現の自由」

→〈表(あらわ)す〉+〈自由〉

例文の「表現」は表すことで〈表す〉で表現。〈表す〉ははっきり正面に掲げて示すさまで「表す」「表現(する)」「表示(する)」の意味。

〈表(あらわ)す〉
左手のひらに右人差指をつけて前に押し出す。

〈自由〉
両こぶしをひじを使って交互に上下させる。

ひょうご【標語】

「交通標語」

→〈交通〉+〈タイトル〉

「標語」は主義・主張を短く言い表した言葉なので〈タイトル〉で表現。〈タイトル〉は垂れ幕のさまで「テーマ」「スローガン」などの意味。

〈交通〉
両手のひらの甲側を前に示し、繰り返し交差させる。

〈タイトル〉
左手指先を上にし、手のひらを前に向け、右手の親指と人差指を当て下におろす。

ひょうさつ【表札】

「表札(が出ている)」

→〈家〉+〈タイトル〉
(+〈ある①〉)

例文の「表札」は家の正面に掲げるその家の名前を表したもので〈家〉+〈タイトル〉で表現。〈タイトル〉は「表札」のさまを表す。

〈家〉
両手で屋根形を作る。

〈タイトル〉
左手指先を上にし、手のひらを前に向け、右手の親指と人差指を当て下におろす。

ひょうじ【表示】

「意思を表示する」

→〈頭①〉+〈表(あらわ)す〉

例文の「表示」は考えを表し示す意味なので〈表す〉で表現。〈表す〉ははっきり正面に示すさまで「表す」「表現(する)」「表示(する)」の意味。

〈頭①〉

右人差指で頭をさす。

〈表(あらわ)す〉

左手のひらに右人差指をつけて前に押し出す。

ひょうじゅん【標準】

「標準手話」

→〈標準〉+〈手話〉

「標準」は比較する場合のよりどころ、基準の意味で〈標準〉で表現。〈標準〉は多くのものがそれにならうさまを表す。

〈標準〉

指先を前に向けた左手から右手の親指と人差指をやや開いて右へ水平に動かす。

〈手話〉

両手の人差指を向かい合わせて、糸を巻くように回転させる。

ひょうしき【標識】

「交通標識」

→〈交通〉+〈標識〉

例文の「標識」は交通標識のことなので〈標識〉で表現。〈標識〉は代表的な交通標識のさまを表す。

〈交通〉

両手のひらの甲側を前に示し、繰り返し交差させる。

〈標識〉

左手の親指と4指で丸を作り、右人差指をそえる。

ひょうしょう【表彰】1

「表彰状」

→〈名誉〉+〈四角①〉

「表彰状」はその名誉を称える文書で〈名誉〉+〈四角①〉で表現。〈名誉〉は御簾(みす)をあげて高貴の人に面会するさまを表す。

〈名誉〉

両手の人差指の先を向かい合わせて上にあげる。

〈四角①〉

両手の人差指で四角を描く。

びょうしゃ【描写】

「風景を描写する」

→〈ながめる〉+〈取材〉

「描写」は実際の様子を写しとる意味なので〈取材〉で表現。〈取材〉はものを写しとるさまで「取材」「描写」「写す」などの意味。

〈ながめる〉

右手のひらを額に当てながめるようにする。

〈取材〉

左手のひらの上に親指と4指を軽く開いた右手を前から引きつけるようにして閉じる。

ひょうしょう【表彰】2

「表彰される」

→〈名誉〉+〈もらう①〉

「表彰される」は功績があったなどでその名誉を称えられることで〈名誉〉+〈もらう①〉で表現。〈名誉〉は御簾(みす)をあげるさま。

〈名誉〉

両手の人差指の先を向かい合わせて上にあげる。

〈もらう①〉

手のひらを上に向けた両手を手前に引く。

ひょうじょう【表情】1

「表情(が固い)」

→〈表情①〉または〈表情②〉(+〈固い②〉)

例文の「表情」は顔にあらわれた様子なので〈表情①〉または〈表情②〉で表現。手話はどちらも変わる顔の動きを表す。

〈表情①〉

両手の親指と4指で顔をおおい、左右に動かす。

〈表情②〉

軽く開いた両手を顔の両側で上下に動かす。

びょうどう【平等】

「男女平等」

→〈男女〉+〈普通〉

「平等」は〈普通〉で表現。左右に同じ幅を開いて表す。〈普通〉は「普通」「通常」「当然」「平等」などの意味を表す。

〈男女〉

右親指と左小指を並べて出す。

〈普通〉

両手の親指と人差指を合わせて左右に開く。

ひょうじょう【表情】2

「街の表情」

→〈町①〉+〈状態①〉

例文の「表情」は様子の意味なので〈状態①〉で表現。〈状態①〉は様子を表すさまで「状態」「状況」「様子」などの意味を表す。

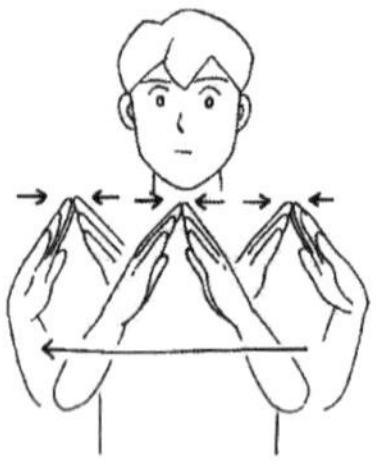

〈町①〉

両手で屋根形を左から右へすばやく順番に作る。

〈状態①〉

両手のひらを前に向けて、交互に上下させる。

ひょうばん【評判】1

「評判が良い」

→〈うわさ〉+〈良い〉

例文の「評判」は良い、悪いについて世間の批評の意味で〈うわさ〉で表現。〈うわさ〉は人々が耳元で話し合うさまを表す。

〈うわさ〉

両手の指先を向かい合わせてねじるようにゆすりながら耳を傾ける。

〈良い〉

右こぶしを鼻から前に出す。

びょうじょう【病状】

「病状(が悪化する)」

→〈病気〉+〈状態①〉(+〈さがる②〉)

「病状」は病気の状態のことで〈病気〉+〈状態①〉で表現。〈状態①〉は様子を表すさまで「状態」「状況」「様子」などの意味を表す。

〈病気〉

こぶしで額を軽くたたく。

〈状態①〉

両手のひらを前に向けて、交互に上下させる。

ひょうばん【評判】2

「評判の娘」

→〈人気②〉+〈女〉

例文の「評判」は世間によく知られて話題になるの意味なので〈人気②〉で表現。〈人気②〉は左手の〈女〉に押し寄せる人々を表す。

〈人気②〉

左小指に右手指先を近づける。

〈女〉

右小指を立てる。

ひょうめい【表明】

「表明」は〈表す〉で表現。〈表す〉は「表現する」「示す」などの意。

「決意を表明する」

→〈決める②〉+〈表(あらわ)す〉

〈決める②〉

左手のひらに右こぶしを強く打ちつける。

〈表(あらわ)す〉

左手のひらに右人差指をつけて前に押し出す。

ひょうめん【表面】

例文の「表面」はうわべ、表(おもて)だけの意味なので〈表(おもて)②〉で表現。〈表(おもて)②〉は表面をなでるさまを表す。

「表面的」

→〈表(おもて)②〉+〈合う①〉

〈表(おもて)②〉

左手甲を右手指でなでるように回す。

〈合う①〉

左人差指の先に右人差指の先を当てる。

ひよりみ【日和見】1

「日和見」は〈日和見〉で表現。〈日和見〉は周囲をきょろきょろと見るさまを表す。

「日和見主義」

→〈日和見〉+〈主義〉

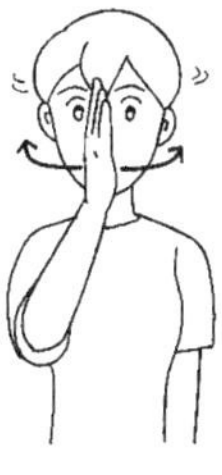

〈日和見〉

手のひらを右に向けた右手を顔の前に立て、少し左右にゆっくり振る。

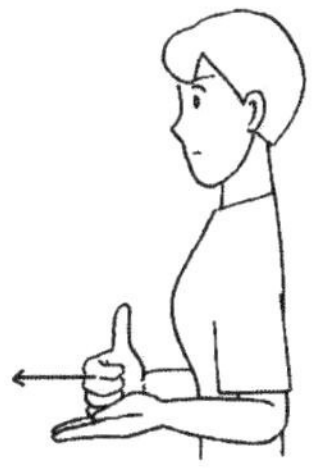

〈主義〉

左手のひらの上に親指を立てた右手をのせ、滑らせるようにまっすぐ前に出す。

ひよりみ【日和見】2

例文は〈態度〉+〈日和見〉で表現。〈態度〉はそぶり・態度の意。

「日和見的な態度」

→〈態度〉+〈日和見〉

〈態度〉

こぶしを握った両手を交互に上下させる。

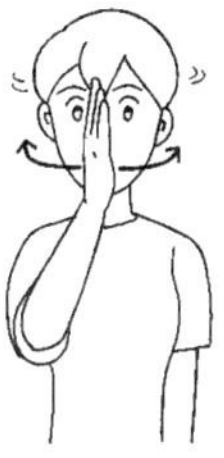

〈日和見〉

手のひらを右に向けた右手を顔の前に立て、少し左右にゆっくり振る。

ひらおよぎ【平泳ぎ】

「平泳ぎ」は〈平泳ぎ〉で表現。〈平泳ぎ〉は平泳ぎで泳ぐさまを表す。

「平泳ぎが苦手」

→〈平泳ぎ〉+〈苦手〉

〈平泳ぎ〉

平泳ぎのしぐさをする。

〈苦手〉

右手のひらで鼻をつぶすように軽く当てる。

ひらく【開く】1

例文の「花が開く」は花が咲く意味なので〈花①〉または〈花③〉で表現。いずれも大輪の花がぱっと開くさまを表す。

「花が(きれいに)開く」

→〈花①〉または〈花③〉
(+〈美しい①〉または〈美しい②〉)

〈花①〉

両手を合わせてすぼませた指を左右に開く。

〈花③〉

両手を閉じて手首を付け合わせ、右にずらしながら回転させ、同時に手を開く。

ひらく【開く】2

「戸が開く」

→〈開(ひら)く①〉
　または〈開(ひら)く②〉

例文の「開く」は閉じていた戸があく意味なので〈開く①〉または〈開く②〉で表現。手話は戸のタイプによって変わる。

〈開(ひら)く①〉
手のひらを前に向けて並べて、閉じた両手を左右に開く。

〈開(ひら)く②〉
左手のひらにつけた右手を右に開く。

ひらく【開く】3

「幕が開く」

→〈開(ひら)く③〉
　または〈開(ひら)く⑤〉

例文の「開く」は幕が開いて芝居などが始まる意味なので〈開く③〉または〈開く⑤〉で表現。いずれも幕が開くさまを表す。

〈開(ひら)く③〉
手のひらを前に向けてつき合わせた両手を手前に扉を開くように動かす。

〈開(ひら)く⑤〉
右手を左手のひらにのせ、上にあげる。

ひらく【開く】4

「新聞を開く」

→〈新聞〉+〈開(ひら)く⑦〉

例文の「開く」は閉じていた新聞を開いた状態にする意味なので〈開く⑦〉で表現。〈開く⑦〉は新聞や本を開くさまを表す。

〈新聞〉
左手のひらの上に右ひじをのせて親指を外側に出して握った右こぶしを振る。

〈開(ひら)く⑦〉
両手のひらを合わせ、左右に開く。

ひらく【開く】5

「目を開いて見る」

→〈目覚める〉+〈見る①〉

例文の「開く」は目をあける意味なので〈目覚める〉で表現。〈目覚める〉はぱっちり目を開くさまを表す。

〈目覚める〉
親指と人差指を閉じた両手を両目の前に置き、ぱっと開く。

〈見る①〉
右人差指を右目元から前に出す。

ひらく【開く】6

「手紙を開く」

→〈郵便〉+〈封を切る〉

例文の「開く」は手紙を開封する意味なので〈封を切る〉で表現。〈封を切る〉は手紙の封を切るさまを表す。

〈郵便〉
左手２指と右手人差指で〒マークを示す。

〈封を切る〉
左手の親指と４指でつかみ右手の２指を閉じたり開いたりしながら左へ動かす。

ひらく【開く】7

「店を開く」

→〈店①〉+〈開(ひら)く④〉

例文の「開く」は開店する意味なので〈開く④〉で表現。〈開く④〉は箱のふたを開けるさまで「開く」「始まる」などの意味を表す。

〈店①〉
両手のひらを上に向けて、左右に開く。

〈開(ひら)く④〉
両手のひらを下に向けて並べ、左右に開く。

ひ

ひらく【開く】8

「マラソンで差が開く」

→〈走る〉+〈離れる③〉

例文の「開く」は差があく意味なので〈離れる③〉で表現。人に見立てた人差指同士が離れるさまを表す。

〈走る〉
両手を握って走るようにこぶしを上下させる。

〈離れる③〉
人差指を立てた両手を前後に引き離す。

ひらたい【平たい】1

「平たい土地」

→〈土〉+〈平ら〉

例文の「平たい」は土地などのでこぼこがない意味なので〈平ら〉で表現。〈平ら〉は平らなさまで「平たい」「平坦」「平ら」などの意味。

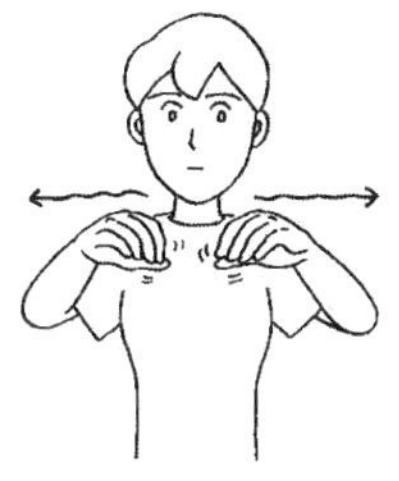

〈土〉
砂や土をこすり落とすようにして両手を左右に開く。

〈平ら〉
手のひらを下に向けて、左右に水平に開く。

ひらける【開ける】1

「運が開ける」

→〈将来①〉+〈明るい①〉

例文の「開ける」は良いほうに向かう意味なので〈将来①〉+〈明るい①〉で表現。〈明るい①〉は目の前が開かれるさまで「明るい」「晴れる」。

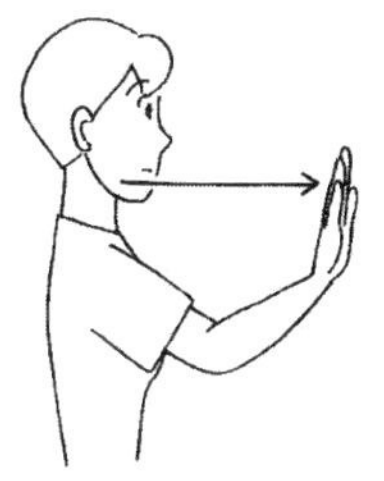

〈将来①〉
右手のひらを前に向けて押すように大きく前に出す。

〈明るい①〉
両手のひらを前に向けて交差させ、ぱっと左右に開く。

ひらたい【平たい】2

「平たく言えば」

→〈簡単〉+〈言う①〉

例文の「平たい」はわかりやすいの意味なので〈簡単〉で表現。〈簡単〉はちょっとつばをつけるさまで「簡単」「たやすい」などの意味を表す。

〈簡単〉
右人差指をあごに当て、次に左手のひらの上に落とすようにつける。

〈言う①〉
右人差指を口元から前に出す。

ひらける【開ける】2

「視界が開ける」

→〈見渡す〉+〈視野が広がる〉

例文の「開ける」は景色などが広く見わたされる意味なので〈視野が広がる〉で表現。〈視野が広がる〉は広く見渡せるさまを表す。

〈見渡す〉
額に右手を当て、左右に首を回す。

〈視野が広がる〉
両目の脇で向かい合わせた両手のひらを左右に開く。

ひらめく【閃く】1

「突然稲妻がひらめく」

→〈突然〉+〈雷〉

例文の「ひらめく」は雷が強く光る意味なので〈雷〉で表現。〈雷〉は稲妻がひらめくさまで「雷」「稲妻(がひらめく)」などの意味を表す。

〈突然〉
両手の親指と人差指で作った丸をぶつけ、左右にぱっと開く。

〈雷〉
親指と人差指をつまんだ両手を上から勢いよく下にギザギザを描きながら開く。

ひらめく【閃く】2

「日本の旗がひらめく」
→〈日本〉+〈旗〉

例文の「ひらめく」は旗がひらひらする意味なので〈旗〉で表現。〈旗〉は旗のひらめくさまで「旗（がひらめく）」意味を表す。

〈日本〉
両手の親指と人差指を向かい合わせて左右に引きながら閉じる。

〈旗〉
左人差指に右手のひらをつけて揺らす。

ひらめく【閃く】3

「いいアイデアがひらめく」
→〈良い〉+〈アイデア〉

例文の「ひらめく」はアイデアがさっと頭に浮かぶ意味で〈アイデア〉で表現。〈アイデア〉は頭にひらめくさまを表す。

〈良い〉
右こぶしを鼻から前に出す。

〈アイデア〉
右人差指を頭から上にはじきあげる。

びり

「競争でびりになる」
→〈競争〉+〈びり〉

例文の「びり」は最下位のことなので〈びり〉で表現。〈びり〉はどんじりのさまで「びり」「最下位」「どんじり」の意味を表す。

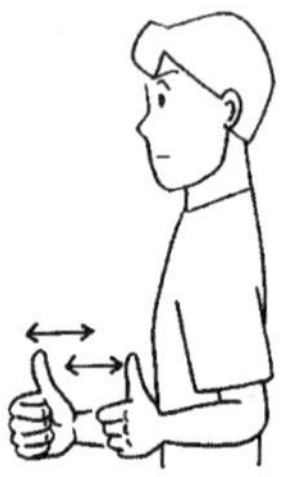

〈競争〉
親指を立てた両手を競うように交互に前後させる。

〈びり〉
左手のひらの上に親指を立てた右手を勢いよく落とす。

ぴりから【ピリ辛】

「ピリ辛ラーメン」
→〈ピリ辛〉+〈ラーメン〉

「ピリ辛」は〈ピリ辛〉で表現。〈ピリ辛〉は辛くて口をあおぐさまを表す。

〈ピリ辛〉
右手で口をあおぐ。

〈ラーメン〉
左手のひらの上で右手の指文字〈ラ〉を口元まで上下する。

ひりつ【比率】1

「男性の比率（を調べる）」
→〈男〉+〈比率①〉
（+〈調べる①〉）

例文の「比率」は男性の占める割合のことで〈比率①〉で表現。〈比率①〉は一方の側の比率を表す。

〈男〉
親指を立てた右手を出す。

〈比率①〉
左手の親指と人差指の間で右手の親指と人差指をせばめたり広げたりする。

ひりつ【比率】2

「男女の比率」
→〈男女〉+〈比率②〉

例文の「比率」はそれぞれの割合のことで〈比率②〉で表現。〈比率②〉は二つのものの割合を示すさまで「比率」「割合」の意味を表す。

〈男女〉
右親指と左小指を並べて出す。

〈比率②〉
両手の親指と人差指をつき合わせ、両人差指を交互に上下させる。

ひる【昼】1

「昼すぎ」
→〈午後〉

「昼すぎ」は午前12時以降のことで〈午後〉で表現。〈午後〉は時計の二針が重なる正午を過ぎるさまを表す。

〈午後〉
右手の２指を額からやや左に傾ける。

ひる【昼】2

「昼休み」
→〈昼〉+〈休む①〉

「昼休み」は〈昼〉+〈休む①〉で表現。〈昼〉は時計の二針が重なる正午をさすさまを表す。

〈昼〉
右手２指を眉間に当てる。

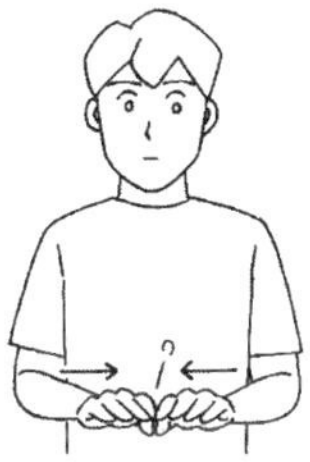

〈休む①〉
手のひらを下にした両手を左右から閉じる。

ひる【昼】3

「お昼にする」
→〈昼〉+〈食べる①〉

例文の「昼」は昼食の意味なので〈昼〉+〈食べる①〉で表現。〈昼〉は時計の二針が重なる正午をさすさまを表す。

〈昼〉
右手２指を額中央に当てる。

〈食べる①〉
左手のひらの上を右手ですくって食べるようにする。

ビル(ディング)1

「駅ビル」
→〈駅〉(または〈とまる①〉)+〈ビル①〉

例文の「ビル」はコンクリート製の四角い建物のイメージなので〈ビル①〉で表現。〈ビル①〉は「建物」一般や「センター」「会館」などの意味。

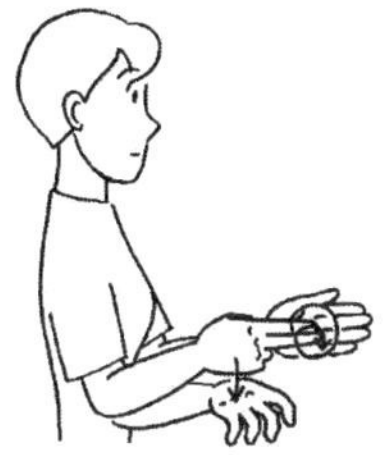

〈駅〉
左手のひらに右手２指を向かい合わせて前に回転し、次に全指を曲げた右手を置く。

〈ビル①〉
両手のひらを向かい合わせて上にあげ、閉じる。

ビル(ディング)2

「高層ビル(ディング)」
→〈高層ビル〉
または〈そびえる〉

例文の「高層ビル」は高いビルの意味なので〈高層ビル〉または〈そびえる〉で表現。いずれも高いビルを見あげるさまを表す。

〈高層ビル〉
指先を上に向けた両手を向かい合わせ上にあげる。

〈そびえる〉
視線をあげて見あげるようにし、向かい合わせた両手を上にあげる。

ひれい【比例】

「比例代表」
→〈比例〉+〈代表〉

例文の「比例」は〈比例〉で表現。〈比例〉は同じように動くさまで「比例」の意味を表す。

〈比例〉
人差指を立てた両手を右斜め下におろす。

〈代表〉
指先を斜め上に向けた左手のひらの下から人差指を立てた右手を斜め上にあげる。

ひろい【広い】1

「土地が広い」

→〈土〉+〈大きい②〉

例文の「広い」は面積が大きい意味なので〈大きい②〉で表現。〈大きい②〉は大きいさまで、大きさによって手話は変わる。

〈土〉

砂や土をこすり落とすようにして両手を左右に開く。

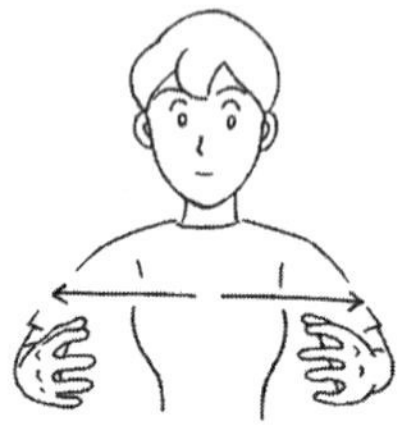

〈大きい②〉

両手を軽く曲げて向かい合わせ左右に開く。

ひろい【広い】2

「道が広い」

→〈道①〉+〈広い①〉

例文の「広い」は道幅が広い意味なので〈広い①〉で表現。〈広い①〉は幅が広いさまで、広さによって手話は変わる。

〈道①〉

道幅に見立てた向かい合わせた両手をまっすぐ前に出す。

〈広い①〉

両手のひらを向かい合わせて左右に広げる。

ひろい【広い】3

「(家が)広い」

→(〈家〉+)
〈広い②〉
または〈広い③〉

例文の「広い」は家が大きい意味なので〈広い②〉または〈広い③〉で表現。〈広い③〉はのびのびするさまで「広い」の意味を表す。

〈広い②〉

両手で屋根形を作り、ひじを広げる。

〈広い③〉

両こぶしを握り、両ひじを張って左右に開く。

ひろい【広い】4

「顔が広い」

→〈顔が広い①〉
または〈顔が広い②〉

例文の「顔が広い」は多くの人とのつきあいがある意味で〈顔が広い①〉または〈同②〉で表現。これは比喩的表現で「大きい顔」の意味ではない。

〈顔が広い①〉

顔の脇に両手の親指と人差指をそえて左右に開く。

〈顔が広い②〉

両手の親指と4指を顔の横に置き、左右に開く。

ひろい【広い】5

「知識が広い」

→〈知識〉+〈とても〉

例文の「広い」は知識の範囲が広がっている意味で〈とても〉で表現。〈とても〉は非常に大きいさまを表す。

〈知識〉

小指を立てて親指と残り3指を閉じた右手を額に当てて、左から右へ引く。

〈とても〉

親指と人差指を閉じた右手を左から弧を描きながら親指を立てる。

ひろい【広い】6

「心が広い」

→〈心〉+〈寛大〉

例文の「広い」は心がゆったりとして大きい意味なので〈寛大〉で表現。〈寛大〉は腹が広いさまで「寛大」「おおらか」などの意味を表す。

〈心〉

右人差指でみぞおち辺りをさす。

〈寛大〉

両手の親指と4指を向かい合わせて左右に広げる。

ひろう【拾う】1

「財布を拾う」

→〈財布〉+〈拾う〉

例文の「拾う」は落ちている物を手で取りあげる意味なので〈拾う〉で表現。

〈財布〉

左手の親指と４指の間に右手の親指と人差指で作った丸を入れる。

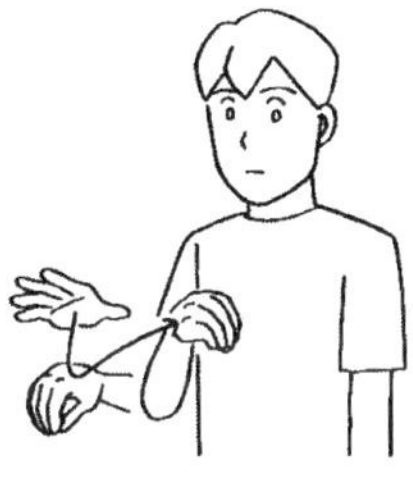

〈拾う〉

右手でつかんで手前に引き寄せる。

ひろう【疲労】

「疲労がたまる」

→〈疲れる〉+〈たまる〉

例文の「疲労」は体が疲れることで〈疲れる〉で表現。〈疲れる〉は体がぐったりするさまで「疲労(する)」「疲れる」意味を表す。

〈疲れる〉

両手指先を胸に軽く当てて下に振り落とすようにだらりとさげる。

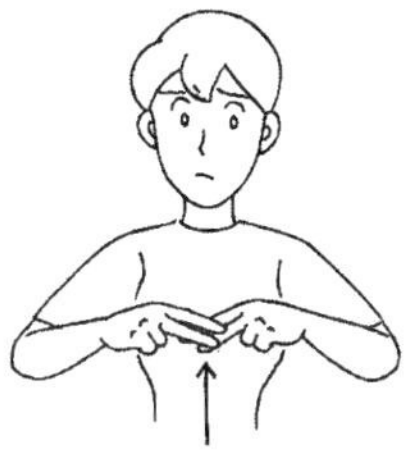

〈たまる〉

両手２指で「井」の字形を組み、下から上にあげる。

ひろう【拾う】2

「本から拾う」

→〈本〉+〈引用①〉

例文の「拾う」は選んで抜き出す意味なので〈引用〉で表現。〈引用〉は本から項目や文章などを抜き出すさまを表す。

〈本〉

両手のひらを合わせて本を開くように左右に開く。

〈引用①〉

左手のひらの上から右手の親指と人差指をつまみながら手前に引く。

ひろうえん【披露宴】

「結婚披露宴」

→〈結婚〉+〈パーティー〉

「披露宴」は結婚などを知らせ祝う宴会のことで〈パーティー〉で表現。〈パーティー〉はグラスを持って回るさまを表す。

〈結婚〉

親指と小指を左右からつける。

〈パーティー〉

親指と人差指で杯を持つようにして水平に回転させる。

ひろう【拾う】3

「タクシーを拾う」

→〈タクシー〉+〈つかむ①〉

例文の「拾う」はタクシーをとめて乗る意味なので〈つかむ①〉で表現。〈つかむ①〉はものをつかむさまで「つかむ」「確保する」の意味。

〈タクシー〉

親指と中指と薬指を軽く向い合わせ前に出す。

〈つかむ①〉

軽く開いた右手のひらを下に向けてつかむようにする。

ひろがる【広がる】1

「道が広がる」

→〈道①〉+〈広い①〉

例文の「広がる」は道幅が広くなる意味なので〈広い①〉で表現。〈広い①〉は広げるさまで「広い」「広がる」「広げる」などの意味を表す。

〈道①〉

道幅に見立てた向かい合わせた両手をまっすぐ前に出す。

〈広い①〉

両手のひらを向かい合わせて左右に広げる。

ひろがる【広がる】2

「（火事が）広がる」

→（〈火事①〉または〈火事②〉＋）
〈広がる①〉
または〈広がる②〉

例文の「広がる」は広い範囲に及ぶ意味なので〈広がる①〉または〈広がる②〉で表現。いずれもまわりに広がっていくさまを表す。

〈広がる①〉

両手を前に出しながら左右に開く。

〈広がる②〉

両手の親指と人差指を向かい合わせて左右に広げる。

ひろげる【広げる】1

「道を広げる」

→〈道①〉＋〈広い①〉

例文の「広げる」は道幅を広くする意味なので〈広い①〉で表現。〈広い①〉は広げるさままで「広い」「広がる」「広げる」などの意味を表す。

〈道①〉

道幅に見立てた向かい合わせた両手をまっすぐ前に出す。

〈広い①〉

両手のひらを向かい合わせて左右に広げる。

ひろがる【広がる】3

「さらに視野が広がる」

→〈もっと〉＋〈視野が広がる〉

例文の「広がる」はひろびろと見る意味なので〈視野が広がる〉で表現。〈視野が広がる〉は景色や見識が広がる意味がある。

〈もっと〉

両手の親指と人差指を一定の間隔に開き、左手の上に右手をのせる。

〈視野が広がる〉

両目の脇で向かい合わせた両手のひらを左右に開く。

ひろげる【広げる】2

「（さらに）店を広げる」

→〈店①〉＋〈大きい①〉
（＋〈もっと〉）

例文の「広げる」は規模を大きくする意味なので〈大きい①〉で表現。〈大きい①〉は規模を大きくするさまを表す。

〈店①〉

両手のひらを上に向けて、左右に開く。

〈大きい①〉

親指と人差指を向かい合わせた両手を左右に広げる。

ひろがる【広がる】4

「うわさが広がる」

→〈うわさ〉＋〈広がる②〉

例文の「広がる」も広い範囲に及ぶ意味で〈広がる②〉で表現。〈広がる②〉は範囲が拡大するさまを表す。

〈うわさ〉

指先をつき合わせた両手をねじるように揺らし、耳を傾ける。

〈広がる②〉

両手の親指と人差指を向かい合わせて左右に広げる。

ひろば【広場】

「（駅前）広場」

→（〈駅〉＋）
〈みんな〉＋〈場所〉

「広場」は人の集う広い空間のことなので〈みんな〉＋〈場所〉で表現。ここでの〈みんな〉は広いさまで「広い」の意味を表す。

〈みんな〉

右手のひらを下に向けて水平に回す。

〈場所〉

全指を曲げた右手を前に置く。

ひろまる【広まる】

「うわさが広まる」

→〈うわさ〉+〈広がる②〉

例文の「広まる」はうわさが広がることなので〈広がる②〉で表現。〈広がる②〉はうわさの範囲が拡大していくさまを表す。

〈うわさ〉

指先をつき合わせた両手をねじるように揺らし、耳を傾ける。

〈広がる②〉

両手の親指と人差指を向かい合わせて左右に広げる。

ビワ【枇杷】

「ビワの木」

→〈ビワ〉+〈木〉

「ビワ」は〈ビワ〉で表現。〈ビワ〉はビワに十字の切れ目をつけるさまを表す。

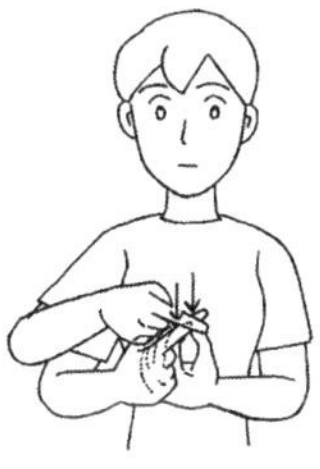

〈ビワ〉

左5指をすぼめて上向きにし、そこに右人差指を十字になるように当てる。

〈木〉

両手の親指と人差指で大きな丸を作り、上にあげながら左右に広げる。

ひん【品】1

「品が悪い」

→〈下品〉
　または〈びり〉

例文の「品」は感じのいい、悪いの意味で「品が悪い」は〈下品〉または〈びり〉で表現。

〈下品〉

親指を立てた右手を下に向けておろす。

〈びり〉

左手のひらの上に親指を立てた右手を勢いよく落とす。

ひん【品】2

「品がいい」

→〈上品〉

例文の「品がいい」は上品の意味なので〈上品〉で表現。〈上品〉はりっぱなひげのさまを表し、「上品」「りっぱな」などの意味を表す。

〈上品〉

鼻の下に当てた右手を静かに右へ動かす。

ひん【品】3

「不良品」

→〈悪い①〉+〈物②〉
　(または〈品(ひん)〉)

例文の「品」は品物の意味なので〈物②〉で表現。〈物②〉は漢字「物」の一部を手話化したもので「物」を表す。

〈悪い①〉

人差指で鼻をこするようにして振りおろす。

〈物②〉

右手の親指と人差指で作った丸を小刻みに振りながら右へ引く。

びんかん【敏感】1

「(犬は)鼻が敏感」

→(〈犬〉+)
　〈香り①〉+〈得意〉

例文の「敏感」は鼻がよく利く意味なので〈得意〉で表現。〈得意〉は鼻が高いさまでそのことにすぐれているさまを表す。

〈香り①〉

右手2指を繰り返し鼻に近づける。

〈得意〉

親指と小指を立てた右手の親指を鼻に当て、斜め上に出す。

ひ

びんかん【敏感】2

「神経が敏感」

→〈精神〉+〈鋭い〉

例文の「敏感」は鋭い様子なので〈鋭い〉で表現。〈鋭い〉は刀などの切っ先が尖って鋭いさまを表す。

〈精神〉

右人差指で頭をさし、次に両手を合わせる。

〈鋭い〉

左人差指を右親指と人差指ではさみ、指先へ抜けるように閉じて前に出す。

びんかん【敏感】3

「（うわさを）敏感に感知する」

→（〈うわさ〉+）〈感じる①〉+〈はやい①〉

例文の「敏感」はすぐ感じとる意味なので〈感じる①〉+〈はやい①〉で表現。〈はやい①〉は矢が飛ぶさまで「はやい」の意味を表す。

〈感じる①〉

右人差指を頭に当てて軽く突くようにする。

〈はやい①〉

親指と人差指を閉じた右手をすばやく左へ動かしながら人差指を伸ばす。

ピンク 1

「ピンク色」

→〈ピンク〉+〈色①〉

例文の「ピンク」は桃色のことなので〈ピンク〉で表現。〈ピンク〉はほおの色を表す。

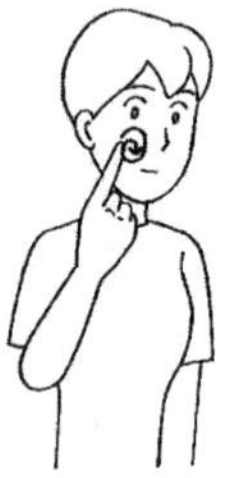

〈ピンク〉

右ほおに右人差指を当て、くるくる回す。

〈色①〉

すぼめた両手を合わせてひねる。

ピンク 2

「ピンク映画」

→〈助平〉+〈映画〉

例文の「ピンク」は好色の意味なので〈助平〉で表現。〈助平〉は女のことが頭にこびりつくさまを表す。

〈助平〉

小指を目の横でこするようにする。

〈映画〉

指間を軽く開き、両手のひらを目の前で前後に重ね、交互に上下させる。

ひんけつ【貧血】

「貧血」

→〈赤〉+〈冷(さ)める①〉

「貧血」は血液の中の赤血球の量が少ないことで〈赤〉+〈冷める①〉で表現。〈赤〉は血液を、〈冷める①〉は頭から血が引くさまを表す。

〈赤〉

唇に人差指を当て、右へ引く。

〈冷(さ)める①〉

両目の前で開いた親指と人差指を閉じる。

ひんしつ【品質】

「品質」

→〈品(ひん)〉+〈性質〉

「品質」は品物の程度のことで〈品〉+〈性質〉で表現。〈品〉は漢字「品」を表し、〈性質〉は「質」を表す。

〈品(ひん)〉

右手の親指と人差指で作った丸を上、左、右に示す。

〈性質〉

左手甲に右人差指を当て、すくうようにあげる。

ひんじゃく【貧弱】1

「貧弱な施設」

→〈小さい①〉+〈施設〉

例文の「貧弱」は規模の小さい意味なので〈小さい①〉で表現。〈小さい①〉はものの小さいさまを表す。

〈小さい①〉

両手の親指と人差指を向かい合わせ、左右から縮める。

〈施設〉

左手で指文字〈シ〉を示し、右手で「┐」を描く。

ひんじゃく【貧弱】2

「知識が貧弱」

→〈知識〉+〈貧しい①〉

例文の「貧弱」は乏しい意味なので〈貧しい①〉で表現。〈貧しい①〉はあごが干あがるさまで「貧しい」「貧乏」「ない」などの意味を表す。

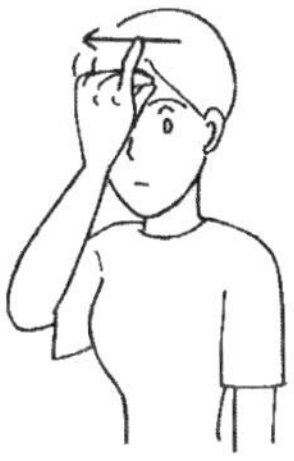

〈知識〉

小指を立てて親指と残り3指を閉じた右手を額に当てて、左から右へ引く。

〈貧しい①〉

右親指をあごに当てる。

ひんじゃく【貧弱】3

「内容が貧弱」

→〈内容〉+〈くだらない〉

例文の「貧弱」はなかみが十分でない意味で〈くだらない〉で表現。〈くだらない〉は頭が上がらないさまで「くだらない」意味を表す。

〈内容〉

左手のひらで囲んだ内側を右人差指でかき回す。

〈くだらない〉

右人差指を伸ばし下からあげて左手のひらに打ちつける。

びんじょう【便乗】1

「車に便乗する」

→〈運転〉+〈添える〉

例文の「便乗」は人が乗る車を利用して自分も一緒に乗る意味なので〈添える〉で表現。

〈運転〉

ハンドルを両手で握り、回すようにする。

〈添える〉

左人差指に右人差指を添える。

びんじょう【便乗】2

「便乗値上げ」

→〈乗る①〉+〈値上げ④〉

例文の「便乗」は都合のよい機会をうまく利用する意味で〈乗る①〉で表現。〈乗る①〉は馬にまたがるさまを表す。

〈乗る①〉

左人差指の上に右手2指をまたぐようにのせる。

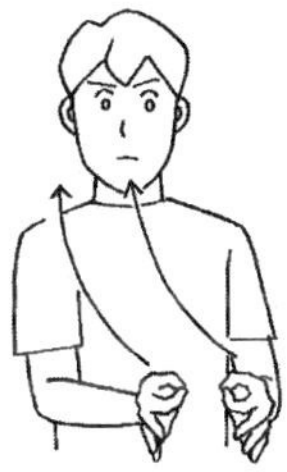

〈値上げ④〉

両手の親指と人差指で作った丸を右上へ急にあげる。

ヒント 1

「(問題の)ヒントを出す」

→(〈問題〉+)〈ヒント〉+〈申し込む〉

例文の「ヒント」は問題を解く手がかりの意味なので〈ヒント〉で表現。〈ヒント〉は考えをつまみ出すさまを表す新しい手話。

〈ヒント〉

右手の親指と人差指で頭をつまみあげるようにする。

〈申し込む〉

左手のひらの上に右人差指をのせて前に出す。

ヒント 2

「本からヒントを得る」

→〈本〉+〈感じる②〉

例文の「ヒントを得る」は頭にぴんと来たことなので〈感じる②〉で表現。〈感じる②〉は本を見ながら頭にぴんと来たさまを表す。

〈本〉

手のひらを合わせた両手を本を開くように左右に開く。

〈感じる②〉

左手のひらを手前に向けて右人差指で頭を突く。

ピンはね

「お金をピンはねする」

→〈金(かね)①〉+〈ピンはね〉

「ピンはね」は相手に渡すはずの代金の一部を自分のものにする意味なので〈ピンはね〉で表現。〈ピンはね〉は抜き取るさまを表す。

〈金(かね)①〉

右手の親指と人差指で作った丸を示す。

〈ピンはね〉

左手のひらの上からかぎ状にした右人差指を引き抜くようにする。

ピント 1

「ピントが合わない」

→〈ピント〉+〈合わない〉

例文の「ピント」はレンズの焦点の意味なので〈ピント〉で表現。〈ピント〉はレンズの焦点を合わすさまを表す。

〈ピント〉

両手の人差指を立てて前後に置き、左右に動かして重ねるようにする。

〈合わない〉

左人差指の先に右人差指の先を当て、はじくように離す。

びんぼう【貧乏】

「昔は貧乏だった」

→〈過去①〉+〈貧しい②〉

「貧乏」はお金がないことなので〈貧しい②〉で表現。〈貧しい②〉はあごが干あがるさまで「貧乏」「乏しい」「不足」などの意味を表す。

〈過去①〉

右手のひらを後ろに向けて勢いよく押してやる。

〈貧しい②〉

右親指をあごに当て、あごをこするようにして２回前に出す。

ピント 2

「ピントがずれた(返事)」

→〈思う〉+〈食い違う①〉
(+〈返事〉)

例文の「ピント」は物事の中心点の意味で、「ピントがずれる」は〈思う〉+〈食い違う①〉で表現。〈食い違う①〉は一致しないさま。

〈思う〉

右人差指を側頭部に当てる。

〈食い違う①〉

両手の人差指の先を向かい合わせて前後に離す。

〈フ〉

親指と人差指で「フ」の字形を示す。

ふ【不】1

「(体が)不自由」

→(〈体(からだ)〉+)
〈自由〉+〈難しい〉
(または〈不便〉)

例文の「不自由」は体が自由に動けない意味で〈自由〉+〈難しい〉または〈不便〉で表現。〈不便〉は〈便利〉を否定するさま。

〈自由〉
両こぶしをひじから交互に上下させる。

〈難しい〉
右手の親指と人差指でほおをつねるようにする。

ぶ【部】

「部長」

→〈ブ〉+〈長①〉

例文の「部」は会社や団体などの組織単位のことで指文字〈ブ〉で表現する。

〈ブ〉
親指と人差指を立てた右手で「フ」の字を示し、右へ引く。

〈長①〉
親指を立てた右手を上にあげる。

ふ

ふ【不】2

「心が不安定」

→〈心〉+〈迷う〉

例文の「不安定」は心がゆれるさまなので〈迷う〉で表現。〈迷う〉は気持ち、心が迷うさまで「迷う」「ゆれる」「動揺する」などの意味。

〈心〉
右人差指でみぞおち辺りをさす。

〈迷う〉
両手のひらを並べて左右に振る。

ファースト

「ファーストを守る」

→〈ファースト〉+〈責任①〉

例文の「ファースト」は一塁(手)のことなので〈ファースト〉で表現。〈ファースト〉は左手のベースの上で右手の1を表す。

〈ファースト〉
左甲に右ひじを乗せ、右人差指を回す。

〈責任①〉
右肩に軽く全指を折り曲げた右手をのせる。

ふ【不】3

「(土台が)不安定」

→(〈基本①〉+)
〈悪い①〉
または〈弱い〉

例文の「不安定」は建物などの土台が不安定、悪い意味なので〈悪い①〉または〈弱い〉で表現。〈弱い〉は力のないさまを表す。

〈悪い①〉
人差指で鼻をこするようにして振りおろす。

〈弱い〉
右手のこぶしをひじから前に倒す。

ファイル 1

「資料をファイルする」

→〈資料〉+〈ファイル〉

例文の「ファイル」は書類などを整理してとじておくことなので〈ファイル〉で表現。〈ファイル〉は書類を差し込むさまを表す。

〈資料〉
左手のひらの上を親指と人差指と中指を滑らせるように繰り返し動かす。

〈ファイル〉
左手の親指と4指との間に右手を差し込む。

ファイル 2

「ファイルを買う」
→〈ファイル〉+〈買う〉

例文の「ファイル」は書類ばさみのことなので〈ファイル〉で表現。

〈ファイル〉
左手の親指と 4 指との間に右手を差し込む。

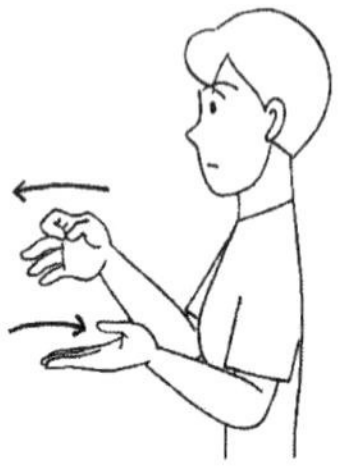

〈買う〉
右手の親指と人差指で作った丸を前に出すと同時に手のひらを上に向けた左手を手前に引く。

ファックス

「ファックスを送る」
→〈ファックス①〉
または〈ファックス②〉

「ファックス」は複写伝送装置のことで〈ファックス①〉または〈ファックス②〉で表現。手話はどちらもファックスを送信するさまを表す。

〈ファックス①〉
親指と小指を立てた左手を耳に当て、指先を前に向けた右手を前に出す。

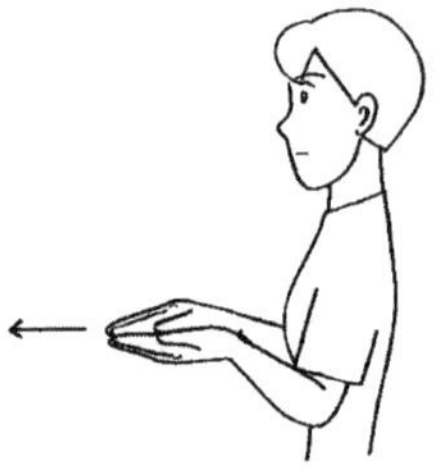

〈ファックス②〉
指先を前に向けて両手のひらを上下に合わせ、前に出す。

ファッション

「ファッション雑誌」
→〈服〉+〈雑誌〉

「ファッション」は流行の服装のことで〈服〉で表現。〈服〉は服を着るさまで「服」「衣服」「洋服」などの意味を表す。

〈服〉
親指を立てた両手をえりに沿って下におろす。

〈雑誌〉
両手のひらを上下に合わせて右手を開くように返す。

ファン 1

「野球ファン（が多い）」
→〈野球①〉+〈好き①〉
（+〈たくさん③〉）

例文の「ファン」は愛好家のことで〈好き①〉で表現。〈好き①〉は首ったけのさまで「好き」「欲しい」などの意味を表す。

〈野球①〉
バットを握って振るようにする。

〈好き①〉
親指と人差指を開いた右手をのどに当て、下におろしながら閉じる。

ファン 2

「彼女のファンです」
→〈彼女〉+〈人気②〉

例文の「ファン」は特定の人に夢中になる人のことなので〈人気②〉で表現。〈人気②〉はスターなどに押し寄せる人のさまを表す。

〈彼女〉
左小指を右人差指でさす。

〈人気②〉
左小指に右手指先を近づける。

ふあん【不安】1

「（地震が）不安だ」
→（〈地震〉+）
〈心配①〉
または〈心配②〉

例文の「不安」は心配することなので〈心配①〉または〈心配②〉で表現。手話はいずれも胸をしめつけられるような不安のさまを表す。

〈心配①〉
指先を軽く折り曲げた右手を胸に繰り返し当てる。

〈心配②〉
手指を曲げた両手を胸に当てる。

ふあん【不安】2

「（世界情勢が）不安だ」
→（〈世界〉+〈状態①〉+）〈危機〉
または〈心配②〉

例文の「不安」は安心できない状況である意味なので〈危機〉または〈心配②〉で表現。〈危機〉はがけっぷちにあるさまを表す。

〈危機〉
指先を前に向けて両手を上下に重ねて、右手を揺する。

〈心配②〉
全指を折り曲げた両手を胸に繰り返し当てる。

ふい【不意】

「不意の客」
→〈急に〉+〈客〉

「不意」は思いもかけない意味なので〈急に〉で表現。〈急に〉は突然現れるさまで「不意」「急に」「突然」などの意味を表す。

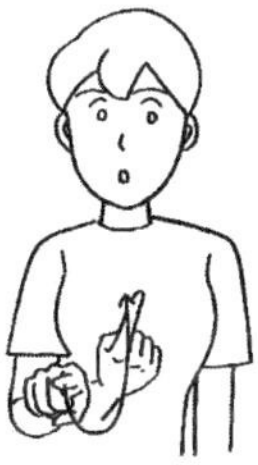

〈急に〉
右人差指を勢いよくすくいあげる。

〈客〉
左手のひらに親指を立てた右手をのせ、右から手前に引き寄せる。

フィールド

「フィールド競技」
→〈フィールド〉+〈競争〉

例文の「フィールド」は〈フィールド〉で表現。〈フィールド〉は左手のフィールドの上で右手の人がジャンプするさまを表す。

〈フィールド〉
左甲の上で右2指を上下させる。

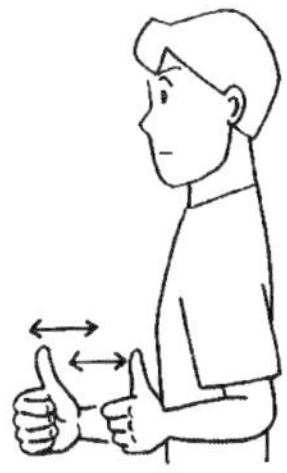

〈競争〉
親指を立てた両手を競うように交互に前後させる。

フィルム 1

「写真のフィルム」
→〈写真〉+〈フィルム①〉

例文の「フィルム」は〈フィルム①〉で表現。〈フィルム①〉はネガの形を表す。

〈写真〉
左手の親指と4指で作った丸の前に右手のひらをおろす。

〈フィルム①〉
両手の親指と人差指を合わせて左右に開く。

フィルム 2

「映画フィルム」
→〈映画〉+〈フィルム②〉

例文の「フィルム」は映画なので〈フィルム②〉で表現。〈フィルム②〉はフィルムの巻かれた大きなリールを表す。

〈映画〉
指間を軽く開き、両手のひらを目の前で前後に重ね、交互に上下させる。

〈フィルム②〉
左こぶしのまわりを右手の親指と人差指で円を描く。

ふう【風】1

「風雨」
→〈風②〉+〈雨①〉

例文の「風」は〈風②〉で表現。〈風②〉は風が吹くさまでその強さによって手話は変わる。

〈風②〉
両手のひらで風を送るように左へ動かす。

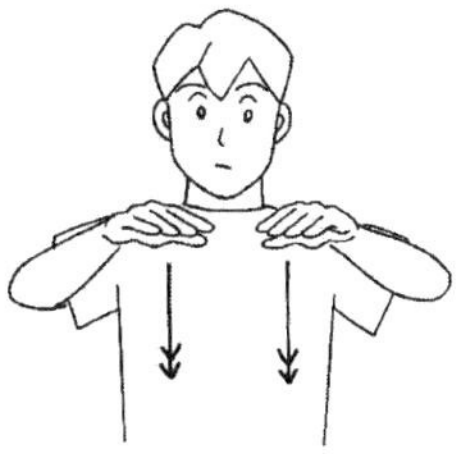

〈雨①〉
軽く開いた指先を前に向け両手を繰り返し下におろす。

ふう【風】2

「和風（庭園）」

→〈日本〉+〈合う①〉
（+〈庭〉）

例文の「風」は〜的、〜らしいの意味なので２種類の表現がある。ひとつは〈合う①〉で表現。〈合う①〉は、それらしい、ぴったりしたという意味を表す。

〈日本〉
両手の親指と人差指をつき合わせ、左右に開きながら閉じる。

〈合う①〉
左人差指の先に右人差指の先を当てる。

ふう【風】3

「和風（庭園）」

→〈日本〉+〈香り①〉
（+〈庭〉）

もうひとつは〈香り①〉で表現。〈香り①〉はそれらしい感じがするという意味を表す。

〈日本〉
両手の親指と人差指をつき合わせ、左右に開きながら閉じる。

〈香り①〉
右手２指を繰り返し鼻に近づける。

ふう【風】4

「校風」

→〈勉強②〉+〈伝統②〉

例文の「風」は古くからのならわし、伝統の意味なので〈伝統②〉で表現。

〈勉強②〉
指先を上に向けた両手を並べて軽く前に出す。

〈伝統②〉
親指と小指を立てた両手を交互に回しながら下にさげる。

ふうけい【風景】1

「風景が良い」

→〈ながめる〉+〈良い〉

例文の「風景」は景色の意味なので〈ながめる〉で表現。〈ながめる〉は小手をかざしてながめるさまで「風景」「景色」などの意味。

〈ながめる〉
右手のひらを額に当てながめるようにする。

〈良い〉
右こぶしを鼻から前に出す。

ふうけい【風景】2

「練習風景」

→〈鍛える〉+〈状態①〉

例文の「風景」はその場の様子の意味なので〈状態①〉で表現。〈状態①〉は「状態」「状況」「ありさま」などの意味を表す。

〈鍛える〉
ひじを張り、両こぶしで胸を同時に繰り返したたく。

〈状態①〉
両手のひらを前に向けて、交互に上下させる。

ふうさ【封鎖】1

「道路を封鎖」

→〈道①〉+〈壁②〉

例文の「封鎖」は道路を閉ざすことなので〈壁②〉で表現。〈壁②〉は閉ざして出入りを止めるさまを表す。

〈道①〉
道幅に見立てた向かい合わせた両手をまっすぐ前に出す。

〈壁②〉
向かい合わせた両手を同時に下におろす。

ふうさ【封鎖】2

「経済封鎖」

→〈経済〉+〈壁②〉

例文の「封鎖」は経済的交流、物資の流入を閉ざすことなので〈壁②〉で表現。

〈経済〉

親指と人差指で作った丸を上下に置き、互い違いに水平に回す。

〈壁②〉

向かい合わせた両手を同時に下におろす。

ふうふ【夫婦】1

「夫婦になる」

→〈結婚〉

例文の「夫婦になる」は結婚する意味なので〈結婚〉で表現。〈結婚〉は男と女が一緒になるさまを表す。

〈結婚〉

親指と小指を左右からつける。

ふうしん【風疹】

「風しんにかかる」

→〈風①〉+〈発しん〉

「風しん」は伝染病の一つで聴覚障害の原因の一つ。〈風①〉+〈発しん〉で表現。〈発しん〉は体にできる赤い発しんを表す。

〈風①〉

右手で風を送る。

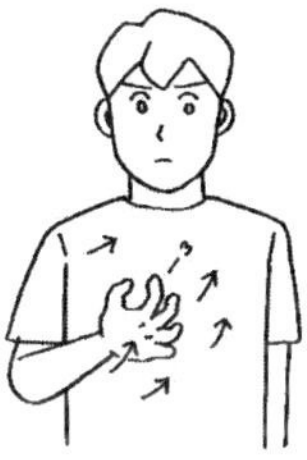

〈発しん〉

全指を曲げた右手を体中に当てる。

ふうふ【夫婦】2

「夫婦(円満)」

→〈夫婦①〉
または〈夫婦②〉
(+〈仲間〉)

「夫婦」は結婚で一緒になった男女のことで〈夫婦①〉または〈夫婦②〉で表現。〈夫婦①〉は男女が一緒のさま、〈夫婦②〉はペアのさまを表す。

〈夫婦①〉

右小指と左親指を寄り添わせ下にさげる。

〈夫婦②〉

親指と小指を立てて振る。

ふうとう【封筒】

「封筒」

→〈投票〉+〈四角②〉

「封筒」は〈投票〉+〈四角②〉で表現。〈投票〉はこの場合、手紙を入れるさま、〈四角②〉は封筒の形を表す。

〈投票〉

左手の親指と４指の間に右手の４指を入れる。

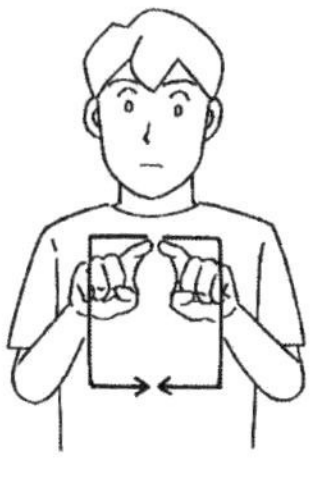

〈四角②〉

両手の人差指で四角を描く。

ブーム

「(旅行)ブーム」

→(〈旅行〉または〈汽車〉+)
〈ブーム〉または〈広がる①〉

「ブーム」は〈ブーム〉または〈広がる①〉で表現。〈ブーム〉は急に広がるさまを表す。〈広がる①〉は広がるさまを表す。

〈ブーム〉

指先を上に向けて５指をつまんだ両手を左右に並べつけ合わせ、同時に左右にぱっと開く。

〈広がる①〉

両手を前に出しながら左右に開く。

プール

「（五十メートル）プール」

→（〈50〉＋〈メートル①〉＋）〈プール〉

例文の「プール」は泳ぐプールのことで〈プール〉で表現。〈プール〉はプールの中で泳ぐさまを表す。

〈プール〉

左手の親指と人差指で角を作り、右手２指の指先を交互に上下させながら右へ引く。

ふえ【笛】1

「笛を吹く」

→〈横笛〉
または〈縦笛〉

「笛」は〈横笛〉または〈縦笛〉で表現。〈横笛〉は横に吹くさま、〈縦笛〉は縦に吹くさまを表す。

〈横笛〉

横笛を吹くようにする。

〈縦笛〉

縦笛を吹くようにする。

ふえ【笛】2

「笛を吹いて開始」

→〈ホイッスル〉＋〈開（ひら）く④〉

例文の「笛」は呼び子、ホイッスルの意味なので〈ホイッスル〉で表現。〈ホイッスル〉は携帯用の小さな笛を表す。

〈ホイッスル〉

右手の親指と人差指を口元に当て、笛を吹くようにする。

〈開（ひら）く④〉

両手のひらを下に向けて並べ、左右に開く。

ふえる【増える】1

「水かさが増える」

→〈流れる②〉＋〈増す〉

例文の「増える」は水の量が多くなる意味なので〈増す〉で表現。〈増す〉は量が増えるさまを表す。

〈流れる②〉

右手の甲を下にして波のようにゆらゆら上下に揺すりながら右へやる。

〈増す〉

両手を上下に向かい合わせ、右手を上にあげていく。

ふえる【増える】2

「体重が増える」

→〈体（からだ）〉＋〈重い〉

例文の「増える」は重くなる意味なので〈重い〉で表現。〈重い〉は「重い」「重さ」の意味がある。

〈体（からだ）〉

右手を体の上で回す。

〈重い〉

両手のひらを上に向け、重さでさがるようにする。

ふえる【増える】3

「本が増える」

→〈本〉＋〈並ぶ④〉

例文の「増える」は本の数が増えるので〈並ぶ④〉で表現。〈並ぶ④〉は本が並ぶさまで、数の増加と共に幅が広がる。

〈本〉

手のひらを合わせた両手を本を開くように左右に開く。

〈並ぶ④〉

両手のひらを向かい合わせて右手を右へ離す。

ふ

ふえる【増える】4

「貯金が増える」

→〈貯金〉+〈金がたまる〉

例文の「増える」は金がたまる意味なので〈金がたまる〉で表現。〈金がたまる〉は金が段々と増えていくさまを表す。

〈貯金〉

左手のひらの上に右こぶしの小指側で判をつくように当てながら前に出す。

〈金がたまる〉

左手のひらの上で右手の親指と人差指で作った丸を徐々に上にあげる。

フェンシング

「フェンシングの選手」

→〈フェンシング〉+〈選手〉

「フェンシング」は〈フェンシング〉で表現。〈フェンシング〉は剣で突くさまを表す。

〈フェンシング〉

左手をあげ、右人差指でつつく動きをする。

〈選手〉

左こぶしの甲に親指を立てた右手を軽くかすめるように当て、上にあげる。

ふ

ふえる【増える】5

「(人口が)増える」

→(〈人口〉+)
〈増える①〉
または〈大きい①〉

例文の「増える」は人の数が多くなる意味なので〈増える①〉または〈大きい①〉で表現。前者は段階的に、後者は一気に増えるさまを表す。

〈増える①〉

両手の親指と人差指を向かい合わせて左右に広げる。

〈大きい①〉

親指と人差指を向かい合わせた両手を弧を描いて左右に広げる。

フォアボール

「フォアボールで負ける」

→〈フォアボール〉+〈負ける②〉

「フォアボール」は〈フォアボール〉で表現。〈フォアボール〉は「４」と「どうぞ」を組み合わせて表した手話。

〈フォアボール〉

４指を出し、手のひらを上向きにした右手を左から右に動かす。

〈負ける②〉

親指を立てた両手をぶつけ手前に倒す。

ふえる【増える】6

「仲間が増える」

→〈仲間〉+〈増える②〉

例文の「増える」も人の数が増える意味なので〈増える②〉で表現。〈増える②〉は人がじわじわと増えるさまを表す。

〈仲間〉

両手を握り、水平に回す。

〈増える②〉

向かい合わせた両手の親指と人差指を揺らしながら左右に開く。

フォーク

「フォークで食べる」

→〈スパゲッティ〉+〈食べる⑤〉

例文の「フォーク」は食器のことなので〈スパゲッティ〉で表現。〈スパゲッティ〉はフォークでスパゲッティをとるさまを表す。

〈スパゲッティ〉

右手３指をやや下に向けてねじるようにする。

〈食べる⑤〉

右手３指をすくいあげるように口に持っていく。

フォーラム

「フォーラムを開く」
→〈フォーラム〉+〈開(ひら)く③〉

「フォーラム」は討論の一種で〈フォーラム〉で表現。〈フォーラム〉は指文字〈フ〉で討論者が座っているさまを表す。

〈フォーラム〉
指文字〈フ〉の両手を左右に向かい合わせ、同時に前方へ弧を描く。

〈開(ひら)く③〉
手のひらを前に向けてつけ合せた両手を手前に扉を開くように動かす。

ぶか【部下】

「部下」
→〈副〉
または〈支持される〉

「部下」は責任を持つ人の下で働く人のことで〈副〉または〈支持される〉で表現。〈副〉は一人の部下を、〈支持される〉は複数の部下を表す。

〈副〉
左親指に右親指を少しさげてつける。

〈支持される〉
親指を立てた左手甲に右手のひらを前から繰り返し当てる。

ふかい【深い】1

「深い(海)」
→〈深い①〉
または〈深い②〉
(+〈海〉)

例文の「深い」は底までの距離が長い意味なので〈深い①〉または〈深い②〉で表現。〈深い①〉は底が深いさまを表す。

〈深い①〉
両手のひらを上下に向かい合わせて、右手をさげる。

〈深い②〉
左手のひらを下に向け、体と左手の間に右人差指を沈めるように下にさげる。

ふかい【深い】2

「考えが深い」
→〈考える〉+〈深い②〉

例文の「深い」は考えが優れている、深いの意味で〈深い②〉で表現。〈深い②〉は物理的な深さを表すがこのように比喩的な表現にも使う。

〈考える〉
右人差指を頭にねじこむようにする。

〈深い②〉
左手のひらを下に向け、体と左手の間に右人差指を沈めるように下にさげる。

ふかい【深い】3

「霧が深い」
→〈霧〉+〈とても〉

例文の「深い」は霧の程度がはなはだしいさまなので〈とても〉で表現。手話は視界をさえぎる深い霧のさまを表す。

〈霧〉
指先を上に向けて手のひらを前に向けた両手を並べて、左から右へゆっくり動かす。

〈とても〉
親指と人差指を閉じた右手を右へ弧を描きながら親指を立てる。

ふかい【深い】4

「欲が深い」
→〈けち〉+〈集める③〉

例文の「欲が深い」は〈けち〉+〈集める③〉で表現。〈けち〉はお金をかむさま、〈集める③〉は自分のまわりに集めるさまを表す。

〈けち〉
親指と人差指で作った丸をかむようにする。

〈集める③〉
全指を曲げた両手で繰り返しかき寄せるようにする。

ふかい【不快】

「不快な(気分)」

→〈むかつく〉
または〈そぐわない〉
(+〈気持ち〉)

「不快」はいやだと思うさまなので〈むかつく〉または〈そぐわない〉で表現。〈むかつく〉は気分を悪くしてむかつくさまを表す。

〈むかつく〉
右手のひらを胸に当ててこすりあげる。

〈そぐわない〉
両手の指背側を合わせて、上下にこすり合わせる。

ふかこうりょく【不可抗力】

「不可抗力」

→〈防ぐ〉+〈できない〉

「不可抗力」は人の力ではどうすることもできない意味なので〈防ぐ〉+〈できない〉で表現。

〈防ぐ〉
両手のひらを前に向け押すように出す。

〈できない〉
両こぶしを握り、手首を交差させて左右にぱっと開く。

ふかかい【不可解】

「不可解な事件」

→〈不思議〉+〈事件〉

「不可解」はわけがわからない意味なので〈不思議〉で表現。〈不思議〉はあごに人差指を当てて不思議に思うさまを表す。

〈不思議〉
右人差指をあごにつけ、ねじるようにする。

〈事件〉
左手の指文字〈コ〉の下で右人差指をすくいあげるようにする。

ふかのう【不可能】

「不可能」

→〈できない〉
または〈難しい〉

「不可能」はできない意味で〈できない〉または〈難しい〉で表現。

〈できない〉
両こぶしを握り、手首を交差させて左右にぱっと開く。

〈難しい〉
右手の親指と人差指でほおをつねるようにする。

ふかけつ【不可欠】

「不可欠な(テーマ)」

→〈絶対〉+〈必要①〉
(+〈タイトル〉)

「不可欠」はぜひ必要なことの意味なので〈絶対〉+〈必要①〉で表現。〈絶対〉は必ず守らなければならないもので「絶対」の意味を表す。

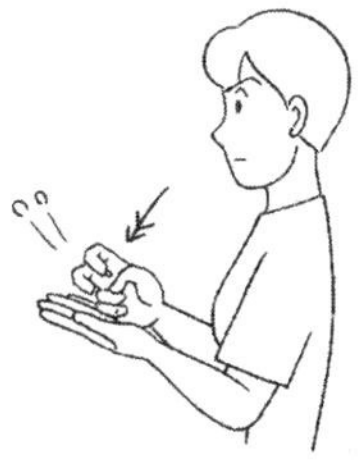

〈絶対〉
左手のひらに折り曲げた右手2指を強く打ちつける。

〈必要①〉
指文字〈コ〉を示した両手を手前に引き寄せる。

ふかまる【深まる】1

「夜が深まる」

→〈暗い〉+〈過ぎる〉

例文の「深まる」は夜の時間がかなり過ぎる意味なので〈過ぎる〉で表現。〈過ぎる〉は限度を超えるさまで「過ぎる」「遅い」などの意味。

〈暗い〉
両手のひらを前に向けた両腕を目の前で交差させる。

〈過ぎる〉
左手甲の上を右手で乗り越える。

ふかまる【深まる】2

「理解が深まる」
→〈知る①〉+〈発展〉

例文の「深まる」は程度が進む意味なので〈発展〉で表現。〈発展〉は上向くさまで「発展(する)」「向上(する)」などの意味を表す。

〈知る①〉
右手のひらを胸に当て、下におろす。

〈発展〉
指文字〈コ〉を示した両手を斜め上にあげる。

ふかめる【深める】1

「理解を深める」
→〈知る①〉+〈深い①〉

例文の「深める」は理解を深める意味で〈深い①〉で表現。〈深い①〉は深める、深いさまで、このような比喩的な表現にも用いる。

〈知る①〉
右手のひらを胸に当て、下におろす。

〈深い①〉
両手のひらを上下に向かい合わせて、右手をさげる。

ふかめる【深める】2

「考察を深める」
→〈考える〉+〈深い②〉

例文の「深める」は考えを深める意味で〈深い②〉で表現。〈深い②〉は深める、深いさまで、このような比喩的な表現にも用いる。

〈考える〉
右人差指を頭にねじこむようにする。

〈深い②〉
左手のひらを下に向け、体と左手の間に右人差指を沈めるように下にさげる。

ふかんぜん【不完全】

「不完全な工事」
→〈手落ち〉+〈工事〉

「不完全」は完全でない意味なので〈手落ち〉で表現。〈手落ち〉は欠けているさまで「欠ける」「欠陥」「不完全」などの意味を表す。

〈手落ち〉
両手のひらを手前に向けて重ね、右手を前に倒すように落とす。

〈工事〉
左こぶしに右こぶしを左右から打ちつける。

フキ【蕗】

「フキを(煮る)」
→〈フキ①〉または〈フキ②〉
(+〈煮る〉)

「フキ」は〈フキ①〉または〈フキ②〉で表現。〈フキ①〉は「秋田」の意味もある。〈フキ②〉は秋田と区別するために右手の茎を動かして表す。

〈フキ①〉
左手甲に右親指をつける。

〈フキ②〉
左手甲に右親指をつけ、弧を描いて前に出す。

ぶき【武器】

「武器を捨てる」
→〈銃〉+〈捨てる②〉

例文の「武器」は人や生き物を殺傷する道具のことで〈銃〉で表現。〈銃〉は小銃を構えるさまで「武器」一般を表す。

〈銃〉
左手で銃身を持ち、右手で引き金を引くようにする。

〈捨てる②〉
握った両手を斜め前に投げ出すようにして開く。

ふきゅう【普及】

「手話が普及する」

→〈手話〉+〈広がる①〉

「普及」は広く行きわたる意味なので〈広がる①〉で表現。〈広がる①〉は世の中に広く行きわたるさまを表す。

〈手話〉

両手の人差指を向かい合わせて、糸を巻くように回転させる。

〈広がる①〉

両手を前に出しながら左右に開く。

ふきょう【不況】

「不況」

→〈景気〉+〈さがる②〉

「不況」は景気が悪いことなので〈景気〉+〈さがる②〉で表現。〈景気〉は指文字〈ケ〉の前でお金が回るさまを表す新しい手話。

〈景気〉

左手で指文字〈ケ〉を示してその前で右手の親指と人差指で作った丸を回す。

〈さがる②〉

指文字〈コ〉を示した右手を右上から左下におろす。

ふきんこう【不均衡】

「貿易不均衡」

→〈貿易〉+〈不均衡〉

「不均衡」は〈不均衡〉で表現。〈不均衡〉は釣り合いのとれないさまを表す。

〈貿易〉

指先を手前に向けた右手を引き寄せると同時に左手を前に出す。

〈不均衡〉

親指と人差指をつまんだ両手を互い違いに上下させる。

ふく【吹く】1

「風が吹く」

→〈風①〉

または〈風②〉

例文の「吹く」は風が動く意味なので〈風①〉または〈風②〉で表現。吹く風の強さによって手話は変わる。

〈風①〉

右手で風を送る。

〈風②〉

両手のひらで風を送るように左へ動かす。

ふく【吹く】2

「笛を吹く」

→〈横笛〉

または〈縦笛〉

例文の「吹く」は笛を鳴らす意味なので〈横笛〉または〈縦笛〉で表現。〈横笛〉は横に吹く笛、〈縦笛〉は縦に吹く笛を表す。

〈横笛〉

横笛を吹くようにする。

〈縦笛〉

縦笛を吹くようにする。

ふく【吹く】3

「山が火を吹いた」

→〈山〉+〈爆発〉

例文の「火を吹く」は火山が爆発する意味なので〈爆発〉で表現。〈爆発〉は火口から吹きあがる火山弾のさまを表す。

〈山〉

右手で山形を描く。

〈爆発〉

親指と4指を閉じた両手を合わせ、勢いよく上にあげながら左右に開く。

ふく【吹く】4

「クジラが潮を吹く」

→〈クジラ〉

例文の「潮を吹く」は〈クジラ〉で表現。〈クジラ〉は「クジラ」「潮を吹く」を意味する。

〈クジラ〉

全指を閉じた右手を顔の横から後ろに向けて投げるようにしながら指を開く。

ふく【副】

「副社長」

→(〈会社〉+)
左〈長①〉+〈副〉

例文の「副」は「社長」に次ぐ人のことで〈副〉で表現。〈副〉は「社長」などのすぐ下につく人のさまを表す。

左〈長①〉

親指を立てた左手を上にあげる。

〈副〉

左親指に右親指を少しさげてつける。

ふく【服】

「服を着る」

→〈服〉
または〈着る〉

「服」は衣服のことで〈服〉で表現。〈服〉は服を着るさまで「服」「衣服」「洋服」「服を着る」の意味を表す。「服を着る」は〈着る〉でもよい。

〈服〉

親指を立てた両手をえりに沿って下におろす。

〈着る〉

親指を立てた両手を内側に倒し、着るようにする。

ふぐ【河豚】

「フグ」

→〈フグ〉

「ふぐ」は〈フグ〉で表現。〈フグ〉はそのふくれた腹を表す新しい手話。

〈フグ〉

左手甲側を前に示し、小指側に右人差指で弧を描く。

ふくざつ【複雑】1

「複雑な関係」

→〈混乱〉+〈関係①〉

例文の「複雑」はこみ入った意味なので〈混乱〉で表現。〈混乱〉はこみ入り、入り混じったさまを表す。

〈混乱〉

全指を曲げた両手のひらを上下に向かい合わせて、かき混ぜるようにする。

〈関係①〉

両手の親指と人差指を組み、前後に往復させる。

ふくざつ【複雑】2

「(問題は)複雑でわからない」

→(〈問題〉+)
〈複雑〉+〈わからない〉

例文の「複雑」は目まぐるしいことで〈複雑〉で表現。〈複雑〉は目まぐるしいさまを表す。

〈複雑〉

全指を折り曲げた右手を顔の前で回す。

〈わからない〉

指先を軽く開いた右手の中指を鼻に当て、手のひらを揺らす。

ふくさよう【副作用】

「薬の副作用」

→〈薬〉+〈副作用〉

例文の「薬の副作用」は〈薬〉+〈副作用〉で表現。〈副作用〉は〈副〉+〈起きる①〉で表す新しい手話。

〈薬〉

左手のひらの上で右薬指をこねるように回す。

〈副作用〉

親指を立てた左手に右親指を添え、次に右人差指を出し手首を回転しながら上にはねあげる。

ふくしゃ【複写】

「複写可能」

→〈コピー〉+〈できる〉

「複写」はコピーする意味なので〈コピー〉で表現。〈コピー〉はコピー機で写し取るさまを表す。

〈コピー〉

手のひらを下に向けた左手の下で右手を閉じながらおろす。

〈できる〉

右手指先を左胸と右胸に順に当てる。

ふくし【福祉】1

「公共の福祉」

→〈みんな〉+〈幸せ〉

「福祉」は社会的な幸せの意味で〈幸せ〉で表現。〈幸せ〉は年寄りがひげをゆうゆうとなでるのんびりと豊かなさまを表す。

〈みんな〉

右手のひらを下に向けて水平に回す。

〈幸せ〉

親指と 4 指であごをなでるようにする。

ふくしゅう【復習】

「復習する」

→〈改めて〉+〈勉強②〉

「復習」は一度ならったことを繰り返し勉強する意味なので〈改めて〉+〈勉強②〉で表現。〈改めて〉は手を払って元に戻す意味。

〈改めて〉

両手のひらを向かい合わせて交互に上下に手を払うようにする。

〈勉強②〉

指先を上に向けた両手を並べて軽く前に出す。

ふくし【福祉】2

「社会福祉」

→〈社会〉+〈幸せ〉

「社会福祉」は「福祉」の社会的な性格を強調したことばで〈社会〉+〈幸せ〉で表現。

〈社会〉

親指と小指を立てた両手を手前に水平に円を描く。

〈幸せ〉

親指と 4 指であごをなでるようにする。

ふくしゅう【復讐】1

「敵に復讐する」

→〈敵〉+〈恨む〉

「復讐」は仕返しをする意味なので〈恨む〉で表現。〈恨む〉は同じことを仕返すさまで「復讐」「仕返し」などの意味を表す。

〈敵〉

左手甲に右手甲をぶつける。

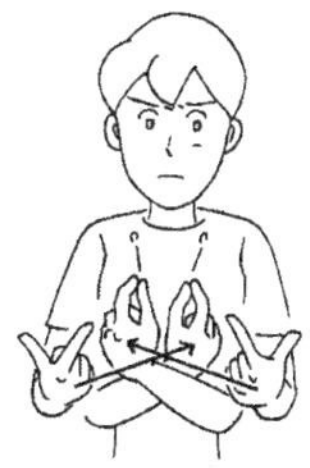

〈恨む〉

指先を上に向けた両手親指と人差指を強く交差させながら指先を閉じる。

ふくしゅう【復讐】2

「復讐を果たす」

→〈恨む〉+〈解決①〉

「復讐」は仕返しをする意味なので〈恨む〉で表現。〈恨む〉は同じことを仕返すさまで「復讐」「仕返し」などの意味を表す。

〈恨む〉

指先を上に向けた両手親指と人差指を強く交差させながら指先を閉じる。

〈解決①〉

左手のひらの上に右人差指で「×」を大きく書く。

ふくしょく【副食】

「副食」

→〈副〉+〈食べる①〉

「副食」はおかずの意味なので〈副〉+〈食べる①〉で表現。〈副〉は主となるものに添えるさまを表す。

〈副〉

左親指に右親指を少しさげてつける。

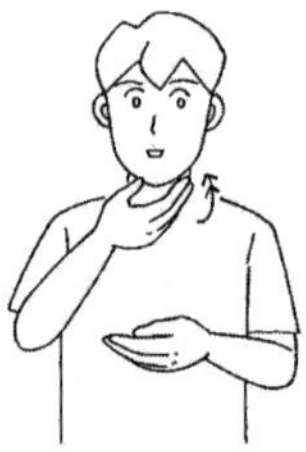

〈食べる①〉

左手のひらの上を右手ですくって食べるようにする。

ふくそう【服装】

「きちんとした服装」

→〈姿勢〉+〈服〉

「服装」は服を着た様子のことで〈服〉で表現。〈服〉は「服」「服装」「衣服」を意味する。

〈姿勢〉

両手のひらを向かい合わせ上から下におろす。

〈服〉

親指を立てた両手をえりに沿って下におろす。

ふくびき【福引】

「福引」

→〈幸せ〉+〈選ぶ②〉

「福引」は〈幸せ〉+〈選ぶ②〉で表現。〈幸せ〉は福を、〈選ぶ②〉はこの場合、くじを引くさまを表す。

〈幸せ〉

右手の親指と 4 指であごをなでるようにする。

〈選ぶ②〉

左手甲を前にした 5 指を右手の親指と人差指でつまみあげるようにする。

ふくむ【含む】1

「塩分を含んだ(水)」

→〈塩①〉+〈混ぜる〉
(+〈水〉または〈流れる②〉)

例文の「含む」は要素として中に入っている意味なので〈混ぜる〉で表現。〈混ぜる〉は混じっている、含まれるさまを表す。

〈塩①〉

右人差指で歯の前を往復する。

〈混ぜる〉

両手のひらを上下に重ねて混ぜ合わせるようにする。

ふくむ【含む】2

「税を含む」

→〈税金〉+〈加える〉

例文の「含む」は中に入っている意味なので〈加える〉で表現。〈加える〉は本体に加わっているさまを表す。

〈税金〉

親指と人差指で作った丸をすばやく自分に向けて開く。

〈加える〉

左手のひらに右人差指を添える。

ふくめる【含める】1

「税金を含めて(一万円)」

→〈税金〉+〈合わせる①〉
(+〈1①〉+〈万〉+〈円〉)

例文の「含める」はその他と合わせる意味なので〈合わせる①〉で表現。〈合わせる①〉はものを合わせるさまで「含む」「合わせる」の意味。

〈税金〉
親指と人差指で作った丸をすばやく自分に向けて開く。

〈合わせる①〉
向かい合わせた両手を左右から合わせる。

ふくめる【含める】2

「よくよく言い含める」

→〈説明〉+〈細かい②〉

例文の「言い含める」はよく言って聞かせる意味なので〈説明〉+〈細かい②〉で表現。手話は事細かに詳しく話すさまを表す。

〈説明〉
左手のひらを右手で小刻みにたたく。

〈細かい②〉
両手の親指と人差指をつまみ、つき合わせ、つぶすようにしながら右へ動かす。

ふくらむ【膨らむ】1

「希望がふくらむ」

→〈希望〉+〈大きい②〉上方

例文の「ふくらむ」は心の中で大きくなる意味なので〈大きい②〉上方で表現。手話は大きいさまで大きさの程度によって手話は変わる。

〈希望〉
手のひらを下に向けた右手の指先を揺らしながら頭から前に出す。

〈大きい②〉上方
両手を軽く曲げて向かい合わせ頭の高さで左右に広げる。

ふくらむ【膨らむ】2

「予算がふくらむ」

→〈予算〉+〈高い⑦〉

例文の「ふくらむ」は予算が高額になる意味なので〈高い⑦〉で表現。〈高い⑦〉は金額が高くなるさまを表す。

〈予算〉
右こぶしを鼻の上で揺するようにし、左手のひらの上に右手指先をつけ右へ繰り返し払う。

〈高い⑦〉
左手のひらの上で右手の親指と人差指で作った丸を揺らしながら上にあげる。

ふくらむ【膨らむ】3

「つぼみがふくらむ」

→〈つぼみ〉+〈ふくらむ①〉

例文の「つぼみがふくらむ」は〈ふくらむ①〉で表現。〈ふくらむ①〉はつぼみが盛りあがったさまを表す。

〈つぼみ〉
手の甲側をふくらませて両手を合わせる。

〈ふくらむ①〉
両手のひらを合わせて甲をふくらませる。

ふくらむ【膨らむ】4

「風船がふくらむ」

→〈風船〉+〈ふくらむ②〉

例文の「ふくらむ」は風船がふくれて大きくなる意味なので〈ふくらむ②〉で表現。〈ふくらむ②〉はふくらむさまを表す。

〈風船〉
親指と4指で丸を作り、口元から前に開く。

〈ふくらむ②〉
指先を軽く曲げた両手のひらを向かい合わせて、左右に開く。

ふくれる【膨れる】1

「パンがふくれる」

→(〈パン②〉または)
〈パン①〉+〈大きい②〉

例文の「ふくれる」はパンなので〈大きい②〉で表現。ふくれるパンの大きさによって表現は変わる。

〈パン①〉
右手の閉じた親指と人差指をぱっと前に開く。

〈大きい②〉
全指を軽く折り曲げた両手のひらを向かい合わせて左右に開く。

ふくれる【膨れる】2

「おなかがふくれる」

→〈満腹〉

例文の「ふくれる」は満腹になる意味なので〈満腹〉で表現。〈満腹〉は腹がふくれるさまを表す。

〈満腹〉
腹の前に置いた左手に右手甲を打ちつける。

ふくれる【膨れる】3

「怒られてふくれる」

→〈しかられる〉+〈太る①〉

例文の「ふくれる」は怒ってふきげんな顔をする意味なので〈太る①〉で表現。〈太る①〉はほおをふくらませて、ふくれっつらのさまを表す。

〈しかられる〉
親指を立てた右手を顔に向け押すようにする。

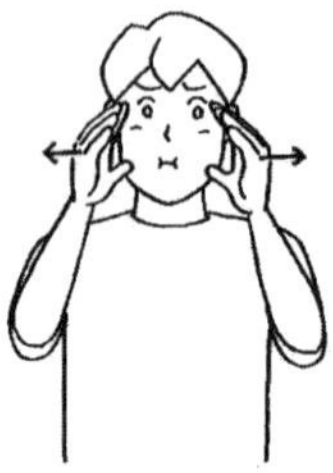

〈太る①〉
全指を軽く折り曲げた両手のひらを顔の横で向かい合わせて左右に開く。

ふくろ【袋】

「(紙)袋」

→(〈ちり紙〉+)
〈袋〉
または〈入れる②〉

例文の「袋」は〈袋〉または〈入れる②〉で表現。〈袋〉は袋の縁を持って回すさま、〈入れる②〉は袋にものを入れるさまを表す。

〈袋〉
つまんだ親指と人差指を向かい合わせ、同時に回す。

〈入れる②〉
左手の親指と4指で囲んだ中にすぼめた右手を入れる。

フクロウ【梟】

「大きなフクロウ」

→〈大きい②〉+〈フクロウ〉

「フクロウ」は〈フクロウ〉で表現。〈フクロウ〉は目のさまを表す。

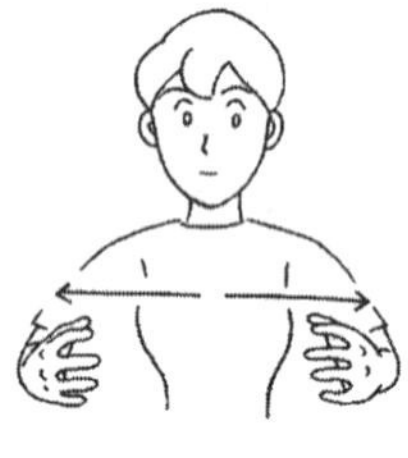

〈大きい②〉
両手を軽く曲げて向かい合わせ左右に開く。

〈フクロウ〉
指文字〈オ〉の両手を目に置き、左右に開きながら指も広げる。

ふくろだたき【袋叩き】1

「袋だたきにする」

→〈袋だたき〉

「袋だたきにする」は大勢の者が囲んでさんざんたたく意味なので〈袋だたき〉で表現。

〈袋だたき〉
両こぶしを下に向けて交互になぐるようにする。

ふくろだたき【袋叩き】2

「袋だたきにされる」

→〈袋だたきにされる①〉
または〈袋だたきにされる②〉

「袋だたきにされる」は〈袋だたきにされる①〉または〈袋だたきにされる②〉で表現。手話はいずれも自分がやられるさまを表す。

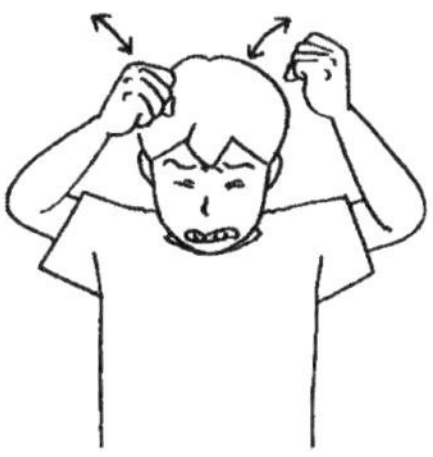

〈袋だたきにされる①〉
両こぶしで頭を交互にたたくようにする。

〈袋だたきにされる②〉
両手の人差指で頭を交互に打ちつけるようにする。

ふけいき【不景気】1

「不景気(な世の中)」

→〈景気〉+〈さがる②〉
(+〈社会〉)

例文の「不景気」は景気が悪い意味なので〈景気〉+〈さがる②〉で表現。〈景気〉は指文字〈ケ〉の前で金の回るさまを表す新しい手話。

〈景気〉
左手で指文字〈ケ〉を示してその前で右手の親指と人差指で作った丸を回す。

〈さがる②〉
指文字〈コ〉を示した右手を右上から左下におろす。

ふけいき【不景気】2

「不景気な顔」

→〈暗い〉+〈顔〉

例文の「不景気」は元気のない様子なので〈暗い〉で表現。〈暗い〉は物理的な暗さ、心理的な暗さの両方の意味がある。

〈暗い〉
両手のひらを前に向けた両腕を目の前で交差させる。

〈顔〉
右人差指で顔の前で丸を描く。

ふける【更ける】

「夜がふける」

→〈暗い〉+〈過ぎる〉

例文の「ふける」は夜になってかなり時間がたつ意味なので〈過ぎる〉で表現。〈過ぎる〉は限度を超えるさまで「過ぎる」「遅い」など。

〈暗い〉
両手のひらを前に向けた両腕を目の前で交差させる。

〈過ぎる〉
左手甲の上を右手で乗り越える。

ふける【耽る】1

「酒にふける」

→〈飲む⑥〉+〈いつも〉
(または〈越える②〉)

例文の「ふける」は酒を飲んでばかりいる意味なので〈いつも〉または〈越える②〉で表現。〈いつも〉は毎日の意味もある。

〈飲む⑥〉
右手の親指と人差指でおちょこを持ち、繰り返し飲むようにする。

〈いつも〉
親指と人差指を立てた両手を向かい合わせて手首を回す。

ふける【耽る】2

「読書にふける」

→〈読む①〉+〈一途①〉

例文の「ふける」は読書に没頭する意味なので〈一途〉で表現。〈一途〉はそのことに関心を集中させるさまを表す。

〈読む①〉
左手のひらを見ながら視線に合わせるように右手2指を動かす。

〈一途①〉
両手のひらをこめかみ付近から斜め前に絞り込むようにおろす。

ふ

ふける【耽る】3

「思案にふける」

→〈考えあぐむ〉

例文の「ふける」はいろいろと考える意味なので〈考えあぐむ〉で表現。〈考えあぐむ〉はあれこれと考え込むさまを表す。

〈考えあぐむ〉

頭をやや傾け、右人差指を頭に当てて少しねじるようにする。

ふける【老ける】

「ふけて見える」

→〈年をとる〉+〈見る①〉

例文の「ふける」は年をとる意味なので〈年をとる〉で表現。〈年をとる〉は〈年齢〉が高いさまを表す。

〈年をとる〉

やや曲げた両手のひらを上下に向かい合わせ右手を上にあげ、甲をあごに当てる。

〈見る①〉

右人差指を右目元から前に出す。

ふこう【不幸】1

「不幸な男」

→〈不便〉+〈男〉

例文の「不幸」は幸せでない意味で〈不便〉で表現。〈不便〉は〈便利〉〈幸せ〉〈おいしい〉などの否定を表す。

〈不便〉

右手のひらをあごに当てて前にはじき出す。

〈男〉

親指を立てた右手を出す。

ふこう【不幸】2

「突然の不幸があった」

→〈突然〉+〈死ぬ①〉

例文の「不幸」は家族などが死ぬ意味なので〈死ぬ①〉で表現。〈死ぬ①〉は倒れるさまで「死ぬ」「死亡」の意味を表す。

〈突然〉

両手の親指と人差指で作った丸をぶつけ、左右にぱっと開く。

〈死ぬ①〉

両手のひらを合わせ、横に倒す。

ふさい【夫妻】

「夫妻を招く」

→〈夫婦①〉+〈招く〉

「夫妻」は結婚した男女のことで〈夫婦①〉で表現。〈夫婦①〉は一緒にいる男女のさまを表す。

〈夫婦①〉

右小指と左親指を寄り添わせて下にさげる。

〈招く〉

右手のひらで手招きする。

ふさい【負債】

「膨大な負債をかかえる」

→〈負債〉+〈たくさん①〉

「負債」は借りていて返さなければならない借金の意味なので〈負債〉で表現。〈負債〉はお金を自分の肩に背負うさまを表す。

〈負債〉

右手の親指と人差指で作った丸を左手のひらですくい、肩にのせるようにする。

〈たくさん①〉

左手のひらを上に向けた左腕を示し、その上に右手で山を描く。

ふ

ふざい【不在】1

「父は不在です」

→〈父〉+〈ない②〉

例文の「不在」は留守の意味なので〈ない②〉で表現。〈ない②〉は家の中ががらっぽのさまで「不在」「留守」を表す。

〈父〉

右人差指でほおにふれ、親指を出す。

〈ない②〉

左手のひらを下に向け、右親指を当て、4指を振る。

ふざい【不在】2

「不在者投票」

→〈ない④〉+〈選挙〉

「不在者投票」は投票日に投票所に行けないために前もって投票することで〈ない④〉+〈選挙〉で表現。〈ない④〉はその場にいないさま。

〈ない④〉

左手のひらの上で右手を払うようにする。

〈選挙〉

指先を下にした両手を交互にさげる。

ふざい【不在】3

「責任者は不在です」

→〈責任者〉+〈ない④〉

例文の「不在」は責任者がいない意味なので〈ない④〉で表現。〈ない④〉はその場に存在しないさまを表す。

〈責任者〉

右手のひらを肩にのせ、右親指を示す。

〈ない④〉

左手のひらの上で右手を払うようにする。

ふざい【不在】4

「(国民)不在の政治」

→(〈国〉+〈人々①〉+)〈捨てる②〉+〈政治〉

例文の「不在」は存在しない、眼中にないことで見捨てられている意味。ここでは〈捨てる②〉で表現。国民が見捨てられているさまを表す。

〈捨てる②〉

握った両手を斜め前に投げ出すようにして開く。

〈政治〉

左手のひらの上に右ひじを置き、右手指先を伸ばし前後に振る。

ふさがる【塞がる】1

「傷がふさがる」

→〈傷①〉+〈休む①〉

例文の「ふさがる」は開いていたものが閉じる意味なので〈休む①〉で表現。〈休む①〉は閉じるさまでここでは傷口が閉じる意味を表す。

〈傷①〉

右人差指でほおを切るようにする。

〈休む①〉

手のひらを下にした両手を左右から閉じる。

ふさがる【塞がる】2

「悲しみで胸がふさがる」

→〈とても〉+〈悲しい①〉

例文の「胸がふさがる」はひどく悲しい意味で〈とても〉で表現。〈とても〉は〈悲しい①〉を強調する表現で表す。

〈とても〉

右手の親指と人差指をつまみ、右へ弧を描きながら親指を立てる。

〈悲しい①〉

親指と人差指を閉じた右手を目元から揺らしながらおろす。

ふさがる【塞がる】3

「電話はみんなふさがっている」

→〈電話〉+〈満員〉

例文の「ふさがる」は〈満員〉で表現。〈満員〉は人が混んでいるさまで、ここでは電話線が混み合っているさまを表す。

〈電話〉
親指と小指を立てた右手を顔横に置く。

〈満員〉
両手の指背側を合わせて水平に回す。

ふさがる【塞がる】4

「(月曜日は)ふさがっている」

→(〈月〉+)〈予定〉+〈ある①〉

例文の「ふさがる」は他の予定があって期待にそえない意味なので〈予定〉+〈ある①〉で表現。

〈予定〉
右こぶしを鼻の前で手首を使って軽く揺する。

〈ある①〉
右手のひらを前に置く。

ふさがる【塞がる】5

「席がふさがる」

→〈座る①〉+〈満員〉

例文の「ふさがる」は席が使われていて座れない意味なので〈満員〉で表現。〈満員〉は人が混んでいるさまを表す。

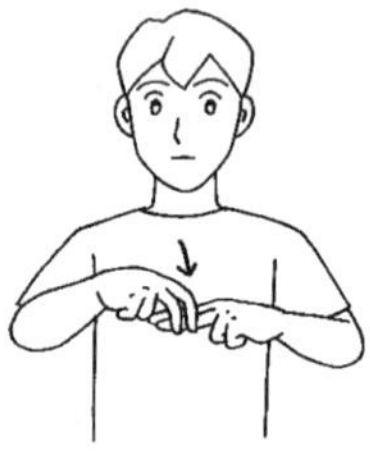

〈座る①〉
手のひらを下に向けた左手2指に折り曲げた右手2指を座るようにのせる。

〈満員〉
両手の指背側を合わせて水平に回す。

ふさがる【塞がる】6

「(会議室は)今ふさがっている」

→(〈相談〉+〈部屋〉+)〈会議〉+〈中(ちゅう)①〉

例文の「ふさがる」はほかのことに使われていて使えない意味で、ここでは〈会議〉+〈中(ちゅう)①〉で表現。

〈会議〉
親指を立てた両手を合わせたままで水平に回す。

〈中(ちゅう)①〉
左手の親指と人差指と右人差指で「中」の字形を作る。

ふさぐ【塞ぐ】1

「(壁の)穴をふさぐ」

→(〈壁①〉+)〈穴①〉+〈ふさぐ〉

例文の「ふさぐ」は開いている穴をつめる意味なので〈ふさぐ〉で表現。〈ふさぐ〉は穴をふさぐさまを表す。

〈穴①〉
左手の親指と4指で丸を作り右人差指を中に入れ、回す。

〈ふさぐ〉
左手の親指と4指で作った丸を右手のひらでふさぐようにする。

ふさぐ【塞ぐ】2

「気がふさぐ」

→〈心〉+〈迷惑〉

例文の「ふさぐ」は気分が晴れず、ゆううつなさまなので〈迷惑〉で表現。〈迷惑〉は眉間にしわを寄せて憂うつのさまを表す。

〈心〉
右人差指でみぞおち辺りをさす。

〈迷惑〉
親指と人差指で眉間をつまむ。

ふざける 1

「ふざけたことを言って笑わせる」

→〈冗談〉+〈笑う〉

例文の「ふざける」はおもしろいことを言う意味なので〈冗談〉で表現。〈冗談〉は人々が笑い合うさまを表す。

〈冗談〉

両手指先を軽く開いて上下に置き、手首をぶらぶらさせる。

〈笑う〉

軽く指を折り曲げた右手を左口端に繰り返し当てる。

ふざける 2

「ふざけたことを言うな」

→〈くだらない〉+〈とめる〉

例文の「ふざける」は人をばかにしたようなこと、くだらないことを言う意味なので〈くだらない〉で表現。〈くだらない〉は頭打ちのさま。

〈くだらない〉

右人差指を伸ばし下からあげて左手のひらに打ちつける。

〈とめる〉

左手のひらの上に右手を振りおろす。

ふさわしい 1

「(会長に)ふさわしい男」

→(〈会〉+〈長①〉+)〈合う①〉+〈男〉

例文の「ふさわしい」は〈合う①〉で表現。〈合う①〉はぴったり合っているさまで「ぴったり」「合う」などの意味を表す。

〈合う①〉

左人差指の先に右人差指の先を当てる。

〈男〉

親指を立てた右手を出す。

ふさわしい 2

「ふさわしくない男」

→〈合わない〉+〈男〉

「ふさわしくない」は合わない、適当でない意味なので〈合わない〉で表現。〈合わない〉は〈合う①〉を反発させるさま。

〈合わない〉

左人差指の先に右人差指の先を当て、はじくように離す。

〈男〉

親指を立てた右手を出す。

ふじ【藤】

「藤棚」

→〈藤〉+〈棚③〉

「藤」は〈藤〉で表現。〈藤〉は藤棚から垂れる花房のさまを表す。

〈藤〉

左手のひらの下から右手をねじりながらすぼませる。

〈棚③〉

指先を前向きにした両手を目の高さで左右に開く。

ぶし【武士】

「武士」

→〈武士①〉または〈武士②〉

「武士」は〈武士①〉または〈武士②〉で表現。手話はどちらも腰に差す刀のさまを表す。

〈武士①〉

腰に当てた左手の親指と 4 指で作った丸に右手 2 指を入れるようにする。

〈武士②〉

人差指を立てた両手を腰のあたりで向かい合わせ上下に向ける。

ふ

ぶじ【無事】1

「無事出産」

→〈無事〉+〈生まれる〉

例文の「無事」は変わったことなく元気の意味なので〈無事〉で表現。〈無事〉は元気でぴんぴんしているさまを表す。

〈無事〉

両ひじをやや張って、両こぶしを同時に下におろす。

〈生まれる〉

指先を向かい合わせた両手を腹から前に出す。

ぶじ【無事】2

「無事済んだ」

→〈終わる〉+〈ほっとする〉

例文の「無事」は特別の失敗もなくの意味で、この場合は〈ほっとする〉で表現。〈ほっとする〉はほっとして一息つくさまを表す。

〈終わる〉

指先を上に向けた両手を下におろしながら閉じる。

〈ほっとする〉

右手２指を鼻の穴から息を抜くように前に出し、肩から力を抜く。

ふしぎ【不思議】1

「不思議な話」

→〈不思議〉+〈手話〉

例文の「不思議」は考えてもわからないさまで〈不思議〉で表現。〈不思議〉は不思議と考え込むさまで「不思議」「不可思議」を表す。

〈不思議〉

右人差指をあごにつけ、ねじるようにする。

〈手話〉

両手の人差指を向かい合わせて、糸を巻くように回転させる。

ふしぎ【不思議】2

「怒るのも不思議はない」

→〈怒(おこ)る①〉+〈当たり前〉

「不思議はない」は当たり前の意味なので〈当たり前〉で表現。〈当たり前〉は皆が同じさまで「普通」「通常」「当たり前」などの意味。

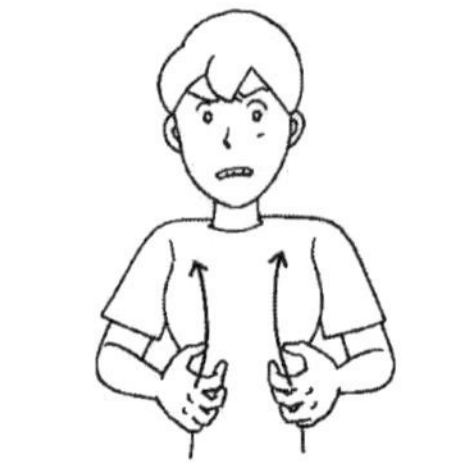

〈怒(おこ)る①〉

両手で腹をつかむようにして上に向けてさっと動かす。

〈当たり前〉

両手の親指と人差指を合わせて左右にすばやく開く。

ふじさん【富士山】

「富士山に登る」

→〈富士山〉+〈登る①〉

「富士山」は〈富士山〉で表現。〈富士山〉は富士山のさまを表す。

〈富士山〉

両手２指で富士山の稜線を描くようにする。

〈登る①〉

右手２指を登るようにして左上にあげていく。

ふじゆう【不自由】1

「(年をとり)
体が不自由になる」

→(〈年をとる〉+)
〈体(からだ)〉+〈不便〉

例文の「不自由」は自由が利かないの意味なので〈不便〉で表現。〈不便〉は〈便利〉を否定する形で「不便」「不幸」などの意味がある。

〈体(からだ)〉

右手を体の上で回す。

〈不便〉

右手のひらをあごに当てて前にはじき出す。

ふじゆう【不自由】2

「不自由なくらし」

→〈生活〉+〈不便〉

例文の「不自由」は必要なものに事欠く不便の意味なので〈不便〉で表現。〈不便〉は〈便利〉を否定する形で「不便」「不幸」などの意味。

〈生活〉

両手の親指と人差指を向かい合わせて回す。

〈不便〉

右手のひらをあごに当てて前にはじき出す。

ぶじょく【侮辱】1

「人を侮辱する」

→〈傷つける〉

「侮辱」は相手をばかにして恥をかかせる意味なので〈傷つける〉で表現。〈傷つける〉は相手を傷つけるさまで「侮辱(する)」の意味もある。

〈傷つける〉

左親指を右人差指で切るようにする。

ふじゆう【不自由】3

「食べ物にも不自由する」

→〈食べる①〉+〈貧しい①〉

例文の「不自由する」は食べ物がなくて困る意味なので〈貧しい①〉で表現。〈貧しい①〉はあごが干あがるさまで、ものや金がなくて「貧しい」意味。

〈食べる①〉

左手のひらの上を右手ですくって食べるようにする。

〈貧しい①〉

右親指をあごに当てる。

ぶじょく【侮辱】2

「侮辱を受けてカッとなる」

→〈傷つけられる①〉+〈怒(おこ)る①〉

「侮辱を受ける」は相手からばかにされ恥をかく意味なので〈傷つけられる①〉で表現。〈傷つけられる①〉は相手から傷つけられるさま。

〈傷つけられる①〉

左親指に前から右人差指で切りつけるようにする。

〈怒(おこ)る①〉

両手で腹をつかむようにして上に向けてさっと動かす。

ふじゆう【不自由】4

「耳の不自由な人」

→〈聞こえない〉+〈人々①〉

例文の「耳の不自由な人」は聴覚障害者のことなので〈聞こえない〉+〈人々①〉で表現。〈聞こえない〉は耳に音が入らないさまを表す。

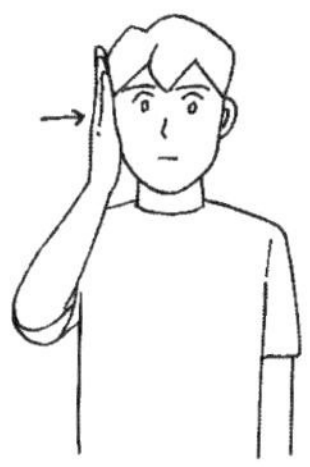

〈聞こえない〉

右手のひらで右耳をふさぐようにする。

〈人々①〉

親指と小指を立てた両手を揺らしながら左右に開く。

ふしん【不信】

「政治不信」

→〈政治〉+〈疑う〉

例文の「不信」は信用できないことなので〈疑う〉で表現。〈疑う〉は「疑う」の意味を表す。

〈政治〉

左手のひらの上に右ひじを置き、右手指先を伸ばし前後に振る。

〈疑う〉

右手の親指と人差指をあごに当てる。

ふしん【不振】1

「打撃不振」

→〈野球①〉+〈さがる②〉

例文の「不振」は打撃成績がよくないことで〈さがる②〉で表現。〈さがる②〉は下降するさまで「不振」「スランプ」「落ち目」などの意味。

〈野球①〉

両手でバットを握り振るようにする。

〈さがる②〉

指文字〈コ〉を示した右手を右上から左下におろす。

ふしん【不振】2

「食欲不振」

→〈食べる③〉+〈冷(さ)める③〉

例文の「不振」は食欲がないことで〈冷める③〉で表現。〈冷める③〉は熱意、意欲がなくなるさまで「あきらめる」「さめる」の意味。

〈食べる③〉

右手のひらですくって食べるようにする。

〈冷(さ)める③〉

右手の親指と4指を開き左脇に当て閉じる。

ふじん【婦人】1

「婦人科」

→〈女性〉+〈脈〉

「婦人科」は婦人病などを専門にする医療分野のことで〈女性〉+〈脈〉で表現。〈女性〉は女性一般を表す。

〈女性〉

両手小指を合わせて手前に水平に円を描く。

〈脈〉

右3指を左手首の内側に当てる。

ふじん【婦人】2

「婦人警官」

→〈女〉+〈警察②〉
(または〈警察①〉)

例文の「婦人」は女性の意味なので〈女〉で表現。

〈女〉

右小指を立てる。

〈警察②〉

右手の親指と人差指で作った丸を額に当てる。

ふすま

「ふすまを開ける」

→〈ふすま〉+〈開(あ)ける①〉

「ふすま」は部屋を仕切るふすま紙を張った建具のことで〈ふすま〉で表現。〈ふすま〉は「ふすま」のへこんだ取っ手を表す。

〈ふすま〉

右手の親指と4指で閉じない丸を作る。

〈開(あ)ける①〉

両手をかけてふすまをあけるようにする。

ふせい【不正】1

「不正な手段で手に入れる」

→〈ごまかす①〉+〈取る①〉

例文の「不正な手段で」はごまかしての意味なので〈ごまかす①〉で表現。〈ごまかす①〉はキツネが相手を化かすさまを表す。

〈ごまかす①〉

右手の親指と中指と薬指を閉じ、その指先を前に向け、小さく回す。

〈取る①〉

右手で前からつかみ取るようにする。

ふせい【不正】2

「不正を働く」

→〈不正〉+〈する〉

例文の「不正」は正しくない意味なので〈不正〉で表現。〈不正〉は〈正しい〉を表す手を左右にずらすことで「不正」を表す。

〈不正〉

つまんだ両手を胸の上下に置き、左右にずらすように動かす。

〈する〉

両こぶしを力を込めて前に出す。

ふせぐ【防ぐ】1

「(敵の)攻撃を防ぐ」

→(〈敵〉+)
〈攻められる〉+〈防ぐ〉

例文の「防ぐ」は敵が入りこめないように守る意味なので〈防ぐ〉で表現。〈防ぐ〉は盾をそろえて防ぐさまを表す。

〈攻められる〉

全指を手前に向けて近づける。

〈防ぐ〉

両手のひらを前に向け押すように出す。

ふせぐ【防ぐ】2

「事故を防ぐ」

→〈事故①〉+〈断る〉

例文の「防ぐ」は事故などが起こらないようにする意味なので〈断る〉で表現。〈断る〉は受け付けないさまで「防ぐ」「防止」の意味。

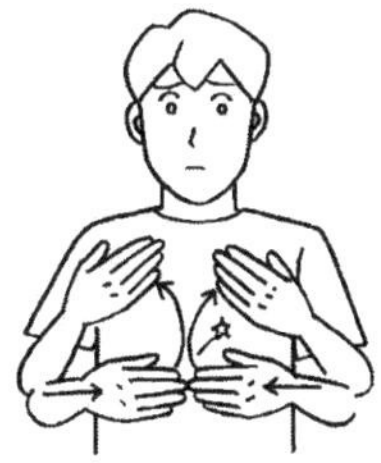

〈事故①〉

指先を向かい合わせた両手を左右からぶつけ、上にはねあげるようにする。

〈断る〉

左指先を手前に向け、右手のひらで押し返す。

ぶそう【武装】

「武装放棄」

→〈武装〉+〈捨てる④〉

「武装」は〈武装〉で表現。〈武装〉は拳銃を腰につけているさまを表す。

〈武装〉

指文字〈レ〉を示した両手を腰に当てて下におろす。

〈捨てる④〉

握った両手を下に捨てるようにして開く。

ふそく【不足】1

「(千円)不足する」

→(〈千円〉+)
〈貧しい①〉
または〈不足〉

例文の「不足」は足りない意味なので〈貧しい①〉または〈不足〉で表現。〈不足〉はわずかに残ったものをかき集めるさまを表す。

〈貧しい①〉

右手親指をあごに当てる。

〈不足〉

左手のひらを右人差指でほじくるようにする。

ふそく【不足】2

「相手にとって不足はない」

→〈試合①〉+〈五分五分①〉

例文の「相手にとって不足はない」はふさわしい相手の意味で〈試合①〉+〈五分五分①〉で表現。〈五分五分①〉は互角のさまを表す。

〈試合①〉

親指を立てた両手を正面で軽くぶつける。

〈五分五分①〉

親指を立てた両手を同時に内側に倒す。

ふぞく【付属】1

「大学付属」
→(〈大学①〉または)
〈大学②〉+〈副〉

例文の「付属」は大学を本体としてそれに属して設けられたの意味なので〈副〉で表現。〈副〉は主となるものに添うさまで「付属」の意味。

〈大学②〉
両手の人差指で角帽のひさしを示す。

〈副〉
左親指に右親指を少しさげてつける。

ふぞく【付属】2

「付属品」
→〈加える〉+〈品(ひん)〉

例文の「付属品」は主となるものに添えられたものの意味なので〈加える〉+〈品〉で表現。〈加える〉は主となるものに添えるさまを表す。

〈加える〉
左手のひらに右人差指を添える。

〈品(ひん)〉
右手の親指と人差指で作った丸を上、左、右に示す。

ふた【蓋】1

「ふたをする」
→〈補う①〉

例文の「ふたをする」は〈補う①〉で表現。〈補う①〉はふたをする、詰めるさまで「ふたをする」「補う」などの意味を表す。

〈補う①〉
左手の親指と4指で作った丸を右手のひらでふさぐ。

ふた【蓋】2

「ふたを開ける」
→〈開(あ)ける⑤〉
または〈開(あ)ける⑥〉

例文の「ふたを開ける」は〈開ける⑤〉または〈開ける⑥〉で表現。〈開ける⑤〉は缶のふたを開けるさま、〈同⑥〉はビンのふたを回すさまを表す。

〈開(あ)ける⑤〉
右手でふたをつかみ、開けるようにする。

〈開(あ)ける⑥〉
左手でびんを持ち右手でびんのふたを開けるようにする。

ブタ【豚】

「豚(を飼う)」
→〈豚①〉
または〈豚②〉
(+〈育てる③〉)

「豚」は〈豚①〉または〈豚②〉で表現。手話はいずれも豚の特徴的な鼻のさまを表す。

〈豚①〉
右手全指で鼻をつまみ、軽く揺する。

〈豚②〉
左手のひらを鼻の上にのせて右手2指を鼻に当てる。

ぶたい【舞台】1

「舞台(にあがる)」
→〈芝居〉+〈台〉
(+〈立つ〉)

例文の「舞台」は芝居をする場所なので〈芝居〉+〈台〉で表現。〈芝居〉は歌舞伎の見得を切るさまを表す。

〈芝居〉
互い違いに向けた両こぶしを手首を返しながら前後させる。

〈台〉
両手で「 ┐を描く。

ぶたい【舞台】2

「世界を舞台に活躍」

→〈世界〉+〈活動〉

例文の「舞台」は活動する場所の意味で、前に「世界」があるので手話では特に表現しなくても意味はわかる。

〈世界〉

両手の指先を向かい合わせ、球を描くように前に回す。

〈活動〉

ひじを少し張り、ひじを軸に両こぶしを交互に繰り返し前に出す。

ふたたび【再び】1

「再び挑戦する」

→〈改めて〉+〈挑戦〉

例文の「再び」はもう一度の意味なので〈改めて〉で表現。〈改めて〉は手を払うさまで「改めてもう一度」の意味を表す。

〈改めて〉

両手のひらを向かい合わせて上下に2度ほど払うようにする。

〈挑戦〉

親指を立てた左手に親指を立てた右手をぶつける。

ぶたい【舞台】3

「清水の舞台から飛び降りる」

→〈決める②〉+〈する〉

「清水の舞台から飛び降りる」は思い切ってする意味なので〈決める②〉+〈する〉で表現。〈決める②〉には思い切る表情をこめる。

〈決める②〉

左手のひらに右こぶしを打ちつける。

〈する〉

両こぶしを力を込めて前に出す。

ふたたび【再び】2

「再び会った」

→〈また〉+〈会う①〉

例文の「再び」はまたの意味なので〈また〉で表現。〈また〉は「二度目」「また」「再び」などの意味がある。

〈また〉

2指を出した右手の手首を返して甲側を示す。

〈会う①〉

人差指を立てた両手を左右から近づけて軽くふれ合わせる。

ふたご【双子】

「ふたごを生む」

→〈ふたご〉+〈生まれる〉

「ふたご」は〈ふたご〉で表現。〈ふたご〉は二人の赤ちゃんが腹から生まれるさまを表す。

〈ふたご〉

腹の下から人差指と中指を立てた右手を出す。

〈生まれる〉

指先を向かい合わせた両手を腹から前に出す。

ふたたび【再び】3

「(戦争は)再び起こさない」

→(〈戦争〉+)〈約束〉+〈とめる〉

例文の「再び起こさない」は戦争はやめると決意する言葉で〈約束〉+〈とめる〉で表現。〈約束〉は指切りするさまで必ず守る決意を込める。

〈約束〉

両手小指をからませる。

〈とめる〉

左手のひらの上に右手を振りおろす。

ふたつ【二つ】1

「石が二つ」

→〈石①〉+〈２①〉

例文の「二つ」は二個の意味なので〈２①〉で表現。〈２①〉は数の「２」を表す。

〈石①〉

左手のひらに「コ」の字形の右手を当てる。

〈２①〉

人差指と中指を立てて示す。

ふたつ【二つ】2

「二つになる（子供）」

→〈年齢〉+〈２①〉
（+〈子供①〉）

例文の「二つ」は年齢が二歳の意味なので〈年齢〉+〈２①〉で表現。〈２①〉は数値の「２」を表す。

〈年齢〉

あごの下で右手の指を順に折る。

〈２①〉

人差指と中指を立てて示す。

ふたつ【二つ】3

「ふたつとない」

→〈別〉+〈ない①〉

「ふたつとない」は他にないという意味なので〈別〉+〈ない①〉で表現。〈別〉はこれとは別のさまで「別」「別に」「他に」の意味。

〈別〉

両手の甲を合わせて右手を前に押し出す。

〈ない①〉

指先を開いて手首を振る。

ふたつ【二つ】4

「選択はふたつにひとつ」

→〈選ぶ②〉+〈どちら①〉

例文の「ふたつにひとつ」はふたつのうちのどちらか一方の意味なので〈どちら①〉で表現。〈どちら①〉はどちらかを問うさま。

〈選ぶ②〉

左手甲を前にした５指を右手の親指と人差指でつまみあげるようにする。

〈どちら①〉

両手人差指を立て、交互に上下させる。

ふたり【二人】1

「客が二人来た」

→〈客〉+〈二人来る〉

例文の「二人来る」は〈二人来る〉で表現。〈二人来る〉は２指で二人を表し、それがこちらに来るさまで「二人来る」の意味を表す。

〈客〉

左手のひらに親指を立てた右手をのせ、右から手前に引き寄せる。

〈二人来る〉

右手の２指を手前に向けて引き寄せる。

ふたり【二人】2

「二人は結婚した」

→〈二人①〉+〈結婚〉

例文の「二人」は話題の二人なので〈二人①〉で表現。〈二人①〉は２指を軽く振って二人であることを表す。

〈二人①〉

人差指と中指を立てた右手を手前に向けて左右に軽く振る。

〈結婚〉

親指と小指を左右からつける。

ふたり【二人】3

「男二人」

→〈男〉+〈二人②〉

例文の「二人」は人数が二人の意味なので〈二人②〉で表現。〈二人②〉は人数が二人であることを表す。

〈男〉

親指を立てた右手を出す。

〈二人②〉

左手２指の下に右人差指で「人」を書く。

ふだん【普段】

「普段の通り」

→〈いつも〉+〈同じ①〉

「普段」はいつもの意味なので〈いつも〉で表現。〈いつも〉は太陽が昇り沈むさまで「普段」「いつも」「日頃」「平生」などの意味。

〈いつも〉

親指と人差指を立てた両手を向かい合わせて手首を回す。

〈同じ①〉

両手の親指と人差指の先を上に向けて閉じたり開いたりする。

ふたん【負担】1

「負担が重い」

→〈責任①〉+〈責任が重い〉

「負担」は責任を負うことで〈責任①〉で表現。〈責任①〉は肩に荷を負うさまで「負担(する)」「責任(を負う)」などの意味。

〈責任①〉

右肩に軽く全指を折り曲げた右手をのせる。

〈責任が重い〉

右手を右肩に置いて体を傾ける。

ふつう【不通】1

「道が不通になる」

→〈道①〉+〈さえぎる〉

例文の「不通」は道が閉ざされる意味なので〈さえぎる〉で表現。〈さえぎる〉はシャッターをおろすさまで「閉ざす」の意味を表す。

〈道①〉

道幅に見立てた向かい合わせた両手をまっすぐ前に出す。

〈さえぎる〉

右手のひらを胸に当て、左手のひらで止める。

ふたん【負担】2

「金を負担する」

→〈責任①〉
　または〈払う①〉

例文の「負担する」は引き受ける意味で〈責任①〉で表現するか、または実際には金を払う意味なので〈払う①〉で表現する。

〈責任①〉

右肩に軽く全指を折り曲げた右手をのせる。

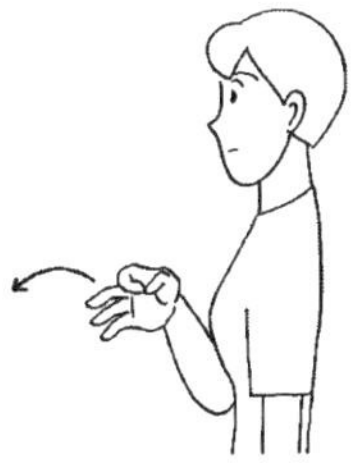

〈払う①〉

右手の親指と人差指で作った丸を前に出す。

ふつう【不通】2

「音信不通」

→〈郵便が来る〉+〈ない①〉

例文の「不通」は手紙が来ない、連絡がとだえる意味なので〈ない①〉で表現。〈ない①〉は手に何もないさまで「ない」の意味を表す。

〈郵便が来る〉

左手２指と右人差指で〒マークを作り、手前に引く。

〈ない①〉

両手の手首を回すように振る。

ふつう【普通】1

「普通の人々」

→〈普通〉+〈人々①〉

例文の「普通」は一般的の意味なので〈普通〉で表現。〈普通〉は同じものがそろうさまで「普通」「一般」「通常」などの意味を表す。

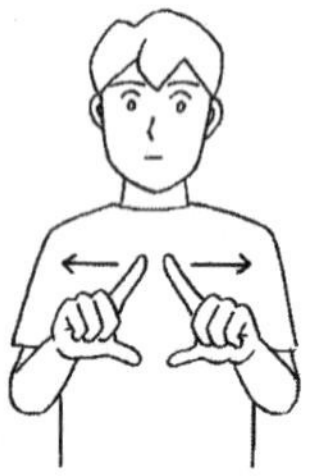

〈普通〉

両手の親指と人差指を合わせ左右に開く。

〈人々①〉

親指と小指を立てた両手を揺らしながら左右に開く。

ふつう【普通】2

「普通通り」

→〈いつも〉+〈同じ①〉

例文の「普通」はいつもの意味なので〈いつも〉で表現。〈いつも〉は太陽が昇り沈むさまで「普段」「いつも」「普通」「日頃」などの意味。

〈いつも〉

親指と人差指を立てた両手を向かい合わせて手首を回す。

〈同じ①〉

両手の親指と人差指の先を上に向けて閉じたり開いたりする。

ふつう【普通】3

「普通電車」

→〈各駅停車〉+〈電車〉

「普通電車」は各駅停車の電車なので〈各駅停車〉で表現。〈各駅停車〉は電車が各駅ごとに停車するさまを表す。

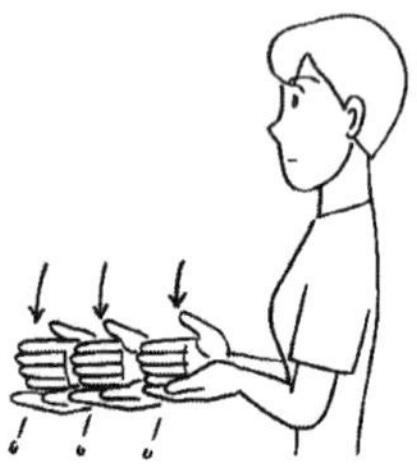

〈各駅停車〉

左手のひらに右手を順番にのせながら前に進める。

〈電車〉

折り曲げた右手2指を左手2指に沿って前に動かす。

ぶっか【物価】

「物価」

→〈物①〉+〈金(かね)①〉

「物価」は物の値段なので〈物①〉+〈金(かね)①〉で表現。〈物①〉は漢字「物」の一部を利用した手話。

〈物①〉

右手の親指と人差指で作った丸を前に示し、手首を返して手前に向ける。

〈金(かね)①〉

右手の親指と人差指で作った丸を示す。

ふつか【二日】1

「二日間」

→〈二日〉+〈間(あいだ)〉

例文の「二日間」は2種類の表現がある。ひとつは〈二日〉+〈間〉で表現。

〈二日〉

2指を立てた右手を左胸から右胸に弧を描いて動かす。

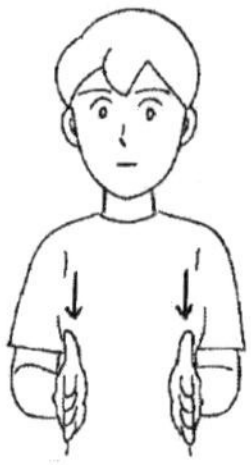

〈間(あいだ)〉

両手のひらを向かい合わせ、仕切るように下に少しさげる。

ふつか【二日】2

「二日(間)」

→〈寝る〉+〈2③〉
(+〈間(あいだ)〉)

もうひとつは〈寝る〉+〈2③〉で表現。

〈寝る〉

右こぶしを頭に当てる。

〈2③〉

人差指と中指を立てた右手の甲側を前に示す。

ふつか【二日】3

「五月二日」

→〈五月〉+〈五月二日〉

例文の「五月二日」は〈五月〉+〈五月二日〉で表現。〈五月二日〉は先に出した〈五〉を残した形。月日の表現は基本的にこのようにする。

〈五月〉

左手で〈5〉を示し、その下で右手の親指と人差指で三日月を描く。

〈五月二日〉

左手で〈5〉、右手で〈2②〉を示し、上下に置く。

ふつか【二日】4

「二日酔い」

→〈2③〉+〈酔う〉

「二日酔い」は飲み過ぎて悪酔いを次の日に持ち越すことで〈2③〉+〈酔う〉で表現。手話は酔いが二日続くさまを表す。

〈2③〉

2指を立てた右手の甲側を前に示す。

〈酔う〉

両手の人差指の先を目に向けて回す。

ふっかつ【復活】1

「キリストの復活」

→〈十字〉+〈復活〉

例文の「復活」は死人がよみがえる意味なので〈復活〉で表現。〈復活〉は元に戻るさまを表す。キリスト教会では〈死ぬ①〉の逆の動きをする。

〈十字〉

両手人差指を交差させて「十」を作る。

〈復活〉

左こぶしの上に右こぶしをのせる。

ふっかつ【復活】2

「予算を復活する」

→〈予算〉+〈回復〉

例文の「復活」は一度やめたものがまたもどる意味なので〈回復〉で表現。〈回復〉は倒れたものが元に戻るさまで「復活」「回復」を表す。

〈予算〉

右こぶしを鼻の上で揺するようにし、左手のひらの上に右手指先をつけ右へ繰り返し払う。

〈回復〉

両こぶしを重ねて寝かせ、棒を起こすようにする。

ぶつかる 1

「車と車がぶつかる」

→〈運転〉+〈事故③〉
（または〈事故①〉）

例文の「ぶつかる」は車の衝突なので〈事故③〉または〈事故①〉で表現。いずれも正面衝突のさまを表す。

〈運転〉

ハンドルを両手で握り、回すようにする。

〈事故③〉

「コ」の字形の両手を左右からぶつけて上にはねあげる。

ぶつかる 2

「波が岩にぶつかる」

→〈岩〉+〈岸②〉

例文の「ぶつかる」は〈岸②〉で表現。〈岸②〉は左手の岩に右手の波がぶつかるさまを表す。

〈岩〉

全指を折り曲げた両手を向かい合わせてねじる。

〈岸②〉

左こぶしに向けて右5指を打ち寄せるようにしてあげる。

ぶつかる 3

「困難にぶつかる」

→〈苦労〉+〈行(ゆ)き止まり〉

例文の「ぶつかる」は直面することなので〈行き止まり〉で表現。〈行き止まり〉は壁にぶつかり進めないさま。「困難に突き当たる」も同手話。

〈苦労〉

左腕を右こぶしで軽くたたく。

〈行(ゆ)き止まり〉

左手のひらに右手指先をぶつけるように当てる。

ぶつかる 4

「意見がぶつかる」

→〈意見〉+〈ぶつかる②〉

例文の「ぶつかる」は意見が違って争うことなので〈ぶつかる②〉で表現。〈ぶつかる②〉は両者がぶつかるさまを表す。「意見が衝突する」も同手話。

〈意見〉

右小指をこめかみに当て、手首を返してはね上げる。

〈ぶつかる②〉

全指を曲げた両手をぶつける。

ぶつかる 5

「予定がぶつかる」

→〈予定〉+〈同時〉

例文の「ぶつかる」は二つのことが同時に重なることなので〈同時〉で表現。〈同時〉は同じことが同時に起きるさまを表す。「予定が重なる」も同手話。

〈予定〉

右こぶしを鼻の前で手首を使って軽く揺する。

〈同時〉

両手の閉じた親指と人差指をはじくように人差指だけを上に向ける。

ふっき【復帰】

「社会復帰」

→〈社会〉+〈回復〉

「復帰」はもといた部署などに戻る意味なので〈回復〉で表現。〈回復〉は倒れたものが元に戻るさまを表す。

〈社会〉

親指と小指を立てた両手を手前に水平に円を描く。

〈回復〉

両こぶしを重ねて寝かせ、棒を起こすようにする。

ふっこう【復興】

「経済復興」

→〈経済〉+〈回復〉

「復興」は一度衰えたものが再び盛んになる意味なので〈回復〉で表現。〈回復〉は倒れたものが元に戻るさまで「復興」「復帰」を表す。

〈経済〉

親指と人差指で作った丸を上下に置き、互い違いに水平に回す。

〈回復〉

両こぶしを重ねて寝かせ、棒を起こすようにする。

ぶっちょうづら【仏頂面】

「仏頂面する」

→〈仏頂面〉

または〈太る①〉

「仏頂面」はふきげんな、愛想のない顔なので〈仏頂面〉または〈太る①〉で表現。〈太る①〉はふくれっ面のさまで表情に注意。

〈仏頂面〉

右手のひらを顔に向け、指を曲げる。

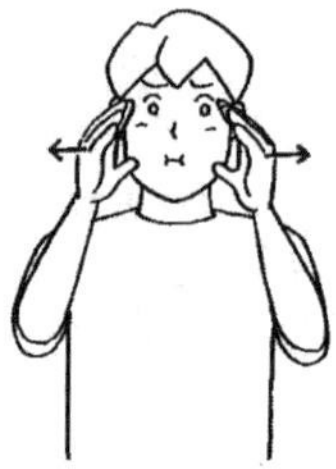

〈太る①〉

全指を軽く折り曲げた両手のひらを顔の横で向かい合わせて左右に開く。

フットサル

「フットサルの試合」

→〈フットサル〉+〈試合①〉

「フットサル」は室内の5人制サッカーのことなので〈フットサル〉で表現。〈フットサル〉は左手のボールを右手の足でけるさまを表す。

〈フットサル〉

左こぶしを右手のひらで押し出す動作を繰り返す。

〈試合①〉

親指を立てた両手を正面で軽くぶつける。

ふで【筆】1

「筆で書く」

→〈書道〉

例文の「筆で書く」は〈書道〉で表現。〈書道〉は筆を持って書くさまで「書道」「筆で書く」「習字」の意味を表す。

〈書道〉

左手を体の前に置き、右手で筆を持って書くようにする。

ぶつぶつ 1

「体にぶつぶつができる」

→〈体(からだ)〉+〈発しん〉

例文の「ぶつぶつ」は体のできものの意味なので〈発しん〉で表現。〈発しん〉は体にできものが現れるさま。

〈体(からだ)〉

右手を体の上で回す。

〈発しん〉

全指を曲げた右手を体中に当てる。

ふで【筆】2

「筆が立つ」

→〈文章〉+〈上手(じょうず)〉

「筆が立つ」は文章を書くのが上手の意味なので〈文章〉+〈上手〉で表現。「文章を書くのが上手」の意味を表す。

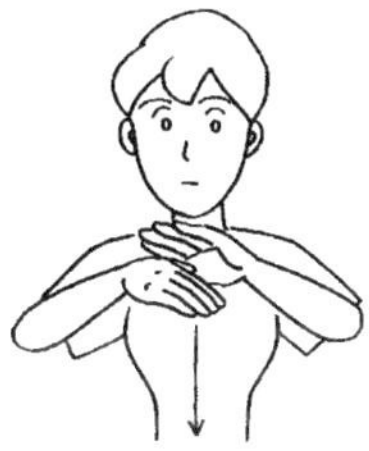

〈文章〉

両手の親指と 4 指の間を合わせて下におろす。

〈上手(じょうず)〉

右手のひらを左下腕からなでるように伸ばす。

ぶつぶつ 2

「ぶつぶつ言う」

→〈不満〉+〈つぶやく〉

例文の「ぶつぶつ」は不平不満を小声で言うさまなので〈不満〉+〈つぶやく〉で表現。〈つぶやく〉はぶつぶつ言うさまを表す。

〈不満〉

軽く開いた右手を胸からぱっと前にはじき出す。

〈つぶやく〉

すぼめた右手を口元に当てて小さく閉じたり開いたりする。

ふで【筆】3

「筆を折る」

→〈書く①〉+〈とめる〉

「筆を折る」は文筆活動をやめる意味なので〈書く①〉+〈とめる〉で表現。

〈書く①〉

左手のひらに右手の親指と人差指で縦に書くようにする。

〈とめる〉

左手のひらの上に右手を振りおろす。

ふで【筆】4

「筆を置く」

→〈書く①〉+〈終わる〉

「筆を置く」は書き終える意味なので〈書く①〉+〈終わる〉で表現。

〈書く①〉

左手のひらに右手の親指と人差指で縦に書くようにする。

〈終わる〉

両手の親指と4指を上に向け、閉じながら下にさげる。

ふてきとう【不適当】

「不適当な表現」

→〈合わない〉+〈表(あらわ)す〉

「不適当」はよくない、合わない意味なので〈合わない〉で表現。〈合わない〉は〈合う〉に反発するさまで「不適当」「合わない」の意味。

〈合わない〉

左人差指の先に右人差指の先を当て、はじくように離す。

〈表(あらわ)す〉

左手のひらに右人差指をつけて前に押し出す。

ふとい【太い】1

「太い木」

→〈木〉+〈大きい②〉

例文の「太い」は木のまわりが大きい意味なので〈大きい②〉で表現。木の大きさで〈大きい②〉の表現は変わる。

〈木〉

両手の親指と人差指を向かい合わせて、上にあげながら左右に広げる。

〈大きい②〉

軽く開いた両手のひらを向かい合わせ左右に広げる。

ふとい【太い】2

「太い足」

→〈足①〉+〈太い①〉

例文の「太い」は足のまわりが大きい意味なので〈太い①〉で表現。太さや太い位置によって〈太い①〉の表現は変わる。

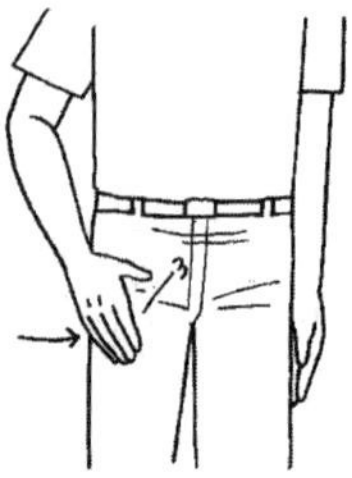

〈足①〉

右手指先で足にふれる。

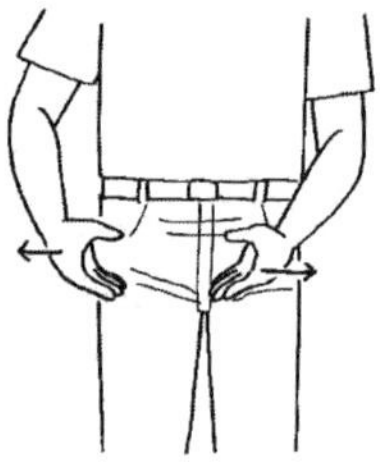

〈太い①〉

右太ももの両脇に両手の親指と4指を添えて左右に開くようにする。

ふとい【太い】3

「太い線」

→〈線①〉+〈厚い②〉

例文の「太い」は線に幅があるさまなので〈厚い②〉で表現。〈厚い②〉は状況によって「太い」「厚い」の意味を表す。

〈線①〉

右手の親指と人差指でペンを持ち、左から右へ線を引くようにする。

〈厚い②〉

右手の親指と人差指を上下に開く。

ふとい【太い】4

「神経が太い」

→〈精神〉+〈太い②〉

例文の「太い」は物事に動揺しないさまなので〈太い②〉で表現。〈太い②〉は線が太いさまを表す。

〈精神〉

右人差指で頭をさし、次に両手を合わせる。

〈太い②〉

左人差指を右手の親指と人差指で囲むようにして広げる。

ふとい【太い】5

「太い野郎」

→〈厚かましい②〉+〈男〉

例文の「太い」はずぶとい、厚かましい意味なので〈厚かましい②〉で表現。〈厚かましい②〉は面の皮が厚いさまを表す。

〈厚かましい②〉

右手の親指と４指をほおに当て、前に向かって開く。

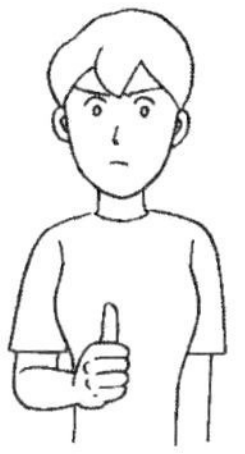

〈男〉

親指を立てた右手を出す。

ふとう【不当】1

「不当な要求」

→〈求める〉+〈合わない〉

例文の「不当」は道理に合わない意味なので〈合わない〉で表現。〈合わない〉は〈合う〉に反発するさまで「不当」「不適当」の意味。

〈求める〉

左手のひらに右手の甲を打ちつける。

〈合わない〉

左人差指の先に右人差指の先を当て、はじくように離す。

ふとう【不当】2

「不当な利益を得る」

→〈ずるい〉+〈もうける③〉

例文の「不当」は正しくない意味で〈ずるい〉で表現。〈ずるい〉は人に隠れて不正を働くさまで「ずるい」「悪賢い」などの意味を表す。

〈ずるい〉

右手甲を左ほおにこすりつけるようにする。

〈もうける③〉

半開きにした両手をぱっと引きあげる。

ブドウ

「ブドウジュース」

→〈ブドウ〉+〈ジュース②〉

「ブドウ」は〈ブドウ〉で表現。〈ブドウ〉はブドウのたわわな房が棚からぶらさがっているさまを表す。

〈ブドウ〉

左手のひらを下に向け、右手をもむようにして下におろす。

〈ジュース②〉

右小指で「Ｊ」の字を描くようにして口元に近づける。

ふとうこう【不登校】

「不登校が続く」

→〈不登校〉+〈続く①〉

「不登校」は〈不登校〉で表現。〈不登校〉は左手が学校、右手がそこから遠ざかるさまを表す。

〈不登校〉

手のひらを手前に向けた左手を立て、その横に親指を立てた右手を置き、手前に引き寄せる。

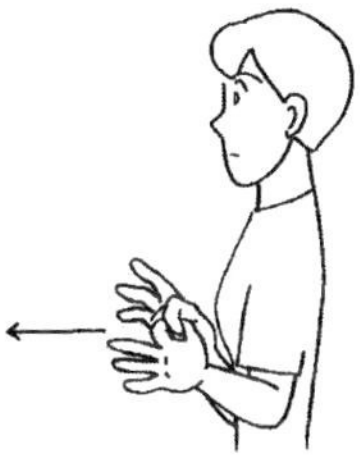

〈続く①〉

両手の親指と人差指を組んで前に出す。

ふどうさん【不動産】1

「不動産(を持っている)」

→〈土〉+〈いろいろ〉
(+〈持つ〉)

例文の「不動産」は土地や家など動かせない財産の意味で〈土〉+〈いろいろ〉で表現。

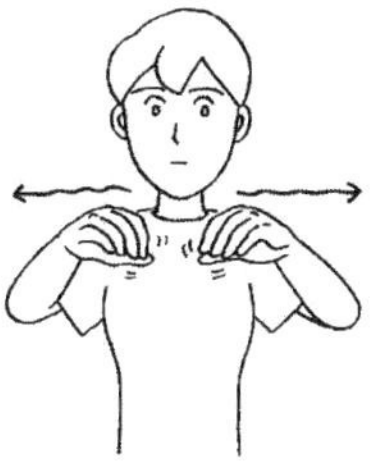

〈土〉

砂や土をこすり落とすようにして両手を左右に開く。

〈いろいろ〉

親指と人差指を立てた右手をねじりながら右へ動かす。

ふ

ふどうさん【不動産】2

「不動産(業)」

→〈土〉+〈家〉
(+〈商売〉)

「不動産業」は土地や家などを売買する業者のことで〈土〉+〈家〉+〈商売〉で表現。手話は土地や家を売買するさまを表す。

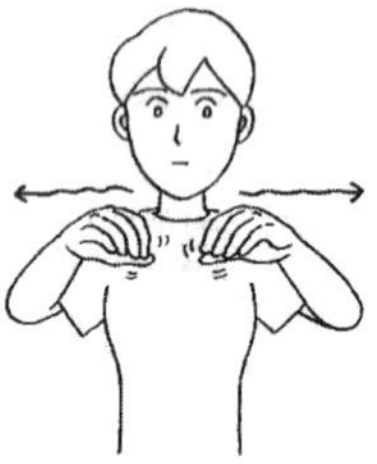

〈土〉
砂や土をこすり落とすようにして両手を左右に開く。

〈家〉
両手で屋根形を作る。

ふところ【懐】1

「お金をふところに入れる」

→〈金(かね)①〉+〈ふところ〉

例文の「ふところ」は着物のふところなので〈ふところ〉で表現。この例文はお金を自分のものにする意味もあり〈金〉+〈もらう〉とすることもある。

〈金(かね)①〉
右手の親指と人差指で作った丸を示す。

〈ふところ〉
左腕で囲んだ中に右手の親指と人差指で作った丸を入れる。

ふところ【懐】2

「ふところが寂しい」

→〈金(かね)①〉+〈貧しい①〉

例文は持っているお金が少ない意味なので〈金(かね)①〉+〈貧しい①〉で表現。〈貧しい①〉はあごが干あがるさまを表す。

〈金(かね)①〉
右手の親指と人差指で作った丸を示す。

〈貧しい①〉
右手親指をあごに当てる。

ふところ【懐】3

「ふところが暖かい」

→〈金(かね)①〉+〈できる〉

例文はお金をたくさん持っている意味なので〈金(かね)①〉+〈できる〉で表現。〈できる〉は「大丈夫」の意味を表す。

〈金(かね)①〉
右手の親指と人差指で作った丸を示す。

〈できる〉
右手指先を左胸と右胸に順に当てる。

ふとる【太る】1

「少し太る」

→〈少し〉+〈太る①〉

例文の「太る」は体が太ることで〈太る①〉で表現。〈太る①〉は顔が太るさまであるが、体が太るさまを表すこともある。

〈少し〉
右手の親指と人差指を合わせ、親指をはじく。

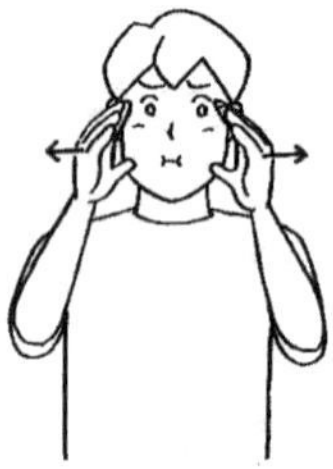

〈太る①〉
全指を軽く折り曲げた両手のひらを顔の横で向かい合わせて左右に開く。

ふとる【太る】2

「太った男の人」

→〈太る②〉+〈男〉

例文の「太った」は〈太る②〉で表現。〈太る②〉は体全体が太っているさまを表す。

〈太る②〉
体の脇に開いた親指と4指を当て、左右にぱっと広げる。

〈男〉
親指を立てた右手を出す。

ふとん【布団】1

「ふわふわのふとん」

→〈やわらかい〉+〈ふとん〉

例文の「ふとん」は〈ふとん〉で表現。「ふとん」はかけぶとんのさまで「ふとん」一般を表す。

〈やわらかい〉

両手の親指と４指の指先を向かい合わせてもむように動かす。

〈ふとん〉

両手で前からつかんで引き寄せるようにする。

ふね【船】1

「船に乗る」

→〈船〉+〈船に乗る〉

「船」は水上を走る船のことで〈船〉で表現。〈船〉は船が進むさまを表す。

〈船〉

両手で船形を作り、前に出す。

〈船に乗る〉

左手のひらに右手２指をのせる。

ふとん【布団】2

「座ぶとん」

→〈座る②〉+〈四角④〉

「座ぶとん」は座る時に敷くもので〈座る②〉+〈四角④〉で表現。〈四角④〉は「座ぶとん」の形を表す。

〈座る②〉

左手のひらに折り曲げた右手２指をのせる。

〈四角④〉

両手の人差指で四角を描く。

ふね【船】2

「船が港を出る」

→〈港〉+〈出港〉

例文の「港を出る」は〈出港〉で表現。〈出港〉は〈港〉の片手を残したまま船が出るさまを表す。

〈港〉

人差指を折り曲げた両手で前を囲む。

〈出港〉

〈港〉の左手を残して、右手で船形を作り、ゆらゆらと前に出す。

ふとん【布団】3

「せんべいぶとん」

→〈薄い③〉+〈ふとん〉

「せんべいぶとん」は薄い布団のことなので〈薄い③〉+〈ふとん〉で表現。

〈薄い③〉

指先を前に向けた両手の親指と４指をせばめる。

〈ふとん〉

両手で前からつかんで引き寄せるようにする。

ふね【船】3

「船が港に帰る」

→〈港〉+〈入港〉

例文は「港に帰る」は〈入港〉で表現。〈入港〉は港の片手を残したまま船が入るさまを表す。

〈港〉

人差指を折り曲げた両手で前を囲む。

〈入港〉

〈港〉の左手を残して、船形を示した右手を手前に向けて近づける。

ふね【船】4

「助け船を出す」
→〈助ける①〉

例文の「助け船を出す」は助ける意味なので〈助ける①〉で表現。〈助ける①〉は後押しするさまで「助ける」「バックアップする」などの意味。

〈助ける①〉
親指を立てた左手の後ろを右手のひらで軽く後押しする。

ぶぶん【部分】1

「(理解できない)部分がある」
→(〈理解〉+〈難しい〉)〈場所〉+〈ある①〉

例文の「部分」は箇所のことなので〈場所〉で表現。

〈場所〉
全指を曲げた右手を前に置く。

〈ある①〉
右手のひらを前に置く。

ふのう【不能】

「回復不能」
→〈回復〉+〈難しい〉

例文の「不能」はできない意味なので〈難しい〉で表現。〈難しい〉はその表現の強さで「難しい」を超える「不能」の意味も表す。

〈回復〉
両こぶしを重ねて寝かせ、棒を起こすようにする。

〈難しい〉
右手の親指と人差指でほおをつねるようにする。

ぶぶん【部分】2

「部分的修正」
→〈少し〉+〈直す〉

例文の「部分的」は一部分のことなので〈少し〉で表現。

〈少し〉
右手の親指と人差指を合わせて、親指をはじく。

〈直す〉
人差指を立てた両手を繰り返し交差させる。

ふぶき【吹雪】

「吹雪がおさまる」
→〈吹雪〉+〈終わる〉

「吹雪」は嵐を伴ったような強い雪の降りなので〈吹雪〉で表現。〈吹雪〉は吹きすさぶ雪のさまを表す。

〈吹雪〉
両手の親指と人差指で作った丸を揺らしながら右上から左下に吹きおろすようにする。

〈終わる〉
指先を上に向けた両手を下におろしながら閉じる。

ふへい【不平】1

「不平を言う」
→〈不満〉+〈言う①〉

例文の「不平」は〈不満〉で表現。〈不満〉は胸に積もるもののさまで「不平」「不満」「不服」などの意味を表す。「不満を言う」も同じ手話。

〈不満〉
軽く開いた右手を胸からぱっと前にはじき出す。

〈言う①〉
右人差指を口元から前に出す。

ふへい【不平】2

「不平を鳴らす」
→〈不満〉+〈ガミガミ言う①〉

例文の「不平を鳴らす」は不平不満をうるさく言うことで〈不満〉+〈ガミガミ言う①〉で表現。手話は不満をうるさく言うさまを表す。

〈不満〉
軽く開いた右手を胸からぱっと前にはじき出す。

〈ガミガミ言う①〉
口元で右手指を屈伸させる。

ふまじめ【不真面目】

「ふまじめな(態度)」
→〈正しい〉+〈ない①〉
(+〈態度〉)

「ふまじめ」はまじめでない意味なので〈正しい〉+〈ない①〉で表現。〈ない①〉は先立つ〈正しい〉を否定し「ふまじめ」の意味。

〈正しい〉
親指と人差指をつまみ、胸に当て、右手をあげる。

〈ない①〉
両手の手首を回すように振る。

ふべん【不便】1

「交通が不便」
→〈交通〉+〈不便〉

例文の「不便」は便利が悪いことで〈不便〉で表現。〈不便〉は〈便利〉を否定するしぐさで「不便」「便利が悪い」などの意味を表す。

〈交通〉
両手のひらを前後に重なるように左右に動かす。

〈不便〉
右手のひらをあごに当てて前にはじき出す。

ふまん【不満】

「不満を言う」
→〈不満〉+〈言う①〉

例文の「不満」は〈不満〉で表現。〈不満〉は胸に積もるもののさまで「不平」「不満」「不服」などの意味を表す。「不平を言う」も同じ手話。

〈不満〉
軽く開いた右手を胸からぱっと前にはじき出す。

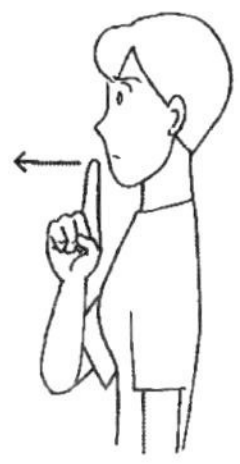

〈言う①〉
右人差指を口元から前に出す。

ふべん【不便】2

「ご不便をおかけする」
→〈迷惑〉+〈頼む①〉

例文の「不便」は迷惑の意味なので〈迷惑〉で表現。〈迷惑〉は眉間にしわを寄せ、迷惑するさまを表す。

〈迷惑〉
親指と人差指で眉間をつまむ。

〈頼む①〉
頭を下げて右手で拝むようにする。

ふみ【文】1

「ふみを書く」
→〈郵便〉+〈書く①〉

例文の「ふみ」は手紙の意味なので〈郵便〉で表現。〈郵便〉は郵便で出すもので「はがき」「手紙」などの意味がある。

〈郵便〉
左手2指と右手人差指で〒マークを示す。

〈書く①〉
左手のひらに右手の親指と人差指で縦に書くようにする。

ふみ【文】2

「ふみを読む」

→〈本〉+〈読む①〉

例文の「ふみ」は書物の意味なので〈本〉で表現。〈本〉は本を開くさまを表す。

〈本〉

両手のひらを合わせて本を開くように左右に開く。

〈読む①〉

左手のひらを見ながら視線に合わせるように右手２指を動かす。

ふみきり【踏切】

「踏切の信号」

→〈踏切〉+〈信号〉

例文の「踏切」は道路と交差する鉄道の遮断機のことで〈踏切〉で表現。〈踏切〉は遮断機がしまるさまを表す。

〈踏切〉

立てた人差指を同時に向かい合わせる。

〈信号〉

目の上で右手指先を顔に向け、閉じたり開いたりする。

ふみん【不眠】1

「不眠症になる」

→〈不眠〉+〈病気〉

「不眠症」は眠ることができない症状なので〈不眠〉+〈病気〉で表現。〈不眠〉は目をぱちぱちさせて眠れないさまを表す。

〈不眠〉

両手の親指と人差指を目の前で閉じたり開いたりする。

〈病気〉

こぶしで額を軽くたたく。

ふみん【不眠】2

「不眠不休で働く」

→〈徹夜〉+〈仕事〉

例文の「不眠」は眠らない意味なので〈徹夜〉で表現。水平線上を太陽が沈みまた昇るさまの繰り返しで「徹夜」の意味を表す。

〈徹夜〉

左手のまわりで右手の親指と人差指で作った閉じない丸を回す。

〈仕事〉

手のひらを上に向け、向かい合わせた両手指先を繰り返しつき合わせる。

ふむ【踏む】1

「自転車のペダルを踏む」

→〈自転車〉

例文の「踏む」は自転車のペダルをこぐ意味なので〈自転車〉で表現。〈自転車〉はハンドルを握りペダルをこぐさまで「自転車（に乗る）」。

〈自転車〉

両こぶしを交互に前に回転させる。

ふむ【踏む】2

「手続きを踏む」

→〈方法〉+〈順調〉

例文の「踏む」は順序通りに行う意味なので〈順調〉で表現。〈順調〉は順に手数を踏んでいくさまを表す。

〈方法〉

左手甲を右手のひらで軽くたたく。

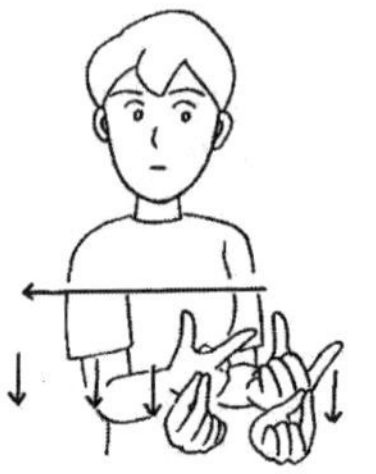

〈順調〉

両手の親指と人差指を上に向け、繰り返し閉じながら右へ動かす。

ふむ【踏む】3

「大学の課程を踏む」

→(〈大学①〉または)
〈大学②〉+〈卒業〉

例文は大学の課程を経て卒業する意味なので〈大学①〉または〈大学②〉+〈卒業〉で表現。手話は大学での課程を修了する意味を表す。

〈大学②〉
両手の人差指で角帽のひさしを示す。

〈卒業〉
賞状を持った両手を軽く上にあげながら頭をさげる。

ふむ【踏む】4

「場数を踏む」

→〈経験〉+〈重ねる②〉
(または〈たくさん②〉)

例文の「場数を踏む」は経験をたくさん重ねて場なれする意味なので〈経験〉+〈重ねる②〉で表現。〈経験〉+〈たくさん②〉でも良い。

〈経験〉
両手指先をふれ合わせる。

〈重ねる②〉
両手のひらを順に上に重ねていく。

ふむ【踏む】5

「どじを踏む」

→〈失敗①〉
または〈失敗②〉

「どじを踏む」は間の抜けたことをする、失敗するの意味なので〈失敗①〉または〈失敗②〉で表現。

〈失敗①〉
右こぶしで鼻を握り、手首を返して折るようにする。

〈失敗②〉
手のひらを額に打ちつける。

ふむ【踏む】6

「地団駄を踏む」

→〈残念①〉+〈悔しい〉

「地団駄を踏む」は悔しがる意味なので〈残念①〉+〈悔しい〉で表現。〈残念①〉は残念なさまを、〈悔しい〉はいら立つ胸の思いを表す。

〈残念①〉
左手のひらに右こぶしを打ちつけて左へ動かす。

〈悔しい〉
悔しそうに胸に爪を立てかきむしるようにして両手を交互に上下させる。

ふめい【不明】1

「行方不明」

→〈飛び出す〉+〈消える①〉

例文の「行方不明」はどこへ行ったか行き先がわからない意味なので〈飛び出す〉+〈消える①〉で表現。〈飛び出す〉は家を飛び出すさま。

〈飛び出す〉
左手屋根形の下から右手２指を前に飛び出すように出す。

〈消える①〉
手のひらを前に向けた両手を交差させながら握る。

ふめい【不明】2

「原因不明」

→〈意味①〉+〈わからない〉

例文の「不明」はわからない意味なので〈わからない〉で表現。〈わからない〉は目の前がちらつきはっきりわからないさまを表す。

〈意味①〉
左手のひらの下を右人差指で突くようにする。

〈わからない〉
指先を軽く開いた右手の中指を鼻に当て、手のひらを揺らす。

ふめい【不明】3

「不明(を恥じる)」

→〈思う〉+〈貧しい①〉
(+〈反省〉)

例文の「不明」は先を見通す力がない意味なので〈思う〉+〈貧しい①〉で表現。〈思う〉+〈貧しい①〉は考えの足りない意味を表す。

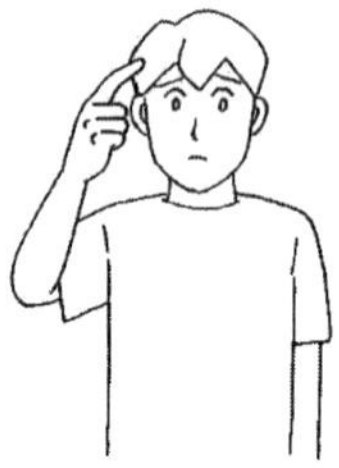

〈思う〉

右人差指を側頭部に当てる。

〈貧しい①〉

右手親指をあごに当てる。

ふやす【増やす】1

「財産を増やす」

→〈財産〉+〈金を蓄える〉

例文の「増やす」は財産を多くする意味なので〈金を蓄える〉で表現。〈金を蓄える〉は金が段々増えるさまを表す。

〈財産〉

左手のひらの上に右手で親指と人差指で作った丸を置く。

〈金を蓄える〉

左手のひらの上から右手の親指と人差指で作った丸を上に揺らしながらあげる。

ふやす【増やす】2

「仲間を増やす」

→〈仲間〉+〈増える②〉

例文の「増やす」は人数を多くする意味なので〈増える②〉で表現。

〈仲間〉

両手を握り、水平に回す。

〈増える②〉

向かい合わせた両手の親指と人差指を揺らしながら左右に開く。

ふやす【増やす】3

「予算を増やす」

→〈予算〉+〈あがる⑤〉

例文の「増やす」は金額を多くする意味なので〈あがる⑤〉で表現。〈あがる⑤〉は金額が増えるさまを表す。

〈予算〉

右こぶしを鼻の上で揺するようにし、左手のひらの上に右手指先をつけ右へ繰り返し払う。

〈あがる⑤〉

左手のひらの上に右手の親指と人差指で作った丸を置き、小さく弧を描いてあげる。

ふゆ【冬】

「冬の空」

→〈寒い〉+〈空〉

「冬」は季節のことで〈寒い〉で表現。〈寒い〉は寒くてふるえるさまで「寒い」「冬」「冷たい」の意味を表す。

〈寒い〉

両こぶしを握り、左右にふるわせる。

〈空〉

右手で頭上に弧を描く。

ふよう【不要】

「説明は不要」

→〈説明〉+〈いらない〉

「不要」は〈いらない〉で表現。〈いらない〉は〈必要〉を否定する表現で「不要」「いらない」「不必要」などの意味を表す。

〈説明〉

左手のひらを右手で小刻みにたたく。

〈いらない〉

手前に引き寄せた両手を前にはじくように開く。

ふよう【扶養】1

「親を扶養する」

→左〈両親〉+〈扶養〉

「扶養」は生活の世話をして養う意味なので〈扶養〉で表現。〈扶養〉は両親を養うさまを表す。

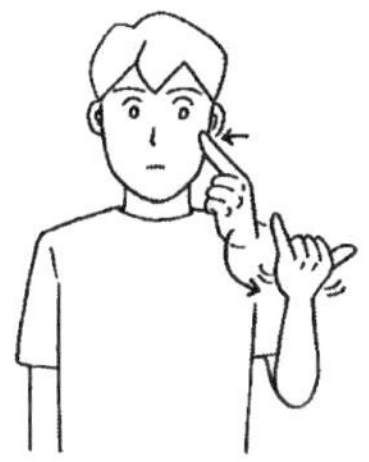

左〈両親〉

人差指をほおにふれ、親指と小指を出す。

〈扶養〉

親指と小指を立てた右手を残し、右手の指先を繰り返し近づける。

フライ 2

「エビフライ」

→〈エビ〉+〈テンプラ〉

例文の「フライ」は油であげた料理なので〈テンプラ〉で表現。〈テンプラ〉は箸でテンプラをあげるさまで「テンプラ」「フライ」を表す。

〈エビ〉

折り曲げた 2 指をはねるように伸ばしながら右へ動かす。

〈テンプラ〉

右手 2 指を手首を軸にくるくる回す。

ふよう【扶養】2

「扶養（控除）」

→〈扶養〉または〈育てる①〉（+〈差し引く〉）

例文の「扶養控除」は〈扶養〉または〈育てる①〉+〈差し引く〉で表現。〈扶養〉は人を養うさまを表す。

〈扶養〉

親指と小指を立てた左手を残し、右手の指先を繰り返し近づける。

〈育てる①〉

左手の親指に指先を伸ばした右手を繰り返し当てる。

プライド

「プライドが高い」

→〈自慢〉または〈いばる〉

「プライド」は自分をえらいと思う気持ちの意味なので〈自慢〉または〈いばる〉で表現。〈自慢〉は鼻を高くするさまで自尊心の高さを表す。

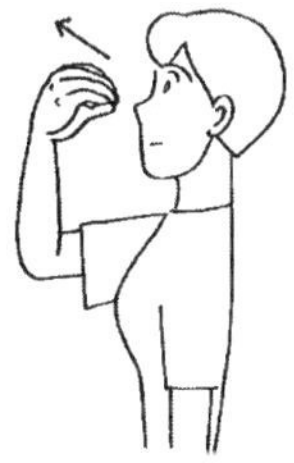

〈自慢〉

右手指で鼻をつまむようにして斜め上にあげる。

〈いばる〉

両手の親指を背広のえりに当て、4 指を振る。

フライ 1

「ライトフライ」

→〈右①〉+〈フライ〉

例文の「フライ」は飛球の意味なので〈フライ〉で表現。〈フライ〉はバットで打ったボールが高く飛ぶさまを表す。

〈右①〉

こぶしを握った右手でひじをあげて右を示す。

〈フライ〉

右人差指で左の親指と人差指で作った丸を打ち、弧を描くように動かす。

プライバシー

「プライバシーを守る」

→〈プライバシー〉+〈守る②〉

「プライバシー」は個人の私生活に関することなので〈プライバシー〉で表現。〈秘密〉をもとにした新しい手話。

〈プライバシー〉

右人差指を口元の左から右へ動かす。

〈守る②〉

左こぶしのまわりを右手のひらで取り囲むようにする。

フライパン

「フライパンで炒める」

→〈フライパン〉+〈炒める〉

例文は〈フライパン〉+〈炒める〉で表現。〈フライパン〉はフライパンを返すさまを表す。〈炒める〉はフライパンで炒めるさまを表す。

〈フライパン〉

握った左手を上へあげながら手首を返す。

〈炒める〉

左手のひらの上で指先を下にした右5指を前後に動かす。

ブラインド1

「ブラインドをおろす」

→〈ブラインドをおろす〉

例文は〈ブラインドをおろす〉で表現。〈ブラインドをおろす〉はブラインドがおりるさまを表す。

〈ブラインドをおろす〉

手を横向きにした両手を上下に並べ、同時に手首をひねりながら下におろしていく。

ブラインド2

「ブラインドをあげる」

→〈ブラインドをあげる〉

例文は〈ブラインドをあげる〉で表現。〈ブラインドをあげる〉はブラインドがあがるさまを表す。

〈ブラインドをあげる〉

手を横向きにした両手を上下に並べ、同時に手首をひねりながら上にあげていく。

プラカード

「プラカードの行列」

→〈プラカード〉+〈行進〉

「プラカード」はスローガンなどを書いた手に掲げる板のことで〈プラカード〉で表現。〈プラカード〉はプラカードを掲げるさまを表す。

〈プラカード〉

左手のひらを右手2指ではさむようにする。

〈行進〉

指先を上に向け軽く開いた両手を前後に置き、上下に揺らしながら前に進める。

ブラジャー

「ブラジャー」

→〈ブラジャー〉

「ブラジャー」は〈ブラジャー〉で表現。〈ブラジャー〉はブラジャーの形を表す。

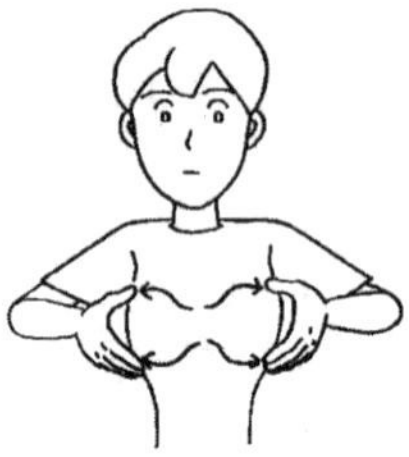

〈ブラジャー〉

両手の親指と4指でブラジャーの形を胸で描く。

プラス1

「プラス1」

→〈十字〉+〈1①〉

例文の「プラス」は負数に対する正数の意味なので〈十字〉で表現。〈十字〉は十（プラス）の符号を表す。

〈十字〉

両手人差指を交差させて「十」を作る。

〈1①〉

右人差指を立てる。

プラス 2

「千円プラスする」

→〈千円〉+〈もっと〉

例文の「プラス」は足す意味なので〈もっと〉で表現。〈もっと〉は元の量に上乗せするさまで「足す」「増やす」「もっと」の意味を表す。

〈千円〉

右手の小指を除いた 4 指で丸を作り、次に親指と人差指を開いて右に引く。

〈もっと〉

左手の親指と人差指の上に右手の親指と人差指を重ねる。

プラス 3

「(電気の) プラスとマイナス」

→(〈電気〉+)〈十字〉+〈マイナス〉

例文の「プラス」は電気の陽極の意味なので〈十字〉で表現。〈十字〉は十(プラス)の符号を表す。

〈十字〉

両手人差指を交差させて「十」を作る。

〈マイナス〉

右人差指を右へ引く。

プラスチック

「プラスチックのおもちゃ」

→〈プラスチック〉+〈おもちゃ〉

「プラスチック」は〈プラスチック〉で表現。〈プラスチック〉はそのたわむさまを表す新しい手話。

〈プラスチック〉

左手のひらにすぼめた右手を当てて上下に揺らす。

〈おもちゃ〉

両こぶしを上下入れ換えながら左右でたたく。

ぶらつく

「町をぶらつく」

→〈町①〉+〈歩き回る〉

「ぶらつく」はあてもなく歩き回る意味なので〈歩き回る〉で表現。〈歩き回る〉はぐるぐる回るさまで「徘徊」の意味もある。

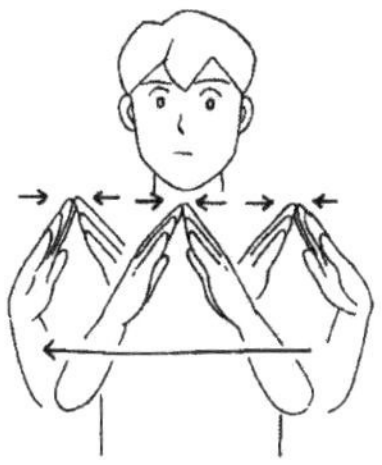

〈町①〉

両手で屋根形を左から右へすばやく順番に作る。

〈歩き回る〉

右手 2 指を歩くようにして水平に回す。

プラットホーム

「プラットホームに集まる」

→〈プラットホーム〉+〈集まる①〉

「プラットホーム」は〈プラットホーム〉で表現。〈プラットホーム〉はプラットホームがずっと続くさまを表す。

〈プラットホーム〉

指先を右に向け、手のひらを手前に向けた左手の内側に右親指と人差指を曲げて右に動かす。

〈集まる①〉

軽く開いた両手のひらを向かい合わせて中央に寄せる。

ふらふら 1

「酔ってふらふら歩く」

→〈酔う〉+〈歩く②〉

例文の「ふらふら」は倒れそうに不安定に歩く様子で〈歩く②〉で表現。〈歩く②〉はふらふら歩くさまを表す。

〈酔う〉

両手の人差指の先を目に向けて回す。

〈歩く②〉

右手 2 指を左右に揺らしながら歩くように動かす。

ふらふら 2

「考えがふらふらする」

→〈考える〉+〈ふらふら〉

例文の「ふらふら」は考えがしっかり定まらない様子なので〈ふらふら〉で表現。〈ふらふら〉は考えが左右にゆれるさまを表す。

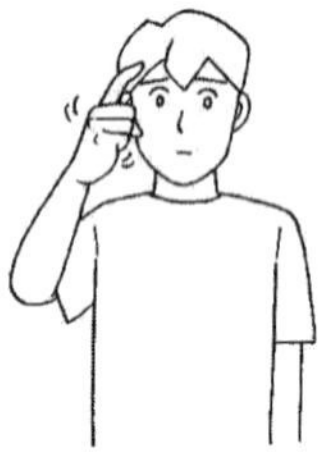

〈考える〉

右人差指を頭にねじこむようにする。

〈ふらふら〉

右手を額の辺りでゆらゆら左右に振る。

ぶらぶら 1

「電灯がぶらぶらゆれる」

→〈明かり①〉+〈揺れる①〉

例文の「ぶらぶら」はぶらさがっている物がゆれる様子なので〈揺れる①〉で表現。〈揺れる①〉は物がぶらぶらゆれているさまを表す。

〈明かり①〉

額の高さですぼめた右手をぱっと下に向けて開く。

〈揺れる①〉

指先を下に向けて頭の上で振る。

ぶらぶら 2

「ぶらぶら歩く」

→〈遊ぶ①〉+〈歩く②〉

例文の「ぶらぶら」は目的もなくあちこち歩き回る様子なので〈遊ぶ①〉+〈歩く②〉で表現。手話は「散歩」の意味もある。

〈遊ぶ①〉

人差指を立てた両手を交互に前後に軽く振る。

〈歩く②〉

右手２指でジグザグに歩くようにする。

ぶらぶら 3

「ぶらぶら遊んでいる」

→〈暇〉+〈手ぶら〉

例文の「ぶらぶら」は仕事をしないで暮らしている様子なので〈暇①〉で表現。〈暇①〉は手が空いているさまで「暇」を表す。

〈暇〉

両手のひらを前に出すようにぱっと開く。

〈手ぶら〉

両ひじをあげて指先を下に向けて交互に両手を振る。

プラン 1

「プランを立てる」

→〈計画〉+〈作る〉

「プラン」は計画のことなので〈計画〉で表現。〈計画〉は設計図を描くさまで「プラン」「計画」「設計」などの意味がある。

〈計画〉

左手のひらを下に向け、右人差指で線を引くようにする。

〈作る〉

両手のこぶしを上下に打ちつける。

プラン 2

「プランを練る」

→〈計画〉+〈考える〉

「プランを練る」は計画を深く考えることで〈計画〉+〈考える〉で表現。〈計画〉は設計図を描くさまで「プラン」「計画」などの意味。

〈計画〉

左手のひらを下に向け、右人差指で線を引くようにする。

〈考える〉

右人差指を頭にねじこむようにする。

ぶらんこ

「ぶらんこに乗る」

→〈ぶらんこ〉

「ぶらんこ」は遊具のことで〈ぶらんこ〉で表現。〈ぶらんこ〉はぶらんこに乗るさまで「ぶらんこ（に乗る）」意味を表す。

〈ぶらんこ〉

左手２指に右手２指をのせて前後に振る。

ふりかえ【振り替え】1

「振り替え休日」

→〈交替②〉＋〈休む②〉

例文の「振り替え」は代用・流用のことなので〈交替②〉で表現。〈交替②〉は人が入れ替わるさまを表す。「代休」も同手話。

〈交替②〉

人差指を立てた両手を向き合わせたまま、前後の位置を入れ換える。

〈休む②〉

左手のひらの上に右こぶしをのせる。

ブランデー

「上等のブランデー」

→〈高い①〉＋〈ブランデー〉

「ブランデー」はブドウなどから作るアルコール分の強い酒。〈ブランデー〉はブランデーグラスを回すさまを表す。

〈高い①〉

親指と人差指で作った丸を上にあげる。

〈ブランデー〉

指先を軽く曲げて手のひらを上に向けた右手のひらを小さく回す。

ふりかえ【振り替え】2

「振替用紙」

→〈振替〉＋〈券①〉

例文の「振替」は郵便振替のことなので〈振替〉で表現。〈振替〉は入れ替えるさまを表す。

〈振替〉

左手のひらの上に右２指を乗せ、手首を返して前に出す。

〈券①〉

両手の親指と人差指を向かい合わせて四角を示す。

フリー

「フリーで働く」

→〈自由〉＋〈仕事〉

「フリー」は自由の意味なので〈自由〉で表現。〈自由〉は手足が自由に動くさまで「フリー」「自由」「気まま」の意味を表す。

〈自由〉

両こぶしをひじを使って交互に上下させる。

〈仕事〉

手のひらを上に向け、向かい合わせた両手指先を繰り返しつき合わせる。

ふりかえる【振り替える】

「（月曜日を）休日に振り替える」

→（〈月〉＋）〈交替②〉＋〈休む①〉

例文の「振り替える」は休日を交替することなので〈交替②〉で表現。〈交替②〉は入れかわるさまを表す。

〈交替②〉

人差指を立てた両手を向き合わせたまま、前後の位置を入れ換える。

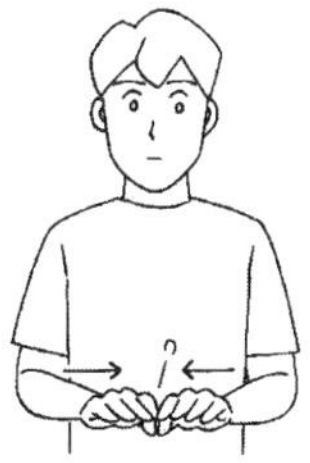

〈休む①〉

手のひらを下にした両手を左右から閉じる。

ふ

ふりかえる
【振り返る】

「過去を振り返る」

→〈過去①〉+〈なつかしい①〉

「振り返る」は過去を思い出してみる意味なので〈なつかしい①〉で表現。〈なつかしい①〉は過去をしのぶさまを表す。

〈過去①〉
右手のひらを後ろに向けて勢いよく押してやる。

〈なつかしい①〉
右手指先を揺らしながら頭から右横へ出す。

ふりがな【振り仮名】

「ふりがなをつける」

→〈ふりがな〉

「ふりがな」は漢字の横の読み方のことで〈ふりがな〉で表現。

〈ふりがな〉
親指と4指の指先を曲げた左手の横で右手の親指と人差指で書くようにする。

ふりそで【振り袖】

「振り袖」

→〈着物〉+〈袖①〉

「振り袖」は未婚の女性の着るたもとの長い和服のことで〈着物〉+〈袖①〉で表現。〈袖①〉は振り袖の長いたもとのさまを表す。

〈着物〉
着物のえりを合わせるように右手と左手を順番に胸で重ねる。

〈袖①〉
左ひじをあげて上から右人差指で袖を描く。

ふりょう【不良】1

「栄養不良」

→〈栄養〉+〈貧しい①〉

例文の「不良」は十分でない意味なので〈貧しい①〉で表現。〈貧しい①〉はあごが干あがるさまで「貧しい」「乏しい」などの意味を表す。

〈栄養〉
指先を手前に向けて右手を体に繰り返しつける。

〈貧しい①〉
右手親指をあごに当てる。

ふりょう【不良】2

「不良品」

→〈悪い①〉+〈品(ひん)〉

例文の「不良」は品質が悪い意味なので〈悪い①〉で表現。〈悪い①〉は「悪い」「不良」などの意味を表す。

〈悪い①〉
人差指で鼻をこするようにして振りおろす。

〈品(ひん)〉
右手の親指と人差指で作った丸を上、左、右に示す。

ふりょう【不良】3

「不良学生」

→〈それる〉+〈学生①〉

例文の「不良」は行いが悪い人なので〈それる〉で表現。〈それる〉は踏むべき道を踏み外して横にそれてしまうさまを表す。

〈それる〉
指先を前に向けて両手を上下に重ね、右手を前に進めながら左へそらす。

〈学生①〉
軽く開いた両手を上下に置き、握りながらはかまのひもをしめるようにする。

プリン

「甘いプリン」

→〈甘い〉+〈プリン〉

「プリン」は〈プリン〉で表現。〈プリン〉はプリンが揺れているさまを表す。

〈甘い〉
右手のひらを口元で回す。

〈プリン〉
左手のひらに折り曲げた右手を乗せて左右に揺らす。

プリント 1

「プリントを配る」

→〈印刷②〉+〈配る①〉

例文の「プリント」は印刷物なので〈印刷②〉で表現。〈印刷②〉は輪転機から刷り出される印刷物のさまを表す。

〈印刷②〉
左手のひらと右手のひらを上下に合わせて右手をすべるように繰り返し前に出す。

〈配る①〉
左手のひらの上に右手をのせ、左、中央、右の順に前に出す。

プリント 2

「(写真の)プリント」

→(〈写真〉+)
〈コピー〉
または〈現像〉

例文の「プリント」はフィルムを焼きつけるものなので〈コピー〉または〈現像〉で表現。〈コピー〉はコピーをとるさまを表す。

〈コピー〉
手のひらを下に向けた左手の下で右手を閉じながらおろす。

〈現像〉
両手の親指と人差指でフィルムを持ち左右に振るようにする。

ふる【降る】1

「雨が降る」

→〈雨①〉

「雨が降る」は〈雨①〉で表現。雨の降る強さなどによって表現はいろいろと変わる。

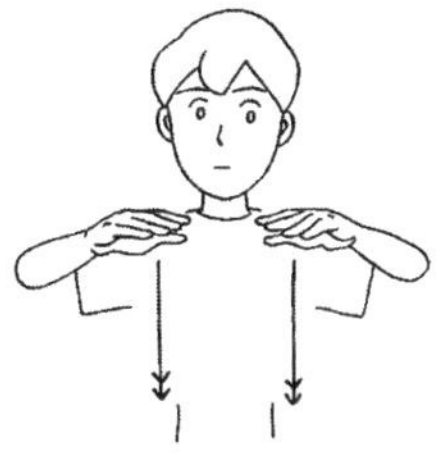

〈雨①〉
軽く開いた指先を前に向け両手を繰り返し下におろす。

ふる【降る】2

「雪が降る」

→〈雪〉

「雪が降る」は〈雪〉で表現。雪の降る強さなどによって表現はいろいろと変わる。

〈雪〉
両手の親指と人差指で作った丸をひらひらさせながらおろす。

ふる【振る】1

「塩を振る」

→〈塩①〉+〈ふりかける〉

例文の「振る」は散らしてまく意味なので〈ふりかける〉で表現。〈ふりかける〉は塩やこしょうなどを卓上瓶でふりかけるさまを表す。

〈塩①〉
右人差指で歯の前を往復する。

〈ふりかける〉
右手で容器を持ち、ふりかけるようにする。

ふる【振る】2

「わき目も振らず走る」

→〈一途①〉+〈走る〉

例文の「わき目も振らず」はよそ見もしないで一心に打ちこむさまなので〈一途①〉で表現。〈一途①〉には「一途」「一心不乱」の意味がある。

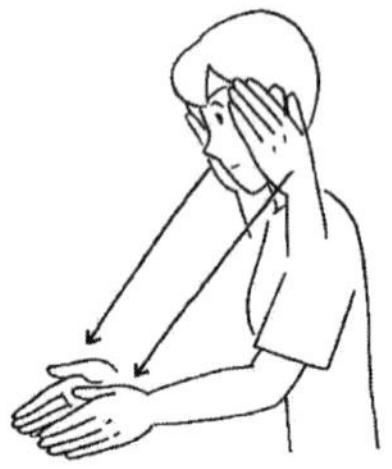

〈一途①〉
両手のひらをこめかみ付近から斜め前に絞り込むようにおろす。

〈走る〉
両手を握って走るようにこぶしを上下させる。

ふる【振る】3

「男を振る」

→〈男〉+〈ひじてつ〉

例文の「振る」は断る意味なので〈ひじてつ〉で表現。〈ひじてつ〉は男にひじてつをくらわすさまを表す。

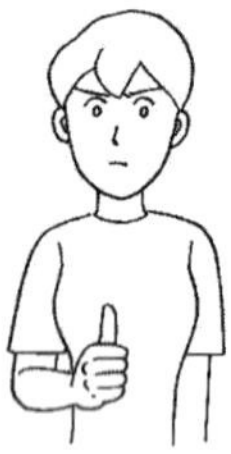

〈男〉
親指を立てた右手を出す。

〈ひじてつ〉
右手のひじを張る。

ふる【振る】4

「彼女に振られる」

→〈女〉+〈追い払われる〉

例文の「振られる」は受け入れられないことなので〈追い払われる〉で表現。〈追い払われる〉ははじかれるさまを表す。

〈女〉
右小指を立てる。

〈追い払われる〉
左手のひらの上で右手を手前にはき出すようにする。

ふる【振る】5

「大切な役を振る」

→(〈彼〉+)
〈大切①〉+〈任せる③〉

例文の「振る」は役を割り当てる意味なので〈任せる③〉で表現。〈任せる③〉は人に見立てた左親指に任せるさまを表す。

〈大切①〉
左手甲を右手のひらでなでるように回す。

〈任せる③〉
左親指に向かって肩に置いた右手を差し出す。

ふるい【古い】1

「古い(友人)」

→〈過去①〉+〈ずっと①〉
(+〈友達①〉)

例文の「古い」は昔からの意味なので〈過去①〉+〈ずっと①〉で表現。〈過去①〉は以前のことで過去の古さは表現によって変わる。

〈過去①〉
右手のひらを後ろに向けて勢いよく押してやる。

〈ずっと①〉
右人差指の先を前に向け、右から左へ線を引くように動かす。

ふるい【古い】2

「古い建物」

→〈古い〉+〈ビル①〉

例文の「古い」は長い年月がたっている様子なので〈古い〉で表現。〈古い〉は古いものは概して鼻が曲がるほど臭いところから生まれた手話。

〈古い〉
右人差指で鼻を下からこするように回す。

〈ビル①〉
両手のひらを向かい合わせて上にあげ、閉じる。

フルーツ

「フルーツが好き」
→〈くだもの〉+〈好き①〉

「フルーツ」はくだもののことなので〈くだもの〉で表現。〈くだもの〉は枝もたわわに木の実がなるさまを表す。

〈くだもの〉
指を開きやや曲げた両手のひらを上に向け、交互に小さく上下させる。

〈好き①〉
親指と人差指を開いた右手をのどに当て、下におろしながら閉じる。

ふるさと

「ふるさと」
→〈生まれる〉+〈場所〉

「ふるさと」は生まれ育った土地の意味なので〈生まれる〉+〈場所〉で表現。手話は「故里」「郷土」「故郷」などの意味を表す。

〈生まれる〉
指先を向かい合わせた両手を腹から前に出す。

〈場所〉
全指を曲げた右手を前に置く。

ふ

ふるえる【震える】1

「寒さで体がふるえる」
→〈寒い〉

例文の「体がふるえる」は寒いことなので〈寒い〉で表現。〈寒い〉の表現に寒さと体がふるえるさまが含まれている。

〈寒い〉
両こぶしを握り、左右にふるわせる。

ブルドーザー

「ブルドーザー」
→〈ブルドーザー〉

「ブルドーザー」は土木建設用の重機械で土を押してならしたりするもの。〈ブルドーザー〉で表現。ブルドーザーのブレードが土を押すさま。

〈ブルドーザー〉
左手のひらの上を指先を曲げた右手をすべらせるように前に出す。

ふるえる【震える】2

「足がふるえる」
→〈恐ろしい〉

例文の「足がふるえる」は恐ろしいことなので〈恐ろしい〉で表現。〈恐ろしい〉の表現にふるえるさまが含まれている。表情に注意。

〈恐ろしい〉
左手のひらの上に右手 2 指を立てふるわせる。

ふるまう【振る舞う】1

「勝手にふるまう」
→〈自分一人〉+〈活動〉

例文の「ふるまう」は行動する意味なので〈活動〉で表現。〈活動〉は手足を活発に動かすさまで「活動」「行動」「行い」などの意味。

〈自分一人〉
右人差指を胸に当て、前にはねあげる。

〈活動〉
ひじを少し張り、ひじを軸に両こぶしを交互に繰り返し前に出す。

ふるまう【振る舞う】2

「行儀よくふるまう」
→〈態度〉+〈常識〉

例文の「ふるまう」は態度のことなので〈態度〉で表現。〈態度〉は行動するさまで「ふるまう」「態度」「行動」などの意味を表す。

〈態度〉
こぶしを握った両手を交互に上下させる。

〈常識〉
両こぶしの小指側を繰り返し打ちつける。

ふるまう【振る舞う】3

「ごちそうをふるまう」
→(〈おいしい①〉または)〈おいしい③〉+〈出版〉

例文の「ふるまう」はごちそうする意味なので〈出版〉で表現。〈出版〉は広く公開するさまで「出版(する)」「ふるまう」などの意味を表す。

〈おいしい③〉
右手のひらで右ほおを軽くたたく。

〈出版〉
指先を向かい合わせて手のひらを上に向けた両手を左右に開きながら前に出す。

ふれあい【触れ合い】1

「人々のふれあい」
→〈人々①〉+〈ふれあう〉

例文の「ふれあい」は〈ふれあう〉で表現。〈ふれあう〉はいろいろの人と出会い、つき合うさまを表す。

〈人々①〉
親指と小指を立てた両手を揺らしながら左右に開く。

〈ふれあう〉
人差指を立てた両手を交互に前後入れ換えながら、軽くふれ合わせる。

ふれあい【触れ合い】2

「ふれあいの場」
→〈交流〉+〈場所〉

例文の「ふれあい」は交流の意味なので〈交流〉で表現。〈交流〉は人々が交流するさまで「交わる」「交流」などの意味を表す。

〈交流〉
両手のひらを上に向け上下に置き、互い違いに水平に回す。

〈場所〉
全指を曲げた右手を前に置く。

ふれあい【触れ合い】3

「肌のふれあい(が大切)」
→〈体(からだ)〉+〈合わせる②〉(+〈大切①〉)

例文の「肌のふれあい」は親しくつき合うことの意味なので〈体〉+〈合わせる②〉で表現。手話は体を密着させるさまで「親しく」の意味。

〈体(からだ)〉
右手を体の上で回す。

〈合わせる②〉
左手のひらに右手のひらを近づけて合わせる。

ふれあう【触れ合う】

「みんなとふれあう」
→〈みんな〉+〈ふれあう〉

「ふれあう」は〈ふれあう〉で表現。いろいろの人と出会い、つき合うさまで「交わる」「交流(する)」などの意味。

〈みんな〉
右手のひらを下に向けて水平に回す。

〈ふれあう〉
人差指を立てた両手を交互に前後入れ換えながら軽くふれ合わせ、左から右へ動かす。

プレス

「アイロンで服をプレスする」

→〈服〉+〈アイロン〉

例文の「プレス」はアイロンをかけて仕あげる意味なので〈アイロン〉で表現。〈アイロン〉はアイロンをかけるさまを表す。

〈服〉
親指を立てた両手をえりに沿って下におろす。

〈アイロン〉
左手のひらの上で右こぶしを往復させる。

プレッシャー 1

「（彼に）プレッシャーがかかる」

→（〈彼〉+）〈プレッシャー〉または〈かぶせる〉

例文の「プレッシャーがかかる」は〈プレッシャー〉または〈かぶせる〉で表現。〈プレッシャー〉は頭を押して精神的な圧力をかけるさまを表す。

〈プレッシャー〉
右４指で頭を強く押す。

〈かぶせる〉
左親指を全指を曲げた右手で上から押さえつけるようにする。

プレゼント 1

「お祝いのプレゼント」

→〈祝う〉+〈みやげ①〉

例文の「プレゼント」は贈り物の意味なので〈みやげ①〉で表現。〈みやげ①〉は右手でひもを持ち、左手で箱を持つさまを表す。

〈祝う〉
すぼめた両手を上にあげてぱっと開く。

〈みやげ①〉
左手のひらの上で右手の親指と人差指をつまむようにして両手を前に出す。

プレッシャー 2

「彼にプレッシャーをかける」

→〈彼〉+〈かぶせる〉

例文の「プレッシャーをかける」は〈かぶせる〉で表現。

〈彼〉
左親指を右人差指でさす。

〈かぶせる〉
左親指を全指を曲げた右手で上から押さえつけるようにする。

プレゼント 2

「花をプレゼントする」

→〈花①〉（または〈花③〉）+〈与える①〉

例文の「プレゼント」は贈り物をする意味なので〈与える①〉で表現。〈与える①〉は渡すさまで「プレゼント（する）」を意味する。

〈花①〉
両手を合わせてすぼませた指を左右に開く。

〈与える①〉
両手のひらを上に向け並べて前に差し出す。

プレッシャー 3

「プレッシャーに強い」

→〈我慢①〉+〈できる〉

例文は〈我慢①〉+〈できる〉で表現。〈我慢①〉は押さえつけるさまで忍耐、辛抱の意味。

〈我慢①〉
親指を立てた左手を右手のひらで押さえる。

〈できる〉
右手指先を左胸と右胸に順に当てる。

プレミアム 1

「プレミアム付きチケット」

→〈プレミアム〉+〈券①〉

例文の「プレミアム」は売り出した価格に加わる割増金のことなので〈プレミアム〉で表現。〈プレミアム〉は左手でお金、右手ではねあがるさま。

〈プレミアム〉
右親指と人差指を出して、親指を左手の丸につけ、右人差指を上に回す。

〈券①〉
両手の親指と人差指を向かい合わせて四角を示す。

プレミアム 2

「プレミアムセール」

→〈付け足す〉+〈商売〉

例文の「プレミアム」は商品の景品のことなので〈付け足す〉で表現。〈付け足す〉は上乗せするさまを表す。「割増」も同手話。

〈付け足す〉
親指と人差指を開いた左手の上に、親指と人差指の間をややせばめた右手をのせる。

〈商売〉
両手の親指と人差指で作った丸を交互に前後させる。

ふろ【風呂】

「風呂(をわかす)」

→〈風呂①〉
　または〈風呂②〉
　(+〈煮る〉)

「風呂」は〈風呂①〉または〈風呂②〉で表現。手話はどちらも風呂で顔や体を洗うさまを表す。

〈風呂①〉
右こぶしをほおに当て、こするようにする。

〈風呂②〉
右こぶしで体をこするようにする。

プロ 1

「プロ野球」

→〈プロ〉+〈野球①〉

例文の「プロ」は職業とする意味なので〈プロ〉で表現。〈プロ〉の右手は給料をもらうさまを表す。

〈プロ〉
右手の親指と人差指で作った丸を額に当てる。

〈野球①〉
バットを握って振るようにする。

プロ 2

「料理のプロ」

→〈料理〉+〈腕前〉

例文の「プロ」は専門家の意味なので〈腕前〉で表現。〈腕前〉は鮮やかな腕前を示すさまで「名人」「達人」などの意味を表す。

〈料理〉
左手で押さえ、右手で刻むようにする。

〈腕前〉
左腕を右手のひらでぽんとたたく。

ふろく【付録】

「雑誌の付録」

→〈雑誌〉+〈副〉

例文の「付録」はおまけとしてつくものなので〈副〉で表現。〈副〉は主となるものに付くさまで「おまけ」「付属」などの意味。

〈雑誌〉
両手のひらを上下に合わせて右手を開くように返す。

〈副〉
左親指に右親指を少しさげてつける。

プログラム 1

「会議のプログラム」

→〈会議〉+〈プログラム〉

例文の「プログラム」は催しなどの内容を紹介したもので〈プログラム〉で表現。左手が紙、右手は催しの内容や順序が書かれているさま。

〈会議〉

親指を立てた両手を合わせたまま水平に回す。

〈プログラム〉

左手のひらに右人差指を順番につけながらおろす。

プロジェクト

「プロジェクト(チーム)」

→〈プロジェクト〉または〈計画〉(+〈グループ〉または〈チーム〉)

例文の「プロジェクト」は〈プロジェクト〉または〈計画〉で表現。〈プロジェクト〉は〈計画〉の右手の形を「プ」にした新しい手話。

〈プロジェクト〉

左手のひらを下に向けて、その前から指文字〈フ〉をあげて右へ引く。

〈計画〉

左手を定規のようにして、右人差指で線を引くようにする。

プログラム 2

「コンピュータのプログラム」

→〈コンピュータ〉+〈プログラム〉

例文の「プログラム」はコンピュータに処理させるために書いたものなので〈プログラム〉で表現。データなどの順序が書かれているさま。

〈コンピュータ〉

両手の人差指で同時に円を描く。

〈プログラム〉

左手のひらに右人差指を順番につけながらおろす。

ブロック 1

「ブロック塀」

→〈コンクリートブロック〉+〈塀〉

例文の「ブロック」はコンクリートの四角な成型加工品で〈コンクリートブロック〉で表現。〈コンクリートブロック〉はブロックを積むさまを表す。

〈コンクリートブロック〉

甲側を前に向けた両手を交互に上下に重ねる。

〈塀〉

指先を上に向けた両手で囲むように動かす。

プロジェクター

「プロジェクターで映す」

→〈映す②〉

「プロジェクター」は映写機なので〈映す②〉で表現。〈映す②〉は箱型の装置から右手の光が出るさまを表す。「プロジェクターで映す」も同手話。

〈映す②〉

指先を右に向けた「コ」の字型の左手を通って、つまんだ右手を開きながら前に出す。

ブロック 2

「近畿ブロック」

→〈近畿〉+〈ブロック〉

例文の「ブロック」は区画あるいは地域単位の呼び方なので〈ブロック〉で表現。〈ブロック〉は一定の広さを囲い込むさまを表す。

〈近畿〉

左手のひらを前に向けて人差指と親指に沿って右手のひらをすべらせるようにして右へやる。

〈ブロック〉

つまんだ両手の親指と人差指を手前から水平に回し、つける。

ブロッコリー

「ブロッコリーを炒める」
→〈ブロッコリー〉+〈炒める〉

「ブロッコリー」は〈ブロッコリー〉で表現。〈ブロッコリー〉はブロッコリーの花球のさまを表す。

〈ブロッコリー〉
5指をつまんで上向きにした左手の上に指を折り曲げた右手を上下させる。

〈炒める〉
左手のひらの上で指先を下にした右5指を前後に動かす。

プロポーズ

「プロポーズする」
→〈結婚〉+〈申し込む〉

例文の「プロポーズ」は結婚を申し込む意味なので〈結婚〉+〈申し込む〉で表現。〈申し込む〉は文書で申し込むさまで「提案する」など。

〈結婚〉
親指と小指を左右からつける。

〈申し込む〉
左手のひらの上に右人差指をのせて前に出す。

ふん【分】

「五分」
→〈5〉+〈分〉

「分」は時間の単位で〈分〉で表現。〈分〉は「分」の記号「´」を表す。

〈5〉
右親指の指先を左に向けて示す。

〈分〉
右人差指で点「´」を打つ。

ぶん【文】

「文(を書く)」
→〈文〉
または〈文章〉
(+〈書く①〉)

例文の「文」は文・文章の意味で、「文」であれば〈文〉で、「文章」であれば〈文章〉で表現。

〈文〉
両手の親指と4指を組むようにする。

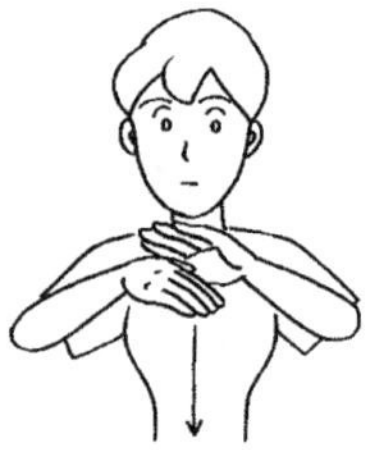

〈文章〉
両手の親指と4指の間を合わせて下におろす。

ふんいき【雰囲気】1

「楽しそうな雰囲気」
→〈うれしい〉+〈休憩〉

例文の「雰囲気」は2種類の表現がある。ひとつは〈休憩〉で表現。〈休憩〉は空気を入れ換えるさまを表す。

〈うれしい〉
両手のひらを胸の前で、交互に上下させる。

〈休憩〉
両手の小指側を前に向けながら交差を繰り返す。

ふんいき【雰囲気】2

「(楽しそうな)雰囲気」
→(〈うれしい〉+)
〈香り①〉+〈状態②〉

もうひとつは〈香り①〉+〈状態②〉で表現。〈状態②〉は周囲に漂う空気を表す。

〈香り①〉
右手2指を繰り返し鼻に近づける。

〈状態②〉
右手5指を開いて回す。

ぶんか【分科】

「分科会」
→〈種類〉+〈会〉

例文の「分科会」は集会などでいくつかに分かれて討論する部会のことで〈種類〉+〈会〉で表現。〈種類〉は種目が分かれるさまを表す。

〈種類〉
左手のひらの上で右手を３方に向けて小刻みに向きを変える。

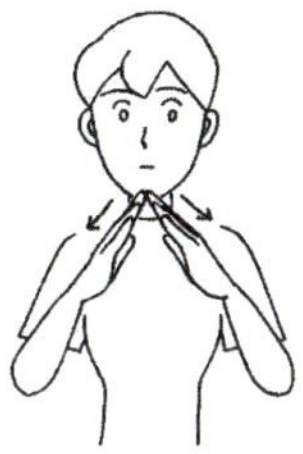

〈会〉
両手で屋根形を作り、左右に引く。

ぶんがく【文学】2

「文学(者)」
→〈文〉+〈勉強②〉
(+〈人々①〉)

例文の「文学」は小説などの芸術的な著作の意味。〈文〉+〈勉強②〉で表現。

〈文〉
両手の親指と４指を組むようにする。

〈勉強②〉
指先を上に向けた両手を並べて軽く前に出す。

ぶんか【文化】

「文化(祭)」
→〈文化〉
(+〈祭り〉)

「文化」は〈文化〉で表現。〈文化〉は漢字「文」の字形を利用した手話と言われる。

〈文化〉
両手の親指と４指の間を交差させ、

組み換える。

ぶんかちょう【文化庁】

「文化(庁)」
→〈文化〉
(+〈庁〉)

「文化庁」は〈文化〉+〈庁〉で表現。〈文化〉は漢字「文」の字形を表し、〈庁〉は「庁」の最後の画を表す。

〈文化〉
両手の親指と４指の間を交差させ、

組み換える。

ぶんがく【文学】1

「文学(部)」
→〈文〉+〈勉強②〉
(+〈ブ〉)

例文の「文学部」は大学の学部名なので〈文〉+〈勉強②〉+〈ブ〉で表現。

〈文〉
両手の親指と４指を組むようにする。

〈勉強②〉
指先を上に向けた両手を並べて軽く前に出す。

ぶんかつ【分割】

「五回の分割(払い)」
→〈５〉+〈分ける①〉
(+〈払う③〉)

「分割」はいくつかに分ける意味なので〈分ける①〉で表現。

〈５〉
右親指の指先を左に向けて示す。

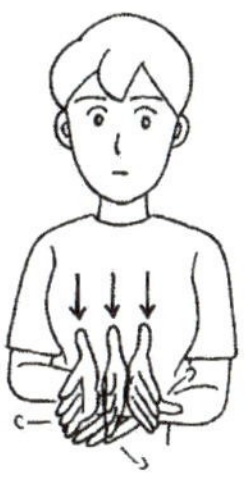

〈分ける①〉
左手のひらの上を右手で左から右へ切り分ける。

ふ

ぶんけん【分権】

「地方分権」

→〈地方〉+〈分権〉

「分権」は〈分権〉で表現。〈分権〉は左手が力、右手が権力を分けるさまを表す新しい手話。

〈地方〉

全指を曲げた右手を下に向け、左から右へ順番に置く。

〈分権〉

こぶしを握った左上腕に指先を上に向けて曲げた右手を置き、右前に出す。

ぶんこう【分校】

「分校」

→〈勉強②〉+〈支部〉

「分校」は本校から分かれてできた学校なので〈勉強②〉+〈支部〉で表現。〈支部〉はもとから分かれるさまを表す。

〈勉強②〉

指先を上に向けた両手を並べて軽く前に出す。

〈支部〉

両手の親指と人差指を閉じてつき合わせ、右手を前に伸ばすようにして出す。

ぶんしつ【紛失】

「お金を紛失」

→〈金(かね)①〉+〈消える①〉

「紛失」はなくす意味なので〈消える①〉で表現。〈消える①〉は目の前からなくなるさまで「紛失」「なくす」「消える」などの意味を表す。

〈金(かね)①〉

右手の親指と人差指で作った丸を示す。

〈消える①〉

手のひらを前に向けた両手を交差させながら握る。

ぶんしょ【文書】1

「文書(で申し込み)」

→〈文〉+〈四角①〉(+〈申し込み〉)

「文書」は文字で書きしるしたものなので〈文〉+〈四角①〉で表現。〈四角①〉は四角の形をしたもので、この場合は書類を意味する。

〈文〉

両手の親指と4指を組むようにする。

〈四角①〉

両手の人差指で四角を描く。

ぶんしょ【文書】2

「公文書」

→〈公(おおやけ)〉+〈文〉

「公文書」は公式の文書なので〈公〉+〈文〉で表現。〈公〉は漢字「公」の字形を表す。

〈公(おおやけ)〉

人差指で「八」の字形を示し、左人差指を残しながら右人差指で「ム」を書く。

〈文〉

両手の親指と4指を組むようにする。

ぶんしょう【文章】

「文章を書く」

→〈文章〉+〈書く①〉

「文章」は〈文章〉で表現。〈文章〉は〈文〉が続くさまを表す。

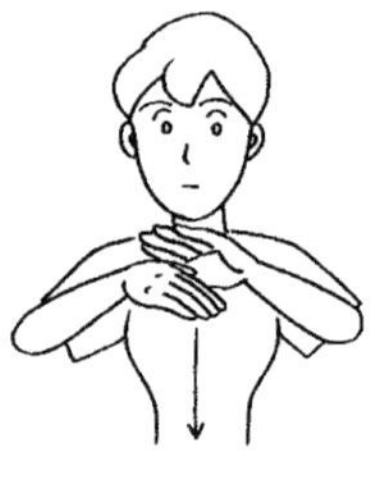

〈文章〉

両手の親指と4指の間を合わせて下におろす。

〈書く①〉

左手のひらに右手の親指と人差指で縦に書くようにする。

ぶんせき【分析】1

「(内容を)分析する」

→(〈内容〉+)
〈細かい③〉
または〈調べる①〉

「分析」は分解して調べる意味なので〈細かい③〉または〈調べる①〉で表現。〈細かい③〉はしらみつぶしに調べるさまを表す。

〈細かい③〉
両手の親指と人差指の指先でつぶすようにしながら下にさげる。

〈調べる①〉
右手の人差指と中指を軽く折り曲げて、目の前を左右に往復させる。

ぶんせき【分析】2

「内容を分析する」

→〈内容〉+〈分析〉

例文の「分析」は〈分析〉で表現。〈分析〉は〈調べる①〉の手の形を使って分けるさまを表す。

〈内容〉
左手のひらを体側に向けてその中を右人差指でかき回す。

〈分析〉
2指を折り曲げた両手を下向きにしてつけ合わせ、左右に引き離す。

ふんそう【紛争】

「(国際)紛争」

→(〈世界〉+)
〈けんか①〉
または〈けんか②〉

「紛争」は物事がもつれて争う意味なので〈けんか①〉または〈けんか②〉で表現。

〈けんか①〉
両手人差指を剣のようにふれ合わす。

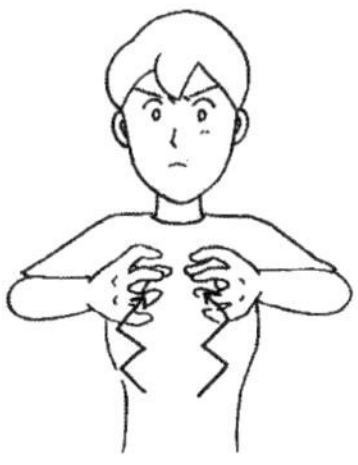

〈けんか②〉
両手の指先を曲げてぶつけ合うようにして上にあげる。

ぶんたん【分担】1

「役割を分担する」

→〈責任①〉+〈分ける①〉

例文の「分担」は責任を分かち合う意味なので〈責任①〉+〈分ける①〉で表現。〈分ける①〉は区分するさまで、「分ける」意味を表す。

〈責任①〉
右肩に軽く全指を折り曲げた右手をのせる。

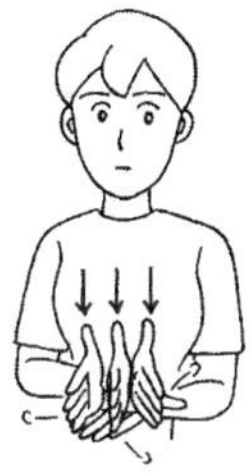

〈分ける①〉
左手のひらの上を右手で左から右へ切り分ける。

ぶんたん【分担】2

「(赤字を)分担する」

→(〈赤〉+〈線を引く①〉+)
〈分ける①〉+〈責任①〉

例文の「分担」は負担を分け合う意味なので〈分ける①〉+〈責任①〉で表現。〈分ける①〉は切り分けるさまを表す。

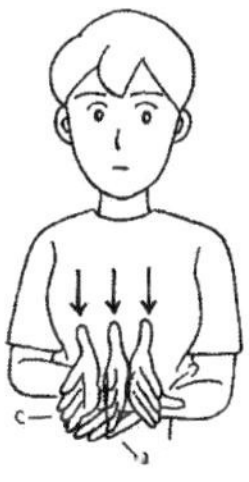

〈分ける①〉
左手のひらの上を右手で左から右へ切り分ける。

〈責任①〉
右肩に軽く全指を折り曲げた右手をのせる。

ぶんたん【分担】3

「分担金」

→〈責任①〉+〈金(かね)①〉

「分担金」はそれぞれが負担すべきお金のことで〈責任①〉+〈金(かね)①〉で表現。〈責任①〉は負担すべきことを表す。

〈責任①〉
右肩に軽く全指を折り曲げた右手をのせる。

〈金(かね)①〉
右手の親指と人差指で作った丸を示す。

ふ

ぶんぱい【分配】

「もうけを分配する」

→〈もうける②〉+〈配る②〉

「分配」は分けて配る意味なので〈配る②〉で表現。〈配る②〉はお金を配るさまを表す。

〈もうける②〉

両手のひらを上下に向かい合わせて手前にすばやく引きあげる。

〈配る②〉

左手のひらの上から右手の親指と人差指で作った丸を左、中央、右の順に出す。

ぶんぽう【文法】

「文法」

→〈文〉+〈規則〉

「文法」は文を組み立てるきまりの意味なので〈文〉+〈規則〉で表現。〈規則〉は「規則」「法律」「法」などの意味を表す。

〈文〉

両手の親指と4指を組むようにする。

〈規則〉

左手のひらに折り曲げた右手2指を打ちつける。

ぶんめい【文明】

「文明が進む」

→〈文明〉+〈成長〉

「文明」は人類の知的な発展を意味する言葉で〈文明〉で表現。〈文〉を上に上げて表す新しい手話。

〈文明〉

両手の親指と4指を組んで上にあげる。

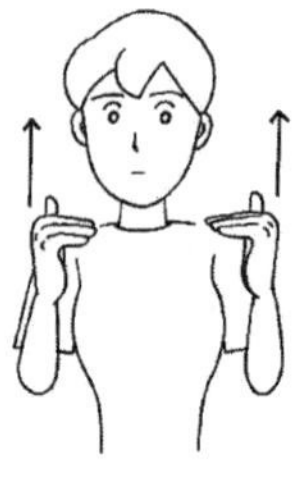

〈成長〉

両手の指文字〈コ〉を上にあげる。

ぶんや【分野】1

「(得意の)分野」

→(〈得意〉+)
〈まっすぐ①〉
または〈まっすぐ②〉

例文の「分野」は専門領域の意味なので〈まっすぐ①〉または〈まっすぐ②〉で表現。手話は「専攻」「分野」「方面」などの意味を表す。

〈まっすぐ①〉

指先を伸ばし、まっすぐ前に進める。

〈まっすぐ②〉

左手のひらの上に右手をのせて前にまっすぐ出す。

ぶんや【分野】2

「専門の分野」

→〈専門〉+〈部屋〉

例文の「分野」は守備範囲のことで〈部屋〉で表現。〈部屋〉は範囲を示すさまで「分野」「範囲」「部屋」などの意味を表す。

〈専門〉

両手の2指を左右から盛りあげるように中央に寄せて手首を返す。

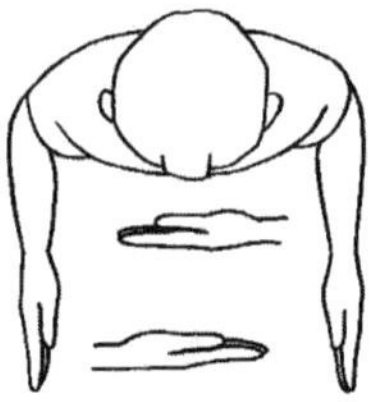

〈部屋〉

両手のひらで前後左右に四角く囲む。

ぶんるい【分類】

「魚の分類」

→〈魚(さかな)①〉+〈種類〉

例文の「分類」は種類を分けることで〈種類〉で表現。〈種類〉は分けるさまを表す。

〈魚(さかな)①〉

右手指先を左に向けて揺らしながら動かす。

〈種類〉

左手のひらの上で右手を3方に向けて小刻みに向きを変える。

ふ

ぶんれつ【分裂】1

「党が二つに分裂する」

→〈党〉+〈離れる①〉

例文の「分裂」は二つに分かれる意味なので〈離れる①〉で表現。〈離れる①〉は離れるさまで「離れる」「分かれる」などの意味を表す。

〈党〉

両手で指文字〈ト〉を示し、手前に引きながら水平に円を描く。

〈離れる①〉

両手の指背側を合わせ、左右に開く。

ぶんれつ【分裂】2

「核分裂」

→〈核〉+〈分裂〉

「核分裂」は原子核が瞬間的に分裂してエネルギーに変わること。〈分裂〉は複数に分裂するさまを表す。

〈核〉

右こぶしを示す。

〈分裂〉

すぼめた両手をつけて交互に前に出す。

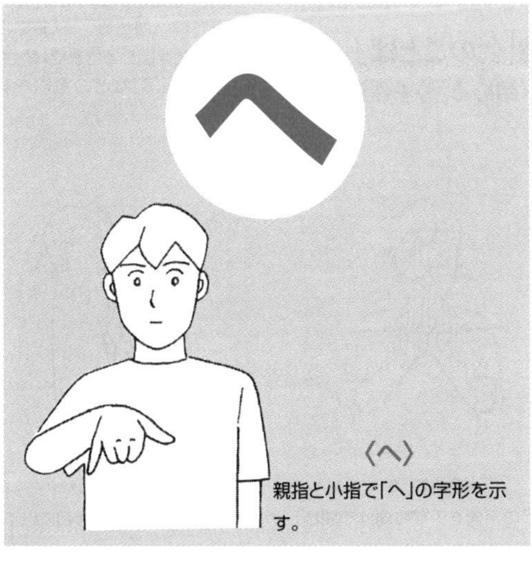

〈へ〉

親指と小指で「へ」の字形を示す。

へ【屁】

「臭い屁をする」

→〈屁〉+〈臭(くさ)い〉

例文の「屁」は〈屁〉で表現。〈屁〉はお尻から出る屁のさまを表す。「屁をする」「屁を垂れる」も同手話。

〈屁〉

尻のわきで閉じた右手を後ろ向きにぱっと開く。

〈臭(くさ)い〉

右手の親指と人差指で鼻をつまむ。

ペア 1

「私とペアを組む」

→〈私①〉+〈添える〉

「ペアを組む」は二人一組になる意味なので〈添える〉で表現。〈添える〉は二人が一緒に行動するさまを表す。

〈私①〉

人差指で胸を指さす。

〈添える〉

左人差指に右人差指を添える。

ペア 2

「ペアルック」

→〈同じ①〉+〈服〉

「ペアルック」は男女二人のおそろいの服の意味なので〈同じ①〉+〈服〉で表現。

〈同じ①〉

両手の親指と人差指の先を上に向けて閉じたり開いたりする。

〈服〉

親指を立てた両手をえりに沿って下におろす。

へい【兵】

「負傷兵」

→〈傷①〉+〈軍〉

例文の「兵」は兵士のことで〈軍〉で表現。〈軍〉は捧げ銃のさまで「軍隊」「兵隊」「兵士」などの意味を表す。

〈傷①〉
右人差指でほおを切るようにする。

〈軍〉
握ったこぶしを上下にして右脇に当てる。

へい【塀】

「ブロック塀」

→〈コンクリートブロック〉+〈塀〉

「塀」は宅地などの境界を分け隔てるための囲いのことで〈塀〉で表現。〈塀〉は高さのある塀が境界を囲むさまを表す。

〈コンクリートブロック〉
甲側を前に向けた両手を交互に上下に重ねる。

〈塀〉
指先を上に向けた両手で囲むように動かす。

へいい【平易】1

「平易な問題」

→〈簡単〉+〈問題〉

「平易」は簡単の意味なので〈簡単〉で表現。〈簡単〉はちょっとつばをつけるさまで「平易」「簡単」「容易」「やさしい(問題)」などの意味。

〈簡単〉
右人差指をあごに当て、次に左手のひらの上に落とすようにつける。

〈問題〉
両手の親指と人差指をつまみ「 ˥ を描く。

へいい【平易】2

「平易なことばを使う」

→〈普通〉+〈言う①〉

例文の「平易」はわかりやすい意味で〈普通〉で表現。〈知る①〉+〈簡単〉で表現してもよい。

〈普通〉
両手の親指と人差指を合わせ左右に開く。

〈言う①〉
右人差指を口元から前に出す。

へいおん【平穏】

「平穏無事を祈る」

→〈無事〉+〈祈る〉

「平穏」は何事もなくおだやかなさまなので〈無事〉で表現。〈無事〉は元気でいるさまを表す。

〈無事〉
両ひじをやや張って、両こぶしを同時に下におろす。

〈祈る〉
両手を合わせて祈るようにする。

へいかい【閉会】

「閉会のことば」

→〈閉める①〉+〈言う①〉

「閉会」は〈閉める①〉で表現。〈閉める①〉は箱のふたを閉めるさまで「閉会」「終了」などの意味を表す。

〈閉める①〉
両手の甲側を手前に向けて閉じる。

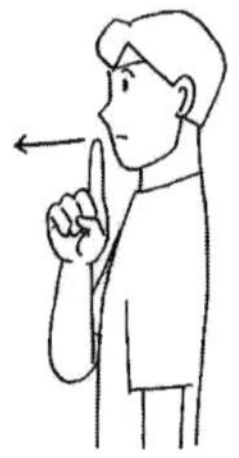

〈言う①〉
右人差指を口元から前に出す。

へいき【平気】

「（何を）言われても平気」

→（〈いろいろ〉＋）
〈言われる③〉＋〈平気〉

「平気」は何をされても平然としていることで〈平気〉で表現。〈平気〉は「蛙の面に小便」のさまで「平気」「へっちゃら」などの意味。

〈言われる③〉
すぼめた両手を手前に向けて交互に開く。

〈平気〉
右手の指先を鼻先から左下に払うようにおろす。

へいきゅう【併給】

「併給禁止」

→〈併給〉＋〈禁止〉

例文の「併給」は同時に複数の年金などを受ける意味なので〈併給〉で表現。〈併給〉は両手のお金が入るさまを表す。

〈併給〉
両手の親指と人差指で作った丸を同時に手前に引き寄せる。

〈禁止〉
両手で×を示す。

へいきん【平均】

「平均年齢」

→〈平均〉＋〈年齢〉

例文の「平均」は全部をならした中間数値の意味で〈平均〉で表現。〈平均〉は数値のまんなかを強調するさまを表す。

〈平均〉
左手の親指と人差指の指先を前に向けて上下に開き、その中から右人差指を右へ引く。

〈年齢〉
あごの下で右手の指を順に折る。

へいこう【平行】1

「平行に線を引く」

→〈平行〉＋〈線を引く①〉

例文の「平行」は二つに並んだ線のことで〈平行〉で表現。〈平行〉は二つのものが同じ間隔を保って進むさまを表す。

〈平行〉
指先を前に向けた両手を平行に前に出す。

〈線を引く①〉
左手のひらの上に右手人差指でさっと線を引くようにする。

へいこう【平行】2

「議論が平行する」

→〈討論〉＋〈平行〉

例文の「平行」は対立したまま平行線をたどる意味なので〈平行〉で表現。〈平行〉は二つのものが同じ間隔を保って進むさまを表す。

〈討論〉
指先を開いた両手指先を向かい合わせて互い違いにねじりながら左右に動かす。

〈平行〉
指先を前に向けた両手を平行に前に出す。

へいさ【閉鎖】1

「（会社を）閉鎖する」

→（〈会社〉＋）
〈閉じる③〉
または〈つぶす〉

例文の「閉鎖」は会社をやめる、廃止する意味なので〈閉じる③〉または〈つぶす〉で表現。〈閉じる③〉は箱のふたを閉めるさまを表す。

〈閉じる③〉
両手のひらを左右から閉じる。

〈つぶす〉
指先を前にして両手の親指と４指をつぶすようにして閉じる。

へいさ【閉鎖】2

「学級閉鎖」

→(〈勉強①〉+)
〈グループ〉+〈休む①〉

例文の「閉鎖」はクラス全体を休みにする意味なので〈休む①〉で表現。〈休む①〉は戸を閉めるさまで「休む」「閉鎖(する)」の意味。

〈グループ〉
指先を上に向けた両手で水平に手前に円を描く。

〈休む①〉
手のひらを下にした両手を左右から閉じる。

へいじょう【平常】

「平常(通り)」

→〈普通〉
または〈いつも〉
(+〈同じ①〉)

「平常」はいつもの状態の意味なので〈普通〉または〈いつも〉で表現。〈いつも〉は日が昇り沈むを繰り返すさまで「毎日」「平生」の意味。

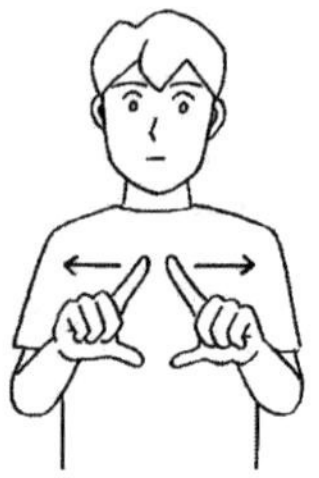

〈普通〉
両手の親指と人差指を合わせ左右に開く。

〈いつも〉
親指と人差指を立てた両手を向かい合わせて手首を回す。

へいさ【閉鎖】3

「閉鎖的社会」

→〈閉める③〉+〈社会〉

例文の「閉鎖的社会」は〈閉める③〉+〈社会〉で表現。〈閉める③〉は扉や柵などを閉めるさまを表す。

〈閉める③〉
指先を前方に向けた両手を向い合わせ、手前に閉じるように動かす。

〈社会〉
親指と小指を立てた両手を手前に水平に円を描く。

へいせい【平成】

「平成5年」

→〈平成〉+〈5〉

「平成」は〈平成〉で表現。〈平成〉は平らであるさまを表す。

〈平成〉
手のひらを下向き、指先前向きにした右手を右に動かす。

〈5〉
右親指の指先を左に向けて示す。

へいじつ【平日】

「平日」

→〈普通〉+〈いつ〉

「平日」は〈普通〉+〈いつ〉で表現。〈普通〉は同じものがそろうさまで「普通」「当然」の意味。〈いつ〉は「月日」の意味。

〈普通〉
両手の親指と人差指を合わせて左右に開く。

〈いつ〉
両手を上下にして、両手同時に順番に指を折る。

へいたい【兵隊】

「兵隊」

→〈軍〉

「兵隊」は戦争を戦う兵士のことで〈軍〉で表現。〈軍〉は捧げ銃のさまで「軍隊」「兵隊」「兵士」などの意味を表す。

〈軍〉
握ったこぶしを上下にして右脇に当てる。

へいてん【閉店】

「(九時に)閉店」

→(〈時間〉+〈９〉+)
〈店①〉+〈閉める①〉

例文の「閉店」は営業を終わることなので〈店①〉+〈閉める①〉で表現。〈閉める①〉は戸を閉めるさまで「閉める」「休む」の意味。

〈店①〉

両手のひらを上に向けて、左右に開く。

〈閉める①〉

両手の甲側を手前に向けて閉じる。

へいわ【平和】

「平和な世の中」

→〈安定〉+〈社会〉

「平和」は戦争や紛争のない安定した状態を言うので〈安定〉で表現。〈安定〉は落ち着いて静かなさまで「平和」「静か」「安定」などの意。

〈安定〉

手のひらを下にした両手を左右に開きながらおろす。

〈社会〉

親指と小指を立てた両手を手前に水平に円を描く。

へいねん【平年】

「平年(なみ)」

→〈普通〉+〈年(ねん)〉
(+〈五分五分①〉)

「平年」は普通の年の意味なので〈普通〉+〈年〉で表現。〈普通〉は同じものがそろうさまで「普通」「当然」の意味を表す。

〈普通〉

両手の親指と人差指を合わせて左右に開く。

〈年(ねん)〉

左こぶしの親指側に右人差指を当てる。

ベーコン

「ベーコンエッグ」

→〈ベーコン〉+〈卵〉

「ベーコン」は〈ベーコン〉で表現。〈ベーコン〉は左手が赤身と脂肪が三層になっているさま、右手がベーコンの形を表す。

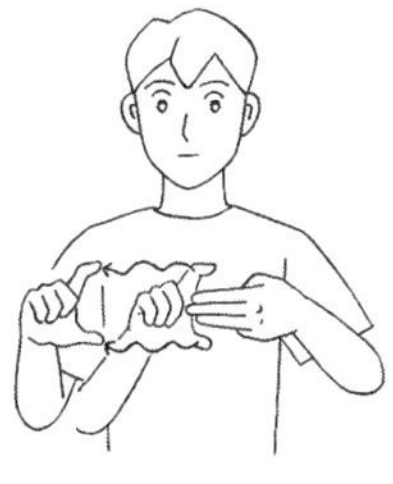

〈ベーコン〉

左３指を寝かせ、右親指と人差指ではさむようにして右指を伸縮させながら右に動かす。

〈卵〉

手の甲を下にして両手の親指と４指を下に向けて卵を割るように開く。

へいぼん【平凡】

「平凡な人」

→〈普通〉+〈人〉

「平凡」はごく普通で、すぐれたところがないさまなので〈普通〉で表現。〈普通〉は同じものがそろうさまで「平凡」「普通」「ありきたり」の意味。

〈普通〉

両手の親指と人差指を合わせて左右に開く。

〈人〉

人差指で「人」の字を空書する。

ベースアップ

「給料のベースアップ」

→〈給料〉+〈値上げ②〉

「ベースアップ」は一斉の賃上げの意味なので〈値上げ②〉で表現。〈値上げ②〉は一斉に給料があがるさまを表す。

〈給料〉

左手のひらに右手親指と人差指で作った丸を添えて手前に引き寄せる。

〈値上げ②〉

両手の親指と人差指で作った丸を弧を描いて上にあげる。

ペースメーカー

「[心臓に]
ペースメーカーを入れる」
→〈ペースメーカー〉+〈入れる⑤〉

例文の「ペースメーカー」は心臓のペースメーカーのことなので〈ペースメーカー〉で表現。〈ペースメーカー〉は左手が心臓、右手が電気を表す。

〈ペースメーカー〉
左こぶしを左胸に当て、右親指と中指で繰り返しはじく。

〈入れる⑤〉
親指と中指の先を合わせ左胸に当てる。

べき

「言うべきだ」
→〈言う①〉+〈必要①〉

例文の「べき」は～するのが当然である意味なので〈必要①〉で表現。〈必要①〉は身に引き寄せるさまで「必要」「～すべき」などの意味。

〈言う①〉
右人差指を口元から前に出す。

〈必要①〉
指文字〈コ〉を示した両手を手前に引き寄せる。

ぺこぺこ 1

「妻にぺこぺこ頭をさげる」
→左〈妻①〉+〈ぺこぺこする〉

例文の「ぺこぺこ」は頭をしきりにさげるさまなので〈ぺこぺこする〉で表現。〈ぺこぺこする〉は左手の妻に右手の夫がぺこぺこするさまを表す。

左〈妻①〉
親指と小指を寄り添わせて、小指を前に出す。

〈ぺこぺこする〉
頭を軽く上下させながら左小指に向けて右親指を屈伸させる。

ぺこぺこ 2

「腹がぺこぺこ」
→〈空腹①〉または〈空腹②〉

例文の「ぺこぺこ」はひどく空腹のさまなので〈空腹①〉または〈空腹②〉で表現。いずれも腹がへこんでいるさまを表す。「腹ぺこ」も同手話。

〈空腹①〉
右手のひらを腹に当てて滑らせておろす。

〈空腹②〉
両手のひらを腹に当てて押すように下におろす。

ベスト 1

「ベストセラー」
→〈売る②〉+〈最高〉

「ベストセラー」は一番よく売れた本の意味なので〈売る②〉+〈最高〉で表現。〈最高〉はこれ以上ないさまで「ベスト」「最高」の意味。

〈売る②〉
右手親指と人差指で作った丸を手前に引くと同時に左手を前に差し出すことを繰り返す。

〈最高〉
手のひらを下に向けた左手に右手指先を突き上げて当てる。

ベスト 2

「ベストメンバー」
→〈最高〉+〈署名〉

「ベストメンバー」は最高の顔ぶれの意味で〈最高〉+〈署名〉で表現。〈署名〉はメンバーの署名拇印を並べるさまで「署名」「メンバー」の意味。

〈最高〉
手のひらを下に向けた左手に右手指先を突き上げて当てる。

〈署名〉
左手のひらを上に向け、指に沿って右親指を滑らすように出す。

ベスト 3

「ベストを尽くす」

→〈一生懸命〉+〈する〉

「ベストを尽くす」は全力を注いでする意味なので〈一生懸命〉+〈する〉で表現。〈一生懸命〉はひたむきに力を注ぐさまを表す。

〈一生懸命〉

両手を顔の横から繰り返し強く前に出す。

〈する〉

両こぶしを力を込めて前に出す。

へそまがり

「父はへそまがり」

→〈父〉+〈へそまがり〉

「へそまがり」は素直でない人のことで〈へそまがり〉で表現。〈へそまがり〉は心がねじけているさまを表す。

〈父〉

右人差指でほおにふれ、親指を出す。

〈へそまがり〉

右手の親指の先をへその辺りで左に向けてねじるようにして動かす。

へそ【臍】

「彼はへそをまげている」

→〈彼〉+〈へそまがり〉

例文の「へそをまげる」は慣用句で機嫌を損ねて意固地になることなので〈へそまがり〉で表現。〈へそまがり〉は心がねじれているさまを表す。

〈彼〉

左親指を右人差指でさす。

〈へそまがり〉

右手の親指の先をへそのあたりで左に向けてねじるようにして動かす。

へた【下手】1

「手話が下手だ」

→〈手話〉+〈下手(へた)〉

例文の「下手」は上手でない意味なので〈下手〉で表現。〈下手〉は〈上手〉の反対の動作で「下手」「つたない」などの意味を表す。

〈手話〉

両手の人差指を向かい合わせて、糸を巻くように回転させる。

〈下手(へた)〉

左手甲を右手のひらで腕側にこすりあげる。

へそくり

「へそくり」

→〈隠れる〉+〈金(かね)①〉

「へそくり」は見つからないように隠しためたお金なので〈隠れる〉+〈金(かね)①〉で表現。〈隠れる〉は物かげに隠れるさまで「隠す」の意味。

〈隠れる〉

両手の小指側を合わせて顔を隠すようにする。

〈金(かね)①〉

右手の親指と人差指で作った丸を示す。

へた【下手】2

「下手すると失敗する」

→〈失敗①〉+〈心配①〉

例文の「下手すると」はひょっとして悪くするとの意味で〈心配①〉で表現。〈心配①〉は胸をしめつけられるさまを表す。

〈失敗①〉

右こぶしで鼻を握り、手首を返して折るようにする。

〈心配①〉

指先を軽く折り曲げた右手を胸に繰り返し当てる。

へだたる【隔たる】1

「(日本と)
ヨーロッパは遠く隔たっている」

→(〈日本〉右側+)〈ヨーロッパ〉左側+〈隔たる①〉

例文の「隔たる」は場所が遠く離れる意味なので〈隔たる①〉で表現。〈隔たる①〉は場所が離れるさまを表す。

〈ヨーロッパ〉左側

指文字〈E〉を回す。

〈隔たる①〉

全指を曲げた両手を左右に離す。

へだたる【隔たる】2

「(二人は)
遠く隔たって暮らす」

→(〈二人①〉+)〈隔たる②〉+〈生活〉

例文の「隔たる」は二人の距離が遠く離れる意味なので〈隔たる②〉で表現。〈隔たる②〉は人に見立てた人差指が離れるさまを表す。

〈隔たる②〉

両手の人差指を立てて左右に離す。

〈生活〉

両手の親指と人差指を向かい合わせて回す。

へだたる【隔たる】3

「隔たった所に
(家がある)」

→〈遠い①〉+〈場所〉(+〈家〉+〈ある①〉)

例文の「隔たった」は遠く離れた意味なので〈遠い①〉で表現。〈遠い①〉は遠く離れているさまを表し、遠さの程度で表現は変わる。

〈遠い①〉

親指と人差指を閉じた両手をつき合わせ、右手を弧を描いて前に出す。

〈場所〉

全指を曲げた右手を前に置く。

へだたる【隔たる】4

「年齢が隔たる」

→〈年齢〉+〈差〉

例文の「隔たる」は年が離れている意味なので〈差〉で表現。〈差〉は上下に離れているさまで「差」「差別(する)」の意味を表す。

〈年齢〉

あごの下で右手指を順に折る。

〈差〉

指先を前に向けた両手を上下に引き離す。

へだたる【隔たる】5

「心が隔たる」

→〈心〉+〈離れる①〉

例文の「隔たる」は気持ちが離れる意味なので〈離れる①〉で表現。〈離れる①〉は分かれ離れるさまを表す。

〈心〉

右人差指でみぞおち辺りをさす。

〈離れる①〉

両手の指背側を合わせ、左右に開く。

へだてる【隔てる】1

「10年の歳月を隔てる」

→〈十年〉+〈離れる①〉

例文の「隔てる」は年月が経つことなので〈離れる①〉で表現。〈離れる①〉は「久しぶり」の意。

〈十年〉

左こぶしの上で右手の親指と人差指で作った丸を縦に１回転させる。

〈離れる①〉

両手の指背側を合わせ、左右に開く。

へだてる【隔てる】2

「二人の仲を隔てる」

→〈二人①〉+〈裂く〉

例文の「隔てる」は間を裂くことなので〈裂く〉で表現。〈裂く〉は二人の仲を引き離すさまを表す。「二人の仲を裂く」も同手話。

〈二人①〉

右手２指を立てて軽く左右に振る。

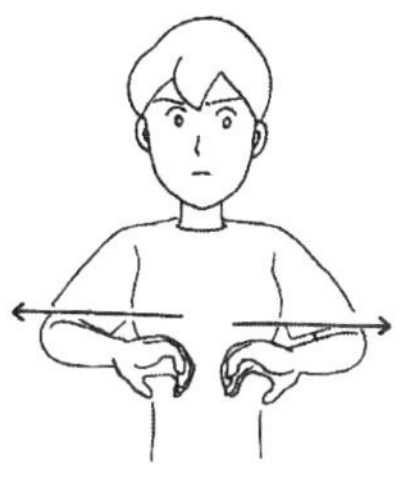

〈裂く〉

軽く曲げた両手を下に向け、左右に引き裂くようにする。

へだてる【隔てる】3

「みんなと心を隔てる」

→〈みんな〉+〈防ぐ〉

例文の「隔てる」は心に壁を作ることなので〈防ぐ〉で表現。〈防ぐ〉は迫って来るものを防ぐさまを表す。

〈みんな〉

右手のひらを下に向けて水平に回す。

〈防ぐ〉

両手のひらを前に向け押すようにする。

べつ【別】1

「別な考え」

→〈別〉+〈考える〉

例文の「別」はほかの意味なので〈別〉で表現。〈別〉は「別」「その他」の意味を表す。

〈別〉

両手の甲を合わせて右手を前に押し出す。

〈考える〉

右人差指を頭にねじこむようにする。

べつ【別】2

「男女の別」

→〈男女〉+〈分ける③〉

例文の「別」は区別することなので〈分ける③〉で表現。〈分ける③〉は二つのものを分けるさまで「分ける」「区別（する）」の意味。

〈男女〉

右親指を出し、続けて左小指を示す。

〈分ける③〉

両手のひらを向かい合わせて指先から左右に離す。

べつ【別】3

「冗談は別にして」

→〈冗談〉+〈置く①〉

例文の「別にして」はさておいての意味なので〈置く①〉で表現。〈置く①〉は横に置くさまで「別にして」「さておいて」「ところで」などの意味。

〈冗談〉

両手指先を軽く開いて上下に置き、手首をぶらぶらさせる。

〈置く①〉

両手のひらを向かい合わせて左から右へ弧を描いて移動する。

ベッド 1

「ベッドを買う」

→〈横になる〉+〈買う〉

例文の「ベッド」は〈横になる〉で表現。〈横になる〉はふとんなどの上に寝るさまを表す。

〈横になる〉

左手のひらに右手２指を横たえるようにする。

〈買う〉

右手の親指と人差指で作った丸を前に出すと同時に左手のひらを手前に引き寄せる。

ベッド 2

「シングルベッドの料金」

→〈シングルベッド〉+〈金(かね)①〉

「シングルベッド」は〈シングルベッド〉で表現。〈シングルベッド〉は一人で寝るさまを表す。

〈シングルベッド〉

手のひらを手前に向け 2 指を立てた右手を前方に倒す。

〈金(かね)①〉

右手の親指と人差指で作った丸を示す。

ベッドルーム

「ベッドルーム」

→〈横になる〉+〈部屋〉

「ベッドルーム」は寝室なので〈横になる〉+〈部屋〉で表現。〈横になる〉は寝るさまで「ベッド」「横になる」の意味を表す。

〈横になる〉

左手のひらに右手 2 指を横たえるようにする。

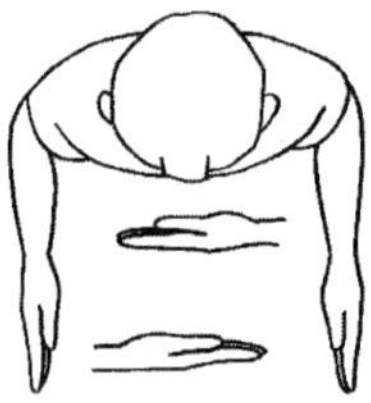

〈部屋〉

両手のひらで前後左右に四角く囲む。

べつべつ【別々】1

「別々に行動する」

→〈個人個人〉+〈活動〉

「別々」は一人一人別にの意味なので〈個人〉を繰り返して表す。〈個人個人〉はその人、その人を表すさまで「それぞれ」「各自」などの意味。

〈個人個人〉

両手の人差指で繰り返し顔をなぞる。

〈活動〉

ひじを少し張り、ひじを軸に両こぶしを交互に繰り返し前に出す。

べつべつ【別々】2

「別々に(しまう)」

→〈種類〉

または〈分ける①〉

(+〈隠す〉)

例文の「別々」はそれぞれ分けての意味なので〈種類〉または〈分ける①〉で表現。いずれも分けるさまを表す。

〈種類〉

左手のひらの上で右手を 3 方に向けて小刻みに向きを変える。

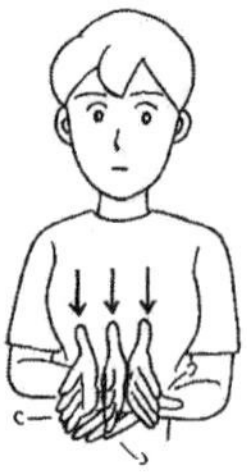

〈分ける①〉

左手のひらの上を右手で左から右へ切り分ける。

ベテラン

「(手話の)ベテラン」

→(〈手話〉+〈経験〉+)

〈腕〉または〈腕前〉

「ベテラン」は経験を十分積んだ人なので〈腕〉または〈腕前〉で表現。〈腕〉または〈腕前〉は腕前を示すさまで「名人」「達人」の意味を表す。

〈腕〉

左腕を右手で軽くたたく。

〈腕前〉

左腕を右手のひらでぽんとたたく。

ヘビ【蛇】

「青蛇」

→〈青〉+〈ヘビ〉

例文の「ヘビ」は〈ヘビ〉で表現。〈ヘビ〉は細長い胴体をくねらせて移動するヘビのさまを表す。「ヘビがはう」も同手話。

〈青〉

右手のひらをほおに軽く当て、後ろに引く。

〈ヘビ〉

親指を外に出して握った右こぶしをくねらせながら前に出す。

へや【部屋】1

「勉強部屋」
→〈勉強②〉+〈部屋〉

例文の「部屋」は〈部屋〉で表現。〈部屋〉は仕切った範囲のさまで「部屋」「範囲」などを表す。

〈勉強②〉
指先を上に向けた両手を並べて軽く前に出す。

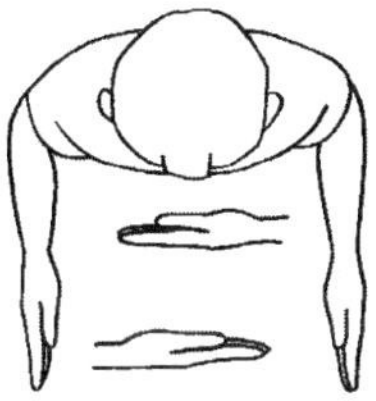

〈部屋〉
両手のひらで前後左右に四角く囲む。

へや【部屋】2

「相撲部屋」
→〈相撲〉+〈部屋〉

例文の「相撲部屋」は力士養成のための合宿所の意味。〈相撲〉+〈部屋〉で表現。〈部屋〉は仕切った範囲のさまで「部屋」「範囲」などを表す。

〈相撲〉
両手のこぶしを交互に脇腹に当てる。

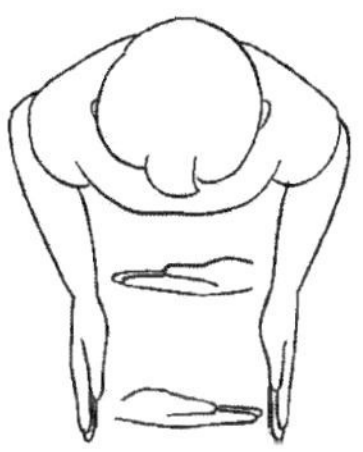

〈部屋〉
両手のひらで前後左右に四角く囲む。

へらす【減らす】1

「人を減らす」
→〈人々①〉+〈縮む①〉

例文の「減らす」は少なくする意味なので〈縮む①〉で表現。〈縮む①〉は次第に小さくなるさまで「減らす」「減る」「縮める」などの意味。

〈人々①〉
親指と小指を立てた両手を揺らしながら左右に開く。

〈縮む①〉
両手の親指と人差指を向かい合わせ揺らしながら間をせばめていく。

へらす【減らす】2

「(子供が)腹を減らす」
→(〈子供①〉+)
〈空腹①〉
または〈空腹②〉

例文の「腹を減らす」は〈空腹①〉または〈空腹②〉で表現。手話は腹がへこむさまで「空腹」「腹が減る」などの意味を表す。

〈空腹①〉
右手のひらを腹に当ててすべらせておろす。

〈空腹②〉
両手のひらを腹に当てて押すように下におろす。

へらす【減らす】3

「重量を減らす」
→〈重い〉+〈縮む①〉
(または〈軽い〉)

例文の「減らす」は重さなので〈縮む①〉または〈軽い〉で表現。〈縮む①〉は次第に小さくなるさまで「小さくなる」「小さくする」の意味。

〈重い〉
両手のひらを上に向け、重さでさがるようにする。

〈縮む①〉
両手の親指と人差指を向かい合わせ揺らしながら間をせばめていく。

ヘリコプター

「ヘリコプター」
→〈ヘリコプター①〉
または〈ヘリコプター②〉

「ヘリコプター」は〈ヘリコプター①〉または〈ヘリコプター②〉で表現。どちらも回転翼が回るさまを表す。

〈ヘリコプター①〉
左手甲を上にして右手首を当て、人差指を回しながら右へ動かす。

〈ヘリコプター②〉
左人差指の先に右手のひらをのせて、揺らしながら右から左へ動かす。

へる【経る】1

「(十年の)研究を経る」

→(〈十年〉+)
〈試す〉+〈重ねる②〉

例文の「経る」は積み重ねる意味なので〈重ねる②〉で表現。〈重ねる②〉は積み重ねるさまで「重ねる」「蓄積(する)」の意味を表す。

〈試す〉
こぶしを握った両手の手首を重ねてねじるようにする。

〈重ねる②〉
両手を順番に重ねていく。

へる【経る】2

「一か月を経る」

→〈一か月〉+〈過ぎる〉

例文の「経る」は年月が過ぎる意味なので〈過ぎる〉で表現。〈過ぎる〉は限度を越えるさまで「過ぎる」「越える」の意味を表す。

〈一か月〉
親指と人差指を閉じた右手をほおに当て、人差指を伸ばしながら指先を左に向けて前に出す。

〈過ぎる〉
左手甲の上を右手で乗り越える。

へる【減る】1

「(人口が)減る」

→(〈人口〉+)
〈縮む①〉
または〈小さい①〉

例文の「減る」は少なくなる意味なので〈縮む①〉または〈小さい①〉で表現。いずれも小さくなるさまで「小さい」「小さくなる」「減る」の意味。

〈縮む①〉
両手の親指と人差指を向かい合わせ揺らしながら間をせばめていく。

〈小さい①〉
両手の親指と人差指を向かい合わせ、左右から縮める。

へる【減る】2

「腹が減る」

→〈空腹①〉
または〈空腹②〉

例文の「減る」は空腹になる意味なので〈空腹①〉または〈空腹②〉で表現。いずれも腹がへこむさまで「空腹」「腹が減る」などの意味を表す。

〈空腹①〉
右手のひらを腹に当ててすべらせておろす。

〈空腹②〉
両手のひらを腹に当てて押すように下におろす。

へる【減る】3

「(重量が)減る」

→(〈重い〉+)
〈小さい③〉
または〈軽い〉

例文の「減る」は重さが少なくなる意味なので〈小さい③〉または〈軽い〉で表現。〈軽い〉は「軽い」「軽くなる」の意味がある。

〈小さい③〉
両手を向かい合わせ、左右から縮める。

〈軽い〉
両手のひらを上に向け、軽く上に持ちあげるようにする。

へる【減る】4

「給料が減る」

→〈給料〉+〈給料がさがる〉

例文の「減る」は給料が安くなる意味なので〈給料がさがる〉で表現。手話は受け取る金額が安くなるという表現。

〈給料〉
左手のひらに右手親指と人差指で作った丸を添えて手前に引き寄せる。

〈給料がさがる〉
左手のひらの上に親指と人差指で丸を作り、それを小さく弧を描いてさげる。

ベルト 1

「［ズボンの］ベルトを買う」

→〈ベルトを締める〉＋〈買う〉

例文の「ベルト」は〈ベルトを締める〉で表現。

〈ベルトを締める〉

人差指と中指を出した左手を腹に当て、その上に同様の右手を当てる。

〈買う〉

右手の親指と人差指で作った丸を前に出すと同時に左手のひらを手前に引き寄せる。

ベルト 2

「腰にベルトを締める」

→〈ベルトを締める〉

例文は〈ベルトを締める〉で表現。〈ベルトを締める〉はバックルを締めるさまを表す。「ベルト」も同手話。

〈ベルトを締める〉

人差指と中指を出した左手を腹に当て、その上に同様の右手を当てる。

ベルト 3

「腰のベルトを外す」

→〈ベルトを外す〉

例文は〈ベルトを外す〉で表現。〈ベルトを外す〉はバックルを外すさまを表す。

〈ベルトを外す〉

人差指と中指を出した両手を重ねて腹に当て、両手を前にはねる。

ヘルメット

「必ずヘルメット着用」

→〈ヘルメット〉＋〈絶対〉

例文の「ヘルメット」はバイクなどに乗る時、頭部を防護するためにかぶるもので〈ヘルメット〉で表現。頭にかぶるさまを表す。

〈ヘルメット〉

両手の親指と人差指を向かい合わせてかぶるようにする。

〈絶対〉

左手のひらに折り曲げた右手２指を強く打ちつける。

へん【変】

「変な（顔をする）」

→〈あやしい〉
または〈変〉
（＋〈顔〉＋〈表（あらわ）す〉）

例文の「変」はあやしいまたは普通と変わっている意味なので〈あやしい〉または〈変〉で表現。どちらも表情に注意。

〈あやしい〉

右人差指の先をあごに当てる。

〈変〉

左手のひらに右親指を当て、残り４指を前にさっと倒すように回す。

べん【便】1

「交通の便がいい」

→〈交通〉＋〈便利〉

例文の「便」は便利の意味なので「便がいい」は〈便利〉で表現。〈便利〉はほくほくとあごをなでるさまを表す。

〈交通〉

両手のひらの甲側を前に示し、繰り返し交差させる。

〈便利〉

右手のひらであごをなでる。

べん【便】2

「便がつまり苦しい」

→〈つまる②〉+〈苦しい①〉

例文の「便」は大便の意味で、「便がつまる」は〈つまる②〉で表現。〈つまる②〉は左手を肛門に見立ててそれがつまっているさまを表す。

〈つまる②〉

左手で作った丸の中にすぼめた右手をつめ込むようにする。

〈苦しい①〉

右手で胸をかきむしるようにする。

ペン

「ペン書き」

→〈ペン〉+〈書く①〉

「ペン」は字を書く道具のことで〈ペン〉で表現。〈ペン〉はペンを持ってインクを出そうとするさまを表す。

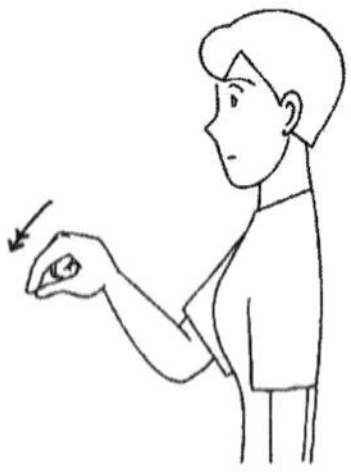

〈ペン〉

右手の親指と人差指をつまみ軽く前に振るようにする。

〈書く①〉

左手のひらに右手の親指と人差指で縦に書くようにする。

へんか【変化】1

「四季の変化」

→〈季節〉+〈変わる②〉

例文の「変化」は順に変わる意味なので〈変わる①〉を繰り返す〈変わる②〉で表現。〈変わる②〉は次々と変わるさまを表す。

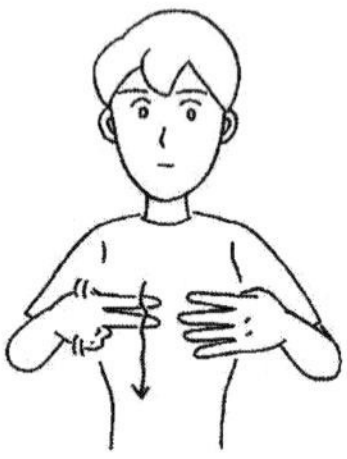

〈季節〉

左手４指の甲側を前に向けて示し、その横で右手２指を回転させながらおろす。

〈変わる②〉

手のひらを手前に向けた両手を交差させる。

へんか【変化】2

「（化学）変化を調べる」

→（〈化学〉+）〈変わる①〉+〈調べる①〉

例文の「変化」は変わることなので〈変わる①〉で表現。〈変わる①〉は「変わる」「変える」「変化」の意味を表す。

〈変わる①〉

手のひらを手前に向けた両手を交差させる。

〈調べる①〉

右手の人差指と中指を軽く折り曲げて、目の前を左右に往復させる。

ペンキ

「家にペンキを塗る」

→〈家〉+〈塗る〉

「ペンキ」は防水や美観のために壁などに塗る塗料のことで〈塗る〉で表現。〈塗る〉は刷毛でペンキを塗るさまで「ペンキ（を塗る）」の意味。

〈家〉

両手で屋根形を作る。

〈塗る〉

左手のひらを手前に向けて右手指先を刷毛のようにして塗る。

べんきょう【勉強】1

「算数を勉強する」

→〈算数〉+〈勉強①〉

例文の「勉強」は学習の意味で３種類ある。ひとつめは〈勉強①〉で表現。本を持つさまを表す。

〈算数〉

３指を立てた両手を軽く繰り返しぶつけ合う。

〈勉強①〉

両手を並べる。

べんきょう【勉強】2

「(算数を)勉強する」

→(〈算数〉+)
〈勉強②〉
または〈勉強③〉

ふたつめは〈勉強②〉で表現。みっつめは〈勉強③〉で表現。〈勉強①〉に動きが加わった表現。

〈勉強②〉
指先を上に向けた両手を並べて軽く前に出す。

〈勉強③〉
手のひらを手前に向けた両手を左右から合わせる。

へんけん【偏見】

「偏見(を捨てる)」

→〈かたよる〉+〈思う〉
(+〈捨てる②〉)

「偏見」はかたよった見方、考え方なので〈かたよる〉+〈思う〉で表現。〈かたよる〉は軌道からはずれるさまを表す。

〈かたよる〉
両手のひらを向かい合わせて左へ傾ける。

〈思う〉
右人差指を側頭部に当てる。

べんきょう【勉強】3

「いい勉強になった」

→〈良い〉+〈経験〉

例文はいい経験をした意味なので〈良い〉+〈経験〉で表現。〈経験〉は重ねるさまで「経験(する)」「慣れる」の意味を表す。

〈良い〉
右こぶしを鼻から前に出す。

〈経験〉
両手指先をふれ合わせる。

べんご【弁護】1

「息子を弁護した」

→左〈息子〉+〈助ける①〉

「弁護」はその人を守りかばう意味なので〈助ける①〉で表現。〈助ける①〉は後押しをするさまで「助ける」「弁護(する)」の意味がある。

左〈息子〉
親指を立てた左手を腹から前に出す。

〈助ける①〉
親指を立てた左手の後ろを右手のひらで軽く後押しする。

べんきょう【勉強】4

「[商売で]勉強しておく」

→〈割引〉+〈与える①〉

例文の「勉強する」は安くする意味なので〈割引〉で表現。〈割引〉は半分にするさまで「値引き」「割引」「半分」などの意味を表す。

〈割引〉
左手のひらの上を右手で切るようにする。

〈与える①〉
両手のひらを上に向け並べて前に差し出す。

べんご【弁護】2

「弁護士」

→〈弁護士〉

「弁護士」は〈弁護士〉で表現。〈弁護士〉は左手に資料を持ち、右手で説明する弁護士のさまを表す新しい手話。

〈弁護士〉
左手のひらを目の前に置き、右手を上下に振り、

右親指を示す。

べんご【弁護】3

「弁護人」

→〈助ける①〉+〈人〉

「弁護人」は人をかばって話をする人のことで〈助ける①〉+〈人〉で表現。〈助ける①〉は「助ける」「弁護(する)」の意味がある。

〈助ける①〉
親指を立てた左手の後ろを右手のひらで軽く後押しする。

〈人〉
人差指で「人」の字を空書する。

へんこう【変更】

「予定を変更する」

→〈予定〉+〈変わる①〉

「変更」は変える意味なので〈変わる①〉で表現。〈変わる①〉は「変わる」「変える」「変化」の意味を表す。

〈予定〉
右こぶしを鼻の前で手首を使って軽く揺する。

〈変わる①〉
手のひらを手前に向けた両手を交差させる。

へんさち【偏差値】

「偏差値が高い」

→〈偏差値〉+〈高い③〉

「偏差値」は平均の数値からの偏りを示すもので〈偏差値〉で表現。〈偏差値〉は偏差値のグラフのさまを描く新しい手話。

〈偏差値〉
左人差指先から右人差指で「へ」を描く。

〈高い③〉
指文字〈コ〉を示した右手を上にあげる。

へんじ【返事】1

「聞かれて返事をした」

→〈聞かれる〉+〈答える〉

例文の「返事をする」は答えることなので〈答える〉で表現。〈答える〉は報告するさまで「答える」「返答(する)」「報告(する)」の意味。

〈聞かれる〉
右手指先を手前に向けて引き寄せる。

〈答える〉
口の前で両手の親指と人差指を向かい合わせて前に出す。

へんじ【返事】2

「返事が返ってこない」

→〈返事〉+〈ない①〉

例文の「返事が返ってこない」は返事がないことなので〈返事〉+〈ない①〉で表現。〈返事〉は「答え」「返事」「回答」などの意味を表す。

〈返事〉
親指と人差指を出した両手を手前に引き寄せる。

〈ない①〉
両手の手首を回すように振る。

へんしゅう【編集】

「雑誌を編集する」

→〈雑誌〉+〈集める③〉

例文の「編集」は原稿を集めてまとめる意味で〈集める③〉で表現。〈集める③〉はものを手元に引き寄せるさまで「編集(する)」「集める」の意味。

〈雑誌〉
両手のひらを上下に合わせて右手を開くように返す。

〈集める③〉
全指を曲げた両手で繰り返しかき寄せるようにする。

べんじょ【便所】

「便所」

→〈トイレ〉
　または〈洗う〉

「便所」は〈トイレ〉または〈洗う〉で表現。〈トイレ〉はＷＣの形を表し、〈洗う〉は手を洗うさまで「便所」「トイレ」「手洗」を表す。

〈トイレ〉

３指を立てて親指と人差指で「Ｃ」の字を作る。

〈洗う〉

両手を洗うようにこすり合わせる。

ベンチ

「ベンチに座る」

→〈ベンチ〉＋〈座る①〉

例文の「ベンチ」は長いすのことで〈ベンチ〉で表現。〈ベンチ〉は長いすのさまを表す新しい手話。

〈ベンチ〉

左手２指の上に右手２指をのせて右手を右へ引く。

〈座る①〉

手のひらを下に向けた左手２指に折り曲げた右手２指を座るようにのせる。

べんつう【便通】

「便通がある」

→〈便通〉＋〈ある①〉

例文の「便通」は大便が出る意味なので〈便通〉で表現。左手の肛門から大便が出るさまを表す。

〈便通〉

左手の親指と４指で囲んだ中をすぼめた右手を落とす。

〈ある①〉

右手のひらを前に置く。

べんとう【弁当】

「弁当を食べる」

→〈弁当〉＋〈食べる①〉

例文の「弁当」は〈弁当〉で表現。〈弁当〉は弁当箱にごはんをつめるさまを表す。

〈弁当〉

軽く曲げた左手の親指側に右手のひらをこすりつけるようにする。

〈食べる①〉

左手のひらの上を右手ですくって食べるようにする。

べんぴ【便秘】

「便秘の薬」

→〈つまる②〉＋〈薬〉

「便秘」は便通が悪いことで〈つまる②〉で表現。〈つまる②〉は左手の肛門に大便がつまるさまを表す。「便秘」「便がつまる」などの意味。

〈つまる②〉

左手で作った丸の中にすぼめた右手をつめ込むようにする。

〈薬〉

左手のひらに右薬指をつけてこねるように回す。

べんり【便利】１

「交通が便利になる」

→〈交通〉＋〈便利〉

例文の「便利になる」は〈便利〉で表現。〈便利〉はあごをなでてほくほくするさまで「便利（になる）」の意味を表す。

〈交通〉

両手のひらの甲側を前に示し、繰り返し交差させる。

〈便利〉

右手のひらであごをなでる。

べんり【便利】2

「便利が悪い」
→〈不便〉

「便利が悪い」は〈不便〉で表現。〈不便〉は〈便利〉〈幸せ〉などを否定する形。〈不便〉は「不便」「不幸」などの意味がある。

〈不便〉
右手のひらをあごに当てて前にはじき出す。

ほいく【保育】2

「保育士」
→(〈子供①〉+)
〈世話〉+〈士〉

「保育士」は〈子供①〉+〈世話〉+〈士〉で表現。〈世話〉は世話するさま、〈士〉は指文字〈シ〉を資格を表す肩に当てて表す。

〈世話〉
指先を前に向け、手のひらを向かい合わせた両手を交互に上下させる。

〈士〉
親指と人差指と中指を出した右手を左肩に当てる。

ほ

〈ホ〉
甲側をふくらませて示す。

ボイコット 1

「授業をボイコットする」
→〈勉強②〉+〈捨てる②〉

例文の「ボイコット」は拒否の気持ちを不参加で表すので〈捨てる②〉で表現。〈捨てる②〉は投げ捨てるさまを表す。

〈勉強②〉
指先を上に向けた両手を並べて軽く前に出す。

〈捨てる②〉
握った両手を斜め前に投げ出すようにして開く。

ほいく【保育】1

「保育(所)」
→〈子供①〉+〈世話〉
(+〈場所〉)

「保育所」は小さい子供をあずかって世話する所なので〈子供①〉+〈世話〉+〈場所〉で表現。〈世話〉は人の面倒をみるさまを表す。

〈子供①〉
両手のひらを前方に向け、軽く振る。

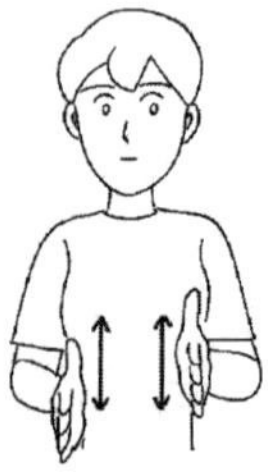

〈世話〉
指先を前に向け、手のひらを向かい合わせた両手を交互に上下させる。

ボイコット 2

「(外国)製品をボイコットする」
→(〈外国〉+)
〈作る〉+〈追い払う〉

例文の「ボイコット」は消費者が共同である製品を買わないまたは排斥する意味なので〈追い払う〉で表現。〈追い払う〉はのけ者にするさま。

〈作る〉
左こぶしの上を右こぶしでたたくようにする。

〈追い払う〉
左手のひらを右手で払いのける。

ポイント 1

「ポイントを押さえる」
→〈大切①〉+〈場所〉

例文の「ポイント」は２種類の表現がある。ひとつは〈大切①〉+〈場所〉で表現。〈大切①〉は「大切」の意味を表し「ポイント」「要点」の意味。

〈大切①〉
左手甲を右手のひらでなでるように回す。

〈場所〉
全指を曲げた右手を前に置く。

ポイント 4

「第一ポイント(通過)」
→〈第一〉+〈場所〉
(+〈通過〉)

例文の「ポイント」は地点のことなので〈場所〉で表現。〈場所〉はあるところを押さえて、その場所を表す。

〈第一〉
指先を左に向けた人差指を右側に引く。

〈場所〉
全指を曲げた右手を前に置く。

ポイント 2

「ポイントを押さえる」
→〈ポイント〉+〈つかむ①〉

もうひとつは〈ポイント〉で表現。〈ポイント〉は左手指文字〈ホ〉のある点を右手でさして表す。

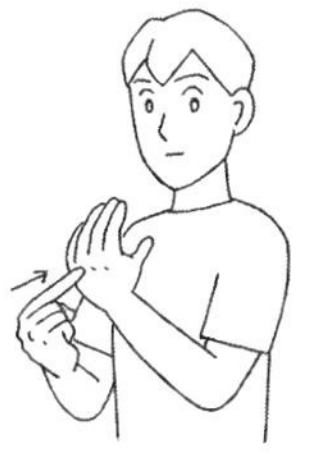

〈ポイント〉
左指文字〈ホ〉の甲を右人差指でさす。

〈つかむ①〉
軽く開いた右手のひらを下に向けてつかむようにする。

ポイント 5

「三ポイントあげる」
→〈３③〉+〈取る①〉

例文の「ポイント」は点数の数え方のことで手話では表現しない。手話の場合は数え方を表す表現は少ない。

〈３③〉
３指を立て、甲側を示す。

〈取る①〉
右手で前からつかみ取るようにする。

ポイント 3

「これがキーポイントだ」
→〈これ〉+〈基本①〉

例文の「キーポイント」は重要な手がかりとなる点なので〈基本①〉で表現。〈基本①〉は木の根のさまで「根本」「基本」の意味を表す。

〈これ〉
斜め下を指さす。

〈基本①〉
左ひじを立て、閉じた右手を当てて下に向けて開く。

ほう【法】1

「法(を守る)」
→〈規則〉
または〈法〉
(+〈注意〉)

例文の「法」は〈規則〉または〈法〉で表現。〈法〉は左手指文字〈ホ〉と右手〈規則〉の右手とを組み合わせた新しい手話。

〈規則〉
左手のひらに折り曲げた右手２指を打ちつける。

〈法〉
左手指文字〈ホ〉の横で立てた右２指を曲げて下に打ちつけるようにおろす。

ほ

ほう【法】2

「手話法」

→〈手話〉+〈方法〉

例文の「法」は方法の意味なので〈方法〉で表現。〈方法〉は手を示すさまで「手だて」「手段」「方法」などの意味を表す。

〈手話〉

両手の人差指を向かい合わせて、糸を巻くように回転させる。

〈方法〉

左手甲を右手のひらで軽くたたく。

ぼう【棒】1

「鉄の棒」

→〈鉄〉+〈棒①〉

例文の「棒」は〈棒①〉で表現。〈棒①〉は細長い棒のさまを表す。

〈鉄〉

立てた左手のひらに右手2指の指先を打ちつける。

〈棒①〉

両手の親指と人差指で作った丸を合わせて、右手を右へ引き離す。

ぼう【棒】2

「仕事を棒に振る」

→〈仕事〉+〈水のあわ〉

例文の「棒に振る」はこれまでの努力などをむだにしてしまう意味なので〈水のあわ〉で表現。〈水のあわ〉は「パーにする」「棒に振る」の意味。

〈仕事〉

手のひらを上に向け、向かい合わせた両手指先を繰り返しつき合わせる。

〈水のあわ〉

すぼめた両手を上に向けて、ぱっと開く。

ぼう【棒】3

「箸にも棒にもかからない奴」

→〈くだらない〉+〈男〉

「箸にも棒にもかからない」はどうしようもなくだめでもてあます意味で〈くだらない〉で表現。〈くだらない〉は頭を押さえつけられるさま。

〈くだらない〉

右人差指を伸ばし下からあげて左手のひらに打ちつける。

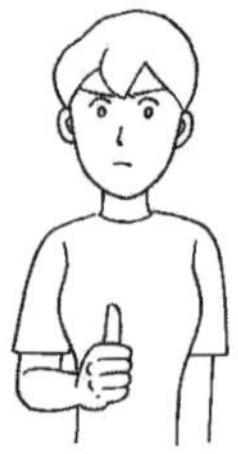

〈男〉

親指を立てた右手を出す。

ぼうえい【防衛】1

「タイトルを防衛する」

→〈チャンピオン〉+〈相変わらず①〉
(または〈相変わらず②〉)

例文の「防衛」は勝ってチャンピオンのままでいる意味なので〈チャンピオン〉+〈相変わらず①〉で表現。同じ状態が続くさまを表す。

〈チャンピオン〉

両手の親指と人差指を向かい合わせて腹につける。

〈相変わらず①〉

両手の親指と4指を閉じたり開いたりしながら右肩から前に出す。

ぼうえい【防衛】2

「正当防衛」

→〈正しい〉+〈防ぐ〉

「正当防衛」は〈正しい〉+〈防ぐ〉で表現。〈防ぐ〉は相手の攻撃を防ぐさまで「防衛(する)」「防ぐ」「守る」などの意味を表す。

〈正しい〉

親指と人差指をつまみ、胸に当て、右手をあげる。

〈防ぐ〉

両手のひらを前に向け押すように出す。

ぼうえいしょう
【防衛省】

「防衛省」
→〈軍〉+〈省〉

「防衛省」は〈軍〉+〈省〉で表現。〈軍〉は捧げ銃のさま、〈省〉は昔の大礼帽のさまを表す。

〈軍〉
握ったこぶしを上下にして右脇に当てる。

〈省〉
両手のひらを右肩上で合わせ、前後にすりながら交差させる。

ぼうえき【貿易】

「貿易商」
→〈貿易〉+〈商売〉

例文の「貿易」は外国と商品を輸入、輸出し売買することで〈貿易〉で表現。〈貿易〉は船が行き来するさまを表す。

〈貿易〉
指先を手前に向けた右手を引き寄せると同時に左手を前に出す。

〈商売〉
両手の親指と人差指で作った丸を交互に前後させる。

ぼうえんきょう
【望遠鏡】

「遠くを望遠鏡で見る」
→〈遠い②〉+〈望遠鏡〉

「望遠鏡」は遠くを見る装置のことで〈望遠鏡〉で表現。〈望遠鏡〉は望遠鏡を操作し遠くを見るさまを表す。

〈遠い②〉
親指と人差指を閉じた右手を肩から開きながら前に出す。

〈望遠鏡〉
両手で筒を持つようにして、目に当てて左手を前に出す。

ぼうえんレンズ
【望遠レンズ】

「カメラの望遠レンズ」
→〈カメラ〉+〈望遠レンズ〉

例文の「望遠レンズ」は遠くを写すカメラの部品なので〈カメラ〉+〈望遠レンズ〉で表現。〈望遠レンズ〉は望遠レンズの出るさまを表す。

〈カメラ〉
カメラのシャッターを押すようにする。

〈望遠レンズ〉
両手で筒を持つようにして、左手を前に出す。

ぼうか【防火】

「防火（訓練）」
→〈火②〉+〈防ぐ〉
（+〈鍛える〉）

「防火」は火事が起こるのを防ぐ意味なので〈火②〉+〈防ぐ〉で表現。〈防ぐ〉は相手の攻撃を防ぐさまで「防ぐ」「守る」の意味を表す。

〈火②〉
親指と小指を立てた右手を振りながら上にあげる。

〈防ぐ〉
両手のひらを前に向け押すように出す。

ほうかい【崩壊】1

「ビルが崩壊する」
→〈ビル①〉+〈倒れる②〉

例文の「崩壊」はビルが倒れることなので〈倒れる②〉で表現。〈倒れる②〉はビルが倒れるさまを表す。

〈ビル①〉
両手のひらを向かい合わせて上にあげ、閉じる。

〈倒れる②〉
向かい合わせて立てた両手を同時に倒す。

ほうかい【崩壊】2

「家庭が崩壊する」

→〈家庭〉+〈折る①〉

例文の「崩壊」は家庭がこわれる意味なので〈折る①〉で表現。〈折る①〉は折るさまで「折れる」「こわれる」「障害」などの意味を表す。

〈家庭〉

左手屋根形の下で右手を回す。

〈折る①〉

両こぶしの親指側を合わせ、折るようにする。

ほうがく【方角】

「方角がわからなくなる」

→〈方針〉+〈ややこしい〉

例文の「方角」は方位のことで〈方針〉で表現。〈方針〉は方位磁石のさまで「方角」「方針」「方位」「方向」などの意味を表す。

〈方針〉

左手のひらの上に人差指を出した右手をのせて、磁石の針のように振る。

〈ややこしい〉

全指を曲げた両手を目の前で回す。

ほうがく【法学】1

「法学(部)」

→〈規則〉+〈勉強③〉
(+〈ブ〉)

「法学」は法律に関する学問のことで２種類の表現がある。ひとつは〈規則〉+〈勉強③〉で表現。〈規則〉は「法律」「規則」などの意味。

〈規則〉

左手のひらに折り曲げた右手２指を打ちつける。

〈勉強③〉

手のひらを手前に向けた両手を左右から合わせる。

ほうがく【法学】2

「法学(部)」

→〈法〉+〈勉強③〉
(+〈ブ〉)

もうひとつは〈法〉+〈勉強③〉で表現。〈法〉は左手指文字〈ホ〉、右手が〈規則〉を表す新しい手話。

〈法〉

左指文字〈ホ〉の横で、立てた右２指を曲げて下に打ちつけるようにおろす。

〈勉強③〉

手のひらを手前に向けた両手を左右から合わせる。

ほうかご【放課後】

「放課後」

→〈勉強①〉+〈以後〉

「放課後」はその日の授業が全て終わったあとの時間なので〈勉強①〉+〈以後〉で表現。〈以後〉はそれより後を示すさま。

〈勉強①〉

両手を並べる。

〈以後〉

両手甲を合わせ、右手を前に押し出す。

ほうがんなげ【砲丸投げ】

「砲丸投げの選手」

→〈砲丸投げ〉+〈選手〉

「砲丸投げ」は〈砲丸投げ〉で表現。〈砲丸投げ〉は砲丸を投げるさまを表す。

〈砲丸投げ〉

砲丸投げをするしぐさをする。

〈選手〉

左こぶしの甲に親指を立てた右手を軽くかすめるように当て、上にあげる。

ほうき【放棄】1

「権利を放棄する」

→〈権利〉+〈捨てる②〉

「放棄」は投げ捨てる意味なので〈捨てる②〉で表現。〈捨てる②〉は投げ捨てるさまで「放棄」「廃棄」「捨てる」の意味を表す。

〈権利〉

左腕を曲げて上腕に右人差指で力こぶを描き、次に右手の人差指と中指で「リ」を描く。

〈捨てる②〉

握った両手を斜め前に投げ出すようにして開く。

ほうき【放棄】2

「戦争放棄」

→〈戦争〉+〈捨てる②〉

「戦争放棄」は戦争をしない意味なので〈戦争〉+〈捨てる②〉で表現。〈捨てる②〉は投げ捨てるさまで「放棄」「廃棄」「捨てる」の意味。

〈戦争〉

両手の指先を軽く広げて指先がふれ合うようにして交互に前後に動かす。

〈捨てる②〉

握った両手を斜め前に投げ出すようにして開く。

ほうき【箒】

「ほうきを買う」

→〈ほうき〉+〈買う〉

例文の「ほうき」は〈ほうき〉で表現。〈ほうき〉はほうきで掃くさまを表す。「ほうきで掃く」も同手話。

〈ほうき〉

両こぶしを握り、ほうきで掃くようにする。

〈買う〉

右手の親指と人差指で作った丸を前に出すと同時に左手のひらを手前に引き寄せる。

ほうけん【封建】

「封建制度」

→〈古い〉+〈制度〉

例文は〈古い〉+〈制度〉で表現。

〈古い〉

右人差指で鼻を下からこするように回す。

〈制度〉

両手２指を左右に並べ、左から右へ両手を動かす。

ほうげん【方言】

「京都方言」

→〈京都〉+〈方言〉

「方言」はある地域にだけ使われる単語、語法の意味で〈方言〉で表現。〈方言〉は〈場所〉と〈言う②〉を組み合わせた新しい手話。

〈京都〉

親指と人差指を立てた両手を下に向け、２回おろす。

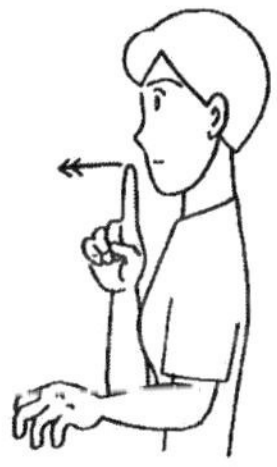

〈方言〉

全指を曲げた左手を置き、右人差指を繰り返し口元から前に出す。

ぼうげん【暴言】

「暴言を吐く」

→〈言う①〉+〈切る⑧〉

「暴言」は〈言う①〉+〈切る⑧〉で表現。〈切る⑧〉は切りつけるさまを表す新しい手話。「暴言を吐く」も同手話。

〈言う①〉

右人差指を口元から前に出す。

〈切る⑧〉

右人差指を斜めに切りつけるように強く動かす。

ほ

ほうこう【方向】1

「方向を確かめる」

→〈方針〉+〈調べる①〉

例文の「方向」は〈方針〉で表現。〈方針〉は方位磁石のさまで「方角」「方針」「方位」「方向」などの意味を表す。

〈方針〉

左手のひらに人差指の指先を前に向けた右手をのせ、指先を左右に揺らす。

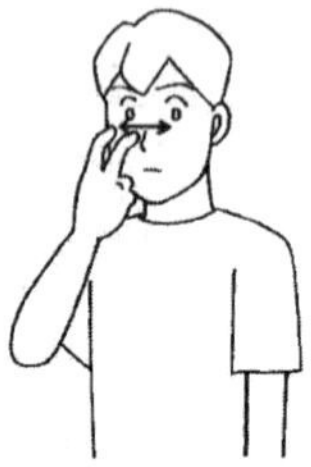

〈調べる①〉

右手の人差指と中指を軽く折り曲げて、目の前を左右に往復させる。

ぼうこう【暴行】

「彼に暴行を加える」

→〈彼〉+〈なぐる③〉

例文の「暴行」は人に暴力を加えることで〈なぐる③〉で表現。〈なぐる③〉は人に見立てた親指をなぐるさまで「暴行(する)」の意味を表す。

〈彼〉

左親指を右人差指でさす。

〈なぐる③〉

左親指を右こぶしでなぐるようにする。

ほうこう【方向】2

「進行方向に向かって右」

→〈まっすぐ①〉+〈右①〉

例文の「進行方向」は進む方向のことなので〈まっすぐ①〉で表現。〈まっすぐ①〉は進む方向を表すが方向によって手話は変わる。

〈まっすぐ①〉

指先を伸ばし、まっすぐ前に進める。

〈右①〉

こぶしを握った右手でひじをあげて右を示す。

ほうこく【報告】1

「会社に報告する」

→〈会社〉+〈答える〉

「報告する」は実情を知らせるなどの意味で〈答える〉で表現。〈答える〉は「返答」「回答」「報告」などの意味。

〈会社〉

両手の 2 指を交互に前後させる。

〈答える〉

口の前で両手の親指と人差指を向かい合わせて前に出す。

ほうこう【方向】3

「方向音痴」

→〈方針〉+〈苦手〉

「方向音痴」はすぐ方向がわからなくなって道に迷うことなので〈方針〉+〈苦手〉で表現。〈方針〉は「方向」の意味。

〈方針〉

左手のひらの上に人差指を出した右手をのせて、磁石の針のように振る。

〈苦手〉

右手のひらで鼻を軽くたたくようにする。

ほうこく【報告】2

「詳しい報告を受ける」

→〈細かい③〉+〈返事〉

「報告を受ける」は〈返事〉で表現。〈返事〉はこちらに報告が来るさまで「返事(が来る)」「報告(を受ける)」の意味を表す。

〈細かい③〉

両手の親指と人差指の指先でつぶすようにしながら下にさげる。

〈返事〉

親指と人差指を出した両手を手前に引き寄せる。

ほうし【奉仕】1

「社会奉仕」

→〈社会〉+〈捧げる〉

例文の「奉仕」は人のためにつくすことなので〈捧げる〉で表現。〈捧げる〉は身を捧げるさまで「奉仕(する)」「貢献(する)」などの意味。

〈社会〉

親指と小指を立てた両手を手前に水平に円を描く。

〈捧げる〉

手のひらを上に向けた両手を上に差しあげるようにする。

ぼうし【帽子】

「帽子」

→〈帽子①〉または〈帽子②〉

「帽子」は〈帽子①〉または〈帽子②〉で表現。〈帽子①〉は野球帽などのつばのある帽子を表し、〈帽子②〉はスキー帽やハットなどをかぶるさまを表す。

〈帽子①〉

右手で帽子のつばをつかむようにする。

〈帽子②〉

親指と人差指を出した両手を向かい合わせて頭にのせる。

ほうし【奉仕】2

「奉仕品」

→〈割引〉+〈品(ひん)〉

例文の「奉仕」は安くして売る意味なので〈割引〉で表現。〈割引〉は半分にするさまで「半額(にする)」「割引(く)」などの意味がある。

〈割引〉

左手のひらの上を右手で切るようにする。

〈品(ひん)〉

右手の親指と人差指で作った丸を上、左、右に示す。

ほうしき【方式】

「コンピュータ方式」

→〈コンピュータ〉+〈方法〉

「方式」はやり方なので〈方法〉で表現。〈方法〉は手をたたいて「手だて」「手段」「方法」などの意味を表す。

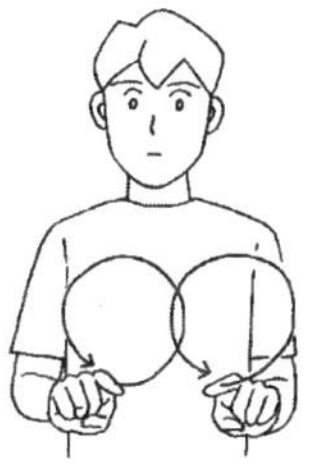

〈コンピュータ〉

両手の人差指で同時に円を描く。

〈方法〉

左手甲を右手のひらで軽くたたく。

ほうじ【法事】

「法事」

→〈寺〉+〈祈る〉

「法事」は死者の冥福を祈る行事のことで〈寺〉+〈祈る〉で表現。〈寺〉は木魚をたたくさまを表す。

〈寺〉

左手で拝むようにして右人差指で前をたたくようにする。

〈祈る〉

両手を合わせて祈るようにする。

ほうしゃせん【放射線】

「放射線科」

→〈放射線〉+〈脈〉

「放射線科」は〈放射線〉+〈脈〉で表現。〈放射線〉は放射線が出るさまを表す。〈脈〉は「医」を表す。

〈放射線〉

左こぶしの下を右人差指がくぐる。

〈脈〉

右3指を左手首の内側に当てる。

ほうしゃのう【放射能】

「放射能漏れ」

→〈放射能〉+〈広がる①〉

「放射能」は〈放射能〉で表現。〈放射能〉は左手の核から放射線が出るさまを表す。

〈放射能〉

左こぶしの下からすぼめた右手を開きながら下におろす。

〈広がる①〉

両手を前に出しながら左右に開く。

ほうしん【方針】1

「方針を立てる」

→〈方針〉+〈作る〉

（または〈計画〉）

「方針」は計画などの方向を示すものなので〈方針〉で表現。方位磁石の針のさまを表す。「方向」「方角」「方針」などの意味を表す。

〈方針〉

左手のひらの上に人差指を出した右手をのせて、磁石の針のように振る。

〈作る〉

両手のこぶしを上下に打ちつける。

ほうしん【方針】2

「方針を決める」

→〈方針〉+〈決める②〉

「方針」は計画などの方向を示すもので〈方針〉で表現。〈方針〉は方位磁石のさまで「方針」「方向」「方位」「方角」などの意味を表す。

〈方針〉

左手のひらの上に人差指を出した右手をのせて、磁石の針のように振る。

〈決める②〉

左手のひらに右こぶしを打ちつける。

ほうじん【法人】1

「（学校）法人」

→（〈勉強②〉+）

〈裁判〉+〈人〉

例文の「法人」は人格を法的に認められた団体のことで〈裁判〉+〈人〉で表現。〈裁判〉には「法」「法律」の意味がある。

〈裁判〉

親指を立てた両手を肩から前に同時におろし、体の前で止める。

〈人〉

人差指で「人」の字を空書する。

ほうじん【法人】2

「社団法人」

→〈社会〉+〈法人①〉

「社団法人」は人格を法的に認められた団体の一つで〈社会〉+〈法人①〉で表現。〈法人①〉は「社団法人」の4文字のさまを表す新しい手話。

〈社会〉

親指と小指を立てた両手を手前に水平に円を描く。

〈法人①〉

左手のひらに右4指を突き立てる。

ほうじん【法人】3

「（社会）福祉法人」

→（〈社会〉+）

〈幸せ〉+〈法人②〉

「社会福祉法人」は〈幸せ〉+〈法人②〉で表現。〈法人②〉は「社会福祉法人」が6文字なので右手で「6」を表す新しい手話。

〈幸せ〉

親指と4指であごをなでるようにする。

〈法人②〉

左手のひらに右手の〈6〉を突き当てる。

ほうじん【法人】4

「(独立)行政法人」

→(〈自分一人〉+〈立つ〉+)
〈行政〉+〈法人②〉

例文は〈行政〉+〈法人②〉で表現。〈行政〉は「行政」の意。〈法人②〉は法人名が6文字から右手で「6」を表す。

〈行政〉

親指と人差指と中指を伸ばした両手の指先を前に向けて左右に開くように繰り返し出す。

〈法人②〉

左手のひらに右手の〈6〉を突き当てる。

ぼうず【坊主】1

「(寺の)坊主」

→(〈寺〉+)
〈坊主〉+〈男〉

例文の「坊主」は寺の僧のことなので〈坊主〉+〈男〉で表現。〈坊主〉は頭を丸めているさまを表す。

〈坊主〉

右手のひらで頭頂部をなでるようにする。

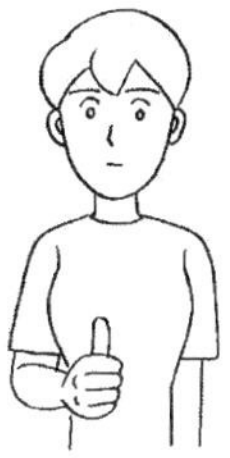

〈男〉

親指を立てた右手を出す。

ぼうず【坊主】2

「坊主頭」

→〈坊主〉+〈はげ〉

例文の「坊主」は髪をそった頭の意味なので〈坊主〉で表現。〈坊主〉は頭に毛がなくつるつるしているさまを表す。

〈坊主〉

右手のひらで頭頂部をなでるようにする。

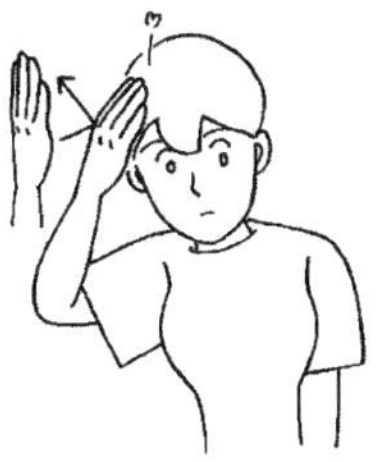

〈はげ〉

右手のひらで頭の上を軽くたたくようにする。

ぼうず【坊主】3

「うちの坊主」

→〈私①〉+〈息子〉

例文の「坊主」は男の子の意味で、この場合「うちの」があるので〈息子〉で表現。

〈私①〉

人差指で胸を指さす。

〈息子〉

親指を立てた右手を腹から前に出す。

ほうせき【宝石】

「(高い)宝石」

→(〈高い①〉+)
〈ダイヤ〉または〈宝石〉

「宝石」は〈ダイヤ〉または〈宝石〉で表現。〈ダイヤ〉はダイヤの輝くさまで宝石一般を意味する。〈宝石〉は光り輝いているさまを表す。

〈ダイヤ〉

左手甲に指をすぼめた右手甲を当て、ぱっぱっと開く。

〈宝石〉

左指文字〈コ〉の下ですぼめた右手をぱっぱっと開く。

ほうそう【包装】

「包装(紙)」

→〈たたむ〉
(+〈四角①〉)

例文の「包装」は品物を包む意味なので〈たたむ〉で表現。〈たたむ〉はものを包み、たたむさまを表す。

〈たたむ〉

両手のひらを上に向けて順番に内側に返すようにして、

両手のひらを重ねる。

ほ

ほうそう【放送】1

「放送局」

→〈放送〉+〈場所〉
（または〈局〉）

「放送局」は〈放送〉+〈場所〉または〈局〉で表現。〈放送〉は左手がマイク、右手はしゃべるさまを表す。

〈放送〉
左こぶしを口元に近づけ、左手甲からすぼめた右手を前に向かって開く。

〈場所〉
全指を曲げた右手を前に置く。

ほうそう【放送】2

「衛星放送」

→〈衛星〉+〈放送〉

例文は〈衛星〉+〈放送〉で表現。「衛星」は地球の周囲を回り、電波を中継する人工衛星のこと。〈衛星〉は左手の地球を回る衛星のさま。

〈衛星〉
左手の親指と4指で示した丸のまわりを右手の親指と人差指で作った丸を回す。

〈放送〉
左こぶしからすぼめた右手を前に向けて繰り返し開く。

ほうそく【法則】

「自然の法則」

→〈自然〉+〈規則〉

例文の「法則」は自然界にあるきまりのことで〈規則〉で表現。〈規則〉は「決まり」「ルール」「法則」などの意味がある。

〈自然〉
右人差指をゆっくりすくいあげるように上にあげる。

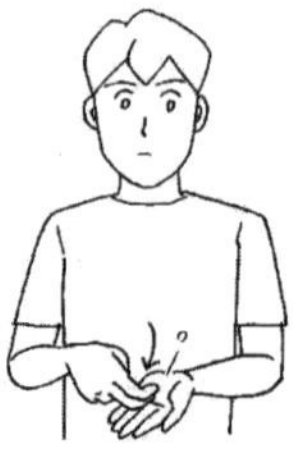

〈規則〉
左手のひらに折り曲げた右手2指を打ちつける。

ぼうたかとび【棒高跳び】

「棒高跳び（の選手）」

→〈棒高跳び〉
（+〈選手〉）

「棒高跳び」は〈棒高跳び〉で表現。〈棒高跳び〉はポールを持ち、次に左手のバーを右手の人が飛び越えるさまを表す。

〈棒高跳び〉
両手でポールを握るしぐさをし、次に人差指を横にした左手を右2指で飛び越える。

ほうち【放置】

「自転車を放置する」

→〈自転車〉+〈捨てる②〉

「放置」は放っておく意味なので〈捨てる②〉で表現。〈捨てる②〉は投げ捨てるさまで「捨てる」「放置（する）」の意味がある。

〈自転車〉
両こぶしを交互に前に回転させる。

〈捨てる②〉
握った両手を斜め前に投げ出すようにして開く。

ぼうちょう【傍聴】

「裁判を傍聴する」

→〈裁判〉+〈聞く①〉

「傍聴」は裁判や会議などを聞く意味なので〈聞く①〉で表現。〈聞く①〉は耳を傾けるさまで「聞く」「傍聴（する）」などの意味。

〈裁判〉
親指を立てた両手を肩から前に同時におろし、体の前で止める。

〈聞く①〉
右手を耳に添え、頭をやや傾けて聞くようにする。

ぼうちょう【膨張】1

「人口が膨脹する」
→〈人口〉+〈大きい①〉

例文の「膨張」は人口が増える意味なので〈大きい①〉で表現。〈大きい①〉は大きくなるさまで「大きい」「大きくなる」の意味。

〈人口〉
親指と小指を立てた両手で口のまわりで円を描く。

〈大きい①〉
親指と人差指を向かい合わせた両手を弧を描いて左右に広げる。

ぼうちょう【膨張】2

「予算が膨脹する」
→〈予算〉+〈大きい②〉

例文の「膨張」は金額が大きくなる意味なので〈大きい②〉で表現。

〈予算〉
右こぶしを鼻の上で揺するようにし、左手のひらの上に右手指先をつけ右へ繰り返し払う。

〈大きい②〉
軽く開いた両手のひらを向かい合わせ左右に広げる。

ほうてい【法定】

「法定(伝染病)」
→〈法〉+〈決める①〉
(+〈広がる①〉+〈病気〉)

例文の「法定」は〈法〉+〈決める①〉で表現。〈法〉は左指文字〈ホ〉と右手が〈規則〉の右手とを組み合わせた新しい手話。

〈法〉
左指文字〈ホ〉の横で、立てた右2指を曲げて下に打ちつけるようにおろす。

〈決める①〉
左手のひらに右手2指を軽く打ちつける。

ほうてい【法廷】1

「法廷(で争う)」
→〈裁判〉+〈場所〉
(+〈けんか①〉)

例文の「法廷」は裁判をする場所なので〈裁判〉+〈場所〉で表現。〈裁判〉は裁判官の法服を表す。

〈裁判〉
親指を立てた両手を肩から前に同時におろし、体の前で止める。

〈場所〉
全指を曲げた右手を前に置く。

ほうてい【法廷】2

「法廷を開く」
→〈裁判〉+〈開(ひら)く④〉

例文の「法廷を開く」は裁判を始める意味なので〈裁判〉+〈開く④〉で表現。〈裁判〉は裁判官の法服を表す。

〈裁判〉
親指を立てた両手を肩から前に同時におろし、体の前で止める。

〈開(ひら)く④〉
両手のひらを下に向けて並べ、左右に開く。

ほうどう【報道】1

「(新聞で)報道する」
→(〈新聞〉+)
〈発表〉
または〈報道〉

例文の「報道」はニュースなどを広く伝えることで〈発表〉または〈報道〉で表現。〈報道〉は「報道」を意味する新しい手話。

〈発表〉
親指と4指を閉じた両手を左右にぱっと開く。

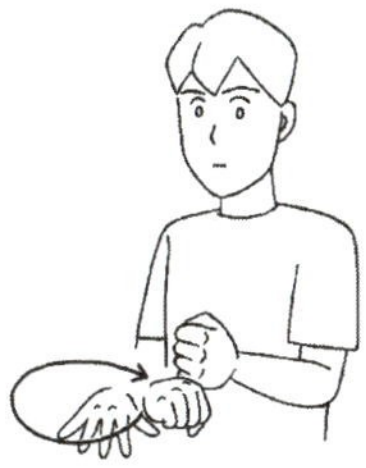

〈報道〉
左こぶしの下から右手を開きながら水平に回す。

ほ

ほうどう【報道】2

「報道機関」
→〈報道〉+〈組織〉

「報道機関」は新聞社や放送局などのことで〈報道〉+〈組織〉で表現。〈報道〉は左手のマイクでみんなに伝えるさまを表す。

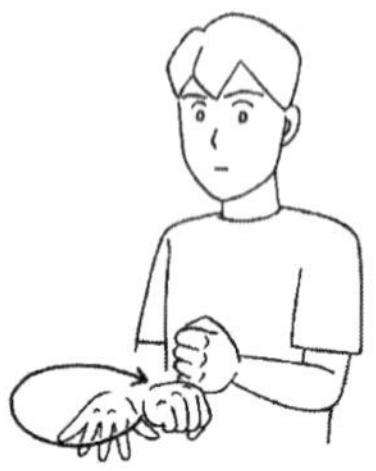

〈報道〉
左こぶしの下から右手を開きながら水平に回す。

〈組織〉
両手を胸の高さで並べ指先を開きながら左右におろす。

ぼうとう【冒頭】

「文章の冒頭」
→〈文章〉+〈冒頭〉

「冒頭」は〈冒頭〉で表現。〈冒頭〉は〈最初①〉の手の形を頭の位置に持ってきて表した新しい手話。

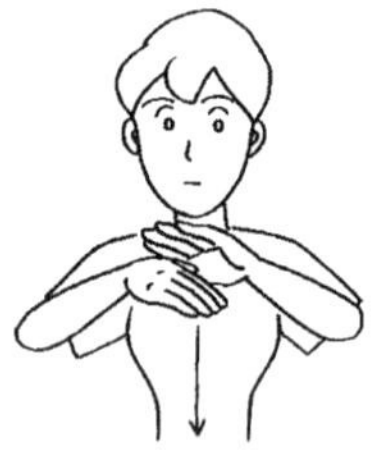

〈文章〉
両手の親指と4指の間を合わせて下におろす。

〈冒頭〉
指先を左に向けた右人差指を額に当て、水平に前方に出す。

ほうにん【放任】

「(子供を)放任する」
→(〈子供①〉+)
〈自然〉+〈捨てる②〉

「放任」はかまわないで放っておく意味なので〈自然〉+〈捨てる②〉で表現。〈自然〉は「勝手に」「自分で」などの意味を表す。

〈自然〉
右人差指をゆっくりすくいあげるように上にあげる。

〈捨てる②〉
握った両手を斜め前に投げ出すようにして開く。

ぼうねんかい【忘年会】1

「忘年会」
→〈忘れる①〉+〈パーティー〉

「忘年会」は3種類の表現がある。ひとつめは〈忘れる①〉+〈パーティー〉で表現。

〈忘れる①〉
すぼめた右手を頭の横から上に向かって開く。

〈パーティー〉
親指と人差指で杯を持つようにして水平に回転させる。

ぼうねんかい【忘年会】2

「忘年会」
→〈忘れる①〉+〈宴会〉

ふたつめは〈忘れる①〉+〈宴会〉で表現。〈宴会〉は杯のやり取りのさまを表す。

〈忘れる①〉
すぼめた右手を頭の横から上に向かって開く。

〈宴会〉
両手の親指と人差指を曲げて向かい合わせ交互に前後させる。

ぼうねんかい【忘年会】3

「忘年会」
→〈忘れる①〉+〈会〉

みっつめは〈忘れる①〉+〈会〉で表現。〈会〉は漢字「会」の冠を表す。

〈忘れる①〉
すぼめた右手を頭の横から上に向かって開く。

〈会〉
両手で屋根形を作り、左右に引く。

ほうふ【豊富】1

「栄養が豊富」
→〈栄養〉+〈たくさん①〉

例文の「豊富」はいっぱい、豊かの意味なので〈たくさん①〉で表現。〈たくさん①〉は山盛りあるさまを表す。

〈栄養〉
手のひらを上に向けた右手指先を体に当てる。

〈たくさん①〉
左手のひらを上に向けた左腕を示し、その上に右手で山を描く。

ほうふ【豊富】2

「(経験が)豊富」
→(〈経験〉+)
〈重ねる②〉
または〈たくさん①〉

例文の「豊富」はいっぱい積み重ねた意味なので〈重ねる②〉または〈たくさん①〉で表現。

〈重ねる②〉
両手を順番に重ねていく。

〈たくさん①〉
左手のひらを上に向けた左腕を示し、その上に右手で山を描く。

ほうほう【方法】

「(問題を)解決する方法」
→(〈問題〉+)
〈解決①〉+〈方法〉

「方法」は〈方法〉で表現。〈方法〉は手を強調してたたくさまで「手だて」「手段」「仕方」「方法」などの意味を表す。

〈解決①〉
左手のひらの上に右人差指で「×」を大きく書く。

〈方法〉
左手甲を右手のひらで軽くたたく。

ほうぼう 1

「ほうぼうにある」
→〈みんな〉+〈ある②〉
(または〈ある①〉)

例文は〈みんな〉+〈ある②〉または〈ある①〉で表現。〈ある②〉は〈ある①〉を三箇所で繰り返し表す。

〈みんな〉
右手のひらを下に向けて水平に回す。

〈ある②〉
手のひらを下にした右手を左・中央・右の 3 か所に置く。

ほうぼう 2

「ほうぼうに通知する」
→〈連絡②〉または〈郵便を出す②〉

例文は〈連絡②〉または〈郵便を出す②〉で表現。いずれも三箇所に向けて出す。

〈連絡②〉
両手の親指と人差指を組んで弧を描きながら 3 方向に出す。

〈郵便を出す②〉
左手 2 指と右人差指で〒マークを作り、左・中央・右に向けて出す。

ほうぼう 3

「息子をほうぼう探し回る」
→〈息子〉+〈さがす②〉

例文の「ほうぼう探し回る」は〈さがす②〉で表現。〈さがす②〉は〈さがす①〉をしながら体を左から右に大きく動かす。

〈息子〉
親指を立てた右手を腹から前に出す。

〈さがす②〉
親指と人差指で作った丸を目の前で回しながら体を大きく左から右へ動かす。

ほ

ほうむしょう
【法務省】

「法務(省)」
→〈裁判〉または〈法〉
(+〈省〉)

「法務省」は〈裁判〉または〈法〉+〈省〉で表現。〈裁判〉は裁判官の法衣を表す。〈法〉は左手が指文字〈ホ〉、右手が〈規則〉を表す新しい手話。

〈裁判〉
親指を立てた両手を肩から前に同時におろし、体の前で止める。

〈法〉
左指文字〈ホ〉の横で、立てた右2指を曲げて下に打ちつけるようにおろす。

ぼうめい【亡命】

「(アメリカに)亡命する」
→(〈アメリカ①〉+)
〈逃げる〉
または〈亡命〉

「亡命」は非合法的に祖国から他の国に移住することで〈逃げる〉または〈亡命〉で表現。〈亡命〉は国を脱出するさまを表す新しい手話。

〈逃げる〉
両こぶしを右上にさっとあげる。

〈亡命〉
左手のひらを下にして手前から右手をすぼめ、前に出し親指を示す。

ほうむる【葬る】1

「(墓に)葬る」
→(〈墓〉+)
〈閉じる③〉
または〈隠す〉

例文の「葬る」は墓に埋める意味なので〈閉じる③〉または〈隠す〉で表現。〈閉じる③〉は棺の蓋を閉めるさま、〈隠す〉は隠すさまを表す。

〈閉じる③〉
両手のひらを左右から閉じる。

〈隠す〉
左手のひらの下に右手をもぐり込ませる。

ほうめん【方面】1

「関西方面」
→〈関西〉+〈あたり〉

例文の「方面」は地域のことなので〈あたり〉で表現。

〈関西〉
手のひらを前方に向け、親指を寝かせた左手の横で右親指と人差指を下に向けて動かす。

〈あたり〉
右手のひらを下にして小さく水平に回す。

ほうむる【葬る】2

「社会から葬られる」
→〈社会〉+〈追い払われる〉

例文の「葬られる」は世間に出られないようにされる意味なので〈追い払われる〉で表現。

〈社会〉
親指と小指を立てた両手を手前に水平に円を描く。

〈追い払われる〉
左手のひらの上で右手を手前にはき出すようにする。

ほうめん【方面】2

「いろいろな方面で活躍」
→〈何でも〉+〈活動〉

例文の「方面」は分野のことなので〈何でも〉で表現。〈何でも〉はあらゆる種類を表す。

〈何でも〉
左手のひらの上で右手を左から右へ滑らかに動かす。

〈活動〉
ひじを少し張り、ひじを軸に両こぶしを交互に繰り返し前に出す。

ほうもん【訪問】1

「(先生の)家を訪問する」

→(〈先生〉+)
〈家〉+〈訪問①〉

例文の「訪問」は家に訪れる意味なので〈訪問①〉で表現。〈訪問①〉は左手の家に人が入り込むさまを表す。

〈家〉
両手で屋根形を作る。

〈訪問①〉
左手の屋根形の下に人差指を立てた右手を入れる。

ほうもん【訪問】2

「訪問客」

→〈家〉+〈客〉

例文の「訪問客」は家に来るお客のことで〈家〉+〈客〉で表現。手話は家にお客が訪れるさまを表す。

〈家〉
両手で屋根形を作る。

〈客〉
左手のひらに親指を立てた右手をのせ、右から手前に引き寄せる。

ほうもん【訪問】3

「個別訪問」

→〈個人〉+〈訪問②〉

「個別訪問」は一軒一軒まわる意味なので〈個人〉+〈訪問②〉で表現。〈訪問②〉は人が次々に家に入るさまを表す。

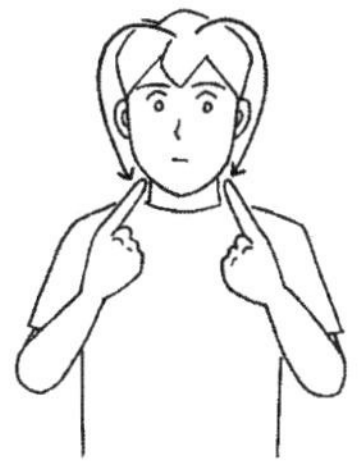

〈個人〉
両手の人差指で顔の輪郭を示す。

〈訪問②〉
左右2か所で左手屋根形の下に人差指を立てた右手を入れる。

ほうりつ【法律】1

「法律(を守る)」

→〈裁判〉
または〈規則〉
(+〈注意〉)

「法律」は3種類の表現がある。ひとつめは〈裁判〉、ふたつめは〈規則〉で表現。

〈裁判〉
親指を立てた両手を肩から前に同時におろし、体の前で止める。

〈規則〉
左手のひらに折り曲げた右手2指を打ちつける。

ほうりつ【法律】2

「法律を守る」

→〈法〉+〈注意〉

みっつめは〈法〉で表現。〈法〉は左指文字の〈ホ〉と右手〈規則〉の右手とを組み合わせた新しい手話。

〈法〉
左指文字〈ホ〉の横で、立てた右2指を曲げて下に打ちつけるようにおろす。

〈注意〉
軽く開いた両手を上下に置き、体に引きつけて握る。

ぼうりょく【暴力】1

「暴力をふるう」

→〈なぐる①〉
または〈なぐる②〉

「暴力をふるう」はなぐるなどのことなので〈なぐる①〉または〈なぐる②〉で表現。どちらもなぐるさまを表す。

〈なぐる①〉
右こぶしでなぐるようにする。

〈なぐる②〉
両手のこぶしで交互になぐるようにする。

ほ

ぼうりょく【暴力】2

「暴力に訴える」

→〈なぐる①〉+〈する〉

「暴力に訴える」は暴力を用いる意味なので〈なぐる①〉+〈する〉で表現。〈する〉は実行するさまを表す。

〈なぐる①〉
右こぶしでなぐるようにする。

〈する〉
両こぶしを力を込めて前に出す。

ボウリング

「ボウリング(場)」

→〈ボウリング〉
(+〈場所〉)

「ボウリング」は〈ボウリング〉で表現。〈ボウリング〉はボールを投げてピンが倒れるさまを表す。

〈ボウリング〉
右手でボウリングの玉を投げるようにして、

次に指先を上に、甲を前に向けた両手を前に倒す。

ぼうりょく【暴力】3

「暴力を受けてけがをする」

→〈なぐられる①〉+〈けが〉

「暴力を受ける」はなぐられるなどすることで〈なぐられる①〉で表現。

〈なぐられる①〉
右こぶしでほおをなぐるようにする。

〈けが〉
両手人差指で交互にほおを切りつけるようにする。

ほうる【放る】

「仕事を放って(遊ぶ)」

→〈仕事〉+〈捨てる②〉
(+〈遊ぶ〉)

例文の「放る」は何もしないで放っておくことで〈捨てる②〉で表現。〈捨てる②〉は捨てる、構わないさまで「ほったらかす」などの意味。

〈仕事〉
手のひらを上に向け、向かい合わせた両手指先を繰り返しつき合わせる。

〈捨てる②〉
握った両手を斜め前に投げ出すようにして開く。

ぼうりょく【暴力】4

「暴力団」

→〈やくざ②〉+〈グループ〉

「暴力団」は〈やくざ②〉+〈グループ〉で表現。〈やくざ②〉は腕まくりのさまを表す。

〈やくざ②〉
左上腕で全指を曲げた右手首を返すようにあげる。

〈グループ〉
指先を上に向けた両手で水平に手前に円を描く。

ホウレンソウ

「ホウレンソウを炒める」

→〈ホウレンソウ〉+〈炒める〉

「ホウレンソウ」は〈ホウレンソウ〉で表現。〈ホウレンソウ〉はゆでたホウレンソウをしぼるさまを表す。

〈ホウレンソウ〉
左こぶしの下から右手を握ったり開いたりしながらおろしていく。

〈炒める〉
左手のひらの上で指先を下にした右５指を前後に動かす。

ほお【類】1

「赤いほお」

→〈赤〉+〈ほお〉

例文の「ほお」は〈ほお〉で表現。〈ほお〉はほおをなでて表す。

〈赤〉

唇に人差指を当て、右へ引く。

〈ほお〉

右手で右ほおをなでる。

ほお【類】2

「ほおを赤らめる」

→〈ほお〉+〈恥ずかしい〉

例文は恥ずかしくてほおを赤くすることなので〈ほお〉+〈恥ずかしい〉で表現。〈恥ずかしい〉は赤い顔を表す。

〈ほお〉

右手で右ほおをなでる。

〈恥ずかしい〉

右人差指を唇に当て、左から右へ引き、手のひらを顔の上で回す。

ほお【類】3

「ほおが落ちる」

→〈おいしい③〉

例文は慣用句でおいしい意なので〈おいしい③〉で表現。〈おいしい③〉はほおが落ちそうなさまを表す。

〈おいしい③〉

右手のひらで右ほおを軽くたたく。

ボート1

「ボートをこぐ」

→〈船〉+〈こぐ〉

例文の「ボート」は小型の船のことで〈船〉で表現。手話はオールでこぐボートを表す。

〈船〉

両手で船形を作り、前に出す。

〈こぐ〉

ボートのオールを握ってこぐようにする。

ボート2

「ボートレース」

→〈モーターボート〉+〈競争〉

「ボートレース」はモーターボートのスピードを競うゲームで〈モーターボート〉+〈競争〉で表現。

〈モーターボート〉

船形にした左手の後ろで右人差指を回転させる。

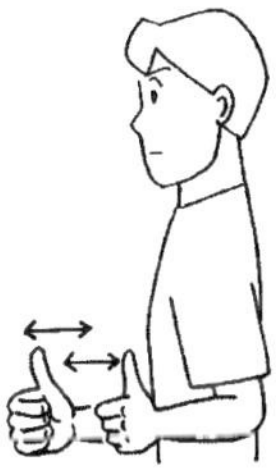

〈競争〉

親指を立てた両手を競うように交互に前後させる。

ボーナス

「ボーナスをもらう」

→〈結ぶ②〉+〈給料〉

例文の「ボーナス」は月給以外に期日を決めて支給される臨時給与のことで〈結ぶ②〉+〈給料〉で表現。〈結ぶ②〉は賞与のちょう結びを表す。

〈結ぶ②〉

両手の親指と人差指で水引きを結ぶようにする。

〈給料〉

左手のひらに右手親指と人差指で作った丸を添えて手前に引き寄せる。

ホーム

「老人ホーム」

→〈老人②〉+〈長屋〉

「老人ホーム」は一人では生活困難な老人が生活する施設のことで〈老人②〉+〈長屋〉で表現。〈長屋〉は老人ホームの棟のさまを表す。

〈老人②〉

右手の親指と小指を順番に曲げて上下に揺らす。

〈長屋〉

両手で示した屋根形を前に出す。

ホームページ

「ホームページに掲載」

→〈張る①〉+〈のせる④〉

「ホームページ」は〈張る①〉で表現。〈張る①〉はポスターなどを張るさまを表し、「掲示」の意もある。

〈張る①〉

両手の親指を立てて並べ、ピンを押すように上から下に同時におろす。

〈のせる④〉

手のひらを手前に向けて立てた左手に５指を曲げた右手を当てる。

ホームヘルパー1

「ホームヘルパー」

→〈家〉+〈助ける①〉

「ホームヘルパー」は２種類の表現がある。ひとつは〈家〉+〈助ける①〉。

〈家〉

両手で屋根形を作る。

〈助ける①〉

親指を立てた左手の後ろを右手のひらで軽く後押しする。

ホームヘルパー2

「ホームヘルパー」

→〈家〉+〈世話〉

もうひとつは〈家〉+〈世話〉で表現。〈世話〉はあれこれと世話を焼くさまを表す。

〈家〉

両手で屋根形を作る。

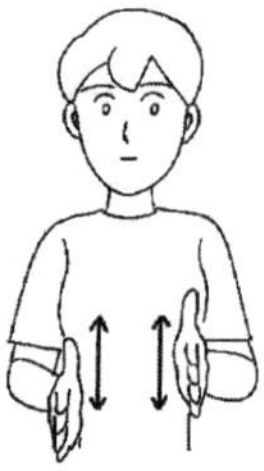

〈世話〉

指先を前に向け、手のひらを向かい合わせた両手を交互に上下させる。

ホームラン

「ホームランを打つ」

→〈野球①〉+〈ホームラン〉

「ホームラン」は野球の本塁打のことで〈ホームラン〉で表現。〈ホームラン〉はホームランのときの審判のサインを表す。

〈野球①〉

バットを握って振るようにする。

〈ホームラン〉

右人差指の先を上に向けて回す。

ホームルーム

「ホームルーム」

→〈H〉+〈R〉

「ホームルーム」は中学校や高校で担任の先生と生徒が話し合う時間のこと。頭文字がＨＲなので日本式アルファベット〈H〉+〈R〉で表現。

〈H〉

左人差指と右手の親指と人差指で「H」を示す。

〈R〉

両手の人差指で「R」を示すようにする。

ホール 1

「大ホール（で宴会）」

→〈広い③〉+〈部屋〉
（+〈宴会〉）

例文の「ホール」は大広間の意味なので〈広い③〉+〈部屋〉で表現。〈広い③〉はのびのびするさまで「広い」の意味を表す。

〈広い③〉
両こぶしを握り、両ひじを張って左右に開く。

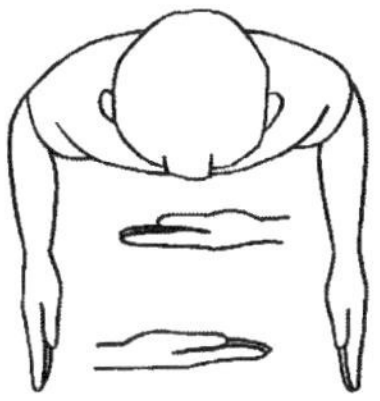

〈部屋〉
両手のひらで前後左右に四角く囲む。

ホール 2

「コンサートホール」

→〈音楽〉+〈ビル①〉

例文の「ホール」は会館や施設などの意味なので〈ビル①〉で表現。〈ビル①〉は大きい建物のさまで「ビル」「建物」の意味を表す。

〈音楽〉
両手の人差指を指揮棒を振るように左右に振る。

〈ビル①〉
両手のひらを向かい合わせて上にあげ、閉じる。

ボール 1

「ボールを投げる」

→〈ボール①〉+〈投げる〉

例文の「ボール」は球技用のボールのことで〈ボール①〉で表現。ボールの種類によって手話の大きさや形が変わる。

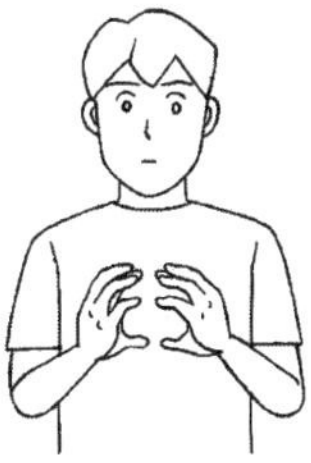

〈ボール①〉
両手でボールの形を作る。

〈投げる〉
右手でボールを投げるようにする。

ボール 2

「ワンボール」

→〈ボール②〉+〈1①〉

例文の「ボール」は野球用語のストライクに対するボールのことなので〈ボール②〉で表現。〈ボール②〉は審判のボールの宣告を表す。

〈ボール②〉
手のひらを下向きにした左手を右から左に動かす。

〈1①〉
右人差指を立てる。

ほか【他】1

「ほかの人」

→〈別〉+〈人〉

例文の「ほか」は別の意味なので〈別〉で表現。〈別〉はこちらのものと分け隔てるさまで「別」「他」などを意味する。

〈別〉
両手の甲を合わせて右手を前に押し出す。

〈人〉
人差指で「人」の字を空書する。

ほか【他】2

「謝るほかない」

→〈すみません〉+〈だけ〉

「ほかない」はそれ以外にない意味なので〈だけ〉で表現。〈だけ〉は一つを強調するさまで「（一つ）だけ」「ほかはない」の意味。

〈すみません〉
右手の親指と人差指で眉間をつまみ、右手で拝むようにする。

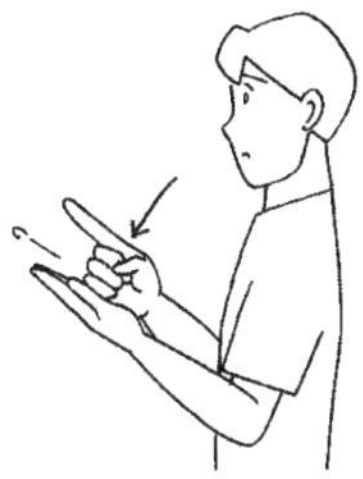

〈だけ〉
左手のひらに人差指を立てた右手を打ちつける。

ほがらか【朗らか】

「朗らかな性格」

→〈明るい②〉+〈性質〉

「朗らか」は性格が明るいことなので〈明るい②〉で表現。〈明るい②〉は眉間のしわが開くさまで「明るい」「朗らか」「明朗」を表す。

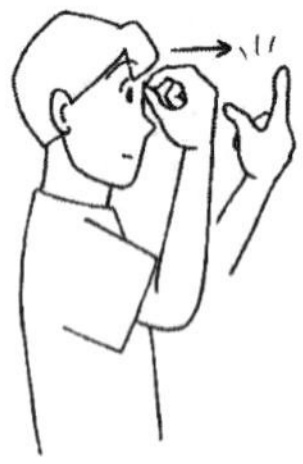

〈明るい②〉

眉間をつまむようにした右手の親指と人差指を前に出しながら開く。

〈性質〉

左手甲に右人差指を当て、2 回すくうようにする。

ぼきん【募金】1

「みんなで募金する」

→〈みんな〉+〈募金〉

「募金」は街頭などでお金を集めることで〈募金〉で表現。〈募金〉は左手の募金箱にお金を入れるさまを表す。

〈みんな〉

右手のひらを下に向けて水平に回す。

〈募金〉

左手の親指と 4 指で囲んだ中に右手の親指と人差指で作った丸を入れる。

ぼきん【募金】2

「共同募金」

→〈一緒①〉+〈カンパ〉

「共同募金」は〈一緒①〉+〈カンパ〉で表現。〈カンパ〉はお金が集まるさまを表す。

〈一緒①〉

両手の人差指を添わせる。

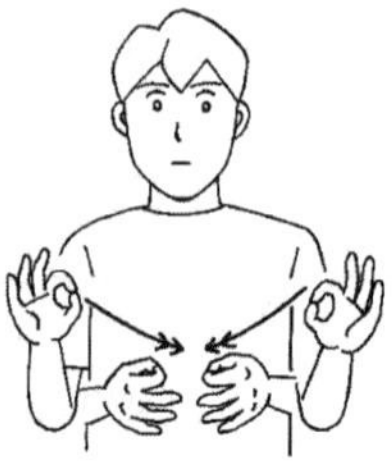

〈カンパ〉

両手の親指と人差指で作った丸を中央に集める。

ぼきん【募金】3

「千円募金した」

→〈千円〉+〈払う①〉

例文の「募金」はお金を出すことなので〈払う①〉で表現。〈払う①〉はお金を払うさまを表す。

〈千円〉

右手の小指を除いた 4 指で丸を作り、次に親指と人差指を開いて右に引く。

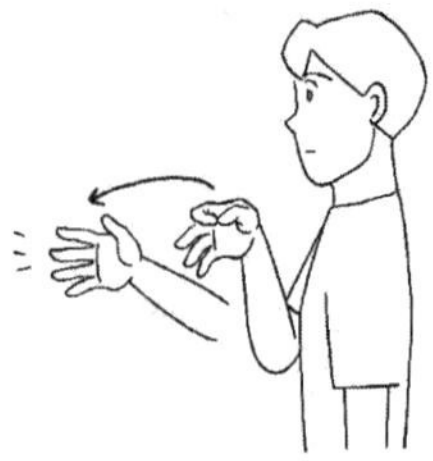

〈払う①〉

右手の親指と人差指で作った丸を前に出しながらぱっと開く。

ぼく【僕】

「僕」

→〈私①〉
　または〈私②〉

例文の「僕」は自身をさすことばで〈私①〉または〈私②〉で表現。「僕」「私」を意味する表現は他にもいろいろある。

〈私①〉

人差指で胸を指さす。

〈私②〉

右人差指で顔を指さす。

ボクシング

「ボクシングの試合」

→〈ボクシング〉+〈試合①〉

「ボクシング」は〈ボクシング〉で表現。

〈ボクシング〉

左右のこぶしを交互に前に出す。

〈試合①〉

親指を立てた両手を正面で軽くぶつける。

ほ

ぼけ

「ぼけの症状」

→〈ぼける①〉+〈状態①〉

例文の「ぼけ」は〈ぼける①〉で表現。〈ぼける①〉は〈ゆるむ〉を頭で表した手話。

〈ぼける①〉

両手を額の前で重ねて左右に開きながら指先も開く。

〈状態①〉

両手のひらを前に向けて、交互に上下させる。

ほけつ【補欠】1

「補欠(選挙)」

→〈補う①〉
　または〈補う②〉
　(+〈選挙〉)

例文の「補欠」は欠けた人員を補う意味なので〈補う①〉または〈補う②〉で表現。いずれも「補う」「補足(する)」などの意味。

〈補う①〉

左手の親指と4指で作った丸を右手のひらでふさぐ。

〈補う②〉

寝かした右手のひらを手前に引き上げて左手甲につける。

ほけつ【補欠】2

「補欠選手」

→〈副〉+〈選手〉

例文の「補欠」は補うために用意された人の意味なので〈副〉で表現。〈副〉は主たる人に添うさまで「副(会長)」「副(食)」などの意味。

〈副〉

左親指に右親指を少しさげてつける。

〈選手〉

左こぶしの甲に親指を立てた右手を軽くかすめるように当て、上にあげる。

ポケット 1

「[服の]ポケット」

→〈ポケット①〉
　または〈ポケット②〉

例文の「ポケット」は〈ポケット①〉または〈ポケット②〉で表現。手話はポケットの位置で表現が変わる。

〈ポケット①〉

右手指先をズボンのポケットに入れるように下にさげる。

〈ポケット②〉

右手4指を左胸のポケットに入れるようにする。

ポケット 2

「ポケットマネー」

→〈小〉+〈使う〉

「ポケットマネー」はこづかいの意味なので〈小〉+〈使う〉で表現。〈小〉は漢字「小」の字形を表す。

〈小〉

左手の人差指を右手2指ではさむように入れる。

〈使う〉

左手のひらの上で右手の親指と人差指で作った丸をすべるようにして繰り返し前に出す。

ポケット 3

「ポケットブック」

→〈小さい①〉+〈本〉

「ポケットブック」は小型の本の意味なので〈小さい①〉+〈本〉で表現。〈小さい①〉は小さいさまを表す。

〈小さい①〉

両手の親指と人差指を向かい合わせ、左右から縮める。

〈本〉

両手のひらを合わせて左右に開く。

ぼける 1

「頭がぼける」
→〈思う〉+〈ぼける①〉

例文の「ぼける」は頭の働きがにぶくなる意味なので〈ぼける①〉で表現。〈ぼける①〉は頭の緊張がなくなるさまを表す。

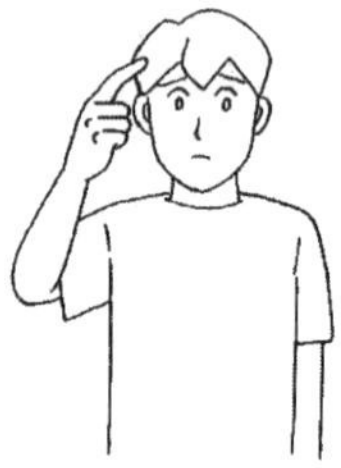

〈思う〉
右人差指を側頭部に当てる。

〈ぼける①〉
両手を額の前で重ねて左右に開きながら指先も開く。

ぼける 2

「(形が)ぼける」
→(〈姿〉+)
〈ぼける②〉
または〈あいまい〉

例文の「ぼける」は形がはっきりしなくなる意味なので〈ぼける②〉または〈あいまい〉で表現。〈ぼける②〉は焦点の定まらないさまを表す。

〈ぼける②〉
両手のひらを前後に重ねて交互に左右に往復させる。

〈あいまい〉
両手のひらを前後に向かい合わせ、こすり合わせるように回す。

ほけん【保健】1

「保健所」
→〈保健〉+〈場所〉

例文は〈保健〉+〈場所〉で表現。〈保健〉はろっ骨のさまから。

〈保健〉
やや曲げた右手の指を左胸から右胸に動かす。

〈場所〉
全指を曲げた右手を前に置く。

ほけん【保健】2

「保健師」
→〈保健〉+〈士〉

「保健」はすべて〈保健〉で表現。例文は〈保健〉+〈士〉で表現。〈保健〉はろっ骨のさまから。

〈保健〉
やや曲げた右手の指を左胸から右胸に動かす。

〈士〉
親指と人差指と中指を出した右手を左肩に当てる。

ほけん【保健】3

「保健体育」
→〈保健〉+〈体育〉

例文は教科名で、〈保健〉+〈体育〉で表現。

〈保健〉
やや曲げた右手の指を左胸から右胸に動かす。

〈体育〉
両こぶしを胸の前で同時に前後させる。

ほけん【保険】

「生命保険」
→〈命〉+〈保険〉

「保険」は偶然の事故に対応するため前もってそれを保障する用意のことで〈保険〉で表現。左手の〈命〉を右手の指文字〈ホ〉が守るさま。

〈命〉
右こぶしを左胸に当てる。

〈保険〉
左指文字〈ホ〉の甲に右手２指で作った丸を当て、前に出す。

ほご【保護】1

「動物を保護する」
→〈動物〉+〈助ける①〉

例文の「保護」は動物を守ることなので〈助ける①〉で表現。

〈動物〉
両手の親指と人差指と中指を折り曲げて爪を立てるようにして前後に並べ前に出す。

〈助ける①〉
親指を立てた左手の後ろを右手のひらで軽く後押しする。

ほこり【埃】

「ほこりがたまる」
→〈土〉上方+〈ほこりがたまる〉

「ほこり」は空中の細かいちりが溜まったもので〈土〉を上方で示して表現。手話はほこりが床にうすく積もるさまを表す。

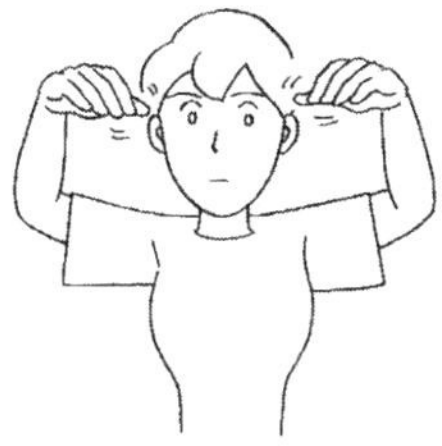

〈土〉上方
砂や土をこすり落とすようにして両手で左右に開く。

〈ほこりがたまる〉
左手のひらの上で指先をやや開いた右手２指を左から右へ動かす。

ほご【保護】2

「生活保護」
→〈生活〉+〈助ける①〉

例文の「生活保護」は事情があって収入が得られない人の生活を助ける制度のことで〈生活〉+〈助ける①〉で表現。

〈生活〉
両手の親指と人差指を向かい合わせて回す。

〈助ける①〉
左親指の背後を右手のひらで後押しするようにする。

ほこる【誇る】1

「日本が誇る(手話辞典)」
→〈日本〉+〈いばる〉
(+〈手話〉+〈辞典〉)

例文の「誇る」は〈いばる〉で表現。〈いばる〉は胸を張って自慢するさま。ただ、謙虚さのある「誇る」とむきだしの「いばる」は表情が違う。

〈日本〉
両手の親指と人差指をつき合わせ、左右に開きながら閉じる。

〈いばる〉
両手の親指を背広のえりに当て、４指を振る。

ほご【保護】3

「保護者会」
→〈両親〉+〈会〉

例文の「保護者」は生徒などの保護者のことで一般に両親が多いので〈両親〉で表現。〈両親〉は〈父〉と〈母〉を同時に表す。

〈両親〉
人差指をほおにふれ、親指と小指を出す。

〈会〉
両手で屋根形を作り、左右に引く。

ほこる【誇る】2

「世界に誇る(平和憲法)」
→〈世界〉+〈名誉〉
(+〈安定〉+〈憲法〉)

例文の「誇る」は〈名誉〉で表現。〈名誉〉は御廉(みす)をあげて高貴の人にお目通りする名誉のさまを表す。

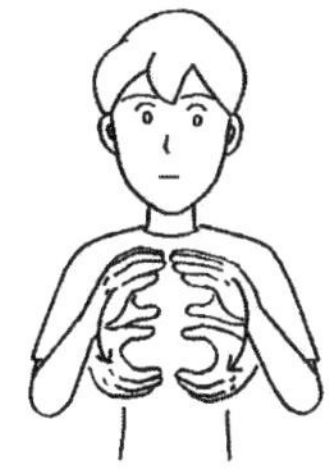

〈世界〉
両手の指先を向かい合わせて前にまわし、球を描く。

〈名誉〉
両手の人差指の先を向かい合わせて上にあげる。

ほし【星】1

「星がきれい」

→〈星①〉+〈美しい②〉

例文の「星」は天体の星なので〈星①〉で表現。〈星①〉は星が夜空に輝くさまを表す。

〈星①〉

頭の上ですぼめた右手を閉じたり開いたりする。

〈美しい②〉

左手のひらをなでるように右手のひらを滑らせる。

ほし【星】2

「白星」

→〈白〉+〈星②〉

例文の「星」は相撲の勝敗を表すので〈星②〉で表現。

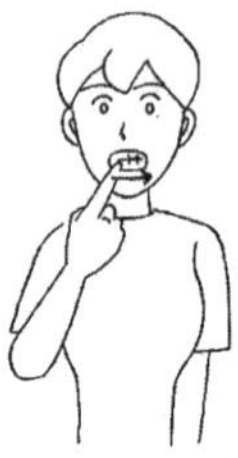

〈白〉

右人差指で前歯を指さし、左へ引く。

〈星②〉

左こぶしの親指側に右手のひらをふたをするように当てる。

ほしい【欲しい】1

「(水が)欲しい」

→(〈水〉または〈流れる②〉+)
〈欲しい〉
または〈好き①〉

例文の「欲しい」はのどがかわいて求めることで〈欲しい〉で表現。〈欲しい〉はのどを示しその渇くさまを表す。または〈好き①〉で表現。

〈欲しい〉

右手のひらの指先でのどをふれる。

〈好き①〉

親指と人差指を開いた右手をのどに当て、下におろしながら閉じる。

ほしい【欲しい】2

「車が欲しい」

→〈運転〉+〈好き①〉

例文の「欲しい」は〈好き①〉で表現。〈好き①〉は首ったけのさまで「好き」「欲しい」などの意味を表す。

〈運転〉

ハンドルを両手で握り、回すようにする。

〈好き①〉

親指と人差指を開いた右手をのどに当て、下におろしながら閉じる。

ほしい【欲しい】3

「お菓子が欲しい」

→〈菓子〉+〈求める〉
(または〈好き①〉)

例文の「欲しい」は要求ならば〈求める〉で、単に欲するならば〈好き①〉で表現。

〈菓子〉

親指と人差指でつまむようにして、繰り返し口に持っていく。

〈求める〉

左手のひらに右手の甲を打ちつける。

ほしい【欲しい】4

「(手話通訳を)置いてほしい」

→(〈手話〉+〈通訳〉+)
〈選び出す〉+〈好き①〉

例文の「〜てほしい」は〈好き①〉で表現。〈好き①〉は首ったけのさまで「好き」「欲しい」「〜てほしい」などの意味を表す。

〈選び出す〉

左親指を右手の親指と人差指でつまむようにして前に出す。

〈好き①〉

親指と人差指を開いた右手をのどに当て、下におろしながら閉じる。

ほしゃく【保釈】

「保釈金」

→〈釈放〉+〈金(かね)①〉

「保釈」は拘留中の人を釈放する意味なので〈釈放〉で表現。〈釈放〉は手錠がとれるさまを表す。

〈釈放〉

こぶしを握った両手首をつけて上下にぱっと離す。

〈金(かね)①〉

右手の親指と人差指で作った丸を示す。

ぼしゅう【募集】

「生徒を募集する」

→〈学生①〉(または〈学生②〉)+〈集める①〉

例文の「募集」は人を集めることなので〈集める①〉で表現。〈集める①〉は人に集まれと呼びかけるさまを表す。

〈学生①〉

軽く開いた両手を上下に置き、握りながらはかまのひもをしめるようにする。

〈集める①〉

呼び寄せるように両手を手前に招き寄せる。

ほしゅ【保守】1

「保守(党)」

→〈伝統①〉+〈注意〉(+〈グループ〉)

「保守」は今までのやり方・伝統を守っていこうとする意味なので〈伝統①〉+〈注意〉で表現。〈注意〉は「守る」の意味もある。

〈伝統①〉

親指を立てた両手を前に回転させながら交互に下におろす。

〈注意〉

軽く開いた両手を上下に置き、体に引きつけて握る。

ほじょ【補助】

「補助金」

→〈助ける①〉+〈金(かね)①〉

「補助」は足りないところを補い助ける意味なので〈助ける①〉で表現。〈助ける①〉は後押しするさまで「補助(する)」「助ける」の意味。

〈助ける①〉

親指を立てた左手の後ろを右手のひらで軽く後押しする。

〈金(かね)①〉

右手の親指と人差指で作った丸を示す。

ほしゅ【保守】2

「保守的な考え」

→〈古い〉+〈思う〉

「保守的」は今までのやり方・伝統を守っていこうとする意味なので〈古い〉で表現。〈古い〉は古いものは鼻が曲がるほど臭いところから。

〈古い〉

右人差指で鼻を下からこするように回す。

〈思う〉

右人差指を側頭部に当てる。

ほしょう【保証】1

「保証(人)」

→〈守る②〉+〈証拠〉(+〈人〉)

「保証人」はある人の行為の責任を負う人で、〈守る②〉+〈証拠〉+〈人〉で表現。〈証拠〉は判を押すさまを表す。

〈守る②〉

左こぶしのまわりを右手のひらで取り囲むようにする。

〈証拠〉

左手のひらの上に指先を折り曲げた右手を判を押すようにのせる。

ほしょう【保証】2

「保証書」

→〈証拠〉+〈四角①〉

「保証書」はまちがいないことを証明する書面なので〈証拠〉+〈四角①〉で表現。〈証拠〉は判を押すさまを表す。

〈証拠〉

左手のひらの上に指先を折り曲げた右手を判を押すようにのせる。

〈四角①〉

両手の人差指で四角を描く。

ボス

「(猿の)ボス」

→(〈猿〉+)
〈長①〉
または〈長②〉

「ボス」は親分、親方の意味なので〈長①〉または〈長②〉で表現。特に「ボス」ということを強調する場合は指文字を使う。

〈長①〉

親指を立てた右手を上にあげる。

〈長②〉

左手の甲に親指を立てた右手をのせる。

ほしょう【保障】

「安全保障」

→〈無事〉+〈守る②〉

「安全保障」は外国からの侵略に対して国家の安全を守る意味なので〈無事〉+〈守る②〉で表現。〈無事〉は「無事」「安全」の意味。

〈無事〉

両ひじを張って、両こぶしを同時に下におろす。

〈守る②〉

左こぶしのまわりを右手のひらで取り囲むようにする。

ポスター

「映画のポスター」

→〈映画〉+〈張る①〉

「ポスター」は宣伝に使う張り紙のことで〈張る①〉で表現。〈張る①〉はポスターを張るさまを表す。

〈映画〉

指間を軽く開き、両手のひらを目の前で前後に重ね、交互に上下させる。

〈張る①〉

両手の親指を立てて並べ、ピンを押すように上から下に同時におろす。

ほしょう【補償】

「損害を補償する」

→〈損〉+〈補う①〉

「補償」は損害をつぐなう意味なので〈補う①〉で表現。〈補う①〉は左手の穴を右手でうめるさまを表す。

〈損〉

両手の親指と人差指で作った丸を前に捨てるようにしてぱっと開く。

〈補う①〉

左手の親指と4指で作った丸を右手のひらでふさぐ。

ポスト 1

「ポストに手紙を入れる」

→〈郵便〉+〈ポスト〉

例文の「ポスト」は郵便ポストなので〈郵便〉+〈ポスト〉で表現。〈ポスト〉はポストに手紙を入れるさまを表す。

〈郵便〉

左手2指と右手人差指で〒マークを示す。

〈ポスト〉

左手の親指と4指の間に右手4指を差し込むようにする。

ポスト 2

「社長のポストにつく」
→〈会社〉+〈長②〉

例文の「ポスト」は地位のことで、「ポストにつく」は〈長②〉で表現。〈長②〉は左手の地位に右手の人がつくさまを表す。

〈会社〉
両手の 2 指を交互に前後させる。

〈長②〉
左手甲に親指を立てた右手をのせる。

ほせい【補正】

「補正(予算)」
→〈補う①〉
　または〈補う②〉
　(+〈予算〉)

例文の「補正」は年度途中に当初予算の不備を補うことで〈補う①〉または〈補う②〉で表現。〈補う①〉は左手の穴を右手でうめるさま。

〈補う①〉
左手の親指と 4 指で作った丸を右手のひらでふさぐ。

〈補う②〉
寝かした右手のひらを手前に引き上げて左手甲につける。

ほそい【細い】1

「足が細い」
→〈足①〉+〈細い①〉

例文の「細い」は足のまわりが小さい意味なので〈細い①〉で表現。〈細い①〉は細いさまで細い状態によって表現は変わる。

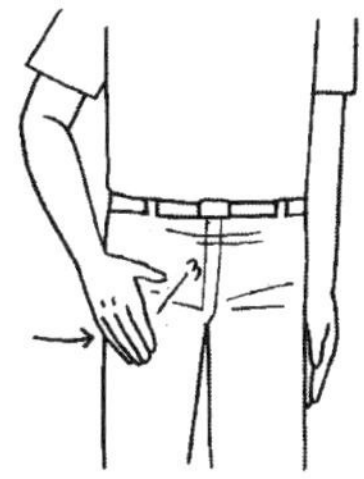

〈足①〉
右手指先で足にふれる。

〈細い①〉
両手の親指と人差指で小さな丸を作り重ねて、右手を下にまっすぐおろす。

ほそい【細い】2

「道が細い」
→〈道①〉+〈狭い〉

例文の「細い」は道幅が狭い意味なので〈狭い〉で表現。〈狭い〉は幅の狭いさまを表す。

〈道①〉
道幅に見立てた向かい合わせた両手をまっすぐ前に出す。

〈狭い〉
両手のひらを向かい合わせて両側から間をせばめる。

ほそい【細い】3

「神経が細い」
→〈精神〉+〈鋭い〉

例文の「細い」はすぐ動揺したりびくびくしたりする意味なので〈鋭い〉で表現。〈鋭い〉はナイフなどの切っ先が鋭いさま。

〈精神〉
右人差指で頭をさし、次に両手を合わせる。

〈鋭い〉
左人差指を右親指と人差指ではさみ、指先へ抜けるように閉じて前に出す。

ほそい【細い】4

「食が細い」
→〈食べる③〉+〈少し〉

例文の「細い」は食べる分量が少ない意味なので〈少し〉で表現。〈少し〉は「少し」「ちょっぴり」「ちょっと」などの意味。

〈食べる③〉
右手のひらですくって食べるようにする。

〈少し〉
右手の親指と人差指を合わせ、親指をはじく。

ほそう【舗装】

「道を舗装する」

→〈道①〉+〈舗装〉

「舗装」は道路をアスファルトなどでかためることで〈舗装〉で表現。〈舗装〉は左手の道路路面をローラーに見立てた右手がかためるさまを表す。

〈道①〉

指先を前に向けた両手を向かい合わせて前に出す。

〈舗装〉

左手甲の上をすべらせるように右こぶしを前に出す。

ほそく【補足】

「補足(説明)」

→〈補う①〉

または〈補う②〉

(+〈説明〉)

「補足」は補う、付け足すことで〈補う①〉または〈補う②〉で表現。〈補う①〉は左手の穴を右手でうめるさまを表す。

〈補う①〉

左手の親指と4指で作った丸を右手のひらでふさぐ。

〈補う②〉

寝かした右手のひらを手前に引き上げて左手甲につける。

ほぞん【保存】1

「保存が利く」

→〈隠す〉+〈できる〉

例文の「保存」はそのままの状態でしまっておく意味で〈隠す〉で表現。〈隠す〉はしまう、隠すさまで「隠す」「しまう」の意味がある。

〈隠す〉

左手のひらの下に右手をもぐり込ませる。

〈できる〉

右手指先を左胸と右胸に順に当てる。

ほぞん【保存】2

「街並みを保存する」

→〈町①〉+〈そのまま〉

例文の「保存」はそのまま残す意味なので〈そのまま〉で表現。〈そのまま〉はそのままにしておくさまを表す。

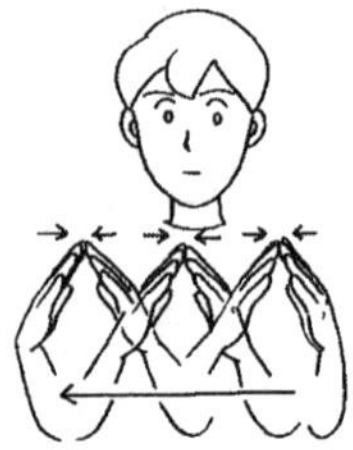

〈町①〉

両手で屋根形を作りながら左から右へ動かす。

〈そのまま〉

両手のひらを前に向けて同時に軽く押すようにする。

ホタテ【帆立】

「ホタテのバター(焼き)」

→〈ホタテ〉+〈バター〉

(+〈煮る〉)

「ホタテ」は〈ホタテ〉で表現。〈ホタテ〉はホタテ貝の縁のギザギザと貝の開くさまを表す。

〈ホタテ〉

手のひらを向かい合わせて組み合わせ、手首を軸に右手をあげる。

〈バター〉

左手のひらの上を右手2指で塗るようにする。

ホタル【蛍】

「ホタルがとぶ」

→〈ホタル①〉

または〈ホタル②〉

「ホタル」は〈ホタル①〉または〈ホタル②〉で表現。いずれもホタルがおしりの光を点滅させながら夜空に飛ぶさまを表す。「ホタルがとぶ」も同手話。

〈ホタル①〉

すぼめた右手を繰り返し開きながら目の前を左から右へ動かす。

〈ホタル②〉

左人差指を曲げてすぼめた右手を閉じたり開いたりしながら右へ動かす。

ほちょうき【補聴器】

「補聴器」

→〈補聴器①〉
　または〈補聴器②〉

「補聴器」は〈補聴器①〉または〈補聴器②〉で表現。〈補聴器①〉は耳かけ式、〈補聴器②〉はポケットに入れる方式。

〈補聴器①〉

右人差指を右耳にかけるようにする。

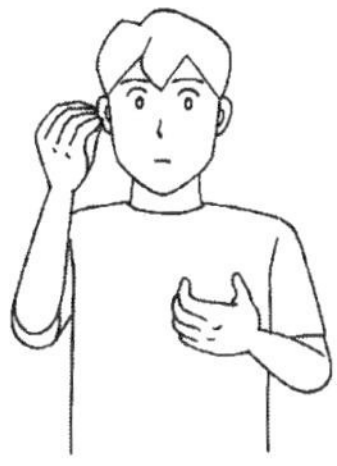

〈補聴器②〉

すぼめた右手を右耳に当て、左手の親指と４指を胸に当てる。

ほっさ【発作】1

「心臓発作」

→〈心臓〉+〈発作〉

例文は〈心臓〉+〈発作〉で表現。〈発作〉は体から突然起こるさまを表す。

〈心臓〉

全指を折り曲げた両手を上下に向かい合わせ、左胸の前に置き、間をせばめたり広げたりする。

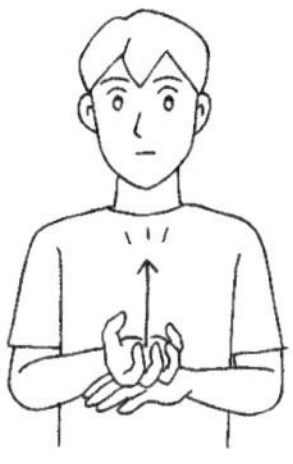

〈発作〉

左手甲の上に折り曲げた右手を置き、勢いよく上へあげる。

ほっきょく【北極】

「北極探検」

→〈北極〉+〈調べる①〉

「北極」は地図の表示では地球の最上部にあるので〈北極〉で表現。〈北極〉は左手が地球を、右手が上、すなわち北をさすことで表す。

〈北極〉

左手の親指と４指で丸を作り、右人差指で上をさす。

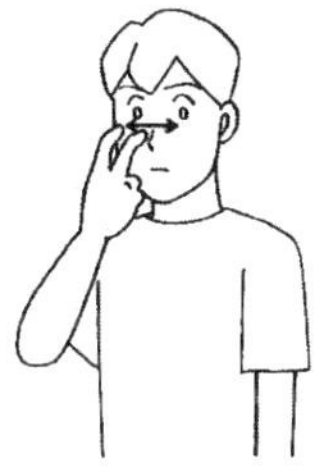

〈調べる①〉

右手の人差指と中指を軽く折り曲げて、目の前を左右に往復させる。

ほっさ【発作】2

「発作的(行為)」

→〈突然〉または〈急に〉
　(+〈活動〉)

例文の「発作」は突然起こることなので〈突然〉または〈急に〉で表現。

〈突然〉

両手の親指と人差指で作った丸を軽くぶつけ、ぱっと左右に開く。

〈急に〉

右人差指を勢いよくすくいあげる。

ホッケー

「ホッケーの試合」

→〈ホッケー〉+〈試合①〉

「ホッケー」は〈ホッケー〉で表現。〈ホッケー〉は左手のボールを右手のスティックで左右から打つさまを表す。

〈ホッケー〉

丸を作った左手を右２指で右から打ちつけ、次に左からも打ちつける。

〈試合①〉

親指を立てた両手を正面で軽くぶつける。

ほっそく【発足】1

「会を発足させる」

→〈会〉+〈建てる〉

例文の「発足」は会ができて活動を始める意味なので〈建てる〉で表現。〈建てる〉は建物を建てるさまで、ここでは比喩的に使う。

〈会〉

両手で屋根形を作り、左右に引く。

〈建てる〉

両手で屋根形を前から起こす。

ほっそく【発足】2

「制度が発足する」

→〈制度〉+〈開(ひら)く④〉

例文の「発足」は実行にうつされる意味なので〈開く④〉で表現。〈開く④〉はふたを開けるさまで「開始」「発足」「開く」などを意味する。

〈制度〉

両手２指を左右に並べ、左から右へ両手を動かす。

〈開(ひら)く④〉

両手のひらを下に向けて並べ、左右に開く。

ホテル

「ホテルに泊まる」

→〈ホテル〉+〈寝る〉

「ホテル」は旅行者を宿泊させる施設のことで〈ホテル〉で表現。〈ホテル〉は各階のベッド、寝室のさまを表す。

〈ホテル〉

左手のひらに右手２指を寝かせるようにして当て、順にあげる。

〈寝る〉

右こぶしを頭に当てる。

ほっと

「終わり、ほっとする」

→〈終わる〉+〈ほっとする〉

「ほっとする」は〈ほっとする〉で表現。〈ほっとする〉はほっと一息つくさまで「ほっとする」「ひと安心」などの意味を表す。

〈終わる〉

指先を上に向けた両手を下におろしながら閉じる。

〈ほっとする〉

右手２指を鼻の穴から息を抜くように前に出し、肩から力を抜く。

ほど【程】1

「身のほど知らず」

→〈厚かましい①〉
　または〈厚かましい②〉

例文の「身のほど知らず」は自分の立場や力をわきまえていない意味なので〈厚かましい①〉または〈厚かましい②〉で表現。

〈厚かましい①〉

親指と４指の間隔を保ち、ほおをすべりおろす。

〈厚かましい②〉

親指と４指を曲げた手をほおに当て、前にはじくように開く。

ぼっとう【没頭】

「研究に没頭する」

→〈試す〉+〈一途①〉

「没頭」はそのことだけに熱中する意味なので〈一途①〉で表現。〈一途①〉はあることに熱中するさまで「没頭」「専念」「専心」などの意味。

〈試す〉

こぶしを握った両手の手首を重ねてねじるようにする。

〈一途①〉

両手のひらをこめかみ付近から斜め前に絞り込むようにおろす。

ほど【程】2

「ほどなく(始まる)」

→〈少し〉+〈将来②〉
　(+〈開く④〉)

例文の「ほどなく」は間もなくの意味なので〈少し〉+〈将来②〉で表現。手話は「もう少し後」の意味を表す。

〈少し〉

右手の親指と人差指を合わせ、親指をはじく。

〈将来②〉

右手のひらを前に向けて少し押すように前に出す。

ほど【程】3

「けさほど」

→〈今①〉＋〈朝〉

例文は〈今①〉＋〈朝〉で表現。「ほど」は時分の意味で、「けさ」がその時分を明らかにするので「ほど」は単独の手話では表さない。

〈今①〉
両手のひらで軽く押さえつける。

〈朝〉
こめかみ付近に当てた右こぶしをすばやく下におろす。

ほど【程】4

「成功にほど遠い」

→〈成功〉＋〈まだまだ〉

例文の「ほど遠い」はまだまだの意味なので〈まだまだ〉で表現。〈まだまだ〉は〈まだ〉よりも両手を離して表す。

〈成功〉
右こぶしを鼻から左手のひらに打ちつける。

〈まだまだ〉
左手のひらに向かって右手指先を向けて離し、右手を上下に振る。

ほど【程】5

「千円ほど」

→〈千円〉＋〈くらい①〉

例文の「ほど」はくらいの意味なので〈くらい①〉で表現。〈くらい①〉は程度を表すさまで「ほど」「くらい」「程度」などの意味を表す。

〈千円〉
右手の小指を除いた４指で丸を作り、次に親指と人差指を開いて右に引く。

〈くらい①〉
右手指先を前に向け左右に小さく振る。

ほど【程】6

「気にするほどのことではない」

→〈心配①〉＋〈いらない〉

例文の「…ほどのことではない」は～する必要がない、不要の意味なので〈いらない〉で表現。〈いらない〉は〈必要〉を否定するさま。

〈心配①〉
全指を折り曲げた右手を胸に当てる。

〈いらない〉
手前に引き寄せた両手を前にはじくように開く。

ほど【程】7

「彼ほどの人はいない」

→〈彼〉＋〈最高〉

例文は彼が一番高い水準にあるの意味なのでここでは〈最高〉で表現。〈最高〉はこれより上はないさまを表す。

〈彼〉
左親指を右人差指でさす。

〈最高〉
手のひらを下に向けた左手に右手指先を突き上げて当てる。

ほどう【歩道】

「歩道」

→〈歩く①〉＋〈道①〉

「歩道」は「車道」と区別して人の歩く道のことなので〈歩く①〉＋〈道①〉で表現。

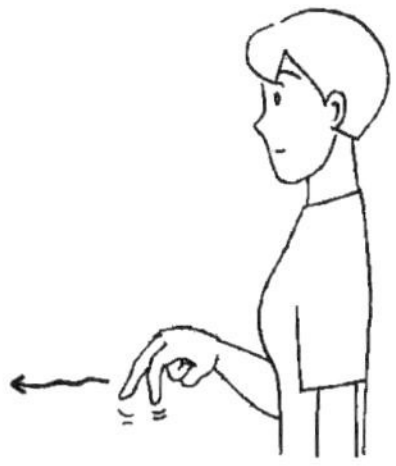

〈歩く①〉
右手２指を歩くように交互に前後させながら前に出す。

〈道①〉
指先を前に向けた両手を向かい合わせて前に出す。

ほ

ほどうきょう【歩道橋】

「歩道橋を渡る」

→〈陸橋〉+〈橋を渡る②〉

「歩道橋」は〈陸橋〉で表現。〈陸橋〉は左手の道や線路の上に右手の橋がかかっているさまを表す。「陸橋」も同手話。

〈陸橋〉
指先を右に向け手のひらを下にした左手の上を右２指を弧を描きながら手前に引く。

〈橋を渡る②〉
〈陸橋〉の左手を残して、右２指でその上を渡るように前方に弧を描いて動かす。

ほとけ【仏】1

「仏を拝む」

→〈奈良〉+〈拝む〉

「仏」は仏教による信仰の対象で〈奈良〉で表現。〈奈良〉は大仏を表し、「仏」一般の意味も表す。

〈奈良〉
左手のひらを上に向け、右手は親指と人差指で作った丸を示す。

〈拝む〉
両手のひらをすり合わせて拝むようにする。

ほとけ【仏】2

「仏の道に入る」

→（〈寺〉+）
〈坊主〉+〈変わる①〉
（または〈なる〉）

「仏の道に入る」は僧になる意味なので〈坊主〉+〈変わる①〉または〈なる〉で表現。

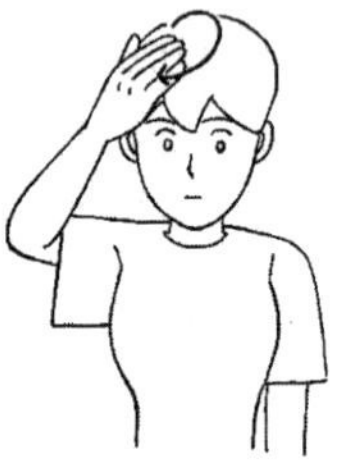

〈坊主〉
右手のひらで頭頂部をなでるようにする。

〈変わる①〉
手のひらを手前に向けた両手を交差させる。

ほとけ【仏】3

「仏になる」

→〈死ぬ①〉
または〈死ぬ②〉

「仏になる」は死ぬ意味なので〈死ぬ①〉または〈死ぬ②〉で表現。手話はいずれも倒れるさまで「死ぬ」の意味を表す。

〈死ぬ①〉
両手のひらを合わせ、横に倒す。

〈死ぬ②〉
指先を上に向けた右手を倒す。

ほどこす【施す】1

「手術を施した」

→〈手術〉+〈た〉

例文の「施す」は行う意味で〈手術〉で表現。〈手術〉は「手術」「手術（を行う）」の意味。

〈手術〉
左手のひらを下に向け、親指側の縁に沿って右人差指の先を手前に引く。

〈た〉
両手のひらを前に向けて倒し、指先を下に向ける。

ほどこす【施す】2

「金を施す」

→〈金（かね）①〉+〈与える①〉

例文の「施す」はお金を与える意味なので、〈与える①〉で表現。〈与える①〉は渡すさまで「渡す」「施す」「与える」の意味を表す。

〈金（かね）①〉
右手の親指と人差指で作った丸を示す。

〈与える①〉
両手のひらを上に向け並べて前に差し出す。

ほとんど【殆ど】

「ほとんど完成した」

→〈ほとんど〉+〈成功〉

「ほとんど」は〈ほとんど〉で表現。〈すべて〉は完全に円を描くが、〈ほとんど〉は下を少しあけ「おおかた」「大部分」などの意味。

〈ほとんど〉
両手で円を描くが、下側をわずかに閉じないであけておく。

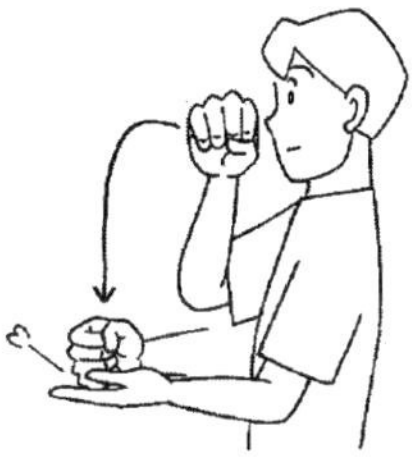

〈成功〉
右こぶしを鼻から左手のひらに打ちつける。

ほね【骨】1

「人の骨」

→〈人〉+〈骨〉

例文は人の「骨」で〈骨〉で表現。〈骨〉は人のあばら骨を表し、骨一般の意味を持つ。

〈人〉
人差指で「人」の字を空書する。

〈骨〉
指先を曲げた両手を胸に当て、左右に引く。

ほね【骨】2

「骨と皮ばかりになる」

→〈やせる①〉

「骨と皮ばかりになる」は非常にやせる意味なので〈やせる①〉で表現。〈やせる①〉でげっそりやせるさまを表す。

〈やせる①〉
両手指の背をほおに当て、押さえるようにして下におろす。

ほね【骨】3

「大いに骨を折る」

→〈苦労〉+〈とても〉

「骨を折る」は一生懸命に働く意味なので〈苦労〉で表現。〈苦労〉は腕をたたくさまで「苦労(する)」「骨を折る」の意味を表す。

〈苦労〉
右こぶしで左腕を軽くたたく。

〈とても〉
右手の親指と人差指をつまみ、右へ弧を描きながら親指を立てる。

ほね【骨】4

「しばらく骨を休める」

→〈当面〉+〈大切③〉

「骨を休める」は静養する、体を休める意味なので〈大切③〉で表現。〈大切③〉は身をいたわるさまで「静養(する)」「保養(する)」の意味。

〈当面〉
左手甲に曲げた右人差指を当てて前に出す。

〈大切③〉
左手甲を右手でなでるように回す。

ほのお【炎】1

「ろうそくの炎」

→〈ろうそく〉

例文の「炎」は〈ろうそく〉で表現。〈ろうそく〉は「ろうそく」「ろうそくの炎」の意味を表す。

〈ろうそく〉
左こぶしの上にすぼめた右手をのせて回す。

ほ

ほのお【炎】2

「家が炎に包まれる」

→〈家〉+〈火事①〉
（または〈火事②〉）

「炎に包まれる」は火事の意味なので〈火事①〉または〈火事②〉で表現。いずれも家が燃えるさまで「火事」の意味を表す。

〈家〉
両手で屋根形を作る。

〈火事①〉
左手屋根形の下から親指と小指を立てた右手を炎のように振りながら上にあげる。

ほのお【炎】3

「怒りの炎を燃やす」

→〈怒（おこ）る①〉+〈もっと〉

例文の「炎」は燃えるような感情のことなので〈怒る①〉を強調しそれに〈もっと〉を加える。〈もっと〉は倍の怒りのさまを表す。

〈怒（おこ）る①〉
両手で腹をつかむようにして上に向けてさっと動かす。

〈もっと〉
親指と人差指を開いた左手の上に親指と人差指を開いた右手をのせる。

ほぼ

「ほぼ解決した」

→〈ほとんど〉+〈解決①〉

「ほぼ」はほとんど、大体の意味なので〈ほとんど〉で表現。〈すべて〉は完全に円を描くが、〈ほとんど〉は下を少しあける。

〈ほとんど〉
両手で円を描くが、下側をわずかに閉じないであけておく。

〈解決①〉
左手のひらの上に右人差指で「×」を大きく書く。

ほめる【褒める】1

「（母親が）子供をほめる」

→（〈母〉+）
〈子供①〉+〈ほめる〉

例文の「ほめる」は子供、目下の者をほめるので〈ほめる〉で表現。〈ほめる〉は頭をなでるさまを表す。

〈子供①〉
両手のひらを前に向けて、あやすように左右に振る。

〈ほめる〉
右手のひらを下に向けて、回す。

ほめる【褒める】2

「（絵を）ほめる」

→（〈絵〉+）
〈良い〉+〈称賛①〉

例文の「ほめる」は物についてなので〈良い〉+〈称賛①〉で表現。〈称賛①〉は拍手するさまで〈良い〉を強調している。

〈良い〉
右こぶしを鼻から前に出す。

〈称賛①〉
両手のひらを合わせて拍手するようにする。

ぼやける 1

「頭がぼやける」

→〈思う〉+〈ぼける①〉

例文の「ぼやける」は頭の働きがぼんやりする意味なので〈ぼける①〉で表現。〈ぼける①〉はしまりがなくなるさまを表す。

〈思う〉
右人差指を側頭部に当てる。

〈ぼける①〉
両手を額の前で重ねて左右に開きながら指先も開く。

ぼやける 2

「色がぼやける」
→〈色①〉+〈あいまい〉

例文の「ぼやける」は色がはっきりしなくなる意味なので〈あいまい〉で表現。〈あいまい〉は目の前が混乱するさまを表す。

〈色①〉
すぼめた両手を合わせてひねる。

〈あいまい〉
両手のひらを前後に向かい合わせ、こすり合わせるように回す。

ボランティア 1

「通訳のボランティア」
→〈通訳〉+〈ボランティア〉

「ボランティア」は平等な協力者の意味なので〈ボランティア〉で表現。〈ボランティア〉はその人と共に歩むさまを表す。

〈通訳〉
親指を立てた右手を口元で左右に往復させる。

〈ボランティア〉
両手の 2 指を歩くようにして同時に前に出す。

ほよう【保養】

「保養所」
→〈大切③〉+〈場所〉

「保養」は体を休める意味なので〈大切③〉で表現。〈大切③〉は身をいたわるさまで「静養(する)」「保養(する)」意味。

〈大切③〉
左手甲を右手でなでるように回す。

〈場所〉
全指を曲げた右手を前に置く。

ボランティア 2

「朗読のボランティア」
→〈読む①〉+〈与える①〉

「ボランティア」は協力者の意味でこの場合は〈与える①〉で表現。〈与える①〉は「渡す」「与える」「〜してあげる」などの意味を表す。

〈読む①〉
左手のひらを見ながら視線に合わせるように右手 2 指を動かす。

〈与える①〉
両手のひらを上に向け並べて前に差し出す。

ほらふき【法螺吹き】

「ほら吹き男」
→〈ほら吹き〉+〈男〉

「ほら吹き」はいつもうそやでたらめでおおげさなことばかり言う人なので〈ほら吹き〉で表現。〈ほら吹き〉はほら貝を吹くさまを表す。

〈ほら吹き〉
軽く握った両手の小指側を合わせて口元から右手を前に開いて出す。

〈男〉
親指を立てた右手を出す。

ほりゅう【保留】

「問題を保留する」
→〈問題〉+〈隠す〉

「保留」はその場でどうこうせずにしばらくそのままにしておく意味なので〈隠す〉で表現。〈隠す〉は「しまっておく」「保留(する)」の意味。

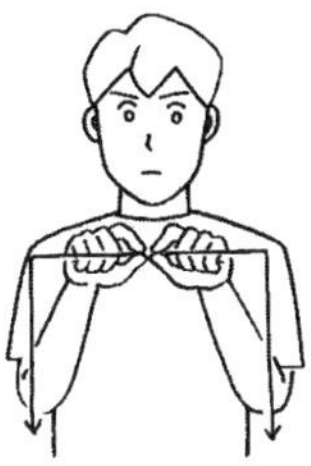

〈問題〉
両手の親指と人差指をつまみ「 ┐を描く。

〈隠す〉
左手のひらの下に右手をもぐり込ませる。

ほ

ホルモン

「ホルモン剤」

→〈ホルモン〉+〈薬〉

「ホルモン剤」は〈ホルモン〉+〈薬〉で表現。〈ホルモン〉は左手〈ホ〉に右手〈栄養〉を表す新しい手話。

〈ホルモン〉

左指文字〈ホ〉を示し、手のひらを上向きにした右手指先を左手首に向けて前後させる。

〈薬〉

左手のひらの上で右薬指をこねるように回す。

ほれる【惚れる】1

「彼女にほれる」

→〈彼女〉+〈ほれる〉

例文の「ほれる」は心底から好きになることで〈ほれる〉で表現。〈ほれる〉はだまされるような気持ちになるほど好きなさまを表す。

〈彼女〉

左小指を右人差指でさす。

〈ほれる〉

右手の親指と4指をあごから左小指の前におろすようにする。

ほれる【惚れる】2

「美しさに見ほれる」

→〈美しい②〉+〈あきれる〉

例文の「見ほれる」はうっとりして見る意味なので〈あきれる〉で表現。〈あきれる〉は口があんぐり開くさまを表す。

〈美しい②〉

左手のひらをなでるように右手のひらを滑らせる。

〈あきれる〉

上下に合わせた両手こぶしを上下に開く。

ほろびる【滅びる】

「国が滅びる」

→〈国(くに)〉+〈つぶれる①〉

例文の「滅びる」は国がつぶれることで〈つぶれる①〉で表現。〈つぶれる①〉はつぶれるさまで「つぶれる」「滅びる」などの意味。

〈国(くに)〉

親指と4指を突き合わせ、左右に開きながら閉じる。

〈つぶれる①〉

屋根形にした両手の指先をつけたまま手のひらを合わせる。

ほろぼす【滅ぼす】

「敵を滅ぼす」

→〈敵〉+〈勝つ①〉

例文の「滅ぼす」は敵を打ち破ることで〈勝つ①〉で表現。〈勝つ①〉は相手を倒すさまで「勝つ」「勝利(する)」「滅ぼす」の意味。

〈敵〉

左手甲に右手甲をぶつける。

〈勝つ①〉

親指を立てた左手を親指を立てた右手で打ち倒す。

ほん【本】1

「本屋」

→〈本〉+〈店①〉

例文の「本」は書籍の意味なので〈本〉で表現。〈本〉は本を開くさまで「ノート」の意味もある。

〈本〉

手のひらを合わせた両手を本を開くように左右に開く。

〈店①〉

両手のひらを上に向けて、左右に開く。

ほん【本】2

「本件」

→〈これ〉+〈問題〉

例文の「本」は「この」の意味なので〈これ〉で表現。〈これ〉は対象とするものをさして表す。

〈これ〉

斜め下を指さす。

〈問題〉

両手の親指と人差指をつまみ「 ┐を描く。

ぼん【盆】

「盆(に帰る)」

→〈寺〉
　または〈お盆〉
　(+〈帰る〉)

「盆」はうら盆のことで、祖先の霊をまつる行事なので〈寺〉または〈お盆〉で表現。〈お盆〉はほおずきを鳴らすさまを表す。

〈寺〉

左手で拝むようにして右人差指で前をたたくようにする。

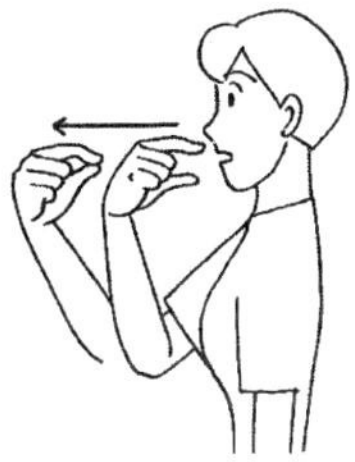

〈お盆〉

右手の親指と人差指で舌を抜くように前に出す。

ほんき【本気】1

「本気を出す」

→〈本当〉+〈する〉

「本気を出す」は真剣にやる意味なので〈本当〉+〈する〉で表現。〈本当〉は「本当」「まこと」などの意味を表す。

〈本当〉

右手をあごに当てる。

〈する〉

両こぶしを力を込めて前に出す。

ほんき【本気】2

「(うそを)本気にする」

→(〈うそ①〉+)
　〈本当〉+〈思う〉

「本気にする」は本当だと信じる意味なので〈本当〉+〈思う〉で表現。

〈本当〉

右手をあごに当てる。

〈思う〉

右人差指を側頭部に当てる。

ほんき【本気】3

「本気で働く」

→〈一生懸命〉+〈仕事〉

「本気」はまじめな気持ちで真剣にの意味なので〈一生懸命〉で表現。〈一生懸命〉はひたむきに励むさまを表す。

〈一生懸命〉

両手を顔の横から繰り返し強く前に出す。

〈仕事〉

手のひらを上に向け、向かい合わせた両手指先を繰り返しつき合わせる。

ぼんさい【盆栽】

「松の盆栽」

→〈松①〉+〈盆栽〉

「盆栽」は〈盆栽〉で表現。〈盆栽〉は盆栽をはさみでちょきちょき切るさまを表す。

〈松①〉

右手２指でほおをさすようにする。

〈盆栽〉

手のひらを手前に向けて立てた左手の指を右２指で位置を変えてはさみで切る動作をする。

ほ

ほんじつ【本日】

「本日休業」

→〈今①〉+〈休む①〉

「本日」は今日の意味なので〈今①〉で表現。〈今①〉は「今」「本日」「今日」などの意味を表す。

〈今①〉

両手のひらで軽く押さえつける。

〈休む①〉

手のひらを下にした両手を左右から閉じる。

ほんしん【本心】1

「本心(を隠す)」

→〈本当〉+〈心〉

(+〈隠す〉)

「本心」は本当の気持ち、考えの意味で〈本当〉+〈心〉で表現。

〈本当〉

右手をあごに当てる。

〈心〉

右人差指でみぞおち辺りをさす。

ほんしん【本心】2

「本心を明かす」

→〈本当〉+〈漏らす③〉

例文の「本心を明かす」は本当のこと、気持ちを言うことで〈本当〉+〈漏らす③〉で表現。この場合は〈心〉が省略される。

〈本当〉

右手をあごに当てる。

〈漏らす③〉

左手のひらを手前に向け囲むようにして、すぼめた右手を口元からぱっと開いて前に落とす。

ほんせき【本籍】

「本籍」

→〈本当〉+〈戸籍〉

「本籍」は〈本当〉+〈戸籍〉で表現。〈戸籍〉は戸籍簿の欄のさまを表す。

〈本当〉

右手をあごに当てる。

〈戸籍〉

左手のひらを手前に向けて右手のひらを合わせ下におろす。

ほんだな【本棚】1

「本棚」

→〈本〉+〈棚②〉

「本棚」は2種類の表現がある。ひとつは〈本〉+〈棚②〉で表現。

〈本〉

手のひらを合わせた両手を本を開くように左右に開く。

〈棚②〉

左手を立てて右手のひらを下にして上下で水平に動かす。

ほんだな【本棚】2

「本棚」

→〈本〉+〈並ぶ④〉

もうひとつは〈本〉+〈並ぶ④〉で表現。〈本〉は本を開くさま、〈並ぶ④〉は本が棚に並ぶさまを表す。「書棚」も同手話。

〈本〉

手のひらを合わせた両手を本を開くように左右に開く。

〈並ぶ④〉

両手のひらを向かい合わせて右手を右へ離す。

ぼんち【盆地】

「盆地」

→〈盆地〉

「盆地」は〈盆地〉で表現。〈盆地〉は盆地の地形を表す。

〈盆地〉
両手の甲側を向かい合わせ、斜め下におろす。

ほんとう【本当】

「本当のこと」

→〈本当〉+〈事〉

「本当」は〈本当〉で表現。〈本当〉は「本当」「真実」「まこと(に)」などの意味を表す。

〈本当〉
右手をあごに当てる。

〈事〉
右手で指文字〈コ〉を示す。

ほんね【本音】

「本音と建て前」

→〈漏らす③〉+〈建て前〉

「本音」は本心から出る言葉の意味なので〈漏らす③〉で表現。〈漏らす③〉は隠している内側から出た言葉のさまを表す。

〈漏らす③〉
左手のひらを手前に向け囲むようにして、すぼめた右手を口元からぱっと開いて前に落とす。

〈建て前〉
指先を右に向けた左手の下から右手をくぐらせて立てる。

ほんのう【本能】

「動物の本能」

→〈動物〉+〈本能〉

「本能」は〈本能〉で表現。〈本能〉は〈持つ〉と〈性質〉を組み合わせた新しい手話。

〈動物〉
両手の親指と人差指と中指を折り曲げて爪を立てるようにして前後に並べ前に出す。

〈本能〉
左こぶしに右人差指を当て、跳ね上げる。

ほんめい【本命】1

「本命馬」

→〈本命〉+〈馬〉

例文の「本命」は一着と予想される馬のことなので〈本命〉で表現。〈本命〉は〈本当〉と〈1〉を組み合わせた新しい手話。

〈本命〉
手のひらを左に向けた右手を立ててあごにつけ、次に人差指を立てて斜め上に出す。

〈馬〉
両手のひらを側頭部に当てながら同時に前後させる。

ほんめい【本命】2

「(社)長の本命(は彼だ)」

→(〈会社〉+)
〈長②〉+〈本命〉
(+〈彼〉)

例文の「本命」は一番有力視されている人のことなので〈本命〉で表現。

〈長②〉
左手甲に親指を立てた右手をのせる。

〈本命〉
手のひらを左に向けた右手を立ててあごにつけ、次に人差指を立てて斜め上に出す。

ほ

ほんめい【本命】3

「本命(の彼氏)」
→(〈彼〉+)
〈一番②〉+〈好き①〉

例文の「本命」は意中の一番の人のことなので〈一番②〉+〈好き①〉で表現。

〈一番②〉
右人差指を横にして上にあげる。

〈好き①〉
親指と人差指を開いた右手をのどに当て、下におろしながら閉じる。

ぼんやり 1

「(山が)ぼんやりとしか見えない」
→(〈山〉+)
〈はっきり〉+〈見えない〉

例文の「ぼんやり」ははっきり見えない意味なので〈はっきり〉+〈見えない〉で表現。

〈はっきり〉
左右の手のひらを並べて前後にすばやく離す。

〈見えない〉
軽く開いた右手のひらを手前に向け、目の前で左右に振る。

ほんもの【本物】

「本物」
→〈本物①〉
または〈本物②〉

「本物」は〈本物①〉または〈本物②〉で表現。〈本物①〉はスイカをたたいてその音で熟した程度を判断するさまから生まれた手話と言われる。

〈本物①〉
左こぶしを右手の人差指と中指ではじくようにする。

〈本物②〉
あごを右手の中指ではじく。

ぼんやり 2

「ぼんやり眺める」
→〈ゆるむ〉+〈見る②〉

例文の「ぼんやり」は何もしないでぼうっとしているさまなので〈ゆるむ〉で表現。〈ゆるむ〉は気のゆるむさまを表す。

〈ゆるむ〉
両手のひらを重ね指先を開きながら左右に開く。

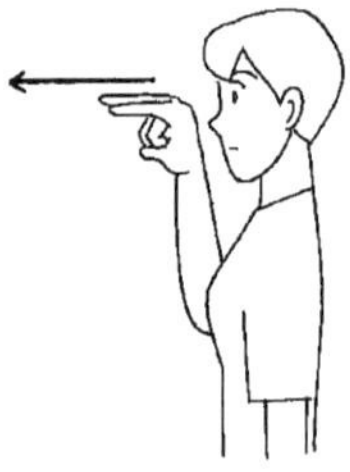

〈見る②〉
目の位置から右手の2指の指先を前に出す。

ほんやく【翻訳】

「翻訳者」
→〈翻訳〉+〈責任①〉

「翻訳」はある言語を他の言語に訳すことで〈翻訳〉で表現。〈翻訳〉は左手を本に見立て、右手で言いかえるさまを表す。

〈翻訳〉
左手のひらの上に右手2指をのせ、手首を返すようにして右へやる。

〈責任①〉
右肩に軽く全指を折り曲げた右手をのせる。

〈マ〉
3指の指先を下に向けて示す。

ま【間】1

「間を置いて(話す)」

→〈少し〉+〈待つ〉
(+〈説明〉)

例文の「間を置く」は少しの時間を置いての意味なので〈少し〉+〈待つ〉で表現。

〈少し〉
右手の親指と人差指を合わせ、親指をはじく。

〈待つ〉
右手指の背側をあごに当てる。

ま【間】4

「間が悪い」

→〈都合〉+〈悪い①〉
(または〈恥ずかしい〉)

例文の「間が悪い」は運が悪い、またはなんとなく恥ずかしい意味なので〈都合〉+〈悪い①〉、または〈恥ずかしい〉で表現。

〈都合〉
左手のひらの上に右こぶしの小指側をつけてこするように回す。

〈悪い①〉
人差指で鼻をこするようにして振りおろす。

ま【間】2

「(電車の)時間に間に合う」

→(〈電車〉+)
〈時間〉+〈セーフ〉
(または〈きちんと①〉)

例文の「間に合う」は時間に遅れないですむ意味なので〈セーフ〉または〈きちんと①〉で表現。〈セーフ〉は野球審判のジェスチャーから。

〈時間〉
左手の腕時計の位置を右人差指でさす。

〈セーフ〉
両手のひらを下に向けて、指先を合わせて左右に勢いよく開く。

ま【間】5

「畳の間」

→〈畳〉+〈部屋〉

例文の「間」は部屋の意味なので〈部屋〉で表現。〈部屋〉はある仕切られた範囲のさまで「部屋」「範囲」を表す。

〈畳〉
左手甲の上にこぶしを握った右ひじをのせて、手首を回す。

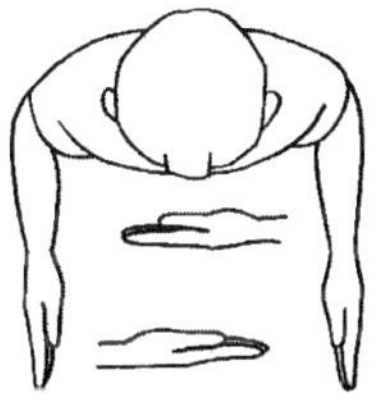

〈部屋〉
両手のひらで前後左右に四角く囲む。

ま【間】3

「寝る間(がない)」

→〈寝る〉+〈時間〉
(+〈ない①〉)

例文の「間」は何かをする時間の意味なので〈時間〉で表現。〈時間〉は腕時計をさすさまで「時間」「時計」を表す。

〈寝る〉
右こぶしを頭に当て、傾ける。

〈時間〉
左手首を右人差指でさし示す。

ま【真】

「真正直」

→〈本当〉+〈正しい〉

「真」は本当の、まじりけがないの意味なので〈本当〉で表現。

〈本当〉
右手をあごに当てる。

〈正しい〉
親指と人差指をつまみ、胸に当て、右手をあげる。

マーケット

「マーケット」の表現は店が集まっている場所で〈商売〉+〈店②〉で表現。〈店②〉は左右に店が並んでいるさまを表す。

「マーケット」

→〈商売〉+〈店②〉

〈商売〉

両手の親指と人差指で作った丸を交互に前後させる。

〈店②〉

両手のひらを上に向けて指先を向かい合わせ、前に出す。

まあまあ 2

例文の「まあまあ」は相手の言い分を軽く押さえる気持ちを表すので〈そのまま〉で表現。〈そのまま〉は相手を押さえるさまを表す。

「まあまあそうおっしゃらずに」

→〈そのまま〉+〈かまわない〉

〈そのまま〉

両手のひらを前に向けて同時に軽く押すようにする。

〈かまわない〉

右小指をあごに繰り返し当てる。

マージャン【麻雀】

「マージャン」は〈マージャン〉で表現。〈マージャン〉はパイを並べひっくり返すさまを表す。

「マージャンに勝つ」

→〈マージャン〉+〈勝つ①〉

〈マージャン〉

両手の親指と4指でパイをそろえて前に倒す。

〈勝つ①〉

親指を立てた左手を親指を立てた右手で打ち倒す。

まい【毎】1

「毎」はいつもの意味なので〈いつも〉で表現。〈いつも〉は日が昇り沈むの繰り返しのさまで「いつも」「毎日」などの意味を表す。

「毎土曜日」

→〈土〉+〈いつも〉

〈土〉

砂や土をこすり落とすようにして両手を左右に開く。

〈いつも〉

親指と人差指を立てた両手を向かい合わせて手首を回す。

まあまあ 1

例文の「まあまあ」は十分ではないが一応それでもいいという気持ちを表すので〈普通〉で表現。

「まあまあの成績」

→〈普通〉+〈成績〉

〈普通〉

両手の親指と人差指を合わせ左右に開く。

〈成績〉

両手の人差指を並べて右人差指を上下させながら右へ動かす。

まい【毎】2

「毎年」は〈毎年〉で表現。〈一年①〉を繰り返し表す。

「毎年旅行に行く」

→〈毎年〉+〈旅行〉

〈毎年〉

軽くにぎった左こぶしの親指側を右人差指でふれて繰り返し回す。

〈旅行〉

両手人差指を平行に並べ同時に左右に振る。

まい【毎】3

「毎月の支払い」

→〈毎月〉+〈払う①〉

「毎月」は〈毎月〉で表現。〈一か月〉を繰り返し表す。

〈毎月〉

2指を閉じた右手をほおに当て、人差指を伸ばしながら指先を左に向けて前に出すことを繰り返す。

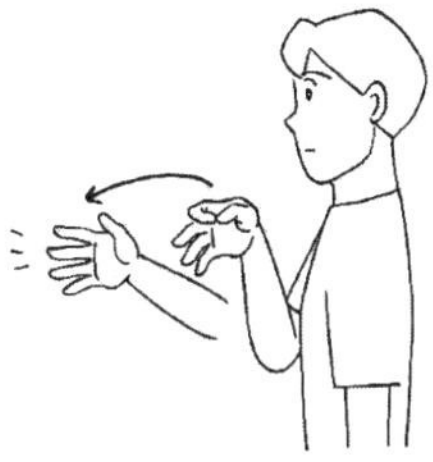

〈払う①〉

右手の親指と人差指で作った丸を前に出しながらぱっと開く。

マイク

「マイクに向かってしゃべる」

→〈マイク〉+〈しゃべる②〉

例文の「マイク」は〈マイク〉で表現。〈マイク〉はマイクを握った手を表す。

〈マイク〉

左手でマイクを握るようにする。

〈しゃべる②〉

マイクに見立てた左こぶしにすぼめた右手を口元から繰り返し出して開く。

まい【毎】4

「毎週発行」

→〈毎週①〉
または〈毎週③〉
(+〈出版〉)

例文の「毎週」は〈毎週①〉または〈毎週③〉で表現。〈毎週①〉は〈7〉を出して手首を繰り返し回し、〈毎週③〉は〈7〉の指先を向かい合わせ、手首を繰り返し回す。

〈毎週①〉

数字の〈7〉を示した右手の手首を回す。

〈毎週③〉

数字の〈7〉を示した両手を向かい合わせて手首を回す。

まいご【迷子】

「子供が迷子になる」

→〈子供①〉+〈迷子〉

「迷子」は〈迷子〉で表現。〈迷子〉は左手の連れ、右手の子供が一人はぐれてうろうろしているさまを表す。「迷子になる」も同手話。

〈子供①〉

両手のひらを前方に向け、軽く振る。

〈迷子〉

手のひらを手前に向けて立てた左手の甲側で右人差指を水平に回す。

まい【毎】5

「毎週金曜日」

→〈金曜日〉+〈毎週②〉

例文の「毎週」は〈毎週②〉で表現。〈毎週②〉は左手の各指を一週として、その月の決まった曜日を通じてという表現。

〈金曜日〉

親指と人差指で作った丸を軽く振る。

〈毎週②〉

指先を広げた左手4指の甲側を前に示し、右人差指を左手指先にふれながら下におろす。

マイタケ【舞茸】

「マイタケの栽培」

→〈マイタケ〉+〈育てる①〉

「マイタケ」は〈マイタケ〉で表現。〈マイタケ〉は左手が茎、右手がマイタケの笠のさまを表す。

〈マイタケ〉

左親指に右手首をつけ、右手を舞うように動かす。

〈育てる①〉

左親指に右手指先を繰り返し当てる。

マイナス 1

「十マイナス(二)」

→〈10②〉+〈マイナス〉
(+〈2①〉)

例文の「マイナス」は引き算の意味なので〈マイナス〉で表現。マイナスの符号(－)を表す。

〈10②〉
右人差指を軽く曲げて少し振る。

〈マイナス〉
右人差指を右へ引く。

マイナス 2

「(財政が)
マイナスになる」

→(〈財政〉+)
〈赤〉+〈線を引く①〉

例文の「マイナス」は赤字の意味なので〈赤〉+〈線を引く①〉で表現。

〈赤〉
唇に人差指を当て、右へ引く。

〈線を引く①〉
左手のひらの上に右手人差指でさっと線を引くようにする。

マイナス 3

「将来にとってマイナス」

→〈将来②〉+〈損〉

例文の「マイナス」は損になることなので〈損〉で表現。

〈将来②〉
右手のひらを前に向けて少し押すように前に出す。

〈損〉
両手の親指と人差指で作った丸を前に捨てるようにしてぱっと開く。

マイナス 4

「電気のマイナス」

→〈電気〉+〈マイナス〉

例文の「マイナス」は電気の陰極なので〈マイナス〉で表現。

〈電気〉
親指と中指を向かい合わせ、繰り返しはじく。

〈マイナス〉
右人差指を右へ引く。

マイペース

「マイペース
(に仕事をする)」

→〈自分一人〉+〈まっすぐ①〉
(+〈仕事〉)

「マイペース」は〈自分一人〉+〈まっすぐ①〉で表現。〈自分一人〉は自分一人のさま、〈まっすぐ①〉はまっすぐなさまを表す。

〈自分一人〉
右人差指を胸に当て、前にはねあげる。

〈まっすぐ①〉
指先を伸ばし、まっすぐ前に進める。

まいる【参る】1

「(墓に)参る」

→(〈墓〉+)
〈祈る〉
または〈行(い)く③〉

例文の「参る」はおまいりする意味なので〈祈る〉、または行く意味なので〈行く③〉で表現。〈行く③〉は自ら体を運ぶさま。

〈祈る〉
両手を合わせて祈るようにする。

〈行(い)く③〉
親指を立てた両手を同時に弧を描いて前に出す。

まいる【参る】2

「(暑さに)まいる」
→(〈暑い①〉+)
〈降参〉
または〈お手あげ〉

例文の「まいる」は困る、うんざりする意味なので〈降参〉または〈お手あげ〉で表現。

〈降参〉
頭の横に親指と人差指を当て、前におろす。

〈お手あげ〉
両手を上にあげる。

まいる【参る】3

「もうまいった」
→〈降参〉
または〈お手あげ〉

例文の「まいった」は負けた、降参、お手あげなどの意味なので〈降参〉または〈お手あげ〉で表現。

〈降参〉
頭の横に親指と人差指を当て、前におろす。

〈お手あげ〉
両手を上にあげる。

まいる【参る】4

「(晩に)参ります」
→(〈暗い〉+)
〈行(い)く①〉
または〈行(い)く③〉

例文の「参る」は行く意味なので〈行く①〉または〈行く③〉で表現。〈行く③〉は自ら体を運ぶさま。

〈行(い)く①〉
右手人差指を下に向けて、振りあげるように前をさす。

〈行(い)く③〉
親指を立てた両手を同時に弧を描いて前に出す。

まえ【前】1

「家の前」
→〈家〉+〈家の前〉

例文の「前」は〈家の前〉で表現。左手は家、右手はその前をさす。

〈家〉
両手で屋根形を作る。

〈家の前〉
〈家〉の左手を残し、その前を右人差指でさす。

まえ【前】2

「前を見る」
→〈見る②〉

例文の「前を見る」は前方を見ることなので〈見る②〉で表現。〈見る②〉の右手2指は視線を表す。

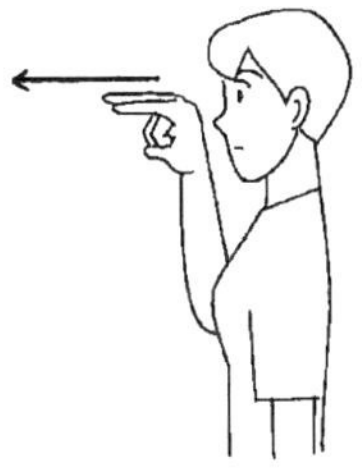

〈見る②〉
目の位置から右手の2指の指先を前に出す。

まえ【前】3

「前、勤めていた(会社)」
→〈過去②〉+〈通う〉
(+〈会社〉)

例文の「前」は過去の意味なので〈過去②〉で表現。〈過去②〉は時間的に前、過去の意味を表す。

〈過去②〉
右手のひらを後ろに向けて、押すようにして肩越しに少し後ろに動かす。

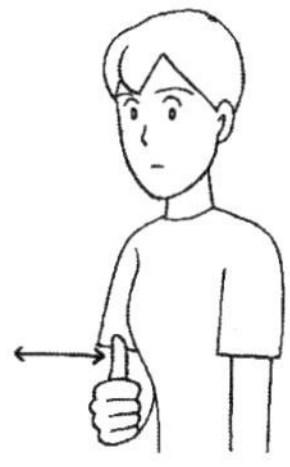

〈通う〉
親指を立てたまま前後に往復させる。

まえ【前】4

「出発前」
→〈出発①〉+〈以前〉

例文の「前」はそれよりも前、以前の意味なので〈以前〉で表現。〈以前〉は、そのことよりも時間的に前、過去の意味を表す。

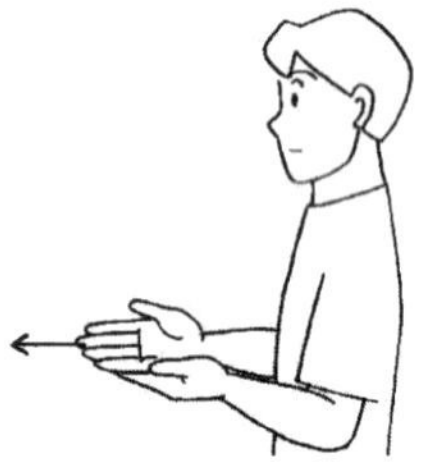

〈出発①〉
左手の指先を前に向け、その上に右手を立て、まっすぐ前に出す。

〈以前〉
左手のひらに右手甲を当て、右手を手前に引く。

まえ【前】5

「人前で話す」
→〈大会〉+〈説明〉

例文の「人前で」は大勢の人の前での意味なので〈大会〉で表現。〈大会〉は人が列になって目の前に並ぶさまを表す。

〈大会〉
両手指先を上に向け、甲を前に向けて重ね、右手を前に出す。

〈説明〉
左手のひらを右手で小刻みにたたく。

まえがしら【前頭】

「前頭筆頭」
→〈前頭〉+〈１②〉

例文の「前頭」は力士の位で〈前頭〉で表現。〈前頭〉は額を前に出した形。

〈前頭〉
丸めた右手を額から前に出す。

〈１②〉
右人差指を横にして示す。

まかせる【任せる】1

「仕事を任せる」
→〈仕事〉+〈任せる①〉

例文の「任せる」は〈任せる①〉で表現。〈任せる①〉は〈責任〉を渡すさまを表す。

〈仕事〉
手のひらを上に向け、向かい合わせた両手指先を繰り返しつき合わせる。

〈任せる①〉
右手を肩にのせて前に出す。

まかせる【任せる】2

「母に任せる」
→左〈母〉+〈任せる②〉

例文の「任せる」は〈任せる②〉で表現。左手の母に右手で任せるさまを表す。

左〈母〉
左人差指をほおにふれ、左小指を出す。

〈任せる②〉
右手のひらを肩に置き、前に示した左小指に差し出すようにする。

まがる【曲がる】1

「山道が曲がる」
→〈山〉+〈道②〉

例文の「道が曲がる」は〈道②〉で表現。〈道②〉は曲がりくねった道のさまを表す。

〈山〉
右手で山形を描く。

〈道②〉
向かい合わせた両手を前に出す。

まがる【曲がる】2

「車が右へ曲がる」

→〈運転〉+〈曲がる〉

例文の「曲がる」は進行方向を変える意味なので〈曲がる〉で表現。右へ曲がるときは右へ、左へ曲がるときは右手で左へ曲げる。

〈運転〉

ハンドルを両手で握り、回すようにする。

〈曲がる〉

左手の指先を前に向けて出し、右へ曲げる。

まがる【曲がる】3

「曲がった性格」

→〈性質〉+〈ねじる〉

例文の「曲がった」はひねくれたの意味なので〈ねじる〉で表現。

〈性質〉

左手甲に右人差指を当て、すくうようにあげる。

〈ねじる〉

両手でねじるようにする。

まぎらわしい

「まぎらわしい表現」

→〈あいまい〉+〈表(あらわ)す〉

「まぎらわしい」はよく似ていて区別がつきにくい意味なので〈あいまい〉で表現。〈あいまい〉は見て混乱するさまを表す。

〈あいまい〉

両手のひらを前後に向かい合わせ、こすり合わせるように回す。

〈表(あらわ)す〉

左手のひらに右人差指をつけて前に押し出す。

まく【巻く】1

「うまさに舌を巻く」

→〈上手(じょうず)〉+〈驚く①〉

例文の「舌を巻く」は慣用句でひどく驚き感心する意味なので〈驚く①〉で表現。

〈上手(じょうず)〉

右手のひらを左下腕からなでるように伸ばす。

〈驚く①〉

左手のひらの上に右手2指を立てて飛びあがるようにして2指を離し、またつける。

まく【巻く】2

「しっぽを巻く」

→〈降参〉+〈逃げる〉

例文の「しっぽを巻く」は相手にやられて逃げる意味なので〈降参〉+〈逃げる〉で表現。

〈降参〉

頭の横に親指と人差指を当て、前におろす。

〈逃げる〉

両こぶしを右上にさっとあげる。

まく【幕】1

「(紅白の)幕を張る」

→(〈赤〉+〈白〉+)〈塀〉

例文の「幕」は〈塀〉で表現。〈塀〉はまわりに張りめぐらされる幕や塀のさまを表す。

〈塀〉

指先を上に向けた両手で囲むように動かす。

まく【幕】2

「芝居の幕があがる」

→〈芝居〉+〈開(ひら)く⑤〉

例文の「幕があがる」は芝居が始まることなので〈開く⑤〉で表現。〈開く⑤〉は幕のあがるさまで「幕があがる」「開幕」の意味を表す。

〈芝居〉

互い違いに向けた両こぶしを手首を返しながら前後させる。

〈開(ひら)く⑤〉

右手を左手のひらにのせ、上にあげる。

まく【幕】3

「(君の)出る幕ではない」

→(〈あなた①〉+)

〈来る②〉+〈いらない〉

(または〈関係ない〉)

「出る幕ではない」はよけいな口出しや手出しをするなの意味なので〈来る②〉+〈いらない〉、または〈関係ない〉で表現。

〈来る②〉

右人差指を上に向けて手前に引く。

〈いらない〉

手前に引き寄せた両手を前にはじくように開く。

まく【幕】4

「競技の幕を切って落とす」

→〈競争〉+〈開(ひら)く④〉

「幕を切って落とす」は行事が始まる意味なので〈開く④〉で表現。〈開く④〉はふたを開くさまで「始まる」「開始(する)」の意味。

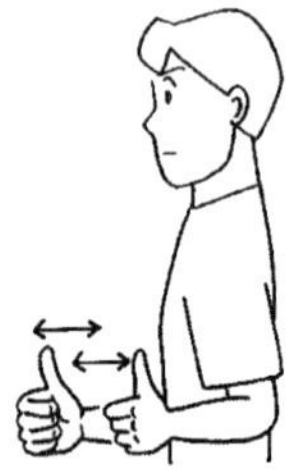

〈競争〉

親指を立てた両手を競うように交互に前後させる。

〈開(ひら)く④〉

両手のひらを下に向けて並べ、左右に開く。

まく【幕】5

「芝居の幕を閉じる」

→〈芝居〉+〈さがる①〉

例文の「幕を閉じる」は芝居が終わる意味なので〈さがる①〉で表現。〈さがる①〉は幕がおりるさまで「閉まる」「閉幕(する)」などを表す。

〈芝居〉

前後に互い違いに向けた両こぶしを同時にひねる。

〈さがる①〉

左手のひらの上に右手をすとんとおろす。

まく【幕】6

「(彼は)九十歳の幕を閉じる」

→(〈彼〉+〈年齢〉+)

〈90〉+〈死ぬ①〉

例文の「幕を閉じる」は死ぬ意味なので〈死ぬ①〉で表現。〈死ぬ①〉は倒れるさまで「死ぬ」「死亡(する)」などの意味を表す。

〈90〉

右手の甲側を前に示して全指を小刻みに折り曲げるようにする。

〈死ぬ①〉

両手のひらを合わせ、横に倒す。

まぐち【間口】

「間口が広い」

→〈幅〉+〈広い①〉

例文の「間口」は建物などの幅のことなので〈幅〉で表現。〈幅〉は幅の程度を表す。

〈幅〉

指先を前方に向けた両手を離して左右向かい合わせ、両手ともに小さく左右に動かす。

〈広い①〉

両手のひらを向かい合わせて左右に広げる。

マグニチュード

「マグニチュード５」

→〈マグニチュード〉＋〈５〉

「マグニチュード」は〈マグニチュード〉で表現。〈マグニチュード〉は日本式アルファベット〈M〉を使った新しい手話。

〈マグニチュード〉

右３指を下に向け弧を描いて右へ移動する。

〈５〉

右親指の指先を左に向けて示す。

まぐれ

「まぐれで合格する」

→〈都合〉＋〈合格〉

「まぐれ」は偶然たまたまの意味で〈都合〉で表現。〈都合〉はぜいちくで占うさまで「運命」「都合」「偶然」などの意味を表す。

〈都合〉

左手のひらの上に右こぶしの小指側をつけてこするように回す。

〈合格〉

左手の親指と４指の間を指先を上に向けた右手で下から突き破るようにあげる。

マグロ【鮪】

「マグロ」

→〈黒①〉＋〈魚（さかな）①〉

「マグロ」は〈黒①〉＋〈魚①〉で表現。黒い魚の意。「クロマグロ」も同手話。

〈黒①〉

右手指先で髪の毛をさわる。

〈魚（さかな）①〉

右手指先を左に向けて揺らしながら動かす。

まける【負ける】1

「戦争に負ける」

→〈戦争〉＋〈負ける①〉

例文の「負ける」は戦争についてなので〈負ける①〉で表現。〈負ける①〉は鼻をつぶされるさまで、「負ける」「敗れる」などの意味を表す。

〈戦争〉

軽く指を開いた両手指先を激しくふれ合わせる。

〈負ける①〉

右手のひらで鼻先をたたき落とすようにする。

まける【負ける】2

「試合で負ける」

→〈試合①〉＋〈負ける②〉
（または〈負ける①〉）

例文の「負ける」は〈負ける②〉または〈負ける①〉で表現。〈負ける②〉は打ち倒されるさまを表す。

〈試合①〉

親指を立てた両手を正面で軽くぶつける。

〈負ける②〉

親指を立てた両手をぶつけ手前に倒す。

まける【負ける】3

「暑さに負ける」

→〈暑い①〉＋〈苦手〉

例文の「負ける」は弱い、苦手の意味なので〈苦手〉で表現。〈苦手〉は鼻をつぶすさまの一つで「苦手」「謙遜（する）」などの意味を表す。

〈暑い①〉

扇子やうちわであおぐようにする。

〈苦手〉

右手のひらで鼻を軽くたたくようにする。

ま

まける【負ける】4

「(千円)まける」

→(〈千円〉+)
〈差し引く〉
または〈割引〉

例文の「まける」は安くする意味なので〈差し引く〉または〈割引〉で表現。〈差し引く〉は削り取るさまで「割引く」「値引く」などの意味。

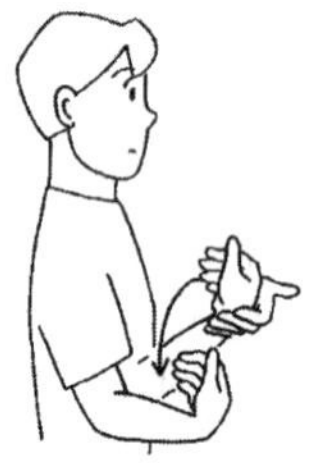

〈差し引く〉
左手のひらから右手で手前に削り落とすようにする。

〈割引〉
左手のひらの上を右手で切るようにする。

まげる【曲げる】1

「竹を曲げる」

→〈竹①〉+〈曲げる〉

例文の「曲げる」はまっすぐなものを曲がった形に変える意味なので〈曲げる〉で表現。〈曲げる〉はものを曲げるさまを表す。

〈竹①〉
両手の親指と人差指で作った丸をつなぐようにして順に上下に離していく。

〈曲げる〉
両こぶしで棒を握るようにしてゆっくり曲げるようにする。

まげる【曲げる】2

「意志を曲げる」

→〈心〉+〈それる〉

例文の「曲げる」は意志を貫かないで変える意味で2種類の表現がある。ひとつは〈それる〉で表現。〈それる〉は元の軌道からそれるさまを表す。

〈心〉
右人差指でみぞおち辺りをさす。

〈それる〉
指先を前に向けて両手を上下に重ね、右手を前に進めながら左へそらす。

まげる【曲げる】3

「(意志を)曲げる」

→(〈心〉+)
〈裏切る〉

もうひとつは〈裏切る〉で表現。〈裏切る〉は手のひらを返すさまを表す。

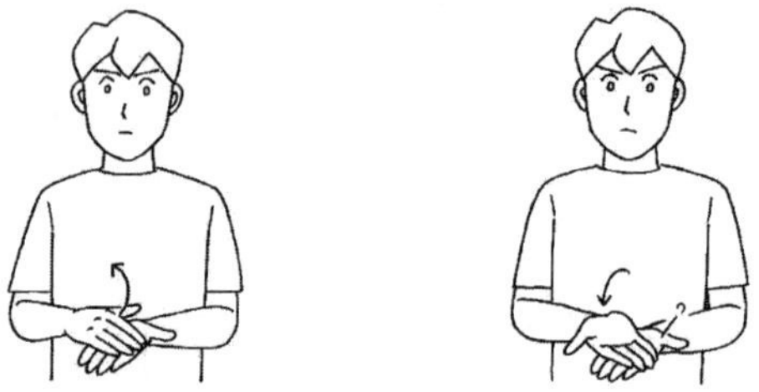

〈裏切る〉
左手のひらの上に右手のひらをのせ、

手のひらを返す。

まご【孫】

「孫がいる」

→〈孫〉+〈ある①〉右側

例文の「孫」は子孫のことで〈孫〉で表現。左手に表した両親の子の子を表す。

〈孫〉
親指と小指を立てた左手を示し、右手のひらを下に向けて2段におろす。

〈ある①〉右側
右手のひらを前に置く。

まごつく

「駅でまごつく」

→(〈とまる①〉または)
〈駅〉+〈まごつく〉

「まごつく」はどこへ行ったらよいかわからずまごまごする意味なので〈まごつく〉で表現。〈まごつく〉はまごまごするさまを表す。

〈駅〉
左手のひらに右手2指を向かい合わせて前に回転し、次に全指を曲げた右手を置く。

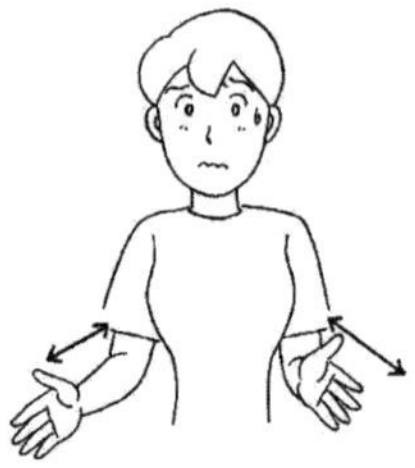

〈まごつく〉
指先を前に向けた両手をやや末広がりに向かい合わせ交互に前後させる。

まこと【誠】1

「(うそか)まことか」

→(〈うそ①〉+〈か〉)
〈本当〉+〈か〉

例文の「まこと」は本当、真実の意味なので〈本当〉で表現。

〈本当〉
右手をあごに当てる。

〈か〉
右手のひらを前方に差し出す。

まこと【誠】2

「誠に申し訳ございません」

→〈本当〉+〈すみません〉

例文の「誠に」は本当にの意味なので〈本当〉で表現。〈本当〉は「本当」「本当に」の意味がある。

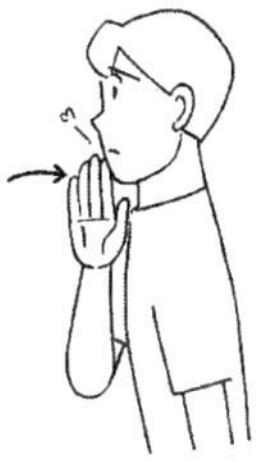

〈本当〉
右手をあごに当てる。

〈すみません〉
右手の親指と人差指で眉間をつまみ、右手で拝むようにする。

まさか 1

「まさか死ぬなんて」

→〈死ぬ①〉+〈まさか①〉

例文の「まさか」は信じられないという気持ちを表すので〈まさか①〉で表現。右手こぶしは信じる意味で、それを開いて信じられないことを表す。

〈死ぬ①〉
両手のひらを合わせ、横に倒す。

〈まさか①〉
右こぶしを腹に当ててぱっと前に出し、開き、揺らす。

まさか 2

「まさか負けるとは」

→〈負ける①〉+〈まさか②〉

例文の「まさか」は意外に思ってそんなはずはないという気持ちを表すので〈まさか②〉で表現。

〈負ける①〉
右手のひらで鼻先をたたき落とすようにする。

〈まさか②〉
左手のひらを右手のひらで調子をつけてたたく。

まさか 3

「まさかの時」

→〈万一〉

例文の「まさか」は予期しないような悪いことが起こったときの意味なので〈万一〉で表現。〈万一〉は〈万〉と〈1②〉を連続して表す。

〈万一〉
右手で〈万〉と〈1②〉を示す。

まさつ【摩擦】

「貿易摩擦」

→〈貿易〉+〈そぐわない〉

例文の「摩擦」は相手とうまくいかない意味なので〈そぐわない〉で表現。〈そぐわない〉はそりが合わないさまを表す。

〈貿易〉
指先を手前に向けた右手を引き寄せると同時に左手を前に出す。

〈そぐわない〉
両手の指背側を合わせて、上下にこすり合わせる。

まさる【勝る】1

「彼の方が力が勝っている」

→〈彼〉+〈上③〉

例文の「勝る」は他と比べてすぐれている意味なので〈上③〉で表現。手話は自分より相手が上位であることを表す。

〈彼〉

左親指を右人差指でさす。

〈上③〉

左親指を示し右手のひらを上に向けてはねあげる。

まさる【勝る】2

「両者は勝るとも劣らない」

→〈二人①〉+〈五分五分②〉

「勝るとも劣らない」は力が互角であるという意味なので〈五分五分②〉で表現。〈五分五分②〉は力が互角であるさまを表す。

〈二人①〉

人差指と中指を立てた右手を手前に向けて左右に軽く振る。

〈五分五分②〉

親指を立てた両手を向かい合わせて内側に同時に繰り返し倒す。

まざる【混ざる】

「（油は水と）混ざらない」

→（〈油〉+〈水〉または〈流れる②〉+）
〈混ぜる〉+〈難しい〉

「混ざる」は〈混ぜる〉で表現。〈混ぜる〉はものを混ぜるさまで「混ざる」「混じる」「混ぜる」などの意味を表す。

〈混ぜる〉

両手のひらを上下に重ねて混ぜ合わせるようにする。

〈難しい〉

右手の親指と人差指でほおをつねるようにする。

まし【増し】1

「二十パーセント増し」

→〈20%〉+〈付け足す〉

例文の「増し」は増える意味なので〈付け足す〉で表現。〈付け足す〉はもとのものに少し加えるさまを表す。

〈20%〉

左手で〈20〉を示し、右手で〈%〉を示す。

〈付け足す〉

親指と人差指を開いた左手の上に、間をせばめた右手の親指と人差指をのせる。

まし【増し】2

「病気がましになる」

→〈病気〉+〈まし〉

例文の「まし」は少しはいい意味なので〈まし〉で表現。〈まし〉は「ましになる」「まだまし」などの意味を表す。

〈病気〉

こぶしで額を軽くたたく。

〈まし〉

鼻の頭を右手の親指と人差指でつまむようにして手首を返す。

マジック

「マジック（が得意）」

→〈マジック〉
（+〈得意〉）

例文の「マジック」は手品のことなので〈マジック〉で表現。〈マジック〉は手を開いて何かが出てくるさまを表す。

〈マジック〉

両こぶしを体の前に出し、

次に左手をぱっと開くと同時に右人差指で左手のひらをさす。

まして

「（子供に）
ましてわかるはずがない」

→（〈子供①〉＋）
〈知らない〉＋〈当たり前〉

「まして」はなおさらの意味で、〈当たり前〉で表現。手話は「わからなくて当たり前」という意味を表す。

〈知らない〉
右手のひらで右脇を払いあげる。

〈当たり前〉
両手の親指と人差指を合わせて左右にすばやく開く。

まじない

「まじないをかける」

→〈まじない〉

例文の「まじない」は〈まじない〉で表現。〈まじない〉はまじない師が呪文をとなえるイメージから。

〈まじない〉
右人差指を上に向けて回す。

まじめ【真面目】

「まじめに働く」

→〈正しい〉＋〈仕事〉

「まじめ」は〈正しい〉で表現。〈正しい〉は心がまっすぐなさまで「正しい」「まじめ」「正直」などの意味を表す。

〈正しい〉
親指と人差指をつまみ、胸に当て、右手をあげる。

〈仕事〉
手のひらを上に向け、向かい合わせた両手指先を繰り返しつき合わせる。

まじる【混じる】1

「男の中に女が混じっている」

→〈男性〉＋〈参加④〉

例文の「混じる」は多いものの中に一部ちがうものが入っている意味なので〈参加④〉で表現。左手のグループの中へ右手〈女〉が入るさま。

〈男性〉
親指を立てた両手を手前に引きながら水平に円を描く。

〈参加④〉
手のひらを手前に向けた左手に右小指を当てる。

まじる【混じる】2

「（麦と）
米が混じっている」

→（〈麦〉＋）
〈米〉＋〈混ぜる〉

例文の「混じる」はちがうものが入って一緒になる意味で〈混ぜる〉で表現。〈混ぜる〉は「混ざる」「混じる」「混ぜる」などを表す。

〈米〉
親指と人差指を閉じた右手を唇の端に当て、軽く揺する。

〈混ぜる〉
両手のひらを上下に重ねて混ぜ合わせるようにする。

まじわる【交わる】1

「道が交わる」

→〈道①〉＋〈交差②〉

例文の「交わる」は交差する意味なので〈交差②〉で表現。〈交差②〉は道路が交差しているさまを表す。「十字路」の意味もある。

〈道①〉
道幅に見立てた向かい合わせた両手をまっすぐ前に出す。

〈交差②〉
両手人差指を交差させる。

ま

まじわる【交わる】2

「友達と交わる」
→〈友達②〉+〈交流〉

例文の「交わる」はつきあう、交流するの意味なので〈交流〉で表現。〈交流〉は交わるさまで「交流(する)」の意味がある。

〈友達②〉
両手を強く組み、前後に軽く振る。

〈交流〉
両手のひらを上に向け上下に置き、互い違いに水平に回す。

ます【増す】1

「水かさが増す」
→〈流れる②〉+〈大きくなる①〉

例文の「増す」はかさが多くなる意味なので〈大きくなる①〉で表現。〈大きくなる①〉は水量が高まるさまを表す。

〈流れる②〉
右手の甲を下にして波のようにゆらゆら上下に揺すりながら右へやる。

〈大きくなる①〉
右手のひらを下にして上にあげる。

ます【増す】2

「人数が増す」
→〈人々①〉+〈大きい①〉

例文の「増す」は数が大きくなる意味なので〈大きい①〉で表現。

〈人々①〉
親指と小指を立てた両手を揺らしながら左右に開く。

〈大きい①〉
両手の親指と人差指を向かい合わせて左右に広げる。

ます【増す】3

「実力が増す」
→〈力〉+〈高い③〉

例文の「増す」は力が高まる意味なので〈高い③〉で表現。〈高い③〉は伸びるさまを表す。

〈力〉
こぶしを握った左腕を曲げ、上腕に右人差指で力こぶを描く。

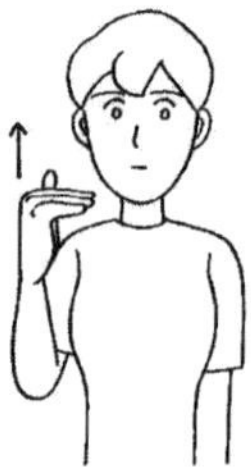

〈高い③〉
指文字〈コ〉を示した右手を上にあげる。

まず【先ず】1

「まず初めに言う」
→〈最初①〉+〈言う①〉

例文の「まず」は先に、最初にの意味なので〈最初①〉で表現。〈最初①〉は数字「一」を強調して表すさま。

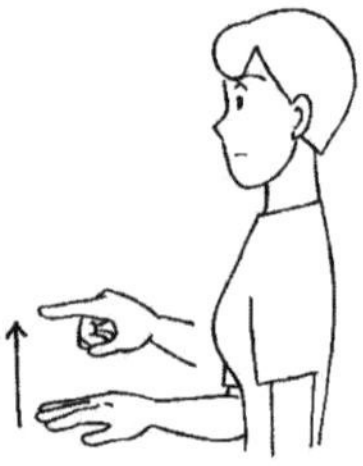

〈最初①〉
右手のひらを下にして、あげると同時に人差指を残して4指を握る。

〈言う①〉
右人差指を口元から前に出す。

まず【先ず】2

「まずできない」
→〈ほとんど〉+〈難しい〉

例文の「まず」はほとんどの意味なので〈ほとんど〉で表現。〈ほとんど〉は完全な円でないさまで「ほとんど」「だいたい」の意味を表す。

〈ほとんど〉
両手で円を描くが、下側をわずかに閉じないであけておく。

〈難しい〉
ほおをつねるようにする。

まずい 1

「食事がまずい」

→〈食べる①〉+〈不便〉

例文の「まずい」はおいしくない意味なので〈不便〉で表現。〈不便〉は「不幸」「不便」「まずい」などの意味を表す。

〈食べる①〉

左手のひらの上を右手ですくって食べるようにする。

〈不便〉

右手のひらをあごに当て、前にはじくように出す。

まずい 2

「文章がまずい」

→〈文章〉+〈下手(へた)〉

例文の「まずい」はへたの意味なので〈下手〉で表現。〈下手〉は〈上手〉の反対の動作で「下手」「つたない」などの意味を表す。

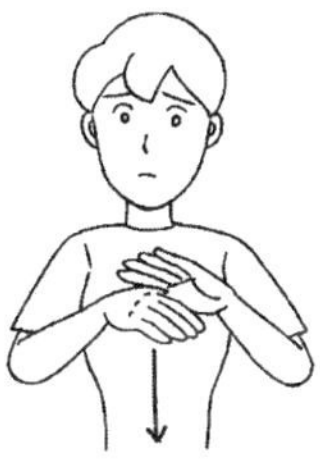

〈文章〉

両手の親指と 4 指を組んで下におろす。

〈下手(へた)〉

左手甲を右手のひらでこすりあげる。

まずい 3

「まずい結果になる」

→〈結ぶ①〉+〈悪い①〉

例文の「まずい」は具合、都合が悪い意味なので〈悪い①〉で表現。

〈結ぶ①〉

両手の親指と人差指でひもを結ぶようにして左右に開く。

〈悪い①〉

人差指で鼻をこするようにして振りおろす。

ますいか【麻酔科】

「麻酔科」

→〈麻酔〉+〈脈〉

「麻酔科」は〈麻酔〉+〈脈〉で表現。〈麻酔〉は神経を眠らすことを表す新しい手話。〈脈〉は「医」を表す。

〈麻酔〉

右人差指を顔の横に立て、ねじりながら上にあげる。

〈脈〉

右 3 指を左手首の内側に当てる。

マスコミ

「マスコミ」

→〈マスコミ〉

「マスコミ」は〈マスコミ〉で表現。〈マスコミ〉はコミュニケーションの頭文字〈C②〉を大きく回し表す新しい手話。

〈マスコミ〉

両手で〈C②〉を示して上下に組み、右手を水平に回す。

まずしい【貧しい】1

「貧しい暮らし」

→〈生活〉+〈貧しい①〉

例文の「貧しい」は貧乏の意味なので〈貧しい①〉で表現。〈貧しい①〉はあごが干あがるさまで「貧しい」「乏しい」などの意味を表す。

〈生活〉

親指と人差指を向かい合わせた両手を体の前で回す。

〈貧しい①〉

右親指をあごに当てる。

ま

まずしい【貧しい】2

「(才能が)貧しい」
→(〈力〉+)
〈不足〉
または〈貧しい①〉

例文の「貧しい」は少ないの意味なので〈不足〉または〈貧しい①〉で表現。

〈不足〉
左手のひらを右人差指でほじくるようにする。

〈貧しい①〉
右手親指をあごに当てる。

ますます【益々】1

「ますます良くなる」
→〈ますます〉+〈良い〉

例文の「ますます」は良い方へ向かうので〈ますます〉で表現。〈ますます〉は同じ量を重ねるさまで「ますます」「一層」などの意味を表す。

〈ますます〉
親指と人差指を開いた両手を重ね、さらに右手を一段上にあげる。

〈良い〉
右こぶしを鼻から前に出す。

ますます【益々】2

「(病気が)ますます悪くなる」
→(〈病気〉+)
〈悪い①〉+〈さがる②〉

例文の「ますます」は悪い方へ向かうので〈さがる②〉で表現。〈さがる②〉は下降するさまで「さがる」「落ち込む」などの意味を表す。

〈悪い①〉
人差指で鼻をこするようにして振りおろす。

〈さがる②〉
指文字〈コ〉を示した右手を右上から左下におろす。

まぜる【混ぜる】

「薬を混ぜる」
→〈薬〉+〈混ぜる〉

「混ぜる」は〈混ぜる〉で表現。「混じる」「混ざる」も同手話。〈混ぜる〉は「混ざる」「混じる」「混ぜる」などの意味を表す。

〈薬〉
左手のひらに右薬指をつけてこねるように回す。

〈混ぜる〉
両手のひらを上下に重ねて混ぜ合わせるようにする。

また【又】1

「また行く」
→〈また〉+〈行(い)く①〉

例文の「また」は再びの意味なので〈また〉で表現。〈２①〉をもとにした手話で「また」「再度」「再び」などの意味を表す。

〈また〉
２指を出した右手の手首を返して甲側を示す。

〈行(い)く①〉
右手人差指を下に向けて、振りあげるように前をさす。

また【又】2

「彼もまた(好き)」
→〈彼〉+〈同じ①〉
(+〈好き①〉)

例文の「また」は同様にの意味なので〈同じ①〉で表現。〈同じ①〉は二つのものがそろうさまを表す。

〈彼〉
左親指を右人差指でさす。

〈同じ①〉
両手の親指と人差指の先を上に向けて閉じたり開いたりする。

また【又】3

「またお伺いします」

→〈改めて〉+〈訪問①〉

例文の「また」は今度改めての意味なので〈改めて〉で表現。〈改めて〉は手を払うさまで「改めて」「もう一度」などの意味を表す。

〈改めて〉

両手のひらを向かい合わせて交互に上下に手を払うようにする。

〈訪問①〉

左手の屋根形の下に人差指を立てた右手を入れる。

また【又】4

「（彼は教師でもあり）また医者でもある」

→（〈彼〉+〈先生〉+）〈と〉+〈医者〉

例文の「また」はつけ加えて述べる意味で〈と〉で表現。〈と〉は二つ目をさすさまを表す。

〈と〉

左手の人差指と中指を立てて、右人差指を左中指に当てる。

〈医者〉

右手３指で左手首の脈をとるようにして、次に親指を立てる。

まだ【未だ】1

「まだ少ない」

→〈まだ①〉+〈少し〉

例文の「まだ」は現状では達していない意味を言うので〈まだ①〉で表現。〈まだ①〉は終点に到着するのにまだ間があるさまを表す。

〈まだ①〉

左手のひらに右手指先を向けて上下に振る。

〈少し〉

右手の親指と人差指を合わせ、親指をはじく。

まだ【未だ】2

「まだ来ない」

→〈来る②〉+〈まだ②〉

例文の「まだ」も現状では達していない意味で〈まだ②〉で表現。〈まだ②〉は〈まだ①〉の簡略形。

〈来る②〉

右人差指を上に向けて手前に引く。

〈まだ②〉

指先を左へ向けて上下に振る。

まだ【未だ】3

「まだ雨が降っている」

→〈雨①〉+〈相変わらず①〉

例文の「まだ」は続いているさまを表すので〈相変わらず①〉で表現。〈相変わらず①〉は以前の状態が続くさまを表す。

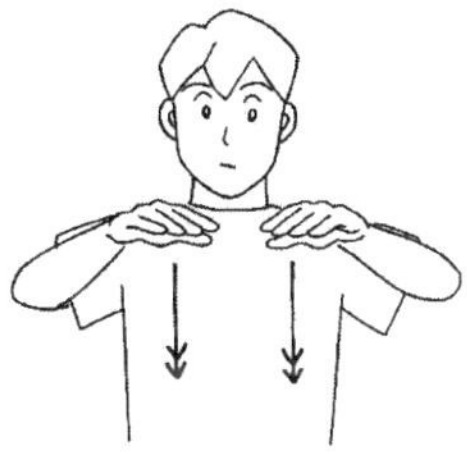

〈雨①〉

軽く開いた指先を前に向け両手を繰り返し下におろす。

〈相変わらず①〉

両手の親指と４指を閉じたり開いたりしながら右肩から前に出す。

まだ【未だ】4

「まだましだ」

→〈まし〉

例文の「まだ」は他と比べれば少しはの意味で〈まし〉で表現。〈まし〉は「まし」「まだまし」などの意味を表す。

〈まし〉

鼻の頭を右手の親指と人差指でつまむようにして手首を返す。

まだまだ 1

「まだまだある」

→〈たくさん①〉+〈ある④〉

例文はさらにほかにもいっぱいある意味なので〈たくさん①〉+〈ある④〉で表現。〈ある④〉は〈ある①〉を繰り返した表現。

〈たくさん①〉

左手のひらを上に向けた左腕を示し、その上に右手で山を描く。

〈ある④〉

右手のひらを前に繰り返し置く。

まちあわせ【待ち合わせ】

「(七時に)待ち合わせをする」

→(〈時計〉+〈７〉+)〈会う②〉+〈約束〉

「待ち合わせ」は会う約束をすることなので〈会う②〉+〈約束〉で表現。〈約束〉は指切りのさまを表す。

〈会う②〉

人差指を立てた両手を前後に向かい合わせて当てる。

〈約束〉

両手小指をからませる。

まだまだ 2

「駅までまだまだ遠い」

→〈駅〉+〈まだまだ〉

例文の「まだまだ」は目的地まで時間も距離もまだかなりある意味なので〈まだまだ〉で表現。目的地までまだまだ届かないさまを表す。

〈駅〉

左手のひらに右手２指を向かい合わせて前に回転し、次に全指を曲げた右手を置く。

〈まだまだ〉

左手のひらに向かって右手指先を向けて離し、右手を上下に振る。

まちがい【間違い】1

「文章のまちがい」

→〈文章〉+〈まちがう②〉

例文の「まちがい」は誤りの意味なので〈まちがう②〉で表現。〈まちがう②〉は左右を見まちがうさまで「誤り」「誤謬」「錯覚」などの意味を表す。

〈文章〉

両手の親指と４指を組んで下におろす。

〈まちがう②〉

つまんだ両手を目の前に置き、交差させる。

まち【町】

「町(に出る)」

→〈町①〉
または〈町②〉
(+〈行(い)く①〉)

「町」は〈町①〉または〈町②〉で表現。〈町①〉は家が並んでいるさま、〈町②〉は人通りのさまを表す。〈町①〉は「町並み」「都会」などの意味もある。

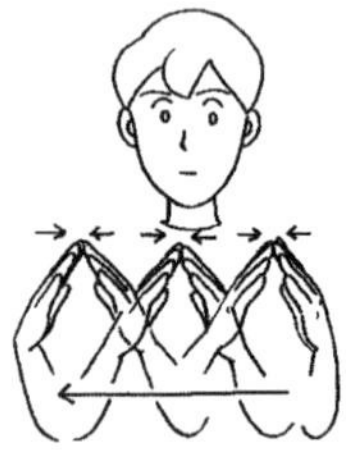

〈町①〉

両手で屋根形を作りながら左から右へ動かす。

〈町②〉

やや指先を広げた両手を交互に前後させる。

まちがい【間違い】2

「まちがいを犯した」

→〈まちがう②〉+〈失敗②〉

例文は失敗するの意味なので〈まちがう②〉+〈失敗②〉で表現。〈失敗②〉は失敗して額をたたくさまを表す。

〈まちがう②〉

つまんだ両手を目の前に置き、交差させる。

〈失敗②〉

右手のひらを額に打ちつける。

まちがう【間違う】1

「見まちがう」

→〈見る①〉+〈まちがう①〉

「見まちがう」は〈見る①〉+〈まちがう①〉で表現。〈まちがう①〉は目の玉がひっくり返るように表と裏をまちがうさまを表す。

〈見る①〉

右人差指を右目元から前に出す。

〈まちがう①〉

人差指と中指を目の前でくるりと回す。

まちまち

「(考えが)まちまち」

→(〈考える〉+)〈まちまち〉または〈ばらばら〉

「まちまち」は〈まちまち〉または〈ばらばら〉で表現。

〈まちまち〉

両手の2指を交互に上下に開いたり閉じたりする。

〈ばらばら〉

両手の親指と人差指を開き、手首をひねりながら交互に上下させる。

まちがう【間違う】2

「答えをまちがう」

→〈答える〉+〈まちがう②〉

例文の「まちがう」は〈まちがう②〉で表現。〈まちがう②〉は左右を見まちがうさまで「誤り」「誤謬」「錯覚」などの意味を表す。

〈答える〉

口の前で両手の親指と人差指を向かい合わせて前に出す。

〈まちがう②〉

つまんだ両手を目の前に置き、交差させる。

まつ【松】

「松(の木)」

→〈松①〉または〈松②〉(+〈木〉)

「松」は〈松①〉または〈松②〉で表現。いずれもはとがった松の葉がちくちくするさまを表す。

〈松①〉

右手2指でほおをさすようにする。

〈松②〉

右手2指を左手のひらに2回当てる。

まちどおしい【待ち遠しい】

「結果が待ち遠しい」

→〈結ぶ①〉+〈待つ〉

「待ち遠しい」は結果をまだかまだかと待つさまで〈待つ〉で表現。〈待つ〉をしながら体を左右にふると感じが出る。

〈結ぶ①〉

両手の親指と人差指でひもを結ぶようにして左右に開く。

〈待つ〉

右手指の背側をあごに当てる。

まつ【待つ】1

「手紙を待つ」

→〈郵便が来る〉+〈待つ〉

例文の「待つ」は〈待つ〉で表現。元々は首を長くしてあごを上にあげて表現した。

〈郵便が来る〉

左手2指と右人差指で〒マークを作り、前から引き寄せる。

〈待つ〉

右手指の背側をあごに当てる。

ま

まつ【待つ】2

「待て!」

→〈待て〉

例文の「待て」は命令なので〈待て〉で表現。左手は〈待つ〉、右手は止まれと制止するさまを表す。

〈待て〉

左手指背側にあごをのせ、右手のひらを前に向けて押すようにする。

まつ【待つ】3

「出方を待つ」

→〈状態①〉+〈見る②〉

例文の「待つ」はこちらから動かないで相手が動くのを待つことなので〈見る②〉で表現。

〈状態①〉

両手のひらを前に向けて、交互に上下させる。

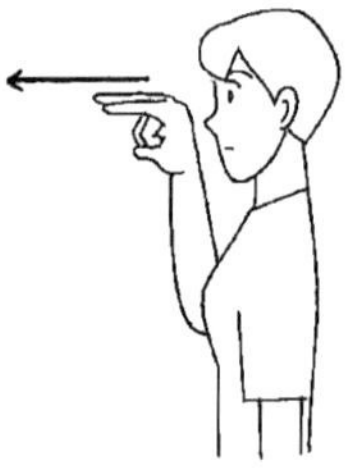

〈見る②〉

目の位置から右手の２指の指先を前に出す。

まつ【末】

「五月末」

→〈五月〉+〈まで〉

例文の「末」は月末のことなので〈まで〉で表現。〈まで〉は終わりを示すさまで「末」「終わり」などの意味を表す。

〈五月〉

左手で〈５〉を示し、その下で右手の親指と人差指で三日月を描く。

〈まで〉

左手のひらに右手指先を軽くつける。

まっか【真っ赤】1

「真っ赤な服」

→〈赤〉+〈服〉

例文の「真っ赤」は〈赤〉を強調して表現。〈赤〉は唇の赤を表す。

〈赤〉

唇に人差指を当て、右へ引く。

〈服〉

親指を立てた両手をえりに沿って下におろす。

まっか【真っ赤】2

「真っ赤なうそ」

→〈うそ①〉または〈うそ②〉

例文の「真っ赤なうそ」はまったくのうそのことなので〈うそ①〉または〈うそ②〉を強調して表現。

〈うそ①〉

ほおをやや前に示して人差指で突く。

〈うそ②〉

ほおを舌でふくらませ、そこを人差指で突く。

マッサージ

「マッサージ師」

→〈マッサージ〉+〈男〉

「マッサージ」はもむことで〈マッサージ〉で表現。〈マッサージ〉はもむさまで「あんま」などの意味を表す。

〈マッサージ〉

両手の親指と４指でもむようにする。

〈男〉

親指を立てた右手を出す。

まっすぐ 1

「(この道を)
まっすぐ行く」

→(〈道①〉+)
〈まっすぐ①〉
または〈まっすぐ②〉

例文の「まっすぐ」は直線の意味なので〈まっすぐ①〉または〈まっすぐ②〉で表現。「専攻」「専門」などの意味もある。

〈まっすぐ①〉

指先を伸ばし、まっすぐ前に進める。

〈まっすぐ②〉

左手のひらの上に右手をのせて前にまっすぐ出す。

まっすぐ 2

「まっすぐな性格」

→〈正しい〉+〈性質〉

例文の「まっすぐ」は心が正直な意味なので〈正しい〉で表現。〈正しい〉は心がまっすぐなさまで「正しい」「正直」「まじめ」などの意味。

〈正しい〉

親指と人差指をつまみ、胸に当て、右手をあげる。

〈性質〉

左手甲に右人差指を当て、すくうようにあげる。

まっすぐ 3

「まっすぐ帰る」

→〈まっすぐ①〉+〈帰る〉

例文の「まっすぐ」は途中どこにも寄らずにの意味なので〈まっすぐ①〉で表現。寄り道をしないさまを表す。

〈まっすぐ①〉

指先を伸ばし、まっすぐ前に進める。

〈帰る〉

親指と 4 指を開いた右手を前に出しながら閉じる。

まったく【全く】1

「全く驚いた」

→〈初耳〉+〈驚く①〉

例文の「全く」は程度のはなはだしいさまで〈初耳〉で表現。〈初耳〉は目の前の幕が取り払われたさまで「これは驚き」などの意味がある。

〈初耳〉

右手のひらを手前に向け、顔の前から下にさっとおろす。

〈驚く①〉

左手のひらの上に右手 2 指を立てて飛びあがるようにして 2 指を離し、またつける。

まったく【全く】2

「(病気が)まったく治る」

→(〈病気〉+)
〈すべて〉+〈消える①〉

例文の「全く」は完全にの意味なので〈すべて〉で表現。〈すべて〉は完全な円を描くさまで「全く」「すべて」「完全」などの意味を表す。

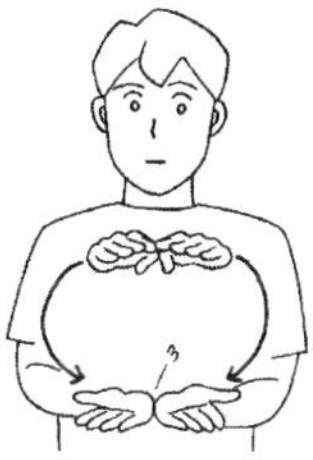

〈すべて〉

両手で上から下に円を描く。

〈消える①〉

開いた両手を交差させながら握る。

マツタケ【松茸】

「マツタケ山」

→〈きのこ〉+〈山〉

「マツタケ」は〈きのこ〉で表現。〈きのこ〉は大きな傘のある「マツタケ」のさまを表す。

〈きのこ〉

左手甲を盛り上げて、その下に全指を閉じた右手をつける。

〈山〉

右手で山形を描く。

ま

まつり【祭り】1

「村の祭り」
→〈村〉+〈祭り〉

例文の「祭り」は〈祭り〉で表現。〈祭り〉はみこしをかつぐさまを表す。〈祝う〉+〈太鼓②〉とも表現する。

〈村〉
全指を折り曲げた左手のひらに右人差指をつけて、繰り返し手前に引く。

〈祭り〉
肩に棒をかつぐようにして揺らす。

まつり【祭り】2

「後の祭り」
→〈水のあわ〉

「後の祭り」はちょうどよい時機を逃して手遅れになる意味なので〈水のあわ〉で表現。〈水のあわ〉は「水泡に帰す」「パーになる」などの意味。

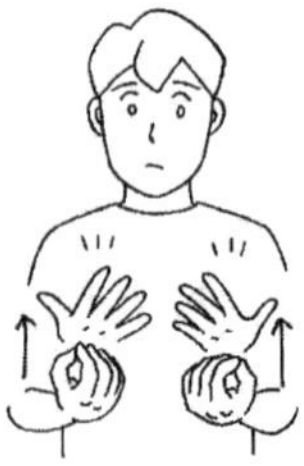

〈水のあわ〉
すぼめた両手を上に向けて、ぱっと開く。

まで 1

「東京まで行く」
→〈東京〉+〈行(い)く①〉

例文の「まで」は行く先を意味するので〈東京〉+〈行く①〉で表現。

〈東京〉
両手の親指と人差指を立て、上に向けて2回あげる。

〈行(い)く①〉
右手人差指を下に向けて、振りあげるように前をさす。

まで 2

「八時まで」
→〈八時〉+〈まで〉

例文の「まで」は時間の限界を示すので〈まで〉で表現。左手は限界を表し、右手がそれに達するさまを表す。

〈八時〉
左手首の甲側に右手で〈8〉を軽く当てて前に示す。

〈まで〉
左手のひらに右手指先を軽くつける。

まと【的】1

「見事に的に当てる」
→〈目的①〉+〈すばらしい〉

例文の「的に当てる」は〈目的①〉で表現。〈目的①〉は左手が的で、右手の矢が当たるさまを表す。

〈目的①〉
左こぶしの親指側に右人差指を当てる。

〈すばらしい〉
右こぶしを鼻から右上にはねあげる。

まと【的】2

「彼女は人気の的だ」
→(〈彼〉+)
〈彼女〉+〈人気②〉

例文の「的」は対象になる人で人気者の意味。〈人気②〉は人が押し寄せるさまで「人気がある」「人気者」の意味を表す。

〈彼女〉
左小指を右人差指でさす。

〈人気②〉
左小指に右手指先を近づける。

まと【的】3

「(話が)的はずれ」

→(〈説明〉+)
〈はずれる〉
または〈合わない〉

例文の「的はずれ」は大切な点からはずれる意味なので〈はずれる〉または〈合わない〉で表現。〈はずれる〉は左手の的を矢がはずれるさま。

〈はずれる〉
左こぶしの親指側を的にして右人差指を左へはずす。

〈合わない〉
左人差指の先に右人差指の先を当て、はじくように離す。

まど【窓】1

「窓を開ける」

→〈閉める①〉+〈開(あ)ける①〉

例文の「窓」は建物のことで〈閉める①〉で表現。〈閉める①〉は建物の窓のさまを表す。

〈閉める①〉
両手の甲側を手前に向けて閉じる。

〈開(あ)ける①〉
両手をかけてふすまをあけるようにする。

まど【窓】2

「心の窓を開く」

→〈心〉+〈開(ひら)く①〉

例文の「心の窓を開く」は心を開く意味なので〈心〉+〈開く①〉で表現。

〈心〉
右人差指でみぞおち辺りをさす。

〈開(ひら)く①〉
手のひらを前に向けて並べて、閉じた両手を左右に開く。

まど【窓】3

「窓口」

→〈受付〉+〈口〉

例文の「窓口」は〈受付〉+〈口〉で表現。手話は申し込みなどを受け付ける窓口の意味を表す。

〈受付〉
左手甲から右手を前に垂らす。

〈口〉
右人差指の先を口元で回す。

まとまる 1

「考えがまとまる」

→〈考える〉+〈まとめる〉

例文の「まとまる」はばらばらだったものがきちんとしたものに仕あがる意味なので〈まとめる〉で表現。〈まとめる〉は一つにするさま。

〈考える〉
右人差指を頭にねじこむようにする。

〈まとめる〉
両手のひらを向かい合わせて左右から中央にあげながら握る。

まとまる 2

「交渉がまとまる」

→〈交渉①〉+〈結ぶ①〉

例文の「まとまる」はうまく結論が出る意味なので〈結ぶ①〉で表現。〈結ぶ①〉は「結果」の「結」を利用した手話表現。

〈交渉①〉
両手の人差指を繰り返しつき合わせる。

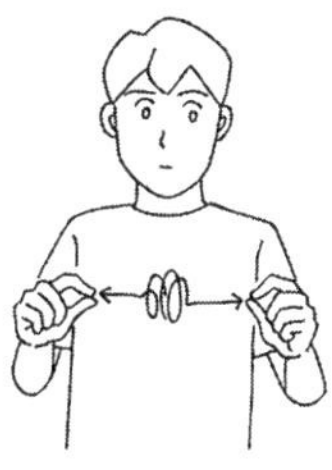

〈結ぶ①〉
両手の親指と人差指でひもを結ぶようにして左右に開く。

まとまる 3

「クラス全員がまとまる」
→〈グループ〉+〈集まる①〉

例文の「まとまる」は全員が一つになる意味なので〈集まる①〉で表現。〈集まる①〉はみんなが集まって一つになるさま。

〈グループ〉
指先を上に向けた両手で水平に手前に円を描く。

〈集まる①〉
両手指を軽く開いて向き合わせ中央に寄せる。

まとめる 1

「(荷物を)まとめる」
→(〈荷物〉+)
〈集める②〉または〈準備①〉
(または〈準備②〉)

例文の「まとめる」は〈集める②〉または〈準備①〉または〈準備②〉で表現。〈集める②〉はかき集めるさま、〈準備①〉〈同②〉はかたづけるさま。

〈集める②〉
全指を折り曲げた両手を熊手のように中央にかき集める。

〈準備①〉
向かい合わせた両手を左から右へ動かす。

まとめる 2

「意見をまとめる」
→〈意見〉+〈まとめる〉

例文の「まとめる」は意見なので〈まとめる〉で表現。〈まとめる〉は広がっている物をまとめるさまを表す。

〈意見〉
右小指を頭に当て、手首を返しながら前に出す。

〈まとめる〉
両手のひらを向かい合わせて左右から中央にあげながら握る。

まとめる 3

「交渉をまとめる」
→〈交渉①〉+〈つなぐ〉

例文の「まとめる」は第三者が仲介してまとめることなので〈つなぐ〉で表現。〈つなぐ〉は両者を左右からつなぐさまを表す。

〈交渉①〉
両手の人差指を繰り返しつき合わせる。

〈つなぐ〉
両こぶしを左右から近づけ、親指側をつける。

マナー

「マナーが良い」
→〈常識〉+〈良い〉

「マナー」は〈常識〉で表現。〈常識〉は〈道徳〉を元にした手話で「道徳」「行儀」「エチケット」などの意味がある。

〈常識〉
両こぶしの小指側を繰返し打ちつける。

〈良い〉
右こぶしを鼻から前に出す。

まなびとる
【学び取る】

「技術を学び取る」
→〈技術〉+〈学び取る〉

「学び取る」は〈学び取る〉で表現。〈学び取る〉は目で盗み取るさまを表す。

〈技術〉
握った左手首を右人差指で軽くたたく。

〈学び取る〉
両人差指を曲げ、交互に目の前に引き寄せる。

まなぶ【学ぶ】

「(手話を)学ぶ」

→(〈手話〉+)
〈教わる①〉
または〈教わる②〉

例文の「学ぶ」は教えてもらうことなので〈教わる①〉または〈教わる②〉で表現。いずれも「学ぶ」「習う」などの意味を表す。

〈教わる①〉
右手人差指の先を顔の方に向けて指先で指示されるように動かす。

〈教わる②〉
左手のひらに人差指を折り曲げた右手をのせるようにして上から同時に引き寄せる。

マニュアル 1

「(パソコンの)マニュアル」

→(〈パソコン〉+)
〈説明〉+〈本〉

例文の「マニュアル」は解説書のことで2種類の表現がある。ひとつは〈説明〉+〈本〉で表現。

〈説明〉
左手のひらを右手で小刻みにたたく。

〈本〉
手のひらを合わせた両手を本を開くように左右に開く。

マニュアル 2

「パソコンのマニュアル」

→〈パソコン〉+〈マニュアル〉

もうひとつは〈マニュアル〉で表現。〈マニュアル〉は左手が〈方法〉の手の形、右手が「マニュアル」の頭文字から〈M〉を表す新しい手話。

〈パソコン〉
左手で指文字〈パ〉を示し、右手でタイプを打つようにする。

〈マニュアル〉
指先を伸ばした左甲に右指文字〈M〉を繰り返し当てる。

まね【真似】1

「猿のまねをする」

→〈猿〉+〈まねる〉

例文の「まね」はまねることなので〈まねる〉で表現。相手の特徴をとらえて覚えるさまで「模倣(する)」「まね」「まねる」の意味を表す。

〈猿〉
左手甲を右手でかく。

〈まねる〉
右手の親指と4指で前からつかみ、額で閉じる。

まね【真似】2

「ふざけたまねをするな」

→〈冗談〉+〈とめる〉

例文の「まね」はふるまいの意味なので「ふざけたまね」は〈冗談〉で表現。

〈冗談〉
両手指先を軽く開いて上下に置き、手首をぶらぶらさせる。

〈とめる〉
左手のひらの上に右手を振りおろす。

まね【真似】3

「泣きまね」

→〈うそ①〉+〈泣く②〉

「泣きまね」はうそ泣きのことなので〈うそ①〉+〈泣く②〉で表現。

〈うそ①〉
ほおを舌でふくらませ、そこを人差指で突く。

〈泣く②〉
両手で目の下をこすり、泣くようにする。

マネージャー 1

「ホテルのマネージャー」

→〈ホテル〉+〈マネージャー〉

例文の「マネージャー」は支配人のことなので〈マネージャー〉で表現。〈マネージャー〉は〈指導〉の手の形を日本式アルファベット〈M〉に変えて表す。

〈ホテル〉

左手のひらに右手2指を寝かせるようにして当て、順にあげる。

〈マネージャー〉

両手3指を前方に向けて出し、交互に前後させる。

マネージャー 2

「選手のマネージャー」

→〈選手〉+〈世話〉

例文の「マネージャー」はチーム・芸能人などの世話をする人のことなので〈世話〉で表現。〈世話〉はあれこれ世話をするさまで、その人のことも含む。

〈選手〉

左こぶしの甲に親指を立てた右手を軽くかすめるように当て、上にあげる。

〈世話〉

指先を前に向け、手のひらを向かい合わせた両手を交互に上下させる。

まねく【招く】1

「手で招く」

→〈招く〉

例文の「招く」は手招きするの意味なので〈招く〉で表現。〈招く〉は手で招くさまで「招く」「おいで」などの意味を表す。

〈招く〉

右手のひらで手招きする。

まねく【招く】2

「家に客を招く」

→〈家〉+〈客〉

例文の「招く」は来てもらう意味なので〈客〉で表現。〈客〉は来る人のことで下に手を添えて「客」を表す。「招待」の意味もある。

〈家〉

両手で屋根形を作る。

〈客〉

左手のひらに親指を立てた右手をのせ、右から手前に引き寄せる。

まねく【招く】3

「誤解を招く」

→〈まちがう②〉+〈取られる②〉

例文の「招く」は望ましくない結果を引き起こすの意味。ここでは誤解されるの意味なので〈まちがう②〉+〈取られる②〉で表現。

〈まちがう②〉

つまんだ両手を目の前に置き、交差させる。

〈取られる②〉

右手で顔を前につかみとるようにする。

まねる【真似る】

「何でもまねる」

→〈いろいろ〉+〈まねる〉

「まねる」は〈まねる〉で表現。相手の特徴をとらえて覚えるさまを表す。〈まねる〉は「まね」「模倣(する)」の意味がある。

〈いろいろ〉

親指と人差指を立てた右手をひねりながら右へやる。

〈まねる〉

右手の親指と4指で前からつかみ、額で閉じる。

まばゆい

「まばゆいばかりの美しさ」

→〈まばゆい〉+〈美しい①〉

「まばゆい」はまぶしくて目がくらむさまをいうので〈まばゆい〉で表現。〈まばゆい〉は目がくらむようなさまを表す。

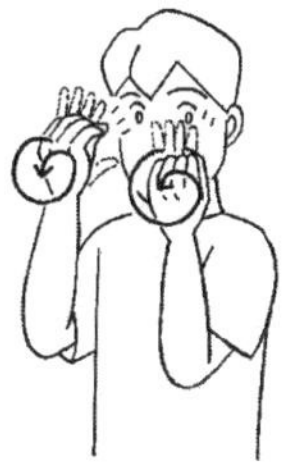

〈まばゆい〉
すぼめた両手を閉じたり開いたりしながら目の前で回す。

〈美しい①〉
手のひらを目の前で左右に少し振る。

まひ【麻痺】1

「手がまひする」

→〈手〉+〈まひ〉

例文の「まひ」は手についてなので〈まひ〉で表現。〈まひ〉は手がぶらぶらするさまを表す。

〈手〉
左手甲を右手のひらでふれる。

〈まひ〉
右ひじを軽くあげて、右手を軽く振る。

まひ【麻痺】2

「心臓まひ」

→〈心臓〉+〈心臓がとまる〉

例文の「まひ」は心臓についてなので〈心臓がとまる〉で表現。〈心臓がとまる〉は心臓の鼓動が停止するさまを表す。

〈心臓〉
全指を折り曲げた両手を上下に向かい合わせ、左胸の前に置き、間をせばめたり広げたりする。

〈心臓がとまる〉
左胸の前で全指を曲げた両手を上下に動かしながら急に動きをとめる。

まひ【麻痺】3

「交通まひ」

→〈交通〉+〈混乱〉

例文の「まひ」は本来の動きができなくなる意味なので〈混乱〉で表現。〈混乱〉は本来の秩序が乱れるさまで「混乱(する)」の意味。

〈交通〉
両手のひらを前後に重なるように左右に動かす。

〈混乱〉
全指を曲げた両手のひらを上下に向かい合わせて、かき混ぜるようにする。

まぶしい

「太陽がまぶしい」

→〈太陽〉+〈まぶしい〉

「まぶしい」はまぶしくて目がくらむさまをいうので〈まぶしい〉で表現。〈まぶしい〉は右手に光線を示し、それがまぶしいという顔をする。

〈太陽〉
両手の親指と人差指を向かい合わせて大きな丸を作り、上にあげる。

〈まぶしい〉
すぼめた右手を目に向かって開き、目を細めるようにする。

マフラー

「派手なマフラー」

→〈はで〉+〈マフラー〉

例文の「マフラー」は襟巻きのことなので〈マフラー〉で表現。〈マフラー〉はマフラーを巻くさまを表す。「マフラーを巻く」も同手話。

〈はで〉
両手のひらを目の前に勢いよく近づける。

〈マフラー〉
左手を右胸に当て、右手をマフラーをかけるように左肩に当てる。

まま 1

「言うままになる」

→〈言われる①〉+〈うなずく〉

例文の「言うままになる」は相手に言われた通りにする意味で〈言われる①〉+〈うなずく〉で表現。〈うなずく〉の動作は小刻みにはやくする。

〈言われる①〉

すぼめた右手を手前に開く。

〈うなずく〉

右腕を左手で持ち、右こぶしを振って上下させる。

まま 2

「思うまま(にする)」

→〈思う〉+〈同じ⑤〉
(+〈する〉)

「思うまま」は自分の思い通りになるの意味なので〈思う〉+〈同じ⑤〉で表現。

〈思う〉

右人差指を側頭部に当てる。

〈同じ⑤〉

右手 2 指を閉じたり開いたりする。

まま 3

「見たまま(を述べる)」

→〈見る①〉+〈同じ①〉
(+〈説明〉)

「見たまま」は見たその通りの意味なので〈見る①〉+〈同じ①〉で表現。〈同じ①〉はふたつのものがそろうさまで「同じ」「まま」の意味。

〈見る①〉

右人差指を右目元から前に出す。

〈同じ①〉

両手の親指と人差指の先を上に向けて閉じたり開いたりする。

まめ【豆】1

「豆まき」

→〈豆〉+〈まく①〉

例文の「豆」は〈豆〉で表現。〈豆〉は小さな豆粒のさまを表す。

〈豆〉

両手の親指と人差指で小さな丸を作り、交互に上下させる。

〈まく①〉

左手の上から右手であちこちにまくようにする。

まめ【豆】2

「豆本」

→〈小さい①〉+〈本〉

例文の「豆」は小さい意味なので〈小さい①〉で表現。〈小さい①〉は小さいさまを表し、その程度で表現は変わる。

〈小さい①〉

両手の親指と人差指を向かい合わせ、左右から縮める。

〈本〉

両手のひらを合わせて左右に開く。

まもる【守る】1

「(国を)守る」

→(〈国(くに)〉+)
〈守る①〉
または〈守る②〉

例文の「守る」は害を受けないように防ぐ意味なので〈守る①〉または〈守る②〉で表現。左手を右手でとり囲み守るさまを表す。

〈守る①〉

左親指のまわりを右手で取り囲むようにする。

〈守る②〉

左こぶしのまわりを右手のひらで取り囲むようにする。

ま

まもる【守る】2

「約束を守る」

→〈約束〉+〈注意〉

例文の「守る」は決められた通りにする意味で〈注意〉で表現。〈注意〉は気を引き締めるさまで「守る」「気をつける」の意味を表す。

〈約束〉

両手小指をからませる。

〈注意〉

軽く開いた両手を上下に置き、体に引きつけて握る。

まもる【守る】3

「沈黙を守る」

→(〈黙る①〉または)〈秘密①〉+〈続く①〉

例文の「守る」はある状態のままでいる意味なので〈続く①〉で表現。〈続く①〉は関係を示す輪が続くさまを表す。

〈秘密①〉

右人差指を口元に当てる。

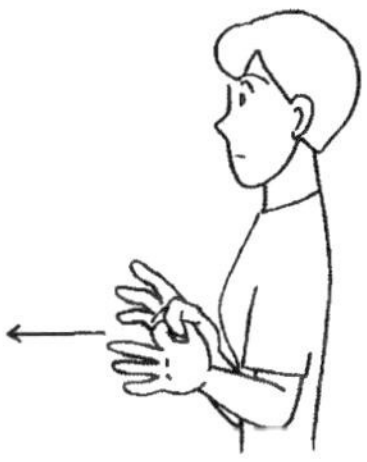

〈続く①〉

両手の親指と人差指を組んで前に出す。

まやく【麻薬】

「麻薬」

→〈複雑〉+〈薬〉

「麻薬」は〈複雑〉+〈薬〉で表現。頭を混乱させる薬を表す。隠語的には〈注射〉で表す場合もある。

〈複雑〉

全指を折り曲げた右手を顔の前で回す。

〈薬〉

左手のひらに右薬指をつけてこねるように回す。

まよう【迷う】1

「道に迷う」

→〈道①〉+〈ややこしい〉

例文の「迷う」は進むべき道がわからなくなる意味なので〈ややこしい〉で表現。〈ややこしい〉は自分が混乱するさまを表す。

〈道①〉

指先を前に向けて両手のひらを向かい合わせて前に出す。

〈ややこしい〉

全指を曲げた両手を目の前で回す。

まよう【迷う】2

「判断に迷う」

→〈判断〉+〈迷う〉

例文の「迷う」はどうしたらよいか心が決まらない意味なので〈迷う〉で表現。〈迷う〉は心が揺れるさまを表す。

〈判断〉

左手のひらの上を右手で左右に振り分ける。

〈迷う〉

両手のひらを並べて左右に振る。

マラソン

「マラソン」

→〈遠い①〉+〈走る〉

「マラソン」は42.195キロという長距離の走りを競うスポーツなので〈遠い①〉+〈走る〉で表現。

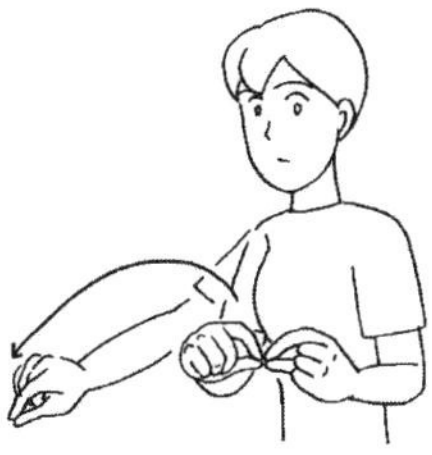

〈遠い①〉

親指と人差指を閉じた両手をつき合わせ、右手を弧を描いて前に出す。

〈走る〉

両手を握って走るようにこぶしを上下させる。

まる【丸】1

「鉛筆で丸をつける」
→〈鉛筆〉+〈丸①〉

例文の「丸をつける」は〈丸〉で表現。〈丸〉は丸を描くさまで丸の大きさによって表現は変わる。

〈鉛筆〉
右手の親指と人差指を閉じて口元に近づけ、書くようにする。

〈丸①〉
右手の親指と人差指を閉じて丸を描く。

まる【丸】2

「丸顔」
→〈顔〉+〈丸顔〉

「丸顔」は顔の丸いことなので〈顔〉+〈丸顔〉で表現。〈丸顔〉は顔の丸いさまを表す。

〈顔〉
右人差指で顔の前で丸を描く。

〈丸顔〉
両手の親指と4指を向かい合わせ顔の前で丸を示す。

まる【丸】3

「丸もうけ」
→〈すべて〉+〈もうける③〉

「丸もうけ」は収入のすべてがもうけになる意味なので〈すべて〉+〈もうける③〉で表現。〈もうける③〉はごっそり手に入れるさまを表す。

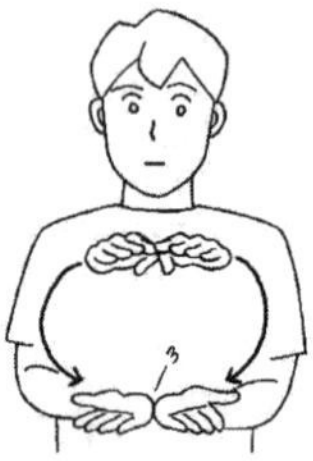

〈すべて〉
両手で上から下に円を描く。

〈もうける③〉
半開きにした両手をぱっと引きあげる。

まれ【稀】1

「人が来るのもまれ」
→〈来る②〉+〈少し〉

例文の「まれ」は極めて少ないの意味なので〈少し〉で表現。〈少し〉は程度によりさまざまな表現がある。

〈来る②〉
右人差指を上に向けて手前に引く。

〈少し〉
右手の親指と人差指を合わせ、親指をはじく。

まれ【稀】2

「(世界にも)まれな(動物)」
→(〈世界〉+)
〈珍しい①〉
または〈珍しい②〉
(+〈動物〉)

例文の「まれ」は珍しいの意味なので〈珍しい①〉または〈珍しい②〉で表現。〈珍しい②〉は目の玉が飛び出るさまの変形したもの。

〈珍しい①〉
目の前ですぼめた右手を閉じたり開いたりする。

〈珍しい②〉
すぼめた右手を目の前から前に出しながら開く。

まわる【回る】1

「目が回る」
→〈酔う〉

例文の「目が回る」は〈酔う〉で表現。〈酔う〉は一般的な目が回るさまを表す。

〈酔う〉
両手の人差指の先を目に向けて回す。

まわる【回る】2

「(月は)地球を回る」

→(〈月〉+)
〈世界〉+〈衛星〉

「地球を回る」は〈世界〉+〈衛星〉で表現。〈衛星〉は左手の地球を右手の月が回るさま。〈世界〉は地球の意味。

〈世界〉

両手の指先を向かい合わせ、球を描くように前に回す。

〈衛星〉

左手の親指と4指で示した丸のまわりを右手の親指と人差指で作った丸を回す。

まわる【回る】3

「挨拶に回る」

→〈あいさつ〉+〈訪問④〉

例文の「回る」は順に行く意味なので〈訪問④〉で表現。〈訪問④〉は左手の家を右手の人が順に回るさまを表す。

〈あいさつ〉

両手の人差指を向かい合わせて指先を曲げる。

〈訪問④〉

左手屋根形の下に人差指を立てた右手を入れることを3方でする。

まわる【回る】4

「八時を回る」

→〈八時〉+〈過ぎる〉

例文の「回る」は時刻が過ぎる意味なので〈過ぎる〉で表現。〈過ぎる〉は限度を越えるさまを表す。

〈八時〉

左手首の甲側に右手で〈8〉を軽く当てて前に示す。

〈過ぎる〉

左手甲の上を右手で乗り越える。

まわる【回る】5

「酒が回る」

→〈酒〉+〈酔う〉

例文の「回る」は酒に酔う意味なので〈酔う〉で表現。〈酔う〉は目が回るさまを表す。

〈酒〉

右手をあごと額に順に当てる。

〈酔う〉

両手の人差指の先を目に向けて回す。

まわる【回る】6

「知恵が回る」

→〈賢い①〉+〈繰り返す〉

例文の「回る」は知恵が働く意味なので〈繰り返す〉で表現。〈賢い①〉+〈繰り返す〉は知恵が回る、機転を利かす意味を表す。

〈賢い①〉

右手の親指と人差指を閉じ、上に向かってはじくように開く。

〈繰り返す〉

両手の人差指を向かい合わせて回す。

まわる【回る】7

「口が回らない」

→〈しゃべる①〉+〈難しい〉

例文の「口が回る」はうまくしゃべる意味なので〈しゃべる①〉で表現。

〈しゃべる①〉

すぼめた右手を口元から前に向かってぱっぱっと繰り返し開く。

〈難しい〉

ほおをつねるようにする。

まわる【回る】8

「辺りを歩き回る」
→〈あたり〉右側+〈歩き回る〉

例文の「歩き回る」は〈歩き回る〉で表現。〈歩き回る〉は人が歩いて一周するさまを表す。

〈あたり〉右側
右手のひらを下に向け、水平に小さく回す。

〈歩き回る〉
右手２指を歩くようにして水平に回す。

まん【万】

「一万」
→〈１②〉+〈万〉

「万」は〈万〉で表現。万(10000)は０が四つなので指で０を四つ作って表す。

〈１②〉
右人差指を横にして示す。

〈万〉
右手の親指と４指を閉じて丸を作る。

まんいん【満員】

「満員電車」
→〈満員〉+〈電車〉

例文の「満員」は人が混むことなので〈満員〉で表現。〈満員〉は人と人とが押し合うように混み合っているさまを表す。

〈満員〉
両手の指背側を合わせて水平に回す。

〈電車〉
折り曲げた右手２指を左手２指に沿って前に動かす。

まんが【漫画】

「おもしろい漫画」
→〈おもしろい〉+〈漫画〉

「漫画」は〈漫画〉で表現。〈漫画〉は「冗談」や「ユーモア」を表す手話から派生した表現で「漫画」の意味を表す。

〈おもしろい〉
両こぶしで腹を同時に軽くたたく。

〈漫画〉
親指と人差指で丸を作った両手を上下に置き、前に向けて振る。

まんざい【漫才】

「漫才」
→〈冗談〉+〈会話②〉

「漫才」は〈冗談〉+〈会話②〉で表現。軽口を言い合うさまを表す。

〈冗談〉
両手指先を軽く開いて上下に置き、手首をぶらぶらさせる。

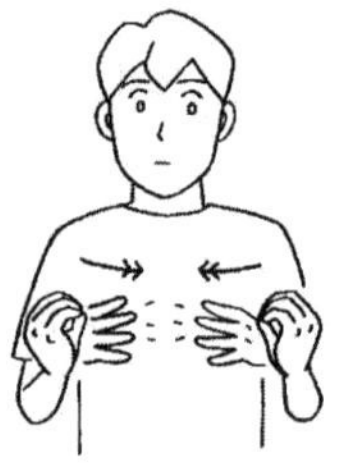

〈会話②〉
すぼめた両手を向かい合わせて同時に左右から繰り返し開く。

まんじゅう【饅頭】

「(おいしい)まんじゅう」
→(〈おいしい①〉+)
〈まんじゅう①〉
または〈まんじゅう②〉

例文の「まんじゅう」は〈まんじゅう①〉または〈同②〉で表現。〈同①〉はまるめるさま、〈同②〉は盛り上がったまんじゅうのさまを表す。

〈まんじゅう①〉
両手のひらを上下に向かい合わせてまるめるようにする。

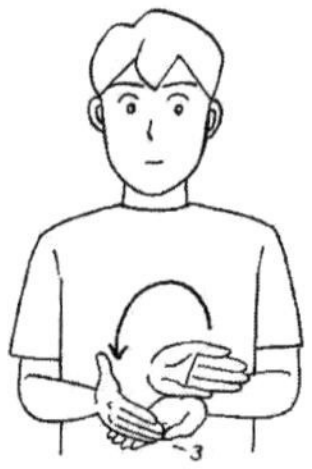

〈まんじゅう②〉
左手のひらの上に右手で小さな山を描く。

マンション

「マンション(に住む)」
→〈ビル②〉+〈マンション〉
(+〈生活〉)

「マンション」は集合住宅の一種なので〈ビル②〉+〈マンション〉で表現。〈マンション〉は建物が部屋ごとに区切られているさまを表す。

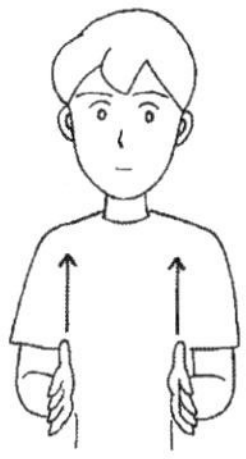

〈ビル②〉
両手のひらを向かい合わせて同時に上にあげる。

〈マンション〉
左手のひらの上を右手で区切るように前に出す。

まんなか【真ん中】1

「街の真ん中」
→〈町①〉(または〈町②〉)
+〈中央〉

例文の「真ん中」は場所の中央のことなので〈中央〉で表現。〈中央〉は漢字「中」の字形を表す。

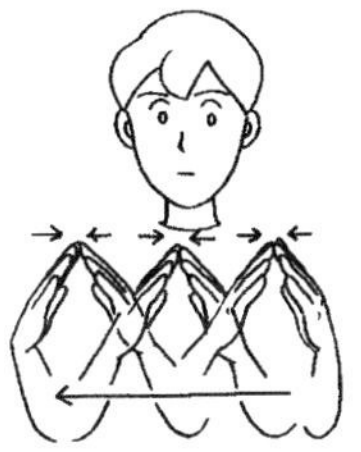

〈町①〉
両手で屋根形を作りながら左から右へ動かす。

〈中央〉
左手の親指と人差指と右人差指で「中」の字形を作り、人差指を下におろす。

まんぞく【満足】1

「満足な答え」
→〈きちんと①〉+〈答える〉

例文の「満足」はきちんとした納得できるの意味なので〈きちんと①〉で表現。

〈きちんと①〉
両手の親指と人差指を同時に閉じながら下におろす。

〈答える〉
口の前で両手の親指と人差指を向かい合わせて前に出す。

まんなか【真ん中】2

「[3人]兄弟の真ん中」
→〈兄弟〉+〈まんなか〉

例文の「真ん中」は〈まんなか〉で表現。〈まんなか〉は左手の〈3②〉の中指を右手でつまんで表す。

〈兄弟〉
両手の中指を立て甲側を前に向け、交互に上下させる。

〈まんなか〉
左手3指の甲側を前に向け、中指をつまむ。

まんぞく【満足】2

「生活に満足している」
→〈生活〉+〈順調〉

例文の「満足」は十分だと思う意味なので〈順調〉で表現。〈順調〉はそろって進行するさまを表す。

〈生活〉
両手の親指と人差指を向かい合わせて回す。

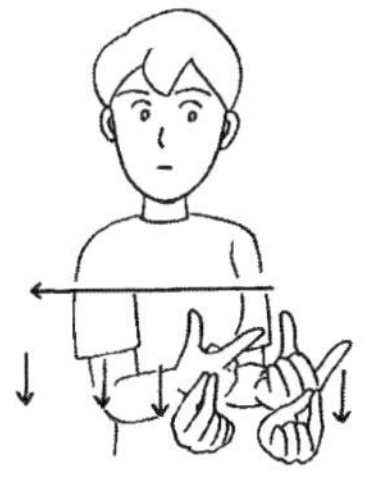

〈順調〉
両手の親指と人差指を上に向け、繰り返し閉じながら右へ動かす。

まんねんひつ【万年筆】

「外国製の万年筆」
→〈外国〉+〈万年筆〉

「万年筆」は〈万年筆〉で表現。〈万年筆〉はペン先からインクの出るさまで「万年筆」「ペン」などを表す表現。

〈外国〉
右人差指を右目のまわりで回す。

〈万年筆〉
左手のひらを下に向けて右手の親指と人差指をつまんで前に出すようにする。

まんびき【万引き】1

「本を万引きする」

→〈本〉+〈盗む〉

例文は盗むことなので〈盗む〉で表現。ただし〈本〉の左手を残したまま〈盗む〉をする。

〈本〉

両手のひらを合わせて本を開くように左右に開く。

〈盗む〉

〈本〉の左手を残したまま右人差指をかぎ状にして引っかけるよう手前に引く。

ま

まんびき【万引き】2

「万引きを捕まえる」

→〈盗む〉+〈つかむ①〉

例文の「万引き」は万引きする人の意味で〈盗む〉で表現。

〈盗む〉

かぎ状にした人差指を手前に引く。

〈つかむ①〉

軽く開いた右手のひらを下に向けてつかむようにする。

まんぷく【満腹】

「満腹でもう入らない」

→〈満腹〉+〈終わる〉

「満腹」は腹がいっぱいになることで〈満腹〉で表現。〈満腹〉は腹の皮が内側から突っ張るさまを表す。

〈満腹〉

腹の前に置いた左手に右手甲を打ちつける。

〈終わる〉

指先を上に向けた両手を下におろしながら閉じる。

〈ミ〉

右手の3指の指先を左に向けて示す。

み【実】1

「たくさんくだものの実がなる」

→〈たくさん⑤〉+〈くだもの〉

例文の「実」は果実のことなので〈くだもの〉で表現。〈くだもの〉はたわわに実がなるさまで「くだもの」「フルーツ」を表す。

〈たくさん⑤〉

軽く開いた両手のひらを手前に向けて、前後に揺らしながら左右に開く。

〈くだもの〉

指を開きやや曲げた両手のひらを上に向け、交互に小さく上下させる。

み【実】2

「実験が実を結ぶ」

→〈実験〉+〈成功〉

例文の「実を結ぶ」は成功する意味なので〈成功〉で表現。〈成功〉はうまくいったさまを表す。

〈実験〉

人差指を出した両手の手首を交差させて、ねじるように揺する。

〈成功〉

右こぶしを鼻から左手のひらに打ちつける。

み【実】3

「実のない(話)」

→〈内容〉+〈くだらない〉
(+〈手話〉)

例文の「実」は内容の意味なので〈内容〉で表現。〈内容〉は手で囲った内容をさすさまで「内容」「なかみ」などの意味を表す。

〈内容〉
左手のひらで囲んだ内側を右人差指でかき回す。

〈くだらない〉
右人差指を伸ばし下からあげて左手のひらに打ちつける。

み【身】1

「服を身につける」

→〈着る〉

例文の「身につける」は着る意味なので〈着る〉で表現。〈着る〉は洋服を着るさまを表す。

〈着る〉
親指を立てた両手を内側に倒し、着るようにする。

み【身】2

「身を粉にして働く」

→〈一生懸命〉+〈仕事〉

「身を粉にする」は一生懸命働く意味なので〈一生懸命〉+〈仕事〉で表現。〈一生懸命〉は脇見もせずひたむきにつとめるさまを表す。

〈一生懸命〉
両手を顔の横から繰り返し強く前に出す。

〈仕事〉
手のひらを上に向け、向かい合わせた両手指先を繰り返しつき合わせる。

み【身】3

「身から出た(さび)」

→〈個人〉+〈責任①〉
(+〈仕方ない〉)

「身から出たさび」は自分のしたことが原因で苦しむ意味なので〈個人〉+〈責任①〉+〈仕方ない〉で表現。〈仕方ない〉は身を切るさまを表す。

〈個人〉
両手の人差指で顔の輪郭を示す。

〈責任①〉
右肩に軽く全指を折り曲げた右手をのせる。

み【身】4

「身のほど(知らず)」

→〈個人〉+〈力〉
(+〈知らない〉)

「身のほど知らず」は自分の立場や力をわきまえていない意味なので〈個人〉+〈力〉+〈知らない〉で表現。〈個人〉は自分自身を表す。

〈個人〉
両手の人差指で顔の輪郭を示す。

〈力〉
こぶしを握った左腕を曲げ、上腕に右人差指で力こぶを描く。

み【身】5

「身を固める」

→〈結婚〉
(または〈仕事〉+〈入る②〉)

「身を固める」は結婚して家庭を持つ、あるいはきまった職につく意味なので、〈結婚〉または、〈仕事〉+〈入る②〉で表現。

〈結婚〉
親指と小指を左右からつける。

み

み【身】6

「私の身（になって下さい）」

→〈私①〉+〈立つ〉（〈考える〉+〈頼む①〉）

例文の「身」は立場の意味なので〈立つ〉で表現。〈立つ〉は人の立つさまで「立場」の意味を表す。

〈私①〉

人差指で胸を指さす。

〈立つ〉

左手のひらの上に右手２指を立てる。

み【身】7

「仕事に身を入れる」

→〈仕事〉+〈一途①〉

「身を入れる」は心を打ち込んで一生懸命にする意味なので〈一途①〉で表現。〈一途①〉はひたむきに集中するさまを表す。

〈仕事〉

手のひらを上に向け、向かい合わせた両手指先を繰り返しつき合わせる。

〈一途①〉

両手のひらをこめかみ付近から斜め前に絞り込むようにおろす。

み【未】

「（技術の）未発達」

→（〈技術〉+）〈成長〉+〈まだ①〉

「未」はまだの意味なので〈まだ①〉で表現。〈まだ①〉は到着点に達しないさまを表す。

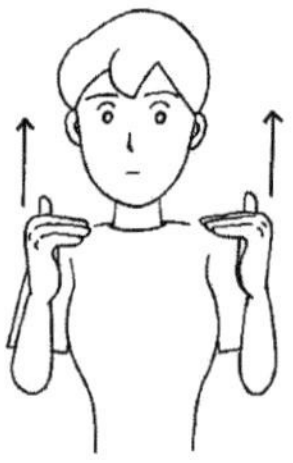

〈成長〉

両手の指文字〈コ〉を上にあげる。

〈まだ①〉

左手のひらに右手指先を向けて上下に振る。

みあい【見合】

「見合結婚」

→〈つなぐ〉+〈結婚〉

「見合結婚」は結婚を前提とする紹介によって結婚することなので〈つなぐ〉+〈結婚〉で表現。

〈つなぐ〉

両こぶしを左右から近づけ、親指側をつける。

〈結婚〉

親指と小指を左右からつける。

みあげる【見上げる】1

「空を見あげる」

→〈空〉+〈見あげる①〉

例文の「見あげる」は上を見る意味なので〈見あげる①〉で表現。〈見あげる①〉は上に視線を注ぐさまを表す。

〈空〉

右手で頭上に弧を描く。

〈見あげる①〉

指先を前に向けた右手２指を上にあげながら視線を上にあげる。

みあげる【見上げる】2

「見上げたものだ」

→〈敬う①〉

例文の「見上げた」は立派だの意味なので〈敬う①〉で表現。〈敬う①〉は敬い尊敬するさまで「敬う」「尊敬（する）」などの意味を表す。

〈敬う①〉

左手のひらの上に親指を立てた右手をのせて上にあげる。

みえ【見栄】1

「みえを張る癖」

→〈いばる〉+〈癖〉

例文の「みえを張る」は自分を実際以上に見せようとうわべを飾る意味なので〈いばる〉で表現。〈いばる〉は胸を張っていばるさまを表す。

〈いばる〉

両手の親指を背広のえりに当て、４指を振る。

〈癖〉

左手甲に右手を上からぶつけるようにして握る。

みえ【見栄】2

「みえで買う」

→〈みえ〉+〈買う〉

例文の「みえ」は他人を気にして、いいところを見せようとする意味なので〈みえ〉で表現。右手は表をかっこよく見せようとするさまを表す。

〈みえ〉

左手甲を前に示し、親指と４指を曲げた右手を前に向けて出す。

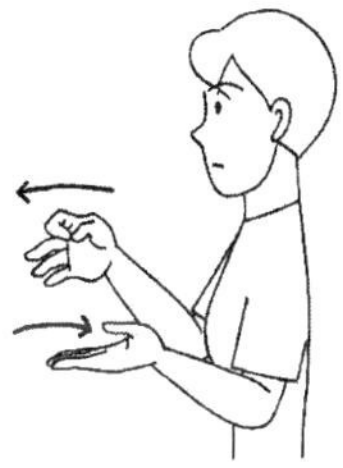

〈買う〉

右手の親指と人差指で作った丸を前に出すと同時に手のひらを上に向けた左手を手前に引く。

みえる【見える】1

「山が見える」

→〈山〉+〈見る②〉

例文の「見える」は〈見る②〉で表現。〈見る②〉は視線を前に向けるさまで「見る」「見える」の意味がある。

〈山〉

右手で山形を描く。

〈見る②〉

目の位置から右手の２指の指先を前に出す。

みえる【見える】2

「はっきり見える」

→〈はっきり〉+〈見る①〉

例文の「見える」は〈見る①〉で表現。〈見る①〉は見る意味を表す手話のひとつで「見る」「見える」の意味がある。

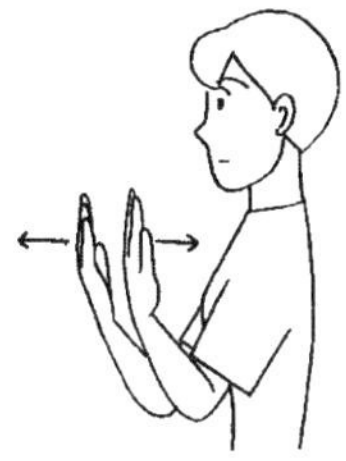

〈はっきり〉

左右の手のひらを並べて前後にすばやく離す。

〈見る①〉

右人差指を右目元から前に出す。

みえる【見える】3

「全然見えない」

→〈すべて〉+〈見えない〉

「見えない」は見ることができないの意味なので〈見えない〉で表現。〈見えない〉は目の前がさえぎられるさまで「見えない」の意味を表す。

〈すべて〉

両手で上から下に円を描く。

〈見えない〉

軽く開いた右手のひらを手前に向け、目の前で左右に振る。

みえる【見える】4

「若く見える」

→〈見る②〉+〈若い〉

例文の「見える」は外見上そのように見えるの意味。〈見る②〉で表現。〈見る②〉は目で見るさまで「見る」「見える」の意味がある。

〈見る②〉

目の位置から右手の２指の指先を前に出す。

〈若い〉

右手のひらで額を左から右へふくようにする。

みえる【見える】5

「（家に）先生が見える」

→（〈家〉＋）
〈教える①〉＋〈客〉

例文の「見える」はおいでになるの意味なので〈客〉で表現。〈客〉は下に手を添えることで単なる男でない「客」に対する丁寧さを表す。

〈教える①〉
右人差指を口元から斜め下に振りおろす。

〈客〉
左手のひらに親指を立てた右手をのせ、右から手前に引き寄せる。

みおくる【見送る】3

「電車一台を見送る」

→〈電車〉＋〈どうぞ③〉

例文の「見送る」は見ているだけで、そのままにする意味なので〈どうぞ③〉で表現。〈どうぞ③〉は先に行くように勧めるさま。

〈電車〉
折り曲げた右手２指を左手２指に沿って前に動かす。

〈どうぞ③〉
右手のひらを上に向け、左から右へ動かす。

みおくる【見送る】1

「客を見送る」

→〈客〉＋〈さようなら〉

例文の「見送る」は人が去っていくのを送る意味で〈さようなら〉で表現。〈さようなら〉はさようならと手を振るさまを表す。

〈客〉
左手のひらに親指を立てた右手をのせ、右から手前に引き寄せる。

〈さようなら〉
右手のひらを前に向けて左右に振る。

みおとす【見落とす】

「（まちがいを）見落とす」

→（〈まちがう②〉＋）
〈見る①〉＋〈手落ち〉

「見落とす」はうっかり見すごしたことで〈見る①〉＋〈手落ち〉で表現。〈手落ち〉は欠けるさまで「欠ける」「手落ち」などの意味を表す。

〈見る①〉
右人差指を右目元から前に出す。

〈手落ち〉
両手のひらを手前に向けて重ね、右手を前に倒すように落とす。

みおくる【見送る】2

「採用を見送る」

→〈採用〉＋〈とめる〉

例文の「見送る」は実施しない意味なので〈とめる〉で表現。〈とめる〉は断つさまで「とめる」「やめる」「中止（する）」の意味を表す。

〈採用〉
左人差指を右手でつまみあげるようにする。

〈とめる〉
左手のひらの上に右手を振りおろす。

みおろす【見下ろす】

「街を見おろす」

→〈町①〉＋〈見おろす〉

「見おろす」は下を見ることなので〈見おろす〉で表現。〈見おろす〉は２指で表される視線を下方へ注ぐさまを表す。

〈町①〉
両手で屋根形を作りながら左から右へ動かす。

〈見おろす〉
右手２指の指先を目元から斜め下に向けて出す。

みがく【磨く】1

「歯をみがく」

→〈歯をみがく〉

例文の「みがく」は歯をこする意味なので〈歯をみがく〉で表現。〈歯をみがく〉は歯をみがくさまで「歯ブラシ」の意味もある。

〈歯をみがく〉

右手のこぶしを握って口元で左右に往復させて歯をみがくようにする。

みがく【磨く】2

「腕をみがく」

→〈腕〉+〈練習〉

例文の「みがく」は練習して鍛える意味なので〈練習〉で表現。〈練習〉は手にわざを仕込むさまで「練習(する)」「習う」の意味。

〈腕〉

左腕を右手で軽くたたく。

〈練習〉

左手甲に手のひらを手前に向けた右手指先を繰り返し当てる。

みかた【見方】1

「(表の)見方」

→(〈表(ひょう)①〉+)〈見る①〉+〈方法〉

例文の「見方」は見る方法の意味なので〈見る①〉+〈方法〉で表現。〈方法〉は手を示すさまで「手立て」「手段」「方法」の意味を表す。

〈見る①〉

右人差指を右目元から前に出す。

〈方法〉

左手甲を右手のひらで軽くたたく。

みかた【見方】2

「(新しい)見方」

→(〈新しい〉+)〈考える〉+〈方法〉

例文の「見方」は考え方、解釈の仕方の意味なので〈考える〉+〈方法〉で表現。

〈考える〉

右人差指を頭にねじこむようにする。

〈方法〉

左手甲を右手のひらで軽くたたく。

みかた【味方】

「(敵と)味方」

→(〈敵〉+)〈味方①〉または〈味方②〉

「味方」はこちら側の人のことで〈味方①〉または〈味方②〉で表現。いずれも手を合わせてこちらと一体であるさまを表す。

〈味方①〉

両手のひらを前後に向かい合わせて右手を近づけてつける。

〈味方②〉

両手を強く握る。

みかん【蜜柑】

「甘いミカン」

→〈甘い〉+〈ミカン〉

「ミカン」は〈ミカン〉で表現。ミカンの皮をむくさまを表す。

〈甘い〉

右手のひらを口元で回す。

〈ミカン〉

すぼめた左手をみかんに見立てて皮をむくようにする。

み

みぎ【右】1

「右に曲がる」

→〈右①〉+〈曲がる〉

例文の「右」は〈右①〉で表現。右手そのもの、または右手を強調する動きを表す。

〈右①〉

こぶしを握った右手でひじをあげて右を示す。

〈曲がる〉

左手の指先を前に向けて出し、右へ曲げる。

みぎ【右】2

「右側通行」

→〈右②〉+〈歩く①〉

「右側」は〈右②〉で表現。右の端、右側を表す。

〈右②〉

右手のひらで右側を押すようにする。

〈歩く①〉

右手2指を歩くように交互に前後させながら前に出す。

みぎ【右】3

「右寄りの考え」

→〈思う〉+〈右③〉

「右寄り」は保守的の意味で〈右③〉で表現。〈右③〉は右を強調するさまで「右側」と共に「右翼」の意味も表す。

〈思う〉

右人差指を側頭部に当てる。

〈右③〉

右腕を左手のひらで軽くたたく。

みぎ【右】4

「彼の右に出る者はない」

→〈彼〉+〈最高〉

「右に出る者はない」は一番すぐれている意味なので〈最高〉で表現。〈最高〉はこれ以上はないさまで「最高」「ベスト」の意味を表す。

〈彼〉

左親指を右人差指でさす。

〈最高〉

手のひらを下に向けた左手に右手指を下からあげて当てる。

ミキサー 1

「(くだものを)ミキサーに入れる」

→(〈くだもの〉+)〈ミキサー①〉+〈入れる②〉

例文の「ミキサー」は果物・野菜を砕き混ぜる機械のことなので〈ミキサー①〉で表現。〈ミキサー①〉はミキサーがかくはんするさまを表す。

〈ミキサー①〉

左手のひらを下向きにしたその下で5指を曲げて上向きにした右手の手首をひねり回す。

〈入れる②〉

左手の親指と4指で囲んだ中にすぼめた右手を入れる。

ミキサー 2

「ミキサー車」

→〈ミキサー②〉+〈トラック(車)〉(または〈運転〉)

例文の「ミキサー」はコンクリートミキサーのことなので〈ミキサー②〉で表現。〈ミキサー②〉はミキサー車の傾いたタンクが回転するさまを表す。

〈ミキサー②〉

曲げた両手の親指と4指を斜めに向かい合わせ、同時に外側に手首を回す。

〈トラック(車)〉

人差指を曲げた両手を向かい合わせ、腹の前から右肩へ引きあげる。

み

みくだす【見下す】

「彼を見下す」

→〈朝飯前〉
　または〈ものともしない〉

「見下す」は相手を軽く見てばかにする意味なので〈朝飯前〉または〈ものともしない〉で表現。〈朝飯前〉は吹けば飛ぶようなさまを表す。

〈朝飯前〉

手のひらの上にのったものを吹き飛ばすように軽く息を吹きかける。

〈ものともしない〉

閉じた右手の親指と人差指をぱっと開きながら左へ動かす。

みごと【見事】1

「見事な(花)」

→(〈花①〉+)
　〈上品〉
　または〈すばらしい〉

例文の「見事」はすばらしいの意味なので〈上品〉または〈すばらしい〉で表現。〈上品〉はひげの立派なさまで「上品」「立派」の意味。

〈上品〉

鼻の下に当てた右手を静かに右へ動かす。

〈すばらしい〉

鼻からこぶしを右上に弧を描いてあげる。

みごと【見事】2

「(予想が)見事に当たる」

→(〈希望〉+)
　〈目的①〉または〈成功〉
　(または〈きちんと①〉)

例文の「見事に当たる」は〈目的①〉または〈成功〉を強調して表現。当たったことに対する喜びを表情などで表す。

〈目的①〉

左こぶしの親指側を右人差指でたたく。

〈成功〉

右こぶしを鼻から左手のひらに打ちつける。

みごと【見事】3

「ものの見事に失敗した」

→〈すべて〉+〈失敗①〉

例文の「見事」は反語的にすっかりの意味なので〈すべて〉で表現。〈すべて〉は完全な円を描くさまで「完全(に)」「全く」などの意味。

〈すべて〉

両手で上から下に円を描く。

〈失敗①〉

右手で鼻の先を握って折るようにする。

みこみ【見込み】1

「天気になる見込み」

→〈明るい①〉+〈らしい〉

例文の「見込み」は予測の意味なので〈らしい〉で表現。〈らしい〉は推測するさまで「らしい」「ようだ」の意味を表す。

〈明るい①〉

両手のひらを前に向けて交差させ、ぱっと左右に開く。

〈らしい〉

右手2指を頭の横で前後に振る。

みこみ【見込み】2

「見込みがはずれる」

→〈思う〉+〈はずれる〉

例文の「見込み」は予想の意味で〈思う〉で表現。〈思う〉は予想していたこと、考えていたことという意味を表す。

〈思う〉

右人差指を側頭部に当てる。

〈はずれる〉

左こぶしの親指側を的にして右人差指を左へはずす。

みこみ【見込み】3

「見込みがある(男)」

→〈将来①〉+〈あがる⑥〉
(+〈男〉)

例文の「見込み」は将来有望で可能性がある意味なので〈将来①〉+〈あがる⑥〉で表現。〈あがる⑥〉は人が出世するさまを表す。

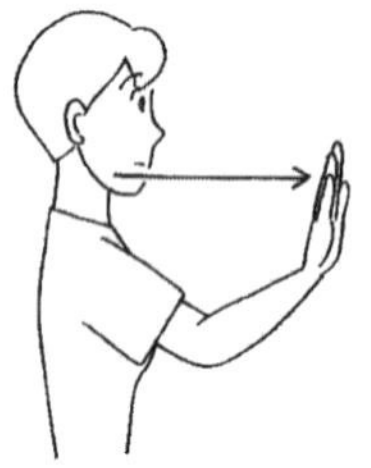

〈将来①〉
右手のひらを前に向けて押すように大きく前に出す。

〈あがる⑥〉
親指を立てた右手を左下から右上に順にあげる。

ミサイル

「核ミサイル」

→〈核〉+〈ミサイル〉

例文の「ミサイル」は〈ミサイル〉で表現。〈ミサイル〉が飛び出していくさまを表す。

〈核〉
右こぶしを示す。

〈ミサイル〉
人差指を立てた右手を左手のひらの上に置き、揺らしながら上にあげる。

みこみ【見込み】4

「完成の見込み」

→〈成功〉+〈予定〉

例文の「見込み」は予定の意味なので〈予定〉で表現。〈予定〉は「予」の旧漢字「豫」が「象」を含むところから象の鼻を表す。

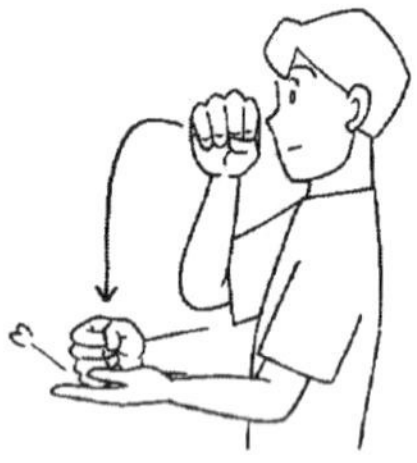

〈成功〉
右こぶしを鼻から左手のひらに打ちつける。

〈予定〉
右こぶしを鼻の前で手首を使って軽く揺する。

みじかい【短い】1

「短い棒」

→(〈棒〉または)
〈筒〉+〈短い①〉

例文の「短い」は長さが短いの意味なので〈短い①〉で表現。〈短い①〉は物、時間、距離などが短いことを表す。

〈筒〉
両手の親指と人差指で作った丸をつけて左右に引き離す。

〈短い①〉
親指と人差指を閉じた両手を左右からさっと近づける。

みこん【未婚】

「未婚(の男性)」

→〈結婚〉+〈まだ①〉
(+〈男〉)

「未婚」は結婚していない、結婚した経験がないことで〈結婚〉+〈まだ①〉で表現。〈まだ①〉はまだそこに到達しないさまを表す。

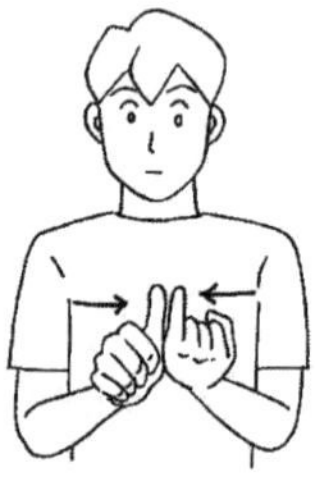

〈結婚〉
親指と小指を左右からつける。

〈まだ①〉
左手のひらに右手指先を向けて上下に振る。

みじかい【短い】2

「短い命」

→〈命〉+〈短い①〉

例文の「短い」は時間の長さが短い意味なので〈短い①〉で表現。〈短い①〉は物、時間、距離などの短さを表す。

〈命〉
右こぶしを左胸に当てる。

〈短い①〉
親指と人差指を閉じた両手を左右からさっと近づける。

みじかい【短い】3

「短い(鉛筆)」

→〈短い②〉
または〈短い③〉
(+〈鉛筆〉)

例文の「短い」は鉛筆が小さいことなので〈短い②〉または〈短い③〉で表現。いずれも縦に短いさまを表す。

〈短い②〉
親指と人差指を閉じた両手を上下から近づける。

〈短い③〉
右手の親指と人差指の間を上下に縮める。

みじかい【短い】4

「気が短い」

→〈心〉+〈短い①〉

「気が短い」は〈心〉+〈短い①〉で表現。手話は「気が短い」「短気」などの意味を表す。

〈心〉
右人差指でみぞおち辺りをさす。

〈短い①〉
親指と人差指を閉じた両手を左右からさっと近づける。

みじめ【惨め】1

「私はみじめな姿をさらす」

→〈私①〉+〈みっともない〉

例文の「みじめな姿をさらす」は〈みっともない〉で表現。〈みっともない〉は〈かっこいい〉の逆の動作で表現する。

〈私①〉
人差指で胸を指さす。

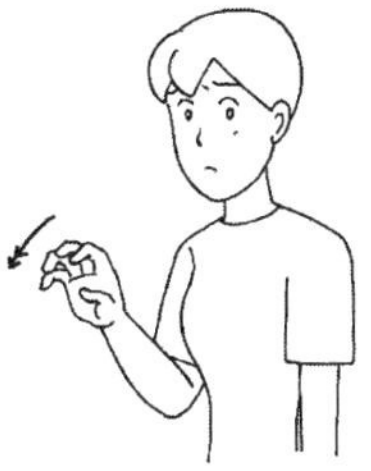

〈みっともない〉
全指を折り曲げた右手を手首から前にたたきつけるようにする。

みじめ【惨め】2

「みじめな負け方をする」

→〈負ける②〉+〈みっともない〉

例文は〈負ける②〉+〈みっともない〉で表現。

〈負ける②〉
親指を立てた両手をぶつけ手前に倒す。

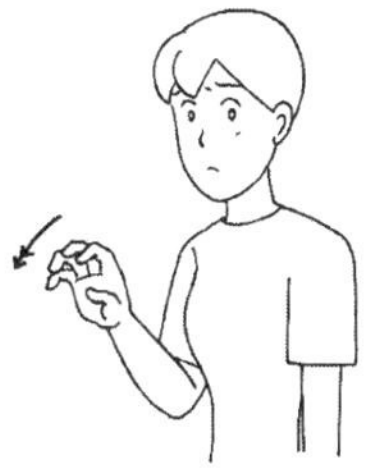

〈みっともない〉
全指を折り曲げた右手を手首から前にたたきつけるようにする。

みじゅく【未熟】1

「腕が未熟だ」

→〈腕〉+〈まだ①〉

例文の「未熟」はまだ十分でない様子なので〈まだ①〉で表現。〈まだ①〉はそこまで到達しないさまを表す。

〈腕〉
左腕を右手でぽんとたたく。

〈まだ①〉
左手のひらに右手指先を向けて上下に振る。

ミシン

「ミシンで洋服を縫う」

→〈服〉+〈ミシン〉

「ミシン」は〈ミシン〉で表現。ミシンで縫うさまを表す。

〈服〉
親指を立てた両手をえりに沿って下におろす。

〈ミシン〉
指先を前に向けた両手をゆっくり前に出す。

み

ミス 1

「校正ミス」

→〈直す〉+〈手落ち〉

例文の「ミス」は見落としがあることなので〈手落ち〉で表現。〈手落ち〉は欠けるさまで「手落ち」「ミス」などの意味を表す。

〈直す〉

人差指を立てた両手を繰り返し交差させる。

〈手落ち〉

両手のひらを手前に向けて重ね、右手を前に倒すように落とす。

ミス 2

「計算ミス」

→〈計算〉+〈まちがう②〉

例文の「ミス」はまちがいの意味なので〈まちがう②〉で表現。〈まちがう②〉は右と左を見まちがうさまで「まちがい」「誤り」「ミス」の意味。

〈計算〉

左手の指先の方向に右手 4 指を滑らせるように右へ動かす。

〈まちがう②〉

つまんだ両手を目の前に置き、交差させる。

みず【水】1

「（きれいな）水」

→〈流れる②〉
　または〈水〉
　（+〈美しい②〉）

例文の「水」は〈流れる②〉または〈水〉で表現。〈水〉は手ですくって飲むさまを表す。

〈流れる②〉

右手の甲を下にして波のようにゆらゆら上下に揺すりながら右へやる。

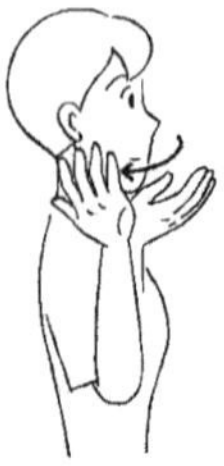

〈水〉

右手のひらをあごに当て、右へ回す。

みず【水】2

「全部水に流す」

→〈すべて〉+〈忘れる③〉

例文の「水に流す」は慣用句で〈忘れる③〉で表現。〈忘れる③〉は両手で後ろに投げやることで、すべて忘れ去ることを表す。

〈すべて〉

両手で上から下に円を描く。

〈忘れる③〉

つまんだ両手 5 指を頭の横に置き、開きながら後ろに投げやる。

みず【水】3

「かなり水をあける」

→〈離れる③〉+〈とても〉

「水をあける」は競争で相手に差をつける意味なので〈離れる③〉で表現。人に見立てた人差指の離れかたで離れている程度を表す。

〈離れる③〉

人差指を立てた両手を前後に引き離す。

〈とても〉

親指と人差指を閉じた右手を左から弧を描きながら親指を立てる。

みず【水】4

「騒ぎは水を打ったように静まった」

→〈混乱〉+〈安定〉

「水を打ったよう」はいっせいにしんと静まりかえるさまを表すので〈安定〉で表現。〈安定〉は落ち着いて静かなさまを表す。

〈混乱〉

全指を曲げた両手のひらを上下に向かい合わせて、かき混ぜるようにする。

〈安定〉

手のひらを下にした両手を左右に開きながらおろす。

みず【水】5

「水のあわ」

→〈水のあわ〉
または〈おじゃん〉

「水のあわ」は努力してやったことがむだになる意味なので〈水のあわ〉または〈おじゃん〉で表現。「水泡に帰す」「パーになる」などの意味。

〈水のあわ〉

すぼめた両手を上に向けて、ぱっと開く。

〈おじゃん〉

両手でつまみ上げた物を下に落とすようにして開く。

みずうみ【湖】

「湖」

→〈湖〉

「湖」は〈湖〉で表現。〈湖〉は大きな範囲に水をたたえるさまを表す新しい手話。

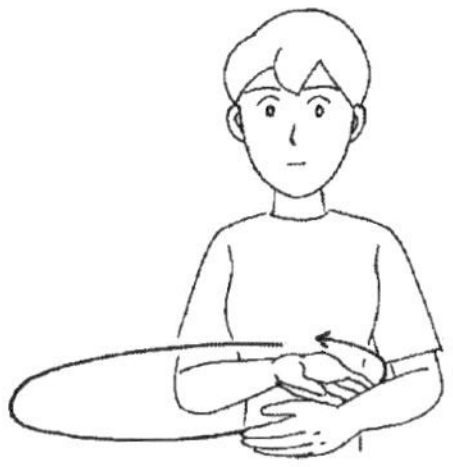

〈湖〉

左腕で囲んだ中で手のひらを上に向けた右手を大きめに回す。

みず【水】6

「二人は水と油の関係」

→〈二人①〉+〈そぐわない〉

「水と油」は全く違って調和しないことなので〈そぐわない〉で表現。〈そぐわない〉はそりが合わないさまを表す。

〈二人①〉

右手２指を立てて軽く左右に振る。

〈そぐわない〉

両手の指背側を合わせて、上下にこすり合わせる。

みずから【自ら】

「自ら進んで行く」

→〈自分一人〉+〈行(い)く①〉

「自ら」は〈自分一人〉で表現。〈自分一人〉は自分一人を強調するさまで「自ら」「自分で」「勝手に」などの意味を表す。

〈自分一人〉

右人差指を胸に当て、前にはねあげる。

〈行(い)く①〉

右手人差指を下に向けて、振りあげるように前をさす。

みすい【未遂】

「殺人未遂」

→〈殺す〉+〈中途〉

「未遂」は犯罪を始めたがまだ成しとげていない状態の意味なので〈中途〉で表現。〈中途〉はまだそこに到達しないさまを表す。

〈殺す〉

左親指を右人差指で刺すようにする。

〈中途〉

左手のひらに右手指先を近づけて途中で落とす。

ミズナ【水菜】

「ミズナ(の漬け物)」

→〈流れる①〉+〈菜っ葉〉
(+〈漬物〉)

「ミズナ」は〈流れる①〉+〈菜っ葉〉で表現。〈流れる①〉は水が流れるさまで「水」の意、〈菜っ葉〉はミズナのギザギザの形を表す。

〈流れる①〉

右手甲を下に向けて左から右へ手首を返しながら右へ指先を向ける。

〈菜っ葉〉

全指を軽く曲げてつけ合わせた両手を勢いよく開く。

みずまし【水増し】

「料金を水増しする」

→〈金(かね)①〉+〈水増し〉

「水増し」は実際より多く見せかける意味なので〈水増し〉で表現。〈水増し〉はほおをふくらませてうそを表し〈付け足す〉を表現する。

〈金(かね)①〉

右手の親指と人差指で作った丸を示す。

〈水増し〉

ほおを舌でふくらませ左手の親指と人差指の上にややせばめた右手の親指と人差指をのせる。

みずむし【水虫】

「水虫」

→〈流れる①〉+〈かゆい〉

例文の「水虫」は〈流れる①〉+〈かゆい〉で表現。〈流れる①〉は水の意味。

〈流れる①〉

右手甲を下に向けて左から右へ手首を返しながら右へ指先を向ける。

〈かゆい〉

左手甲を右手でかくようにする。

みせ【店】1

「店を出す」

→〈店①〉+〈開(ひら)く④〉

例文は商いをする「店」のことで〈店①〉で表現。〈店①〉は店先に商品が並べてあるさまで「店」「店舗」の意味を表す。

〈店①〉

両手のひらを上に向けて、左右に開く。

〈開(ひら)く④〉

両手のひらを下に向けて並べ、左右に開く。

みせ【店】2

「店をたたむ」

→〈店①〉+〈つぶす〉

「店をたたむ」は店をやめる意味なので〈店①〉+〈つぶす〉で表現。〈つぶす〉はつぶすさまで「つぶれる」「倒産する」などの意味。

〈店①〉

両手のひらを上に向けて、左右に開く。

〈つぶす〉

両手の親指と4指の指先を前に向けてつぶすように閉じる。

みせ【店】3

「店が並んでいる」

→〈店②〉

例文は〈店②〉で表現。市場などのように店が左右に並んでいるさまを表す。

〈店②〉

両手のひらを上に向けて指先を向かい合わせ、前に出す。

みせいねん【未成年】

「未成年(者)」

→〈大人〉+〈まだ①〉
(+〈人々①〉)

「未成年」はまだ大人になっていない人なので〈大人〉+〈まだ①〉で表現。〈まだ①〉はそこに到達していないさまを表す。

〈大人〉

指文字〈コ〉を示した両手を肩から上にあげる。

〈まだ①〉

左手のひらに右手指先を向けて上下に振る。

みせる【見せる】1

「会社に姿を見せる」

→〈会社〉+〈来る②〉

例文の「姿を見せる」は来るの意味なので〈来る②〉で表現。〈来る②〉は人が来るさまを表す。

〈会社〉

両手の２指を交互に前後させる。

〈来る②〉

右人差指を上に向けて手前に引く。

みせる【見せる】2

「（子供を）医者に見せる」

→（〈子供①〉+）〈案内〉+〈診察を受ける〉

例文の「見せる」は診察してもらう意味なので〈診察を受ける〉で表現。〈診察を受ける〉は医者が診察するさまを表す。

〈案内〉

左手指を右手でつかみ、手を引くようにして右へ動かす。

〈診察を受ける〉

左手のひらを体の方に向け、その甲を右手２指で軽くたたく。

みせる【見せる】3

「疲れを見せる」

→〈疲れる〉+〈表（あらわ）れる〉

例文の「見せる」はおもてにあらわれる意味なので〈表れる〉で表現。〈表れる〉は目に見えるように表れるさまを表す。

〈疲れる〉

両手指先を胸に軽く当てて下に振り落とすようにだらりとさげる。

〈表（あらわ）れる〉

左手のひらに右人差指を当て、目の前に近づける。

みそ【味噌】1

「赤みそ」

→〈赤〉+〈みそ〉

例文の「みそ」は豆を原料とする日本独特の調味料のことで〈みそ〉で表現。〈みそ〉は昔すりばちでみそを擦りつぶしたさまを表す。

〈赤〉

唇に人差指を当て、右へ引く。

〈みそ〉

両手で棒を握り、回す。

みそ【味噌】2

「みそもくそも（一緒にする）」

→〈良い〉+〈悪い①〉（+〈混ぜる〉）

「みそもくそも一緒」は良いものも悪いものも一緒にする意味なので〈良い〉+〈悪い①〉+〈混ぜる〉で表現。ごたまぜの意味。

〈良い〉

右こぶしを鼻から前に出す。

〈悪い①〉

人差指で鼻をこするようにして振りおろす。

みそしる【味噌汁】

「みそしる」

→〈みそ〉+〈飲む⑤〉

例文の「みそしる」は〈みそ〉+〈飲む⑤〉で表現。〈飲む⑤〉は椀の汁を飲むさまを表す。

〈みそ〉

両手で棒を握り、回す。

〈飲む⑤〉

両手で容器を持ち、飲むようにする。

みたい 1

「猿みたい」

→〈猿〉+〈そっくり〉

例文の「みたい」は似ている意味なので〈そっくり〉で表現。〈そっくり〉は右から左へそのまま写すさまで、「生き写し」の意味を表す。

〈猿〉

左手甲を右手でかく。

〈そっくり〉

両手の親指と 4 指を曲げて、右から左へ移す。

みたい 2

「熱があるみたい」

→〈熱〉+〈感じる①〉
（または〈思う〉）

例文の「みたい」は不確かな断定を表すので〈感じる〉または〈思う〉で表現。〈感じる〉はぴんと感じるさま。

〈熱〉

親指と人差指を閉じた右手を左脇の下につけて、人差指を上にはねあげて開く。

〈感じる①〉

右人差指を頭に当てて軽く突くようにする。

みたす【満たす】1

「（水で）腹を満たす」

→（〈水〉または〈流れる②〉+）
〈飲む①〉+〈満腹〉

例文の「満たす」はいっぱいにする意味なので〈満腹〉で表現。〈満腹〉は腹の皮が内側から突っ張るさまを表す。

〈飲む①〉

コップを持って水を飲むようにする。

〈満腹〉

腹の前に置いた左手に右手甲を打ちつける。

みたす【満たす】2

「条件を満たす」

→〈条件〉+〈きちんと①〉

例文の「満たす」は必要条件をそろえる意味なので〈きちんと①〉で表現。

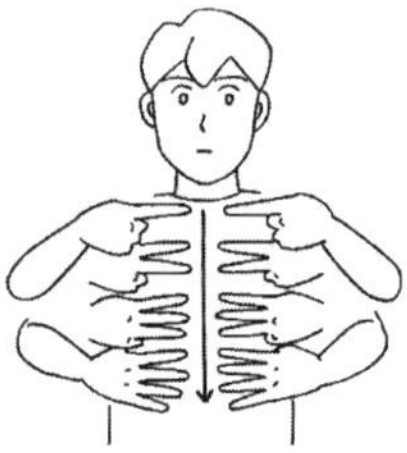

〈条件〉

上から下に指をつき合わせながら順に指を出していく。

〈きちんと①〉

両手の親指と人差指を同時に閉じながら下におろす。

みだす【乱す】

「心を乱す」

→〈心〉+〈混乱〉

例文の「乱す」は気持ちのまとまりがつかず混乱することなので〈混乱〉で表現。〈混乱〉は複雑に入り乱れているさまを表す。

〈心〉

右人差指でみぞおち辺りをさす。

〈混乱〉

全指を曲げた両手のひらを上下に向かい合わせて、かき混ぜるようにする。

みだれる【乱れる】1

「心が乱れる」

→〈心〉+〈混乱〉

例文の「乱れる」は心に落ち着きがなくいろいろと迷う意味なので〈混乱〉で表現。〈混乱〉は複雑に入り乱れているさまを表す。

〈心〉

右人差指でみぞおち辺りをさす。

〈混乱〉

全指を曲げた両手のひらを上下に向かい合わせて、かき混ぜるようにする。

みだれる【乱れる】2

「言葉が乱れる」
→〈言う②〉+〈混乱〉

例文の「乱れる」は秩序が失われる意味で〈混乱〉で表現。〈混乱〉は複雑に入り乱れているさまを表す。

〈言う②〉
右人差指を口元から繰り返し前に出す。

〈混乱〉
全指を曲げた両手のひらを上下に向かい合わせて、かき混ぜるようにする。

みち【道】1

「道(を歩く)」
→〈道①〉
　または〈道②〉
　(+〈歩く①〉)

例文の「道」は人や車の通る道のことで〈道①〉または〈道②〉で表現。「道」の状態によって手話は変わる。「道路」も同じ手話。

〈道①〉
道幅に見立てた向かい合わせた両手をまっすぐ前に出す。

〈道②〉
向かい合わせた両手を前に出す。

みち【道】2

「学問の道」
→〈勉強②〉+〈道①〉

例文の「道」は専門とする方面の意味で〈道①〉で表現。この〈道①〉は比喩的用法。

〈勉強②〉
指先を上に向けた両手を並べて軽く前に出す。

〈道①〉
指先を前に向けた両手を向かい合わせて前に出す。

みち【道】3

「最善の道(をさぐる)」
→〈最高〉+〈方法〉
　(+〈考える〉)

例文の「道」は手段や方法の意味なので〈方法〉で表現。手話はもっともよい方法という意味。

〈最高〉
手のひらを下に向けた左手に右手指先を突き上げて当てる。

〈方法〉
左手甲を右手のひらで軽くたたく。

みち【未知】

「未知の世界」
→〈知らない〉+〈世界〉

「未知」はまだ知らないことで〈知らない〉で表現。〈知らない〉は〈知る〉の反対語で知らない(こと)、今わからない(こと)の意味。

〈知らない〉
右手のひらで右脇を払いあげる。

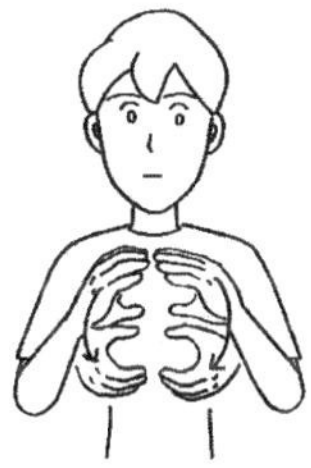

〈世界〉
両手の指先を向かい合わせて前にまわし、球を描く。

みちびく【導く】

「係員に導かれていく」
→〈責任者〉+〈案内〉

例文の「導く」は案内することで〈案内〉で表現。〈案内〉は手を引いて連れて行くさまを表す。

〈責任者〉
右手のひらを肩にのせ、右親指を示す。

〈案内〉
左手指を右手でつかみ、手を引くようにして右へ動かす。

みちる【満ちる】1

「水が満ちる」

→〈流れる②〉+〈満ちる〉

例文の「満ちる」はあふれるほどいっぱいになる意味なので〈満ちる〉で表現。〈満ちる〉は水がふちいっぱいになるさまを表す。

〈流れる②〉

右手の甲を下にして波のようにゆらゆら上下に揺すりながら右へやる。

〈満ちる〉

両手のひらを下に向けて上下にして右手をあげて左手のひらにつける。

みちる【満ちる】2

「自信に満ちる」

→〈自信②〉+〈たくさん①〉

例文の「満ちる」はいっぱいの意味なので〈たくさん①〉で表現。〈たくさん①〉は手に山盛りのさまで「山ほど」の意味を表す。

〈自信②〉

右人差指で腹をさし、右手を握って持ちあげるようにする。

〈たくさん①〉

左手のひらを上に向けた左腕を示し、その上に右手で山を描く。

みちる【満ちる】3

「期間が満ちる」

→〈間(あいだ)〉+〈まで〉

例文の「満ちる」は期間が終わりになる意味なので〈まで〉で表現。〈まで〉は期限に到達するさまを表す。

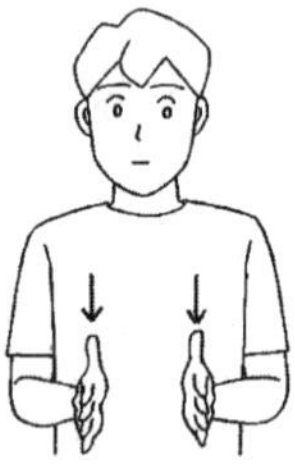

〈間(あいだ)〉

両手のひらを向かい合わせ、仕切るように下に少しさげる。

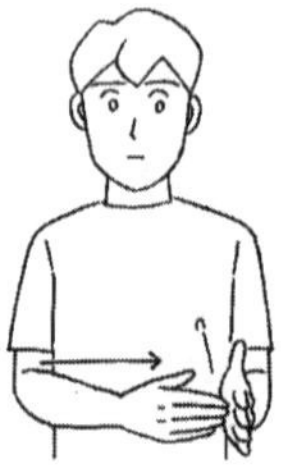

〈まで〉

左手のひらに右手指先を軽くつける。

みちる【満ちる】4

「潮が満ちる」

→〈海〉+〈いっぱい②〉

例文の「満ちる」は満潮の意味なので〈いっぱい②〉で表現。〈いっぱい②〉は雪や水などのかさが増すさまを表す。

〈海〉

右小指を口元に当て、次に手のひらを波のように動かす。

〈いっぱい②〉

両手のひらを下に向けて上にあげる。

みつ【密】1

「関係が密だ」

→〈関係①〉+〈強い①〉

例文の「密」は関係が深く強い意味なので〈強い①〉で表現。〈強い①〉は力むさまで「強い」「力がある」などの意味を表す。

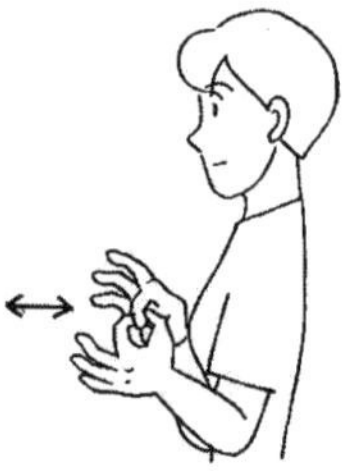

〈関係①〉

両手の親指と人差指を組み、前後に往復させる。

〈強い①〉

こぶしを握った右腕を曲げて力こぶを作るようにする。

みつ【密】2

「密輸入」

→〈秘密①〉+〈輸入〉

例文の「密」は秘密の意味なので〈秘密①〉で表現。〈秘密①〉は口を閉じて何も言わないさまを表す。

〈秘密①〉

右人差指を口元に当てる。

〈輸入〉

左手のひらを上に向けて、右手の船形を手前に向けて近づける。

み

みっか【三日】1

「三日間」

→〈三日〉+〈間(あいだ)〉

例文の「三日」は日数なので〈三日〉で表現。

〈三日〉

右手３指を立てて左胸から右胸へ弧を描いて移す。

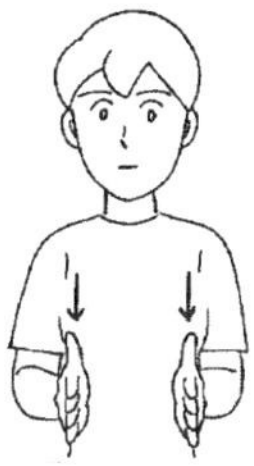

〈間(あいだ)〉

両手のひらを向かい合わせ、仕切るように下に少しさげる。

みっか【三日】2

「五月三日」

→〈五月〉+〈五月三日〉

例文の「三日」は日付なので〈五月三日〉で表現。上が月、下が日を表す。

〈五月〉

左手で〈５〉を示し、その下で右手の親指と人差指で三日月を描く。

〈五月三日〉

左手で〈５〉、右手で〈３②〉を示し、上下に置く。

みつかる【見つかる】1

「マツタケが見つかる」

→〈きのこ〉+〈発見〉

例文の「見つかる」は見つけることができる意味なので〈発見〉で表現。〈発見〉は視線がそこにいくさまで「見つかる」「見つける」など。

〈きのこ〉

左手甲を盛り上げて、その下に全指を閉じた右手をつける。

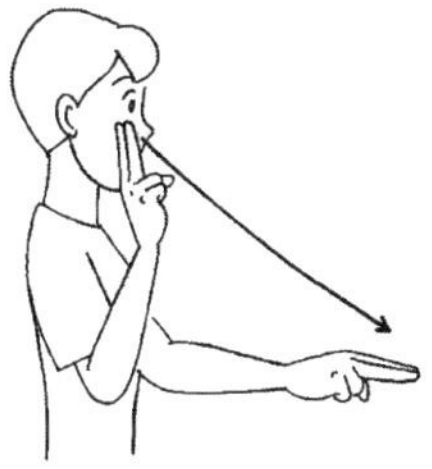

〈発見〉

右手２指の指先を目元からすばやく下におろす。

みつかる【見つかる】2

「不正が見つかる」

→〈不正〉+〈見抜く〉

例文の「見つかる」はばれる意味なので〈見抜く〉で表現。〈見抜く〉は壁を突き破って中のものを見つけるさまを表す。

〈不正〉

つまんだ両手を胸の上下に置き、左右にずらすように動かす。

〈見抜く〉

右人差指を目元から前に出し、左手指の間を突き破る。

みつかる【見つかる】3

「先生に見つかる」

→〈先生〉+〈見つかる〉

例文の「見つかる」は〈見つかる〉で表現。〈見つかる〉は自分の方に視線が向けられるさまを表す。

〈先生〉

右人差指を口元から振りおろし、右親指を示す。

〈見つかる〉

右手の２指の指先をぱっと顔に向ける。

みつける【見つける】1

「宝物を見つける」

→〈ダイヤ〉+〈発見〉

例文の「見つける」は発見する意味なので〈発見〉で表現。〈発見〉は視線がそこにいくさまで「見つける」「発見」などの意味を表す。

〈ダイヤ〉

左手甲に指をすぼめた右手甲を当て、ぱっぱっと開く。

〈発見〉

右手２指の指先を目元からすばやく下におろす。

みつける【見つける】2

「不正を見つける」

→〈不正〉+〈発見〉

例文の「見つける」も〈発見〉で表現。〈発見〉は視線がそこにいくさまで「見つかる」「見つける」「発見」などの意味を表す。

〈不正〉

つまんだ両手を胸の上下に置き、左右にずらすように動かす。

〈発見〉

右手2指の指先を目元からすばやく下におろす。

みっちゃく【密着】1

「生活に密着する」

→〈生活〉+〈合わせる②〉

例文の「密着」はぴたりと合う意味なので〈合わせる②〉で表現。〈合わせる②〉はぴたりと合うさまを表す。

〈生活〉

両手の親指と人差指を向かい合わせて回す。

〈合わせる②〉

左手のひらに右手のひらを近づけて合わせる。

みつぞう【密造】

「(酒を)密造する」

→(〈酒〉+)〈隠れる〉+〈作る〉

「密造」は法を守らず、こっそりと造る意味なので〈隠れる〉+〈作る〉で表現。

〈隠れる〉

両手の小指側を合わせて顔を隠すようにする。

〈作る〉

左こぶしの上を右こぶしでたたくようにする。

みっちゃく【密着】2

「彼に密着する」

→〈彼〉+〈コンビ〉

例文の「密着」は人にぴたりとついて回る意味なので〈コンビ〉で表現。〈コンビ〉は二人が一緒に行動するさまを表す。

〈彼〉

左親指を右人差指でさす。

〈コンビ〉

そろえた人差指を水平に回す。

みつだん【密談】

「密談を交わす」

→〈隠れる〉+〈相談〉

「密談」はこっそり相談する意味なので〈隠れる〉+〈相談〉で表現。手話はひそかに相談するさまで「密談(する)」などの意味を表す。

〈隠れる〉

両手の小指側を合わせて顔を隠すようにする。

〈相談〉

親指を立てた両手を軽くぶつけ合う。

みっつ【三つ】1

「ミカンが三つ」

→〈ミカン〉+〈3③〉

例文の「三つ」は三個の意味なので〈3③〉で表現。

〈ミカン〉

すぼめた左手をミカンに見立てて皮をむくようにする。

〈3③〉

3指を立て、甲側を示す。

みっつ【三つ】2

「年が三つ」

→〈年齢〉+〈３③〉

例文の「三つ」は三歳の意味なので〈年齢〉+〈３③〉で表現。

〈年齢〉

あごの下で右手の指を順に折る。

〈３③〉

３指を立て、甲側を示す。

ミツバ【三つ葉】

「ミツバの香り」

→〈ミツバ〉+〈香り①〉

「ミツバ」は〈ミツバ〉で表現。〈ミツバ〉は左手が三、右手が葉を表す。

〈ミツバ〉

左３指を寝かせ、その横で右親指と人差指で弧を描いて閉じる。

〈香り①〉

右手２指を繰り返し鼻に近づける。

みっともない 1

「みっともない話」

→〈みっともない〉+〈手話〉

例文の「みっともない」は人に聞かれたらかっこうが悪いの意味なので〈みっともない〉で表現。

〈みっともない〉

全指を折り曲げた右手を手首から前にたたきつけるようにする。

〈手話〉

両手の人差指を向かい合わせて、糸を巻くように回転させる。

みつめる【見つめる】1

「宝石を見つめる」

→〈ダイヤ〉+〈見つめる②〉

例文の「見つめる」は物をじっと見る意味なので〈見つめる②〉で表現。〈見つめる②〉は目をこらして見つめるさまを表す。

〈ダイヤ〉

左手甲に指をすぼめた右手甲を当て、ぱっぱっと開く。

〈見つめる②〉

右手の人差指と中指を曲げて鼻をまたぐようにして目の下に当てる。

みっともない 2

「みっともない(姿)」

→〈目立つ①〉+〈悪い①〉
(+〈状態①〉)

「みっともない」は見られないほどかっこうが悪いの意味で〈目立つ①〉+〈悪い①〉で表現。手話は「かっこうが悪い」を表す。

〈目立つ①〉

目の前に全指を軽く曲げた右手のひらをぱっと引き寄せる。

〈悪い①〉

人差指で鼻をこするようにして振りおろす。

みつめる【見つめる】2

「二人が見つめ合う」

→〈二人①〉+〈見つめ合う〉

例文の「見つめ合う」は互いにじっと見ることで〈見つめ合う〉で表現。視線を表す２指が向かい合うさまを表す。

〈二人①〉

人差指と中指を立てた右手を手前に向けて左右に軽く振る。

〈見つめ合う〉

両手の２指の指先を向かい合わせて近づける。

みつもり【見積もり】

「(費用の)見積もり」

→(〈使う〉+)
〈見る①〉+〈計算〉

「見積もり」は予算を立てる意味なので〈見る①〉+〈計算〉で表現。〈見る①〉+〈計算〉は「見積り」の慣用的な表現になっている。

〈見る①〉

右人差指を右目元から前に出す。

〈計算〉

左手の指先の方向に右手４指を滑らせるように右へ動かす。

みつゆ【密輸】

「密輸」

→〈秘密①〉+〈貿易〉

「密輸」は密輸出・入の意味なので〈秘密①〉+〈貿易〉で表現。手話は隠れてこっそり貿易するさまを表す。

〈秘密①〉

右人差指を口元に当てる。

〈貿易〉

指先を手前に向けた右手を引き寄せると同時に左手を前に出す。

みてい【未定】1

「予定は未定」

→〈予定〉+〈まだ①〉

例文の「未定」はまだ決まらない意味なので〈まだ①〉で表現。〈まだ①〉はまだそこに到達していないさまを表す。

〈予定〉

右こぶしを鼻の前で手首を使って軽く揺する。

〈まだ①〉

左手のひらに右手指先を向けて上下に振る。

みてい【未定】2

「(日取りは)未定」

→(〈いつ〉+)
〈決める②〉+〈まだ①〉

例文の「未定」は決定がまだの意味なので〈決める②〉+〈まだ①〉で表現。〈まだ①〉はまだそこに到達していないさまを表す。

〈決める②〉

左手のひらに右こぶしを打ちつける。

〈まだ①〉

左手のひらに右手指先を向けて上下に振る。

みとおす【見通す】1

「向こうまで見通す」

→〈遠い③〉+〈見る②〉

例文の「見通す」はずっと遠くまで見る意味なので〈見る②〉で表現。〈見る②〉ははるか先を見つめるさまを表す。

〈遠い③〉

右人差指で弧を描いて前をさす。

〈見る②〉

目の位置から右手の２指の指先を前に出す。

みとおす【見通す】2

「人の心を見通す」

→〈心〉+〈見抜く〉

例文の「見通す」は隠れていることを見抜く意味なので〈見抜く〉で表現。〈見抜く〉は見抜くさまで「見抜く」「(心を)見通す」の意味を表す。

〈心〉

右人差指でみぞおち辺りをさす。

〈見抜く〉

右人差指を目元から前に出し、左手指の間を突き破る。

みとめる【認める】1

「(向こうに)人がいるのを認める」

→(〈遠い②〉+)
〈人〉+〈見る①〉

例文の「認める」はそこにいるのがわかるの意味なので〈見る①〉で表現。〈見る①〉は「見える」「目にとめる」などの意味がある。

〈人〉
人差指で「人」の字を空書する。

〈見る①〉
右人差指を右目元から前に出す。

みどり【緑】

「山の緑」

→〈山〉+〈緑〉

例文の「緑」は〈緑〉で表現。〈緑〉は芝生や草が生えているさまで「緑」「緑色」を表す。

〈山〉
右手で山形を描く。

〈緑〉
指先を右へ向けた左手の手前を甲側を前にした右手を右へ動かす。

みとめる【認める】2

「(事実を)認める」

→(〈本当〉+)
〈認める①〉
または〈認める②〉

例文の「認める」は確かにそうだと受け入れる意味なので〈認める①〉または〈認める②〉で表現。いずれもうなずくさまを表す。

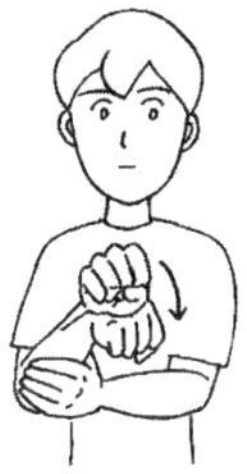

〈認める①〉
右腕を左手でつかみ、右こぶしを手首から前に倒す。

〈認める②〉
両こぶしを向かい合わせて内側に倒す。

みなおす【見直す】1

「(答えを)見直す」

→(〈答える〉+)
〈また〉+〈調べる①〉

例文の「見直す」はもう一度よく見る意味なので〈また〉+〈調べる①〉で表現。

〈また〉
2指を出した右手の手首を返して甲側を示す。

〈調べる①〉
右手の人差指と中指を軽く折り曲げて、目の前を左右に往復させる。

みとめる【認める】3

「(仕事を)認められる」

→(〈仕事〉+)
〈良い〉+〈認める①〉

例文の「認められる」は良いものとして判断される意味なので〈良い〉+〈認める①〉で表現。〈認める①〉はうなずくさまを表す。

〈良い〉
右こぶしを鼻から前に出す。

〈認める①〉
右腕を左手でつかみ、右こぶしを手首から前に倒す。

みなおす【見直す】2

「(計画を)見直す」

→(〈計画〉+)
〈見る①〉+〈直す〉

例文の「見直す」はもう一度検討し直す意味なので〈見る①〉+〈直す〉で表現。〈直す〉は「直す」「訂正(する)」「修正(する)」の意味。

〈見る①〉
右人差指を右目元から前に出す。

〈直す〉
人差指を立てた両手を繰り返し交差させる。

みなと【港】

「港に船が入る」
→〈港〉+〈入港〉

例文の「港」は海などの港湾のことで〈港〉で表現。〈港〉は港を囲む防波堤を表す。

〈港〉
人差指を折り曲げた両手で前を囲む。

〈入港〉
〈港〉の左手を残して、船形を示した右手を手前に向けて近づける。

みなみ【南】

「南の島」
→〈暑い①〉+〈島①〉

例文の「南」は方角のことで〈暑い①〉で表現。〈暑い①〉は「暑い」「夏」「南」などの意味を表す。

〈暑い①〉
うちわであおぐようにする。

〈島①〉
全指を曲げ、手のひらを下にした左手に沿って上に向けた右手を回す。

みなもと【源】

「川の源」
→〈川①〉+〈源〉

例文の「源」は川の発する水源のことで〈源〉で表現。〈源〉は川を上流にさかのぼり行き着いた所を表す。

〈川①〉
右手 3 指を軽く開き、「川」の字を描くようにおろす。

〈源〉
左手のひらを手前に向けて前方におき、それをめがけて右手指先を軽く振りながら当てる。

みならい【見習い】

「(先生の)見習い」
→(〈先生〉+)
〈見習い〉
または〈見習う①〉

例文の「見習い」は先生になる前の実習生のことで〈見習い〉または〈見習う①〉で表現。いずれも見て学ぶさまを表す。

〈見習い〉
右手の親指と 4 指を繰り返し目元に引きながら閉じる。

〈見習う①〉
軽く指を折り曲げた右手のひらを前に向け顔の前で手前に引く。

みならう【見習う】

「見習う点が多い」
→〈見習う①〉
または〈見習う②〉
(+〈たくさん①〉)

例文の「見習う」は見て学ぶ意味なので〈見習う①〉または〈見習う②〉で表現。いずれも目から物事を学ぶさまを表す。

〈見習う①〉
軽く指を折り曲げた右手のひらを前に向け顔の前で手前に引く。

〈見習う②〉
右手の親指と 4 指を軽く曲げて前に向け左手のひらの上に右ひじをのせて目の前で引く。

みなり【身なり】

「身なりを整える」
→〈服〉+〈きちんと①〉

例文の「身なり」は〈服〉で表現。〈服〉は服を着るさまを表す。

〈服〉
親指を立てた両手をえりに沿って下におろす。

〈きちんと①〉
両手の親指と人差指を同時に閉じながら下におろす。

ミニ 1

「ミニカー」

→〈小さい①〉+〈車①〉

例文の「ミニカー」は軽自動車のことで〈小さい①〉+〈車①〉で表現。手話は小さい自動車のさまを表す。

〈小さい①〉

両手の親指と人差指を向かい合わせ、左右から縮める。

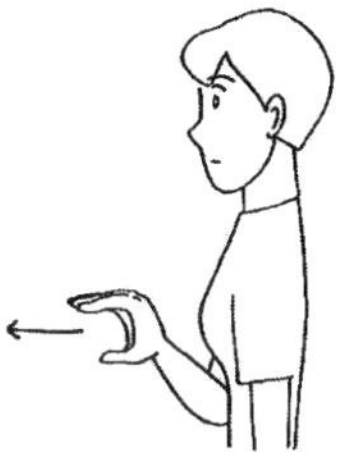

〈車①〉

右手を「コ」の字形にして指先を前に向けて出す。

ミニ 2

「ミニをはく」

→〈ミニ〉+〈はく①〉

「ミニ」はミニスカートのことで、〈ミニ〉で表現。〈ミニ〉はスカートの丈の短さを表し、その短さによって表現は変わる。

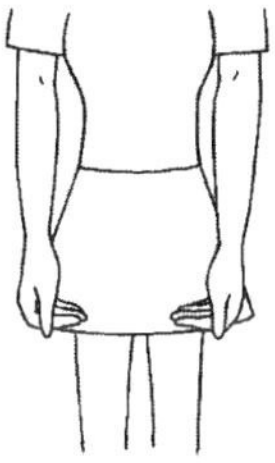

〈ミニ〉

指文字〈コ〉を示した両手を足に当てる。

〈はく①〉

両こぶしを引きあげるようにする。

みにくい【醜い】

「醜い心」

→〈心〉+〈汚い〉

例文の「醜い」は汚い、汚れたの意味なので〈汚い〉で表現。〈汚い〉は手についたよごれのさまを表す。

〈心〉

右人差指でみぞおち辺りをさす。

〈汚い〉

左手のひらに全指を折り曲げた右手を軽く打ちつける。

みぬく【見抜く】

「うそを見抜く」

→〈うそ①〉+〈見抜く〉

例文の「見抜く」は隠されたものを正しく理解することで〈見抜く〉で表現。〈見抜く〉は隠されたものを見抜くさまを表す。

〈うそ①〉

ほおを舌でふくらませ、そこを人差指で突く。

〈見抜く〉

右人差指を目元から前に出し、左手指の間を突き破る。

ミネラル

「ミネラルウォーター」

→〈ミネラル〉+〈水〉

「ミネラル」は〈ミネラル〉で表現。〈ミネラル〉は〈栄養〉の右手を「ミネラル」の頭音「ミ」に変えて表した新しい手話。

〈ミネラル〉

右3指の指先を体に向けて繰り返し動かす。

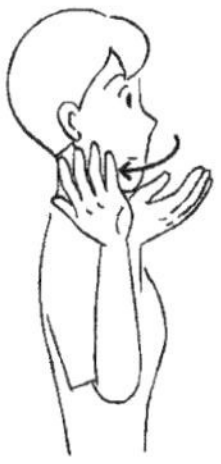

〈水〉

右手のひらをあごに当て、右へ回す。

みのがす【見逃す】1

「チャンスを見逃す」

→(〈良い〉+)
〈時①〉+〈消える①〉

例文の「見逃す」は見ていたのに気づかずにそのままにしてしまう意味なので〈消える①〉で表現。〈消える①〉は目の前のものが消えるさま。

〈時①〉

左手のひらに右親指を当て、右人差指を時計の針のように回す。

〈消える①〉

手のひらを前に向けた両手を交差させながら握る。

み

みのがす【見逃す】2

「今回だけは見逃してやる」

→〈今①〉+〈仕方ない〉

例文の「見逃す」は大目に見る、許す意味なので〈仕方ない〉で表現。〈仕方ない〉は身を切るさまで我慢する意味。

〈今①〉
両手のひらで軽く押さえつける。

〈仕方ない〉
指先を伸ばした右手を左肩から右下に体をはすに切るようにおろす。

みのがす【見逃す】3

「(映画を)見逃した」

→(〈映画〉+)
〈見る①〉+〈忘れる①〉
(または〈手落ち〉)

例文の「見逃す」は見そこなう意味なので〈見る①〉+〈忘れる①〉で表現。忘れなかったけれども見そこなう場合は〈手落ち〉で表現。

〈見る①〉
右人差指を右目元から前に出す。

〈忘れる①〉
閉じた右手を頭の横から上にあげて開くようにする。

みのる【実る】1

「ブドウが実る」

→〈ブドウ〉+〈くだもの〉

例文の「実る」は実がなる意味なので〈くだもの〉で表現。〈くだもの〉は枝もたわわに実がなっているさまを表す。

〈ブドウ〉
左手のひらを下に向け、右手をもむようにして下におろす。

〈くだもの〉
指を開きやや曲げた両手のひらを上に向け、交互に小さく上下させる。

みのる【実る】2

「努力が実る」

→〈努力〉+〈成功〉

例文の「実る」はいい結果が生じる意味なので〈成功〉で表現。

〈努力〉
左手のひらに右人差指をねじこみながら前に押し出す。

〈成功〉
右こぶしを鼻から左手のひらに打ちつける。

みぶり【身振り】

「身振り」

→〈体(からだ)〉+〈態度〉

「身振り」は体の動きなので〈体〉+〈態度〉で表現。〈態度〉は体を動かすさまで「身振り」「態度」「姿勢」などの意味を表す。

〈体(からだ)〉
右手を体の上で回す。

〈態度〉
こぶしを握った両手を交互に上下させる。

みぶん【身分】1

「身分証明」

→〈体(からだ)〉+〈証拠〉

例文の「身分証明」はその人の身分、立場を表すことで〈体〉+〈証拠〉で表現。〈体〉は身分を、〈証拠〉は証明を表す。

〈体(からだ)〉
右手を体の上で回す。

〈証拠〉
左手のひらの上に指先を折り曲げた右手を判を押すようにのせる。

みぶん【身分】2

「身分が高い」

→〈立つ〉+〈敬う①〉

例文の「身分」は社会での地位の意味なので〈立つ〉で表現。〈立つ〉は人の立つさまで「立つ」「立場」などの意味を表す。

〈立つ〉

左手のひらの上に右手２指を立てる。

〈敬う①〉

左手のひらの上に親指を立てた右手をのせて上にあげる。

みぼうじん【未亡人】

「戦争未亡人」

→〈戦争〉+〈未亡人〉

「未亡人」は夫が死んでしまった女の人をさすので〈未亡人〉で表現。〈未亡人〉は右手の夫が死んだ女性を表す。

〈戦争〉

両手の指先を激しくふれ合わせる。

〈未亡人〉

左小指と右親指を寄り添わせ、右手を倒す。

みほん【見本】1

「(辞典の)見本」

→(〈辞典〉+)
〈見る①〉+〈本〉

例文の「見本」はサンプルなので〈見る①〉+〈本〉で表現。手話はサンプルを表す「見本」の慣用的な表現。

〈見る①〉

右人差指を右目元から前に出す。

〈本〉

手のひらを合わせた両手を本を開くように左右に開く。

みほん【見本】2

「なまけものの見本だ」

→〈なまける〉+〈代表〉

例文の「見本」は代表的な存在の意味なので〈代表〉で表現。〈代表〉は人の中から抜きん出るさまを表す。

〈なまける〉

両手２指を鼻の下から左右に開く。

〈代表〉

指先を斜め上に向けた左手のひらの下から右人差指を斜め上に出す。

みまい【見舞い】

「病気の見舞いを持っていく」

→〈病気〉+〈みやげ①〉

例文の「見舞い」は見舞いの品物の意味なので〈みやげ①〉で表現。〈みやげ①〉はみやげを結ぶひもを持つさまを表す。

〈病気〉

こぶしで額を軽くたたく。

〈みやげ①〉

左手のひらの上で右手の親指と人差指をつまむようにして両手を前に出す。

みまん【未満】

「百未満」

→〈百①〉+〈未満〉

「未満」はある数よりも少ない意味なので〈未満〉で表現。左手が基準を表し、右手がそれより下であることを表す。

〈百①〉

右手の親指と人差指と中指を閉じて示す。

〈未満〉

左手のひらに右手の指先をつけて下におろす。

みみ【耳】1

「耳の日」

→〈耳〉+〈三月三日〉

「耳の日」は〈耳〉+〈三月三日〉で表現。三月三日の耳の日を表す表現。

〈耳〉

右手の親指と人差指で右耳たぶをつまむ。

〈三月三日〉

右手と左手で上下に数字の〈3②〉を示す。

みみ【耳】2

「おじいさんは耳が遠い」

→〈老人③〉+〈聞こえなくなる〉

「耳が遠い」は耳の聞こえが悪いことで〈聞こえなくなる〉で表現。〈聞こえなくなる〉は耳が段々聞こえなくなるさまを表す。

〈老人③〉

右手親指を曲げ、下におろす。

〈聞こえなくなる〉

右手のひらを少しずつ右耳に近づける。

みみ【耳】3

「パンの耳」

→〈パン①〉+〈ふち〉

「パンの耳」は食パンなどのふちの、かたい所のことで〈パン①〉+〈ふち〉で表現。

〈パン①〉

右手の閉じた親指と人差指をぱっと前に開く。

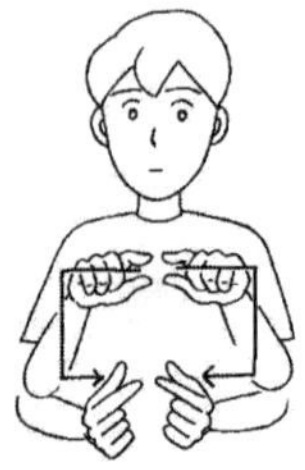

〈ふち〉

両手の親指と人差指をやや開き、四角を示す。

みみ【耳】4

「耳が痛いことを言われる」

→〈言われる①〉+〈痛い①〉

「耳が痛い」は自分の欠点などを言われてつらい意味なので〈痛い①〉で表現。〈痛い①〉は体の痛みのほかに比喩的な痛みの意味にも使われる。

〈言われる①〉

すぼめた右手を手前に開く。

〈痛い①〉

全指を折り曲げた右手を痛そうに振る。

みみ【耳】5

「うわさを彼の耳に入れる」

→〈うわさ〉+〈彼に言う〉

「耳に入れる」は話して知ってもらう意味なので〈彼に言う〉で表現。

〈うわさ〉

両手の指先を向かい合わせてねじるようにゆらしながら耳を傾ける。

〈彼に言う〉

左親指に向かってすぼめた右手をぱっと開く。

みみ【耳】6

「話に耳を貸す」

→〈説明される〉+〈聞く①〉

「耳を貸す」は人の話を聞こうとする意味なので〈聞く①〉で表現。〈聞く①〉は耳を傾けるさまで「聞く」の意味を表す。

〈説明される〉

左手のひらの上を指先を手前に向けた右手で小刻みにたたく。

〈聞く①〉

右手を耳に添え、頭をやや傾けて聞くようにする。

みみ【耳】7

「耳を貸さない」

→〈説明される〉+〈無視④〉

「耳を貸さない」は聞こうとしない意味なので〈無視④〉で表現。〈無視④〉は耳に入るものをはねつけるさまを表す。

〈説明される〉

左手のひらの上を指先を手前に向けた右手で小刻みにたたく。

〈無視④〉

右耳前に立てた左手のひらに右人差指の先をつき立てて、はじかれるように前に出す。

みみ【耳】8

「講演に耳を傾ける」

→〈講演〉+〈聞く①〉

「耳を傾ける」は注意して聞く意味なので〈聞く①〉で表現。〈聞く①〉は耳を傾けるさまで「聞く」の意味を表す。

〈講演〉

左手甲の上に右ひじをのせて指先を伸ばして前後に振る。

〈聞く①〉

右手を耳に添え、頭をやや傾けて聞くようにする。

みみ【耳】9

「耳をそろえる」

→(〈金(かね)①〉+)〈すべて〉+〈準備①〉

「耳をそろえる」は必要な金額を全て準備する意味なので〈金(かね)①〉+〈すべて〉+〈準備①〉で表現。

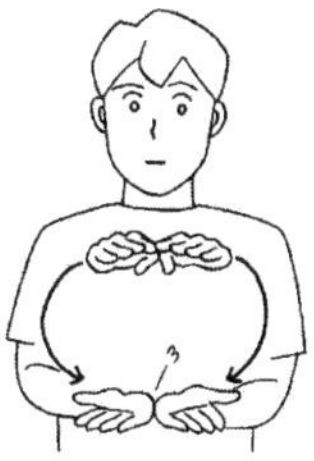

〈すべて〉

両手で上から下に円を描く。

〈準備①〉

両手のひらを向かい合わせて左から右へ動かす。

ミミズ

「ミミズはきもちが悪い」

→〈ミミズ〉+〈そぐわない〉

「ミミズ」は〈ミミズ〉で表現。〈ミミズ〉はミミズが動くさまを表す。

〈ミミズ〉

人差指を水平に蛇行させながら左に動かす。

〈そぐわない〉

両手の指背側を合わせて、上下にすり合わせる。

みみなり【耳鳴り】

「いつも耳鳴りがする」

→〈いつも〉+〈耳鳴り〉

「耳鳴り」は〈耳鳴り〉で表現。〈耳鳴り〉は耳が絶えず鳴っているさまを表す。

〈いつも〉

親指と人差指を立てた両手を向かい合わせて回す。

〈耳鳴り〉

5指を曲げた右手をくり返し耳に近づける。

みや【宮】

「宮詣り」

→〈宮〉+〈神〉

例文の「宮」は〈宮〉で表現。〈宮〉は社の屋根のさまを表す。「神社」も同手話。

〈宮〉

指を伸ばして手を組み、屋根形を示す。

〈神〉

柏手(かしわで)を打つ。

み

みゃく【脈】1

「脈がはやい」

→〈脈〉+〈はやい①〉

例文の「脈」は脈拍の意味なので〈脈〉で表現。〈脈〉は脈をとるさまで医療に関するものにはこの手話をよく使う。

〈脈〉

右 3 指を左手首の内側に当てる。

〈はやい①〉

親指と人差指を閉じた右手をすばやく左へ動かしながら人差指を伸ばす。

みゃく【脈】2

「脈がある」

→〈まだ①〉+〈できる〉

例文の「脈がある」はまだ可能性が残っている意味なので〈まだ①〉+〈できる〉で表現。〈まだ①〉は限界まで間があるさまを表す。

〈まだ①〉

左手のひらに右手指先を向けて上下に振る。

〈できる〉

右手指先を左胸と右胸に順に当てる。

みやげ【土産】

「(旅行の)みやげ」

→(〈旅行〉+)
〈みやげ①〉
または〈みやげ②〉

「みやげ」は〈みやげ①〉または〈みやげ②〉で表現。いずれも右手にみやげのひもを持つさまで「みやげ物」「手みやげ」などの意味。

〈みやげ①〉

左手のひらの上で右手の親指と人差指をつまむようにして両手を前に出す。

〈みやげ②〉

左手のひらの上で右手の親指と人差指をつまむようにして両手を手前に弧を描いて引く。

みょう【妙】1

「演技の妙」

→(〈芝居〉+)
〈腕〉または〈腕前〉

例文の「妙」はこの上なくすぐれている意味なので〈腕〉または〈腕前〉で表現。いずれも腕を強調するさまで「名人」「達人」などの意味を表す。

〈腕〉

左腕を右手でぽんとたたく。

〈腕前〉

左腕を右手のひらでぽんとたたく。

みょう【妙】2

「妙な(話)」

→〈あやしい〉
または〈変〉
(+〈手話〉)

例文の「妙」は変なの意味なので〈あやしい〉または〈変〉で表現。妙な顔の表情に注意。

〈あやしい〉

右人差指の先をあごに当てる。

〈変〉

左手のひらに右親指を当て、残り 4 指を前にさっと倒すように回す。

ミョウガ【茗荷】

「ミョウガの漬物」

→〈ミョウガ〉+〈漬物〉

「ミョウガ」は〈ミョウガ〉で表現。〈ミョウガ〉はミョウガを食べると物忘れをするというところからミョウガの形と〈忘れる〉とを組み合わせた新しい手話。

〈ミョウガ〉

指先を上向きにしてすぼめた右手をひねりながら上にあげていく。

〈漬物〉

両手のひらを下に向けて押す。

み

みらい【未来】

「未来の日本」
→〈将来①〉+〈日本〉

「未来」は遠い将来のことで〈将来①〉で表現。〈将来①〉は遠い将来のさまで「未来」「遠い将来」の意味を表す。

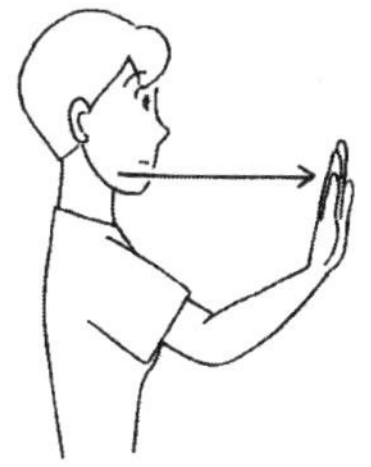

〈将来①〉
右手のひらを前に向けて押すように大きく前に出す。

〈日本〉
両手の親指と人差指をつき合わせ、左右に開きながら閉じる。

みりょう【未了】

「審議未了」
→〈相談〉+〈中途〉

「未了」は〈中途〉で表現。〈中途〉は終わりを意味する〈まで〉のように左手に達せず、途中で折れ、終わりまで行かないさまを表す。

〈相談〉
親指を立てた両手を軽くぶつけ合う。

〈中途〉
左手のひらに右手指先を近づけて途中で落とす。

みりょく【魅力】

「手話の魅力」
→〈手話〉+〈魅力〉

「魅力」は気持ちや目を奪われることで〈魅力〉で表現。〈魅力〉は目を奪われるさまで「魅力(を感じる)」「心ひかれる」などの意味を表す。

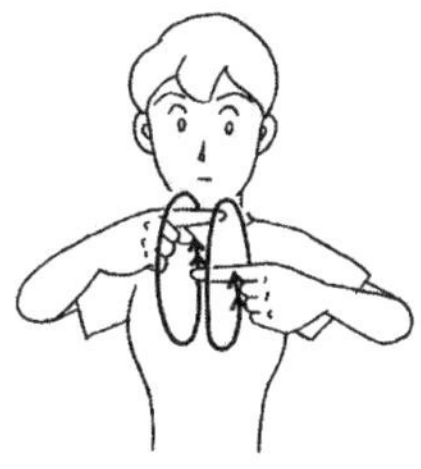

〈手話〉
両手の人差指を向かい合わせて、糸を巻くように回転させる。

〈魅力〉
指先を手前に向けた右手を前に出しながら閉じる。

みる【見る】1

「(映画を)見る」
→(〈映画〉+)
〈見る①〉
または〈見る②〉

例文の「見る」は〈見る①〉または〈見る②〉で表現。手話はいずれも視線を向けるさまを表す。

〈見る①〉
右人差指を右目元から前に出す。

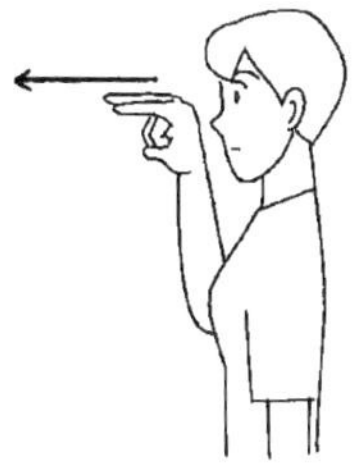

〈見る②〉
目の位置から右手の2指の指先を前に出す。

みる【見る】2

「見るにたえない事故」
→〈事故①〉(または〈事故②〉)+〈見るにたえない〉

例文の「見るにたえない」は目をおおいたくなる様子で〈見るにたえない〉で表現。〈見るにたえない〉は目をおおうさまを表す。

〈事故①〉
両手の指先を左右から近づけて軽く当て上にはねあげるようにする。

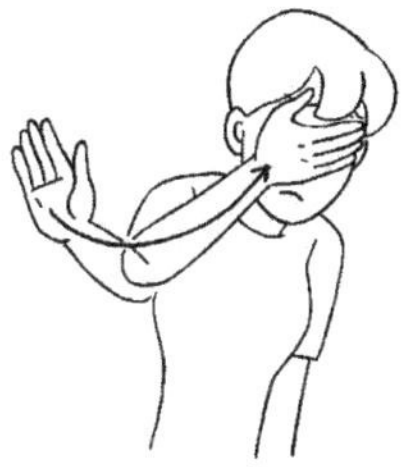

〈見るにたえない〉
右手のひらで目をおおうようにする。

みる【見る】3

「新聞を見る」
→〈新聞〉+〈開(ひら)く⑦〉

例文の「見る」の対象は新聞なので〈開く⑦〉で表現。〈開く⑦〉は新聞を開き読むさまを表す。視線を下に向ける。

〈新聞〉
左手のひらの上に右ひじをのせて親指を外側に出して握った右こぶしを振る。

〈開(ひら)く⑦〉
両手のひらを合わせ、左右に開く。

み

みる【見る】4

「(しばらく)様子を見る」

→(〈当面〉+)
〈状態①〉+〈見る①〉

例文の「見る」は〈見る①〉で表現。〈見る①〉は視線を向けるさまを表す。

〈状態①〉

両手のひらを前に向けて、交互に上下させる。

〈見る①〉

右人差指を右目元から前に出す。

みる【見る】5

「遠くを見る」

→〈遠い③〉+〈見る②〉

例文の「見る」は遠くに目をやる意味なので〈見る②〉で表現。〈見る②〉ははるか前方を見るという意味を表す。

〈遠い③〉

右人差指で弧を描いて前をさす。

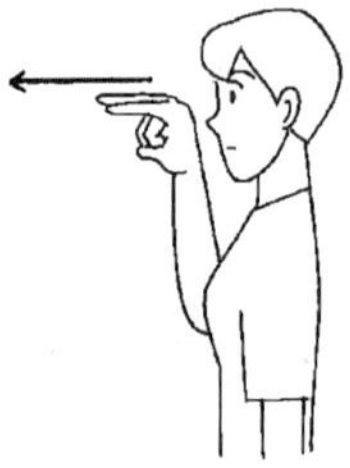

〈見る②〉

目の位置から右手の２指の指先を前に出す。

みる【見る】6

「見られると(恥ずかしい)」

→〈見られる①〉
または〈見られる②〉
(+〈恥ずかしい〉)

例文の「見られる」は視線が自分の方に向けられる意味なので〈見られる①〉または〈見られる②〉で表現。手話は視線が自分に向けられることを表す。

〈見られる①〉

右手２指の指先をぱっと顔に向ける。

〈見られる②〉

両手２指をくるりと自分の方に向ける。

みる【見る】7

「花をじっと見る」

→〈花①〉(または〈花③〉)+〈見つめる②〉

例文の「見る」は視線を動かさずに一つのものを見る意味なので〈見つめる②〉で表現。手話は視線を動かさないさまを表す。

〈花①〉

両手を合わせてすぼませた指を左右に開く。

〈見つめる②〉

右手の人差指と中指を曲げて鼻をまたぐようにして目の下に当てる。

みる【見る】8

「大目に見る」

→〈かまわない〉+〈そのまま〉

「大目に見る」はあやまちや欠点をあまりとがめないで許す意味なので〈かまわない〉+〈そのまま〉で表現。

〈かまわない〉

右小指をあごに繰り返し当てる。

〈そのまま〉

両手のひらを前に向けて同時に軽く押すようにする。

みる【見る】9

「親のめんどうを見る」

→〈両親〉+〈世話〉

「めんどうを見る」は世話をする意味なので〈世話〉で表現。〈世話〉はあれこれ世話を焼くさまで「世話(する)」「めんどう(を見る)」意味。

〈両親〉

人差指をほおにふれ、親指と小指を出す。

〈世話〉

指先を前に向け、手のひらを向かい合わせた両手を交互に上下させる。

みる【見る】10

「助けに行ってばかを見る」

→〈助ける①〉+〈損〉

「ばかを見る」は損をする意味なので〈損〉で表現。〈損〉は金を捨てるさまを表す。

〈助ける①〉

親指を立てた左手の後ろを右手のひらで軽く後押しする。

〈損〉

両手の親指と人差指で作った丸を前に投げるようにして開く。

みる【見る】11

「(食べて)みる」

→(〈食べる①〉+)〈試す〉または〈見る③〉

例文の「～てみる」はためしに～する意味なので〈試す〉または〈見る③〉で表現。〈試す〉はビーカーを使って実験するさま。

〈試す〉

こぶしを握った両手を手首で交差して、ねじるようにする。

〈見る③〉

右人差指を目元から前に繰り返し出す。

みる【見る】12

「私としてみると」

→〈私①〉+〈立つ〉

例文の「～としてみると」は～の立場ではの意味なので〈立つ〉で表現。〈立つ〉は人の立つさまで「立つ」「立場」の意味を表す。

〈私①〉

人差指で胸を指さす。

〈立つ〉

左手のひらの上に右手2指を立てる。

ミルク

「粉ミルク」

→〈粉〉+〈ミルク〉

例文の「ミルク」は赤ちゃんの飲むもので〈ミルク〉で表現。〈ミルク〉はほ乳びんの乳首を吸うさまを表しているが、ミルク一般の意味がある。

〈粉〉

右手の親指と4指をこすり合わせる。

〈ミルク〉

右手中指を折り曲げて関節部分を口元に当てる。

みれん【未練】

「未練が残る」

→〈思う〉+〈残る〉

例文の「未練」は惜しくてあきらめきれない気持ちなので〈思う〉で表現。〈思う〉は思うさまで「思い」の意味がある。

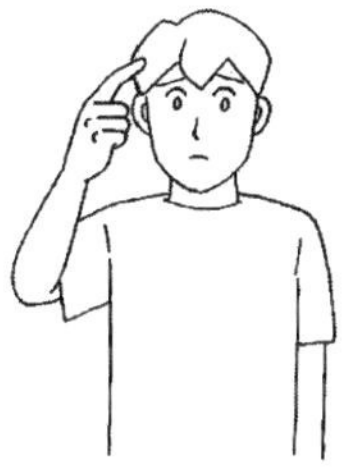

〈思う〉

右人差指を側頭部に当てる。

〈残る〉

左手のひらの上を右手のひらで削るように手前に引く。

みわたす【見渡す】

「町を見渡す」

→〈町①〉+〈見渡す〉

例文の「見渡す」は広い範囲を見ることで〈見渡す〉で表現。〈見渡す〉はぐるっと眺めるさまを表す。

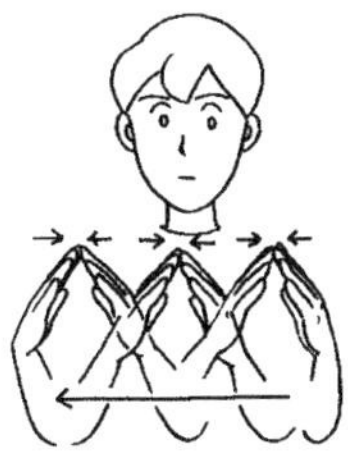

〈町①〉

両手で屋根形を作りながら左から右へ動かす。

〈見渡す〉

額に右手を当て、左右に首を回す。

みん【民】

「市民」

→〈シ〉+〈人々①〉

「民」は人々の意味なので〈人々①〉で表現。〈人々①〉は男女が大勢いるさまを表す。

〈シ〉

親指と人差指と中指を立て、甲側を示す。

〈人々①〉

親指と小指を立てた両手を揺らしながら左右に開く。

みんえい【民営】1

「民営(化)」

→〈人々①〉+〈経済〉
（+〈変わる①〉）

「民営」は２種類の表現がある。ひとつは〈人々①〉+〈経済〉で表現。

〈人々①〉

親指と小指を立てた両手を揺らしながら左右に開く。

〈経済〉

親指と人差指で作った丸を上下に置き、互い違いに水平に回す。

みんえい【民営】2

「民営化」

→〈民営〉+〈変わる①〉

もうひとつは〈民営〉で表現。〈民営〉は左手が〈人々〉、右手が経営を意味する〈経済〉を組み合わせた新しい手話。

〈民営〉

親指と小指を立てた左手の横で丸を作った右手を水平に回す。

〈変わる①〉

手のひらを手前に向けた両手を交差させる。

みんかん【民間】

「民間団体」

→〈人々①〉+〈グループ〉

「民間」は「官」「公」に対応する「私(人)」のことで〈人々①〉で表現。〈人々①〉は男女が大勢いるさまで一般の人々の意味もある。

〈人々①〉

親指と小指を立てた両手を揺らしながら左右に開く。

〈グループ〉

指先を上に向けた両手で水平に手前に円を描く。

みんしゅ【民主】1

「民主主義」

→〈人々①〉+〈主義〉

「民主主義」はすべての人々の権利を平等に尊重する考え方、主義で〈人々①〉+〈主義〉で表現。〈主義〉は「主義」を表す新しい手話。

〈人々①〉

親指と小指を立てた両手を揺らしながら左右に開く。

〈主義〉

左手のひらの上に親指を立てた右手をのせ、滑らせるようにまっすぐ前に出す。

みんしゅ【民主】2

「民主(的)」

→〈人々①〉+〈敬う①〉
（+〈合う①〉）

例文の「民主」は国の主権が国民にある意味で〈人々①〉+〈敬う①〉で表現。手話は人々の権利が平等に尊重される意味を表す。

〈人々①〉

親指と小指を立てた両手を揺らしながら左右に開く。

〈敬う①〉

左手のひらの上に親指を立てた右手をのせて上にあげる。

みんしゅく【民宿】

「民宿(に泊まる)」
→〈人々①〉+〈家〉
（+〈寝る〉）

例文は〈人々①〉+〈家〉+〈寝る〉で表現。

〈人々①〉
親指と小指を立てた両手を揺らしながら左右に開く。

〈家〉
両手で屋根形を作る。

みんぞく【民族】

「民族の抗争」
→〈民族〉+〈そぐわない〉

「民族」は人種、社会、文化などの条件を等しくするグループで〈民族〉で表現。〈民族〉は世界を構成する民族を表す新しい手話。

〈民族〉
親指と小指を立てた両手を合わせて右手で上下に円を描く。

〈そぐわない〉
両手の指背側を合わせて、上下にこすり合わせる。

みんな 1

「残らずみんな食べた」
→〈食べる①〉+〈なくなる①〉

例文の「残らずみんな食べた」はすべて食べたの意味なので〈食べる①〉+〈なくなる①〉で表現。〈なくなる①〉はすっかりなくなるさま。

〈食べる①〉
左手のひらの上を右手ですくって食べるようにする。

〈なくなる①〉
上下に向かい合わせた両手のひらを上から合わせると同時に右手を右に動かす。

みんな 2

「みんなあげる」
→〈すべて〉+〈与える①〉

例文の「みんな」はすべての意味なので〈すべて〉で表現。〈すべて〉は完全な円を描くさまで「みんな」「すべて」「全部」などの意味を表す。

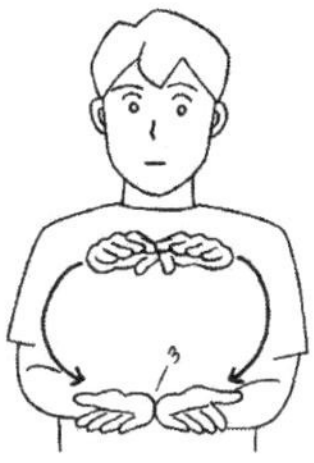

〈すべて〉
両手で上から下に円を描く。

〈与える①〉
両手のひらを上に向け並べて前に差し出す。

みんな 3

「みんなが集まる」
→〈みんな〉+〈集まる①〉

例文の「みんな」は全部の人の意味なので〈みんな〉で表現。〈みんな〉はそこにいる人全部を表す。

〈みんな〉
右手のひらを下に向けて水平に回す。

〈集まる①〉
軽く開いた両手のひらを向かい合わせて中央に寄せる。

みんぽう【民法】

「民法」
→〈人々①〉+〈規則〉
（または〈法〉）

「民法」は主に私権や家族に関わる法律の総称で〈人々①〉+〈規則〉または〈法〉で表現。〈人々①〉は「民事」「民間」などの意味を持つ。

〈人々①〉
親指と小指を立てた両手を揺らしながら左右に開く。

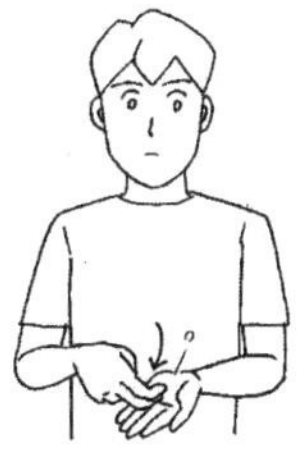

〈規則〉
左手のひらに折り曲げた右手2指を打ちつける。

〈ム〉
親指と人差指を立て、甲側を前に示す。

む【無】1

「努力を無にする」
→〈努力〉+〈水のあわ〉

例文の「無にする」はむだにする意味なので〈水のあわ〉で表現。〈水のあわ〉はすべてがパーになるさまを表す。

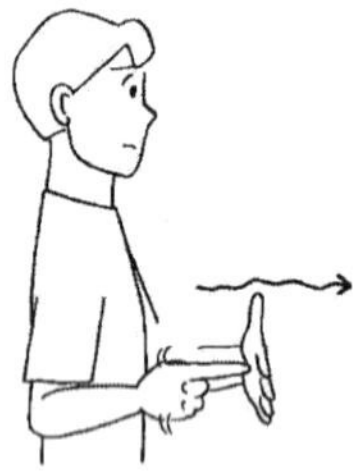

〈努力〉
左手のひらに右人差指をねじこみながら前に押し出す。

〈水のあわ〉
すぼめた両手を上に向けて、ぱっと開く。

む【無】2

「無意味」
→〈意味①〉+〈ない①〉

例文の「無」は〜がない意味なので〈ない①〉で表現。〈ない①〉は手に何もないさまを表す。

〈意味①〉
左手のひらの下を右人差指で突くようにする。

〈ない①〉
両手の手首を回すように振る。

む【無】3

「まったく無関係」
→〈すべて〉+〈関係ない〉

「無関係」は関係がない意味なので〈関係ない〉で表現。〈関係ない〉は〈関係〉の輪を離すことによって関係がないさまを表す。

〈すべて〉
両手で上から下に円を描く。

〈関係ない〉
両手の親指と人差指を組み、左右にぱっと離すように開く。

むいか【六日】1

「一月六日」
→〈一月〉+〈一月六日〉

例文の「六日」は日付のことなので〈一月六日〉で表現。

〈一月〉
左手で〈1②〉を示し、その下で右手の親指と人差指で三日月を描く。

〈一月六日〉
左手で〈1②〉、右手で〈6〉を示し、上下に置く。

むいか【六日】2

「六日前」
→〈六日前〉

例文の「六日」は日数のことで、「六日前」は〈六日前〉で表現。〈六日前〉は〈6〉で〈過去①〉を表す。

〈六日前〉
右親指と人差指を出して耳の後ろへ動かす。

むいか【六日】3

「六日間」

→〈六日〉+〈間(あいだ)〉

例文の「六日」は日数で、「六日間」は〈六日〉+〈間〉で表現。〈六日〉は〈６〉で〈一日②〉の動きを表す。

〈六日〉

親指と人差指を立てた右手を左胸に当て、弧を描いて右胸に移す。

〈間(あいだ)〉

両手のひらを向かい合わせ、仕切るように下に少しさげる。

むかう【向かう】1

「面と向かって話す」

→〈会う②〉+〈説明〉

例文の「面と向かう」は正面に顔を向けて会う意味なので〈会う②〉で表現。〈会う②〉は人と人が正面きって会うさまを表す。

〈会う②〉

人差指を立てた両手を前後に向かい合わせて当てる。

〈説明〉

左手のひらを右手で小刻みにたたく。

むかう【向かう】2

「向かって右に座る」

→〈右①〉+〈座る①〉

「向かって右」は前方を向いた右側の意味なので〈右①〉で表現。

〈右①〉

右手を握り、ひじをあげて右へやる。

〈座る①〉

手のひらを下に向けた左手２指に折り曲げた右手２指を座るようにのせる。

むかう【向かう】3

「敵に向かう」

→〈敵〉+〈試合①〉

例文の「向かう」は敵にいどむ意味なので〈試合①〉で表現。〈試合①〉は両者がぶつかり合うさまを表す。

〈敵〉

左手甲に右手甲をぶつける。

〈試合①〉

親指を立てた両手を正面で軽くぶつける。

むかう【向かう】4

「飛行機は東京に向かう」

→〈東京〉左側+〈飛行機①〉

例文の「向かう」は方向を目指して進む意味で、〈東京〉を示した位置に向かって〈飛行機①〉を動かす。

〈東京〉左側

やや左で親指と人差指を立てた両手を同時に２回上にあげる。

〈飛行機①〉

親指と小指を出した右手を飛び出すように斜め上にあげる。

むかう【向かう】5

「快方に向かう」

→〈回復〉+〈中(ちゅう)①〉

例文の「向かう」はある状態に近づく意味なので、「快方に向かう」は〈回復〉+〈中(ちゅう)①〉で表現。回復しつつある意味を表す。

〈回復〉

両こぶしを重ねて寝かせ、棒を起こすようにする。

〈中(ちゅう)①〉

左手の親指と人差指と右人差指で「中」の字形を作る。

む

むかえる【迎える】1

「家に客を迎える」

→〈家〉+〈客〉

例文の「客を迎える」は〈客〉で表現。客に見立てた右親指を左手の上に置いて迎えるさま。添えた左手で単なる男ではない客の意味を表す。

〈家〉

両手で屋根形を作る。

〈客〉

左手のひらに親指を立てた右手をのせ、右から手前に引き寄せる。

むかえる【迎える】2

「人々を迎える」

→〈人々①〉+〈迎える〉

例文の「迎える」は〈迎える〉で表現。〈迎える〉はどうぞと迎えるさまを表す。

〈人々①〉

親指と小指を立てた両手を揺らしながら左右に開く。

〈迎える〉

両手のひらを上に向け、右から左へ招くように手を動かす。

むかえる【迎える】3

「仲間に迎える」

→〈仲間〉+〈参加③〉

例文の「迎える」は仲間に加える意味なので〈参加③〉で表現。〈参加③〉は人に見立てた右人差指を左手のグループに加えるさまを表す。

〈仲間〉

両手を握り、水平に回す。

〈参加③〉

左手のひらに人差指を立てた右手を打ちつける。

むかえる【迎える】4

「安らかな死を迎える」

→〈安定〉+〈死ぬ①〉

例文の「死を迎える」は死ぬ時期になる意味で〈死ぬ①〉で表現。両手で表現する〈死ぬ①〉には丁寧さが込められている。

〈安定〉

手のひらを下にした両手を左右に開きながらおろす。

〈死ぬ①〉

両手のひらを合わせ、横に倒す。

むがく【無学】

「無学」

→〈勉強③〉+〈改めて〉
（または〈ない③〉）

「無学」は学校にいったことがない意味で〈勉強③〉+〈改めて〉または〈ない③〉で表現。〈改めて〉は手を払って、何もないことを表す。

〈勉強③〉

手のひらを手前に向けた両手を左右から合わせる。

〈改めて〉

両手のひらを向かい合わせて手を払うようにする。

むかし【昔】1

「昔をしのぶ」

→〈過去①〉+〈なつかしい①〉

例文の「昔」はずっと過去の意味なので〈過去①〉で表現。〈過去①〉の表現の仕方に過去の古さの程度が表れる。

〈過去①〉

右手のひらを後ろに向けて勢いよく押してやる。

〈なつかしい①〉

右手指先を揺らしながら頭から右横へ出す。

むかし【昔】2

「昔(話)」
→〈昔①〉
または〈昔②〉
(+〈説明〉)

「昔話」はずっと昔から言い伝えられた話のことで〈昔①〉または〈昔②〉+〈説明〉で表現。〈昔①〉〈昔②〉ともにちょんまげを表す。

〈昔①〉
親指と人差指を立てた右手を頭にのせる。

〈昔②〉
人差指と中指を立てた右手を頭にのせる。

ムカデ

「ムカデ競争」
→〈ムカデ〉+〈競争〉

「ムカデ」は〈ムカデ〉で表現。〈ムカデ〉はムカデの足のさまを表す。

〈ムカデ〉
両手を脇につけ、指をばらばらに動かしながら下におろしてく。

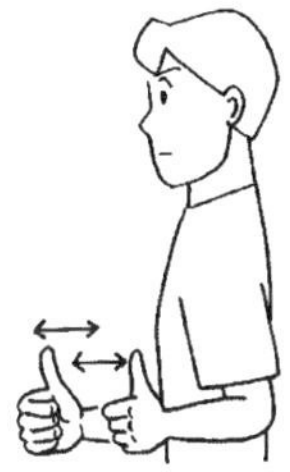

〈競争〉
親指を立てた両手を競うように交互に前後させる。

むかつく 1

「胃がむかつく」
→〈胃〉+〈むかつく〉

例文の「むかつく」は吐き気がすることなので〈むかつく〉で表現。〈むかつく〉は吐きそうな気分の悪さを表す。

〈胃〉
右手の親指と人差指で腹に胃の形を描く。

〈むかつく〉
右手のひらを胸に当て、上にこすりあげるようにする。

むき【向き】1

「風の向き」
→(〈風①〉または)
〈風②〉+〈方針〉

例文の「向き」は方向の意味なので〈方針〉で表現。〈方針〉は方位磁石を表し「方位」「方向」などの意味がある。

〈風②〉
両手のひらで風を送るように左へ動かす。

〈方針〉
左手のひらに人差指の指先を前に向けた右手をのせ、指先を左右に揺らす。

むかつく 2

「態度にむかつく」
→〈態度〉+〈むかつく〉

例文の「むかつく」は腹が立つことなので〈むかつく〉で表現。この場合、怒った表情をする。

〈態度〉
こぶしを握った両手を交互に上下させる。

〈むかつく〉
右手のひらを胸に当て、上にこすりあげるようにする。

むき【向き】2

「向き不向き」
→〈合う①〉+〈合わない〉

例文は自分の適性に合う、合わないの意味なので〈合う①〉+〈合わない〉で表現。手話は自分に合っているか、いないかという意味を表す。

〈合う①〉
左人差指の先に右人差指の先を当てる。

〈合わない〉
左人差指の先に右人差指の先を当て、はじくように離す。

むぎ【麦】

「麦畑」

→〈麦〉+〈村〉

「麦」は〈麦〉で表現。〈麦〉は麦粒の形を表す。

〈麦〉

左手の親指と人差指で丸を作り、それに右人差指を重ねる。

〈村〉

指先を軽く開いて曲げた左手のひらに右人差指をつけて手前に繰り返し引く。

むくみ

「足のむくみ」

→〈足②〉+〈むくみ〉

「むくみ」は〈むくみ〉で表現。〈むくみ〉は指で押さえても元に戻らないさまを表す。

〈足②〉

膝より下を指さす。

〈むくみ〉

左甲を右親指で押して離す。

むく【向く】1

「顔が右に向く」

→〈顔〉+〈右を向く〉

例文の「向く」はその方向に顔が向いている意味なので〈右を向く〉で表現。向く方向によって手話は変わる。

〈顔〉

右人差指で顔の前で丸を描く。

〈右を向く〉

顔の横で両手を向かい合わせてそのまま右を向くようにする。

むくれる

「子どもがむくれる」

→(〈子供①〉または)
〈子供②〉+〈むくれる〉

例文はふくれっ面をすることなので〈むくれる〉で表現。〈むくれる〉はふくれっ面のさまを表す。

〈子供②〉

右手のひらを下にして、左から順番に置くように移動する。

〈むくれる〉

ほおをふくらませながら、ほおから折り曲げた両手を左右に離す。

むく【向く】2

「(彼に)向いた仕事」

→(〈彼〉+)
〈合う①〉+〈仕事〉

例文の「向く」はうまく合う意味なので〈合う①〉で表現。〈合う①〉はぴったり一致するさまで「合う」「一致する」「適する」などの意味。

〈合う①〉

左人差指の先に右人差指の先を当てる。

〈仕事〉

手のひらを上に向け、向かい合わせた両手指先を繰り返しつき合わせる。

むける【向ける】1

「彼に質問を向ける」

→〈質問①〉

例文の「質問を向ける」は質問する意味なので〈質問①〉で表現。〈質問①〉はその人に対して質問するさまを表す。

〈質問①〉

右手のひらを耳元から左親指に差し出す。

むける【向ける】2

「大会に向けて(備える)」

→〈大会〉+〈目的②〉
(+〈準備①〉)

例文の「向ける」は目指す意味なので〈目的②〉で表現。左手の的に右手の矢を当てるさまを表す。

〈大会〉
両手指先を上に向け、甲を前に向けて重ね、右手を前に出す。

〈目的②〉
左こぶしを上にあげ、親指側に右人差指を当てる。

むこう【向こう】1

「山の向こう」

→〈山〉+〈遠い③〉

例文の「向こう」は〜を越えての意味なので〈遠い③〉で表現。〈遠い③〉は山を越えてはるか向こうの方をさすさま。

〈山〉
右手で山形を描く。

〈遠い③〉
右人差指で弧を描いて前をさす。

むこう【向こう】2

「向こう一か月」

→〈将来②〉+〈一か月〉

例文の「向こう」は今からの意味なので〈将来②〉で表現。〈将来②〉はこれから先のさまを表す。

〈将来②〉
右手のひらを前に向けて少し押すように前に出す。

〈一か月〉
親指と人差指を閉じた右手をほおに当て、人差指を伸ばしながら指先を左に向けて前に出す。

むこう【無効】

「定期券が無効になる」

→〈定期券〉+〈無効〉

例文の「無効」は駄目、使えないの意味なので〈無効〉で表現。〈無効〉は〈悪い①〉から派生した手話。

〈定期券〉
左胸から右手を取り出して前に出す。

〈無効〉
右手のひらで鼻をこすりおとすようにする。

むごん【無言】

「無言のまま」

→〈秘密①〉+〈相変わらず③〉

「無言」はものを言わないことなので〈秘密①〉で表現。〈秘密①〉は口を閉ざして何も言わないさまで「秘密」「無言」を表す。

〈秘密①〉
右人差指を口元に当てる。

〈相変わらず③〉
右手の親指と4指を閉じたり開いたりしながら前に出す。

むざい【無罪】1

「無罪放免となる」

→〈ない③〉+〈釈放〉

「無罪放免」は罪と認定されず釈放される意味なので〈ない③〉+〈釈放〉で表現。〈ない③〉は罪がないことを表す。

〈ない③〉
口元に当てた親指と人差指で作った丸を吹き出すようにして開く。

〈釈放〉
こぶしを握った両手首をつけて上下にぱっと離す。

む

むざい【無罪】2

「無罪（判決）」

→〈罪（ざい）〉+〈ない③〉
（+〈裁判〉+〈決める②〉）

例文の「無罪」は〈罪（ざい）〉+〈ない③〉で表現。

〈罪（ざい）〉
右3指を鼻の前から左下におろす。

〈ない③〉
口元に当てた親指と人差指で作った丸を吹き出すようにして開く。

むし【虫】1

「虫を飼う」

→〈虫〉+〈育てる③〉

例文の「虫」は昆虫などのことで〈虫〉で表現。〈虫〉はいも虫などの動きを表すが、虫一般の意味を持つ。

〈虫〉
右人差指を屈伸させながら前に出す。

〈育てる③〉
少し曲げた左手をふせて、右手指先を繰り返し左手の下に近づける。

むし【虫】2

「虫が好かない」

→〈嫌い①〉
または〈そぐわない〉

「虫が好かない」はなんとなく好きになれない意味なので〈嫌い①〉または〈そぐわない〉で表現。〈そぐわない〉はそりが合わないさま。

〈嫌い①〉
親指と人差指を閉じた右手をのどに当て、前に向かってぱっと開く。

〈そぐわない〉
両手の指背側を合わせて、上下にこすり合わせる。

むし【虫】3

「腹の虫が治まらない」

→〈我慢①〉+〈難しい〉

「腹の虫が治まらない」はしゃくにさわって我慢できない意味なので〈我慢①〉+〈難しい〉で表現。〈我慢①〉はいら立つ気持ちを押さえるさま。

〈我慢①〉
親指を立てた左手を右手のひらで押さえつける。

〈難しい〉
右手の親指と人差指でほおをつねるようにする。

むし【虫】4

「虫がいい話」

→〈説明〉+〈厚かましい②〉

「虫がいい」は自分勝手でずうずうしい意味なので〈厚かましい②〉で表現。〈厚かましい②〉は面の皮が厚いさまを表す。

〈説明〉
左手のひらを右手で小刻みにたたく。

〈厚かましい②〉
右手の親指と4指をほおに当て、前に向かって開く。

むし【虫】5

「泣き虫」

→〈泣く②〉+〈いつも〉

「泣き虫」はすぐ泣く人なので〈泣く②〉+〈いつも〉で表現。〈いつも〉は日が昇り沈むさまの繰り返しで「いつも」「毎日」の意味を表す。

〈泣く②〉
両手で目の下をこすり、泣くようにする。

〈いつも〉
親指と人差指を立てた両手を向かい合わせて手首を回す。

むし【無視】1

「話を無視する」

→〈説明〉+〈無視①〉

例文の「無視」は気にもとめないことで〈無視①〉で表現。〈無視①〉は相手の視線をはねつけるさまを表す。

〈説明〉

左手のひらを右手で小刻みにたたく。

〈無視①〉

左手のひらで右手2指をはじき返すようにする。

むし【無視】2

「彼を無視する」

→左〈男〉+〈無視②〉

例文の「無視する」は〈無視②〉で表現。〈無視②〉は彼から視線をはずすさまを表す。

左〈男〉

左親指を示す。

〈無視②〉

左手親指から右手2指をそらすようにする。

むし【無視】3

「(話を)無視する」

→(〈説明される〉+)
〈無視③〉
または〈鼻にもかけない〉

例文の「無視」は気にもとめないことで〈無視③〉または〈鼻にもかけない〉で表現。前者は視線をそらすさま、後者は鼻にもかけないさまを表す。

〈無視③〉

右手2指を顔からそらすように前に向ける。

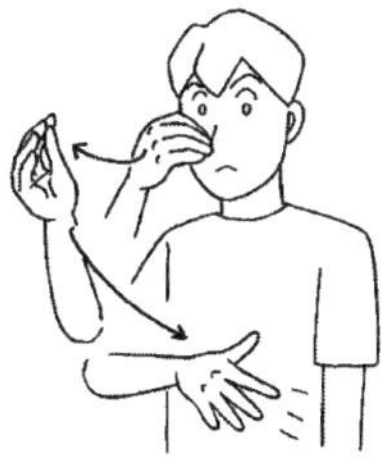

〈鼻にもかけない〉

右手で鼻の頭をつかみ投げ捨てるようにする。

むし【無視】4

「彼に無視される」

→〈男〉+〈無視される〉

例文の「無視される」は〈無視される〉で表現。〈無視される〉は自分に向いていた視線がそらされるさまを表す。

〈男〉

親指を立てた右手を出す。

〈無視される〉

手前に向けた右手2指を手首を返して前にそらす。

むし【無視】5

「うわさを無視する」

→〈うわさ〉+〈無視④〉

例文の「無視」は気にしない、耳に入れない意味なので〈無視④〉で表現。〈無視④〉は聞くことを拒否するさまを表す。

〈うわさ〉

指先をつき合わせた両手をねじるように揺らし、耳を傾ける。

〈無視④〉

右耳前に立てた左手のひらに右人差指の先をつき立てて、はじかれるように前に出す。

むし【無視】6

「気持ちを無視する」

→〈気持ち〉+〈無視③〉

例文の「無視」は気にとめないことで〈無視③〉で表現。〈無視③〉は相手から目をそらすさまを表す。

〈気持ち〉

右人差指でみぞおち辺りに小さく円を描く。

〈無視③〉

右手2指を顔からそらすように前に向ける。

むしかえす【蒸し返す】

「議論を蒸し返す」
→〈討論〉+〈蒸し返す〉

例文の「蒸し返す」は一度解決・決着したことを再び問題とすることなので〈蒸し返す〉で表現。〈蒸し返す〉はしまったものをもう一度出してくるさま。

〈討論〉
指を軽く開いて伸ばした両手指先を向かい合わせ、互い違いにねじるように揺らす。

〈蒸し返す〉
手のひらを下に向けた左手の下から指を折り曲げ下向きにした右手を返して左手にのせる。

むしば【虫歯】

「虫歯」
→〈虫〉+〈歯〉

「虫歯」は〈虫〉+〈歯〉で表現。

〈虫〉
右人差指を屈伸させながら前に出す。

〈歯〉
右人差指で歯をさす。

むじゅん【矛盾】1

「(言葉と)行動が矛盾する」
→(〈言う②〉+)〈する〉+〈違う①〉

例文の「矛盾」は言うこととやることが食い違う意味なので〈違う①〉で表現。〈違う①〉は二つのものが食い違うさまを表す。

〈する〉
両こぶしを力を込めて前に出す。

〈違う①〉
親指と人差指を出し、同時に手首をねじるように動かす。

むじゅん【矛盾】2

「社会の矛盾」
→〈社会〉+〈矛盾〉

例文の「矛盾」はあることがらが論理的に合わない意味なので〈矛盾〉で表現。〈矛盾〉は矛に対する盾を表した新しい手話。

〈社会〉
親指と小指を立てた両手を手前に水平に円を描く。

〈矛盾〉
左人差指と右手の親指と人差指を向かい合わせて右手をねじるようにする。

むす【蒸す】

「(米を)蒸す」
→(〈米〉+)〈口をふさぐ〉+〈湯気①〉

例文の「蒸す」は食物などを蒸気の熱を加えることで〈口をふさぐ〉+〈湯気①〉で表現。〈口をふさぐ〉は蒸気が逃げないようにふたをするさま。

〈口をふさぐ〉
右手のひらを口に当てる。

〈湯気①〉
指先を軽く曲げた両手のひらを上に向けて回す。

むずかしい【難しい】1

「難しい仕事」
→〈難しい〉+〈仕事〉

例文の「難しい」はなかなかできない、困難の意味なので〈難しい〉で表現。〈難しい〉はほおをつねって「難しい」「困難」の意味を表す。

〈難しい〉
右手の親指と人差指でほおをつねるようにする。

〈仕事〉
手のひらを上に向け、向かい合わせた両手指先を繰り返しつき合わせる。

むずかしい【難しい】2

「難しい性格」

→〈性質〉+〈難しい〉

例文の「難しい」はつきあいにくい意味で〈難しい〉で表現。〈難しい〉は心理的な難しさの意味も表す。

〈性質〉

左手甲に右人差指を当て、すくうようにあげる。

〈難しい〉

右手の親指と人差指でほおをつねるようにする。

むすこ【息子】

「息子の年」

→〈息子〉+〈年齢〉

例文の「息子」はその夫婦にできた男の子で〈息子〉で表現。

〈息子〉

親指を立てた右手を腹から前に出す。

〈年齢〉

あごの下で右手指を順に折る。

むすぶ【結ぶ】1

「ひもを結ぶ」

→〈結ぶ①〉

例文の「結ぶ」はつなぎ合わせる意味なので〈結ぶ①〉で表現。〈結ぶ①〉はひもを結ぶさまを表す。

〈結ぶ①〉

両手の親指と人差指でひもを結ぶようにして左右に開く。

むすぶ【結ぶ】2

「契約を結ぶ」

→〈契約〉+〈調印〉

例文の「結ぶ」はとりきめる意味なので〈調印〉で表現。〈調印〉は互いに印鑑を押し合うさまを表す。

〈契約〉

交差した両手を左右に開きながら親指と4指を閉じる。

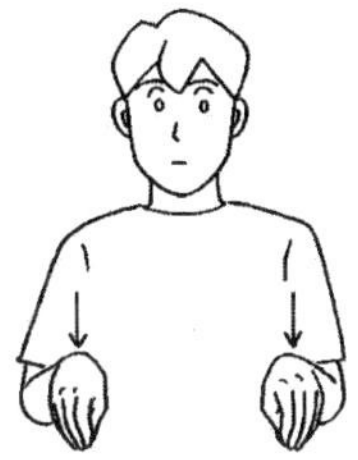

〈調印〉

すぼめた両手を下に押しつけるようにする。

むすぶ【結ぶ】3

「関係が結ばれる」

→〈つながる〉

例文の「関係が結ばれる」はつながりができるの意味なので〈つながる〉で表現。〈つながる〉は二つの輪がつながるさまを表す。

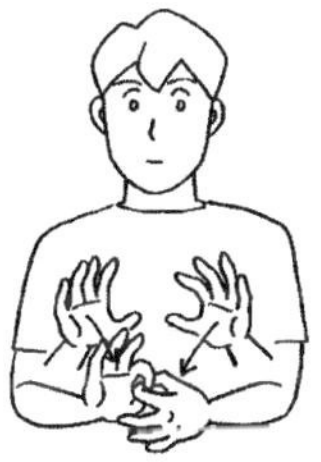

〈つながる〉

軽く開いた両手を前に出しながら両手の親指と人差指を組む。

むすぶ【結ぶ】4

「話を結ぶ」

→〈説明〉+〈結ぶ①〉

例文の「結ぶ」はしめくくる、まとめるの意味なので〈結ぶ①〉で表現。〈結ぶ①〉は「まとめる」「しめくくる」「結論」などの意味を表す。

〈説明〉

左手のひらを右手で小刻みにたたく。

〈結ぶ①〉

両手の親指と人差指でひもを結ぶようにして左右に開く。

むすぶ【結ぶ】5

「努力が実を結ぶ」

→〈努力〉+〈成功〉

「実を結ぶ」は成功する意味なので〈成功〉で表現。

〈努力〉

左手のひらに右人差指をねじこみながら前に押し出す。

〈成功〉

右こぶしを鼻から左手のひらに打ちつける。

むすぶ【結ぶ】6

「口を結ぶ」

→〈口を結ぶ〉

「口を結ぶ」は口をつぐむ、閉じる意味なので〈口を結ぶ〉で表現。手話は口をつぐみ何も言わないさまで「黙る」「無言」などの意味を表す。

〈口を結ぶ〉

右手の親指と４指を口元で手前に向けて、閉じる。

むすぶ【結ぶ】7

「背広にネクタイを結ぶ」

→〈背広〉+〈正しい〉

例文の「結ぶ」はネクタイについてなので〈正しい〉で表現。〈正しい〉はネクタイをするさまを表す。

〈背広〉

親指を立てた両手で背広のえりを示す。

〈正しい〉

親指と人差指をつまみ、胸に当て、右手をあげる。

むすめ【娘】1

「三人娘」

→〈三人①〉+〈娘〉

例文の「娘」はその夫婦にできた女の子で〈娘〉で表現。

〈三人①〉

３指を立てた右手の甲側を前にして「人」を空書する。

〈娘〉

小指を立てた右手を腹から前に出す。

むすめ【娘】2

「娘時代」

→〈若い〉+〈時①〉

例文の「娘」は未婚の若い女性の意味なので〈若い〉で表現。手話は青年時代、若い時の意味を表す。

〈若い〉

右手のひらで額を左から右へふくようにする。

〈時①〉

左手のひらに右親指を当て、右人差指を時計の針のように回す。

むせん【無線】

「無線放送」

→〈無線〉+〈放送〉

例文の「無線」は電線を使わない電信のことで〈無線〉で表現。〈無線〉は左手のアンテナに線がないさまを表す新しい手話。

〈無線〉

左人差指の先から閉じた右手の親指と人差指を開きながら離す。

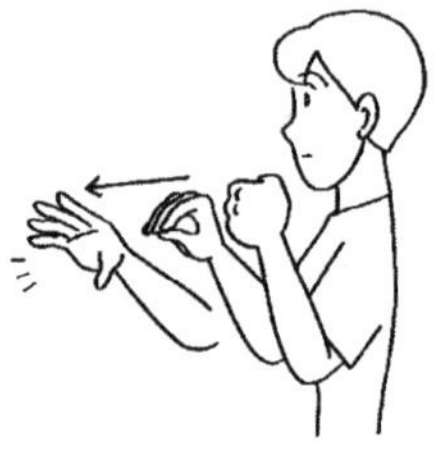

〈放送〉

左こぶしを口元に近づけ、左手甲からすぼめた右手を前に向かって開く。

むだ【無駄】1

「(努力が)むだになる」
→(〈努力〉+)
〈水のあわ〉
または〈損〉

例文の「むだになる」は〈水のあわ〉または〈損〉で表現。〈水のあわ〉はパーになるさま。〈損〉はお金を捨てるさまを表す。

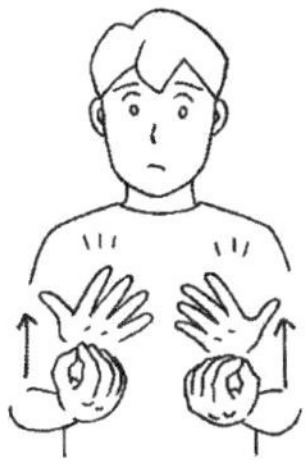

〈水のあわ〉
すぼめた両手を上に向けて、ぱっと開く。

〈損〉
両手の親指と人差指で作った丸を前に投げるようにして開く。

むだ【無駄】2

「むだ話」
→〈くだらない〉+〈会話②〉

「むだ話」は役に立たない話なので〈くだらない〉+〈会話②〉で表現。〈くだらない〉は頭のあがらないさまを表す。

〈くだらない〉
右人差指を伸ばし下からあげて左手のひらに打ちつける。

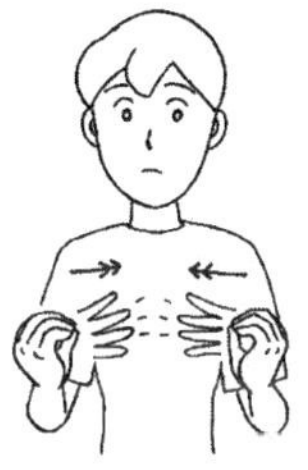

〈会話②〉
すぼめた両手を向かい合わせて同時に左右から繰り返し開く。

むだ【無駄】3

「お金のむだ使い」
→〈浪費①〉
または〈浪費②〉

「むだ使い」は意味もなく金を使うことで〈浪費①〉または〈浪費②〉で表現。手話はどちらも金遣いが荒いさまを表す。

〈浪費①〉
左手のひらの上で親指と人差指を閉じた右手を滑らすようにして繰り返し前に出す。

〈浪費②〉
左手のひらの上を右手の親指と人差指で作った丸を繰り返し前に出しながら右へ動かす。

むだん【無断】1

「無断欠勤」
→〈秘密①〉+〈休む①〉

例文の「無断」はことわらないで黙ってすることの意味なので〈秘密①〉で表現。〈秘密①〉は言わないさまで「黙って」の意味もある。

〈秘密①〉
右人差指を口元に当てる。

〈休む①〉
手のひらを下にした両手を左右から閉じる。

むだん【無断】2

「無断で複製する」
→〈隠れる〉+〈コピー〉

例文の「無断」は隠れてこっそりの意味なので〈隠れる〉で表現。〈隠れる〉は人に隠れるさまを表す。

〈隠れる〉
両手の小指側を合わせて顔を隠すようにする。

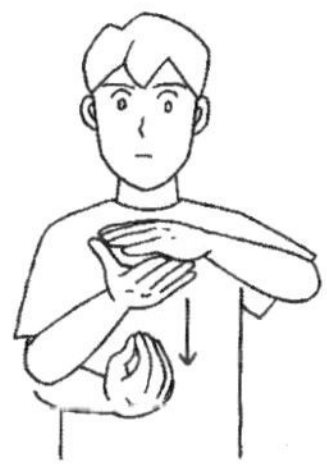

〈コピー〉
手のひらを下に向けた左手の下で右手を閉じながらおろす。

むちうちしょう【鞭打症】

「むち打ち(症)」
→〈首①〉+〈むち打ち〉
(+〈病気〉)

「むち打ち」は首がむちのようにしなる衝撃で起こる障害で〈首①〉+〈むち打ち〉で表現。手話は首が衝撃を受けたさまを表す。

〈首①〉
右手のひらを首に当てる。

〈むち打ち〉
右こぶしを後ろにそらせ、すばやく前に倒す。

むちゅう【夢中】1

「遊びに夢中になる」

→〈一途①〉+〈遊ぶ①〉

例文の「夢中」は熱中する意味なので〈一途①〉で表現。〈一途①〉は脇目もふらずそれだけに没頭するさまを表す。

〈一途①〉
両手のひらをこめかみ付近から斜め前に絞り込むようにおろす。

〈遊ぶ①〉
人差指を立てた両手を交互に前後に軽く振る。

むちゅう【夢中】2

「夢中で逃げる」

→〈逃げる〉+〈一生懸命〉

例文の「夢中」は必死で、一生懸命のさまなので〈一生懸命〉で表現。〈一生懸命〉はそのことだけに取り組むさまを表す。

〈逃げる〉
両こぶしを右上にさっとあげる。

〈一生懸命〉
両手を顔の横から繰り返し強く前に出す。

むっつ【六つ】1

「ミカンが六つ」

→〈ミカン〉+〈６〉

例文の「六つ」は個数のことなので〈６〉で表現。

〈ミカン〉
すぼめた左手をミカンに見立てて皮をむくようにする。

〈６〉
親指と人差指を立てて示す。

むっつ【六つ】2

「（弟は）六つ」

→（〈弟〉+）
〈年齢〉+〈６〉

例文の「六つ」は歳のことなので〈年齢〉+〈６〉で表現。

〈年齢〉
あごの下で右手の指を順に折る。

〈６〉
親指と人差指を立てて示す。

むね【胸】1

「胸が悪い」

→〈肺〉+〈悪い①〉

例文の「胸が悪い」は肺結核などの肺に病気がある意味なので〈肺〉+〈悪い①〉で表現。〈肺〉は胸の両側にある肺を表す。

〈肺〉
両手のひらを胸に当てる。

〈悪い①〉
人差指で鼻をこするようにして振りおろす。

むね【胸】2

「胸がいっぱいになる」

→〈感動〉+〈満足〉

「胸がいっぱいになる」は感動や悲しさなどで心が強く動かされる意味なので〈感動〉+〈満足〉で表現。〈感動〉は感情がこみあげるさまを表す。

〈感動〉
指先をすぼめた右手をほおに当てて、ゆっくり上にあげる。

〈満足〉
両手のひらを手前に向けて前後に置き、右手を左手のひらにぶつける。

むね【胸】3

「話に胸を打たれる」

→〈説明される〉+〈感動〉

「胸を打たれる」は非常に感動させられる意味なので〈感動〉で表現。〈感動〉は感情がこみあげるさまを表す。

〈説明される〉

左手のひらの上を指先を手前に向けた右手で小刻みにたたく。

〈感動〉

指先をすぼめた右手をほおに当てて、ゆっくり上にあげる。

むら【村】

「村の人々」

→〈村〉+〈人々①〉

例文の「村」は農村地帯または行政単位のことで〈村〉で表現。〈村〉はすきで畑を耕すさまを表す。

〈村〉

指先を軽く開いて曲げた左手のひらに右人差指をつけて手前に繰り返し引く。

〈人々①〉

親指と小指を立てた両手を揺らしながら左右に開く。

むね【胸】4

「勝利に胸をおどらす」

→〈勝つ②〉+〈うれしい〉

「胸をおどらす」はうれしくてわくわくする意味なので〈うれしい〉で表現。〈うれしい〉は胸のおどるさまを表す。

〈勝つ②〉

こぶしを上に突きあげる。

〈うれしい〉

両手のひらを胸の前で、交互に上下させる。

むらさき【紫】

「紫色」

→〈紫〉+〈色①〉

例文の「紫」は色のことで〈紫〉で表現。〈紫〉は指文字〈ム〉で〈赤〉の動きをする新しい手話。

〈紫〉

親指と人差指を立てた右手の人差指を唇にそって右へ動かす。

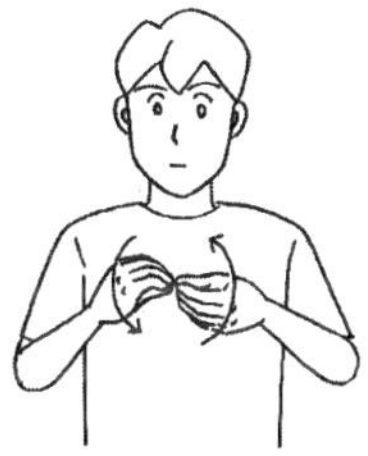

〈色①〉

すぼめた両手を合わせてひねる。

むね【胸】5

「胸をなでおろす」

→〈安心①〉
または〈安心②〉

「胸をなでおろす」はほっと安心する意味なので〈安心①〉または〈安心②〉で表現。手話はどちらも胸をなでおろすさまを表す。

〈安心①〉

両手を胸に当て、下になでおろす。

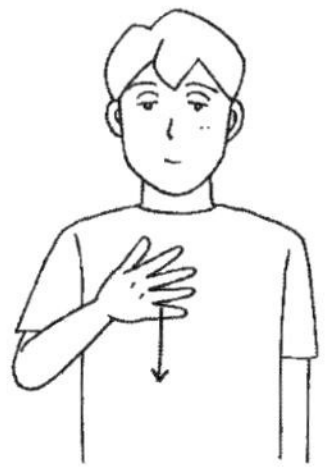

〈安心②〉

右手のひらを胸に当て、下におろす。

むり【無理】

「無理(を言う)」

→〈無理①〉
または〈無理②〉
(+〈言う①〉)

「無理」は〈無理①〉または〈無理②〉で表現。〈無理①〉は指文字〈ム〉と〈リ〉を連続して表す。

〈無理①〉

指文字〈ム〉と〈リ〉を連続して示す。

〈無理②〉

右人差指を下唇の下に当て、ねじりながら左へ動かす。

むりょう【無料】

「入場無料」
→〈入る①〉+〈無料〉

例文の「無料」は金を払う必要がないことで〈無料〉で表現。〈無料〉はお金がいらないさまを表す。

〈入る①〉
両手人差指で「入」の字形を作り、倒すように前に出す。

〈無料〉
右手の親指と人差指で作った丸を左へ投げるようにして開く。

め【芽】1

「(花の)芽が出る」
→(〈花①〉または〈花②〉+)〈芽①〉または〈芽②〉

例文の「芽」は〈芽①〉または〈芽②〉で表現。〈芽①〉は左手の地面から右手の芽が出るさまを、〈芽②〉は球根から芽が出るさまを表す。

〈芽①〉
手のひらを下に向けた左手の指の下から右人差指を突き出す。

〈芽②〉
つまんだ左手に右人差指を当て、少し上にあげる。

むれ【群れ】

「羊の群れ」
→〈羊〉+〈グループ〉

例文の「群れ」は集団のことで〈グループ〉で表現。〈グループ〉はまとまった集まりを表す。

〈羊〉
両手の人差指を両耳の横で回す。

〈グループ〉
指先を上に向けた両手で水平に手前に円を描く。

め【芽】2

「チューリップの芽が出る」
→〈チューリップ〉+〈芽②〉

例文の「芽が出る」は球根なので〈芽②〉で表現。〈芽②〉は種から芽が出るさまを表す。

〈チューリップ〉
やや丸めて立てた左手の周りを同様の右手で囲むように動かす。

〈芽②〉
つまんだ左手に右人差指を当て、少し上にあげる。

〈メ〉
親指と人差指で目の形を作る。

め【芽】3

「努力して芽が出る」
→〈努力〉+〈芽①〉

例文は比喩的に成功のきざしが見えることなので〈芽①〉で表現。

〈努力〉
左手のひらに右人差指をねじこみながら前に押し出す。

〈芽①〉
手のひらを下に向けた左手の指の下から右人差指を突き出す。

め【芽】4

「（悪の）芽を摘む」

→（〈悪い①〉＋）
〈芽①〉＋〈切る⑦〉

例文の「芽」はこれから成長しようとするもののことなので〈芽①〉で表現。

〈芽①〉
手のひらを下に向けた左手の指の下から右人差指を突き出す。

〈切る⑦〉
〈芽①〉の左手を残し、右 2 指で右人差指をはさみで切るようにする。

め【目】1

「目が赤い」

→〈目①〉＋〈赤〉

例文の「目」は人や動物の目のことで〈目①〉で表現。

〈目①〉
右人差指で右目のまわりを丸く示す。

〈赤〉
唇に人差指を当て、右へ引く。

め【目】2

「見た目にはおいしそう」

→〈見る①〉＋〈おいしい①〉

「見た目」は外から見た様子の意味なので〈見る①〉で表現。〈見る①〉は見るさまで「見る」「一見すると」などの意味がある。

〈見る①〉
右人差指を右目元から前に出す。

〈おいしい①〉
右手のひらであごをぬぐう。

め【目】3

「危ない目に会う」

→〈危ない①〉＋〈経験〉

例文の「～目に会う」は経験する意味なので〈経験〉で表現。〈経験〉は積み重ねるさまで「経験（する）」「なれる」などの意味がある。

〈危ない①〉
全指を軽く折り曲げ、胸をたたく。

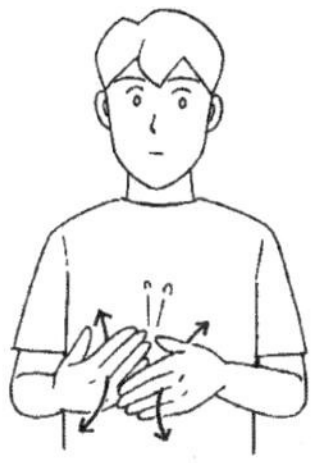

〈経験〉
両手指先をふれ合わせる。

め【目】4

「一番目」

→〈一番①〉＋〈目②〉

例文の「目」は順番を表す言葉で〈目②〉で表現。目そのものを指さして表現したもの。

〈一番①〉
右人差指を左肩に軽く当てる。

〈目②〉
右人差指で右目をさす。

め【目】5

「目が高い」

→〈目②〉＋〈高い①〉

「目が高い」は慣用句で良い物を見分ける力がすぐれている意味で〈目②〉＋〈高い①〉で表現。〈高い①〉は価値があるの意味にも使う。

〈目②〉
右人差指で右目をさす。

〈高い①〉
右手の親指と人差指で作った丸をすばやく上にあげる。

め

め【目】6

「(甘いものに)目がない」

→(〈甘い〉+)
〈好き①〉+〈とても〉

例文の「目がない」は慣用句で非常に好きであるの意味なので〈好き①〉+〈とても〉で表現。

〈好き①〉
親指と人差指を開いた右手をのどに当て、下におろしながら閉じる。

〈とても〉
親指と人差指を閉じた右手を左から弧を描きながら親指を立てる。

め【目】7

「忙しくて目が回る」

→〈忙しい②〉+〈酔う〉

「目が回る」は〈酔う〉で表現。〈酔う〉は両方の目がくるくると回るさまを表す。

〈忙しい②〉
指先を折り曲げた両手のひらを下に向けて同時に水平に回す。

〈酔う〉
両手の人差指の先を目に向けて回す。

め【目】8

「話を聞いて目からうろこが落ちる」

→〈説明される〉+〈初耳〉

「目からうろこが落ちる」は今までわからなかったことが突然はっきりわかる意味なので〈初耳〉で表現。

〈説明される〉
左手のひらの上を指先を手前に向けた右手で小刻みにたたく。

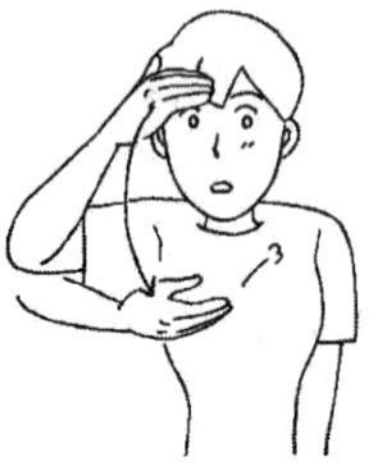

〈初耳〉
右手のひらを手前に向け、顔の前から下にさっとおろす。

め【目】9

「家は目と鼻の先」

→〈家〉+〈短い①〉

「目と鼻の先」はごく近い所にある意味なので〈短い①〉で表現。〈短い①〉は表現の仕方で近さの程度を表現できる。

〈家〉
両手で屋根形を作る。

〈短い①〉
親指と人差指を閉じた両手を左右からさっと近づける。

め【目】10

「目に余る行為」

→〈過ぎる〉+〈活動〉

「目に余る」はすることがあまりにもひどい意味なので〈過ぎる〉+〈活動〉で表現。手話は「目に余る」「やり過ぎ」などの意味。

〈過ぎる〉
左手甲の上を右手で乗り越える。

〈活動〉
ひじを少し張り、ひじを軸に両こぶしを交互に繰り返し前に出す。

め【目】11

「よく目にする」

→〈たくさん③〉+〈見る③〉

例文はしばしば見るの意味なので〈たくさん③〉+〈見る③〉で表現。〈見る③〉は〈見る①〉を繰り返して、たびたび見るさまを表す。

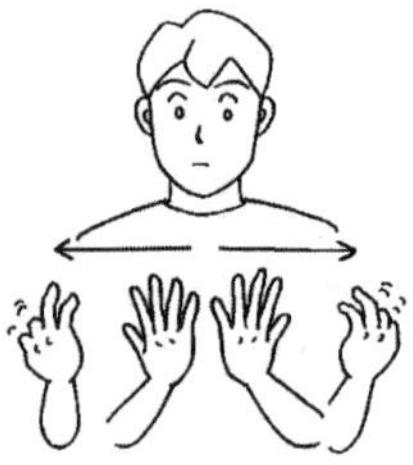

〈たくさん③〉
両手のひらを軽く開き、左右に開きながら指を折る。

〈見る③〉
右人差指を目元から前に繰り返し出す。

め

め【目】12

「色が目につく」

→〈色①〉+〈目立つ①〉

「目につく」は目立つ意味なので〈目立つ①〉で表現。〈目立つ①〉ははっきりと目に飛び込んでくるさまを表す。

〈色①〉

すぼめた両手を合わせてひねる。

〈目立つ①〉

目の前に全指を軽く曲げた右手のひらをぱっと引き寄せる。

め【目】13

「目の黒いうち」

→〈元気②〉+〈間(あいだ)〉

「目の黒いうち」は生きている間の意味なので〈元気②〉+〈間〉で表現。〈元気②〉はいきいきしているさまで「元気」「いきいき」など。

〈元気②〉

ひじを左右に繰り返し張る。

〈間(あいだ)〉

両手のひらを向かい合わせ、仕切るように下に少しさげる。

め【目】14

「目も当てられない」

→〈見るにたえない〉

「目も当てられない」はあまりにもひどくて見ていられない意味なので〈見るにたえない〉で表現。〈見るにたえない〉は目をそむけるさま。

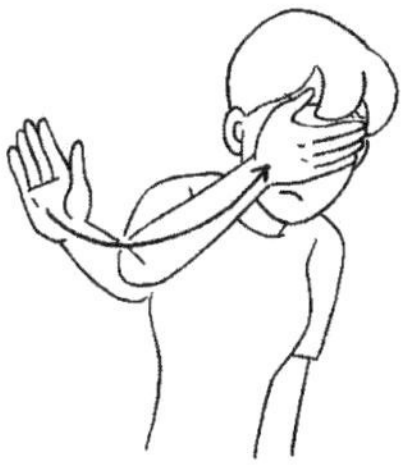

〈見るにたえない〉

右手のひらで目をおおうようにする。

め【目】15

「(彼女には)目もくれず」

→(〈彼女〉+)
〈無視④〉
または〈鼻にもかけない〉

「目もくれず」は見向きもしない、無視する意味なので〈無視④〉または〈鼻にもかけない〉で表現。いずれも無視するという意味。

〈無視④〉

右耳前に立てた左手のひらに右人差指の先をつき立てて、はじかれるように前に出す。

〈鼻にもかけない〉

右手で鼻の頭をつかみ投げ捨てるようにする。

め【目】16

「目をかける」

→〈愛知〉
または〈愛①〉

「目をかける」はかわいがって面倒を見る意味なので〈愛知〉または〈愛①〉で表現。いずれも頭をなでてかわいがるさまを表す。

〈愛知〉

左親指の上で右手のひらを水平に回す。

〈愛①〉

左手甲を右手でなでるようにする。

め【目】17

「ミスがないか目を配る」

→〈まちがう②〉+〈調べる①〉

例文の「目を配る」はいろいろと注意してよく見る意味なので〈調べる①〉で表現。〈調べる①〉は目を配るさまを表す。

〈まちがう②〉

つまんだ両手を目の前に置き、交差させる。

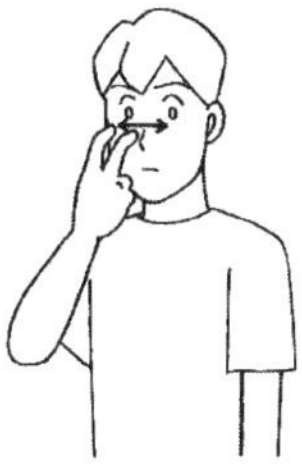

〈調べる①〉

右手の人差指と中指を軽く折り曲げて、目の前を左右に往復させる。

め

め【目】18
「目を皿にして探す」
→〈大きい④〉+〈あさる〉

「目を皿にする」はなくした物を大きく目を開いて探す意味なので〈大きい④〉+〈あさる〉で表現。〈あさる〉はあちこち探すさま。

〈大きい④〉
目の前に両手の親指と人差指で作った丸を当てる。

〈あさる〉
両手の親指と人差指で丸を作り、目の前でくるくる回す。

め【目】19
「目を盗んで会う」
→〈隠れる〉+〈会う②〉

「目を盗む」はこっそりとする意味なので〈隠れる〉で表現。〈隠れる〉は人に隠れるさまで「こっそりと」「隠れて」などの意味を表す。

〈隠れる〉
両手の小指側を合わせて顔を隠すようにする。

〈会う②〉
人差指を立てた両手を前後から近づけて軽くふれ合わせる。

め【目】20
「(敵の)動きに目を光らせる」
→(〈敵〉+)〈状態①〉+〈調べる①〉

「目を光らせる」は注意して見張る意味なので〈調べる①〉で表現。

〈状態①〉
両手のひらを前に向けて、交互に上下させる。

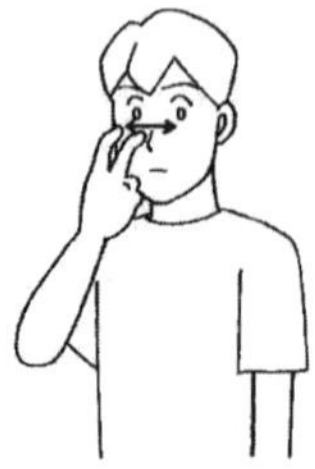

〈調べる①〉
右手の人差指と中指を軽く折り曲げて、目の前を左右に往復させる。

め【目】21
「高額に目を丸くする」
→〈高い①〉+〈驚く③〉

「目を丸くする」は驚く意味なので〈驚く③〉で表現。〈驚く③〉は目の玉の飛び出るほど驚くさまを表す。

〈高い①〉
右手の親指と人差指で作った丸を上にあげる。

〈驚く③〉
全指を折り曲げた両手を目から前に勢いよく出す。

め【目】22
「美しさに目を奪われる」
→〈美しい①〉+〈魅力〉

「目を奪われる」は強く目を引きつけられる意味なので〈魅力〉で表現。〈魅力〉は目を奪われるさまを表す。

〈美しい①〉
顔の前で右手を左右に少し振る。

〈魅力〉
指先を手前に向けた右手を前に出しながら閉じる。

めあて【目当て】
「財産目当て」
→〈財産〉+〈目的①〉

「目当て」は〈目的①〉で表現。〈目的①〉は的に矢を当てるさまで「目当て」「目的」などの意味を表す。

〈財産〉
左手のひらの上に右手で親指と人差指で作った丸を置く。

〈目的①〉
左こぶしの親指側に右人差指を当てる。

めいし【名刺】

「名刺を交換する」

→〈名刺〉+〈交換①〉

「名刺」は〈名刺〉で表現。〈名刺〉は胸ポケットから名刺を差し出すさまを表す。

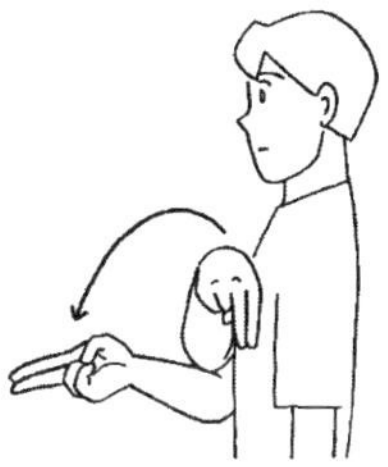

〈名刺〉

左胸のポケットに右手２指を入れ、差し出すようにする。

〈交換①〉

手のひらを上に向けた両手を前後に置き、同時に前後を入れ換える。

めいしょ【名所】

「名所(を訪ねる)」

→〈有名〉+〈場所〉
(+〈行(い)く②〉)

「名所」は有名な土地の意味なので〈有名〉+〈場所〉で表現。〈有名〉は名の高いさまで「有名」「名高い」などの意味を表す。

〈有名〉

左手のひらに右人差指を当て、上にあげる。

〈場所〉

全指を曲げた右手を前に置く。

めいじ【明治】

「明治時代」

→〈明治〉+〈時①〉

例文の「明治」は時代のことで〈明治〉で表現。〈明治〉は明治天皇のひげを表す。

〈明治〉

あごに当てた右手の親指と４指を下にさげながら握る。

〈時①〉

左手のひらに右親指を当て、右人差指を時計の針のように回す。

めいじる【命じる】

「(仕事を)命じる」

→(〈仕事〉+)
〈命じる〉
または〈命令①〉

例文の「命じる」は命令することなので〈命じる〉または〈命令①〉で表現。いずれも命令するさまで「命じる」「命令(する)」などの意味。

〈命じる〉

右人差指を口元から下にまっすぐ伸ばす。

〈命令①〉

右人差指で斜め下をつくようにする。

めいじつ【名実】

「名実(ともに)」

→〈表(おもて)①〉+〈裏①〉
(+〈一緒①〉)

「名実」は名前と実質の意味なので〈表(おもて)①〉+〈裏①〉で表現。〈表(おもて)①〉は「名」を、〈裏①〉は「実」を表す。

〈表(おもて)①〉

左手甲を右手指で軽くふれる。

〈裏①〉

左手のひらを右手のひらで軽くふれる。

めいしん【迷信】

「迷信を信じる」

→〈迷信〉+〈頼る〉

「迷信」は間違った考え方によって信じること、信じるものの意味で〈迷信〉で表現。〈迷信〉はまじないをするさまを表す新しい手話。

〈迷信〉

両手のひらを合わせて回す。

〈頼る〉

両手こぶしを握り、綱にすがるようにする。

めいじん【名人】

「将棋の名人」
→(〈将棋〉+)
〈腕〉
または〈腕前〉

例文の「名人」は腕前のすぐれた人の意味なので〈腕〉または〈腕前〉で表現。〈腕〉または〈腕前〉は腕を強調するさまで「名人」「達人」の意味を表す。

〈腕〉
左腕を右手でぽんとたたく。

〈腕前〉
左腕を右手のひらでぽんとたたく。

めいぶつ【名物】

「(京都)名物」
→(〈京都〉+)
〈有名〉+〈物①〉

「名物」はその地方特有の名産、有名な物の意味なので〈有名〉+〈物①〉で表現。〈有名〉は名の高いさまで「有名」「名高い」などの意味。

〈有名〉
左手のひらに右人差指を当て、上にあげる。

〈物①〉
右手の親指と人差指で作った丸を前に示し、手首を返して手前に向ける。

めいちゅう【命中】

「目標に命中する」
→〈目的②〉+〈きちんと①〉

「命中」は的に当たる意味なので〈目的②〉+〈きちんと①〉で表現。〈目的②〉は的に当たるさまで、〈きちんと①〉はそれを強調している。

〈目的②〉
左こぶしを上にあげ、親指側に右人差指を当てる。

〈きちんと①〉
両手の親指と人差指を同時に閉じながら下におろす。

めいもく【名目】

「名目(賃金)」
→〈名目〉
または〈表(おもて)①〉
(+〈給料〉)

「名目」はおもて向きの名前の意味なので〈名目〉または〈表(おもて)①〉で表現。〈名目〉は左手の〈表①〉に〈名前①〉を合わせた手話。

〈名目〉
左手甲に前に示し右親指を押すようにする。

〈表(おもて)①〉
左手甲を右手指で軽くふれる。

めいはく【明白】

「明白な事実」
→〈はっきり〉+〈本当〉

「明白」ははっきりしていて疑う余地がない意味なので〈はっきり〉で表現。〈はっきり〉は前後の違いが明らかなさま。

〈はっきり〉
左右の手のひらを並べて見るようにして前後にすばやく離す。

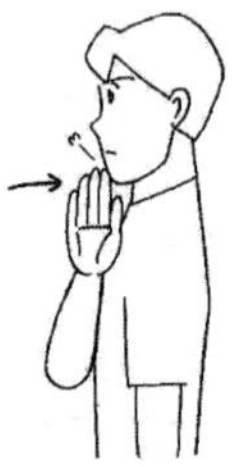

〈本当〉
右手をあごに当てる。

めいよ【名誉】

「名誉教授」
→〈名誉〉+〈先生〉

「名誉」は〈名誉〉で表現。〈名誉〉は御簾(みす)をあげて高貴の人に面会する名誉のさまで「名誉」「ほまれ」の意味を表す。

〈名誉〉
両手の人差指の先を向かい合わせて上にあげる。

〈先生〉
右人差指を口元から振りおろし、右親指を示す。

めいれい【命令】

「命令を出す」

→〈命令①〉
または〈命令②〉
(または〈命じる〉)

「命令を出す」は〈命令①〉または〈命令②〉または〈命じる〉で表現。手話はいずれも指図するさまで「命令(する)」「指令(を出す)」の意味を表す。

〈命令①〉

右人差指で斜め下をつくようにする。

〈命令②〉

左親指から右人差指を前に出す。

めいわく【迷惑】1

「迷惑をかける」

→〈迷惑〉+〈与える①〉

「迷惑をかける」は〈迷惑〉+〈与える①〉で表現。〈迷惑〉は眉間にしわを寄せるさまで「迷惑(をかける)」の意味。

〈迷惑〉

親指と人差指で眉間をつまむ。

〈与える①〉

両手のひらを上に向け並べて前に差し出す。

めいわく【迷惑】2

「多大の迷惑をこうむる」

→〈迷惑〉+〈とても〉

例文の「迷惑をこうむる」はこちらが迷惑する意味。〈迷惑〉の手話で体をうしろにそらすことでこうむる迷惑の大きさを表す。

〈迷惑〉

親指と人差指で眉間をつまむ。

〈とても〉

右手の親指と人差指をつまみ、弧を描きながら親指を立てる。

メーデー

「メーデー」

→〈五月〉+〈デモ〉

「メーデー」は五月一日に行う労働者のデモをする祭典なので〈五月〉+〈デモ〉で表現。〈デモ〉はプラカードを掲げるさまを表す。

〈五月〉

左手で〈5〉を示し、その下で右手の親指と人差指で三日月を描く。

〈デモ〉

左手を右手の人差指と中指ではさみ、上下させながら前に出す。

メートル

「(五)メートル」

→(〈5〉+)
〈メートル①〉
または〈メートル②〉

「メートル」は〈メートル①〉または〈メートル②〉で表現。〈メートル①〉はメートルを「米」と書くところから〈米〉を伸ばした表現。

〈メートル①〉

親指と人差指を閉じた右手を唇の端から前に出す。

〈メートル②〉

右人差指で「m」を書く。

メール 1

「メールの発信」

→〈メール①〉

例文は〈メール①〉で表現。〈メール①〉は指文字〈メ〉を前方へ動かす。

〈メール①〉

右指文字〈メ〉を前方に出す。

め

メール 2

「メールの受信」

→〈メール②〉

例文は〈メール②〉で表現。〈メール②〉は指文字〈メ〉を手前に引いて表す。

〈メール②〉
右指文字〈メ〉を前方から手前に引き寄せる。

メール 3

「メールの文章」

→〈メール③〉+〈文章〉

例文の「メール」は〈メール③〉で表現。〈メール③〉はメールのやりとりを表す。

〈メール③〉
左手のひらに右指文字〈メ〉をのせ前後させる。

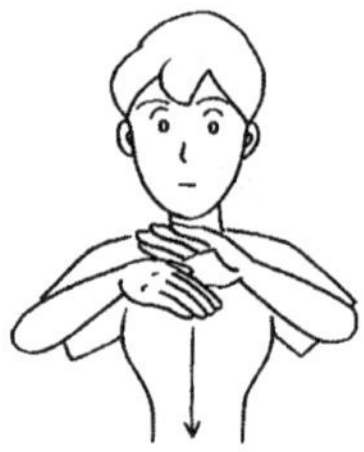

〈文章〉
両手の親指と４指の間を合わせて下におろす。

メール 4

「彼とメールのやりとりをする」

→右〈彼〉+〈メール③〉

例文の「メールのやりとり」は〈メール③〉で表現。〈メール③〉はメールのやりとりを表す。

右〈彼〉
右親指を左人差指でさす。

〈メール③〉
左手のひらに右指文字〈メ〉をのせ前後させる。

めがね【眼鏡】1

「黒いめがねをかける」

→〈黒①〉+〈めがね〉

例文の「めがね」は人のかけるめがねのことで〈めがね〉で表現。〈めがね〉は「めがね(をかける)」の意味。

〈黒①〉
右手指先で髪の毛をさわる。

〈めがね〉
両手の親指と人差指を開いた形で丸を作り、目に当てる。

めがね【眼鏡】2

「(先生の)めがねにかなう」

→(〈先生〉+)〈思う〉+〈合う①〉

例文の「めがねにかなう」は目上の人、地位の高い人に認められる意味なので、〈思う〉+〈合う①〉で表現。〈合う①〉は「かなう」の意味。

〈思う〉
右人差指を側頭部に当てる。

〈合う①〉
左人差指の先に右人差指の先を当てる。

めぐすり【目薬】

「赤い目薬をさす」

→〈赤〉+〈目薬〉

「目薬」は〈目薬〉で表現。〈目薬〉は目薬をさすさまを表す。

〈赤〉
唇に人差指を当て、右へ引く。

〈目薬〉
顔を上に向け、右目の上で右親指と人差指をつけ合わせる。

めざし【目刺し】

「めざしのつまみ」

→〈めざし〉+〈副〉

「めざし」は〈めざし〉で表現。〈めざし〉は左手をイワシに見立て、右手の串で刺すさまを表す。「つまみ」は〈副〉で表現。おかずの意。

〈めざし〉

手のひらを手前に向けた左手を立て、右人差指でその 4 指の内側を左に刺すように動かす。

〈副〉

左親指に右親指を少しさげてつける。

めざす【目指す】

「大学をめざす」

→(〈大学①〉または)〈大学②〉+〈目的②〉

例文の「めざす」は目標とするの意味なので〈目的②〉で表現。〈目的②〉は左手の的に、右手の矢を当てるさまを表す。

〈大学②〉

両手の人差指で角帽のひさしを示す。

〈目的②〉

左こぶしを上にあげ、親指側に右人差指を当てる。

めざめる【目覚める】1

「朝、目覚める」

→〈朝〉+〈目覚める〉

例文の「目覚める」は眠りから目が覚めることなので〈目覚める〉で表現。〈目覚める〉は目を開けるさまを表す。

〈朝〉

こめかみ付近に当てた右こぶしをすばやく下におろす。

〈目覚める〉

親指と人差指を閉じた両手を両目の前に置き、ぱっと開く。

めざめる【目覚める】2

「勉強に目覚める」

→〈勉強②〉(または〈勉強①〉または〈勉強③〉)+〈目覚める〉

例文の「目覚める」はあることに頭や感情が働き始めることで〈目覚める〉で表現。

〈勉強②〉

指先を上に向けた両手を並べて軽く前に出す。

〈目覚める〉

親指と人差指を閉じた両手を両目の前に置き、ぱっと開く。

めし【飯】

「昼飯を食う」

→〈昼〉+〈食べる③〉(または〈食べる①〉)

例文の「飯」は〈食べる③〉または〈食べる①〉で表現。いずれもごはんを食べるさまで「ごはん」「飯を食べる」などの意味を表す。

〈昼〉

右手 2 指を額中央に当てる。

〈食べる③〉

右手のひらですくって食べるようにする。

めずらしい【珍しい】

「珍しい(人)」

→〈珍しい①〉または〈珍しい②〉(+〈人〉)

例文の「珍しい」はまれな、見なれないの意味で〈珍しい①〉または〈珍しい②〉で表現。手話はいずれも目新しいさまを表す。

〈珍しい①〉

目の前ですぼめた右手を閉じたり開いたりする。

〈珍しい②〉

すぼめた右手を目の前から前に出しながら開く。

め

めだつ【目立つ】1

「目立つ(服)」
→〈目立つ①〉
または〈目立つ②〉
(+〈服〉)

例文の「目立つ」は目につく意味なので〈目立つ①〉または〈目立つ②〉で表現。目に飛び込んでくるさまで「はで」などの意味も表す。

〈目立つ①〉
目の前に全指を軽く曲げた右手のひらをぱっと引き寄せる。

〈目立つ②〉
目の前に全指を軽く曲げた両手のひらをぱっと引き寄せる。

めだつ【目立つ】2

「(頭に白いものが)目立つ」
→(〈頭②〉+〈白〉+)
〈目②〉+〈芽①〉

例文の「目立つ」は出ているのが目につく意味なので〈目②〉+〈芽①〉で表現。〈芽①〉は突き出てくるさまを表す。

〈目②〉
右人差指で右目をさす。

〈芽①〉
手のひらを下に向けた左手の指の下から右人差指を突き出す。

めだつ【目立つ】3

「目立った働きをする」
→〈仕事〉+〈代表〉

例文の「目立つ」は人より飛び抜けて良いの意味なので〈代表〉で表現。〈代表〉はグループのうちから抜きん出ているさまを表す。

〈仕事〉
手のひらを上に向け、向かい合わせた両手指先を繰り返しつき合わせる。

〈代表〉
指先を斜め上に向けた左手のひらの下から人差指を立てた右手を斜め上にあげる。

めだつ【目立つ】4

「行動が目立つ」
→〈活動〉+〈表(あらわ)れる〉

例文の「目立つ」は〈表れる〉で表現。〈表れる〉は目の前に出現するさまで「目立つ」「表れる」などの意味を表す。

〈活動〉
ひじを少し張り、ひじを軸に両こぶしを交互に繰り返し前に出す。

〈表(あらわ)れる〉
左手のひらに右人差指を当て、手前に引く。

メタボリックしょうこうぐん【メタボリック症候群】

「メタボリック症候群」
→〈代謝〉+〈症候群〉

「メタボリック症候群」は〈代謝〉+〈症候群〉で表現。〈代謝〉は左手が人、右手が入れ替わることを表す新しい手話。

〈代謝〉
左人差指の先から右2指を手首を返して右に動かす。

〈症候群〉
右こぶしを額に当て、開いた右手の指先を下にして左から右へ動かす。

めだま【目玉】1

「目玉商(品)」
→〈驚く④〉+〈商売〉
(+〈品(ひん)〉)

例文は人目を引く商品のことなので〈驚く④〉+〈商売〉+〈品(ひん)〉で表現。〈驚く④〉は目が飛び出すさまを表す。

〈驚く④〉
指を折り曲げた右手を目から前に勢いよく出す。

〈商売〉
両手の親指と人差指で作った丸を交互に前後させる。

めだま【目玉】2

「大目玉を食う」

→〈ガミガミ言われる①〉

例文はひどく怒られることなので〈ガミガミ言われる①〉で表現。〈ガミガミ言われる①〉は上からガミガミ言われるさまを表す。

〈ガミガミ言われる①〉

5指を屈伸させながら上から顔に向けて繰り返し近づける。

めでたい 1

「めでたい結婚」

→〈祝う〉+〈結婚〉

例文の「めでたい」は祝いたい気持ちの意味なので〈祝う〉で表現。〈祝う〉はぱっと打ちあげるさまで「めでたい」「おめでとう」を表す。

〈祝う〉

すぼめた両手を同時に上に向かって開く。

〈結婚〉

親指と小指を左右からつける。

メダル

「(金)メダル」

→(〈金(きん)①〉+)〈メダル①〉または〈メダル②〉

「メダル」は〈メダル①〉または〈メダル②〉で表現。ともに首からさげたメダルを表す。

〈メダル①〉

両手の親指と人差指で丸を作り、みぞおち辺りにつける。

〈メダル②〉

親指と人差指で半円を作り、胸に置く。

めでたい 2

「おめでたいやつ」

→〈男〉+〈ばか①〉

「おめでたい」は抜けている、おひとよしの意味で、〈ばか①〉で表現。〈ばか①〉は脳が薄いさまで「ばか」の意味を表す。

〈男〉

親指を立てた右手を出す。

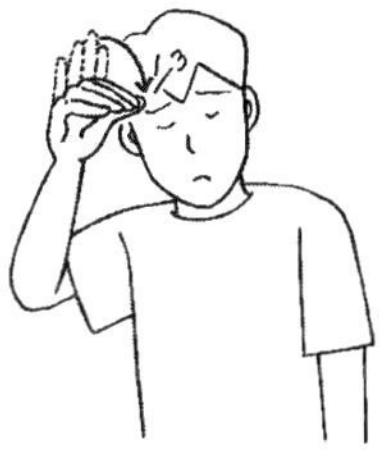

〈ばか①〉

頭に右手の親指を当て、4指を閉じる。

めできくテレビ【目で聴くテレビ】

「目で聴くテレビ」

→〈目で聴く〉+〈テレビ〉

「目で聴くテレビ」はＣＳ放送番組で〈目で聴く〉+〈テレビ〉で表現。〈目で聴く〉は目の位置で〈聴く〉の形を表す。

〈目で聴く〉

右手を目の上にかざす。

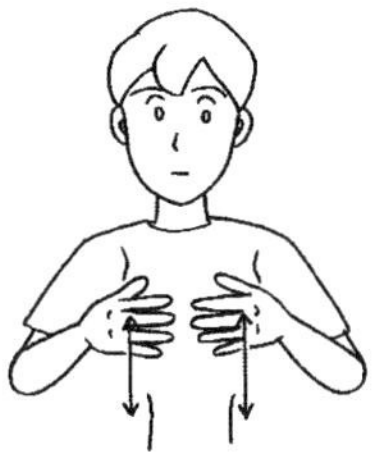

〈テレビ〉

両手の4指の指先を向かい合わせて左右同時に上下させる。

めど

「めどが立つ」

→〈見通す〉+〈終わる〉

「めどが立つ」は見通しがつく意味なので〈見通す〉+〈終わる〉で表現。「めどがつく」も同じ手話。

〈見通す〉

左手指先の間から右人差指を突き破るように前に出す。

〈終わる〉

指先を上に向けた両手を下におろしながら閉じる。

メドレー

「［水泳の］
四百メートルメドレー」
→〈四百〉+〈メドレー〉

例文の「メドレー」は水泳のメドレーなので〈メドレー〉で表現。左〈４①〉、右〈泳ぐ〉を組み合わせた新しい手話。

〈四百〉
右手４指を出し、指先を左に向けて勢いよく立てる。

〈メドレー〉
左手４指を立て、右２指を寝かせ、指を上下させながら左から右に動かす。

め

メニエール

「メニエール病」
→〈メニエール〉+〈病気〉

「メニエール病」は〈メニエール〉+〈病気〉で表現。〈メニエール〉は平衡感覚が保てないさまを表す新しい手話。

〈メニエール〉
両手指文字〈コ〉を耳の横で交互に上下させる。

〈病気〉
こぶしで額を軽くたたく。

メニュー

「食事のメニュー」
→〈食べる①〉+〈メニュー〉

例文の「メニュー」は食堂の品書きのことで〈メニュー〉で表現。〈メニュー〉は品書きのさまを表した新しい手話。

〈食べる①〉
左手のひらの上を右手ですくって食べるようにする。

〈メニュー〉
左手全指を開き、右手４指を重ね右へ引く。

めまい

「ときどきめまいがする」
→〈酔う〉+〈時々①〉

例文の「めまい」は気分が悪くなって目が回ることで〈酔う〉で表現。〈酔う〉は目の回るさまで「めまい」一般の意味がある。

〈酔う〉
両手の人差指の先を目に向けて回す。

〈時々①〉
右人差指を左右ですくいあげるようにする。

メモ

「メモを取る」
→〈書く①〉
　または〈書く②〉

「メモを取る」は筆記する意味なので〈書く①〉または〈書く②〉で表現。手話の違いは縦書きと横書きの違いで使い分ける。

〈書く①〉
左手のひらに右手の親指と人差指で縦に書くようにする。

〈書く②〉
左手のひらに右手の親指と人差指で横に書くようにする。

メロン

「高価なメロン」
→〈高い②〉+〈メロン〉

果物の「メロン」は〈メロン〉で表現。〈メロン〉はメロンを切って皿にのせたさまを表す。

〈高い②〉
左手のひらの上で親指と人差指で作った丸を上にあげる。

〈メロン〉
両手の親指と人差指をつき合わせ、左右に弧を描きながらあげ、閉じる。

めんえき【免疫】1

「免疫力(が低下する)」

→〈免疫〉+〈力〉
(+〈さがる②〉)

例文の「免疫」は病原体などに対抗して発病しない状態のことなので〈免疫〉で表現。〈免疫〉は右手の〈病気〉が左手で防がれて弱まるさまを表す。

〈免疫〉
左手の甲を額に当て、右こぶしをその左手のひらに当てて左に開きながらおろす。

〈力〉
こぶしを握った左腕を曲げ、上腕に右人差指で力こぶを描く。

めんえき【免疫】2

「人混みにも免疫ができてしまった」

→〈満員〉+〈平気〉

例文の「免疫」は慣れてしまって平気になることなので〈平気〉で表現。〈平気〉は「蛙の面に小便」のさまを表す。

〈満員〉
両手の指背側を合わせて水平に回す。

〈平気〉
右手の指先を鼻の下につけて左下に払うようにおろす。

めんかい【面会】

「面会謝絶」

→(〈会う①〉または)
〈面会〉+〈断る〉

「面会」は訪ねてきた人と会う、または訪ねていって人に会う意味なので〈面会〉で表現。人差指を人に見立てそれが対面するさまを表す。

〈面会〉
人差指を立てた両手を前後に向かい合わせて右手を手前に引きながら当てる。

〈断る〉
左指先を手前に向け、右手のひらで押し返す。

めんきょ【免許】

「運転免許」

→〈運転〉+〈証拠〉

例文の「免許」は〈証拠〉で表現。〈証拠〉は文書に判を押すさまで「免許」「証拠」「証明」などの意味がある。

〈運転〉
ハンドルを両手で握り、回すようにする。

〈証拠〉
左手のひらの上に指先を折り曲げた右手を判を押すようにのせる。

めんじょ【免除】

「税金を免除する」

→〈税金〉+〈取り消す〉

「免除」はしなければならないことをしなくてもいいようにする意味なので〈取り消す〉で表現。〈取り消す〉は文書から削除するさま。

〈税金〉
親指と人差指で作った丸をすばやく自分に向けて開く。

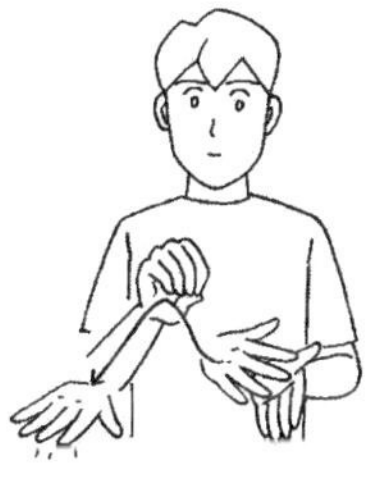

〈取り消す〉
右手で左手のひらからものをつかみとり、わきに捨てるようにする。

めんしょく【免職】

「懲戒免職」

→〈しかる②〉+〈解雇①〉

「免職」は職をやめさせることなので〈解雇①〉で表現。〈解雇①〉は人に見立てた親指の首を切るさまで「解雇」「くびにする」などの意味。

〈しかる②〉
左親指に向かって右親指を振りおろしてとめる。

〈解雇①〉
左親指を右手で切るようにする。

め

めんしん【免震】

「免震の建物」
→〈免震〉+〈ビル①〉

例文の「免震」は地震の際の振動をゆるめることなので〈免震〉で表現。〈免震〉は左手が〈建物〉、右手が〈地震〉を表す。

〈免震〉
左手を立て、その横で手のひらを上向きにした右手を前後させる。

〈ビル①〉
両手のひらを向かい合わせて上にあげ、閉じる。

めんぜい【免税】

「免税(店)」
→〈税金〉+〈取り消す〉
(+〈店〉)

「免税」は〈税金〉+〈取り消す〉で表現。〈税金〉はお金を求められるさまを表し、〈取り消す〉は撤回・免除などを表す。

〈税金〉
親指と人差指で作った丸をすばやく自分に向けて開く。

〈取り消す〉
右手で左手のひらからものをつかみとり、わきに捨てるようにする。

めんせき【面積】

「(土地の)面積」
→(〈土〉+)
〈面積〉

例文の「面積」は〈面積〉で表現。〈面積〉は縦と横を測るさまを表す。

〈面積〉
つまんだ両手を前後に置き、

次に左右に置く。

めんせつ【面接】1

「面接(試験)」
→〈顔〉+〈会う②〉
(+〈試験〉)

「面接」は2種類の表現がある。ひとつは〈顔〉+〈会う②〉で表す。

〈顔〉
右人差指で顔の前で丸を描く。

〈会う②〉
人差指を立てた両手を軽く当てる。

めんせつ【面接】2

「面接試験」
→〈顔合わせ〉+〈試験〉

もうひとつは〈顔合わせ〉で表現。〈顔合わせ〉はこぶしを顔に見立て、両者が顔を合わせるさまを表す。

〈顔合わせ〉
両こぶしを向かい合わせる。

〈試験〉
親指を立てた両手を交互に上下させる。

めんだん【面談】

「(社長と)面談する」
→(〈会社〉+〈長①〉+)
〈会う①〉+〈会話②〉

「面談」はじかに会って話す意味なので〈会う①〉+〈会話②〉で表現。〈会う①〉は人と人がじかに顔を合わせるさま。

〈会う①〉
人差指を立てた両手を左右から近づけて軽くふれ合わせる。

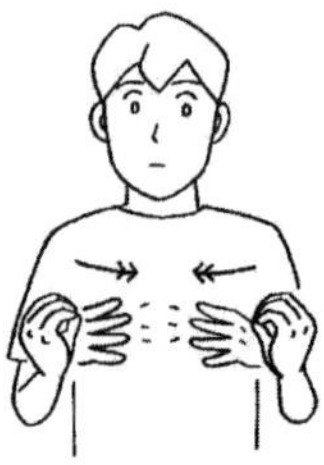

〈会話②〉
すぼめた両手を向かい合わせて同時に左右から繰り返し開く。

メンテナンス

「建物のメンテナンス」

→〈ビル①〉+〈メンテナンス〉

「メンテナンス」は機械・建物などの保全・維持で〈メンテナンス〉で表現。〈メンテナンス〉は〈診察〉と〈診察を受ける〉を組み合わせた新しい手話。

〈ビル①〉

両手のひらを向かい合わせて上にあげ、閉じる。

〈メンテナンス〉

手のひらを前方に向けて立てた左手の甲に折り曲げた右２指を当て、次に手のひらに当てる。

めんどう【面倒】1

「めんどうをかける」

→〈迷惑〉+〈与える①〉

「めんどうをかける」は相手に苦労や迷惑をかける意味なので〈迷惑〉+〈与える①〉で表現。〈迷惑〉は眉間にしわを寄せるさま。

〈迷惑〉

親指と人差指で眉間をつまむ。

〈与える①〉

両手のひらを上に向け並べて前に差し出す。

めんどう【面倒】2

「めんどうな話」

→〈苦労〉+〈手話〉

例文の「めんどう」は手間がかかる、わずらわしいの意味なので〈苦労〉で表現。〈苦労〉は腕をたたいて苦労するさまを表す。

〈苦労〉

右こぶしで左腕を軽くたたく。

〈手話〉

両手の人差指を向かい合わせて、糸を巻くように回転させる。

めんどう【面倒】3

「めんどうを見る」

→(〈世話〉または)〈助ける①〉+〈責任①〉

例文の「めんどうを見る」は人の生活などの世話をする意味なので〈世話〉または〈助ける①〉+〈責任①〉で表現。〈助ける①〉は後押しするさま。

〈助ける①〉

親指を立てた左手の後ろを右手のひらで軽く後押しする。

〈責任①〉

右肩に軽く全指を折り曲げた右手をのせる。

メンバー 1

「野球のメンバー」

→〈野球①〉+〈署名〉

例文の「メンバー」はチームの構成員のことで〈署名〉で表現。〈署名〉は名前と拇印が並ぶさまで「署名」「メンバー」などの意味を表す。

〈野球①〉

バットを握って振るようにする。

〈署名〉

左手のひらを上に向け、指に沿って右親指を滑らすように出す。

メンバー 2

「メンバーに加わる」

→〈グループ〉+〈参加①〉

「メンバーに加わる」は集団、グループに加わることで〈グループ〉+〈参加①〉で表現。〈グループ〉は人の集まりを表す。

〈グループ〉

指先を上に向けた両手で水平に手前に円を描く。

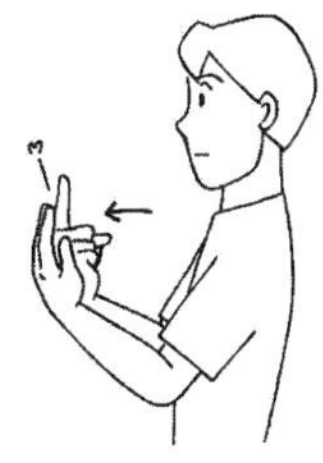

〈参加①〉

指先を上に向け、手のひらを手前に向けた左手に人差指を立てた右手を打ちつける。

め

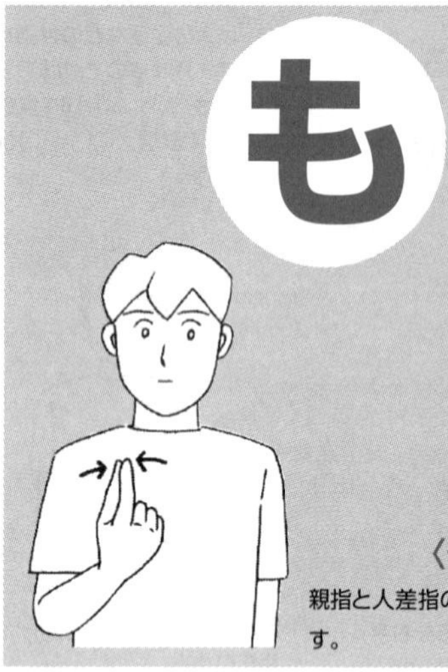

〈モ〉
親指と人差指の指先を閉じて示す。

もう 2

「もう来るころだ」
→〈少し〉+〈来る②〉

例文の「もう」はまもなくの意味なので〈少し〉で表現。〈少し〉はわずかを表すさまで「少し」「ちょっと」などの意味を表す。

〈少し〉
右手の親指と人差指を合わせ、親指をはじく。

〈来る②〉
右人差指を上に向けて手前に引く。

も

「(天気は)明日も続く」
→(〈明るい①〉+)
〈あした〉+〈相変わらず①〉

「も」は同じことが続くさまを表すので、「～も続く」は〈相変わらず①〉で表現。〈相変わらず①〉は同じことが続くさまを表す。

〈あした〉
人差指を立てた右手を頭の横でくるりと回しながら前に出す。

〈相変わらず①〉
両手の親指と4指を閉じたり開いたりしながら右肩から前に出す。

もう 3

「もうひとつ(下さい)」
→〈もっと〉+〈1①〉
(+〈求める〉)

例文の「もう」はさらにの意味で2種類の表現がある。ひとつは〈もっと〉で表現。〈もっと〉はさらに重ねるさまを表す。

〈もっと〉
左手の親指と人差指の上に右手の親指と人差指を重ねる。

〈1①〉
右人差指を立てる。

もう 1

「もう寝てしまった」
→〈寝る〉+〈た〉

例文の「もう」はすでにの意味なので「もう～た」は〈た〉で表現。〈た〉は「～した」などの済んだことを表す。

〈寝る〉
右こぶしを頭に当てる。

〈た〉
両手のひらを手首から前に倒して下に向ける。

もう 4

「もうひとつ下さい」
→〈もうひとつ〉+〈求める〉

もうひとつは〈もうひとつ〉で表現。〈もうひとつ〉はさらに数をひとつ増やすことを要求するさまを表す。

〈もうひとつ〉
あごの下から閉じた右手の親指と人差指をぱっと開き人差指を立てる。

〈求める〉
左手のひらに右手の甲を打ちつける。

もう 5

「もう行かない」

→〈行(い)く①〉+〈いいえ①〉

例文の「もう」はさらに否定する意味なので〈いいえ①〉で表現。〈いいえ①〉の手の横の振り方に「もう〜しない」の意味が込められる。

〈行(い)く①〉

右手人差指を下に向けて、振りあげるように前をさす。

〈いいえ①〉

指先を上に向けた右手を顔の前で左右に振る。

もう【盲】

「盲学校」

→〈盲(もう)〉+〈勉強②〉

例文の「盲」は目の見えないことで〈盲(もう)〉で表現。〈盲(もう)〉は目が閉じて見えないさまを表す。

〈盲(もう)〉

右手 2 指を両目の前で下におろす。

〈勉強②〉

指先を上に向けた両手を並べて軽く前に出す。

もうかる【儲かる】

「(お金が)もうかる」

→(〈金(かね)①〉+)
〈もうける②〉
または〈もうける③〉

例文の「もうかる」はお金が手に入ることで〈もうける②〉または〈もうける③〉で表現。いずれもお金がごっそり手に入るさまを表す。

〈もうける②〉

両手のひらを上下に向かい合わせて手前にすばやく引きあげる。

〈もうける③〉

半開きにした両手をぱっと引きあげる。

もうける【設ける】1

「施設を設ける」

→〈施設〉+〈建てる〉

例文の「設ける」は施設を作る意味なので〈建てる〉で表現。〈建てる〉は建物を建てるさまで「建設する」「建てる」の意味を表す。

〈施設〉

左手で指文字〈シ〉を示し、右手で「ㄱ」を描く。

〈建てる〉

両手の屋根形を前から起こす。

もうける【設ける】2

「規則を設ける」

→〈規則〉+〈作る〉

例文の「設ける」は規則を作る意味なので〈作る〉で表現。〈作る〉は物を組み立てるさまで「作る」「組み立てる」などの意味を表す。

〈規則〉

左手のひらに折り曲げた右手 2 指を打ちつける。

〈作る〉

両手のこぶしを上下に打ちつける。

もうける【設ける】3

「宴会を設ける」

→〈パーティー〉+〈準備①〉

例文の「設ける」は準備をする意味なので〈準備①〉で表現。〈準備①〉は整えるさまで「準備(する)」「用意(する)」などの意味。

〈パーティー〉

親指と人差指で杯を持つようにして水平に回転させる。

〈準備①〉

両手のひらを向かい合わせて左から右へ動かす。

もうける【儲ける】1

「(金を)もうける」

→(〈金(かね)①〉+)
〈もうける①〉
または〈もうける②〉

例文の「もうける」はお金を手に入れることで3種類の表現がある。ひとつは〈もうける①〉で、ふたつめは〈もうける②〉で表現。

〈もうける①〉

軽く曲げた右手を下から上にすばやく引きあげる。

〈もうける②〉

両手のひらを上下に向かい合わせて手前にすばやく引きあげる。

もうける【儲ける】2

「金をもうける」

→〈金(かね)①〉+〈もうける③〉

みっつめは〈もうける③〉で表現する。

〈金(かね)①〉

右手の親指と人差指で作った丸を示す。

〈もうける③〉

半開きにした両手をぱっと引きあげる。

もうしあげる【申し上げる】

「感謝申しあげます」

→〈ありがとう〉+〈言う①〉

「申しあげる」は〈言う①〉の丁寧な表現。ただしこの場合〈言う①〉を少しだけ上向きにして丁寧さを表す。

〈ありがとう〉

右手を左手甲に軽く当て、拝むようにする。

〈言う①〉

右人差指を口元からやや長めに前に出す。

もうしあわせ【申し合わせ】

「(住民の)申し合わせ」

→(〈いる〉+〈人々①〉+)
〈会話②〉+〈認める②〉

「申し合わせ」は相談して決めたことなので〈会話②〉+〈認める②〉で表現。〈会話②〉は対面する人たちが話し合うさまを表す。

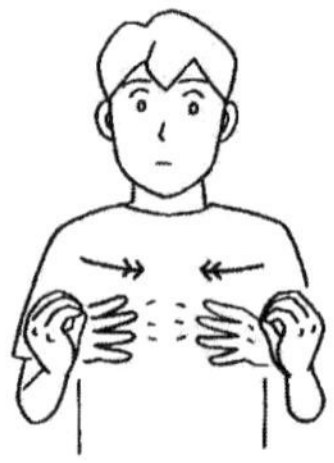

〈会話②〉

すぼめた両手を向かい合わせて同時に左右から繰り返し開く。

〈認める②〉

両こぶしを向かい合わせて内側に倒す。

もうしいれ【申し入れ】

「国に申し入れする」

→〈国(くに)〉+〈申し込む〉

「申し入れ」は〈申し込む〉で表現。〈申し込む〉は文書を提出するさまで「申し入れ(る)」「提出(する)」などの意味を表す。

〈国(くに)〉

親指と4指を突き合わせ、左右に開きながら閉じる。

〈申し込む〉

左手のひらの上に右人差指をのせて前に出す。

もうしこむ【申し込む】1

「結婚を申し込む」

→〈結婚〉+〈申し込む〉

「申し込む」は〈申し込む〉で表現。〈申し込む〉は文書を提出するさまで「申し入れ(る)」「提出(する)」などの意味を表す。

〈結婚〉

親指と小指を左右からつける。

〈申し込む〉

左手のひらの上に右人差指をのせて前に出す。

もうしこむ
【申し込む】2

「結婚を申し込まれる」
→〈結婚〉+〈申し込まれる〉

例文の「申し込まれる」は〈申し込まれる〉で表現。手話は自分の側に提案などが示されるさまを表す。

〈結婚〉

親指と小指を左右からつける。

〈申し込まれる〉

左手のひらの上に右人差指をのせて手前に引き寄せる。

もうしわけ【申し訳】3

「申し訳程度のものですが」
→〈くだらない〉+〈しかし〉

例文の「申し訳程度のもの」はただ形だけの、なかみのないものの意味なので〈くだらない〉で表現。〈くだらない〉は頭のあがらないさま。

〈くだらない〉

右人差指を伸ばし下からあげて左手のひらに打ちつける。

〈しかし〉

右手のひらを返す。

もうしわけ【申し訳】1

「申し訳が立つ」
→〈説明〉+〈できる〉

例文の「申し訳」は自分のした悪かったことの理由を説明することなので〈説明〉で表現。「立つ」はできるの意味で〈できる〉で表現。

〈説明〉

左手のひらを右手で小刻みにたたく。

〈できる〉

右手指先を左胸と右胸に順に当てる。

もうしわけない
【申し訳ない】

「大変申し訳ない」
→〈とても〉+〈すみません〉

「申し訳ない」は詫びる言葉なので〈すみません〉で表現。〈すみません〉は〈迷惑〉+〈頼む①〉から成る。

〈とても〉

右手の親指と人差指をつまみ、弧を描きながら親指を立てる。

〈すみません〉

右手の親指と人差指で眉間をつまみ、右手で拝むようにする。

もうしわけ【申し訳】2

「申し訳が立たない」
→〈説明〉+〈できない〉

例文の「申し訳」は自分のした悪かったことの理由の説明なので〈説明〉で表現。「立たない」はできないの意味なので〈できない〉で表現。

〈説明〉

左手のひらを右手で小刻みにたたく。

〈できない〉

両こぶしを握り、手首を交差させて左右にぱっと開く。

もうす【申す】

「申した通り」
→〈言う①〉+〈同じ⑤〉

例文の「申す」は言うことなので〈言う①〉で表現。〈言う①〉はものを言うさま。

〈言う①〉

右人差指を口元から前に出す。

〈同じ⑤〉

右手2指を閉じたり開いたりする。

もうちょう【盲腸】

「盲腸」
→〈盲(もう)〉+〈切る④〉

例文の「盲腸」は〈盲(もう)〉+〈切る④〉で表現。虫垂炎になってそこを切るところから。

〈盲(もう)〉
右手２指を両目の前で下におろす。

〈切る④〉
右脇腹を右人差指で切るようにする。

もうどうけん【盲導犬】

「盲導(犬)」
→〈盲(もう)〉+〈案内〉
(+〈犬〉)

「盲導犬」は盲人の手引きができるように訓練された犬のことで〈盲(もう)〉+〈案内〉+〈犬〉で表現。

〈盲(もう)〉
右手２指を両目の前で下におろす。

〈案内〉
左手指を右手でつかみ、手を引くようにして右へ動かす。

もうふ【毛布】

「毛布をかける」
→〈毛①〉+〈ふとん〉

「毛布」は〈毛①〉+〈ふとん〉で表現。〈ふとん〉は寝ている時にふとんを引きあげるさまを表す。

〈毛①〉
指先を曲げ、手のひらを上に向けた右手を左手甲にこすりつける。

〈ふとん〉
ふとんを両手の親指と４指でつまみ、肩に引きあげるようにする。

もうまくはくり【網膜剥離】

「網膜剥離になる」
→〈網膜〉+〈剥離〉

「網膜剥離」は〈網膜〉+〈剥離〉で表現。〈網膜〉は左手が眼球、右手が網膜を表し、〈剥離〉は網膜が剥離したさまを表す新しい手話。

〈網膜〉
左２指で丸を作り、右手で丸をおおうように弧を描く。

〈剥離〉
〈網膜〉の左から右手をすばやく離す。

もうもく【盲目】

「盲目になる」
→〈盲(もう)〉
または〈失明〉

例文の「盲目」は目が見えなくなることで〈盲(もう)〉または〈失明〉で表現。いずれも目が閉ざされて見えないさまを表す。

〈盲(もう)〉
右手２指を両目の前で下におろす。

〈失明〉
両手のひらを目に当てる。

もえる【燃える】１

「家が燃える」
→〈家〉+〈火事①〉
(または〈火事②〉)

例文の「燃える」は家なので〈火事①〉または〈火事②〉で表現。手話は〈家〉の左手を残して右手で燃えるさまを表す。

〈家〉
両手で屋根形を作る。

〈火事①〉
左手屋根形の下から親指と小指を立てた右手を炎のように振りながら上にあげる。

もえる【燃える】2

「辺り一面が燃える」

→〈広い④〉+〈燃える〉

例文の「燃える」は〈燃える〉で表現。〈燃える〉は炎をあげてものが燃えるさまを表す。

〈広い④〉

右手のひらを下にして大きく水平に回す。

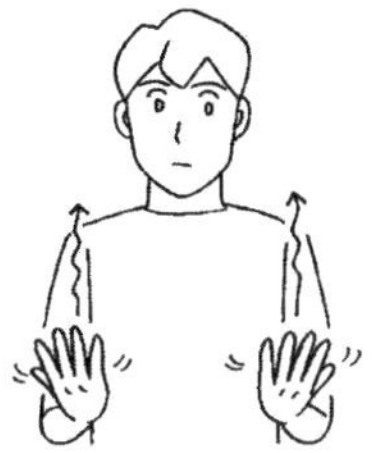

〈燃える〉

両手の指先を上に向け、揺らしながら上にあげる。

もぎ【模擬】

「模擬試験」

→〈模擬〉+〈試験〉

「模擬」は〈模擬〉で表現。〈模擬〉は左手のあるものを右手で〈まねる〉を表す。

〈模擬〉

左手のひらに右５指の先をつけ、つまみながら額につける。

〈試験〉

親指を立てた両手を交互に上下させる。

もえる【燃える】3

「希望に燃える」

→〈希望〉+〈たくさん①〉

例文の「希望に燃える」はあれもやりたいこれもやりたいと夢や希望をたくさん持つことなので〈希望〉+〈たくさん①〉で表現。

〈希望〉

手のひらを下に向けた右手の指先を揺らしながら頭から前に出す。

〈たくさん①〉

左手のひらを上に向けた左腕を示し、その上に右手で山を描く。

もくてき【目的】1

「計画の目的」

→〈計画〉+〈目的①〉

例文の「目的」は〈目的①〉で表現。〈目的①〉は左手の的に右手の矢を当てるさまで「目的」の意味を表す。

〈計画〉

左手のひらを下に向け、右人差指で線を引くようにする。

〈目的①〉

左こぶしの親指側に右人差指を当てる。

モーター

「モーターがこわれる」

→〈モーター①〉+〈折る①〉

「モーター」は〈モーター①〉で表現。〈モーター①〉はモーターの軸が回転するさまを表す。

〈モーター①〉

左手の甲を上向きにして握り、右人差指を左手の横で回転させる。

〈折る①〉

両こぶしの親指側を合わせ、折るようにする。

もくてき【目的】2

「目的を果たす」

→〈目的②〉+〈解決①〉

例文の「目的」は〈目的②〉で表現。〈目的②〉は左手の的に右手の矢を当てるさまで〈目的①〉よりも高くかかげる。

〈目的②〉

左こぶしを上にあげ、親指側に右人差指を当てる。

〈解決①〉

左手のひらの上に右人差指で「×」を大きく書く。

もくにん【黙認】

「違反を黙認する」

→〈違反〉+〈黙認〉

「黙認」は見て見ぬふりをする意味なので〈黙認〉で表現。〈黙認〉は左手で目をふさぎ、右手で〈認める①〉を表す。

〈違反〉

左手のひらに折り曲げた右手2指をかすめるように振りおろす。

〈黙認〉

左手のひらで目をおおい、右こぶしを前に倒す。

もくひ【黙秘】

「黙秘(権)」

→〈秘密①〉

　または〈黙る①〉

　(+〈力〉)

「黙秘権」は被告・被疑者が尋問などに対して自分に不利益なことは答えなくてもいい権利なので〈秘密①〉または〈黙る①〉+〈力〉で表す。〈力〉は権利の意味。

〈秘密①〉

右人差指を口元に当てる。

〈黙る①〉

握ったこぶしを口に当てる。

もくひょう【目標】

「目標を達成する」

→〈目的②〉+〈成功〉

「目標」は〈目的②〉で表現。〈目的②〉は左手の的に右手の矢を当てるさまで〈目的①〉よりも高くかかげる。

〈目的②〉

左こぶしを上にあげ、親指側に右人差指を当てる。

〈成功〉

右こぶしを鼻から左手のひらに打ちつける。

もくようび【木曜日】

「木曜日の朝」

→〈木〉+〈朝〉

「木曜日」は〈木〉で表現。〈木〉は木の幹を表す。

〈木〉

両手の親指と人差指で大きな丸を作り、上にあげながら左右に広げる。

〈朝〉

こめかみ付近に当てた右こぶしをすばやく下におろす。

もぐる【潜る】1

「海に潜る」

→〈海〉+〈潜る①〉

例文の「潜る」は潜水のことなので〈潜る①〉で表現。〈潜る①〉は水に潜るさまを表す。

〈海〉

右小指を口元に当て、手のひらを波のように動かす。

〈潜る①〉

左手のひらを下に向けてその手前を右手2指の指先を上に向けてバタつかせながら下におろす。

もぐる【潜る】2

「布団に潜る」

→〈潜る②〉

例文の「潜る」は布団の中に入り込むことなので〈潜る②〉で表現。〈潜る②〉は布団を頭までかぶるさまを表す。

〈潜る②〉

こぶしを握った両手を頭の上まで引きあげる。

も

もぐる【潜る】3

「地下に潜って運動する」
→〈隠れる〉+〈活動〉

例文の「潜る」は隠れひそむことなので〈隠れる〉で表現。

〈隠れる〉
両手の小指側を合わせて顔を隠すようにする。

〈活動〉
ひじを少し張り、ひじを軸に両こぶしを交互に繰り返し前に出す。

もし

「もし(雨が降れば)」
→〈もし〉
または〈例〉
(+〈雨①〉)

「もし」は仮定を表す言葉で、〈もし〉または〈例〉で表現。〈例〉は「仮に」の意味。

〈もし〉
右手の親指と人差指をほおにふれながら閉じる。

〈例〉
左手甲に右手の親指と人差指で作った丸をつける。

もじ【文字】1

「きれいな文字を書く」
→〈書く①〉+〈美しい①〉
(または〈美しい②〉)

例文の「文字を書く」は〈書く①〉で表現。

〈書く①〉
左手のひらに右手の親指と人差指で縦に書くようにする。

〈美しい①〉
手のひらを目の前で左右に少し振る。

もじ【文字】2

「(昔の)文字」
→(〈過去①〉+)
〈書く③〉+〈文字〉

例文の「文字」は〈書く③〉+〈文字〉で表現。

〈書く③〉
ペンを持って、上から下に書くようにする。

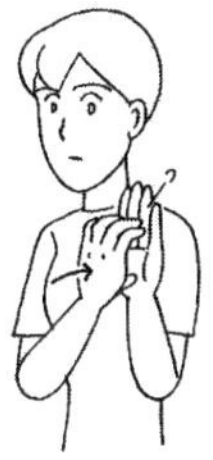

〈文字〉
左手のひらに指先を折り曲げた右手を当てて示す。

もじ【文字】3

「文字放送」
→〈字幕③〉+〈放送〉

例文の「文字」は字幕の意味なので〈字幕③〉で表現。左手が画面、右手が字幕を表す。

〈字幕③〉
指先を右へ向け、甲を前に示した左手に右手の親指と人差指をつける。

〈放送〉
左こぶしからすぼめた右手を前に向けて繰り返し開く。

もしも 1

「もしも(亡くなったら)」
→〈もし〉
または〈例〉
(+〈死ぬ①〉)

例文の「もしも」は仮定を表す言葉で〈もし〉または〈例〉で表現。〈例〉は仮にの意味。

〈もし〉
右手の親指と人差指をほおにふれながら閉じる。

〈例〉
左手甲に右手の親指と人差指で作った丸をつける。

も

もしも 2

「もしもの時」
→〈死ぬ①〉+〈時①〉

例文の「もしも」は死ぬような万一のことをさし、ここでは〈死ぬ①〉を一例としてあげた。

〈死ぬ①〉
両手のひらを合わせ、横に倒す。

〈時①〉
左手のひらに右親指を当て、右人差指を時計の針のように回す。

もしゃ【模写】1

「絵を摸写する」
→〈絵〉+〈写す①〉

例文の「模写」は絵をまねて描く意味なので〈写す①〉で表現。右手でつかんで左手にそっくりそのままもってくるさま。

〈絵〉
左手のひらに右手指の背を軽く打ちつける。

〈写す①〉
親指と 4 指を曲げた右手を前から左手のひらの上にのせる。

もしゃ【模写】2

「形態摸写」
→〈態度〉+〈まねる〉

例文の「模写」は形をまねる意味なので〈まねる〉で表現。〈まねる〉は相手の特徴をつかんで覚えるさま。

〈態度〉
こぶしを握った両手を交互に上下させる。

〈まねる〉
右手の親指と 4 指で前からつかみ、額で閉じる。

もち【餅】

「もちをつく」
→〈もち〉+〈もちつき〉

「もち」はもち米をついて作るもので〈もち〉で表現。〈もち〉は伸びるもちを箸で食べるさまを表す。

〈もち〉
右手 2 指を口の端から伸ばすように前に出す。

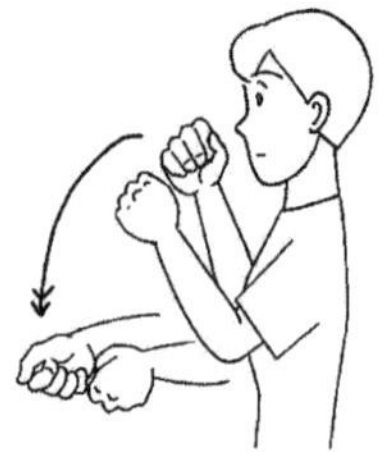

〈もちつき〉
杵を持ってもちをつくようにする。

もちあげる【持ち上げる】1

「荷物を持ちあげる」
→〈荷物〉+〈持ちあげる〉

例文の「持ちあげる」は物を上の方へあげることなので〈持ちあげる〉で表現。

〈荷物〉
両手で荷物を持ちあげるようにする。

〈持ちあげる〉
物を握ったような手を上に引きあげるように動かす。

もちあげる【持ち上げる】2

「(社)長と持ちあげる」
→(〈会社〉+)
〈長②〉+〈あおる②〉

例文の「持ちあげる」はおだてあげることなので〈あおる②〉で表現。〈あおる②〉は人をあおり、持ちあげるさまを表す。「おだてる」も同手話。

〈長②〉
左手甲に親指を立てた右手をのせる。

〈あおる②〉
親指を立てた左手を右手であおりながら上にあげる。

もちいる【用いる】1

「意見を用いる」

→〈意見〉+〈採用〉

例文の「用いる」は意見をとりあげる意味なので〈採用〉で表現。〈採用〉は取りあげるさまを表す。

〈意見〉

右手小指を頭に当て、手首を返しながら前に出す。

〈採用〉

左人差指を右手の親指と人差指でつまみあげるようにする。

もちいる【用いる】2

「（いろんな）方法を用いる」

→（〈いろいろ〉+）〈方法〉+〈使う〉

例文の「用いる」は使用する意味なので〈使う〉で表現。〈使う〉は元来、金を使う意味であったが今では「使う」一般の意味に用いられる。

〈方法〉

左手甲を右手のひらで軽くたたく。

〈使う〉

左手のひらの上で右手の親指と人差指で作った丸をすべるようにして繰り返し前に出す。

もちこむ【持ち込む】

「酒を持ち込む」

→〈酒〉+〈持ってくる〉

例文の「持ち込む」は〈持ってくる〉で表現。〈持ってくる〉は手に持ってくるさまを表す。「持参」も同手話。

〈酒〉

右手をあごと額に順に当てる。

〈持ってくる〉

左手のひらの上に右こぶしを添えて弧を描いて右から左へ動かす。

モチベーション

「モチベーションを維持する」

→〈モチベーション〉+〈維持〉

例文の「モチベーション」は「動機」「動機付け」のことなので〈モチベーション〉で表現。〈モチベーション〉は指文字〈モ〉を使った新しい手話。

〈モチベーション〉

右指文字〈モ〉を左胸の前に置きぱっと開きながら上にあげる。

〈維持〉

左手甲の上で右手の親指と４指を閉じたり開いたりしながら前に出す。

もちまわり【持ち回り】1

「当番は持ち回り」

→〈腕章〉+〈持ち回り①〉

例文の「持ち回り」は順番に受け持つ意味なので〈持ち回り①〉で表現。〈持ち回り①〉は大会旗を持ち回るさまを表す。

〈腕章〉

右手の親指と人差指で左上腕を巻くようにする。

〈持ち回り①〉

両こぶしを重ねて水平に回す。

もちまわり【持ち回り】2

「持ち回り決済」

→〈持ち回り②〉+〈解決①〉

例文は関係者の間を決済印をついてもらいに持って回る意味なので〈持ち回り②〉で表現。手話は印鑑をついて回るさまを表す。

〈持ち回り②〉

左手のひらにすぼめた右手を繰り返し押しながら水平に回す。

〈解決①〉

左手のひらの上に右人差指で「×」を大きく書く。

もちろん【勿論】

「もちろん行きます」

→〈当たり前〉+〈行(い)く①〉

「もちろん」は〈当たり前〉で表現。〈当たり前〉は同じものがそろうさまで「普通」「当たり前」「言うまでもない」などの意味を表す。

〈当たり前〉

両手の親指と人差指を合わせて左右にすばやく開く。

〈行(い)く①〉

右手人差指を下に向けて、振りあげるように前をさす。

もつ【持つ】1

「旅行かばんを持つ」

→〈旅行〉+〈かばん〉

例文の「持つ」は手にとって握る意味。「かばんを持つ」は〈かばん〉で表現。〈かばん〉はかばんを持つさまを表す。

〈旅行〉

両手人差指を平行に並べ同時に左右に振る。

〈かばん〉

かばんを持ち、軽く上下に揺するようにする。

もつ【持つ】2

「彼は金を持っている」

→〈彼〉+〈金持ち〉

例文の「持つ」は所有する意味で、「金を持っている」は〈金持ち〉で表現。〈金持ち〉は金で腹がふくらんでいるさま。

〈彼〉

左親指を右人差指でさす。

〈金持ち〉

両手の親指と人差指で作った丸を胸に当て、弧を描いて腹につける。

もつ【持つ】3

「家を持つ」

→〈家〉+〈持つ〉

例文の「持つ」は自分のものにする意味なので〈持つ〉で表現。〈持つ〉は「所有する」の意味を表す。

〈家〉

両手で屋根形を作る。

〈持つ〉

手のひらを上に向けた右手を荷物を持ちあげるように上にあげながら握る。

もつ【持つ】4

「いつまでも根に持つ」

→〈執念〉+〈ずっと①〉

例文の「根に持つ」はうらみの気持ちを忘れないで持つ意味なので〈執念〉で表現。〈執念〉はしつこく覚えているさまを表す。

〈執念〉

頭の横で右こぶしを回す。

〈ずっと①〉

右人差指の先を前に向け、右から左へ線を引くように動かす。

もつ【持つ】5

「持って生まれた性格」

→〈生まれる〉+〈癖〉

例文の「持って生まれた」は生まれつきそなわっている意味なので〈生まれる〉+〈癖〉で表現。

〈生まれる〉

指先を向かい合わせた両手を腹から前に出す。

〈癖〉

左手甲に右手を上からぶつけるようにして握る。

もつ【持つ】6

「クラスを持つ」

→〈グループ〉+〈責任①〉

例文の「持つ」は受け持つ意味なので〈責任①〉で表現。〈責任①〉は肩に荷を負うさまで「担任(する)」「担当(する)」などの意味を表す。

〈グループ〉

指先を上に向けた両手で水平に手前に円を描く。

〈責任①〉

右肩に軽く全指を折り曲げた右手をのせる。

もつ【持つ】7

「体が持つ」

→〈体(からだ)〉+〈できる〉

例文は体の健康状態が維持できるという意味なので、〈体〉+〈できる〉で表現。〈できる〉は「大丈夫」の意味を表す。

〈体(からだ)〉

右手を体の上で回す。

〈できる〉

右手指先を左胸と右胸に順に当てる。

もったいない 1

「(捨てるのは)もったいない」

→(〈捨てる②〉+)〈損〉または〈惜しい〉

「もったいない」は役に立つものが粗末に扱われ惜しい意味で〈損〉または〈惜しい〉で表現。〈損〉はお金を捨てるさまをを表す。

〈損〉

両手の親指と人差指で作った丸を前に投げるようにして開く。

〈惜しい〉

右手のひらで左ほおを軽くたたく。

もったいない 2

「もったいないお言葉」

→〈言われる②〉+〈ありがとう〉

例文の「もったいない」は自分には過ぎた評価を受けるという意味。感謝の気持ちをこめて〈ありがとう〉で表現。

〈言われる②〉

すぼめた右手を手前に繰り返し開く。

〈ありがとう〉

右手を左手甲に軽く当て、拝むようにする。

もっと

「もっとちょうだい」

→〈もっと〉+〈求める〉

「もっと」はさらに重ねての意味で〈もっと〉で表現。〈もっと〉は左手の量に右手の量を重ねるさまで「さらに」「一層」などの意味。

〈もっと〉

左手の親指と人差指の上に右手の親指と人差指を重ねる。

〈求める〉

左手のひらに右手の甲を打ちつける。

もっとも【最も】

「最も美しい」

→〈最高〉+〈美しい②〉

「最も」は一番、この上もなくの意味なので〈最高〉で表現。〈最高〉はこれ以上ないさまを表す。

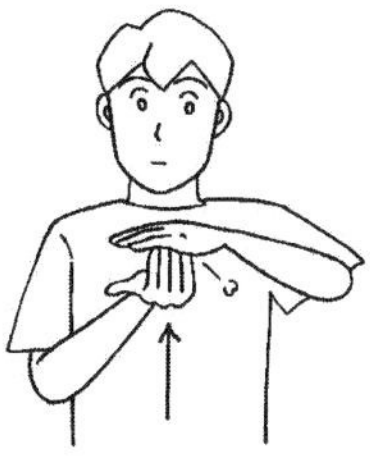

〈最高〉

手のひらを下に向けた左手に右手指を下からあげて当てる。

〈美しい②〉

左手のひらをなでるように右手のひらを滑らせる。

もっとも【尤も】1

「（彼が）
怒るのももっともだ」

→（〈彼〉＋）
〈怒（おこ）る①〉＋〈当たり前〉

例文の「もっとも」は道理に合っている様子なので〈当たり前〉で表現。〈当たり前〉は「当たり前」「当然」などの意味を表す。

〈怒（おこ）る①〉

両手で腹をつかむようにして上に向けてさっと動かす。

〈当たり前〉

両手の親指と人差指を合わせて左右にすばやく開く。

もっとも【尤も】2

「（よい本だ、）
もっとも値段は高いが」

→（〈良い〉＋〈本〉＋）
〈しかし〉＋〈高い①〉

例文の「もっとも」はただしの意味なので〈しかし〉で表現。〈しかし〉は手のひらを返すさまで「けれども」「だが」などの意味を表す。

〈しかし〉

手のひらを返す。

〈高い①〉

親指と人差指で作った丸を勢いよくあげる。

もてあます【持て余す】1

「仕事をもてあます」

→〈仕事〉＋〈せっぱつまる〉

例文の「もてあます」は仕事がうまくいかず困ることで〈せっぱつまる〉で表現。〈せっぱつまる〉は刀を抜こうとして抜けず往生するさま。

〈仕事〉

手のひらを上に向け、向かい合わせた両手指先を繰り返しつき合わせる。

〈せっぱつまる〉

両こぶしを上下に重ね、ややずらし、左右にふるわせる。

もてあます【持て余す】2

「問題をもてあます」

→〈問題〉＋〈もてあます〉

例文の「もてあます」は処置に困ることで〈もてあます〉で表現。〈もてあます〉はもののもっていきようがなくて迷うさま。

〈問題〉

両手の親指と人差指をつまみ「 ˥ を描く。

〈もてあます〉

左手のひらの上に右手の親指と人差指をつまむように添え、水平に回す。

もてあます【持て余す】3

「時間をもてあます」

→〈退屈〉＋〈待つ〉

例文の「もてあます」は時間が余って何もすることがなく退屈の意味なので〈退屈〉＋〈待つ〉で表現。〈退屈〉は退屈であくびをするさま。

〈退屈〉

両こぶしを肩の上から背筋を伸ばすように上にあげる。

〈待つ〉

右手指の背側をあごに当てる。

もてる【持てる】1

「荷物を持てる」

→〈かばん〉＋〈できる〉

例文の「持てる」は持つことができる意味なので〈できる〉で表現。〈できる〉は大丈夫と胸を張るさまを表す。

〈かばん〉

かばんを持ち、軽く上下に揺するようにする。

〈できる〉

右手指先を左胸と右胸に順に当てる。

もてる【持てる】2

「彼はもてる」

→〈彼〉+〈人気①〉

例文の「もてる」は人気がある意味なので〈人気①〉で表現。〈人気①〉はその人のもとに押し寄せる人のさまを表す。

〈彼〉

左親指を右人差指でさす。

〈人気①〉

左人差指に指先を揺らした右手を近づける。

もと【元】1

「元教師」

→〈過去②〉+〈先生〉

例文の「元」は以前の意味なので〈過去②〉で表現。〈過去②〉は「以前」「前」「元」などの意味を表す。

〈過去②〉

右手のひらを後ろに向けて、押すようにして肩越しに少し後ろに動かす。

〈先生〉

右人差指を口元から振りおろし、右親指を示す。

もと【元】2

「体が元にもどる」

→〈体(からだ)〉+〈回復〉

例文の「元にもどる」は〈回復〉で表現。〈回復〉は倒れたものが元に戻るさまを表す。

〈体(からだ)〉

右手を体の上で回す。

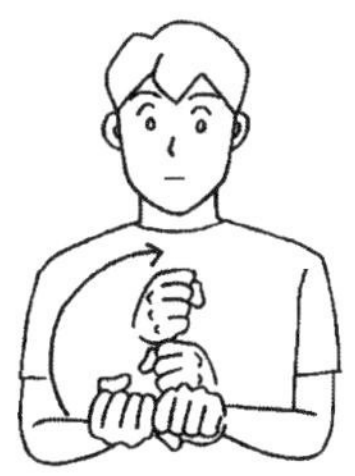

〈回復〉

両こぶしを重ねて寝かせ、棒を起こすようにする。

もと【元】3

「(風邪は)病気のもと」

→(〈風邪〉+)〈病気〉+〈基本①〉

例文の「もと」は原因の意味なので〈基本①〉で表現。〈基本①〉は木の根のさまで「根本」「原因」「根源」などの意味を表す。

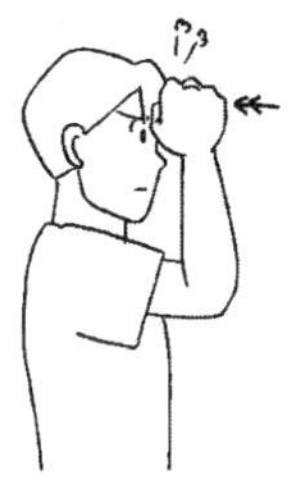

〈病気〉

こぶしで額を軽くたたく。

〈基本①〉

左ひじを立て、閉じた右手を当てて下に向けて開く。

もと【元】4

「もとになった資料」

→〈基本①〉+〈資料〉

例文の「もと」はそれが出てくる所の意味で〈基本①〉で表現。〈基本①〉は木の根のさまで「根本」「原因」「根源」などの意味を表す。

〈基本①〉

左ひじを立て、閉じた右手を当てて下に向けて開く。

〈資料〉

左手のひらの上を親指と人差指と中指をすべらせるように繰り返し動かす。

もどす【戻す】1

「話をもどす」

→〈手話〉+〈もどす〉

例文の「もどす」はもとの状態に返す意味なので〈もどす〉で表現。〈もどす〉は一旦軌道を外れたものが元にもどるさまを表す。

〈手話〉

両手の人差指を向かい合わせて、糸を巻くように回転させる。

〈もどす〉

指先を前に向けた左手の上に右手を起こしてのせる。

もどす【戻す】2

「食べ物をもどす」
→〈食べる③〉+〈吐く〉

例文の「もどす」は飲食したものを吐く意味なので〈吐く〉で表現。〈吐く〉は胃の内容物を吐き出すさまを表す。

〈食べる③〉
右手のひらですくって食べるようにする。

〈吐く〉
右手のひらを胸に当て、こすりあげて口から前に出すようにする。

もとめる【求める】2

「謝罪を求める」
→〈謝れ〉+〈求める〉

例文の「求める」は要求する意味なので〈求める〉で表現。〈求める〉は要求するさまで「求める」「要求(する)」の意味。

〈謝れ〉
親指を立てた右手を強く手前に倒す。

〈求める〉
左手のひらに右手の甲を打ちつける。

もとづく【基づく】

「調査にもとづく」
→〈調べる①〉+〈基本①〉

例文の「もとづく」はそれが基本になる意味なので〈基本①〉で表現。〈基本①〉は木の根のさまで「根本」「原因」などの意味を表す。

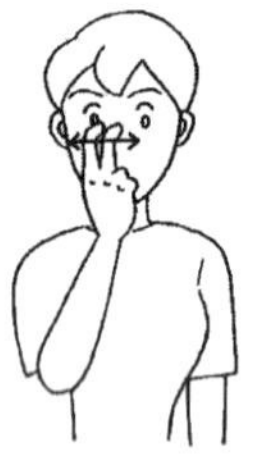

〈調べる①〉
右手の人差指と中指を軽く折り曲げて、目の前を左右に往復させる。

〈基本①〉
左ひじを立て、閉じた右手を当てて下に向けて開く。

もとめる【求める】3

「お金を求められる」
→〈金(かね)①〉+〈求められる〉

例文の「求められる」は請求される意味なので〈求められる〉で表現。〈求められる〉は〈求める〉の向きを自分に向けたもの。

〈金(かね)①〉
右手の親指と人差指で作った丸を示す。

〈求められる〉
左手のひらの上に指先を手前に向けた右手を打ちつける。

もとめる【求める】1

「職を求める」
→〈仕事〉+〈さがす①〉

例文の「求める」は欲しいと思ってさがす意味なので〈さがす①〉で表現。〈さがす①〉は目を皿にしてあちこち見るさまを表す。

〈仕事〉
手のひらを上に向け、向かい合わせた両手指先を繰り返しつき合わせる。

〈さがす①〉
親指と人差指で作った丸を目の前で回しながら右へ動かす。

もとめる【求める】4

「店で求める」
→〈店①〉+〈買う〉

例文の「求める」は買う意味なので〈買う〉で表現。〈買う〉は右手のお金を払うさま、左手は物を受け取るさまを表す。

〈店①〉
両手のひらを上に向けて、左右に開く。

〈買う〉
右手の親指と人差指で作った丸を前に出すと同時に左手のひらを手前に引き寄せる。

モニター 1

「モニターテレビ」
→〈見る⑤〉+〈テレビ〉

例文の「モニター」は監視する装置のことなので〈見る⑤〉で表現。〈見る⑤〉は監視するさまを表す。

〈見る⑤〉
折り曲げた右２指を前方に向け、左から右に動かす。

〈テレビ〉
両手の指先を向かい合わせて同時に上下させる。

モニター 2

「(消費者)モニター」
→(〈使う〉+〈人々①〉)
〈見る⑤〉+〈責任①〉

例文の「モニター」は依頼されて商品や放送などの意見や感想を述べる人のことなので〈見る⑤〉+〈責任①〉で表現。

〈見る⑤〉
折り曲げた右２指を前方に向け、左から右に動かす。

〈責任①〉
右肩に軽く全指を折り曲げた右手をのせる。

もの【者】1

「強い者」
→〈強い①〉+〈人々①〉

例文の「者」は人一般を表すので〈人々①〉で表現。〈人々①〉は複数または人一般を表す。

〈強い①〉
こぶしを握った右腕を曲げて力こぶを作るようにする。

〈人々①〉
両手の親指と小指を立てて揺らしながら左右に開く。

もの【者】2

「ずっとひとり者でいる」
→〈孤独〉+〈ずっと①〉

「ひとり者」は独身者のことなので〈孤独〉で表現。〈孤独〉は人に見立てた人差指のまわりにだれもいないことを表す。

〈孤独〉
左人差指のまわりで右手を回す。

〈ずっと①〉
右人差指の先を前に向け、右から左へ線を引くように動かす。

もの【物】1

「物を思う年頃」
→〈物思い〉+〈年齢〉

例文の「物」は物事の意味で、「物を思う」は〈物思い〉で表現。手話は年頃の物思いにふける微妙なしぐさ、表情を表現する。

〈物思い〉
目をつぶって右人差指で頭をさす。

〈年齢〉
あごの下で右手の指を順に折る。

もの【物】2

「食べる物」
→〈食べる③〉+〈いろいろ〉

例文の「物」は食べ物の意味なので〈食べる③〉+〈いろいろ〉で表現。手話は食べ物一般を意味する。

〈食べる③〉
右手のひらですくって食べるようにする。

〈いろいろ〉
親指と人差指を立てた右手をねじりながら右へ動かす。

も

もの【物】3

「品物」

→〈品(ひん)〉+〈物①〉

例文の「品物」は〈品〉+〈物①〉と日本語対応で表現する。〈品〉は漢字「品」の字形を表す。

〈品(ひん)〉

右手の親指と人差指で作った丸を上、左、右に示す。

〈物①〉

親指と人差指で作った丸を示し、手前に手首を返す。

もの【物】4

「(人は)死ぬものだ」

→(〈人〉+)

〈死ぬ①〉+〈絶対〉

例文の「ものだ」は〜というのが当たり前だという意味なので〈絶対〉で表現。必ずそうなることを表す。〈絶対〉は必ずそうなる意味を表す。

〈死ぬ①〉

両手のひらを合わせ、横に倒す。

〈絶対〉

左手のひらに折り曲げた右手2指を強く打ちつける。

もの【物】5

「そうしたいものだ」

→〈同じ⑤〉+〈好き①〉

例文の「もの」は希望を表し、「〜たいものだ」は〈好き①〉で表現。

〈同じ⑤〉

右手2指を閉じたり開いたりする。

〈好き①〉

親指と人差指を開いた右手をのどに当て、下におろしながら閉じる。

もの【物】6

「金がものを言う」

→〈金(かね)①〉+〈強い①〉

例文の「ものを言う」は大いに役に立つ意味なので〈強い①〉で表現。〈強い①〉は力こぶを示すさまで「強い」「強力」などの意味を表す。

〈金(かね)①〉

右手の親指と人差指で作った丸を示す。

〈強い①〉

こぶしを握った右腕を曲げて力こぶを作るようにする。

ものがたり【物語】

「悲しい物語」

→〈悲しい①〉+〈物語〉

例文の「物語」は〈物語〉で表現。〈物語〉は〈物〉と〈説明〉を合成した新しい手話。

〈悲しい①〉

親指と人差指を閉じた右手を目元から揺らしながらおろす。

〈物語〉

左手のひらの上を親指と人差指を閉じた右手の残り3指で繰り返したたく。

ものまね【物真似】

「うまく物まねをする」

→〈上手(じょうず)〉+〈まねる〉

「物まね」は人や動物の動作や声などをまねることで〈まねる〉で表現。〈まねる〉は相手の特徴をつかんで覚えるさまを表す。

〈上手(じょうず)〉

右手のひらを左下腕からなでるように伸ばす。

〈まねる〉

右手の親指と4指で前からつかみ、額で閉じる。

モノレール

「モノレールは便利だ」

→〈モノレール〉+〈便利〉

「モノレール」は空中の一本のレールにまたがって走行する電車のことで〈モノレール〉で表現。

〈モノレール〉

左手の上に右手をのせ、前に出す。

〈便利〉

右手のひらであごをなでる。

もはや

「試合ももはやこれまで」

→〈試合①〉+〈まで〉

例文の「もはや」はまだ終わっていないのに結末は分かったの意味で〈試合①〉+〈まで〉で表現。試合は終わったと投げるような気持ちで表現。

〈試合①〉

親指を立てた両手を正面で軽くぶつける。

〈まで〉

左手のひらに右手指先を軽くつける。

もはん【模範】1

「模範を示す」

→〈良い〉+〈表(あらわ)す〉

例文の「模範を示す」は良い手本を示すことなので〈良い〉+〈表す〉で表現。〈良い〉は「良いこと」「良い手本」の意味が含まれる。

〈良い〉

右こぶしを鼻から前に出す。

〈表(あらわ)す〉

左手のひらに右人差指をつけて前に押し出す。

もはん【模範】2

「模範的な答え」

→〈模範〉+〈答える〉

「模範」は〈模範〉で表現。〈模範〉は見習うべき手本、モデルの意味を表す。

〈模範〉

左手のひらを前に向けて右手でそれをつかみとるようにして前に出す。

〈答える〉

口の前で両手の親指と人差指を向かい合わせて前に出す。

もみけす【もみ消す】

「(事件を)もみ消す」

→(〈事件〉+)

〈混ぜる〉+〈取り消す〉

例文の「もみ消す」は世間に伝わらないように押さえ隠す意味で、〈混ぜる〉+〈取り消す〉で表現。どさくさまぎれに捨ててしまうさまを表す。

〈混ぜる〉

両手のひらを上下に合わせてこね合わせるように回す。

〈取り消す〉

左手のひらから右手でつかみとり、下に向かって開く。

モミジ【紅葉】

「モミジ」

→〈赤〉+〈モミジ〉

例文の「モミジ」は〈赤〉+〈モミジ〉で表現。〈モミジ〉は五本に分かれるモミジの葉の形を表す。

〈赤〉

唇に人差指を当て、右へ引く。

〈モミジ〉

右手の親指と人差指で左手指の先を左右でつまむように前に出す。

も

モモ【桃】

「桃の木」

→〈桃〉+〈木〉

例文の「桃」は〈桃〉で表現。〈桃〉は独特な桃の形を表す。

〈桃〉

両手のひらの甲をまるくして合わせて左右に振る。

〈木〉

両手の親指と人差指を向かい合わせて、上にあげながら左右に広げる。

もやす【燃やす】1

「(木を)燃やす」

→(〈木〉+)〈マッチ〉+〈火①〉

例文の「燃やす」は燃えるようにする意味なので〈マッチ〉+〈火①〉で表現。手話はマッチで火をつけるさまを表す。

〈マッチ〉

左手でマッチの箱を持ち、右手にマッチ棒を持って擦るようにする。

〈火①〉

全指を上に向けた右手を揺らしながら上にあげる。

もや

「辺り一面もやに包まれる」

→〈みんな〉+〈もや〉

「もや」は〈もや〉で表現。〈もや〉は目の前がかすむさまを表す。

〈みんな〉

右手のひらを下に向けて水平に回す。

〈もや〉

両手を向かい合わせて交互に円を描きながら右に動かす。

もやす【燃やす】2

「(野球に)情熱を燃やす」

→(〈野球①〉+)〈熱心①〉+〈一生懸命〉

例文の「燃やす」は感情をはげしく高ぶらせる意味なので〈一生懸命〉で表現。〈一生懸命〉はそれに打ち込むさまを表す。

〈熱心①〉

親指と人差指を閉じた右手を左脇に当てて、前に出しながらぱっと開く。

〈一生懸命〉

両手を顔の横から繰り返し強く前に出す。

もやし

「もやし炒め」

→〈もやし〉+〈炒める〉

「もやし」は〈もやし〉で表現。〈もやし〉は左手の豆から右手の芽が伸びたさまを表す。

〈もやし〉

左親指と人差指をつまみ、右人差指を当て、右手を上にあげて人差指を曲げる。

〈炒める〉

左手のひらの上で指先を下にした右5指を前後に動かす。

もよう【模様】1

「花柄の模様」

→〈花①〉(または〈花③〉)+〈絵〉

例文の「模様」はかざりについた形や絵のことなので〈絵〉で表現。〈絵〉はカンバスに絵の具を塗るさまを表す。

〈花①〉

両手を合わせてすぼませた指を左右に開く。

〈絵〉

左手のひらに右手指の背を軽く打ちつける。

も

もよう【模様】2

「事故の模様（を発表する）」

→〈事故①〉+〈状態①〉（+〈発表〉）

例文の「模様」は様子の意味なので〈状態①〉で表現。

〈事故①〉

左右から両手指先をぶつけるようにして上にはねあげる。

〈状態①〉

両手のひらを前に向けて、交互に上下させる。

もよう【模様】3

「遅れる模様だ」

→〈過ぎる〉+〈らしい〉

例文の「模様」は推測を表すので〈らしい〉で表現。〈らしい〉はそのようだと推測する意味を表す。

〈過ぎる〉

左手甲の上を右手で乗り越える。

〈らしい〉

右手２指を頭の横で前後に振る。

もよおす【催す】1

「会を催す」

→〈集まる①〉+〈開（ひら）く④〉

例文の「催す」は会を開く意味なので〈開く④〉で表現。〈開く④〉はふたを開けるさまで「催す」「開催（する）」などの意味を表す。

〈集まる①〉

軽く開いた両手のひらを向かい合わせて中央に寄せる。

〈開（ひら）く④〉

両手のひらを下に向けて並べ、左右に開く。

もよおす【催す】2

「話に涙を催す」

→〈説明される〉+〈悲しい①〉

例文の「涙を催す」は悲しくて涙が出る意味なので〈悲しい①〉で表現。〈悲しい①〉は涙を流すさま。

〈説明される〉

左手のひらの上を指先を手前に向けた右手で小刻みにたたく。

〈悲しい①〉

親指と人差指を閉じた右手を目元から揺らしながらおろす。

もらう【貰う】1

「本をもらう」

→〈本〉+〈もらう①〉

例文の「もらう」は与えられて自分のものにする意味なので〈もらう①〉で表現。〈もらう①〉は受け取るさまを表す。

〈本〉

両手のひらを合わせて本を開くように左右に開く。

〈もらう①〉

手のひらを上に向けた両手を手前に引く。

もらう【貰う】2

「母から便りをもらう」

→左〈母〉+〈郵便が来る〉

例文の「便りをもらう」は郵便で来ることなので〈郵便が来る〉で表現。〈郵便が来る〉は〈母〉の位置から〒マークが自分のところに届くさま。

左〈母〉

左人差指をほおにふれ、左小指を出す。

〈郵便が来る〉

左手２指と右人差指で〒マークを作り、前から引き寄せる。

もらう【貰う】3

「推薦してもらう」
→〈選び出す〉+〈もらう①〉

例文の「〜てもらう」は他人がしてくれることによって自分が利益を受ける意味で、〈もらう①〉で表現。〈もらう①〉は受け取るさま。

〈選び出す〉
左親指を右手の親指と人差指でつまむようにして前に出す。

〈もらう①〉
手のひらを上に向けた両手を手前に引く。

もらす【漏らす】1

「子供がおしっこを漏らす」
→〈子供①〉+〈漏らす①〉

例文の「漏らす」は服の中で小便をする意味なので〈漏らす①〉で表現。〈漏らす①〉はパンツの中でもらすさま。

〈子供①〉
両手のひらを前に向けて、あやすように左右に振る。

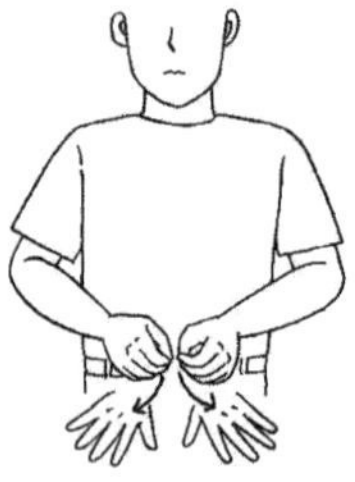

〈漏らす①〉
すぼめた両手を合わせ下に向けて広げる。

もらす【漏らす】2

「(秘密を)漏らす」
→(〈秘密〉+)
〈漏らす②〉
または〈漏らす③〉

例文の「漏らす」はこっそり知らせる意味なので〈漏らす②〉または〈漏らす③〉で表現。口からぽろりと言葉が出るさまを表す。

〈漏らす②〉
すぼめた右手を口元からぱっと開いて前に落とす。

〈漏らす③〉
左手のひらを手前に向け囲むようにして、すぼめた右手を口元からぱっと開いて前に落とす。

もらす【漏らす】3

「言い漏らす」
→〈言う①〉+〈手落ち〉

例文の「漏らす」は言い落とす意味なので〈手落ち〉で表現。〈手落ち〉は欠けるさまで「手落ち」「手抜かり」などの意味を表す。

〈言う①〉
右人差指を口元から前に出す。

〈手落ち〉
両手のひらを手前に向けて重ね、右手を前に倒すように落とす。

モラル

「モラルを欠く」
→〈常識〉+〈貧しい①〉

「モラル」は道徳の意味なので〈常識〉で表現。〈常識〉は「道徳」「常識」「エチケット」「マナー」などの意味を表す。

〈常識〉
両こぶしの小指側を繰り返し打ちつける。

〈貧しい①〉
右親指をあごに当てる。

もり【森】

「美しい森」
→〈美しい②〉+〈森〉

例文の「森」は樹木が集まっているところで〈森〉で表現。〈森〉は木がいっぱい生えているさまを表す。

〈美しい②〉
左手のひらをなでるように右手のひらを滑らせる。

〈森〉
目の前の高さで指先を軽く開いた両手の甲側を前に向けて交互に上下させながら左右に開く。

もりあがる
【盛り上がる】1

「筋肉が盛りあがる」

→〈大きい③〉

例文の「盛りあがる」はふくらんで高くなる意味なので〈大きい③〉で表現。〈大きい③〉は筋肉が盛りあがるさまを表す。

〈大きい③〉

両肩に置いた両手を上にあげる。

もりあがる
【盛り上がる】2

「討論が盛りあがる」

→〈討論〉+〈盛りあがる〉

例文は討論がわきあがるようにさかんである意味なので〈討論〉+〈盛りあがる〉で表現。

〈討論〉

指先を向かい合わせた両手のひらを互い違いにねじりながら左右に動かす。

〈盛りあがる〉

指先を向かい合わせた両手をねじりながら上に動かす。

もれる【漏れる】1

「秘密が漏れる」

→〈隠れる〉+〈広がる①〉

例文の「漏れる」は外部に伝わる意味なので〈広がる①〉で表現。〈広がる①〉はそれが外に広がっていくさま。

〈隠れる〉

両手の小指側を合わせて顔を隠すようにする。

〈広がる①〉

両手を前に出しながら左右に開く。

もれる【漏れる】2

「選から漏れる」

→〈選ぶ②〉+〈落ちる③〉

例文は落選する意味なので〈落ちる③〉で表現。〈落ちる③〉は基準とするところから落ちるさまを表す。

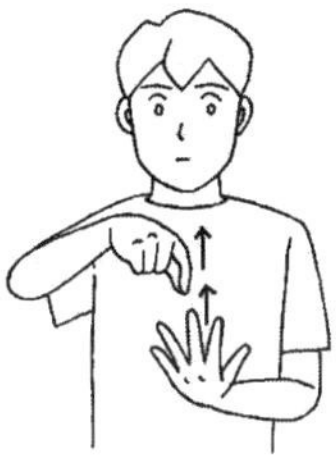

〈選ぶ②〉

左手甲を前にした5指を右手の親指と人差指でつまみあげるようにする。

〈落ちる③〉

左手のひらの内側で、指先を上に向けた右手を、すとんと落とす。

もん【門】

「家の門」

→〈家〉+〈門〉

例文の「門」は〈門〉で表現。〈門〉は門柱を表す。

〈家〉

両手で屋根形を作る。

〈門〉

人差指を立てた両手を左右に置く。

もんく【文句】1

「文章の文句」

→〈文章〉+〈言葉〉

例文の「文句」は言葉の意味なので〈言葉〉で表現。〈言葉〉は引用のかぎかっこを表す。

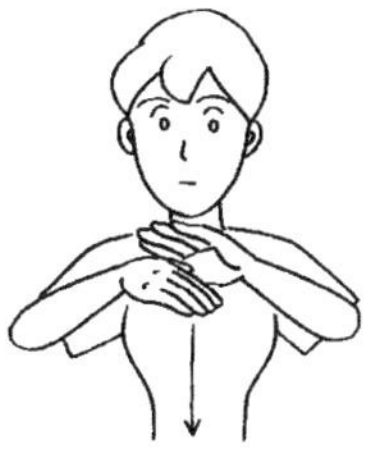

〈文章〉

両手の親指と4指の間を合わせて下におろす。

〈言葉〉

両手の人差指をかぎ状にして「 」を示す。

もんく【文句】2

「文句を言う」

→〈不満〉+〈言う①〉

例文の「文句」は不満の意味なので〈不満〉で表現。〈不満〉は胸につもる不満のさまで「不満」「不平」などの意味を持つ。

〈不満〉

軽く開いた右手を胸からぱっと前にはじき出す。

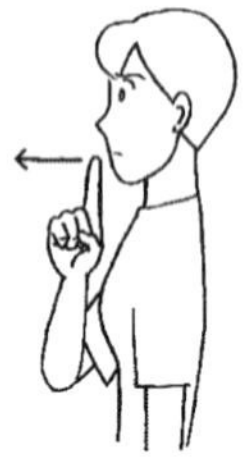

〈言う①〉

右人差指を口元から前に出す。

もんく【文句】3

「文句なし(のできばえ)」

→(〈作る〉+)
〈すばらしい〉
または〈最高〉

例文の「文句なし」は欠点や苦情を言う余地がないの意味なので〈すばらしい〉または〈最高〉で表現。

〈すばらしい〉

鼻からこぶしを右上に弧を描いてあげる。

〈最高〉

手のひらを下に向けた左手に右手指先を突き上げて当てる。

もんだい【問題】1

「試験問題」

→〈試験〉+〈問題〉

例文の「問題」は試験の問いの意味なので〈問題〉で表現。〈問題〉は「問」の門がまえを描いた手話。

〈試験〉

親指を立てた両手を交互に上下させる。

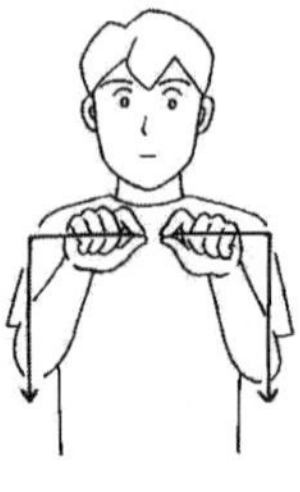

〈問題〉

両手の親指と人差指をつまみ「 ┐を描く。

もんだい【問題】2

「問題の人物」

→〈問題〉+〈人〉

例文の「問題」はよくない話題になっている意味なので〈問題〉で表現。〈問題〉は「問」の門がまえを表す。

〈問題〉

両手の親指と人差指をつまみ「 ┐を描く。

〈人〉

人差指で「人」の字を空書する。

もんぶかがくしょう【文部科学省】

「文部科学(省)」

→〈文〉+〈科学〉
(+〈省〉)

「文部科学省」は〈文〉+〈科学〉+〈省〉で表現。〈文〉は「文」の字形から、〈科学〉は左手の地平線から右手のロケットが打ち出されるさまを表す。

〈文〉

両手の親指と 4 指を組むようにする。

〈科学〉

人差指を立てた右手を上向きに、人差指を立てた左手を右向きにして交差させる。

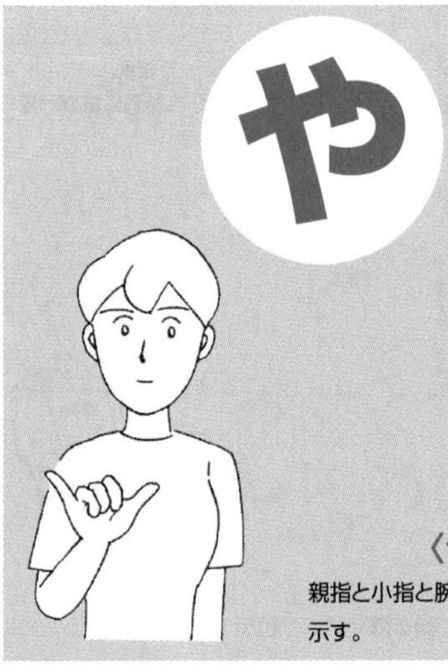

〈ヤ〉

親指と小指と腕で「Y」の字形を示す。

や【屋・家】1

「わが家」

→〈私①〉+〈家〉

例文の「家」は〈家〉で表現。〈家〉は屋根の形を表す。

〈私①〉

人差指で胸を指さす。

〈家〉

両手で屋根形を作る。

やおちょう【八百長】

「八百長相撲」

→〈八百長〉+〈相撲〉

「八百長」は〈八百長〉で表現。〈八百長〉はほおをふくらませて〈うそ〉を表し、手は〈800〉を表す。

〈八百長〉

舌で右ほおをふくらませ、右手〈8〉を右ほおから右へはねあげる。

〈相撲〉

両手のこぶしを交互に脇腹に当てる。

や【屋・家】2

「薬屋」

→〈薬〉+〈店①〉

例文の「屋」は商売をする人、店を意味するので〈店①〉で表現。〈店①〉は店先に商品が並ぶさまを表す。

〈薬〉

左手のひらの上で右薬指をこねるように回す。

〈店①〉

両手のひらを上に向けて、左右に開く。

やがて

「やがて結婚する」

→〈将来②〉+〈結婚〉

例文の「やがて」は近い将来の意味なので〈将来②〉で表現。〈将来②〉は近い将来を表し「やがて」「まもなく」などの意味を表す。

〈将来②〉

右手のひらを前に向けて少し押すように前に出す。

〈結婚〉

親指と小指を左右からつける。

や【屋・家】3

「恥ずかしがり屋」

→〈恥ずかしい〉+〈性質〉

例文の「屋」はそういう傾向の人の意味なので〈性質〉で表現。〈性質〉はもって生まれた「性質」「性格」の意味を表す。

〈恥ずかしい〉

右人差指を唇に当て、左から右へ引き、手のひらを顔の上で回す。

〈性質〉

左手甲に右人差指を当て、2回すくうようにする。

やかましい【喧しい】1

「(テレビが)やかましい」

→(〈テレビ〉+)
〈うるさい①〉
または〈うるさい②〉

例文の「やかましい」は音が大きい意味で〈うるさい①〉または〈うるさい②〉で表現。〈うるさい②〉はうるさそうに耳を押さえるさま。

〈うるさい①〉

右人差指を耳に当て、ねじこむようにする。

〈うるさい②〉

両手の人差指を両耳に当て、ねじこむようにする。

やかましい【喧しい】2

「規則にやかましい」

→〈規則〉+〈ガミガミ言う①〉

例文の「やかましい」は細かいことまで文句を言う様子なので〈ガミガミ言う①〉で表現。〈ガミガミ言う①〉の表情に注意。

〈規則〉

左手のひらに右手の折り曲げた2指を繰り返し打ちつける。

〈ガミガミ言う①〉

口元で右手指を屈伸させる。

やかましい【喧しい】3

「口やかましい」

→〈おしゃべり①〉+〈うるさい①〉

例文の「やかましい」はしつこく感じられるほど繰り返して言う様子なので〈おしゃべり①〉+〈うるさい①〉で表現。

〈おしゃべり①〉

指先を交互に上下させ、口元から前に繰り返し出す。

〈うるさい①〉

右人差指を耳に当て、ねじこむようにする。

やきもち【焼餅】

「やきもちを焼く」

→〈ねたむ〉

「やきもちを焼く」は他人のことをうらやんでねたむ意味なので〈ねたむ〉で表現。

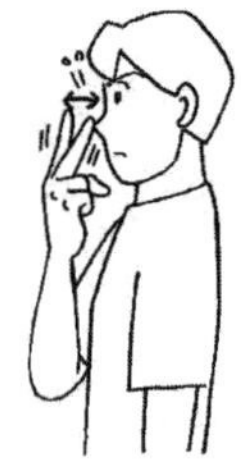

〈ねたむ〉

右手の人差指と中指で交互に鼻の頭をたたく。

やきゅう【野球】

「野球」

→〈野球①〉または〈野球②〉

「野球」は〈野球①〉または〈野球②〉で表現。〈野球①〉はバットを振るさま、〈野球②〉は左手のボールを右手のバットで打つさまを表す。

〈野球①〉

バットを握って振るようにする。

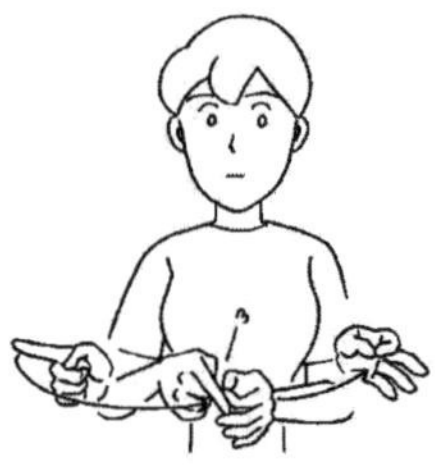

〈野球②〉

左手で丸を作り、右手人差指でそれを打つようにする。

やく【焼く】1

「もちを焼く」

→〈まんじゅう①〉+〈焼く〉

例文の「焼く」は火に当てて熱が中まで通るようにする意味なので〈焼く〉で表現。〈焼く〉は表、裏を焼くさまで表す。

〈まんじゅう①〉

両手のひらを上下に向かい合わせてまるめるようにする。

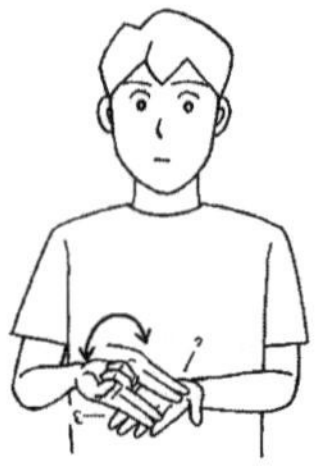

〈焼く〉

左手のひらの上で右手2指を繰り返し返す。

やく【焼く】2

「世話を焼く」

→〈世話〉+〈助ける①〉

例文の「世話を焼く」は自分からすすんで人の面倒を見る意味なので〈世話〉+〈助ける①〉で表現。

〈世話〉

指先を前に向け、手のひらを向かい合わせた両手を交互に上下させる。

〈助ける①〉

親指を立てた左手の後ろを右手のひらで軽く後押しする。

やく【役】1

「役を果たす」

→〈責任①〉+〈解決①〉

例文の「役」は与えられた責任や仕事の意味なので〈責任①〉で表現。〈責任①〉は任務を負うさまで「役」「役目」などの意味を表す。

〈責任①〉

右肩に軽く全指を折り曲げた右手をのせる。

〈解決①〉

左手のひらの上に右人差指で「×」を大きく書く。

やく【役】2

「相談役」

→〈相談〉+〈責任①〉

例文の「役」は役職の意味なので〈責任①〉で表現。〈責任①〉は任務を負うさまで「役」「役目」などの意味を表す。

〈相談〉

親指を立てた両手を軽くぶつけ合う。

〈責任①〉

右肩に軽く全指を折り曲げた右手をのせる。

やく【役】3

「役を演じる」

→〈責任①〉+〈芝居〉

例文の「役」は演劇の俳優が受け持つ役柄の意味なので〈責任①〉で表現。〈責任①〉は任務を負うさまで「役」「役目」などの意味を持つ。

〈責任①〉

右肩に軽く全指を折り曲げた右手をのせる。

〈芝居〉

互い違いに向けた両こぶしを手首を返しながら前後させる。

やく【役】4

「役に立つ」

→〈良い〉
または〈役立つ〉

例文の「役に立つ」は〈良い〉または〈役立つ〉で表現。〈役立つ〉は指文字〈ヤ〉を立てて表す新しい手話。

〈良い〉

右こぶしを鼻から前に出す。

〈役立つ〉

親指と小指を立てた右手を肩に当てる。

やく【約】

「約百人」

→〈ほとんど〉+〈百人〉

例文の「約」は〈ほとんど〉で表現。〈ほとんど〉は円の最後を開け、完全でないさまを表す。「およそ」「だいたい」などの意味もある。

〈ほとんど〉

両手で円を描くが、下側をわずかに閉じないであけておく。

〈百人〉

左手で〈百〉を示し、右手で「人」を書く。

やくいん【役員】

「役員」

→〈腕章〉+〈人々①〉

「役員」は〈腕章〉+〈人々①〉で表現。〈腕章〉は当番や担当者が腕章をしているさまを表す。

〈腕章〉

右手の親指と人差指で左上腕を巻くようにする。

〈人々①〉

親指と小指を立てた両手を揺らしながら左右に開く。

やくざ

「やくざ」

→〈やくざ①〉
　または〈やくざ②〉
　(または〈傷①〉)

例文の「やくざ」は〈やくざ①〉〈やくざ②〉で表現。〈やくざ①〉は入れ墨を、〈やくざ②〉は腕まくりを表す。〈傷①〉で表すこともある。

〈やくざ①〉
左肩の付け根あたりで指先を曲げた右手で丸く書くようにする。

〈やくざ②〉
左上腕で全指を曲げた右手首を返すようにあげる。

やくざいし【薬剤師】

「薬剤師」

→〈薬〉+〈士〉

「薬剤師」は〈薬〉+〈士〉で表現。〈薬〉は薬指で薬をこねるさまを表し、〈士〉は指文字〈シ〉を肩に当て資格を表す。

〈薬〉
左手のひらに右薬指をつけてこねるように回す。

〈士〉
親指と人差指と中指を出した右手を左肩に当てる。

やくしょ【役所】

「役所(に勤める)」

→〈政治〉+〈場所〉
　(+〈通う〉)

「役所」は行政機関の意味であるが〈政治〉+〈場所〉とする表現が慣用となっている。

〈政治〉
左手のひらの上に右ひじを置き、右手指先を伸ばし前後に振る。

〈場所〉
全指を曲げた右手を前に置く。

やくそく【約束】1

「約束を守る」

→〈約束〉+〈注意〉

「約束」は〈約束〉で表現。〈約束〉は指切りのさまで「約束(する)」「必ず」「きっと」などの意味を表す。

〈約束〉
両手小指をからませる。

〈注意〉
軽く開いた両手を上下に置き、体に引きつけて握る。

やくそく【約束】2

「約束を破る」

→〈約束を破る〉

「約束を破る」は〈約束を破る〉で表現。〈約束を破る〉は指切りをはずすさま。

〈約束を破る〉
両手の小指を組み、上下に引き離す。

やくだつ【役立つ】1

「(社会に)役立つ」

→(〈社会〉+)
　〈良い〉または〈必要①〉

例文の「役立つ」は〈良い〉または〈必要①〉で表現。

〈良い〉
右こぶしを鼻から前に出す。

〈必要①〉
指文字〈コ〉を示した両手を手前に引き寄せる。

やくだつ【役立つ】2

「体験が役立つ」
→〈経験〉+〈役立つ〉

例文の「役立つ」は〈役立つ〉で表現。〈役立つ〉は指文字〈ヤ〉を立てて表す。「役に立つ」も同手話。

〈経験〉
両手指先をふれ合わせる。

〈役立つ〉
親指と小指を立てた右手を肩に当てる。

やくめ【役目】

「役目を果たす」
→〈責任①〉+〈解決①〉

例文の「役目」は〈責任①〉で表現。〈責任①〉は肩に任務を負うさまを表す。「役を果たす」も同手話。

〈責任①〉
右肩に軽く全指を折り曲げた右手をのせる。

〈解決①〉
左手のひらの上に右人差指で「×」を大きく書く。

やくわり【役割】

「役割(を決める)」
→〈腕章〉
　または〈責任①〉
　(+〈決める①〉)

「役割」は〈腕章〉または〈責任①〉で表現。〈責任①〉は任務を負うさまで「役」「役目」「役割」などの意味を表す。

〈腕章〉
右手の親指と人差指で左上腕を巻くようにする。

〈責任①〉
右肩に軽く全指を折り曲げた右手をのせる。

やけど【火傷】

「全身にやけどを負う」
→〈体(からだ)〉+〈やけど〉

「やけど」は〈やけど〉で表現。〈やけど〉は部位にかかわらず「やけど」一般の意味を表す。

〈体(からだ)〉
右手を体の上で回す。

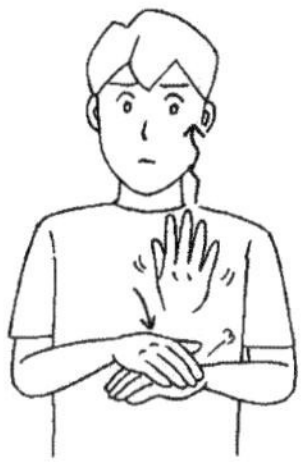

〈やけど〉
左手甲を右手のひらで軽くふれ、右手指先を上に向けて揺らしながら上にあげる。

やける【焼ける】1

「家が焼ける」
→〈家〉+〈火事②〉
　(または〈火事①〉)

例文の「焼ける」は燃えるの意味なので〈火事②〉または〈火事①〉で表現。いずれも家が燃えるさま。燃えるものによって表現は変わる。

〈家〉
両手で屋根形を作る。

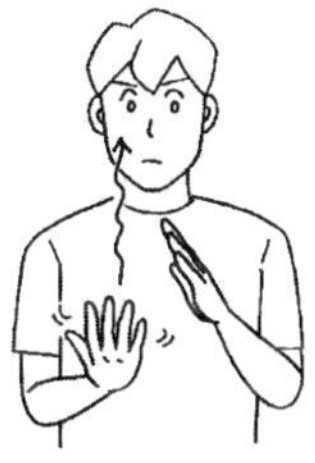

〈火事②〉
左手屋根形の下から指先を上に向けた右手を炎のように揺らしながら上にあげる。

やける【焼ける】2

「世話が焼ける」
→〈世話〉+〈苦労〉

例文の「世話が焼ける」は人を世話するのに手数がかかってめんどうの意味なので〈世話〉+〈苦労〉で表現。

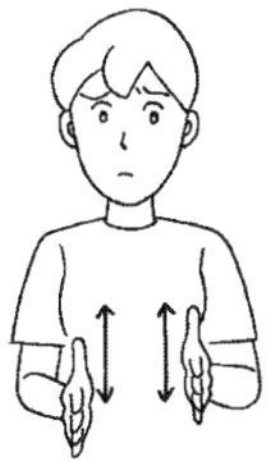

〈世話〉
指先を前に向け、手のひらを向かい合わせた両手を交互に上下させる。

〈苦労〉
右こぶしで左腕を軽くたたく。

や

やける【焼ける】3

「手が焼ける子供」

→〈苦労〉+〈子供①〉

「手が焼ける」は人を扱うのに苦労する意味なので〈苦労〉で表現。〈苦労〉は腕をたたくさまで「苦労(する)」の意味を表す。

〈苦労〉

左腕を右こぶしで軽くたたく。

〈子供①〉

両手のひらを前に向けて、あやすように左右に振る。

やさしい【優しい】

「優しい人」

→〈優しい〉+〈人〉

例文の「優しい」は思いやりがある意味なので〈優しい〉で表現。〈優しい〉は心がやわらかいさまを表す。

〈優しい〉

両手の親指と4指の指先を向かい合わせてもむように動かしながら左右に開く。

〈人〉

人差指で「人」の字を空書する。

やさい【野菜】

「野菜畑」

→〈野菜〉+〈農業〉

「野菜」は〈野菜〉で表現。〈野菜〉は白菜やキャベツのような形を表す。

〈野菜〉

指先を上に向けた両手を向かい合わせて上にあげ、丸めるように指先を下に向ける。

〈農業〉

両手のこぶしを握り、くわで耕すようにする。

やしなう【養う】

「家族を養う」

→〈家族〉+〈育てる①〉

例文の「養う」は生活できるようにする意味なので〈育てる①〉で表現。〈育てる①〉は食事などを与え育てるさまで「養育(する)」の意味。

〈家族〉

左の屋根形の下で右手の親指と小指を振る。

〈育てる①〉

左親指に右手指先を繰り返し当てる。

や

やさしい【易しい】

「やさしい問題」

→〈簡単〉+〈問題〉

「やさしい」は簡単の意味なので〈簡単〉で表現。〈簡単〉は「たやすい」「容易」「平易」などの意味を表す。

〈簡単〉

右人差指をあごに当て、次に左手のひらの上に落とすようにつける。

〈問題〉

両手の親指と人差指をつまみ「 ┐を描く。

やすい【安い】

「安い(本)」

→〈安い①〉

または〈安い②〉

(+〈本〉)

例文の「安い」は値段が低い意味なので〈安い①〉または〈安い②〉で表現。右手のお金がさがるさまで「安価」「値段が安い」などを表す。

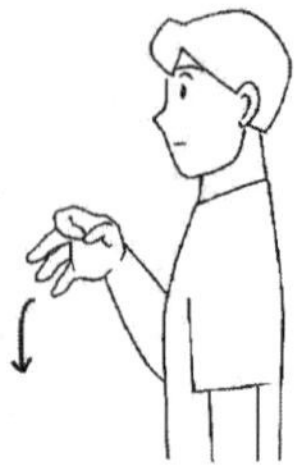

〈安い①〉

右手の親指と人差指で作った丸を下にさげる。

〈安い②〉

左手のひらの上に右手の親指と人差指で作った丸を置き、さげる。

やすい【易い】

「(読み)やすい」
→(〈読む①〉+)
〈簡単〉
または〈幸せ〉

例文の「やすい」は簡単にできる様子なので〈簡単〉または〈幸せ〉で表現。〈幸せ〉は「～するのが楽だ」という意味を表す。

〈簡単〉
右人差指をあごに当て、次に左手のひらの上に落とすようにつける。

〈幸せ〉
親指と 4 指であごをなでるようにする。

やすむ【休む】1

「(三分)休む」
→(〈三分〉+)
〈休む①〉
または〈休む②〉

例文の「休む」は休憩する意味なので〈休む①〉または〈休む②〉で表現。〈休む①〉は戸を閉めるさま、〈休む②〉は腰をおろすさま。

〈休む①〉
手のひらを下にした両手を左右から閉じる。

〈休む②〉
左手のひらの上に右こぶしをのせる。

やすむ【休む】2

「(今日は)店を休む」
→(〈今①〉+)
〈店①〉+〈休む①〉
(または〈休む②〉)

例文の「休む」は休業するの意味なので〈休む①〉または〈休む②〉で表現。

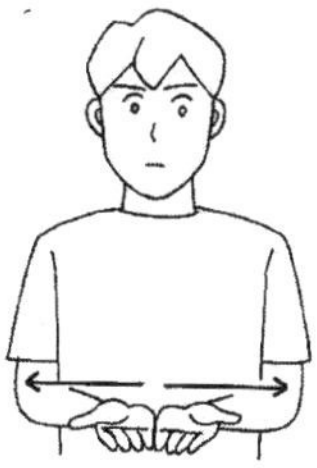

〈店①〉
両手のひらを上に向けて、左右に開く。

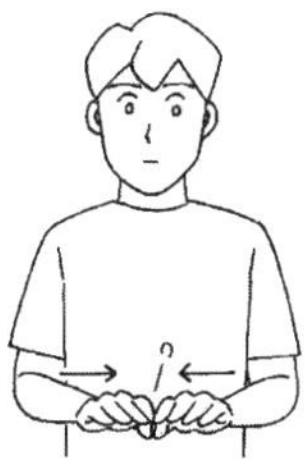

〈休む①〉
手のひらを下にした両手を左右から閉じる。

やすむ【休む】3

「学校を休む」
→(〈勉強②〉+)
〈欠席①〉
または〈欠席②〉

例文の「休む」は欠席する意味なので〈欠席①〉または〈欠席②〉で表現。いずれも席をはずすさまを表す。

〈欠席①〉
左手のひらにのせた折り曲げた右手 2 指をさっと手前に引く。

〈欠席②〉
左手のひらの上に立てた右手をさっと手前に引く。

やすむ【休む】4

「おやすみなさい」
→〈寝る〉+〈頼む①〉

例文は就寝前のあいさつなので〈寝る〉+〈頼む①〉で表現。

〈寝る〉
右こぶしを頭に当てる。

〈頼む①〉
頭を下げて右手で拝むようにする。

やせる【痩せる】

「(体が)やせる」
→(〈体(からだ)〉+)
〈やせる①〉
または〈やせる②〉

例文の「やせる」は肉が落ちて細くなる意味なので〈やせる①〉または〈やせる②〉で表現。手話はどちらもやせるさまを表す。

〈やせる①〉
両手指の背をほおに当て、押さえるようにして下におろす。

〈やせる②〉
両手のひらを体の左右に当て、下におろす。

やちん【家賃】

「家賃(を払う)」
→〈家〉+〈金(かね)①〉
(+〈払う①〉)

例文の「家賃」は借家料のことで〈家〉+〈金(かね)①〉で表現。〈金(かね)①〉は「賃料」「料金」などの意味を表す。

〈家〉
両手で屋根形を作る。

〈金(かね)①〉
右手の親指と人差指で作った丸を示す。

やつ【奴】1

「いいやつだ」
→〈良い〉+〈男〉

例文の「やつ」は人をさすので〈男〉で表現。「やつ」で〈女〉を表す例はあまりない。

〈良い〉
右こぶしを鼻から前に出す。

〈男〉
親指を立てた右手を出す。

やつ【奴】2

「高いやつ(を買う)」
→〈高い①〉+〈それ〉
(+〈買う〉)

例文の「やつ」は物をさすので〈それ〉または〈物〉で表現。

〈高い①〉
親指と人差指で作った丸を勢いよくあげる。

〈それ〉
右人差指で前にある物をさす。

やっかい【厄介】1

「やっかいな仕事」
→〈苦労〉+〈仕事〉

例文の「やっかい」はわずらわしくて手間のかかる意味なので〈苦労〉で表現。〈苦労〉は腕をたたいて苦労するさまを表す。

〈苦労〉
右こぶしで左腕を軽くたたく。

〈仕事〉
手のひらを上に向け、向かい合わせた両手指先を繰り返しつき合わせる。

やっかい【厄介】2

「みんなのやっかい者」
→〈みんな〉+〈つまはじき①〉

「やっかい者」は迷惑をかける嫌われ者なので〈つまはじき①〉で表現。〈つまはじき①〉は人に見立てた左親指を右手ではじくさまを表す。

〈みんな〉
右手のひらを下に向けて水平に回す。

〈つまはじき①〉
左親指を示して、右手の親指と中指ではじくようにする。

やっつ【八つ】1

「ミカンが八つ」
→〈ミカン〉+〈8〉

例文の「八つ」は個数なので〈8〉で表現。

〈ミカン〉
すぼめた左手をミカンに見立てて皮をむくようにする。

〈8〉
小指を折った右手甲を前に向ける。

やっつ【八つ】2

「八つ(の男の子)」

→〈年齢〉+〈８〉
(+〈男〉)

例文の「八つ」は歳なので〈年齢〉+〈８〉で表現。

〈年齢〉
あごの下で右手の指を順に折る。

〈８〉
小指を折った右手甲を前に向ける。

ヤナギ【柳】

「柳」

→〈柳〉

「柳」は〈柳〉で表現。〈柳〉は枝が垂れさがるさまを表す。

〈柳〉
左人差指の上に右手のひらをかぶせるようにして揺らす。

やっと

「やっとできた」

→〈やっと〉+〈終わる〉

例文の「やっと」はどうにかできた様子なので〈やっと〉で表現。〈やっと〉は額の汗をぬぐうさまで「やれやれ」などの意味も表す。

〈やっと〉
右手のひらで額をぬぐい、下におろす。

〈終わる〉
指先を上に向けた両手を下におろしながら閉じる。

やね【屋根】

「家の屋根」

→〈家〉+〈屋根〉

例文の「屋根」は〈屋根〉で表現。〈屋根〉は〈家〉の左手を右手で指さす。

〈家〉
両手で屋根形を作る。

〈屋根〉
両手で屋根の形を作り、左手をそのままにして右人差指で左手の甲をさす。

やど【宿】

「宿(を予約する)」

→〈寝る〉+〈家〉
(+〈約束〉)

「宿」は泊まるところの意味で〈寝る〉+〈家〉で表現。手話は「宿舎」「宿屋」などの意味を表す。

〈寝る〉
頭を傾けて右こぶしを側頭部に当てる。

〈家〉
両手で屋根形を作る。

やはり 1

「やはり思った通りだ」

→〈思う〉+〈同じ①〉

例文の「やはり」は前から思っていた通りを表すので〈同じ①〉で表現。

〈思う〉
右人差指を側頭部に当てる。

〈同じ①〉
両手の親指と人差指の先を上に向けて閉じたり開いたりする。

やはり 2

「やはりプロだ」

→〈なるほど〉+〈プロ〉

例文の「やはり」はさすがの意味なので〈なるほど〉で表現。〈なるほど〉は感心するさまで「なるほど」の意味を表す。

〈なるほど〉

右親指をあごに当て、右人差指を回転させる。

〈プロ〉

右手の親指と人差指で作った丸を額に当てる。

やぶる【破る】1

「紙を破る」

→〈四角①〉+〈破る〉

例文の「破る」はひきさく意味なので〈破る〉で表現。〈破る〉は紙を破るさま。

〈四角①〉

両手の人差指で四角を描く。

〈破る〉

両手の親指と人差指でつまんだ紙を引き裂くように前後に動かす。

やぶる【破る】2

「約束を破る」

→〈約束を破る〉

例文の「約束を破る」は約束したことを守らない意味で〈約束を破る〉で表現。〈約束を破る〉は指切りをはずすさまを表す。

〈約束を破る〉

両手の小指を組み、上下に引き離す。

やぶる【破る】3

「世界記録を破る」

→〈世界〉+〈折る①〉

例文の「記録を破る」は〈折る①〉で表現。〈折る①〉は木を折るさまで「折る」「(記録を)破る」などの意味を表す。

〈世界〉

両手の指先を向かい合わせ、球を描くように前に回す。

〈折る①〉

両こぶしの親指側を合わせ、折るようにする。

やぶる【破る】4

「敵を破る」

→〈敵〉+〈勝つ①〉

例文の「破る」は相手を打ち負かす意味なので〈勝つ①〉で表現。〈勝つ①〉は相手を倒すさまを表す。

〈敵〉

左手甲に右手甲をぶつける。

〈勝つ①〉

親指を立てた左手を親指を立てた右手で前に倒す。

やぶれる【破れる】1

「服が破れる」

→〈服〉+〈破る〉

例文の「破れる」はさける意味なので〈破る〉で表現。〈破る〉は裂くさまを表す。

〈服〉

親指を立てた両手をえりに沿って下におろす。

〈破る〉

両手の親指と人差指でつまんだ紙を引き裂くように前後に動かす。

やぶれる【破れる】2

「夢が破れる」

→〈夢①〉+〈折る①〉

例文の「破れる」は成功せずに終わる意味なので〈折る①〉で表現。〈折る①〉は木を折るさま。

〈夢①〉

指先を曲げた右手のひらを上に向けて頭から小さく上下させながら上にあげる。

〈折る①〉

両こぶしの親指側を合わせ、折るようにする。

やぶれる【敗れる】

「戦いに敗れる」

→〈戦争〉+〈負ける①〉

例文の「敗れる」は負ける意味なので〈負ける①〉で表現。〈負ける①〉は鼻がつぶれるさま。

〈戦争〉

両手の指先を激しくふれ合わせる。

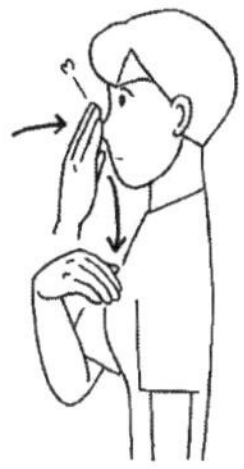

〈負ける①〉

右手のひらで鼻をそぎ落とすようにする。

やま【山】1

「山に登る」

→〈山〉+〈登る①〉

例文の「山」は高く盛りあがった地形なので〈山〉で表現。〈山〉の高さや形状によって手話は変わる。

〈山〉

右手で山形を描く。

〈登る①〉

右手２指を登るように斜め上にあげる。

やま【山】2

「山ほどある」

→〈たくさん①〉+〈ある①〉

例文の「山ほど」はたくさんの意味なので〈たくさん①〉で表現。〈たくさん①〉は山盛りのさまで「山ほど」「たくさん」の意味。

〈たくさん①〉

左手のひらを上に向けた左腕を示し、その上に右手で山を描く。

〈ある①〉

手のひらを下に向けた右手を体の前に軽く置く。

やま【山】3

「(今夜が)山だ」

→(〈今①〉+〈暗い〉+)

〈大切①〉

または〈危篤〉

例文の「山」は一番大事なところの意味なので〈大切①〉で表現。病状の場合には〈危篤〉で表現。

〈大切①〉

左手甲を右手のひらでなでるように回す。

〈危篤〉

両手のひらを合わせて指先を上に向けて立ててそれが倒れそうで倒れないように揺らす。

やま【山】4

「山が当たる」

→〈思う〉+〈目的①〉

例文の「山」は予想の意味なので〈思う〉で表現。〈思う〉はもの思うさまで「思う」「思い」などの意味を表す。

〈思う〉

右人差指を側頭部に当てる。

〈目的①〉

左こぶしの親指側に右人差指を当てる。

やまい【病】

「病に倒れる」

→〈病気〉+〈倒れる①〉

例文の「病」は病気のことなので〈病気〉で表現。〈病気〉は熱のあるひたいに氷のうを当てるさまを表す。

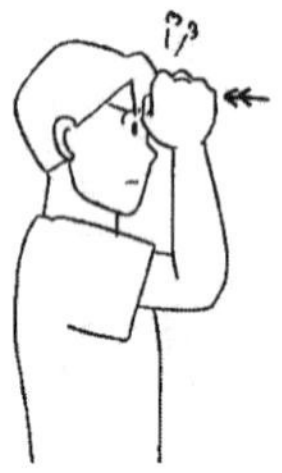

〈病気〉

こぶしで額を軽くたたく。

〈倒れる①〉

左手のひらの上に右手２指を立ててひっくり返るように２指を寝かせる。

やみ【闇】1

「闇(を照らす)」

→〈暗い〉または〈闇〉
(+〈光①〉)

例文の「闇」は〈暗い〉または〈闇〉で表現。〈闇〉は〈夜〉と〈見えない〉とを組み合わせた新しい手話。

〈暗い〉

両手のひらを前に向けた両腕を目の前で交差させる。

〈闇〉

手のひらを前方に向け斜めに出した左手の内側で手のひらを手前に向けた右手を左右に振る。

やみ【闇】2

「一面闇に包まれた」

→〈みんな〉+〈暗い〉

「闇に包まれる」は〈暗い〉で表現。〈暗い〉は目の前が暗いさまを表す。

〈みんな〉

右手のひらを下に向けて水平に回す。

〈暗い〉

両手のひらを前に向けた両腕を目の前で交差させる。

やみ【闇】3

「心の闇」

→〈気持ち〉+〈暗い〉

例文の「闇」はどうしたらよいかわからない暗い心の状態なので〈暗い〉で表現。

〈気持ち〉

右人差指でみぞおち辺りに小さく円を描く。

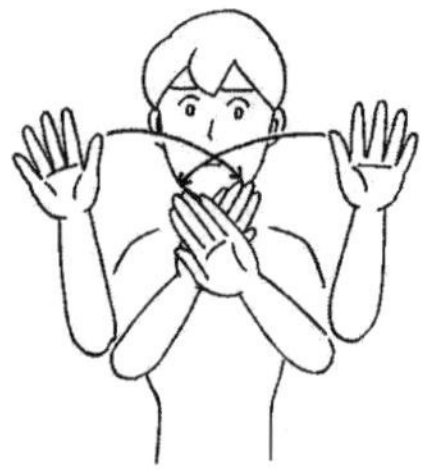

〈暗い〉

両手のひらを前に向けた両腕を目の前で交差させる。

やみ【闇】4

「一寸先は闇」

→〈将来②〉+〈わからない〉

例文の「闇」は見通しがつかない状態なので〈わからない〉で表現。〈わからない〉は目の前がちらつきはっきりわからないさまを表す。

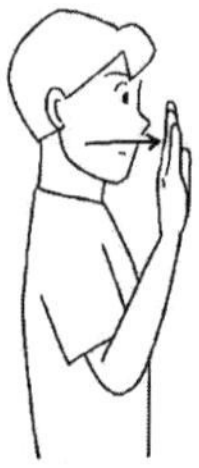

〈将来②〉

右手のひらを前に向けて少し押すように前に出す。

〈わからない〉

指先を軽く開いた右手の人差指を鼻に当て、手のひらを揺らす。

やみ【闇】5

「闇から闇へ葬られる」

→〈混ぜる〉+〈捨てる⑤〉

例文の「闇」は世人の目に触れない状態なので〈混ぜる〉で表現。〈混ぜる〉はどさくさ紛れにもみ消すさまを表す。

〈混ぜる〉

両手のひらを上下に合わせてこね合わせるように回す。

〈捨てる⑤〉

〈混ぜる〉の左手を残したまま、握った右手を左手の下に向け、開きながら捨てる動作をする。

や

やみ【闇】6

「闇商品」

→〈不正〉+〈品(ひん)〉

例文の「闇」は正規の取引でないことなので〈不正〉で表現。〈不正〉は〈正しい〉の動きを左右にずらして正しくないことを表す。

〈不正〉

つまんだ両手を胸の上下に置き、左右にずらすように動かす。

〈品(ひん)〉

右手の親指と人差指で作った丸を上、左、右に示す。

やむ【止む】1

「雨が止む」

→〈雨①〉+〈消える②〉

例文の「止む」は雨があがる意味なので〈消える②〉で表現。〈消える②〉は「(雨が)止む」「(電灯が)消える」の意味を表す。

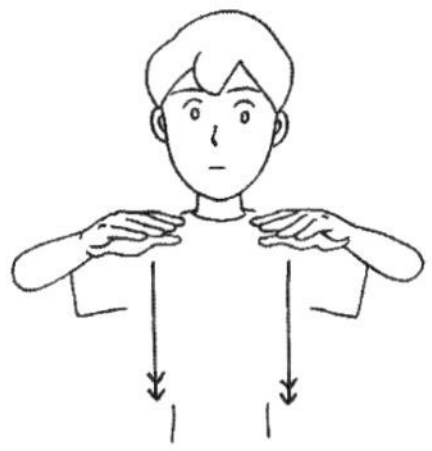

〈雨①〉

軽く開いた指先を前に向け両手を繰り返し下におろす。

〈消える②〉

半開きにした両手のひらを上にあげながら握る。

やむ【止む】2

「痛みが止む」

→〈痛い①〉+〈消える③〉

例文は痛みがおさまる意味なので〈痛い①〉+〈消える③〉で表現。手話は痛みが消えておさまったことを意味する。

〈痛い①〉

全指を曲げた右手のひらを上に向けて左右に振る。

〈消える③〉

指先を上に向けた右手を下にさげながらすぼめる。

やむ【止む】3

「戦争が止む」

→〈戦争〉+〈終わる〉

例文の「止む」は終わるの意味なので〈終わる〉で表現。

〈戦争〉

両手の指先を軽く広げて指先がふれ合うようにして交互に前後に動かす。

〈終わる〉

両手の親指と4指を上に向け、閉じながら下にさげる。

やむをえず

「やむをえず支払う」

→〈仕方ない〉+〈払う①〉

「やむをえず」は仕方なくの意味なので〈仕方ない〉で表現。〈仕方ない〉は身を切るさまで「仕方ない」「やむをえず」などの意味を表す。

〈仕方ない〉

指先を伸ばした右手を左肩から右下に体をはすに切るようにおろす。

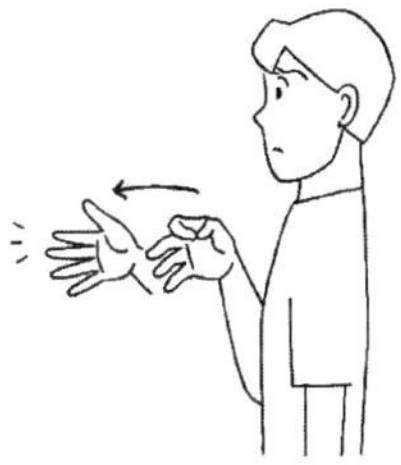

〈払う①〉

右手の親指と人差指で作った丸を前に出しながら開く。

やむをえない 1

「やむをえない事情」

→〈都合〉+〈難しい〉

例文の「やむをえない」は都合がつけられない意味なので〈都合〉+〈難しい〉で表現。

〈都合〉

左手のひらの上に右こぶしの小指側をつけてこするように回す。

〈難しい〉

ほおをつねるようにする。

やむをえない 2

「支払いはやむをえない」
→〈払う①〉+〈仕方ない〉

例文の「やむをえない」は仕方ないの意味で〈仕方ない〉で表現。〈仕方ない〉は身を切るさまで「仕方ない」「やむをえず」の意味を表す。

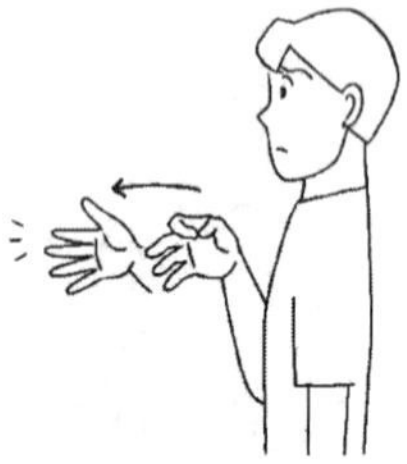

〈払う①〉
右手の親指と人差指で作った丸を前に出しながら開く。

〈仕方ない〉
指先を伸ばした右手を左肩から右下に体をはすに切るようにおろす。

やめる【止・辞める】1

「酒を止める」
→〈酒〉+〈とめる〉

例文の「止める」は続けてきたことを終わりにする意味なので〈とめる〉で表現。〈とめる〉はうち切るさまを表す。

〈酒〉
右手をあごと額に順に当てる。

〈とめる〉
左手のひらの上に右手を振りおろす。

やめる【止・辞める】2

「(雨で)野球を止める」
→(〈雨①〉+)
〈野球①〉+〈つぶす〉

例文の「止める」はしようとしていたことを中止する意味なので〈つぶす〉で表現。〈つぶす〉はできたものをつぶすさまを表す。

〈野球①〉
バットを握って振るようにする。

〈つぶす〉
両手の親指と 4 指の指先を前に向けてつぶすように閉じる。

やめる【止・辞める】3

「会社を辞める」
→〈会社〉+〈辞(や)める〉

例文の「辞める」は退職する意味なので〈辞める〉で表現。〈辞める〉は現在の自分の立場を退くさま。

〈会社〉
両手の 2 指を交互に前後させる。

〈辞(や)める〉
左手のひらの上にすぼめた右手をのせて手前に引く。

やめる【止・辞める】4

「社長を辞める」
→〈会社〉+〈引退〉

例文の「辞める」は役から退く意味なので〈引退〉で表現。〈引退〉はその地位から降りるさまを表す。

〈会社〉
両手の 2 指を交互に前後させる。

〈引退〉
左手甲にのせた親指を立てた右手を下におろす。

やや

「(体が)やや大きい」
→(〈体(からだ)〉+)
〈少し〉+〈大きい③〉

例文の「やや」は少しの意味なので〈少し〉で表現。〈少し〉はちょっとのさまで「やや」「少し」の意味を表す。

〈少し〉
右手の親指と人差指を合わせ、親指をはじく。

〈大きい③〉
両肩に置いた両手を上にあげる。

ややこしい

「ややこしい(話)」

→〈混乱〉
　または〈ややこしい〉
　(+〈手話〉)

「ややこしい」はこみいってわかりにくいさまなので〈混乱〉または〈ややこしい〉で表現。手話はどちらも目が回りそうなさまを表す。

〈混乱〉

全指を曲げた両手のひらを上下に向かい合わせて、かき混ぜるようにする。

〈ややこしい〉

全指を曲げた両手を目の前で回す。

やりなげ【槍投】

「やり投げの選手」

→〈やり投げ〉+〈選手〉

「やり投げ」は〈やり投げ〉で表現。〈やり投げ〉はやりを投げるさまを表す。

〈やり投げ〉

やりを投げるしぐさをする。

〈選手〉

左こぶしの甲に親指を立てた右手を軽くかすめるように当て、上にあげる。

やらせ

「やらせ番組」

→〈やらせ〉+〈番組〉

「やらせ」は〈やらせ〉で表現。〈やらせ〉は人をそそのかすさまを表す。

〈やらせ〉

前方に向けた右人差指を繰り返し振る。

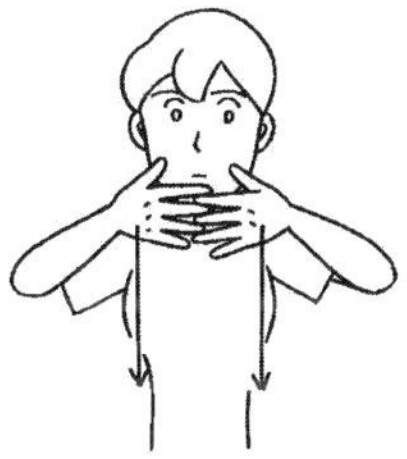

〈番組〉

指先を合わせた両手を下におろす。

やる 1

「(東京へ)彼をやる」

→(〈東京〉+)
　〈指名〉+〈行(い)く⑤〉

例文の「やる」は行かせる意味なので〈指名〉+〈行く⑤〉で表現。〈指名〉は人に指示するさまを表す。

〈指名〉

左親指を右人差指でさす。

〈行(い)く⑤〉

親指を立てた右手を弧を描いて遠く前に出すようにする。

やり【槍】

「やりで突く訓練」

→〈やり〉+〈鍛える〉

例文の「やり」は〈やり〉で表現。〈やり〉はやりで突くさまを表す。「やりで突く」も同手話。

〈やり〉

両手の人差指を前後にして突き刺すように前に出す。

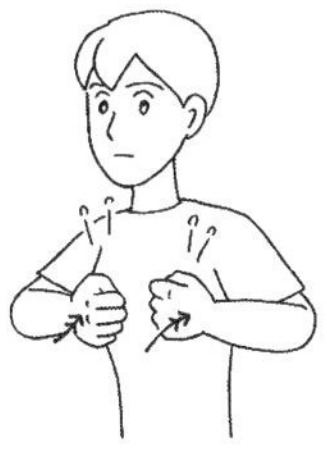

〈鍛える〉

ひじを張り、両こぶしで胸を同時に繰り返したたく。

やる 2

「娘に手紙をやる」

→〈娘〉+〈郵便を出す①〉

例文の「手紙をやる」は手紙を出す意味なので〈郵便を出す①〉で表現。〈娘〉を出した位置に向けて〈郵便を出す①〉を表現する。

〈娘〉

小指を立てた右手を腹から前に出す。

〈郵便を出す①〉

左手2指と右人差指で〒マークを作り、前に出す。

や

やる 3

「金をやる」

→(〈金(かね)①〉+)
〈払う①〉
または〈与える②〉

例文の「やる」は金を与える意味なので〈払う①〉または〈与える②〉で表現。

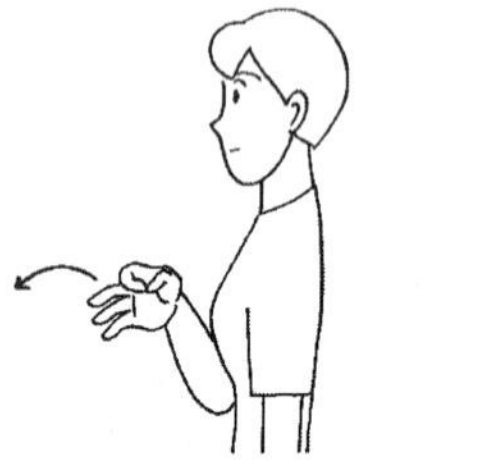

〈払う①〉
右手の親指と人差指で作った丸を前に出す。

〈与える②〉
右手のひらを上に向けて前に出す。

やる 4

「店をやる」

→〈店①〉+〈商売〉

例文の「やる」は店を始める、営業するの意味なので〈商売〉で表現。〈商売〉は金のやりとりのさまで「商売」「商う」などの意味。

〈店①〉
両手のひらを上に向けて、左右に開く。

〈商売〉
両手の親指と人差指で作った丸を交互に前後に動かす。

やる 5

「まじめにやる」

→〈正しい〉+〈する〉

例文の「やる」は行う意味なので〈する〉で表現。〈する〉は「実行(する)」「実施(する)」などの意味を表す。

〈正しい〉
親指と人差指をつまみ、胸に当て、右手をあげる。

〈する〉
両こぶしを力を込めて前に出す。

やる 6

「やっていける」

→〈食べる①〉+〈できる〉

例文の「やっていける」は暮らしていける意味なので〈食べる①〉+〈できる〉で表現。

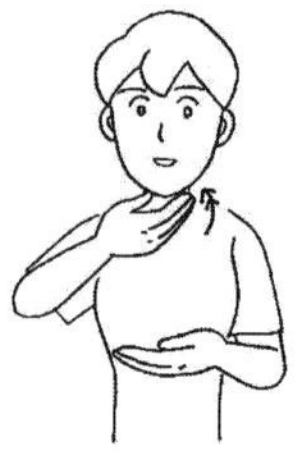

〈食べる①〉
左手のひらの上を右手ですくって食べるようにする。

〈できる〉
右手指先を左胸と右胸に順に当てる。

やる 7

「帰って一杯やる」

→〈帰る〉+〈飲む③〉

例文の「やる」は酒を飲む意味なので〈飲む③〉で表現。〈飲む③〉は一杯飲むさまを表す。

〈帰る〉
右手の親指と 4 指を前に出しながら閉じる。

〈飲む③〉
右手の親指と人差指でおちょこを持ち、飲むようにする。

やる 8

「(おもちゃを)買ってやる」

→(〈おもちゃ〉+)
〈買う〉+〈与える①〉

例文の「〜でやる」は〜てあげる、与えるの意味なので〈与える①〉で表現。〈与える①〉は物を渡すさま。

〈買う〉
右手の親指と人差指で作った丸を前に出すと同時に手のひらを上に向けた左手を手前に引く。

〈与える①〉
両手のひらを上に向け並べて前に差し出す。

やわらかい
【柔らかい】

「やわらかいパン」
→〈やわらかい〉+〈パン①〉

「やわらかい」は感触がふっくらしているさまで〈やわらかい〉で表現。〈やわらかい〉はやわらかいさまで「ふわふわ」などの意味もある。

〈やわらかい〉
両手の親指と４指でもむようにする。

〈パン①〉
右手の閉じた親指と人差指をぱっと前に開く。

〈ユ〉
３指を立て、甲側を示す。

ゆ【湯】1

「湯をわかす」
→〈流れる②〉+〈煮る〉

例文の「湯をわかす」は水に熱を加えて熱くすることなので〈流れる②〉+〈煮る〉で表現。手話は水を火にかけて湯をわかす意味を表す。

〈流れる②〉
右手の甲を下にして波のようにゆらゆら上下に揺すりながら右へやる。

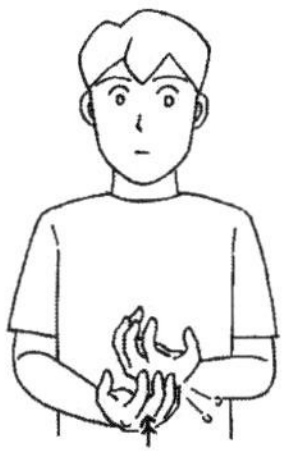

〈煮る〉
全指を軽く曲げた左手のひらを上に向け、下から全指を曲げた右手で軽くたたく。

ゆ【湯】2

「湯に入る」
→〈風呂①〉+〈入る③〉

例文の「湯」は風呂の意味なので〈風呂①〉で表現。〈風呂①〉は風呂でタオルを使うさまを表す。

〈風呂①〉
右こぶしで顔をこするようにする。

〈入る③〉
左手の親指と４指で囲んだ中へ右手の２指を入れる。

ゆ【湯】3

「湯の町」
→〈温泉〉+〈町①〉

例文の「湯」は温泉の意味なので〈温泉〉で表現。〈温泉〉は温泉マークを表す。

〈温泉〉
左手の親指と４指の間から右手３指を出して指を揺らす。

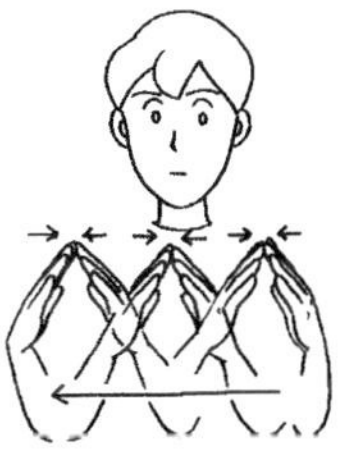

〈町①〉
両手で屋根形を作りながら左から右へ動かす。

ゆいのう【結納】

「結納を交わす」
→〈結婚〉+〈契約〉

「結納」は両家で結婚のしるしを交わすことで〈結婚〉+〈契約〉で表現。

〈結婚〉
親指と小指を左右からつける。

〈契約〉
交差した両手を左右に開きながら親指と４指を閉じる。

ゆう【夕】

「朝に夕に」
→〈朝〉+〈暗い〉

例文の「夕」は夕べ、夜の意味なので〈暗い〉で表現。〈暗い〉は目の前が閉ざされているさまで「暗い」「夜」「晩」などの意味を表す。

〈朝〉
こめかみ付近に当てた右こぶしをすばやく下におろす。

〈暗い〉
両手のひらを前に向けた両腕を目の前で交差させる。

ゆうい【優位】

「自分が優位に立つ」
→〈私①〉+〈優位に立つ〉

例文の「優位に立つ」は〈優位に立つ〉で表現。〈優位に立つ〉は人より上に立つさまを表す。

〈私①〉
人差指で胸を指さす。

〈優位に立つ〉
左親指の上に右親指をのせる。

ゆううつ【憂鬱】

「憂うつな気分」
→〈暗い〉+〈気持ち〉

「憂うつ」は心が晴れない暗いさまなので〈暗い〉で表現。〈暗い〉は物理的な暗さだけでなく心理的な暗さも表す。

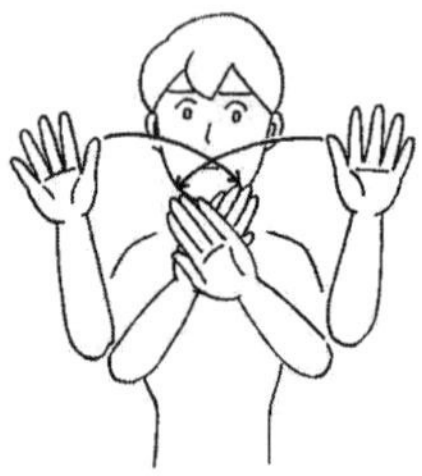

〈暗い〉
両手のひらを前に向けた両腕を目の前で交差させる。

〈気持ち〉
右人差指でみぞおち辺りに小さく円を描く。

ゆうかい【誘拐】

「(息子が)誘拐された」
→(左〈息子〉+)
〈誘拐〉

「誘拐」は〈誘拐〉で表現。人に見立てた左親指を右手でつかんでさらっていくさまを表す。

〈誘拐〉
左親指に向かって右手のひらを向けて、

右手で左親指をつかみ右手前に引き寄せる。

ゆうがた【夕方】1

「夕方に終わる」
→〈夕方〉+〈終わる〉

「夕方」は3種類の表現がある。ひとつは〈夕方〉で表現。〈夕方〉は太陽が傾くさまを表す。

〈夕方〉
右手全指を上に向けてひじから前に倒す。

〈終わる〉
両手の親指と4指を上に向け、閉じながら下にさげる。

ゆうがた【夕方】2

「夕方(に終わる)」
→〈西②〉
または〈日が沈む〉
(+〈終わる〉)

ふたつめは〈西②〉で表現。みっつめは〈日が沈む〉で表現。いずれも太陽が沈むさまを表す。

〈西②〉
親指と人差指を立てた右手を弧を描いて前に倒す。

〈日が沈む〉
左手甲を上に向け、その前を右手の親指と人差指で閉じない丸を作って下におろす。

ゆうかん【夕刊】

「夕刊」

→(〈日が沈む〉または)
〈西②〉+〈新聞〉

「夕刊」は〈日が沈む〉または〈西②〉+〈新聞〉で表現。

〈西②〉
親指と人差指を立てた右手を弧を描いて前に倒す。

〈新聞〉
左手のひらの上に右ひじをのせて親指を外側に出して握った右こぶしを振る。

ゆうきゅう【有給】

「有給休暇」

→〈給料〉+〈休む①〉

「有給休暇」は休んでも給料がもらえる休暇なので〈給料〉+〈休む①〉で表現。

〈給料〉
左手のひらに右手親指と人差指で作った丸を添えて手前に引き寄せる。

〈休む①〉
手のひらを下にした両手を左右から閉じる。

ゆうけんしゃ【有権者】

「有権(者)」

→〈選挙〉+〈力〉
(+〈人々①〉)

「有権者」は選挙権のある人なので〈選挙〉+〈力〉+〈人々①〉で表現。〈力〉は権利の意味を表す。

〈選挙〉
そろえた両手を交互に中央におろす。

〈力〉
こぶしを握った左腕を曲げ、上腕に右人差指で力こぶを描く。

ゆうこう【有効】1

「有効期間」

→〈効果〉+〈間(あいだ)〉

例文の「有効」はききめがある意味なので〈効果〉で表現。〈効果〉は新しい手話で「効果」「有効」「効き目がある」などの意味を表す。

〈効果〉
指先を上に向けて立てた左手のひらに右こぶしの親指側をつけ、前に出す。

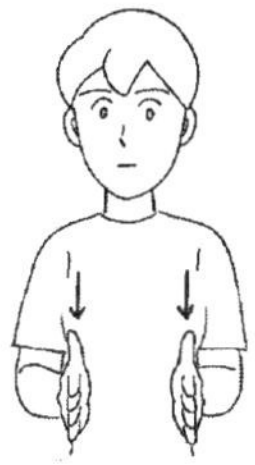

〈間(あいだ)〉
両手のひらを向かい合わせ、仕切るように下に少しさげる。

ゆうこう【有効】2

「有効に使う」

→〈大切①〉+〈使う〉

例文の「有効」は役に立つように、大切にの意味なので〈大切①〉で表現。〈大切①〉は大事にするさまを表す。

〈大切①〉
左手甲を右手のひらでなでるように回す。

〈使う〉
左手のひらの上で右手の親指と人差指で作った丸をすべるようにして繰り返し前に出す。

ゆうざい【有罪】

「有罪が決まる」

→〈つかまる①〉+〈決める①〉

例文は裁判の結果、罪を犯したと認められること。〈つかまる①〉+〈決める①〉で表現。手話は有罪判決が下ることを表す。

〈つかまる①〉
こぶしを握った両手の手首を合わせて前に出す。

〈決める①〉
左手のひらに右手2指を打ちつける。

ゆうし【融資】

「融資を受ける」
→〈融資〉+〈もらう②〉

「融資」は〈融資〉で表現。〈融資〉は左手〈金(かね)〉と右手〈貸す〉を組み合わせた手話。

〈融資〉
親指と人差指で丸を作った左手のひじの下から右手を右に動かしながらつまむ。

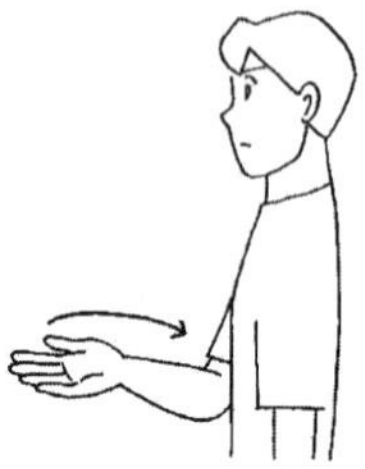

〈もらう②〉
右手のひらを上にして手前に引き寄せる。

ゆうじょう【友情】

「あたたかい友情」
→〈暖かい〉+〈仲間〉

「友情」は友達同士の思い合う心のことで〈仲間〉で表現。〈仲間〉は手をつなぐさまで「仲間」「仲良し」「友情」を表す。

〈暖かい〉
両手で下からあおぐようにする。

〈仲間〉
両手を握り、水平に回す。

ゆうしゅう【優秀】

「優秀な学生」
→〈代表〉+〈学生①〉
(または〈学生②〉)

「優秀」は他より抜きん出てすぐれている様子なので〈代表〉で表現。〈代表〉はグループの内で抜きん出ているさまを表す。

〈代表〉
指先を斜め上に向けた左手のひらの下から右人差指を斜め上に出す。

〈学生①〉
軽く開いた両手を上下に置き、握りながらはかまのひもをしめるようにする。

ゆうしょく【夕食】

「夕食を取る」
→〈暗い〉+〈食べる①〉

例文の「夕食」は〈暗い〉+〈食べる①〉で表現。〈暗い〉は「夜」の意。

〈暗い〉
両手のひらを前に向けた両腕を目の前で交差させる。

〈食べる①〉
左手のひらの上を右手ですくって食べるようにする。

ゆうしょう【優勝】

「優勝旗」
→〈優勝〉+〈旗〉

「優勝」は〈優勝〉で表現。〈優勝〉は優勝旗を持つさまを表す。

〈優勝〉
両こぶしで優勝旗のさおを持ち、上にあげるようにする。

〈旗〉
左人差指に右手のひらをつけて揺らす。

ゆうせん【優先】1

「(歩行者)優先」
→(〈歩く①〉+)
〈優先①〉
または〈優先②〉

例文の「優先」は他よりも先に行う意味なので〈優先①〉または〈優先②〉で表現。他を表す左手よりも右手が前に出るさまを表す。

〈優先①〉
指先を上に向けた左手の前に人差指を立てた右手を出す。

〈優先②〉
指先を前に向けた左手の前に人差指を出した右手を出す。

ゆうせん【優先】2

「(仕事より)
家庭を優先する」

→(〈仕事〉+〈置く①〉+)
〈家庭〉+〈敬う①〉

例文の「優先」はより重要視する意味なので〈敬う①〉で表現。〈敬う①〉は尊重するさまで「敬う」「尊重(する)」などの意味を表す。

〈家庭〉
左手屋根形の下で右手を回す。

〈敬う①〉
左手のひらの上に親指を立てた右手をのせて上にあげる。

ゆうせん【有線】

「有線放送」

→〈有線〉+〈放送〉

「有線」は〈有線〉で表現。〈有線〉は線が引かれているさまを表す。

〈有線〉
人差指を立てた左手から丸を作った右手を右に引く。

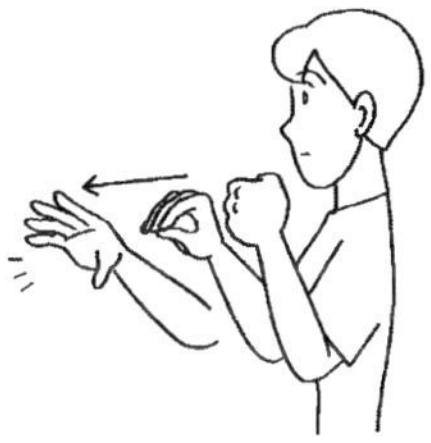

〈放送〉
左こぶしを口元に近づけ、左手甲からすぼめた右手を前に向かって開く。

ユーターン【Uターン】1

「車がUターンする」

→〈運転〉+〈Uターン〉

例文の「Uターン」は〈Uターン〉で表現。〈Uターン〉は指文字〈U〉で「U」を描く。

〈運転〉
ハンドルを両手で握り、回すようにする。

〈Uターン〉
指文字〈U〉の右手でUの字を描く。

ユーターン【Uターン】2

「(ろう)学校にUターンする」

→(〈ろうあ①〉または〈ろうあ②〉+)〈学校〉+〈回復〉

例文の「Uターン」は人が元に帰ってくることなので〈回復〉で表現。〈回復〉は戻る意。

〈学校〉
両手のひらを手前に向けて並べ、次に全指を曲げた右手のひらを下に向けて置く。

〈回復〉
両こぶしを重ねて寝かせ、棒を起こすようにする。

ゆうびん【郵便】

「郵便(局)」

→〈郵便〉+〈家〉
(または〈局〉または〈場所〉)

「郵便」は〈郵便〉で表現。〈郵便〉は〒マークを表す。

〈郵便〉
左手2指と右手人差指で〒マークを示す。

〈家〉
両手で屋根形を作る。

ゆうべ【昨夜】

「ゆうべ(のごはん)」

→〈きのう〉+〈暗い〉
(+〈食べる①〉)

「ゆうべ」は昨夜なので〈きのう〉+〈暗い〉で表現。〈きのう〉+〈暗い〉は「昨晩」「昨夜」などの意味を表す。

〈きのう〉
右人差指を立て、肩越しに後ろへやる。

〈暗い〉
両手のひらを前に向けた両腕を目の前で交差させる。

ゆ

ゆうべ【夕べ】

「（音楽の）夕べ」
→（〈音楽〉＋）〈暗い〉＋〈集まる①〉

例文の「夕べ」は夜ひらかれる催しの意味なので〈暗い〉＋〈集まる①〉で表現。〈暗い〉＋〈集まる①〉は「夜の集会」などの意味。

〈暗い〉
両手のひらを前に向けた両腕を目の前で交差させる。

〈集まる①〉
軽く開いた両手のひらを向かい合わせて中央に寄せる。

ゆうめい【有名】

「有名になる」
→〈有名〉＋〈変わる①〉

「有名」は〈有名〉で表現。〈有名〉は「有名」「名があがる」「名高い」「高名」などの意味を表す。

〈有名〉
左手のひらに右人差指を当て、上にあげる。

〈変わる①〉
手のひらを手前に向けた両手を交差させる。

ゆうやけ【夕焼け】

「夕焼け（空）」
→〈日が沈む〉＋〈赤〉（＋〈空〉）

「夕焼け」は太陽が沈むとき西の空が赤く見えることなので〈日が沈む〉＋〈赤〉で表現。

〈日が沈む〉
左手甲を上に向け、その前を右手の親指と人差指で閉じない丸を作って下におろす。

〈赤〉
唇に人差指を当て、右へ引く。

ゆうり【有利】1

「有利な取り引き」
→〈もうける②〉＋〈商売〉

例文の「有利」は利益がある意味なので〈もうける②〉で表現。〈商売〉はお金の取り引きのさまを表す。

〈もうける②〉
両手のひらを上下に向かい合わせて手前にすばやく引きあげる。

〈商売〉
両手の親指と人差指で作った丸を交互に前後させる。

ゆうり【有利】2

「有利な条件」
→〈良い〉＋〈条件〉

例文の「有利」は都合がいい意味なので〈良い〉で表現。

〈良い〉
右こぶしを鼻から前に出す。

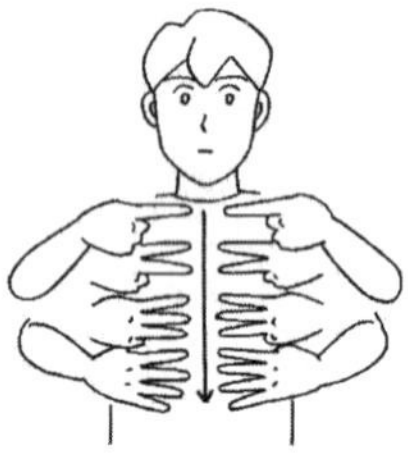

〈条件〉
上から下に指をつき合わせながら順に指を出していく。

ゆうりょう【有料】

「有料道路」
→〈有料〉＋〈道①〉

例文の「有料道路」は利用する場合お金が必要な道路のことで〈有料〉＋〈道①〉で表現。〈有料〉は「有料」を表す新しい手話。

〈有料〉
右手の親指と人差指で作った丸を示し、開きながら前に差し出す。

〈道①〉
道幅に見立てた向かい合わせた両手をまっすぐ前に出す。

ゆうれつ【優劣】1

「技術の優劣を争う」

→〈技術〉+〈争う〉

例文の「優劣を争う」はどちらが優れているか争うことで〈争う〉で表現。〈争う〉は優劣を競うさまを表す。

〈技術〉

握った左手首を右手人差指で軽くたたく。

〈争う〉

親指を立てた両手を並べ、競うようにせりあげる。

ゆうれつ【優劣】2

「両者は優劣がつかない」

→〈二人①〉+〈五分五分②〉

例文の「優劣がつかない」は〈五分五分②〉で表現。〈五分五分②〉は五対五のあいこのさまで「五分五分」「互角」「対等」などの意味。

〈二人①〉

人差指と中指を立てた右手を手前に向けて左右に軽く振る。

〈五分五分②〉

親指を立てた両手を向かい合わせて内側に同時に繰り返し倒す。

ゆうわく【誘惑】

「誘惑に負ける」

→〈魅力〉+〈負ける①〉

例文の「誘惑」は〈魅力〉で表現。〈魅力〉は目が奪われるさまで「誘惑される」「ひかれる」などの意味もある。

〈魅力〉

指先を顔に向けた右手を前に出しながらすぼめる。

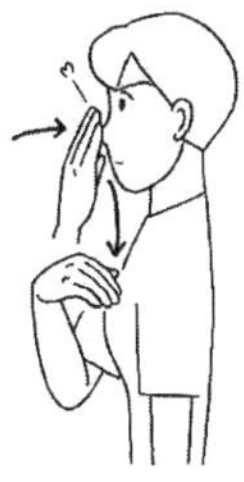

〈負ける①〉

右手のひらで鼻をそぎ落とすようにする。

ゆかい【愉快】1

「愉快な話」

→〈おもしろい〉+〈手話〉

例文の「愉快」はおもしろく楽しい意味なので〈おもしろい〉で表現。〈おもしろい〉はおもしろくてよじれる腹を押さえるさま。

〈おもしろい〉

両こぶしで腹を同時に軽くたたく。

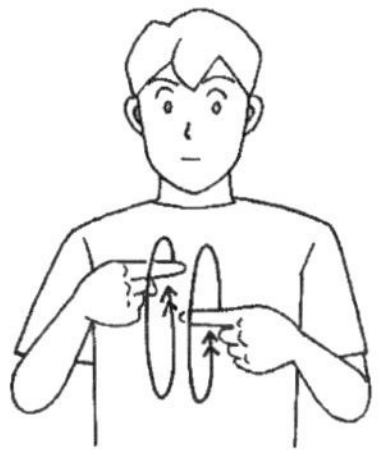

〈手話〉

両手の人差指を向かい合わせて、糸を巻くように回転させる。

ゆかい【愉快】2

「愉快になる」

→〈うれしい〉+〈変わる①〉

例文の「愉快」は楽しく気持ちいい様子なので〈うれしい〉で表現。〈うれしい〉は胸がおどるさまを表す。

〈うれしい〉

両手のひらを胸の前で、交互に上下させる。

〈変わる①〉

手のひらを手前に向けた両手を交差させる。

ゆき【行き】

「東京行き」

→〈東京〉+〈行(い)く①〉

「行き」は行くことなので〈行く①〉で表現。〈行く①〉は人がその方向に行くさまを表す。

〈東京〉

両手の親指と人差指を立て、上に向けて２回あげる。

〈行(い)く①〉

右手人差指を下に向けて、振りあげるように前をさす。

ゆき【雪】1

「雪が降る」

→〈白〉+〈雪〉

例文の「雪」は〈白〉+〈雪〉で表現。〈白〉は略してもよい。〈雪〉は「雪」「雪が降る」の意味がある。

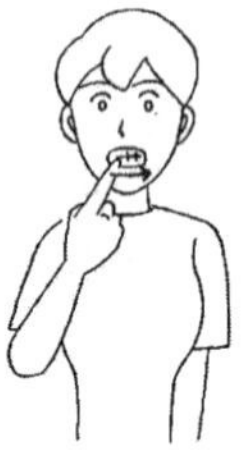

〈白〉

右人差指で前歯を指さし、左へ引く。

〈雪〉

両手の親指と人差指で作った丸をひらひらさせながらおろす。

ゆき【雪】2

「大雪が降る」

→〈雪〉+〈とても〉

例文の「大雪」は雪がたくさん降ることで〈雪〉+〈とても〉で表現。この語順は逆にすることもある。

〈雪〉

両手の親指と人差指で作った丸をひらひらさせながらおろす。

〈とても〉

右手の親指と人差指をつまみ、弧を描いて親指を立てる。

ゆきづまる【行き詰まる】

「仕事に行き詰まる」

→〈仕事〉+〈行(ゆ)き止まり〉

「行き詰まる」は先へ行けなくなる意味なので〈行き止まり〉で表現。〈行き止まり〉はそれより先に行けないさま。

〈仕事〉

手のひらを上に向け、向かい合わせた両手指先を繰り返しつき合わせる。

〈行(ゆ)き止まり〉

左手のひらに右手指先をぶつけるように当てる。

ゆくえ【行方】

「行方不明」

→〈何〉+〈消える①〉

「行方不明」はどこへ行ったか行き先がわからない意味で、〈何〉+〈消える①〉で表現。〈何〉はどこかの意味。

〈何〉

右人差指を左右に振る。

〈消える①〉

両手のひらを交差させながら握る。

ゆげ【湯気】1

「鍋から湯気が出る」

→〈鍋〉+〈湯気①〉

例文の「湯気」は〈湯気①〉で表現。〈湯気①〉は湯気が盛んに出るさまを表す。「湯気が出る」も同手話。

〈鍋〉

両手のひらを上に向け指先をつき合わせて左右に引くようにあげる。

〈湯気①〉

指先を軽く曲げた両手のひらを上に向けて回す。

ゆげ【湯気】2

「まんじゅうに湯気が立つ」

→〈まんじゅう①〉+〈湯気②〉

例文は〈まんじゅう①〉+〈湯気②〉で表現。〈湯気②〉は〈まんじゅう①〉の左手を残して湯気が立つさまを表す。

〈まんじゅう①〉

両手のひらを上下に向かい合わせて丸めるようにする。

〈湯気②〉

〈まんじゅう①〉の左手を残し、その上で右３指を立てゆらゆらさせながら上にあげる。

ゆげ【湯気】3

「父が頭から湯気を立てて怒る」

→〈父〉+〈怒(おこ)る②〉

例文の「湯気を立てる」は非常に怒るさまなので〈怒る②〉で表現。〈怒る②〉は頭に血が上るさまで非常に怒る意。

〈父〉
右人差指をほおにふれ、親指を出す。

〈怒(おこ)る②〉
全指を折り曲げた両手を顔の両脇でふるわせながら上にあげる。

ゆけつ【輸血】

「輸血を受ける」

→〈輸血〉+〈もらう①〉

「輸血」は人に血液を注入することで〈輸血〉で表現。〈輸血〉は小指を注射針に見立てた輸血のさまを表す。

〈輸血〉
甲を下に向けた左腕にそって右小指を上にあげる。

〈もらう①〉
手のひらを上に向けた両手を手前に引く。

ゆしゅつ【輸出】

「車を輸出する」

→〈運転〉+〈輸出〉

「輸出」は外国に商品を送ることで〈輸出〉で表現。〈輸出〉は左手の岸壁から右手の船が出るさまを表す。

〈運転〉
ハンドルを両手で握り、回すようにする。

〈輸出〉
左手のひらを上に向けて、その横を船形にした右手を前に出す。

ユズ【柚子】

「ユズの香り」

→〈ユズ〉+〈香り①〉

「ユズ」は〈ユズ〉で表現。〈ユズ〉はユズの皮を削るさまを表す。

〈ユズ〉
左5指をすぼめて上に向け、右人差指で左手をかすめるように前に出す。

〈香り①〉
右手２指の指先を繰り返し鼻に近づける。

ゆずる【譲る】1

「席を譲る」

→〈座る①〉+〈どうぞ③〉

例文の「譲る」は自分のものを相手に与える意味で〈どうぞ③〉で表現。手話は相手に席をどうぞと勧めるさま。

〈座る①〉
手のひらを下に向けた左手２指に折り曲げた右手２指を座るようにのせる。

〈どうぞ③〉
右手のひらを上に向け、左から右へ動かす。

ゆずる【譲る】2

「交渉は一歩も譲らない」

→〈交渉①〉+〈ふんばる〉

例文は自分の主張をまげないでがんばる意味なので〈ふんばる〉で表現。〈ふんばる〉はその場所から動こうとしないさまを表す。

〈交渉①〉
両手の人差指を繰り返しつき合わせる。

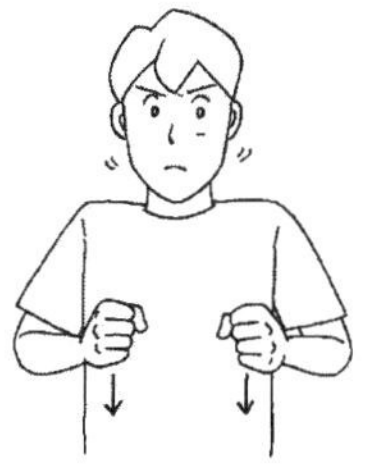

〈ふんばる〉
ひじを張り両こぶしを握り、下におろしてとめる。

ゆずる【譲る】3

「安く譲る」

→〈安い②〉+〈売る①〉

例文の「譲る」は欲しがっている人に売る意味なので〈売る①〉で表現。〈売る①〉は物を渡して金を受け取るさま。

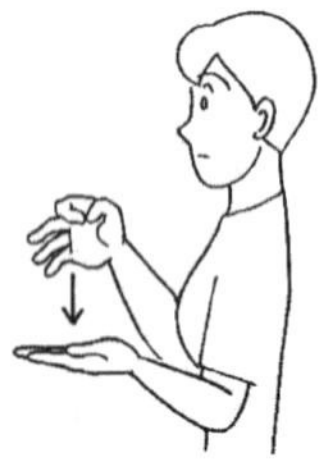

〈安い②〉

左手のひらの上に右手の親指と人差指で作った丸を置き、さげる。

〈売る①〉

左手のひらを差し出すと同時に右手の親指と人差指で作った丸を手前に引き寄せる。

ゆだねる【委ねる】

「判断を彼にゆだねる」

→〈判断〉+〈任せる③〉

「ゆだねる」は〈任せる③〉で表現。〈任せる③〉は人に見立てた左親指に右手の責任を任せるさまを表す。

〈判断〉

左手のひらの上を右手で左右に振り分ける。

〈任せる③〉

左親指に向かって肩に置いた右手を差し出す。

ゆたか【豊か】1

「暮らしが豊か」

→〈生活〉+〈豊か〉

例文の「豊か」は満ち足りて十分なさまなので〈豊か〉で表現。〈豊か〉は豊臣秀吉を表す手話を利用した新しい手話。

〈生活〉

両手の親指と人差指を向かい合わせて回す。

〈豊か〉

両手のひらを首の脇から上にあげながら開く。

ゆだん【油断】1

「油断は禁物」

→〈油断〉+〈だめ〉

「油断は禁物」はうっかりしてはいけないの意味で２種類の表現がある。ひとつは〈油断〉+〈だめ〉で表現。〈油断〉は気のゆるむさまを表す。

〈油断〉

両手のこぶしをぱっと開き重ねる。

〈だめ〉

右人差指で大きく×を書く。

ゆたか【豊か】2

「体格が豊か」

→〈体(からだ)〉+〈大きい③〉

例文の「豊か」は体が大きい意味なので〈大きい③〉で表現。〈大きい③〉は肩幅が広く背丈の高いさまを表す。

〈体(からだ)〉

右手を体の上で回す。

〈大きい③〉

両肩に置いた両手を上にあげる。

ゆだん【油断】2

「油断は禁物」

→〈疑う〉+〈必要①〉

もうひとつは〈疑う〉+〈必要①〉で表現。〈疑う〉はだまされないようあごに手を当て疑うさまを表す。

〈疑う〉

右手の親指と人差指をあごに当てる。

〈必要①〉

指文字〈コ〉を示した両手を手前に引き寄せる。

ゆっくり 1

「ゆっくり歩く」
→〈歩く①〉+〈遅い①〉

例文の「ゆっくり」は急がないさまなので〈遅い①〉で表現。〈遅い①〉はスピードが遅いさまを表す。

〈歩く①〉
右手 2 指を歩くように交互に前後させながら前に出す。

〈遅い①〉
親指と人差指を出し、人差指の先を向き合わせ、左から右へゆっくり弧を描く。

ユニット

「ユニットバス」
→〈ユニット〉+〈風呂①〉
（または〈風呂②〉）

例文は〈ユニット〉+〈風呂①〉または〈風呂②〉で表現。〈ユニット〉は指文字〈ユ〉でつながっているさまを表す新しい手話。

〈ユニット〉
3 指を立てた両手をつけ合わせ、左から右へ水平に回転する。

〈風呂①〉
右こぶしをほおに当て、こするようにする。

ゆっくり 2

「どうぞごゆっくり」
→〈どうぞ③〉+〈暇〉

例文の「ゆっくり」はくつろぐさまなので〈暇〉で表現。〈暇〉は手があいて、くつろぐさまを表す。

〈どうぞ③〉
右手のひらを上に向け、左から右へ動かす。

〈暇〉
両手のひらを前に出すようにぱっと開く。

ユニバーサルデザイン

「ユニバーサルデザイン」
→〈ユニバーサル〉+〈計画〉

「ユニバーサルデザイン」は全ての人が使いやすいように工夫されたデザインのことで〈ユニバーサル〉+〈計画〉で表現。

〈ユニバーサル〉
両手指文字〈ウ〉をつけ合わせ左右同時に引き離す。

〈計画〉
左手のひらを下に向け、右人差指で線を引くようにする。

ゆっくり 3

「ゆっくり寝る」
→〈落ち着く①〉+〈寝る〉

例文の「ゆっくり」は落ち着いたさまなので〈落ち着く①〉で表現。〈落ち着く①〉は心を落ち着け、どっしり構えるさま。

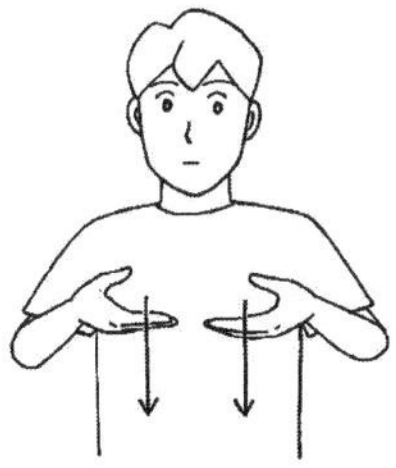

〈落ち着く①〉
指先を向かい合わせ、手のひらを上に向けた両手を胸元から静かにおろす。

〈寝る〉
右こぶしを頭に当てて目を閉じる。

ゆにゅう【輸入】

「車を輸入する」
→〈運転〉+〈輸入〉

例文の「輸入」は他の国から商品を買い取ることで〈輸入〉で表現。〈輸入〉は左手の岸壁に右手の船が接岸するさまを表す。

〈運転〉
ハンドルを両手で握り、回すようにする。

〈輸入〉
左手のひらを上に向けて、右手の船形を手前に向けて近づける。

ゆびもじ【指文字】

「指文字のカ」

→〈指文字〉+〈カ〉

「指文字」は〈指文字〉で表現。〈指文字〉は指文字を表現するさま。

〈指文字〉

右手のひらを前に向けて指先を動かしながら下におろす。

〈カ〉

人差指を立て、中指の中程に親指の腹を当てる。

ゆびわ【指輪】

「ダイヤの指輪をはめる」

→〈ダイヤ〉+〈指輪〉

例文の「指輪」は〈指輪〉で表現。〈指輪〉は指輪をはめるさまを表す。「指輪をはめる」も同手話。

〈ダイヤ〉

左手甲に指をすぼめた右手甲を当て、ぱっぱっと開く。

〈指輪〉

左の中指または薬指を右手の親指と人差指ではさみ指輪をはめるようにする。

ゆめ【夢】1

「よく夢を見る」

→〈夢①〉+〈いつも〉

例文の「夢」は眠っているときに見る夢で〈夢①〉で表現。〈夢①〉は漫画に描かれる夢のイメージ。

〈夢①〉

指先を曲げた右手のひらを上に向けて頭から小さく上下させながら上にあげる。

〈いつも〉

親指と人差指を立てた両手を向かい合わせて手首を回す。

ゆめ【夢】2

「夢を追い求める」

→〈夢①〉+〈追求〉

例文の「夢」は実現できそうもないことがらの意味なので〈夢①〉で表現。

〈夢①〉

指先を軽く曲げて手のひらを上に向けた右手を頭から揺らしながら前に出す。

〈追求〉

左手のひらの上に右手を打ちつけながら前に出す。

ゆめ【夢】3

「将来の夢」

→〈将来①〉+〈希望〉

例文の「夢」は実現するかどうかわからないがやりたいと思うことなので〈希望〉で表現。〈希望〉は思いをはせるさまを表す。

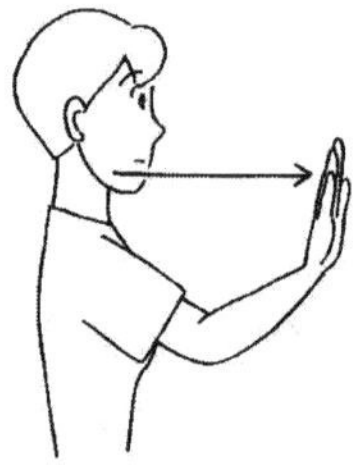

〈将来①〉

右手のひらを前に向けて押すように大きく前に出す。

〈希望〉

手のひらを下に向けた右手の指先を揺らしながら頭から前に出す。

ゆるす【許・赦す】1

「使用を許す」

→〈使う〉+〈認める②〉

例文の「許す」は願いを許可する意味なので〈認める②〉で表現。〈認める②〉はうなずくさまで「認める」「許可する」などの意味。

〈使う〉

左手のひらの上で右手の親指と人差指で作った丸をすべるようにして繰り返し前に出す。

〈認める②〉

両こぶしを向かい合わせて内側に倒す。

ゆるす【許・赦す】2

「自他共に許す」

→〈みんな〉+〈認める②〉

例文の「許す」はその通りだと認める意味なので〈認める②〉で表現。〈認める②〉はうなずくさまで「同意する」「認める」などの意味。

〈みんな〉

右手のひらを下に向けて水平に回す。

〈認める②〉

両こぶしを向かい合わせて内側に倒す。

ゆるす【許・赦す】3

「(あやまちを)許す」

→(〈まちがう①〉+)
〈かまわない〉+〈認める①〉

例文の「許す」はとがめないですます意味なので〈かまわない〉+〈認める①〉で表現。

〈かまわない〉

右小指をあごに繰り返し当てる。

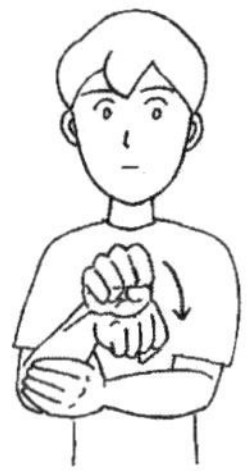

〈認める①〉

右腕を左手でつかみ、右こぶしを手首から前に倒す。

ゆるす【許・赦す】4

「心を許して話す」

→〈腹を割る〉+〈会話②〉

例文の「心を許す」は相手を信じきって何でも話すさまなので〈腹を割る〉で表現。

〈腹を割る〉

両手のひらを上に向けて重ね、左右に開く。

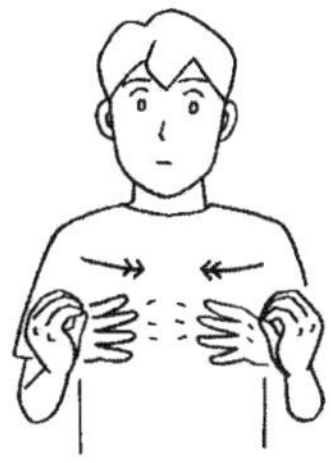

〈会話②〉

すぼめた両手を向かい合わせて同時に左右から繰り返し開く。

ゆるす【許・赦す】5

「事情が許さない」

→〈都合〉+〈難しい〉

例文の「事情が許さない」は都合がつかない意味なので〈都合〉+〈難しい〉で表現。

〈都合〉

左手のひらの上に右こぶしの小指側をつけてこするように回す。

〈難しい〉

ほおをつねるようにする。

ゆるむ【緩む】1

「気がゆるむ」

→〈心〉+〈ゆるむ〉

例文の「ゆるむ」は緊張がとける意味なので〈ゆるむ〉で表現。〈ゆるむ〉は気持ちがゆるむさまを表す。

〈心〉

右人差指でみぞおち辺りをさす。

〈ゆるむ〉

指を閉じた両手を交差させて重ね、腕を左右に引きながら指を開く。

ゆるむ【緩む】2

「寒さがゆるむ」

→〈暖かい〉+〈変わる①〉

例文の「ゆるむ」はおだやかになる、暖かくなる意味で〈暖かい〉+〈変わる①〉で表現。手話は暖かくなる、春になるの意味を表す。

〈暖かい〉

両手で下からあおぐようにする。

〈変わる①〉

手のひらを手前に向けた両手を交差させる。

ゆれる【揺れる】1

「地震で家が揺れる」

→〈地震〉+〈揺れる②〉

例文の「揺れる」は家なので〈揺れる②〉で表現。〈揺れる②〉は〈家〉を揺らして表す。

〈地震〉

手のひらを上に向けた両手を同時に前後に揺らす。

〈揺れる②〉

両手で屋根の形を作り左右に小さく揺らす。

ゆれる【揺れる】2

「ビルが揺れる」

→〈ビル①〉+〈揺れる③〉

例文の「揺れる」はビルなので〈揺れる③〉で表現。〈揺れる③〉は〈ビル①〉の幅で揺らす。

〈ビル①〉

両手のひらを向かい合わせて上にあげ、閉じる。

〈揺れる③〉

両手を立てて向かい合わせ、左右に小さく揺らす。

ゆれる【揺れる】3

「心が揺れる」

→〈心〉+〈迷う〉

例文の「揺れる」は心のことなので〈迷う〉で表現。〈迷う〉は心が迷うさまで「迷う」「動揺する」意。「心が不安定」も同手話。

〈心〉

右人差指でみぞおちの辺りをさす。

〈迷う〉

両手のひらを並べて左右に振る。

ゆれる【揺れる】4

「方針が揺れる」

→〈方針〉+〈迷う〉

例文の「揺れる」は方針のことなので〈迷う〉で表現。

〈方針〉

左手のひらに人差指の指先を前に向けた右手をのせ、指先を左右に揺らす。

〈迷う〉

両手のひらを並べて左右に振る。

よ

〈ヨ〉

右手４指の指先を左に向け、甲側を前に示す。

よ【世】1

「世のために尽くす」

→〈社会〉+〈捧げる〉

例文の「世」は社会の意味なので〈社会〉で表現。〈社会〉は男女が輪になってグループを作るさまを表す。

〈社会〉

親指と小指を立てた両手を手前に水平に円を描く。

〈捧げる〉

手のひらを上に向けた両手を上に差しあげるようにする。

よ【世】2

「世を去る時」

→〈死ぬ①〉+〈時①〉

例文の「世を去る」は死ぬの意味なので〈死ぬ①〉で表現。

〈死ぬ①〉

両手のひらを合わせ、横に倒す。

〈時①〉

左手のひらに右親指を当て、右人差指を時計の針のように回す。

よ【世】3

「この世」

→〈今①〉+〈世界〉

例文の「世」は生きている世界なので〈世界〉で表現。〈世界〉は地球のさまで「世界」「地球」を表す。

〈今①〉

両手のひらで軽く押さえつける。

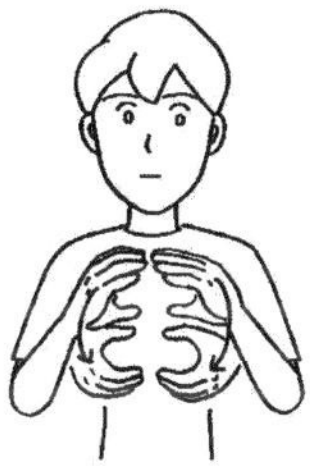

〈世界〉

両手の指先を向かい合わせて前にまわし、球を描く。

よ【世】4

「世に言う」

→〈みんな〉+〈言う①〉

例文の「世に言う」は広くみんなの口にのぼるの意味なので〈みんな〉+〈言う①〉で表現。手話はみんなが言うの意味を表す。

〈みんな〉

右手のひらを下に向けて水平に回す。

〈言う①〉

右人差指を口元から前に出す。

よあけ【夜明け】

「夜明け」

→〈日が昇る〉+〈明るい①〉

「夜明け」は〈日が昇る〉+〈明るい①〉で表現。〈日が昇る〉+〈明るい①〉は日が昇り、明るくなるさまを表す。

〈日が昇る〉

左手のひらの下をくぐって右手の親指と人差指で作った閉じない丸を上にあげる。

〈明るい①〉

両手のひらを前に向けて交差させ、ぱっと左右に開く。

よい【良い】

「良い悪い」

→〈良い〉+〈悪い①〉

「良い」は〈良い〉で表現。鼻が高いさまで「良い(こと)」「善」を表すが、自慢する意味はない。

〈良い〉

右こぶしを鼻から前に出す。

〈悪い①〉

人差指で鼻をこするようにして振りおろす。

よう【酔う】1

「酒に酔う」

→〈酒〉+〈酔う〉

例文の「酔う」は酒の場合で〈酔う〉で表現。〈酔う〉は目が回るさまを表す。

〈酒〉

右手をあごと額に順に当てる。

〈酔う〉

両手の人差指の先を目に向けて回す。

よ

よう【酔う】2

「船に酔う」

→〈船〉+〈酔う〉

例文の「酔う」は船酔いで気持ち悪い意味で〈酔う〉で表現。〈酔う〉は一般的に目が回るような気分の悪いさまを表す。

〈船〉

両手で船形を作り、揺らしながら前に出す。

〈酔う〉

両手の人差指の先を目に向けて回す。

よう【酔う】3

「演技に酔う」

→〈芝居〉+〈魅力〉

例文の「酔う」は心を奪われてうっとりする意味なので〈魅力〉で表現。〈魅力〉は目を奪われるさまを表す。

〈芝居〉

互い違いに向けた両こぶしを手首を返しながら前後させる。

〈魅力〉

指先を顔に向けて右手を前に出しながらすぼめる。

よう【用】1

「用がある」

→〈必要①〉+〈ある①〉

例文の「用」は用事の意味なので〈必要①〉で表現。〈必要①〉は「必要」「用事」の意味。

〈必要①〉

指文字〈コ〉を示した両手を手前に引き寄せる。

〈ある①〉

右手のひらを体の前に軽く置く。

よう【用】2

「電話で用が足りる」

→〈電話〉+〈きちんと①〉

例文の「用が足りる」は用事を済ますことができる、間に合う意味なので〈きちんと①〉で表現。〈きちんと①〉はそれで十分の意味。

〈電話〉

親指と小指を立てた右手を顔横に置く。

〈きちんと①〉

両手の親指と人差指を同時に閉じながら下におろす。

よう【用】3

「用を足しに行く」

→〈手洗い〉+〈行(い)く①〉

例文の「用を足す」は大小便をする意味なので〈手洗い〉で表現。〈手洗い〉は手を洗うさまで「便所」の意味。

〈手洗い〉

両手で手を洗うようにする。

〈行(い)く①〉

右手人差指を下に向けて、振りあげるように前をさす。

よう【用】4

「女性用」

→〈女性〉+〈まっすぐ①〉

例文の「〜用」は専用、〜のための意味なので〈まっすぐ①〉で表現。〈まっすぐ①〉は「それだけ」「専用」などの意味がある。

〈女性〉

両手小指を合わせて手前に水平に円を描く。

〈まっすぐ①〉

指先を伸ばし、まっすぐ前に進める。

ようい【容易】

「容易な仕事」

→〈簡単〉+〈仕事〉

「容易」は簡単にできる意味なので〈簡単〉で表現。〈簡単〉は「平易」「たやすい」などの意味がある。

〈簡単〉

右人差指をあごに当て、次に左手のひらの上に落とすようにつける。

〈仕事〉

手のひらを上に向け、向かい合わせた両手指先を繰り返しつき合わせる。

ようか【八日】1

「一月八日」

→〈一月〉+〈一月八日〉

例文の「八日」は日付のことなので〈一月八日〉で表現。

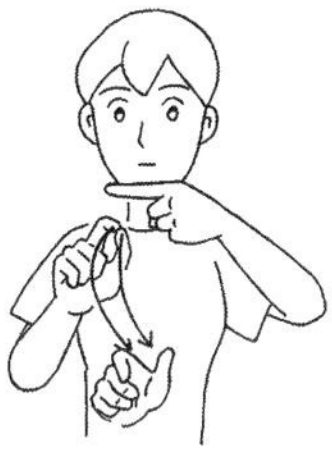

〈一月〉

左手で〈1②〉を示し、その下で右手の親指と人差指で三日月を描く。

〈一月八日〉

左手で〈1②〉、右手で〈8〉を示し、上下に置く。

ようい【用意】

「(食事の)用意」

→(〈食べる①〉+)〈準備①〉または〈準備②〉

「用意」は〈準備①〉または〈準備②〉で表現。物をかたづける、または整理、準備するさまを表す。

〈準備①〉

両手のひらを向かい合わせて左から右へ動かす。

〈準備②〉

両手のひらを向かい合わせて間隔を変えずに左から右へ順に仕切るように動かす。

ようか【八日】2

「八日間」

→〈八日〉+〈間(あいだ)〉

例文の「八日間」は日数のことなので〈八日〉+〈間〉で表現。〈八日〉は〈8〉の形で〈一日②〉を表す。

〈八日〉

小指を折った右手を左胸に当て、弧を描いて右胸に移す。

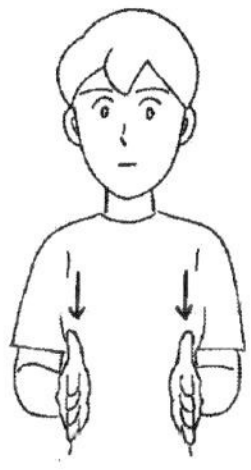

〈間(あいだ)〉

両手のひらを向かい合わせ、仕切るように下に少しさげる。

よういく【養育】

「子供の養育」

→〈子供①〉+〈育てる①〉

「養育」は子供を養い育てる意味なので〈育てる①〉で表現。〈育てる①〉は食事などを与え育てるさまを表す。

〈子供①〉

両手のひらを前方に向け、軽く振る。

〈育てる①〉

左親指に右手指先を繰り返し当てる。

ようか【八日】3

「八日前」

→〈八日前〉

例文の「八日前」は日数のことなので〈八日前〉で表現。〈八日前〉は〈8〉で〈過去①〉を表す。

〈八日前〉

小指を折った右手を右耳の後ろへ動かす。

よ

よ

ようが【洋画】1

「洋画(と邦画)」

→〈外国〉+〈映画〉
(+〈日本〉+〈映画〉)

例文の「洋画」は西洋の映画のことなので〈外国〉+〈映画〉で表現。〈映画〉は映写機のちらつきを、〈外国〉は目の色が青いことを表す。

〈外国〉

右人差指を右目のまわりで回す。

〈映画〉

指間を軽く開き、両手のひらを目の前で前後に重ね、交互に上下させる。

ようが【洋画】2

「洋画をかく」

→〈外国〉+〈絵〉

例文の「洋画」は西洋の絵のことなので〈外国〉+〈絵〉で表現。〈絵〉はカンバスに絵の具を塗るさまを表す。

〈外国〉

右人差指を右目のまわりで回す。

〈絵〉

左手のひらに右手指の背を軽く打ちつける。

ようきゅう【要求】1

「要求を出す」

→〈求める〉+〈申し込む〉

例文の「要求」は〈求める〉で表現。〈求める〉はちょうだいをするさまで「請求(する)」「要求(する)」などの意味を表す。

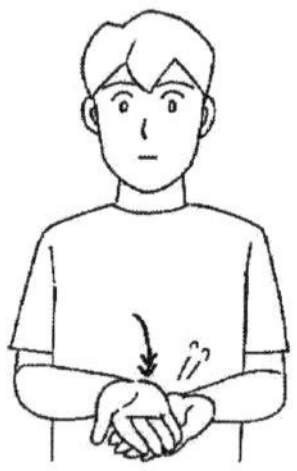

〈求める〉

左手のひらに右手の甲を打ちつける。

〈申し込む〉

左手のひらの上に右人差指をのせて前に出す。

ようきゅう【要求】2

「要求を入れる」

→〈求められる〉+〈飲み込む①〉

例文の「要求を入れる」は〈求められる〉+〈飲み込む①〉で表現。〈求められる〉はこちらに対する要求、〈飲み込む①〉は承知の意味。

〈求められる〉

左手のひらの上に指先を手前に向けた右手を打ちつける。

〈飲み込む①〉

すぼめた右手を口元から下におろす。

ようご【養護】

「養護(学校)」

→〈育てる①〉+〈守る②〉
(+〈勉強②〉)

例文の「養護学校」は障害児などの学校のことで〈育てる①〉+〈守る②〉+〈勉強②〉で表現。

〈育てる①〉

左親指に右手指先を繰り返し当てる。

〈守る②〉

左こぶしのまわりを右手のひらで取り囲むようにする。

ようこう【要項】

「要項を読む」

→〈要項〉+〈読む①〉
(または〈読む②〉)

例文の「要項」は〈要項〉で表現。〈要項〉は箇条書きのさまを表す。

〈要項〉

指先を右に向けた左手の4指を右親指と人差指ではさみ、右へ動かす。

〈読む①〉

左手のひらを見ながら視線に合わせるように右2指を動かす。

ようさい【洋裁】

「洋裁学校」

→〈ミシン〉+〈勉強②〉

「洋裁」は洋服を仕立てる意味なので〈ミシン〉で表現。〈ミシン〉はミシンで縫うさまで「ミシン(で縫う)」「洋裁」などの意味がある。

〈ミシン〉

指先を前に向けた両手をゆっくり前に出す。

〈勉強②〉

指先を上に向けた両手を並べて軽く前に出す。

ようし【養子】

「養子にもらう」

→〈養子〉

「養子」は法的に他家の子供と認知されることで〈養子〉で表現。〈養子〉は左手の家に右手の男(人)が入り込むさまを表す。

〈養子〉

左手屋根形の下に親指を立てた右手を引き寄せる。

ようじ【用事】

「用事を済ます」

→〈必要①〉+〈解決①〉

「用事」は〈必要①〉で表現。〈必要①〉は物を手元に引き寄せるさまで「必要(なこと)」「用事」などの意味を表す。

〈必要①〉

指文字〈コ〉を示した両手を手前に引き寄せる。

〈解決①〉

左手のひらの上に右人差指で「×」を大きく書く。

ようしき【様式】1

「生活様式」

→〈生活〉+〈方法〉

例文の「様式」はやり方の意味なので〈方法〉で表現。〈方法〉は手を示し「手立て」「手段」「方法」などの意味を表す。

〈生活〉

両手の親指と人差指を向かい合わせて回す。

〈方法〉

左手甲を右手のひらで軽くたたく。

ようしき【様式】2

「建築様式」

→〈組み立てる〉+〈状態①〉

例文の「様式」は独特の表現形態の意味なので〈状態①〉で表現。〈状態①〉はそのものの様子を表す。

〈組み立てる〉

指を組んだ両手をねじりながら上にあげる。

〈状態①〉

両手のひらを前に向けて、交互に上下させる。

ようしょく【洋食】

「洋食」

→〈外国〉+〈食べる④〉

「洋食」は〈外国〉+〈食べる④〉で表現。〈外国〉は目の色が違うことから外国、西洋を表し、〈食べる④〉は箸で食べるさまを表す。

〈外国〉

右人差指を右目のまわりで回す。

〈食べる④〉

左手のひらの上を右手2指で食べるように上下させる。

ようじん【用心】1

「火の用心」

→〈火事①〉+〈注意〉

例文の「用心」は気をつけることなので〈注意〉で表現。〈注意〉は気を引き締めるさまを表す。

〈火事①〉

左手屋根形の下から親指と小指を立てた右手を炎のように振りながら上にあげる。

〈注意〉

軽く開いた両手を上下に置き、体に引きつけて握る。

ようじん【用心】2

「用心深い(性格)」

→〈注意〉+〈強い①〉

(+〈性質〉)

例文の「用心深い」は十分に注意する様子なので〈注意〉+〈強い①〉で表現。

〈注意〉

軽く開いた両手を上下に置き、体に引きつけて握る。

〈強い①〉

こぶしを握った右腕を曲げて力こぶを作るようにする。

ようす【様子】1

「街の様子」

→〈町①〉+〈状態①〉

例文の「様子」はありさま、状態の意味なので〈状態①〉で表現。

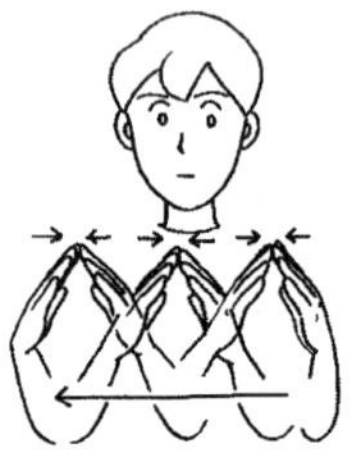

〈町①〉

両手で屋根形を作りながら左から右へ動かす。

〈状態①〉

両手のひらを前に向けて、交互に上下させる。

ようす【様子】2

「不安な様子」

→〈心配①〉+〈らしい〉

例文の「様子」は見た目に感じるさまで心配らしいを意味するので〈心配①〉+〈らしい〉で表現。

〈心配①〉

全指を折り曲げた右手を胸に当てる。

〈らしい〉

右手2指を頭の横で前後に振る。

ようせい【要請】

「通訳を要請する」

→〈通訳〉+〈頼む①〉

「要請」は願い求める意味なので〈頼む①〉で表現。〈頼む①〉は相手にお願いするさまを表す。

〈通訳〉

親指を立てた右手を口元で左右に往復させる。

〈頼む①〉

頭を下げて右手で拝むようにする。

ようせい【養成】

「教師を養成」

→〈先生〉+〈育てる②〉

「養成」は一人前に教え育てる意味なので〈育てる②〉で表現。〈育てる②〉は育てあげるさまを表す。

〈先生〉

右人差指を口元から振りおろし、右親指を示す。

〈育てる②〉

左親指に右手の指先を繰り返し近づけながら上にあげる。

ようだ 1

「京都のような(街並み)」

→〈京都〉+〈同じ①〉
(+〈町①〉)

例文の「ようだ」はたとえるときの言葉で〈同じ①〉で表現。手話は京都と同じようなという意味を表す。

〈京都〉

親指と人差指を立てた両手を下に向け、2回おろす。

〈同じ①〉

両手の親指と人差指の先を上に向けて閉じたり開いたりする。

ようち【幼稚】

「(考えが)幼稚だ」

→(〈考える〉+)
〈子供①〉+〈同じ①〉

例文の「幼稚」は未熟で十分でないさまなので〈子供①〉+〈同じ①〉で表現。

〈子供①〉

両手のひらを前方に向け、軽く振る。

〈同じ①〉

両手の親指と人差指の先を上に向けて閉じたり開いたりする。

ようだ 2

「私のような(教師は)」

→〈私①〉+〈らしい〉
(+〈先生〉)

例文の「ようだ」は例としてあげるときの言葉で〈らしい〉で表現。

〈私①〉

人差指で胸を指さす。

〈らしい〉

右手2指を頭の横で前後に振る。

ようちえん【幼稚園】

「幼稚園」

→〈幼稚園〉+〈場所〉

「幼稚園」は〈幼稚園〉+〈場所〉で表現。〈幼稚園〉はお遊戯のさま。

〈幼稚園〉

手のひらを返して左右で手をたたく。

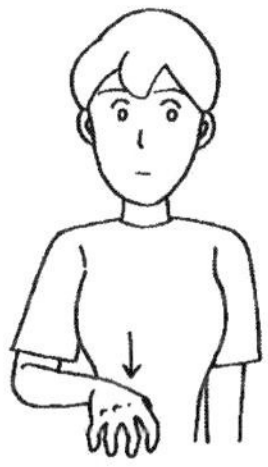

〈場所〉

全指を曲げた右手を前に置く。

ようだ 3

「(どうやら雨も)あがったようだ」

→(〈雨①〉+)
〈消える②〉+〈らしい〉

例文の「ようだ」は明確な根拠はないがそうだと判断できるの意味なので〈らしい〉で表現。

〈消える②〉

軽く開いた両手をすばやく上に上げながらぱっと握る。

〈らしい〉

右手2指を頭の横で前後に振る。

ようび【曜日】

「何曜日」

→〈曜日〉+〈何〉

「曜日」は〈曜日〉で表現。〈曜日〉は一週間が7日なので〈7〉を使って表す。例文は〈曜日〉+〈何〉の語順で表現。

〈曜日〉

親指・人差指・中指を出した右手を左右にひねりながら右に動かす。

〈何〉

右人差指を左右に振る。

よ

ようふう【洋風】

「洋風(の家)」
→〈外国〉+〈広がる①〉
(または〈香り①〉+〈家〉)

例文の「洋風」は西欧から広まったという意味なので、〈外国〉+〈広がる①〉または〈香り①〉で表現。

〈外国〉
右人差指を右目のまわりで回す。

〈広がる①〉
両手を前に出しながら左右に開く。

ようふく【洋服】

「黒い洋服」
→〈黒①〉+〈服〉

「洋服」は〈服〉で表現。〈服〉は洋服のえりを表す。

〈黒①〉
右手指先で髪の毛をさわる。

〈服〉
親指を立てた両手をえりに沿って下におろす。

ようぼう【要望】

「要望する」
→〈求める〉+〈申し込む〉

「要望」はこうしてほしいと要求を出す意味なので〈求める〉+〈申し込む〉で表現。

〈求める〉
左手のひらに右手の甲を打ちつける。

〈申し込む〉
左手のひらの上に右人差指をのせて前に出す。

ようやく【漸く】

「ようやくできた」
→〈やっと〉+〈終わる〉
(または〈成功〉)

「ようやく」は〈やっと〉で表現。〈やっと〉は額の汗をぬぐうさまで「やれやれ」「ようやく」「やっと」などの意味を表す。

〈やっと〉
右手のひらで額をぬぐい、下におろす。

〈終わる〉
指先を上に向けた両手を下におろしながら閉じる。

ようやく【要約】1

「話を要約する」
→〈説明〉+〈まとめる〉

「要約」は短くまとめる意味なので〈まとめる〉で表現。〈まとめる〉は一つにまとめるさま。

〈説明〉
左手のひらを右手で小刻みにたたく。

〈まとめる〉
両手のひらを向かい合わせて左右から中央にあげながら握る。

ようやく【要約】2

「要約(筆記)」
→〈まとめる〉または〈要約〉
(+〈事務〉)

「要約筆記」は〈まとめる〉または〈要約〉+〈事務〉で表現。〈要約〉は指文字〈ヨ〉と〈まとめる〉を組み合わせた新しい手話。

〈まとめる〉
両手のひらを向かい合わせて左右から中央にあげながら握る。

〈要約〉
左指文字〈ヨ〉に右手を当て、右手を握りながら上にあげる。

ヨーグルト

「ヨーグルトがすっぱい」

→〈ヨーグルト〉+〈すっぱい〉

「ヨーグルト」は〈ヨーグルト〉で表現。〈ヨーグルト〉は〈ミルク〉を口の周りで回転して表す。

〈ヨーグルト〉

折り曲げた中指を突き出した右こぶしを口元で回す。

〈すっぱい〉

右手のすぼめた全指を口元に近づけぱっぱっと開く。

ヨーロッパ

「ヨーロッパ旅行」

→〈ヨーロッパ〉+〈旅行〉

「ヨーロッパ」は〈ヨーロッパ〉で表現。「ヨーロッパ」の英語表記の頭文字Eを取って表す国際的な共通手話。

〈ヨーロッパ〉

指文字〈E〉を回す。

〈旅行〉

両手人差指を平行に並べ同時に左右に振る。

よきん【預金】

「定期預金」

→〈定まる〉+〈貯金〉

「預金」は銀行などにお金を預けることで〈貯金〉で表現。〈貯金〉は通帳に判を押すさまを表す。

〈定まる〉

両手指を曲げて上下に組み合わす。

〈貯金〉

左手のひらの上に右こぶしの小指側で判をつくように当てながら前に出す。

よく【欲】1

「欲が深い男」

→〈けち〉+〈男〉

例文の「欲が深い」はひどく欲しいと思う気持ちなので〈けち〉で表現。〈けち〉は金をくわえて他人にはやらないさまを表す。

〈けち〉

親指と人差指で作った丸をかむようにする。

〈男〉

親指を立てた右手を出す。

よく【欲】2

「知識欲」

→〈勉強③〉+〈熱心②〉

例文の「欲」は欲求、強く求めることで〈熱心②〉で表現。〈熱心②〉はそのものに対する熱意があるさまで「旺盛」「熱心」の意味を表す。

〈勉強③〉

手のひらを手前に向けた両手を左右から合わせる。

〈熱心②〉

親指と4指を閉じた右手を左脇に当て、前に出しながらぱっと開く。

よく【翌】1

「翌月」

→〈あした〉+〈月〉

「翌月」は次の月のことで2種類の表現がある。ひとつは〈あした〉+〈月〉で表現。〈あした〉は「次」の意味があり、〈あした〉+〈月〉は「来月」を表す。

〈あした〉

人差指を立てた右手を頭の横でくるりと回しながら前に出す。

〈月〉

右手の親指と人差指で三日月形を描く。

よ

よく【翌】2

「翌月」

→〈次〉+〈月〉

もうひとつは〈次〉+〈月〉で表現。

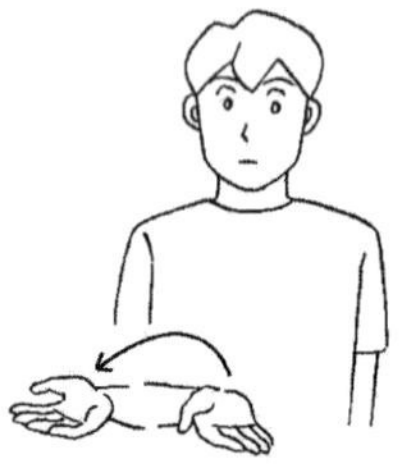

〈次〉

右手のひらを上に向け、弧を描いて右へ移す。

〈月〉

右手の親指と人差指で三日月形を描く。

よく【翌】3

「翌日に延期」

→〈あした〉+〈延期〉

「翌日」は〈あした〉で表現。「明日」も同手話。〈あした〉は次の日をさすさま。

〈あした〉

人差指を立てた右手を頭の横でくるりと回しながら前に出す。

〈延期〉

両手の親指と人差指でつまみあげ、右から左へ移す。

よく【翌】4

「翌週の木曜日」

→〈来週〉+〈木〉

「翌週」は〈来週〉で表現。〈来週〉は一週間を表す〈七〉を前に出して次の週の意味を表す。「次週」も同じ手話。

〈来週〉

親指と人差指と中指を出した右手を弧を描いて前に出す。

〈木〉

両手の親指と人差指で大きな丸を作り、上にあげながら左右に広げる。

よく【翌】5

「翌朝」

→〈あした〉+〈朝〉

「翌朝」は〈あした〉+〈朝〉で表現。〈あした〉は次の日をさすさまで〈あした〉+〈朝〉は「翌朝」「あくる朝」の意味を表す。

〈あした〉

人差指を立てた右手を頭の横でくるりと回しながら前に出す。

〈朝〉

こめかみ付近に当てた右こぶしをすばやく下におろす。

よく【翌】6

「翌年出産する」

→〈来年〉+〈生まれる〉

「翌年」は〈来年〉で表現。〈来年〉は〈年〉を表し数字１を前に出すさまで「翌年」「来年」の意味を表す。

〈来年〉

左こぶしの親指側に右人差指をふれて前に出す。

〈生まれる〉

指先を向かい合わせた両手を腹から前に出す。

よこ【横】1

「横書きの本」

→〈書く④〉+〈本〉

「横書き」は〈書く④〉で表現。横に字を書くさまを表す。

〈書く④〉

右手親指と人差指でペンを持ち、横に字を書くようにする。

〈本〉

両手のひらを合わせて左右に開く。

よこ【横】2

「横になる」
→〈寝る〉+〈横になる〉

「横になる」は体を横にする、寝る意味なので〈寝る〉+〈横になる〉で表現。

〈寝る〉
右こぶしを頭に当てて目を閉じる。

〈横になる〉
左手のひらに右手2指を横たえるようにする。

よごす【汚す】

「服を汚す」
→〈服〉+〈服を汚す〉

例文の「汚す」は服なので〈服を汚す〉で表現。〈服を汚す〉は臭く、汚れがついているさまを表す。

〈服〉
親指を立てた両手をえりに沿って下におろす。

〈服を汚す〉
右手2指で鼻をつまみ、全指を折り曲げた右手で体のあちこちをたたく。

よこ【横】3

「家の横」
→〈家〉+〈家の隣〉

例文の「横」は隣の意味なので〈家の隣〉で表現。〈家の隣〉は左手の家の隣を右手で示すさまで、「家の横」「家の隣」を表す。

〈家〉
両手で屋根形を作る。

〈家の隣〉
〈家〉の左手を残し、その下で人差指を立てた右手を手首を返して右に移す。

よこづな【横綱】

「横綱」
→〈横綱〉

「横綱」は相撲の最高位にいる力士のことで〈横綱〉で表現。〈横綱〉は土俵入りの化粧まわしの綱を表す。

〈横綱〉
軽く開いた両手を向かい合わせてねじるように左右に開く。

よこ【横】4

「横から口を出す」
→〈口〉+〈干渉〉

例文の「横から口を出す」は外部から干渉する意味なので〈口〉+〈干渉〉で表現。〈干渉〉は手を出すさまを表す。

〈口〉
右人差指の先を口元で回す。

〈干渉〉
右手を左手甲にふれて前に出す。

よごれる【汚れる】

「(服が)汚れる」
→(〈服〉+)
〈汚い〉
または〈服を汚す〉

例文は服に汚れや臭いがついているさまなので〈汚い〉または〈服を汚す〉で表現。いずれも汚れがついているさまを表す。

〈汚い〉
左手のひらに全指を折り曲げた右手を軽く打ちつける。

〈服を汚す〉
右手2指で鼻をつまみ、全指を折り曲げた右手で体のあちこちをたたく。

よ

よさん【予算】

「予算（を組む）」

→〈予定〉+〈計算〉
（+〈作る〉または〈組み立てる〉）

「予算」は収支予定のことで〈予定〉+〈計算〉で表現。〈予定〉+〈金（かね）①〉で表すこともある。

〈予定〉

右こぶしを鼻の前で手首を使って軽く揺する。

〈計算〉

左手の指先の方向に右手４指を滑らせるように右へ動かす。

よしん【余震】

「余震が続く」

→〈余震〉+〈続く①〉

「余震」は〈余震〉で表現。〈余震〉は片手だけを揺らして小さい地震であることを表す。

〈余震〉

手のひらを上向きにした両手をつけて並べ、右手のみ小さく前後に揺らす。

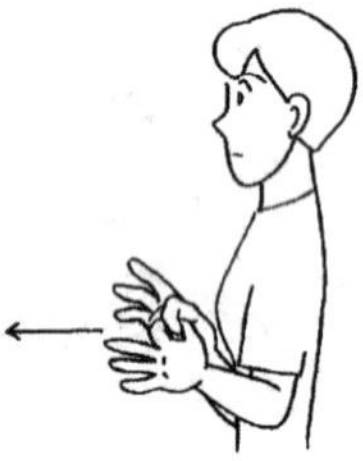

〈続く①〉

両手の親指と人差指を組んで前に出す。

よそ【余所】1

「よそ（へ行く）」

→〈別〉+〈場所〉
（+〈行（い）く①〉）

例文の「よそ」はほかの所の意味なので〈別〉+〈場所〉で表現。

〈別〉

両手の甲を合わせて右手を前に押し出す。

〈場所〉

全指を曲げた右手を前に置く。

よそ【余所】2

「よその奥さん」

→〈他人〉+〈妻①〉

例文の「よそ」は他人の意味なので〈他人〉で表現。他人は見ず知らずの人、赤の他人を意味する。

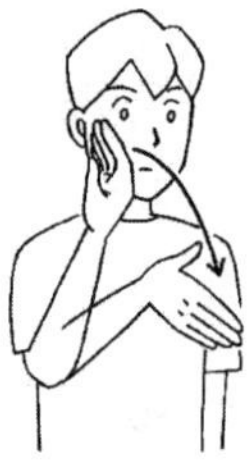

〈他人〉

右手の指の背側をほおに当て、はじくように指先を伸ばして前に出す。

〈妻①〉

左親指と右小指を寄り添わせて、右小指を前に出す。

よそう【予想】

「予想がはずれる」

→〈夢①〉+〈はずれる〉

「予想」は前もって予測することで〈夢〉で表現。〈夢〉は「夢」「予想」などの意味がある。

〈夢①〉

指先を曲げた右手のひらを上に向けて頭から小さく上下させながら上にあげる。

〈はずれる〉

左こぶしの親指側を的にして右人差指を左へはずす。

よっか【四日】1

「二月四日」

→〈二月〉+〈二月四日〉

例文の「四日」は日付なので〈二月四日〉で表現。

〈二月〉

左手で〈２②〉を示し、その下で右手の親指と人差指で三日月を描く。

〈二月四日〉

左手で〈２②〉、右手で〈４②〉を示し、上下に置く。

よっか【四日】2

「四日間」

→〈四日〉+〈間(あいだ)〉

例文の「四日間」は日数のことなので〈四日〉+〈間〉で表現。〈四日〉は〈４①〉の形で〈一日②〉を表す。

〈四日〉

右手数字〈４①〉を左胸に当て、弧を描いて右胸に移す。

〈間(あいだ)〉

両手のひらを向かい合わせ、仕切るように下に少しさげる。

よっか【四日】3

「四日前」

→〈四日前〉

例文の「四日前」は日数のことなので〈四日前〉で表現。〈四日前〉は〈４①〉の形で〈過去①〉を表す。

〈四日前〉

親指を折った右手を右耳の後ろへ動かす。

よっきゅう【欲求】1

「欲求が強い」

→〈求める〉+〈強い①〉

例文の「欲求」は何かをしたいと求めることなので〈求める〉で表現。〈求める〉は要求するさまで「要求(する)」「求める」の意味。

〈求める〉

左手のひらに右手の甲を打ちつける。

〈強い①〉

こぶしを握った右腕を曲げて力こぶを作るようにする。

よっきゅう【欲求】2

「欲求不満がたまる」

→〈不満〉+〈たまる〉

例文の「欲求不満」は欲求が満たされないために気持ちがいらいらすることで〈不満〉で表現。〈不満〉は「不満」「欲求不満」の意味がある。

〈不満〉

軽く開いた右手を胸からぱっと前にはじき出す。

〈たまる〉

両手２指で「井」の字形を組み、下から上にあげる。

よっつ【四つ】1

「(ミカンが)四つ」

→(〈ミカン〉+)
〈４①〉または〈４②〉

例文の「四つ」は個数なので〈４①〉または〈４②〉で表現。

〈４①〉

右手４指の指先を上に向け、手のひら側を前に示す。

〈４②〉

右手４指の指先を左に向け、甲側を前に示す。

よっつ【四つ】2

「四つ上」

→〈年齢〉+〈四つ上〉

例文の「四つ」は歳のことなので〈年齢〉+〈四つ上〉で表現。〈四つ上〉は〈４②〉を上にあげて表す。

〈年齢〉

あごの下で右手の指を順に折る。

〈四つ上〉

指間を少し開け手のひらを下に向けた右手４指を手首を返し立てる。

よ

ヨット

「ヨットレース」
→〈ヨット〉+〈競争〉

例文の「ヨット」は帆船の一種で〈ヨット〉で表現。〈ヨット〉は左手の船に右手の帆がついているさま。

〈ヨット〉
左手で船形を作り、指先を上に向けた右手を添えて前に出す。

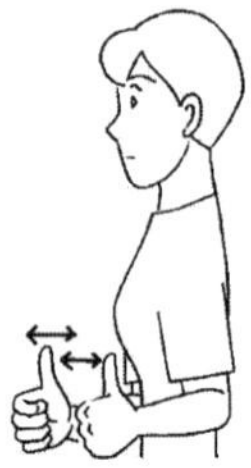

〈競争〉
親指を立てた両手を競うように交互に前後させる。

よっぱらう【酔っ払う】

「酔っ払う」
→〈飲む③〉+〈酔う〉

「酔っ払う」は〈飲む③〉+〈酔う〉で表現。〈酔う〉は目を回すさま。

〈飲む③〉
右手の親指と人差指でおちょこを持ち、飲むようにする。

〈酔う〉
両手の人差指の先を目に向けて回す。

よてい【予定】

「予定を立てる」
→〈予定〉+〈作る〉

「予定」は〈予定〉で表現。「予」の旧字体「豫」が「象」を含むため、〈象〉の手話を転用したもの。

〈予定〉
右こぶしを鼻の前で手首を使って軽く揺する。

〈作る〉
両手のこぶしを上下に打ちつける。

よのなか【世の中】

「世の中に出て(働く)」
→〈社会〉+〈参加①〉
(+〈仕事〉)

例文の「世の中」は社会のことなので〈社会〉で表現。〈社会〉は人々の集まりのさまを表す。

〈社会〉
親指と小指を立てた両手を手前に水平に円を描く。

〈参加①〉
指先を上に向け、手のひらを手前に向けた左手に人差指を立てた右手を打ちつける。

よび【予備】

「予備(校)」
→〈予定〉+〈準備①〉
(+〈勉強②〉)

例文の「予備」は前もって準備しておくことなので〈予定〉+〈準備①〉で表現。

〈予定〉
右こぶしを鼻の前で手首を使って軽く揺する。

〈準備①〉
両手のひらを向かい合わせて左から右へ動かす。

よぶ【呼ぶ】1

「名前を呼ぶ」
→(〈名前②〉または)
〈名前①〉+〈言う①〉

例文の「呼ぶ」は相手の名前を言う意味なので〈言う①〉で表現。

〈名前①〉
左手のひらに右親指を当てる。

〈言う①〉
右人差指を口元から前に出す。

よ

よぶ【呼ぶ】2

「彼を呼ぶ」

→〈彼〉+〈呼ぶ〉

例文の「呼ぶ」はこちらに来るようにする意味なので〈呼ぶ〉で表現。人に見立てた左親指を右手で招くさまを表す。

〈彼〉

左親指を右人差指でさす。

〈呼ぶ〉

親指を立てた左手を右手で呼び寄せるようにして手前に引く。

よぶ【呼ぶ】3

「食事に呼ぶ」

→〈食べる①〉+〈迎える〉

例文の「呼ぶ」は客として招く意味なので〈迎える〉で表現。〈迎える〉はどうぞと迎え入れるさまを表す。

〈食べる①〉

左手のひらの上を右手ですくって食べるようにする。

〈迎える〉

両手のひらを上に向け、右から左へ招くように手を動かす。

よぶ【呼ぶ】4

「食事に呼ばれる」

→〈食べる①〉+〈招かれる〉

例文の「呼ばれる」は招かれるの意味なので〈招かれる〉で表現。人に見立てた左親指を右手で手招きするさまを表す。

〈食べる①〉

左手のひらの上を右手ですくって食べるようにする。

〈招かれる〉

親指を立てた左手を右手で招くようにして前に出す。

よぶ【呼ぶ】5

「映画が人気を呼んでいる」

→〈映画〉+〈人気①〉

例文の「人気を呼ぶ」は人気を集める意味なので〈人気①〉で表現。〈人気①〉はそのものに人が押しかけるさまを表す。

〈映画〉

指間を軽く開き、両手のひらを目の前で前後に重ね、交互に上下させる。

〈人気①〉

左人差指に指先を揺らした右手を近づける。

よぶ【呼ぶ】6

「(弁護士を)先生と呼ぶ」

→(〈弁護士〉+)
〈教える①〉+〈言う①〉

例文の「呼ぶ」は言う、名づける、称するの意味なので〈言う①〉で表現。〈言う①〉は「称する」「名乗る」の意味を表す。

〈教える①〉

右人差指を口元付近から手首を軸にして振りおろす。

〈言う①〉

右人差指を口元から前に出す。

よほう【予報】

「(天気)予報」

→(〈空〉+)
〈予定〉+〈発表〉

「予報」は前もって知らせることなので〈予定〉+〈発表〉で表現。

〈予定〉

右こぶしを鼻の前で手首を使って軽く揺する。

〈発表〉

親指と4指を閉じた両手を左右にぱっと開く。

よぼう【予防】

「予防注射」
→〈防ぐ〉+〈注射〉

「予防」は前もって防ぐ意味で〈防ぐ〉で表現。

〈防ぐ〉
両手のひらを前に向け押すように出す。

〈注射〉
右手３指で注射を打つようにする。

よむ【読む】

「(本を)読む」
→(〈本〉+)
〈読む①〉
または〈読む②〉

「読む」は〈読む①〉または〈読む②〉で表現。〈読む②〉は右から順に読み進めていくさまを強調した表現。

〈読む①〉
左手のひらを見ながら視線に合わせるように右手２指を動かす。

〈読む②〉
左手のひらを手前に向けて右手２指を上下させながら右から左へ動かす。

よめ【嫁】1

「息子の嫁」
→〈息子〉+左〈妻①〉

例文の「嫁」は〈妻〉で表現。この場合、〈息子〉の右手が出たままで左手で〈妻①〉を表す。

〈息子〉
親指を立てた右手を腹から前に出す。

左〈妻①〉
親指と小指を寄り添わせて、小指を前に出す。

よめ【嫁】2

「嫁に来る」
→〈嫁に来る〉

例文の「嫁に来る」は〈嫁に来る〉で表現。〈嫁に来る〉は左手の〈男〉のもとに右手の〈女〉が結婚しに来るさまを表す。

〈嫁に来る〉
右小指を左親指に引き寄せる。

よめ【嫁】3

「嫁に行く」
→〈とつぐ〉

例文の「嫁に行く」は〈とつぐ〉は左手の〈男〉に右手の〈女〉が結婚しに行くさまを表す。「嫁ぐ」も同手話。〈嫁に来る〉と逆の方向に動く。

〈とつぐ〉
左親指に右小指をつける。

ヨモギ【蓬】

「ヨモギもち」
→〈ヨモギ〉+〈まんじゅう①〉

「ヨモギ」は〈ヨモギ〉で表現。〈ヨモギ〉はヨモギの葉の形を表す。

〈ヨモギ〉
手のひらを手前に向けて立てた左４指を右２指で位置を変えてつまむようにする。

〈まんじゅう①〉
両手のひらを上下に向かい合わせて丸めるようにする。

よやく【予約】

「予約」は〈約束〉で表現。〈約束〉は指切りするさまで「約束(する)」の意味。

「ホテルを予約する」

→〈ホテル〉+〈約束〉

〈ホテル〉

左手のひらに右手２指を寝かせるようにして当て、順にあげる。

〈約束〉

両手小指をからませる。

よゆう【余裕】1

例文の「余裕」は時間のゆとりがある意味なので〈暇〉で表現。〈暇〉は手に何も持たないさまで「暇」「ゆとり」「くつろぐ」などの意味。

「考える余裕」

→〈考える〉+〈暇〉

〈考える〉

右人差指を頭にねじこむようにする。

〈暇〉

両手のひらを前に出すようにぱっと開く。

よゆう【余裕】2

例文の「余裕」は金が十分あって大丈夫の意味なので〈できる〉で表現。〈できる〉は大丈夫と胸を張るさまを表す。

「金に余裕がある」

→〈金(かね)①〉+〈できる〉

〈金(かね)①〉

右手の親指と人差指で作った丸を示す。

〈できる〉

右手指先を左胸と右胸に順に当てる。

より 1

例文の「より」は動作の起点を表す言葉で〈から〉で表現。

「これより(開始する)」

→〈今①〉+〈から〉
(+〈開(ひら)く④〉)

〈今①〉

両手のひらで軽く押さえつける。

〈から〉

指先を前に向けた右手を左に払う。

より 2

例文の「日本より」は日本以上にの意味なので〈もっと〉で表現。〈もっと〉はそれよりも上をいくさまを表す。

「日本より(大きな国)」

→〈日本〉+〈もっと〉
(+〈大きい①〉+〈国〉)

〈日本〉

両手の親指と人差指をつき合わせ、左右に開きながら閉じる。

〈もっと〉

左手の親指と４指の上に右手の親指と４指をのせる。

より 3

例文の「より」は以外の意味で、「よりほかはない」はせざるをえない意味なので〈仕方ない〉で表現。〈仕方ない〉は身を切るさま。

「行くよりほかはない」

→〈行(い)く①〉+〈仕方ない〉

〈行(い)く①〉

右手人差指を下に向けて、振りあげるように前をさす。

〈仕方ない〉

指先を伸ばした右手を左肩から右下に体をはすに切るようにおろす。

よる【依・因・由る】1

「火事による（損害）」

→（〈火事①〉または）
〈火事②〉+〈基本①〉
（+〈損〉）

例文の「よる」は原因を表すので〈基本①〉で表現。〈基本①〉は木の根が張るさまで「根本」「原因」などの意味を表す。

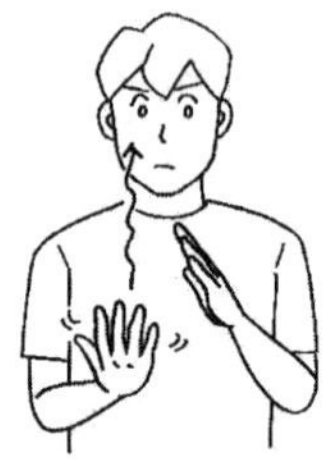

〈火事②〉

左手屋根形の下から指先を上に向けた右手を炎のように揺らしながら上にあげる。

〈基本①〉

左ひじを立て、閉じた右手を当てて下に向けて開く。

よる【依・因・由る】2

「聞くところによると」

→〈言われる②〉+〈まとめる〉

例文の「よる」は〈まとめる〉で表現。〈まとめる〉は聞くところを総合するとの意味で「つまり」「要するに」などの意味を表す。

〈言われる②〉

すぼめた右手を手前に繰り返し開く。

〈まとめる〉

両手のひらを向かい合わせて左右から中央にあげながら握る。

よる【依・因・由る】3

「時と場合によって」

→〈その時々〉+〈合う③〉

例文の「時と場合による」は〈その時々〉+〈合う③〉で表現。〈その時々〉は「その時々」、〈合う③〉は「それぞれに合わせて」の意味。

〈その時々〉

左手のひらに右親指をつけて右人差指を時計の針のように回し、右へ動かしながら繰り返す。

〈合う③〉

左右で左人差指の先に右人差指の先を当てる。

よる【夜】

「あしたの夜」

→〈あした〉+〈暗い〉

「夜」は〈暗い〉で表現。〈暗い〉は目の前が閉じられているさまで「暗い」「夜」「晩」などの意味を表す。

〈あした〉

人差指を立てた右手を頭の横でくるりと回しながら前に出す。

〈暗い〉

両手のひらを前に向けた両腕を目の前で交差させる。

よろこび【喜び】

「喜びや悲しみ」

→〈うれしい〉+〈悲しい①〉

「喜び」は〈うれしい〉で表現。〈うれしい〉は胸がおどるさまで「喜び」「歓喜」「楽しい」「うれしい」などの意味を表す。

〈うれしい〉

両手のひらを胸の前で、交互に上下させる。

〈悲しい①〉

親指と人差指を閉じた右手を目元から揺らしながらおろす。

よろこぶ【喜ぶ】

「合格を喜ぶ」

→〈合格〉+〈うれしい〉

「喜ぶ」は〈うれしい〉で表現。胸がおどるさまを表す。「喜ぶ」「歓喜する」「楽しい」「うれしい」などの意味を表す。

〈合格〉

左手の親指と4指の間を指先を上に向けた右手で下から突き破るようにあげる。

〈うれしい〉

両手のひらを胸の前で、交互に上下させる。

よろしい【宜しい】1

「帰ってよろしい」

→〈帰る〉+〈かまわない〉

例文の「よろしい」は許可を与える意味で〈かまわない〉で表現。〈かまわない〉はしてもいいの意味を表す。

〈帰る〉

右手の親指と４指を前に出しながら閉じる。

〈かまわない〉

右小指をあごに繰り返し当てる。

よろしく【宜しく】

「よろしくお願いします」

→〈良い〉+〈頼む①〉

例文はあいさつ言葉。〈良い〉+〈頼む①〉で表現。

〈良い〉

右こぶしを鼻から前に出す。

〈頼む①〉

頭を下げて右手で拝むようにする。

よろしい【宜しい】2

「(これで)よろしい」

→(〈それ〉+)
〈ＯＫ〉
または〈きちんと①〉

例文の「よろしい」は十分である、ＯＫの意味なので〈ＯＫ〉または〈きちんと①〉で表現。〈きちんと①〉はこれで終わりの意味。

〈ＯＫ〉

右手の親指と人差指で作った丸を前に示す。

〈きちんと①〉

両手の親指と人差指を同時に閉じながら下におろす。

よろん【世論】

「世論調査」

→〈世論(よろん)〉+〈調べる①〉

「世論」は多くの人々の考えのことで〈世論〉で表現。〈世論〉は両手の〈思う〉を世間を意味する円を描いて表す新しい手話。

〈世論(よろん)〉

両手の人差指をこめかみに当て、水平に円を描き閉じる。

〈調べる①〉

右手の人差指と中指を軽く折り曲げて、目の前を左右に往復させる。

よろしい【宜しい】3

「お体はよろしい(ですか)」

→〈体(からだ)〉+〈元気①〉
(+〈か〉)

例文の「よろしい」は体が良いの意味なので〈元気①〉で表現。〈元気①〉は元気なさまを表す。

〈体(からだ)〉

右手を体の上で回す。

〈元気①〉

両ひじを張り、両こぶしを同時に上下させる。

よわい【弱い】1

「弱い風」

→〈風①〉+〈弱い〉

例文の「弱い」は勢いや力がおとる意味なので〈弱い〉で表現。〈弱い〉は力がなえるさまを表す。

〈風①〉

右手で風を送る。

〈弱い〉

右手のこぶしをひじから前に倒す。

よわい【弱い】2

「印象が弱い」

→〈印象〉+〈あいまい〉

例文の「弱い」ははっきりしない意味なので〈あいまい〉で表現。〈あいまい〉は目の前が錯綜してはっきりしないさまを表す。

〈印象〉

右手のこぶしを頭の横につけるようにする。

〈あいまい〉

両手のひらを前後に向かい合わせ、こすり合わせるように回す。

よわい【弱い】3

「体が弱い」

→〈体(からだ)〉+〈弱い〉

例文の「弱い」は丈夫でない意味なので〈弱い〉で表現。〈弱い〉は力がなえるさまを表す。

〈体(からだ)〉

右手を体の上で回す。

〈弱い〉

右手のこぶしをひじから前に倒す。

よわい【弱い】4

「数字に弱い」

→〈算数〉+〈苦手〉

例文の「弱い」は得意ではない意味なので〈苦手〉で表現。〈苦手〉は鼻がつぶれるさまで「苦手」「謙虚」などの意味を表す。

〈算数〉

３指を立てた両手を軽く繰り返しぶつけ合う。

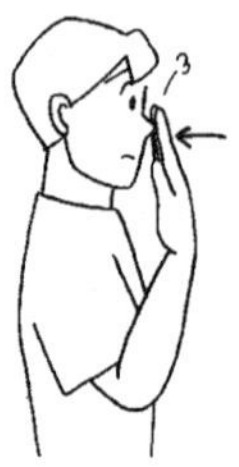

〈苦手〉

右手のひらで鼻をつぶすように軽く当てる。

よわる【弱る】1

「体が弱る」

→〈体(からだ)〉+〈さがる②〉

例文の「弱い」は衰える意味なので〈さがる②〉で表現。〈さがる②〉は成績や力などが下降するさまを表す。

〈体(からだ)〉

右手を体の上で回す。

〈さがる②〉

指文字〈コ〉を示した右手を右上から左下におろす。

よわる【弱る】2

「弱ったことになる」

→〈困る〉+〈問題〉

例文の「弱る」は困る意味なので〈困る〉で表現。〈困る〉は「弱ったな」と頭をかくさま。

〈困る〉

全指で頭をかくようにする。

〈問題〉

両手の親指と人差指をつまみ「 ˥ を描く。

よん【四】

「四」

→〈４①〉

　または〈４②〉

数字の「四」は〈４①〉または〈４②〉で表現。

〈４①〉

右手４指の指先を上に向け、手のひら側を前に示す。

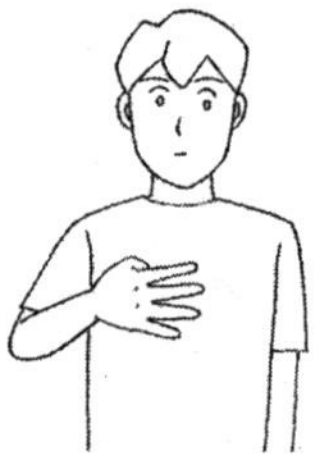

〈４②〉

右手４指の指先を左に向け、甲側を前に示す。

〈ラ〉
人差指に中指をからませて示す。

ら 1

「君ら」
→〈あなた①〉+〈みんな〉

例文の「ら」は複数を表すので〈みんな〉で表現。〈みんな〉はそこに集まった人達全部をさすさまで「君達」「みなさん」などの意味を表す。

〈あなた①〉
目の前を右人差指でさす。

〈みんな〉
右手のひらを下に向けて水平に回す。

ら 2

「子供ら」
→〈子供①〉+〈人々①〉
（または〈みんな〉）

例文の「ら」は複数の第三者を表すので〈人々①〉または〈みんな〉で表現。〈人々①〉は男女など複数、あるいは人一般を表す。

〈子供①〉
両手のひらを前に向けて、あやすように左右に振る。

〈人々①〉
親指と小指を立てた両手を揺らしながら左右に開く。

ラーメン

「インスタントラーメン」
→〈インスタント〉+〈ラーメン〉

「ラーメン」は〈ラーメン〉で表現。〈ラーメン〉は指文字〈ラ〉で麺を食べるさま。

〈インスタント〉
左手首甲側に人差指を出した右手をのせ、ぴくりとふるわす。

〈ラーメン〉
左手のひらの上で右手の指文字〈ラ〉を口元まで上下する。

ライオン

「動物のライオン」
→〈動物〉+〈ライオン〉

「ライオン」は〈ライオン〉で表現。〈ライオン〉はそのたてがみを表す。

〈動物〉
両手の親指と人差指と中指を折り曲げて爪を立てるようにして前後に並べ前に出す。

〈ライオン〉
折り曲げた全指を屈伸させながら頭の上から顔のまわりをくるむようにおろす。

らいげつ【来月】1

「来月」
→〈あした〉+〈月〉

「来月」は翌月のことで2種類の表現がある。ひとつは〈あした〉+〈月〉で表現。〈あした〉は「明日」の意味であるが「翌」「次の」などの意味も表す。

〈あした〉
人差指を立てた右手を頭の横でくるりと回しながら前に出す。

〈月〉
右手の親指と人差指で三日月形を描く。

らいげつ【来月】2

「来月」

→〈次〉+〈月〉

もうひとつは〈次〉+〈月〉で表現。〈次〉は隣を示すさまで「次」または「翌」などの意味を表す。

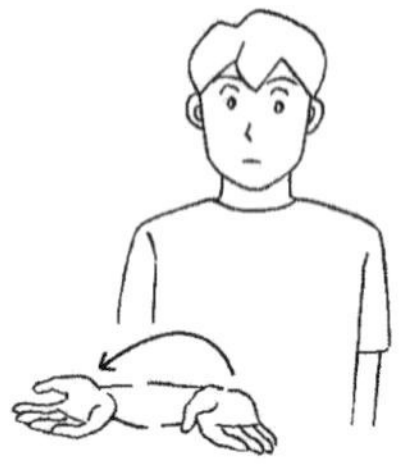

〈次〉
右手のひらを上に向け、弧を描いて右へ移す。

〈月〉
右手の親指と人差指で三日月形を描く。

ライト

「野球のライト」

→〈野球①〉+〈右③〉

例文の「ライト」は野球の右翼のことなので〈右③〉で表現。〈右③〉は「右」「ライト（右翼手）」などの意味を表す。

〈野球①〉
両手でバットを握り振るようにする。

〈右③〉
右腕を左手のひらで軽くたたく。

らいしゅう【来週】

「来週の火曜日」

→〈来週〉+〈火②〉

「来週」は「翌週」「次週」のことで〈来週〉で表現。〈来週〉は〈7〉を前方へ出し、未来を示すさまを表す。

〈来週〉
親指と人差指と中指を出した右手を弧を描いて前に出す。

〈火②〉
親指と小指を立てた右手を振りながら上にあげる。

らいねん【来年】

「来年は卒業」

→〈来年〉+〈卒業〉

「来年」は「翌年」「次年」のことで〈来年〉で表現。〈来年〉は左手の木の年輪に右手の数字1を未来を示す前へ出して表す。

〈来年〉
左こぶしの親指側に右人差指をふれて前に出す。

〈卒業〉
賞状を持った両手を軽く上にあげながら頭をさげる。

ライト

「車のライトをつける」

→〈運転〉+〈ヘッドライト〉

例文の「ライト」は車の明かりを意味するので〈ヘッドライト〉で表現。〈ヘッドライト〉は車のヘッドライトが点灯するさまを表す。

〈運転〉
ハンドルを両手で握り、回すようにする。

〈ヘッドライト〉
すぼめた両手を前に向けてぱっと開く。

ライバル

「ライバル同士」

→〈争う〉+〈互いに〉

「ライバル」は競争相手の意味なので〈争う〉で表現。〈争う〉は対立する両者がせり合うさまを表す。

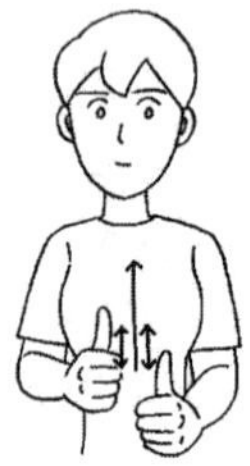

〈争う〉
親指を立てた両手を並べ、競うようにせりあげる。

〈互いに〉
両腕を交差させて両手の親指と人差指を閉じたり開いたりする。

ライフライン 1

「ライフライン」

→〈命〉+〈線②〉

「ライフライン」は 2 種類の表現がある。ひとつは〈命〉+〈線②〉で表現。〈命〉は心臓で命を表す。〈線②〉は線がつながっているさまを表す。

〈命〉

右こぶしを左胸に当てる。

〈線②〉

小指を出した両手を寝かせてつけ合わせ、弧を描きながら左右に離す。

ライフライン 2

「ライフライン」

→〈生活〉+〈線②〉

もうひとつは〈生活〉+〈線②〉で表現。〈生活〉は太陽が昇り沈むさまを表し、「暮らし」「生活」の意。

〈生活〉

両手の親指と人差指を向かい合わせて回す。

〈線②〉

小指を出した両手を寝かせてつけ合わせ、弧を描きながら左右に離す。

ライブラリー 1

「ビデオライブラリー」

→〈テープ②〉+〈ライブラリー〉

例文の「ライブラリー」は図書館・図書室・資料室のことなので〈ライブラリー〉で表現。指文字〈ラ〉を使った新しい手話。

〈テープ②〉

両手の人差指の先を下に向けて回す。

〈ライブラリー〉

左手を立て、その横に右指文字〈ラ〉を置き、右に動かす。

ライブラリー 2

「言葉のライブラリー」

→〈言葉〉+〈順位〉

例文の「ライブラリー」は叢書のことで 3 種類の表現がある。ひとつめは〈順位〉。

〈言葉〉

両手人差指で「」を示す。

〈順位〉

左から順番に指を出しながら右へ動かしていく。

ライブラリー 3

「(言葉の)ライブラリー」

→(〈言葉〉+)〈続く③〉または〈ライブラリー〉

ふたつめは〈続く③〉、みっつめは〈ライブラリー〉で表現。〈ライブラリー〉は指文字〈ラ〉を使った新しい手話。

〈続く③〉

両手の親指と人差指を組み合わせて左から右へ動かす。

〈ライブラリー〉

左手を立て、その横に右指文字〈ラ〉を置き、右に動かす。

ライン

「合格ライン」

→〈合格〉+〈レベル〉

例文の「ライン」は水準(レベル)の意味なので〈レベル〉で表現。〈レベル〉は一定の基準を表す。

〈合格〉

左手の親指と 4 指の間を指先を上に向けた右手で下から突き破るようにあげる。

〈レベル〉

右手指先を前に向け、胸の高さで手のひらを下に向けて水平に右へ動かす。

ら

らく【楽】1

「暮らしが楽になる」
→〈生活〉+〈幸せ〉

例文の「楽」は苦しみがなく安らかなさまなので〈幸せ〉で表現。〈幸せ〉は「幸せ」「楽」「幸福」「福」などの意味を表す。

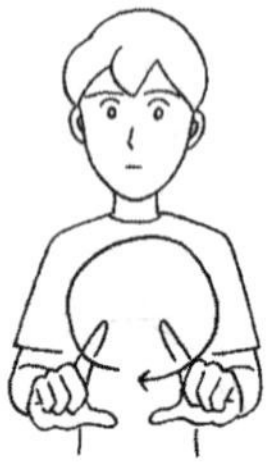

〈生活〉
両手の親指と人差指を向かい合わせて回す。

〈幸せ〉
親指と4指であごをなでるようにする。

らく【楽】2

「痛みが楽になった」
→〈痛い①〉+〈消える③〉

例文の「楽」は痛みがおさまることなので〈消える③〉で表現。〈消える③〉は火やガスが消える意味がある。

〈痛い①〉
全指を曲げた右手のひらを上に向けて左右に振る。

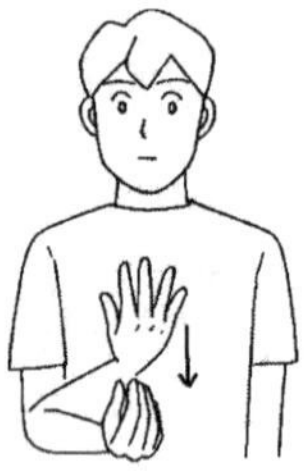

〈消える③〉
指先を上に向けた右手を下にさげながらすぼめる。

らく【楽】3

「仕事が楽になる」
→〈仕事〉+〈楽〉

例文の「楽」は軽くなる意味なので〈楽〉で表現。〈楽〉はものの重さが軽いさまで「軽い」「楽」などの意味がある。

〈仕事〉
手のひらを上に向け、向かい合わせた両手指先を繰り返しつき合わせる。

〈楽〉
左手甲を右手2指でつまみあげるようにする。

らく【楽】4

「楽にしてください」
→〈暇〉+〈頼む①〉

例文の「楽」はゆったりしているさまなので〈暇〉で表現。〈暇〉はゆったりくつろぐさまを表す。

〈暇〉
両手のひらを前に出すようにぱっと開く。

〈頼む①〉
頭を下げて右手で拝むようにする。

らく【楽】5

「楽な問題」
→〈簡単〉+〈問題〉

例文の「楽」は簡単なことなので〈簡単〉で表現。〈簡単〉は「簡易」「平易」「たやすい」などの意味がある。

〈簡単〉
右人差指をあごに当て、次に左手のひらの上に落とすようにつける。

〈問題〉
両手の親指と人差指をつまみ「 ˥ を描く。

らくご【落語】

「落語はおもしろい」
→〈落語〉+〈おもしろい〉

「落語」は〈落語〉で表現。〈落語〉は左手がおかしい、右手が扇子を表す。

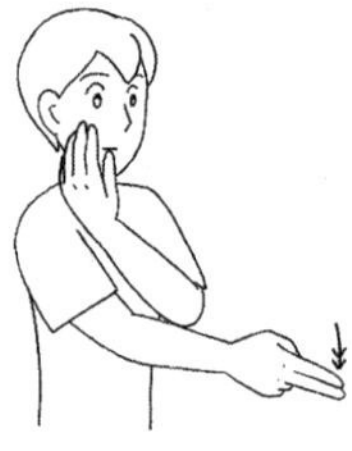

〈落語〉
左手のひらを右ほおに当て、右2指を出してちょんちょんと振る。

〈おもしろい〉
両こぶしで腹を同時に軽くたたく。

らくせん【落選】

「落選」は選挙に当選できなかったことで〈落選〉で表現。〈落選〉は取りあげず落とすさまで「落選」「却下」「没」などの意味を表す。

「選挙で落選」

→〈選挙〉+〈落選〉

〈選挙〉

そろえた両手指先を交互に中央におろす。

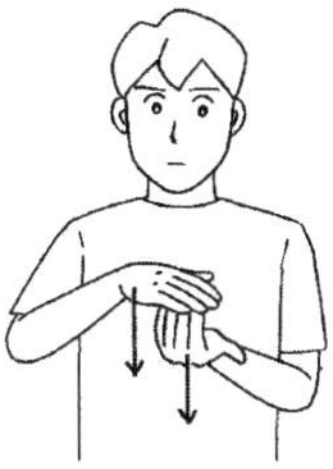

〈落選〉

左手指先を右手のひらに当てて、そのまま下に押しさげる。

ラクダ【駱駝】

「ヒトコブラクダ」は〈ラクダ①〉で、「フタコブラクダ」は〈ラクダ②〉で表現。いずれもラクダのこぶを表す。

「ラクダ」

→〈ラクダ①〉または〈ラクダ②〉

〈ラクダ①〉

こぶしを握った左手の腕にすぼめた右手を1か所に置く。

〈ラクダ②〉

こぶしを握った左手の腕にすぼめた右手を2か所ぽんぽんと置く。

らくだい【落第】

「落第」は試験などで合格点に達せず不合格になることで〈落ちる③〉で表現。〈落ちる③〉は基準ラインから落ちるさまを表す。

「試験に落第する」

→〈試験〉+〈落ちる③〉

〈試験〉

親指を立てた両手を交互に上下させる。

〈落ちる③〉

左手のひらの内側で、指先を上に向けた右手を、すとんと落とす。

ラグビー

「ラグビー」は〈ラグビーボール〉+〈かかえる〉で表現。〈ラグビーボール〉はラグビーボールの形を、〈かかえる〉はそのボールを抱えるさま。

「ラグビー」

→〈ラグビーボール〉+〈かかえる〉

〈ラグビーボール〉

両手の親指と4指を向かい合わせ、左右に開きながら閉じる。

〈かかえる〉

両手でラグビーボールを抱えるようにする。

らしい 1

例文の「らしい」は推定を表す言葉なので〈らしい〉で表現。〈らしい〉はそのようだ、の意味を表す。

「おいしいらしい」

→〈おいしい①〉+〈らしい〉

〈おいしい①〉

右手のひらであごをぬぐう。

〈らしい〉

右手2指を頭の横で前後に振る。

らしい 2

例文の「らしい」はいかにもそれにふさわしい意味なので〈合う①〉で表現。〈合う①〉は「一致する」「ふさわしい」「似ている」などの意味。

「女らしい」

→〈女性〉+〈合う①〉

〈女性〉

両手小指を合わせて手前に水平に円を描く。

〈合う①〉

左人差指の先に右人差指の先を当てる。

ラジオ

「ラジオ」
→〈箱④〉+〈聞こえる②〉

「ラジオ」は〈箱④〉+〈聞こえる②〉で表現。〈箱④〉はラジオのさまで、そこからの放送を聞くさまで表現。

〈箱④〉
両手の親指と人差指を向かい合わせて四角を示す。

〈聞こえる②〉
〈箱④〉の左手を残したまま、右手全指を揺らしながら耳に近づける。

ラッコ

「ラッコの赤ちゃん」
→〈ラッコ〉+〈子供①〉

「ラッコ」は〈ラッコ〉で表現。〈ラッコ〉はラッコが貝をたたき割るさまを表す。

〈ラッコ〉
両こぶしを体の前でたたく。

〈子供①〉
両手のひらを前方に向け、軽く振る。

らっかん【楽観】1

「将来を楽観する」
→〈将来①〉+〈楽観〉

例文は〈将来①〉+〈楽観〉で表現。〈楽観〉は目の前が開けていくさまを表す。

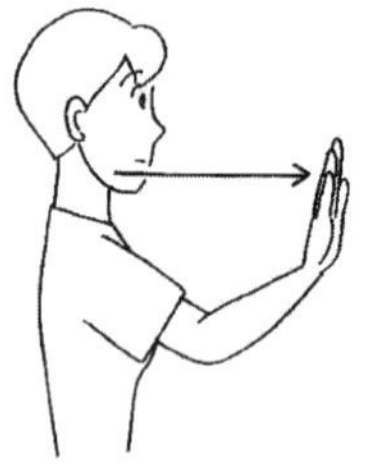

〈将来①〉
右手のひらを前に向けて押すように大きく前に出す。

〈楽観〉
目の前に両こぶしを前後に置き、同時にこぶしを開きながら左右に開く。

ラッシュアワー

「ラッシュアワー」
→〈満員〉+〈時①〉

「ラッシュアワー」は出勤、退勤など混雑する時間帯のことで〈満員〉+〈時①〉で表現。〈満員〉は人がいっぱいのさまを表す。

〈満員〉
両手の指背側を合わせて水平に回す。

〈時①〉
左手のひらに右親指を当て、右人差指を時計の針のように回す。

らっかん【楽観】2

「楽観的(な見方)」
→〈楽観〉+〈合う①〉
(+〈見る①〉+〈方法〉)

「楽観的」は〈楽観〉+〈合う①〉で表現。

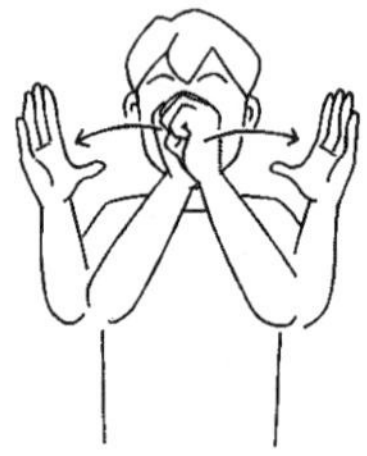

〈楽観〉
目の前に両こぶしを前後に置き、同時にこぶしを開きながら左右に開く。

〈合う①〉
左人差指の指先に右人差指の指先を当てる。

られる 1

「父に助けられる」
→〈父〉+〈助けられる①〉

例文の「助けられる」は〈助けられる①〉で表現。〈助けられる①〉は人に助けられる、援助されるさまを表す。

〈父〉
右人差指でほおにふれ、親指を出す。

〈助けられる①〉
親指を立てた左手甲に右手のひらを前方から繰り返し当てる。

られる 2

「先のことが案じられる」

→〈将来①〉+〈心配①〉

例文の「案じられる」は心配になるの意味なので〈心配①〉で表現。〈心配①〉は胸を締め付けられる不安なさま。

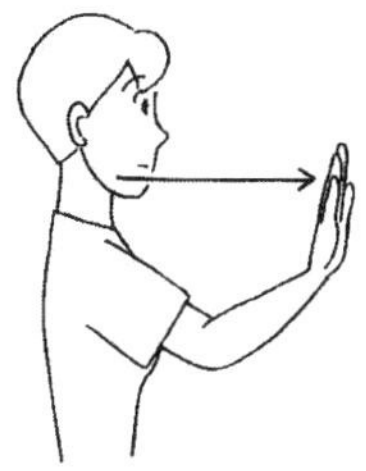

〈将来①〉

右手のひらを前に向けて押すように大きく前に出す。

〈心配①〉

指先を軽く折り曲げた右手を胸に繰り返し当てる。

ラン【蘭】

「高級ラン」

→〈高い①〉+〈ラン〉

例文の「ラン」は花の名なので〈ラン〉で表現。〈ラン〉は左手がランの花びら、右手がめしべのさまを表す。

〈高い①〉

親指と人差指で作った丸を勢いよくあげる。

〈ラン〉

やや丸めた左手を上、中指を曲げ、やや丸めた右手を下にして手首をつけ合わせる。

られる 3

「(ゆっくり)寝られる」

→(〈遅い①〉+)
〈寝る〉+〈できる〉

例文の「られる」は可能を表すので「寝られる」は〈寝る〉+〈できる〉で表現。〈できる〉は大丈夫と胸を張るさま。

〈寝る〉

頭を傾けて右こぶしを側頭部に当てる。

〈できる〉

右手指先を左胸と右胸に順に当てる。

らんきりゅう【乱気流】

「乱気流」

→〈空〉+〈波②〉

例文は〈空〉+〈波②〉で表現。〈空〉は上に広がる空間を表す。〈波②〉は波のさまを表す。「気流が乱れる」も同手話。

〈空〉

右手で頭上に弧を描く。

〈波②〉

指先を左に向け手のひらを下に向けた右手を波打たせながら左に動かす。

られる 4

「先生が来られた」

→〈先生〉+〈客〉

例文の「られる」は尊敬を表すので「来られる」は〈客〉で表現。〈客〉は左手を添えて敬意を表した表現。

〈先生〉

右人差指を口元から振りおろし、右親指を示す。

〈客〉

左手のひらに親指を立てた右手をのせ、右から手前に引き寄せる。

らんし【乱視】

「乱視」

→〈目①〉+〈ぼける②〉

「乱視」は物がゆがんだりダブったり見える目の障害で〈目①〉+〈ぼける②〉で表現。〈ぼける②〉はものがダブってはっきりしないさまを表す。

〈目①〉

右人差指で右目のまわりを丸く示す。

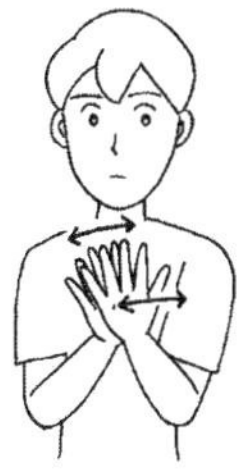

〈ぼける②〉

両手のひらを前後に重ねて交互に左右に往復させる。

らんぼう【乱暴】1

「乱暴者」

→〈乱暴①〉+〈男〉

「乱暴者」は暴力を振るう人の意味なので〈乱暴①〉+〈男〉で表現。〈乱暴①〉は〈悪い①〉から派生した表現で「乱暴」「わがまま」の意味。

〈乱暴①〉

右親指で鼻の頭をこするようにする。

〈男〉

親指を立てた右手を出す。

〈リ〉

右手２指で「リ」の字形を描く。

らんぼう【乱暴】2

「乱暴はよせ」

→〈乱暴②〉+〈とめる〉

例文の「乱暴」は暴力の意味なので〈乱暴②〉で表現。〈乱暴②〉は人をこぶしでなぐるさまを表す。

〈乱暴②〉

両こぶしを胸の前で交互に前後させる。

〈とめる〉

左手のひらの上に右手を振りおろす。

リアルタイム

「ニュースをリアルタイムで放送する」

→〈リアルタイム〉+〈放送〉

例文の「リアルタイム」は実況中継のことなので〈リアルタイム〉で表現。〈リアルタイム〉は同時に起こるさまを表す。

〈リアルタイム〉

親指と人差指を合わせた両手を左右に並べ、同時に人差指を向き合うように出す。

〈放送〉

左こぶしからすぼめた右手を前に向けて繰り返し開く。

らんぼう【乱暴】3

「字が乱暴」

→〈書く③〉+〈乱暴①〉

例文の「乱暴」はあらっぽい、下手くその意味で、〈乱暴①〉で表現。〈乱暴①〉は〈悪い①〉から派生した表現で「あらっぽい」「乱暴」など。

〈書く③〉

ペンを持って、上から下に書くようにする。

〈乱暴①〉

右親指で鼻の頭をこするようにする。

リーグせん【リーグ戦】

「リーグ戦」

→〈表(ひょう)①〉+〈試合①〉

「リーグ戦」は総当たり戦のことで〈表①〉+〈試合①〉で表現。〈表①〉は総当たり戦の組み合わせを示す表の意味。

〈表(ひょう)①〉

やや開いた指先で縦横に格子を描く。

〈試合①〉

親指を立てた両手を正面で軽くぶつける。

リーダー

「クラスのリーダー」
→〈グループ〉+〈リーダー〉

「リーダー」は指導者の意味なので〈リーダー〉で表現。左手の人々の中から右手〈男〉が前に出るさま。

〈グループ〉
指先を上に向けた両手で水平に手前に円を描く。

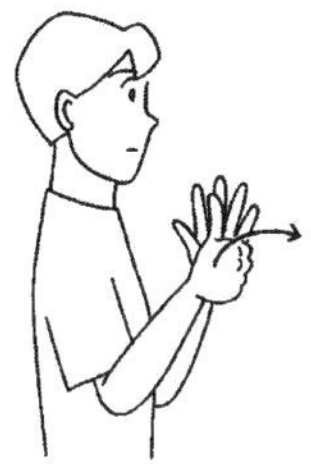

〈リーダー〉
指先を上に向けた左手の横から親指を立てた右手を前に出す。

りか【理科】1

「理科」
→〈化学〉

「理科」は2種類の表現がある。ひとつは化学が組み込まれているところから〈化学〉で表現。〈化学〉は試験管で実験するさまを表す。

〈化学〉
両手の親指と4指で筒を作り、右の筒を左の筒に注ぐように傾ける。

次に左の筒を右の筒に注ぐように傾ける。

リウマチ

「(関節)リウマチ」
→(〈関節〉+)
〈リウマチ〉

「リウマチ」は〈リウマチ〉で表現。〈リウマチ〉は手のこわばり、痛みを表す新しい手話。

〈リウマチ〉
指先を手前に向けた右手を手前に引きながら指を曲げる。

りか【理科】2

「理科」
→〈虫〉

もうひとつは生物が組み込まれていたところから〈虫〉などでも表現する。

〈虫〉
右人差指を屈伸させながら前に出す。

りえき【利益】

「利益を求める」
→〈もうける②〉+〈求める〉

例文の「利益」はもうけのことなので〈もうける②〉で表現。〈もうける②〉はお金がどっさり手に入るさまを表す。

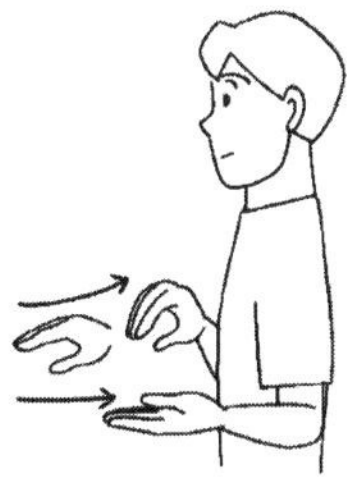

〈もうける②〉
両手のひらを上下に向かい合わせて手前にすばやく引きあげる。

〈求める〉
左手のひらに右手の甲を打ちつける。

りかい【理解】1

「理解が早い」
→〈飲み込む①〉+〈はやい①〉

例文の「理解」は物事を飲み込む意味なので〈飲み込む①〉で表現。〈飲み込む①〉は物を飲み込むの意味と比喩的に理解するの意味がある。

〈飲み込む①〉
すぼめた右手を口元から下におろす。

〈はやい①〉
親指と人差指を閉じた右手をすばやく左へ動かしながら人差指を伸ばす。

りかい【理解】2

「理解(がある)」

→〈リ〉+〈知る①〉
(+〈ある①〉)

例文の「理解」は他人のことを正しくくみとり、思いやりがある意味なので〈リ〉+〈知る①〉で表現。〈リ〉は「理解」の「理」を表す。

〈リ〉
右手２指で「リ」の字形を描く。

〈知る①〉
右手のひらを胸に当て、下におろす。

りかい【理解】3

「理解に苦しむ」

→〈知る①〉+〈難しい〉

例文の「理解に苦しむ」はわけがわからない意味なので〈知る①〉+〈難しい〉で表現。

〈知る①〉
右手のひらを胸に当てて下におろす。

〈難しい〉
右手の親指と人差指でほおをつねるようにする。

りがい【利害】

「利害得失」

→〈もうける③〉+〈損〉

例文の「利害得失」は利益と損害の意味なので〈もうける③〉+〈損〉で表現。〈もうける③〉はがっぽり手に入れるさま。

〈もうける③〉
半開きにした両手をぱっと引きあげる。

〈損〉
両手の親指と人差指で作った丸を前に捨てるようにしてぱっと開く。

りく【陸】

「陸に住む(動物)」

→〈土〉+〈いる〉
(+〈動物〉)

例文の「陸」は地上の意味なので〈土〉で表現。〈土〉は「土」「土地」「地面」「地上」「陸」などの意味を表す。

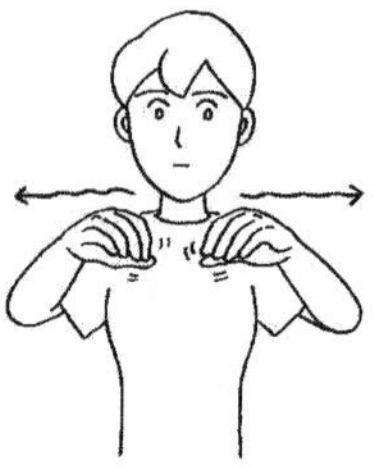

〈土〉
砂や土をこすり落とすようにして両手を左右に開く。

〈いる〉
両手を握り、両ひじを立てて下におろす。

りくじょう【陸上】

「陸上競技」

→〈あたり〉+〈競争〉

例文の「陸上」は「水上」「海上」などに対応する言葉で〈あたり〉で表現。〈あたり〉は「地面」「陸上」などの意味を表す。

〈あたり〉
右手のひらを下に向けて水平に回す。

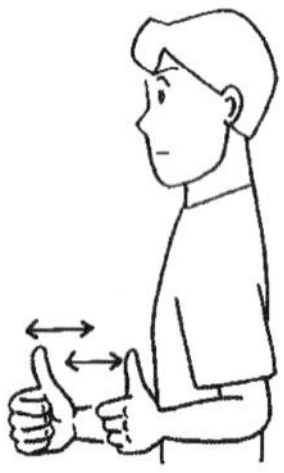

〈競争〉
親指を立てた両手を競うように交互に前後させる。

りこう【利口・利巧】

「利口な子」

→〈賢い①〉+〈子供①〉

「利口」は賢い意味なので〈賢い①〉で表現。〈賢い①〉は「利口」「賢い」「利発」「怜悧」などの意味を表す。

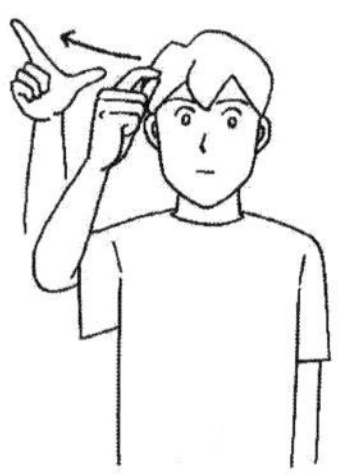

〈賢い①〉
右手の親指と人差指を閉じ、上に向かってはじくように開く。

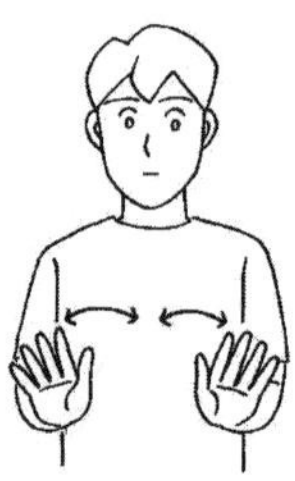

〈子供①〉
両手のひらを前に向けて、あやすように左右に振る。

り

リコール

「リコール」は解職請求のことなので〈リコール〉で表現。〈リコール〉は左人差指を右指文字〈リ〉で切るさまを表す。

「リコール運動」

→〈リコール〉+〈活動〉

〈リコール〉

左人差指を立て、右 2 指で切りつけるようにして右斜め上へ動かす。

〈活動〉

ひじを少し張り、ひじを軸に両こぶしを交互に繰り返し前に出す。

りし【利子】

例文の「利子」は元金に対してつく割増のことで〈不足〉で表現。〈不足〉は「利子」「利息」の意味を表す。

「利子を払う」

→〈不足〉+〈払う②〉

〈不足〉

左手のひらを右人差指でほじくるようにする。

〈払う②〉

左手のひらの上に右手の親指と人差指で丸を作り、前に出して開く。

りこん【離婚】

「離婚」は結婚していた男女がそれを解消することで〈離婚〉で表現。〈離婚〉は〈結婚〉とは逆に男女が離れるさまを表す。

「両親が離婚した」

→〈両親〉+〈離婚〉

〈両親〉

人差指をほおにふれ、親指と小指を出す。

〈離婚〉

寄り添った右小指と左親指を左右に離す。

リス

「リス」は〈リス〉で表現。〈リス〉はリスが食べ物をかじっているさまを表す。

「リスを飼う」

→〈リス〉+〈育てる③〉

〈リス〉

折り曲げた両手の 2 指を口の前で向かい合わせ、指を曲げたり伸ばしたりする。

〈育てる③〉

少し曲げた左手をふせて、右手指先を繰り返し左手の下に近づける。

リサイクル

「リサイクル」は〈リサイクル〉で表現。〈リサイクル〉は捨てた物をもう一度繰り返し使用するさまを表す。

「リサイクルショップ」

→〈リサイクル〉+〈店①〉

〈リサイクル〉

右に向けた左人差指の内側から右人差指を前に出し、また元にもどす。

〈店①〉

両手のひらを上に向けて、左右に開く。

リスト

例文は〈リスト〉+〈のせる②〉で表現。〈リスト〉は目録や名前などがずらりと並んでいるさまを表す。

「リストに載せる」

→〈リスト〉+〈のせる②〉

〈リスト〉

手のひらを上に向けた左手の上に右親指と人差指を出して当て、右に動かす。

〈のせる②〉

左手のひらに右手の親指と人差指の指先をのせる。

り

リズム 1

「リズムに乗って踊る」

→〈リズム〉+〈ダンス②〉

例文の「リズム」は音楽の要素のことなので〈リズム〉で表現。〈リズム〉は指文字〈リ〉で三拍子のリズムをとる。

〈リズム〉

右 2 指を立て、三角形を描く。

〈ダンス②〉

指先を右に向け、手のひらを上に向けた左手の上で右 2 指を下に向け、左右に振る。

リズム 2

「生活のリズムが狂う」

→〈生活〉+〈混乱〉

例文の「リズムが狂う」は〈混乱〉で表現。〈混乱〉は入り乱れるさまを表す。

〈生活〉

両手の親指と人差指を向かい合わせて回す。

〈混乱〉

全指を曲げた両手のひらを向かい合わせ、かき混ぜるようにする。

りそう【理想】

「理想が高い」

→〈希望〉+〈高い③〉

「理想」は望ましいあるべきもののことで〈希望〉で表現。〈希望〉は「希望」「望み」などの意味を表す。

〈希望〉

手のひらを下に向けた右手の指先を揺らしながら頭から前に出す。

〈高い③〉

指文字〈コ〉を示した右手を上にあげる。

リゾート

「リゾート地」

→〈遊ぶ②〉+〈場所〉

「リゾート」は〈遊ぶ②〉で表現。〈遊ぶ②〉はぶらぶらしているさまを表す。

〈遊ぶ②〉

開いた両手を交差させ、手首を振る。

〈場所〉

全指を曲げた右手を前に置く。

りつ【立】

「公立」

→〈公(おおやけ)〉+〈立つ〉

「立」は〜によって設立されたの意味なので〈立つ〉で表現。〈立つ〉は人の立つさまで「立つ」「立場」などの意味を表す。

〈公(おおやけ)〉

人差指で「八」の字形を示し、左人差指を残しながら右人差指で「ム」を書く。

〈立つ〉

左手のひらの上に右手 2 指を立てる。

りっきょう【陸橋】

「陸橋を渡る」

→〈陸橋〉+〈車②〉
（または〈歩く③〉）

「陸橋」は〈陸橋〉で表現。〈陸橋〉は左手の道や線路の上に右手の橋がかかっているさまを表す。「歩道橋」も同手話。

〈陸橋〉

指先を右に向け手のひらを下にした左手の上を右 2 指を弧を描きながら手前に引く。

〈車②〉

〈陸橋〉の左手を残して「コ」の字形の右手を前に向け、左手を乗り越えるように前に出す。

りっこうほ【立候補】

「(選挙に)立候補する」

→(〈選挙〉+)
〈候補〉+〈立つ〉

「立候補」は候補として立つことなので〈候補〉+〈立つ〉で表現。〈立つ〉は人の立つさまで「立つ」「立場」などの意味を表す。

〈候補〉
右手の親指と人差指で左肩から右下へたすきを描くようにする。

〈立つ〉
左手のひらの上に右手２指を立てる。

りっぱ【立派】

「立派な人」

→〈上品〉+〈人〉

「立派」は優れて良いさまで〈上品〉で表現。〈上品〉は立派なひげをはやした上品な紳士のさまを表すと言われる。

〈上品〉
鼻の下に当てた右手を静かに右へ動かす。

〈人〉
人差指で「人」の字を空書する。

りっぽう【立法】1

「立法府」

→〈立法〉+〈フ〉

例文は〈立法〉+〈フ〉で表現。〈フ〉は指文字。〈立法〉は法律の「ホ」の指文字と〈決める①〉を組み合わせた新しい手話。

〈立法〉
左指文字〈ホ〉の横で、立てた右２指を打ちつけるようにおろす。

〈フ〉
親指と人差指で「フ」の字形を示す。

りっぽう【立法】2

「議員立法」

→〈バッジ〉+〈立法〉

「立法」は〈立法〉で表現。〈立法〉は法律の「ホ」の指文字と〈決める①〉を組み合わせた新しい手話。

〈バッジ〉
すぼめた右手を左胸に当てる。

〈立法〉
左指文字〈ホ〉の横で、立てた右２指を打ちつけるようにおろす。

リニューアル

「店をリニューアルする」

→〈店①〉+〈変わる⑤〉

「リニューアル」は新装、改装のことなので〈変わる⑤〉で表現。〈変わる⑤〉は新しく変わるさまを表す。「改装」の意。

〈店①〉
両手のひらを上に向けて、左右に開く。

〈変わる⑤〉
すぼめた両手を開きながら交差させる。

リハビリ(テーション)

「リハビリテーション(センター)」

→〈リ〉+〈回復〉
(+〈ビル①〉)

例文の「リハビリ」は社会復帰の訓練などの意味で指文字〈リ〉+〈回復〉で表現。〈回復〉は倒れたものを元に戻すさまを表す。

〈リ〉
右手２指で「リ」の字形を描く。

〈回復〉
両こぶしを重ねて寝かせ、棒を起こすようにする。

り

リピーター

「店のリピーター」

→〈店①〉+〈リピーター〉

「リピーター」は繰り返し利用する客のことなので〈リピーター〉で表現。〈リピーター〉は〈客〉を繰り返して常連であることを表す。

〈店①〉

両手のひらを上に向けて、左右に開く。

〈リピーター〉

左手のひらに親指を立てた右手を乗せ、両手とも手前に引く。

リフォーム 1

「家をリフォームする」

→〈家〉+〈リフォーム〉

例文の「リフォーム」は改築の意味なので〈リフォーム〉で表現。〈リフォーム〉は〈直す〉と〈作る〉を組み合わせた新しい手話。

〈家〉

両手で屋根形を作る。

〈リフォーム〉

左こぶしと右人差指を左右から接触させながら動かす。

リフォーム 2

「服をリフォームする」

→〈服〉+〈リフォーム〉

例文の「リフォーム」は仕立て直すことなので〈リフォーム〉で表現。

〈服〉

親指を立てた両手をえりに沿って下におろす。

〈リフォーム〉

左こぶしと右人差指を左右から接触させながら動かす。

りゃくご【略語】

「略語を表す」

→〈略語〉+〈表(あらわ)す〉

例文の「略語」は〈略語〉で表現。〈略語〉はことばを縮めるさまを表す。

〈略語〉

両人差指を曲げて上下に置き、両手同時に間を縮める。

〈表(あらわ)す〉

左手のひらに右人差指をつけて前に押し出す。

りゃくする【略する】

「説明を略する」

→〈説明〉+〈削る②〉

例文の「略する」は省略することなので〈削る②〉で表現。〈削る②〉は削り取るさまで「略する」「省略(する)」「削る」「省く」の意味。

〈説明〉

左手のひらを右手で小刻みにたたく。

〈削る②〉

左手のひらを右手のひらで削り落とすようにする。

りゆう【理由】

「理由を述べる」

→〈意味①〉+〈説明〉

「理由」は〈意味①〉で表現。〈意味①〉は木の根をさぐるさまで「根拠」「理由」「訳」「意味」の意味。

〈意味①〉

左手のひらの下を右人差指で突くようにする。

〈説明〉

左手のひらを右手で小刻みにたたく。

りゅうがく【留学】

「（アメリカ）留学」
→（〈アメリカ①〉＋）
〈勉強②〉＋〈行（い）く①〉

「留学」は外国に一定期間、勉強に行く意味なので〈勉強②〉＋〈行く①〉で表現。

〈勉強②〉
指先を上に向けた両手を並べて軽く前に出す。

〈行（い）く①〉
右手人差指を下に向けて、振りあげるように前をさす。

りゅうこう【流行】

「流行歌」
→〈広がる①〉＋〈歌う①〉

「流行歌」はある時期に流行する歌のことで〈広がる①〉＋〈歌う①〉で表現。〈広がる①〉は広がるさまを表す。

〈広がる①〉
両手を前に出しながら左右に開く。

〈歌う①〉
右手２指を口元に当て、くるりと回して上にあげる。

りゅうざん【流産】

「流産」
→〈妊娠②〉＋〈流れる①〉

例文の「流産」は十分育っていない胎児が死んで生まれることで〈妊娠②〉＋〈流れる①〉で表現。

〈妊娠②〉
両手のひらで大きな腹を示す。

〈流れる①〉
右手甲を下に向けて左から右へ手首を返しながら右へ指先を向ける。

りゅうち【留置】

「留置（場）」
→〈警察②〉＋〈つかまる①〉
（＋〈場所〉）

例文の「留置」は容疑者を取り調べるために警察署に一時留めておくことで〈警察②〉＋〈つかまる①〉で表現。

〈警察②〉
右手の親指と人差指で作った丸を額に当てる。

〈つかまる①〉
こぶしを握った両手の手首を合わせて前に出す。

りょう【寮】

「（会社の）寮」
→（〈会社〉＋）
〈寝る〉＋〈長屋〉

例文の「寮」は多数の人が寝泊まりする施設のことで〈寝る〉＋〈長屋〉で表現。〈長屋〉は部屋や家が並ぶさまを表す。

〈寝る〉
右こぶしを頭に当てる。

〈長屋〉
両手で示した屋根形を前に出す。

りょう【料】

「原稿料」
→〈原稿〉＋〈金（かね）①〉

例文の「料」は料金の意味なので〈金（かね）①〉で表現。〈金（かね）①〉はお金を表すしぐさから。

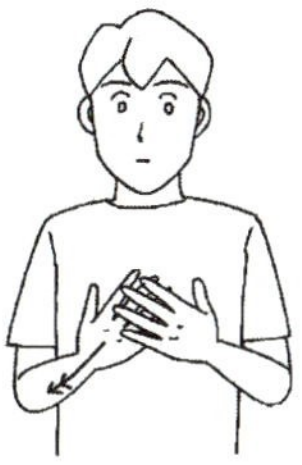

〈原稿〉
指を少し開いた両手のひらを重ねて格子を描くように右手を繰り返し引く。

〈金（かね）①〉
右手の親指と人差指で作った丸を示す。

りょう【量】

「雨の量」

→〈雨①〉+〈量〉

「雨の量」は降った雨のかさ、容積の意味なので〈量〉で表現。〈量〉は雨量計の深さを表す。

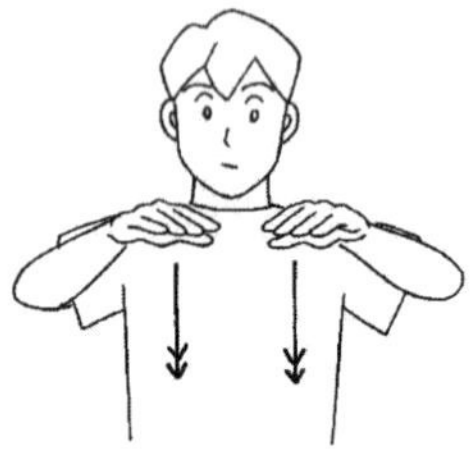

〈雨①〉

軽く開いた指先を前に向け両手を繰り返し下におろす。

〈量〉

両手のひらを上下に向かい合わせて右手を小さく上下させる。

りよう【利用】1

「機械を利用する」

→〈機械〉
（または〈歯車〉）+〈使う〉

例文の「利用」は使う意味なので〈使う〉で表現。〈使う〉はお金を使うさまであるが今では「使う」「用いる」一般に使われる。

〈機械〉

両手２指を前方に向け、交互に前に回転させる。

〈使う〉

左手のひらの上で右手の親指と人差指で作った丸をすべるようにして繰り返し前に出す。

りよう【利用】2

「（参考）文献を利用する」

→（〈参考〉+）
〈本〉+〈利用〉

例文の「利用する」は〈利用〉で表現。〈利用〉は〈使う〉と区別した「利用」を意味する新しい手話。

〈本〉

手のひらを合わせた両手を本を開くように左右に開く。

〈利用〉

開いた親指と人差指を手前に引きながら閉じる。

りよう【理容】

「理容師」

→〈理容〉+〈人々①〉

「理容」は髪の形を整えることで〈理容〉で表現。〈理容〉ははさみで髪を切るさまで「調髪」「散髪」などの意味を表す。

〈理容〉

左手２指の背側を右手２指で刈りあげるようにする。

〈人々①〉

親指と小指を立てた両手を揺らしながら左右に開く。

りょうがえ【両替】1

**「（１万円札を）
千円札に両替する」**

→（〈１万〉+）
左〈千①〉+〈交換①〉

例文は〈１万〉+左手〈千①〉+〈交換①〉で表現。〈交換①〉は自分のものと相手のものを交換するさまを表す。

左〈千①〉

親指と３指で丸を作る。

〈交換①〉

手のひらを上に向けた両手を前後に置き、同時に前後を入れ換える。

りょうがえ【両替】2

「両替機」

→〈両替〉+〈機械〉

例文は〈両替〉+〈機械〉で表現。〈両替〉は左手の〈金〉と右手の〈変わる③〉を組み合わせた新しい手話。

〈両替〉

丸を作った左手に右手２指を当て、右に手首を返す。

〈機械〉

両手２指を前方に向け、交互に前に回転させる。

りょうきん【料金】

「子供料金」

→〈子供①〉+〈金(かね)①〉

「料金」はそれに必要な代金のことで〈金(かね)①〉で表現。〈金(かね)①〉は「料金」「代金」などの意味を表す。

〈子供①〉

両手のひらを前方に向け、軽く振る。

〈金(かね)①〉

右手の親指と人差指で作った丸を示す。

りょうしゅう【領収】1

「千円領収(した)」

→〈千円〉+〈金をもらう①〉
(+〈た〉)

例文の「領収」はお金を受け取る意味なので〈金をもらう①〉で表現。

〈千円〉

右手の小指を除いた4指で丸を作り、次に親指と人差指を開いて右に引く。

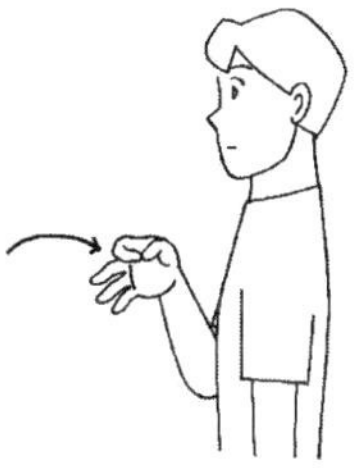

〈金をもらう①〉

親指と人差指で作った丸を手前に引き寄せる。

りょうしゅう【領収】2

「領収書」

→〈領収書〉+〈券①〉

「領収書」は〈領収書〉+〈券①〉で表現。〈領収書〉は領収書を切るさまを表す。〈領収書〉だけでも「領収書」の意味になる。

〈領収書〉

両手の小指側をつき合わせ、左手を残し右手を前に倒す。

〈券①〉

両手の親指と人差指を曲げて向き合わせて四角を示す。

りょうしん【両親】

「両親は健在です」

→〈両親〉+〈無事〉

「両親」は父と母のことで〈両親〉で表現。〈両親〉は〈父〉と〈母〉を同時に表したもの。

〈両親〉

人差指をほおにふれ、親指と小指を出す。

〈無事〉

ひじを張り、両こぶしを握り、下におろしてとめる。

りょうど【領土】

「日本の領土」

→〈日本〉+〈領土〉

「領土」は〈領土〉で表現。〈領土〉は左手で範囲を示し、その内側の〈あたり〉を表す。

〈日本〉

両手の親指と人差指をつき合わせ、左右にひらきながら閉じる。

〈領土〉

左手の親指と4指で囲むようにした中を右手でつかみ取るようにする。

りょうよう【療養】

「病気療養」

→〈病気〉+〈大切③〉

「療養」は病気やけがを治すために養生する意味なので〈大切③〉で表現。〈大切③〉は身をいたわるさまで「療養」「静養」「保養」の意味。

〈病気〉

こぶしで額を軽くたたく。

〈大切③〉

左手甲を右手でなでるように回す。

りょうり【料理】

「魚料理」

→〈魚(さかな)①〉+〈料理〉

例文の「料理」は〈料理〉で表現。〈料理〉は包丁を使うさまを表す。

〈魚(さかな)①〉

右手をひらひらさせながら左に向けて動かす。

〈料理〉

左手で押さえ、右手で刻むようにする。

りょかん【旅館】

「旅館」

→〈寝る〉+〈家〉

「旅館」は旅行者などを寝泊まりさせる設備・施設のことで〈寝る〉+〈家〉で表現。「旅館」「宿」「宿舎」などの意味がある。

〈寝る〉

右こぶしを頭に当てる。

〈家〉

両手で屋根形を作る。

りょく【力】

「聴力」

→〈聞く②〉+〈力〉

「聴力」は聞く力・能力の意味なので〈聞く②〉+〈力〉で表現。〈力〉は「力」「能力」を表す。

〈聞く②〉

右人差指を右耳に当てる。

〈力〉

こぶしを握った左腕を曲げ、上腕に右人差指で力こぶを描く。

りょくないしょう【緑内障】

「父が緑内障になる」

→〈父〉+〈緑内障〉

「緑内障」は〈緑内障〉で表現。〈緑内障〉は左手の目の中に右手の緑があるさまを表す新しい手話。

〈父〉

右人差指でほおにふれ、親指を出す。

〈緑内障〉

丸を作った左手を右目の前に置き、その内側から手のひらを手前に向けた右手をあげていく。

りょこう【旅行】1

「海外旅行」

→〈外国〉+〈旅行〉

「旅行」は旅をすることで〈旅行〉で表現。〈旅行〉はあちこちに行き、見るさまを表す。

〈外国〉

右人差指を右目のまわりで回す。

〈旅行〉

両手人差指を平行に並べ同時に左右に振る。

りょこう【旅行】2

「(日本)各地を旅行する」

→(〈日本〉+)
〈地方〉+〈汽車〉

例文の「旅行する」は〈汽車〉で表現。旅行のための乗り物である汽車で旅行する意味を表したもの。

〈地方〉

全指を曲げた右手を下に向け、左から右へ順番に置く。

〈汽車〉

左手のひらの横で右手2指を前に回転させる。

り

リラックス 1

「家でリラックスする」

→〈家〉+〈暇〉

例文の「リラックスする」は〈暇〉で表現。〈暇〉は手が空いているさまで「のんびり」「暇」の意。

〈家〉

両手で屋根形を作る。

〈暇〉

両手のひらを前に出すようにぱっと開く。

リラックス 2

「リラックスムード」

→〈暇〉+〈休憩〉

例文は〈暇〉+〈休憩〉で表現。〈休憩〉は空気を入れ換えるさまを表す。「雰囲気」の意。

〈暇〉

両手のひらを前に出すようにぱっと開く。

〈休憩〉

両手の小指側を前に向けながら交差を繰り返す。

りりく【離陸】

「(時間)どおりに離陸する」

→(〈時間〉+)〈同じ①〉+〈離陸〉

例文の「離陸」は〈離陸〉で表現。〈離陸〉は飛行機が飛び出すさまを表す。

〈同じ①〉

両手の親指と人差指の先を上に向けて閉じたり開いたりする。

〈離陸〉

左手のひらの上から親指と小指を出した右手を左上に飛び出すようにあげる。

リレー

「[陸上の]リレー競技」

→〈リレー〉+〈競争〉

例文の「リレー」は〈リレー〉で表現。〈リレー〉はバトンを受け取るさまを表す。

〈リレー〉

バトンを受け取るしぐさをする。

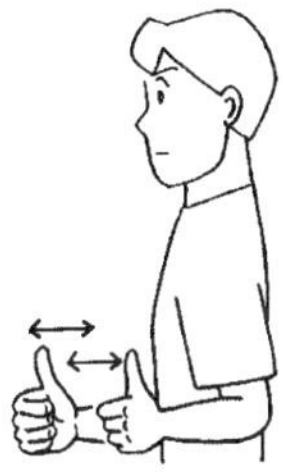

〈競争〉

親指を立てた両手を競うように交互に前後させる。

りれき【履歴】

「履歴書」

→〈経過〉+〈四角②〉

「履歴」は現在までに経験してきた学業・職業などを意味するので〈経過〉で表現。〈経過〉は「経過」「経歴」「履歴」の意味を表す。

〈経過〉

左上腕から指先に向かって右手甲を流れるように動かす。

〈四角②〉

両手の人差指で四角を描く。

りろん【理論】

「理論」

→〈リ〉+〈説明〉

「理論」は体系立てられた論理のことで指文字〈リ〉+〈説明〉で表現。〈リ〉は「理論」の「理」を、〈説明〉は「論理」を表す。

〈リ〉

右手２指で「リ」の字形を描く。

〈説明〉

左手のひらを右手で小刻みにたたく。

りんきおうへん【臨機応変】

「臨機応変」
→〈その時々〉+〈合う③〉

「臨機応変」はその場その場に応じてふさわしい処置をとることなので〈その時々〉+〈合う③〉で表現。てきぱきと対応する意味を表す。

〈その時々〉
左手のひらに右親指をつけて右人差指を時計の針のように回し、右へ動かしながら繰り返す。

〈合う③〉
左右で左人差指の先に右人差指の先を当てる。

りんじ【臨時】2

「臨時職」
→〈例〉+〈仕事〉

例文の「臨時職」は必要な期間だけの意味なので〈例〉+〈仕事〉で表現。〈例〉は「仮」の意味。手話は「臨時職員」「アルバイト」を表す。

〈例〉
左手甲に右手の親指と人差指で作った丸をつける。

〈仕事〉
手のひらを上に向け、向かい合わせた両手指先を繰り返しつき合わせる。

リンゴ【林檎】

「リンゴはおいしい」
→〈リンゴ〉+〈おいしい①〉
（または〈おいしい②〉）

例文の「リンゴ」は〈リンゴ〉で表現。〈リンゴ〉は赤とリンゴの形を表す。

〈リンゴ〉
右人差指を唇に当てて引き、左手〈C②〉を寝かせてその上を右手でおおうように前に出す。

〈おいしい①〉
右手のひらであごをぬぐう。

りんやちょう【林野庁】

「林野庁」
→〈林〉+〈庁〉

「林野庁」は〈林〉+〈庁〉で表現。〈林〉は樹木が数多く生えているさま、〈庁〉は「庁」の最後の画を表す。

〈林〉
指先を上に向けた両手のひらを向かい合わせて交互に上下させながら左右に開く。

〈庁〉
両手の人差指で「丁」を描く。

りんじ【臨時】1

「臨時（ニュース）」
→〈突然〉
または〈急に〉
（+〈発表〉）

例文の「臨時ニュース」は急に入るニュースなので〈突然〉または〈急に〉+〈発表〉で表現。

〈突然〉
両手の親指と人差指で作った丸をぶつけ、左右にぱっと開く。

〈急に〉
右人差指を勢いよくすくいあげる。

りんり【倫理】1

「倫理道徳を話す」
→〈常識〉+〈説明〉

「倫理道徳」は〈常識〉で表現。〈常識〉は常識・マナー・道徳の意。

〈常識〉
両こぶしの小指側を繰り返し打ちつける。

〈説明〉
左手のひらを右手で小刻みにたたく。

りんり【倫理】2

「倫理にそむく」

→〈常識〉+〈失礼①〉
（または〈合わない〉）

例文は〈常識〉+〈失礼①〉または〈合わない〉で表現。

〈常識〉
両こぶしの小指側を繰り返し打ちつける。

〈失礼①〉
小指側を合わせた両こぶしを前後にはずすように動かす。

るす【留守】

「留守番」

→〈留守〉+〈調べる④〉

例文の「留守」は家にいないことで〈留守〉で表現。〈留守〉は左手の家の中がからっぽのさまを表す。〈調べる④〉は「家を見張る、番をする」。

〈留守〉
左手で屋根形を示し、その下で指先を前に向けた右手を振る。

〈調べる④〉
〈留守〉の左手を残し、折り曲げた右手２指を目の前で往復する。

〈ル〉
親指と人差指と中指で「ル」の字形を示す。

〈レ〉
親指と人差指で「レ」の字形を示す。

ルール

「ルール（を守る）」

→〈ルール〉
　または〈規則〉
（+〈注意〉）

「ルール」は規則の意味なので〈ルール〉または〈規則〉で表現。〈ルール〉は指文字〈ル〉を上下に並べたもの。

〈ルール〉
左右の手で指文字〈ル〉を作り、上下に示す。

〈規則〉
左手のひらに折り曲げた右手２指を打ちつける。

れい【例】1

「例を示す」

→〈例〉+〈表（あらわ）す〉

例文の「例」は見本の意味なので〈例〉で表現。〈例〉は「例」「仮」を表す手話で、この場合は「見本」の意味にもなる。

〈例〉
左手甲に右手の親指と人差指で作った丸をつける。

〈表（あらわ）す〉
左手のひらに右人差指をつけて前に押し出す。

れい【例】2

「例になっている」

→〈習慣〉+〈ある①〉

例文の「例」は習慣の意味なので〈習慣〉で表現。〈習慣〉は身につけるさまで「習慣」「(技術を)習得する」などの意味がある。

〈習慣〉

左手甲に右手甲をつけて前に出しながら右手を握る。

〈ある①〉

手のひらを下に向けた右手を体の前に軽く置く。

れい【零】

「零点」

→〈零〉

または〈ゼロ〉

「零点」は〈零〉または〈ゼロ〉で表現。〈ゼロ〉は答案の採点に書く零点を表す。

〈零〉

左手の親指と人差指で作った丸の中に右人差指を入れて回す。

〈ゼロ〉

左手の親指と人差指で作った丸の下を右手２指で線を引くように右へ動かす。

れい【礼】1

「みんなで礼をする」

→〈みんな〉+〈礼〉

例文の「礼」は一斉におじぎをする意味なので〈礼〉で表現。〈礼〉は両手で示す人々がおじぎをするさまを表す。

〈みんな〉

右手のひらを下に向けて水平に回す。

〈礼〉

指先を上に向け、手のひらを前に折り曲げる。

れいがい【例外】

「例外」

→〈例〉+〈別〉

「例外」は通常の例からはずれた例の意味で〈例〉+〈別〉で表現。〈例〉+〈別〉は通常の例ではないことの意味を表す。

〈例〉

左手甲に右手の親指と人差指で作った丸をつける。

〈別〉

両手の甲を合わせて右手を前に押し出す。

れい【礼】2

「礼を言う」

→〈ありがとう〉+〈言う①〉

例文の「礼」は感謝の気持ちを表す言葉なので〈ありがとう〉で表現。〈ありがとう〉は相撲で勝った力士が手刀を切るさまから。

〈ありがとう〉

右手を左手甲に軽く当て、拝むようにする。

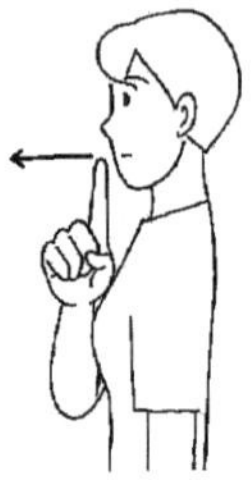

〈言う①〉

右人差指を口元から前に出す。

れいぎ【礼儀】

「礼儀正しい」

→〈常識〉+〈正しい〉

「礼儀」は〈常識〉で表現。〈常識〉は「道徳」「礼儀」「常識」「エチケット」「マナー」などの意味を表す。

〈常識〉

両こぶしの小指側を繰返し打ちつける。

〈正しい〉

親指と人差指をつまみ、胸に当て、右手をあげる。

れいさい【零細】

「零細(企業)」

→〈小さい②〉
または〈少し〉
(+〈会社〉)

「零細」は規模が非常に小さいことなので〈小さい②〉または〈少し〉で表現。

〈小さい②〉

右手の親指と人差指を軽く開き、下にさげながら小さな丸を作る。

〈少し〉

右手の親指と人差指を合わせ、親指をはじく。

れいせい【冷静】1

「冷静になる」

→〈興奮〉+〈冷(さ)める②〉

例文の「冷静になる」は興奮した感情が落ち着く意味なので〈興奮〉+〈冷(さ)める②〉で表現。〈冷(さ)める②〉は血がさがるさま。

〈興奮〉

すぼめた両手をほおに当て、揺らしながら上にあげる。

〈冷(さ)める②〉

指文字〈コ〉を示した両手を額から下にさげる。

れいせい【冷静】2

「冷静な態度」

→〈落ち着く②〉+〈態度〉

例文の「冷静」は落ち着いた態度のことなので〈落ち着く②〉で表現。〈落ち着く②〉は気持ちが落ち着き安定するさまを表す。

〈落ち着く②〉

指先を向かい合わせ、手のひらを下に向けた両手を胸から静かにおろす。

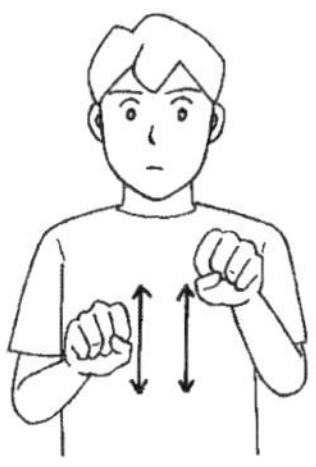

〈態度〉

こぶしを握った両手を交互に上下させる。

れいぞうこ【冷蔵庫】

「冷蔵庫」

→〈寒い〉+〈開(あ)ける②〉

「冷蔵庫」は〈寒い〉+〈開ける②〉で表現。〈寒い〉は冷たい、ひえるの意味。〈開ける②〉は冷蔵庫のドアを開けるさま。

〈寒い〉

両こぶしを握り、左右にふるわせる。

〈開(あ)ける②〉

取っ手を握ってドアを手前に開くようにする。

れいとう【冷凍】

「(魚を)冷凍する」

→(〈魚(さかな)①〉+)
〈寒い〉+〈固い②〉
(または〈固い①〉)

「冷凍」は摂氏零度以下に凍らせることで〈寒い〉+〈固い②〉または〈固い①〉で表現。

〈寒い〉

両こぶしを握り、左右にふるわせる。

〈固い②〉

曲げた右手全指を振りおろして止める。

れいぼう【冷房】

「部屋を冷房する」

→〈部屋〉+〈冷房〉

例文の「冷房」は部屋の温度をさげて冷たくすることで〈冷房〉で表現。〈冷房〉は左手の箱の中が冷たくなるさまで「冷房」を表す新しい手話。

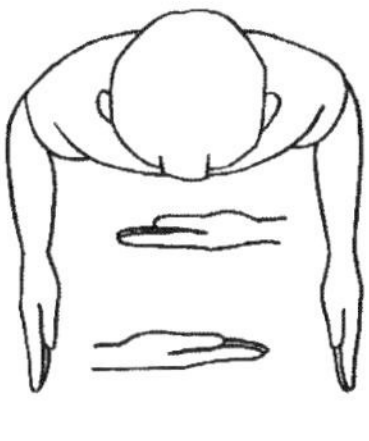

〈部屋〉

両手のひらで前後左右に四角く囲む。

〈冷房〉

左手で指文字〈コ〉を示し右こぶしをひじからふるわせるようにする。

レインコート

「レインコート」

→〈雨①〉+〈服〉

「レインコート」は防水加工をしたコートのことで〈雨①〉+〈服〉で表現。〈雨①〉+〈服〉は「雨具」「カッパ」などの意味も表す。

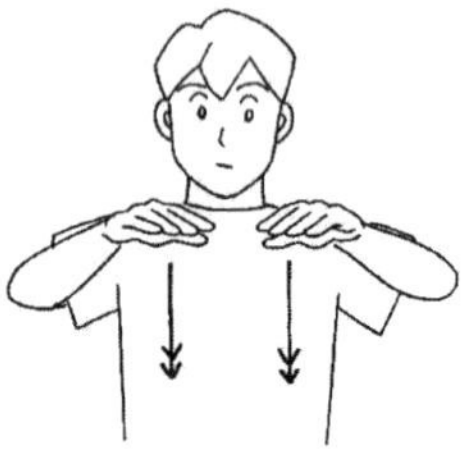

〈雨①〉
軽く開いた指先を前に向け両手を繰り返し下におろす。

〈服〉
親指を立てた両手をえりに沿って下におろす。

レース 1

「自転車レース」

→〈競輪〉

「自転車レース」は自転車がスピードを競い合う「競輪」のことで〈競輪〉で表現。〈競輪〉は競う自転車がコーナーを曲がるさまを表す。

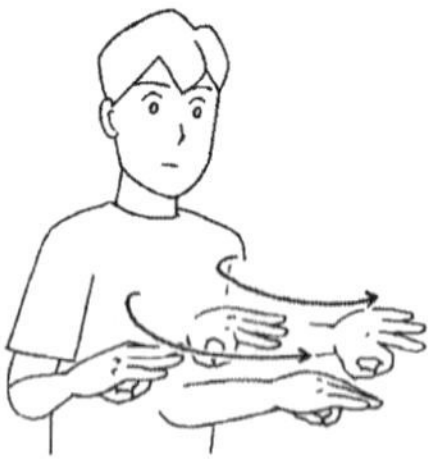

〈競輪〉
親指と人差指で作った丸を自転車の車輪のように前後に並べ、コーナーを曲がるように動かす。

レース 2

「自動車レース」

→〈運転〉+〈競争〉

「自動車レース」は自動車がスピードを競い合うなどする競技のことで〈運転〉+〈競争〉で表現。〈競争〉は先頭を争うさまを表す。

〈運転〉
ハンドルを両手で握り、回すようにする。

〈競争〉
親指を立てた両手を競うように交互に前後させる。

レーダー 1

「レーダー基地」

→〈レーダー〉+〈基地〉

「レーダー」は〈レーダー〉で表現。〈レーダー〉はアンテナから送信される電波のさまを表す。

〈レーダー〉
左手のひらに右手指文字〈レ〉を当て、斜め上に繰り返し出す。

〈基地〉
手を握った左手のひじの下から右手を弧を描くように出す。

レーダー 2

「レーダーにとらえる」

→〈レーダー〉+〈表(あらわ)れる〉

例文は〈レーダー〉+〈表れる〉で表現。〈表れる〉は表面に出てくるさまを表す。

〈レーダー〉
左手のひらに右手指文字〈レ〉を当て、斜め上に繰り返し出す。

〈表(あらわ)れる〉
左手のひらに右人差指を当て、目の前に近づける。

れきし【歴史】

「日本の歴史」

→〈日本〉+〈歴史〉

「歴史」は〈歴史〉で表現。〈歴史〉は〈人々〉の手の形が子孫に続くさまで「歴史」「伝統」などの意味を表す。

〈日本〉
両手の親指と人差指を向かい合わせて左右に引きながら閉じる。

〈歴史〉
親指と小指を立てた両手を左上で合わせ、右手を揺らしながら右下へおろす。

れ

れきだい【歴代】

「歴代首相」
→〈歴代〉+〈首相〉

「歴代」は〈歴代〉で表現。〈歴代〉は〈歴史〉と〈順番〉を組み合わせた手話。

〈歴代〉
親指と小指を立てた左手の下から手のひらを上向きにした右手を段々におろしていく。

〈首相〉
右手のひらを首筋に当てて親指を出す。

れきにん【歴任】

「委員を歴任する」
→〈委員〉+〈歴任〉

「歴任」は次々と役職を務めることなので〈歴任〉で表現。〈歴任〉は左手が責任、右手が次々に務めてきたことを表す新しい手話。

〈委員〉
左手のひらを右人差指で軽くたたく。

〈歴任〉
左手を左肩に置き、手のひらを上向きにした右手を左腕に当て、順におろしていく。

レクリエーション

「レクリエーション」
→〈レ〉+〈うれしい〉

「レクリエーション」は娯楽で、指文字〈レ〉+〈うれしい〉で表現。〈うれしい〉は「楽しい」「楽しむ」「娯楽」などの意味がある。

〈レ〉
右手の親指と人差指でカタカナの「レ」を示す。

〈うれしい〉
両手のひらを胸の前で、交互に上下させる。

レコード

「走り幅跳びのレコードを破る」
→〈走り幅跳び〉+〈折る①〉

例文の「レコード」は競技の最高記録の意味なので、「レコードを破る」は〈折る①〉で表現。

〈走り幅跳び〉
右手２指を下に向け走るように動かしてジャンプする。

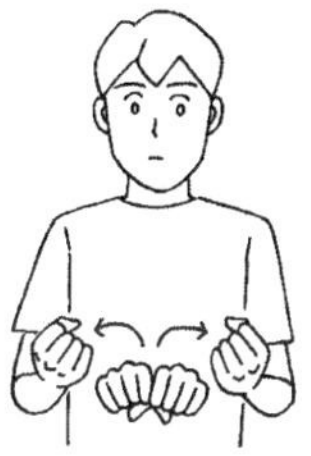

〈折る①〉
両こぶしの親指側を合わせ、折るようにする。

レジャー

「レジャーセンター」
→〈遊ぶ①〉+〈ビル①〉

「レジャー」は余暇を利用してする遊びの意味なので〈遊ぶ①〉で表現。

〈遊ぶ①〉
人差指を立てた両手を交互に前後に軽く振る。

〈ビル①〉
両手のひらを向かい合わせて上にあげ、閉じる。

レストラン

「レストラン」
→〈ステーキ〉+〈店①〉

「レストラン」は洋風の食堂の意味なので〈ステーキ〉+〈店①〉で表現。〈ステーキ〉はナイフとフォークを持つさまを表す。

〈ステーキ〉
左手のフォークで押さえ、右手に握ったナイフで切るように前後に動かす。

〈店①〉
両手のひらを上に向けて、左右に開く。

レスリング

「レスリングの練習」

→〈レスリング〉+〈練習〉

「レスリング」は相手の肩をマットにつけることを争う格闘技のことで〈レスリング〉で表現。レスリングの足技を表す。

〈レスリング〉

両手の２指を組み合わせて互いにひねるようにする。

〈練習〉

左手甲に右手の指先を前から繰り返し当てる。

レタス

「レタスのサラダ」

→〈レタス〉+〈サラダ〉

「レタス」は〈レタス〉で表現。〈レタス〉は重なり合っている葉のさまを表す。

〈レタス〉

左手の甲に重ねた右手を前に出し、さらに向きを変えて前に出す。

〈サラダ〉

両手２指ですくうように繰り返す。

れつ【列】1

「列を作る」

→〈並ぶ①〉
または〈並ぶ②〉

例文の「列」は行列の意味なので〈並ぶ①〉または〈並ぶ②〉で表現。いずれも人に見立てた両手が並ぶさまで「列を作る」「並ぶ」など。

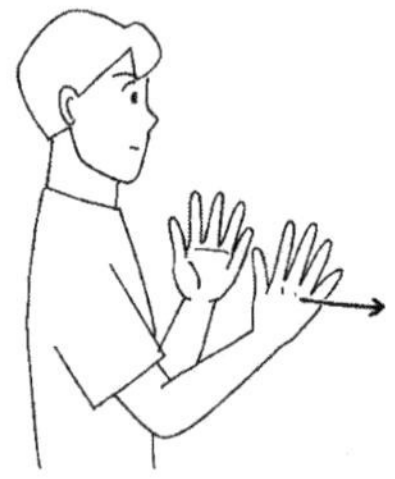

〈並ぶ①〉

左手の小指と右手の親指をつけて前後に並べ、右手を前に伸ばす。

〈並ぶ②〉

左手の親指と右手の小指をつけて前後に並べ、右手を手前に引く。

れつ【列】2

「長蛇の列」

→〈並ぶ⑤〉

「長蛇の列」は非常に長く並んだ列なので〈並ぶ⑤〉で表現。〈並ぶ⑤〉の揺らしながらひく長さが「長蛇の列」のさまを表す。

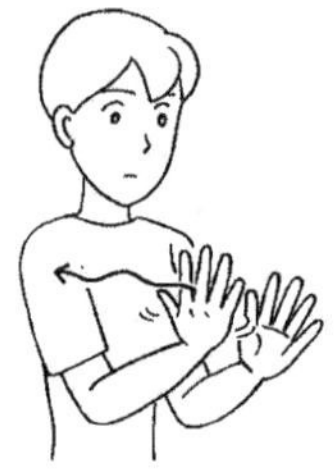

〈並ぶ⑤〉

指先を上に向けた両手を前後に置き、右手を揺らしながら手前に引く。

れっしゃ【列車】

「（寝台）列車」

→（〈寝る〉+）
〈汽車〉
または〈電車〉

「列車」は〈汽車〉または〈電車〉で表現。〈汽車〉は蒸気機関車のピストンの動きのさまで〈電車〉はパンタグラフを出して走行するさまを表す。

〈汽車〉

左手のひらの横で右手２指を前に回転させる。

〈電車〉

折り曲げた右手２指を左手２指に沿って前に動かす。

レフト

「野球のレフト」

→〈野球①〉+〈左③〉

例文の「レフト」は野球の左翼なので〈左③〉で表現。〈左③〉は「レフト」「左翼（手）」を表す。

〈野球①〉

バットを握って振るようにする。

〈左③〉

左腕を右手のひらで軽くたたく。

レベル 1

「レベルが高い」

→〈レベル〉+〈高い③〉

例文の「レベル」は程度の意味なので〈レベル〉で表現。〈レベル〉は基準のさまを表す。

〈レベル〉

右手指先を前に向け、胸の高さで手のひらを下に向けて水平に右へ動かす。

〈高い③〉

指文字〈コ〉を示した右手を上にあげる。

レベル 2

「トップレベル(の会議)」

→〈最高〉+〈長②〉
(+〈会議〉)

例文の「トップレベル」は組織の一番地位の高い人たちの意味なので〈最高〉+〈長②〉で表現。〈最高〉はこれより上がないさま。

〈最高〉

手のひらを下に向けた左手に右手指先を突き上げて当てる。

〈長②〉

左手の甲に親指を立てた右手をのせる。

レポート 1

「レポートを(書く)」

→〈答える〉または〈レポート〉
(+〈書く①〉)

「レポート」は報告の意味なので〈答える〉または〈レポート〉で表現。〈答える〉は声を出すさまで、〈レポート〉は指文字の〈レ〉を使った新しい手話。

〈答える〉

口の前で両手の親指と人差指を向かい合わせて前に出す。

〈レポート〉

指先を前方に向けた左手のひらの上で右指文字〈レ〉を前に動かす。

レポート 2

「(現場から)詳しくレポートする」

→(〈本当〉+〈場所〉+〈から〉+)
〈細かい①〉+〈答える〉

例文の「レポート」は現地から口頭で報告することなので〈答える〉で表現。

〈細かい①〉

両手の親指と人差指をつまみ、つきあわせ、つぶすようにする。

〈答える〉

口の前で両手の親指と人差指を向かい合わせて前に出す。

レモン【檸檬】

「レモンティー」

→〈レモン〉+〈紅茶〉

「レモン」は〈レモン〉で表現。〈レモン〉は切られたレモンをつまんでしぼりかけるさまを表す。

〈レモン〉

親指と人差指をつまみ、次に水平に円を描く。

〈紅茶〉

茶碗を持つようにした左手の上をティーバッグを上下させるように右手を動かす。

れんあい【恋愛】

「恋愛結婚」

→〈恋〉+〈結婚〉

「恋愛」は異性同士で愛し合う関係のことで〈恋〉で表現。〈恋〉はハート形を表したもの。

〈恋〉

両手人差指を軽く曲げ左右から弧を描き、中央で交差する。

〈結婚〉

親指と小指を左右からつける。

れんが【煉瓦】

「れんが作り(の家)」

→〈赤〉+〈重ねる③〉
(+〈家〉)

「れんが」は土を焼いた赤い方形の建築資材で〈赤〉+〈重ねる③〉で表現。れんがを積み重ねるさまを表す。

〈赤〉

唇に人差指を当て、右へ引く。

〈重ねる③〉

「コ」の字形にした両手を積み重ねる。

れんさい【連載】

「連載漫画」

→〈連載〉+〈漫画〉

「連載」は新聞や雑誌に小説などの続き物をのせることで〈連載〉で表現。〈連載〉は左手の紙面に右手をのせることを繰り返して表す。

〈連載〉

全指を折り曲げた右手を左手のひらの上に繰り返し載せるようにして左から右へ動かす。

〈漫画〉

親指と人差指で丸を作った両手を上下に置き、前に向けて振る。

れんきゅう【連休】

「五連休」

→〈5〉+〈連休〉

「連休」は休みが続く、または続く休みのことで〈連休〉で表現。〈連休〉は〈休む①〉を繰り返すさまで「連休」を表す。

〈5〉

右親指の指先を左に向けて示す。

〈連休〉

両手のひらを下に向け、繰り返し閉じるようにして左から右へ動かす。

れんしゅう【練習】

「練習(を休む)」

→〈練習〉
または〈鍛える〉
(+〈休む①〉)

「練習」は〈練習〉または〈鍛える〉で表現。〈練習〉は手に覚えさせること、〈鍛える〉は体をうちたたくさまを表す。

〈練習〉

左手甲に手のひらを手前に向けた右手指先を繰り返し当てる。

〈鍛える〉

ひじを張り、両こぶしで胸を同時に繰り返したたく。

レンコン【蓮根】

「レンコンのテンプラ」

→〈レンコン〉+〈テンプラ〉

「レンコン」は〈レンコン〉で表現。〈レンコン〉はレンコンの穴のさまを表す。

〈レンコン〉

軽く握った左手の親指側に右人差指を3回位置を変えて近づける。

〈テンプラ〉

右手2指を手首を軸にくるくる回す。

レンズ

「顕微鏡のレンズ」

→〈顕微鏡①〉(または〈顕微鏡②〉)+〈レンズ〉

「レンズ」は〈レンズ〉で表現。〈レンズ〉は凸レンズのさまを表す。

〈顕微鏡①〉

左手の親指と4指で丸を作り、左目でのぞき込むようにして右手3指でネジを回すようにする。

〈レンズ〉

左手の親指と人差指を出し、左手の人差指から親指に向けて右親指と人差指で半月を描く。

れ

れんぞく【連続】1

「連続ドラマ」
→〈続く①〉+〈芝居〉

例文の「連続」は続きものの放送番組なので〈続く①〉で表現。〈続く①〉は結ばれた輪、関係が継続するさまを表す。

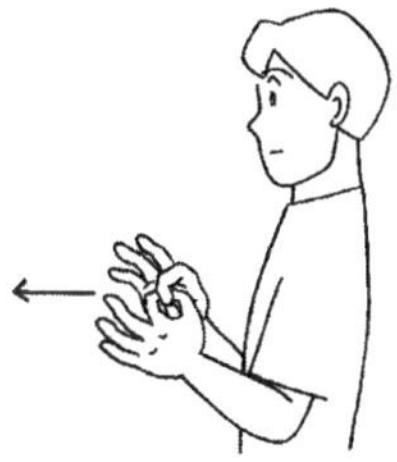

〈続く①〉
両手の親指と人差指を組んでまっすぐ前に出す。

〈芝居〉
互い違いに向けた両こぶしを手首を返しながら前後させる。

れんぞく【連続】2

「事件が連続する」
→〈事件〉+〈起きる③〉

例文の「連続」は事件が続いて起きる意味なので〈起きる③〉で表現。〈起きる①〉を繰り返しながら表す。

〈事件〉
左手の指文字〈コ〉の下で右人差指をすくいあげるようにする。

〈起きる③〉
右人差指を連続して左右ですくいあげるようにする。

れんたい【連帯】

「連帯感」
→〈仲間〉+〈感じる①〉

「連帯感」はみんなが仲間だと感じる気持ちなので〈仲間〉+〈感じる①〉で表現。

〈仲間〉
両手を握り、水平に回す。

〈感じる①〉
右人差指を頭に当てて軽く突くようにする。

レンタカー

「レンタカー」
→〈借りる〉+〈運転〉

「レンタカー」は貸し自動車のことなので〈借りる〉+〈運転〉で表現。

〈借りる〉
親指と 4 指を半開きにして手前に引きながら閉じる。

〈運転〉
ハンドルを両手で握り、回すようにする。

レンタル

「レンタルビデオ」
→〈借りる〉+〈テープ②〉

「レンタル」は短期間の賃貸しのことなので〈借りる〉で表現。

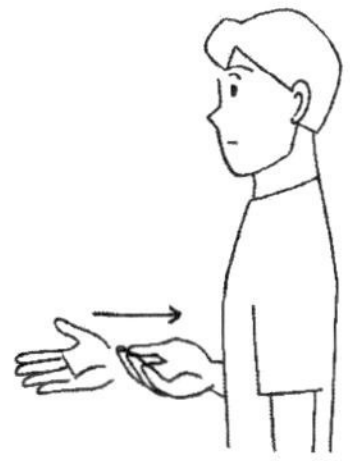

〈借りる〉
親指と 4 指を半開きにして手前に引きながら閉じる。

〈テープ②〉
両手の人差指の先を下に向けて回す。

レントゲン

「胸のレントゲン」
→(〈X〉または)
〈四角①〉+〈取られる①〉

例文は〈X〉または〈四角①〉+〈取られる①〉で表現。〈X〉は X 線の「X」、〈四角①〉は胸のレントゲン、〈取られる①〉は胸部の写真を撮られるさま。

〈四角①〉
両手の人差指で四角を描く。

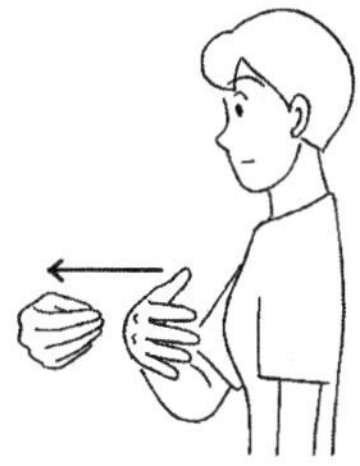

〈取られる①〉
軽く開いた右手の指先を手前に向けて前に出しながら閉じる。

れんぱい【連敗】

「(三)連敗」
→(〈3③〉+)
〈負ける①〉+〈続く②〉

「連敗」は連続して負けることなので〈負ける①〉+〈続く②〉で表現。「連勝」なら〈勝つ①〉+〈続く②〉で表現。

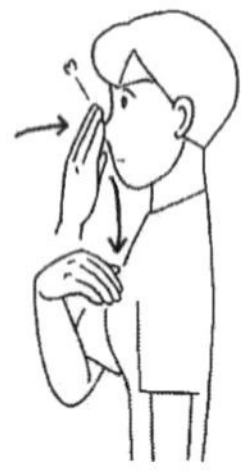

〈負ける①〉
右手のひらで鼻をそぎ落とすようにする。

〈続く②〉
両手の親指と人差指を組み合わせて揺らしながら前に出す。

れんめい【連盟】

「(ろうあ)連盟」
→(〈ろうあ①〉+)
〈協会①〉
または〈協会②〉

「連盟」は団体の呼び方で〈協会①〉または〈協会②〉で表現。指を組み合わせてまとまりを表し、まるく動かして団体であることを表す。

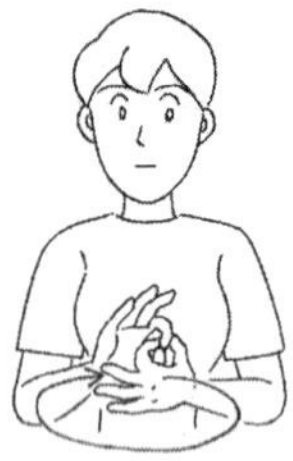

〈協会①〉
両手の親指と人差指を組み、水平に回す。

〈協会②〉
人差指を組み、水平に回す。

れんらく【連絡】1

「電話連絡をとる」
→〈電話する①〉
または〈電話する②〉

例文の「電話連絡」は電話をすることなので〈電話する①〉または〈電話する②〉で表現。いずれも電話するさまを表す。

〈電話する①〉
親指と小指を立てた右手を耳に当て、前に出す。

〈電話する②〉
親指と小指を立てた左手を顔横に置き、右人差指を相手先に向かって出す。

れんらく【連絡】2

「連絡がとれる」
→〈連絡①〉+〈できる〉

例文の「連絡」はつながりをつけることで〈連絡①〉で表現。〈連絡①〉は関係を示す輪を伝えるさまを表す。

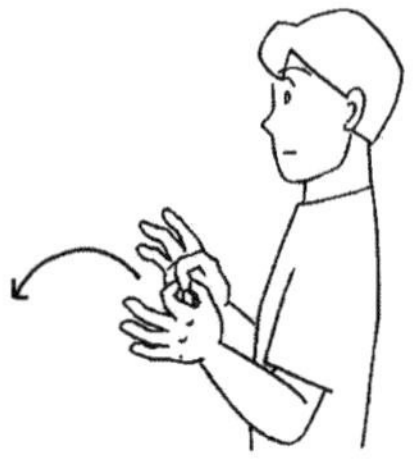

〈連絡①〉
両手の親指と人差指を組んで弧を描いて前に出す。

〈できる〉
右手指先を左胸と右胸に順に当てる。

れんりつ【連立】

「連立政権」
→〈連立〉+〈政権〉

例文は〈連立〉+〈政権〉で表現。〈連立〉は複数をまとめて一つにするさまを表す。〈政権〉は〈政治〉と〈力〉を組み合わせた手話。

〈連立〉
全指を立てた左手を人差指だけを立てた右手で包み右手だけを上にあげる。

〈政権〉
手のひらを右に向けて立てた左手の上腕に右人差指で力こぶを描く。

ろ

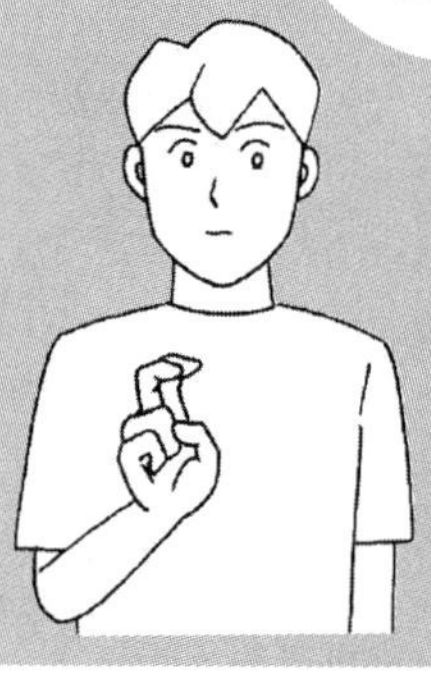

〈ロ〉
2指を曲げて示す。

ろう【牢】1

「牢に入る」

→〈牢〉+〈つかまる①〉

例文の「牢」は〈牢〉で表現。〈牢〉は鉄格子のさまを表す。「獄」も同手話。

〈牢〉

格子を握るようにした両こぶしを同時にさげる。

〈つかまる①〉

こぶしを握った両手の手首を合わせ前に出す。

ろうあ【聾唖】

「ろうあ(者)」

→〈ろうあ①〉
または〈ろうあ②〉
(+〈人々①〉)

「ろうあ」は耳と口が不自由なことなので〈ろうあ①〉または〈ろうあ②〉で表現。手話は耳と口がふさがれているさまを表す。

〈ろうあ①〉

右手のひらで口と耳をふさぐように当てる。

〈ろうあ②〉

両手で口と耳を軽く押さえる。

ろう【牢】2

「牢に入れる」

→〈牢〉+〈捨てる②〉

例文の「牢に入れる」は〈牢〉+〈捨てる②〉で表現。

〈牢〉

格子を握るようにした両こぶしを同時にさげる。

〈捨てる②〉

握った両手を斜め前に投げ出すようにして開く。

ろうえい【漏洩】

「漏洩」

→〈隠れる〉+〈漏らす②〉

「漏洩」は秘密を漏らすことなので〈隠れる〉+〈漏らす②〉で表現。〈隠れる〉は顔を隠すさまで「隠れる」意。〈漏らす②〉は口からことばがぽろりと出るさま。

〈隠れる〉

両手の小指側をつき合わせ顔を隠すようにする。

〈漏らす②〉

すぼめた右手を口元からぱっと開いて前に落とす。

ろう【聾】

「聾教育」

→〈聞こえない〉+〈教える①〉

「聾」は耳が聞こえないことで〈聞こえない〉で表現。〈聞こえない〉は耳がふさがれているさまを表す。

〈聞こえない〉

右手のひらで右耳をふさぐようにする。

〈教える①〉

右人差指を口元付近から手首を軸にして振りおろす。

ろうか【老化】

「老化」

→〈老人③〉+〈変わる①〉

例文の「老化」は年を取ることで〈老人③〉+〈変わる①〉で表現。〈老人③〉は一般におじいさんを表すが、男女に関係なくお年寄りの意味もある。

〈老人③〉

右手親指を曲げ、下におろす。

〈変わる①〉

手のひらを手前に向けた両手を交差させる。

ろうがん【老眼】

「老眼」
→〈目②〉+〈老人①〉

「老眼」は〈目②〉+〈老人①〉で表現。目が老人ということ。

〈目②〉
右人差指で右目をさす。

〈老人①〉
曲げた親指を軽く上下させる。

ろうじん【老人】

「老人ホーム」
→〈老人②〉+〈長屋〉

「老人」は〈老人②〉で表現。おじいさんとおばあさんを表す。

〈老人②〉
右手の親指と小指を順番に曲げて上下に揺らす。

〈長屋〉
両手で示した屋根形を前に出す。

ろうそく【蝋燭】

「ろうそくをつける」
→〈ろうそく〉+〈マッチ〉

「ろうそく」は〈ろうそく〉で表現。〈ろうそく〉は左手のろうそくが炎をあげるさまを表す。

〈ろうそく〉
左こぶしの上にすぼめた右手をのせて回す。

〈マッチ〉
左手でマッチの箱を持ち、右手にマッチ棒を持って擦るようにする。

ろうでん【漏電】

「漏電で火事」
→〈漏電〉+〈火事②〉

「漏電」は〈漏電〉で表現。〈漏電〉は両手の指先をつけて電気が流れていることを表し、それが離れることで漏電を表す。

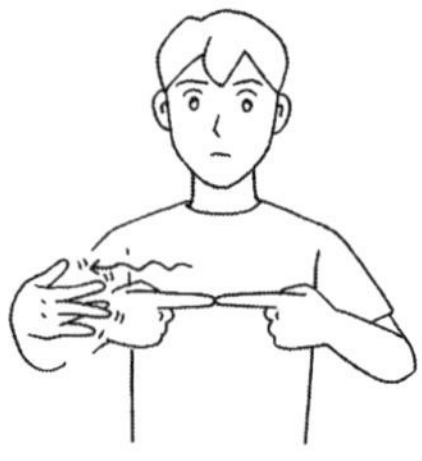

〈漏電〉
両人差指を左右に向かい合わせてつけ、右手をふるわせながら開き右に引く。

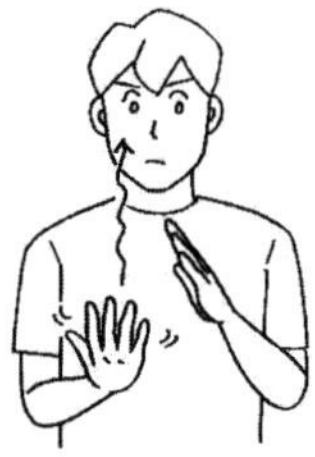

〈火事②〉
左手屋根形の下から指先を上に向けた右手を炎のように揺らしながら上にあげる。

ろうどう【労働】

「肉体労働」
→〈体(からだ)〉+〈工事〉

例文の「肉体労働」は体を使った仕事の意味なので〈体〉+〈工事〉で表現。〈工事〉は杭を打ち込むようなきびしい労働のさまを表す。

〈体(からだ)〉
右手を体の上で回す。

〈工事〉
左こぶしに右こぶしを左右から打ちつける。

ろうにん【浪人】1

「江戸の浪人」
→〈江戸〉+〈浪人〉

例文の「浪人」は禄を失った武士のことなので〈浪人〉で表現。〈浪人〉はぶらぶらしているさまを表す。

〈江戸〉
親指と人差指でもみあげを描くように下におろす。

〈浪人〉
下に向けた人差指と中指を水平に回す。

ろうにん【浪人】2

「一年浪人する」

→(〈一年①〉または)
〈一年②〉+〈浪人〉

例文の「浪人」は入学試験・就職試験に落ちて、次の機会を待っている人のことなので〈浪人〉で表現。

〈一年②〉
左こぶしの上で右人差指を水平に回す。

〈浪人〉
下に向けた人差指と中指を水平に回す。

ろうひ【浪費】1

「時間の浪費」

→〈時間〉+〈損〉

例文の「浪費」は時間をむだにする意味なので〈損〉で表現。〈損〉は金を捨てるさまで「損」「無駄」の意味を表す。

〈時間〉
左手首を右人差指でさし示す。

〈損〉
両手の親指と人差指で作った丸を前に投げるようにして開く。

ろうひ【浪費】2

「お金を浪費する」

→〈浪費①〉
または〈浪費②〉

例文「浪費」はお金のむだ使いなので〈浪費①〉または〈浪費②〉で表現。〈浪費①〉はぱっぱっと使うさま、〈浪費②〉は使い続けるさま。

〈浪費①〉
左手のひらの上で親指と人差指を閉じた右手を滑らすようにして繰り返し前に出す。

〈浪費②〉
左手のひらの上を右手の親指と人差指で作った丸を繰り返し前に出しながら右へ動かす。

ローカル 1

「ローカル(ニュース)」

→〈地方〉または〈地域①〉
(+〈放送〉)

「ローカル」は3種類の表現がある。ひとつは〈地方〉、ふたつめは〈地域①〉で表現。〈地方〉は〈場所〉を3個所表したもの。〈地域①〉は周辺地域を表す。

〈地方〉
全指を曲げた右手を下に向け、左から右へ順番に置く。

〈地域①〉
左手のひらの上に右親指を立てて人差指をコンパスのように回す。

ローカル 2

「ローカルニュース」

→〈ローカル〉+〈放送〉

みっつめは〈ローカル〉で表現。〈ローカル〉は指文字〈ロ〉を使った新しい手話。

〈ローカル〉
両手指文字〈ロ〉を前後に重ね、右手を前に出す。

〈放送〉
左こぶしからすぼめた右手を前に向けて繰り返し開く。

ロープ

「ロープで縛る」

→〈ロープ〉+〈縛る〉

「ロープ」は〈ロープ〉で表現。〈ロープ〉はロープのよりを表す。「縄」も同手話。

〈ロープ〉
手のひらの向きが違う両手2指を向かい合わせ、左右に引きながら逆方向にひねる。

〈縛る〉
両こぶしを握ってひもを結ぶようにする。

ろ

ロープウェー

「ロープウェー」

→〈ロープウェー〉

「ロープウェー」は空中に張り渡したロープに車体を吊り下げ人や物を輸送する装置で〈ロープウェー〉で表現。

〈ロープウェー〉

左手２指の指先を斜め上に向け、折り曲げた右手２指をそれに沿って上にあげる。

ろくおん【録音】

「録音テープ」

→〈録音〉＋〈テープ②〉

「録音」は音声や音楽など聞くものを記録することで〈録音〉で表現。左手はテープレコーダーの形を、右手は音を入れるさまを表す。

〈録音〉

四角を示した左手を右耳にやや近づけて右手の親指と４指を繰り返し閉じながら近づける。

〈テープ②〉

両手の人差指の先を下に向けて回す。

ローン

「住宅ローンを払う」

→〈家〉＋〈削る③〉

「ローン」は貸し付け金のことで、「ローンを払う」は〈削る③〉で表現。〈削る③〉は少しずつ払うさまを表す。

〈家〉

両手で屋根形を作る。

〈削る③〉

左人差指を右手で削るようにする。

ろくが【録画】

「テレビを録画する」

→〈テレビ〉＋〈録画〉

例文の「録画」は〈録画〉で表現。〈録画〉は左手の録画テープに画像を取り入れるさまを表す。

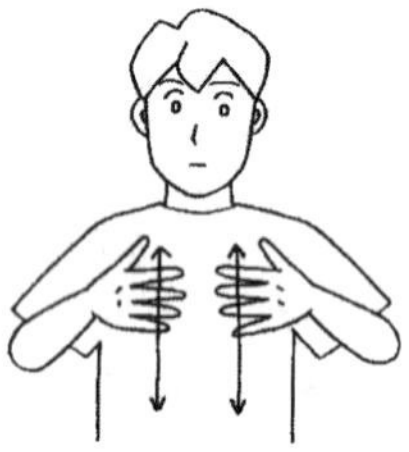

〈テレビ〉

両手の指先を向かい合わせて同時に上下させる。

〈録画〉

四角を示した左手に右手の親指と４指を繰り返し閉じながら近づける。

ろく【六】

「六歳」

→〈年齢〉＋〈６〉

数字の「六」は〈６〉で表現。

〈年齢〉

あごの下で右手の指を順に折る。

〈６〉

親指と人差指を立てて示す。

ろくがつ【六月】

「六月一日」

→〈六月〉＋〈六月一日〉

例文の「六月」は〈六月〉で表現。〈六月〉は左手の〈６〉の下に〈月〉を表す。

〈六月〉

左手で〈６〉を示し、その下で右手の親指と人差指で三日月を描く。

〈六月一日〉

左手で〈６〉、右手で〈１②〉を示し、上下に置く。

ロケット

「月ロケット」

→〈月〉+〈ロケット〉

「ロケット」は〈ロケット〉で表現。左手はロケットの機体、右手はガスを噴射するさまを表す。

〈月〉

右手の親指と人差指で三日月形を描く。

〈ロケット〉

指先を上に向けた左手の下からすぼめた右手を下に向けて繰り返し開きながら上にあげる。

ろてんぶろ
【露天風呂】

「露天風呂(に入る)」

→〈空〉+〈風呂①〉(または〈風呂②〉+〈入る③〉)

「露天風呂」は〈空〉+〈風呂①〉または〈風呂②〉で表現。〈空〉は空に広がる空間、〈風呂①〉は風呂で顔を洗うさま、〈風呂②〉は体を洗うさまを表す。

〈空〉

右手で頭上に弧を描く。

〈風呂①〉

右こぶしをほおに当て、こするようにする。

ロビー 1

「ホテルのロビー」

→〈ホテル〉+〈ロビー〉

例文の「ロビー」は建物の通路を兼ねた広間のことなので〈ロビー〉で表現。〈ロビー〉はロビーに備えられた椅子、ソファーを表す。

〈ホテル〉

左手のひらに右手２指を寝かせるようにして当て、順にあげる。

〈ロビー〉

２指を折り曲げて下に向けた両手を向かい合わせ、水平に手前に向けて弧を描く。

ロビー 2

「ロビー活動」

→〈ロビー〉+〈活動〉

例文の「ロビー」は議員の控え室のことなので〈ロビー〉で表現。

〈ロビー〉

２指を折り曲げて下に向けた両手を向かい合わせ、水平に手前に向けて弧を描く。

〈活動〉

ひじを少し張り、ひじを軸に両こぶしを交互に繰り返し前に出す。

ロボット

「作業ロボット」

→〈仕事〉+〈ロボット〉

例文の「ロボット」は自動的に作業を行う機械装置のことで〈ロボット〉で表現。〈ロボット〉は機械ロボットの動かす手のさまを表す。

〈仕事〉

手のひらを上に向け、向かい合わせた両手指先を繰り返しつき合わせる。

〈ロボット〉

折り曲げた両手２指の指先を向かい合わせて前に回転させる。

ろん【論】

「教育論」

→〈教える①〉+〈説明〉

例文の「論」は考え方の意味なので〈説明〉で表現。〈説明〉は「説明」「論」「述べる」の意味を表す。

〈教える①〉

右人差指を口元付近から手首を軸にして振りおろす。

〈説明〉

左手のひらを右手で小刻みにたたく。

ろんじる【論じる】

「（政治について）論じる」
→（〈政治〉＋〈関係①〉＋）
〈会話②〉
または〈説明〉

「論じる」は互いに意見を述べ合って争う意味なら〈会話②〉で、また自分の主張を展開するなら〈説明〉で表現する。

〈会話②〉
すぼめた両手を向かい合わせて同時に左右から繰り返し開く。

〈説明〉
左手のひらを右手で小刻みにたたく。

ろんそう【論争】

「論争する」
→〈論争〉
または〈討論〉

「論争」は〈論争〉または〈討論〉で表現。〈論争〉は双方の意見が対立し議論するさま、〈討論〉は何人かが話し合うさまを表す。

〈論争〉
両手の人差指をつき合わせてそのまま上にあげる。

〈討論〉
指を軽く開いて伸ばした両手指先を向かい合わせ、互い違いにねじるように揺らす。

ろんり【論理】

「論理が通る」
→〈説明〉＋〈まっすぐ②〉

「論理」は話の筋道または筋道のたった話、説明のことで〈説明〉で表現。〈説明〉は「説明」「論」「述べる」の意味を表す。

〈説明〉
左手のひらを右手で小刻みにたたく。

〈まっすぐ②〉
左手のひらの上に右手をのせて前にまっすぐ出す。

〈ワ〉
3指で「W」の字形を示す。

わ【和】1

「和を結ぶ」
→〈和解〉＋〈きちんと①〉

例文の「和」は仲良くすることで、「和を結ぶ」は〈和解〉＋〈きちんと①〉で表現。〈和解〉は手を結ぶさまで仲良くすることを表す。

〈和解〉
両手をゆっくりと結ぶ。

〈きちんと①〉
両手の親指と人差指を同時に閉じながら下におろす。

わ【和】2

「和式トイレ」
→〈トイレ〉＋〈日本〉

例文の「和」は日本の意味なので〈日本〉で表現。〈日本〉は弓なりの南北に細長い日本列島の形を表す。

〈トイレ〉
3指を立てて親指と人差指で「C」の字を作る。

〈日本〉
両手の親指と人差指を向かい合わせて左右に引きながら閉じる。

ワープロ

「ワープロを打つのが速い」
→〈ワープロ〉+〈はやい①〉

「ワープロ」は〈ワープロ〉で表現。左手は指文字〈ワ〉、右手はキーボードを打つさまを表す。

〈ワープロ〉
左手で指文字〈ワ〉を示し、右手でキーボードをたたくようにする。

〈はやい①〉
親指と人差指を閉じた右手をすばやく左へ動かしながら人差指を伸ばす。

わいろ【賄賂】1

「賄賂を使う」
→〈贈賄〉
　または〈買収〉

例文の「賄賂」は私的な利益を目的に便宜を図ってもらえるように公務員などに贈る金や物のこと。そでの下を使うさまで「贈賄」の意味を表す。

〈贈賄〉
左手のひらの下から右手をそっと出す。

〈買収〉
左手のひらの下から右手の親指と人差指で作った丸を前に出す。

ワールドカップ

「ワールドカップ」
→〈世界〉+〈カップ〉

「ワールドカップ」は〈世界〉+〈カップ〉で表現。〈世界〉は地球を表し、〈カップ〉は優勝杯の柄のさまを表す。

〈世界〉
両手の指先を向かい合わせ、球を描くように前に回す。

〈カップ〉
両こぶしを顔の前に並べ、下に弧を描きながらおろす。

わいろ【賄賂】2

「賄賂を受け取る」
→〈賄賂①〉
　または〈賄賂②〉

例文の「賄賂を受け取る」は〈賄賂①〉または〈賄賂②〉で表現。〈賄賂①〉はそでの下にお金を入れるさまで「そでの下」というところから。

〈賄賂①〉
左袖の下に右の親指と人差指で作った丸を入れるようにする。

〈賄賂②〉
左腕を立てひじの下に親指と人差指で作った丸を入れる。

ワイシャツ

「ワイシャツを着る」
→〈ワイシャツ〉+〈着る〉

「ワイシャツ」は〈ワイシャツ〉で表現。〈ワイシャツ〉はそのえりを表す。

〈ワイシャツ〉
開いた両手の親指と人差指をえりに当て、下げながら閉じる。

〈着る〉
親指を立てた両手を内側に倒し、着るようにする。

ワイン 1

「ワイン」
→〈ブドウ〉+〈飲む①〉

「ワイン」は2種類の表現がある。ひとつは〈ブドウ〉+〈飲む①〉で表現。

〈ブドウ〉
左手のひらを下に向け、右手をもむようにして下におろす。

〈飲む①〉
コップを持って、飲むようにする。

ワイン 2

「ワイン」
→〈ワイン〉

もうひとつは〈ワイン〉で表現。〈ワイン〉は wine の頭文字「W」を使った新しい手話。

〈ワイン〉
指文字〈ワ〉の人差指側を右側の口元に当てたまま、飲むように少しあげる。

わかい【和解】

「敵と和解する」
→〈敵〉+〈和解〉

「和解」は仲直りの意味なので〈和解〉で表現。〈和解〉は手を結ぶさまで仲良くすることを表す。

〈敵〉
左手甲に右手甲をぶつける。

〈和解〉
両手をゆっくりと結ぶ。

わかい【若い】1

「若い女性」
→〈若い〉+〈女性〉

例文の「若い」は年が少ない意味なので〈若い〉で表現。〈若い〉はしわのないぴんと張った額のさまを表す。

〈若い〉
右手のひらで額を左から右へふくようにする。

〈女性〉
両手小指を合わせて手前に水平に円を描く。

わがまま

「わがままな子供」
→〈わがまま〉+〈子供①〉

「わがまま」は〈わがまま〉で表現。だだをこねるさまを表す。

〈わがまま〉
両手のこぶしを握り、ひじを張って腕を左右に往復させる。

〈子供①〉
両手のひらを前方に向け、軽く振る。

わかい【若い】2

「年が三つ若い」
→〈三歳〉+〈下③〉

例文の「若い」は年が下の意味なので〈下③〉で表現。〈下③〉はそれより下のさまで「下」「劣る」などの意味がある。

〈三歳〉
あごの下で右手の指を順番に折り、数字の〈3②〉を前に出す。

〈下③〉
右手のひらを下に向け手首を軸にして下にさげる。

ワカメ

「ワカメの吸い物」
→〈ワカメ〉+〈飲む⑤〉

「ワカメ」は〈ワカメ〉で表現。〈ワカメ〉はワカメが海中で揺れているさまを表す。

〈ワカメ〉
手のひらを下に向けた左手の内側に手のひらを手前に向けて立てた右手を前後に振る。

〈飲む⑤〉
両手で容器を持ち、飲むようにする。

わかる【分かる】1

「(答えが)わかる」

→(〈答える〉+)
〈知る①〉
または〈知る②〉

例文の「わかる」は理解する、知ることで３種類の表現がある。ひとつは〈知る①〉で表現。ふたつめは〈知る②〉で表現。〈知る①〉は胸のつかえがおりるさま。

〈知る①〉

右手のひらを胸に当て、下におろす。

〈知る②〉

右こぶしで軽く胸をたたく。

わかる【分かる】2

「答えがわかる」

→〈答える〉+〈知る③〉

みっつめは〈知る③〉で表現。〈知る③〉は〈知る②〉の変形でどちらも胸をたたいて了解を示すさまを表す。

〈答える〉

口の前で両手の親指と人差指を向かい合わせて前に出す。

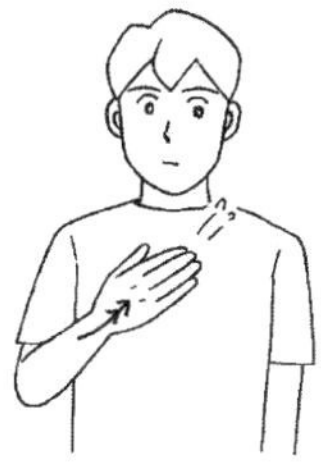

〈知る③〉

右手のひらで胸を軽くたたく。

わかる【分かる】3

「(よしあしが)わかる」

→(〈良い〉+〈悪い①〉+)
〈判断〉+〈できる〉

例文の「わかる」は見分けることができる意味なので〈判断〉+〈できる〉で表現。〈判断〉は右か左か割り振るさまを表す。

〈判断〉

左手のひらの上を右手で左右に振り分ける。

〈できる〉

右手指先を左胸と右胸に順に当てる。

わかる【分かる】4

「意味がわからない」

→〈意味①〉+〈知らない〉

「わからない」は知らない、判断できないの意味なので〈知らない〉で表現。〈知らない〉は「知らない」「わからない」の意味を表す。

〈意味①〉

左手のひらの下を右人差指で突くようにする。

〈知らない〉

右手のひらで右脇を払いあげる。

わかれる【別れる・分かれる】1

「(友達と)別れる」

→(〈友達①〉+)
〈離れる①〉
または〈隔たる②〉

例文の「別れる」は一緒にいた人と離れる意味なので〈離れる①〉または〈隔たる②〉で表現。いずれも離れるさまを表す。

〈離れる①〉

両手の指背側を合わせ、左右に開く。

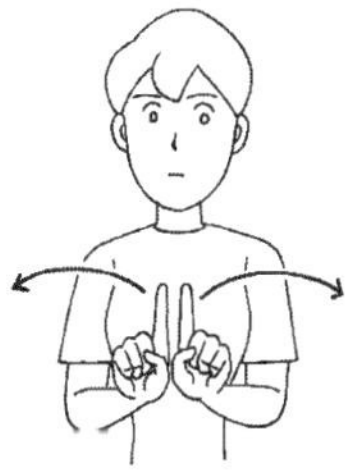

〈隔たる②〉

両手の人差指を立てて左右に離す。

わかれる【別れる・分かれる】2

「妻と別れる」

→〈離婚〉

例文の「別れる」は離婚の意味なので〈離婚〉で表現。〈離婚〉は一緒にいた男女が別れるさまで「離婚」の意味を表す。

〈離婚〉

寄り添った右小指と左親指を左右に離す。

わかれる【別れる・分かれる】3

「道が分かれる」

→〈道①〉+〈分かれる①〉

例文の「分かれる」は一つの道が二つになる意味なので〈分かれる①〉で表現。〈分かれる①〉は道が二つに分かれるさまを表す。

〈道①〉

指先を前に向けた両手を向かい合わせて前に出す。

〈分かれる①〉

両手の人差指の先を前に向け、平行に並べ、前に出しながら左右に開く。

わかれる【別れる・分かれる】4

「意見が二つに分かれる」

→〈意見〉+〈分かれる②〉

例文の「分かれる」は対立する二つのものになる意味なので〈分かれる②〉で表現。〈分かれる②〉は二つのグループに分かれるさまを表す。

〈意見〉

右小指を頭に当て、手首を返しながら前に出す。

〈分かれる②〉

指先を上に向けた両手を左右に離す。

わきやく【脇役】

「脇役」

→〈副〉+〈責任①〉

「脇役」は主役を助けて演じる役の人のことなので〈副〉+〈責任①〉で表現。〈副〉は主となるものに添うさまで「副」「脇」「サブ」の意味。

〈副〉

左親指に右親指を少しさげてつける。

〈責任①〉

右肩に軽く全指を折り曲げた右手をのせる。

わく【沸く】1

「風呂がわく」

→〈風呂①〉+〈煮る〉

例文の「わく」は水が熱くなる意味なので〈煮る〉で表現。〈煮る〉は鍋で煮るさまで「たく」「わかす」などの意味を表す。

〈風呂①〉

右こぶしで顔をこするようにする。

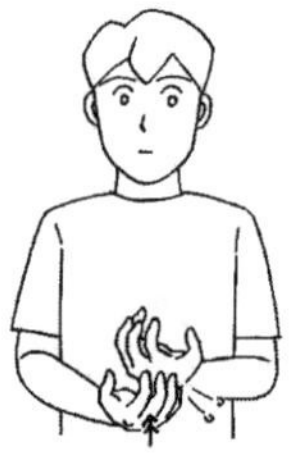

〈煮る〉

全指を軽く曲げた左手のひらを上に向け、下から全指を曲げた右手で軽くたたく。

わく【沸く】2

「喜びにわく」

→〈うれしい〉+〈あがる⑩〉

例文の「わく」は興奮して騒がしくなる意味なので〈あがる⑩〉で表現。〈あがる⑩〉は大勢の人の立つさまで「盛りあがる」の意味を表す。

〈うれしい〉

両手のひらを胸の前で、交互に上下させる。

〈あがる⑩〉

指先を上に向けて甲を前にした両手を同時に上にあげる。

わく【湧く】

「温泉がわく」

→〈温泉〉+〈わき出る〉

「わく」は地中から出て来る意味なので〈わき出る〉で表現。〈わき出る〉は地中から現れ出るさまを表す。

〈温泉〉

左手の親指と４指の間から右手３指を出して指を揺らす。

〈わき出る〉

左手の親指と４指で囲んだ中から閉じた右手をあげて、ぱっと開く。

ワクチン

「ワクチン」

→〈ワクチン〉

「ワクチン」は〈ワクチン〉で表現。〈ワクチン〉は右手が指文字〈ワ〉の形で〈薬〉の動きをする新しい手話。

〈ワクチン〉

左手のひらの上で指文字〈ワ〉を示した右手中指をつけてこねるように回す。

わけ【訳】1

「する訳がない」

→〈ない①〉

例文の「訳がない」はそんなことは考えられない意味で〈ない①〉で表現。〈ない①〉は手に何もないさまを表す。この場合、強く表現する。

〈ない①〉

両手の手首を回すように振る。

わけ【訳】2

「どういう訳ですか」

→〈意味①〉+〈何〉

例文の「訳」は理由の意味なので〈意味①〉で表現。〈意味①〉は地中の根を探るさまで「原因」「根拠」「理由」「意味」などを表す。

〈意味①〉

左手のひらの下を右人差指で突くようにする。

〈何〉

右人差指を左右に振る。

わけ【訳】3

「訳もなくできる」

→〈簡単〉+〈できる〉

「訳もなく」は簡単にの意味なので〈簡単〉で表現。〈簡単〉はたやすいさまで「容易」「平易」「たやすい」などの意味がある。

〈簡単〉

右人差指をあごに当て、次に左手のひらの上に落とすようにつける。

〈できる〉

右手指先を左胸と右胸に順に当てる。

わける【分ける】1

「(まんじゅうを)半分に分ける」

→(〈まんじゅう①〉+)〈半分②〉+〈離れる①〉

例文の「分ける」は二つにする意味なので〈離れる①〉で表現。〈離れる①〉は二つに分かれるさまで「分ける」の意味を表す。

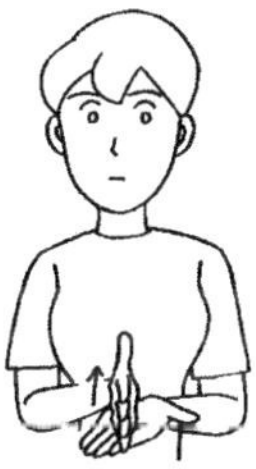

〈半分②〉

左手のひらの上で、右手を手前に引く。

〈離れる①〉

両手の指背側を合わせ、左右に開く。

わける【分ける】2

「みんなに分ける」

→〈みんな〉+〈配る①〉

例文の「分ける」は分け与える意味なので〈配る①〉で表現。〈配る①〉はものを何人かの人に渡すさまを表す。

〈みんな〉

右手のひらを下に向けて水平に回す。

〈配る①〉

左手のひらの上に右手をのせ、左、中央、右の順に前に出す。

わける【分ける】3

「役割を分ける」

→〈責任①〉+〈分ける①〉

例文の「分ける」は全体をいくつかの部分にする意味なので〈分ける①〉で表現。〈分ける①〉は「分担する」「種類(別にする)」などの意味。

〈責任①〉
右肩に軽く全指を折り曲げた右手をのせる。

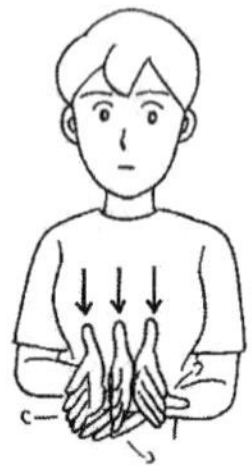

〈分ける①〉
左手のひらの上を右手で左から右へ切り分ける。

ワゴンしゃ【ワゴン車】

「ワゴン車を運転する」

→〈ワゴン車〉+〈運転〉

「ワゴン車」は〈ワゴン車〉で表現。〈ワゴン車〉はワゴン車の前部の形を表す。

〈ワゴン車〉
指先を左に向けた右手を体の前から頭の上まで弧を描く。

〈運転〉
ハンドルを両手で握り、回すようにする。

わける【分ける】4

「(人を)分けて(行く)」

→(〈人々①〉+)
〈分ける②〉
(+〈行(い)く①〉)

例文の「分ける」はじゃまなものを両側へ押しやる意味なので〈分ける②〉で表現。〈分ける②〉は人込みを分けるさまを表す。

〈分ける②〉
指先を下にした右手を右へ押しやり、

次に左手も左へ押しやる。

わさい【和裁】

「和裁の仕事」

→〈縫う〉+〈仕事〉

「和裁」は和服を仕立てる意味なので〈縫う〉で表現。〈縫う〉は衣服を針で縫うさまを表す。

〈縫う〉
左手の親指と人差指を閉じ、右手で針を持って縫うように動かす。

〈仕事〉
手のひらを上に向け、向かい合わせた両手指先を繰り返しつき合わせる。

わける【分ける】5

「両者を分ける」

→〈二人①〉+〈分ける③〉

例文の「分ける」はくっついているものを離す意味なので〈分ける③〉で表現。〈分ける③〉は切り離すさまを表す。

〈二人①〉
人差指と中指を立てた右手を手前に向けて左右に軽く振る。

〈分ける③〉
両手のひらを向かい合わせて指先から左右に離す。

わざと

「わざと負ける」

→〈うそ①〉+〈負ける①〉

「わざと」は知っていて、意識的になどの意味なので〈うそ①〉で表現。〈うそ①〉はほおばってもいないあめ玉をあるかのように示すさま。

〈うそ①〉
ほおを舌でふくらませ、そこを人差指で突く。

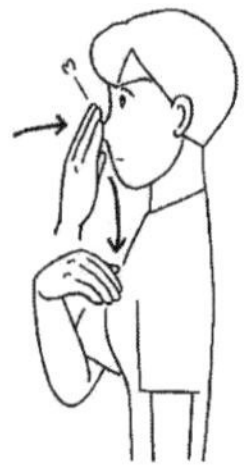

〈負ける①〉
右手のひらで鼻をそぎ落とすようにする。

ワサビ【山葵】

「ワサビ抜き」

→〈ワサビ〉+〈削る②〉

「ワサビ」は〈ワサビ〉で表現。〈ワサビ〉はワサビをすりおろすさまを表す。「ワサビをおろす」も同手話。

〈ワサビ〉

左手のひらに右親指ですりおろすように動かす。

〈削る②〉

左手のひらを右手のひらで削り落とすようにする。

わざわざ

「わざわざおこしくださり(ありがとうございます)」

→〈苦労〉+〈来る②〉
(+〈ありがとう〉)

「わざわざ」は苦労して、気を使っての意味なので〈苦労〉で表現。〈苦労〉は腕をたたいて疲れるさまを表す。

〈苦労〉

左腕を右こぶしで軽くたたく。

〈来る②〉

右人差指を上に向けて手前に引く。

ワシ【鷲】

「ワシ」

→〈ワシ〉

例文の「ワシ」は〈ワシ〉で表現。〈ワシ〉はワシの曲がった口ばしを表す。

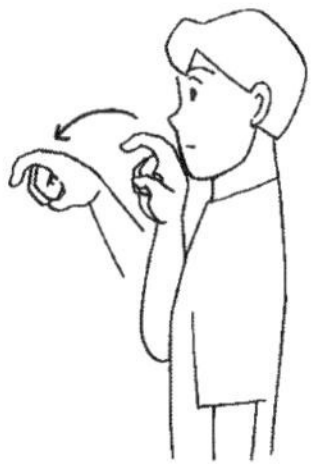

〈ワシ〉

右人差指を曲げて口元から曲がったくちばしを示し、弧を描いて前に出す。

わずか

「貯金はわずか」

→〈貯金〉+〈少し〉

「わずか」は少し、ちょっとの意味なので〈少し〉で表現。〈少し〉は「わずか」「少し」「ちょっと」の意味を表す。

〈貯金〉

左手のひらの上に右こぶしの小指側で判をつくように当てながら前に出す。

〈少し〉

右手の親指と人差指を合わせ、親指をはじく。

わずらう【患う】

「胸をわずらう」

→〈肺〉+〈病気〉

「わずらう」は病気にかかる意味なので〈病気〉で表現。〈病気〉は熱さましに額に当てる氷のうを表す。

〈肺〉

両手のひらを胸に当てる。

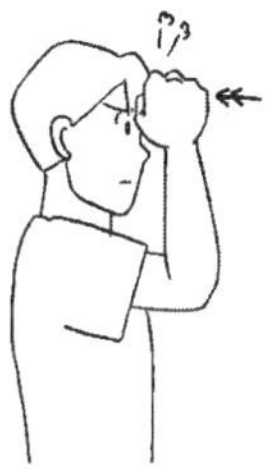

〈病気〉

こぶしで額を軽くたたく。

わずらわしい【煩わしい】

「人づき合いが煩わしい」

→〈ふれあう〉+〈苦労〉

「煩わしい」は気を使わなくてはならなくてめんどうの意味なので〈苦労〉で表現。〈苦労〉は腕をたたいて疲れるさまを表す。

〈ふれあう〉

人差指を立てた両手を前後に入れ換えながら左から右へ動かす。

〈苦労〉

右こぶしで左腕を軽くたたく。

わすれる【忘れる】1

「傘を忘れる」

→〈傘〉+〈忘れる①〉

例文の「忘れる」は〈忘れる①〉で表現。頭から抜けていくさまで〈覚える〉の逆の動作をする。「失念する」「忘却する」などの意味がある。

〈傘〉

両こぶしを上下に重ね、右手をあげる。

〈忘れる①〉

頭の横で握ったこぶしを上に向けてぱっと開く。

わすれる【忘れる】2

「我を忘れて働く」

→〈一生懸命〉+〈仕事〉

「我を忘れる」はあることに夢中で取り組む意味なので〈一生懸命〉で表現。〈一生懸命〉はそれに関心を集中するさまを表す。

〈一生懸命〉

両手を顔の横から繰り返し強く前に出す。

〈仕事〉

手のひらを上に向け、向かい合わせた両手指先を繰り返しつき合わせる。

わすれる【忘れる】3

「すっかり忘れた」

→〈忘れる②〉または〈忘れる③〉

例文は〈忘れる②〉または〈忘れる③〉で表現。いずれも後ろに投げやることで忘れ去ることを表す。

〈忘れる②〉

右手の指先をこめかみから後ろへ投げやる。

〈忘れる③〉

つまんだ両手５指を頭の横に置き、開きながら後ろに投げやる。

わた【綿】

「綿ぶとん」

→〈綿〉+〈ふとん〉

例文の「綿」はふわふわした柔らかい繊維のことで〈綿〉で表現。〈綿〉は綿をちぎり取るさまを表す。

〈綿〉

両手でつかんだ綿の固まりを右手の親指と４指で引きちぎるように動かす。

〈ふとん〉

ふとんを両手の親指と４指でつまみ、肩に引きあげるようにする。

わたくし【私】1

「わたくしが父親です」

→〈私①〉+〈父〉

例文の「わたくし」は「わたし」のあらたまった、丁寧な言い方。手話では〈私①〉で表す。

〈私①〉

人差指で胸を指さす。

〈父〉

右人差指でほおにふれ、親指を出す。

わたくし【私】2

「私立(わたくしりつ)」

→〈個人〉+〈立つ〉

「私立(わたくしりつ)」は「私立(しりつ)」の読みかえで民間が設立した意味。〈個人〉+〈立つ〉で表現。〈個人〉は「私人」を表す。

〈個人〉

両手の人差指で顔の輪郭を示す。

〈立つ〉

左手のひらの上に右手２指を立てる。

わたし【私】

「わたし(の家)」

→〈私①〉
または〈私②〉
(+〈家〉)

「わたし」は自分をさす言葉なので〈私①〉または〈私②〉で表現。「わたし」「僕」など自分自身のことを表す。

〈私①〉
人差指で胸を指さす。

〈私②〉
右人差指で顔を指さす。

わたす【渡す】3

「遠くを見渡す」

→〈遠い①〉+〈ながめる〉

「見渡す」は広く景色や風景を見ることで〈ながめる〉で表現。〈ながめる〉は小手をかざして遠くを見るさまを表す。

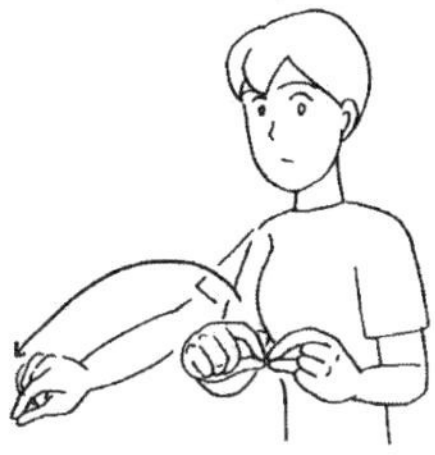

〈遠い①〉
親指と人差指を閉じた両手をつき合わせ、右手を弧を描いて前に出す。

〈ながめる〉
右手のひらを額に当てながめるようにする。

わたす【渡す】1

「橋を渡す」

→〈橋〉+〈作る〉

例文の「渡す」は橋をかける意味なので〈作る〉で表現。〈作る〉はものを組立てるさまで「製作(する)」「製造(する)」などの意味。

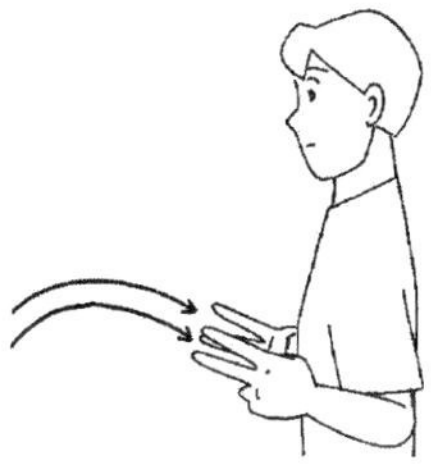

〈橋〉
両手2指を弧を描きながら手前に引く。

〈作る〉
両手のこぶしを上下に打ちつける。

わたる【渡る】1

「橋を歩いて渡る」

→〈橋〉+〈橋を渡る①〉

例文の「渡る」はそこを通って向こう側へ行く意味なので〈橋を渡る①〉で表現。〈橋を渡る①〉は人が橋を歩いて渡るさまを表す。

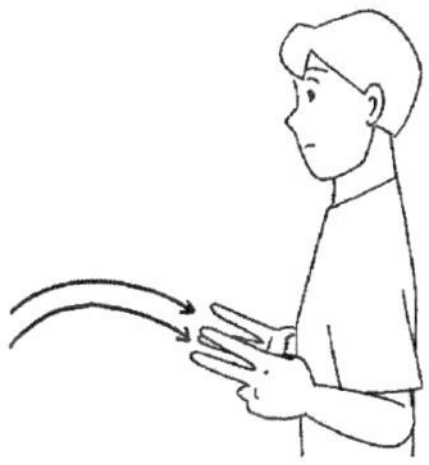

〈橋〉
両手2指を弧を描きながら手前に引く。

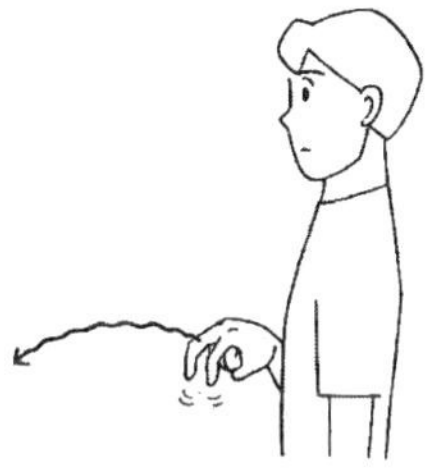

〈橋を渡る①〉
右手2指を歩くように動かして弧を描きながら前に出す。

わたす【渡す】2

「本を渡す」

→〈本〉+〈渡す〉

例文の「渡す」は自分の手元から相手の手元に移す意味なので〈渡す〉で表現。〈渡す〉は「差し出す」「あげる」の意味もある。

〈本〉
両手のひらを合わせて本を開くように左右に開く。

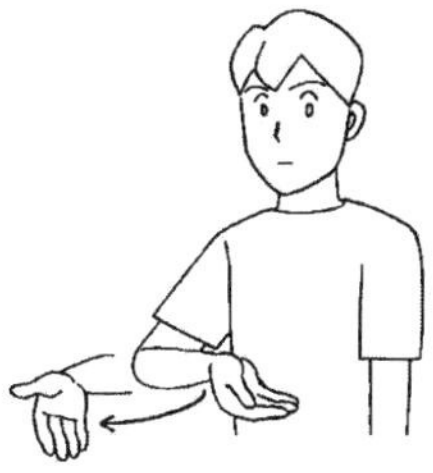

〈渡す〉
右手のひらを上に向けて手前から前にさっと出す。

わたる【渡る】2

「秋風が渡る」

→〈涼しい〉+〈風②〉

例文の「渡る」は風が通り過ぎて行く意味なので〈風②〉で表現。〈風②〉は風が静かに吹くさまを表す。

〈涼しい〉
両手で耳元をあおぐ。

〈風②〉
両手のひらで風を送るように左へ動かす。

わたる【渡る】3

「家が人手に渡る」
→〈家〉+〈取られる①〉

例文の「人手に渡る」はほかの人の所有になる意味なので〈取られる①〉で表現。〈取られる①〉は自分のものが取られるさま。

〈家〉
両手で屋根形を作る。

〈取られる①〉
指先を手前に向けた右手を前に引くように出して握る。

わたる【渡る】4

「(資料が)全体に渡る」
→(〈資料〉+)
〈みんな〉+〈出版〉

例文の「渡る」は広く及ぶ、行き渡る意味なので〈出版〉で表現。〈出版〉は広く公開される、出回るなどの意味を表す。

〈みんな〉
右手のひらを下に向けて水平に回す。

〈出版〉
指先を向かい合わせて手のひらを上に向けた両手を左右に開きながら前に出す。

わたる【渡る】5

「三か月に渡る」
→〈三か月〉+〈続く①〉

例文の「渡る」はある期間続く意味なので〈続く①〉で表現。〈続く①〉は結ばれた輪の関係が続くさまを表す。

〈三か月〉
指先を閉じた右手をほおに当て、前に出しながら3指を示す。

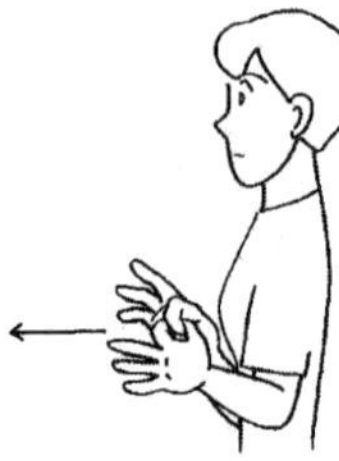

〈続く①〉
両手の親指と人差指を組んで前に出す。

わたる【渡る】6

「うわさが知れ渡る」
→〈うわさ〉+〈広がる①〉

例文の「知れ渡る」はみんなに広く知られる意味なので〈広がる①〉で表現。〈広がる①〉は広がる、影響していくさまを表す。

〈うわさ〉
指先をつき合わせた両手をねじるように揺らし、耳を傾ける。

〈広がる①〉
両手を前に出しながら左右に開く。

わびる【詫びる】

「あやまちをわびる」
→〈まちがう②〉+〈すみません〉

「わびる」は謝ることなので〈すみません〉で表現。この手話は〈迷惑〉と〈頼む①〉とからなり、迷惑をかけてすみませんの意味を表す。

〈まちがう②〉
つまんだ両手を目の前に置き、交差させる。

〈すみません〉
右手の親指と人差指で眉間をつまみ、右手で拝むようにする。

わらう【笑う】1

「おかしくて笑う」
→〈おもしろい〉+〈笑う〉

例文の「笑う」はおかしくて笑うことなので〈笑う〉で表現。笑う表情に注意。男と女の笑うさまの違いにも注意。

〈おもしろい〉
両こぶしで腹を同時に軽くたたく。

〈笑う〉
軽く指を折り曲げた右手を左口端に繰り返し当てる。

わらう【笑う】2

「みんなに笑われる」

→〈みんな〉+〈笑う〉

例文の「笑われる」は失敗などして自分がみんなに笑われることで〈笑う〉で表現。笑う表情に注意。

〈みんな〉

右手のひらを下に向けて水平に回す。

〈笑う〉

軽く指を折り曲げた右手を左口端に繰り返し当てる。

ワラビ【蕨】

「ワラビ取り」

→〈ワラビ〉+〈抜く〉

「ワラビ」は〈ワラビ〉で表現。〈ワラビ〉はワラビの生えているさまを表す。

〈ワラビ〉

人差指を曲げた右手と左手を高さを変えて左右に並べ、交互に伸ばしたり曲げたりする。

〈抜く〉

左手のひらの上につみとってくるように右手を動かす。

わりあい【割合】1

「老人の割合」

→〈老人①〉+〈比率①〉

例文の「割合」は比率のことで〈比率①〉で表現。

〈老人①〉

曲げた親指を軽く上下させる。

〈比率①〉

左手の親指と人差指の間で右手の親指と人差指をせばめたり広げたりする。

わりあい【割合】2

「五人に一人の割合」

→〈五人〉+〈１①〉

例文の「割合」は手話単語で表現せず、〈五人〉+〈１①〉で表す。

〈五人〉

左手で指文字〈５〉を示し、その下に右手で「人」を書く。

〈１①〉

右人差指を立てる。

わりあてる【割り当てる】1

「仕事を割り当てる」

→〈仕事〉+〈分ける①〉

例文の「割り当てる」は分担を決めることなので〈分ける①〉で表現。〈分ける①〉は仕事を「割り当てる」「分担する」の意味を表す。

〈仕事〉

手のひらを上に向け、向かい合わせた両手指先を繰り返しつき合わせる。

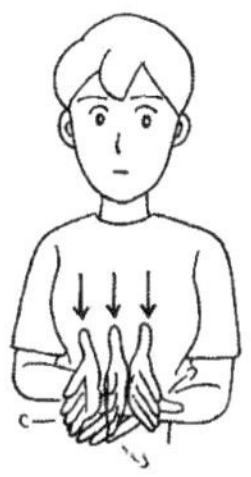

〈分ける①〉

左手のひらの上を右手で左から右へ切り分ける。

わりあてる【割り当てる】2

「部屋を割り当てる」

→〈部屋〉+〈決める①〉

例文の「割り当てる」は割りふりするの意味なので〈決める①〉で表現。〈決める①〉は扇子をぱちりとたたいて判断するさまを表す。

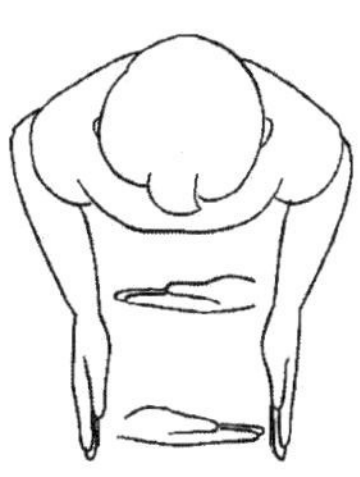

〈部屋〉

両手のひらで前後左右に四角く囲む。

〈決める①〉

左手のひらに右手２指を打ちつける。

わりきる【割り切る】

「割り切って考える」

→〈判断〉+〈考える〉

例文の「割り切る」は一定の考え方にもとづき物事を処理して迷わない意味なので〈判断〉で表現。〈判断〉は右か左かをはっきり分けるさま。

〈判断〉

左手のひらの上を右手で左右に振り分ける。

〈考える〉

右人差指を頭にねじこむようにする。

わりざん【割り算】

「割り算」

→〈割る④〉+〈計算〉

「割り算」は〈割る④〉+〈計算〉で表現。〈割る④〉は算数の割る記号「÷」を表す。

〈割る④〉

左人差指の上下を右手の親指と人差指ではさむようにする。

〈計算〉

左手の指先の方向に右手４指を滑らせるように右へ動かす。

わりびき【割引】

「割引料金」

→〈割引〉+〈金(かね)①〉

例文の「割引」は正常の価格より安くすることで〈割引〉で表現。〈割引〉は半額にするさまであるが「割引」一般の意味を表す。

〈割引〉

左手のひらの上を右手で切るようにする。

〈金(かね)①〉

右手の親指と人差指で作った丸を示す。

わりまし【割増し】

「割増し料金」

→〈付け足す〉+〈金(かね)①〉

例文の「割増し」は正常の価格に上乗せすることで〈付け足す〉で表現。〈付け足す〉は元の価格に上乗せするさまを表す。

〈付け足す〉

親指と人差指を開いた左手の上に、親指と人差指の間をややせばめた右手をのせる。

〈金(かね)①〉

右手の親指と人差指で作った丸を示す。

わる【割る】1

「卵を割る」

→〈卵〉

例文の「卵を割る」は〈卵〉で表現。〈卵〉は卵を割るしぐさで「卵」「卵を割る」「卵が割れる」などの意味がある。

〈卵〉

手の甲を下にした両手の親指と４指で丸を作り、

下に向けて卵を割るように左右に開く。

わる【割る】2

「皿を割る」

→〈皿〉+〈割る①〉

例文の「割る」は皿についてなので〈割る①〉で表現。「割る」は皿が割れるさまで「皿が割れる」などの意味も表す。

〈皿〉

両手のひらを上に向け小指側を合わせ、左右に弧を描いて小さく開く。

〈割る①〉

両手のひらを上に向け、指先を向かい合わせ下に向かって勢いよく開く。

わ

わる【割る】3

「ガラスを割る」

→〈ガラス〉+〈割る②〉

例文の「割る」はガラスについてなので〈割る②〉で表現。〈割る②〉はガラスの割れるさまで「ガラスが割れる」などの意味も表す。

〈ガラス〉

右手の人差指と中指の背側を前に向け、目の前で閉じたり開いたりする。

〈割る②〉

両手の甲側を前に向け、勢いよく前に開く。

わる【割る】4

「せんべいを割る」

→〈せんべい〉+〈割る③〉

例文の「割る」はせんべいについてなので〈割る③〉で表現。〈割る③〉は固いものを割るさまを表す。

〈せんべい〉

両手でせんべいを持ち、歯で折るようにする。

〈割る③〉

親指と 4 指を閉じた両手の指先を合わせて折るようにする。

わる【割る】5

「腹を割って話す」

→〈腹を割る〉+〈会話②〉

「腹を割る」は本当の気持ちを打ちあける意味なので〈腹を割る〉で表現。〈腹を割る〉は手のうちをさらけ出すさま。

〈腹を割る〉

両手のひらを上に向けて重ね、左右に開く。

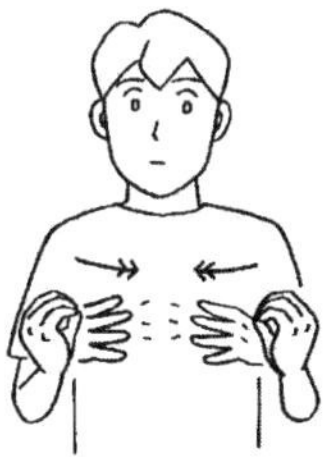

〈会話②〉

すぼめた両手を向かい合わせて同時に左右から繰り返し開く。

わる【割る】6

「五人に割る」

→〈五人〉+〈分ける①〉

例文の「割る」はいくつかに分ける意味なので〈分ける①〉で表現。〈分ける①〉は細かく分けるさまを表す。

〈五人〉

左手で指文字〈５〉を示し、その下に右手で「人」を書く。

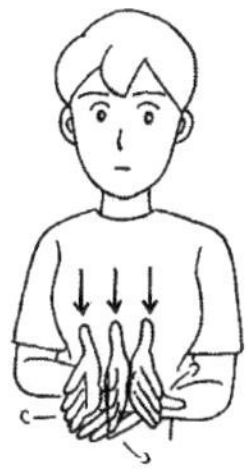

〈分ける①〉

左手のひらの上を右手で左から右へ切り分ける。

わる【割る】7

「人の話に割って入る」

→〈会話②〉+〈干渉〉

例文の「割って入る」は横から口をはさむ意味なので〈干渉〉で表現。〈干渉〉は手を出すさまで「干渉（する）」「横槍（を入れる）」を表す。

〈会話②〉

すぼめた両手を向かい合わせて同時に左右から繰り返し開く。

〈干渉〉

右手を左手甲にふれて前に出す。

わる【割る】8

「（定員の）百を割る」

→（〈定員〉+）
〈百①〉+〈以下②〉

例文の「割る」は基準の数に届かない意味なので〈以下②〉で表現。〈以下②〉は基準とする限度に届かないさまを表す。

〈百①〉

右手の親指と人差指と中指を閉じて示す。

〈以下②〉

両手を十文字に交差させて右手を下におろす。

わる【割る】9

「十割る（五）」

→左〈10②〉+〈割る④〉
（+〈５〉）

例文の「割る」は割り算の意味なので〈割る④〉で表現。〈割る④〉は数学の割る記号「÷」を表す。

左〈10②〉
左人差指を軽く曲げて少し振る。

〈割る④〉
左人差指の上下を右手の親指と人差指ではさむようにする。

わるい【悪い】1

「性質が悪い」

→〈性質〉+〈悪い①〉

例文の「悪い」は〈悪い①〉で表現。〈悪い①〉は「悪い」「悪」「不正」「駄目」などの意味。

〈性質〉
左手甲に右人差指を当て、２回すくうようにする。

〈悪い①〉
人差指で鼻をこするようにして振りおろす。

わるい【悪い】2

「気持ちが悪い（虫）」

→（〈虫〉+）
〈むかつく〉
または〈そぐわない〉

例文の「気持ちが悪い」は〈むかつく〉または〈そぐわない〉で表現。前者は吐きそうなさま、後者はそりが合わないさまを表す。

〈むかつく〉
右手のひらを胸に当て、上にこすりあげるようにする。

〈そぐわない〉
両手の指背側を合わせて、上下にこすり合わせる。

われる【割れる】1

「ガラスが割れる」

→〈ガラス〉+〈割る②〉

例文はガラスがこわれる意味なので〈割る②〉で表現。〈割る②〉はガラスなど板状のものが割れるさま。「ガラスを割る」も同じ手話。

〈ガラス〉
右手の人差指と中指の背側を前に向け、目の前で閉じたり開いたりする。

〈割る②〉
両手の甲側を前に向け、勢いよく前に開く。

われる【割れる】2

「意見が二つに割れる」

→〈意見〉+〈離れる①〉

例文の「割れる」はふたつに分かれる意味なので〈離れる①〉で表現。〈離れる①〉は二つに分かれる、離れるさまを表す。

〈意見〉
右小指を頭に当て、手首を返しながら前に出す。

〈離れる①〉
両手の指背側を合わせ、左右に開く。

われわれ【我々】

「我々」

→〈私①〉+〈人々①〉
（または〈みんな〉）

「我々」は自分も含めてみんなの意味なので〈私①〉+〈人々①〉で表現。時には〈みんな〉で表現することもある。

〈私①〉
人差指で胸を指さす。

〈人々①〉
親指と小指を立てた両手を揺らしながら左右に開く。

わ

わんしょう【腕章】

「赤の腕章」

→〈赤〉+〈腕章〉

例文の「腕章」は〈腕章〉で表現。〈腕章〉は腕にした腕章のさまを表す。「当番」「係り」の意。「腕章をつける」も同手話。

〈赤〉

唇に人差指を当て、右へ引く。

〈腕章〉

右手の親指と人差指で左上腕を巻くようにする。

ワンセグ

「ワンセグ放送」

→〈ワンセグ〉+〈放送〉

「ワンセグ」は〈ワンセグ〉で表現。〈ワンセグ〉は左手が１、右手がテレビを表す新しい手話。

〈ワンセグ〉

甲を左に向けた左人差指の横で寝かせた右５指を上下させる。

〈放送〉

左こぶしからすぼめた右手を前に向けて繰り返し開く。

ワンピース

「おしゃれなワンピース」

→〈かっこいい〉(または〈おしゃれ〉)+〈ワンピース〉

「ワンピース」は〈ワンピース〉で表現。〈ワンピース〉は上から下までひと続きのワンピースのさまを表す。

〈かっこいい〉

前向きに５指を折り曲げた右手を顔に近づけるように勢いよくひっくり返す。

〈ワンピース〉

親指と人差指を出した両手を向かい合わせ、体にそっておろしていく。

ワンマン

「ワンマン(経営)」

→〈自分一人〉+〈長②〉(+〈商売〉)

例文の「ワンマン」は他人の意見を聞き入れず、自分の思うままにふるまう人なので〈自分一人〉+〈長②〉で表現。「お山の大将」の意味。

〈自分一人〉

右人差指を胸に当て、前にはねあげる。

〈長②〉

左手甲に親指を立てた右手をのせる。

付録

数字の表現……………………………………p.1658

都道府県名（50音順）…………………p.1660

県庁所在地・政令指定都市
（50音順）……………………………………p.1666

国　名（50音順）…………………………p.1671

指文字………………………………………p.1691

指文字一覧…………………………………p.1696

アメリカ式アルファベット指文字……p.1698

国際式アルファベット指文字…………p.1699

日本式アルファベット指文字…………p.1700

手話イラスト名索引………………………p.1703

日本語語彙索引……………………………p.1743

0

1

2

3

4

5

6

7

8

9

※他の数字の表現は辞典本文を参照のこと。

10

200

5000

20

500

万

50

1000

億

100

2000

兆

※「県」は〈県〉で表現するが、省略する。

愛知県

〈愛知〉
左親指の上で右手を回す。

茨城県

〈茨城〉
交差させた両手を肩から下に動かす動作を繰り返す。

青森県

〈青〉
右手指先で口の脇からほおをなであげ、

〈森〉
開いた両手を交互に上下に動かしながら左右に広げる。

岩手県

〈岩〉
両手を折り曲げて向かい合わせ互いに逆方向に回し、

〈テ〉
指文字〈テ〉を表す。

秋田県

〈フキ①〉
手のひらを上にした左手の下に右手親指をつける。

愛媛県

〈かわいがる〉
左小指の上で右手を水平に回す。

石川県

〈石①〉
折り曲げた左手のひらに右手４指の指先をつけ、

〈川①〉
伸ばした右手３指を下へおろす。

大分県

〈大分〉
左手小指側の手首近くに、輪にした右手２指を置く。

大阪府

〈大阪〉
2 指を頭の横から小さく 2 回前に出す。

岡山県

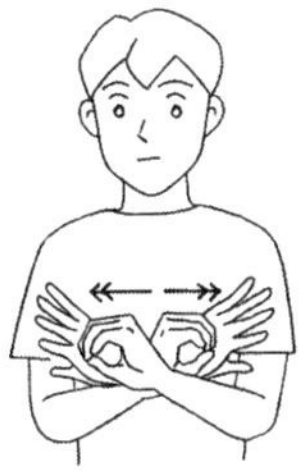

〈岡山〉
5 指をつまんだ両手を交差させ、繰り返し左右に指を開きながら動かす。

沖縄県

〈沖縄〉
右手 2 指をこめかみの横からひねりながら上へあげる。

香川県

〈香り①〉
右手 2 指を鼻に近づけ、

〈川①〉
伸ばした右手 3 指を下へおろす。

鹿児島県

〈鹿①〉
右手 3 指をこめかみの横からひねりながら上へあげる。

神奈川県

〈神〉
両手のひらを合わせ、

〈川①〉
伸ばした右手 3 指を下へおろす。

岐阜県

〈岐阜〉
右手 3 指を口元で閉じたり開いたりする。

京都府

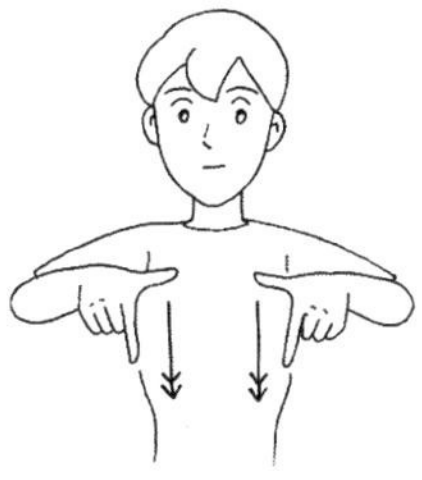

〈京都〉
親指と人差指を出した両手を 2 回下にさげる。

熊本県

〈熊本〉
「C」の字形にした両手２指を腹に２回つける。

佐賀県

〈佐賀〉
人差指をこめかみに当て、

他の４指を垂らす。

群馬県

〈群馬〉
両手人差指を打ちおろす動作を繰り返す。

滋賀県

〈滋賀〉
琵琶を弾くしぐさをする。

高知県

〈高い③〉
指文字〈コ〉の右手を上にあげ、

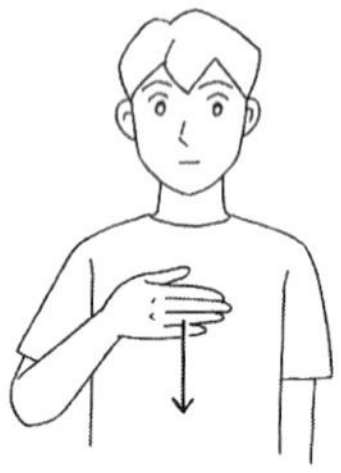

〈知る①〉
右手を胸に当てておろす。

静岡県

〈富士山〉
両手２指で富士山の形を描く。

埼玉県

〈玉③〉
丸めた両手を上下に向かい合わせ回す。

島根県

〈島③〉
丸めた左手の上で反時計回りに右手のひらを上にして回し、

〈根②〉
左こぶしの下に指文字〈ネ〉の右手をつける。

千葉県

〈千葉〉
2指を伸ばした左手に右人差指を重ね「千」の字形を作る。

鳥取県

〈鳥〉
右手2指を口元で閉じ、

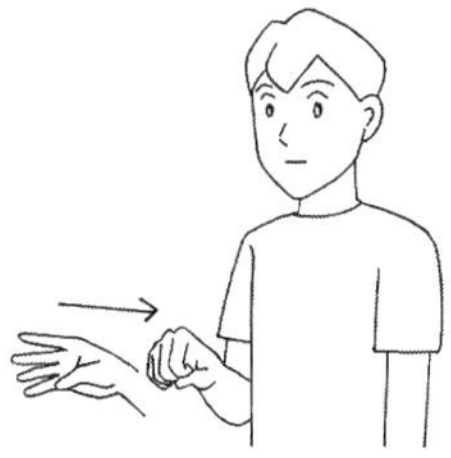

〈取る①〉
右手をつかみ取るように引き寄せる。

東京都

〈東京〉
「L」にした両手を2回上にあげる。

富山県

〈富山〉
指文字〈ト〉の右手で左から右へ山を描く。

徳島県

〈徳〉
伸ばした右手2指の親指をあごにつけ、

〈島①〉
伏せた左手の小指側から、手のひらを上にした右手を回す。

長崎県　1

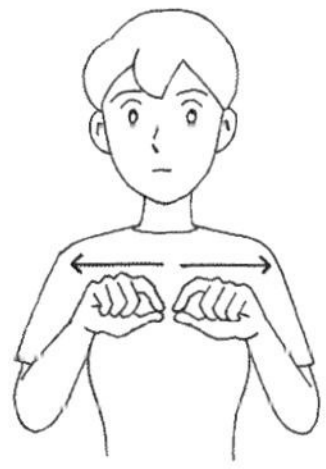

〈長い①〉
つまんだ両手2指をつけ、左右に離し、

〈崎(さき)①〉
両手指先を前方でつける。

栃木県

〈栃木①〉
指先を開いた左手のひらを下に向け、右人差指で葉の形を描く。

〈栃木②〉
指先を開いた左手のひらを下に向け、右人差指で葉の形を描く。

長崎県　2

〈長い⑥〉
つまんだ両手2指をつけ、左右に離し、

〈崎(さき)②〉
前に出しながら指先を前に向けた左手のひらに右指先をつける。

長野県

〈長い①〉

つまんだ両手２指の先をつけ左右に離し、

〈ノ〉

指文字〈ノ〉を表す。

広島県

〈広島〉

両手２指を左右に開き、手首を返して下におろして鳥居を表す。

奈良県

〈奈良〉

大仏の形を表す。

福井県　1

〈幸せ〉

あごにつけた指を下に引きながら指先を合わせ、

〈井①〉

両手２指を重ね「井」の字形を作る。

新潟県

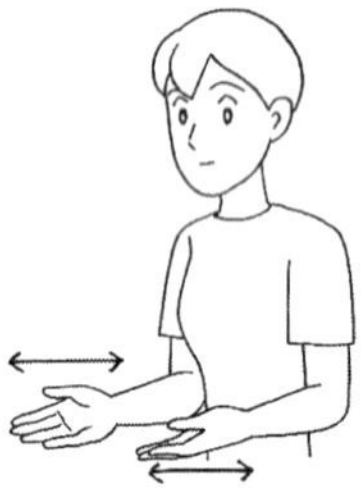

〈新潟〉

手のひらを上にした両手をつけ交互に前後に動かす。

福井県　2

〈幸せ〉

あごにつけた指を下に引きながら指先を合わせ、

〈井②〉

両手２指を立ててつけ合わせ、「井」の字形を作る。

兵庫県

〈軍〉

両こぶしを上下にして右胸につける。

福岡県

〈福岡〉

やや折り曲げて広げた右手を腹の左から右へ動かす。

福島県

〈幸せ〉
あごにつけた指を下に引きながら指先を合わせ、

〈島②〉
握った左手の上で反時計回りに右手を回す。

宮城県

〈宮〉
両手の指を組み合わせ、

〈城〉
両手人差指を曲げて向かい合わせる。

北海道

〈北海道①〉
手のひらを前方に向け、両手２指でひし形を描く。

〈北海道②〉
手のひらを自分に向け、両手２指でひし形を描く。

宮崎県

〈宮〉
両手の指を組み合わせ、

〈崎(さき)①〉
両手指先を前方でつける。

三重県　1

〈３②〉
右手３指を寝かせ、

〈重い〉
手のひらを上にして向かい合わせた両手をゆっくり下におろす。

山形県

〈サクランボ〉
左手２指の輪に右人差指をつける。

三重県　2

〈第三〉
右手３指を右に引き、

〈重い〉
手のひらを上にして向かい合わせた両手をゆっくり下におろす。

山口県

〈山〉
右手で左から右へ山を描き、

〈口〉
人差指で口の周りに円を描く。

山梨県

〈ブドウ〉
左手のひらにつけた右手指先を下に回転させながらすぼめる。

宇都宮市

〈宇都宮〉
〈O〉を寝かした左手の中に、曲げた右手２指を入れる。

和歌山県

〈和歌山①〉
右手を立てて口元に当てる。

〈和歌山②〉
指文字〈コ〉の右手を口元に当てる。

大阪市

〈大阪〉
２指を頭の横から小さく２回前に出す。

大津市

〈大津〉
両手を顔の横で揺らしながら上にあげる。

岡山市

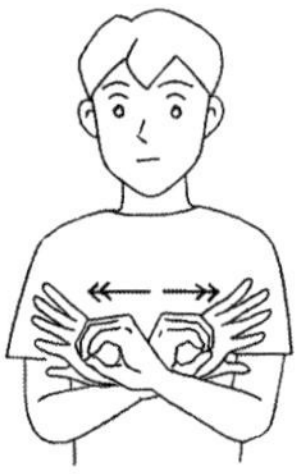

〈岡山〉
5指をつまんだ両手を交差させ、繰り返し左右に指を開きながら動かす。

金沢市　1

〈金曜日〉
右手２指の丸を少し振り、

〈流れる②〉
右手を左から右へ振りながら動かす。

金沢市　2

〈金(きん)②〉
丸を作った右手を半回転させながら上にあげ、

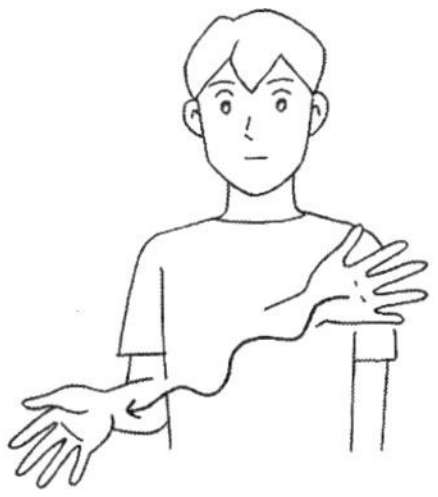

〈流れる④〉
右手を揺らしながら左から斜め右下へ動かす。

川崎市

〈川①〉
右手３指を下へおろし、

〈崎(さき)①〉
両手指先を前方でつける。

北九州市

〈北②〉
３指を伸ばした両手を交差させ、

〈九州②〉
〈９〉にした右手を下に向ける。

京都市

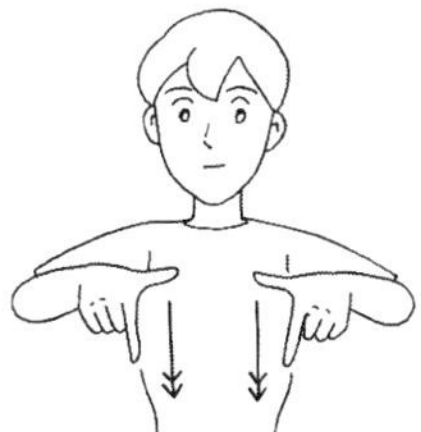

〈京都〉
親指と人差指を出した両手を２回下にさげる。

甲府市

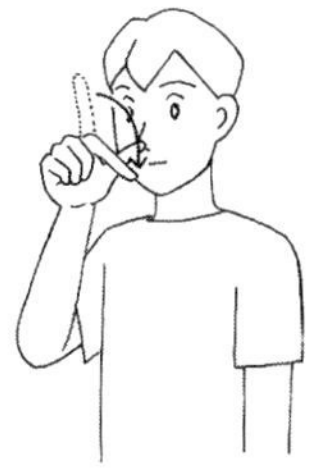

〈甲府〉
「Ｌ」にした右手の親指を鼻につけ、人差指を横に倒す。

神戸市

〈神戸〉
右手の親指と人差指で丸を作り額の前で左から右へ動かす。

さいたま市

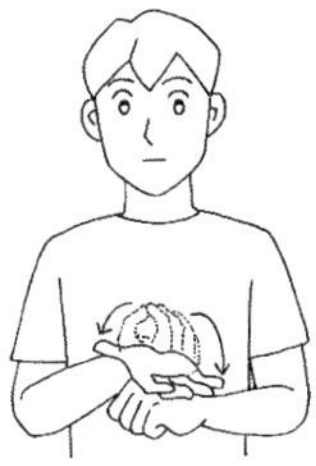

〈さいたま〉
握った左手の甲の上にすぼめた右手を乗せ指を開く。

堺市

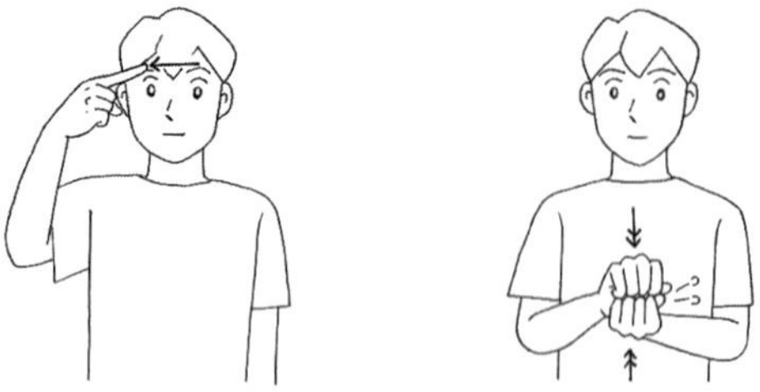

〈堺〉
額に人差指で横線を引き、　両こぶしを上下に合わせる。

高松市

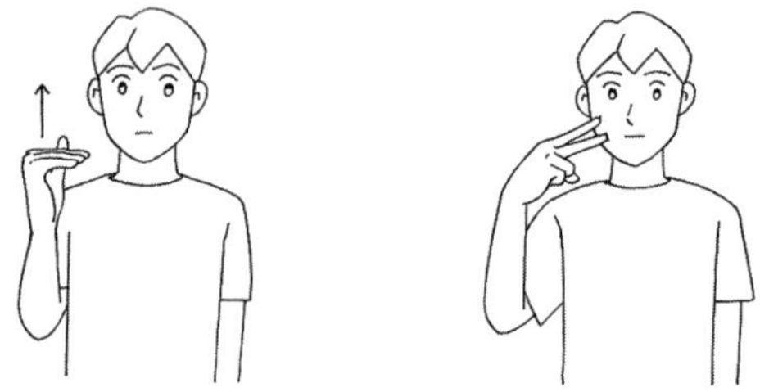

〈高い③〉　〈松①〉
指文字〈コ〉の右手を上にあげ、　2指をほおに当てる。

札幌市

〈札幌〉
両手甲を上に向けて重ね、右手を手前に引き、碁盤の目を作る。

千葉市

〈千葉〉
2指を伸ばした左手に右人差指を重ね「千」の字形を作る。

静岡市

〈富士山〉
両手2指で富士山の形を描く。

津市

〈つ〉
人差指で「つ」を描く。

仙台市

〈仙台〉
額に右手2指で三日月を描く。

名古屋市

〈名古屋〉
両手の人差指を向かい合わせて左右に引きながら曲げる。

那覇市

〈那覇〉
「C」にした左手の下から親指を立てた右手を上にあげる。

福岡市

〈福岡〉
やや折り曲げて広げた右手を腹の左から右へ動かす。

新潟市

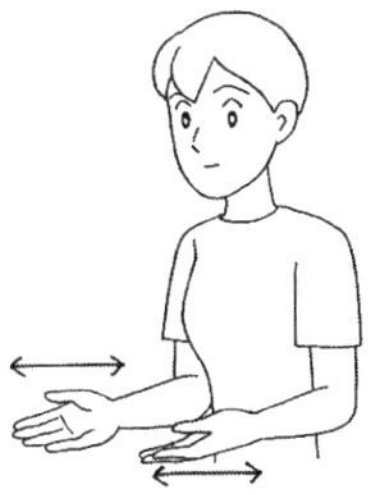

〈新潟〉
手のひらを上にした両手をつけ交互に前後に動かす。

前橋市

〈前橋①〉
丸めた右手を下に振る。

〈前橋②〉
親指と小指を伸ばした右手を下に振る。

浜松市

〈松②〉
右手２指を左手のひらに２回当てる。

松江市

〈松①〉
右手２指をほおに当て、

〈エ〉
指文字〈エ〉を表す。

広島市

〈広島〉
両手２指を左右に開き、手首を返して下におろして鳥居を表す。

松山市　1

〈松②〉
左手のひらに右手２指をつけ、

〈山〉
右手で左から右へ山を描く。

県庁所在地・政令指定都市

松山市　2

〈松①〉
右手２指をほおに当て、

〈山〉
左から右へ山を描く。

水戸市

〈水戸〉
右こぶしをあごにつけ、斜め下におろす。

盛岡市　1

〈盛岡〉
人差指で歯をさし、

右手を頭にそって後方に動かしていく。

盛岡市　2

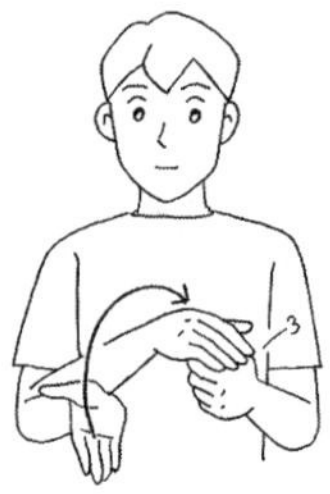

〈補う①〉
左手の輪に右手でふたをし、

〈岡〉
両手２指で左右にかぎ形を描く。

横浜市

〈横浜〉
右手２指を右ほおの横から繰り返し前に出す。

アイスランド

〈アイスランド〉
右手親指をあごに当て、手首を内側に回転しながら前におろす。

アメリカ　1

〈アメリカ①〉
両手の指を組んで、体の前で左回りに水平に回転させる。

アイルランド

〈アイルランド〉
右手の４指を伸ばし親指側を額につけて手のひら側を前に向けるように繰り返し動かす。

アメリカ　2

〈アメリカ②〉
右手のひらを手前に向けてはためかせながら、右へ引く。

〈アメリカ③〉
両手の指を組んだまま左から右に揺らしながら動かす。

アゼルバイジャン

〈アゼルバイジャン〉
右人差指を伸ばして額の左端に置き、右に動かして、次にほおに向けておろして後ろに引く。

アラブ首長国連邦

〈アラブ首長国連邦〉
軽く曲げた右手５指で、耳下からほおに向けて斜めになでる。

アフガニスタン

〈アフガニスタン〉
親指と他の４指を広げた右手をあごから前方下におろす。

アルジェリア

〈アルジェリア〉
両手の親指と小指を立て、両胸のあたりで向かい合わせて上下に振る。

アルゼンチン

〈アルゼンチン〉
軽く指を開いて曲げた右手を、右胸のあたりで繰り返し下におろす。

ＥＵ

〈ＥＵ〉
左胸の前に右手で指文字〈E〉を表し、次に右胸の前で指文字〈U〉を表す。

アルバニア

〈アルバニア①〉
両手を開いて甲側を前に向けて、胸の前で親指を交差させる。

〈アルバニア②〉
指を広げて軽く曲げた右手を、頭の上に繰り返し当てる。

イギリス　1

〈イギリス①〉
右手の親指と人差指をあごに当てて少し揺らす。

アルメニア

〈アルメニア〉
親指を立てた左手の上で、右手の親指と人差指と中指をこすり合わせる。

イギリス　2

〈イギリス②〉
両手を広げて手のひらを手前に向けて交差させ、左右に引き、

次に両手を開いて、手のひらを下向きに繰り返し押さえる。

アンドラ

〈アンドラ〉
右親指と人差指で輪を作り、右胸の前で小さく水平に回転させる。

イギリス　3

〈イギリス③〉
両手の親指を向かい合わせて、左右に引き、

次に両手を開いて、手のひらを下向きに繰り返し、押さえる。

イギリス　4

〈イギリス④〉
右手２指の背側をあごに沿って動かす。

イラン

〈イラン〉
左手のひらに右親指を繰り返しつける。

イスラエル

〈イスラエル〉
右手５指をあごから下におろしながらつまむ動きを繰り返す。

インド

〈インド①〉
右親指を額に当てる。

〈インド②〉
右親指を眉間に当て、斜め上にはね上げる。

イタリア

〈イタリア①〉
右手の親指と人差指を曲げ、波打ちながら下にさげる。

〈イタリア②〉
右手２指を折り曲げて下におろし、左に向けて閉じる。

インドネシア

〈インドネシア①〉
右人差指と中指を伸ばし、胸の前で指を前後に揺らしながら左から右へ動かす。

〈インドネシア②〉
右目の前で右人差指と中指を伸ばし、指を前後に揺らす。

イラク

〈イラク〉
指を伸ばした右親指側を額に繰り返し当てる。

ウガンダ

〈ウガンダ〉
右親指と人差指を伸ばして、開いた左手のひらをたたく。

ウクライナ

〈ウクライナ〉
曲げた人差指に親指をつけた右手を、口の左端から右に動かし下にさげる。

ウズベキスタン

〈ウズベキスタン〉
右こぶしを顔の横で前に回転させる。

ウルグアイ

〈ウルグアイ〉
右手２指を立てて手首を回転させる。

エクアドル

〈エクアドル〉
左手の甲の上で、指文字〈E〉の形の右手を左右に動かす。

エジプト

〈エジプト①〉
両手でピラミッドの形を作り、斜め下に広げながらさげる。

〈エジプト②〉
両こぶしを手首あたりで交差させる。

エストニア

〈エストニア〉
立てた親指をあごに当て、下におろす。

エチオピア

〈エチオピア〉
右親指を立ててその腹側を鼻先に繰り返し当てる。

エリトリア

〈エリトリア〉
手のひらを前向きにした右手の３指をこめかみに繰り返し当てる。

エルサルバドル　1

〈エルサルバドル①〉

指文字〈E〉の形の右手を左胸から右腹に動かして指文字〈S〉の形に変える。

オランダ

〈オランダ①〉

開いた両手の親指と４指を頭の横で左右に開きながら閉じる。

〈オランダ②〉

両手の２指を交差させ、同時に繰り返し倒すようにする。

エルサルバドル　2

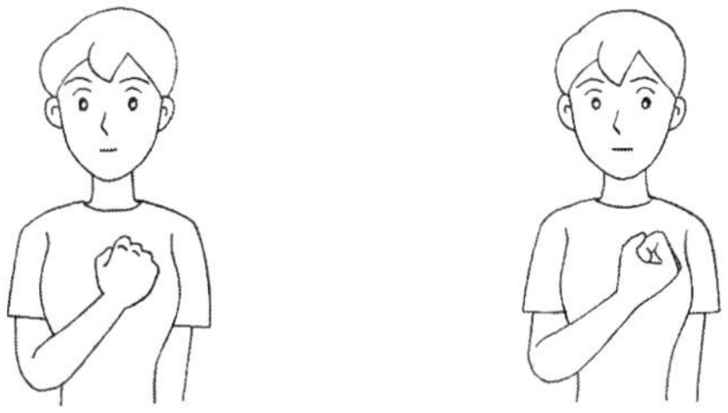

〈エルサルバドル②〉

指文字〈E〉の形の右手を手前に向けて左胸に当て、

次に指文字〈S〉の形に変え、左胸に置く。

ガーナ

〈ガーナ〉

右親指と人差指を伸ばし、左手のひらをこするよう動かして上にあげる動作を繰り返す。

オーストラリア

〈オーストラリア〉

両手親指と中指でつまんだ手を捨てるように前に出す。

カーボベルデ

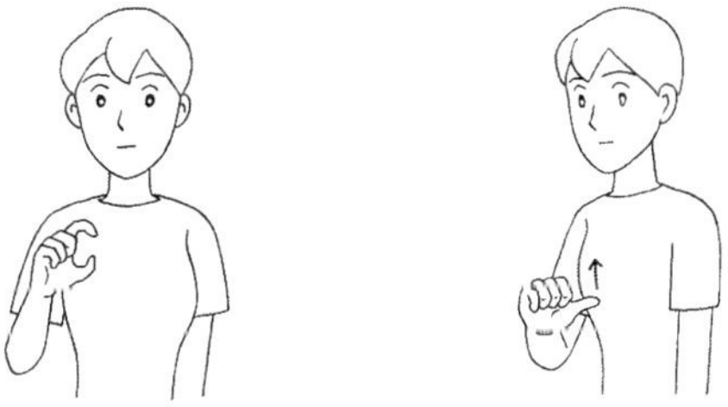

〈カーボベルデ〉

右親指と人差指で〈C①〉の形を作り、

次に右親指を胸に当て上にあげる。

オーストリア

〈オーストリア①〉

人差指を出した両手を交差させ、指を曲げたり伸ばしたりする。

〈オーストリア②〉

人差指と中指を出した両手を交差させ、指を曲げたり伸ばしたりする。

カザフスタン

〈カザフスタン〉

右手で指文字〈キ〉の形を作り、額からあごにつける。

カナダ　1

〈カナダ①〉
右こぶしで右胸をたたく。

〈カナダ②〉
指文字〈C ②〉を左肩に当てる。

カナダ　2

〈カナダ③〉
親指を立てた右手を右胸につけ、繰り返しあげる。

カメルーン

〈カメルーン〉
左手甲の上で、指文字〈C ②〉の形の右手を左回りに回す。

韓国

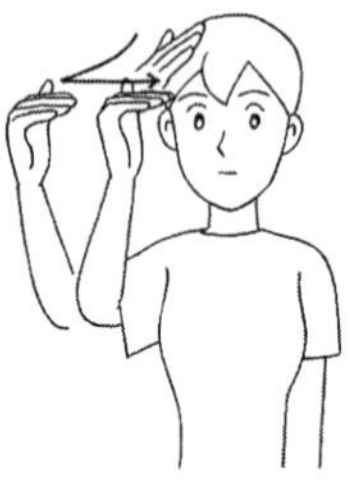

〈韓国〉
右手のひらを頭に当てて右へ引き、指文字〈コ〉の指先を頭につける。

ガンビア

〈ガンビア〉
両手を握り、胸の前で手首を交差させて、右手首で左手首を繰り返したたく。

カンボジア

〈カンボジア〉
手のひらを下に向けて開いた右手を腰のあたりで回転させながら、

次に手のひらを上にして握る。

北朝鮮（朝鮮民主主義人民共和国）

〈北朝鮮（朝鮮民主主義人民共和国）〉
右に向けた左人差指の先に、右手の親指と人差指で作った丸をつけ、右手の指を開きながら下におろす。

ギニア

〈ギニア〉
左手の甲の上を親指と人差指を出した右手の甲で繰り返しこすり上げるようにする。

国名

キプロス

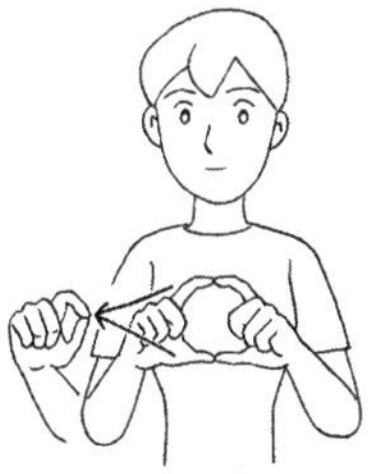

〈キプロス〉
両手の人差指と親指で円を作り、右手を右に引きながらつまむ。

キューバ

〈キューバ〉
手のひらを下向きにした右手の親指を額につけ手首を返して手の甲を額につける。

ギリシャ

〈ギリシャ〉
左人差指に右人差指を繰り返し当てる。

グアテマラ

〈グアテマラ〉
左こぶしの上を 3 指を出した右手でたたく。

クウェート

〈クウェート〉
左 2 指を右 2 指で交差するように軽くたたく。

グリーンランド

〈グリーンランド〉
両手でフードをつかんでかぶるように動かす。

グルジア

〈グルジア〉
軽く開いた両手の親指を胸につけるように繰り返しおろす。

クロアチア

〈クロアチア〉
広げた右手を左胸で、縦・横の順で動かす。

ケニア

〈ケニア〉
右親指を人差指の腹につけて握り、右肩あたりで後ろに振る。

コートジボワール

〈コートジボワール〉
左手の甲の上に右手で指文字〈C ②〉と〈I〉を順に置く。

コスタリカ

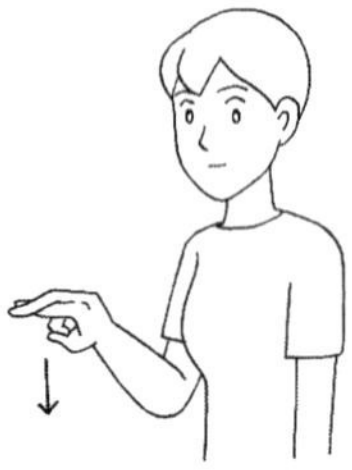

〈コスタリカ〉
右手で指文字〈C ②〉の形を作って左から右に移動させ、

次に指文字〈R〉を寝かして下にさげる。

コソボ

〈コソボ〉
右こぶしを頭の上で水平に回転させる。

コロンビア

〈コロンビア①〉
指文字〈C ②〉の右手を顔の横で手首をひねるように繰り返し回転させる。

〈コロンビア②〉
左手甲の上に右手の肘をのせ、右手の指文字〈C ②〉を顔の横で左回りに回転させる。

コンゴ

〈コンゴ〉
指文字〈C ②〉の右手をこめかみに繰り返し当てる。

サウジアラビア

〈サウジアラビア〉
右手の人差指と中指をこめかみに繰り返し当てる。

ザンビア

〈ザンビア〉
5 指を伸ばした両手を胸の前で交差させる。

サンマリノ

〈サンマリノ〉
右手を斜めに繰り返しあげる。

ジンバブエ

〈ジンバブエ①〉
右手を指文字〈コ〉の形にして、指先を前に向け、顔の横で勢いよく手前に引く。

〈ジンバブエ②〉
人差指を伸ばして指先を左に向けた右手を体の前に置いて、指を曲げながら起こす。

ジャマイカ

〈ジャマイカ〉
手のひらを下にした左手を体の前に置き、右手のひらを左手の指先につけ、

次に右手を左手の小指側に回す。

スイス

〈スイス〉
親指と人差指で胸に縦・横の順に十字を描く。

シリア

〈シリア〉
指先を前に向けた左手のひらに、右手の人差指と中指を繰り返しつける。

スウェーデン

〈スウェーデン〉
手のひらを下に向けた左手手首のあたりから右手５指を斜め上に繰り返しあげながらつまむ。

シンガポール

〈シンガポール〉
左手の甲の上で右こぶしを水平に回して、

左手甲の上につける。

スーダン

〈スーダン〉
右親指を立て、ほおを斜め下になでる。

スペイン　1

〈スペイン①〉
右人差指と親指をつまみ、左胸に指先を向け、手首を返す。

〈スペイン②〉
右手５指をつまんで左胸に指先を向け、手首を返す。

スロベニア

〈スロベニア〉
右人差指と中指を上に向け、顔の横で水平に回す。

スペイン　2

〈スペイン③〉
つまんだ両手を右下におろし、次に左下におろす。

スワジランド

〈スワジランド〉
指を伸ばした両手を頭の横につけ、広げながら上にあげる。

スリランカ

〈スリランカ〉
指先を上に向けた左手のひらの横で、指先を上にして伸ばした右手を、前方に１回転させる。

セルビア

〈セルビア〉
右手の親指と人差指を丸めて、額に繰り返し当てる。

スロバキア

〈スロバキア〉
両手の人差指を眉間から顔に沿って左右に動かす。

タイ

〈タイ①〉
右人差指を、鼻に沿って斜め前方へおろす。

〈タイ②〉
合掌した手を左右に振る。

台湾

〈台湾〉

こぶしの右手の手首を口の前に置き、手首を繰り返し手前にねじる。

タンザニア

〈タンザニア〉

右手親指と人差指を出し、「Z」を描く。

チェコ

〈チェコ〉

右手のひらをあごに向け、縦に回転させる。

中国　1

〈中国①〉

5指を丸めた左手の輪の中央に右人差指を繰り返し当てる。

中国　2

〈中国②〉

右人差指で胸に¬を描く。

〈中国③〉

親指と人差指を閉じた右手で胸に¬を描く。

チュニジア

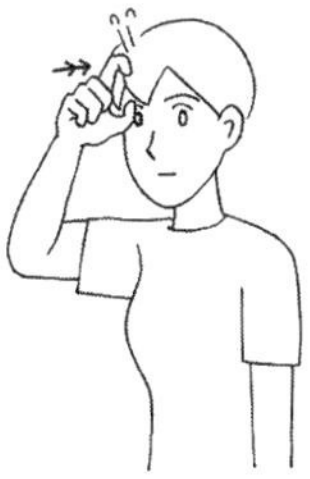

〈チュニジア〉

右手の親指と人差指を丸めて、額に繰り返し当てる。

チリ

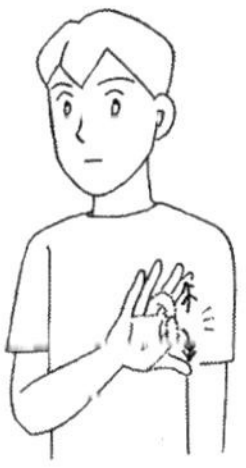

〈チリ〉

左胸の前で、右手の中指と親指を繰り返しはじく。

デンマーク

〈デンマーク〉

親指と人差指と中指を出した右手を胸に当て、左から右へ揺らしながら動かす。

ドイツ

〈ドイツ〉
人差指を立てた右手を額に当てる。

ドミニカ

〈ドミニカ〉
右手を指文字〈R〉の形にしてこめかみにつけ、次に指文字〈D〉の形にしてあごにつける。

トルクメニスタン

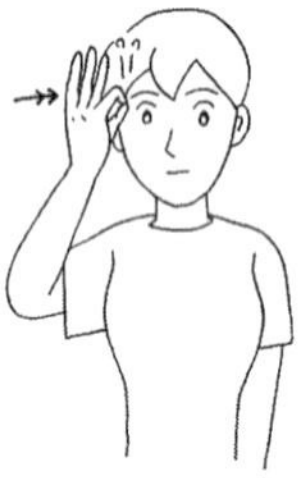

〈トルクメニスタン〉
人差指・中指・薬指を立て、親指と小指で輪を作り、こめかみに繰り返し当てる。

トルコ

〈トルコ〉
右手の親指と人差指を丸めて、額に繰り返し当てる。

ナイジェリア

〈ナイジェリア〉
指文字〈N〉の右手をほおに当て前に回転させる。

ナミビア

〈ナミビア〉
人差指だけを曲げた右手を下に向けて繰り返しおろす。

ニカラグア

〈ニカラグア〉
両手の親指、人差指、中指を向かい合わせて三角形を作り、すぼめながら左右に引く。

日本

〈日本〉
両手の親指と人差指をつき合わせ、左右に開きながら閉じる。

ニュージーランド 1

〈ニュージーランド①〉

指先を上に向けた左手のひらに右手の人差指と中指を当てて下にさげ、

次に右手を折り曲げて 4 指の指先を左手のひらに当てる。

ハイチ

〈ハイチ〉

右手を指文字〈H〉の形にして眉の上に置き、手首を返して指文字〈I〉の形にする。

ニュージーランド 2

〈ニュージーランド②〉

鼻の前に置いた右親指と人差指を、前方に弧を描きながらすぼめる。

パキスタン

〈パキスタン①〉

右手の親指と人差指で輪を作り、左人差指に繰り返し当てる。

〈パキスタン②〉

右手の親指と人差指で輪を作り、左人差指に繰り返し当てる。

ネパール

〈ネパール〉

右親指と人差指を曲げ、胸の前で上下に波打たせながら右に移動させる。

バチカン

〈バチカン〉

親指、人差指、中指を伸ばし、胸の前で縦・横の順に十字を切る。

ノルウェー

〈ノルウェー〉

右人差指と中指をつけ合わせて伸ばし、胸の前で「N」の形を描く。

パナマ

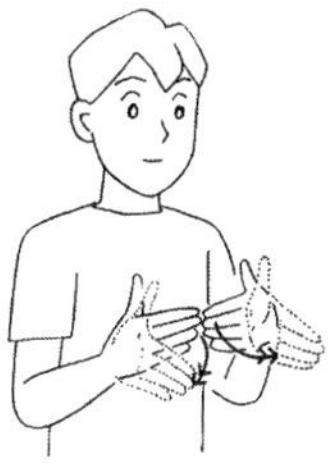

〈パナマ〉

両手指先をつけ合せ、前に払うように繰り返し動かす。

パラグアイ

〈パラグアイ〉
左手の甲に、指文字〈P〉の形の右手を繰り返し当てる。

ハンガリー

〈ハンガリー①〉
曲げた人差指に親指をつけた右手を、口の前から斜め下に弧を描くように動かす。

〈ハンガリー②〉
右手の人差指と親指を口の端から上にひねるようにつまむ。

バングラデッシュ

〈バングラデッシュ〉
手のひらを上にした右手を腰のあたりにつけ、

次に指を軽く曲げて手のひらを下にひっくり返す。

フィジー　1

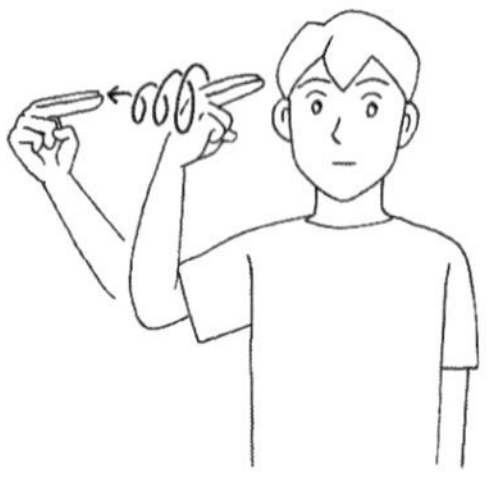

〈フィジー①〉
右手の人差指と中指を伸ばし、こめかみから回転させながら右に引く。

フィジー　2

〈フィジー②〉
両手の2指を交差するように打ちつけながら水平に円を描く。

フィリピン

〈フィリピン〉
左手の甲の上で、指文字〈P〉の形にした右手を回し、

次に右手の中指を左手の甲につける。

フィンランド

〈フィンランド〉
右人差指を軽く曲げ、あごに繰り返し当てる。

プエルトリコ

〈プエルトリコ〉
左こぶしの手の甲に、指文字〈P〉の右手中指をつけ、

次に右手指文字〈R〉の人差指を左手の甲につける。

ブラジル

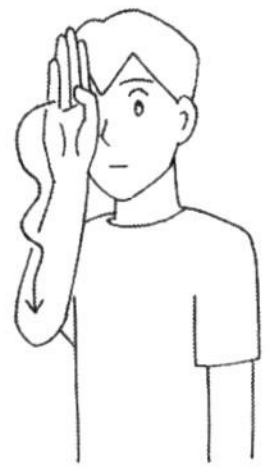

〈ブラジル①〉
右手を指文字〈B〉の形にして、顔の中心で波形におろす。

〈ブラジル②〉
カップの形にした左手の中に指文字〈フ〉の右人差指を入れ回転させる。

ブルキナファソ

〈ブルキナファソ〉
左手甲の上に右手で指文字〈B〉と〈F〉の形を順に表す。

フランス 1

〈フランス①〉
指文字〈F〉の右手を左から右に移動させる。

〈フランス②〉
右親指と人差指を額に当て、弧を描きながら閉じる。

ベトナム 1

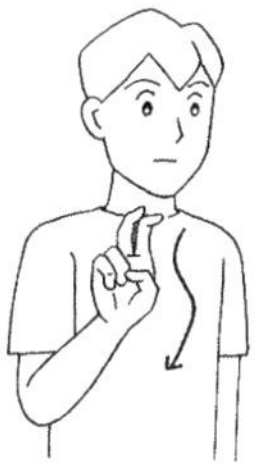

〈ベトナム①〉
人差指と中指を軽く曲げ、曲線を描きながら下にさげる。

〈ベトナム②〉
人差指と中指を伸ばし鼻につけ、左胸におろす。

フランス 2

〈フランス③〉
親指を立てた右手を右胸の前で前方に弧を描きながらおろす。

ベトナム 2

〈ベトナム③〉
両手の指先を向かい合わせて頭の上に置き、斜めにおろして頭につける。

〈ベトナム④〉
両手のひらを頭から左右におろす。

ブルガリア

〈ブルガリア①〉
5指を曲げた右手を、鼻のあたりから握りながら前方下におろす。

〈ブルガリア②〉
親指と他の4指の間をあけて鼻の下に置き、右に動かしながら下におろしてつまむ。

ベネズエラ

〈ベネズエラ〉
指文字〈V〉の形の右手を左右に振る。

ベラルーシ

〈ベラルーシ〉
両手の人差指を交差させて左に
水平回転させる。

ベリーズ

〈ベリーズ〉
右手を指文字〈B〉の形にして
「Z」の字を描く。

ペルー

〈ペルー〉
右手で指文字〈V〉の形にして、
頭の右上に繰り返し当てる。

ベルギー

〈ベルギー〉
右手を指文字〈B〉の形にして
口の端から前に出す。

ポーランド

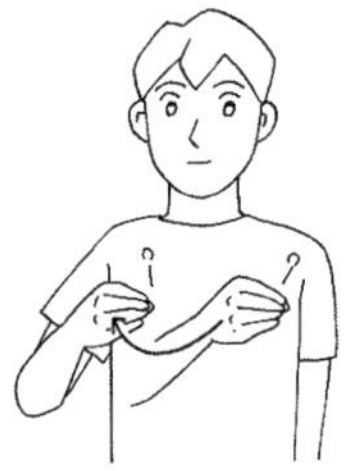

〈ポーランド〉
5指をつまんだ右手を左胸から
右に移動させる。

ボスニア・ヘルツェゴビナ

〈ボスニア・ヘルツェゴビナ〉
右手を指文字〈B〉の形にして、
ほおから前に繰り返し出す。

ボツワナ

〈ボツワナ〉
右手を指文字〈B〉の形にし、
顔の前で前後に振る。

ボリビア

〈ボリビア〉
指文字〈キ〉の形の右手を軽く
前方に繰り返し振る。

ポルトガル

〈ポルトガル①〉
親指と人差指と中指を伸ばした右手を右胸の前に水平に置き、前方に出して下におろす。

〈ポルトガル②〉
右人差指で額から顔の中心に沿っておろす。

マラウイ

〈マラウイ〉
右人差指の腹に親指をつけ、右肩あたりで右に水平に回す。

香港

〈香港〉
右手の５指を鼻の前で開いたり閉じたりする。

マルタ

〈マルタ〉
人差指と中指を伸ばし、左胸で縦・横の順に十字に動かす。

ホンジュラス

〈ホンジュラス〉
右人差指と中指を伸ばして、あごに繰り返し当てる。

マレーシア

〈マレーシア〉
伸ばした両手を頭の横で交互に上下させる。

マケドニア旧ユーゴスラビア

〈マケドニア旧ユーゴスラビア〉
右親指をあごにつけ、他の４指を小刻みに動かす。

南アフリカ　1

〈南アフリカ①〉
右手で指文字〈Ｓ〉の形を作り、胸の前でさげ、

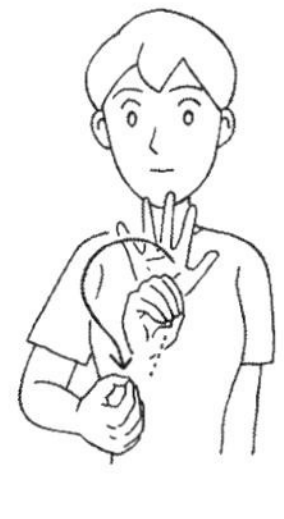

次に開いた右手を右に回して下につまみながらおろす。

南アフリカ　2

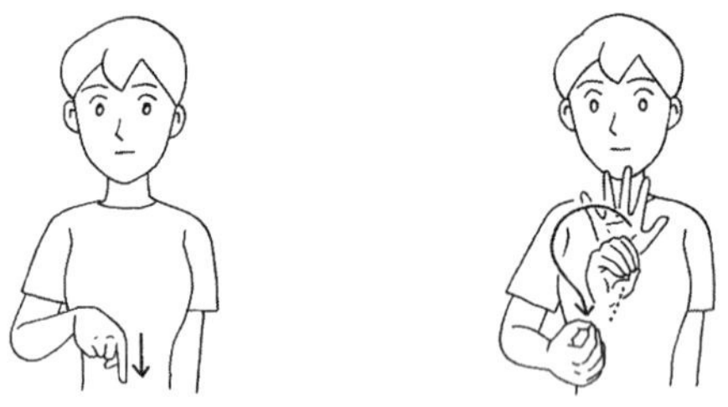

〈南アフリカ②〉

右人差指で下をさし、

次に開いた右手を右に回して下につまみながらおろす。

モザンビーク

〈モザンビーク〉

5指を軽くつまんだ両手をあごから耳に向けてあげる。

ミャンマー

〈ミャンマー①〉

手のひらを合わせ、前後に軽く振る。

〈ミャンマー②〉

右親指と人差指を開いて出し、顔の横で回して下におろす。

モナコ

〈モナコ①〉

親指と他の4指を広げた右手をあごの下からあごに繰り返し当てる。

〈モナコ②〉

手のひらを上に向けた右手を、左胸から斜め下に移動させる。

メキシコ　1

〈メキシコ①〉

右人差指と中指を伸ばして、額から斜め上にはね上げる。

〈メキシコ②〉

指文字〈M〉を示した右手を額で繰り返し振る。

モルドバ

〈モルドバ〉

軽く折り曲げた右手を頭の横に置いて、すぼめながら右に引き、

次につまんだ指先を下に向けて前後に振る。

メキシコ　2

〈メキシコ③〉

両手で頭を挟んで帽子のふちを示すように左右に引く。

モロッコ

〈モロッコ〉

両手で額と口を繰り返し隠す。

モンゴル

〈モンゴル①〉
右人差指で右の眉尻をあげる。

〈モンゴル②〉
伸ばした右手のひらを額、こめかみの順に当てる。

モンテネグロ

〈モンテネグロ〉
人差指と中指を軽く曲げ、こめかみのところで前後に動かす。

ヨルダン

〈ヨルダン〉
右手の親指と人差指を伸ばし、親指を額に繰り返し当てる。

ラオス

〈ラオス〉
指を開いて軽く曲げた右手を頭の右上に繰り返し当てる。

ラトビア

〈ラトビア〉
右手の親指と人差指を伸ばして、親指を左胸につけ、指先を上に向けた人差指を下に回転させる。

リトアニア

〈リトアニア〉
右人差指と中指を額に当て、左から右に弧を描くように移動させる。

リビア

〈リビア〉
右手のひらで右ほおを下向きになでる。

リヒテンシュタイン

〈リヒテンシュタイン〉
左手のひらを手前に向け、右手を〈L〉の形にして左手のひらの内側から斜め上にあげ、
次に右手を指文字〈S〉の形にして左手のひらに打ちつける。

ルーマニア

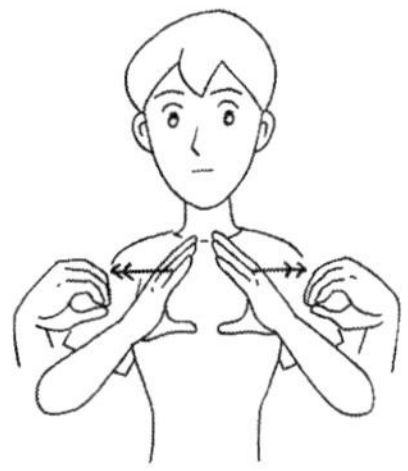

〈ルーマニア〉

親指を水平に、4指を斜め上に向けた両手の指先をつけ合せて、すぼめながら左右に引く。

ルクセンブルク

〈ルクセンブルク〉

右手を〈L〉の形にして、体の斜め前で左右に振る。

ルワンダ

〈ルワンダ〉

両こぶしで胸を交互にたたく。

レバノン

〈レバノン〉

すぼめた右手をぱっと開きながら上にあげ、

次に両手5指で三角形を作り、左右に引きながら閉じる。もう一度下で繰り返す。

ロシア

〈ロシア①〉

唇の上を右人差指でこするように右へ引く。

〈ロシア②〉

右人差指を唇のところで右から左に動かす。

あ

●アメリカ式アルファベットの指文字〈A〉に由来

人差指、中指、薬指、小指を握り、親指の先を左に向けて示す。手のひらを前方に向ける。

い

●アメリカ式アルファベットの指文字〈I〉に由来

小指を伸ばし、残りの4指を軽く握る。手のひらを前方に向ける。

う

●アメリカ式アルファベットの指文字〈U〉に由来

人差指と中指の先を上に向けて示す。手のひらを前方に向ける。

え

●アメリカ式アルファベットの指文字〈E〉に由来

全指を折り曲げ、手のひらを前方に向ける。

お

●アメリカ式アルファベットの指文字〈O〉に由来

5指でアルファベットの「O」を形づくり、小指側を相手に向ける。

か

●アメリカ式アルファベットの指文字〈K〉に由来

人差指と中指を伸ばし、親指先を中指の腹に添えてアルファベットの「K」を形づくる。他の2指は軽く握る。

き

●影絵の狐（きつね）

親指、中指、薬指の指先を合わせ、人差指と小指はまっすぐ伸ばす。影絵の狐の形。

く

●手話の数字〈9〉に由来

親指を上方に伸ばし、他の4指はそろえたまま左向きに伸ばす。手のひらを軽くくぼませる。

け

●不明

親指を折り曲げ、他の4指をそろえて上に伸ばす。手のひらを前方に向ける。

こ

●「事」の略字「ㄱ」に由来

親指は自然に伸ばし、残りの4指はそろえて手のひらと直角になるようにする。小指側を相手に向ける。

指文字

さ

●アメリカ式アルファベットの指文字〈S〉に由来

人差指から小指までを軽く握り、その上に親指を重ねる。手のひらを前方に向ける。

し

●手話の数字〈7〉に由来

親指、人差指、中指を出し、薬指、小指は軽く握る。伸ばした親指が上を向くようにする。手のひらは手前向き。

す

●カタカナの「ス」の字形

親指、人差指、中指を出し、中指を下に向けて「ス」の字形を作る。手のひらを手前に向ける。

せ

●お兄さん指を出す

中指を上に向け、他の4指を軽く握る。手のひらを前方に向ける。

そ

●「それ」と指示する

人差指の先をやや下に向け、指すようにする。

た

●アメリカ式アルファベットの指文字〈T〉の変形

親指を上に向け、他の4指を軽く握る。

ち

●手話の数字〈千〉に由来

小指を自然に伸ばし、親指と他の3指の先を合わせる。

つ

●手話の数字〈百〉に由来

小指と薬指を自然に伸ばし、親指と他の2指の先を合わせる。

て

●手そのものを示す

全指をそろえて伸ばし、手のひらを前方に向ける。

と

●ふたつ目のものをさす手話〈と〉に由来

人差指と中指をそろえて上に向け、他の3指を軽く握り、手のひらを手前に向ける。

な

●アメリカ式アルファベットの指文字〈N〉の変形

人差指と中指を下に向ける。手のひらを手前に向ける。

に

●カタカナの「ニ」の字形

人差指と中指を左に向けて伸ばす。

ぬ

●手話の〈盗む〉に由来

人差指をカギ形に曲げる。

ね

●木の根の形象

５指の間を広げて下に向ける。木の根が伸びているさまを示す。手のひらを手前に向ける。

の

●カタカナの「ノ」を空書する

空中にカタカナの「ノ」を描く。

は

●アメリカ式アルファベットの指文字〈H〉に由来

人差指と中指をそろえて伸ばし、指先を前方下に向ける。この時、２指は上下になるようにする。

ひ

●手話の数字〈1〉に由来

人差指を立てる。手のひらを前方に向ける。

ふ

●カタカナの「フ」の字形

親指と人差指を伸ばし、人差指が下方を向くようにして「フ」の字形を作る。

へ

●カタカナの「へ」の字形

親指と小指を伸ばし、他の３指は折り曲げ、「へ」の字形を作る。

ほ

●船の帆に由来

帆の形のように少し手のひらを丸める。手のひらを手前に向ける。

ま

●アメリカ式アルファベットの指文字〈M〉の変形

人差指、中指、薬指の3指を下に向けて伸ばし、手の甲を前方に向ける。

み

●手話の数字〈3〉に由来

人差指、中指、薬指を左に向ける。

む

●手話の数字〈6〉に由来

人差指を左向きに、親指の先を上向きに示す。

め

●目の形に由来

親指の先と人差指の先を閉じて目の形を作る。

も

●手話の〈同じ〉に由来

助詞「も」は「同様に」の意味があるところから、「同じ」を表す手話で、親指と人差指を自然に伸ばした状態から合わせる。

や

●アメリカ式アルファベットの指文字〈Y〉に由来

親指と小指を伸ばし他の3指は軽く握った状態で手のひらを前方に向ける。

ゆ

●♨の湯気に由来

温泉マークの湯気を表している。手の甲を前方に向け、人差指、中指、薬指を上に向けて伸ばす。

よ

●手話の数字〈4〉に由来

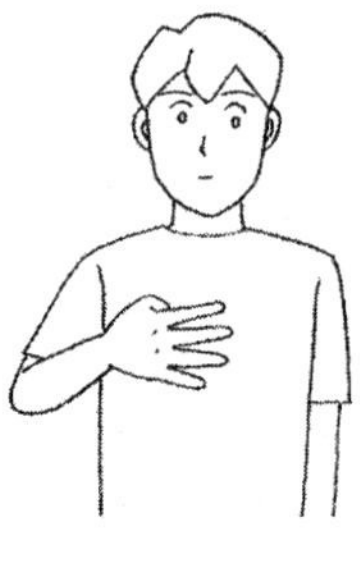

親指を折り曲げ、他の4指の指先を左に向ける。

指文字

ら

●アメリカ式アルファベットの指文字〈R〉に由来

人差指を上に向けて伸ばし、中指を人差指の爪の部分に当てる。アルファベットの小文字「r」の形。

わ

●アメリカ式アルファベットの指文字〈W〉に由来

人差指、中指、薬指を上方に伸ばしアルファベットの「W」の字形を示す。手のひらを前方に向ける。

り

●カタカナの「リ」の字形を描く

人差指と中指で、カタカナの「リ」を描くようにする。

を

●アメリカ式アルファベットの指文字〈O〉に由来

指文字〈オ〉を手前に引く。

る

●カタカナの「ル」の字形

親指、人差指、中指を伸ばし、他の2指を軽く握る。手のひらを前方に向ける。

ん

●「ン」の変形「レ」を空書する

人差指を使って空中に「レ」を描く。

れ

●カタカナの「レ」の字形

親指と人差指を出し、人差指を上方に向ける。手のひらを前方に向ける。

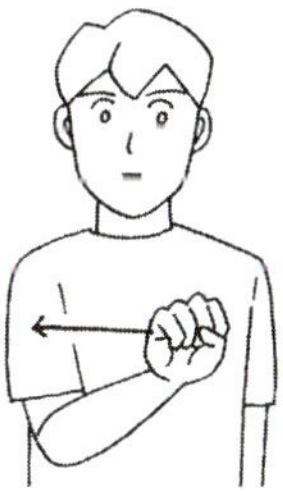

濁音（例「ざ」）

右に引く

半濁音（例「ぽ」）

上にあげる

ろ

●カタカナの「ロ」の字形

人差指と中指をそろえて軽く曲げる。手のひらを左に向ける。

小さく表記する音
（促音、拗音）
（例「マット」）

手前に引く

音をのばす表記
（例「スポーツ」）

人差指で「｜」と空書する

※相手から見た形

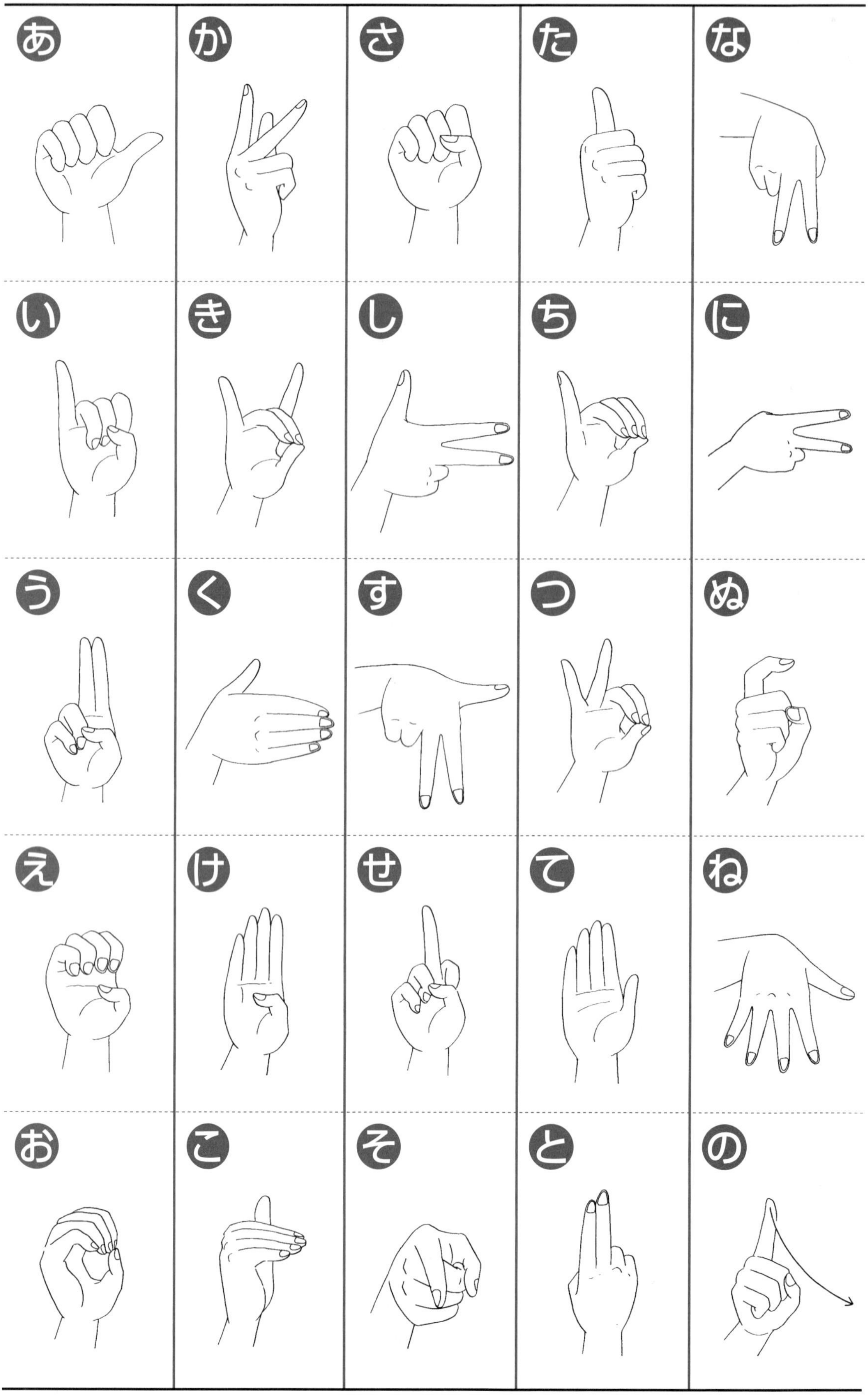

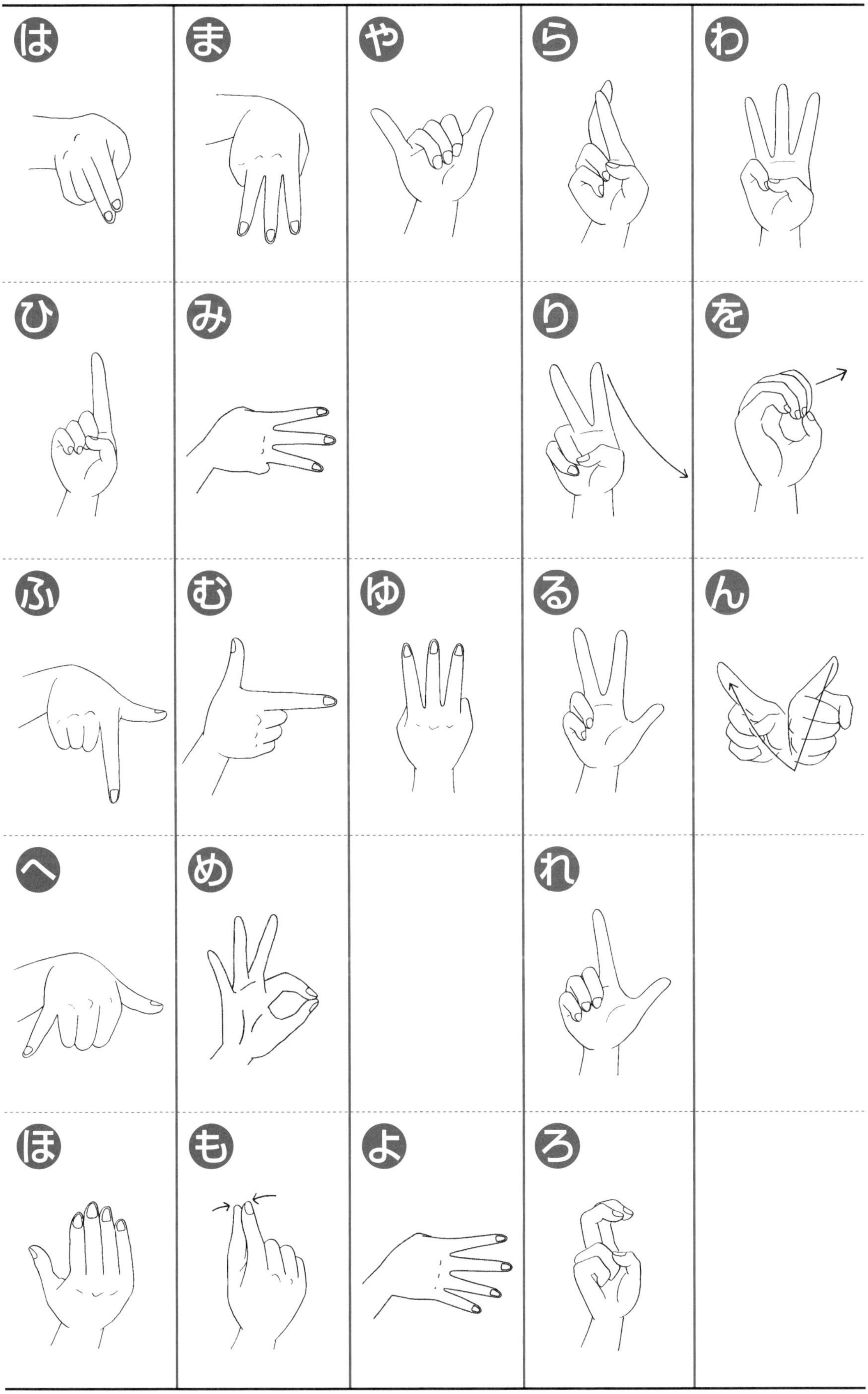
は
ひ
ふ
へ
ほ
ま
み
む
め
も
や
ゆ
よ
ら
り
る
れ
ろ
わ
を
ん

アメリカ式アルファベット指文字

※相手から見た形

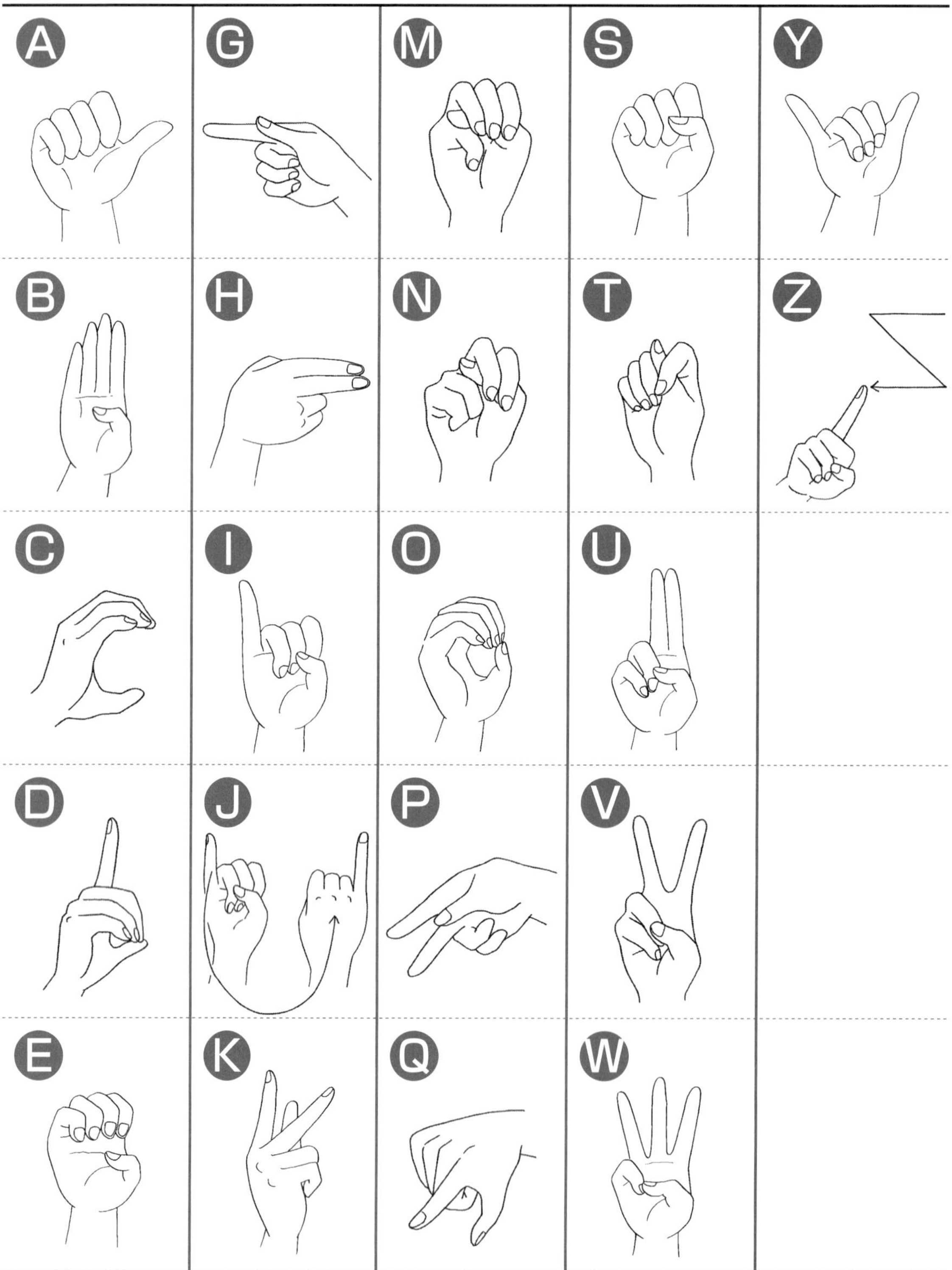

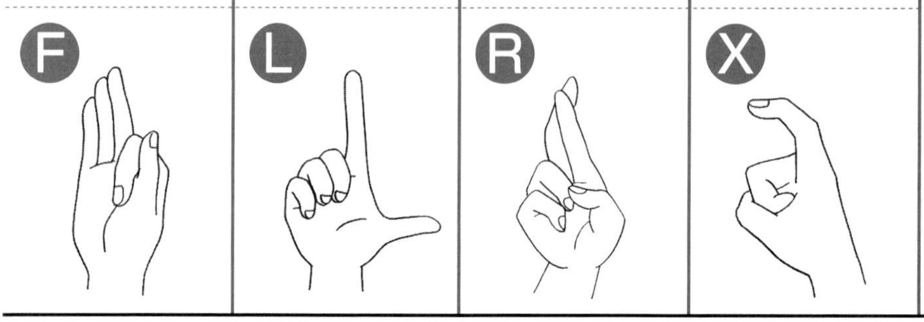

アメリカ式アルファベット指文字は Martin L. A. Sternberg 著『AMERICAN SIGN LANGUAGE DICTIONARY』(Harper Perennial) にもとづき、イラストを作成した。

A

B

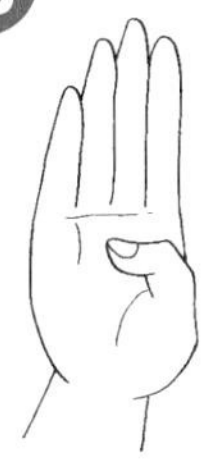

C

D

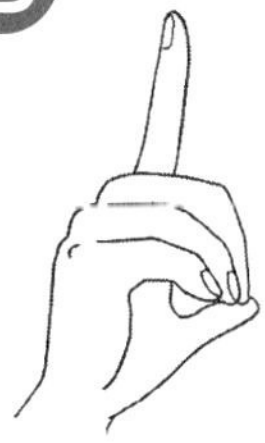

E

F

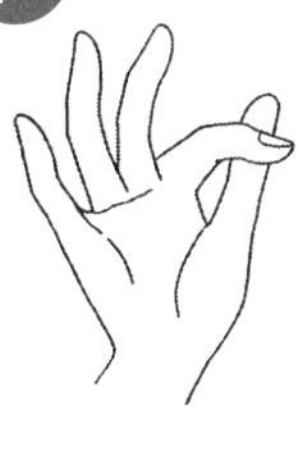

G

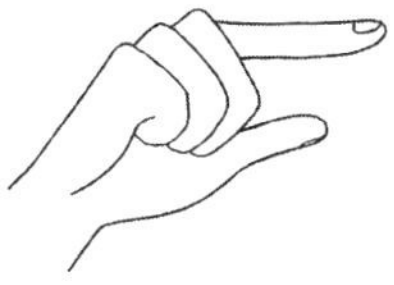

H

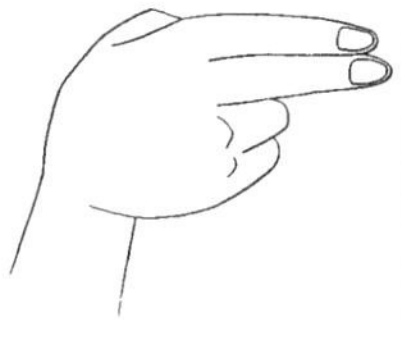

I

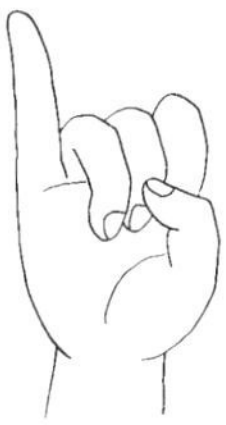

J

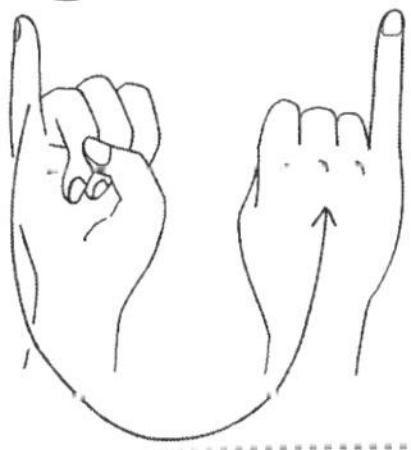

K

L

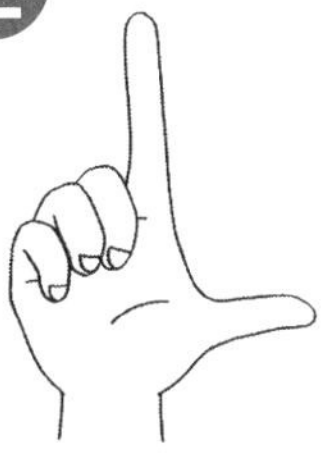

M

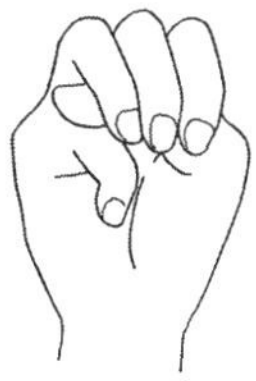

N

O

P

Q

R

S

T

U

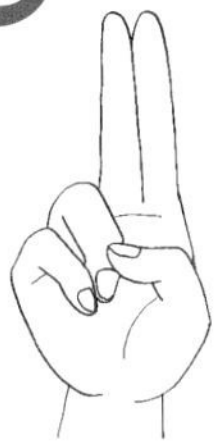

V

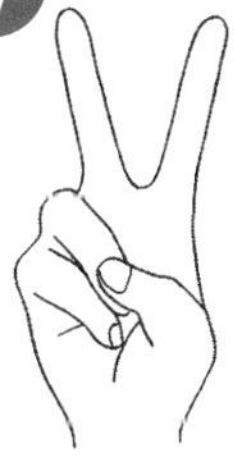

W

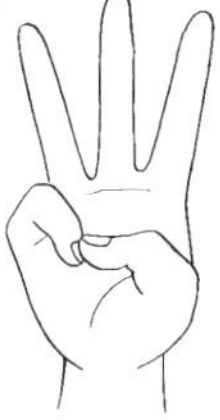

X

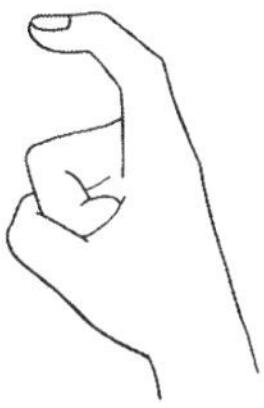

Y

Z

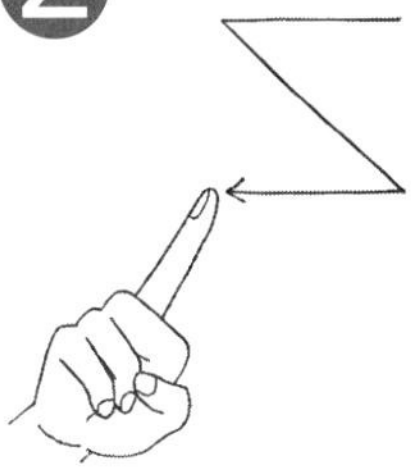

国際式アルファベット指文字は『わたしたちの手話学習辞典』（全日本ろうあ連盟出版局）にもとづき、イラストを作成した。

A

人差指を斜めにして立てた左手と親指・人差指を出した右手をつけ合わせて「A」の形を作る。

B

左人差指に人差指・中指・薬指を出した右手をつけ合わせて「B」の形を作る。

C

2指で「C」の形を作る。

D

左人差指に人差指と親指をやや丸めた右手をつけ合わせて「D」の形を作る。

E

左人差指に人差指・中指・薬指を出した右手を重ねて「E」の形を作る。

F

左人差指に人差指と中指を出した右手を重ねて「F」の形を作る。

G

左手の親指と人差指で「C」の字形を作り、右人差指を左親指にかける。

H

左人差指と右手の親指と人差指で「H」を作る。

I

手のひらを前方に向けて小指を立てる。

J

右小指で「J」の字を描く。

K

左人差指に右人差指で「く」の字を描き、「K」の形を作る。

L

親指と人差指を伸ばして「L」の形を作る。手のひらを前方に向ける。

M

3指の指先を下に向ける。

N

左人差指の先に「レ」の形の右手の親指をつけ、「N」の形を作る。

O

親指と4指で丸を作り、「O」の形にする。横向きに示す。

P

左人差指に人差指と親指をやや小さく丸めた右手をつけ合わせて「P」の形を作る。

Q

右人差指で「Q」の字を描く。

R

左人差指を立て右人差指で「R」の形になるように描く。

S

右人差指で「S」の字を描く。

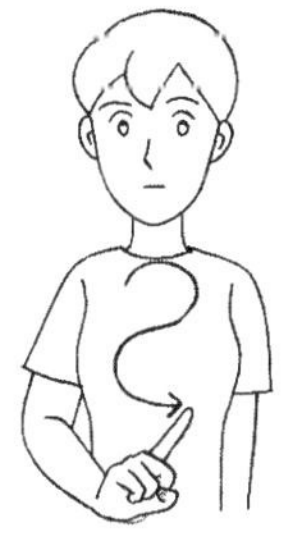

T

左人差指を立て、右人差指をその上にのせて「T」の形を作る。

U

人差指で「U」の字を描く。

V

右手２指で「V」の字を作る。手のひらを前方に向ける。

W

両手の親指と人差指で「W」の形を作る。

X

両手の人差指を交差させて「X」の形を作る。

Y

人差指で「Y」の字を描く。

Z

人差指で「Z」を描く。

● 手話イラスト名索引 ●

※例文の手話で表した部分を索引にした。数字はページを表す。

あ

〈ア〉／1、31、603
〈アーケード〉／1
〈アーチェリー〉／1
〈R〉／1412
〈愛①〉／1、7、109、110、118、155、161、206、288、706、824、1131、1193、1249、1519
〈愛②〉／2
〈相変わらず①〉／2、88、474、545、564、752、894、920、1035、1036、1071、1151、1396、1451、1532
〈相変わらず②〉／2、97、591、1064
〈相変わらず③〉／117、591、1140、1507
〈相変わらず④〉／117
〈相変わらず⑤〉／952
〈あいさつ〉／2、60、289、781、1141、1230、1465
〈愛される①〉／2
〈愛される②〉／2、565
〈アイスクリーム①〉／3
〈アイスクリーム②〉／3、960
〈アイスクリーム③〉／3
〈アイスランド〉／1671
〈間(あいだ)〉／3、99、103、310、459、532、580、624、724、869、871、881、1002、1106、1138、1141、1145、1186、1346、1484、1485、1503、1519、1573、1587、1597
〈愛知〉／1519、1660
〈あいづち〉／3、145
〈相手①〉／903
〈相手②〉／1050、1075
〈アイデア〉／5、67、291、420、561、1031、1308
〈IT〉／5
〈アイデンティティ〉／5
〈アイ・ドラゴン〉／5
〈あいまい〉／6、371、831、904、1189、1416、1429、1441、1604
〈アイルランド〉／1671
〈アイロン〉／6、235、375、1156、1369
〈会う①〉／6、44、75、309、802、890、1343、1530
〈会う②〉／6、33、94、151、235、357、530、714、755、769、773、781、825、944、1198、1452、1503、1520、1530
〈会う③〉／6、825、944
〈会う④〉／6、641、862、906
〈会う⑤〉／235
〈合う①〉／7、65、66、146、171、197、213、237、267、270、304、340、362、446、611、683、701、744、779、807、842、874、890、939、956、957、970、1012、1028、1096、1202、1263、1280、1305、1320、1337、1505、1506、1524、1609、1610
〈合う②〉／171、449、1163、1166
〈合う③〉／547、956、1602、1624
〈アウト〉／7
〈あえて〉／7
〈青〉／7、8、512、649、1386、1660
〈仰(あお)ぐ①〉／8
〈仰(あお)ぐ②〉／8
〈青くなる①〉／8、120、133、849
〈青くなる②〉／8、120、133、849、1297
〈青くなる③〉／30
〈あおる①〉／9、733
〈あおる②〉／9、193、1540
〈赤〉／9、25、27、29、185、200、229、275、338、352、435、438、489、598、648、710、722、747、880、973、989、990、1058、1105、1117、1187、1197、1235、1314、1411、1438、1454、1481、1517、1524、1549、1576、1632、1655
〈赤ちゃん〉／10、288、664、824、862
〈明かり①〉／10、396、624、910、977、982、1362
〈明かり②〉／10、308
〈あがりさがり〉／737
〈あがる①〉／10、233、442
〈あがる②〉／11
〈あがる③〉／11
〈あがる④〉／12、701、1157、1223
〈あがる⑤〉／12、21、610、1263、1358
〈あがる⑥〉／12、21、218、599、614、636、1476
〈あがる⑦〉／12、21、144、940
〈あがる⑧〉／13
〈あがる⑨〉／826
〈あがる⑩〉／59、67、135、1644
〈明るい①〉／14、19、222、835、971、977、1026、1154、1241、1242、1307、1475、1585
〈明るい②〉／14、681、1414
〈空き巣〉／15、1181
〈あきらめる①〉／15、266、277、557、611、716、1134、1232
〈あきらめる②〉／15
〈あきらめる③〉／15、259、266、527、543、557、859、1123、1263
〈あきる〉／15、112、506、631、930、1223
〈あきれる〉／15、105、235、357、499、1430
〈アクセス〉／17
〈悪魔〉／18
〈あくまでも〉／18
〈開(あ)ける①〉／18、1340、1457
〈開(あ)ける②〉／18、420、979、986、1627
〈開(あ)ける③〉／18、986
〈開(あ)ける④〉／18、282、283、1193
〈開(あ)ける⑤〉／18、1342
〈開(あ)ける⑥〉／1342
〈開(あ)ける⑦〉／19、345
〈開(あ)ける⑧〉／238
〈開(あ)ける⑨〉／225
〈空(あ)ける〉／19
〈あげる①〉／20、107
〈あげる②〉／20、1095
〈あご〉／22
〈あこがれる〉／23、40、138
〈朝〉／23、179、199、202、402、459、469、579、885、889、906、1232、1425、1525、1538、1572、1594
〈麻〉／23
〈浅い〉／23、647

〈あさって〉／24
〈あさはか〉／24
〈朝飯前〉／4、25、56、1087、1161、1182、1292、1475
〈アサリ〉／25
〈あさる〉／25、1520
〈足①〉／26、482、574、1350、1421
〈足②〉／26、1506
〈足③〉／26、1141
〈アジ〉／27
〈味①〉／27、28、136、553、624、856
〈味②〉／27、379
〈アジア〉／28、368
〈アジサイ〉／28
〈あした〉／17、23、28、400、765、869、906、1211、1532、1593、1594、1602、1605
〈アスパラガス〉／30
〈汗①〉／30、1122
〈汗②〉／30、834、1071
〈汗③〉／834、1297
〈あせも〉／31
〈あせる〉／13、31
〈アゼルバイジャン〉／1671
〈汗をぬぐう〉／1122
〈遊ぶ①〉／4、32、64、78、99、393、422、522、678、818、1078、1227、1362、1514、1629
〈遊ぶ②〉／628、1616
〈与える①〉／22、32、44、124、182、208、235、250、251、338、381、505、507、656、760、835、950、998、1034、1087、1135、1369、1391、1426、1429、1501、1523、1531、1570
〈与える②〉／32、1037、1570
〈与える③〉／32、33、530、687
〈与える④〉／694
〈与える⑤〉／694
〈与える⑥〉／578
〈暖かい〉／33、34、476、478、517、664、700、730、846、858、1090、1125、1155、1199、1239、1259、1263、1574、1583
〈あだな〉／34
〈アダプター〉／34
〈頭①〉／34、35、260、377、433、436、1107、1292、1298、1303
〈頭②〉／34、36
〈頭打ち①〉／35
〈頭打ち②〉／35
〈頭打ち③〉／36
〈頭が働く〉／1210
〈新しい〉／36、350、379、433、493、608、623、644、649、653、656、657、686、703、742、777、814、981、1076
〈あたり〉／36、67、148、301、368、468、1408、1466、1614
〈当たり前〉／37、325、998、1279、1338、1447、1542、1544
〈当たる〉／965
〈あちら〉／39
〈厚い①〉／39
〈厚い②〉／1350
〈暑い①〉／31、40、194、288、368、414、533、872、1079、1080、1154、1183、1443、1490
〈暑い②〉／40
〈熱い〉／40、919、1134
〈厚かましい①〉／39、41、653、664、1424
〈厚かましい②〉／41、1351、1424、1508
〈厚着〉／334
〈あっけない①〉／41
〈あっけない②〉／26、41、803、1134、1235
〈集まる①〉／41、175、216、221、232、440、581、583、587、702、723、759、1361、1458、1501、1551、1576
〈集まる②〉／42、262
〈集まる③〉／853
〈集める①〉／42、245、443、583、676、1419
〈集める②〉／42、477、952、1458
〈集める③〉／362、551、640、1324、1392
〈集める④〉／264
〈当てる〉／43
〈アトピー〉／46
〈穴①〉／46、1336
〈穴②〉／46、148
〈アナウンサー〉／47
〈アナゴ〉／47
〈あなた①〉／47、48、69、480、802、831、907、1024、1037、1605
〈あなた②〉／47
〈アナログ〉／48
〈兄〉／48、102、187、201、266、830、1096
〈アニメーション〉／48
〈姉①〉／48、831、1128
〈姉②〉／48、201、1128
〈アパート〉／49
〈アピール〉／49
〈浴びる①〉／1068
〈浴びる②〉／1282
〈アフガニスタン〉／1671
〈危ない①〉／49、313、708、718、1149、1517
〈危ない②〉／49、313、1046、1092
〈油〉／50、625、680、711、719、837、1005
〈アフリカ〉／50
〈あふれる〉／50
〈あべこべ①〉／51、229、230、328、494、726、771、1249
〈あべこべ②〉／51
〈甘い〉／3、51、52、53、94、108、238、308、350、511、660、1001、1079、1131、1211、1365、1473
〈天下り〉／52
〈アマチュア〉／52
〈天の邪鬼〉／53
〈網①〉／54、1135、1266
〈網②〉／54
〈編む①〉／54
〈編む②〉／54、708
〈飴〉／54、1159
〈雨①〉／12、28、54、55、173、246、282、284、361、449、534、590、669、728、743、757、796、821、827、920、936、969、971、1004、1029、1066、1087、1113、1126、1166、1171、1179、1319、1365、1451、1567、1620、1628
〈雨②〉／55、195
〈雨③〉／55、587、937、1191
〈雨④〉／55
〈アメリカ①〉／383、775、781、1003、1671
〈アメリカ②〉／174、1671
〈アメリカ③〉／1671
〈アメリカンフットボール〉／55
〈あやしい〉／56、137、178、377、411、1003、1277、1291、1389、1496
〈操る①〉／56、885、939、993、1056、1115、1238
〈操る②〉／56、106、247、430、740
〈謝る〉／86
〈謝れ〉／57、1546
〈アユ〉／57
〈歩み寄り〉／57、787
〈洗う〉／58、713、1245、1393
〈争う〉／59、168、318、340、375、621、701、773、1577、1606
〈改めて〉／60、111、229、485、1060、1189、1329、1343、1451、1504
〈アラブ首長国連邦〉／1671
〈あらゆる〉／61

〈表(あらわ)す〉／61、62、176、206、241、341、430、477、572、598、706、725、754、794、795、812、968、1017、1196、1212、1244、1300、1302、1303、1305、1350、1441、1549、1618、1625
〈現れる〉／53、62、112、147、179、184、245、451、541、614、730、944、1217
〈表(あらわ)れる〉／62、908、1481、1526、1628
〈ありがとう〉／62、90、178、327、461、578、623、642、687、688、727、922、1004、1178、1534、1543、1626
〈ある(或)〉／62
〈ある①〉／33、36、38、57、63、86、90、93、102、126、128、237、292、423、505、602、613、676、689、727、737、761、790、860、901、970、972、987、1011、1117、1151、1224、1283、1336、1354、1393、1444、1565、1586、1626
〈ある②〉／38、63、1022、1407
〈ある③〉／117
〈ある④〉／1452
〈歩き回る〉／604、1361、1466
〈歩く①〉／26、63、342、522、673、1010、1041、1067、1227、1230、1425、1474、1581
〈歩く②〉／64、864、1120、1298、1361、1362
〈アルコール①〉／64
〈アルコール②〉／64
〈アルジェリア〉／1671
〈アルゼンチン〉／1672
〈アルツハイマー〉／64
〈アルバニア①〉／1672
〈アルバニア②〉／1672
〈アルミニウム〉／64
〈アルメニア〉／1672
〈あれ①〉／31、39、48、65
〈あれ②〉／39、572
〈あれ③〉／604
〈アレルギー〉／65
〈泡〉／65
〈合わせる①〉／65、75、101、269、385、427、573、738、1331
〈合わせる②〉／7、604、1077、1368、1486
〈合わせる③〉／427、738
〈あわてる〉／31、65、66、169、638、1185
〈合わない〉／317、694、748、821、957、1096、1205、1316、1337、1350、1351、1457、1505
〈アワビ〉／66
〈案〉／67
〈案外〉／67、75、150、399、1205
〈アンケート〉／67
〈アンコール〉／67、68
〈安心①〉／68、209、1515
〈安心②〉／68、209、1515
〈安定〉／49、68、157、186、193、194、362、542、543、617、1084、1129、1279、1381、1478、1504
〈アンテナ①〉／68
〈アンテナ②〉／69
〈アンドラ〉／1672
〈案内〉／69、123、224、825、923、967、1046、1264、1481、1483、1536
〈アンモニア〉／70

い

〈イ〉／70
〈胃〉／70、226、290、596、880、1505
〈井①〉／70、107、749、1664
〈井②〉／70、1664
〈いいえ①〉／71、399、1059、1533
〈いいえ②〉／629
〈言いつかる〉／71、131、508、642、870
〈言いつける①〉／71
〈言いつける②〉／49、71
〈EU〉／1672
〈委員〉／72、295、1215、1629
〈言う①〉／7、46、60、61、72、121、173、191、295、365、366、465、509、593、616、649、668、725、726、793、838、847、872、879、916、918、963、1008、1072、1083、1231、1234、1285、1307、1354、1355、1378、1382、1399、1448、1534、1535、1552、1554、1585、1598、1599、1626
〈言う②〉／22、31、58、72、142、313、319、341、375、408、418、447、452、466、533、611、632、874、886、922、932、1044、1060、1089、1108、1151、1214、1224、1225、1290、1483
〈言う③〉／73
〈言う④〉／229
〈家〉／3、19、69、73、74、91、128、134、149、174、208、235、238、247、248、262、263、268、273、336、343、353、399、457、459、469、494、549、581、586、589、634、670、686、714、741、755、767、794、797、803、804、811、812、834、849、910、926、942、971、973、1010、1024、1035、1039、1060、1065、1081、1098、1113、1123、1145、1265、1278、1288、1302、1352、1390、1409、1412、1428、1439、1460、1501、1504、1518、1536、1542、1553、1555、1559、1562、1563、1575、1595、1618、1622、1623、1638、1650
〈家が狭い〉／73、1071
〈家の隣〉／1595
〈家の中〉／1065
〈家の二階〉／1098
〈家の前〉／1439
〈イカ〉／75、383、692
〈以下①〉／74
〈以下②〉／348、1653
〈意義〉／77
〈息切れ〉／77
〈イギリス①〉／1672
〈イギリス②〉／1672
〈イギリス③〉／1672
〈イギリス④〉／156、227、240、540、560、627、838、1064、1673
〈生きる①〉／77、78、110、340、415、699、705
〈生きる②〉／78、525、701、1082、1083
〈行(い)く①〉／27、78、226、271、377、578、665、775、828、829、835、842、868、985、993、1022、1033、1059、1060、1069、1091、1163、1169、1172、1270、1276、1439、1450、1456、1479、1533、1542、1577、1586、1601、1619
〈行(い)く②〉／78、128、1011、1114
〈行(い)く③〉／79、236、936、1194、1438、1439
〈行(い)く④〉／115、171、217、954
〈行(い)く⑤〉／1569
〈イクラ〉／80
〈池〉／23、81、280、418、826、832、1103、1282
〈池をまわる〉／1282
〈意見〉／82、337、521、615、618、625、761、781、857、989、990、1157、1237、1250、1348、1458、1541、1644、1654
〈以後〉／46、82、114、126、385、418、725、1398
〈囲碁〉／82、140
〈イコール〉／83

〈遺産〉／83、743
〈意志〉／83
〈石①〉／83、203、260、710、711、883、930、1075、1344、1660
〈石②〉／83、121
〈意地〉／84、1240
〈維持〉／84、830、939、950、1541
〈意識〉／85
〈いじめられる〉／85
〈いじめる〉／85、87、90、328、938
〈医者〉／86、236、630、654、824、1019、1165、1451
〈以上〉／86
〈異常〉／87
〈意地をはる〉／84、433、1008、1240
〈イスラエル〉／1673
〈遺跡〉／88
〈以前〉／88、723、724、725、734、1440
〈忙しい①〉／88、1168
〈忙しい②〉／88、1130、1518
〈板〉／1150、1239
〈痛い①〉／22、26、89、91、92、142、143、259、445、456、543、718、892、1013、1042、1044、1056、1155、1191、1211、1233、1273、1494、1567、1608
〈痛い②〉／34、89、91、476、524、646、707、902
〈痛い③〉／89
〈痛い④〉／89
〈痛い⑤〉／1201
〈痛い⑥〉／369
〈いただく〉／90、613、827
〈板ばさみ〉／91
〈炒める〉／92、1360、1372、1410、1550
〈イタリア①〉／1673
〈イタリア②〉／683、1673
〈１①〉／93、94、366、450、466、546、579、758、782、880、905、1285、1286、1360、1413、1532、1651
〈１②〉／93、97、1440、1466
〈一月〉／93、581、1502、1587
〈一月三日〉／93
〈一月六日〉／1502
〈一月八日〉／1587
〈イチゴ〉／94、578
〈イチジク〉／95、594
〈一途①〉／21、95、203、455、559、586、588、700、734、894、934、935、1134、1180、1286、1333、1366、1424、1470、1514
〈一途②〉／1120
〈位置づけ〉／95
〈一日①〉／95
〈一日②〉／95、138、799、948、1105、1106、1257
〈一年①〉／95、190、236、589、901、1139
〈一年②〉／95、1637
〈一年③〉／96
〈一番①〉／60、96、231、365、450、489、491、498、706、764、953、1018、1032、1033、1221、1517
〈一番②〉／96、1107、1434
〈一万〉／566
〈一流〉／97
〈いつ〉／97、165、268、313、349、430、508、572、704、718、728、840、885、889、1106、1278、1291、1380
〈一か月〉／905、1282、1388、1507
〈一級〉／98
〈一週〉／99、480、579、580
〈一瞬〉／99、604
〈一緒①〉／99、341、482、985、991、995、1046、1286、1414
〈一緒②〉／99、759
〈一生懸命〉／100、105、302、362、417、455、499、647、750、794、859、912、1050、1180、1192、1275、1279、1383、1431、1469、1514、1550、1648
〈一斉〉／101
〈一致〉／101、838
〈５つ上〉／102
〈いっぱい①〉／103、463
〈いっぱい②〉／103、936、1484
〈いっぱい③〉／103
〈いっぱい④〉／104
〈いっぱい⑤〉／104、584、670
〈いつも〉／6、72、105、182、390、454、681、767、774、782、818、856、900、915、916、922、1048、1051、1105、1168、1272、1280、1294、1333、1345、1346、1380、1436、1495、1508、1582
〈遺伝〉／106
〈糸〉／106、322
〈居直る〉／108、639
〈いなり寿司〉／108
〈イニシアチブ〉／108
〈犬〉／109、227、279、288、750、850、866、1073
〈稲〉／109、127、285、582、776、846
〈イノシシ〉／109
〈命〉／109、705、760、1000、1416、1476、1607
〈祈る〉／110、583、741、1142、1378、1401、1438
〈茨城〉／1660
〈いばる〉／110、175、443、570、1223、1229、1241、1359、1417、1471
〈違反〉／111、438、1248、1249、1538
〈今①〉／84、92、111、117、222、335、404、409、410、411、413、418、466、468、480、482、487、514、558、580、677、724、815、977、1024、1064、1167、1241、1425、1432、1492、1585、1601
〈今②〉／468、556、818
〈戒める〉／111
〈意味①〉／77、112、406、418、465、512、637、716、990、995、1077、1167、1249、1357、1502、1618、1643、1645
〈意味②〉／77、112、1077、1224
〈イメージ〉／112
〈妹①〉／112
〈妹②〉／112、201
〈卑しい①〉／113
〈卑しい②〉／113
〈いやらしい〉／113、160、1223
〈いよいよ〉／114
〈以来〉／114
〈イラク〉／1673
〈イラスト〉／115
〈いらだつ〉／115
〈いらない〉／31、72、73、118、175、465、480、569、721、798、1281、1358、1425、1442
〈イラン〉／1673
〈慰留〉／116
〈いる〉／116、568、586、590、689、756、769、797、883、934、1035、1105、1213、1614
〈イルカ〉／118
〈入れ物〉／17
〈入れる①〉／1109
〈入れる②〉／1332、1474
〈入れる③〉／1278
〈入れる④〉／28
〈入れる⑤〉／1382
〈色①〉／120、289、306、418、643、890、1019、1112、1146、1170、1314、1429、1515、1519
〈色②〉／120、570
〈いろいろ〉／72、73、120、131、241、459、505、514、537、561、

583、635、721、814、822、849、912、943、987、1080、1094、1253、1351、1460、1547
〈岩〉／121、132、1347、1660
〈祝う〉／121、181、203、593、595、818、884、921、976、1369、1527
〈イワシ〉／121、300
〈言われる①〉／6、306、548、726、974、1010、1127、1462、1494
〈言われる②〉／73、181、743、1041、1543、1602
〈言われる③〉／612、1379
〈言われる④〉／116、229、299
〈院〉／651
〈印鑑〉／122、190、400、420
〈印刷①〉／122
〈印刷②〉／122、600、1365
〈印刷③〉／1002
〈印象〉／1604
〈インスタント〉／123、1605
〈インターチェンジ〉／123
〈インターナショナル〉／123
〈インターネット〉／123、223、409
〈引退〉／124、210、295、529、629、639、1227、1568
〈インタビュー〉／124、171
〈インテグレーション〉／124
〈インテリア〉／124
〈インド①〉／1673
〈インド②〉／1673
〈インドネシア①〉／1673
〈インドネシア②〉／1673
〈インパクト〉／124
〈インフルエンザ〉／125
〈引用①〉／125、1311
〈引用②〉／125、1267

う

〈ウ〉／125
〈ウイスキー〉／125、1032
〈ウインナソーセージ〉／126
〈上①〉／126、975
〈上②〉／610
〈上③〉／1446
〈上④〉／671
〈上に立つ〉／763、809、887、999
〈植える〉／127
〈うかがう〉／127
〈ウガンダ〉／1673
〈ウクライナ〉／1674
〈受付〉／130、1008、1457
〈受ける〉／130、131、228、410、487、595、1163、1218
〈動き回る〉／843
〈ウサギ〉／133
〈牛〉／133、288、448、567、667、678、838、863、1100、1296
〈後ろ〉／134
〈渦〉／135
〈薄い①〉／24、135
〈薄い②〉／24、136
〈薄い③〉／1353
〈ウズベキスタン〉／1674
〈うそ①〉／106、136、229、472、832、1104、1135、1242、1454、1459、1491、1646
〈うそ②〉／136、403、964、1454
〈歌う①〉／136、1619
〈歌う②〉／136、450、842
〈疑う〉／56、136、137、147、290、359、614、825、941、1195、1237、1242、1339、1580
〈宇宙〉／138
〈内訳〉／139
〈撃つ①〉／139、198、784
〈撃つ②〉／139、1138
〈美しい①〉／101、141、201、670、1247、1461、1520、1539
〈美しい②〉／7、58、64、97、141、235、241、274、335、349、357、395、480、510、516、546、605、618、682、690、696、754、794、887、952、982、1067、1085、1086、1156、1189、1206、1207、1258、1275、1418、1430、1543、1552
〈映す①〉／142
〈映す②〉／1371
〈写す①〉／142、1540
〈写す②〉／142、577、1053
〈写す③〉／961
〈宇都宮〉／1666
〈腕〉／143、570、576、594、595、616、792、940、1016、1386、1473、1477、1496、1522
〈腕前〉／143、165、595、807、858、1370、1386、1496、1522
〈うどん〉／144、322、823
〈ウナギ〉／144、274
〈うなずく〉／3、145、1462
〈馬〉／146、1163、1200、1433
〈生まれる〉／50、108、147、148、258、268、368、451、519、522、598、704、732、733、840、958、1034、1234、1338、1343、1367、1542、1594
〈海〉／78、135、148、209、222、448、542、1070、1484、1538
〈梅〉／148、936、1171
〈敬う①〉／8、35、149、162、169、192、231、524、601、760、761、785、814、1222、1301、1302、1470、1493、1500、1575
〈敬う②〉／627
〈裏①〉／149、207、1104、1521
〈裏②〉／149
〈裏③〉／134、149
〈裏切る〉／150、151、757、1444
〈占い〉／150、1250
〈恨む〉／150、228、1100、1102、1237、1329、1330
〈うらやましい①〉／150、555
〈うらやましい②〉／150
〈売る①〉／150、151、152、232、446、634、1059、1060、1167、1239、1580
〈売る②〉／123、151、152、972、1177、1253、1382
〈ウルグアイ〉／1674
〈うるさい①〉／151、473、553、737、1555、1556
〈うるさい②〉／1555
〈うれしい〉／151、206、213、264、293、399、500、670、817、847、961、975、1038、1046、1076、1204、1274、1372、1515、1577、1602、1629、1644
〈浮気〉／152
〈うわさ〉／153、257、505、642、807、831、843、1040、1068、1159、1180、1248、1304、1312、1313、1494、1509、1650
〈雲泥の差〉／153、905
〈運転〉／10、68、101、109、122、154、158、166、172、228、230、255、265、267、379、381、434、446、488、504、561、575、585、618、673、675、692、701、739、780、831、897、912、916、948、949、974、986、1029、1044、1047、1048、1100、1102、1125、1162、1163、1172、1213、1215、1231、1252、1253、1276、1315、1347、1418、1441、1529、1575、1579、1581、1606、1628、1633、1646
〈運命〉／155
〈運用〉／155

え

〈エ〉／155、1669
〈絵〉／50、155、241、257、306、455、500、660、670、979、1089、1540、1550、1588
〈永遠〉／155
〈映画〉／142、155、214、301、337、669、680、967、996、1120、1177、

1254、1295、1314、1319、1420、1588、1599
〈影響される①〉／156、581、1295
〈影響される②〉／131、156、190、535
〈影響される③〉／156
〈影響される④〉／156
〈エイズ〉／156
〈衛星〉／648、1404、1465
〈衛生〉／157、696
〈栄養〉／157、333、1052、1238、1276、1364、1407
〈A〉／157
〈エース〉／157
〈ATM〉／157
〈駅〉／158、898、900、969、1309、1444、1452
〈エクアドル〉／1674
〈エコー検査〉／158
〈エコロジー①〉／159
〈エコロジー②〉／158、159
〈エジプト①〉／1674
〈エジプト②〉／1674
〈エスカレーター〉／159
〈エストニア〉／1674
〈枝〉／159、834
〈枝豆〉／159
〈エチオピア〉／1674
〈H〉／160、1412
〈江戸〉／160、1636
〈NHK〉／160
〈NTT〉／160
〈NPO〉／161
〈エネルギー〉／161、536
〈エノキタケ〉／161
〈絵の具〉／161
〈エビ〉／161、983、1359
〈エプロン〉／161
〈選び出す〉／163、180、662、715、747、813、1418、1552
〈選ぶ①〉／163、997
〈選ぶ②〉／163、732、997、1011、1053、1330、1344、1553
〈エリート〉／330
〈エリトリア〉／1674
〈エルサルバドル①〉／1675
〈エルサルバドル②〉／1675
〈エレベーター〉／11、163
〈円〉／164、1103
〈宴会〉／165、1406
〈延期〉／165、166、553、1156、1157、1257、1594
〈エンジン〉／166、236、700、1048
〈煙突〉／167、403、1158、1188
〈円盤投げ〉／167
〈鉛筆〉／160、167、396、763、1464
〈遠慮〉／167、407、943

お

〈オ〉／167、258
〈追い越す①〉／168、1121
〈追い越す②〉／168
〈追い越す③〉／168
〈おいしい①〉／146、168、254、365、460、461、590、823、838、846、914、1517、1609、1624
〈おいしい②〉／146、168
〈おいしい③〉／168、1368、1411
〈追い抜く①〉／168、1120
〈追い抜く②〉／168、1120、1121
〈追い抜く③〉／169
〈追い払う〉／169、244、635、640、771、897、1007、1070、1149、1175、1394
〈追い払われる〉／757、803、897、1150、1273、1366、1408
〈追う①〉／44、169、915、921、1272
〈追う②〉／169、548、896、915、1023
〈追う③〉／896
〈応援〉／170、1206
〈往復〉／376
〈オウム〉／172
〈大分〉／277、1660
〈大きい①〉／174、244、429、503、1266、1312、1323、1405、1448
〈大きい②〉／174、274、279、360、491、671、811、1020、1310、1331、1332、1350、1405
〈大きい③〉／174、283、765、1553、1568、1580
〈大きい④〉／1520
〈大きい⑤〉／638
〈大きくなる①〉／175、654、732、750、817、1045、1091、1448
〈大きくなる②〉／547、702、843、1217
〈OK〉／175、355、1603
〈大阪〉／1661、1666
〈オーストラリア〉／1675
〈オーストリア①〉／1675
〈オーストリア②〉／1675
〈大関〉／175
〈大津〉／1666
〈大詰め〉／176
〈オーバーコート〉／176
〈公(おおやけ)〉／177、420、421、422、423、424、426、430、431、433、440、441、443、444、445、446、1374、1616
〈オーロラ〉／177
〈岡〉／177
〈拝む〉／100、741、894、1129、1182、1263、1426
〈岡〉／1670
〈岡山〉／1661、1666
〈補う①〉／148、149、179、638、1342、1415、1420、1421、1422、1670
〈補う②〉／47、179、1415、1421、1422
〈沖縄〉／1661
〈起きる①〉／183、184、464、958、1032、1057、1096、1216
〈起きる②〉／180
〈起きる③〉／534、1633
〈億〉／180、809
〈置く①〉／141、511、1013、1025、1037、1150、1288、1385
〈置く②〉／126、180、911
〈贈物〉／187、190、194、642、872、931
〈遅れる〉／183
〈怒(おこ)る①〉／76、184、186、405、543、544、754、806、812、837、1014、1021、1190、1235、1338、1339、1428、1544
〈怒(おこ)る②〉／184、185、812、937、1579
〈怒(おこ)る③〉／321
〈怒(おこ)る④〉／1081
〈おごる〉／92、184、460
〈納める〉／187、1145、1147
〈惜しい〉／188、1543
〈教える①〉／8、115、116、188、234、335、336、338、339、430、439、449、524、560、592、609、652、659、694、729、803、835、863、901、956、1000、1017、1135、1472、1599、1635、1639
〈教える②〉／488
〈教える③〉／552
〈おしゃべり①〉／189、285、807、814、1069、1086、1099、1187、1556
〈おしゃべり②〉／189、362、365、546、814
〈おしゃれ〉／189、1235
〈おじゃん〉／776、1479
〈押し寄せる〉／719
〈押す①〉／132
〈押す②〉／43
〈お世辞①〉／191、472、576、1054
〈お世辞②〉／825
〈遅い①〉／191、204、638、993、

1164、1581
〈遅い②〉／115、191、1057、1107
〈遅い③〉／954
〈恐ろしい〉／192、202、864、1299、1367
〈教わる①〉／8、192、211、633、866、1088、1459
〈教わる②〉／82、188、192、593、606、703、853、1088、1221、1258、1459
〈教わる③〉／281
〈おだてられる〉／193
〈おたふく〉／193
〈オタマジャクシ〉／193
〈落ち着く①〉／68、194、199、774、1279、1581
〈落ち着く②〉／194、202、542、543、544、654、1014、1627
〈お茶〉／400、866、1160
〈お茶を入れる〉／120、674、749、866、998、1180
〈落ちる①〉／194
〈落ちる②〉／194、494、537、984
〈落ちる③〉／195、259、556、685、1205、1553、1609
〈夫(おっと)〉／196、597、638、845、949
〈お手あげ〉／196、271、442、620、802、828、942、943、1000、1165、1439
〈弟①〉／38、73、187、197、285、1269
〈弟②〉／197
〈男〉／23、85、122、127、189、196、197、220、243、267、279、286、290、315、339、359、364、382、388、397、419、449、489、492、500、530、532、538、558、619、620、627、641、650、659、664、729、753、767、839、840、842、860、921、942、996、1043、1090、1092、1101、1102、1108、1111、1124、1149、1174、1232、1234、1247、1279、1280、1308、1334、1337、1345、1351、1352、1366、1396、1403、1429、1454、1509、1527、1562、1593、1612
〈おどされる〉／50、198
〈落とす〉／197、492、1123
〈おどす〉／36、43、198、278、337、340、916
〈おととい〉／199
〈大人〉／199、654、701、839、1156、1480
〈おとなしい〉／199、699
〈驚く①〉／16、200、457、601、670、927、928、1038、1120、1278、1441、1455
〈驚く②〉／191、200、601、633、927、928、1278
〈驚く③〉／200、824、1039、1520
〈驚く④〉／200、1526
〈同じ①〉／86、105、200、359、591、682、737、873、900、942、979、988、989、991、998、1010、1083、1112、1113、1117、1247、1286、1345、1346、1377、1450、1462、1563、1591、1623
〈同じ②〉／100、200、835、990、1091
〈同じ③〉／102、337
〈同じ④〉／824
〈同じ⑤〉／1088、1462、1535、1548
〈同じ⑥〉／752
〈鬼〉／18、200
〈おばあさん〉／201、1120
〈帯(おび)①〉／202
〈帯(おび)②〉／202
〈覚える〉／67、118、180、202、205、212、261、400、467、755、967、1043、1045、1160、1179
〈溺(おぼ)れる〉／203
〈お盆〉／1431
〈重い〉／203、204、304、375、584、586、590、591、592、770、882、1185、1213、1234、1286、1322、1387、1665
〈思い込む①〉／204、326、460
〈思い込む②〉／588
〈思い出す〉／205
〈思う〉／66、70、83、84、85、95、106、118、122、123、129、132、134、200、205、206、283、305、322、436、483、574、652、691、693、700、742、837、839、865、929、963、996、1025、1147、1178、1209、1228、1276、1316、1358、1391、1416、1419、1428、1431、1462、1474、1475、1499、1524、1563、1565
〈重くなる〉／648、738
〈おもしろい〉／53、178、207、1033、1466、1577、1608、1650
〈おもちゃ〉／207、410、477、1361
〈表(おもて)①〉／207、576、1059、1104、1521、1522
〈表(おもて)②〉／207、254、389、1305
〈泳ぐ〉／209、660
〈オランダ①〉／1675
〈オランダ②〉／1675
〈降りる①〉／210、394
〈降りる②〉／11
〈オリンピック〉／49、210、519、599、968、1237
〈織る〉／210
〈折る①〉／26、211、292、297、350、378、402、433、457、472、479、528、536、542、609、653、814、819、828、882、889、927、928、991、1035、1048、1099、1162、1183、1228、1231、1398、1537、1564、1565、1629
〈折る②〉／211
〈オルガン〉／211
〈降ろす①〉／211
〈降ろす②〉／211
〈終わる〉／13、21、22、45、86、172、187、212、219、237、298、394、403、420、475、547、609、679、686、697、707、734、759、908、915、958、1004、1034、1035、1114、1196、1301、1338、1350、1354、1424、1468、1527、1563、1567、1572、1592
〈恩〉／212、1262
〈音楽〉／213、311、434、532、679、1163、1281、1413
〈温泉〉／213、974、1001、1571、1644
〈温度〉／102、213、309、409、488、491、885、946、957
〈温度があがる〉／213、309
〈女〉／28、71、85、127、181、201、202、213、274、276、349、613、621、632、652、757、832、1273、1275、1283、1300、1304、1340、1366

か

〈か〉／80、97、196、214、539、988、1030、1445
〈カ〉／214、1582
〈ガ〉／215
〈カード①〉／215
〈カード②〉／329
〈ガーナ〉／1675
〈カーナビ〉／215
〈カーブ〉／216
〈カーフェリー〉／216
〈カーボベルデ〉／1675
〈会〉／72、147、154、216、224、309、422、462、518、984、998、1006、1159、1373、1406、1417、1423

〈貝〉／216、527
〈会議〉／92、218、246、313、358、708、899、909、1093、1336、1371
〈階級〉／218
〈解決①〉／13、21、46、136、138、219、262、297、303、355、380、394、402、444、550、569、594、633、634、635、684、687、689、698、711、774、809、908、915、1015、1022、1095、1150、1164、1208、1237、1284、1330、1407、1428、1537、1541、1557、1559、1589
〈解決②〉／256、608、1184
〈解雇①〉／219、347、369、370、439、635、766、1014、1297、1529
〈解雇②〉／219、347、369、370、535、551、552、924、1041、1042
〈解雇③〉／219、369
〈解雇④〉／707
〈蚕〉／219
〈介護〉／219
〈外交〉／220、226、606
〈外国〉／217、220、540、541、599、671、706、808、1467、1588、1589、1592、1622
〈解散〉／220、575、771、894
〈外耳〉／221
〈会社〉／5、12、21、97、130、138、221、269、275、292、304、311、377、385、391、516、574、577、593、653、717、783、810、849、875、899、913、923、927、954、1005、1018、1109、1174、1195、1209、1400、1421、1481、1568
〈解説〉／222
〈海藻〉／223
〈階段〉／10、194、223
〈開発〉／224、559、1171
〈回復〉／85、225、246、414、435、700、796、802、1065、1068、1174、1189、1347、1348、1354、1503、1545、1575、1617
〈解放①〉／225、726、1014、1021
〈解放②〉／225、1014、1021
〈潰瘍〉／226
〈会話①〉／227
〈会話②〉／189、227、500、510、550、675、781、847、907、1066、1076、1166、1195、1204、1225、1228、1466、1513、1530、1534、1583、1640、1653
〈会話③〉／1062、1159
〈カイワレ〉／227
〈買う〉／204、226、228、280、322、394、396、441、463、525、534、618、718、759、821、941、943、1015、1029、1148、1174、1196、1206、1318、1385、1389、1399、1471、1546、1570
〈カウンセリング〉／228
〈帰って来る①〉／231、377、920
〈帰って来る②〉／74
〈カエル〉／193、225、229
〈帰る〉／24、74、182、191、230、253、277、452、569、743、1025、1030、1040、1277、1455、1570、1603
〈顔〉／152、207、231、232、234、241、243、320、393、543、647、752、794、1070、1074、1333、1464、1506、1530
〈顔合わせ〉／232、1530
〈顔が長い〉／1067
〈顔が広い①〉／232、1310
〈顔が広い②〉／232、1229、1310
〈香り①〉／70、112、232、256、312、357、395、915、982、1096、1097、1190、1206、1293、1313、1320、1372、1487、1579、1661
〈香り②〉／52、232、395、434、1097、1222
〈かかあでんか〉／233、638
〈加害〉／233
〈かかえる〉／1609
〈化学〉／233、1613
〈科学〉／233、656、674、956、1554
〈掲げる〉／233、692
〈鏡①〉／142、234、372
〈鏡②〉／142、234
〈輝く〉／234
〈カキ〉／237
〈柿〉／238、565、581、593
〈鍵(かぎ)〉／238
〈かき回す①〉／732
〈かき回す②〉／420
〈核〉／239、1377、1476
〈書く①〉／13、22、61、63、240、278、350、382、492、500、501、606、628、635、636、889、913、915、952、955、1051、1053、1086、1105、1148、1157、1175、1200、1277、1280、1349、1350、1355、1374、1390、1528、1539
〈書く②〉／240、286、348、350、660、1053、1147、1148、1151、1277、1528
〈書く③〉／86、240、664、673、682、1279、1539、1612
〈書く④〉／240、1594
〈書く⑤〉／156、240
〈書く⑥〉／181、807
〈額〉／1134
〈各駅停車〉／1346
〈学識〉／242
〈隔日〉／242
〈隔週〉／242
〈隠す〉／29、149、186、243、352、568、841、855、993、1150、1298、1408、1422、1429
〈学生①〉／96、123、243、703、766、963、991、1046、1364、1419、1574
〈学生②〉／243、703
〈覚醒剤〉／244
〈革命〉／245
〈学問〉／246、767、813、983
〈確率〉／246
〈閣僚①〉／241、746、1061、1062
〈閣僚②〉／246
〈隠れる〉／46、76、106、138、164、243、247、503、505、740、752、900、1051、1062、1063、1124、1383、1486、1513、1520、1539、1553、1635
〈影〉／247
〈陰口①〉／248、800
〈陰口②〉／248、800
〈陰口③〉／800
〈かけひき〉／248
〈かける①〉／234、248
〈かける②〉／248、251
〈かける③〉／252、746
〈かける④〉／212、249
〈かげろう〉／252
〈過去①〉／205、206、252、517、562、726、797、919、1031、1071、1079、1088、1224、1261、1316、1364、1366、1504
〈過去②〉／58、80、88、138、468、498、509、591、679、722、723、725、727、752、895、994、1439、1545
〈過去③〉／98
〈囲う〉／923
〈鹿児島〉／511
〈傘〉／253、1648
〈重ねる①〉／253、254、888、889
〈重ねる②〉／253、254、933、1357、1388、1407
〈重ねる③〉／253、254、933、1632
〈カザフスタン〉／1675
〈飾る①〉／189
〈飾る②〉／207、254
〈菓子〉／51、208、254、255、363、368、666、793、823、1009、1418

〈火事①〉／255、794、1255、1299、1428、1536、1590
〈火事②〉／255、910、973、994、1559、1602、1636
〈賢い①〉／34、255、342、349、478、492、530、650、682、842、853、1006、1044、1465、1614
〈賢い②〉／507、865
〈柏餅〉／255
〈貸す〉／255、343、394
〈数〉／36、65、80、163、211、256、282、296、589、654、664、665、697、720、836、894、975、1019、1118、1133、1247
〈風①〉／196、257、902、937、973、1321、1327、1603
〈風②〉／186、257、1261、1319、1327、1505、1649
〈風邪〉／257、360、709、834、1233、1267
〈画像〉／258
〈数えあげる〉／1089
〈数える①〉／211、258、296、1118
〈数える②〉／258、401、1118
〈家族〉／258、438、485、712、1560
〈ガソリン〉／258、357
〈肩〉／259、331、808
〈固い①〉／204、242、245、260、261、262、263、264、423、431、433、551、622、643、749、937
〈固い②〉／260、992、1002、1116、1627
〈固い③〉／260、551
〈課題〉／261
〈片思い〉／261
〈肩書き①〉／106、173、261、529、849、1274
〈肩書き②〉／261
〈肩書きが多い〉／261
〈肩がこる〉／262
〈かたかな〉／261
〈形〉／258、262、389、766
〈傾く〉／263、1081、1276
〈固める〉／574
〈かたよる〉／263、265、1391
〈カタログ〉／265
〈価値①〉／265
〈価値②〉／265
〈勝ち進む〉／266
〈勝つ①〉／41、265、363、524、626、640、783、908、1158、1430、1436、1564
〈勝つ②〉／266、340、620、627、1136、1229、1515
〈カツオ〉／266
〈カツオ節〉／266
〈画期〉／267
〈かっこいい〉／267、759、1655
〈学校〉／183、978、1194、1223、1575
〈活動〉／113、154、268、269、295、301、332、339、375、411、420、439、527、554、565、635、746、835、993、1175、1209、1248、1258、1272、1343、1367、1386、1408、1518、1526、1539、1615、1639
〈カップ〉／269、1641
〈カップラーメン〉／269
〈家庭〉／33、270、540、1398、1575
〈悲しい①〉／51、66、91、271、323、471、829、922、974、996、1022、1067、1073、1075、1085、1125、1126、1161、1271、1335、1548、1551、1602
〈悲しい②〉／51、271、1067、1071、1085、1125、1126
〈悲しい③〉／288
〈カナダ①〉／1676
〈カナダ②〉／1676
〈カナダ③〉／1676
〈必ず〉／271、321、400、715、717、990
〈カニ〉／272、478
〈カヌー〉／272
〈金(かね)①〉／29、33、36、80、116、117、118、145、153、154、165、197、199、224、229、272、284、311、324、329、334、351、368、380、390、407、417、441、458、472、473、504、513、514、527、533、534、568、577、627、687、689、695、717、730、745、751、760、826、833、835、886、893、898、903、913、917、932、944、946、962、1041、1043、1048、1052、1073、1124、1127、1133、1136、1140、1143、1213、1245、1254、1295、1316、1346、1352、1374、1375、1383、1386、1419、1426、1480、1534、1546、1548、1562、1601、1619、1621、1652
〈金(かね)②〉／32
〈金がたまる〉／826、829、890、958、1323
〈金が減る〉／749、907
〈金持ち〉／273、489、568、702、1043、1251、1542
〈兼ねる〉／273、415、995
〈金を入れる〉／420、985、1253
〈金を納める〉／186、694、1145、1146
〈金を蓄える〉／790、1043、1358
〈金を出す〉／83、794
〈金をもらう①〉／129、380、389、1621
〈金をもらう②〉／821
〈金をもらう③〉／533
〈彼女〉／30、100、250、274、281、289、508、557、666、909、1069、1168、1262、1286、1318、1430、1456
〈かば焼き〉／274
〈かばん〉／274、285、504、934、1108、1213、1542、1544
〈下半身〉／274
〈カブ〉／275
〈株〉／275、943、1177
〈カフェオレ〉／275
〈歌舞伎①〉／275、484
〈歌舞伎②〉／275
〈かぶせる〉／275、932、1369
〈カプセル〉／276
〈カブトムシ〉／276
〈花粉〉／65、276
〈壁①〉／277、1029、1201
〈壁②〉／1320、1321
〈カボス〉／277
〈カボチャ〉／277
〈かまぼこ〉／277
〈かまわない〉／277、400、793、1144、1436、1498、1583、1603
〈我慢①〉／185、186、190、243、278、297、377、476、530、562、657、783、827、922、1085、1118、1161、1235、1369、1508
〈我慢②〉／278、476、657
〈神〉／192、278、700、856、1211、1495、1661
〈髪①〉／135、384
〈髪②〉／636
〈ガミガミ言う①〉／454、892、1037、1355、1556
〈ガミガミ言う②〉／38、73
〈ガミガミ言う③〉／359
〈ガミガミ言われる①〉／73、1527
〈ガミガミ言われる②〉／360
〈雷〉／195、278、479、1036、1200、1307
〈かむ①〉／279
〈かむ②〉／279
〈亀〉／279
〈カメラ〉／142、143、280、577、617、1397
〈カメルーン〉／1676
〈仮面〉／280

〈仮面を取る〉／280
〈カモ〉／280
〈かもしれない〉／63、280
〈かゆい〉／280、356、1480
〈通う〉／171、281、376、516、899、916、923、978、993、997、1077、1209、1275、1439
〈から〉／35、82、114、281、282、832、1601
〈空(から)〉／17、282、283
〈からい〉／252、282、286、457、746、990
〈ガラス〉／283、479、1002、1653、1654
〈体(からだ)〉／101、174、217、225、283、319、408、409、412、479、505、551、567、622、624、652、653、696、738、768、770、772、773、789、847、884、904、957、1015、1034、1035、1101、1134、1201、1217、1231、1238、1239、1256、1260、1294、1322、1338、1349、1368、1492、1543、1545、1559、1580、1603、1604、1636
〈からっぽ〉／283
〈空手〉／284
〈空振り〉／521
〈カリキュラム〉／284
〈借りる〉／44、228、284、370、380、394、577、687、859、883、980、1133、1194、1633
〈刈る〉／109、285、582
〈軽い〉／285、1388
〈カルシウム〉／286
〈カルテ〉／286
〈彼〉／2、3、5、25、27、43、56、69、76、124、153、180、184、189、193、198、249、250、259、271、272、285、286、288、308、325、342、349、359、374、393、397、420、496、498、507、508、545、557、587、588、599、601、637、658、690、717、739、750、768、785、791、825、865、878、911、916、921、942、955、978、1001、1003、1007、1019、1033、1074、1077、1089、1099、1102、1104、1108、1115、1117、1150、1185、1210、1272、1281、1289、1290、1293、1299、1369、1383、1400、1425、1446、1450、1474、1486、1524、1542、1545、1599
〈彼に言う〉／299、1494
〈彼の次〉／921
〈枯れる〉／287、527
〈彼を見る〉／750、878
〈カレンダー〉／287、476
〈カロリー〉／287
〈川①〉／287、315、1015、1071、1490、1660、1661、1667
〈川②〉／1158
〈皮〉／288
〈かわいがる〉／2、1660
〈交(か)わす〉／289、1014、1050
〈変わる①〉／60、61、132、214、217、222、223、225、230、231、289、307、328、423、433、436、455、644、677、696、719、803、811、968、976、977、1065、1090、1169、1229、1239、1390、1392、1426、1500、1576、1577、1583、1635
〈変わる②〉／503、1390
〈変わる③〉／124、143、978、1162
〈変わる④〉／980
〈変わる⑤〉／1617
〈官〉／290
〈がん〉／290、631、726
〈考え〉／657、682、1210
〈考えあぐむ〉／291、567、1334
〈考える〉／24、52、82、83、88、147、163、185、250、252、263、265、291、297、301、362、369、370、388、415、447、500、502、537、545、584、590、592、646、665、691、727、742、840、853、903、935、938、945、948、950、1116、1121、1144、1172、1178、1186、1210、1250、1280、1324、1326、1362、1385、1457、1473、1601、1652
〈カンガルー〉／291
〈換気扇〉／292
〈環境〉／292、590、1183
〈勘ぐる〉／292
〈関係①〉／3、127、135、164、207、292、298、464、610、773、829、848、896、924、1260、1328、1484
〈関係②〉／292、810
〈関係③〉／292、293、304、739
〈関係④〉／900
〈関係ない〉／80、293、641、988、1502
〈がんこ〉／260、294、460、1023
〈韓国〉／682、886、1676
〈関西〉／295、1408
〈干渉〉／119、296、943、1595、1653
〈感情〉／297、303、1201、1273
〈感じる①〉／202、290、297、305、314、376、515、592、891、1057、1107、1210、1254、1314、1482、1633
〈感じる②〉／1316
〈関税〉／298
〈間接〉／299
〈関節〉／299
〈感染①〉／69、125、141、143、156、193、299、487、980
〈感染②〉／141、143、299、980、1172
〈肝臓〉／291、294、300
〈観測〉／300
〈寛大〉／300、1014、1229、1310
〈簡単〉／25、67、286、300、310、355、362、555、839、840、955、1292、1307、1378、1560、1561、1587、1608、1645
〈缶詰①〉／300
〈缶詰②〉／301
〈缶詰③〉／301
〈関東〉／301
〈感動〉／135、293、571、1295、1514、1515
〈カンパ〉／41、42、302、583、913、1414
〈乾杯〉／302
〈看板倒れ〉／302
〈ガンビア〉／1676
〈幹部〉／302
〈漢方〉／303
〈カンボジア〉／1676
〈官僚〉／303

き

〈キ〉／304
〈黄〉／304、307、757、772
〈木〉／148、159、247、287、307、347、375、413、493、580、667、883、1057、1091、1158、1165、1166、1192、1226、1293、1313、1350、1538、1550、1594
〈ギ〉／307、309、320、326、398、425、695
〈気圧〉／307、426、655、947
〈キウイ〉／308
〈消える①〉／5、98、133、186、221、243、308、395、556、666、723、742、782、849、1021、1042、1051、1056、1064、1065、1073、1149、1237、1242、1262、1302、1357、1374、1455、1491、1578
〈消える②〉／12、55、94、308、387、618、951、1567、1591
〈消える③〉／186、308、395、515、

543、569、625、1567、1608
〈消える④〉／308、542、892、1260
〈消える⑤〉／396
〈消える⑥〉／395、666
〈記憶〉／308
〈機械〉／309、353、356、372、420、426、432、469、479、497、698、716、948、963、1191、1620
〈着替え〉／309、1050
〈企画〉／310
〈聞かれる〉／124、557、798、802、1392
〈気管支〉／310
〈危機〉／311、992、1319
〈聞き捨てる〉／312
〈聞き流す〉／312、1068
〈菊〉／311
〈聞く①〉／256、264、311、379、1404、1494、1495
〈聞く②〉／196、257、278、314、672、762、831、882、889、1007、1180、1622
〈棄権〉／313
〈聞こえない〉／314、877、1288、1339、1635
〈聞こえなくなる〉／1007、1094、1494
〈聞こえる①〉／1245
〈聞こえる②〉／47、1610
〈岸①〉／315、1230、1268
〈岸②〉／315、1230、1347
〈キジ〉／315
〈汽車〉／158、315、394、582、654、818、898、999、1162、1260、1622、1630
〈技術〉／12、21、49、144、228、315、333、444、490、918、919、1458、1577
〈気象〉／316
〈キス①〉／316
〈キス②〉／316
〈傷①〉／117、131、170、316、393、1335、1378
〈傷②〉／117、316、347、940
〈傷つけられる①〉／316、874、1339
〈傷つけられる②〉／1102
〈傷つける〉／874、1339
〈規制〉／317
〈季節〉／317、1390
〈規則〉／155、222、318、328、412、548、553、703、970、1188、1217、1376、1395、1398、1404、1409、1501、1533、1556、1625
〈北①〉／318、355、1002
〈北②〉／318、1667
〈期待〉／150、250、318、665
〈期待はずれ〉／1205、1248
〈鍛える〉／284、319、323、383、387、415、570、660、761、847、1035、1055、1320、1569、1632
〈北朝鮮（朝鮮民主主義人民共和国）〉／1676
〈汚い〉／198、319、473、513、1491、1595
〈基地〉／319、729、1628
〈きちんと①〉／320、589、594、683、708、743、832、868、888、1034、1046、1090、1185、1467、1482、1490、1522、1586、1603、1640
〈きちんと②〉／833、866、868
〈きっかけ①〉／314、321、386
〈きっかけ②〉／321、386
〈ぎっくり〉／321
〈切手〉／321、745、1240
〈キツネ〉／322、816、823
〈キツネつき〉／911
〈切符〉／61、322、347、613、1110、1173、1194
〈危篤〉／322、1565
〈ギニア〉／1676
〈気にかかる〉／85、236、306、309
〈気にしない〉／306
〈絹〉／322
〈記念〉／181、205、323、677
〈きのう〉／55、323、677、728、1004、1575
〈機能〉／323
〈きのこ〉／323、1455、1485
〈きのこ雲〉／409
〈厳しい〉／270、282、320、323、367、383、386、416、449、531、562、633、634、744、938、1055、1168
〈厳しくされる〉／567
〈寄付〉／324
〈岐阜〉／1661
〈キプロス〉／1677
〈気分が良い〉／324、454、456、1257
〈希望〉／37、300、324、341、556、566、736、785、789、925、1153、1262、1331、1537、1582、1616
〈基本①〉／311、316、318、325、406、412、483、502、534、568、801、812、817、896、1126、1127、1395、1545、1546、1602
〈基本②〉／325
〈気まぐれ〉／325
〈キムチ〉／326
〈決めかねる〉／829
〈決める①〉／34、325、326、364、401、508、559、697、703、819、902、914、957、1018、1019、1127、1405、1573、1651
〈決める②〉／204、242、313、325、326、397、398、399、400、401、468、491、621、691、693、751、796、813、842、844、1014、1091、1246、1250、1267、1305、1343、1402、1488
〈決める③〉／1016
〈気持ち〉／7、61、62、83、186、203、243、324、326、510、605、645、658、690、795、900、976、1186、1234、1509、1566、1572
〈着物〉／23、210、327、349、540、660、753、830、1119、1364
〈疑問①〉／137、221、327、1171
〈疑問②〉／137、327、1171
〈客〉／40、115、131、182、293、327、329、615、714、715、773、913、969、996、1008、1016、1277、1283、1319、1344、1409、1460、1472、1504、1611
〈逆〉／328、494、605
〈逆効果〉／328
〈逆上〉／328、812、1159
〈逆転〉／329、1278
〈キャスター〉／329
〈却下〉／329、1271
〈キャベツ〉／329
〈キャラバン〉／330
〈キャリア〉／330
〈キャンプ〉／206、330、981、1240
〈９〉／331、427、455、486、1170
〈灸（きゅう）〉／331、645
〈休憩〉／332、563、804、1372、1623
〈救済〉／332
〈九州①〉／333
〈九州②〉／333、1667
〈90〉／1442
〈弓道〉／333
〈急な坂〉／331
〈急に〉／55、78、170、331、333、796、973、1032、1113、1319、1423、1624
〈キューバ〉／1677
〈給付〉／334
〈給付される〉／334
〈救命〉／334
〈キュウリ〉／334
〈給料〉／12、35、139、334、398、464、496、506、626、633、669、

814、894、966、974、998、1046、1106、1148、1179、1209、1263、1381、1388、1411、1573
〈給料がさがる〉／1388
〈協会①〉／233、336、372、421、1634
〈協会②〉／217、336、372、1093、1145、1634
〈境界〉／336
〈教訓〉／338
〈ギョウザ〉／338
〈行司〉／339
〈行事〉／339
〈強制〉／340
〈行政〉／310、340、751、810、1403
〈競争〉／4、60、154、216、272、337、340、342、345、393、497、562、601、607、644、1038、1048、1169、1308、1319、1411、1442、1505、1598、1614、1623、1628
〈兄弟〉／107、341、1467
〈共通〉／341
〈京都〉／92、158、281、893、950、1399、1591、1661、1667
〈教養〉／342
〈局〉／344
〈去年〉／114、141、287、344、374、501
〈拒否する〉／1036
〈嫌い①〉／69、71、112、306、345、1060、1192、1508
〈嫌い②〉／113、345
〈錐(きり)〉／19、345
〈霧〉／236、346、1072、1324
〈ギリシャ〉／1677
〈切りつける〉／328
〈キリン〉／346
〈切る①〉／346、953
〈切る②〉／346、1194
〈切る③〉／307
〈切る④〉／1536
〈切る⑤〉／379
〈切る⑥〉／1037
〈切る⑦〉／1517
〈切る⑧〉／1399
〈着る〉／176、348、449、1199、1328、1469、1641
〈切れる①〉／349
〈切れる②〉／628
〈金(きん)①〉／351、354、359、1181
〈金(きん)②〉／1667
〈均一〉／101、351、759、926、989
〈近畿〉／295、351、865、1371
〈緊急〉／352
〈金魚〉／352
〈金庫〉／352
〈銀行〉／191、352
〈禁止〉／353、899、1379
〈金属〉／353
〈金融〉／354、1265
〈金曜日〉／354、580、1437、1667
〈金利〉／355

く

〈ク〉／355
〈グアテマラ〉／1677
〈食い違う①〉／356、377、692、779、857、900、1316
〈食い違う②〉／356、692、1191
〈クウェート〉／1677
〈空転〉／358
〈空腹①〉／358、1233、1382、1387、1388
〈空腹②〉／358、669、1233、1382、1387、1388
〈九月〉／358
〈九月十五日〉／1105
〈九月一日〉／358
〈釘(くぎ)〉／139、358
〈草〉／358、535、703、1152、1181、1232、1233
〈臭(くさ)い〉／26、91、319、358、359、361、381、834、1097、1118、1222、1223、1377
〈草が生える〉／545、703
〈鎖〉／359、854
〈クジャク〉／359
〈クジラ〉／360、1328
〈薬〉／217、224、276、303、311、360、404、733、880、1032、1161、1281、1329、1393、1430、1450、1463、1555、1558
〈くずれる①〉／1078
〈くずれる②〉／1078
〈癖〉／147、333、361、582、733、956、1471、1542
〈くだもの〉／364、907、1091、1367、1468、1492
〈くだらない〉／113、265、364、397、756、783、907、931、951、1184、1315、1337、1396、1469、1513、1535
〈下(くだ)る〉／209、364
〈口〉／365、366、429、447、960、1021、1274、1285、1457、1595、1665
〈口止め①〉／367
〈口止め②〉／367
〈くちびる〉／367
〈口紅〉／367
〈口をぬぐう〉／826、1123
〈口をふさぐ〉／1510
〈口を結ぶ〉／1123、1512
〈靴①〉／367、683、1122、1269
〈靴②〉／367
〈靴下〉／367、680、751
〈国(くに)〉／77、169、224、263、343、368、419、452、453、462、492、729、799、872、897、1430、1534
〈九人〉／331
〈配る①〉／368、442、1176、1365、1645
〈配る②〉／368、1376
〈首①〉／369、596、745、857、1513
〈首②〉／369
〈首をひねる〉／1292
〈区別〉／1250
〈熊①〉／371
〈熊②〉／371
〈熊本〉／1662
〈組み合わせる〉／1177
〈組み立てる〉／372、412、413、436、535、549、772、1063、1589
〈クモ〉／372
〈雲①〉／372、1072
〈雲②〉／372
〈雲③〉／129
〈曇る〉／56、372、373
〈悔しい〉／104、373、1085、1100、1101、1357
〈くらい①〉／364、374、468、477、726、774、869、951、994、1027、1185、1425
〈くらい②〉／374
〈暗い〉／59、98、122、203、373、482、624、657、663、716、951、992、1170、1179、1243、1325、1333、1566、1572、1574、1575、1576、1602
〈比べる〉／250、375、743、771、1260、1265
〈栗〉／375
〈グリーンランド〉／1677
〈繰り返す〉／290、322、375、598、818、903、1210、1465
〈クリスマス〉／376
〈来る①〉／45、376
〈来る②〉／63、281、363、376、489、553、637、713、717、887、978、995、1005、1060、1066、1185、1442、1451、1464、1481、1532、1647
〈来る③〉／62、171、376、996、999

〈グループ〉／ 161、170、220、239、268、330、371、374、375、378、426、432、586、628、632、703、731、747、769、777、835、837、843、844、845、852、890、947、966、987、991、1174、1201、1227、1241、1380、1410、1458、1500、1516、1531、1543、1613
〈グループホーム〉／ 378
〈グルジア〉／ 1677
〈苦しい①〉／ 76、91、261、378、649、731、776、778、783、974、1086、1087、1098、1226、1240、1295、1390
〈苦しい②〉／ 378、663
〈車①〉／ 154、379、503、561、623、647、675、690、746、899、1177、1491
〈車②〉／ 1616
〈車いす①〉／ 379
〈車いす②〉／ 1237
〈車が通る〉／ 1010
〈クレジットカード〉／ 380
〈黒①〉／ 274、283、380、381、453、471、488、688、710、1443、1524、1592
〈黒②〉／ 380、381、688、1256
〈クロアチア〉／ 1677
〈苦労〉／ 30、79、121、162、251、381、435、641、649、775、778、849、960、962、968、1004、1054、1348、1427、1531、1559、1560、1562、1647
〈クローズアップ〉／ 381
〈クロール〉／ 381
〈桑〉／ 382
〈加える〉／ 119、256、382、388、447、475、745、793、914、1180、1330、1342
〈クワガタムシ〉／ 382
〈軍〉／ 319、383、619、1193、1264、1378、1380、1397、1664
〈くん製〉／ 383
〈群馬〉／ 390、1662

け

〈ケ〉／ 384
〈毛①〉／ 384、1536
〈毛②〉／ 384
〈刑〉／ 384、388、390、535、536、585
〈敬遠〉／ 385
〈経過〉／ 143、247、270、330、385、392、606、1072、1623
〈計画〉／ 170、177、258、279、310、339、386、436、500、507、556、608、660、662、698、701、765、769、776、789、812、865、869、936、961、1026、1051、1139、1362、1371、1537、1581
〈景気〉／ 386、1327、1333
〈経験〉／ 265、341、387、465、595、768、933、1044、1086、1092、1098、1143、1198、1357、1391、1517、1559
〈頸肩腕〉／ 387
〈蛍光灯〉／ 387
〈経済〉／ 14、154、241、248、385、386、387、388、421、505、526、616、698、702、776、926、1228、1321、1348、1500
〈警察①〉／ 133、388、390、739
〈警察②〉／ 388、880、1221、1340、1619
〈計算〉／ 119、214、218、248、256、295、296、388、391、400、427、440、482、738、740、792、844、937、983、1148、1265、1478、1488、1596、1652
〈継承〉／ 129、389
〈形成〉／ 389
〈携帯電話〉／ 390、782
〈慶弔〉／ 390
〈競馬〉／ 390、1200
〈啓蒙〉／ 391
〈契約〉／ 71、391、882、1051、1511、1571
〈計量カップ〉／ 269
〈競輪〉／ 392、1628
〈敬老〉／ 392
〈ゲートボール①〉／ 392
〈ゲートボール②〉／ 392
〈けが〉／ 584、609、633、1410
〈消しゴム〉／ 394、395
〈化粧〉／ 39、395、1054、1125、1140
〈削る①〉／ 347、396、402、470、506、671、1063
〈削る②〉／ 198、396、627、941、966、1020、1121、1203、1230、1618、1647
〈削る③〉／ 396、1638
〈下駄〉／ 396
〈けち〉／ 185、188、279、397、472、565、791、876、1324、1593
〈血圧〉／ 397、785、947、1269
〈血圧が高い〉／ 397、785
〈血圧が低い〉／ 947、1269
〈血液①〉／ 262、397、848、1052、1214
〈血液②〉／ 397
〈欠格〉／ 398
〈血管〉／ 398
〈結婚〉／ 15、57、100、121、203、264、400、483、486、618、637、649、674、699、732、829、877、885、994、1017、1055、1093、1153、1171、1174、1289、1300、1311、1321、1344、1372、1469、1470、1476、1527、1534、1535、1555、1571、1631
〈欠席①〉／ 401、1561
〈欠席②〉／ 401、1561
〈結膜〉／ 402
〈ケニア〉／ 1678
〈仮病〉／ 403、903
〈下品〉／ 195、198、403、504、1313
〈毛虫〉／ 403
〈煙①〉／ 167、403、1158、1188
〈煙②〉／ 404、805
〈煙③〉／ 404、805、806
〈ケヤキ〉／ 404
〈下痢〉／ 363、364、404
〈券①〉／ 118、275、405、426、509、566、695、891、983、1006、1027、1264、1282、1299、1363、1370、1621
〈券②〉／ 405
〈県〉／ 405
〈源〉／ 1490
〈犬猿の仲〉／ 406
〈けんか①〉／ 59、81、107、166、406、619、799、872、887、912、998、1068、1092、1220、1229、1375
〈けんか②〉／ 59、393、406、447、491、714、892、1375
〈原価〉／ 459
〈元気①〉／ 302、406、408、622、795、808、1603
〈元気②〉／ 386、406、408、497、830、1519
〈元気③〉／ 406、1219
〈謙虚〉／ 407
〈言語〉／ 408
〈原稿〉／ 119、408、1053、1619
〈原告〉／ 408
〈検索〉／ 409
〈原子〉／ 239、409
〈研修〉／ 410
〈源泉徴収〉／ 412
〈現像〉／ 412、1365
〈原則〉／ 412
〈健聴〉／ 314、413
〈検定〉／ 413
〈限定〉／ 413、414

〈原点〉／ 414
〈剣道〉／ 415
〈原動力〉／ 415
〈顕微鏡①〉／ 416、1153、1632
〈顕微鏡②〉／ 416、1153
〈憲法〉／ 416
〈玄米〉／ 416
〈権利〉／ 598、1399
〈言論〉／ 417

こ

〈コ〉／ 417
〈5〉／ 71、102、222、418、732、836、1372、1373、1380、1443、1632
〈コイ〉／ 418
〈恋〉／ 1、419、515、1087、1214、1631
〈語彙〉／ 419
〈公印〉／ 421
〈公営〉／ 421
〈公益〉／ 421
〈公園〉／ 422
〈講演〉／ 166、422、425、429、430、432、764、818、954、996、1197、1226、1495
〈効果〉／ 311、423、829、1573
〈後悔〉／ 423、1197
〈公開〉／ 424
〈合格〉／ 242、260、424、493、636、637、899、997、1000、1011、1094、1153、1202、1443、1602、1607
〈交換①〉／ 229、360、424、1050、1162、1264、1280、1521、1620
〈交換②〉／ 230、424、611、1050
〈好況〉／ 426
〈公言〉／ 428
〈高校①〉／ 172、428、439、610、673
〈高校②〉／ 428
〈皇后〉／ 428
〈交差①〉／ 428
〈交差②〉／ 429、1447
〈降参〉／ 113、162、271、272、404、430、442、476、571、788、828、907、942、943、1075、1099、1122、1126、1165、1188、1439、1441
〈工事〉／ 138、170、218、318、340、388、430、486、609、736、827、867、1101、1109、1326、1636
〈交渉①〉／ 38、220、432、800、1457、1458、1579
〈交渉②〉／ 432、843
〈向上①〉／ 432、494、656、674
〈向上②〉／ 432
〈公職〉／ 433
〈行進〉／ 166、434、817、873、1041、1110、1241、1360
〈香水〉／ 434、1097
〈洪水〉／ 434、660
〈公正〉／ 434
〈厚生〉／ 435
〈合成〉／ 435
〈光線〉／ 435
〈高層ビル〉／ 1309
〈拘束〉／ 437
〈交替①〉／ 52、107、230、289、437、976、1062
〈交替②〉／ 47、229、230、289、437、767、780、781、975、977、1363
〈交替③〉／ 437
〈皇太子〉／ 438
〈紅茶〉／ 438、1169、1631
〈交通〉／ 27、68、111、172、317、438、453、1042、1302、1303、1355、1389、1393、1461
〈香典〉／ 439
〈公認〉／ 440
〈更年期〉／ 440
〈後輩〉／ 440、458
〈後半〉／ 425、441
〈公費〉／ 441
〈甲府〉／ 1667
〈興奮〉／ 293、297、303、442、443、515、786、848、888、1157、1159、1627
〈神戸〉／ 1667
〈候補〉／ 22、158、442、571、813、1617
〈公募〉／ 443
〈攻防〉／ 443
〈公民〉／ 444
〈公務〉／ 444
〈公務員〉／ 122、445
〈コウモリ〉／ 445
〈肛門〉／ 445
〈高野豆腐〉／ 445
〈合理〉／ 446
〈交流〉／ 33、429、446、496、518、805、906、1168、1207、1283、1368、1448
〈口論〉／ 447
〈声〉／ 174、314、386、447、706、794、851、927、928、1212
〈声があがる〉／ 503、813
〈声がない①〉／ 447
〈声がない②〉／ 447
〈越える①〉／ 448、458
〈越える②〉／ 176、286、414、448、458、540、668、882、1032、1159、1201
〈声を出す〉／ 1073
〈コーディネーター〉／ 124、449
〈コートジボワール〉／ 1678
〈コーヒー〉／ 268、321、450、879、907、1098
〈氷〉／ 135、450、1299
〈ゴール〉／ 450、953
〈五月〉／ 266、344、451、896、1347、1454、1485、1523
〈五月一日〉／ 896
〈五月二日〉／ 1347
〈五月三日〉／ 451、1485
〈呼吸①〉／ 76、451、481、1204
〈呼吸②〉／ 451
〈呼吸③〉／ 663
〈こぐ〉／ 1411
〈国際〉／ 452
〈克服〉／ 453
〈焦げる〉／ 454
〈ここ〉／ 454、468、862
〈午後〉／ 454、1309
〈ココア〉／ 454
〈心〉／ 76、84、132、146、228、242、260、264、281、300、304、305、307、316、325、326、381、397、401、455、475、573、614、619、643、646、655、658、693、748、837、848、851、1005、1014、1066、1085、1132、1178、1237、1255、1265、1274、1292、1310、1317、1336、1384、1432、1444、1457、1477、1482、1488、1491、1583、1584
〈腰〉／ 321、456、929
〈こじつける〉／ 457、458、913、964、969、1038、1040、1135
〈50〉／ 448、457、579
〈五重の塔〉／ 987
〈個人〉／ 458、459、537、541、549、559、565、607、608、640、1016、1409、1469、1648
〈個人個人〉／ 758、1386
〈コスタリカ〉／ 1678
〈コスモス〉／ 459
〈戸籍〉／ 452、453、459、1110、1432
〈午前〉／ 460
〈コソボ〉／ 1678
〈答える〉／ 43、73、244、460、473、795、857、994、997、1156、1204、1392、1400、1453、1467、1549、1631、1643
〈こちら①〉／ 461
〈こちら②〉／ 461
〈こつ〉／ 461、462

〈コック〉／462
〈骨髄〉／463
〈骨とう〉／463
〈コップ〉／103、463、749
〈事〉／465、480、722、762、798、1025、1154、1433
〈孤独〉／117、465、1547
〈言葉〉／125、256、418、466、513、800、1108、1225、1553、1607
〈子供①〉／10、81、85、90、104、111、147、148、173、179、184、185、205、207、213、274、288、291、406、467、518、560、598、619、668、702、801、810、843、866、906、938、940、958、1078、1207、1228、1394、1428、1437、1552、1560、1587、1591、1605、1610、1614、1621、1642
〈子供②〉／28、29、36、52、467、750、1089、1506
〈子供③〉／175、477
〈ことわざ〉／467
〈断られる〉／344、467、859、948、1044
〈断る〉／344、405、467、469、475、547、640、947、1229、1235、1292、1341、1529
〈粉〉／467、468、681、714、852、1499
〈五人〉／75、86、107、239、632、945、1651、1653
〈コピー〉／244、469、593、819、1053、1329、1365、1513
〈こぶ①〉／470
〈こぶ②〉／470
〈五分五分①〉／199、259、374、451、470、775、1000、1113、1208、1281、1341
〈五分五分②〉／199、451、470、744、1000、1090、1446、1577
〈五分五分③〉／470
〈ゴボウ〉／470
〈ゴマ〉／471
〈コマーシャル〉／471、525
〈細かい①〉／225、335、360、362、382、416、471、516、865、870、1140、1631
〈細かい②〉／688、964、1140、1331
〈細かい③〉／705、1375、1400
〈ごまかされる〉／235、322、499、825
〈ごまかす①〉／105、106、472、498、499、963、1340
〈ごまかす②〉／105、106、140、250、431、472、498、499、740、1166、1277
〈ごまかす③〉／25、825
〈鼓膜〉／472
〈ごますり〉／472
〈困る〉／464、473、1071、1081、1604
〈コミュニケーション〉／474、1176
〈コミュニティー〉／474
〈ゴム〉／474
〈小結〉／474
〈米〉／469、475、657、699、787、1056、1447
〈顧問〉／8、475
〈コラム〉／476
〈ゴルフ〉／477
〈これ〉／45、481、942、1081、1395、1431
〈コレステロール〉／477
〈ゴロ〉／478
〈殺す〉／396、478、486、506、536、1152、1479
〈コロッケ〉／478
〈コロンビア①〉／1678
〈コロンビア②〉／1678
〈恐(こわ)い〉／192、341、464、479、863、864
〈壊す〉／479、811
〈コンクリートブロック〉／1371、1378
〈コンゴ〉／1678
〈混合ダブルス〉／820
〈根性〉／480
〈こんな〉／480
〈こんにゃく〉／481
〈コンパス〉／481、701
〈コンビ〉／4、343、482、736、819、1280、1486
〈コンビニ〉／482
〈コンピュータ〉／482、740、1371、1401
〈混乱〉／174、183、186、194、424、483、518、542、543、604、660、812、813、864、1048、1264、1284、1328、1461、1478、1482、1483、1569、1616

さ

〈サ〉／483
〈差〉／483、839、951、1384
〈ザ〉／429、484
〈サーカス〉／484、925
〈サークル〉／484
〈サード〉／485、523
〈サービス〉／485
〈サーフィン①〉／1084
〈サーフィン②〉／1084
〈サイ〉／486
〈罪(ざい)〉／486、932、1247、1508
〈災害〉／486、979
〈細菌〉／487
〈採決〉／487、491、1251
〈財源〉／487
〈最高〉／96、105、107、239、273、374、400、414、460、468、488、490、684、721、747、764、885、888、952、959、975、999、1033、1089、1159、1259、1382、1425、1474、1483、1543、1554、1631
〈財産〉／129、389、489、491、1043、1358、1520
〈最初①〉／35、232、266、313、489、596、628、738、967、1198、1214、1252、1448
〈最初②〉／467、489
〈財政〉／490、492
〈最先端〉／490
〈催促〉／490
〈さいたま〉／1667
〈最低〉／96、414、486、491、666、1058
〈裁判〉／142、194、250、318、364、390、408、492、566、622、749、865、1246、1402、1404、1405、1408、1409
〈財布〉／492、794、1073、1311
〈債務〉／492
〈採用〉／302、493、1472、1541
〈材料〉／354、493
〈サウジアラビア〉／1678
〈サウナ〉／493
〈さえぎる〉／1345
〈坂〉／426、493、614
〈佐賀〉／1662
〈堺〉／1668
〈栄える〉／494、497、644、702、1218、1244
〈さがす①〉／294、327、462、494、741、787、1546
〈さがす②〉／1407
〈魚(さかな)①〉／127、148、174、209、359、365、454、494、512、597、602、653、661、746、939、1051、1089、1113、1148、1225、1376、1443、1622
〈魚(さかな)②〉／1158
〈魚(さかな)③〉／662
〈さがる①〉／209、212、495、570、573、1442
〈さがる②〉／195、200、252、263、

360、490、495、661、690、781、889、945、1144、1327、1333、1340、1450、1604
〈さがる③〉／495、504、591
〈さがる④〉／145、495、1269
〈さがる⑤〉／495、781
〈さがる⑥〉／496
〈さがる⑦〉／496
〈左官〉／496
〈崎(さき)①〉／497、1663、1665、1667
〈崎(さき)②〉／497、1663
〈裂く〉／500、1225、1266、1385
〈桜〉／239、501、893、1221
〈サクランボ〉／501、854、1665
〈さぐる〉／407、896
〈サケ〉／502
〈酒〉／64、81、353、502、922、930、1160、1465、1541、1568、1585
〈叫ぶ〉／503
〈サザエ〉／504
〈捧げる〉／411、428、505、859、912、1236、1401、1584
〈差しあげる〉／317
〈差し出す〉／228、949、950
〈差し引く〉／396、432、506、1136、1268、1444
〈刺身〉／506、763、791
〈刺す①〉／215、506
〈刺す②〉／356
〈さすが〉／507
〈左遷①〉／507
〈左遷②〉／508、1038
〈誘う〉／508
〈定まる〉／102、176、238、271、313、325、414、464、508、559、588、705、945、946、947、950、952、1244、1593
〈サッカー〉／404、509
〈ざっくばらん〉／509
〈雑誌〉／510、1318、1370、1392
〈札幌〉／524、1668
〈サツマイモ〉／511
〈サトイモ〉／511
〈砂糖〉／511
〈茶道〉／512、866
〈寂しい①〉／512
〈寂しい②〉／507、512
〈寂しい③〉／512
〈寂しい④〉／512
〈差別〉／513
〈サボテン〉／513
〈寒い〉／53、55、152、272、324、364、405、514、571、668、680、848、858、934、946、992、1071、1085、1239、1259、1260、1274、1298、1299、1358、1367、1627
〈冷(さ)める①〉／442、514、515、1314
〈冷(さ)める②〉／1298、1627
〈冷(さ)める③〉／515、846、1340
〈座薬〉／515
〈さようなら〉／182、516、917、1472
〈サヨリ〉／516
〈皿〉／253、516、1652
〈サラダ〉／223、227、720、1630
〈猿〉／516、1459、1482
〈3①〉／145、251、371、518、713、793、975
〈3②〉／518、771、1139、1665
〈3③〉／518、1010、1395、1486、1487
〈3④〉／896
〈参〉／520、523
〈参加①〉／130、279、337、412、450、519、523、599、699、719、747、895、969、996、1069、1152、1179、1201、1531、1598
〈参加②〉／519、599
〈参加③〉／119、382、910、1504
〈参加④〉／1447
〈三角①〉／519
〈三角②〉／519
〈三か月〉／769、1650
〈三月〉／519、1007
〈三月十日〉／1007
〈三月三日〉／519、1494
〈残業〉／520
〈参考〉／520
〈三歳〉／1642
〈山菜〉／520
〈30〉／856、1104、1139
〈38度線〉／611
〈三振〉／521
〈算数〉／188、413、521、531、664、860、962、1019、1118、1390、1604
〈賛成〉／521、522
〈三段跳び〉／521
〈三度(さんど)〉／818
〈サンドイッチ①〉／521
〈サンドイッチ②〉／521
〈三人①〉／1114、1512
〈三人②〉／258、1053、1114
〈残念①〉／188、522、1076、1357
〈残念②〉／522
〈ザンビア〉／1678
〈三分〉／674
〈サンマ〉／522
〈サンマリノ〉／1679
〈山脈〉／523、1084

し

〈シ〉／523、524、526、571、640、708、1500
〈士〉／219、524、707、1394、1416、1558
〈ジ〉／650、651
〈痔〉／524
〈試合①〉／1、4、5、55、107、215、265、398、400、470、477、509、524、544、621、622、639、656、690、721、768、769、772、781、799、808、1050、1054、1075、1154、1157、1203、1221、1341、1349、1414、1423、1443、1503、1549、1612
〈試合②〉／1039
〈幸せ〉／100、218、243、421、441、493、525、544、731、895、1329、1330、1402、1561、1608、1664、1665
〈C①〉／847
〈C②〉／525
〈G〉／526
〈CS〉／525
〈シイタケ〉／525
〈CD-ROM〉／525
〈シートベルト〉／866
〈JR〉／526
〈ジェット機①〉／526
〈ジェット機②〉／526
〈支援〉／527
〈塩①〉／527、1165、1330、1365
〈塩②〉／502、522、527
〈塩③〉／227
〈鹿①〉／528、1661
〈鹿②〉／528
〈滋賀〉／1662
〈四角①〉／32、164、182、211、278、346、500、528、577、602、607、613、636、643、660、695、1002、1189、1194、1245、1303、1374、1420、1564、1633
〈四角②〉／108、172、392、528、606、1140、1183、1321、1623
〈四角③〉／389、453、669
〈四角④〉／1353
〈しかし〉／92、339、405、507、529、920、969、1025、1046、1071、1108、1155、1535、1544
〈仕方ない〉／317、529、1167、1197、1236、1492、1567、1568、1601
〈四月〉／530

〈四月一日〉／530
〈しかられる〉／531、634、848、886、1211、1332
〈しかる①〉／81、320、531、633、771、870、932、1211、1213、1217
〈しかる②〉／184、331、1529
〈次官〉／531
〈時間〉／66、90、171、437、531、564、618、668、694、804、1012、1042、1185、1435、1637
〈時間を調べる〉／779、1185
〈式〉／22、532、533、547、741、994、1154
〈支給〉／533
〈磁気ループ〉／534
〈敷く〉／801
〈刺激〉／35、377
〈試験〉／13、98、131、183、195、198、354、425、462、535、556、566、595、685、689、731、754、962、1011、1103、1109、1202、1277、1530、1537、1554、1609
〈資源〉／536、1137
〈事件〉／40、176、189、293、323、337、388、490、536、596、924、1173、1174、1195、1325、1633
〈事故①〉／410、438、536、618、625、729、805、1173、1216、1273、1341、1497、1551
〈事故②〉／537
〈事故③〉／536、624、1347
〈四国①〉／537
〈四国②〉／537
〈地獄〉／537、978
〈仕事〉／21、32、33、64、77、89、100、112、121、127、129、153、165、169、170、172、177、197、204、221、242、256、262、287、320、340、341、342、365、399、421、433、435、444、471、475、494、496、499、513、517、520、533、538、569、585、596、619、629、630、631、678、691、707、728、772、778、779、794、814、839、866、873、879、909、930、932、938、941、954、957、964、980、1035、1046、1076、1135、1145、1150、1164、1168、1179、1180、1184、1192、1193、1198、1209、1231、1232、1242、1268、1273、1275、1287、1356、1363、1396、1410、1431、1440、1447、1469、1470、1506、1510、1526、1544、1546、1562、1578、1587、1608、1624、1639、1646、1648、1651
〈時差〉／538
〈自殺〉／538、805、1075、1186
〈指示〉／23、538
〈支持される〉／539、1324
〈シジミ〉／539
〈刺繍〉／540
〈市場(しじょう)〉／540
〈自信①〉／541、655
〈自信②〉／541、742、1484
〈地震〉／192、541、655、747、937、1290、1584
〈静かに〉／826
〈システム〉／542
〈沈む〉／543
〈姿勢〉／544、801、1330
〈自省〉／1294
〈施設〉／435、544、596、1315、1533
〈自然〉／292、404、545、979、982、986、1404、1406
〈視線が合う〉／545
〈下①〉／545、975
〈下②〉／545、854
〈下③〉／546、1642
〈舌〉／546
〈時代〉／548
〈肢体不自由〉／547
〈従う〉／548、1023
〈下投げ〉／756
〈七月〉／550
〈七月七日〉／550
〈実験〉／270、552、632、697、836、953、1468
〈失効〉／553
〈湿度〉／555
〈失敗①〉／39、57、192、378、556、693、746、930、997、1005、1247、1279、1357、1383、1475
〈失敗②〉／45、140、182、357、423、556、685、820、821、851、886、895、1162、1186、1357、1452
〈失明〉／557、1536
〈質問①〉／1025、1506
〈質問②〉／557
〈質問③〉／587
〈質問攻め〉／557、587
〈失礼①〉／57、111、558、613、655、1625
〈失礼②〉／558
〈失恋〉／558
〈指摘〉／559
〈指摘される〉／559
〈辞典〉／38、540、560、786、1128、1267
〈自転車〉／560、591、1356、1404
〈指導〉／301、505、532、538、550、560、562、902、960、995、1016
〈死ぬ①〉／76、110、231、287、317、325、487、524、561、566、601、609、699、741、782、995、1334、1426、1442、1445、1504、1540、1548、1585
〈死ぬ②〉／80、86、109、110、524、561、760、805、864、888、1022、1032、1072、1073、1074、1075、1144、1426
〈死ぬ③〉／134
〈芝居〉／38、47、140、165、209、212、237、280、393、548、563、601、1049、1197、1228、1241、1271、1342、1442、1557、1586、1633
〈自腹〉／563
〈縛る〉／564、1637
〈耳鼻咽喉〉／564
〈しびれ〉／564
〈支部〉／565、1374
〈渋い〉／565
〈自分一人〉／32、112、268、374、465、526、539、540、550、565、581、667、735、845、876、928、1016、1018、1020、1114、1177、1182、1214、1234、1367、1438、1479、1655
〈自閉〉／566
〈司法〉／566
〈脂肪〉／567、876
〈しぼる①〉／490、501、567、738、853
〈しぼる②〉／567
〈島①〉／480、568、924、1490、1663
〈島②〉／1665
〈島③〉／1662
〈姉妹①〉／568
〈姉妹②〉／568
〈字幕①〉／569
〈字幕②〉／569
〈字幕③〉／569、1539
〈自慢〉／110、145、570、791、1016、1158、1222、1359
〈地味〉／570
〈シミュレーション〉／570
〈事務〉／290、571、606、628、629、635、1277
〈指名〉／571、1119、1569
〈指名される〉／571
〈締め切り①〉／572、1145
〈締め切り②〉／575、890、1291
〈しめしめ〉／144、572、960、1129
〈湿る〉／573

〈締める〉／370
〈閉める①〉／570、573、1378、1381、1457
〈閉める②〉／212、249、570、573、792
〈閉める③〉／1380
〈しもやけ〉／574
〈指紋〉／135
〈社会〉／111、132、183、231、289、428、477、575、712、864、912、1239、1243、1329、1348、1380、1381、1401、1402、1408、1510、1584、1598
〈ジャガイモ〉／575
〈視野が狭い〉／70、574
〈視野が広がる〉／574、883、983、1190、1307、1312
〈釈放〉／575、1419、1507
〈車検〉／575
〈車庫〉／575
〈車掌〉／576
〈写真〉／412、435、577、684、843、1053、1251、1266、1319
〈シャツ〉／384、549、577、945
〈しゃべる①〉／56、366、578、1018、1465
〈しゃべる②〉／1437
〈邪魔①〉／27、162、277、396、578、609
〈邪魔②〉／578、1108
〈ジャマイカ〉／1679
〈ジャム〉／95、578
〈シャワー〉／30、579
〈ジャンプ〉／579
〈州〉／579
〈10①〉／580
〈10②〉／83、580、581、588、1007、1438、1654
〈X〉／159、160
〈銃〉／580、965、1326
〈自由〉／244、268、417、545、581、697、1302、1317、1363
〈周囲〉／581、589
〈十月〉／582
〈十月二日〉／582
〈習慣〉／203、296、361、582、754、910、950、1024、1626
〈宗教〉／583
〈集権〉／583
〈銃殺〉／784
〈十字〉／332、336、533、700、710、792、793、1347、1360、1361
〈十時〉／82、281、808
〈充実〉／584
〈住所①〉／312、410、584、1024
〈住所②〉／584
〈終身〉／585
〈ジュース①〉／585、1176
〈ジュース②〉／574、585、1351
〈渋滞〉／103、585、673
〈集中〉／586
〈集中豪雨〉／587
〈柔道〉／588、632、1075、1104
〈12〉／763、880
〈収入〉／588
〈執念〉／1127、1542
〈十年〉／517、774、882、1027、1072、1384
〈シュウマイ〉／590
〈週末〉／590
〈10メートル〉／1225、1266
〈十両〉／591
〈重量挙げ〉／591
〈収賄〉／592
〈主義〉／458、592、655、1305、1500
〈祝日〉／593、1206
〈熟す①〉／593
〈熟す②〉／594
〈宿題〉／71、594、958、973
〈取材〉／596、1303
〈手術〉／225、389、393、596、649、696、796、1146、1190、1426
〈首相〉／722、800、997、999、1061、1062、1629
〈受賞①〉／596、607
〈受賞②〉／597
〈主人〉／712
〈受信〉／597、1175
〈受精〉／597
〈出血〉／598
〈出港〉／598、1353
〈出発①〉／132、182、348、485、531、599、675、808、971、979、1215、1440
〈出発②〉／599
〈出版〉／69、600、644、738、795、972、1068、1215、1368、1650
〈首都〉／600
〈チュニジア〉／1681
〈主婦〉／600
〈趣味①〉／600、729、992
〈趣味②〉／140、600
〈寿命〉／601
〈腫瘍〉／602
〈種類〉／601、602、651、1373、1376、1386
〈シュレッダー〉／602
〈手話〉／48、78、95、115、120、141、146、198、261、298、381、413、419、422、450、464、466、479、484、503、504、560、571、578、603、617、726、739、770、815、857、896、902、904、910、959、1013、1224、1225、1263、1303、1327、1338、1383、1396、1487、1497、1531、1545、1577
〈順位〉／603、639、1607
〈巡回〉／604
〈順調〉／356、605、700、807、813、833、864、1084、1184、1193、1356、1467
〈順番①〉／169、603、605、905、906、962、1243
〈順番②〉／603
〈順番③〉／636
〈準備①〉／45、309、369、532、534、549、590、605、754、759、885、920、966、1034、1035、1458、1495、1533、1587、1598
〈準備②〉／262、549、604、605、636、704、707、864、962、1035、1178、1587
〈小〉／446、451、474、606、610、615、619、875、881、1415
〈省〉／226、292、405、492、606、745、772、861、1397
〈掌握〉／607、724、735、1100
〈消化〉／607、797
〈ショウガ〉／608
〈傷害〉／608
〈生涯〉／100、609
〈正月①〉／19、324、609、655、744、1026、1140、1141、1239
〈正月②〉／609、655、1239
〈将棋〉／146、610、622、836、1009
〈上下①〉／611
〈上下②〉／611
〈条件〉／424、611、625、1161、1482、1576
〈証拠〉／13、133、343、572、611、612、624、642、654、701、761、792、839、949、1031、1215、1419、1420、1492、1529
〈焼香〉／741
〈照合〉／612、970
〈条項〉／398
〈症候群〉／387、1526
〈称賛①〉／612、1428
〈称賛②〉／59
〈常識〉／137、159、239、252、337、552、613、643、655、954、1000、1205、1243、1368、1458、1552、1624、1625、1626
〈昇進〉／175、614
〈上手(じょうず)〉／40、146、335、

365、444、614、616、789、808、903、1113、1214、1291、1349、1441、1548
〈少数〉／615
〈状態①〉／66、178、299、329、352、354、356、360、385、389、410、411、427、486、541、554、555、610、615、616、757、777、884、885、900、1015、1036、1062、1219、1304、1320、1415、1454、1498、1520、1551、1589、1590
〈状態②〉／1372
〈冗談〉／616、951、1223、1254、1337、1385、1459、1466
〈象徴〉／617
〈衝動〉／618
〈情熱〉／619、1256
〈商売〉／96、242、248、273、434、461、511、610、617、620、621、622、623、709、801、867、948、966、1038、1050、1051、1176、1177、1198、1273、1276、1299、1370、1397、1436、1526、1570、1576
〈上半身〉／620
〈上品〉／162、621、1023、1313、1475、1617
〈小便〉／622、1291
〈消防〉／623
〈情報①〉／623、636、1216
〈情報②〉／623、904、947
〈静脈〉／624
〈条約〉／626、1215、1274
〈しょうゆ〉／626、912
〈将来①〉／14、44、477、626、665、733、742、983、1006、1307、1476、1497、1582、1610、1611
〈将来②〉／44、88、97、98、151、372、418、425、480、498、617、626、716、733、755、804、890、905、1154、1424、1438、1507、1555、1566
〈将来③〉／855
〈昭和〉／88、627
〈触手話〉／630
〈食道〉／631
〈植物〉／631
〈女性〉／213、238、522、632、796、1139、1340、1586、1609、1642
〈初段〉／632
〈ショック〉／633
〈書道〉／606、633、1051、1088、1349
〈処方箋〉／634
〈署名〉／635、1006、1120、1203、1382、1531
〈ショルダーバッグ〉／504
〈序列〉／636、1141
〈知らない〉／98、106、373、399、641、730、761、816、834、892、1041、1160、1212、1447、1483、1643
〈調べる①〉／38、58、61、67、70、93、128、133、157、218、225、295、301、303、344、354、369、386、390、409、411、415、493、502、535、575、591、604、612、637、645、650、655、688、705、741、765、797、829、838、854、870、883、896、956、964、978、1063、1140、1185、1186、1244、1251、1262、1375、1390、1400、1423、1489、1519、1520、1546、1603
〈調べる②〉／792
〈調べる③〉／1009、1267
〈調べる④〉／1625
〈知らんぷり〉／637、1132
〈尻〉／638
〈シリア〉／1679
〈しりごみ〉／639
〈資料〉／640、952、1317、1545
〈知る①〉／37、241、279、362、589、616、641、1079、1080、1116、1224、1326、1614、1643、1662
〈知る②〉／128、326、512、641、742、920、1643
〈知る③〉／128、641、1643
〈知る④〉／79、617、1256
〈指令〉／901、966
〈城〉／45、63、93、253、317、642、719、1665
〈白〉／30、37、277、284、311、346、351、384、442、546、636、643、769、806、1125、1188、1189、1418、1578
〈しろうと〉／643
〈しわ寄せ〉／643
〈人格〉／644
〈シンガポール〉／1679
〈新幹線〉／645
〈シングルス〉／646
〈シングルベッド〉／1386
〈シンクロナイズドスイミング〉／646
〈神経〉／646
〈震源〉／647
〈信仰〉／647
〈信号〉／536、648、1356
〈人口〉／648、737、1405
〈人工〉／648
〈人工内耳〉／649
〈人材〉／650
〈診察〉／650、654
〈診察を受ける〉／86、411、650、654、893、1481
〈真珠〉／651
〈人生〉／94、150、584、652、1087、1170
〈心臓〉／645、653、1042、1300、1423、1461
〈腎臓〉／653
〈心臓がとまる〉／653、1042、1461
〈身長〉／603、654、671、784、1156
〈心電図〉／655
〈人道〉／655
〈心配①〉／50、56、306、309、355、518、656、757、1318、1383、1425、1590、1611
〈心配②〉／192、202、236、273、306、355、498、518、656、817、831、1284、1318、1319
〈ジンバブエ①〉／1679
〈ジンバブエ②〉／1679
〈審判〉／49、656
〈新聞〉／310、315、476、574、656、973、1052、1152、1164、1216、1218、1306、1497、1573
〈シンポジウム〉／657
〈親類〉／107、201、652、659、848
〈進路〉／659

す

〈ス〉／659
〈スイカ〉／660、1254
〈スイス〉／1679
〈出納(すいとう)〉／662
〈スイレン〉／663
〈スウェーデン〉／1679
〈スーダン〉／1679
〈スーパー〉／665
〈スープ〉／286、665、1160
〈スカート〉／666
〈姿〉／262、546、666、675、686、736、737、820、1153
〈好き①〉／54、189、306、329、345、469、666、685、689、763、777、822、841、854、1038、1057、1130、1153、1178、1318、1367、1418、1434、1518、1548
〈好き②〉／666、935
〈好き③〉／73
〈杉〉／667
〈スキー①〉／667、684
〈スキー②〉／667、684

〈すきやき〉／ 667、1049、1100
〈過ぎる〉／ 62、173、176、182、183、194、287、349、366、453、520、551、657、668、672、688、860、882、992、1137、1162、1222、1302、1325、1333、1388、1465、1518、1551
〈スキンシップ〉／ 668
〈スクーリング〉／ 669
〈スケート〉／ 670、685
〈助平〉／ 113、160、1223、1314
〈すごい〉／ 162、670、848、1220
〈少し〉／ 135、316、327、384、468、615、626、669、671、792、793、851、890、891、895、959、1284、1287、1352、1354、1421、1424、1435、1451、1464、1532、1568、1627、1647
〈寿司〉／ 47、121、184、516、672、789、985、1100
〈鈴〉／ 672
〈ススキ〉／ 672
〈涼しい〉／ 14、454、456、672、673、1187、1263、1649
〈進む①〉／ 165、673、675、722、752、920
〈進む②〉／ 45、648、662、673、728、867、1149、1218
〈進む③〉／ 548
〈スズメ①〉／ 674
〈スズメ②〉／ 674
〈勧められる①〉／ 675
〈勧められる②〉／ 675
〈勧める〉／ 534、674
〈スタート〉／ 348、675
〈スタジオ〉／ 676
〈スダチ〉／ 676
〈スタッフ〉／ 676
〈スタミナ〉／ 676
〈すたれる〉／ 676
〈スタンプ〉／ 677、1204
〈ずっと①〉／ 377、385、509、677、804、896、897、901、923、1023、1366、1542、1547
〈ずっと②〉／ 79、86、92、677、726、1027
〈すっぱい〉／ 659、678、1593
〈スッポン〉／ 678
〈ステーキ〉／ 678、823、954、1063、1296、1629
〈ステーキを食べる〉／ 823
〈捨てる①〉／ 473、679
〈捨てる②〉／ 32、181、569、634、678、679、1075、1172、1326、1335、1394、1399、1404、1406、1410、1635
〈捨てる③〉／ 330
〈捨てる④〉／ 965、1341
〈捨てる⑤〉／ 1566
〈捨てる⑥〉／ 473
〈ステレオ〉／ 679
〈ステンレス〉／ 679
〈スト〉／ 680
〈ストーカー〉／ 679
〈ストーブ〉／ 419、680、711、977
〈ストップウォッチ〉／ 350、779
〈ストライク〉／ 681
〈ストレス①〉／ 681
〈ストレス②〉／ 681
〈ストレッチ〉／ 681
〈スパイ〉／ 682
〈スパイク〉／ 683
〈スパゲッティ〉／ 25、683、823、1323
〈すばらしい〉／ 556、683、765、778、1128、1456、1475、1554
〈スペイン①〉／ 1680
〈スペイン②〉／ 1680
〈スペイン③〉／ 1680
〈すべて〉／ 61、94、98、276、298、299、303、349、510、517、532、589、605、671、677、684、722、723、730、731、734、738、751、776、816、923、927、943、1061、1082、1090、1112、1142、1170、1247、1253、1280、1287、1455、1464、1471、1475、1478、1495、1501、1502
〈滑る〉／ 685
〈スポーツ〉／ 11、216、497、685、1059
〈図星①〉／ 683、685
〈図星②〉／ 683、686
〈ズボン①〉／ 526、686、1122、1250
〈ズボン②〉／ 686、1055
〈スポンサー〉／ 686
〈スマート〉／ 686
〈隅(すみ)〉／ 270、688
〈墨〉／ 688
〈すみません〉／ 57、475、558、578、687、688、1004、1413、1445、1535、1650
〈スミレ〉／ 689
〈相撲〉／ 690、867、1050、1054、1387、1555
〈スランプ①〉／ 36、690
〈スランプ②〉／ 35、690、1087
〈スリランカ〉／ 1680
〈する〉／ 15、18、22、79、141、178、183、204、264、268、342、399、440、487、529、553、554、565、661、682、691、751、813、995、997、998、1037、1181、1186、1210、1246、1341、1343、1383、1410、1431、1510、1570
〈ずるい〉／ 443、691、1351
〈鋭い〉／ 471、646、691、1096、1314、1421
〈すれ違う①〉／ 118、692、857
〈すれ違う②〉／ 692
〈スロバキア〉／ 1680
〈スロベニア〉／ 1680
〈スワジランド〉／ 1680
〈座る①〉／ 17、87、88、134、230、245、249、379、456、484、559、599、645、692、710、799、909、954、1054、1154、1203、1227、1336、1393、1503、1579
〈座る②〉／ 484、519、599、693、715、972、1272、1353

せ

〈セ〉／ 693
〈性〉／ 49、694
〈生花〉／ 82、1221
〈生活〉／ 39、68、78、156、182、374、378、414、525、542、555、560、562、586、634、671、675、695、702、774、778、807、844、956、991、1012、1057、1077、1085、1105、1147、1164、1252、1257、1265、1279、1286、1288、1294、1339、1384、1417、1449、1467、1486、1580、1589、1607、1608、1616
〈世紀〉／ 695
〈税金〉／ 186、235、299、452、621、694、696、707、810、1052、1146、1236、1330、1331、1529、1530
〈整形〉／ 696
〈政権〉／ 696、1634
〈政見〉／ 697
〈制限①〉／ 697
〈制限②〉／ 697
〈成功〉／ 38、43、114、187、271、298、424、452、533、552、612、697、707、809、821、897、997、999、1022、1034、1076、1090、1133、1153、1257、1425、1427、1468、1475、1476、1492、1512、1538
〈制裁〉／ 698
〈政治〉／ 14、149、291、296、298、303、407、430、523、535、696、698、699、703、704、705、773、

843、1100、1106、1244、1335、1339、1558
〈正式〉／430、431、699、1272
〈性質〉／53、58、113、193、199、270、320、373、459、514、551、694、699、777、1017、1099、1127、1164、1284、1314、1414、1441、1455、1511、1555、1654
〈精神〉／471、1314、1350、1421
〈成績〉／12、96、318、452、483、701、902、1033、1084、1087、1107、1156、1260、1288、1436
〈ぜいたく〉／702
〈成長〉／1376、1470
〈制度〉／246、703、982、1399、1424
〈生物〉／705
〈生理①〉／707
〈生理②〉／707
〈政令〉／708
〈西暦〉／708
〈セーフ〉／708、1435
〈世界〉／216、220、269、433、441、446、452、615、705、709、712、722、862、925、981、1007、1011、1059、1191、1231、1294、1343、1417、1465、1483、1564、1585、1641
〈世界ろう連盟〉／709
〈せかす〉／638
〈セカンド〉／709、1113
〈せき〉／709
〈赤道〉／710
〈責任①〉／4、28、29、37、38、40、45、87、108、116、129、170、234、255、275、285、296、302、310、326、329、392、437、475、485、523、532、562、574、586、594、595、628、629、648、661、691、709、711、731、733、743、780、809、844、845、923、932、1014、1053、1076、1095、1106、1118、1119、1149、1208、1244、1264、1317、1345、1375、1434、1469、1531、1543、1547、1557、1559、1644、1646
〈責任②〉／276、739、936、982、1251
〈責任が重い〉／204、711、1095、1345
〈責任者〉／1335、1483
〈関脇〉／711
〈席を立つ〉／710
〈席をはずす〉／1203、1227
〈セクハラ①〉／712
〈セクハラ②〉／712
〈世代〉／713
〈せっけん〉／65、713、714、727
〈ゼッケン〉／714
〈接する〉／714
〈絶対〉／98、242、260、321、715、995、997、1091、1094、1325、1389、1548
〈説得〉／715
〈せっぱつまる〉／273、473、716、802、932、938、1101、1544
〈設備〉／716、994、1259
〈切腹〉／563
〈説明〉／82、104、169、196、222、265、299、338、382、431、456、457、458、466、467、498、509、598、645、651、708、716、758、808、812、813、888、905、913、914、919、937、942、967、1015、1016、1101、1157、1184、1187、1189、1214、1224、1226、1255、1271、1278、1295、1331、1358、1440、1459、1503、1508、1509、1511、1535、1592、1618、1623、1624、1639、1640
〈説明される〉／113、196、256、264、457、464、553、652、717、783、872、884、908、939、1024、1160、1163、1179、1277、1292、1494、1495、1515、1518、1551
〈節約〉／161、188、387、417、555、717、935
〈背広〉／611、650、664、718、1512
〈背骨〉／718
〈狭い〉／697、718、864、1421
〈迫る①〉／718、890、1291
〈迫る②〉／594、638、718、858
〈迫る③〉／354
〈セミ〉／719
〈セミナー〉／719
〈攻められる〉／191、720、956、1341
〈攻める①〉／427、719
〈攻める②〉／190、237、427、719、789
〈セルビア〉／1680
〈ゼロ〉／720、1626
〈セロリ〉／720
〈世話〉／40、121、130、170、208、219、224、240、293、294、440、485、633、652、715、720、721、944、948、957、1020、1130、1394、1412、1460、1498、1556、1559
〈千①〉／164、364、721、1299、1620
〈千②〉／721
〈線①〉／722、1350
〈線②〉／1607
〈千円〉／385、573、610、888、1268、1361、1414、1425、1621
〈千客万来〉／724、726、1248
〈選挙〉／154、166、225、405、433、443、724、972、989、1114、1335、1573、1609
〈繊細〉／727、970
〈選手〉／167、230、437、521、588、591、596、667、722、728、729、777、1047、1110、1112、1242、1264、1323、1398、1415、1460、1569
〈先週〉／580、728
〈先進〉／729
〈潜水艦〉／729
〈先生〉／39、50、461、587、657、743、870、910、1111、1485、1522、1545、1590、1611
〈宣誓〉／706、729
〈前線〉／729、730
〈先祖〉／730
〈戦争〉／59、179、476、709、725、730、731、788、799、869、917、1175、1399、1443、1493、1565、1567
〈ぜん息〉／731
〈仙台〉／1668
〈洗濯〉／313、732
〈センチメートル〉／732
〈前提〉／732
〈宣伝〉／428、503、733、918、969、1038、1176、1258
〈前頭〉／1440
〈千人〉／458、1159
〈先輩①〉／126、734
〈先輩②〉／126、153、535、567、734
〈扇風機〉／734
〈せんべい〉／734、1653
〈ゼンマイ〉／735
〈専門〉／379、600、728、733、735、1208、1376
〈占領〉／562、659、724、735
〈線路〉／736、1008
〈線を引く①〉／9、27、148、381、488、489、973、1379、1438
〈線を引く②〉／1268

そ

〈ソ〉／736
〈象〉／484
〈双眼鏡〉／1168
〈捜査〉／739
〈掃除〉／249、741、1001

〈相続〉／83
〈相談〉／3、4、126、130、138、218、223、241、251、337、392、519、645、743、744、869、952、972、1163、1186、1224、1291、1486、1497、1557
〈雑煮〉／744
〈贈賄〉／745、753、1641
〈添える〉／736、906、907、1315、1377
〈ソーセージ〉／746
〈ソーラー〉／746
〈組閣〉／746
〈促進〉／747
〈続発〉／534、747
〈測量〉／748
〈そぐわない〉／207、327、356、748、908、948、956、1068、1077、1136、1207、1245、1325、1445、1479、1495、1501、1508、1654
〈組織〉／310、340、354、749、1039、1239、1406
〈そそのかす〉／750
〈育てる①〉／219、335、631、750、1114、1181、1359、1437、1560、1587、1588
〈育てる②〉／750、913、1590
〈育てる③〉／133、172、227、750、1049、1279、1508、1615
〈育てる④〉／513
〈育てる⑤〉／161
〈措置〉／751
〈卒業〉／172、323、532、751、971、1357、1606
〈そっくり〉／549、752、1112、1267、1482
〈そっと歩く〉／752
〈袖①〉／753、830、1364
〈袖②〉／753
〈外〉／208、754
〈その時々〉／1013、1602、1624
〈そのまま〉／32、469、753、755、1003、1151、1422、1436、1498
〈そば〉／755
〈そびえる〉／436、756、784、1309
〈祖父〉／64、188、756
〈ソファー〉／1273
〈ソフトクリーム〉／756、1086
〈祖母〉／201、219、756
〈染める〉／757
〈空〉／8、14、50、87、129、193、234、252、346、373、614、683、690、714、757、977、978、1226、1242、1358、1470、1611、1639
〈そらす〉／545
〈剃る〉／758
〈それ〉／32、79、744、748、754、758、761、833、941、959、976、1013、1024、1030、1131、1562
〈それる〉／263、758、1201、1271、1364、1444
〈損〉／90、109、459、759、760、761、763、828、898、928、1035、1036、1131、1182、1296、1420、1438、1499、1513、1543、1614、1637
〈尊厳〉／760

た

〈た〉／616、762、958、976、1001、1031、1426、1532
〈タ〉／762
〈田〉／177、762
〈タイ①〉／1680
〈タイ②〉／1680
〈鯛（たい）〉／506、763
〈台〉／393、763、996、1144、1163、1342
〈大①〉／881
〈大②〉／1002
〈体育〉／764、1416
〈第一〉／96、102、520、764、1395
〈退院〉／765
〈対応〉／765、1003
〈体温〉／11、145、495、765、1134、1186、1269
〈大会〉／333、599、738、764、765、776、1226、1440、1507
〈大学①〉／766
〈大学②〉／632、644、751、766、837、971、1342、1357、1525
〈大気圏〉／766
〈大器晩成〉／766
〈大工〉／143、767、991、1240
〈退屈〉／767、1544
〈体系〉／767
〈太鼓①〉／139、768、799、1294
〈太鼓②〉／139、768、799
〈太鼓③〉／139、768、799
〈太鼓④〉／139、768、799
〈太鼓腹〉／768
〈大根〉／347、769、817
〈第三〉／769、1665
〈第三セクター〉／769
〈大使〉／770
〈代謝〉／1526
〈大正〉／771
〈耐震〉／772
〈大切①〉／94、109、110、206、319、586、590、706、713、764、770、773、1000、1118、1366、1395、1565、1573
〈大切②〉／773
〈大切③〉／68、334、706、773、1427、1429、1621
〈体操①〉／154、773
〈体操②〉／154、773
〈態度〉／111、327、443、544、775、1107、1287、1305、1368、1492、1505、1540、1627
〈タイトル〉／692、763、764、776、954、1302
〈第二①〉／776、1103
〈第二②〉／777
〈代表〉／374、777、795、842、1120、1213、1262、1296、1309、1493、1526、1574
〈台風〉／59、778、1217
〈タイプライター〉／140、740、777
〈大便〉／361、778
〈タイム〉／680
〈タイヤ〉／780、854、1246
〈ダイヤ〉／423、780、787、1104、1262、1403、1485、1487、1582
〈太陽〉／25、435、780、971、972、1106、1158、1256、1261、1293、1461
〈平ら〉／780、1307
〈大陸〉／781、849、1093、1214
〈対立〉／781
〈台湾〉／1681
〈ダウンロード〉／782
〈倒れる①〉／134、179、478、685、753、782、783、784、1278、1566
〈倒れる②〉／361、783、1397
〈高い①〉／355、379、423、696、784、785、824、911、941、1039、1128、1133、1230、1240、1262、1301、1363、1517、1520、1544、1562、1611
〈高い②〉／251、784、1183、1528
〈高い③〉／439、477、661、671、684、784、785、951、980、1148、1156、1169、1392、1448、1616、1631、1662、1668
〈高い④〉／784、1222
〈高い⑤〉／784、1222
〈高い⑥〉／201、1096
〈高い⑦〉／1331
〈高い⑧〉／555
〈高い⑨〉／426
〈互いに〉／1、2、7、289、739、786、1234、1606
〈高い安い〉／793
〈高くなる〉／853

〈宝〉／787
〈滝①〉／787
〈滝②〉／787
〈たくさん①〉／104、188、761、788、821、822、861、904、1043、1052、1058、1235、1334、1407、1452、1484、1537、1565
〈たくさん②〉／151、173、208、256、398、488、788、819、1214、1275
〈たくさん③〉／104、173、297、510、788、792、796、907、1044、1518
〈たくさん④〉／272、788、832、1084、1192
〈たくさん⑤〉／173、175、519、702、788、972、1099、1468
〈タクシー〉／788、789、1100、1311
〈宅配〉／789
〈竹①〉／790、1444
〈竹②〉／790
〈だけ〉／238、366、528、602、693、790、845、923、1059、1091、1185、1289、1413
〈タケノコ〉／791、861
〈タコ〉／791
〈凧(たこ)〉／791
〈出す〉／793
〈多数〉／796
〈助けられる①〉／118、165、285、342、539、721、786、797、1178、1610
〈助けられる②〉／178、212、797、859、1090、1187、1213
〈助ける①〉／28、42、46、164、165、170、190、210、224、256、259、302、332、342、343、363、422、505、527、538、632、662、669、745、746、786、797、912、964、1122、1192、1354、1391、1392、1412、1417、1419、1499、1531、1556
〈助ける②〉／505
〈尋ねる①〉／312、423、465、557、987、988、990
〈尋ねる②〉／128、557、797、988、1190
〈尋ねる③〉／128
〈蛇足〉／798
〈たたく〉／215、506
〈正しい〉／57、259、416、612、647、681、694、695、699、704、708、800、873、957、1116、1127、1355、1396、1435、1447、1455、1512、1570、1626
〈畳〉／693、801、1435
〈たたむ〉／801、1403
〈立ちあがる〉／88
〈立場〉／230
〈ダチョウ〉／803
〈立つ〉／171、179、208、301、446、453、484、539、640、677、785、802、803、814、850、879、938、972、1020、1269、1470、1493、1499、1616、1617、1648
〈卓球〉／808
〈脱臼〉／808
〈脱水〉／809
〈縦〉／810
〈盾〉／811
〈立て替える〉／811
〈縦笛〉／1322、1327
〈建て前〉／811、1433
〈建てる〉／147、715、717、804、805、812、841、855、913、958、1094、1423、1533
〈棚①〉／211、815
〈棚②〉／815、1432
〈棚③〉／1337
〈七夕〉／815
〈谷〉／815
〈他人〉／9、189、202、816、1596
〈タヌキ〉／816
〈タヌキ寝入り〉／816
〈頼まれる〉／87、115、467、818
〈頼む①〉／114、187、202、208、363、407、467、481、482、687、808、817、859、887、918、962、998、1129、1287、1355、1561、1590、1603、1608
〈頼む②〉／167、695、741、817、990
〈頼む③〉／691
〈タバコ〉／351、664、679、818、1097、1161
〈タブー〉／819
〈ダブる〉／820
〈ダブルス〉／820
〈ダブルプレー〉／820、821
〈ダブルベッド〉／821
〈ダブルボタン〉／821
〈食べる①〉／66、81、91、179、279、356、399、416、460、469、555、623、629、630、631、686、695、702、752、756、782、822、846、875、906、912、914、950、1010、1094、1151、1187、1193、1196、1234、1243、1259、1309、1330、1339、1393、1449、1501、1528、1570、1574、1599
〈食べる②〉／54、255、630、822、885、1041、1285
〈食べる③〉／822、1340、1421、1525、1546、1547
〈食べる④〉／356、788、791、822、1589
〈食べる⑤〉／823、1323
〈食べる⑥〉／379
〈玉①〉／824
〈玉②〉／823
〈玉③〉／1662
〈卵〉／824、929、1058、1286、1381、1652
〈卵を産む〉／824
〈だまされる〉／105、196、825、1163、1186、1277
〈だまし合い〉／1234
〈タマネギ〉／826
〈たまる〉／104、510、554、790、826、860、914、931、933、936、1101、1311、1597
〈黙る①〉／260、826、894、1538
〈黙る②〉／827
〈ダム〉／827
〈だめ〉／81、828、1580
〈試す〉／370、407、456、535、728、828、962、963、1154、1388、1424、1499
〈たもとを分かつ①〉／164、347、830
〈たもとを分かつ②〉／164、347、349、714、830、942
〈頼る〉／52、115、133、278、352、652、658、831、833、849、923、1521
〈だるま〉／833
〈誰〉／833、922、1030、1038
〈垂れる〉／834
〈たわし〉／835
〈単位〉／835
〈段位〉／836
〈単価〉／836
〈短歌〉／836
〈段階〉／547、605、836、1106
〈タンク〉／837
〈探検〉／838
〈単語〉／215、838
〈だんご〉／838
〈段差〉／839
〈タンザニア〉／1681
〈男女〉／1、197、269、371、500、840、1304、1308、1385
〈男女男女〉／1088
〈単身赴任〉／841
〈たんす〉／186、241、243、841、

991
〈ダンス①〉／4、576、841、1168
〈ダンス②〉／841、1616
〈男性〉／197、650、735、802、839、842、1447
〈断層①〉／842
〈断層②〉／842
〈断層③〉／843
〈だんだん〉／844
〈断腸の思い〉／844
〈たんぼ〉／762、846
〈暖房〉／846
〈タンポポ〉／847
〈短命〉／847

ち

〈チ〉／848、861
〈地域①〉／850、865、1637
〈地域②〉／600、850
〈小さい①〉／593、718、850、1131、1315、1388、1415、1462、1491
〈小さい②〉／106、216、614、850、851、975、1627
〈小さい③〉／850、1388
〈小さい④〉／850
〈小さい⑤〉／489
〈小さい⑥〉／1285
〈小さい⑦〉／257
〈チーズ〉／852
〈チーター〉／852
〈チーム〉／852、853
〈チェコ〉／1681
〈チェック〉／9
〈違う①〉／466、481、713、737、857、1112、1510
〈違う②〉／71
〈近づく①〉／858
〈近づく②〉／858
〈近づける〉／351、353、856
〈地下鉄〉／855
〈血が流れる〉／848
〈地下二階〉／855、1097
〈近寄る①〉／858
〈近寄る②〉／858
〈力〉／17、43、62、65、77、85、126、195、200、247、344、375、405、406、407、409、417、444、558、579、592、595、628、641、647、696、744、754、790、828、859、860、865、889、891、945、984、1031、1148、1212、1270、1296、1448、1469、1529、1573、1622
〈地球〉／239、860
〈ちぎる①〉／483
〈ちぎる②〉／483、692
〈知識〉／790、861、931、934、1044、1310、1315
〈地図〉／862
〈地層〉／862
〈父〉／44、71、118、131、156、169、187、197、201、208、237、278、294、489、682、745、760、847、863、955、1037、1073、1162、1267、1335、1383、1579、1610、1622、1648
〈縮む①〉／383、410、567、593、602、863、1265、1387、1388
〈縮む②〉／294
〈乳を搾る〉／567、863
〈ちっぽけ〉／1147
〈千葉〉／1663、1668
〈乳房①〉／865
〈乳房②〉／865
〈乳房③〉／862
〈地方〉／38、63、244、865、1024、1374、1622、1637
〈茶色〉／866
〈着陸〉／861、867、909、999
〈チャリティー〉／867
〈チャンピオン〉／867、868、886、1396
〈中（ちゅう）①〉／460、491、606、836、869、871、872、873、875、877、878、879、1072、1139、1336、1503
〈中（ちゅう）②〉／731
〈注意〉／82、112、159、296、307、318、386、391、438、548、589、654、770、839、870、872、916、922、1034、1236、1409、1419、1463、1558、1590
〈チューインガム〉／871
〈中央〉／583、875、938、1467
〈中国①〉／1681
〈中国②〉／1681
〈中国③〉／466、1681
〈仲裁〉／872、887
〈中耳〉／873
〈注射〉／140、624、873、1600
〈抽象〉／874
〈中心〉／537、653、871、875
〈中性〉／876
〈中絶〉／876、1117
〈抽選〉／876、1267
〈中途〉／507、538、743、765、871、876、877、985、1082、1479、1497
〈チューナー〉／878
〈注目される〉／42、544、879、1266、1267
〈注目する〉／878
〈注文〉／144、275、450、879、895
〈チューリップ〉／880、1516
〈兆〉／880
〈庁〉／294、316、354、368、621、623、661、875、880、1624
〈腸〉／880、881
〈長①〉／162、214、320、438、588、592、595、596、597、601、745、761、852、881、882、1054、1317、1328、1420
〈長②〉／158、162、224、257、439、577、588、596、719、740、772、775、807、844、845、852、861、868、881、903、924、1033、1159、1420、1421、1433、1540、1631、1655
〈調印〉／391、882、887、1511
〈長官〉／882
〈彫刻①〉／883
〈彫刻②〉／883
〈長寿〉／601、884
〈長女〉／885
〈挑戦〉／803、867、886、1343
〈挑戦を受ける〉／640、886
〈チョウチョ〉／887
〈提灯〉／887
〈長男〉／888
〈蝶ネクタイ〉／1130
〈帳簿〉／662
〈貯金〉／29、211、352、671、790、829、890、946、1323、1593、1647
〈直接〉／890
〈著作〉／615、740、891
〈チョッキ①〉／891
〈チョッキ②〉／891
〈散らばる〉／892、1237
〈チリ〉／1681
〈ちり紙〉／893、950
〈散る〉／893、1166
〈血を抜く〉／1052

つ

〈つ〉／1668
〈ツ〉／894
〈ツアー〉／895
〈追及〉／895、988
〈追求〉／895、1155、1582
〈追悼〉／897
〈追突〉／897
〈ツイン〉／898
〈通過〉／898、1162
〈痛感〉／899
〈通じる〉／76、102、281、900、924
〈通信①〉／901、953

〈通信②〉／ 901
〈通訳〉／ 41、69、114、115、366、449、524、603、608、630、715、721、733、902、1192、1429、1590
〈使う〉／ 118、129、185、226、307、357、459、540、607、608、620、621、625、898、903、916、935、1183、1300、1415、1541、1573、1582、1620
〈司(つかさ)〉／ 528、566
〈つかまる①〉／ 384、389、391、540、553、564、608、882、904、924、1573、1619、1635
〈つかまる②〉／ 564、745、779、904、1210
〈つかまる③〉／ 592、1048
〈つかむ①〉／ 185、245、658、904、929、1133、1311、1395、1468
〈つかむ②〉／ 904、1167
〈疲れる〉／ 23、26、77、282、661、784、826、859、904、1051、1220、1311、1481
〈月〉／ 398、402、506、665、709、725、728、905、972、1593、1594、1605、1606、1639
〈次〉／ 230、511、905、922、1594、1606
〈つき合う〉／ 906
〈つく〉／ 910
〈机〉／ 126、141、270、911、954、1195
〈作る〉／ 249、284、317、338、386、411、412、429、457、458、499、501、520、534、538、644、698、699、701、704、705、742、746、767、812、859、876、912、915、917、952、963、976、992、1008、1039、1136、1195、1362、1394、1402、1486、1533、1598、1649
〈つけ〉／ 914
〈付け足す〉／ 120、235、793、895、1370、1446、1652
〈漬物〉／ 914、1496
〈つける〉／ 256、915
〈都合〉／ 153、155、164、357、421、540、825、911、915、917、1435、1443、1567、1583
〈伝わる〉／ 730、918、919
〈土〉／ 12、19、151、336、448、496、512、573、635、718、724、748、777、780、794、849、854、855、919、926、1029、1047、1082、1097、1128、1131、1147、1169、1220、1252、1307、1310、1351、1352、1417、1436、1614
〈筒〉／ 981、1242、1476
〈続く①〉／ 157、390、509、534、677、829、900、918、919、921、925、964、980、1023、1042、1220、1351、1463、1596、1633、1650
〈続く②〉／ 84、907、1634
〈続く③〉／ 639、905、1607
〈つながる〉／ 925、1003、1511
〈つなぐ〉／ 41、180、366、960、1066、1076、1171、1174、1195、1458、1470
〈津波〉／ 925
〈綱渡り①〉／ 925
〈綱渡り②〉／ 926
〈ツバキ〉／ 926
〈ツバメ〉／ 926
〈粒〉／ 926
〈つぶす〉／ 232、478、568、769、801、805、818、873、927、928、929、965、1051、1173、1246、1379、1480、1568
〈つぶやく〉／ 928、1349
〈つぶれる①〉／ 311、465、643、927、928、994、1195、1430
〈つぶれる②〉／ 273、783、928、937、994
〈つぶれる③〉／ 926、1183
〈つぼ①〉／ 929
〈つぼ②〉／ 929
〈つぼみ〉／ 929、1331
〈妻①〉／ 35、44、134、255、484、721、736、888、930、1382、1596、1600
〈妻②〉／ 930、1111
〈つまずく〉／ 930
〈つまはじき①〉／ 930、1245、1562
〈つまはじき②〉／ 5、345、930、1150
〈つまらない〉／ 15、767、930
〈つまる①〉／ 398、645、931、1146
〈つまる②〉／ 1155、1390、1393
〈積み立てる〉／ 933
〈つめこむ①〉／ 934
〈つめこむ②〉／ 934
〈つめる〉／ 934
〈通夜〉／ 936
〈強い①〉／ 5、114、115、298、305、320、341、343、417、419、858、937、940、1118、1120、1136、1223、1254、1484、1547、1548、1590、1597
〈強い②〉／ 789、858、937
〈貫く〉／ 83、84
〈釣られる〉／ 939
〈釣り〉／ 127、817、939、1238
〈釣りあげる〉／ 939、1276
〈釣糸を垂らす〉／ 832
〈つる〉／ 24
〈鶴〉／ 940
〈連れる〉／ 940

て

〈テ〉／ 940、1660
〈手〉／ 211、280、499、564、940、944、954、962、964、966、968、1461
〈手洗い〉／ 944、987、1586
〈T〉／ 945
〈TC①〉／ 1009
〈TC②〉／ 1009
〈DVD〉／ 945
〈定員〉／ 945
〈定款〉／ 946
〈定期券〉／ 572、946、1202、1507
〈提供〉／ 544、947、1215
〈亭主関白〉／ 949
〈ティッシュ〉／ 950
〈丁寧〉／ 60、279、952
〈データ〉／ 17、953
〈デート①〉／ 51、840、953
〈デート②〉／ 51、840、953、1204
〈テープ①〉／ 346、953
〈テープ②〉／ 819、953、1282、1607、1633、1638
〈手落ち〉／ 239、252、255、316、398、401、559、638、672、840、954、1149、1249、1257、1326、1472、1478、1552
〈敵〉／ 41、191、196、237、250、363、719、720、772、783、799、886、956、1329、1430、1503、1564、1642
〈適当に〉／ 957
〈できない〉／ 363、943、959、996、1000、1325、1535
〈できもの〉／ 957
〈できる〉／ 152、163、273、313、541、589、772、791、792、822、832、833、908、911、936、959、1091、1253、1329、1352、1369、1422、1496、1535、1543、1544、1570、1601、1611、1634、1643、1645
〈手首〉／ 1141
〈デコーダー〉／ 960
〈デザート〉／ 960
〈デザイン〉／ 214、660、862、893、960、961
〈弟子〉／ 903、961
〈デジタル〉／ 961

〈デジタルカメラ〉／961
〈手品〉／961
〈でたらめ①〉／963
〈でたらめ②〉／963
〈鉄〉／362、513、963、989、1396
〈哲学〉／964
〈徹底〉／965
〈徹夜〉／92、302、879、965、1356
〈テニス〉／4、431、646、820、947、966、1135
〈デビュー〉／967
〈デフ〉／968
〈手袋〉／967
〈手ぶら〉／267、967、1362
〈手まね〉／969
〈デモ〉／969、1523
〈寺〉／970、1027、1199、1401、1431
〈出る①〉／74、189、221、231、353、405、517、558、639、756、807、955、960、967、971
〈出る②〉／807
〈テレビ〉／69、392、395、471、525、569、597、676、686、828、878、901、910、974、982、987、1049、1070、1216、1218、1219、1246、1527、1547、1638
〈照れる〉／974
〈手をあげる〉／789
〈点〉／875、975
〈電気〉／338、628、951、976、977、981、984、1042、1044、1438
〈電球〉／823、977
〈天国〉／978
〈天才〉／507、978
〈天使〉／979
〈展示〉／254、518、979、984
〈点字〉／979
〈電子〉／979
〈電車〉／132、210、332、474、559、680、881、946、949、971、976、979、1074、1080、1128、1173、1200、1215、1346、1466、1472、1630
〈天井〉／980
〈電卓〉／980
〈点滴〉／981
〈伝統①〉／129、389、981、982、1419
〈伝統②〉／339、919、981、1320
〈天然〉／982
〈天皇〉／428、437、438、982
〈天皇皇后〉／368
〈電波〉／982、1216
〈テンプラ〉／27、50、75、161、237、511、983、1241、1359、1632
〈電報〉／595、888、976、983
〈デンマーク〉／1681
〈天文〉／300、983
〈電流〉／984
〈電話〉／348、431、607、879、881、925、985、1247、1336、1586
〈電話がかかる〉／235、984
〈電話が通じる〉／900、924
〈電話する①〉／97、120、223、248、461、637、833、984、1634
〈電話する②〉／120、248、984、1634
〈電話で呼ぶ〉／788
〈電話を切る〉／348

と

〈と〉／985、1451
〈ト〉／985、986
〈ド〉／1142
〈度〉／986
〈ドアを開(あ)ける〉／18
〈ドイツ〉／989、1682
〈トイレ〉／358、431、662、820、856、987、1393、1640
〈党〉／295、704、987、1377
〈塔〉／987
〈統一〉／989
〈とうがらし〉／990
〈等級〉／991
〈同級〉／259、991、1005
〈東京〉／99、841、921、984、986、999、1265、1456、1503、1577、1663
〈道具〉／991
〈峠〉／992
〈統計〉／992
〈陶芸〉／992
〈同時〉／253、820、889、917、994、1348
〈どうして〉／995
〈透析〉／997
〈どうぞ①〉／674、1180
〈どうぞ②〉／1222、1285
〈どうぞ③〉／965、1008、1472、1579、1581
〈どうぞ④〉／689
〈灯台〉／999
〈同等〉／775
〈投票〉／118、313、1001、1028、1299、1321
〈豆腐〉／1001、1299
〈動物〉／314、384、404、552、1001、1283、1417、1433、1605
〈動脈〉／1002
〈透明①〉／283、1002
〈透明②〉／1003
〈当面〉／94、103、170、564、753、1002、1003、1288、1427
〈トウモロコシ〉／1004
〈討論〉／350、921、1006、1220、1379、1510、1553、1640
〈童話〉／1006
〈遠い①〉／881、883、1006、1031、1067、1384、1463、1649
〈遠い②〉／27、252、1006、1093、1397
〈遠い③〉／180、404、497、1072、1084、1488、1498、1507
〈通す〉／1008
〈ドーナツ〉／1009
〈トーナメント〉／82、462、1009
〈トキ〉／1013
〈時①〉／32、97、128、143、160、176、251、270、276、309、357、413、425、465、478、486、487、531、533、537、547、548、559、586、779、836、851、860、868、869、882、898、917、1005、1012、1013、1024、1087、1149、1156、1157、1166、1167、1231、1266、1296、1297、1300、1491、1512、1521、1540、1585、1610
〈時②〉／166、238、531、532、959、997、1012、1168、1203、1238
〈時々①〉／1013、1528
〈時々②〉／825、1013
〈ドキドキ〉／77、990、1013、1036
〈徳〉／1015、1663
〈毒〉／323、372、618、878、1015、1018、1180
〈得意〉／14、312、335、381、383、388、546、570、576、670、729、764、767、785、807、846、860、937、959、1016、1119、1171、1219、1222、1253、1266、1313
〈独身〉／1018、1289
〈独占〉／1018
〈独走〉／1018
〈特徴〉／1017、1019、1047
〈特別〉／168、588、1017、1019、1020、1024、1031、1032、1082、1214、1285
〈時計①〉／48、377、1021
〈時計②〉／1021
〈ところてん〉／1025
〈ドジョウ〉／1028
〈閉じる①〉／1028
〈閉じる②〉／1028、1162
〈閉じる③〉／1029、1379、1408
〈年をとる〉／254、382、447、549、

933、1026、1053、1334
〈塗装〉／ 1029、1125
〈栃木①〉／ 1663
〈栃木②〉／ 1663
〈途中〉／ 1030
〈どちら①〉／ 93、371、456、792、970、988、1030、1037、1144、1212、1288、1344
〈どちら②〉／ 1030
〈独居〉／ 1031
〈ドック〉／ 162、525、1116
〈とつぐ〉／ 79、1031、1600
〈突然〉／ 78、333、937、1029、1032、1307、1334、1423、1624
〈とっておき〉／ 1032
〈とても〉／ 53、162、167、170、172、174、192、262、272、324、350、419、459、492、586、649、663、670、730、744、761、763、770、775、778、806、844、990、1033、1036、1057、1069、1130、1155、1183、1191、1240、1274、1284、1310、1324、1335、1427、1478、1518、1523、1535、1578
〈どなられる〉／ 1037
〈隣〉／ 181、293、336、424、1037、1255、1287
〈殿様〉／ 1038
〈飛び込み〉／ 1038
〈飛び出す〉／ 74、1039、1102、1290、1357
〈土俵〉／ 1039
〈飛ぶ〉／ 215、445、806、1040、1049、1168
〈トマト〉／ 1041
〈とまる①〉／ 101、158、680、949、999、1041、1202
〈とまる②〉／ 378、466、779、932、948
〈とまる③〉／ 874、948、949、1041、1044、1236
〈とまれ〉／ 680
〈ドミニカ〉／ 1682
〈とめる〉／ 26、58、81、84、138、167、181、221、351、353、490、613、702、805、873、877、943、948、1042、1044、1072、1280、1337、1343、1349、1459、1472、1568、1612
〈共稼ぎ〉／ 1045
〈友達①〉／ 845、897、985、1045
〈友達②〉／ 549、1045、1065、1066、1448
〈富山〉／ 1663
〈虎〉／ 1047
〈トライアスロン〉／ 1047
〈トラック(競走路)〉／ 1048
〈トラック(車)〉／ 1048、1474
〈取られる①〉／ 146、160、577、1052、1288、1633、1650
〈取られる②〉／ 123、509、624、1460
〈取られる③〉／ 412
〈トランプ〉／ 157、215、1049
〈鳥〉／ 283、806、1040、1049、1220、1663
〈トリオ〉／ 1049
〈取り消す〉／ 74、391、396、627、963、1014、1050、1121、1152、1529、1530、1549
〈努力〉／ 417、750、786、848、923、959、1051、1121、1136、1170、1236、1492、1502、1512、1516
〈取る①〉／ 145、244、529、975、1019、1047、1052、1340、1395、1663
〈取る②〉／ 501、682
〈取る③〉／ 953
〈取る④〉／ 1253
〈取る⑤〉／ 581
〈ドル〉／ 1055
〈トルクメニスタン〉／ 1682
〈トルコ〉／ 1682
〈どれ〉／ 1055
〈ドレス〉／ 1055、1115
〈ドレッシング〉／ 1055
〈泥棒①〉／ 779、1048、1056
〈泥棒②〉／ 137、191、1005、1056、1291
〈ドングリ〉／ 1057
〈どん底〉／ 1057
〈トンネル①〉／ 1058
〈トンネル②〉／ 898、1058
〈どんぶり〉／ 80、144、1058
〈どんぶりばち〉／ 1058
〈トンボ〉／ 1058

な

〈ナ〉／ 1058
〈ない①〉／ 53、67、271、480、671、674、822、831、1020、1060、1076、1081、1082、1127、1224、1249、1252、1344、1345、1355、1392、1502、1645
〈ない②〉／ 720、730、1061、1070、1335
〈ない③〉／ 99、197、1061、1257、1507、1508
〈ない④〉／ 17、1060、1192、1335
〈内耳〉／ 1062
〈ナイジェリア〉／ 1682
〈内緒〉／ 1062
〈内職〉／ 1052、1063
〈内容〉／ 464、720、748、904、1062、1063、1064、1070、1226、1315、1375、1469
〈直す〉／ 119、227、435、585、591、800、893、911、950、1064、1065、1354、1478、1489
〈中(なか)〉／ 137、546、549、577、1061、1063、1065、1142
〈長い①〉／ 305、357、435、564、804、881、883、968、1027、1054、1066、1141、1157、1273、1297、1663、1664
〈長い②〉／ 251、652、1066、1069
〈長い③〉／ 87、1067
〈長い④〉／ 369
〈長い⑤〉／ 884
〈長い⑥〉／ 1663
〈長い髪〉／ 832
〈流す〉／ 1067
〈なかなか①〉／ 236、616、621、638、1003、1060、1069
〈なかなか②〉／ 191、804、1069、1256
〈仲間〉／ 101、119、286、378、382、427、642、837、838、852、925、942、1069、1070、1179、1323、1358、1504、1574、1633
〈仲間はずれ〉／ 1070
〈ながめる〉／ 393、983、1070、1154、1303、1320、1649
〈長屋〉／ 49、96、378、421、432、1181、1412、1619、1636
〈流れる①〉／ 97、103、287、662、680、1067、1071、1479、1480、1619
〈流れる②〉／ 50、335、495、662、663、669、934、1022、1071、1160、1268、1322、1448、1478、1484、1571、1667
〈流れる③〉／ 857
〈流れる④〉／ 1667
〈泣く①〉／ 80、1072、1073
〈泣く②〉／ 1073、1459、1508
〈なくなる①〉／ 150、221、308、350、510、608、749、782、803、883、907、1021、1073、1143、1170、1501
〈なくなる②〉／ 305、311、752、912、1237
〈なぐられる①〉／ 1074、1410
〈なぐられる②〉／ 698
〈なぐる①〉／ 328、1074、1409、

1410
〈なぐる②〉／698、897、947、1074、1409
〈なぐる③〉／1074、1400
〈投げる〉／157、216、891、996、1075、1176、1218、1280、1413
〈名古屋〉／1668
〈ナシ〉／1076
〈ナス〉／1077
〈なぞ①〉／1078
〈なぞ②〉／1021、1078
〈なぞなぞ〉／1078
〈なだめる〉／53、1073、1078、1130
〈なつかしい①〉／205、206、419、548、562、994、1079、1364、1504
〈なつかしい②〉／419、1079
〈納得が行かない〉／1080
〈菜っ葉〉／1479
〈なでる〉／860
〈7〉／550、1080、1081
〈七秒〉／1301
〈何〉／65、97、196、214、465、797、801、828、892、931、935、936、988、995、1022、1023、1030、1057、1081、1094、1578、1591、1645
〈那覇〉／1669
〈ナプキン〉／127
〈鍋〉／64、249、315、678、835、867、1082、1578
〈生意気〉／1083
〈名前①〉／60、572、635、641、763、914、1024、1059、1083、1094、1250、1598
〈名前②〉／72、202、572、916、1020、1059、1083
〈なまける〉／513、774、779、1083、1123、1493
〈ナマズ〉／1083
〈鉛〉／1083
〈波①〉／190、542、806、1003、1084
〈波②〉／346、1611
〈波③〉／227、663
〈波がひく〉／1268
〈涙をためる〉／829
〈ナミビア〉／1682
〈ナメコ〉／1085
〈なめらか①〉／165、206、356、673、690、691、1084、1086
〈なめらか②〉／1086、1200
〈なめらか③〉／1086
〈なめる①〉／1086
〈なめる②〉／960
〈悩む〉／1087
〈奈良〉／1426、1664
〈並ぶ①〉／343、810、913、1088、1630
〈並ぶ②〉／361、1088、1630
〈並ぶ③〉／1088、1228
〈並ぶ④〉／1088、1322、1432
〈並ぶ⑤〉／343、1630
〈並べる①〉／1089
〈並べる②〉／1089、1110
〈並べる③〉／844
〈並んで座る〉／1089
〈なる〉／1090
〈なるほど〉／79、1091、1564
〈なれ合い〉／1092
〈ナレーション〉／1092
〈慣れる〉／1092
〈縄張り〉／1092
〈南極〉／1093
〈何でも〉／1408

に

〈2①〉／7、218、681、1095、1268、1344
〈2②〉／1095
〈2③〉／602、809、1095、1346、1347
〈2④〉／1139
〈ニ〉／1095
〈ニアミス〉／1096
〈新潟〉／1664、1669
〈二階〉／11、1097
〈苦(にが)い〉／1098
〈二階建て〉／1098
〈二月〉／455、588、1098、1596
〈二月九日〉／455、1098
〈二月四日〉／1596
〈苦手〉／521、971、1098、1209、1269、1305、1400、1443、1604
〈ニカラグア〉／1682
〈にきび〉／1099
〈二級〉／1099
〈逃げる〉／65、94、385、401、430、503、513、808、810、903、1083、1092、1102、1149、1290、1408、1441、1514
〈にこにこ①〉／1102
〈にこにこ②〉／1102
〈西①〉／295、993、1103
〈西②〉／1103、1572、1573
〈虹〉／1103、1195
〈二時間〉／897
〈20〉／627、668、695、1090、1103、1167、1208、1212
〈20%〉／1446
〈20分〉／804
〈偽者(にせもの)〉／1104
〈偽物(にせもの)〉／1104
〈2000〉／708
〈二段〉／1104
〈似ている〉／856、1112
〈担う〉／1106
〈二番〉／1107
〈日本〉／230、244、255、416、452、453、475、575、639、642、644、648、723、727、765、920、1016、1107、1108、1136、1152、1206、1258、1308、1320、1417、1497、1601、1621、1628、1640、1682
〈二枚舌〉／1108
〈2メートル〉／374
〈荷物〉／264、755、1194、1237、1540
〈ニュアンス〉／1108
〈入院〉／119、1109、1288
〈入港〉／909、915、1353、1490
〈ニュージーランド①〉／1683
〈ニュージーランド②〉／1683
〈ニュース〉／918、919、1110
〈入選〉／1110
〈入門〉／1110
〈ニラ〉／1111
〈にらみ合う①〉／1111
〈にらみ合う②〉／1111
〈にらむ〉／184、320、1111
〈二流〉／1112
〈煮る〉／33、159、249、277、445、469、787、788、814、912、935、1077、1082、1096、1113、1230、1255、1571、1644
〈庭〉／358、404、1113、1181、1187
〈ニワトリ〉／824、927、1049、1114
〈人気①〉／337、1115、1545、1599
〈人気②〉／132、1012、1115、1233、1281、1304、1318、1456
〈人気③〉／587、1115
〈人気が落ちる①〉／1115、1205
〈人気が落ちる②〉／1115、1205
〈人形〉／56、254、1115
〈忍者〉／1117
〈人情〉／1117
〈妊娠①〉／1117
〈妊娠②〉／876、1117、1292、1619
〈認定〉／1118
〈ニンニク〉／1118

ぬ

〈ヌ〉／1119
〈縫う〉／327、1119、1238、1646
〈抜く〉／735、1152、1651
〈脱ぐ①〉／1121
〈脱ぐ②〉／1122
〈脱ぐ③〉／1122

〈脱ぐ④〉／1122
〈盗まれる〉／1001、1052、1124
〈盗む〉／108、145、386、472、716、826、1056、1102、1124、1189、1210、1468
〈沼〉／1124
〈塗る〉／927、1029、1125、1390
〈ぬれる〉／1124、1126

ね

〈ネ〉／1126
〈根①〉／1126、1232、1239
〈根②〉／1662
〈値上げ①〉／1127、1128
〈値上げ②〉／294、1127、1128、1133、1381
〈値上げ③〉／125、145、980、1127、1128
〈値上げ④〉／12、125、1127、1128、1133、1315
〈ネギ〉／1130
〈ネクタイ〉／1130
〈猫〉／1130、1271
〈猫かぶり①〉／1130、1131
〈猫かぶり②〉／1130、1131
〈寝言①〉／1131
〈寝言②〉／1131
〈ねこばば①〉／1131、1132
〈ねこばば②〉／1131
〈値下げ①〉／496、504、800、1132
〈値下げ②〉／1132
〈値下げ③〉／968、1132
〈値下げ④〉／1132、1167
〈値下げ⑤〉／1132
〈ねじ回し〉／1133
〈ねじりはちまき〉／1279
〈ねじる〉／1292、1441
〈ネズミ〉／1133、1170
〈ねたむ〉／555、1133、1556
〈熱〉／796、986、1134、1155、1218、1482
〈熱がさがる〉／1134
〈ネックレス〉／651、1135
〈熱心①〉／40、114、674、713、1135、1550
〈熱心②〉／114、497、713、1135、1593
〈ネットワーク〉／1136
〈ネパール〉／1683
〈ねばねば〉／1079、1136
〈寝坊〉／672、895、1137
〈寝耳に水〉／1137
〈眠い〉／1137
〈眠る①〉／1137
〈眠る②〉／69、109、594、663、782、1028、1137、1296
〈寝る〉／95、208、594、627、736、796、909、1007、1043、1045、1104、1138、1139、1199、1267、1346、1424、1435、1532、1561、1563、1581、1595、1611、1619、1622
〈練る〉／1139
〈年(ねん)〉／60、96、210、466、589、656、986、1026、1139、1140、1142、1143、1198、1300、1381
〈ねんざ①〉／1141、1292
〈ねんざ②〉／1141、1292
〈ねんざ③〉／26、1141
〈燃料〉／1143
〈年齢〉／80、126、254、331、447、455、457、472、486、878、933、952、988、1026、1027、1053、1080、1081、1141、1143、1208、1344、1379、1384、1487、1511、1514、1547、1563、1597、1638

の

〈ノ〉／1143、1664
〈ノイローゼ〉／1144
〈能〉／1144
〈脳〉／602、1144、1146
〈農業〉／334、499、575、762、919、1029、1145、1147、1208、1298、1560
〈脳卒中〉／1146
〈能率〉／1148
〈ノーマライゼーション〉／1149
〈のける〉／1150
〈のこぎり〉／347、1150、1165
〈のこぎりの歯〉／1165
〈残る〉／44、45、53、117、129、152、1151、1499
〈のせる①〉／143、428、973、1033、1151、1152、1164、1218
〈のせる②〉／908、1615
〈のせる③〉／450、1299
〈のせる④〉／1412
〈のせる⑤〉／815
〈除く①〉／169、1152
〈除く②〉／1120、1152
〈ので〉／282、549、787、827、911、1154、1185、1287
〈のど〉／1155
〈のばす〉／110、166、1156、1266
〈登る①〉／10、177、223、493、845、1025、1158、1338、1565
〈登る②〉／1158
〈飲み込む①〉／119、366、1080、1159、1285、1588、1613
〈飲み込む②〉／1079、1160
〈飲む①〉／125、333、464、798、866、1160、1284、1482、1641
〈飲む②〉／91、866、1160
〈飲む③〉／99、105、122、203、264、502、617、668、1103、1159、1160、1197、1277、1570、1598
〈飲む④〉／1161
〈飲む⑤〉／539、1085、1481、1642
〈飲む⑥〉／203、1333
〈飲む⑦〉／268、454
〈糊(のり)〉／1162
〈乗り越える〉／1162
〈乗る①〉／146、176、560、1163、1315
〈乗る②〉／216、613、855、1163
〈ノルウェー〉／1683
〈ノルマ〉／1164
〈のれん〉／550、1164
〈のんき〉／1164

は

〈ハ〉／1165
〈歯〉／528、622、893、1121、1123、1165、1182、1510
〈葉〉／382、1165
〈パーセント〉／1167
〈パーティー〉／165、296、528、710、1099、1167、1169、1311、1406、1533
〈ハート〉／1168
〈ハードル走〉／1169
〈ハーブ〉／1169
〈バーベキュー〉／1169
〈パーマ〉／1169、1301
〈肺〉／1170、1171、1173、1514、1647
〈背泳〉／1171
〈パイオニア〉／1171
〈排気〉／1172
〈ハイキング〉／449、1172、1270
〈バイキング〉／1172
〈俳句〉／1172
〈バイク〉／176、839、1173
〈背景〉／1173
〈肺結核〉／1173
〈ハイジャック〉／1174
〈買収〉／753、1174、1641
〈賠償①〉／1175
〈賠償②〉／760、1175
〈配信〉／1175
〈媒体〉／1176
〈ハイチ〉／1683
〈パイナップル〉／1176
〈背任〉／1177
〈パイプ〉／362、392、931、1067

〈俳優〉／1177
〈入られる〉／1181
〈入る①〉／13、116、251、353、365、644、961、962、1109、1110、1178、1516
〈入る②〉／585、673、909、1178
〈入る③〉／1178、1571
〈入る④〉／1164
〈入る⑤〉／1197
〈ハエ〉／1181
〈羽織〉／1182
〈墓〉／855、1182
〈ばか①〉／1182、1527
〈ばか②〉／1182
〈葉が茂る〉／1166
〈博士〉／1018、1184、1188
〈歯が生える〉／1182
〈はかま〉／1184
〈歯がゆい〉／1184
〈測る①〉／482、490、693、810、1054
〈測る②〉／344、490、693、810、1054、1186
〈ハギ〉／1187
〈パキスタン①〉／1683
〈パキスタン②〉／1683
〈はく①〉／666、1251、1491
〈はく②〉／530
〈吐く〉／21、1187、1546
〈爆弾〉／1188、1189
〈ばくち〉／1190
〈白内障〉／1190
〈爆発〉／1190、1231、1242、1327
〈はぐらかす〉／1190
〈博覧〉／1191
〈剥離〉／1536
〈歯車〉／309、426、457、716、1191
〈はげ〉／1191、1192、1403
〈はげる〉／1192
〈派遣①〉／599、1192
〈派遣②〉／1193
〈箱①〉／24、332、850、1193
〈箱②〉／1193
〈箱③〉／473
〈箱④〉／1610
〈箱入り娘〉／1193
〈運ぶ①〉／153、1193
〈運ぶ②〉／141、1194
〈はさみ〉／1194
〈橋〉／237、249、411、830、924、1195、1649
〈箸〉／1196
〈恥①〉／1196
〈恥②〉／1196
〈はしご〉／1197
〈恥の上塗り〉／1196
〈橋のたもと〉／830
〈場所〉／72、93、108、143、185、221、246、267、330、357、365、368、391、392、413、416、422、429、451、454、498、573、581、606、607、630、631、710、748、775、862、874、875、884、987、1001、1023、1030、1166、1199、1204、1289、1290、1312、1354、1367、1368、1384、1395、1404、1405、1416、1429、1521、1558、1591、1596、1616
〈柱〉／1199
〈走り高跳び〉／1040、1199
〈走り幅跳び〉／579、1200、1629
〈走る〉／23、154、158、484、714、1032、1200、1204、1208、1307、1366、1463
〈箸をつける〉／1196
〈橋を渡る①〉／1649
〈橋を渡る②〉／1426
〈バス①〉／153、294、604、613、931、987、1011、1202
〈バス②〉／1202
〈恥ずかしい〉／46、231、562、863、1201、1203、1411、1555
〈バスケットボール〉／1203
〈はずれる〉／758、1138、1203、1205、1248、1457、1475、1596
〈パセリ〉／1206
〈パソコン〉／34、901、1206、1459
〈旗〉／20、462、868、1206、1308、1574
〈肌①〉／971、1206、1207
〈肌②〉／1207
〈バター〉／1125、1207、1422
〈裸〉／620、1207
〈はだし〉／530、1208
〈バタフライ〉／1209
〈８〉／986、1210、1562、1563
〈ハチ〉／1211
〈八月〉／1211
〈バチカン〉／1683
〈八時〉／179、726、1243、1456、1465
〈八時間〉／437、532
〈はっきり〉／15、133、244、245、246、258、592、612、625、633、838、1065、1212、1256、1434、1471、1522
〈バックする〉／504、1213
〈発見〉／13、1214、1485、1486
〈発効〉／1215
〈バッジ〉／72、87、217、224、303、307、415、629、766、1205、1215、1617
〈発車〉／1215
〈発しん〉／1197、1321、1349
〈発信〉／1216
〈抜粋〉／1216
〈パッチワーク①〉／1217
〈パッチワーク②〉／1217
〈バッテリー〉／1217
〈発展〉／45、246、1022、1218、1244、1326
〈抜刀〉／751
〈発表〉／177、391、424、441、443、603、637、747、901、917、1012、1110、1218、1405、1599
〈八方ふさがり〉／1093、1219
〈初耳〉／75、1039、1198、1219、1455、1518
〈発明〉／224、1219
〈はつらつ〉／1219
〈はで〉／9、25、418、1219、1461
〈バドミントン〉／1221
〈ハト胸〉／1220
〈花①〉／9、307、499、527、689、847、926、929、1097、1144、1221、1297、1305、1369、1498、1550
〈花②〉／24
〈花③〉／499、1221、1305
〈鼻〉／1269
〈放す〉／1225
〈鼻づまり〉／1226
〈鼻であしらう〉／884、1222
〈バナナ〉／1226
〈鼻にもかけない〉／1182、1223、1509、1519
〈花火①〉／11、20、1226
〈花火②〉／1226
〈花札〉／346、1227
〈パナマ〉／1683
〈鼻水〉／834
〈花道〉／1227
〈花嫁〉／991
〈離れる①〉／231、349、471、564、917、1007、1068、1227、1231、1273、1377、1384、1643、1645、1654
〈離れる②〉／1007、1039、1227
〈離れる③〉／484、1225、1227、1266、1307、1478
〈離れる④〉／1228
〈パニック〉／1228
〈はねる〉／579、1228
〈母〉／2、35、119、127、178、187、201、376、419、531、548、715、752、830、955、964、1063、1072、

1079、1229、1257、1440、1551
〈幅〉／1442
〈派閥〉／1229
〈母を助ける〉／964
〈はびこる〉／1230
〈ハマグリ〉／1230
〈ハム〉／1230
〈はやい①〉／89、192、305、321、330、332、352、385、414、437、510、547、616、674、684、747、795、803、837、852、864、918、974、1031、1040、1200、1231、1232、1314、1496、1613、1641
〈はやい②〉／1232
〈林〉／1232、1624
〈原〉／1144、1233
〈腹〉／158、355、356、1233
〈バラ〉／1235
〈払う①〉／44、86、210、228、297、563、698、1236、1345、1414、1437、1567、1568、1570
〈払う②〉／94、251、407、563、723、751、994、1236、1615
〈払う③〉／687
〈パラグアイ〉／1684
〈腹芸〉／1222
〈パラシュート〉／1236
〈ばらばら〉／727、758、1237、1453
〈腹を割る〉／1207、1234、1583、1653
〈バランス〉／1238
〈針①〉／1238
〈針②〉／1238
〈鍼(はり)〉／645、1238
〈バリアフリー〉／1239
〈張る①〉／389、452、1240、1412、1420
〈張る②〉／185
〈春巻〉／1241
〈バレエ〉／1241
〈パレード〉／1241
〈バレーボール〉／1242
〈ばれる〉／639、1242
〈ハロー〉／1242
〈ハワイ〉／1243
〈歯を抜く〉／1121、1123
〈歯をみがく〉／582、1165、1473
〈半〉／1243
〈パン①〉／208、1009、1125、1207、1244、1332、1494、1571
〈パン②〉／1244
〈範囲〉／791
〈ハンガリー①〉／1684
〈ハンガリー②〉／1684
〈番組〉／884、1092、1246、1569
〈バングラデッシュ〉／1684
〈万事休す〉／1247
〈反射〉／1247
〈半信半疑〉／1248
〈反省〉／1248、1249
〈パンダ〉／1249
〈反対〉／6、425、522、615、625、715、781、884、1243、1245、1250、1254、1255
〈判断〉／370、1250、1463、1580、1643、1652
〈パンツ〉／1251
〈番付〉／1251
〈判定〉／1251
〈パンティー〉／1251
〈ハンディキャップ〉／1251
〈半島〉／1252
〈パントマイム〉／1252
〈半ドン〉／1252
〈ハンバーガー〉／1253
〈ハンバーグ〉／1253
〈パンフレット〉／1254
〈半分①〉／1254
〈半分②〉／734、1245、1254、1645
〈半分③〉／878、1093

ひ

〈ヒ〉／1255
〈火①〉／166、281、310、402、617、619、873、1005、1062、1171、1255、1550
〈火②〉／281、1212、1255、1397、1606
〈火③〉／291
〈日〉／392、1257
〈非①〉／431、1258、1272、1274、1275
〈非②〉／1258
〈ピアノ〉／1258
〈BS〉／1259
〈ピーマン①〉／1259
〈ピーマン②〉／1259
〈ビール①〉／1259、1284
〈ビール②〉／1082、1259
〈被害〉／217、679、925、1260
〈日帰り〉／1260
〈東〉／38、93、993、1002、1261
〈日が沈む〉／195、263、380、543、780、1256、1293、1572、1576
〈日が昇る〉／19、25、780、905、972、1158、1256、1293、1585
〈ひがむ①〉／1261
〈ひがむ②〉／1261
〈光①〉／10、37、43、506、970、971、1008、1106、1256、1261、1289
〈光②〉／10、1261
〈光③〉／1261、1290
〈光④〉／409
〈悲観〉／1263
〈引きこもる〉／562、1265
〈引き締める〉／354、573、584、1265
〈低い①〉／1269
〈低い②〉／1269
〈低い③〉／287、1269
〈低い④〉／1270
〈低い⑤〉／185、613、620、850、851
〈低い⑥〉／555、947
〈ひげ①〉／1232、1270
〈ひげ②〉／790、1270
〈ひげ③〉／1270
〈ひげ④〉／1270
〈ひげ⑤〉／1271
〈飛行機①〉／426、722、737、819、946、1040、1188、1236、1272、1503
〈飛行機②〉／1040、1272
〈被告〉／1272
〈ひじ①〉／1273
〈ひじ②〉／1141
〈ひじてつ〉／268、495、667、753、757、1243、1246、1254、1366
〈美術〉／1274
〈批准〉／626、1274
〈秘書〉／1274
〈非常識〉／1258
〈ビジョン〉／1275
〈ヒステリー〉／1275
〈ピストル〉／410、580、965、1275
〈ピストル強盗〉／1275
〈左①〉／1276
〈左②〉／899、1276
〈左③〉／1276、1630
〈引っ越す①〉／141、902、977、1278
〈引っ越す②〉／1278
〈羊〉／645、1279、1516
〈引っ張りだこ〉／1281
〈引っ張る〉／303、1266
〈必要①〉／81、89、117、157、236、297、298、330、352、446、595、607、706、955、958、1087、1234、1281、1282、1325、1382、1558、1580、1586、1589
〈必要②〉／1281
〈ビデオカメラ〉／1282
〈人〉／62、107、116、150、173、188、192、207、314、323、472、

478、612、644、647、650、651、659、665、783、798、816、846、870、875、892、902、905、913、941、967、989、1037、1063、1107、1114、1116、1123、1252、1283、1284、1287、1381、1392、1402、1413、1427、1489、1554、1560、1617
〈人が通る〉／1010
〈人通り〉／172、173、855、1084、1099、1120
〈人々①〉／23、36、41、42、48、103、105、121、233、245、290、314、317、336、338、387、413、429、443、444、453、568、571、574、587、590、609、620、634、640、659、667、682、703、704、712、723、726、733、736、762、768、770、801、894、945、1007、1017、1147、1235、1245、1283、1288、1293、1339、1346、1368、1387、1448、1500、1501、1504、1515、1547、1557、1605、1620、1654
〈人々②〉／571、1116
〈人々③〉／233
〈人々④〉／437
〈人任せ〉／693、711、816
〈一人①〉／252、839、896、1289
〈一人②〉／1289
〈皮肉〉／314、1291、1298
〈ひねる①〉／662
〈ひねる②〉／857、927
〈被爆〉／332、1293
〈火柱〉／942、1199
〈ヒバリ〉／1293
〈批判〉／427、720、800、895、965、1257、1290、1293
〈批判される〉／39、131、802、1290、1294
〈ひび〉／1180、1201
〈響く〉／1245、1294
〈批評〉／1295
〈皮膚①〉／46、1295
〈皮膚②〉／1295
〈被保険者〉／1296
〈暇〉／17、76、1155、1164、1290、1296、1362、1581、1601、1608、1623
〈ヒマワリ〉／1297
〈秘密①〉／76、199、542、1062、1279、1297、1463、1484、1488、1507、1513、1538
〈秘密②〉／1062、1297
〈微妙〉／970
〈冷やかす〉／1153、1298
〈百①〉／74、107、1019、1185、1298、1493、1653
〈百②〉／209、1298
〈百円〉／744
〈百人〉／951、1557
〈ヒョウ〉／1300
〈表(ひょう)①〉／408、532、537、854、902、1300、1612
〈表(ひょう)②〉／1300
〈評価〉／31、1301
〈病気〉／106、166、190、204、237、276、283、285、293、306、403、479、566、584、630、648、653、723、737、799、809、980、1001、1064、1065、1108、1139、1170、1172、1300、1302、1304、1356、1446、1493、1528、1545、1566、1621、1647
〈評議員〉／520、582
〈標識〉／1303
〈標準〉／1303
〈表情①〉／1102、1304
〈表情②〉／14、1304
〈平等〉／840
〈評判〉／441、1246、1270
〈日和見〉／1305
〈平泳ぎ〉／1305
〈開(ひら)く①〉／16、101、177、217、220、222、226、236、423、1040、1306、1457
〈開(ひら)く②〉／16、163、986、1306
〈開(ひら)く③〉／16、220、226、439、657、725、1306、1324
〈開(ひら)く④〉／16、223、226、236、337、510、589、675、867、869、1026、1142、1167、1197、1198、1306、1322、1405、1424、1442、1480、1551
〈開(ひら)く⑤〉／16、226、1197、1306、1442
〈開(ひら)く⑥〉／841
〈開(ひら)く⑦〉／1306、1497
〈開(ひら)く⑧〉／222
〈びり〉／195、403、1308、1313
〈ピリ辛〉／1308
〈比率①〉／1308、1651
〈比率②〉／1308
〈昼〉／612、875、1106、1238、1309、1525
〈ビル①〉／31、36、116、147、194、218、361、436、474、479、544、662、715、724、731、770、805、811、844、855、861、966、984、1027、1097、1180、1183、1190、1274、1299、1301、1309、1366、1397、1413、1530、1531、1584、1629
〈ビル②〉／1467
〈比例〉／1046、1309
〈広い①〉／1229、1310、1311、1312、1442
〈広い②〉／174、494、1310
〈広い③〉／174、517、1310、1413
〈広い④〉／512、1220、1537
〈拾う〉／1311
〈広がる①〉／153、156、183、390、515、586、642、676、712、807、851、919、965、980、1230、1233、1250、1281、1312、1321、1327、1402、1553、1592、1619、1650
〈広がる②〉／244、1218、1312、1313
〈広がる③〉／843
〈広げる〉／317
〈広島〉／651、1664、1669
〈ビワ〉／1313
〈品(ひん)〉／463、485、501、561、621、625、704、759、1314、1342、1364、1401、1548、1567
〈ピンク〉／1314
〈ヒント〉／1315
〈ピント〉／617、1316
〈ピンはね〉／1316

ふ

〈フ〉／705、1316、1617
〈ブ〉／1317
〈ファースト〉／478、1317
〈ファイル〉／1194、1317、1318
〈ファックス①〉／1318
〈ファックス②〉／1318
〈V〉／1276
〈フィールド〉／1319
〈フィジー①〉／1684
〈フィジー②〉／1684
〈フィリピン〉／1684
〈フィルム①〉／1319
〈フィルム②〉／1319
〈フィンランド〉／1684
〈風船〉／1331
〈夫婦①〉／164、1321、1334
〈夫婦②〉／3、269、1066、1225、1321
〈ブーム〉／1321
〈プール〉／1322
〈封を切る〉／1306
〈増える①〉／737、1217、1323
〈増える②〉／496、547、1271、

1323、1358
〈増える③〉／51
〈プエルトリコ〉／1684
〈フェンシング〉／1323
〈フォアボール〉／1323
〈フォーラム〉／1324
〈深い①〉／81、647、1124、1143、1324、1326
〈深い②〉／536、748、749、855、857、1137、1324、1326
〈深い谷〉／816
〈フキ①〉／1326、1660
〈フキ②〉／1326
〈不均衡〉／1327
〈拭く〉／738
〈副〉／126、179、531、910、921、930、1196、1324、1328、1330、1342、1370、1415、1525、1644
〈服〉／6、7、54、63、66、100、152、200、234、248、267、320、325、348、546、676、678、705、708、732、753、754、774、841、854、863、868、888、934、1050、1096、1119、1121、1124、1233、1235、1280、1295、1318、1328、1330、1369、1377、1454、1477、1490、1564、1592、1595、1618、1628
〈フグ〉／1328
〈福岡〉／1664、1669
〈複雑〉／296、1328、1463
〈副作用〉／1329
〈ふくらむ①〉／1331
〈ふくらむ②〉／1331
〈袋〉／1332
〈フクロウ〉／1332
〈袋だたき〉／698、1332
〈袋だたきにされる①〉／698、1333
〈袋だたきにされる②〉／1290、1333
〈服を汚す〉／1595
〈負債〉／1334
〈ふさぐ〉／46、1336
〈藤〉／1337
〈武士①〉／1337
〈武士②〉／1337
〈無事〉／68、75、100、110、178、245、407、408、412、552、862、924、925、1142、1338、1378、1420、1621
〈不思議〉／164、1325、1338
〈富士山〉／39、1154、1338、1662、1668
〈ふすま〉／1340
〈不正〉／1212、1341、1485、1486、1567
〈防ぐ〉／140、434、503、526、704、873、1325、1341、1385、1396、1397、1600
〈武装〉／1341
〈不足〉／24、111、240、387、1061、1178、1341、1450、1615
〈豚①〉／1342
〈豚②〉／1342
〈ふたご〉／742、1343
〈再び〉／1264
〈二人①〉／1、250、406、759、1066、1068、1195、1225、1266、1344、1385、1446、1479、1487、1577、1646
〈二人②〉／892、1089、1345
〈二人来る〉／1344
〈ふち〉／1494
〈普通〉／105、338、426、442、634、700、712、745、770、798、844、845、900、907、1000、1035、1084、1085、1125、1288、1304、1346、1378、1380、1381、1436
〈二日〉／1346
〈復活〉／1347
〈ぶつかる①〉／491、917
〈ぶつかる②〉／618、625、1348
〈仏頂面〉／1348
〈フットサル〉／1349
〈太い①〉／1350
〈太い②〉／646、1350
〈ブドウ〉／1351、1492、1641、1666
〈不登校〉／1351
〈ふところ〉／1352
〈太る①〉／1081、1332、1348、1352
〈太る②〉／448、1352
〈ふとん〉／1353、1536、1648
〈船〉／11、20、128、448、481、661、933、1095、1353、1411、1586
〈船にのせる〉／933
〈船に乗る〉／1353
〈吹雪〉／1354
〈不便〉／27、253、630、1334、1338、1339、1355、1394、1449
〈不満〉／359、360、425、471、879、936、1349、1354、1355、1554、1597
〈踏切〉／1356
〈不眠〉／786、1356
〈扶養〉／432、1359
〈フライ〉／1359
〈プライバシー〉／1359
〈フライパン〉／92、1360
〈ブラインドをあげる〉／1360
〈ブラインドをおろす〉／1360
〈プラカード〉／1360
〈ブラジャー〉／1360
〈ブラジル①〉／1685
〈ブラジル②〉／1685
〈プラスチック〉／1361
〈プラットホーム〉／1361
〈ふらふら〉／1362
〈ぶらんこ〉／1363
〈フランス①〉／1685
〈フランス②〉／1685
〈フランス③〉／1685
〈ブランデー〉／1363
〈振替〉／1363
〈振り返る〉／134、725、1213
〈ふりかける〉／457、727、990、1055、1365
〈ふりがな〉／1364
〈プリン〉／1365
〈古い〉／88、811、872、929、1027、1366、1399、1419
〈ブルガリア①〉／1685
〈ブルガリア②〉／1685
〈ブルキナファソ〉／1685
〈ブルドーザー〉／360、1367
〈ふれあう〉／4、335、429、550、576、1016、1077、1368、1647
〈ブレーキ〉／331
〈プレッシャー〉／1369
〈プレミアム〉／1370
〈風呂①〉／13、30、40、213、493、515、788、806、814、1068、1111、1157、1178、1204、1282、1370、1571、1581、1639、1644
〈風呂②〉／1111、1370
〈プロ〉／1208、1370、1564
〈プログラム〉／1371
〈プロジェクト〉／1371
〈ブロック〉／351、1371
〈ブロッコリー〉／284、1372
〈分〉／1372
〈文〉／1372、1373、1374、1376、1554
〈文化〉／1373
〈分権〉／1374
〈文章〉／501、585、740、764、789、854、913、918、1349、1372、1374、1406、1449、1452、1524、1553
〈分析〉／1375
〈ふんばる〉／1579
〈文明〉／1376
〈分裂〉／1377

へ

〈へ〉／1377
〈屁〉／834、1377

〈塀〉／783、1371、1378、1441
〈平気〉／428、653、774、1379、1529
〈併給〉／1379
〈平均〉／1143、1379
〈平行〉／995、1379
〈平成〉／1380
〈ベーコン〉／1381
〈ペースメーカー〉／1382
〈ぺこぺこする〉／35、1382
〈へそまがり〉／178、932、1132、1234、1292、1383
〈下手（へた）〉／576、918、1383、1449
〈隔たる①〉／1384
〈隔たる②〉／1384、1643
〈別〉／75、755、762、816、1152、1208、1283、1344、1385、1413、1596、1626
〈ヘッドライト〉／10、1606
〈ベトナム①〉／1685
〈ベトナム②〉／1685
〈ベトナム③〉／1685
〈ベトナム④〉／1685
〈ベネズエラ〉／1685
〈ヘビ〉／345、1015、1386
〈部屋〉／11、20、34、37、137、213、247、249、262、319、339、373、394、407、414、510、517、551、639、688、704、707、741、754、846、898、903、910、934、1011、1065、1179、1181、1244、1245、1284、1376、1386、1387、1413、1435、1627、1651
〈部屋にあがる〉／1179
〈ベラルーシ〉／1686
〈ベリーズ〉／1686
〈ヘリコプター①〉／1387
〈ヘリコプター②〉／1387
〈減る①〉／669
〈減る②〉／495、1268
〈ペルー〉／1686
〈ベルギー〉／1686
〈ベルトを締める〉／1389
〈ベルトを外す〉／1389
〈ヘルメット〉／1389
〈変〉／290、361、377、1291、1389、1496
〈ペン〉／1390
〈勉強①〉／75、166、438、1213、1390、1398
〈勉強②〉／13、123、183、243、246、247、267、268、281、345、429、439、456、513、518、529、539、560、566、582、592、610、647、734、735、766、841、871、899、993、998、1109、1145、1184、1320、1329、1373、1374、1387、1391、1394、1483、1525、1533、1589、1619
〈勉強③〉／241、247、302、664、935、965、992、1391、1398、1504、1593
〈弁護士〉／1391
〈偏差値〉／1392
〈返事〉／6、171、370、831、1039、1076、1252、1392、1400
〈ベンチ〉／1393
〈便通〉／1393
〈弁当〉／91、482、538、935、1161、1393
〈便利〉／215、1023、1187、1389、1393、1549

ほ

〈ホ〉／1394
〈ホイッスル〉／1322
〈ポイント〉／929、1395
〈法〉／623、1395、1398、1405、1408、1409
〈棒①〉／1117、1396
〈棒②〉／688
〈貿易〉／1327、1397、1445、1488
〈望遠鏡〉／1397
〈望遠レンズ〉／1397
〈砲丸投げ〉／1398
〈ほうき〉／1187、1399
〈方言〉／1399
〈帽子①〉／1122、1401
〈帽子②〉／1401
〈放射線〉／1401
〈放射能〉／1402
〈方針〉／263、264、415、481、508、572、647、722、1398、1400、1402、1505、1584
〈法人①〉／491、583、946、1402
〈法人②〉／1402、1403
〈坊主〉／1403、1426
〈宝石〉／1403
〈放送〉／68、525、697、877、961、1082、1259、1404、1512、1539、1575、1612、1637、1655
〈棒高跳び〉／1404
〈報道〉／1405、1406
〈冒頭〉／1406
〈方法〉／17、77、102、301、443、474、529、533、560、561、598、622、769、941、943、988、995、1010、1094、1176、1271、1287、1356、1396、1401、1407、1473、1483、1541、1589
〈亡命〉／1408
〈訪問①〉／798、1409、1451
〈訪問②〉／220、604、1409
〈訪問③〉／709
〈訪問④〉／1465
〈ボウリング〉／681、1410
〈ホウレンソウ〉／1410
〈ほお〉／1411
〈ホームラン〉／1412
〈ポーランド〉／1686
〈ボール①〉／130、803、1413
〈ボール②〉／1413
〈募金〉／583、1414
〈ボクシング〉／1414
〈ポケット①〉／502、1415
〈ポケット②〉／1415
〈ぼける①〉／84、1415、1416、1428
〈ぼける②〉／257、1416、1611
〈保健〉／1416
〈保険〉／220、251、408、552、609、1416
〈ほこりがたまる〉／1417
〈星①〉／234、1262、1418
〈星②〉／1418
〈欲しい〉／288、631、1155、1418
〈干す〉／43
〈ポスト〉／1420
〈ボスニア・ヘルツェゴビナ〉／1686
〈細い①〉／1421
〈細い②〉／727
〈舗装〉／1422
〈ホタテ〉／1422
〈ホタル①〉／1261、1422
〈ホタル②〉／1261、1422
〈ボタン〉／1056
〈補聴器①〉／1423
〈補聴器②〉／1423
〈北海道①〉／497、1665
〈北海道②〉／1665
〈北極〉／177、1423
〈ホッケー〉／1423
〈発作〉／1423
〈ほっとする〉／76、100、110、259、1284、1338、1424
〈ボツワナ〉／1686
〈ホテル〉／276、462、1043、1172、1424、1460、1601、1639
〈ほとんど〉／209、774、777、822、856、1427、1428、1448、1557
〈骨〉／463、1427
〈ほめる〉／1428
〈ほら吹き〉／1429
〈ボランティア〉／1046、1429
〈ボリビア〉／1686

〈掘る①〉／19
〈掘る②〉／527
〈掘る③〉／360
〈ポルトガル①〉／1687
〈ポルトガル②〉／1687
〈ホルモン〉／1430
〈ほれる〉／1430
〈ぼろぼろ〉／91
〈本〉／21、22、25、39、54、61、125、134、142、152、167、180、187、218、228、253、254、319、336、380、391、395、505、600、700、705、732、758、776、795、815、827、836、889、892、908、920、933、941、956、963、967、968、972、1017、1027、1028、1064、1088、1138、1148、1150、1157、1172、1194、1204、1215、1258、1268、1311、1316、1322、1356、1415、1430、1432、1459、1462、1468、1493、1551、1594、1620、1649
〈香港〉／1687
〈盆栽〉／1431
〈ホンジュラス〉／1687
〈盆地〉／1433
〈本当〉／100、132、141、204、407、410、411、413、416、507、539、552、553、554、555、556、558、603、611、649、651、658、663、737、791、792、958、1004、1023、1076、1114、1129、1155、1219、1282、1431、1432、1433、1435、1445、1522
〈本音〉／811
〈本能〉／1433
〈本命〉／1433
〈本物①〉／1434
〈本物②〉／1434
〈翻訳〉／873、1064、1434

ま

〈マ〉／162、1434
〈マージャン〉／1436
〈マイク〉／124、1437
〈迷子〉／1437
〈毎週①〉／1437
〈毎週②〉／1437
〈毎週③〉／1437
〈マイタケ〉／1437
〈毎月〉／1437
〈毎年〉／382、804、1027、1436
〈マイナス〉／1265、1268、1361、1438
〈前（まえ）〉／728
〈前橋①〉／1669
〈前橋②〉／1669
〈任せる①〉／29、44、87、89、98、108、259、789、1149、1440
〈任せる②〉／30、1440
〈任せる③〉／89、397、630、925、1366、1580
〈曲がる〉／1441、1474
〈巻き寿司〉／672
〈まく①〉／1462
〈まく②〉／817
〈巻く〉／824
〈マグニチュード〉／1443
〈枕を並べる〉／1089
〈マケドニア旧ユーゴスラビア〉／1687
〈負ける①〉／373、527、620、1080、1146、1174、1175、1176、1177、1203、1249、1443、1445、1565、1577、1634、1646
〈負ける②〉／271、442、859、920、1177、1323、1443、1477
〈曲げる〉／1444
〈孫〉／1444
〈まごつく〉／1444
〈まさか①〉／1183、1445
〈まさか②〉／1114、1183、1202、1445
〈まし〉／1446、1451
〈マジック〉／961、1446
〈まじない〉／1447
〈増す〉／104、173、790、1322
〈麻酔〉／1449
〈マスコミ〉／1449
〈貧しい①〉／24、149、240、473、487、513、529、627、650、663、793、833、941、1034、1041、1061、1137、1201、1315、1339、1341、1352、1358、1364、1449、1450、1552
〈貧しい②〉／154、252、286、514、561、1058、1116、1316
〈ますます〉／114、497、1450
〈混ぜる〉／99、161、361、466、1022、1103、1254、1330、1446、1447、1450、1549、1566
〈また〉／31、63、111、485、1343、1450、1489
〈まだ①〉／92、111、245、298、594、899、965、1232、1289、1451、1470、1476、1477、1480、1488、1496
〈まだ②〉／1451
〈まだ③〉／1017
〈まだまだ〉／1006、1425、1452
〈町①〉／676、871、880、938、1012、1026、1085、1099、1151、1205、1228、1304、1361、1422、1452、1467、1472、1499、1571、1590
〈町②〉／880、1452
〈まちがう①〉／56、57、439、1453
〈まちがう②〉／56、57、415、451、509、515、559、774、793、800、832、842、857、922、950、1204、1452、1453、1460、1478、1519、1650
〈まちまち〉／603、1453
〈松①〉／1232、1431、1453、1668、1669、1670
〈松②〉／1453、1669
〈待つ〉／128、318、370、563、817、969、1243、1248、1257、1435、1453、1544
〈マッサージ〉／1454
〈まっすぐ①〉／214、259、449、735、891、960、964、1008、1018、1286、1376、1400、1438、1455、1586
〈まっすぐ②〉／449、938、1286、1296、1376、1455、1640
〈まっすぐ③〉／624
〈マッチ〉／20、1264、1550、1636
〈祭り〉／887、1456
〈待て〉／563、1454
〈まで〉／76、92、107、134、212、231、346、348、401、402、425、441、488、517、569、598、665、668、689、836、869、897、917、931、976、1009、1142、1143、1188、1205、1228、1258、1284、1454、1456、1484、1549
〈まとめる〉／399、739、740、745、931、989、993、1231、1264、1285、1457、1458、1592、1602
〈学び取る〉／1458
〈マニュアル〉／1459
〈マネージャー〉／1460
〈招かれる〉／130、615、1599
〈招く〉／1334、1460
〈まねる〉／1459、1460、1540、1548
〈まばゆい〉／1461
〈まひ〉／878、1461
〈まぶしい〉／1461
〈マフラー〉／1461
〈豆〉／29、772、1079、1462
〈守る①〉／222、253、1013、1077、1462
〈守る②〉／274、1359、1419、1420、1462、1588
〈迷う〉／132、775、829、877、1005、1250、1317、1463、1584

〈マラウイ〉／1687
〈丸①〉／481、1464
〈丸②〉／860
〈丸③〉／164、875
〈丸④〉／850
〈丸顔〉／1464
〈マルタ〉／1687
〈マレーシア〉／1687
〈回る〉／604
〈万〉／509、1466
〈万一〉／1167、1445
〈満員〉／51、103、147、223、434、474、881、931、1259、1336、1466、1529、1610
〈漫画〉／1466、1632
〈まんじゅう①〉／366、838、1285、1466、1556、1578、1600
〈まんじゅう②〉／1466
〈マンション〉／1467
〈満足〉／833、1514
〈まんなか〉／1066、1467
〈万年筆〉／1467
〈満腹〉／104、1240、1332、1468、1482

み

〈ミ〉／1468
〈見あげる①〉／8、1470
〈見あげる②〉／1103
〈みえ〉／1241、1471
〈見えない〉／372、1082、1247、1434、1471
〈見送り〉／521
〈見おろす〉／1472
〈味方①〉／1473
〈味方②〉／910、1068、1473
〈ミカン〉／90、455、678、1081、1193、1473、1486、1514、1562
〈右①〉／891、1359、1400、1474、1503
〈右②〉／985、1474
〈右③〉／1474、1606
〈ミキサー①〉／1474
〈ミキサー②〉／1474
〈右を向く〉／1506
〈ミサイル〉／1476
〈短い①〉／94、345、353、487、627、755、837、855、856、1223、1476、1477、1518
〈短い②〉／1477
〈短い③〉／1477
〈ミシン〉／1119、1296、1477、1589
〈水〉／1478、1491
〈湖〉／1479
〈水のあわ〉／45、47、561、776、928、1042、1074、1217、1396、1456、1479、1502、1513
〈水増し〉／1480
〈店①〉／177、190、258、302、321、375、432、494、502、522、561、568、597、617、631、845、854、958、975、1029、1077、1176、1233、1244、1248、1301、1306、1312、1381、1430、1480、1546、1555、1561、1570、1615、1617、1618、1629
〈店②〉／1、1153、1436、1480
〈みそ〉／1481
〈道①〉／6、46、63、103、173、270、428、430、437、449、673、692、718、857、864、874、899、906、1005、1010、1064、1065、1229、1310、1311、1312、1320、1345、1421、1422、1425、1447、1463、1483、1576、1644
〈道②〉／108、944、1005、1047、1440、1483
〈道③〉／1286
〈満ちる〉／1484
〈三日〉／1485
〈見つかる〉／1485
〈みっともない〉／267、1477、1487
〈ミツバ〉／1487
〈見つめ合う〉／1487
〈見つめる①〉／870、1045
〈見つめる②〉／934、1070、1487、1498
〈水戸〉／1670
〈見通す〉／908、1527
〈認めない①〉／498、1091、1282
〈認めない②〉／402、617、1271、1291
〈認める①〉／228、343、456、810、989、1118、1489、1583
〈認める②〉／93、210、245、312、343、400、420、431、439、440、616、619、787、792、796、989、1008、1011、1114、1129、1161、1489、1534、1582、1583
〈緑〉／24、136、403、923、1489
〈見ながら食べる〉／1070
〈身投げ〉／1075
〈港〉／598、909、915、1353、1490
〈南アフリカ①〉／1687
〈南アフリカ②〉／1688
〈見習い〉／1490
〈見習う①〉／432、824、1490
〈見習う②〉／593、1490
〈身なり〉／113
〈ミニ〉／1491
〈身につける〉／462、607
〈見抜く〉／152、280、749、1021、1112、1212、1485、1488、1491
〈ミネラル〉／1491
〈未亡人〉／1493
〈見回す〉／37、128
〈未満〉／1493
〈耳〉／1494
〈ミミズ〉／1495
〈耳鳴り〉／1495
〈宮〉／651、1495、1665
〈脈〉／72、75、85、116、171、291、294、393、519、528、564、646、893、1061、1109、1184、1291、1295、1301、1340、1401、1449、1496
〈みやげ①〉／181、182、277、376、1034、1369、1493、1496
〈みやげ②〉／181、688、734、1496
〈みやげ③〉／672
〈ミャンマー①〉／1688
〈ミャンマー②〉／1688
〈ミョウガ〉／1496
〈見られる①〉／464、1111、1498
〈見られる②〉／503、1498
〈魅力〉／49、264、298、342、455、587、1263、1497、1520、1577、1586
〈見る①〉／155、297、329、465、520、528、560、563、639、641、670、672、785、832、862、974、1023、1043、1149、1173、1184、1221、1306、1334、1453、1462、1471、1472、1473、1488、1489、1492、1493、1497、1498、1517
〈見る②〉／16、301、725、1212、1434、1439、1454、1471、1488、1497、1498
〈見る③〉／502、1499、1518
〈見る④〉／818
〈見る⑤〉／1547
〈見る⑥〉／250
〈ミルク〉／33、333、464、468、664、863、1499
〈見るにたえない〉／1497、1519
〈見渡す〉／37、369、574、1307、1499
〈民営〉／1500
〈民族〉／592、1501
〈みんな〉／2、37、47、62、132、156、178、232、293、342、345、350、539、544、581、583、637、712、723、727、731、759、771、802、834、879、981、1012、1117、1186、1267、1283、1294、1301、

1312、1329、1368、1385、1407、1414、1501、1550、1562、1566、1583、1585、1605、1626、1645、1650、1651

む

〈ム〉／444、1502
〈六日〉／1503
〈六日前〉／1502
〈迎える〉／20、293、461、615、1045、1504、1599
〈昔①〉／1505
〈昔②〉／1505
〈昔③〉／548
〈むかつく〉／324、327、1325、1505、1654
〈ムカデ〉／1505
〈麦〉／467、474、1506
〈むくみ〉／1506
〈むくれる〉／1506
〈無効〉／1507
〈虫〉／870、1508、1510、1613
〈無視①〉／1509
〈無視②〉／1509
〈無視③〉／1509
〈無視④〉／312、1495、1509、1519
〈蒸し返す〉／1510
〈無視される〉／1509
〈矛盾〉／1510
〈難しい〉／79、81、196、206、273、326、350、370、379、481、530、679、742、744、827、856、858、894、959、996、1003、1010、1033、1060、1069、1080、1093、1101、1153、1180、1220、1230、1235、1250、1287、1317、1325、1354、1446、1448、1465、1508、1510、1511、1567、1583、1614
〈息子〉／34、58、74、85、331、438、1066、1091、1192、1289、1391、1403、1407、1511、1600
〈結ぶ①〉／15、96、398、402、403、463、665、797、798、883、931、1449、1453、1457、1511
〈結ぶ②〉／626、1411
〈娘〉／2、377、666、1026、1512、1569
〈無線〉／1512
〈むち打ち〉／1513
〈胸〉／103
〈村〉／108、517、689、761、1038、1147、1148、1265、1456、1506、1515
〈紫〉／28、367、1515
〈無理①〉／1515
〈無理②〉／340、1515
〈無料〉／798、1516

め

〈メ〉／1516
〈芽①〉／794、973、1181、1516、1517、1526
〈芽②〉／973、1516
〈目①〉／365、1517、1611
〈目②〉／291、351、353、785、856、1517、1526、1636
〈名刺〉／424、1521
〈明治〉／1156、1270、1521
〈命じる〉／363、940、1521
〈迷信〉／1521
〈名目〉／1522
〈名誉〉／163、468、629、1241、1303、1417、1522
〈命令①〉／1521、1523
〈命令②〉／642、1523
〈迷惑〉／162、235、244、339、373、445、473、487、492、687、760、778、1057、1260、1336、1355、1523、1531
〈メーター〉／385、684、795
〈メートル①〉／1523
〈メートル②〉／1523
〈メール①〉／1216、1523
〈メール②〉／597、1524
〈メール③〉／1524
〈芽が出る〉／861
〈めがね〉／1524
〈メキシコ①〉／1688
〈メキシコ②〉／1688
〈メキシコ③〉／1688
〈目薬〉／1524
〈めくる〉／1009
〈めざし〉／1525
〈目覚める〉／179、514、529、1306、1525
〈珍しい①〉／1464、1525
〈珍しい②〉／206、1464、1525
〈目立つ①〉／553、806、908、1146、1270、1285、1487、1519、1526
〈目立つ②〉／774、806、1219、1526
〈メダル①〉／383、507、1527
〈メダル②〉／1527
〈目で聴く〉／1527
〈メドレー〉／1528
〈メニエール〉／1528
〈メニュー〉／1528
〈メロン〉／1528
〈免疫〉／1529
〈面会〉／1529
〈免震〉／1530
〈面積〉／1530
〈メンテナンス〉／1531
〈面倒〉／30、151、713

も

〈モ〉／1532
〈盲(もう)〉／1261、1533、1536
〈もうける①〉／20、257、488、1015、1534
〈もうける②〉／20、226、257、272、273、603、851、904、941、1056、1376、1533、1534、1576、1613
〈もうける③〉／98、421、1351、1464、1533、1534、1614
〈申しあげる〉／922
〈申し込まれる〉／130、171、329、344、405、425、456、469、602、640、879、1223、1264、1535
〈申し込む〉／142、250、261、318、344、425、649、749、884、894、945、949、1034、1078、1129、1315、1372、1534、1588、1592
〈もうひとつ〉／1532
〈網膜〉／1536
〈燃える〉／148、1142、1537
〈モーター①〉／1537
〈モーター②〉／661
〈モーターボート〉／1411
〈模擬〉／1537
〈目的①〉／37、43、271、415、771、813、828、876、891、929、938、957、1138、1456、1475、1520、1537、1565
〈目的②〉／233、456、508、809、999、1019、1032、1138、1507、1522、1525、1537、1538
〈黙認〉／1538
〈潜る①〉／203、1538
〈潜る②〉／1538
〈モザンビーク〉／1688
〈もし〉／284、815、1539
〈文字〉／296、1539
〈もち〉／1155、1540
〈持ちあげる〉／1540
〈持ち込まれる〉／251、744
〈もちつき〉／1540
〈モチベーション〉／1541
〈持ち回り①〉／1541
〈持ち回り②〉／1541
〈持つ〉／187、324、342、528、635、1123、1542
〈持ってくる〉／538、1541
〈もっと〉／101、516、530、552、677、754、795、1064、1170、1312、1361、1428、1532、1543、1601

〈もてあます〉／869、1544
〈もどす〉／1545
〈求められる〉／119、695、1175、1546、1588
〈求める〉／312、363、380、419、488、695、717、719、758、846、886、893、1034、1129、1136、1140、1153、1154、1248、1351、1418、1532、1543、1546、1588、1592、1597、1613
〈モナコ①〉／1688
〈モナコ②〉／1688
〈物①〉／1346、1522、1548
〈物②〉／1313
〈物思い〉／1547
〈物語〉／1548
〈もの知らず〉／712
〈ものともしない〉／4、1087、1161、1475
〈モノレール〉／1549
〈模範〉／234、968、1549
〈モミジ〉／1549
〈桃〉／1550
〈もや〉／1550
〈もやし〉／1550
〈もらう①〉／90、130、163、210、383、461、539、616、619、658、687、721、886、922、973、1090、1179、1297、1303、1551、1552、1579
〈もらう②〉／29、485、605、634、1574
〈もらう③〉／914
〈もらう④〉／578
〈もらう⑤〉／45
〈漏らす①〉／1552
〈漏らす②〉／366、471、685、923、1188、1552、1635
〈漏らす③〉／762、1188、1189、1432、1433、1552
〈森〉／689、1552、1660
〈盛りあがる〉／847、1204、1553
〈盛岡〉／1670
〈モルドバ〉／1688
〈モロッコ〉／1688
〈門〉／1553
〈モンゴル①〉／1689
〈モンゴル②〉／1689
〈問題〉／62、180、183、238、291、300、335、387、460、473、483、536、567、590、635、683、724、748、755、764、770、803、860、870、906、944、949、970、976、993、998、1003、1015、1048、1050、1093、1378、1429、1431、1544、1554、1560、1604、1608
〈モンテネグロ〉／1689

や

〈ヤ〉／1554
〈矢〉／43、758
〈八百長〉／1555
〈焼のり〉／1161
〈野球①〉／20、52、139、427、728、756、823、1093、1115、1134、1318、1340、1370、1412、1531、1556、1568、1606、1630
〈野球②〉／139、523、604、1113、1281、1556
〈焼く〉／645、1004、1009、1255、1556
〈やくざ①〉／1558
〈やくざ②〉／26、58、1410、1558
〈約束〉／246、289、328、330、445、483、625、813、856、898、1054、1343、1452、1463、1558、1601
〈約束を破る〉／678、1558、1564
〈役立つ〉／1557、1559
〈やけど〉／1559
〈野菜〉／326、914、1083、1132、1188、1560
〈優しい〉／178、193、240、304、652、775、1560
〈安い①〉／269、1301、1560
〈安い②〉／334、496、633、669、851、1209、1560、1580
〈休む①〉／242、310、332、334、399、593、713、770、947、1105、1129、1297、1309、1335、1363、1380、1432、1513、1561、1573
〈休む②〉／257、401、767、1052、1105、1363、1561
〈やせる①〉／1100、1427、1561
〈やせる②〉／1561
〈やっと〉／305、802、1000、1004、1563、1592
〈雇う〉／585
〈柳〉／1563
〈屋根〉／1563
〈破る〉／500、1564
〈山〉／48、177、180、209、236、364、448、458、673、681、762、809、815、885、887、970、981、1025、1072、1158、1327、1440、1455、1471、1489、1507、1565、1665、1669、1670
〈闇〉／1566
〈辞(や)める〉／124、339、517、541、547、765、772、877、1053、1202、1268、1568
〈ややこしい〉／1398、1463、1569
〈やらせ〉／1569
〈やり〉／427、1569
〈やり投げ〉／1569
〈やわらかい〉／1093、1096、1353、1571

ゆ

〈ユ〉／1571
〈優位に立つ〉／806、1572
〈誘拐〉／1572
〈夕方〉／55、195、263、380、543、780、1572
〈融資〉／1574
〈優勝〉／59、269、442、739、811、868、1022、1138、1574
〈優先①〉／458、724、1574
〈優先②〉／1574
〈有線〉／1575
〈Uターン〉／1575
〈郵便〉／240、321、343、463、916、955、977、1176、1183、1240、1306、1355、1420、1575
〈郵便が来る〉／197、376、566、637、830、902、909、955、1033、1124、1140、1173、1345、1453、1551
〈郵便を交わす〉／172、289、955
〈郵便を出す①〉／44、181、498、606、747、830、902、955、1216、1569
〈郵便を出す②〉／1407
〈有名〉／11、20、152、314、663、672、786、813、892、1011、1036、1059、1294、1521、1522、1576
〈有料〉／1576
〈雪〉／90、104、149、280、308、648、833、936、1021、1078、1365、1578
〈行(ゆ)き止まり〉／406、716、849、906、932、1348、1578
〈湯気①〉／1510、1578
〈湯気②〉／1578
〈輸血〉／1579
〈輸出〉／1579
〈ユズ〉／1579
〈豊か〉／242、1580
〈油断〉／99、556、1123、1580
〈ユニット〉／1581
〈ユニバーサル〉／1581
〈輸入〉／493、1484、1581
〈指人形〉／1116
〈指文字〉／1582
〈指輪〉／351、780、1582
〈夢①〉／129、626、742、845、957、

1275、1565、1582、1596
〈夢②〉／ 205、299、911
〈ゆるむ〉／ 136、140、463、538、1123、1434、1583
〈揺れる①〉／ 1362
〈揺れる②〉／ 1584
〈揺れる③〉／ 1584

よ

〈ヨ〉／ 1584
〈良い〉／ 16、60、61、70、122、147、153、206、215、223、225、227、290、323、393、399、425、441、448、485、515、544、551、552、607、612、666、675、678、714、716、717、722、730、759、795、827、853、868、884、886、911、926、941、958、968、983、998、1055、1056、1129、1199、1209、1221、1225、1245、1246、1258、1271、1287、1288、1302、1304、1308、1320、1391、1428、1450、1458、1481、1489、1549、1557、1558、1562、1576、1585、1603
〈酔う〉／ 21、362、514、864、1347、1361、1464、1465、1518、1528、1585、1586、1598
〈八日〉／ 1587
〈八日前〉／ 1587
〈要項〉／ 1588
〈養子〉／ 1589
〈幼稚園〉／ 1591
〈曜日〉／ 1591
〈要約〉／ 1592
〈ヨーグルト〉／ 1593
〈ヨーロッパ〉／ 706、771、1384、1593
〈横綱〉／ 920、924、1202、1595
〈横になる〉／ 654、909、1138、1385、1386、1595
〈横浜〉／ 1670
〈横笛〉／ 1322、1327
〈予算〉／ 1331、1347、1358、1405
〈余震〉／ 1596
〈四日〉／ 1597
〈四日前〉／ 1597
〈四つ上〉／ 1597
〈ヨット〉／ 1598
〈予定〉／ 253、378、454、582、670、766、820、1202、1336、1348、1392、1476、1488、1596、1598、1599
〈呼ぶ〉／ 249、1599
〈読みながら歩く〉／ 920
〈読む①〉／ 14、22、117、212、229、265、348、469、656、763、801、1006、1009、1017、1024、1101、1124、1173、1287、1333、1356、1429、1588、1600
〈読む②〉／ 79、569、1600
〈読む③〉／ 1021
〈嫁に来る〉／ 1600
〈ヨモギ〉／ 1600
〈ヨルダン〉／ 1689
〈世論(よろん)〉／ 740、1603
〈弱い〉／ 1317、1603、1604
〈４①〉／ 523、1597、1604
〈４②〉／ 523、1597、1604
〈40〉／ 1218
〈四百〉／ 1528

ら

〈ラ〉／ 1605
〈ラーメン〉／ 123、1308、1605
〈ライオン〉／ 1605
〈来週〉／ 580、1594、1606
〈ライト〉／ 332、1221
〈来年〉／ 222、1594、1606
〈ライブラリー〉／ 1607
〈ラオス〉／ 1689
〈楽〉／ 1608
〈落語〉／ 1608
〈落選〉／ 198、876、1609
〈ラクダ①〉／ 1609
〈ラクダ②〉／ 470、1609
〈ラグビーボール〉／ 1609
〈らしい〉／ 361、743、771、821、835、1004、1094、1112、1146、1289、1475、1551、1590、1591、1609
〈楽観〉／ 1610
〈ラッコ〉／ 1610
〈ラトビア〉／ 1689
〈ラン〉／ 1611
〈乱暴①〉／ 58、90、319、1612
〈乱暴②〉／ 1612

り

〈リ〉／ 303、417、658、1612、1614、1617、1623
〈リアルタイム〉／ 1612
〈リーダー〉／ 163、1613
〈リウマチ〉／ 1613
〈リコール〉／ 1615
〈離婚〉／ 1615、1643
〈リサイクル〉／ 1615
〈リス〉／ 1615
〈リスト〉／ 1615
〈リズム〉／ 1616
〈陸橋〉／ 1426、1616
〈立法〉／ 1617
〈リトアニア〉／ 1689
〈リビア〉／ 1689
〈リピーター〉／ 1618
〈リヒテンシュタイン〉／ 1689
〈リフォーム〉／ 1618
〈略語〉／ 1618
〈量〉／ 1620
〈利用〉／ 18、1620
〈理容〉／ 522、1620
〈両替〉／ 1620
〈領収書〉／ 348、451、1621
〈両親〉／ 131、205、208、212、495、565、757、968、1112、1227、1246、1262、1283、1359、1417、1498、1615、1621
〈領土〉／ 562、659、735、1621
〈料理〉／ 29、33、53、130、144、168、270、282、347、511、520、614、661、775、955、1098、1111、1370、1622
〈緑内障〉／ 1622
〈旅行〉／ 138、315、819、846、911、933、1108、1243、1436、1542、1593、1622
〈離陸〉／ 335、357、600、1623
〈リレー〉／ 1623
〈リンゴ〉／ 1624

る

〈ル〉／ 1625
〈ルーマニア〉／ 1690
〈ルール〉／ 1625
〈ルクセンブルク〉／ 1690
〈留守〉／ 19、834、1625
〈ルワンダ〉／ 1690

れ

〈レ〉／ 1625、1629
〈例〉／ 64、67、93、121、284、815、1008、1267、1539、1624、1625、1626
〈礼〉／ 217、889、1626
〈零〉／ 1626
〈冷房〉／ 1627
〈レーダー〉／ 1628
〈歴史〉／ 247、373、383、735、1036、1116、1628
〈歴代〉／ 1629
〈歴任〉／ 1629
〈レスリング〉／ 1630
〈レタス〉／ 1630
〈レバノン〉／ 1690
〈レベル〉／ 102、316、374、610、628、661、871、951、1169、1607、1631

〈レポート〉／294、1631
〈レモン〉／1631
〈連休〉／669、819、1079、1632
〈レンコン〉／1632
〈連載〉／1632
〈練習〉／387、554、933、1088、1212、1473、1630、1632
〈レンズ〉／1632
〈連絡①〉／17、637、918、1634
〈連絡②〉／981、1407
〈連絡を受ける〉／322、636、782、919
〈連立〉／1634

ろ
〈ロ〉／1634
〈牢〉／924、1635
〈ろうあ①〉／723、850、1635
〈ろうあ②〉／1635
〈老人①〉／149、188、359、720、787、1028、1636、1651
〈老人②〉／652、771、1028、1031、1412、1636
〈老人③〉／1494、1635
〈ろうそく〉／1427、1636
〈漏電〉／1636
〈浪人〉／1636、1637
〈浪費①〉／1513、1637
〈浪費②〉／58、702、1513、1637
〈ローカル〉／1637
〈ロープ〉／1637
〈ロープウェー〉／1638
〈6〉／1514、1638
〈録音〉／1638
〈録画〉／945、1638
〈六月〉／1638
〈六月一日〉／1638
〈ロケット〉／291、766、1639
〈ロシア①〉／1690
〈ロシア②〉／1690
〈六階建て〉／861
〈ロビー〉／1639
〈ロボット〉／1639
〈論争〉／1640

わ
〈ワ〉／1640
〈ワープロ〉／40、1641
〈Y〉／159
〈ワイシャツ〉／1641
〈賄賂①〉／189、1641
〈賄賂②〉／1641
〈ワイン〉／1642
〈若い〉／677、700、704、712、736、1026、1471、1512、1642
〈和解〉／890、1046、1640、1642
〈わがまま〉／1642
〈ワカメ〉／1642
〈和歌山①〉／1666
〈和歌山②〉／1666
〈わからない〉／510、1101、1328、1357、1566
〈分かれる①〉／1644
〈分かれる②〉／371、1069、1644
〈わき出る〉／974、1644
〈ワクチン〉／1645
〈分ける①〉／1373、1375、1386、1646、1651、1653
〈分ける②〉／1119、1646
〈分ける③〉／371、394、1385、1646
〈ワゴン車〉／1646
〈ワサビ〉／1647
〈ワシ〉／1647
〈忘れる①〉／140、349、517、755、804、1067、1406、1492、1648
〈忘れる②〉／1648
〈忘れる③〉／1478、1648
〈綿〉／1648
〈私①〉／75、138、274、286、460、461、498、565、597、620、790、806、840、845、862、863、949、1019、1111、1152、1244、1298、1377、1403、1414、1470、1477、1499、1555、1572、1591、1648、1649、1654
〈私②〉／282、1414、1649
〈渡す〉／795、916、983、1649
〈わめく〉／814
〈笑いをこらえる〉／476
〈笑う〉／178、476、1042、1283、1298、1337、1650、1651
〈ワラビ〉／1651
〈割引〉／1391、1401、1444、1652
〈割る①〉／479、1652
〈割る②〉／1653、1654
〈割る③〉／891、1653
〈割る④〉／1652、1654
〈悪い①〉／15、16、18、81、84、199、217、229、263、272、300、337、511、530、717、720、776、786、828、832、932、975、977、978、1015、1064、1107、1126、1201、1209、1210、1246、1257、1270、1283、1290、1294、1302、1313、1317、1364、1435、1449、1450、1481、1487、1514、1585、1654
〈悪い②〉／874
〈悪い③〉／1112
〈悪い④〉／1247、1252
〈腕章〉／37、216、234、273、315、325、326、541、576、605、661、691、724、1001、1541、1557、1559、1655
〈ワンセグ〉／1655
〈ワンピース〉／477、1655

● 日本語語彙索引 ●

見出しや例文にあげた日本語語彙を索引にした。
(例)「郵便局」→「郵便」「きょく(局)」「郵便局」の三つの語彙から引くことができる。

暖・温かい／33、1352、1574
暖・温める／33、34
渾名（あだな）／34
アダプター／34
頭／34、35、118、260、283、349、436、450、470、483、691、848、965、1107、1159、1179、1191、1192、1209、1210、1228、1292、1298、1382、1403、1416、1428、1579
頭打ち／35、36
頭があがらない／35
頭がいい／34
頭が切れる／349
頭がさがる／35
頭数／36
頭から／35
頭金／36
頭ごなし／36
頭に来る／35、377
新しい／36、379、493、623、686、703、777
辺り／36、37、128、1466、1537、1550
当たり前／37
当たる／37、38、116、876、891、938、1211、1475
あちこち／38、39
あちら／39、115
厚い／39
暑い／40、288、533、1154、1183
熱い／40
悪化／490
扱う／40、1020
厚かましい／41
あっけない／41
暑さ／1443
圧勝／41
斡旋／41
アップ／684
集まる／41、42、175、544、1361、1501
集める／42、302、640
圧力／43
当・充・宛てる／43、44、1456
後（あと）／44、45、151、169、372、385、915、921、1284
跡／45
後始末／45、46
後の祭り／45、1456
アドバイス／46
アトピー／46
あとへは引かない／204
穴／19、46、47、148、345、1336
アナウンサー／47
穴があく／47
穴があったら入りたい／46
穴子／47
あなた／47、687、831、907
あなたがた／47、48
アナログ／48
兄／48、102、266、830
アニメーション／48
姉／48、831
あの／48、189、508、833
アパート／49
あばく／1257
アピール／49
アビリンピック／49
浴びる／579、1282、1290
危ない／49、50、1517
油／50、625、719
油絵／50
アブラゼミ／719
アフリカ／50
溢れる／50、51
あべこべ／51
アベック／51
甘い／3、51、52、94、108、238、308、660、1365、1473
甘える／52
天下り／52
アマチュア／52
甘納豆／1079
天の邪鬼／53
甘やかす／53
余り／53
余る／53
網／54、1266
編み物／54
編む／54
飴／54、1159
雨／12、28、54、55、173、195、246、282、284、534、590、669、728、743、796、821、920、937、969、1004、1029、1066、1087、1126、1166、1179、1191、1319、1365、1451、1567、1620
アメリカ／174、383、775、781、1003
アメリカ大陸／781
アメリカンフットボール／55
怪しい／56、757
操り人形／1115
操る／56、1115
過ち／56、439、922、1650
誤り／793、800
誤る／57
謝る／57、1413
鮎（アユ）／57
歩み寄り／57
歩む／1046
荒い／58
洗う／58、713、835
嵐／59
争い／59、887、1229
争う／59、60、497、892、1577
改まる／60
改めて／60
改める／60、61
あらゆる／61
表・現・著す／61、1300、1618
表・現・著れる／62
ありがたい／90、623
ありがとう／62、727、1004、1178
ある／36、38、63、80、104、126、137、217、241、292、483、676、860、1128、1134、1393、1565、1586
或／62
或いは／63
歩く／63、64、448、458、548、752、840、920、1010、1120、1227、1298、1361、1362、1466、1581、1649
アルコール／64
アルツハイマー／64
アルバイト／64
アルミニウム／64
あれ／65
あれこれ／505、721
アレルギー／65
泡／65
合わせる／65、66、617、884
あわてたばかりに／1185
あわてる／66
鮑（アワビ）／66
哀れ（あわれ）／66、1022
泡を食う／65
案／67、1008
案外／67
暗記／67
アンケート／67
アンコール／67、68
案じる／1611
安心／68
安静／68
安全／68、245、862、1420
安全地帯／862
安全保障／1420
安定／68
アンテナ／68、69
あんな／69
案内／69、923
案内係／923
安眠／69
アンモニア／70

い

胃／70、226、290、596、1505
医／630
井／70

日本語語彙索引

いい／67、143、290、304、386、515、666、729、730、853、941、1055、1308、1313、1389、1391、1562
良い／70
言い表す／61
いいえ／71
言い返す／229
言い付かる／71
言い付ける／71
許婚・許嫁(いいなずけ)／71
言い訳／72、1166
委員／72、87、415、1205、1215、1629
医院／72
委員会／72
言う／7、31、60、72、73、181、191、229、341、359、360、375、454、509、548、616、793、892、937、963、974、1010、1041、1072、1083、1093、1094、1123、1127、1131、1285、1289、1307、1331、1337、1349、1354、1355、1382、1448、1462、1552、1554、1585、1626
家／3、19、69、73、74、91、134、149、174、235、238、262、263、273、399、457、469、494、581、589、634、670、714、755、794、797、798、804、812、834、855、910、926、937、942、971、973、1010、1035、1039、1060、1065、1081、1098、1113、1265、1278、1288、1390、1409、1428、1439、1460、1504、1518、1536、1542、1553、1559、1563、1584、1595、1618、1623、1650
家出／74
家並み／1085
イカ／75、383
以下／74、75
以外／75
意外／75、1039
胃潰瘍／226
いかが／1285
医学／75、1184
医学博士／1184
怒り／185、186、543、544、754、1014、1021、1190、1428
怒る／76
胃がん／290
息／76、663、782、934、1204
意義／77
勢い／77
息が合う／76
生き方／77
息切れ／77
いきなり／78
イギリス／627
生きる／78、415
息をこらす／76
息をつく／76
息をつめる／934
行く／51、78、79、206、217、226、237、271、356、376、377、548、605、665、678、722、775、798、828、829、835、842、857、894、916、921、985、1022、1033、1059、1060、1069、1079、1080、1091、1163、1169、1172、1270、1276、1436、1450、1455、1456、1479、1499、1533、1542、1586、1600、1601
逝く／80
いくつ／80、654
いくつか／163
イクラ／80
いくら／80、296、836、894
池／23、81、280、418、826、832、1103、1282
いけない／81
生花／82
意見／82、337、521、615、618、625、761、781、857、989、990、1157、1237、1250、1348、1458、1541、1644、1654
以後／82
囲碁／82、140
以降／82
意向／83
イコール／83
遺産／83、743
遺産相続／83
意志／83、260、1444
意思／1303
石／83、132、203、260、883、930、1075、1344
意地／84
維持／84、1541
意識／84、85
意識不明／84
いじめる／85
医者／85、86、236、654、824、1165、1451、1481
慰謝料／86
遺書／86
以上／86
異常／87
異常気象／87
委嘱／87
意地悪／87
意地を張る／1240
椅子／87、88、692
いずれ／88
遺跡／88
以前／88、1261
忙しい／88、1130、1518
急ぐ／89
板／1150
痛い／22、26、34、89、143、259、369、445、456、524、1013、1155、1211、1233、1273、1494
委託／89
抱く／324
委託事業／89
いたずら／90
頂／999
頂・戴く／90、91、688、821
板挟み／91
痛み／142、476、543、892、1042、1044、1056、1191、1201、1567、1608
痛む・傷む／91、92、718
炒める／92、1360、1372、1410、1550
イタリア／683
至る／92
位置／51、93、494
一／93、566、589、770、782、839、840、880、1105、1107、1360、1466
一応／93
一月／93、1502、1587
イチゴ／94、578
一期一会／94
イチゴジャム／578
一時／94
イチジク／95、594
一時払い／94
一途／95
位置づけ／95
一度／111、579、905
一同／827
一日／95、138、1257
一日中／799
一年／95、96、236、901、1637
一年間／95
一年生／96
市場／96
一番／96、450、1517
一枚／153
一枚かむ／279
一面／37、1537、1550、1566
胃腸／880
一流／97
一塁／478
一列／1088
いつ／97
一家／438
いつか／97、98
一か月／1388、1507
一級／98

一挙両得／98
一切／98、99
一式／532
一週／99
一週間／99
一周年／589
一瞬／99
一緒／99、100
一生／100、1129
一生懸命／100
一寸先は闇／1566
一斉／101
一層／101
一体／101
行ったり来たり／376
一旦／101
一致／101、102、838、1280
一致団結／101、838
一着／953
五つ／102
一定／102、103
一杯(いっぱい)／103、104、105、357、463、822、907、1058、1084、1245、1277、1514、1570
一杯食う／105
一杯食わす／105
一般／105、712、770
一般大衆／770
一歩／1579
いつまで／804
いつまでも／1542
いつも／6、72、105、1048、1280、1495
偽る／106
遺伝／106
意図／106
糸／106、322
井戸／107、749
異動／107、1062
いとこ／107
挑む／107
糸を引く／106、247
いない／1281、1425
以内／107
居直る／108
田舎／108、1038、1265
稲妻／1200、1307
稲荷寿司／108
イニシアチブ／108
委任／108
犬／109、227、279、288、750、850、866、1073
犬死に／109
稲／109、127、285、582、776、846
居眠り／109
居眠り運転／109
猪(イノシシ)／109
命／109、110、760、805、925、1000、1476
命拾い／110
井の中の蛙／70
祈る／110、1378
居場所／797
威張る／110
違反／111、438、1538
今／92、111、580、1064、1336
今さら／1197
戒める／111、112
意味／112、418、716、1167、1249、1502、1643
イメージ／112
妹／112
嫌／112、113、1097
嫌気／506
卑しい／113
いやらしい／113
いよいよ／114
意欲／114
以来／114
依頼／114、115、467
イラスト／115
いらだつ／115
いらっしゃる／115、116
いらない／569
入口／116、365
慰留／116
医療／116
居る(いる)／104、116、117、215、756、788、827、1060、1213
要る／117、118
イルカ／118
入れ違い／118
入れ物／17
入れる／9、118、119、120、297、312、388、447、515、575、941、1194、1278、1340、1352、1382、1420、1474、1494、1588、1635
色／120、133、289、306、367、418、570、643、890、1019、1112、1146、1314、1429、1515、1519
いろいろ／73、120、131、814、1408
慰労／121
色とりどり／459
色を失う／133
色をつける／120
岩／121、1347
祝う／121、884
イワシ／121、300
言わば／121
言われる／306、1379、1494
員／121、122、571
印鑑／122、190
陰気／122
印刷／122
飲酒／122
飲酒運転／122
印象／122、123、1604
インスタント／123
インスタントラーメン／1605
引率／123
インターチェンジ／123
インターナショナル／123
インターナショナルスクール／123
インターネット／123、223、409
引退／124、529、1227
インタビュー／124、171
インテグレーション／124
インテリア／124
インテリアコーディネーター／124
インパクト／124
インフルエンザ／125
インフレ／125
引用／125

う

ウイスキー／125、1032
ウインナーソーセージ／126
飢え／669
上／102、126、127、194、476、671、807、911、1597
ウエーター／127
ウエートレス／127
ウエディング／1055
ウエディングドレス／1055
植える／127
魚(うお)／127
窺・覗う／127、128
伺う／128、1451
浮かぶ／5、67、112、128、129
浮く／129、869
請け負う／129
受け継ぐ／129、982
受付／130、1008
受け取る／1641
受ける／87、122、130、131、132、156、165、322、410、411、425、485、571、581、593、633、634、636、642、643、650、669、698、717、726、744、778、872、886、893、948、956、965、1211、1301、1339、1400、1410、1574、1579
動かす／132
動き／1520
動く／132、133、612、700
兎(ウサギ)／133
牛／133、288、448、567、667、863
失う／5、120、133、134、1261、1262
後ろ／134、496

渦／135
薄い／135、136、384
嘘(うそ)／136、832、1242、1454、1491
歌／136
歌う／136、450
疑い／136、137、614、1195、1237、1242
疑う／137
内(うち)／137、138、597、845、949、1298、1403
打ち上げ花火／1226
打ち合わせ／138
打ち切る／138
宇宙／138
内訳／139
撃つ／139、1138
打つ／139、140、358、595、604、777、888、976、983、1190、1238、1281、1412、1641
うっかり／140
美しい／101、141、241、274、1085、1543、1552
美しさ／1430、1461、1520
移す／141
映す／142、234、1371
写す／142
訴え／329
訴える／142、1410
うつつを抜かす／1120
移る／143
写る／143
腕／12、21、143、144、228、570、616、792、1021、1473、1477
腕があがる／12、144
腕が鳴る／144
腕時計／1021
腕前／144
腕をあげる／21
腕を買う／228
雨天／827
うどん／144、322
ウナギ／144、145、274
ウナギ丼／144
ウナギ登り／145
うなずく／145
うぬぼれる／145
奪う／145、146
馬／146、1163、1200、1433
うまい／146、147、165、199、356、365、590、903、1113、1193、1214、1266、1291、1548
馬が合う／146
うまさ／1441
埋まる／147
生まれ／50
生まれつき／147
生まれる／147、451、1542
海／78、135、148、209、448、542、1070、1538
産・生む／148、824、1343
梅／148
埋め合わせる／148
埋める／47、148、149
敬う／149
裏／106、149、207、505、740、1051
裏切る／150
裏取り引き／1051
占う／150
恨み／228、1237
恨む／150
羨ましい／150
売り切る／803
売り切れる／150
売る／151、232、1059、1060
うるさい／151、473
うれしい／151、1046、1274
売れ残り／152
売れる／152
浮気／152
上着／152
うわさ／128、153、505、807、843、1068、1159、1180、1248、1312、1313、1494、1509、1650
上手／153
運／153、1307
運送／153
運賃／153
雲泥の差／153
運転／109、122、154、561、831、1048、1529、1646
運転資金／154
運転免許／1529
運動／154、607、635、1175、1539、1615
運動会／154、216
運動場／607
運動不足／154
運命／155
運用／155

え

絵／155、241、306、455、500、979、1089、1540
永遠／155
映画／142、155、214、301、337、669、680、967、996、1177、1254、1295、1314、1319、1420、1599
英会話／227
映画俳優／1177
影響／131、156、581、586、851
営業／948
英語／156、240、540、560、1060
エイズ／156
衛星／1404
衛生／157
衛星放送／1404
永続／157
英単語／838
英文／1064
栄養／157、333、1052、1238、1364、1407
栄養不良／1364
エース／157
ＡＴＭ／157
描く／50、115、155、164、481
駅／158、898、900、969、1162、1309、1444、1452
駅長／158
駅伝／158
エコー検査／158
エコカー／158
エコロジー／159
エスカレーター／159
枝／159、834
枝豆／159
エチケット／159
エッグ／1381
Ｘ／159、160
Ｘ線／160
Ｈ／160
江戸／160、1636
ＮＨＫ／160
ＮＴＴ／160
ＮＰＯ／161
エネルギー／161
エノキタケ／161
絵の具／161
エビ／161、983、1359
エビフライ／1359
エプロン／161
ＭＲＩ／162
偉い／162
えらい目にあう／162
選ぶ／163
得る／163、338、539、616、619、623、1012、1316、1351
エレベーター／11、163、496
円／164、385、481、566、875、1103、1620
炎(えん)／310、873、1062
縁／135、164、349
宴会／165、710、1533
縁が切れる／349
円滑／165
延期／165、1594
演技／165、1496、1586
援助／118、165、343
炎症／166
演じる／393、1557
エンジン／166、236、700、1048

演説／166
遠足／166、817、873、1041
延長／166
延長戦／166
煙突／167、403、1158、1188
縁の下の力持ち／164
円盤投げ／167
鉛筆／160、167、396、763、1464
遠慮／167
遠慮深い／167

お

追い越す／168
おいしい／168、254、823、838、1517、1609、1624
追い抜く／168、169
追い払う／169
追い求める／1582
お祝い／181、1369
王／169
追う／44、169
負う／170、492、942、1251、1559
応援／170
応急／170
お受けする／922
王国／169
応じる／171
往診／171
往復／171、172
往復はがき／172
鸚鵡(オウム)／172
往来／172
終える／172、609
O／258
大雨／55
多い／173、188、261、297、398、510、1490
大分県／277
大いに／1427
O型／258
大型／778
大きい／174、175、279、360、517、638、671、721、761、843、1020、1091、1332、1413、1568
大きくなる／547
大きさ／888
大きな／175、283、811
大きなお世話／175、721
大きな顔をする／175
ＯＫ／175
大声／503
大勢／175、519
大関／175
大詰め／176
オートバイ／176
オーバー／176
オーバーコート／176
大船に乗る／936
オープン／177
大目玉を食う／1527
大目に見る／1498
公／177
大雪／1578
オーロラ／177
岡／177
丘／177
お母さん／178、531、964
おかげ／178
お菓子／51、823
おかしい／178、1003、1650
犯す／111、178、932、1249、1452
おかず／126、179、1196
お金／32、41、42、324、380、417、821、833、886、917
拝む／1426
補う／179
起きる／179、180、464、534、541、994、1078、1096
奥／180
億／180
置く／126、180、181、559、658、911、1150、1196、1288、1350、1418、1435
奥さん／181、1596
お悔やみ／922
送り先／498
贈り物／181、1034
送る／100、181、182、606、916、955、1257、1318
贈る／182、190、194、1135
遅れる／62、115、182、183、551、1551
起こす／166、183、439、749、837、1048、1275、1343
お言葉／1543
行い／1272
行う／183、342、440
起こる／184、730、1057
怒る／184、812、848、937、1332、1338、1544、1579
おごる／184
押・抑える／185、297、929、1395
押さえる／929
幼い／185
収・納・治まる／186、1354
収・納・治める／186、187、694、697
伯父・叔父(おじ)／187
惜しい／188
おじいさん／64、188、1494
教え／8、835
教える／188、488、652、803
小父さん／189
伯父・叔父(おじ)さん／659
おしっこ／1552
おしゃべり／189
おしゃれ／189、1655
汚職／189
押し寄せる／190
おしろい／1125
押す／122、190、420、421、677
推す／190
雄(オス)／359、382
お歳暮／190
お世辞／191
遅い／191
襲う／191
恐れ／864
恐れる／192
恐ろしい／192、464
教わる／192
おだてる／193
おたふく風邪／193
お玉杓子／193
穏やか／193、194、1084
陥る／690
落ち着く／194
お茶／400、866、998、1160
お中元／194
落ちる／194、195、196、278、494、591、849、1100、1115、1166、1411
おっしゃる／196、464、1436
夫／196、638
お手あげ／196
音／151、196、197、672
お父さん／71、197、1037、1162
弟／38、73、197、285、1269
お得意様／1016
男／197、208、243、267、364、376、419、500、508、753、802、858、1108、1232、1234、1272、1334、1337、1345、1352、1366、1385、1429、1447、1593
男らしい／197
落し主／1123
お年寄り／1028
落とす／110、197、198、492、859
脅す／198
一昨日／199
大人／199
おとなしい／199、699
劣る／199
踊る／841、1616
衰える／200、889
驚く／200、1455
おなか／1332
同じ／105、200
鬼／200
お兄さん／201
お姉さん／201
お願い／990、1603

お願いします／998
伯母・叔母／201
おばあさん／201、219、1120
小母さん／202
伯母・叔母(おば)さん／652
おはよう／202
帯／202
おびえる／202
お昼／1309
覚える／202、203、261、467、755、967
溺れる／203
おみやげ／672、734
お目玉／886
おめでた／921
おめでたい／1527
おめでとう／203、818
お目にかかる／235
お目にかける／250
思い／40、138、601、863
重い／203、204、304、638、711、1213、1345
思い切る／204
思い込む／204
思い出す／205
思いつく／205
思いつめる／935
思い出／205
思いやられる／498
思う／66、95、205、206、929、1025、1046、1462、1547、1563
思うつぼ／929
重さ／375、1185、1286
おもしろい／53、206、207、1033、1466、1608
おもちゃ／207、410、477、1361
表(おもて)／61、207、208
主に／208
親／131、208、212、495、757、968、1112、1227、1229、1246、1262、1283、1359、1498
親方／903
お役御免／475
親父／682、1037
おやすみなさい／208、1561
おやつ／208
親の七光／1262
親もと／1227
泳ぐ／209
およそ／209
及ぼす／515、586
下りる／209、210、1114
降りる／210、861、1236
オリンピック／210、519、599
織る／210
折る／211
オルガン／211
おれ／641
お礼／327、642
おろす／608、1360
降ろす／211、212
終わり／858、917
終わる／138、212、734、1004、1284、1301、1424、1572
恩／212
音楽／213、311、679、1163
音信／1345
音信不通／1345
温泉／213、974、1644
温暖／730
温暖前線／730
音痴／1400
温度／102、213、885、957
音頭をとる／302
女／197、213、349、500、832、858、1385、1447、1609
女の子／213
女らしい／213
恩に着る／212

か

か／97、214
化／214、1500
家(か)／387、489、568、576、619
科／214、1296、1340、1401
課／214
蚊／215、356、506
我(が)／1008
蛾(ガ)／215
カー／1177
カード／215
カーナビ／215
カーブ／216
カーフェリー／216
～界／216
会／72、147、154、216、296、422、702、1006、1103、1373、1417、1423、1551
回／427、776、782、1139、1373
界／1007
階／855
貝／216
害／217
改悪／217
会員／217、303
開会／217、725
海外／217、540、541、599、671、1622
開会式／217
海外旅行／1622
改革／436、503
会館／218
会議／92、218、246、358、519、708、869、899、909、952、972、1093、1291、1371
階級／218
会計／214、218、295、440、740、844
会計課／214
会計監査／295
会計検査院／218
解決／219、550、684、1407、1428
外見／254
解雇／219
蚕／219
介護／219
外交／220
外交官／220
外国／220
外国製／1467
介護士／219
開催／869
解散／220
開始／220、1322
外耳／221
会社／12、21、130、138、219、221、269、275、292、377、385、391、593、653、717、783、810、849、899、913、923、927、954、1005、1174、1195、1209、1400、1481、1568
外出／221、353
解消／221
会場／221
開場／222
海上保安庁／222
害する／297
快晴／222
改正／222
解説／222
回線／223
改善／223
海藻／223
会談／223
階段／10、194、223
会長／224
開店／589
ガイドヘルパー／224
開発／224、559
会費／224
開票／225
回復／225、1354
解放／225
快方／1503
解剖／225
開幕／226
外務／226、606
外務省／226、606
買い物／226
潰瘍(かいよう)／226
海流／227

改良／227
会話／227、1076
カイワレ／227
飼う／133、219、227、1279、1508、1615
買う／204、228、280、322、394、396、463、525、718、759、800、821、1015、1029、1148、1196、1206、1318、1385、1389、1399、1471、1570
返す／228、229
替え玉／229
かえって／229
カエル／193、225、229
帰る／24、74、191、230、231、253、277、377、569、1025、1030、1040、1277、1353、1455、1570、1603
変える／231
返る／414、1392
顔／131、142、152、175、184、207、231、232、234、241、243、320、393、543、624、647、752、794、814、1067、1070、1074、1207、1333、1464、1506
顔合わせ／232
顔色／127
顔が売れる／152
顔がそろう／232
顔が広い／232、1310
顔から火が出る／231
香り／52、232、1206、1487、1579
顔を売る／232
顔を立てる／231、814
顔をつぶす／232
かかあでんか／233
加害／233
加害者／233
かかえる／1334
化学／233
科学／233、656、674、956
科学者／233
掲げる／233、692
かかと／1269
鑑(かがみ)／234
鏡／142、234、372
輝く／234
係／234、437、648、923
係員／1483
かかる／67、86、125、156、193、234、235、236、237、298、306、326、346、459、739、968、984、1195、1197、1257、1282、1297、1321、1369
かかわらず／793
牡蠣(かき)／237
柿／238、565、581、593
鍵／238、249
限り／273、959
限る／238、239、271、1244
核／239、1377、1476
欠く／239、240、1552
書く／13、22、63、86、167、240、241、278、492、501、660、682、889、952、955、1349、1355、1374、1539、1594
掻(か)く／30、1196、1297
描く／241、1588
家具／241
学／241、983、992
閣議／241
覚悟／242
学識／242
確実／242
隔日／242
隔週／242
学習／243、429
隠す／243、923
学生／243、1364、1574
覚醒剤／244
拡大／244
各地／63、244、1622
確答／244
獲得／244
確認／245、701
核分裂／1377
確保／245
革命／245
学問／246、456、767、813、1483
確約／246
確率／246
確立／246
閣僚／246
学力／247
学歴／247
隠れる／76、247
陰／247
影／247
家系／247
家計／248、505
陰口／248、800
陰口をきく／248
かけ算／248
駆け引き／248
架(か)ける／1195
掛(か)ける／43、248、249、250、251、252、381、456、457、583、626、656、680、738、962、984、990、1355、1369、1447、1523、1524、1531、1536
欠ける／252、957
陽炎／252
過去／58、252、1088、1364
下降気流／252
囲む／253
傘／253、1648
重なる／253
重ねる／254、1143
飾る／207、254、1227
菓子／254、255、363、368、666、793、1418
火事／255、794、994、1299、1602、1636
賢い／255、530、842
過失／255
柏餅／255
貸す／255、256、380、687、1495
数／65、256、413
ガス／256、395、915、982、1097、1172、1190
かすか／257
風／186、196、257、454、456、937、973、1327、1505、1603、1649
風邪／257、360、834、1233、1267
稼ぐ／257
風邪薬／360
カセット／1282
風の便り／257、831
画像／257、258
数える／258、1118
家族／258、485、1560
家族サービス／485
ガソリン／258、357
ガソリンスタンド／258
型／258、766
肩／259、331、808、1106
方／1201、1477
固・硬・堅い／259、260、261
課題／261
過大／1302
がたい／858
過大評価／1302
片思い／261
肩書き／173、261
片仮名／261
家宅／741
家宅捜索／741
肩こり／262
形／262
かたづく／774、1284
かたづける／262
肩の荷がおりる／259
肩の荷をおろす／1095
固まる／262、263
傾く／263、1081
傾ける／264、455、1495
固める／264
偏る／265
語り手／942
語る／265、645、651、942、1271
カタログ／265
肩を落とす／259

肩を並べる／ 259、1090
肩を持つ／ 259
価値／ 265
課長／ 214
勝つ／ 265、266、340、524、1136、1158、1436
月（がつ）／ 266
鰹（カツオ）／ 266
カツオ節／ 266
がっかり／ 266
画期的／ 267
学級／ 1380
学級閉鎖／ 1380
かっこいい／ 267
格好／ 267
学校／ 13、166、183、267、268、281、439、513、560、735、841、1109、1194、1223、1533、1561、1575、1589
格好がつかない／ 267
合唱／ 842
勝手／ 268、1181、1367
カット／ 953
活動／ 268、332、375、411、527、565、746、1639
カッとなる／ 1339
月日／ 268
カップ／ 268、269
カップル／ 269、371
合併／ 269
活躍／ 269、1343、1408
家庭／ 33、270、540、1398、1575
課程／ 1357
過程／ 270
合点／ 79
合点が行く／ 79
角／ 270
角がある／ 270
かなう／ 270、271、1153、1524
悲しい／ 271、1548
悲しみ／ 1335、1602
必ず／ 271、1389
必ずしも／ 271
かなり／ 272、1240、1261、1478
かなわない／ 272
カニ／ 272、478
カヌー／ 272
金／ 29、83、117、118、145、197、229、272、273、284、334、368、472、473、565、568、671、687、689、695、717、730、794、826、829、898、903、907、913、932、933、1041、1052、1073、1124、1316、1345、1352、1374、1426、1513、1534、1542、1546、1548、1570、1601、1637
金遣い／ 58
金持ち／ 273
かねる／ 273、775
可能／ 273、1329
彼女／ 30、85、100、250、274、281、289、508、557、666、757、909、935、1069、1168、1262、1273、1286、1318、1366、1430、1456
かばう／ 274
かば焼き／ 274
かばん／ 274、285、504、934、1542
下半身／ 274
株／ 275、943、1177
蕪（カブ）／ 275
カフェオレ／ 275
歌舞伎／ 275、484
歌舞伎座／ 484
株券／ 275
株式会社／ 275
かぶせる／ 275
カプセル／ 276
カプセルホテル／ 276
カブトムシ／ 276
かぶとを脱ぐ／ 1122
かぶる／ 276
花粉／ 65
花粉症／ 276
壁／ 277、1029、1201
貨幣／ 835
カボス／ 277
カボチャ／ 277
蒲鉾／ 277
構わない／ 277
我慢／ 278、377
紙／ 164、211、278、346、500、643、1194、1564
神／ 192、278、856
髪／ 54、384、832
かみ合う／ 1191
ガミガミ／ 73
雷／ 195、278、479、1036
雷を落とす／ 278
かむ／ 279、950
亀（カメ）／ 279
がめつい／ 279
カメラ／ 280、617、961、1282、1397
仮面／ 280
鴨（カモ）／ 280
かもしれない／ 63、280
痒（かゆ）い／ 280
通う／ 281、997、1242
火曜日／ 281、1212、1606
から／ 281、282、509、515、598、677、688、1166、1205、1216、1227、1236、1294、1301、1311、1316、1408
空（から）／ 282
辛い／ 282
烏（カラス）／ 283
ガラス／ 283、479、1002、1653、1654
体／ 101、174、217、225、283、319、412、479、551、567、686、696、772、773、789、847、884、904、1015、1134、1217、1238、1260、1338、1349、1367、1543、1545、1603、1604
体中／ 957
空っぽ／ 283
空手／ 284
空振り／ 521
かられる／ 618
カリキュラム／ 284
仮に／ 284
カリフラワー／ 284
借りる／ 284、285、853、859、980、1133、1194
刈る／ 109、285
軽い／ 285、286
カルシウム／ 286
カルテ／ 286
彼／ 2、5、23、25、27、32、33、40、43、56、62、73、76、124、138、153、180、184、193、198、249、250、259、271、272、286、288、299、308、325、342、374、393、397、420、496、507、538、545、557、587、588、599、601、637、658、690、691、717、739、750、768、785、791、825、865、878、890、911、916、921、930、942、955、978、1001、1003、1019、1033、1074、1077、1089、1090、1099、1102、1108、1111、1115、1117、1138、1149、1150、1185、1210、1281、1289、1290、1293、1299、1369、1383、1400、1425、1446、1450、1474、1475、1486、1494、1506、1509、1524、1542、1545、1569、1580、1599
カレーライス／ 286
枯れる／ 287
カレンダー／ 287
過労／ 287
過労死／ 287
カロリー／ 287
川／ 50、103、287、315、1071、1158、1490
皮／ 288、1427
かわいい／ 109、118、161、288、1249
かわいがる／ 288、1131
可哀想／ 288
可愛らしい／ 288
渇く／ 288、1155

日本語語彙索引

交わす／227、289、1486、1571
代・替わる／289
変わる／88、289、290、455、677、803、1020
我(が)を通す／1008
勘／290、1107、1210
官／220、290、388
管／1242
間／95、99、769、1346、1485、1503、1587、1597
館／770
癌(がん)／290、631、726
肝炎／291
眼科／291
考え／24、52、70、147、185、200、263、657、691、727、935、938、950、1276、1324、1362、1385、1419、1457、1474
考え方／265、1280
考える／88、163、252、291、370、853、1065、1121、1601、1652
カンガルー／291
カンカン／184
換気扇／292
環境／292、590、1183
環境省／292
勘ぐる／292
関係／207、292、293、739、810、829、1260、1328、1479、1484、1502、1511
歓迎／293
感激／293
看護／293、294
がんこ／294、1023
観光／294、327
観光客／327
観光庁／294
肝硬変／294
がんこ親父／294
勧告／294、295
韓国／682
監査／295
関西／295、1408
観察／295
幹事／295、296
漢字／296
感謝／1534
慣習／296
干渉／296
勘定／296、297
感情／297、1201
勘定に入れる／297
感じる／297、839、948、1254
感心／297
関心／298、587
関する／298
完成／114、298、897、1257、1427、1476
関税／298
間接／299
関節／299
間接税／299
間接的／299
カウンセリング／228
感染／487
完全／299、1142
感染症／299
感想／299
肝臓／300
観測／300
寛大／300
簡単／67、300
感知／1314
缶詰／300、301
かんで含めるよう／279
観点／301
関東／301
感動／135
監督／301、995
カンパ／302
乾杯／302
頑張る／105、302
看板倒れ／302
幹部／302
漢方薬／303
感銘／303
勧誘／303
管理／157、303
完了／303
官僚／303
官僚政治／303
関連／304
緩和／317

き

黄／304
機／594、1620
気／134、203、236、304、305、306、307、369、573、674、689、849、894、903、916、1066、1123、1336、1477、1583
木／148、159、247、287、307、347、375、667、883、1057、1091、1158、1165、1166、1226、1313、1350、1453、1550
気圧／307
キーポイント／1395
黄色／757
黄色い／307
議員／307、1617
議員立法／1617
キウイ／308
消える／94、308
記憶／308
気温／309、409、488、491、946
機会／128、309、1149
機械／309、356、372、420、457、479、698、948、963、1191、1620
議会／309
着替え／309
気掛かり／309
企画／310
聞かされる／113
きかす／1229
気がする／305
気がつく／305
気が長い／305、1066
気が早い／305
気が晴れる／305
気が短い／1477
気軽／310
期間／103、310、881、1484、1573
機関／310、340、354、1406
機関紙／310
気管支／310
気管支炎／310
危機／311、718
聞き苦しい／379
効き目／829
企業／5、97、304、311、1018
基金／311
菊／311
効く／311
聞く／257、299、311、312、379、457、465、762、783、831、1068、1392、1518、1602
利く／248、312、313、322、366、1222、1422
器具／846
議決／313
危険／313、1046、1149
棄権／313
期限／313、349、624
機嫌／1054
起源／314
聞こえない／1288
聞こえる／314
岸／315
記事／1033、1175
雉(キジ)／315
期日／718
汽車／315、818、999
記者／315
技術／315、333、444、490、918、919、1458、1577
技術者／315
基準／316
気象／87
気性／58
気象庁／316
キス／316

傷／117、131、170、316、1335
築く／317、1043
規制／317
犠牲／317、1236
規制緩和／317
犠牲者／317
季節／317
季節はずれ／317
基礎／318
起訴／318
競う／318
規則／222、318、548、1533、1556
北／318、355
期待／150、250、318、1205、1248
期待はずれ／1205
鍛える／319
帰宅／182
汚い／319
基地／319、729、1628
貴重／319
議長／320
きちんと／320、1330
きつい／320
きっかけ／321
ぎっくり腰／321
喫茶／321
喫茶店／321
ぎっしり／931
切手／321、745、1240
きっと／321
キツネ／322、816、911
キツネうどん／322、823
キツネにつままれる／322
切符／61、322、347、1173、1194
機転／322
機転がきく／322
危篤／322
気に入る／306
気にかかる／236、306
気にかける／250
気にくわない／306
気にしない／306
気にする／306、1425
気になる／306
記入／286
絹／322
絹糸／322
記念／181、323、677
記念スタンプ／677
機能／323
昨日(きのう)／55、323、677、1004
きのこ／323
気のせい／693
気の毒／323
厳しい／323、324、367、383、386、449、531、634、744
寄付／324
気分／324、510、976、1237、1572
気分転換／976
希望／300、324、1262、1331、1537
基本／325
基本的／325
気まぐれ／325
決まる／325、796、1573
君／200、802、1024、1037、1605
君達／802
義務／326
キムチ／326
決め込む／816、1132
決める／242、326、775、842、1267、1402
肝／927、928
肝がつぶれる／928
気持ち／7、61、62、186、243、326、327、605、748、786、900、975、1136、1186、1509、1654
気持ちが悪い／1495
着物／23、210、327、349、540、660、753、830、1119
肝をつぶす／927
肝を冷やす／1299
疑問／147、221、327
客／40、182、293、327、615、714、715、773、913、969、1008、1277、1319、1344、1409、1460、1472、1504
規約／328
逆／328、605
逆効果／328
逆上／328
虐待／328
逆転／329
キャスター／329
却下／329
客観的／329
キャッシュカード／329
ギャップ／713
キャベツ／329
キャラバン／330
キャラバン隊／330
キャリア／330
キャリア組／330
キャンセル／330
キャンプ／206、330
キャンプ場／330
急／330、331、937、973
灸／331
給／1148
九／331、427、486、1170
休暇／1052、1129、1573
九回／427
救急車／332
救急箱／332
休業／1432
休憩／332、563
急行／332
旧交／33
救済／332
九歳／331、486
休日／1363
九死に一生を得る／100
吸収／333
九州／333
九十／1442
弓道／333
急に／333
牛乳／333、464
九人／331
給付／334
急ブレーキ／331
救命胴衣／334
休養／334
胡瓜／334
給料／12、35、139、334、496、506、974、1179、1381、1388
居／141
清い／335
今日／222、335、404、514、517、677、724、815、977、1024、1241
業／153、496
器用／335
教育／335、439、609、694、863、901、1000、1017、1135、1635、1639
教育問題／335
教員／336
協会／217、336、421、1093
境界／336
教会／336
境界線／336
教科書／336
恐喝／337
共感／337
競技／272、337、601、644、773、1038、1048、1319、1442、1614、1623
協議／337
行儀／337、1368
供給／338
教訓／338
餃子／338
共産／338
教師／234、338、339、657、1545、1590
行司／339
行事／339
教室／339
教授／1522
恐縮／339
強制／340
行政／310、340、751、810

行政機関／310、340
強制的／340
強制労働／340
競争／4、340、675、701、1308、1505
競走／340、345、1169
兄弟／341、1467
凶弾／784
強調／341
共通／341
京都／92、158、281、950、1399、1591
共同／341、1414
共同募金／1414
京都府／893
恐怖／191、341
競歩／342
興味／342
業務／342
教養／342
協力／342
強力／343
行列／343、1360
共和国／343
許可／210、343、796、1129
許可証／343
局／343、344
曲／434、1281
魚肉／746
去年／141、287、344、374
拒否／344
拒否権／344
巨万／1043
清水の舞台から飛び降りる／1343
距離／344、345、1186
嫌い／69、71、345、1192
嫌う／345
錐(きり)／19、345
霧／236、346、1072、1324
キリキリ／89
ぎりぎり／708
キリスト／1347
キリスト教／533
キリスト教会／336
切り詰める／935
切り札／346
気流／346
キリン／346
切る／164、307、346、347、348、563、575、1150、1194、1199
着る／212、348、1328、1641
きれい／7、58、97、201、349、357、395、480、516、546、754、794、887、1206、1207、1418、1539
きれいさっぱり／349
切れる／349、350、387、985、1143、1217
記録／350、433、1035、1151、1564
議論／350、921、1187、1220、1379、1510
きわめて／350
気を配る／369
気を使う／307
気をつける／307、438
金／210、251、351、359、568、1375、1419
銀／351、1181
均一／351
禁煙／351
金額／784、793
近眼／351
近畿／351、865、1371
緊急／352
緊急事態／352
金魚／352
金庫／352
銀行／191、352
禁止／221、353、1379
近視／353
禁酒／353
緊縮／490
近所／353
禁じる／353
金銭／1048
金属／353
緊張／354
筋肉／1553
銀バエ／1181
緊迫／354
吟味／354、493
禁物／1580
金融／354、1265
金融機関／354
金融庁／354
金曜日／354、580、1437
金利／355

く

区／355
苦／355
具合／355、356
食い違う／356
食う／105、356、357、821、857、1273、1525
空気／357
空港／357
偶然／357
空想／845
空転／358
空腹／358
九月／358
釘／139、358
くぐる／1164
草／358、535、545、703、1152、1181、1232、1233
臭い／358、359、1028
鎖／359
腐る／359
くじ／1267
孔雀(クジャク)／359
苦情／359、360
クジラ／360、1328
崩す／360
薬／224、276、311、360、404、733、880、1161、1281、1329、1393、1450、1555
薬屋／1555
崩れる／361
癖／361、1471
糞／361
管／362
具体／362
具体的／362
砕く／362
下さい／363、859、918、1532
下さる／758
下す／363、402、957、1246、1250
くだもの／364、1468
くだらない／364
下る／364
くだを巻く／362
口／260、365、366、668、685、808、1123、1159、1274、1465、1512、1556
ぐち／471
口がうまい／365
口が軽い／285
口が過ぎる／366
口が滑る／366
口々／503
口車／1163
口先／366
口止め／367
口に合う／365
くちばし／119
くちばしを入れる／119
唇／367
口紅／367
口調／937、1086
口を利く／313、366
口を切る／365
口をそえる／745
口を出す／1595
靴／367、530、1122
苦痛／783
靴下／367
くっつく／1280
宮内庁／368
国／77、224、263、368、416、419、492、799、1430、1534

苦にする／355
配る／368、369、442、1365
首／347、369、370、810、857、924、1041、1292
首が飛ぶ／370
首が回らない／370
首切り／370
首にする／369
首になる／369
首を切る／347
首を長くして待つ／370
工夫／370
区別／370、371、879
熊／371
組／330、371、840
組合／372
組み立てる／372、549
組む／482、1377
雲／129、372、904、1072
蜘蛛(クモ)／372
苦もなく／355
曇り／372
曇る／373
雲をつかむような／904
悔しい／373
悔しさ／104
悔やむ／1197
くらい／869
暗い／373、624
位／374、495、504、1159
暮らし／39、634、702、807、1085、1147、1294、1339、1449、1580、1608
クラス／374、628、731、769、777、835、845、1458、1543、1613
暮らす／374、542、555、1164、1252、1279、1384
クラブ／268、375、747、966
比べる／135、375
栗／375
クリーニング／375
繰り返す／375、598
クリスマス／376
来る／63、74、171、231、282、363、376、377、489、637、713、717、830、879、887、978、995、1060、1066、1069、1140、1239、1283、1344、1392、1451、1464、1532、1600、1611、1647
狂う／377、378、604、779、1616
グループ／220、378、632、890、1227
グループホーム／378
苦しい／76、378、379、663、776、974、1226、1240、1390
苦しみ／1086
苦しむ／91、731、1614
車／10、68、101、103、166、168、172、228、230、255、265、267、379、381、434、446、488、503、504、585、618、623、647、673、675、690、897、912、916、948、949、974、1010、1029、1044、1102、1121、1125、1162、1163、1172、1213、1215、1231、1276、1315、1347、1418、1441、1575、1579、1581、1606
車椅子／379
グルメ／379
グレープフルーツ／379
クレジットカード／380
暮れる／380
黒／274、380、471
黒い／381、1524、1592
苦労／251、381、641、775
くろうと／1208
くろうとはだし／1208
クローズアップ／381
クロール／381
黒字／381
桑／382
加える／256、382、698、798、1211、1400
クワガタムシ／382
詳しい／382、383、516、1400、1631
食わす／105
加わる／450、1531
軍／383、1264
軍事／319、619
軍事基地／319
軍縮／383
勲章／383、507
薫製／383
軍隊／1193
訓練／323、383、570、1569

け
毛／135、384
刑／384、585
計／385
経営／385、926
敬遠／385
経過／385
警戒／386
計画／177、258、279、339、386、507、556、662、776、812、865、869、1026、1051、1139、1537
警官／1340
契機／386
景気／386
経験／265、341、387、933、1044、1098、1198
頸肩腕(けいけんわん)／387
頸肩腕症候群／387
稽古／387、415
蛍光灯／387
掲載／1412
経済／14、387、616、698、702、1228、1321、1348
経済家／387
経済学／241
経済産業省／388
警察／133、388、739、880
警察官／388
警察庁／880
計算／119、388、482、1148、1478
刑事／388、536
掲示／389
形式／389
刑事事件／536
掲示板／389
継承／389
形成／644
形成外科／389
継続／390
ケータイ／782
形態／1540
携帯電話／390
形態模写／1540
慶弔／390
慶弔費／390
競馬／390
経費／129
警備／390
刑法／390
警報／391
刑務所／391
啓蒙／391
啓蒙書／391
契約／391、1014、1050、1511
経理／391
計略／235、250
計量／269
計量カップ／269
競輪／392
競輪場／392
経歴／392
経歴書／392
敬老／392
敬老の日／392
ケースワーカー／392
ゲートボール／392
ケーブルテレビ／392
ゲーム／393
怪我(けが)／393、633、940、1410
外科／393
劇／280、393、548
激論／393
けさ／1425
景色／393
消しゴム／394

日本語語彙索引

けじめ／394
下車／394
下宿／394
下宿屋／394
化粧／39、395、1054、1140
消す／395、396、666
削る／266、396
下駄／396、397
下駄を預ける／30、397
けち／397
血圧／397、785、947、1269
決意／397、1305
血液／397
結果／15、96、398、797、798、883、1279、1449、1453
結核／1173
欠格条項／398
欠陥／398
血管／398
決議／398
月給／398
結局／399
欠勤／399、1513
決行／399
結構／399、400、886
結婚／15、57、121、203、400、486、618、637、674、699、732、829、877、885、994、1093、1153、1171、1174、1300、1311、1344、1470、1527、1534、1535、1555、1631
決済／1541
決裁／400
決算／400
決して／400
決勝／400、721
決勝戦／721
決心／401
決する／621
月世界／709
欠席／401
決断／844
決着／401
決定／401、468、902
欠点／401
月賦／402
結膜炎／402
月曜日／402、728
決裂／402
結論／402、403
仮病／403、903
下品／403
毛虫／403
煙／167、403、404、805、1158、1188
獣／404
欅(ケヤキ)／404
けり／908、915
下痢／404
けりがつく／908
けりをつける／915
蹴る／404、405、698
けれども／405
件／1431
券／275、405、426、572、613、946、1027、1110、1264
圏／600
権／17、85、344、405、444、891
県／405、861
原因／406、637、896、1357
犬猿の仲／406
喧嘩(けんか)／81、406、491、714、872、1220
限界／406
見学／462
元気／178、406、407、795、1219
研究／407、728、1388、1424
謙虚／407
献金／407
現金／407
権限／407
言語／408
健康／408、830、1294
原稿／119、408、1053、1619
健康保険証／408
原告／408
検査／70、409、655、956
健在／1621
現在／409
検索／409
原子／239、409
原子核／239
現実／410
原子爆弾／409
研修／410
拳銃／410
現住所／410
減少／410
現象／411
現状／84、411
原子力／409
検診／411
献身／411
献身的／411
建設／411、412
健全／412
源泉徴収／412
現像／412
原則／412
現代／413、418
現地／413
建築／413、1589
健聴／413
健聴者／413
検定／413
限定／413、414
原点／414
限度／414、448
検討／415
見当／415、892
剣道／415
見当違い／415
原動力／415
兼任／415
現場／416
顕微鏡／416、1153、1632
憲法／416
玄米／416
厳密／416
懸命／417
倹約／417
権利／417、598、1399
権力／417
言論／417

こ

子／81、668
5／1443
五／239、418、732、836、1372、1373、1632
後(ご)／418
語／418、513、886、1108
鯉(コイ)／418
濃い／418、419、1270
恋／419、515、1087
語彙／419
恋しい／419
恋する／419
コインランドリー／420
コインロッカー／420
こう／272
校／566
考案／420
行為／113、420、1248、1518
合意／420
公印／420、421
豪雨／587
幸運／421
公営／421
公営住宅／421
公益／421
公益事業／421
後援／422
公園／422
講演／422、764、818、954、1197、1495
後援会／422
効果／423
硬化／423、1002
高価／423、1039、1262、1528
好カード／215
後悔／423

日本語語彙索引

公開／423、424
公害／424
高額／1520
合格／260、424、493、636、637、1000、1094、1153、1443、1602、1607
交換／424、611、1521
交換条件／424
後期／425
好機／425
抗議／425、884
講義／425
高気圧／426
高級／1230、1611
公共／426、1329
好況／426
工業／353、426、497
航空／426
航空券／426
光景／427
合計／427
攻撃／427、956、1341
貢献／428
公言／428
高校／172、428、610、673
皇后／428
広告／428
交差／428、429
口座／429
講座／429
交際／429、805
工作／429、430
考察／1326
交差点／429
降参／430
講師／430、996
公示／430
工事／138、170、318、430、609、736、827、867、1109、1326
公式／430、431
硬式／431
口実／431、913
公衆／431
講習／432
公衆電話／431、985
公衆トイレ／431
控除／432
交渉／38、432、843、1457、1458、1579
向上／432
工場／432
強情／433
公職／433
公職選挙法／433
講じる／751
更新／433
行進／434
行進曲／434
香水／434、1097
洪水／434
公正／434
更生／435
校正／435、1478
合成／435
更生施設／435
合成写真／435
公正取引／434
厚生労働省／435
功績／435
光線／435
抗争／1501
構想／436
高層／436、1309
構造／436、772、1063
構造改革／436
高層ビル／1309
拘束／437
高速／437
皇族／437
高速道路／437
交替・交代／437、696
皇太子／438
紅茶／438
校長／438
交通／68、111、317、438、1042、1302、1303、1355、1389、1393、1461
交通安全／68
交通違反／438
交通麻痺／1461
肯定／439
更迭／439
香典／439
高等／439
行動／295、301、439、835、843、1258、1386、1510、1526
強盗／1275
合同／440
高等学校／439
高等教育／439
購入／441、534
公認／440
公認会計士／440
更年期障害／440
後輩／440、458
後半／441
公費／441
公表／441
好評／441
交付／485、694
校風／1320
幸福／441、895
降伏／442
交付税／694
興奮／442、515、888
公文書／1374
公平／442
候補／22、442、571
公募／443
広報／443
攻防／443
候補者／813
傲慢／443
巧妙／443、444
公民／444
公民権／444
公務／121、122、444
公務員／122、444、445
被る（こうむる）／445、475、487、1523
蝙蝠（コウモリ）／445
肛門／445
公約／445
高野豆腐／445
公用／446
公用車／446
小売り／446
合理／446
公立／446
合理的／446
交流／446、496
考慮／447
高齢／447
口論／447
口話／447
声／67、174、249、314、386、447、794、813、851、927、928
越・超える／286、414、448、992
肥える／448
コース／449、1018
コーチ／449
コーディネーター／124、449
コーヒー／268、450、879、907、1098
コーヒーカップ／268
コーラス／450
氷／450、1239、1299
ゴール／450
誤解／451、1460
互角／451
五月／266、344、451、896、1347、1454、1485
ご機嫌斜め／1081
小切手／451
呼吸／451、481
故郷／451、452
故郷に錦を飾る／452
こぐ／1411
獄／924
国外／808、897
国語／452

国際／446、452、722
国際交流／446
国際線／722
国税庁／452
国籍／452、453
国土交通省／453
黒板／453
克服／453
国民／453
国立／453
焦げる／454
語源／502
ここ／454、995
午後／454
ココア／454
心地よい／454
小言／454
九日／455、1098
九つ／455
心／129、132、146、228、264、281、300、316、325、326、362、455、475、571、690、1043、1045、1132、1204、1263、1265、1292、1310、1384、1385、1457、1482、1488、1491、1566、1583
志／813
志す／456
試みる／456
快い／456
小雨／55
腰／204、249、456、457、929、1389
腰が重い／204
こじつける／457
五十／448、457
五十音／603
五重の塔／987
故障／292、457、542
胡椒／457
こしらえる／457、458
腰を抜かす／457、1120
個人／458
個人主義／458
越す／458
コスト／458、459
秋桜(コスモス)／459
個性／459
戸籍／459
午前／459、460
午前中／459、460
答え／43、795、857、1453、1467、1549、1643
答える／460
こだわる／460
ごちそう／460、461、914、1368
ごちそうさま／461
ごちそうになる／461
こちら／115、461
こつ／461、462
国家／462
国会／462
国会議事堂／462
国旗／462
コック／462
骨髄／463
骨髄バンク／463
骨折／26
骨粗鬆症／463
小包／463
骨とう／463
骨とう品／463
コップ／103、463、464、749、1160
固定／464、588
事(こと)／104、180、188、205、297、464、465、480、548、613、687、691、752、762、1057、1083、1091、1154、1283、1433、1604、1611
ことがなる／1090
孤独／465
今年／466
異なる／466
言葉(ことば)／38、58、125、256、319、466、800、922、932、939、1108、1225、1378、1483、1607
子供／28、29、36、52、85、90、104、110、111、147、148、173、175、179、184、185、205、207、274、288、406、467、518、598、702、750、801、810、843、906、938、940、958、1078、1089、1207、1228、1428、1437、1506、1552、1560、1587、1605、1614、1621、1642
小鳥／1049
諺／467
断る／467、859
粉／467、468、714、852、1499
こなす／256
粉せっけん／714
粉ミルク／468、1499
五人／86、107、239、632、945、1651、1653
5年／1380
この／36、622、862、1247
この間／468
この上／468
この上ない／468
この頃／468
この際／468
この次／905
この手／942
この辺／468
このまま／469、564、1003
好む／469
この世／1585
拒む／469
小判／1131
ご飯／416、469、787、788、791、822、1151、1243、1259
コピー／244、469、593、1053
コピー機／469
瘤／470
五分五分／470
個別／1409
個別訪問／1409
牛蒡(ゴボウ)／470
こぼす／471
胡麻／471
コマーシャル／471
細かい／471、472
ごまかす／472、963
鼓膜／472
ごますり／472
困る／473、1071
ゴミ／473
コミュニケーション／474、1009、1176
コミュニティー／474
コミュニティーセンター／474
混む／223、474、1529
ゴム／474
小麦／474
小結／474
米／475、699、1056、1447
五名／75
込める／475
御免／475
御免こうむる／475
ごめんなさい／475
顧問／8、475
雇用／585、747
暦／476
堪える／476
コラム／476
こりごり／476
ゴルフ／477
これ／558、1081、1395、1601
これから／477
コレクション／477
コレステロール／477
これまで／1549
頃(ころ)／468、477、478、1532
ゴロ／478
殺す／478
コロッケ／478
転ぶ／179、478、685、1278
恐い／479
壊す／283、479
壊れる／479、1537
今回／1492
今後／480

混合／820
コンサート／1413
コンサートホール／1413
混雑／1259
今週／480、556
根性／480
コンディション／885
今度／617
こんな／480、481
困難／481、1348
こんにちは／481
蒟蒻(こんにゃく)／481
コンパス／481、482
今晩／482
こんばんは／482
コンビ／482
コンビニ／482
コンピュータ／482、740、1371、1401
昆布／483
根本／483
婚約／483
混乱／183、186、483
根(こん)をつめる／935

さ

差／483、484、1307
座／484
サーカス／484、925
サークル／484
サード／485
サービス／485
再／485
歳／457、486、1080、1090、1442、1638
災／979
犀(サイ)／486
際／468、486
剤／1430
罪(ざい)／486
最悪／486
災害／486、487
最近／487
細菌／487
採決／487
歳月／1384
財源／487
最期／487、1022
最後／79、346、488、598
最高／414、488、747、1159
再交付／485
再三／488
採算／488、489
財産／129、389、489、1358、1520
財産家／489
採算割れ／489
最終／836
再出発／485
最初／467、489
最小／489
サイズ／490
財政／490
最善／1483
最先端／490
催促／490
最大／490、491
採択／491
裁断／602
財団／491
財団法人／491
最中／491
最低／414、491
最低限度／414
災難／491、492、1057
才能／478、492、1450
栽培／161、1181、1437
裁判／142、194、250、408、492、865、1404
裁判官／492
財布／492、794、1073、1311
債務／492
財務省／492
材木／493
採用／302、493、1472
材料／354、493
幸い／493
サウナ／493
サウナ風呂／493
坂／331、493
栄える／494
逆様／494
探・捜す／494、787、1407、1520
杯／264
魚／148、174、209、359、365、454、494、597、602、653、939、1051、1089、1113、1158、1225、1276、1376、1622
魚釣り／939
魚屋／494
さかのぼる／252
逆らう／495
下がる／495、496、1134
左官／496
盛ん／496、497
崎／497
先／80、231、458、497、498、673、675、987、1611
詐欺／498、499
作業／341、499、876、954、1639
策／170、500、765
咲く／499、500、1144
裂く／500
作者／500
搾取／501
昨年／114、501
作品／501
作文／501
桜／239、501、893
サクランボ／501
探る／502、1234
鮭(サケ)／502
酒／81、203、502、922、930、1160、1333、1465、1541、1568、1585
叫ぶ／503
避ける／503
下げる／504、1382
サザエ／504
支える／505
捧げる／505
ささやく／505
差し上げる／505
指図／131、505
差し引く／506
刺身／506、763、791
さじを投げる／1075
差・指・射(さ)す／10、253、506、610、1238、1256、1524
刺す／506、1211
流石／507
授ける／507
挫折／507
左遷／507、508
誘い／130
誘う／508
定まる／508
定める／313、508
冊／758
札／509、1620
撮影／160、961
サッカー／509
錯覚／509
さっき／509、895
ざっくばらん／509
雑誌／510、1318、1370、1392
殺人／486、536、1479
殺人罪／486
殺人事件／536
早速／510
雑談／510
さっぱり／510、511
札幌／524
薩摩揚げ／511
薩摩芋／511
さて／511
里芋／511
砂糖／350、511
茶道／512
悟る／512
鯖(サバ)／512
砂漠／512、1220
寂しい／507、512、513、1352

錆びる／513
座ぶとん／1353
差別／513
差別語／513
サボテン／513
サボる／513
様々／514
覚ます／514
寒い／272、324、405、514
寒さ／53、571、1367、1583
覚める／514、515
冷める／442、515、1134
坐薬／515
作用／515
さようなら／516
細魚（サヨリ）／516
皿／253、516、1652
さらす／1196、1477
サラダ／223、227、720、1630
さらに／516、1312
サラリーマン／516
猿／516、1459、1482
去る／517、1585
される／615、658
サロン／517、518
騒ぎ／174、194、542、543、1264、1478
騒ぐ／518、813
三／251、371、518、713、769、771、793、1010、1114、1139、1395
参加／130、337、412、519、699、719、895、969
産科／519
三角／519
三か月／1650
三月／519、1007
参議院／520
産業／520
残業／520
三個／896
参考／520
山菜／520
三十／856、1104、1139
三十八度／611
三振／521
算数／188、521、531、962、1019、1390
賛成／521
三段跳び／521
山頂／809
三点／145、975
サンドイッチ／521
三人／258、1053、1512
残念／522
散髪／522
散髪屋／522
賛否／522
産婦人科／522
三分／674
散歩／522、1282
秋刀魚（サンマ）／522
山脈／523
参与／523
三塁打／523

し

四／523
士／219、524
市／524
師／8、524、1416
死／287、524、760、1032、1075、1144、1504
視／590
字／148、395、682、1101、1612
時（じ）／808、1243
痔／524
試合／1、55、265、398、400、477、509、524、656、808、1075、1157、1203、1221、1349、1414、1423、1443、1549
幸せ／100、525
思案／665、1334
ＣＳ放送／525
ＣＭ／525
椎茸／525
ＣＴ／525
CD−ROM／525
Ｇパン／526
市営／526
自営／526
自衛／526
ＪＲ／526
ジェット機／526
支援／302、527
支援費／527
塩／502、522、527、1365
潮／1268、1328、1484
塩ザケ／502
潮干狩り／527
しおれる／527
しか／528、1434
歯科／528
鹿／528
司会／528
視界／1307
四角／528
視覚／528
資格／529、1274
自覚／529
視覚障害／528
しかし／529
仕方／529
仕方ない／529、530
四月／530
直に／530
しかも／530
叱る／36、320、531
次官／531
時間／90、166、171、176、238、251、357、437、531、532、559、564、618、668、694、882、898、1054、1156、1157、1266、1435、1544、1637
時間割／532
四季／1390
指揮／532
式／22、217、532、533、547、1154
時期／533、586
式辞／533
指揮者／532
支給／533
事業／89、256、421、533、1076
頻りに／534
磁気ループ／534
式をあげる／22
資金／154、165、534、627、749、958
敷く／534、638、801
仕組み／535
死刑／535
刺激／535
茂る／535、1166
試験／13、98、131、183、195、198、354、425、462、535、556、566、685、689、754、1011、1103、1202、1277、1530、1537、1554、1609
資源／536、1137
事件／40、176、189、293、323、337、388、490、536、596、924、1173、1174、1195、1325、1633
資源エネルギー庁／536
事故／410、438、536、537、729、805、1173、1216、1273、1341、1497、1551
自己／112、537、608、876、1294
思考／537
四国／537
時刻／537、1300
地獄／537、978
時刻表／537、1300
自己紹介／608
自己中心／537
仕事／21、32、33、77、89、112、127、129、165、169、170、172、177、197、204、262、320、340、455、471、475、513、538、569、619、678、691、767、778、859、866、930、932、938、941、957、964、1035、1046、1135、1145、1150、1164、1168、1179、1180、1184、1192、1193、1198、1231、

1232、1275、1396、1410、1440、1470、1506、1510、1544、1562、1578、1587、1608、1646、1651
自己批判／1294
時差／538
自殺／538、1186
自殺未遂／538
時差ぼけ／538
持参／538
指示／538
支持／42、538、539
事実／539、737、1282、1522
蜆(シジミ)／539
シジミ汁／539
自主／539
自首／540
刺繍／540
支出／540
辞書／38、540
市場／540
事情／512、540、541、1567、1583
辞職／541
自信／541、742、1484
自身／541
地震／192、541、747、937、1290、1584
静か／542、826
システム／542
静まりかえる／1279
鎮・静まる／542、543、1478
沈む／543、780
鎮・静める／543、544
姿勢／544、801
施設／435、544、596、1315、1533
時節／1005
視線／544、545、750
自然／292、404、545、1404
思想／545
子孫／918
下／545、546、790
舌／546、1108
自他／1583
肢体／546、547
次第／547
事態／352
辞退／547
時代／160、548、1512、1521
時代劇／548
肢体不自由／547
慕う／548
従う／548、549
舌が回る／546
下着／549
支度／549
自宅／549
親しい／549、550
舌を巻く／546、1441
示談／550
地団駄を踏む／1357
七／550
自治／550
七月／550
質屋／550
室／551
質／199、551
失格／551
しっかり／75、551、552、749、1116
失業／552
失業保険／552
躾／552
実験／270、552、632、697、836、1468
実現／552
実験データ／953
しつこい／553
執行／553
失効／553
実行／18、141、553
執行猶予／553
実際／554
実施／554
実習／554
実情／554
実績／554
実践／554
質素／555
実態／555
失聴／877
嫉妬／555
じっと／1070、1498
湿度／555
嫉妬深い／555
実に／556
実は／556
失敗／39、192、378、423、556、638、693、746、851、997、1005、1247、1279、1383、1475
失望／556、557
しっぽを巻く／1441
失明／557
質問／423、557、587、802、1025、1190、1506
質問攻め／557
実力／558、1448
失礼／558
失恋／558
指定／559
指定席／559
指摘／559、683
私鉄／559
視点／559、560
辞典／560、786、1128、1267
自転車／560、591、1356、1404、1628
指導／560、659、960
児童／560
自動／986
自動車／154、561、575、692、701、986、1253、1628
自動ドア／986
自動販売機／1253
品／561、943、1548
品物／561
辞任／295
死ぬ／325、561、995、1445、1548
鎬(しのぎ)を削る／562
偲(しの)ぶ／562、1504
忍ぶ／562
支配／562
芝居／38、140、209、563、1197、1228、1442
芝居がかる／237
支配人／562
自腹／563
支払い／687、1437、1568
支払う／563、751、1567
しばらく／563、564、753、804、1427
縛る／564、1637
耳鼻咽喉科／564
痺れ／564
支部／565
渋い／565
自分／42、268、541、565、795、806、1182、1572
自分勝手／268
自分自身／541
紙幣／566
自閉症／566
司法／566
志望／566
死亡／566
脂肪／567、876
志望校／566
絞る／50、567、853
搾る／567、863
資本／568
資本家／568
資本金／568
島／480、568、924、1490
姉妹／568
しまう／352、568、569、841
字幕／569
島国根性／480
始末／569
閉まる／570
自慢／570、791
地味／570
しみる／571
市民／571、1500
事務／290、571、606、629

事務員／ 571
事務官／ 290
事務所／ 606
使命／ 809
指名／ 571
氏名／ 572
締め切り／ 572、890、1291
しめしめ／ 572
示す／ 572、968、1549、1625
湿る／ 573
占める／ 796
締める／ 573、866、924、1389
閉める／ 573
地面／ 19、780
地元／ 573
霜焼け／ 574
指紋／ 135
社／ 574
者／ 233、315、532、574、609、620、627、640、768、1293、1417、1434、1573
視野／ 574、1312
シャーベット／ 574
社会／ 132、231、428、575、864、912、1239、1243、1329、1348、1380、1401、1408、1510
社会福祉／ 1329
社会奉仕／ 1401
ジャガイモ／ 575
釈放／ 575
借用／ 343
車検／ 575
車庫／ 575
社交／ 576、841
社交家／ 576
社交辞令／ 576
社交ダンス／ 576
謝罪／ 1546
車掌／ 576
写真／ 142、143、412、435、577、624、684、843、1053、1251、1266、1319
謝絶／ 1529
社団法人／ 1402
社長／ 577、1328、1421、1568
シャツ／ 384、577
借金／ 228、577、883
しゃべる／ 578、814、1060、1066、1069
邪魔／ 578
邪魔者／ 396
ジャム／ 95、578
謝礼／ 578
シャワー／ 579
ジャンプ／ 579
州／ 579
週／ 579、580、1437、1594
集／ 836
十／ 83、580、774、808、1225、1266、1438、1654
銃／ 580
中(じゅう)／ 95
自由／ 244、417、545、581、697、1302
周囲／ 581、1077
十一月／ 581
集会／ 581
収穫／ 581、582
修学旅行／ 582
十月／ 582
習慣／ 582、956、1024
週間／ 580
衆議院／ 582
宗教／ 583
宗教法人／ 583
集金／ 583
襲撃／ 789
集権／ 583
十五／ 1105
集合／ 583、723
秀才／ 507、1006
重視／ 584
十時／ 82、281
充実／ 584
収集／ 952
住所／ 312、410、584
重傷／ 584
重症／ 584
就職／ 585
終身／ 585
終身刑／ 585
終身雇用／ 585
ジュース／ 585、1176、1351
修正／ 585、1354
渋滞／ 585
重大／ 586
住宅／ 421、586、849、1638
住宅地／ 849
住宅ローン／ 1638
集団／ 586
集中／ 586、587、700
集中豪雨／ 587
終電／ 976
重点／ 588
柔道／ 588、632、1104
十二月／ 588
十二指腸／ 880
収入／ 464、588、669、1046
就任／ 588
執念／ 588
周年／ 589
十年／ 517、882、1027、1072
執念深い／ 588
十分・充分／ 589
周辺／ 589、590
焼売／ 590
週末／ 590
住民／ 590
重要／ 590、1118
重要視／ 590
従来／ 591
修理／ 591、911
十両／ 591
重量／ 591、882、1387
重量挙げ／ 591
重力／ 592
収賄／ 592
主観／ 592
主義／ 458、592、655、1305、1500
授業／ 592、593、1394
祝辞／ 593
祝日／ 593
縮小／ 593
熟す／ 593、594
熟睡／ 594
宿題／ 71、594、958、973
宿直／ 594
祝電／ 595、976
宿泊／ 796
熟練／ 595
主権／ 595
受験／ 595、731
主催／ 595
取材／ 596
授産／ 596
手術／ 596、649、796、1190、1426
主将／ 596
首相／ 596、722、800、997、999、1629
受賞／ 596、597
主人／ 597
受信／ 597、1524
受精／ 597
手段／ 474、598、769、912、1340
手中／ 187
主張／ 592、598
出血／ 598
出港／ 598
出産／ 598、1338、1594
出生／ 1034
出場／ 599
出世／ 599
出席／ 599、715
出張／ 599
出頭／ 1114
出発／ 335、485、531、599、600、1440
出版／ 600
出費／ 185、1183
首都／ 600
首都圏／ 600

主婦／600
趣味／140、600、992
寿命／601、864
シュミレーション／570
種目／601
主役／601
腫瘍／602
需要／602
種類／602
シュレッダー／602
手話／48、78、95、115、298、381、413、419、422、450、464、484、560、603、896、902、910、959、1263、1303、1327、1383、1396、1497
手話検定／413
手話通訳／902
手話法／1396
順／169、603、1088
順位／603
純益／603
巡回／604
瞬間／604
循環／604
瞬間接着剤／604
順序／604、605
純粋／605
順調／605
順番／605
準備／309、534、605、920、1034、1035
順不同／603
所(しょ)／606
書／391、392、606、695、1006、1147、1420
小／606
症／809
省／226、606、1397
証／343、949
賞／607
場／392、581、607、874
状／108、1303
錠／212
使用／607、1582
私用／607
掌握／607
消化／607、608、797
生姜(ショウガ)／608
紹介／608
傷害／608、609
障害／528、609、653、882、889、991、1099、1162
生涯／609
生涯教育／609
障害者／609
傷害保険／609
正月／324、609、744
小学校／610
将棋／146、610、622、836、1009、1522
昇給／610
上級／610
商業／610
状況／329、610
商業高校／610
消極的／611
上下／328、611
上下関係／292
証言／611
条件／424、611、1161、1482、1576
証拠／13、133、572、611、612、761、792
正午／612、1238
照合／612
症候群／387
称賛／612
上司／1054
正直／612、1116、1127、1435
常識／137、252、613、1205、1258
常識はずれ／613
乗車／613
乗車券／613
少女／613
症状／1415
賞状／32、182、613
上昇気流／614
生じる／451、614、842、906
小心／614
昇進／614
上手／40、614
少数／615
少数意見／615
情勢／354、615、1015
小説／615
招待／615
状態／299、486、616、690、900、1219、1284
承諾／616
上達／616
上段／1254
冗談／616、951、1223、1385
承知／456、498、589、616、617
焼酎／617
小腸／881
象徴／617
商店／617
焦点／617
商店街／1
消灯／618
衝動／618
上等／1363
衝動買い／618
消毒／64、618
衝突／618、619、624、625
小児／619
承認／619
情熱／619、1255、1256、1550
情熱家／619
少年／620
勝敗／620
商売／242、248、273、461、511、620、1038、1198、1276
上半身／620
消費／620、621
消費者／620
消費者庁／621
消費税／621
商品／621、759、1567
上品／621、1023
勝負／470、621、622、908
丈夫／622
小便／622
商法／622、623
消防／623
情報／623、636、904、947、1216
消防庁／623
賞味／623、624
賞味期限／624
静脈／624
静脈注射／624
照明／624
証明／624、1492
証明書／1215
正面／624、625
正面切って／625
正面衝突／624、625
消耗／625
消耗品／625
条約／625、626、1215、1274
醤油／626
賞与／626
将来／626、855、983、1006、1438、1582、1610
勝利／626、627、1229、1515
勝利者／627
省略／74、627
昭和／88、627
女王／627
ショート／627、628
ショートステイ／627
書記／628
初級／628
職／494、517、629、728、909、1268、1546、1624
食／208、629、695
職員／629
食が細い／1421
職業／630
職業病／630
食事／555、630、686、756、906、1070、1193、1449、1528、1599

触手話／630
触手話通訳／630
食生活／695
嘱託／630
嘱託医／630
食堂／630、631
食道／631
食道がん／631
職場／631
植物／631
職務／779
食欲／631、1340
食料／782
助言／632
女子／632
女子大学／632
助手／632
除々に／593、1128
女性／28、238、621、632、796、1586、1642
書籍／1172
初段／632
処置／633
ショック／633
ショップ／1615
書道／633、1088
所得／633
処分／634、766、771
処方箋／634
庶民／634
庶務／635
署名／635
除名／635
署名運動／635
所有／635
処理／635、636
書類／602、636、1009
序列／636
白髪(しらが)／636
知らせ／322、636、637
知らせる／637、901
白波／806
調べる／93、356、637、688、1140、1390
知らんぷり／637
尻／638、639
シリーズ／639
尻が重い／638
尻込み・後込み／639
退く／629、639
退ける／640
市立／640
私立／640
尻に敷く／638
尻に火がつく／638
資料／640、1317、1545
視力／641
尻をたたく／638
尻をぬぐう／638
尻をまくる／639
汁／539、1085
知る／37、80、189、202、641、712、730、761、834、920、1198
印／642
指令／642
知れる／642
知れ渡る／1650
城／63、93、253、317、642、719
白／30、384、643
白い／277、311、546、643、1125
素人／643
白星／1418
しわ寄せ／643
心(しん)／115、643、750
新／350、608、644
人(じん)／644、892、1107
人員／245、707
人員整理／707
進化／644
進学／644
人格／644
新刊／644
新幹線／645
審議／645、1497
ジンギスカン鍋／645
鍼灸(しんきゅう)／645
心境／645
新記録／350、814
心筋梗塞／645
シンクタンク／837
シングルス／646
シンクロナイズドスイミング／646
神経／471、646、727、970、1314、1350、1421
神経科／646
神経痛／646
心血を注ぐ／750
真剣／647
震源／647
人権／647
信仰／647
進行／647、648、1400
信号／536、648、1356
人口／587、648、737、1405
人工／648、649、997
人工衛星／648
人工内耳／649
深刻／649
申告／649
新婚／649
人材／650
人材不足／650
診察／650
紳士／650
人事／52、107、650
人事院／651
真実／651
紳士服／650
神社／651
真珠／651
人種／651
信じる／278、652、1521
心身／652
人生／150、584、652、1087、1170
親戚／652
親切／652
新鮮／653、1076
心臓／653、1013、1042、1300、1423、1461、1584
腎臓／653
心臓病／1300
心臓発作／1423
心臓麻痺／653、1461
身体／409、653
寝台／654
身体検査／409
身体障害／653
寝台列車／654
診断／654
慎重／654
身長／654
心電図／655
新天地／981
震度／655
人道／655
人道主義／655
信念／655
新年／655、656
心配／656、817、1284
審判／49、656
人物／870、875、989、1554
新聞／315、476、574、656、973、1052、1152、1164、1216、1218、1306、1497
新聞記者／315
新聞社／574
進歩／45、246、656、657
辛抱／657
シンポジウム／657
新米／657
深夜／657
信用／133、352、658、849
信用金庫／352
信頼／658、833
心理／658
真理／658
侵略／659
親類／659
人類／659
進路／659

す

酢／659
図／660
図案／660
水位／495
水泳／660
西瓜(スイカ)／660、1254
水害／660
遂行／661
水産庁／661
炊事／661
衰弱／661
水準／661
推進／661、662
推薦／662、1552
水洗／662
水族館／662
垂直／579
出納／662
水道／662
出納簿／662
随分／663
睡眠／663
吸い物／1642
水曜日／663
水流／663
水量／669
睡蓮(スイレン)／663
吸う／663、664、863
数学／664、860
数字／664、937、1604
図々しい／664
スーツ／664
数人／665
スーパー／665
スープ／665、1160
末／665、666
据える／331、1014
スカート／666
姿／66、243、395、666、820、1036、1153、1477、1481
好き／54、189、329、345、666、667、685、777、822、841、854、1038、1130、1367
杉／667
スキー／579、667、684
スキーヤー／667
好き嫌い／345
ズキズキ／89
透き通る／283
すぎない／845
すき焼き／667、1049、1100
過ぎる／366、668
スキンシップ／668
すぐ／321、349、1134、1235
救う／669
スクーリング／669
スクール／123
少ない／669、1451
スクリーン／669
優れる／682、865、1288
スケート／670、685
スケジュール／608、670、1168
スケッチ／670
凄(すご)い／670
凄(すご)く／670
少し／671、673、959、1352
過ごす／90、671、672
寿司／47、121、184、516、672、789、985、1100
筋／857
筋道／813
錫／672
薄(すすき)／672
涼しい／673
進む／266、629、673、674、690、867、1149、1214、1376、1479
雀(スズメ)／674
勧める／534、674、675
進める／165、675
スタート／348、675
スタートを切る／348
スタイル／675、676
スタジオ／676
酢橘(スダチ)／676
スタッフ／676
スタミナ／676
廃(すた)れる／676
スタンプ／677
ずつ／671、758
すっかり／677、1648
ずっと／677、1547
酸っぱい／678、1593
すっぽかす／678
鼈(スッポン)／678、905
スッポン鍋／678
ステーキ／678、823
すてき／678
既に／679
捨てる／312、473、679、1326
ステレオ／679
ステンレス／679
ストア／854
ストーカー／679
ストーブ／419、680、711、977
ストーリー／680
ストッキング／680
ストップ／680
ストライキ／680
ストライク／681
ストレス／681
ストレッチ／681
砂／681、926
素直／57、681、682
砂粒／926
砂山／681
すなわち／682
すねかじり／682
頭脳／682
スパイ／682
スパイク／683
スパゲッティ／683
すばらしい／556、683、778
ずばり／683
スピード／684、795、974
すべて／517、605、684、776、816
滑る／366、684、685
スポーツ／11、216、497、685、1059
図星／685、686
ズボン／686、1122
スポンサー／686
スマート／686
住まい／686
済ます／297、594、686、687、1031、1589
済まない／687
隅／688
炭／688
墨／688
すみません／688、1004
菫(スミレ)／689
済む／679、689、1338
住む／568、689、1614
澄む／690
スムーズ／690
相撲／690、1050、1054、1387、1555
スランプ／690
すり／386
する／45、68、72、76、268、306、318、538、552、575、607、691、868、988、998、1076、1329、1375、1391、1405、1406、1645
狡い／691
鋭い／646、691
スルメ／692
すれ違う／692
ずれる／1316
スローガン／692
座る／134、692、693、799、1089、1393、1503
据わる／693
寸法／693、1054

せ

背／201、603、671、784、850、1096、1156、1269
所為(せい)／693
制／982
性／694、732
精／794
税／299、621、694、1330

精一杯／105
性格／53、113、193、270、320、373、514、694、699、1164、1414、1441、1455、1511、1542
正確／694
生活／68、156、182、378、414、525、560、562、586、675、695、774、778、844、956、1012、1057、1077、1105、1288、1295、1417、1467、1486、1589、1616
生活保護／1417
請願／695
請願書／695
世紀／695
正義／695
請求／695、760、1175
請求書／695
性教育／694
税金／186、235、696、1052、1236、1331、1529
生計／814
整形外科／696
清潔／696
政権／696、1100、1634
政見／697
制限／697
政権交代／696
政見放送／697
成功／187、327、533、612、697、821、1133、1425
制裁／698
制作／458
政策／698
製作／698
清算／698
生産／699
精算／380
生死／699
政治／14、149、291、296、298、303、407、430、523、535、696、699、773、843、1106、1244、1335、1339
正式／699
政治献金／407
政治団体／843
性質／699、1017、1654
誠実／699
青春／700
聖書／700
正常／700
精神／700
成人／701、839
製図／701
成績／12、96、318、452、483、495、701、781、1033、1084、1087、1107、1156、1157、1213、1223、1260、1288、1436
製造／701
生存／340、701
生存競争／340、701
盛大／702
贅沢／702
成長／702、703、817
制定／703
生徒／123、703、963、1046、1419
制度／246、703、1399、1424
政党／703、704
正当／704、1396
正当防衛／704、1396
生徒手帳／963
整頓／704
青年／704
生年月日／268、704
整備／590
製品／704、1394
政府／705
制服／705
生物／705
製本／705
精密／705
姓名／1250
生命／705、706、1416
声明／706
姓名判断／1250
生命保険／1416
西洋／706、771、1115
静養／706
整理／707
生理／707
税理士／707
成立／707、708
生理痛／707
政令／708
政令都市／708
西暦／708
正論／708
精を出す／794
セーター／54、708
セーフ／708
セール／867、1370
セールスマン／709
世界／269、433、615、709、925、1011、1059、1294、1343、1417、1483、1564
世界記録／433
世界大戦／709
世界ろう連盟／709
セカンド／709
咳／709
席／17、147、230、245、405、559、710、807、909、1054、1203、1227、1336、1579
赤十字／710
石炭／710
赤道／710
責任／170、204、255、275、276、285、574、586、711、1053、1149、1208
責任者／574、1335
責任転嫁／711
石油／680、711、837
石油ストーブ／711
石油タンク／837
関脇／711
セクハラ／712
世間／642、712
世間知らず／712
世帯／712
世代／712、713
世帯主／712
説／812
折角／713
積極／713
セックス／49
セックスアピール／49
設計／436、660
設計図／660
せっけん／65、713、714
ゼッケン／714
絶交／714
絶好／714、868
接する／714
絶する／742
接待／715
絶対／715
設置／715
接着／604
説得／715
切羽詰まる／716
設備／716、994、1259
絶望／716
説明／169、382、466、553、716、717、888、914、1160、1358、1618
絶滅／311
節約／161、717
設立／717
是非／717
背広／611、718、1512
背骨／718
狭い／73、574、718、1071
迫る／718、719
蝉(セミ)／719
セミナー／719
攻める／557、719、720
責める／720
ゼロ／720
セロリ／720
世論／740
世話／130、720、721、1090、1556、1559
世話が焼ける／1559

世話になる／1090
世話を焼く／721
千／164、364、385、458、721、1299、1620
戦／721
線／722、1268、1350、1379
選／1553
前／722
善／16、722
全／276、722、723
全員／723、981、1458
千円／573、610、888、1268、1361、1414、1425、1621
全快／723
全額／723
前期／723、724
千客万来／724
占拠／724
選挙／154、166、405、433、443、724、972、989、1114、1609
専業／600
専業主婦／600
選挙運動／154
選挙演説／166
選挙権／405
先決／724
先月／725
宣言／725
戦後／725
前後／725、726
専攻／964
線香／1226
宣告／726
全国／727、765、1136
全国大会／765
全国ネット／1136
繊細／727
洗剤／727
千差万別／727
先日／727
前日／728
選手／167、230、437、521、588、591、722、728、729、777、1047、1110、1112、1242、1264、1323、1398、1415、1460、1569
先週／580、728
専従／728
前進／728
全身／1201、1559
先進国／729
センス／729
潜水艦／729
先生／39、50、115、116、461、587、729、743、870、910、1111、1472、1485、1599、1611
宣誓／729
前線／729、730
全然／730、1471
前線基地／729
先祖／730、919
戦争／179、476、730、731、788、869、917、1399、1443、1493、1567
喘息(ぜんそく)／731
センター／474、731、855
全体／731、1650
洗濯／313、732
選択／732、1344
洗濯機／732
センチ／732
前提／732
先天／732、733
宣伝／733、1176
先天性／732
先天的／733
宣伝媒体／1176
前途／14、716、733
扇動／733
全日本ろうあ連盟／723
千人／1159
専任／733
専念／734
先輩／535、567、734
前半／734
全部／734、1478
扇風機／734
せんべい／734、1353、1653
せんべいぶとん／1353
薇(ゼンマイ)／735
鮮明／258
専門／735、1376
専門学校／735
専用／379、735
占領／735
全力をあげる／21
線路／736

そ

そう／79、1004
層／736
添う／736
象／484
像／736、737
相違／737
躁鬱(そううつ)病／737
騒音／737
増加／737、738
総会／738
創刊／738
雑巾／738
総計／738
双肩／739
相互／739
総合／739
捜査／739
操作／739、740
総裁／740
創作／740
捜索／741
掃除／741、1001
葬式／741
掃除機／249
喪失／742
双生児／742
創造／742
想像／742、911
相続／83、743
そうだ／743、1094、1517
早退／743
相対／743
相対的／743
相談／3、126、130、251、743、744、1163、1557
相当／744
雑煮／744
相場／745
総務省／745
贈与／694
贈与税／694
総理大臣／745
贈賄／745
添える／745、746
ソース／252、746
ソーセージ／746
ソーラーカー／746
組閣／746
促進／747
属する／747
速達／747
速度／747
速度計／385
続発／747
速報／747
測量／748
そぐわない／748
そこ／748
底／748、749
底が割れる／749
底をつく／749
組織／749、1039
訴訟／749
注ぐ／2、749、750、870
そそのかす／750
育つ／750
育てる／172、513、631、750
措置／751
卒業／323、532、751、1606
卒業記念／323
卒業式／532
即金／751
ソックス／751
そっくり／752、1267

そっと／752、753
卒倒／753
袖／753、934
袖の下／753
外／754、766、1039
備える／754
その／337、547、722、754、1030
その上／754
そのうち／88、755
その後／418
その手に乗る／941
その場しのぎ／1166
そのほか／755
そのまま／752、755
そのもの／683
蕎麦(そば)／755
側／755
そびえる／756
祖父／756
ソフトクリーム／756、1086
ソフトボール／756
祖母／756
粗末／756
背く／655、757、1625
染める／757
空／8、14、129、234、373、690、757、819、1226、1242、1358、1470
そらす／545
空模様／50、757
剃る／758
それ／79、744、758、1219
それぞれ／758
それる／758
そろう／232、759、824、926
そろえる／532、759
損／759
損害／760、763、1035、1036、1296、1420
損害賠償／760
尊敬／760
尊厳／760
尊厳死／760
存在／761、1262
損失／761
尊重／761
村長／761
そんな／761、1183
存分／761

た
他／762
田／177、762
ダース／763
たい／69、73、1060
隊／330
鯛／506、763
台／763、1163、1472
大／763、1002
第／96、769
題／763、764
体育／764、1416
体育大会／764
第一／764、1395
第一次／520
第一人者／764
第一年／96
第一番／96
退院／765
対応／765
体温／11、145、765、1186
大会／333、599、764、765、776、1226、1507
体格／765、1580
退学／765、766
大学／632、644、751、766、837、971、1342、1357、1525
大学生／766
大気圏／766
代議士／766
大器晩成／766
代休／767
大金／251、904、941
大工／143、767、991
退屈／767
大工道具／991
体系／767
対決／544、768
体験／768、1559
体験者／768
太鼓／139、768、799、1294
対抗／769
太鼓腹／768
大根／347、769、817
滞在／769、883
対策／769
第三セクター／769
大使／770
大事／770、1193
大使館／770
体脂肪／567
大衆／770
体重／738、770、1322
対照／771
対象／771
大将／719
大正／771
退場／771
大丈夫／772、822
退職／772
耐震／772
大臣／439、772
大豆／772
対する／772、773
態勢／1018
大切／94、109、565、773、1366
大戦／709
体操／773
怠惰／774
大体／774
代々／730
大胆／774
体調／1034、1035
大腸／881
大抵／774、775
態度／327、443、775、1287、1305、1505、1627
対等／775
大動脈／1002
大統領／775
台所／29、775、776
タイトル／776、1396
台なし／776
第二／776、777
大半／777
代表／374、777、795、1309
タイプ／140、777
台風／778、1217
大変／778、1535
大便／778
逮捕／592、779
怠慢／779
タイミング／779、1203
タイム／276、779、1185
タイムカプセル／276
タイヤ／780、854、1246
ダイヤ／1262、1582
ダイヤモンド／780、1104
太洋／1261
太陽／435、780、1461
太陽光線／435
平ら／780
代理／780、781、975
大陸／781、1093、1214
対立／781
代理店／975
対話／781
ダウン／781、782
ダウンロード／782
絶えず／782
絶える／76、782
耐・堪える／783、1497
倒す／783
倒れる／783、784、937、1566
高い／201、298、397、477、555、603、661、671、696、784、785、786、911、951、980、1059、1096、1133、1169、1222、1301、1359、1392、1493、1517、1544、1562、1616、1631
互い／2、7、289、786、1234
高ぶる／786

高まる／786
耕す／919、1029、1208
宝／787
だから／787
宝物／1485
滝／787
妥協／787
宅／128
炊く／469、787、1077
焚く／788
たくさん／151、272、788、1468
タクシー／788、789、1100、1311
託す／789
宅配／789
たくましい／789
巧み／789
たくらむ／789
蓄える／790
竹／790、1444
だけ／366、790、791、1182、1492
打撃／1340
タケノコ／791、861
凧(たこ)／791
蛸(タコ)／791
凧上げ／791
打算／791
打算的／791
確か／611、792
確かめる／792、1400
足し算／792
多少／792、793
足す／793
出す／9、69、83、175、261、291、346、350、391、402、439、447、578、642、747、754、793、794、795、796、830、902、943、1017、1078、1129、1255、1297、1315、1354、1431、1480、1523、1588
多数／796
多数決／796
助かる／796
助け／1499
助け合う／786
助け船／1354
助ける／797、1610
尋ねる／797、798、990
蛇足／798
只／798、799
多大／1523
戦い／107、1565
戦・闘う／799、912
たたく／768、799、800
正しい／800、864
正す／800、801
畳／693、801、1435
たたむ／801、1480
達(たち)／81、801、802
立会／802
立入禁止／353
立往生／802
立ち直る／802
立ち退き／803
立ちのぼる／404
立場／230、803、879、938、1269
たちまち／803
立ち回る／335
立ち向かう／803
駝鳥(ダチョウ)／803
経つ／804、1012、1027、1094
断・絶つ／805
建つ／737、804、805、855
立つ／88、301、677、710、805、806、807、808、887、1535、1572、1578
卓球／808
脱臼／808
達者／808
脱出／808
脱水／809
脱水症／809
達する／403、420、809、888
達成／809、1538
脱税／810
たっぷり／1052
縦／240、810
盾／811
建て替える／811
立て替える／811
建て前／811、1433
建物／116、436、479、724、731、811、1366、1530、1531
建てる／812
立てる／231、310、386、812、813、814、1362、1402、1579、1598
縦割り／810
例え／815
例えば／815
棚／211、815、1337
七夕／815
谷／815、816
他人／9、816
狸(タヌキ)／816
狸寝入り／816
種(たね)／817
楽しい／264、399、670、817、961、1257、1372
楽しみ／665、817
楽しむ／213、817
頼み／923
頼む／44、691、817、818
タバコ／664、679、818、1097、1161
度／818
旅／315、818、819
度々／819
ダビング／819
タブー／819
タブーを犯す／819
WC／820
ダブる／820
ダブルス／820
ダブルプレー／821
ダブルベッド／821
ダブルボタン／821
多分／821、822
食べ物／113、399、702、822、1187、1339、1546
食べる／54、66、81、255、279、366、460、752、755、788、822、823、912、1009、1041、1094、1253、1285、1323、1393、1501、1547
球／823
玉／316、824
卵／803、824、929、1058、1286、1652
卵丼／1058
だましだまし／825
だます／825
たまたま／825
たまに／825
玉にきず／316
玉葱(タマネギ)／826
貯・溜(た)まる／510、826、890、914、1311、1417、1597
黙る／826、827
賜る／827
ダム／827
ため／827、828、1584
駄目／828
試す／828、829
ためになる／827
ためらう／829
貯・溜(た)める／671、829
保つ／829、830、939
袂(たもと)／830
たもとを分かつ／830
便り／830、831、1551
頼り／831
頼りない／831
頼る／831
だらけ／832
垂らす／832
足りる／832、833、1586
足る／111、529、1178
誰／5、833、834、922、1060
垂れる／338、834、835
だろう／821、822、835
たわし／835
団／170、1241
単位／835
段位／836
単価／836

短歌／836
段階／836
短期／837
短気／837
短期大学／837
短距離／345
タンク／837
団結／101、837、838
探検／838、1423
断言／838
単語／215、838
団子／838
断固たる／633、751
段差／839
男子／735、839
男児／840
単車／839
単純／839、840
短所／840
男女／1、371、840、1088、1304、1308
誕生／840、841
誕生日／840
単身赴任／841
たんす／186、243、841
ダンス／4、576、841、1168
ダンスパーティー／1168
男性／339、842、1247、1308
断然／842
断層／842、843
団体／161、426、432、843、1500
団体交渉／432、843
段々／843、844、853
団地／844
単調／844
団長／844
断腸／844
断腸の思い／844
担当／844
単独／845
旦那／845
単なる／845
担任／845
断念／846
堪能／846
田圃(たんぼ)／846
暖房／846
タンポポ／847
短命／847
団欒(だんらん)／847
鍛錬／847
談話／847

ち

血／262、750、848、849、1052、1159、1187
地／735、849、975、1616
地位／12、21、785、849、850
地域／850
小さい／216、477、850、851、975
チーズ／852
チーター／852
チーフ／852
チーム／239、837、852
チームワーク／852、853
知恵／567、853、1210、1465
チェーン／854
チェーンストア／854
チェック／854
チェリー／854
地下／536、854、855、1097、1137、1539
近い／626、855、856
誓い／813
誓う／856
違う／758、857、951、1208
地下街／855
地下資源／536
地下水／857
近づく／114、858
血がのぼる／848
近寄る／858
力／62、65、126、195、200、375、406、451、746、790、828、858、859、860、912、945、1120、1180、1212、1296、1446
力になる／859
力を落とす／859
痴漢／860
地球／239、705、860、1231、1465
蓄積／860
竹馬の友／1045
チケット／1370
遅刻／672、688、860、1137
知事／861
知識／790、861、931、934、1044、1310、1315、1593
地上／861、862
知人／862
地図／862
地層／862
地帯／862
乳／567、862、863
父／44、71、118、156、169、278、294、489、745、760、847、863、955、1073、1267、1335、1383、1579、1610、1622
父親／131、1648
縮む／601、863
縮める／864
秩序／864
千鳥足／864
地に落ちる／849
知能／865
乳房／865
地方／301、865、1374
地方裁判所／865
地方分権／1374
緻密／865
血も涙もない／848、1085
茶／120、674、749、866、1180
チャイルドシート／866
茶色／866
着実／866
着手／867
着々／867
着用／1389
着陸／867
チャリティー／867
チャレンジ／867
ちゃんこ鍋／867
チャンス／868、1491
ちゃんと／868
チャンピオン／867、868、886
チャンピオンフラッグ／868
中／606、869
宙／869
注意／589、839、870、1034、1236、1267
注意人物／870
注意深い／870
チューインガム／871
中央／583、871
中央集権／583
中学／1139
中学校／871
中間／871
中級／871
中元／872
中古／872
忠告／872
中国／466、872
仲裁／872
中止／873
中耳／873
中耳炎／873
忠実／873
注射／624、873、981、1600
駐車／874、1236
駐車場／874
中傷／874
抽象／874
中小企業庁／875
昼食／875
中心／537、875、876
中性／876
中性脂肪／876
中絶／876、1117
抽選／876
中退／877
中断／877

躊躇(ちゅうちょ)／877
中途／877
中毒／878
中途失聴／877
中途半端／877
チューナー／878
中年／878
中風／878
注目／42、878、879
注文／130、144、171、275、450、879、895、1264
昼夜／879
中立／879
チューリップ／880、1516
兆／880
庁／880
町／880
腸／880、881
調／360
超／881
長／158、257、588、881、1433
調印／882
徴役／882
超過／540、882
懲戒／1529
懲戒免職／1529
聴覚／882
聴覚障害／882
長官／882
長期／883
長期間／881
長距離／881
帳消し／883
彫刻／883
調査／67、344、705、883、896、964、1063、1546、1603
調査局／344
調子／178、884、1247
長者／1251
長寿／884
長所／884
長女／885
頂上／885
朝食／885
調整／885
調節／885
挑戦／640、886、1343
朝鮮／886
朝鮮語／886
挑戦者／640
頂戴(ちょうだい)／886、887、893、1543
長蛇の列／1630
蝶蝶(チョウチョ)／887
提灯／887
調停／887
頂点／887、888
弔電／888
丁度／888
長男／888
重複／888、889
重複障害／889
帳簿／218
超満員／881
帳面／889
聴力／889、1622
朝礼／889
調和／890
貯金／211、890、1323、1647
直後／890
直接／890
直前／890
チョコレート／891
著作／891
著作権／891
直感／891
チョッキ／891
直球／891
ちょっと／891、892
著名／892
著名人／892
散らす／892
散らばる／892
地理／893
ちり紙／893
治療／893
散る／893、894
血を引く／1267
賃金／894、998、1263
陳情／894
沈黙／894、1463

つ

ツアー／895
つい／685、895
追加／895
追及／895
追求／895
追究／896
ついさっき／895
追跡／896
一日／358、530、896、1638
ついて／896
ついて行く／1023
追悼／897
追突／897
ついに／76、897、1188
追放／244、897
費やす／897、898
ツイン／898
ツインベッド／898
ツー／681
痛／707
ツーアウト／7
通過／898、899
通学／899
痛感／899
通勤／899
通行／899、1474
通行止め／899
通常／900
通じる／900、901
通信／901
通信教育／901
通達／901
通知／566、902、977、1407
通知表／902
通帳／908
痛風／902
通訳／114、115、449、524、603、630、715、733、902、1192、1429、1590
使う／753、902、903、1108、1378、1573
仕える／903
捕まえる／1133、1468
捕まる／608、745、904、1210
つかむ／462、658、904
疲れ／282、784、826、1051、1481
疲れる／23、904
月／506、665、769、905、972、1282、1437、1593、1594、1639
付き／1370
次／905、906
つきあい／1207
つきあう／550、906、1283
突き当たり／906
付き添い／906
次々／906
月とすっぽん／905
月並み／907
月日／1072
尽きる／601、907
突く／1569
付・就・着(つ)く／10、219、305、361、371、484、541、621、685、710、742、749、832、853、892、907、908、909、910、911、920、954、1118、1185、1202、1223、1421、1540、1577
継ぐ／45
机／126、141、270、911
尽くす／859、912、1584
佃煮／912
作る／284、338、912、913、952、963、1039、1136、1630、1632
つけ／914
つけが回る／914
付け足す／914
漬物／914、1496
付・着(つ)ける／34、46、120、

256、307、367、394、415、434、484、549、714、879、914、915、916、917、977、982、1105、1127、1196、1364、1464、1469、1606、1636
告げる／916、917、1012
都合／915、917
伝える／905、918
拙い／918
伝わる／919
土／794、919、920
土がつく／920
つつ／920
続く／92、690、920、921、980、1220、1351、1532、1596
続ける／921、922
慎・謹む／922
包まれる／1550、1566
包む／923、1428
勤める／923、1439
努める／923
務める／329、923
綱／923、924
つながる／848、924
つなぐ／924、925、960
津波／925
綱渡り／925、926
椿(ツバキ)／926
ツバメ／926
粒／926
粒がそろう／759、926
潰す／232、926、927
つぶやく／928
潰れる／928、929
壺／929
つぼみ／929、1331
妻／35、44、134、255、484、736、930、1382、1643
つまずく／930
爪弾き／930
つまみ／930、1525
つまらない／930、931
つまり／931
つまる／398、466、670、931、932、1155、1390
罪／178、932
積み重ねる／933
積み立てる／933
罪をきせる／932
積む／554、933
摘む／1517
詰め込む／934
冷たい／55、934
詰める／934、935
つもり／935、936
積もる／104、936
通夜／936
梅雨／936
強い／114、115、305、643、653、858、884、937、1118、1369、1547、1597
つらい／261、938
貫く／938
釣り／127、817、939、1238
釣り合い／939
釣りあげる／939
釣糸／832
釣る／939
鶴／940
つるつる／1192
鶴の一声／940
連れ添う／736
連れて行く／825
連れる／940

て

手／54、58、211、279、280、347、363、499、564、598、713、925、940、941、942、943、1292、1340、1460、1461
出会う／944
手当／170、944
手洗い／944
提案／344、945
ティー／1631
Ｔシャツ／945
ＤＶＤ／945
定員／176、945
低下／945、946
定価／946
定款／946
定期／572、946、1593
低気圧／947
定期券／572、946、1507
定休／947
庭球／947
定休日／947
提供／544、947
定期預金／946、1593
低血圧／947
抵抗／947、948
デイサービス／948
停止／101、948
提示／949
停車／949
亭主／949
亭主関白／949
提出／950
定食／950
呈する／426
訂正／950
定着／950
ティッシュ／950
停電／951
程度／951、1535
丁寧／952
定年／952
定番／952
定例／952
データ／952、953
データ通信／953
データベース／17
デート／953、1204
テープ／346、819、953、1638
テープカット／953
テーブル／954、1195
テーブルマナー／954
テープを切る／953
テーマ／764、954
手遅れ／954
手落ち／954
手があがる／940
手が空く／17
出かける／189、756、759、954、955、967
出方／1454
手が足りない／941
手がつけられない／942
手紙／44、181、240、289、376、747、909、955、1033、1124、1173、1306、1420、1453、1569
手が焼ける／1560
手軽／955
敵／41、191、196、237、250、363、719、720、772、783、799、886、956、1329、1430、1503、1564、1642
的／114、539、588、657、716、733、771、842、874、876、883、956、1419
適応／956
できごと／1032
テキスト／956
適性／956、957
適性検査／956
適切／957
的中／957
適当／884、957
できない／326、744、959、1000、1003、1220、1287
できない相談／959
できもの／957
できる／31、343、370、470、547、791、957、958、959、1080、1349、1448、1529、1563、1592、1645
できれば／959
てぐすね引く／960
手口／443
出口／960
手首／1141
デコーダー／960

てこずる／960
デザート／960
デザイナー／960
デザイン／214、961
手先／335
手作業／499
弟子／961
弟子入り／961
デジタル／961
デジタル放送／961
手品／961
手順／962
手数／962
手数料／962
テスト／962、963、1154
でたらめ／963
手帳／963
鉄／362、513、963、1396
撤回／963
哲学／964
手伝う／964
でっちあげる／964
手続き／964、1356
徹底／964、965
徹底的／965
鉄道／855、1008
デッドボール／965
撤廃／965
鉄砲／965
徹夜／302、965
手取り／966
手に入れる／941
手に負えない／942
テニス／4、431、646、820、947、966、1135
テニスクラブ／966
手抜き／966
手の下しようがない／363
デパート／966
手配／966
手始め／967
手引き／967
デビュー／967
手袋／967
手ぶら／267、967
デフリンピック／968
デフレ／968
手本／968
手間／968、1054
デマ／969、1038、1040
手真似／969
出迎える／969
出向く／79
デモ／969
でも／969
手も足も出ない／943
寺／970、1027、1199
照らす／970
デリケート／970、971
照る／971
出る／30、53、74、231、381、766、824、861、901、905、936、971、972、973、974、979、1103、1120、1209、1229、1353、1516、1578、1598
出る幕ではない／1442
テレビ／69、395、471、525、569、597、676、686、828、878、901、910、974、982、1049、1070、1218、1219、1246、1547、1638
テレビスタジオ／676
テレビ電波／1216
テレビ塔／987
テレビドラマ／1049
テレビ番組／1246
照れる／974
手渡す／530
手を入れる／119
手を替え品を替え／561、943
手を貸す／256
手を借りる／285
手を切る／347、942
手を出す／943
手を抜く／941
手を焼く／943
天／975、979
店／975
点／975、976、1490
電／976
天下／1036
転嫁／711
転換／976、977
天気／193、361、683、977、1475
電気／628、910、977、1042、1044、1438
電気ストーブ／977
電球／823
転居／902、977
転居通知／977
転勤／978
点検／978
天候／978
転校／978
天国／978
天才／507、978
天災／979
天使／979
展示／979
点字／979
電子／979
電車／132、210、474、680、881、946、949、971、979、1074、1128、1173、1200、1215、1346、1466、1472
天井／980
天井知らず／980
転職／980
電子レンジ／979
点数／282、720
伝染／980
伝染病／1172
天体／300
電卓／980
伝達／981
天地／981
電池／981
点滴／981
テント／981、1240
伝統／129、339、389、981、982
電灯／982、1362
天にも昇る／975
天然／982
天然ガス／982
天皇／428、982
天皇制／982
電波／982
伝票／983
天秤にかける／250
テンプラ／50、75、161、983、1632
展望／883、983
電報／983
天文／983
天文学／983
転落／537、984
展覧会／984、1110
電流／984
電力／338、984
電話／97、120、223、235、248、348、431、461、607、637、788、833、879、881、925、984、985、1247、1336、1586、1634

と

と／985
戸／18、163、212、249、570、573、986、1306
都／986
度／986、1218
ドア／18、986
問い合わせ／987
という／465
ドイツ／989
トイレ／358、431、856、987、1640
党／295、987、1377
塔／987
等／987
問う／988
どう／988
同／988
銅／989
同意／989

どういう／465、935、1645
どういうつもり／935
統一／989
同一／989
投下／1189
どうか／327、456、829、988、990、1212
唐辛子／990
同感／990
動機／990
動悸／77、990
等級／991
同級／991
同級生／991
同居／991
東京／99、841、921、984、986、999、1265、1456、1503、1577
道具／991
峠／992
統計／992
陶芸／992
統計学／992
凍結／992、993
峠を越える／992
登校／993
統合失調症／993
動作／993、1107
東西／993
倒産／273、311、465、643、994
投資／994
当時／994
答辞／994
同士／1606
同時／994、995
どうして／995
どうしても／995、996
投手／996、1176
登場／996
同情／996
投じる／1299
答申／997
どうする／936
どうするつもり／936
どうせ／997
透析／997
当選／242、997
当然／998
どうぞ／461、998、1581
闘争／998
同窓／998
同窓会／998
灯台／999
到達／999
到着／999
到底／1000
尊い／1000
とうとう／231、1000
同等／1000
道徳／643、1000、1243、1624
道徳教育／1000
道徳心／643
盗難／1001
糖尿病／1001
当番／37、325、326、605、661、1001、1541
投票／313、1001
豆腐／1001
動物／314、384、552、1001、1283、1417、1433、1464、1605
動物園／1001
動物実験／552
当分／1002
東北／1002
謄本／1002
動脈／1002
動脈硬化／1002
透明／1002、1003
同盟／1003
当面／1003
どうも／1003、1004
トウモロコシ／1004
どうやら／1004
灯油／1005
動揺／1005
到来／1005
同僚／1005
盗塁／1005
道路／428、430、437、864、874、938、1005、1064、1320、1576
登録／1006
登録書／1006
討論／1006、1553
討論会／1006
童話／1006
遠い／27、252、404、1006、1007、1031、1072、1084、1093、1384、1397、1425、1452、1494、1498、1649
十日／1007
遠ざかる／1007
遠ざける／1007
通す／83、84、677、1008、1009、1018、1255
トースト／1009
トータルコミュニケーション／1009
ドーナツ／1009
トーナメント／82、1009
通り／86、173、868、900、1010、1345、1346、1535、1563
どおり／591、1623
通る／1010、1011、1640
都会／1012
時／143、270、547、804、851、917、1012、1013、1296、1445、1540、1585、1602
朱鷺(トキ)／1013
時々／1013、1528
ドキドキ／1013
時に／1013
度胸／1014
解く／1014、1015
説く／1015
得／1015
徳／1015
毒／323、372、1015、1180
得意／381、388、670、767、1016、1119、1171
徳川／1015
毒グモ／372
独裁／1016
独自／1016
得失／1614
読者／1017
特殊／1017
特殊教育／1017
読書／14、469、1017、1333
特色／1017
独身／117、1017、1018
毒舌／1018
独占／1018
独走／1018
ドクター／1018、1019
ドクターコース／1018
独断／1019
特徴／1019、1047
得点／1019
独特／1019
特に／1020
特別／1020
毒ヘビ／1015
匿名／1020
独立／539、1020
独立行政法人／1403
読話／1021
時計／48、66、377、1021、1042、1238
解ける／136、1021
溶・融ける／1021、1022
遂げる／1022
どこ／1022
どこか／1023
どこまでも／1023
所(ところ)／75、246、1023、1024、1025、1228、1384、1602
ところが／1025
ところで／1025
ところてん／1025
登山／1025
都市／708、1026
年／19、60、126、210、254、382、

549、787、933、1026、1053、1198、1436、1487、1511、1642
どじ／1357
都市計画／1026
年頃／1026、1027、1547
年月／1027
戸締り／792
図書／1027
泥鰌(ドジョウ)／1028
図書館／1027
図書券／1027
年寄り／359、652、1028
閉じる／1028、1029、1442
塗装／1029
途端／1029
土地／12、151、336、448、496、635、718、724、748、1029、1030、1128、1131、1307、1310
途中／985、1030
どちら／371、1030
どちらさま／1030
特急／168、1031
独居／1031
特許庁／1031
独居老人／1031
嫁ぐ／1031
とっくに／1031
特権／1031
特効薬／1032
突然／796、1032、1307、1334
突然死／1032
取って置き／1032
突破／1032
トップ／60、374、1018、1032、1033、1631
トップを切る／1032
とても／806、1033
届く／566、902、1033、1034
届ける／1034
整う／920、1034
整える／1035、1490
とどのつまり／931
留(とど)まる／1035
留(とど)める／1036
轟く／1036
ドナー／1037
土鍋／1082
隣／181、230、293、336、424、714、1037、1255
どなる／892、916、1037
とにかく／1037
どの／1038
殿様／1038
殿様商売／1038
飛ばす／969、1038
飛び上がる／1038
飛び込み／1038
飛び出す／1039
土俵／1039
扉／16、1040
飛ぶ／215、445、824、1040、1041、1049、1272、1422
徒歩／1041
とぼける／1041
乏しい／487、1041
トマト／1041
止まる／1041、1042
泊まる／1043、1424
留(と)まる／1043
富／1043
富をなす／1043
富む／1043、1044
止め／899
止める／818、1044
泊める／1045
留(と)める／1045
友／1045
共稼ぎ／1045
友達／549、845、985、1045、1046、1448
伴う／1046
共に／1046、1583
土曜日／777、1047、1252、1436
虎／1047
トライアスロン／1047
ドライブ／1047
ドライブウエー／1047
捕らえる／1047、1048、1628
トラック／1048
トラック競技／1048
トラブル／1048
ドラマ／1049、1633
とらわれる／389
トランプ／157、215、1049
鳥／806、1040、1049
トリオ／1049
取り替える／1050
取組／1050
取り組む／1050
取り消す／1050
取り引き／1050、1051、1576
取引／434
取り持つ／1066
取り止める／1051
努力／417、786、848、959、1051、1170、1236、1492、1502、1512、1516
取・採・執・撮(と)る／108、157、487、529、532、549、577、624、630、633、690、735、770、875、879、953、992、1026、1051、1052、1053、1054、1238、1528、1574、1634、1651
ドル／1055
どれ／1055
トレーニング／1055
ドレス／1055
ドレッシング／1055
トレパン／1055
取れる／488、1056、1634
どろ／1188
泥棒／108、137、779、1048、1056
鈍感／1057
団栗(ドングリ)／1057
どん底／1057
とんだ／1057
とんだ災難／492
どんどん／614
どんな／1057
どんなに／1058
トンネル／898、1058
丼(どんぶり)／80、144、1058
トンボ／1058

な

名／11、60、1036、1059、1202
ない／67、72、73、79、88、99、106、111、118、133、189、194、197、202、206、231、236、265、271、273、293、312、314、364、370、371、465、480、481、498、510、528、529、594、612、617、621、629、631、641、671、730、752、761、775、821、822、827、848、1020、1059、1060、1061、1069、1070、1080、1082、1096、1123、1153、1160、1180、1183、1197、1202、1207、1252、1281、1291、1316、1337、1338、1343、1392、1434、1446、1447、1451、1465、1469、1471、1474、1495、1497、1519、1533、1535、1577、1579、1583、1601、1643、1645
内科／1061
内閣／1061、1062
内閣総理大臣／1061
内耳／649、1062
内耳炎／1062
内緒／1062
内情／1062
内職／1063
内緒話／1062
ナイフ／347、506、1063
内部／1063
内密／1063
内面／1063
内容／720、748、904、1064、1226、1315、1375
猶／1064
直・治す／1064、1065、1302
直・治る／1065、1455

中／149、1065、1066、1447
仲／427、500、1065、1066、1225、1266、1385
長い／305、369、482、652、804、832、1027、1066、1067、1141、1256
長椅子／87
長さ／810
流す／30、312、848、1067、1068、1085、1478
仲違い／1068
名が高い／1059
名が通る／1011
仲直り／1068
なかなか／236、616、1060、1069
長々／1069
長年／435
仲間／119、382、942、1069、1070、1179、1323、1358、1504
仲間はずれ／1070
仲間割れ／1069
中身・中味／1070
眺める／1070、1434
仲良し／286、378
ながら／1070、1071
流れ／287
流れる／1071、1072
亡き／1072
泣き言／1072
泣き虫／1508
泣く／80、1073、1459
鳴く／1073
慰める／1073
無・亡くす／1073
無・亡くなる／1073、1074
殴る／328、698、1074
嘆く／1075
投げる／216、891、1075、1413
仲人／1076
和やか／1076
情けない／1076
梨／1076
成し遂げる／1076
ナシのつぶて／1076
馴染み／1077
馴染む／1077
茄子(ナス)／1077
何故／1077
謎(なぞ)／1021、1078
謎謎／1078
なだめる／1078
雪崩／1078
夏／31、414、1079
懐かしい／1079
納豆／1079
納得／1079、1080
夏ばて／1080
夏休み／1079
など／1080
七／1080
七つ／1081
斜め／1081
何／65、196、214、589、822、828、931、1041、1061、1081、1094、1170、1287、1460、1591
何か／1277
何不自由ない／1081
何も／1082
七日／550
鍋／64、249、315、678、835、1082、1578
生／525、1082、1083
生意気／1083
名前／202、641、914、916、1024、1083、1094、1598
なまけもの／1493
怠ける／1083
鯰(ナマズ)／1083
生ビール／1082
生放送／1082
生野菜／1083
鉛／1083
波／190、542、1084、1347
並／1084、1085
波風／812
涙／51、471、829、848、974、1067、1071、1085、1125、1126、1551
涙を飲む／1085、1161
波に乗る／1084
波乗り／1084
ナメコ／1085
滑らか／1086、1207
嘗める／1086、1087
悩み／649
悩む／1087
なら／997、1087
習・倣う／82、211、281、284、606、633、660、866、1088、1221、1258
鳴らす／1355
並ぶ／603、810、1088、1089、1480
並ぶ者はいない／1089
並べる／1089、1090
なる／59、69、84、97、112、114、175、255、523、721、859、868、1046、1090、1091、1094、1338、1356、1393、1426、1427、1438、1449、1450、1536
鳴る／144、278
なるべく／1091
なるほど／1091
馴れ合い／1092
ナレーション／1092
ナレーター／1092
慣れる／1092
縄張り／1092
縄張り争い／1092
名をあげる／20、1059
名を売る／1059
名を立てる／813
難／1092、1093
南極／1093
難航／1093
軟式／1093
難聴／1093、1094
何でも／1094
なんとか／1094
何枚／253
難を逃れる／1092

に

荷／1095、1106
二／374、602、1095、1139、1268
似合う／821、1096
荷揚げ／1095
ニアミス／1096
兄さん／1096
煮える／1096
臭(にお)い／70、112、361、395、1096、1097、1118、1222、1223、1377
匂・臭(にお)う／1097
二億／809
二階／11、855、1097、1098
苦い／1098
二階建て／1098
荷が重い／1095
二月／455、1098、1596
苦手／521、1098、1099、1209、1305
にきび／1099
賑やか／1099
二級／1099
握る／1100、1252
肉／838、1100
憎い／1100
難い／1101
憎しみ／1101
肉体／1101、1636
肉体労働／1636
憎たらしい／1101
肉だんご／838
憎む／1102
逃げる／65、430、1102、1514
濁す／466
にこにこ／1102
にこやか／1102
濁る／1103
西／1103
二次／1103
虹／1103、1195
二次会／1103
二時間／897

日本語語彙索引

にじむ／848
二十／695、804、1090、1103、1167、1446
二重／1104
二十年／627
二十世紀／695
偽／1104
偽物・偽者／1104
2000／708
似たり寄ったり／1113
二段／1104
日／1104、1105
日常／1105
日曜日／1105
日記／915、1105
日給／1106
日光／1106
日中／1106
日程／165、885、1106
似ても似つかない／1112
担う／1106
二番／1107
鈍い／993、1107
日本／230、244、416、453、475、575、639、642、644、648、723、727、920、1016、1107、1108、1152、1160、1206、1258、1308、1417、1497、1601、1621、1628
日本一／1107
日本語／1108
日本シリーズ／639
日本人／644、1107
二枚舌／1108
にもかかわらず／1108
荷物／264、755、1108、1194、1237、1540、1544
ニュアンス／1108
入院／1109、1288
入学／1109
入金／908
入札／1109
入試／1109
入社／1109
入場／1110、1516
入場券／1110
ニュース／918、919、1110、1612、1637
入籍／1110
入選／1110
入門／1110
入浴／1111
女房／1111
韮(ニラ)／1111
にらみ合う／1111
睨む／1111、1112
二流／1112
似る／1112、1113
煮る／277、445、1113
二塁手／1113
二塁打／1113
庭／358、404、1113、1181、1187
にわか／1113、1114
にわか雨／55
ニワトリ／824、927、1114
人(にん)／562、1114
任意／1114
認可／1114
人気／1115、1456、1599
人形／56、254、1115、1116
人間／851、913、1116、1229
人間ドック／1116
認識／1116
忍者／1117
人情／1117
妊娠／876、1117
ニンジン／1117
妊娠中絶／876、1117
人数／697、1118、1448
忍耐／1118
認定／1118
任務／661、1118
任命／1119

ぬ

縫物／1119
縫う／327、1119、1120、1238、1477
抜かす／1120
抜き／1647
抜きん出る／1120
抜く／1120、1121
脱ぐ／1121、1122
拭う／638、1122、1123
抜ける／859、1123
主／712、1123、1124
盗み／1189、1210、1291
盗む／716、826、1102、1124、1520
沼／1124
濡らす／1124、1125
塗る／927、1125、1207、1390
温い／1125
濡れる／1126

ね

音(ね)／1126
根／1126、1127、1232、1239
値／1127、1128、1240
値上がり／1128
値上げ／1128、1315
値打ち／1128
姉さん／1128
願い／100、271、341、741、789、1034、1129
願う／1129
願ってもないこと／1129
値がはる／1128
葱(ネギ)／1130
労う／1130
ネクタイ／1130、1512
猫／1130、1131、1271
猫かぶり／1131
猫かわいがり／1131
寝言／1131
猫に小判／1131
猫の手も借りたいほど／1130
猫の額／1131
猫ばば／1131、1132
寝込む／796、1267
猫をかぶる／1130
値下がり／1132
値下げ／1132
ねじける／1132
ねじ回し／1133
寝過ごす／895
鼠(ネズミ)／1133
妬む／1133
値段／12、21、496、504、1133、1254、1544
熱／495、796、919、986、1134、1135、1155、1269、1482
熱意／1135
ネックレス／651、1135
熱心／1135
捏造／1135
ネット／1135、1136
ネットワーク／1136
熱望／1136
熱をあげる／1134
根に持つ／1127、1542
ねばねば／1136
粘る／1136
値引き／1136
寝不足／1137
寝坊／1137
寝耳に水／1137
眠い／1137
眠る／782、786、855、1137
根も葉もない／1127
ねらい／508、1138
ねらう／1138
寝る／95、672、736、1089、1138、1139、1296、1435、1532、1581、1611
練る／436、500、1139、1362
音をあげる／1126
年(ねん)／708、771、774、986、1139、1380、1384、1594
念入り／1140
年賀状／1140
念願／1140
年金／1140
年月／804、1141

年功／1141
年功序列／1141
捻挫(ねんざ)／26、1141
年始／1141、1142
燃焼／1142
念じる／1142
年度／1142
念頭／180
年内／1142
年々／382
年表／1300
年末／1143
燃料／1143
燃料費／1143
年輪／1143
年齢／472、736、988、1143、1379、1384

の

野／1144
ノイローゼ／1144
能／1144
脳／602、1144
農家／1145
農学／1145
納期／1145
農業／1145
農業協同組合／1145
脳外科／1146
濃厚／1146
脳梗塞／1146
農作業／499
脳死／1144
脳腫瘍／601
納税／1146
脳卒中／1146
農村／1147
農地／1147
能天気／1147
納品／1147
納品書／1147
農民／1147
能率／1148
能力／628、744、754、1148、1270
農林水産省／1148
ノート／167、395、1148
ノーマライゼーション／1149
逃す／1149
逃れ／94
逃れる／1092、1149
のけ者／1149、1150
除・退ける／1150
のこぎり／347、1150、1165
残す／1151、1501
残る／117、545、752、1151、1499
乗・載せる／815、1152、1615
除く／1152
覗く／1153
望ましい／1153
望み／488、925、1153
望む／1153、1154
臨む／1154
後(のち)／1154
ので／1154
のど／288、1010、1155
長閑／1155
のどから手が出るほど／1155
野となれ山となれ／1144
のに／1155
伸・延ばす／1156、1257
伸・延びる／110、601、654、1087、1156、1157
述べる／299、498、533、593、1157、1618
のぼせる／1157、1158
上・昇・登る／25、177、223、493、780、845、848、975、1158、1159、1197、1256、1338、1565
のみ／1289
飲み会／1159
飲み込む／1159、1160
飲み物／798
飲む／99、125、333、454、464、502、665、668、862、866、1160、1161、1284
海苔(のり)／1161
糊(のり)／1162
乗り換える／1162
乗り越える／1162
乗り越す／1162
のり弁当／1161
乗る／146、159、176、216、379、560、645、855、941、1163、1164、1353、1363、1616
ノルマ／1164
暖簾(のれん)／1164
鈍い／1164
のんき／1164
のんびり／1164

は

歯／582、622、893、1121、1123、1165、1182、1473
派／1174
葉／382、1165、1166
ば／1166
場／1166、1368
バー／1040
場合／1166、1167、1602
把握／1167
バーゲンセール／1167
パーセント(%)／1167、1446
パーティー／528、1099、1167、1168、1169
ハート／1168
ハード／1055、1168
パート／1168
バードウォッチング／1168
パートタイム／1168
ハードトレーニング／1055
ハードル／1169
ハーブティー／1169
バーベキュー／1169
パーマ／1169
灰／1169、1170
肺／1170、1173
倍／1170
灰色／1170、1171
梅雨／1171
背泳／1171
肺炎／1171
パイオニア／1171
媒介／1171、1172
廃棄／634、1172
排気／1172
排気ガス／1172
ハイキング／449、1172
バイキング／1172
ハイキングコース／449
俳句／1172
バイク／1173
背景／1173
肺結核／1173
拝見／1173
廃止／1173
歯医者／1165
敗者／1174
媒酌／1174
ハイジャック／1174
敗者復活／1174
買収／1174
賠償／760、1175
敗色／1146
配信／1175
排斥／1175
敗戦／1175、1176
媒体／1176
配達／1176
配置転換／976
売店／1176
パイナップル／1176
背任／1177
売買／1177
パイプ／931
ハイブリッド／1177
敗北／1177
売名／1177
俳優／1177
配慮／240、1178
入る／15、213、975、1019、1069、1135、1178、1179、1180、1181、

1426、1468、1490、1571、1635、1653
ハウス／1181
蝿(ハエ)／1181
生える／545、1181、1182
羽織／1182
墓／1182
馬鹿／1182、1183
破壊／1183
はがき／172、1183
場数／1357
博士(はかせ)／1184
歯が立たない／1165
はかどる／1184
ばかにならない／1183
馬鹿馬鹿しい／1184
袴／1184
墓参り／1182
歯がゆい／1184
ばかり／687、1185、1235、1427
計・測・量る／344、591、693、765、779、1185、1186
諮る／1186
図・謀る／1186、1187
馬鹿を見る／1499
破棄／391
萩／1187
掃く／1187
吐く／1187、1188、1399
履・穿(は)く／367、530、666、683、751、916、1251、1491
はぐ／280
爆撃機／1188
白菜／326、1188
博士(はくし)／1188
白紙／1189
拍手／59
白状／923、1189
博する／441
漠然／1189
爆弾／409、1189
博打／1190
白内障／1190
爆発／1190
博物館／1190
はぐらかす／1190
博覧会／1191
歯車／1191
はげ／1191
はげ頭／1191
激しい／172、990、1191、1192
励ます／1192
励む／499、1192、1275
はげる／1192
派遣／1192、1193
箱／24、282、283、473、850、1193
箱入り娘／1193
運ぶ／752、1193、1194
はさみ／346、1194
はさむ／137、1194、1195
破産／1195
橋／237、249、411、830、924、1195、1649
箸／914、1196
恥／562、1196
はしか／1197
梯子(はしご)／1197
箸にも棒にもかからない／1396
恥の上塗り／1196
始まる／101、1026、1197
初・始め／1198、1448
初めて／313、596、1198、1239、1252
初めまして／1198
始める／337、510、1198
パジャマ／1199
場所／143、185、1199、1290
柱／1199
走り／484
走り高跳び／1199
走り幅跳び／579、1200、1629
走る／23、168、714、1032、1200、1201、1204、1208、1366
恥じる／1201、1202
橋渡し／1195
筈／1202
バス／153、294、604、613、931、987、1011、1202
パス／1202
恥ずかしい／1203
恥ずかしがり屋／1555
バスケットボール／1203
外す／1203、1389
パスタ／25
パスポート／1204
弾む／847、1204
バスルーム／1204
外れ／317、1204、1205
外れる／1138、1205、1475、1596
パセリ／1206
パソコン／34、901、1206、1459
旗／10、20、233、1206、1308、1574
肌／971、1206、1207、1368
バター／1125、1207、1422
裸／620、1207
畑／334、575、762、1208、1506、1560
畑が違う／1208
はだし／1208
果たす／444、711、1164、1208、1330、1537、1557、1559
二十歳(はたち)／668、1208
旗日／1206
バタフライ／1209
働き／1209、1526
働き口／365
働く／100、221、242、290、682、794、873、879、1209、1210、1341、1356、1363、1431、1447、1469、1648
破たん／769
八／437、532、986、1210、1243
蜂(ハチ)／1211
罰(ばち)／1211
八月／1211
八時／179、726、1456、1465
８度／986
蜂蜜／1211
初／232、266
罰(ばつ)／1211
発音／1212
二十日(はつか)／1212
発覚／1212
発揮／1212
はっきり／1212、1471
罰金／1213
バック／1213
バッグ／1213
抜群／1213、1214
白血病／1214
発見／1214
発言／963、1044、1151、1214
初恋／1214
発効／1215
発行／1215、1437
バッジ／1215
発車／1215
発信／1216、1523
抜粋／1216
罰する／932
発生／1216、1217
罰則／1217
発達／1217、1470
ばったり／6、944
パッチワーク／1217
バッテリー／1217、1218
発展／1022、1218
発電／976
バット／139
発熱／1218
発表／603、1218
八方塞がり／1219
初耳／1219
発明／1219
発明家／1219
はつらつ／1219
果て／849
派手／1219、1220、1461
果てしない／1220
ばてる／1220
鳩／1220

パトカー／1221
バドミントン／1221
パトロール／604
花／9、307、499、500、527、689、847、926、929、1097、1144、1221、1222、1297、1305、1369、1498
鼻／312、784、790、908、950、1222、1223、1269、1313
花柄／1550
話／120、146、198、256、261、264、365、457、458、479、500、503、504、571、617、652、675、726、739、758、770、815、857、884、904、907、908、919、1024、1062、1135、1179、1183、1184、1189、1204、1224、1225、1231、1277、1278、1292、1295、1338、1487、1494、1508、1509、1511、1513、1515、1518、1531、1545、1551、1577、1592、1653
話し合い／1166
話にならない／1224
放す／1225
離す／1101、1225
話す／104、456、509、813、905、929、1016、1195、1225、1226、1234、1437、1440、1503、1583、1624、1653
鼻高々／1222
鼻づまり／1226
バナナ／1226
鼻にかける／1223
鼻につく／1223
鼻にもかけない／1223
鼻の下が長い／1223
花火／11、20、1226
花札／1227
花見／1221
鼻水／834
花道／1227
離れる／1227、1228
花を持たせる／1222
パニック／1228
跳ねる／1228
パネルディスカッション／1228
母／2、35、119、376、419、548、715、830、955、1063、1072、1079、1229、1257、1440、1551
幅／864、1229
母親／127、752
はばかる／428
派閥／1229
阻む／1229、1230
はびこる／1230
省く／1230
浜／1230
蛤(ハマグリ)／1230
ハム／1230
破滅／1231
はめる／967、1582
場面／1231
早・速い／192、305、414、616、852、1200、1231、1232、1496、1613、1641
林／1232
生やす／1232、1270
流行る／1233
原／1233
腹／104、158、355、356、358、363、364、693、768、806、812、1233、1234、1235、1240、1382、1387、1388、1482
薔薇(バラ)／1235
払う／86、723、870、1235、1236、1615、1638
腹が黒い／381、1234
腹がすわる／1234
腹が据わる／693
腹が立つ／1235
腹ごしらえ／1234
パラシュート／1236
晴らす／1237
腹の虫が治まらない／1235、1508
ばらばら／1237
パラリンピック／1237
腹を痛める／1234
腹を立てる／812、1235
腹を割る／1234、1653
バランス／1056、1238
針／1238、1276
鍼／1238
バリアフリー／1239
春／476、478、517、858、1090、1155、1199、1239、1263
張・貼る／84、321、433、981、1239、1240、1241、1441、1471
春場所／1199
春巻／1241
春物／664
春を売る／1239
晴れ／1154、1241
バレエ／1241
パレード／1241
バレーボール／1242
破裂／1242
晴れる／305、835、1242
ばれる／639、1242
ハローワーク／1242
ハワイ／1243
半／1243
反／1243
晩／1243
番／1243、1244
パン／208、1125、1207、1244、1332、1494、1571
範囲／414、1244
反映／1244
繁栄／1244
半額／1245
ハンカチ／1245
反感／1245
反感を買う／1245
反響／1245、1246
バンク／463
パンク／1246
番組／884、1092、1246、1569
判決／364、1246、1508
反抗／1246
犯行／1246
番号／1247
万国博覧会／1191
犯罪／1247
ハンサム／759、1247
万事／1247
万事休す／1247
反射／1247
繁盛／1248
半信半疑／1248
反する／1248
反省／1248、1249
万全／1249
反則／1249
反則負け／1249
パンダ／1249
反対／6、625、715、1249、1250
判断／957、1250、1463、1580
パンツ／1250、1251
番付／1251
判定／1251
パンティー／1251
ハンディキャップ／1251
半島／1252
パントマイム／1252
ハンドル／739、1100、1252
半ドン／1252
犯人／1112、1252
反応／1252
万能／1253
半端／877
ハンバーガー／1253
ハンバーグ／1253
販売／123、1253
反発／1254
パンフレット／1254
半分／1254、1645
反論／1255

ひ

火／148、231、249、395、569、910、915、973、1199、1255、1256、1327、1590

日本語語彙索引

日／ 37、43、195、263、380、392、430、508、543、572、840、906、947、971、972、1158、1206、1256、1257、1494、1594
費／ 116、390、527、893、1143、1295
非／ 431、720、1257、1258
美／ 982、1258
ピアノ／ 1258
PR／ 1258
ＢＳ衛星放送／ 1259
ピーク／ 1259
ヒーター／ 1259
ビーフステーキ／ 678
ピーマン／ 1259
ビール／ 1082、1259、1284
冷え込む／ 602
冷える／ 1259、1260
被害／ 244、679、778、925、1260
日帰り／ 1260
比較／ 1260
東／ 38、93、1261
ひがむ／ 1261
光／ 506、1008、1247、1256、1261、1262
光る／ 1262
ひかれる／ 455、1263
悲観／ 1263
彼岸／ 1263
引き上げる／ 1263、1264
率いる／ 1264
引き受ける／ 310、1264
引き起こす／ 1264
引換／ 1264
引換券／ 1264
引き替える／ 1265
引きこもる／ 1265
引き算／ 1265
引き締める／ 1265
引きつける／ 1266
引き伸ばす／ 1266
引き離す／ 1266
引く／ 257、722、849、943、1266、1267、1268、1269、1379
低い／ 287、555、633、947、951、1269、1270、1301
ピクニック／ 1270
髭・鬚・髯(ひげ)／ 758、1232、1270、1271
悲劇／ 1271
否決／ 1271
秘訣／ 1271
非行／ 1271
尾行／ 1272
飛行機／ 335、600、722、737、861、867、909、999、1040、1189、1236、1272、1503
非公式／ 431、1272
被告／ 1272
被告人／ 1272
日頃／ 1051、1272
膝／ 1272
久し振り／ 231、1273
悲惨／ 1273
ひじ／ 1141、1273
肘鉄／ 1273
ビジネス／ 1273
美術／ 1274
美術館／ 1274
批准／ 626、1274
秘書／ 1274
非常／ 1274
非情／ 1274
非常勤／ 1275
非常口／ 1274
ビジョン／ 1275
美人／ 670、1275
ヒステリー／ 1275
ピストル／ 139、198、1275
額／ 1122、1299
ひたすら／ 1275
ビタミン／ 1276
左／ 1276
左側／ 899
左側通行／ 899
左前／ 1276
左寄り／ 1276
引っ掛かる／ 1276、1277
引っ掛ける／ 1277
筆記／ 1277
筆記試験／ 1277
びっくり／ 1278
ひっくり返る／ 1278
日付／ 1278
引っ越す／ 1278
必死／ 443、1279
羊／ 1279、1516
筆者／ 1279
必然／ 1279
ひっそり／ 1279
ぴったり／ 1280
筆談／ 1280
ピッチャー／ 157、1280
匹敵／ 1281
ヒット／ 1281
筆頭／ 1440
ヒット曲／ 1281
引っ張り凧／ 1281
必要／ 72、73、157、706、1087、1234、1281
否定／ 1282
ビデオ／ 1282、1607、1633
ビデオカセット／ 1282
ビデオカメラ／ 1282
人／ 6、23、41、62、69、103、116、122、150、162、168、172、173、175、188、189、190、192、194、207、209、230、231、239、314、323、361、424、429、458、472、478、480、503、576、587、612、640、641、692、693、758、767、783、798、807、825、833、839、846、857、874、902、905、931、967、984、1010、1012、1037、1038、1043、1063、1084、1099、1121、1159、1182、1235、1266、1272、1281、1283、1339、1352、1381、1387、1413、1425、1427、1440、1464、1488、1489、1529、1557、1560、1617、1653
ひどい／ 170、262、1155、1283、1284
一息／ 1284
一息つく／ 1284
人柄／ 1284
ひときわ／ 1285
一口／ 366、1152、1285
一言／ 173
人混み／ 1120
ひどさ／ 15
等しい／ 1286
一筋／ 1286
一つ／ 111、466、546、1286、1287、1344、1532
一つ釜の飯を食う／ 1286
人づき合い／ 1647
ひとつよろしく／ 1287
人手／ 1287、1288、1650
人並み／ 1085、1288
一肌脱ぐ／ 1122
人々／ 42、314、726、733、878、894、1007、1245、1288、1346、1368、1504、1515
ひと風呂／ 1282
ひとまず／ 1288
ひとまわり／ 1282
一人／ 32、252、374、735、896、928、1227、1289、1651
ひとり者／ 1547
ひなた／ 1289、1290
ひなたぼっこ／ 1290
避難／ 1290
非難／ 39、965、1290
皮肉／ 314、1291
日にち／ 889、1291
泌尿器科／ 1291
否認／ 1291
避妊／ 1292
ひねくれる／ 1292
ひねる／ 1292
日の入り／ 1293

非の打ち所がない／1257
火の海／148
檜(ヒノキ)／1293
火の手／942
日の出／1293
被爆／332、1293
被爆者／1293
火花／892
ヒバリ／1293
批判／131、802、1293、1294
ひび／1180、1201
日々／182、1294
響く／1294、1295
批評／1295
皮膚／46、1295
皮膚科／1295
被服／1295、1296
ビフテキ／1296
被保険者／1296
非凡／1296
暇／76、1296、1297
向日葵(ヒマワリ)／1297
秘密／1297、1553
秘める／138
ひも／1511
冷や汗／30、1071、1297
冷やかす／1298
百／74、209、1185、1298、1493、1557、1653
百円／744
百字／107
百姓／1298
百点／1019
百人／951
冷やす／450、1298、1299
百貨店／1299
冷奴／1299
票／118、1299
表／537、902、1300
豹／1300
費用／935、1300
病／630、653、1300、1528
秒／1301
美容院／1301
病院／119、715、1301
評価／785、1270、1301、1302
病気／106、190、204、237、285、306、648、799、980、1064、1065、1108、1139、1302、1446、1493、1545、1621
表現／176、206、1302、1350、1441
標語／1302
表札／1302
表示／1303
標識／1303
描写／1303
標準／1303
表彰／1303
表情／14、1102、1304
病状／1304
表彰状／1303
平等／840、1304
病人／293
評判／1304
表明／1305
表面／1305
日和／714
日和見／1305
日和見主義／1305
平泳ぎ／1305
開く／163、223、657、1040、1167、1305、1306、1307、1324、1405、1457
開ける／1307
平たい／1307
ひらめく／1307、1308
びり／1308
ピリ辛／1308
比率／1308
昼／1309
ビル／31、36、194、361、436、756、784、805、984、1097、1180、1183、1309、1397、1584
昼飯／1525
昼休み／1309
比例／1309
比例代表／1309
広い／232、429、1229、1310、1442
拾う／789、1311
疲労／1311
披露宴／1311
広がる／1311、1312
広げる／1312
広場／1312
広まる／153、843、1313
枇杷(ビワ)／1313
火を見るよりも明らか／1256
品／195、463、485、625、1313、1342、1364、1401
便／946
敏感／1096、1313、1314
ピンク／1314
ピンク映画／1314
貧血／1314
品質／1314
貧弱／1315
便乗／1315
便乗値上げ／1315
ヒント／1315、1316
ピント／1316
ピンと来る／376
ピンはね／1316
貧乏／1316

ふ

不／1317
府／1617
部／653、947、1317
ファースト／1317
ファイル／1317、1318
ファックス／1318
ファッション／1318
ファン／1318
不安／202、1318、1319、1590
不安定／1317
不意／1319
フィールド／1319
フィールド競技／1319
不一致／694
フィルム／1319
封／1028
風／1261、1319、1320
風景／1303、1320
封鎖／1320、1321
風疹／1321
風船／1331
封筒／1321
夫婦／3、1045、1066、1321
ブーム／1321
プール／1322
笛／1322、1327
増える／1271、1322、1323
フェンシング／1323
フォアボール／1323
フォーク／823、1323
フォーラム／1324
部下／1324
深い／81、555、647、749、816、1077、1124、1249、1324、1590、1593
不快／1325
不可解／1325
不可欠／1325
不可抗力／1325
不可能／856、1325
深まる／1325、1326
深める／1326
不完全／1326
蕗(フキ)／1326
武器／1326
不休／1356
普及／390、1327
不況／1327
不均衡／1327
吹く／257、1322、1327、1328
副／1328
服／6、7、66、100、200、234、248、320、546、650、732、754、774、854、863、888、934、1050、1096、1121、1124、1233、1235、1280、1328、1369、1454、1469、1564、

1595、1618
河豚(フグ)／1328
複雑／1328
副作用／1329
福祉／218、243、544、731、1329
福祉施設／544
福祉法人／1402
複写／1329
復習／1329
復讐／1329、1330
副食／1330
複製／1513
服装／325、868、1330
福引／1330
含む／1330
含める／1331
膨らむ／1331
膨れる／1332
袋／1332
梟(フクロウ)／1332
袋叩き／1332、1333
不景気／1333
更ける／1333
耽る／1333、1334
老ける／1334
不幸／253、1334
夫妻／1334
負債／1334
不在／1335
不在者投票／1335
塞がる／1335、1336
塞ぐ／46、1336
ふざける／1337、1459
ふさわしい／267、807、1337
藤／1337
武士／1337
無事／110、1142、1338、1378
不思議／164、411、1338
富士山／39、1154、1338
不自由／547、1317、1338、1339
負傷／1378
侮辱／1339
不信／1339
不振／1340
婦人／1139、1340
婦人科／1340
婦人警官／1340
ふすま／1340
不正／1212、1340、1341、1485、1486
防ぐ／434、1341
武装／1341
武装放棄／1341
不足／149、154、286、561、650、663、1116、1201、1341
付属／1342
付属品／1342
不足分／793
ふた／18、1342
豚／1342
舞台／47、393、996、1144、1241、1342、1343
双子／1343
再び／1343
二つ／1344、1377、1644、1654
ふたつとない／1344
二人／1、406、759、892、1066、1068、1089、1195、1225、1266、1344、1345、1385、1479、1487
負担／1345
普段／1345
部長／1317
不通／1345
普通／1346
普通電車／1346
物価／145、1346
二日／582、1346、1347
復活／1174、1347
二日酔い／1347
ぶつかる／277、1347、1348
復帰／1348
復興／1348
仏頂面／1348
降っても／971
フットサル／1349
ぶつぶつ／928、1349
筆／181、807、1051、1086、1200、1349、1350
筆が立つ／807、1349
不適当／1350
筆を折る／1349
筆を加える／382
ふと／205
太い／274、646、1350、1351
不当／1351
ブドウ／1351、1492
不登校／1351
不動産／1351、1352
懐(ふところ)／33、92、1352
ふところが寂しい／513
ふところが寒い／514
太る／1352
布団／1353、1538、1648
船荷／20
船／11、128、448、481、543、661、909、915、933、1353、1354、1490、1586
不能／1354
吹雪／1354
部分／1354
不平／1354、1355
不便／1355
不真面目／1355
不満／936、1355、1597
文(ふみ)／1355、1356
踏切／1356
不眠／1356
不眠症／1356
踏む／920、1356、1357
不向き／1505
不明／84、1357、1358、1578
増やす／1358
冬／152、364、668、680、858、1358
不要／1358
扶養／432、1359
扶養控除／432
フライ／27、237、1359
プライド／1359
プライバシー／1359
フライパン／92、1360
ブラインド／1360
プラカード／1360
ブラジャー／1360
プラス／1360、1361
プラスチック／1361
フラッグ／868
ぶらつく／1361
プラットホーム／1361
ふらふら／1361、1362
ぶらぶら／64、1362
プラン／1362
ブランコ／1363
ブランデー／1363
ぶり／866
フリー／1363
振り替え／1363
振り替え休日／1363
振替用紙／1363
振り替える／1363
振り返る／994、1364
振り仮名／1364
振り袖／1364
降りだす／1113
不良／1313、1364
不良品／1313、1364
プリン／1365
プリント／1365
フル／684
降る／54、55、282、284、534、743、796、937、971、1004、1029、1166、1179、1206、1365、1451
振る／810、1365、1366
古い／88、797、811、929、1366
ふるう／1018、1409
フルーツ／1367
震える／1367
ふるさと／1367
フルスピード／684
ブルドーザー／360、1367
ふるまい／111
振る舞う／581、1367、1368

触れ合い／1368
触れ合う／1368
無礼／57
ブレーキ／331
プレス／1369
プレゼント／182、376、1369
プレッシャー／1369
プレミアム／1370
プレミアムセール／1370
風呂／13、30、40、493、515、788、806、814、1068、1157、1178、1370、1644
プロ／1370、1564
付録／1370
プログラム／1371
プロジェクター／1371
プロジェクト／1371
ブロック／351、1371、1378
ブロック塀／1371、1378
ブロッコリー／1372
プロポーズ／1372
ふわふわ／1353
分(ふん)／804、1372
文(ぶん)／1372
雰囲気／1372
分科／1373
文化／1373
分科会／1373
文学／1373
文化庁／1373
分割／1373
分権／1374
文献／1620
分校／1374
紛失／1374
文書／1374
文章／585、740、764、789、854、913、918、1374、1406、1449、1452、1524、1553
文章題／764
分析／1375
紛争／1375
踏んだりけったり／404
分担／1375
分配／1376
文法／1376
文明／1376
分野／1376
分類／1376
分裂／1377

へ

屁／834、1377
ペア／1377
ペアルック／1377
兵／1378
塀／783、1371、1378
平易／1378
平穏／1378
閉会／1378
平気／1379
併給／1379
平均／1143、1379
平行／1379
閉鎖／1379、1380
閉鎖的／1380
平日／1380
平常／1380
平成／1380
兵隊／1380
閉店／1381
平年／1381
平凡／1035、1381
平和／49、157、362、617、1129、1381
ベーコン／1381
ベーコンエッグ／1381
ベースアップ／294、1381
ペースメーカー／1382
べき／1382
ぺこぺこ／1382
ベスト／1382、1383
ベストセラー／1382
ベストメンバー／1382
ベストを尽くす／1383
臍(へそ)／1383
へそくり／1383
へそまがり／1383
へそをまげる／1383
下手／576、1383
隔たる／1384
隔てる／1384、1385
ペダル／1356
別／1385
ベッド／1385、1386
ヘッドライト／10
ベッドルーム／1386
別々／1386
ベテラン／1386
ヘビ／345、1015、1386
部屋／11、20、34、37、137、213、247、249、262、319、373、510、639、688、704、707、741、754、846、898、903、910、934、1011、1065、1179、1181、1245、1284、1387、1627、1651
減らす／1387
ヘリコプター／1387
経る／1027、1388
減る／1233、1388
ベルト／1389
ヘルメット／1389
変／361、1389
便／27、1389、1390
弁／807
ペン／673、1390
変化／307、1390
ペン書き／1390
勉学／734
弁が立つ／807
便宜／1187
ペンキ／1390
勉強／183、302、345、529、539、647、935、965、1184、1387、1390、1391、1525
偏見／1391
弁護／1391、1392
変更／719、1392
弁護士／1391
弁護人／1392
返済／44
偏差値／1392
返事／6、473、831、1039、1156、1392
編集／362、551、1392
便所／662、1393
編成／284
ベンチ／1393
便通／1393
弁当／91、482、538、935、1161、1393
便秘／1393
便利／215、1023、1393、1394、1549

ほ

簿／662
保育／1394
保育士／1394
ボイコット／1394
ポイント／1395
方／126、153、1446
法／1248、1395、1396
棒／1067、1396、1476
防衛／704、1396、1397
防衛省／1397
貿易／1327、1397、1445
貿易商／1397
貿易摩擦／1445
望遠鏡／1397
望遠レンズ／1397
防火／1397
崩壊／1397、1398
方角／1398
法学／1188、1398
法学博士／1188
放課後／1398
砲丸投げ／1398
放棄／1341、1399
箒(ほうき)／1187、1399
封建／1399
方言／1399

暴言／1399
封建制度／1399
方向／415、572、647、1400
暴行／1400
方向音痴／1400
報告／1400
奉仕／1401
法事／1401
帽子／1122、1401
方式／102、1401
放射線／1401
放射線科／1401
放射能／1402
放射能漏れ／1402
方針／263、264、508、1402、1584
法人／491、583、946、1402、1403
坊主／1403
坊主頭／1403
宝石／423、1403、1487
包装／1403
放送／68、697、877、961、1082、1404、1512、1539、1575、1655
放送局／1404
法則／1404
膨大／1334
棒高跳び／1404
放置／1404
包丁／347
傍聴／1404
膨張／1405
法定／1405
法廷／1405
報道／1405、1406
冒頭／1406
棒に振る／1396
放任／1406
忘年会／1406
豊富／861、1407
方法／1010、1287、1407、1541
ほうぼう／1407
法務省／1408
葬る／1408、1566
亡命／1408
放免／1507
方面／1408
訪問／604、1409
訪問客／1409
法律／155、553、703、970、1409
暴力／897、947、1409、1410
暴力団／1410
ボウリング／681、1410
放る／1410
ホウレンソウ／1410
頬(ほお)／1125、1411
ボート／1411
ボートレース／1411
ボーナス／1411
ホーム／1412、1636
ホームページ／1412
ホームヘルパー／1412
ホームラン／1412
ホームルーム／1412
ホール／1413
ボール／130、404、1413
他(ほか)／1413、1601
ぽかぽか／1074
朗らか／1414
募金／1414
僕／200、274、282、1111、1414
ボクシング／1414
ぼけ／1415
補欠／1415
ポケット／502、1415
ポケットブック／1415
ポケットマネー／1415
ぼける／1416
保健／1416
保険／220、251、552、609、1416
保健師／1416
保健所／1416
保健体育／1416
保護／1013、1417
保護者／1417
埃(ほこり)／1235、1417
誇る／1417
星／234、1262、1418
欲しい／846、1057、1155、1178、1418
保釈／1419
保釈金／1419
保守／1419
募集／676、1419
補助／210、1419
保証／1419、1420
保障／1420
補償／1420
保証書／1420
補助金／1419
ボス／1420
ポスター／1240、1420
ポスト／1420、1421
補正／1421
細い／106、1421
舗装／1422
補足／1422
保存／1422
帆立／1422
ホタル／1261、1422
ボタン／1056
補聴器／1423
北海道／497
北極／177、1423
ホッケー／1423
発作／1423
発足／1423、1424
ほっと／1424
没頭／1424
勃発／245
ポツポツ／55
ホテル／276、462、1043、1172、1424、1460、1601、1639
程(ほど)／113、1424、1425
歩道／1425
歩道橋／1426
仏／1426
施す／1426
ほどなく／1424
殆ど／1427
骨／211、1427
骨を折る／1427
骨を休める／1427
炎／1427、1428
ほぼ／1428
褒める／1428
ぼやける／1428、1429
保養／1429
保養所／1429
法螺(ほら)吹き／1429
ボランティア／1429
保留／1429
ホルモン／1430
ホルモン剤／1430
惚れる／1430
滅びる／1430
滅ぼす／1430
本／21、22、25、39、54、61、125、134、142、152、180、187、228、253、254、319、380、505、600、732、776、795、801、815、827、892、920、933、941、972、1028、1064、1088、1138、1150、1157、1194、1215、1258、1268、1311、1316、1322、1430、1431、1468、1551、1594、1649
盆／1431
本気／1431
盆栽／1431
本日／1432
本心／1432
本籍／1432
本棚／1432
盆地／1433
本当／204、1076、1433
本音／811、1433
ほんの／327
本能／1433
本命／1433、1434
本物／1434
本屋／1430
翻訳／1434
翻訳者／1434

ぼんやり／1434

まま
間／1435
真／132、1435
まあ／558
マーケット／1436
麻雀(マージャン)／1436
まあまあ／1436
毎／1436、1437
マイク／1437
迷子／1437
毎週／1437
舞茸(マイタケ)／1437
毎月／1437
毎年／1436
マイナス／1361、1438
毎日／390、681、767、1168
マイペース／1438
詣り／1495
参る／1438、1439
前／168、517、1010、1121、1439、1440、1502、1587、1597
前頭／1440
前もって／138
任せる／98、816、936、1440
間が抜ける／1123
曲がる／1222、1440、1441、1474
間が悪い／1435
巻き寿司／672
まぎらわしい／1441
巻く／135、362、1441
蒔(ま)く／817
幕／16、209、212、495、1306、1441、1442
間口／1442
マグニチュード／1443
枕／1089
まぐれ／1443
鮪(マグロ)／1443
幕を切って落とす／1442
幕を閉じる／1442
負け／1249
負ける／373、527、859、1203、1323、1443、1444、1445、1477、1577、1646
曲げる／1272、1444
孫／1444
まごつく／1444
誠／1445
まさか／1445
摩擦／1445
勝る／1446
混ざる／1446
勝るとも劣らない／1446
まし／1451
増し／1446
マジック／1446
まして／1447
まじない／1447
真面目(まじめ)／1447、1570
真正直／1435
混じる／1447
交わる／1447、1448
増す／1448
先ず／1448
まずい／630、1449
麻酔科／1449
マスコミ／1449
貧しい／1058、1449、1450
ますます／497、1450
混ぜる／1450
又(また)／31、1450、1451
まだ／1062、1232、1289、1451
まだまだ／1452
町・街／676、855、871、938、1099、1205、1228、1304、1361、1452、1467、1472、1499、1571、1590
待ち合わせ／1452
間違い／515、559、832、950、1452
間違う／1453
間違える／774、842
待ち遠しい／1453
町・街並み／1151、1422
町はずれ／1205
まちまち／1453
松／1232、1431、1453
待つ／563、1453、1454
末／1454
真っ赤／593、1454
真っ暗／951
マッサージ／1454
マッサージ師／1454
真っ白／37
まっすぐ／1455
まったく／1455、1502
マツタケ／1455、1485
マッチ／20
祭り／887、1456
まで／27、31、92、677、688、748、900、1257、1456、1488
的(まと)／43、758、938、1203、1205、1456、1457
窓／1457
窓口／1457
的はずれ／1457
まとまる／1457、1458
まとめる／1458
マナー／111、954、1458
学び取る／1458
学ぶ／1459
間に合う／589、1435
マニュアル／1459
真似／1459
マネージャー／1460
招く／1231、1334、1460
真似る／1460
まばゆい／1461
麻痺／653、1461
まぶしい／1247、1461
マフラー／1461
まま／474、545、1462、1507
豆／1462
豆本／1462
豆まき／1462
守る／159、296、318、485、628、709、731、870、894、1317、1359、1409、1462、1463、1558
麻薬／1463
迷う／1250、1463
マラソン／1307、1463
丸／850、1464
丸い／860
丸もうけ／1464
稀／1464
回る／605、734、914、1407、1464、1465、1466、1518
万／509、566、1466
万一／1167
満員／881、1466
漫画／1466、1632
漫才／1466
まんじゅう／366、1285、1578
マンション／1467
満足／1467
真ん中／1467
万年筆／1467
万引き／1468
満腹／1468
まんまと／1186

みみ
実／907、1091、1468、1469、1512
身／264、362、505、754、863、864、910、1075、1180、1231、1469、1470
未／245、1470
見合／1470
見合結婚／1470
見上げる／1470
見栄／1471
見える／31、39、252、257、862、1082、1212、1334、1471、1472
みえを張る／1241
見送り／521
見送る／1472
見落とす／1472
見下ろす／1472
磨く／582、1165、1473
未確認／245
見方／1473

日本語語彙索引

味方／910、1473
身から出たさび／1469
ミカン／90、455、678、1081、1193、1473、1486、1514、1562
未完成／298
右／891、985、1400、1441、1474、1503、1506
ミキサー／1474
ミキサー車／1474
右に出る／1474
右寄り／1474
見下す／1475
見事／1456、1475
見込み／1475、1476
未婚／1476
ミサイル／1476
短い／1476、1477
惨め／1477
未熟／899、1477
ミシン／1119、1477
ミス／559、1478、1519
水／103、203、335、826、934、1022、1067、1071、1160、1268、1478、1479、1484
未遂／538、1479
湖／1479
水かさ／1322、1448
自ら／805、1479
水と油／1479
水菜／1479
水に流す／1067
水のあわ／1479
水増し／1480
水虫／1480
水をあける／1478
水を打ったよう／1478
店／177、190、302、321、375、432、561、568、597、801、845、958、1029、1077、1089、1153、1233、1244、1248、1306、1312、1480、1546、1561、1570、1617、1618
未成年／1480
見せる／1202、1481
味噌／1481
味噌汁／1481
みたい／1482
満たす／1482
乱す／1482
乱れる／346、864、1482、1483
道／6、46、63、103、108、270、673、692、718、857、944、1065、1229、1286、1310、1311、1312、1345、1421、1422、1426、1447、1463、1483、1644
未知／1483
道連れ／819
道のり／1067
道幅／697
導く／1483
満ちる／833、1484
密／1484
三日／93、451、519、1485
見つかる／1485
見つける／464、1485、1486
密造／1486
密談／1486
密着／1486
三つ／1486、1487、1642
みっともない／1487
三つ葉／1487
見つめる／934、1487
見積もり／1488
密輸／1488
密輸入／1484
未定／1488
見通す／1488
認める／93、431、1489
緑／24、136、403、923、1489
見直す／1489
みなさん／62
港／909、915、1353、1490
南／368、1490
源／1490
見習い／1490
見習う／1490
身なり／113、1490
ミニ／1491
ミニカー／1491
醜い／1491
身につく／582
見抜く／1491
ミネラルウォーター／1491
見逃す／1149、1491、1492
身のほど知らず／1424、1469
実る／1492
身振り／1492
身分／106、171、624、1492、1493
未亡人／1493
見本／1493
見舞い／1493
見回す／37
未満／1493
耳／1007、1180、1339、1494、1495
ミミズ／1495
耳鳴り／1495
耳の日／1494
耳より／1225
耳を貸す／256、1494
耳を傾ける／264
耳をそろえる／1495
宮／1495
脈／1496
土産／277、688、1496
見破る／152
妙／1496
茗荷(ミョウガ)／1496
未来／742、1497
見られる／57
未了／1497
魅力／1497
見る／16、97、98、155、208、297、465、563、639、672、725、785、818、832、870、974、1070、1182、1184、1213、1306、1397、1430、1434、1439、1453、1462、1497、1498、1499、1517、1531、1582
ミルク／33、468、664、1499
未練／1499
見渡す／1499、1649
身を入れる／1470
身を固める／1469
身を粉にする／1469
身を引く／1268
民(みん)／290、1500
民営／1500
民営化／1500
民間／1500
民主／1500
民衆／105
民宿／1501
民主主義／1500
民族／592、1501
民族主義／592
みんな／2、27、132、156、178、293、342、345、350、539、544、583、637、771、879、1186、1267、1294、1301、1336、1368、1385、1414、1501、1562、1626、1645、1651
民法／1501

む

無／1502
六日／1502、1503
無意味／1502
ムード／1623
向かう／1400、1437、1503
迎える／176、1504
無学／1504
昔／205、206、562、1071、1079、1224、1316、1504、1505
むかつく／1505
ムカデ／1505
無関係／1502
向き／701、1505
麦／467、474、1506
向く／134、1506
むくみ／1506
むくれる／1506
向ける／624、1506、1507
向こう／1488、1507

無効／1507
無言／1507
無罪／726、1507、1508
虫／870、1508
無視／1509
虫がいい／1508
蒸し返す／1510
虫が好かない／1508
虫歯／1510
矛盾／1510
蒸す／1510
難しい／196、350、1069、1250、1510、1511
息子／34、58、74、85、1066、1091、1192、1289、1391、1407、1511、1600
結ぶ／391、1003、1468、1511、1512、1640
娘／2、377、666、1026、1304、1512、1569
無線／1512
むだ／898、1513
むだ遣い／1513
むだ話／1513
無断／1513
鞭打症／1513
夢中／1514
六つ／1514
むつまじい／427
胸／103、209、518、1036、1295、1335、1514、1515、1633、1647
胸を打たれる／1515
胸をおどらす／1515
胸をなでおろす／1515
村／517、689、1456、1515
紫／28、367、1515
無理／1515
無料／1516
群れ／1516

め

芽／794、973、1181、1516、1517
目／365、369、503、514、806、824、829、856、908、1009、1028、1039、1043、1045、1261、1266、1306、1464、1517、1518、1519、1520
目当て／1520
名刺／424、1521
明治／1521
名実／1521
名所／1521
命じる／1521
迷信／1521
名人／858、1522
名声／786、1294
明晰／682
命中／1522
明白／1522
名物／1522
名目／1522
名誉／163、468、629、1522
名誉教授／1522
命令／363、1523
迷惑／235、445、1523
メーデー／1523
メートル／374、732、1225、1266、1523、1528
メール／597、1216、1523、1524
目がない／1518
眼鏡／1524
目が光る／1262
目からうろこが落ちる／1518
目薬／1524
恵まれる／421
めぐらす／537
目刺し／1525
目指す／999、1019、1525
目覚める／1525
飯／356、1525
メス／276、1300
珍しい／1525
目立つ／1285、1526
メタボリック症候群／1526
目玉／1526、1527
メダル／1527
目で聴くテレビ／1527
めでたい／1527
めど／1527
めどが立つ／1527
目と鼻の先／1223、1518
メドレー／1528
目に余る／1518
メニエール／1528
メニエール病／1528
目に立つ／806
目につく／908、1519
メニュー／1528
目の上のこぶ／470
目の黒いうち／1519
目鼻／908
目鼻がつく／908
めまい／1528
メモ／1053、1528
目も当てられない／1519
目もくれず／1519
メロン／1528
目を奪われる／1520
目をかける／1519
目を配る／369、1519
目を皿にする／1520
目を通す／1009
目を盗む／1124
目を光らせる／1520
目を丸くする／1520
面／1503
免疫／1529
免疫力／1529
面会／1529
免許／839、1529
免除／1529
免職／1529
免震／1530
免税／1530
面積／1530
面接／1530
面接試験／1530
面談／1530
メンテナンス／1531
面倒／208、440、1498、1531
面倒をみる／440
メンバー／1120、1203、1531

も

も／1532
もう／399、828、1287、1291、1439、1468、1532、1533
盲／1533
盲学校／1533
もうかる／1533
もうけ／851、1376
もうける／272、1534
設ける／1533
申しあげる／922
申し上げる／1534
申し合わせ／1534
申し入れ／456、640、1534
申し込み／1223
申し込む／1534、1535
申し出／405、469
申し訳／1535
申し訳ない／1445、1535
申す／1535
盲腸／1536
盲導犬／1536
毛布／1536
網膜剥離／1536
盲目／1536
燃える／1101、1255、1256、1536、1537
モーター／1537
模擬／1537
模擬試験／1537
木造／413
木造建築／413
目的／1537
黙認／1538
黙秘／1538
目標／233、809、999、1032、1522、1538
木曜日／580、1538、1594
潜る／1538、1539

もし／1539
文字／1539
文字放送／1539
もしも／1539、1540
模写／1540
餅(もち)／1155、1540、1556、1600
持ち上げる／1540
用いる／1541
持ち込む／1541
持ち主／865
モチベーション／1541
持ち回り／1541
勿論／1542
持つ／274、298、342、528、541、655、727、970、1243、1245、1542、1543
もったいない／1543
持っていく／1493
もっと／552、795、1543
最も／1543
尤も／1544
持て余す／1544
持てる／1544、1545
元(もと)／801、1545
戻(もど)す／1189、1545、1546
基づく／1546
求める／717、1248、1546、1613
もどる／1545
戻る／85、700
モニター／1547
モニターテレビ／1547
者／92、1115、1474、1547、1562、1612
物(もの)／569、886、931、942、1057、1470、1535、1547、1548
物が言えない／15
物語／1548
物真似／1548
モノレール／1549
ものを言う／1548
もはや／1549
模範／1549
もみ消す／1549
紅葉(モミジ)／1549
桃／1550
もや／1550
モヤシ／1550
燃やす／619、1428、1550
模様／757、1550、1551
催す／1551
もらう／171、181、383、578、607、613、634、687、1152、1187、1297、1411、1551、1552、1589
漏らす／762、1552
モラル／1552
森／689、1552
盛り上がる／1553
漏れ／1402
漏れる／876、1553
門／1553
文句／1553、1554
文句なし／1554
問題／62、180、183、238、291、300、335、387、460、473、483、567、590、635、683、724、748、755、803、860、906、944、949、970、976、993、1003、1015、1050、1378、1544、1554、1560、1608
文部科学省／1554

や

屋・家／394、494、502、522、1555
矢／43、758
八百長／1555
やがて／1555
喧しい／1555、1556
焼餅／1556
やきもちを焼く／1556
野球／20、52、728、823、1093、1115、1134、1318、1370、1531、1556、1568、1606、1630
焼く／824、943、1082、1230、1556
役／1014、1366、1557
約／1557
役員／216、273、541、691、724、1557
薬害／217
やくざ／26、58、1558
薬剤師／1558
役所／1558
訳す／873
約束／289、678、1463、1558、1564
役立つ／1558、1559
役に立つ／1557
役目／1559
役割り／1375、1559、1646
火傷／1559
焼ける／1256、1559、1560
野菜／914、1083、1132、1560
易しい／1560
優しい／178、775、1560
優しさ／240
養う／1560
安い／269、334、1560、1580
易い／918、1261、1561
休み／310、669、713、1079
休む／242、257、770、819、903、1561
安らかな／1504
安らぎ／202
やせる／1100、1561
家賃／1562
奴／69、279、359、530、558、664、1023、1057、1101、1396、1527、1562
厄介／1562
八つ／1562、1563
やって来る／726
やってのける／1150
やっと／802、1563
宿／1563
柳／1563
家主／1123
屋根／1563
やはり／1563、1564
破る／1558、1564、1629
破れる／1564、1565
敗れる／472、1565
山／48、180、209、236、364、448、458、673、681、815、845、885、887、970、981、1072、1084、1158、1327、1455、1471、1489、1507、1565
病／1566
山が当たる／1565
山道／1440
闇／1566、1567
止む／55、1567
やむをえず／1567
やむをえない／1567、1568
止・辞める／84、339、490、702、1053、1202、1280、1568
やや／1568
ややこしい／1569
やらせ／1569
槍／1569
やりとげる／355
やりとり／955、1524
槍投／1569
やる／32、105、498、529、554、565、995、997、1037、1569、1570
野郎／397、1351
やわらかい／1096
柔らかい／1571

ゆ

湯／1001、1571
結納／1571
夕／1572
優位／806、1572
憂鬱(ゆううつ)／1572
誘拐／1572
夕方／55、1572
夕刊／1573
有給／1573
有給休暇／1573
有権者／1573
有効／1573
有罪／1573
融資／1574
優秀／650、1574

有終の美／1258
優勝／59、269、442、739、811、1022、1138、1574
友情／642、1574
優勝カップ／269
優勝旗／1574
優勝盾／811
夕食／1574
友人／897
優先／1574、1575
有線／1575
有線放送／1575
Uターン／1575
郵便／343、463、498、1176、1216、1575
郵便局／343
郵便小包／463
夕べ／1576
有名／663、672、1576
夕焼け／1576
猶予／553
有利／1576
有料／1576
優劣／1577
誘惑／1577
床／909
愉快／1577
行き／1577
雪／90、104、149、280、308、648、936、1021、1365、1578
雪だるま／833
行きづまる／932、1578
行方／1357、1578
行方不明／1357
行く手／1230
湯気／806、812、1578、1579
輸血／1579
輸出／1579
柚子(ユズ)／1579
譲る／1579、1580
豊か／242、1580
委ねる／1580
油断／99、1580
ゆっくり／1581
ゆでる／159
湯豆腐／1001
ユニットバス／1581
ユニバーサルデザイン／1581
輸入／493、1484、1581
指／211、727
指人形／1116
指文字／1582
指輪／351、780、1582
夢／626、1565、1582
許・赦す／1091、1582、1583
緩む／1583
揺れる／1362、1584

よ

世／111、183、314、562、1584、1585
夜明け／1585
酔い／514
良い／122、153、206、226、267、323、324、355、393、485、544、551、552、607、675、716、779、795、968、983、1066、1097、1209、1245、1246、1304、1320、1368、1450、1458、1585
良い働きをする／1199
酔う／21、1361、1585、1586
用／833、1586
容易／1587
用意／1587
養育／1587
八日／1587
洋画／1588
要求／119、312、1351、1588
養護／1588
要項／1588
洋裁／1589
用紙／1363
養子／1589
用事／89、955、958、1589
様式／1589
洋食／1589
用心／1590
用心深い／1590
様子／1498、1590
要する／330、352、595
要請／1590
養成／1590
ようだ／1591
幼稚／1591
幼稚園／1591
ような／59、824、979、1112、1222
ように／206
曜日／1591
洋風／1592
洋服／63、348、753、841、1119、1477、1592
洋服だんす／841
要望／1592
漸(ようや)く／1592
要約／1592
用を足す／1586
ヨーグルト／1593
ヨーロッパ／1384、1593
預金／352、946、1593
よく／152、235、454、641、972、1160、1210、1222、1275、1331、1518、1582
欲／1324、1593
翌／1593、1594
翌朝／92、1594
翌月／1593、1594
翌日／1594
翌週／1594
翌年／1594
横／240、810、1150、1594、1595
よこす／955
汚す／1595
横綱／920、1202、1595
横になる／1595
横道／758
汚れ／198
汚れる／1595
予算／1331、1358、1405、1596
余震／1596
よす／1612
寄せる／40
余所／1596
予想／37、957、1596
四日／1596、1597
欲求／1597
欲求不満／1597
四つ／1597
ヨットレース／1598
酔っ払い／864
酔っ払う／1598
予定／253、378、454、820、1348、1392、1488、1598
世の中／289、441、477、1381、1598
予備／1598
呼ぶ／337、788、1598、1599
予報／1599
予防／873、1600
予防注射／140、873、1600
読み返す／229
読む／22、79、117、212、229、265、348、569、656、763、801、920、979、1006、1009、1024、1101、1172、1287、1356、1600
嫁／79、721、888、1600
嫁入り／991
嫁入り道具／991
蓬(ヨモギ)／1600
予約／898、1054、1601
余裕／1601
より／1601
依・因・由る／610、1602
夜／19、59、98、663、992、1179、1325、1333、1602
喜び／1602、1644
喜ぶ／1038、1602
よろしい／1603
よろしく／998、1129、1603
世論／1603
世論調査／1603
弱い／1603、1604
弱音／1188
弱る／1144、1604

四／1604
40／1218
400／1528

ら
ら／1605
ラーメン／123、269、1308、1605
ライオン／1605
来月／1605、1606
来週／580、1606
ライト／1359、1606
ライトフライ／1359
来年／222、1606
ライバル／168、1606
ライフライン／1607
ライブラリー／1607
来訪／131
ライン／1607
楽／1608
落語／1608
落選／259、1609
ラクダ／470、1609
落第／1609
ラグビー／1609
らしい／197、1609
ラジオ／47、1610
楽観／1610
ラッコ／1610
ラッシュアワー／1610
られる／1610、1611
蘭／1611
乱気流／1611
乱視／1611
乱暴／38、1612
乱暴者／1612

り
リアルタイム／1612
リーグ戦／1612
リーダー／163、1613
リウマチ／1613
利益／20、1351、1613
理科／1613
理解／1326、1613、1614
利害／1614
利害得失／1614
陸／1614
陸上／1614
陸上競技／1614
利口・利巧／1614
リコール／1615
離婚／1615
リサイクル／1615
リサイクルショップ／1615
利子／1615
リス／1615
リスト／1615
リズム／1616
理想／736、785、1616
理想像／736
リゾート／1616
リゾート地／1616
立／1616
陸橋／1616
立候補／1617
立派／765、1617
立法／1617
立法府／1617
リニューアル／1617
リハビリ／1617
リハビリテーション／1617
リピーター／1618
リフォーム／1618
略語／1618
略する／1618
理由／1618
留学／1619
流行／676、1250、1619
流行歌／1619
流産／1619
留置／1619
寮／1619
料／1619
量／173、1620
利用／1620
理容／1620
両替／1620
両替機／1620
料金／199、351、563、1236、1386、1480、1621、1652
理容師／1620
両者／250、1446、1577、1646
領収／1621
領収書／348、1621
両親／205、565、1615、1621
領土／1621
療養／1621
料理／33、53、130、144、168、270、282、511、520、614、846、955、1098、1111、1370、1622
旅館／1622
力／409、579、1529、1622
緑内障／1622
旅行／138、846、911、933、1108、1243、1260、1436、1542、1593、1622
リラックス／1623
離陸／1623
リレー／1623
リレー競技／1623
履歴／606、1623
履歴書／606、1623
理論／1623
臨機応変／1624
林檎(リンゴ)／1624
臨時／1624
林野庁／1624
倫理／1624、1625
倫理道徳／1624

る
ルール／1625
留守／1625
留守番／1625
ルック／1250

れ
例／1267、1625、1626
礼／1626
零／1626
例外／1626
礼儀／239、1626
礼儀正しい／1626
零細／1627
冷静／1627
冷蔵庫／1298、1627
零点／1626
冷凍／1627
冷房／1627
レインコート／449、1628
レース／1411、1628
レーダー／1628
歴史／373、383、735、1036、1116、1628
歴代／1629
歴任／1629
レクリエーション／1629
レコード／1629
レジャー／1629
レジャーセンター／1629
レストラン／1629
レスリング／1630
レタス／1630
列／361、913、1630
列車／332、394、654、898、1162、1630
レフト／1630
レベル／1631
レポート／1631
檸檬(レモン)／1631
レモンティー／1631
恋愛／1631
恋愛結婚／1631
煉瓦(れんが)／1632
連休／1632
蓮根(レンコン)／1632
連載／1632
練習／761、933、1212、1320、1630、1632
レンズ／567、1632
連続／1633

連帯／1633
連帯感／1633
レンタカー／1633
レンタル／1633
レントゲン／577、1633
連敗／1634
連盟／233、1634
連絡／370、782、1634
連立／1634
連立政権／1634

ろ

牢／1635
聾(ろう)／1635
聾唖(ろうあ)／723、1635
聾唖(ろうあ)者／850
漏洩／1635
廊下／906
老化／1635
老眼／1636
聾教育／1635
老人／149、720、771、1031、1412、1636、1651
老人ホーム／1412、1636
ろうそく／1427、1636
漏電／1636
労働／218、340、486、839、1101、1636
労働災害／486
労働者階級／218
朗読／1429
浪人／1636、1637
浪費／1637
ローカル／1637
ローカルニュース／1637
ロープ／1637
ロープウェー／1638
ローン／1638
六／1638
録音／1638
録画／945、1638
六月／1638
ロケット／291、1639
六階／861
露天風呂／1639
ロビー／1639
ロボット／1639
論／1639
論じる／1640
論争／1640
論理／1640

わ

和／255、1640
ワープロ／40、1641
ワールドカップ／1641
Y／159
ワイシャツ／1641
賄賂(わいろ)／1641
ワイン／1641、1642
若い／677、712、736、1026、1471、1642
和解／1642
和菓子／255
わかす／1571
分かつ／830
わがまま／1642
ワカメ／1642
わが家／1555
わかる／106、326、399、510、1224、1328、1398、1447、1643
別れ／471、917、1231
別れる・分かれる／1068、1643、1644
わき目も振らず／1366
脇役／1644
沸く／1644
湧く／1644
ワクチン／1645
訳／1645
訳もない／1645
分ける／371、1645、1646
ワゴン車／1646
和裁／1646
わざと／1646
山葵(ワサビ)／1647
わざわざ／79、1647
鷲(ワシ)／1647
和式／1640
わずか／1647
患う／1170、1647
煩わしい／1647
忘れる／140、349、400、517、755、804、1648
綿／1648
話題／141
私立(わたくしりつ)／1648
私／75、286、460、498、612、620、790、840、862、863、1244、1377、1470、1477、1499、1591、1648、1649
渡す／1649
綿ぶとん／1648
渡る／1027、1288、1426、1616、1649、1650
わな／196
詫びる／1650
和風／1320
わめく／814
笑い／476、1042
笑う／178、1650、1651
蕨(ワラビ)／1651
笑わせる／1337
笑われる／1283
割合／1651
割り当てる／1651
割り切る／1652
割り算／1652
割引／1652
割増し／1652
割る／1652、1653、1654
悪い／27、84、96、229、263、272、300、324、327、337、356、844、917、975、977、1064、1136、1209、1313、1394、1450、1514、1585、1654
我(われ)／1648
割れる／459、749、1654
我々／1654
ワン／450、1413
腕章／1655
ワンセグ／1655
ワンピース／1655
ワンマン／1655

編集後記

旧版が1997年４月に出版されて以来14年が経過した。改訂版を出すことは、かねてより大きな課題であったが、日本手話研究所の財団法人全日本ろうあ連盟から社会福祉法人全国手話研修センターへの移管、業務の拡大、辞典編集事務局の人事異動、編纂に必要な資金捻出の困難などのさまざまな事情で延び延びになっていた。ようやく2009年３月に実際的な編集作業を始めることができ、２年２ヶ月の期間を経て出版にこぎつけた。

編集会議は50回を越える。監修者の米川明彦は編集方針を提案するなど編集会議を主宰した。また日本語単語の意味・用法を追補して、例文を作成、原稿を執筆し、日本語ゲラの校正を主として担当した。

編集委員の高田英一は掲載する新しい手話の選択、意味及び動作の説明を主として担当した。編集委員の冨田昭治は、日本語と手話の両方について整理し、その整合性の確認、手話イラストの点検を主として担当した。

今回から辞典の事務局担当となった松本久美子は編集会議の準備及び整理、資料整理、データ入力、手話イラストのゲラ校正のほか、出版社との窓口となるなど事務、実務を主として担当した。髙塚稔は、新旧の手話イラストの照合、点検、訂正を主として担当した。また、新版の編集会議が開催されるまでの準備期間は、現在は退職している小縣ありす(現姓・石川ありす)が事務、実務を担当した。

手話イラストは、旧版同様、ふるはしひろみが担当した。

旧版の編集は全日本ろうあ連盟日本手話研究所であるが、新版の編集は全国手話研修センター日本手話研究所に変更され、新版の制作・発売は中央法規出版株式会社が行うことになった。同社編集部の清水曉氏、企画部の三井民雄氏には手話辞典編集局の所在地である京都嵐山まで、いくたびも足を運んでいただき、編集及び印刷に関わって多くの意見を提案するなど慎重な打ち合わせに努め、厳しく無理な注文も快く引き受けて頂いた。

なお、旧版の編集委員であり、長年辛酸を共にした伊東雋祐氏は2006年に、西田一氏は2010年に逝去され、新版の編集に関われなかった。お二人を失ったことは惜別の情に耐えず、謹んで哀悼の念を表し、墓前に本書を捧げたい。

お世話になった全日本ろうあ連盟、全国手話研修センター、そのほかご支援、ご教示、ご協力を頂いた多くの関係者にあわせて心から感謝の意を表する。

2011年４月

編集委員（五十音順、＊は旧版のみ）

＊伊東 雋祐／元全国手話通訳問題研究会運営委員長，故人

高田 英一／社会福祉法人全国手話研修センター 日本手話研究所所長

冨田 昭治／元全国手話通訳問題研究会副運営委員長

＊西田 一 ／元華頂短期大学非常勤講師，故人

米川 明彦／梅花女子大学教授

イラスト／ふるはしひろみ

新 日本語－手話辞典

2011 年 6 月 10 日　初版発行

編　集……………社会福祉法人全国手話研修センター 日本手話研究所

〒 616-8372　京都府京都市右京区嵯峨天龍寺広道町3-4
TEL　075-873-2646　FAX　075-873-2647

監　修……………米川明彦

発　行……………財団法人全日本聾唖連盟

〒 162-0801　東京都新宿区山吹町130 SK ビル 8 階
TEL　03-3268-8847　FAX　03-3267-3445

制作・発売………中央法規出版株式会社

〒 151-0053　東京都渋谷区代々木2-27-4
販　売　TEL　03-3379-3861　FAX　03-5358-3719
制　作　TEL　03-3379-3784　FAX　03-5351-7855

定価はケースに表示してあります。
落丁本・乱丁本はお取り替えいたします。

ISBN 978-4-8058-3450-3